RECUEIL

ALPHABÉTIQUE

DES QUESTIONS DE DROIT.

TOME CINQUIÈME.

INS. — NUL.

PARIS. — IMPRIMERIE DE F. LOCQUIN,
rue Notre-Dame-des-Victoires, n° 16.

RECUEIL ALPHABÉTIQUE

DES

QUESTIONS DE DROIT

QUI SE PRÉSENTENT

LE PLUS FRÉQUEMMENT DANS LES TRIBUNAUX;

OUVRAGE DANS LEQUEL L'AUTEUR A FONDU ET CLASSÉ

UN GRAND NOMBRE DE SES PLAIDOYERS ET RÉQUISITOIRES, AVEC LE TEXTE DES ARRÊTS
DE LA COUR DE CASSATION QUI S'EN SONT SUIVIS;

Cinquième Édition,

REVUE, CORRIGÉE ET CONSIDÉRABLEMENT AUGMENTÉE;

PAR M. MERLIN,

Ancien Procureur-Général à la Cour de Cassation.

TOME CINQUIÈME.

INS.—NUL.

PARIS.

REMOISSENET, PROPRIÉTAIRE-ÉDITEUR, RUE DE VALOIS-BATAVE, N° 6.

M DCCC XXIX.

RECUEIL

ALPHABÉTIQUE

DE QUESTIONS DE DROIT

QUI SE PRÉSENTENT LE PLUS FRÉQUEMMENT DANS LES TRIBUNAUX.

INSINUATION, §. I.

INSINUATION, §. I. *Dans les coutumes muettes, sur l'Insinuation, les dons mutuels faits entre époux pendant le mariage, étaient-ils sujets à cette formalité avant la publication du Code civil ?*

Cette question s'est élevée dans la coutume de Ribemont, au sujet d'un don mutuel fait entre Antoine Gasmin, demeurant à Bucilly, et Marie-Anne Pierrat, sa femme.

Cet acte, qui comprenait les meubles de leur communauté en propriété, et les conquêts en usufruit, avait été insinué au bureau de Ribemont, établi près du siège *royal* ressortissant au parlement, mais seulement par extrait et sur le registre de l'Insinuation bursale, suivant le tarif.

Après la mort de la femme, ce don mutuel a été attaqué par ses héritiers, qui ont prétendu qu'il avait dû être enregistré en entier sur le registre de forme, destiné, par l'ordonnance et par la déclaration du 17 février 1731, aux seules donations entre-vifs. Mais une sentence du juge de Bucilly, du 13 juillet 1769, l'a déclaré bon et valable.

Sur l'appel au bailliage de Guise, il a été, au contraire, annulé par sentence du 22 décembre 1770.

Enfin, par arrêt rendu sur un second appel à la troisième chambre des enquêtes, le 22 juin 1776, il a été prononcé en ces termes : « Notre dite cour, » par son jugement et arrêt, faisant droit sur le tout, » en tant que touche l'appel interjeté par Antoine » Gasmin, de la sentence du bailliage de Guise,

» du 22 décembre 1770, a mis l'appellation et la- » dite sentence au néant; émendant, sur l'appel in- » terjeté audit bailliage par Jean-Louis Pierrat, Jean » Pierrat et consorts (héritiers de la femme Gasmin), » tous ès-noms et qualités qu'ils ont procédé, de la » sentence de la justice de Bucilly, du 14 juillet » 1769, a mis l'appellation au néant; ordonne que » ladite sentence du 14 juillet 1769 sortira effet; » condamne lesdits Jean-Louis Pierrat et consorts » en l'amende ordinaire, et en tous les dépens tant » des causes principale que d'appel et demandes. »

Cet arrêt a été suivi d'un autre rendu dans des circonstances semblables, et encore plus solennel.

Le 5 mars 1770, don mutuel dans la coutume de Vitry, entre Jean-Baptiste Brisson, laboureur, et Elisabeth Souzat, sa femme, de la propriété de leurs meubles, et de l'usufruit des conquêts de leur communauté en faveur du survivant.

Le 16 du même mois, contrôle et Insinuation fiscale de cet acte à Sommessons, en Champagne, avec cette clause, dans la relation du commis : « Sauf » aux parties, si elles le jugent à propos, à faire » répéter ladite Insinuation sans frais ni droits, au » bureau établi près le bailliage royal, ressortis- » sant nuement au parlement. »

La femme morte, Jacques Leclerc, son héritier, demande la nullité du don mutuel, et se fonde sur l'art. 23 de l'ordonnance du mois de février 1731, suivant lequel, « dans tous les cas où l'Insinuation » est nécessaire à peine de nullité, les donations » d'immeubles réels, ou de ceux qui, sans être réels, » ont une assiette suivant les lois, coutumes ou usa-

» ges des lieux, et ne suivent pas la personne du
» donateur, seront insinuées, sous ladite peine de
» nullité, aux greffes des bailliages et sénéchaussées
» royales, ou autre siége royal ressortissant nue-
» ment en nos cours, tant du domicile du donateur,
» que du lieu dans lequel les biens donnés ont leur
» assiette; et, à l'égard des donations de choses
» mobilières, même immobilières, qui n'ont point
» d'assiette et suivent la personne, l'Insinuation
» s'en fera au greffe du bailliage et sénéchaussée
» royale, ou autre siége ressortissant nuement aux
» cours du domicile du donateur..... »

Une sentence du bailliage de Vitry, du 16 août
1774, avait décidé, « qu'à défaut par Brisson, do-
» nataire, d'avoir en conformité de cet article et
» de la déclaration du 17 février 1731, fait insi-
» nuer, dans les délais prescrits par l'ordonnance,
» au bureau établi près le siége, qui a la connais-
» sance des cas royaux, au lieu de Soudé-Sainte-
» Croix (domicile des époux), le don mutuel passé
» entre lui et sa femme, le 16 mars 1770, était nul
» et de nul effet, comme n'ayant été insinué qu'au
» bureau de Sommessons. »

Cette sentence avait, comme l'on voit, jugé que
les dons mutuels étaient sujets à l'Insinuation légale,
à peine de nullité.

Sur l'appel de cette sentence, les opinions se sont
d'abord partagées; mais l'affaire, portée de la troisième chambre des enquêtes à la seconde, il a été
rendu, le 10 mars 1777, un arrêt dont voici le dispositif :

« Oui le rapport, *consultis classibus*, de M. Atha-
» nase-Louis-Clément de Givry, conseiller, tout
» considéré; notre dite cour, par son jugement et
» arrêt, faisant droit sur le tout, a mis l'appellation
» et ladite sentence du 16 août 1774, de laquelle a
» été appelé, au néant; émendant, ayant aucune-
» ment égard aux demandes dudit Jean-Baptiste
» Brisson, et notamment à celles portées par sa re-
» quête du 13 août 1776, déclare le don mutuel
» d'entre lui et ladite Elisabeth Souzat, sa femme,
» passé devant notaire, à Soudé-Sainte-Croix, le
» 3 mars 1770, insinué le 16 desdits mois et an,
» bon et valable; en conséquence, ordonne que
» ledit don mutuel sera exécuté selon sa forme et
» teneur .... »

Le bien jugé de ces arrêts est évident; et, pour
s'en convaincre, il suffit de peser les différences essentielles qui, dans notre ancienne législation, se
trouvaient entre les donations mutuelles et les dons
mutuels.

D'abord, les premières pouvaient être faites entre
toutes sortes de personnes qui n'étaient pas actuellement unies ensemble par les nœuds du mariage;
au lieu que les dons mutuels ne pouvaient avoir lieu
qu'entre deux époux.

Ensuite on pouvait comprendre dans les donations mutuelles la propriété des immeubles; les dons
mutuels, dans la plupart des coutumes, n'embrassaient que les meubles et l'usufruit des conquêts.

Enfin, après une donation mutuelle, les donateurs ne pouvaient plus aliéner ni hypothéquer les
biens qu'ils s'étaient donnés respectivement; tandis
qu'après un don mutuel, le mari pouvait encore
disposer des conquêts de la communauté, qui en
étaient l'objet.

Les donations mutuelles avaient leur effet à l'instant même de l'acte, au lieu que les dons mutuels
ne l'avaient *qu'à la mort* de l'un des époux.

On ne peut donc pas raisonnablement appliquer
au don mutuel les ordonnances qui assujétissaient
les donations mutuelles à l'Insinuation dans les bureaux des justices *royales*.

Il est vrai que la déclaration du 30 novembre
1717, voulait que les *dons mutuels* fussent insinués;
mais elle portait en même temps qu'ils pouvaient
aussi bien l'être dans les bureaux d'arrondissement
que dans les siéges royaux; et cette loi formait très-
constamment le dernier état à cet égard, puisque
l'ordonnance de 1731, loin d'y déroger, exceptait
nommément, art. 46, les dons mutuels entre mari
et femme des dispositions nouvelles qu'elle contenait.

§. II. *Dans la ci-devant Lorraine, les
donations mutuelles en cas de survie, par
contrat de mariage, étaient-elles, sous l'empire de la loi du 17 nivôse an 2, et avant la
publication du Code civil, assujéties à la solennité de l'Insinuation du vivant des deux
époux donateurs ?*

Oui, et j'en trouve la preuve dans l'édit de Léopold, duc de Lorraine, du 13 décembre 1718, enregistré à la cour souveraine de Nancy, le 22 du
même mois. Voici comment cette loi est conçue:

« Art. 1. Que dorénavant toutes donations d'immeubles faites entre vifs, *donations mutuelles, réciproques ou onéreuses, en faveur de mariage*, et
toutes autres, en quelque forme et de quelque qualité qu'elles soient, seront publiées en jugement au
jour de plaidoirie, et enregistrées ès-greffes de nos
juridictions et siéges dans le territoire desquels les
donateurs ont leur domicile, et encore où chacune
des choses données seront assises.....

» 2. Toutes substitutions fidéicommissaires, par
quelques actes qu'elles puissent être faites, soit entre-
vifs ou à cause de mort, seront pareillement publiées
et enregistrées.....

» Toutes institutions contractuelles d'héritiers et
donations faites entre-vifs, d'universalité de meubles
ou d'usufruit d'immeubles....., seront aussi publiées
et enregistrées en nos siéges, sous lesquels les instituans et donateurs auront leur domicile.

» 5. Les donations ou dispositions à cause de mort
non contenant clause de fidéicommis, non plus que
les donations à cause de noces faites par pères et
mères et autres ascendans, sans clause de rétention

d'usufruit, ne seront sujettes à la publication et en-
régistrément.....

» 6. Seront faits lesdites publications et enregistremens à peine de nullité desdites donations, substitutions et autres actes ci-dessus énoncés, sans qu'ils
puissent être opposés aux créanciers et tiers détenteurs, ni même à l'héritier du donateur, pour les
biens situés dans le ressort des siéges où lesdites publications et enregistremens n'auront pas été faits.....

» 9. Lesdites publications et enregistremens seront
faits..... : pour les actes entre vifs, dans les quatre mois
du jour et date d'iceux ; et pour les substitutions faites
par acte à cause de mort, dans les quatre mois du
jour du décès des substituans.....

» 10. Permettons néanmoins de faire lesdites publications et enregistremens après les quatre mois
de la date des actes entre-vifs, pourvu que ce soit du
vivant des donateurs et des autres parties contractantes ; auquel cas elles vaudront contre leurs héritiers seulement, et non contre les créanciers et tiers-
détenteurs intermédiaires qui auraient contracté depuis la date desdits actes, jusqu'à leur publication et
enregistrement. »

Cet édit formait le dernier état de la législation
lorraine sur cette matière ; il n'avait été modifié, ni
par la déclaration du 25 juin 1729, ni par l'ordonnance du mois de février 1731, ni par la déclaration du 17 du même mois, ni enfin par les lettres-
patentes du 3 juillet 1769, parce qu'aucune de ces
quatre dernières lois n'avait été promulguée dans la
ci-devant Lorraine.

Or, il résultait évidemment des dispositions de cet
édit, que les donations même mutuelles en faveur
de mariage, devaient, à peine de nullité, être publiées et enregistrées du vivant des donateurs. Si donc
une donation mutuelle que deux futurs époux avaient
faite par leur contrat de mariage à celui des deux
qui survivrait l'autre, n'avait pas été publiée et enregistrée du vivant du prédécédé, elle était nulle, et
elle ne pouvait être opposée à l'héritier du donateur,
pour les biens situés dans le ressort des tribunaux
ci-devant lorrains.

Inutile de dire que cette donation ne devait avoir
son effet qu'après la mort de l'un des époux ; qu'elle
était même, à l'égard de chacun d'eux, subordonnée
à cette mort comme à sa condition essentielle et sine
quâ non ; qu'ainsi, elle ne pouvait, du vivant des
deux époux, être considérée que comme une donation à cause de mort.

1° Quelles étaient les donations que l'édit de 1718
assujétissait aux formalités qu'il prescrivait, et dont
il ordonnait, à peine de nullité, l'accomplissement du
vivant des donateurs ? Nous l'apprenons par l'art. 1er :
ce n'étaient pas seulement les donations faites
entre-vifs, mais encore les donations mutuelles,
réciproques ou onéreuses, en faveur de mariage.
Ainsi, dans cet article, les donations mutuelles en
faveur de mariage étaient mises en opposition avec
les donations faites entre-vifs, Les donations mu-

tuelles en faveur de mariage étaient donc, comme
les donations entre-vifs proprement dites, soumises
aux formalités de publication et d'enregistrement
pendant la vie des donateurs.

2° Il est vrai qu'alors, comme aujourd'hui, les
donations mutuelles en faveur de mariage, participaient de la nature des donations à cause de mort,
en ce que la mort des donateurs y était mise en condition ; mais il est vrai aussi qu'elles participaient
également de la nature des donations entre-vifs, en
ce qu'elles étaient irrévocables de la part des donateurs. Or, il suffisait que, sous ce dernier rapport,
elles pussent être considérées comme donations entre-vifs, pour qu'elles fussent assujéties comme les
donations entre-vifs proprement dites, à la double
formalité de la publication en jugement et de l'enregistrement au greffe. Cela résultait du principe que
tout contrat, dont la matière est mixte, est-soumise
aux règles établies pour chacun des contrats qu'il
renferme.

3° L'édit de 1718 levait toute espèce de doute là-
dessus, en assujétissant à la publication et à l'enregistrement les institutions contractuelles, quoiqu'il en
affranchît expressément les donations ou dispositions à cause de mort non contenant fidéicommis.
Assurément les institutions contractuelles étaient des
dispositions à cause de mort ; cependant, par cela
seul qu'elles étaient irrévocables, l'édit de 1718 les
rangeait dans une classe particulière : il voulait
qu'elles fussent publiées et enregistrées ; et la preuve
que, d'après son intention, elles devaient l'être du
vivant des instituans, c'est que, dans l'art. 9, il limitait aux seules dispositions à cause de mort contenant fidéicommis, les actes dont il permettait de
différer la publication et l'enregistrement jusqu'après
la mort des auteurs.

Serait-on mieux fondé à prétendre que l'édit de
1718 ne faisait plus loi dans la ci-devant Lorraine,
depuis la publication de la loi du 17 nivôse an 2 ?
Non ; et ce qui le prouve, c'est que, d'une part, cet
édit n'avait été abrogé par aucune disposition législative ; et que de l'autre, la loi du 21 septembre 1792
ordonnait l'exécution de toutes les anciennes lois non
abrogées.

Dira-t-on que du moins la loi du 17 nivôse an 2
avait abrogé, pour les donations entre mari et
femme, toutes les formalités prescrites par les anciennes lois ? Ce serait encore vainement. V. l'article Don mutuel, §. 5.

§. III. Avant le Code civil, et dans les
parties de l'ancien territoire français où
n'avaient pas été promulguées les lettres-patentes du 3 juillet 1769, une donation mutuelle en cas de survie, par contrat de mariage, devait-elle, à peine de nullité, être
insinuée du vivant des deux époux ?

Puisqu'il faut, sur cette question, faire abstraction
des lettres-patentes du 3 juillet 1769 qui la déci-

daient pour la négative, il est clair que, pour juger de la nécessité ou non nécessité de l'Insinuation de la donation mutuelle dont il s'agit, du vivant des deux époux, il faut se reporter aux lois antérieures à ces lettres-patentes.

Or, que voulaient ces lois ? Elles distinguaient deux sortes d'Insinuations : l'une *bursale*, qui n'avait pour objet que l'intérêt du fisc, et dont le défaut ne donnait ouverture qu'à des peines pécuniaires ; l'autre *légale*, qui était introduite en faveur des créanciers, des tiers-acquéreurs et même des héritiers des donateurs, et dont le défaut emportait nullité.

Les donations mutuelles en faveur de mariage étaient-elles assujéties à ces deux espèces d'Insinuations ? Non : elles ne l'étaient qu'à la première, à l'Insinuation *bursale* : le défaut d'insinuation *légale*, du vivant des deux époux donateurs, ne leur portait aucune atteinte.

C'est ce que reconnaît et proclame solennellement la déclaration du 25 juin 1729.

« La formalité de l'Insinuation (y est-il dit) ayant été rétablie par les rois nos prédécesseurs, à l'égard des donations entre-vifs et de quelques autres actes qui sont énoncés dans leurs ordonnances, le feu roi jugea à propos d'étendre cette formalité, par plusieurs édits et déclarations, à beaucoup d'autres cas dont il n'avait point été fait mention dans les lois antérieures à l'édit du mois de décembre 1703; et il ordonna, entre autres choses, par la déclaration du 20 mars 1708, que les dons portés dans les contrats de mariage, par forme d'augment et de contre-augment, les dons mobiles, agencemens, droits de rétention, *gains de noces et de survie*, dans les pays où ils sont en usage, seraient insinués et enregistrés *dans le temps et sous les peines portées par l'art. 2 de l'édit du mois de décembre 1703*. Mais il nous a été représenté que, sous prétexte de ces derniers termes et par l'extension qu'on a voulu leur donner, il s'est élevé plusieurs contestations dans lesquelles on a prétendu que les actes ci-dessus marqués doivent être déclarés nuls; faute d'avoir été insinués dans les temps prescrits par les mêmes édit et déclarations. On a opposé à cette prétention, que les termes généraux de ces lois devaient être interprétés selon la nature des actes auxquels il s'agissait de les appliquer ; qu'à la vérité, la peine de nullité tombait justement sur des donations entre-vifs et autres actes semblables auxquels un tiers pourrait être intéressé, et qui, par cette raison, méritaient d'être regardés comme non-avenus, lorsqu'on ne les avait pas rendus publics par la solennité de l'Insinuation ; « mais qu'il serait trop rigoureux d'étendre la même » peine à des dispositions qui, sans avoir le carac- » tère d'une véritable donation, ne sont que de » simples conventions matrimoniales, stipulées en- » tre les parties contractantes, » soit pour aider le mari à soutenir les charges du mariage, soit « pour » balancer les avantages qu'il fait réciproquement à

» sa femme, et pour établir, par-là, une compen- » sation aussi juste que favorable; » que, s'il était permis de soutenir que ces sortes de conventions doivent être déclarées nulles par le défaut d'Insinuation, on détruirait par ce moyen, l'esprit et la liaison essentielle de toutes les clauses d'un contrat de mariage, et cela dans un temps où l'inconvénient que cette rigueur produirait, ne pourrait plus être réparé; ce qui rendrait la condition des deux contractans entièrement inégale; qu'enfin, dans une grande partie du royaume, le défaut d'Insinuation dégénérerait dans une espèce d'avantage indirect que l'un des conjoints pourrait faire à l'autre, contre la prohibition des coutumes qui y sont reçues. Et comme il nous est réservé de déclarer le véritable sens des lois, dont les expressions générales peuvent avoir besoin d'interprétation, nous avons cru devoir préférer, en cette occasion, celui qui est le plus favorable au bien et à la conservation des familles, « en assurant l'entière exécution des contrats de ma- » riage, et en les affranchissant d'une peine de nul- » lité qui ne peut jamais s'appliquer aux conditions » réciproques qu'il est d'usage d'y stipuler, » sans troubler toute l'économie d'un acte qui est le fondement et la base de la société civile.

« A ces causes...., voulons et nous plaît que l'édit du mois de décembre 1703 et les déclarations données en conséquence, notamment la déclaration du 20 mars 1708, soient exécutées selon leur forme et teneur ; *sans néanmoins* que les dons mobiles, augmens, contre augmens, engagemens, droits de rétention, agencemens, *gains de noces et de survie*, dans les pays où ils sont en usage, soient censés avoir été compris dans la disposition desdits édit et déclarations, déclarant qu'audit cas, ceux qui auront négligé de satisfaire à cette formalité, n'ont dû et ne doivent être regardés que comme sujets aux autres peines prononcées par lesdits édit et déclarations. »

Les dispositions de cette loi avaient été confirmées par l'ordonnance du mois de février 1731.

Après avoir dit, art. 19, que « les donations faites dans les contrats de mariage en ligne directe ne seront pas sujettes à la formalité de l'Insinuation; » après avoir déclaré, art. 20, que « toutes les autres donations, même les donations rémunératoires ou mutuelles, seront insinuées suivant les dispositions des ordonnances, » l'ordonnance de 1731 ajoutait, art. 21 : « Ladite peine de nullité » n'aura pas lieu néanmoins à l'égard des dons mo- » biles, augmens, contre-augmens, engagemens, » droits de rétention, agencemens, *gains de noces* » *et de survie*, dans les pays où ils sont en usage; à » l'égard de toutes lesquelles stipulations ou conven- » tions, à quelque somme ou valeur qu'elles puissent » monter, notre déclaration du 25 juin 1729 sera » exécutée selon sa forme et teneur. »

L'art. 6 de la déclaration du 17 du même mois disait absolument la même chose.

. Et quelle est la conséquence qui, relativement à la question proposée en tête de ce §., dérive de toutes ces dispositions? C'est que, sous le rapport de la nécessité de l'*insinuation légale*, la donation mutuelle faite en cas de survie par contrat de mariage, ne devait pas être considérée comme une donation proprement dite, mais comme une simple « convention matrimoniale stipulée entre les parties contractantes, pour balancer *en faveur du mari* les avantages qu'il faisait réciproquement à sa femme; *et que* la peine de nullité ne pouvait pas s'appliquer *à une pareille* condition réciproque; » c'est, en un mot, que cette donation mutuelle était un *gain de noces et de survie*, et que, comme tel, il était affranchi de *l'insinuation légale*, et qu'il n'était soumis qu'a l'*insinuation bursale*.

Objectera-t-on que, dans la déclaration du 25 juin 1729, dans l'ordonnance de février 1731, et dans la déclaration du 17 du même mois, il n'était parlé des *gains de noces et de survie*, que relativement aux *pays ou ils étaient en usage*; qu'ainsi les dispositions de ces lois ne pouvaient s'appliquer qu'aux donations mutuelles qui étaient d'un usage journalier dans les contrats de mariage?

Mais l'objection disparaîtra bientôt, si l'on considère dans quelle vue le législateur avait employé ces mots, *dans les pays où ils sont en usage*. Ils les avait employés uniquement pour faire entendre qu'il ne voulait pas accorder aux futurs époux la faculté de se faire, par leurs contrats de mariage, de plus grandes libéralités, même réciproques, en cas de survie, que ne permettaient les coutumes et les statuts locaux, pour faire entendre qu'il voulait laisser, à cet égard, chaque pays sous la loi particulière qui le régissait; pour faire entendre, par exemple, qu'en Normandie le futur époux ne pourrait pas plus à l'avenir que précédemment donner à sa future épouse, en cas de survie, la plus faible portion de ses immeubles.

Le législateur n'avait donc pas entendu par ces mots, *dans les pays où ils sont en usage*, soumettre à l'Insinuation légale du vivant des deux époux, les donations mutuelles qu'ils se feraient par leur contrat de mariage, dans une coutume qui leur en laisserait la pleine liberté.

C'est ce que la cour de cassation a décidé de la manière la plus formelle par un arrêt du 25 ventôse an XI; voici dans quelle espèce.

Par leur contrat de mariage du 13 avril 1785, Jean-Marie Détailleur et Marie Neucourt s'étaient fait « donation entre-vifs, mutuelle et irrévocable au survivant d'eux, de l'usufruit des biens qui se trouveraient appartenir au premier mourant le jour de son décès. »

Marie Neucourt est morte sans enfans le 16 brumaire an VI. La donation mutuelle n'avait pas été insinuée avant son décès; elle ne le fut même pas dans les quatre mois suivans.

De là, procès entre Jean-Marie Détailleur et Gabriel Neucourt, frère et héritier de Marie Neucourt. Celui-ci prétendait que, par le défaut d'Insinuation dans le délai prescrit par les lettres-patentes du 3 juillet 1769, la donation était comme non-avenue.

Le 5 messidor an IX, jugement du tribunal de première instance de Paris, qui, « vu les lettres-patentes du 3 juillet 1769, et attendu que cette loi ne prononce la peine de nullité à défaut d'Insinuation, dans les délais déterminés, qu'à l'égard des donations absolues de biens présens, » déboute Gabriel Neucourt de sa demande en nullité, et ordonne que la donation sera exécutée.

Sur l'appel de Gabriel Neucourt, arrêt de la cour d'appel de Paris, du 14 fructidor de la même année, qui déclare qu'il a été bien jugé.

Gabriel Neucourt se pourvoit en cassation, et soutient que la cour d'appel de Paris a faussement appliqué les lettres-patentes du 3 juillet 1769, et a violé l'art. 20 de l'ordonnance de 1731.

« L'art. 20 de l'ordonnance de 1731 (disait-il) soumet à l'Insinuation, sous peine de nullité, les donations mutuelles comme les donations simples: il n'excepte pas de sa disposition les donations mutuelles par contrat de mariage; et par cela seul qu'il ne les en excepte pas, il les y comprend.

» A la vérité, l'art. 21 de la même ordonnance, en confirmant ce qu'avait déjà décidé la déclaration du 25 juin 1769, affranchit de la peine de nullité le défaut d'Insinuation des *gains de noces et de survie dans les pays ou ils sont en usage*; mais cet affranchissement ne s'applique qu'aux gains de noces et de survie établis par la loi ou par la coutume: cela résulte des mots *dans les pays ou ils sont en usage*. Cette exception n'est donc pas applicable aux avantages purement conventionnels; ceux-ci rentrent donc sous l'empire de l'art. 20, qui en prononce la nullité à défaut d'Insinuation.

» Et il ne faut pas croire que cet article ait été abrogé; pour les avantages en cas de survie, par les lettres-patentes du 3 juillet 1769. Ces lettres-patentes n'ont dérogé, pour les avantages en cas de survie, à l'art. 20 de l'ordonnance de 1731, qu'en ce qu'elles ont changé l'époque et le lieu de l'Insinuation de ces avantages. Elles ont donc maintenu cet article, quant à la nécessité de l'Insinuation. La peine de nullité que cet article prononce à défaut d'Insinuation, n'est donc pas abolie par les lettres-patentes. »

Tels étaient en substance les moyens de Gabriel Neucourt.

Jean-Marie Détailleur répondait:

« Je conviens avec vous que les lettres-patentes de 1769 n'ont dérogé aux dispositions des lois antérieures concernant l'Insinuation des donations par contrat de mariage, en cas de survie, que relativement au délai et au lieu dans lesquels ces donations doivent être insinuées.

» Je conviens avec vous que les lettres-patentes

de 1769 n'ont pas aboli la peine que les lois anté-rieures avaient attachée au défaut d'Insinuation de ces sortes de libéralités.

» Mais cette peine, quelle était-elle? C'était, suivant vous, la nullité de la donation. Je soutiens, au contraire, qu'elle ne consistait qu'en amendes au profit du fisc; et je le prouve par la déclaration du 25 juin 1729, par l'art. 21 de l'ordonnance du mois de février 1731, par l'art. 6 de la déclaration du 17 du même mois.

» Inutilement prétendez-vous restreindre ces dernières lois aux avantages purement coutumiers ou légaux. L'art. 21 de l'ordonnance de 1731 renverse votre système de fond en comble : *à l'égard* (porte-t-il, en parlant des *gains de noces et de survie*, qu'il entend soustraire à la peine de nullité pour défaut d'Insinuation), *à l'égard de toutes les quelles* STIPULATIONS *ou* CONVENTIONS...., *notre déclaration du 25 juin 1729 sera exécutée suivant sa forme et teneur.* Il est clair que ce sont les *gains de noces et de survie* purement conventionnels, que le législateur exempte de la peine de nullité.

» Quant aux mots, *dans les pays où ils sont en usage*, ils ne sont pas limitatifs, ils ne sont que démonstratifs. C'est à Paris qu'a été faite la donation mutuelle dont il s'agit. Or, la coutume de Paris ne défend pas ces sortes de donations; et par cela seul qu'elle ne les défend pas, elle les permet. Ces sortes de donations étaient donc *en usage* à Paris; elles étaient, par conséquent, affranchies par l'art. 21 de l'ordonnance de 1731, de la rigueur de l'Insinuation légale.

» Tels étaient, dans cette affaire, si importante par les suites de la décision qu'elle devait recevoir, les moyens des deux parties. On voit que la question se réduisait, en dernière analyse, à ce seul point : la déclaration de 1729, l'art. 21 de l'ordonnance et l'art. 6 de la déclaration de 1731, comprenaient-ils dans leur disposition, les donations mutuelles en cas de survie stipulées par contrat de mariage? Gabriel Neucourt soutenait la négative; Jean-Marie Détailleur soutenait l'opinion contraire; et c'est en faveur de celle-ci que la cour de cassation s'est déterminée. Voici les termes de son arrêt :

» Attendu que les ordonnances n'ont voulu assujétir à la formalité de l'Insinuation, à peine de nullité, dans les délais qu'elles fixent, que les donations qui sont réellement entre-vifs et de biens présens, sauf encore celles faites en contrat de mariage en ligne directe, qui ne sont considérées que comme des avancemens d'hoirie, qu'on ne peut regarder comme donation entre-vifs et de biens présens (quelque titre que les parties lui aient appliqué), une donation faite réciproquement par contrat de mariage, au survivant des époux, de l'usufruit des biens qui se trouveraient au décès du premier mourant, puisque l'événement d'une semblable donation dépendait absolument de la volonté desdits époux, et ne serait réduite à rien, s'ils avaient tout aliéné de leur vivant;

» Que déjà l'art. 6 de la déclaration du 17 février 1731, et l'art. 21 de l'ordonnance de la même année, avaient dispensé de la nullité, et soumis seulement à celle du double droit, les dons mobiles, agencemens, gains de noces et de survie, et autres de cette espèce;

» Que, « quoique ces dispositions pussent abso-» lument s'appliquer aux dons de survie entre » époux, » cependant la diversité de jurisprudence qui s'était élevée à cet égard, avait obligé le législateur d'alors de donner sa déclaration de 1769; que, par cette dernière loi, les dons en cas de survie, dons mutuels réciproques et rémunératoires entre mari et femme, par contrat de mariage, ont seulement été assujétis à la nécessité de l'Insinuation dans les quatre mois du décès du donateur, et au greffe du lieu de son domicile, ce qui déjà les distingue des véritables donations entre-vifs; et que la peine de nullité n'est appliquée qu'aux donations absolues et de biens présens entre mari et femme; que, dès que cette loi n'assujétit à la peine de nullité que cette espèce de donations, elle en dispense nécessairement celles qui ne portent pas sur des biens présens, et sont si peu absolues, qu'elles dépendent de la volonté des donateurs; « que les » lois précédentes ne soumettant qu'à la peine du » double droit, les donations de l'espèce des dons » de survie, ces dons n'auraient pu être soumis à la » peine de nullité que par une disposition expresse » et formelle de la dernière loi de 1769 ; »

» Le tribunal rejette la demande en cassa-» tion.... »

» On voit que, par cet arrêt, la cour de cassation a nettement décidé que la déclaration de 1729, l'art. 21 de l'ordonnance, et l'art. 6 de la déclaration de 1731, étaient applicables « aux dons de survie entre » époux » et que ces lois « ne soumettaient qu'à » la peine du double droit » les donations de l'espèce de celle dont il s'agit.

§. IV. *Avant le Code civil, et dans les lieux où avaient été promulguées les lettres-patentes du 3 juillet 1769, une donation mutuelle en cas de survie, par contrat de mariage, devait-elle, à peine de nullité, être insinuée dans les quatre mois du décès du premier mourant des époux?*

V. le §. précédent.

§. V. *Avant le Code civil, était-il nécessaire d'insinuer, avec la donation, la procuration en vertu de laquelle elle avait été faite ou acceptée?*

V. l'article *Transcription au bureau des hypothèques*, §. 3.

§. VI. *Autre question sur cette matière.*

V. l'article *Démission de biens*, §. 2.

INSTITUTION CONTRACTUELLE. §. I.

1° *Avant le Code civil, l'Institution contractuelle liait-elle tellement les mains à l'instituant, qu'il ne lui fût plus permis d'aliéner ses biens au préjudice de l'institué?*

2° *L'institué avait-il alors et a-t-il aujourd'hui, contre l'instituant, une action pour faire juger frauduleuses les aliénations faites par celui-ci postérieurement à l'Institution contractuelle?*

I. Aux raisons et aux autorités que j'ai employées dans le *Répertoire de Jurisprudence*, sous les mots *Institution contractuelle*, §. 8, pour établir la négative sur la première question, j'ai vu opposer un arrêt dont on prétendait faire résulter que l'institué pouvait, même du vivant de l'instituant, attaquer les ventes que celui-ci avait faites, ou du moins exiger l'emploi du prix. Mais les circonstances dans lesquelles cet arrêt a été rendu étaient toutes particulières.

La dame Chabannes, veuve Feydeau, épousa en deuxièmes noces, et dans un âge avancé, le sieur de Bosredon, ancien officier. Elle avait eu de son premier mariage une fille, épouse du sieur Hugon, et cette fille avait des enfans. La dame de Bosredon, une année après son second mariage, vendit la terre de Mariolle 163,000 livres, dont 83,000 lui furent payées avec l'autorisation de son mari. L'acquéreur conserva entre ses mains 20,000 livres, que la dame Bosredon avait assurées à sa fille par son contrat de mariage avec le sieur Hugon, et 1200 livres pour la sûreté de la restitution de vingt-deux marcs d'argent provenant de son premier mari, le sieur Feydeau, desquels la dame de Bosredon n'avait que l'usufruit. Le surplus du prix fut stipulé payable huit jours après la perfection du décret volontaire.

Le sieur Hugon, tuteur des enfans qu'il avait de la demoiselle Feydeau, forma contre le sieur de Bosredon et sa femme une demande en reddition de compte des biens délaissés par le sieur Feydeau.

Ensuite, sur le fondement que le sieur de Bosredon voulait faire passer à son profit les biens de sa femme, par des voies défendues par les lois, il demanda qu'il leur fût fait défenses d'aliéner les biens immeubles de celle-ci, conclut à ce qu'il fût ordonné qu'ils ne pourraient toucher le restant du prix de la terre de Mariolle, dû par l'acquéreur, ni le remboursement d'aucune rente, qu'à charge d'en faire emploi, lui présent, en acquisition de rentes ou immeubles réels.

Le sieur Hugon demanda encore le rapport des 83,000 livres que la dame de Bosredon avait touchées de l'acquéreur de Mariolle, avec emploi de cette somme.

Par arrêt du 2 août 1766, rendu à la grand'-chambre, conformément aux conclusions de M. l'a-vocat-général Séguier, le sieur de Bosredon et sa femme ont été condamnés à faire emploi, en présence du sieur Hugon, des 83,000 livres payées à compte par l'acquéreur; et il leur a été défendu d'aliéner, sans son intervention, aucuns des propres de la femme.

On aperçoit sans peine les motifs qui ont dicté cet arrêt. Non-seulement le sieur Hugon avait des enfans dont le sort devait intéresser vivement les magistrats; non-seulement il était évident que la dame de Bosredon cherchait à les dépouiller pour enrichir son deuxième mari; mais, comme le remarque Dénisart, «dans le cours de la procédure, » les sieur et dame de Bosredon, ou, si l'on veut, » leur procureur, non désavoué, avait prêté des » consentemens qu'on pouvait regarder comme un » aveu de leur part, des aliénations sans cause lé-» gitime des propres de la dame de Bosredon; sans » quoi (continue le même auteur), le principe gé-» néral que père et mère non interdits peuvent dis-» poser de leurs biens, comme bon leur semble, » aurait pu faire déclarer le sieur Hugon non-rece-» vable dans ses demandes. »

Ce ne serait pas avec plus de fondement que l'on opposerait un autre arrêt beaucoup moins récent, celui du 7 septembre 1637, qui est cité dans le dernier commentaire sur la coutume d'Auvergne, comme ayant défendu à Anne Coubayon, curé de Pionsat, de disposer de ses biens, au préjudice de l'Institution d'héritier qu'il avait faite en faveur d'Hilaire Coubayon, son frère.

Car, 1°. il y avait dans cette espèce des preuves de dol: le père de l'instituant avait fait des dispositions en fraude de son Institution; elles avaient été annulées par un arrêt de 1635, qui est rapporté immédiatement avant celui de 1637: aussi le commentateur remarque-t-il que toute la famille s'accordait à frustrer Hilaire Coubayon, ou sa fille, de l'Institution d'héritier qui avait été faite en sa faveur.

2°. A l'époque de cet arrêt, on ne connaissait pas assez la nature des Institutions contractuelles; on les assimilait presque à des donations entre-vifs, et l'on pensait, en conséquence, que l'instituant ne pouvait pas aliéner ses biens. C'est, en effet, ce que dit nettement Chenu, cent. 2, page 83; et cette idée avait sa source dans quelques points d'usage des pays de droit écrit, et dans les dispositions des coutumes du Maine et d'Anjou. Mais bientôt après, les vrais principes l'emportèrent. Un arrêt du 25 mars 1644 infirma une sentence de la sénéchaussée d'Auvergne, qui avait déclaré les biens de la mère instituante, affectés au payement des avantages matrimoniaux de la femme de son fils, et jugea qu'ils n'y étaient pas affectés, parce que le fils n'avait pas été saisi de la propriété des biens de l'instituante.

II. En partant de cette jurisprudence, aujourd'hui érigée en loi par l'art. 1083 du Code Civil, l'instituant qui a aliéné une partie de ses propriétés, peut-il se dispenser de répondre à un interrogatoire sur faits et articles que l'institué vent lui faire subir, pour prouver, d'après les réponses qu'il en espère, que l'aliénation a été faite en fraude de l'Institution ?

Cette question a été agitée au parlement de Paris, dans l'espèce suivante :

Par le contrat de mariage de la dame Delaville, du 23 janvier 1768, les demoiselles Marie, Philippe et Perrette Dogerdias l'ont instituée leur héritière universelle.

Perrette Dogerdias est morte en 1778.

Le 13 juin 1782, ses sœurs ont vendu au sieur Prohet, moyennant 36,000 livres, un domaine qu'elles possédaient à Châlons. L'acquéreur a payé 2,400 livres, s'est chargé de rembourser une rente de 50 livres à une maison religieuse, et a retenu le surplus en constitution de rente à cinq pour cent.

Le 14 février 1783, les parties font un traité par lequel le prix est diminué de 10,000 livres, moyennant, par le sieur Prohet, de se charger de l'événement de la demande que le sieur Delaville et son épouse pourraient faire du tiers que ceux-ci prétendaient leur être échu par la mort de Perrette Dogerdias.

Par un autre acte, du 3 mars suivant, les venderesses ont laissé au sieur Prohet la somme de 22,600 livres, à laquelle venait d'être réduit le prix du domaine de Châlons; et le sieur Prohet s'est engagé de leur payer, ainsi qu'à la survivante d'elles, une rente viagère de 1630 livres, réversible en entier sur la tête de la dame Delaville, et jusqu'à concurrence de 1,000 livres sur celle de son mari.

Le 6 juin de la même année, le sieur Delaville et son épouse forment leur demande en partage, et font assigner les demoiselles Dogerdias à la sénéchaussée de Riom, pour voir dire qu'à la mort de leur sœur, ils ont été saisis de la propriété de ses biens.

Cette prétention contredisait leur propre reconnaissance; car, par un acte du 1er avril 1776, le sieur Delaville avait reconnu qu'il n'aurait rien à exiger qu'après le décès des trois instituantes; et que telle avait été, dans le contrat de mariage, l'intention de toutes les parties.

Les demoiselles Dogerdias consultent sur cet écrit et sur la demande du 6 juin 1783. On leur assure que le droit de la dame Delaville ne sera ouvert qu'après leur décès. Elles conçoivent alors que, par le traité du 14 février, elles ont eu tort de faire à Prohet une remise de 10,000 livres; et elles lui annoncent qu'elles vont prendre les voies nécessaires pour rescinder ce traité. Prohet se rend de lui-même; il consent d'anéantir les actes des 14 février et 3 mars, ce qui remet les parties au même état qu'à l'époque du contrat de vente du domaine. Ainsi le sieur Prohet redevient débiteur de 33,600 livres. Pour se libérer en partie, il paie 16,300 livres aux demoiselles Dogerdias; qui laissent entre ses mains les autres 16,300 livres, moyennant une rente viagère de 1,630 livres sur leurs deux têtes, réversibles jusqu'à concurrence de 1,000 livres, sur la tête de la dame Delaville. Ce dernier traité est du 16 août 1783.

Le sieur Delaville avait, dès le 22 juillet précédent, pris des lettres de rescision contre l'écrit du 1er avril 1776. Il en a demandé l'entérinement par requête du 13 mai 1784, et il a conclu, ainsi que sa femme, à la nullité des traités des 14 février, 3 mars et 16 août 1783. Pendant qu'on instruisait la cause, ils ont demandé la permission de faire interroger les demoiselles Dogerdias sur faits et articles.

Une sentence du 15 mars 1785 les a déclarés non-recevables en cette demande. Appel au parlement de Paris.

La cause portée à l'audience de la grand'chambre, voici en substance ce qu'on disait pour les demoiselles Dogerdias :

« La dame Delaville n'a encore aucun droit, et peut-être n'en aura jamais; elle peut mourir avant les instituantes. *Elle n'a pas d'enfans;* suivant les apparences, elle n'aspire plus à l'honneur de la maternité, et, si elle meurt sans descendans, avant les demoiselles Dogerdias, l'Institution deviendra caduque. C'est cependant dans de pareilles circonstances qu'elle demande qu'on annulle des actes qui donnent aux héritiers du sieur Prohet la propriété du domaine de Châlons; mais il est indubitable qu'elle n'y est pas fondée. Elle ne peut pas, à la faveur d'un droit éventuel, faire anéantir des conventions légitimes et qui doivent subsister, même dans le cas où l'Institution aurait son effet, parce que les demoiselles Dogerdias n'ont pas été dépouillées de la propriété de leurs biens, et qu'elles ont pu en disposer à titre onéreux; elle peut encore moins provoquer la nullité d'une vente, qui, en la supposant faite en fraude de l'Institution, doit néanmoins subsister si l'Institution devient caduque. Il faut donc qu'elle attende qu'elle ait un droit ouvert. L'admettre, avant l'ouverture de l'Institution, à critiquer les opérations des instituantes, ce serait introduire un principe d'autant plus dangereux, qu'il tendrait certainement à abolir l'usage des Institutions contractuelles, tandis qu'il est très-utile de le perpétuer. Annuler les actes dont il s'agit, pendant que son droit est encore incertain, ce serait intervertir l'ordre de droit, puisqu'on ferait rentrer dans la succession des demoiselles Dogerdias, une propriété, qui, dans le cas de la caducité de l'Institution, passerait à leurs héritiers *ab intestat,* tandis qu'ils ne seraient pas recevables à contester la validité de la vente faite à Prohet.

» Mais, dira-t-on, lorsque l'action sera ouverte, c'est-à-dire après la mort des instituantes, il ne sera plus possible de prouver la fraude, puisque leur interrogatoire sur faits et articles est la seule ressource pour la découvrir.

» Il serait difficile de croire que, des réponses des demoiselles Dogerdias, il pût résulter la preuve d'une fraude qu'elles n'ont pas commise; et, quand on suposerait qu'en répondant à des demandes captieuses, elles fournissent des armes contre elles, pourrait-on les opposer aux héritiers du sieur Prohet? N'est-il pas évident que, lors même que les demoiselles Dogerdias feraient les réponses que la dame Delaville paraît desirer, ces réponses ne formeraient tout au plus qu'une présomption de fraude, et qu'il n'en résulterait jamais une preuve qui pût conduire à annuler les actes des 14 février, 3 mars et 16 août 1783? Et, s'il est impossible qu'on puisse aller jusque-là, à quoi servira tout l'éclat de cet interrogatoire?

» Or, il est de toute évidence que le résultat des réponses des demoiselles Dogerdias ne pourra jamais autoriser à annuler tous ces actes. En effet, si on lit attentivement les faits et articles sur lesquels on veut les interroger, on s'aperçoit qu'ils se réduisent à ceci : ont-elles vraiment reçu la somme de 16,300 livres dont elles ont donné quittance par l'acte du 16 août 1783, ou plutôt ne l'ont-elles pas remise aussitôt après à la personne qui l'avait prêtée au sieur Prohet, pour la montrer lors de cet acte ?

» Quand les demoiselles Dogerdias répondraient qu'en effet elles n'ont pas reçu cette somme, en résulterait-il une preuve suffisante pour annuler des actes au préjudice des héritiers Prohet, pour leur enlever la propriété de la somme qui a été placée entre ses mains à constitution de rente viagère, ou pour les contraindre à payer les 16,300 livres que les demoiselles Dogerdias diraient lui avoir remises après l'acte du 16 août 1783? Quel est le jurisconsulte qui le déciderait ainsi?

» Enfin cet interrogatoire est une espèce d'enquête à futur. Il a pour objet de se procurer une preuve imparfaite qui pourrait dépérir; et cette précaution, qui présente beaucoup d'inconvéniens, est proscrite par l'ordonnance de 1667.

» Vainement dira-t-on que ce n'est pas un examen à futur puisqu'il y a une instance liée : ce raisonnement ne serait que spécieux. Il faut que l'instance soit liée sur un objet qui puisse en faire sérieusement la matière; sans cela, on éluderait facilement la disposition de l'ordonnance. Or, il est certain que l'interrogatoire a pour objet de faire annuler des actes que la dame Delaville ne peut pas attaquer actuellement, puisque l'Institution n'est pas ouverte en sa faveur, et que peut-être elle ne le sera jamais. Pour que cette demande à fin d'interrogatoire fût recevable, il faudrait que l'institué fût saisi dès le moment de l'Institution; ce qui n'est pas. »

Sur ces raisons, arrêt du 6 août 1785, qui met l'appellation au néant avec amende et dépens.

Au surplus, *V.* le §. suivant.

Tome V.

§. II. *Avant le Code civil, et dans les pays qui ressortissaient aux ci-devant parlemens de Toulouse et de Bordeaux, l'Institution contractuelle, avec réserve de la faculté de disposer d'une certaine somme, et de l'usufruit des biens compris dans l'Institution, emporte-t-elle l'expropriation actuelle de l'instituant? En conséquence, le droit de mutation en était-il dû à l'instant même où elle était souscrite? Ou ce droit n'était-il ouvert que par la mort de l'instituant?*

Ces questions sont traitées dans le plaidoyer suivant, que j'ai prononcé à l'audience de la section civile de la cour de cassation, le 11 pluviôse an xi, sur le recours exercé par la régie de l'enregistrement contre un jugement du tribunal civil de Mont-de-Marsan, rendu en faveur du sieur Broca :

« Cette affaire est d'un grand intérêt par l'influence que doit avoir sa décision non-seulement sur une multitude d'autres contestations fiscales, mais encore sur les discussions qui s'élèvent le plus habituellement dans les familles.

» Il s'agit de savoir si, dans les contrées qui composaient ci-devant le ressort du parlement de Bordeaux, l'Institution contractuelle équipolle à une donation entre-vifs; si, comme celle-ci, elle saisit l'institué, à l'instant même où elle est faite, de la propriété des biens de l'instituant; et si, en conséquence, par la mort de l'instituant, l'institué n'acquiert rien de nouveau, rien dont il soit tenu, comme nouveau possesseur, de faire la déclaration au bureau de l'enregistrement.

» Cette question a été, dans toutes ses branches, décidée pour l'affirmative par le jugement du tribunal civil de Mont-de-Marsan, du 1er thermidor an ix, dont la régie vous demande la cassation.

» Dans le fait, le 22 décembre 1790, contrat de mariage passé à Aire, département des Landes, entre le citoyen Broca, fils aîné, et Marie Pétronille Francine.

» Le père et la mère du citoyen Broca interviennent dans cet acte, pour l'instituer « leur héritier général et universel en tous et chacun leurs biens meubles et immeubles, droits, voix, noms, raisons et actions qu'ils ont et auront à leur décès; mais ils ne font cette Institution que « sous la réserve de l'usufruit et jouissance de tout pendant leur vie, même de la totalité d'icelui en faveur du survivant en cas de prédécès de l'un d'eux. » Cependant ils abandonnent, dès à présent, à leur fils aîné, plusieurs immeubles désignés dans le contrat, en toute jouir par lui en toute propriété et usufruit. » Enfin le père et la mère se réservent, le premier, une somme de 30,000 livres, la seconde, celle de 15,000 livres, « pour en disposer, à leur plaisir et volonté, tant en la vie qu'à la mort. »

» Le 17 thermidor an viii, décès de la dame Broca mère.

2.

» D'après les art. 4, 14 et 24 de la loi du 22 frimaire an VII, le citoyen Broca fils semblait devoir faire au bureau de l'enregistrement la déclaration des biens qui composaient sa succession, et en payer les droits, à raison d'un pour cent de leur valeur.

» Mais il a prétendu n'être tenu ni à l'un ni à l'autre; et il s'est fondé sur ce qu'à l'époque de son contrat de mariage, le droit d'enregistrement n'était pas encore établi.

» Là, s'est élevée la question de savoir quels droits lui avait conférés son contrat de mariage.

» Si, par son contrat de mariage, il avait acquis réellement et actuellement la propriété de tous les biens de sa mère, et si, en conséquence, sa mère n'avait pas, à proprement parler, laissé de succession, bien évidemment il ne devait à la régie ni déclaration ni droit de mutation.

» Mais aussi il est évident que, si son contrat de mariage ne l'avait pas saisi de la propriété actuelle de tout ce que possédait alors sa mère, c'est par la mort de sa mère que cette propriété lui a été transmise; et, comme il n'a perdu sa mère que longtemps après l'institution de l'enregistrement, il n'y a, dans cette hypothèse, nulle espèce de doute qu'il ne soit soumis à la déclaration et au droit qui en est toujours la suite.

» Entre ces deux partis, le jugement que l'on vous dénonce a adopté le premier. Ses motifs, réduits à leurs termes les plus simples, sont:

» Qu'en thèse générale, l'Institution contractuelle est assimilée à la donation entre-vifs;

» Et que, dans l'espèce particulière, les termes du contrat du 22 décembre 1790 commandent, en quelque sorte, cette assimilation.

» C'est à la discussion de ces deux motifs que notre ministère nous appelle en ce moment; et nous commencerons par dire que le premier nous paraît heurter de front les principes les plus simples et les plus triviaux de la matière.

» Qu'est-ce que l'Institution contractuelle? C'est, répond Danty, « une obligation que contracte l'ins» tituant envers l'institué, de lui laisser à titre d'hé» ritier tous les biens qui lui resteront au jour de » sa mort, c'est-à-dire un testament irrévocable, » qui peut comprendre tous les biens du testateur.

» Laurière en donne à peu près la même définition : l'Institution contractuelle, dit-il, « est un » don irrévocable de succession, ou d'une partie » de succession faite par contrat de mariage, au » profit de l'un des deux conjoints ou des enfans » qu'ils doivent avoir ensemble.

» L'Institution contractuelle ne diffère donc de l'Institution testamentaire qu'en ce que celle-ci est toujours révocable au gré de l'instituant, au lieu que celle-là met l'instituant dans l'impuissance de se choisir un autre héritier que celui auquel il a assuré sa succession.

» Du reste, que l'Institution d'héritier soit faite par un testament ou par un contrat de mariage, ce n'est toujours qu'une Institution d'héritier; elle ne confère, dans le premier cas que l'espérance, et dans le second, que le droit de recueillir la succession de l'instituant.

» L'institué par contrat de mariage n'est donc, comme l'institué par testament, qu'appelé à une hérédité future; il n'est saisi de rien par l'Institution contractuelle, pas plus qu'il ne le serait par une disposition de dernière volonté.

» En un mot, il a le droit d'être héritier de l'instituant; mais ce droit, suivant l'expression de Ricard, regarde la mort; il ne produit aucun effet actuel et présent; il ne s'ouvre qu'au décès de l'auteur de l'Institution.

» Ce n'est donc que par le décès de l'auteur de l'Institution que l'héritier contractuel devient propriétaire et possesseur de ses biens; et dès-là il est nécessairement soumis à la taxe que la loi impose à toute mutation par décès.

» Mais, dit-on, dans les pays de droit écrit, et notamment dans le ressort du ci-devant parlement de Bordeaux, l'Institution contractuelle a toujours été considérée comme une donation entre-vifs.

» Pure équivoque : dans les pays de droit écrit, comme dans les pays coutumiers, l'Institution contractuelle est assimilée à la donation entre-vifs, en ce sens qu'elle est irrévocable comme celle-ci.

» Mais conclure de là que l'héritier contractuel devient propriétaire et possesseur avant la mort de l'instituant, comme le donataire entre-vifs le devient avant la mort du donateur, c'est une conséquence aussi absurde que fausse.

» Si l'héritier contractuel acquérait, par son Institution même, la propriété des biens de l'instituant, très-certainement il la transmettrait à ses propres héritiers dans le cas où il viendrait à mourir avant celui-ci.

» Et, s'il ne la leur transmet point dans ce cas, c'est une preuve indubitable qu'elle ne lui a pas appartenu.

» Or, qu'arrive-t-il, lorsque l'héritier contractuel vient à décéder avant l'auteur de l'Institution?

» On distingue s'il a laissé des enfans ou s'il n'en a pas laissé.

» Au premier cas, ses enfans prennent sa place et deviennent héritiers de l'instituant; mais ce n'est ni par transmission, ni même par représentation.

» Ce n'est point par représentation : car, comme l'établit très-bien Lebrun dans Traité des successions, ce droit leur appartiendrait, même dans les coutumes où la représentation n'est pas admise.

» Ce n'est pas non plus par transmission : car, dit Laurière, des enfans ne peuvent pas, en exerçant les droits de leur père, succéder à une personne à qui il ne pouvait pas succéder lui-même, étant décédé avant elle; et d'ailleurs, ils succèdent à l'instituant, quoiqu'ils aient renoncé à la succession de leur père.

» Il faut donc dire, avec Laurière et Lebrun, que les enfans de l'institué succèdent à l'instituant, parce qu'ils sont censés substitués vulgairement à leur père. En effet, il est constant que celui qui fait une Institution contractuelle, n'a pas seulement en vue l'avantage du futur époux qu'il institue, mais encore celui des enfans que ce dernier doit avoir. Les enfans sont donc censés appelés par son Institution, au défaut de leur père.

» Mais, si l'institué est mort sans laisser d'enfans, que devient l'Institution?

» Elle tombe en caducité, et l'instituant peut se choisir tel autre héritier qui lui plaît.

» Pourquoi cela? Parce que l'institué n'a pas été, par son Institution contractuelle, saisi des biens de l'instituant, et que conséquemment il n'a pas pu les transmettre à ses héritiers, qui d'ailleurs n'ont pas de substitution vulgaire à réclamer en leur faveur.

» Et il ne faut pas croire que ces principes soient particuliers aux départemens de la France qui sont encore régis par des coutumes. Ils sont communs à tous les départemens sans distinction, et on les a toujours professés notamment dans les pays de droit écrit.

» Serres, dans ses *Institutions au droit français*, ouvrage spécialement fait pour le ci-devant Languedoc, après avoir dit liv. 2, tit. 14, que « l'Institution contractuelle et la promesse d'instituer sont irrévocables, et valent comme donations entre-vifs, » ajoute : « on distingue pourtant les Institutions ou promesses d'instituer contractuelles, des donations entre-vifs expresses, en ce que l'Institution et la promesse d'instituer deviennent caduques par le prédécès de l'institué sans enfans.

» C'est en effet ce qu'ont jugé un arrêt du parlement d'Aix, du 5 mai 1627, rapporté par Duperrier dans ses *Questions de droit*, et trois du parlement de Besançon des 11 février 1705, 6 mai 1706 et 18 décembre 1710, insérés dans le recueil d'Augeard, tome 2, page 391.

» Catellan, liv. 4, chap. 12, rapporte un arrêt du parlement de Toulouse, du mois de juin 1779, qui juge pareillement « que la promesse d'instituer faite par la mère à sa fille, même pour lui tenir lieu de constitution dotale, ne vaut donation, la fille étant morte sans enfans ayant la mère; qu'elle est, en ce cas, révoquée de plein droit, et que le mari n'y peut rien prétendre. Les raisons de l'arrêt (*dit-il*) sont qu'il y a une grande différence à faire entre une donation et une promesse d'instituer; que la promesse d'instituer, tout comme l'Institution, devient caduque par le prédécès de l'héritier, sans qu'il serve de dire que la promesse d'instituer, étant faite par le contrat de mariage, en devient irrévocable : il est vrai qu'elle le devient en ce sens, qu'elle n'est exposée ni sujette

» au changement de volonté, comme sont les Institutions ordinaires; mais elle a néanmoins cela de commun avec les autres Institutions, que les événemens du côté de la personne qu'on a promis d'instituer et son prédécès peuvent la rendre caduque ; car il faut bien que l'Institution ou promesse tombe faute de soutien.

» Il serait bien étrange sans doute que le ci-devant parlement de Bordeaux se fût fait là-dessus une jurisprudence contraire à des principes aussi exacts; mais il s'en faut beaucoup qu'on puisse reprocher à sa mémoire un pareil abus d'autorité.

» Écoutons Lapeyrère, lettre I, n° 32 : Institution d'hériter faite par contrat de mariage, est transmissible aux enfans de l'héritier institué, et non à d'autres, lorsque l'institué prédécède le donateur.

» Salviat, page 255, nous retrace un acte de notoriété de l'ordre des avocats au même parlement, du 6 février 1711, qui porte « qu'il est fait différence entre l'Institution contractuelle et la donation entre-vifs, en ce que la propriété est acquise au donataire au moment de la donation, et qu'il la transmet à son héritier au cas qu'il vienne à mourir avant le donateur; au lieu que, par l'Institution contractuelle, celui qui est institué venant à mourir sans enfans, l'Institution devient caduque. »

» Voulons-nous une autre preuve que le parlement de Bordeaux n'a jamais assimilé l'Institution contractuelle à la donation entre-vifs? Revenons à Lapeyrère, lettre I, n° 29 : « S'il y a (dit-il) Institution d'hériter par contrat de mariage faite entre nobles du premier mâle, le père pourra changer la convention, s'il n'y a que filles de celui, et instituer les mâles d'un second, posé que les filles fussent même appelées à défaut de mâles... Cette décision ne pourrait avoir lieu en la donation faite par contrat de mariage. »

» C'est donc calomnier la mémoire du parlement de Bordeaux, que de lui prêter, comme l'a fait le tribunal civil de Mont-de-Marsan, une jurisprudence aussi ridicule que le serait celle qui attribuerait à l'Institution contractuelle tous les effets de la donation entre-vifs.

» Mais, dit-on encore, au moins le parlement de Bordeaux jugeait constamment que l'Institution contractuelle empêchait l'instituant d'aliéner et de disposer; il jugeait donc que l'instituant cessait d'être propriétaire; il jugeait par conséquent que l'institué devenait propriétaire à la place de l'instituant.

» Cette objection n'a pas même le mérite d'être spécieuse; et plusieurs réponses se présentent pour la détruire.

» D'abord, on ne cite et il n'existe dans nos livres, aucun arrêt du parlement de Bordeaux qui juge, on ne cite et il n'existe aucun auteur de son ressort qui enseigne, que l'instituant ne peut plus aliéner ni hypothéquer ses biens sans fraude; et dès-là, quelle raison y aurait-il de lui supposer, sur cette

2.

matière, une jurisprudence contraire à celle de la presque totalité de la France?

» Serait-ce parce que son ressort était, en majeure partie, considéré comme pays de droit écrit?

» Mais la Provence aussi était considérée comme telle; et cependant voici ce qu'on y jugeait sur cette matière : L'instituant (dit Duperrier dans ses *Maximes de droit*) peut, nonobstant l'Institution contractuelle, « emprunter et négocier comme au- » paravant, hypothéquer son bien, vendre et per- » muter sans fraude et sans simulation...., faire des » legs pieux; en un mot, vivre dans ses biens comme » un bon économe, plutôt qu'en maître absolu. »

» L'additionnaire de cet auteur, attaché comme lui au parlement d'Aix, s'explique à peu près de même : « L'instituant (dit-il) n'est pas privé de » l'entière liberté d'aliéner; il s'est engagé seule- » ment à n'avoir point d'autre héritier; et il suffit » qu'il ne rende point inutile cette Institution, et » qu'il ne lui donne pas atteinte par des aliénations » frauduleuses et faites sans nécessité. »

» Il est vrai que quelques auteurs du ressort du parlement de Toulouse attribuent à l'Institution contractuelle l'effet de priver l'Instituant de la faculté d'aliéner ses biens.

» Mais que peut-on inférer de là par rapport à notre question?

» Premièrement, la doctrine de ces auteurs est fortement combattue par Furgole, sur l'art. 13 de l'ordonnance de 1731 : « Il faut donc dire (c'est en » ces termes qu'il termine sa savante discussion) que » l'Institution contractuelle, quoique irrévocable, » fait un vrai héritier; que cet héritier représente » l'instituant au temps de sa mort, parce que l'insti- » tution qui comprend l'hérédité, a trait de temps à » la mort; que l'Institution contractuelle ne ren- » ferme qu'une seule et unique disposition, qui par » conséquent est indivisible; qu'ainsi, il ne peut » pas être vrai que l'institué représente l'instituant, » eu égard seulement au temps auquel l'Institution » a été faite; en conséquence, il est impossible que » l'institué révoque les aliénations faites à titre oné- » reux par l'instituant, parce qu'on peut lui oppo- » ser la règle, QUEM DE EVICTIONE TENET ACTIO, » EUMDEM AGENTEM REPELLIT EXCEPTIO, tirée de la » loi 14, C. DE REI VINDICATIONE. »

» En second lieu, les auteurs mêmes que réfute ainsi Furgole, regardent comme valables les aliénations que fait l'instituant, soit pour se nourrir lui et sa famille, suivant son état, soit pour payer des créanciers qui ont contre lui la contrainte par corps. C'est ce qu'enseignent notamment Maynard, liv. 6, chap. 62; Duranti, quest. 54 et 120, et Cambolas, liv. 1, chap. 3. Le premier va même plus loin : il établit, liv. 7, chap. 100, que l'instituant peut bailler ses biens en emphytéose.

» Or, pour bailler des biens en emphytéose, comme pour les aliéner dans des cas de nécessité urgente, il faut certainement en être propriétaire.

Un donateur entre-vifs aurait beau se trouver dans le besoin, il aurait beau gémir dans les liens de la contrainte par corps, il aurait beau ne vouloir aliéner que par bail emphytéotique, l'aliénation qu'il s'aviserait de faire des biens dont il s'est précédemment exproprié, n'en serait pas moins nulle et sans effet contre le donataire. Donc, même dans l'opinion des auteurs du parlement de Toulouse, l'instituant ne s'exproprie pas réellement et actuellement par l'Institution contractuelle; donc il demeure propriétaire jusqu'à sa mort; donc ce n'est que par sa mort que l'institué succède à sa propriété.

» La même conséquence résulte de la doctrine de Serres, à l'endroit déjà cité : On distingue en- » core (dit-il) les Institutions, ou promesses d'ins- » tituer contractuelles, des donations entre-vifs » expresses, en ce qu'on permet à celui qui a fait » une telle Institution, ou qui a promis d'instituer, » de contracter de bonne foi, de faire des libéralités » modérées à ses autres enfans, d'exercer quelques » petites libéralités durant sa vie, ou de faire quel- » ques petits legs, sans qu'il puisse pourtant ni insti- » tuer un autre héritier, ni absorber ou aliéner ses » biens, ou les hypothéquer en fraude de sa pro- » messe.

» On sent bien qu'un donateur entre-vifs n'aurait pas toutes ces facultés, et que, s'il s'ingérait d'entamer par des legs ou des libéralités quelconques, les biens compris dans sa donation, le donataire serait maître de les faire annuler.

» Enfin, deux arrêts vont mettre le dernier trait à la preuve que la jurisprudence du parlement de Toulouse établissait une très-grande différence entre les Institutions contractuelles et les donations entre-vifs.

» Un père, en mariant son fils, lui avait fait donation entre-vifs de la maison qu'il habitait; et avait en outre promis de le faire héritier. Le fils était mort avant son père, et avait laissé des enfans. L'instituant avait cru pouvoir choisir l'aîné de ceux-ci pour recueillir, à l'exclusion des autres, non-seulement l'Institution contractuelle, mais encore la donation.

» Après sa mort, procès entre ses petits-enfans, sur la validité de ce choix.

» Sentence du premier juge, qui confirme l'élection, tant par rapport à la donation, que par rapport à l'Institution.

» Appel de la part des enfans exclus; et, après une instruction approfondie, arrêt du 1er mars 1731, qui, adoptant la distinction que nous avons déjà vue établie dans la jurisprudence du parlement de Bordeaux, déclare l'élection nulle à l'égard de la donation entre-vifs, parce que le bien qui en était l'objet, avait été acquis incommutablement au donataire; et la confirme à l'égard de l'Institution contractuelle, parce que le fils décédé n'avait eu aucun droit actuel et présent sur l'hérédité de son père.

» Jean-Albert Sabatier institue son fils héritier contractuel dans la moitié de ses biens.

» Quelque temps après, il vend plusieurs immeubles à Moussié.

» Après sa mort, Moussié est troublé par Delbos, qui se prétend propriétaire des biens qu'il a achetés de Sabatier père. Il appelle en garantie le fils de son vendeur.

» Sabatier fils déclare qu'il entend user de la faculté accordée par l'art. 17 de l'ordonnance de 1731, au donataire des biens présens et à venir, de se tenir aux biens existans lors du contrat de mariage, pour ne payer que les dettes contractées avant cette époque; qu'en conséquence, il opte la moitié des biens dont son père était possesseur à l'époque de son Institution contractuelle, et que par suite il doit être déchargé de la garantie exercée contre lui, attendu qu'elle repose sur une vente postérieure à cette Institution, et qui ne peut lui préjudicier.

» Moussié répond que l'ordonnance de 1731 permet bien la division de la donation entre-vifs par contrat de mariage, mais non pas celle de l'Institution contractuelle; que la donation des biens présens et à venir renferme réellement deux donations, l'une qui comprend les biens présens, l'autre qui a pour objet les biens à venir; mais qu'il en est autrement de l'Institution contractuelle; que celle-ci porte sur l'hérédité, qui ne peut pas être acceptée pour une partie, et répudiée pour l'autre; et qu'il n'y a nulle raison pour autoriser, dans l'Institution contractuelle, une division qui ne serait pas tolérée dans l'Institution testamentaire.

» En conséquence, arrêt du 20 juin 1746, qui déboute Sabatier de l'option qu'il prétendait faire, et le condamne à garantir Moussié.

» Cet arrêt et le précédent sont rapportés par Furgole, sur l'art. 13 de l'ordonnance de 1731; et, comme vous le voyez, il n'est plus possible, d'après des décisions aussi formelles, de révoquer en doute, même pour les pays de droit écrit du ressort du ci-devant parlement de Toulouse, le principe que l'Institution contractuelle diffère essentiellement de la donation entre-vifs; qu'elle ne confère, pendant la vie de l'instituant, aucun droit actuel à l'institué; et que celui-ci ne devient propriétaire qu'en devenant héritier, c'est-à-dire en recueillant, après la mort de l'instituant, les biens qui se trouvent dans sa succession.

» Le premier motif du jugement attaqué n'a donc pas l'ombre de fondement, ni la moindre apparence de raison. Voyons si le tribunal de Mont-de-Marsan a été plus exact et plus conséquent dans le deuxième.

» Par le contrat de mariage du 22 décembre 1790 (a-t-il dit), le père et la mère du cit. Broca se sont réservé le droit de disposer, soit entre-vifs, soit à cause de mort, l'un de 30,000 livres, l'autre de 15,000. Donc ils ont implicitement renoncé au droit de disposer du surplus; donc le surplus a été, à l'instant même, transféré en pleine propriété à leur fils.

» Quel raisonnement, ou plutôt quel paralogisme! Quoi! parce que je me réserve la libre disposition d'une somme à prendre sur mes biens, je cesse d'être propriétaire de mes biens mêmes! Jamais paradoxe plus monstrueux n'a souillé les motifs d'un jugement.

» Quelle est, dans une Institution contractuelle, l'effet de la réserve de disposer de certains objets? C'est uniquement de déterminer la somme que l'instituant pourra employer, soit en donations particulières entre-vifs, soit en libéralités testamentaires; c'est, par conséquent, de prévenir toutes les incertitudes qui résultent à cet égard de la diversité des opinions des auteurs, les uns voulant que l'Institution contractuelle lie les mains à l'instituant pour tout ce qui n'est pas aliénation à titre onéreux et sans fraude; les autres soutenant qu'elle ne doit pas l'empêcher de faire des donations, pourvu qu'elles soient renfermées dans de justes bornes.

» Cette réserve n'est donc relative qu'aux dispositions à titre gratuit; et c'est effectivement ainsi que Brodeau, sur Louet, lettre S, §. 9, n° 5, et Serrès, liv. 2, chap. 14, la considèrent et la caractérisent.

» Mais de ce qu'en souscrivant une Institution contractuelle, je consens à ne pouvoir plus disposer à titre de libéralité, au-delà d'une certaine somme, s'ensuit-il que je renonce à la faculté qui m'appartient de droit de faire, à titre onéreux, tels contrats, tels échanges, en un mot tels arrangemens que je jugerai, en bon père de famille, convenir à mes intérêts bien entendus et à l'amélioration de ma fortune? Et si l'on veut me supposer soumis à la prétendue jurisprudence des ci-devant parlemens de Toulouse et de Bordeaux, et sur les effets de l'Institution contractuelle, si l'on veut, quoique ce soit la chose du monde la moins certaine, regarder comme constant que ces deux tribunaux faisaient résulter de l'Institution contractuelle une incapacité de disposer, même à titre onéreux, au moins osera-t-on dire qu'en me réservant de disposer, à titre gratuit, d'une somme déterminée, je renonce à la faculté établie par cette jurisprudence elle-même, soit de vendre une partie de mes biens pour fournir à ma subsistance ou pour me tirer de prison, soit d'en augmenter le revenu annuel, en les baillant à emphytéose? Et si je conserve au moins cette faculté, osera-t-on dire que je ne suis plus propriétaire?

» Ce n'est pas tout. Allons jusqu'à accorder au tribunal de Mont-de-Marsan, que l'Institution contractuelle emporte incapacité d'aliéner, même pour faire face au plus impérieux de tous les besoins, à la fain, même pour faire cesser la contrainte par corps, et rompre les fers d'un débiteur plus malheureux que coupable.

» Eh bien! cette incapacité d'aliéner entraine-t-elle l'idée d'une expropriation totale et actuelle? Quoi! de ce qu'il m'est défendu d'aliéner mon bien, au préjudice de l'Institution contractuelle que j'ai souscrite, vous conclurez que mon bien ne m'appartient plus; que la propriété n'en réside plus sur ma tête, et qu'elle est transférée, de mon vivant, sur la tête de celui que j'ai choisi pour mon héritier, quoiqu'il soit bien reconnu qu'en sa qualité d'héritier, il ne peut être saisi de ma succession qu'après ma mort : *non est hereditas viventis !*

» Eh! quel rapport nécessaire y a-t-il donc entre la capacité d'aliéner et la qualité de propriétaire ? Si l'on cessait d'être propriétaire lorsqu'on perd la faculté de vendre, il faudrait donc regarder comme dépouillée de sa propriété la femme qui se l'est constituée en dot ! Il faudrait donc regarder les mineurs, les interdits, comme privés, pendant leur minorité ou leur interdiction, de la propriété de leurs biens !

» Non, ce n'est point par des suppositions conjecturales, ce n'est point par des inductions forcées, que l'on peut établir une expropriation. Les propriétés ne peuvent se transférer que par des actes exprès et formels; et la raison se soulève à l'idée de faire résulter une pareille translation, de la seule impuissance de vendre.

» Nous savons bien qu'à ces notions si simples, si lumineuses, on peut opposer, et c'est à quoi n'a pas manqué le tribunal de Mont-de-Marsan, l'art. 1 du décret du 9 fructidor an 2, interprétatif de la loi du 17 nivôse précédent.

» Mais cet article ne fait plus loi; et quand on lui supposerait encore une autorité qu'il n'a plus, il s'en faut beaucoup qu'il pût être invoqué en faveur du jugement attaqué par la régie de l'enregistrement.

» Ces deux propositions seront faciles à établir.

» Nous disons d'abord que cet article ne fait plus loi, et la raison en est évidente.

» Quel était son objet ? Il n'en avait point d'autre que d'interpréter les dispositions rétroactives de la loi du 17 nivôse an 2.

» Or, ces dispositions n'existent plus; elles ont été rapportées par la loi du 9 fructidor an 3, et avec elles ont dû nécessairement s'anéantir les interprétations qu'elles avaient reçues : *cum principalis causa non subsistit, nec ea quæ sequuntur locum habent.*

» Prétendra-t-on que du moins on doit considérer l'article dont il s'agit, comme une autorité grave, et qu'à défaut de loi proprement dite, on peut en argumenter pour établir que, dans l'Institution contractuelle, l'incapacité d'aliéner emporte une actuelle expropriation ?

» Mais pour adopter un pareil système, il faudrait avoir perdu de vue l'esprit dans lequel a été fait cet article; et l'esprit dans lequel il a été fait, n'est pas difficile à saisir, lorsqu'on remonte à la généalogie de la partie rétroactive de la loi du 17 nivôse an 2.

» Le comité de législation de la Convention nationale avait été chargé de rédiger un projet de code civil; et il s'était acquitté de sa mission aussi bien qu'il était possible de l'espérer du très-court espace de temps qu'on lui avait fixé.

» Ce projet de code fut attaqué, principalement dans la partie qui était relative aux successions; et le grand défaut qu'on lui reprochait, était de ne disposer que pour l'avenir.

» Sous ce rapport, il ne fut pas difficile au comité de défendre son ouvrage; et il le fit avec toute la supériorité que l'on pouvait attendre des talens de son rapporteur, le cit. Cambacérès.

» Mais ces raisons, d'abord jugées victorieuses, échouèrent tout à coup par l'effet électrique que produisit, dans l'assemblée, une voix qui s'écria : « Il ne s'agit pas ici de rétroactivité : l'égalité des » partages a été décrétée par le canon du 14 juillet : » c'est ce décret qu'il faut exécuter. »

» A l'instant, le projet du comité fut mis à l'écart; et en proclamant le principe de l'effet rétroactif, on enjoignit au comité d'en présenter incessamment les conséquences.

» Il fallut obéir, mais on ne le fit qu'avec d'amers regrets; et l'on chercha du moins à adoucir, autant qu'il fut possible, le sort des héritiers et des donataires que l'on allait dépouiller.

» De là les retenues et les exceptions qui, dans les dispositions rétroactives de la loi du 17 nivôse an 2, déposent authentiquement de la répugnance et du dégoût avec lesquels la rédaction de cette loi fut préparée.

» Le comité ne fut cependant pas assez heureux pour faire adopter tous les adoucissemens qu'il avait proposés. Il en fut notamment rejeté un d'une grande importance : c'est celui qui concernait les Institutions contractuelles antérieures au 14 juillet 1789, et non encore ouvertes à cette dernière époque. Du premier abord, le comité était parvenu à les faire maintenir, d'après le principe de leur irrévocabilité originaire, et le respect dû aux contrats de mariage. Mais, à la seconde lecture, un membre trop fameux de ce qu'on appelait improprement le *décemvirat*, vint en commander la proscription, et elles furent proscrites.

» Arriva le 9 thermidor; avec lui commença à renaître, dans la Convention nationale, la liberté dont elle avait tant besoin, pour réparer les maux causés par son trop long asservissement; et ce fut dans ces circonstances que le comité de législation fut chargé de proposer ses vues sur une foule de pétitions qui se succédaient journellement pour demander des explications de toutes les espèces sur la loi du 17 nivôse.

» Le moment n'était pas encore venu d'attaquer de front l'effet rétroactif; mais on essaya de le modifier; et comme pour y parvenir, on ne se sentait pas encore une grande force, on employa la ruse; c'était bien le cas du *dolus bonus* : on ne s'en fit point de scrupule, et il réussit.

» Voilà pourquoi vous trouvez, dans le décret du 9 fructidor an 2, des explications qui s'accordent si peu avec les principes universellement reçus jusqu'alors.

» Par exemple , jusqu'alors on ne s'était pas encore avisé d'assimiler au *tiers-possesseur* le cohéritier qui acquiert par licitation les parts de ses cohéritiers. Cependant l'art. 25 de ce décret déclare positivement qu'on ne doit pas hésiter à le considérer comme tel ; et qu'en conséquence, il est compris dans l'exception que la loi du 17 nivôse apporte à l'effet rétroactif, en faveur des tiers-acquéreurs.

« Ce fut dans le même esprit que l'on chercha à répondre, par l'art. 1, à la question de savoir quel devait être « le sort des dispositions qui , bien que » qualifiées d'Institutions contractuelles, avaient im- » médiatement dessaisi le donateur , soit en ce qu'il » avait borné ses droits à un simple usufruit, soit en ce » qu'il s'était réservé particulièrement la disposition » de tel ou tel fonds , soit enfin en ce qu'il y avait « eu tradition effective ; le tout antérieurement au » 14 juillet 1789.

» L'article dont il s'agit ne résout pas cette question dans toutes ses branches ; il pose seulement un principe d'après lequel il en abandonne la solution au pouvoir judiciaire ; et ce principe est que , si l'Institution contractuelle a été conçue de manière à rendre l'instituant incapable d'aliéner à aucun titre, « on ne peut voir , dans un tel acte , qu'une dispo- » sition entre-vifs , qui avait saisi le donataire de » tout ce que le donateur ne pouvait plus aliéner. »

» C'était assurément une grosse erreur ; mais de ce qu'elle fut adoptée alors comme moyen nécessaire pour réparer indirectement une partie des injustices qu'avait opérées la loi du 17 nivôse, s'ensuit-il qu'aujourd'hui elle puisse encore être invoquée dans les tribunaux et citée dans les jugemens ?

» C'est comme si l'on prétendait encore aujourd'hui conserver au cohéritier acquéreur par licitation, la qualité et les attributs de *tiers-possesseur.* On l'a prétendu, en effet , dans une demande en cassation dirigée contre un jugement du tribunal civil du département de Seine-et-Oise , qui avait décidé le contraire. Mais quel a été le sort de cette tentative ? Par un jugement dont nous ne trouvons pas la date précise, mais qui est cité comme tout récent dans un message du Directoire exécutif, du 10 thermidor an 4, la demande en cassation a été solennellement rejetée.

» Or, si par-là il a été jugé que l'art. 9 du décret du 9 fructidor an 2 ne faisait plus loi ni même autorité, comment pourrait-on ne pas juger de même à l'égard de l'art. 1 ? L'un et l'autre tenaient également à un ordre de choses qui n'existe plus ; l'un et l'autre formaient également des dépendances d'une législation rétroactive qui est abrogée ; et l'erreur, consacrée par l'un , ne mérite ni plus de faveur ni plus de considération que l'erreur consacrée par l'autre.

» Mais après tout, et c'est ici la seconde proposition que nous avons annoncée, quand on devrait, dans l'espèce actuelle, prendre pour règle l'art. 1 du décret du 9 fructidor an 2, le jugement attaqué n'en serait pas plus soutenable.

» Cet article porte qu'au double caractère et de » l'irrévocabilité de l'acte , et de l'inaliénabilité de la » part du disposant À AUCUN TITRE , » on doit ne reconnaître dans une Institution contractuelle qu'une donation entre-vifs qui a exproprié l'instituant à l'instant même où elle a été signée ; mais qu'il en est autrement dans l'*absence de l'un de ces deux caractères.*

» Or , par le contrat de mariage du 22 décembre 1790 , la mère du cit. Broca a-t-elle été constituée dans l'impuissance d'*aliéner ses biens à aucun titre ?* Non.

» Par le droit commun de la France, elle a conservé le droit d'aliéner de bonne foi par toutes sortes de contrats à titre onéreux.

» Elle l'a également conservé par la jurisprudence du parlement de Bordeaux, puisque nous ne voyons nulle part que cette jurisprudence se soit jamais écartée du droit commun.

» Enfin , par la jurisprudence du parlement de Toulouse , elle a du moins conservé le droit d'aliéner, soit pour subvenir à ses besoins pressans , soit par bail , emphytéotique pour augmenter ses revenus.

» Il y a donc, à son égard, *absence de l'un des deux caractères* dont parle l'art. 1 du décret du 9 fructidor an 2.

» Elle ne peut donc pas, même d'après cet article , être considérée comme s'étant dessaisie par son Institution contractuelle.

» Elle est donc demeurée, jusqu'à sa mort , propriétaire de ses biens.

» Ce n'est donc que par sa mort que ses biens ont été transmis à son fils.

» Mais il reste en faveur du jugement attaqué une objection qu'il est de notre devoir de prévenir , quoiqu'elle ne soit pas consignée dans ses motifs. Elle résulte de ce que , par le contrat de mariage du 22 décembre 1790 , le père et la mère du cit. Broca l'ont institué leur héritier universel dans tous les biens qu'ils avaient alors , et qu'ils auraient à leur décès , « sous la réserve de l'usufruit et jouis- » sance du total pendant leur vie , même de la tota- » lité d'icelui en faveur du survivant , en cas de pré- » décès de l'un d'eux. » Ne peut-on pas dire, en effet, qu'en se bornant à une réserve d'usufruit, ils se sont dessaisis de la propriété, et qu'en conséquence leur disposition , quoique voilée sous les apparences d'une Institution contractuelle, n'est , dans la réalité, qu'une donation entre-vifs ?

» Non, ce n'est pas ainsi que l'on peut convertir en donation présente et actuelle une simple Institution d'héritier.

» En instituant leur fils héritier, Broca père et son épouse l'ont appelé à leur succession ; et comme , d'après le principe déjà cité, *non est hereditas viventis*, il est clair que par-là ils ne lui ont pas transféré la propriété de leurs biens.

» S'ils ne la lui ont pas transférée en l'instituant

leur héritier, comment la lui auraient-ils transférée en se réservant un usufruit? Lorsqu'on a deux droits, la réserve de l'un n'emporte pas la cession de l'autre. Sans doute, la réserve est inutile : mais ce n'est pas par des clauses inutiles que l'on s'exproprie; on ne peut s'exproprier que par des clauses expresses et directes.

» La réserve d'usufruit ne peut avoir été ajoutée à l'Institution d'héritier, que pour lever, dans l'esprit du notaire rédacteur, des doutes qui ne devaient l'être qu'à son ignorance. C'est donc ici le cas de la règle, *quæ dubitationis tollendæ causâ contractibus inseruntur, jus commune non lædunt*, règle qui forme, comme vous le savez, la 81ᵉ loi du titre *de Regulis juris*, au digeste.

» Des exemples positifs viennent à l'appui de ce principe.

» La commune de Brunémont se prétendait propriétaire d'un marais, dans lequel cependant le titre qu'elle réclamait ne lui accordait qu'un droit d'usage; elle se fondait sur une clause de ce titre, par laquelle le seigneur de qui elle tenait sa concession, s'était uniquement « réservé la hauteur et prééminence ès- » dits marais, et d'y pouvoir planter jusqu'à deux » routes et non plus, ainsi qu'à haut-justicier appar- » tient. » Par cette clause, disaient les habitans de Brunémont, le seigneur ne s'est réservé que la directe du marais; il nous en a donc abandonné la propriété utile.

» Non, répondait la dame de Berghes; le titre dont vous vous prévalez ne vous accorde qu'un droit d'usage; il ne vous a donc pas rendus propriétaires: la réserve de la seigneurie ne peut pas seule opérer une translation de propriété.

» Par arrêt du parlement de Douai, du 20 juillet 1779, la commune de Brunémont a été déboutée de sa demande, et la dame de Berghes déclarée seule propriétaire du marais litigieux (1).

» La veuve Boudret, en mariant sa fille avec Claude Varin, l'avait instituée héritière pour une portion virile dans les biens qu'*elle délaisserait à son trépas, sous réserve de 1,500 francs*, dont elle demeurerait maîtresse de disposer, *outre l'usufruit et jouissance de tous ses biens et de ceux de son feu mari*.

» Le contrat de mariage avait été passé à Besançon, lieu du domicile des parties; et l'on sait que la ville de Besançon n'est pas soumise à la coutume de Franche-Comté, mais uniquement régie par le droit écrit.

» Au bout d'un an, la fille Boudret mourut, laissant un fils qui ne lui survécut que peu de jours.

» Alors s'élevèrent, entre la veuve Boudret et

Claude Varin, des contestations, dans le cours desquelles celui-ci demanda notamment qu'il fût déclaré qu'après la mort de sa belle-mère, il partagerait également avec ses autres enfans les biens qu'elle laisserait.

» La veuve Boudret opposa à cette demande, le principe que l'Institution contractuelle devient caduque par le prédécès de l'institué et de ses enfans.

» Claude Varin convenait de ce principe; mais il cherchait à éluder, en soutenant que la veuve Boudret avait fait à sa fille une donation entre-vifs et non une simple Institution contractuelle; et cela résultait, suivant lui, d'abord de ce qu'elle ne s'était réservé que la disposition d'une somme de 1,500 francs; ensuite de ce qu'elle avait cru nécessaire de se retenir expressément l'usufruit de ses biens.

» Par arrêt du 19 décembre 1710, rapporté dans le recueil d'Augeard, tome 1, §. 90, il a été prononcé en ces termes : « Déclare que la dispo- » sition faite par la demanderesse (la veuve Bou- » dret) en faveur de Cécile Boudret, sa fille, dans » son contrat de mariage, de telle part et portion » de ses biens qu'elle délaisserait au temps de son » trépas, comme l'un de ses autres enfans, sous » réserve d'usufruit, est devenue caduque par le » prédécès de ladite Boudret et de son enfant; per- » met en conséquence, à la demanderesse de dis- » poser de ladite part et portion, comme elle » trouvera convenir. »

» Bosson et son épouse avaient institué contractuellement la dame Bourzeis, leur fille, héritière universelle de tous les biens qu'ils laisseraient à leur décès, et dont ils avaient déclaré se réserver l'usufruit. Après la mort de Bosson, la dame de Bourzeis prétendit que sa mère était réduite au simple usufruit de sa part dans la communauté. La dame Bosson, de son côté, soutint qu'elle était demeurée propriétaire, par cela seul qu'elle avait fait non une donation entre-vifs, mais une Institution contractuelle. Par arrêt du 10 février 1738, il a été jugé, dit Denisart, « Que la veuve Bosson jouirait » en toute propriété de la moitié des biens de la » communauté, pour pouvoir par elle les vendre, » aliéner ou hypothéquer, ensemble tout ce qui » pourrait lui échoir dans la suite par succession, » donation, legs ou autrement, pourvu que ce ne » fût pas à titre gratuit. »

» De toutes ces décisions, il résulte bien clairement que la réserve d'usufruit ajoutée à une Institution contractuelle, ne la transforme pas en donation entre-vifs; qu'elle la laisse ce qu'elle est par sa nature, et que l'instituant qui s'est fait une pareille réserve, n'en conserve pas moins l'entière propriété de ses biens.

» Le jugement attaqué viole donc à la fois et les art. 4, 14 et 24 de la loi du 22 frimaire an VII, relative au droit d'enregistrement; et les lois romaines qui définissent l'Institution d'héritier, *designatio successoris in universum jus defuncti*; et la loi du

(1) *V.* le *Répertoire de Jurisprudence*, aux mots *Sieurie* et *Usage (droit d')*, sect. 2, §. 1, nᵒ 3.

9 fructidor an III, portant abrogation de la partie rétroactive de la loi du 17 nivôse an II et de tous les décrets rendus pour l'interpréter.

» Par ces considérations, nous estimons qu'il y a lieu de casser et annuler le jugement dont il s'agit. »

Conformément à ces conclusions, arrêt sur délibéré, du 19 pluviôse an XI, au rapport de M. Maleville, par lequel,

« Vu le n° 5 du §. 3 de l'art. 63 de la loi du 22 frimaire an VII;

» Attendu que ce n'est que par le décès de sa mère que Joseph Broca a été réellement et irrévocablement saisi des biens dans lesquels elle l'avait institué son héritier par le contrat de mariage de celui-ci; que jusque-là la propriété de ces biens pouvait devenir caduque par le prédécès de Joseph Broca sans enfans; que, lors de son contrat de mariage, il n'avait point payé ni pu payer les droits dus pour cette mutation éventuelle; et que la régie était par conséquent fondée à les exiger au décès, seule époque à laquelle elle est dans l'usage et en droit de les demander.,... ;

» Le tribunal casse et annule le jugement rendu par le tribunal d'arrondissement de Mont-de-Marsan, du 1er thermidor an IX.... »

On trouvera, dans le *Répertoire de jurisprudence*, aux mots *institution contractuelle*, §. 8, n° 15, un autre arrêt du 24 nivôse an XIII, qui juge encore de même.

En voici un troisième, du 5 octobre 1807, qui met le sceau à cette jurisprudence.

« Par contrat de mariage, du 27 décembre 1788, Jean Bessière avait fait à Guillaume Lacoste, futur époux, donation de tous les biens qui se trouveraient lui appartenir à son décès.

» Jean Bessière, étant décédé le 17 ventôse an VIII, le tribunal civil de Marmande prononça, par le jugement attaqué, que le droit de transmission n'était point dû, sous prétexte que la donation faite le 27 décembre 1788, était dès-lors irrévocable.

» Violation de l'art. 4 de la loi du 22 frimaire an VII.

» L'arrêt qui a annulé ce jugement est ainsi conçu :

» Ouï le rapport de M. Doutrepont, l'un des juges.... et les conclusions de M. Giraud;

» Vu l'art. 4 de la loi du 22 frimaire an VII;

» Attendu qu'encore bien que la donation faite par Jean Bessière à Guillaume Lacoste, par le contrat de mariage du 27 octobre 1788, de tous les biens que ledit Jean Bessière délaisserait à sa mort, fût irrévocable; la propriété des biens de Jean Bessière n'était point transmise par ce contrat à Guillaume Lacoste, puisque le donateur en a conservé incontestablement la libre disposition jusqu'à son décès, et que la transmission ne s'en est faite à Guillaume Lacoste qu'à cette dernière époque;

TOME V.

» La cour casse et annulle.... » (*Bulletin civil de la cour de cassation*).

§. III. *Pouvait-on, avant l'abrogation des testamens conjonctifs, faire, par ces sortes d'actes, des Institutions contractuelles?*

V. le plaidoyer du 29 et l'arrêt du 30 messidor an XI, rapportés à l'article *Succession future (pacte sur une)*, §. 2.

§. IV. *Avant l'abrogation des réserves coutumières, pouvait-on, par institution contractuelle, disposer des biens sujets à ces réserves?*

V. l'article *Remploi*, §. 4.

§. V. 1° *Avant le code civil, et dans la coutume de Liége, le mari institué, par son contrat de mariage, héritier d'un tiers, pouvait-il, après la mort de l'instituant, renoncer à sa succession, sans le consentement de sa femme?*

2° *Le peut-il sous le code civil?*

V. le plaidoyer et l'arrêt rapportés à l'article *Substitution fidéicommissaire*, §. 12.

§. VI. *L'instituant qui, par l'institution contractuelle, s'est réservé la disposition d'une somme d'argent déterminée, peut-il, avec le consentement de l'institué, disposer d'une somme plus forte? Les créanciers de l'institué, qui n'ont contracté avec lui que postérieurement à l'époque où il a donné ce consentement, peuvent-ils l'attaquer, comme préjudiciant à leurs droits?*

En 1768, Gabriel-Annet de Bosredon, en mariant son fils Maximilien, l'institue héritier universel, sous la réserve d'une somme de 20,000 livres dont il entend disposer à sa volonté.

En 1787, une fille, née de ce mariage, épouse le sieur de Besse. Gabriel-Annet et Maximilien de Bosredon, son aïeul et son père, lui constituent en dot, *conjointement et solidairement*, une somme de 400,000 livres, *payable en argent ou en terres, qui seront estimées par experts, parens ou amis communs*.

A cette époque, Maximilien de Bosredon n'avait point d'autre fortune que l'expectative de la succession de Gabriel-Annet, son père, qui l'avait institué héritier par son contrat de mariage. Ainsi c'était véritablement son père qui constituait la dot de sa fille, et la portait à 400,000 livres, somme excédant de 380,000 livres celle dont il s'était réservé la disposition.

Dans la suite, l'aïeul et le père de la dame de Besse se sont obérés; en sorte qu'à la mort du pre-

3

mier, le second s'est trouvé réduit à ne se porter héritier que sous bénéfice d'inventaire.

Cependant Maximilien de Bosredon, oubliant la qualité qu'il avait prise dans cette succession, et y substituant, par le fait, celle d'héritier pur et simple, a hypothéqué les immeubles provenant de la succession de Gabriel-Annet de Bosredon, à ses créanciers personnels, qui les ont fait saisir, et en ont poursuivi l'expropriation forcée.

La dame de Besse est intervenue sur ces poursuites, et a demandé que les biens saisis fussent déclarés lui appartenir jusqu'à concurrence de 400,000 livres.

Le 6 janvier 1813, arrêt de la cour d'appel de Riom, qui ordonne qu'en effet les biens seront distraits de la saisie jusqu'à cette concurrence.

Les créanciers de Maximilien de Bosredon se pourvoient en cassation contre cet arrêt, et proposent trois moyens.

On verra à l'article *Séparation des patrimoines*, §. 4, quel était le premier de ces moyens; et l'on a vu, a l'article *Donation*, §. 11, en quoi consistait le troisième, qui a déterminé la cassation de l'arrêt attaqué.

A l'égard du second, les créanciers le faisaient résulter d'une prétendue contravention aux art. 29 et 30 du chap. 14 de la coutume d'Auvergne, d'après lesquels, disent-ils, Gabriel-Annet de Bosredon s'était dépouillé de la faculté de disposer, à titre gratuit, de toute somme excédant 20,000 livres.

Mais ce moyen a été rejeté par arrêt du 8 novembre 1815, au rapport de M. Carnot, « attendu que, « si, dans le ressort de la coutume d'Auvergne, » l'instituant qui a fixé sa réserve de disposer, ne » peut faire de disposition, à titre gratuit, d'une » somme plus forte; ces dispositions ne peuvent » être attaquées que par les personnes qui auraient » été intéressées à les contester, lorsque l'institué » y a donné son consentement, et qu'aucun des de- » mandeurs n'avait intérêt de contester celles faites » par Gabriel-Annet de Bosredon à la dame de » Besse, du consentement de Maximilien, son fils » et son héritier contractuel, puisqu'aucun d'eux » n'était créancier à cette époque. »

§. VII. *Autres questions sur les institutions contractuelles.*

V. les articles *Contrats de mariage* et *Donation.*

INSTITUTION D'HÉRITIER. §. I. *L'institution d'héritier confère-t-elle à l'institué les biens qui étaient indisponibles au temps de la confection du testament, et dont la disposition était autorisée par la loi à l'époque du décès de l'instituant?*

V. le plaidoyer et l'arrêt du 28 germinal an 11, rapportés à l'article *Avantages entre époux*, §. 9.

§. II. *Quel était, avant le code civil, l'effet d'une institution d'héritier dans la coutume de Nivernais?*

V. l'article *Héritier*, §. 7.

§. III. *Quel est l'effet d'une institution d'héritier dans tous les biens du testateur, pour en jouir par l'institué pendant sa vie seulement, et à la charge qu'après sa mort, ils retourneront à un tel? Dans l'ancienne jurisprudence, l'institué devenait-il, par cette institution, simple usufruitier, ou acquérait-il la propriété des biens, à la charge d'une substitution fidéicommissaire? Aujourd'hui une pareille institution serait-elle nulle, d'après l'art. 896 du code civil, comme contenant une substitution prohibée?*

V. l'article *Substitution fidéicommissaire*, §. 5.

§. IV. *Autres questions sur l'Institution d'héritier.*

V. l'article *Testament.*

INTERDICTION. §. I. 1° *Quels étaient, avant le code civil, à l'égard des tierces-personnes, les effets d'un jugement d'Interdiction qui n'avait pas été suivi de publication avant qu'elles contractassent avec l'interdit?*

2°. *Les effets mobiliers et les billets au porteur qui ont appartenu à l'interdit avant son Interdiction, et qui se trouvent dans la possession d'une tierce-personne, sans que l'on puisse prouver légalement à quelle époque elle les a acquis, doivent-ils être censés n'avoir été acquis par elle que depuis le jugement qui a privé l'interdit de l'exercice de ses droits?*

V. le plaidoyer du 13 nivôse an XII, rapporté à l'article *Revendication*, §. 1.

§. II. *Sous le régime hypothécaire de 1771, les interdits conservaient-ils leurs hypothèques sans opposition au sceau des lettres de ratification?*

V. l'article *Hypothèque*, §. 2.

§. III. 1° *Quels sont, à l'égard des tierces-personnes, les effets d'un jugement d'interdiction qui n'a pas été inscrit dans le tableau des notaires de l'arrondissement où il a été rendu, avant qu'elles contractassent avec l'interdit?*

2°. *Est-il nécessaire que ce jugement ait été affiché dans les autres arrondissemens où l'interdit a contracté depuis des obligations, pour que ces obligations soient nulles?*

3°. *La nullité des obligations contractées par une personne à qui il a été nommé un conseil judiciaire, est-elle couverte par l'assentiment qu'y a donné son père, membre de ce conseil, mais n'agissant pas comme tel ?*

V. l'article *Tableau des interdits*, §. 1 et 2.

§. IV. *Les jugemens d'Interdiction qui ont été rendus pour cause de prodigalité, avant les lois qui ont aboli ce genre d'Interdiction, ont-ils été révoqués par ces lois ?*

V. l'article *Prodigue.*

§. V. 1° *L'interdit, qui se pourvoit en main-levée de son Interdiction, est-il obligé de faire assigner son tuteur, et s'il n'en a pas, de s'en faire nommer un à cet effet ?*

2°. *Le tuteur qui n'a pas été appelé dans l'instance sur laquelle est intervenu le jugement de main-levée, peut-il y former tierce-opposition ? Le peut-il, s'il n'a été nommé qu'après la prononciation de ce jugement ?*

En 1802, jugement qui, sur l'avis d'un conseil de famille, et après une enquête et un interrogatoire, interdit Jean-Thiébault Martini, pour faiblesse d'esprit, et lui nomme pour curateur Jean Martini, son cousin.

Après la publication du code civil, Jean Martini se démet de la curatelle; l'interdit est placé sous la tutelle de son père; et un autre Jean Martini, son frère, est nommé son subrogé-tuteur.

En 1808, décès de Martini père.

En 1809, l'interdit, se trouvant sans tuteur, s'adresse au tribunal de première instance de Belfort, demande la main-levée de son interdiction, et fait assigner, pour la voir prononcer, Jean Martini, son cousin, qu'il suppose être encore son curateur. Jean Martini comparoit sur cette citation, et déclare s'en rapporter à justice. En même temps, un conseil de famille est assemblé, et donne un avis favorable. L'interdit est interrogé; le ministère public donne ses conclusions, et le 12 juin, jugement intervient qui lève l'Interdiction. Ce jugement n'était pas encore affiché ni même levé, que déjà Jean-Thiébault Martini se livre à la dissipation, et aliène une grande partie de ses biens.

Aussitôt, Jean Martini, son frère et son subrogé-tuteur, qui n'a pas été appelé dans l'instance en main-levée, assemble un conseil de famille, se fait nommer tuteur, au lieu et place de leur père décédé, forme, en cette nouvelle qualité, tierce-opposition au jugement du 12 juin 1809, et met en cause les acquéreurs des biens vendus par son frère, pour voir déclarer nulles et de nul effet les ventes qu'il leur a faites.

Les acquéreurs soutiennent que le subrogé-tuteur de Jean-Thiébault Martini n'étant pas devenu son tuteur de plein droit par l'effet de la vacance de la tutelle (art. 424 du code civil), il n'a pas dû être appelé au jugement de main-levée de l'Interdiction; qu'il n'aurait même pas dû l'être, s'il eût été tuteur; que dès-lors il est non-recevable dans sa tierce-opposition.

Le 22 janvier 1812, jugement qui le décide ainsi.

Mais sur l'appel à la cour de Colmar, arrêt du 6 février 1813, qui réforme, admet la tierce-opposition, rapporte le jugement de main-levée, et déclare les aliénations nulles : le tout, attendu, entre autres motifs, que la main-levée a été prononcée *sans la participation d'un légitime contradicteur*, et que l'interdit eût dû en former la demande contre Jean Martini, qui, vu là mort du père, tuteur, se trouvait, comme subrogé-tuteur, son véritable et seul adversaire.

Deux des acquéreurs se pourvoient en cassation contre cet arrêt.

« Que l'interdit puisse former lui-même la demande en main-levée (disent-ils), cela ne peut être susceptible d'aucun doute; autrement, il dépendrait du tuteur de le retenir, tant qu'il lui plairait, dans les liens de l'Interdiction. Aussi la cour d'appel de Colmar n'a-t-elle pas dit que, pour former cette demande, il dût être assisté de son tuteur : elle a dit, au contraire, que c'était contre son tuteur qu'il devait la former. Mais comment le tuteur de l'interdit pourrait-il en être le légitime contradicteur? Il le représente dans tous les actes civils (art. 450 et 500 du code). Il ne fait donc avec lui qu'une seule et même personne. Il ne peut donc jamais se trouver en opposition avec lui.

» A la vérité, l'art. 512 veut que, dans la main-levée de l'Interdiction, l'on observe *les formalités prescrites pour parvenir à l'Interdiction* même; mais ce n'est pas à dire pour cela que, comme il y a deux parties dans l'instance en Interdiction, celle qui la provoque, et celle contre qui elle est provoquée, il doive également y en avoir deux dans l'instance en main-levée. Pour remplir le vœu de l'article 512, il n'est pas nécessaire d'introduire dans l'instance en main-levée, un contradicteur à qui la loi n'en donne pas la qualité : il suffit que le juge prenne, pour s'assurer de la cessation des causes de l'Interdiction, les mêmes précautions qu'il a dû prendre, lorsqu'il s'est agi de les vérifier et de les constater.

» Ce n'est pas que, dans l'instance en main-levée, il ne puisse y avoir un ou plusieurs contradicteurs : car il dépend de chacun des membres du conseil de famille assemblé pour délibérer sur la demande de l'interdit, de se constituer tel par un acte extrajudiciaire qu'il lui fait signer; et alors il faut que l'interdit le fasse assigner sur sa demande (art. 888 du code de procédure civ.); mais si aucun des membres du conseil de famille ne s'oppose de cette ma-

3.

nière, ils sont tous censés consentir; et les appeler dans l'instance, serait une procédure frustratoire(1). »

Sur ces moyens, arrêt de la section des requêtes qui admet la demande en cassation; et après une instruction contradictoire, arrêt, à la section civile, le 12 février 1816, au rapport de M. Pajon, par lequel :

« Vu l'art. 512 du code civil, et les art. 474 et 896 du code de procédure...;

» Attendu que l'arrêt attaqué n'a déclaré Jean Martini recevable dans la tierce-opposition par lui formée au jugement qui avait accordé à Jean-Thiébault Martini la main-levée de son interdiction, que d'après la supposition que ledit Jean Martini, en sa qualité de subrogé-tuteur, aurait dû être appelé comme contradicteur nécessaire à cette demande en main-levée;

» Mais que cette nécessité n'est établie par aucune loi;

» Qu'à la vérité, l'art. 512 du code civil dispose que la main-levée de l'Interdiction ne sera prononcée qu'en observant les formalités prescrites pour parvenir à l'Interdiction, et qu'en expliquant cette disposition, l'art. 896 du code de procédure porte que la demande en main-levée doit être instruite et jugée dans la même forme que l'Interdiction; mais que des termes de cet article, on ne peut pas conclure que la demande en main-levée doive être nécessairement formée contre le tuteur de l'interdit, mais seulement que les formalités prescrites pour l'instruction et le jugement de la demande en Interdiction, et notamment celles indiquées par les articles 494, 496 et 498, doivent être observées, comme elles l'ont été dans l'espèce de la cause sur la demande en main-levée formée par Jean-Thiébault Martini; et que, par cela même que ces formalités sont les seules requises pour obtenir la main-levée, il s'ensuit que, lorsqu'elles ont été observées, le conseil de famille et le ministère public sont les véritables contradicteurs sur cette demande, et les seuls qui soient nécessaires aux termes de la loi;

» D'où résulte que l'arrêt, en faisant une fausse application des art. 512 et 896 des codes civil et de procédure, a manifestement violé l'art. 474 de ce dernier code, qui n'admet les tiers à former tierce-opposition à un jugement que dans le seul cas où ils auraient dû y être appelés:

» La cour casse et annulle......

§. VI. *Quels sont les effets de l'Interdiction dont l'art. 29 du Code pénal frappe les condamnés à la peine des travaux forcés à temps, ou de la réclusion, pendant la durée de cette peine?*

V. Les articles *Rescision*, §. 2, et *Testateur*, §. 3 bis.

(1) *V.* le *Traité de la procédure civile*, de Pigeau, tome 2, page 434.

INTÉRÊTS. §. I. *Comment se fait la compensation des Intérêts avec les fruits?*

V. l'article *Imputation par échelette.*

§. II. 1° *Les avances que fait à une société de commerce le négociant qu'elle a choisi pour son facteur ou commissionnaire, sont-elles de plein droit productives d'Intérêts; ou, au contraire, les Intérêts n'en sont-ils dus qu'à compter du jour des poursuites intentées en justice pour en récupérer le montant?*

2° *Celui qui paie pour le compte d'un autre, un billet à ordre protesté sur celui-ci, peut-il en répéter les Intérêts à dater du jour du payement?*

3° *Celui qui, après un protêt, paie pour le compte d'un autre une lettre de change qui ne portait point remise de place en place, peut-il en répéter les Intérêts à dater du jour du payement?*

Ces trois questions se sont présentées à l'audience de la cour de cassation, section civile, le 5 vendémiaire an 11, entre le sieur Boubert, demandeur en cassation d'un arrêt de la cour d'appel de Douai, du 24 nivôse an 9, et les héritiers Desfontaines.

Voici les conclusions que j'ai données sur cette affaire:

» Le tribunal d'appel de Douai a-t-il violé quelque loi, en jugeant que le cit. Boubert ne pouvait prétendre que du jour de la demande judiciaire, les Intérêts des avances qu'il avait faites pour la société *Morain, Hornez* et *Desfontaines?*

» A-t-il violé quelque loi, en jugeant que ce n'était pareillement que du jour de la demande judiciaire, qu'étaient dus au cit. Boubert les sommes avancées par lui pour le payement de lettres de change acceptées, et de billets à ordre créés par la même société?

» Telles sont les deux questions que cette affaire présente à votre examen, et à la discussion desquelles notre ministère nous appelle en ce moment.

» La première se sous-divise en deux branches principales:

» D'abord, les avances que fait à une société de commerce le négociant qu'elle a choisi pour son facteur ou commissionnaire, sont-elles, de plein droit, productives d'Intérêts; ou au contraire les Intérêts n'en sont-ils dus qu'à compter du jour des poursuites intentées en justice pour en récupérer le montant?

» Ensuite existe-t-il, dans l'espèce particulière, une convention, soit expresse, soit implicite, qui ait fait courir les Intérêts des avances dont il s'agit, du jour où elles ont été faites?

» Sur l'un comme sur l'autre point, le tribunal d'appel de Douai a prononcé pour la négative; et il s'agit d'apprécier son jugement sur l'un comme sur l'autre.

» Quant au premier, on ne vous a cité, de la part du cit. Boubert, que la loi du 2 octobre 1789, et des parères de négocians; et déjà, sans doute, vous vous êtes dit à vous-mêmes que ni cette loi ni ces parères ne peuvent ici former des ouvertures de cassation.

» La chose est évidente pour les parères, puisqu'ils n'attestent et ne peuvent attester qu'un usage reçu dans le commerce; et que cet usage, en le supposant aussi général, aussi uniforme, aussi constant, que le soutient le cit. Boubert, ne pourrait jamais, en matière de cassation, tenir lieu d'une loi expresse. L'objet de votre institution n'est pas de réprimer les contraventions aux usages; les contraventions aux lois peuvent seules provoquer votre censure suprême.

» A l'égard de la loi du 2 octobre 1789, elle se borne à permettre la *stipulation d'intérêts* dans le simple prêt d'argent, *suivant le taux déterminé par la loi*; et il n'est pas, quant à présent, question de savoir si les cit. Boubert et Desfontaines ont pu, par une convention formelle, faire courir les intérêts litigieux : il ne s'agit, en ce moment, que de savoir si les intérêts litigieux ont couru de plein droit et sans stipulation.

» Il est vrai que cette loi déclare ne *rien innover aux usages du commerce*. Mais qu'entend-elle par-là ? Rien autre chose, si ce n'est qu'en fixant les intérêts *au taux déterminé par la loi*, c'est-à-dire, à cinq pour cent avec retenue des impositions, elle n'entend pas déroger à l'usage établi entre négocians, de stipuler l'intérêt à un taux plus élevé; et vous savez qu'en 1789, l'intérêt conventionnel, entre négocians, était depuis long-temps porté à un demi pour cent par mois ou six du cent par an.

» C'est donc bien vainement que le cit. Boubert invoque ici la loi du 8 octobre 1789; elle ne peut, pas plus que ses parères, vous déterminer à casser le jugement qui vous est dénoncé.

» Mais n'y a-t-il pas d'autres lois que ce jugement ait violées ? Et pour nous fixer sur celles qui composent le corps du droit romain, n'y trouvons-nous pas des décisions absolument contraires à ce jugement ?

» Dans le droit romain comme dans notre jurisprudence, les intérêts sont dus ou en vertu de la loi, ou en vertu de la stipulation, ou par l'effet du retard du débiteur : *aut ex lege, aut ex stipulatione, aut ex morâ.*

» Or, parmi les intérêts dus en vertu de la loi, se trouvent éminemment placés ceux des avances faites par un mandataire pour le compte de son commettant.

« La loi première, C. *Mandati*, porte que, si vous avez avancé l'argent de votre bourse, ou si vous en avez emprunté pour la gestion des affaires dont je vous ai chargé, vous avez action contre moi pour en répéter, non-seulement le capital, mais encore les intérêts : *Adversùs eum cujus negotia gesta sunt, de pecuniâ quàm de propriis opibus vel ab aliis mutuo acceptam erogasti, mandati actione pro sorte et usuris potes experiri.*

» Le jurisconsulte Paul avait dit la même chose dans ses *Sentences*, liv. 2, tit. 15, §. 2 : *Si meis nummis mandato tuo aliquid tibi comparavero, et si rem posteà accipere nolis, mandati actio mihi adversùs te competit. Non enim tantum quod impensum est, sed et usuras ejus consequi possum.*

» Et voilà pourquoi la loi 19, §. 4, D. *de negotiis gestis*, attribue au *negotiorum gestor*, qui est une sorte de mandataire présumé, le droit de se faire rembourser les intérêts qu'il aurait pu retirer de son argent, si, au lieu de l'employer pour le compte de celui dont il a géré les affaires, il l'avait employé pour son compte personnel : *Usuras quas ex nostrâ pecuniâ percipere potuimus, quàm in aliena negotia impendimus, servabimus negotiorum gestorum judicio.*

» C'est aussi par la même raison qu'aux termes de la loi 67, §. 2, D. *pro Socio*, les fonds qu'un associé verse dans la caisse sociale, en sus de sa mise obligée, sont de plein droit productifs d'intérêts, du jour où s'en fait le versement : *Sed et si pecuniam suam dedit, non sine causâ dicetur quod usuras quoque percipere debeat, quas posset habere si alii mutuo dedisset.*

» Observons cependant que toutes ces lois nous sont présentées par les auteurs des provinces belgiques, dont fait partie la Flandre, et par conséquent la ville de Dunkerque, comme abrogées par une désuétude générale. *Cæterùm* (dit *Grœnewegen*, dans son Traité de *Legibus abrogatis*, sur la loi 1, D. *Mandati*, au code), *si de proprio impensas fecerit mandatarius, usuræ ipsi hodiè nostris moribus à mandante non debentur, nisi à tempore litis motæ.*

» *Nostris moribus* (dit-il encore sur la loi 18, *de Negotiis gestis*, au digeste), *sumptuum factorum usuræ negotiorum gestorum actione non præstantur, nisi à tempore litis contestatæ.*

» Vöet dit la même chose sur le titre *de Negotiis gestis*, au digeste, n° 8 : *Hodiè tamen* (ce sont ses termes), *ad sumptuum erogatorum usuras, non à tempore erogationis, sed demùm litis contestatæ, condemnari eum cujus negotia gesta sunt, communiter receptum est.*

» Et en général, ajoute Stockmans, §. 76, n° 6, *in nostro foro usura etiam compensatoria non admittitur, nisi debitor in morâ sit et quidem in judiciali.*

» Quelle en est la raison ? C'est, lisons-nous dans la 99e décision du président Wynantz, que le créancier est présumé ne souffrir aucun dommage par l'absence de ses fonds, lorsqu'il ne poursuit pas judiciairement son débiteur à l'effet de se les faire rembourser : *Quod fundamentum suum habet in eo quod præsumatur creditor. nullum pati interesse, dùm debitorem ad restitutionem vel solutionem serio non urget, judicialiterque eum non interpellat.* Car alors l'absence de ses fonds n'est que l'effet de sa volonté ou de sa négligence; et il est de règle que celui-là est censé ne point éprouver de tort, qui ne l'éprouve que parce qu'il le veut bien : *Nam cùm eo casu volens et non invitus careat pecuniâ, non censetur damnum sentire, aut lucrum amittere, quia volenti hoc contingit ; volenti autem et consentienti non fit injuria.*

» Et il ne faut pas croire que les matières de commerce soient, à cet égard, exceptées de la règle générale. Le président Wynantz, à l'endroit que nous venons de citer, rapporte un arrêt du conseil de Brabant qui les y juge assujéties, ni plus ni moins que les matières ordinaires.

» Deux négocians avaient contracté entre eux une société dans laquelle ils avaient réglé leurs mises réciproques. L'un d'eux n'ayant pas fourni sa mise en entier, et l'autre ayant, pour y suppléer, versé ses propres fonds dans la caisse sociale, celui-ci a prétendu dans la suite que les Intérêts des avances qu'il avait ainsi faites à son associé, devaient lui être alloués du jour où ces avances avaient eu lieu. Ils invoquaient, à l'appui de sa prétention, les lois romaines que nous rappelions tout à l'heure, et des parères signés de tous les négocians d'Anvers.

» Son adversaire répondait que l'usage général des provinces belgiques avait abrogé ces lois; et il opposait aux parères du commerce d'Anvers, des certificats contraires des négocians d'Amsterdam et de Rotterdam.

» Par arrêt du mois de juillet 1707, le conseil de Brabant débouta l'associé demandeur de sa prétention : *abjudicarunt socio eroganti interesse quod petierat, ex rationibus suprà dictis ;* et il fut tenu pour constant que les Intérêts ne couraient, sans demande judiciaire, qu'en faveur de la dot, et dans le cas où l'acquéreur jouit du bien qu'il a acheté sans en avoir payé le prix : *Dicebantque non esse admittendum in judiciis , quod ex morâ legali seu irregulari , daretur locus petitioni interesse , excepto casu dotis,* etc.

» Il ne faut d'ailleurs s'étonner que les ci-devant cours supérieures de la Belgique se soient montrées aussi sévères sur cet objet; elles ne faisaient en cela que suivre l'impulsion que leur avait donnée l'édit de Charles-Quint, du 4 octobre 1540, art. 9.

» Par cet édit, Charles-Quint ne permettait aux négocians de stipuler les Intérêts des avances ou prêts qu'ils faisaient de leurs fonds, que *pour un an;* de manière qu'après la révolution d'une année, toute avance, tout prêt de fonds se trouvait affranchi, même des Intérêts conventionnels; et c'est ce qu'enseignent, d'après l'édit cité, Zypœus dans sa *Notitia juris belgici,* liv. 4, titre *de Usuris,* n° 1; Anselmo, dans son *Tribonianus belgicus,* chap. 47,

n° 16; Stockmans, dans son Recueil d'arrêts, §s 76. C'est aussi ce qu'ont jugé cinq arrêts, dont un du conseil de Brabant, en date du 28 janvier 1651, rapporté par Stockmans, à l'endroit que nous venons d'indiquer; et quatre du parlement de Douai, en date des 15 mars 1689, 13 octobre 1690, 20 juin et 3 juillet 1704, rapportés, les deux premiers, dans le recueil du procureur-général de Baralle §. 5 et 53, les deux autres dans celui du conseiller Pollet, part. 1, §. 36.

» Si l'on usait d'une aussi excessive rigueur pour les Intérêts expressément stipulés, à combien plus forte raison devait-on refuser, même dans les cas les plus favorables, les Intérêts qui n'avaient été consentis par aucune stipulation! Assurément lorsque Charles-Quint défendait aux négocians de la Flandre, de l'Artois, du Hainaut, du Brabant et de la Hollande, en un mot de toute l'ancienne Belgique, d'étendre au-delà d'une année les stipulations d'Intérêts, il était bien loin de sa pensée qu'ils pussent exiger des Intérêts quelconques sans conventions.

» D'après cela, comment les lois romaines dont nous vous avons retracé les termes, pourraient-elles fournir une ouverture de cassation contre le jugement du tribunal d'appel de Douai?

» Dira-t-on que la ville de Dunkerque doit être considérée comme un pays de droit écrit? Supposons-le pour un instant : qu'en résultera-t-il?

» Sans doute, dans les pays de droit écrit, les lois romaines ont, en général, la même autorité que les lois véritablement nationales. Mais cette règle admet une exception qui rentre absolument dans notre espèce : c'est que les dispositions du droit romain cessent d'être obligatoires pour les tribunaux, lorsqu'elles sont tombées en désuétude, ou qu'un usage contraire les fait regarder comme abrogées.

» Le droit romain ne fait loi pour nous, dit Stockmans, §. 1, n° 11, qu'autant qu'il n'est contrarié ni par nos ordonnances, ni par nos usages : *Principibus nostris placuit ut judicemus jure romano, quatenùs constitutiones eorum* AUT MORES NOSTRI *non refragantur.*

» *Quand il est dit par les coutumes* (ce sont les termes de Deghewiet, dans ses *Institutions au droit belgique* pour le ressort du parlement de Douai, part. 1, tit. 1er §. 7, n° 9); » quand il est dit » les coutumes que, dans les cas dont elles ne dispo- » sent point, il faut se conformer au droit romain, » cela se doit entendre, autant que les dispositions » du droit romain subsistent et ne sont pas abrogées. »

» Mais il n'y a rien de plus formel, ni de mieux raisonné que ce qu'a écrit là dessus M. le chancelier d'Aguesseau, dans sa lettre du 29 septembre 1736, au premier président du parlement de Toulouse...(1).

_____

(1) V. l'article *Cassation,* §. 14.

» Il est donc bien constant que, si la désuétude ou un usage contraire ont abrogé, dans les provinces belgiques, les lois romaines qui déclaraient productives d'Intérêts les avances faites par les mandataires pour leurs commettans, ces lois ne peuvent pas ici fournir un moyen de cassation contre le jugement dont se plaint le cit. Boubert.

» Or, nous avons prouvé par les témoignages les plus positifs des jurisconsultes et des magistrats belges, nous avons prouvé par l'arrêt du conseil de Brabant que rapporte Wynantz, nous avons prouvé par l'esprit dans lequel a été fait l'édit de Charles-Quint de 1540, que les lois romaines dont il s'agit sont depuis long-temps considérées par les tribunaux de ces contrées, comme tombées en désuétude, comme abrogées par un usage contraire.

» Et vainement oppose-t-on aux autorités que nous avons mises sous vos yeux, des parères du commerce de Dunkerque, de Rouen et du Havre.

» D'abord, ces parères n'ont pas été produits devant le tribunal d'appel de Douai; ils sont même postérieurs en date à son jugement. On ne peut donc pas reprocher au tribunal d'appel de Douai d'avoir méconnu le prétendu usage qu'ils attestent. Cet usage prétendu est un fait, et un fait de cette nature ne doit pas être suppléé d'office par le juge, surtout lorsqu'en opposition à ce fait se trouvent des preuves du fait contraire dans les recueils d'arrêts, dans les écrits des jurisconsultes, et, pour ainsi dire, dans les livres classiques du pays.

» Ensuite, quelle foi peuvent mériter ici les parères invoqués par le demandeur? Ce ne sont que de simples certificats extrajudiciciaires, ce ne sont que de simples actes de notoriété délivrés sur la réquisition d'une seule partie, sans discussion contradictoire, et surtout sans ordonnance préalable de justice; et vous savez avec quelle facilité les négocians délivrent de pareils actes. L'expérience vous a appris qu'il n'est pas de questions de droit, même parmi celles qui sont textuellement décidées par des dispositions législatives, sur lesquelles on ne puisse, avec la plus grande facilité, rapporter des parères pour et contre.

» Mais jusqu'à présent nous avons supposé que les lois romaines étaient obligatoires à Dunkerque; et il est temps de revenir à la vérité, il est temps de faire voir que cette supposition est absolument gratuite.

« Que peut-on alléguer pour établir que la ville de Dunkerque doit être considérée comme un pays de droit écrit? Une seule chose : c'est que la coutume de Bruges, par laquelle cette ville est régie, renvoie au droit romain la décision des cas qu'elle n'a point prévus.

» Mais la coutume de Bruges ne fait pas, à proprement parler, loi à Dunkerque, car Dunkerque n'est point dans le territoire de cette coutume; cette coutume y est bien suivie, mais elle ne l'est que par adoption; et cette adoption est l'effet d'un simple usage local, ainsi que l'ont attesté des échevins de

Dunkerque par un acte de notoriété du 12 mai 1618; et elle n'y est suivie que comme la coutume de Paris l'était ci-devant, pour les droits seigneuriaux, dans une partie de la sénéchaussée de Carcassonne (1).

» D'après cela, admettons, si l'on veut, que les lois romaines qui prononcent, en faveur du cit. Boubert, sur les Intérêts aujourd'hui en litige; admettons qu'elles soient encore en pleine vigueur à Dunkerque, surtout dans les matières de commerce. Au moins sera-t-on forcé de convenir qu'elles n'y sont pas en vigueur comme lois, qu'elles n'y règnent que comme usage. Il restera donc, dans cette hypothèse, que le tribunal d'appel de Douai aura violé un usage local de la ville de Dunkerque. Mais certes, violer un usage, ce n'est pas violer une loi; et ce n'est que pour violation d'une loi expresse que peut être cassé un jugement en dernier ressort.

» Ainsi, sous tous les rapports possibles, il ne peut pas y avoir lieu à l'annulation du jugement du tribunal d'appel de Douai, pour avoir décidé que les avances faites par le cit. Boubert à la société Morain, Hornez et Desfontaines, n'étaient pas, de plein droit, productives d'intérêts.

» Mais une autre question se présente : c'est celle de savoir si ces avances n'ont pas dû produire des Intérêts d'après une convention faite, soit avec la société en corps, soit avec le citoyen Desfontaines individuellement.

» De convention avec la société en corps, il n'en existe point. C'est une vérité reconnue et constatée par le jugement du tribunal d'appel de Douai; et les efforts qu'on a fait pour la détruire par l'article de l'acte du 11 juin 1784, dans lequel il est parlé des Intérêts des avances à faire par les associés, n'ont servi qu'à la confirmer de plus en plus, en faisant sortir de cet article même, par argument à contrario, la preuve qu'il n'a été promis aucune espèce d'Intérêts au citoyen Boubert pour ses avances.

» Quant à la convention que le citoyen Boubert prétend être intervenue, pour les Intérêts de ses avances, entre lui et le citoyen Desfontaines individuellement, de quel titre prétend-on la faire résulter?

» Est-ce de l'acte du 11 mai 1784? Il n'en dit pas un mot.

» Est-ce de la correspondance qui a eu lieu entre les citoyens Boubert et Desfontaines? Mais de quoi est-il question dans cette correspondance? Uniquement des Intérêts que le cit. Desfontaines se croyait obligé de payer, et qui ont été payés effectivement aux créanciers de la société, remboursés depuis par le cit. Boubert.

» Or, nous venons de voir qu'avant la loi du 2 octobre 1789, les stipulations d'Intérêts n'étaient permises à Dunkerque et à Douai, même entre négocians et banquiers que pour un an. Le cit. Des-

---

(1) Fonmaur, *Traité des lods et ventes*, page 131.

fontaines aurait donc pu refuser, même aux créanciers de la société, les Intérêts qu'ils ont exigés et reçus au-delà d'une année ; il aurait pu, par conséquent, ne pas allouer au cit. Boubert le payement qu'il en avait fait, et de ce qu'il a bien voulu se relâcher à cet égard de la rigueur de son droit, certes on ne peut pas conclure qu'il se soit obligé envers le cit. Boubert lui-même aux Intérêts des avances faites par ce dernier, pour acquitter ces Intérêts et les capitaux auxquels ils étaient accessoires.

» Les lettres écrites par le cit. Desfontaines au cit. Boubert, et par lesquelles il se reconnaissait débiteur d'Intérêts envers les créanciers de la société, ne formaient pas pour ceux-ci des titres capables de leur donner action en justice pour le payement de plus d'une année d'Intérêts. Comment donc ces mêmes lettres pourraient-elles servir de titres au cit. Boubert pour exiger les Intérêts de ces Intérêts, lui à qui elles ne promettent rien, lui au profit duquel elles n'établissent aucune reconnaissance ?

» Si le cit. Boubert, en payant les créanciers de la société, s'était fait subroger expressément à leurs droits, il ne pourrait exiger du cit. Desfontaines qu'une année d'Intérêts. Il les a payés purement et simplement, il les a payés sans subrogation, et l'on voudrait qu'il eût plus de droits qu'eux-mêmes ! C'est une véritable dérision.

» Et remarquez encore qu'au moment de la formation de la société, il s'était obligé envers le citoyen Desfontaines à une avance de 20,000 livres ; remarquez qu'il s'y était obligé sans stipuler aucune espèce d'Intérêts pour cette avance, parce qu'il en était bien dédommagé par les droits de commission qui lui étaient assurés ; remarquez que, pour sûreté de cette avance, il s'était fait donner en nantissement des contrats au moyen desquels il pouvait, d'un moment à l'autre, s'en faire remettre le montant intégral ; remarquez surtout que jamais il n'a été en avance de plus de 20,000 livres ; ce qui est si vrai que, par le jugement attaqué, toutes ses prétentions contre le cit. Desfontaines sont réduites à 15 mille et quelques cents livres.

» Comment, d'après tout cela ; a-t-il osé prétendre pour 47 à 48 mille d'Intérêts ? Comment a-t-il osé les prétendre à raison d'avances, qui presque toutes ont été couvertes avant même d'avoir été effectuées, au moyen des rentrées de fonds opérées dans ses mains, soit par les versemens du cit. Desfontaines, soit par la vente des marchandises appartenant à la société ?

» Il n'y a donc eu, de la part du cit. Desfontaines, ni convention expresse, ni convention implicite de payer au cit. Boubert les Intérêts aujourd'hui en litige, et dès-là nécessité de rejeter le premier moyen de cassation qui vous est proposé.

» Le second moyen consiste à dire qu'au moins le tribunal d'appel de Douai n'a pas pu se dispenser d'allouer au cit. Boubert les Intérêts des billets à ordre et des lettres de change qu'il avait rembour-

sés pour le compte du cit. Desfontaines ; et qu'en les lui refusant, ce tribunal a violé les art. 3 du tit. 5, et 7 du tit. 6 de l'ordonnance du mois de mars 1673.

» Nous ne nous arrêterons pas aux réponses que fait à ce moyen le mémoire des défendeurs ; elles ne sont pas, à beaucoup près, satisfaisantes. Mais nous commencerons par distinguer, comme l'a fait le tribunal d'appel de Douai, entre les Intérêts prétendus des billets à ordre, et les Intérêts prétendus des lettres de change réclamés par le cit. Boubert, après les protêts qui en avaient été faits à la requête des porteurs.

» Pour les billets à ordre, il est bien sûr qu'ils ne sont compris ni dans l'art. 3 du tit. 5, ni dans l'article 7 du tit. 6 de l'ordonnance. Ces deux articles, en effet, ne parlent que des lettres de change.

» Et vainement dit-on que les dispositions de l'ordonnance de 1673, concernant les lettres de change, s'appliquent de plein droit aux simples billets à ordre.

» S'il en était ainsi, il faudrait donc étendre aux billets à ordre l'art. 21 du tit. 5 de l'ordonnance de 1673, qui déclare les lettres de change prescriptibles par cinq ans ! Cependant il est bien constant, et il a été jugé cent fois que les billets à ordre ne sont pas compris dans cet article, qu'ils ne sont soumis qu'à la prescription ordinaire de trente ans.

» S'il en était ainsi, il faudrait donc aussi étendre aux billets à ordre l'article du même titre, qui porte que « le protêt ne pourra être suppléé par aucun » acte ! » Et cependant il est généralement reconnu que le protêt proprement dit n'est nécessaire que pour les lettres de change, et qu'une simple sommation suffit à l'égard des billets à ordre.

» Sans doute, il y a dans l'ordonnance de 1673 plusieurs dispositions communes aux billets à ordre et aux lettres de change. Mais pourquoi le sont-elles ? Parce que la loi les a déclarées telles.

» Ainsi, envers les négocians, les billets à ordre emportent, comme les lettres de change, soumission à la juridiction commerciale et à la contrainte par corps, parce que tel est le vœu formel de l'art. 1er du titre de l'Abrogation des contraintes par corps, de l'ordonnance de 1667, et de l'art. 2 du tit. 12 de l'ordonnance de 1673.

» Mais partout où il n'y a pas de disposition expresse pour adapter aux billets à ordre les articles de l'ordonnance de 1673, qui ne concernent que les lettres de change, ces articles ne peuvent, sous aucun prétexte, faire la loi aux billets à ordre ; et les étendre aux billets à ordre, ce serait un excès de pouvoir manifeste sur les attributions de la puissance législative.

» Le tribunal d'appel de Douai n'a donc violé ni l'art. 3 du tit. 5, ni l'art. 7 du tit. 6 de cette ordonnance, en les déclarant inapplicables aux billets à ordre.

» Il importerait d'ailleurs fort peu qu'en refusant

de les étendre aux billets à ordre, le tribunal d'appel de Douai eût mal jugé. Le mal jugé n'est pas un moyen de cassation. Mais le jugement attaqué n'a pas même ce reproche à craindre : la décision qu'il renferme est conforme à la doctrine des auteurs les plus accrédités. « Les billets à ordre (dit Pothier, » dans son *Traité du Contrat de change*, n° 221), » les billets à ordre qui ne sont point billets de » change, diffèrent aussi des billets de change. La » première et principale différence est en ce que » celui qui a subi un billet de change pour lettres » fournies, peut s'obliger valablement à payer pour » droit de change quelque chose au-delà de la » somme portée par les lettres qui lui ont été » fournies, pourvu que cela n'excède pas ce que » les lettres gagnent sur l'argent dans le lieu et au » temps où elles lui ont été fournies; au lieu que » le débiteur d'un simple billet à ordre ne peut va- » lablement s'obliger à payer autre chose que la » somme qu'il a reçue, et les Intérêts n'en sont dus » que du jour de la demande qui lui en est faite en » justice; toute autre chose qu'on exigerait de lui » serait un Intérêt usuraire qui devrait s'imputer » sur le principal. »

» A l'égard des lettres de change, il se présente, pour justifier la décision du tribunal d'appel de Douai, une observation extrêmement simple : c'est que les actes, qualifiés de *lettres de change* par le cit. Boubert, n'en ont que le nom, et ne peuvent être considérés que comme de simples billets.

» En effet, ces prétendues lettres de change sont toutes tirées de Dunkerque sur Dunkerque même.

» Celle qui se trouve la première en ordre dans la production du cit. Boubert, et à laquelle les deux autres sont conformes est ainsi conçue : « Dunker- » que, le 1ᵉʳ juillet 1784. A quinze mois de date, » payez par cette première de change, à mon or- » dre, la somme de 1,000 livres tournois, valeur » en moi-même et à vous livrée en marchandises à » votre satisfaction, par votre très-humble et très- » obéissant serviteur, Fokedey-Godefroy. » Et plus bas : « A messieurs Jean Morin, Jean-Baptiste Hor- » nez et Desfontaines-Delacroix, à Dunkerque...

Or, un acte ainsi conçu a-t-il le caractère d'une lettre de change? Non certainement.

« Une lettre de change (dit Jousse sur le tit. 5 » de l'ordonnance de 1673) est une cession ou trans- » port d'une somme d'argent, que le tireur de la » lettre fait à celui au profit duquel il l'a tirée; ou » à l'ordre de ce dernier, pour être payée par le » correspondant de ce tireur, DANS UN AUTRE LIEU » QUE CELUI D'OU LA LETTRE EST TIRÉE. »

« Il y a (dit Potier, *Traité du Contrat de change*, » n° 30) trois choses principalement qui constituent » l'essence de la lettre de change, 1°....., 2° Il » faut qu'il y ait remise d'un lieu dans un autre, » c'est-à-dire, qu'on donne dans un lieu pour re- » cevoir dans un autre lieu; cette remise d'un lieu » dans un autre, étant ce qui constitue L'ESSENCE du

» CONTRAT DE CHANGE, dont la lettre de change est » l'exécution. »

» Aussi voyons-nous l'art. 2 du tit. 12 de l'ordon- nance de 1673, définir les mots *lettres de change*, par ceux-ci, *ou remise d'argent faite de place en place.*

» Et la nécessité de la remise de place en place pour constituer une lettre de change, est si bien établie, elle est tellement incontestable, que l'on a douté si l'on devait regarder comme valable une lettre de change, tirée d'un village sur une ville de commerce. Salviat. dans sa *Jurisprudence du par- lement de Bordeaux*, page 351, rapporte trois ar- rêts de 1716, 1731 et 1739, qui ont jugé pour l'af- firmative. « Mais, ajoute-t-il, si la lettre de change » est tirée d'une place sur la même place, elle n'a » pas la même faveur ni le même privilège. Ce n'est, » dans ce cas, qu'un change simulé; c'est ce qui a été » jugé le 12 août 1739, au rapport de M. de Na- » varre. »

« Ce n'est donc pas de véritables lettres de change qu'il est ici question; et dès-là nul doute que le tri- bunal d'appel de Douai n'ait bien jugé, n'importe par quel motif, en ne leur appliquant pas les dis- positions des art. 3 et 7 des tit. 5 et 6 de l'ordon- nance de 1673.

» Par ces considérations, nous estimons qu'il y a lieu de rejeter la demande en cassation, et de con- damner le demandeur à l'amende. »

Ces conclusions ont été adoptées par arrêt du 5 vendémiaire an 11, au rapport de M. Audier- Massillon.

« Attendu qu'il ne conste pas au procès que Boubert eût stipulé les Intérêts des avances par lui faites à Desfontaines;

« Que, dans le traité de société passé entre Des- fontaines, Morin et Hornez, le 11 juin 1785, sous- crit par Boubert, en qualité de procureur fondé de Desfontaines, il y est dit que les associés se tiendront compte respectivement des Intérêts à cinq pour cent l'an, des avances que chacun d'eux aura faites au- delà de sa mise, sans que, dans cet acte, ni dans aucun de ceux par lesquels Boubert a été chargé de faire des avances pour Desfontaines, il ait été fait mention des Intérêts à supporter par ce dernier au profit de Boubert;

» Que la loi du 2 octobre 1789 a autorisé la sti- pulation des intérêts pour simple prêt à terme fixe; mais qu'elle n'a rien décidé pour les cas où les Inté- rêts sont dus sans stipulation;

» Que, lorsque cette loi a déclaré ne vouloir rien innover aux usages du commerce, il résulte seule- ment de cette disposition, qu'on ne peut pas se pré- valoir de cette loi pour combattre des usages autori- sés par le commerce, mais qu'elle ait voulu donner à ces usages un caractère et une autorité différens de ceux qu'ils auraient eus auparavant, encore moins qu'elle ait voulu en régler ou en dé- terminer l'application;

« Que l'usage de la place de Dunkerque, d'allouer les intérêts, sans stipulation et sans demande en justice, pour les avances faites entre négocians, n'est pas établi au procès; et que la violation d'un usage qui n'a été fixé et reconnu par aucune loi, ne serait pas un motif suffisant pour autoriser la cassation.

» Sur le second moyen fondé sur les art. 3 du tit. 5 et 7 du tit. 6 de l'ordonnance de 1673, qui autorisent celui qui a payé une lettre de change à la charge d'un autre, à en réclamer les intérêts du jour du protét, sans qu'il y ait eu demande en justice :

» Attendu que ces articles ne parlent que des lettres de change, et non des billets à ordre, ni des autres payemens faits entre négocians, et que Boubert n'a payé à la décharge de Desfontaines que trois lettres de change, montant ensemble à 13,614 livres;

» Que ces trois lettres n'avaient pas même le véritable caractères de lettres de change, puisqu'il n'y avait pas transport de place en place, et qu'elles étaient tirées de Dunkerque, sur les cit. Morin, Hornez et Desfontaines, à leur domicile à Dunkerque;

» Qu'en supposant que ces trois lettres, et même les billets à ordre protestés et payés par Boubert, à la décharge de Desfontaines, eussent pu faire courir des intérêts en sa faveur, il résulte du jugement attaqué que Boubert a été couvert de ses avances par la rentrée des fonds qu'il a retirés pour le compte de la société, et qu'il a dû imputer les premiers fonds sur la dette la plus dure, sur celle qui était susceptible de produire des intérêts. »

Hors le cas particulier sur lequel est fondé le dernier motif de cet arrêt, on ne pourrait plus juger de même aujourd'hui. *A.* le code civil, art. 200, et le code de commerce, art. 187.

§. III. *Les intérêts qui courent après une expropriation forcée jusqu'à la clôture de l'ordre, doivent-ils être adjugés aux créanciers utilement colloqués, indépendamment des deux années d'intérêts et de l'année courante que leur accorde l'art. 2151 du code civil?*

V. l'article *Inscription hypothécaire*, §. 2.

§. IV. *Quelles sont les deux années et l'année courante d'intérêts ou d'arrérages qui doivent, d'après l'art. 2151 du code civil, être allouées au créancier hypothécaire inscrit, dans le même rang d'hypothèque que son capital?*

V. l'article *Inscription hypothécaire*, §. 2 *bis.*

§. V. 1° *La disposition de l'art. 19 de la loi du 11 brumaire an 7, qui n'accorde au créan-* cier inscrit, et utilement colloqué comme tel dans l'ordre, que deux années d'intérêts de son capital, et celle de l'art. 2151 du code civil, qui ne lui accorde que deux années et l'année courante, sont-elles applicables au vendeur dont le privilége a été conservé, soit par une inscription prise à sa diligence, soit par la transcription que son acquéreur a fait faire du contrat de vente? Le vendeur doit-il, au contraire, être colloqué au rang du privilége acquis à son capital, pour tous les intérêts qui lui sont dus?

2°. *S'il y avait, à cet égard, quelque différence entre la loi du 11 brumaire an 7 et le code civil, lequel des deux devrait être pris pour règle, dans le cas où le contrat de vente ayant été passé et même transcrit sous la loi du 11 brumaire an 7, la nouvelle mutation sur le prix de laquelle s'ouvrirait l'ordre, n'aurait eu lieu que depuis la promulgation du code civil?*

Ce deux questions se sont présentées dans une affaire qui a été portée successivement à un tribunal de première instance, à une cour royale, à la cour de cassation et aux sections réunies de la même cour.

Le 1er thermidor an 8, vente par le sieur Jouberthou, au sieur Mahé-de-Villeneuve, de la terre de Molac, pour le prix de 80,000 francs. L'acquéreur paye comptant 23,600 francs. Le restant est stipulé payable, savoir: 16,400 francs, sans Intérêts, le 1er brumaire an 6; 20,000 francs, le 1er thermidor de la même année, et 20,000 francs, le 1er thermidor an 10. Ces deux dernières sommes portent Intérêt à 6 pour 100 par an.

Le 8 brumaire an 9, transcription de ce contrat au bureau des hypothèques de Vannes; et en conséquence, inscription d'office au profit du sieur Jouberthou, qui, dans la suite, cède sa créance à M. Sapey, membre du corps-législatif.

Le 24 octobre 1810, M. Sapey renouvelle cette inscription, et la porte, pour la réunion du capital et et des intérêts échus, à la somme de 93,020 francs.

Le 7 décembre 1810, le sieur Mahé-de-Villeneuve, qui n'a encore rien payé à son vendeur ni au cessionnaire de celui-ci, parce que la terre de Molac est chargée de beaucoup d'inscriptions dont on ne lui rapporte pas la main-levée, revend cette terre à la dame de Sivry, laquelle ouvre un ordre entre les créanciers inscrits.

Dans cet ordre, se présentent, entr'autres, M. Sapey, représentant le premier vendeur, et les sieurs Jourdan et Lambilly, porteurs d'inscriptions qu'ils ont prises sur le sieur Mahé-de-Villeneuve, leur débiteur personnel, les 2 et 3 octobre 1806.

Question de savoir si M. Sapey ne doit être colloqué, outre son prix principal, que soit pour deux années, soit pour deux années et l'année courante des Intérêts produits, depuis la date du contrat, par les deux sommes stipulées payables les 1ᵉʳ thermidor an 9 et 1ᵉʳ thermidor an 10, et par la somme de 16,400 francs depuis le 1ᵉʳ brumaire an 9; ou s'il doit l'être pour tous les Intérêts échus depuis l'une et l'autre époques.

M. Sapey soutient la seconde de ces propositions. Les sieurs Jourdan et Lambilly soutiennent la première; et prétendent même que la vente dont M. Sapey réclame le prix, ayant été faite et transcrite sous la loi du 11 brmaire an 7, il ne peut exercer son privilége que pour deux années d'Intérêts; sans y comprendre l'année courante, comme il pourrait le faire, disent-ils, si la vente avait eu lieu sous le code civil.

Le 7 janvier 1813, jugement du tribunal de première instance de Vannes, qui :

» Attendu que, si le sieur Sapey a droit aux Intérêts vis-à-vis de l'acquéreur jusqu'au payement du prix, il ne peut pas en être de même vis-à-vis des créanciers;

» Qu'à leur égard, la question doit être résolue par les principes de la loi du 11 brumaire an 7, sous l'empire de laquelle la vente et la transcription avaient eu lieu pour quatre années et quelques mois d'Intérêts échus avant la promulgation du code civil;

» Que, pour tous les Intérêts échus depuis la publication de ce code, on doit s'en référer à la loi nouvelle;

» Que l'art. 29 de la loi du 11 brumaire ne conserve au vendeur, par la transcription, que le droit de préférence résultant du prix et des prestations qui en tiennent lieu; et non le privilége pour les Intérêts du prix;

» Que les art. 2103 et 2108 du code civil sont rédigés dans le même esprit, puisqu'ils ne parlent que du prix;

» Que les art. 19 de la loi du 11 brumaire an 7 et 2151 du code civil ont déterminé le nombre d'années pour lesquelles le créancier inscrit pour un capital produisant Intérêt, a droit d'être colloqué;

» Que la loi n'a fait, pour les Intérêts, aucune distinction entre les créanciers hypothécaires; ce qui prouve qu'elle a voulu les soumettre à la même règle;

» Que, si le vendeur veut conserver son privilége relativement aux Intérêts, il doit prendre des inscriptions particulières pour tous ceux qui ne sont point conservés par la transcription à mesure de leur échange;

» Qu'il résulte des dispositions combinées de la loi du 11 brumaire et du code civil, que Sapey ne doit être colloqué au rang du privilége de son capital, que pour deux années d'Intérêts, et pour ceux qui ont couru dans l'intervalle de l'aliénation à la distribution du prix;

» Que, pour les autres Intérêts, il ne doit être colloqué qu'en ordre d'hypothèque ordinaire, et seulement à la date du 24 octobre 1810, jour de la nouvelle inscription;

» Ordonne que le sieur Sapey ne demeurera colloqué au rang du capital que pour deux années échues et l'année courante, plus les Intérêts courus pendant les poursuites d'ordre. »

M. Sapey appelle de ce jugement. Le sieur Lambilly en appelle aussi incidemment, en ce qu'il accorde à M. Sapey, non deux années d'Intérêts seulement, mais deux années et l'année courante.

Le 2 avril 1814, arrêt de la cour d'appel de Rennes, après partage, ainsi conçu :

« Considérant que c'est sous l'empire de la loi du 11 brumaire an 7 qu'ont eu lieu tant le contrat de vente du 1ᵉʳ thermidor an 8, que la transcription et l'inscription d'office prise, le 8 brumaire suivant, au profit de Jouberthou, vendeur, aujourd'hui représenté par Sapey; que conséquemment les dispositions seules de cette loi doivent servir de règle pour décider la question qui divise les parties, et sur laquelle la cour se trouve partagée d'opinion, ainsi qu'elle l'a énoncé par son arrêt du 9 février dernier;

» Qu'aux termes de l'art. 2 de la loi précitée, les priviléges sur les immeubles n'ont d'effet que par leur inscription dans les registres publics à ce destinés;

» Que la disposition finale du même article n'admet d'autres exceptions à ces principes que celles autorisées par l'art. 11, où l'on ne trouve aucune mention du privilége du vendeur pour ce qui lui reste dû sur le prix de l'immeuble vendu;

» Que ce privilége est même formellement assujéti à l'inscription par l'art. 29;

» Que, suivant l'art. 17, n°.3 (chap. 6, *du mode d'inscription des Hypothèques et Priviléges*), toute inscription doit contenir le montant des capitaux et accessoires, ainsi que l'époque de leur exigibilité;

» Que le vendeur, sous le règne de la loi de brumaire an 7, n'ayant de privilége pour les capitaux qui lui étaient dus sur l'immeuble vendu, qu'au moyen d'une inscription énonciative de la somme à laquelle ils se montaient, il s'ensuit qu'une inscription était également nécessaire pour lui assurer le payement des Intérêts de ces mêmes capitaux;

» Que, faute à lui d'avoir rempli cette formalité, il ne peut prétendre que les deux années d'Intérêts pour lesquelles l'art. 19 donne au créancier la faculté de s'inscrire en même temps que pour le capital; que, s'il en était autrement, le principe de la publicité des priviléges et hypothèques, qui formait la base du système hypothécaire établi par la loi du 11 brumaire an 7, serait anéanti;

» Qu'en effet, les Intérêts du capital inscrit pouvant s'accumuler pendant un laps de temps indéfini, la situation du possesseur de l'immeuble grevé du

4.

privilége du vendeur, ne serait pas publique, puisque les tiers n'auraient aucun moyen de vérifier d'une manière certaine le montant des charges existant sur cet immeuble;

» Qu'accorder au vendeur privilégié toutes les années d'Intérêts échus, en quelque nombre qu'elles fussent, ce serait donner à son privilége une extension que la loi ne comporte pas, ou plutôt créer en sa faveur un nouveau privilége qu'elle ne lui a pas accordé, et par-là nuire à des créanciers postérieurs qui, sur la foi d'une inscription, désignant la somme fixe dont l'immeuble est grevé, ont cru prêter avec sûreté sur cet immeuble, eu égard à sa valeur supérieure aux droits résultant de l'inscription prise au nom du vendeur privilégié;

» Qu'il résulte de tous ces motifs que Sapey ne peut réclamer de privilége que pour les deux années d'Intérêts qui, d'après l'art......, ont été conservés par l'inscription prise, au nom de Jouberthou, le 8 brumaire an 9;

» Considérant, sur l'appel, à minimâ relevé par Lambilly contre Sapey, et ayant pour objet, suivant ses conclusions, de faire réformer le jugement dont est appel, en ce qu'il aurait adjugé audit Sapey, non-seulement deux années d'Intérêts, mais encore l'année courante; que, conformément à l'art. 19 précité, Sapey ne peut être colloqué par privilége que pour deux années d'Intérêts seulement:

» Par ces motifs, vidant le partage, dit qu'il a été bien jugé, en ce que l'appelant aurait été débouté de la demande de tous les Intérêts échus, et qu'il a été mal jugé, en ce qu'il aurait été adjugé à Sapey, non-seulement deux années d'Intérêts, mais encore l'année courante. »

M. Sapey se pourvoit en cassation contre cet arrêt.

Sa requête est admise sans difficulté; et, à la veille de la porter devant la section civile pour y subir une instruction contradictoire, il m'adresse à la campagne (où j'étais, dès-lors, retiré par suite des événemens politiques de cette grande époque), une copie de toutes les pièces, en me priant de lui en dire franchement mon avis.

Voici ma réponse, en date du 12 août 1815 :

« J'ai examiné avec la plus grande attention, et dans le calme de ma solitude, l'affaire que vous avez à la cour de cassation contre MM. Lambilly et consorts, et sur laquelle vous désirez connaître mon avis.

» Peut-être ne pourrais-je pas vous dire ce que j'en pense, si j'en avais commencé l'examen avant de quitter le parquet de la cour de cassation. Mais votre affaire ne m'a pas occupé un seul instant comme magistrat; je peux donc aujourd'hui la discuter comme jurisconsulte.

» Cette affaire présente trois questions :

» 1° Est-ce d'après la loi du 11 brumaire an 7 qu'elle doit être jugée, ou doit-elle l'être d'après le code civil ?

2° Si elle doit être jugée d'après le code civil, doit-elle l'être en votre faveur?

3° Si elle devait être jugée d'après la loi du 11 brumaire an 7, pourrait-elle l'être à votre désavantage ?

» Sur la première question, je n'ai rien à ajouter aux raisons employées par votre habile défenseur pour établir que c'est le code civil qui doit seul être pris pour régulateur dans le jugement de cette affaire (1). C'est une vérité qui me paraît démontrée au plus haut degré d'évidence.

» Sur la seconde question, je ne ferai que répéter succinctement ce que votre défenseur a si bien développé.

» L'art. 2103 du code civil maintient, au profit du vendeur, le privilége que l'ancienne jurisprudence, d'accord avec l'équité naturelle, et d'après l'essence même des choses, lui avait réservée sur le bien vendu.

» Il ne limite pas plus que ne le faisait l'ancienne jurisprudence, ce privilége au capital; il l'étend donc, par-là même, aux Intérêts; car les Intérêts font nécessairement partie du prix; et, s'il est vrai, comme on n'en saurait douter, que, faute de payement des Intérêts, le vendeur peut user du droit qu'il tient de l'art. 1654, de faire résoudre la vente, même contre des tiers-acquéreurs, faute de paye-

_____

(1) Voici, en effet, comment M. Darrieux, avocat à la cour de cassation, établissait cette proposition dans l'intérêt de M. Sapey.

« Le code civil régissait incontestablement la cause actuelle. Vainement oppose-t-on qu'il n'a pas pu, sans rétroagir, déterminer les effets d'un acte préexistant, et lui conférer un privilége, ou dispenser de l'inscription, et pour l'avenir, le privilége ou l'hypothèque que la loi ancienne assujétissait à cette formalité. Il n'y a de rétroactivité que là où la disposition de la loi blesse des droits déjà acquis à des tiers.

» La cour a consacré ce point de doctrine par plusieurs arrêts.

» Le 6 novembre 1809, elle a décidé que la femme mariée avant le Code civil, avait eu, du jour de sa publication, et sans inscription, une hypothèque légale pour le remploi de propres aliénés, tant sous l'empire d'une loi qui ne lui accordait pas, pour cet objet, une hypothèque légale, que pendant l'existence de la loi du 11 brumaire an 7, qui soumettait l'hypothèque légale de la femme à la nécessité d'une inscription: (V. l'article Remploi, §. 6)

» Le 12 mars 1811, elle a jugé que, depuis le code civil, l'hypothèque légale des mineurs existait, bien qu'elle eût pris naissance pendant la loi du 11 brumaire, qui exigeait l'inscription. (V. le Répertoire de Jurisprudence, au mot Hypothèque.)

» Par arrêt du 17 avril 1811, elle a déclaré valable, et seulement assujétie à la formalité de la transcription, une donation faite à une époque où l'insinuation était prescrite à peine de nullité, à

ment du prix, il est bien impossible qu'on lui conteste le droit d'exercer pour les Intérêts, le privilége qu'il a, pour le prix, en vertu de l'art. 2103.

» Cela posé, le privilége attribué au vendeur par l'art. 2103 a-t-il besoin d'être inscrit pour avoir son effet? Et, lorsqu'il est inscrit, de quel jour prend-il rang dans l'ordre?

» Sur ces deux points, la jurisprudence n'est pas douteuse.

» Tout le monde convient aujourd'hui que, le bien vendu venant à passer entre les mains d'un tiers-acquéreur, qui fait transcrire son propre contrat, le vendeur, qui n'a pas pris inscription, ou dont l'acquéreur immédiat n'a pas fait transcrire avant la transcription du tiers-acquéreur ou dans la quinzaine suivante, est déchu de son privilége.

» Mais tout le monde convient aussi, et c'est une vérité solennellement consacrée par l'arrêt de la cour de cassation du 26 janvier 1813, au rapport de M. Favart, que l'inscription du vendeur, soit qu'il l'ait prise directement, soit qu'elle résulte de la transcription faite par son acquéreur immédiat, conserve son privilége avec effet rétroactif, de manière que, quoique prise après un long intervalle de temps, elle fait remonter son privilége jusqu'au jour du contrat de vente par lequel il a consenti de s'exproprier.

moins que le droit de faire prononcer cette nullité ne fût acquis à des tiers par la mort du donateur, ou par toute autre cause. (*V. Ibid.*, au mot *Insinuation.*)

» Enfin, par deux arrêts des 8 mai et 16 octobre 1810, elle a consacré en principe que les ventes passées pendant la loi du 11 brumaire, qui n'étaient parfaites, vis-à-vis des tiers, que par la transcription, avait pu, quoique non transcrites, leur être opposées du jour de la promulgation du code. (*V. Ibid.*, au mot *Transcription.*)

» De là il suit évidemment que, si la loi du 11 brumaire n'accordait pas au vendeur un privilége sans inscription, le code civil a pu lui conférer ce privilége, et le dispenser de toute inscription, sauf les droits précédemment acquis des tiers.

» Or, dans l'espèce, les sieurs Jourdan et Lambilly étaient porteurs de titres de créances aux dates des 29 septembre et 20 octobre 1806, inscrits les 3 et 20 octobre de la même année. Leurs d oits étaient donc postérieurs au code civil. C'est donc d'après ce code que l'on doit examiner si le sieur Sapey, aux droits du sieur Jouberthou, avait sur la terre de Molac un privilége indépendant de toute inscription, tant pour le capital que pour les intérêts du prix. »

J'ajoute à cette dernière raison de M. Darrieux, et il résulte même des arrêts sur lesquels il se fonde, que le code civil n'en aurait pas moins dû régler seul la question, quand même les titres de créances des sieurs Jourdan et Lambilly eussent eu une date antérieure à sa promulgation.

» Ainsi il est bien évident que, si, pour prendre votre inscription, vous avez attendu jusqu'au dernier jour de la quinzaine qui a suivi la transcription du contrat de vente, passé le 7 décembre 1810 par le sieur Mahé-de-Villeneuve, au profit de la dame de Sivry, cette inscription aurait conservé votre privilége non-seulement pour le capital, mais encore pour tout les Intérêts échus jusqu'alors de votre prix.

» Mais, d'après cela, comment imaginer que l'inscription qui est résultée pour vous de la transcription faite par votre acquéreur, dès le 8 brumaire an 9, n'a pu conserver votre privilége que pour les deux ou trois années d'Intérêts qui sont échues depuis? Quoi! vous auriez empiré votre privilége par votre empressement même à le faire inscrire! Quoi! vous n'obtiendriez pas, en vertu d'une inscription prise dès l'année 1801, ce qui ne pourrait pas vous être contesté, si vous ne vous étiez inscrit jusqu'en 1810! Quel serait donc le prétexte dont on voudrait colorer une aussi étrange bizarrerie? Et que deviendrait la maxime *jura vigilantibus subveniunt.*

» Ce n'est pas tout. L'inscription qui était résultée pour vous de la transcription du 8 brumaire an 9, vous l'avez renouvelée le 24 octobre 1810, quarante-trois jours seulement avant le contrat de vente, souscrit entre le sieur Mahé-de-Villeneuve et la dame de Sivry; et quel a été l'effet de ce renouvellement? Bien évidemment vous avez par-là conservé votre privilége avec la même vertu rétroactive que si vous aviez, à cette époque, pris inscription pour la première fois. Vous l'auriez même conservée, dans le système de vos adversaires, pour les deux années d'Intérêts qui ont couru depuis.

» Mais dès-lors toute question ne cesse-t-elle pas nécessairement?

» Et l'on ose, après cela, vous objecter l'article 2151 du code civil!

» Que porte donc cet article? Une seule chose: que le *créancier inscrit* pour un capital produisant des Intérêts, n'a droit que pour trois années d'Intérêts, *au même rang d'hypothèque* QUE POUR SON capital, sauf à lui à prendre des inscriptions ultérieures pour les Intérêts qui échéront dans la suite.

» Assurément il n'y a pas là un seul mot qui puisse raisonnablement être appliqué au vendeur; car, pour le vendeur, il n'est question ni *d'hypothèque*, ni *de rang d'hypothèque*, prenant date du jour de l'inscription du titre de créance. Le vendeur a un *privilége*, et le rang de ce privilége n'est pas fixé par le jour de l'inscription : il remonte, par l'effet toujours rétroactif de l'inscription, jusqu'au jour du contrat de vente.

» Cet article doit donc être restreint, comme il se restreint lui-même par son propre texte, au créancier hypothécaire proprement dit. On ne peut donc pas s'en prévaloir contre le vendeur.

» Reste la troisième question, qui est purement

surabondante : la loi du 11 brumaire an 7 vous est-elle aussi favorable que le code civil? Et je réponds sans hésiter : oui.

» Comme le code civil, la loi du 11 brumaire an 7 reconnaît le privilége du vendeur; elle le reconnaît indéfiniment; elle le reconnaît, par conséquent, pour les Intérêts comme pour le capital du prix.

» Comme le code civil, la loi du 11 brumaire an 7, en parlant de l'effet de l'inscription par rapport aux Intérêts; restreint sa disposition à l'inscription prise pour donner *rang* à une *hypothèque;* elle ne s'applique donc pas, en cette partie, à l'inscription prise par le vendeur pour la conservation de son *privilége.*

» Comme le code civil, enfin, la loi du 11 brumaire an 7 attribue à la transcription, et par conséquent à l'inscription prise par ou pour le vendeur, l'effet de conserver son privilége avec rétroactivité jusqu'au jour de la vente; elle va même, à cet égard, plus loin que le code civil : elle ne regarde le vendeur comme dessaisi, relativement aux tiers, que du jour de la transcription. Le raisonnement que je faisais tout à l'heure sur le code civil s'applique donc *à fortiori* à la loi du 11 brumaire an 7; car vous ne pouvez pas être, par l'effet de la diligence qui a été mise à faire transcrire le contrat de vente, dès le 8 brumaire an 9, de pire condition que vous ne seriez, si le contrat de vente n'avait été transcrit que la veille de la vente faite à la dame de Sivry par votre acquéreur.

» On vous oppose un arrêt de la cour d'appel de Nîmes du 21 décembre 1811, rapporté dans le *Journal du palais,* 1812 (tome 2, page 336.)

» Mais vous pouvez, à votre tour, opposer un arrêt de la cour d'appel de Montpellier, du 31 mai 1814, qui a jugé la question en sens directement contraire pour les Intérêts d'une dot, et au désavantage des sieurs Bourbon et consorts.

» Les sieurs Bourbon et consorts ont attaqué cet arrêt devant la cour de cassation; mais j'ai tout lieu de croire qu'ils l'auraient attaqué vainement, s'ils n'avaient pu le critiquer que sous le point de vue qui m'occupe en ce moment. Du moins j'ai combattu, tant à l'audience de la section des requêtes qu'à celle de la section civile, le moyen qu'ils prétendaient tirer de l'art. 2151 du code civil; et la section civile n'a cassé l'arrêt dont il s'agit (le 1er mai dernier, au rapport de M. Chabot), que par un autre motif tout-à-fait étranger à votre question (1). »

Il a paru, sur cette affaire et sous la date du 26 février 1813, une consultation de MM. Bellart, Hémery, Delacroix-Frainville, Bonnet, Desèze, Gairal, Tripier et Valton, dans laquelle était ainsi réfutée une objection des sieurs Jourdan et Lambilly :

(1) *V.* l'article *Hypothèque,* §. 19.

« C'est avec une grande sagesse, a-t-on dit, que le législateur a voulu que les inscriptions des créances hypothécaires ne conservassent pas un plus grand nombre d'années d'Intérêts. Il a eu pour cela deux motifs très-sages.

» Le premier a été d'être conséquent au système de publicité qui est le but principal des nouvelles lois sur les hypothèques. Il convenait que les créanciers hypothécaires, qui laissaient arrérager les Intérêts, les donnassent à connaître par des inscriptions successives, pour que les créanciers postérieurs sussent la quotité des charges qui primeraient leurs propres hypothèques, et se résolussent, en connaissance de cause, à devenir ou à ne pas devenir créanciers.

» Le second fut de prévenir les fraudes, en empêchant des créanciers hypothécaires anciens de ressusciter collusoirement avec le débiteur, par la suppression des quittances, beaucoup d'années d'arrages éteints, le tout pour tromper les droits des créanciers postérieurs.

» Or, ajoute-t-on, ces motifs sont applicables au vendeur qui a privilége, comme aux simples créanciers qui n'ont qu'hypothèque. Comme eux, il peut colluder avec le débiteur; comme eux, il doit se prêter au système de publicité. Il y a, entre leur position à tous, analogie parfaite. Il faut donc étendre au vendeur, malgré son privilége, la disposition faite pour tous les créanciers *inscrits,* et qui s'applique au vendeur comme aux autres, et réduire l'exercice des droits résultant à son profit de son inscription, à deux années d'Intérêts et la courante.

» Telles sont les raisons dont on s'appuie pour rejeter le vendeur, pour ses Intérêts, dans la catégorie commune des créanciers hypothécaires; et telles sont aussi les raisons de douter, par lesquelles de très-bons esprits ont pu se laisser entraîner à croire qu'en effet, quant aux années d'Intérêts, on doit traiter le vendeur privilégié comme les créanciers hypothécaires.

» Cependant, en examinant la question avec recueillement et sous toutes ses faces, on trouve beaucoup de raisons de décider que le vendeur, pour tous les intérêts du prix, doit être autrement traité que les simples créanciers hypothécaires.

» Et d'abord, ce ne serait pas chose étonnante que le vendeur, à l'égard du bien vendu, eût été mis dans une classe à part, et mieux traité que les créanciers ordinaires de l'acquéreur.

» Le vendeur ne cesse d'être réellement propriétaire du bien qu'il vient de vendre, et l'acquéreur ne peut ni dire réellement ce bien à lui, ni en percevoir les revenus, que quand ce prix est entièrement payé, capital et Intérêts. Le capital représente le fond de la chose, les Intérêts en représentent les fruits, et il y aurait une injustice vraiment criante, que l'acquéreur s'appliquât les revenus, s'il ne payait pas les Intérêts.

» En second lieu, le vendeur, à quelque somme

que se montent les Intérêts du prix, ne s'en prend jamais, par l'exercice de son privilége, qu'à sa chose même, dont il ne semble pas légitime qu'une seule parcelle profite à d'autres tant que lui-même il n'est pas payé, tandis que les autres créanciers ayant hypothéqué sur des biens de leurs débiteurs, qui leur sont étrangers et qui ne proviennent pas d'eux, ne peuvent se plaindre que l'équité naturelle soit blessée, parce que quelque portion de ce qui leur est dû ne sera pas payée sur ces biens, dont le prix sera versé entre les mains d'autres créanciers. Il n'y a pas, dans la chose même, une raison de préférer un créancier hypothécaire à un autre créancier hypothécaire.

» En troisième lieu, un créancier hypothécaire qui laisse amonceler beaucoup d'années d'Intérêts, semble mériter toujours un reproche de négligence qui le rend moins favorable, et qui autorise la loi à le traiter avec quelque rigueur. Que ne se faisait-il payer? Il y a de sa faute. Un vendeur est souvent obligé d'attendre le payement de tout le prix, capital et Intérêts, parce que l'acquisition n'est pas en règle, et qu'il faut purger la propriété d'inscriptions qui ne sont pas toujours de son tort. Il est plus souvent à plaindre qu'à blâmer.

» En quatrième lieu, enfin, un créancier hypothécaire est toujours suspect, quand il demande beaucoup d'années d'arrérages, parce qu'on ne voit pas de motif plausible de cet amoncellement. Un vendeur ne l'est jamais quand l'ordre n'a pas eu lieu, parce qu'on sait que l'usage bien ou mal fondé des acquéreurs, ce qu'il ne s'agit pas d'examiner pour ce moment, est de ne payer le prix, capital et Intérêts, qu'à l'ordre. »

La consultation était terminée par une observation d'un grand poids :

« Si les autorités pouvaient ici quelque chose, on
» pourrait regarder comme une autorité aussi l'u-
» sage bien constant du tribunal de Paris, où, dans
» trois mille ordres peut-être où l'occasion de faire
» cette querelle au vendeur s'est produite, jamais
» personne ne s'est avisé de lui contester son pri-
» vilége pour toutes les années d'intérêts qui lui
» étaient dus. »

Par arrêt du 5 mars 1816, au rapport de M. Ruperou :

« Vu les art. 2003, 2008 et 2151 du code civil ;

» Attendu que les sieurs de Lambilly et Jourdan n'ayant pas acquis de droit sur l'immeuble dont il s'agit, antérieurement à la promulgation du code civil, et s'agissant d'ailleurs de prononcer sur la validité et l'effet de plusieurs inscriptions prises postérieurement à ladite promulgation, les dispositions de ce code devaient seules être consultées, et faire la règle pour la décision de l'affaire;

» Attendu qu'il résulte de la combinaison des articles précités dudit code, que le vendeur a, pour le payement du capital et des intérêts du prix de l'immeuble vendu, un seul et même privilége, lequel doit d'autant plus être considéré comme étant de l'essence même du contrat de vente, qu'il est une

conséquence nécessaire de la faculté que l'art. 1654 du même code accorde au vendeur de faire prononcer la résiliation de la vente, à défaut de payement par l'acquéreur;

» Que la transcription tient lieu d'inscription au vendeur, et lui conserve son privilége;

» Que la disposition de l'art. 2151, qui veut que le créancier inscrit pour un capital produisant Intérêt, n'ait droit que pour trois années d'Intérêts *au même rang d'hypothèque* que pour son capital, ne peut s'appliquer au privilége du vendeur, dont le rang n'est point fixé par la date de l'inscription, ni par la date de la transcription qui tient lieu d'inscription; qu'il est incontestable que, si le vendeur est déchu de son privilége, lorsqu'il n'a pas pris d'inscription, ou que son acquéreur immédiat n'a pas fait transcrire, avant la transcription du tiers-acquéreur (ou dans la quinzaine suivante, conformément à l'art. 834 du code de procédure civile), il conserve évidemment ce privilége, à la date du contrat de vente, pour le capital et pour tous les Intérêts, si l'inscription, soit qu'il l'ait prise directement, soit qu'elle résulte de la transcription faite par son acquéreur immédiat, a eu lieu dans le délai prescrit par l'art. 834 précité;

» Attendu enfin que, dans l'espèce, l'inscription qui était résultée de la transcription, a été renouvelée avant l'expiration des dix ans par une autre inscription contenant énonciation formelle tant du capital que de tous les Intérêts échus jusqu'alors, et que cette nouvelle inscription, par cela même qu'elle a été prise dans le délai prescrit par l'art. 834 du code de procédure civile, aurait seule, et indépendamment de la transcription qui l'a précédée, conservé, pour le capital et tous les Intérêts échus, le privilége du vendeur, avec effet rétroactif jusqu'au jour du contrat de vente;

» De tout quoi il suit qu'en jugeant que c'était la loi du 11 brumaire an 7 qui devait seule servir de règle, et que, d'après ses dispositions, le sieur Sapey ne pouvait réclamer de privilége que pour deux années d'Intérêts, la cour d'appel a d'abord faussement appliqué tant les dispositions de cette loi que l'art. 2151 du code civil, et ensuite formellement violé les articles 2103 et 2108 du même code:

» Par ces motifs, la cour casse et annule l'arrêt de la cour royale de Rennes, du 2 avril 1814; renvoie les parties, sur le fond, devant la cour royale d'Angers.... ».

Devant la cour royale d'Angers, les adversaires de M. Sapey ont passé condamnation sur la question transitoire qui résultait de ce que la loi du 11 brumaire an 7 n'accordait que deux années d'Intérêts au créancier inscrit, tandis que le code civil en accorde trois, y compris l'année courante; mais ils ont persisté à soutenir qu'il n'était dû que ces trois années à M. Sapey.

Et par arrêt du 12 juillet 1816, il a été prononcé en leur faveur :

« Attendu qu'il n'est question ici que des Intérêts du prix d'un contrat de vente d'immeubles, autres que ceux conservés par une première inscription; qu'avant la nouvelle législation, ces Intérêts suivaient généralement la nature du principal, et étaient tous colloqués dans l'ordre du privilége ou de l'hypothèque de la créance principale; mais que, depuis le nouveau régime hypothécaire, les Intérêts ou arrérages autres que ceux conservés par la première inscription, étaient assujétis à des inscriptions particulières à prendre, portant hypothèque à compter de leur date;

» Que les raisons proposées par l'appelant, sont combattues par le texte et l'esprit de la loi du 11 brumaire an 7 et du code civil. En effet, l'objet et le but du système hypothécaire ont été de rendre toutes ces sortes de créances notoires et publiques, afin de faciliter la vente des immeubles, et d'assurer, autant que possible, l'exécution des engagemens. C'est dans cette vue qu'il a prescrit la formalité de l'inscription de toutes les espèces de créances sur des registres publics à ce destinés, et qu'il a réglé le temps, le lieu, le mode et l'effet de l'inscription, de telle sorte que, d'après ses dispositions, on doit regarder comme un principe incontestable, qu'il n'y a plus d'hypothèques sur les immeubles sans inscription, quelle que soit l'hypothèque, simple ou privilégiée, qu'il s'agisse du capital ou des Intérêts;

» Ainsi, en ce qui concerne particulièrement les priviléges sur les immeubles, il est certain, par l'article 2106 du code civil, qui est le premier de la section 4, comment se conservent les Priviléges, qu'ils n'ont d'effet que sous la condition de l'inscription; que le privilége du vendeur, en particulier, se conserve par la transcription du contrat de vente faite par l'acquéreur, laquelle vaut inscription au vendeur, suivant l'art. 2108; ou qu'il peut faire lui-même, ainsi qu'il est dit en cet article, et qu'il résulte de l'art. 2155. La loi suppose donc qu'il est nécessaire que la transcription soit faite par l'acquéreur ou par le vendeur; et puisque la transcription vaut pour lui inscription, donc il est placé par la loi sur la même ligne que les autres priviligiés dénommés aux art. 2109, 2110, 2111, qui sont soumis à l'inscription; donc les dispositions de l'art. 2151, relative au créancier inscrit, sont communes au vendeur et à tous les créanciers inscrits, privilégiés ou autres;

» Qu'en vain le sieur Sapey a prétendu détourner l'application dudit art. 2151, en disant que, » par ces mots CRÉANCIER INSCRIT, l'on ne doit entendre que le créancier simple hypothécaire, et non » le vendeur du fonds, à qui, de tout temps, on n'a » point disputé le privilége de sa créance, pour ca-» pital et intérêts; que, tant qu'il n'est pas payé; il » reste propriétaire du fonds; si vrai qu'il a le droit » d'y rentrer, en demandant la résolution du con-» trat; que les Intérêts sont de même nature et font » partie du prix; » qu'enfin, il a été pris une inscription en l'an 1810, qui a eu l'effet de conserver

au vendeur son privilége et pour le capital, et par suite pour ses Intérêts, tant ceux lors échus que ceux échus postérieurement;

» Que ces moyens disparaissent devant le droit positif; que, si anciennement les Intérêts considérés comme accessoires, étaient censés de même nature que le principal, c'était l'effet d'une fiction de droit, car les Intérêts ne naissent que successivement; et il n'est pas naturel d'attacher un droit de privilége ou d'hypothèque à une espèce de créance qui n'existe pas encore; que le législateur est toujours le maître de restreindre ou même d'anéantir toute espèce de fiction de droit, s'il juge que ces changemens importent à l'utilité publique; que c'est ainsi que, bien qu'avant la nouvelle législation hypothécaire, les Intérêts eussent même privilége que le principal, le privilége du vendeur a été restret à deux années et la courante, et anéanti pour les années postérieures, à l'égard desquelles il n'a été réservé qu'un droit d'hypothèque à la charge d'inscriptions particulières à prendre à mesure des échéances, et à compter seulement de leur date; que le vendeur du fonds n'est pas plus favorable que le co-partageant, pour la somme qui lui est due, le co-héritier pour sa part du prix de la licitation, l'architecte qui a édifié ou reconstruit la maison vendue (art. 2109 et 2110); que ceux-ci sont, comme lui, bailleurs de fonds, et cependant soumis à l'inscription; qu'il n'est pas vrai de dire que le créancier soit propriétaire du fonds tant qu'il n'est pas payé; qu'il peut seulement le devenir, en demandant la résolution du contrat; mais qu'en ce cas, il perd son droit d'hypothèque privilégiée sur le fonds vendu, quant aux Intérêts; et que, dans l'espèce dont il s'agit, il serait tenu de rapporter les 23,600 francs qui lui ont été payés comptant; que d'ailleurs cette action en résolution est réelle, et l'action à fin de collocation en ordre est personnelle et hypothécaire; que ce sont deux actions dont chacune se gouverne par les principes qui lui sont propres;

» Enfin, la seconde inscription dont argumente Sapey, est une inscription renouvelée, dont l'effet n'a été que de lui conserver le droit qui lui était acquis par la première. En tant que la créance nouvellement inscrite excède la première, elle est une inscription particulière pour Intérêts, ne portant hypothèque que du jour de sa date, suivant l'art. 2151 précité, laquelle est primée par l'hypothèque de Lambilly, inscrite en l'an 1806, et par les autres antérieures à ladite inscription de l'an 1810; que, quand on a dit que, cessant la première inscription, celle acquise au premier vendeur par la transcription du contrat de vente faite par Mahé, le 7 décembre 1810, ou même l'inscription qui n'aurait été prise que dans la quinzaine de cette transcription aurait, suivant l'art. 834 du code de procédure civile, conservé à Jouberthou, ou Sapey, son cessionnaire, son privilége pour toute sa créance, en principal et Intérêts, on a fait confusion : cela serait vrai contre Mahé, créancier du prix dudit contrat de vente du 7 décembre 1810, non contre les créanciers inscrits dudit Mahé. »

M. Sapey se pourvoit de nouveau en cassation ; et, d'après la loi du 16 septembre 1807, l'affaire est portée devant les sections réunies sous la présidence de M. le garde-des-sceaux.

Par arrêt du 1er mai 1817, au rapport de M. Chabot, et conformément aux savantes et lumineuses conclusions de M. le procureur-général Mourre (1),

« Vu les art. 2103, 2108 et 2151 du code civil,...:

» Attendu que, d'après l'art. 2103, le vendeur est créancier privilégié sur l'immeuble vendu, pour le payement du prix, et que, d'après l'art. 2108, il conserve son privilége par la simple transcription de l'acte de vente; que la disposition de ces articles est générale et ne contient aucune exception, et qu'aucun autre article du code n'a établi de dispositions particulières pour la collocation des intérêts qui peuvent être dus au vendeur;

» Que, d'après le droit commun, les intérêts d'une créance en forment un accessoire ; qu'ils sont de même nature; qu'ils participent aux mêmes avantages, et sont régis par les mêmes règles; que, si l'art. 2151 s'est écarté de ce principe, la disposition par laquelle il l'a modifié, est restreinte aux intérêts des créances simplement hypothécaires, puisqu'elle porte en termes exprès que les intérêts sur lesquels elle statue, *auront même rang d'hypothèque que les capitaux ;* et qu'en conséquence, il ne peut être permis d'étendre et d'appliquer arbitrairement cette disposition aux intérêts du capital dû au vendeur, puisque ce capital n'a pas un simple *rang par hypothèque,* mais un *rang par privilége,* lorsque l'acte de vente a été transcrit.;

» Que, dans toutes ses dispositions, le code civil a distingué les créances privilégiées des créances hypothécaires; que, dans le chapitre où se trouve inséré l'art 2151, et auquel il a été donné un titre qui énonce séparément les *priviléges* et les *hypothèques,* le législateur a expressément dénommé les *priviléges* dans les dispositions qu'il a voulu leur appliquer, et qu'on doit en conclure qu'il n'a voulu appliquer qu'aux créances hypothécaires les dispositions dans lesquelles il n'a dénommé que les hypothèques;

» Qu'il suit de cette distinction, de la disposition générale de l'art. 2103, et des termes restrictifs de l'art. 2151, que le législateur a voulu que la collocation des intérêts dus au vendeur, restât dans les règles du droit commun, et que, conformément aux anciens principes et à l'ancienne jurisprudence, ces intérêts eussent, sans aucune restriction, le même rang et le même privilége que le capital;

» Que le système de la publicité des hypothèques ne peut pas être invoqué contre le vendeur, du

(1) Elles sont transcrites dans le *Journal des Audiences de la cour de cassation,* 1817, pages 253 et suivantes.

moins par de simples créanciers, puisqu'il n'y a point de terme fixé pour la transcription qui conserve le privilége du vendeur, et que, même sans transcription de la première vente, mais en prenant inscription dans la quinzaine de la transcription de la seconde vente ; le premier vendeur conserve encore son privilége avant tous les créanciers hypothécaires antérieurement inscrits, quoique, dans l'un et l'autre cas, le privilége du vendeur n'ait pas été rendu public avant les inscriptions prises par les créanciers hypothécaires;

» Qu'ainsi, la cour royale d'Angers, en n'accordant au demandeur la collocation des Intérêts par privilége pour deux années seulement et pour l'année courante, et en se fondant, à cet égard, sur la disposition de l'art. 2151 du code civil, a non-seulement fait une fausse application de cet article, mais encore l'a formellement violé, en l'étendant arbitrairement à un cas qu'il n'a pas prévu, et qu'en outre elle a contrevenu aux dispositions des art. 2103 et 2108:

» Par ces motifs, la cour casse et annule...; sur le fond, renvoie les parties devant la cour royale de Paris.... »

J'ignore si la cour royale de Paris a prononcé sur le fond, en conséquence de ce renvoi.

Mais ce qu'il y a de certain, c'est que déjà, et dès le 31 août 1810, elle avait rendu sur cette question un arrêt parfaitement conforme à ceux de la cour de cassation. M. le procureur-général Mourre l'a cité dans ses conclusions.

§. VI. *L'art. 2151 du code civil, discuté dans le §. précédent, est-il applicable à la femme mariée et au mineur pour les créances auxquelles la loi attache une hypothèque qui s'acquiert et se maintient de plein droit, sans inscription ?*

Cette question n'est qu'effleurée dans le plaidoyer du 1er mai 1815, rapporté au mot *Hypothèque,* §. 19; mais ce qui y est dit pour la négative, se trouve pleinement confirmé par les deux arrêts de la cour de cassation qui sont retracés dans le §. précédent,

« En effet (comme le disait M. Darrieux dans son mémoire en cassation pour M. Sapey), il serait dérisoire d'assujétir à prendre inscription pour les intérêts, celui qui ne doit pas en prendre pour le capital, car les intérêts sont de la même nature que le capital, et ne forment qu'un tout avec lui.

» Ainsi, lorsque le prix de meubles se distribue entre des créanciers chirographaires, la créance de chacun des créanciers se compose du capital et des intérêts, et s'il est parmi eux des créanciers privilégiés, ils sont payés avant les créanciers chirographaires, tant du capital que des intérêts parce que là, les droits des créanciers existent sans inscription.

» Ainsi, sous la législation ancienne, où les hypothèques ne devaient point être publiques, il était de droit commun que les créanciers fussent colloqués pour les intérêts au même rang et cumulativement avec le capital..... (1).

» L'accessoire suit le principal et en prend la nature.....

» Tel était l'ancien droit commun de la France; tel il est encore aujourd'hui : ce n'est que par exception et en matière hypothécaire seulement, que la loi de brumaire et le code civil n'ont permis la collocation des intérêts au rang du capital, que pour deux ou trois années d'intérêts à échoir. Mais cette exception doit être restreinte dans ses limites, c'est-à-dire au cas où l'inscription est nécessaire pour la publicité de l'hypothèque. Hors de là, on rentre dans le droit commun, on doit colloquer les créanciers pour tous les intérêts échus et à échoir au même rang que le capital.

» C'est ainsi que M. Tarrible explique la loi, en examinant si l'art. 2151 du code civil est applicable aux hypothèques légales des femmes et des mineurs.

» Une distinction fondamentale, dit ce judicieux auteur, entre les hypothèques ordinaires et les hypothèques légales des mineurs, a été posée dans ce principe : les premières ne prennent de force et de rang que par l'inscription ; les secondes, au contraire, existent indépendamment de toute inscription.

» Cette même distinction est implicitement retracée dans l'art. 2151 lui-même. Il parle d'un créancier inscrit pour un capital; on peut en induire qu'il n'a eu en vue que ces créances dont toute la vertu hypothécaire est dans l'inscription, et non les hypothèques légales qui, indépendantes de l'inscription, prennent leur rang dans une autre source et à une autre époque.

» Le code civil a environné de toutes ses faveurs les hypothèques légales des femmes et des mineurs. Il les a soustraites aux formes rigoureuses qu'exigeait son système de publicité. L'inscription, dans le sens du code, n'a d'autre but que celui de manifester, avec les créances auxquelles l'hypothèque légale se rattache, l'intention où sont la femme et le mineur de l'exercer. Bien loin d'avoir voulu atténuer les droits hypothécaires dont les femmes et les mineurs jouissaient auparavant, il a partout marqué la volonté de les étendre et de les fortifier. Or, les intérêts des dots des femmes étaient, de droit commun, colloqués au même rang que le capital : ils l'étaient même au parlement de Toulouse, dont la jurisprudence singulière rejetait en général les intérêts après tous les capitaux, suivant le témoignage de tous les arrêtistes, notamment de Dolive, liv 4, chap. 21 (les mêmes arrêtistes attestent qu'il en était de même des intérêts du prix de la vente). Il est donc également conforme et à l'esprit et à la lettre du code civil, que les intérêts qui, quelque soit le

nombre des années arrérageées, forment une partie intégrante des créances des femmes et des mineurs, jouissent des avantages attachés à ces créances ; qu'ils soient indépendans de toute inscription, comme le capital d'où ils dérivent, et qu'ils obtiennent, dans leur totalité, le même rang que le capital. Nous ajouterons que cette opinion a d'autant moins d'inconvéniens, que, d'après l'art. 2277 du même code, les intérêts et toutes les prestations payables par année se prescrivent par cinq ans. »

§. VI. *Autres questions sur les intérêts.*

V. les articles *Contributions foncières,* §. 1, et *Fourmorture,* §. 2.

INTERLOCUTOIRE (JUGEMENT). §. I. *Peut-on, dans une même instance et entre les mêmes parties, rendre interlocutoire sur interlocutoire?*

V. l'article *Expert,* §. 1.

§. II. 1°. *Les jugemens interlocutoires étaient-ils, dans l'ancienne jurisprudence, susceptibles d'appel, avant qu'ils eussent été suivis de jugemens définitifs?*

2°. *L'étaient-ils sous la loi du 3 brumaire an 2?*

3°. *Devait-on, sous l'empire de cette loi, considérer comme interlocutoire et non susceptible d'appel avant le jugement définitif, le jugement qui, dans le cours d'une instruction, prononçait définitivement sur une contestation incidente au procès principal?*

4°. *Sous l'empire de la même loi, un jugement qui était définitif sur un point, et interlocutoire sur un autre, était-il immédiatement susceptible d'appel dans sa partie définitive?*

5°. *Pour décider, sous l'empire de la même loi, si un jugement était interlocutoire ou définitif, et par suite, s'il était ou non immédiatement susceptible d'appel, était-ce à ses motifs, était-ce à son dispositif, que l'on devait s'attacher?*

6°. *Les jugemens interlocutoires passent-ils en force de chose jugée à défaut d'appel, ou par l'acquiescement des parties intéressées à en appeler?*

7°. *La faculté d'en appeler est-elle restreinte au délai fixé par l'art. 443 du code de procédure civile?*

I. Dans le droit romain, on ne pouvait appeler d'un jugement interlocutoire, qu'autant que ce jugement n'était pas réparable en définitive. C'était la disposition textuelle de la loi 36, C. de *appellationibus,* et de la loi 2, D. de *appellationibus recipiendis vel non.*

---

(1) *V.* le *Répertoire de jurisprudence,* aux mots *Renonciation d'une sucession future,* §. 3.

Cette règle s'est maintenue assez long-temps dans notre ancien ordre judiciaire; mais elle a fini par tomber dans une désuétude si générale, que les bureaux des finances se sont trouvés les seuls tribunaux inférieurs dont les jugemens interlocutoires ne fussent pas sujets à l'appel; et encore ne conservèrent-ils pas ce privilège, qui leur avait cependant été assuré par un arrêt du conseil du 30 juin 1639 et par un édit du mois de février 1704; il leur fut ôté par deux déclarations: l'une du 5 août 1704, particulière au ressort du parlement de Paris; l'autre du 14 mai 1717, commune à toute la France. « Voulons (portait celle-ci) que nos cours de parlement » reçoivent les appellations des *jugemens, tant in-* » *terlocutoires, préparatoires, que définitifs, sans* » *aucune distinction,* qui ont été ou seront rendus » par les trésoriers de France établis dans le res- » sort de chacune de nosdites cours, pour être sta- » tué sur lesdits appels en la manière accoutumée, » comme avant notredit édit du mois de février » 1704; à la charge par nosdites cours de se con- » former exactement à la disposition de l'art. 2 » du tit. 6 de notre ordonnance du mois d'avril » 1667.... »

Il faut cependant remarquer que le parlement de Pau avait toujours tenu sur cette matière aux principes du droit romain, et qu'il ne recevait les appels des sentences interlocutoires « que dans le cas où » elles contenaient des griefs irréparables en défini- » tive. » C'est ce que m'a attesté, en 1784, M. Mourot, alors professeur de droit à Pau, et l'un des jurisconsultes les plus distingués du barreau de cette ville.

II. Cette règle du droit romain avait-elle été remise en vigueur et rendue commune à toute la France, par l'art. 6 de la loi du 3 brumaire an 2, qui était ainsi conçue: « On ne pourra appeler » d'aucun *jugement préparatoire* pendant le cours » de l'instruction; et les parties seront obligées d'at- » tendre le jugement définitif, sans qu'on puisse ce- » pendant leur opposer ni leur silence, ni même » les actes faits en exécution des jugemens de cette » nature? »

La négative serait incontestable, si cette loi eût attaché aux mots *jugement interlocutoire* le sens qu'y attache l'art. 452 du code de procédure civile, c'est-à-dire, si, par ces mots, elle n'eût entendu que *les jugemens rendus pour l'instruction de la cause, et qui, sans préjuger le fond, tendent uniquement à mettre le procès en état de recevoir jugement définitif.*

Mais il est certain, on verra d'ailleurs par les conclusions du 11 avril 1810, rapportées ci-après, §. 5, que, dans le sens de l'art. 6 de la loi du 3 brumaire an 2, les mots *jugement préparatoire* étaient une expression générique qui comprenait tous les jugemens non définitifs, et par conséquent ceux que le code de procédure civile qualifie d'*interlocutoires,* comme ceux qu'il appelle simplement *préparatoires.*

Aussi la cour de cassation ne faisait-elle, sous l'empire de la loi du 3 brumaire an 2, aucune difficulté d'appliquer l'art. 6 aux jugemens que nous appelons aujourd'hui *interlocutoires.*

Par jugement du 9 messidor an 6, le tribunal civil du département de l'Ardèche avait ordonné que, dans trois jours, le sieur Chamarand et sa femme représenteraient les pièces justificatives des répétitions qu'ils exerçaient contre le sieur Joulianem, et que, dans un délai, il serait procédé à la liquidation des fruits à rendre et à un compte entre les parties, pour être ultérieurement prononcé comme il appartiendrait, dépens réservés.

Le sieur Chamarand et sa femme ont appelé de ce jugement.

La cause portée au tribunal civil du département de la Haute-Loire, le sieur Joulianem a soutenu que l'appel était non-recevable, par la raison que le jugement était purement préparatoire.

Le 26 thermidor an 6, jugement du tribunal de la Haute-Loire qui reçoit l'appel, et déclare qu'il a été mal jugé.

Recours en cassation; et le 1er nivôse an 8, arrêt contradictoire, au rapport de M. Beaulaton, et sur les conclusions de M. Lefessier, par lequel;

« Considérant que le jugement du tribunal civil du département de l'Ardèche, du 9 messidor an 6, qui ordonnait dans des délais une justification de pièces, une liquidation de fruits et de comptes, et réservait le fond et les dépens, était purement interlocutoire, et qu'il est voulu par l'art. 6 de la loi du 3 brumaire an 2, que nul appel d'un jugement interlocutoire ne soit reçu, si ce n'est après le jugement définitif; en sorte qu'en recevant l'appel des mariés Chamarand, le tribunal civil du département de la Haute-Loire a contrevenu à cette loi:

» Le tribunal casse et annule le jugement rendu par le tribunal civil du département de la Haute-Loire, le 26 thermidor an 6; renvoie les parties devant les juges qui doivent en connaître. »

Un arrêt semblable a été rendu le 4 brumaire an 11, entre le sieur Leboullanger, demandeur en cassation de deux arrêts de la cour d'appel de Rouen, et le sieur Piquenot. Voici les conclusions que j'ai données sur cette affaire:

« Le cit. Leboullanger vous propose trois moyens de cassation contre les jugemens qu'il attaque; et il importe surtout pour apprécier celui qu'il dirige contre le jugement du 1er prairial an 9, de reporter un moment votre attention sur la marche qu'a suivie la procédure devant les premiers juges.

» Le 16 germinal an 6, acte par lequel le cit. Leboullanger notifie au cit. Piquenot qu'il entend profiter, sur le prix porté au contrat de vente passé entre eux le 24 août 1793, du bénéfice de la réduction introduite par la loi du 16 nivôse an 6, en faveur des acquéreurs d'immeubles qui avaient acheté pendant le cours du papier-monnaie.

5.

» Par le même acte, le cit. Leboullanger nomme son expert pour procéder à l'estimation du domaine de la Brosse, et interpelle le cit. Piquenot d'en nommer un de son côté.

» Le cit. Piquenot ne répondant pas à cette notification, le cit. Leboullanger le fait citer au bureau de paix.

» Le cit. Piquenot n'y comparaît pas, et le bureau de paix constate sa non comparution.

» Le cit. Leboullanger le fait assigner au tribunal civil du département de l'Eure.

» Le cit. Piquenot n'y comparaît pas encore; et le 21 brumaire an 7, jugement par défaut qui, *avant faire droit toutes fins et exceptions tenantes,* ordonne qu'il sera procédé par experts à l'estimation prescrite par la loi du 19 nivôse an 6, et condamne le cit. Piquenot *à l'amende de 30 fr. pour n'avoir pas comparu en conciliation.*

» D'après ce jugement, le cit. Leboullanger poursuit le cit. Piquenot pour lui faire nommer son expert: mais celui-ci continuant de garder le silence, il intervient, le 9 nivôse suivant, un second jugement par défaut, qui nomme un expert d'office; et sur l'abstention de celui-ci, un troisième jugement du 12 floréal de la même année, toujours par défaut, lui subroge un autre expert.

» Le cit. Piquenot forme opposition à ces deux derniers jugemens, et se réserve d'attaquer le premier, celui du 21 brumaire, après qu'on lui aura communiqué la citation et l'assignation originaires.

» Le 11 frimaire an 8, jugement qui le déboute de son opposition, sur le fondement que les deux jugemens contre lesquels elle est dirigée, ne sont que la suite nécessaire de celui du 21 brumaire an 7, auquel le cit. Piquenot n'est pas opposant.

» Le cit. Piquenot saisit l'indication que lui donne ce motif, et usant de sa réserve précédente, il forme opposition au jugement du 21 brumaire. Mais sur quoi la fonde-t-il? Uniquement sur la prétendue nullité de l'assignation qui a précédé ce jugement. Il soutient que cette assignation est nulle, parce qu'elle a été donnée à un domicile qui n'était plus le sien.

» Le 12 pluviôse an 8, jugement qui déboute le cit. Piquenot de son opposition, et ordonne que le jugement du 21 brumaire sera exécuté.

» Le 14 prairial suivant, signification de ce jugement au cit. Piquenot.

» Le 23 du même mois, notification extra-judiciaire, par laquelle, reconnaissant que ni ce jugement, ni ceux qui l'ont précédé, ne sont *quant à présent susceptibles d'appel,* attendu qu'ils sont *préparatoires,* le cit. Piquenot somme le cit. Leboullanger de faire procéder sous trois décades à l'expertise ordonnancée par le jugement du 21 brumaire an 7, sous la réserve qu'il fait d'appeler de ce jugement, *ainsi que de tous autres qui lui font grief, après le jugement définitif.*

» Le 6 messidor, lettre missive par laquelle le cit. Piquenot consent à une prorogation du délai de trois décades fixé par sa sommation du 23 prairial.

» Mais bientôt après, le citoyen Piquenot revient sur ses pas, et appelle tant du jugement du 12 pluviôse an 8, que de ceux des 21 brumaire, 7 nivôse et 12 floréal an 7.

» Le cit. Leboullanger soutient que cet appel est non-recevable; et pour le prouver, il invoque l'art. 6 de la loi du 3 brumaire an 2; mais sa fin de non-recevoir est rejetée par jugement du 1er prairial an 9, avec injonction de plaider au principal.

» Le 3 du même mois, second jugement qui, faisant droit sur l'appel, confirme le jugement du 21 pluviôse an 8, en tant qu'il a rejeté la demande formée par le cit. Piquenot en nullité de l'assignation originaire; le réforme en tant qu'il a rejeté l'opposition au jugement du 21 brumaire an 7; réforme également celui-ci, ainsi que les jugemens des 9 nivôse et 12 floréal de la même année; déboute le cit. Leboullanger de sa demande en réduction, et le déclare non-recevable, à raison du laps de temps, dans ses conclusions subsidiaires à fin de résilier.

» Le cit. Leboullanger vous demande la cassation de ces deux jugemens; et d'abord, il attaque celui du 1er prairial an 9, comme contraire à l'art. 6 de la loi du 3 brumaire an 2, suivant lequel, « on ne » peut appeler d'aucun jugement préparatoire pen- » dant le cours de l'instruction, et les parties sont » obligées d'attendre le jugement définitif, sans » qu'on puisse cependant leur opposer ni leur si- » lence, ni même les actes faits en exécution des » jugemens de cette nature. »

» Il est, en effet, bien impossible de considérer le jugement du 21 brumaire an 7, autrement que comme un jugement purement préparatoire. Non-seulement il statue par *avant faire droit,* non-seulement il se borne à ordonner une estimation par experts, non-seulement il ne préjuge rien sur le fond, non-seulement il réserve les dépens, mais il va même jusqu'à déclarer en termes exprès que, si le cit. Piquenot a des exceptions à faire valoir contre la demande principale, il sera maître de les opposer après l'expertise : *toutes fins et exceptions tenantes.*

» Le bon sens nous dit que, s'il y a des juge-mens auxquels appartient essentiellement le caractère et la dénomination de jugemens préparatoires, ce sont surtout ceux qui ordonnent des estimations par experts; et que le bon sens nous dit à cet égard, la loi du 3 brumaire elle-même le confirme, en qualifiant de *préparatoires* les jugemens en vertu desquels il est procédé à des expertises.

» Et inutilement vient-on vous dire que, par le jugement du tribunal de première instance du 12 pluviôse an 8, le cit. Piquenot avait été averti qu'il ne pouvait prendre contre celui du 21 brumaire an 7, d'autre voie que celle de l'appel.

» Résulte-t-il de là que le jugement du 21 brumaire an 7 a été, s'il nous est permis d'employer
cette expression, *rendu appellable* de la part du cit.
Piquenot, avant qu'il fût intervenu entre les parties
un jugement définitif? Non; il en résulte seulement
que le tribunal de première instance, en déboutant
le cit. Piquenot de son opposition au jugement du
21 brumaire an 7, l'a prévenu qu'il pourrait en
appeler.

» Mais le tribunal de première instance n'a pas
dit au cit. Piquenot qu'il pourrait en appeler sur-
le-champ; il ne lui a pas dit qu'il pourrait en appeler avant l'époque déterminée par la loi du 3 brumaire an 2; il ne lui a pas dit que la loi du 3 brumaire an 2 n'élevait pas, *quant à présent*, une barrière contre cet appel.

» Vainement vient-on encore vous dire que,
dans notre espèce, l'estimation par experts n'aurait
point d'objet, s'il ne devait pas y avoir lieu à la
réduction.

» Raisonner ainsi, c'est soutenir, en d'autres
termes, que l'art. 6 de la loi du 3 brumaire an 2
n'est pas obligatoire; c'est prétendre, en d'autres
termes, que cet article doit être rayé de notre code
judiciaire; c'est, en un mot, vouloir abroger cet
article.

» On pourrait, en effet, opposer le même raisonnement, par exemple, à la fin de non-recevoir
dont on exciperait contre l'appel d'un jugement qui
ordonnerait une preuve par témoins.

» On pourrait l'opposer à la fin de non-recevoir
qui tendrait à écarter l'appel d'un jugement qui,
avant faire droit, ordonnerait le rapport de certaines pièces.

» On pourrait l'opposer à la fin de non-recevoir
dont se prévaudrait une partie contre l'appel d'un
jugement qui ordonnerait de contester plus amplement sur un point en litige.

» On pourrait, en un mot, l'opposer dans tous
les cas où la loi du 3 brumaire an 2 veut que cette
fin de non-recevoir exerce un empire absolu.

» Et cependant le tribunal de cassation a prouvé
par plusieurs de ses décisions, combien il est jaloux
de maintenir dans toute sa sévérité la défense que
fait cette loi d'appeler des jugemens préparatoires.

» Vous connaissez le jugement que vous avez
rendu le 1er nivôse an 8, et par lequel a été cassé
un jugement du tribunal civil du département de la
Haute-Loire, du 26 messidor an 6.

» Cet exemple, auquel il serait aisé d'en joindre
un grand nombre de semblables, s'applique ici avec
d'autant plus de force, que, dans l'espèce actuelle
(nous devons le répéter), le jugement dont le cit.
Leboullanger soutenait l'appel non-recevable, non
seulement ne décide rien, mais déclare positivement
qu'il n'entend rien décider; qu'il laisse parfaitement
intactes et la demande et la défense; qu'enfin, par
l'art. 5 de la loi du 3 brumaire an 2, il est expressément rangé dans la classe des jugemens préparatoires.

» Et cependant le tribunal d'appel de Rouen n'a
pas craint de dire dans ses motifs, que, par ce jugement, le tribunal de première instance avait *définitivement* jugé la question de savoir s'il y a lieu ou
non à la réduction du prix de l'immeuble vendu par
le cit. Piquenot au cit. Leboullanger. Il eût été
assurément difficile de motiver plus mal une aussi
mauvaise décision.

» Comment le tribunal de première instance aurait-il jugé définitivement la question de réductibi-
lité? Il ne l'a pas même préjugée préparatoirement;
elle n'avait pas été agitée devant lui, et il a encore
eu la précaution de consigner dans son jugement
la déclaration formelle qu'il réservait au cit. Piquenot toutes ses *fins et exceptions*.

» Jamais, nous osons le dire, l'art. 6 de la loi du
3 brumaire an 2 n'a été violé aussi ouvertement; jamais il ne vous a été dénoncé une contravention
aussi grave aux actes du pouvoir législatif; jamais
l'autorité dont vous êtes investis par le pacte social
qui unit tous les citoyens français, n'a trouvé une
occasion plus pressante de se déployer pour la
vengeance de la loi.

» Ce que nous disons du jugement du 21 brumaire an 7, nous devons le dire à bien plus forte
raison de ceux des 7 nivôse et 12 floréal de la même
année, qui n'ont fait que nommer des experts d'office sur le refus du cit. Piquenot de les nommer lui-
même.

» Mais, à l'égard de celui du 12 pluviôse an 8,
il se présente une observation sur laquelle vous
nous avez sûrement prévenu.

» Ce jugement contient deux dispositions bien
distinctes. Par l'une, il rejette la demande du citoyen Piquenot, en nullité de l'assignation sur laquelle avait été rendu par défaut le jugement du 21
brumaire an 7; par l'autre, il ordonne que ce jugement sera exécuté.

» De ces deux dispositions, la seconde ne forme
évidemment qu'une décision préparatoire; car elle
ne peut pas être d'une autre nature que le jugement
auquel elle se réfère.

» Mais la première renferme une décision véritablement définitive, puisqu'elle juge définitivement
que l'assignation dont le cit. Piquenot demandait
la nullité, est régulière et valable.

» Le cit. Piquenot a donc pu appeler du jugement du 12 pluviôse an 8, en tant qu'il rejetait
la demande en nullité de l'assignation originaire,
quoiqu'il n'ait pas pu en appeler en tant qu'il ordonnait l'exécution du jugement préparatoire du
21 brumaire an 7.

» Et ce qu'il y a de remarquable, c'est que, si le
tribunal d'appel de Rouen eût infirmé, sur le premier chef, le jugement du 12 pluviôse an 8, cette
infirmation eût, de plein droit, entraîné l'anéantissement des trois jugemens préparatoires par défaut, des 21 brumaire, 7 nivôse et 12 floréal an 7.

» Que devait donc faire, dans cette position, le

tribunal d'appel de Rouen, après les plaidoiries des parties sur la question de savoir si l'appel de ces trois jugemens était ou non recevable?

» Il devait, par un avant faire droit, surseoir à prononcer sur la fin de non-recevoir, et ordonner qu'au préalable les parties seraient tenues de plaider sur le bien ou mal jugé de la première disposition du jugement du 12 pluviôse an 8, c'est-à-dire de la disposition qui déclarait valable l'assignation originairement donnée au cit. Piquenot par le cit. Leboullanger.

» Cela fait, et après avoir confirmé cette disposition, il devait revenir à la fin de non-recevoir opposée par le cit. Leboullanger au cit. Piquenot, et en conséquence déclarer celui-ci non-recevable à appeler des jugemens des 21 brumaire, 7 nivôse et 12 floréal an 7, ainsi que de la deuxième disposition du jugement du 12 pluviôse an 8.

» En procédant ainsi, le tribunal d'appel de Rouen se serait conformé à la loi.

» En procédant comme il l'a fait, il l'a violée manifestement; et, sous ce premier rapport, il y a nécessité de casser non-seulement le jugement qu'il a rendu, le 1er prairial an 9, sur la fin de non-recevoir, mais encore celui qu'il a, par suite, rendu sur le fond le 3 du même mois.

» Et vainement objecte-t-on que le demandeur, en plaidant sur le fond de l'appel à l'audience du 3 prairial an 9, a acquiescé au jugement du 1er du même mois, et par conséquent renoncé au droit de l'attaquer par la voie de la cassation.

» En plaidant à l'audience du 3 prairial an 9, sur le fond de l'appel, le demandeur n'a pas fait un acte volontaire : il n'a fait qu'un acte forcé, il n'a fait que ce qu'il ne pouvait se dispenser de faire, puisque le jugement du 1er du même mois, étant rendu en dernier ressort, devait par cela seul être exécuté sur-le-champ.

» Sans doute, le demandeur serait censé avoir acquiescé à ce jugement, s'il en eût lui-même poursuivi l'exécution.

» Mais autre chose est de *poursuivre* l'exécution d'un jugement en dernier ressort, autre chose est de la *souffrir*.

» Or, dans notre espèce, le demandeur n'a joué, dans l'exécution du jugement du 1er prairial an 9, qu'un rôle passif; il n'a donc pas acquiescé à ce jugement; il ne s'est donc pas rendu non-recevable à l'attaquer (1).

» Par ces considérations, et sans qu'il soit besoin de nous occuper des autres moyens du cit. Leboullanger, nous estimons qu'il y a lieu de casser et annuler les deux jugemens dont il s'agit, renvoyer les

---

parties devant le tribunal d'appel le plus voisin, et ordonner qu'à notre diligence, le jugement à intervenir sera imprimé et transcrit sur les registres du tribunal d'appel de Rouen. »

Sur ces conclusions, arrêt de la section civile, du 7 brumaire an 11, au rapport de M. Babille, par lequel,

« Vu l'art. 6 de la loi du 3 brumaire an 2 ;

» Et attendu que le jugement du 21 brumaire an 6 était évidemment interlocutoire, puisqu'en même temps qu'il ordonne, avant faire droit, une estimation, il réserve non-seulement les dépens, mais encore *toutes fins et exceptions*; en sorte qu'il conserve à Piquenot le droit d'invoquer, si bon lui semblait, contre cette estimation, la disposition de l'art. 13 de la loi du 22 thermidor an 6, et de proposer par suite son système de non-réduction, d'après cet art. 14, ainsi qu'il l'a fait sur l'appel ;

» Que ce jugement n'avait point changé de nature par la disposition du jugement du 12 pluviôse an 8, portant que le tribunal ne pouvait pas se réformer, sauf à Piquenot à appeler du jugement du 21 brumaire précédent, s'il se croyait lésé par ce jugement; cette disposition ne pouvant s'entendre qu'en ce sens, que cet appel pourrait être interjeté, conformément à la loi ci-dessus citée, quand, ce qui ne se rencontrerait pas dans l'espèce, le jugement sur le fond serait rendu ;

» Et qu'en défendant au fond, sans aucune réserve de se pourvoir, par suite du jugement qui, après avoir rejeté sa fin de non-recevoir, l'avait ainsi ordonné, Leboullanger ne s'était pas interdit la faculté de la faire valoir ultérieurement; d'autant mieux qu'il s'agissait d'un jugement en dernier ressort, et que d'ailleurs cette exécution de ce jugement n'était point un acte libre de sa part, mais avait été provoquée par son adversaire;

» D'où il suit que ce jugement a évidemment violé la disposition de l'article ci-dessus cité; ce qui dispense d'entrer dans l'examen des autres moyens de cassation :

» Par ces motifs, le tribunal casse et annule les deux jugemens rendus, les 1er et 3 prairial an 9, par le tribunal d'appel de Rouen, etc. »

La même question s'est représentée à l'audience de la même section, le 4 pluviôse suivant, entre Jean Dubois, demandeur en cassation d'un arrêt de la cour d'appel de Riom, du 1er nivôse an 10, et Dominique Teyssèdre, défendeur.

Il s'agissait, au fond, d'une demande en rescision d'un contrat de vente d'immeubles, pour lésion d'outre-moitié du juste prix.

Un premier jugement avait ordonné une estimation; elle avait été faite à l'avantage de Teyssèdre. Dubois critiqua le rapport d'experts, et demanda une seconde expertise.

Un jugement du tribunal d'arrondissement de Murat, du 24 thermidor an 8, ordonna, « avant

---

(1) Voyez encore ce que j'ai dit là-dessus dans des conclusions du 2 ventôse an 11, rapportées au mot *Appel*, § 14, art. 1, n° 9.

faire droit au principal, tous moyens de fait et de droit réservés aux parties, qu'il serait procédé à une nouvelle estimation. »

Teyssèdre prétendait que cette loi était abrogée, et que le jugement dont il était appelant n'était pas un simple jugement préparatoire, mais qu'il était définitif, en ce qu'il enlevait pour jamais le bénéfice qui lui était acquis à la faveur du premier rapport.

La cour d'appel de Riom, par son arrêt du 1er nivôse an 10, « sans s'arrêter à la fin de non-recevoir proposée contre l'appel, » avait infirmé le jugement du tribunal de Murat, et débouté Dubois de sa demande en amendement de rapport, avec dépens.

Mais Dubois s'est pourvu en cassation, et par arrêt du 14 pluviôse an 11, au rapport de M. Lasaudade,

« Vu l'art. 7 de la loi du 3 brumaire an 2 ;

» Considérant que le jugement du 24 thermidor an 8 n'est qu'un jugement préparatoire et d'instruction, puisque c'est avant faire droit au principal, et tous moyens de fait et droit réservés aux parties, qu'il ordonne une nouvelle estimation ; qu'en ordonnant cette nouvelle estimation, le tribunal de Murat n'a statué définitivement, ni sur le fond de la contestation, ni même sur le sort du premier rapport, auquel il s'est réservé d'avoir tel égard que de raison ; que la partie n'avait aucun bénéfice acquis définitivement en la faveur de ce rapport, puisque les juges ne sont point assujétis par la loi à s'y conformer absolument, et que la loi leur laisse la faculté d'y avoir tel égard que de raison ; qu'enfin l'art. 6 de la loi du 3 brumaire an 2 n'a point été abrogé par les lois postérieures, et que l'exécution en doit être rigoureusement maintenue dans les cas où il n'y a pas été expressément dérogé ;

» Le tribunal casse et annule le jugement du tribunal d'appel de Riom, du 1er nivôse an 10. »

III. Tout le monde sait et je n'ai pas besoin de rappeler ici que le code de procédure civile modifie singulièrement cette jurisprudence, par la distinction qu'il établit entre les jugemens préparatoires et les jugemens interlocutoires ; et qu'en maintenant pour ceux-là l'art. 6 de la loi du 3 brumaire an 2, il l'abroge pour ceux-ci (V. le *Répertoire de Jurisprudence*, au mot *Interlocutoire*).

Mais ce à quoi il faut bien prendre garde, pour les jugemens antérieurs au code de procédure civile, et dont les appels pourraient être encore indécis, c'est qu'on ne pouvait, sous l'empire de la loi du 3 brumaire an 2, en étendre l'art. 6 au-delà de ses termes précis, c'est que, limitée aux jugemens *préparatoires*, en prenant ce mot dans le sens le plus large, et comme désignant les jugemens que nous appelons aujourd'hui proprement *interlocutoires*, aussi bien que les jugemens de pure instruction, la

disposition de cet article n'était applicable qu'aux jugemens de l'une ou de l'autre nature ; et que c'eût été en abuser, que de vouloir l'appliquer aux jugemens, qui, dans le cours d'une instruction, prononçaient définitivement sur une contestation incidente au procès principal.

C'est ce qui a été jugé par la section civile de la cour de cassation, le 21 messidor an 9, entre le sieur Moustellon, demandeur en cassation d'un jugement du tribunal civil du département de l'Arriège, et le sieur Brel, défendeur. Voici comme je me suis expliqué sur cette affaire :

« Il est reconnu entre les parties,

» Que le cit. Brel ayant assigné le demandeur, en sa qualité d'héritier du cit. Caldagnès devant le tribunal de commerce de Narbonne, en payement d'une lettre de change de 50,000 francs, le cit. Moustellon a nié que cette lettre de change fût écrite et signée de la main du défunt dont il avait recueilli la succession ;

» Que le tribunal de commerce, ne pouvant pas, aux termes de la déclaration du 15 mai 1703, connaître d'une vérification d'écriture, a renvoyé les parties devant le tribunal civil du département de l'Aude, pour y faire statuer sur la vérité ou la fausseté de la lettre de change ;

» Que, devant ce tribunal, le cit. Brel a poursuivi la vérification, non-seulement de la lettre de change pour laquelle il avait fait assigner le cit. Moustellon au tribunal de commerce, mais encore, et *en tant que de besoin*, de deux billets à ordre du même cit. Caldagnès ;

» Qu'après une expertise et une enquête, il est intervenu un jugement du 23 ventôse an 7, qui « déclare que la lettre de change et les deux billets » à ordre ont été écrits et signés de la main du cit. » Caldagnès ; en conséquence, renvoie les parties » devant le tribunal de commerce de Narbonne, » pour procéder, relativement à la lettre de change, » ainsi qu'elles aviseront ;

» Que le cit. Moustellon a appelé de ce jugement au tribunal civil du département de l'Arriège ;

» Que, là, par un jugement contradictoire du 18 messidor an 7, il a été ordonné que le cit. Brel serait interrogé sur faits et articles ;

» Que ce jugement n'a pas été exécuté, et que le cit. Moustellon n'en a même pas poursuivi l'exécution ;

» Que le 16 thermidor suivant, le cit. Moustellon ayant conclu à la réformation du jugement dont il était appelant, et le cit. Brel à ce que l'appel fût *rejeté*, et subsidiairement à ce que l'appelant en fût *démis*, le tribunal de l'Arriège s'est attaché à la seule question de savoir si l'appel était recevable, et qu'il l'a décidée pour la négative, en « considé-» rant que, d'après l'art. 6 de la loi du 3 brumaire » an 2, on ne peut appeler d'aucun jugement pré-» paratoire, pendant le cours de l'instruction, et » les parties sont obligées d'attendre le jugement

» définitif, sans qu'on puisse cependant leur oppo-
» ser leur silence ni même les actes faits en exécu-
» tion des jugemens de cette nature; que, quoique
» le jugement rendu par le tribunal de l'Aude, le
» 23 ventôse, soit définitif, pour ce qui concerne
» la déclaration de la vérité des signatures des
» lettres de change et billets à ordre dont s'agit, ce
» n'est néanmoins qu'un jugement d'instruction, un
» jugement préparatoire dont l'appel est réprouvé
» par l'article ci-dessus cité, puisqu'il ne fait que
» préparer la décision de la demande principale, qui
» n'est que la demande en payement de la lettre de
» change; que, si la loi ne prohibait que l'appel des
» jugemens interlocutoires, point de doute, dans ce
» cas, que le jugement du 23 ventôse étant définitif,
» l'appel ne dût en être reçu; mais la loi compre-
» nant dans sa prohibition tous les jugemens prépa-
» ratoires rendus pendant le cours de l'instruction,
» elle prohibe dès-lors l'appel, tant des jugemens
» Interlocutoires que définitifs, qui ne sont que
» préparatoires et de simple instruction. »

» Voilà comment est conçu le jugement dont le
cit. Moustellon provoque la cassation.

» Il la provoque par plusieurs moyens; mais
nous croyons n'en devoir discuter qu'un seul, celui
qui est tiré de la fausse application de l'art. 6 de
la loi du 3 brumaire an 2.

» Il est en effet bien faussement appliqué, cet article qui ne prohibe que l'appel des jugemens préparatoires, et qui, par-là, laisse subsister la faculté
que les lois précédentes, et notamment les lois romaines, accordent à tout plaideur d'appeler, non-
seulement des jugemens définitifs, quels qu'ils soient,
mais même des jugemens Interlocutoires non réparables en définitive.

» On convient que le jugement du tribunal de
l'Aude, du 23 ventôse an 7, est définitif sur le point
de savoir si la lettre de change et les deux billets à
ordre existant entre les mains du cit. Brel, sont
ou ne sont pas écrits et signés de la main de Caldagnès.

» S'il est définitif, il n'est donc pas préparatoire;
car ces mots préparatoire et définitif, sont, dans la
loi du 3 brumaire an 2, tellement mis en opposition l'un avec l'autre, que l'idée attachée au premier est nécessairement exclusive de l'idée attachée
au deuxième.

» Inutile de dire que ce jugement ne fait que préparer la décision de la demande principale, c'est-à-
dire, de la demande en payement de la lettre de
change.

» Sans doute, la décision de la demande principale doit rester en suspens, jusqu'à ce qu'il soit
jugé définitivement si la lettre de change est vraie
ou fausse.

» Mais ce n'est pas une raison pour assimiler aux
jugemens préparatoires, dans le sens de l'art. 6 de
la loi du 3 brumaire an 2, le jugement rendu sur
la vérité ou la fausseté de cette lettre de change.

» L'art. 6 de la loi du 3 brumaire an 2 n'entend,
par jugemens préparatoires, que les jugemens qui
ne décident absolument rien, qui ne font qu'ordonner des préliminaires indispensables ou réputés tels,
pour éclairer la religion des juges, tels que des délibérés, des enquêtes, des expertises, des interrogatoires sur faits et articles.

» Mais quand un jugement décide une contestation, soit incidentelle, soit principale, il est définitif; et l'art. 6 de la loi du 3 brumaire an 2 autorise
expressément l'appel de toute espèce de jugemens
de cette nature.

» Cet article, au surplus, est parfaitement conforme, dans sa rédaction, à l'art. 14 de la loi du
2 brumaire an 4.

» Ce que celui-ci règle pour le recours en cassation, celui-là le règle pour l'appel.

» Or, on n'a jamais douté que le recours en
cassation ne fût recevable contre un jugement en
dernier ressort, qui décide définitivement une
question quelconque, même un simple incident de
procédure, quoique d'ailleurs il soit intervenu pendant l'instruction sur le fond, et qu'il ne soit qu'un
acheminement vers le jugement définitif du fond
même.

» Pourquoi donc en serait-il autrement de l'appel à l'égard des jugemens rendus en première
instance? Il n'y a ni raison ni prétexte pour établir une différence entre l'une et l'autre voies.

» Par ces considérations, nous estimons qu'il y a
lieu de casser et annuler le jugement dont il s'agit,
remettre les parties au même état où elles étaient
avant qu'il fût rendu, les renvoyer devant le tribunal d'appel le plus voisin; ordonner que l'amende
consignée sera restituée aux demandeurs, et qu'à
notre diligence, le jugement à intervenir sera imprimé et transcrit sur les registres du tribunal civil
du département de l'Arriège. »

Ces conclusions ont été adoptées par arrêt du
21 messidor an 9, au rapport de M. Babille :

» Attendu que le tribunal du département de
l'Aude avait définitivement jugé, le 23 ventôse an 7,
que la lettre de change en question était écrite et
signée par Caldagnès;

» Que sa décision ne pouvait plus être réformée
ni par lui-même, ni par le tribunal de commerce de
Narbonne, devant lequel l'affaire était renvoyée;

» Qu'il en était de même de la condamnation de
dépens qu'il prononçait :

» D'où il suit que le tribunal civil du département de l'Arriège a faussement appliqué l'art. 6 de
la loi du 3 brumaire an 2, en déclarant non-recevable l'appel de Moustellon, sous le prétexte que le
dernier jugement contre lequel il portait, était,
ainsi que les autres jugemens dont était également
appel, purement préparatoire, en ce qu'il ne faisait
que préparer le jugement à intervenir sur la demande en payement de la lettre de change. »

IV. Sous la loi du 3 brumaire an 2, un jugement qui était définitif sur un point, et interlocutoire sur un autre, était-il immédiatement susceptible d'appel dans sa partie définitive?

François Collonge et consorts avaient formé, contre Jean et Barthélemy Jaillard, une demande en rescision de vente pour lésion d'outre-moitié; et le tribunal civil du département du Rhône, saisi de cette demande, avait, après plusieurs procédures qu'il est inutile de rappeler, rendu, le 25 frimaire an 6, un jugement par défaut qui la rejetait comme suffisamment détruite par un rapport d'experts pré cédemment fait.

Sur l'opposition de François Collonge et consorts à ce jugement, le même tribunal en avait rendu un autre, le 18 messidor an 6; qui leur accordait, pour faire procéder à un nouveau rapport d'experts et le déposer au greffe, un délai de deux mois, (passé lequel ils en demeureraient déchus, sans qu'il fût besoin d'autre jugement, avec déclaration expresse que, dans ce cas, le jugement par défaut serait exécuté selon sa forme et teneur.

François Collonge et consorts ont laissé écouler les deux mois sans faire procéder à la nouvelle expertise qui leur était accordée.

Ils n'y avaient même pas encore fait procéder, lorsque, le 18 frimaire an 8, ils ont obtenu un jugement qui leur a accordé pour cet effet un nouveau délai.

Appel de ce jugement de la part de Jean et Barthélemy Jaillard.

Cet appel porté au tribunal civil du département de Saône-et-Loire, François Collonge et consorts le soutiennent non-recevable, par la raison que le jugement du 18 frimaire an 8 n'était, selon eux, que préparatoire.

Jugement du 21 germinal an 8, qui rejette la fin de non-recevoir, et ordonne aux parties de plaider au fond.

Et après les plaidoiries au fond, jugement du même jour qui infirme celui du 18 frimaire an 8, ordonne l'exécution de celui du 13 messidor an 6; en conséquence déclare François Collonge et consorts irrévocablement déchus de la faculté de faire procéder à un nouveau rapport d'experts, et les déboute de leur demande en rescision.

François Collonge et consorts se pourvoient en cassation. La cause portée à l'audience de la section des requêtes, j'ai commencé par rendre compte des deux jugemens du tribunal de Saône-et-Loire, du 21 germinal an 8.

De ces deux jugemens (ai-je ajouté), François Collonge et consorts n'attaquent point le premier; le second seul est l'objet de leur recours en cassation; cela résulte tant des conclusions que du corps de leur requête.

Par leurs conclusions, ils ne demandent la cassation que d'un seul jugement du 21 germinal an 8;

Et dans le corps de leur requête, ils ont soin de le désigner de manière qu'il soit impossible de s'y méprendre : « ce jugement, disent-ils, sous pré» texte d'un jugement interlocutaire qui contenait » une injonction de mettre l'affaire en état, déclare » des exposans déchus du droit de se faire rendre » justice. »

» Il est évident que ces expressions ne conviennent qu'au second des deux jugemens rendus le 21 germinal, c'est-à-dire, au jugement qui a statué définitivement sur l'appel de Jean et Barthélemy Jaillard.

» Dès-là, il devient inutile de nous occuper du premier jugement, et par conséquent de nous arrêter à la question de savoir s'il a pu déclarer recevable l'appel que Jean et Barthélemy Jaillard avaient interjeté du jugement du tribunal du Rhône, du 18 frimaire an 8, par lequel un nouveau délai avait été accordé à François Collonge et consorts, pour faire procéder à un rapport d'experts.

» Il ne reste donc plus qu'à examiner le second jugement, le jugement définitif du tribunal d'appel.

» Le seul grief que lui reprochent les demandeurs, c'est d'avoir regardé le jugement du 13 messidor an 6 comme définitif et irrévocablement passé en chose jugée, par le laps de dix-sept mois sans appel.

» Sans doute, ce jugement n'était que préparatoire dans la partie de son dispositif, qui permettait aux demandeurs de faire procéder dans deux mois à un nouveau rapport d'experts.

» Mais il était certainement définitif dans la partie qui déclarait qu'à défaut par les demandeurs d'avoir usé, dans les deux mois, de la faculté qui leur accordait, ils en demeureraient irrévocablement déchus, et que le jugement du 25 frimaire recevrait sa pleine exécution.

» C'est une vérité trop palpable pour qu'il soibesoin de la développer.

» Par ces considérations, nous estimons qu'il y a lieu de rejeter la requête des demandeurs, et de les condamner à 150 francs d'amende. »

Ces conclusions ont été adoptées par arrêt du 2 rimaire an 9, au rapport de M. Vergès.

« Attendu que le tribunal civil du département du Rhône a accordé, par son jugement du 18 frimaire an 8, un nouveau délai de quatre décades à François Collonge et consorts, pour procéder au second rapport ordonné par le jugement du 13 messidor an 6;

» Qu'en accordant ce nouveau délai, le tribunal civil du département du Rhône a relevé François Collonge et consorts de la déchéance prononcée par le jugement du 13 messidor an 6, qui avait acquis l'autorité de la chose jugée;

» Qu'on ne peut regarder comme préparatoire un jugement qui a relevé d'une pareille déchéance;

» Que conséquemment le tribunal dont le juge

6

ment est attaqué, en recevant l'appel du jugement du 18 frimaire an 8, n'a nullement contrevenu à la loi du 3 brumaire an 2, qui défend de recevoir l'appel des jugemens purement préparatoires;

» Que les motifs sur lesquels le tribunal dont le jugement est attaqué, s'est fondé pour regarder comme définitif, même comme acquiescé, le jugement du 13 messidor an 6 qui avait ordonné un nouveau rapport, sont à l'abri de toute critique;

» Qu'il résulte, en effet, du jugement du 13 messidor an 6, que François Collonge et consorts étaient tenus de faire procéder au nouveau rapport, et de le remettre au greffe dans l'espace de deux mois *pour tout délai*; faute de quoi, et sans qu'il fût besoin d'autre *jugement*, ils en seraient définitivement déchus. »

Voici ce que j'ai encore dit sur cette question, en concluant, à l'audience de la section des requêtes de la cour de cassation, le 22 frimaire an 9, sur la demande en cassation formée par Vincent Dumont, contre un jugement du tribunal civil du département du Calvados, rendu en faveur d'Antoine-François Bodin, sa femme et autres;

« Cette affaire est infiniment simple; il s'agit uniquement de savoir si le jugement attaqué a fait une exacte ou une fausse application de l'art. 6 de la loi du 3 brumaire an 2, en déclarant non-recevable l'appel d'un jugement qui, ayant deux questions à résoudre, en avait décidé une définitivement, et avait renvoyé à une autre audience pour statuer sur l'autre.

» Dans le fait, le 7 nivôse an 6, contrat pardevant notaire, par lequel Marie-Catherine Galmond, fille majeure, vend au demandeur, son neveu, moyennant 10,000 francs payés comptant, la nue propriété de quelques immeubles, dont elle se réserve l'usufruit.

» La venderesse étant décédée l'année suivante, une assignation est donnée au demandeur par ses cohéritiers, devant le tribunal civil du département de la Seine-Inférieure, pour voir dire que le contrat de vente sera déclaré nul, comme contraire à l'article 26 de la loi du 17 nivôse an 2, prohibitif de toute vente à rente viagère ou à fonds perdu entre successibles.

» De là, deux questions à discuter par les parties, et à juger par le tribunal : 1° Le contrat de vente est-il valable? 2° Si le contrat est nul, les 10,000 francs qu'il énonce avoir été payés à la venderesse, doivent-ils être restitués à l'acquéreur?

» Les adversaires du demandeur concluent, sur la première question, à ce que le contrat soit annulé; et sur la seconde, à ce que, d'après les présomptions qu'ils rapportent du non-payement effectif des 10,000 francs, il soit dit qu'ils seront dispensés d'en faire raison.

» Le demandeur, de son côté, conclut, sur la première question, à ce que le contrat soit déclaré valable; mais sur la seconde, il ne prend point de

conclusions; il se réserve seulement d'en prendre, s'il y a lieu, après le jugement de la première.

» La cause en cet état, jugement du 18 nivôse an 8, qui casse le contrat de vente, et attendu qu'il n'a point été instruit sur le rapport des 10,000 fr., renvoie à l'audience du 18 pluviôse suivant, pour y faire droit.

» Appel, de la part du demandeur, au tribunal civil du département du Calvados qui, par jugement du 17 floréal an 8, le déclare non-recevable, attendu que le jugement du tribunal de la Seine-Inférieure avait posé deux questions, qu'il n'en avait décidé qu'une; que son jugement était interlocutoire sur l'autre; qu'ainsi il n'avait pas épuisé tout son pouvoir sur les objets en litige, et que dès-là il ne pouvait pas, aux termes de l'art. 6 de la loi du 3 brumaire an 2, en être dessaisi par la voie d'appel.

» Le demandeur soutient qu'en prononçant ainsi, le tribunal civil du Calvados a fait une fausse application de la loi sur laquelle il a motivé son jugement.

» Et en effet, que porte l'art. 8 de la loi du 3 brumaire an 2? « On ne pourra appeler d'aucun juge» ment préparatoire pendant le cours de l'instruc» tion, et les parties seront obligées d'attendre le » jugement définitif. »

» Or, le jugement du tribunal civil de la Seine-Inférieure était-il préparatoire au chef qui déclarait la vente nulle? Certainement il était définitif en cette partie; et il l'était tellement que, si le tribunal de la Seine-Inférieure eût voulu ensuite revenir sur ses pas et confirmer le contrat de vente, il n'en aurait pas eu le pouvoir, quoique, en principe, tout jugement préparatoire ou d'instruction soit réparable en définitive.

« Cette vérité est d'ailleurs si évidente, que nous craindrions, en lui donnant des développemens ultérieurs, le reproche d'abuser de vos momens.

» Nous estimons, en conséquence, qu'il y a lieu d'admettre la requête des demandeurs. »

Arrêt du 22 frimaire an 9, au rapport de M. Riols, qui prononce conformément à ces conclusions.

Et l'affaire portée, en conséquence, à la section civile, arrêt y est intervenu, le 23 frimaire an 10, au rapport de M. Audier-Massillon, par lequel,

« Vu l'art. 6 de la loi du 3 brumaire an 2....;

» Attendu que cette loi ne suspend l'appel que des jugemens préparatoires, et que le jugement rendu par le tribunal civil du département de la Seine-Inférieure, le 18 nivôse an 8, qui avait déclaré nulle la vente des immeubles en question, et en avait ordonné le partage entre les cohéritiers de la venderesse, était un jugement définitif, puisqu'il avait définitivement décidé l'objet principal du litige existant entre les parties;

» Attendu que la réserve portée par ce même jugement, de statuer sur la restitution du prix compté dans l'acte annulé, portait sur une autre contestation ; que, quoique dérivant du même contrat, elle ne pouvait avoir aucune influence sur celle qui avait été définitivement terminée par ce jugement :

» Le tribunal casse et annule le jugement du tribunal civil du département du Calvados, du 17 floréal an 8, pour fausse application de la loi du 3 brumaire an 2, et, par suite, comme contenant un excès de pouvoir en ce que ce tribunal a créé une fin de non-recevoir, et a interdit un appel de jugement définitif, qui avait été déclaré dans le terme déterminé par la loi, renvoie les parties devant le tribunal d'appel séant à Rouen, etc. »

Un arrêt semblable a été rendu le 11 brumaire an 11, au rapport de M. Maleville.

Le 1er germinal an 4, les frères et sœurs Roumans avaient assigné Guillaume Soulès et les héritiers de Raymond Boyer devant le tribunal civil du département de la Haute Garonne, pour se voir condamner au partage de la succession d'Antoinette Anglade, et à leur en délaisser la moitié, comme plus proches parens maternels.

Le 22 nivôse an 7, jugement qui condamne Guillaume Soulès et les héritiers Boyer à faire ce partage en deux portions égales, dont l'une appartiendra aux frères et sœurs Roumans ; et, à cet effet, ordonne qu'ils communiqueront d'état de l'hérédité, sauf les imputations de droit.

Soulès et les héritiers Boyer appellent de ce jugement.

Le 11 messidor an 7, jugement du tribunal civil du département du Tarn qui déclare leur appel non-recevable, attendu que celui du 22 nivôse contient des dispositions préparatoires.

Recours en cassation de la part de Soulès et des héritiers Boyer ; et, par arrêt du 11 brumaire an 11,

« Vu l'art. 6 de la loi du 3 brumaire an 2....;

» Attendu que le jugement contradictoire rendu par le tribunal civil de Toulouse, le 22 nivôse an 7, et dont les héritiers Boyer et Soulès avaient appelé, était véritablement définitif, puisqu'il décidait formellement la seule question qui divisât les parties, savoir, le partage de l'hérédité d'Antoinette Anglade en deux portions égales, dont l'une céderait au profit des appelans, et l'autre à celui des enfans Roumans ;

» Que le tribunal civil du département du Tarn, en déclarant, par son jugement présentement attaqué, les demandeurs en cassation non-recevables dans leur appel, a donc fait la plus fausse application de l'article cité, qui veut seulement qu'on ne puisse appeler des jugemens préparatoires pendant le cours de l'instruction.....;

» Le tribunal casse et annule le jugement rendu par le tribunal civil du département du Tarn, le 11 messidor an 7, etc. »

V. Comment devait-on envisager, sous l'empire de la loi du 3 brumaire an 2, en ce qui concernait la faculté ou la défense d'en appeler immédiatement, le jugement qui, n'étant qu'interlocutoire par son dispositif, décidait, par ses motifs, la question sur laquelle les parties étaient divisées ?

Je n'ai jamais douté qu'un pareil jugement ne dût être considéré comme purement interlocutoire, et par suite qu'il ne fût, à l'époque dont il s'agit, défendu d'en appeler avant qu'il eût été suivi d'un jugement définitif.

Voici pourtant une espèce dans laquelle la cour de cassation en a jugé autrement contre mes conclusions.

Le sieur Henry, propriétaire d'un domaine considérable, situé dans le département de la Moselle, en avait confié la régie au sieur Diochet ; et il avait, pour cet effet, passé avec lui, le 2 pluviôse an 5, un contrat qu'il avait ensuite voulu résilier, en se fondant et sur le principe qui permet à tout associé de dissoudre la société quand il lui plaît, et sur les faits de mauvaise administration qu'il reprochait à son régisseur.

Le sieur Diochet s'était opposé à la résiliation, et avait soutenu 1° que l'acte passé entre lui et le sieur Henry, n'était pas un contrat de société, mais un bail ; 2° qu'à la vérité, cet acte eût pu être résilié pour mauvaise administration, mais qu'il était faux que son administration eût été mauvaise.

Par jugement du 18 frimaire an 7, le tribunal civil du département de la Moselle avait ordonné, avant faire droit au principal, qu'il serait procédé à une expertise, dont le but était de vérifier si les reproches de mauvaise administration que faisait le sieur Henry au sieur Diochet, étaient ou non bien fondés.

Ce jugement avait été exécuté par les deux parties ; l'expertise avait eu lieu, et le sieur Henry en avait tellement cru le résultat favorable à son plan de défense, qu'il avait demandé l'homologation du rapport des experts.

Mais le tribunal civil du département de la Moselle avait envisagé le résultat de l'expertise d'un autre œil que le sieur Henry : il avait trouvé des preuves de bonne administration là où le sieur Henry croyait voir le contraire ; et, en conséquence, le 27 floréal an 7, il avait jugé le fond au désavantage du sieur Henry.

Qu'avait fait alors le sieur Henry ? il avait appelé du jugement du fond, sans parler du jugement interlocutoire.

Et qu'avait fait le tribunal d'appel ? Il avait infirmé le jugement du fond, et déclaré le contrat dont il s'agissait résiliable à volonté.

Avait-il pu le faire ? C'était la question que le sieur Diochet présentait à juger à la cour de cassation. Il soutenait que le jugement du 18 frimaire an 7, était demeuré sans appel, était, par cela seul, passé en force de chose jugée ; que dès-là il restait irrévocablement décidé que le contrat fait entre lui et le

6.

sieur Henry ne pouvait être résilié que pour mauvaise administration; qu'en le jugeant résiliable *ad nutum*, le tribunal d'appel avait violé l'autorité de la chose jugée, et que par conséquent il y avait lieu à la cassation de son jugement.

« Cette conséquence (ai-je dit à l'audience de la section civile, le 12 germinal an 9) serait à l'abri de toute contestation, si le jugement du 18 frimaire an 7 pouvait être considéré comme définitif; car non-seulement le cit. Henry y avait acquiescé en l'exécutant sans protestation ni réserve, mais il n'en était pas même appelant.

» Elle serait, au contraire, d'une fausseté manifeste, si ce jugement n'était qu'interlocutoire; car le tribunal d'appel a certainement pu faire à l'égard de ce jugement, ce qu'eût pu faire le tribunal de première instance. Or, nul doute que le tribunal de première instance n'eût pu, si ce jugement n'était qu'interlocutoire, juger lui-même en définitive, le contraire de ce qu'il avait jugé en le rendant. Tout juge qui a rendu un jugement de cette nature, est toujours maître d'en abandonner les résultats, et de revenir à la question qu'il croit, en définitive, devoir seule fixer son attention.

» Tout dépend donc ici de savoir quel est le caractère du jugement du 18 frimaire an 7.

» Chacune des parties le présente, suivant son intérêt, comme définitif, ou comme interlocutoire.

» Et, dans l'exacte vérité, il doit paraître définitif, si l'on s'arrête à ses *considérans*; mais il ne paraîtra qu'interlocutoire, si l'on s'attache uniquement à son *dispositif*.

» Il doit paraître définitif, si l'on s'arrête à ses *considérans*: car il y est dit que l'acte passé entre les parties, le 2 pluviôse an 5, participe autant de la nature du bail que de celle du contrat de société; qu'ainsi il n'est point révocable *ad nutum*; et que Diochet ne pourrait être congédié qu'autant qu'il aurait mal administré.

» Il est certain que, si ces *considérans* ont l'autorité de la chose jugée, il en résulte un jugement définitif sur la nature de l'acte du 2 pluviôse an 5, ainsi que sur les causes qui pourraient en légitimer la révocation.

» D'un autre côté, il doit paraître purement interlocutoire, si l'on ne s'attache qu'à son dispositif; car, dans son dispositif, il ne prononce rien sur la nature de l'acte du 2 pluviôse an 5; il ne fait qu'ordonner une expertise, et il l'ordonne *avant faire droit*.

» Or, est-ce par les *considérans* ou par le *dispositif* d'un jugement que doit être déterminé son caractère?

» Il nous semble qu'il en doit être du caractère d'un jugement comme de sa bonté intrinsèque.

» Pour savoir si un jugement doit être cassé ou confirmé, c'est à son dispositif que vous vous attachez exclusivement; et tous les jours vous rejetez les recours que vous seriez forcés d'admettre, si vous ne pouviez pas, dans les jugemens contre lesquels ils sont dirigés, substituer des motifs puisés dans la loi à des motifs qui la contrarient, ou qui l'appliquent à faux.

» Et quel est le principe qui vous guide dans cette manière de procéder? c'est que ce ne sont pas les motifs d'un jugement qui constituent le jugement même, et que le dispositif seul en forme l'essence, comme, à proprement parler, il en a seul le nom (1).

» Or, ce principe reçoit également son application au cas où il s'agit de savoir si un jugement doit être envisagé comme interlocutoire, ou comme définitif.

» Ainsi, dès qu'un jugement n'est qu'interlocutoire dans son dispositif, on ne peut pas le réputer définitif à raison de ses *considérans*.

» Et s'il en était autrement, quel est donc le jugement Interlocutoire que l'on ne pourrait pas métamorphoser en jugement définitif? Car enfin tous les jugemens Interlocutoires doivent être motivés comme les autres; et il est presque impossible de les motiver de manière à ne pas décider la question de droit qui divise les parties. Il faudrait donc, dans le système du demandeur, et relativement aux jugemens préparatoires qui préjugent le fond, regarder l'art. 6 de la loi du 3 brumaire an 2, comme une disposition purement spéculative, dénuée d'objet réel et inapplicable dans la pratique.

» Mais c'est assez dire que le système du cit. Diochet n'est pas plus d'accord avec l'esprit du législateur, qu'avec la saine raison. »

En conséquence, j'ai conclu au rejet de la requête du sieur Diochet, avec amende.

Mais, par arrêt du 12 germinal an 9, rendu au rapport de M. Bazire, après une très-longue délibération, il a été prononcé en ces termes :

« Vu l'art. 5 du tit. 27 de l'ordonnance de 1667...;

» Attendu que le jugement du 18 frimaire an 7 avait ordonné l'expertise aux fins de constater la bonne ou mauvaise administration de Diochet; que cet errement et les motifs du jugement qui le prescrit, démontrent que le tribunal avait implicitement décidé dès-lors que l'acte litigieux était de nature à recevoir son exécution pleine et entière, si Diochet avait bien administré;

» Attendu que Henry n'a jamais appelé de ce jugement du 18 frimaire; qu'ainsi le jugement attaqué n'a pu prononcer, comme il l'a fait, sur la nature de l'acte litigieux dans un sens directement contraire à ce qu'avait décidé sur ce point le jugement du 18 frimaire, sans violer l'autorité de la chose irrévocablement jugée, et conséquemment sans contrevenir à l'art. 6 du tit. 27 de l'ordonnance de 1667...;

___

(1) Cette vérité, assez notoire par elle-même, est complétement démontrée dans le *Répertoire de jurisprudence*, aux mots *Question d'État*, §. 2.

» Le tribunal casse et annule le jugement rendu entre les parties, par le tribunal civil du département de la Meuse, le 3 fructidor an 7, etc.

La cour d'appel de Poitiers a rendu, peu de temps après, un arrêt semblable; voici dans quelles circonstances :

Le sieur Blanchard avait, en 1793, et par le ministère d'un fondé de pouvoir, qui paraissait avoir abusé de sa confiance, vendu au sieur Deist-Kerivalan, des immeubles situés dans la ci-devant Bretagne.

Cette vente ayant été faite pendant le cours du papier-monnaie, le sieur Blanchard a profité de la loi du 19 floréal an 6, pour en demander la rescision.

Le sieur Deist a soutenu que cette demande était non-recevable, « attendu qu'il n'avait pas acquis » moyennant une somme d'assignats, mais à la charge » d'acquitter d'anciens créanciers délégués; ce qui le » mettait, aux termes de l'art. 11 de la loi du 11 fri- » maire an 6, dans le même cas que s'il eût acquis en » numéraire. »

Le 17 prairial an 7, jugement par lequel le tribunal civil du département de la Vendée,

« Considérant que la loi du 19 floréal an 6 admet la rescision pour cause de lésion d'outre moitié du juste prix, contre les ventes faites en papier-monnaie depuis le 1er janvier 1791, jusqu'à la publication de la loi du 14 fructidor an 3; que le contrat de vente dont le demandeur demande la rescision, pour cause de lésion d'outre moitié du juste prix, est du 22 mars 1793; que le prix en a été stipulé payable en papier-monnaie du cours, et qu'à cette époque, le papier-monnaie était en circulation; que la loi du 11 frimaire an 6 ne s'applique point aux contrats de vente, mais au mode de payement et remboursement des obligations contractées pendant la dépréciation du papier-monnaie; qu'au surplus le défendeur a dénié qu'il y eût dans la vente dont il s'agit lésion d'outre moitié du juste prix...;

» Ordonne, avant faire droit, que, par experts convenus entre les parties, sinon pris et nommés d'office par le juge de paix du canton de Guérande, commis rogatoirement à cet effet, visite et estimation seront faites des biens dont il s'agit, pour constater la juste valeur, contre assignats, qu'avaient lesdits biens au temps de la vente..., dépens réservés. »

En exécution de ce jugement, les sieurs Blanchard et Deist ont nommé respectivement leurs experts.

Ceux-ci s'étant trouvés partagés, un tiers-expert a été choisi par le juge de paix du canton de Guérande; et l'avis de ce tiers-expert s'est trouvé d'accord avec celui de l'expert du sieur Deist.

En conséquence, le sieur Deist a demandé l'homologation de leur rapport.

Le sieur Blanchard, de son côté, a conclu à la nullité de ce rapport, et subsidiairement à une contre-visite ou revue, suivant la faculté que lui en accordait l'art. 262 de la coutume de Bretagne (1).

Le sieur Deist a soutenu que cet article ne pouvait plus avoir son exécution, au moins dans les matières qui faisaient l'objet de la loi du 19 floréal an 6; que cette loi était la seule qui, dans ces matières, dût être consultée; et qu'elle n'admettait pas de seconde expertise, quand la première était régulière dans la forme.

Par jugement du 2 thermidor an 8, le tribunal civil de l'arrondissement de Fontenay,

« Considérant... que les domaines dont il s'agit sont situés dans la ci-devant province de Bretagne, et que, d'après les dispositions de l'art. 262 de la coutume de cette ci-devant province, en matière de rescision de contrats, l'une ou l'autre des parties peut requérir, dans l'an et jour du premier prisage, une nouvelle estimation à ses dépens...;

» Sans avoir égard aux moyens de nullité proposés par Blanchard, contre le procès-verbal d'expertise...; et faisant droit sur le surplus de ses conclusions, ordonne que, par autres experts, convenus, ou nommés d'office par le juge de paix du canton de Guérande, commis rogatoirement à cet effet, visite et estimation seront faites aux frais et dépens de Blanchard, des domaines compris dans l'acte de vente du 22 mars 1793... »

D'après ce jugement, le sieur Blanchard et le sieur Deist ont nommé chacun un expert; et par le résultat de cette seconde expertise, la lésion d'outre moitié du juste prix s'est trouvée complètement prouvée.

En conséquence, jugement du 21 frimaire an 9, qui rescinde le contrat de vente.

Appel de la part du sieur Deist, tant de ce jugement que de ceux des 17 prairial an 7 et 2 thermidor an 8.

Le sieur Blanchard a soutenu cet appel non-recevable, quant à ces deux derniers jugemens.

« Il est (disait-il) un principe incontestable, et que justifie clairement l'art. 5 du tit. 27 de l'ordonnance de 1667 : c'est que toute partie qui acquiesce à un jugement de première instance, se rend, par cela seul, non-recevable à en appeler.

» Un autre principe non moins constant, c'est qu'on est censé acquiescer à un jugement de première instance qui ne porte pas la clause d'exécution nonobstant appel, toutes les fois qu'on l'exécute volontairement, sans protestation ni réserve.

» Ce second principe admet cependant une exception; mais elle est bornée aux jugemens purement préparatoires et de simple instruction (Art. 9 de la loi du 3 brumaire an 2.)

» Or, d'une part, il est prouvé que le cit. Deist-

_____

(1) V. l'article Experts, §. 3.

Kerivalan a acquiescé aux jugemens des 17 prairial an 7 et 2 thermidor an 8.

» Il y a acquiescé, en les exécutant.

» Il les a exécutés, en nommant les experts dont ils lui déféraient le choix, et surtout en les nommant sans y avoir été préalablement contraint par la signification de ces jugemens, en les nommant de sa pleine volonté, en les nommant sans réserve ni protestation.

» Il a encore exécuté spécialement celui du 17 prairial an 7, eu demandant, à l'audience du 2 thermidor an 8, l'homologation du procès-verbal d'experts fait en vertu de ce jugement.

» D'un autre côté, ni l'un ni l'autre de ces deux jugemens ne peut être considéré comme purement préparatoire et de simple instruction. Pourquoi? Parce que ni l'un ni l'autre ne se borne à ordonner des visites d'experts, et que tous deux jugent d'une manière définitive les incidens élevés successivement par le sieur Deist, pour empêcher ces visites.

» A la vérité, dans leurs dispositifs, il n'est pas fait mention expresse de ces incidens; et ils ne déboutent pas, en termes formels, le sieur Deist des fins de non-recevoir qu'il opposait d'abord à une première nomination d'experts, ensuite à la contre-visite ou revue autorisée par l'art. 262 de la coutume de Bretagne.

» Mais, dans les considérans qui motivent leurs dispositifs, ces jugemens établissent positivement que le sieur Deist n'est pas fondé dans ses fins de non-recevoir; et c'en est assez pour qu'on doive, sur ces fins de non-recevoir, les regarder comme définitifs.

» La raison en est qu'un jugement se compose de deux élémens qui concourent également à former sa substance, le motif et le dispositif; et qu'ainsi, pour déterminer son caractère, sous le rapport de la recevabilité ou de l'irrecevabilité de l'appel qui pourrait en être émis, il ne faut s'attacher précisément, ni à son dispositif, ni à son motif, pris chacun isolément, mais à l'un et à l'autre tout ensemble. »

A ces raisons, le sieur Deist opposait l'art. 6 de la loi du 3 brumaire an 2 ; et il en concluait que n'ayant pas pu appeler des jugemens des 17 prairial an 7 et 2 thermidor an 8, avant jugement définitif du 31 frimaire an 9, il ne pouvait pas être déclaré non-recevable pour les avoir exécutés sans protestation.

Le 4 floréal an 9, arrêt de la cour d'appel de Poitiers, par lequel;

« Considérant que le jugement du 17 prairial an 7, ayant rejeté la fin de non-recevoir proposée par l'appelant contre la demande de l'intimé, ne peut être regardé comme un jugement préparatoire; mais que, statuant irrévocablement sur l'exception péremptoire de l'appelant, il était définitif à cet égard ;

» Considérant que le jugement du 2 thermidor an 8, ayant ordonné une nouvelle visite et estimation, doit également être considéré comme jugement

définitif, par la raison que, d'après les dispositions de la coutume de Bretagne où les biens contentieux sont situés, cette seconde expertise devait prévaloir sur la première qui, de cette manière, se trouvait définitivement écartée, de sorte qu'on ne pouvait plus en argumenter devant les premiers juges ;

« Considérant que le cit. Kerivalan n'a point interjeté appel de ces deux jugemens dans les délais de la loi ; qu'il y a, au contraire, acquiescé en exécutant leurs dispositions, et que par-là ils ont acquis la force de la chose jugée... :

» Le tribunal déclare le cit. Kerivalan non-recevable dans son appel des jugemens des 17 prairial an 7 et 2 thermidor an 8.... »

Le sieur Deist s'est pourvu en cassation de ce jugement qu'il a présenté comme rendu en contravention à l'art. 6 de la loi du 3 brumaire an 2; et sa requête a été admise le 3 frimaire an 10.

L'affaire n'a pas eu d'autre suite; mais l'admission de la requête formait déjà un puissant préjugé en faveur du sieur Deist; et l'on verra ci-après, au mot Loi, §. 8, que la section civile elle-même, par la manière dont elle s'est expliquée dans un arrêt du 1er floréal an 10, sur un jugement Interlocutoire du tribunal civil du département du Bas-Rhin, du 17 ventôse an 8, a prouvé qu'elle ne tenait pas au principe qui avait déterminé son arrêt du 12 germinal an 9.

Voyez encore l'arrêt de la même section, du 25 germinal an 10, que je rapporte à l'article Usage (droit d'), §. 1, ainsi que les conclusions et l'arrêt du 6 juin 1814, rapportés dans le Répertoire de jurisprudence, au mot Communaux, §. 4 bis.

VI. La voie d'appel est-elle indispensablement nécessaire pour faire réformer les jugemens Interlocutoires; et en conséquence ces jugemens lient-ils les juges qui les ont rendus, lorsqu'il n'en est pas appelé par les parties qui y ont intérêt?

La négative résulte (comme je l'ai établi dans les conclusions du 12 germinal an 9, rapportées au n° précédent, dans celle du 1er mai 1815, rapportées au mot Hypothèque, §. 19, dans celles du 6 juin 1814, rapportées dans le Répertoire de jurisprudence, au mot Communaux, §. 4 bis, et dans celles du 12 avril 1810, rapportées ci-après, §. 5) du principe consacré par les lois romaines, que les jugemens qui ne font que préparer la décision du fond, peuvent toujours, quand même ils le préjugeraient, être rétractés en définitive par les juges mêmes qui les ont rendus (1).

Aussi voyons-nous fréquemment un tribunal, après avoir ordonné une enquête ou toute autre instruction pour constater un fait qu'il regardait comme décisif, s'apercevoir, en définitive, que ce fait

_____

(1) V. le Répertoire de jurisprudence, au mot nullité, §. 7, n° 1.

est indifférent, et juger en conséquence le fond, comme si l'enquête, d'ailleurs parfaitement probante, n'existait pas, comme s'il n'était résulté aucune preuve de l'instruction préalablement ordonnée.

Et sans doute ce que peut faire à cet égard le juge de première instance, le tribunal supérieur le peut également.

Ainsi, sur l'appel d'un jugement définitif, motivé sur une enquête ordonnée précédemment par un jugement préparatoire, si le tribunal supérieur reconnaît que le juge de première instance s'est trompé en regardant comme décisif le fait prouvé par cette enquête, il peut, en revenant aux autres moyens de l'appelant que le premier juge avait négligés, réformer le jugement définitif, et prononcer au fond par un jugement nouveau, quoique d'ailleurs il n'y ait point d'appel du jugement interlocutoire. *V*. le plaidoyer et l'arrêt du 26 germinal an 10, rapportés à l'article *Usage*, §. 1, et le plaidoyer, ainsi que l'arrêt du 17 janvier 1810, rapportés à l'article *Testament*, §. 14.

VII. De là, sans doute, on doit conclure, comme je l'ai établi dans le *Répertoire de jurisprudence*, au mot *Preuve*, sect. 2, §. 3, n° 32, que, pour faire réformer par le tribunal supérieur, un jugement définitif qui a pour base les résultats d'un jugement Interlocutoire, il n'est pas nécessaire de joindre à l'appel de celui-là un appel de celui-ci.

Sans doute on doit également en conclure, comme je l'ai établi au même endroit, que, s'il est appelé surérogatoirement du jugement Interlocutoire en même temps que du jugement définitif, le tribunal supérieur peut, en considérant l'appel du premier comme une simple imploration de son office, le recevoir conjointement avec l'appel du second.

Mais doit-on en conclure aussi que le tribunal supérieur est obligé, à peine de cassation, de recevoir l'appel du premier, quoique la partie au désavantage de laquelle celui-ci a été rendu, y ait acquiescé, ou n'en ait appelé qu'après les trois mois qui en ont suivi la signification à personne ou domicile? Je crois avoir démontré la négative dans le *Répertoire de jurisprudence*, au mot *Interlocutoire*, n° 2. Cependant il y a un arrêt de la cour de cassation, du 26 juin 1826, qui, en laissant mes raisons sans réponse, juge le contraire:

« Vu (porte-t-il) les art. 443, 444, 451 et 452 du code de procédure civile;

» Attendu que les juges du tribunal civil de l'Argentière n'étaient pas liés par le jugement Interlocutoire du 28 décembre 1819, nonobstant lequel ils pouvaient, en statuant sur le fond, juger, s'il y avait lieu, qu'il n'était pas dû de supplément de légitime;

» Qu'ainsi, ce jugement, rendu avant dire droit, et sous la réserve des droits et exceptions des parties, ne pouvait pas être rangé, comme la cour royale l'a supposé, dans la classe des jugemens dé-

finitifs, dont on est tenu d'appeler dans les trois mois de la signification à personne ou à domicile;

» Qu'à la vérité, le demandeur avait la faculté d'interjeter appel avant le jugement définitif; mais que cette faculté, dont il était le maître d'user ou de ne pas user, à sa volonté, n'a pas changé la nature de ce jugement, qui n'a toujours été qu'un jugement Interlocutoire, dont, depuis la publication du code de procédure, de même que sous l'empire de la loi de brumaire an 2, il lui a été permis de ne pas appeler avant le jugement définitif qui pouvait en rendre l'appel inutile;

» D'où il suit qu'en jugeant que la faculté d'appeler du jugement Interlocutoire du 28 décembre 1819, avait cessé à l'expiration des trois mois de sa signification à personne ou à domicile, avant qu'il fût intervenu jugement définitif, et en déclarant, par ce motif, le demandeur non-recevable dans son appel, la cour royale a commis un excès de pouvoir, fait une fausse application des art. 443 et 444 du code de procédure civile, et expressément violé les art. 451 et 452 du même code:

» Par ces motifs, la cour casse et annule l'arrêt de la cour royale de Nîmes du 18 mars 1822 (1) »

§. III. *Un jugement qui, avant faire droit, ordonne la mise en cause d'un tiers à raison de l'influence qu'elle peut avoir sur le fond, est-il interlocutoire, dans le sens attaché à ce mot par l'art. 452 du code de procédure civile; et en conséquence, est-il immédiatement susceptible d'appel?*

Le 24 avril 1780, sentence de la prévôté de Givet, qui nomme le sieur Joly curateur à la faillite des frères Cloteau.

Le sieur Joly perçoit, à ce titre, les revenus des biens des faillis.

Le sieur Devroëde, commissaire aux saisies réelles, et fondé, en cette qualité, à percevoir les fruits de tous les biens mis sous la main de la justice, poursuit le sieur Joly, et le fait condamner à verser dans sa caisse tous les fruits qu'il a perçus.

Le sieur Joly meurt sans avoir exécuté ce jugement.

Le sieur Devroëde s'adresse à ses enfans, et leur demande le compte des fruits perçus par leur père.

Ceux-ci soutiennent que ce compte a été rendu aux créanciers, et ils excipent, pour le prouver, de deux actes qu'ils allèguent avoir été ratifiés par la masse des créanciers eux-mêmes.

Le 27 janvier 1807, jugement par lequel le tribunal civil de Rocroy ordonne la mise en cause des créanciers, *attendu qu'elle ne peut qu'être utile pour l'éclaircissement des faits.*

_____

(1) Bulletin civil de la cour de cassation, tome 28, page 249

Les sieurs Joly appellent de ce jugement. Le sieur Devroëde soutient que ce jugement est purement *préparatoire*, et que par conséquent leur appel est non-recevable.

—Par arrêt du 18 février 1808, la cour d'appel de Metz, « considérant qu'à raison de l'influence que » la mise en cause avait sur le fond, le jugement qui » l'a ordonné, doit être réputé interlocutoire, » rejette la fin de non-recevoir.

Recours en cassation de la part du sieur Devroëde. Mais par arrêt du 1er juin 1809, au rapport de M. Pajon,

» Attendu qu'en rangeant le jugement de première instance dans la classe et dans l'ordre des jugemens interlocutoires, à raison de l'influence que cette mise en cause pouvait avoir sur la décision du fond du procès, la cour d'appel n'a pu contrevenir aux art. 451 et 452 du Code de procédure civile :

» La cour rejette le pourvoi....»

§. IV. *Est-ce comme préparatoire ou comme interlocutoire, que l'on doit, quant à l'époque où il est permis d'en appeler, considérer un jugement qui condamne l'une des parties à rendre à l'autre un compte que celle-ci demande par suite d'une prétendue société ?*

Le caractère d'un pareil jugement n'est pas douteux. Il est évident que condamner une des parties à rendre à l'autre le compte qu'elle demande par suite d'une prétendue société, c'est préjuger qu'il y a eu société entre l'une et l'autre, et par conséquent rendre un jugement interlocutoire.

C'est ce qu'a, en effet, décidé un arrêt de la cour de cassation, du 28 août 1809. Écoutons le *Bulletin civil* :

« Le sieur Nicolas Ollery a été chargé d'une fourniture de viandes fraîches pour la marine, pendant l'an 8,

» Le sieur Marteau a prétendu que le sieur Ollery lui avait cédé un huitième d'intérêt dans cette affaire; et il a assigné ce dernier au tribunal de commerce, pour être condamné, tant à lui rendre compte de la fourniture en question, qu'à lui payer le huitième des bénéfices qui résulteraient du compte, et 25,000 livres de provision.

» Le sieur Ollery a nié avoir fait aucune cession ou promesse au sieur Marteau,

» Malgré sa dénégation, le tribunal de commerce lui a ordonné de rendre compte, et a renvoyé les parties devant un arbitre, pour procéder à l'examen de ce compte.

» Le sieur Ollery a relevé appel de ce jugement. Par arrêt du 7 octobre 1807, la cour d'appel de Paris a déclaré cet appel non-recevable.

» Pourvoi en cassation, pour fausse application de la loi qui défend l'appel des jugemens prépara-

toires, et pour violation de la loi du 1er mai 1790, sur les deux degrés de juridiction.

» Sur quoi, ouï le rapport de M. Gandon....;

» Vu l'art. 1 de la loi du 1er mai 1790, portant : « Il y aura deux degrés de juridiction en matière » civile, sauf les exceptions qui pourront être dé- » crétées; » l'art. 4 du tit. 12 de la loi du 24 août suivant, portant : « Les juges des tribunaux de » commerce prononceront en dernier ressort sur les » demandes dont l'objet n'excédera pas la valeur de » 100 francs; » l'art. 6 de la loi du 3 brumaire an 2, portant : « On ne pourra appeler d'aucun jugement » préparatoire pendant le cours de l'instruction; » et l'art. 452 du code de procédure, qui, *conformément aux anciens principes*(1), définit les jugemens préparatoires, et les distingue des jugemens interlocutoires;

» Considérant que le jugement du 2 septembre 1806 n'était point un jugement préparatoire; que la première et, à bien dire, l'unique question était de savoir si Ollery devait à Marteau le compte de la fourniture qu'il avait faite en l'an 8; que la demande de compte était la première conclusion de Marteau; que c'était en supposant cette demande accueillie, qu'il concluait à avoir paiement du huitième des bénéfices qui résulteraient du compte; que le compte ne pouvait être dû que si Marteau était associé; qu'aussi l'avis de l'arbitre, en conséquence duquel a été rendu le jugement du 2 septembre, était il que Marteau avait été admis en participation pour un huitième, et qu'il y avait lieu de condamner Ollery à lui rendre compte;

» Que, lorsque le jugement du 2 septembre a condamné Ollery à rendre compte, il a jugé définitivement que le compte était dû; qu'on peut d'autant moins élever de doute à ce sujet, que le jugement ne porte pas, « sans nuire ni préjudicier à la question « de savoir si le compte est dû; » qu'au contraire, il renvoie devant l'arbitre pour procéder à l'examen du compte; en sorte que l'appel de ce jugement n'a pu être déclaré non-recevable, sans contravention à la loi du 1er mai 1790, qui assurait les deux degrés de juridiction :

» Par ces motifs, la cour casse et annule.....»

§. IVbis. *Autres questions sur la distinction entre les jugemens peparatoires et les jugemens interlocutoires.*

V. l'article *Préparatoire (jugement).*

§. V. *Peut-on, en matière civile, et depuis la mise en activité du code de procédure, attaquer par la voie de cassation un jugement interlocutoire en dernier ressort avant qu'il ait été suivi d'un jugement définitif ?*

Cette question est singulièrement controversée,

(1) Est-il bien vrai que cet article soit conforme aux anciens principes ? *V.* ci-après, §. 5.

et les arrêts de la cour de cassation ne l'ont pas toujours jugée de même. Voici une espèce dans laquelle je l'ai discutée.

Par deux contrats passés le 19 septembre 1771, devant Guiroye, notaire à Monein, en Béarn, le sieur de Navailles, baron de Mirapeix, et Louis-François de Navailles-Mirapeix, son fils, reconnaissent que le sieur de Courrèges leur a prêté une somme de 44,000 livres, qu'ils promettent d'employer au retrait de la terre du Port-de-Lannes, et pour laquelle ils constituent à son profit « une » rente annuelle et perpétuelle de 2,200 livres, pour » sûreté de laquelle, tant en capital qu'en arré- » rages », ils hypothèquent, savoir, le sieur de Navailles père, *tous ses biens*, et le sieur de Navailles fils, « le revenu de la terre du Port-de-Lannes; sans » néanmoins que les 44,000 livres en capital puis- » sent être exigées qu'en cas de retardement de paye- » ment des rentes pendant trois années consécutives, » ou que les biens fussent décrétés ou aliénés; aux- » quels cas, le sieur de Courrèges pourra se faire » rembourser ledit capital, sans que l'on puisse être » admis à purger la demeure. »

En 1773, le sieur de Navailles fils vend la terre du Port-de-Lannes. Le sieur de Courrèges n'élève, à cet égard, aucune réclamation.

Le 16 décembre 1784, contrat par lequel le sieur de Navailles fils, devenu, par la mort de son père, héritier de tous ses biens, emprunte du sieur de Saint-Marc une somme de 50,000 livres.

Le 15 décembre 1787, le sieur Duplaa s'en rend caution solidaire.

Le 15 mars 1788, il rembourse cette somme au sieur de Saint-Marc, qui le subroge à tous ses droits.

Le 8 mars suivant, il obtient, au châtelet de Paris, une sentence qui condamne le sieur de Navailles à lui en rembourser le montant.

Le 22 avril 1789, le sieur de Navailles vend la terre de Mirapeix au sieur Bouillacq, moyennant la somme de 100,000 livres. Le sieur Bouillacq s'oblige de payer cette somme aussitôt après le sceau des lettres de ratification qu'il se propose d'obtenir sur son contrat. De son côté, le vendeur promet de faire lever les oppositions qui pourraient être formées au sceau des lettres.

Les lettres de ratification sont scellées à la charge de plusieurs oppositions, notamment de celles de la demoiselle de Courrèges (fille *mineure* et unique héritière du sieur de Courrèges, au profit duquel a été passé le contrat de constitution du 19 septembre 1771), du sieur Duplaa, de la dame de Supervielle, du sieur Som et du sieur Péborde.

Le 14 juillet, la demoiselle de Courrèges, assistée de son curateur *ad lites*, se désiste de son opposition, par un acte qui est remis au sieur de Navailles.

Le 30 août, requête du sieur Duplaa au parlement de Pau, à fin de distribution du prix de la terre de Mirapeix entre les créanciers opposans.

Le 7 septembre, la demoiselle de Courrèges forme

une nouvelle opposition au sceau de « toutes lettres » de ratification de ventes faites ou à faire par le » sieur de Navailles. »

Le 14 mars 1790, le sieur Bouillacq paie au sieur Duplaa 54,587 livres 18 sous 10 deniers, tant pour le principal que pour les intérêts de la somme que le sieur de Navailles a été condamné à lui rembourser par la sentence du 8 mars 1788. Le sieur Duplaa, en recevant cette somme, promet au sieur Bouillacq, « d'en faire valoir le payement envers et contre » tous, et d'en rétablir le montant en cas de contes- » tation de la part du sieur de Navailles ou des créan- » ciers opposans au sceau des lettres de ratification. »

Le 20 février 1791, jugement du tribunal du district de Pau, qui, avant faire droit sur la demande du sieur Duplaa, du 30 août 1789, ordonne au sieur Bouillacq de consigner, en espèces ou quittances valables, le prix de la terre de Mirapeix.

Le 4 mars suivant, le sieur Bouillacq consigne effectivement ce prix, tant en espèces qu'en quittances, parmi lesquelles se trouve celle du sieur Duplaa, du 14 mars 1790.

Le 15 du même mois, la demoiselle de Courrèges, épouse du sieur Noguès, se présente avec son mari devant un notaire de Pau, et là, se fondant sur la lésion qui résulte pour elle du désistement qu'elle a donné le 15 juillet 1789, son opposition au sceau des lettres de ratification obtenues par le sieur Bouillacq, elle rétracte ce désistement.

Ensuite, autorisée de son mari, elle se présente dans l'instance d'ordre, et, en concluant à ce qu'elle soit restituée, comme mineure lésée, contre son désistement, elle demande qu'on la colloque, à son rang d'hypothèque, pour la rente perpétuelle de 44,000 livres, et pour les arrérages qui lui en sont dus.

La dame Supervielle, le sieur Som, le sieur Péborde et le sieur Duplaa se présentent également à l'ordre, et concluent à ce qu'ils soient colloqués, chacun à la date de son hypothèque.

Le sieur de Navailles soutient que ni la dame Noguès, ni la dame Supervielle, ni le sieur Som, ni le sieur Péborde, n'ont le droit de se faire colloquer pour leurs capitaux, attendu, d'un côté, qu'ils ne sont pas créanciers de sommes exigibles, mais de rentes perpétuelles; et, de l'autre, qu'il lui reste des biens plus que suffisans pour répondre de ces capitaux; assertion à l'appui de laquelle il requiert subsidiairement une *sommaire prisée de ses biens*.

Le 21 juillet 1791, jugement qui, vu les art. 15, 19 et 39 de l'édit du mois de juin 1771, et attendu la minorité de la dame Noguès, à l'époque de son désistement du 14 juillet 1789, restitue celle-ci contre le désistement, et la colloque au onzième rang.

Le même jugement colloque la dame Supervielle, le sieur Som et le sieur Péborde après la dame Noguès, et avant le sieur Duplaa.

Le sieur de Navailles appelle de ce jugement;

mais il n'intime, sur son appel, que la dame de Supervielle, le sieur Som et le sieur Péborde.

Le 22 novembre 1791 et le 14 janvier 1792, jugement du tribunal de district d'Orthès qui déclare le sieur de Navailles non-recevable dans son appel.

Le 24 janvier 1792, la dame Supervielle, le sieur Som et le sieur Péborde font signifier ce jugement, ainsi que celui du 21 juillet 1791, au sieur Duplaa.

Le 15 vendémiaire an 7, la dame Noguès fait signifier le jugement du 21 juillet 1791 au sieur Bouillacq, avec commandement d'y satisfaire, pour ce qui la concerne, à péril d'expropriation forcée.

Le 21 germinal suivant, elle prend une inscription hypothécaire pour conserver son hypothèque à la date du 19 septembre 1771.

Le 1er prairial de la même année, le sieur Duplaa dépose au secrétariat de l'administration du département des Basses-Pyrénées, le titre de sa créance sur le sieur de Navailles, inscrit sur la liste des émigrés, et les copies qui lui ont été signifiées par la dame Supervielle, le sieur Som et le sieur Péborde, des jugemens des tribunaux de district de Pau et d'Orthès.

Le 11 du même mois, il affirme sa créance, qui est, en conséquence, liquidée provisoirement par cette administration.

En ventôse an 9, nouveau commandement, à fin d'expropriation forcée, par la dame Noguès au sieur Bouillacq.

Le 16 messidor de la même année, le sieur Bouillacq fait signifier au sieur Duplaa le jugement du 21 juillet 1791.

Le 19 du même mois, le sieur Duplaa interjette appel de ce jugement.

Peu de temps après, il intervient dans l'instance en expropriation forcée poursuivie par la dame Noguès contre le sieur Bouillacq; et il conclut à ce qu'il y soit sursis jusqu'à ce qu'il ait été statué sur son appel.

La dame Noguès anticipe l'appel du sieur Duplaa, et assigne le sieur Bouillacq en déclaration d'arrêt commun.

De son côté, le sieur Duplaa assigne la dame de Girardin, fille et héritière du sieur de Navailles, pour se voir condamner à le garantir et indemniser des condamnations qui pourraient intervenir contre lui.

La cause portée à l'audience de la cour d'appel de Pau, la dame Noguès soutient, 1° que l'appel du sieur Duplaa est non-recevable, parce qu'avant de l'interjeter, le sieur Duplaa avait acquiescé au jugement du 21 juillet 1791 : d'abord, par les démarches qu'il avait faites et les demandes qu'il avait formées devant l'administration centrale du département des Basses-Pyrénées; ensuite, par les lettres qu'il lui avait écrites à elle-même, ainsi qu'à son aïeul maternel; 2°, et subsidiairement qu'au fond, le jugement du 21 juillet 1791 a bien jugé.

Le 26 floréal an 12, arrêt qui, après avoir écarté la fin de non-recevoir opposée par la dame Noguès à l'appel du sieur Duplaa :

» Considérant que le cit. Navailles fils, quelque temps après avoir exercé le retrait de la terre du Port-de-Lannes, la revendit sans réclamation du feu cit. Courrèges, ni de sa fille, qui continuèrent à percevoir les rentes du capital qu'il avait aliéné; car à l'époque de la vente de la terre de Mirapeix, il n'y en avait pas d'arriérées;

» Que la vente de cette terre ne pouvait pas fournir un motif à la dame Courrèges pour demander le remboursement du capital et des rentes, puisqu'il est de jurisprudence constante, que le créancier d'une rente constituée ne peut exiger le remboursement du sort principal, que lorsque le débiteur ou ses héritiers ont aliéné tous les biens que le même débiteur avait hypothéqués lors du contrat de constitution, ou la majeure partie, en sorte qu'il n'en reste point de suffisans et liquides pour répondre du capital et de la rente en faveur des créanciers; que cette jurisprudence a été attestée le 16 juin 1762 par la *matricule*;

» Qu'il a été dit sans contradiction, qu'à l'époque de la vente de la terre de Mirapeix, il restait encore au cit. Navailles des biens si considérables, que la nation qui a été à ses droits, en a vendu pour près d'un million; et qu'il en reste encore d'invendus sur lesquels la dame Noguès pourra recourir;

» Qu'il résulte du second acte du 19 septembre 1771, que le feu cit. Navailles père les avait tous hypothéqués en faveur du cit. Courrèges;

» Que par conséquent la dame Courrèges, sa fille, ne pouvait pas exciper de la vente de la terre de Mirapeix, pour demander le remboursement du capital;

» Que l'art. 49 de la loi du 11 brumaire an 7 n'est pas applicable à la cause; car, outre qu'on ne peut pas lui donner un effet rétroactif, l'usage et la jurisprudence empêchaient que la dame Courrèges pût exiger le remboursement de son capital;

» Que l'art. 19 de l'édit de 1771 s'occupe de la distribution du prix entre les créanciers opposans, privilégiés ou chirographaires; mais qu'il garde le silence sur les créances à rentes constituées; que d'ailleurs, outre qu'il ne s'agit pas ici d'un décret volontaire, ils n'étaient pas connus dans le ressort du ci-devant parlement de Pau;

» Que la dame Courrèges reconnut si bien que sa créance n'était pas exigible, qu'elle se désista de son opposition au bureau des hypothèques;

» Que sa créance n'étant pas exigible, il est évident que sa demande en restitution envers le désistement, n'est pas fondée, parce qu'il est de principe qu'il ne suffit pas d'être mineur pour se faire restituer, mais qu'il faut encore avoir essuyé des pertes: *non restituitur minor tanquàm minor, sed tanquàm læsus.* Or, outre que la dame Courrèges ne pourrait exiger le remboursement du capital, que dans le cas d'une cessation de payement des rentes pendant trois ans, ou d'une déconfiture complète des biens du débiteur, qui aurait mis sa créance en péril, ce qui ne se rencontrait pas, puisque les rentes étaient payées, et qu'il restait des biens plus que suffisans pour répondre du capital, son état de minorité l'aurait obligée à recolloquer la somme qu'elle aurait prise; et il est évident qu'elle n'aurait pu la placer sur d'autres immeubles qui eussent offert une garantie plus satisfaisante que ceux du cit. Navailles à l'époque du désistement;

» Que ce fut à la suite de ce désistement que la partie de Sansot (le sieur Duplaa) reçut, le 4 mars 1790, ce qui lui était dû;

» Que la partie de Julien (la dame Nuguès) reconnaissait si bien que le cit. Navailles était resté son débiteur, qu'il résulte de son bordereau qu'elle avait reçu de lui, postérieurement au désistement, une somme de 2,400 livres;

» Qu'ainsi la partie de Julien, qui ne fit que ce qu'elle ne pouvait s'empêcher de faire, ne fut pas lésée par le désistement;

» Que si des événemens postérieurs qu'on ne pouvait pas prévoir, ont diminué les biens de son débiteur, elle ne peut en prendre droit pour revenir contre la partie de Deyst (le sieur Bouillacq), qui a payé de bonne foi une somme que la partie de Sansot reçut de même à la suite du désistement;

» Que les §. 3 et 4 de la loi 11, D. de Minoribus, renferment des dispositions qui consacrent cette vérité : Sciendum est autem non passim minoribus, subveniri sed causâ cognitâ, si cogi esse proponantur ; item non restituetur, qui, sobriè rem suam administrans, occasionè damni non inconsultè accidentis, sed fato, velit restitui : nec enim eventus damni restitutionem indulget, sed inconsultâ facilitas;

» Qu'ayant été démontré que la créance de la partie de Julien n'était pas exigible, le désistement volontaire qu'elle fit de son opposition ne lui portait aucun préjudice, dans le moment ou elle le fit; et que des circonstances étrangères à la partie de Sansot, ne peuvent pas tourner à son détriment;

» Que, par une suite nécessaire, il n'est pas juste d'allouer la créance de la partie de Julien sur le prix de la vente de la terre de Mirapeix, qui a été distribué à des créanciers dont les capitaux étaient exigibles; ce qui libérait d'autant les autres biens du cit. de Navailles;

» Que, n'ayant pas été élevé de doutes sur la fortune de ce dernier à l'époque du désistement, ni sur la suffisance de ses biens pour répondre de la créance de la partie de Julien, la sommaire prisée subsidiairement proposée par la partie de Sansot, serait inutile.... ;

» Disant droit de l'appel de la partie de Sansot (le sieur Duplaa) du jugement du 21 juillet 1791, sans s'arrêter aux fins de non-recevoir proposées par la partie de Julien, dit avoir été mal jugé et bien appelé; en conséquence...., sans avoir égard à la demande en restitution de la partie de Julien

envers le désistement à l'opposition du 3 juin 1789, non plus qu'à ses autres conclusions, la déboute de l'allocation de sa créance à rente constituée dont il s'agit, sur le prix de la terre de Mirapeix; ce faisant, décharge les parties de Sansot et Deyst (les sieurs Duplaa et Bouillacq) de la représentation du montant de la quittance du 4 mars 1790; moyennant ce, déclare n'y avoir lieu de prononcer sur la garantie proposée par la partie de Deyst contre celle de Sansot; le tout, sans préjudice à la partie de Julien d'exercer ses actions sur les autres biens de son débiteur, ainsi qu'elle avisera; déclare, au surplus, n'y avoir lieu de statuer sur les conclusions d'entre elle et la partie de Sicubnis (la dame de Girardin).......»

La dame Noguès se pourvoit en cassation contre cet arrêt, et propose trois moyens : violation de la clause du contrat du 19 septembre 1771, qui l'autorise à exiger son remboursement en cas d'aliénation des biens de ses débiteurs; violation des articles 7 et 19 de l'édit de juin 1771; violation des lois qui accordent aux mineurs lésés le bénéfice de la restitution en entier.

Par arrêt contradictoire du 4 mars 1806, au rapport de M. Vasse:

« Vû les art. 7 et 19 de l'édit du mois de juin 1771, la loi 27, C. de minoribus; et l'art. 174 de l'ordonnance de 1539;

» Attendu que les sieurs de Navailles et de Courrèges étaient convenus expressément, dans l'acte du 19 septembre 1771, que le capital serait exigible en cas d'aliénation de biens, que ce cas prévu était arrivé; que l'édit de juin 1771, loin de contrarier cette faculté, la supposait au contraire dans ses articles 7 et 19, en voulant que les créanciers opposans fussent payés suivant leur ordre de privilèges ou d'hypothèques;

» Attendu que l'existence du prétendu désistement n'était constatée que par une révocation qui l'annonçait comme fait sous des réserves, d'où il suit que, cessant le rapport de ce désistement, et la certitude que ces réserves n'en empêchaient pas l'effet, la cour d'appel ne pouvait pas, sous ce prétexte, rejeter la demande en remboursement formée par la mineure Conrrèges; que ce désistement, fût-il pur et simple, c'était une raison de plus pour en relever la mineure, qui aurait ainsi renoncé gratuitement à un droit acquis et à la sûreté d'une créance considérable; qu'il était si peu certain que les droits de la mineure ne perdraient rien de leur sûreté, que les administrateurs de l'hôpital de Pau, créanciers d'une somme bien moins importante, n'avaient renoncé à leur remboursement pas moyennant une caution solvable, précaution absolument négligée par le curateur de la mineure, et dont l'omission annonçait assez avec quelle négligence ses intérêts avaient été traités;

» Par ces motifs, la cour a cassé et annulé, casse et annule l'arrêt de la cour d'appel de Pau, du 14 floréal an 12, pour violation de l'art 134 de l'ordonnance de Villers-Coterets, du mois d'août 1539, et des art. 7 et 19 de l'édit de juin 1771; renvoie les parties procéder devant la cour de Bordeaux...»

L'affaire reportée, en exécution de cet arrêt, devant la cour d'appel de Bordeaux, la dame Noguès y obtient, le 21 juillet 1807, un arrêt par défaut qui confirme le jugement du 21 juillet 1791.

Le sieur Duplaa, le sieur Bouillacq et la dame de Girardin forment opposition à cet arrêt.

« Sur cette opposition (est-il dit dans l'arrêt contradictoire que l'on transcrira ci après), la dame Noguès a reproduit la fin de non-recevoir prise de l'acquiescement du sieur Duplaa au jugement de 1791, acquiescement qu'elle faisait résulter de trois lettres écrites au sieur Badet-Plaisance, son aïeul maternel; d'une quatrième, dont la feuille qui portait la suscription, avait été déchirée et enlevée; et d'une cinquième adressée à elle-même, toutes cinq revêtues de la signature du sieur Duplaa.

» Au fond, elle s'est prévalue des principes généraux sur le remboursement forcé des rentes, des art. 7 et 19 de l'édit de 1771, et des stipulations du contrat du 19 septembre.

» Elle a soutenu qu'il n'était pas prouvé qu'à l'époque de son opposition et du désistement qu'elle en avait signé, il restât au sieur de Navailles des biens suffisans pour répondre de la rente et du sort principal; que, dans tous les cas, ce désistement était une aliénation gratuite contre laquelle sa minorité et la lésion devaient la faire restituer.

» Les sieurs Duplaa et Bouillacq ont dit qu'il était de jurisprudence au parlement de Navarre, que le créancier d'une rente constituée, dont on n'avait pas laissé accumuler les arrérages pendant trois années consécutives, ne pouvait exiger le remboursement du sort principal, sur le prix de la vente de quelques-uns des biens compris dans l'hypothèque générale donnée par le débiteur, lorsqu'il lui restait des biens suffisans et liquides pour répondre du capital et de la rente; que l'édit de 1771 ne dérogea point à cette jurisprudence, qui continua d'être suivie dans le Béarn; qu'au surplus, cet édit, qui ne fut enregistré au parlement de Navarre que le 29 janvier 1772, n'aurait pu ni modifier ni changer les stipulations du contrat du 19 septembre 1771; que ce contrat avait indiqué trois cas pour le remboursement forcé du sort principal de la rente : celui de la cessation du service de la rente pendant trois ans, celui que les biens fussent décrétés, et celui que lesdits biens fussent aliénés, que les parties, en déclarant dans le contrat que le capital ne pourrait être exigé que dans ces trois cas seulement, avaient formellement exclu tout autre cas de remboursement; que le cas d'aliénation était relatif non à une aliénation partielle, mais à une aliénation générale; ce qui n'était pas arrivé, puisqu'il restait au sieur de Navailles, après la vente de la terre de Mirapeix, des biens considérables et bien plus que suffisans pour garantir le

payement de la rente et de la sûreté du capital; qu'on ne l'avait pas contredit à Pau; mais que, puisqu'on affectait d'en douter, le sieur Duplaa offrait la sommaire prisée desdits biens; que, d'après la jurisprudence, et même d'après le contrat seulement, le désistement de l'opposition du 3 juin 1789 qui ne pouvait pas être maintenue, n'était qu'un simple acte d'administration contre lequel la dame de Noguès ne pouvait pas être restituée. »

La cause en cet état, la cour d'appel de Bordeaux y statue, le 31 mai 1808, par un arrêt ainsi conçu :

« Résulte-t-il des pièces produites par la dame Noguès que le sieur Duplaa a acquiescé au jugement du 21 juillet 1791, et qu'il est devenu non-recevable à s'en rendre appelant?

» Au fond, la dame de Noguès pouvait-elle, lors de l'opposition par elle faite, le 3 juin 1789, au sceau des lettres de ratification du contrat de vente de la terre de Mirapeix, demander le remboursement du capital de la rente constituée par feu le sieur de Navailles, le 17 septembre 1771?

» Attendu qu'un acquiescement à un jugement doit être formel, pour produire une fin de non-recevoir contre l'appel de ce jugement;

» Que, dans l'hypothèse, les lettres dans lesquelles on prétend trouver des acquiescemens, sont vagues, insignifiantes, les unes adressées à une personne étrangère, les autres subordonnées à des conditions, d'autres sans date, sans suscription;

» Attendu que les démarches du sieur Duplaa vis-à-vis l'administration étaient forcées à raison des circonstances dans lesquelles on se trouvait alors, et qu'elles n'avaient pour objet que des mesures conservatoires;

» Attendu qu'avant de prononcer sur le fond des contestations, il est nécessaire que la justice soit fixée sur la valeur des biens que le sieur de Navailles possédait à l'époque du 3 juin 1789, date de l'opposition faite par la dame de Courrèges au bureau des hypothèques, et au 14 juillet suivant, date du désistement;

» La cour, sans s'arrêter aux fins de non-recevoir proposées par la dame Noguès, desquelles elle est déboutée, reçoit les sieurs Duplaa, Bouillacq et la dame de Girardin opposans envers l'arrêt du 21 juillet 1807; remet les parties au même état qu'elles étaient auparavant; et, avant de prononcer sur l'appel, ordonne que, par des experts qui seront convenus par les parties dans quinzaine, ou qui, faute d'en convenir, seront pris et nommés d'office, il sera procédé à la sommaire prisée des biens libres du sieur de Navailles, tant à l'époque du 3 juin 1789, date de l'opposition faite par la dame Noguès au bureau des hypothèques, qu'au 14 juillet suivant, date du désistement de ladite opposition; pour ce fait et rapporté, être par la cour statué ce qu'il appartiendra; les dépens demeurant réservés. »

Nouveau recours en cassation de la part de la dame Noguès. Elle le fonde sur les trois moyens qui ont déjà motivé l'arrêt de cassation du 4 mars 1806; et elle en ajoute un quatrième, qui attaque la disposition de l'arrêt du 31 mai 1808, par laquelle la cour d'appel de Bordeaux a rejeté la fin de non-recevoir qu'elle tirait du prétendu acquiescement du sieur Duplaa au jugement du 21 juillet 1791.

« L'arrêt qui vous est dénoncé (ai-je dit à l'audience de la section des requêtes, le 12 avril 1810), contient deux dispositions bien distinctes : l'une définitive, par laquelle la dame Noguès est déboutée de la fin de non-recevoir qu'elle opposait à l'appel du sieur Duplaa; l'autre interlocutoire par laquelle la cour d'appel de Bordeaux, avant de prononcer sur le fond, ordonne qu'il sera fait une estimation sommaire des biens qui restaient au sieur de Navailles, tant à l'époque du 3 juin 1789, date de l'opposition de la dame Noguès au sceau des lettres de ratification obtenues par le sieur Bouillacq, qu'à l'époque du 14 juillet de la même année, date du désistement qu'elle a donné de cette opposition.

» Contre la première disposition, la dame Noguès invoque les lois qui impriment l'autorité de la chose jugée à toute sentence à laquelle il a été acquiescé formellement par la partie condamnée.

» Mais la cour d'appel de Bordeaux a-t-elle méconnu ces lois? A-t-elle jugé, en point de droit, que l'acquiescement d'une partie au jugement qui la condamne, ne lui ferme pas la voie de l'appel? Non. Elle a seulement jugé que les lois citées par la dame Noguès, n'étaient pas applicables aux pièces et aux faits sur lesquels la dame Noguès se fondait pour établir le prétendu acquiescement du sieur Duplaa au jugement du 21 juillet 1791. Elle a seulement jugé qu'il n'était pas prouvé que le sieur Duplaa eût acquiescé à ce jugement. Elle n'a donc pas prononcé, pour nous servir des termes d'une célèbre loi romaine que nous avons souvent occasion de vous rappeler, elle n'a donc pas prononcé *de jure constitutionis;* elle n'a donc prononcé que *de jure litigatoris* (1); elle n'a donc pas jugé contre les lois; son arrêt ne peut donc pas être cassé de ce chef.

» La deuxième disposition du même arrêt offre à votre examen une question qui se reproduit fréquemment devant vous, et qui, par cette raison, exige la réunion de tous nos efforts pour la discuter avec tout le soin que vous avez droit d'attendre de notre ministère : c'est de savoir si, depuis la mise en activité du code de procédure civile, le recours en cassation est ouvert contre un arrêt par lequel une cour ordonne, avant faire droit, une preuve, une vérification, une expertise ou toute autre instruction qui serait inutile, si les moyens de la partie sur la demande de laquelle cette preuve, cette vérification, cette expertise, cette instruction sont ordonnées, n'étaient pas, à l'avance, considérés, dans l'esprit du juge, comme bien fondés et devant lui assurer gain de cause, en supposant que cette preuve, cette vérification, cette expertise, cette instruction aboutissent au résultat que cette partie s'en promet.

» Avant la mise en activité du code de procédure civile, le recours en cassation contre un pareil arrêt eût été, sans contredit, déclaré non-recevable quant à présent.

» L'art. 14 de la loi du 2 brumaire an 4 est, à cet égard, très-formel : « le recours en cassation » (porte-t-il) contre les jugemens *préparatoires* et » *d'instruction,* ne sera ouvert qu'après le juge- » ment définitif; mais l'exécution, même volontaire, » de tels jugemens ne pourra, en aucun cas, être » opposée comme fin de non-recevoir. »

» On ne peut douter, en effet, que, par ces mots, *jugemens préparatoires et d'instruction,* le législateur n'ait entendu, non-seulement les jugemens qui ordonnent, soit un délibéré, soit une instruction par écrit, soit un renvoi à une audience fixe, en un mot, les jugemens qui ne font que régler la procédure, mais encore les jugemens qui ordonnent une preuve, une vérification, une expertise, et qui l'ordonnent, parce que, dans la pensée du juge, cette preuve, cette vérification, cette expertise, si elles atteignent au but que se propose la partie qui les provoque, doivent faire triompher cette partie.

» A l'époque où a été rédigée cette loi, on n'avait pas encore imaginé la moindre distinction entre les jugemens préparatoires et les jugemens Interlocutoires; ces deux expressions se confondaient alors dans la langue judiciaire.

» Témoin Me Pigeau, dans l'ouvrage intitulé : *la Procédure civile du Châtelet,* qu'il a publié en 1787.

» Les raisons qu'on peut avoir (dit-il, tome 1, » page 493) pour appeler d'un Interlocutoire, sont » réglées sur la nature de cet Interlocutoire. On a » dit ci-devant (page 377) qu'il y en avait de deux » sortes : les *préparatoires* et les *provisoires.* Les » *préparatoires* sont ceux d'instruction.

» Les principales raisons qu'on peut avoir d'en » appeler, sont, 1° que le juge pouvait, au lieu de » recourir à une voie d'instruction, statuer définiti- » vement, l'affaire étant entièrement instruite; v. g., » lorsqu'il ordonne une descente du juge, et qu'il » y a un rapport ou autre voie qui le met en état de » décider; lorsqu'il ordonne un appointement, tan- » dis qu'il peut juger actuellement; 2° que l'ins- » truction qu'il ordonne est trop longue, et que » l'affaire est susceptible d'être instruite plus sim- » plement; v. g., lorsqu'il ordonne un appointe- » ment en droit, tandis que l'affaire peut être » éclaircie par un délibéré, ou un simple appointe-

_____

(1) *V.* le *Répertoire de jurisprudence,* aux mots *Substitution fidéicommissaire,* sect. 8, n° 7.

« ment à mettre : les parties ont intérêt de sortir
» d'affaire au plutôt, et à moindres frais que faire
» se peut ; 3°. que la voie d'instruire indiquée par
» le jugement est défendue par l'ordonnance, dans
» le cas où elle a été ordonnée, et peut être préju-
» diciable à une partie ; v. g. s'il ordonne un ap-
» pointement dans une affaire sommaire, et même
» dans les affaires non sommaires, dans les cas où
» la loi les défend (ils sont détaillés ci-devant, page
» 316) ; s'il ordonne une preuve testimoniale d'une
» convention excédant 100 livres, dans les cas pro-
» hibés, la partie contre qui cette preuve est per-
» mise, a intérêt de l'empêcher, parce qu'on peut
» suborner des témoins qu'on fera entendre contre
» elle au moyen de ce jugement. ».

» Et voulons-nous une preuve sans réplique que,
dans la législation du temps où a été faite la loi du
2 brumaire an 4, les mots *jugemens préparatoires*
désignaient, comme dans le passage que nous venons de citer, les *jugemens* qui ordonnaient des instructions par lesquelles le fond était préjugé ? Nous
la trouverons dans deux lois qui, à cette époque,
étaient en pleine vigueur.

» La première est l'art. 16 du tit. 35 de l'ordonnance de 1667 : « Les impétrans des lettres en forme
» de requête civile contre des arrêts contradictoires,
» soit qu'ils soient *préparatoires* ou définitifs, se-
» ront tenus, en présentant leur requête à fin d'en-
» térinement, de consigner la somme de 300 livres
» pour l'amende envers nous, etc. »

» En s'exprimant ainsi, l'ordonnance de 1667
faisait clairement entendre que la voie de la requête civile était ouverte contre les *arrêts préparatoires*, ni plus ni moins que contre les arrêts
définitifs ; et sans doute, par ces termes, *arrêts
préparatoires*, elle n'entendait pas les arrêts qui
se bornaient, ou à ordonner, par exemple, qu'une
cause serait retirée du rôle, ou à appointer les parties en droit ou au conseil, car il eût été souverainement ridicule de soumettre de pareils arrêts à un
genre d'attaque que l'ordonnance elle-même regardait d'un œil défavorable. Elle ne pouvait donc entendre, par ces termes, que les arrêts qui ordonnaient une instruction par laquelle le fond était
implicitement préjugé.

» La seconde loi est celle du 3 brumaire an 2.
Vous le savez, messieurs, l'art. 6 de cette loi portait : « On ne pourra appeler d'aucun jugement
» *préparatoire* pendant le cours de l'instruction ;
» les parties seront obligées d'attendre le juge-
» ment définitif, sans qu'on puisse cependant leur
» opposer, ni leur silence, ni même les actes faits
» en exécution des jugemens de cette nature. »

» Mais ce qu'il importe de remarquer, c'est que,
par les deux articles précédens, la dénomination de
jugemens préparatoires était précisément appliquée
aux jugemens qui, avant faire droit au fond, ordonnaient des enquêtes ou des expertises, c'est-à-dire,
des instructions que l'on n'ordonne jamais, que l'on
ne peut même jamais ordonner, sans préjuger que,

des renseignemens qu'elles fourniront, dépendra le
sort de la contestation et des parties.

» Lorsqu'il s'agira (disait l'art. 4) de faire en-
» tendre des témoins ou de faire opérer des experts,
» les uns ou les autres seront assignés, ainsi que la
» partie, en vertu d'une cédule qui sera accordée
» par le président.

» Il sera (continuait l'art. 2) fait mention, dans
» cette cédule, des jour, lieu et heure auxquels il
» sera procédé à l'exécution du *jugement prépa-
» ratoire,* » ou, en d'autres termes, du jugement
portant admission à preuve par témoins ou par
experts.

» C'est sur le modèle de ces dispositions qu'a été
formé l'art. 14 de la loi du 2 brumaire an 4 ; et c'est
assez dire que, par cet article, le législateur n'interdit pas seulement le recours en cassation contre les
jugemens préparatoires dont l'unique objet est de
régler la procédure ; mais qu'il l'interdit encore
contre les *jugemens* qui, en ordonnant une enquête
ou une expertise, font plus ou moins expressément
dépendre le sort des parties du résultat de l'expertise ou de l'enquête. Ce qui d'ailleurs doit écarter
là-dessus toute espèce de doute, c'est que la cour
l'a ainsi jugé plusieurs fois.

» Le 29 prairial an 12, la cour d'appel de Liége,
saisie de la question de savoir si la succession du
comte de Mercy-Argenteau doit, quant aux biens
situés dans la ci-devant Lorraine, être réglée par
la loi du 17 nivôse an 2, dont il était prouvé authentiquement que la publication avait été faite
avant sa mort, dans les tribunaux de district des
lieux, rend un arrêt qui ordonne, *avant faire droit
et sans rien préjuger,* que les dames de Rodoan et
de Gavres prouveront, en outre, que cette loi avait
été publiée, avant la même époque, dans chacune
des municipalités de la situation des biens. C'était,
tout en disant qu'elle ne préjugeait rien, préjuger
très-clairement que la loi du 17 nivôse an 2 n'avait
pas pu devenir obligatoire par la seule publication
dans les tribunaux de district, et qu'elle n'avait pu
acquérir ce caractère que par sa publication dans
les municipalités ; c'était par conséquent violer les
lois des 9 novembre 1789, 2 novembre 1790, 15
mars et 13 juin 1791, ainsi que la cour l'avait jugé
par trois arrêts de cassation ; des 2 ventôse an 9,
14 frimaire et 28 floréal an 10.

» Forte de ces trois arrêts, les dames de Rodoan
et de Gavres se pourvoient en cassation.

» En portant la parole sur cette affaire, nous
avons établi que l'arrêt de la cour d'appel de Liége
eût dû être infailliblement cassé, s'il eût jugé définitivement ce qu'il n'avait pu supposer ; mais qu'en
supposant la nécessité de la publication de la loi du
17 nivôse an 2 dans les municipalités, indépendamment de la publication qui en avait été faite dans les
tribunaux de district, la cour d'appel de Liége n'a-
vait rendu qu'un arrêt préparatoire ; et que l'art. 14
de la loi du 2 brumaire an 4 s'opposait à l'admission
du recours des demanderesses.

» Par arrêt du 28 ventôse an 13, au rapport de M. Genevois: « attendu que l'arrêt attaqué n'a or-
» donné la preuve de la publication des lois des 5
» brumaire et 17 nivôse an 2 par les municipalités
» de la situation des biens, qu'avec cette restriction
» *avant faire droit et dans rien préjuger*; que, par
» conséquent, ce dispositif est purement prépara-
» toire, et n'est, d'après la loi, susceptible du re-
» cours en cassation qu'après le jugement définitif,
» sans que, pour raison de son exécution, même
» volontaire, il puisse en résulter contre les deman-
» deresses aucune fin de non-recevoir; d'où il suit
» que le recours en cassation ne peut être admis en
» l'état, sans contrevenir formellement à la disposi-
» tion de l'art. 14 de la loi du 2 brumaire an 4: la
» cour rejette le pourvoi..... (1) »

» Et il ne faut pas croire que vous eussiez jugé autrement, si la cour d'appel eût omis, dans son arrêt, les mots, *sans rien préjuger*: car ces mots n'y
pouvaient signifier rien autre chose, si ce n'est que
la cour d'appel de Liége n'entendait pas se lier par
l'interlocutoire qu'elle prononçait; et nous verrons
bientôt que tel est le caractère de tous les jugemens
interlocutoires, soit qu'ils déclarent, soit qu'ils ne
déclarent pas, qu'ils ne préjugent rien.

» Aussi avez-vous, deux mois après, rendu un
arrêt semblable dans une espèce qui n'offrait pas la
même particularité.

» Le 5 thermidor an 12, la cour d'appel de Douai
ayant à statuer, d'une part, sur la demande du sieur
Becq, à fin d'exécution d'un contrat notarié, par lequel des immeubles lui avaient été vendus purement
et simplement par les sieur et dame Deberly; et de
l'autre, sur l'opposition des sieur et dame Deberly
à l'exécution de ce contrat, fondée sur des faits dont
ils offraient la preuve testimoniale, contre la défense
expressément écrite dans l'art. 2 du tit. 20 de l'ordonnance de 1667, rend un arrêt qui, « avant faire
» droit, ordonne à Deberly et son épouse de prou-
» ver par témoins les faits par eux allégués, par-
» devant M. Baumal, juge, nommé commissaire à
» cet effet, le sieur Becq entier en preuve contraire,
» frais réservés. »

» Le sieur Becq se pourvoit en cassation contre
cet arrêt.—

» L'affaire portée à votre audience, nous avons
démontré que la cour d'appel de Douai n'avait eu ni
raison ni prétexte pour admettre une preuve par témoins *contre et outre le contenu en un acte authentique*; et qu'en l'admettant, elle avait violé ouvertement l'ordonnance de 1667, qui faisait loi dans
le domicile des parties, comme dans les lieux de la
situation des biens.

» Mais (*avons-nous ajouté*) admettre une preuve
quelconque, c'est ne rendre qu'un jugement pré-

» paratoire, et la loi du 2 brumaire an 4 nous dit
» que les jugemens préparatoires ne sont point pas-
» sibles de recours en cassation, tant qu'ils n'ont pas
» été suivis d'un jugement définitif. »

» Et en conséquence, arrêt du 24 floréal an 13, au
rapport de M. Lombard, qui, « vu l'art. 14 de la
» loi du 2 brumaire an 4; attendu que l'arrêt rendu
» par la cour d'appel de Douai, le 5 thermidor an
» 12, est préparatoire et d'instruction, déclare
» Louis-François-Joseph Becq non-recevable, quant
» à présent, en son pourvoi en cassation; et le con-
» damne à l'amende de 150 francs (1). »

» Il est donc bien clair que, si l'art. 14 de la loi
du 2 brumaire an 4 doit encore être entendu comme
il l'était avant le code de procédure civile, le recours de la dame Noguès contre la deuxième disposition de l'arrêt de la cour d'appel de Bordeaux, du
31 mai 1808, doit être déclaré non-recevable
quant à présent.

» Mais ne devons-nous pas, depuis que le code
de procédure civile est en activité, donner un autre
sens à l'art. 14 de la loi du 2 brumaire an 4?

» Rappelons d'abord les dispositions de ce code
qui ont fait naître la question. Elles font, comme
vous le savez, partie du titre *de l'Appel et de l'Instruction sur l'appel;* voici comment elles sont conçues :

» Art. 451. « L'appel d'un jugement préparatoire
» ne pourra être interjeté qu'après le jugement défi-
» nitif, et conjointement avec l'appel de ce juge-
» ment; et le délai de l'appel ne courra que du jour
» de la signification du jugement définitif: cet ap-
» pel sera recevable, encore que le jugement pré-
» paratoire ait été exécuté sans réserve.

» L'appel d'un jugement interlocutoire pourra
» être interjeté avant le jugement définitif. »

» Art. 452. « Sont réputés préparatoires les juge-
» mens rendus pour l'instruction de la cause, et qui
» tendent à mettre le procès en état de recevoir ju-
» gement définitif.

» Sont réputés interlocutoires les jugemens ren-
» dus lorsque le tribunal ordonne, avant dire droit,
» une preuve, une expertise, ou une instruction qui
» préjuge le fond. »

» Que ces dispositions soient introductives d'un
droit nouveau, et qu'elles dérogent à la loi du 3 brumaire an 2, c'est une vérité qui ne peut être méconnue de personne. Encore une fois, les art. 4 et 5 de
cette loi qualifiaient de *jugement préparatoire* le
jugement qui ordonnait une enquête ou une expertise; et, par une conséquence nécessaire, le jugement qui ordonnait une enquête ou une expertise
était compris, tout aussi bien que le jugement qui
ne faisait que régler la procédure, dans la défense
prononcée par l'art. 6 de la même loi, d'appeler

---

(1) *V.* le *Répertoire de jurisprudence*, au mot *Testament*, sect. 2. §. 3, art. 8.

(1) *V.* le *Répertoire de jurisprudence*, au mot *Cassation*, §. 3, n° 7.

des jugemens préparatoires non encore suivis des jugemens définitifs.

» Mais dès que ces dispositions sont introductives d'un droit nouveau, dès qu'elles dérogent à la loi du 3 brumaire an 2, dès qu'elles ne dérogent qu'à cette loi; dès que, par cela seul qu'elles sont placées sous le titre de l'Appel et de l'Instruction sur l'appel, elles n'ont et ne peuvent avoir pour objet que la faculté d'appeler, notre question n'est-elle pas résolue? Et comment a-t-on pu, comment peut-on encore prétendre les appliquer au recours en cassation?

» Sans doute on peut argumenter de la faculté de se pourvoir en cassation à la faculté d'appeler. Sans doute on peut dire : « tels jugemens, lorsqu'ils sont » rendus en dernier ressort, sont passibles du re- » cours en cassation; donc, lorsqu'ils sont rendus » en première instance, ils sont aussi susceptibles » d'appel. » Sans doute, en raisonnant ainsi, on ne fait qu'une application rigoureuse de la règle de droit, *non debet ei cui plus licet, quod minus est non licere.*

» Mais que l'on puisse argumenter de la faculté d'appeler à la faculté de se pourvoir en cassation; mais que l'on puisse dire : « tels jugemens, lorsqu'ils » sont rendus en première instance, sont suscepti- » bles de l'appel; donc, lorsqu'ils sont rendus en » dernier ressort, ils sont aussi passibles de recours » en cassation; que l'on puisse dire : « le plus » ne peut pas être défendu à celui à qui le moins est » permis; et qu'on puisse le dire surtout lorsqu'il existe une loi non abrogée qui défend *le plus*, c'est le renversement de toutes les idées, c'est la violation de toutes les règles de la saine logique.

» La loi du 3 brumaire an 2, et celle du 2 bru- maire an 4, avaient assimilé l'appel et la cassation, quant aux jugemens qui, avant faire droit, ordon- nent des instructions par lesquelles le fond du pro- cès est préjugé; et en cela le législateur avait été trop loin pour l'appel. En général, l'appel est digne de la plus grande faveur; la cassation, au contraire, est un recours qui ne doit être admis qu'à la der- nière extrémité; et il faut, comme le dit le chance- lier Bacon (1), que la voie ouverte pour y conduire soit étroite, raboteuse, et comme semée de chausse- trapes : *Providendum est ut via ad rescindenda judicia sit arcta, conflagrosa et tanquàm muri- cibus strata.*

» Et, de ce que la loi du 3 brumaire an 2 est abrogée, en tant qu'elle prohibait l'appel des juge- mens que l'on qualifie aujourd'hui d'*interlocutoires*, on conclura que la loi du 2 brumaire an 4 l'est aussi, en tant qu'elle prohibe le recours en cassa- tion contre les mêmes jugemens!

» Mais d'abord, c'est méconnaître ce grand prin- cipe, que les lois dérogatoires aux précédentes ne peuvent jamais s'étendre au-delà de leurs termes, et doivent toujours être resserrées dans leur objet pré- cis : c'est oublier cette grande et sage leçon de Jus- tinien, dans la loi 32, §. 6, *de appellationibus*, au code : *quidquid hac lege specialiter non videtur expressum, id veterum legum constitutionumque regulis omnes relictum intelligant.*

» Ensuite, quelle différence entre l'appel et la cassation, non-seulement en ce qui concerne la na- ture de l'un et de l'autre, mais encore quant à leur marche et à leurs effets!

» L'appel est une voie rapide, la cassation est une voie lente. Par l'un, l'exécution du jugement qui s'en trouve frappé, est le plus souvent suspendue; elle ne l'est jamais par l'autre.

» Ainsi, lorsqu'il y a appel d'un jugement qui or- donne une preuve, une vérification, une expertise, il n'est jamais ou presque jamais à craindre qu'avant qu'il y ait été statué par le juge supérieur, le pre- mier juge ait prononcé sur le fond.

» Et au contraire, si l'on admettait le recours en cassation contre un pareil jugement, qu'en résulte- rait-il? C'est que toujours ou presque toujours le fond serait jugé avant qu'il eût pu être statué sur ce recours. Mais alors, voyez à quel inconvénient on s'exposerait!

» C'est un principe consacré par les lois romaines, et admis dans tous les temps parmi nous, que les jugemens par lesquels sont ordonnées des enquêtes, des expertises, des descentes sur les lieux, ne lient jamais les tribunaux qui les ont rendus, et qu'ils laissent toujours au juge la liberté de revenir, en définitive, aux moyens de droit ou de fait qu'il avait d'abord rejetés mentalement.

» Il est vrai que ces jugemens, pour nous servir de l'expression de l'art 452 du code de procédure civile, *préjugent le fond;* mais dans quel sens le préjugent-ils? Ils le préjugent, disait l'orateur du tribunat; en expliquant cet article même, à la séance du corps-législatif du 17 avril 1806, en ce que, « sans autre objet apparent que d'éclairer la religion » des juges, ils pourraient, par leur résultat, finir » par l'égarer, dans la FAUSSE PERSUASION qu'ils se » seraient liés eux-mêmes en le prononçant. » Il est donc bien évident que l'art. 452 du code de procé- dure civile n'a pas ôté aux juges le pouvoir qu'ils avaient auparavant, de se jouer, pour ainsi dire, de leurs jugemens Interlocutoires, et d'en négliger absolument les résultats, lorsqu'ils statuent au fond.

» Et c'est ce que vous avez décidé, de la manière la plus formelle, par un arrêt du 17 janvier der- nier, au rapport de M. Cochard et sur nos conclu- sions (1).

» Cela posé, qu'arriverait-il, par exemple, dans notre espèce; si vous admettiez le recours de la dame

---

(1) *Exemplum de justiciâ universâ,* Aphorisme 91.

(1) *V.* l'article *Testament,* §. 3.

Noguès? C'est qu'avant que les sections réunies eussent pu prononcer définitivement sur ce recours, que disons-nous? C'est qu'avant même que vous en eussiez prononcé l'admission, la cour d'appel de Bordeaux aurait pu, non-seulement juger le fond, mais même revenir, en le jugeant, aux moyens de droit que la dame Noguès avait inutilement fait valoir devant elle antérieurement à l'arrêt interlocutoire qu'elle attaque en ce moment, et donner gain de cause à la dame Noguès elle-même.

» Ainsi la cour s'exposerait, en admettant le recours en cassation de la dame Noguès, à casser un arrêt interlocutoire qui, au moment même où elle le casserait, se trouverait rectifié par les juges qui l'ont rendu.

» Ainsi, la dame Noguès perdrait, même par la cassation de cet arrêt, tout le fruit de sa victoire sur le fond : car la cassation de cet arrêt entraînerait nécessairement la restitution des parties au même état où elles étaient avant qu'il fût rendu, et par suite l'anéantissement de l'arrêt définitif.

» Voilà, messieurs, ce qui résulterait de l'admission du recours de la dame Noguès; et sans doute, des inconvéniens aussi graves suffisent, indépendamment des principes généraux de la matière, pour vous faire sentir l'impérieuse nécessité de maintenir dans toute sa latitude primitive la disposition de l'art. 14 de la loi du 2 brumaire an 4.

» Mais, dit-on, il existe trois arrêts de la section civile, qui ont jugé que cet article ne peut plus, depuis la mise en activité du code de procédure civile, être appliqué qu'aux jugemens qui se bornent à régler la forme de l'instruction. Voyons donc quels sont ces arrêts.

» Le premier a été rendu, le 9 novembre 1808, sur le recours de l'administration des droits-réunis, contre un jugement en dernier ressort du tribunal de l'arrondissement de Saint-Omer, qui, avant faire droit sur une contrainte décernée par cette administration contre le sieur Descamps, à fin de payement d'un droit de deux décimes sur 1500 kilogrammes de tabacs qu'elle prétendait manquer dans le magasin de ce négociant, avait ordonné la pesée et la vérification de t ous les tabacs existans dans ce magasin. L'administration soutenait que, par cet interlocutoire, le tribunal de Saint-Omer avait admis un genre de preuve qui ne pouvait pas balancer la preuve contraire qu'elle avait fournie, et qui dès-lors était superflue. Et qu'a fait la section civile? Elle a rejeté le recours de l'administration, sur le fondement que le tribunal de Saint-Omer n'avait violé aucune loi; mais elle n'a jugé ni pu juger que le recours de la régie fût recevable, puisqu'aucune question n'était élevée à ce sujet devant elle.

» Ce premier arrêt est donc ici sans application.

» Le deuxième paraît, au premier abord, plus positif; mais vous allez voir, messieurs, qu'il est intervenu dans une espèce tout-à-fait particulière.

» La demoiselle Folignier, majeure, avait quitté

la maison paternelle, pour suivre le sieur Gourain-court, qu'elle voulait épouser.

» Quelque temps après sa fuite, et sur le refus de son père et de sa mère de consentir a son mariage, elle leur fit signifier des actes respectueux. Son père et sa mère persistant dans leur refus, et ayant formé opposition à la célébration de son mariage, elle les fit assigner devant le tribunal de première instance de Paris.

» Le 17 juillet 1806, jugement qui, attendu que la demoiselle Folignier est majeure, et qu'elle a fait à ses parens les sommations prescrites par la loi, ordonne que, nonobstant l'opposition de ceux-ci, il sera procédé au mariage par l'officier compétent.

» Les sieur et dame Folignier appellent de ce jugement, et le 26 août 1807, arrêt par lequel, « attendu que le fait de la cohabitation de la fille » Folignier avec Gouraincourt, est constant; qu'en » cet état, la volonté de la fille Folignier n'est pas » censée libre, la cour (d'appel de Paris) ordonne, » avant faire droit, que, dans le jour de la signi- » fication du présent arrêt à l'avoué de la fille Foli- » gnier, elle se retirera chez une de ses parentes, » ou telle autre personne du sexe qui lui sera indi- » quée par son père, et sera tenue d'y résider pen- » dant six mois, sans y être visitée par Gouraincourt, » ni aucun membre de la famille de ce dernier; de » laquelle résidence la fille Folignier certifiera, » chaque mois, le procureur-général, par une at- » testation du maire du lieu de sa résidence....; à » la charge par le père de pourvoir, selon ses fa- » cultés, à l'entretien et nourriture de sa fille; or- » donne qu'à l'expiration du délai, et en cas de » persévérance de la fille Folignier, elle sera tenue » de comparaître en personne devant M. le prési- » dent de la section, pour être entendue en présence » de son père, dépens réservés; »

» La demoiselle Folignier se pourvoit en cassation contre cet arrêt.

» Son père lui oppose une fin de non-recevoir qu'il fait résulter de la nature de l'arrêt purement préparatoire, et de l'art. 14 de la loi du 2 brumaire an 4.

» Mais par arrêt du 21 mars 1809, au rapport de M. Vallée, « considérant que l'arrêt soumet sa « décision à intervenir à une épreuve; que dès-lors » il est interlocutoire, et peut être attaqué par la » voie de cassation, la cour rejette la fin de non- » recevoir, et procédant au jugement du fond; vu » les art. 151, 372 et 488 du code civil..., casse et » annule.....; »

» A ne consulter que le prononcé littéral de cet arrêt, il est certain qu'on devrait le regarder comme jugeant que l'art. 14 de la loi du 2 brumaire an 4, a été modifié par l'art. 452 du code de procédure civile. Mais vous savez mieux que nous, messieurs, que, dans vos arrêts comme dans tous les actes possibles, on ne doit jamais perdre de vue la maxime: *verba debent intelligi secundùm subjectam mate-*

riam. Les termes dans lesquels l'arrêt du 21 mars 1809 rejette la fin de non-recevoir du sieur Folignier, doivent donc être restreints à l'espèce dans laquelle cet arrêt a été rendu. Or, qu'avait fait, dans cette espèce, l'arrêt de la cour d'appel de Paris? Il n'avait pas seulement préjugé que l'opposition du sieur Folignier père prévaudrait, au mépris de la loi, s'il venait à être prouvé que sa fille avait été séduite par le sieur Gouraincourt; mais il avait encore inféré à la demoiselle Folignier un grief irréparable en définitive: il le lui avait inféré, en la soumettant personnellement à une épreuve dont la loi l'affranchissait; il le lui avait inféré surtout en jugeant que, nonobstant sa majorité, elle demeurait, pour son mariage, soumise à l'exercice de la puissance paternelle, après les actes respectueux qui, suivant le code civil, en forment la dernière limite. L'arrêt de la cour d'appel de Paris était donc, à proprement parler, définitif sur le préliminaire qu'il ordonnait, il était donc, sous ce rapport, passible de recours en cassation.

» Le troisième arrêt se rapproche un peu plus de notre espèce; cependant il en diffère dans deux points de la plus haute importance.

» Le 28 novembre 1793, une déclaration des revenus et des charges du sieur Gombault est remise, en son nom, à la municipalité de Bordeaux, en exécution de la loi du 3 septembre précédent, relative à l'emprunt forcé. Dans le chapitre des *charges*, se trouve un article ainsi conçu: *mille livres pour Rosalie, fille naturelle à ma charge, chez les cit. Duverger, à Bordeaux, rue du Loup*.

» Au dos de cette déclaration, sont écrits ces mots: *attendu qu'il n'a pas eu la faculté de venir donner les renseignemens*.

» Le sieur Gombault meurt le 21 prairial an 2.

» Plusieurs années après, Rosalie, qui, dans cette déclaration, est qualifiée de fille naturelle du sieur Gombault, prétend, assistée de Pierre Daurian, son mari, se faire, de cette déclaration purement sous seing-privé, un titre authentique de filiation; et à l'appui de ce système, elle offre de prouver, par expertise, que la note écrite au dos de la déclaration même, est de la main du sieur Colas fils, l'un des commissaires vérificateurs de l'emprunt forcé.

» Les enfans légitimes du sieur Gombault soutiennent au contraire que cette déclaration n'ayant aucun caractère d'authenticité, et n'ayant pas eu pour objet direct, de la part de leur père, de reconnaître Rosalie pour sa fille, ce serait violer l'art. 334 du code civil, et la loi transitoire du 14 floréal an 11, que de lui donner l'effet que Rosalie prétend en faire résulter.

» Le 2 mars 1807, arrêt de la cour d'appel de Bordeaux, qui, «attendu qu'une déclaration pour » l'emprunt forcé était faite en vertu de la loi, » d'après les formes qu'elle avait prescrites pour en » assurer la certitude et l'authenticité; qu'elle devait » être remise dans un dépôt public, soumise à l'exa-

» men des fonctionnaires publics nommés à cet effet; » ce qui lui donnait le caractère d'acte authentique; » attendu toutefois que la signature Gombault, ap-» posée au bas de la déclaration dont s'agit, n'a été » reconnue ni constatée par les sieurs Gombault fils; » que, dès-lors, il devient indispensable d'en or-» donner la vérification, conformément à l'édit de » 1684, ordonne avant faire droit, qu'il sera pro-» cédé, dans la forme prescrite par l'édit du mois » de décembre 1684, à la vérification de la signa-» ture Gombault, apposée au bas de la déclaration » du 28 novembre 1793, et dont il s'agit au procès, » ainsi qu'à la reconnaissance de l'écriture de la note » mise sur ladite déclaration, à l'effet de reconnaître » si ladite note avait été ou non écrite par le sieur » Colas fils; pour, ce fait et à la cour rapporté, être » statué ainsi qu'il appartiendra, dépens réservés. »

» Les sieurs Gombault se pourvoient en cassation contre cet arrêt, et le dénoncent comme contraire, et à l'art. 334 du code civil qui n'admet, en faveur des enfans naturels, que les reconnaissances authentiques, et aux dispositions des art. 1317, 1319 et 1320 du même code, qui déterminent les caractères de l'authenticité des actes.

» Rosalie et Pierre Daurian, son mari, leur opposent la fin de non-recevoir, qui résulte de l'art. 14 de la loi du 2 brumaire an 4, et soutiennent que l'arrêt dont ils demandent la cassation, doit être considéré comme *préparatoire*, dans le sens de cette loi.

» Par arrêt du 16 mai 1809, au rapport de M. Coffinhal:

«Considérant que l'arrêt attaqué ordonne une » instruction qui préjuge le fond de la manière la » plus formelle, puisqu'il admet définitivement » que la déclaration pour l'emprunt forcé, attri-» buée au feu sieur Gombault, sous la date du » 28 novembre 1793, assure l'authenticité de la » reconnaissance de la veuve Daurian, et qu'un sem-» blable interlocutoire, qui n'est même modifié » par aucune réserve des droits des parties au prin-» cipal, réserve inconciliable d'ailleurs avec l'opi-» nion manifestée par l'arrêt sur le fond de la con-» testation, ne permettrait plus aux demandeurs » d'en espérer la rétractation, la vérification or-» donnée une fois faite; que la loi du 3 brumaire an » 2 n'avait, au surplus, exclu d'autre appel que celui » des jugemens préparatoires; que, si elle n'avait » pas suffisamment distingué ces jugemens de ceux » qui devaient être réputés interlocutoires, l'art. » 452 du code de procédure civile a clairement fait » revivre cette distinction, et a pris même le soin de » définir l'une et l'autre espèce de jugement; que » l'arrêt attaqué est évidemment interlocutoire, d'a-» près la définition donnée par cet article; et que » le recours en cassation est ouvert contre cet arrêt, » de même que l'appel a été reçu contre le jugement » de première instance, dont les dispositions préju-» geaient bien moins le fond; qu'ainsi, la fin de non-» recevoir contre la demande en cassation, ne saurait

« être admise sans étendre la disposition de la loi
» d'un cas à un autre. »

» Par ces mots , la cour rejette la fin de non-re-
» cevoir opposée par Daurian et sa femme ;

« Et faisant droit sur la demande des frères Gom-
» bault, vu la loi transitoire du 14 floréal an 11 , et
» les art. 334, 340, 1317, 1319 et 1320 du code
» civil..., la cour casse et annule.... (1).

» Il faut convenir, Messieurs , que, dans cette espèce , la section civile s'est prononcée d'une manière non équivoque en faveur du système qui tend
à faire modifier la disposition de l'art. 14 de la loi
du 2 brumaire an 4, concernant le recours en cassation, par la distinction que fait le code de procédure civile, relativement à l'appel, et à l'appel seulement , entre les jugemens préparatoires et les
jugemens interlocutoires.

» Mais , d'une part, nous osons croire que , si la
question eût été discutée devant la section civile
avec toute la profondeur qu'elle méritait , la section
civile l'eût jugée différemment, et ce qui nous fortifie singulièrement dans cette opinion , c'est que la
section civile elle-même a reconnu , dans son arrêt,
que l'interlocutoire attaqué par les sieurs Gombault
ne liait pas la cour de qui il était émané ; et que seulement les sieurs Gombault ne pouvaient pas raisonnablement espérer que la cour d'appel de Bordeaux
rétractât , en définitive , les erreurs qu'elle avait consignées dans les motifs de cet interlocutoire; car il
résultait nécessairement de là que la demande en
cassation des sieurs Gombault était prématurée; il
résultait nécessairement de là , que cette demande
pouvait n'avoir plus d'objet , au moment même où
elle était accueillie et couronnée du succès le plus
éclatant, puisqu'alors même la cour d'appel de Bordeaux avait pu juger le fond, et réparer , en le jugeant, les erreurs qui lui étaient échappées dans son
arrêt interlocutoire.

» D'un autre côté , quelle différence entre l'espèce dans laquelle a été rendu cet arrêt , et la nôtre!

» 1° Dans l'espèce de cet arrêt, la cour d'appel
de Bordeaux avait préjugé , par l'interlocutoire ,
tout le procès entre les sieurs Gombault et la femme
Daurian.

» Dans la nôtre , au contraire , la même cour n'a
préjugé qu'une partie du procès entre la dame Noguès et ses adversaires; elle n'a préjugé que la question de savoir si la dame Noguès est à la fois recevable et fondée à exiger de l'acquéreur de la terre
de Mirapeix le remboursement du capital de sa
rente ; elle n'a nullement préjugé la question , bien
plus importante pour la dame Noguès, de savoir
si l'acquéreur de la terre de Mirapeix, en cas qu'on le
déclarât , en définitive , de la demande en remboursement du capital de la rente dont il s'agit, ne

devra néanmoins pas demeurer grevé de l'hypothèque de ce capital, et des arrérages qui en sont échus
ou pourront échoir à l'avenir ; question , nous ne
craignons pas de le dire, que la cour d'appel de
Bordeaux ne pourrait pas juger contre la dame Noguès, sans violer scandaleusement et la maxime
que l'hypothèque accordée par un débiteur sur l'universalité de ses biens, *est tota in toto et tota in sin-*
gulis partibus , et l'art. 7 de l'édit du mois de juin
1771 , et l'art. 49 de la loi du 11 brumaire an 7.

» 2° Dans l'affaire des sieurs Gombault contre la
femme Daurian, le dispositif de l'arrêt interlocutoire
de la cour d'appel de Bordeaux était précédé d'un
considérant qui établissait de la manière la plus
positive que la déclaration du sieur Gombault
père, du 28 novembre 1793, était, d'après sa destination et le caractère de ceux à qui elle avait été
adressée, une reconnaissance authentique de filiation ; et c'est uniquement sur cette circonstance que
la section civile s'est fondée, pour dire que par-là
le principal était tellement préjugé , *qu'il n'était*
plus permis aux demandeurs en cassation d'espérer
que la cour d'appel de Bordeaux revînt sur ses pas
et rétractât son erreur en définitive.

» Dans notre espèce, au contraire, le dispositif de
l'arrêt interlocutoire qui ordonne la prisée sommaire
des biens du sieur de Navailles, n'est précédé d'aucun motif qui porte sur les moyens de droit que
les parties s'opposaient respectivement; les moyens
de droit de la dame Noguès n'y sont pas condamnés, que ceux de ses adversaires n'y sont adoptés. Les juges laissent bien, par l'interlocutoire qu'ils
prononcent, percer l'opinion qu'ils adoptent ceux-
ci et condamnent ceux-là ; mais cette opinion , ils
ne la proclament pas; elle reste tout entière dans
leur pensée ; et par conséquent ils peuvent encore
l'abandonner en définitive, sans se contredire eux-
mêmes expressément; et par conséquent la dame
Noguès ne peut pas, comme le pouvaient les sieurs
Gombault, les accuser de lui avoir ôté jusqu'à l'espérance d'obtenir d'eux, en définitive , la rétractation des erreurs qu'elle leur impute ; et par conséquent, si , par cet interlocutoire , le fond est préjugé contre la dame Noguès, du moins il ne l'est
que mentalement ; il ne l'est point dans les termes
de l'interlocutoire ; il ne l'est point de manière, nous
ne disons pas, à lier absolument les juges, car l'interlocutoire même le plus fortement motivé ne les
lie jamais, mais à les empêcher , par une sorte de
fausse honte , de déclarer , en définitive, qu'ils se
sont trompés.

» L'arrêt de la section civile , du 11 mai 1809,
n'est donc pas, et il en faut beaucoup aussi décisif pour la dame Noguès, qu'il le paraît au premier abord. Cet arrêt pourrait donc , tout au plus,
être invoqué par la dame Noguès dans le double
cas où l'arrêt interlocutoire qu'elle attaque, préjugerait toutes les parties de son procès, ce qu'il ne
fait pas, et les préjugerait par des *considérans* qui,

(1) V. l'article *Filiation* , §. 3.

en rejetant tous ses moyens, admissent tous ceux de ses adversaires, ce qu'il ne fait pas davantage.

» Ajoutons que, quand même la dame Noguès se trouverait précisément dans ce double cas, l'autorité de l'arrêt de la section civile du 21 mai 1809, toute respectable, toute imposante qu'elle est, devrait encore céder ici à l'autorité, toujours plus respectable, toujours plus imposante, de l'art. 14 de la loi du 2 brumaire an 4, c'est-à-dire, d'une loi qui prohibe indistinctement le recours en cassation contre les jugemens qui ne sont pas définitifs, et qui le prohibe en termes absolus et exclusifs de toute distinction; d'une loi qui n'a jamais été abrogée ni modifiée; d'une loi enfin à laquelle on ne peut, sans faire violence aux principes les plus triviaux, étendre les modifications que le code de procédure civile met à une loi du même genre et, de la même législature, mais dont l'objet est tout différent.

» La cour daignera nous permettre une question. Si, même en préjugeant le fond du procès de la dame Noguès dans toutes ses parties; si, même en le préjugeant par des motifs qui ne permettent plus à la dame Noguès d'espérer que la cour d'appel de Bordeaux fît, en définitive, un retour sur elle-même, la cour d'appel de Bordeaux avait, en termes exprès, réservé tous les moyens de droit des parties, la demande en cassation de la dame Noguès serait-elle recevable? Nous n'hésiterons pas à répondre: non, elle ne le serait pas; et nous avons pour garant de cette assertion un arrêt que vous avez rendu depuis peu.

» L'administration de l'enregistrement demandait à la veuve de Jean-Baptiste Mouthier le droit proportionnel d'une mutation à titre d'usufruit opérée à son profit par la mort de son époux.

» La veuve Mouthier prétendait que de ce droit devaient être affranchis trois immeubles du défunt, qui avaient, disait-elle, été vendus depuis l'ouverture de son usufruit, et dont le prix avait été délégué à des créanciers de la succession.

» L'administration répliquait que, dans le fait, il n'était pas prouvé que ces trois immeubles eussent été vendus; et dans le droit, que la vente de ces immeubles fût-elle aussi constante que le soutenait la veuve Mouthier, il n'y pouvait être pris aucun égard dans la liquidation du droit proportionnel, parce que l'art. 15 de la loi du 22 frimaire an 7 veut, n° 8, que « la valeur de l'usufruit des im- » meubles soit déterminée, pour la liquidation et » le payement du droit proportionnel, par l'évalua- » tion qui en sera portée à dix fois le produit des » biens, SANS DISTRACTION DES CHARGES. » Par jugement du 30 juillet 1806, le tribunal civil de l'arrondissement de Toulouse, *avant faire droit, et sans préjudice des droits respectifs des parties,* admet la veuve Mouthier à prouver les faits articulés pour sa défense.

» L'administration de l'enregistrement se pourvoit en cassation, et soutient que, par cet interlocutoire, le tribunal civil de Toulouse a préjugé, contre a

disposition formelle de l'article cité de la loi du 22 frimaire an 7, *qu'il y a lieu à la distraction des charges et dettes* de la succession de Jean-Baptiste Mouthier.

» Et qu'avez-vous prononcé sur ce recours? Par arrêt du 19 décembre 1809, au rapport de M. Bailly : « Considérant que le jugement attaqué » ne préjuge rien, et réserve expressément les droits » respectifs des parties au fond; la cour déclare » l'administration de l'enregistrement non-receva- » ble, quant à présent, dans son pourvoi. »

» Répétons-le donc avec confiance : si l'arrêt attaqué par la dame Noguès réservait expressément les moyens respectifs des parties, le recours en cassation de la dame Noguès devrait, sans la plus légère hésitation, être déclaré non-recevable quant à présent.

» Eh bien! si cette réserve n'est pas écrite littéralement dans l'arrêt dont il s'agit, elle y est suppléée par la loi, et la loi veut que nous l'y sous-entendions. Nous l'avons déjà dit : les arrêts interlocutoires, lors même qu'ils préjugent le fond par les *considérans* qui les motivent, ne passent jamais en force de chose jugée; jamais ils ne lient les juges qui les ont rendus; ils sont donc toujours censés rendus sous la réserve des moyens respectifs des parties. Il importe donc peu que cette réserve y soit exprimée ou qu'elle ne le soit pas. Le recours en cassation contre de pareils arrêts n'est donc pas plus admissible dans le cas où cette réserve n'y est pas exprimée, qu'il ne l'est dans le cas contraire.

» Aussi, dans deux espèces où les jugemens interlocutoires dont on vous demandait la cassation, ne contenaient pas de pareille réserve, avez-vous, par des arrêts plus récens encore, prononcé comme vous l'aviez fait le 10 décembre 1809.

» Le 1er germinal an 11, une convention est faite par écrit sous seing-privé entre le sieur Savary, propriétaire du domaine de Lavenardière, et le sieur Pinson, fermier de ce domaine.

» Peu de temps après, le sieur Savary fait assigner le sieur Pinson au tribunal civil de Vendôme, pour le faire condamner à lui payer cinq années de fermages.

» Le sieur Pinson répond qu'il a été déchargé des fermages par la convention du 1er germinal an 11.

» Le sieur Savary réplique que cette convention ne peut pas être divisée; qu'elle renfermait deux dispositions; que, par l'une, le sieur Pinson s'obligeait de sortir de la ferme le 11 brumaire an 12; que, par l'autre, il était, en considération de cet engagement, déchargé des fermages échus jusqu'à cette époque; que la partie de la convention dans laquelle était écrite la première de ces clauses, a été déchirée par cas fortuit; que le sieur Pinson ne peut donc pas, en se refusant à l'exécution de cette clause, se prévaloir de la seconde, et s'en faire un titre de libération.

» Le 1ᵉʳ brumaire an 12, jugement qui défère le serment au sieur Pinson sur l'existence ou l'inexistence de l'engagement de sortir le 11 de ce mois, et déclare que, dans le cas où il nierait cet engagement, il ne pourra plus se servir de l'écrit du 1ᵉʳ germinal an 11, pour opérer sa libération.

» En exécution de ce jugement, le sieur Pinson affirme que, par l'acte du 1ᵉʳ germinal an 11, il ne s'est pas obligé de sortir de la ferme le 11 brumaire an 12.

» En conséquence, jugement du 14 ventôse suivant, qui condamne le sieur Pinson à payer les cinq années de fermages qu'il ne justifiera pas, par quittances régulières, avoir dûment acquittées.

» Le sieur Pinson appelle de ce jugement. Par arrêt du 28 juillet 1809, la cour d'Orléans, considérant que les fragmens encore existans de la convention du 1ᵉʳ germinal an 11, forment un commencement de preuve par écrit du payement que le sieur Pinson soutient avoir fait des fermages qui lui sont demandés, ordonne, *avant faire droit*, que le sieur Savary sera tenu de rapporter les livres énoncés dans cette convention, dans lesquels pourraient être mentionnés les prétendus payemens articulés par le sieur Pinson, ainsi que l'inventaire qui a été dressé après la mort de son épouse.

» Le sieur Savary se pourvoit en cassation contre cet arrêt, et le dénonce, 1° comme violant l'autorité de la chose jugée, autorité, dit-il, qui était acquise au jugement du 1ᵉʳ brumaire an 12, en tant qu'il avait décidé que, si Pinson affirmait, comme il l'avait fait, que la convention du 1ᵉʳ germinal an 11 ne lui avait pas imposé l'obligation de sortir de la ferme le 11 brumaire suivant, il ne pourrait pas se prévaloir de la libération stipulée en sa faveur par cette convention; 2° comme violant l'art. 1315 du code civil, suivant lequel, « celui qui se prétend « libéré, doit justifier le payement ou le fait qui a » produit l'extinction de son obligation; » 3° comme violant le principe élémentaire, qu'on ne peut forcer un citoyen à produire des pièces qui sont en sa possession, et pourraient lui être contraires; que les livres domestiques ne faisant pas foi en faveur de ceux qui les tiennent, on ne peut pas en exiger la représentation pour en tirer des preuves contre eux; et que des tiers ne peuvent pas scruter les titres de famille qui leur sont étrangers.

» Mais par arrêt rendu le 4 de ce mois, au rapport de M. Bailly, vous avez prononcé en ces termes : « Attendu que l'arrêt attaqué est un AVANT » FAIRE DROIT qui ne préjuge rien, puisque, POUR » ÊTRE FAIT DROIT, IL CONTINUE LA CAUSE après les » vacations, la cour déclare le pourvoi, quant à » présent, non-recevable..... »

» Le 5 juillet 1809, l'administration des droits-réunis décerne, contre le sieur Maroco, fabricant de tabacs à Strasbourg, une contrainte en payement d'une somme de 44,016 francs, pour le droit de fabrication dû sur 55,020 kilogrammes d'excé-

dant des tabacs fabriqués par lui dans l'intervalle du 26 septembre 1808 au 13 janvier 1809, sur les tabacs en fabrication qui y avaient été reconnus à la première de ces époques.

» Le sieur Maroco forme opposition à cette contrainte, et soutient que cet excédant prétendu est composé de tabacs qui, à l'époque de l'inventaire du 13 janvier 1809, étaient, non pas fabriqués, mais seulement en fabrication; qu'à la vérité, ces tabacs étaient alors, les uns tamisés et en poudre, les autres en carottes ficelées et revêtues des vignettes et du type de la fabrique; mais qu'il entrait dans ses procédés de laisser fermenter les tabacs en poudre ou en carottes, et que c'était dans cet état de fermentation qu'ils existaient le 13 janvier.

» L'administration réplique qu'il ne dépend pas du sieur Maroco de changer la nature des choses, et de faire que du tabac en carottes ficelées et revêtues de vignettes, que du tabac réduit en poudre et tamisé, ne soit pas du tabac fabriqué.

» Le 14 septembre 1809, jugement qui, avant faire droit, ordonne une expertise « pour reconnaître si » les 288,271 kilogrammes de tabacs trouvés chez » le sieur Maroco, le 13 janvier précédent, en ca- » rottes ficelées et revêtues de vignettes et du type » de la fabrique, sous presse, dans les cases de fer- » mentation ou en tamisage, sont des tabacs fabri- » qués ou en fabrication.

» Recours en cassation de la part de l'administration des droits-réunis contre ce jugement. « Une pa- » reille disposition (*dit-elle*) est une violation ma- » nifeste du décret du 16 juin 1808, un refus d'en » faire l'application, et une manière détournée de le » rendre illusoire. Il est évident en effet que les ex- » perts en cette partie ne pourraient être que des » fabricans de tabac appelés à prononcer dans leur » propre cause. Qu'ils déclarent, contre l'évidence, » que les tabacs désignés au jugement ne sont pas » entièrement confectionnés, alors tous les fabricans » laisseront les tabacs dans les cases de fermentation » ou sous les tamis; jamais on ne pourra constater » d'excédant, quoiqu'il en existe bien réellement; et » l'intention du législateur sera trompée; l'abus au- » quel il a voulu remédier se reproduira sous une » nouvelle forme. L'inconvénient le moins grave se- » rait d'ajourner indéfiniment le payement du droit » sur les excédans, tant qu'il plaira aux fabricans. »

» Ces moyens étaient d'une grande force, sans doute; mais ils n'étaient dirigés que contre un jugement interlocutoire; et, par arrêt rendu hier, au rapport de M. Chabot, *considérant que le jugement dénoncé ne statue rien de définitif*, vous avez déclaré la régie des droits-réunis non-recevable, quant a présent, dans sa requête en pourvoi.

» Ainsi, Messieurs, votre jurisprudence n'est pas équivoque sur la question qui vous occupe en ce moment; elle est conforme à l'art. 13 de la loi du 2 brumaire an 4; elle est d'accord avec les principes régulateurs de la voie du recours en cassation; elle est en parfaite harmonie avec les idées les plus saines sur le mode d'administration de la justice; et la même sagesse qui vous l'a fait adopter, vous déterminera à la maintenir.

» Par ces considérations, nous estimons qu'il y a lieu, en ce qui concerne la disposition de l'arrêt de la cour d'appel de Bordeaux, du 21 mai 1808, qui déboute la dame Noguès de sa fin de non-recevoir, de rejeter le recours de la dame Noguès; en ce qui concerne la disposition du même arrêt qui ordonne, avant faire droit, l'estimation sommaire des biens du sieur de Navailles, de déclarer la dame Noguès non-recevable, quant à présent, dans sa demande en cassation, et de la condamner à l'amende de 150 fr. »

Sur ces conclusions, arrêt du 12 avril 1810, au rapport de M. Bailly, par lequel :

« Sur le premier moyen, pris de ce que la cour d'appel de Bordeaux a violé l'autorité de la chose qui avait été jugée par le jugement du tribunal du district de Pau, du 21 juillet 1791, considérant qu'en décidant, par une disposition définitive, que le sieur Duplan n'a pas acquiescé à ce jugement, l'arrêt attaqué n'a jugé qu'un fait qu'il n'appartient pas à la cour de cassation de réviser, ce qui écarte le premier moyen de cassation ;

» En ce qui touche les autres moyens qui portent sur la seconde disposition du même arrêt, laquelle est interlocutoire, vu l'art. 14 de la loi du 2 brumaire, spéciale pour la cour de cassation ; considérant qu'aux termes de cet article, le recours en cassation contre les jugemens en dernier ressort qui ne sont pas définitifs, n'est ouvert qu'après le jugement définitif, et que l'art. 451 du code de procédure civile, qui ne parle que de l'appel, n'a point dérogé audit art. 14 de la loi du 2 brumaire an 4 :

» La cour rejette la demande en cassation dirigée contre la disposition définitive de l'arrêt dont il s'agit ; et quant à la disposition interlocutoire du même arrêt, déclare la dame Noguès, quant à présent, non-recevable dans son pourvoi.... »

Cet arrêt a passé de toutes voix à la section des requêtes ; mais il a été, dans des conversations particulières, et de la part de plusieurs magistrats de la section civile, l'objet d'observations critiques ; et de là s'est ensuivie, entre les deux sections, une conférence, ou, plutôt une conversation générale, à laquelle j'ai été appelé avec MM. les avocats-généraux de service dans l'une et l'autre.

Cette conférence n'a pu aboutir à concilier toutes les opinions ; mais elle a eu du moins pour résultat de faire désormais considérer comme sujets immédiatement au recours en cassation les arrêts interlocutoires qui seraient attaqués, non comme violant la loi par la manière dont ils préjugeraient le fond, mais comme la violant par l'admission qu'ils feraient, après contestation, d'un mode de preuve ou d'instruction que la loi prohibe.

Ce résultat n'était, à mes yeux, qu'une transaction contraire à la généralité de l'art. 14 de la loi du 2 brumaire an 4 ; mais je m'y suis soumis, et je l'ai en conséquence proposée, peu de temps après, à l'audience de la section des requêtes elle-même, dans l'espèce suivante :

Le 12 juillet 1808, les sieurs Bourgeois et Jacquet déclarent, par écrit, au receveur de l'enregistrement du bureau de Nozeroy, que, le 3 du même mois, à la requête de Jeanne-Etiennette Roy, le sieur Crombette, notaire au même lieu, a procédé publiquement à la vente aux enchères d'une partie de la récolte de prés dépendans de la succession de cette femme, et qu'ils s'en sont rendus adjudicataires.

Le 15 juillet suivant, le sieur Crombette dresse, contre le sieur Crombette, un procès-verbal auquel il annexe la déclaration des sieurs Bourgeois et Jacquet, et qui impute à ce notaire deux contraventions : l'une, en ce qu'avant de procéder à la vente publique de la récolte des prés dont il s'agit, il n'a point fait la déclaration prescrite par la loi du 12 pluviôse an 7 ; l'autre, en ce que le procès-verbal de cette vente n'a pas été présenté à l'enregistrement dans les dix jours.

Le 5 février 1809, le receveur décerne contre le sieur Crombette une contrainte en payement d'une amende de 100 fr. pour la première contravention, et d'une autre amende de 50 fr. pour la seconde.

Le sieur Crombette forme opposition à cette contrainte, et soutient que ce n'est point une vente de la récolte des prés dépendans de la succession de Jeanne-Etiennette Roy qu'il a faite le 3 juillet 1808 ; qu'il n'a fait, ce jour-là, qu'un bail de ces mêmes prés ; qu'il l'a fait, non en qualité de notaire, mais comme fondé de procuration des héritiers de Jeanne-Etiennette Roy ; que ce bail a même été enregistré au bureau de Salins, le 22 février 1809.

L'administration de l'enregistrement répond :

1°. Que la déclaration souscrite par deux des adjudicataires, le 12 juillet 1808, et relatée dans le procès-verbal du receveur, prouve que ce n'est pas un bail, mais une vente qu'a faite le sieur Crombette ;

2°. Que cette preuve est singulièrement fortifiée par la circonstance du temps où a été fait l'acte dont il s'agit, temps où il ne peut être question de vendre l'herbe des prés, quand on n'annonce pas l'intention de les affermer pour plusieurs années ;

3°. Qu'elle est encore corroborée par une affiche que le sieur Crombette avait fait apposer pour une vente de la récolte d'autres biens provenant de la même succession, qu'il avait indiquée au 24 du même mois de juillet 1808 ; qu'en effet, cette affiche annonce assez que le sieur Crombette est dans l'habitude de faire de pareilles ventes, sans déclaration préalable au bureau de l'enregistrement ;

4°. Que le bail présenté par le sieur Crombette ne peut pas atténuer la foi due au procès-verbal du 13 juillet 1808, attendu que la date n'en a été fixée par l'enregistrement que dix-huit jours après la signification du procès-verbal même et de la contrainte ;

5°. Enfin que si, dans l'état actuel de la législation, on ne peut pas contester au sieur Crombette le droit bien dangereux de faire à volonté des actes notariés ou sous seing-privé, du moins, en procédant comme simple particulier à l'adjudication dont il s'agit, il a encouru une amende, dont le *maximum*, porté à 1000 fr. par l'art. 7 de la loi du 22 pluviôse an 7, doit lui être appliqué, tant à raison de la gravité des circonstances, que parce qu'il convient lui-même avoir admis des enchères.

Par jugement du 22 mars 1809 :

« Considérant, d'une part, 1° que les poursuites sont pour une prétendue vente du 3 juillet de l'an dernier, aux enchères publiques, en suite d'affiches apposées, des fruits pendans par racines, sur plusieurs pièces de terre situées au territoire de Miéges, provenant de la succession de Jeanne-Etiennette Roy, et à la requête de ses héritiers maternels, sans avoir préalablement fait la déclaration prescrite par l'art. 2 de la loi du 22 pluviôse an 7, et pour n'avoir pas présenté à l'enregistrement le procès-verbal de vente, par contravention à l'art. 20 de la loi du 22 frimaire an 7;

» 2°. Que le procès-verbal du receveur de l'enregistrement au bureau de Nozeroy ne porte point la dénomination de ces pièces de terre; qu'il en est de même des déclarations du 12 du susdit mois par Anatole Jacquet et Jean-Nicolas Bourgeois, de Miéges, qui se sont dits adjudicataires de fruits d'herbes pendans par racines sur plusieurs pièces de terre situées au même territoire, et provenant de la même succession;

» Considérant, d'autre part, 1° que le défendeur justifie d'un bail sous seing-privé, fait double le 3 juillet susdit, en qualité de fondé de pouvoir par acte authentique, par lequel il a laissé auxdits Jacquet et Bourgeois, comme derniers enchérisseurs, quatre héritages situés au territoire de Miéges, appelés *Champs de la Perrière*, dépendans de ladite succession, en contenance d'environ 5 journaux (vieux style), pour une année, à commencer au 25 mars précédent, pour finir à pareille époque de l'an suivant;

» 2°. Que ce bail paraît devoir écarter toute idée de contravention aux articles précités, puisque le défendeur n'a pas agi en sa qualité de notaire, encore que l'amodiation ait été faite aux enchères; puisqu'aussi les amodiataires ont retenu pour une année entière, ce qui suppose nécessairement une culture;

» Mais, attendu qu'il n'y a pas identité, quant aux héritages laissés à titre de bail, avec les pièces de terre, dont les fruits d'herbes ont été amodiés, selon le procès-verbal et le certificat des amodiataires avant dits, il a été estimé que le défaut de cette identité donnait matière à la preuve testimoniale prévue par le dernier §. de l'art. 8 de la loi du 22 pluviôse an 7:

» Par ces motifs, le tribunal, avant faire droit,

appointe les demandeurs à faire preuve à l'audience du 17 avril prochain, tant par titres que par témoins, que les fruits d'herbes pendans par racines, sur plusieurs pièces de terre situées au territoire de Miéges, provenant de la succession de Jeanne-Etiennette Roy, vendus aux enchères publiques, le 3 juillet 1808, en l'étude et par-devant le sieur Crombette cadet, notaire à Nozeroy, défendeur, à Anatole Jacquet et à Jean-Nicolas Bourgeois, demeurant à Miéges, moyennant la somme de 89 livres, n'ont pas crû dans les héritages également situés au territoire de Miéges, appelés *Champs de la Perrière*, provenant de la même succession, circonstances et dépendances, appointe ledit défendeur à la preuve des faits contraires et de droit; pour, ensuite des preuves acquises, ou non, être requis et statué ce qu'il appartiendra, les dépens réservés. »

L'administration de l'enregistrement se pourvoit en cassation contre ce jugement, et propose ainsi ses moyens :

« Quoique les poursuites n'aient en pour cause qu'une vente d'herbes de prés, le tribunal n'a voulu voir dans l'objet de ces poursuites qu'une vente de fruits pendans par racines sur des pièces de terre; et au lieu d'être déterminé à prononcer la condamnation contre Crombette, par le défaut d'identité qu'il reconnaît entre les fonds compris au bail dont le sieur Crombette se prévaut, et les prés dont Jacquet et Bourgeois ont déclaré avoir acquis la récolte à faire, le tribunal, pour faciliter des moyens de défense au contrevenant, a appointé l'administration à faire la preuve ordonnée par l'art. 8 de la loi du 22 pluviôse an 7 (1), afin d'anéantir une déclaration qui n'est point attaquée, dont la date est authentique depuis le 13 juillet 1808, et s'attacher au moyen que le défendeur prétend tirer d'un bail qui n'a de date fixe que depuis le 22 février dernier; bail que le tribunal n'aurait pu se dispenser de reconnaître avoir été imaginé après coup, s'il eût voulu considérer qu'annoncé par adjudication, et conséquemment à des particuliers qui, avant ce prétendu bail, ne pouvaient avoir en aucune possession, il eût fait remonter leur jouissance à une époque antérieure de près de quatre mois à sa date.

» Il est constant que le jugement interlocutoire rendu par le tribunal de première instance séant à Arbois, le 22 mars dernier, ordonne une preuve qui préjuge le fond, puisque, si cette preuve et celle contraire, à laquelle il admet le sieur Crom-

_____

(1) Cet article est ainsi conçu : « Les préposés de » la régie de l'enregistrement pourront se transporter dans tous les lieux où se feront des ventes publiques. ... Ils dresseront des procès-verbaux des contraventions.... *La preuve testimoniale pourra être admise sur les ventes faites en contravention à la présente.* »

bette, ont lieu, les adjudicataires, qui ont donné leur déclaration au receveur de l'enregistrement, s'étant depuis concertés avec Crombette pour souscrire un bail, et ayant même ajouté à ce bail une déclaration contraire à la première, ils déposeront qu'ils se sont trompés sur la nature de l'adjudication du 3 juillet 1808, qu'il s'agissait alors d'adjuger une jouissance à titre de bail, et non pas une récolte de fruits; et que, quand même ils ne rétracteraient pas leur première déclaration, il serait facile au sieur Crombette, en raison de ce que les moyens qu'il tire du bail sont accueillis par le tribunal, de faire constater que Jacquet et Bourgeois n'ont pas fait, sur les biens de la succession de la demoiselle Roy, d'autres récoltes en 1808 que celle des fruits pendans par racines sur les héritages désignés audit bail; et d'obtenir ainsi le rejet de la demande de l'administration, rejet que le tribunal annonce assez vouloir prononcer, et auquel il cherche à donner une ombre de justice, en l'étayant desdites preuves; car il n'ignore point que les herbes récoltées par Jacquet et Bourgeois, en vertu de l'adjudication du 3 juillet 1808, sont celles qui ont crû sur les pièces d'héritages détaillées dans ce bail, qui lui paraît devoir écarter toute idée de contravention : ce fait résulte des mémoires fournis par l'administration et par le sieur Crombette; et en prétextant le défaut d'identité, pour ordonner la preuve, il est remarquable que le tribunal ne qualifie plus l'adjudication du 3 juillet 1808, constatée par le procès-verbal du receveur, de vente publique de récolte, mais d'amodiation de fruits d'herbes; et qu'en la considérant ainsi, quand même il pourrait être prouvé qu'il a été fait par Jacquet et Bourgeois d'autres récoltes sur les biens dépendans de la succession de la demoiselle Roy, la demande de l'administration ne paraît point encore fondée, puisqu'il ne doit pas être exigé de déclarations préalables pour les adjudications de baux à loyer.

» Mais le tribunal d'Arbois, par son jugement du 22 mars dernier, a fait une fausse application de l'art. 8 de la loi du 22 pluviose an 7, et en a méconnu les dispositions, 1° en ordonnant une preuve déjà faite d'une manière authentique par la déclaration de deux adjudicataires, et le procès-verbal dûment affirmé et enregistré, qui a été rédigé en conséquence; 2° en admettant le contrevenant à la preuve contraire, sans considérer que cet art. 8 n'ordonne la preuve testimoniale sur les ventes faites en contravention aux autres dispositions de la loi du 22 pluviose an 7, qu'afin d'en faciliter la découverte et la répression quand elles ne peuvent pas être autrement constatées, et non point pour donner aux contrevenans un moyen de se soustraire à la peine qu'ils ont encourue par des contraventions établies par des actes authentiques.

» D'ailleurs, en ordonnant que l'administration prouverait que Jacquet et Bourgeois avaient fait des récoltes sur les terres dépendantes de la succession de la demoiselle Roy, autres que celles énoncées au bail produit par Crombette, et en considérant que ce bail paraît devoir écarter toute idée de contravention, le tribunal a admis la preuve que Crombette prétend tirer d'un acte sous seing-privé, qui n'a eu de date certaine que le 22 février 1809, contre des faits constatés par le procès-verbal du 15 juillet, dûment affirmé, et par la déclaration du 12 du même mois y annexée. Il a donc contrevenu aux dispositions de l'art. 1328 du code civil, portant : « Les actes sous seing-privé n'ont de date » contre les tiers, que du jour où ils ont été enre- » gistrés, du jour de la mort de celui ou de l'un » de ceux qui les ont souscrits, ou du jour où leur » substance est constatée dans des actes dressés par » des officiers publics. »

L'affaire portée à l'audience de la section des requêtes, le 17 mai 1810, M. Bailly, rapporteur, après avoir rendu un compte sommaire de ces moyens, observe que la première question à résoudre est de savoir « si le recours en cassation est receva- » ble quant à présent. »

« Cette question (ai-je dit à la même audience) paraît ne pas devoir souffrir la plus légère difficulté, d'après les quatre arrêts que vous avez rendus le 19 décembre 1809, le 4, le 11, et le 12 avril dernier.

» Vous avez décidé, par ces quatre arrêts, que l'art. 14 de la loi du 2 brumaire an 4 n'est ni abrogé ni modifié par les art. 451 et 452 du code de procédure civile; qu'il est applicable aux jugemens *préparatoires* qui préjugent le fond, c'est-à-dire, aux jugemens que l'art. 452 du nouveau code qualifie d'interlocutoires, comme aux jugemens préparatoires qui ne font que régler la procédure, c'est-à-dire, comme aux jugemens auxquels la dénomination de *préparatoires* est exclusivement réservée par le nouveau code; et qu'en conséquence, le recours en cassation n'est ouvert contre les premiers, comme il ne l'est contre les seconds, qu'après le jugement définitif.

» La décision que vous avez consacrée par ces quatre arrêts, serait-elle affaiblie par une objection que nous avons entendu proposer depuis, et qui consiste à dire que la cour de cassation est chargée, par l'art. 66 de l'acte constitutionnel du 22 frimaire an 8, d'annuler tous les jugemens en dernier ressort qui contreviennent aux lois; qu'ainsi, les jugemens interlocutoires en dernier ressort, qui contreviennent aux lois, sont nécessairement soumis au recours en cassation.

» Non assurément : car la question n'est pas de savoir si les jugemens interlocutoires en dernier ressort sont soumis au recours en cassation; elle est seulement de savoir s'ils sont soumis à cette voie avant le jugement définitif.

» Or, la question, ainsi posée, est décidée négativement par l'art. 14 de la loi du 2 brumaire an 4; et il est certain que la disposition de cette loi n'est pas abrogée par l'art. 66 de la constitution de l'an 8.

» L'art. 66 de la constitution de l'an 8 n'a fait que renouveler la disposition de l'art. 3 de la loi du 27 novembre 1790; et personne n'oserait soutenir qu'en la renouvelant, il a dérogé à la manière dont la loi du 2 brumaire an 4 avait voulu que cette disposition fût exécutée par rapport aux jugemens interlocutoires; il est évident, au contraire, qu'il s'y est tacitement référé: *Posteriores leges ad priores pertinent, nisi contrariæ sint*, dit la loi 28, D. *de legibus.*

» Toutefois, nous ne devons pas, en interprétant trop littéralement l'art. 14 de la loi du 2 brumaire an 4, lui donner une extension qui répugnerait à son esprit.

» Il est des jugemens qui, bien qu'interlocutoires dans leurs termes et dans leur forme, décident tellement le fond, que le juge n'a plus rien à examiner en définitive, et que tout son ministère se réduit à déclarer la conséquence que la loi en fait sortir. *Non desunt tamen* (dit Voët, sur le digeste, liv. 42, tit. 1, n° 4) *interlocutoriæ sententiæ quæ vim definitivæ habent, dùm definitiva, ex juris necessitate, ad eas sequi debet.* Ainsi, le jugement par lequel le serment est déféré d'office à une partie, ne peut plus être changé par le juge qui l'a rendu, parce qu'une fois ce serment prêté, la condamnation de la partie adverse en devient une suite nécessaire: *Veluti* (dit encore Voët), *si judex deferat actori vel reo jusjurandum, tanquàm in causâ dubiâ, ut secundùm eum qui juravit, judicetur, Arg. l. 31, D. de jurejurando.* Il n'entre sûrement pas dans notre opinion d'appliquer à des jugemens interlocutoires en dernier ressort de cette nature, la disposition de la loi du 2 brumaire an 4.

» Il est encore des jugemens interlocutoires en dernier ressort, qui, sans préjuger aussi nécessairement la décision du fond, et même laissant le fond absolument intact, infèrent à l'une des parties des griefs irréparables en définitive. Ces sortes de jugemens sont également passibles du recours en cassation, et nous en avons la preuve et l'exemple dans l'arrêt rendu par la section civile, le 21 mars 1809, en faveur de la demoiselle Folignier.

» C'est ainsi que les lois romaines, qui, faisant ce qu'a fait depuis la loi du 3 brumaire an 2, interdisaient l'appel des jugemens interlocutoires, lors même qu'ils ordonnaient des instructions qui préjugeaient le fond, permettaient néanmoins d'appeler de ceux de ces jugemens qui n'étaient pas reparables en définitive (1).

» C'est ainsi que, bien que l'ordonnance de Philippe de Valois, du mois de décembre 1344, défendît expressément de prendre la voie de la pro-

position d'erreur contre les arrêts interlocutoires (*Statuimus etiam quod nulli concedatur gratia proponendi errores contra arresta interlocutoria*), néanmoins la proposition d'erreur, tant qu'elle a été en usage, a toujours été admise contre les arrêts interlocutoires non réparables en définitive; et telle était la disposition textuelle de l'art. 2 de l'édit du mois d'avril 1688, concernant les révisions et propositions d'erreurs au parlement de Flandre; disposition qui est ici d'autant plus remarquable, que, par l'art. 1 du même édit, il était défendu de se pourvoir en cassation contre les arrêts du parlement de Flandre; en sorte qu'à l'egard de ces arrêts, la voie de cassation était remplacée par la proposition d'erreur ou révision.

» Enfin il est encore des jugemens interlocutoires en dernier ressort, que l'on serait peut-être fondé à considérer comme définitifs, et, par conséquent, comme passibles de recours en cassation avant le jugement du principal. Ce sont ceux qui, *après contestation sur l'admissibilité ou l'inadmissibilité d'une preuve, d'une vérification,* ordonnent, avant faire droit, qu'il sera procédé à cette vérification, à cette preuve.

» Ce qu'il y a de certain, c'est qu'avant le code de procédure, la section civile a plusieurs fois jugé que de pareils jugemens, lorsqu'ils étaient rendus en première instance, ne pouvaient pas être rangés dans la classe des jugemens préparatoires préjugeant seulement le fond, qui, par l'art. 6 de la loi du 3 brumaire an 2, étaient affranchis de l'appel et qu'ils appartenaient à celle des jugemens définitifs.

» Le 14 pluviôse an 9, les sieurs Latour font assigner la dame Girard, leur sœur, pour voir dire qu'ils seront admis à prouver par témoins que, par acte du 7 mai 1787, leur père commun a fait, devant notaire, un testament par lequel ils étaient institués ses héritiers universels, et que ce testament a péri dans l'incendie de la ville de Saint-Claude, le 1er messidor an 7.

» La dame Girard comparaît, et soutient que la preuve offerte par ses frères est inadmissible.

» Le 11 prairial suivant, jugement du tribunal civil de Saint-Claude, qui admet la preuve offerte par les sieurs Latour, sauf la preuve contraire.

» Ce jugement est exécuté de part et d'autre.

» Le 8 frimaire an 11, jugement définitif qui, attendu que l'enquête des sieurs Latour ne constate ni la régularité du testament, ni sa destruction par l'incendie, ordonne que la succession sera partagée *ab intestat.*

» Les sieurs Latour appellent de ce jugement.

» Le 13 messidor an 12, arrêt de la cour d'appel de Besançon, qui, réformant, ordonne que le testament sera exécuté.

» La dame Girard se pourvoit en cassation, et propose pour premier moyen l'inadmissibilité de la preuve ordonnée par le jugement interlocutoire du 11 prairial an 9.

---

(1) *V.* la loi 2, D. *de appellationibus recipiendis.*

9

» Mais, par arrêt du 17 février 1807, au rapport de M. Buschop, la cour, en cassant, par d'autres motifs, l'arrêt attaqué, rejette expressément ce moyen, « attendu que le point de savoir si, dans » l'espèce de cette affaire, la preuve par témoins » pouvait ou non être admise, a fait, entre les par- » ties, la matière d'une contestation particulière et » incidente devant le tribunal de première instance; » que l'affirmative, sur ce point, a été définitive- » ment décidée par le jugement du même tribunal, » du 11 prairial an 9, lequel étant passé en force » de chose jugée, soit parce que la demanderesse » l'a librement exécuté, soit parce qu'elle a laissé » expirer le délai pour en interjeter appel, il s'ensuit » qu'elle n'est pas recevable à remettre ledit point » en question pour en tirer un moyen de cassa- » tion. »

» Les héritiers du sieur Bloche attaquaient comme frauduleux des actes qu'il avait faits au profit du nommé Mautor, son domestique; et ils articulaient, dans cette vue, un grand nombre de faits de dol et de fraude, dont ils offraient la preuve par témoins.

» Mautor a soutenu que cette preuve était prohibée par l'art. 2 du tit. 20 de l'ordonnance de 1667.

» Par jugement du 20 messidor an 13, le tribunal civil de Pont-l'Évêque, considérant qu'il ne peut s'environner de trop de lumières, et qu'il y aurait de la légèreté à juger le fond, sans avoir admis préalablement la preuve offerte, ordonne, avant faire droit *et toute chose tenant au principal*, que les héritiers feront preuve par témoins des faits qu'ils ont articulés.

» Mautor appelle de ce jugement. Les héritiers soutiennent, d'après l'art. 6 de la loi du 3 brumaire an 2, qu'il est non-recevable, quant à présent, dans son appel.

» Le 22 janvier 1806, arrêt de la cour d'appel de Caen qui rejette la fin de non-recevoir, « attendu » que, Mautor ayant soutenu que la preuve offerte » par les héritiers Bloche était inadmissible, le tri- » bunal de première instance a eu à prononcer » préalablement sur une exception péremptoire; » qu'il ne pouvait admettre la preuve vocale, sans » rejeter sans retour cette exception; et qu'ainsi le » jugement qui admet la preuve par témoins, et par » conséquent rejette l'exception péremptoire, est » définitif et irrévocable. »

» Recours en cassation de la part des héritiers Bloche; mais, par arrêt du 24 octobre 1808, au rapport de M. Liborel, « attendu que la cour d'ap- » pel, en reconnaissant que le jugement du tribu- » nal de Pont-l'Évêque, du 20 messidor an 13, » était définitif et irrévocable, et en décidant, en » conséquence, que l'appel en était recevable, n'a » point contrevenu à l'art. 6 de la loi du 3 brumaire » an 2; la cour rejette le pourvoi. »

—» Voilà donc deux arrêts qui décident nettement que, même dans le sens de l'art. 6 de la loi du 3 brumaire an 2, on doit considérer comme *définitif, irrévocable* et sujet à l'appel, tout jugement qui, après contestation sur l'admissibilité ou l'inadmissibilité d'une preuve offerte par l'une des parties ordonne, avant faire droit au fond, qu'il sera procédé à cette preuve.

» Et de là, sans doute, on peut inférer, par identité de raison, qu'en pareil cas un jugement en dernier ressort qui admet une preuve, est soumis au recours en cassation.

» Ainsi, d'une part, ils demeurent hors de toute atteinte; ils conservent toute l'autorité que vous leur avez imprimée par la sagesse de vos délibérations, les quatre arrêts par lesquels vous avez jugé que l'art. 14 de la loi du 2 brumaire an 4 n'a été ni abrogé ni modifié par les art. 451 et 452 du code de procédure civile; et que depuis, comme avant le code de procédure civile, les arrêts interlocutoires qui préjugent le fond, ne peuvent pas, tant que le fond n'est pas jugé définitivement, être attaqués par recours en cassation.

» Mais, d'un autre côté, on ne peut appliquer cette jurisprudence ni aux arrêts qui, bien qu'extérieurement interlocutoires, ne se bornent pas à préjuger le fond, et le décident irrévocablement, ni aux arrêts interlocutoires qui, même en laissant le fond indécis, infèrent à l'une des parties des griefs irréparables en définitive; ni aux arrêts interlocutoires qui, en ordonnant une preuve ou une vérification, rejettent définitivement l'exception par laquelle l'une des parties cherchait à repousser cette vérification ou cette preuve.

» Ces bases posées, venons à notre espèce.

» Le jugement en dernier ressort qui vous est dénoncé par l'administration de l'enregistrement, la charge, avant faire droit, d'une preuve par témoins, et par conséquent il préjuge que, si elle n'atteint pas cette preuve, elle succombera en définitive. C'est donc un de ces jugemens préparatoires qui préjugent le fond, ou, si l'on veut, un de ces jugemens que l'article 452 du code de procédure civile qualifie d'interlocutoires.

» Mais ce jugement ne décide irrévocablement le fond ni en termes exprès ni implicitement; il le laisse, au contraire, absolument intact.

» Ce jugement n'infère à l'administration de l'enregistrement aucun grief irréparable en définitive. La preuve dont il la charge peut être inutile, illégale même; mais si, en définitive, elle est jugée telle, l'administration de l'enregistrement en recouvrera les frais, et par-là tout sera réparé.

» Enfin ce jugement ne statue définitivement sur aucune exception, sur aucune fin de non-recevoir, sur aucun incident. C'est d'office qu'il ordonne la preuve dont il charge l'administration, et il laisse à l'administration tous ses droits, tous ses moyens, pour soutenir, pour faire juger en définitive que, si elle n'a pas atteint la preuve dont il la charge, du, moins elle n'a pas pu en être chargée légalement.

» Ce jugement n'est donc susceptible de l'application d'aucune des restrictions qui limitent la disposition générale de l'art. 14 de la loi du 2 brumaire an 4 ; il ne sera donc passible du recours en cassation, qu'après le jugement définitif du principal.

» Et par ces considérations, nous estimons qu'il y a lieu de déclarer l'administration de l'enregistrement non-recevable, quant à présent, dans les fins de sa requête. »

Par arrêt du 17 mai 1810, au rapport de M. Bailly:

« Considérant que le jugement attaqué ne renferme ni disposition *définitive*, ni disposition de laquelle résulte un grief *irréparable en définitive*,

» La cour déclare les administrateurs de l'enregistrement, *quant-à-présent*, non-recevables dans leur pourvoi. »

La distinction que j'avais proposée lors de cet arrêt, entre le jugement interlocutoire en dernier ressort, qui viole la loi, en ordonnant d'*office* un mode de preuve ou d'instruction qu'elle prohibe, et le jugement interlocutoire en dernier ressort, qui la viole, en ordonnant ce mode de preuve ou d'instruction *après contestation* sur son admissibilité, je l'ai encore reproduite dans les conclusions du 1er mai 1815, que l'on trouvera au mot *Hypothèque*, §. 19; et elle a été adoptée depuis par deux arrêts, l'un, de la section des requêtes, du 13 janvier 1818 ; l'autre, de la section civile, du 28 décembre de la même année.

Le premier, qui est rapporté dans le *Répertoire de jurisprudence*, au mot *Interlocutoire*, n° 3, a déclaré non-recevable un recours en cassation dirigé contre un jugement interlocutoire en dernier ressort, attaqué comme ayant violé la loi en admettant d'*office* un mode de preuve prohibé.

Le second, au contraire, a accueilli un recours en cassation dirigé contre un arrêt attaqué comme ayant violé la loi, en admettant un mode de preuve prohibé, mais qui, dans le fait, ne l'avait admis qu'après *contestation*.

Voici l'espèce de cet arrêt :

Le 27 mai 1817, les héritiers légitimes du sieur Bruère forment, devant le tribunal de première instance d'Orléans, une demande en nullité du testament par lequel il avait institué l'un de ses frères légataire universel, et ils articulent, à l'appui de cette demande, plusieurs faits dont ils offrent la preuve par témoins.

Le légataire universel soutient que cette preuve n'est pas admissible, parce que les faits qui en sont l'objet, sont de nature à ne pouvoir être prouvés que par écrit.

Le 12 août de la même année, jugement contradictoire qui admet la preuve.

Et sur l'appel, arrêt confirmatif, du 23 janvier 1818.

Le légataire universel se pourvoit en cassation. On lui oppose que cet arrêt n'étant qu'interlocutoire, n'est point passible d'un pareil recours.

Mais par arrêt du 28 décembre 1818, au rapport de M. Legonidec :

« Attendu que l'arrêt était définitif sur la question de savoir s'il y avait lieu ou non d'admettre la preuve vocale, et qu'il n'avait même prononcé qu'après contestation en cause sur cette admissibilité; que, dès-lors, il y avait lieu au pourvoi, sans attendre l'arrêt sur le fond;

» La cour rejette la fin de non-recevoir.... »

Du reste, *V.* le *Répertoire de jurisprudence*, au mot *Interlocutoire*, n° 3.

§. VI. *En matière criminelle, l'arrêt qui est véritablement interlocutoire, c'est-à-dire, qui préjuge le fond sans le juger définitivement, est-il passible du recours en cassation tant qu'il n'a pas été suivi d'un arrêt définitif?*

La négative n'était pas douteuse avant la mise en activité du code d'instruction criminelle; car la disposition de l'art. 14 de la loi du 2 brumaire an 4 n'était pas limitée aux jugemens rendus en matière civile; par cela seul qu'elle était générale, elle comprenait également les jugemens rendus en matière criminelle; et il est bien constant, comme je l'ai démontré dans les conclusions du 12 avril 1810, rapportées au paragraphe précédent, que, par les mots *jugemens préparatoires*, elle entendait les jugemens que nous appelons aujourd'hui *Interlocutoires*, tout aussi bien que les jugemens qui ont conservé la dénomination proprement dite de *préparatoires*.

Mais lorsqu'a été rédigé le code d'instruction criminelle, il existait, d'après l'art. 452 du code de procédure civile, une distinction bien saillante entre les jugemens préparatoires et les jugemens interlocutoires; et l'on ne peut pas raisonnablement supposer qu'elle ait été perdue de vue par les rédacteurs du premier de ces codes, lorsqu'ils ont dit, art. 416, que « le recours en cassation contre les arrêts *préparatoires ou d'instruction*, n'est ouvert qu'après » l'arrêt ou jugement définitif. » Il y a donc tout lieu de croire qu'ils n'ont compris dans cette disposition que les jugemens préparatoires proprement dits, et que leur intention n'a pas été de l'étendre aux jugemens qui sont véritablement interlocutoires.

C'est effectivement ce qu'ont décidé, de la manière la plus positive, les deux arrêts suivans de la cour de cassation.

Le sieur Laroche, entrepreneur d'une diligence de Douai à Lille, qu'il avait déclaré contenir, au total, six places à l'intérieur, avait admis sept personnes à l'intérieur, et deux personnes à l'extérieur.

Poursuivi devant le tribunal correctionnel de Douai, pour contravention à l'art. 6 du décret du

28 août 1808, il allégua pour excuse, et il offrit de prouver que la septième personne qui s'était trouvée dans l'intérieur de sa voiture, était un enfant, exempté de droit, par son âge, du payement de sa place, et que les deux personnes placées à l'extérieur n'étaient autres que lui-même et son domestique.

Le 9 juin 1819, jugement qui admet la preuve des faits articulés par le sieur Laroche.

Appel, de la part de l'administration des contributions indirectes, à la cour royale de Douai.

Le 30 juillet de la même année, arrêt confirmatif.

L'administration des contributions indirectes se pourvoit en cassation.

Le sieur Laroche intervient sur ce recours, et soutient, en se fondant sur l'art. 416 du code d'instruction criminelle, qu'il est non-recevable quant à présent.

Mais par arrêt du 15 octobre suivant, un rapport de M. Buschop, et sur les conclusions de M. l'avocat-général Fréteau :

« Considérant que l'arrêt attaqué n'est point purement préparatoire et d'instruction ; qu'il préjuge une question de droit, de laquelle dépend la décision définitive du procès, et qu'ainsi, les dispositions de l'art. 416 du code d'instruction criminelle ne peuvent lui être appliquées.... :

» La cour rejette ladite fin de non-recevoir... (1). »

Le 14 avril 1827, procès-verbal des préposés de l'administration des contributions indirectes, qui constate qu'une pièce d'eau-de-vie prise en charge au précédent exercice, par le sieur Clerc, et dont la force avait été portée à 59 degrés, n'en avait plus que 54.

La régie conclut de là, ou l'eau-de-vie à 59 degrés a été consommée et remplacée par l'introduction frauduleuse de celle à 54 degrés, ou que l'eau-devie prise en charge a été affaiblie par un mélange opéré en l'absence de ses préposés, au mépris de l'art. 59 de la loi du 28 avril 1816, et que, dans l'un et l'autre cas, le sieur Clerc est en contravention.

En conséquence, elle fait citer le sieur Clerc devant le tribunal correctionnel de Lyon.

Le 28 mai suivant, jugement qui, avant faire droit, ordonne qu'il sera vérifié par experts si, comme le soutient le sieur Clerc, l'affaiblissement du degré constaté par le procès-verbal du 14 avril, provient de la mixtion d'un caramel et de l'influence du froid.

L'administration appelle de ce jugement à la cour royale de Lyon.

Le 9 août de la même année, arrêt qui met l'appellation au néant.

L'administration se pourvoit en cassation contre cet arrêt.

Le sieur Clerc intervient et conclut à ce qu'elle soit déclarée non-recevable d'après l'art. 416 du code d'instruction criminelle.

Le 22 mars 1828, au rapport de M. Mangin, et sur les conclusions de M. l'avocat-général Laplagne-Barris, arrêt par lequel,

« Attendu, sur la fin de non-recevoir proposée sur le pourvoi de l'administration des contributions indirectes, que l'arrêt attaqué n'est pas simplement préparatoire et d'instruction, puisqu'il ordonne une preuve qui préjuge le fond :

» La cour rejette la fin de non-recevoir (1). »

§. VII. *Quel doit être le sort du recours en cassation exercé,*

1° *Contre un arrêt définitif qui n'est que la conséquence d'un arrêt interlocutoire non attaqué,*

2° *Contre un arrêt définitif qui n'est que la conséquence d'un arrêt interlocutoire attaqué trop tard ;*

3° *Contre un arrêt confirmatif d'un jugement définitif qui n'était que la conséquence d'un jugement interlocutoire dont il n'y avait pas eu d'appel ?*

I. On trouvera au mot *Cassation*, §. 33, dans le *Répertoire de jurisprudence*, au mot *Testament*, sect. 4, §. 3, et dans le même recueil, au mot *Interlocutoire*, n° 3, trois arrêts de la cour de cassation, des 11 janvier 1808, 18 janvier 1813 et 28 août 1821, qui décident nettement que, dans le premier cas, le recours en cassation doit être rejeté.

Et je dois ajouter ici que la même chose, avait été jugée précédemment par deux autres arrêts de la même cour, que je retrouve en ce moment dans mes cartons.

Dans l'espèce du premier, le tribunal de commerce de Barbézieux, saisi d'une demande formée par Pierre Brillat contre Pierre Jourdain, en payement d'une somme au-dessous de 1000 francs qu'il prétendait lui être due par celui-ci, comme membre d'une société dont celui-ci niait l'existence, avait commencé par admettre Pierre Brillat à prouver par témoins l'existence de cette société ; et ensuite, sur le vu des enquêtes respectives des parties, il avait condamné Pierre Jourdain au payement de la somme réclamée par Pierre Brillat.

Pierre Jourdain s'est pourvu en cassation contre le jugement définitif seulement, et l'a attaqué comme violant l'art. 1er du tit. 4 de l'ordonnance de 1673.

Mais par arrêt de la section des requêtes, du 23 août 1827, il a été prononcé en ces termes :

_____

(1) Bulletin criminel de la cour de cassation, tome 24, page 338.

(1) Bulletin criminel de la cour de cassation, tome 33, page 219.

« Ouï le rapport de M. Borel, et les conclusions de M. Brillat-Savarin, l'un des juges, substituant le procureur-général, en ses conclusions :

« Attendu que le demandeur ne s'est point pourvu contre le jugement qui appointait les parties à faire preuve, et qu'il a même exécuté ce jugement en produisant des témoins pour la preuve contraire; qu'en cet état, il n'est plus admissible à présenter le moyen qu'il fait résulter de l'admission de la preuve vocale contre le vœu de l'ordonnance :

» La cour rejette le pourvoi de Pierre Jourdain fils, dit Cadet.... »

Le second arrêt a été rendu, le 5 octobre de la même année, à la section civile. Le voici, mot pour mot, et tel qu'il existe en minute au greffe de la cour de cassation :

« La cour de cassation a rendu l'arrêt suivant entre les administrateurs de l'enregistrement et des domaines, demandeurs en cassation d'un arrêt rendu par la cour d'appel de Liége, le 28 frimaire an 14, d'une part, et le sieur Théodore d'Outremont, défendeur, d'autre part. . .

» Dans le fait, le 10 frimaire an 10, il a été décerné une contrainte contre le sieur d'Outremont, pour le payement, 1° d'une rente de 12 muids 2 sétiers 2 quartes d'épeaute; 2° d'une rente de 11 muids 1 setier 3 quartes, même nature (cette rente, comme la précédente, provient de la mense épisco-pale de Liége); 3° d'une rente de 2 muids d'épeaute provenant de l'ancienne abbaye de Flône.

» Le défendeur a formé opposition à cette contrainte, et a demandé à en être déchargé, sur le fondement que les rentes réclamées n'étaient pas dues, et que, dans tous les cas, elles devaient être regardées comme seigneuriales, et que, comme telles, elles étaient supprimées.

» L'administration des domaines a justifié de l'exercice de ces rentes, et a soutenu qu'elles devaient être réputées purement foncières.

» Par jugement du 16 messidor an 12, le tribunal civil de Huy a condamné le défendeur au payement des trois rentes dont il s'agit.

» Le défendeur a appelé de ce jugement.

» Par un premier arrêt du 23 germinal an 13, la cour d'appel de Liége a ordonné à l'administration des domaines de prouver, 1° que les deux redevances, ci-devant dues à la mense épiscopale, ont eu pour cause une concession primitive de fonds; 2° que le défendeur en cassation possédait ou avait possédé les hypothèques de la rente de 2 muids ci-devant due au monastère du Flône, ou qu'il avait payé ladite rente par lui-même ou fait payer par un tiers en son nom et à sa décharge.

» Il paraît que l'administration des domaines n'a pas fait ces preuves.

» En conséquence, par un second arrêt du 28 frimaire an 14, la même cour d'appel, appliquant aux rentes dont il s'agit l'art. 5 de la loi du 25 août 1792, a affranchi le défendeur du payement de ces rentes.

» C'est de ce dernier arrêt que la cassation était demandée pour fausse application de cet art. 5 de la loi d'août 1792.

» Les demandeurs persistaient à soutenir que les rentes dont il s'agit, devaient être réputées foncières, et, comme telles, exceptées de la suppression prononcée par les lois des 25 août 1792 et 17 juillet 1793.

» Sur quoi, ouï le rapport de M. Bauchau, l'un des juges, les observations de Me Coste, avocat du défendeur et les conclusions de M. Giraud, substitut du procureur-général :

« Considérant que, par arrêt du 23 germinal an 13, la cour d'appel a ramené toute la cause à des points de fait dont elle a ordonné la preuve à l'administration de l'enregistrement et des domaines; que l'administration n'a prouvé aucun de ces points; que l'arrêt du 28 frimaire an 14 dont il s'agit, n'est qu'une suite de celui du 23 germinal an 13, et n'a violé aucune loi :

» Par ces motifs, la cour rejette le pourvoi de l'administration de l'enregistrement et des domaines....»

II. Il en est de même dans le second cas, et c'est ce qu'ont jugé deux arrêts de la cour de cassation, l'un du 4 juillet 1808, l'autre du 6 juillet 1819. Le premier est rapporté dans le *Répertoire de jurisprudence*, au mot *Interlocutoire*, n° 3; quant au deuxième, en voici le texte littéral :

« La cour de cassation (porte-t-il) a rendu l'arrêt suivant entre Paul Girard, charron, habitant de la ville de Pont-Saint-Esprit, demandeur en cassation de deux arrêts rendus par la cour d'appel de Nîmes, les 1er messidor an 12 et 30 messidor an 13, d'une part; et César Tortillat, habitant de la même ville de Pont-Saint-Esprit, défendeur, d'autre part.

» Le 19 prairial an 2, le sieur Girard acquit par-devant le directoire de district de la ville du Pont-Saint-Esprit, moyennant 16,850 livres, le domaine appelé du *Blanchissage*.

» En l'an 11, le sieur Tortillat, fit citer le sieur Girard, et lui demanda la relâche du tiers de ce domaine, avec restitution des fruits et dépens.

» Pour fonder cette demande, il alléguait que le domaine du Blanchissage avait été acheté par une société composée de 24 particuliers, qui avait ensuite été dissoute par une convention postérieure, par laquelle il avait été dit que l'immeuble acquis serait partagé par tiers, dont deux aux deux frères Girard, et un au sieur Tortillat.

» Le sieur Girard nia ces faits; Tortillat en offrit la preuve; mais par jugement du 25 thermidor an 11, cette preuve fut rejetée, et Girard renvoyé pour le bénéfice de l'offre qu'il avait faite de relâcher seulement un 24e du domaine du Blanchissage.

» Tortillat appela. L'affaire fut portée à la cour de Nîmes, et après plaidoirie contradictoire, il y eut arrêt du 1er messidor an 12, par lequel, avant faire droit, l'appelant fut admis à la preuve de divers faits tendans à établir sa propriété dans le tiers du domaine du Blanchissage.

» Cet arrêt fut fondé sur ce qu'il y avait dans la cause commencement de preuve par écrit.

» Il y eut enquête et contre-enquête, et, par suite, arrêt du 3o du mois de messidor an 13, par lequel Girard fut condamné à relâcher le tiers du domaine du Blanchissage, avec restitution de fruits et dépens.

» Le sieur Girard s'est pourvu en cassation contre ces deux arrêts, et a proposé trois ouvertures en cassation.

» La 1re est tirée de la violation de l'art. 2 du tit. 20 de l'ordonnance de 1667, qui veut qu'il soit passé acte de toutes choses excédant 100 livres. Or, cet article a été violé, puisque l'arrêt attaqué a admis la preuve vocale de l'acquisition du tiers d'un domaine payé près de 17,000 francs.

» La 2e est tirée de la violation des principes anciens, consacrés récemment par le code civil, qui ne veut pas qu'on puisse diviser la confession en matière civile.

» La 3e est tirée de la violation de la loi 10, D. de testibus, nullus testis idoneus in re suâ, en ce que la cour d'appel de Nîmes avait entendu divers particuliers qui avaient un intérêt personnel à ce que Tortillat eût des droits au domaine contesté.

» Le défendeur a cherché à répondre en détail à ces divers moyens; mais il a surtout insisté sur une fin de non-recevoir qu'il a présentée comme péremptoire. Il l'a tirée de ce que ces divers moyens ne frappaient que sur l'arrêt du 1er messidor, par lequel la preuve testimoniale a été admise.

» Or, cet arrêt est passé en force de chose jugée; car il est définitif dans la disposition qui admet la preuve; et non-seulement il n'a point été attaqué en cassation dans le délai voulu par la loi; mais il a été exécuté par Girard lui-même, qui a demandé deux délais pour faire la preuve contraire; d'où il suit que ce dernier est doublement non-recevable à le critiquer.

» Sur quoi, ouï le rapport de M. Brillat-Savarin, l'un des juges, les observations de Me Picolet, avocat du demandeur, celles de Me Camus, avocat du défendeur, et les conclusions de M. Jourde, substitut du procureur-général:

« Attendu que l'arrêt rendu contradictoirement entre les parties, le 1er messidor an 12, était définitif dans la disposition qui décidait l'admissibilité de la preuve proposée par Tortillat, et, comme tel, pouvait être attaqué par la voie de la cassation;

» Que le demandeur ne s'étant pas pourvu, mais ayant au contraire exécuté cet arrêt, lui a donné l'autorité de la chose jugée, qui le rend non-recevable dans son pourvoi contre ce premier arrêt;

» Attendu que cette fin de non-recevoir répond à tous les moyens de cassation de Girard qui ne sont dirigés que contre l'arrêt du 1er messidor an 12, et non contre celui du 3o messidor an 13, qui, ne portant que sur l'appréciation de la preuve ordonnée, et sur des vérifications de faits, ne présente aucune contravention aux lois:

» La cour rejette le pourvoi... »

III. C'est encore la même chose dans le troisième cas; et telle est la décision expresse de l'arrêt de la cour de cassation, du 17 février 1807, qui est cité dans les conclusions du 17 mai 1810, rapportées ci-dessus, §. 5.

Au surplus, *V.* le *Répertoire de Jurisprudence,* au mot *Preuve,* sect. 2, §. 3, art. 1, n° 33.

§. VIII. *Autres questions sur cette matière.*

V. les articles *Appel,* §. 14, et *Préparatoire* (*jugement*).

INTERPELLATION. *Les juges peuvent-ils, après la prononciation d'un jugement qui rejette une demande en nullité de testament, interpeller l'héritier institué, présent à l'audience, de s'expliquer sur la promesse qu'il a faite à plusieurs d'entre eux, de laisser, après sa mort, aux héritiers légitimes du testateur, les biens compris dans son institution?*

V. l'article *Testament,* §. 16.

INTERPOSITION DE PERSONNE (FRAUDE PAR).

§. I. *La disposition de l'art.* 911 *du code civil, qui répute faite par interposition frauduleuse de personne, toute donation au profit du père, de la mère, de l'enfant ou de l'époux d'un incapable, est-elle applicable à la donation faite au père, à la mère, à l'enfant ou à l'époux d'un mort civilement, et à la donation faite (soit avant la loi du 14 juillet 1819, soit aujourd'hui même, dans les pays régis par notre code civil, qui ne sont pas soumis à cette loi) au profit du père, de la mère, de l'enfant, ou de l'époux d'un étranger?*

M. Grenier, dans son *Traité des donations,* n° 132, n'hésite pas à se prononcer pour la négative.

« La disposition de cet art. 911 (dit-il) ne peut s'appliquer à ceux qui sont morts civilement, et aux étrangers, au moins en ce qui concerne l'interposition des personnes.

» L'incapacité civile relative aux premiers, qui est une indignité pénale, et l'incapacité politique qui a lieu par rapport aux autres, sont de nature à rejeter l'idée de toute interposition. On ne peut supposer qu'on veuille indirectement leur faire passer des biens que la personne prétendue interposée ne pourrait elle-même leur transmettre. L'idée de fidéicommis tacite, qui fait le fondement de la prohibition de la loi à l'égard des personnes interposées, disparaît; et à la présomption qu'une disposition faite au profit de leurs parens les plus proches qui sont capables de recevoir, est uniquement l'effet d'une affection pour ces parens mêmes, demeure dans toute sa force. »

Je suis bien de l'avis de M. Grenier, mais la raison qu'il en donne ne me paraît pas satisfaisante. Pourquoi, en effet, ne pourrait-on pas supposer un fidéicommis tacite, dans la donation qui est faite par une personne quelconque au profit de l'ascendant, du fils ou de l'époux d'un mort civilement, tout aussi bien que dans la donation qui est faite par un malade au profit de l'ascendant, du fils ou de l'époux de son médecin? Est-il sans exemple qu'un mort civilement conserve l'affection des individus qui ont en avec lui des relations intimes avant sa condamnation? Et qu'y a-t-il d'invraisemblable dans la supposition que ces individus n'ont disposé au profit de son père, de sa mère, de son fils ou de son époux, qu'à la charge de lui faire passer le montant de leur libéralité, surtout s'il s'est retiré en pays étranger, où ne peut pas l'atteindre l'article du code civil qui, à son décès, soumet au droit de déshérence tous les biens qui lui sont survenus depuis sa mort civile?

Qui ne sent d'ailleurs que si la disposition de l'article 911, concernant la fraude par l'interposition de personne, était aussi générale qu'elle le paraît au premier coup-d'œil, elle serait indépendante du plus ou du moins de vraisemblance qu'il y aurait dans la fraude présumée par la loi, et que là s'appliquerait, dans toute son étendue, la règle écrite dans l'art. 1352, que *nulle preuve*, et, à plus forte raison, nulle conjecture, « n'est admise contre la présomption de la loi, lorsque, sur le fondement de cette présomption, elle annule certains actes, ou dénie l'action en justice, à moins qu'elle n'ait réservé la preuve contraire? »

Mais ce qui doit nous déterminer en faveur de l'avis de M. Grenier, c'est qu'en ce qui concerne la fraude par interposition de personne, la disposition de l'art. 911, quelque générale qu'elle paraisse à la première vue, ne peut cependant pas s'entendre des incapacités absolues, telle qu'est celle d'un mort civilement. Pourquoi? Parce que, dans le nombre des articles du chapitre dont elle fait partie, qui établissent des incapacités susceptibles d'être éludées frauduleusement par interposition de personne, il n'en est aucun qui porte sur des incapacités purement relatives; et que, de même qu'aux termes de l'art. 1163, « quelque généraux que soient les ter- » mes dans lesquels une convention est conçue, elle » ne comprend que les choses sur lesquelles il paraît » que les parties se sont proposé de contracter; » de même aussi, quelque généraux que soient les termes d'une loi, ils ne peuvent comprendre que les cas dont elle s'occupe.

Ne serait-il pas absurde, en effet, de supposer que l'art. 25, en disant que le mort civilement « ne peut recevoir, soit par donation entre-vifs, soit par testament; si ce n'est pour cause d'alimens, » fût censé dire, en se référant à l'art. 911, que le père, la mère, le fils ou l'époux du mort civilement ne peuvent, soit par donation entre-vifs, soit par testament, recevoir de qui que ce soit, que des pensions alimentaires?

§. II. *Pour faire cesser l'application de l'art. 911 du code civil, en ce qui concerne la fraude par interposition de personne, à la donation faite au père, à la mère, au fils ou à l'époux de l'incapable, suffit-il que l'incapable ne puisse jamais succéder au donataire, ou que le donataire se trouve, par des circonstances particulières, dans l'impossibilité de lui transmettre l'objet donné?*

M. Toullier, liv. 3, tit. 2, chap. 2, n° 80, après avoir établi, comme je l'ai fait dans le numéro précédent, que la disposition de l'art. 911 doit, malgré sa généralité apparente, être restreinte aux incapacités relatives dont s'occupent les art. 907, 908 et 909, et que par conséquent elle est inapplicable à l'incapacité absolue du mort civilement, ajoute dans une note :

« Il suffit que l'individu mort civilement soit déclaré incapable de succéder, pour ne pas étendre à ses père et mère, époux ou enfans, la présomption qu'ils sont interposés pour lui faire passer les biens donnés.

» C'est par ce motif que la cour d'appel de Grenoble, par arrêt du 15 juillet 1811, rapporté par M. Sirey, année 1812, partie 2, page 436, jugea que l'art. 911, applicable, sans contredit, aux père et mère des enfans *simplement naturels*, qui peuvent recueillir une partie des biens de leurs ascendans, ne devait pas s'étendre à la mère d'un enfant adultérin, qui ne peut recevoir que des alimens. L'arrêt jugea valide le don fait à la mère par le père de cet enfant; mais plusieurs circonstances semblaient écarter la présomption de fidéicommis. Le père, après la mort de sa première femme, avait épousé la mère de son enfant adultérin. Le don pouvait donc avoir l'affection maritale pour principe. La mère donataire, devenue veuve, s'était remariée, et s'était constitué en dot les biens que lui avaient donnés son premier mari, ce qui les-rendait inaliénables. »

M. Toullier convient cependant que, « sans des » circonstances aussi fortes, on ne pourrait pas élu- » der la présomption légale d'interposition, par la » distinction subtile entre les enfans *simplement* » *naturels* et les enfans adultérins. »

M. Toullier finit donc par reconnaître qu'il a parlé trop généralement lorsqu'il a dit, au commencement de sa note, qu'indépendamment de l'inapplicabilité de l'art. 911, en ce qui concerne la fraude par interposition de personne, aux incapacités absolues, il suffit que le mort civilement soit incapable de succéder à son père, à sa mère, à son fils ou à son époux, pour que l'on ne puisse pas étendre à ceux-ci « la présomption qu'ils sont interposés pour lui faire passer les biens donnés. » Et en effet, il est évident que si l'incapacité de recevoir n'était pas, pour le mort civilement, aussi absolue que celle de succéder; si, au lieu d'être absolue, elle n'était que relative à telle ou telle personne, l'incapacité absolue dans laquelle il est de succéder, n'empêcherait pas qu'en vertu de l'art. 911, son père, sa mère, son fils, son époux, ne fussent réputés des personnes interposées pour lui faire passer les biens compris dans la donation, puisqu'ils pourraient, au lieu de les laisser dans leur succession, les vendre et lui en faire passer le prix.

Du reste, on peut d'autant moins compter sur l'arrêt de la cour d'appel de Grenoble, dont M. Toullier étaie sa doctrine sur l'inapplicabilité prétendue de l'art. 911, au cas où il y a tout à la fois incapacité relative de recevoir et obstacle insurmontable à ce que les biens donnés soient jamais transmis légalement à l'incapable, que la cour suprême l'a cassé par un arrêt du 3 juillet 1813, dont le *Bulletin civil* nous retrace ainsi l'espèce et le prononcé :

« En l'an 6, Barthélemy Rey, devenu veuf, a épousé en secondes noces Louise Repellin-Bérard, avec laquelle il avait eu, pendant son premier mariage, un enfant naturel adultérin, dont il s'était déclaré le père sur les registres de l'état civil.

» Le 20 avril 1810, il est décédé après avoir, par testament, institué Louise Repellin-Bérard, sa femme, légataire universelle de tous ses biens.

» Ses héritiers ont demandé la nullité du legs universel, comme fait indirectement par le père à son enfant naturel, par l'interposition de sa mère.

» Et à l'appui de leurs conclusions, ils ont invoqué la disposition des art. 908 et 911 du code civil, qui déclarent les enfans naturels incapables de recevoir au-delà de ce qui leur est attribué au titre *des Successions*, soit directement, soit par personnes interposées, et qui réputent *personne interposée* la mère de l'incapable.

» Mais la cour d'appel de Grenoble, par son arrêt du 15 juillet 1811, confirmatif du jugement du tribunal civil de la même ville, du 21 janvier précédent, les a déboutés de leur demande, et a ordonné l'exécution du testament.

» Les motifs de l'arrêt sont en substance :

» Que l'art. 908 ne parle pas des enfans adultérins, mais seulement des enfans naturels ;

» Qu'il n'a pas dû entrer dans la pensée du législateur de déclarer personne interposée la mère des adultérins, parce qu'ils ne sont pas ses héritiers, et que, différant, sur ce point, des enfans naturels nés de personnes libres, ils ne peuvent recueillir dans sa succession aucune part des biens donnés ;

» Que la mère de l'enfant adultérin dont il s'agit, était en même temps la femme du testateur, père de cet enfant ; qu'à ce titre son mari a pu lui donner par un motif d'affection conjugale ; et qu'une semblable donation entre époux est formellement autorisée, dans le code civil, par l'art. 1094, qui ne rappelle pas l'exception d'incapacité prononcée contre la mère de l'incapable par l'art. 911 ;

» Que d'ailleurs les biens donnés par Barthélemy Rey, lui provenaient d'une donation que lui avait été faite par la tante de sa femme, à laquelle il a dû trouver juste de les rendre ; qu'enfin, la veuve et légataire de Barthélemy Rey s'est si peu regardée

comme personne interposée pour faire passer les biens donnés à l'enfant adultérin, né d'elle et de son mari, qu'en convolant à de secondes noces, elle les a déclarés dotaux, et en a donné l'usufruit pour la moitié à son mari, s'il lui survivait.

» Les héritiers Rey s'étant pourvus en cassation contre cet arrêt, ont successivement réfuté les motifs qui lui ont servi de base ; et s'expliquant particulièrement sur l'argument tiré de l'art. 1094 du code, ils ont observé que cet art. 1094 détermine ce dont les époux peuvent s'avantager avant et pendant le mariage, de même que l'art. 916 dispose que celui qui n'a ni ascendans ni descendans, peut disposer de la totalité de ses biens ; mais que l'application de l'un comme de l'autre de ces articles est également subordonnée à la condition que le donataire n'est pas frappé, par une loi spéciale, de l'incapacité de recevoir.

» A la suite de cette discussion, les héritiers Rey ont conclu à ce que l'arrêt du 15 juillet 1811 fût annulé pour contravention aux art. 908, 911 et 1352 du code civil.

» La cour de cassation, ayant reconnu que l'arrêt du 15 juillet 1811 avait en effet commis les contraventions qui lui étaient reprochées, l'a annulé ainsi qu'il suit :

» Ouï le rapport de M. Poriquet.., les observations des avocats Dard et Mailhe, et les conclusions de M. Jourde, avocat-général ;

» Vu les art. 908, 911 et 1352 du code civil ;

» Considérant que le texte de ces lois ne présente aucune ambiguité ;

» Qu'il en résulte évidemment que l'enfant naturel, adultérin, ou né de personnes libres, ne peut rien recevoir au-delà de ce qui lui est accordé au titre *des Successions* ;

» Que toute donation qui lui est faite au-delà, par personne interposée, est nulle ;

» Que sa mère est, à son égard, légalement présumée personne interposée ;

» Et qu'enfin cette présomption légale doit l'emporter sur la preuve contraire, qu'il n'est pas même permis aux juges d'admettre relativement aux actes dont la loi prononce la nullité ;

» Considérant que l'arrêt dénoncé contient contravention expresse à toutes ces lois ;

» Qu'il contrevient aux art. 908 et 911, puisqu'il déclare valable le legs universel fait par Barthélemy Rey à Repellin-Bérard, sa femme, quoiqu'elle soit la mère de l'enfant naturel du testateur ;

» Et à l'art. 1352, en déclarant ce legs valable, d'après une réunion de circonstances qui, dans le cas même où elles auraient complètement prouvé que Barthélemy Rey n'avait pas eu d'autre intention que d'avantager sa femme, n'auraient pu être admises contre la présomption établie par la loi ;

» Considérant d'ailleurs que les circonstances reprises dans l'arrêt dénoncé, ne méritaient pas, à beaucoup près, l'importance que la cour d'appel a cru devoir leur donner ;

« Que toutes celles qui étaient tirées, soit de ce que l'enfant adultérin ne peut réclamer que des alimens, soit de l'origine des biens, soit de ce que Repellin-Bérard se les est constitués en dot en se mariant; sont absolument insignifiantes;

» Et que celle qui résulte de ce que la mère de l'enfant adultérin était en même temps la femme du testateur (la seule qui ait quelque intérêt), loin de former une preuve contraire à la présomption de la loi, ne fournit tout au plus qu'une raison de douter si Barthélemy Rey a agi par un motif d'affection paternelle plutôt que par un motif d'affection conjugale;

» Qu'ainsi rien ne peut excuser le refus de la cour d'appel de se conformer aux dispositions littérales du code civil, et de déclarer nul un testament légalement présumé fait au profit de l'enfant naturel de Barthélemy Rey par l'interposition de sa mère;

» Par ces motifs, la cour casse et annule l'arrêt du 15 juillet 1811, pour contravention expresse aux art. 908, 911 et 1352 du code civil..... »

On trouvera à l'article *Filiation*, §. 5, un arrêt semblable de la cour royale de Toulouse, du 5 mars 1827.

INTERPRÉTATION DE JUGEMENT. §. I.

1° *Avant le code de procédure civile, pouvait-on, dans la ci-devant Lorraine, se pourvoir en interprétation d'un jugement en dernier ressort, après avoir échoué dans la requête civile que l'on avait prise pour le faire rétracter?*

2° *Y avait-il un délai fatal pour l'exercice du recours en interprétation?*

3° *Le tribunal qui est saisi d'une demande en interprétation, peut-il corriger, modifier, réformer le jugement qui est l'objet de cette demande?*

Ces questions et deux autres qui sont indiquées sous le mot *Cantonnement*, §. 1, se sont présentées à l'audience de la cour de cassation, section civile, le 30 messidor an 11.

« Des procédures multipliées (ai-je dit), des jugemens discordans entre eux et avec eux-mêmes, des dénominations équivoques, jamais définies, et prises tantôt dans un sens, tantôt dans l'autre, ont tellement embrouillé l'affaire sur laquelle vous avez à prononcer, qu'elle n'offre de toutes parts qu'un véritable chaos; et c'est ici surtout que nous éprouvons combien est pénible, combien est redoutable le ministère qui nous est confié.

« Heureux en cet état (pouvons-nous dire avec le » célèbre d'Aguesseau, tome 3, page 303), si les » obligations de ce ministère nous permettaient de » douter toujours, et si, après vous en avoir repré- » senté les raisons de part et d'autre, il nous était » permis d'attendre, avec le public, la décision que » vous allez prononcer, au lieu de la prévenir en

Tome V.

» quelque manière, et de marcher avant la lumière » qui doit nous éclairer. »

» Mais, puisque la loi nous force elle-même de vous parler en son nom, nous commencerons par vous retracer les faits et les procédures, quoique les uns et les autres vous soient déjà bien connus; c'est un devoir que nous regardons comme indispensable, parce que, parmi ces faits et ces procédures, il en est plusieurs qui exigeront de notre part des observations importantes.

« Nicolas Christophe, propriétaire du ci-devant fief de Mézan, situé dans le département de la Meurthe, avait, en vertu d'actes passés entre ses auteurs et le seigneur de Gerbeviller, les 6 septembre 1677 et 20 septembre 1678, le droit de prendre, chaque année, dans les bois de *Censal* et de *Guilguebois*, la *souille* (c'est-à-dire le taillis) nécessaire pour son chauffage et celui de ses métayers.

» Ni l'acte de 1677 ni celui de 1678 n'avaient déterminé la quantité de bois qui devait être fournie annuellement à l'usager. Mais, soit par un accord particulier dont il ne reste plus de traces, soit par le seul effet de la possession, cette quantité avait été fixée à la coupe de deux arpens par an.

» Ce fait important est constaté par différens jugemens, dont nous aurons bientôt à vous entretenir.

» En 1792, des difficultés s'élevèrent entre le mineur Lambertye, ci-devant seigneur de Gerbeviller, et le cit. Christophe. Elles avaient pour objet le règlement des affouages que le premier devait fournir au second, pour les années 1790 et 1791. Le mineur Lambertye ne disconvenait pas de l'obligation dans laquelle il était de délivrer au cit. Christophe deux arpens à couper annuellement; et il assignait, au contraire, quatre arpens pour les deux années arriérées. Mais le cit. Christophe soutenait que ces quatre arpens ne remplissaient pas l'engagement du mineur Lambertye, parce qu'ils présentaient beaucoup de vidés, et que d'ailleurs il y avait été fait des anticipations sur les coupes ordinaires.

» Par un premier jugement, le tribunal de district de Lunéville ordonna que les quatre arpens désignés par le mineur Lambertye, seraient visités par un expert, à l'effet de reconnaître si le bois en était suffisant pour remplir l'affouage dû audit Christophe.

» Le résultat de l'expertise fut qu'effectivement les quatre arpens indiqués ne pouvaient produire qu'environ la moitié de ce que le cit. Christophe avait droit d'exiger pour ses deux années d'arrérages.

» Le cit. Christophe conclut alors à ce qu'en homologuant le rapport de l'expert, il fût dit que son droit d'affouage demeurerait fixé annuellement à dix cordes de bois et quatre cents fagots; qu'en conséquence, le mineur Lambertye serait tenu « de » lui délivrer une contrée suffisante DE BOIS TAILLIS, » pour fournir cette quantité, si mieux il n'aimait » consentir que le droit du demandeur fût cantonné » pour l'avenir, sur le pied de deux arpens de coupe

» annuelle, et sous la révolution de trente années,
» et à cet effet, désigner un canton de soixante ar-
» pens, suffisamment âgé pour être exploité d'année
» à autre, par deux arpens. »

» Trois choses sont à remarquer dans ces conclusions.

» D'abord, le cit. Christophe, en demandant la
délivrance annuelle d'une contrée de bois propre à
lui fournir dix cordes de bois et quatre cents fagots,
a soin d'exprimer que c'est de *bois taillis* qu'il entend parler.

» Ensuite, il laisse au mineur Lambertye l'option
de faire cantonner son droit d'usage; il la lui laisse,
sans conclure lui-même au cantonnement, parce
qu'alors n'existait pas encore la loi qui autorise l'u-
sager à demander le cantonnement contre le propriétaire, parce qu'alors le propriétaire avait seul le
droit de faire cantonner l'usager.

» Enfin, dans le cas où le mineur Lambertye consentirait au cantonnement, il demande que la fixation en soit faite à soixante arpens exploitables tous
les trente ans, c'est-à-dire, à une étendue de bois
correspondante à la possession dans laquelle il
est de se faire délivrer tous les ans deux arpens à
couper.

» Nous verrons bientôt qu'un cantonnement ainsi
entendu, n'était pas un cantonnement proprement
dit, que ce n'était qu'un *réglement* ou *aménagement*, et que c'est dans cette confusion de mots,
que gît la racine de la contestation actuelle. Mais
poursuivons le récit des faits.

» Au lieu de prononcer définitivement sur le rapport de l'expert, d'après lequel le cit. Christophe
avait pris les conclusions que nous venons de rappeler, le tribunal de district de Lunéville, rendit,
le 8 juin 1792, un second jugement interlocutoire,
par lequel il ordonna une nouvelle expertise, notamment pour vérifier quel nombre de fagots pouvait produire « la coupe de deux arpens suffisam-
» ment âgés, suivant l'usage des lieux, pour être
» exploitables. »

» Le cit. Christophe appela de ce jugement, et son
appel fut porté au tribunal de district de Blamont.

» Là, il intervint, le 23 février 1793, un jugement qui, en réformant celui de Lunéville, ordonna
qu'il serait délivré au cit. Christophe, pour les années 1790 et 1791, « quatre arpens de bois, crûs
» en haute futaie, ayant atteint la révolution des
» coupes réglées par l'ordonnance des eaux et forêts
» de Lorraine, laquelle délivrance continuerait à
» se faire chaque année, en observant ladite or-
» donnance et l'usage qui s'était établi entre les
» parties. »

» Par ce jugement, le tribunal de Blamont accordait ouvertement au cit. Christophe plus qu'il n'a-
vait demandé. Il lui accordait pour les années 1790
et 1791, la coupe de quatre arpens, de *bois crûs
en haute futaie;* il lui accordait pour chacune des
années à venir deux arpens de bois de même nature; et cependant le cit. Christophe n'avait conclu

qu'à la délivrance annuelle de deux arpens de *bois
taillis.* Le tribunal de Blamont jugeait donc *ultrà
petita.*

» Il faisait plus : il se contredisait lui-même; car,
tout en adjugeant au cit. Christophe une coupe annuelle de deux arpens crûs en haute futaie, il ordonnait que, dans la délivrance de cette coupe, on se
conformât à *l'usage qui s'était établi entre les
parties;* et il est bien constant que, d'après cet
usage, le cit. Christophe n'avait jamais touché à la
futaie des deux arpens qui lui étaient délivrés annuellement pour son affouage.

» Le mineur Lambertye était donc doublement
fondé à attaquer ce jugement par requête civile.
Mais il crut pouvoir atteindre au même but, par une
demande en interprétation; et en effet, il l'obtint,
le 11 mai 1793, mais par défaut, un jugement par
lequel le tribunal de Blamont, interprétant celui du
23 février, ordonna « que les délivrances à faire
» pour les années 1790 et 1791, se feraient, tant
» pour ces deux années que pour l'avenir, en bois
» taillis, comme du passé, suivant l'usage établi.»

» Le cit. Christophe ne réclama point contre ce
jugement; il sentit vraisemblablement qu'il ne gagnerait rien à le faire annuler, parce que, quoique
illégal, il était juste, et que le mineur Lambertye
parviendrait toujours, en définitive, à obtenir par
requête civile ce qu'il avait obtenu par interprétation. Mais, informé des dispositions de l'art. 5 de
la loi du 28 août 1792, il crut devoir mettre à profit
la faculté qu'il y trouvait écrite pour lui, de demander un cantonnement.

» Il retourna donc devant le tribunal de district
de Lunéville, et il y prit des conclusions sur lesquelles il importe de nous fixer : « à ce qu'en exécu-
» tion des lois des 19-27 septembre 1790, 28 sep-
» tembre-6 octobre 1791 et 20 août 1792, les
» droits d'affouage et de chauffage cédés au pro-
» priétaire de la ferme de Mézan, par les contrats
» des 6 septembre 1677 et 28 septembre 1678, de-
» meureront cantonnés; ce faisant, qu'il sera assigné
» et délimité, dans les bois de Censal et de Guilgue-
» bois une quantité de quatre-vingts arpens, POUR
» EXERCER EXCLUSIVEMENT LESDITS DROITS D'USAGE;
» sinon, en ce qui concerne ladite quantité, qu'elle
» sera évaluée par experts, eu égard au titre le plus
» favorable au demandeur. »

» Qu'a opposé à cette demande le mineur Lambertye? De vains et misérables prétextes. Il a soutenu que le cantonnement était fait par le titre
même du cit. Christophe, ou du moins par la possession qui s'en était suivie pour lui, de se faire délivrer,
tous les ans, deux arpens de bois à couper. Il a
ajouté qu'en tout cas, le cit. Christophe avait déjà
pris, dans l'instance terminée par le jugement du
tribunal de Blamont, des conclusions en cantonnement qui ne lui avaient pas été adjugées, et qui
par conséquent devaient être regardées comme
proscrites.

» Le tribunal de district de Lunéville ne s'est

point arrêté à cette ridicule défense, et il a rendu, le 28 juin 1793, un jugement qui ordonne « que les » droits d'affouage et chauffage appartenant à Ni- » colas Christophe, seront cantonnés ; et en consé- » quence, qu'il lui sera assigné et délimité dans les » bois de Censal et de Guilguebois, une quantité » d'arpens suffisante POUR Y EXERCER EXCLUSIVE- » MENT LE DROIT D'USAGE DE DEUX ARPENS PAR » ANNÉE, suivant que ladite quantité sera réglée » par experts..... »

» Ce jugement ne fait, comme vous le voyez, que copier les conclusions du cit. Christophe, si ce n'est qu'il renvoie positivement à des experts la dé- termination du cantonnement que le cit. Christophe avait porté à quatre-vingts arpens, dans le cas où le tribunal eût cru le pouvoir fixer lui-même sans expertise. Et c'est ici le moment d'examiner, d'une part, si c'était bien un cantonnement qu'avait de- mandé le cit. Christophe ; de l'autre, si, par suite, c'est bien un cantonnement que le cit. Christophe a obtenu du tribunal de Lunéville.

» Qu'est-ce que le cantonnement? C'est une opé- ration dont le résultat est de convertir un usage in- défini en propriété déterminée, de rendre l'usager propriétaire d'une partie du fonds asservi à son droit, de lui donner moins en *étendue* et plus en *solidité*.

» Si donc j'ai, comme usager, le droit de prendre annuellement dans une forêt le produit du tiers de ces coupes, qu'obtiendrai-je par le cantonnement? Le tiers de la forêt en propriété? Non : cela serait absurde; je n'obtiendrai en propriété que ce qu'il faudra pour équivaloir à l'usufruit du tiers de la forêt; je n'obtiendrai par conséquent que la pro- priété du neuvième de la forêt totale, car la juris- prudence n'a évalué l'usufruit qu'au tiers de la pro- priété.

» C'est ce que nous apprend Harménopule, qui était juge de Thessalonique, dans un temps assez rapproché de Justinien. Voici comment il s'explique dans son *Promptuarium juris*, liv. 2, tit. 10, §. 5: *Si quo rei usufructum habente, voluerit proprieta- rius rem ipsam alienare, tenetur usufructuario tertiam pretii partem cedere.*

» L'art. 27 de l'ordonnance du mois de novem- bre 1441 adopte la même proportion pour le ra- chat des rentes hypothéquées sur les maisons bâties dans l'intérieur de Paris.

» Et aujourd'hui encore, lorsqu'il s'agit de fixer les droits d'enregistrement dus pour un bien vendu avec réserve d'usufruit, c'est toujours au tiers du prix de la nue-propriété que s'évalue le prix de l'usufruit réservé.

» Cette proportion n'a cependant pas toujours été observée dans les arrêts du conseil qui ont or- donné des cantonnemens. Il y en a bien deux, des 16 décembre 1727 et 10 mai 1741, qui ont fixé le cantonnement au tiers des usages; mais un autre, du 24 mai 1726, l'a porté à 167 arpens à prendre

dans un bois qui, dans sa totalité, n'en comprenait que 367. Un autre, du 20 mai 1727, a adjugé trois cinquièmes d'un bois à onze communes qui en avaient l'usage universel, et n'en a réservé que deux cin- quièmes pour le propriétaire. Un autre, du 10 fé- vrier 1778, n'a, au contraire, accordé à la commune de Fontaine-aux-Bois, dans le ci-devant Hainaut, que le cinquième des bois dont elle était usagère.

» Toutes ces variations dérivent du plus ou du moins d'étendue des droits des usagers. Une com- mune qui n'a, dans une forêt, qu'un droit de glan- dée, doit y obtenir moins que si elle y avait un droit d'affouage; et celle qui n'y a qu'un droit d'af- fouage, doit obtenir moins que si elle était autorisée à y prendre de la futaie, soit pour bâtir, soit pour faire des instrumens aratoires (1).

» Mais ce qui n'est pas contesté, ce qui ne peut pas l'être, c'est que, par l'effet du cantonnement, l'usager ne peut jamais obtenir en propriété une étendue de terrain égale à celle qu'il avait par droit d'usage.

» Cependant nous venons de voir le cit. Chris- tophe demander, à titre de cantonnement, la dis- traction du nombre d'arpens nécessaire pour lui en fournir annuellement deux arpens à couper. Nous venons de voir le tribunal de district de Lunéville lui adju- ger, à ce titre, la *quantité d'arpens* que les experts jugeront *suffisante pour y exercer exclusivement le droit d'usage de deux arpens par année.*

» Que devons-nous conclure de là? Que la cit. Christophe a trop demandé, et que le tribunal de Lunéville lui a trop accordé? Non. Nous devons seulement en conclure que ce n'est pas un *canton- nement* proprement dit, mais un simple *réglement* ou *aménagement*, qui a été demandé par le cit. Christophe, et adjugé par le tribunal de Lunéville.

» Le *réglement* ou *aménagement* a pour objet, non d'intervertir le titre de l'usager, non de con- vertir son usage en propriété, mais de circonscrire cet usage, et d'en limiter l'exercice exclusif à une portion du terrain qui y est assujéti.

» On en trouve le principe dans une ordonnance de Philippe-le-Hardi, de 1280 : « Aux usages des » forêts (y est-il dit) seront faites livrées ès-lieux » propres et commodes; et si èsdites livrées ne se » trouve matière et bois nécessaires auxdites usages » et suffisances, leur en sera délivré ailleurs èsdites » forêts par lesdits forestiers à concurrence de ce » qui leur sera nécessaire pour leur usage, sans » qu'ils puissent indifféremment prendre par toute » la forêt. »

» Le résultat de cette opération amène, au profit du propriétaire, non un *cantonnement*, mais une *réserve*; et il existe une très-grande différence entre

_____

(1) Le ressort du parlement de Grenoble avait là- dessus un réglement particulier, dont on trouvera la disposition au mot *Cantonnement*, §. 10.

l'un et l'autre. « Le cantonnement (dit le cit. Hen-
» rion, dans ses *Dissertations féodales*, au mot
» *Communaux*, §. 17) intervertit le titre primitif :
» son effet est de changer l'usage universel en une
» propriété déterminée. Les réserves n'opèrent rien
» de semblable; elles modifient l'usage, mais sans
» changer le titre des usagers; et l'abandon que
» leur fait le propriétaire, de certaines parties de
» bois, ne le dépouille pas de sa propriété sur ces
» mêmes bois. »

» Et la preuve qu'ici le tribunal de Lunéville n'a
pas entendu adjuger au cit. Christophe un cantonnement proprement dit; la preuve qu'il n'a pas entendu convertir l'usage du cit. Christophe en propriété, c'est, non-seulement qu'il lui a accordé, à
titre de cantonnement, la même étendue de bois
qui lui était délivrée annuellement comme usager,
mais qu'il ne la lui a accordée que *pour y exercer
exclusivement le droit d'usage de deux arpens par
année.*

» Que serait-il donc arrivé, par rapport à la futaie, si le jugement du tribunal de Lunéville était
resté sans appel? Bien évidemment la futaie aurait
continué d'appartenir au mineur Lambertye, et le
cit. Christophe n'aurait en rien à y prétendre; res-
serré dans la quantité d'arpens nécessaire *pour y
exercer exclusivement le droit d'usage de deux
arpens par année,* le cit. Christophe n'aurait été,
dans cette quantité d'arpens, que ce qu'il avait été
jusqu'alors dans l'universalité des bois de Censal et
de Guilguebois; il n'y aurait été qu'usager; il n'y
aurait eu droit qu'à la coupe du taillis de deux arpens : la futaie aurait continué d'appartenir au propriétaire des deux bois; et la contestation qui vous
occupe en ce moment n'aurait jamais vu le jour.

» Mais, guidé par des conseils mal instruits, le
mineur Lambertye a appelé du jugement du tribunal
de Lunéville au tribunal de district de Saint-Dié; et
l'un des principaux griefs sur lesquels il a fondé son
appel, a été que le tribunal de Lunéville ne lui avait
pas réservé la futaie; qu'en ne la lui réservant pas,
il l'avait donnée au cit. Christophe; et que cependant le cit. Christophe n'y avait aucun droit.

» C'était faire dire au tribunal de Lunéville ce
qu'il n'avait pas dit : c'était supposer que le tribunal de Lunéville avait adjugé au cit. Christophe la
propriété de son prétendu cantonnement, tandis
qu'il ne lui en avait adjugé que l'usage; c'était supposer que le tribunal de Lunéville avait ordonné un
cantonnement proprement dit, tandis qu'il n'avait
ordonné qu'un aménagement.

» Le cit. Christophe aurait pu, d'un seul mot,
réduire son adversaire au silence, et faire déclarer
son appel sans objet; il aurait pu dire : le tribunal
de Lunéville ne m'a point rendu propriétaire, il m'a
laissé ma qualité de simple usager; je n'ai, par son
jugement, que le droit de prendre dans un canton
déterminé ce que je prenais auparavant dans toute
l'étendue des bois de Censal et de Guilguebois; son

jugement ne m'accorde donc pas la futaie, et je n'y
prétends rien.

» Mais ce mot, le cit. Christophe l'a-t-il dit, et
comment l'a-t-il dit? C'est ce que ni lui ni son adversaire n'ont eu, soit l'attention, soit la bonne foi,
de nous apprendre. Nous savons bien que, le 5 octobre 1793, le cit. Christophe a fait signifier au mineur Lambertye un acte par lequel il a déclaré ne
rien prétendre à la futaie. Mais cet acte n'est pas
représenté, et l'invitation que nous avons faite par
écrit aux avoués des deux parties d'en produire l'o-
riginal ou la copie signifiée, est demeurée sans effet : ainsi, impossible de savoir si, par cet acte, le
citoyen Christophe n'a renoncé qu'à la futaie actuellement existante, ou s'il a étendu sa renonciation
jusqu'à la futaie qui pourrait croître à l'avenir. Impossible de savoir si, par cet acte, le citoyen Christophe a reconnu le vrai sens du jugement de Lunéville, ou s'il a cherché à profiter de l'erreur dans
laquelle était, à cet égard, le mineur Lambertye.

» Ce qui nous porte cependant à croire que le
citoyen Christophe a soutenu en cause d'appel que
le jugement de Lunéville lui avait adjugé la pleine
propriété de son cantonnement, c'est que le tribunal
d'appel a regardé le jugement de Lunéville comme
rendu dans ce sens : « Considérant (a-t-il dit par
» son jugement du 5 frimaire an 2) que le grief
» tiré, *par le mineur Lambertye,* de ce que, par
» le cantonnement, on convertit en une propriété
» un simple droit de chauffage, n'est pas fondé,
» puisque l'on ne peut faire un cantonnement sans
» donner à l'usager une partie de la forêt en pro-
» priété, pour compenser la perte qu'il fait de son
» droit sur la totalité. »

» Le tribunal de Saint-Dié a donc manifestement
pris le change, et sur la demande formée en première instance par le citoyen Christophe, et sur le
sens dans lequel le tribunal de Lunéville avait adopté
cette demande; il a vu, dans l'une et dans l'autre,
un cantonnement véritable, et il a motivé son jugement comme si un cantonnement véritable eût été
accordé en première instance.

» Mais comment a-t-il prononcé par rapport à la
futaie?

« Il est certain (ce sont ses termes) qu'il a été mal
» jugé à cet égard, car les propriétaires du ci-devant
» fief de Mézan n'ont jamais eu droit qu'à la *souille;*
» Nicolas Christophe en est même convenu dans un
» acte qu'il a fait signifier le 5 octobre dernier, ET
» QU'IL N'AVAIT POINT DEMANDÉ DE FUTAIE; le tri-
» bunal de Lunéville devait y faire d'autant plus
» attention, que déjà celui de Blamont était tombé
» dans la même erreur, et qu'il l'a rectifié; il est
» donc nécessaire d'en faire autant ici.... : par ces
» motifs, le tribunal, n'ayant aucunement égard à
» l'appel, dit QU'IL A ÉTÉ MAL JUGÉ par le jugement
» du 28 juin dernier, SEULEMENT EN CE QUE LA
» FUTAIE N'A POINT ÉTÉ EXCEPTÉE DU CANTONNEMENT
» ORDONNÉ; bien appelé; émendant, ordonne que
» la futaie qui se trouvera dans les parties qui doi-

vent former le cantonnement de l'intimé, en sera
» extraite *pour cette fois seulement;* le jugement
» dont est appel sortissant au surplus son plein et
» entier effet. »

» Voilà donc le cantonnement confirmé, mais
dans un sens et avec un effet bien différent du sens
dans lequel il avait été ordonné par le premier juge,
et de l'effet que le premier juge avait entendu en
faire résulter : il est confirmé, comme s'il effaçait,
dans la personne du citoyen Christophe, le titre de
simple usager de la portion de bois dans laquelle on
le cantonne; il est confirmé, comme s'il rendait le
citoyen Christophe propriétaire absolu de cette portion.

» A la vérité, en le confirmant, le tribunal de
Saint-Dié ne le dénature pas. Il a beau dire, dans
ses motifs, que le cantonnement change l'usage en
propriété, et que, par l'effet du cantonnement, le
citoyen Christophe est devenu propriétaire; les motifs d'un jugement ne sont pas le jugement même;
et dans le jugement même, nous ne voyons, nous
ne pouvons voir que la confirmation du prononcé
du tribunal de Lunéville; prononcé, encore une
fois, qui n'accorde au citoyen Christophe qu'un
simple aménagement, et qui en restreint formellement les effets à *l'usage de deux arpens par année.*

» Mais le tribunal de Saint-Dié ne se borne pas
à la confirmation du prononcé des premiers juges,
en tant qu'ils ordonnent un cantonnement dans lequel le citoyen Christophe exercera seul son droit
d'usage. Il déclare que, *pour cette fois seulement,*
la futaie sera extraite du cantonnement ordonné; et
par ces mots, *pour cette fois seulement,* il adjuge
bien clairement au citoyen Christophe la futaie qui
croîtra à l'avenir dans son cantonnement.

» Et pourquoi la lui adjuge-t-il? Parce qu'à ses
yeux le citoyen Christophe est devenu, par le cantonnement, propriétaire de la portion de bois dans
laquelle il est circonscrit.

» Ainsi, le tribunal de Saint-Dié juge à la fois
que le citoyen Christophe est propriétaire et qu'il
n'est qu'usager.

» Il le juge propriétaire, en lui attribuant la futaie
qui croîtra à l'avenir.

» Il le juge simple usager, en confirmant la partie
du jugement de Lunéville, qui ne lui accorde dans
son cantonnement que *l'usage de deux arpens par
année.*

» Il y a donc contrariété dans le dispositif même
du jugement du tribunal de Saint-Dié; et dès-là,
ouverture à requête civile pour le mineur Lambertye.

» Le mineur Lambertye prend, en effet, la voie
de la requête civile; mais, toujours aussi mal con-
seillé que mal défendu, il n'aperçoit pas la contrariété qui existe dans le dispositif du jugement de
Saint-Dié; il n'aperçoit, il ne fait valoir que la
contrariété qui, suivant lui, se trouve, relativement
à la futaie, entre le dispositif et les motifs de ce ju-

gement. — Par les motifs, dit-il, le tribunal de
Saint-Dié a reconnu que la futaie devait m'être réservée indéfiniment; j'ai donc droit, d'après les
motifs, à une réserve indéfinie de la futaie. Par le
dispositif, la futaie ne m'est réservée que *pour cette
fois seulement.* Il y a donc contrariété entre les
motifs et le dispositif. Le jugement est donc contraire à lui-même; il doit donc être rétracté.

» Ce raisonnement était vicieux, et il n'en a pas
imposé au tribunal du département de la Moselle,
devant lequel la requête civile a été portée. Voici
comment il l'a réfuté par son jugement du 9 nivôse
an 8 :

» Considérant, sur le moyen de requête civile
» tiré de la contrariété qui existe entre les motifs
» du jugement du 5 frimaire an 2 et son dispositif,
» qu'il faut recourir aux dispositions de l'art. 10 du
» tit. 23 de l'ordonnance de 1707.....; il résulte de
» cet article qu'il y a ouverture à requête civile,
» lorsque le jugement contient des dispositions évi-
» demment contraires; ce n'est que du dispositif
» dont il s'agit, et le jugement du 5 frimaire an 2,
» contre lequel on se pourvoit, ne contient dans
» son dispositif aucune contrariété; les motifs qui
» doivent, suivant la loi du 24 août 1790, précéder
» le dispositif d'un jugement, ne s'incorporent pas
» tellement avec le dispositif, qu'ils en fassent une
» partie intégrante et indivisible; car il ne serait
» plus vrai de dire que, conformément à la loi, le
» jugement contient QUATRE PARTIES DISTINCTES ET
» SÉPARÉES; celle qui présente des motifs peut con-
» tenir des erreurs dans le droit ou dans le fait; il
» en résulterait seulement qu'en combattant les mo-
» tifs, on en conclurait que le dispositif a mal jugé,
» et c'est par la voie d'appel seule que le jugement
» serait dans le cas d'être réformé; mais un mal
» jugé au fond ne serait pas un moyen de requête
» civile, ainsi que le prescrit l'art. 15 du même titre
» de l'ordonnance de 1707;
» Par ces motifs, le tribunal déboute le mineur
» Lambertye de sa demande en requête civile. »

» Ainsi déchu de l'espoir dont il s'était flatté de
faire rétracter le jugement du 5 frimaire an 2, le
mineur Lambertye ne s'est cependant pas rebuté;
il a eu recours à la voie de l'interprétation qui est
ouverte par l'ordonnance civile de Lorraine de
1707, et il en a formé la demande devant le tribunal d'appel de Nancy.

» Le cit. Christophe lui a opposé trois fins de
non-recevoir qu'il a tirées, la première du long espace de temps écoulé depuis la signification du jugement du tribunal de Saint-Dié; la seconde du prétendu acquiescement donné à ce jugement par le
mineur Lambertye; la troisième du jugement du
tribunal civil du département de la Moselle, du 9
nivôse an 8.

» Au fond, il a soutenu que le dispositif du jugement du tribunal de Saint-Dié était clair; que l'on
ne pouvait ni l'obscurcir ni l'altérer d'après les mo-

tifs qui le précédaient; qu'ainsi il n'y avait pas lieu à interprétation.

» Le tribunal d'appel de Nancy a d'abord écarté les trois fins de non-recevoir : la première, « parce » qu'il n'en est pas de la demande en interprétation » comme d'un appel; que chaque partie interprétant » dans son sens les dispositions du jugement, elles » n'ont lieu de s'en plaindre que lorsque, s'agissant » de l'exécution, elles reconnaissent les diverses » acceptions qu'on y donne et la nécessité d'une » explication; » la seconde, parce que, dans tous les actes faits en exécution du jugement du tribunal de Saint-Dié, le mineur Lambertye s'était constamment réservé le droit de se pourvoir en interprétation; la troisième, parce que, « pour la requête ci- » vile, il faut des moyens de faire rétracter le ju- » gement ainsi attaqué, tandis que la demande en » interprétation tend à une explication, et non à » une rétractation de jugement. »

» Au fond, il a considéré,

« Que la rédaction des jugemens devant contenir » quatre parties distinctes, en forment un tout in- » divisible d'après lequel les droits des parties se » règlent; que les motifs qui ont déterminé le juge- » ment devant être exprimés, c'est par eux que le » dispositif doit être expliqué;

» Que le tribunal de Saint-Dié ayant exprimé et » prouvé dans ses motifs qu'il avait été mal jugé » par le tribunal de Lunéville, en ce qu'il n'avait » pas excepté la futaie du cantonnement, on ne » pouvait donner aucun sens, dans le dispositif, » aux mots POUR CETTE FOIS SEULEMENT;

» Qu'en citant ce qu'avait fait le tribunal de Bla- » mont, en ajoutant qu'il était nécessaire d'en faire » autant à l'égard de celui de Lunéville, le tribunal » de Saint-Dié avait manifesté l'intention de ne dis- » poser, en faveur de l'usager cantonné, que du » bois taillis, comme du passé, suivant l'usage éta- » bli dans le Censal et le Guilguebois;

» Qu'il est évident que, puisque le juge d'appel » prononçait qu'il avait été mal jugé, en accordant » la futaie, parce que l'usager n'y avait jamais eu » droit, et qu'il ne l'avait pas demandé, il ne pou- » vait, par le même motif, l'accorder lui-même; et » que tel serait cependant l'effet de la phrase POUR » CETTE FOIS SEULEMENT;

» Que cette disposition dont on ne trouve aucun » motif exprimé, ne présente aucun mode d'exécu- » tion; qu'elle ne détermine pas si ce sera toute la » futaie qui sera extraite, ni dans quel temps cette » extraction se fera; que le sens équivoque qu'elle » présente peut nuire au propriétaire et à l'usager, » et donner lieu à des infractions aux lois fores- » tières; que c'est donc le cas d'une explication qui » fasse cesser ce qui paraît douteux et ambigu; que » cette explication dérivant des motifs du jugement, » ne le rétracte pas, mais au contraire en rend » l'exécution claire et précise, et remplit le vœu de » l'ordonnance relativement à la voie d'interpréta- » tion qu'elle admet. »

» En conséquence, par jugement du 12 messidor an 9, le tribunal d'appel de Nancy, « faisant droit » sur la demande en interprétation, ordonne que » les mots, POUR CETTE FOIS SEULEMENT, insérés » dans le dispositif du jugement rendu par le tribu- » nal de Saint-Dié, seront supprimés; et qu'en con- » séquence, la futaie sera exceptée du cantonne- » ment ordonné, comme du passé et suivant » l'usage établi.... »

» Tel est le jugement que vous dénonce le citoyen Christophe : il vous le dénonce 1° comme violant l'art. 21 du tit. 23 de l'ordonnance de 1707; 2° comme rendu en contravention à l'art. 5 du tit. 27 de l'ordonnance de 1667; 3° comme faisant une fausse application de l'art. 26 du tit. 23 de la première de ces deux ordonnances, et contenant par suite excès de pouvoir. Ainsi trois moyens de cassation à discuter.

» Le premier vous présente la question de savoir si, après avoir succombé dans la requête civile que l'on avait prise contre un jugement en dernier ressort, on peut encore demander l'interprétation de ce jugement.

» Le cit. Cristophe soutient la négative, et il se fonde sur l'art. 21 du tit. 23 de l'ordonnance de 1707, qui porte : « La même partie ne pourra se » pourvoir QU'UNE FOIS CONTRE un arrêt, et ses hé- » ritiers, successeurs ou ayans cause n'y pourront » être reçus, si leurs auteurs, s'étant pourvus à » l'encontre, ont été déboutés. »

» Un seul mot répond à ce premier moyen : c'est que l'on ne peut pas regarder comme se pourvoyant contre un jugement, la partie qui ne fait qu'en demander l'interprétation. Nous croirions abuser de vos momens, si nous en disions davantage sur un point aussi simple.

» Le second moyen n'est ni mieux fondé ni même plus spécieux. Non-seulement l'ordonnance de 1667 ne fait pas loi dans la ci-devant Lorraine; mais le fait de l'acquiescement que le cit. Christophe prétend avoir été donné par le mineur Lambertye au juge- ment du tribunal de Saint-Dié, est démenti par tous les actes des procédures qui ont eu lieu en exé- cution de ce jugement.

» Le troisième moyen se présente sous une face plus imposante, et mérite une attention très-sé- rieuse.

» Le droit d'interpréter un jugement en dernier ressort n'est assurément pas celui de le réformer; et si, sous le prétexte d'exercer le premier de ces droits, le tribunal d'appel de Nancy a réellement exercé le second: nul doute que son jugement ne doive être cassé.

» Or est-ce interpréter le jugement du tribunal de Saint-Dié, que d'en retrancher une clause qui restreint à la futaie actuellement existante la réserve qu'il fait au profit du mineur Lambertye? Est-ce interpréter cette clause que de la supprimer, et par là de rendre indéfinie pour l'avenir la réserve qu'elle limite au temps présent? Est-ce l'interpréter que de faire dire par cette clause au tribunal de Saint-Dié le contraire de ce qu'il a dit en effet?

» Sans doute, et nous en avons déjà fait l'observation, cette clause est en contradiction avec celle qui confirme le jugement de Lunéville, en tant qu'il n'accorde au cit. Christophe un cantonnement que *pour y exercer son droit d'usage de deux arpens par année ;* mais ce n'est point par une interprétation que l'on peut faire cesser les contrariétés qui existent dans un jugement; ou ne peut les faire cesser que par la requête civile : et vous savez que la voie de la requête ne peut être prise qu'une fois contre un jugement en dernier ressort; vous savez qu'elle l'a été aussi infructueusement que maladroitement contre le jugement du 5 frimaire an 2.

« Dira-t-on maintenant, avec le tribunal d'appel de Nancy, que les motifs du jugement du tribunal de Saint-Dié doivent s'identifier avec son dispositif, et expliquer ce qui pouvait s'y trouver d'ambigu?

» Mais d'abord, s'il est vrai que l'on doit expliquer le dispositif par les motifs qui le précèdent, il l'est certainement aussi que l'on doit expliquer les motifs par le dispositif qui les suit.

» Or, par le dispositif du jugement de Saint-Dié, il n'y a d'excepté du cantonnement que la futaie actuellement existante; ce n'est donc que de la futaie actuellement existante que doivent s'entendre les motifs de ce jugement qui sont relatifs à l'exception de la futaie.

» Si les motifs comprenaient expressément la futaie à venir, on serait fondé à dire qu'ils sont en contradiction avec le dispositif; mais ce n'est point sur la futaie à venir qu'ils portent expressément; c'est purement et simplement sur la futaie, sans désignation formelle de celle qui croîtra à l'avenir ou de celle qui existe actuellement. Il y a donc, à cet égard, une sorte d'obscurité dans les motifs; mais cette obscurité est éclaircie par le dispositif, puisque, par le dispositif, le tribunal de Saint-Dié déclare positivement qu'il n'excepte que la futaie actuelle.

» En second lieu, les motifs mêmes du tribunal de Saint-Dié s'accordent parfaitement avec la distinction qu'il établit entre la futaie actuelle et la futaie à venir. Pourquoi réserve-t-il la futaie actuelle au mineur Lambertye? Parce qu'elle a crû dans un temps où le citoyen Christophe n'avait droit qu'au taillis, et que le cantonnement obtenu par le citoyen Christophe ne doit pas avoir, à cet égard, d'effet rétroactif. Et pourquoi abandonne-t-il la futaie à venir au citoyen Christophe? Parce que, suivant lui, le citoyen Christophe a acquis, par le cantonnement, la pleine propriété de la portion de bois dans laquelle il est cantonné, parce qu'il ne peut pas être propriétaire de cette partie de bois, sans l'être en même temps de tout ce qui va y croître, parce que telle est la conséquence de la maxime, *sata cedunt solo.*

» C'est donc, de la part du tribunal d'appel de Nancy, une assertion souverainement fausse, que de dire *qu'on ne trouve exprimé* dans le jugement de Saint-Dié *aucun motif* de la disposition qui limite à la futaie actuelle l'exception par laquelle il restreint les effets du cantonnement; et le tribunal d'appel de Nancy se serait épargné une erreur aussi grave, s'il eût pris la peine de lire tous les motifs du jugement qu'il avait à expliquer; si, au lieu de s'arrêter aux motifs de l'exception relative à la futaie, il eût remonté jusqu'à ceux qui avaient fait croire aux juges de Saint-Dié que le cantonnement rendait le citoyen Christophe propriétaire!

» Que les juges de Saint-Dié se soient mal à propos formé cette opinion sur les effets du cantonnement, nous en conviendrons. Nous conviendrons aussi que de la méprise dans laquelle ils sont tombés à cet égard, il résulte une très-grande injustice, puisque le citoyen Christophe se trouve avoir en propriété la même étendue de bois qu'il avait précédemment par droit d'usage. Nous conviendrons encore que cette injustice serait réparée par le jugement du tribunal d'appel de Nancy, si ce jugement pouvait être maintenu. Mais, d'une part, l'injustice qu'éprouve le mineur Lambertye, il ne peut l'imputer qu'à lui-même; il ne l'éprouverait pas, s'il eût acquiescé au jugement du tribunal de première instance de Lunéville. D'un autre côté, la loi ne nous permet pas de respecter un jugement juste en soi, lorsqu'il est illégal; et certainement c'est un jugement très-illégal que celui qui, sous le vain prétexte de *l'interprétation,* détruit un jugement en dernier ressort, que ni la requête civile ni la cassation ne pouvaient plus atteindre. Le tribunal d'appel de Nancy a fait ce que le tribunal suprême n'eût pas osé prendre sur lui de faire. Comment pourriez-vous tolérer un excès de pouvoir aussi monstrueux?

» L'autorité de la chose jugée est la base la plus sacrée de l'ordre social; toutes les considérations doivent se taire devant elle. Jamais vous n'avez souffert qu'on la violât impunément; et si vous le souffriez aujourd'hui : si, entraînés par un motif d'équité, vous maintieniez un jugement que la loi réprouve, qui pourrait calculer les résultats de votre décision? Quel est le citoyen qui ne dût trembler de voir s'écrouler, autour de ses propriétés, la barrière dont les environnent les jugemens qui les ont consacrées? Quel est l'homme qui pût encore compter sur les titres les plus respectables de son existence civile

» Nous estimons qu'il y a lieu de casser et annuler le jugement dont il s'agit. »

Conformément à ces conclusions, arrêt du 30 messidor an 11, au rapport de M. Rousseau, par lequel :

« Attendu que le tribunal de Saint-Dié, en jugeant que le cantonnement donnait une portion de forêt en propriété, et que la futaie en serait extraite la première fois seulement, avait fait une disposition précise; que c'était conséquemment chose jugée, que la futaie qui croîtrait à l'avenir dans le territoire cantonné appartiendrait au citoyen Christophe;

» Attendu que les juges du tribunal d'appel de Nancy, en ordonnant la suppression des termes restrictifs de la disposition relative à l'extraction de la futaie, ont, sous prétexte d'interprétation, donné au jugement un sens absolument contraire à cette disposition; d'où il suit qu'ils ont fait une fausse application de l'ordonnance de 1707, et violé l'autorité de la chose jugée:

» Le tribunal casse et annule le jugement du tribunal d'appel de Nancy, du 12 messidor an 9.... »

§. II. *Est-ce par voie d'interprétation ou par cassation que l'on doit attaquer un arrêt qui, en ordonnant une preuve par acte de notoriété, n'explique ni dans quelle forme, ni par qui cet acte de notoriété sera délivré?*

V. le plaidoyer du 8 juin 1809, rapporté à l'article *Mariage*, §. 7, n° 1.

INTERPRÉTATION DES LOIS, §. I. *A quelle autorité appartient l'interprétation réglementaire des lois?*

On a vu dans le *Répertoire de jurisprudence*, au mot *Interprétation*, n° 3, comment le chef du gouvernement qui a été renversé par les événemens politiques de 1814, était parvenu à neutraliser le grand principe qui réserve au pouvoir législatif l'interprétation réglementaire des lois, et même à se la faire attribuer par la loi du 16 septembre 1807, dans le cas où, au lieu d'être purement volontaire de sa part, et d'émaner de son propre mouvement, elle était nécessitée par la contrariété de trois jugemens en dernier ressort, à deux arrêts de cassation rendus dans la même affaire et sur les mêmes moyens.

On y a vu aussi que la charte constitutionnelle du 4 juin 1814 avait virtuellement rendu au pouvoir législatif le droit exclusif d'interpréter de propre mouvement les lois obscures, équivoques ou trop peu développées.

Et l'on y a vu en même temps que l'art. 68 de la charte, en maintenant les lois *actuellement existantes jusqu'à ce qu'il y eût été légalement dérogé*, avait implicitement maintenu la loi du 16 septembre 1807, et par conséquent réservé au roi, jusqu'à ce qu'une loi nouvelle en eût disposé autrement, le droit d'interpréter les lois sur le sens desquelles il y aurait, dans la même affaire, opposition entre trois jugemens en dernier ressort, et deux arrêts de la cour de cassation.

» Mais dans quel sens lui réservait-il ce droit? Le lui réservait-il en ce sens que les interprétations données par le roi n'eussent d'effet que pour les affaires particulières qui les auraient nécessitées? Ou bien le lui réservait-il en ce sens que les interprétations royales devinssent de véritables lois pour toutes les affaires du même genre?

De ces deux manières d'entendre l'article 68 de la charte, la première était évidemment la seule qui pût se concilier avec l'art. 15 de la même loi qui, pour l'exercice du pouvoir législatif, exige le concours du roi, de la chambre des pairs et de la chambre des députés; car l'interprétation réglementaire des lois est essentiellement un des attributs du pouvoir législatif.

Aussi est-ce en ce sens que la question a été résolue par un avis du conseil-d'état, du 17 décembre 1823, approuvé le même jour par le roi, et ainsi conçu :

« Le conseil-d'état, réuni en assemblée générale par ordre de M. le garde-des-sceaux, pour délibérer sur un projet d'ordonnance ayant pour objet le mode d'exécution de la loi du 16 septembre 1807, relative à l'interprétation des lois;

» Après avoir entendu le rapport du conseiller d'état commis à cet effet;

» Vu le rapport adressé au roi par M. le garde-des-sceaux, et le projet d'ordonnance qui y était joint;

» Vu la loi du 16 septembre 1807;

» Considérant que le projet d'ordonnance tendant à limiter l'application de la loi du 16 septembre 1807, et en supposant l'abrogation au moins partielle, il est indispensable d'examiner si cette loi est en effet abrogée;

» Qu'on ne reconnaît que deux sortes d'abrogations : l'abrogation tacite et l'abrogation explicite;

» Que la loi dont il s'agit n'a pas été abrogée dans cette dernière forme, puisque ni la charte ni les lois publiées avant ou depuis 1814, n'en ont prononcé la révocation;

» Qu'au contraire, elle a été formellement confirmée par l'art. 440 du code d'instruction criminelle;

» Que, dès-lors, il ne reste plus qu'à rechercher si elle a été révoquée implicitement;

» Que cette révocation n'aurait lieu que dans le cas où la loi du 16 septembre serait contraire aux dispositions de la charte, ou de quelqu'autre loi antérieure ou postérieure;

» Que cette dernière supposition est inadmissible;

« Que, pour vérifier la première, il convient de rappeler les principales dispositions de cette loi ;

» Que, par son art. 1er, elle déclare qu'*il y a lieu à interprétation de la loi, si la cour de cassation annule deux arrêts ou jugemens en dernier ressort rendus dans la même affaire, entre les mêmes parties, et qui ont été attaqués par les mêmes moyens;*

Que l'art. 2 ajoute que *cette interprétation est donnée dans la forme des réglemens d'administration publique;*

» Que, bien loin que ces dispositions soient contraires à la charte, c'est de la charte même que résulte la nécessité de les maintenir;

» Que la charte, en effet, a confirmé, par son art. 59, les cours et les tribunaux ordinaires qui existaient à l'époque de sa promulgation;

» Qu'ainsi, elle a adopté un établissement judiciaire fondé sur des cours royales dont tous les arrêts sont soumis au recours en cassation, et sur une cour de cassation dont les attributions ne consistent qu'à décider si la loi a été régulièrement appliquée dans les jugemens, sans qu'il lui soit jamais permis de juger elle-même le fond des procès;

» Qu'il suit de là que l'établissement judiciaire qui a été consacré par la charte, exige et suppose nécessairement la faculté d'avoir recours à une autorité supérieure, toutes les fois que la cour de cassation et les cours royales ayant embrassé dans un procès des opinions opposées, l'intervention de cette autorité est le seul moyen par lequel on puisse faire cesser le dissentiment et terminer le procès;

« Que la nécessité de ce recours étant reconnue, il est évident qu'ils ne pourrait être exercé devant l'autorité législative;

» Que la charte, en effet, a consacré le principe de la division des pouvoirs, et que, dans ce système, les pouvoirs seraient confondus, puisqu'une partie de l'autorité judiciaire serait exercée par les chambres;

» Que, d'un autre côté, l'autorité législative étant divisée en trois branches, il pourrait arriver qu'elles ne s'accordassent pas entre elles sur la décision qu'il conviendrait d'adopter, et qu'il y eût par conséquent des procès qu'il fût perpétuellement impossible de juger;

» Que ce recours ne pouvant être exercé devant l'autorité législative, ne peut l'être évidemment que devant le roi;

» Premièrement, parce qu'aux termes de la charte, toute justice émanant du roi, c'est à lui seul qu'appartient la portion de l'autorité judiciaire qui n'est pas comprise dans la délégation que ces tribunaux ont reçue;

» Secondement, parce que l'exécution de la loi étant confiée au chef de l'Etat, c'est à lui de faire cesser les obstacles devant lesquels s'arrête la justice, qui n'est elle-même que l'exécution de la loi;

» Que le système général de la loi du 16 septembre étant fondé sur ces principes, qui sont ceux de la charte, on ne peut pas dire que ce système a été détruit par elle;

» Considérant qu'il en est des dispositions particulières de cette loi comme du système général qu'elle a établi;

» Qu'à la vérité, selon son art. 2, l'interprétation dont il s'agit doit être donnée *dans la forme des réglemens d'administration publique;*

» Que toutefois cette disposition, limitée par les expressions mêmes qui l'énoncent, n'a pour objet que

de fixer le mode de la délibération, et d'indiquer les corps de l'Etat qui doivent y participer;

» Qu'elle ne change ni ne détermine le caractère de la décision;

» Que ce caractère est essentiellement indépendant de la forme dans laquelle la décision est donnée;

» Que cette décision étant accordée à l'occasion d'un procès et pour lever l'obstacle qui en empêchait le jugement, et étant d'ailleurs rendu par le roi, chef suprême de l'Etat et source première de la justice, n'est qu'une interprétation judiciaire qui n'a ni le caractère ni les effets d'une interprétation législative, que l'intervention législative pourrait seule lui attribuer;

» Que cet interprétation, légalement bornée au cas particulier pour lequel elle a été donnée, n'est pas la règle nécessaire de tous les cas analogues; en quoi elle diffère essentiellement de la loi;

» Que, par conséquent, la disposition qui vient d'être examinée, n'a rien de contraire aux prérogatives de l'autorité législative, ni à la charte qui les a réglées;

» Que, dès lors, la loi du 16 septembre n'étant abrogée ni en totalité ni en partie, rien ne s'oppose à ce qu'elle continue de recevoir son exécution:

» Est d'avis, 1° que la loi du 16 septembre 1807, relative à l'interprétation des lois, est parfaitement compatible avec le régime constitutionnel établi par la charte;

» 2° Que le roi peut et doit, dans les cas prévus et dans les formes déterminées, exécuter les dispositions de cette loi;

» Qu'il n'est besoin d'aucune mesure réglementaire pour assurer cette exécution (1). »

La détermination adoptée par cet avis, était assurément, fort sage et parfaitement conforme à l'esprit des art. 15 et 68 de la charte; mais elle avait l'inconvénient de nécessiter, sur chaque affaire qui se trouverait dans le cas prévu par la loi du 16 septembre 1807, une interprétation royale qui, limitée à cette affaire seule, laisserait subsister, pour les affaires analogues, les doutes qu'elle aurait résolus. Cet inconvénient a été bientôt senti, et de là est venue la loi du 30 juillet 1828, qui, en abrogeant celle du 16 septembre 1807, y a substitué les dispositions suivantes:

Art. 1er. Lorsqu'après la cassation d'un premier arrêt ou jugement en dernier ressort, le deuxième arrêt ou jugement rendu dans la même affaire, entre les mêmes parties, est attaqué par les mêmes moyens, que le premier, la cour de cassation prononce, toutes les chambres réunies.

2. Lorsque la cour de cassation a annulé deux arrêts ou jugemens en dernier ressort, rendus dans la même affaire, entre les mêmes parties, et

(1) Bulletin des lois, 7e série, n° 644.

attaqués par les mêmes moyens, le jugement de l'affaire est; dans tous les cas renvoyé à une cour royale. La cour royale saisie par l'arrêt de cassation, prononce toutes les chambres assemblées.

« S'il s'agit d'un arrêt rendu par une chambre d'accusation, la cour royale n'est saisie que de la question jugée par cet arrêt. En cas de mise en accusation ou de renvoi en police correctionnelle ou de simple police, le procès sera jugé par la cour d'assises ou par l'un des tribunaux du département où l'instruction aura été commencée. Lorsque le renvoi est ordonné sur une question de compétence ou de procédure en matière criminelle, il ne saisit la cour royale que du jugement de cette question. L'arrêt qu'elle rend ne peut être attaqué sur le même point et par les mêmes moyens par la voie du recours en cassation : toutefois, il en est référé au roi, pour être ultérieurement procédé par ses ordres à l'interprétation de la loi.

» En matière criminelle, correctionnelle ou de police, la cour royale à laquelle l'affaire aura été renvoyée par le deuxième arrêt de la cour de cassation, ne pourra appliquer une peine plus grave que celle qui résulterait de l'interprétation la plus favorable à l'accusé.

» 3. Dans la session législative qui suit le référé, une loi interprétative est proposée aux chambres.

» 4. La loi du 16 septembre 1807, relative à l'interprétation des lois, est abrogée. »

§. II. *Les motifs des lois sont-ils toujours des guides sûrs pour déterminer l'étendue de leurs dispositions ?*

V. les conclusions du 15 décembre 1809, rapportées aux mots *Inscription hypothécaire*, §. 3, et celles du 7 frimaire an 12, rapportées au mot *Notaire*, §. 3.

§. III. *Dans quels cas et dans quels sens les lois interprétatives rétroagissent-elles sur le passé ?*

V. l'article *Effet rétroactif*, §. 1 et 2.

INTERROGATOIRE. *Les jugemens des conseils de guerre doivent-ils, à peine de nullité faire mention de la lecture qui a été faite aux accusés de leurs Interrogatoires ?*

V. l'article *Information*, §. 1.

INTERRUPTION DE PRESCRIPTION. §. I. *La prescription d'une rente est-elle interrompue par la déclaration qu'en donne à son bailleur, le fermier dans le bail duquel elle se trouve comprise ?*

V. le plaidoyer et l'arrêt du 18 avril 1810, rapportés aux mots *Rente foncière*, *Rente seigneuriale*, §. 16.

§. II. 1° *La prescription d'une créance et des arrérages ou intérêts qui en sont dûs, est-elle interrompue par la production que le* créancier fait de son titre dans l'ordre d'un immeuble vendu par expropriation forcée sur son débiteur, en concluant à ce qu'il y soit colloqué pour l'une et les autres ?

2° *L'effet interruptif de cette production cesse-t-il, si le créancier qui l'a faite est rejeté de l'ordre ?*

I. Sur la première question, l'affirmative n'est pas douteuse.

L'*acte de produit* dans un ordre, est aujourd'hui ce qu'était l'*opposition au décret* ou *aux criées* dans l'ancienne législation : or, il est très-constant, et c'est ce qu'atteste notamment d'Héricourt, dans son *Traité de la vente des immeubles par décret*, chap. 9, n° 23, que, dans l'ancienne législation, l'opposition au décret ou aux criées était, pour les arrérages de rentes, interruptive de la prescription de cinq ans, comme elle l'était, pour les capitaux, de la prescription de trente ans ; il faut donc bien que l'*acte de produit* dans un ordre opère aujourd'hui le même effet.

On dirait en vain qu'à la demande formée par l'*acte de produit* du créancier appelé dans une instance d'ordre, à fin de collocation de sa créance sur le prix à distribuer, ne s'applique pas l'art. 2246 du code civil portant que *la citation en justice interrompt la prescription*. Non, la lettre de cet article n'est pas applicable à l'*acte de produit* dans un ordre ; mais qu'importe la lettre de cet article ? C'est à son esprit que l'on doit s'attacher. Or, l'esprit de cet article est évidemment que la prescription est interrompue par une demande judiciaire. Mais n'est-ce pas une demande judiciaire que forme à fin de collocation de sa créance, le créancier qui en produit les titres dans un ordre ouvert pour la distribution du prix d'un bien vendu par ou sur son débiteur ; et cette demande n'est-elle pas dirigée, non-seulement contre les autres créanciers prétendant à la distribution, mais encore contre le débiteur lui-même, essentiellement partie dans l'instance ? Le moyen donc de douter qu'une demande ainsi formée ne soit aussi efficace pour interrompre la prescription, que si elle l'était par un exploit introductif d'une instance non encore commencée ?

L'art. 2246 du code civil n'a pas établi un droit nouveau ; il n'a fait qu'ériger en loi un principe déjà universellement reconnu et consacré par la jurisprudence de tous les tribunaux. Or, avant le code civil, quel était, par rapport à l'interruption de la prescription, l'effet des demandes formées dans le cours d'une instance déjà commencée ? certainement il était le même, absolument le même que celui que l'art. 2246 du code civil appelle une *citation en justice* ; il est donc encore le même aujourd'hui (1).

_____

(1) Ecoutons Dunod, *Traité des Prescriptions*, part. 1re, chap. 9 : Après avoir établi que, dans nos

Mais il y a plus : ce n'est pas seulement au jour de la présentation personnelle des créanciers inscrits à l'ordre du prix de l'immeuble vendu par expropriation forcée, ce n'est pas seulement au jour de leur *acte de produit*, c'est à une époque bien antérieure que l'on doit reporter l'effet qu'a leur *acte de produit* d'interrompre la prescription en leur faveur.

Dans l'ancienne jurisprudence, la prescription était interrompue au profit des créanciers opposans aux criées, non-seulement du jour de leur opposition, représentée aujourd'hui par l'*acte de produit*, mais encore du jour de la saisie réelle : « Un oppo- » sant à un décret (dit d'Héricourt, dans l'ouvrage » déjà cité, chap. 9, n° 23) est colloqué pour tous » les arrérages qui lui sont dus d'une rente consti- » tuée, sans qu'on puisse lui opposer le défaut de » sommation pendant cinq années, depuis son oppo- » sition, *même depuis la saisie réelle*. La raison » qu'on peut rendre de cet usage, est que la saisie » réelle est faite, non-seulement pour la conserva- » tion des droits du saisissant, mais encore pour » tous les autres créanciers de la partie, en cas qu'ils » forment opposition au décret. Or, tant qu'il y a » instance pendante au sujet des arrérages d'une » rente, cette instance empêche le cours de la pres- » cription introduite par l'ordonnance de Louis XII. » Il y en a une disposition expresse pour le parle- » ment de Normandie, dans le règlement de 1666. »

Aujourd'hui, la raison sur laquelle était fondée cette jurisprudence, ne suffirait peut-être plus pour faire remonter aussi haut l'interruption de la prescription en faveur des créanciers produisant à l'ordre. Il semble, en effet, que, pour que l'on pût dire aujourd'hui, comme autrefois, que les créanciers inscrits sur un immeuble saisi réellement, sont censés le saisir eux-mêmes par les mains du créancier poursuivant la saisie immobilière, il faudrait que celui-ci ne pût pas, sans leur consentement, se désister de la saisie immobilière du moment qu'elle serait pratiquée. Or, il est certain, et cela résulte de l'art. 696 du code de procédure civile, que, tant que la saisie immobilière n'a pas été notifiée aux créanciers inscrits, par la signification des placards annonçant le jour de l'adjudication préparatoire, et que la notification qui leur en a été faite n'est pas

---

mœurs, la simple citation est interruptive de la prescription, et qu'elle a cet effet, même à l'égard de *toutes les prescriptions statutaires, ou actes qui ne demandent point de titre, et qui ont été introduites pour punir la négligence de ceux contre lesquels elles courent, sans en excepter les actions annales*, il ajoute : « On comprend aisément, par ce » qui vient d'être dit, que la demande formée par » l'une des parties, *dans le cours d'une instance* » *déjà commencée*, a le même effet que l'assignation » pour interrompre la prescription ; comme si cette » demande avait été proposée par manière de com- » pensation ou de reconvention. »

enregistrée sur les registres du conservateur des hypothèques, en marge de la saisie elle-même, le créancier poursuivant n'a pas besoin de leur consentement pour s'en désister.

Mais du moins il est certain aussi, et c'est ce que porte en toutes lettres l'article cité du code de procédure civile, que, du moment que les placards sont notifiés aux créanciers inscrits et que la notification en est enregistrée, *la saisie ne peut plus être rayée que du consentement des créanciers, ou en vertu de jugemens rendus contre eux*. Ainsi, nul doute que, dès ce moment, la saisie immobilière n'appartienne aux créanciers inscrits comme au créancier saisissant ; que les créanciers inscrits ne soient censés l'avoir pratiquée eux-mêmes concurremment avec lui, et par une conséquence nécessaire ; que, dès ce même moment, elle n'interrompe la prescription en leur faveur, comme elle l'interrompt incontestablement en faveur du créancier saisissant.

II. Mais que deviendra l'interruption opérée par l'*acte de produit*, si le créancier est rejeté de l'ordre, soit à raison de la nullité de son inscription hypothécaire, soit par un autre motif quelconque qui ne porte aucune atteinte à son titre, et lui laisse le champ libre pour les faire valoir sur les autres biens de son débiteur ? Cette interruption sera-t-elle, par cela seul, regardée comme non-avenue ?

Non, parce que le jugement qui a rejeté de l'ordre, par un pareil motif, le créancier qui s'y était présenté indûment, a laissé entière la demande qu'il avait formée contre son débiteur, et par conséquent n'a pas ôté à cette demande son effet interruptif de la prescription.

Un exemple rendra ceci très-sensible. Assigné par Pierre en payement d'une somme liquide que je lui dois en vertu d'un titre que je reconnais, je lui oppose la compensation sur le fondement qu'il me doit une somme égale. Il me répond que la somme qu'il me doit, n'est pas liquide ; et sur ce fondement, les juges me condamnent, en rejetant mon exception. Assurément, par cette manière de prononcer, les juges ne me privent pas du droit de réclamer la somme qui m'est due par Pierre ; et c'est ce que décide textuellement la loi 7, §. 1, *de compensationibus*, au Digeste : *si rationem compensationis judex non habuerit, salva manet petitio ; nec enim rei judicatæ exceptio objici potest*. Qu'arrivera-t-il donc si Pierre vient prétendre que mon titre est éteint par la prescription qui a couru depuis le jour dont il porte la date ? Pourrai-je lui opposer, comme interruptives de la prescription, les conclusions que j'ai précédemment prises contre lui à fin de compensation de ma créance contre la sienne ? Pourquoi ne le pourrai-je pas ? Le jugement qui m'a condamné sans avoir égard à mes conclusions, n'a pas déclaré qu'elles seraient considérées comme non-avenues, en tant qu'elles tendaient à me faire déclarer créancier de Pierre ; et

11.

bien loin de là ; le texte que l'on vient de transcrire décide positivement que le jugement les a laissées intactes : *salva manet petitio*. Or, comment pourraient-elles être restées intactes, et ne pas avoir l'effet d'interrompre la prescription (1)?

Ceci répond d'avance à l'objection que l'on voudrait tirer de ce que l'art. 2247 du code civil déclare que, *si le demandeur se désiste de sa demande, ou si la demande est rejetée, l'interruption est regardée comme non-avenue.*

Dans l'hypothèse que l'on vient de supposer, la demande en compensation a été rejetée, et cependant elle conserve son effet interruptif de la prescription. Pourquoi ? Parce qu'elle n'a pas été rejetée en tant qu'elle tendait à faire déclarer celui qui la formait, créancier de sa partie adverse ; parce qu'elle n'a été rejetée qu'en tant qu'elle tendait à écarter l'action de celle-ci. Eh bien ! il en est de même dans l'espèce actuelle : la demande du créancier dont il s'agit a bien été écartée, dans ce qu'elle tendait à le faire payer sur le prix de l'immeuble qui était, de sa part, frappé d'une inscription ; mais elle ne l'a certainement pas été en tant qu'elle tendait à faire déclarer la partie saisie débitrice du capital et des intérêts qu'il réclamait. Elle a donc conservé, contre la partie saisie, l'effet qu'elle avait eu, dès le moment où elle avait été formée, d'interrompre la prescription des intérêts, comme celle du capital.

Que l'art. 2247 du code civil, en disant que l'interruption est comme non-avenue, *si la demande a été rejetée*, ne doive s'entendre que du cas où le rejet de la demande a été prononcé purement et simplement et d'une manière absolue, c'est ce que suppose manifestement M. Maleville, dans son *Analyse raisonnée de la* discussion du Code civil, lorsqu'il dit, sur cet article même : « Si la demande » de celui qui veut interrompre la prescription, est » rejetée, non-seulement la prescription n'est pas » interrompue, mais il n'est plus nécessaire même » de prescription, parce que le jugement fait titre au » possesseur. »

Qu'on ne dise pas qu'ainsi entendue, cette disposition de l'art. 2247 serait inutile. Inutile ou non, il est certain que c'est en ce sens que le conseil-d'état l'a adoptée ; et au témoignage qu'en rend M. Maleville, qui avait assisté et pris une part très-active à toutes les discussions du code civil, se joint encore l'autorité de l'orateur du gouvernement dans l'*exposé des motifs* du titre de la *prescription* : « La » citation (a-t-il dit) n'interrompt pas la prescrip-

tion d'une manière absolue, mais *conditionnelle-* » *ment, au cas où la demande est adjugée;* l'in- » terruption est regardée comme non avenue, si le » demandeur se désiste de son action...., ou si sa » demande est rejetée (1). » Assurément, *lorsque la demande est adjugée*, le demandeur n'a plus de prescription à craindre, ni par conséquent aucun besoin d'invoquer son exploit de citation introductif de l'instance, pour prouver que la prescription a été interrompue avant qu'elle eût complété son cours. Or, ce cas forme, dans le discours de l'orateur du gouvernement, le pendant exact de celui où *la demande a été rejetée*. On ne peut donc entendre celui-ci que du rejet pur et simple, du rejet absolu, de la demande, comme il est impossible d'entendre celui-là autrement que de l'adjudication pure et simple, de l'adjudication absolue, des conclusions prises par l'exploit de citation.

Au surplus, veut-on une preuve sans réplique que tel est, dans l'art. 2247, le véritable sens des termes, *si la demande a été rejetée?* Il n'y a qu'à les rapprocher de ceux qui les précèdent : *si le demandeur s'est désisté de sa demande?*

Résulte-t-il de cette partie de l'art. 2247, que, si le demandeur se désiste de sa demande, non pas purement et simplement, mais sous la réserve de se pourvoir par nouvelle action, l'interruption opérée par sa demande doit être réputée non-avenue? Non certes : car remarquons bien qu'aux termes de l'art. 2246, « la citation en justice, donnée même de- » vant un juge incompétent, interrompt la pres- » cription; » et que cet article ne distingue point entre le cas où le juge, devant lequel le demandeur avait assigné son adversaire, a déclaré son incompétence par un jugement formel, et le cas où le demandeur, reconnaissant qu'il s'était trompé sur le point de compétence, s'est volontairement désisté de sa demande, sous la réserve de se pourvoir devant le tribunal compétent. On ne peut donc pas douter que la demande dont il y a eu désistement sous cette réserve, ne conserve son plein effet d'interrompre la prescription. Mais, dès-lors, il devient évident que, dans l'art. 2247, les termes, *si le demandeur s'est désisté de sa demande*, ne peuvent s'entendre que d'un désistement pur et simple, d'un désistement absolu. Et cette conséquence en amène nécessairement une autre : c'est qu'on ne peut également entendre que d'un rejet pur et simple, d'un rejet absolu, les termes du même article, *ou si sa demande a été rejetée.*

§. III. *Autres questions sur l'interruption de la prescription.*

V. l'article *Prescription.*

---

(1) Aussi trouverons-nous dans la *Jurisprudence de la cour supérieure de Bruxelles*, année 1821, tome 1, page 228, un arrêt du 15 mars 1821, qui juge formellement « que la compensation opposée » dans une instance, par conclusion subsidiaire sur » laquelle il n'a pas été besoin de statuer, est inter- » ruptive de la prescription, dont on excipe dans une » nouvelle instance. »

(1) Procès-verbal de la discussion du code civil, tome 15, page 268.

INTERVENTION. §. I. *Celui au profit duquel l'adjudicataire sur expropriation forcée, a fait une déclaration de command, peut-il intervenir sur l'appel de l'adjudication ?*

V. l'article *Appel,* §. 2, et l'article *Expropriation forcée,* §. 3.

§. II. *Depuis le rétablissement des avoués et de la procédure prescrite, en ce qui les concerne, par l'ordonnance de 1667, pouvait-on, avant le code de procédure civile, former une intervention par simples conclusions prises verbalement à l'audience ?*

Cette question a été portée (avec plusieurs autres qui sont indiquées sous les mots *Acte notarié, Emigré,* §. 1, *Expropriation forcée,* §. 1, et *Offres réelles*) à l'audience de la cour de cassation, section des requêtes, le 24 vendémiaire an 11.

Il s'agissait d'un recours exercé par la dame de Beauveau, épouse divorcée de M. de Noailles, prince de Poix, contre un arrêt de la cour d'appel de Rouen, rendu en faveur des sieurs Chiquet et consorts. Voici les conclusions que j'ai données sur cette affaire :

« Le jugement du tribunal d'appel de Rouen, dont la dame de Beauveau vous demande la cassation, n'est, comme elle l'observe elle-même, que la suite et l'exécution d'un autre jugement du même tribunal, du 18 prairial an 9, qui avait déclaré les créances des héritiers de la dame Boudon-d'Escateliers, exécutoires sur les biens que la dame de Beauveau possède sous l'empire de la coutume de la ci-devant Normandie.

» Or, le jugement du 18 prairial an 9 a été confirmé par la section civile, le 9 thermidor an 10.

» La section civile a par conséquent confirmé à l'avance le jugement dont la cassation vous est aujourd'hui demandée, du moins en ce que celui-ci se trouve avoir de conforme avec le premier dont il est la conséquence.

» Par-là tombe de lui-même le moyen de cassation que tire la dame de Beauveau des art. 538, 539 et 540 du statut normand.

» Mais à ce moyen, la dame de Beauveau en ajoute cinq autres de pure forme : il est de notre devoir de les discuter successivement ; et nous devons vous prévenir que nous les avons examinés avec un désir profondément senti de les trouver bien fondés ; car les poursuites contre lesquelles réclame la dame de Beauveau, portent un caractère de vexation, nous pouvons même dire de brigandage, fait pour révolter toutes les âmes honnêtes.

» Le premier de ces moyens est dirigé contre la disposition du jugement du tribunal d'appel de Rouen, qui confirme celle des jugemens des tribunaux civils de Bernay et de Louviers, par laquelle l'intervention du cit. Noailles de Poix avait

été déclarée non-recevable et ses offres insuffisantes.

» Suivant la demanderesse, cette disposition contient une fausse application des règles établies sur les interventions par l'ordonnance de 1667, une fausse application des lois relatives aux émigrés, une fausse application des principes concernant les offres réelles, *et un mépris révoltant des lois sur la faveur de la libération.*

» Mais d'abord, la dame de Beauveau ne nie pas, et elle ne saurait nier, que, d'après l'art. 28 du tit. 11 de l'ordonnance de 1667, les interventions doivent, à peine de nullité, être formées par requêtes libellées, appuyées de pièces justificatives, et signifiées. La dame de Beauveau ne nie pas non plus, et elle ne saurait nier, que cette disposition de l'ordonnance de 1667, abrogée momentanément par l'art. 2 de la loi du 3 brumaire an 2, portant abolition de l'usage des requêtes, a été remise en vigueur, ainsi que le déclare l'arrêté des consuls du 18 fructidor an 8, par la disposition de la loi du 27 ventôse précédent qui rétablit les avoués.

» La dame de Beauveau ne nie pas non plus, et elle ne saurait nier, que l'intervention du cit. de Noailles de Poix a été formée sans requête, sans production de pièces, sans signification préalable, et par de simples conclusions prises verbalement à l'audience.

» D'après cela, comment le tribunal d'appel de Rouen aurait-il pu se dispenser de déclarer non-recevable l'intervention du cit. Noailles de Poix ? Et comment, après avoir appliqué aussi exactement à cette intervention les dispositions de l'ordonnance de 1667, peut-il être accusé d'avoir fait une fausse application de cette ordonnance ?

» Mais, dit la dame de Beauveau, l'intervention dans les instances d'expropriation, n'est pas soumise aux règles établies par l'ordonnance de 1667 ; la loi du 11 brumaire an 7 renferme, à cet égard, des dispositions particulières ; et c'est par ces dispositions seules que devait être jugée l'intervention du cit. Noailles de Poix.

» De deux choses l'une : ou bien l'art. 27 de la loi du 11 brumaire an 7, c'est-à-dire, le seul article de cette loi qui parle des interventions, et qui n'en parle que relativement aux revendications qu'elles ont pour objet ; ou bien, disons-nous, cet article était applicable à l'intervention du cit. Noailles de Poix, ou il ne l'était pas.

» S'il y était applicable, l'intervention du cit. Noailles de Poix devait être rejetée, parce qu'elle n'était pas formée par un exploit, parce qu'elle n'était pas accompagnée d'un dépôt de titres justificatifs, parce qu'à défaut de ces formalités, l'article dont il s'agit veut qu'il soit passé outre à l'adjudication.

» S'il n'y était pas applicable, il fallait bien revenir à l'ordonnance de 1667, pour régler la forme de l'intervention du cit. Noailles de Poix, comme il fallait y revenir pour déterminer la forme des exploits, des commandemens et des autres actes sur lesquels la loi du 11 brumaire an 7 ne s'est pas expliquée spécialement, sur lesquels par conséquent elle s'est référée aux anciennes lois.

» En second lieu, il importerait fort peu que les jugemens des tribunaux civils de Bernay et de Louviers eussent fait, en rejetant l'intervention et les offres du cit. Noailles de Poix, une fausse application de la loi qui déclare les émigrés morts civilement, et par suite incapables d'ester en jugement. Car, en ce point, le tribunal d'appel de Rouen ne les a pas confirmés; il a, au contraire, supposé, dans cette partie des motifs de son jugement, que le cit. Noailles de Poix avait eu qualité pour agir.

» Mais d'ailleurs, il n'est pas vrai que la loi sur la mort civile des émigrés ait été appliquée à faux par les tribunaux de Bernay et de Louviers.

» D'une part, en effet, rien ne justifiait aux yeux de ces tribunaux que le cit. Noailles de Poix fût rayé de la liste des émigrés au moment de son intervention. Et vainement prétend-on que l'arrêté de sa radiation avait été rendu public; le fait est qu'il n'avait eu ni dû avoir aucune espèce de publicité. Les inscriptions sur la liste étaient bien rendues publiques; mais il n'en était pas et il n'en a jamais été de même des radiations. La loi et le gouvernement s'en sont toujours rapportés à la vigilance des citoyens rayés de la liste, pour donner à leurs radiations le degré de publicité qui pouvait leur convenir.

» D'un autre côté, le cit. Noailles de Poix étant présumé non rayé de la liste des émigrés par cela seul qu'il ne rapportait pas la preuve de sa radiation, il résulte d'une conséquence nécessaire que son intervention fût déclarée non-recevable, et ses offres nulles.

» Son intervention devait être déclarée non-recevable, parce qu'il n'intervenait que pour autoriser et assister son épouse; ce qu'il n'aurait pas pu faire, s'il n'eût été relevé de son état de mort civile.

» Ses offres devaient être déclarées nulles, parce que l'argent qu'il offrait ne devait pas être censé lui appartenir, mais bien à l'État qui, par droit de confiscation, était devenu propriétaire de tout son avoir, et qui par conséquent aurait pu revendiquer cet argent sur les créanciers qui l'eussent reçu.

» Et inutilement s'écrie-t-on que les écus d'un homme mort civilement sont aussi bons que les écus d'un citoyen?

» Oui, sans doute, ils sont tout aussi bons; mais pour que ces écus puissent être employés utilement à la libération de l'individu mort civilement, il faut que le versement en soit fait par la personne qui est appelée par la loi à exercer les droits de cet individu : car pour pouvoir payer, il faut pouvoir disposer; et la loi 14, §. 8, D. *de solutionibus*, le décide ainsi en termes exprès pour le payement fait par un pupille sans l'autorisation de son tuteur : *Pupillum sine tutoris auctoritate nec solvere posse pa-*

làm est ; sed si dederit nummos, non fiunt accipientis, vindicarique poterunt.

» Troisièmement, les offres réelles du cit Noailles de Poix, même en le supposant capable de les faire, devaient encore être déclarées nulles, parce qu'elles étaient insuffisantes.

» Elles étaient insuffisantes, parce qu'elles ne portaient que sur les arrérages échus et les frais, tandis que le capital était devenu exigible, au moyen de la signification faite par la dame de Beauveau, de l'intention où elle était de demander la réduction de la rente constituée pendant le cours du papier-monnaie.

» Elles étaient insuffisantes, parce que la somme offerte ne remplissait pas même les créanciers poursuivans, des arrérages alors échus : le jugement du tribunal d'appel de Rouen le déclare en toutes lettres, et la dame de Beauveau n'a rien produit, elle n'a même rien allégué de contraire à cette assertion.

» Enfin, elles étaient insuffisantes, et c'est encore le jugement du tribunal d'appel de Rouen qui l'énonce littéralement, « parce qu'à l'égard des autres » créanciers inscrits et portés au procès-verbal, il » ne leur avait été rien offert. »

» Pour deuxième moyen, la dame de Beauveau prétend qu'il a été contrevenu à l'art. 15 de la 2e section du tit. 1er de la loi du 29 septembre-6 octobre 1791, concernant le notariat, parce que l'expropriation a été poursuivie dans le département de l'Eure, en vertu d'un titre passé à Paris, sans que ce titre eût été légalisé par l'un des juges du tribunal d'immatriculation du notaire qui l'avait délivré.

» Pour répondre à ce moyen, il nous suffira de mettre sous nos yeux ce qu'y a opposé le tribunal d'appel de Rouen : « Considérant (a-t-il dit) qu'il » y a une distinction à faire entre les diligences faites » avant le jugement en dernier ressort du 18 prairial » an 9; et celles qui lui seraient postérieures;

» Qu'à l'égard des premières, la nullité est cou- » verte par le fait de la partie qui ne l'a pas pro- » posée, lorsqu'elle a provoqué, en l'an 9, l'annu- » lation de toute la procédure, et par le jugement » en dernier ressort, du 18 prairial (confirmé depuis » par la section civile) qui a implicitement validé « toutes les diligences faites jusqu'alors, en ordon- » nant qu'il serait passé outre à l'adjudication, sur » une nouvelle affiche; qu'en ce qui concerne les » secondes, la légalisation de titre qui a été faite le » 15 pluviose an 8, leur est de beaucoup antérieure.

» Le troisième moyen de la dame de Beauveau consiste à dire que, contre la disposition expresse de l'art. 10 de la loi du 11 brumaire an 7, le tribunal d'appel de Rouen a jugé valables des poursuites en expropriation forcée faites à la fois par les mêmes parties devant trois tribunaux différens.

» En articulant ce moyen, la dame de Beauveau sent bien qu'on peut lui opposer une fin de non-recevoir, d'après l'art. 23 de la loi même du 11 bru-

maire an 7, suivant lequel « le saisi ni les créanciers
» ne peuvent exciper contre l'adjudicataire, d'aucun
» moyen de nullité, ou omission de formalités dans
» les actes de la poursuite, qu'autant qu'ils les au-
» raient proposés à l'audience où l'adjudication aura
» eu lieu;

» Et c'est pour prévenir cette objection qu'elle
observe que la nullité dont il s'agit a été *expressément relevée* (ce sont ses propres termes).

» Mais où cette nullité a-t-elle été *relevée?* Elle
l'a été en cause d'appel; le jugement attaqué en fait
foi : mais le jugement attaqué fait également foi
qu'elle ne l'avait pas été en première instance. Il y
a plus : c'est à l'audience même où l'adjudication a
eu lieu, que cette nullité aurait dû être proposée;
et puisqu'elle ne l'a été, ni à cette audience, ni même
à une époque quelconque de la procédure devant
les premiers juges, il est bien évident que le tribunal
d'appel ne pouvait plus l'accueillir.

» Inutile, après cela, d'observer que, par le jugement attaqué, il est déclaré expressément que
cette prétendue nullité n'est pas même *fondée en
fait,* circonstance qui cependant suffirait seule pour
écarter toute idée de contravention à l'art. 10 de
la loi du 11 brumaire an 7.

» Le quatrième moyen de la dame de Beauveau
est tiré de l'art. 2 de la même loi, aux termes duquel
chaque copie signifiée du commandement doit contenir en tête la transcription du titre en vertu duquel se poursuit l'expropriation. Suivant la dame
Beauveau, cet article a été violé, en ce qu'on ne lui
avait pas notifié la demande en réduction qui rendait exigible le capital de la rente dont il s'agissait.

» Mais cette demande formait-elle le titre fonda-
mental de la poursuite en expropriation forcée?
Non.

» L'expropriation forcée était poursuivie en
vertu du contrat constitutif de la rente, et pour
avoir payement des arrérages échus depuis la passation de ce contrat.

» Donner copie de ce contrat en tête du commandement, était donc la seule chose à laquelle fussent
tenus les créanciers poursuivans, et les créanciers
poursuivans l'ont fait. Le vœu de la loi a donc été
rempli de leur part.

» Il est vrai que la dame de Beauveau ayant signifié aux poursuivans qu'elle entendait jouir du
bénéfice de la réduction, le capital est devenu exigible; et qu'en conséquence, les poursuites ont été
continuées pour le capital, en même temps que pour
les arrérages.

» Mais la loi n'exige pas que l'on donne copie
au débiteur des titres qui, par le fait du débiteur
lui-même, viennent, dans le cours de l'instance,
agrandir l'objet de l'expropriation. La loi exige seulement qu'on lui donne copie du titre qui donne
lieu aux poursuites primordiales.

» Ajoutons que, pour pouvoir donner copie à
la dame Beauveau de sa demande en réduction, il

aurait fallu avoir en mains l'original de cette demande.

» Or, cet original était resté en la possession de
la dame de Beauveau; il n'était donc pas possible
de le lui signifier.

» Mais, dit-elle à ses adversaires, vous en aviez
la copie, je vous l'avais signifiée, vous deviez donc
m'en faire une contre-signification.

» Où est-il donc écrit, non-seulement qu'on doive,
mais qu'on puisse légalement signifier copie d'une
copie déjà signifiée? Où est-il écrit surtout qu'on
doive, qu'on puisse la signifier à la partie qui déjà
en a fait faire elle-même la signification?

» Quel est l'objet de la signification ordonnée
par la loi? C'est d'informer judiciairement le débiteur des causes de la poursuite en expropriation.
Or, lorsque le débiteur lui-même constate, par
une signification juridique, que ces causes lui sont
connues; lorsque le débiteur lui-même notifie aux
créanciers poursuivans un titre qui existe dans ses
mains, et qui ne peut pas exister ailleurs, à quoi
bon une signification nouvelle de ce même titre?
Bien évidemment elle ne servirait qu'à grossir la
masse des frais; et le débiteur serait bien fondé, si
on la faisait, à demander qu'elle ne passât point en
taxe.

» Mais, dit-on, lorsqu'en matière ordinaire, on
poursuit en vertu d'un acte fait double, il faut le
rapporter et en donner copie.

» Sans doute, et il y en a une raison bien simple,
c'est qu'il est possible que le débiteur poursuivi en
vertu d'un pareil acte, ait égaré, antérieurement à
la poursuite, le double du titre en vertu duquel s'intente la poursuite elle-même. Mais dans l'espèce,
la demande en réduction avait été formée depuis les
poursuites en expropriation forcée; cette demande
faisait partie des pièces de la procédure; la dame de
Beauveau ne pouvait pas l'avoir égarée, encore
moins l'avoir perdue de vue. Il était donc inutile de
la lui rappeler par une signification qui, encore une
fois, n'aurait pu avoir lieu qu'en copie, et qui, par
conséquent, était, à proprement parler, impossible.

» Reste le cinquième moyen de la dame de Beauveau, et voici comment elle le présente :

» Le titre (c'est-à-dire, le contrat constitutif de la
rente) n'est point expédié et n'a pas été signifié en
forme exécutoire; on y cherche inutilement ces expressions essentielles : *au nom de la république,
mandons et ordonnons;* par conséquent contravention à l'art. 14 de la deuxième section du tit. 2
de la loi du 6 octobre 1791, relative au notariat.

» Deux réponses :

» 1° Ce vice de forme, si c'en est un, n'a été allégué ni en première instance ni en cause d'appel.
C'est donc encore ici le cas de l'art. 23 de la loi
du 11 brumaire an 7.

» Et remarquons bien que cet article ne parle pas
seulement des moyens de nullité qui peuvent résulter

de l'inobservation des formes. Il comprend dans sa disposition tous les moyens de nullité possibles : *aucun moyen de nullité*, dit-il; et assurément ces termes sont exclusifs de toute espèce d'exception, de toute espèce de restriction.

» Il n'y a donc pas lieu d'appliquer ici la loi du 7 nivôse an 5; cette loi n'a été faite que pour interpréter, ou, si l'on veut, modifier l'art. 4 de la loi du 4 germinal an 2, qui ne frappait que sur les vices de forme des procédures; et l'on ne peut pas en argumenter ici pour restreindre un article de la loi du 11 brumaire an 7, qui porte à la fois et sur les vices de forme et sur toutes les espèces possibles de moyens de nullité.

» 2° L'art. 14 de la deuxième section du tit. 2 de la loi du 29 septembre-6 octobre 1791 est ainsi conçu : « Les grosses et expéditions exécutoires (des » actes notariés) seront intitulées de la formule sui- » vante (Le nom du roi) PAR LA GRACE DE DIEU ET LA » LOI CONSTITUTIONNELLE DE L'ÉTAT, ROI DES FRAN- » ÇAIS, SALUT. SAVOIR FAISONS QUE PARDEVANT, etc. » Et elles seront terminées, immédiatement avant la » date, par cette même formule : MANDONS QUE LES » PRÉSENTES SOIENT MISES A EXÉCUTION PAR QUI IL » APPARTIENDRA. »

» Voilà quelle était, sous le régime monarchique de 1791, la manière dont les actes notariés devaient être rendus exécutoires. Mais le régime monarchique est détruit, et avec lui a dû nécessairement dispa- raître la formule dont il s'agit.

» On sait bien que, dans l'usage le plus habituel, on y substitue une formule approximative, dans laquelle le chef du gouvernement actuel est mis à la place du roi. Mais cet usage n'est pas une loi (1), il n'est conséquemment pas obligatoire; et tant qu'une loi nouvelle n'aura pas déterminé la formule néces- saire pour rendre actuellement exécutoires les actes des notaires, l'omission de cette formule ne pourra pas constituer une nullité; les nullités ne sont pas arbitraires, elles ne peuvent pas s'établir par induc- tion; il n'appartient qu'à la loi de les créer, et elle ne peut les créer que par des dispositions formelles.

» Forcés par ces considérations, supérieures pour nous aux motifs d'équité qui militent pour la dame de Beauveau, nous estimons qu'il y a lieu de rejeter sa requête et de la condamner à l'amende. »

Ces conclusions ont été adoptées par arrêt rendu le 21 vendémiaire an 11, au rapport de M. Delacoste,

« Attendu, sur le premier moyen...;

» Attendu, sur le second moyen, qu'en déclarant le cit. de Poix non-recevable dans son intervention et dans ses offres, les juges d'appel de Rouen, loin de violer la loi du 11 brumaire an 7, et de fausse-

ment appliquer l'ordonnance de 1667 sur les inter- ventions et les lois sur les émigrés, s'y sont stricte- ment conformés; qu'en effet, malgré la faveur de la libération et la rigueur des poursuites exercées au nom de la créancière, les juges ne pouvaient ni ne devaient admettre une intervention formée par sim- ples conclusions verbales, prises à l'audience, et par conséquent sans requête libellée, sans significa- tion de pièces justificatives, ainsi que l'exige l'art. 28 du tit. 11 de l'ordonnance de 1667, que l'arrêté des consuls, du 18 fructidor an 8, a remise en vigueur sur ce point;

» Qu'en effet aussi, ou l'art. 27 de la loi du 11 bru- maire an 7 était applicable, ou il ne l'était pas : au premier cas, l'intervention non formée par un ex- ploit, non accompagnée d'un dépôt de titres justifi- catifs, devait être rejetée d'après cette loi; au second cas, l'ordonnance de 1667 devait servir de règle;

» Que le tribunal d'appel de Rouen, en confirmant les jugemens des tribunaux de Beanay et de Lou- viers, a supposé dans les motifs de son jugement, que le cit. Noailles de Poix avait eu qualité pour agir; que, par-là, il n'est pas exactement vrai qu'il ait prononcé sur le défaut de qualité civile de l'in- tervenant; d'où il suit qu'il n'a pas appliqué les lois sur les émigrés; que les deux premiers tribunaux ne s'étaient même pas appuyés des lois, quoiqu'en principe, la radiation qui n'est pas publiée comme l'inscription sur la liste, eût dû être justifiée pour l'admission à l'exercice d'un action civile;

» Que, quant aux offres, il suffisait que cette injus- tification de radiation fût constatée, pour qu'elles ne pussent être admises; que, de plus, il est reconnu que ces offres ne portaient que celles des arrérages échus et des frais, lorsque le capital était devenu exigible; que même elles ne remplissaient pas les créanciers poursuivans de la totalité des arrérages échus, et qu'elles n'étaient pas faites aux autres créan- ciers inscrits et portés au procès-verbal;

» Attendu, sur le troisième moyen, etc.;

» Attendu, sur le cinquième moyen, que, d'après l'art. 2 de la loi du 11 brumaire an 7, il suffit de signifier, en tête du commandement, le titre en vertu duquel se poursuit l'expropriation; que ce titre, qui est celui constitutif de la rente, a été si- gnifié; que, par-là, le vœu de la loi est rempli, et qu'on ne peut étendre ce vœu et la nullité attachée à son inobservation, à des actes requis par le débi- teur, et dont il a la pièce originale;

» Attendu, sur le sixième et dernier moyen, que le vice imputé au titre en vertu duquel les poursuites ont été faites, n'a pas été proposé en première ins- tance, ce qui détourne l'application de la loi du 7 nivôse an 5, d'après ce qui est décidé par l'art. 23 de celle du 11 brumaire an 7; que d'ailleurs la for- mule prescrite par l'art. 14 de la deuxième section du tit. 2 de la loi du 29 septembre-6 octobre 1791, pour donner aux actes la forme exécutoire, a dû cesser d'être employée depuis que le régime monar-

---

(1) Il l'est aujourd'hui *V.* la loi du 25 ventôse an 11, sur le notariat.

chique a été détruit; et que l'emploi d'une autre formule substituée à la première dans l'usage, n'est pas légalement ordonné. »

§. III. *Lorsqu'une partie qui aurait le droit de former tierce-opposition, n'intervient pas en cause d'appel, peut-on la forcer d'intervenir, ou, en d'autres termes, peut-on requérir sa mise en cause, sans qu'elle ait le droit de demander son renvoi devant ses juges ?*

V. l'article *Gibier*, §. 2.

§. IV. *Autres questions sur cette matière.*

V. les articles *Déclaration de jugement commun*, §. 2, et *Nation*, §. 2.

JACHÈRES. *V.* les articles *Assolement* et *Banon.*

JEU DE FIEF. *Doit-on considérer comme seigneuriales, et par suite comme abolies par la loi du 17 juillet 1793, les redevances qualifiées de cens, qu'un seigneur s'était réservées en aliénant une portion de son fief, lorsque, par cette aliénation, il avait fait, soit ce qu'on appelait dans la coutume de Paris, un jeu de fief irrégulier ou excessif, soit ce qui, dans les coutumes de Laudunois, de Touraine, du Maine et d'Anjou, était connu sous la dénomination de dépié de fief ?*

Il faut distinguer : ou le seigneur dominant avait usé, avant l'abolition du régime féodal, des droits que lui donnait, soit l'irrégularité, soit l'excès du jeu de fief; ou il n'en avait pas usé.

Au premier cas, c'est-à-dire, si le seigneur dominant avait fait déclarer le jeu de fief nul, et si, en conséquence, il avait exigé de l'acquéreur, par le bail à cens, la foi-hommage et les droits de mutation, comme il les eût exigés d'un acquéreur par vente, la rente, quoique qualifiée de *cens* ou de *rente seigneuriale*, n'a jamais été qu'une redevance foncière, et par conséquent elle n'est pas abolie par la loi du 17 juillet 1793.

Pourquoi, dans ce cas, la rente n'est-elle pas véritablement censuelle? Parce qu'elle n'est pas récognitive de la seigneurie directe. Comment le serait-elle en effet? Par l'irrégularité ou l'excès du jeu de fief, le soi-disant bailleur à cens a perdu, sur le fonds qu'il a concédé, toute espèce de seigneurie; le concessionnaire de ce fonds est devenu, comme le bailleur, vassal immédiat du seigneur dominant de celui-ci; et l'on sent bien qu'il na pas pu posséder comme censive un fonds qu'il tenait réellement en fief.

Tel est le résultat de la doctrine de M. Henrion, dans ses *Dissertations féodales*, §. 47 et 48 :

« Le jeu de fief (dit-il) fait descendre la partie

aliénée sous la mouvance de celle qui est demeurée entre les mains du seigneur; et le preneur, devenu son vassal, ou son censitaire, tient de lui en fief ou en censive.

» Si l'aliénation est faite par la voie de l'inféodation, la partie aliénée forme un véritable fief, qui se partagera noblement dans la succession du propriétaire, et qui lui confère toutes les prérogatives de la féodalité, comme il lui en impose toutes les charges.

» Si le jeu de fief est par bail à cens, l'héritage dont la nobilité est demeurée dans les mains du seigneur, n'est, dans celles du preneur, qu'une simple roture, qui se partagera roturièrement, et qui n'est assujétie qu'aux droits et devoirs censuels.

» Tels sont les effets que produit le jeu de fief, lorsqu'il est parfaitement conforme aux dispositions de la loi territoriale.

» Mais si le vœu de la loi n'est pas scrupuleusement rempli, alors plus de Jeu de fief; par conséquent, le bail à fief ou à cens n'est autre chose qu'une aliénation ordinaire. Par conséquent, le seigneur dominant du fief ainsi aliéné doit conserver sur ce fief, et sa dominité, et tous les droits attachés à la mouvance immédiate : telle est, en effet, la peine du jeu de fief irrégulier.

» La loi méprisée efface du contrat, et la réserve de la mouvance, et la clause d'arroturement. L'objet aliéné conserve sa nature féodale et son ancienne dépendance. Le seigneur dominant peut exiger l'hommage du preneur, même le quint, si l'aliénation est faite moyennant des deniers d'entrée; et à l'avenir, il continuera de percevoir ce droit de quint aux mutations par vente, et celui de relief aux mutations collatérales. »

Dubost, dans sa *Jurisprudence du conseil sur la matière des amortissemens et francs-fiefs*, tome 2, page 250, établit également qu'en cas d'excès dans le jeu de fief par bail à cens, « le cens que le vassal » s'est réservé n'est qu'un *cens mort*, n'emportant » ni lods et ventes, ni directe, une simple rente fon- » cière qui ne peut représenter la mouvance et la » directe, qui ont passé au dominant par la récep- » tion de la foi et des droits seigneuriaux parce que » les droits seigneuriaux ne peuvent appartenir qu'à » celui qui, lors de l'ouverture du fief, est le seigneur » immédiat; et que l'héritage ne peut être tenu de » deux seigneurs *in solidum*. C'est sur ce principe » (ajoute-t-il) qu'il a été jugé par les arrêts et déci- » sions ci-devant rapportés, que l'acquéreur devait » le droit de franc-fief. »

Même doctrine dans le *Traité des matières féodales et censuelles*, par Hervé, tome 3, page 386 : » Le premier et le principal effet du jeu de fief qui » sort des termes de la coutume, est de donner lieu » aux profits de quint ou de rachat, suivant la na- » ture de l'aliénation, et de rendre l'acquéreur co- » vassal du vendeur. Il résulte de là que la rede- » vance seigneuriale ou censuelle que le vendeur ou » bailleur s'est réservée, se trouve n'être qu'une

» simple redevance foncière, si l'excès du jeu de
» fief ne s'est complété que successivement. »

Au second cas, c'est-à-dire, si le seigneur dominant n'avait pas usé, avant l'abolition du régime féodal, du droit qu'il avait de faire annuler le jeu du
fief, et de traiter l'acquéreur par bail à cens comme
son vassal immédiat, cet acquéreur est demeuré
ce qu'il devait être d'après son titre : il est demeuré
censitaire de son bailleur, et par conséquent la
rente censuelle dont son titre le grevait, n'a pas
pu survivre à la loi du 17 juillet 1793.

Écoutons encore M. Henrion, aux mots *Jeu de
fief*, §. 52 :

« L'approbation donnée par le seigneur dominant à un bail à cens irrégulier, en couvre tout le
vice, et désormais cette aliénation produira tous
les effets d'un bail à cens exactement conforme à la
disposition de la coutume......

» Inutilement le premier réclamerait-il le bénéfice de la loi qui déclare nulles l'imposition du cens
et la directe censuelle ; inutilement dirait-il que l'immeuble ayant conservé sa nature féodale, il veut
tenir en fief et avec toutes les prérogatives de la féodalité. Ce n'est pas en sa faveur que la loi prononce
la nullité du jeu de fief ; cette nullité, purement relative, ne peut être opposée que par le seigneur dominant : toutes les fois qu'il se tait, et à plus forte
raison lorsqu'il approuve le bail à cens, le censitaire, lié par la convention qu'il a souscrite, doit la
respecter et la suivre. »

Mais cette distinction est-elle encore compatible
avec l'avis du conseil-d'état, du 13 messidor an 13,
qui est rapporté dans le *Répertoire de jurisprudence*, au mot *Cens*, §. 8 ? et ne doit-on pas aujourd'hui, dans le premier cas comme dans le second, regarder le cens réservé par le jeu de fief
irrégulier, comme aboli par la loi du 17 juillet 1793 ?

Non, parce que cet avis, quoiqu'approuvé par le
chef du gouvernement d'alors, et inséré au Bulletin
des lois, n'a jamais été obligatoire pour les tribunaux. C'est ce que j'ai prouvé dans le même recueil,
aux mots *Rente seigneuriale*, §. 2, n° 6 bis.

JOURS FÉRIÉS. §. I. *Le délai de l'opposition
aux jugemens par défaut, court-il pendant les
vacances et les féries ?*

V. le plaidoyer rapporté à l'article *Opposition
par défaut*, §. 10.

§. II. *Quelle était, avant la loi du 18 novembre 1814, l'autorité des dispositions des
anciennes lois, qui défendaient toute espèce
de travail mécanique les jours de dimanche
et de fête, spécialement pendant le service
divin ?*

« Le procureur-général expose que le tribunal
de police du canton de Guise a rendu, le 3 avril
1807, un jugement qui n'a pas été attaqué dans le
terme fatal par la partie intéressée, mais dont la loi

scandaleusement violée sollicite hautement l'annulation.

» Le 17 mars 1807, l'adjoint du maire de la commune de Guise a fait signifier au sieur Lhoste, propriétaire, demeurant au faubourg Chantreine de la
même commune, un exploit contenant, 1° « qu'en
» contravention à l'ordre de la nature, aux lois di-
» vines et humaines, anciennes et modernes, poli-
» tiques et religieuses, au mépris des autorités cons-
» tituées, sans permission comme sans nécessité,
» ledit sieur Lhoste avait, le dimanche 8 dudit mois
» de mars, pendant les heures des offices et de ser-
» vice divin, employé à des œuvres serviles ses ou-
» vriers et domestiques à la tête desquels il se trou-
» vait, en les faisant bécher et fouir la terre dans
» un héritage qui borde le canal du moulin, à la
» vue et proximité de la terrasse et des remparts
» servant à la promenade des habitans ; 2° que,
» sur l'observation faite audit sieur Lhoste, qu'une
» pareille conduite était scandaleuse et répréhensi-
» ble, il a semblé braver et provoquer les autorités
» constituées par sa réponse, en assimilant le tra-
» vail servile d'un simple particulier aux travaux
» publics commandés par la nécessité, l'urgence,
» pour la splendeur de l'empire, entrepris et con-
» sommés sous les yeux, la direction, et avec l'ap-
» probation des ministres. »

» À la suite de ce même exposé, et par le même
emploi, l'adjoint du maire a cité le sieur Lhoste devant le tribunal de police, pour se voir condamner
à une amende de la valeur de trois journées de travail, avec impression et affiche du jugement.

» Le sieur Lhoste s'est présenté sur cette citation,
et a dit « qu'à la vérité, il avait fait travailler, le
» jour indiqué, pour la plantation d'arbres dans ses
» propriétés ; mais qu'il ne l'avait fait que parce que
» le sieur Adiant de Saint-Quentin, qui les lui avait
» vendus, avait accompagné la voiture, et qu'il
» était forcé de retourner chez lui, tellement qu'il
» n'avait eu de libre que la journée du dimanche
» 8 mars ; pourquoi il ne croyait pas être passible
» d'aucune peine. »

» Là-dessus, jugement par lequel « considérant
» que les dimanches et fêtes doivent être observés,
» et que les citoyens doivent s'abstenir de toute
» œuvre servile, surtout pendant l'heure du service
» divin, sauf les cas urgens, et en obtenant préala-
» blement la permission des autorités constituées
» administratives ; que, dans l'espèce, outre que le
» cas n'est point urgent, c'est que le travail a été
» fait sans permission : » le tribunal de police, sans
citer ni transcrire le texte d'aucune loi, condamne
le sieur Lhoste à une amende de la valeur de trois
journées de travail et aux dépens.

» En prononçant ainsi, ce tribunal a violé formellement l'art. 162 du Code des délits et des peines, du
3 brumaire an 4, lequel veut, à peine de nullité,
que les tribunaux de police insèrent dans leurs jugemens les termes des lois qu'ils appliquent.

» Mais ce n'est pas tout : il a encore commis un

excès de pouvoir ; en punissant d'une peine arbitraire une action qui en soi n'avait rien de répréhensible, et qui même était expressément autorisée par un arrêté du gouvernement.

» En effet, l'arrêté du gouvernement du 7 thermidor an 8, après avoir déclaré, art. 1, que *les jours de décadi sont les seuls jours fériés reconnus par l'autorité nationale*, ajoute :

» Art. 2. L'observation des jours fériés n'est d'o-
» bligation que pour les autorités constituées, les
» fonctionnaires publics et les salariés du gouver-
» nement.

» Art. 3. Les simples citoyens ont le droit de
» pourvoir à leurs besoins, et de vaquer à leurs
» affaires tous les jours, en prenant du repos suivant
» leur volonté, la nature et l'objet de leur travail. »

» Et il ne faut pas croire que la loi du 18 germinal an 10, organique du concordat du 26 messidor an 9, ait dérogé à ces dispositions. Le seul changement qu'elle y a fait, c'est qu'elle a substitué les dimanches aux décadis; c'est qu'elle a voulu que les dimanches fussent désormais, comme les décadis l'avaient été jusqu'alors, les seuls jours fériés reconnus par l'autorité nationale. Du reste, elle a maintenu, pour les dimanches, la liberté dont l'arrêté du 7 thermidor an 8 avait décidé que les citoyens devaient jouir, les décadis, de vaquer à leurs travaux ordinaires, ni plus ni moins que les autres jours. Et la preuve en résulte de la manière dont elle s'est exprimée dans son 57e article : *Le repos des fonctionnaires publics*, a-t-elle dit, *sera fixé au dimanche.*

» Ce considéré, il plaise à la cour, vu l'art. 88 de la loi du 27 ventôse an 8, et les autres lois ci-dessus citées, casser et annuler, dans l'intérêt de la loi, le jugement du tribunal de police du canton de Guise, du 3 avril 1807, dont expédition est ci-jointe; et ordonner qu'à la diligence de l'exposant, l'arrêt à intervenir sera imprimé et transcrit sur les registres dudit tribunal.

» Fait au parquet, le 17 juillet 1809. Signé, Merlin.

» Oui le rapport de Charles-François Oudot, juge, et Giraud, pour le procureur-général;

» Vu l'art. 162 du code des délits et des peines, 7e alinéa, l'art. 156 du même Code, les art. 1, 2 et 3 de l'arrêté du gouvernement, du 7 thermidor an 8, et l'art. 57 de la loi du 18 germinal an 10, organique du concordat du 26 messidor an 9;

» Attendu que le tribunal de police du canton de Guise, département de l'Aisne, en ne citant pas le texte de la loi qu'il a appliquée, a contrevenu à la disposition de l'art. 162 du code des délits et des peines ci-dessus transcrite;

» Attendu qu'une conséquence du principe de la liberté des cultes, consacrée par les constitutions de l'empire, est que les citoyens ont le droit de travailler lorsqu'ils le jugent à propos; qu'ils ne doivent compte qu'à leur conscience de la transgression des règles de discipline du culte catholique qui prescrivent de s'abstenir de tout travail les dimanches et fêtes;

» Attendu que le gouvernement, pour conserver aux citoyens, dans toute leur latitude, les droits qui résultent du principe de la liberté des cultes, a cru devoir déclarer expressément, dans son arrêté du 7 thermidor an 8, qu'ils ont celui de pourvoir à leurs besoins et de vaquer à leurs affaires tous les jours indistinctement, en prenant du repos suivant leur volonté, la nature et l'objet de leur travail; et a restreint l'obligation d'observer les jours fériés aux seuls membres des autorités constituées, aux fonctionnaires et à ses salariés;

» Que la loi organique du concordat n'a point dérogé à ces dispositions; qu'elle les a au contraire évidemment confirmées, en substituant le dimanche au décadi, par ces seules expressions de l'art 57 de la loi : *le repos des fonctionnaires publics sera fixé au dimanche;*

» Qu'il en résulte que le tribunal de Guise, en punissant d'une peine arbitraire une action qui n'est pas qualifiée délit par la loi, et qui même était autorisée par un acte du gouvernement, a commis un double excès de pouvoir qu'il est indispensable de réprimer;

» La cour casse et annule.....

» Fait et jugé à l'audience publique de la cour de cassation, section criminelle, le 3 août 1809. »

V. le *Répertoire de Jurisprudence*, aux mots *Fête* et *Tribunal de police*, sect. 1, §. 2, n° 5.

§. III. *Un arrêté par lequel un préfet ou un maire, avant la loi du 18 novembre 1814, défendait, sous une peine quelconque, aux citoyens de travailler les jours de dimanche ou de fête, était-il obligatoire pour les tribunaux?*

V. l'article *Préfet*, §. 4.

§. IV. *Autres questions sur les jours fériés.*

V. les articles *Douanes*, §. 6; *Prolet*, §. 3; et *Garde-Champêtre*, §. 2.

JUGE. *V.* les articles *Avocat*, *Appel*, *Attribution de juridiction*, *Cassation*, *Chose jugée*, *Connexité*, *Dernier ressort*, *Directeur du jury*, *Excès de pouvoir*, *Hiérarchie judiciaire*, *Incompétence*, *Jugement*, *Récusation*, *Règlement de juges*, *Sections de tribunaux* et *Tribunaux*.

JUGE D'INSTRUCTION. *Quelles sont les règles de la prévention entre deux juges d'instruction saisis en même temps de la connaissance d'un crime ou d'un délit.*

V. l'article *Délit*, §. 9.

JUGE DE PAIX. *V.* l'article *Justice de Paix.*

JUGE SUPPLÉANT. *V.* les articles *Avocat*, §. 2 et 3; *Sections de tribunaux*, §. 2; *Suppléant*, et *Tribunal de commerce*, §. 4.

JUGEMENT. Voici l'ordre dans lequel sont placées les questions assez nombreuses dont cet article se compose.

I. La fausseté de la date d'un jugement en emporte-t-elle la nullité?

II. Un jugement rendu sous les lois des 24 août 1790 et 3 brumaire an 2, pourrait-il être annulé, pour n'avoir pas été prononcé à l'audience, le jour même où il a été délibéré et arrêté?

III. 1° Un jugement est-il nul, lorsqu'un des juges qui y ont pris part, n'avait pas assisté, soit à toutes les audiences où la cause a été plaidée, soit à toutes les séances où s'en est fait le rapport?

2° Y aurait-il nullité dans un jugement rendu sur un rapport, par suite d'un délibéré ordonné après les plaidoiries, si l'un des juges qui y ont coopéré, n'avait pas assisté à toutes les audiences précédentes, et si les parties n'avaient pas repris leurs conclusions à l'audience où le rapport a été fait?

3° Lorsque le fait de la part prise par un juge à la délibération du jugement d'une cause dont il n'avait pas entendu toutes les plaidoiries, est constaté par le silence que la feuille d'audience garde sur lui, le contraire peut-il être prouvé par une simple note signée du greffier seulement?

IV. 1° Les formalités qui, de la part des juges ou du ministère public, doivent précéder ou accompagner, soit la délibération, soit la prononciation d'un jugement, sont-elles censées omises, lorsque le jugement même n'en fait pas mention expresse?

2° Y a-t-il, à cet égard, quelque distinction à faire entre les jugemens des tribunaux ordinaires et ceux des conseils de guerre?

3° Lorsqu'en remplacement d'un juge absent ou empêché, il est appelé, soit un juge d'une autre chambre, soit un suppléant, soit un avocat ou un avoué, est-il nécessaire, à peine de nullité, que la cause du remplacement soit constatée par le jugement même?

V. 1° Est-il nécessaire que les jugemens rendus en matière de recouvrement de revenus publics, à la poursuite de la régie de l'enregistrement et des domaines, soient précédés d'un rapport?

2° Que doit-on décider à l'égard d'un jugement qui est rendu sans rapport dans une affaire où un notaire est poursuivi par la régie de l'enregistrement, en exécution de la loi du 22 frimaire an 7, pour un fait qu'il prétend être indépendant de sa qualité, et que le tribunal répute tel?

3° Les jugemens rendus, soit en matière d'enregistrement, soit en matière de recouvrement de revenus publics, peuvent-ils être précédés de plaidoiries, soit de la part de la régie de l'enregistrement

et des domaines, soit de la part de ses adversaires?

4° La défense de plaider, dans une affaire, emporte-t-elle celle d'y prendre des conclusions verbales?

5° Cette défense a-t-elle lieu dans les affaires qui, intentées d'abord par la régie pour le recouvrement de revenus publics, sont ensuite poursuivies par les préfets qui y interviennent à raison de la contestation élevée sur le fond du droit?

VI. Un jugement rendu, chambres réunies, par un tribunal divisé en plusieurs chambres, est-il valable?

VII. 1° Le nombre de dix juges est-il nécessaire pour statuer sur l'appel d'un jugement d'instruction rendu sous l'empire de l'ordonnance de 1670, dans une matière où il peut échoir peine afflictive?

2° L'est-il pour statuer sur une affaire commencée dans la forme criminelle, sous l'empire de l'ordonnance de 1670, lorsque, par l'effet des changemens arrivés dans l'état de la procédure, il ne peut plus y avoir lieu à peine afflictive?

VIII. En quel cas et en quel nombre, des avocats ou avoués peuvent-ils concourir à un jugement?

IX. 1° Les jugemens d'arbitres font-ils foi de leurs dates contre les parties entre lesquelles ils sont rendus?

2° Quel égard doit-on avoir à un acte qualifié jugement, par lequel des ci-devant arbitres déclarent que la date apposée par eux à leur jugement proprement dit, n'est pas véritable?

X. De l'interprétation des jugemens.

XI. La partie qui a obtenu un jugement auquel son adversaire a acquiescé, peut-elle s'en désister malgré celui-ci?

XII. Avant le code de procédure civile, les jugemens rendus, par erreur, en dernier ressort, pouvaient-ils être attaqués par appel, ou ne pouvaient-ils l'être que par cassation?

XIII. Avant le code de procédure civile, était-ce par cassation ou par appel que devait être attaqué un jugement qui, par la nature ou par la valeur de son objet, eût dû être rendu en dernier ressort, et qui cependant l'avait été, par erreur, à la charge de l'appel?

XIV. 1° Quelle est, en France, l'autorité d'un jugement rendu par un tribunal étranger?

2° Y a-t-il l'autorité de la chose jugée contre le Français qui l'a provoqué, en se constituant demandeur devant une juridiction étrangère, et qui a été condamné sur les conclusions reconventionnelles de son adversaire?

3° Y produit-il au moins l'exception de chose jugée contre la nouvelle action que le Français voudrait intenter en France?

4° Y a-t-il, à cet égard, quelque particularité dans les affaires qui tiennent au commerce maritime?

5°. Le jugement rendu en pays étranger, soit en faveur d'un Français, et contre un étranger, soit entre étrangers, doit-il, sans nouvelle discussion de l'affaire au fond, être déclaré exécutoire en France sur les biens qu'y possède la partie condamnée ?

6° Y a-t-il, à cet égard, quelque différence entre les sentences arbitrales et les jugemens des tribunaux ?

7° Quel est, en France, l'effet d'un jugement qui a statué, dans un pays étranger, sur l'état d'un habitant de ce pays ?

XV. Doit-on, en France, regarder comme ayant l'autorité de la chose jugée, les sentences et les arrêts rendus dans un pays étranger où, soit par l'effet d'une loi locale, soit par un usage particulier, mais sans convention de souverain à souverain, on attribue cette autorité aux jugemens émanés des tribunaux français ?

XVI. 1° Avant la réunion passagère du pays de Liége à la France, les jugemens rendus en France contre des Liégeois demandeurs, avaient-ils, dans le pays de Liége, l'autorité de la chose jugée ?

2° Ont-ils du moins acquis cette autorité par l'effet de la réunion des deux états, opérée depuis leur prononciation ?

XVII. La loi qui refuse toute exécution, en France, aux jugemens rendus en pays étranger, contre des Français, empêche-t-elle qu'on ne produise en France une enquête que la partie adverse d'un Français a fait faire devant des juges étrangers, sans commission préalable des juges nationaux ?

XVIII. Quel est, dans un pays, en matière de prises maritimes, l'autorité des jugemens rendus dans un autre pays ?

XIX. 1° Quelle est, en France, d'après le traité de commerce du 11 janvier 1787, l'autorité des jugemens rendus par des tribunaux russes, entre deux Français, se disputant, comme héritiers d'un Français mort en France, des biens mobiliers qui se trouvent en Russie ?

2° Un jugement qui prononce sur la légitimité d'un enfant, sur la validité ou nullité d'un mariage, a-t-il l'autorité de la chose jugée hors de la souveraineté dans laquelle il a été rendu ?

3° Les tribunaux français peuvent-ils annuler un divorce prononcé par jugement en pays étranger ?

XX. 1° Un jugement est-il nul, lorsqu'au lieu de rappeler le fait et les conclusions des parties, il se réfère, à cet égard, à un jugement antérieur dont il est la suite ?

2° Est-il nul, lorsqu'il est rendu dans une autre chambre et au rapport d'un autre magistrat que le jugement interlocutoire qui l'a précédé ?

3° Est-il nul, faute de mention de l'ordonnance qui a subrogé le rapporteur à un autre précédemment nommé ?

4° Est-il nul, lorsqu'il a été prononcé à un long

intervalle des plaidoiries ou des rapports, sans qu'il apparaisse d'aucune remise ?

XXI. Un jugement qui énonce qu'il a été rendu tel jour, après avoir entendu les parties et le ministère public, fait-il foi par lui-même, que c'est ce jour-là que les parties ont plaidé, et que le ministère public a donné ses conclusions ? La preuve résultant de cette énonciation, que tous les juges nommés dans le jugement ont entendu les plaidoiries des parties et les conclusions du ministère public, peut-elle être détruite par des extraits du plumitif qui énoncent que les plaidoiries ont eu lieu à des audiences antérieures, auxquelles n'assistaient pas quelques-uns des juges nommés dans le jugement ? Peut-elle l'être en matière de cassation, par les aveux de la partie en faveur de laquelle le jugement a été rendu ?

XXII. 1° La voie de la cassation est-elle toujours nécessaire pour que l'on puisse déclarer nul un jugement en dernier ressort, auquel manque une des formes essentiellement constitutives des jugemens ?

2° L'omission dans un jugement, des énonciations prescrites par l'art. 141 du code de procédure civile, emporte-t-elle encore nullité, comme l'emportait, sous la loi du 24 août 1790, l'omission de celles du même genre qui étaient prescrites par l'art. 15 du tit. 5 de cette loi ?

XXIII. 1° Peut-on attaquer par la voie de la cassation un jugement en dernier ressort rendu sur requête non communiquée ?

2° La voie de la cassation est-elle ouverte contre un jugement en dernier ressort par défaut, tant que dure le délai de l'opposition à ce jugement ?

XXIV. L'obligation imposée aux juges de citer et transcrire dans leurs jugemens les lois pénales qu'ils appliquent aux crimes et aux délits, est-elle suffisamment remplie par la citation et transcription des lois qui déterminent, par des dispositions générales, la nature des peines que les juges peuvent prononcer ?

XXV. Y a-t-il des cas où l'annulation d'un jugement, prononcée par la cour de cassation, pour excès de pouvoir, sur le réquisitoire du procureur-général, précédé d'un ordre du ministre de la justice, profite ou nuit aux parties intéressées ?

XXVI. Autres questions sur cette matière.

§. I. La fausseté de la date d'un jugement en emporte-t-elle la nullité ?

Je trouve l'affirmative établie par l'un des motifs d'un arrêt de la cour de cassation du 13 pluviôse an 8, portant annulation, sur la demande du sieur Boisteau, contre la veuve Daniel et son fils, d'un jugement du tribunal civil du département de la Meurthe, daté du 1er thermidor an 5 :

« Vu (y est-il dit) l'art. 8 du tit. 26 de l'ordonnance de 1667 ; et attendu que le jugement attaqué a été daté du 1er thermidor an 5, quoiqu'il soit justifié qu'à l'audience de ce jour il a été ordonné un rapport pour être fait le 4 du même mois; que ce jugement n'a donc pas été arrêté et prononcé ledit jour 1er thermidor an 5; d'où il suit qu'on n'a pu lui donner cette date, sans contrevenir formellement à l'article de l'ordonnance de 1667 ci-dessus cité.

« Attendu en outre, etc.....

» Par ces motifs, le tribunal casse le jugement attaqué.

Il est permis de douter que la cour de cassation jugeât encore de même, si la question se représentait, même pour des jugemens rendus sous l'empire de l'ordonnance de 1667.

Sans contredit, le jugement dont il s'agissait dans cette espèce avait violé l'art. 8 du tit. 26 de cette ordonnance; mais était-ce une raison pour le casser? Non: il ne pouvait résulter de là qu'une ouverture de requête civile, puisque, d'une part, l'article cité de l'ordonnance n'attachait pas la peine de nullité à l'infraction de la défense qu'il renfermait; et que, de l'autre, par l'art. 3 de la loi du 4 germinal an 2, *la disposition de l'art. 3 de la loi du 27 novembre-1er décembre 1790, qui, jusqu'à la formation d'un code unique des lois civiles, ne permettait de casser les jugemens pour violation de formes, que lorsqu'il s'agissait de formes prescrites sous peine de nullité, demeure restreinte aux formes déterminées par les lois antérieures à 1789, qui n'étaient pas encore abrogées.*

§. II. *Un jugement rendu sous les lois des 24 août 1790 et 3 brumaire an 2, pourrait-il être annulé, pour n'avoir pas été prononcé à l'audience, le jour même où il a été délibéré et arrêté?*

Il est certain qu'en ce cas, il y a contravention manifeste à une disposition de la loi du 22 novembre-1er décembre 1790, que renouvelle, en ces termes, l'art. 10 de la loi du 3 brumaire an 2 : «Les juges des tribunaux (porte cet article) pourront, comme par le passé, se retirer dans une salle » voisine, pour l'examen des pièces; *mais immé-* » *diatement après cet examen*, ils rentreront à » l'audience, pour y prononcer le jugement.»

Et il n'est pas besoin d'ajouter que la violation de cet article formait, avant le code de procédure civile, une ouverture de cassation; l'art. 2 de la loi du 4 germinal an 2 était là-dessus trop formel, pour qu'il fût possible d'élever à cet égard le moindre doute.

Aussi trouvons-nous dans le *Bulletin civil* de la cour de cassation un arrêt du 3 brumaire an 5, qui le décide ainsi, en cassant un jugement du tribunal de district de Lille, du 28 mars 1793 : « at- » tendu qu'il résulte de sa teneur, qu'il a été délibéré » et fixé à la chambre du conseil le 28 mars; et

» prononcé seulement à l'audience du lendemain » 29 mars....

C'est ce qu'a encore décidé un arrêt du 4 frimaire an 8, en cassant deux jugemens du tribunal civil du département des Deux-Nèthes :

Le premier de ces deux jugemens avait été arrêté le 14 frimaire, et prononcé le 16 frimaire an 5. Le second avait été arrêté le 8 germinal suivant, et prononcé à l'audience du 21 du même mois. Le sieur Verchain s'était pourvu en cassation contre l'un et l'autre, l'arrêt cité a statué en ces termes sur sa demande :

« Vu l'art. 10 de la loi du 2 brumaire an 3....;

» Considérant que le jugement interlocutoire rendu par le tribunal civil du département des Deux-Nèthes, avait été arrêté le 14 frimaire an 5, et prononcé à l'audience publique, le 15 du même mois; que le jugement définitif du même tribunal avait été arrêté le 8 germinal suivant, et n'a été prononcé qu'à l'audience du 21 du même mois; qu'un jugement n'a d'existence légale que du jour de sa prononciation à l'audience, et qu'il doit être prononcé publiquement, immédiatement après la délibération des juges qui l'ont arrêté; que les deux jugemens dont il s'agit n'ayant été prononcés à l'audience publique que quelques jours après qu'ils avaient été arrêtés, présentent une contravention à l'art. 10 de la loi du 3 brumaire an 2 :

» Par ces motifs, le tribunal casse et annule les jugemens rendus par le tribunal civil du département des Deux-Nèthes, les 16 frimaire et 21 germinal an 5; renvoie les parties, etc.»

Il a cependant été rendu depuis un arrêt contraire, sur le recours du sieur Aerden, contre un jugement du tribunal de première instance d'Anvers, du 14 pluviôse an 9, confirmatif d'un jugement intervenu dans une justice de paix, en faveur de la régie des douanes.

Le sieur Aerden attaquait le jugement du tribunal d'Anvers, par un moyen qu'il tirait de la circonstance, que ce jugement n'avait pas été prononcé à l'audience le même jour qu'il avait été délibéré et arrêté par les juges « Il est, en effet, énoncé dans ce » jugement (disait-il), que le commissaire du gou- » vernement ayant donné ses conclusions à l'au- » dience du 12 pluviôse, le tribunal, *après avoir* » *vu les pièces*, et par conséquent après s'être retiré » dans la chambre du conseil pour délibérer, *ar-* » *rêta le même jour un jugement dont il différa la* » *prononciation* au jour dont il porte la date, c'est- » à-dire, au 14 du même mois. Or, de là résulte » évidemment une contravention formelle à l'art. 10 » de la loi du 3 brumaire an 2. »

Mais par arrêt de la section civile du 24 ventôse an 11, rendu au rapport de M. Cochard, la requête du sieur Aerden a été rejetée : « attendu que les » jugemens ne prenant date que du jour où ils sont » prononcés, et les arrêtés particuliers *de délibéré* » ne pouvant en conséquence influer en rien sur » leur véritable date, il est indifférent que les juges

» du tribunal civil d'arrondissement d'Anvers aient
» arrêté celui qu'ils ont rendu dans cette affaire,
» le 12 pluviôse an 5, et qu'il n'ait été prononcé
» ensuite à l'audience que le 14 suivant. »

« Qu'il y ait dans cette manière de juger, plus
d'équité et de raison que dans la disposition illimitée de la loi du 4 germinal an 2, qui attachait
l'irrémissible peine de nullité à toute inobservation
ou violation de formes prescrites par les lois émanées des assemblées nationales, c'est ce qui ne peut
être révoqué en doute. Mais était-il permis aux
magistrats qui composaient alors la cour de cassation, de mettre ainsi l'équité et la raison à la place
d'une loi expresse et impérative?

Du reste, l'autorité de cet arrêt n'affaiblit pas
ceux des 3 brumaire an 5 et 4 frimaire an 8. En
général, un arrêt qui casse par un moyen de forme,
prouve beaucoup plus en faveur de ce moyen, que
ne prouve contre un arrêt de rejet. Les arrêts de
rejet sont quelquefois déterminés par des motifs que
la sagesse et la justice des magistrats les obligent
de taire : les arrêts de cassation ne sont jamais que
l'application littérale de la loi.

§. III. *Un jugement est-il nul, lorsqu'un
des juges qui y ont pris part, n'avait pas assisté, soit à toutes les audiences où la cause
a été plaidée, soit à toutes les séances où s'en
est fait le rapport?*

*2° Y aurait-il nullité dans un jugement
rendu sur un rapport, par suite d'un délibéré ordonné, après les plaidoiries, si l'un
des juges qui y ont coopéré n'avait pas assisté à toutes les audiences précédentes, et
si les parties n'avaient pas repris leurs conclusions à l'audience où le rapport a été fait?*

*3° Lorsque le fait de la part prise par un
juge à la délibération du jugement d'une cause
dont il n'avait pas entendu toutes les plaidoiries, est constaté par le silence que la feuille
d'audience garde sur lui, le contraire peut-il
être prouvé par une simple note signée du greffier seulement?*

I. Sur la première question, nulle difficulté. Lorsqu'en 1666, Louis XIV voulut qu'au jugement du
procès de la princesse qui portait le titre de *Made-
moiselle*, pût assister le conseiller Bérule, membre
du grand conseil, quoique, pendant l'absence de
ce magistrat, on y eût employé trois vacations entières, il donna, à cet effet, des lettres-patentes qui
lui en accordèrent le pouvoir, et encore y mit-il la
condition, que ce qui avait été lu pendant son absence, serait préalablement relu avec lui. Ces lettres-
patentes furent enregistrées au grand conseil le 3
juin 1666; elles sont citées par Brillon, dans son
Dictionnaire des arrêts, au mot *Opinion*, n° 8.

Il fut donc alors reconnu bien solennellement par
le législateur, que, pour pouvoir opiner dans une
affaire, il faut avoir assisté, soit à toutes les au-

diences où elle a été plaidée, soit à toutes les séances
où s'en est fait le rapport.

M. le chancelier d'Aguesseau a rappelé cette règle
au parlement de Grenoble, par une lettre du 26 septembre 1744.

Les lois nouvelles, loin de déroger à ces sages
maximes, leur ont imprimé une autorité plus imposante encore. Et c'est ce qu'a fait implicitement,
entre autres, l'art. 13 de la loi du 27 novembre 1er
décembre 1790, institutive de la cour de cassation.

Aussi la cour de cassation a-t-elle annulé tous les
jugemens qui lui ont été dénoncés comme rendus
par des juges qui n'avaient pas assisté à tous les débats dont ces jugemens avaient été précédés.

Parmi les innombrables arrêts qu'elle a rendus à
ce sujet, il en est de bien remarquables, par la sévérité avec laquelle ils appliquent le principe dont il
s'agit.

Le tribunal civil du département des Deux-Nèthes
avait entendu le 29 ventôse an 6, les plaidoiries
d'une affaire qu'il avait à juger entre Jean-Bernard
Piéters et Adrien-Liévin Gyzelinck; et après avoir
ordonné qu'il en serait délibéré, il s'était retiré
dans la chambre du conseil, où, le même jour, il
avait arrêté un jugement qu'il n'avait prononcé qu'à
l'audience suivante, tenue le 2 germinal.

A cette audience se trouvèrent trois juges qui
n'avaient pas assisté aux plaidoiries du 29 ventôse.

Jean-Bernard Piéters, condamné par ce jugement,
en demanda la cassation, sur le fondement qu'il
avait été prononcé en présence de juges qui n'a-
vaient pas entendu les parties.

Il s'élevait contre sa demande une considération
bien forte : c'est que la prononciation du jugement
n'était que de pure forme, et que le jugement avait
été délibéré et arrêté par tous les juges qui avaient
assisté aux plaidoiries.

Néanmoins la rigueur de la loi l'emporta sur
cette considération ; et, par arrêt du 26 vendémiaire
an 8, rendu au rapport M. Bayard, il a été statué
en ces termes :

« Vu l'art. 14 du tit. 2 de la loi du 24 août 1790 ;

» Attendu, 1° qu'il est constant que le jugement
attaqué, quoique prononcé le 2 germinal an 6,
avait été arrêté à la chambre du conseil le 29 ventôse précédent, et que trois des juges, qui ont assisté à l'audience du 2 germinal, ne faisaient point
partie de ceux qui avaient arrêté le jugement le
29 ventôse ;

» Attendu, 2° qu'un jugement n'a d'existence légale que du jour où il a été prononcé ; et que, par
conséquent, le jugement attaqué doit être considéré
comme ayant été rendu le 2 germinal, et, conséquemment, par des juges qui n'avaient pas entendu
les parties ; en quoi il y a contravention à l'art. 14
du tit. 2 de la loi du 24 août 1790 :

» Par ces motifs, le tribunal casse et annule..... »

Voici une autre espèce dans laquelle le même
principe a été consacré avec bien de la précision.

Le tribunal correctionnel de Louhans avait rendu, le 23 frimaire an 8, après plusieurs jours de débats et d'examen, un jugement auquel avaient assisté des juges qui n'avaient pas été présens à toutes les audiences précédentes.

Sur l'appel qu'en avaient respectivement interjeté le sieur Guyot, partie condamnée, et le sieur Puvis, partie plaignante, ce jugement avait été réformé en faveur du sieur Guyot seul, par un autre du tribunal criminel de Saône-et-Loire, du 11 pluviôse de la même année.

Le sieur Puvis s'est pourvu en cassation; et le 26 messidor an 8, il est intervenu, à la section criminelle, sur mes conclusions, un arrêt qui porte :

« Considérant que les juges qui ont rendu le jugement correctionnel, n'avaient pas assisté à toutes les audiences consacrées à l'instruction de cette affaire, et que conséquemment ils ont, par leur concours à ce jugement, commis un excès de pouvoir que le tribunal criminel n'a pu tolérer, sans se l'approprier...;

» Le tribunal casse et annule.... »

C'est ce qu'a encore décidé un arrêt du 26 prairial an 10, rapporté avec le plaidoyer sur lequel il a été rendu, à l'article *Dévolution coutumière*, §. 1.

En voici un autre qui a été rendu le 7 thermidor an 11, au rapport de M. Vergès, dans une espèce que son prononcé fera suffisamment connaître :

« Vu l'art. 14 du tit. 2 de la loi du 24 août 1790, et l'art. 10 de la loi du 3 brumaire an 2;

» Considérant que la loi, en accordant aux parties la faculté de se défendre, a évidemment reconnu que les juges qui n'auraient pas entendu la défense, ne pourraient pas coopérer au jugement;

» Que l'art. 10 de la loi du 3 brumaire an 2 veut aussi que le jugement soit *prononcé* par les juges qui, d'après les plaidoiries, le rapport et l'examen des pièces, s'il y a lieu, ont été mis en état d'apprécier les moyens des parties;

» Que cependant le président du tribunal de commerce de Perpignan a prononcé le jugement attaqué, à l'audience du 5 frimaire an 10, quoiqu'il n'eût pas assisté aux plaidoiries, quoiqu'il n'eût entendu aucune des parties, quoiqu'il n'eût pas, par conséquent, les documens que la loi exige pour prononcer en connaissance de cause;

» Le tribunal casse le jugement rendu par le tribunal de commerce de Perpignan, le 5 frimaire an 10.... »

On trouve dans le *Répertoire de jurisprudence*, au mot *Jugement*, sect. 1, n° 9, un arrêt semblable du 11 mai 1807.

C'est donc une maxime bien constante, qu'un juge vicie, par sa présence, le jugement à la délibération ou prononciation duquel il prend part, sans avoir assisté à toutes les plaidoiries dont ce jugement a été précédé; et c'est ce que déclare expressément l'art. 7 de la loi du 20 avril 1810, relative à l'ad-

ministration de la justice : « Les arrêts (porte-t-il) » qui ne sont pas rendus par le nombre de juges » prescrit, ou qui ont été rendus par des *juges qui* » n'ont pas assisté à toutes les *audiences de la* » *cause*, ou qui n'ont pas été rendus publiquement, » ou qui ne contiennent pas les motifs, sont dé- » clarés nuls. »

V. ci-après, §. 20, et le *Répertoire de jurisprudence*, au mot *Jugement*, §. 1, n° 8.

II. La sconde question, déjà jugée pour l'affirmative par un arrêt de la cour de cassation, du 14 avril 1816, rapporté dans le *Répertoire de jurisprudence*, à l'endroit indiqué au n° précédent, l'a encore été dans le même sens par un autre arrêt de la même cour, du 24 août 1825, qui a en même temps prononcé sur la troisième question. Voici comment le *Bulletin civil* nous en retrace l'espèce et le prononcé :

« Le sieur Giraudet-Coste était appelant d'un jugement du 11 mai 1821, rendu au profit des sieur et dame Gatreau.

» La seconde chambre de la cour royale de Bordeaux, saisie de l'appel, rendit un premier arrêt, le 6 juillet 1822, lequel ne paraît pas avoir été expédié, mais qui est analysé dans son second arrêt du 20 août de la même année, duquel second arrêt la cassation est demandée. Cette analyse porte : « la » cause distribuée et placée au rôle fut appelée le 6 » juillet dernier; les avoués prirent leurs conclu- » sions, ET APRÈS QUE LES MOYENS DES PARTIES EU- » RENT ÉTÉ EXPOSÉS, la cour ordonna qu'il en se- » rait *délibéré* au RAPPORT de M. Bechade fils, » conseiller-auditeur. » Le rapport fut fixé au 20 août suivant.

» Ce jour, 20 août, la cause fut appelée. Le sieur Giraudet-Coste ne voulut ni plaider, ni prendre de conclusions au fond. Il se borna à demander le renvoi à la session prochaine. Le renvoi fut refusé; il fut ordonné qu'il serait passé outre au rapport. Le rapport fut fait, et la cour royale de Bordeaux rendit l'arrêt qui est conçu dans les termes suivans : « Ouï, à l'audience du 6 juillet, les avoués » dans leurs conclusions; adoptant les motifs du » jugement dont est appel, met ledit appel au néant. »

» Le sieur Giraudet-Coste a demandé la cassation de cet arrêt, pour contravention à l'art. 7 de la loi du 20 avril 1810. Il disait : On lit dans l'expédition de l'arrêt du 20 août, que M. Delpech, conseiller-auditeur, a fait partie des juges qui ont rendu cet arrêt; or, il est prouvé, par la feuille d'audience du 6 juillet, que M. Delpech n'a pas assisté à l'audience de ce jour; il a donc concouru à juger une cause sans avoir assisté à l'audience du 6 juillet, dans laquelle elle a été plaidée.

» Les mariés Gatreau convenaient que M. Delpech n'avait pas assisté à l'audience du 6 juillet; mais suivant eux, ce n'était que par erreur que son nom se trouvait parmi ceux des juges dans l'expédition de l'arrêt du 20 août; et, pour prouver cette erreur, ils produisaient un certificat donné par le greffier en chef de la cour royale de Bordeaux, le 16 juin 1824, portant qu'en marge de la minute de l'arrêt, on lit, écrit de la main du greffier de la seconde chambre, lequel a écrit toute la minute : *Nota M. Delpech n'a pas concouru à cet arrêt.*

Pour prononcer avec une parfaite connaissance sur ce moyen, la cour de cassation crut devoir s'assurer de l'état de la minute de l'arrêt du 20 août. Par son arrêt contradictoire du 19 juillet 1825, elle rejeta une fin de non-recevoir qui était proposée contre le pourvoi; et, avant faire droit au fond, elle ordonna :

» 1° Que le procureur-général près la cour de cassation ferait vérifier la minute de l'arrêt du 20 août 1822, à l'effet de faire constater si la note portant que M. Delpech n'a pas concouru à cet arrêt, était signée ou paraphée tant par le président que par le greffier de la chambre qui l'avait rendu, conformément à ce qu'exige l'art. 138 du code de procédure civile pour les feuilles d'audience;

» 2° Que le même procureur-général se procurerait un certificat constatant le résultat de cette vérification;

» 3° Qu'il se procurerait également une expédition de la feuille d'audience du même jour, 20 août 1822.

» Le procureur-général près la cour de cassation fait faire, par le procureur-général près la cour royale de Bordeaux, les vérifications ordonnées par l'arrêt de la cour de cassation, du 19 juillet 1825, ce second magistrat a transmis au premier le résultat de sa vérification, et une copie figurée de la feuille d'audience de la seconde chambre de la cour de Bordeaux.

» Il résulte de ces pièces, 1° qu'à l'audience du 20 août 1822, il n'a été rendu d'autre arrêt que celui qui concerne le sieur Giraudet-Coste et les mariés Gatreau;

» 2° Que la feuille d'audience dudit jour, 20 août 1822, offre, en marge, au haut de la page, les noms des juges présens, et que celui de M. Delpech, conseiller-auditeur, y est inscrit; que cette liste des juges est signée du président et du greffier de la chambre, conformément à l'art. 138 du code de procédure civile;

» 3° Enfin, que plus bas, sur la même marge, en face des qualités des parties (Giraudet-Coste contre les mariés Gatreau), est écrite de la main du greffier de la chambre, qui a écrit le corps de l'arrêt, la note que voici : *Nota. M. Delpech n'a pas concouru à cet arrêt;* mais que cette note n'est signée ni paraphée par le président et par le greffier.

» Oui le rapport fait par M. le conseiller Gandon, et les conclusions de M. l'avocat-général Cahier,

» Vu l'art. 7 de la loi du 20 avril 1810;

» Considérant qu'une note sans signature ni paraphe ne peut balancer la foi d'un état nominatif des juges inscrits en marge de l'arrêt du 20 mars

1822, lequel était signé par le président et le greffier de la chambre, ainsi que le prescrit l'art. 138 du code de procédure; qu'il résulte de cet état que M. Delpech a concouru à l'arrêt du 20 août, qu'il est prouvé, par l'expédition en forme de la feuille d'audience du 6 juillet, que M. Delpech n'assista point à cette audience; que l'arrêt du 20 août affirme qu'à cette audience du 6 juillet les moyens des parties avaient été exposés, et qu'il prouve que le 20 août, ces moyens ne furent pas reproduits; que le sieur Giraudet ne voulut même pas prendre des conclusions au fond : d'où la conséquence que M. Delpech a concouru, le 20 août, au jugement d'une affaire sans avoir assisté à toutes les audiences dans lesquelles elle a été plaidée, en sorte que l'arrêt dudit jour, 20 août 1822, est frappé de la nullité prononcée par l'art. 7 de la loi du 20 avril 1810;

» Par ce motif, la cour casse et annule..... »

§. IV. 1° *Les formalités qui, de la part des juges ou du ministère public, doivent précéder ou accompagner, soit la délibération, soit la prononciation d'un jugement, sont-elles censées omises, par cela seul que le jugement même n'en fait pas mention expresse?*

2° *Y a-t-il, à cet égard, quelque distinction à faire entre les jugemens des tribunaux ordinaires et ceux des conseils de guerre?*

3° *Lorsqu'en remplacement d'un juge absent, ou empêché, il est appelé soit un juge d'une autre chambre, soit un suppléant, soit un avocat ou un avoué, est-il nécessaire, à peine de nullité, que la cause du remplacement soit constatée par le jugement même?*

I. François Charday et Jeanne Renard, sa femme, demandaient la cassation d'un jugement du tribunal de district de Pont-l'Évêque, du 22 vendémiaire an 2, sur le fondement que le ministère public n'avait pas été entendu sur l'affaire qui en était l'objet.

On leur opposait les déclarations du président et du commissaire national, par lesquelles il était attesté que celui-ci avait été présent, et avait donné ses conclusions à l'audience, quoique le jugement n'en fît pas mention.

Mais, le 29 fructidor an 3, arrêt par lequel,

« Considérant qu'en principe, un jugement doit porter la preuve que les formalités de la loi ont été remplies; qu'elle ne peut être suppléée par des preuves extérieures, encore moins par des preuves testimoniales ni des certificats qui sont sans valeur aux yeux de la loi; que l'art. 3 du tit. 8 de la loi du 24 août 1790 ne se contente pas de la présence du commissaire national, il veut qu'il soit entendu dans les causes des femmes mariées; et que rien ne constate dans le jugement qu'il ait été entendu;

» Le tribunal casse et annule..... »

C'est sur le même principe qu'est fondé un arrêt du 4 fructidor an 11, ainsi conçu :

« Le commissaire du gouvernement expose que le tribunal civil de l'arrondissement de Furnes a rendu, le 15 frimaire an 10, entre le receveur de l'enregistrement de cette commune, et le cit. Carton, notaire, un jugement en dernier ressort, qui viole ouvertement l'art. 65 de la loi du 22 frimaire an 7.

» En effet, ce jugement a été rendu sans rapport préalablement fait par l'un des juges.

» A ces causes, l'exposant requiert qu'il plaise au tribunal de cassation, vu l'art. 65 de la loi du 22 frimaire an 7, et l'art. 88 de la loi du 27 ventôse an 8, casser et annuler, pour l'intérêt de la loi seulement, le jugement dont il s'agit, et ordonner qu'à la diligence de l'exposant, le jugement à intervenir sera imprimé et transcrit sur les registres du tribunal civil de l'arrondissement de Furnes... Signé, Merlin.

» Ouï le rapport du cit. Coffinhal, l'un des juges.....;

» Vu la cinquième partie de l'art. 65 du tit. 9 de la loi du 22 frimaire an 7 ;

» Et attendu que le jugement dont il s'agit a été rendu sans rapport préalablement fait par l'un des juges :

» Le tribunal, faisant droit sur le réquisitoire, casse et annule....»

Un arrêt semblable a été rendu, le 19 décembre 1809, au rapport de M. Audier-Massillon, sur le recours de la veuve d'Hattot-Deslayes contre un jugement rendu par le tribunal civil d'Yvrée, le 22 juin 1807, en faveur de la régie de l'enregistrement :

« Vu (porte-t-il) l'art. 65 de la loi du 22 frimaire an 7 ;

» Et attendu que la forme des jugemens rendus en matière d'enregistrement, étant réglée par des lois particulières qui n'ont point été abrogées par le code de procédure, l'art. 1030 et les autres dispositions de ce code ne sont pas applicables à ces matières ; que les formes constitutives des jugemens doivent être constatées par les jugemens mêmes, et que leur omission en opère la nullité ;

» Attendu qu'il ne résulte pas du jugement du 27 juin 1807, qu'il ait été rendu sur le rapport d'un juge et sur les conclusions du procureur-général, ainsi qu'il est prescrit par l'art. 65 de la loi du 22 frimaire an 7 :

» La cour casse et annule.... »

V. le *Répertoire de jurisprudence*, aux mots *Formalités*, n° 2, et *Jugement*, §. 2, n° 8.

II. Sur la seconde question, V. le plaidoyer du 15 janvier 1814, rapporté à l'article *Information*, §. 1.

III. Quant à la troisième question, V. l'article *Avocat*, §. 3.

§. V. 1° *Est-il nécessaire que les jugemens rendus en matière de recouvrement de revenus publics, à la poursuite de la régie de l'enregistrement et des domaines, soient précédés d'un rapport ?*

2° *Que doit-on décider à l'égard d'un jugement qui est rendu sans rapport, dans une affaire où un notaire est poursuivi par la régie de l'enregistrement, en exécution de la loi du 22 frimaire an 7, pour un fait qu'il prétend être indépendant de sa qualité, et que le tribunal répute tel ?*

3° *Les jugemens rendus, soit en matière d'enregistrement, soit en matière de recouvrement de revenus publics, peuvent-ils être précédés de plaidoiries, soit de la part de la régie de l'enregistrement et des domaines, soit de la part de ses adversaires ?*

4° *La défense de plaider, dans ces affaires, emporte-t-elle celle d'y prendre des conclusions verbales ?*

5° *Cette défense a-t-elle lieu dans les affaires qui, intentées d'abord par la régie pour recouvrement de revenus publics, sont ensuite poursuivies par les préfets qui y interviennent à raison de la contestation élevée sur le fond du droit ?*

I. Sur la première question, V. le plaidoyer et l'arrêt du 3 pluviôse an 10, rapportés à l'article *Rente foncière*, §. 15.

II. La seconde question s'est présentée dans l'espèce suivante :

En octobre 1806, le sieur Séguy de Fontigny présente au ministre des finances une pétition tendante à obliger le sieur Pérignon, notaire, de représenter un acte sous seing-privé qui est déposé entre ses mains, et contient la vente faite à son profit par le sieur Lacher et les sieur et dame Tancarville, d'une maison située à Paris.

Le ministre renvoie cette pétition à l'administration de l'enregistrement.

Le 16 février 1807, un vérificateur de l'enregistrement se présente chez le sieur Pérignon, et lui demande copie de l'acte, avec payement des droits.

Le notaire répond qu'il est dépositaire d'un paquet cacheté, portant cette inscription : *Ce paquet m'a été remis de confiance par MM. Fontigny et Tancarville, pour n'être ouvert qu'en leur présence. A Paris, le 6 juin 1791.*

Le vérificateur dresse procès-verbal de ces faits, et l'administration de l'enregistrement se pourvoit devant le tribunal civil du département de la Seine, pour faire ordonner l'ouverture du paquet, à l'effet d'établir la perception des droits dont le trésor public se trouverait frustré, si ce paquet restait clos.

Le sieur Pérignon répond que ce n'est pas comme

notaire, mais comme particulier, et à titre de confiance, qu'il a reçu le dépôt du paquet; et que l'administration de l'enregistrement n'a aucune qualité pour exiger l'ouverture de l'enveloppe.

Le 18 juin 1807, jugement qui le décide ainsi.

Mais l'administration de l'enregistrement se pourvoit en cassation, et par arrêt du 23 décembre 1807, au rapport de M. Vallée,

« Vu les art. 54 et 65 de la loi du 22 frimaire an 7, et attendu, 1° que Me Pérignon était notaire public au moment où le préposé de la régie lui a demandé la représentation de l'acte dont il est le dépositaire;

» 2° Que toute affaire poursuivie en conséquence des dispositions de la loi du 22 frimaire an 7, doit être jugée sur le rapport d'un juge; et que, dans l'espèce, le jugement a été rendu sans rapport préalable; qu'ainsi, il y a, dans le jugement attaqué, violation des art. 54 et 65 de la loi de frimaire an 7:

» La cour casse et annule.... »

III. Sur les trois autres questions, *V.* le plaidoyer du 15 avril 1810, rapporté aux mots *Rente foncière*, *Rente seigneuriale*, §. 16, n° 2.

§. VI. 1° *Un jugement rendu, chambres réunies, par un tribunal divisé en plusieurs chambres, est-il valable?*

2° *Un jugement est-il nul par cela seul qu'il y a concouru un ou plusieurs juges de plus qu'il n'en fallait pour le rendre, lorsqu'ils n'étaient pas appelés, par la nature et l'ordre légal de leurs fonctions, à y prendre part?*

V. l'article *Section de tribunaux*, §. 1 et 2.

§. VII. 1° *Le nombre de dix juges est-il nécessaire pour statuer sur l'appel d'un jugement d'instruction rendu sous l'empire de l'ordonnance de 1670, dans une matière où il peut échoir peine afflictive?*

2° *L'est-il pour statuer sur une affaire commencée dans la forme criminelle, sous l'empire de l'ordonnance de 1670, lorsque, par l'effet des changements arrivés dans l'état de la procédure, il ne peut plus y avoir lieu à peine afflictive?*

V. le plaidoyer du 17, et l'arrêt du 18 germinal an 11, rapportés à l'article *Section de tribunaux*, §. 2.

§. VIII. *En quel cas et en quel nombre des avocats ou avoués peuvent-ils concourir à un jugement?*

V. l'article *Avocat*.

§. IX. 1° *Les jugemens d'arbitres font-ils foi de leurs dates, contre les parties entre lesquelles ils sont rendus?*

2° *Quel égard doit-on avoir à un acte qualifié jugement, par lequel des ci-devant arbitres déclarent que la date apposée par eux à leur jugement proprement dit, n'est pas véritable?*

V. l'article *Date*, §. 5.

§. X. *De l'interprétation des jugemens.*
V. l'article *Interprétation de jugement*.

§. XI. *La partie qui a obtenu un jugement auquel son adversaire a acquiescé, peut-elle s'en désister malgré celui-ci?*

V. le plaidoyer du 6 fructidor an 10, rapporté à l'article *Opposition (tierce)*, §. 3.

§. XII. *Avant le code de procédure civile, les jugemens rendus, par erreur, en dernier ressort, pouvaient-ils être attaqués par appel, ou ne pouvaient-ils l'être que par cassation?*

La voie de cassation était bien constamment la seule qui fût ouverte contre ces jugemens; et voici l'un des nombreux arrêts qui l'avaient ainsi décidé :

« Le commissaire du gouvernement près le tribunal de cassation expose qu'il se croit obligé, pour le maintien des principes régulateurs de la hiérarchie judiciaire, de requérir l'annulation de deux jugemens qui empiètent, l'un sur les attributions des tribunaux d'appel, l'autre sur l'autorité du tribunal de cassation lui-même.

» Dans le fait, Pierre et Joseph Laumain, frères, vivaient ensemble et en communauté, dans la ville de Moulins-en-Gilbert, département de la Nièvre.

» Joseph Laumain avait eu de son mariage avec Jeanne Lefebvre plusieurs enfans, dont un garçon, nommé Joseph, et quatre filles nommées Lazarette, Pierrette, Françoise et Jeanne.

» Pendant leur communauté, Joseph Laumain et Jeanne Lefebvre marièrent leur fille Françoise à François Martin; et par le contrat de mariage passé le 20 décembre 1773, ils lui constituèrent en dot une somme de 150 livres, et un trousseau évalué 30 livres.

» Au moyen de cette constitution dotale, François Laumain renonça à leur succession future, au profit de son frère Joseph Laumain.

» Celui-ci fut, en même temps et par le même contrat, institué héritier universel de son père et de sa mère, à la charge, 1° d'acquitter, à leur décès, ce qui pourrait se trouver encore dû de la constitution dotale; 2° de fournir et de payer à chacune des trois autres filles une dot de la même valeur.

» Enfin, il fut stipulé que, dans le cas où Françoise Laumain ou ses sœurs ne voudraient pas se tenir à leurs dots ainsi réglées, elles demeureraient réduites à leur légitime; et, pour cet effet, les biens actuels du père et de la mère furent évalués 900 livres.

» Jeanne Lefebvre, femme Laumain, et son mari sont morts, la première le 4 juillet 1775, le second le 20 août 1783.

» Lazarette et Pierrette Laumain n'ont point été mariées, et sont mortes dans l'intervalle du décès de leur mère à celui de leur père.

» L'autre fille, Jeanne Laumain, s'est mariée en février 1786, avec Sébastien Monny.

» Du mariage de Françoise Laumain avec François Martin, est née Jeanne Martin, qui a épousé Jean Collet en 1793.

» Le 9 frimaire an 6, Joseph Laumain, Jean Collet et sa femme, Jeanne Laumain et Sébastien Monny, son mari, ont fait assigner Pierre Laumain, leur oncle et grand-oncle, au tribunal civil du département de la Nièvre, à fin de partage de la communauté qui avait existé entre lui et Joseph Laumain, leur père et aïeul, et qui s'était, disaient-ils, continuée avec eux.

» Divers incidens, et notamment des saisies-arrêts ont suivi cette assignation; et il a été statué sur le tout par un jugement du tribunal civil de Moulins-en-Gilbert, du 11 fructidor an 9.

» Par ce jugement, rendu en premier et dernier ressort, les demandeurs ont été déboutés des fins de leur exploit introductif d'instance, et il a été accordé à Pierre Laumain main-levée des saisies-arrêts pratiquées à leur requête, avec 50 francs de dommages-intérêts.

» Le 4e jour complémentaire suivant, Jean Collet, Sébastien Monny et leurs femmes ont interjeté appel de ce jugement.

» La cause portée à l'audience du tribunal d'appel de Bourges, Pierre Laumain a soutenu que le jugement étant qualifié en dernier ressort, les appelans devaient, par cela seul, être déclarés non-recevables.

» Mais par jugement contradictoire du 20 prairial an 10, le tribunal d'appel de Bourges a rejeté la fin de non-recevoir de Pierre Laumain, et a ordonné aux parties d'instruire au fond.

» Les motifs de ce jugement sont:

» Que les juridictions sont d'ordre public; que le pouvoir de juger en premier ou dernier ressort n'est pas arbitraire, mais en raison de l'intérêt » que la cause présente à juger; qu'ainsi, en quelques termes que le jugement soit conçu, il est toujours en premier ressort, s'il s'agit d'un objet indéterminé ou excédant 1,000 francs;

» Qu'un tel jugement qualifié en dernier ressort, peut être considéré comme contenant simple erreur ou excès de pouvoir; qu'au premier cas, cette disposition se trouve dans la classe ordinaire des décisions qui peuvent être réformées par la voie d'appel;

» Qu'au second, elle est radicalement nulle, comme émanant d'officiers sans caractère, et dès-lors ne peut lier ni les parties, ni le tribunal formant le second degré de juridiction;

» Qu'à la vérité, l'excès de pouvoir rend le juge coupable, et peut faire encourir une peine que le tribunal d'appel serait sans doute incompétent pour prononcer; mais que cet objet qui tient à l'ordre public, n'a rien de commun avec le droit qu'ont les parties d'appeler; et les tribunaux d'appel de connaître de tout jugement dont l'intérêt est indéterminé ou excède 1,000 francs; que l'opinion contraire tendrait à laisser aux premiers juges le droit de passer à leur gré les limites marquées par la loi, assurer à des jugemens vicieux et nuls l'exécution pleine et entière sur le principal et les dépens, gêner la voie d'appel même, priver les parties du deuxième degré de juridiction, quand leur éloignement, pauvreté ou ignorance empêcherait leur recours en cassation; et que la jurisprudence de tous les tribunaux et de tous les temps a consacré la maxime que l'appel d'un jugement qualifié par erreur en dernier ressort, était recevable, sans qu'il fût besoin de recourir en cassation;

» Qu'à la vérité, un jugement du tribunal de cassation, du 1er nivôse an 10, décide qu'un tel appel ne peut être reçu; mais qu'il est possible que des circonstances particulières aient nécessité cette décision; qu'au surplus, le tribunal du Cher se fera toujours un devoir de proclamer hautement son respect pour celui de cassation, en exposant avec franchise une opinion qui n'est pas la sienne, que la hiérarchie des tribunaux, les principes connus de celui du Cher, écarteront sans doute l'idée d'un pouvoir qui rivalise, et ne laisseront apercevoir que des juges amis de la vérité, et la cherchant de bonne foi. »

» Sans contredit, le tribunal civil de Moulins-en-Gilbert avait excédé ses pouvoirs et violé l'art. 3 du tit. 4 de la loi du 24 août 1790, en prononçant en dernier ressort sur une demande en partage d'une communauté dont la valeur n'était pas déterminée, quoique, dans le fait, elle n'excédât peut-être pas 1,000 fr.

» Aussi n'y a-t-il aucun doute que son jugement n'eût été cassé, s'il eût été déféré, dans le terme fixé par la loi, au tribunal suprême, et c'est ce qui oblige l'exposant d'en requérir d'office l'annulation.

» Mais de cela même que ce jugement était sujet à cassation, il suit nécessairement qu'il n'était pas susceptible d'appel; et cette considération devait lier les mains du tribunal de Bourges.

» On sait bien que la loi n'abandonne pas aux caprices des premiers juges le droit de prononcer en dernier ressort ou à la charge de l'appel; elle a, au contraire, fixé avec précision les cas où ils pourraient et devraient prononcer, soit de l'une, soit de l'autre manière.

» Mais elle a aussi déterminé quel est le *pouvoir* à qui appartient le droit de faire rentrer dans les limites de leurs attributions les juges qui les transgressent, en décidant en dernier ressort des contestations sur lesquelles ils ne peuvent statuer qu'à la charge de l'appel.

» Ce *pouvoir* est le tribunal de cassation. L'art. 2 de la loi du 27 novembre-1er décembre 1790 lui attribue, et n'attribue qu'à lui le droit « de pro-» noncer sur toutes les demandes en cassation con-» tre les jugemens rendus en dernier ressort; » la même disposition se retrouve littéralement dans l'art. 65 de l'acte constitutionnel du 22 frimaire an 8; et ces expressions, *jugemens rendus en dernier ressort*, sont trop générales, trop illimitées, pour ne pas embrasser tous les jugemens ainsi qualifiés, sans distinguer si c'est bien ou mal à propos que les tribunaux de qui ils sont émanés, leur-ont donné cette qualification.

» Que la loi ainsi entendue comme elle doit l'être, puisse donner lieu à quelques inconvéniens, ce n'est point là ce qui doit occuper les magistrats. Les inconvéniens d'une loi ne peuvent être appréciés, il n'y peut être apporté remède que par le législateur; et les magistrats sortent des bornes de leur mission, ils usurpent l'autorité législative, toutes les fois que, pour prêter à une loi un sens contraire à ses termes, ils s'appuient sur les inconvéniens qu'elle entraînerait, selon eux, dans le sens opposé.

» On sait, d'ailleurs, que les prétendus inconvéniens qu'a relevés le tribunal d'appel de Bourges dans les motifs de son jugement, n'avaient pas, en l'an 5, paru assez graves au conseil des cinq-cents, pour adopter le projet de résolution qui lui avait été présenté dans ses séances des 25 prairial et 25 thermidor, et qui tendait à soumettre à l'appel les jugemens mal à propos qualifiés en dernier ressort.

» On sait, au contraire, que le même conseil avait, dans sa séance du 13 vendémiaire an 7, et d'après un rapport qui lui avait été fait le 15 pluviôse an 6, pris une résolution ainsi conçue : « Tout » jugement dont le dispositif annoncera qu'il a été » rendu en dernier ressort, ne pourra être attaqué » que par la voie de cassation. »

» On sait aussi que cette résolution ayant été portée au conseil des anciens, les commissaires choisis pour l'examiner, en proposèrent l'approbation à la séance du 4 frimaire suivant, et que, si elle n'a pas été effectivement approuvée, la faute n'en est qu'aux événemens qui ont empêché le conseil des anciens d'en terminer la discussion.

» Du reste, la jurisprudence du tribunal de cassation n'a jamais varié sur ce point. Dès le principe de son institution, il a prouvé par des jugemens sans nombre, qu'il regardait les tribunaux d'appel comme incompétens pour connaître les décisions indûment qualifiées de jugemens en dernier ressort. Il a encore jugé de même les 15 ventôse, 14 floréal

et 4 prairial an 6, c'est-à-dire, à des époques où le corps-législatif agitait la question de savoir s'il convenait ou non de déroger à sa jurisprudence. Et c'est ce qu'il a encore décidé en l'an 10, par deux jugemens de rejet, l'un du 1er nivôse, au rapport du cit. Liborel, l'autre, du 13 thermidor, au rapport du cit. Delacoste.

» Le tribunal d'appel de Bourges se fonde encore, dans ses motifs, sur l'ancienne jurisprudence qui avait, dit-il, « consacré la maxime, que l'appel » d'un jugement qualifié par erreur en dernier res-» sort était recevable, sans qu'il fût besoin de re-» courir en cassation. » Mais cette assertion n'est rien moins qu'exacte.

» Il est vrai que l'art. 35 de l'édit d'ampliation des présidiaux, du mois de mars 1551, avait permis aux parties condamnées par sentences indûment qualifiées de présidiales, d'en relever *appel au parlement*; et que cette faculté avait été à la fois confirmée et réglée par un autre édit du mois d'octobre 1554.

» Mais il avait été dérogé à ces lois par une déclaration du 27 décembre 1574, donnée en interprétation de l'art. 17 de l'ordonnance de Moulins : « Voulons et ordonnons (portait-elle) que doréna-» vant les juges présidiaux déclareront et spécifie-» ront dans leurs sentences et jugemens de dernier » ressort, tant civils que criminels, qu'ils sont donnés » en dernier ressort....; ce faisant, défendons à nos » cours de parlement de recevoir aucun appelant » desdites sentences et jugemens, et aux maîtres » des requêtes ordinaires de notre hôtel ou autres » ayant la garde des sceaux de nos chancelleries, » en expédier aucun relief d'appel; et si, par inad-» vertance, surprise ou autrement, aucuns desdits » reliefs d'appels étaient expédiés, enjoignons à tous » huissiers ou sergens auxquels ils seront présentés, » qu'auparavant les exécuter, ils les présentent aux-» dits juges présidiaux desquels lesdits jugemens » seront donnés, ès-assemblées à la chambre du » conseil; lesquels, vérification préalablement faite » si lesdits jugemens sont donnés en dernier ressort, » le déclareront et en feront acte signé de leur » greffier au dos dudit relief d'appel; après laquelle » déclaration, nous défendons très-expressément à » tous huissiers et sergens l'exploiter, à nosdites » cours de parlement lever aucunes contraintes » contre les greffiers desdits présidiaux, pour leur » faire apporter les procès ès-greffes de nosdites » cours, soit SOUS PRÉTEXTE DE VÉRIFIER S'ILS SONT » DES CAS DE L'ÉDIT, ou autrement.... »

» Ces dispositions avaient même été confirmées par l'art. 26 du tit. 2 de l'ordonnance de 1737, concernant les réglemens de juges, lequel voulait qu'en cas de conflit entre un parlement et un présidial, pour savoir si celui-ci avait compétemment jugé en dernier ressort, les parties fussent tenues de se pourvoir au grand-conseil.

» Elles étaient, à la vérité, devenues sans objet

dans les derniers temps qui ont précédé la révolution, et cela par l'effet de l'entière refonte du système de la présidialité, opérée par l'édit du mois d'août 1777.

» Suivant cet édit, les présidiaux devaient, ainsi qu'y sont encore tenus les tribunaux criminels spéciaux, commencer par rendre, sur chaque affaire qu'ils regardaient comme présidiale, un jugement par lequel ils se déclaraient compétens pour la juger en dernier ressort ; et ce jugement était soumis à l'appel au parlement.

» Mais la loi du 24 août 1790 n'imposant pas la même règle aux tribunaux de première instance, pour les cas où ils se croient fondés à juger en dernier ressort, il est évident qu'elle est censée s'en référer aux lois antérieures à l'année 1777, pour déterminer par quelle voie pourront être attaqués les jugemens qualifiés en dernier ressort qui émaneront des tribunaux de première instance.

» Ce considéré, il plaise au tribunal de cassation, vu l'art. 88 de la loi du 27 ventôse an 8, l'art. 5 du tit. 4 de la loi du 24 août 1790, l'art. 2 de la loi du 1er décembre suivant, et l'art. 65 de l'acte constitutionnel, casser et annuler, dans l'intérêt de la loi, et sans préjudice du droit des parties intéressées, 1° le jugement du tribunal civil de l'arrondissement de Moulins-en-Gilbert, du 11 fructidor an 9, comme ayant, par excès de pouvoir, statué en dernier ressort sur une contestation dont l'objet n'avait pas une valeur déterminée par les pièces ; 2° le jugement du tribunal d'appel de Bourges, du 20 prairial an 10, comme ayant, également par excès de pouvoir, reçu l'appel d'un jugement qualifié en dernier ressort ; et ordonner qu'à la diligence de l'exposant, le jugement de cassation à intervenir sera imprimé et transcrit, tant sur les registres du tribunal civil de l'arrondissement de Moulins-en-Gilbert, que sur ceux du tribunal d'appel de Bourges... *Signé*, Merlin.

» Ouï le rapport d'Yves-Nicolas-Marie Gandon... ;
» Vu l'art. 2 de la loi du 1er décembre 1790 et l'art. 65 de l'acte constitutionnel ;

» Considérant que la généralité de ces deux articles investit inclusivement le tribunal de cassation du pouvoir de prononcer sur le recours exercé contre des jugemens rendus en dernier ressort ; qu'aucune loi ne permet de juger d'un jugement en dernier ressort ; et qu'ainsi, les tribunaux d'appel n'ont pas reçu le pouvoir d'admettre les appels de semblables jugemens, à l'effet d'examiner si les tribunaux d'arrondissement ont pu les prononcer en dernier ressort ; d'où il résulte que le jugement du 20 prairial an 10 contient un double excès de pouvoir ;

» Vu pareillement l'art. 5 du tit. 4 de la loi du 24 août 1790, qui règle la compétence des tribunaux de première instance pour prononcer en dernier ressort aux actions qui ont pour objet un principal de 1,000 francs, ou un revenu déterminé de 50 fr., soit en rente, soit par prix de bail ;

» Considérant que, dans l'espèce, la demande en partage d'une communauté avait pour objet une valeur indéterminée, et qu'ainsi, le jugement du 11 fructidor an 9 a commis un excès de pouvoir en déboutant de cette demande en dernier ressort :

» Le tribunal, faisant droit sur le réquisitoire du commissaire du gouvernement, casse et annule, pour excès de pouvoir, dans l'intérêt de la loi, et sans préjudice du droit des parties intéressées, le jugement du 20 prairial an 10, rendu par le tribunal d'appel séant à Bourges, et celui du 11 fructidor an 9, rendu par le tribunal de l'arrondissement de Moulins-en-Gilbert...

» Fait et prononcé à l'audience du tribunal de cassation, section civile, le 23 brumaire an 11... »

Cette jurisprudence est réformée par l'art. 452 du code de procédure civile : « Seront sujets à » l'appel (porte cet article), les jugemens qualifiés » en dernier ressort, lorsqu'ils auront été rendus » par des juges qui ne pouvaient prononcer qu'en » première instance. »

§. XIII. *Avant le code de procédure civile, était-ce par cassation ou par appel que devait être attaqué un jugement qui, par la valeur de son objet, eût dû être rendu en dernier ressort, et qui cependant l'avait été, par erreur, à la charge de l'appel ?*

La voie de cassation était incontestablement la seule recevable, si, par son institution, le tribunal qui avait rendu le jugement, ne pouvait le rendre qu'en dernier ressort. C'est ce que j'ai établi dans un plaidoyer du 11 pluviôse an 9, rapporté à l'article *Appel*, §. 1, n° 14.

J'ai avancé dans le même plaidoyer que c'était au contraire par la voie d'appel que l'on devait se pourvoir, lorsque le jugement était émané d'un tribunal institué pour juger certaines matières en dernier ressort ; et pour en juger d'autres à la charge de l'appel.

C'est ce qu'avait, en effet, décidé depuis peu un arrêt rendu dans une affaire sur laquelle je m'étais expliqué en ces termes :

« Le cit. Rosières avait passé, du 2 vendémiaire au 6 frimaire an 7, vingt et un contrats notariés de vente ou d'échange de différens immeubles dépendans du domaine de *la Feuillade*, dont il s'était déclaré propriétaire.

» Dans chacun de ces actes, il avait figuré et stipulé en son propre nom ; il y était dit : demeurant à Tassin, *aujourd'hui dans son domaine de la Feuillade*; et une clause expresse portait que l'acquéreur entrerait en possession du bien dont il faisait l'acquisition, du jour du contrat, en toute propriété » et fruits, et en jouirait tout ainsi que le vendeur » et ses auteurs en avaient joui. »

» Le receveur du bureau de Mornant, ayant enregistré ces actes, s'est aperçu que le cit. Rosières n'avait pas soumis à cette formalité le titre en vertu duquel la propriété du domaine de la Feuillade était passée sur sa tête.

» Il paraît qu'il en a fait l'observation au cit. Rosières lui-même, et qu'il lui a en même temps demandé le triple droit auquel l'art. 3o de la loi du 9 vendémiaire an 6 assujétit tout acte sous seing-privé, translatif de la propriété ou de l'usufruit d'immeubles qui n'a pas été enregistré dans les trois mois de sa date, et avant qu'il en fût fait usage en justice ou devant notaire.

» Il paraît aussi que, pour écarter cette demande, le cit. Rosières s'est fait passer par l'ancien propriétaire du domaine de la Feuillade, le 26 ventôse an 7, c'est-à-dire, plus de trois mois après le dernier même des vingt et un actes dont nous avons parlé, un contrat de vente notarié de ce même domaine, dont il avait déjà aliéné une partie par ces vingt et un actes.

» C'était un moyen assez mal imaginé pour couvrir la fraude du cit. Rosières, ou plutôt c'était le moyen le plus efficace qu'il pût employer pour le mettre à découvert; car il était bien absurde de représenter le cit. Rosières acquérant en ventôse an 7, de l'ancien propriétaire du domaine de la Feuillade, des immeubles qu'il avait lui-même vendus à différens particuliers, dans l'intervalle du 2 vendémiaire au 6 frimaire précédent, et sans qu'il parût aucune trace de rétrocession de ces mêmes immeubles de la part des acquéreurs à l'ancien propriétaire.

» Aussi le receveur du bureau de Mornant n'a-t-il pas balancé à dresser procès-verbal de la fraude commise par le cit. Rosières, et à faire assigner celui-ci au tribunal civil du département du Rhône, en payement du triple droit qu'il avait encouru, d'après l'art. 3o de la loi du 9 vendémiaire an 5.....

» Assurément tout concourait à provoquer contre le cit. Rosières la condamnation à laquelle concluait la régie de l'enregistrement. Cependant, par un de ces hasards qu'on ne peut expliquer qu'en prêtant à des magistrats l'intention de frustrer le trésor national de ses droits les plus légitimes, par jugement du 17 ventôse an 8, le cit. Rosières a été déchargé des poursuites dirigées contre lui, sur le ridicule prétexte que la régie de l'enregistrement n'avait pas prouvé que le cit. Rosières eût acquis par acte sous seing-privé, avant d'acquérir par contrat public;

— » Comme si l'existence de l'acte sous seing-privé n'était pas suffisamment démontrée par les vingt et un contrats du 2 vendémiaire au 6 frimaire an 7, dans lesquels le cit. Rosières parle en propriétaire absolu, par conséquent en acquéreur par acte antérieur à leurs dates!

— » Comme si, pour détruire l'effet de ces vingt et un contrats, tous revêtus de la plus grande authenticité, il suffisait au cit. Rosières d'alléguer que le notaire s'est trompé en les rédigeant, et que c'est par erreur qu'il l'y a qualifié de propriétaire!

» Disons-le avec l'assurance que donne la pro-

fonde et intime conviction, le tribunal civil du département du Rhône a violé de la manière la plus scandaleuse, et l'art. 3o et l'art. 33 de la loi du 9 vendémiaire an 6; et c'en est assez sans doute pour provoquer l'annulation de son jugement.

» Mais ce n'est pas tout : son jugement est encore nul, parce qu'il n'est rendu qu'en premier ressort, tandis qu'aux termes de l'art. 2 de la loi du 11 septembre 1790, les tribunaux de première instance doivent juger en dernier ressort toutes les contestations relatives aux impositions indirectes.

» Dans ces circonstances et par ces considérations, nous estimons qu'il y a lieu d'admettre le recours de la régie.

On voit qu'en concluant ainsi, je n'avais aperçu, relativement aux affaires d'impôts indirects, aucune difficulté sur la question proposée en tête de ce paragraphe.

La section des requêtes la trouva également facile à résoudre; mais dans un sens contraire au mien. Par arrêt du 11 brumaire an 9, au rapport de M. Lachèze, la régie fut déclarée non-recevable dans sa demande en cassation, « Attendu (y est-il dit) que le jugement attaqué est taxativement déclaré rendu en premier ressort, et que le tribunal de cassation ne peut connaître que des jugemens en dernier ressort. »

La question s'est représentée l'année suivante à la même section; elle y a subi un examen plus mûr, et la décision en a été toute différente.

La veuve Lecomte demandait la cassation d'un jugement par défaut du tribunal civil de l'arrondissement de Vendôme, du 29 vendémiaire an 10, qui la condamnait à payer à la régie de l'enregistrement un supplément de droit de mutation avec doublement.

Parmi les différens moyens qu'elle employait, il en était un qui, bien loin de justifier sa demande, semblait, au contraire, d'après l'arrêt du 11 brumaire an 9, devoir la faire déclarer non-recevable : elle le tirait de ce que le tribunal de Vendôme n'avait prononcé qu'en premier ressort.

Sans contredit, cette manière de prononcer était en contravention à l'art. 65 de la loi du 22 frimaire an 7, lequel veut, en renouvelant la disposition de l'art. 2 de la loi du 11 septembre 1790, que les tribunaux prononcent en premier et dernier ressort sur toutes les contestations relatives au droit d'enregistrement.

Mais cette contravention, à qui appartenait-il de la réprimer. Ce n'est, disait-on, qu'à la cour d'appel d'Orléans. La cour de cassation n'est instituée que pour connaître des jugemens en dernier ressort; elle ne peut donc pas connaître d'un jugement qui n'est rendu qu'à la charge de l'appel; et l'on doit considérer comme rendu à la charge de l'appel tout jugement qui déclare formellement ne prononcer qu'en premier ressort.

Nonobstant ces raisons, auxquelles l'arrêt du 11

brumaire an 9 paraissait prêter un puissant appui, la grande majorité des juges s'est déterminée pour l'admission de la requête; et la cause portée à la section civile, le jugement du tribunal de Vendôme y a été cassé le 6 vendémiaire an 11.

Le 17 vendémiaire an 12, la section des requêtes s'est encore trouvée saisie de la même question.

Il s'agissait d'un jugement du tribunal civil de l'arrondissement de Lyon, du 7 germinal an 11, qui, statuant *en premier ressort* sur une demande formée par la régie de l'enregistrement contre le sieur Cremieu, en payement d'un droit de mutation montant à 5,433 fr. 12 cent., l'en avait déboutée avec dépens.

Du premier abord, l'affaire a paru épineuse, et elle a été mise en délibéré.

Mais, par arrêt du 24 du même mois, la requête de la régie a été admise.

C'était aussi la jurisprudence de l'ancien tribunal de cassation. Je trouve, dans son *Bulletin civil*, un arrêt du 2 nivôse an 7, qui, sur le rapport de M. Vergés et les conclusions de M. Lefessier, casse un jugement du tribunal civil du département de la Haute-Garonne du 19 ventôse an 6, « attendu que, » quoique dans la cause il s'agît d'une contestation » relative à la perception d'un impôt indirect, le » tribunal civil du département de la Haute-Garonne » a néanmoins déclaré qu'il jugeait en premier res-» sort; qu'il a par conséquent violé l'art. 2 de la loi » du 7-11 septembre 1790, que ce tribunal a établi » deux degrés de juridiction, tandis que la loi n'en » établit qu'un dans cette partie. »

Mais comment pouvait-on accorder cette jurisprudence avec celle que confirmait d'une manière si positive l'arrêt du 23 brumaire an 11 rapporté dans le §. précédent? Si la voie d'appel n'était pas ouverte contre un jugement rendu incompétemment en dernier ressort, comment la voie de cassation pouvait-elle l'être contre un jugement rendu mal à propos à la charge de l'appel?

La chose eût été inexplicable, si la jurisprudence établie par les arrêts des 2 nivôse an 7, 14 floréal an 10, 6 vendémiaire an 11 et 17 vendémiaire an 12, eût été commune à toutes les matières susceptibles d'être jugées en premier et dernier ressort.

Mais 1° elle ne s'étendait pas au-delà des matières d'impôts indirects. Dans l'espèce de chacun des quatre arrêts que je viens de rappeler, il était question de droits d'enregistrement, et il n'y était pas question d'autre chose.

Il y a plus: lors de l'arrêt du 14 floréal an 10, tous les juges sont unanimement convenus que, si l'objet litigieux n'eût pas été un impôt indirect, il y aurait eu lieu sans difficulté de déclarer la demande en cassation non-recevable.

2° La différence qu'il y a, à cet égard, entre les impôts indirects et les matières ordinaires, est très-sensible.

Dans les matières ordinaires, il peut y avoir et il

y a fréquemment des doutes sur la compétence des tribunaux d'arrondissement pour juger en dernier ressort. Il faut donc que ces tribunaux s'expliquent eux-mêmes sur ce point; et la manière dont ils le font, doit provisoirement déterminer la voie à prendre pour attaquer leurs jugemens. C'est ainsi qu'avant l'édit du mois d'août 1777, les sentences des présidiaux qui ne portaient pas la clause du dernier ressort, étaient sujettes à l'appel, quoique, de fait, elles fussent dans le premier cas de l'édit (1); et qu'au contraire, on ne pouvait en appeler, lorsqu'elles portaient cette clause, quoique, de fait, elles n'eussent dû prononcer qu'à la charge de l'appel.

Mais, dans les affaires d'impôts indirects, les tribunaux d'arrondissement ne peuvent jamais juger qu'en dernier ressort. Il n'y a là ni circonstances ni incidens qui puissent changer ou modifier leur compétence. En un mot, ils sont, dans ces affaires, et ils sont essentiellement juges souverains. On doit donc, lorsque par méprise ils ne prononcent qu'en premier ressort, les assimiler à des tribunaux de police ou criminels qui s'oublieraient jusqu'à prononcer dans la même forme; et, comme les jugemens de ceux-ci ne pourraient, malgré un pareil vice de rédaction, être attaqués par la voie d'appel, il doit être de même des jugemens de ceux-là.

Ainsi, avant le code de procédure civile, l'assertion consignée dans le plaidoyer du 11 pluviôse an 9, rapporté sous le mot *Appel*, était vraie pour les matières ordinaires; elle n'était fausse que pour les affaires d'impôts indirects.

Mais le code de procédure civile la condamne pour toutes les matières indistinctement : « Ne se-» ront recevables (porte l'art. 453 de ce code) les » appels des jugemens rendus sur des matières dont » la connaissance en dernier ressort appartient aux » premiers juges, mais qu'ils auraient omis de quali-» fier, ou qu'ils auraient qualifiés en premier ressort. »

§. XIV. 1° *Quelle est en France l'autorité d'un jugement rendu par un tribunal étranger?*

2° *Peut-il y être déclaré exécutoire contre le Français qui l'a provoqué en se constituant demandeur devant une juridiction étrangère, et qui a été condamné sur les conclusions reconventionnelles de son adversaire?*

3° *Y produit-il au moins l'exception de chose jugée contre la nouvelle action que le Français voudrait intenter en France?*

4° *Y a-t-il, à cet égard, quelque particularité dans les affaires qui tiennent au commerce maritime?*

_____

(1) Lange, *Praticien français*, liv. 1, chap. 7; Pollet, *Recueil d'arrêts du parlement de Douai*, part. 3, §. 3.

5° *Le jugement rendu en pays étranger, soit en faveur d'un Français et contre un étranger, soit entre étrangers, doit-il, sans nouvelle discussion de l'affaire au fond, être déclaré exécutoire en France sur les biens qu'y possède la partie condamnée?*

6° *Y a-t-il, à cet égard, quelque différence entre les sentences arbitrales et les jugemens des tribunaux?*

Quel est en France l'effet d'un jugement qui a statué, dans un pays étranger, sur l'état d'un habitant de ce pays?

I. Les quatre premières questions font la matière du plaidoyer suivant, que j'ai prononcé à l'audience de la cour de cassation, section civile, le 18 pluviôse an 12 :

« La cause sur laquelle vous avez à statuer doit son origine à un contrat d'affrétement passé au Havre, le 29 frimaire an 6, entre le cit. Spohrer, négociant en cette ville, et Niels Moë, négociant à Christiansand, en Norwège, armateur du navire

» Cinq clauses sont particulièrement à remarquer dans ce contrat.

» 1° Jens Sorensen, capitaine du navire le *Bock*, se rendra de Morlaix à Messine, avec une cargaison qui lui sera livrée à Morlaix même; et il prendra à Messine une autre cargaison pour la ramener au Havre.

» 2° Avant de se rendre à Messine, il touchera à Naples : là, il se présentera chez les négocians Raymond et Piatty; s'ils l'en requièrent dans les vingt-quatre heures, il déchargera sa cargaison en tout ou en partie, et il transportera à Messine celle qu'ils lui fourniront en remplacement.

» 3° Niels Moë garantira la propriété de la cargaison, tant pour aller en Sicile, que pour le retour au Havre.

» 4° Le capitaine s'oblige de signer à Messine, ou sur les lieux où il prendra son chargement, une charte-partie et des connaissemens simulés, pour la destination de Hambourg.

« 5° Le fret ne sera exigible qu'après le retour du navire au Havre.

» A peine sorti du port de Morlaix, le navire le *Bock* est pris par le corsaire français le *Dangereux*, et conduit à Naples, où, par un jugement du chargé d'affaires du gouvernement français, du 20 germinal an 6, il est déclaré de bonne prise quant à la cargaison.

» Raymond et Piatty, que la charte-partie du 29 frimaire vous a déjà indiqués comme les correspondans du cit. Spohrer à Naples, traitent de cette cargaison avec le capitaine du corsaire, et s'en rendent acquéreurs pour le compte du cit. Spohrer.

» Ensuite, prenant la qualité de *cessionnaires du corsaire*, ils se pourvoient, *au nom de celui-ci*,

devant le chargé d'affaires du gouvernement français, tant pour faire condamner le capitaine Jens Sorensen à continuer sa route pour Messine, que pour divers autres objets relatifs à la charte-partie du 29 frimaire.

» Le 7 floréal an 6, jour correspondant au 27 avril 1798, jugement par lequel, considérant que ces difficultés sont d'une nature à ne pouvoir être jugées que par le tribunal de commerce de cette ville, seul juge compétent DES ÉTRANGERS, en matière de commerce, » le chargé d'affaires renvoie les deux parties à s'y pourvoir.

» Raymond et Piatty n'avaient pas attendu ce jugement, pour faire citer le capitaine Jens Sorensen au *tribunal suprême de commerce de Naples.*

» Ils l'y avaient fait citer, non comme cessionnaires purs et simples du corsaire capteur, mais comme fondés de pouvoirs et commissionnaires du cit. Spohrer.

» Et dès le 21 avril 1798, ils y avaient obtenu un jugement, qui, *vu le contrat d'affrétement.........,* ordonnait que le capitaine Jens Sorensen « eût à » décharger promptement de son bâtiment le char-» gement de miel et de cuirs désigné dans la sup-» plique, et consigné à la maison Raymond et » Piatty, et qu'autrement il serait procédé au sé-» questre de son bâtiment. »

» Le 25 avril 1798, second jugement du même tribunal, qui ordonne l'exécution du précédent, et ajoute que, le déchargement du miel et des cuirs effectué à Naples, le capitaine Sorensen sera tenu de conduire le surplus de sa cargaison à Messine.

» Cependant le capitaine, regardant la charte-partie du 29 frimaire an 6 comme résolue par la prise de son navire, fait ses dispositions pour un autre voyage.

» Le 5 mai 1798, Raymond et Piatty obtiennent contre lui un troisième jugement, qui lui fait défense de partir, et ordonne que sa patente ne lui sera pas expédiée.

» Le 14 du même mois, sur les réclamations du capitaine contre ces deux derniers jugemens, il en intervient un quatrième, qui lui enjoint de partir pour Messine, en exécution de la charte-partie, « à » la charge par la maison Raymond et Piatty de se » soumettre à lui payer son fret, dans le cas où il » n'en serait pas rempli au Havre par Spohrer.

» Le 9 juin suivant, cinquième jugement, encore provoqué par le capitaine, qui lui réitère l'injonction de partir pour Messine; mais en même temps déclare qu'il n'y sera tenu qu'autant que Raymond et Piatty lui auront préalablement donné caution de l'indemniser de toutes pertes et frais, dans le cas où il viendrait à être pris par les Anglais.

» Le 4 juillet de la même année, sixième juge-» ment qui, vu les pièces de la nouvelle demande » de la maison Raymond et Piatty, chargée des » pouvoirs de Jean Spohrer, et attendu le refus de

» satisfaire aux deux jugemens précédens, déclare
» le contrat d'affrétement dissous.

» Le 9 du même mois, septième jugement qui
condamne Raymond et Piatty, *au nom qui résulte
des actes*, à payer au capitaine Jens Sorensen la
somme de 20,075 livres tournois *due pour cause
du nolis convenu dans le contrat d'affrétement.*

» Des mesures sont prises immédiatement après
ce jugement, pour contraindre Raymond et Piatty
à l'exécuter.

» Ceux-ci paient en conséquence, comme contraints, et sous protestation de réserver tous leurs
droits, ainsi que ceux de leur commettant.

» Le 4 ventôse an 9, le cit. Spohrer, informé
que Niels Moë et le capitaine Jens Sorensen ont
des créances à exercer sur une maison du Havre,
forme opposition entre les mains de cette maison; et
en conséquence, les fait citer, au domicile du commissaire du gouvernement, à comparaître devant le
tribunal de commerce de cette ville, pour s'y voir
condamner à la restitution des sommes que le capitaine avait indûment reçues de ses commissionnaires
à Naples, et aux dommages-intérêts qu'il a soufferts
par l'inexécution de la charte-partie.

Niels Moë et Jens Sorensen se sont présentés sur
cette citation, et ont excipé, tant de la chose jugée
à Naples, que de l'exécution donnée par Raymond
et Piatty aux jugemens rendus en l'an 6, par le
tribunal de commerce de cette ville.

» Le cit. Spohrer s'est retranché sur l'art. 121 de
l'ordonnance de 1629.

» Le 29 vendémiaire an 10, jugement du tribunal de commerce du Havre, qui statue, par deux
motifs séparés, sur les deux chefs des conclusions du
cit. Sphorer.

» Sur le premier, c'est-à-dire sur la demande en
restitution des sommes payées à Sorensen par Raymond et Piatty, il considère que le cit. Spohrer ne
rapporte que la preuve d'un payement de 12,807 l.
10 sous; que cette somme est précisément celle qui,
d'après le jugement du commissaire français à
Naples, était due par le corsaire capteur au capitaine Sorensen; que Raymond et Piatty, en la
payant au capitaine Sorensen, ne l'ont payée qu'au
nom du corsaire capteur, et non en celui du cit.
Sophrer, ni de ses deniers; qu'ainsi le cit. Spohrer
n'a aucune action pour la répéter, et que, par
suite, il est non-recevable.

» Sur le second chef, c'est-à-dire sur la demande
en dommages-intérêts à raison de l'inexécution
de la charte-partie, le tribunal de commerce
considère:

» Que le capitaine Sorensen a été délié de ses
» obligations par le jugement du tribunal suprême
» de commerce à Naples, en date du 4 juillet 1798;

» Que la cour suprême du commerce de Naples
» ayant prononcé sur la question que le cit. Spohrer
» soumet de nouveau au tribunal, son jugement
» doit être regardé comme irrévocable pour lui:

» 1° Parce que c'est Spohrer lui-même qui, par
» le ministère de ses correspondans, a saisi ce tri-
» bunal de la contestation, et y a traduit le capitaine
» Sorensen; ce qui est prouvé au procès, et essen-
» tiel à observer;

» 2° Parce qu'il paraît constant, aux yeux du tri-
» bunal, que le cit. Spohrer a exécuté ce jugement,
» en payant ou faisant payer les condamnations
» prononcées contre lui, ainsi que l'article le ca-
» pitaine;

» Que l'art. 121 de l'ordonnance de 1629 n'est
» point applicable à cette cause, puisqu'il ne s'agit
» pas de mettre à exécution en France un jugement
» rendu par un tribunal étranger, ce qui serait at-
» tenter aux droits de souveraineté nationale; mais
» seulement d'un jugement qui a été exécuté dans le
» lieu même où il a été rendu, entre un Français
« demandeur et un étranger, tous deux justiciables,
» en cette circonstance, du tribunal qui a prononcé,
» et que la légation française elle-même a déclaré
» compétent, en y renvoyant les parties;

» Que ce jugement n'est opposé par Niels Moë
» et le capitaine Sorensen, que pour prouver que
» la question a été contradictoirement débattue et
» définitivement jugée; que la charte-partie a été
» dissoute par autorité de justice, et que ni l'un ni
» l'autre ne doivent plus être de nouveau inquiétés
» devant les tribunaux français, pour raison de la-
» dite charte-partie. »

» En conséquence, le tribunal de commerce
déclare le cit. Spohrer non-recevable dans son
deuxième comme dans son premier chef de demande.

» Le cit. Spohrer appelle de ce jugement; et le
26 ventôse an 10, le tribunal d'appel de Rouen déclare qu'il a été bien jugé sur le premier chef, par le
même motif qui a déterminé le tribunal de commerce; et sur le second, « attendu qu'en droit,
» une partie ne peut remettre en question contre
» l'autre les points de contestation sur lesquels elle
» a précédemment fait statuer, et que le cit. Spohrer
» ne peut exciper de l'incompétence du tribunal de
» Naples, ni invoquer, à l'appui de son action, le
» bénéfice de l'art. 121 de l'ordonnance de 1629,
» dans la circonstance où tout a été consommé par
» l'autorité d'un jugement de la légation française,
» qui, à défaut de pourvoi, a acquis aujourd'hui la
» force de chose irrévocablement jugée.»

» C'est de ce jugement que le cit. Spohrer vous
demande la cassation. Deux moyens vous sont proposés à l'appui de son recours, et ils consistent à
dire, l'un, que le tribunal d'appel de Rouen a enfreint les lois qui garantissent l'inviolabilité des contrats; l'autre, que le même tribunal a contrevenu,
par une fausse interprétation, à l'art. 121 de l'ordonnance du mois de janvier 1629.

» Le premier de ces deux moyens est essentiellement subordonné au second; et d'ailleurs il n'attaque pas directement la décision qui vous est dé-

noncée : ainsi, inutile de nous en occuper, et toute notre attention doit se fixer sur le deuxième moyen.

» Il vous présente à décider la question de savoir si l'on peut opposer en France au cit. Spohrer les jugemens rendus contre lui par le tribunal de commerce de Naples.

» Mais, s'il en faut croire Niels Moë, vous n'avez pas besoin d'aborder cette question pour rejeter le recours de son adversaire. Cette question, il est vrai, a été résolue à l'avantage de Niels Moë; mais elle ne l'a été que surabondamment : les juges du Havre et de Rouen avaient, pour prononcer en faveur de Niels Moë, d'autres motifs que les jugemens du tribunal de commerce de Naples; et dans le fait, ils ont décidé qu'abstraction faite de ces jugemens, le cit. Spohrer était cette non-recevable, parce que le contrat d'affrétement du 29 frimaire an 6 avait été rompu, de plein droit, par la confiscation du navire le *Bock*.

« Dans quelle partie de leurs jugemens les tribunaux du Havre et de Rouen ont-ils donc décidé ce que leur prête Niels Moë? Ces jugemens, nous les avons lus et relus plusieurs fois, et nous n'y avons rien trouvé de ce que Niels Moë leur fait dire, relativement à la demande du cit. Spohrer en dommages-intérêts pour cause de l'inexécution du contrat d'affrétement; nous n'y avons pas trouvé un seul mot qui se rapportât à la prétendue rupture de ce contrat par l'effet de la prise et de la confiscation du navire le *Bock*; nous y avons vu, au contraire, que, sur cette partie de la contestation, ils se sont uniquement fondés sur les jugemens du tribunal de commerce de Naples; nous y avons vu que, regardant la question de la rupture du contrat d'affrétement comme tranchée par ces jugemens, ils ont cru ne pouvoir pas s'en occuper eux-mêmes; nous y avons vu qu'ils ont écarté cette question par la seule exception de la chose jugée à Naples.

» Rien ne peut donc nous dispenser de vous offrir le résultat de l'examen que nous avons fait de cette exception; et sur ce point, il se présente d'abord une observation qu'il importe de ne pas perdre de vue.

» C'est que la charte-partie du 29 frimaire an 6 avait été passée au Havre, et qu'en la souscrivant au Havre, Niels Moë s'était soumis de plein droit à la juridiction du tribunal de commerce du Havre. Cela résulte de l'art. 18 du tit. 12 de l'ordonnance de 1673; lequel veut que « les assignations pour le » commerce maritime soient données, pardevant » les juges et consuls des lieux où les contrats au- » ront été passés.

» C'était donc en France, c'était au Havre même, que Niels Moë, d'une part, et le cit. Spohrer, de l'autre, s'étaient obligés, par leur contrat d'affrétement, de plaider sur les contestations qui pourraient naître entr'eux de ce contrat.

» Sans doute, il ne s'ensuit point de là que, s'ils avaient plaidé volontairement devant un autre tri-

bunal français que celui du Havre, ils pussent, l'un ou l'autre, arguer d'incompétence le jugement qui y serait intervenu. D'un tribunal français à un autre tribunal français, il ne peut y avoir, en cette matière, qu'une incompétence *relative*; et c'est un principe universellement reçu, que l'incompétence relative se couvre par le consentement exprès ou tacite des parties plaidantes.

» Mais que devons-nous décider par rapport aux jugemens émanés d'un tribunal absolument étranger aux deux parties?

» Vous savez ce que porte, à cet égard, l'art 121 de l'ordonnance de 1629 : « Les jugemens rendus, » contrats ou obligations reçues ès-royaumes et » souverainetés étrangères, POUR QUELQUE CAUSE » QUE CE SOIT, n'auront aucune hypothèque ni EXÉ- » CUTION en notre royaume : ains tiendront les » contrats lieu de simples promesses; et nonobstant » les jugemens, nos sujets contre lesquels ils ont été » rendus, POURRONT DE NOUVEAU DÉBATTRE LEURS » DROITS COMME ENTIERS pardevant nos officiers.

» Que cette disposition ait encore force de loi en France, malgré la défaveur dans laquelle y a été long-temps l'ordonnance de 1629, c'est ce qui paraît avoir été reconnu, dans notre espèce, tant en première instance qu'en cause d'appel; il aurait été impossible, en effet, d'élever là-dessus aucune difficulté sérieuse.

» D'abord, il n'est point permis de douter que l'ordonnance de 1629 n'ait été enregistrée au parlement de Rouen. A la vérité, on ne la trouve point dans le recueil des édits enregistrés en cette cour, mais c'est parce que ce recueil ne remonte qu'à l'année 1643; et une preuve bien claire qu'elle est, dans la ci-devant Normandie, considérée comme loi proprement dite, c'est que Roupnel de Chenilly, conseiller au parlement de Rouen, en a inséré plusieurs fragmens dans la compilation qu'il a placée à la suite de ses observations sur le commentaire de Pesnelle, « des édits, ordonnances et » arrêts de réglemens sur les matières contenues » dans plusieurs articles de la coutume et sur d'au- » tres qui y ont rapport.

» Du reste, il est certain, et plusieurs fois, à vos audiences, nous avons eu occasion de le prouver par de longs détails qu'il serait inutile de répéter aujourd'hui, que l'ordonnance de 1629 fait encore loi dans toutes celles de ses dispositions auxquelles il n'a été dérogé ni par une désuétude générale, ni par des lois contraires.

» Et de là naît la conséquence, que nous devons encore considérer comme obligatoire l'art 121 de cette ordonnance; car cet art. n'est que l'expression de l'une des maximes les plus anciennes, les plus constamment observées, et les plus irrévocables de notre droit public; et jamais, comme l'attestent les officiers du parquet du tribunal d'appel de Rouen, par un certificat du 1er nivôse an 12 qui est sous vos yeux, jamais l'autorité de cet article n'a été contestée *dans les divers tribunaux supérieurs de la ci-devant province de Normandie.*

» Vous savez d'ailleurs que c'est précisément sur cet article que s'est fondé le ci-devant conseil privé pour casser, le 18 mars 1748, un arrêt du parlement de Paris, du 4 septembre 1744, qui avait donné hypothèque en France au contrat de mariage de la princesse de Carignan, passé à Turin le 22 octobre 1714.

» La princesse de Carignan ne manquait pas, dans cette espèce, de soutenir que l'art. 121 de l'ordonnance de 1629 n'était pas une loi proprement dite; elle rapportait même des actes de notoriété des avocats et procureurs-généraux des parlemens d'Aix, de Bordeaux et de Grenoble, qui attestaient que la disposition de cet article n'était pas observée dans leurs ressorts respectifs.

» Mais ses adversaires lui opposaient, par l'organe du célèbre d'Héricourt (1), un jugement rendu par la commission établie pour les affaires de Law, contre deux Anglais nommés Sarpe et Waple. Ceux-ci, disaient-ils, « en vertu d'un arrêt de la » cour souveraine de Londres et d'un acte passé en » conséquence devant les notaires de la même ville, » s'étant présentés en France pour être payés sur » les biens que Law y avait acquis, il a été ordonné » qu'ils ne viendraient en ordre qu'après tous les » créanciers hypothécaires, et dans la classe des » chirographaires.

» La même question (continuaient-ils) s'est élevée » pardevant la commission établie pour les affaires » du feu prince de Carignan et de ses créanciers, » par rapport aux sieurs Facio, banquiers à Turin; » et il y est intervenu un jugement contradictoire, » du 11 mars 1726, par lequel il fut ordonné que » les Facio seraient payés sur les biens de France, » de leurs créances contractées en France, et que, » pour celles contractées en Piémont, ils seraient » tenus de se pourvoir en Piémont.

» Il est donc démontré (ce sont toujours les » termes de d'Héricourt) que l'ordonnance de 1629 » subsiste dans toute sa force, du moins en ce qui » concerne la disposition de l'art. 121, puisque le » conseil du roi s'y conforme dans ses jugemens.

» Ajoutons encore avec Denisart, au mot *Paréatis,* que le chancelier d'Aguesseau opposa imperturbablement le même article à tous les efforts du duc de Bavière, pour faire exécuter en France un jugement de la chambre des finances de Munich, du 24 mars 1749, rendu contre le prince de Grimberghen, sujet français « Le paréatis, dit Denisart, fut » constamment refusé, comme contraire aux prin- » cipes consacrés par l'ordonnance de 1629, que » ce grand magistrat a toujours regardée comme loi » du royaume.

(1) *OEuvres posthumes de d'Héricourt,* tome 2, page 145.

» Mais ce n'est pas seulement par des exemples, ce n'est pas seulement par des arrêts du conseil, ce n'est pas seulement par la conduite du plus illustre chef qu'ait eu en France l'ancienne magistrature; c'est encore par une loi proprement dite, c'est par la déclaration du 9 avril 1746, concernant les décrets des biens situés en Lorraine, que nous devons prouver que l'art. 121 de l'ordonnance de 1629 n'a jamais perdu, parmi nous, son autorité première. La déclaration du 9 avril 1747 débute en ces termes : « Par notre édit du mois de juillet 1738, nous » avons ordonné que les contrats et actes publics » passés en Lorraine, emporteraient hypothèque » sur les terres situées dans nos États, ET QUE LES » JUGEMENS DES TRIBUNAUX DE CE PAYS SERAIENT PA- » REILLEMENT EXÉCUTÉS DANS L'ÉTENDUE DE NOTRE » DOMINATION : à quoi nous nous étions portés d'au- » tant plus volontiers, que, par un édit du mois de » juin précédent, notre très-cher frère et beau-père » le roi de Pologne, duc de Lorraine, avait donné » le même PRIVILÉGE aux actes reçus par nos offi- » ciers publics et aux jugemens rendus dans nos tri- » bunaux. » Ainsi, c'était par *privilége* que les ju- gemens émanés des tribunaux français s'exécutaient ci-devant dans la Lorraine; c'était par *privilége* que les jugemens émanés des tribunaux lorrains s'exécu- taient ci-devant en France.

» Or, point de *privilége* sans un titre qui l'ait établi; point de *privilége* qui ne suppose une règle générale à laquelle il fait exception. Donc la règle générale est que les jugemens rendus en pays étranger n'ont aucune exécution en France; donc la règle générale est que l'art. 121 de l'ordonnance de 1629 fait loi dans tout le territoire français.

» Aussi, dans l'espèce actuelle, le tribunal de commerce du Havre, et après lui le tribunal d'appel de Rouen, n'ont-ils parlé de l'art. 121 de l'ordon- nance de 1629, que comme d'une loi véritablement existante.

» Mais, tout en la reconnaissant comme loi, ces tribunaux n'en ont pas moins fait valoir contre le cit. Spohrer les jugemens rendus à Naples en l'an 6.

» Quels ont donc été leurs motifs, pour s'écarter ainsi d'une loi à laquelle ils rendaient eux-mêmes hommage ?

» Les juges du Havre se sont fondés sur quatre circonstances qui leur ont paru devoir faire excep- tion à la règle générale.

» Premièrement, ont-ils dit, le cit. Spohrer n'a plaidé devant le tribunal de commerce de Naples, qu'en exécution du jugement rendu le 7 floréal an 6, par le chargé d'affaires du gouvernement français; et ce jugement n'a jamais été réformé; les délais pour en provoquer la réformation sont même expirés depuis long-temps.

» En second lieu, c'est le cit. Spohrer lui-même qui, par l'organe de ses commissionnaires Ray- mond et Piatty, s'est constitué demandeur devant le tribunal de commerce de Naples.

» Troisièmement, le cit. Spohrer a acquiescé aux jugemens de ce tribunal; il les a pleinement exécutés, en payant, par les mains de Raymond et Piatty, les sommes auxquelles il était condamné envers Jens Sorensen.

» Quatrièmement enfin, il ne s'agit pas ici de savoir si l'on peut exécuter en France des jugemens rendus par un tribunal étranger, mais seulement de savoir si l'on peut en France tirer de ces jugemens une exception de chose jugée contre une demande sur laquelle ils ont prononcé en dernier ressort, et qui, ayant été suivie de payement, doit être mise au rang des affaires irrévocablement terminées.

» De ces quatre circonstances, il y en a une, et c'est la troisième, qui évidemment ne peut pas justifier le jugement du tribunal d'appel de Rouen, puisqu'il est prouvé, de la manière la plus authentique, que Raymond et Piatty n'ont payé que comme contraints et sous protestation; et c'est sans doute parce que la preuve de ce fait a été mise sous les yeux du tribunal d'appel de Rouen, qu'il n'a pas employé dans ses motifs, comme l'avait fait le tribunal de commerce du Havre, le prétendu acquiescement du cit. Spohrer aux jugemens de Naples.

» La première circonstance n'est ni plus exacte en fait, ni plus concluante en logique.

» 1°. Il n'est pas vrai que le cit. Spohrer n'ait fait, en se pourvoyant au tribunal de commerce de Naples, qu'exécuter une disposition du jugement du 7 floréal an 6. Déjà nous avons vu que le 7 floréal an 6 correspondait au 27 avril 1798: or, dès le 21 avril 1798, le cit. Spohrer avait saisi le tribunal de commerce de Naples de sa demande à ce que le capitaine Sorensen fût contraint de mettre à la voile pour Messine; le cit. Spohrer n'avait donc pas attendu que le chargé d'affaires le renvoyât au tribunal de commerce de Naples, pour s'y pourvoir; il ne s'y est donc pas pourvu en exécution du jugement du chargé d'affaires; le jugement du chargé d'affaires ne rend donc pas la condition du cit. Spohrer pire qu'elle ne l'est par elle-même, d'après la circonstance que c'est de son propre mouvement qu'il a eu recours au tribunal de commerce de Naples, pour contraindre Sorensen à partir.

» 2° Le jugement du 7 floréal an 6 n'a été, de la part du chargé d'affaires, qu'une déclaration de son défaut de pouvoir pour obliger Sorensen de remettre à la voile pour Messine; et ce défaut de pouvoir n'était que trop réel. Le chargé d'affaires du gouvernement français n'avait à Naples aucune force coactive contre les étrangers: à la souveraineté napolitaine seule appartenaient le droit et le pouvoir de contraindre Sorensen à prendre, dans le port de Naples, une cargaison destinée pour Messine. Le chargé d'affaires n'a donc fait, par son jugement du 7 floréal an 6, qu'indiquer aux parties qui se présentaient devant lui l'autorité en qui résidait la force qu'il n'avait pas; et certainement il n'a pas été, par-là, à ces parties, le droit qu'elles pouvaient avoir respectivement de revenir contre les décisions de

cette autorité, soit dans le cas où elle excéderait les bornes de sa compétence, soit dans celui où elle violerait les règles de la justice distributive.

» 3° Enfin, tout ce que l'on pourrait conclure du jugement du 7 floréal an 6, c'est que le tribunal de commerce de Naples a prononcé compétemment entre les parties. Or, nous verrons bientôt que la question de savoir si le tribunal de commerce de Naples a prononcé compétemment, n'a rien de commun avec la question de savoir si ses jugemens peuvent être opposés en France au cit. Spohrer.

» Cette seconde question n'est donc pas décidée par le jugement du 7 floréal an 6; elle était donc parfaitement entière, lorsqu'elle s'est présentée aux tribunaux du Havre et de Rouen.

» Nous devons donc écarter absolument la première comme la troisième des circonstances sur lesquelles sont motivés les jugemens attaqués par le cit. Spohrer, et ne nous attacher qu'à la seconde et à la quatrième.

» Elles nous présentent trois questions, une de fait et deux de droit.

» D'abord, dans le fait, est-il vrai que Spohrer se soit constitué, devant le tribunal de commerce de Naples, demandeur sur tous les objets qui ont fait la matière des jugemens de ce tribunal?

» Ensuite, dans le droit, le tribunal de commerce de Naples était-il compétent pour prononcer sur tous ces objets?

» Enfin, dans le droit encore, en supposant que le tribunal de commerce de Naples ait prononcé compétemment, quelle doit être l'autorité de ses jugemens en France?

» Telles sont les trois questions que nous sommes appelés à résoudre.

» Sur celle de fait, vous avez remarqué que Spohrer, par l'organe de ses commissionnaires Raymond et Piatty, ne s'est adressé au tribunal de commerce de Naples, qu'à deux fins: 1° pour faire condamner le capitaine Jens Sorensen à décharger de son navire et à mettre à terre la partie de son chargement qu'il s'était obligé de conduire à Naples; 2° pour le faire condamner à conduire le surplus à Messine.

» Vous avez remarqué qu'en formant ces deux demandes contre le capitaine Jens Sorensen, Spohrer les appuyait sur le contrat d'affrétement passé entre lui et le commettant de ce navigateur.

» Vous avez remarqué enfin que c'est en défendant à ces deux demandes, que Sorensen s'est lui-même constitué reconventionnellement demandeur à ce que Raymond et Piatty se rendissent cautions de Spohrer pour le payement de son fret, à ce qu'ils se déclarassent personnellement responsables des risques de guerre qu'il pourrait courir dans la traversée de Naples à Messine, et à ce que, faute par eux de satisfaire à l'une et à l'autre prétention, le contrat d'affrétement fût déclaré résolu.

» Ainsi, sur notre question de fait, il est un point très-constant : c'est que Spohrer n'était, devant le tribunal de commerce de Naples, que défendeur au chef de la contestation qui tendait à savoir si l'on pouvait exiger de lui, pour l'exécution du contrat d'affrétement, des conditions auxquelles il ne s'était pas soumis par ce contrat ; c'est que le tribunal de commerce de Naples n'a été saisi de ce chef de contestation que par le fait de Sorensen et sur ses demandes reconventionnelles.

» Mais à cette question de fait succède une première question de droit : le tribunal de commerce de Naples était-il compétent pour statuer, tant sur les demandes principales de Spohrer, que sur les demandes reconventionnelles de Sorensen ?

» Qu'il le fût pour statuer sur les demandes principales de Spohrer, c'est ce qu'on ne peut raisonnablement mettre en problème.

» Sans doute, Spohrer aurait pu porter ces demandes devant le juge du lieu où avait été passé le contrat d'affrétement, c'est-à-dire, devant le tribunal de commerce du Havre : il y était autorisé, comme nous l'avons vu, par l'art. 1 du tit. 12 de l'ordonnance de 1673. Mais il pouvait aussi, d'après les principes de droit commun à tous les peuples, faire assigner Sorensen devant le juge du lieu où le contrat devait recevoir son exécution. *Contraxisse* (dit la loi 21, *de actionibus et obligationibus*, au digeste,) *unusquisque in eo loco intelligitur, in quo ut solveret se obligavit*. Or, c'était à Naples que Sorensen s'était obligé de conduire une partie de son chargement. Sorensen pouvait donc, surtout se trouvant à Naples même, être assigné devant les juges napolitains, pour se voir condamner à y charger les marchandises qu'il y avait en effet conduites. Il pouvait aussi, par la même raison, être assigné devant les mêmes juges, pour se voir condamner à conduire le surplus de son chargement dans un autre lieu de la domination napolitaine, c'est-à-dire, à Messine.

» Et s'il fallait bien que Spohrer le traduisît devant les juges du pays où il le rencontrait, eux seuls pouvaient assurer efficacement l'exécution de son contrat ; et si, pour obtenir cette exécution, il eût été obligé de recourir au tribunal de commerce du Havre, le capitaine Sorensen aurait eu tout le temps de lui échapper.

» Mais si le tribunal de commerce de Naples était compétent pour statuer sur les demandes principales de Spohrer, comment ne l'aurait-il pas été également pour statuer sur les demandes reconventionnelles de Sorensen ? Les demandes reconventionnelles de Sorensen n'étaient que des exceptions opposées à l'action de Spohrer ; et il est de principe que la compétence pour l'action entraîne nécessairement la compétence pour les exceptions, comme le droit de condamner renferme nécessairement celui d'absoudre : *Nemo qui condemnare potest* (dit la loi 37, *de regulis juris*, au digeste), *non absolvere non potest*.

» Disons-le donc sans hésiter, le tribunal de commerce de Naples n'a point transgressé les bornes de sa juridiction, en prononçant sur les demandes reconventionnelles de Sorensen ; et il ne nous reste plus qu'à examiner si, d'après cela, ses jugemens peuvent avoir en France l'autorité de la chose jugée.

» Cette question revient, en d'autres termes, à celle-ci : l'autorité de la chose jugée dérive-t-elle du droit des gens, ou ne tire-t-elle sa force que du droit civil ?

. Si elle dérive du droit des gens, point de doute qu'elle ne puisse, en France, être invoquée contre un Français, condamné en pays étranger. Mais si c'est le droit civil qui l'a créée, point de doute qu'elle ne soit illusoire en France, à l'égard des jugemens rendus même compétemment en pays étranger contre un Français.

» C'est une maxime universellement reçue, qu'un jugement passé en chose jugée, élève en faveur de la partie qui l'a obtenu, une présomption *juris et de jure*, que cette partie était bien-fondée, soit dans la demande, soit dans la défense sur laquelle le jugement lui a donné gain de cause. Ce n'est pas qu'en soi, l'action de la partie adverse en subsiste moins ; ce n'est pas que la partie adverse soit, de plein droit, privée de l'exercice de l'action qu'elle avait avant le jugement. Non, mais cette action sera paralysée, elle perdra tout son effet par l'exception de la chose jugée : *Si in judicio* (dit Justinien, §. 5, *de exceptionibus*, aux Institutes), *tecum actum fuerit, sive in rem, sive in personam, nihilominus obligatio durat ; et ideo ipso jure de eadem re adversus te agi potest ; sed debes per exceptionem rei judicatæ adjuvari*.

» L'exception de chose jugée est donc un bienfait de la loi ; mais de quelle loi ? De la loi civile sans doute ; c'est ce que Justinien explique dans le §. 7 du même titre. Après avoir passé en revue plusieurs espèces d'exceptions, et notamment celle de la chose jugée, il dit qu'elles ont été introduites, les unes par les *lois*, ou par les actes qui en tiennent lieu, les autres par l'autorité du préteur : *Quarum quædam ex legibus vel ex iis quæ legis vicem obtinent, vel ex ipsius prætoris jurisdictione substantiam capiunt*.

» Dira-t-on que, par ces mots, *vel legibus, vel ex iis quæ legis vicem obtinent*, Justinien veut désigner le droit naturel ou le droit des gens, comme le droit civil ? Mais si nous nous reportons au titre *de jure naturali gentium et civili*, nous y verrons qu'il entend par *loi*, *quod populus romanus, senatorio magistratu interrogante, veluti consule, constituebat* : qu'il entend par actes tenant lieu de loi, les plébiscites, les sénatus-consultes ; les constitutions impériales, les édits des préteurs ; c'est à la collection de ces plébiscites, de ces sénatus-consultes, de ces constitutions impériales, de ces édits du préteur qu'il attribue la dénomination de *droit civil*.

» Mais si c'est la loi civile qui a introduit l'exception de chose jugée, bien sûrement cette exception ne peut pas, en France, s'appliquer à des jugemens rendus dans une souveraineté étrangère; le droit civil ne communique point ses effets d'une nation à l'autre; l'autorité publique dont chaque souverain est investi, ne s'étendant point au-delà de son territoire, celle des magistrats qu'il institue est nécessairement renfermée dans les mêmes limites, et par conséquent, les actes émanés de ces officiers doivent perdre sur la frontière toute leur *force civile*.

» Ainsi, la prescription étant une manière d'acquérir qui appartient entièrement au droit civil, les étrangers non naturalisés ne peuvent jamais s'en prévaloir contre un citoyen. La loi des douze tables l'avait ainsi réglé chez les Romains : contre les étrangers, disait-elle, le droit d'agir est éternel : *adversùs hostes æterna auctoritas esto*; et, à ce sujet, Cicéron, dans le premier livre de ses *Offices*, remarque que, dans l'ancienne latinité, le mot *hostis* était synonyme d'étranger : *Apud majores nostros hostis dicebatur, quem nunc peregrinum dicimus; indicant 12 tabulæ : adversùs hostes æterna auctoritas esto*. Pothier assure d'ailleurs, dans son *Traité des prescriptions*, n° 20, que, parmi nous, comme chez les Romains, les étrangers sont incapables de prescrire (1).

» Ainsi, l'hypothèque étant, suivant l'expression de Cujas (sur la loi 5, D. *de justitiâ et jure*), une obligation qui dérive du droit civil, *hæc obligatio efficax ex jure prætorio*, il est impossible qu'un acte passé en pays étranger produise jamais hypothèque sur des biens situés en France; et c'est ce que décide expressément, comme vous le savez, l'art. 121 de l'ordonnance de 1629.

» Mais ce qui, dans cet article, mérite singulièrement notre attention, c'est qu'il fait marcher de pair, c'est qu'il place absolument sur la même ligne l'hypothèque et la chose jugée; c'est que, de même qu'il refuse hypothèque en France aux contrats passés en pays étranger, de même aussi il ne permet pas que des jugemens rendus en pays étranger puissent recevoir en France aucune *execution*, ni empêcher les citoyens français de *débattre leurs droits, comme entiers*, devant les juges nationaux; c'est enfin qu'il ne fait, à cet égard, aucune distinction entre le cas où le Français condamné en pays étranger, y avait plaidé comme demandeur, et le cas où il n'avait fait que se défendre.

» Voulons-nous, au surplus, une preuve irrécusable qu'il n'y a, en effet, aucune différence entre ces deux cas, et que l'ordonnance de 1629 prive de toute autorité en France les jugemens rendus en pays étranger, même contre un Français demandeur?

_____

(1) Je crois avoir démontré, depuis, dans le *Répertoire de Jurisprudence*, au mot *Prescription*, sect. 1, §. 8, que Pothier s'est trompé; mais du reste, cette question n'a véritablement rien de commun avec celle que je traite dans ces conclusions.

Nous la trouverons dans les traités qui ont, sur ce point, excepté quelques États étrangers de la règle générale; car il est bien évident que, si la règle générale n'était pas telle que nous l'annonçons, il n'eût pas été nécessaire d'y déroger par des conventions diplomatiques; et qu'en y dérogeant pour certains pays, on l'a confirmée pour les pays non exceptés. Or, voici ce que porte le traité d'alliance conclu à Soleure, le 28 mai 1777, entre le gouvernement français et les cantons helvétiques : « Comme » il peut arriver fréquemment que les sujets de » S. M. et ceux du corps helvétique contractent des » mariages, fassent des acquisitions, ou se lient par » des sociétés, obligations ou contrats quelconques, » dont il peut résulter des contestations ou des pro- » cès, il est convenu que, toutes les fois que des » particuliers des deux nations auront entre eux » quelque affaire litigieuse, LE DEMANDEUR SERA » OBLIGÉ DE POURSUIVRE SON ACTION PAR DEVANT LES » JUGES NATURELS DU DÉFENDEUR, et que les ju- » gemens définitifs, en matière civile, rendus par » les tribunaux souverains, seront exécutés réci- » proquement selon leur forme et teneur, dans les » États de S. M. et ceux du corps helvétique, comme » s'ils avaient été rendus dans le pays où se trou- » vera, après jugement, la partie condamnée. »

» Une observation qui ne doit pas nous échapper sur cette stipulation, c'est qu'elle ne fait que répéter, en d'autres termes, ce qui se trouvait déjà consigné dans le traité passé à Arau, entre les mêmes parties, le 1er juin 1650, dix-neuf ans après la publication de l'ordonnance de 1629. De là, en effet, il suit évidemment qu'elle n'a été jugée nécessaire, et qu'elle n'a été faite que pour déroger, en faveur des Suisses qui auraient des procès contre des Français, à la défense contenue dans l'ordonnance de 1629, d'exécuter en France les jugemens rendus contre des Français en pays étranger.

» Et comment y a-t-il dérogé? En déclarant, d'une part, que le Français demandeur contre un Suisse, serait obligé d'intenter son action devant les tribunaux helvétiques; et de l'autre, que les jugemens rendus devant les tribunaux helvétiques contre un Français demandeur, seraient exécutés en France comme s'ils eussent été rendus en France même.

» Donc, de droit commun, et d'après la disposition générale et illimitée de l'ordonnance de 1629, les jugemens rendus en pays étranger, contre un Français demandeur, n'ont pas plus d'autorité en France, que les jugemens rendus en pays étranger contre un Français défendeur. Donc il n'importe, en cette matière, que les juges étrangers aient, ou n'aient pas été compétens pour prononcer entre un Français et son adversaire; donc, dans tous les cas, les jugemens émanés des tribunaux étrangers sont sans force en France; donc, en aucun cas, ils ne peuvent donner lieu en France à l'exception de chose jugée.

» Nous n'ignorons pas que Boullenois, dans son *Traité des statuts réels et personnels*, tome 1, page 646, n'admet ce principe que pour le cas où le Français a plaidé en pays étranger comme défendeur, et qu'il le rejette pour le cas où c'est comme demandeur que le Français a paru devant une juridiction étrangère. Mais pour le rejeter dans ce second cas, il est obligé d'aller jusqu'à dire que l'art. 121 de l'ordonnance de 1629 ne fait pas loi; il convient donc que son système est en opposition avec l'art. 121 de l'ordonnance de 1629; il confirme donc lui-même notre opinion, tout en la combattant.

» Au surplus, non-seulement l'art. 121 de l'ordonnance de 1629 s'exprime là-dessus dans des termes qui ne laissent prise à aucune distinction; non-seulement la généralité de sa disposition exclut tout moyen plausible d'en excepter le cas où le tribunal étranger qui aurait condamné un Français, aurait été compétent pour le juger; mais la jurisprudence des arrêts n'a jamais varié à cet égard; et c'est dans ce sens général, c'est dans ce sens illimité, qu'elle a constamment appliqué l'article dont il s'agit.

» Un particulier de Ribémont, en Picardie, se trouvant à Mons, en Hainaut, pays étranger à la France, est arrêté à la requête d'un habitant de cette ville, qui se prétend son créancier; et par-là il se trouve, d'après les dispositions des chartes générales de la province, soumis à la juridiction des juges locaux, sur le point de savoir s'il est ou n'est pas son débiteur; et si la dette est ou n'est pas exigible.

» Il ne nie pas devoir; mais il représente qu'il a des saisies entre les mains, qu'il ne peut pas payer, et que conséquemment il n'a pas pu être arrêté légalement.

» Condamné à payer, nonobstant cette défense, et à garder prison jusqu'à ce qu'il ait payé effectivement ou donné caution, il prend ce dernier parti, et, sa caution reçue, il obtient sa liberté.

» De retour en France, il se pourvoit devant le juge de Ribémont, et y renouvelle sa demande en nullité de son emprisonnement, avec dommages-intérêts.

» Le créancier de Mons comparaît, et demande son renvoi devant le juge de son pays.

» Sentence qui le déboute.

» Appel au parlement de Paris, où le créancier soutient que Mons étant une ville d'arrêt, comme le sont, en France, Reims et plusieurs autres communes, il a pu, en faisant arrêter son débiteur à Mons même, le rendre justiciable des juges du Hainaut; que par conséquent les juges du Hainaut ont prononcé compétemment; et que, par une conséquence ultérieure, on n'a pas pu renouveler devant un tribunal français la demande sur laquelle ils avaient légitimement statué.

» Par arrêt du 17 janvier 1630, rapporté dans l'ordre de sa date, au journal des audiences, la sentence du juge de Ribémont est confirmée; et néanmoins le parlement, évoquant le principal, con-

damne le Français au payement de la somme dont il est redevable, déduction faite de 300 livres qu'il retiendra pour ses dommages-intérêts.

» Voilà une espèce où bien évidemment on ne pouvait pas arguer d'incompétence le jugement rendu contre un Français en pays étranger. Cependant l'arrêt considère ce jugement comme non-avenu, et prononce de nouveau, en adjugeant au Français une demande en nullité d'emprisonnement et des dommages-intérêts dont il avait été débouté à Mons.

» En 1733, Henri Cretet, habitant de la partie savoyarde du Pont-Beauvoisin, fait au profit de Cretet de la Perousse, son fils, négociant à Paris, un billet à ordre de 4,000 livres, payable en 1754.

» Cretet de la Herousse passe son ordre à Archambaut et compagnie de Lyon.

» Henri Cretet étant décédé, Archambaut et compagnie font assigner sa veuve, qui était en même temps son héritière, à la juridiction consulaire de Chambéry, pour se voir condamner à leur payer le montant du billet.

» La veuve Cretet se défend par la circonstance que le billet n'exprimait pas en quoi la valeur en avait été fournie. Elle conclut de-là que le billet n'était pas négociable par un simple ordre, et que ses adversaires sont sans action.

» Le 6 août 1736, sentence qui rejette cette exception et condamne la veuve.

» Celle-ci étant pareillement décédée, François Cretet, son fils et son héritier, interjette appel de la sentence des consuls, au sénat de Chambéry, qui, par arrêt du 22 août 1737, l'infirme, et déclare Archambaut et compagnie non-recevables.

» Quelque temps après, Archambaut et compagnie découvrent en France des biens appartenant à François Cretet. Alors ils transportent le billet de 4,000 livres à Vernet et Paut, de Lyon.

» Vernet et Paut font assigner François Cretet à la conservation de Lyon, en payement de la valeur du billet.

» François Cretet comparaît sur leur assignation, et leur oppose l'arrêt du sénat de Chambéry.

» Vernet et Paut mettent en cause Archambaut et compagnie, qui, à leur tour, appellent Cretet de la Perousse, leur endosseur.

» La cause en cet état, les porteurs du billet et les garans soutiennent que l'arrêt du sénat de Chambéry ne peut pas faire loi en France contre des Français.

» Là-dessus, sentence de la conservation de Lyon, du 19 août 1740, qui condamne François Cretet à payer la valeur du billet à Vernet et Paut.

» François Cretet en appelle; mais, par arrêt rendu au rapport de M. Formé, en 1743, l'appellation est mise au néant.

» Assurément, dans cette espèce, le sénat de Chambéry avait prononcé compétemment, puisque la veuve Cretet et son fils n'avaient plaidé devant lui que comme défendeurs, que tous deux étaient ses justiciables, à raison de leur domicile, et que c'était devant lui seul que les demandeurs Archambaut et compagnie avaient pu, quoique Français, les faire assigner. Cependant, dit Denisart, au mot *Paréatis*, n° 26, et les nouveaux éditeurs de son recueil, aux mots *Exécution en matière civile*, §. 4, l'arrêt de 1743, sur le seul fondement que l'ordonnance de 1629 refuse toute autorité en France aux jugemens rendus en pays étranger contre des Français, a décidé qu'Archambaut et compagnie pouvaient venir par nouvelle action devant les juges nationaux, et faire statuer par nouveau jugement sur leurs prétentions, comme si l'arrêt de Chambéry n'eût pas existé.

» L'espèce suivante n'est pas moins remarquable.

» Emmanuel-Ignace, prince de Nassau, avait épousé à Paris, au mois de mai 1711, Charlotte de Mailly de Nesle. Les commencemens du mariage semblaient annoncer une concorde durable ; mais dès l'année 1715, le prince de Nassau, se livrant au dernier excès de la jalousie, avait rendu plainte en adultère contre sa femme.

» Dix-neuf années de calme avaient succédé à ce premier emportement ; mais en 1734, nouvel accès de jalousie, et seconde plainte en adultère devant le lieutenant-criminel du châtelet de Paris.

» Dans l'intervalle, la princesse de Nassau était accouchée du prince Maximilien, le 1er novembre 1722 ; mais le père étant décédé le 11 août 1735, dans le feu de cette procédure, avait fait un testament, par lequel, paraissant oublier qu'il avait un fils, il avait institué son héritière Jeanne-Baptiste de Nassau, chanoinesse de Mons, sa sœur.

» Comme le prince Maximilien tenait en même temps à la France par sa naissance par sa famille maternelle, et à l'Allemagne par son agnation et par ses droits à la branche catholique de Nassau, ce double intérêt souleva contre lui deux sortes d'adversaires, dont les vues tendaient également à lui ravir son état pour s'emparer de sa fortune.

» Effectivement, s'il était légitime, il succédait aux biens de sa mère en France, aux biens et aux États de sa maison en Allemagne ; s'il était bâtard, il était également inhabile à succéder dans les deux pays.

» Maximilien réclama d'abord le patrimoine de son père en Allemagne. Sur le refus des princes de sa maison de le reconnaître, la question de sa légitimité fut portée au conseil aulique ; et le 3 octobre 1746, un arrêt de ce conseil le débouta de toutes ses prétentions, comme fils adultérin.

» Et certes, on ne pouvait pas dire que cet arrêt eût été rendu incompétemment ; car, par cela seul que le conseil aulique avait été légalement saisi de la demande de Maximilien en délaissement des biens de son père, situés en Allemagne, il l'avait été nécessairement aussi de l'exception d'illégitimité que

lui opposaient ses adversaires. À la vérité, il n'eût pas pu connaître de l'état de Maximilien sur une action principale qui eût été dirigée devant lui à cet effet, parce que Maximilien était né et domicilié en France ; mais il avait pu en connaître incidemment à la pétition d'hérédité de Maximilien ; et il n'avait fait, en y statuant, qu'user du pouvoir que la loi 2, C. *de judiciis*, attribue à tout juge de connaître des questions d'état incidentes aux causes de sa compétence, quoique d'ailleurs il soit incompétent pour en connaître par action principale. Poursuivons.

» Le 17 janvier 1748, une mort prématurée enleva le prince Maximilien. Il laissait une veuve, une fille et un fils, Charles-Nicolas-Henri-Othon. La veuve fut nommée tutrice.

» Au nombre des biens qui composaient la succession du prince Emmanuel, était la terre de Villers-Sire-Nicole, située en France, dans la province du Hainaut. La princesse Jeanne-Baptiste, instituée son héritière par le testament dont nous venons de parler, en avait disposé en faveur des demoiselles Vesterloo.

» La veuve tutrice, attendu la nullité manifeste de ces dispositions faites au préjudice de son mari, s'adressa au parlement de Douai, et y obtint un arrêt qui lui permit de se mettre en possession de cette terre.

» Le tuteur des demoiselles Vesterloo forma opposition à cet arrêt, sur le fondement de la prétendue illégitimité du prince Maximilien.

» Premier arrêt, le 30 janvier 1749, qui, en adjugeant la provision à la veuve tutrice, ordonna, avant faire droit sur la propriété, que les parties contesteraient plus amplement.

» Le 30 novembre, deuxième arrêt interlocutoire, portant que le tuteur serait tenu d'accorder ou de contester pleinement l'état et la filiation du prince Maximilien.

» Enfin, le 19 juin 1749, arrêt définitif, sur les conclusions du ministère public, qui, faute par ce même tuteur d'avoir satisfait aux précédens, déclare Maximilien avoué et reconnu fils d'Emmanuel-Ignace de Nassau ; faisant droit au principal, adjuge à la princesse tutrice la propriété et jouissance de la terre de Villers-Sire-Nicole.

» Cet arrêt a eu sa pleine et entière exécution, et les mineurs ont été mis en possession de cette terre.

» Telle était donc alors la position des mineurs : un arrêt du conseil aulique avait jugé leur père illégitime ; un arrêt du parlement de Douai avait jugé le contraire : dépouillés de leur patrimoine en Allemagne, en vertu du premier arrêt, le second les avait ressaisis d'une partie de leurs biens en France.

» Cependant le marquis de Nesle, leur grand oncle maternel, fondé sans doute sur l'autorité de l'arrêt du conseil aulique, refusait obstinément de reconnaître leur état. En conséquence, par exploit du 15 septembre 1755, il fut assigné au châtelet de

Paris, pour se voir condamner à déclarer que Maximilien était fils légitime d'Emmanuel-Ignace de Nassau, prince de Siégen, et de Charlotte de Mailly de Nesle; sinon, que le jugement à intervenir vaudrait cette reconnaissance.

» Le 31 janvier 1756, il intervient, après dix audiences et sur délibéré, une sentence qui, sans s'arrêter aux requête, demande incidente et fins de non-recevoir du marquis de Nesle, dont il est débouté, faisant droit sur les demandes du tuteur, « déclare Maximilien-Guillaume-Adolphe, prince » d'Orange et de Nassau, père des mineurs, fils » légitime d'Emmanuel-Ignace, prince de Nassau » et du Saint-Empire, et de Charlotte de Mailly de » Nesle, son épouse, et neveu du marquis de Nesle; » ordonne que, dans le jour, le marquis de Nesle » sera tenu de passer et signer au greffe acte de » cette reconnaissance; sinon, que la sentence en » tiendra lieu; le condamne en 100,000 livres de » dommages et intérêts et en tous les dépens, et or- » donne que la sentence sera imprimée, publiée et » affichée, et envoyée partout où besoin sera. »

» Ce jugement solennel ne fut pas suffisant pour vaincre l'obstination du marquis de Nesle : il en interjeta appel au parlement. La cause fut de nouveau plaidée à la grand'chambre, pendant huit audiences. L'arrêt qui intervint, conformément aux conclusions de M. l'avocat-général Joly de Fleury, « confirma la sentence, et ordonna qu'elle serait » imprimée, affichée et envoyée partout où besoin » serait, jusqu'à concurrence de mille exemplaires.

» On voit (dit le cit. Henrion dans le *Recueil de » jurisprudence française*, imprimé à Paris, en » 1789, tome 1er, page 48, d'après lequel nous » rapportons ces jugemens célèbres), on voit dans » cette affaire un prince d'origine allemande, mais » né en France et régnicole, déclaré bâtard adulté- » rin par un jugement du conseil aulique, et, comme » tel, dépouillé du patrimoine de son père dans » l'Empire, et cependant déclaré légitime et habile » à succéder par deux arrêts des tribunaux de » France, dont un du parlement de Paris, rendu » sur la plus ample contestation et d'après la con- » tradiction la plus vive.

» Tel est donc (continue le cit. Henrion) le prin- » cipe qui décide toutes les affaires de cette espèce. » Les jugemens des cours étrangères, et rendus » entre étrangers, s'exécutent en France sans nou- » vel examen et sur un simple *paréatis*; mais veut- » on se prévaloir d'un pareil jugement contre un » naturel français? A l'instant son autorité s'éva- » nouit, il n'y a plus de jugement, et le Français » peut demander que la question soit de nouveau » discutée devant ses juges naturels. »

» Voici d'autres arrêts non moins formels, qui sont émanés du parlement d'Aix.

» En 1703, Diègue-Nunès Péreira, Portugais, domicilié à Lisbonne, menacé par l'inquisition, quitte subitement cette ville. Joseph Pimenta, Por-

tugais comme lui, le fait assigner devant les juges de Lisbonne, et obtient par défaut un jugement qui le condamne à lui payer une somme équipollente à 400,000 livres de notre monnaie.

» Le 21 avril 1704, le lieutenant de l'amirauté de Marseille, sur la requête de Joseph Pimenta, permet d'exécuter ce jugement sur des effets appartenant à Péreira, et soumis à la juridiction de ce tribunal.

» Péreira qui, dans l'intervalle, était venu s'établir à Bayonne, et qui avait fait sa déclaration d'y vouloir résider, conformément à des lettres-patentes accordées aux Portugais par Henri II, Henri III et Louis XIV, Péreira réclame contre les saisies pratiquées en exécution de l'ordonnance du lieutenant de l'amirauté de Marseille; et il obtient au parlement de Bordeaux un arrêt qui lui accorde des défenses d'exécuter contre lui aucun jugement étranger. Alors un conflit de juridiction s'élève entre le parlement de Bordeaux et le parlement d'Aix.

» Le 17 septembre 1708, arrêt du conseil, qui renvoie les parties en cette dernière cour.

» En conséquence, on plaide en cette dernière cour sur la question de savoir si le lieutenant de l'amirauté de Marseille a pu permettre en France l'exécution du jugement de Lisbonne.

» Par arrêt du 28 juin 1710, le parlement d'Aix infirme le *paréatis* accordé par le lieutenant de l'amirauté de Marseille, renvoie les parties devant la sénéchaussée de la même ville; et par-là, dit le président de Baisieux, en son recueil, page 215, décide « qu'on ne peut exécuter en France, contre des » étrangers qui y sont réfugiés, les jugemens ren- » dus dans une monarchie étrangère, mais qu'il » faut venir par nouvelle action contre eux. »

» Voilà encore une espèce où certainement le juge étranger avait prononcé compétemment; néanmoins, sur le seul fondement que le condamné avait acquis un domicile en France avant sa condamnation, et qu'il était par-là devenu sujet de la monarchie française, il a été jugé que sa condamnation était sans force en France.

» Le même principe a encore déterminé l'arrêt suivant, qui est rapporté par Julien, *sur les Statuts de Provence*, tome 2, page 444.

» Après avoir établi qu'un Français ne peut pas, même de son consentement, plaider valablement devant des juges étrangers; après avoir confirmé ce principe par la doctrine de Brodeau sur Louet, lettre D., §. 49, qui se fonde sur « ce que c'est une » loi de l'État inviolable, que le droit de souverai- » neté ne se divise point, » Julien ajoute : « C'est » ce qui fut jugé par arrêt du parlement du 22 dé- » cembre 1732, prononcé par M. le premier pré- » sident Lebret, en faveur d'Antoine Alamelle, né- » gociant du lieu de Vaugine, pour qui je plaidais, » contre Febrier et Laugier, du lieu de Camaret, » dans le comté Vénaissin, et Fauque, du lieu de » Gout en Provence. Il s'agissait, entre ces parties,

» d'une société pour un commerce de laine, qui
» avait été contractée en cette province dans le lieu
» de Vaugine. Alamelle s'était pourvu par-devant les
» juges du comté Vénaissin, et toutes les par-
» ties y avaient procédé. Rebuté par la longueur
» des procédures, il fit assigner, par-devant le lieu-
» tenant-général au siége d'Aix, toutes ces parties
» qui étaient domiciliées en différens ressorts. Fe-
» brier, Laugier et Fauque déclinèrent la juridic-
» tion du lieutenant d'Aix, et demandèrent leur
» renvoi par-devant les juges du comté Vénaissin.
» Ils furent déboutés de leur déclinatoire par sen-
» tence du 29 juillet 1732. Ils appelèrent de cette
» sentence par-devant la cour, où ils soutenaient
» qu'ils avaient dû être assignés par-devant les juges
» de leur domicile, suivant la règle, *actor sequitur*
» *forum rei ;* qu'il y avait une instance pendante
» par-devant les officiers de Camaret, et qu'ils ne
» pouvaient avoir deux procès pour le même fait.
» Alamelle répondait qu'il s'agissait d'une société
» contractée ▉▉▉▉ovence, qu'il était Français, aussi
» bien que Fauque, l'une de ses parties. Il rappe-
» lait les maximes que nous venons d'établir, disant
» qu'il n'avait pas été en son pouvoir de recon-
» naître pour ses juges ceux d'une souveraineté
» étrangère, et que l'instance portée par-devant les
» officiers de Camaret pouvait si peu lui être op-
» posée, qu'un jugement même n'est point exécu-
» toire en France, quand il a été rendu par des ju-
» ges d'une monarchie étrangère. Sur ces raisons,
» par arrêt du 22 décembre 1732, la sentence fut
» confirmée avec amende et dépens. »

« Vous voyez que, dans cette espèce, on a été
jusqu'à regarder comme nulles en France, comme
ne pouvant y produire aucun effet, pas même une
fin de non-procéder, pas même une exception de
litispendance, des procédures faites à la requête
d'un Français dans une juridiction étrangère, et
cependant compétente, à raison du domicile qu'a-
vaient dans son ressort deux des trois parties contre lesquelles il s'était pourvu. Vous voyez qu'on ne
s'est pas arrêté à la fin de non-recevoir qui semblait
devoir résulter contre le Français, de ce qu'il avait
lui-même saisi le tribunal étranger de sa demande,
et que par-là on a consacré bien formellement le
principe, que rien de tout ce qui se juge ou se juge,
même compétemment, dans les juridictions étrangères, ne peut en France être d'aucun effet, ni produire aucune exception contre les Français.

« C'est ce que le même parlement a encore décidé, de la manière la plus positive, dans deux espèces qui nous ont été conservées par Emérigon,
Traité des assurances, chap. 12, sect. 20 :

« J'ai déjà observé (dit-il) que les jugemens ren-
» dus par les tribunaux étrangers, ne sont en France
» d'aucun poids contre les Français, et qu'il faut
» que la cause y soit de nouveau décidée; d'où il suit
» que le jugement de confiscation (d'un navire as-
» suré) prononcée par un tribunal ennemi, n'est ni
» une preuve que le véritable *pour-compte* ait été

» caché, ni un titre que les assureurs puissent allé-
» guer pour se dispenser de payer la perte. Telle
» est notre jurisprudence.

» En 1743, Arnaud Lamaignière et Bernard La-
» parade, négocians à Bayonne, firent assurer à
» Marseille, de sortie de Bayonne jusqu'à Cadix,
» 8,000 livres, sur les facultés et marchandises qui
» seraient chargées dans le vaisseau le *Saint-Ber-*
» *nard*, capitaine Bernard Laparade, Français de
» nation, moyennant la prime de 2 pour 100.
» Nous étions alors en paix avec l'Angleterre, qui
» était en guerre avec l'Espagne.

» Le navire partit vide de Bayonne; il relâcha à
» Saint-Sébastien, port d'Espagne, où il reçut un
» chargement de fer pour compte des assurés. Ayant
» remis à la voile, il fut pris par un vaisseau de
» guerre anglais, qui le conduisit à Gibraltar. Juge-
» ment de la vice-amirauté de Gibraltar, rendu le
» 1er juin 1744, qui relâcha le vaisseau, comme
» appartenant à des Français, et déclara de bonne
» prise les marchandises, *comme appartenant à*
» *des Espagnols.*

» Les assureurs attaqués disaient, entre autres
» choses, qu'on les avait trompés; qu'au lieu de
» charger à Bayonne des marchandises propres à des
» Français, on était allé à Saint-Sébastien prendre
» un chargement espagnol; que ce vice, qui leur
» avait été dissimulé, qui avait été la cause de la
» confiscation, était authentiqué par le jugement
» de Gibraltar; qu'ainsi, ils ne répondaient point de
» la perte.

» Les assurés, pour qui j'écrivais, répondaient,
» 1º que le jugement n'était d'aucun poids en France;
» 2º que la clause de *faire échelle*, avait permis
» au capitaine d'aller prendre son chargement à
» Saint-Sébastien; 3º que la propriété française
» était justifiée par le connaissement; qu'ainsi le
» jugement de confiscation était injuste; qu'en un
» mot, les assureurs ne rapportaient pas la preuve
» du contraire.

» Sentence du 16 avril 1745, qui condamna les
» assureurs au payement des sommes assurées. Arrêt
» du 15 juin 1746, au rapport de M. Ravel, qui con-
» firma cette sentence.

» L'autre espèce, que rapporte Emérigon, est
» en tout point semblable à la première, et elle a été
» jugée de même, par arrêt du 22 juin 1746, con-
» firmatif d'une sentence du 7 août 1645.

» Dans ces deux affaires, on ne pouvait sûrement
» pas dire que les jugemens de confiscation, rendus
» par les tribunaux anglais, l'eussent été incompé-
» temment. Il est universellement reconnu que c'est
» aux juges de la nation qui a fait une prise en mer,
» à prononcer sur la validité ou l'illégitimité de cette
» prise. Pourquoi donc ces jugemens ont-ils été con-
» sidérés par le parlement d'Aix comme insuffisans
» pour justifier les faits qu'ils énonçaient, et qu'ils
» avaient pris pour base de leurs dispositions? Emé-
» rigon nous le dit en termes exprès : c'est parce que
« les jugemens rendus par les tribunaux étrangers,

15.

» ne sont en France d'aucun poids contre les Français, et qu'il faut que la cause y soit de nouveau décidée; » c'est conséquemment, comme nous l'avons établi, parce que ces jugemens n'ont pas en France, et contre des Français, l'autorité de la chose jugée.

» Qu'importe donc que, dans notre espèce, il n'y ait pas de contraintes exercées contre Spohrer, pour parvenir à l'exécution des jugemens de Naples? Qu'importe que l'on s'y borne à tirer de ces jugemens une exception de chose jugée contre la nouvelle action que Spohrer prétend intenter en France contre Niels Moë?

» Dire avec les tribunaux du Havre et de Rouen, que l'art. 121 de l'ordonnance de 1629 ne fait que dépouiller les jugemens rendus en pays étranger de toute force exécutoire en France, et que du reste ces jugemens produisent en France l'exception de la chose jugée, comme s'ils étaient émanés d'une juridiction nationale, n'est-ce pas tout à la fois limiter arbitrairement la signification indéfinie du terme *exécution*, et méconnaître le véritable esprit, c'est trop peu dire, le texte formel de l'article dont il s'agit?

» L'art. 121 dit-il seulement que les jugemens rendus en pays étranger ne seront pas exécutoires en France par la saisie des meubles, par le décret des immeubles, par l'emprisonnement de la personne de l'individu condamné? Non : il dit, en général, que ces jugemens n'auront *aucune exécution* en France; et assurément ces mots, *aucune exécution*, excluent toutes les manières possibles de donner en France un effet quelconque à de pareils jugemens.

» Or, faire résulter de ces jugemens une exception de chose jugée, c'est indubitablement leur donner l'effet de rendre non-recevable une action qui peut en elle-même être très-bien fondée; et leur donner un effet aussi important, aussi considérable, qu'est-ce autre chose que de violer la loi qui leur refuse toute espèce d'*exécution* ?

» Pour nous convaincre de plus en plus de cette vérité, faisons bien attention à l'ensemble de l'article 121.

» Il commence par déclarer que les jugemens rendus et les contrats passés en pays étranger, *pour quelque cause que ce soit*, n'auront *aucune hypothèque ni exécution en France*.

» Ensuite, il modifie cette disposition par rapport aux contrats; il veut que les contrats reçus en pays étranger par les officiers publics des lieux, *tiendront en France l'effet d'actes sous seing-privé : ainsi tiendront les contrats lieu de simples promesses*.

» Mais par rapport aux jugemens, point de modification; « et nonobstant lesdits jugemens, nos sujets contre lesquels ils auront été rendus, pourront de nouveau débattre leurs droits, COMME ENTIERS, devant nos officiers. C'est bien dire que ces jugemens sont absolument sans effet; c'est bien dire

qu'on ne peut pas même les assimiler à des décisions arbitrales; c'est bien dire qu'ils ne produisent pas l'exception de chose jugée: car pour que l'on puisse *débattre comme entiers* des droits sur lesquels un jugement a statué, il faut nécessairement qu'il ne passe pas en chose jugée, il faut nécessairement qu'il soit réputé non-avenu.

» La dernière ressource de Niels Moë est de dire que la disposition de l'ordonnance de 1629 n'a pas lieu à l'égard des jugemens rendus en matière de commerce maritime. Quelle serait donc la raison de les en excepter?

» C'est, dit Niels Moë, parce que le commerce maritime tient au droit des gens.

» Mais c'est aussi du droit des gens que dépendent les lettres de change, les billets à ordre, toutes les conventions. Cependant, si un Français essuie en pays étranger une condamnation judiciaire, pour raison d'une lettre de change, d'un billet à ordre, d'une convention quelconque, cette condamnation ne pourra pas être exécutée en ●●●●●. Pourquoi en serait-il autrement d'une condamnation pour cause de commerce maritime?

» C'est, dit encore Niels Moë, parce qu'en fait de contrats relatifs au commerce maritime, la compétence des juges se détermine par des règles particulières; c'est parce qu'en plusieurs cas prévus par l'ordonnance de la marine de 1681, les étrangers sont obligés de plaider en France sur l'exécution de ces sortes de contrats; c'est conséquemment parce qu'il n'y a nulle raison pour que, par réciprocité, les Français ne soient pas également tenus de plaider pour ces sortes de contrats devant les tribunaux étrangers.

» Mais quelle est donc la question qui nous occupe?

» Ce n'est pas celle de savoir si c'est compétemment ou incompétemment qu'a prononcé le tribunal de commerce de Naples; nous avons établi qu'il était à cet égard très-compétent.

» Ce n'est pas non plus celle de savoir si l'on peut en France exécuter contre un Français un jugement rendu contre lui dans une juridiction étrangère, incompétente, et qu'il n'avait pas reconnue; une pareille question n'en a jamais été une, et il serait trop absurde de prétendre que l'art. 121 de l'ordonnance de 1629 n'eût été fait que pour la décider négativement.

» Mais il s'agit de savoir si des jugemens rendus compétemment en pays étranger contre des Français, ont en France l'autorité de la chose jugée: or, nous avons démontré qu'ils ne l'ont pas; nous l'avons démontré par la généralité de la disposition de l'ordonnance de 1629; nous l'avons démontré par le rapprochement de cette disposition avec les traités diplomatiques qui ont été faits pour la modifier, en faveur de quelques nations; nous l'avons démontré par trois arrêts du parlement de Paris, par deux arrêts du parlement de Douai, par quatre arrêts du parlement d'Aix.

» Pour nous en convaincre mieux encore, s'il est possible, faisons une hypothèse. Un Français porteur d'une obligation souscrite à son profit par un Anglais, ne trouvant en France aucun bien appartenant à son débiteur, a pris le parti de le faire assigner devant les juges d'Angleterre. Ces juges ont rejeté sa demande, et l'ont condamné aux dépens. L'Anglais fait taxer les dépens qu'il a obtenus, et vient en France pour en poursuivre le recouvrement. Que feront les tribunaux français? A coup sûr, ils feront ce que fit le chancelier d'Aguesseau par rapport au jugement rendu à Munich, en 1749, contre le prince de Grimberghem : ils refuseront toute exécution au jugement rendu en Angleterre. Et cependant on ne peut pas dire qu'il y ait dans ce jugement l'ombre d'incompétence.

» Mais supposons qu'après ce jugement, le Français, condamné en Angleterre, découvre en France une propriété ou une créance appartenant à son débiteur anglais; qui est-ce qui osera lui contester le droit de saisir cette créance, cette propriété, et de faire, par ce moyen, assigner son débiteur anglais devant une juridiction nationale pour y plaider de nouveau la question jugée en Angleterre? Ne serait-ce pas, en effet, une inconséquence et une véritable contradiction, que de regarder le jugement d'Angleterre comme formant obstacle à une nouvelle action en France sur le fond, tandis qu'on serait forcé de le considérer comme un vain chiffon, relativement aux dépens qu'il prononce? Comment pourrait-il avoir l'autorité de la chose jugée pour un objet, tandis qu'il ne l'aurait pas pour l'autre? Aussi avez-vous vu qu'en 1743, dans l'affaire d'Archambaut contre Cretet, la conservation de Lyon et le parlement de Paris n'ont fait aucune difficulté de juger de nouveau une contestation dans laquelle le premier avait succombé à Chambéry, où il s'était porté demandeur, et de condamner le second, quoique absous par les juges de son domicile.

» Il importe donc peu, dans notre espèce, qu'il soit question de commerce maritime. Tout ce qui peut résulter de là, c'est que les juges de Naples étaient compétens pour connaître de l'exécution de la charte-partie du 29 frimaire an 6. Mais nulle conséquence à tirer de leur compétence à l'exécution de leurs jugemens dans le territoire français: ce sont deux points qui n'ont rien de commun ensemble; et vous n'avez pas oublié que le parlement d'Aix l'a ainsi jugé, même en matière de commerce maritime, par deux arrêts des 15 et 22 juin 1746.

» Enfin, non-seulement l'art. 121 de l'ordonnance de 1629 n'excepte pas de sa disposition les jugemens rendus en matière de commerce maritime, mais il s'oppose formellement à ce qu'ils en soient exceptés : pour quelque cause que ce soit, dit-il; et assurément ces expressions sont trop générales, pour qu'on puisse les restreindre par une exception quelconque.

» On ne peut pas d'ailleurs supposer que le législateur les eût perdues de vue, lorsqu'il a rédigé l'ordonnance du commerce de 1673, et celle de la marine de 1681 ; et de ce qu'il n'y a dérogé ni par l'une ni par l'autre loi, il s'ensuit nécessairement qu'il a laissé subsister dans toute son étendue, pour le commerce de mer comme pour le commerce de terre, la disposition de l'art. 121 de l'ordonnance de 1629.

» Que cette disposition puisse apporter des entraves aux relations commerciales des Français avec les étrangers, c'est ce que nous n'avons pas à examiner. Si effectivement il peut en résulter de pareils inconvéniens, le gouvernement est là pour y pourvoir, soit par la proposition d'une loi nouvelle, soit par des négociations avec les puissances étrangères : sur ce point comme sur tous ceux qui sont de son ressort exclusif, reposons-nous avec confiance sur sa sagesse; notre devoir à nous est de faire respecter les lois telles qu'elles existent et tant qu'elles existent.

» Par ces considérations, nous estimons qu'il y a lieu de casser et annuler le jugement du tribunal d'appel de Rouen, du 26 ventôse an 10. »

Sur ces conclusions, arrêt du 18 pluviôse an 12, au rapport de M. Buschop, par lequel :

« Vu l'art. 121 de l'ordonnance du mois de janvier 1629....;

» Considérant que les expressions générales de cet article ne souffrent aucune exception, soit relativement à la nature de l'affaire qui a été portée devant un tribunal étranger, soit relativement à la qualité en laquelle un Français y a été partie; qu'ainsi, on ne peut, pour l'application dudit article, admettre de distinction, soit entre le cas où l'affaire sur laquelle est intervenu un jugement étranger, est commerciale ou purement civile, soit que le Français y ait été demandeur, défendeur ou partie intervenante; mais que la loi refuse indistinctement toute force exécutoire, en France, aux jugemens étrangers;

» Que ledit article ayant voulu de plus que, nonobstant un jugement étranger, le Français contre lequel il aurait été rendu, puisse de nouveau débattre ses droits comme entiers, il s'ensuit qu'un jugement étranger ne peut pas même opérer contre le Français l'effet de la chose jugée, puisque cette exception le priverait nécessairement de la faculté qui lui est formellement réservée par la loi, de débattre de nouveau ses droits comme entiers;

» Considérant que, dans l'espèce actuelle, par son jugement du 4 germinal an 10, le tribunal d'appel de Rouen a écarté la demande formée par le cit. Spohrer contre Niels Moë et Jens Sorensen, sous prétexte que la contestation que présentait la dite demande, ayant été vidée par un jugement du tribunal de commerce de Naples, du 4 juillet 1798, le cit. Spohrer ne pouvait plus la reproduire devant les tribunaux de France; qu'en statuant ainsi, le tribunal de Rouen a contrevenu aux dispositions dudit art. 121 de l'ordonnance de 1629, qui conserve aux Français condamnés par des jugemens étrangers la faculté de débattre de nouveau leurs droits devant les tribunaux de France;

» Que, quoiqu'un jugement du 7 floréal an 6, rendu par le chargé d'affaires de la république française près la cour de Naples, ait renvoyé les parties devant le tribunal de commerce de cette ville, pour faire statuer sur les mêmes difficultés que le cit. Spohrer a reproduites devant les tribunaux du Havre et d'appel de Rouen, cette circonstance ne peut pas excuser ladite contravention, puisque le chargé d'affaires de France n'a pas pu ni voulu soustraire aux tribunaux français la connaissance des contestations que l'ordonnance de 1629 leur attribue dans les cas prévus par son art. 121 ci-dessus cité; et que si l'action que, par le ministère de ses commissionnaires, le cit. Spohrer a intentée devant le tribunal de commerce de Naples, pouvait être regardée comme une exécution dudit jugement de renvoi du 7 floréal an 6, cette exécution ne pourrait pas avoir plus d'effet que n'aurait une demande spontanée et volontairement introduite par un Français devant un tribunal étranger, ce qui ne peut pas non plus, d'après les considérations ci-dessus énoncées, faire fléchir les dispositions générales du susdit art. 121 de l'ordonnance de 1629:

» Par ces motifs, le tribunal casse et annule le jugement rendu par le tribunal d'appel de Rouen, le 26 ventôse an 10....; »

II. La 5e question, uniquement relative aux jugemens rendus en pays étranger, soit en faveur d'un Français contre un étranger, soit entre étrangers, n'était nullement controversée dans notre ancienne jurisprudence: on y tenait pour constant que ces jugemens devaient être exécutés en France, sur pareatis, délivrés sans examen préalable du fond; et un grand nombre d'arrêts avaient jugé, il y en avait même un de la cour de cassation, du 7 janvier 1806, qui avait déclaré en termes exprès, « que la dispo- » sition de l'art. 121 de l'ordonnance de 1629 ne » s'appliquait qu'aux jugemens rendus en pays étran- » ger, entre un étranger et un Français (1). »

J'avais d'abord pensé (avec M. Maleville, dans son Analyse raisonnée du code civil, art. 2123; avec Pigeau, Traité de la procédure civile, tome 2, page 36; avec M. Carré, Analyse raisonnée du code de procédure, tome 2, page 179; avec M. Berriat de Saint-Prix, Cours de procédure, page 451, 3e édition; et enfin, avec M. Mourre, alors procureur-général de la cour d'appel de Paris, dans des conclusions du 16 décembre 1809, que je rapporterai ci-après, n°. 3.) que ni l'art. 2123 du code civil, ni l'art. 546 du code de procédure, n'avaient dérogé à cette jurisprudence; et c'est d'après cette manière de les entendre, que j'a-

vais raisonné, tant dans les conclusions sur lesquelles a été rendu l'arrêt de la cour de cassation, du 7 janvier 1806, que dans d'autres du 27 août 1812 (1).

Mais la question que je n'avais, je l'avoue, que légèrement effleurée, a été, depuis, soumise à une discussion approfondie qui a amené un tout autre résultat.

En 1783, contrat de société entre le sieur Holker, négociant français, et le sieur Parker, citoyen des Etats-Unis d'Amérique, pour l'exécution d'un marché par lequel ils s'étaient chargés de fournitures à faire à l'armée du gouvernement américain.

Dans la suite, et avant que le compte de cette association soit réglé et soldé, le sieur Parker se retire en France.

Le sieur Holker le fait assigner devant le tribunal de commerce de Paris.

Le sieur Parker excipe de sa qualité d'étranger, non-domicilié en France; et par jugement, confirmé sur l'appel, en 1811, il obtient son renvoi devant les tribunaux américains.

En conséquence, le sieur Holker se pourvoit devant la cour de circuit de Boston, et y obtient, le 14 mai 1814, un jugement contradictoire qui condamne le sieur Parker à lui payer 539,949 dollars.

Mais ne pouvant faire exécuter cette condamnation en Amérique, parce que le sieur Parker n'y possède aucun bien, et qu'il continue de résider en France, le sieur Holker se rend à Paris, où, sur sa simple requête, à laquelle est jointe une expédition du jugement de Boston, le président du tribunal de première instance du département de la Seine rend une ordonnance qui déclare ce jugement exécutoire.

De là des saisies-arrêts entre les mains des débiteurs du sieur Parker.

Le sieur Parker en demande la nullité, 1° parce qu'un jugement rendu dans une souveraineté étrangère ne peut être exécuté en France sur la simple ordonnance du président d'un tribunal de première instance; qu'il ne pourrait l'être, aux termes des art. 2123 et 2128 du code civil, et de l'art. 546 du code de procédure, qu'en vertu d'un jugement par lequel le tribunal lui-même l'aurait déclaré exécutoire, et que le tribunal ne pourrait le déclarer exécutoire qu'après une nouvelle discussion de l'affaire au fond; 2° parce qu'il a pris, en Amérique, pour faire réformer le jugement de la cour de circuit de Boston, les voies de droit établies par les lois du pays.

Le 18 août 1815, jugement par lequel :

« Attendu, en droit, que les jugemens rendus régulièrement en pays étranger, par les autorités

---

(1) Répertoire de Jurisprudence, au mot Jugement, §. 8.

(1) V. le Répertoire de Jurisprudence, au mot Souveraineté. §. 6.

établies à cet effet, règlent les droits des parties entre lesquelles ces jugemens ont été rendus, et qui se trouvaient soumises à leur juridiction; que si ces jugemens ne peuvent pas être exécutés de plein droit en France, c'est par la raison que les juges qui les avaient rendus n'avaient pas de caractère pour en ordonner l'exécution aux officiers ministériels français; que l'art. 121 de l'ordonnance de 1629 n'a rien de contraire à ces principes, et établit seulement, en faveur des régnicoles, une exception (de *débattre leurs droits, comme entiers*, devant les tribunaux de France) qui ne peut être étendue aux étrangers;

» Attendu, en fait, que Parker est étranger, et qu'il peut d'autant moins invoquer le bénéfice de l'art. 121 de l'ordonnance, qu'en cette qualité d'étranger, il a, dans l'affaire actuelle, décliné la juridiction des tribunaux français, et demandé et obtenu du tribunal de commerce et de la cour royale de Paris son renvoi devant ses juges naturels, par lesquels, d'après ce renvoi, a été rendu le jugement du mois de mai 1814, que Holker veut aujourd'hui faire déclarer exécutoire en France;

» Attendu enfin que ce jugement est régulier et définitif;

» Le tribunal déclare ledit jugement exécutoire, à l'effet seulement, par Holker qui l'a obtenu, d'exercer tous les actes conservatoires, notamment de prendre inscription hypothécaire; mais suspend tous les actes d'exécution, même de forme, tels que saisies-arrêts, durant le délai de quatre mois, pendant lequel Parker justifiera des actes par lesquels il allègue qu'il aurait attaqué le jugement du 14 mai par les voies de droit autorisées en Amérique. »

Le sieur Parker appelle de ce jugement à la cour royale de Paris; et le 27 août 1816, arrêt ainsi conçu:

« Attendu que les jugemens rendus par les tribunaux étrangers n'ont pas d'effet ni d'autorité en France; que cette règle est sans doute plus particulièrement applicable en faveur des régnicoles, auxquels le roi et ses officiers doivent une protection spéciale; mais que le principe est absolu, et peut être invoqué par toutes personnes, sans distinction, étant fondé sur l'indépendance des États;

» Que l'ordonnance de 1629, dans le début de son art. 121, pose le principe dans sa généralité, lorsqu'elle dit que « les jugemens rendus ès royaumes et souverainetés étrangères, pour quelque cause que ce soit, n'auront aucune exécution » dans le royaume de France; et que le code civil, art. 2123, donne à ce principe la même latitude, lorsqu'il déclare que l'hypothèque ne peut résulter des jugemens rendus en pays étranger, qu'autant qu'ils ont été déclarés exécutoires par un tribunal français, ce qui n'est pas une affaire de pure forme, comme autrefois les concessions des *paréatis* d'un ressort à l'autre pour les jugemens rendus dans l'intérieur du royaume; mais ce qui suppose, de la part des tribunaux français, une connaissance de cause et un examen sérieux de la justice du jugement représenté, comme la raison le demande, et qu'il s'est toujours pratiqué en France, selon le témoignage de nos anciens auteurs;

» Qu'il peut résulter de là un inconvénient, lorsque le débiteur, comme on prétend qu'il est arrivé dans l'espèce, transporte sa fortune et sa personne en France, en conservant son domicile dans son pays natal; que c'est au créancier à veiller, mais qu'aucune considération ne peut faire fléchir un principe sur lequel repose la souveraineté des gouvernemens, et qui, quel que soit le cas, doit conserver toute sa force;

» La cour, faisant droit sur l'appel, met l'appellation et ce dont est appel au néant; émendant, décharge l'appelant des condamnations contre lui prononcées; au principal, sans s'arrêter à l'exception de chose jugée qu'on prétend faire résulter du jugement rendu par le tribunal américain, ordonne que, devant le tribunal de première instance, composé d'autres juges que ceux dont a été appelé, Holker déduira les raisons sur lesquelles son action est fondée, pour être débattue par Parker, et être sur le tout statué en connaissance de cause par lesdits juges, sauf l'appel en la cour; et cependant, attendu que Holker en ce moment n'a pas de titre, fait mainlevée de toutes les saisies-arrêts et oppositions par lui formées, ainsi que des inscriptions hypothécaires par lui prises; ordonne que, nonobstant lesdites oppositions et saisies-arrêts, tous débiteurs videront leurs mains en celles de Parker, comme aussi que les inscriptions seront radiées de tous registres; et condamne Holker aux dépens... »

Le sieur Holker se pourvoit en cassation, et soutient que cet arrêt porte atteinte à la chose jugée par celui de 1811, qui avait renvoyé le sieur Parker devant ses juges naturels; qu'il viole les principes du droit des gens sur la matière; qu'il applique à faux l'art. 121 de l'ordonnance de 1629, et qu'il contrevient aux art. 2123 et 2128 du code civil, ainsi qu'à l'art. 546 du code de procédure.

A ces moyens de cassation, le sieur Parker oppose une consultation de MM. Grappe, Darieux, Tripier et Billecoq, dans laquelle on lit, entre autres choses, ce qui suit:

« Le demandeur en cassation invoque l'art. 2123 du code civil, qui porte que « l'hypothèque ne » peut résulter des jugemens rendus en pays étran» ger, qu'autant qu'ils ont été déclarés exécutoires » par un tribunal français; » et voici comment il raisonne: la loi, dit-il, accorde au jugement étranger l'effet de l'hypothèque, sous la seule condition qu'il sera déclaré exécutoire par un tribunal français. Or, déclarer un jugement exécutoire, ce n'est pas rendre un jugement nouveau. Donc le tribunal français ne juge pas; donc sa mission est purement passive dans la délivrance du mandat d'exécution.

Le sieur Holker fortifie sa thèse par l'analogie

que, suivant lui, la loi établit entre les jugemens étrangers et les décisions arbitrales pour lesquelles l'ordonnance d'exécution est donnée sans examen du fond.

» Pour quiconque examine de près cette argumentation, il est évident qu'elle ne repose que sur une équivoque et sur une simple querelle de mots.

» Et d'abord, faisons remarquer que la règle tracée par l'art. 2123 est générale; qu'elle ne distingue pas entre les jugemens rendus entre étrangers, de ceux rendus entre français et étrangers, ni les jugemens rendus en faveur de ces derniers, de ceux rendus contre eux. Le législateur ne considère que l'extranéité du pouvoir dont ils sont l'ouvrage, et nullement les qualités accidentelles des parties qui y ont figuré; la disposition les embrasse, les régit tous; donc il faut dire, ou avec le sieur Holker, que le jugement rendu en pays étranger, *contre un Français*, sera exécuté en France sur simple *paréatis*; ou avec nous, que le jugement rendu contre un étranger, au profit d'un Français, ne sera déclaré exécutoire par nos tribunaux qu'en connaissance de cause.

» L'analogie entre les jugemens étrangers et les décisions arbitrales n'est pas plus exacte.

» Ces décisions sont de véritables jugemens nationaux, moyennant la simple ordonnance d'exécution dont le juge les revêt (loi du 24 août 1790).

» Il n'en est pas de même des jugemens rendus en pays étranger par des officiers que les parties n'ont pas investis d'une juridiction volontaire, et en qui nos lois ne reconnaissent pas une juridiction publique.

» Aussi le législateur n'a-t-il garde de les confondre dans la même disposition.

» Il dit des décisions arbitrales, qu'elles seront revêtues de l'*ordonnance judiciaire d'exécution*.

» Il dit des jugemens étrangers, qu'ils *n'auront d'effet qu'autant qu'ils auront été déclarés exécutoires par* UN TRIBUNAL FRANÇAIS.

» Ce n'est pas sans dessein qu'il s'explique successivement sur ces deux sortes d'actes : ce n'est pas ici une répétition oiseuse de la même idée : la location change, parce que la pensée n'est pas la même. Au premier cas, la loi n'exige qu'une simple ordonnance d'exécution que le président du tribunal délivre, dès qu'il en est requis; au second cas, c'est au tribunal entier que le jugement est soumis.

» Or, un tribunal n'agit jamais passivement : il ne procède que par délibération; et *délibérer*, c'est faire acte de libre volonté, c'est *juger*.

» Il y a donc jugement dans l'acte par lequel le tribunal français déclare exécutoire dans le royaume une décision rendue en pays étranger; et tout jugement suppose, non-seulement la faculté, mais le devoir d'examiner. »

Par arrêt du 19 avril 1819, au rapport de M. Poriquet, et après deux longs délibérés,

« Sur la contravention à la chose jugée par l'arrêt de 1811, attendu que la demande formée, en 1816, par Holker, n'avait pas la même cause que celle sur laquelle il avait été statué par l'arrêt de 1811, qu'ainsi, il n'y a pas contravention à l'art. 1351 du code civil :

» Sur la contravention à l'art. 121 de l'ordonnance de 1629, attendu que l'ordonnance de 1629 disposait en termes absolus et sans exception, que les jugemens étrangers n'auraient pas d'exécution en France, et que ce n'est que par le code civil et par le code de procédure que les tribunaux français ont été autorisés à les déclarer exécutoires, qu'ainsi, l'ordonnance de 1629 est ici sans application :

» Sur la contravention aux art. 2123 et 2128 du code civil et 546 du code de procédure, attendu que ces articles n'autorisent pas les tribunaux à déclarer les jugemens rendus en pays étranger, exécutoires en France sans examen; qu'une semblable autorisation serait aussi contraire à l'institution des tribunaux, que l'aurait été celle d'en accorder ou d'en refuser l'exécution arbitrairement et à volonté; que cette autorisation, qui d'ailleurs porterait atteinte au droit de souveraineté du gouvernement français, a été si peu dans l'intention du législateur, que, lorsqu'il a dû permettre l'exécution sur simple *paréatis*, des jugemens rendus par des arbitres revêtus du caractère de juges, il a eu le soin de ne confier la faculté de délivrer l'ordonnance d'*exequatur* qu'au président, et non pas au tribunal, parce qu'un tribunal ne peut prononcer qu'après délibération, et ne doit accorder, même par défaut, les demandes formées devant lui, que si elles se trouvent justes et bien vérifiées (art. 116 et 150 du code de procédure);

» Attendu enfin que le code civil et le code de procédure ne font aucune distinction entre les divers jugemens rendus en pays étranger, et permettent aux juges de les déclarer tous exécutoires; qu'ainsi ces jugemens, lorsqu'ils sont rendus contre des Français, étant incontestablement sujets à examen sous l'empire du code civil, comme ils l'ont toujours été, on ne pourrait pas décider que tous les autres doivent être rendus exécutoires autrement qu'en connaissance de cause, sans ajouter à la loi et sans y introduire une distinction arbitraire, aussi peu fondée en raison qu'en principe;

» Qu'il suit de là qu'en rejetant l'exception de chose jugée qu'on prétendrait faire résulter d'un jugement rendu en pays étranger, et en ordonnant que le demandeur déduira les raisons sur lesquelles son action est fondée, pour être débattues par Parker, et être statué sur le tout en connaissance de cause, la cour royale a fait une juste application des art. 2123 et 2128 du code civil, et 546 du code de procédure :

» Par ces motifs, la cour rejette le pourvoi.... »

III. Voyons maintenant si, en fait de jugemens rendus en pays étranger, il y a quelque différence entre ceux qui ont été rendus par des tribunaux, et ceux qui l'ont été par des arbitres du choix des parties.

Cette question s'est présentée dans l'espèce suivante :

Le 1er mai 1793, les sieurs Lecouteulx de Canteleu, Laurent Lecouteulx et Henri Chériot font à Paris un acte sous seing-privé, par lequel ils s'associent *en commandite et par actions*, jusqu'au 30 juin 1799, pour l'établissement d'une maison de commerce à New-Yorck, dans les États-Unis de l'Amérique.

Il est convenu, entr'autres choses, par cet acte, que la société sera gérée en Amérique par le sieur Chériot ; qu'en cas de décès de l'un des sieurs Lecouteulx, les actions qu'ils sont tenus de garder pendant la durée de l'association, seront conservées par le survivant, lequel représentera l'intérêt et les droits du défunt au nom de ses héritiers ; et que si, pendant la durée de la société ou après son expiration, il survient des difficultés entre les parties, elles seront soumises à des arbitres choisis dans le commerce.

Le sieur Laurent Lecouteulx meurt en 1794.

Le 9 nivôse an 9, Le sieur Lecouteulx de Canteleu et les tuteurs d'Augustin-Louis Lecouteulx, fils unique et héritier de Laurent Lecouteulx, passent, devant notaires à Paris, une procuration par laquelle ils chargent le sieur Dupont de terminer tous les différends existant entre eux et le sieur Chériot, au sujet de l'acte de société du 1er mai 1793, et à cet effet de transiger, compromettre, plaider, appeler, etc.

Le 24 septembre 1801, le sieur Dupont, usant des pouvoirs qui lui sont donnés par cette procuration, et le sieur Chériot signent devant John Wikes, notaire à New-Yorck, un compromis par lequel ils nomment *pour arbitres et amiables compositeurs* les sieurs Louis Simond et Joseph Thibaud, *tous deux négocians à New-Yorck*, pour statuer en dernier ressort et sans appel ni recours en cassation, sur tous les différends des parties.

Le 8 mars 1802, les sieurs Simond et Thibaud, procédant en leur qualité *d'arbitres et amiables compositeurs*, rendent un jugement qui contient différentes condamnations contre le sieur Lecouteulx de Canteleu, tant en son nom que comme chargé par l'art. 27 de l'acte de société, des intérêts du sieur Lecouteulx, décédé ; et conformément à une clause du compromis, ils en déposent une minute à la chancellerie du consulat français à New-Yorck, et une autre dans l'étude du notaire John Wikes.

Le 22 ventôse an 10 (le 13 mars 1802), le sieur Chériot fait assigner le sieur Lecouteulx de Canteleu, au domicile du sieur Dupont, à New-Yorck, devant le consul de France en cette ville, pour voir homologuer le jugement arbitral.

Le sieur Dupont se présente sur cette assignation,

TOME V

et demande qu'il soit sursis à l'homologation du jugement.

Le 6 germinal suivant (27 mars 1802), le consul français, *exerçant les fonctions judiciaires en vertu de la loi du mois de juin 1778*, et assisté de deux assesseurs qui ont, à cet effet, prêté serment entre ses mains, *conformément à la même loi*, rend un jugement par lequel : « attendu que le jugement arbitral dont il s'agit est régulier ; que » les arbitres n'ont point excédé les pouvoirs qui » leur avaient été donnés, et qu'il n'y a aucune » raison valable pour en différer l'homologation ; » il homologue « ledit jugement arbitral, pour être » exécuté selon sa forme et teneur ; en conséquence, » ordonne que ledit jugement sera expédié par le » chancelier faisant fonction de greffier, avec le » présent, pour le tout ne faire qu'un seul et même » jugement ; et attendu qu'il s'agit d'une contesta- » tion sur titre écrit ; et en vertu de l'art. 30 de la » loi du mois de juin 1778, ordonne que le présent » sera exécuté nonobstant opposition ou appella- » tion. »

Le 15 germinal an 10 (5 avril 1802), le sieur Lecouteulx de Canteleu et les tuteurs du mineur Augustin-Louis Lecouteulx, poursuite et diligence du sieur Dupont, leur fondé de pouvoirs, font signifier au sieur Chériot un acte d'appel de ce jugement *devant les juges qui en doivent connaître*.

Le 7 fructidor an 10, le sieur Chériot obtient, sur requête, et fait signifier au sieur Lecouteulx de Canteleu une ordonnance du président du tribunal de 1re instance du département de la Seine, qui lui permet de faire exécuter le jugement arbitral du 8 mars 1802, homologué par celui du consul de France à New-Yorck, le 27 du même mois.

Le 22 vendémiaire an 11, le sieur Lecouteulx de Canteleu fait signifier au sieur Chériot un acte par lequel il proteste de nullité contre cette ordonnance, et déclare y former opposition, en ce qu'elle autorise l'exécution en France d'un jugement arbitral rendu par des étrangers contre un Français et au profit d'un étranger.

Le sieur Chériot ne s'arrête pas à cette protestation, et envoie un huissier au domicile du sieur Lecouteulx de Canteleu, pour y pratiquer une saisie mobilière.

Le sieur Lecouteulx de Canteleu se refusant à l'ouverture des portes, le sieur Chériot le fait assigner en référé, conformément à l'art. 5 du tit. 8 de la loi du 24 avril 1790, devant le commissaire du gouvernement près le tribunal de première instance du département de la Seine.

Ce magistrat renvoie les parties, *en état de référé*, à l'audience du tribunal.

Le 15 nivôse an 11, jugement par lequel,

« Faisant droit sur le référé, et considérant, 1° que la saisie et exécution encommencée à la requête de Chériot sur Lecouteulx de Canteleu, est fait en vertu d'une décision arbitrale, rendue en pays étranger

16

et par des arbitres étrangers, entre Chériot, naturalisé dans le même pays, Lecouteulx de Canteleu et consorts, citoyens français, demeurant en France; 2° qu'il s'agit de savoir si les lois de la république française sur l'exécution des jugemens arbitraux, sont applicables à la décision arbitrale dont il s'agit, ou si les parties intéressées ne doivent pas être appelées pour être statué sur cette question, ce qui, dans tous les cas, ne peut donner lieu qu'à une action principale, dont le tribunal ne peut connaître en état de référé;

» Le tribunal renvoie les parties à se pourvoir au principal, toutes choses demeurant en état, et cependant ordonne que la garnison, si aucune y a, sera tenue de se retirer; sinon et faute de ce faire, autorise Lecouteulx et consorts à la faire expulser en la manière accoutumée. »

Les choses en cet état, le sieur Chériot fait assigner le sieur Lecouteulx de Canteleu au tribunal de commerce de Paris, pour se voir condamner à déposer le montant des lettres de change qu'il a tirées sur lui en exécution du jugement arbitral du 8 mars 1802.

Le sieur Lecouteulx de Canteleu oppose à cette demande les mêmes moyens qu'il a déjà fait valoir devant le tribunal civil du département de la Seine, et excipe du jugement de ce tribunal du 15 nivôse an 11.

Le 4 vendémiaire an 12, jugement par lequel le tribunal de commerce se déclare incompétent, et renvoie les parties devant le tribunal civil du département de la Seine.

Quelque temps après, le sieur Chériot anticipe, devant la cour de Rennes, l'appel interjeté le 16 germinal an 10, par le sieur Lecouteulx de Canteleu et le mineur Lecouteulx, du jugement du consulat de France à New-Yorck, du 6 du même mois, et conclut à ce que cet appel soit rejeté par la fin de non-recevoir.

Le sieur Lecouteulx de Canteleu et le mineur Lecouteulx répondent que leur appel n'a plus d'objet, parce que le sieur Chériot a renoncé au bénéfice du jugement du 6 germinal an 10; qu'il y a renoncé, d'abord par son recours aux tribunaux de Paris, ensuite par son acquiescement aux jugemens des 15 nivôse an 11 et 4 vendémiaire an 12; qu'en conséquence, il ne peut y avoir lieu que de renvoyer les parties à suivre l'effet de ces deux derniers jugemens.

Le 6 frimaire an 14, arrêt qui statue ainsi sur ces débats:

« Y a-t-il lieu à prononcer sur l'appel de l'ordonnance d'homologation du 6 germinal an 10? Dans le cas de l'affirmative, les appelans doivent-ils être déclarés non-recevables?

» La cour, considérant que la demande d'homologation portée par Chériot au tribunal de première instance de Paris, et les jugemens des 15 nivôse an 11 et 14 vendémiaire an 12, n'ont pu anéantir l'appel pendant en la cour; et que les appelans ont eux-mêmes conclu à ce qu'il y fût fait droit, par leur dénoncé du 13, postérieur aux jugemens dont ils excipent par leurs conclusions verbales;

» Considérant qu'une ordonnance d'homologation ou d'exequatur ne peut pas être considérée comme un véritable jugement susceptible d'être immédiatement réformé par la voie de l'appel;

» Considérant que, dans le cas même où il serait question d'appliquer à la cause les dispositions de l'ordonnance de 1629, il en résulterait encore qu'il n'y avait pas lieu à prendre la voie de l'appel;

» Sans s'arrêter aux exceptions proposées par les appelans dans leurs conclusions prises à l'audience, dit qu'il y a lieu à prononcer sur leur appel de l'ordonnance d'homologation du 6 germinal an 10; et, faisant droit, les a déclarés non-recevables dans ledit appel, et les a condamnés en l'amende et aux dépens. »

Le sieur Chériot fait signifier cet arrêt au sieur Lecouteulx de Canteleu, avec un nouveau commandement qui bientôt est suivi d'un procès-verbal tendant à saisie-exécution.

Là-dessus demande en référé, renvoi à l'audience du tribunal de première instance de Paris, et, le 26 août 1806, jugement ainsi conçu:

« Attendu que, sur les contraintes exercées contre le sieur Lecouteulx à la requête du sieur Chériot, en vertu d'un jugement arbitral rendu à New-Yorck, le 8 mars 1802, le tribunal, par son jugement rendu contradictoirement entre les parties le 15 nivôse an 11, par les motifs qui y sont exprimés, a renvoyé les parties à se pourvoir; et cependant a ordonné par provision que toutes choses demeureraient en état, et que la garnison, si aucune avait été établie, serait tenue de se retirer;

» Attendu que l'arrêt de la cour d'appel de Rennes du 6 frimaire an 14, n'a aucune disposition qui puisse porter atteinte au jugement dudit jour 15 nivôse, lequel subsiste en son entier;

» Attendu que, suivant les lois de l'empire français, tous jugemens rendus en pays étrangers, soit par des tribunaux ordinaires, soit par des arbitres, entre un Français et un étranger, ne sont pas exécutoires en France; et que le Français est toujours admis à débattre ses droits, comme entiers, devant les juges de son territoire; d'où il suit que le jugement arbitral dont il s'agit, ne forme pas un titre en faveur du sieur Chériot; qu'il ne lui donne que le pouvoir de se pourvoir par action principale, pour soumettre ses demandes aux juges de l'empire français, seuls compétens pour en connaître;

» Attendu que, c'est au préjudice des défenses provisoires prononcées par le jugement dudit jour 15 nivôse, que le sieur Chériot a, d'un côté, continué les poursuites et contraintes contre mondit sieur Lecouteulx, et, de l'autre, formé des oppositions entre les mains de plusieurs de ses débiteurs, locataires et autres de ses redevables;

» Le tribunal, au principal, renvoie les parties à se pourvoir devant les juges de l'empire français qui doivent en connaître, à l'effet par elles de débattre devant eux, comme entiers, leurs droits et prétentions; et cependant, dès à présent, ordonne que son jugement dudit jour 15 nivôse an 11, par les motifs qui y sont exprimés et qui sont de nouveau adoptés, continuera d'être exécuté selon sa forme et teneur; en conséquence, fait itératives défenses audit Chériot, etc.; comme aussi autorise, nonobstant les oppositions dudit Chériot, ledit sieur Lecouteulx à toucher des mains de tous trésoriers, caissiers, etc., toutes les sommes qui peuvent lui être dues;

» Et sera le présent jugement exécuté par provision, comme *ordonnance de référé*, nonobstant appel et sans y préjudicier. »

Le sieur Chériot appelle de ce jugement et de celui du 15 nivôse an 11.

Sur cet appel, les sieurs Lecouteulx soutiennent en première ligne, par leurs écritures signifiées, que la sentence arbitrale est entachée de nullités qui devraient, eût-elle été rendue en France, la faire déclarer comme non-avenue, et que le consul de France à New-Yorck était incompétent pour l'homologuer; et ce n'est que subsidiairement qu'ils invoquent l'art. 121 de l'ordonnance de 1629.

Mais, à l'audience, ils se restreignent à leur moyen subsidiaire, tel qu'il a été, disent-ils, accueilli par le jugement du 20 août 1806, et ils concluent à ce qu'*en adoptant purement et simplement les motifs des premiers juges*, il plaise à la cour d'appel confirmer ce jugement et celui du 16 nivôse an 11.

Le 27 juillet 1807, arrêt qui pose en ces termes les questions à juger :

« 1° Une décision arbitrale rendue en pays étranger, par des arbitres étrangers, en faveur d'un étranger contre un Français, est-elle ou non exécutoire en France ?

» 2° L'homologation de cette décision pouvait-elle être prononcée par le consul français en pays étranger; et cette homologation donne-t-elle à cette décision un caractère suffisant pour la rendre exécutoire en France ?

» 3° Le Français doit-il être admis à débattre ses droits comme entiers devant les juges français, avant qu'il soit passé à aucune exécution contre lui ? »

Et, après avoir posé des questions ultérieures, sur lesquelles l'arrêt ne s'explique pas, « la cour,
» faisant droit sur l'appel des jugemens rendus les
» 15 nivôse an 11 et 20 août dernier; adoptant les
» motifs des premiers juges, met l'appellation au
» néant, ordonne que ce dont est appel, sortira
» son plein et entier effet. »

Recours en cassation contre cet arrêt de la part du sieur Chériot.

« Deux moyens de cassation (ai-je dit à l'audience de la section des requêtes, le 15 juillet 1812) vous sont proposés par le demandeur : fausse application de l'art. 121 de l'ordonnance de 1629, et contravention à l'autorité de la chose jugée.

» Le demandeur fonde le premier de ces moyens sur un point de fait et sur un point de droit.

» Et d'abord, vous dit-il, dans le fait, il n'est pas constaté que les arbitres nommés par le compromis du 24 novembre 1801, soient étrangers. Leurs noms attestent qu'ils sont nés Français; et, s'ils sont nés français, l'art. 17 du code civil veut qu'ils soient présumés l'être encore, nonobstant l'établissement de commerce qu'ils ont à New-Yorck. On ne peut donc pas regarder le jugement arbitral du 8 mars 1802, comme rendu par des juges étrangers contre des Français. L'art. 121 de l'ordonnance de 1629 ne s'applique donc pas à ce jugement. »

» Mais c'est comme étrangers que sont désignés, dans l'arrêt attaqué, les arbitres dont il s'agit; et nous ne voyons nulle part que, soit en première instance, soit en cause d'appel, le demandeur ait prétendu que ces arbitres fussent Français. C'est donc comme étrangers que nous devons les considérer ici. Soutenir devant vous que l'arrêt aurait leur en suppose gratuitement la qualité, c'est entreprendre de vous faire juger une question qui n'est pas de votre ressort.

» En second lieu, vous dit le demandeur, la disposition de l'art. 121 de l'ordonnance de 1629 est, dans le droit, inapplicable au jugement arbitral du 8 mars 1802: 1° précisément parce que c'est un jugement arbitral; 2° parce qu'il a été homologué par un jugement du consul de France à New-Yorck, du 6 germinal an 10; 3° parce que l'exécution en a été permise à Paris par une ordonnance du président du tribunal de première instance du département de la Seine, du 7 fructidor de la même année.

» De ces trois raisons nous commencerons par écarter, quant à présent, la seconde et la troisième.

» En effet, si le jugement arbitral du 8 mars 1802 était radicalement nul, la nullité n'en serait couverte ni par l'ordonnance du président du tribunal de première instance du département de la Seine, du 7 fructidor an 10, ni par le jugement d'homologation du consul de France à New-Yorck, du 6 germinal précédent.

» Elle ne serait point par l'ordonnance du président du tribunal de la Seine, et la raison en est évidente : c'est que cette ordonnance n'a fait que déclarer exécutoire le jugement arbitral du 8 mars 1802, et qu'elle a été frappée d'opposition par M. Lecouteulx de Canteleu; c'est qu'aux termes de l'art. 1028 du code de procédure civile, lequel n'a fait, à cet égard, qu'ériger en loi votre jurisprudence, la nullité d'un acte indûment qualifié *jugement arbitral*, peut être demandée incidemment à

16.

l'opposition formée à *l'ordonnance d'exécution devant le tribunal* du président duquel est émanée cette ordonnance.

» Elle ne l'est point par le jugement d'homologation du consul de France à New-Yorck, parce qu'il est décidé souverainement, par l'arrêt de la cour d'appel de Rennes, du 6 frimaire an 14, que ce jugement « ne peut pas être considéré comme un véritable jugement susceptible d'être immédiatement réformé par la voie de l'appel, » et que cette voie peut d'autant moins être prise pour le faire réformer, qu'il est question, entre les parties, de savoir si l'on peut *appliquer à la cause les dispositions de l'ordonnance de 1629*; ce qui signifie clairement que, si les dispositions de l'ordonnance de 1629 sont applicables à la cause, ce jugement n'en peut pas empêcher l'application; ce qui signifie clairement que, dans cette hypothèse, ce jugement ne doit être considéré que comme l'ordonnance *d'exequatur* dont il est parlé dans l'art. 1028 du code de procédure civile; ce qui signifie clairement enfin que ce jugement doit tomber de lui-même, s'il est décidé en définitive que l'art. 121 de l'ordonnance de 1629 s'applique au jugement arbitral du 8 mars 1802.

» Et qu'on ne dise pas que M. Lecouteulx de Canteleu n'a pas formé opposition à ce jugement; qu'on ne dise pas que dès-lors ce jugement subsiste dans toute sa force.

» Comment M. Lecouteulx de Canteleu aurait-il pu former opposition à ce jugement? Ce jugement avait été rendu contradictoirement avec lui; et l'on sait assez que l'opposition ne peut jamais atteindre un jugement contradictoire, M. Lecouteulx de Canteleu n'avait donc, pour faire réformer ce jugement, que la voie de l'appel. Eh, bien! cette voie, il l'a prise; et la cour d'appel de Rennes a jugé qu'il ne pouvait pas la prendre; elle l'a jugé, sachant très-bien, puisqu'elle avait sous les yeux le jugement d'homologation du 6 germinal an 10, que ce jugement n'avait pas été rendu sur la seule requête du sieur Chériot; elle a par conséquent jugé, sachant très-bien que ce jugement n'était pas passible d'opposition; et par une conséquence ultérieure, elle n'a pu le juger, que parce qu'il était dans son opinion, que pour faire tomber ce jugement, il suffirait de prouver qu'il rentre dans les dispositions de l'art. 121 de l'ordonnance de 1629.

» Qu'en cela, elle ait mal jugé; qu'en cela elle ait erronément confondu les ordonnances *d'exequatur* rendues sur simples requêtes, avec les jugemens contradictoires d'homologation, cela peut être; mais son arrêt n'a été ni annulé ni même attaqué; il fait donc loi entre les parties; il demeure donc irrévocablement décidé entre les parties que si la nullité du jugement arbitral du 8 mars 1802 est prononcée par l'art. 121 de l'ordonnance de 1629, cette nullité n'est pas couverte par le jugement d'homologation du 6 germinal an 10.

» Mais il reste à savoir si l'art. 121 de l'ordonnance de 1629 est applicable au jugement arbitral du 8 mars 1802; et sur cette question, il vous paraîtra peut-être difficile de partager l'opinion du tribunal de première instance et de la cour d'appel de Paris.

» Que porte l'art. 121 de l'ordonnance de 1629? Les jugemens rendus, contrats ou obligations reçues ès-royaumes et souverainetés étrangères, pour » quelque cause que ce soit, n'auront aucune hypothèque ni exécution en notre royaume; ains tiendront les contrats lieu de simples promesses; et, » nonobstant les jugemens, nos sujets contre lesquels ils ont été rendus, pourront, de nouveau, débattre leurs droits comme entiers pardevant nos » officiers. »

» Vous voyez, messieurs, que le législateur distingue, dans les actes faits en pays étrangers, entre ce qui appartient à la puissance publique et ce qui ne dépend que de la volonté privée des parties.

» Ce qui ne dépend que de la volonté privée des parties, il le maintient, parce que la volonté privée des parties n'est circonscrite par aucune borne locale, parce qu'elle est maîtresse partout; mais ce qui appartient à la puissance publique expire sur les limites de son territoire, parce que l'effet ne peut pas s'étendre plus loin que sa cause.

» Dans les contrats passés devant notaires en pays étrangers, la volonté privée des parties concourt avec la puissance publique: l'une forme l'obligation; l'autre la rend exécutoire. En conséquence, que fait le législateur? Il sépare l'ouvrage de la puissance publique d'avec l'ouvrage de la volonté privée des parties; il détruit l'un et conserve l'autre; il veut que l'obligation ne soit pas exécutoire en France, mais il veut en même temps qu'elle y tienne lieu de simple promesse.

» Dans les jugemens au contraire la volonté privée des parties n'est comptée pour rien, la puissance publique agit seule; et voilà pourquoi le législateur veut que les jugemens rendus en pays étrangers soient considérés, en France, comme non-avenus.

» Mais, de là même, ne résulte-t-il pas que, par les mots *jugemens rendus ès royaumes et souverainetés étrangères*, la loi n'entend que les jugemens qui doivent toute leur existence à la puissance publique de ces royaumes, de ces souverainetés, c'est-à-dire, les jugemens émanés des tribunaux de ces souverainetés, de ces royaumes? N'en résulte-t-il pas que ces jugemens sont les seuls que la loi déclare comme non-avenus en France? N'en résulte-t-il pas que la loi conserve toute leur force en France aux décisions arbitrales rendues en pays étrangers?

» Pour cette conséquence pût être critiquée, il faudrait deux choses: il faudrait que les arbitres fussent de véritables juges, et que leurs décisions fussent des jugemens proprement dits.

» Or, 1° il est certain que les arbitres ne sont pas de véritables juges, qu'ils ne tiennent point leur mission de la puissance publique du lieu où ils la remplissent, qu'ils ne la doivent qu'à la volonté des parties, et qu'ils ne sont eux-mêmes que des hommes privés. *Arbitri compromissarii*, dit Cujas sur la loi 2, D. *de judiciis* (1) *nec notionem, nec jurisdictionem habent; privati sunt.* Mornac, sur la loi 1, D. *de receptis qui arbitrium*, observe que les arbitres ne sont pas des juges, mais des singes de juges: *non judices, sed simiæ judicum.* Et Lafond, sur l'art. 125 de la coutume de Vermandois, remarque qu'un arbitre n'est que *domesticus disceptator.* Enfin, Brodeau sur Louet; lettre H, §. 25, dit que « les arbitres, en la fonction et l'expédition de l'ar-» bitrage, sont considérés comme personnes parti-» culières et privées. »

» 2° Il est également certain que les décisions arbitrales ne sont pas de véritables jugemens. Cujas, sur la loi 1, D. *de receptis qui arbitrium* (2), le dit en toutes lettres: *horum propriè judicium non est;* c'est même ce que déclare expressément la loi 15, §. 5, D. *de his qui notantur infamiâ.* Il y avait, chez les Romains, des jugemens qui, de plein droit, notaient d'infamie ceux contre lesquels ils étaient rendus: tels étaient, comme nous l'apprend la loi première du titre cité, ceux qui intervenaient à la suite des actions directes *pro socio, tutelæ, depositi, mandati.* Mais quelquefois ces actions, au lieu d'être portées devant les juges, étaient soumises à des arbitres; et alors, les condamnations que les arbitres prononçaient contre ceux à la charge de qui elles étaient intentées, emportaient-elles infamie? Non, répond la loi 13, §. 5, parce qu'une décision arbitrale n'est pas un véritable jugement: *ex compromisso arbiter infamiam non facit, quia non per omnia sententia est.* Ainsi, dit Godefroy sur ce texte, *sententia arbitri vim et effectum sententiæ non habet.* D'où vient cela, *cur?* Parce que la fonction des arbitres n'est pas, comme celle des juges, une fonction publique: *arbitri munus non est publicum ut judicis.*

» C'est d'ailleurs ce que vous avez décidé formellement sur le recours en cassation du sieur Merlino, contre un arrêt de la cour d'appel d'Aix, du 12 fructidor an 10, qui avait déclaré nulle une inscription hypothécaire prise le 14 messidor an 9, en vertu d'une sentence arbitrale du même jour, non encore homologuée.

» Le sieur Merlino prétendait que, par cet arrêt, la cour d'appel d'Aix avait violé l'art. 3 de la loi du 11 brumaire an 7, qui permettait de prendre inscription en vertu de toute *condamnation judiciaire.* La sentence arbitrale du 14 messidor an 9, disait-il, était une *condamnation judiciaire, même* avant qu'elle fût homologuée. J'ai donc pu prendre inscription en vertu de cette sentence. Mais par arrêt du 25 prairial an 11, au rapport de M. Lombard-

Quincieux, vous avez maintenu l'arrêt attaqué par le sieur Merlino : « attendu que, pour que le créan-» cier puisse prendre inscription sur les registres » du conservateur des hypothèques, il faut qu'il ait » une hypothèque conventionnelle, ou judiciaire, » ou légale, acquise; que la décision des arbitres, » du 4 messidor an 9, n'ayant pas été homologuée, » comme le prescrit l'art. 13 du tit. 4 de l'ordon-» nance du commerce de 1673, ne peut pas être » considérée comme une condamnation judiciaire » dont est résulté une hypothèque; d'où il suit que » le tribunal d'appel séant à Aix, en déclarant nulle » l'inscription prise par Merlino, en vertu de cette » décision d'arbitres nommés volontairement, loin » de contrevenir à la loi, s'y est conformée. »

» Il n'est pas inutile de remarquer que l'art, 2123 du code civil consacre formellement cette jurisprudence : après avoir dit que « l'hypothèque judiciaire » résulte des JUGEMENS EN FAVEUR DE CELUI QUI LES » A OBTENUS, *il ajoute :* Les décisions arbitrales » n'emportent hypothèque qu'autant qu'elles sont » revêtues de l'ordonnance judiciaire d'exécution; » *expressions qui sont évidemment synonymes de* » *celles-ci :* les décisions arbitrales n'acquièrent le » caractère de jugemens; que par l'ordonnance judi-» ciaire qui les déclare exécutoires; avant cela, elles » n'ont de jugement que le nom, elles ne l'ont même » que très-improprement, elles n'en ont ni la vertu » ni les effets. »

» Mais si les décisions arbitrales ne sont pas par elles-mêmes des jugemens véritables, si ce n'est que par un abus de mots qu'on leur donne la dénomination de *jugemens*, sous quel prétexte voudrait-on les comprendre dans la disposition de l'art. 121 de l'ordonnance de 1629?

» Sans doute, si une décision arbitrale rendue dans un pays étranger, y a été revêtue par un juge de ce pays, d'une ordonnance d'exécution, elle ne pourra pas être exécutée dans le territoire français en vertu de cette ordonnance. Sans doute elle ne pourra pas, même revêtue de cette ordonnance, servir de titre pour prendre une inscription hypothécaire dans les territoire français.

» Mais quel obstacle y aura-t-il à ce que la partie en faveur de laquelle cette décision aura été rendue, la présente à un juge français, pour la faire revêtir d'une ordonnance d'exécution? Quel obstacle y aura-t-il à ce qu'un juge français la déclare exécutoire?

» Très-certainement un juge français peut déclarer reconnu et exécutoire en France, un contrat passé en pays étranger. Eh bien! Une décision arbitrale rendue en pays étranger, est-elle autre chose qu'un contrat? N'est-elle pas la conséquence du compromis, par suite duquel les arbitres l'ont rendue? Ne se lie-t-elle pas essentiellement à ce compromis? Ne fait-elle pas, avec ce compromis, un seul et même corps? Que serait-elle sans ce compromis? Elle ne serait qu'un vain chiffon, elle ne serait rien. C'est le compromis qui lui donne l'être; c'est du compromis

---

(1) Tome 9, édition de Naples, page 129.
(2) Tome 10, page 395.

qu'elle tire toute sa substance; elle a donc, comme le compromis, le caractère de contrat; et dans l'exacte vérité, elle n'est que l'exécution du mandat que les parties ont confié aux arbitres; elle n'est même, à proprement parler, qu'une convention que les parties ont souscrite par les mains de ceux-ci, surtout lorsque, comme dans notre espèce, les arbitres ont été investis par les parties de la qualité et des pouvoirs *d'amiables compositeurs.*

» Une décision arbitrale qu'auraient rendue en France des arbitres étrangers, serait-elle valable? Oui, elle le serait incontestablement; et sur quoi, en effet, pourrait-on se fonder pour la déclarer nulle? Le choix des arbitres est parfaitement libre. L'étranger peut donc, comme le citoyen, être l'objet de ce choix. Et dans le fait, nous voyons qu'encore que la loi 19, *C. de Judæis,* déclarât les juifs incapables de toutes fonctions publiques, la loi 8 du même titre voulait que les sentences arbitrales auxquelles ils auraient concouru, fussent exécutées par les juges ordinaires.

» Une décision arbitrale que des Français auraient rendue dans un pays étranger, où le compromis les aurait autorisés à se transporter, pour cet effet, serait-elle valable? Et pourquoi ne le serait-elle pas? Les arbitres n'ont aucun territoire circonscrit par la loi. Ils peuvent donc remplir leur mission partout où ils le jugent à propos; ils peuvent donc remplir leur mission hors du territoire français, lorsque les parties consentent de les y suivre pour établir devant eux leurs moyens respectifs de défense.

» Mais si une décision arbitrale peut être rendue en France par des arbitres étrangers, si elle peut être rendue hors de France par des arbitres français, comment pourrait-on regarder comme nulle une décision arbitrale rendue par des arbitres étrangers hors de France?

» Serait-elle nulle, parce qu'elle est l'ouvrage d'arbitres étrangers? Non, puisque, si ces arbitres étrangers l'avaient rendue en France, il serait impossible d'en contester la validité.

» Serait-elle nulle, parce qu'elle a été rendue hors de France? Non, puisque, si des arbitres français l'avaient rendue hors de leur patrie, elle n'en serait pas moins valable que s'ils l'eussent rendue dans leur patrie même.

» Elle n'est donc nulle, ni à raison de la qualité des arbitres, ni à raison du lieu où elle a été rendue; elle est donc valable sous tous les rapports.

» Et de là, la conséquence nécessaire que, par l'arrêt attaqué, la cour d'appel de Paris a, non-seulement fait une fausse application de l'art. 121 de l'ordonnance de 1629, mais encore violé les art. 2 et 4 du tit. 1er de la loi du 24 août 1790 et l'art. 3 de la loi du 27 ventôse an 8, lesquels, à l'époque de la décision arbitrale, du 8 mars 1802, commandaient, comme le fait encore aujourd'hui le code de procédure civile, l'exécution de toutes les décisions

arbitrales qui n'étaient ni entachées de nullité, ni sujettes à l'appel, ni attaquées par cette voie, lorsqu'elles y étaient sujettes.

» Il devient inutile, d'après cela, de nous occuper du deuxième moyen de cassation du demandeur. Et d'ailleurs ce moyen ne nous paraît nullement fondé.

» Il ne l'est point, en tant qu'il a pour objet d'établir que l'arrêt attaqué contrevient au jugement d'homologation du consul de France à New-York, du 6 germinal an 10; car nous avons démontré que l'arrêt de la cour d'appel de Rennes, du 6 frimaire an 14, avait paralysé ce jugement.

» Il ne l'est point, en tant qu'il a pour objet d'établir que l'arrêt attaqué contrevient à l'ordonnance *d'exequatur* du 7 fructidor an 10; car cette ordonnance avait été frappée d'une opposition formelle par M. Lecouteulx de Canteleu; et c'est par suite de cette opposition, qu'ont été rendus les jugemens contradictoires des 15 nivôse an 11 et 20 août 1806. A la vérité, ces jugemens n'énoncent pas en termes exprès qu'ils statuent sur cette opposition; ils ne reçoivent pas, en termes exprès, M. Lecoulteux de Canteleu opposant à l'ordonnance du 7 fructidor an 10. Mais ce qu'ils ne font pas en termes exprès, ils le font virtuellement. Eh! qu'importe le mot là où l'on trouve la chose?

» Du reste, la futilité du deuxième moyen de cassation n'atténue en rien la force du premier; et nous estimons en conséquence qu'il y a lieu d'admettre la requête du demandeur. »

La requête en cassation a été admise en effet, par arrêt du 15 juillet 1812, au rapport de M. Lasaudade.

L'affaire portée à la section civile, les sieurs Lecouteulx se sont attachés principalement à distinguer les sentences arbitrales rendues en matière ordinaire, d'avec celles qui interviennent en matière de commerce fait en société. Dans les premières, ont-ils dit, les arbitres peuvent n'avoir pas véritablement le caractère de juges; mais ils l'ont certainement dans les secondes; car c'est de la loi qu'ils tiennent leur pouvoir; aussi ne sont-ils pas, comme dans l'arbitrage volontaire, sujets à révocation. Leurs décisions sont donc des jugemens proprement dits, et dès-lors, nul prétexte pour qu'étant rendues en pays étranger, elles ne soient pas soumises à la disposition de l'art. 121 de l'ordonnance de 1629. Enfin, il y a un arrêt de la cour de cassation, du 7 floréal an 5, qui casse un jugement arbitral, par le seul motif que, quoique rendu en France, il l'avait été par un arbitre étranger.

Le sieur Chériot a répondu que les arbitres forcés n'ont pas plus que les arbitres volontaires le caractère de juges; que la preuve en est que, dans les matières de société commerciale comme dans les affaires civiles ordinaires, les décisions arbitrales ne sont rien par elles-mêmes, et qu'elles ne tirent leur force que de l'ordonnance *d'exequatur* dont elles sont revêtues; que l'arrêt de la cour de cassation, du 25 prairial an 11, a décidé nettement que, faute de cette ordonnance, elles n'emportent point hypothèque, et que par conséquent elles ne sont pas des jugemens proprement dits; qu'à la vérité, les arbitres, en matière de société, ne sont pas révocables; mais que leur non-révocabilité tient-à des principes étrangers à la question actuelle; qu'elle a été introduite dans l'intérêt du commerce, et pour la plus prompte expédition des affaires; que leurs décisions ne changent pas pour cela de nature; que, dans l'espèce sur laquelle avait été rendu l'arrêt du 7 floréal an 5, il s'agissait de biens communaux; que la décision arbitrale qu'il avait annulée, était bien l'ouvrage d'un *tiers-arbitre étranger*; mais que ce n'était point l'extranéité de ce sur-arbitre qui avait motivé l'arrêt (1); que l'arrêt ne s'était fondé que sur deux circonstances; l'une, que ce sur-arbitre n'entendait pas la langue française, et n'avait jugé que par un interprète, ce qui était (porte le bulletin de la cour de cassation) *contraire aux lois qui veulent avoir dans les jugemens l'ouvrage de juges seuls*; l'autre, que ce même sur-arbitre avait prononcé seul et sans le concours des arbitres qu'il avait été appelé à départager.

M. Le procureur-général Mourre, en portant la parole sur cette affaire, a d'abord écarté tous les moyens que les défendeurs opposaient à la demande en cassation; et il a établi, en reproduisant les conclusions qu'il avait données en 1809, sur une cause du même genre, devant la cour d'appel de Paris, que l'art. 121 de l'ordonnance de 1629 ne pouvait s'appliquer ni aux décisions arbitrales rendues en matière civile ordinaire, ni aux décisions arbitrales rendues en matière de société.

Mais venant ensuite à la question de savoir si l'arrêt attaqué par le sieur Chériot devait être cassé, il a conclu pour la négative, parce que cet arrêt ne

---

(1) Ici le sieur Chériot était évidemment dans l'erreur.

L'arrêt du 7 floréal an 5, dont le texte est rapporté au mot *Arbitre*, §. 14, art. 3, n° 4, contient trois motifs; et le second porte précisément sur l'extranéité *du tiers-arbitre*.

Mais il n'en était pas pour cela plus justement opposé au sieur Chériot. En effet, ce *sur-arbitre* n'était pas, pour les parties, un mandataire de leur choix; c'était le juge qui, en le nommant d'office en vertu de la loi du 2 octobre 1793, le leur avait imposé malgré elles; on ne pouvait donc lui appliquer aucune des raisons qui justifient qu'un étranger peut être choisi pour arbitre volontaire ni plus ni moins que s'il était régnicole. Il était, au contraire, tout naturel de le considérer comme un juge proprement dit, à l'instar des particuliers à qui dans le droit romain, comme on l'a vu à l'endroit cité, art. 8, n° 4, le magistrat déléguait le jugement des affaires qu'il ne voulait pas ou ne pouvait pas expédier lui-même.

faisait que confirmer deux jugemens rendus *en état de référé*, et qui, par conséquent, quels que fussent leurs motifs, ne pouvaient pas avoir jugé, d'une manière définitive et absolue, que la sentence arbitrale du 8 mars 1802 fût sujette à révision au fond de la part des tribunaux français; qu'à la vérité, celui du 20 août 1806 renvoyait «les parties à se » pourvoir devant les juges français, à l'effet par » elles de débattre devant eux, comme entiers, » leurs droits et prétentions; » mais que ces expressions ne pouvaient pas y être entendues dans le sens que leur donne l'art. 121 de l'ordonnance de 1629; qu'autrement il y eût eu contradiction dans ce jugement.

En conséquence, par arrêt du 31 juillet 1815, au rapport de M. Chabot, et après un délibéré:

« Attendu 1° que les deux jugemens qui ont été confirmés par l'arrêt dénoncé, sont intervenus sur des référés renvoyés à l'audience, et qui avaient pour unique objet les saisies-oppositions faites par le demandeur; que ces deux jugemens ont été déclarés statuer en *état de référé*; qu'ainsi, ils ne devaient statuer et qu'en effet ils n'ont statué que sur les saisies-oppositions, et non pas sur la question principale de savoir si la disposition de l'art. 121 de l'ordonnance de 1629 était applicable à une *décision* arbitrale rendue en pays étranger;

» Que le premier jugement du 15 nivôse an 11 a décidé formellement que cette question « ne peut » donner lieu qu'à une action principale, dont le » tribunal ne peut connaître en état de référé; » qu'en conséquence, il a renvoyé, au principal, les parties à se pourvoir, toutes choses demeurant en état, et cependant a ordonné que la garnison établie dans la maison du défendeur serait tenue de se retirer;

» Que le second jugement du 20 août 1806 ne juge rien autre chose par son dispositif, puisqu'il ordonne que celui du 15 nivôse an 11, par les motifs qui y sont exprimés, et qui, de nouveau adoptés, continuera d'être exécuté suivant sa forme et teneur; puisqu'il fait itérativement défenses au demandeur de faire et continuer aucunes poursuites en vertu du jugement arbitral, jusqu'à ce qu'il en ait été autrement ordonné; et que, s'il avait décidé réellement que ce jugement ne pouvait être exécuté en France, il eût été évidemment inutile de prohiber les poursuites en vertu de ce jugement; qu'il eût été même contradictoire d'ajouter, *jusqu'à ce qu'il en ait été autrement ordonné*, les poursuites ne pouvant plus désormais avoir lieu qu'en vertu d'un nouveau jugement rendu par un tribunal français, sur le fond des contestations;

» Que d'ailleurs l'arrêt dénoncé ayant adopté purement et simplement les deux jugemens, contiendrait une contradiction manifeste, si le deuxième, par son dispositif, tranchait la question principale, puisque, d'une part, il a décidé, en confirmant le premier jugement, que cette question principale, ne pouvait donner lieu qu'à une action principale, laquelle ne pouvait être jugée en état de référé; et que, d'autre part, il aurait décidé, en confirmant le second jugement, que la question principale ne devait pas donner lieu à une action principale, et qu'elle avait pu être jugée en état de référé;

» Qu'il résulte donc nécessairement des termes et du dispositif des deux jugemens et de l'arrêt, combinés les uns avec les autres, que les parties ont été renvoyées à se pourvoir au principal sur la question de savoir si la disposition de l'art. 121 de l'ordonnance de 1629 est applicable à la décision arbitrale du 8 mars 1802, et que *leurs droits respectifs à cet égard sont entiers;*

» Attendu, 2° que l'arrêt dénoncé n'a violé aucune loi, en décidant, sur le référé, que dans l'état où se trouvait la contestation, et avant qu'il eût été statué au principal sur le mérite de la décision arbitrale qui était attaquée, le demandeur n'avait pas le droit de faire, en vertu de cette décision, des saisies-oppositions;

» Attendu, 3° qu'il n'y a pas eu identité de cause dans l'arrêt de la cour d'appel de Rennes, et dans l'arrêt dénoncé:

» Par ces motifs, la cour, vidant le délibéré, rejette le pourvoi.... »

On voit que cet arrêt ne porte aucune espèce d'atteinte à la doctrine que j'avais établie devant la section des requêtes, et qui avaient déterminé l'arrêt d'admission du 15 juillet 1812.

Au surplus, la cour d'appel de Paris elle-même avait adopté cette doctrine, par un arrêt postérieur de deux ans à celui qu'attaquait le sieur Chériot. Voici les faits.

Le sieur Vouchez, Français, s'était associé avec les sieurs Coopman et Nadeau, Français comme lui, et le sieur Lannes, Américain, pour le service de la nourriture des prisonniers français en Angleterre.

Des contestations s'étant élevées entre le sieur Vouchez et le sieur Lannes, ils le soumettent, par un compromis signé à Londres, le 2 juillet 1801, à trois arbitres anglais, sous un dédit de 30,000 liv. sterling.

Le 31 août suivant, les arbitres rendent, à Londres, une sentence par laquelle ils déclarent le sieur Lannes en avance de 22,144 livres, et condamnent le sieur Vouchez à les lui rembourser; mais attendu que le sieur Vouchez avait cautionné le sieur Lannes pour une somme de 24,234 livres, en sus de ses fournitures, ils défendent au sieur Lannes de poursuivre contre le sieur Vouchez l'effet de cette condamnation, tant qu'il n'aura pas éteint les créances cautionnées par celui-ci.

Cette sentence reste ignorée du sieur Vouchez, qui était alors à Paris; mais elle est communiquée au sieur Lannes, qui, sans la faire homologuer, suivant l'usage d'Angleterre, à la cour de la chancellerie, se rend à Paris, fait entendre au sieur Vou-

chez que le compromis n'a pas eu de suite, et l'engage à régler ses comptes avec lui à l'amiable.

Le sieur Vouchez commet effectivement, pour traiter avec le sieur Lannes, le sieur Étienne-Jacques Morice, qui, très-peu au courant de l'affaire, le constitue débiteur de celui-ci d'une somme de 39,212 livres sterling, pour laquelle il lui délègue, par acte du 28 juillet 1804, des fonds dus à son commettant par le trésor public.

Le sieur Vouchez meurt dans ces entrefaites; le sieur Lannes n'en poursuit pas moins le payement de la délégation et du réglement de compte. Mais la sentence arbitrale parvient à la connaissance de la veuve et des associés français du sieur Vouchez, et ils l'opposent au sieur Lannes, en demandant la nullité du réglement de compte et de la délégation qui s'en est ensuivie.

Le sieur Lannes répond que cette sentence n'ayant pas été homologuée à la cour de la chancellerie de Londres, est restée *informe;* que d'ailleurs elle ne peut pas, d'après l'art. 121 de l'ordonnance de 1629 et l'art. 2123 du code civil, avoir en France l'autorité de la chose jugée.

Le sieur Coopman, le sieur Nadeau et la veuve Vouchez répliquent que, si la sentence arbitrale est encore *informe,* à défaut d'homologation, elle peut être régularisée; que le défaut d'homologation peut bien empêcher qu'elle ne soit exécutoire, même en Angleterre, mais qu'il ne la vicie point; que, quoique rendue en pays étranger, elle n'en doit pas moins avoir tout son effet en France, soit parce que le sieur Lannes est étranger, et qu'il ne peut conséquemment pas se prévaloir pour la faire réviser au fond des tribunaux français, d'un privilége que l'art. 121 de l'ordonnance de 1629 n'accorde qu'aux Français (1); soit parce que ce droit de révision ne s'étend pas jusqu'aux contrats, ni par suite jusqu'aux décisions arbitrales, qui ne sont que des conventions faites à l'avance par le ministère d'arbitres.

Sur ces débats, il intervient au tribunal de première instance de Paris, les 4 et 27 décembre 1808, des jugemens interlocutoires dont les deux parties se rendent respectivement appelantes.

La cause portée à l'audience de la première chambre de la cour d'appel, M. le procureur-général Mourre a dit qu'il s'agissait de déterminer quels devaient être, sur des fonds dont le gouvernement français était débiteur, l'influence d'une décision arbitrale rendue à Londres; que l'art. 121 de l'ordonnance de 1629 avait établi, à cet égard, une règle fixe qui, si elle n'était pas reconnue pour loi dans les parlemens qui ne l'avaient pas enregistrée librement, était au moins exécutée partout comme principe de droit commun; que, d'après cet article, quand un jugement était rendu dans un pays étranger, et qu'on voulait s'en prévaloir en France, on faisait

_____

(1) *V.* ci-devant, n° 2.

cette distinction : ou la partie condamnée était un étranger, ou c'était un Français ; que, si c'était un étranger, il suffisait d'un *paréatis* du grand sceau ; que, si c'était un Français, il avait le droit de débattre de nouveau son affaire, et de la remettre en jugement. (Brillon, aux mots *Étranger* et *Paréatis; Serres, Institutes,* liv. 1, tit. 11.)

« Il aurait été à desirer (a continué M. Mourre) que le code civil nous donnât quelques principes sur la matière ; il ne s'en est expliqué qu'au titre des *Hypothèques,* art. 2123. Voici ce qu'on y lit.....

» Tout cela posé, que faut-il penser du jugement arbitral rendu à Londres, le 31 août 1801 ?

» C'est le sieur Lannes, étranger, qui ne veut pas le reconnaître ; et c'est le sieur Vouchez, Français, ou ce qui est la même chose, sa veuve qui le représente à titre universel, qui veut ramener le sieur Lannes aux dispositions de cette sentence. Qui peut empêcher les tribunaux français de la reconnaître ? Qui peut les empêcher de la déclarer exécutoire ? La veuve Vouchez y conclut formellement.

» Sans doute, s'il s'agissait d'un jugement proprement dit, et d'un Français condamné, celui-ci pourrait encore débattre ses droits devant les tribunaux français. Nous ne pensons pas que l'art. 2123 du code civil ait dérogé à cette antique maxime, que le Français n'est justiciable que des tribunaux de sa nation. Cet article nous paraît devoir être restreint au cas où il s'agit d'un étranger ayant des biens en France, et contre lequel on veut agir en vertu d'un jugement émané d'une juridiction étrangère.

» Dans l'espèce, c'est un étranger, c'est le sieur Lannes qui voudrait écarter la sentence arbitrale. Il est non-recevable sous deux rapports : 1° parce qu'il est étranger ; 2° parce que le jugement n'est pas émané d'une autorité publique, mais d'une autorité volontairement créée, qui a pris sa force et son pouvoir dans le compromis, dont la décision n'est que la suite d'une soumission, ou, en d'autres termes, la conséquence et le résultat d'un engagement volontairement souscrit.

» Sous le premier rapport, et par cela seul que le sieur Lannes est étranger, on pourrait lui opposer, non-seulement une sentence arbitrale, mais même des jugemens émanés de l'autorité publique ; pourvu qu'on ne les fît pas exécuter sous le sceau d'une domination étrangère. Il suffisait, en ce cas, qu'on obtînt anciennement un *paréatis,* et il suffit aujourd'hui qu'on fasse déclarer les jugemens exécutoires par un tribunal français.

» Sous le second rapport, et attendu qu'on excipe, contre le sieur Lannes, d'une sentence arbitrale, il y a, dans la nature des choses, un motif de plus pour que les tribunaux français regardent la contestation comme jugée, et qu'ils ordonnent l'exécution du jugement.

» D'où vient, en effet, que, dans tous les temps, on a regardé comme non-avenus les jugemens rendus contre un Français dans une juridiction étran-

Tome V.

gère ? Ce n'est pas seulement à cause du droit d'indépendance et de souveraineté ; c'est par l'effet d'un sentiment qui porte un caractère particulier, et qui s'attache plus directement à la personne du sujet. La sollicitude du souverain qui veille sans cesse sur les individus, les accompagne dans les pays étrangers. Là, elle s'arme pour eux d'une utile méfiance ; là, elle craint l'influence des préventions locales, elle craint que le Français, placé, pour ainsi dire, tout nu sur une terre étrangère, n'y ressente les atteintes de l'intrigue, de la fortune, du crédit. Elle craint du moins que le magistrat, qui n'est ni le juge ni le protecteur naturel de la partie, n'examine sa cause avec quelque indifférence, et que l'inattention seule ne produise une injustice.

» Mais pour la sentence arbitrale, ce motif s'évanouit. Le juge est du choix de la partie. Elle a connu ses principes, ses sentimens, son désir de lui rendre une bonne justice. Elle s'est décidée, non parce qu'il était de telle nation ou de telle autre, mais parce qu'elle l'a cru juste et éclairé. Elle a eu recours, non à l'autorité, mais à la sagesse. Elle lui a donné elle-même le pouvoir dont elle avait besoin : le compromis et le mandat ; la sentence n'en est que l'exécution.

» De quoi se plaindrait donc la partie condamnée, quand même ce serait un Français ? A quel titre pourrait-elle demander qu'il lui fût permis de débattre de nouveau ses droits et de les remettre en jugement ? Les hommes qui l'ont jugée n'exerçaient pas une juridiction territoriale. Ils pouvaient rendre leur sentence dans un lieu comme dans un autre. L'autorité qu'ils ont exercée n'avait rien de civil ni de politique : elle appartenait tout entière au droit des gens.

» Si le droit de se faire juger par des arbitres appartient au droit des gens, leurs décisions doivent être connues chez tous les peuples, et les tribunaux doivent s'empresser d'en ordonner l'exécution.....

» Nous ne disons pas que la décision des arbitres n'est soumise à aucune formalité ; mais nous pensons que celle dont il s'agit dans la cause, quoique signée à Londres, doit être reconnue en France, et qu'il n'y a aucune difficulté d'en ordonner l'exécution.

» Qu'oppose le sieur Lannes à des idées aussi simples, et à des principes si importans, qu'il serait vraiment malheureux de les méconnaître ?-

» Il observe que la sentence arbitrale n'a point été homologuée à Londres. C'est un point de fait dont nous avons cru inutile d'entretenir la cour ; car cette homologation, si elle avait eu lieu, n'aurait aucun empire sur le territoire français ; et il faudrait toujours procéder en France, en vertu d'une autorisation émanée de nos tribunaux.

» Le sieur Lannes observe encore qu'il aurait pu proposer à Londres ses moyens de nullité, et faire valoir particulièrement cette clause du compromis, qui oblige seulement la partie condamnée à payer un dédit, en cas d'inexécution.

» Quant aux nullités, le sieur Lannes peut s'en plaindre devant vous, comme il l'aurait pu faire devant les tribunaux anglais : nous n'avons rien vu dans sa défense qui puisse faire naître l'idée que les arbitres anglais aient irrégulièrement procédé.

» Quant au dédit, il est de 30,000 livres sterling, c'est-à-dire, de 720,000 livres tournois.

» En point de fait, le sieur Lannes ne gagnerait rien à se placer dans cette stipulation secondaire du compromis.

» En point de droit, s'il formait une demande expresse à cet égard, nous examinerions quelle est la valeur de la clause, si elle est aggravante, ou s'il est permis de la considérer comme alternative et résolutoire.

» Que reste-t-il donc au sieur Lannes en point de droit? C'est d'articuler contre la sentence des erreurs, omissions ou faux emplois. Ce moyen est toujours proposable; mais il faut des articulations précises; et ce n'est point une demande de cette nature qui est aujourd'hui soumise à la décision de la cour. »

Sur ces conclusions, arrêt du 16 décembre 1809, par lequel,

« La cour, statuant sur les différens appels des jugemens rendus par le tribunal civil de Paris, les 4 août et 27 décembre 1808, ensemble sur les demandes et conclusions;

» Considérant sur le fond, 1° en ce qui touche la décision arbitrale du 31 août 1801, qu'une pareille décision rendue en pays étranger, mais appartenant au droit des gens, comme n'étant que la conséquence et le résultat d'une convention primitive et libre des parties, peut sans contredit être exécutée en France, pourvu qu'elle soit déclarée exécutoire par un tribunal français;

» 2° En ce qui touche la délégation du 28 juillet 1804, que la procuration donnée par Jean Vouchez, le 4 juillet 1803, ne conférait pas le pouvoir d'anéantir la décision arbitrale du 31 août 1801, et de faire un nouveau compte; que le compte qui a été fait avec Etienne-Jacques Morice n'est point appuyé sur des erreurs, omissions, faux et doubles emplois, mais sur des bases arbitraires et en opposition directe avec la décision arbitrale; que Morice et Lannes, loin d'articuler des griefs raisonnables contre cette décision, ont gardé le silence le plus absolu sur la chose jugée;

» A mis et met les appellations et les jugemens dont les parties sont respectivement appelantes, au néant; émendant, évoquant le principal et y faisant droit, déclare exécutoire la décision arbitrale du 31 août 1801, dûment enregistrée à Paris; en conséquence, ordonne qu'elle sera exécutée selon sa forme et teneur, et qu'à cet effet elle demeurera déposée au greffe de la cour; déclare la délégation du 28 juillet 1804 nulle et de nul effet; en conséquence, autorise lesdits Coopman et Nadeau, en leur qualité d'associés et liquidateurs de la com-

pagnie Vouchez, à toucher et retirer du trésor public ladite somme de 1,853,922 francs; et néanmoins ordonne que préalablement lesdits Coopman et Nadeau donneront, suivant leur offre, bonne et suffisante caution à Lannes, jusqu'à la concurrence de la somme de 22,144 livres sterling, laquelle caution sera et demeurera déchargée en proportion des payemens qui seront justifiés avoir été faits par Jean Vouchez et ses ayans-droit, sur les 24,274 liv. sterling par lui cautionnés pour ledit Lannes, et ce aux termes de la décision arbitrale...... »

IV. Sur la question de savoir quel est, en France, l'effet d'un jugement qui a statué, dans un pays étranger, sur l'état d'un habitant de ce pays, *V.* ci-après, §. 19, et le *Répertoire de jurisprudence*, aux mots *Faillite* et *Banqueroute*, sect. 2, §. 2, art. 10.

§. XV. *Doit-on, en France, regarder comme ayant l'autorité de la chose jugée, les sentences et les arrêts rendus dans un pays étranger où, soit par l'effet d'une loi locale, soit par un usage particulier, mais sans convention de souverain à souverain, on attribue cette autorité aux jugemens émanés des tribunaux français?*

Non; et pour le prouver, nous n'avons besoin que de rappeler ce que d'Héricourt, à l'endroit cité dans le paragraphe précédent, n° 1, disait, en 1748, pour repousser l'argument que tirait la princesse de Carignan, du fait que les contrats passés en France emportaient hypothèque en Piémont. Voici ses termes :

« Quels que puissent être les usages du Piémont, ils ne peuvent point influer sur la contestation : il suffit que nos lois rejettent l'hypothèque des contrats passés en pays étranger. Personne n'ignore que l'hypothèque est un droit réel, qui se règle par la loi du lieu où l'on veut l'exercer.

» Mais, dit-on, que deviendra le droit de réciprocité qui doit avoir lieu entre deux États voisins, si l'on rejette en France l'hypothèque des contrats passés en Piémont, pendant qu'en Piémont on donne hypothèque aux contrats passés en France?

» Pour faire tomber cette remarque, il suffit d'expliquer ce qui doit être entendu par la réciprocité, et quelles sont ses bornes.

» La règle de la réciprocité prend sa source dans la convention des souverains, et cette convention en fait la base : mais on n'en peut tirer des conséquences qui attaquent l'indépendance des différens souverains.

» Son effet se borne à ce qu'on appelle le *droit de représailles*, c'est-à-dire, à refuser aux Piémontais, en France, ce que la loi de Piémont refuse aux Français....

» Mais la règle de réciprocité qui s'observe entre les nations, ne peut obliger les magistrats françis à accorder aux Piémontais, contre les lois de l'État, tous les droits qu'on accorde aux étrangers en Piémont, à moins que les deux souverains ne soient convenus de la réciprocité, par un traité conclu entre eux, comme on a fait pour les hypothèques entre la France et la Lorraine.

» S'il en était autrement, le souverain cesserait de l'être dans ses États, dès qu'il serait obligé d'accorder aux sujets d'un autre État, dans son territoire, tout ce que le souverain de cet autre État y accorde aux étrangers.

» Ainsi, il y a beaucoup de nations qui ne connaissent point le droit d'aubaine; les sujets de ces États peuvent-ils s'en prétendre affranchis en France, où ce droit est en vigueur, parce qu'on ne le pratique point chez eux à l'égard des étrangers? Ainsi, un commerce est interdit en France, mais il est permis dans un autre état; est-ce une raison pour que les sujets de cet autre État viennent le faire en France, malgré nos lois?

» Comme ces interdictions subsistent en France, c'est bien une raison pour que, dans les autres pays, on distingue les Français des autres étrangers, et qu'on leur refuse les faveurs que nous refusons en France aux étrangers. C'est ce qu'on appelle *le droit de représailles*, qui dérive de la réciprocité; ce qui n'a rien de contraire à la souveraineté de la France.

» C'est une manière de négociation entre les deux souverains. Ils doivent balancer les avantages qui peuvent leur revenir de la réciprocité. Quand ils la trouvent égale aux deux peuples, ils l'établissent entre les deux États, comme on a fait dans le traité d'Utrecht, pour établir la réciprocité de l'exemption du droit d'aubaine entre la France et l'Angleterre. Mais quand un État est plus grand que l'autre, ils l'établissent (communément) entre l'un des deux, et une partie de l'autre État, proportionnée pour la grandeur (c'est ainsi que, par le traité du 21 janvier 1718, entre la France et la Lorraine, la réciprocité d'hypothèque et d'exécution des contrats et des jugemens avait été stipulée, d'une part, pour tous les États du duc de Lorraine, et de l'autre, pour la généralité de Metz seulement). La représaille est de droit, et chaque souverain peut l'exercer dans ses États comme il lui plaît; mais la réciprocité, dont l'effet s'étend au droit et à la police d'un autre État, est de convention; et elle ne peut s'établir que par un traité entre les deux souverains.

» Sans cela, un petit État serait le maitre de se procurer tels avantages qu'il lui plairait dans un grand État : il n'aurait qu'à accorder aux sujets de ce grand État les droits et les priviléges qu'il voudrait procurer aux siens dans un grand État. »

§. XVI. 1° *Avant la réunion passagère du pays de Liège à la France, les jugemens rendus en France, contre des Liégeois de-*mandeurs, avaient ils dans le pays de Liège *l'autorité de la chose jugée?*

2° *Ont-ils du moins acquis cette autorité par l'effet de la réunion des deux États, opérée depuis leur prononciation ?*

V. l'article *Réunion.*

§. XVII. *La loi qui refuse toute exécution, en France, aux jugemens rendus en pays étranger contre des Français, empêche-t-elle qu'on ne produise en France une enquête que la partie adverse d'un Français a fait faire devant des juges étrangers, sans commission préalable des juges nationaux?*

V. l'article *Tribunal de commerce.*

§. XVIII. *Quelle est, dans un pays, en matière de prises maritimes, l'autorité des jugemens rendus dans un autre pays ?*

V. le plaidoyer et l'arrêt du 19 décembre 1809, rapportés aux mots *Prises maritimes*, §. 3.

§. XIX. 1° *Quelle est en France, d'après le traité de commerce du 11 janvier 1787, l'autorité des jugemens rendus par les tribunaux russes, entre deux Français, se disputant comme héritiers d'un Français mort en France, des biens mobiliers qui se trouvent en Russie?*

2° *Un jugement qui prononce sur la légitimité ou l'illégitimité d'un enfant, sur la validité ou nullité d'un mariage, a-t-il l'autorité de la chose jugée hors de la souveraineté dans laquelle il a été rendu?*

3° *Les tribunaux français peuvent-ils annuler un divorce prononcé par jugement en pays étranger?*

Ces questions que j'avais renvoyées, dans la seconde édition de ce recueil, à l'article *Succession*, §. 13, sont traitées dans le *Répertoire de jurisprudence*, au mot *Jugement*, §. 7 bis.

§. XX. 1° *Un jugement est-il nul, lorsqu'au lieu de rappeler le fait et les conclusions des parties, il se réfère à cet égard à un jugement antérieur dont il est la suite?*

2° *Est-il nul, lorsqu'il est rendu dans une autre chambre et au rapport d'un autre magistrat, que le jugement interlocutoire qui l'a précédé?*

3° *Est-il nul, faute de mention de l'ordonnance qui a subrogé le rapporteur à un autre précédemment nommé?*

4° Est-il nul, lorsqu'il a été prononcé à un long intervalle des plaidoiries ou des rapports, sans qu'il apparaisse d'aucune remise?

V. le plaidoyer et l'arrêt rapportés au mot *Mariage*, §. 8.

§. XXI. *Un jugement qui énonce qu'il a été rendu tel jour, après avoir entendu les parties et le ministère public, fait-il foi par lui-même, que c'est ce jour-là que les parties ont plaidé et que le ministère public a donné ses conclusions? La preuve résultant de cette énonciation, que tous les juges nommés dans le jugement, ont entendu les plaidoiries des parties et les conclusions du ministère public, peut-elle être détruite par des extraits du plumitif qui énoncent que les plaidoiries ont eu lieu à des audiences antérieures, auxquelles n'assistaient pas quelques-uns des juges nommés dans le jugement? Peut-elle l'être, en matière de cassation, par les aveux de la partie en faveur de laquelle le jugement a été rendu?*

V. le plaidoyer et l'arrêt du 21 novembre 1809, rapportés aux mots *Inscription hypothécaire*, §. 2.

§. XXII. 1° *La voie de la cassation est-elle toujours nécessaire pour que l'on puisse déclarer nul un jugement en dernier ressort, auquel manque une des formes essentiellement constitutives des jugemens?*

2° *L'omission dans un jugement des énonciations prescrites par l'art. 141 du code de procédure civile, emporte-t-elle encore nullité, comme l'emportait, sous la loi du 24 août 1790, l'omission de celles du même genre qui étaient prescrites par l'art. 15 du tit. 5 de cette loi?*

I. Sur la première question, *V.* les conclusions du 5 avril 1808, rapportées aux mots *Union de créanciers*, §. 2.

II. La seconde question paraît, à la première vue, devoir être résolue pour la négative.

En effet (peut-on dire), pourquoi la peine de nullité était-elle, sous la loi du 24 août 1790, suppléée dans l'art. 15 du tit. 5 de cette loi? Parce que l'art. 2 de la loi du 4 germinal an 2 voulait que « toute violation ou omission des formes prescrites » en matière civile par les lois émanées des représentations du peuple depuis 1789, emportât nullité, » quand même elles ne prononceraient pas expressément cette peine. » Or, cette disposition est abrogée par l'art. 1041 du code de procédure civile. Les énonciations prescrites par l'art. 141 du même code rentrent donc dans la règle générale suivant laquelle, aux termes de l'art. 1030, « aucun exploit

» ou acte de procédure ne pourra être déclaré nul, » si la nullité n'en est pas prononcée formellement » par la loi. »

D'ailleurs (peut-on ajouter), parmi les énonciations prescrites par l'art. 141, il en est une, savoir : celle des motifs des jugemens, dont l'art. 7 de la loi du 20 avril 1810 déclare que l'omission emporte nullité; et l'on sent assez qu'il ne prendrait pas le soin de le déclarer spécialement pour l'omission des motifs, si la peine de nullité était attachée de plein droit à l'omission, soit des noms des juges, soit du nom du procureur du roi, lorsqu'il a été entendu, soit des noms des avoués, soit des noms, profession et demeures des parties, soit de leurs conclusions, soit de l'exposition sommaire des points de fait et de droit.

Mais d'abord est-il bien vrai que, sans le secours de la loi du 4 germinal an 2, l'art. 15 du tit. 5 de celle du 24 août 1790 n'eût pas suffi pour faire annuler les jugemens qui n'auraient pas contenu les énonciations qu'elle prescrivait, et que prescrit encore l'art. 141 du code de procédure civile? Non; car, alors comme aujourd'hui, c'était un principe universellement reconnu, et dérivant de l'essence même des choses, que la peine de nullité est sous-entendue dans toute loi qui détermine les formes constitutives de la substance d'un acte; et tel était certainement le caractère de l'art. 15 du tit. 5 de la loi du 4 août 1790, comme c'est encore celui de l'art. 141 du code de procédure, puisqu'il est impossible de se former l'idée d'un jugement, sans y joindre celle des juges dont il est l'ouvrage, celle des parties entre lesquelles il est rendu, celle des avoués qui les représentent, celle de l'objet de la contestation qui les divise, et celles de leurs conclusions respectives.

Ensuite, que signifie ici l'art. 1030 du code de procédure civile? D'une part, cet article, en disant qu'*aucun exploit ou acte de procédure ne pourra être déclaré nul, si la nullité n'en est pas formellement prononcée par la loi*, ne pourrait sûrement pas empêcher qu'on ne déclarât nul un exploit ou acte de procédure qui n'en aurait que le nom, et n'en contiendrait pas la substance, comme si un acte qualifié d'exploit d'ajournement ne contenait aucune espèce de citation, ni rien qui y fût équipollent. D'un autre côté, un jugement n'est ni un exploit, ni un acte de procédure.

Qu'importe d'ailleurs que la loi du 20 avril 1810 ait cru devoir frapper spécialement de nullité l'omission qui serait faite dans un jugement des motifs sur lesquels il est fondé? Elle n'a pris cette précaution que surérogatoirement, c'est-à-dire, pour faire cesser les doutes qui s'étaient élevés, depuis la publication du code de procédure civile, sur la question de savoir s'il était de l'essence d'un jugement d'en contenir les motifs, comme il était généralement reconnu qu'il était de son essence de contenir les noms des juges, des parties, de leurs avoués, de leurs conclusions, etc. Aussi la cour de cassation n'a-t-elle pas hésité à annuler, par trois arrêts du 22 mars 1811, du 17 juin de la même année, et du 28 mars 1820, des jugemens en dernier ressort qui, après la publication du code de procédure civile, et avant celle de la loi du 20 avril 1810, n'avaient pas motivé leurs dispositions (1).

Enfin on doute si peu aujourd'hui de la nullité dont est entaché tout jugement qui ne contient pas les énonciations prescrites par l'art. 141 du code de procédure civile, que, pour soustraire à la cassation un jugement en dernier ressort du 1er mars 1824, qui ne rappelait pas les conclusions des parties, et ne précisait pas les points de fait et de droit sur lesquels roulait la contestation, l'administration des contributions indirectes s'est vue réduite à soutenir que les jugemens rendus dans les affaires relatives à ces contributions étaient exceptés de la règle générale. Mais quel a été le sort de ce système? Il a été proscrit par un arrêt du 8 novembre 1825, ainsi conçu :

« Ouï le rapport fait par M. le conseiller Minier, les observations de Nicod, avocat de l'administration des messageries; celles de Cochin, avocat de la direction générale des contributions indirectes, et conclusions de M. l'avocat-général de Marchangy;

» Vu l'art. 141 du code de procédure civile;

» Attendu que, si le législateur a cru devoir, dans l'intérêt de la perception, autoriser pour la régie un mode d'instruction plus simple et plus expéditif, il ne s'ensuit pas qu'il ait voulu par-là dispenser les juges de l'observation des formes substantielles prescrites par l'art. 141 du code de procédure pour la rédaction de leurs jugemens;

» Attendu que les lois qui règlent les formes qui doivent être suivies par la régie dans l'instruction des affaires qui intéressent la perception, sont spéciales à cet égard seulement, et ne s'étendent pas au-delà;

» Attendu que la loi générale, obligatoire pour tous les tribunaux sans distinction, leur fait un devoir de rappeler les conclusions des parties, et de poser les questions de fait et de droit qui résultent du procès, afin de faire connaître le sujet en litige, et que, lorsqu'ils n'obéissent pas à ce commandement de la loi, et qu'ils s'abstiennent d'observer les formes substantielles qu'elle prescrit, ils compromettent leurs jugemens, et les exposent à être annulés;

» Attendu que, dans l'espèce, le jugement attaqué n'a point fait connaître les conclusions des parties; qu'il n'a pas non plus exposé les points de fait et les points de droit; et que de là il suit qu'il a violé l'art. 141 du code de procédure précité, qui prescrit ces formalités comme étant de l'essence de tous les jugemens;

» Par ces motifs, la cour casse et annule le jugement du tribunal de première instance de Versailles, du 1er mars 1824... (1). »

§. XXIII. 1° *Peut-on attaquer par la voie de la cassation un jugement en dernier ressort, rendu sur requête non-communiquée?*

2°. *La voie de la cassation est-elle ouverte contre un jugement en dernier ressort par défaut, tant que dure le délai de l'opposition à ce jugement?*

V. le plaidoyer du 28 mars 1810, rapporté au mot *Serment,* §. 1.

§. XXIV. *L'obligation imposée aux juges de citer et transcrire dans leurs jugemens les lois pénales qu'ils appliquent aux crimes et aux délits, est-elle suffisamment remplie par la citation et transcription des lois qui déterminent, par des dispositions générales, la nature des peines que ces juges peuvent prononcer?*

V. l'article *Tribunal de police,* §. 11.

§. XXV. *Y a-t-il des cas où l'annulation d'un jugement prononcée par la cour de cassation, pour excès de pouvoir, sur le réquisitoire du procureur-général, précédé d'un ordre du ministre de la justice, profite ou nuit aux parties intéressées?*

V. l'article *Ministère public,* §. 10, n° 2.

§. XXVI. *Autres questions sur cette matière.*

V. les articles *Interlocutoire, Préparatoire, Loi,* §. 18; *Appel, Avoué, Cassation, Contrariété de Jugemens, Requête civile, Restitution en entier,* Non bis in idem, *Faux, Déclaration de Jugement commun, Rapport, Délibéré, Dernier ressort, Défaut, Opposition à un jugement par défaut, Désistement, Exécution des jugemens, Exécution parée, Interprétation de jugement, Motifs des jugemens, Opinion, Partage d'opinions, Sections des tribunaux, Signature,* §. 4; *Tribunal d'appel, Tribunal correctionnel, Tribunal de commerce, Tribunal de police, Justice de paix, Pouvoir judiciaire, Conclusions du ministère public, Prorogation de juridiction,* et *Serment.*

JUGEMENT DE DÉFENSE. *Sous l'empire de l'ordonnance de 1667, les tribunaux d'appel pouvaient-ils accorder des défenses provisoires*

---

(1) *V.* le *Répertoire de Jurisprudence,* aux mots *Motif des jugemens,* n°s 1 et 17.

(1) Bulletin civil de la cour de cassation, tome 27, page 325.

contre un jugement rendu en première instance, d'après un titre authentique, et contenant la clause d'exécution nonobstant appel?

« Le commissaire du gouvernement près le tribunal de cassation expose que, pour faire cesser un abus qui commence à s'introduire dans quelques tribunaux d'appel, il croit devoir requérir, en vertu de l'art. 88 de la loi du 27 ventôse an 8, l'annulation d'un jugement de celui de Riom, en date du 7 vendémiaire dernier.

» Dans le fait, par contrat notarié du 5 nivôse an 7, Antoine-Joseph, Artis-Thiézac, Marie-Charlotte Martel, son épouse, Armand-Samuel Marescot, général de division, inspecteur-général des fortifications de la république, leur gendre; et Cécile-Françoise-Charlotte-Rosalie Artis-Thiézac, son épouse, leur fille, ont vendu à Pierre Estieu, homme de loi à Murat, les domaines de la Rivière et de la Garde, situés dans les communes de Thiézac et de Vic, arrondissement d'Aurillac, département du Cantal.

» Le prix de cette vente a été fixé à la somme de 83,968 francs, dont 4,000 payés comptant, et le surplus stipulé payable en quatre années, à raison de 20,000 francs par an, sauf que le dernier terme ne serait que de 19,968 francs; « à la charge toutefois par les vendeurs de faire l'emploi de la totalité dudit prix en biens fonds dégagés d'hypothèques, » conformément au contrat de mariage de la dame Marescot, l'une des venderesses, et cela pour la sûreté de ses père et mère.

» Il a été convenu en même temps que « les vendeurs ne pourraient être forcés à faire ledit emploi qu'au troisième terme, et que, s'il n'était fait plus tôt, ils s'obligeaient de donner bonne et valable caution, à leur domicile, pour la garantie dudit emploi, lors du troisième payement. »

» Il paraît que les deux premiers termes ont été payés à leurs échéances.

» Le 11 ventôse an 11, le général Marescot et son épouse, en présence et du consentement du cit. et de la dame Artis, ont acheté du cit. Laurent le domaine de Deffaut, situé dans l'arrondissement d'Auxerre, département de l'Yonne. La dame Marescot a accepté cette acquisition pour remploi des biens vendus en l'an 7 au cit. Estieu; et, de leur côté, le cit. et la dame Artis ont déclaré être satisfaits de ce remploi.

» Après avoir fait transcrire le contrat d'acquisition au bureau des hypothèques d'Auxerre, et s'être fait délivrer, par le conservateur, un certificat constatant qu'il n'existait aucune inscription hypothécaire sur le domaine de Deffaut, le général Marescot, son épouse, et la dame Artis ont fait faire au cit. Estieu un commandement de payer les deux derniers termes du prix de la vente du 5 nivôse an 7.

» Le cit. Estieu a formé opposition à ce commandement. Il a prétendu, 1º que le remploi fait par le contrat du 6 ventôse an 11 n'était pas suffisant pour assurer son acquisition, et prévenir tout recours de la part du cit. et de la dame Artis, qui cependant l'avaient accepté; 2º que, quoique les domaines de la Rivière et de la Garde lui eussent été vendus francs d'impositions antérieures, il avait été obligé de payer 54 francs pour les contributions arriérées de l'an 6; 3º qu'il existait en ses mains une saisie-arrêt, pratiquée par un cit. Canauche-Miramont, pour une rente foncière de 100 livres, créée à son profit par un bail à cens de 1743.

» Par jugement du 25 thermidor an 11:

» Attendu que l'acte du 11 ventôse dernier contient un remploi accepté par la dame Marescot, en présence et du consentement de ses père et mère, parties capables pour le contester;

» Attendu que le certificat du conservateur des hypothèques atteste qu'il n'y a aucune inscription contre les vendeurs du fonds acquis en remploi;

» Attendu que les demandeurs offrent de rembourser la somme de 54 francs, en rapportant par Estieu la preuve légale du payement de cette somme, en leur acquit, au percepteur de l'an 6;

» Attendu que les demandeurs offrent de donner caution solvable de rapporter les sommes qui pourront être dues par suite de la saisie-arrêt faite ès-mains dudit Estieu;

» Le tribunal (civil de l'arrondissement d'Aurillac) déclare le remploi fait par l'acte du 6 ventôse dernier, bon et valable; condamne Marescot, Artis et leurs épouses, à payer, suivant leurs offres, à Estieu, la somme de 54 francs, en justifiant par lui...; ce faisant, sans s'arrêter à l'opposition formée par Estieu au commandement à lui fait, de laquelle il est débouté, ordonne que les poursuites commencées seront continuées, à la charge, par les demandeurs, de donner caution solvable de rapporter les sommes qui pourront être dues à Canauche-Miramont, par suite de la saisie-arrêt...;

» Et attendu que les demandeurs sont fondés en titres authentiques, ordonne que le présent jugement sera exécuté par provision, nonobstant appel, conformément à l'art. 15 du tit. 17 de l'ordonnance de 1667. »

» Le cit. Estieu a appelé de ce jugement; et le 7 vendémiaire an 12, il a obtenu, sur une simple requête non communiquée, un jugement par lequel le tribunal d'appel de Riom lui a permis d'intimer ses adversaires, *toutes choses demeurant en état.*

» C'est de ce jugement que l'exposant se croit obligé de dénoncer au tribunal suprême. L'annulation en est non-seulement commandée, mais en quelque sorte prononcée de plein droit, par l'ordonnance de 1667.

» Les art. 14 et 15 du titre 17 de cette loi déterminent les cas où les sentences de provision seront exécutoires nonobstant l'appel; et parmi ces cas, se trouve expressément compris celui où « il y a con-» trats, obligations ou promesses reconnues. » Vient ensuite l'art. 16, qui défend aux « cours de parle-» ment et autres cours, et à tous autres juges, de » donner des défenses ou surséances en aucun des » cas exprimés aux précédens articles; et si aucunes » étaient obtenues, » ajoute le même article, « nous » les avons dès à présent déclarées nulles, et vou-» lons que, sans y avoir égard, et sans qu'il soit » besoin d'en demander main-levée, les sentences » soient exécutées, nonobstant tous jugemens, or-» donnances ou arrêts contraires; et que les parties » qui auront présenté les requêtes à fin de défenses » ou de surséance, et les procureurs qui les auront » signées, ou qui en auront fait demande en l'au-» dience ou autrement, soient condamnés chacun » en 100 livres d'amende, applicables moitié à la » partie, et l'autre moitié aux pauvres, lesquelles » amendes ne pourront être remises ni modé-» rées. »

» On sait bien que la disposition de cet article a souffert, dans l'ancien ordre judiciaire, des infractions très-fréquentes. Mais ces infractions n'ont été ni assez générales, ni assez multipliées pour abroger la loi; elles ont d'ailleurs été réprimées par un arrêt de réglement du parlement de Paris, auquel ressortissait la ci-devant province d'Auvergne. Cet arrêt qui a été rendu le 28 août 1783, « fait dé-» fenses aux procureurs, sous telle peine qu'il ap-» partiendra, de présenter des requêtes et d'obtenir » des arrêts de défenses ou surséances contre l'exé-» cution des sentences et jugemens intervenus en » matière civile, dans les cas ci-après exprimés, sa-» voir....; 2° sur les condamnations portées par » des sentences dont il n'y a point eu d'appel, ou » qui seraient exécutoires nonobstant l'appel; le » tout, s'il s'agit des obligés personnellement ou » leurs héritiers et ayans-cause, autres que les tiers-» détenteurs, et s'il n'y a point incompétence évi-» dente. »

» Ce considéré, il plaise au tribunal de cassation, vu l'art. 88 de la loi du 27 ventôse an 8, et les dispositions ci-dessus rappelées de l'ordonnance de 1667, casser et annuler, dans l'intérêt de la loi, le jugement rendu par le tribunal d'appel de Riom, le 7 vendémiaire an 12; et ordonner qu'à la diligence de l'exposant, le jugement de cassation à intervenir sera imprimé et transcrit sur les registres dudit tribunal..... *Signé*, Merlin.

» Ouï le rapport du cit. Vergès, l'un des juges....;

» Vu les art. 15 et 16 du tit. 17 de l'ordonnance de 1667;

» Considérant que le tribunal civil de l'arrondissement d'Aurillac, lors du jugement par lui rendu le 25 thermidor an 11, sur le fond de la contesta-tion, a rejeté l'opposition formée par le cit. Estieu, aux commandemens dirigés contre lui par le cit. Marescot et consorts, et a ordonné la continuation des poursuites;

» Que ce tribunal a reconnu que le cit. Marescot et ses consorts étaient porteurs de titres authentiques contre le cit. Estieu;

» Qu'il a reconnu, en outre, que ces titres établissaient la demande en payement d'une partie du prix de la vente faite par le cit. Marescot et consorts à Estieu, le 5 nivôse an 7;

» Que ce tribunal n'a eu aucun égard à l'exception que le cit. Estieu indiquait de l'insuffisance du remploi convenu lors du contrat dudit jour 5 nivôse an 7;

» Qu'il a ordonné, sous ces rapports, que son jugement serait exécuté par provision, nonobstant l'appel, conformément à l'art. 11 de l'ordonnance de 1667;

» Que, néanmoins, le tribunal d'appel séant à Riom, a rendu, à l'audience du 7 vendémiaire an 12, sur la seule demande du cit. Estieu, un jugement qui a permis à ce dernier de citer le cit. Marescot et ses consorts au 27 brumaire suivant, *toutes choses jusqu'à ce demeurant en état*;

» Que les moyens employés par le cit. Estieu, pour obtenir ce jugement de surséance, étaient les mêmes que ceux qu'il avait déjà fait valoir infructueusement devant les juges de première instance, sur le fond de la contestation;

» Que le principal de ces moyens était pris de ce que, quoique, lors de la rente authentique faite le 5 nivôse an 7, il eût été convenu que les vendeurs feraient le remploi du prix de cette vente, l'acquisition par eux faite postérieurement était néanmoins insuffisante à cet égard;

» Considérant que le tribunal d'appel séant à Riom a bien été saisi, par l'appel du cit. Estieu, du droit de prononcer sur les moyens que toutes les parties pouvaient respectivement faire valoir pour faire maintenir ou faire réformer le jugement définitif de première instance;

» Que ce tribunal, avant d'exercer ce droit, n'a pu s'arroger celui de surseoir arbitrairement à l'exécution provisoire du jugement définitif de première instance rendu à la suite d'une discussion contradictoire, sur les titres et les exceptions des parties;

» Qu'en ordonnant cette surséance, le tribunal d'appel séant à Riom a violé les art. 15 et 16 du tit. 17 de l'ordonnance de 1667, ci-dessus transcrits:

» Le tribunal, faisant droit sur le réquisitoire du commissaire du gouvernement près le tribunal de cassation, et procédant en exécution de l'art. 88 de la loi du 27 ventôse an 8, casse, pour l'intérêt de la loi seulement, le jugement rendu par le tribunal d'appel séant à Riom, le 7 vendémiaire an 12, pour contravention aux art. 15 et 16 du tit. 17 de l'ordonnance de 1667; ordonne qu'à la diligence du commissaire du gouvernement près le tribunal de cassation, le présent jugement sera imprimé et transcrit sur les registres du tribunal d'appel séant à Riom.

» Fait et prononcé à l'audience du tribunal de cassation, section civile, le 18 pluviôse an 12.... »

JUIFS. §. I. *Des billets sous seing-privé souscrits au profit des Juifs de la ci-devant Alsace.*

V. l'article *Arrêt de réglement*, §. 1.

§. II. *De la forme dans laquelle les Juifs doivent prêter serment.*

V. l'article *Serment*, §. 2.

JURIDICTION. *Quelles différences y a-t-il entre les actes de juridiction volontaire et ceux de juridiction contentieuse ?*

V. les art. *Adoption*, §. 11, et. *Assignation*, §. 13.

JURY. §. I. 1° *Quels sont les cas où les juges peuvent proposer au jury des questions relatives à des délits purement correctionnels ?*

2° *Quels sont ceux où, d'après la déclaration du jury, ils peuvent prononcer les peines que les lois infligent aux délits de cette nature ?*

« Le procureur-général expose que, le 31 août 1807, la cour de justice criminelle du département de la Gironde a rendu un arrêt contre lequel la partie intéressée ne s'est pas pourvue dans le délai fatal, mais qui, violant la loi dans une de ses dispositions les plus importantes, doit être annulé dans l'intérêt de la loi elle-même.

» Toute la France retentit encore du procès sur lequel cet arrêt a statué ; c'est celui qui avait donné lieu, contre le sieur Ponterie Escot et son fils, à une accusation de crime d'homicide et d'attentat à la liberté individuelle, prétendu commis dans la personne de Charles-Hilaire Dehap, jeune homme qu'ils avaient surpris dans le lit de Cécile Ponterie Escot, fille de l'un, et sœur de l'autre.

» Cette accusation ayant subi, devant la cour de justice criminelle du département de la Gironde, un débat public et solennel, les questions suivantes ont été posées par le président, et remises par lui au jury de jugement.

» PREMIER DÉLIT. « 1° Est-il constant que, dans » la nuit du 26 au 27 février dernier, il a été com- » mis des excès et violences sur la personne de » Charles-Hilaire Dehap fils, dans la maison de » Meynard, commune de Prigonrieu?

» 2° Est-il constant que Charles-Hilaire Dehap

» est mort deux jours après de l'effet desdits excès » et violences ?

» 3° Ponterie père est-il convaincu d'avoir com- » mis cet homicide?

» 4° L'a-t-il commis volontairement et à dessein?

» 5° L'a-t-il commis dans le cas d'une légitime » défense?

» 6° L'a-t-il commis avec préméditation?

» 7° Ponterie fils a-t-il commis cet homicide vo- » lontairement et à dessein, etc. »

» SECOND DÉLIT. « 1° Est-il constant que, dans » la nuit du 26 au 27 février dernier, il a été com- » mis envers Charles-Hilaire Dehap un attentat à » la liberté individuelle, en le retenant de force et » pendant plusieurs heures, dans l'intérieur de la » maison de Meynard, commune de Prigonrieu?

» 2° Ponterie père est-il convaincu d'avoir com- » mis cet attentat à la liberté individuelle?

» 3° L'a-t-il commis volontairement et à dessein?

» 4° Ponterie fils est-il convaincu de l'avoir com- » mis ?

» 5° L'a-t-il commis volontairement et à dessein? »

» TROISIÈME DÉLIT « 1° Est-il constant que, » dans la nuit du 26 au 27 février dernier, Charles- » Hilaire Dehap a été lié et garrotté dans la maison » de Meynard?

» 2° Ponterie père est-il convaincu de l'avoir lié » et garrotté?

» 3° A-t-il commis ce délit volontairement et à » dessein?

» 4° Ponterie fils est-il convaincu d'avoir lié et » garrotté Charles-Hilaire Dehap?

» 5° A-t-il commis ce délit volontairement et à » dessein?

» Sur ces questions, le jury a donné une décla- » ration unanime qui porte :

» Qu'il est constant que, du 26 au 27 février » dernier, il a été commis à Meynard, commune » de Prigonrieu, sur la personne de Charles-Hilaire » Dehap fils des violences et des excès;

» Qu'il est constant que Charles-Hilaire Dehap » est mort deux jours après de l'effet des violences » et des excès commis sur sa personne ;

» Que Jean-Jacques Meynardie-Ponterie-Es- » cot père est convaincu d'avoir commis cet ho- » micide;

» Que l'accusé n'a pas commis cet homicide vo- » lontairement et à dessein;

» Que Pierre-François Meynardie-Ponterie-Es- » cot fils n'est pas convaincu d'avoir commis cet » homicide;

» Qu'il n'est pas constant que, du 26 au 27 fé- » vrier dernier, il ait été commis envers Hilaire » Dehap un attentat contre la liberté individuelle, » en le retenant de force et pendant plusieurs heures, » dans l'intérieur de la maison de Meynard, com- » mune de Prigonrieu;

» Qu'il est constant que, du 26 au 27 février
» dernier, Charles-Hilaire Dehap fils a été lié et
» garrotté dans l'intérieur de la maison de Meynard,
» commune de Prigonrieu ;

» Que Jean-Jacques Meynardie-Ponterie-Escot
» père est convaincu d'avoir commis ce délit ;

» Que l'accusé a commis ce délit volontairement
» et à dessein ;

» Qu'il est constant que Pierre-François Meynar-
» die-Ponterie-Escot fils a lié et garrotté Charles-
» Hilaire Dehap fils ;

» Qu'il n'a pas commis ce délit volontairement et
» à dessein. »

» D'après cette déclaration, il est intervenu sur-
le-champ une ordonnance du président, qui a acquitté les sieurs Ponterie-Escot, père et fils, de
l'accusation des crimes de meurtre et d'attentat à la
liberté individuelle. Par la même ordonnance, il a
été dit que le sieur Ponterie-Escot fils serait à
l'instant même mis en liberté.

» Mais à l'égard du sieur Ponterie-Escot père,
la cour de justice criminelle a prononcé en ces
termes :

« Considérant que, si Ponterie père n'est pas
» déclaré coupable d'avoir volontairement et à
» dessein, commis l'homicide sur la personne de
» Dehap, il est néanmoins, PAR LA MÊME DÉCLARA-
» TION, CONVAINCU DES EXCÈS ET VIOLENCES QUI
» ONT CAUSÉ CET HOMICIDE ;

» Considérant que le jury a pareillement déclaré
» Ponterie-Escot père convaincu d'avoir VOLON-
» TAIREMENT ET A DESSEIN lié et garrotté Dehap fils ;

» Considérant que, PAR L'EFFET DE CES LIGATURES,
» Dehap fils a eu les PARTIES DE SES MEMBRES sur
» lesquelles les liens portaient, LES UNES MEURTRIES,
» LES AUTRES DÉCHIRÉES, ainsi que CELA RÉSULTE
» DES DÉBATS et du RAPPORT ÉCRIT DE L'OFFICIER DE
» SANTÉ ; ce qui constitue un DÉLIT PRÉVU PAR LES
» ART. XIII ET XIV du tit. 2 de la loi du 22 juillet 1791,
» dont l'application doit être faite par la cour, aux
» termes de l'art. 434 du code des délits et des
» peines ;

» Considérant que des dommages et intérêts sont
» légitimement dus ;

» La cour déclare Jean-Jacques Meynardie-Pon-
» terie-Escot père, agriculteur propriétaire, habi-
» tant la commune de Prigonrieu, canton de la
» Force, arrondissement de Bergerac, département
» de la Dordogne, coupable d'avoir, hors le cas
» d'une légitime défense, et excuse suffisante, blessé
» jusqu'à effusion de sang le sieur Charles-Hilaire
» Dehap, pour réparation de quoi condamne Pon-
» terie-Escot père à une année d'emprisonnement
» dans la maison de correction, en mille francs d'a-
» mende, et 25,000 francs de dommages et intérêts
» envers les sieur et dame Dehap, père et mère dudit
» sieur Charles-Hilaire Dehap, applicables, de leur
» consentement, aux hospices de Bergerac ; et aux

» dépens liquidés envers le trésor public à la somme
» de 3,204 francs 34 centimes, et envers le sieur et
» dame Dehap, à la somme de 657 francs 23 cen-
» times, au payement desquels dommages et intérêts,
» dépens et amende, Ponterie-Escot sera contrai-
» gnable par corps. »

» En prononçant ainsi, la cour de justice criminelle a commis un double excès de pouvoir : elle a,
d'une part, violé la déclaration du jury, et, de
l'autre, elle y a ajouté. Elle a fait plus encore : elle
a, même en supposant qu'elle ait pu ajouter à la
déclaration du jury, fait une fausse application des
art. 13 et 14 du tit. 2 de la loi du 22 juillet 1791.

» 1° Elle a violé la déclaration du jury, en disant
« que, si Ponterie père n'est pas déclaré coupable
» d'avoir volontairement et à dessein, commis
» l'homicide sur la personne de Dehap, il est néan-
» moins, par la déclaration, convaincu des excès
» et violences qui ont causé cet homicide. »

» De la manière dont le jury s'était expliqué sur
les excès et violences, il résulte évidemment qu'il
les avait confondus avec l'homicide. Ainsi, en déclarant que le sieur Ponterie-Escot père n'avait pas
commis l'homicide volontairement et à dessein, il
l'avait nécessairement acquitté de l'accusation d'a-
voir commis les excès et violences qui avaient causé
la mort de Charles-Hilaire Dehap. La cour de justice
criminelle a donc fait entrer dans les élémens de la
condamnation qu'elle a prononcée contre le sieur
Ponterie-Escot père, un fait dont le jury avait déclaré celui-ci non coupable.

» 2° La cour de justice criminelle a ajouté à la
déclaration du jury, et elle y a ajouté en ce qui concerne le fait de garrottage.

» Ce fait, isolé et considéré en lui-même, ne
pouvait pas être imputé à délit ; et le pouvait d'autant moins que, d'après les articles précédens de la
déclaration du jury, il n'était plus possible, ni de le
présenter comme un excès et une violence exercés
volontairement et à dessein sur la personne de
Charles-Hilaire Dehap, puisqu'à cet égard le sieur
Ponterie-Escot père était déclaré non-coupable ; ni
de l'identifier avec l'attentat à la liberté individuelle
du nommé Charles-Hilaire Dehap, puisqu'à cet
égard le sieur Ponterie-Escot était déclaré non-
convaincu.

» Aussi la déclaration du jury ne dit-elle pas que
le fait du garrottage ait été, de la part du sieur
Ponterie-Escot père, l'effet d'un dessein de nuire ;
ce qui le dépouille nécessairement de toute cri-
minalité et le met à couvert de toute espèce de
peine.

» Mais la cour de justice criminelle s'est permis
de suppléer, sur ce point essentiel, à la déclaration
du jury : elle a dit qu'il résultait « DES DÉBATS ET DU
» RAPPORT ÉCRIT DE L'OFFICIER DE SANTÉ, que, par
» l'effet de ces ligatures, Dehap fils avait eu les
» parties de ses membres sur lesquelles les liens por-
» taient, les unes meurtries, les autres déchirées ;

» ce qui constitue (a-t-elle ajouté) un délit prévu
» par les art. 13 et 14 du tit. 2 de la loi du 22 juil-
» let 1791, dont l'application doit être faite par la
» cour, aux termes de l'art. 434 du code des délits
» et des peines.

» Sans doute, les cours de justice criminelle peuvent et doivent appliquer aux délits de police correctionnelle qui se rencontrent dans les procès soumis à leur examen, les peines infligées par les lois à
ces sortes de délits. Mais dans quel cas? Dans celui-
là seul où, de la déclaration du jury, il résulte non-
seulement que les faits qualifiés de délits par les lois
correctionnelles sont constans, et que l'accusé en est
auteur, mais encore que l'accusé les a commis dans
une intention criminelle. Tel est le sens de l'art. 434
du code des délits et des peines; jamais il n'a été
entendu autrement, et il suffit de le lire, il suffit de
le comparer avec les articles qui le précèdent, pour
se convaincre de l'impossibilité de lui donner une
autre signification.

3°. Mais supposons pour un moment que la cour
de justice criminelle ait pu prendre sur elle d'ajouter à la déclaration du jury, que, par le fait du garrottage de Charles-Hilaire Dehap, celui-ci avait eu
les parties de ses membres, sur lesquelles les liens
avaient porté, *les unes meurtries, les autres dé-*
chirées : aurait-elle pu, pour cela, appliquer à ces
meurtrissures, à ces déchiremens, les dispositions
pénales des art. 13 et 14 du tit. 2 de la loi du 22 juillet 1791? Non certainement.

» Ces articles ne punissent correctionnellement
ceux qui *auraient blessé ou même frappé des*
citoyens, que lorsqu'ils l'ont fait *hors le cas d'une*
légitime défense et sans excuse suffisante. Or,
non-seulement l'arrêt dont il s'agit ne déclare pas
que c'est *hors le cas d'une légitime défense et sans*
excuse suffisante, que le sieur Ponterie-Escot père
a *meurtri* et *déchiré les parties des membres* de
Charles-Hilaire Dehap, sur lesquelles ont porté les
liens dont il l'a garrotté; mais il ne pourrait pas le
déclarer sans se mettre en opposition avec la décision du jury sur les faits d'excès, de violence et d'attentat à la liberté individuelle.

» Ce considéré, il plaise à la cour, vu l'art. 88
de la loi du 27 ventôse an 8, et l'art. 456 du code
des délits et des peines, du 3 brumaire an 4, casser
et annuler, dans l'intérêt de la loi, l'arrêt de la cour
de justice criminelle du département de la Gironde,
ci-dessus mentionné, dont expédition est ci-jointe,
et ordonner qu'à la diligence de l'exposant l'arrêt à
intervenir sera imprimé et transcrit sur les registres
de ladite cour.

» Fait au parquet, le 4 février 1809. *Signé*, Merlin.

» Ouï le rapport de M. Carnot;

» Vu les art. 228, 378, 434 et 556 du code des
délits et des peines;

» Et, attendu que le code du 3 brumaire an 4
ayant prohibé, par l'art. 228, de dresser acte d'ac-

cusation pour autres délits que pour ceux emportant peines afflictives ou infamantes, et n'ayant autorisé, par l'art. 378, les présidens des cours de
justice criminelle qu'à poser au jury des questions
sur les faits repris en l'acte d'accusation, il en résulte qu'il ne peut jamais être posé régulièrement
au jury que des questions qui tendent à établir un
fait dont la culpabilité déclarée peut emporter peine
afflictive ou infamante;

» Attendu que l'observation rigoureuse de ces
deux actes du code est prescrite à peine de nullité;

» Que cependant le président de la cour de justice criminelle du département de la Gironde a posé,
sur la troisième série, des questions relatives au
simple fait du garrottage d'un individu qui, par lui
seul et isolé de toutes circonstances aggravantes, ne
pouvait constituer un délit à réprimer par une peine
afflictive ou infamante;

» Que la question de savoir si le prévenu s'était
rendu coupable de ce garrottage volontairement et
à dessein, ne changeait ni ne pouvait changer la nature du délit, ni le faire rentrer dans les dispositions du code pénal;

» Qu'il y a donc eu violation ouverte des art. 228
et 378 du code, dans la position des questions de la
troisième série;

» Que néanmoins, et malgré l'acquittement de
Ponterie-Escot, relativement au crime d'homicide
et d'attentat à la liberté individuelle de Dehap, dont
il était prévenu, sur la première et deuxième séries,
la cour de justice criminelle du département de la
Gironde, se fondant sur les dispositions de l'art 434
du code, a condamné le prévenu en une année
d'emprisonnement correctionnel, en des dommages-
intérêts envers les plaignans, et aux frais de la procédure;

» Que la cour de justice criminelle du département de la Gironde a fait, en le jugeant ainsi, fausse
application de l'art. 434 sous un double rapport :
1° en faisant reposer l'application de cet article sur
une déclaration de jury qui devait être considérée
comme non-avenue, puisqu'elle portait sur des questions qui n'auraient pas dû lui être soumises; 2° sur
ce que l'art. 434 n'est applicable qu'au cas où le fait,
se trouvant dépouillé par la déclaration du jury,
des circonstances qui le faisaient rentrer dans les
dispositions du code pénal, le laisse dans la classe
des délits de police correctionnelle, ou des simples
contraventions de police;

» Que ce serait en effet contrarier tout le système
du code, que de faire l'application de l'art. 434, au
cas où il n'aurait été posé de questions que sur un simple délit de police ou de police correctionnelle, puisqu'on ne pouvait le faire qu'en
supposant de pareilles questions peuvent être
soumises au jury, tandis que les art. 228 et 378 en
renferment la défense la plus expresse;

» Attendu que la cour de justice criminelle du
département de la Gironde a encore commis un

troisième excès de pouvoir, en ajoutant à la déclaration du jury qu'elle pouvait seule consulter, et en allant puiser dans l'instruction et dans les débats des circonstances aggravantes pour fonder la condamnation qu'elle a prononcée contre le prévenu ; car les faits sont tout entiers dans le domaine du jury ; et quand il a donné sa déclaration, elle doit être seule consultée pour l'application de la peine ou pour l'acquittement du prévenu. Cela résulte évidemment, en effet, de la combinaison des art. 424 et 428 du code, et de la nature même de l'institution du jury ;

» Qu'ainsi, et quand la cour de justice criminelle du département de la Gironde aurait été autorisée à poser une série de questions relatives au garrottage dont était prévenu Ponterie-Escot, il aurait suffi que les circonstances aggravantes de ce délit n'eussent pas été déclarées à la charge du prévenu, pour que la cour de justice criminelle ne pût rechercher dans les entrailles de la procédure des circonstances qui pussent la rendre passible de peines correctionnelles ;

» Attendu que la cour de justice criminelle du département de la Gironde pouvait d'autant moins se le permettre, que le jury avait déclaré, en point de fait, que, si le prévenu s'était rendu coupable d'homicide pour excès et violences, il n'avait pu agir volontairement et à dessein ; de sorte qu'il est vrai de dire, d'après la déclaration du jury, qu'à la vérité, Ponterie-Escot s'était bien rendu coupable des excès et violences qui avaient occasionné les blessures et la mort de Dehap, qui en avaient été la suite, mais qu'il n'en résultait aucune preuve de culpabilité ;

» Que néanmoins c'est, en supposant que le garrottage dont Ponterie-Escot était déclaré convaincu, avait occasionné à Dehap des blessures et meurtrissures faites volontairement et à dessein, que la cour de justice criminelle a fondé la condamnation qu'elle a prononcée contre le prévenu ; de sorte que, non-seulement la cour de justice criminelle de la Gironde a ajouté à la déclaration du jury, en supposant que le garrottage a occasionné des blessures et meurtrissures ; mais que même elle s'est mise en contradiction directe avec cette déclaration, en supposant toujours que ces blessures et meurtrissures avaient été faites volontairement ;

» Mais, attendu que Ponterie-Escot n'a pas déclaré pourvoi contre cet arrêt ; qu'en conséquence, il a passé en force de chose jugée pour ce qui le concerne, il n'y a lieu de prononcer son annulation que dans l'intérêt de la loi :

» Par ces motifs, la cour casse et annule, dans l'intérêt de la loi seulement, la position des questions sur la troisième série ; et par suite, l'arrêt de la cour de justice criminelle du département de la Gironde, du 31 août 1807, dans la disposition par laquelle, prenant égard à la déclaration faite par le jury sur cette troisième série, et y ajoutant des faits prétendus résultans de l'instruction et des débats, il

a été fait application à Ponterie-Escot des dispositions de l'art. 434 du code du 3 brumaire an 4, et prononcé en conséquence contre ce prévenu un emprisonnement correctionnel, des dommages-intérêts, et une condamnation aux frais de la procédure.

» Ainsi jugé à l'audience de la section criminelle de la cour de cassation, le 10 février 1809.... »

V. le plaidoyer du 27 octobre 1809, rapporté au mot *Délit*, §. 2, n° 2.

§. II. *Peut-on admettre dans un jury des jurés qui sont parens entre eux ?*

Aucune loi ne le défend ; et de là l'arrêt de la cour de cassation, du 10 février 1809, que le *Bulletin criminel* nous retrace en ces termes :

« Dans un procès porté devant la cour de justice criminelle du département de l'Aveyron, les jurés de jugement avaient été régulièrement nommés par le sort, et légalement acceptés.

» Ils avaient, en cette qualité, après avoir fait la promesse requise, pris leur place à la première séance dans laquelle plusieurs témoins avaient été entendus, et les débats commencés.

» A l'entrée de la seconde séance, le procureur-général avait requis, et les juges avaient ordonné, malgré l'opposition de l'accusé et de son défenseur, en annulant les débats commencés, que deux jurés qui y avaient assisté en cette qualité, se retiraient et seraient remplacés sur-le-champ, *pour motif de parenté existant entre eux au degré prohibé.*

» Cet arrêt avait été exécuté ; le remplacement avait eu lieu.

» Violation des art. 418 et 484 du code des délits et des peines, du 3 brumaire an 4.

» La cour de cassation a prononcé l'arrêt suivant :

» Ouï le rapport de M. Delacoste..... ;

» Vu l'art. 456 du code des délits et des peines, du 3 brumaire an 4, n° 6, et les art. 418 et 484 du même code ;

» Attendu qu'il est constaté par les pièces du procès, par le procès-verbal des séances, et même par l'arrêt attaqué, que le jury de jugement avait été organisé dans les formes prescrites par la loi ; que les jurés absens et récusés avaient été remplacés au commencement de la séance tenue le 15 décembre dernier, au matin, pour l'ouverture des débats ; que les jurés non récusés pour l'accusé, de lui légalement connus et acceptés, avaient pris leur place, fait la promesse requise et assisté aux débats ; que, dès-lors, ces jurés ne pouvaient plus être changés ni rejetés par les juges ; qu'ils étaient acquis à l'accusé, comme au ministère public ;

» Attendu que la cour de l'Aveyron, en annulant les débats qui avaient eu lieu à cette séance, a ordonné que deux des jurés qui y avaient assisté en cette qualité, se retireraient et seraient remplacés, sur-le-champ, pour motif de parenté au degré prohibé existant entre eux :

» Qu'aucune loi néanmoins n'établit d'exclusion ni d'incompatibilité entre les jurés; que les exclusions sont de droit étroit, et ne peuvent être induites par analogie; que l'accusé a été ainsi illégalement privé des jurés qu'il avait acceptés; que les débats commencés ont été anéantis sans motif légal et par excès de pouvoir; qu'il y a eu tout à la fois violation de l'art. 418 du code cité, et dont l'exécution a été réclamée par l'accusé, et fausse application de l'art. 484 du même code:

» Par ces motifs, la cour casse et annule les débats, la déclaration du jury de jugement et l'arrêt rendu le 16 décembre dernier par la cour de justice criminelle du département de l'Aveyron..... »

§. III 1° *Y a-t-il nullité, lorsqu'au moyen des interruptions qu'a éprouvées le débat, les jurés ont communiqué au dehors, avant de se réunir dans leur chambre pour donner leur déclaration?*

2° *La déclaration d'un jury portant que l'accusé est coupable d'avoir commis le crime dont il s'agit, soit de telle, soit de manière, est-elle suffisante pour asseoir une condamnation?*

V. l'article *Complice*, §. 4.

§. IV. 1° *Les cours d'assises peuvent-elles, dans le cas prévu par l'art. 352 du code d'instruction criminelle, motiver les arrêts qui déclarent que les jurés se sont trompés, au fond?*

2° *Un pareil arrêt peut-il être cassé sur le seul fondement qu'il est mal motivé?*

3° *Peut-il y avoir une erreur préjudiciable à l'accusé d'un crime de faux par supposition de personne, dans la déclaration du jury qui le reconnaît coupable de faux par supposition de nom?*

Le 9 décembre 1813, arrêt de la chambre d'accusation de la cour d'appel de Bourges, ainsi conçu :

« La cour, considérant qu'il résulte des pièces de l'instruction, que Louis Fradet, conscrit réfractaire, né en la commune de Mouhers, canton de Neuvy, pour échapper à toutes poursuites, est parvenu à obtenir de Julien Saulnier la dispense définitive de service militaire de ce dernier et son extrait de naissance, et qu'il a pris le faux nom de Saulnier dans la commune de Moulins, canton de Livroux, arrondissement de Châteauroux, où il est resté 27 mois, et y a contracté mariage, sous le faux nom de Julien Saulnier, alors décédé, avec la fille de Jean-Baptiste Palluot, devant l'officier de l'état civil

de cette commune, le 12 mai dernier; ce qui constitue un faux par supposition de personne dans l'acte de célébration de son mariage;

» Et considérant qu'il existe les charges les plus graves contre Louis Fradet, que c'est par son fait, et en produisant à l'officier de l'état civil l'acte de naissance de Julien Saulnier et les actes de décès des père et mère de ce dernier, qu'il savait ne pas lui appartenir, et qu'il s'était frauduleusement procurés; que c'est en le trompant ainsi, que le faux a été commis dans l'acte de célébration de son mariage; ce qui le constitue complice de ce faux par supposition de personne en écriture authentique, crime prévu par les art. 145, 49 et 60 du code pénal;

» Ordonne la mise en accusation dudit Louis Fradet, à raison de la complicité ci-dessus déterminée de faux commis dans l'acte de célébration de mariage, du 12 mai dernier, et le renvoie à la cour d'assises du département de l'Indre pour y être jugé suivant la loi. »

Le 16 mars 1814, déclaration du jury portant que « l'accusé est coupable d'avoir, le 12 mai dernier, contracté mariage, sous le nom supposé de Julien Saulnier avec Marie-Anne Palluot, devant l'officier civil de la commune de Moulins, canton de Livroux, et d'avoir ainsi provoqué ledit officier public à commettre, par supposition de personne, ledit faux dans l'exercice de ses fonctions, en lui présentant différens actes de naissance et de décès qui ont servi à commettre ledit faux, sachant qu'ils devaient y servir, et ayant par conséquent et avec connaissance aidé et assisté ledit officier public dans les faits qui ont préparé et consommé ledit faux.»

Immédiatement après la lecture de cette déclaration, arrêt par lequel, «la cour, unanimement convaincue que les jurés se sont trompés dans leur déclaration sur le fond du procès, en disant que le faux faisant l'objet de l'accusation portée contre Louis Fradet, a été commis par supposition de personne, et non par supposition de nom, tandis que le contraire résulte de l'instruction et des débats, déclare qu'il est sursis au jugement du procès; en conséquence, renvoie l'affaire à la session prochaine de la cour d'assises du département de l'Indre, pour être soumise à un nouveau jury. »

Recours en cassation contre cet arrêt de la part du ministère public.

« Deux reproches (ai-je dit à l'audience de la section criminelle, le 21 avril 1814) sont faits à l'arrêt qui est en ce moment soumis à votre examen. On vous dit d'abord qu'il est motivé, et qu'il ne devait pas l'être. On ajoute qu'il est en opposition avec l'arrêt de la cour d'appel de Bourges, qui a mis Louis Fradet en accusation, et qu'ainsi il viole l'autorité de la chose jugée.

» Le premier de ces reproches n'est fondé ni en droit, ni en fait.

» En droit, un arrêt qui, dans le cas prévu par l'art. 352 du code d'instruction criminelle, exprimerait les motifs qu'aurait la cour d'assises pour déclarer qu'il y a erreur dans la délibération du jury, ne violerait ni cet article ni aucune autre disposition législative. Une loi n'est violée que lorsqu'on omet ce qu'elle prescrit, ou que l'on fait ce qu'elle défend; et elle ne peut l'être, ni quand elle ne défend pas ce qui a été fait, ni quand elle ne prescrit pas ce qui a été omis.

» En fait, l'arrêt dont il s'agit se borne à indiquer le point dans lequel la cour d'assises pense que les jurés se sont trompés; il se borne à déclarer que le faux a été commis non par supposition de personne, mais par supposition de nom; et, s'il ajoute que cela résulte de l'instruction et des débats, si cette addition doit être considérée comme un véritable motif, du moins c'est un motif inhérent à la déclaration même de la cour d'assises; c'est un motif qui se suppléerait de lui-même dans la déclaration de la cour d'assises, s'il n'y était pas exprimé; c'est par conséquent un motif tout-à-fait surabondant; et, par conséquent encore, c'est, d'après la règle *quod abundat non vitiat*, un motif dont l'expression ne pourrait pas vicier cette déclaration; quand même, en thèse générale, il serait défendu, à peine de nullité, de motiver une déclaration de cette nature.

» Le second reproche est plus exact en fait, mais n'est pas mieux fondé en droit.

» De ce que Louis Fradet était accusé par l'arrêt de la cour d'appel de Bourges, du 9 décembre 1813, d'un faux commis par supposition de personne, il ne s'ensuit nullement que le jury, et par conséquent la cour d'assises (dans le cas prévu par l'art. 352) ne fussent pas compétens pour le déclarer coupable d'un faux commis par une simple supposition de nom. Les arrêts de mise en accusation n'ont l'autorité de la chose jugée qu'à l'effet de saisir les cours d'assises de la connaissance des faits imputés aux accusés; et, dès qu'une fois les cours d'assises sont saisies de la connaissance de ces faits, c'est au jury, c'est à elles-mêmes (dans le cas prévu par l'art. 352) à décider si ces faits sont constans, et à y ajouter ou en retrancher telles ou telles circonstances. L'art. 345 est là-dessus très-formel.

» Mais, en écartant ainsi les deux reproches faits par le réclamant à l'arrêt qu'il attaque, nous avons à examiner s'il ne s'élève pas contre ce même arrêt un reproche plus sérieux.

» L'art. 352 n'autorise les cours d'assises à surseoir au jugement et à renvoyer à la session suivante, que lorsqu'elles sont convaincues *que les jurés se sont trompés au fond*, et il paraît assez naturel de croire que, pour qu'elles fassent légitimement usage de ce pouvoir, il est de toute nécessité qu'à leurs yeux, les jurés se soient trompés au préjudice de l'accusé; ou, en d'autres termes, que les jurés leur aient paru errer, soit en déclarant l'accusé coupable, tandis qu'elles le trouvent in-

nocent, soit en rattachant à son crime des circonstances qu'elles n'y aperçoivent pas, et qui, si elles existaient, devraient aggraver sa peine.

» Or, dans notre espèce, la cour d'assises du département de l'Indre n'a pensé, ni que les jurés se fussent trompés en déclarant Louis Fradet complice d'un faux en écriture authentique, commis par un officier public; ni qu'ils se fussent trompés en rattachant à sa complicité une circonstance qui dût le faire condamner à une peine plus grave que celle qu'il avait réellement encourue.

» Elle a bien dit que Louis Fradet ne lui paraissait pas complice du faux qu'un officier public avait commis en écriture authentique *par supposition de personne*; mais elle a dit en même temps qu'il lui paraissait complice du faux qu'un officier public avait commis en écriture authentique *par supposition de nom*; et il est évident que cela revenait au même pour Louis Fradet, puisque la complicité dont la cour d'assises le reconnaissait coupable, emportait la même peine que celle dont il avait été déclaré coupable par le jury, puisque, dans un cas comme dans l'autre, Louis Fradet devait, d'après les art. 145 et 146 du code pénal, subir la peine des travaux forcés à perpétuité.

» Dès lors, la cour d'assises pouvait-elle dire que les jurés s'étaient trompés au préjudice de Louis Fradet? Dès lors, lui était-il permis de faire usage, en faveur de Louis Fradet, d'un pouvoir que la loi ne lui accordait que pour empêcher qu'il ne subît une peine plus grave que ne le comportait son crime?

» La négative paraîtrait, au premier abord, ne devoir souffrir aucune difficulté.

» Mais un peu de réflexion fait bientôt sentir que c'est l'opinion contraire qui doit prévaloir.

» Il n'importe pas seulement à l'ordre public qu'un coupable ne subisse pas une peine plus grave que celle qui est infligée par la loi à son crime; il lui importe aussi que la peine que le coupable a encourue, lui soit appliquée à raison du crime même qu'il a commis, et qu'on ne le punisse pas comme auteur ou complice d'un autre crime que celui dont il a souillé ses mains.

» Ainsi, quoique la peine de mort doive également atteindre l'assassin par violence et l'assassin par empoisonnement, il importe cependant à l'ordre public que le crime de l'un ne soit pas confondu, dans l'application, avec le crime de l'autre; il importe cependant à l'ordre public que l'on ne punisse pas, comme coupable d'assassinat par empoisonnement, celui qui a véritablement commis un assassinat, mais qui l'a commis par violence; et réciproquement.

» Et dès-là, si le jury se trompe en déclarant coupable d'assassinat par violence l'accusé qui a commis un assassinat par empoisonnement, ou coupable d'assassinat par empoisonnement, l'accusé qui a commis un assassinat par violence, quel obstacle y aurait-il à ce que la cour d'assises, reconnaissant l'erreur du jury, fît usage du pouvoir qui lui est conféré par l'art. 352, de surseoir au jugement, et de renvoyer l'affaire à la session prochaine?

» L'obstacle serait-il dans le texte de l'art. 352? Non, puisque cet article porte indéfiniment sur tous les cas où le jury s'est *trompé au fond*; et que certainement il y a erreur *au fond*, lorsque le jury se méprend sur le caractère du crime commis par l'accusé.

» L'obstacle serait-il dans l'esprit de l'art. 352? Pas davantage, puisque cet article, par cela seul qu'il est général, a évidemment pour objet de faciliter la réparation de toutes les erreurs qui peuvent égarer le jury, non-seulement au préjudice personnel de l'accusé, mais encore au préjudice de la société, en tant qu'elle est intéressée à ce qu'il ne soit point infligé de peine arbitraire, et par conséquent à ce que chaque crime ne soit puni que tel qu'il a été commis.

» Cela posé, il est clair que l'arrêt de la cour d'assises du département de l'Indre, du 16 mars dernier, n'a fait qu'une juste application de l'art. 352. Louis Fradet était déclaré par le jury convaincu d'un crime de faux par supposition de personne; et la cour d'assises ne le trouvait convaincu que d'un crime de faux par supposition de nom. La cour d'assises a donc dû, comme elle l'a fait, déclarer que le jury s'était trompé.

» Elle a même eu, pour le déclarer effectivement, un motif de plus qu'il ne peut s'en présenter dans les cas ordinaires: elle a dû envisager les suites qu'aurait l'erreur du jury sur le mariage que Louis Fradet avait contracté avec Marie-Anne Palluot.

» L'erreur du jury subsistant, Marie-Anne Palluot pourrait, d'après l'art. 180 du code civil, faire annuler son mariage *ab initio*, parce qu'elle l'aurait contracté avec un autre homme que celui qu'elle serait censée avoir voulu épouser.

» Au lieu que, si cette erreur est réparée, Marie-Anne Palluot se trouvera avoir épousé Louis Fradet, sachant qui il était réellement, et avec pleine connaissance, qu'il se cachait sous le nom de Julien Saulnier.

» A la vérité, si, par le résultat de la délibération du nouveau jury auquel l'affaire est renvoyée, Louis Fradet est déclaré complice d'un faux commis en écriture authentique par un officier public, et en conséquence condamné à la peine des travaux forcés à perpétuité, qui emporte la mort civile, le mariage dont il s'agit, se trouvera dissous, aux termes de l'art. 25 du code civil, à compter du jour où la condamnation aura été exécutée.

» Mais autre chose est qu'un mariage soit dissous, autre chose est qu'il soit nul dès son principe; et il peut y avoir, quand aux intérêts civils, de très-grandes différences entre l'une et l'autre hypothèses.

» Par ces considérations, nous estimons qu'il y a lieu de rejeter le recours en cassation du procureur criminel du département de l'Indre. »

Par arrêt du 21 avril 1814, au rapport de M. Oudart,

« Attendu, 1° qu'aucune disposition ne défend aux cours d'assises de motiver les ordonnances qu'elles peuvent rendre dans le cas prévu par l'art. 351 du code d'instruction criminelle; que ces cours ne sont assujéties à aucune formule; que, même à l'égard des jurés, la peine de nullité n'est pas encourue, lorsqu'ils se sont écartés des formules, si d'ailleurs leur déclaration est claire et répond à tout ce qui était mis en question;

» 2° Que les arrêts rendus en exécution des art. 231 et suivans du même code, n'ont l'autorité de la chose jugée que quant à la mise en accusation et au renvoi de l'accusé devant la cour d'assises; que cette cour peut et doit s'assurer s'il existe des circonstances atténuantes ou aggravantes non exprimées dans l'arrêt de mise en accusation; déclarer, lorsqu'il y a lieu, que le jury s'est trompé au fond; décider, en droit, que le fait qui fait le sujet de la mise en accusation, est ou non défendu par la loi; et en conséquence, condamner l'accusé ou l'absoudre;

» 3° Qu'il a été déclaré par le jury que Louis Fradet s'est marié avec Marie-Anne Palluot, sous le nom supposé de Julien Saulnier, et qu'il a provoqué sciemment l'officier de l'état civil à commettre ce crime de faux, en lui remettant des actes qui ont déterminé à employer son ministère; qu'une telle déclaration ne laisse rien à desirer sur le fait et la culpabilité qui sont seuls de la compétence du jury; que la question si le faux a été commis par supposition de nom seulement, ou tout à la fois par supposition de nom et de personne, est une question de droit, sur laquelle il appartenait à la cour elle-même de prononcer, et qui n'a pas dû être renvoyée à l'examen d'un second jury;

» 4° Que Louis Fradet, en usurpant pour lui et ses enfans les actes, les droits et l'état de Julien Saulnier, en se substituant à la personne de Julien Saulnier, à la face de l'officier de l'état civil, de son épouse environnée de ses parens, devant quatre témoins, dans un lieu public; après avoir fait publier à plusieurs reprises qu'il était réellement Julien Saulnier, ne peut pas avoir commis le crime de faux par supposition de nom seulement;

» 5° Qu'au surplus, le crime de faux par supposition de personne et le crime de faux par supposition de nom, sont punis des mêmes peines par les art. 145 et 146 du code pénal; qu'en effet, l'officier de l'état civil ayant constaté comme vrai que Julien Saulnier épousait Marie-Anne Palluot, tandis que l'individu était Louis Fradet, celui-ci, pour avoir sciemment provoqué l'officier public à constater, comme vrai, un fait qui était faux, et pour avoir procuré les actes qui l'ont déterminé à passer le contrat, est atteint de la peine portée par l'art. 146, là même qui est portée par l'art. 145;

» 6°. Attendu néanmoins que la cour d'assises, en manifestant son avis, que le faux a été commis par supposition de nom, et en déclarant que le jury s'était trompé au fond, n'a pas dit qu'elle s'était déterminée par ce seul motif; qu'elle peut donc avoir été touchée par d'autres considérations et les avoir passées sous silence, parce qu'elle aura donné trop de confiance au motif qu'elle a exprimé:

» Par ces motifs, la cour rejette le pourvoi. »

JUSTICE DE PAIX. §. I. 1° *Les juges de paix peuvent-ils connaître, en première instance, d'une demande formée par un domestique contre son maître, en restitution de meubles et effets servant à son usage personnel, et de titres qui lui appartiennent?*

2° *Quel est le sens de l'article de la loi du 24 août 1790, qui attribue aux juges de paix la connaissance des engagemens respectifs des maîtres et des domestiques?*

Ces deux questions se sont présentées à l'audience de la section des requêtes de la cour de cassation, le 22 frimaire an 9, sur une demande en cassation formée par la veuve Arnoudet contre le sieur Salomon.

« Le tribunal civil du département de Vaucluse (ai-je dit, en concluant sur cette affaire) a décidé par le jugement (du 17 pluviôse an 8) dont on vous demande la cassation, que la justice de paix du canton de Pernes, était incompétente pour connaître, en première instance, d'une demande formée par la veuve Arnoudet contre les héritiers du cit. Perrin, son ancien maître, et par laquelle elle concluait à ce qu'ils fussent condamnés; 1°. à lui payer une somme de 2,000 francs pour vingt années de gages, à raison de 100 francs par chaque année; 2°. à lui restituer un billet de 900 francs qu'elle prétendait avoir été souscrit à son profit par le défunt, et avoir été enveloppé sous les scellés apposés sur les effets et papiers de celui-ci, à la requête des héritiers; 3°. à lui restituer, en outre, une somme de 192 francs, ses papiers de famille, son lit, ses effets personnels, et différens meubles qu'elle soutenait lui appartenir, et dont elle donnait la nomenclature, tous objets qui, suivant elle, avaient été, comme le billet de 900 francs, mis sous la main des héritiers, au moyen des scellés qu'ils avaient fait apposer et lever en son absence.

« La compétence de la justice de paix n'aurait pu éprouver aucune contestation, si la demande eût été bornée aux 2,000 francs prétendus pour gages de vingt années de services; car l'art. 10 du tit. 3 de la loi du 24 août 1790 veut que les juges de paix connaissent des gages des domestiques et des salaires des gens de travail, à quelque somme que ces gages et salaires puissent monter.

» Il n'y aurait pas eu plus de difficultés, si la demande de la veuve Arnoudet ne se fût pas étendue au-delà du billet de 900 francs; car elle ne concluait pas au payement de ce billet, mais seulement à ce qu'il fût remis; et dès-là, il y avait lieu à l'application de l'art. 5 de la loi du 6 pluviôse an 2.

» Il est vrai que du premier abord, cette loi paraît n'avoir été faite que pour les circonstances où l'on se trouvait alors, et n'être applicable qu'aux titres existans sous des scellés apposés sur les effets et papiers des personnes détenues par mesure de sûreté générale.

» Mais quand on a rapproché les unes des autres toutes les dispositions de cette loi, on demeure convaincu que, si les circonstances dans lesquelles elle a été faite, en ont été la cause occasionnelle, son objet ne laisse pas d'être plus étendu, et qu'elle doit s'appliquer au temps présent comme au temps de sa publication.

» C'est ce qui résulte surtout du dernier article même qu'invoque la demanderesse, et qui porte: « tous les détenteurs ou dépositaires de titres, pa- » piers et contrats de rentes réclamés, qui ne se » trouvent pas sous les scellés, sont tenus de les » remettre à la première réquisition du propriétaire » ou fondé de pouvoirs. En cas de retard ou refus, » ils y seront condamnés dans les vingt-quatre heures, » sur simple citation, par le juge de paix, ensemble » aux dommages-intérêts que ce retard ou refus » aurait occasionnés, et en une amende qui ne » pourra excéder le quart de leur imposition mo- » bilière. »

» Cette disposition est, comme on le voit, indéfinie; elle embrasse tous les cas où des titres peuvent se trouver entre les mains d'un tiers, et où celui-ci refuse ou diffère de les remettre à la personne qui en est propriétaire. Dans tous ces cas, elle veut que la restitution en soit ordonnée par le juge de paix; et elle charge le juge de paix de l'ordonner dans les vingt-quatre heures, sur une simple citation.

» Sans doute, si sur la citation il s'élevait une question de propriété entre le demandeur en restitution d'un titre, et celui qui s'en trouverait détenteur, le juge de paix ne pourrait la juger en première instance, que dans le cas où l'objet de ce titre n'excéderait pas 100 francs.

» Mais tant que le détenteur ne conteste pas la propriété du demandeur en restitution, le juge de paix est compétent, à quelque valeur que puisse monter le titre; et l'on conçoit très-bien pourquoi le législateur l'a ainsi voulu: c'est qu'en pareil cas, il importe de réprimer avec la plus grande promptitude la mauvaise foi du défendeur, et de remettre le demandeur en possession de son titre.

» Ce n'est pas qu'aujourd'hui le juge de paix puisse encore condamner à l'amende le détenteur coupable de refus ou de retard. Cette amende ne peut plus, d'après les dispositions du code des délits et des peines, du 3 brumaire an 4, être prononcée que par le tribunal de police ou par le tribunal correctionnel; et elle a cela de commun avec l'amende plus forte qu'a établie la loi du 3 fructidor an 3, contre tout dépositaire refusant de remettre le dépôt qui lui a été confié. Mais comme toute personne lésée par un délit a le choix d'en poursuivre la réparation par plainte ou par action privée, il est évident que le juge de paix, considéré comme tel, peut encore aujourd'hui, comme avant le code des délits et des peines, connaître civilement des demandes en restitution de titres, et même condamner le détenteur de mauvaise foi ou de mauvaise volonté aux dommages-intérêts résultant de son refus ou de son retard.

» Il n'est donc pas douteux, nous le répétons, que la demanderesse n'ait pu agir, comme elle l'a fait devant le juge de paix du canton de Pernes, tant pour la restitution de son billet de 900 francs, que pour le payement de ses gages.

» La même observation s'applique à ses papiers de famille, dont elle a prétendu que les héritiers Perrin se trouvaient pareillement détenteurs.

» Mais a-t-elle pu également se pourvoir devant ce juge pour se faire restituer la somme de 192 francs, les effets et les meubles qu'elle soutenait lui appartenir, et avoir laissés dans la maison de son ancien maître, lorsque les héritiers l'en avaient expulsée?

» Elle l'a pu, suivant elle, et parce que la loi investit le juge de paix du droit de connaître de *l'exécution des engagemens respectifs des maîtres et des domestiques ou gens de travail*, et parce que, dans les engagemens que le maître contracte envers le domestique qu'il prend à son service, entre nécessairement l'obligation de lui rendre, à sa sortie, les effets et l'argent dont ce dernier se trouvera alors propriétaire, et qui sont de nature à suivre sa personne.

» Mais est-ce bien là ce que la loi entend par *engagemens respectifs des maîtres et des domestiques*?

» Une chose bien certaine, c'est qu'en employant ces termes, l'assemblée constituante n'a entendu attribuer aux juges de paix que la connaissance des différends qui pourraient s'élever entre un maître et son domestique, à raison du temps pour lequel l'un aurait loué les services de l'autre.

» Vous savez qu'à la campagne, les domestiques et les gens de travail ne s'engagent pas indéfiniment, mais toujours pour un temps limité, et le plus communément pour un an, pour six mois, ou seulement pour un travail déterminé, tel qu'une moisson à recueillir, ou des semailles à faire.

» En s'engageant ainsi, ils contractent envers leur maître l'obligation de le servir pendant tout le temps convenu, comme le maître, de son côté, contracte envers eux l'obligation de les employer et de les salarier pendant tout ce temps.

» De là, l'art. 1 du tit. 17 de l'ordonnance de

Charles IX, du 4 février 1567, renouvelé par la déclaration de Henri III, du 21 novembre 1577, par une ordonnance du lieutenant de police de Paris, du 16 octobre 1720, et par un arrêt du parlement de Rouen, du 26 juin 1722, qui défend aux domestiques engagés à temps de quitter le service de leurs maîtres avant l'expiration de leurs engagemens, et qui interdit à toute personne de prendre à son service un domestique sortant d'une autre maison, s'il n'est porteur d'un congé.

» C'est à ces réglemens que se réfère la disposition de l'art. 10, du tit. 3 de la loi du 24 août 1790, sur laquelle s'appuie ici la demanderesse; et l'objet de cette disposition n'est que de rendre le tribunal de paix juge en première instance des dommages-intérêts qu'un maître et son domestique peuvent se demander respectivement, pour l'inexécution de l'obligation qu'ils ont contractée l'un envers l'autre, sur la durée du service loué par celui-ci à celui-là.

« Par ces considérations, nous estimons qu'il y a lieu de rejeter la requête de la demanderesse. »

Ainsi jugé le 22 frimaire an 9, au rapport de M. Gandon:

« Attendu que l'art. 10 du tit. 3 de la loi du 24 août 1790 ne donne aux juges de paix de compétence pour prononcer sur les engagemens respectifs des maîtres et des domestiques, qu'autant que ce qui est réclamé à titre de semblables engagemens tient nécessairement aux rapports de domesticité;

» Que, pour rendre un jugement conforme au principe qu'on vient d'énoncer, le tribunal civil du département de Vaucluse n'a eu besoin d'interpréter aucunes lois, mais seulement de les appliquer;

» Que le décret du 6 pluviôse an 2, fait pour assurer le recouvrement d'objets échappés aux scellés, est absolument étranger aux domestiques qui prétendent avoir porté chez leurs maîtres des objets de grande valeur. »

§. II. *La juridiction des juges de paix est-elle prorogeable?*

V. l'article *Prorogation de juridiction*.

§. III. *Les juges de paix peuvent-ils connaître des dégradations commises par un usufruitier pendant sa jouissance, comme de celles que peut commettre un fermier pendant son bail?*

V. l'article *Usufruit*, §. 6.

§. IV. *Les tribunaux de première instance peuvent-ils prononcer des condamnations quelconques contre les juges de paix, pour les faits relatifs à leurs fonctions?*

Le procureur général expose qu'il est chargé

par le gouvernement de réquérir, pour excès de pouvoir et dans l'intérêt de la loi, l'annulation de deux jugemens du tribunal de première instance de Gênes.

» Voici les faits.

» En 1800, Jean Mora, domicilié à Campomarone, canton de Saint-Quilico, meurt à Gênes, pendant le blocus de cette ville, laissant un fils mineur, Joseph Mora, sous la puissance de son aïeul paternel.

» En 1808, l'aïeul paternel étant aussi décédé, un conseil de famille est convoqué à Gênes devant le sieur Pellegrini, juge de paix du quartier de la Madeleine; et par une délibération du 10 août de la même année, il confère la tutelle de Joseph Mora à sa mère engagée dans les liens d'un second mariage.

» Le 10 septembre suivant, l'aïeul paternel et deux oncles du mineur font assigner le sieur Pellegrini, juge de paix du quartier de la Madeleine, la tutrice et quelques membres du conseil de famille, devant le tribunal de première instance de Gênes, pour voir déclarer nulle la délibération du 10 août, attendu que Jean Mora n'étant décédé à Gênes que par suite d'une résidence accidentelle et momentanée, ce n'était pas devant le juge de paix du quartier de la Madeleine, mais bien devant celui du canton de Saint-Quilico, que le conseil de famille avait dû être convoqué pour nommer un tuteur à son fils.

» Le 28 octobre de la même année, jugement qui donne défaut contre le sieur Pellegrini, juge de paix du canton de la Madeleine, et quelques-uns des autres défendeurs, et le joint au fond pour y être statué par le jugement à rendre avec les défendeurs comparaissans.

» Le 12 juillet 1809, second jugement qui admet les demandeurs à la preuve des faits qu'ils ont articulés pour établir que Jean Mora était encore domicilié à Campomarone, à l'époque de son décès.

» Enfin, le 14 août 1810, troisième jugement qui, en déclarant nulle, d'après les enquêtes, la délibération du conseil de famille du 10 août 1808, condamne aux dépens tous les défendeurs, n'excepte de cette condamnation que la mère du mineur Joseph Mora, et par conséquent y comprend le sieur Pellegrini, juge de paix du quartier de la Madeleine, l'un des assignés défaillans.

» Le 27 mai 1811, ce jugement a été signifié au sieur Pellegrini en même temps qu'aux autres défendeurs; et le sieur Pellegrini, n'ayant pas cru devoir en appeler, il devient important, pour l'ordre public, que la cour annule elle-même ce jugement, ainsi que celui du 28 octobre 1808.

» En effet, ce n'était pas comme particulier, c'était comme juge de paix, que le sieur Pellegrini avait présidé à la délibération du conseil de famille qui avait conféré à la veuve de Jean Mora, la tutelle de son fils.

» Dès-lors, ce n'était point par une action ordi-

naire que le sieur Pellegrini pouvait être poursuivi pour avoir présidé à cette délibération : il ne pouvait l'être que par la prise à partie.

» Or, d'une part, il n'a été rempli, à l'égard du sieur Pellegrini, aucune des formalités requises, en matière de prise à partie, par les art. 510, 511 et 515 du code de procédure civile.

» De l'autre, le tribunal de première instance de Gênes n'était compétent ni pour permettre la prise à partie du sieur Pellegrini, ni pour la juger. *La prise à partie contre le juge de paix*, est-il dit dans l'art. 509 du code de procédure civile, *sera portée à la cour d'appel du ressort.*

» Ainsi, en matière de prise à partie, les juges de paix sont affranchis de la juridiction des tribunaux de première instance; et par conséquent les tribunaux de première instance excèdent leurs pouvoirs, toutes les fois que, soit en remplissant, soit sans avoir rempli préalablement les formalités requises pour la prise à partie, ils prononcent des condamnations personnelles contre des juges de paix, à raison des actes qu'ils ont faits dans l'exercice de leurs fonctions.

» Ce considéré, il plaise à la cour, vu l'art. 80 de la loi du 27 ventôse an 8; les art. 510, 511 et 515 du code de procédure civile, et l'art. 509 du même code, annuler, comme contenant excès de pouvoir, 1° la disposition du jugement du tribunal de première instance de Gênes, du 28 octobre 1808, qui donne défaut contre le sieur Pellegrini, juge de paix du quartier de la Madeleine de la même ville; 2° la disposition du jugement du même tribunal, du 14 août 1810, qui condamne le même juge de paix aux dépens; et ordonner qu'à la diligence de l'exposant, l'arrêt à intervenir sera imprimé et transcrit sur les registres du tribunal.

» Fait au parquet, le 27 juillet 1812. *Signé*, Merlin.

» Oui le rapport de M. le conseiller Brillat de Savarin.....;

» Vu l'art. 510 du code de procédure civile et l'art. 509 du même code......;

» Attendu que le sieur Pellegrini n'ayant paru à la délibération de la famille Mora, relative à la tutelle de Joseph, qu'en sa qualité de juge de paix, la citation qui lui a été donnée à ce sujet n'a pu être qu'une véritable prise à partie; qu'ainsi, il n'aurait pu être cité qu'en la cour d'appel, et après permission préalable; qu'ainsi, la citation qui lui a été donnée et la condamnation qui a suivi, est infectée d'une double nullité, en ce que le tribunal de première instance de Gênes était incompétent, et qu'en le supposant même compétent, il n'aurait été régulièrement saisi qu'autant qu'il aurait préalablement autorisé cette citation; d'où il suit que la loi a été violée;

» La cour, faisant droit sur le réquisitoire de M. le procureur-général, casse et annule, tant la citation du 19 septembre 1808, que les trois jugemens qui ont suivi; et ce dans l'intérêt de la loi....

» Prononcé à l'audience publique de la cour de cassation, section des requêtes, le 29 juillet 1812. »

§. V. *Autres questions sur les attributions et les devoirs des juges de paix.*

V. les articles *Complainte, Fermier,* §. 1; *Douanes,* §. 6; *Grains, Greffier, Huissier de justice de paix, Hiérarchie judiciaire, Injure* et *Taxe d'entretien des routes.*

KAYSERSBERG (statut de la dévolution de). *V.* l'article *Wissembourg*, n° 2.

LÉGATAIRE. §. I. *De l'hypothèque du Légataire sur les biens de l'héritier qui ont passé dans les mains d'un tiers-acquéreur.*

On a vu dans le *Répertoire de jurisprudence,* au mot *Légataire,* §. 6, que, dans les coutumes de nantissement, le tiers-détenteur des biens d'un défunt aliénés par l'héritier avec déshéritance de sa part et adhéritance au profit de l'acquéreur, ne pouvait pas être poursuivi en déclaration d'hypothèque par le légataire d'une somme d'argent; et les raisons qui y avaient fait établir cette jurisprudence, en nécessitaient, sous la loi du 11 brumaire an 7, l'extension à tout le territoire français, pour le cas où, conformément à cette loi, l'acquéreur qui avait acheté de l'héritier, avait fait transcrire son contrat au bureau des hypothèques, avant que le légataire eût fait inscrire son titre.

Mais n'en était-il pas autrement, lorsqu'il s'agissait d'un legs d'une somme de deniers subordonné à un autre legs consistant en immeubles, qui en était chargé par le testament?

Cette question s'est présentée au grand conseil de Malines en 1714. Voici le fait :

Le 23 mars 1655, la dame de la Chaux, domiciliée à Gand, a fait un testament, par lequel elle a légué au prince de Steenhuyse (qui n'était point son héritier *ab intestat*) la terre de Hesteert, régie par la coutume d'Audenarde. Après cette disposition, elle a ajouté : « Voulant que, venant ledit seigneur
» à posséder et jouir paisiblement de toute ladite
» terre et seigneurie de Hesteert, il sera tenu et
» obligé de fournir et payer, dès-lors en avant, sur
» ladite terre, à demoiselle Jeanne d'Ursel, ma petite
» nièce et bien-aimée filleule, une rente annuelle de
» 1000 florins par an, rédimible au denier 16. Et
» au cas que ledit seigneur vînt à rencontrer de
» l'opposition ou empêchement en cette mienne dis-
» position, de quel chef ou de quel côté que ce
» soit, mon intention est qu'en ce cas, ledit sei-
» gneur sera excusé du fournissement et payement
» de ladite rente au profit de ma petite nièce, et ce
» à la proportion que lui sera disputé ce mien légat
» de ladite terre d'Hesteert. »

Cette disposition a eu son effet. Le prince de Steenhuyse a joui de son legs et a payé à la demoiselle d'Ursel la rente de 1000 florins qui en était la charge.

À la mort du prince de Steenhuyse, ses affaires se sont trouvées en mauvais ordre et sa succession a été abandonnée. Question de savoir si la demoiselle d'Ursel avait hypothèque pour sa rente sur la terre d'Hesteert ?

On disait, pour la négative, que le droit commun des Pays-Bas avait abrogé toutes les hypothèques tacites du droit romain; qu'il n'importait que le legs de 1000 florins eût été une charge concomitante de celui de la terre d'Hesteert, parce que cette charge n'avait pas empêché que le prince de Steenhuyse ne devint propriétaire absolu de son legs; que cette propriété une fois fixée sur sa tête, la demoiselle d'Ursel n'avait pu avoir contre lui qu'une action personnelle; et que tout cela résultait du principe établi par les lois romaines, que le legs fait *sub modo* ne laisse pas d'être pur et simple (1).

Ces raisons l'emportèrent d'abord; et, par arrêt rendu le 6 décembre 1714, le grand conseil de Malines débouta la demoiselle d'Ursel de sa demande en collocation par ordre d'hypothèque sur les deniers provenant de la terre d'Hesteert.

Mais la demoiselle d'Ursel s'étant pourvue en révision, il est intervenu, le 16 septembre 1718, un autre arrêt par lequel le premier a été redressé, et la légataire colloquée en ordre d'hypothèque, à compter du jour de la mort de la testatrice.

Le président de Coloma, qui rapporte cet arrêt, à la date du jour où il a été rendu, ne cache pas qu'il a opiné, dans la révision, contre la demoiselle d'Ursel. *Mais la plupart des juges,* dit-il, *inclinèrent pour elle.* Ils se fondaient sur la loi 1, C. *communia de legatis,* qui donne tout à la fois l'action réelle et l'action hypothécaire à celui au profit duquel le testateur a chargé un légataire d'un legs subordonné au sien; ils ajoutaient que la coutume d'Audenarde accordant l'action réelle aux légataires, après qu'ils ont obtenu délivrance de l'héritier, on devait croire, par parité de raison, qu'elle leur donnait également l'action hypothécaire; « enfin, » que la rente en question était une rente réserva-
» trice, si point *specificè,* du moins *genericè,* et
» une charge inhérente et concomitante du legs de
» la terre d'Hesteert, sur laquelle elle avait été as-
» signée, selon la doctrine de Wamès, cent. 4,
» cons. 34; de Mean, sur la coutume de Liège,
» tom. 2, observ. 142; de Loyseau, *du déguerpis-
» sement,* liv. 4, chap. 5, n°^{os} 18 et 19. »

Au surplus, *V.* l'article *Séparation des patrimoines,* §. 1.

---

(1) *V.* le *Répertoire de Jurisprudence,* à l'article *Mode.*

§. II. *En cas de contestation sur la validité du testament, la provision est-elle due à l'héritier ou au légataire ?*

Sur cette question (que j'ai déjà traitée dans le *Répertoire de jurisprudence*, au mot *Légataire*, §. 6), la coutume de Lorraine nous offrait, avant le code civil, une disposition expresse : « Si le testament » (disait-elle, tit. 11, art. 18) en tout est impugné et » débattu de nullité, pendant le procès entre l'hé- » ritier et le légataire, l'héritier demeure saisi des » biens de l'hoirie, en donnant bonne et suffisante » caution de satisfaire aux legs et charges du testa- » ment. »

Mais voulons-nous avoir sur toute cette matière une règle générale et fixe? Écoutons les lois romaines.

Elles nous disent que, si l'héritier légitime attaque le testament par un vice de forme *extérieure*, le juge sera le maître d'accorder la possession provisoire, soit à l'héritier légitime, soit à l'héritier institué, selon que le droit de l'un ou de l'autre lui paraîtra le plus apparent (1).

Mais elles nous disent aussi que, s'il n'y a pas un vice de forme apparent, si le testament paraît revêtu de toutes les solennités extérieures, si l'héritier légitime ne l'attaque que par la prétérition, l'incapacité, ou quelque autre vice intrinsèque, le juge alors n'est plus le maître, la loi lui commande d'ordonner l'exécution provisoire du testament, de mettre provisoirement l'héritier institué en possession de l'hérédité (2).

Le bon sens indique le motif de cette distinction. Lorsqu'on attaque un testament par un vice de forme extrinsèque, la volonté du testateur est incertaine, puisqu'il est incertain si l'on a observé les formalités qui peuvent seules constater cette volonté aux yeux de la loi. C'est pour cela que la loi, au lieu d'ordonner aux juges d'accorder la possession provisoire à l'héritier institué, le laisse maître de l'accorder, soit à l'héritier institué, soit à l'héritier légitime, suivant que le vice de forme est plus ou moins apparent.

Mais quand il n'y a aucun vice de forme extérieure dans le testament, la volonté du testateur est

légalement certaine. La loi n'en demande pas davantage pour l'exécution provisoire du testament, *disponat testator et erit lex*. On a beau alléguer alors des incapacités : la loi veut que le juge s'en tienne provisoirement au titre, en attendant qu'on examine si le testateur ou l'héritier sont incapables, l'un de tester, l'autre de recueillir. La raison en est qu'il y a une volonté certaine, et qu'il n'y a qu'une incapacité alléguée; que l'incapacité de tester ou de recueillir n'est pas une qualité naturelle à l'homme; que c'est une qualité accidentelle qui, par conséquent, ne peut être présumée; qu'on doit donc supposer que le testateur a eu la faculté de tester, et que l'héritier a la faculté de recueillir, jusqu'à ce qu'on ait rapporté une preuve claire et indubitable de l'incapacité de l'un ou de l'autre.

§. III. *En quel cas le légataire était-il tenu, avant le code civil, d'acquitter la dette hypothéquée sur le fonds qui composait son legs, sans aucun recours contre l'héritier ?*

J'ai remarqué deux de ces cas dans le *Répertoire de jurisprudence*, au mot *Légataire*, §. 7, art. 2.

Il y en avait, avant l'abolition des coutumes de nantissement, un troisième qui ne pouvait cependant se présenter que dans le très-petit nombre de celles où les rentes hypothéquées par dessaisine et saisine, tenaient nature du fonds sur lequel l'hypothèque était assise (1).

Ceci s'éclaircira par une espèce que nous trouvons dans les arrêts du conseil souverain de Brabant, recueillis par le président Wynantz, §. 181.

Titius achète un domaine; il paye la moitié du prix, et retient le surplus à titre de constitution de rente. Le contrat est réalisé par *œuvres de loi*, suivant la forme usitée dans les Pays-Bas. Quelque temps après, Titius fait un testament : il ordonne le partage de ses biens entre son frère et sa sœur, ses seuls héritiers présomptifs; mais il lègue au premier, hors part et à titre de préciput, le domaine qu'il avait acheté.

Après sa mort, question de savoir si la rente constituée par le contrat d'acquisition est à la charge du frère seulement, ou si la sœur doit en supporter la moitié?

On dit, en faveur du frère, que le défunt n'ignorait pas l'hypothèque dont sa terre était grevée pour la rente, et qu'en pareil cas les lois romaines obligent l'héritier de décharger le légataire.

La sœur répond que la disposition de ces lois ne doit être admise que pour les dettes une fois payées; qu'elle n'est susceptible d'aucune application aux rentes, et que telle est la doctrine de Vinnius, sur les Institutes, §. 5, *de legatis*; de Tulden, sur le

---

(1) *Si cancellatum, vel abolitum, vel ex quâcumque suæ formæ parte viciatum appareat, si in primâ figurâ sine omni vituperatione non appareat, vel depositionibus testium legitimi numeri vallatum non sit, et contradictor extiterit.... ; ei possessio acquiratur qui potiora ex legitimis modis jura ostenderit.* Loi 3, C. *de edicto divi Adriani tollendo.*

(2) *Quamvis quis se filium defuncti præteritum esse alleget, aut falsum vel inofficiosum testamentum, vel servus defunctus esse dicatur, tamen scriptus heres in possessionem mitti solet.* Loi 2, C. même titre.

---

(1) *V.* le *Répertoire de Jurisprudence*, aux mots *Rente constituée*, §. 11.

code, titre de *legatis*, n° 8, et de Mudœus, Traité de *pignoribus*, n°ˢ 2 et 3.

Le frère réplique que cette doctrine est vraie quant aux rentes purement foncières et irrédimibles, mais qu'elle ne peut pas être étendue aux rentes constituées à prix d'argent. Il cite, pour garant de cette distinction, Wesel sur les ordonnances d'Utrecht, art. 20, n° 42; Voët, sur le digeste, titre de *legatis*, n° 27, et Barry, de *successionibus*, titre de *legatis* 4, liv. 9, n° 11.

Sur le rapport du procès, dit le président Wynantz, nous avons tous pensé, le 29 mai 1716, que, suivant les mœurs du Brabant (et il en faut dire autant des autres coutumes qui ont, à cet égard, le même esprit), l'héritier n'est pas tenu de décharger le légataire d'une rente hypothéquée sur le bien légué, quoique le testateur n'ait pas ignoré cette hypothèque.

En effet, continue le président Wynantz, il n'en est pas de nos rentes comme de celles de la plupart des autres pays. Dès qu'elles sont munies d'une hypothèque, nous les regardons comme réelles; elles prennent la nature du fonds hypothéqué. Si ce fonds est un fief, on les répute féodales. S'il est tenu en roture, elles suivent les lois des biens roturiers. Lorsqu'il est question de les partager en succession, c'est à la coutume du lieu où ce même fonds est situé qu'on s'attache uniquement. On les saisit réellement; on les décrète avec les mêmes solennités que s'il s'agissait du décret d'un héritage. En un mot, nous ne mettons aucune différence entre ces rentes et celles qui sont purement foncières.

D'après cela (c'est toujours Wynantz qui parle), quelle application peut avoir, à nos rentes constituées, la doctrine de Wesel, de Voët, de Barry, et de tous les auteurs qui, comme eux, ont écrit pour ces coutumes où l'hypothèque ne fait pas perdre aux rentes leur personnalité?

C'est ainsi, conclut le magistrat cité, qu'ont raisonné tous les juges : *Ità omnium calculo tractatum.*

§. IV. *Avant le code civil, le légataire universel était-il, comme l'héritier pur et simple, tenu indéfiniment des dettes et obligations du défunt? Etait-il, comme l'héritier pur et simple, soumis à la règle,* QUEM DE EVICTIONE TENET ACTIO, EUNDEM AGENTEM REPELLIT EXCEPTIO?

V. le plaidoyer et l'arrêt du 1ᵉʳ germinal an 11, rapportés à l'article *Requête civile*, §. 7.

§. V. 1° *Des domestiques sont-ils capables de legs universels de la part de leur maître?*

2° *Le legs universel fait par un maître au profit de ses domestiques, est-il réductible?*

3° *La disposition par laquelle un testateur lègue l'universalité de ses biens à trois*

personnes, pour être partagée entre elles par tiers, forme-t-elle un legs universel?

4° *Ce legs est-il sujet à délivrance de la part de l'héritier* ab intestat, *lorsque cet héritier n'est pas du nombre de ceux à qui la loi accorde une réserve?*

5° *Le concours des conditions requises pour qu'il y ait lieu au droit d'accroissement entre les co-légataires, est-il nécessaire pour que le legs de l'universalité des biens à plusieurs personnes, soit réputé universel?*

V. le plaidoyer et l'arrêt du 18 octobre 1809, rapportés au mot *Testament*, §. 12.

§. VI. *Dans le concours du légataire universel de la personne qui eût succédé à un émigré, à l'époque de son émigration, s'il n'y avait pas eu de confiscation, et de l'héritier légitime de cette personne, à qui est due la préférence pour les biens dont la remise est ordonnée par l'art. 2 de la loi du 5 décembre 1814?*

V. l'article *Héritier*, §. 6.

§ VII. *Autres questions sur cette matière.*

V. les articles *Legs, Testament, Avantages entre époux*, §. 9; *Héritier, Institution d'héritier, Légitime*, §. 2; *Payement*, §. 3; *Paternité* et *Testament.*

LÉGITIMATION. Le mariage subséquent n'a pas, dans tous les pays, l'effet de légitimer les enfans naturels que les époux ont eus l'un de l'autre avant de le contracter; il ne l'a pas notamment en Angleterre, comme on l'a vu dans le *Répertoire de Jurisprudence*, au mot *Légitimation*, sect. 1, §. 2, n° 7; et de là naissent des *questions mixtes* d'une haute importance.

§. I. 1° *Quel est en France, l'état d'un enfant naturel né en Angleterre, d'un Anglais et d'une Anglaise qui se sont mariés dans leur patrie après sa naissance?*

2° *Quel serait, en France, l'état de cet enfant, s'il était né, non en Angleterre, mais en France même?*

I. La loi qui refuse au mariage subséquent l'effet de légitimer les enfans naturels, est certainement, comme la loi qui lui attribue cet effet, un statut personnel. Or, c'est une vérité généralement reconnue que les statuts personnels suivent partout les individus dont ils règlent l'état; et c'est d'après ce principe que l'art. 3 du code civil déclare que « les lois concernant l'état et la capacité des personnes suivent les Français, même résidant en

» pays étranger (1) Il est donc bien impossible que l'on considère en France comme légitimé, l'enfant naturel d'un Anglais et d'une Anglaise qui, après lui avoir donné le jour en Angleterre, s'y sont mariés; et c'est ce que décide positivement Boullenois, dans son *Traité des statuts réels et personnels*, tome premier, page 62 : « Si, par les lois » d'un royaume (dit-il), un homme né bâtard est » légitimé par un mariage subséquent, ou au con- » traire, si, par les lois du royaume, tel mariage » subséquent ne légitime pas comme en Angleterre, » je suis persuadé que le Français légitimé de cette » manière, doit être regardé comme légitime par- » tout, même en Angleterre, et que le bâtard an- » glais non légitimé en Angleterre par le mariage, » doit être tenu pour bâtard, même en France. »

II. Il importerait peu qu'un enfant naturel dont les père et mère anglais se seraient mariés en Angleterre après lui avoir donné le jour, fût né en France: cela ne changerait rien à son état.

De deux choses l'une, en effet : ou cet enfant serait encore mineur au moment où ses père et mère se marieraient en Angleterre; ou il serait alors majeur, et il aurait fait tout ce qu'il faudrait, aux termes de l'art. 9 du code civil, pour devenir Français.

Au premier cas, il serait encore Anglais, et par conséquent incapable, comme tel, d'être légitimé par le mariage de ses père et mère.

Au second cas, il serait sans doute, comme Français, capable de légitimation; mais il n'en serait pas plus avancé; car, de même que, pour qu'il y ait donation, il faut le concours de la capacité de donner dans la personne du donateur, avec la capacité de recevoir dans la personne du donataire; de même aussi pour qu'il y ait légitimation par mariage subséquent, il ne suffit pas que l'enfant naturel soit capable d'être légitimé, il faut de plus que ses père et mère soient capables de lui procurer, par leur mariage, le bienfait de la légitimation.

§. II. 1° *Quel est, en France, l'état de l'enfant naturel d'un Français et d'une Française qui se sont mariés en Angleterre après sa naissance?*

2° *Quel est, en France, l'état de l'enfant naturel d'un Anglais et d'une Anglaise qui, après lui avoir donné le jour, se sont mariés en France?*

I. Ces deux questions, qui n'en font véritablement qu'une, doivent se résoudre par les mêmes principes respectivement appliqués en sens inverse. Les père et mère français s'étaient-ils fait naturaliser en Angleterre avant de s'y marier? Nul

doute que leur mariage n'ait laissé leur enfant naturel dans l'état où sa naissance l'avait placé, et que cet enfant ne reste illégitime.

Et au contraire, les père et mère anglais, avant de se marier en France, y avaient-ils obtenu, et leur enfant y avait-il obtenu comme eux, des lettres de naturalisation? Nul doute que leur enfant n'ait été légitimé par leur mariage, pourvu que la célébration en ait été précédée ou accompagnée, conformément à l'art. 331 du code civil, d'une reconnaissance authentique de cet enfant.

Écoutons ce qu'écrivait là-dessus Boullenois, avant le code civil, à l'endroit cité : « Si, depuis la nais- » sance de l'enfant né en Angleterre de père et » mère anglais, les père et mère s'étaient fait na- » turaliser en France, eux et leur enfant, et qu'ils » eussent depuis contracté mariage, faudrait-il dès- » lors regarder cet enfant comme légitime par le » mariage subséquent ? J'estimerais l'affirmative. » Ma raison est que, dès que les père et mère et » leur enfant ont été naturalisés, ils sont rendus par- » ticipans de tous les droits ordinaires et du droit » commun de la nation. Or, la légitimation *per sub-* » *sequens matrimonium*, introduite par l'empereur » Constantin, confirmée par Justinien, autorisée » par le droit canonique, est un droit admis dans » nos mœurs par la jurisprudence des arrêts dont » les étrangers naturalisés doivent jouir ainsi que » tous les autres sujets du roi. »

Le même auteur ajoutait : « Ce que j'estimerais » encore, dans le cas où le mariage aurait été con- » tracté en Angleterre, si les père et mère se font » naturaliser en France avec leur enfant. »

Mais qu'entendait-il par-là? il avait parfaitement raison, s'il voulait dire qu'une fois les père et mère anglais naturalisés en France avec leur enfant, leur mariage, en quelque lieu qu'ils le célébrassent, fût-ce même en Angleterre, conférerait à leur enfant les avantages de la légitimation; et c'est ce que j'établirai dans un instant, n° 2.

Mais s'il voulait dire que les lettres de naturalisation obtenues en France par les père et mère anglais, après la célébration de leur mariage en Angleterre, emportaient rétroactivement la légitimation de leur enfant, même naturalisé avec eux, il était complétement dans l'erreur.

En effet, une ordonnance de naturalisation a sans doute l'autorité d'une loi, ou plutôt c'est une loi spéciale dont la confection est réservée au roi par la constitution de l'État; elle est donc soumise, comme les lois proprement dites, au grand principe écrit dans la loi 7, C. *de legibus*, que *leges et constitutiones principuos futuris certum est dare formam negotiis, non ad facta præterita revocari*.

D'ailleurs, la naturalisation n'est qu'un changement d'état, et il est universellement reconnu que les actes de l'autorité publique qui changent l'état des personnes, ne le changent que pour l'avenir,

---

(1) *V.* le *Répertoire de Jurisprudence*, au mot *Loi*, §. 6, n° 6.

et que les changemens qu'ils y apportent, sont sans effet pour tout ce qui les a précédés (1).

II. Que devrait-on décider à l'égard du mariage contracté en Angleterre par des père et mère français, sans naturalisation préalable dans ce pays, et du mariage contracté en France par des père et mère anglais, sans naturalisation préalable dans ce royaume?

S'il fallait en croire Hertius, dans son Traité *de collisione legum*, §. 14, ce serait la loi du lieu où le mariage a été célébré, qui devrait régler par tout l'état de l'enfant; en sorte que le mariage contracté en Angleterre par des père et mère français, ne légitimerait pas leur enfant, non-seulement à l'effet de succéder aux biens qu'ils laisseraient sous la domination anglaise, mais même à l'effet de succéder aux biens qu'ils laisseraient en France; et qu'au contraire, le mariage contracté en France par les père et mère anglais d'un enfant naturel, légitimerait celui-ci, même à l'effet de succéder aux biens qu'ils laisseraient en Angleterre. Telle est évidemment sa pensée, lorsqu'il dit : *In Angliâ legitimationi per subsequens matrimonium locus non est : quæstio est igitur an filius quem pater antè legitimum connubium in Angliâ genuerat, succedere possit patri huic naturali in bonis extra Angliam sitis? Affirmatum hoc in auditorio parisiensi apud* Lucien Soefve, nouveau recueil de plusieurs questions notables, tome 2, cent. 4, chap. 20. *Rectiùs negatur, nisi lex alterius populi etiam illegitimos ad successionem admittat; neque enim lex illa Anglorum pugnat cum æquitate naturali*.

Je dis que telle est la pensée de cet auteur en s'exprimant ainsi; car l'arrêt du parlement de Paris, qu'il cite d'après Soefve, juge positivement, comme on le verra tout à l'heure, que l'enfant naturel d'un français et d'une française, qui s'étaient retirés en Angleterre sans s'y faire naturaliser, avait été légitimé par le mariage qu'ils y avaient contracté, et qu'il devait en conséquence succéder aux biens que l'un d'eux avait laissés en France; et comme il improuve cet arrêt, comme il soutient que la décision n'en serait exacte qu'autant que la loi française eût admis les bâtards à succéder, il est clair que, dans son opinion, l'on ne doit, pour juger si le mariage subséquent légitime les enfans naturels, consulter que la loi du lieu de la célébration, n'importe que ce lieu soit ou ne soit pas la patrie des père et mère.

Mais cette opinion est-elle bien réfléchie? Distinguons trois cas :

Ou les père et mère qui se sont mariés dans un pays étranger n'y avaient précédemment acquis qu'une résidence suffisante pour y être admis à y contracter mariage, sans que rien manifestât de

leur part l'intention d'y prendre une demeure permanente;

On avant de se marier dans ce pays, ils y avaient formé un établissement qui avait tous les caractères d'un véritable domicile, et qui néanmoins n'était pas accompagné de circonstances d'après lesquelles on pût supposer qu'ils avaient perdu tout esprit de retour dans leur patrie;

Ou enfin, avant de se marier dans ce pays, ils avaient renoncé au leur.

Dans le premier cas, la loi du pays où ils se sont mariés a dû, sans doute, comme le décide expressément l'art. 170 du code civil, régler la forme de la célébration de leur mariage; mais elle n'a eu ni pu avoir aucune influence non-seulement comme il résulte du même article, sur leur capacité ou incapacité de se marier, mais encore sur les effets purement conventionnels de leur mariage (1), et, à plus forte raison, sur leur capacité ou incapacité de légitimer leur enfant naturel.

Au second cas, la loi du pays où le mariage a été contracté est encore impuissante pour en déterminer l'effet quant à la légitimation ou non-légitimation des enfans naturels des deux époux, parce que la capacité ou l'incapacité de ceux-ci de les légitimer en se mariant ne pourrait, d'après les anciens principes consacrés par l'art. 3 du code civil, dépendre que de la loi de leur patrie.

C'est sur ce fondement que Boullenois, après avoir dit à l'endroit cité plus haut, §. 1, que « le bâtard anglais non légitimé en Angleterre par le mariage subséquent de ses père et mère, doit être tenu pour bâtard, même en France, » ajoutait : « J'applique » cette décision à un enfant anglais, né en Angle- » terre d'un concubinage, et dont les père et mère » anglais seraient venus demeurer en France, et y » auraient été mariés sans s'y être fait naturaliser, » parce qu'étant véritablement étrangers, et comme » tels soumis aux lois d'Angleterre, leur enfant ne » peut pas être; suivant ces lois, bâtard en Angle- » terre de naissance, et être regardé comme légi- » time en France, parce qu'il porte l'état et la con- » dition dont il est par les lois de sa nation. »

Et l'on sent que, dès qu'il en est ainsi du mariage contracté en France par des père et mère anglais qui y sont domiciliés, on doit, par la raison contraire, attribuer au mariage contracté en Angleterre par des père et mère français, après y avoir établi leur domicile, l'effet de légitimer leur enfant naturel; et c'est ce qu'a jugé l'arrêt du parlement de Paris, dont on a vu plus haut Hertius faire la critique. Voici en quels termes il est rapporté par Soefve :

« Jugé en l'audience de la grand'chambre, par » arrêt du jeudi 21 juin 1668, qu'un Français et » une Française de nation, ayant passé de France

_____

(1) V. le *Répertoire de Jurisprudence*, aux mots *Effet rétroactif*, sect. 3, §. 2, art. 9.

(1) V. le *Répertoire de Jurisprudence*, aux mots *Conventions matrimoniales*, §. 2.

» en Angleterre, s'y étant mariés suivant les lois
» d'Angleterre, après avoir vécu ensemble dans le
» désordre, même changé de religion, et y avoir
» demeuré pendant plus de vingt années, jusque-là
» même que le mari y serait décédé, et y aurait
» choisi une sépulture par un testament par lui fait
» quelque temps auparavant sa mort; il n'y avait
» pas lieu de prétendre que les enfans nés de ces deux
» personnes auparavant leur mariage, fussent inca-
» pables de recueillir les biens à eux échus en France
» par le décès de leur père, soit comme aubains et
» étrangers, soit comme enfans naturels ou bâtards,
» et non légitimés par le mariage subséquent de
» leurs père et mère, qui était la principale diffi-
» culté de la cause, attendu la loi d'Angleterre, qui
» ne veut pas que des enfans bâtards puissent être
» légitimés par un mariage subséquent; au moyen
» de quoi l'on jugea que cette loi ne pouvait pas pro-
» duire son effet à l'égard des biens situés en France,
» et que le mariage étant bon partout, lorsqu'il est
» accompagné de toutes les formalités requises dans
» le lieu où il a été contracté, particulièrement en-
» tre personnes majeures, il doit produire ses effets
» partout où les conjoints peuvent avoir des biens;
» en telle sorte que, par le susdit arrêt, la cour,
» mettant l'appellation et ce dont avait été appelé
» au néant, en émendant, évoquant le principal et
» y faisant droit, maintint et garda l'appelant, qui
» était l'un desdits enfans (1), en la possession et
» jouissance des biens délaissés en France par son
» père, sur lesquels il fut dit que sa veuve, qui était
» intervenante en la cause, serait préalablement
» payée de son douaire suivant son contrat de ma-
» riage, et les intimés, qui étaient les héritiers col-
» latéraux, condamnés aux dépens: l'arrêt donné
» conformément aux conclusions de M. l'avocat-
» général Bignon; plaidant de La Moignon pour
» l'appelant, Riparfons pour l'intervenante, et Gi-
» rard pour les intimés. »

- Pour bien entendre l'espèce de cet arrêt, il faut
rapprocher du compte qu'en rend ici Soefve, celui
qu'en contient le *Journal des audiences du parlement de Paris* (tome 2, liv. 7, chap. 17, édition
de 1733), et duquel il résulte:

Que Henri de Conty-Duquesnoy, originaire de
Picardie, avait eu de Jeanne Peronne Dumay,
pendant qu'il demeurait en France, un enfant naturel nommé Christophe;

Qu'il s'était retiré avec elle en Angleterre, où il
l'avait épousée;

Mais qu'ils n'avaient perdu ni l'un ni l'autre l'esprit de retour en France; que le mari l'avait prouvé
notamment par plusieurs voyages qu'il y avait faits,

par la conservation des biens qu'il y possédait, et
par son testament qui contenait, en faveur de son
fils, une institution d'héritier, de laquelle il ne pouvait considérer son fils comme capable de recueillir
l'effet qu'autant qu'il se fût marié suivant les lois
françaises.

Ainsi il est clair que, par l'arrêt dont il s'agit, il
a été jugé que le mariage contracté en Angleterre
par un Français et une Française qui y ont établi
leur domicile avec esprit de retour en France, légitime leur enfant naturel, et le rend habile à succéder aux biens qu'ils laissent dans leur patrie (1).

_____

(1) Boullenois prête à cet arrêt une décision toute
différente; parce qu'il en défigure les circonstances.
Voici ses termes:

« Que, si un enfant était né en Angleterre de père
» et mère français, et d'un concubinage qu'ils au-
» raient eu en Angleterre, et que ses père et mère
» s'y fussent mariés par la suite, et y fussent décé-
» dés, si cet enfant, depuis même le décès de ses
» père et mère, venait demeurer en France, et y
» réclamer leurs biens comme leur héritier, il serait
» difficile de ne pas l'admettre, à l'exclusion des col-
» latéraux, en prenant des lettres de naturalisation.
» C'est l'espèce de l'arrêt du 21 juin 1668, rapporté
» par Soefve, parce que cet enfant rentrant dans le
» sein de la nation, en étant rendu citoyen, et les
» père et mère, originaires français, ayant contracté
» un mariage valable, et revêtu de ses formes, il
» n'est plus question que d'en appliquer l'effet ici en
» France, où le mariage subséquent opère la légiti-
» mation, laquelle application me paraît favorable
» pour l'enfant originaire de France, et devenu sujet
» dans le royaume. »

Ainsi, suivant cet auteur, l'enfant de Henri Conty-
Duquesnoy était né en Angleterre; il y était né étranger à la France, parce que son père et mère avaient
cessé d'être français au moment de sa naissance, et
il n'avait lui-même acquis la qualité de français que
par les lettres de naturalisation qu'ils auraient obtenues
en France après leur mort; et par conséquent l'arrêt
du 21 juin 1668 a jugé que sa naturalisation, quoique
postérieure à l'ouverture de la succession de son père,
l'avait habilité à la recueillir au préjudice des héri-
tiers-collatéraux qui en avaient été saisis légalement
dès l'instant où elle avait été ouverte.

Il y a évidemment dans tout cela autant d'erreurs
de fait et de droit que de mots.

1°. Ce n'était pas en Angleterre, mais en France,
qu'était né Christophe de Conty-Duquesnoy;

2°. Il n'avait pas obtenu de lettres de naturalisation en France après la mort de son père, et il n'en
avait pas besoin, parce qu'ayant acquis, par sa naissance, la qualité de Français, il n'eût pas pu la perdre
par la déchéance que son père eût encourue de cette
qualité;

3°. Son père n'avait pas même perdu cette qualité
par son établissement en Angleterre, puisqu'il avait
conservé l'esprit de retour en France;

4°. Il l'avait encore moins perdu par le seul fait
de la célébration de son mariage en Angleterre,

_____

(1) Il y a ici, de la part de Soefve, une légère
inexactitude: *l'appelant* était le seul enfant du Français et de la Française dont il s'agit. Cela résulte du
Journal des audiences, à l'endroit qui va être indiqué.

Dans le troisième cas, ce serait encore la même chose, parce qu'en cessant d'être français, les père et mère de l'enfant naturel ne seraient pas devenus anglais, et que par conséquent la loi anglaise n'aurait pas pu agir sur leur mariage, ni en régler les effets civils, parce que, dès lors, ils auraient conservé la capacité de légitimer leur enfant naturel par un mariage subséquent (1).

§. III. *Quel est l'état de l'enfant naturel d'un écossais et d'une anglaise, qui, après lui avoir donné le jour, se sont mariés en Écosse?*

Cette question m'a été proposée par un mémoire à consulter, daté d'Édimbourg, le 14 mars 1826, et dont voici la traduction littérale :

« En Écosse, la légitimation par mariage subséquent est admise; elle ne l'est pas en Angleterre.

» Jules, écossais, après avoir recueilli en Écosse une riche succession, quitta sa patrie fort jeune encore, et demeura pendant quarante ans en Angleterre.

» Là, et pendant tout ce temps, il fit un grand commerce, et il n'est pas permis de douter, soit d'après les lois anglaises, soit d'après la jurisprudence écossaise, consacrée par les décisions de la cour suprême des deux nations, qu'il n'y eût acquis un véritable domicile.

» Là aussi il eut d'une femme anglaise un enfant naturel.

» Dans la suite, il vint en Écosse, et y épousa la mère de son enfant; mais après y avoir séjourné trois mois, il retourna en Angleterre avec son enfant et sa femme, et y mourut.

» On demande si cet enfant, né en Angleterre, a été légitimé par le mariage subséquent que ses père et mère ont contracté en Écosse.

» Vous êtes prié de donner votre avis sur cette question, de l'appuyer de tous les développemens dont il sera susceptible, de citer les arrêts qui peu-

après s'y être établi, puisqu'à cette époque, n'existait pas encore l'édit du mois d'août 1669, qui défendait à tout Français *de sortir du royaume pour aller s'établir, sans la permission du roi, dans les pays étrangers*, PAR MARIAGE, *acquisition d'immeubles*, etc. *;

5°. Enfin, si, à la mort de son père, il eût été véritablement étranger à la France, et, comme tel, incapable d'y succéder, les lettres de naturalisation qu'il eût obtenues depuis, n'auraient pu effacer rétroactivement de sa personne, ni le vice de sa pérégrinité, ni l'incapacité de succéder, qui, suivant la législation d'alors, en eût été la conséquence.

(1) *V.* le *Répertoire de Jurisprudence*, au mot *Étranger*, n° 10.

* *Ibid.*, au mot *Émigration*, §. 1.

vent avoir prononcé en France sur des cas analogues, et surtout de vous expliquer sur le mérite des principes enseignés, sur cette matière, par Bouillenois, dans son *Traité de la Personnalité et de la réalité des lois*, à l'article qui a pour titre : *Statuts de la légitimité de la naissance*, tome 1, pages 62 et 63. »

Avant de répondre à ce mémoire, et pour me mettre à portée de le faire d'une manière positive, sans me livrer à des détails hypothétiques qui auraient pu être sans objet, j'ai cru devoir demander que l'on me fixât sur deux points importans, l'un de droit, l'autre de fait.

Dans le droit, ai-je dit, de quelle nature est l'union de l'Écosse avec l'Angleterre? En résulte-t-il qu'un écossais devient anglais de plein droit, par le seul effet de la translation de son domicile en Angleterre, et qu'un anglais devient écossais de plein droit, par le seul effet de la translation de son domicile en Écosse, comme en France, un normand devient de plein droit parisien, par cela seul qu'il transporte son domicile de Rouen à Paris? Ou bien un écossais ne peut-il devenir régnicole en Angleterre que par des lettres de naturalisation obtenues dans ce royaume; et réciproquement, faut-il des lettres de naturalisation en Écosse, pour qu'un anglais y puisse acquérir la qualité d'écossais ?

Dans le fait, Jules, en se mariant en Écosse, y avait-il repris son domicile d'origine, ou, au contraire, n'avait-il eu l'intention que d'y séjourner passagèrement, et à l'effet seulement de pouvoir y contracter mariage ?

Les éclaircissemens que j'avais demandés sur ces deux points ne m'ont pas été envoyés, et en conséquence je ne me suis plus occupé du mémoire à consulter.

Mais j'y reviens aujourd'hui; et en raisonnant, ce que je voulais éviter en 1826, sur une simple hypothèse, je commence par dire que, si, par l'effet de l'union du royaume d'Écosse avec le royaume d'Angleterre, un anglais ne devient pas écossais par cela seul qu'il transfère son domicile d'Angleterre en Écosse, l'enfant dont il s'agit n'avait pas été légitimé par le mariage subséquent contracté en Écosse par ses père et mère.

En effet, il était né non-seulement en Angleterre, mais encore d'une femme anglaise; il était donc anglais : car, sans doute, les enfans naturels suivent, dans la Grande-Bretagne comme en France, la condition de leur mère. Or, on a vu plus haut, §. 1, n° 2, et §. 2, n° 1, qu'un enfant naturel anglais est incapable, tant qu'il appartient à la nation anglaise, d'être légitimé par le mariage subséquent des auteurs de ses jours, en quelque lieu que ce mariage soit célébré.

Mais j'ajoute que, dans l'hypothèse contraire, c'est-à-dire, dans la supposition qu'un anglais devienne écossais par la seule translation de son domicile d'Angleterre en Écosse, l'incapacité de cet enfant aurait cessé, si, devenu majeur, il eût acquis en Écosse un véritable domicile, ou même si, pendant sa minorité, sa mère, non encore mariée, eût transféré son domicile dans ce pays.

» En effet, dans cette hypothèse, la loi anglaise et la loi écossaise, concernant l'état et la capacité des personnes, seraient, respectivement l'une à l'autre, ce qu'étaient en France, avant le code civil, respectivement les unes aux autres, les différentes lois et coutumes qui y réglaient les mêmes objets. Or, il est certain qu'avant le code civil, l'état et la capacité des personnes changeaient en France avec leur domicile. Ainsi, comme je l'ai prouvé dans le *Répertoire de Jurisprudence*, aux mots *Effet rétroactif*, sect. 3, §. 2, art. 5, n° 2, la femme mariée, dans une coutume qui la déclarait incapable de s'obliger sans l'autorisation de son mari, en devenait capable par la translation que son mari faisait de son domicile dans un pays de droit écrit. Ainsi, comme je l'ai établi au même endroit, art. 8, l'enfant qui, par sa naissance dans la coutume de Senlis, était affranchi de la puissance paternelle, y était assujéti de plein droit par la translation que son père faisait, avant qu'il fût devenu majeur, de son domicile dans une province où la puissance paternelle avait lieu.

Et l'on conçoit très-bien que si, dès-là (dans l'hypothèse sur laquelle je raisonne), l'enfant né en Angleterre d'une femme anglaise, devient, par la translation de son domicile en Écosse, capable d'être légitimé par le mariage subséquent de ses père et mère, il est impossible que ses père et mère n'acquièrent pas, par la translation qu'ils font de leur propre domicile dans le même royaume, la capacité de le légitimer en s'y mariant, puisque, par cette translation, sa mère devient écossaise, comme son père redevient écossais.

Mais dans l'espèce qui était l'objet du mémoire à consulter, du 14 mars 1826, les père et mère de l'enfant naturel avaient-ils réellement transféré leur domicile en Écosse ?

Cette question, purement de fait, paraît devoir être résolue pour la négative, à raison de la brièveté du séjour qu'ils avaient fait en Écosse, et de la promptitude de leur retour en Angleterre après la célébration de leur mariage.

Il n'y aurait qu'un cas où l'on devrait en juger autrement ; ce serait celui où les nouveaux époux n'auraient pas quitté l'Écosse après s'y être mariés, et ne seraient retournés en Angleterre que par suite d'un événement imprévu au moment de leur mariage. Écoutons les auteurs du nouveau Denisart, aux mots *Domicile matrimonial*, §. 1, n° 3 :

« L'intention de s'établir en tel endroit, constitue seule le *domicile matrimonial*. Quand même, par événement, les époux n'y feraient aucun domicile réel, il n'en serait pas moins leur domicile matrimonial. Ceci a lieu.

» 1°. Lorsqu'il existe des preuves que le mari,

TOME V.

ayant eu intention, au moment de son mariage, de fixer son domicile en un endroit, a depuis changé d'intention pour s'établir dans un autre endroit. Un homme, par exemple, domicilié à Meaux, achète le 3 janvier une charge de conseiller au chatelet de Paris ; le 4, il loue une maison dans cette ville ; il passe son contrat de mariage, le 5, à Meaux, avec une demoiselle de la même ville, et se marie le 7. Le 8, il apprend la mort d'un oncle, avocat-général au parlement de Nancy ; le 10, il obtient l'agrément de cette dernière charge, et dès le 12, il emmène sa femme à Nancy, où il établit son domicile. Dans ces circonstances, quoique les deux époux n'aient fait aucun séjour à Paris, néanmoins cette ville sera le lieu de leur domicile matrimonial, parce qu'elle est le lieu où, avant leur mariage, ils avaient dessein de fixer leur établissement.

» 2° La ville de Paris serait pareillement le domicile matrimonial dans les mêmes circonstances, si l'un des deux époux était décédé le jour du mariage. »

Mais à défaut de circonstances analogues à celles dont parlent ces auteurs, on devrait présumer que les père et mère de l'enfant naturel ne s'étaient transportés en Ecosse et ne s'y étaient mariés que pour échapper à la loi de leur domicile en Angleterre ; et leur enfant ne serait pas plus légitimé qu'il ne l'eût été par le mariage qu'ils auraient contracté en Angleterre même.

LÉGITIME. §. I. *Dans le droit romain, le légitimaire était-il saisi de plein droit de la portion que la loi lui déférait ?*

J'ai prouvé dans le *Répertoire de jurisprudence*, au mot *Légitime*, sect. 10, n° 5, que le légitimaire n'était pas saisi de plein droit, et cela paraît incontestable quant à la *possession*.

En était-il de même quant à la *propriété ?* Il m'est échappé dans le §. 1 de la deuxième section de l'article cité, quelques expressions qui sembleraient le supposer. Mais dans la deuxième section, j'ai clairement distingué ces deux points qui, en effet, diffèrent singulièrement l'un de l'autre : j'y ai établi que le légitimaire ne pouvait pas intenter complainte avant d'avoir pris possession des biens assignés pour sa légitime ; mais qu'il pouvait intenter son action contre un tiers-acquéreur, même sans avoir préalablement discuté l'héritier ; ce qui prouve que la propriété lui était transmise de plein droit par l'ouverture de la succession qui lui devait une légitime. *V.* ci-après, §. 8.

§. II. *Dans la coutume d'Auvergne, la simple réception d'un legs emportait-elle, de la part de celui à qui il était fait, renonciation à toute demande en supplément de légitime dans la succession du testateur ?*

Bergier, dans ses Notes sur Ricard (tome 1, à la

20

fin), rapporte un arrêt qui paraît avoir jugé l'affirmative. Voici ses termes :

« Robert Jouvenel et Jeanne Raby, de Nonette, avaient trois enfans : Marie-Madeleine, qui épousa le sieur Bonfils, et qui était représentée par le sieur Damazel ; Jeanne Jouvenel, femme du sieur Andraud, et Marie, qui mourut sans postérité.

» Par le contrat de mariage de Marie-Madeleine Jouvenel, du 4 novembre 1725, son père et sa mère l'instituèrent leur héritière universelle, à la charge de payer 4,300 livres à chacun de leurs enfans nés et à naître : savoir, 3,000 livres pour biens maternels, et le surplus pour les biens paternels, y compris 100 livres pour leur trousseau.

» Jeanne Jouvenel se maria le 1er octobre 1747, après la mort de son père et de sa mère; et elle se constitua en dot « la somme de 1,200 livres pour » biens paternels, à laquelle elle avait été dotée et » légitimée par le contrat de mariage de sa sœur » aînée, du 3 novembre 1723, et 100 livres pour » les meubles : » c'étaient les termes du contrat.

» Elle se constitua de plus sa portion dans pareille somme, à laquelle Marie Jouvenel, sa sœur, décédée sans postérité, avait été *appannée* : son contrat de mariage ne contenait aucune renonciation.

» Par exploit du 15 novembre 1776, elle forma une demande en partage.

» On lui opposa qu'elle n'aurait eu à prétendre qu'une légitime, et non une portion héréditaire, si elle n'avait pas pensé que la légitime en deniers qui lui avait été destinée, était au-dessus de ce qu'elle aurait pu espérer de droit.

» La dame Andraud se réduisit alors à un supplément de légitime; elle fit valoir l'arrêt de Menayde (1), la loi *generaliter*, et la jurisprudence des pays de droit écrit.

» Malgré cela, et quoiqu'il n'y eût eu de sa part aucune renonciation expresse au supplément de légitime, une sentence de la sénéchaussée de Riom, du 13 mars 1779, rejeta sa demande; et cette sentence a été confirmée par arrêt du mois d'août 1782.

» Un des principaux moyens qu'on opposait à la dame Andraud était tiré de l'art. 50 du tit. 12 de la coutume d'Auvergne, aux termes duquel celui qui accepte un legs du défunt, ou qui autrement agrée ses dispositions, est tenu de les garder et accomplir.

» Cet arrêt a jugé bien précisément que, dans la coutume d'Auvergne, il n'est pas besoin de renonciation expresse au supplément de légitime de la part de celui qui accepte la disposition faite pour lui en tenir lieu, et qu'il suffit qu'il ne se réserve pas ce

supplément, pour qu'il soit non-recevable à le demander ensuite. Mais ce préjugé ne doit pas être tiré à conséquence pour les pays de droit écrit, où la loi *generaliter* exige la renonciation expresse pour exclure le supplément de légitime. »

L'observation de M. Bergier est très-juste, mais elle ne va pas assez loin. Si l'arrêt qu'il rapporte a jugé ce qu'il lui prête, il faut dire que cet arrêt a mal jugé, et que, dans la coutume d'Auvergne, comme partout ailleurs, le légataire à qui il était dû un supplément de légitime, n'était pas censé y renoncer, par cela seul qu'il approuvait les dispositions du testateur, soit en recevant le legs qu'il lui avait fait, soit autrement.

Que portait en effet l'art. 50 du tit. 12 de la coutume d'Auvergne ? Rien autre chose que plusieurs lois romaines dont on trouvera les dispositions dans le *Répertoire de jurisprudence*, au mot *Legs*, sect. 7, n° 2. On ne pouvait donc pas en tirer, contre la demande en supplément de légitime, une fin de non-recevoir que les lois romaines avaient elles-mêmes rejetée expressément.

§. III. *Suivant l'esprit des lois romaines, pouvait-il y avoir renonciation valable au supplément de légitime, sans qu'on se servît du mot* RENONCER, *et même sans que le* SUPPLÉMENT DE LÉGITIME *fût expressément mentionné ?*

Oui, il est des circonstances où d'autres termes pouvaient établir cette renonciation. C'est ce qu'a jugé la section civile de la cour de cassation, dans l'espèce que voici :

Louise Definod se maria en 1750 à Guillaume Peysson. Joseph-Ignace Definod, son père, et Claudine Blanchard, sa mère, lui constituèrent en dot, pour son droit de légitime dans leur succession, un trousseau assez considérable et une somme de 15,000 livres, dont 7,500 livres furent payées comptant, le surplus stipulé payable après leur mort. Ils déclarèrent néanmoins « qu'ils n'entendaient point faire renoncer leur fille à un supplément de légitime; si tant est qu'elle en pût espérer avec raison dans la fortune qu'ils laisseraient à leur décès. » Quelque temps auparavant, ils avaient fait un testament par lequel ils avaient institué Jean-Claude Definod, leur fils, héritier universel.

Louise Definod eut de son mariage sept enfans, quatre fils et trois filles. Ce fut Joseph Definod, leur aïeul, qui prit soin, après la mort de leur père. Il se chargea spécialement de l'éducation de Joseph Peysson, et le mit en pension au collège de Nantua.

Son projet était, lorsque son petit-fils aurait terminé ses humanités, de le faire graduer. Dans la crainte d'être prévenu par la mort, il voulut assurer l'exécution de sa volonté dans un codicille par lequel il chargea Definod, son fils et son héritier,

---

(1) *V.* le *Répertoire de Jurisprudence*, au mot *Légitime*, sect. 4, §. 3.

d'achever l'éducation de Joseph, et de le tenir *à ses frais* à Dijon ou à Montpellier, à son choix, jusqu'à ce qu'il fût gradué.

Dans ce même codicille, l'aïeul de Joseph apposa la condition qu'il ne pourrait exiger de sa mère les intérêts de sa légitime paternelle, jusqu'à ce qu'il fût gradué, et y déclara « que ce qu'il avait fait et ce qu'il faisait en faveur dudit Joseph, devait être considéré comme un supplément de dot et de légitime qu'il donnait à sa mère. »

Les mêmes charges et les mêmes conditions furent stipulées le 7 janvier 1769, dans le contrat de mariage de Jean-Claude Definod, par lequel son père et sa mère confirmèrent l'institution d'héritier qu'ils avaient précédemment faite en sa faveur.

Enfin, Joseph-Ignace Definod, ne voulant pas apparemment que l'on pût abuser de ce que la quotité de la dépense dont il chargeait son héritier, relativement à l'éducation de Joseph, n'était pas déterminée, expliqua son intention à ce sujet, dans un acte qu'il fit souscrire par son fils et son petit-fils, le 23 octobre 1772, et dont il remit à chacun d'eux un double. Il y réitéra les clauses, conditions et *déclarations* énoncées dans son codicille.

Il paraît que, fidèle à la volonté de son père, Jean-Claude Definod n'a rien négligé pour perfectionner l'éducation de Joseph Peysson.

Cependant Catherine Blanchard mourut en 1772.

Joseph-Ignace Definod ne survécut que deux ans à sa femme : il décéda le 10 janvier 1774.

Alors il fut question de savoir si Louise Definod était remplie de ses droits légitimaires.

S'il en faut croire Jean-Pierre Definod, il fut le premier à provoquer le règlement et la liquidation des deux successions; mais Louise Definod n'hésita pas à reconnaître qu'elle n'avait plus rien à réclamer; elle en fit sa déclaration le 26 mars 1774, par une quittance ainsi conçue : « J'ai reçu de mon frère » 150 livres à compte des intérêts courans de la « somme de 7,500 livres, qu'il me reste de mes » droits paternels et maternels, à forme (c'est-à-dire » en conformité) de mon contrat de mariage ; de » laquelle somme de 7,500 livres je me contente » pour le surplus desdits droits, ainsi qu'il a été » réglé entre nous cejourd'hui, sans préjudice néan- » moins des intérêts à échoir. A Belley, etc. »

Cette question fut suivie de quatorze autres, toutes écrites de la main de Louise Definod, et toutes confirmatives de la *volonté*, du *consentement* exprimé par la première.

La dernière était du 11 avril 1786 : Louise Definod y déclara son frère libéré envers elle du *restant des droits tant paternels que maternels, dont elle le tenait quitte.*

Mais le 25 mai 1793, elle souscrivit, en faveur de ses enfans, une démission de biens dans laquelle furent compris les *droits résultans de son contrat de mariage de 1750.*

Elle mourut l'année suivante.

Le 29 ventôse an 4, ses enfans ont demandé le supplément de légitime qui, suivant eux, appartenait à sa succession.

Le sieur Definod a soutenu qu'ils étaient nonrecevables dans cette demande; et il a fondé sa fin de non-recevoir sur la quittance du 26 mars 1774.

Le 23 prairial an 5, jugement par lequel :

« Considérant que l'action en supplément de légitime, d'après les lois anciennes, est toujours ouverte, lorsqu'il n'y a pas été *expressément* renoncé; que la loi du 18 pluviôse an 5 porte la même disposition, et qu'elle exige, art. 16, une *renonciation expresse* à l'action en supplément, pour qu'elle soit interdite; que cette renonciation expresse n'est pas consignée dans la quittance du 26 mars 1774, et ne peut être suppléée par de prétendus équivalens:

» Le tribunal (civil du département de l'Ain), sans s'arrêter à la fin de non-recevoir, ordonne que la valeur des successions dont il s'agit sera vérifiée, à l'effet de reconnaître s'il est dû un supplément de légitime aux enfans, du chef de Louise Definod, leur mère. »

Appel de la part du sieur Definod; et le 27 thermidor an 7, jugement du tribunal civil du département du Jura, qui déclare les enfans Peysson non-recevables, sur le fondement « que la quit-» tance du 26 mars 1774 emportait un traité » sur les droits paternels et maternels de Louise » Definod, un désistement d'iceux, et une re-» nonciation à l'avantage qu'ils pouvaient présen-» ter. »

Les enfans Peysson se sont pourvus en cassation contre ce jugement.

« La quittance du 26 mars 1774 (disaient-ils) n'est pas un *traité ;* elle n'exprime pas de *désistement,* elle ne contient pas de *renonciation.*

» Un *traité!* C'est une quittance qui n'est signée que de Louise Definod.

» Un *désistement des droits paternels et maternels!* Louise Definod s'est-elle dit qu'elle se désistât de quelque chose? Recevait-elle une obole, pour renoncer à la moitié de sa légitime? Une mère pauvre, chargée de sept enfans, peut-elle avoir eu la pensée d'abdiquer un droit qu'elle tenait de la nature, du vœu de sa mère, de la volonté de son père, et de son contrat de mariage?

» Abdique-t-on sa légitime, le patrimoine de sept enfans, pour ajouter à la fortune d'un frère opulent, institué héritier universel, et riche encore par son industrie et son état?

» Certes, l'abandon eût été volontaire; mais se prive-t-on volontairement d'un droit acquis, d'une ressource nécessaire, pour dépouiller ainsi les sept enfans dont on est la mère?

20.

» Une *renonciation* à *l'avantage que pou-*
vaient présenter les droits paternels et mater-
nels! Où peut-on voir un désistement, une renonciation?

» Louise Definod reçoit l'intérêt de 7,500 livres.

» Les 7,500 livres lui étaient dues, aux termes
de son contrat de mariage.

» Elle se contente des 7,500 livres, pour être
remplie des droits résultant de son contrat de mariage, *pour le surplus desdits droits.*

» Le *surplus* DESDITS DROITS est un relatif aux
droits dont on vient de parler. Il faut mettre en
accord ce relatif avec l'antécédent, la syntaxe le demande, et la raison le veut. Or, l'antécédent est
ainsi déterminé : « J'ai reçu de mon frère 150 li-
» vres, à compte des intérêts courans de la somme
» de 7,500 livres, qui me restent de mes droits pa-
» ternels et maternels, à forme de (ou suivant) mon
» contrat de mariage. »

» Les droits *résultant du contrat de mariage!*
Voilà donc l'antécédent.

» Par conséquent, Louise Definod s'est contentée
de 7,500 livres pour le *surplus desdits droits* résultant de son contrat de mariage.

» *Surplus* est dans la quittance, avec un sens
qui se rapporte aux droits dérivatifs du contrat de
mariage.

» La construction de la phrase est vicieuse gram-
maticalement; mais le solécisme ne présente pas le
sens d'un désistement, d'une renonciation, d'un sacrifice de la légitime acquise.

» Et une faute contre la syntaxe n'aura pas l'effet magique de dépouiller une veuve et ses enfans
du supplément de légitime que la loi maintient,
si sa renonciation n'est pas claire, formelle et expresse.

» Une rédaction amphibologique, équivoque et
douteuse, s'entend selon l'acception la plus douce et
la plus équitable : *In dubiis, benigniora prefe-*
renda sunt. L'ambiguité s'interpréterait en faveur
de la légitime; la doute ne peut pas produire l'exclusion de la demande en supplément.

» La loi prévient et garantit le légitimitaire de
tous les inconvéniens d'une phrase louche, puisque, pour l'exclusion de la demande en supplément, elle veut une renonciation *expresse.*

» Le jugement rendu par le tribunal du Jura
la loi du 18 pluviôse an 5, art. 15 : car il n'y avait
viole certainement pas de renonciation *expresse;* et
cette loi n'admet pas de renonciation par induction;
elle veut une renonciation formelle, explicite, expresse.

» La quittance dit que Louise Definod se contente de 7,500 livres pour ses droits constitués
par le contrat de mariage, *pour le surplus* des
droits paternels et maternels, *à forme de son con-*
trat de mariage, ainsi qu'il a été réglé entre nous
cejourd'hui.

» Quel réglement a-t-on fait? A-t-on rappelé la
clause du contrat de mariage, qui réservait à Louise
l'action en supplément de légitime? A-t-on composé sur cette réserve? Le frère et la sœur ont-ils
transigé? Au-delà des 15,000 livres assurées par le
contrat de mariage, le frère a-t-il donné une obole?
Non.

» Oh! Mais, dit le frère, ma maison a été ouverte
à mes neveux; j'ai traité quelques-uns d'eux comme
mes propres enfans; j'ai subvenu aux études de l'un;
un autre a vécu à ma table; tous ont eu des secours,
et voilà le supplément de légitime dont ma sœur était
contente.

» Eh quoi! Un frère, un oncle, riche de presque
toute la fortune des auteurs communs, ne doit-il pas
à sa sœur et à ses neveux les procédés de l'attachement et de la bienveillance? Pour prétendre au supplément de légitime, fallait-il avoir été chassé de sa
maison?

» Sans doute que la tendresse de la mère voulait
ménager aux enfans l'amitié de leur oncle. Mais
a-t-elle pensé que, pour cela, elle dût les exhé-
réder? Devait-elle faire cette injure à son frère, cet
outrage à ses enfans? L'affection de la sœur, n'é-
tait-ce pas le prix de l'attachement du frère? Comment a-t-il osé dire qu'il lui fallait encore de l'argent? Voudrait-il faire entendre que le sacrifice
de la légitime était le seul témoignage de reconnaissance qui, de la part de ses neveux, pût lui
plaire?

» L'âme se soulève contre de telles objections.
Il ne faut ni trop accueillir, ni trop repousser le
sentiment que fait naître une défense aussi sordide.
Revenant à la loi, nous devons en reprendre toute
l'impartialité; et de la hauteur d'où elle considère les
choses et les personnes, elle tranche la difficulté qui
nous occupe, par cette règle générale: point d'exclusion du supplément de légitime sans renonciation
expresse.

» Ici, point de renonciation expresse : donc il
faut casser le jugement qui donne à un solécisme la
force et l'autorité d'une renonciation. »

« L'examen des *solécismes*, des *fautes contre*
la syntaxe (répondaient les enfans Peysson) appartient exclusivement au domaine des grammai-
riens, des hommes de lettres, de l'institut national, etc.

» La solution des *questions grammaticales* n'est
ni du ressort, ni de la compétence du tribunal de
cassation.

Quant aux dispositions de la loi du 18 pluviôse
an 5, qui ordonnent que la réception de la légitime
ne préjudiciera pas à l'action en *supplément*, *à*
moins qu'il n'y ait été expressément renoncé après
l'ouverture de la succession, elles ne sont point introductives d'un droit nouveau, elles ne sont que
déclaratives et confirmatives des *anciennes lois* sur
le réglement des droits légitimaires, ainsi que s'en
explique l'art. 15.

» Or, ces anciennes lois, et notamment la loi 35, §. 2, C. *de inofficioso testamento,* ne se servent pas du mot *Renoncer,* mais bien de ceux-ci : *Je me contente, je suis satisfait.*

» *Nisi hoc specialiter, sive in apochâ, sive in transactione, scripserit quod contentus relictâ vel datâ parte, de eo quod deest nullam habeat quæstionem.* Or, ces expressions, *je me contente, je suis satisfait,* sont bien plus énergiques que celle, *je renonce.*

» En effet, qu'un légitimaire déclare *qu'il renonce,* il ne s'ensuit pas nécessairement qu'il soit *content* et *satisfait;* car divers motifs peuvent l'engager à renoncer, quoiqu'il n'ait pas reçu la totalité de ses droits. Mais celui qui se déclare *content* et *satisfait,* qui *tient quitte* l'héritier universel, renonce nécessairement.

» Cependant, nos législateurs modernes ont craint, et avec juste raison, que les intérêts des citoyens ne fussent compromis par des discussions purement grammaticales, ou par quelques-unes de ces subtilités trop souvent éparses dans les lois romaines; et voilà pourquoi ils n'ont point exigé, pour interdire au légitimaire l'action en *supplément,* qu'il eût déclaré *être content, satisfait, et qu'il ne manquait rien à sa portion.* Ils ont pensé que *la renonciation expresse* devait suffire; la présomption légale étant que celui qui *renonce* est *content* et *satisfait.*

» De là ce mot *renonciation* adopté par la loi du 18 pluviôse an 5, pour exprimer la déclaration qui opère une fin de non-recevoir contre le légitimaire.

» Mais ces mots, *je renonce,* sont-ils *sacramentels, exclusifs* de toute autre expression, et impérieusement exigés par la loi pour *caractériser* une renonciation ? Non, sans doute. Supposer à la loi une intention aussi ridicule, aussi puérile, c'est la calomnier. La renonciation n'est pas un mystère religieux et surnaturel, dont l'efficacité soit attachée à telles ou telles lettres, à telles ou telles syllabes, qui ne peuvent être remplacées par d'autres. Et lorsque la loi a exigé une *renonciation expresse,* le bon sens et la raison disent qu'elle n'a entendu et qu'elle n'a pu entendre autre chose, sinon qu'il fût *clair, certain, hors de doute,* que le légitimaire a voulu renoncer.

» Aussi, l'auteur du *Traité du droit français à l'usage des pays* qui, comme le Bugey, ressortissaient au ci-devant *parlement de Dijon,* tome 6, page 474, après avoir dit que la renonciation par laquelle une fille est *exclue* de tout supplément de légitime, ne se présume point, a grand soin d'ajouter : « Il faut que le terme RENONCIATION soit em- » ployé, ou quelque autre de même force également » intelligible, et à la portée de tous les esprits. »

» Ne perdons pas de vue, d'ailleurs, que la quittance donnée le 26 mars 1774, par Louise Definod, à son frère, semble avoir été calquée sur les propres termes de la loi 35, §. 2, C. *de inofficioso testamento,* invoquée par les enfans Peysson; circonstance qui a servi de motif au tribunal d'appel pour les déclarer *non-recevables* dans leur demande en supplément de légitime. Cette loi présente l'espèce d'un enfant à qui son père a donné ou laissé moins que la légitime, *minùs legitimâ portione.* Elle décide que, dans ce cas, la quittance pure et simple fournie par l'enfant après le décès de son père, ne préjudicie point à l'action en supplément, *nullum sibi facere præjudicium;*

» Mais que, si l'enfant a écrit spécialement dans sa quittance, *si hoc specialiter scripserit in apochâ,* ou s'il a été réglé et convenu entre l'héritier universel et lui, *vel pactus fuerit,* qu'il est content de ce qui lui a été donné ou laissé, et qu'il ne lui manque plus rien pour le remplir, *quòd contentus relictâ vel datâ parte, de eo quod deest nullam habeat quæstionem,* toute action en supplément doit être rejetée; et l'enfant doit être condamné à exécuter le jugement que son père avait porté sur ce qui lui était dû : *tunc enim, omni exclusâ querelâ, paternum amplecti compellatur judicium.*

» Or, c'est précisément ce qui est écrit dans la quittance de Louise Definod; *scripsit in apochâ :* DE LAQUELLE SOMME DE 7,500 LIVRES JE ME CONTENTE, *contentus relictâ vel datâ parte;* POUR LE SURPLUS DE MES DROITS PATERNELS ET MATERNELS, *de eo quod deest nullam habeat quæstionem;* AINSI QU'IL A ÉTÉ RÉGLÉ ENTRE NOUS, *vel pactus fuerit.*

» Il est impossible de trouver une hypothèse qui s'adapte plus parfaitement au texte de la loi. Les juges d'appel ont donc eu raison de rejeter l'action en supplément de légitime : *tunc enim, omni exclusâ querelâ, paternum amplecti compellatur judicium.* »

Sur ces raisons, arrêt du 3 messidor an 9, au rapport de M. Borel, qui, conformément aux conclusions de M. Lecoutour, rejette la demande en cassation :

« Attendu que les juges du tribunal civil du département du Jura ont prononcé sur un fait, savoir, que les actes souscrits par Louise Definod, contenaient, non seulement la reconnaissance de réception de légitime, mais aussi, en termes suffisans, la renonciation à un supplément de légitime; que leur jugement n'a violé aucune des dispositions de la loi 35, §. 2, C. *de inofficioso testamento,* mais a, au contraire, appliqué ses dispositions, en concluant des termes dans lesquels sont conçues les reconnaissances de ladite Louise Definod, le consentement spécial donné par un légitimaire à la fixation de sa légitime, et sa soumission au jugement paternel, tel que l'a prévu ladite loi dans ses dernières expressions; *paternum amplectitur judicium;*

» Attendu que la loi du 18 pluviôse an 5 consacre les mêmes principes que ceux développés dans la loi romaine; et que le jugement attaqué ne renferme aucune violation de cette dernière loi, mais a appliqué ses dispositions au fait par lui reconnu. »

§. IV. *Dans l'ancienne législation, les avantages et gains de survie stipulés par le contrat de mariage de deux époux, étaient-ils sujets au retranchement de la légitime des enfans nés du mariage qui avait suivi ce contrat?*

Une demande en supplément de légitime paternelle a été dirigée par Catherine Saint-Martin, femme Moreau, et Françoise Sainte-Martin, femme Sicard, contre François Saint-Martin, leur frère aîné, institué héritier universel par le testament de Martial Saint-Martin, leur père commun, décédé avant les lois nouvelles sur les successions.

François Saint-Martin a déclaré s'abstenir de l'hérédité de son père, pour s'en tenir à la donation qu'il avait reçue par son contrat de mariage; et un jugement du tribunal civil du département de Lot-et-Garonne, du 13 floréal an 7, lui a donné acte de cette déclaration.

Le 12 thermidor suivant, les femmes Moreau et Sicard ont renouvelé leur demande contre Michel Saint-Martin, leur frère puîné, comme devenu héritier par l'abstention de François; et contre Marie Gandon, leur mère, comme donataire de l'usufruit de la part de leur père dans la société d'acquêts qui avait existé entre eux pendant leur mariage.

A cette demande, deux fins de non-recevoir ont été opposées: l'une par Michel Saint-Martin, l'autre par Marie Gandon.

Michel Saint-Martin a dit: je ne suis point héritier, je n'en ai ni pris la qualité, ni fait acte quelconque; votre action est donc bien mal à propos dirigée contre moi (1).

Marie Gandon a ajouté : je suis, à la vérité, usufruitière de la part de mon mari dans la société d'acquêts que j'ai contractée avec lui en l'épousant, mais je le suis par l'effet d'une disposition de mon contrat de mariage qui n'est pas sujette au retranchement de la légitime. Vous êtes donc non-recevable à mon égard.

Le 22 floréal an 8, jugement du tribunal civil du département de Lot-et-Garonne, qui, sans s'arrêter à ces deux moyens, « ordonne que, par experts » convenus ou nommés d'office, il sera procédé à » la consistance, fixation et liquidation de la succes- » sion paternelle, *tant en propres qu'acquêts,* » pour en délaisser une légitime aux femmes Moreau » et Sicard, tant sur l'une que sur l'autre, à la charge » par elles de rapporter à la masse ce qu'elles ont » reçu. »

Appel de la part de Marie Gandon, mais inutilement, le 14 thermidor an 9:

(1) *V.* l'article *Héritier,* §. 1.

« Considérant que, quoiqu'il soit vrai de dire qu'on est époux avant d'être père, il ne l'est pas également que les droits acquis aux époux par leurs contrats de mariage soient antérieurs à ceux des enfans qui en proviennent, et doivent leur être préférés, parce que le but du mariage étant la procréation des enfans, leur intérêt est nécessairement dans toutes les conventions d'un acte auquel ils doivent la vie;

» Considérant que la légitime est due franche et quitte de toute charge et condition; que le payement n'en peut être différé sous aucun prétexte; qu'elle doit être prise sur tous les biens dont le défunt est mort saisi et vêtu; que ces principes; universellement reconnus, ne peuvent être détruits par l'objection des droits d'un tiers acquis avant la naissance des enfans, parce que la légitime est plus favorable que tous les droits, comme il paraît, dans l'espèce que nous présente l'art. 35 de l'ordonnance de 1731. »

La cour d'appel d'Agen confirme le jugement de première instance.

Marie Gandon se pourvoit en cassation, et soutient qu'en soumettant à l'action des légitimaires le droit d'usufruit qui lui est assuré par son contrat de mariage sur la part de son mari dans les acquêts de leur société, la cour d'appel d'Agen a violé les lois romaines, qui veulent que les dettes du défunt soient distraites de la masse des biens soumis à la légitime: *legitima est quota bonorum, bona non intelliguntur nisi deducto ære alieno.*

» Que l'on doive (ai-je dit, en concluant sur cette affaire) considérer comme *dettes* toutes les dispositions à titre onéreux, que le défunt a faites d'une partie de son patrimoine, c'est une vérité incontestable. Mais que, relativement à la légitime, la clause du contrat de mariage de Saint-Martin père et de Marie Gandon, par laquelle ils se sont fait donation réciproque de l'usufruit de leur portion d'acquêts, puisse être envisagée, de la part du premier, comme une disposition à titre onéreux en faveur de la seconde, c'est un paradoxe qui pouvait être excusable avant l'ordonnance de 1731, à cause de la diversité des opinions des jurisconsultes sur la nature des gains de survie conventionnels et réciproques, mais qui depuis ne peut plus être sérieusement proposé.

» En effet, l'art. 34 de l'ordonnance de 1731 assujétit au retranchement de la légitimité toutes les donations indistinctement. Il faut remarquer (dit Furgole sur cet article) « le législateur parle « généralement de toutes sortes de donations; et » par conséquent celles qui sont faites en contrat » de mariage, sont sujettes au retranchement.... » L'article suivant ne permet pas d'en douter, puis- » qu'il y assujétit même la dot. »

» Pour sentir combien cette doctrine est à la fois juste et conforme aux principes, il ne faut que supposer un cas qui n'est pas extrêmement rare : celui où deux époux, en se mariant, se font donation mutuelle de tous leurs biens. Si, dans ce cas, la donation ne forme qu'un contrat à titre onéreux, les enfans n'auront donc pas de légitime sur les biens du premier mourant ? A coup sûr, on n'oserait pas la leur contester; et cependant il faut aller jusques-là, pour critiquer d'une manière conséquente le jugement du tribunal d'appel d'Agen; car il en est de la partie comme du tout. Si la donation d'une partie des biens cesse, relativement à la légitime, d'être considérée comme une libéralité, par cela seul qu'elle est faite en contrat de mariage et qu'elle est mutuelle, il n'y a pas de raison pour que l'on n'attribue pas la même nature à la donation universelle, lorsqu'à l'avantage d'avoir été faite par contrat de mariage, elle réunira celui de la réciprocité.

» Observons bien que, dans notre espèce, c'est véritablement comme donataire que Marie Gandon jouit de l'usufruit de la part d'acquêts de son mari; car ni la loi ni l'usage n'assignent cet usufruit à l'époux survivant; le survivant n'y a droit qu'autant qu'on le lui a donné par une disposition expresse; et cette disposition ne peut, d'après cela, avoir, aux yeux de la loi, d'autre caractère que celui d'une donation proprement dite. Comment donc un pareil usufruit ne serait-il pas sujet au retranchement de la légitime?

» Boucher-d'Argis, dans son *Traité des gains nuptiaux*, chap. 18, examine, dans toutes ses branches, la question de savoir *si les gains nuptiaux et de survie sont réductibles pour la légitime des enfans?* Voici sa réponse:

« Le douaire préfix, en ce qu'il excède le coutumier, n'a plus, à certains égards, la faveur du » douaire ; il n'est considéré que comme une dona-» tion en faveur de mariage; et la portion de ce » douaire donnée au-delà de la quotité coutumière, » est réductible pour la légitime des enfans.... Et » à plus forte raison, tous les autres avantages sti-» pulés par le contrat de mariage, comme préciput, » DONATIONS MUTUELLES, etc., sont-ils réductibles » pour la légitime, puisqu'ils n'ont pas la faveur » du douaire, et que ce ne sont que des donations » ordinaires, qui ne sont pas préférables à la lé-» gitime.... L'augment préfix de dot, en ce qu'il » excède le coutumier, ne forme pas beaucoup de » difficulté; car il n'est considéré en cette partie que » comme une donation ordinaire, et est réductible » pour la légitime des enfans.... Pour ce qui est » des donations de survie et autres gains nuptiaux » qui ne sont fondés que sur la convention expresse » des parties, ils sont sans contredit réductibles » pour la légitime.

» A l'égard du contre-augment et des autres » gains nuptiaux et de survie qui peuvent avoir lieu » en faveur du mari survivant, s'ils sont préfix, ils » sont pareillement réductibles pour la légitime, » en ce qu'ils excèdent les coutumiers. »

» A la page 324, l'auteur, revenant sur toutes ces propositions, présente une objection qu'on lui a faite pendant l'impression de son ouvrage, et qui est ainsi conçue : « Un traité de mariage est un » traité semblable aux autres. Les conventions qui » y sont stipulées sont de véritables créances qui » n'entrent point dans la masse de l'hoirie. Lors » d'un mariage, l'augment est convenu et réglé » comme une donation : souvent il est le prix, » quand il excède le coutumier, ou d'un âge peu » assorti, ou d'une naissance peu distinguée; en un » mot, il est toujours regardé comme une conven-» tion ou une créance, et non jamais comme une » donation, et cela à quelque somme qu'il soit porté.

» Boucher-d'Argis répond : « on pourrait dire du » douaire préfix et de toutes les autres conventions » matrimoniales, qu'ils ne sont point réductibles » pour la légitime, à quelque somme qu'ils se mon-» tent, et cela fondé sur ce que ce sont des conven-» tions essentielles du mariage, qui forment plutôt » des créances que des conventions. Néanmoins, il » est certain que le douaire préfix qui excède le » coutumier, et tous les autres avantages considé-» rables, quoique convenus par le contrat de ma-» riage, sont réductibles, quand ils préjudicient à » la légitime des enfans. Il serait facile d'appuyer » cette proposition d'un grand nombre d'autorités; » mais pour ne pas se jeter dans une trop longue » dissertation, on se contentera de rapporter ici ce » qu'en a dit Lebrun, en son *Traité des successions*, » liv. 2, chap. 3, sect. 5, n° 7. »

» Et en effet, Lebrun établit, en termes exprès, que le retranchement de la légitime s'exerce sur toutes les *conventions* qui, dans un contrat de mariage, *dégénèrent en libéralité*; car, dit-il, puisque l'on compte dans la masse des biens sujets à la légitime les donations faites avant le mariage; « à plus » forte raison doit-on avoir égard à celles qui sont » faites lors d'un mariage dont on a eu sujet d'es-» pérer des enfans auxquels on a dû pourvoir. »

» A ces principes et à ces autorités, Marie Gandon oppose dans sa requête un passage de Ricard, un autre de Lebrun, et deux arrêts du parlement de Bordeaux.

» Mais d'abord, ce que dit Ricard ne peut être ici d'aucune considération : cet auteur allait jusqu'à considérer comme contrats onéreux, et comme tels exempts du retranchement de la légitime, toutes les donations mutuelles, même hors contrat de mariage; doctrine visiblement fausse, et qu'a formellement condamnée l'art. 20 de l'ordonnance de 1731, en assujétissant à l'insinuation *les donations mutuelles, quand même elles seraient entièrement égales.*

» A l'égard de Lebrun, vous venez de voir que, s'il affranchit du retranchement de la légitime les clauses des contrats de mariage qui n'excèdent point les termes d'une convention proprement dite, il ne pense pas, à beaucoup près, de même relativement à celles *qui dégénèrent en libéralité.* Or, on ne peut nier que tel soit le caractère des stipulations qui, réciproques ou non, donnent au survivant des avantages que ne lui attribuent ni la loi ni l'usage.

» Et voyez où conduirait, dans l'espèce actuelle, une opinion contraire! Rien moins qu'à priver les enfans de Marie Gandon, tant qu'elle vivra, de tout droit de légitime sur la majeure partie de la fortune de leur père ; car il est reconnu au procès que leur père n'avait presque rien lorsqu'il s'est marié, et que la presque totalité de sa succession consiste en *acquêts*.

» Quant aux deux arrêts du parlement de Bordeaux, que cite Marie Gandon (1), pour en apprécier le bien ou mal jugé, il faudrait en connaître les véritables espèces; il faudrait surtout savoir si les contrats de mariage qu'ils avaient pour objet n'avaient pas été passés avant l'ordonnance de 1731, ce qui ne paraît pas même douteux par rapport au premier, puisqu'on le fait remonter au 5 avril 1732.

» Du reste, quand le jugement attaqué aurait contrevenu à la jurisprudence du parlement de Bordeaux, il n'en résulterait certainement point de là un moyen de cassation. Il y aurait bien plutôt lieu de le casser, s'il eût jugé conformément à cette prétendue jurisprudence, c'est-à-dire, en d'autres termes, s'il eût jugé contre la disposition générale et indéfinie de l'art. 34 de l'ordonnance de 1731.

» Par ces considérations, nous estimons qu'il y a lieu de rejeter la requête de Marie Gandon, et de la condamner à l'amende de 150 francs ».

Sur ces conclusions, arrêt du 21 floréal an 10, au rapport de M. Vermeil, par lequel :

(1) Voici dans quels termes elle les citait dans sa requête :

« La jurisprudence constante du parlement de Bordeaux a rejeté les demandes des légitimaires, tendantes à ébrécher l'usufruit des acquêts, réservé en faveur de l'époux survivant.

» Arrêt du 5 avril 1732, à la deuxième chambre des enquêtes, au rapport de M. Delancré; au profit de M. Brivazac, conseiller au même parlement, contre Bernard Labarthe et Catherine Lamarchandon, son épouse. Ceux-ci demandaient un supplément de légitime, avec les intérêts du jour de l'arrêt pour le père et mère respectivement. Voici les termes de l'arrêt: *La cour a ordonné et ordonne que, par les arbitres qui procéderont à la liquidation de ladite légitime, il sera fait distinction des propres dudit feu Léonard Brivazac, et des acquêts de sa société avec feu Marie Deyral, et sur lesquels acquêts ladite légitime et intérêts d'icelle ne pourront être prétendus par lesdits Labarthe et Lamarchandon, son épouse, que du jour du décès de ladite Deyral, attendu l'usufruit desdits acquêts, stipulés en faveur de ladite Deyral, par son contrat de mariage.*

» Il y eut pareil arrêt en 1769, au rapport de M. Navarre, en faveur de Jean et André Dubordieu, contre Jeanne Dubordieu, épouse de Jean Dussaut. »

» Attendu que la donation, même mutuelle, faite entre époux, par contrat de mariage, au profit du survivant des deux, ne peut être assimilée à des dettes contractées par le défunt, pour valeurs à lui fournies, lesquelles dettes doivent être, avant tout, prélevées sur la succession, sauf ensuite à prendre, sur la masse restante, la légitime; que c'est ici un acte de libéralité sujet, comme tous les autres actes de ce genre, au retranchement pour supplément de légitime; que, s'il en était autrement, il dépendrait d'un père de priver ses enfans de cette portion sacrée de son patrimoine, en disposant au profit de son épouse, en cas de survie, de la totalité de ses biens ;

» Le tribunal (section des requêtes) rejette le pourvoi.... »

§. V. *Lorsque, dans une succession régie par la jurisprudence qui était en vigueur avant la loi du 21 janvier 1793, l'un des enfans, donataire universel de son père, doit fournir la légitime à ses frères et à ses sœurs, par retranchement sur sa donation, peut-il retenir la portion qu'il aurait dans cette légitime, s'il se portait légitimaire comme eux, et que le donataire fût un étranger?*

Cette question a été jugée au parlement de Paris, en 1784.

Jeanne Harriègue, veuve de Jean de Gua, domiciliée dans le ci-devant Languedoc, avait eu sept enfans; mais à sa mort, il ne lui en restait plus que trois, le sieur Gua de Villepeyroux, l'abbé de Gua, et Anne de Gua, représentée tant par la dame d'Arnave que par le sieur la Baume d'Angely.

Jeanne Harriègue était morte après avoir fait une donation universelle au sieur Gua de Villepeyroux, qui avait transmis ses droits à la dame d'Arnave. L'abbé de Gua demandait sa légitime sur cette donation, et il s'agissait de la composer.

Comme il n'y avait que trois enfans, leurs légitimes devaient emporter le tiers de la donation ; et celle de chacun en particulier consistait dans le tiers de ce tiers, c'est-à-dire dans un neuvième des objets donnés.

Mais l'abbé de Gua prétendait qu'au lieu d'un neuvième, il lui revenait un sixième, parce que, selon lui, le sieur Gua de Villepeyroux ne pouvait pas réunir à sa qualité de donataire, celle de légitimaire, et que par conséquent il ne devait pas entrer dans le partage de la légitime.

Cette prétention était directement contraire à l'art 34 de l'ordonnance de 1731. Il porte : « Si un » ou plusieurs des donataires qui souffrent le re- » tranchement des donations à eux faites, sont du » nombre des enfans du donateur qui auraient eu » droit de se faire *délivrer* leur légitime, sans lesdites

» donations, ils pourront *retenir* les biens à eux
» donnés, jusqu'à *concurrence* de leur légitime, et
» ne seront tenus des autres que pour l'excédant. »
Auraient eu droit de se faire délivrer : ils n'ont
donc pas ce droit? Non sans doute, puisqu'ils sont
saisis par la donation; ils ne peuvent que *retenir*,
dit l'ordonnance.

Mais que retiendront-ils? Ils retiendront *les biens
à eux donnés jusqu'à concurrence de* leur *légitime*. Ils ont donc une légitime, puisque cette légitime est *leur!*

Le sieur Gua de Villepeyroux, donataire universel, possédait donc implicitement et *de fait* sa légitime confondue dans sa donation; mais il fallait qu'il en eût la possession *de droit*, et c'était celle-là qu'on lui contestait dans la personne de la dame d'Arnave.

Mais cette contestation était visiblement mal fondée. Aussi, par arrêt du 31 janvier 1784, rendu à la seconde chambre des enquêtes de grands commissaires, la dame d'Arnave a été admise à retenir, dans les biens donnés, la part qu'elle aurait eue dans la légitime, si elle se fût portée légitimaire elle-même, et que le donataire eût été un étranger.

§. VI. *Pouvait-on, dans l'ancienne jurisprudence, forcer un légitimaire à imputer dans la portion à laquelle il était réduit, ce que son père lui avait donné pour l'engager à souscrire une transaction avec ses frères et sœurs, relativement à des biens contestés entre eux ?*

Cette question a été agitée, en 1785, à la grand'-chambre du parlement de Paris.

Le sieur Saint-Didier, fils cadet, avait été institué héritier par le testament de sa mère. Comme elle avait presque épuisé sa succession par différens legs, avec prohibition de la falcidie, il craignit d'accepter purement et simplement une hérédité qui, selon toute apparence, ne lui eût pas même laissé sa légitime intacte.

Dans ces circonstances, il fit, en 1761, avec son père, qui stipulait tant pour lui que pour le capitaine Saint-Didier, son fils aîné, un traité ou pacte de famille, par lequel il fut convenu, après avoir balancé les intérêts respectifs, et apprécié les forces de la succession, que le sieur Saint-Didier, fils cadet, accepterait l'hérédité maternelle, et consentirait à l'entière exécution du testament, sous la foi des différentes conventions stipulées entre eux dans ce traité.

Le sieur Saint-Didier, père, à qui la jouissance était léguée, promit aussi, pour ce qui le concernait, l'exécution du même testament, et voulut bien
» s'obliger, en faveur des sacrifices que faisait son
» fils cadet, de lui payer les intérêts annuels d'une
» légitime maternelle, *qu'on fixa*, pour le moment,
» sur le pied de 10,000 livres. »

La mort du père fit naître des contestations. Il

avait institué le capitaine Saint-Didier son héritier, et donné à Saint-Didier cadet 25,000 livres pour sa légitime paternelle. Lorsqu'il fut question de composer la masse de la succession, le capitaine prétendit que l'abbé devait y rapporter une somme de 28,000 livres, qu'il avait reçue du père commun, pour les intérêts convenus dans le traité de famille. Sa raison était que tout ce qui est donné par le père durant sa vie, est censé n'être donné qu'en avancement d'hoirie, et est par conséquent sujet à rapport.

Saint-Didier cadet résista à cette prétention; mais, par sentence des requêtes du palais, du 5 septembre 1683, il fut condamné.

Appel de sa part au parlement. Il a fait valoir l'extrême faveur qui est attachée à des pactes de famille; la circonstance que, dans le traité de 1761, le père commun avait contracté et s'était fait fort pour le capitaine; que celui-ci ayant dans la suite recueilli, à titre d'héritier, la succession de son père, il était tenu de tous ses faits, et ne pouvait plus quereller ses arrangemens. Il ajoutait qu'à la vérité, le rapport est légal et a lieu de droit; mais que la disposition expresse du père le fait cesser; en sorte que s'il prohibe le rapport, ou, ce qui est la même chose, s'il prend la précaution de lier son héritier à l'exécution de l'engagement qu'il contracte envers l'un de ses autres enfans, alors il ne peut plus y avoir lieu au rapport; qu'ainsi, le capitaine était d'abord non-recevable;

Qu'au fond, la règle du rapport n'a lieu que lorsqu'il s'agit d'une libéralité pure et faite dans la seule vue de donner; qu'au contraire, lorsqu'il est question d'un avantage que le père fait à l'un de ses enfans dans une transaction, dans un pacte de famille, dans une espèce de traité à forfait, où la famille a transigé sur des prétentions qui pouvaient être un sujet de doute et de division, alors le père est regardé comme ayant donné, non par pure libéralité, mais en vue de terminer une contestation incertaine et fâcheuse, ce qui suffit pour exclure le rapport; que Saint-Didier cadet, ayant couru des risques par l'acceptation pure et simple qu'il avait faite, on ne pouvait pas lui envier que ce rapport eût été compensé par un avantage particulier.

Par arrêt rendu le 1er juillet 1785, la sentence a été infirmée, et le capitaine Saint-Didier a été débouté de sa demande en imputation des 28,000 livres.

§. VII. *Quand le légitimaire, dans l'ancienne jurisprudence, avait reçu, à compte de sa portion, un legs en argent, pouvait-il demander son supplément en corps héréditaire; ou le payement de sa légitime devait-il être complété en même nature de biens qu'il avait été commencé ?*

Entre ces deux partis, le deuxième est celui qui a en sa faveur le plus grand nombre d'autorités.

J'ai cité dans le *Répertoire de jurisprudence*, au mot *Légitimé*, sect. 9, §. 2, plusieurs arrêts qui l'ont adopté.

Il est aussi appuyé par un acte de notoriété du parquet du parlement de Grenoble, du 4 juillet 1750.

Salviat, dans sa *Jurisprudence du parlement de Bordeaux*, pages 339 et 341, assure que telle était également la jurisprudence du parlement de Bordeaux.

« Cette règle (ajoute-t-il) souffre cependant une exception en faveur de la fille dotée, à qui le père et la mère n'ont rien laissé de nouveau dans le testament, et ont déclaré au contraire qu'ils voulaient qu'elle se contentât de la dot à elle constituée. Si cette fille n'a pas fait de renonciation aux droits à échoir, elle ne sera pas tenue de répudier sa dot pour demander sa légitime en corps héréditaires, et le rapport des actes de la famille sans lesquels il est impossible de la fixer. Un arrêt de 1738 l'a jugé ainsi, et a de plus permis à la fille de légitimer en corps héréditaires sur les biens de sa mère, quoiqu'elle eût reçu en argent, du vivant de la mère, la dot qui lui avait été constituée; mais la permission ne lui en a été accordée qu'à la charge qu'elle ne pourrait exiger en corps héréditaires que ce qui devait lui revenir au-dessus de ce qu'elle avait perçu. En 1752 et 1758, il fut rendu deux arrêts pareils.

» Mais si la dot constituée n'a pas été reçue du vivant de celui qui l'a faite, et qu'elle ne l'ait été qu'après l'ouverture du droit de légitime, temps où la fille peut opter entre sa constitution et sa légitime de droit, elle a couvert son privilége.

» Il en sera de même si le père et la mère lui ont fait un legs : elle suivra la loi commune, et sera tenue de le répudier, pour légitimer en corps héréditaires; ou, si elle accepte, de se contenter du supplément. Plusieurs arrêts de notre parlement ont encore jugé cette nouvelle question. »

J'ai osé, à l'endroit cité du *Répertoire*, m'élever contre cette jurisprudence; et l'arrêt de la cour de cassation que je vais rapporter dans le §. 8, a décidé qu'en effet elle n'était justifiée par aucune disposition du droit romain.

§. VIII. Dans l'ancienne jurisprudence, l'action en payement de la légitime, formait-elle, pour la fille qui, en se mariant, se la constituait en dot, un fonds dotal proprement dit; et, en conséquence, était-il, en pays de droit écrit, défendu à son mari de renoncer à cette action, moyennant une somme de deniers ?

Cette question, qui tient essentiellement à la nature de l'action en payement de la légitime, s'est présentée à la section civile de la cour de cassation, dans l'espèce suivante.

En 1758, décès de Gaspard Decurtil, après avoir fait un testament par lequel il avait institué Anne Pélisson, sa femme, son héritière fiducière, avec faculté de choisir elle-même un héritier parmi ses enfans, et légué à chacun de ceux-ci une somme de 1,400 livres, pour lui tenir lieu de légitime.

Ces enfans étaient au nombre de cinq : Laurent, Marie-Marguerite, Agathe-Charlotte, Marie et Justine.

La succession, entièrement régie par le droit écrit, consistait en immeubles, en effets mobiliers et en créances.

Peu de temps après, Laurent, Marie-Marguerite et Agathe-Charlotte Decurtil meurent en bas âge. Les deux filles qui restaient, Justine et Marie, et Anne Pélisson, leur mère, se trouvent, de plein droit, leurs héritières, chacune pour une part virile.

Le 8 août 1767, Marie Decurtil, encore mineure, épouse Etienne Coste, et se constitue en dot *tous ses biens présens et à venir*.

Le 6 juin 1780, Etienne Coste donne quittance à Anne Pélisson, sa belle-mère, des 1,400 livres qui avaient été léguées à Marie Decurtil par son père, pour lui tenir lieu de légitime.

Marie Decurtil n'intervient point dans cette quittance; Etienne Coste la signe seul, comme maître des droits de son épouse.

Le 15 janvier 1776, Justine Decurtil, femme Tranchant, choisie héritière universelle par sa mère, en vertu de la faculté que lui en avait conféré le testament de 1758, paye à Etienne Coste une somme de 1,050 livres pour la part revenant à son épouse dans les successions du frère et des deux sœurs décédés.

Mais Etienne Coste, en touchant cette somme, proteste, par sa quittance même, contre l'insuffisance de l'objet qu'il reçoit, et même contre la quittance qu'il a passée à sa belle-mère, le 6 juin 1768.

Du reste, Marie Decurtil ne paraît pas plus dans cette quittance que dans la précédente.

Au mois de juillet de la même année, Etienne Coste et son épouse se pourvoient en justice contre Justine Decurtil et son mari, pour les faire condamner à leur payer, à titre de légitime, un douzième dans la succession de Gaspard Decurtil, et leur part héréditaire dans le douzième qui avait appartenu à chacun des frères et sœurs décédés.

Le 17 septembre 1776, sentence par défaut, qui leur adjuge leurs conclusions, et ordonne, en conséquence, qu'il sera procédé, par experts, à la composition de la masse des biens de Gaspard Decurtil; manière de prononcer qui a lieu toutes les fois qu'il s'agit de procéder à la distraction d'un supplément de légitime en corps héréditaires, comme toutes les fois qu'il n'est question que de fournir ce supplément en deniers; parce que, dans un cas comme dans l'autre, il faut toujours commencer par connaître au juste la consistance et la valeur des biens.

Ni Justine Decurtil, ni Tranchant, son mari, n'ont attaqué cette sentence, soit par opposition, soit par appel.

Mais à peine était-elle rendue, que Tranchant et son épouse ont fait offrir extrajudiciairement à Marie Decurtil et à Étienne Coste, son mari, une somme de 1,200 livres pour tout ce qui pouvait leur rester dû, tant du chef de Gaspard Decurtil père, que du chef du frère et des sœurs décédés.

Le 13 août 1777, Étienne Coste reçoit cette somme; il la reçoit seul et sans le concours de son épouse; il la reçoit *pour tout supplément revenant à Marie Decurtil*, dans les successions dont on vient de parler; et c'est comme maître des droits de son épouse qu'il en donne quittance par-devant notaires.

Marie Decurtil, devenue veuve d'Étienne Coste, a attaqué cette quittance, comme excédant les pouvoirs d'un mari sur les fonds dotaux de son épouse.

Le 17 nivôse an 3, jugement du tribunal de district de Vienne, département de l'Isère, qui la déclare non-recevable.

Appel, et, le 8 thermidor an 6, jugement du tribunal civil du département du Rhône, qui, « attendu l'incapacité du mari pour aliéner le fonds » dotal de sa femme, déclare nulle la quittance » du 13 août 1777, et condamne les mariés Tran- » chant à relâcher, *en corps héréditaires, confor-* » *mément à la loi du 18 pluviôse an 5*, à Marie De- » curtil, un supplément de légitime dans la succession » de Gaspard Decurtil, son père, de Laurent De- » curtil, son frère, et de Marie-Marguerite et Aga- » the-Charlotte Decurtil, ses sœurs, avec restitution » des fruits, à compter du décès de Gaspard De- » curtil. »

Recours en cassation de la part de Tranchant et de son épouse. Arrêt de la section des requêtes, qui l'admet.

La cause portée à l'audience de la section civile, il s'est agi de savoir d'abord si le tribunal civil du département du Rhône avait violé quelque loi, en déclarant nulle la quittance du 13 août 1777.

« Le premier pas à faire (ai-je dit), doit avoir pour objet de s'assurer quelle est la loi d'après laquelle la quittance doit être jugée; et, à cet égard, il paraît constant, d'un côté, que les biens composant la succession de Gaspard Decurtil sont situés dans le ci-devant Dauphiné; de l'autre, que Marie Decurtil, et son premier mari, Étienne Coste, avaient leur domicile matrimonial dans le ci-devant Lyonnais.

» Nous disons d'abord que les biens composant la succession de Gaspard Decurtil sont situés dans le ci-devant Dauphiné, et nous le disons non pas précisément parce que la chose a été ainsi articulée devant le tribunal civil du Rhône par les deman- deurs, sans contradiction de la part de Marie De- curtil; mais surtout parce que Marie Decurtil l'a reconnu elle-même, en portant son action en sup-

plément de légitime devant le juge de Roussillon, qui bien constamment ressortissait au ci-devant bailliage de Vienne, dépendant du ci-devant par- lement de Grenoble.

» Nous disons ensuite que Marie Decurtil et son premier mari, Étienne Coste, avaient leur domicile matrimonial dans le ci-devant Lyonnais; et, quoi qu'en disent les demandeurs, il ne peut exister là- dessus aucune difficulté sérieuse, soit parce que le contrat de mariage de ces deux époux porte sou- mission de leur part aux lois et usages de cette con- trée, soit parce que le jugement attaqué déclare, en point de fait, qu'Étienne Coste y a été constam- ment domicilié.

» Or, entre la loi du lieu où était fixé le domicile matrimonial de Marie Decurtil, et la loi du lieu où était ouverte la succession sur laquelle il lui appar- tenait une action en supplément de légitime, la dif- férence est très-grande par rapport à l'aliénation des biens dotaux.

» Par la première, c'est-à-dire, par la loi qui régit le ci-devant Lyonnais, le mari ne peut pas, à la vérité, aliéner les biens dotaux de son épouse sans son consentement; mais, avec son consente- ment, il le peut sans difficulté; ainsi l'a réglé la dé- claration du 21 avril 1664, pour les ci-devant pro- vinces de Lyonnais, Forez, Maconnais et Beaujolais.

» Par la deuxième, c'est-à-dire, par la loi qui ré- git le ci-devant Dauphiné, le mari ne peut pas, même avec le consentement de son épouse, aliéner ses biens dotaux. C'est ce qui résulte de l'extension qu'a donnée à la loi *Julia* l'ordonnance de l'empe- reur Justinien, placée sous le titre *de rei uxoriæ actione*, au code, ordonnance qui est encore en pleine vigueur dans l'ancien ressort du parlement de Grenoble.

» De savoir maintenant quelle est de ces deux lois celle qui doit être prise pour règle dans le ju- gement à porter sur la validité ou l'invalidité de la quittance du 18 août 1777, c'est une des *questions mixtes* les plus difficiles et les plus controversées qui puissent se présenter dans les tribunaux.

» D'un côté, le président Bouhier, dans ses *Ob- servations sur la coutume de Bourgogne*, soutient que l'on doit mettre au rang des statuts personnels, toute loi qui détermine la capacité ou l'incapacité du mari d'aliéner les biens dotaux de son épouse, avec ou sans le concours de celle-ci.

» De l'autre, Boullenois, dans son *Traité des statuts réels et personnels*, tome 1, page 214 et suivantes, cherche à prouver qu'une pareille loi ne peut appartenir qu'à la classe des statuts réels.

» Froland, dans ses *Mémoires sur les statuts*, chap. 21, développe toutes les raisons qui s'élèvent pour et contre l'une et l'autre opinions, et les trouve respectivement si pressantes et si également déci- sives, qu'il ne peut s'empêcher de reconnaître qu'il ne sait où il en est, et que, de quelque côté qu'il se tourne, il ne voit que des écueils et des précipices.

Il finit pourtant par se rallier à l'avis de la personnalité du statut dont il s'agit.

« Enfin, Chorier, dans sa *Jurisprudence de Guy-Pape*, liv. 4, sect. 1, art. 3, pense, comme Boullenois, que ce statut est purement réel, et il confirme son opinion par un arrêt du parlement de Grenoble, du 16 mars 1688, qui a déclaré nulle la vente d'un fonds dotal situé en Dauphiné, faite conjointement par un mari et une femme domiciliés en Lyonnais.

« Si nous étions forcés de prendre un parti entre ces deux opinions, de grands détails et d'immenses développemens deviendraient nécessaires, et leur nécessité serait pour nous un titre certain à votre indulgence; mais une circonstance vient heureusement nous dispenser de cette discussion : c'est que, dans l'espèce qui nous occupe, la femme n'avait pas consenti à l'acte contre lequel elle a depuis réclamé.

« De là, en effet, il résulte que, soit que l'on juge cet acte par la loi du domicile matrimonial, soit qu'on le juge par la loi du lieu où sont situés les biens, le sort en sera incontestablement le même, puisque l'une et l'autre lois s'accordent à regarder comme nulle toute aliénation que le mari fait sans le consentement de son épouse, des immeubles qu'elle lui a apportés en dot.

« Aussi les deux parties finissent-elles, en dernière analyse, par convenir que, dans le Lyonnais, comme dans le Dauphiné, le mari ne peut pas, de son propre chef, aliéner les fonds dotaux de sa femme.

« Elles conviennent également que, s'il est entré des meubles dans la constitution dotale, le mari peut les aliéner, parce qu'il en est véritablement propriétaire, sauf à en répondre personnellement envers son épouse et ses héritiers.

« Mais de ces deux principes, constans par eux-mêmes, et avoués de part et d'autre, quel est celui qu'on doit appliquer à l'acte par lequel un mari renonce, moyennant une somme de deniers, au supplément de légitime qui était dû à son épouse, sur une succession composée de meubles et de biens-fonds? C'est là que gît toute la difficulté de cette partie de la cause.

« Il est d'abord certain qu'une pareille renonciation équipolle à l'aliénation que ferait le mari de l'action en supplément de légitime qui appartient à son épouse.

« Ainsi la question se réduit véritablement à savoir si l'action en supplément de légitime qu'une femme a le droit d'exercer sur une succession composée d'immeubles et d'effets mobiliers, peut, lorsqu'elle fait partie de la dot de cette femme, être vendue ou autrement aliénée par son mari?

« Les premières idées qui se présentent sur cette question paraissent, ou plutôt sont effectivement très-simples.

« La légitime doit être payée des propres biens du défunt, *ex ipsâ substantiâ patris*, dit la loi 36,

C. *de inofficioso testamento* aussi tous les auteurs conviennent-ils qu'on doit la fournir en fonds héréditaires, et qu'on n'est pas recevable à en offrir l'estimation en deniers. C'est aussi ce qui a été jugé par une foule d'arrêts qu'il serait aussi long qu'inutile de rappeler ici.

« Cette règle ne doit cependant pas s'entendre à la lettre. Quand le défunt n'a laissé que de l'argent comptant, il est certain que l'héritier n'est pas obligé de fournir la légitime en immeubles; cela serait même contraire à la loi que nous venons de citer; car la légitime étant une quote des biens que l'on aurait eus *ab intestat*, il faut que le payement en soit fait avec ces biens mêmes, quels qu'ils soient.

« Par la même raison, il est clair que, si, comme dans notre espèce, le défunt a laissé des immeubles et des effets mobiliers, le légitimaire est obligé de recevoir, comme il a droit d'exiger, des deux espèces de biens pour la portion qui lui est due.

« Ainsi, à la mort de son père, Marie Decurtil a été en droit d'exiger de l'héritière universelle qu'il avait instituée, le douzième des immeubles, comme le douzième des meubles qui se trouvaient dans la succession.

« Et en se constituant en dot, quelques années après, tous ses biens présens, elle s'est évidemment constitué en dot le droit qu'elle avait sur le douzième des immeubles, comme sur le douzième des meubles de son père.

« Cela posé, il est clair que, si Étienne Coste, son mari, n'eût traité, par sa quittance du 13 août 1777, que de sa légitime mobilière, cette quittance serait, sous le rapport de sa validité intrinsèque, à l'abri de toute atteinte, et que Marie Decurtil ne pourrait en revenir que par la voie de la rescision.

« Mais de là même ne résulte-t-il pas aussi qu'Étienne Coste n'a pas pu, par cette quittance, traiter de la légitime immobilière de son épouse, ou, en d'autres termes, aliéner le droit qu'elle avait sur le douzième des immeubles de la succession paternelle?

« Non, répondent les demandeurs, parce que la défense faite au mari d'aliéner les fonds dotaux de son épouse, ne porte que sur les biens immeubles dont elle a été mise réellement et actuellement en possession, parce que cette défense n'empêche pas le mari d'aliéner l'action que son épouse peut avoir pour se faire délivrer ou délaisser un immeuble possédé ou détenu par un tiers; parce que, dans l'espèce, Marie Decurtil ne possédant pas réellement et actuellement, lors de son mariage, le douzième des immeubles de la succession de son père, elle n'a pas pu en investir réellement et actuellement son mari, Étienne Coste; qu'elle n'a, par conséquent, transmis à Étienne Coste, par sa constitution dotale, que l'action qu'elle avait pour se faire délivrer ce douzième d'immeubles, et que, par suite, ce douzième d'immeubles n'a jamais acquis, dans les mains d'Étienne Coste, le caractère de fonds dotal.

» Toutes ces assertions, il faut en convenir, ne s'accordent ni avec les principes généralement reçus sur la nature des actions, ni avec les principes particuliers à l'action en payement de la légitime.

» En thèse générale, la nature des actions se détermine par leur objet. Ainsi, dit l'art. 1 du tit. 4 de la coutume de Berry, « sous le nom de meubles » sont compris les noms et actions compétans à » meubles; et sous le nom d'immeubles, les noms » et actions compétans à immeubles. » Et c'est ce qu'enseignent notamment Tiraqueau, de retractu gentilitio, §. 1, gl. 7, n° 16, et Gayl, liv. 2, obser. 11, n° 10.

» Cette doctrine, il est vrai, souffre quelques difficultés, relativement aux actions purement personnelles. Les auteurs qui l'ont examinée d'après les dispostions du droit romain, soutiennent que l'on ne doit pas assimiler aux immeubles les actions purement personnelles qui tendent à obtenir la délivrance d'un bien fonds; et parmi eux figure éminemment Voët, qui, dans son Commentaire sur le digeste, titre de rerum divisione, n° 21, prouve aussi clairement qu'on puisse le desirer, que celui qui n'a qu'une action personnelle pour se faire délivrer un immeuble, ne peut pas être considéré comme possesseur de cet immeuble. C'est même ce que décide expressément la loi 15, §. 4, D. qui satisdare cogantur, relativement à la dispense de la caution judicatum solvi; qui est accordée au possesseur d'immeubles dans le ressort du tribunal où il plaide en qualité de demandeur.

» Mais tous les auteurs, sans exception, conviennent que l'on doit mettre au rang des immeubles les actions réelles qui tendent, soit à la délivrance, soit au délaissement d'un bien-fonds; et c'est ce qui résulte de la loi 15, D. de regulis juris, ainsi que de la loi 52, D. de acquirendo rerum dominio.

» Ainsi, l'action en délivrance d'un immeuble légué par testament est réputée immobilière, parce qu'elle est à la fois réelle et personnelle; et voilà pourquoi les lois romaines décident expressément que la propriété de la chose léguée passe directement et de plein droit de la tête du défunt sur celle du légataire, bien que, pour en obtenir la possession, le légataire soit obligé de s'adresser à l'héritier. » Or, telle est précisément la nature de l'action qui tend à faire délivrer la légitime à un enfant.

» Elle est personnelle, dans ce sens qu'elle peut être intentée contre l'héritier, quand même il aurait aliéné tous les biens du défunt.

» Mais elle est aussi réelle, puisqu'elle peut être intentée directement contre les tiers-acquéreurs. Écoutons Lebrun, Traité des successions, liv. 2, chap. 2, sect. 12, n° 16 : « Il semble que le légiti- » maire ne peut pas évincer le tiers-détenteur, que » l'héritier ou les donataires n'aient été trouvés in- » solvables par une discussion.... Cependant il faut » dire le contraire, et le légitimaire peut s'adresser » directement à ce tiers-détenteur, PARCE QU'IL A UN

» DROIT RÉEL SUR L'HÉRITAGE QUI LUI APPARTIENT » POUR PARTIE, et la part se faisant au légitimaire » par voie de partage et par jet de lots, ni plus ni » moins, à proportion, que s'il était héritier. »

» C'est aussi ce qu'enseigne le président Favre, dans son code, titre de inofficioso testamento, déf. 32 : non factæ excussionis exceptio, dit-il, non obstat filio legitimam portionem adversùs tertium possessorem vindicanti, quoniam cùm legitima sit quota bonorum, feré est ut implicitam dominii quæstionem contineat. Alioqui minùs juris haberet legitimarius quàm legatarius quilibet, quem constat habere etiam dominii vindicationem (l. 1, C. communia de legatis), in eâque actione non timere eum exceptionem non factæ excussionis; quod tamen absurdum esset; et il n'est pas inutile de remarquer qu'il en a été ainsi jugé au parlement de Grenoble, par un arrêt du 15 février 1780 (1).

» Nous trouvons aussi dans le Journal du palais de Toulouse, tome 2, page 3 du Supplément, un arrêt du parlement de Languedoc, du mois de juillet 1742, qui juge, en termes exprès, que « le lé- » gitimaire peut agir par vindication, et suivre les » biens sujets à sa légitime contre un tiers-acqué- » reur; » et l'arrêtiste ajoute : « Le légitimaire est » saisi de droit, à cause qu'il peut légitimer en » corps héréditaires. »

» Le président de Baisieux, dans son Récueil d'arrêts du parlement de Provence, page 47, dit également que les légitimaires ne sont pas « obligés » de discuter l'héritier, parce qu'ils agissent par » vindication à quocumque possessore, comme » ayant droit in re, lequel droit est incomparable- » ment plus avantageux que la simple » hypothèque; » et il cite, à l'appui de sa doctrine, un arrêt du 12 janvier 1696, rendu dans la chambre qu'il présidait.

» Julien, dans son Commentaire sur les statuts de Provence, tome 2, page 517, combat cette opinion dans un point : il soutient que le légitimaire ne peut agir contre le tiers-possesseur, qu'après avoir discuté les biens existant dans l'hérédité : mais, du reste, il s'accorde parfaitement avec les auteurs que nous venons de citer, sur la nature de l'action appartenant au légitimaire. Voici ses termes : « L'action du légitimaire, pour sa légitime ou le sup- » plément, sur les biens de l'hérédité, dure trente » ans. Ce n'est pas une action hypothécaire qu'un » créancier exerce sur le bien aliéné par son dé- » biteur. » Le légitimaire est portionnaire et pro- priétaire des biens de l'hérédité à concurrence de sa légitime. Il a une action appelée conditio ex lege ou personalis in rem scripta, comme l'ont remarqué Peregrini, de fideicommissis, art. 66, n° 153; Merlini, de legitimâ, liv. 3, tit. 4, quest. 6,

_____

(1) V. le Répertoire de Jurisprudence, article Légitime, sect. 10.

et Despeisses, tome 2, *page* 313. « Et cette action,
» QUI EST UNE SORTE DE REVENDICATION, dure trente
» ans contre les tiers-possesseurs des biens héré-
» ditaires, comme l'a remarqué Julien dans ses mé-
» moires, titre *Pignus*, fol. 5 : Patroni nostri vulgò
sentiunt competere legitimario vindicationem intrà
30 annos contrà tertium possessorem et pro totâ
legitimâ. « Il rapporte un arrêt du 16 février 1583,
» qui le juge ainsi contre des tiers-possesseurs : la
» même chose fut jugée par l'arrêt du 18 juin 1691,
» rapporté par Decormis, tome 2, cent. 2, chap. 31. »
» Il est donc bien constant que tout légitimaire
a, pour se faire délivrer sa légitime, une action
réelle, et que par conséquent il est, de plein droit,
saisi par la mort de son père, sinon de la possession, au moins de la propriété des biens de celui-ci
jusqu'à la concurrence de sa portion légale.

» C'est précisément ce qu'établit Furgole dans
sa quest. 37 sur les donations : « La légitime (dit-
» il, n° 13) appartient tellement aux enfans, d'abord
» après la mort du défunt, qu'elle est censée séparée
» par le ministère de la loi, même avant que la de-
» mande en ait été formée...... La propriété de la
» légitime (dit-il encore, n° 16) passe sur la tête des
» enfans, au moment du décès de leur père ou mère,
» non-seulement pour le fonds, mais encore pour
» les fruits. »

» Furgole va plus loin encore : ce qu'il vient de
dire de la propriété, il le dit également, n° 22, de
la *possession ;* et il soutient, avec Lebrun, qu'en
vertu de la maxime, *le mort saisit le vif,* la possession du père passe de plein droit au légitimaire.

» Mais nous n'avons pas besoin de nous arrêter
à cette dernière opinion, contre laquelle d'ailleurs
il s'élève de puissantes autorités. Il suffit, sans aller
aussi loin, de nous tenir à ces principes universellement reconnus, que l'action en délivrance de la
légitime est réelle; qu'elle peut s'intenter contre le
tiers-acquéreur, et qu'elle a sa source dans le droit
de propriété qui passe immédiatement de la tête du
défunt sur celle du légitimaire.

» Or, que résulte-t-il de ces principes relativement à notre espèce? Une chose fort simple : c'est
que Marie Decurtil était, à l'époque de son mariage
avec Étienne Coste, propriétaire, à titre de légitime, du 12ᵉ des immeubles de son père; qu'ainsi,
en se constituant en dot tout ses biens présens et à
venir, elle a nécessairement imprimé à ce 12ᵉ la
qualité de fonds dotal; et que, par une conséquence
ultérieure, Étienne Coste n'a pas pu, de son chef,
aliéner ce 12ᵉ, comme il a prétendu le faire par sa
quittance du 13 août 1777.

» C'est effectivement ce qu'a décidé le jugement
du tribunal civil du Rhône, du 8 thermidor an 6 ;
et c'est en vain que l'on oppose à sa décision la
loi 16, D. de *fundo dotali*.

» Que résulte-t-il de ce texte? Rien autre chose,
si ce n'est que la défense faite au mari, par la loi
Julia, d'aliéner le fonds dotal, emporte celle de le

laisser prescrire par un tiers pendant le mariage;
qu'ainsi, le fonds dotal, quoique possédé de bonne
foi par un tiers, durant l'espace de dix ou vingt
années, n'en peut pas moins être revendiqué par
la femme devenue veuve; mais que, si la prescription
a commencé avant le mariage, elle continue contre
la femme mariée, sauf son recours contre son mari,
dans le cas où, à l'époque de sa constitution dotale,
il serait encore resté à celui-ci un temps moral pour
agir contre le tiers-possesseur.

» Les demandeurs prétendent inférer de cette
dernière disposition, que le fonds apporté en dot
n'est inaliénable, de la part du mari, que lorsque
le mari a été réellement et actuellement investi par
son épouse, au moment de la constitution dotale;
hors ce cas, disent-ils, la constitution dotale ne
donne au mari que le droit d'agir contre le tiers-
possesseur; mais ce droit, il peut le perdre en ne
l'exerçant pas; et la loi dont il s'agit décide en
effet qu'il le perd par un silence prolongé pendant
le temps requis pour prescrire: donc, concluent les
demandeurs, le droit d'agir en revendication contre
un tiers-possesseur, n'a pas, dans les mains du
mari, le caractère d'un fonds dotal; donc le mari
peut aliéner ce droit par un acte exprès, puisque
tout ce qui peut être prescrit peut être aliéné; donc
le jugement attaqué a contrevenu à la loi dont il est
question; donc il doit être cassé.

» Les demandeurs parleraient plus juste, s'ils
disaient que le jugement attaqué contrevient au
motif qui lui plaît de prêter à la loi; car ce n'est
qu'avec ce motif qu'il se trouve en opposition: or,
quand ce motif serait véritablement celui de la loi
16, D. de *fundo dotali*, ce ne serait certainement
pas une raison pour casser le jugement du tribunal
civil du Rhône. Pour qu'un jugement en dernier
ressort puisse être cassé, il faut qu'il contrevienne
expressément, non pas aux motifs présumés, mais
au texte littéral d'une loi.

» Il est d'ailleurs bien aisé de sentir que la disposition de la loi 16, D. de *fundo dotali*, de laquelle argumentent les demandeurs, n'est nullement basée sur le motif qu'ils imaginent. Le véritable, le seul motif de cette disposition, c'est que la
loi *Julia* n'a interdit l'aliénation du fonds dotal,
qu'autant qu'elle proviendrait du fait du mari; *sola
tamen voluntaria est alienatio,* dit Voet, sur le
n° 2, *quam vetel lex Julia de fundo dotali ;* et
cela est si vrai, que sa défense ne s'étend pas à l'aliénation nécessaire, telle qu'est, par exemple, celle
qui s'opère par la licitation, dans le cas d'un partage provoqué par le co-possesseur par indivis, et
auquel le mari n'a donné les mains que forcément,
ainsi que le déclarent formellement la loi dernière,
C. de *fundo dotali*, la loi dernière, C. *communi
dividundo*, et la loi pénultième, C. *de prædiis et
aliis rebus minorum.*

» Or, quand la prescription du fonds dotal a
commencé avant le mariage, ce n'est point par le
fait du mari que s'opère l'aliénation qui en résulte:

sans doute, le mari pourrait l'empêcher en agissant contre le tiers-possesseur; mais ne pas empêcher un tiers de continuer de posséder, ce n'est pas mettre ce tiers en possession; ne pas arrêter le cours de la prescription, ce n'est pas un fait prohibé par la loi *Julia;* c'est au contraire l'absence d'un fait; la loi *Julia* ne s'oppose donc pas à l'achèvement de la prescription commencée avant le mariage; et c'est uniquement parce qu'elle ne s'y oppose pas, que la loi 16, D. *de fundo dotali,* ne laisse à la femme, dans cette hypothèse, qu'une action en indemnité contre son mari.

» Mais qu'a de commun avec notre espèce la loi 16, D. *de fundo dotali,* ainsi expliquée et réduite à son sens naturel? Assurément rien; et les inductions que les demandeurs en ont tirées, prouvent seulement qu'il a fallu de grands efforts d'imagination pour attaquer le jugement du tribunal civil du Rhône; ce qui, en d'autres termes, signifie bien clairement que ce jugement ne donne aucune prise à la cassation.

» A défaut de loi, ou, si l'on veut, à l'appui d'une loi mal entendue et appliquée plus mal encore, les demandeurs invoquent l'autorité de Serres, dans ses *Institutions du droit français,* page 103. Mais que dit ce jurisconsulte? « Puisqu'il n'y a que l'aliénation du fonds dotal qui soit défendue par la loi, il s'ensuit que le mari est le maitre absolu des sommes, actions, obligations ou hypothèques dotales, et qu'il peut les aliéner comme il trouve à propos. » Voilà quelles sont les expressions de Serres; et bien sûrement, par ce mot *actions,* il n'entend pas les actions assimilées par les lois elles-mêmes aux immeubles dont elles ont pour objet ou le délaissement ou la délivrance; il ne peut entendre par ce mot que les actions tendantes à obtenir, ou le payement d'une somme d'argent, ou le délaissement d'effets mobiliers, ou même, si l'on veut, la délivrance d'immeubles sur lesquels on n'a pas encore *jus in re,* mais seulement *jus ad rem;* en un mot, les actions absolument mobilières par leur objet, ou purement personnelles par leur nature. Et la preuve que c'est là tout ce que veut dire Serres, c'est qu'il fonde son assertion sur deux textes du droit romain, dans lesquels il n'est question que d'argent, *pecuniâ,* et de simples créances, *nominibus,* donnés en dot pour la femme à son mari. Ces textes sont la loi 5, D. *de impensis in res dotales factis,* et la loi 2, C. *de obligationibus et actionibus.*

» C'est aussi la seule chose qui résulte de l'arrêt du parlement de Toulouse, que cite cet auteur, voici dans quels termes: «Par arrêt du 11 août 1705, » il a été jugé que le mari dont la femme s'était » constitué en dot tous ses biens, avait pu valable- » ment traiter et transiger des droits de sa femme, » quoiqu'elle fût mineure lors de la transaction, » et qu'il fût même question d'un compte tutélaire.» Il est bien évident que le résultat d'un compte tutélaire ne pouvait être que des restitutions à faire

en argent à la femme, par celui qui avait géré sa tutelle; l'action sur laquelle le mari avait transigé dans cette espèce, n'était donc qu'une action mobilière.

» Mais, disent les demandeurs (et c'est ici que se présente sous son deuxième point de vue le moyen de cassation qu'ils tirent du fond de la cause), il n'est pas vrai que Marie Decurtil ait apporté en dot à son mari une action tendante à se procurer des immeubles; ou du moins il n'est pas vrai qu'à l'époque où son mari a renoncé à cette action, elle eût encore des immeubles pour objet; elle n'était plus alors qu'une action mobilière; et en voici la preuve:

» Etienne Coste avait, dès le 6 juin 1768, c'est-à-dire, plus de neuf ans avant la signature de la quittance dont il s'agit au procès, reçu la somme de 1,400 livres que Gaspard Decurtil avait léguée à Marie Decurtil, pour lui tenir lieu de légitime.

» Il est vrai qu'alors Marie Decurtil était encore mineure, et que même elle n'est point intervenue dans la reconnaissance qu'en a donnée Etienne Coste.

» Mais ce qu'a fait Etienne Coste le 6 juin 1768, Marie de Curtil l'a ratifié en majorité, puisqu'en se pourvoyant avec son mari, en juillet 1766, contre les demandeurs, elle a offert de leur tenir compte, sur sa légitime, des 1,400 livres qu'avait reçues ce dernier.

» Marie Decurtil doit donc être considérée comme ayant reçu elle-même en majorité le legs de 1,400 livres que son père lui avait laissé pour sa légitime.

» Or, continuent les demandeurs, il est d'une jurisprudence constante que, quand le légitimaire a reçu, à compte de sa portion, un legs de deniers que le défunt lui avait laissé, il ne peut plus demander son supplément en corps héréditaires; en sorte que le payement doit être complété en même nature de biens qu'il a été commencé.

» C'est ce qu'enseignent Despeisses et Bretonnier; c'est ce qu'ont jugé plusieurs arrêts du parlement de Grenoble, et c'est ce que porte un acte de notoriété délivré par les magistrats du parquet de ce dernier tribunal, le 4 juillet 1750.

» Le tribunal civil du Rhône a donc violé cette jurisprudence, en considérant comme immobilière, et en assimilant à un fonds dotal proprement dit, l'action qui restait à Marie Decurtil, après le payement qui lui avait été fait en 1768, pour son supplément de légitime. Il l'a également violée, en condamnant les demandeurs à fournir ce supplément en corps héréditaires.

» Ainsi raisonnent les demandeurs; et certes, si la contravention à la doctrine de quelques auteurs, à la décision de plusieurs arrêts, à la jurisprudence enfin plus ou moins constante des anciens tribunaux d'une contrée, pouvait former un moyen légal en cassation, le jugement du tribunal civil du Rhône ne pourrait pas résister aux attaques qui lui sont portées de ce chef, et vous ne pourriez pas vous dispenser de l'anéantir.

» Mais ce n'est pas pour faire respecter les opinions des auteurs, ce n'est pas pour maintenir les maximes arbitraires qu'ont pu introduire dans leurs ressorts les anciennes cours de justice, que la loi a remis entre vos mains l'exercice suprême du pouvoir judiciaire; elle ne vous l'a remis que pour la venger elle-même des atteintes qu'elle pourrait recevoir par les jugemens qui vous seraient dénoncés; et le droit redoutable de les casser, elle vous a dit formellement qu'elle ne vous le déléguait que pour l'exercer en cas de *contravention expresse* à sa volonté souveraine.

» Qu'importe donc que Despeisses, Bretonnier, et les arrêts autrefois rendus par le parlement de Grenoble, ne soient pas d'accord avec le jugement du tribunal civil du Rhône? L'essentiel est que ce jugement ne contienne rien qui, sur le point dont il est ici question, viole expressément une disposition véritablement législative.

» Et non-seulement on ne saurait citer aucune disposition législative qui contrarie ce jugement, mais nous dirons hardiment avec un magistrat que l'Europe compte au rang des plus profonds jurisconsultes, avec le président Favre, dans son *Traité de erroribus pragmaticorum*, décade 14, §. dernier, et décade 15, §. 2, qu'il n'y a rien de plus contraire aux principes de la législation romaine, que l'opinion de Despeisses, de Bretonnier, et du ci-devant parlement de Grenoble...... (1)

» Nous pouvons encore joindre à son autorité celle de Dejuin, dans le journal du palais de Toulouse, tome 1, page 395; voici comment il s'explique: « Le 17 juillet 1763, entre Artagne et Jeanne Ar- » tagne sa sœur, mariée avec Rouede, MOI RAPPOR- » TEUR, sur l'appel du sénéchal d'Auch, jugé que » ladite Jeanne aura un sixième des biens de feu » Artagne, père commun, nonobstant qu'elle eût » reçu 53 livres, à cause du legs de 100 livres que » son père lui avait léguées. » Ce magistrat convient que cette décision est contraire à l'avis du président Meynard, livre 7, chapitre 6, lequel est conforme à la jurisprudence du parlement de Grenoble, invoquée ici par les demandeurs. Mais il observe que l'auteur de l'*Abrégé* du recueil de Meynard lui-même a condamné cet avis; et il justifie l'arrêt qu'il rapporte, par cette raison simple et décisive : « La » légitime et le supplément étant une quote des biens » dont le légitimaire est vrai maître, il n'est pas » raisonnable qu'il soit déchu indirectement, et s'il » n'y a consenti par un accord ou renonciation » expresse. »

» Il y a assurément plus de sens et de logique dans ce peu de mots, que dans la supposition à laquelle on est obligé de recourir pour étayer l'opinion contraire : car, vous l'avez vu, on est obligé de supposer que le fils, en recevant un à-compte en deniers sur la légitime, est censé avoir vendu à l'héritier le droit qu'il avait de prendre sa portion légale en nature. Une pareille fiction, nous osons le dire, répugne aux vrais principes, et blesse la saine raison.

» Bien loin donc d'avoir mérité des reproches, le tribunal civil du Rhône n'a mérité que des éloges, en jugeant, comme il l'a fait, que la réception d'un legs en deniers n'ôte pas au légitimaire le droit de demander en corps héréditaires le supplément de sa légitime; et nous vous proposerons avec confiance de maintenir son jugement, non pas précisément parce qu'il est calqué sur une disposition expresse de la loi du 18 pluviôse an 5, mais parce que cette loi n'est elle-même que l'écho des vrais principes qui régissaient, avant 1789, la matière des légitimes.

» Nous estimons, en conséquence, qu'il y a lieu de rejeter la requête en cassation, et de condamner les demandeurs à l'amende. »

Sur ces conclusions, arrêt du 1er fructidor an 9, au rapport de M. Coffinhal, par lequel,

« Attendu qu'en décidant que Marie Decurtil aurait dû être partie dans l'acte du 13 août 1777, le jugement attaqué n'a violé aucune loi; qu'il s'agissait, dans cet acte, de ses droits immobiliers dans la succession de son père et dans celle de ses frères décédés, et de la priver de l'effet de la sentence du 17 septembre 1776, rendue avec elle à son profit; que la jurisprudence, d'après laquelle le légitimaire était obligé de recevoir le supplément en argent, lorsqu'il avait accepté le payement de sa légitime en argent, n'était point, en fait, opposée à Marie Decurtil qui n'avait été partie dans aucun acte, et dont le contrat de mariage ne donnait aucun pouvoir spécial au mari sur ses biens; qu'en droit, la jurisprudence n'oblige pas même les tribunaux, lorsqu'elle n'est pas fondée sur une loi, et qu'il peut y être dérogé par eux sans exposer leurs jugemens à la cassation:

» Le tribunal rejette le pourvoi..... »

§. IX. *Est-il dû une légitime à un ex-religieux sur les biens que son père et sa mère, morts depuis l'abolition des vœux monastiques, avaient donnés entre-vifs et par contrat de mariage, pendant qu'il était engagé dans le cloître?*

Le 21 septembre 1788, contrat de mariage du sieur Desforges de Caulière : « son père et sa mère » lui font, par cet acte, donation entre-vifs, perma- » nente et irrévocable, en avancement d'hoirie et » de leur future succession, de la terre et seigneurie

---

(1) Je ne rappelle pas ici les raisons sur lesquelles Favre motive sa doctrine : elles sont analysées dans le *Répertoire de Jurisprudence*, au mot *Légitime*, sect. 9, §. 2.

» de Caulière, d'un contrat de constitution de rente » au principal de 64,000 livres dû par....., ensemble » de tous leurs autres biens, meubles et immeubles, » or, argent, billets, dettes, et généralement de tout » ce qui se trouvera leur appartenir au jour de leur » décès; » à la charge, 1° de l'usufruit qu'ils s'en réservent; 2° de payer après le décès du dernier vivant de l'un d'eux, une pension viagère de 600 livres à leur fille, *chanoinesse du chapitre de Poulangy.*

Le 22 novembre 1793, mort du donataire, laissant deux enfans mineurs.

Les donateurs décèdent à leur tour, l'un en 1807, l'autre en 1808.

Les enfans du donataire se mettent en possession de tous les biens dont se composent leurs successions.

Mais bientôt leur tante, ex-chanoinesse, se prévalant des lois qui l'ont rendue à la vie civile, les fait assigner en liquidation et délivrance de sa légitime dans l'une et l'autre hérédités.

Ils lui répondent qu'à l'époque du contrat de mariage de leur père, elle était incapable de succéder; et qu'entamer, sous le prétexte que son incapacité a cessé depuis, une donation qui, dans son principe, était, de sa part, à l'abri de toute action en retranchement, ce serait supposer aux nouvelles lois un effet rétroactif.

Le 15 février 1813, jugement du tribunal de première instance d'Amiens, qui accueille la demande de l'ex-chanoinesse.

Appel de la part des enfans du donataire.

Pendant que cet appel se poursuit devant la cour royale d'Amiens, l'ex-chanoinesse meurt, après avoir institué Élisabeth Melin, femme Maillefert, sa légataire universelle: celle-ci reprend l'instance.

Le 17 août 1814, arrêt qui infirme en quelques points le jugement dont est appel, mais en maintient la disposition principale:

« Attendu que, pour décider si un enfant légitime a droit à une portion héréditaire ou légitimaire dans la succession de ses père et mère, c'est uniquement l'époque de l'ouverture de ces successions qu'il faut consulter;

» Que, s'il est vrai que l'ex-chanoinesse de Poulangy était, aux termes de l'art. 95 de la coutume d'Amiens, privée du droit de succéder à ses père et mère et à ses autres parens, il est vrai aussi que ce droit lui a été restitué par les lois des 5 brumaire et 17 nivôse an 2, intervenues pendant la vie de ses père et mère, qui ne sont décédés qu'en 1807 et 1808; d'où il suit que l'incapacité dont elle a été frappée n'a été que temporaire, et avait entièrement cessé avant l'ouverture des successions de ses père et mère;

» Que, cessant la donation de tous biens présens et à venir, faite le 21 septembre 1788, par les sieur et dame Desforges de Caulière, à leur fils aîné, en

faveur de son mariage...., l'ex-chanoinesse de Poulangy aurait eu le droit de prendre incontestablement dans la succession de ses père et mère une part égale à celle de ses autres frères et sœurs;

» Que l'art. 1er de la loi du 18 pluviôse an 5 ayant ordonné que les dispositions irrévocables de leur nature, légitimement stipulées en ligne directe, avant la loi du 7 mars 1793, auraient leur plein et entier effet, *conformément aux anciennes lois*, tant sur les successions ouvertes jusqu'au jour de ladite loi, que sur celles qui s'ouvriraient à l'avenir; il s'ensuit que la donation du 21 septembre 1788 doit être maintenue sous les conditions et modifications auxquelles elle était soumise par les lois existantes à l'époque où elle a été faite;

» Que, d'après les art. 34, 35, 36, 37 et 38 de l'ordonnance des donations de 1731, les donations, même celles faites par contrat de mariage en ligne directe, étaient sujettes au retranchement pour fournir la légitime aux enfans, en cas d'insuffisance de tous les biens libres dans la succession;

» Que le droit de faire retrancher des donations les portions suffisantes pour fournir la légitime, n'appartient pas seulement aux enfans existans et capables de succéder à l'époque des donations, mais encore aux enfans qui étaient nés depuis lesdites donations, s'ils étaient capables de succéder à l'époque de l'ouverture de la succession de leur père ou mère;

» Qu'il résulte de là qu'encore que l'ex-chanoinesse de Poulangy fût, à cause de sa profession religieuse, incapable de succéder à ses père et mère à l'époque de la donation du 21 septembre 1788, il suffit qu'elle ait été capable de leur succéder à l'époque de l'ouverture de leurs successions, pour qu'elle ait droit de demander le retranchement de la donation, pour être remplie de sa légitime;

» Que cela résulte non-seulement de l'art. 1er de la loi du 18 pluviôse an 5, mais aussi des art. 14 et 15 de la même loi, et encore des art. 5 et 8 de la loi du 3 vendémiaire an 4. »

Les enfans du donataire se pourvoient en cassation contre cet arrêt.

L'affaire portée à l'audience de la section des requêtes, j'y ai donné des conclusions, le 17 janvier 1815, pour l'admission de leur recours, et elle a été prononcée en effet par arrêt du même jour, au rapport de M. Vallée.

Mais dès le même jour j'ai senti, j'ai même déclaré à plusieurs personnes que je m'étais trompé, et je me suis mis en devoir de remanier mes conclusions pour les présenter à la section civile dans un sens tout opposé, lorsque la discussion s'y ouvrirait contradictoirement.

Les voici telles que je les aurais prononcées, si les événemens postérieurs n'y avaient mis obstacle.

« L'arrêt qui vous est dénoncé reconnaît qu'à l'époque de la donation faite au sieur Desforges de Caulière par son contrat de mariage, la sœur du donataire était engagée dans les liens de la profession religieuse, et que par conséquent elle était exclue de toute action en retranchement de cette donation, pour des droits légitimaires qu'elle était alors incapable d'exercer.

» Mais il n'en décide pas moins que cette donation est sujette à retranchement pour la légitime de la sœur du donataire ; et ses motifs sont que le donataire, en acceptant la donation, n'a été investi de la propriété des biens qui y étaient compris, que sous la condition que lui imposait l'ordonnance de 1731, d'en détacher une portion suffisante pour fournir la légitime aux autres enfans des donateurs ; que l'ordonnance de 1731 ne distinguait pas, à cet égard, entre les enfans nés avant et les enfans nés depuis la donation ; qu'il était dans son esprit de ne pas distinguer davantage entre les enfans qui, à l'époque de la donation, étaient capables de succéder, et ceux qui ne le deviendraient que postérieurement ; qu'ainsi, la sœur du donataire s'étant trouvée, par l'effet des lois nouvelles, capable de succéder à son père et à sa mère, lorsqu'ils sont décédés en 1807 et 1808, il ne peut y avoir aucun prétexte pour lui contester le droit de prendre sa légitime sur la donation.

» En raisonnant ainsi, l'arrêt attaqué fait-il une juste application de l'ordonnance de 1731 ; ou n'attribue-t-il pas aux lois nouvelles qui ont rendu à la sœur du donataire la capacité de succéder, dont l'avait privée sa profession religieuse, un effet rétroactif ; et par-là ne viole-t-il pas l'art. 2 du code civil ? Telle est la question que nous avons à examiner.

» Mais cette question est subordonnée à une autre : c'est de savoir si, en supposant que l'arrêt attaqué donnât un effet rétroactif aux lois dont il s'agit, cette rétroactivité ne serait pas expressément autorisée, ou plutôt formellement commandée, comme le fait entendre cet arrêt même, soit par les art. 5 et 8 de la loi du 3 vendémiaire an 4, soit par les art. 1, 14 et 15 de la loi du 18 pluviôse an 5? Car si tel était le vœu, soit de l'une, soit de l'autre de ces deux lois, il devrait l'emporter même sur l'art. 2 du code civil, qui n'établit qu'un principe, à la vérité bien général, mais qui n'en doit pas moins, comme vous l'avez jugé le 13 décembre 1809, au rapport de M. Liborel (1), céder aux dispositions spéciales des lois antérieures non rapportées, qui y sont contraires.

» Or, que nous disent sur cette matière les deux lois sur lesquelles s'appuie la cour royale d'Amiens dans la dernière partie de ses motifs ?

» Celle du 3 vendémiaire an 4 n'a, comme vous le savez, qu'un seul objet : c'est de régler le mode d'exécution du décret du 9 fructidor an 3, portant abolition de l'effet rétroactif que les lois des

5 brumaire et 17 nivôse an 2 s'étaient donné à elles-mêmes jusqu'au 14 juillet 1789.

» Elle commence par ordonner la restitution des biens que cet effet rétroactif avait fait sortir des mains des légitimes possesseurs ; puis, par commisération pour les ex-religieux et ex-religieuses, elle fait, art 5, une exception ainsi conçue : « Les partages faits entre la république et les personnes » déchues, qui étaient ci-devant religieux ou reli-» gieuses, qui n'avaient que des portions légiti-» maires ou des dots à réclamer, sont maintenus.... » Sont également maintenus les partages entre des » héritiers et des ci-devant religieux ou religieuses, » qui n'ont recueilli, en vertu des lois de 5 brumaire » et 17 nivôse, que des portions légitimaires. »

» Que résulte-t-il de cet article ? Deux choses seulement : la première, qu'il y avait des ex-religieux et ex-religieuses qui, en vertu de la loi du 18 vendémiaire an 2, par laquelle ils avaient été réintégrés dans le droit de succéder, avaient eu des droits légitimaires à réclamer dans des successions ouvertes pendant l'effet rétroactif des lois des 5 brumaire et 17 nivôse, mais à qui, par suite de cet effet rétroactif qui avait détruit toutes les donations entre-vifs faites depuis le 14 juillet 1789, il avait été assigné en partage des portions héréditaires intégrales ; la seconde, qu'il y en avait d'autres à qui ce même effet rétroactif n'avait procuré que des portions légitimaires.

» Ces portions légitimaires, sur quels biens avaient-ils eu le droit de les prendre, ou les avaient-ils prises effectivement ? Était-ce sur des biens qui avaient été donnés entre-vifs à leurs frères ou sœurs, ou même à des étrangers, pendant qu'ils étaient liés par leurs vœux solennels ? Était-ce sur des biens dont la donation entre-vifs avait précédé leur profession religieuse ? La loi ne le dit pas. On ne peut donc ici rien conclure, ni de l'une ni de l'autre de ses deux dispositions ; ses deux dispositions laissent donc notre question entière.

» L'art. 8 de la même loi loi s'occupe du sort des enfans qui, de simples légitimaires qu'ils étaient avant les lois des 5 brumaire et 17 nivôse an 2, étaient devenus héritiers par la rétroactivité des ces lois ; et il veut qu'en perdant la qualité d'héritiers, et en reprenant celle de légitimaires, ils puissent « retenir en biens héréditaires, et proportion-» nellement sur chaque espèce de biens, » le montant de leur légitime. Puis il ajoute : « La disposi-» tion du présent article s'applique pareillement aux » légitimaires dont les droits ont été ouverts, soit » avant le 14 juillet 1789, soit depuis le 5 floréal » dernier, » jour du décret qui a suspendu l'effet rétroactif des lois des 5 brumaire et 17 nivôse.

» Mais quel rapport y a-t-il entre tout cela et la question qui nous occupe actuellement ? Parler des légitimaires d'une manière générale, ce n'est certainement pas dire que les ex-religieux, lorsqu'ils auront une légitime à retenir ou à réclamer, la prendront sur des biens qui ont été donnés irrévocable-

_____

(1) V. le *Répertoire de Jurisprudence*, aux mots *Effet rétroactif*, sect. 2.

ment à une époque où la loi les excluait de toute succession.

» Les mêmes observations s'appliquent aux art. 14 et 15 de la loi du 18 pluviôse an 5 : car ces articles ne font que modifier l'art. 8 de la loi du 3 vendémiaire an 4. Ils le maintiennent pour les légitimaires qui étaient devenus héritiers en vertu de l'effet rétroactif des lois des 5 brumaire et 17 nivôse an 2 ; et ils l'abrogent, tant pour les légitimaires dont les droits étaient ouverts avant le 14 juillet 1789, que pour les légitimaires dont les droits ne se sont ouverts que depuis les lois des 5 brumaire et 17 nivôse an 2. Mais assurément, de ce que les légitimaires, en général, peuvent ou ne peuvent pas retenir ou réclamer leur légitime en biens héréditaires, il ne s'ensuit pas que les ex-religieux, lorsqu'ils ont droit à une légitime, puissent la prendre sur une donation entre-vifs qui a été faite pendant qu'ils étaient incapables de succéder.

» Quant à l'art. 1er de la même loi, il n'est ici, en quelque sorte, qu'une arme à deux tranchans : si, d'un côté, de ce qu'il veut que « les avantages, » prélèvemens, préciputs, donations entre-vifs, ins-» titutions contractuelles, et autres dispositions irré-» vocables de leur nature, légitimement stipulées » en ligne directe avant la publication de la loi du » 7 mars 1793...., aient leur plein et entier effet, » conformément aux anciennes lois; tant sur les » successions ouvertes jusqu'à ce jour, que sur celles » qui s'ouvriront à l'avenir, » on peut inférer, avec la cour royale d'Amiens, que la donation du 21 septembre 1788 ne doit être exécutée que conformément à l'ordonnance de 1731, sous l'empire de laquelle a été passé le contrat de mariage qui l'a stipulée, et par conséquent qu'à la charge de fournir la légitime à la sœur du donataire; de l'autre côté, aussi, on peut dire que, dès que l'effet de cette donation doit être plein et entier d'après les anciennes lois, il est impossible que les lois nouvelles concourent avec les lois anciennes pour régler cet effet; il est impossible que les lois nouvelles ôtent rien à la plénitude de cet effet, et retranchent rien de son intégralité; il est impossible, en un mot, que la donation ne soit pas exécutée de la même manière qu'elle l'eût été, si les successions des donateurs s'étaient ouvertes sous l'empire des anciennes lois, et par conséquent que les personnes à qui les anciennes lois refusaient toute action pour en distraire quelque chose, soient admises à se prévaloir des lois nouvelles pour y faire la moindre distraction

» Il faut donc ici abandonner les lois spéciales invoquées subsidiairement par l'arrêt de la cour royale d'Amiens, et nous renfermer dans l'examen des autres motifs de cet arrêt.

» Que la donation du 21 septembre 1788 ait été soumise, dès son principe, à un retranchement éventuel pour fournir la légitime à ceux des frères et sœurs du donataire qui étaient nés auparavant, et qui, à cette époque, étaient capables de succéder;

» Qu'elle ait également été soumise, dès son principe, au même retranchement pour fournir la légitime à ceux des frères et sœurs du donataire qui pourraient naître dans la suite, et qui se trouveraient capables de succéder, au moment où les successions des donateurs viendraient à s'ouvrir;

» Ce sont là deux vérités aussi constantes que palpables.

» Mais de là s'ensuit-il que ceux des enfans des donateurs qui étaient nés avant la donation, mais qui, à l'époque de la donation, étaient incapables de succéder, peuvent, en vertu des lois nouvelles qui ont fait cesser leur incapacité, réclamer une légitime sur des biens que la loi du temps de la donation affranchissait, à leur égard, de toute espèce de retranchement éventuel?

» Oui, dit-on : car il en est de la capacité de succéder comme de la naissance; et puisque l'enfant né après la donation, n'a pas moins droit de légitime que s'il était né antérieurement, il faut bien qu'il en soit de même de l'enfant qui, incapable de succéder à l'époque de la donation, n'en est devenu capable qu'après.

» Une preuve, peut-on ajouter, qu'en cette matière, la loi assimile la capacité de succéder survenue après la donation, à la naissance qui suit la donation, c'est que personne n'oserait nier qu'il ne soit dû, sur les biens donnés, une légitime à l'enfant naturel qui, à l'époque de la donation, était incapable de succéder, mais qui, après la donation, a été légitimé par mariage subséquent.

» Voilà des argumens spécieux; mais sont-ils concluans?

» Pourquoi l'enfant qui naît après la donation a-t-il droit au retranchement de la légitime, ni plus ni moins que s'il était né auparavant? Parce que la donataire a été averti par la loi du temps de la donation, qu'il devrait une légitime à tous les enfans du donateur, et que la loi ne faisant, sur ce point, aucune distinction entre les enfans nés et les enfans à naître, il a dû s'attendre à la même action de la part de ceux-ci que de la part de ceux-là.

» Pourquoi l'enfant naturel qui était né avant la donation, et qui, à l'époque de la donation, était incapable de succéder, acquiert-il, par sa légitimation postérieure, et par la cessation de son incapacité qui en est le résultat, un droit incontestable au retranchement de la légitime? Parce que la loi du temps de la donation lui offrait la chance de la légitimation par mariage subséquent; parce que le donataire a été averti par cette loi qu'un mariage subséquent pourrait le légitimer.

» Dans ces deux cas, la loi du temps de la donation agit seule; elle seule confère le droit au retranchement de la légitime; elle seule en règle l'exercice, comme la quotité.

» Mais si vous allez plus loin, si, de ce qui se pratique dans ces deux cas, vous inférez qu'il en doit être de même dans celui où, comme dans notre espèce, l'incapacité de succéder, au lieu de cesser par l'effet qu'a produit après la donation une cause qui existait dès l'époque de la donation même, ne cesse que par l'effet d'une loi postérieure, que faites-vous? Une véritable rétroactivité : car il y a manifestement rétroactivité, toutes les fois qu'en vertu d'une loi qui n'est survenue qu'après une donation irrévocable de sa nature, vous neutralisez cette donation, soit en tout, soit en partie.

» Direz-vous que le donataire a dû s'attendre à une loi nouvelle qui, changeant les règles des successions, rendrait successibles, à l'époque du décès du donateur, des personnes qui ne l'étaient pas à l'époque de la donation?

» Mais avec un pareil principe, la défense de faire rétrogir les lois ne serait plus, en matière de donation, qu'un mot vide de sens; et il est évident que, si, comme on n'en peut douter, cette défense est applicable aux lois qui concernent les donations, comme aux lois qui concernent toute autre matière, elle suppose nécessairement le principe contraire, savoir, que le donataire contracte sur la foi de la législation du temps où la donation lui est faite; principe qui conduit directement et immédiatement à la conséquence, que la donation ne peut être ni résolue, ni diminuée par la survenance d'une législation différente.

» Tout le monde est aujourd'hui d'accord que la quotité de la légitime à prendre sur les donations faites sous l'empire de l'ancienne loi, par des personnes mortes sous le code civil, ne doit pas être réglée par le code civil, mais par l'ancienne loi. Cependant on pourrait tout aussi bien, sur la quotité de la légitime que sur la question de savoir s'il y a lieu à légitime ou non, dire que le donataire a dû s'attendre à une loi nouvelle.

» Les filles normandes ont fait, après la loi du 8-13 avril 1791, la même objection à leurs frères donataires entre-vifs (quoiqu'ils eussent renoncé aux successions des donateurs ouvertes postérieurement à cette loi), pour les obliger au rapport des donations qu'ils avaient reçues sous l'empire de la coutume de Normandie. La coutume, disaient-elles, vous oblige à ce rapport en faveur de vos co-successibles. A la vérité, nous n'étions pas vos co-successibles à l'époque des donations; mais nous le sommes aujourd'hui par l'effet de la loi du 8-13 avril 1791; et dès lors nous sommes, à votre égard, de la même condition que des frères mâles qui vous seraient survenus après les donations.

» Que répondaient les donataires? S'il nous était survenu des frères mâles après les donations, nous leur en devrions le rapport, parce que telle est la condition qui nous a été imposée par la coutume au moment où les donations nous ont été faites, parce que ce serait la coutume elle-même qui les eût associés à nous dans la qualité de successibles. Mais vous, de qui tenez-vous cette qualité? Ce n'est point de la coutume qui a présidé à nos donations; c'est uniquement d'une loi nouvelle; et une loi nouvelle ne peut pas rétroagir à notre préjudice.

» Et qu'avez-vous, messieurs, prononcé sur ces contestations? Par trois arrêts des 12 nivôse et 11 ventôse an 12 et 4 mai 1807, vous avez maintenu des arrêts de la cour d'appel de Rouen qui avaient débouté les filles normandes; et vous les avez maintenus, « attendu que, la coutume tenant, elles n'auraient pas pu, n'étant pas héritières, faire pro-
» noncer la révocabilité de donations qui étaient
» irrévocables de leur nature (1). »

» Le système des filles normandes a été renouvelé en Piémont, après la publication du code civil, par des filles qui avaient été mariées et dotées sous les constitutions du pays, et que les constitutions du pays avaient, par cette raison, exclues des successions de leurs pères et mères. Mais il n'a pas eu plus de succès en Piémont qu'il n'en avait eu en Normandie; et, le 15 décembre 1807, au rapport de M. Pajon, vous avez jugé qu'un arrêt de la cour d'appel de Turin, du 15 mars 1806, « en décidant
» que la donation faite à Gaspard Bolla, par son
» contrat de mariage, et à une époque lors de la-
» quelle les filles piémontaises n'avaient aucune ré-
» clamation à exercer sur la succession de leurs
» pères et mères, lorsqu'elles avaient été convena-
» blement dotées, lui avait conféré un droit irrévo-
» cable de sa nature, n'a proclamé qu'une doctrine
» conforme à tous les principes; et qu'en consé-
» quence, il en a justement conclu que les disposi-
» tions du code civil ne lui étaient pas applicables,
» nonobstant le décès du père commun, survenu
» postérieurement à sa publication. »

» C'est encore en se fondant sur le prétexte que tout donataire entre-vifs, tout héritier contractuel doit s'attendre aux retranchemens qui pourront être ordonnés par des lois postérieures à sa donation ou à son institution, que le sieur Wirion père est venu, après la mort de son fils, arrivée en 1810, réclamer sur la succession de celui-ci, succession qu'une donation mutuelle, stipulée par un contrat de mariage, du 6 ventôse an 6, assurait tout entière à sa veuve, le droit de légitime ou réserve, que le code civil attribue à l'ascendant. Mais quel a été le sort de cette réclamation? Un arrêt de la cour d'appel de Paris, du 3 août de la même année, l'a proscrite; et cet arrêt a été maintenu par un arrêt contradictoire de la section civile, du 18 mai 1812, « attendu qu'un droit acquis d'une manière irrévo-
» cable ne peut être altéré, en tout ni en partie,
» par une législation qui lui est postérieure. »

» Enfin, le même principe a encore déterminé l'arrêt que vous avez rendu, le 9 juillet 1812, au

_____

(1) V. le Répertoire de Jurisprudence, aux mots Démission de biens, nᵒ 5.

rapport de M. Botton de Castellamonte, et sur nos conclusions, dans une affaire où une fille naturelle, née en 1783, et authentiquement reconnue à la même époque par le sieur Leclerc, son père, mort en 1809, prétendait distraire d'une donation mutuelle de tous biens présens et à venir, que son père avait faite par contrat de mariage en 1785, la portion que le code civil réserve aux enfans naturels légalement reconnus.

» Dans cette affaire, la position de la fille naturelle avait été, tant à l'époque de la donation de 1785, qu'à celle de la mort de son père, la même qu'était, dans notre espèce, la position de la chanoinesse de Poulangy, tant à l'époque de la donation de 1788 qu'à celle de l'ouverture des successions de ses père et mère. Comme la chanoinesse de Poulangy, la fille naturelle avait été, à l'époque de la donation dont elle demandait le retranchement, incapable de succéder à son père; et cette incapacité n'avait depuis cessé à l'égard de la fille naturelle que de la même manière qu'elle avait depuis cessé à l'égard de la chanoinesse de Poulangy : car ce n'était point par l'effet d'une cause déjà existante à l'époque de la donation de 1785, ni n'était point par un mariage subséquent, qui, d'après la législation de cette époque, aurait pu la légitimer; c'était tout simplement par l'effet d'une loi postérieure que la fille naturelle était devenue capable de recueillir une portion des biens de son père.

» Or, qu'avez-vous décidé sur la prétention de la fille naturelle? Vous avez maintenu l'arrêt de la cour d'appel de Paris qui l'avait rejetée; et vous avez déclaré qu'en la rejetant, la cour d'appel de Paris avait *fait la plus juste application de l'article 2 du code civil*, qui prohibe toute rétroactivité dans les lois (1).

» Vous avez donc par-là même jugé à l'avance que le même article est violé par l'arrêt de la cour royale d'Amiens qui accueille la prétention de la chanoinesse de Poulangy.

» Voilà, messieurs, comment nous avons raisonné devant la section des requêtes; voilà sur quel fondement nous avons conclu, devant cette section, à l'admission du recours sur lequel vous avez aujourd'hui à statuer.

» Mais, nous devons le dire, à peine l'arrêt qui a prononcé cette admission était-il rendu, que déjà nous regrettions de l'avoir provoqué.

» Une réflexion qui nous était échappée auparavant, nous a frappé tout à coup; et nous avons senti qu'il y avait une différence essentielle entre les espèces sur lesquelles avaient été rendus vos arrêts des 12 nivôse et 11 ventôse an 12, 4 mai et 15 décembre 1807, 8 mai et 9 juillet 1812, et le cas où se trouvait la dame de Caulière.

» En effet, lorsqu'avaient été faites les donations entre-vifs contre lesquelles réclamaient les filles normandes et piémontaises, le père du général Wirion et la fille naturelle née en 1783, les donataires n'avaient ni pu ni dû prévoir que la législation générale de leur pays serait un jour bouleversée au point, soit de rendre successibles des personnes qui, à cette époque ne l'étaient nullement, soit d'affecter une portion indisponible à des personnes qui n'avaient alors aucun droit légitime à exercer; et, par conséquent, on n'avait pas pu supposer que ces donations eussent été tacitement grevées d'un retranchement à titre de légitime ou de réserve.

» Au lieu qu'en 1788, quelque formelle que fût la disposition de la coutume d'Amiens qui excluait les religieuses de tout droit successif, il était possible que, sans qu'elle fût abrogée, la dame de Caulière recouvrât, par un bref de sécularisation obtenu du vivant de son père et de sa mère, la capacité de leur succéder, et par suite de demander sa légitime sur la succession de l'un et de l'autre. Cette possibilité, justifiée pour les religieux en général, par les monumens de l'ancienne jurisprudence que nous avons retracés à votre article du 22 janvier 1812, dans l'affaire de la dame Rebecqui (1), était même d'autant plus apparente pour la dame de Caulière en particulier, que les exemples de pareilles sécularisations n'étaient pas rares relativement aux chanoinesses de chapitres nobles.

» Le frère de la dame de Caulière a donc dû, en acceptant la donation dont son père et sa mère l'avaient gratifié en le mariant, prévoir que sa sœur pourrait un jour rentrer dans le siècle.

» Dès-là nul doute qu'il ne doive être considéré comme s'étant tacitement assujéti à lui fournir une légitime, le cas échéant; dès-là, par conséquent, nécessité de maintenir l'arrêt attaqué. C'est à quoi nous conclons. »

Telles étaient les conclusions que j'avais préparées pour la section civile. Les circonstances m'ont mis hors d'état d'en faire usage; mais le résultat n'en a pas moins été le même.

Par arrêt du 28 novembre 1815, au rapport de M. Minier,

« Attendu que la dame de Caulière, ex-chanoinesse de Poulangy, a été relevée de ses vœux, et rendue à la vie civile par les lois publiées en l'an 2; que, par ces lois, elle a été appelée à recueillir les successions qui s'ouvriraient à son profit, postérieurement à la promulgation de la loi du 5 brumaire an 2 (2);

» Attendu que les père et mère de la dame de

_____

(1) *Répertoire de Jurisprudence*, au mot *Réserve*, sect. 6, n° 8.

_____

(1) *Répertoire de Jurisprudence*, au mot *Légitimation*, sect. 2, §. 2, n° 8.
(2) Ce n'est pas la loi du 5 brumaire an 2, mais celle du 18 vendémiaire précédent, qui a rendu aux ex-religieux la capacité de succéder.

Caulière ne sont décédés qu'en 1807 et 1808; et que, s'ils étaient morts sans avoir antérieurement disposé, elle aurait eu droit de prendre, dans leurs successions, une part égale à celle de chacun de ses frères et sœurs;

» Attendu qu'au moyen de la donation faite au profit de son frère aîné par son contrat de mariage, donation de sa nature irrévocable, et maintenue par l'art. 1er de la loi du 18 pluviôse an 5, pour être exécutée conformément aux lois anciennes, la dame de Caulière ne pouvait plus réclamer sa part héréditaire dans les successions de ses père et mère, mais seulement sa légitime par voie de distraction;

» Attendu que sa réclamation, à cet égard, était justifiée par l'ordonnance de 1731, et notamment par l'art. 36 de cette même loi;

» Attendu qu'aux termes dudit art. 36, le donataire de 1788 était assujéti à fournir indéfiniment la légitime dans la succession des pères et mères donateurs, à leurs enfans capables de la réclamer au moment de leur décès; que cette obligation formait une charge inhérente à la donation faite à son profit, et qui en était inséparable;

» Attendu que de là il résulte que la dame de Caulière, ex-chanoinesse de Poülangy, était bien fondée à réclamer sa légitime par voie de distraction sur la donation faite à son frère en 1788; et que, par suite, l'arrêt qui a adjugé cette légitime à la femme Maillefert, sa légataire universelle, qui la représentait en cette qualité, a saisi le véritable esprit des lois précitées, fait une juste application des dispositions de l'ordonnance de 1731, et notamment de l'art. 36 de cette loi; et qu'il n'y a point de rétroactivité dans les dispositions qu'il renferme;

» Par ces motifs, la cour rejette le pourvoi. »

Il est à regretter que cet arrêt ne fasse pas sentir dans sa rédaction, la raison particulière et décisive qui en distingue l'espèce de celle des arrêts de l'an 12, de 1807 et de 1812 que j'avais cités dans la section des requêtes.

§. X. Autres questions sur cette matière.

V. les articles Payement, §. 3, et Tiers coutumier.

LÉGITIMITÉ. §. I. Peut-on prouver par témoins les circonstances qui établissent ou font présumer juridiquement la légitimité d'un enfant né avant le code civil et sous l'empire des lois sardes?

Cette question s'est présentée à la section des requêtes de la cour de cassation, le 21 nivôse an 9.

Georges Léger avait été admis, par un jugement du tribunal civil du département du Mont-Blanc, à prouver par témoins qu'il était fils de Jacques Ducoudray-Blancheville, et de Marguerite de Viry, son épouse, tous deux domiciliés dans la Savoie; qu'il était né deux mois après la célébration de leur mariage; que sa naissance avait été tenue secrète, pour épargner à sa mère le déshonneur de l'avoir conçu avant d'être mariée; que, dans cette vue, on l'avait fait baptiser sous un nom supposé; qu'à cela près, son père et sa mère lui avaient donné tous les soins de la paternité, et qu'ils avaient, jusqu'à leur mort, manifesté, dans un grand nombre d'occasions, qu'ils le regardaient comme leur fils.

Marie-Antoine-Félix Lescheraine, héritier de Jacques Ducoudray-Blancheville, avait appelé de ce jugement au tribunal civil du département de l'Isère; mais comme ce jugement n'était qu'interlocutoire, le tribunal civil du département de l'Isère avait, conformément à la loi du 3 brumaire an 2, déclaré son appel non-recevable.

En conséquence, Georges Léger avait procédé à son enquête, et il était, d'après cela, intervenu au tribunal civil du département du Mont-Blanc un jugement définitif qui avait déclaré Georges Léger fils légitime de Jacques Ducoudray-Blancheville et de Marguerite de Viry.

Sur l'appel du sieur Lescheraine, le tribunal civil du département de l'Ain a cru devoir examiner préliminairement la question de savoir si la preuve testimoniale était admissible de la part de Georges Léger; et le 26 germinal an 8, il l'a décidée pour la négative, en déclarant Georges Léger non-recevable dans ses fins et conclusions.

Georges Léger s'est pourvu en cassation contre ce jugement. Il l'a présenté d'abord comme violant la maxime du droit romain, pater est quem nuptiæ demonstrant, maxime, disait-il, qu'on ne saurait nier avec force de loi dans le département du Mont-Blanc, puisque le §. 9 du tit. 22 du liv. 3 des Constitutions sardes, du 7 avril 1770, veut que, dans la décision des procès, le droit commun soit observé à défaut des ordonnances, des statuts locaux et de la jurisprudence des arrêts.

« Il n'y a nul doute (ai-je observé dans mes conclusions sur cette affaire) que, lorsque la mère est certaine, et qu'elle est mariée, son mari ne doive être regardé comme le père de l'enfant qu'elle met au monde. C'est là le sens et l'objet de la loi invoquée par le demandeur; et cette maxime est sans contredit le fondement le plus solide de l'état des hommes, le lien le plus sacré de la société.

» Mais le demandeur était-il, lorsqu'il s'est présenté devant le tribunal dont il attaque le jugement, dans le cas de réclamer l'application de cette loi? Deux grandes raisons s'élèvent pour la négative.

» D'abord, le demandeur ne rapportait aucune preuve authentique qu'il eût reçu le jour de Marguerite de Viry, épouse de Jacques Ducoudray-Blancheville.

» Il offrait bien de le prouver par témoins; mais par-là même, il reconnaissait qu'il ne pouvait invoquer la loi *pater est*, qu'à l'aide de la preuve testimoniale.

» Ce n'est donc pas d'avoir violé la loi *pater est*, que le demandeur peut accuser le tribunal de l'Ain; il ne peut l'accuser que de ne l'avoir pas admis à faire preuve par témoins du fait sans lequel cette loi ne pouvait, sous aucun rapport, lui être applicable; et c'est un point que nous nous réservons de discuter tout à l'heure.

» En second lieu, s'il en faut croire le demandeur, il n'y avait que deux mois que Marguerite de Viry était mariée, lorsqu'elle accoucha clandestinement; mais de là même il résulte qu'il ne peut pas s'appliquer la maxime, *pater est quem nuptiæ demonstrant*: ainsi le décident expressément la loi 11, D. *de statu hominum*, et la loi 7, §. 2, D. *de suis et legitimis heredibus.*

» Ce n'est pas qu'il ne puisse se rencontrer certaines circonstances où le mari doit être réputé le père de l'enfant dont sa femme accouche dans les six premiers mois; mais ce n'est point par l'effet de la loi *pater est*, c'est par l'effet de la présomption qui naît des familiarités qu'ont eues le mari et la femme avant le mariage; et comme cette présomption n'est consacrée par aucune loi, il est impossible qu'un jugement qui l'a rejetée dans un cas donné, puisse jamais être cassé en ce chef, puisque jamais, en ce chef, il n'a pu contrevenir expressément à une loi quelconque.»

Pour second moyen de cassation, Georges Léger soutenait que le tribunal de l'Ain avait violé les dispositions des lois romaines, en rejetant la preuve par témoins des faits qu'il avait articulés pour établir sa filiation.

« Mais (ai-je dit sur ce moyen) ne peut-on pas répondre qu'au contraire il les eût violées, s'il eût admis ce genre de preuve? Les législateurs romains, quoique naturellement portés à donner aux dépositions des témoins le même effet qu'aux actes les plus solennels, regardaient cependant la preuve testimoniale comme insuffisante dans les questions d'état; ils pensaient qu'il était dangereux de faire dépendre la destinée d'une famille, son repos, sa sûreté, de l'ignorance ou de la malice d'un témoin passionné, surpris ou corrompu. La loi 2, C. *de testibus*, nous offre un monument bien précieux de cette doctrine.

» Il ne faut cependant pas conclure de ce texte, que la preuve par témoins soit indistinctement inadmissible dans les questions d'état; on peut même faire voir, par plusieurs passages du code et du digeste, que le droit romain l'admettait en certaines circonstances.

» La loi 6, C. *de fide instrumentorum*, assure que la légitimité d'un enfant ne reçoit aucune atteinte par la perte du titre qui constate authentiquement sa naissance et sa filiation: *Statum tuum, natali professione perditâ, mutilatum non esse certi juris est.*

» La loi 9, C. *de nuptiis*, est encore plus positive; elle décide que l'enfant dont l'état n'est prouvé ni par un contrat de mariage passé par écrit entre son père et sa mère, ni par une déclaration faite au moment de sa naissance dans les registres publics, ne laisse pas d'être légitime, si son père et sa mère ont été mariés, et qu'il soit né d'eux au vu et su des voisins et d'autres personnes.

» Ces dispositions ne sont pas contraires à la loi 2, C. *de testibus*; car celle-ci ne rejette pas indistinctement la preuve testimoniale, et celles-là ne veulent point qu'on l'admette dans toutes sortes de circonstances: il faut donc modifier et expliquer ces textes les uns par les autres. Dans la loi 2, C. *de testibus*, l'empereur Alexandre distingue trois sortes de preuves dans les questions d'état: les actes, les indices, les témoins: *Defende causam tuam* INSTRUMENTIS ET ARGUMENTIS *quibus potes; soli enim testes ad ingenuitatis probationem non sufficiunt.* Il décide nettement que les témoins ne peuvent pas suffire pour faire une preuve certaine, lorsqu'ils sont seuls, *soli testes;* mais il ne dit pas que leurs dépositions seront rejetées lorsqu'elles seront soutenues ou par la foi des actes, ou par la force des indices; il fait même entendre très-clairement le contraire.

» Il suffit donc, pour faire recevoir la preuve testimoniale, que les faits soient accompagnés d'un commencement de preuve qui fortifie et garantisse, en quelque sorte, la foi des témoins qu'on veut faire entendre. Il n'est pas absolument nécessaire que ce commencement de preuve soit par écrit; il peut se rencontrer des présomptions, des indices, et certain assemblage de circonstances qui n'ont pas moins de force que les écrits, lorsque la vérité n'en est pas contestée. Ainsi, le commencement de preuve qu'on exige en cette matière, est un adminicule quelconque; mais tel que l'enquête venant ensuite à s'y joindre, il puisse en résulter une preuve convaincante et complète.

» Or, dans l'espèce, le tribunal d'appel a jugé, en point de fait, que Georges Léger n'avait en sa faveur ni un commencement de preuve par écrit assez bien caractérisé, ni des présomptions assez fortes et assez nombreuses, pour faire cesser les dangers de la preuve testimoniale. Il n'a donc pas violé les lois romaines, en rejetant la preuve par témoins des faits articulés par Georges Léger; il n'a fait au contraire qu'en appliquer la disposition générale, qui veut que les témoins seuls ne puissent pas faire preuve complète dans les questions d'état; il n'a fait que juger que Georges Léger n'était pas dans l'exception mise par le droit romain lui-même à cette disposition; et ce dernier point, il l'a jugé par des motifs puisés, non dans une loi mal entendue ou mal appliquée, mais dans des faits pour l'appréciation desquels il n'avait pas d'autre guide que sa conscience, et qui, par leur nature, ne peuvent jamais devenir, devant vous, la matière d'une discussion régulière.

» Dans ces circonstances et par ces considérations, nous estimons qu'il y a lieu de rejeter la requête en cassation et de condamner le demandeur à l'amende. »

Arrêt du 21 nivôse an 9, au rapport de M. Rataud, conforme aux conclusions,

« Attendu qu'il n'y a point eu de contravention, soit aux lois romaines, soit aux dispositions des constitutions sardes, citées par le demandeur; qu'il résulte bien des unes et des autres, que la preuve testimoniale peut être admise en matière de réclamation d'état; mais qu'il en résulte aussi que cette preuve ne suffit pas seule, et qu'elle ne doit pas être admise, ou sans des commencemens de preuves par écrit, ou sans de fortes présomptions; que ces principes avoués par le demandeur, n'ont pas été méconnus par les juges dont le jugement est attaqué, puisqu'ils n'ont pas décidé que la preuve testimoniale ne pouvait point être admise pour décider la filiation, mais seulement jugé que, dans l'espèce, il n'y avait pas eu lieu de l'admettre, parce qu'il ne se trouvait point en faveur du réclamant, soit des écrits, soit des indices assez forts; que l'appréciation des circonstances et des présomptions appartient exclusivement à la conscience des juges, et qu'il en résulte de simples points de fait qu'ils ont le droit de décider irrévocablement;

» Attendu qu'en supposant que le demandeur eût pu être déclaré fils légitime de Jacques Ducoudray-Blancheville, comme né postérieurement à la célébration de son mariage avec Marguerite de Viry, il n'y a pas lieu d'examiner la question, puisqu'il n'a pas été reconnu que ladite de Viry fût la mère du réclamant.

§. II. 1° *Est-ce par désaveu de paternité que doivent procéder les héritiers du mari, lorsqu'un enfant né de sa femme pendant le mariage, mais qui n'a ni titre ni possession d'état, se présente pour réclamer les droits d'enfant légitime? Si, au lieu d'attendre qu'il les traduise en justice, ils prennent le parti de lui signifier un désaveu, se soumettent-ils par-là au délai fatal dans lequel l'art. 318 du code civil exige que le désaveu soit suivi d'une action en justice? Cette action est-elle intentée en temps utile, par le seul effet de la citation en conciliation dans le délai fatal, lorsque cette citation est suivie d'un ajournement donné peu de jours après, mais hors de ce délai?*

2° *Est-ce par le code civil ou par l'ancienne jurisprudence, que doit se régler le mode de preuve de la légitimité d'un enfant né avant la promulgation de l'un et sous l'empire de l'autre?*

3° *Y a-t-il, à cet égard, des différences entre le code civil et l'ancienne jurisprudence? Sous l'ancienne jurisprudence, le mari pouvait-il méconnaître l'enfant dont* accouchait sa femme, séparée de lui de corps et de biens pour mauvais traitemens, et domiciliée à dix lieues de sa propre demeure? Le pouvait-il, lorsque le jugement de séparation de corps et de biens avait été précédé, de sa part, du reproche qu'il avait fait à sa femme de mener une vie scandaleuse? Le pouvait-il, lorsque la naissance de l'enfant lui avait été célée; lorsque l'enfant avait été inscrit sur les registres publics, comme fils de père et mère inconnus; lorsque l'enfant avait en conséquence passé les premières années de sa vie sans état; lorsque sa femme, en se déclarant, par un acte postérieur, mère de l'enfant, en avait attribué la paternité à un tiers qui l'avait lui-même reconnue?*

Le 20 décembre 1775, mariage entre Jean Brunet et Catherine Bouyer, tous deux domiciliés à Perignac.

En 1787, Catherine Bouyer se pourvoit devant le siège royal de Cognac, en séparation de corps, pour sévices et mauvais traitemens.

Jean Brunet ne nie pas les faits, mais il soutient qu'ils ont été provoqués par la soustraction que son épouse lui avait fait d'une partie de sa fortune, à l'aide de fausses clés, et par la débauche dans laquelle cette femme vit avec plusieurs hommes, notamment le sieur Brudieu, vicaire de la paroisse de Chirac, dont il rapporte une lettre qui en contient la preuve. En conséquence, il demande qu'elle soit déclarée non-recevable, et se réserve contre elle l'accusation d'adultère.

Le 1er août 1789, arrêt du parlement de Paris, qui, statuant sur l'appel d'une sentence du premier juge, ordonne que Catherine Bouyer sera et demeurera séparée de corps et de biens; condamne Jean Brunet à lui restituer ses apports; et sur le surplus des conclusions respectives, met les parties hors de cour.

Par suite de cet arrêt, Catherine Bouyer va demeurer dans le hameau de Chez-Ligéron, commune de Beigne, à dix lieues du domicile de son mari, et à trois-quarts de lieue de la commune de Brand, dont le sieur Brudieu est curé. Peu de temps après, elle quitte Chez-Ligéron, et va partager l'habitation du sieur Brudieu.

Le 14 septembre 1793, elle fait prononcer son divorce; et le 20 frimaire an 2, elle prend le sieur Brudieu pour époux.

Ce nouveau mariage est précédé d'un contrat dans lequel le sieur Brudieu et Catherine Bouyer reconnaissent Joséphine Catherine-Madeleine, née à Chevanceau, et inscrite le 18 juin 1791, sur les registres de l'état civil de cette paroisse, comme de père et mère inconnus, est leur fille; et ils déclarent que leur intention est de la légitimer.

Le 3 germinal an 4, décès de Jean Brunet.

Le 12 prairial suivant, traité sous seing-privé entre le sieur Brudieu, stipulant pour Catherine Bouyer, son épouse, et le sieur Foucaud, l'un des héritiers de Jean Brunet, se faisant fort de ses cohéritiers, sur la liquidation des droits de Catherine Bouyer. Il est dit dans cet acte que « Jean Brunet est décédé sans enfans, attendu (c'est le sieur Brudieu qui parle) que la fille qu'a eue ladite Bouyer avant son mariage, est ma fille et la sienne, comme nous l'avons reconnu par contrat de mariage.

Le 27 février 1806, le sieur Laforêt-Lacoinche, parent de Catherine Bouyer, présente au juge de paix une pétition tendante à la convocation d'un conseil de famille, composé de trois parens maternels, et de trois parens du côté de Jean Brunet, autres néanmoins que ses neveux, à l'effet de reconnaître que Joséphine est fille de celui-ci, et prendre en conséquence telle délibération qu'il appartiendra.

Mais le conseil de famille assemblé, le sieur Laforêt-Lacoinche déclare qu'ayant pris lecture de l'acte de naissance de Joséphine, il se désiste de sa proposition.

Les parens, de leur côté, « déclarent à l'unani- » mité, qu'ils n'ont jamais eu connaissance que » Catherine Bouyer soit devenue enceinte; qu'ils » sont certains particulièrement qu'elle ne l'a point » été pendant sa demeure avec Jean Brunet; qu'il » est présumable que Joséphine est un enfant » trouvé, objet de l'adoption de ladite Bouyer et » du sieur Brudieu, son second mari, si toutefois » celui-ci n'est pas son père, comme l'opinion pu- » blique le désigne; que, sous ces différens rap- » ports, et n'étant point parens de cet enfant, ils » ne peuvent que se renfermer dans leur décla- » ration. »

Le 24 mars suivant, le sieur Brudieu et Catherine Bouyer passent, devant notaire, un acte por- tant « que la justice et la religion leur imposent » l'obligation de déclarer et d'attester que José- » phine est réellement la fille légitime de Jean » Brunet et de ladite Bouyer; que c'est à ce titre » qu'elle lui a donné ses soins; que si, lors de ses » couches, elle affecta de les tenir secrètes autant » que possible, c'était pour se soustraire à la ven- » geance de Brunet. »

Le 17 avril de la même année, cet acte est no- tifié aux neveux de Jean Brunet, avec sommation de restituer à Joséphine les biens qui composent la succession de son père.

Le 21 mai, les neveux de Jean Brunet font signi- fier au sieur Brudieu et à Catherine Bouyer un acte par lequel ils exposent :

« Qu'il est ridicule que la dame Bouyer veuille aujourd'hui les troubler dans la possession des biens de leur oncle, et faire passer cette fille, née à douze ou quinze lieues du domicile de Jean Brunet, et de parens inconnus, pour la fille du sieur Jean Brunet...;

« Qu'ils ont toujours ignoré si la dame Bouyer avait donné des soins à l'enfance de cette inconnue; qu'ils ignorent pourquoi elle exigea du sieur Bru- dieu qu'il la reconnût pour sa fille : que tous ces faits, étrangers aux requérans, font présumer que cette fille inconnue a été recueillie par la dame Bouyer dans quelque hospice civil, et que ce n'est que parce que Jean Brunet est mort avec une for- tune honnête, que la dame Bouyer se dit faussement la mère de cet enfant, et veut faire croire qu'elle en est accouchée pendant son mariage avec Jean Bru- net; qu'à l'époque où la dame Bouyer fait remonter la naissance de cette fille, il y avait long-temps que le sieur Brunet et la dame Bouyer ne vivaient plus ensemble;

» Que mille raisons physiques et légales excluent toute idée de paternité de la part de Jean Brunet en 1791; que, quoi qu'il en soit, les requérans ont le plus grand intérêt à repousser les prétentions men- songères et immorales de la dame Bouyer, et à désa- vouer la fille inconnue qu'elle voudrait faire passer pour la fille de leur oncle; que ce n'est que pour se conformer au vœu des art. 316, 317 et 318 du code civil, qu'ils se sont déterminés à faire signifier le présent acte à la dame Bouyer; qu'ils ne craignent rien des demandes de la dame Bouyer; et qu'ils prendront volontiers l'initiative dans cette affaire, quoique la loi semble vouloir que, dans ces sortes de matières, et pour que les héritiers du mari pren- nent l'initiative, la maternité de l'enfant soit au moins reconnue, et qu'ici il n'y a ni père ni mère indiqués par l'acte de naissance; mais que cette ini- tiative ne pouvant leur préjudicier en rien, ils la prennent sans crainte et avec confiance;

» C'est pourquoi ils déclarent à la dame Cathe- rine Bouyer qu'ils ne reconnaissent en rien, ni pour rien, Joséphine-Catherine-Madeleine-Eugénie, soit comme fille de Jean Brunet, leur oncle, soit comme fille de la dame Bouyer, et qu'attendu ce désaveu formel de leur part, ils entendent combattre les prétentions de cette fille, ou celles de la dame Bouyer, se disant faussement sa mère, dans tous les tribunaux.

» Les requérans déclarent, en outre, à la dame Bouyer que, ne voulant pas être constitués en de- meure, le présent acte sera suivi, dans le plus court délai, d'une action en justice, dirigée contre un tuteur ad hoc, qui sera nommé de suite à la fille inconnue. »

Le 10 juin, les héritiers de Jean Brunet convo- quent un conseil de voisins pour nommer à José- phine un tuteur contre lequel ils puissent diriger leur désaveu.

La tutelle est déférée au sieur Brudieu.

Le 15 du même mois, ils font citer le sieur Bru- dieu devant le bureau de paix, pour se concilier sur la demande qu'ils se proposent d'intenter con- tre lui.

Le 21, procès-verbal de non-conciliation.

Le 23, les neveux de Jean Brunet font assigner

le sieur Brudieu, en sa qualité de tuteur de Joséphine, et Catherine Bouyer, devant le tribunal civil de l'arrondissement de Saintes, « pour voir dire que » défenses seront faites à Joséphine de prendre la » qualité de fille, soit de Jean Brunet, soit de Ca- » therine Bouyer, et qu'ils seront, en leur qualité » de neveux et plus proches héritiers collatéraux de » Jean Brunet, renvoyés de toutes demandes qu'elle » pourrait former. »

Joséphine, par l'organe de son tuteur et de Catherine Bouyer, oppose aux héritiers une fin de non-recevoir qu'elle fait résulter de ce que l'ajournement n'a pas été donné dans le mois du désaveu, conformément à l'art. 318 du code civil.

Au fond, elle soutient que la paternité de Jean Brunet est prouvée par la reconnaissance de Catherine Bouyer, consignée dans l'acte notarié du 24 mars, et qu'étant née pendant le mariage de Catherine Bouyer avec Jean Brunet lui-même, elle est nécessairement fille de celui-ci : *pater est quem nuptiæ demonstrant*. En conséquence, elle conclut à ce que, sans avoir égard au désaveu ni à la demande des neveux de Jean Brunet, le tribunal les condamne à lui délaisser la succession de son père, et ordonne que son acte de naissance sera réformé.

Subsidiairement, elle offre de prouver par témoins :

« 1° Qu'elle est née à Chevanceau, chez la dame Gendre, le 18 juin 1791, de la dame Bouyer, alors épouse de Jean Brunet;

» 2° Qu'elle fut baptisée, le même jour, à Chevanceau, et enregistrée sous le nom de père et mère inconnus;

» 3° Qu'elle fut ensuite, par les ordres et aux frais de la dame Bouyer, mise d'abord chez la femme Morice, ensuite chez la femme Ardoin, à Chevanceau;

» 4° Qu'en août 1792, la dame Bouyer fut elle-même la retirer des mains de la dame Gendre, à qui la femme Ardoin l'avait remise;

» 5° Enfin, que, depuis cette époque, la dame Bouyer l'a toujours conservée chez elle, et lui a constamment et publiquement donné tous les soins de la maternité. »

Le 21 juillet 1807, jugement par lequel, sans s'arrêter à la fin de non-recevoir et aux faits articulés par Joséphine :

« Attendu qu'il est vraisemblable que Joséphine n'est qu'un enfant adopté par la Bouyer, lors de son mariage avec Brudieu, d'autant que cette femme a toujours été stérile pendant sa co-habitation, soit avec son premier, soit avec son second mari; que des actes du fait seul de la Bouyer, après que son divorce l'avait rendue étrangère à la famille Brunet, et qui ne peuvent être considérés que comme des monumens de la turpitude et des désordres de la Bouyer et de Brudieu, ne peuvent être des commencemens de preuves capables de déterminer la justice à admettre une preuve testimoniale, tendante à faire entrer dans la famille Brunet un individu sans acte de naissance, dont la possession d'état et les titres sont contraires à sa prétention :

» Le tribunal renvoie les héritiers Brunet de la demande formée contre eux, et fait défenses à Joséphine de prendre le nom et la qualité de fille de Jean Brunet et de Catherine Bouyer. »

Sur l'appel de ce jugement, Joséphine reproduit sa fin de non-recevoir : elle soutient que l'action des héritiers Brunet n'a été formée qu'après l'expiration du délai fatal; qu'il s'agit d'un désaveu et non d'une défense à une réclamation d'état; que les héritiers Brunet ont eux-mêmes déterminé la nature de leur action, en signifiant un désaveu le 21 mai 1806; qu'ils sont par conséquent demandeurs en désaveu, et que, suivant l'art. 318 du code civil, l'action devait être formée dans le mois, à peine de déchéance; que l'on ne peut argumenter de la citation en conciliation au bureau de paix, parce qu'aux termes de la loi du 6-27 mars 1791, toutes les affaires qui intéressent l'ordre public, sont dispensées du préliminaire de la conciliation; qu'ainsi, cet acte était inutile et n'a pas pu interrompre la prescription d'un mois déterminée par le code.

Au fond, elle soutient qu'elle est fille de Catherine Bouyer; que cette première proposition est prouvée par la déclaration même de sa mère.

« Qui jamais (dit-elle) produisit, pour établir la preuve de la maternité, des titres plus forts, des circonstances plus frappantes, des faits plus décisifs? A la vérité, je suis dépourvue du premier, du plus puissant de tous les titres, d'un acte de naissance qui constate ma filiation. Mais dépendit-il de moi de me le procurer? Et si, par l'effet d'un crime ou d'une faiblesse inexcusable, on a supprimé la preuve de mon état, dans le moment où je n'avais d'autres armes que les pleurs de l'enfance, peut-on m'ôter le droit de chercher à présent quels sont les auteurs de mes jours? J'existe; donc j'eus un père et une mère. Le titre de ma naissance ne les désigne pas; en les cherchant, je ne me donne pas de nouveaux parens; je fixe seulement sur la tête de deux individus la paternité qui auparavant planait sur toutes les têtes, sans se reposer sur aucune. Mais, avant de chercher mon père, je dois trouver ma mère. La loi m'autorise à cette recherche, parce que la maternité ne peut jamais être douteuse ni incertaine, *mater certa*. Or, cette mère n'est point incertaine; elle m'a recueillie dès ma naissance, elle m'a prodigué ses soins, elle m'a traitée publiquement comme sa fille, et enfin elle m'a reconnue pour telle dans son contrat de mariage avec Brudieu. A la vérité, elle a eu la faiblesse de déclarer que j'étais aussi la fille de Brudieu; mais cette déclaration ne peut nuire à mon état.

» C'est un principe adopté par tous les auteurs, que la déclaration des père et mère peut bien assurer l'état de leurs enfans, mais qu'elle ne peut jamais le détruire. (Loi 1, §. 12, D. *de agnoscendis et alendis liberis*; loi 29, §. 1, D. *de probationibus*; Le-

Brun., *Traité des successions*, liv. 1, chap. 4; d'A-guesseau, tome 3, page 185).

» Il faut donc diviser la déclaration de Catherine Bouyer. On doit la croire, lorsqu'elle dit que Joséphine est sa fille; mais on doit la rejeter, lorsqu'elle atteste que cette fille n'est pas celle de son mari.

» Ne voudrait-on prendre cette déclaration que pour un commencement de preuve par écrit? Cela suffirait pour me faire admettre à la preuve testimoniale des faits que j'ai articulés devant le premier juge.

» J'aurais encore un autre commencement de preuve par écrit, dans le partage du 12 prairial an 4, dans la quittance que Richoux, officier de santé, a donnée à Catherine Bouyer, d'une somme de 120 livres pour l'avoir accouchée, et enfin dans la pétition du sieur Laforêt-Lacoinche, qui m'a reconnue pour sa parente.

» La maternité prouvée, mon état est assuré. La loi *pater is est quem nuptiæ demonstrant*, vient me couvrir de son égide. Cette loi est sévère, mais elle est juste, mais elle doit être inviolable; et, suivant MM. Talon et d'Aguesseau, on ne doit admettre contre cette règle d'autre exception que celle de l'impossibilité physique de la réunion des deux époux.

» Il est vrai que, dans les derniers temps on avait essayé d'admettre une autre exception, résultant de l'impossibilité morale. MM. Gilbert de Voisins, Joly de Fleury et de Saint-Fargeau avaient essayé d'introduire cette nouvelle exception; mais ils n'avaient pu y réussir. M. Séguier lui même en fit le reproche à M. l'avocat-général Gilbert, lors de l'arrêt de Rougemont, en l'année 1765.

» Ici, le mariage n'était point dissous; la séparation de corps prononcée en 1789, en avait seulement relâché les nœuds. Née en 1791, je suis donc l'enfant du mariage, et par conséquent la fille légitime du mari.

» Aucune impossibilité physique de la réunion de mon père et de ma mère ne peut m'être opposée; ils ne demeuraient qu'à 10 lieues l'un de l'autre.

» Quant à l'impossibilité morale, elle n'était point admise avant le code civil. Mais je ne puis être jugée par les dispositions de ce code; mes droits étaient acquis avant son émission; ce serait lui donner un effet rétroactif.»

Les héritiers Brunet répondent à la fin de non-recevoir par deux moyens :

« 1.° Nous avons (disent-ils) cité en conciliation avant l'expiration du mois, et cette citation a interrompu la prescription.

» 2.° Il ne s'agit point ici d'un désaveu, mais d'une défense à une réclamation d'état, pour laquelle la loi n'a introduit aucun délai fatal. Le désaveu que nous avons signifié, n'était un acte inutile; ne peut produire l'effet de faire courir contre nous un délai fatal que la loi n'a établi que pour le seul cas où l'enfant, étant en possession de son état, est inquiété

par son père ou les héritiers de son père qui veulent l'en dépouiller.

» Au fond, ils soutiennent que « rien ne prouve que Joséphine soit fille de Catherine Bouyer; qu'elle n'a pour elle ni titre ni possession d'état; qu'elle n'a pas même de commencement de preuve par écrit, parce que la déclaration de la mère est suspecte de fraude, ayant le même intérêt que la fille dans la contestation actuelle; que cette déclaration, faite par une femme divorcée, pour introduire un enfant dans la famille d'un homme qui lui était devenu étranger, ne mérite aucune foi ; qu'elle ne peut d'ailleurs être divisée; et que, si elle prouve que Joséphine est fille de la Bouyer, elle prouve en même temps qu'elle est née de Brudieu, et non pas de Jean Brunet; qu'ainsi, la réclamante, n'ayant pour elle ni titre, ni possession d'état de fille légitime de Jean Brunet, mais au contraire une possession d'état de fille naturelle de Joseph Brudieu et de Catherine Bouyer, ne peut jamais être écoutée dans sa réclamation. »

Passant ensuite à la question de savoir si, en supposant la maternité prouvée, Joséphine doit nécessairement être déclarée fille légitime de Jean Brunet, par la seule raison qu'elle serait née avant le divorce, ils soutiennent que la cause doit être jugée par les principes du code civil, qui admet l'exception d'impossibilité morale, parce que l'action n'étant qu'une réclamation d'état, doit être soumise à l'empire des lois existantes à l'époque où elle a été intentée; qu'en supposant même que cette action doive être réglée par l'ancienne jurisprudence, le résultat en serait le même, puisqu'avant le code civil, différens arrêts, notamment ceux de Gabrielle Pérault ou *la belle épicière*, de Rougemont et de Bance, avaient admis l'exception d'impossibilité morale, et consacré l'indivisibilité du titre des réclamans.

Par arrêt du 19 juillet 1808, sections réunies :

« Considérant que Joséphine, partie de Boncenne, n'a point d'acte de naissance qui lui attribue la qualité de fille légitime de feu Jean Brunet, puisque l'acte de naissance qu'elle présente la dit fille *de père et mère inconnus*; qu'elle n'a pas non plus la possession d'état de fille légitime de Jean Brunet, puisque, au contraire, il est constant que, jusqu'au moment où s'est élevée la contestation, elle a été en possession du nom et de l'état de *Joséphine Brudieu*, fille de *Joseph Brudieu* ;

» Considérant que, sous ce rapport, et quel qu'ait été l'ordre de la procédure, le caratère principal, l'essentiel de la contestation, est celui d'une réclamation d'état de la part de ladite Joséphine, puisque la maternité de Catherine Bouyer n'a pu être contestée par les parties de Bréchard que dans ses rapports avec la paternité attribuée à Jean Brunet;

» Considérant que le code civil ne limite, dans aucun délai, la défense des familles contre une réclamation d'état; qu'au surplus, quand il s'agirait

23.

d'un désaveu, l'action se trouverait formée en temps utile de la part des parties de Bréchard, puisque lesdites parties de Bréchard ont cité celles de Boncenne en bureau de paix huit jours avant l'expiration du mois, à compter du 21 mai 1806; que les lois qui restreignent l'exercice d'une action dans un délai déterminé, ne font qu'exprimer l'effet ordinaire des prescriptions; et qu'aux termes de la loi du 24 août 1790, et de l'art. 2245 du code civil, la citation en conciliation devant le bureau de paix interrompt la prescription, du jour de sa date, lorsqu'elle est suivie d'ajournement;

» Considérant que les premiers actes par lesquels Catherine Bouyer, l'une des parties de Boncenne, ait reconnu Joséphine pour la fille née de ses liaisons avec Brudieu, sont le contrat et l'acte de son mariage avec Brudieu; que de pareils actes peuvent d'autant moins tirer à conséquence, et produire un effet quelconque vis-à-vis des parties de Bréchard, que ladite Catherine Bouyer était alors personne libre, et devenue, par son divorce, étrangère à Jean Brunet et à sa famille; qu'une pareille reconnaissance n'eût pu être opposée à la famille Brunet, lors même que Catherine Bouyer eût été dans les simples termes de l'arrêt qui avait prononcé sa séparation de corps d'avec Jean Brunet, puisque, d'après l'art. 14 de la loi du 12 brumaire an 2, alors en vigueur, les enfans nés hors mariage de personnes séparées de corps par jugement, étaient appelées à recueillir les mêmes droits que les autres enfans naturels, pourvu que leur naissance fût postérieure à la demande en séparation; ce qui présuppose une reconnaissance de la part des père et mère, et par conséquent le droit qu'ont eu Catherine Bouyer et Joseph Brudieu de reconnaître Joséphine pour leur enfant, et de lui conférer l'état dans la possession duquel ils l'ont élevée depuis leur mariage;

» Considérant que, par les mêmes motifs, la mention faite par Brudieu, dans l'acte du 12 prairial an 4, que *Joséphine est la fille née de Catherine Bouyer*, ainsi qu'ils l'ont déclaré par leur acte de mariage, ne peut être opposée aux parties de Bréchard; qu'on ne peut non plus se prévaloir contre lesdites parties de Bréchard, de la quittance de l'accoucheur Richou, encore vivant, et de la convocation faite par Laforêt-Lacoinche, parent de Catherine Bouyer, d'un conseil de famille, puisque ces actes sont émanés de parties étrangères à la contestation;

» Considérant d'ailleurs que la preuve testimoniale de Catherine Bouyer ne peut être invoquée contre les parties de Bréchard pour en induire la paternité de Jean Brunet, si les parties de Bréchard sont autorisées, même dans le cas où la maternité serait constante, à prouver que Brunet n'était pas père de Joséphine, et si cette preuve se trouve légalement acquise par les faits constans au procès et par les circonstances de la cause;

» Considérant que l'art. 325 du code civil auto-rise les parties de Bréchard à faire cette preuve par tous moyens propres à l'établir;

» Considérant que, soit d'après les principes anciens, soit d'après les principes du code civil, celui qui vient réclamer l'état d'enfant légitime ne peut se prévaloir de la maternité de la femme séparée de corps de son mari, lorsqu'au fait de séparation de corps se joignent des circonstances qui prouvent qu'aucun rapprochement n'a pu avoir lieu entre les époux à l'époque présumée de la conception;

» Considérant qu'à l'époque présumée de la conception de Joséphine, non-seulement Catherine Bouyer était séparée de corps d'avec Jean Brunet, mais qu'elle vivait à une distance considérable de la demeure de son mari auprès de Brudieu; que ces faits, constans au procès, ne permettent pas de supposer un rapprochement entre Jean Brunet et Catherine Bouyer, rapprochement que l'art. 14 de la loi du 12 brumaire an 2 rendrait inutile; qu'ils le permettent d'autant moins, qu'ils acquièrent une nouvelle force par la circonstance de l'exaspération qui divisait les époux, par le recel de la naissance de l'enfant établi sur les registres de l'état civil, comme né de père et mère inconnus, par les actes produits de la part de Joséphine, et enfin par la possession d'état conforme à ces actes;

» Considérant néanmoins que les parties de Bréchard ne peuvent être fondées à contester la maternité de Catherine Bouyer que dans ses rapports avec la réclamation faite par Joséphine de l'état de fille légitime de Jean Brunet; que leurs droits à cet égard ne peuvent excéder les bornes de leur intérêt légitime, et que les premiers juges ne pouvaient, d'après le caractère et l'objet de la contestation, porter aucune atteinte aux droits respectifs, soit de Catherine Bouyer, soit de Joséphine, résultant de la déclaration faite par ladite Catherine Bouyer, dans son acte de mariage avec Brudieu, que ladite Joséphine est fille d'elle dite Bouyer et dudit Brudieu;

» Considérant enfin que, d'après les motifs pris de l'art. 14 de la loi du 12 brumaire an 2, la paternité de Jean Brunet ne peut s'induire de la maternité de la Bouyer; et que, par la disposition de l'art. 325 du code civil même, la maternité prouvée, on peut prouver que l'enfant n'est pas celui du père; que, dans le cas présent, toutes les circonstances excluent la prétendue paternité de Jean Brunet, sans que les parties de Bréchard aient besoin d'autres preuves:

» La cour (d'appel de Poitiers), sans s'arrêter aux fins de non-recevoir proposées par la partie de Boncenne, ayant aucunement égard à l'appel interjeté par ladite partie de Boncenne, du jugement rendu par le tribunal de première instance de l'arrondissement de Saintes, dudit jour 21 juillet 1807, dit qu'il a été mal jugé par ledit jugement dans le chef qui fait défense à la mineure Joséphine de prendre la qualité de fille de Catherine Bouyer; bien appelé par ladite partie de Boncenne; émen--

dant, corrigeant quant à ce, et faisant ce que les premiers juges auraient dû faire, permet à ladite Joséphine de prendre les titre et qualité de fille de ladite Catherine Bouyer; et quant au surplus dudit jugement, relativement au titre et qualité de fille de feu Jean Brunet, dit qu'il a été bien jugé par ledit jugement... »

Joséphine se pourvoit en cassation contre cet arrêt.

« Contravention aux art. 317 et 318 du code civil; violation des lois romaines et du décret du 19 floréal an 2., qui consacrent le principe *is pater est quem nuptiæ demonstrant;* fausse application de l'art. 14 de la loi du 12 brumaire an 2 : tels sont (ai-je dit à l'audience de la section des requêtes, le 8 novembre 1809) les moyens de cassation qui vous sont proposés dans cette affaire majeure.

» Le premier offre à votre examen deux questions d'un grand intérêt :

» L'une, principale, si les neveux de Jean Brunet ont été obligés, sous peine de déchéance, de faire assigner la demanderesse en justice dans le mois qui a suivi la signification de l'acte par lequel ils lui avaient dénié la qualité de fille de leur oncle;

» L'autre, subsidiaire, si, par l'effet de la citation qu'ils lui ont donnée, dans le mois, devant le bureau de paix, et qui a été suivie d'une assignation dans les premiers jours du mois subséquent, ils sont censés l'avoir fait assigner en temps utile.

» La première question ne pourrait être résolue qu'en faveur de la demanderesse, si l'on devait juger de l'obligation des neveux de Jean Brunet, par la conduite qu'ils ont tenue.

» Les neveux de Jean Brunet ont signifié à la demanderesse, le 21 mai 1806, un désaveu de sa prétendue qualité de fille de leur oncle. Cette signification était-elle nécessaire de leur part? Il est bien à croire qu'ils la regardaient comme telle. Et que devaient-ils faire d'après cette opinion? L'art. 318 du code civil le leur disait clairement : « Tout acte » extrajudiciaire contenant le désaveu de la part » du mari ou de ses heritiers, sera comme non-» avenu, s'il n'est suivi, dans le délai d'un mois, » d'une action en justice dirigée contre un tuteur » *ad hoc* donné à l'enfant, et en présence de la » mère. »

» Mais si les neveux de Jean Brunet ont fait, en signifiant un désaveu, ce qu'ils n'étaient pas tenus de faire; si ce désaveu n'a été, de leur part, qu'un acte surabondant, ce désaveu a-t-il pu les soumettre à une prescription qui, par elle-même, ne pouvait pas les atteindre?

» Non, sans doute. La prescription ne dépend pas de la voie que l'on prend pour introduire une action qui peut être introduite par une autre voie : une partie ne peut pas se soumettre, par l'emploi d'une forme purement facultative, à une prescription qu'elle n'aurait pas encourue, si elle eût usé du droit qu'elle avait de s'abstenir de cette forme. En un mot, la prescription par laquelle la loi punit celui qui n'a pas fait ce qu'elle lui commandait dans un délai déterminé, ne peut pas frapper celui qui a fait surabondamment, hors de ce délai, ce que la loi ne lui commandait pas. Aussi voyons-nous que la nécessité d'une assignation dans le mois, en cas de désaveu, n'est établie par l'art. 318, que comme une suite de la nécessité du désaveu même, dans les délais fixés par les art. 316 et 317; et de là il suit évidemment que l'assignation en justice, dans le mois de la signification du désaveu, devient superflue, lorsque la signification du désaveu, dans les délais fixés par les art. 316 et 317, est inutile, ou, en d'autres termes, lorsque le mari ou ses héritiers peuvent contester l'état de l'enfant sans prendre la voie du désaveu.

» Or, dans notre espèce, y avait-il, pour les héritiers Brunet, nécessité de désavouer la demanderesse dans les délais fixés, non pas par l'art. 316 qui ne concerne que le mari, mais par l'art. 317?

» Rappelons-nous les faits capitaux de la cause.

» La demanderesse est inscrite au moment de sa naissance, le 18 juin 1791, comme fille de père et mère inconnus.

» Le 20 frimaire an 2, Joseph Brudieu et Catherine Bouyer, ci-devant épouse de Jean Brunet, et qui a cessé de l'être par un divorce, lequel ne remonte qu'au 1er février 1793, la reconnaissent pour leur fille. Elle est en conséquence élevée comme fille de Joseph Brudieu et de Catherine Bouyer.

» Le 24 mars 1806, Joseph Brudieu et Catherine Bouyer déclarent, devant notaire, qu'elle est bien fille de celle-ci, mais non pas de celui-là, et que Jean Brunet est son véritable père.

» Le 17 avril suivant, ils font signifier cette déclaration aux neveux de Jean Brunet.

» Que voyons-nous dans cette série de faits? Un enfant qui n'a ni titre légal d'enfant légitime de Jean Brunet, puisqu'il n'a pas été inscrit comme tel dans les registres publics, ni la possession d'état qui pourrait suppléer à ce titre, puisqu'il n'a jamais été reconnu, soit par Jean Brunet, soit par aucun parent de son côté. C'est donc un enfant qui vient réclamer, contre les héritiers de Jean Brunet, un état que l'on a cherché à lui procurer par la déclaration notariée du 24 mars 1806, qu'il n'a pas encore réellement, un état pour lequel lui manque toujours le titre voulu par la loi, un état dont il n'est pas en possession.

» Mais en pareil cas, est-ce par désaveu que doivent procéder, soit le mari de la mère de l'enfant, soit ses héritiers? Non.

» La voie du désaveu n'est nécessaire que dans le cas où l'enfant a pour lui, soit un titre, soit une possession constante; que dans le cas où les héritiers du mari sont obligés de se constituer demandeurs pour faire réformer son titre, ou pour faire cesser sa possession.

» Mais elle est inutile, lorsque l'enfant, dépourvu

à la fois de possession et de titre, se constitue lui-même demandeur contre les héritiers du mari, et prétend conquérir sur eux un état qu'il n'a point.

» C'est la distinction que faisait M. Tronchet, à la séance du conseil-d'état, du 29 fructidor an 10 :
« Quand les héritiers sont demandeurs (disait-il) et
» qu'ils veulent faire déclarer illégitime un enfant
» couvert par la présomption légale de paternité,
» il est bon de leur accorder un délai; et alors deux
» mois suffisent. S'ils sont défendeurs, et que l'enfant
» vienne réclamer contre eux son état, il est impos-
» sible de limiter leurs droits par un délai. »

» Cette distinction, il est vrai, n'est pas écrite littéralement dans le code civil; mais elle est dans son esprit; et il ne faut, pour nous en convaincre, que comparer les textes où il est question du désaveu, avec ceux où il s'agit de la réclamation d'état.

» L'art. 313 porte que « le mari ne pourra....
» désavouer l'enfant, même pour cause d'adultère,
» à moins que la naissance ne lui ait été cachée;
» auquel cas il sera admis à proposer tous les
» moyens propres à justifier qu'il n'en est pas le
» père. »

» Ainsi, dans le cas du désaveu, c'est-à-dire, lorsque le désaveu est nécessaire, parce que l'enfant a été inscrit sur les registres publics, comme fils du mari de sa mère, quoiqu'à l'insu de ce dernier, et à une distance assez considérable de son domicile pour qu'il soit présumé n'en avoir pas eu connaissance, il ne suffit pas que l'accouchement ait été caché au mari, pour que l'enfant soit déclaré illégitime : il faut encore que le mari ait fait juger que ce n'est point de lui que sa femme a conçu l'enfant. Et pourquoi faut-il alors le concours de ces deux conditions? Parce que l'enfant a un titre qui le dispense de toute autre preuve, parce qu'il est défendeur, parce que le mari de sa mère attaque son état, parce que le mari de sa mère est demandeur, et que *actoris est probare*.

» En est-il de même dans le cas de la réclamation d'état, c'est-à-dire, lorsque l'enfant, dépourvu de titre et de possession, est réduit à se constituer demandeur contre le mari ou ses héritiers? Non; l'art. 325 ne charge alors le mari ou ses héritiers que d'une *preuve contraire*, et il déclare formellement que cette « preuve contraire pourra se faire par tous les
» moyens propres à établir que le réclamant n'est
» pas l'enfant de la mère qu'il prétend avoir, ou
» même, LA MATERNITÉ PROUVÉE, qu'il n'est pas
» l'enfant du mari de la mère. »

» Ainsi, comme le disait M. Tronchet, dans la discussion qui a précédé l'adoption de cet article, « les héritiers peuvent opposer à la réclamation » toutes les circonstances qui la combattent. Il leur » sera donc permis de soutenir que la preuve de la » maternité ne justifie pas que l'enfant appartienne » au père, parce que le père était absent. »

» *Ils pourront* (ajoutait le chef du gouvernement)

opposer *les circonstances desquelles il résulte que le mari a ignoré l'accouchement*, quoique d'ailleurs la mère n'ait été ni accusée ni convaincue d'adultère.

» Enfin, disait encore M. Tronchet, « ils doivent
» être admis à faire valoir toutes les exceptions, et
» il convient de laisser une grande latitude aux tri-
» bunaux. »

» Et pourquoi alors accorde-t-on tant de facilités aux héritiers du mari pour combattre la réclamation de l'enfant? C'est parce que, pour nous servir des termes de M. Bigot-Préameneu, dans l'*exposé des motifs* de cette partie du code civil, « lorsque l'enfant n'a ni possession constante, ni
» titre, ou lorsqu'il a été inscrit, soit sous de faux
» noms, soit comme né de père et mère inconnus,
» il en résulte une présomption très-forte qu'il n'ap-
» partient point au mariage. »

Il est donc bien démontré que les articles du code civil, dans lesquels il est parlé du désaveu, ne sont pas applicables au cas où l'enfant n'a ni titre ni possession constante, où il réclame un droit qu'il n'a point encore, où le mari et ses héritiers ne font que se défendre contre sa réclamation.

» Donc, en ce cas, ni le mari ni ses héritiers ne sont obligés de recourir au désaveu; donc, en ce cas, s'ils emploient la forme du désaveu, ils ne l'emploient que par surabondance; donc, en ce cas, ni les délais dans lesquels doit être formé le désaveu, ni celui dans lequel le désaveu doit être suivi d'une assignation en justice, ne peuvent courir contre eux.

» Mais, dit la demanderesse, ce cas n'est point celui dans lequel je me suis trouvée à l'époque où les héritiers Brunet m'ont fait connaître leur désaveu. J'avais alors un titre qui constatait authentiquement mon état. Catherine Bouyer m'avait reconnue pour sa fille par le contrat de son second mariage, du 20 frimaire an 2; elle avait réitéré cette reconnaissance par l'acte notarié du 24 mars 1806; et elle ne m'avait pas pu constater par-là que j'étais sa fille, sans constater en même temps que j'étais la fille de l'époux à qui elle était encore unie au moment de ma conception.

» Cet argument est déjà réfuté par un texte du code civil, que nous avons eu l'honneur de mettre sous vos yeux. L'art. 323 qui porte précisément sur le cas où un enfant réclame une filiation qui n'est prouvée, ni par son acte de naissance, ni par une possession constante, déclare que la preuve contraire à cette réclamation, « pourra se faire par tous
» les moyens propres à établir que le réclamant n'est
» pas l'enfant de la mère qu'il prétend avoir, ou
» même, LA MATERNITÉ PROUVÉE, qu'il n'est pas
» l'enfant du mari de la mère. »

» Et que résulte-t-il de ces termes, *la maternité prouvée?*

» Bien évidemment il en résulte que, si un enfant dont l'acte de naissance est muet sur l'état qu'il réclame, et qui n'est pas en possession de cet état, vient à acquérir la preuve qu'il doit le jour à l'épouse de celui dont il se prétend le fils, la procédure ne change pas pour cela de caractère; qu'elle continue toujours d'être une procédure en réclamation d'état; et que les régles concernant la procédure en réclamation d'état, ne font point pour cela place aux règles concernant la procédure en désaveu.

« Bien évidemment il en résulte que les règles concernant la procédure en désaveu, sont strictement renfermées dans le cas où l'enfant méconnu par le mari ou par les héritiers du mari de sa mère, a, dans son acte de naissance, un titre qui constate sa filiation.

» Bien évidemment il en résulte que, si les preuves qu'un enfant, inscrit comme né de père et mère inconnus, vient à recueillir sur la maternité (et c'est précisément notre espèce), peuvent lui fournir des moyens pour réclamer sa filiation contre le mari ou les héritiers du mari de sa mère, du moins elles ne peuvent pas le placer à leur égard dans la position d'un défendeur, ni par conséquent leur imposer, soit l'obligation de lui signifier un désaveu dans un délai fatal, soit l'obligation de faire, dans un autre délai, suivre ce désaveu d'une assignation en justice.

» C'est donc bien véritablement par surabondance que les héritiers Brunet ont fait signifier un désaveu à la demanderesse; et de là, la conséquence nécessaire qu'ils ne pourraient pas être déchus de l'opposition qu'ils ont formée par cette voie à la réclamation de la demanderesse, pour n'en avoir pas saisi la justice dans le mois de la signification de ce désaveu.

» Mais après tout, et ceci va répondre à notre deuxième question, supposât-on que les héritiers Brunet n'eussent eu qu'un mois, après la signification de ce désaveu, pour en porter la connaissance devant la justice, la demanderesse n'en serait pas plus avancée : car le mois n'était pas encore expiré (il s'en fallait même de huit jours), lorsqu'ils ont fait citer la demanderesse en conciliation; et dès le lendemain du procès-verbal de non-conciliation, ils l'ont assignée devant le tribunal civil de l'arrondissement de Saintes.

» Or, l'art. 2245 du code civil porte que « la citation en conciliation devant le bureau de paix, interrompt la prescription, du jour de sa date, lorsqu'elle est suivie d'une assignation en justice donnée dans les délais de droit; » et c'est ce que réglait pareillement l'art. 6 du tit. 10 de la loi du 24 août 1790, qui n'exigeait pas que l'ajournement fût donné *dans les délais de droit* à la suite de la citation en conciliation, pour que cette citation eût l'effet interruptif qu'il lui attribuait.

» Les héritiers Brunet auraient donc, au besoin, interrompu, par leur citation en conciliation du 13 juin 1806, la prescription d'un mois qui, dans le système de la demanderesse, aurait été, sans cela, encourue par eux le 22 du même mois.

» Cependant la demanderesse insiste encore, et elle appelle à son secours deux objections.

» D'abord, dit-elle, l'art. 318 du code civil exige textuellement *une action en justice* intentée dans le mois de la signification du désaveu, et ne peut conséquemment pas être censée vouloir que ce délai puisse être prolongé par une citation devant le bureau de paix.

» Pourquoi donc serait-il censé ne pas le vouloir? En établissant une prescription d'un mois contre l'action en désaveu de paternité, l'art 318 du code civil ne déroge ni aux règles générales sur la manière d'interrompre la prescription, ni aux règles générales sur les cas où l'on est censé avoir intenté une action dans tel délai. Il se réfère donc nécessairement à ces règles, il est donc nécessairement modifié par l'art. 2245.

» Une loi du 17 germinal an 2 avait dit : « ceux » qui ont à exercer des ACTIONS en rabattement de » décret contre des adjudications par décrets anté- » rieurs à la publication de la loi du 25 août 1792, » NE POURRONT LES FORMER QUE D'ICI AU 1ᵉʳ VEN- » DÉMIAIRE PROCHAIN, EXCLUSIVEMENT; après l'expi- » ration de ce terme, aucune demande en rabatte- « ment ne pourra être admise; le délai ci-dessus » courra contre les pupilles et mineurs, sauf leurs » recours contre leurs tuteurs et curateurs. » Assu- » rément cette disposition était bien aussi impérative, pour la nécessité de *former l'action* en rabattement avant le 1ᵉʳ vendémiaire an 3, que peut l'être l'art. 318 du code civil pour la nécessité de *porter l'action en justice* dans le mois de la signification du désaveu.

» Cependant, par arrêt du 22 nivôse an 4, la cour a jugé, en cassant un jugement contraire du 5 nivôse an 3, que Jean-François Trettens était censé avoir intenté son action en rabattement de décret, avant le 1ᵉʳ vendémiaire an 3, par cela seul qu'il avait cité son adversaire en conciliation le deuxième jour complémentaire an 2.

» Une loi du 19 floréal an 6 portait, art. 2, que « L'ACTION en rescision pour cause de lésion contre « les ventes faites depuis le 1ᵉʳ janvier 1791, jusqu'à » la publication de la loi du 14 fructidor an 3, ne » serait plus recevable après l'expiration de l'année » qui suivrait la publication de la présente. » Cepen- dant, par arrêt du 13 vendémiaire an 11, au rap- port de M. Cassaigne, vous avez maintenu un arrêt de la cour d'appel de Paris, du 28 nivôse an 10, qui avait jugé que les sieurs Bron et Ory étaient censés avoir intenté leur action en rescision contre le sieur Schultz, dans l'année de la publication de la loi du 19 floréal an 6, par cela seul que, le 25 floréal an 7, quelques jours seulement avant l'expiration de cette année, ils avaient cité le sieur Schultz en conciliation; et vous l'avez maintenu par la considération « que » l'art. 6 du tit. 10 de la loi du 24 août 1790, en » statuant que la citation au bureau de paix, à l'effet » d'interrompre la prescription, dispose en général

» et pour tous les cas, que cette disposition ne peut
» recevoir d'exception que par une dérogation ex-
» presse et spéciale; que l'art. 7 de la loi du 19 flo-
» réal au 6 ne contient point de dérogation à cette
» disposition générale; qu'en réglant que l'action
» dont elle fixe la durée, ne sera recevable, si elle
» n'est exercée dans l'an qu'elle prescrit, cette loi ne
» fait qu'exprimer l'effet ordinaire de toute prescrip-
» tion; qu'enfin, il n'y est pas dit que la citation au
» bureau de paix n'aura pas l'effet de proroger l'ac-
» tion; qu'on ne peut donc, sous aucun rapport,
» trouver dans le jugement attaqué une contraven-
» tion expresse à cette loi, ni une fausse application
» de celle du 24 août 1790.

» Mais, objecte en second lieu la demanderesse,
la citation en conciliation que les héritiers Brunet
m'ont fait donner le 13 juin 1806, n'était point nécessaire, elle était inutile, et conséquemment, elle
ne pouvait produire aucun effet. Elle était inutile,
et par l'objet du litige, et par ma qualité de mineure:
par l'objet du litige, car il s'agissait d'une question
d'état, c'est-à-dire d'une question d'ordre public,
et l'art. 18 de la loi du 6-27 mars 1791 déclarait
expressément que, dans les affaires qui intéressaient
la nation, *les communes et l'ordre public*, on se
pourvoirait directement devant les tribunaux, sans
comparution préalable devant les bureaux de paix;
par ma qualité de mineure, car l'art. 48 du code de
procédure civile dispense de la citation en conciliation les actions à former entre parties incapables de
transiger; et cet article n'établit pas un droit nouveau;
on en retrouve l'esprit dans l'art. 16 de la loi du
6-27 mars 1791, qui veut qu'aucun citoyen ne soit
admis à représenter une partie devant le bureau de
paix, s'il n'est *revêtu de pouvoirs suffisans pour
transiger.*

» Reprenons les deux branches de cette objection.

» Les questions d'état, dit-on, appartiennent à
l'ordre public: donc toutes les affaires dans lesquelles est agitée une question d'état, sont dispensées
du préliminaire de la conciliation par la loi du
6-27 mars 1791.

» Mais qu'entend la loi du 6-27 mars 1791, par
les affaires qui intéressent l'ordre public? Elle désigne, par ces mots, les affaires dans lesquelles le
ministère public est ou seule ou principale partie,
les affaires dans lesquelles l'intérêt public tient le
premier rang; et telles ne sont certainement pas les
affaires dans lesquelles il s'agit de savoir si tel enfant
est ou n'est pas né de tel mariage, si telle personne
est ou n'est pas membre de telle famille. Dans celle-
ci, la loi veille sans doute pour l'intérêt de la société,
mais elle n'y veille que secondairement; c'est l'intérêt
des familles qui l'occupe en première ligne. *Prima-
riò spectat utilitatem privatorum, et secundariò
publicam.* Aussi voyons-nous que, dans ces affaires,
la loi admet des fins de non-recevoir, tant en faveur de ceux qui contestent ou réclament un état,
qu'à leur préjudice; ce qu'elles ne feraient certai-

nement pas, ce qu'elles ne pourraient même pas faire
régulièrement, si ces affaires intéressaient véritablement *l'ordre public*, dans le sens de la loi du
6-27 mars 1791 : *privatorum pactis juri publico
derogari non potest.*

» La loi du 6-27 mars 1791 attache sûrement
aux termes, *affaires qui intéressent l'ordre public*,
le même sens que la loi du 24 août 1790, dont elle
n'est qu'un appendice. Or, ces termes, dans quel
sens la loi du 24 août 1790 les emploie-t-elle? Nous
l'apprenons par la manière dont elle s'exprime,
tit. 8, art. 5 : « Les commissaires du roi, chargés
» de tenir la main à l'exécution des jugemens, pour-
» suivront d'office cette exécution dans toutes les
» dispositions qui INTÉRESSENT L'ORDRE PUBLIC. »
Et il est bien clair que, dans ce texte, les mots
intéressent l'ordre public, ne se réfèrent qu'aux jugemens qui ont pu être et ont été rendus à la poursuite du ministère public. Il est bien clair qu'en
vertu de l'article dont ces mots font partie, le ministère public n'aurait pas pu, sous la loi du
24 août 1790, comme il ne pourrait pas encore
aujourd'hui, poursuivre d'office l'exécution d'un
jugement rendu entre des particuliers sur une question de paternité.

» Enfin l'art. 83 du code de procédure civile
ordonne la communication au ministère public,
1° des affaires qui *concernent l'ordre public*.....;
2° de celles *qui concernent l'état des personnes et
les tutelles.* Les affaires *qui concernent l'état des
personnes*, ne sont donc pas comprises, par leur
nature, dans celles *qui concernent l'ordre public.*
S'il en était autrement, le code de procédure civile
renfermerait un pléonasme.

» Les mineurs, dit-on encore, ne peuvent pas
transiger : donc la loi du 6-27 mars 1791 dispensait
du préliminaire de la conciliation toutes les affaires
dans lesquelles des mineurs avaient intérêt; donc
l'art. 49 du code de procédure civile, par lequel
sont « dispensées du préliminaire de la conciliation
» les affaires qui intéressent..... les mineurs, » n'est
pas introductif d'un droit nouveau; donc cette disposition était obligatoire même avant le 1er janvier
1807, époque de la mise en activité du code de
procédure civile.

» Mais si les mineurs ne peuvent pas transiger
par eux-mêmes, ils peuvent du moins par l'organe
de leurs tuteurs, autorisés à cet effet par une délibération du conseil de famille. Rien n'empêchait
donc, avant le code de procédure civile, avant que
l'art. 49 de ce code en eût disposé autrement, qu'un
tuteur ne citât ou ne fût cité en conciliation devant
le bureau de paix; rien n'empêchait donc qu'en
comparaissant devant le bureau de paix, il n'écou-
tât les propositions conciliatoires qu'on pouvait
lui faire, et qu'il ne les soumît ensuite à un conseil
de famille, pour les accepter ou les rejeter; rien
n'empêchait donc alors que les affaires dans lesquelles un mineur était partie, ne fussent soumises à
la règle générale, qui commandait l'épreuve de la

conciliation dans toutes les affaires non exceptées par la loi.

» Nous disons que telle était la règle générale : et, en effet, les art. 2 et 5 du tit. 10 de la loi du 24 août 1790 voulaient expressément qu'*aucune action principale* ne fût *reçue au civil*, s'il n'y avait eu préalablement citation devant le bureau de paix et procès-verbal de non-conciliation. Ces mots, *aucune action principale* excluaient manifestement toute exception. Depuis, il est vrai, la loi du 6-27 mars 1791 a excepté les affaires qui intéresseraient *la nation, les communes et l'ordre public,* ou qui seraient *de la compétence des juges de commerce ;* mais elle s'est arrêtée là : elle n'a pas étendu l'exception jusqu'aux affaires des mineurs ; elle a donc laissé les affaires des mineurs sous l'empire de la règle générale.

» Les héritiers Brunet ne pouvaient donc pas se dispenser de citer la demanderesse en conciliation.

» Ils auraient donc intenté leur action en désaveu dans le délai fixé par l'art. 318 du code civil, si un désaveu avait été nécessaire de leur part.

» Le premier moyen de cassation de la demanderesse est donc dénué de toute espèce de fondement.

» Le second moyen nous présente la question de savoir si, au fond, la cour d'appel de Poitiers a violé la loi romaine dans laquelle est écrite cette grande maxime, *is pater est quem nuptiæ demonstrant*, et le décret du 19 floréal an 2, qui rappelle cette loi comme ayant toujours fait partie des *principes de notre législation.*

» Mais, avant de nous expliquer sur cette question, il faut en examiner une autre qui lui est nécessairement préalable : c'est celle de savoir si la réclamation d'état de la demanderesse a dû être jugée d'après le droit romain, ou si elle a dû l'être d'après le code civil.

» Car, si cette réclamation avait dû être jugée d'après le code civil, non-seulement il serait inutile de la discuter ici dans ses rapports avec le droit romain, mais il ne serait pas possible d'élever le plus léger doute sur la nécessité de maintenir l'arrêt de la cour d'appel de Poitiers.

« En effet, nous avons déjà vu que, par l'article 325 du code civil, les tribunaux sont, relativement aux réclamations d'état faites par des enfans qui n'ont ni titre ni possession constante, investis de la plus grande latitude de pouvoir ; et que même, pour juger qu'un enfant dont la maternité est prouvée autrement que par un acte de naissance, n'est pas le fils du mari de sa mère, ils peuvent s'attacher à tous les faits que leur conscience leur indique comme propres à justifier un pareil jugement.

» Or, telle serait précisément, dans cette hypothèse, la position de la demanderesse. La demanderesse, qui n'a été inscrite sur les registres publics que comme fille de père et mère inconnus ; la demanderesse, qui n'a jamais reçu de celui qu'elle nomme son père le moindre traitement de pater-

nité, qui même n'en a jamais été connue, que jamais on n'a cherché à lui faire connaître, dont on a au contraire cherché et réussi, tout le temps qu'il a vécu, à lui dérober la connaissance ; la demanderesse trouverait, dans l'art. 325 du code civil, une barrière contre laquelle viendraient se briser tous les efforts qu'elle fait pour obtenir la cassation de l'arrêt qui la relègue dans la classe des enfans adultérins.

» Examinons donc si c'est réellement d'après le code civil qu'a dû être jugée la question d'état sur laquelle cet arrêt a statué.

» Le code civil n'existait pas encore, le projet n'en était même pas encore conçu, lorsque la demanderesse a reçu la vie ; la demanderesse a reçu la vie sous l'empire des anciennes lois ; dès-lors n'est-ce pas aux anciennes lois à déterminer le mode de preuve d'après lequel on doit juger de qui elle l'a reçue ?

» La négative ne souffrirait aucune espèce de difficulté, si le mode de preuve d'un fait appartenait à ce que les jurisconsultes appellent *ordinatoria litis*, c'est-à-dire, à l'instruction, à la forme de procéder ; car il est de principe que l'instruction et le mode de procéder dépendent non de la loi du temps où l'action a pris naissance, mais de la loi du temps où elle s'exerce : « Tout ce qui touche à l'in- » truction des affaires, tant qu'elles ne sont pas ter- » minées (est-il dit dans le célèbre arrêté du gou- » vernement du 5 fructidor an 9), se règle d'après » les formes nouvelles, sans blesser le principe de » non-rétroactivité, que l'on n'a jamais appliqué » qu'au fond du droit. » Et voilà pourquoi nous n'avons pas hésité à le raisonner que d'après le code civil, dans la discussion du premier moyen de la demanderesse, lequel ne concerne que la forme de procéder sur les actions en désaveu de paternité.

» Mais est-ce à l'instruction, est-ce à la forme de procéder qu'appartient le mode d'une preuve d'un fait ? Oui et non ; il faut distinguer.

» Dans le mode de preuve d'un fait, on doit discerner deux choses : l'admissibilité de ce mode, et la manière de procéder à la preuve, après que tel mode de preuve a été jugé ou reconnu admissible.

» Sans contredit, lorsqu'une preuve testimoniale, par exemple, est jugée ou reconnue admissible, on ne doit, pour régler la forme de l'enquête, consulter que la loi du temps où l'enquête même se fait : pourquoi ? Parce que la forme d'une enquête ne tient qu'à l'instruction, parce qu'elle est purement *ordinatoria litis.*

» Mais s'agit-il de savoir si la preuve testimoniale est admissible ou non ? Alors ce n'est plus une question de procédure, c'est une question qui doit avoir la plus grande influence sur le fond ; c'est un point que les jurisconsultes appellent *decisorium litis* ; et, par conséquent alors, ce n'est pas à la loi du temps où l'action s'exerce que l'on doit s'arrêter : la loi du temps où l'action a pris naissance, la loi du temps où se sont passés les faits qui sont la source de l'action, est la seule que l'on doit consulter. S'arrêter, dans ce cas, à la loi du temps où l'action s'exerce, ce serait la faire rétroagir; car il y a nécessairement rétroactivité, toutes les fois qu'on applique au fond une loi qui n'existait pas encore au moment où l'action est née.

» Aussi avez-vous rejeté, le 18 novembre 1806, au rapport de M. Pajon, la demande du sieur Canosio en cassation d'un arrêt par lequel la cour d'appel de Turin, avait admis, postérieurement à la promulgation du code civil qui la prohibait, la preuve testimoniale de faits passés sous l'empire des lois sardes, qui la permettaient.

» Et pourquoi les mêmes principes ne nous conduiraient-ils pas ici à dire que ce n'est pas le code civil, que c'est la loi du temps de la naissance de la demanderesse qui doit ici nous servir de boussole?

» Il se présente cependant, à cet égard, une difficulté assez spécieuse, et la voici : si la demanderesse réclamait non l'état de fille légitime, mais l'état de fille naturelle de Jean Brunet, pourrait-elle employer le mode de preuve qui était autorisé par la loi du temps de sa naissance ? Non certainement : elle serait soumise à la loi actuelle, qui *n'admet pas la recherche de la paternité non avouée*; et, à défaut de reconnaissance de son prétendu père, elle serait déclarée non-recevable. Comment donc pourrait-elle être admise à prouver sa filiation légitime, par les voies autorisées à l'époque de sa naissance?

» L'argument paraît donc insoluble; mais quelques explications le feront disparaître.

» Un enfant naturel, qui, né sous l'empire des anciennes lois, forme aujourd'hui une demande en déclaration de paternité, peut se trouver dans trois positions différentes : ou son père est mort depuis la publication de la loi du 12 brumaire an 2 ; ou il était mort avant la publication de cette loi, mais depuis celle de la loi du 4 juin 1793 ; ou enfin il était mort avant cette dernière époque.

» Au premier cas, il est non-recevable, s'il ne représente un acte authentique par lequel son père l'a reconnu. A la vérité, la loi sous l'empire de laquelle il est né, l'autorisait à prouver sa filiation par de simples indices; il pouvait alors dire au premier venu : « Vous avez fréquenté ma mère, vous » avez eu des familiarités avec elle, donc je suis » votre fils. »

» Mais cette même loi ne lui donnait action contre son père, que pour des alimens. La loi du 12 brumaire an 2 a fait plus en sa faveur, elle lui a accordé des droits successifs dont elle a renvoyé la fixation au code civil; mais elle y a mis une condition plus rigoureuse, à cet égard, que l'ancienne jurisprudence, elle a voulu qu'il ne fût admis à prouver sa filiation que par une reconnaissance authentique de son père; en cela, elle a sans doute rétroagi; mais elle a cru pouvoir compenser, par l'avantage dont elle gratifiait l'enfant, le tort qu'elle

lui faisait en lui imposant un mode de preuve plus difficile; et comme l'état de l'enfant est indivisible, comme il ne peut pas, à défaut de reconnaissance, être réputé fils de tel père à l'effet d'obtenir de lui des alimens, lorsqu'il ne peut pas l'être à l'effet de lui succéder, il a bien fallu, même pour les alimens, le priver du mode de preuve que la loi sous laquelle il est né, lui aurait permis de faire valoir, s'il s'était pourvu avant l'abrogation de cette loi.

» La cour l'a ainsi jugé le 26 mars 1806, au rapport de M. Ruperou, en faveur de Jacques-Marthe contre la fille Linstruiseur : « attendu qu'il » résulte.... de la loi du 12 brumaire an 2, qu'à » compter de la publication de cette loi, toute re- » cherche de la paternité non reconnue est abolie, » non-seulement par rapport aux droits successifs, » mais même relativement aux alimens pour l'en- » fant, aux frais de gésine et aux dommages-inté- » rêts pour la mère, par la raison que la paternité » étant indivisible, un homme ne peut pas être » père pour un cas, et ne pas l'être pour un autre. »

» Dans la seconde hypothèse, c'est-à-dire, si le père est mort avant la publication de la loi du 12 brumaire an 2, mais après celle de la loi du 4 juin 1793, qui a posé le principe de la successibilité des enfans naturels, l'enfant n'a, pour établir sa filiation, ni toutes les facilités qu'il aurait trouvées dans la jurisprudence sous laquelle il est né, ni toutes les difficultés qu'oppose la loi du 12 brumaire an 2 à ceux dont les pères sont morts depuis sa publication. L'art. 8 de cette loi porte que, « pour être admis à » l'exercice des droits ci-dessus dans la succession » de leurs pères décédés, les enfans nés hors du » mariage, seront tenus de prouver leur possession » d'état....., preuve (qui) ne pourra résulter que de » la représentation d'écrits publics ou privés du » père, ou de la suite des soins donnés à titre de » paternité et sans interruption, tant à leur entretien » qu'à leur éducation.

» Ainsi, la loi du 12 brumaire an 2 rétroagit dans ce cas comme dans le précédent; mais elle ne le fait également que parce qu'elle appelle l'enfant né hors du mariage, à des droits successifs auxquels il ne pourrait pas aspirer d'après la loi du temps de sa naissance.

» Reste le troisième cas, celui où le père est décédé avant la publication de la loi du 12 brumaire an 2. Alors l'enfant naturel n'a point de droits successifs à exercer, il ne peut réclamer que des alimens; et comme il ne participe pas aux bienfaits de la nouvelle loi, il n'est pas non plus assujéti, pour la preuve de sa filiation, aux nouveaux modes qu'elle établit; il peut justifier sa filiation par tous les genres de preuve qu'autorisait la loi sous laquelle il est né.

» C'est ce que la cour a jugé, au rapport de M. Audier-Massillon, dans l'espèce que voici :

» Le nommé Lavarde, se disant fils naturel de Jacques-Philippe Delhoury, mort en 1780, demande à ses héritiers une pension alimentaire. Les héritiers nient sa filiation ; il en offre la preuve, mais il ne représente ni acte de reconnaissance, ni écrit quelconque de son prétendu père ; il n'articule même pas que son prétendu père lui ait donné, à titre de paternité, les soins non interrompus qui, suivant l'art. 8 de la loi du 12 brumaire an 2, peuvent, à l'égard des enfans dont les pères sont morts depuis la loi du 4 juin 1793, suppléer au défaut de reconnaissance authentique ou sous seing-privé ; en un mot, il se borne à offrir la preuve des faits que l'ancienne jurisprudence regardait comme suffisans.

» Le tribunal civil du département du Calvados le déclare non-recevable : « attendu (dit-il) que l'art. » 8 de la loi du 12 brumaire an 2 n'admet plus » d'autres preuves que celles résultant d'écrits pu- » blics ou privés du père, ou de la suite des soins » donnés à titre de paternité et sans interruption. »

» Lavarde appelle de ce jugement au tribunal civil du département de la Manche, qui le confirme le 9 fructidor an 7.

» Il se pourvoit en cassation ; et le 14 thermidor an 8, arrêt qui casse ce jugement : « attendu que » l'art. 8 de la loi du 12 brumaire an 2 n'exige des » preuves écrites où une suite de soins donnés à » titre de paternité et sans interruption, que de ceux » des enfans nés hors du mariage, qui réclament » des droits successifs dans la succession de leurs » pères et autres ouvertes depuis l'époque déter- » minée par les nouvelles lois, et qu'elle n'a rien » changé aux droits acquis sur les successions qui » avaient été ouvertes avant ce temps ; qu'il s'agis- » sait au procès d'une demande en alimens réclamée » par un enfant naturel sur la succession d'un père » décédé avant cette époque ; et qu'en écartant » cette demande, sur le fondement que la preuve » offerte n'avait pas le caractère exigé par la loi » du 12 brumaire, le tribunal civil du département » de la Manche a confondu la nouvelle législation » avec l'ancienne, fait une fausse application de » la loi du 12 brumaire an 2, et créé une fin de » non-recevoir qui n'était autorisée par aucune loi. »

» Vous voyez donc, Messieurs, que, si les enfans naturels dont les pères sont morts depuis la publication des lois des 4 juin 1793 et 12 brumaire an 2, sont privés de l'avantage de prouver leur filiation par les voies qu'autorisait la loi sous laquelle ils sont nés, c'est par une raison qui leur est tout-à-fait particulière : c'est par l'effet de l'impossibilité de les réputer enfans pour un objet et non-enfans pour un autre. Vous voyez donc que cette raison particulière cessant à l'égard des enfans naturels dont les pères sont morts avant la publication de la loi du 4 juin 1793, le principe général qui veut que la loi sous l'empire de laquelle s'est passé un fait, en règle seule le mode de preuve, reprend toute son intensité. Vous voyez donc que l'argument tiré du mode de preuve de la filiation des enfans naturels, qui, du premier abord, paraissait de-

voir renverser ce principe, ne fait au contraire que le consolider et l'affermir. Il ne peut donc plus rester de doute sur la nécessité où nous sommes, quant au mode de preuve de la filiation de la demanderesse, de fermer le code civil, et de recourir aux lois antérieures.

» Ces lois, quelles sont-elles ? Ce sont le décret de la convention nationale du 19 floréal an 2, et le droit romain.

» Le décret du 19 floréal an 2 n'a été, il est vrai, rendu et publié qu'environ trois ans après la naissance de la demanderesse. Mais comme il ne contient qu'une disposition déclarative du droit préexistant ; comme il est, par cette raison, applicable aux enfans déjà nés, aussi bien qu'aux enfans à naître, il devient nécessaire de l'examiner ici.

» Il est ainsi conçu : « La convention nationale, » après avoir entendu le rapport de son comité de » législation sur l'exposé qui lui a été fait, que » l'officier public de la commune de Paris a refusé » de recevoir la déclaration faite par une citoyenne, » que l'enfant dont elle est devenue mère, est d'un » autre que son mari ; considérant qu'il est dans les » principes de notre législation, que la loi ne re- » connaît d'autre père que celui qui est désigné par » le mariage ; qu'une déclaration contraire est im- » morale, et qu'une mère ne saurait être admise à » disposer à son gré de l'état des enfans de son » mari ; approuve le refus fait par l'officier public » de la commune de Paris, de recevoir une sem- » blable déclaration ; et décrète que l'acte de nais- » sance énoncé dans celui fait par le commissaire » de la section de Chalier, le 23 pluviôse n° 85, sera » rédigé sans faire mention de cette déclaration ; et » que si elle a été insérée sur le registre de la sec- » tion, elle y sera rayée.

» Que doit-on, que peut-on conclure de ce dé- cret ? Que la règle du droit romain, *is pater est quem nuptiæ demonstrant*, EST DANS LES PRINCIPES DE NOTRE LÉGISLATION ? D'accord. Que cette règle n'est limitée par aucune exception ? Ce serait une absurdité.

» Ce décret ne porte que sur un cas particulier ; l'unique chose qu'il décide, c'est que la seule déclaration d'une mère ne suffit pas pour priver son enfant des avantages de la légitimité ; c'est que la seule déclaration d'une mère ne suffit pas pour faire cesser, à l'égard de son enfant, la règle générale qui veut que, dans le mariage, la preuve de la maternité emporte la preuve de la paternité.

« Il n'est donc pas, il ne peut donc pas être dans l'intention du décret du 19 floréal an 2, d'assujétir à cette règle générale tous les cas possibles, même celui où l'impuissance du mari à l'époque de la conception de l'enfant serait légalement constatée, même celui où la conception de l'enfant se reporterait à une époque où le mari se serait trouvé au-delà des mers, etc. Le décret du 19 floréal an 2 a donc nécessairement laissé subsister les exceptions par lesquelles le droit romain avait limité cette règle.

» Voyons donc quelles étaient ces exceptions.

» Ulpien, dans la loi 6, D. *de his qui sui vel alieni juris sunt*, les fixe en ces termes : Nous appelons fils, celui qui est né du mari et de sa femme : *Filium eum definimus qui ex viro et uxore ejus nascitur.* Mais si un mari a été absent, par exemple, pendant dix ans, et qu'à son retour, il trouve chez lui un enfant âgé d'un an, nous pensons avec Julien, que cet enfant n'appartient pas au mari : *Sed si fingamus abfuisse maritum, verbi gratiâ, per decennium, reversus anniculum invenisse in domo suâ, placet nobis Juliani sententia hunc non esse mariti filium.* Il ne faut cependant pas, dit encore Julien, écouter celui qui, ayant demeuré sans interruption avec sa femme, ne voudrait pas reconnaître l'enfant qu'elle a mis au monde : *Non tamen ferendum Julianus ait eum qui cum uxore suâ assiduè moratus, nolit filium agnoscere quasi non suum.* Mais je pense, et c'est aussi l'avis de Scévola, que, s'il est prouvé que le mari a été quelque temps sans partager le lit de sa femme, soit par quelque infirmité qui lui est survenue, soit par une autre cause, ou s'il est organisé de manière à ne pouvoir pas se reproduire, on ne doit pas regarder comme son fils l'enfant dont sa femme est accouchée, même dans sa maison, et à la connaissance des voisins : *Sed mihi videtur, quod et Scævola probat, si constet maritum aliquandiù cum uxore non concubuisse, infirmitate interveniente, vel aliâ causâ, vel si eâ valetudine paterfamilias fuit ut generare non possit, hunc qui in domo natus est, vicinis scientibus, filium non esse.*

» Ainsi deux exceptions à la règle, *is pater est quem nuptiæ demonstrant* : l'accouchement de la femme à une époque qui suppose l'enfant conçu pendant l'absence du mari; l'accouchement de la femme pendant qu'elle demeure avec son mari, mais avec son mari physiquement incapable d'engendrer, n'importe que cette incapacité provienne, ou d'une infirmité accidentelle, ou d'une autre cause, *vel aliâ causâ*, ou d'un vice qui affecte les organes de la génération.

» Nous disons que cette loi n'établit que deux exceptions, et nous le disons avec un des plus grands magistrats qui ont illustré l'ancien barreau français, avec M. d'Aguesseau, dans son plaidoyer du 15 juin 1693, sur l'affaire de Vinantes.

» On a cependant prétendu, devant la cour d'appel de Poitiers, dans un discours qui a été rendu public, que M. d'Aguesseau s'était trompé; et qu'au lieu de deux exceptions, la loi citée en établit trois, savoir : 1° l'absence, *si fingamus abfuisse;* 2° l'abstinence du devoir conjugal pour maladie accidentelle ou pour toute autre raison, *si constet non concubuisse, infirmitate interveniente vel aliâ causâ;* 3° l'impuissance naturelle, *vel si eâ valetudine fuit ut generare non possit.*

» Mais il est clair que ce qu'on appelle, dans ce discours, la deuxième et la troisième exceptions, n'en forme qu'une générique, celle de l'incapacité physique d'engendrer.

» Le sens de la loi est donc que, pour déterminer la juste application de la présomption de paternité qui résulte de l'accouchement de la femme pendant le mariage, il faut distinguer deux cas :

» Ou le mari n'habitait pas avec sa femme à l'époque de la naissance de l'enfant, et il était au contraire éloigné d'elle depuis long-temps : alors la présomption cesse;

» Ou le mari, à l'époque de la conception de l'enfant, habitait avec sa femme; et alors était-il capable de se reproduire? L'enfant lui appartient. Ne l'était-il pas? L'enfant lui est étranger.

» Au surplus, il importe ici très-peu que l'on voie là trois exceptions, ou qu'il n'y en ait réellement que deux, puisqu'il ne peut être ici question que de la première; puisque c'est uniquement sur la non co-habitation de Jean Brunet avec Catherine Bouyer, à l'époque où celle-ci est devenue enceinte, et sur le jugement de séparation de corps dont elle était la suite, que la cour d'appel de Poitiers s'est fondée pour rejeter la réclamation de la demanderesse.

» Examinons donc si l'on peut appliquer à notre espèce la première des exceptions dont il s'agit.

» On ne le pourrait certainement pas, si l'on devait regarder comme limitatif, l'exemple que donne la loi : *Si fingamus abfuisse maritum, verbi gratiâ, per decennium, reversus anniculum invenisse in domo sua.* Dans cette hypothèse, pour que l'enfant né dans l'absence du mari, pût être jugé adultérin, il faudrait que l'absence du mari eût duré huit ans et trois mois avant la conception de l'enfant; et comme, dans notre espèce, il ne s'est écoulé que treize mois et demi entre la séparation de Catherine Bouyer d'avec son mari, et la conception de la demanderesse, il est clair que, si tel est le sens de la loi, l'absence de Jean Brunet, à l'époque de la conception de la demanderesse, ne peut pas être un motif suffisant pour juger celle-ci adultérine.

» Mais on sent assez qu'interpréter ainsi la loi, ce serait abuser de ses expressions. Si la loi exigeait impérieusement un intervalle de huit ans et trois mois entre l'éloignement du mari et la conception de l'enfant, elle n'indiquerait pas ce terme par forme d'exemple, *verbi gratiâ;* elle l'indiquerait d'une manière absolue.

Il est vrai que, dans la loi 1, §. 14, D. *de agnoscendis et alendis liberis*, le même jurisconsulte, Ulpien, en parlant encore de l'absence du mari comme d'une cause qui l'autorise à désavouer l'enfant de sa femme, se sert des expressions *longo tempore*, expressions qui, dans le langage des lois romaines, désignent ordinairement un espace de dix années, comme le prouve notamment la parfaite synonymie qui existe dans un grand nombre de textes, entre la prescription qu'ils appellent *longi temporis*, et la prescription de dix ans.

» Mais il faut bien prendre garde à l'objet et à la marche de cette loi.

» Elle commence par rappeler les deux dispositions du sénatus-consulte Plancinien : l'une par laquelle la femme qui se trouvait enceinte au moment de son divorce, était obligée de notifier sa grossesse à son mari dans les trente jours ; l'autre, qui obligeait le mari, aussitôt que cette notification lui avait été faite, ou d'envoyer des gardiens à la femme pour la surveiller jusqu'à son accouchement, ou de lui faire signifier une protestation contenant qu'il n'était point l'auteur de sa grossesse.

» Elle ajoute que, si le mari ne fait ni l'un ni l'autre, il sera tenu de reconnaître l'enfant : *Pœna autem mariti ea est, ut nisi custodes præmiserit, aut contrà denunciaverit, non esse ex se prægnantem, cogatur maritus partum agnoscere.*

» Cependant, continue-t-elle dans le §. cité, de ce que le mari n'a pas opposé un désaveu formel à la notification que la femme lui a faite de sa grossesse, il ne faut pas toujours conclure que l'enfant est de lui, quoique provisoirement il soit tenu de le nourrir : *Idem Julianus scribit, si, uxore denunciante, se prægnantem, maritus non negaverit, non utique suum illi partum effici, cogendum tamen alere.* Supposons un homme qui, après une longue absence, trouve sa femme enceinte, et qui la répudie par cette raison même parce qu'il aura négligé quelques-unes des choses que prescrit en pareil cas le sénatus-consulte, faudra-t-il regarder comme son fils l'enfant dont accouchera la femme ? Non, cela serait injuste : *Cæterùm esse satis injuriosum ait, si quis longo tempore abfuerit, et reversus uxorem prægnantem invenerit et idircò rejecerit, si quid ex his quæ senatus-consulto continentur, omiserit, suum heredem ei nasci.*

» Maintenant dira-t-on que, dans ce texte, les expressions, *longo tempore abfuerit,* désignent une absence de dix années ?

» D'abord, quand il serait possible de les entendre dans ce sens, on pourrait tout au plus en conclure que, dans le cas particulier sur lequel porte la loi, il faut toute la faveur d'une aussi longue absence pour dispenser le mari de l'obligation qu'il a contractée, par son silence, de reconnaître l'enfant de sa femme; et que cette dispense doit lui être refusée si l'absence n'a pas duré dix ans.

» Ensuite, ce qui prouve que les expressions, *longo tempore,* ne sont pas, dans cette loi, synonymes de dix ans, c'est qu'ainsi entendues, elles mettraient cette loi tirée, comme nous l'avons vu, des écrits d'Ulpien, en contrariété avec la loi 6, D. *de his qui alieni vel sui juris sunt,* dont le même juriconsulte est auteur.

» Dans celle-ci, en effet, il est bien parlé d'une absence de dix ans, *si fingamus abfuisse maritum verbi gratiâ, per decennium;* mais il y est dit, en outre, que le mari trouve à son retour un enfant âgé d'un an; ce qui ne suppose qu'un intervalle de neuf

ans entre l'époque de l'éloignement du mari et celle de l'accouchement de la femme; au lieu que la loi 1, D. *de agnoscendis et alendis liberis,* si les termes *longo tempore* y désignaient un espace de dix ans, exigeraient que dix ans se fussent écoulés avant l'éloignement du mari et le moment où, à son retour, il trouverait sa femme, non pas accouchée depuis un an, mais encore enceinte; ce qui formerait un intervalle excédant d'une année et plusieurs mois celui dont la loi 6, D. *de his qui alieni vel sui juris sunt,* donne l'exemple.

» Il faut donc dire, si l'on veut mettre ces deux lois d'accord entre elles, si l'on veut mettre leur auteur commun d'accord avec lui-même, que, dans l'une, les termes, *longo tempore abfuerit,* désignent une absence qui, pour être réputée longue, n'a pas besoin d'avoir duré dix ans; et que, dans l'autre, l'exemple d'une absence de dix ans, par cela seul qu'il n'est proposé que comme exemple, n'est pas exclusif d'une absence d'une moindre durée.

» Mais cette absence, à quel terme doit-on la fixer pour qu'elle puisse autoriser le mari à désavouer l'enfant de sa femme ?

» La première des lois que nous venons de citer, la loi 6, D. *de his qui alieni vel sui juris sunt,* nous fournira là-dessus de grandes lumières.

» Elle met, comme nous l'avons vu, deux cas en opposition l'un avec l'autre : celui où le mari peut désavouer l'enfant de sa femme, et celui où il n'y est pas recevable.

» Il peut désavouer l'enfant, dit-elle, lorsqu'au moment où sa femme est accouchée, il y avait neuf ans, par exemple, qu'il était absent : *Si fingamus abfuisse maritum, verbi gratiâ, per decennium, reversus anniculum invenisse in domo suâ.*

» Il ne peut pas le désavouer, lorsqu'il n'a pas cessé de demeurer avec sa femme : *Non tamen ferendum eum qui cum uxore suâ assiduè moratus, nolit filium agnoscere quasi non suum.*

» Assurément, si, dans le premier cas, il était indispensablement nécessaire, pour fonder le désaveu du mari, que son absence eût précédé de neuf ans la naissance de l'enfant, la loi n'exigerait point, dans le second cas, pour repousser le désaveu, que le mari eût demeuré sans interruption avec sa femme.

» Comment donc concilier ces deux parties de la loi ? Il n'est, pour y parvenir, qu'un seul moyen raisonnable : c'est-à-dire que le mari ne peut pas, à la vérité, méconnaître l'enfant de sa femme, lorsqu'il demeurait avec elle dans le temps où elle a conçu ou peut être censée avoir conçu cet enfant ; mais qu'il le peut, lorsque son absence remonte à un temps plus reculé, comme à onze ou douze mois avant l'accouchement.

» C'est ce qu'enseigne en effet Menochius, *de arbitrariis judiciis,* liv. 2, cent. 1, §. 89, n° 33 : *Et cùm exempli causâ,* dit-il, *de decennio locutus sit Ulpianus, idem dici potest de nato post de-*

cimum vel undecimum mensem à die quo abesse cœpit vir.

» Gayl, liv. 2, obs. 97, n°. 20, établit la même chose: *Limitatur, si maritus diù peregrè absens fuerit, puta diutiùs anno;* et il s'appuie sur la loi 6, D. *de his qui alieni vel sui juris sunt;* preuve manifeste qu'à ses yeux cette loi, en proposant pour exemple une absence qui a devancé de neuf ans l'accouchement de la femme, range même l'absence qui n'a duré, avant cette époque, que l'espace d'une année, parmi les moyens de faire cesser la présomption légale de paternité.

» Et c'est aussi ce que fait entendre clairement Bartole, dans son Commentaire sur la même loi. Cette loi (dit-il) est remarquable, et voici ce qu'elle entend. Celui-là est réputé fils légitime qui naît du mari et de la femme également propres à remplir le but du mariage, pourvu qu'ils habitent ensemble: *Hæc est notabilis lex, et hoc intendit: ille dicitur filius legitimus qui ex viro et uxore ad matrimonium et generandum habilibus, SIMUL HABITANTIBUS, constante matrimonio, nascitur.*

» Voët, sur le digeste, liv. 1, tit. 5, n° 8, dit également que, pour qu'un enfant soit jugé légitime, nonobstant la déclaration de sa mère qui le présente comme adultérin, il faut que sa mère ait habité avec son mari à l'époque présumée de la conception: *Ne sic quidem adulterinum præsumemus partum, sed magis in dubio genitum à marito, quoties ille, durante eo tempore quo partus concipi potuit, uxori cohabitaverit.*

» Mais que doit-on entendre, en cette matière, par une absence de onze mois, d'un an, de plusieurs années? Doit-on regarder comme absent, à l'effet d'imposer silence à la règle, *is pater est quem nuptiæ demonstrant,* le mari qui n'est, comme Jean Brunet l'était dans notre espèce, éloigné de sa femme que de dix lieues? Ou faut-il qu'il y ait, entre son habitation et celle de sa femme, une distance beaucoup plus considérable?

» M. d'Aguesseau, dans son plaidoyer du 15 juin 1693, voulait que la distance fût telle, qu'il en résultât une impossibilité physique que le mari eût habité avec sa femme au temps de la conception de l'enfant. Mais ce serait à tort qu'on invoquerait en faveur de sa doctrine l'arrêt qui fut rendu le même jour sur ses conclusions.

» Dans l'espèce de cet arrêt, le sieur de Vinantes prouvait bien que, pendant les mois d'avril, mai et juin 1689, il avait été éloigné de vingt lieues de la maison de campagne où il avait laissé sa femme; mais conclure de là, comme il le prétendait, que l'enfant dont sa femme était accouchée sept mois après son retour, était illégitime, il ne le pouvait pas raisonnablement. « Son absence (disait M. d'A- » guesseau) a commencé au mois de mars; elle a fini » au mois de juin. Depuis son départ jusqu'à la » naissance de l'enfant, il n'y a qu'environ dix » mois; depuis son retour, il y a sept mois entiers

» d'intervalle. Dans l'un et l'autre cas, les lois ont » décidé qu'un enfant pouvait naître légitime. »

» M. Joly de Fleury, dans l'affaire de Charles de la Plissonnière, professait, le 29 février 1712, le même principe que M. d'Aguesseau. Charles de la Plissonnière demeurait en Flandre, et Elisabeth Bouillon, sa femme, à Paris. M. l'avocat-général soutint qu'il n'y avait pas, de l'habitation du mari à celle de la femme, une distance assez considérable pour former, de la part du premier, une impossibilité physique à ce qu'il se fût trouvé près de sa femme à l'époque de la conception de l'enfant; et l'arrêt jugea l'enfant légitime. Mais il y avait dans cette affaire une circonstance qui la distinguait essentiellement de notre espèce : il était prouvé que Charles de la Plissonnière revenait de temps en temps à Paris; et dans notre espèce, non-seulement il n'est pas prouvé, mais la demanderesse n'a pas même offert de prouver, elle n'a pas même articulé que, depuis que Catherine Bouyer avait quitté Jean Brunet, l'un d'eux se fût une seule fois rapproché d'un pas de la demeure de l'autre.

» Ce qu'avaient soutenu M. d'Aguesseau en 1693, et M. Joly de Fleury en 1712, l'art. 312 du code civil l'a érigé en loi expresse, mais pour quels enfans? Pour les enfans qui, inscrits au moment de leur naissance, comme nés de père et mère inconnus, et élevés comme tels, parviennent ensuite à découvrir et constater qu'ils doivent le jour à une femme mariée? Non. Ce n'est pas pour eux qu'est fait l'art. 312, et la preuve en est que l'art. 325 permet d'argumenter contre eux de tous les faits desquels il peut moralement résulter que le mari de leur mère n'est pas leur père. L'art. 312 ne concerne donc que les enfans inscrits, au moment de leur naissance, comme nés d'un mariage légitime; il ne pourrait donc pas être invoqué par la demanderesse, quand même la demanderesse serait née sous le Code civil.

» Nous conviendrons, au surplus, que l'opinion de M. d'Aguesseau et de M. Joly de Fleury avait prévalu dans l'ancienne jurisprudence; que l'ancienne jurisprudence l'appliquait même au cas sur lequel porte l'art. 325 du code civil, même au cas où il s'agissait d'un enfant inscrit, en naissant, comme fils de père et mère inconnus; et que l'art. 325 du code civil, en établissant le contraire pour ce cas, a fait une innovation. C'est ce que démontre clairement l'observation du tribunat sur cet article même, que le conseil-d'état lui avait fait communiquer, et qu'il a proposé, en l'approuvant, de rédiger tel qu'il est aujourd'hui : « D'après.... l'examen de cet » article (a-t-il dit), la section a pensé que l'unique » objet de sa disposition était de changer la juris- » prudence sur un cas particulier facile à prévoir. » On cite un exemple : un individu qui n'a ni pos- » session ni titre, réclame contre une famille à la- » quelle il prétend appartenir. Que fait-il d'abord? » Il demande que sa réclamation soit jugée relati- » vement à la personne qu'il dit sa mère, et dont

» il soutient être né durant le mariage. Si le juge-
» ment sur la maternité ne lui est point favorable,
» il ne va pas plus loin; il sait que, par-là, tout
» est décidé: car dès qu'il n'est point l'enfant de la
» femme, il ne peut l'être du mari; il ne serait tout
» au plus que bâtard adultérin. S'il parvient au con-
» traire à faire juger que cette femme est sa mère,
» il lui suffit, D'APRÈS LA JURISPRUDENCE ENCORE
» EXISTANTE, d'opposer, par rapport au père, la
» maxime, PATER IS EST QUEM NUPTIÆ DEMONS-
» TRANT. »

» Mais cette jurisprudence, en tant qu'elle s'appliquait aux enfans nés pendant l'absence du mari,
était-elle fondée sur les lois romaines? Non: elle
était plutôt une extension, ou, si l'on veut, un per-
fectionnement de ces lois, que leur conséquence.
Les lois romaines ne s'expliquaient pas sur le caractère que devait avoir l'absence du mari, pour
autoriser celui-ci à désavouer l'enfant de sa femme;
et bien loin d'exiger, pour cela, que l'absence du
mari fût telle qu'il en résultât une impossibilité physique de rapprochement entre lui et sa femme au
moment de la conception de l'enfant, elles ne déclaraient le mari, lorsqu'il était constitué et organisé
de manière à pouvoir devenir père, non-recevable
à désavouer l'enfant de sa femme, que lorsqu'il avait
demeuré assidument auprès de sa femme elle-même,
assiduè moratus.

» Aussi, parmi les auteurs qui ont écrit d'après
les seules lois romaines, en trouvons-nous un grand
nombre qui contredisent ouvertement l'opinion de
M. d'Aguesseau et de M. Joly de Fleury.

» Menochius, à l'endroit déjà cité, demande si la
règle *is pater est* reçoit son application au cas où
la femme demeure hors de la maison maritale, n'importe que ce soit dans la même commune ou dans
une autre; et il répond que oui; mais il y met cette
condition: pourvu qu'il soit prouvé que le mari
fréquentait l'habitation de sa femme: *Extenditur,*
2° *procedere etiamsi mulier habitaret extrà domum mariti, si modo ad eam maritus accedere
solebat.* Et il cite, comme embrassant la même doctrine, Decius, Barbatia, Alexandre, le cardinal de
Paléote et Jason.

» Le même auteur, dans son Traité *de præsumptionibus,* livre 6, §. 53, n° 9, revient encore sur
cette opinion, et il y persiste: *Cessat,* dit-il, *præsumptio ex lege filium, quandò non constat quòd
maritus, tempore conceptionis illius partûs, ac-
cederet ad uxorem extrà domum habitantem;
sicuti hunc accessum probare debet, qui asserit
natum illum esse mariti filium.* C'est, ajoute-t-il,
ce qu'enseignent Salicetti, sur la loi dernière, D. *de
probationibus;* Abbas, sur le chapitre *Per tuas,*
aux décrétales, *de probationibus;* Paul de Castro,
liv. 5, cons. 115; Alciat, rep. 389; et Petra, *de
fideicommissis,* quest. 11, n° 400.

» Leyser, célèbre professeur de l'université de
Vittemberg, dans ses *Meditationes ad pandectas,*
titre *partu agnoscendo,* n° 5, se moque des au-

teurs cités par Gayl, suivant lesquels le mari serait
tenu de reconnaître pour son enfant celui dont serait accouchée la femme qui, chassée de chez lui
sans jugement préalable de séparation, se serait retirée dans un mauvais lieu: *Etiamsi maritus abs-
que judicio Ecclesiæ dimiserit illaque posteà in
lupanari existat.* Ce sont là, dit-il, des extensions
excessives de la présomption de paternité qui résulte du mariage: *Nimiæ sunt profectò istæ am-
pliationes.*

» Il existe même dans les monumens de l'ancienne
jurisprudence française, des arrêts qui ont adopté
cette doctrine, dans un cas fort approchant de notre
espèce, dans celui où l'enfant né pendant l'absence
du mari, ne pouvait invoquer pour preuve de sa
filiation qu'un acte qui, pris en entier et tel qu'il
était, le désignait comme le fruit d'un commerce
adultérin.

» En voici notamment deux qui sont très-po-
sitifs.

» Marie Carneville épouse, en 1738, Antoine
Lemarié, demeurant à Chauni près Pontoise. En
1741, elle quitte furtivement son mari, et va s'établir à Barneville près Rouen, à dix-huit lieues de
distance de la maison maritale: là elle vit publiquement comme femme de Jean-Baptiste Bance.
Quatre enfans naissent pendant leur co-habitation,
et tous quatre sont inscrits sur les registres publics
comme fils légitimes de Jean-Baptiste Bance et de
Marie Carneville.

» En 1774, Antoine Lemarié meurt à Chauni.
Marie Carneville se présente, comme l'a fait dans
notre espèce Catherine Bouyer, pour faire liquider
ses droits dans la communauté. Comme Catherine
Bouyer, elle transige avec les héritiers du mari; et
dans cette transaction il est dit, comme dans l'acte
du 12 prairial an 4 qui est sous vos yeux, qu'Antoine Lemarié est mort sans enfans. Quinze mois
après, les quatre enfans inscrits sur les registres de
la paroisse de Barneville, comme enfans légitimes
de Jean-Baptiste Bance et de Marie Carneville, se
pourvoient, contre les héritiers collatéraux d'Antoine Lemarié, en délaissement de sa succession.
Nous prouvons, disent-ils, par nos actes de naissance, que nous sommes fils de Marie Carneville;
ces mêmes actes prouvent donc qu'Antoine Lemarié est notre père. On ne pourrait opposer à cette
preuve qu'une impossibilité physique de rapprochement entre Antoine Lemarié et Marie Carneville;
mais cette impossibilité physique, d'où la ferait-on
résulter? De la distance qu'il y avait de l'habitation
de Marie Carneville à celle d'Antoine Lemarié? Mais
cette distance n'était que de 18 lieues.

» Cependant, par arrêt du 11 avril 1779, conforme aux conclusions de M. l'avocat-général Séguier, le parlement de Paris les déclare non-recevables, et leur fait défenses de prendre le nom de
Lemarié.

» En 1741, Marie Suzanne épouse Pierre Guérin, demeurant à Saint-Julien de Mailloc, en Normandie. En 1742, elle disparaît, déguise son nom sous celui de Marie Crépin, sa mère, et après avoir erré quelque temps, se fixe dans la paroisse de Crique-Bœuf-la-Montagne, à huit lieues du domicile de son mari. En 1750, elle accouche, dans cette paroisse, d'un enfant qu'elle fait inscrire comme fils de Louis Suzanne et de Marie Crépin, et qu'elle élève sous le simple nom de *Bonhomme*. En 1754, elle perd son mari, et traite avec ses héritiers, comme s'il n'avait pas laissé d'enfans. En 1776, elle marie *Bonhomme*, et par le contrat de mariage, elle déclare que son véritable nom est Marie Suzanne; qu'elle est veuve de Pierre Guérin, et que Bonhomme est son fils légitime. En conséquence, Bonhomme se pourvoit contre les héritiers collatéraux de Pierre Guérin, demande qu'en qualité de seul fils légitime de celui-ci, ils soient condamnés à lui abandonner sa succession, et subsidiairement offre la preuve par témoins de faits qui indiquent que Marie Suzanne est véritablement sa mère, comme elle l'a déclaré en le mariant.

» M. l'avocat-général de Grécourt, portant la parole sur cette affaire à l'audience de la grand'chambre du parlement de Rouen, dit que, « loin de » trouver un commencement de preuve par écrit en » faveur de Bonhomme, on ne voit qu'une preuve » de bâtardise, puisqu'il a été baptisé comme fils de » Marie Crépin; qu'en supposant que Marie Crépin » soit Marie Suzanne, cet extrait ne prouverait que » son incontinence, puisque Bonhomme NE DEMANDE » PAS A PROUVER QUE LA PRÉTENDUE MARIE SUZANNE » AIT VU NI FRÉQUENTÉ SON MARI DEPUIS QU'ELLE » L'AVAIT QUITTÉ EN 1742. »

» En conséquence, arrêt du 12 août 1779, qui rejette la réclamation de Bonhomme, et lui fait défense de porter le nom de Guérin.

» Quelle est, messieurs, la conséquence de tous ces détails? C'est que la cour d'appel de Poitiers a pu, sans violer aucune loi, juger que la distance de dix lieues qui séparait Catherine Bouyer de Jean Brunet à l'époque de la conception de la demanderesse, pouvait faire cesser la maxime *is pater est*, surtout dans la circonstance où la demanderesse n'articulait pas et n'offrait pas de prouver qu'à l'époque de sa conception, Jean Brunet eût vu et fréquenté Catherine Bouyer. Mais à combien plus forte raison la cour d'appel de Poitiers a-t-elle pu juger ainsi, d'après toutes les autres circonstances, qui, dans notre espèce, repoussaient l'application de cette maxime!

» 1° Catherine Bouyer n'avait quitté son mari qu'en exécution d'un arrêt qui l'en avait séparée de corps et de biens.

» A la vérité, ce n'était pas son mari qui avait provoqué cet arrêt; à la vérité, cet arrêt n'avait prononcé la séparation que pour cause de mauvais traitemens; à la vérité notre espèce diffère, sous ce rapport, de celle des deux arrêts du parlement de Paris, du 9 mai 1693 et du 1er décembre 1701, qui

ont jugé bâtards adultérins des enfans conçus depuis la séparation prononcée, pour cause d'adultère, entre leur mère et son mari.

» Mais nous ne devons pas oublier qu'en défendant à la demande de son épouse en séparation de corps pour mauvais traitemens, Jean Brunet avait excipé de l'inconduite de celle-ci, et qu'il en avait rapporté, entre autres preuves, une lettre qu'il avait interceptée et qu'elle avait reçue de Joseph Brudieu, alors vicaire de la paroisse de Chirac, depuis curé de celle de Brand, et actuellement deuxième mari de cette femme.

» Et sans doute il ne devait pas, après une pareille défense suivie d'un pareil résultat, exister moins d'aigreur entre Jean Brunet et Catherine Bouyer, que si leur séparation eût été prononcée pour cause d'adultère.

» 2° Catherine Bouyer avait célé la naissance de la demanderesse, non-seulement à son mari, mais même à tout le public qui l'environnait dans sa nouvelle habitation. Elle avait été faire ses couches à six lieues plus loin, et elle avait fait baptiser la demanderesse comme fille de père et mère inconnus.

» 3° Le secret que Catherine Boyer avait mis dans la naissance de la demanderesse, elle l'avait également mis dans les trois premières années de son éducation.

» 4° En épousant Joseph Brudieu, le 20 frimaire an 2, Catherine Bouyer avait reconnu la demanderesse pour fille de Joseph Brudieu lui-même.

» 5° En traitant, le 12 prairial an 3, par l'organe de Joseph Brudieu, avec les héritiers de son premier mari, Catherine Bouyer avait expressément déclaré que son premier mari était mort sans enfans.

» 6° En protestant, par l'acte du 24 mars 1806, contre la paternité qu'elle avait attribuée à la demanderesse par le contrat de son second mariage, elle avait été forcée de convenir que, *lors de ses couches, elle avait affecté de les tenir secrètes*; et par quel motif? *pour se soustraire à la vengeance de son mari* : comme si son mari eût pu, dans le cas où il eût découvert son accouchement, avoir d'autre vengeance à exercer sur elle, que d'avoir trahi la foi conjugale! Comme si, en avouant qu'elle avait lieu de craindre la vengeance de son mari, elle n'avait pas nécessairement avoué que l'enfant à qui elle avait donné le jour, fût le fruit d'un adultère!

» La réunion de toutes ces circonstances qui, d'après l'art. 325 du code civil, serait si décisive contre un enfant né sous l'empire de ce code, serait-elle impuissante contre un enfant né sous l'empire des anciennes lois?

» Elle le serait, nous l'avons déjà dit, dans l'opinion de ceux qui, ajoutant à la loi 6, D. *de his qui alieni vel sui juris sunt*, regardent la règle, *is pater est*, comme exclusive de toute présomption contraire qui n'a point pour fondement une impossibilité physique de co-habitation au temps de la conception de l'enfant.

» Mais elle ne l'est pas, elle ne peut pas l'être, dans l'opinion de ceux qui, s'attachant au texte de cette loi, n'y lisent que ce qu'elle contient réellement.

» Menochius, à l'endroit déjà cité de son recueil *de arbitrariis casibus*, n° 65, enseigne que la présomption de légitimité qui résulte contre le mari, de ce que la femme a conçu et est accouchée pendant le mariage, peut être détruite par le concours de plusieurs présomptions contraires, bien que chacune de celles-ci, considérée à part, ne soit pas assez forte pour l'emporter sur elle : *Declaratur tertiò ut non procedat, quando contra hanc conjecturam aliæ plures urgerent ; nam et si singulæ per se consideratæ sunt hâc unâ infirmiores, attamen junctæ simul huic prævalere debent.*

» Et il cite Ancharanus qui, dans son conseil 225, établit que, *quando concurrit assertio parentum, tractatus et fama viciniæ, spurium aliquem præsumi.*

» Il cite Alexandre qui décide, liv. 7, cons. 88, n° 8, *illum spurium, non autem natum ex viro præsumi ; quem adulter domi retinuit, pro quo legitimationis privilegium obtinuit, quem legitimatum heredem fecit, et contra quem fama erat eum spurium esse.*

» Il cite, comme tenant la même doctrine Balde, sur la loi 6, D. *de his qui alieni vel sui juris sunt;* Corneus, liv. 3, cons. 1; Jason, cons. 125, et Alciat, *de præsumptionibus*, règle 3, près. 37, n° 5;

» Et il termine en répétant que, *etsi singulis per se consideratis præsumptionibus, illa una quæ nascitur ex causâ matrimonii, sit cæteris fortior, non tamen fortior est omnibus illis simul colligatis.*

» Déjà vous avez vu ce que dit sur le même sujet le célèbre Leyser, dans ses *Meditationes ad pandectas*, titre *de partu agnoscendo.* Permettez-nous d'y ajouter ce qu'il en dit encore sous le titre *de præsumptionibus*, n° 4.

» Après avoir établi que l'on ne peut mettre au rang des présomptions *juris et de jure*, celle de filiation légitime que forme la naissance d'un enfant à l'ombre d'un mariage, après l'avoir démontré par le texte de la loi 6, D. *de his qui alieni vel sui juris sunt*, qui admet le mari à combattre cette présomption par la preuve de son impuissance naturelle ou accidentelle, et par celle de son absence au temps de la conception (ce qu'elle ne pourrait pas faire si cette présomption était *juris et de jure*, puisque, dans ce cas, elle exclurait toute preuve contraire), il ajoute que les causes énoncées dans la loi citée, ne sont pas les seules qu'un mari puisse faire valoir pour désavouer avec succès les enfans de sa femme, et qu'il peut encore se défendre par d'autres moyens qui sont abandonnés à la conscience du juge : *nec legitima istiusmodi nativitas solùm ex causis quæ in lege 6, de his qui alieni vel sui juris sunt, oppugnari potest ; admittuntur et alia argumenta pro arbitrio prudentis judicis.* Ce que prouve, continué-t-il, une réponse de la faculté de droit d'Helmstad, du mois d'août 1719 (1).

» En résumant toute cette partie de notre discussion, vous voyez, messieurs, qu'à la vérité, la demanderesse ne doit pas être jugée d'après les dispositions du code civil; mais que les lois romaines ne lui sont pas plus favorables; que ces lois, par cela seul qu'elles ne définissent pas le caractère de l'absence dont elles font, pour le mari, un moyen de défense contre la légitimité de l'enfant mis au monde par sa femme pendant qu'il était éloigné d'elle, se refusent à toute espèce d'ouverture de cassation que l'on pourrait chercher à tirer de leur texte; que les auteurs et les arrêts se contredisent sur la question

(1) Cette réponse est ainsi conçue :

« La présomption légale qui milite en faveur de la légitimité, est combattue (dans l'espèce proposée) par des argumens et des indices beaucoup plus forts.

» De ce nombre sont les circonstances suivantes :

» Que, traduite en justice avant le décès de son mari, comme prévenue d'adultère, la demanderesse a pris la fuite;

» Qu'il est prouvé, par deux témoins assermentés, que le mari a déclaré n'avoir plus eu de commerce avec sa femme long-temps avant la procédure criminelle qui a été intentée contre elle, et cela à cause du soupçon que lui avaient fait naître les liaisons de sa femme avec d'autres personnes;

» Que le mari a également déclaré à ces mêmes témoins qu'il n'était pas le père de l'enfant dont sa femme pourrait accoucher tôt ou tard;

» Que, dans un testament qu'il a fait depuis, il a déclaré que sa femme s'était rendue coupable d'adultère;

» Que, sans faire aucune mention d'un enfant posthume, il a institué héritière universelle sa fille unique;

» Que la femme a caché sa grossesse après le décès du mari, et qu'elle ne l'a annoncée ni au tuteur de l'enfant légitime, ni aux parens du mari;

» Qu'après la naissance de l'enfant posthume, elle n'en a rien dit pendant plus d'un an;

» Que même, dans l'interrogatoire qu'elle a subi dans la procédure criminelle, lorsqu'on lui a demandé quels enfans elle avait de son mari; elle n'a fait aucune mention du posthume, et n'a indiqué que les deux filles;

» Enfin, qu'à cause de l'état de démence dans lequel elle était tombée depuis, elle a demandé l'abolition de son crime, en offrant de payer une amende de 250 écus. »

de savoir si cette absence doit, pour autoriser un juste désaveu, être telle qu'il en résulte une impossibilité physique, ou seulement une impossibilité morale, de co-habitation à l'époque de la conception de l'enfant; mais que c'est précisément de leur contradiction que dérive la nécessité de laisser subsister les arrêts qui jugent cette question, soit dans un sens, soit dans l'autre.

» Le deuxième moyen de cassation de la demanderesse ne mérite donc pas plus de considération que le premier.

» Un mot sur le troisième, et nous finissons.

» La loi du 12 brumaire an 2, après avoir dit, art. 13, qu'il serait accordé aux enfans adultérins, dans la succession de leur père et de leur mère, le tiers de ce qu'ils y auraient pris, s'ils eussent été légitimes, ajoutait, art. 14: « néanmoins, s'il s'agit de » la succession de personnes séparées de corps par » jugement ou acte authentique, les enfans nés hors » du mariage exerceront tous les droits de succes» sibilité énoncés dans l'art. 1er, pourvu que leur » naissance soit postérieure à la demande en sépara» tion. »

» Et de cette disposition, qui était en pleine vigueur au moment où Joseph Brudieu et Catherine Bouyer ont reconnu la demanderesse pour leur fille, la cour d'appel de Poitiers a conclu que l'un et l'autre avaient eu le droit de la reconnaître en effet, et *de lui conférer l'état d'enfant adultérin, dans la possession duquel ils l'avaient élevée durant leur mariage.*

» Qu'y a-t-il à reprocher à cette conséquence?

» Elle serait vicieuse sans doute, si elle allait jusqu'à dire que Joseph Brudieu et Catherine Bouyer, en reconnaissant la demanderesse pour leur enfant adultérin, lui avaient imprimé irrévocablement cet état, et lui avaient ôté tous les moyens qu'elle eût pu avoir d'ailleurs de reconquérir celui d'enfant légitime de Jean Brunet.

» Mais la cour d'appel de Poitiers n'a pas été jusques-là: elle s'est bornée à dire que, par cette reconnaissance, Joseph Brudieu et Catherine Bouyer avaient mis la demanderesse qui, jusqu'alors, n'avait pas eu d'état, puisqu'elle avait été baptisée comme fille de père et mère inconnus, en possession de l'état d'enfant adultérin; et elle n'a fait en cela qu'énoncer une vérité incontestable.

» L'erreur de la demanderesse, dans la critique qu'elle fait de ce raisonnement, vient de ce qu'elle confond la possession avec le droit; et il est bien sensible que ce sont deux choses toutes différentes.

» La demanderesse a été mise, par la reconnaissance dont il s'agit, en possession de l'état d'enfant adultérin; et c'est ce qu'a dit la cour d'appel de Poitiers.

» Mais elle a conservé le droit de sortir de cet état, en prouvant, si elle en eût eu les moyens, qu'elle était fille légitime de Jean Brunet; et la cour d'appel de Poitiers n'a pas dit le contraire.

» La cour d'appel de Poitiers a donc parfaitement raisonné d'après l'art. 14 de la loi du 12 brumaire an 2.

» Mais il y a plus: quand elle aurait pris cet article pour base d'un faux raisonnement, quelle ouverture de cassation en résulterait-il pour la demanderesse? Aucune. Ce serait un mauvais motif à retrancher de son arrêt, et son arrêt se soutiendrait toujours par ses autres motifs.

» Par ces considérations, nous estimons qu'il y a lieu de rejeter la requête de la demanderesse, et de la condamner à l'amende. »

Par arrêt du 9 novembre 1809, sur délibéré, au rapport de M. Cochard:

« Attendu, sur le premier moyen, que, dans la supposition où l'action intentée par les héritiers de Jean Brunet contre le tuteur de Joséphine, serait une véritable action en désaveu de paternité, telle qu'elle est spécifiée dans l'art. 317 du code civil, le délai d'un mois, dans lequel elle aurait dû être introduite, aux termes de l'art. 318 du même code, aurait été prorogé par la citation légale au bureau de conciliation, dirigée par lesdits héritiers contre ledit tuteur;

» D'où il suit que la fin de non-recevoir résultant de la prescription, et opposée par celui-ci contre l'exercice de ladite action après le délai d'un mois, ne pouvait être admise, et qu'en la rejetant, la cour d'appel de Poitiers n'a pu violer aucune loi;

» Attendu, sur le second moyen, qu'en rejetant également l'acte reçu de notaire le 15 mars 1806, par lequel Catherine Bouyer, mère de ladite Joséphine, déclare qu'elle est fille légitime de Jean Brunet, par la raison qu'elle est née constant son mariage avec celui-ci, ladite cour n'a pu contrevenir à la maxime, *is pater est quem nuptiœ demonstrant*, dont la jurisprudence des anciens tribunaux avait toujours fort sagement subordonné l'application à la nature des faits et des circonstances caractéristiques des différentes espèces qui se présentaient à juger;

» Et que, bien que la loi du 19 floréal an 2 ait été rendue dans l'esprit de cette maxime, elle doit néanmoins être entendue comme elle l'a toujours été, dans le sens suivant lequel elle maintient toutes les exceptions que l'ancienne jurisprudence avait admises; puisqu'elle ne les abroge par aucune de ses dispositions; d'où il suit encore qu'en décidant, d'après les faits et les circonstances du procès, que ladite Joséphine ne pouvait être la fille légitime dudit Jean Brunet, ladite cour n'a pu contrevenir ni à ladite maxime, ni à ladite loi du 19 floréal an 2.

» Qu'elle n'aurait de même pu contrevenir davantage aux lois nouvelles, quand même elles auraient pu et dû servir de base à sa décision, puisque Joséphine ayant été inscrite sur le registre de naissance comme née de père et mère inconnus, n'ayant d'ailleurs jamais été en la possession d'état de fille légitime de Jean Brunet, ayant au contraire été constamment élevée dans le domicile, sous les yeux et comme fille de Joseph Brudieu, dont elle portait le nom, la cour d'appel de Poitiers aurait pu, sans violer l'art. 323 du code civil, admettre ou rejeter à son gré la preuve des faits articulés par ledit Brudieu, sous sa qualité de tuteur, et avec d'autant plus de raison que l'art. 325 lui donnait, à ce égard, la latitude de déclarer que ladite Joséphine, quoique fille de ladite Catherine Bouyer, n'était pas la fille de Jean Brunet, son premier mari :

» Attendu enfin, sur le troisième, que le cas prévu par l'art. 14 de la loi du 12 brumaire an 2, étant absolument étranger à l'espèce, sa juste ou sa fausse application à l'espèce devient indifférente, et ne peut conséquemment vicier l'arrêt attaqué :

» Par ces motifs, la cour rejette le pourvoi..... »

§. III. *Doit-on ranger dans la classe des enfans légitimes celui qui est né d'un mariage contracté, avant le code civil, entre un homme libre et une femme déjà mariée, et dont le mari était erronément supposé mort :*

1° *Quoiqu'il ne se fût pas écoulé un an entre la célébration de ce mariage et la disparition du mari de la femme;*

2° *Quoique la prétendue mort de celui-ci n'eût été alors constatée ni par un acte de décès, ni par un acte judiciaire;*

3° *Quoique la célébration de ce mariage n'ait pas été précédée des publications de bans prescrites par les lois?*

Cette question, que j'avais d'abord compté pouvoir traiter ici, avec d'autres qui sont indiquées ailleurs, le sera à l'article *Mariage*, §. 8.

§. IV. *Un enfant conçu avant et né pendant le mariage de son père et de sa mère, est-il censé, même envers les tiers, avoir été légitime du moment de sa conception?*

V. l'article *Succession*, §. 13.

§. V. 1° *Les enfans nés pendant l'émigration de leurs père et mère précédemment mariés, sont-ils légitimes et successibles?*

2° *En général, les enfans nés après la mort civile de leur père, sont-ils légitimes et habiles à succéder aux parens qu'ils ont de son chef?*

3° *Le sont-ils notamment si le mariage dont ils sont les fruits n'a été contracté qu'après la mort civile de leur père?*

4° *Le sont-ils, si leur mère a ignoré, en épousant leur père, qu'il fût mort civilement?*

5° *Quelle était, sur ce dernier point, la législation de la France avant le code civil?*

6° *La disposition du code civil qui, lorsqu'un mariage nul a été contracté de bonne foi par l'un des époux, déclare les enfans légitimes, même à l'égard de l'époux de mauvaise foi et de sa famille, est-elle applicable au cas où la nullité du mariage provient de la mort civile de l'une des parties contractantes?*

7° *En tout cas, est-elle applicable, comme loi, aux mariages contractés avant le code civil?*

I. Sur la première question, *V.* l'article *Émigré*, §. 15, et le n° suivant.

II. Les six autres ont été, avec celles qui sont indiquées sous le mot *Erreur*, §. 4, agitées devant la cour de cassation, dans une affaire célèbre.

Au mois d'avril 1799, un mariage est contracté à Francfort, entre Jean-François-Albert-Gaspard Grimod d'Orsay, né français et inscrit en France sur la liste des émigrés, et Éléonore de Franquemont, née à Louisbourg, pays de Wirtemberg.

En 1800, le sieur Grimod d'Orsay obtient du gouvernement une permission provisoire de rentrer en France; et il vient s'établir à Paris avec son épouse.

Le 15 pluviôse an 9, naissance d'Alfred-Gillon Grimod d'Orsay, leur fils.

Le 10 vendémiaire an 10, la dame de Trazegnies, domiciliée dans le département du Pas-de-Calais, tante du sieur Grimod d'Orsay père, fait un testament par lequel elle institue le sieur Duval son légataire universel.

Elle meurt le 8 frimaire suivant.

Le sieur Duval, regardant le mineur Alfred-Gillon Grimod d'Orsay, comme devenu, par la mort civile de son père, héritier légitime de la dame de Trazegnies, sa grand'tante, lui fait nommer un tuteur ad hoc pour assister à l'inventaire.

» L'inventaire fait contradictoirement avec ce tuteur, le sieur Duval obtient de lui, par l'acte du 1er ventôse an 9, la délivrance de son legs universel.

Le 20 messidor an 10, il fait, conjointement avec ce même tuteur, comme représentant Alfred-Gillon Grimod d'Orsay, *seul héritier de la dame de Trazegnies, sa grand'tante*, citer le sieur Wanier devant le bureau de paix, pour se concilier sur la demande qu'ils se proposent de former contre lui en représentation de la bibliothèque de la défunte.

Le 4 thermidor suivant, il comparaît devant le juge de paix, tant en son nom que comme fondé de pouvoir du tuteur du mineur Grimod d'Orsay, pour se concilier sur cette demande.

Le 17 fructidor an 13, transaction entre le sieur Duval et le sieur Grimod d'Orsay père, sur le testament de la dame de Trazegnies. Par cet acte, le sieur Grimod d'Orsay approuve le testament de sa tante, et consent qu'il soit exécuté au profit du sieur Duval, lequel, de son côté, lui abandonne divers objets dépendans de la succession.

Le 23 du même mois, le sieur Grimod d'Orsay

25.

père obtient un brevet d'amnistie qui le réintègre dans la qualité et les droits de Français.

Le 21 pluviôse suivant, il ratifie la transaction du 17 fructidor.

Au mois d'avril 1809, les sieur et dame Grimod d'Orsay renouvellent, devant le maire du 2ᵉ arrondissement de Paris le mariage qu'ils ont contracté à Francfort en 1799, et reconnaissent Alfred-Gillon Grimod d'Orsay pour leur fils.

Le 6 août 1810, le sieur Houel de la Tour est nommé tuteur d'Alfred-Grimod d'Orsay, et chargé par le conseil de famille de prendre, au nom de son mineur, la qualité d'héritier bénéficiaire de la dame de Trazegnies, de demander la nullité de l'acte du 1ᵉʳ ventôse an 10 portant délivrance du legs universel, et de poursuivre, tant contre le sieur Duval que contre les tiers-acquéreurs de celui-ci, le délaissement de tous les biens de la succession.

Le sieur Duval et les tiers-acquéreurs, assignés à ces fins devant le tribunal de première instance de Saint-Omer, soutiennent que le mineur Alfred-Gillon Grimod d'Orsay est non-recevable, parce qu'étant né d'un mariage contracté pendant la mort civile de son père, et sa naissance ayant eu lieu pendant cette mort civile, il n'a pas pu succéder à la dame de Trazegnies, décédée à une époque où cette même mort civile durait encore.

Le 8 août 1811, jugement qui rejette cette fin de non-recevoir.

Le sieur Duval et les tiers-acquéreurs appellent de ce jugement.

Le 12 février 1812, arrêt de la cour d'appel de Douai, ainsi conçu :

« Dans le droit, il s'est agi de savoir si le mineur d'Orsay était habile à se porter héritier de la dame de Trazegnies à l'époque du décès de celle-ci, et si le sieur Duval n'était pas non-recevable à lui contester cette qualité, sous prétexte qu'elle aurait été par lui reconnue :

» Considérant que le sieur d'Orsay père, étant mort civilement par son inscription sur la liste des émigrés lors de la mort de la dame de Trazegnies, sa tante, arrivée le 8 frimaire an 10, il a été incapable de lui succéder;

» Considérant qu'étant dans l'état de mort civile lors du mariage avec la demoiselle de Franquemont, en Allemagne; et lors de la naissance de son fils à Paris, le 15 pluviôse an 9, cet enfant était également incapable de succéder à sa grand'tante, parce que, dans cet état de mort civile, il n'a pu donner à son fils une existence civile et une capacité de succéder qu'il n'avait pas lui-même;

» Considérant aussi que le mineur d'Orsay ne peut se prévaloir de la prétendue qualité d'héritier qui lui aurait été donnée par le sieur Duval, en lui demandant la délivrance de son legs universel, parce que ce n'est pas la reconnaissance des parties, mais la loi seule qui fait les héritiers; et que le mineur d'Orsay ne l'étant pas, il n'a pu le devenir par

quelque reconnaissance ou quelque autre acte que ce fût;

» Que le mineur Alfred se prévaut vainement de la bonne foi de sa mère, parce que cette bonne foi, en la supposant même existante, a bien pu lui conférer le droit de légitimité et celui de succéder dans la ligne de sa mère; mais qu'elle n'a point pu lui conférer le droit de successibilité dans la ligne de son père avant l'obtention de l'amnistie, qui seule a rendu le père et le fils à la vie civile; d'où il suit que le mineur d'Orsay est non-recevable dans son action en pétition d'hérédité, ainsi que dans ses conclusions prises contre les tiers-acquéreurs :

» La cour a mis et met l'appellation et ce dont a été appelé au néant; émendant, sans avoir égard aux exceptions proposées par le tuteur du mineur d'Orsay, dont il est débouté, le déclare non-recevable dans toutes ses demandes, tant à l'égard de Duval que des tiers-acquéreurs. »

Le tuteur d'Alfred-Gillon Grimod d'Orsay s'est pourvu en cassation contre cet arrêt; et sa requête a été admise, *contre les conclusions de M. l'avocat-général Daniels.*

L'affaire portée à la section civile, je m'en suis chargé; et, après en avoir fait l'examen le plus approfondi, j'ai cru ne pouvoir embrasser d'autre opinion que celle qu'avait professée à l'audience de la section des requêtes le savant magistrat que je viens de citer.

J'ai, en conséquence, préparé des conclusions tendantes au rejet de la demande en cassation; et, quoique les événemens politiques survenus depuis m'aient mis hors d'état de les prononcer, je n'en crois pas moins devoir les retracer ici, non assurément par une sotte envie de mettre mon opinion personnelle sur la question principale, en opposition avec celle qui a prévalu, mais parce que, sur cette question même qui peut se reproduire souvent à l'égard des mariages contractés par des morts civilement pour condamnation, il importe que le pour et le contre soient bien connus.

« La cour d'appel de Douai a-t-elle violé quelque loi, en jugeant que le sieur Duval était recevable à contester au mineur Alfred-Gillon Grimod d'Orsay la capacité de succéder à la dame de Trazegnies?

» A-t-elle violé quelque loi, en jugeant que le mineur Alfred-Gillon Grimod d'Orsay était incapable, au moment du décès de la dame de Trazegnies, de recueillir sa succession ?

» Telles sont les deux questions qui se présentent, dans cette affaire, à l'examen de la cour.

» Sur la première, le demandeur invoque plusieurs textes du code civil et des lois romaines, desquels il prétend induire que le sieur Duval, en reconnaissant, par divers actes de l'an 10, le sieur Alfred-Gillon Grimod d'Orsay pour héritier légitime de la dame de Trazegnies, s'était fermé la porte à toute espèce de réclamation contre cette qualité.

» Mais d'abord, quand les textes du code civil, quand les textes des lois romaines que cite ici le demandeur, seraient aussi positifs qu'il le soutient, quand on pourrait, en thèse générale, tirer de ces textes la conséquence qu'il cherche à en faire résulter, quel moyen de cassation lui fourniraient-ils contre l'arrêt qu'il attaque ?

» Le code civil n'existait encore ni à l'époque où s'est ouverte la succession de la dame de Trazégnies, ni aux époques où le sieur Duval a reconnu que la dame de Trazegnies avait pour héritier légitime le mineur Alfred-Gillon Grimod d'Orsay. Il est donc impossible que le code civil ait été violé par la disposition de l'arrêt attaqué, qui écarte la fin de non-recevoir dont le demandeur se faisait un rempart contre l'exception du sieur Duval; et ici s'applique, avec la plus grande justesse, un arrêt du 2 décembre 1807, par lequel, en rejetant, au rapport de M. Oudart, une demande en cassation formée contre un arrêt de la cour d'appel de Paris qui avait annulé un mariage illégalement contracté en 1794, nonobstant les nombreuses ratifications dont il avait été suivi de la part de l'époux qui l'attaquait, vous avez déclaré « qu'antérieurement au code civil, au-
» cune loi ne prescrivait aux tribunaux de déclarer
» l'époux non-recevable à demander l'annulation
» de son mariage, lorsque cet acte avait été suivi de
» ratification et de co-habitation. »

» Quant aux lois romaines, elles n'ont jamais eu d'autorité législative, elles n'ont jamais été considérées que comme *raison écrite*, dans le lieu où s'est ouverte la succession de la dame de Trazegnies, c'est-à-dire, dans le département du Pas-de-Calais, dans la ci-devant province d'Artois. C'est ce qu'atteste Maillard, sur la coutume de cette province, page 173, édition de 1756; et il n'est point de vérité plus notoire. Ce serait donc bien vainement que le demandeur parviendrait à établir une contrariété entre l'arrêt qu'il attaque et les textes du droit romain qu'il y oppose : cette contrariété, si elle existait réellement, serait ici absolument insignifiante.

» Mais d'ailleurs que disent les textes du code civil, que disent les textes des lois romaines, que le demandeur oppose à l'arrêt dont il se plaint ?

» Les textes du code civil qu'il oppose à cet arrêt sont relatifs, les uns, aux actions en nullité de mariages, les autres au désaveu de la paternité et à l'effet de l'aveu judiciaire.

» Les premiers sont évidemment ici sans application, et il y en a deux raisons également péremptoires. D'abord il n'est pas question d'une demande en nullité du mariage qui a été contracté, en 1799, entre le sieur Grimod d'Orsay père et la demoiselle de Franquemont; il n'est ici question que de savoir si l'enfant issu de ce mariage n'est pas habile à succéder; et il est certain que, pour être recevable à contester la capacité de succéder d'un enfant, il n'est pas toujours nécessaire d'être recevable à contester la légitimité du mariage auquel il doit le jour.

» Par exemple, le code civil, après avoir dit, art. 184, que tout mariage contracté, soit entre deux personnes dont l'une est déjà mariée, soit entre deux parens au degré prohibé, « peut être
» attaqué par tous ceux qui y ont intérêt, » ajoute, art. 187, « Dans tous les cas où, conformément à
» l'art. 184, l'action en nullité peut être intentée par
» tous ceux qui y ont intérêt, elle ne peut l'être par
» les parens collatéraux, ou par les enfans nés d'un
» autre mariage, du vivant des deux époux, mais
» seulement lorsqu'ils y ont un intérêt né et actuel »

» Ainsi, qu'un homme déjà marié épouse une autre femme, qu'un parent épouse sa parente au degré prohibé : tant que les deux époux vivront, les parens collatéraux de l'un et de l'autre seront sans action pour demander la nullité de leur mariage.

» Mais que, pendant la vie des deux époux, il s'ouvre une succession collatérale au profit de l'un d'eux; que cet époux se trouvant, n'importe par quelle cause, incapable de la recueillir, l'enfant issu de son mariage se présente pour la recueillir à sa place : est-ce que les parens collatéraux qu'il excluerait, s'il était admis, ne seront pas recevables à lui dire : « Vous devez le jour à un mariage nul, vous êtes étrangers à notre famille, nous ne pouvons pas vous reconnaître ? » Et si on leur objectait que par-là ils attaquent indirectement un mariage qu'il ne leur est pas encore permis de critiquer, très-certainement ils pourraient répondre, et ils répondraient victorieusement : « Nous n'attaquons pas, nous ne faisons que nous défendre; et, si nous ne pouvions pas aujourd'hui vous repousser comme issu d'un mariage nul, si, tant que ce mariage durera de fait, nous étions non-recevables à vous opposer le vice de votre naissance; que deviendrait donc le droit que nous avons incontestablement de vous opposer ce vice, si le mariage auquel vous devez le jour, durait encore de fait pendant trente ans? Dans ce cas, vous auriez prescrit contre nous le droit que nous avons de vous exclure; la succession que vous venez prendre à notre préjudice, vous serait acquise incommutablement; et, au grand scandale de la loi, à la honte de la morale publique, le fruit d'une union sacrilége emporterait dans le tombeau le patrimoine des héritiers légitimes. »

» Il n'y a donc point de conséquence à tirer des règles concernant le droit d'attaquer directement un mariage, aux règles concernant le droit d'exciper contre l'enfant issu d'un mariage, de son incapacité personnelle.

» En second lieu, quels sont, parmi les articles du code civil qui sont relatifs aux demandes en nullité de mariages, ceux dont se prévaut ici le demandeur?

» Ce sont les art. 180, 181, 182 et 183; et que disent ces articles?

» Ils disent bien que la nullité d'un mariage pour défaut de consentement des époux, ne peut être demandée que par les époux eux-mêmes, ou par celui des deux époux dont le consentement a été arraché par la violence, ou déterminé par une erreur dans la personne. Ils disent bien que la demande en nullité d'un mariage ne peut être demandée pour défaut de consentement des pères et mères que par les pères et mères eux-mêmes, ou par celui des époux qui avait besoin de leur consentement. Ils disent bien que l'action en nullité fondée sur le défaut de consentement des pères et mères, ne peut plus être intentée ni par les époux ni par les pères et mères, toutes les fois que le mariage a été approuvé par ceux dont le consentement était nécessaire, ou lorsqu'il s'est écoulé une année sans réclamation de leur part, depuis qu'ils ont eu connaissance du mariage. Ils disent bien que cette action ne peut plus être intentée par l'époux, lorsque, sans réclamation de sa part, il s'est écoulé une année depuis qu'il a atteint l'âge compétent pour se marier sans autre consentement que le sien propre.

» Mais dans tout cela que voyons-nous? Des nullités purement relatives, qui sont couvertes par la renonciation que les parties à qui elles appartiennent, font au droit de s'en prévaloir, par la ratification que ces parties donnent au mariage-à qui elles pourraient les opposer.

» Que de pareilles nullités ne puissent plus être reproduites par celui qui y a renoncé, rien de plus naturel, rien de plus simple. Que fait la partie intéressée, en renonçant à des nullités de cette nature? Elle se reporte nécessairement à l'instant même où le mariage a été contracté : elle approuve nécessairement le mariage dans son principe; elle se met nécessairement dans la même position que si elle avait, dès le principe, consenti au mariage. Cela résulte de la règle de droit, *omnis ratihabitio retrotrahitur ad initium et mandato comparatur*; et dès-là il est clair qu'après avoir reconnu le mariage postérieurement à sa célébration, elle ne peut pas plus en demander la nullité qu'elle ne le pourrait après y avoir consenti au moment où il a été célébré.

» Mais s'agit-il de nullités absolues? S'agit-il de nullités qui ont leur fondement dans des obstacles pour la levée desquels le consentement des parties est impuissant? Alors le consentement donné après la célébration du mariage ne peut pas avoir un effet qu'il n'aurait pas, s'il l'avait précédé. Donné avant le mariage, il ne lierait pas; il pourrait être rétracté : il ne peut donc pas non plus lier, il peut donc également être rétracté, lorsqu'il est donné après le mariage.

» Ainsi, un second mariage a-t-il été contracté avant la dissolution du premier? Un mariage a-t-il été contracté entre un ascendant et un descendant légitime ou naturel? Un mariage a-t-il été contracté entre un frère et une sœur, entre une belle-sœur et un beau-frère? Dans tous ces cas, dit l'art. 184 du code civil, l'action en nullité est ouverte, non-seulement aux tiers qui y ont intérêt, non-seulement au ministère public, mais encore aux époux eux-mêmes qui l'ont contracté, et qui, après l'avoir contracté librement et en pleine connaissance de cause, après

l'avoir ratifié par une longue et paisible co-habitation, sont autorisés, ou, pour mieux dire, obligés de rétracter le consentement qu'ils y ont donné.

» Or, la nullité dont la loi frappe un mariage contracté par une personne morte civilement, est-elle moins absolue que la nullité dont la loi frappe un mariage contracté, soit entre deux personnes, dont l'une est déjà mariée, soit entre un ascendant et un descendant, soit entre un frère ou beau-frère, et une sœur ou belle-sœur? Non assurément. L'une ne peut pas plus que l'autre être levée par le consentement des parties privées. L'une est, tout aussi bien que l'autre, de droit public. La partie privée qui a reconnu le mariage vicié par l'une, peut donc, comme la partie privée qui a reconnu le mariage vicié par l'autre, rétracter sa reconnaissance, et faire déclarer le mariage nul.

» Ainsi, quand on pourrait, en thèse générale, argumenter de l'action en nullité d'un mariage, à l'exception d'incapacité de l'enfant né de ce mariage, les art. 180, 181, 182 et 183 du code civil ne pourraient encore fournir ici au demandeur, nous ne dirons pas un moyen de cassation contre l'arrêt qu'il attaque; mais même un argument tant soit peu plausible pour établir que cet arrêt a mal jugé.

» Quant au texte du code civil qui est relatif au désaveu de la paternité, que peut-il signifier ici? Quoi! de ce que l'art. 316 du code civil attribue à l'aveu tacite que fait un mari de sa paternité, un effet absolu et irrévocable, on prétendra conclure que le sieur Duval n'a pu révoquer, en 1810, la reconnaissance qu'il avait faite erronément, en 1802, de la qualité d'héritier du mineur Grimod d'Orsay; on prétendra en conclure que la cour d'appel de Douai, en jugeant cette reconnaissance révocable et valablement révoquée, a violé l'art. 316 du code-civil!

» Que l'aveu fait par un mari de sa paternité le rende non-recevable à la méconnaître, cela est tout simple. Il ne s'agit point là d'une question de droit, il s'agit d'une question de fait; et de quel fait encore? D'un fait personnel au mari, d'un fait sur lequel la loi établit déjà contre le mari une présomption suffisante pour l'en convaincre, d'un fait qui, par le concours de la présomption de la loi avec l'aveu du mari, prend nécessairement le caractère d'une vérité irréfragable.

» Mais de savoir si l'enfant issu d'un mariage contracté en état de mort civile est capable de succéder, ce n'est pas une question de fait; c'est une pure question de droit; et le code civil ne dit nulle part que celui qui, par erreur de droit, et autrement que par une transaction, a reconnu pour capable de succéder une personne qui ne l'était pas, ne peut plus revenir contre sa reconnaissance.

» Reste l'art. 1356 du code civil qui est relatif à l'aveu judiciaire; et il est vrai que cet article, comme vous l'expose le demandeur, déclare que « l'aveu » judiciaire fait pleine foi contre celui qui l'a fait,

» qu'il ne peut être révoqué, à moins qu'on ne
» prouve qu'il a été la suite d'une erreur de fait, et
» qu'il ne pourrait être révoqué sous prétexte d'une
» erreur de droit. »

» Il est vrai qu'au premier aspect, et toujours en
supposant que le code civil doive ici servir de règle,
cet article paraît applicable à la reconnaissance que
le sieur Duval a faite de la qualité d'héritier de la
dame de Trazegnies dans la personne du mineur
Grimod d'Orsay.

» En effet, c'est en jugement que cette reconnaissance a d'abord été faite ; car elle l'a été devant un
juge de paix ; elle l'a été par la demande que le sieur
Duval a formée devant ce juge, à ce qu'il fût nommé
au mineur Grimod d'Orsay un tuteur contre lequel
il pût intenter son action en délivrance de legs universel ; et quoique la nomination d'un tuteur ne
soit, de la part d'un juge de paix, qu'un acte de
juridiction volontaire, la demande qui tend à cette
nomination n'en est pas moins un acte judiciaire
proprement dit ; les reconnaissances que peut renfermer cette demande, au profit du mineur qui en
est l'objet, n'en sont pas moins des reconnaissances
judiciaires proprement dites.

» Mais, sans examiner si l'on peut, en thèse générale, appliquer à de pareilles reconnaissances la
disposition de l'art. 1356 du code civil qui est relative à l'aveu judiciaire ; sans examiner si, en disant
que « l'aveu judiciaire est la déclaration que fait en
» justice la partie ou son fondé de pouvoir spé-
» cial, » l'art. 1356 du code civil ne limite pas sa
disposition à la déclaration qui est faite en justice
sur un point de fait litigieux ; sans examiner si cette
disposition ne doit pas, d'après la rubrique du chapitre dont elle fait partie, se rapporter uniquement
« à la preuve des obligations et à celle du payement ; »
sans examiner si, en agissant contre une personne
en qualité d'héritière d'une autre, on n'est pas plutôt censé lui supposer cette qualité que la lui reconnaître ; sans examiner si ce ne serait pas ici le cas de
dire, avec le président Favre (sur la loi 36, D. *familiæ erciscundæ*), *non tam fateri quàm supponere
adversarium esse sibi coheredem videtur*; sans examiner tout cela, nous dirons que du moins l'art. 1356
du code civil défend de diviser l'aveu judiciaire, et que
ce serait diviser ici la prétendue reconnaissance du
sieur Duval, que d'en faire résulter, comme le fait
le demandeur, une fin de non-recevoir contre l'opposition du sieur Duval à ce que le mineur Grimod
d'Orsay soit admis à contester, en qualité d'héritier
de la dame de Trazegnies, le legs universel dont la
dame de Trazegnies l'a gratifié.

» En effet, le sieur Duval, en annonçant, par sa
demande tendante à ce qu'il fût nommé un tuteur au
mineur Grimod d'Orsay, qu'il voulait intenter contre le mineur Grimod d'Orsay, considéré comme héritier de la dame de Trazegnies, une action en délivrance de son legs universel, annonçait en même
temps qu'il était dans son intention que son legs
universel fût pleinement exécuté. Il était censé dire

au mineur Grimod d'Orsay : « Vous êtes héritier de
» la dame de Trazegnies, mais je suis son légataire
» universel. Je vous reconnais, ou plutôt je vous
» suppose héritier de la dame de Trazegnies ; mais
» je ne vous reconnais, ou plutôt je ne vous sup-
» pose tel, qu'afin que vous me fassiez la délivrance
» de mon legs ; il m'importe peu que la délivrance
» de mon legs me soit faite par vous, ou par tout
» autre ; mais je m'adresse à vous, parce que je
» vous crois héritier ; et je n'agis contre vous en
» cette qualité, que pour faire valoir mes droits de
» légataire. »

» Et aujourd'hui le mineur Grimod d'Orsay viendrait, à son tour, dire au sieur Duval : « Vous n'ê-
» tes point légataire universel, et je suis héritier ;
» vous n'êtes point légataire universel, parce que
» le titre qui vous a conféré cette qualité est nul ;
» et je suis héritier, parce que vous m'avez reconnu
» pour tel. » Assurément ce serait bien là diviser
la reconnaissance du sieur Duval ; ce serait bien
prendre dans la reconnaissance du sieur Duval ce
qu'elle a d'avantageux pour le mineur Grimod d'Orsay, et en rejeter ce qu'elle a de contraire à ses intérêts ; ce serait bien là faire ce que défend l'article 1356 du code civil.

» Que peuvent, d'après cela, signifier ici les autres reconnaissances que le demandeur oppose au
sieur Duval ?

» L'acte notarié du 1er ventôse an 9, par lequel
le mineur Grimod d'Orsay, comme héritier de la
dame de Trazegnies, accorde au sieur Duval la délivrance de son legs, renferme sans doute, de la
part du sieur Duval, une sorte de reconnaissance de
la qualité qu'il lui conteste aujourd'hui.

» Mais, 1° cette reconnaissance n'est point *judiciaire* ; et l'art. 1356, les deux articles précédens du paragraphe de *l'aveu de la partie*, ne s'expliquent sur les effets de l'aveu consigné dans un
acte notarié. Sans doute, s'il s'agit d'un fait reconnu
par cet acte, cet acte fait pleine foi contre la partie
qui l'a souscrit. Mais s'il s'agit d'un point de droit,
si, par cet acte, l'une des deux parties a reconnu
l'autre pour capable de succéder, tandis qu'elle ne
l'était pas, où est le texte du code civil qui défend
à la partie qui s'est ainsi trompée dans un acte notarié, de revenir contre son erreur?

» 2°. Cette reconnaissance ne peut pas plus être
divisée contre le sieur Duval, que celle qui résulte
de ses démarches devant le juge de paix pour faire
nommer un tuteur au mineur Grimod d'Orsay ; et
certainement le demandeur la divise, en la séparant
de la reconnaissance que l'acte du 1er ventôse an 9
renferme en même temps, au profit du sieur Duval, de sa qualité de légataire universel de la dame
de Trazegnies.

» Les mêmes réponses s'appliquent aux reconnaissances que le demandeur prétend faire résulter
de la citation en conciliation que le sieur Duval a fait
donner au sieur Wanier, le 20 messidor an 10,

conjointement avec le mineur Grimod d'Orsay, en sa qualité d'héritier de la dame de Trazegnies, et de sa comparution devant le bureau de paix, le 4 thermidor suivant, tant en son nom, que comme fondé de pouvoir du tuteur du mineur. Grimod d'Orsay, en la même qualité.

» D'une part, ces prétendues reconnaissances ne sont nullement judiciaires; car le juge de paix ne siège pas comme juge dans le bureau de conciliation; il n'y siége que comme médiateur; et cela est si vrai, qu'aux termes de l'art. 54 du code de procédure civile, *les conventions des parties, insérées au procès-verbal* de conciliation, n'ont que la *force d'obligation privée*. Cela est si vrai que, le 22 décembre 1806, au rapport de M. Bailly et sur nos conclusions, vous avez décidé, en maintenant un arrêt de la cour d'appel de Liége attaqué par la dame Albrechts, que l'on ne peut pas prendre une inscription hypothécaire en vertu d'un billet sous seing-privé, reconnu devant un juge de paix siégeant en bureau de conciliation.

» D'un autre côté, ces prétendues reconnaissances, fussent-elles judiciaires, seraient indivisibles, comme celles qui les ont précédées; car le sieur Duval ne procédait conjointement avec le mineur Grimod d'Orsay, considéré comme héritier, que parce que le mineur Grimod d'Orsay procédait conjointement avec lui, considéré comme légataire universel; et du moment que le mineur Grimod d'Orsay a cessé de reconnaître le sieur Duval comme légataire universel, le sieur Duval a pu cesser de le reconnaître pour héritier.

» Ainsi tombent, ainsi disparaissent tous les argumens que le demandeur cherche à tirer du code civil.

» Ceux qu'il tire des lois romaines sont-ils mieux fondés? Comment le seraient-ils? Les lois romaines, qu'il vous cite se retrouvent tout entières dans deux des textes du code civil que nous venons de discuter. Il ne peut donc pas espérer de celles-là les ressources que ceux-ci lui refusent.

» Comme l'art. 183 du code civil, la loi 5, C. *de nuptiis*, déclare que le père qui a une fois approuvé le mariage contracté à son insu par sa fille, ne peut ni le faire déclarer nul, ni contester la qualité de son petit-fils à l'enfant qui en est issu; et si la cour d'appel de Douai n'a ni violé ni pu violer l'un, en rejetant la fin de non-recevoir que le demandeur opposait devant elle au sieur Duval, il est bien évident que, par le rejet de cette fin de non-recevoir, elle n'a ni violé ni pu violer l'autre.

» Comme l'art. 1356 du code civil, la loi 1, D. *de interrogationibus in jure faciendis*, déclare que *ad probationes sufficiunt ea quæ ab adversâ parte expressa fuerint apud judices*; et non-seulement elle ne peut pas, par elle-même, fournir contre l'arrêt attaqué une ouverture de cassation qui évidemment ne résulte pas de l'art. 1356 du code civil, mais elle est expliquée, dans le corps de

droit romain dont elle fait partie, par une autre loi, par la loi 37, D. *familiæ erciscundæ*, qui repousse victorieusement, qui réduit en poudre, cette prétendue ouverture de cassation.

» La loi 37, D. *familiæ erciscundæ*, décide que, par cela seul que, vous supposant mon co-héritier dans une succession qui m'est échue, je vous ai fait assigner en partage de cette succession, je ne suis pas censé vous avoir reconnu pour cohéritier, parce qu'autre chose est supposer, autre chose est reconnaître; et qu'en conséquence, je puis, en découvrant mon erreur, revenir sur mes pas et vous écarter du partage auquel je vous ai appelé moi-même.

» Nous ne répéterons pas ici, messieurs, tout ce que les défenseurs vous ont dit pour justifier l'application de cette loi à l'espèce actuelle; mais nous croyons devoir mettre sous vos yeux les détails d'une affaire dans laquelle les principes qui motivent la décision de cette loi, ont dicté un arrêt qui va bien plus loin que celui dont on vous demande aujourd'hui la cassation.... (1).

» Vous voyez, messieurs, que, dans cette espèce, Charles le Duchat, et faisant cause commune avec des parens que, par erreur de droit, il regardait comme ses cohéritiers, en procédant ainsi conjointement avec eux contre des adversaires qui ne devaient être que les siens, n'avait mis aucune condition, aucune réserve aux actes de procédure par lesquels il était supposé avoir renoncé, en sa faveur, au droit qu'il avait de les exclure, et les avoir associés à sa qualité d'héritier, comme à tous les avantages qui y étaient attachés; et qu'ainsi, pour donner tout leur effet aux reconnaissances implicites qui résultaient de là à leur profit, il n'était pas besoin de les diviser.

» Ici, au contraire, le sieur Duval, tout en reconnaissant le mineur Grimod d'Orsay pour héritier de la dame de Trazegnies, lui demandant la délivrance de son legs universel; il ne peut donc pas être supposé avoir voulu renoncer, en faveur du mineur Grimod d'Orsay, au droit qu'il avait, par sa qualité de légataire universel, de réduire la qualité d'héritier du mineur Grimod d'Orsay à un vain titre; il ne peut donc pas être supposé avoir voulu renoncer, en faveur du mineur Grimod d'Orsay, au droit qu'il avait de l'exclure de la succession de la dame de Trazegnies. Le mineur Grimod d'Orsay ne pourrait donc pas exciper contre lui de cette reconnaissance, sans la diviser, et par conséquent sans la détruire.

» Et dès-là, si Charles le Duchat a été admis par le parlement de Metz à dénier à ses consorts une

(1) *V.* l'arrêt du 27 juillet 1691, cité dans les conclusions du 13 thermidor an 13, rapportées dans le *Répertoire de Jurisprudence*, au mot *Choix*, §. 1.

qualité qu'il leur avait supposée à son préjudice, à combien plus forte raison la cour d'appel de Douai a-t-elle pu admettre le sieur Duval à contester au mineur Grimod d'Orsay une qualité qu'il lui avait supposée sans intérêt, et d'une manière qui empêchait le mineur Grimod d'Orsay d'en tirer aucun avantage ?

» En dernière analyse, le premier moyen de cassation du demandeur doit être écarté, et parce qu'il ne repose que sur des textes qui ou n'ont jamais eu l'autorité des lois dans le département du Pas-de-Calais, ou ne l'avaient pas encore à l'époque des actes auxquels le demandeur les applique; et parce que ces textes, quand ils pourraient être invoqués ici comme lois, ne contiennent pas un mot dont on puisse raisonnablement argumenter en faveur de la fin de non-recevoir proscrite par l'arrêt attaqué.

» Mais il nous reste à examiner si, par l'arrêt attaqué, la cour d'appel de Douai n'a pas violé les lois relatives à la capacité de succéder.

» Sur cette question, le demandeur se bornait, dans son mémoire en cassation, à soutenir qu'en jugeant le mineur d'Orsay incapable de recueillir une succession ouverte pendant l'inscription de son père sur la liste des émigrés, sur le fondement qu'il est né d'un mariage que son père avait contracté dans le même intervalle, avait violé les lois qui, dans le cas où un mariage se trouve nul par l'incapacité de l'un des époux, attribuent à la bonne foi de l'autre époux l'effet de légitimer les enfans nés de leur union.

» Et par-là il reconnaissait bien clairement que le mariage dont est issu le mineur d'Orsay, était nul dans son principe, par l'effet de la mort civile de son père; il reconnaissait bien clairement qu'issu d'un mariage nul par l'effet de la mort civile de son père, et mort civilement lui-même dès sa naissance, le mineur d'Orsay ne pouvait pas, en thèse générale, être admis à succéder; il reconnaissait bien clairement que le mineur d'Orsay ne pouvait être admis à succéder qu'à la faveur de la bonne foi de sa mère.

» Mais depuis, le demandeur a publié une consultation dans laquelle on soutient pour lui que toutes ces reconnaissances implicites sont autant d'erreurs de droit.

» Nous avons donc à examiner d'abord s'il est vrai qu'au moment où a été contracté le mariage auquel le mineur d'Orsay doit le jour, le père du mineur d'Orsay était mort civilement; s'il est vrai qu'alors le mariage contracté par un homme mort civilement, était nul; s'il est vrai que l'enfant né d'un homme mort civilement, est lui-même frappé de mort civile dès sa naissance; s'il est vrai que l'enfant né et fils de mort civile, par suite de la mort civile dont son père se trouve frappé, est par cela seul incapable de succéder.

» Et ce n'est qu'après avoir discuté ces quatre

points préliminaires, que nous devrons nous occuper de l'influence qu'a pu avoir sur l'état et les droits du mineur d'Orsay la bonne foi dans laquelle on prétend qu'était sa mère à l'époque de son mariage.

» Que le père du mineur d'Orsay ait contracté, en état de mort civile, le mariage auquel celui-ci doit le jour, c'est une vérité qui porte sa preuve avec elle-même.

» Le père du mineur d'Orsay était, au moment de la célébration de son mariage, inscrit sur la liste des émigrés.

» Y avait-il été inscrit à tort ou avec raison? C'est ce qu'il n'appartient pas aux tribunaux de juger. Il y était inscrit de fait; il était donc émigré aux yeux des tribunaux. L'art. 1er de la loi du 12 ventôse an 8 est là-dessus très-formel.

» Mais il y a plus : l'autorité administrative elle-même n'avait pas pu se dispenser de l'inscrire sur cette liste : elle y avait été forcée par les dispositions d'une loi rigoureuse, injuste, tant que l'on voudra, mais qu'elle devait respecter et exécuter.

» En effet, que vous dit-on pour prouver que le père du mineur Grimod d'Orsay n'avait pas pu être traité, en France, comme émigré ?

» On vous dit qu'il était sorti de France et s'était retiré en Allemagne avec son père, avant 1789; que son père avait contracté en 1790 un second mariage avec une princesse allemande; que, la même année, il avait obtenu de l'empereur Léopold un diplôme de comte du Saint-Empire; qu'il avait fait enregistrer ce diplôme, en 1792, à la chambre impériale de Wetzlaer, et que par-là il avait été naturalisé allemand.

» Mais, 1º où a-t-on vu que la naturalisation du père dans un pays étranger emporte la naturalisation du fils dans le même pays? Où a-t-on vu que le père, en rompant les liens qui l'attachent à sa patrie, rompt de plein droit les liens qui y attachent également son fils?

» 2º Quand le père du mineur d'Orsay aurait été expressément compris dans la prétendue naturalisation de son père en Allemagne, qu'en résulterait-il ?

» La loi du 25 brumaire an 3 disait bien, tit. 1er, art. 2, nº 7, que « les Français établis ou naturalisés » en pays étranger antérieurement au 1er juillet » 1789, ne seraient point réputés émigrés. » Mais cette disposition était inapplicable à un établissement, à une naturalisation qui ne datait que de 1792, ou tout au plus de 1790.

» 3º Il est vrai que, par l'art. 3 du même titre de la même loi, les Français absens avant le 1er juillet 1789, et n'ayant point d'établissement en pays étranger, antérieur à cette époque, étaient également affranchis des peines de l'émigration. Mais le même article ajoutait : « Ils seront néanmoins assi-» milés aux émigrés, s'ils se sont retirés, depuis les » hostilités commencées, sur le territoire des puis-

» sances en guerre contre la France, ou si, n'ayant
» point, avant l'époque desdites hostilités, habité
» d'autre territoire que celui des puissances en guerre
» contre la France, ils se sont retirés depuis dans les
» électorats et évéchés du Rhin, dans les cercles
» intérieurs de l'empire, ou dans le cercle de Bour-
» gogne; » et par cette disposition, le père du mineur d'Orsay, qui, de l'aveu du demandeur, a toujours habité, pendant la guerre de la révolution,
les cercles intérieurs de l'empire d'Allemagne, se
trouvait nettement rangé dans la classe des émigrés,
nonobstant l'antériorité de sa sortie de France au
14 juillet 1789.

» 4° Il est vrai enfin que le père du mineur d'Orsay était encore en bas âge, lorsqu'à la suite de son
père, et avant le 14 juillet 1789, il s'est retiré en
Allemagne.

» Mais de trois choses l'une : ou il avait quatorze
ans accomplis, à l'époque de la publication de la loi
du 28 mars 1793; ou il était, à cette même époque,
au-dessous de quatorze ans, et au-dessus de dix;
ou il était alors âgé de moins de dix ans.

» Au premier cas, il a été réputé émigré du moment où a paru la loi du 28 mars 1793.

» Au second cas, il a encouru les peines de l'émigration, faute d'être rentré en France dans les trois
mois de la publication de cette loi.

» Au troisième cas, il a encouru les mêmes
peines, faute d'être rentré en France dans les
trois mois de l'accomplissemnnt de sa dixième
année.

» Tout cela résulte de l'art. 2 du tit. 1er de la loi
citée, lequel, dans les exceptions qu'il fait en faveur
des enfans, ne comprend que, 1° ceux « qui, au
» jour de la promulgation de la loi du 28 mars 1793,
» n'étaient pas âgés de quatorze ans, pourvu qu'ils
» soient rentrés en France dans les trois mois du jour
» de ladite promulgation; 2° ceux qui, ayant moins
» de dix ans à l'époque de la promulgation de la loi
» du 28 mars 1793, seront rentrés en France dans
» les trois mois du jour où ils auront atteint l'âge
» de dix ans accomplis. »

» Ainsi, rien d'illégal, rien que de conforme à
la loi, dans l'inscription du père du mineur d'Orsay
sur la liste des émigrés.

» Mais s'il était émigré, il était nécessairement en
état de mort civile : ainsi l'avait déclaré textuellement l'art 1er de la loi du 28 mars 1793.

» Il était donc mort civilement, lorsqu'il a épousé
à Francfort la demoiselle de Franquemont.

» Il l'était donc encore, lorsqu'est né son fils;
car il n'a été rendu à la vie civile que le 23 fructidor an 13, et son fils était né dès le 15 pluviôse
an 9.

» Ainsi, sur le premier point, nulle difficulté.

» Il n'y en a pas davantage sur le second.

» Sans doute, avant la révolution, le mariage que
contractait un mort civilement, n'était pas absolu-

ment nul : il ne produisait pas d'effets civils, mais
il liait les parties de manière que, tant que l'une et
l'autre vivaient, ni l'une ni l'autre ne pouvaient se
remarier avec une personne tierce.

» Et voilà pourquoi l'art. 6 de la déclaration du
26 novembre 1639 se bornait à exclure « de toute
» succession, comme incapables, les enfans pro-
» créés par ceux qui se marieraient après avoir été
» condamnés à mort, même par défaut, si, avant
» leur décès, ils n'avaient été remis au premier état,
« suivant les lois. » Voilà pourquoi cet article ne
déclarait pas nuls les mariages contractés en état de
mort civile.

» D'où venait, dans notre ancien droit, cet effet
qu'avait le mariage contracté en état de mort civile,
de former entre les parties un empêchement dirimant à tout mariage ultérieur ?

» C'est que, dans notre ancien droit, le mariage
était considéré par la loi civile elle-même sous deux
rapports distincts : comme sacrement, et comme contrat civil; c'est qu'elles n'annulaient que comme
contrat civil, et qu'elles laissaient subsister comme
sacrement, le mariage formé entre deux personnes
dont l'une était morte civilement..... (1).

» Mais aux yeux de nos lois actuelles, le mariage
n'est plus qu'un contrat civil : elles ne le dépouillent
pas sans doute du caractère de sacrement que lui impriment, relativement au for intérieur, les cérémonies religieuses qui, entre époux catholiques, en-
suivent la célébration devant l'officier public : mais
ce n'est pas sous cet aspect qu'elles le considèrent;
sous cet aspect, il n'est pas de leur ressort. Elles ne
peuvent donc plus le maintenir comme sacrement,
alors qu'elles l'annulent comme contrat civil.... (2).

» Aussi l'avis du conseil-d'état du 18 fructidor
an 13, approuvé le 26 du même mois, reconnaît-il
bien clairement que les mariages contractés par les
émigrés amnistiés, ne sont valables qu'autant que la
célébration en est postérieure au sénatusconsulte du
6 floréal an 10..... (3).

» Aussi avez-vous cassé, le 16 mai 1808, au rapport de M. Liborel, et sur nos conclusions, un arrêt
de la cour d'appel de Liège, qui avait débouté la
demoiselle Marotte de sa demande en nullité du
mariage qu'elle avait contracté en Allemagne, le
16 mars 1796, pendant son émigration, avec le
sieur Grillon, émigré comme elle (4).

» Dans cette espèce, Messieurs, vous ne vous
êtes pas arrêtés à une objection que faisait valoir le
sieur Grillon, et que vous reproduisent ici les conseils
du demandeur.

(1) V. les conclusions qui précèdent l'arrêt de
cassation du 16 mai 1808, rapporté dans le Répertoire de Jurisprudence, au mot Mariage, sect. 3,
§. 4, n° 3.
(2) Ibid.
(3) Ibid.
(4) Ibid.

» Le sieur Grillon prétendait que son mariage devait être jugé valable en France, par la raison que ni lui ni la demoiselle Marotte n'étaient morts civilement dans le pays où ils l'avaient contracté, c'est-à-dire, en Allemagne; par la raison que, valable dans le pays où ils l'avaient contracté, il devait être valable partout.

» Mais, avons-nous dit, raisonner ainsi, c'est se jouer de tous les principes, c'est fronder les maximes les plus constantes du droit public..... (1).

» Voyons maintenant s'il est vrai, comme le demandeur lui-même le reconnaissait par son premier mémoire en cassation, et que l'enfant né d'un homme mort civilement doit lui-même être considéré comme mort civilement dès sa naissance, et que l'enfant né en état de mort civile, par suite de la mort civile dont son père se trouve frappé au moment de sa conception, est, par cela seul, incapable de succéder.

» Sur ces deux points, les nouveaux conseils du demandeur conviennent que l'on doit raisonner à l'égard d'un enfant né d'un mariage contracté pendant la mort civile du père, comme à l'égard de l'enfant né d'un mariage contracté avant la mort civile du père, mais conçu seulement après que le père a encouru la mort civile.

» Si donc nous établissons que l'enfant conçu par un père mort civilement, qui s'était marié avant sa mort civile, naît lui-même en état de mort civile, et incapable de succéder, nous aurons, par cela seul, établi que l'on ne peut considérer que comme mort civilement, que comme incapable de succéder dès sa naissance, l'enfant qui naît d'un mariage contracté par un père frappé de mort civile.

» Or, la première de ces deux propositions est démontrée par deux textes célèbres du droit romain.

» Vous savez que, dans le droit romain, la captivité emportait la mort civile; mais que le captif, en retournant dans sa patrie, était réintégré, *jure postliminii*, dans tous ses droits de citoyen.

» D'après ce principe, la loi 25, D. *de captivis et de postliminio*, demande quel est l'état de l'enfant que deux époux ont mis au monde pendant la captivité dans laquelle ils sont tombés après la célébration de leur mariage; et elle répond, d'après un rescrit des empereurs Sévère et Antonin, que cet enfant n'est point né légitime; que cependant il le deviendra, si son père et sa mère viennent à rentrer avec lui dans leur patrie; mais qu'il restera bâtard, si, son père mourant en captivité, il ne peut rentrer qu'avec sa mère : *Severus et Antonius rescripserunt : si uxor cum marito ab hostibus capta sit,*

et ibidem ex marito enixa sit, si reversi fuerunt, justos esse et parentes et liberos, et filium in potestate patris, quemadmodùm sit jure postliminii reversus sit. Quòd si cum matre sola revertatur, quasi sine marito natus, spurius habebitur.

» Le rescrit des empereurs Sévère et Antonin, sur lequel est fondée cette loi se retrouve textuellement dans la loi première, C. *de postliminio*; et en voici les termes : *Ex duobus captivis sarmacia nata, patris originem ita secuta videtur, si ambo parentes in patriam rediissent. Quanquàm enim jure proprio postliminium habere non possit, quæ capta non est, tamen parentum restitutio reddet patri filiam; qui cùm ab hostibus interfectus sit, matris conditionem quæ secum filiam duxit, videtur necessario secuta. Num fictio legis Corneliæ quæ legitimo apud hostes defuncto constituit heredes, ad eum quæ illic suscepta est, non pertinet; cùm eo tempore quo captus est, diem suum obiisse existimetur.*

» Quatre choses à remarquer dans cette loi.

» 1°. L'enfant né pendant la captivité dans laquelle son père et sa mère sont tombés après la célébration de leur mariage, n'a par lui-même et personnellement aucun droit au *postliminium*, parce que le *postliminium* n'a lieu qu'en faveur de ceux qui ont été pris par les ennemis, et que l'enfant né chez les ennemis ne peut pas être considéré comme ayant été pris par les ennemis : *jure proprio postliminium habere non potest quæ capta non est.*

» 2°. Mais il serait dur pour un père et une mère rétablis par le *postliminium* dans leurs droits de citoyens, de voir rejeter par la loi et la patrie un enfant à qui ils ont donné le jour pendant leur captivité. Cette considération engage le législateur à ordonner que la restitution du père et de la mère dans leurs droits de cité rejaillira sur leur fille : *Tamen parentum restitutio reddet patri filiam;* et, dans ce cas, l'enfant suit, non-seulement la condition, mais encore l'origine de son père, *patris originem;* c'est-à-dire qu'il acquiert dans la patrie et dans la famille de son père les mêmes droits que s'il y avait reçu le jour.

» 3°. Que serait-ce donc si le père et la mère ne retournaient pas dans leur patrie? La réponse se présente d'elle-même. On vient de voir que l'enfant ne peut acquérir les droits de cité et de famille dans la patrie de son père et de sa mère, que par la communication qu'une loi bienfaisante et sage fait à sa personne du droit de *postliminium* dont ils jouissent en y rentrant. *Quanquàm enim jure proprio postliminium habere non possit.... tamen parentum restitutio reddet patri filiam.* Donc le père et la mère ne jouissant pas du droit de *postliminium*, lorsqu'ils ne rentrent pas dans leur patrie, l'enfant qu'ils ont eu dans une terre étrangère ne peut pas non plus en recueillir les avantages : donc l'enfant né pendant la captivité de son père et de sa mère, ne peut devenir citoyen et membre de la famille de son père que par le retour simultané de son père

_____

(1) *V.* les conclusions qui précèdent l'arrêt de cassation du 16 mai 1808, rapporté dans le *Répertoire de Jurisprudence*, au mot *Mariage*, sect. 3, §. 4, n° 3.

et de sa mère dans leur patrie : *ex duobus captivis sarmacia nata patris originem itâ secuta videtur, si ambo parentes in civitatem rediissent.*

» 4° Mais voici une autre hypothèse. Le père peut mourir chez l'ennemi, et la mère revenir seule. Dans ce cas, quel sera le sort de l'enfant né pendant leur captivité, qui arrivera dans leur patrie avec sa mère. Il suivra, dit la loi, et il suivra nécessairement la condition de sa mère seulement. Ainsi la loi ne veut pas qu'il jouisse des mêmes avantages que si le père vivait encore et revenait avec lui. Elle lui donne bien la qualité de citoyen par rapport à la mère; mais relativement au père, elle lui refuse jusqu'au titre d'enfant légitime, parce qu'aux termes de la loi Cornelia, tout homme qui mourait captif, était supposé avoir cessé de vivre dès le premier moment de sa captivité, ce qui emportait une impossibilité légale d'avoir des enfans à cette époque, et laissait considérer comme n'ayant jamais existé par rapport à lui, ceux de ses enfans dont cette époque avait devancé la naissance : *Parentum restitutio reddet patri filiam, qui cùm ab hostibus interfectus sit, matris duntaxat conditionem quæ filiam secùm dixit, videtur necessariô secuta. Nam fictio legis Corneliæ quæ legitimo apud hostes defuncto constituti heredes, ad eam quæ illic suscepta est, non pertinet; cùm eo tempore quo captus est, diem suum obiisse existimaverit.*

» De tout cela il résulte clairement que la mort civile du père au moment de la naissance de l'enfant, se communique à l'enfant lui-même; et que tant que le père reste en état de mort civile, l'enfant né dans le même état n'a, aux yeux de la loi, aucune espèce d'existence; qu'il n'est, pour la famille de son père, qu'un étranger; qu'il est par conséquent incapable de recueillir aucune succession dans la famille de son père.

» C'est effectivement ce qu'enseignent tous nos auteurs, ce qu'ont perpétuellement jugé tous les tribunaux.

» Argou, dans ses *Institutions au droit françois*, tome 2, page 9, dit que l'enfant né après la condamnation du père à une peine emportant la mort civile, est incapable de succéder à ses parens collatéraux.

» Denisart, aux mots *Mort civile*, n° 18, après avoir dit que « les enfans qui naissent depuis la con-
» damnation à la mort civile de leur père ou mère,
» sont légitimes, » ce qui ne peut s'entendre que d'une légitimité dépourvue de tout effet civil, ajoute : « Mais ils sont incapables de succéder à
» leurs parens, parce qu'un trône mort, disent les
» auteurs, ne peut pas produire des branches vives.
» Cela a été ainsi jugé par arrêt du mois de fé-
» vrier 1745, confirmatif d'une sentence du Châ-
» telet. »

» Cependant le demandeur vous cite Denisart comme établissant, au n° 23 du même article, une doctrine toute différente.

» Mais d'abord, ce qu'on lit sous le n° 23, n'appartient pas à Denisart; c'est, comme l'annoncent les deux crochets entre lesquels est placé ce numéro, l'ouvrage de son additionnaire Varicourt, écrivain généralement décrié, par les nombreuses inepties dont il a grossi le recueil de son auteur.

» Ensuite, que dit Varicourt dans cette addition? Le demandeur ne vous le cite qu'en partie; voici ses propres termes : « Il a été dit ci-dessus, n° 18, que
» les enfans nés de personnes mortes civilement, ne
» pouvaient succéder à leurs parens; cependant les
» auteurs décident que les enfans des condamnés à
» mort succèdent à leur aïeul par une subrogation
» légale, non comme exerçant les droits de leur
» père, mais comme petits-enfans de l'aïeul, et en-
» trant dans le degré de leur père, dont ils pren-
» nent la place. Voyez à ce sujet l'arrêt du 24 mars
» 1603, rapporté tout au long liv. 10 des *Plaidoyers*
» de Servin. »

» Qu'est-ce qu'entend ici Varicourt par *les enfans des condamnés à mort?* Entend-il les enfans des condamnés à mort, nés ou conçus avant la condamnation de leur père? Entend-il les enfans nés ou conçus après?

» Dans le premier sens, sa doctrine n'aurait rien que d'exact. Dans le second, elle ferait véritablement, comme le soutient le demandeur, exception au principe posé par Denisart, que « les enfans nés
» de personnes mortes civilement, ne peuvent pas
» succéder à leurs parens. »

» Mais quel est de ces deux sens celui dans lequel a écrit cet auteur? N'en doutons point, c'est le premier; et c'est ce qu'il nous apprend lui-même par ces mots : « Voyez ce sujet l'arrêt du 24 mars
» 1603, rapporté tout au long liv. 10 des *Plaidoyers*
» de Servin. »

» En effet, dans l'espèce de cet arrêt que nous avons vérifié avec le plus grand soin dans le *Recueil des Plaidoyers* de M. l'avocat-général Servin (1), il s'agissait d'enfans qu'un condamné à mort par contumace avait eus avant sa condamnation; et il est dès-lors bien évident que cet arrêt, en les admettant à succéder, non à leur aïeul, comme le fait entendre Varicourt, mais à leur oncle paternel, qui avait seul recueilli la succession de leur aïeul, n'a porté aucune atteinte au principe, que les enfans nés de personnes mortes civilement sont incapables de succéder aux parens de leur père.

» Est-il vrai, au surplus, comme le prétend le demandeur, que ce principe, si clairement proclamé par les deux textes du droit romain dont nous venons de vous offrir l'analyse, est en opposition diamétrale avec d'autres textes du même droit? Est-il vrai que ce principe est détruit par la loi 3, D. *de interdictis et relegatis;* par la loi 7, D. *de his qui sui vel alieni juris sunt ;* par la loi dernière, D.

_____

(1) Liv. 2, §. 66, édition de 1630.

undè legitimi, et par la loi 1, §. 10, D. *de suis et legitimis heredibus?*

» Non, messieurs, et vous allez voir que le demandeur fait de ces lois une très-fausse application.

» La loi 3, D. *de interdictis et relegatis*, dit bien que les enfans ne perdent, par la mort civile de leur père, que ce qui aurait dû leur revenir de son chef, s'il était mort dans la jouissance de ses droits de cité, c'est-à-dire, sa succession, ses affranchis, et les autres droits du même genre : *eum qui civitatem adimeret, nihil aliud juris adimere liberis, nisi quid ab ipso perventurum esset ad eos, si intestatus in civitate moreretur, hoc est, hereditatem ejus et libertos, et si quid aliud in hoc genere reperiri potest ;* mais qu'ils conservent tout ce qui leur appartient, non du chef de leur père, mais par droit de famille, par droit de cité, ou par la nature des choses : *quæ verò, non à patre, sed à genere, à civitate, à rerum naturâ tribuerentur, ea manere eis incolumia ;* qu'ainsi, ils succèdent à leurs frères ; qu'ils ont droit à la tutelle et à la succession de leurs agnats : *itaque et fratres fratribus fore legitimos heredes, et agnatorum tutelas et hereditates habituros ; et pourquoi ?* parce que ce n'est pas de leur père qu'ils tiennent ces droits, parce qu'ils ne les tiennent que de ses aïeux : *non enim hæc patrem, sed majores ejus eis dedisse.*

» Mais de quels enfans est-il question dans cette loi ? Des enfans nés depuis la mort civile du père ? Point du tout : il n'y est question que des enfans qui, au moment où le père a été retranché du nombre des citoyens, jouissaient déjà, et jouissaient déjà de leurs droits de famille. La loi fait marcher de front, et par conséquent rapporte au même temps, la perte que le père fait de ses droits de cité, et la perte qu'il fait essuyer à ses enfans de la succession qu'il leur aurait transmise, s'il était mort citoyen : *eum qui amiserit civitatem, nihil aliud juris adimere liberis, quàm quod ab ipso perventurum esse ad eos, si in civitate moreretur ;* elle déclare donc que les enfans perdent tout droit à la succession de leur père, à l'instant même où leur père est frappé de mort civile ; elle n'a donc en vue que les enfans qui existent déjà, lorsque leur père est frappé de mort civile ; elle ne s'occupe donc pas des enfans qui naîtront après la mort civile de leur père.

La loi 7, D. *de his qui sui vel alieni juris sunt*, ne peut pas être et n'a jamais été entendue dans un autre sens : Si le père, dit-elle, est condamné à une peine qui emporte la mort civile, le fils prend sa place dans la famille de l'aïeul : *Si quâ pœnâ pater fuerit affectus, ut vel civitatem amittat, vel servus pœnæ efficiatur, sine dubio nepos filii loco succedit.* Il est évident qu'il ne s'agit là que du fils qui était né avant la mort civile du père, et c'est ce que dit nettement Brunneman, dans son commentaire sur ce texte : *Quandò aliquis habet filiumfamilias et ex eo nepotem, tunc si filius ob delictum depor-*

tetur, nepos procul dubio in locum filii succedit ità ut avus eum instituere heredem vel exheredare teneatur.

» La loi dernière, D. *undè legitimi*, et la loi 1, §. 10, D. *de suis et legitimis heredibus*, disent que les enfans nés après la mort, la captivité ou la déportation de leur père, *nati post mortem patris, vel post captivitatem, sive deportationem*, jouissent entre eux des droits de consanguinité, et succèdent les uns aux autres. Mais cela ne peut s'entendre que des enfans qui, sans être nés antérieurement à la mort, à la captivité ou à la déportation de leur père, étaient conçus auparavant. La chose est évidente pour les enfans que la loi dit être nés après la mort de leur père ; car s'ils n'avaient pas été conçus avant sa mort, ils ne seraient pas ses enfans ; et il en est nécessairement de même des enfans que la loi dit être nés après la captivité ou la déportation de l'auteur de leurs jours. Comment, en effet, cette loi pourrait-elle être entendue autrement, tandis que les deux textes cités du titre *de captivis et de postliminio*, établissent clairement que l'enfant conçu après la captivité de son père, est, par lui-même, étranger à sa famille, et qu'il ne peut entrer dans la famille de son père que par le retour de son père et de sa mère dans leur patrie ?

» Mais, au surplus, voici une autre loi romaine qui lève, « cet égard, toute espèce de doute.

» Une femme institue son fils héritier, et le charge, en cas qu'il vienne à mourir sans enfans, de rendre sa succession à son frère. L'héritier institué se marie, et est ensuite condamné à la déportation. Dans cet état, il lui naît des enfans de son mariage. Question de savoir si l'existence de ces enfans à l'époque de sa mort naturelle, fait faillir la condition du fidéicommis. La loi 17, §. 5, D. *ad senatusconsultum trebellianum*, répond qu'il faut distinguer entre les enfans conçus avant la déportation, et les enfans conçus après ; que les premiers empêchent l'ouverture du fidéicommis ; mais que les seconds n'y font point obstacle, parce que leur père n'existant plus aux yeux de la loi, et la loi ne le connaissant plus, il sont censés être nés d'un autre que de lui : *Rogaverat quædam mulier filium suum ut, si sine liberis decessisset, restitueret hereditatem fratri suo. Is posteà deportatus in insulâ liberos susceperat. Quærebatur an fideicommissi conditio defecisset. Nos igitur hoc dicemus : conceptos quidem antè deportationem, licet posteà edantur, efficere ut conditio deficiat ; post deportationem verò susceptos, quasi ab alio non prodesse.*

» Il serait, d'après cela, fort indifférent que l'art. 277 de la coutume de Normandie renfermât une disposition contraire. Ce ne serait qu'une exception locale au droit commun, et l'on ne pourrait en tirer ici aucune conséquence.

» Mais la vérité est que cet article, en disant que « les enfans des condamnés et confisqués ne laisse-
» ront de succéder à leurs parens, tant en ligne
» directe que collatérale, pourvu qu'ils soient conçus

» lors de la succession échue, » n'entend pas déclarer successibles les *enfans des condamnés et
confisqués*, qui ne sont nés ou n'ont été conçus
que postérieurement à la mort civile de leur père ;
et que sa disposition a toujours été restreinte aux
enfans des condamnés et confisqués, nés ou conçus
avant que leur père fût retranché de la société ; et
c'est ce qu'atteste Basnage sur cet article même.
« Tous les enfans d'un condamné et confisqué (dit-il)
» ne sont pas habiles à succéder....; ceux qui seraient
» conçus depuis la condamnation..... ne pourraient
» rien demander (1). »

» Le même auteur, après s'être ainsi expliqué, se
fait cette question : « Les enfans d'un homme con-
» damné à mort ou banni à perpétuité, issus d'un ma-
» riage contracté depuis la condamnation, sont-ils
» capables de succéder avec les autres enfans nés
» avant la condamnation, ou au préjudice des hé-
» ritiers collatéraux ? » Et voici sa réponse : « Tous
» nos auteurs conviennent que la condamnation qui
» emporte une mort civile, est un empêchement au
» mariage, *quoad effectus civiles*; et bien que le
» mariage soit bon , et que les enfans qui en sont
» issus, soient légitimes, néanmoins ils sont inca-
» pables de succéder ; et c'est en cette rencontre
» que l'on peut dire que *non omnis filius est patris
» heres*. Le nom de fils et d'héritier n'est pas seule-
» ment un nom de nature, mais aussi de justice et
» de loi; de sorte que, pour succéder à son père,
» il ne suffit pas d'être son enfant naturel, il faut
» aussi l'être suivant la loi. Louet, Brodeau, Mor-

_____

(1) C'est même (comme l'a fort bien remarqué
M⁰ Maille , défenseur du sieur Duval, dans le mémoire aussi savant que lumineux qu'il a publié dans
cette affaire , sous le nom de M⁰ Odillon-Barrot ,
son digne successeur) ce qui résulte clairement des
circonstances qui ont amené l'insertion de l'article
dont il s'agit , dans la coutume de Normandie. Les
voici telles que les retrace Richer, dans son *Traité
de la mort civile* :

« L'ancienne coutume de Normandie, chapitre d'*As-
» sise*, portait que *les enfans à ceux qui sont damnés
» (condamnés), n'auraient rien aux fiefs et échoite,
» qui à eux dussent venir; car aucun qui soit en-
» gendré de sang damné, ne peut avoir, comme hoirs
» aucune succession d'héritage*. On avait étendu
» cette disposition même *aux enfans nés avant le
» délit :* mais cet usage fut trouvé injuste et trop ri-
» goureux; et le parlement de Rouen l'abrogea par
» un arrêt solennel du 26 août 1558, donné, toutes
» les chambres assemblées, sur les conclusions du
» procureur-général, sur enquêtes faites par Turbes.
» Cet arrêt, avec les moyens des parties , est in-
» séré dans le *Coutumier général de France*, après
» la coutume de Normandie , dans laquelle on a ré-
» formé l'article qui vient d'être cité , en cette ma-
» nière : *Les enfans des condamnés et confisqués
» ne laisseront de succéder à leurs parens, pourvu
» qu'ils soient conçus avant la succession* (échue). »

» nac et Le Bret ont rapporté plusieurs arrêts qui
» l'ont jugé de la sorte, quoique le condamné eût
» obtenu des lettres de commutation de peine, parce
» que la commutation de peine n'ôtait point l'effet
» de la condamnation, et la bonne foi de l'un des
» conjoints ne suffisait pas pour rendre les enfans
» capables de succéder; ce qui a été jugé, non-
» seulement en faveur des enfans issus du premier
» mariage du condamné, mais aussi en faveur des
» héritiers collatéraux. »

» Le demandeur reconnaît l'existence des arrêts
que cite ici Basnage; mais il prétend que ce qu'ils
ont jugé relativement à la succession du condamné,
ne s'étend point aux successions de ses parens collatéraux : il prétend que les enfans conçus après la
condamnation de leur père à une peine emportant
la mort civile, sont, quoiqu'incapables de succéder
à leur père lui-même, capables de succéder aux
parens qu'ils ont de son côté ; et il invoque un arrêt
du parlement de Paris, du 6 juillet 1637, qui l'a
ainsi jugé.

» Il est très-vrai que cet arrêt a admis à succéder
à un frère consanguin de leur père, les enfans nés
d'un mariage qu'un condamné à mort par contumace avait contracté postérieurement à sa condamnation, et qu'il les y a admis nonobstant un
arrêt précédent du 13 février 1625, qui les avait
déclarés incapables de succéder à leur père même.

» Mais cet arrêt était trop étrange; il heurtait
trop ouvertement les premiers principes, pour faire
jurisprudence; et à peine était-il rendu, que le législateur a cru devoir interposer son autorité pour
empêcher qu'on n'en rendît de semblables à l'avenir. De là, l'art. 6 de l'ordonnance du 26 novembre 1639, qui déclare « incapables de toutes
» successions les enfans procréés par ceux qui se
» marient après avoir été condamnés à mort, même
» par les sentences rendues par défaut, si, avant
» leur décès, ils n'ont été remis au premier état,
» suivant les lois. »

» Aussi Bretonnier, dans ses *Observations sur
Henrys*, liv. 6, quest. 6, après avoir retracé , avec
son auteur, l'arrêt du 6 juillet 1637, comme jugeant
que les enfans nés d'un mariage contracté en état
de mort civile, succèdent aux parens collatéraux de
leur père, ajoute-t-il : « Mais aujourd'hui la juris-
» prudence est changée au moyen de l'ordonnance
» de 1639, qui déclare les enfans procréés par ceux
» qui se marient après avoir été condamnés à mort
» par défaut , incapables de toutes successions,
» aussi bien que leur postérité. »

» A la suite de l'arrêt du 6 juillet 1637, qui a été
si hautement et si promptement condamné par le
législateur, le demandeur vous en cite un autre du
5 juillet 1746, qui, s'il faut l'en croire, a été bien
plus loin, et a jugé, contre ce qu'avaient constamment décidé même les arrêts antérieurs à l'ordonnance de 1639, que l'enfant né d'un mariage
contracté en état de mort civile, succède à son
propre père.

» Mais s'il avait bien lu Denisart, d'après lequel il vous le cite ; si surtout il avait bien médité les conclusions de M. l'avocat-général Gilbert qui l'ont provoqué, il se serait probablement abstenu de vous en parler.

» Dans le fait, le 5 avril 1735, sentence de la juridiction de Bourg, qui condamne Antoine Desverneys à la peine de mort par contumace.

» Le 28 du même mois, et avant que cette sentence soit exécutée par effigie, Antoine Desverneys épouse publiquement à Lyon Adrienne Decolony.

» Le 5 octobre suivant, la sentence de condamnation à mort est exécutée par effigie à Bourg.

» Le 13 du même mois, l'épouse d'Antoine Desverneys accouche d'une fille qui est nommée Etiennette.

» Cette fille meurt peu de temps après ; et alors, s'élève la question de savoir à qui appartient la succession d'Antoine Desverneys, succession qui est unanimement reconnue avoir été ouverte par sa mort civile.

» La mère d'Antoine Desverneys la réclame, comme plus proche parente.

» L'épouse d'Antoine Desverneys soutient, au contraire, qu'elle lui est dévolue en sa qualité d'héritière d'Etiennette Desverneys sa fille, dit-elle, a été héritière de son père, et qui m'a par conséquent transmis tous ses droits.

» La mère d'Antoine Desverneys réplique que son fils était mort civilement à l'époque de la célébration de son mariage, et que dès-lors la fille qu'il a eue de son mariage n'a pas pu lui succéder. Elle ajoute que le mariage de son fils est nul dans la forme, et elle en appelle comme d'abus.

» L'épouse d'Antoine Desverneys réplique, à son tour, que son mari n'a pas été frappé de mort civile par le seul effet de sa condamnation ; qu'il ne l'a été et n'a pu l'être que par l'exécution en effigie de sa condamnation même ; et que telle est la disposition expresse de l'art. 29 du tit. 17 de l'ordonnance de 1670 ; qu'ainsi il jouissait encore de tous ses droits civils, non-seulement à l'époque de son mariage, mais encore à celle de la conception de sa fille. Du reste, elle répond victorieusement à tous les moyens d'abus de sa belle-mère.

» Là-dessus, M. l'avocat-général Gilbert commence par écarter les moyens d'abus, et prouver qu'il ne manque rien à la forme du mariage dont il s'agit, pour en assurer la validité. Il examine ensuite, ce sont les propres termes de Denisart, « si » ce mariage est bon quant au for extérieur, et s'il » peut produire des effets civils; et il fait voir que » cette question dépend du point de savoir si la » seule condamnation à mort emporte la mort civile, » ou s'il ne faut pas que le jugement ait été exécuté. » La mort civile, dit-il, est l'état d'un homme qui » est retranché de la société et qui ne peut plus con- » tracter avec elle. Cela posé, comment veut-on » qu'un jugement prononcé dans le secret d'une

» chambre criminelle, fasse connaître à la société » qu'elle ne peut plus contracter avec le condamné? » Il faut donc qu'elle en soit instruite, que le ju- » gement ait été rendu public : or, il ne peut l'être » que par l'exécution ; et par conséquent la mort » civile ne peut commencer que du jour de l'exé- » cution du jugement, soit par contumace, soit » autrement. En un mot (continue Denisart), ce » magistrat dit que le tit. 17 de l'ordonnance de » 1670 devait régler la matière en question ; et sur » ses conclusions, il est intervenu arrêt le 5 juillet « 1746, qui a prononcé en ces termes : La cour, » faisant droit sur l'appel comme d'abus interjeté » par les parties de Daugy (les héritiers de la mère » d'Antoine Desverneys), dit qu'il n'y a abus....; en » tant que touche l'appel simple....., évoquant le » principal et y faisant droit, condamne les parties » de Daugy à rendre compte à la partie de Simon » (la mère d'Étiennette Desverneys), des biens de » la succession d'Antoine Desverneys, à l'affirmer » véritable, etc. »

» Vous voyez, messieurs, qu'il s'en faut beaucoup que cet arrêt ait jugé qu'Etiennette Desverneys avait succédé à son père, quoique son père se fût marié et l'eût conçue en état de mort civile ; qu'au contraire, elle n'a été jugée avoir succédé à son père et en avoir transmis la succession à sa mère, que parce que son père n'était encore mort civilement, ni au moment où il s'était marié, ni au moment où il l'avait conçue.

» Mais voici quelque chose de plus encore.

» Postérieurement à l'exécution par effigie de la sentence qui l'avait condamné à mort, et dans l'intervalle du 28 novembre 1739 au 30 novembre 1747, Antoine Desverneys avait eu d'autres enfans de la femme qu'il avait épousée avant cette exécution.

» Antoine Desverneys étant mort en 1752, sans avoir purgé sa contumace, ses enfans réclamèrent, à titre d'héritiers, divers immeubles qui lui avaient appartenus avant sa condamnation, et que leur mère avait aliénés, comme héritière de leur sœur Etiennette.

» Les tiers-acquéreurs soutinrent qu'ils étaient non-recevables, parce que, nés d'un père qui avait encouru la mort civile avant leur conception, et par conséquent frappés comme lui de mort civile dès leur naissance, ils n'étaient ni ne pouvaient être ses héritiers.

» Les enfans d'Antoine Desverneys ne contestèrent pas directement le principe sur lequel était fondée cette fin de non-recevoir; mais ils nièrent que leur père eût jamais encouru la mort civile ; et, à l'appui de leur dénégation, ils produisirent un certificat du greffier de Bourg constatant qu'il n'existait dans son greffe aucune trace de l'exécution par effigie du jugement de condamnation porté contre leur père en 1735.

» Le 14 fructidor an 8, jugement du tribunal de première instance de Lyon, qui, accueillant la fin de non-recevoir des tiers-acquéreurs, déclare *les demandeurs sans droits et sans qualité.*

» Et sur l'appel, arrêt du 6 floréal an 11, qui, attendu qu'il résulte de l'arrêt du parlement de Paris, du 5 avril 1746, et d'autres pièces produites par les tiers-acquéreurs, des preuves suffisantes que le jugement de condamnation de 1735 a été exécuté par effigie le 5 octobre de la même année, et que, par conséquent, *Antoine Desverneys est mort en état de mort civile*, dit qu'il a été bien jugé.

» Recours en cassation de la part des enfans d'Antoine Desverneys; et le 26 thermidor an 12, arrêt contradictoire, au rapport de M. Cochard, et après un long délibéré, qui rejette ce recours, attendu, entr'autres motifs, que les preuves de l'exécution par effigie du jugement de 1735, « se montraient » dans le degré le plus capable de convaincre dans » le cas actuel, où la condamnation même de Des-» verneys a donné lieu à un arrêt célèbre, qui a » fixé la jurisprudence sur le point de savoir de » quelle époque datait la mort civile; où il serait » absurde de supposer que le parlement de Paris se » fût occupé du soin de fixer l'époque de la mort » civile d'Antoine Desverneys, sans que sa condam-» nation et son exécution eussent été constantes; où » Antoine Desverneys a vu sa succession contestée » et adjugée devant lui, sans y opposer la moindre » réclamation; où Henri, l'un de ses enfans, né » avant la mort d'Etiennette, sa sœur, et par con-» séquent habile à lui succéder conjointement avec » sa mère, n'a cependant point réclamé sa portion, » parce qu'il était né après la mort civile encourue » par son père (1). »

» Par cet arrêt, messieurs, vous avez bien formellement reconnu, vous avez bien solennellement proclamé le principe que la mort civile du père se communique à l'enfant conçu et né pendant que le père est dans cet état, et que l'enfant conçu et né pendant la mort civile du père est incapable de toute succession.

» Mais, s'écrie le demandeur, peut-on ainsi assimiler les effets de la mort civile qui résulte de l'émigration, aux effets de la mort civile opérée par une condamnation à des peines afflictives ou infamantes?

» Pourquoi non? Où la loi ne distingue pas nous ne pouvons pas distinguer. Mais d'ailleurs, veut-on une preuve sans réplique qu'il en est, à cet égard, des enfans nés pendant la mort civile dont leur père a été frappé par son émigration, comme des enfans nés pendant la mort civile dont leur père a été rappé par une condamnation judiciaire? Il n'y a qu'à bien peser les termes dans lesquels l'avis du conseil-d'état, du 8 thermidor an 10, approuvé le 9 du même mois, répond à la question de savoir *si les prévenus d'émigration, non rayés définitivement, dont le décès a précédé* la publication du sénatus-

consulte du 6 floréal de la même année, *peuvent être amnistiés.* Le conseil-d'état (y est-il dit) pense que l'amnistie ayant été principalement accordée en faveur des familles des émigrés, il est tout-à-fait conforme à l'esprit du sénatus-consulte d'étendre la grâce aux héritiers, quand la mort a mis le prévenu lui-même hors d'état d'en profiter. S'il eût vécu, il serait rentré dans les biens dont l'art. 17 du sénatus-consulte fait remise aux amnistiés; comment refuser la même grâce à ses enfans républicoles, *et nés avant l'émigration?*

» Pourquoi n'y a-t-il que les enfans *nés avant l'émigration* qui soient admis à faire amnistier la mémoire de leur père émigré? C'est évidemment parce qu'eux seuls sont Français; c'est évidemment parce qu'eux seuls composent, aux yeux de la loi, la famille de leur père; c'est évidemment parce que la loi ne reconnaît pas ceux qui sont nés pendant l'émigration.

» Mais ouvrons le procès-verbal de la discussion qui a eu lieu au conseil-d'état les 6 et 14 thermidor an 9, sur l'art. 10 du code civil, et nous en verrons jaillir de nouveaux traits de lumière qui achèveront de dissiper tous les doutes.... (1).

» Disons donc, en résumant toute cette partie de notre discussion, que le père du mineur Grimod d'Orsay était mort civilement à l'époque du mariage qu'il a contracté à Francfort en 1799; que ce mariage était nul; qu'issu d'un mariage nul, et mort lui-même civilement dès sa naissance, le mineur Grimod d'Orsay a été, dès sa naissance, doublement incapable de succéder.

» A la vérité, le sieur Grimod d'Orsay père, rendu à ses droits de cité, et la demoiselle de Franquemont, ont réparé, par un mariage célébré solennellement à Paris en 1809, la nullité de celui qu'ils avaient contracté en 1799, à Francfort; à la vérité, ils ont, par ce mariage, légitimé les enfans qu'ils avaient eus précédemment de leur union illégale.

» Mais la nullité de leur premier mariage n'a pu être réparée par le second que pour l'avenir; elle n'a pas pu l'être pour le passé; et le seul effet de la légitimation qui est résultée du second mariage, pour le mineur Grimod d'Orsay, c'est que le mineur Grimod d'Orsay doit être traité comme s'il était né du second mariage, comme si le second mariage au lieu de suivre sa naissance, l'avait précédée; en un mot, comme si, au lieu de naître en 1801, il était né en 1810.

» Or, si le mineur Grimod d'Orsay n'était né qu'en 1810, très-certainement il ne pourrait pas se porter héritier de la dame de Trazegnies qui est morte en 1802.

» Sur tout cela, messieurs, il ne peut rester dans vos esprits aucune ombre de difficulté. Nous n'avons donc plus qu'à nous fixer sur la dernière branche du second moyen de cassation du demandeur, c'est-à-

_____

(1) *V.* l'article *Succession*, §. 11.

(1) *V.* le *Répertoire de Jurisprudence*, au mot *Mariage*, sect. 5, §. 1, n° 3.

dire, sur la partie de ce moyen par laquelle le demandeur prétend que la demoiselle Franquemont ayant épousé le sieur Grimod d'Orsay père, en 1799, dans la bonne foi qu'il jouissait de tous ses droits civils, le mariage de 1799 doit, quoique nul en soi, produire en faveur de l'enfant qui en est issu, les mêmes effets que s'il eût été valable; et que, par suite, cet enfant doit être admis à succéder même à ses parens paternels qui sont morts depuis sa naissance.

» Réduit à ces termes, le second moyen de cassation du demandeur présente deux questions : l'une, si l'on peut présumer que la demoiselle de Franquemont ignorait, au moment où elle a épousé, à Francfort, le sieur Grimod d'Orsay père, l'état de mort civile dans lequel il se trouvait par rapport à la France, sa patrie; l'autre, si, cette ignorance supposée, il en doit résulter, pour les enfans issus de ce mariage, la capacité de succéder même aux parens de leur père.

» De ces deux questions, la cour d'appel de Douai a laissé la première indécise, et elle ne s'est occupée que de la seconde. Sans apprécier les raisons de droit qui se présentaient en foule pour lui démontrer que la demoiselle de Franquemont n'avait pas pu, en épousant à Francfort le père du mineur Grimod d'Orsay, croire de bonne foi qu'elle épousait, soit un Français naturalisé allemand, soit un Français jouissant en France de tous les droits civils, la cour d'appel de Douai a raisonné dans la supposition contraire; et c'est d'après cette supposition, toute gratuite qu'elle est, que nous devons juger son arrêt; c'est d'après cette supposition que nous devons examiner si son arrêt viole quelque loi.

» A entendre le demandeur, il viole les lois romaines, les décrétales et le code civil.

» Mais d'abord, ni les lois romaines, ni les décrétales ne disent, à beaucoup près, ce que le demandeur leur fait dire.

» Les lois romaines que le demandeur vous cite, sont la loi 57, §. 1, D. *de ritu nuptiarum*, et la loi 4, C. *de incestis et inutilibus nuptiis*.

» La première de ces lois ne décide qu'un cas particulier. Flavia Tertulla avait été, très-jeune encore, mariée par sa grand-mère à un de ses oncles. Ignorant que le mariage était prohibé entre l'oncle et la nièce, elle avait vécu pendant quarante ans dans une union paisible avec celui qu'elle regardait comme son mari, et elle en avait eu un grand nombre d'enfans. Son prétendu mari mort, l'état de ses enfans fut contesté, et la question fut soumise aux empereurs Marcus et Lucius. Quelle fut leur réponse? *Movemur et temporis diuturnitate quo ignara juris in matrimonio avunculi tui fuisti, et quòd ab aviâ tuâ collocata es, et numero liberorum vestrorum. Idcircòque cùm hæc omnia concurrant, confirmamus statum liberorum vestrorum in eo matrimonio quæsitorum, quod antè annos quadraginta contractum est, perindè atque si*

legitimè concepti fuissent. Par-là, les empereurs Marcus et Lucius décidèrent-ils que la seule ignorance dans laquelle avait été Flavia Tertulla, de l'empêchement légal qui s'opposait à son mariage avec son oncle, suffisait pour légitimer ses enfans? Non, et il s'en faut beaucoup : ils firent entendre, au contraire, que, s'il n'y avait eu pour ses enfans que cette circonstance, ses enfans auraient dû être traités comme bâtards; et ce qui ne permet pas d'en douter, c'est qu'ils décidèrent formellement, non pas que ses enfans devaient être, de plein droit, réputés légitimes, mais qu'il y avait lieu de les déclarer tels par un acte spécial de la puissance souveraine, à raison du concours de cette circonstance avec trois autres, savoir : la longue durée du mariage, le grand nombre des enfans, et l'autorité de l'aïeule sur la foi de laquelle Flavia Tertulla s'était mariée dans sa première jeunesse : *quæ cùm hæc omnia in unum concurrant, confirmamus statum liberorum vestrorum.*

» La loi 4, C. *de incestis et inutilibus nuptiis*, porte que tout mariage contracté au mépris des lois prohibitives, rend les époux indignes des libéralités qu'ils se sont respectivement faites en cette qualité, et que ces libéralités doivent être confisquées au profit de l'État, à moins que les époux n'aient été entraînés à se marier ainsi par une erreur dont ils n'ont pu se préserver, ou par la faiblesse de leur âge; et qu'ils ne se soient quittés aussitôt après la découverte de leur erreur ou à leur majorité : *Qui contrà legum præcepta vel contrà mandata constitutionesque principum, nuptias fortè contraxerit, nihil ex eodem matrimonio, sive ante nuptias donatum, sive deinceps quoquo modo datum fuerit, consequatur; idque totum quod ab alterius liberalitate in alterum processit, ut indigno in indignæve sublatum, fisco vindicari sancimus : exceptis tàm fœminis quàm viris qui aut errore acerrimo, non affectato insinuatove, neque ex vili causâ decepti sunt, aut ætatis lubrico lapsi, quos tamen legis nostræ laqueis eximi placuit, si, aut errore comperto, aut ubi ad legitimos pervenerint annos, conjunctionem hujusmodi sine ullâ procrastinatione dirimerint.* Il résulte bien de cette loi, que la bonne foi et la minorité des époux illégalement mariés, suffit pour soustraire à la confiscation les libéralités qu'ils se sont faites à l'occasion de leur mariage. Mais cette loi, dit-elle, fait elle-même entendre que les enfans nés de leur union, seront réputés légitimes? Pas un mot de cela : elle ne s'occupe d'eux ni directement, ni indirectement, et l'on sent assez que cette loi mettant sur la même ligne la bonne foi et la minorité des époux mariés illégalement, on ne pourrait pas en conclure que les enfans nés d'un mariage nul, contracté de bonne foi, dussent être réputés légitimes, sans en tirer la même conséquence pour les enfans nés d'un mariage nul, contracté de mauvaise foi, mais en minorité; ce qui serait absurde.

» Que cette loi et la 57e, D. *de ritu nuptiarum*, aient fourni aux rédacteurs des décrétales l'idée

27

d'attribuer à la bonne foi des époux mariés illégalement l'effet de légitimer les fruits de leur union, c'est ce qu'on ne saurait nier; mais que ces lois elles-mêmes aient été aussi loin, c'est ce qu'il est impossible de soutenir sérieusement.

» Eh! comment le pourrait-on, tandis que nous trouvons dans la loi 3, C. *soluto matrimonio*, un rescrit de l'empereur Antonin qui décide formellement le contraire? La nommée Hostilia, femme libre, avait épousé le nommé Eros, esclave, qu'elle croyait libre comme elle. Quelque temps après la célébration du mariage, Eros fut recherché par son maître, et un jugement le déclara esclave. Le mariage se trouvant annulé par ce jugement, d'après la loi générale qui déclarait les esclaves incapables de se marier, Hostilia s'adressa à l'empereur Antonin pour savoir si et contre qui elle pourrait répéter sa dot, et quel devait être l'état de ses enfans. Que répondit l'empereur? Vous avez contre le maître d'Eros une action *de peculio* pour le recouvrement de votre dot; mais vos enfans, quoique libres et ingénus comme vous, parce qu'ils suivent la condition de leur mère, sont au rang des bâtards: *Si ignorans statum Erotis, ut liberum duxisti, et dotem dedisti, isque posteà servus est judicatus; dotem ex peculio recipies.... Filii autem tui, ut ex liberâ nati, incerto tamen patre, spurii ingenui intelliguntur.*

» Il est donc bien démontré que l'arrêt attaqué par le mineur d'Orsay n'est, sous aucun rapport, en opposition avec le droit romain.

» Voyons maintenant si nous le trouverons en opposition avec les décrétales.

» Le demandeur vous en cite deux textes: le chapitre *cùm inter*, et le chapitre *ex tenore*, du titre *qui filii sint legitimi*.

» Mais d'abord que décide le chapitre *cùm inter*? Rien autre chose, si ce n'est qu'un mariage ayant été célébré publiquement et sans contradiction de la part de l'église, les enfans qui en sont nés doivent jouir de tous les droits de la légitimité, et succéder à leur père, quoique, dans la suite, la découverte d'un empêchement qui s'opposait à ce mariage, en ait fait prononcer la nullité: *Cùm inter L. virum et T....... mulierem divortii sententia canonica sit prolata, filii eorum non debent exindè sustinere jacturam; cùm parentes eorum publicè, sine contradictione ecclesiæ, inter se contraxisse noscantur. Ideòque sancimus ut filii eorum quos ante divortium habuerunt, et qui concepti fuerunt ante latam sententiam, non minùs habeantur legitimi et quòd in bona paterna hereditario jure succedant, et de parentum facultatibus nutriantur.*

» L'homme et la femme dont il est parlé dans cette décrétale ignoraient tous deux, au moment où ils s'étaient mariés, l'empêchement que les lois canoniques mettaient à leur mariage; ils étaient tous deux de bonne foi; et d'ailleurs, ni l'un ni l'autre n'était incapable de se marier; ni l'un ni l'autre n'é-

tait réputé mort aux yeux de la loi; il n'existait entre eux qu'une incapacité relative. Cette décrétale ne peut donc pas être violée par un arrêt qui juge qu'elle n'est pas applicable aux enfans nés d'un mariage contracté entre un homme mort civilement, qui connaissait son incapacité absolue de se marier, et une femme qui est présumée l'avoir ignorée, et qu'elle ne donne pas à ses enfans le droit de réclamer, comme prenant la place de leur père, une succession à laquelle leur père est, par sa mort civile, incapable de prétendre.

» Ensuite, que porte le chapitre *ex tenore*? Un homme déjà marié, et sachant que son épouse vivait encore, avait épousé publiquement une femme qui le croyait libre. De ce mariage était né un enfant nommé R...., qui avait épousé la nommée G...., et était mort laissant un fils en bas âge. Question de savoir à qui appartient la succession de R.... La veuve de celui-ci la réclame au nom de son pupille. Les parens collatéraux de R.... lui répondent que cette succession se compose des biens laissés par le père de R...., et que R.... ayant été lui-même incapable de les recueillir, parce qu'il était issu d'une union adultérine, il n'a pu les transmettre à son fils. La question est soumise au pape Innocent III; et, par la décrétale dont il s'agit, ce pontife déclare que le père de R.... est né légitime, par le seul effet de la bonne foi de sa mère: *Ex tenore litterarum vestrarum nobis innotuit quòd cùm G.... viduа hereditatem quondam R...., mariti sui sibi et pupillo filio suo restitui postulasset, pars adversa petitionem ejus excluderet, pro eo quòd R...., maritum ipsius viduæ de adulterio genitum asserebat.... Intelligentes quòd pater prædicti R.... matrem ipsius in facie ecclesiæ ignorantem quòd ipse aliam sibi matrimonialiter copulasset, duxerit in uxorem; et dùm ipsa conjux ipsius legitima putaretur, dictum R.... suscepit ex eâdem, in favorem populi potiùs declinamus, memoratum R.... legitimum reputantes.*

» Par-là sans doute il est décidé que l'état d'un enfant né d'un mariage putatif est indivisible; et que, dès que, par la bonne foi de sa mère, il est réputé légitime, il ne peut pas être réputé illégitime par la mauvaise foi de son père?

» Mais résulte-t-il de cette décision que, si le père était mort civilement à l'époque de la célébration du mariage putatif, l'enfant né de ce mariage pourra recueillir, dans la famille de son père, des successions dont son père lui-même serait exclus, s'il y prétendait?

» Il est évident que non. La mort civile étant inconnue au droit canonique, et le droit canonique n'admettant d'autres empêchemens au mariage que ceux qui étaient établis par les lois de l'église, la décrétale *ex tenore* n'a pu ni prévoir, ni décider, même implicitement, une question de cette nature. Elle ne s'explique que sur un seul cas: sur celui où un homme habile à succéder à ses parens, mais incapable de se marier, épouse de mauvaise foi une femme qui le prend de bonne foi pour mari ; elle ne s'explique pas, elle ne peut pas s'expliquer sur les effets que devrait produire, relativement au droit de succéder dans la famille du mari, un mariage qui serait contracté entre un homme mort civilement, quoique capable de se marier suivant les lois canoniques, et une femme qui le regardait comme jouissant de tous les droits civils ; et dès qu'elle est muette à cet égard, comment la cour d'appel de Douai aurait-elle pu la violer par la manière dont elle a réglé, dans notre espèce, les effets d'un pareil mariage ?

» Elle n'aurait pu la violer en effet qu'autant que la légitimité canonique d'un enfant entraînerait de plein droit et nécessairement sa capacité de succéder aux familles de son père et de sa mère. Mais déjà nous avons vu Basnage établir, sur l'art. 277 de la coutume de Normandie, que l'on ne peut pas argumentrr de l'un à l'autre, et qu'un enfant pouvant être légitime aux yeux de l'église, sans l'être aux yeux de la loi, *c'est en cette rencontre que l'on peut dire :* NON OMNIS FILIUS EST PATRIS HERES. Déjà nous avons vu l'ordonnance de 1639 consacrer expressément cette doctrine, en déclarant *incapables de toutes successions* les enfans nés de mariages tenus secrets, les enfans légitimés par des mariages contractés *in extremis*, les enfans nés de mariages contractés par des condamnés à mort, quoiqu'elle reconnaisse elle-même ces mariages pour valables quant au sacrement.

» Il faudrait donc, pour pouvoir tirer ici de la décrétale *ex tenore*, nous ne disons pas un moyen de cassation bien fondé, mais un moyen de cassation susceptible d'un sérieux examen, déplacer cette décrétale de sa sphère, l'étendre à des objets qui lui sont étrangers, et de loi purement canonique qu'elle est, en faire une loi civile.

» Nous savons bien que la jurisprudence de nos anciens tribunaux avait adopté cette décrétale pour les matières civiles comme pour les matières canoniques ; et qu'en conséquence elle admettait à succéder même à leurs parens paternels, les enfans nés d'un mariage putatif, dans lequel la mère seule avait été de bonne foi.

» Mais, 1° cette jurisprudence avait-elle érigé la décrétale *ex tenore* en loi civile proprement dite ? Nullement. Les tribunaux n'ont jamais eu le pouvoir de faire des lois ; ils n'ont jamais pu, en adoptant par leurs jugemens certaines maximes que la loi n'avait pas expressément reconnues, imprimer à ces maximes d'autre caractère que celui d'usages ; et tout le monde sait que de la contravention à des usages, il ne peut jamais résulter une ouverture de cassation.

» 2°. La jurisprudence de nos anciens tribunaux appliquait-elle la décision de la décrétale *ex tenore* au cas où un mariage avait été contracté entre deux personnes, dont l'une était frappée d'une mort civile ignorée de l'autre ? et l'y appliquait-elle de manière à en faire résulter, pour les enfans issus de ce mariage, le droit de succéder, soit à l'époux mort civilement, soit à sa famille ?

» M. l'avocat-général Servin, lors de l'arrêt du 24 mars 1603, que nous avons déjà cité, présentait la négative comme indubitable.

» Dans l'espèce de cet arrêt, il s'agissait de savoir si les enfans nés du mariage contracté par Jean de Bermondet avec Marguerite de la Jomont, étaient capables de succéder à Gauthier de Bermondet, leur oncle.

» Pour établir qu'ils ne l'étaient pas, on disait que leur père s'était marié après avoir essuyé, comme accusé d'inceste, une procédure dans le cours de laquelle il avait avoué son crime ; qu'à la vérité il s'était évadé de prison, et n'avait été condamné par contumace que postérieurement à la célébration de son mariage et à la naissance de ses enfans ; mais que, d'après la règle de droit, *confessus pro judicato habetur*, sa condamnation devait être censée avoir été prononcée dès le jour où son crime avait été constaté par son aveu.

» Les enfans de Jean de Bermondet répondaient qu'en matière criminelle l'aveu du coupable n'équivalait pas à sa condamnation ; que par conséquent leur père n'avait pas encore, au moment de la célébration de son mariage, encouru la servitude de peine ou mort civile ; qu'il ne l'avait même pas encore encourue au moment de leur naissance ; qu'en tout cas, la bonne foi de leur mère, qui ignorait, en se mariant, le crime et l'aveu de leur père, devait les faire réputer légitimes relativement à la famille de leur père, tout aussi bien que relativement à la famille de leur mère.

» Là-dessus, M. l'avocat-général Servin s'est expliqué en ces termes : « La mort civile pouvant em-
» pêcher Jean de Bermondet de se marier, le ma-
» riage qu'il aurait pu contracter depuis la servitude
» de peine aurait été nul, si (*tellement*) que les en-
» fans venans d'icelui, quand bien leur état pour-
» rait être confirmé pour être dits enfans venus d'un
» mariage contracté par leur mère ignorant la qua-
» lité de son mari, n'auraient néanmoins pu succé-
» der aux biens que leur père aurait eus, s'il n'eût
» été serf de peine...., et partant la première et
» presque unique et principale question de la cause
» est de savoir si Jean de Bermondet a été serf de
» peine, lorsqu'il s'est marié.... »

» M. Servin a ensuite prouvé que la mort civile de Jean de Bermondet ne pouvait dater que du jour de sa condamnation ; qu'ainsi il s'était marié et était devenu père jouissant de tous ses droits civils ; que dès-lors il n'y avait aucun prétexte pour contester à ses enfans les biens qu'ils réclamaient ; et l'arrêt du 24 mars 1603 l'a ainsi jugé.

» Mais il est permis de croire, d'après la manière dont M. Servin s'était énoncé sur le cas hypothétique de la mort civile encourue avant le mariage, que le parlement de Paris aurait, dans ce cas, prononcé tout autrement.

» La question s'est représentée, dans ce cas même, en 1632.

27.

» Le 23 décembre 1605, Jacob Briay, né au bourg de Gournay-sur-Aronde, bailliage de Clermont en Beauvoisis, fait profession religieuse dans le couvent des Jacobins de Beauvais.

» Peu de temps après, il quitte son monastère, et, cachant son état sous un habit laïque, il se retire à Soursoy, en Champagne, où il se fait maître d'école.

» Là, après des publications de bans tant à Soursoy qu'à Gournay, il épouse, en 1607, Claudine Potage, qui le rend père de deux enfans.

» En 1613, il passe avec Geneviève Danielle, sa mère, un contrat par lequel celle-ci, le considérant comme libre, lui rend compte de sa part dans la succession de son père décédé depuis sa profession.

» En 1616, il souscrit devant notaire un acte par lequel il révèle son état de religieux profès. Cela fait, il abandonne sa femme et ses enfans.

» La même année, Claudine Potage se pourvoit, en qualité de tutrice de ses enfans, contre Geneviève Danielle, sa belle-mère, pour la faire condamner à lui délaisser une maison provenant de la succession du père de son prétendu mari. Geneviève Danielle ne comparaissant pas, le juge ordonne une enquête sur l'origine de cette maison. Claudine Potage fait entendre ses beaux-frères, qui, en la reconnaissant pour épouse de Jacob Briay, attestent unanimement que la maison qu'elle réclame provient effectivement de leur père commun. En conséquence, Geneviève Danielle est condamnée par provision à laisser jouir Claudine Potage et ses enfans de la maison dont il s'agit.

» En 1630, Claudine Potage fait assigner Claire Véron, fille d'un second mariage, et héritière de Geneviève Danielle, pour se voir condamner à lui délivrer son douaire, suivant la coutume de Clermont, et à lui « faire partage, comme tutrice natu-
» relle et légitime des enfans de Briay, son mari, et
» d'elle, des biens délaissés par Geneviève Danielle,
» sa mère, aïeule de ses enfans. »

» Claire Véron répond que Jacob Briay était religieux; qu'il n'a pas pu se marier; que son mariage (s'il a été réellement contracté, ce qu'elle nie) est nul; que les enfans qui en sont nés sont incapables de succéder; que leur mère n'a pas pu, en le contractant, ignorer l'état de son mari; que d'ailleurs eût-elle été de bonne foi, et ses enfans dussent-ils, par cette raison, être déclarés légitimes, ils ne pourraient encore rien réclamer dans la succession de leur aïeule paternelle.

» Claudine Potage réplique que ce n'est pas après une possession d'état de femme légitime, continuée pendant 23 ans, et affermie par des actes passés, par des jugemens rendus avec la famille de son mari, qu'on peut être recevable à en contester le titre; que si Jacob Briay était religieux profès lorsqu'elle l'a épousé, elle l'a ignoré et dû ignorer, d'après toutes les précautions qui avaient été prises pour donner la plus grande publicité à son mariage; qu'ainsi, sa bonne foi doit assurer à ses enfans, dans la succession de leur aïeule maternelle, les mêmes droits que si leur père eût été habile à se marier; et qu'elle doit, par la même raison, lui assurer à elle-même, dans cette succession, les mêmes droits de douaire que si son mariage était valable.

« Par arrêt du 20 décembre 1632, le parlement de Paris déboute Claudine Potage « de sa demande,
» fins et conclusions, tant de douaire que de reddi-
» tion de compte et partage; et néanmoins, pour
» aucunes causes et considérations, adjuge à ses
» enfans, par forme de provision alimentaire et par
» usufruit, leur vie durant seulement, la jouissance
» d'une maison et de cinq quartiers de terre assis à
» Gournay. »

» Dans cette espèce, la bonne foi de Claudine Potage était trop évidemment démontrée, pour que l'on pût sérieusement la révoquer en doute.

» Pourquoi donc Claudine Potage n'a-t-elle obtenu ni le douaire qu'elle réclamait pour elle-même, ni la part héréditaire qu'elle prétendait, au nom de ses enfans, dans la succession de leur aïeule maternelle?

» Pour le douaire, il y a eu une raison bien simple : c'est que le douaire n'était dû à la femme, par l'art. 157 de la coutume de Clermont, que sur les biens échus au mari avant sa mort, par les successions de ses ascendans; et que Jacob Briay n'ayant ni succédé, ni pu succéder à sa mère, n'avait pu transmettre à Claudine Potage aucun droit de cette nature sur des biens qui jamais ne lui avaient appartenu; c'est que la bonne foi de Claudine Potage ne pouvait pas faire considérer comme ayant appartenu à Jacob Briay, des biens qu'il avait été incapable d'acquérir.

» Mais quant à la part héréditaire des enfans dans la succession de leur aïeule maternelle, il ne pouvait y avoir, pour la leur refuser, d'autre motif que le principe établi par M. l'avocat-général Servin, lors de l'arrêt du 24 mars 1603, savoir: que Jacob Briay étant mort civilement à l'époque de son mariage, n'avait pas pu transmettre aux enfans qui en étaient nés, des droits de famille qu'il avait perdus.

» Aussi Bardet, qui avait vu rendre cet arrêt, le rapporte-t-il, tome 2, liv. 1, chap. 5, comme jugeant que le « mariage d'un religieux profès ne peut
» avoir aucun effet, et que, sous prétexte de bonne
» foi, les enfans ne peuvent être réputés légitimes. »
(ce qui s'entend à l'effet de succéder à leurs parens paternels).

» Et Bourjon, dans son *Droit commun de la France*, tome 1, page 17, édition de 1770, part de là pour faire remarquer la différence qu'il y a entre le mariage qu'une femme contracte de bonne foi avec un prêtre séculier, et le mariage qu'une femme contracte de bonne foi avec un religieux profès. Il ne fait aucune difficulté à reconnaître que les enfans nés du premier, succèdent à tous leurs parens, sans distinction; et en effet, leur père jouissant des droits civils, rien n'empêche qu'il ne les leur transmette au moyen de la bonne foi de leur mère. Mais, continue-t-il, « la bonne foi de la femme dans la célé-» bration d'un mariage avec un religieux, ne peut » donner aux enfans la capacité de succéder à leurs » aïeux paternels; et c'est ce qu'a jugé l'arrêt du » 10 décembre 1632, rapporté par Bardet (1). »

» Les défendeurs vous ont cité un passage de Lebrun, *Traité des successions*, liv. 1, chap. 2, sect. 3, n°s 22, 23 et 24, dans lequel cet auteur, établissant la même différence entre les enfans nés d'un mariage contracté de bonne foi par une femme avec un prêtre séculier ou un homme déjà marié, et les enfans nés d'un mariage contracté de bonne foi par une femme avec un condamné à mort par contumace, enseigne qu'à l'égard de ceux-ci, la bonne foi de leur mère les rend bien capables de succéder tant à elle qu'aux parens de son côté, mais qu'elle laisse subsister, relativement aux successions de leur père et de leurs parens paternels, toute l'incapacité dont les frappe la loi.

» Les défendeurs vous ont encore cité un passage du *Traité du contrat de mariage* de Pothier, n° 440, dans lequel ce savant jurisconsulte, professant absolument la même doctrine, dit que, par la bonne foi de la femme qui a épousé un mort civilement, dans une ignorance absolue de son état, « les » enfans nés de ce mariage ont les droits d'enfans » légitimes, et peuvent succéder à leur mère et à » leurs parens maternels; mais que ces enfans ne » peuvent ni succéder aux biens de leur père, qui » sont acquis au fisc, ni avoir les droits de famille » dans la famille de leur père, puisque leur père, les » ayant perdus avant qu'ils fussent au monde, n'a pu » les leur communiquer. »

» Enfin, les défendeurs vous ont cité l'arrêt de 1772, qui, en reconnaissant légitimes, à cause de la bonne foi de leur mère, les enfans nés d'un ma-

---

(1) M. Mailhe, dans le mémoire déjà cité, invoquait un arrêt semblable, qui avait été rendu longtemps auparavant.

Voici en quels termes le rapporte Louet, lettre E, §. 8 :

« Le mardi 26 juin 1582, fut plaidée une cause... en laquelle on révoquai l'état de deux enfans issus de René Charbonnière-le-Maçon, fille du premier maître-d'hôtel du roi François, laquelle ayant fait mourir son mari par poison, fut condamnée à être brûlée toute vive.... Elle obtint par faveur lettres de commutation.... Elle se remaria avec Jean Nicole, médecin en la Basse-Bretagne.... De ce mariage elle a eu deux enfans. *Agitur de successione matris*, entre les enfans du premier et du second lit.

» Ceux du premier lit lui disent : *Defunctam matrem civiliter mortuam matrimonium contrahere non potuisse, nec ex tali matrimonio liberos nec heredes dici*.

» Les enfans du second lit se défendaient de la bonne foi de leur père.... ; que *sufficit bona fides patris, vel matris, ut filii dicantur legitimi*, suivant la Glose du chapitre *ex tenore*....

» La cause appointée au conseil, et l'arrêt qui s'ensuivit, prononcé en robes rouges, le 14 août 1585, par lequel les enfans du second lit ont été exclus de la succession de leur mère.

» Et Brodeau, sur cet arrêt, n° 5, observe que » la condamnation qui emporte mort civile, est un » obstacle légitime au mariage, pour ce qui est des » effets civils, sans que la bonne foi de l'un ou de » l'autre des conjoints puisse servir Eh bien! (ajoute-» t-il) que, par le droit de nature et des gens, et » par la loi de grâce, ceux qui sont morts civilement, » les bannis à perpétuité du royaume, les serfs, et » toute autre sorte de personnes, soient capables de » mariage, ce ne peut être que pour le sacrement : » *Et non quoad actus et effectus civiles*, et les en-» fans issus de tels mariages, bien qu'ils soient lé-» gitimes, ne sont point capables de succéder à leur » père condamné avant son mariage..... »

M. Mailhe répondait ensuite, en ces termes, à un arrêt de la même cour, du 4 février 1689, par lequel (disait-on) *il fut jugé que la bonne foi d'une femme qui avait épousé un chevalier profès de l'ordre de Malte, était seule suffisante pour autoriser les enfans à porter le nom et les armes de la famille de leur père.*

« Si l'on avait lu avec quelque attention les circonstances de cet arrêt dans le *Journal des Audiences*, où l'on annonce l'avoir puisé, on aurait vu que, du mariage du chevalier, il était resté un enfant qui portait le nom et les armes de son père; qu'après la mort du chevalier, les parens de ce dernier avaient contesté ce droit à l'enfant; qu'une sentence l'avait confirmé dans ce droit de porter le nom et les armes de son dit père ; que, sur l'appel de cette sentence, était intervenu un arrêt confirmatif, rendu contradictoirement, MAIS CONSENTI PAR TOUS LES PARENS DU CHEVALIER ; que, quelque temps après, Gaspard de Pond, frère du chevalier, et oncle de certains mineurs, enfans d'un autre frère de ce chevalier, se fit déclarer tuteur à ces enfans mineurs, aussi neveux du défunt chevalier, à la charge que lesdits mineurs reprendraient l'instance, et que lui fournirait tous les frais, sans espérance de les pouvoir répéter contre eux ; que, sur ce fondement, AYANT VOULU CONTESTER L'ÉTAT DE L'ENFANT DU DÉFUNT CHEVALIER, ON LUI OPPOSA L'ARRÊT *précédemment remarqué, qui avait été* RENDU AVEC LE PÈRE DE CES MINEURS ET AVEC LUI, *auparavant qu'il fût leur tuteur; de sorte qu'il intervint sentence qui débouta les demandeurs; et sur l'appel, arrêt qui confirma la sentence.*

» On voit que, d'une part, il ne fut question dans ces deux arrêts que du nom et des armes du père, et de l'état de l'enfant, et nullement du droit de succéder ; que, d'une autre part, la justice n'eut qu'à sanctionner, par le premier de ces arrêts, et qu'à maintenir par le second l'accord des parties ou le consentement donné par tous les parens du chevalier. »

riage que le sieur Fortin, religieux profès, avait contracté à la Martinique, les déclare incapables de succéder à leur aïeul et à leur oncle paternels; et nous devons vous rappeler l'énergique précision avec laquelle le défenseur de leurs adversaires (Me Ducastel), qui depuis a figuré avec distinction dans l'une de nos assemblées nationales, combattait leur prétention : « Tout religieux (disait-il) est mort

» civilement; son mariage est donc sans effet civil;
» et si la bonne foi de la mère peut légitimer les
» enfans, ces enfans du moins ne peuvent succéder
» à leurs collatéraux paternels, parce que le profès
» n'ayant plus de famille, n'en peut donner une à
» ses enfans, ni leur transmettre un droit de suc-
» céder qu'il n'a plus lui-même (1).

» Mais à toutes ces autorités, on peut opposer (ce que le demandeur ne fait pourtant pas, et ce qu'il est de notre devoir de faire pour lui) un arrêt du 25 mars 1709, qu'on trouve au *Journal des audiences*, dans l'ordre de sa date.

» Voici les termes dans lesquels le rapporte le rédacteur de ce recueil :

« Mariage d'un condamné à mort qui décède
» après les cinq ans, ne produit d'effets civils; *secùs*
» s'il était mort dans les cinq ans, ou s'il avait
» purgé la contumace avant sa mort.

» Enfans d'un condamné à mort par contumace,
» décédé après les cinq ans, sans avoir purgé, sont
» incapables de successions, tant directes que col-
» latérales.

» Si le crime seul et la peine peuvent être pres-
» crits, ou si l'on peut être rétabli dans le droit de
» cité.

« Les enfans peuvent-ils prescrire le crime de
» leur père, pour assurer leur état?

» La bonne foi d'un des contractans suffit pour
» procurer des effets civils dans un mariage qui n'en
» produirait pas lui-même.

» Le lundi 25 mars 1709, en l'audience de la
» grand'chambre, les questions portées par les pro-
» positions ci-dessus, ont été agitées, et il y a été
» donné une décision solennelle par arrêt inter-
» venu sur les conclusions de M. Le Nain, avocat-
» général.

» La cause avait été plaidée les vendredis précé-
» dens, par M. Guyot de Chesne, M. Regnard et
» M. Charpentier, avocats.

» Là-dessus, M. l'avocat-général a dit qu'il s'agis-
» sait d'une succession collatérale, avenue à demoi-
» selle.... (le nom en blanc), et qu'on lui disputait,
» parce que son père s'était marié étant condamné
» à mort par contumace, et sentence exécutée par
» effigie, ce qui la rendait incapable de successions;
» que la première question était en ce que le ma-

riage s'était fait dans les cinq années de la contu-
» mace; que cela, à la vérité, ne rendait pas le ma-
» riage *ab initio* incapable d'effets civils; mais
» parce que cela dépendait de l'événement; que, si
» le condamné ayant contracté mariage dans les
» cinq ans, mourait dans les cinq ans, ou mourait
» ayant purgé la contumace, nul doute que le ma-
» riage aurait produit des effets civils; mais étant
» décédé après les cinq années, sans s'être repré-
» senté, la contumace a été acquise : donc le ma-
» riage ne doit point avoir d'effets civils;

» Que la seconde question était en ce qu'il s'agis-
» sait, non de la succession du père même con-
» damné à mort, qui était (disait-on) le cas de l'or-
» donnance de 1639, mais d'une succession colla-
» térale, dont la fille du condamné à mort n'était
» point incapable, suivant un arrêt du 6 juillet 1647.
» Mais trois réponses.

» La première, nulle différence dans le principe,
» parce qu'un condamné à mort qui décède après
» les cinq ans, perd le droit de cité;

» 2° Que l'arrêt est mal daté dans le *Journal
» des audiences*; il est de 1637, et ainsi rapporté
» de 1637 dans Bardet et dans Henrys : or, l'ordon-
» nance de 1639 est venue depuis, qui dit : TOUTES
» SUCCESSIONS.

» 3° Ce serait un arrêt solitaire qui est contre les
» principes;

» Que la troisième question regardait la pres-
» cription que l'on prétendait être acquise : qu'à la
» vérité, si la prescription de 30 ans avait été ac-
» quise par le défunt, la question serait plus diffi-
» cile, quoiqu'on pût dire que, si l'on prescrit la
» peine du crime, on ne prescrit point pour ac-
» quérir le droit de cité; mais qu'étant mort avant
» la prescription acquise, son état, fixé par sa mort,
» ne peut plus changer, et les héritiers ne peuvent
» prescrire; autrement la loi serait inutile, puis-
» qu'elle cesserait après 30 ans;

» Mais que si, dans a règle, ce mariage ne pou-
» vait avoir d'effets civils par rapport au père, la
» bonne foi de la mère qui était prouvée dans le
» fait, suffisait pour rendre les enfans capables d'ef-
» fets civils; que si les mariages non valablement
» contractés quand il y avait bonne foi, ne lais-
» saient pas de produire des enfans légitimes, à
» plus forte raison un mariage qui, par lui-même,
» n'aurait point produit des effets civils, devait en
» produire par la bonne foi d'un des deux contrac-
» tans, quoique l'ordonnance ne porte point d'excep-
» tion, parce qu'elle est de droit.

» Ainsi, M. l'avocat-général a conclu à adjuger
» la succession à la fille; et sur ce, est intervenu
» l'arrêt susdaté, conforme aux conclusions. »

» Cet arrêt est-il aussi contraire qu'il le paraît au premier aspect, à la doctrine de M. l'avocat-général Servin, aux arrêts de 1632 et de 1772, à l'opinion de Lebrun, à celles de Bourjon et de Pothier?

» Pour qu'il le soit en effet, il faut que, dans

---

(1) *Répertoire de jurisprudence*, au mot *Légitimité*, sect. 1, §, 1, n° 6.

l'espèce sur laquelle il a été rendu ; il se soit agi de la succession d'un parent collatéral du condamné à mort : car s'il s'y était agi de la succession d'un parent collatéral de la mère, cet arrêt, loin de combattre les autorités que nous venons de passer en revue, serait en parfaite harmonie avec elles.

» Mais comment savoir de quel côté provenait la succession qui, suivant le *Journal des audiences*, a été adjugée par cet arrêt à la fille du condamné, en considération de la bonne foi de sa mère ? Le *Journal des audiences*, n'en dit rien : il nous laisse, à cet égard, dans la plus profonde ignorance.

» Cependant il était pour nous un moyen de suppléer au silence de ce recueil : c'était de recourir à la minute de l'arrêt du 25 mars 1709 ; nous l'avons fait ; et la minute de cet arrêt nous a appris,

» Qu'il s'agissait de la succession d'Étienne Deschamps ;

» Que cette succession était disputée entre la demoiselle Claude Deschamps, fille de René-Gabriel Deschamps et de Claude Blosse, d'une part ; Louis Letellier, Anne Deleyne, son épouse, Anne-Marguerite Boucher-Ternes, Augustin Conol, Marie-Anne Bazin, de l'autre ;

» Qu'une seconde des requêtes du palais, du 13 août 1706, avait ordonné que, dans la huitaine, les adversaires de la demoiselle Claude Deschamps lui communiqueraient leurs titres de filiation, pour établir leur prétendue qualité d'héritiers d'Étienne Deschamps ; à défaut de quoi, et ce temps passé, la demoiselle Claude Deschamps serait mise en possession de toute la succession litigieuse ;

» Qu'une seconde sentence du 11 mars 1707, faute par les adversaires de la demoiselle Claude Deschamps d'avoir fait ce qui leur était enjoint par la première, avait adjugé définitivement à celle-ci la totalité de la succession d'Étienne Deschamps ;

» Que les adversaires de la demoiselle Claude Deschamps avaient appelé de ces deux sentences ;

» Qu'à cet appel ils avaient joint, d'abord, un appel comme d'abus de la célébration du mariage de défunt René-Gabriel Deschamps, écuyer, seigneur de Namps, et demoiselle Claude Blosse, *père et mère de la demoiselle Claude Deschamps*, célébré en la paroisse de Sainte-Marine, le 12 janvier 1660 ; *ensuite un autre appel comme d'abus* de la dispense de domicile accordée par le grand-vicaire de M. le cardinal de Retz, lors archevêque de Paris, énoncée dans l'acte de célébration de mariage dudit jour 12 janvier 1660, et qu'ils avaient, en conséquence, conclu...; que la dame Claude Blosse était intervenue sur ces deux appels, comme d'abus, pour défendre le mariage qu'elle avait contracté avec le père de la demoiselle Claude Deschamps, et qu'elle avait été reçue partie intervenante en qualité de *veuve dudit défunt René-Gabriel Deschamps, écuyer, seigneur de Namps*.

» Voilà tout ce que nous a appris la minute de l'arrêt.

» Étonnés de n'y rien rencontrer qui se rapportât à la condamnation à mort par contumace que le *Journal des audiences* assure avoir été prononcée contre René-Gabriel Deschamps avant son mariage, nous avons eu recours aux minutes des deux sentences des requêtes du palais, des 13 août 1706 et 11 mars 1707 ; et nous les avons trouvées également muettes sur ce point important.

» Du reste, voici les termes du dispositif de l'arrêt : « La cour, reçoit la partie de Charpentier » (Claude Blosse, veuve Deschamps) partie inter- » venante ; ayant aucunement égard à son inter- » vention, en tant que touche l'appel comme d'abus, » dit qu'il n'y a abus ; et sur les appellations simples, a » mis et met les appellations au néant, et ce, en ce que, » par lesdites sentences, l'on a adjugé aux parties de » Regnard (la demoiselle Claude Deschamps et son » mari) la totalité de la succession de défunt » Étienne Deschamps, émendant quant à ce, dé- » clare les parties de Regnard habiles à succéder en » la succession dudit défunt Étienne Deschamps, » pour les parts et portions à elle appartenant ; les » sentences au résidu sortissant effet ; condamne les » parties de Guyot des Chesnes (Letellier et consorts) » en l'amende de l'appel comme d'abus, et à la » moitié des dépens, l'autre moitié compensée. »

» En rapprochant tout cela des faits qui sont consignés dans l'extrait du plaidoyer de M. l'avocat-général Le Nain, rapporté au *Journal des Audiences*, on voit clairement qu'il s'agissait de la succession d'un parent collatéral de René-Gabriel Deschamps, qui, après avoir été condamné à mort par contumace, avait épousé Claude Blosse le 12 janvier 1660.

» Et dès-là nul doute que, si l'arrêt du 25 mars 1709 a véritablement eu pour motif la bonne foi avec laquelle on prétendait que Claude Blosse avait épousé René-Gabriel Deschamps, il n'y ait entre cet arrêt et les autorités que nous rappelions tout à l'heure, une contrariété manifeste, une opposition inconciliable.

» Est-il donc bien vrai que tel ait été le motif de cet arrêt ?

» Que ce motif ait déterminé les conclusions de M. l'avocat-général Le Nain en faveur de la demoiselle Claude Deschamps, nous voulons bien le supposer sur la parole du rédacteur du *Journal des Audiences*, quoique nous puissions appliquer ici ce qu'écrivait M. le chancelier d'Aguesseau, le 26 avril 1737 (1) à un magistrat du parlement de Bretagne : « Le Journal des Audiences du parlement de » Paris, où vous avez pris ce qu'il me fait dire dans » la cause de... n'est pas un garant bien sûr des » maximes que l'auteur de ce journal y met dans la » bouche des avocats-généraux. Les précis qu'il y » rapporte de leurs plaidoyers sont ordinairement

_____

(1) Œuvres de M. d'Aguesseau, tome 8. page 585.

» assez mal faits. Quoiqu'il rencontre quelquefois
» bien dans les maximes qu'il leur fait avancer,
» l'ouvrage n'en mérite pas pour cela plus de con-
» fiance. »

» Mais que le même motif ait déterminé l'arrêt,
c'est ce que ne peuvent croire ni Richer dans son
Traité de la mort civile, page 248, ni Bourjon,
dans son *Droit commun de la France*, tome 1er,
page 16.

» Et ce qui nous confirme dans la même idée, ce
qui nous porte à penser que l'arrêt est fondé sur une
circonstance très-particulière, sur la circonstance
que le jugement de condamnation par contumace
rendu contre René-Gabriel Deschamps, n'avait jamais été exécuté par effigie, et que, par suite, René-
Gabriel Deschamps n'avait été frappé de mort civile
ni lorsqu'il s'était marié, ni depuis, quoique le rédacteur du *Journal des Audiences* affirme le contraire, c'est ce que l'arrêt dit en propres termes,
c'est qu'il dit, à deux reprises différentes, que
René-Gabriel Deschamps était mort gentilhomme:
défunt René-Gabriel Deschamps, écuyer; qualité
qu'il eût certainement perdue, si, avant sa mort naturelle, il eût encouru la mort civile.

» Eh ! comment supposer que, si la condamnation
à mort, prononcée par contumace contre René-Gabriel Deschamps, avait été exécutée par effigie, il
eût pu être jugé que Claude Blosse l'avait épousé
dans une ignorance probable de son état de mort
civile ? « Si l'on excusait (dit Richer, au sujet de
» cet arrêt même) l'ignorance d'une chose annoncée
» juridiquement à toute la société, les précautions
» prises par l'ordonnance (de 1670) pour rendre
» ces sortes de jugemens publics et notoires, se-
» raient inutiles; et tous ceux qui sont morts civi-
» lement jouiraient de tous les avantages de la vie
» civile : il leur suffirait de s'éloigner du lieu où ils
» auraient été condamnés; et, sous prétexte de la
» bonne foi de ceux avec qui ils contracteraient,
» on serait obligé de regarder comme bons et va-
» lables tous les actes qu'ils passeraient; ce qui
» rendrait les lois sans exécution. »

» Ajoutons que, dans le fait, la dame Claude
Blosse aurait été d'autant moins recevable à se prévaloir de sa prétendue bonne foi, qu'elle avait
épousé René-Gabriel Deschamps non-seulement
hors du domicile de celui-ci, mais même hors de
son propre domicile; que cela résulte de la dispense
de domicile qu'elle et son mari avaient obtenue à
cet effet du grand-vicaire de l'archevêque de Paris;
dispense qui alors eût été inutile, si le mariage eût
dû être célébré dans le domicile de la femme, le
concours des deux curés n'ayant été jugé nécessaire
que plus de cinquante et un ans après (1); dispense
d'ailleurs qui ne pouvait être accordée que par le

souverain, ainsi que l'ont jugé depuis plusieurs arrêts, notamment celui du parlement de Rennes, du
23 février 1778 (1).

» Mais, après tout, quand nous supposerions
avec le rédacteur du *Journal des Audiences*, qu'il
a été jugé, par l'arrêt du 25 mars 1709, que la bonne
foi de la mère rend les enfans d'un mort civilement
capables de succéder à leurs collatéraux paternels,
quel avantage résulterait-il de là pour le demandeur ?

» Le demandeur serait sans doute fondé à soutenir que l'ancienne jurisprudence n'était pas aussi
constante pour l'opinion contraire que le soutiennent les défendeurs.

» Mais précisément de ce que l'ancienne jurisprudence aurait varié sur ce point, il s'ensuivrait
évidemment que la cour d'appel de Douai n'ayant
eu, dans notre espèce, d'autre guide à suivre que
l'ancienne jurisprudence, aurait eu le choix parfaitement libre entre les deux manières dont l'ancienne
jurisprudence aurait appliqué le principe de la décrétale *ex tenore* aux mariages contractés par des
morts civilement.

» Quelle est la conséquence de tous ces détails ?
C'est que l'arrêt attaqué par le demandeur ne peut
être annulé ni comme violant les lois romaines,
puisqu'au contraire il se trouve en parfaite harmonie avec elles; ni comme violant les décrétales, puisqu'elles ne disposent que sur les effets de la juste
ignorance d'un empêchement canonique, et que
d'ailleurs elles n'ont jamais eu d'autorité législative
dans le département du Pas-de-Calais ; ni enfin
comme étant en opposition avec l'ancienne jurisprudence, puisqu'il est au moins douteux si l'ancienne jurisprudence, qui, au surplus, ne serait
pas une loi dont la violation emportât nullité, n'était
pas, sur la matière spéciale que nous occupe, absolument et unanimement d'accord avec cet arrêt.

» Maintenant abordons l'art. 202 du code civil,
et voyons si, comme le prétend le demandeur, la
cour d'appel de Douai a violé cet article.

» Cet article fait suite à l'art. 201, lequel porte
que « le mariage qui a été déclaré nul, produit néan-
« moins les effets civils, tant à l'égard des époux
» qu'à l'égard des enfans, lorsqu'il a été contracté
» de bonne foi. »

» Et il déclare que, « si la bonne foi n'existe
» que de la part de l'un des deux époux, le mariage
» ne produit les effets civils qu'en faveur de cet
» époux et des enfans issus du mariage. »

» Ainsi il érige nettement en loi civile la décision
de la décrétale *ex tenore*, qui n'était, par elle-même,
qu'une loi ecclésiastique, et il rend obligatoire pour
les tribunaux une maxime dont précédemment ils

---

(1) *V.* le *Répertoire de jurisprudence*, au mot
Mariage, sect. 4, §. 2, n° 5.

(1) *V.* le *Répertoire de jurisprudence*, au mot
Dispense, §. 3.

pouvaient se jouer, parce qu'elle n'était fondée pour eux que sur la raison écrite.

» Mais d'abord il ne dispose ainsi que pour l'avenir; et dès-là, quand il serait applicable à une espèce semblable à la nôtre, qui se présenterait au sujet d'une succession ouverte depuis sa promulgation, il ne pourrait certainement pas motiver la cassation d'un arrêt par lequel il a été jugé qu'il n'avait pas habilité le mineur Grimod d'Orsay à recueillir une succession dont sa promulgation n'a pas précédé, mais au contraire a suivi l'ouverture.

» Sans doute, si, avant la promulgation de cet article, il eût existé une loi proprement dite qui lui eût servi de modèle, et que cette loi, quoique moins claire, moins expresse, eût toujours été entendue et exécutée dans le sens qu'il a consacré, il pourrait, il devrait même recevoir à l'espèce actuelle la même application qu'il recevrait à une espèce née sous son empire.

» Mais, d'un côté, au lieu d'une loi proprement dite antérieure à cet article, nous ne trouvons ici qu'une maxime de pure jurisprudence.

» D'un autre côté, nous venons de voir que cette maxime, loin d'être uniformément entendue, loin d'être constamment appliquée, avant le code civil, dans le sens que lui donne ici le demandeur, était, à cette époque, sinon généralement, du moins le plus communément, entendue et appliquée dans le sens opposé.

» Dès-lors, comment pourrait-on argumenter ici de l'art. 202 du code civil, comme d'une loi violée par la cour d'appel de Douai? On ne le pourrait qu'en donnant à cet article un effet rétroactif; on ne le pourrait qu'en violant l'art. 2 de ce code.

» En second lieu, bien loin que, par l'art. 202 du code civil, les enfans nés d'un mariage contracté entre un homme mort civilement et une femme qui ignorait son état, soient déclarés habiles à succéder aux parens paternels de leur père, le contraire résulte évidemment, et de la place que cet article occupe dans le code civil, et des termes dans lesquels il est conçu, et de la nature même des choses.

» L'art. 202 est placé à la fin du chap. 4 du tit. 5 du liv. 1er du code.

Le titre 5 est celui du *Mariage*.

» Il est divisé en huit chapitres, dont trois seulement sont à remarquer ici, le premier, le second et le quatrième.

» Le premier traite *des qualités et conditions requises pour pouvoir contracter mariage*, et il les réduit à quatre points : âge compétent, consentement libre; absence d'engagement dans un mariage antérieur, absence de parenté ou d'alliance à certains degrés, toutes dispositions qui annoncent clairement que ce chapitre ne détermine les *qualités et les conditions requises pour pouvoir contracter mariage*, que relativement aux personnes jouissant des droits civils; toutes dispositions qui annoncent clairement que les personnes jouissant des droits civils sont les seules qu'a en vue ce chapitre.

» Le second traite *des formalités relatives à la célébration du mariage ;* et il est bien évident que ce n'est encore que pour les personnes jouissant des droits civils qu'il règle ces formalités.

» Le troisième traite *des demandes en nullité de mariage ;* et de toutes les dispositions qu'il contient, il n'en est pas une seule qui ne se réfère, soit au chap. 1er, soit au chap. 2.

» Au chap. 1er se réfèrent les dispositions relatives aux demandes en nullité de mariage pour défaut d'âge compétent, pour défaut de consentement libre, pour défaut de dissolution préalable d'un mariage antérieurement contracté par l'un des deux époux, pour parenté ou alliance au degré d'ascendant et de descendant, pour parenté ou alliance au degré de frère et de sœur, pour parenté au degré d'oncle et de nièce, de tante et de neveu.

» Au chap. 2 se réfèrent les dispositions relatives aux demandes en nullité de mariage pour défaut de publicité et pour défaut de qualité dans l'officier public devant lequel les époux se sont unis.

» Et c'est en terminant toutes ces dispositions, que le même chap. 4 prévoit, art. 201 et 202, le cas où les demandes en nullité qu'il vient de parcourir, atteindraient un mariage contracté de bonne foi.

» Comment, dès-lors, les art. 201 et 202 pourraient-ils se rapporter au cas où la nullité d'un mariage provient de la mort civile de l'un des époux ?

» Ils s'y rapporteraient, sans doute, si la nullité résultant de la mort civile de l'un des époux, était au nombre de celles dont s'occupe le chapitre dont ils font partie. Mais cette nullité n'entrant pour rien dans le cadre du chap. 4, il est bien évident qu'on ne peut pas lui appliquer les deux articles qui forment la clôture de ce chapitre.

» On le peut d'autant moins, que, dans la discussion du code au conseil d'état, le législateur a hautement manifesté l'intention de ne pas comprendre cette nullité dans le chap. 4.

» Dans le projet de ce chapitre, tel qu'il fut présenté au conseil-d'état, le 5 vendémiaire an 10, il y avait un article (c'était le 7e) ainsi conçu : « La » nullité résultant de ce qu'un mariage aurait été » contracté par une personne frappée de condam- » nation emportant mort civile, peut être réclamée » par l'autre époux. »

» Sur cet article, on observa d'abord qu'il limitait trop le droit de réclamer contre le mariage qu'il avait pour objet; qu'un pareil mariage étant nul d'une nullité absolue, le droit de l'attaquer devait nécessairement appartenir à tous ceux qui y avaient intérêt.

» Et là-dessus, le premier consul dit : « L'article » paraît supposer un mariage quelconque de la part » d'un mort civilement; il serait donc possible » que ce mariage subsistât, s'il n'était pas attaqué. » Ainsi, il vaut mieux ne pas parler de ces sortes » de mariages. »

28

» En conséquence, l'article fut retranché; et par-là il fut décidé nettement que l'on ne pourrait appliquer les dispositions du chap. 4, ni à la nullité du mariage contracté par un mort civilement, ni, par une suite nécessaire, à l'erreur de la personne qui, en épousant un mort civilement, aurait cru épouser une personne jouissant de ses droits civils.

» Et en effet, pour peu qu'on y réfléchisse, on sentira que le législateur n'aurait pas pu, sans inconséquence, regarder une pareille erreur comme possible.

» Le code civil n'admet d'autre mort civile que celle qui résulte d'une condamnation judiciaire; et il ne la fait opérer que du jour où la condamnation judiciaire, dont elle est un accessoire, a été exécutée publiquement.

» Or, du moment qu'est exécuté publiquement un jugement de condamnation à une peine emportant la mort civile, il est censé connu de tout le monde; il n'est permis à qui que ce soit de l'ignorer, et nul n'en peut prétexter l'ignorance: *Facti ignorantia itâ demùm cuique non nocet, si non ei summa negligentia objiciatur; quid enim si omnes in civitate sciant quod ille solus ignorât*, dit la loi 9, §. 2, D. *de juris et facti ignorantia*.

» Le code civil n'a donc ni dû ni pu prévoir le cas où un condamné à une peine emportant la mort civile, tromperait, sur son état, une personne qui l'épouserait de bonne foi; il n'a donc pu considérer ce cas que comme une hypothèse chimérique, et sur lequel il n'y avait rien à régler.

» Et c'est ce qui explique le silence du chapitre 4 sur ce cas.

» On objecterait inutilement que, dans la discussion de ce chapitre au conseil-d'état, il a été dit par M. Réal, au sujet de l'art. 7, et avant qu'il fût retranché, que « l'état des enfans du mort civilement » pourrait cependant être assuré par la bonne foi de » l'autre époux. »

» L'observation de M. Réal est tombée d'elle-même avec l'article sur lequel elle était faite: l'art. 7 ayant été retranché, l'observation à laquelle il avait donné lieu est devenue sans objet; et il a été dès-lors inutile de la soumettre à une discussion qui, en prouvant qu'elle portait sur un cas purement idéal, l'aurait fait disparaître.

» Plus vainement objecterait-on que M. Tronchet, en répondant à M. Réal, a dit que » les effets » de cette bonne foi sont une exception à la règle » générale; qu'au surplus, ils sont bornés à celui » des deux époux qui a été trompé, et à ses en- » fans. »

Tout ce qu'on peut conclure de là, c'est que M. Tronchet, et peut-être aussi M. Réal, avaient en vue une bonne foi qui aurait eu pour base, non l'ignorance de la condamnation de l'un des époux à une peine emportant la mort civile, mais le changement que cet époux aurait fait de son nom pour se marier.

» Dans cette hypothèse, sans doute, l'époux trompé peut alléguer sa bonne foi.

» Mais, 1° il demeure toujours constant que cette hypothèse n'est pas prévue, et par conséquent n'est pas réglée par le chap. 4, ni par l'art. 202 qui fait partie de ce chapitre.

» 2°. Dans cette hypothèse, quel peut être l'effet de la bonne foi de l'époux trompé par le changement de nom de l'époux mort civilement? Assurément cette bonne foi ne peut pas donner aux enfans le droit de succéder dans une famille à laquelle l'époux mort civilement s'est dit faussement appartenir. La famille à laquelle l'époux mort civilement s'est dit faussement appartenir, ne peut pas, par la seule vertu d'un mensonge, cesser d'être étrangère aux enfans de cet époux.

» Cette bonne foi ne peut pas non plus donner aux enfans le droit de succéder dans la véritable famille de l'époux mort civilement; car, à l'égard de cette famille, l'époux du mort civilement n'a pas pu être trompé; il a dû savoir, par la publicité de la condamnation, que le condamné était retranché de cette famille.

» Mais oublions tous les argumens que nous fournit contre le système du demandeur en cassation, la place qu'occupe l'art. 202 du code civil dans ce code même: supposons cet article applicable à la nullité résultant de la mort civile de l'un des époux, comme à la nullité résultant de tout autre empêchement au mariage; et voyons si, des termes dans lesquels il est conçu, on pourra raisonnablement inférer que, par la bonne foi de l'époux du mort civilement, les enfans sont habiles à succéder, soit aux ascendans, soit aux parens collatéraux de celui-ci. Voyons si, en raisonnant de la sorte, on n'irait pas contre la nature même des choses.

« Si la bonne foi n'existe que de la part de l'un » des époux, le mariage ne produit les effets civils » qu'en faveur de cet époux, et des enfans issus du » mariage. » Tels sont les termes de l'art. 202.

» Sans contredit, il en résulte, en l'appliquant aux enfans issus du mariage contracté entre un mort civilement et une femme qui ignorait la mort civile de son époux, que ces enfans sont légitimes à l'égard de leur père comme à l'égard de leur mère.

» Mais de ce qu'ils sont légitimes à l'égard de leur père, s'ensuit-il qu'ils peuvent succéder aux ascendans et aux parens collatéraux de leur père même?

» C'est comme si l'on demandait: de ce que les enfans nés du mariage d'un bâtard, sont légitimes à l'égard de leur père, comme ils le sont à l'égard de leur mère, s'ensuit-il qu'ils doivent jouir dans la famille naturelle de leur père, de tous les avantages attachés à la légitimité?

» Car, quelle différence y a-t-il, par rapport aux droits de famille, entre un bâtard et un mort civilement, lorsqu'ils se marient tous deux? Il n'y en a qu'une, mais elle est très-insignifiante. Le bâtard n'a jamais eu de parens aux yeux de la loi; le mort civilement en a eu, mais il les a perdus. Le premier n'a jamais tenu à aucune famille; le second est retranché, par la loi, de la famille dans laquelle la nature l'avait placé.

» Si donc, comme on n'en peut douter, les enfans légitimes d'un bâtard n'ont aucun droit de succéder dans la famille naturelle de leur père, il en doit nécessairement être de même des enfans d'un mort civilement, qui sont légitimés par la bonne foi de leur mère.

» Pour mettre cette vérité dans un nouveau jour, remontons à la cause de la légitimité des enfans nés d'un mariage dont la nullité a été justement ignorée de la mère.

» Cette cause est dans une fiction que fait la loi en considération de la bonne foi de la mère des enfans.

» Mais cette fiction en quoi consiste-t-elle? La loi feint-elle que le père n'était pas, au moment du mariage, dans l'état qui formait un empêchement à ce qu'il se mariât? Non : elle feint seulement que leur père a pu se marier nonobstant cet empêchement; elle le feint, parce que cet empêchement était ignoré.

» Ainsi, lorsqu'un homme déjà engagé dans les liens d'un mariage, en contracte un second avec une femme qui le croit libre, la loi, pour légitimer les enfans nés de ce second mariage, ne feint pas que leur père n'était pas marié au moment où il a épousé leur mère; car, si elle feignait, elle serait obligée de priver la première femme de tous ses droits nuptiaux; mais elle feint, et elle feint seulement, que leur père, quoique déjà marié, a pu se marier encore; et elle le feint, parce que leur mère ignorait le mariage de leur père.

» Ainsi, lorsqu'un frère épouse sa sœur qui ignore les liens du sang existans entre elle et lui, la loi, pour légitimer les enfans nés de leur mariage, ne feint pas que leur mère n'était pas la sœur de leur père; car, si elle feignait, elle serait obligée d'abolir tous rapports de consanguinité entre leur père et leur mère; elle serait obligée notamment de les déclarer incapables de succéder l'un à l'autre *ab intestat*. Mais elle feint, et elle feint seulement, que leur père, quoique frère de leur mère, a pu l'épouser; et elle le feint, parce que leur mère ignorait sa qualité de sœur de leur père.

» Et par la même raison, lorsqu'il s'agit des enfans nés d'un mariage contracté par un homme mort civilement avec une femme qui le croyait en pleine jouissance des droits civils, la loi ne feint pas que le père n'était pas mort civilement lorsqu'il s'est marié : elle feint seulement qu'il a pu se marier, quoique mort civilement, parce que la mère ignorait sa mort civile.

» La fiction de la loi ne tombe donc pas sur la mort civile du père; elle ne tombe donc que sur l'empêchement que la mort civile apportait au mariage; elle n'empêche donc pas que le père ne soit considéré comme mort civilement, lorsqu'il s'est marié; elle ne peut donc pas donner aux enfans les droits qu'ils auraient dans la famille de leur père, si leur père n'était pas mort civilement.

» Eh! conçoit-on que la bonne foi de la mère pût ainsi placer dans la famille qui a été celle de leur père, avant sa mort civile, des enfans à qui cette famille est devenue, par cette même mort civile, absolument étrangère?

» La bonne foi de la femme qui a épousé un bâtard, le croyant légitime, ferait-elle entrer ses enfans dans la famille naturelle de leur père? conférerait-elle à ses enfans le droit d'y succéder? Non, certes. Et pourquoi la bonne foi de la femme qui a épousé un mort civilement, aurait-elle plus d'effet?

» Ce n'est que par le père que les enfans peuvent entrer dans sa famille. Si le père n'a point de famille, ou s'il a cessé d'avoir celle que la nature lui avait donnée, les enfans ne peuvent pas être de meilleure condition que lui; et comme la bonne foi de leur mère ne peut pas créer pour eux une famille qui n'a jamais existé, elle ne peut pas davantage recréer pour eux une famille qui n'existe plus.

» Voyez d'ailleurs à quelle absurdité nous conduirait le système du demandeur en cassation! Il nous conduirait à dire que la bonne foi de la mère donne aux enfans d'un mort civilement, sur les biens des ascendans et des parens collatéraux de leur père, des droits qu'elle ne peut pas donner sur les biens de leur père lui-même.

» En effet, les enfans, quoique légitimes à l'égard de leur père, ne peuvent cependant pas lui succéder. Ils ne peuvent pas lui succéder dans les biens qui lui appartenaient avant sa mort civile; car, par sa mort civile, sa succession a été ouverte quant à ces biens; et le mariage qu'il a contracté depuis n'a pas pu dépouiller de cette succession ceux que la loi en avait saisis. Ils ne peuvent pas non plus lui succéder dans les biens qu'il a pu acquérir pendant sa mort civile; car ces biens appartiennent au fisc par droit de déshérence. Ainsi, la bonne foi de leur mère, tout en leur assurant une légitimité parfaite et indivisible, ne peut cependant pas les habiliter à succéder, en quoi que ce soit, à leur père.

» Et elle les habiliterait à succéder à leurs aïeux ou à leurs collatéraux paternels! Cela serait, il faut en convenir, d'une étrange bizarrerie; cela blesserait souverainement la raison; et tant qu'on ne trouvera pas une disposition aussi sauvage consignée, en caractères lumineux, dans le texte précis et formel d'une loi positive, jamais il ne sera permis de la supposer, jamais il ne sera permis de la suppléer.

» Ce n'est pas tout. Si le système du demandeur en cassation pouvait être admis, il en résulterait une paralysation journalière des mesures que le législateur a cru devoir prendre contre les Français qui se font naturaliser en pays étranger sans l'autorisation du gouvernement.

» Suivant l'art. 6 du décret du 6 août 1811, tout

Français naturalisé en pays étranger sans l'autorisation du gouvernement, encourt la perte de tous ses biens qui sont confisqués, et il devient incapable de succéder en France. L'art. 7 établit même que son incapacité de succéder en France, n'a pas besoin d'être prononcée par un jugement, et qu'elle a tellement son effet du jour de la naturalisation, que le même jugement qui constate sa naturalisation, doit déclarer que les successions auxquelles il aurait eu droit, s'il fût demeuré Français, appartiennent au régnicole qui se trouve, après lui, le plus habile à succéder.

» Du reste, il est bien évident que les enfans qui naissent d'un Français après sa naturalisation en pays étranger sans l'autorisation du gouvernement, ne naissent pas Français; et qu'ils sont, comme leur père, incapables de recueillir en France aucune succession.

» Eh bien! dans le système du demandeur en cassation, toutes ces dispositions pourraient être neutralisées par la bonne foi d'une femme qui, épousant en Russie, un ci-devant Français naturalisé dans ce pays sans la permission du gouvernement, aurait cru épouser un Français actuel. Dans le système du demandeur en cassation, non-seulement les enfans nés d'un pareil mariage, seraient Français et capables de succéder en France à leurs parens paternels, mais la femme elle-même pourrait exercer tous ses droits nuptiaux sur les successions des parens de son mari.

» Mais alors que deviendraient les dispositions du décret du 26 août 1811? Elles seraient absolument illusoires : car il n'est pas de Français illégalement naturalisé en Russie, qui ne prît, en s'y mariant, toutes les précautions propres à faire croire que sa femme a ignoré son état; et qui, par-là, ne parvînt à assurer à ses enfans en France des droits de successibilité et de famille que la loi leur a justement refusés.

» Tout s'élève donc contre le système du demandeur, même en le jugeant d'après l'art. 202 du code civil; et c'est assez dire que son recours doit être rejeté. Nous y concluons. »

Ces conclusions auraient-elles amené, si elles avaient pu être mises sous les yeux de la cour de cassation, un autre résultat que celui qu'ont obtenu celles de M. le procureur-général Mourre qui y taient directement contraires, et que l'on peut voir dans le *Journal des audiences* de cette cour, 1816, pages 49 à 73 ?

Je n'ai pas la présomption de m'en flatter : mais je crois pouvoir dire que le plaidoyer de M. Mourre ne m'a pas fait changer d'opinion.

Quoi qu'il en soit, voici l'arrêt qui a été rendu sur cette affaire, le 15 janvier 1816 (1), époque re-

marquable pour une question de cette nature, et qui néanmoins, si je dois ajouter foi à quelques renseignemens particuliers, n'a pas passé de toutes voix.

« Oui le rapport de M. Cassaigne..... ;
» Vu l'art. 202 du code civil;
» Considérant que la bonne foi de l'un des époux a, de tout temps, constitué la légitimité des enfans issus dans le mariage putatif, sur quelque motif qu'ait été fondée la nullité du mariage; d'où il suit que l'art. 202 du code civil n'a fait que rappeler les principes de la matière;

» Considérant qu'il a toujours été également de principe que la légitimité des enfans est indivisible, et que la légitimité est la source de la successibilité, hors les cas exceptés par des lois contraires;

» Qu'il n'existe aucune loi qui ait séparé la successibilité de la légitimité dans les cas où, par la bonne foi de l'un des époux, le mariage contracté pendant la mort civile de l'autre rend légitimes les enfans qui en proviennent; qu'il y a par conséquent lieu d'appliquer à ce cas le principe de la successibilité, comme à tous les autres qu'aucune loi n'excepte;

» Considérant que la bonne foi de la dame d'Orsay a été alléguée dans la cause; que l'existence de cette bonne foi présentait une question préjudicielle que la cour de Douai ne s'est pas dissimulée, et qu'elle n'a écartée que par une décision contraire aux principes ci-dessus rappelés; que, par suite, son arrêt renferme une violation directe de ces principes et de l'art. 202 qui les consacre :

» La cour casse et annule l'arrêt de la cour royale de Douai, du 22 février 1812..... »

§. VI. *Un jugement qui prononce la légitimité ou l'illégitimité d'un enfant, a-t-il l'autorité de la chose jugée hors de la souveraineté dans laquelle il a été rendu?*

V. le *Répertoire de jurisprudence*, à l'endroit indiqué ci-dessus au mot *Jugement*, §. 19.

§. VII. 1° *Les enfans auxquels deux époux divorcés ont donné le jour après leur divorce, sont-ils légitimes?*

2° *Le sont-ils, si, lors de leur conception, l'un des époux a ignoré le divorce qui avait été prononcé en son absence, sur la demande de l'autre?*

3° *L'enfant qui était né d'eux avant le divorce, est-il recevable à contester la légitimité de ses frères ou sœurs nés depuis, après avoir, sur les instances du survivant des père et mère communs, reconnu que ce-*

_____

(1) J'ignore pourquoi le *Journal des Audiences de la cour de cassation* date cet arrêt du 22 novembre 1816 : le fait est qu'il est daté, sur la *minute* même,

du 15 janvier de cette année; qu'il porte la même date dans le *plumitif*; et que c'est aussi sous cette date qu'il est rapporté dans le *Bulletin* des arrêts de la section civile.

lui-ci ignorait, lors de leur conception, la dissolution de son mariage?

4° L'acte contenant cette reconnaissance peut-il être annulé, sous prétexte qu'il n'est pas revêtu des formalités requises pour la validité des donations entre-vifs?

5° Peut-il l'être sous le prétexte qu'il n'est ni fait double, ni souscrit des enfans au profit desquels il a été passé?

6° Peut-il l'être sous le prétexte qu'équipollant à une renonciation partielle à la succession de l'époux prédécédé, il n'a pas été fait au greffe?

7° Peut-il l'être sous le prétexte que, relativement à la succession du dernier mourant des époux, il a l'effet d'une cession de droits successifs non encore ouverts?

I. Je me suis expliqué sur la première question dans les conclusions du 1er messidor an 11, qui sont rapportées au mot *Divorce*, §. 6, et je n'ai pas hésité à reconnaître qu'elle devait être résolue négativement.

II. Les six autres questions ont été agitées depuis devant la cour royale de Douai.

En novembre 1791, mariage entre François-Ernest-Joseph Destombes, négociant à Roubaix, et Sabine-Joseph Wacrenier.

De cette union naît une fille, nommée Augustine-Pauline.

En 1793, le sieur Destombes disparaît. On le croit assez généralement sorti du territoire français; cependant son nom échappe à la liste des émigrés.

Le 12 brumaire an 3, la dame Destombes, munie d'un certificat du conseil-général de la commune, attestant l'émigration de son mari, comparaît devant l'officier de l'état civil, et le requiert de prononcer son divorce, conformément à la loi du 2 vendémiaire précédent.

Le divorce est prononcé, en effet, dans la forme réglée par cette loi; c'est-à-dire, sans citation ni instruction, ni jugement préalable.

Environ deux ans après, le sieur Destombes revient auprès de sa femme, qui le reçoit sans difficulté, et continue d'habiter avec lui.

Le 1er fructidor an 5, un officier de santé présente à l'officier de l'état civil « un enfant du sexe » féminin dont vient d'accoucher Sabine Wacrenier, » épouse divorcée de François-Ernest-Joseph Des-» tombes, laquelle lui a déclaré que cet enfant, à » qui elle entend donner les noms de Florine-Jo-» seph, provient des œuvres dudit François-Ernest » Joseph Destombes. » L'acte de naissance est rédigé littéralement d'après cette déclaration, hors la présence du père, et par conséquent sans qu'il le signe.

Le 25 brumaire an 7, le sieur Destombes, accompagné de deux témoins, fait inscrire sur les registres de l'état civil, une fille qu'il nomme Aimée-Rosine-Joseph, et dont il déclare que Sabine-Joseph Wacrenier, son épouse en légitime mariage, est accouchée la veille; et il signe l'acte de naissance calqué sur sa déclaration.

L'année suivante, il fait inscrire dans les mêmes termes un troisième enfant qu'il nomme Théodore-Joseph.

Au mois d'avril 1807, les sieur et dame Destombes, se qualifiant d'époux divorcés, règlent, par-devant notaire, le partage de leur communauté.

Le 13 juillet de la même année, Sabine-Joseph Wacrenier meurt. Son acte de décès la qualifie d'épouse divorcée de François-Ernest-Joseph Destombes.

Le 21 octobre 1814, la fille née avant le divorce remet à son père une déclaration ainsi conçue:

« Je soussignée, Pauline Destombes, fille majeure et unique de légitime mariage, de présent à Ypres, déclare que, d'après avoir accepté les comptes que m'a rendus mon père, en sa qualité de père, de tuteur, nous sommes convenus de ce qui suit:

» Que mondit père me remettra, pour toutes prétentions envers lui, ainsi que pour celles qui pourraient m'être dues pour la part de défunte ma mère, la somme de 3,000 francs; reconnaissant le testament qui a été passé par le notaire Doutreligne, et promettant de reconnaître mon frère et mes sœurs Florine-Joseph et Rosine-Joseph pour héritiers égaux avec moi, dans toutes les successions et héritances qui pourront nous échoir, tant du côté de notre père que de notre mère; promettant d'en passer acte en forme dans le délai de dix jours, et déclare... mes habits, j'ai aussi reçu de mon père un billet de 600 francs, payable fin de décembre 1815, lequel en remplacement d'une reconnaissance qu'il m'a faite dans le courant de janvier dernier, lequel je promets de lui remettre de suite.

» Ypres, ce 21 octobre 1814. *Signé*, Pauline Destombes. »

Quelques mois après, Augustine-Pauline Destombes se retire à Dieppe. Son père va l'y trouver; et là elle signe et lui remet une nouvelle déclaration, dont voici les termes:

« Je soussignée, Augustine-Pauline Destombes, fille majeure, demeurant à Dieppe, déclare avoir pris connaissance du divorce qui a été demandé par sa défunte mère, à l'absence de son père; lequel divorce fut accordé à sadite mère, et prononcé sur sa déclaration et de quelques témoins, qu'ils ont dit que sondit père était émigré; sur quoi ils se trompaient; puisqu'il avait été pris par une patrouille ennemie et conduit en prison comme espion. Son père étant rentré chez lui, ignorant ce qui s'était passé, sa mère le reçut comme si rien n'eût été fait, ont continué de vivre ensemble; et il leur est né à la suite ces trois enfans appelés Florine-Joseph, Rosine-Joseph et Théodore-Joseph, lesquels je reconnais pour mes deux sœurs et ledit Théodore pour mon frère, » auxquels je promets de leur laisser part égale avec moi dans les successions, héritances qui pourront nous échoir, tant du côté de notre père que de celui de notre mère; je m'engage, en outre, que, si l'on peut trouver un moyen d'annuler ce divorce qui a été prononcé sur la déclaration ou prétendue preuve mal fondée dans le temps révolutionnaire, je promets de consentir et de souscrire à tout ce qui sera fait pour rendre la légitimité à mes sœurs et à mon frère susnommés. » Approuvé l'écriture ci-dessus. Dieppe, le 22 mars 1815. Signé, Pauline Destombes.

Le 10 janvier 1817, décès du sieur Destombes. Augustine-Pauline épouse le sieur Dhébécourt; et, après avoir vécu quelque temps en bonne intelligence avec ses sœurs et son frère, elle les fait assigner devant le tribunal de première instance de Lille, pour voir dire qu'il sera procédé entre elle et eux au partage de la succession de leur mère commune, dans les proportions réglées par la loi pour le cas où des *enfans naturels* se trouvent en concurrence avec un enfant légitime.

Les assignés consentent au partage, mais ils demandent, en produisant l'acte du 22 mars 1815, qu'il y soit procédé également et par quart.

La dame Dhébécourt oppose à cet acte qu'il ne peut pas relever le vice de leur naissance; que d'ailleurs il est nul, et parce qu'il n'est pas revêtu de la forme d'une donation entre-vifs, et parce qu'il porte sur des *successions à échoir*.

Le 19 mars 1819, jugement par lequel le tribunal de Lille;

« Considérant que les défendeurs sont nés après que le divorce de leurs père et mère a été prononcé pour cause d'émigration; que conséquemment ils sont nés hors mariage, et ne peuvent réclamer, dans la succession de leur mère, les droits que la loi accorde aux enfans légitimes;

» Mais attendu que, par acte sous seing-privé, en date du 22 mars 1815, enregistré à Lille, le 6 décembre 1818, la demanderesse étant majeure et maîtresse de ses droits, a reconnu les défendeurs pour ses frère et sœurs, et promis de les admettre à un partage égal avec elle;

» Attendu que cette promesse d'une part égale est un acte de justice que la demanderesse, pour les raisons qu'elle explique elle-même, s'est crue obligée d'exercer envers les défendeurs qui sont nés du même père et de la même mère qu'elle, et qui, quoique divorcés, paraissent avoir, co-habité, de bonne foi, à cause que leur divorce avait été prononcé dans des temps difficiles et sur un faux motif;

» Attendu que cette promesse de part égale présente un pacte de famille, une convention de partage, une renonciation, de la part de la demanderesse, à l'avantage que la loi lui donnait dans la succession de la mère commune; et que dès-lors cette promesse n'est pas une donation sujette aux formalités prescrites par l'art. 931 du code civil, avec d'autant

plus de raison qu'elle n'est pas le fruit d'une pure libéralité, mais l'acquit d'une dette naturelle;

» Attendu que, s'il est vrai que cette promesse de part égale ne parle que des successions à échoir, et que, si, sous ce rapport, elle ne peut lier la demanderesse, comme étant prohibé par la loi, il n'est pas moins certain qu'en recherchant, comme le veut l'art. 1156 du code, l'intention de la demanderesse, on doit présumer que son intention a été au moins de partager également avec les défendeurs la succession alors ouverte de la mère commune;

» Donne acte à la demanderesse du consentement donné par les défendeurs au partage de la succession de Sabine-Joseph Wacrenier, mère commune des parties; ordonne que ce partage se fera par quart, conformément à la promesse dudit jour 22 mars 1815..... »

La dame Dhébécourt appelle de ce jugement, et, ajoutant aux moyens qu'elle a fait valoir en première instance contre l'acte du 22 mars 1815, elle soutient que cet acte est encore nul, 1° parce qu'il n'a pas été fait double et qu'il n'est souscrit que par elle; 2° parce que, s'il pouvait, comme l'ont dit les premiers juges, être considéré comme « une renonciation, de sa part, à l'avantage que la loi lui donnait dans la succession de la mère commune, cette renonciation n'ayant pas été passée au greffe, conformément à l'art. 784 du code civil, ne pourrait être d'aucun effet.

L'affaire en cet état, les adversaires de la dame Dhébécourt m'ont adressé le mémoire qu'elle avait publié à l'appui de son appel, et m'ont prié d'y répondre, s'il y avait lieu, par une consultation,

Voici la réponse que j'y ai faite le 15 octobre 1819 :

« PREMIÈRE PROPOSITION. La dame Dhébécourt » est non-recevable à contester la légitimité de ses » frère et sœurs.

» Le soussigné, qui ne connaît presque les faits de la cause que par le mémoire de la dame Dhébécourt, ignore si cette proposition a déjà fait la matière d'une discussion entre les parties; mais si elle est mise en avant pour la première fois, les intimés n'en sont pas moins recevables à la faire valoir devant la cour royale de Douai, parce qu'elle ne forme pas, de leur part, une demande nouvelle, mais seulement un nouveau moyen à l'appui des conclusions qu'ils ont prises en première instance.

» Il importerait peu du reste qu'ils n'eussent pas appelé, et qu'ils ne se fussent pas réservé, par leurs premières conclusions sur l'appel, la faculté d'appeler incidemment du jugement du tribunal de première instance de Lille, en ce qu'il y est dit » qu'ils » sont nés après que le divorce de leurs père et mère » avait été prononcé pour cause d'émigration; et » par conséquent hors mariage, et ne peuvent ré- » clamer, dans la succession de leur mère les droits » que la loi accorde aux enfans légitimes. »

» Ce n'est pas dans son dispositif, ce n'est que

dans ses motifs que ce jugement s'exprime ainsi; et l'on sait que ce n'est pas dans le motif d'un jugement, mais uniquement dans son dispositif, que réside l'autorité de la chose jugée...

» Ainsi, nul obstacle à ce que les intimés soient admis à soutenir, en cause d'appel, la proposition ci-dessus énoncée, savoir, que leur sœur est non-recevable à contester leur légitimité.

» Il n'est pas besoin de s'étendre sur la faveur que méritent des fins de non-recevoir de cette nature. Nos livres sont remplis d'arrêts qui prouvent que les cours souveraines les ont toujours accueillies avec empressement.

» Eh! quelle fin de non-recevoir fut jamais plus favorable que celle qui tend à imposer silence à une fille qui, pour une poignée d'argent, vient, en soutenant que son père et sa mère, après voir été mariés légalement, ont vécu sciemment dans un honteux concubinage, offrir le spectacle le plus choquant pour les mœurs et pour l'honnêteté publique?

» Cette fin de non-recevoir résulte de l'acte sous seing-privé du 22 mars 1815.

» La dame Dhébécourt a reconnu par cet acte, et elle a reconnu en pleine majorité,

» Que le sieur Destombes avait ignoré, en rentrant en France à la suite des événemens qui l'en avaient éloigné involontairement en 1793, que son épouse eût, pendant son absence, fait rompre, par un divorce coloré du faux prétexte de son émigration, le mariage qui les unissait;

« Que son épouse l'avait reçu comme si rien n'eût été fait; »

» Et qu'en conséquence, il s'était continué entre eux une co-habitation, de laquelle étaient nés les trois enfans à qui elle dispute aujourd'hui le titre de légitimes.

» Que cette reconnaissance, si elle est en bonne forme (ce qu'on examinera ci-après), doive faire pleine foi contre la dame Dhébécourt, cela est incontestable.

» Il ne reste donc plus qu'à savoir si, d'après le fait établi dans cette reconnaissance, que le sieur Destombes a ignoré, lors de la conception des intimés, que leur mère avait fait dissoudre, par un divorce prononcé pendant son absence, le mariage précédemment contracté entre elle et lui, la dame Dhébécourt est recevable à contester à ses frère et sœurs les avantages de la légitimité?

» Or, sur cette question, il est un principe constant: c'est que le mariage putatif produit en faveur des enfans les mêmes effets civils que le mariage réel.

» A la vérité, les lois anciennes n'appliquaient ce principe; et les art. 201 et 202 du code civil n'en font également l'application qu'au mariage qui a été vicié, dans son principe, par un empêchement dirimant, ignoré des deux époux ou de l'un d'eux.

» Mais d'où vient leur silence sur le mariage qui, contracté valablement dans son principe, a été ensuite dissous par un divorce que l'une des parties a provoqué à l'insu de l'autre, et qu'elle a tenu caché à celle-ci pendant leur co-habitation postérieure? »

» Il vient uniquement de ce que les anciennes lois ne connaissaient pas, et que le code civil ne connaît pas davantage cette espèce anómale de divorce, qui a eu lieu en France pendant quelques années, par suite de l'émigration; c'est qu'en s'occupant du mariage putatif, ni les anciens, ni les nouveaux législateurs n'admettaient la possibilité d'un divorce provoqué par l'un des époux sans appeler l'autre, prononcé à l'insu de celui-ci, et exécuté sans que l'acte et le jugement lui en fussent signifiés.

» Comment donc suppléer au silence des lois anciennes et du code civil sur un cas aussi extraordinaire? La loi 12, D. de legibus, va nous l'apprendre; Non possunt omnes articuli sigillatim aut legibus, aut senatusconsultis comprehendi; sed cùm in aliquâ causâ sententia eorum manifesta est, is qui juridictioni præest ad similia procederè atque ità jus dicere debet.

» Or, n'y a-t-il pas identité parfaite entre le mariage putatif, dont parlent les anciennes lois et le code civil, et le mariage putatif dont il est ici question? Ne peut-on pas même argumenter à fortiori de l'un à l'autre?

» Dans le premier cas, il n'y a point eu de mariage, il n'y en a eu qu'une ombre; mais, comme le disait M. d'Aguesseau, le nom de mariage est si saint, si puissant, que son ombre seule, jointe à la bonne foi de l'un des époux, suffit pour en couvrir le vice originel en faveur des enfans, et pour faire supposer qu'il a été contracté valablement, quoique dans la réalité la célébration en soit nulle.

» Dans le second cas, au contraire, il a existé un mariage véritable, et dont la validité primitive n'est pas contestée; et il ne s'agit, pour légitimer les enfans, que de donner à la bonne foi de l'un des époux, l'effet de le faire supposer non dissous. Or, il est bien plus facile de supposer un mariage valable, non dissous ex post facto, que de supposer un mariage nul, valablement contracté ab initio.

» Pour éluder un moyen aussi péremptoire, la dame Dhébécourt viendra-t-elle arguer d'erreur la reconnaissance qu'elle a signée elle-même, de la bonne foi avec laquelle son père a continué, après sa rentrée en France, de co-habiter avec sa mère?

» Ce serait, de sa part, une vaine tentative; car sa propre reconnaissance est bien hautement confirmée par la conduite même de son père qui, dans les actes de naissance de sa fille Rosine et de son fils Théodore, les a fait inscrire comme nés de lui et de son épouse légitime. Ne pouvait-il donc manifester plus clairement l'opinion dans laquelle il était que leur mère était encore son épouse? Et s'il n'en eût pas été fortement convaincu, n'aurait-il pas employé, pour assurer à ses enfans la légitimité qu'il se faisait un devoir de leur reconnaître, les moyens si simples, si faciles que la loi lui offrait pour faire cesser l'obstacle qui s'y serait opposé?

» Inutile d'objecter que la naissance de ces deux enfans avait été précédée de celle de Florine-Joseph, qui avait été inscrite, le premier fructidor an 5, sur le registre de l'état civil comme née d'époux divorcés.

» La dame Dhébécourt convient elle-même que l'acte de naissance de Florine-Joseph n'est point signé du sieur Destombes. Et comment prouvera-t-elle que le sieur Destombes en a eu connaissance, soit au temps dont il porte la date, soit à celui de la conception des deux autres enfans? Bien évidemment, cette preuve n'est pas recevable de sa part, puisqu'elle tendrait à détruire ce que la dame Dhébécourt a volontairement reconnu, et que tout aveu même extrajudiciaire fait foi lorsqu'il est constaté par écrit: c'est la conséquence de l'art. 1355 du code; d'ailleurs une pareille preuve est certainement hors de la portée de l'appelante.

» Prétendra-t-elle qu'elle résulte de l'acte du mois d'avril 1807, par lequel le sieur Destombes a réglé avec son épouse le partage de la communauté? Mais si l'on peut inférer de cet acte qu'à l'époque où il fut passé, le sieur Destombes n'ignorait pas le divorce du 12 brumaire an 3, il n'en résulte nullement qu'il l'ait connu plusieurs années auparavant, et notamment aux époques, assez reculées alors, auxquelles se reportait la conception des trois enfans. On doit même, en bonne logique, en tirer une conséquence toute contraire, puisque, s'il eût connu plus tôt la dissolution de la communauté, il n'en aurait vraisemblablement pas différé autant le partage.

» Au surplus, s'il était vrai que, par l'acte du 22 mars 1815, elle eût faussement reconnu que son père avait ignoré, au temps de la conception de ses frère et sœurs, le divorce qui le rendait étranger à sa ci-devant épouse, il le serait aussi que cette fausse reconnaissance n'aurait pas été, de sa part, l'effet d'une erreur; il serait aussi qu'elle l'aurait faite sciemment; il le serait aussi par conséquent qu'elle n'aurait fait cette prétendue fausse reconnaissance que pour revêtir d'une couleur honorable le consentement qu'elle donnait à ce que ses frère et sœurs jouissent des avantages de la légitimité.

» Et de là même résulterait nécessairement la conséquence qu'elle serait non-recevable à prouver la fausseté de cette reconnaissance, puisque cette reconnaissance, supposée vraie, serait, pour ses frère et sœurs, un titre irréfragable de légitimité; et que, supposée fausse, elle ne pourrait être considérée comme un moyen (indirect sans doute, mais très-licite et très-légal, comme on le prouvera tout à l'heure) de remplir, envers ses frère et sœurs, un devoir écrit dans les lois éternelles de la nature.

» DEUXIÈME PROPOSITION. « L'acte du 22 mars » 1815 ne peut pas être annulé, sous le prétexte » qu'il n'est pas revêtu des formalités requises pour » la validité des donations entre-vifs. »

» Quels sont les actes qui doivent, à peine de nullité, être passés devant notaire, et dont le contenu doit, sous les mêmes peines, être expressément accepté par ceux qui doivent en profiter?

» Ce sont, dit l'art. 931 du code civil, les actes portant donation. Eux seuls sont soumis aux dispositions de cet article et des suivans; et c'est parce que ces articles ne sont applicables qu'aux actes qui annoncent expressément l'intention de donner, que l'on tient depuis long-temps pour maxime incontestable qu'ils n'atteignent pas les donations déguisées.

» Or, l'acte du 22 mars 1815 porte-t-il donation? Il est évident que non. Ce n'est point comme exerçant une libéralité, ce n'est point comme disposant à titre gratuit, c'est uniquement comme remplissant un devoir sacré, comme rendant hommage à une vérité constante, que la dame Dhébécourt s'exprime dans cet acte. Cet acte ne peut donc pas être annulé à défaut des formalités prescrites pour la validité des donations entre-vifs.

» Mais, dit la dame Dhébécourt, si l'on veut absolument appliquer cet acte à la succession de ma mère, il faut bien dire qu'il équivaut à une renonciation gratuite d'une partie de mes droits à cette succession en faveur des intimés; or, qu'est-ce qu'une renonciation gratuite en faveur de quelqu'un, si ce n'est une donation expresse?

» Qu'en thèse générale, une renonciation quelconque ait, pour celui qui en profite, l'effet d'une donation, cela n'est pas douteux : Juris sui renunciatio donationis speciem in se involvit, dit VOET, sur le digeste, titre de constitutionibus principum, n° 22. Mais de là s'ensuit-il que toute donation doit être faite dans la forme des donations entre-vifs? Non certes.

» Et la preuve en est que, pour renoncer, par exemple, à une créance que l'on a sur quelqu'un, il suffit de lui en remettre le titre.

» La preuve en est que, par arrêt du 3 décembre 1813, la cour de cassation a jugé, en maintenant un arrêt de la cour d'appel de Dijon, que des acquéreurs de biens devenus nationaux par confiscation, ne pouvaient pas rétracter les actes par lesquels ils s'étaient désistés gratuitement, au profit des anciens propriétaires, quoique ces actes n'eussent été revêtus d'aucune forme particulière, et qu'ils n'eussent eu pour cause que le sentiment d'équité naturelle qui les avait déterminés (1).

» La preuve en est surtout dans la manière dont s'exprime l'art. 780 du code civil :

» La DONATION, vente ou transport que fait de » ses droits successifs un des cohéritiers, soit à un » étranger, soit à tous ses cohéritiers, soit à quel- » ques-uns d'eux, emporte, de sa part, accepta- » tion de la succession.

» Il en est de même, 1° de la renonciation, même

---

(1) Recueil de M. Sirey, 1814, page 85.

» gratuite, que fait un des héritiers au profit d'un
» ou plusieurs de ses cohéritiers.... »

» Voilà bien la *renonciation même gratuite* à
des droits successifs, mise en opposition avec la *donation* de ces même droits;

» Ce qui suppose manifestement que l'on peut
renoncer gratuitement en faveur de quelqu'un, sans
qu'il y ait *donation* dans la forme;

» Ce qui, par conséquent, suppose avec non
moins d'évidence qu'il n'y a pas nécessité de revêtir
une renonciation gratuite de la forme extérieure
d'une donation entre-vifs.

» Enfin, il faut toujours en revenir à cette
maxime reconnue par tous les jurisconsultes, que,
comme le dit M. Toullier, dans son *Droit civil français*, tome 5, page 199 : « Les donations in-
» directes, même d'immeubles, ne sont point as-
» treintes à la nécessité d'être passées devant notaires
» avec minute. Ce ne sont point des actes de donations proprement dites. »

» Eh! quelle force n'ajoute pas à ces raisons l'arrêt de la cour de cassation que l'on trouve dans le
Journal des audiences de cette cour, 1814, p. 447?

» Le sieur Toustin avait quatre enfans, dont
deux étaient émigrés. Il meurt en l'an 7, laissant un
testament par lequel, comptant sur la loyauté de ses
deux fils régnicoles, il appelle leurs frères à partager
avec eux sa succession, quoiqu'ils en soient écartés
par leur mort civile.

» Les deux émigrés rentrent en France quatre
ans après, en vertu du sénatus-consulte du 6 floréal
an 10; et, dociles à la volonté de leur père, autant
qu'aux lois de l'honneur, leurs frères font avec eux
le partage de la succession paternelle par portions
égales.

» Sur ce partage, rédigé en acte public le 7 janvier 1808, le receveur de l'enregistrement ne perçoit d'abord qu'un droit fixe.

» Mais bientôt la régie réclame un droit proportionnel, sur le fondement que ce prétendu partage
n'était qu'une donation déguisée, que les frères régnicoles avaient fait à leurs frères émigrés des parts
auxquelles ils n'avaient aucun droit.

» Jugement qui rejette la réclamation de la régie,
» attendu que, si les frères Toustin, demeurés en
» France, n'étaient pas obligés civilement à parta-
» ger avec leurs frères émigrés, ils en étaient tenus
» naturellement par les lois de l'honneur et de la dé-
» licatesse, et par leur respect pour les dernières vo-
» lontés de leur père; et qu'ainsi l'acte de 1808 n'é-
» tait pas une DONATION qui ne s'entend que d'une
» libéralité faite par le seul plaisir de donner, mais
» un véritable partage auquel les enfans restés en
» France avaient pu d'autant mieux admettre leurs
» frères, que nul n'est tenu de faire usage d'un droit
» ouvert à son profit. »

» La régie se pourvoit en cassation, et dénonce
ce jugement comme violant les dispositions de la loi
du 22 frimaire an 7, qui soumettent les mutations,

et notamment celles qui se font par donation, au
droit proportionnel d'enregistrement.

» Mais, par arrêt du 3 août 1814, au rapport de
M. Poriquet :

» Attendu que les frères Toustin, restés en France,
» n'étaient pas forcés d'opposer à leurs frères émi-
» grés les effets de la mort civile prononcée contre
» eux par les lois relatives à l'émigration; que re-
» noncer au bénéfice d'un droit introduit en sa fa-
» veur, ce n'est pas toujours faire un acte de pure
» libéralité; que, dans l'espèce actuelle, les frères
» Toustin, restés en France, ont acquitté une obli-
» gation naturelle en obéissant aux lois de l'honneur,
» de la délicatesse, et aux dernières volontés de leur
» père; qu'ainsi c'était avec raison que la régie n'a-
» vait originairement réclamé sur cet acte que le
» payement d'un droit fixe; comme aussi c'est avec
» raison que le tribunal de Saint-Yrieix, en consi-
» dérant l'acte du 7 janvier 1808 comme un vérita-
» ble partage, a déchargé les défendeurs du paye-
» ment du droit et double droit.... :

» Par ces motifs, la cour rejette le pourvoi.... »

» Il résulte clairement de cet arrêt que, si la régie de l'enregistrement venait demander aux intimés
un droit proportionnel de 4 pour 100, sous le prétexte que le 22 mars 1815 serait une donation
que la dame Dhébécourt leur eût faite, ils pourraient la repousser, en disant qu'en signant cet acte
elle ne leur a rien donné, qu'elle n'a fait que reconnaître *un fait de bonne foi*, qu'ils eussent été recevables à prouver de toute autre manière, et que se
soumettre à une obligation naturelle, de laquelle
son propre honneur lui défendait de s'écarter.

» Mais dès-lors, comment la dame Dhébécourt
pourrait-elle être écoutée, quand elle vient soutenir
que cet acte est nul, parce qu'il n'est pas revêtu de
la forme d'une donation? Si cet acte n'est pas considéré comme une donation dans l'intérêt de la régie de l'enregistrement, dont les prétentions, lorsqu'elles sont fondées sur le texte de la loi, trouvent
toujours tant de faveur auprès de la cour de cassation, à quel propos le serait-il dans l'intérêt de la
dame Dhébécourt?

» Et, dans le fait, a-t-on jamais réputé donation,
soit relativement au fisc, soit relativement aux droits
respectifs des particuliers, un acte par lequel un débiteur renonce gratuitement, et par délicatesse, à
une exception que la loi civile lui fournit contre une
dette naturelle? S'est-on jamais avisé, par exemple,
de réputer donation, et de soumettre aux formes
prescrites par les art. 931 et suivans du code civil,
le payement volontaire que fait un héritier *ab intestat* de legs dont le défunt l'a chargé par un testament nul dans la forme?

» TROISIÈME PROPOSITION. « L'acte du 22 mars
» 1815 ne peut pas être annulé sous le prétexte
» qu'il n'a pas été fait au greffe du tribunal de Lille. »

» L'acte du 22 mars 1815, dit la dame Dhébécourt, n'est, de ma part, dans le système des intimés,

qu'une renonciation à une partie de mes droits dans la succession de ma mère : or, aux termes de l'art. 784 du code civil, « la renonciation à une suc- » cession ne peut être faite qu'au greffe du tribunal » de première instance dans l'arrondissement du- » quel la succession s'est ouverte, sur un registre » particulier tenu à cet effet.

» Mais, 1° l'acte du 22 mars 1815 a un objet bien plus étendu que le partage de la succession de la mère : il reconnaît implicitement la légitimité des frères et sœurs de la dame Dhébécourt; et il la recon- naît par cela seul qu'il contient la reconnaissance d'un *fait de bonne foi*, dont elle est la conséquence nécessaire.

» 2° Quand cet acte ne serait, de la part de la dame Dhébécourt qu'une renonciation à une partie de ses droits dans la succession maternelle, il ne pourrait pas encore être annulé en vertu de l'art. 784 du code civil.

» En effet, de quelle renonciation s'agit-il dans cet article? Uniquement de la renonciation absolue, c'est-à-dire, de la déclaration par laquelle un suc- cessible abdique tous ses droits à une succession qui lui est échue.

» Et pourquoi l'art. 784 veut-il que cette décla- ration soit faite au greffe? Parce qu'étant faite, comme l'observe M. Toullier, tome 2, page 333, pour « avertir les créanciers qu'ils n'ont plus d'action à » exercer contre lui, et les parens plus éloignés, que » la succession leur est dévolue, elle doit être pu- » blique. »

» Mais à coup sûr, ce n'est ni pour abdiquer tous ses droits à la succession maternelle, ni pour avertir les créanciers de cette succession qu'ils n'ont plus d'action à exercer contre la dame Dhébécourt, ni pour informer les parens plus éloignés de la mère que cette succession leur est dévolue, qu'a été fait l'acte du 22 mars 1815.

» Cet acte n'était donc pas soumis aux formes prescrites par l'art. 784 du code civil.

» Cet acte, appliqué à la succession maternelle, est bien, si l'on veut, une renonciation d'une partie des droits successifs de la dame Dhébécourt au profit de ses frère et sœurs; mais cette espèce de renonciation n'appartient pas à la rubrique *de la renonciation aux successions* dont l'art. 784 tiren le commencement; elle appartient à la rubrique précé- dente de *l'acceptation*; et cela est si vrai, qu'elle fait, sous cette rubrique, l'objet de l'art. 780, qui décide qu'*elle emporte acceptation de la succession*.

» Enfin, comment peut-on sérieusement soutenir qu'une déclaration qui rend héritier celui qui la fait, est soumise aux formes prescrites pour dépouiller de la qualité d'héritier celui que la loi appelle à la prendre?

» QUATRIÈME PROPOSITION. « L'acte du 22 mars » 1815 ne peut pas être annulé, sous le prétexte » que les intimés ne l'ont pas souscrit, et qu'il n'est » pas fait double. »

» La dame Dhébécourt nie-t-elle que l'acte du 22 mars 1815 soit signé d'elle? Non : comment, dès-lors, cette acte ne la lierait-il pas?

» Quel besoin avaient les intimés de le souscrire, pour le rendre obligatoire à leur profit? Cela eût été nécessaire, sans doute, s'il formait un contrat synallagmatique; mais les intimés ne se sont obligés à rien par cet acte, cet acte était tout entier en leur faveur; il n'était donc pas nécessaire qu'ils y parlassent eux-mêmes et qu'ils le souscrivissent.

» L'art. 1325 du code civil exige, à la vérité, que les obligations synallagmatiques, sous seing-privé, soient faites doubles; mais par cela seul qu'il prescrit cette forme pour les obligations synallagmatiques, il en dispense les obligations ou reconnaissances unilatérales. Aussi un arrêt de la cour d'appel d'Aix, du 12 juillet 1813, a-t-il jugé valable, quoique non faite double, la décharge donnée par un mandant à son mandataire, du compte que l'un avait à exiger de l'autre (1).

» CINQUIÈME PROPOSITION. « L'acte du 22 mars » 1815 ne peut pas être écarté de la cause, sous le » prétexte qu'il ne porte que sur les successions à » échoir, tant du côté du père que du côté de la » mère. »

» Sans-contredit, en thèse générale, tout acte qui traite de successions non encore ouvertes, est nul; cela est écrit en toutes lettres dans l'art. 1130 du code civil.

» Mais cette règle n'est applicable qu'au cas où les successions non-encore ouvertes sont l'objet di- rect et principal de l'acte, et ce cas n'est pas celui de la cause.

» Quel est, en effet, l'objet direct de l'acte du 22 mars 1815? C'est de reconnaître que le sieur Destombes a ignoré, en se réunissant à la mère com- mune des parties, le divorce qu'elle avait fait pro- noncer en son absence.

» Ce point une fois établi, il en résulte nécessai- rement que les frère et sœurs de la dame Dhébé- cour ont été conçus dans la bonne foi où était leur père que leur mère était encore son épouse; il en résulte nécessairement, par une conséquence ultérieure, qu'ils doivent être considérés comme légitimes, quoique d'ailleurs la dame Dhébécourt se borne, par ignorance de droit, à déclarer qu'elle concourra, de son côté, à tous les moyens qui pour- ront être employés pour *leur faire rendre la lé- gitimité*.

» Dès-lors, tout ce que l'acte ajoute relativement aux successions à échoir du chef des père et mère, n'est plus qu'une explication surabondante. L'acte n'en parlerait pas du tout, que les droits des in- timés à ces successions n'en seraient pas moins cons-

(1) Recueil de M. Sirey, 1824, part. 2, page 23.

tans. Leur qualité de successibles dans l'une et l'autre ligne, devient la conséquence nécessaire et forcée de la reconnaissance de la bonne foi dans laquelle leur père les a conçus, puisque de cette reconnaissance résulte nécessairement celle de leur légitimité.

» Qu'importerait, d'après cela, que l'acte du 22 mars 1815 ne parlât pas nommément de la succession de leur mère? Encore une fois, la reconnaissance de la bonne foi du père entraîne nécessairement la légitimité des intimés; et dès qu'ils sont légitimes, leur droit au partage égal de la succession de la mère ne peut plus être contesté.

» Enfin, fallût-il aller jusqu'à supposer que l'ignorance dans laquelle était le sieur Destombes du divorce du 12 brumaire an 3, n'a pas rendu légitimes les enfans nés de sa cohabitation postérieure avec leur mère, l'acte du 22 mars 1815 n'en devrait pas moins être considéré comme un consentement donné par la dame Dhébécourt à ce qu'ils partagent au moins, avec elle et par portions égales, la succession de leur mère commune.

» Est-il vrai, en effet, que l'acte ne parle pas de cette succession? Est-il vrai qu'il ne la comprend pas, dans ses dispositions, sous les termes : Successions qui pourront nous échoir, tant du côté de notre père que du côté de notre mère? »

» On doit dans les conventions, dit l'art. 1156 du code civil, « rechercher quelle a été la commune intention des parties contractantes, plutôt que s'arrêter au sens littéral des termes. »

» Or, conçoit-on que la dame Dhébécourt eût reconnu ses frère et sœurs pour ses cohéritiers dans les successions à échoir, sans les reconnaître en même temps pour tels dans les successions déjà échues?

» On le concevrait sans doute, si l'objet direct de l'acte était de céder aux intimés des droits éventuels à des successions futures. Mais, on l'a déjà dit, tel n'était point l'objet direct de l'acte du 22 mars 1815. Cet acte tendait directement à constater la bonne foi dans laquelle le père commun avait donné le jour aux intimés; et cette bonne foi constatée, il y aurait eu de la contradiction à n'en faire dériver pour les intimés que la capacité de recueillir les successions à échoir de leurs parens paternels et maternels; il aurait été absurde d'exclure des effets de cette bonne foi la succession déjà échue de la mère.

» Du reste, il n'est pas étonnant que, dans l'intention de la dame Dhébécourt, comme dans celle de son père, à qui elle a remis l'acte du 22 mars 1815, la succession de la mère fût encore, à cette époque, une succession à échoir. Le père en avait l'usufruit; la dame Dhébécourt n'en jouissait donc pas encore; et qui ne sait que, dans le langage vulgaire, et pour ceux qui sont étrangers aux règles de la jurisprudence, une succession n'est censée échue qu'au moment où s'ouvre le droit d'en jouir?

» Mais après tout, il est bien inutile de s'arrêter à cette discussion; elle ne pourrait être de quelque utilité que dans le cas où les intimés ne seraient pas jugés légitimes par l'effet de la bonne foi de leur père, sur laquelle l'acte du 22 mars 1815 ne peut laisser aucun doute; et il est impossible que ce cas se réalise. »

Sur ces moyens développés et mis dans un nouveau jour par M. Martin fils, avocat des intimés, arrêt, à l'audience solennelle du 15 novembre 1819, ainsi conçu :

« En droit, 1° les trois enfans nés après la prononciation du divorce, doivent-ils être déclarés légitimes, si leur père a ignoré le divorce que leur mère avait fait prononcer le 12 brumaire an 3?

» 2° n'est-ce pas le cas d'appliquer à la cause le principe en matière de mariage putatif.

» 3° N'est-ce pas aux appelans à prouver que Destombes père aurait eu connaissance du divorce? Et dans le cas de l'affirmative, en ont-ils atteint la preuve?

» 4° Le jugement de première instance doit-il être confirmé?

» La cour, après avoir entendu contradictoirement Me Leroy, avocat des appelans, Me Martin fils, avocat des intimés, en leurs conclusions et plaidoiries respectives; ensemble M. Dhaubersart, premier avocat-général, en ses conclusions, et après en avoir délibéré conformément à la loi:

» Attendu que les parties de Martin ne peuvent être considérées comme enfans illégitimes qu'autant que le divorce prononcé pendant l'absence de l'émigration de Destombes, leur père, soit parvenu à la connaissance de ce dernier antérieurement à leur naissance, parce que, dans le cas contraire, il est de principe, maintenant consacré par l'art. 201 du code civil, que la bonne foi dudit Destombes couvre nécessairement le vice de la naissance desdits enfans; que, dans l'espèce, il n'est pas prouvé que cette connaissance existait antérieurement à leur naissance; que le contraire résulte de l'aveu repris dans l'acte signé par les parties de Leroy, le 22 mars 1815, aveu qui, dans tous les cas, rend lesdites parties de Leroy non-recevables à contester la légitimité de la naissance de ses frère et sœurs:

» La cour a mis et met l'appellation au néant; ordonne que le jugement dont est appel sortira effet; condamne les appelans en l'amende et aux dépens. »

§. VIII.

L'héritier présomptif qui a fait déclarer l'absence et obtenu l'envoi en possession provisoire des biens d'un homme engagé dans les liens du mariage, peut-il, comme s'il lui avait succédé par suite de son décès légalement justifié, contester la légitimité d'un enfant auquel son épouse a donné le jour depuis qu'il a disparu et cessé de donner de ses nouvelles?

Je ne crois pas que l'affirmative puisse être contestée sérieusement.

Il est vrai que les art. 312 et 317 du code civil ne désignent que le mari et les héritiers comme parties capables de désavouer l'enfant né pendant le mariage.

Mais d'abord, peut-on considérer comme né pendant le mariage l'enfant dont il s'agit?

De ce que l'absent dont on n'a point de nouvelles, n'est présumé ni mort ni vivant; de ce que, par suite, c'est à ceux qui réclament des droits sur le fondement de son existence ou de son décès, à rapporter la preuve de l'une ou de l'autre; il résulte nécessairement que le mariage qu'il avait contracté avant sa disparition, n'est présumé ni subsistant ni dissous, et que c'est à ceux qui ont intérêt de le faire juger subsistant ou dissous, à le prouver.

Ainsi, la femme de l'absent veut-elle user du droit qui appartient à toute veuve de se remarier? Il faut qu'elle représente la preuve légale de la dissolution du mariage qu'elle a contracté avec lui; ou, en d'autres termes, il faut qu'elle prouve qu'il est mort.

Et par la raison inverse, l'enfant auquel, depuis la disparition de l'absent, la femme de celui-ci a donné le jour, ne peut, sans rapporter la preuve légale de l'existence de l'absent, ou, ce qui revient au même, de la non-dissolution du mariage de sa mère, ni se prétendre issu de ce mariage, ni être inscrit comme tel sur les registres de l'état civil.

Le moyen, en effet, de soutenir le contraire, en présence du jugement qui déclare l'absence! Ce jugement a certainement l'autorité de la chose jugée envers tout le monde, tant que la preuve de l'existence de l'absent n'est pas rapportée. C'est la conséquence nécessaire de l'art. 131 du code civil, qui ne fait cesser *les effets du jugement qui a déclaré* l'absence, que lorsque *l'absent reparaît ou que son existence est prouvée*. Ce jugement élève donc une barrière insurmontable contre toute prétention, contre l'exercice de tout droit qui dépend du fait non prouvé de l'existence de l'absent.

Quelle absurdité d'ailleurs ne présente pas le système de l'enfant dont il s'agit? S'il était jugé appartenir au mari absent de sa mère, il faudrait nécessairement le considérer comme son héritier présomptif, et par conséquent lui déférer la possession provisoire de ses biens. Mais comment en venir là, alors qu'il résulte si clairement de l'art. 131 que celui à la poursuite duquel a été déclarée l'absence, et qui a obtenu en conséquence l'envoi en possession, ne peut être privé de l'administration des biens de l'absent et de la jouissance d'une partie des revenus qu'ils produisent, que par la preuve de son existence? On serait donc forcé, en accueillant la prétention de l'enfant, de lui en refuser le résultat! On serait donc forcé, en le déclarant fils de l'absent, de le traiter comme étranger à l'absent même! Assurément il n'en faut pas davantage pour repousser un système qui conduit de toute nécessité à une pareille conséquence.

En second lieu, qu'importe que l'envoyé en possession provisoire de l'absent, ne soit ni physiquement inent le même individu que lui, ni son héritier? Conclure de là qu'il est sans qualité pour exercer le droit de désaveu que confèrent au mari et à ses héritiers les art. 312 et 317 du code civil, ce serait méconnaître les dispositions des art. 120 et 125 du même code.

Suivant ces dispositions, le jugement qui envoie l'héritier présomptif de l'absent en possession provisoire de ses *biens*, lui en transfère de plein droit l'administration. Et qu'entendent les art. 120 et 125 par *biens*? Ce ne sont pas seulement les objets corporels dont se compose la fortune de l'absent: ce sont aussi tous ses droits incorporels; ce sont par conséquent aussi toutes les actions qu'il pourrait exercer lui-même, s'il était présent; et par une conséquence ultérieure, c'est aussi l'action par laquelle, s'il était présent, il pourrait désavouer l'enfant conçu par sa femme à une époque où, *par son éloignement*, il était *dans l'impossibilité physique de cohabiter avec elle*.

Si, pendant qu'un mari interdit pour cause de fureur, serait renfermé dans un hospice à une grande distance du lieu où réside sa femme, celle-ci concevait un enfant et le mettait au monde, le tuteur à l'interdiction du mari, pourrait-il, en vertu de l'art. 312 du code civil, désavouer cet enfant? Oui, certes; et cependant il ne serait pas physiquement le même individu que le mari; mais il le représenterait, il aurait l'exercice de toutes ses actions; il serait *civilement* un autre lui-même.

Eh bien! l'envoyé en possession provisoire représente aussi l'absent; il a aussi l'exercice de toutes les actions qui appartiennent à l'absent; il est aussi *civilement* le même individu que l'absent.

Mais il y a plus. Sans être héritier de l'absent, il a tous les droits attachés à cette qualité (moins celui d'aliéner et d'hypothéquer ses biens), comme il en supporte toutes les charges, comme il est obligé, aux termes de l'art. 134 du code civil, de défendre à toutes les actions intentées contre lui.

Ce n'est pas tout. Par cela seul qu'il est saisi de la possession de tous les biens de l'absent, il a nécessairement qualité pour repousser toutes les prétentions qui tendraient à l'en dépouiller par une autre voie que par celle qu'indique l'art. 131, c'est-à-dire, par la preuve de l'existence de l'absent même.

Il y a donc de bien plus fortes raisons pour lui donner l'action en désaveu de paternité, qu'il ne peut y en avoir pour la donner au tuteur du mari interdit pour cause de fureur, à qui cependant il est évidemment impossible de la contester.

Inutile d'objecter que procéder ainsi, ce serait exposer l'état de l'enfant conçu depuis la disparition de l'absent, à une perpétuelle incertitude; que, si le jugement accueillait le désaveu de l'envoyé en possession provisoire, l'absent pourrait, à son refour, le détruire par l'aveu de sa paternité; que, si, au contraire, il le repoussait, l'absent pourrait, à son retour, le faire rétracter en invoquant de nouveaux moyens, et en faisant valoir de nouvelles preuves.

Ce ne sont là que de vaines cavillations.

Le principe général est que tout jugement rendu pour ou contre l'envoyé en possession provisoire, est, par la nature même des choses, censé rendu pour ou contre l'absent, et que le retour de l'absent ne peut rien changer à ce qui a été jugé pendant son absence, parce que l'absent est représenté par l'envoyé en possession provisoire, parce que l'envoyé en possession provisoire a le plein exercice de tous les droits tant actifs que passifs de l'absent, parce qu'aux yeux de la loi, l'absent agit ou se défend par l'organe de l'envoyé en possession provisoire.

Et quel prétexte y aurait-il pour excepter de ce principe le jugement rendu pendant l'absence sur un désaveu de paternité? Les règles écrites dans le code civil sur l'autorité de la chose jugée, sont les mêmes dans toutes les matières. Qu'un jugement prononce sur une question d'état, ou sur la propriété d'un hectare de terre, il importe peu; dans l'un comme dans l'autre cas, il a, tant qu'il n'est pas réformé, la même force pour ou contre la partie qui y a figuré par le ministère d'un représentant légal, que pour ou contre la partie qui y a figuré personnellement.

Je conviens néanmoins que, si le jugement rendu pendant l'absence sur un désaveu de paternité, est contraire à l'enfant, il sera libre à l'absent de le faire tomber à son retour, en reconnaissant pour sien l'enfant qui a été jugé ne pas lui appartenir. Mais il en serait de même du jugement qui, pendant l'absence, aurait prononcé en faveur de l'envoyé en possession provisoire, sur une question de propriété mobilière ou immobilière. L'absent pourrait, à son retour, le neutraliser, en reconnaissant qu'il eût dû juger autrement qu'il ne l'a fait, en s'en désistant; pourquoi cela? Parce que, comme je l'ai établi aux mots *Chose jugée*, §. 2 bis, on peut renoncer à l'exception de chose jugée, comme à toute autre. Or, de ce que le jugement rendu pendant l'absence, sur une question de propriété mobilière ou immobilière, peut être neutralisé au retour de l'absent, par le désistement de celui-ci, s'ensuit-il que l'envoyé en possession provisoire est sans qualité pour le provoquer? Non certainement. On ne peut douter pas non plus, de ce que l'absent pourra, à son retour, faire tomber, par l'aveu de sa paternité, le jugement qui aurait accueilli, pendant son absence, le désaveu de l'envoyé en possession provisoire, conclure que l'envoyé en possession provisoire soit sans qualité pour faire ce désaveu, à moins qu'on n'aille, ce qui serait le comble de l'absurdité, jusqu'à prétendre qu'un mari présent est non-recevable à désavouer sa prétendue paternité, sous le

prétexte qu'il lui serait ensuite libre de se désister du jugement qu'il aurait obtenu.

Que faut-il donc pour mettre à l'abri d'une *incertitude perpétuelle* l'état de l'enfant conçu depuis la disparition de l'absent, et désavoué par l'envoyé en possession provisoire? Deux choses seulement. La première, que le jugement rendu *contre l'enfant*, sur le désaveu de l'envoyé en possession provisoire, conserve *pour l'absent*, en cas de retour de sa part, toute l'autorité de la chose jugée, sauf à l'absent à s'en désister s'il lui plaît; la seconde, que, dans le même cas, le jugement rendu *en faveur de l'enfant*, ne puisse pas être rétracté sur la demande de l'absent.

Or, 1°. quelle raison y aurait-il de douter que l'enfant ne fût non-recevable, après le retour de l'absent, à remettre en question la prétendue paternité de celui-ci? Il n'y en a et ne peut y en avoir aucune.

2°. Supposons le jugement favorable à l'enfant, l'enfant n'aura pu l'obtenir que sur la preuve de l'existence de son prétendu père à l'époque de sa conception, soutenue de celle de la possibilité d'une cohabitation, à cette même époque, entre son prétendu père et sa mère. Or, comment serait-il possible que l'absent ne fût pas, à son retour, lié par un pareil jugement? Il prouverait lui-même, par sa réapparition, qu'il existait à l'époque de la conception de l'enfant. Il ne lui resterait donc que la ressource de combattre, par une preuve contraire, celle qui a été fournie aux juges de la possibilité d'une cohabitation entre lui et sa femme à cette époque. Or, cette preuve contraire, quelle voie prendrait-il pour la faire admettre? Celle de la tierce-opposition? Il n'y serait pas recevable, parce que le jugement aurait été rendu avec son représentant légal. Celle de l'appel, de la requête civile ou de la cassation? Cela serait bon, si, au moment de sa réapparition, l'envoyé en possession était encore dans les délais fixés pour l'exercice de l'un ou de l'autre de ces recours. Mais si ces délais étaient expirés, force lui serait de se soumettre au jugement rendu contre son représentant.

La conséquence naturelle de tout ceci, est que la question proposée en tête de ce paragraphe doit être jugée en faveur de l'envoyé en possession provisoire; et je n'ai pas besoin d'ajouter que la juger contre lui, ce serait ouvrir la porte aux plus grands désordres, et accorder aux femmes d'absens le privilège scandaleux d'introduire dans la famille de leurs maris des enfans qui leur seraient absolument étrangers.

§. IX. *Autres questions sur cette matière.*

V. les articles *Acte de naissance; Faux*, §. 3; *Question d'état* et *Suppression d'état.*

LEGS. §. I. *Lorsqu'un testateur a légué une quote de ses biens dont il a fixé la valeur en argent, le légataire peut-il exiger la quote en nature, surtout lorsque, dans l'intervalle de la confection du testament au décès du testateur, celui-ci a augmenté sa fortune? Ou bien l'héritier peut-il, même en ce cas, se libérer par le payement de la somme à laquelle le testateur a évalué le legs?*

Le 17 avril 1754, contrat de mariage entre Jean Canton, domicilié à Oloron, département des Basses-Pyrénées, et Ursule Deplegt-Montauban.

Par une clause de cet acte, Jean Canton institue l'aîné des enfans mâles qu'il pourra avoir de son mariage, dans les trois quarts de ses biens présens et à venir, et se réserve la libre disposition du quart restant.

De ce mariage naissent deux enfans, Antoine et Justine Canton.

Devenu veuf, Jean Canton épouse en secondes noces Marie Darrigrand, et il a d'elle un troisième enfant nommé Gaspard.

Le 1er juillet 1781, il fait un testament olographe, par lequel, après le legs d'une somme dont il ordonne l'emploi à la célébration de six cents messes après sa mort, il dispose en ces termes du quart de ses biens : « Je laisse et lègue à Marie Darrigrand, » ma seconde femme, la jouissance de la quarte de » mes biens, voulant qu'après son décès, ladite » quarte soit également partagée entre tous mes en- » fans cadets, savoir : 5,000 livres à ma fille Jus- » tine, et 3,000 livres à Gaspard; et que la portion » de ces derniers soit reversible, après leur décès » sans postérité, ou telle venant à manquer, en fa- » veur de mon héritier ci-après nommé, ou ses » ayans-cause. Pour prévenir toutes sortes de dis- » cussions entre mes enfans sur la fixation de cette » quarte, je déclare qu'après avoir examiné avec » soin l'état de ma fortune, et avoir distrait les dots » dont mes biens sont chargés, et m'être aidé des » lumières de mon conseil, ladite quarte se porte » à la somme de 8,000 livres, à laquelle je la fixe, » voulant que ladite quarte soit payée en effets les » plus liquides de mon hérédité. »

Par la clause suivante, il lègue à Marie Darrigrand un droit d'habitation dans sa maison, avec quelques effets mobiliers.

Ensuite il fixe la légitime de sa fille Justine « sur les trois quarts de ses biens, ainsi que sur les » dots, à la somme de 33,000 mille livres, ce » compris la portion qui lui compète sur la dot et » biens de sa mère, laquelle somme demeure aussi » reversible en faveur de son héritier. Il fixe pa- » reillement la légitime de Gaspard sur les mêmes » trois quarts de ses biens, » à la somme de 2,666 livres 13 sous 4 deniers, qu'il grève également de retour en faveur de son héritier ou de ses ayans-cause.

Enfin, il institue pour héritier universel du sur-plus de tous ses biens, Antoine, son fils aîné, déjà institué par son contrat de mariage du 17 avril 1754.

Jean Canton a survécu neuf ans à ce testament ; il est mort en 1790, laissant une fortune notablement augmentée dans cet intervalle.

En 1797, Marie Darrigrand, qui, jusqu'alors, s'était contentée, pour son droit d'usufruit, des intérêts annuels de la somme de 8,000 livres, qu'Antoine Canton lui avait exactement payés, s'est pourvue au tribunal civil du département des Basses-Pyrénées, pour faire condamner celui-ci à lui délivrer, en nature, le quart des biens laissés par le testateur, et à lui laisser jouir comme usufruitière.

Justine Canton est intervenue, et a adhéré aux conclusions de Marie Darrigrand.

Pour toute défense, Antoine Canton a soutenu qu'on ne pouvait exiger de lui qu'une somme de 8,000 livres; et il en a fait l'offre.

Le 19 ventôse an 10, jugement du tribunal civil de l'arrondissement de Pau, qui « relaxe Antoine » Canton de la demande en vérification et délivrance » de la quarte des biens délaissés par Jean Canton, » testateur; moyennant ce, déclare que le legs de » ladite quarte demeure fixé, conformément au » testament de Jean Canton, à la somme de 8,000 » livres, sans préjudice à Justine Canton et à Marie » Darrigrand, de leurs droits sur ladite somme, » conformément au même testament; condamne » Justine Canton et Marie Darrigrand aux dépens. »

» Justine Canton et Marie Darrigrand appellent de ce jugement; mais la cour d'appel de Pau le confirme le 8 germinal an 11.

Ses motifs sont que c'est dans le testament même qu'il faut chercher l'explication de la volonté du testateur;

Que si le testateur s'était borné à léguer à Marie Darrigrand le quart de ses biens, il n'y aurait nul doute que le legs ne comprît ce quart en nature;

Mais qu'immédiatement après avoir fait ce legs, il en a ordonné le retour au profit de sa fille et de son fils cadet, dans ces termes qui ne permettent pas de douter qu'il n'ait entendu leur léguer qu'une somme de 8,000 livres, on ne peut pas être supposé avoir voulu léguer à Marie Darrigrand autre chose que ce qu'il a déclaré reversible, après elle, à son fils cadet et à sa fille;

Que, si la première clause pouvait laisser, à cet égard, quelques incertitudes, la seconde suffirait pour les dissiper;

Que, par cette seconde clause, le testateur fixe expressément à 8,000 livres la valeur de la quarte qu'il a léguée en usufruit et en propriété par la première; qu'il n'a donc voulu léguer rien de plus;

Que, par l'institution contractuelle du 17 avril 1754, il s'était mis dans l'impuissance de disposer de plus d'un quart de ses biens;

Que cependant, outre le legs qu'il a fait d'une quarte évaluée 8,000 livres, il en a encore fait d'autres; qu'il n'a pu les faire que parce qu'il savait que les 8,000 livres, n'épuisaient pas réellement la quarte disponible;

Que de là résulte une nouvelle preuve qu'il n'a voulu léguer que 8,000 livres, et qu'il faut entendre ainsi son testament; d'après le principe établi dans le cinquante-quatrième plaidoyer de M. d'Aguesseau; que, dans la recherche de l'intention du testateur, on doit préférer l'interprétation qui concilie le mieux sa volonté avec son pouvoir; qu'enfin, le testament a été exécuté par les parties, comme ne contenant qu'un legs de 8,000 livres;

Que Marie Darrigrand a reçu, pendant plusieurs années, l'intérêt de cette somme, sans rien prétendre de plus, et qu'il a été avancé en cause d'appel, sans que Justine Canton l'ait contredit, que celle-ci s'était constitué en dot la somme de 5,000 livres, comme formant tout ce qui lui revenait sur la quarte dont son père avait ordonné la réversion à son profit pour cinq huitièmes.

Justine Canton acquiesce à cet arrêt; mais Marie Darrigrand en demande la cassation : elle le dénonce comme contraire à la loi 33, D. *de conditionibus et demonstrationibus*; à la loi 76, §. 8, D. *de legatis* 2°; à la loi 35, §. 1. D. *de legatis* 3°, et au §. 30 du titre *de legatis*, aux *Institutes* : tous textes dont elle infère que la fixation faite par Jean Canton, de la valeur de la quarte de ses biens à 8,000 livres, n'est qu'*une démonstration indépendante de la substance du legs*, et qu'ainsi cette fixation ne doit pas empêcher que la quarte ne soit censée léguée en nature.

« Mais (ai-je dit à l'audience de la section des requêtes, le 2 ventôse an 12) qu'y a-t-il commun entre les décisions de ces quatre textes du droit romain et l'espèce actuelle ?

» Le premier déclare qu'un legs, qu'un fidéicommis, qu'une institution d'héritier, n'en sont pas moins valables, quoique le testateur ait donné au légataire, au fidéicommissaire, à l'institué, le titre de frère, de sœur, de neveu, ou toute autre qualité qu'il n'avait pas : *Falsa demonstratio neque legatario, neque fideicommissario nocet neque heredi instituto : veluti si fratrem dixerit, vel sororem, vel nepotem, vel quodlibet aliud : et hoc ità juris civilis ratione et constitutionibus, divorum Severi et Antonini rescriptum est.*

» Le second décide que j'ai légué à Titius ce qui m'était dû en vertu du testament de Sempronius, ma disposition doit avoir son effet, bien que, depuis la mort de Sempronius, j'aie passé avec son héritier un traité emportant novation; et qu'en conséquence, ce qui, dans l'origine, m'avait été dû en vertu du testament, ne le soit plus qu'en vertu du traité : *Heres meus Titio dato quod ex testamento Sempronii debetur mihi : cùm jure novationis quam legatarius idemque testator antè fecerat,*

legatum ex testamento non debeatur; placuit falsam demonstrationem legato non obesse; nec in totum falsum videri, quod veritatis primordio adjuvaretur.

» Le troisième a pour objet un legs ainsi conçu : Je donne à Sempronius toutes les terres que je possède, jusqu'à la pièce nommée *Gaas*, sur les confins de la Galatie, et que *Primus* fait valoir pour mon compte. Dans l'arrondissement que forment ces différentes terres, il s'en trouve une qui confine, non à la Galatie, mais à la Cappadoce, et qui cependant est comprise comme les autres dans l'exploitation de *Primus*. On demande si, comme les autres, cette terre est léguée à Sempronius; et la loi répond que Sempronius a le droit de la réclamer : *Quæsitum est cùm in eodem confinio prædiorum, unum sit prædium, non Galatiæ, sed Cappadociæ finibus, sub curâ tamen ejusdem villici, an etiam id prædium cum cæteris ad Sempronium pertinere; Respondit et hoc deberi.*

» Voilà trois textes qui bien sûrement ne peuvent recevoir aucune espèce d'application à la clause sur laquelle a statué le jugement attaqué par la demanderesse. Le quatrième y a-t-il plus de rapport ? Vous allez en juger.

» Après avoir établi que l'erreur dans laquelle le testateur est tombé sur le nom ou le prénom du légataire, ne nuit pas à la validité du legs, pourvu que l'on sache bien quelle est la personne qu'il a voulu gratifier, Justinien ajoute qu'à cette règle tient de bien près la maxime, que la fausse démonstration ne vicie point le legs; et il en donne deux exemples.

» Je donne et lègue Stichus, esclave né dans ma maison. Quoique l'esclave Stichus ne soit pas né chez moi, et que je l'ai acheté, mon legs n'en aura pas moins son effet, dès qu'il n'y aura pas d'incertitude sur la personne que j'ai voulu léguer : *Huic proxima est illa juris regula, falsâ demonstratione legatum non perimi : veluti si quis ità legaverit, Stichum servum meum vernam do, lego : licet enim non verna, sed emptus sit, si tamen de servo constat, utile est legatum.*

» Il en sera de même, si je lègue l'esclave Stichus, en énonçant que je l'ai acheté de Seius; on aura beau prouver que ce n'est pas de Seius, mais d'un autre que j'ai acheté Stichus : du moment que ma volonté de léguer Stichus est bien constante, mon legs sera exécuté : *Et convenienter, si ità demonstraverit, Stichum quem à Seio emi, sitque ab alio emptus, utile est legatum, si de servo constat.*

« Vous êtes sans doute étonnés de voir invoquer devant vous, comme moyen de cassation, des textes aussi évidemment étrangers à l'espèce à laquelle on prétend les adapter. S'agit-il ici de ce qu'on appelle une *démonstration fausse* ? Y a-t-il erreur dans le testament, soit sur les noms des légataires, soit sur leurs qualités, soit sur la situation, soit sur la con-

sistance des objets légués, soit enfin sur le titre en
vertu duquel ces objets appartenaient au testateur ?
Rien de tout cela : il ne s'agit que de savoir si, en
léguant une *quarte*, et en l'évaluant à 8,000 livres,
Jean Canton a entendu laisser aux légataires l'option
entre la somme de 8,000 livres et la *quarte* en nature;
ou s'il a voulu que son héritier pût retenir la *quarte*
en nature, moyennant la somme d 8,000 livres.

» Cette question a bien quelque affinité avec celle
de savoir quels sont les cas où le legs fait par assignat, est *limitatif ou démonstratif*, c'est-à-dire,
avec une des questions les plus abstraites et les plus
épineuses du droit; mais elle n'y rentre pas précisément.

» Si la quarte ne valait pas 8,000 livres, et que,
d'une part, l'héritier prétendît la délivrer en nature,
tandis que, de l'autre, les légataires en réclame-
raient la valeur telle qu'elle est fixée par le testament, nous aurions à examiner si, indépendamment
de l'institution contractuelle qui ne permettait pas à
Jean Canton de rien donner au-delà du quart de ses
biens, on ne devrait pas encore rejeter la prétention
des légataires, sur le fondement que la quarte étant
placée dans la substance même du legs, et sa valeur
n'étant indiquée que comme un moyen de libération pour l'héritier, il y aurait alors dans la disposition du testateur ce que les interprètes nomment
un *assignat limitatif*; et là s'appliquerait un arrêt
du parlement de Toulouse, du 2 septembre 1613,
qui a débouté le légataire d'un *cabal*, estimé par
le testateur 7,200 livres, de sa demande en supplément de la moins value.

» Mais, dans notre espèce, la quarte est supposée
valoir plus de 8,000 livres : ce n'est même que parce
qu'elle vaut plus, que les légataires ont prétendu se
la faire délivrer en nature. Or, dans ce cas, nous
n'avons pas besoin de nous égarer avec les docteurs
dans le labyrinthe des distinctions et sous-distinc-
tions auxquelles donne lieu la fameuse question de
l'assignat limitatif ou *démonstratif*. Il nous suffit
que le testateur ne puisse être censé avoir évalué la
quarte que pour l'avantage de son héritier : car si
c'est pour l'avantage de son héritier qu'il est censé
l'avoir évaluée, très-certainement l'héritier a le droit
de réclamer le bénéfice de cette évaluation ; très-
certainement l'héritier peut restreindre le legs à
cette évaluation; très-certainement on ne peut lui
rien demander au-delà de cette évaluation.

» Eh bien ! soit que l'on consulte les principes
généraux de la matière, soit que l'on s'arrête aux
dispositions particulières du testament de Jean Canton, il est impossible de n'être pas convaincu que
l'évaluation n'a été faite qu'en faveur de l'héritier.

» En thèse générale, toutes les fois qu'on donne
un fonds pour un certain prix, l'estimation prend
la place de la chose. Ainsi, dans le droit romain,
lorsque le contrat de mariage contient l'évaluation
de la dot, le mari n'est pas tenu de rendre le fonds
dotal, mais seulement la somme à laquelle on l'a estimé, à moins que, par le contrat même, l'option

n'ait été expressément laissée à la femme (loi 10,
§. dernier; loi 18, loi 69, §. 7 et 8, D. *de jure
dotium*; loi 11, D. *de fundo dotali*; loi 50 et pénultième, §. 3, D. *soluto matrimonio*; loi 1re, C.
du même titre; loi unique, §. 9, C. *de rei uxoriæ
actione*; loi 30, C. *de jure dotium*). Et il y a une
raison bien plus puissante pour en décider de même
relativement à un legs : c'est qu'en pareil cas la condition de l'héritier est toujours plus favorable que
celle du légataire.

» A la vérité, lorsque la contestation entre l'héritier et le légataire tend à priver celui-ci de l'entier
effet de la disposition du testateur, c'est contre
celui-là que doivent s'interpréter les clauses obscures ou ambiguës : car, dit la loi 12, *de rebus dubiis*, au digeste, *quoties in actionibus aut exceptionibus ambigua oratio est, commodissimum est
id accipi quo res de quâ agitur, magis valeat
quàm pereat*.

» Mais quand il ne s'agit que de réduire le legs,
quand il ne s'agit que de savoir s'il a été renfermé
par le défunt dans tels ou tels termes, toute la faveur
se reporte du côté de l'héritier : « C'est alors (dit le
» chancelier d'Aguesseau, tome 4, page 631) qu'il
» peut alléguer ces maximes communes, PARCENDUM
» HEREDI, IN DUBIO PRO HEREDE RESPONDENDUM,
» SEMPER IN OBSCURIS QUOD MINIMUM EST SEQUIMUR;
» parce qu'il y a au moins une des deux volontés,
» qu'on suppose dans le testateur, qui aura son exé-
» cution. »

» Et si, de ce principe général, déjà si décisif,
nous descendons aux clauses du testament de Jean
Canton, qui est-ce qui osera dire que ce n'est pas en
faveur de son héritier qu'il a évalué la quarte ? De
trois choses l'une : ou en l'évaluant il n'avait aucun
but, ou il l'a évaluée pour l'avantage des légataires,
ou il ne l'a évaluée que pour donner à son héritier
le moyen de se libérer moyennant 8,000 livres.

» Or, vouloir qu'il n'ait eu aucun but en l'évaluant,
vouloir qu'il ne l'ait évaluée que par une sorte de
démonstration surabondante, c'est aller contre le
texte formel de son testament : car il y déclare, en
termes exprès, qu'il ne l'évalue que *pour prévenir
toute discussion entre ses enfans*; et ce qui prouve
bien qu'il met à cette évaluation un véritable et grand
intérêt, c'est le soin qu'il apporte à la faire exactement, c'est qu'il ne la fait qu'*après avoir examiné*,
avec toute l'attention dont il est capable, *l'état de
sa fortune*, et *en avoir distrait les charges*;
qu'après s'être aidé *des lumières de son conseil*.
Enfin, ce qui achève de démontrer que cette évaluation n'est point, de sa part, une opération indifférente, mais qu'elle est, au contraire, une disposition
formelle de sa volonté, c'est qu'il ne se borne pas à
déclarer que *la quarte se porte à la somme de
8,000 livres*, mais qu'*il la fixe* à cette somme; c'est
que par ces mots, *je la fixe*, il entend évidemment
restreindre à 8,000 livres la valeur de la quarte dont
il dispose.

» Si l'évaluation n'a pas été faite sans but, on ne

peut pas dire non plus qu'elle l'ait été pour l'avantage des légataires. Le testateur savait très-bien que, d'après son contrat de mariage, il ne pouvait plus disposer que d'une quarte ; il savait par conséquent que toute disposition qui, dans le testament, excéderait la quarte, serait réductible à ce taux ; il n'est donc pas permis de croire qu'il ait évalué la quarte à 8,000 livres, pour se ménager un moyen indirect de donner plus qu'il ne pouvait : ce n'est donc pas pour favoriser ses légataires, qu'il l'a évaluée.

» Mais dès que l'évaluation a eu un but, dès que ce but n'a été ni pu être l'avantage des légataires, il reste nécessairement à dire que c'est en faveur de son héritier qu'elle a été faite, et qu'elle l'a été pour ouvrir à l'héritier une voie simple et facile de libération, pour lui épargner les embarras et les frais d'une expertise contradictoire, pour faire tourner à son profit l'excédant de la valeur réelle de la quarte, sur la somme de 8,000 livres.

» Sans doute, cette estimation n'est pas obligatoire, pour l'héritier ; il ne peut pas s'y tenir, parce que les trois quarts des biens lui sont irrévocablement acquis par son institution contractuelle ; et si la quarte léguée ne vaut pas 8,000 livres, il peut, au lieu de 8,000 livres, délivrer la quarte en nature.

» Mais pour les légataires, nul moyen de résister à la volonté du testateur. Le testateur était libre à leur égard ; il pouvait ne pas leur donner la quarte ; il pouvait, par conséquent, ne la leur donner qu'à telle ou telle condition; il pouvait, en la leur donnant, ne pas permettre qu'elle fût l'objet d'une discussion entre eux et l'héritier ; il pouvait ne la leur donner qu'en la fixant à 8,000 livres : or, c'est ce qu'il a fait, et certainement les légataires ne peuvent pas diviser sa disposition; ils ne peuvent pas séparer du legs de la quarte la valeur que le testateur lui a assignée.

» Et en vain a-t-on cherché, devant le tribunal d'appel de Pau, à se prévaloir de la loi 15, §. 8, D. ad legem falcidiam. Cette loi dit bien que la quarte falcidie ne peut pas être diminuée par l'évaluation qu'en fait le testateur ; mais quelle en est la raison? C'est parce que la quarte falcidie était indisponible de la part du testateur, et que le testateur ne pouvait pas diminuer ce qu'il ne lui était pas permis d'ôter : *Quarta quæ per legem falcidiam retinetur, æstimatione quam testator facit, non magis minui potest quàm auferri.*

» En est-il de même de la quarte dont il est ici question? Non assurément. Les légataires n'y avaient aucun droit par eux-mêmes. Non-seulement le testateur pouvait la leur ôter, mais il pouvait ne pas la leur donner ; il pouvait conséquemment en retrancher tout ce qu'il jugeait à propos, et par une conséquence ultérieure, il a pu l'affaiblir par l'estimation qu'il lui a plu d'en faire.

» En vain encore a-t-on prétendu que la loi citée n'avait pas pour motif l'incapacité dans laquelle était

alors le testateur, de disposer de la quarte falcidie, en vain, pour le prouver, a-t-on dit que cette loi avait survécu à l'abrogation faite de cette incapacité, par le §. 2 du chap. de la première novelle de Justinien ; en vain a-t-on voulu inférer de là que le véritable motif de la loi du digeste était que, dans les testamens, les évaluations ne pouvaient jamais être obligatoires, soit pour les héritiers, soit pour les légataires.

» Non, sans doute, la disposition de la loi 15, §. 8, D. ad legem falcidiam, n'a pas été abrogée par la permission que la première novelle de Justinien a accordée à tout testateur de prohiber la distraction de la quarte falcidie. Mais pourquoi ne l'a-t-elle pas été? Parce que la première novelle n'admet la prohibition de la quarte falcidie, que lorsqu'elle est conçue en termes exprès : *Si verò* EXPRESSIM *designaverit non velle heredem retinere falcidiam, necessarium est testatoris valere sententiam.*

» Du reste, il est impossible de se méprendre sur le motif de la loi 15, D. ad legem falcidiam : elle nous dit elle-même que, par son estimation, le testateur ne peut pas plus diminuer la quarte falcidie qu'il ne peut la prohiber. Donc l'indisponibilité de la quarte falcidie est le seul fondement de la décision de la loi; donc il est faux que la loi ait pour base le prétendu principe général que les estimations ne sont jamais obligatoires dans les testamens; donc ce prétendu principe n'est justifié par aucune loi; donc aucune loi n'a été violée par le jugement dont on vous demande la cassation; donc il y a lieu de rejeter la requête qui vous est présentée; et c'est à quoi nous concluons. »

Ces conclusions ont été adoptées par arrêt du 2 ventôse an 12, au rapport de M. Cassaigne:

« Attendu, 1° qu'en déboutant de la demande en délivrance de la quarte des biens de Jean Canton, et en n'adjugeant que la somme de 8,000 livres à laquelle il l'a fixée par son testament, le jugement ne peut avoir contrevenu aux lois relatives aux legs limitatifs et démonstratifs, qu'autant que Jean Canton aurait voulu seulement léguer ladite quarte, et qu'il ne l'aurait fixée à ladite somme de 8,000 livres que par simple démonstration de valeur, sans intention de limiter le legs à cette somme;

» Attendu, 2° que, bien loin qu'il conteste, dans le fait, que Jean Canton ait réellement disposé de la sorte, il résulte au contraire des clauses de son testament, que, quoiqu'il y ait parlé de ladite quarte, il n'a voulu néanmoins léguer que la somme de 8,000 livres, à laquelle il l'a fixée; qu'en effet, par la première de ces clauses, en même temps qu'il dit léguer à Marie Darrigrand, son épouse, la jouissance de la quarte de ses biens, il déclare vouloir qu'après le décès de celle-ci, cette même quarte soit partagée entre ses enfans cadets, savoir, 5,000 livres à Justine, et 3,000 livres à Gaspard; immédiatement après, il déclare, pour prévenir toute sorte de discussion entre ses enfans, après avoir vérifié l'état de sa fortune, et s'être aidé des lumières de son conseil, qu'elle se porte à ladite somme de 8,000 livres; enfin, il termine, en ajoutant par exprès, qu'il la fixe à cette somme, et il passe à d'autres legs qu'il n'aurait pu faire, sans excéder la portion disponible de ses biens; s'il avait déjà disposé de la quarte; de tout quoi il résulte que ce n'est point de la quarte de ses biens que Jean Canton a voulu réellement disposer, mais seulement d'une somme de 8,000 livres à prendre sur cette quarte;

» Attendu, enfin, qu'en décidant de la sorte ce point de fait, le jugement attaqué n'a fait qu'une juste interprétation du testament dont il lui appartenait d'ailleurs de lever les doutes et de fixer les dispositions; que, par suite, il n'a contrevenu à aucune des lois citées. »

§. II. *L'étendue d'un Legs, par rapport à la disponibilité des biens, doit-elle être déterminée par la loi du temps de la confection du testament, ou par celle du temps de la mort du testateur?*

V. le plaidoyer et l'arrêt du 28 germinal an 11, rapportés à l'article *Avantages entre époux*, §. 9.

§. III. 1° *Quel est l'effet du legs fait à titre de peine?*

2° *Avant l'abolition du droit d'aînesse, un père pouvait-il, dans la coutume d'Artois, léguer tous ses biens disponibles à ses enfans puînés, et en priver totalement l'aîné, dans le cas où celui-ci eût voulu exercer rigoureusement son droit d'aînesse?*

V. le plaidoyer et l'arrêt du 12 germinal an 9, rapportés sous le mot *Aînesse.* §. 2.

§. IV. *Le legs de l'usufruit, avec pouvoir d'aliéner, confère-t-il au légataire la propriété de la chose qu'il a pour objet?*

V. l'article *Condition de manbournie*, §. 4.

§. V. 1° *Quel était avant le code civil, l'effet du legs de la chose d'autrui, avec le consentement du propriétaire de cette chose?*

2° *Celui qui lègue purement et simplement une chose ou une universalité de biens dont il n'a que la moitié, est-il censé léguer le tout, ou seulement sa part personnelle?*

V. l'article *Testament conjonctif*, §. 1.

§. VI. *A qui de l'héritier institué ou de l'héritier ab intestat, profitait, sous l'empire de la coutume de Namur, la caducité du legs d'un bien féodal, résultant de ce que le légataire était mort sans en avoir fait le relief?*

V. l'article *Féodalité*, §. 5.

§. VII. *Autres questions sur cette matière.*

V. les articles *Donation à cause de mort, Institution d'héritier, Légataire* et *Testament.*

LÉSION. *V.* l'article *Partage*, §. 3.

LETTRE. §. I. *Le défaut de réponse à une lettre contenant l'annonce d'une opération faite pour notre compte, emporte-t-elle, de notre part, la ratification de cet acte?*

V. le plaidoyer du 8 germinal an 11, rapporté à l'article *Compte courant*, §. 1.

§. II. *La prescription d'une lettre de change est-elle couverte par une lettre missive contenant la reconnaissance qu'elle n'est pas acquittée?*

V. l'article *Lettre de change*, §. 5.

§. III. *Sous une législation qui punit de peines correctionnelles ceux qui répandent des nouvelles alarmantes, peut-on appliquer ces peines au seul fait de l'envoi par la poste, d'une lettre missive contenant des nouvelles de cette nature, mais non encore divulguées?*

Le 15 mai 1816, le premier adjoint de la mairie de Lauzerte, accompagné du commandant de la garde nationale et du brigadier de la gendarmerie, fait, en vertu d'ordres supérieurs, de recherches dans le domicile de Jean-Baptiste Dupui : il y saisit, 1° une lettre en chiffres, 2° un billet par lequel Dupui demandait à Pierre Albouï une planche pour apprendre, disait-il, à bien calculer par alphabet; 3° la réponse d'Albouï portant envoi de cette planche, à la suite de laquelle était l'explication des chiffres; 4° un commencement de traduction de la lettre.

On reconnaît, par la traduction entière de cette lettre qu'elle contient des nouvelles fausses, et tendantes à alarmer les citoyens sur le maintien du gouvernement.

Le procureur du roi près le tribunal de Moissac rend plainte de ces faits comme portant le caractère du délit prévu par l'art 9 de la loi du 9 novembre 1815, qui déclarait « coupables d'actes séditieux, » ceux qui répandraient ou accréditeraient des nou- » velles tendantes à alarmer les citoyens sur le main- » tien de l'autorité légitime, et à ébranler leur fidélité.

L'instruction apprend que c'est Vital-Agricole Redon, qui, de Toulouse, a adressé, par la poste, la lettre chiffrée à Dupui, et que celui-ci en avait à peine traduit une ligne, lors de la saisie qui en fut faite chez lui.

Aucun des témoins, quoique scrupuleusement interrogés sur ce fait, ne dépose qu'il ait été donné aucune publicité à cette lettre.

Redon, Albouï et Dupuis sont traduits au tribunal correctionnel de Moissac.

Les 8 et 22 août, jugemens par lesquels,

« Considérant, à l'égard de Redon, que, s'il confesse avoir écrit la lettre saisie chez Dupui, il résulte aussi de ses aveux qu'il l'a adressée par la poste à Dupui; que rien au procès ne constate que la nouvelle ait acquis de la publicité; qu'il est même impossible qu'elle en eût acquis par le fait de Redon, puisqu'au moment où cette pièce a été saisie dans les mains de Dupui, celui-ci n'en avait encore traduit que quelques mots; que Redon avait si peu écrit dans l'intention que la nouvelle fût rendue publique, qu'il avait pris la précaution de l'écrire en caractères mystérieux, et qu'il prévenait ainsi les conséquences qui auraient pu résulter de la perte de cet écrit; que d'ailleurs il recommandait par trois fois à Dupui de garder le silence;

» Le tribunal déclare qu'il n'est pas constant que Redon ait répandu ni tenté de répandre des nouvelles alarmantes; et, à l'égard d'Albouï et Dupui, qu'il n'est point prouvé qu'ils aient répandu les nouvelles contenues dans la lettre en chiffres trouvée chez Dupui; en conséquence, renvoie les trois prévenus des fins de la plainte. »

Sur l'appel du procureur du roi, le tribunal correctionnel de Montauban réforme ces jugemens, le 11 octobre de la même année, et applique aux trois prévenus la disposition pénale de la loi du 9 novembre 1815, «

« Attendu que répandre une nouvelle, dans le sens de cette loi et celui de la raison, c'est l'envoyer, la communiquer, la faire parvenir même à une seule personne; que, par sa nature, une nouvelle se communique avec rapidité, quoiqu'elle n'ait été répétée par chaque individu qu'à une seule personne;

» Et que, dans le système des juges de Moissac, une nouvelle serait rendue publique, sans qu'il y eût un seul auteur de cette publicité, ni personne qui en fût responsable;

» Que, si la loi n'avait voulu trouver l'action de répandre des nouvelles que dans l'annonce faite en public et dans les réunions nombreuses, elle serait sans but, parce qu'alors le mal serait consommé. »

Mais, sur le recours en cassation des trois condamnés, arrêt du 6 décembre 1816, au rapport de M. Chasle, par lequel,

« Vu l'art. 410 du code d'instruction criminelle, d'après lequel la cour doit annuler les arrêts et jugemens en dernier ressort qui ont faussement appliqué la loi pénale;

» Vu aussi l'art. 8 de la loi du 9 novembre 1815.....;

» Attendu, en premier lieu, en ce qui concerne le pourvoi de Redon, que le tribunal de Montauban, prononçant sur l'appel du jugement rendu par le tribunal de Moissac, a condamné ledit Redon aux peines portées dans les art. 9 et 10 de la loi du 9 novembre 1815, comme convaincu d'avoir répandu des nouvelles tendantes à alarmer les citoyens sur le maintien de l'autorité légitime, et à ébranler leur fidélité, et de s'être ainsi rendu coupable du délit prévu par le susdit article de ladite loi;

» Que cependant les seuls faits reconnus résulter de l'instruction se réduisent à ce qu'une lettre écrite en chiffres a été envoyée par la poste, de Toulouse à Lauzerte, par Redon à Dupui; que, sur la réception de cette lettre, Dupui a demandé la planche explicative des chiffres à Albouï, qui en était détenteur, et qui la lui a envoyée; que, pendant que Dupui, à l'aide de cette planche, était occupé à traduire cette lettre, et lorsqu'encore il n'en avait traduit que quelques lignes, un officier de police est entré chez lui et a saisi la lettre, la planche et le billet d'envoi d'Albouï; que la traduction de la lettre ayant été achevée par les agens de la police, il a été reconnu qu'elle renfermait des nouvelles tendantes à alarmer les citoyens sur le maintien de l'autorité légitime, et à ébranler leur fidélité;

» Que le jugement du tribunal de Montauban n'énonce aucun fait qui établisse que les nouvelles aient été répétées ou communiquées par Dupui; que les faits reconnus en excluent même la possibilité;

» Que de ces faits il résulte que, lors de la saisie d'après laquelle les poursuites ont été faites, Dupui n'avait pas pu encore avoir pris connaissance des nouvelles portées dans la lettre;

» Que ces nouvelles, loin d'être des nouvelles répandues, n'étaient encore que des nouvelles exprimées par des caractères d'écriture sur le papier, dans une lettre remise à la poste, et parvenue à son adresse;

» Que, si l'écriture de ces nouvelles dans une lettre, et la remise à la poste de cette lettre, dans l'intention que les nouvelles fussent répandues, pouvaient constituer la tentative du délit prévu par l'article 8 de la loi du 9 novembre, il ne s'ensuivrait pas que Redon eût pu être condamné d'après cet article, puisque les tentatives de délits ne sont considérées comme délits que dans les cas déterminés par une disposition spéciale de la loi (art. 3 du code pénal); et qu'aucune disposition de la loi n'a assimilé les tentatives des délits énoncés dans ledit article 8, à ces délits consommés;

» Que d'ailleurs une lettre est un dépôt essentiellement secret, que ce qui y est écrit n'a que le caractère de la pensée, jusqu'à ce que, par un fait autre que celui de la force majeure, le secret en ait cessé; que, hors les cas déterminés par la loi, ce n'est que par la divulgation ou la communication qui peut en être faite, que ce qu'elle contient peut devenir la base d'une action criminelle;

» Que, si le tribunal de Montauban a déclaré Redon convaincu d'avoir répandu les nouvelles portées dans la lettre dont il s'agit, il ne l'a déclaré que par forme de conséquence des faits de l'instruction, tels qu'ils ont été rapportés ci-dessus; que cette déclaration n'a donc été que la qualification et le jugement de ces faits; qu'elle n'en a été qu'une induction morale qui se confond avec la fausse application de la loi, qui en a été la suite;

» Attendu, en deuxième lieu, en ce qui concerne Dupui et Alboui, qu'ils n'ont été condamnés que comme complices de Redon, pour l'avoir aidé et assisté dans le délit reconnu contre lui;

» Que là où il n'y a pas de corps de délit principal, il ne peut pas y avoir un délit de complicité; ce qui rend sans objet d'examiner les moyens de cassation présentés par eux à l'appui de leur pourvoi:

» La cour casse et annule, etc.... »

§. IV. *La personne à laquelle est adressée une lettre qui lui est injurieuse, peut-elle s'en servir pour prouver qu'elle a été injuriée?*

J'ai établi l'affirmative dans le *Répertoire de jurisprudence*, au mot *Lettre*, n° VI; et aux preuves que j'en ai données se joint encore un arrêt de la cour d'appel de Poitiers, du 26 juillet 1806.

Dans le fait, la dame Garreau demandait le divorce contre son mari, pour cause de sévices et d'injures graves.

Les sévices n'étaient que faiblement prouvés par l'enquête; mais les injures graves l'étaient complétement par plusieurs lettres que le sieur Garreau avait écrites à sa femme, et dans lesquelles, avec toutes les expressions de l'emportement et de l'indignation, il l'accusait d'adultère et d'inceste.

Le sieur Garreau repoussait ces lettres, et soutenait que, purement confidentielles, elles ne pouvaient pas être employées en justice contre lui.

Mais, par l'arrêt cité, confirmatif d'un jugement du 20 février précédent, le divorce a été prononcé,

« Attendu que l'art. 231 du code civil porte que les époux pourront réciproquement *demander le divorce pour excès, sévices ou injures graves de l'un envers l'autre*;

» Attendu, dans le fait, que les preuves résultant de l'enquête de l'intimée, combinées avec les lettres de l'appelant, avouées par lui, ne laissent aucun doute sur la légitimité des plaintes de ladite intimée; que les injures graves surtout sont prouvées, et suffiraient seules pour autoriser le divorce demandé; qu'à plus forte raison doit-il être autorisé dans le cas présent, puisque les injures sont accompagnées de sévices et d'excès; que, n'y eût-il que les lettres écrites par l'appelant à son épouse, on ne pourrait douter qu'il ne fût dangereux de forcer l'épouse à continuer à vivre avec un homme qui annonce autant de haine, d'emportement et de violence; que ces lettres forment une preuve irréfragable bien plus forte que ne le serait le témoignage de plusieurs personnes; qu'on peut juger de ce qu'a eu à souffrir dans l'intérieur du ménage une femme à qui son mari se permet d'adresser des lettres aussi injurieuses; qu'enfin, si deux témoins seulement eussent entendu, dans l'intérieur de la maison, proférer tête à tête ces mêmes injures par le mari à son épouse, on ne pourrait pas révoquer en doute ces mêmes injures, et la justice ne pourrait se dispenser d'ordonner le divorce sur ce seul fondement; à plus forte raison, des écrits du mari doivent-ils former une preuve : et les écrits combinés, comme il a été dit ci-dessus, avec les dépositions des témoins de l'enquête de l'intimée, appellent l'application de l'art. 123 du code civil précité...... (1) »

§. V. *L'amende de 150 à 300 francs, à laquelle l'arrêté du gouvernement, du 27 prairial an 9, veut, conformément aux lois et réglemens antérieurs, que soit condamnée toute personne étrangère au service de la poste, qui contreviendra à la défense « de » s'immiscer dans le transport des lettres, jour- » naux, feuilles à la main, ouvrages pério- » diques, paquets et papiers du poids d'un » kilogramme ou au-dessous, » est-elle applicable au porteur d'une lettre missive, qui n'est ni messager, ni voiturier, ni entrepreneur de voitures publiques, ou messageries, et ne s'en est chargé qu'accidentellement?*

A la première vue, l'affirmative ne paraît pas soutenable. Comment supposer, en effet, que le législateur ait porté l'esprit de fiscalité jusqu'à interdire, soit à un voyageur la faculté d'être lui-même le porteur d'une lettre par laquelle il est recommandé à une maison du lieu où il se rend, soit à un particulier de l'intérêt pressant duquel il est de faire passer aujourd'hui, après le départ du courrier de la poste, une lettre dans une ville plus ou moins éloignée de celle où il se trouve, la faculté de l'envoyer par un piéton ou par un courrier extraordinaire. Car point de milieu : ou il faut, pour être conséquent, aller jusqu'à l'une et l'autre extrémité, ou il faut restreindre la prohibition à ceux qui font métier de transporter, moyennant salaire, des lettres et papiers dont le port est exclusivement confié à l'administration des postes.

Cependant, je le dis à regret, si l'arrêté du gouvernement, du 21 prairial an 9, peut laisser là-dessus quelques doutes, en ce qu'il ne défend aux personnes étrangères au service de la poste, que de *s'immiscer dans le transport des lettres, journaux, etc.*, termes qui semblent caractériser une *habitude* et ne pouvoir s'appliquer à un fait passager et isolé, ces doutes disparaissent à la lecture réfléchie des lois et réglemens antérieurs auxquels cet arrêté se réfère, et qui sont rapportés dans le *Répertoire de jurisprudence*, au mot *Lettre*, n° 1; et l'on est forcé de convenir que la peine dont il s'agit doit atteindre tout individu, étranger au service des

_____

(1) Jurisprudence de la cour de cassation, tom. 6, partie 2, page 191.

-postes, qui est trouvé porteur de lettres missives, quoiqu'il ne soit ni voiturier ni messager, qu'il ne fasse en cela que rendre un service gratuit, et qu'il le fasse pour la première fois.

C'est, au surplus, ce que juge positivement un arrêt de la cour de cassation du 17 avril 1828, qui est ainsi conçu :

» Le procureur-général expose qu'il est chargé par M. le garde-des-sceaux, ministre de la justice, de requérir, dans l'intérêt de la loi, l'annulation d'un arrêt rendu le 7 mars 1827, par la cour royale d'Aix, chambre des appels de police correctionnelle, dans les circonstances suivantes :

» Claude-Antoine-Frédéric Robert fut traduit devant le tribunal correctionnel de Marseille, le 25 janvier 1827, comme ayant contrevenu aux lois et réglemens sur la poste aux lettres, en s'immisçant, sans titre, dans le transport des lettres. La plainte le qualifie de *voiturier*; mais dans son interrogatoire, il n'a pris que le titre de *marchand drapier.*

» Le tribunal correctionnel l'a renvoyé des poursuites.

» Sur l'appel interjeté par le procureur du roi, la cour royale a rendu, le 7 mars 1827, un arrêt ainsi motivé :

» Considérant que, d'après les dispositions de l'arrêté du gouvernement du 29 prairial an 11, ne sont passibles des peines y portées, que ceux qui se seraient immiscés, au préjudice de l'administration des postes, dans le transport des lettres et paquets; que le prévenu Claude-Antoine-Frédéric Robert n'est point évidemment dans ce cas, puisque c'est la seule fois qu'il a été trouvé porteur de deux lettres missives; qu'il n'est ni voiturier, ni messager, mais bien marchand drapier seulement; qu'il ne retirait d'ailleurs aucune rétribution de ce transport, dont il ne s'était chargé que par obligeance et pour rendre service; que, d'après cela, la saisie de ces lettres, faite sur lui, surtout si elle l'a été comme il le prétend, dans un porte-feuille où il les avait serrées, est injuste, illégale et vexatoire: par ces motifs, la cour, sans s'arrêter à l'appel émis par le procureur du roi, ordonne que le jugement tiendra et sortira son plein et entier effet; condamne l'administration des postes au remboursement des frais de la procédure envers l'État, etc.

» Cet arrêt a violé la loi :

» 1° En décidant qu'une seule contravention à la défense faites aux particuliers de porter des lettres, ne constitue pas le délit prévu par l'arrêté du gouvernement du 16 juin 1801 (27 prairial an 9);

» 2° En décidant que cette contravention ne peut être commise que par ceux qui exercent la profession de voiturier ou de messager, tandis que l'arrêté précité, en exprimant la prohibition, se sert du terme générique, « toute personne étrangère au service des » postes ; »

» 3° Enfin, en décidant qu'il faut, pour qu'il y ait contravention, que le transport des lettres soit rétribué, tandis qu'aucune disposition du même arrêté ni des autres réglemens de la matière, ne fait dépendre le délit de cette condition.

» Ce considéré, il plaise à la cour casser et annuler, dans l'intérêt de la loi, l'arrêt dénoncé, et ordonner qu'à la diligence de l'exposant l'arrêt à intervenir sera imprimé et transcrit sur le registre de la cour royale d'Aix.

» Fait au parquet le 9 avril 1828. *Signé*, Mourre.

» Ouï M. Brière, conseiller, en son rapport, et M. le conseiller Mangin, faisant les fonctions du ministère public, en ses conclusions;

» Vu l'art. 441 du code d'instruction criminelle ;

» Vu l'expédition de l'arrêt rendu dans le procès de Claude-Antoine-Frédéric Robert, le 7 mars 1828, par la chambre des appels de police correctionnelle de la cour royale d'Aix ;

» Vu l'arrêté du gouvernement du 27 prairial an 9 ;

» La cour, adoptant les motifs du réquisitoire, casse et annule, dans l'intérêt de la loi seulement, l'arrêt rendu le 7 mars 1827, par la chambre des appels de police correctionnelle de la cour royale d'Aix, confirmatif d'un jugement correctionnel du tribunal de première instance de Marseille, du 25 janvier précédent, par lequel Claude-Antoine-Frédéric Robert, prévenu de contravention aux lois et réglemens sur le transport des lettres, avait été renvoyé de l'action du ministère public.... (1). »

§. VI. 1° *Les agens de l'autorité et de la force publique qui sont chargés de constater les contraventions au droit exclusif de l'administration des postes, de transporter les lettres, les journaux, etc., peuvent-ils fouiller de simples voyageurs, à l'effet de s'assurer s'ils ne sont pas porteurs de papiers de cette espèce ?*

2° *Le procureur du roi, auquel est remis un procès-verbal constatant une contravention au droit exclusif de l'administration des postes, de transporter des lettres, journaux, etc., peut-il, au lieu de citer directement le prévenu devant le tribunal correctionnel, requérir contre lui une information, pour y être statué par la chambre du conseil de première instance ?*

Voici un arrêt de la cour de cassation du 24 avril 1828, qui, d'une part, semble faire entendre que la première de ces questions ne peut être résolue que négativement; et de l'autre, adopte l'affirmative, par rapport à la seconde :

(1) Bulletin criminel de la cour de cassation, tome 33, page 263.

» Le procureur-général expose qu'il est chargé par M. le garde-des-sceaux, ministre de la justice, de requérir, dans l'intérêt de la loi, l'annulation d'un arrêt rendu par la cour royale de Pau, chambre des mises en accusation, le 4 août 1827, dans les circonstances suivantes :

» Le 23 juin dernier, les gendarmes à la résidence de Rocquefort, arrondissement de Mont-de-Marsan, firent des recherches dans la voiture d'une femme qui conduisait à Bordeaux deux voyageurs nommés Dominique Lacaze et Jacques Lafond, tous deux domiciliés dans le département des Hautes-Pyrénées. Ils fouillèrent aussi ces voyageurs : l'un était porteur de trois lettres, et l'autre de deux, adressées à Bordeaux. Les gendarmes constatèrent, après deux procès-verbaux, ces contraventions aux réglemens des postes.

» Ces procès-verbaux furent remis au procureur du roi près le tribunal de première instance de Mont-de-Marsan, qui crut devoir employer le mode le plus propre à bien éclaircir la question de savoir « si les recherches sur des individus qui ne sont ni » voituriers, ni entrepreneurs de transport, sont » licites. » Il saisit donc la chambre du conseil, pour qu'après l'examen qu'elle ferait de l'affaire, et sauf l'information préalable, elle l'a renvoyât sur son réquisitoire devant la chambre correctionnelle.

» La chambre du conseil décida, le 27 juin, qu'il n'y avait pas lieu de suivre accidentellement, ni par conséquent de renvoyer en police correctionnelle, sauf au ministère public à faire informer d'office, et à lui soumettre de nouveau l'affaire.

« Le procureur du roi forma opposition à cette ordonnance, et la cour l'annula par son arrêt du 4 août 1827, par le motif que la chambre du conseil du tribunal de Mont-de-Marsan était incompétente pour statuer sur le réquisitoire du ministère public, attendu que, s'agissant d'une matière spéciale, il aurait dû citer directement les prévenus en police correctionnelle, sans provoquer un réglement de compétence qui était inutile. En même temps elle réserva au procureur du roi la faculté de se pourvoir en police correctionnelle, à raison du fait de la prévention, et indiqua, pour connaître de la poursuite, le tribunal de première instance de Dax.

» Voici les principaux motifs par lesquels la cour royale a déclaré l'incompétence de la chambre du conseil du tribunal de première instance :

» Attendu (porte l'arrêt) que les art. 64 et 65 du » code d'instruction criminelle, d'après lesquels les » plaintes et dénonciations adressées au ministère » public doivent être par lui transmises au juge » d'instruction, ne regardent d'abord, et par leurs » expressions littérales, et par le titre du para- » graphe sous lequel ils se trouvent, que les sim- » ples plaintes et dénonciations qui nécessitent en » général une instruction préalable pour y fonder » la décision du juge et l'application des peines ;

» tandis qu'au cas spécial dont il s'agit, le procès- » verbal de la constatation du délit et de la saisie » des lettres, fait preuve par lui seul, et suffit, pour » déterminer la peine à infliger aux contrevenans ;

» Que c'est aussi évidemment par cette raison que » l'art. 5 de l'arrêté consulaire du 27 prairial de » l'an 9, porte expressément que les procès-verbaux » seront de suite adressés à l'officier du ministère » public près le tribunal civil et correctionnel de » l'arrondissement, par les préposés des postes, pour » poursuivre, contre les contrevenans, la condam- » nation de l'amende de 150 francs au moins et de » 300 francs au plus pour chaque contravention ;

» Attendu que ce texte formel, réglant à la fois » et de la manière la plus impérative, la peine à » appliquer et la forme de la poursuite, imposait » littéralement au procureur du roi l'obligation de » se pourvoir, sans intermédiaire, au tribunal » correctionnel, seul compétent pour connaître de » l'affaire :

» La cour annule l'ordonnance par incompé- » tence, sans préjudice au procureur du roi de se » pourvoir, si bon lui semble, ainsi qu'il avisera, en » police correctionnelle; auquel l'effet, la cour in- » dique pour en connaître, le tribunal correctionnel » de Dax.

» Tel est l'arrêt que l'exposant soumet à la cen- » sure de la cour.

» Les motifs lui paraissent erronés ; l'arrêté du 27 prairial an 9, loin de régler d'une manière impérative et textuelle la forme de la poursuite, garde à ce sujet le silence le plus absolu, et laisse, dès-lors, le mode de procéder dans les termes du droit commun ; il se borne à dire que les procès-verbaux seront adressés à l'officier du ministère public près le tribunal correctionnel de l'arrondissement, pour poursuivre contre les contrevenans la condamnation à l'amende ; il ne prescrit nullement au procureur du roi (comme l'arrêt le suppose) de se pourvoir sans intermédiaire ; il le laisse arbitre du choix entre la citation directe et l'information préalable. A la vérité, le premier mode est en général préférable, comme offrant à la fois plus d'économie dans les frais et plus de célérité dans la poursuite ; et il convient de l'employer chaque fois que la nature de l'affaire le permet, notamment lorsqu'il s'agit d'une contravention susceptible d'être prouvée par procès-verbaux, ou par témoins cités directement à l'audience : mais l'emploi de ce mode de procédure est facultatif ; il n'est point légalement obligatoire, au point de vicier d'incompétence les décisions de la chambre du conseil ; dans le cas où la voie de l'information préalable a été, par un motif quelconque, employée de préférence (art. 182 du code d'instruction criminelle). Ainsi, dans l'espèce, la cour royale de Pau a violé cet art. 182, et faussement appliqué l'art. 5 de l'arrêté du 27 prairial an 9, en annulant, pour incompétence, l'ordonnance de la chambre du conseil du tribunal de première instance de Mont-de-Marsan.

» Une autre violation de la loi résulte de la disposition par laquelle la même cour a sans nécessité et sans utilité, dessaisi le tribunal de première instance de Mont-de-Marsan de la connaissance de l'affaire, pour l'attribuer au tribunal de Dax. Le tribunal de Mont-de-Marsan a été dessaisi sans nécessité et sans utilité; car, d'un côté, rien ne s'oppose à ce qu'un tribunal qui a connu d'une affaire dans la chambre du conseil, pour le réglement de la procédure, prenne ensuite connaissance du fond, comme tribunal correctionnel. D'ailleurs, le tribunal de Mont-de-Marsan étant composé de neuf juges, qui forment deux chambres, et la chambre correctionnelle pouvant juger au nombre de trois juges, on aurait pu ne pas appeler à connaître du fond de l'affaire, les magistrats qui en avaient connu dans la chambre du conseil. D'un autre côté, par une inconséquence difficile à expliquer, le tribunal de Mont-de-Marsan, dépouillé de la connaissance de l'affaire, comme tribunal de première instance, sous prétexte qu'il en avait connu comme chambre du conseil, devait cependant s'en retrouver saisi en cas d'appel, puisque le tribunal devant lequel la cour a renvoyé l'affaire appartient au même département.

» Ce considéré, il plaise à la cour casser et annuler, dans l'intérêt de la loi, et ordonner qu'à la diligence de l'exposant l'arrêt à intervenir sera imprimé et transcrit sur les registres de la cour royale de Pau. *Signé*, Mourre.

» Ouï M. Brière, conseiller, en son rapport, et M. Laplagne-Barris en ses conclusions...

» Vu l'art. 441 du code d'instruction criminelle;

» La cour, statuant sur le réquisitoire du procureur-général, et sans qu'il puisse être induit du fait inséré audit réquisitoire, que les gendarmes fouillèrent les nommés *Dominique Lacaze* et *Jacques Lafond*, qu'aucun agent de l'autorité ou de la force publique puisse, en conformité des lois et réglemens, fouiller de simples voyageurs, dans le seul intérêt de l'administration de la poste aux lettres; adoptant, en ce qui concerne les formes de l'instruction correctionnelle, quant au mode des poursuites à exercer pour réprimer et punir les délits qui portent préjudice à cette administration, les motifs du réquisitoire, casse et annule, *dans l'intérêt de la loi*, l'arrêt rendu le 4 août 1827, par la chambre des mises en accusation de la cour royale de Pau, sur l'opposition du procureur du roi près le tribunal de première instance du Mont-de-Marsan à l'ordonnance de la chambre du conseil dudit tribunal, du 27 juin précédent (1). »

Je n'ai rien à dire sur le dispositif de cet arrêt: il est parfaitement conforme à la règle générale sur la manière de saisir les tribunaux correctionnels de la connaissance des délits, et l'arrêté du 27 prairial an 9 ne déroge en rien à cette règle.

(1) Bulletin criminel, 1828, page 301.

Mais la réserve qui est intercalée dans cet arrêt appelle une observation importante.

Elle honore sans doute la philantropie des magistrats qui l'ont délibérée; elle prouve sans doute que leur âme généreuse s'est soulevée à l'idée que tout voyageur puisse être forcé par des gendarmes de vider et retourner ses poches devant eux, et de les laisser pénétrer dans toutes les parties de ses vêtemens, et cela sous le prétexte qu'il est possible qu'il se soit chargé, par commisération, d'une lettre adressée à une famille pauvre, et hors d'état d'en payer le port à l'administration des postes.

Mais en est-il moins vrai qu'à la honte de notre législation, les agens de l'autorité et de la force publique ont le droit de faire de pareilles fouilles? et n'est-ce pas ce qui résulte clairement de l'autorisation que l'art. 3 de l'arrêté du 27 prairial an 9 leur accorde, de « faire ou faire faire, *non-seulement* » *sur les piétons* chargés de porter des dépêches, » *voitures de messageries* et autres de même espèce, » *mais encore sur les passagers*, afin de constater » les contraventions. »

Espérons que, sur ce point, comme sur celui qui forme l'objet du paragraphe précédent, notre législation sera bientôt purgée des atteintes qu'elle porte à l'un des droits les plus sacrés de l'homme.

LETTRE DE CHANGE, §. I. 1° *Pour déterminer l'échéance et l'exigibilité d'une lettre de change tirée d'Amsterdam sur Paris, à deux mois de date, avant le rétablissement du calendrier grégorien en France, devait-on consulter l'annuaire républicain, alors seul en usage à Paris, ou le calendrier grégorien encore usité à Amsterdam?*

2° *En cas de protêt fait à tard d'une lettre de change ACCEPTÉE par celui sur qui elle était tirée, le tireur et les endosseurs étaient-ils tenus, sous l'ordonnance de 1673, pour éviter le recours du porteur, de prouver que l'accepteur leur était redevable, ou avait provision au temps où le protêt eût dû être fait.*

V. l'article *Protêt*, §. 2.

§. II. *Celui qui, après un protêt, paye pour le compte d'un autre une lettre de change qui ne portait point remise de place en place peut-il en répéter les intérêts à dater du jour du payement? Peut-on considérer comme lettre de change une traite qui ne porte point remise de place en place?*

V. le plaidoyer et l'arrêt du 5 vendémiaire an 11, rapportés à l'article *Intérêts*, §. 2.

§. III. 1° *Celui qui, sous l'ordonnance de 1673, s'était rendu caution et garant solidaire du payement d'une lettre de change, en cas qu'à l'échéance le tireur n'en fît pas les fonds, pouvait-il opposer au porteur* qui ne lui en avait pas fait signifier le protêt dans le terme prescrit par l'art. 14 du tit. 5 de cette loi, la fin de non-recevoir établie par l'art. 13 du même titre ?

2° Le pouvait-il, lorsqu'il avait donné ce cautionnement à titre d'aval, et pour valoir comme endossement ?

3° Le pouvait-il, lorsqu'il avait donné son aval par un acte séparé de la lettre de change ?

4° Comment ces questions doivent-elles être résolues sous le code de commerce ?

V. l'article *Aval,* §. 1 et 2.

§. IV. *Celui qui n'a ni créé, ni endossé, ni accepté une lettre de change, peut-il, sous le prétexte qu'il en doit le montant au tireur, être assigné en garantie du payement de cette traite devant le juge domiciliaire de celui-ci ?*

J'ai traité cette question dans les conclusions suivantes, qui ont été données à l'audience de la cour de cassation, section des requêtes, le 22 frimaire an 9, sur une demande en réglement de juges formée par le sieur Géhier-Saint-Hilaire, contre le cit. Leprieur.

« Vous avez à statuer définitivement sur la requête en réglement de juges du cit. Géhier-Saint-Hilaire, dont votre jugement interlocutoire du 27 ventôse an 8 a ordonné la communication au cit. Leprieur.

» Dans le fait, le cit. Leprieur a exercé, pendant plusieurs années, à Rennes, les fonctions d'agent-général des transports militaires, dont le cit. Géhier-Saint-Hilaire était entrepreneur à Paris.

» A l'époque de la cessation de son service, le cit. Leprieur, se prétendant en avance sur le cit. Géhier-Saint-Hilaire, a tiré sur lui plusieurs lettres de change, montant ensemble à 12,300 francs, que le cit. Géhier-Saint-Hilaire a laissé protester, faute d'acceptation.

» Le porteur de ces lettres de change ayant exercé son recours contre le cit. Leprieur, devant le tribunal de commerce de Rennes, celui-ci a fait assigner le cit. Géhier-Saint-Hilaire devant le même tribunal, pour s'y voir condamner à le garantir et indemniser des poursuites du porteur.

» Le cit. Géhier-Saint-Hilaire a proposé un déclinatoire qu'il a motivé, et sur ce qu'il n'était pas justiciable des tribunaux de commerce, et sur ce qu'en tout cas il n'eût pu l'être que de celui de Paris, lieu de son domicile.

» Ce déclinatoire ayant été rejeté par un jugement du 29 pluviôse an 8, le cit. Géhier-Saint-Hilaire s'est pourvu en réglement de juges.

» Avant de prononcer sur sa demande, le tribunal a cru devoir entendre le cit. Leprieur.

» Le cit. Leprieur a fourni ses moyens de défense, et le cit. Géhier-Saint-Hilaire y a répondu.

» Les choses en cet état, vous avez à décider si le cit. Géhier-Saint-Hilaire est justiciable des tribunaux de commerce en général, et subsidiairement si, dans l'espèce, c'est devant le tribunal de commerce de Rennes qu'il a dû être assigné.

» Sur la première question...... (1).

» Après tout, quand le cit. Géhier-Saint-Hilaire serait justiciable des tribunaux de commerce en général, aurait-il pu pour cela être assigné au tribunal de commerce de Rennes ? L'aurait-il pu, notamment dans la supposition assurément bien gratuite, qu'il eût promis d'accepter les lettres de change dont il s'agit ?

» Sur cette question subsidiaire, nous laisserons parler le jugement que vous avez rendu depuis peu dans une espèce parfaitement identique avec l'hypothèse dans laquelle nous venons de placer le cit. Géhier-Saint-Hilaire.

» Le cit. Parthon, banquier à Paris, s'était obligé, par acte du 8 ventôse an 9, d'accepter les traites qui seraient tirées par le cit. Thoinnet, à l'ordre du cit. Rouzeau jeune, pour des objets dont il est inutile de vous rendre compte.

» Quelque temps après, un cit. Saublay, que le cit. Thoinnet avait chargé de sa procuration relativement aux objets pour lesquels les traites devaient être fournies, tira de Rochefort, à l'ordre du cit. Rouzeau, deux lettres de change sur le cit. Parthon.

» Le cit. Rouzeau les passa à l'ordre du cit. Hèbre-Saint-Clément.

» Le cit. Parthon refusa de les accepter, sous prétexte qu'il ne connaissait pas le cit. Saublay.

» En conséquence, assignation donnée par le cit. Hèbre-Saint-Clément, au cit. Rouzeau, devant le tribunal de commerce de Rochefort.

» Le cit. Rouzeau comparait, et conclut à la mise en cause du cit. Parthon.

» Le cit. Thoinnet comparait également, et fait la même demande.

» Jugement du 12 brumaire an 8, qui ordonne effectivement que le cit. Parthon sera mis en cause.

» Le 2 ventôse suivant, le cit. Parthon comparait, forme opposition au jugement du 12 brumaire précédent, et demande son renvoi devant le tribunal de commerce de Paris.

» Jugement du même jour, qui rejette son déclinatoire, et, sur son refus de plaider au fond, le condamne par défaut au payement des deux lettres de change.

» Le cit. Parthon se pourvoit en réglement de juges; et le 21 thermidor an 8, jugement de la section des requêtes, au rapport du cit. Riolz, par lequel,

» Attendu que Parthon n'a promis que d'accepter » et de payer à Paris les lettres de change qui se-» raient tirées par Thoinnet en faveur de Rouzeau; » que c'est sous ce rapport seulement que Parthon

_____

(1) *V.* l'article *Tribunal de commerce*, §. 5.

» s'est mis à la place de Thoinnet, mais qu'il ne
» s'est nullement soumis à être poursuivi devant les
» juges desquels Thoinnet serait ou pourrait être
» justiciable; qu'ainsi, l'engagement de Parthon est
» un engagement purement personnel qui n'a pu
» produire contre lui qu'une action purement per-
» sonnelle, de la compétence des juges de son do-
» micile, c'est-à-dire, du tribunal de commerce de
» Paris; »

» Le tribunal, sans avoir égard aux assignations
» données à Parthon devant le tribunal de commerce
» de Rochefort, les 28 frimaire et 7 pluviôse der-
» nier, ni au jugement de ce tribunal du 12 bru-
» maire aussi dernier, en ce qu'il ordonne la mise
» en cause de Parthon, ni à celui du 2 ventôse sui-
» vant, en ce qu'il le déboute de son déclinatoire,
» et le condamne au payement des lettres de change
» dont il s'agit, ni à tout ce qui a pu être fait en
» exécution de ces jugemens, le tout quoi ci dé-
» claré nul et comme non-avenu, le tribunal or-
» donne que, sur la demande portée aux assignations
» des 28 frimaire et 7 pluviôse dernier, il sera pro-
» cédé devant le tribunal de commerce de Paris. »

» D'après une décision aussi positive, il ne peut
y avoir ici aucune difficulté sur l'incompétence du
tribunal de commerce de Rennes. Le seul doute qui
peut rester, est de savoir si c'est devant le tribunal
de commerce de Paris, ou devant le tribunal civil du
département de la Seine, que les parties doivent être
renvoyées. Mais comme il n'existe encore, à cet
égard, aucune contestation entre elles, il paraît inutile de nous en occuper quant à présent.

» Dans ces circonstances et par ces considérations, nous estimons qu'il y a lieu, sans avoir égard
aux assignations données au cit. Géhier-Saint-Hilaire
devant le tribunal de commerce de Rennes, ni au
jugement de ce tribunal, du 29 pluviôse an 8, lesquels
seront déclarés nuls et comme non-avenus, d'ordonner que, sur la demande formée par le cit. Leprieur contre le cit. Géhier-Saint-Hilaire, les parties
procéderont devant les juges du domicile de ce
dernier qui en doivent connaître. »

Sur ces conclusions, arrêt du 22 frimaire an 9, au
rapport de M. Defougères, qui prononce en ces
termes:

« Attendu que les entreprises du cit. Géhier-Saint-
Hilaire, et les négociations qui en ont été la suite, le
mettent dans la classe des marchands et négocians,
sous le rapport des contestations qui en résultent, et
des tribunaux qui doivent en connaître;

» Attendu aussi qu'il résulte des instructions fournies par Géhier-Saint-Hilaire à Leprieur, l'un de
ses agens, et de sa correspondance, que les lettres
de change qu'il était autorisé à tirer sur lui, avec
les formalités et les précautions qu'il lui indique,
devaient être toutes payées à Paris, au domicile de
Géhier-Saint-Hilaire, où il tenait sa caisse et ses bureaux;

» Attendu que, quoique ledit Géhier-Saint-Hilaire fût justiciable des tribunaux de commerce pour

raison de ses entreprises et des lettres de change tirées sur lui par ses agens, il ne pouvait néanmoins
être traduit devant les divers tribunaux de commerce
de la république, où seraient appelés ses agens ti-
reurs de lettres de change, par les porteurs ou endosseurs d'icelles:

» Le tribunal, statuant sur la demande en réglement de juges, sans s'arrêter ni avoir égard aux
assignations données à Géhier-Saint-Hilaire, de la
part de Leprieur, devant le tribunal de commerce de
Rennes, qui sont déclarées nulles et comme non-
avenues, ni aux jugemens intervenus contre lui au
tribunal de commerce de Rennes, les 24 vendémiaire an 8 et 29 pluviôse suivant, qui sont aussi
déclarés nuls et comme non-avenus, quant aux dispositions qui concernent ledit Géhier-Saint-Hilaire,
renvoie les parties à procéder devant le tribunal de
commerce de Paris, dans le territoire duquel réside
Géhier-Saint-Hilaire, et condamne Leprieur aux
frais et déboursés faits par ledit Géhier-Saint-Hilaire, sur ladite demande en règlement de juges.... »

Il a été rendu, depuis, deux arrêts semblables.
Voici l'espèce du premier.

Le sieur Couturier, maître des forges, à Châtillon-sur-Seine, avait fourni aux sieurs Paillet et
Labbé, négocians à Paris, des fers, pour le solde
desquels il tira sur eux une lettre de change de
4,580 francs, payable à domicile.

Les sieurs Paillet et Labbé, prétendant ne rede-
voir au sieur Couturier que 2,590 francs, laissent
protester sa lettre de change.

Les porteurs se pourvoient contre le sieur Couturier, devant le tribunal civil de Châtillon, faisant
fonctions de tribunal de commerce.

Le sieur Couturier, de son côté, y fait assigner en
garantie les sieurs Paillet et Labbé.

Ceux-ci ne comparaissent pas, se laissent condamner par défaut, font au sieur Couturier des offres réelles de 2,590 francs qu'il refuse, et l'assignent, pour les voir déclarer valables, devant le
tribunal de commerce de Paris.

Le sieur Couturier se présente devant ce tribunal,
et soutient que l'action dirigée contre lui, étant personnelle, ne peut être portée que devant le juge de
son domicile.

Jugement qui rejette son déclinatoire, et déclare
les offres réelles et valables.

Demande en règlement de juges de la part du
sieur Couturier, qui soutient, devant la section des
requêtes de la cour de cassation, 1° qu'ayant été
assigné au tribunal de Châtillon par les porteurs de
sa lettre de change, c'est au même tribunal qu'il a
dû assigner les sieurs Paillet et Labbé, garans du
payement de cet effet; qu'il n'importe qu'ils dé-
nient leur qualité de garans; que cette dénégation
n'empêche pas, aux termes de l'art. 181 du code de
procédure civile, qu'ils ne soient justiciables du tribunal saisi de l'action principale; 2° que le tribunal
de commerce de Paris était incompétent pour sta-

tier, sur une demande en validité d'offres réelles qui, par cela seul qu'elle était personnelle, ne pouvait être portée que devant le juge domiciliaire du défendeur.

Par arrêt du 12 février 1811, au rapport de M. Oudard :

« Attendu que la lettre de change tirée par Couturier sur Paillet et Labbé, eût été payable à Paris, si ces derniers, n'eussent pas prétendu qu'ils n'en devaient pas le montant; et qu'ainsi, d'après l'article 420 du code de procédure, la demande de Paillet et Labbé contre Couturier a été régulièrement portée devant le tribunal de commerce de Paris;

» Attendu que celui qui n'a ni tiré, ni accepté, ni endossé une lettre de change, ne peut, sous le prétexte qu'il en doit le montant, être distrait de ses juges naturels :

» La cour, sans s'arrêter aux jugemens rendus par le tribunal civil de l'arrondissement de Châtillon-sur-Seine, lesquels sont déclarés comme non-avenus, ordonne que les parties continueront de procéder en première instance devant le tribunal de commerce de Paris. »

Le second arrêt a été rendu dans les circonstances suivantes :

En 1812, le sieur Musy-Hugot expédie, de Beaune, au sieur Mineur, commissionnaire à Charleville, une feuillette de vin qu'il le charge de faire parvenir au sieur Alexandre, à Verdun.

Le sieur Mineur confie le transport de cette feuillette au sieur Juillon-Compérat, voiturier à Sédan, qui, arrivé à Verdun, et sur le refus du sieur Alexandre de la recevoir, la dépose dans un magasin, où elle périt.

Le sieur Musy-Hugot, informé de cette perte, en prévient le sieur Mineur, qui s'en reconnaît responsable, sauf son recours contre le voiturier; et il tire sur lui une lettre de change de 274 francs, valeur du vin perdu.

Cette lettre de change est protestée faute de payement; et le porteur fait assigner le sieur Musy-Hugot devant le tribunal de commerce de Beaune, pour se voir condamner à en rembourser le montant.

Le sieur Musy-Hugot fait assigner le sieur Mineur en garantie devant le même tribunal.

Le sieur Mineur, qui n'avait ni tiré, ni accepté, ni endossé la lettre de change, mais qui en devait le montant comme responsable de la perte du vin dont elle était le prix, pouvait décliner le tribunal de Beaune, et demander son renvoi à Charleville. Il ne le fait point, et se borne à faire assigner le sieur Juillon-Compérat en arrière-garantie devant le même tribunal.

Le sieur Juillon-Compérat demande son renvoi devant le tribunal de commerce de Sédan, lieu de son domicile.

Le 5 juillet 1816, jugement qui rejette ce déclinatoire; et le 5 mai suivant, autre jugement qui condamne le sieur Juillon-Compérat à garantir le sieur Mineur, le sieur Mineur à garantir le sieur Musy-Hugot, et le sieur Musy-Hugot à rembourser le porteur de la lettre de change.

Recours en cassation de la part du sieur Juillon-Compérat contre ces deux jugemens.

Par arrêt du 17 juin 1817, au rapport de M. Cassaigne :

« Vu le §. 1 de l'art. 59 du code de procédure civile;

» Attendu que, suivant cet article, le défendeur doit être assigné devant les juges de son domicile, hors les cas exceptés par la loi;

» Et attendu que celui qui n'a ni créé, ni accepté, ni endossé, ni autrement signé une lettre de change, ne peut être distrait de ses juges naturels, sous prétexte qu'il est redevable; que Juillon-Compérat n'a aucunement signé celle tirée par Musy-Hugot sur Mineur; qu'il n'a donc pu être distrait par celui-ci des juges de son domicile, et être par lui traduit devant ceux de Beaune en garantie de cette lettre, quand même il serait redevable; qu'il n'a pas non plus été permis à Mineur de l'attirer par-devant les juges de Beaune, sous prétexte que la garantie exercée contre lui par Musy-Hugot avait pour cause la valeur du vin confié, pour le transport, par ce dernier, à Mineur, et par celui-ci à Juillon-Compérat, par la faute duquel ce vin aurait péri, puisqu'en raison de cette perte, Musy-Hugot ne pouvait agir contre Mineur que devant le tribunal de Charleville, juge du domicile de ce dernier, ni Mineur se pourvoir contre Juillon-Compérat, que devant le tribunal de Sédan, juge du domicile de celui-ci ; à moins que Musy-Hugot n'eût porté son action devant les juges du domicile de Mineur, auquel cas seulement celui-ci eût pu attirer Juillon-Compérat devant ces mêmes juges par voie de garantie ; qu'enfin, il n'a pas dépendu de Mineur, en s'assujettissant arbitrairement à la juridiction du tribunal de Beaune, d'y entraîner, par son fait, Juillon-Compérat, qui a refusé de s'y soumettre ; qu'ainsi, en retenant la connaissance de la demande de Mineur contre Juillon-Compérat, et en y statuant au fond, ce même tribunal a violé l'art. 59 du code de procédure civile ci-dessus cité, et a fait une fausse application de l'article 181 du même code :

La cour casse et annule... (1). »

§. V. Si, après cinq ans, le débiteur d'une lettre de change reconnaît, même par une simple lettre missive, qu'elle n'est pas acquittée, la prescription est-elle couverte ?

Elle l'était certainement sous l'ordonnance de

_____

(1) Bulletin civil de la cour de cassation, tome 19, page 190.

1673 : car l'art. 21 du tit. 5 de cette loi ne faisait pas résulter du laps de cinq ans, une prescription proprement dite ; il n'en faisait résulter qu'une présomption de payement.

C'est ce qu'indiquaient, 1° les termes dont se sert l'article : *seront réputés acquittés après cinq ans;* 2° l'obligation que l'article imposait aux prétendus débiteurs d'*affirmer*, lorsqu'ils étaient requis, même après les cinq ans, *qu'ils n'étaient plus redevables*.

C'est aussi ce qu'enseignait Catellan, dans son recueil d'arrêts, tome 2, liv. 7, chap. 25; et Jousse, sur l'article cité de l'ordonnance de 1673.

Et c'est ce qui avait été jugé par un arrêt rendu à la grand'chambre du parlement d'Aix, le 12 juillet 1783, en faveur de la dame Mignen-Duplanier, contre Pierre-Nicolas de Nitry.

Cet arrêt confirmait une sentence des juges-consuls de Marseille, qui avait condamné Pierre-Nicolas de Nitry, par corps, au payement d'une lettre de change tirée par lui à Marseille, sur son frère (établi en Amérique), depuis environ vingt-deux ans, parce qu'il n'en avait pas fait les fonds à l'échéance, et qu'il avait reconnu la dette par une lettre écrite au mari de la dame Duplanier, quatre ans avant la demande judiciaire.

Pierre-Nicolas de Nitry s'est pourvu en cassation contre cet arrêt, et le conseil en a demandé les motifs; mais d'après l'envoi qui en a été fait et la connaissance de la lettre missive qui avait été dissimulée, un arrêt du mois de décembre 1784 a débouté le demandeur de sa requête en cassation.

Il n'y a nul doute qu'on ne doive encore juger de même sous le code du commerce. A la vérité, l'article 189 de ce code dit que « toutes actions relatives » aux lettres de change *se prescrivent par cinq ans*, » à compter du jour du protêt, ou de la dernière » poursuite juridique»; mais le même article ajoute : « S'il n'y a eu condamnation, ou si la dette n'a été » *reconnue par acte séparé*». Et d'ailleurs, le même article dit encore que « néanmoins les prétendus » débiteurs seront tenus, s'ils en sont requis, d'af- » firmer sous serment qu'ils n'en sont plus rede- » vables.... »

§. VI. *Un associé qui a accepté une lettre de change tirée sur lui, pour les affaires de la société, par son associé, lequel s'en trouve encore porteur au moment de la dissolution de la société même, peut-il en refuser le payement jusqu'à ce que, par le résultat du compte à rendre, il soit constaté lequel des deux associés doit à l'autre ?*

Cette question est traitée dans le plaidoyer suivant, que j'ai prononcé à l'audience de la section des requêtes de la cour de cassation du 11 brumaire an 9 :

« La maison *Marana*, de Gênes, associée à la maison *Fabre et compagnie*, de Marseille, tire sur celle-ci une lettre de change de 7,417 livres.

» La maison Fabre et compagnie accepte cette traite; mais à l'échéance elle en refuse le payement, parce qu'à cette époque la société qui avait existé entre elle et la maison Marana, se trouve dissoute.

» En conséquence, protêt, recours du porteur contre la maison Marana, et citation à la requête de celle-ci, de la maison Fabre et compagnie, devant le tribunal de commerce de Marseille, pour se voir condamner au payement de l'effet protesté.

» Jugement du tribunal de commerce du cinquième jour complémentaire an 7, qui prononce en faveur de la maison Marana.

» Mais, sur l'appel au tribunal civil des Bouches-du-Rhône, jugement du 7 brumaire an 8, qui infirme, ordonne aux parties de se retirer devant des arbitres, pour présenter et régler le compte de leur société, et déboute, quant à présent, la maison Marana de sa demande.

» La maison Marana prétend d'abord que ce jugement viole l'art. 11 du tit. 3 de l'ordonnance du commerce de 1673, suivant lequel, « après le pro- » têt, celui qui a accepté une lettre de change peut » être poursuivi à la requête de celui qui en est le » porteur. »

» Mais le jugement lui-même répond à ce premier moyen, en observant que, d'après les termes exprès du contrat de société, les maisons Marana de Gênes, et Fabre, de Marseille, n'en ont formé qu'une, dont toutes les opérations et les intérêts étaient communs, sans que ni l'une ni l'autre pût entreprendre aucune affaire qui lui fût particulière; tout devant être pour le compte de la masse des deux maisons; que, d'après cela, il est évidemment nécessaire de liquider les affaires sociales; et que, jusqu'alors, l'une des deux maisons ne doit avoir aucun privilége ni avantage sur l'autre.

» Nous ajouterons que, si l'ordonnance de 1673 contient un article qui assujétit l'accepteur d'une lettre de change à la payer, elle en contient un aussi qui porte : « Tous associés sont obligés soli- » dairement aux dettes de la société, encore qu'il » n'y en ait qu'un qui ait signé, au cas qu'il ait si- » gné pour la compagnie. » C'est l'art. 7 du tit. 4 qui s'explique ainsi. Or, de là que résulte-t-il? Une chose fort simple : c'est que les frères Marana sont aussi bien liés par l'acceptation des cit. Fabre et compagnie que les cit. Fabre et compagnie eux-mêmes; c'est que les cit. Fabre et compagnie seraient aussi fondés à se pourvoir, pour raison de cette acceptation, contre les frères Marana, que ceux-ci pourraient l'être à se pourvoir à ce sujet contre ceux-là; ou, pour parler plus juste, c'est qu'il ne peut y avoir, quant à présent, aucune action particulière pour cet objet entre les uns et les autres, et que cet objet doit être renvoyé à la liquidation générale de la société.

» Mais, disent les frères Marana, il n'est pas vrai

que la lettre de change dont nous poursuivons le payement, soit relative aux affaires de notre société; nous ne l'avons créée que sur la demande expresse et sous la garantie personnelle des cit. Fabre et compagnie; et ce fait, nous le prouvons par deux lettres des 13 et 19 avril 1799.

» Le rapporteur vous a observé que ces lettres ne sont ni timbrées ni enregistrées; qu'elles n'ont pas été produites devant le tribunal dont le jugement est attaqué; que ce jugement d'ailleurs décide expressément, en fait, le contraire de ce que les frères Marana veulent conclure de cette prétendue correspondance; et assurément c'est beaucoup plus qu'il n'en faut pour repousser le premier moyen de cassation de la maison Marana.

» Le second moyen n'est pas mieux fondé que le premier, ou plutôt il n'en est que la répétition. La maison Marana le puise dans la prétendue violation de l'engagement contracté, dit-elle, par la maison Fabre et compagnie, dans ses lettres des 13 et 19 avril 1799; et sans doute il est inutile de vous faire remarquer que cet engagement n'est point prouvé, qu'il est même jugé ne pas avoir existé, et que les pièces produites pour en justifier l'existence sont absolument inadmissibles.

» Pour troisième moyen, la maison Marana invoque la loi romaine, qui rejette la compensation de toute dette liquide contre toute dette qui ne l'est pas.

» Mais cette loi est ici sans application : il ne s'agit pas de compenser ce qui est dû par la maison Fabre à la maison Marana, avec ce que la maison Marana doit à la maison Fabre; il s'agit seulement de savoir laquelle des deux doit à l'autre. Aussi n'est-ce pas une compensation qu'a ordonnée le jugement du 7 brumaire an 8, mais un simple ajournement; et c'est ce que reconnaissent les demandeurs eux-mêmes, lorsqu'en établissant leur premier moyen de cassation, ils disent : « C'est » comme accepteurs d'une lettre de change que les » exposans ont poursuivi la maison Fabre; ils de- » vaient donc obtenir contre elle un jugement de » condamnation; ils l'ont bien obtenu en première » instance, mais ils ont succombé sur l'appel, en » tant qu'au lieu de prononcer cette condamnation, » les juges l'ont ajournée jusqu'après la liquidation » d'une société existante entre les parties, et depuis » dissoute. »

» Vous voyez que les demandeurs ont eux-mêmes réfuté à l'avance leur troisième moyen; et, par ces considérations, nous estimons qu'il y a lieu de rejeter leur requête. »

Arrêt du 11 brumaire an 9, au rapport de M. Zangiacomi, qui prononce conformément à ces conclusions :

« Attendu que les demandeurs produisent, à l'appui du premier et du troisième moyens, des lettres qui ne sont ni enregistrées ni timbrées, et doivent, par conséquent, être écartées du procès;

» Attendu, sur les mêmes moyens, qu'il est reconnu, par le jugement attaqué, qu'il a existé une société entre les maisons Marana et Fabre; et que la lettre de change dont il s'agit est un effet de cette même société, un effet qui, par conséquent, est la propriété commune des deux maisons;

» Qu'il suit de là que les Marana ne peuvent demander à leur profit le payement de cette lettre de change, qu'en constatant qu'ils sont créanciers des Fabre, ce qui ne peut résulter que de la liquidation des affaires sociales;

» Que le jugement attaqué, en ordonnant cette liquidation, et en ajournant, jusqu'à ce qu'elle soit opérée, la demande des Marana, s'est conformé aux principes qui règlent les rapports des associés entre eux, et au traité de société qui existait entre les parties;

» Attendu, sur le troisième moyen, que ce jugement n'ayant prononcé qu'un ajournement et ordonné une liquidation, on ne peut lui reprocher d'avoir violé les lois sur la compensation. »

§. VII. *Peut-on tirer une lettre de change sur soi-même? Quel est l'effet d'une pareille traite? Vaut-elle comme lettre de change proprement dite, lorsqu'elle est d'ailleurs revêtue des autres formalités requises pour la constitution du contrat de change?*

Le 22 nivôse an 13, Antoine-François Garda, de Turin, se trouvant à Paris, y souscrit, au profit du sieur Billecard, un effet ainsi conçu :

«Paris, le 22 nivôse an 13. — B. P. 11,200 francs.

» Payez, par cette première de change, le 15 janvier 1806, à l'ordre de M. Billecard, la somme de 11,200 francs effectifs, valeur reçue comptant dudit sieur, et que vous passerez suivant l'avis de — *Signé*, Garda.

» A M. François-Antoine Garda, à Turin. »

Plus bas est écrit : *Accetato di pagare al suo tempo*. Signé, *Garda*.

A l'échéance de cet effet, le sieur Mongenet, à qui le sieur Billecard l'a transporté par un endossement régulier, le fait protester faute de payement.

Le sieur Garda est, en conséquence, cité par le sieur Mongenet devant le tribunal de commerce de Turin, pour se voir condamner, par corps, à payer les 11,200 francs.

Le sieur Garda décline la juridiction de ce tribunal, parce qu'il n'est pas négociant, et que l'effet dont il s'agit ne peut pas être considéré comme une lettre de change.

Par jugement du 13 février 1806, le tribunal de commerce, attendu que cet effet a tous les caractères d'une lettre de change, et qu'il s'y trouve notamment remise de place en place, condamne le sieur Garda, par corps, au payement des 11,200 francs, avec les intérêts, à compter du jour du protêt.

Le sieur Garda appelle de ce jugement.

Le 23 mars de la même année, arrêt par lequel : « Attendu que l'effet en question présente bien en apparence tous les caractères d'une lettre de change ; mais que, dans la réalité, il n'y a pas les trois personnes qui doivent lui donner l'existence ; car on y trouve bien Garda, tireur, et Billecard, donneur des valeurs, à l'ordre duquel est souscrit l'effet ; mais que François-Antoine Garda, auquel la lettre de change est adressée à Turin, pour la payer, n'étant, dans la réalité, que le même individu que Garda, tireur à Paris, on cherche en vain cette tierce-personne ; que le tireur Garda n'a à Turin aucune maison de commerce tenue sous sa *firme*, qui pût faire croire qu'elle avait été adressée à une personne sous-entendue ; qu'il est démontré qu'il a fait la double figure de tireur et de payeur ; que le terme de payement étant fixé à peu près à une année, cela pourrait faire croire qu'il ne s'agissait pas d'une vraie négociation, ni d'un vrai transport d'argent, mais bien d'un prêt d'argent fait à Paris, à condition d'être restitué à Turin ; qu'on ne peut donc fonder la juridiction du tribunal de commerce sur la nature de l'obligation dont il s'agit, l'effet en question ne pouvant être réputé une lettre de change, comme l'enseigne Savary, et comme la cour de cassation l'a reconnu, dans une espèce semblable, par un arrêt du 1er thermidor an 11, sur le pourvoi rejeté du sieur Schrick (1) :

» La cour (d'appel de Turin) met l'appellation et ce dont est appel au néant ; émendant, déclare bien fondée l'exception déclinatoire proposée par le sieur Garda, et renvoie le sieur Mongenet à se pourvoir là et ainsi qu'il appartiendra. »

Le sieur Mongenet se pourvoit en cassation contre cet arrêt, qu'il dénonce comme violant les art. 1 du tit. 5, et 2 du tit. 12 de l'ordonnance du mois de mars 1673, dont les dispositions sont renouvelées par les art. 110 et 631 du code de commerce.

« L'art. 1 du tit. 5 de l'ordonnance de 1673 (dit-il) porte que « les lettres de change contiendront » sommairement le nom de ceux auxquels le con- » tenu devra être payé, le temps du payement, le » nom de celui qui en a donné la valeur, et si elle » a été reçue en deniers, marchandises ou autres » effets. »

« L'art. 2 du tit. 12 de la même loi ajoute que « les juges et consuls connaîtront..., entre toutes » personnes, pour lettres de change *ou remises* » d'argent faites de place en place ; » ce qui signifie clairement que *remise de place en place* et *lettre de change* sont synonymes.

» Or, l'effet dont il s'agit énonce le nom de celui auquel le contenu doit être payé (le sieur Billecard), le temps du payement (le 15 janvier 1806), le donneur de valeur (le sieur Billecard), la valeur reçue

comptant. Il y a d'ailleurs remise de place en place (de Paris à Turin).

» Cet effet contient donc tout ce qui est exigé pour la perfection d'une lettre de change.

» Qu'importe que Garda ait tiré sur lui-même ? L'ordonnance de 1673 n'exige pas le concours de trois personnes ; elle ne prescrit même pas l'énonciation de trois noms.

» Une lettre de change n'est que l'instrument du contrat de change : elle sert à le prouver, à le constater ; elle le représente. C'est ce qu'enseigne Pothier, dans son *Traité du Contrat de change*, n° 3 : « La lettre de change (dit-il) appartient à » l'exécution du contrat de change ; elle est le » moyen par lequel le contrat s'exécute ; elle le » suppose et l'établit. »

» Si donc, dans l'espèce, il y a eu contrat de change entre Garda et Billecard, le billet dont il s'agit est essentiellement une lettre de change.

» Qu'est-ce donc qu'un contrat de change ? C'est, répond Dupuis de la Serra, « un contrat par le- » quel, donnant la valeur au tireur, le tireur four- » nit à celui qui la donne, des lettres pour rece- » voir autant au lieu convenu. » Pothier le définit de même, n° 2 : « C'est (dit-il) un contrat par le- » quel je vous donne, ou je m'oblige de vous don- » ner une certaine somme en certain lieu, pour » et en échange d'une somme d'argent que vous » vous obligez de me faire compter dans un autre » lieu. »

» Dans l'espèce, il y a eu remise de place en place ; il y a donc eu contrat de change ; c'est donc comme lettre de change que doit être considéré l'effet dont il est ici question.

» Et il est de fait, on produit même un *parère* de plusieurs banquiers de Paris, par lequel il est attesté qu'une foule de maisons de commerce qui ont des établissemens dans différentes places, tirent habituellement d'une maison sur une autre, et qu'on n'a jamais contesté à ces traites le caractère essentiel de lettre de change. C'est même ce qu'ont décidé deux jugemens du tribunal de commerce de Paris, l'un, du 4 novembre 1806, en faveur du sieur Benavent, porteur d'une lettre de change tirée par le sieur Girol, négociant à Gênes, sur lui-même ; l'autre, du 14 juin 1808, entre le sieur C.... N...., qui avait tiré de Versailles une traite sur lui-même à Paris, et les sieurs Busoni et Goupy.

» Au surplus, la question n'est pas nouvelle : l'auteur des *Institutions au droit consulaire*, page 238, rappelle que, par arrêt du 3 septembre 1760, le parlement de Paris jugea que, n'y ayant pas trois personnes nommées dans le titre, on ne pouvait lui donner l'effet de lettre de change ; mais que cet arrêt fut cassé par le conseil, le 2 juin 1761, sur la requête des six corps de Paris ; en sorte que toujours le commerce a voté pour que le concours de trois personnes ne fût pas nécessaire, et que le conseil du roi a consacré cette théorie.

_____

(1) *V.* l'article *Billet à domicile*, n° 2.

» Aussi voit-on des auteurs élémentaires enseigner cette doctrine, que le concours de trois personnes n'est pas nécessaire à la perfection de la lettre de change. (*Répertoire de jurisprudence*, aux mots *Lettre* et *Billet de change*, §. 2; *Savary*, chap. 4, liv. 1, part. 3.)

» A cet ensemble de dispositions législatives, d'arrêts et d'auteurs, l'arrêt dénoncé oppose l'opinion de quelques auteurs, notamment de *Savary* lui-même, qui enseignent que le concours de trois personnes est nécessaire à la perfection d'une lettre de change.

» Distinguons : il est des cas où un individu fait traite sur son correspondant, mais de cette manière: *payez à mon ordre*. Jusques-là, il n'y a pas lettre de change, tant que l'ordre n'aura pas été passé à un tiers qui en aura fourni la valeur (art. 110 du code de commerce, et décret du 11 janvier 1808.) En ce cas et dans ce sens, il est vrai que trois personnes distinctes et individuelles sont nécessaires à la perfection d'une lettre de change; et la véritable raison, c'est qu'avant l'ordre passé à un tiers, il n'y a que simple *obligation*, il n'y a pas *change*, puisque nul n'a donné en un lieu des valeurs qui doivent être comptées dans un autre lieu : il n'y a pas la condition prescrite par l'art. 1er du tit. 5 de l'ordonnance de 1673, et par l'art. 110 du code de commerce.

» Mais, lorsqu'il y a eu *traite* d'un lieu sur un autre, en échange de valeurs données, lorsque la traite en contient la preuve, faut-il, même en ce cas, le concours de trois personnes? Aucun auteur n'a enseigné formellement cette doctrine; elle ne pourrait être vraie qu'en ce sens, qu'on l'entendrait de trois personnes *morales*, et non de trois personnes *physiques* et individuelles.

» Lorsque le donneur de valeurs et le donneur de traites sont convenus d'une remise d'argent de place en place, il est bien évident qu'il y a nécessité indispensable que la traite soit payée au lieu indiqué; il faut nécessairement un payeur qui soit indiqué d'avance, comme l'auteur d'une troisième opération.

» Mais que ce payeur soit un même individu avec le tireur, ou que ce soit son commis, ou son correspondant, peu importe.

» Si donc il fallait admettre en principe la nécessité du concours de trois personnes, il faudrait l'entendre dans un sens *moral*, et non dans un sens *physique*. C'est ainsi que l'enseigne l'auteur déjà cité des *Institutions au droit consulaire*, page 168. »

A ces moyens de cassation, le sieur Garda opposait les raisons suivantes :

« Il est vrai que l'art. 1er du tit. 5 de l'ordonnance de 1673 ne prescrit pas d'une manière formelle le concours de trois personnes *distinctes* ou *physiques* pour la perfection d'une lettre de change; mais cette ordonnance n'exige pas non plus expres-

sément la remise de place en place; et cependant, comme cette remise est de l'essence d'une lettre de change, on a toujours reconnu et jugé que, pour être parfaite, une lettre de change devait être tirée d'une place sur une autre.

» De même, d'après l'usage et la jurisprudence, fondés sur la nature même d'une lettre de change, le concours de trois personnes distinctes a toujours été reconnu nécessaire à la perfection de cet engagement commercial; et c'est même ce que supposent plusieurs dispositions de l'ordonnance de 1673 et du code de commerce, notamment celles qui déterminent la forme et les effets de l'*acceptation* d'une lettre de change.

» D'après ces dispositions, le porteur d'une lettre de change peut la présenter, pour la faire *accepter*, à celui sur qui elle est tirée; ce qui suppose déjà qu'il peut s'adresser à une personne autre que le tireur.

» Si la lettre de change est acceptée, le porteur acquiert, par cette acceptation, une nouvelle garantie, une action directe, contre l'*accepteur*; avantage que le porteur ne pourra se procurer, si le *tireur* était en même temps le *payeur*; ce qui suppose encore la nécessité de l'indication d'un *tiers* comme *payeur*.

» Si la lettre de change n'est pas acceptée, le porteur peut la faire protester faute d'acceptation, et en demander au tireur le remboursement, ou du moins exiger de lui une caution solvable destinée à garantir le payement de la lettre de change lors de son échéance; ce qui exclut l'idée que le tireur d'une lettre de change peut en être en même temps le *payeur*, l'acceptation du tireur ne pouvant produire un nouvel engagement, ni rendre plus efficace l'obligation primitive : d'où l'on doit conclure encore qu'on ne peut tirer une lettre de change *sur soi-même*.

» Enfin, si, lors de son échéance, la lettre de change n'est pas acquittée, le tiers-porteur, pour conserver son recours contre le tireur et les endosseurs, doit remplir des formalités vis-à-vis celui sur qui la lettre est tirée; ce qui ne permet pas de douter que le payeur ne doive être une personne distincte du *tireur*; et c'est ce qui résulte des art. 12, 13, 14, 15 et 16 du tit. 5 de l'ordonnance de 1673.

» Le contrat de change peut sans doute se former entre deux personnes seulement; par exemple, entre celui qui, recevant à Paris, s'oblige de faire payer à Turin, et celui qui, ayant remis ses fonds à Paris, doit les recevoir à Turin; mais la lettre de change qui sert à établir le contrat de change, a ses caractères intrinsèques qui lui sont propres, et qui la distinguent des autres effets de commerce.

» La remise de place en place est bien de l'essence de la lettre de change; mais cette remise seule ne peut la caractériser : car il y a aussi généralement remise de place en place dans un *billet à domicile*, quoique ce billet ne puisse être réputé lettre de change.

» Ainsi, si un particulier de Turin souscrit un billet à ordre, payable au domicile d'un tiers, dans une autre ville, ou à son propre domicile, à Turin, il y a remise de place en place, et cependant ce billet manque du caractère essentiel de lettre de change, et ne doit pas en produire les effets.

» Or, en résultat, celui qui d'une ville où il se trouve accidentellement, tire sur lui-même dans une autre ville où est le siège de son établissement, ne fait qu'un billet à domicile ou un simple billet à ordre, auquel l'indication du tireur comme payeur, ne peut imprimer le caractère d'une lettre de change : car, sans cette indication, le porteur pourrait exercer contre le tireur la même action, et le forcer, dans le lieu de son domicile, à la remise des fonds ou valeurs qu'il a reçus ailleurs.

» Si généralement dans le monde commercial on n'a pas contesté à un pareil engagement le caractère de lettre de change, c'est que, presque toujours, on a été sans intérêt pour le faire : car, entre *négocians*, les billets à ordre et à domicile produisent, à l'exception du temps pour prescrire, les mêmes effets que les lettres de change, puisque ceux qui les ont souscrits ou endossés, sont justiciables des tribunaux de commerce et passibles de la contrainte par corps. Mais entre de simples particuliers, on n'a jamais confondu, et il importe de ne jamais confondre ces effets avec les lettres de change. »

A ces raisons, le sieur Garda ajoutait l'autorité de Savary, de Jousse et de Bornier, qui, dans la définition qu'ils donnent de la lettre de change, supposent qu'elle doit être tirée sur un tiers, et il invoquait les deux arrêts de la cour de cassation, des 1er thermidor an 11 et 1er septembre 1807, qui sont rapportés sous les mots *Billet à domicile*, n° 2.

M. l'avocat-général Giraud a dit que, parmi les conditions prescrites par l'ordonnance de 1673, pour la perfection d'une lettre de change, on n'en trouve aucune qui exige que la lettre de change soit payée par un autre que celui qui l'a tirée ; qu'ainsi, en ne prenant pour règle que le texte de la loi, une lettre de change peut être parfaite, quoiqu'il n'y intervienne que deux personnes, savoir : le tireur, qui reçoit l'argent, et celui qui le lui remet, et à qui il doit être remboursé ; que cela est reconnu par plusieurs auteurs, même par Jousse, qui paraît penser que le concours de trois personnes est nécessaire pour la perfection d'une lettre de change ; que, suivant cet écrivain, « le billet de change dif- » fère des lettres de change, en ce que les lettres de » change sont ordinairement...... payables par un » autre que par celui qui les tire ; » qu'il reconnaît donc, au moins implicitement, qu'on peut tirer une lettre de change sur soi-même ; qu'à la vérité, une pareille lettre de change ne serait pas parfaite, si elle

était payable dans le lieu même où elle a été tirée ; qu'elle ne serait, dans ce cas, qu'une simple promesse ; mais que, lorsque le tireur qui a tiré sur lui-même, s'est obligé de payer ailleurs que dans le lieu où il a reçu et tiré, il y a remise de place en place, et que cette remise caractérise essentiellement la lettre de change, si d'ailleurs la lettre réunit les autres conditions prescrites par la loi pour la rendre parfaite ; que, dans la lettre de change dont il s'agit, on trouve à la fois, et toutes les indications exigées par l'art. 1er du tit. 5 de l'ordonnance de 1673, et la remise de place en place ; que cette lettre de change est donc parfaite, et que la cour d'appel de Turin n'a pu lui en refuser le caractère, sans violer la loi.

Par arrêt du 1er mai 1809, rendu au rapport de M. Sieyes, après un partage d'opinions et un délibéré :

« Vu les art. 1 du tit. 5, et 2 du tit. 12 de l'ordonnance de 1673 ;

» Considérant que la remise de place en place est constante dans l'espèce ; que les parties ont été parfaitement libres de convenir pour le payement d'un terme plus ou moins long ; que la lettre de change en question se trouve revêtue de toutes les formes et conditions prescrites par l'art. 1er du tit. 5 de l'ordonnance de 1673 ; que le nom de celui qui devait la payer y était indiqué, avec son acceptation au bas ;

» Considérant que la cour d'appel, en réduisant néanmoins cet écrit à l'état de simple obligation civile, et en annulant par suite le jugement du tribunal de commerce pour incompétence, ne s'est uniquement fondée que sur ce que le tireur, tout en paraissant la diriger vers un tiers pour la payer, n'a, par le fait opposé par lui et reconnu constant, tiré réellement que sur lui-même, se constituant ainsi tireur et payeur ;

» Considérant que l'arrêt n'a pu, par cet unique motif d'une prétendue incompatibilité absolue qui doit exister entre le tireur et le payeur, dépouiller le tribunal de commerce de sa juridiction, sans ajouter aux dispositions de l'art. 1er du tit. 5 précité, et sans violer expressément l'art. 2, tit. 12, de la même ordonnance de 1673 :

» Par ces motifs, la cour casse et annule l'arrêt de la cour d'appel de Turin, du 23 mai 1806.... »

§. VIII. *Les mots* valeur entre nous *sont-ils synonymes des mots* valeur en compte, *et énoncent-ils suffisamment que l'effet souscrit a pour cause une valeur réellement fournie?*

J'ai prouvé dans le *Répertoire de jurisprudence*, aux mots *Lettre et Billet de change*, §. 2, n° 2 (à l'endroit où est discuté l'art. 110 du code de commerce), que les mots *valeur entendue* n'énoncent pas suffisamment, soit dans une lettre de change, soit dans un billet à ordre, que la valeur en a été fournie, même en compte. Il en doit donc être de même des mots *valeur entre nous*; et c'est ce qu'a jugé, sous l'empire de l'ordonnance de 1673, dont les dispositions sur cette matière ont été renouvelées par le code de commerce, un arrêt de la cour de cassation, du 19 juin 1810, confirmatif d'un arrêt de la cour d'appel de Liége, du 24 novembre 1807:

« Attendu (porte-t-il) que l'arrêt attaqué, en décidant que la seule énonciation des mots *valeur entre nous*, ne remplissait point le vœu de l'art. 1er du tit. 5 de l'ordonnance de 1673, loin d'y contrevenir, n'en a fait qu'une juste application:

» La cour (section des requêtes) rejette le pourvoi.... (1). »

§. IX. *Autres questions sur cette matière.*

V. les articles *Billet de commerce*, *Endossement*, *Intérêts*, §. 2; *Pouvoir judiciaire*, §. 7; et *Protêt*.

LETTRES DE RATIFICATION. §. I. *L'acquéreur qui, sous le régime hypothécaire de 1771, a payé une portion de son prix à son vendeur, et qui, par suite d'un jugement révolutionnaire de 1794, emportant contre celui-ci confiscation de corps et de biens, a été contraint de verser le restant de ce même prix dans les caisses de l'état, peut-il renvoyer les créanciers opposans au sceau des lettres de ratification, à se pourvoir préalablement sur les deniers versés au trésor public?*

Cette question a été portée, le 6 ventôse an 10, à l'audience de la cour de cassation, sections réunies.

Les héritiers Lecomte demandaient la cassation d'un jugement du tribunal civil du département de l'Oise, qui l'avait décidée pour l'affirmative.

La dame Bellanger soutenait que ce jugement devait être maintenu.

Après le rapport de la cause, fait par M. Coffinhal, et les plaidoiries des deux parties, je me suis expliqué en ces termes:

» La faveur des lois et la protection de la justice semblent devoir, dans cette cause, se partager également entre les parties qui se présentent devant vous.

» D'un côté, des créanciers hypothécaires à qui la foi des contrats et une loi solennelle avaient assuré un payement intégral, se plaignent d'un jugement qui, en trompant leur confiance dans l'une et dans l'autre, leur fait perdre la majeure partie de leur créance.

» De l'autre côté, un acquéreur qu'une loi rigoureuse a contraint de verser au trésor public ce qu'il

redevait à son vendeur du prix de son acquisition, réclame la foi nationale, appelle à son secours et cite, pour ainsi dire, en garantie, la loi même à laquelle il a été forcé d'obéir.

» C'est entre ces deux parties que vous avez à prononcer; mais ce qui appelle le plus l'attention publique sur la contestation qui les divise, c'est qu'en la jugeant, vous devez, en quelque sorte, vous juger vous-mêmes. Une décision émanée du tribunal suprême, se trouve contrariée par le jugement dont on vous demande la cassation; et il s'agit de savoir lequel des deux, ou du tribunal suprême, ou d'un tribunal de département, s'est trompé sur le vrai sens de la loi, et a erré dans son application. De là une lutte dans laquelle les deux parties cherchent à tirer avantage de leur position respective: l'une, en défendant le jugement que vous avez déjà rendu, y trouve un grand motif d'espérance que vous allez en rendre un semblable; l'autre, soutenue par la haute idée de cette impartialité constante, de cet imperturbable amour de la justice, qui ont toujours distingué si éminemment vos décisions, puise dans ce jugement même l'assurance que vous le soumettrez à l'examen le plus sévère, et que son autorité n'entrera pour rien dans les élémens de la détermination que vous avez à prendre.

» Au milieu de toutes ces considérations diverses qui attachent un si grand intérêt à cette cause, et qui paraissent la rendre aussi problématique qu'elle est importante, nous avons au moins la satisfaction de ne trouver aucun doute dans les faits sur lesquels les parties fondent leurs principaux moyens; ils sont tous ou avoués réciproquement, ou constatés par des actes publics; il n'y a de difficulté que dans les inductions différentes que l'on en tire de part et d'autre.

» Le 21 brumaire an 2, contrat devant notaire, par lequel l'ex-président d'Ormesson vend à la demoiselle Dervieux, aujourd'hui femme Bellanger, une ferme située à Thiais, près Paris, moyennant la somme de 425,000 livres.

» Sur ce prix, 260,000 livres sont payées comptant, et l'acte en porte quittance. Cependant la dame Bellanger se réserve la faculté de prendre des lettres de ratification; et le vendeur s'oblige, en cas qu'il survienne des oppositions au sceau de ces lettres, d'en rapporter la main-levée un mois après qu'elles lui auront été signifiées.

» Le 5 frimaire suivant, la dame Bellanger paye encore à son vendeur une somme de 80,000 liv.; et par ce moyen, elle ne lui en redoit plus que 85,000.

» Le 26 du même mois, elle dépose son contrat au bureau des hypothèques; il y est affiché jusqu'au 27 pluviôse de la même année, et aucune opposition ne se présente.

» A cette époque, la dame Bellanger le retire; on ne voit pas clairement par quel motif, et c'est ce qu'il importe peu d'examiner.

(1) Jurisprudence de la cour de cassation, tome 10, page 374.

» Le 24 ventôse an 2, l'administration des domaines nationaux s'empare de la ferme de Thiais, sous le prétexte qu'elle provient d'un engagement de l'ancien domaine de l'État.

» Le 27 germinal suivant, la dame Bellanger dénonce au citoyen d'Ormesson l'éviction qu'elle éprouve, et le somme de la faire cesser.

» Douze jours après, le 6 floréal, le citoyen d'Ormesson est condamné à mort par le tribunal révolutionnaire, et ses biens confisqués.

» Le 4 pluviôse an 3, l'administration des domaines fait saisir et arrêter entre les mains du fermier de Thiais les sommes qu'il doit, à titre de fermages, à la dame Bellanger; preuve qu'alors le séquestre apposé sur cette ferme, le 24 ventôse an 2, était demeuré sans suite, et que l'administration des domaines avait renoncé à sa prétention de domanialité.

» Le 8 du même mois, cette administration décerne contre la dame Bellanger une contrainte, en vertu de laquelle il lui est fait commandement de payer à la caisse du receveur de Choisy la somme de 85,000 livres, dont elle était demeurée redevable envers le feu citoyen d'Ormesson, aux droits duquel la république avait succédé par confiscation.

» Le 5 germinal suivant, la dame Bellanger, déférant à cette contrainte, paye au receveur du bureau de Choisy une somme de 70,000 livres; et deux mois six jours après, le 13 prairial, elle complète, tant en principal qu'en intérêts, le payement de son restant du prix.

» Cependant arrive la loi du 21 du même mois de prairial, qui restitue aux familles des condamnés les biens précédemment confisqués sur eux.

» La dame Bellanger, craignant sans doute que cette loi bienfaisante ne fournisse aux créanciers que pouvait avoir laissés son vendeur, l'idée de la poursuivre à raison des payemens qu'elle lui avait faits les 21 brumaire et 5 frimaire an 2, cherche à reprendre les erremens de ses lettres de ratification, et les trouvant surannées, en obtient de nouvelles.

» Celles-ci sont scellées le 2 brumaire an 4, mais à la charge de neuf oppositions fondées sur des titres de créances qui s'élèvent à une somme infiniment au-dessus du prix payé par la dame Bellanger.

» La dame Bellanger se pourvoit en main-lévée de ces oppositions.

» Le 24 prairial an 4, jugement du tribunal civil du département de la Seine, qui;

« Attendu (d'une part) que les créanciers de d'Ormesson ont constamment et sans interruption conservé leurs droits d'hypothèque sur les biens par lui aliénés, relativement à la partie du prix qui lui a été payée avant l'obtention d'aucunes lettres de ratification;

» Attendu (d'autre part) que la femme Bellanger a valablement, et sous la garantie nationale, soldé ce qui restait dû sur le prix de la ferme de Thiais:

» Déboute la femme Bellanger de sa demande à fin de main-levée des oppositions, en ce qui concerne seulement la portion du prix de la ferme de Thiais, payée à d'Ormesson; et quant au surplus, renvoie les créanciers d'Ormesson à se pourvoir ainsi qu'il appartiendra; condamne la femme Bellanger aux deux tiers des frais, le surplus compensé.

» La dame Bellanger appelle de ce jugement, et sur son appel, huit des créanciers opposans passent condamnation, en donnant main-levée de leurs oppositions, et reconnaissant qu'ils n'ont aucun droit à exercer sur le prix de la ferme de Thiais.

Par-là, les héritiers Lecomte se trouvent, en cause d'appel, les seuls adversaires de la dame Bellanger; opposans pour une créance de 40,000 livres, ils défendent le jugement attaqué par celle-ci; et, ce qu'il ne faut pas perdre de vue, ils le défendent purement et simplement, sans en appeler au chef qui, en déclarant valables et libératoires les payemens faits à la nation par la dame Bellanger, les germinal et prairial an 3, avait, à cet égard, renvoyé les créanciers opposans à se pourvoir.

» Le 26 nivôse an 6, jugement par lequel le tribunal civil du département de Seine-et-Oise,

» Adoptant les motifs du jugement dont est appel;

» Mais attendu qu'en reconnaissant que la femme Bellanger a valablement, et sous la garantie nationale, soldé ce qui restait dû sur le prix de la ferme de Thiais, il était juste et conséquent d'ordonner que la femme Bellanger ne pouvait être poursuivie qu'après l'épuisement des sommes dont il est jugé qu'elle s'est valablement libérée; puisque, si la femme Bellanger n'avait été forcée de verser cette somme dans la caisse nationale, cette somme serait restée entre ses mains, et aurait pu suffire à l'acquittement des créances des héritiers Lecomte:

» Dit qu'il a été mal jugé, en ce qu'en renvoyant les créanciers d'Ormesson à se pourvoir, il n'a pas été dit qu'ils ne pourraient se pourvoir contre la femme Bellanger qu'après l'entier épuisement des sommes versées par la femme Bellanger à la caisse des domaines nationaux; réformant quant à ce, ordonne que les héritiers Lecomte ne pourront se pourvoir contre la femme Bellanger qu'après l'entier épuisement des 89,964 francs versés par la femme Bellanger à la caisse des domaines nationaux; le jugement dont est appel, sortissant (au surplus) son plein et entier effet, salaires et déboursés de la cause d'appel compensés. »

« Ainsi, le tribunal civil du département de Seine-et-Oise considère, et avec raison, comme passée en chose jugée, la disposition non attaquée du jugement du tribunal civil du département de la Seine, qui déclare valables et libératoires les payemens des 5 germinal et 13 prairial an 3; et partant de cette base, il décide que les héritiers Lecomte seront sans action contre la dame Bellanger, tant qu'ils n'auront pas épuisé la somme comprise dans ces deux payemens; ou, si l'on veut, il décide que la dame Bellanger ne sera tenue de leur représenter la partie du prix payée par elle au feu cit. d'Ormesson, qu'en cas d'insuffisance de la somme qu'elle a depuis versée dans la caisse nationale.

» Les héritiers Lecomte se pourvoient en cassation contre ce jugement; et le 13 frimaire an 7, la cassation en est prononcée : « attendu que la cit. Dervieux, femme Bellanger, n'ayant versé à la caisse des domaines nationaux qu'une partie du prix de son acquisition, n'a pas cessé d'être exposée à l'action des demandeurs, résultant du sceau de ses lettres de ratification, à la charge de leur opposition; que l'effet de cette action est tel, que le payement fait à d'Ormesson avant la ratification du contrat, ne libérant point la cit. Dervieux du droit acquis aux demandeurs, sur la totalité du prix de la ferme de Thiais, elle était débitrice des créanciers jusqu'à concurrence des sommes qui n'avaient point été versées à la caisse des domaines nationaux, mais qu'elle avait payées à d'Ormesson avant les lettres de ratification; que l'art. 19 de l'édit de 1771 dispose que les créanciers opposans seront payés sur le prix de l'acquisition, et que cette disposition exclut toute exception de la part de l'acquéreur, tendante à empêcher momentanément ou éluder le payement, lorsque la totalité du prix n'est pas épuisée par les créanciers privilégiés, ou préférés par leur rang et ordre; que le tribunal civil de Seine-et-Oise, par son jugement du 16 nivôse an 6, en ordonnant que les demandeurs ne pourraient se pourvoir contre la femme Bellanger qu'après l'épuisement des sommes par elle versées à la caisse des domaines nationaux, a fait une distinction évidemment contraire à l'article de la loi précitée. »

« C'est donc comme contrevenant à l'art. 19 de l'édit du mois de juin 1771, que le jugement du tribunal civil du département de Seine-et-Oise a été cassé; mais il n'est peut-être pas inutile de remarquer que le texte de cet article n'est pas transcrit dans le jugement de cassation; c'est du moins une preuve que ce jugement n'a pas été rédigé avec beaucoup de soin.

» Quoiqu'il en soit, l'affaire a été reportée au tribunal civil du département de l'Oise; et là, après une nouvelle plaidoirie, il est intervenu, le 18 thermidor an 7, un jugement qui, « statuant sur l'appel de la cit. Dervieux, dit qu'il a été mal jugé par le jugement du tribunal civil du département de la Seine, du 26 prairial an 4; bien appelé; réformant et faisant droit au principal, ordonne que, dans les six mois de la signification du présent jugement, les veuve et héritiers Lecomte seront tenus de se pourvoir auprès de qui de droit, pour obtenir la remise des 89,500 francs versés par ladite cit. Dervieux, pour solde du prix de la ferme de Thiais; à l'effet de quoi, ladite cit. Dervieux tenue de les aider, à toute réquisition, des quittances et pièces relatives à ladite consignation; sinon et à faute par lesdits veuve et héritiers Lecomte de ce faire dans ledit délai, et icelui passé, fait, par le présent jugement, et sans qu'il en soit besoin d'autre, main-levée pure et simple à ladite cit. Dervieux de l'opposition desdits veuve et héritiers Lecomte, réservés dans tous leurs droits et actions, en cas d'insuffisance de ladite somme de 89,500 francs, constatée dans ledit délai; et audit cas d'insuffisance, ladite cit. Dervieux est, de sa part, réservée dans tous ses droits contre la succession d'Ormesson; condamne les veuve et héritiers Lecomte aux frais de la cause d'appel.

» Les motifs de ce jugement sont :

« Que toute action hypothécaire porte sur la totalité du prix de l'immeuble vendu; mais qu'elle ne donne droit au créancier que jusqu'à concurrence de sa créance;

» Que les créanciers d'Ormesson ont constamment et sans interruption conservé leurs droits hypothécaires sur la totalité du prix des biens aliénés par d'Ormesson;

» Que la cit. Dervieux a valablement soldé, sous la garantie de la nation, les 85,000 francs qu'elle avait conservés dans ses mains, sur le prix de la ferme de Thiais, et les 4,500 francs d'intérêts de la même somme; ce qui absorbait, et au-delà, la créance des veuve et héritiers Lecomte;

» Que lesdits veuve et héritiers Lecomte l'ont tellement reconnu, qu'ils s'étaient pourvus pour obtenir de la nation la liquidation de leur créance; et que ce n'est qu'après le versement fait au trésor public, et la restitution des biens des condamnés, qu'ils ont formé leur opposition le 17 fructidor an 3;

» Que de là résulte la conséquence que la cit. Dervieux ne peut être poursuivie ou après l'épuisement des 89,500 francs dont elle s'est valablement libérée par le versement qu'elle a fait au trésor national, sur contraintes, puisque, sans cette circonstance, cette somme, restant en ses mains, aurait pu suffire à l'acquittement des créances des veuve et héritiers Lecomte;

» Que la cit. Dervieux, gênée par l'opposition des héritiers Lecomte, a intérêt d'en faire ordonner la main-levée; mais que cette main-levée ne peut être ordonnée définitivement que lorsque les 89,500 francs payés à la caisse nationale auront été jugés suffire à l'acquittement de la créance des veuve et héritiers Lecomte; que c'est à eux à y poursuivre la restitution de cette somme, et qu'il doit pour cela leur être fixé un délai, passé lequel, et faute par eux d'avoir fait les diligences nécessaires, la ferme de Thiais demeurerait affranchie de leur hypothèque. »

» Voilà comment est motivé le jugement dont les héritiers Lecomte vous demandent la cassation. Il s'agit maintenant de rappeler et d'apprécier leurs moyens.

» Ils en proposent quatre, et le premier consiste à dire que le tribunal civil du département de l'Oise, en prononçant comme il l'a fait, a violé l'art 6 de l'édit du mois de juin 1771, aux termes duquel « tous les propriétaires d'immeubles par acquisi- » sition, échange, licitation, ou autres titres trans- » latifs de propriété, qui *voulaient* purger les hy- » pothèques dont lesdits meubles *étaient* grevés, » *étaient* tenus de prendre, à chaque mutation, des » lettres de ratification. »

» Existe-t-il donc entre cet article et le jugement attaqué une opposition véritable, une contrariété positive? Oui, répondent les héritiers Lecomte; car, d'un côté, le jugement décide qu'un payement fait à la nation, confiscataire des droits du vendeur, a éteint notre hypothèque jusqu'à concurrence de la somme versée dans le trésor public; et de l'autre, la loi ne connaît d'autre manière de purger les hypothèques que d'obtenir des lettres de ratification.

» Ici, comme vous le voyez, les héritiers Lecomte ne parlent de leur hypothèque que dans son rapport avec la somme payée en germinal et prairial an 3, à la caisse des domaines nationaux; et, selon eux, avoir jugé que leur hypothèque sur cette somme avait été éteinte par un pareil payement, c'est avoir méprisé, c'est avoir violé formellement l'art. 6 de l'édit.

» Mais indépendamment des réponses victorieuses que fournissent à la dame Bellanger les lois relatives à la confiscation des biens des condamnés, et dont elle trouve une analyse aussi exacte que lumineuse dans le rapport fait au conseil des cinq-cents, le 12 thermidor an 7, il existe dans les pièces du procès deux actes qui détruisent complétement ce premier moyen des héritiers Lecomte.

» Ces actes sont le jugement du tribunal civil du département de la Seine, du 24 prairial an 4, et celui du tribunal de cassation, du 13 frimaire an 7.

» Par le premier de ces jugemens, il est dit que la dame Bellanger « a valablement, et sous la ga- » rantie nationale, soldé, » en germinal et prairial an 3, « ce qui restait dû sur la ferme de Thiais. » En conséquence, la dame Bellanger obtient, à cet égard, la main-levée de l'opposition des héritiers Lecomte, et ceux-ci sont renvoyés à se pourvoir sur la somme qu'elle a versée au trésor public.

» Les héritiers Lecomte n'ont pas appelé de cette partie du jugement; elle a, par conséquent, acquis l'autorité de la chose jugée; et dès-là il est évident que les héritiers Lecomte ne sont plus aujourd'hui recevables à réclamer, contre la dame Bellanger, l'effet de leur hypothèque sur la somme comprise dans les payemens faits par la dame Bellanger en germinal et prairial an 3.

» C'est aussi ce qui résulte du jugement du tribunal de cassation, du 13 frimaire an 7 : « Attendu » (porte-t-il) que la cit. Dervieux, femme Bellan- » ger, N'AYANT VERSÉ A LA CAISSE DES DOMAINES » NATIONAUX QU'UNE PARTIE DU PRIX DE SON ACQUI- » SITION, n'a pas cessé d'être exposée à l'action des » demandeurs, résultante du sceau de ses lettres de » ratification à la charge de leur opposition. » Le jugement reconnaît donc que, si la dame Bellanger avait payé à la caisse des domaines nationaux la totalité de son prix, elle ne serait plus exposée à l'action des demandeurs; il reconnaît donc nécessairement que l'action des demandeurs ne peut plus porter sur la partie du prix que la dame Bellanger a versée dans le trésor public. Et c'est ce que le jugement lui-même exprime nettement un peu plus bas, lorsqu'il dit que la dame Bellanger « était de- » meurée débitrice des créanciers jusqu'à concur- » rence des sommes qui n'avaient point été versées » à la caisse des domaines nationaux. »

» Si la dame Bellanger ne doit aux héritiers Lecomte que les sommes non payées par elle au trésor public, il est clair qu'à l'égard des sommes payées par elle au trésor public, elle n'est plus leur débitrice.

» Le premier moyen des héritiers Lecomte est donc proscrit, même par le jugement qui a accueilli, en l'an 7, leur demande en cassation. Passons au deuxième.

» Il est tiré, comme vous l'avez vu, de l'art. 19 de l'édit du mois de juin 1771, et il se divise en trois branches.

» Premièrement, disent les héritiers Lecomte, il résulte de l'art. 19 que les lettres de ratification convertissent le droit du créancier opposant sur l'immeuble grevé de son hypothèque, en une action directe contre l'acquéreur, jusqu'à concurrence du prix. Or, cette action directe, le jugement attaqué nous l'ôte, pour y substituer une action indirecte contre le trésor public, qui n'est ici que le représentant du vendeur.

» En second lieu, l'art. 19 soumet l'intégralité du prix à l'action du créancier opposant; il y soumet, par conséquent, la partie du prix payée au vendeur avant l'obtention des lettres de ratification. Or, le jugement attaqué affranchit de notre action les sommes payées par la dame Bellanger au cit. d'Ormesson.

» Troisièmement, l'art. 19 veut que les créanciers hypothécaires soient payés sur le prix, suivant l'ordre de leurs hypothèques. Or, le jugement attaqué nous renvoie à nous faire payer sur une portion de prix qui, étant aujourd'hui confondue dans la masse d'une succession insolvable, y tient nécessairement nature de meuble, et sur laquelle, par conséquent, nous ne pouvons venir que par contribution au marc la livre avec les créanciers chirographaires.

» Telles sont les trois divisions du deuxième moyen des héritiers Lecomte; et toutes trois se résolvent en une seule proposition, savoir, que la partie du prix payée par la dame Bellanger au cit. d'Ormesson est demeurée assujétie à leur action hypothécaire, comme si la dame Bellanger l'eût conservée entre ses mains.

» C'est donc à l'examen de cette proposition que nous devons uniquement nous attacher ; car de prétendre, comme le font les héritiers Lecomte, que le jugement attaqué ne leur laisse sur la partie du prix payée par la dame Bellanger à la caisse nationale qu'une action purement mobilière, et qu'ils n'y peuvent venir que par contribution au marc la livre, c'est un système qui ne nous paraît pas mériter une réfutation sérieuse, et que le jugement attaqué condamne d'ailleurs assez clairement.

» Or, est-il vrai que, dans les circonstances où s'est trouvée la dame Bellanger, la partie du prix payée par elle au cit. d'Ormesson soit demeurée assujétie à l'action hypothécaire des héritiers Lecomte, comme si elle l'eût conservée entre ses mains?

» Sans doute, en thèse générale, l'opposition au sceau des lettres de ratification met l'acquéreur dans la nécessité de représenter aux opposans le prix de l'immeuble, quand même il l'aurait déjà payé à son vendeur, sauf à lui à recouvrer, comme il pourra, ce qu'on l'oblige de payer une seconde fois; et, quoique l'art. 19 de l'édit de 1771 ne le dise pas formellement, ce n'en est pas moins un corollaire direct de sa disposition.

» Mais ce principe peut-il être invoqué dans l'espèce actuelle? La dame Bellanger, soutient la négative, et elle le fonde sur un fait qui mérite une grande attention : c'est que les héritiers Lecomte ne sont créanciers que d'une somme inférieure de plus de moitié à celle que la dame Bellanger avait retenue en sus des payemens faits par elle à son vendeur, les 22 brumaire et 5 frimaire an 2.

» Ce fait n'est pas nié, il est constant, il est prouvé authentiquement par le contrat constitutif de la créance des héritiers Lecomte. Voyons quelles sont les conséquences qui vont en sortir.

» Il est certain que, si, immédiatement après les payemens faits par la dame Bellanger à son vendeur, les héritiers Lecomte avaient exercé contre elle leur action hypothécaire, ils n'auraient pas pu conclure à la représentation des sommes comprises dans ces payemens.

» Pourquoi ne l'auraient-ils pas pu ? Parce qu'ils n'y auraient eu aucun intérêt; et pourquoi n'y auraient-ils eu aucun intérêt? parce que la dame Bellanger avait encore entre le mains de quoi les payer.

» Il est vrai que l'hypothèque est indivisible, et qu'elle frappe sur chacune des parties de l'immeuble ou de son prix, comme sur la totalité; mais il est aussi vrai que, réduite en action, elle n'a d'autre effet que de contraindre le possesseur à payer la somme dont elle forme le gage et la sûreté. Cela résulte de la définition que tous les auteurs nous donnent de l'action hypothécaire, d'après l'art. 101 de la coutume de Paris; et d'ailleurs, la loi 16, §. 6, D. de pignoribus et hypothecis, porte expressément que, pour éteindre l'hypothèque dont est grevé son fonds, le possesseur n'a besoin que d'acquitter la créance hypothéquée : *Eum non ampliùs dando quàm quod reverà debetur, hypothecam liberare.*

» C'est aussi ce qu'a textuellement décidé, même relativement aux créanciers opposans au sceau des lettres de ratification, un jugement du tribunal de cassation du 27 nivôse an 7; dont vous avez sous les yeux le dispositif.

» Cependant tout n'est pas encore dit pour la dame Bellanger. A la bonne heure, qu'elle n'ait pas pu être contrainte par les héritiers Lecomte à leur représenter la somme qu'elle avait payée comptant au cit. d'Ormesson, tant qu'elle a eu entre les mains de quoi satisfaire à leur créance. Mais du moment que la somme restée d'abord entre ses mains, en est sortie sans tomber dans les leurs, l'action hypothécaire des héritiers Lecomte n'a-t-elle pas dû refluer sur la somme précédemment confiée à la bonne foi de son vendeur? et celle-ci n'est-elle pas devenue en quelque sorte la caution subsidiaire de celle-là? Tant que la somme retenue par la dame Bellanger, est restée dans ses mains, la dame Bellanger en est demeurée propriétaire. Si donc, par une force majeure, cette somme est venue à périr, n'est-ce pas pour le compte de la dame Bellanger qu'elle a péri? et les demandeurs peuvent-ils souffrir de la perte que la dame Bellanger a essuyée à cet égard?

» Cette objection, du premier abord, paraît insoluble ; et nous devons dire que le rapport fait au conseil des cinq-cents, le 12 thermidor an 7, la tranche plutôt qu'il ne la résout. Essayons de l'analyser jusque dans ses premiers élémens : c'est le seul moyen d'arriver à des résultats capables d'éclairer cette partie essentielle de la cause.

» Nous venons d'établir que, si, avant la mort du cit. d'Ormesson, les héritiers Lecomte s'étaient pourvus hypothécairement contre la dame Bellanger, la dame Bellanger n'aurait été tenue de représenter que la partie du prix qui était restée dans ses mains.

» De cette proposition évidente par elle-même, il en découle une autre qui ne l'est pas moins : c'est que, si, après la mort du cit. d'Ormesson, la dame Bellanger eût payé aux héritiers Lecomte le montant de leur créance, elle aurait par-là éteint l'hypothèque qu'ils avaient sur son acquisition.

» Cette seconde conséquence en amène une troisième qui n'est pas plus susceptible de contestation : c'est que, si au lieu de payer aux héritiers Lecomte le montant de leur créance, la dame Bellanger l'eût payé à un tiers autorisé à recevoir pour eux, leur hypothèque se serait éteinte ni plus ni moins que par un payement fait à eux-mêmes.

» Arrêtons-nous à cette troisième conséquence, et répétons-la pour qu'elle ne nous échappe point : répétons que, si, après la mort du cit. d'Ormesson, les héritiers Lecomte ont reçu, par les mains d'un tiers qui en avait le droit et le pouvoir, la somme intégrale à laquelle s'élevait leur créance, la dame Bellanger est absolument quitte envers eux, et leur hypothèque n'existe plus.

» Que reste-t-il maintenant à examiner? Un seul point, celui de savoir si, en effet, les héritiers Lecomte ont, par les mains d'un tiers, touché, après la mort du cit. d'Ormesson, ce qui leur était dû par la dame Bellanger.

» Nous l'avons déjà dit, le cit. d'Ormesson a péri en floréal an 2, victime d'un jugement du tribunal révolutionnaire.

» Par-là, tous ses biens ont été confisqués au profit de la république : ainsi l'avaient réglé les lois des 11 et 19 mars 1793.

» Par-là, conséquemment, ils ont dû, d'après l'art. 1 de la loi du 28 frimaire an 2, « être régis, » administrés, LIQUIDÉS et vendus comme les biens » nationaux provenant des émigrés. »

» Et conséquemment encore, par-là, la dame Bellanger s'est trouvée, relativement aux 85,000 livres dont elle était restée redevable au cit. d'Ormesson, soumise aux dispositions de l'art. 8 de cette dernière loi, lequel porte : « Tous détenteurs de biens, » meubles ou immeubles, ET TOUS DÉBITEURS DE » CRÉANCES OU EFFETS APPARTENANT A DES CON- » DAMNÉS, seront tenus d'en faire la déclaration à » leurs municipalités, dans la décade, à dater de » l'affiche du tableau des confiscations, à peine » d'être condamnés, par voie de police correction- » nelle, à une amende égale à la valeur des sommes » ou objets non déclarés.

» Mais la dame Bellanger a-t-elle pu se borner à faire à sa municipalité la déclaration de 85,000 livres qu'elle devait à la succession du cit. d'Ormesson?

» Non : car, d'un côté, du moment que cette somme était acquise à la république par droit de confiscation, c'était dans les coffres de la république que devait s'en faire le versement.

» D'un autre côté, on vient de voir que l'art. 1 de la loi du 26 frimaire an 2 assimilait les biens des condamnés aux biens des émigrés, quant à la manière de les régir, administrer, liquider et vendre; et dès-là il est clair (comme l'établissait le cit. Jacqueminot, dans le rapport du 12 thermidor an 7) que, « pour connaître les obligations de ceux qui » étaient débiteurs des personnes condamnées révo- » lutionnairement, pour connaître aussi les droits de » ceux qui étaient et qui sont encore créanciers des » condamnés, il faut d'abord consulter les lois re- » latives aux biens, aux débiteurs et aux créanciers » des émigrés. »

» Par la même raison, ou plutôt pour redire la même chose en d'autres termes, la république ayant, sur les créances des condamnés, les mêmes droits que sur les créances des émigrés, il est clair que c'est aux lois relatives à celle-ci qu'il faut recourir, pour déterminer et le mode de payement de celles-là, et la manière dont les deniers qui en sont provenus ont dû exister dans les coffres de la république.

» Or, quant à ce point, il y a quatre lois à remarquer : celle du 8 avril 1792, celle du 2 septembre de la même année, celle du 25 juillet 1793, celle du 1ᵉʳ floréal an 3.

» La loi du 8 avril 1792 a pour objet de régler le mode d'exécution de celle du 9 février précédent, qui met sous la main de la nation tous les biens appartenant aux émigrés.

» Elle veut, art. 3, que « ces biens soient admi- » nistrés par les régisseurs de l'enregistrement; » et elle déclare, art. 4, que « l'administration des meu- » bles, effets, mobiliers et ACTIONS, se bornera aux » dispositions nécessaires pour leur conservation. »

» Ainsi les actions, et par conséquent les créances des émigrés, sont enveloppées dans le séquestre national; et la nation se charge de faire, par les mains de la régie de l'enregistrement, toutes les disposi- tions nécessaires pour leur conservation.

» Cependant, parmi les créances des émigrés, il en est un grand nombre qui sont exigibles; et parmi celles qui ne le sont pas, il en est dont les débiteurs peuvent avoir envie de se libérer. Comment pour- voir à la conservation des uns et des autres?

» L'art. 14 va nous l'apprendre : « Les débiteurs » des émigrés, à quelque titre que ce soit, ne pourront » se libérer valablement qu'en payant à la caisse » du SÉQUESTRE. »

» C'est donc par forme de séquestre, que la nation va recevoir les sommes dues aux émigrés.

» La nation ne les recevra donc pas précisément pour son compte personnel; elle les recevra pour le compte de ceux qui pourront y avoir droit; elle les recevra par conséquent pour les remettre aux créanciers que les émigrés peuvent avoir laissés en France, sauf à en retenir le restant à son profit, s'il y a lieu.

» Mais, dans tous les cas, les créanciers des émi- grés n'ont rien à demander aux débiteurs de ceux-ci personnellement. Les débiteurs des émigrés ne peu- vent payer qu'à la caisse du séquestre; et c'est dans la caisse du séquestre, que les créanciers doivent re- prendre ce que les débiteurs y auront versé.

» Du reste, nulle distinction, à cet égard, entre les débiteurs de créances hypothécaires et les débi- teurs de créances purement chirographaires : la loi les place tous sur la même ligne; elle leur impose à tous la même obligation; elle comprend dans une règle commune tous les débiteurs des émigrés, A QUELQUE TITRE QUE CE PUISSE ÊTRE.

» À la loi du 8 avril 1792, a succédé celle du 2 sep- tembre de la même année.

» Par cette seconde loi, les biens des émigrés ne sont plus seulement mis sous la main de la na- tion : ils sont déclarés acquis et confisqués à son profit : cependant les droits de leurs créanciers sont réservés, notamment par les art. 4, 5 et 7; et en conséquence, l'art. 15 parle encore de la caisse du séquestre, établie par la loi du 8 avril; il en parle comme d'un établissement qui doit subsister dans le nouvel ordre de choses; et l'art. 20, entrant dans le même sens, désigne expressément, sous le nom de séquestre général des émigrés, l'adminis- tration de l'enregistrement et des domaines na- tionaux.

Ainsi, sous l'empire de la loi du 2 septembre, comme sous celui de la loi du 8 avril 1792, les débiteurs des émigrés n'ont pu se libérer *qu'à la caisse du séquestre* national; et nul créancier, même hypothécaire, des émigrés, n'a pu en contraindre les débiteurs à payer entre ses mains.

» Vient ensuite la loi du 25 juillet 1793, et voici ce qu'elle porte, sect. 2, art. 11 : « Tous débiteurs, *sans exception* (et par conséquent les débiteurs de créances hypothéquées, comme les débiteurs de créances cédulaires) » seront tenus de déclarer, dans » la huitaine de la publication de la présente loi, » dans chaque municipalité, les deniers, sommes » échues ou à échoir..... qu'ils auront en leur pos- » session. »

» L'art. 16 ajoute : « Les débiteurs.... qui.... au- » ront négligé de faire lesdites déclarations, ou qui » en auraient fait de fausses, seront contraints à la » restitution des objets non déclarés, et à une amende » égale à la valeur desdits objets. »

» Et quel doit être l'effet de ces déclarations? C'est ce que va régler l'article 17 : « Les sommes » déclarées en vertu des articles précédens...., se- » ront versées..., dans la caisse de l'enregistrement, » et ce nonobstant toutes oppositions de la part des » créanciers de chaque émigré, et sans y préju- » dicier. »

» Voilà qui confirme, qui développe bien claire- ment les conséquences que nous tirions tout à l'heure de l'art. 14 de la loi du 8 avril 1792. Les opposi- tions des créanciers d'un émigré ne peuvent ni *em- pêcher* ni *dispenser* son débiteur de verser à la caisse du receveur de l'enregistrement le montant de ce qu'il doit; mais ces oppositions n'en souffriront point pour cela : elles tiendront sur la somme que le receveur de l'enregistrement aura touchée;

» Preuve évidente, et sans réplique, que le re- ceveur de l'enregistrement touche pour le compte des créanciers opposans; preuve évidente, et sans réplique, que les créanciers opposans sont censés recevoir par les mains du receveur de l'enregistre- ment; preuve évidente, et sans réplique enfin, que le débiteur, en se libérant entre les mains du rece- veur de l'enregistrement, est censé payer, non pas seulement à la république, mais encore aux créan- ciers même opposans.

» *Aux créanciers même opposans !* A plus forte raison donc aussi les créanciers qui, au moment où le débiteur paye, n'ont pas encore formé d'opposi- tion. Et vous sentez quelle conséquence il résulte de là contre le système des héritiers Lecomte. L'oppo- sition des héritiers Lecomte ne date que du 17 fruc- tidor an 3, et elle est, par suite, postérieure de plu- sieurs mois aux payemens faits par la dame Bellanger entre les mains du receveur de l'enregistrement de Choisy. Si elle eût précédé ces payemens, elle n'au- rait pas pu les *empêcher*; la dame Bellanger n'en aurait pas moins été contrainte de payer à la caisse nationale; seulement cette opposition eût été, de plein droit, transférée, de l'immeuble acquis par la

dame Bellanger, sur la caisse nationale elle-même. Et l'on voudrait donner plus d'effet, en faveur des héritiers Lecomte, à une opposition qui n'est sur- venue que cinq et trois mois après les payemens faits par la dame Bellanger! l'on voudrait que la dame Bellanger fût de pire condition pour avoir payé, nonobstant la possibilité éventuelle d'une op- position qui n'existait pas encore, qu'elle ne serait dans le cas où elle eût payé, nonobstant une oppo- sition actuelle et subsistante! — Avouons-le, un système qui, pour se soutenir, a besoin de l'appui d'une absurdité aussi choquante, ne peut pas obte- nir l'assentiment d'une raison saine et éclairée.

» Mais revenons à la loi du 25 juillet 1793. Tou- jours fidèle au parti pris par celle du 8 avril 1792, et par elle-même, de confier au *séquestre général des biens des émigrés*, le soin de recevoir, pour les intérêts des créanciers de ceux-ci, comme pour les intérêts de la république, les sommes qui étaient dues aux émigrés avant leur expatriation; toujours conséquente au principe que nous venons de lui voir établir, que les oppositions des créanciers n'appor- tent aucun obstacle à ce que les débiteurs se libèrent dans la caisse de ce séquestre, elle déclare, sect. 5, §. 2, art. 16, que « les créanciers demeurent dis- » pensés de former des oppositions pour la conser- » vation de leurs droits. »

» On sent, en effet, qu'il est inutile de former des oppositions, alors que les oppositions n'arrê- tent point les payemens; la loi les tient pour faites, quoiqu'elles soient omises; et pourquoi? Parce que les sommes versées par les débiteurs dans la caisse du séquestre restent dans cette caisse pour y suivre, relativement aux créanciers, le même cours qu'elles auraient suivi, si elles étaient restées dans les mains des débiteurs; parce que les sommes, en les ver- sant dans cette caisse, sont censés les avoir versées dans une caisse affectée spécialement aux créanciers; en un mot, parce que cette caisse n'est, à l'égard des créanciers, qu'un dépôt dans lequel tous leurs droits demeurent intacts.

» Aussi voyez-vous ensuite la loi s'occuper, dans un paragraphe exprès, et c'est le 3e de la 5e sec- tion, *de la collocation des créanciers* sur toutes les sommes qui ont été versées dans la caisse du sé- questre, soit qu'elles proviennent de la vente des immeubles, soit qu'elles proviennent de la vente des meubles, soit qu'elles proviennent du recouvre- ment des créances des émigrés. Elle règle, à cet égard, et dans le plus grand détail, tout ce qui doit s'observer pour l'union des créanciers, pour la confection de l'ordre, pour les payemens à faire en conséquence; et la preuve qu'elle maintient les créan- ciers hypothécaires dans tous leurs droits sur ces sommes; la preuve, par conséquent, qu'elle considère ces sommes comme versées dans la caisse du sé- questre, pour le compte des créanciers hypothécaires eux-mêmes, c'est la manière dont elle s'exprime dans les art. 12 et 13.

» L'article 12 est ainsi conçu : « Les créanciers

» chirographaires privilégiés seront compris, pour
» la totalité de leurs créances, dans la distribution
» des sommes mobilières recouvrées, ou d'abord
» jusqu'à concurrence desdites sommes recouvrées. »

» L'art. 13 ajoute : « Les créanciers hypothécaires
» seront compris dans la distribution, au marc la
» livre, sur les sommes mobilières, à raison de la
» totalité de leurs créances, sans avoir égard aux
» sommes qui pourront leur revenir sur les pro-
» duits recouvrés, provenant des objets hypothé-
» qués : bien entendu qu'ils ne recevront ensuite
» que jusqu'à concurrence de ce qu'il leur restera
» dû. »

» Ainsi, les *objets hypothéqués* aux créanciers
restent frappés de leurs hypothèques, quoique les
produits en soient versés dans la caisse nationale;
et, pour le dire encore une fois, c'est ce qui démontre, au plus haut degré d'évidence, que la caisse
nationale n'a fait le recouvrement de ces produits
que pour le compte des créanciers hypothécaires;
c'est ce qui démontre par conséquent que les débiteurs, en payant à la caisse nationale, sont censés
avoir payé aux créanciers hypothécaires eux-mêmes.

» Et observons bien que la conduite des héritiers
Lecomte a été parfaitement conforme à tout ce système de la loi.

» Le 23 frimaire an 2, c'est-à-dire le jour même
où a été rendue la loi qui assimilait le sort des débiteurs des condamnés au sort des débiteurs des émigrés, la dame Bellanger fait déposer son contrat
d'acquisition au bureau des hypothèques, et cet acte
y demeure affiché jusqu'au 27 pluviôse suivant. Que
font alors les héritiers Lecomte? Forment-ils opposition au sceau des lettres de ratification qu'elle sollicite? Non; ils savent qu'ils en sont dispensés par
l'art. 16 du §. 2 de la sect. 5 de la loi du 25 juillet
1793; ils savent que la dame Bellanger peut et doit
payer le restant de son prix à la caisse du séquestre;
mais ils savent aussi que la loi leur conserve tous
leurs droits sur la somme que la dame Bellanger y
versera; ils savent qu'en versant cette somme dans
la caisse du séquestre, la dame Bellanger ne fera
que la mettre en réserve pour leur propre compte :
en conséquence, point d'opposition de leur part.

» Que font-ils donc? Ils font ce que leur indiquent les art. 6 et suivans du paragraphe cité de la
même loi : le 18 vendémiaire an 3, ils déposent
leurs titres de créances au bureau désigné pour en
faire la liquidation; et cette liquidation, ils la poursuivent, sans se réserver aucune action contre la
dame Bellanger, parce qu'ils savent bien que la dame
Bellanger ne doit pas payer entre leurs mains; ils la
poursuivent, n'ayant plus d'action que contre
la caisse du séquestre national.

» C'est dans ces circonstances que la dame Bellanger fait à la même caisse, le 5 germinal an 3, un
payement de 70,000 livres. Assurément, en versant
cette somme dans la caisse du séquestre, la dame
Bellanger a bien dû croire qu'elle libérait, jusqu'à

concurrence de sa valeur, les hypothèques dont son
acquisition pouvait être grevée; elle a dû le croire,
parce que payer à la caisse du séquestre et payer
aux créanciers, c'était pour elle la même chose ;
elle a dû le croire surtout, parce que la loi lui donnait l'assurance que le caissier qualifié de *séquestre*,
n'était, en cette partie, que l'agent, le receveur, le
dépositaire des créanciers; et ce qu'elle a dû croire,
elle l'a réellement opéré, parce que telle était la volonté bien prononcée du législateur.

» Et ce que nous disons du payement des 70,000
livres, effectué le 5 germinal an 3, nous devons
également le dire de celui des 19,500 livres restans,
qui a été fait le 13 prairial de la même année.

» A la vérité, il était survenu, dans l'intervalle,
une loi qui avait introduit un grand changement
dans le sort des créanciers des émigrés, et, par
suite, des condamnés. C'est celle du 1er floréal an 3,
dont l'art. 1 déclare les *créanciers des émigrés
créanciers directs de la république*, en exceptant
seulement ceux qui, à l'époque de leur émigration,
se trouvaient en faillite ou notoirement insolva-
bles.

» Mais cette disposition n'avait rien changé à
l'obligation précédemment imposée aux débiteurs
de payer à la caisse nationale, ni à la défense précédemment faite aux créanciers de s'adresser directement aux débiteurs. Vous savez d'ailleurs dans
quel esprit cette disposition avait été décrétée. Jusqu'alors la république ne s'était pas obligée personnellement à payer les dettes des émigrés; elle
ne s'était soumise au payement des dettes de chacun
d'eux, qu'autant que ses biens en fourniraient les
moyens, et au fur et à mesure que rentreraient les
fonds. Le 1er floréal, on veut supprimer toutes ces
entraves à l'égard des émigrés non reconnus insol-
vables; on s'est convaincu à l'avance qu'on peut le
faire sans compromettre les intérêts de la nation :
on déclare donc la nation débitrice directe de ces
émigrés. Mais qu'entend-on par-là ? On entend
seulement qu'il ne faudra plus justifier, dans ce cas,
que les biens de l'émigré suffisent au payement de
toutes ses dettes, que la république prend la place
de l'émigré débiteur; qu'elle s'oblige de payer toutes
les dettes, et d'acquitter toutes les charges de l'émigré, à quelque somme quelles s'élèvent, ainsi et de
la même manière que l'émigré y aurait été tenu;
qu'elle permet d'agir directement contre elle, à
cet égard, comme on aurait pu le faire contre l'é-
migré.

» Mais on ne peut pas sérieusement prétendre,
et les héritiers Lecomte n'ont pas même osé le faire,
que par-là le législateur ait voulu déranger l'ordre qu'il avait établi les 8 août 1792 et 25 juillet 1793, pour le mode de payement des dettes dues
aux émigrés; on ne peut pas sérieusement prétendre
que par-là le législateur ait changé la nature ni
les effets de l'injonction qu'il avait antérieurement
faite aux débiteurs des émigrés, de ne payer qu'à la
caisse du séquestre national; on ne peut pas sérieu-

sement prétendre que par-là les débiteurs des émigrés aient été autorisés à se libérer entre les mains des créanciers, même hypothécaires, de ceux-ci.

» Disons donc que le payement fait par la dame Bellanger, le 13 prairial an 3, doit être envisagé du même œil, et jugé d'après les mêmes principes que celui du 5 germinal précédent.

» Disons, par conséquent, que l'un et l'autre ont été faits, non-seulement, comme l'a énoncé le tribunal civil du département de la Seine, *sous la garantie nationale*, mais encore avec la certitude justifiée par la loi elle-même, qu'ils équipolaient, pour la dame Bellanger, à des payemens faits aux créanciers d'Ormesson; avec la certitude que la caisse nationale dans laquelle ils entraient, les recevait pour le compte des créanciers d'Ormesson; avec la certitude qu'ils libéraient les hypothèques des créanciers d'Ormesson, ni plus ni moins que si la dame Bellanger les eût faits entre les mains de ceux-ci.

» Disons, par conséquent encore, que les héritiers Lecomte sont, aux yeux de la loi, censés avoir touché, par les mains du séquestre national, le montant des sommes payées à ce dernier, les 5 germinal et 13 prairial an 3, par la dame Bellanger; et que, par une conséquence ultérieure et nécessaire, l'hypothèque des héritiers Lecomte sur la dame Bellanger a été dès-lors, éteinte *irrévocablement*.

» Oui, *irrévocablement* : car il n'est sûrement pas besoin de prouver que la loi du 21 prairial an 3, en restituant les biens des condamnés à leurs familles, n'a porté aucune atteinte aux payemens précédemment faits par les débiteurs, et aux libérations qui s'en étaient ensuivies : ce point de droit est complétement démontré dans le rapport du cit. Jacqueminot, du 12 thermidor an 7; et d'ailleurs, les héritiers Lecomte ne l'ont pas même contredit.

» C'en est assez, sans doute, pour pulvériser le deuxième moyen de cassation des demandeurs; passons au troisième.

» Il porte tout entier sur un prétendu excès de pouvoir, sur une prétendue violation de l'art. 7 de la loi du 3 brumaire an 2. Le tribunal civil du département de l'Oise, disent les demandeurs, ne pouvait, comme tribunal d'appel, connaître que du bien ou mal jugé du jugement du tribunal civil du département de la Seine; il ne pouvait prononcer que sur les conclusions prises par les parties en première instance; il ne pouvait pas surtout statuer sur des choses non demandées ni contestées, même en cause d'appel. Cependant il ne s'est pas borné à réformer le jugement du tribunal civil du département de la Seine, en ce que celui-ci avait maintenu purement et simplement l'opposition des héritiers Lecomte, sur la portion du prix payée au feu cit. d'Ormesson; il a encore jugé que les héritiers Le-

comte devaient, avant de pouvoir recourir sur cette partie, épuiser la somme versée par la dame Bellanger dans la caisse nationale; il a jugé que les héritiers Lecomte devaient la retirer de cette caisse dans les six mois de la signification du jugement; il a jugé que la dame Bellanger devait, à cet effet, les aider de ses quittances et des autres pièces ou renseignemens qu'elle avait en sa possession. Or, sur tout cela, pas un mot dans les conclusions respectivement prises par les parties, soit en première instance, soit en cause d'appel. Le tribunal civil de l'Oise a donc transgressé les limites de ses pouvoirs, et violé la loi du 3 brumaire an 2.

» Dans ce raisonnement, vous remarquez sans doute un principe faux, et un principe vrai en soi, mais mal entendu.

» Il est faux qu'en matière civile les tribunaux d'appel ne doivent prononcer que sur le bien ou mal jugé des décisions des tribunaux de première instance. Ils sont, de plus, non-seulement autorisés, mais même tenus, lorsqu'ils infirment un jugement, de faire tout ce qu'a dû faire le premier juge, et par conséquent de substituer à la disposition qu'ils annulent, une disposition nouvelle.

» D'un autre côté, il est vrai que les tribunaux d'appel ne peuvent statuer que sur des demandes formées par les parties devant les premiers juges; mais ils ne sont pas obligés d'y statuer purement et simplement; ils ne sont pas obligés de les accueillir ou de les rejeter sans condition ni réserve. Ils peuvent, ils doivent même, lorsqu'ils trouvent, par exemple, une demande bien fondée en soi, mais prématurée, déclarer qu'ils l'adjugent, sous la condition qu'elle n'aura son effet qu'après que tel ou tel préliminaire aura été rempli; et il n'importe que les parties n'aient point expressément parlé de ce préliminaire dans leurs conclusions : le juge d'appel n'en est pas moins le maître de suivre à cet égard les mouvemens de sa conscience, par la raison infiniment simple, que qui peut le plus peut le moins. Le juge d'appel pourrait adjuger, purement et simplement, la demande injustement repoussée par le premier juge : il peut donc, *à fortiori*, ne l'adjuger que conditionnellement; dans une cause où l'appelant conclut à une condamnation de 2,000 francs, et où l'intimé se borne à défendre le jugement qui l'en a déchargé, dire qu'il a été mal jugé, en ce que l'intimé a été déclaré ne rien devoir; émendant, le condamner à la moitié de la somme litigieuse, quoique la contestation n'ait roulé, tant en première instance qu'en cause d'appel, que sur la totalité.

» Dans notre espèce, les héritiers Lecomte soutenaient que leur opposition devait tenir sur la portion du prix payée par la dame Bellanger au cit. d'Ormesson; et, sans contredit, le tribunal d'appel aurait pu, s'il avait eu pour cela les données nécessaires, rejeter purement et simplement leur prétention, au moyen de ce que la somme versée par la dame Bellanger dans la caisse nationale, devait être appliquée à l'extinction de leur hypothèque. Mais pour prononcer ainsi définitivement, il aurait fallu statuer sur un point que les parties n'avaient pas déféré à sa décision. Il avait bien à juger la question de savoir si l'opposition des héritiers Lecomte subsistait encore; mais il n'était pas saisi de celle de savoir si la somme nécessaire pour en remplir l'objet, n'avait pas été retirée de la caisse nationale par des créanciers hypothécaires antérieurs aux héritiers Lecomte, dans le temps surtout où ils étaient dispensés de toute opposition pour la conservation de leurs droits; et cependant c'était à cette dernière question qu'était subordonnée la maintenue de l'opposition des héritiers Lecomte. N'existait il plus dans la caisse nationale une somme assez forte pour acquitter cette opposition? Elle devait être conservée pour l'excédant. Existait-il encore dans la caisse nationale une somme assez ou plus forte? Elle devait être levée. Qu'a donc dû faire, dans ces circonstances, le tribunal de l'Oise? Précisément ce qu'il a fait : renvoyer les héritiers Lecomte à se pourvoir sur la somme existante dans la caisse nationale, et déclarer que si, dans tel délai, ils ne justifiaient pas de l'insuffisance de cette somme pour remplir l'objet de leur opposition, leur opposition demeurerait comme non-avenue.

» S'il eût prononcé autrement, s'il eût donné main-levée pure et simple de leur opposition, les héritiers Lecomte auraient eu à lui reprocher d'avoir statué sur une chose non contestée, sur une chose qui ne lui avait pas été soumise, sur une chose dont il n'était pas juge et c'est véritablement alors qu'il eût excédé ses pouvoirs.

» Pour quatrième et dernier moyen, les héritiers Lecomte invoquent l'art. 1 du tit. 31 de l'ordonnance de 1667, aux termes duquel toute partie qui succombe doit être condamnée aux dépens, sans que le juge puisse les compenser. Cet article, disent-ils, a été violé, en ce que, par le jugement du tribunal de l'Oise, nous sommes condamnés à tous les dépens des causes principale et d'appel, quoiqu'il ne soit pas encore jugé que nous succomberons sur tous les chefs de nos demandes, et quoique, par ce jugement même, nos droits soient réservés sur la portion du prix payée au cit. d'Ormesson, dans le cas où la somme existante dans la caisse nationale ne suffirait pas à la libération de la dame Bellanger.

« Les héritiers Lecomte n'ont sûrement pas grande confiance dans un pareil moyen.

» Quel était, tant en première instance qu'en cause d'appel, l'objet de la contestation qui divisait les parties? Il n'en avait point d'autre que de savoir si la somme versée par la dame Bellanger dans la caisse nationale, devait ou non être appliquée à l'hypothèque des héritiers Lecomte, avant qu'ils pussent entamer celle que la dame Bellanger avait payée directement au feu cit. d'Ormesson. Or, sur cette question, les héritiers Lecomte ont pleinement succombé; ils ont donc dû être condamnés à tous les dépens.

» Par ces considérations, nous estimons qu'il y a

lieu de rejeter la requête en cassation, et de condamner les demandeurs à l'amende. »

Ces conclusions ont été adoptées par arrêt du 6 ventôse an 10:

« Attendu, sur le premier moyen, que l'hypothèque s'éteint avec la dette dont elle n'est que l'accessoire; qu'ainsi l'art. 6 de l'édit du mois de juin 1771, invoqué par la veuve et héritiers Lecomte, ne peut avoir été violé, s'il y a eu libération valable; et que cette libération résulte du versement fait par la femme Bellanger, dans la caisse nationale, de la somme restée entre ses mains, plus que suffisante pour faire face à leurs prétentions;

» Attendu, sur le deuxième moyen, que l'art. 19 du même édit règle seulement l'ordre du prix à distribuer entre les créanciers opposans; que si, d'après cet article, l'acquéreur est comptable envers eux de la totalité de ce prix, ce ne peut être que lorsque leurs créances l'excédent ou l'égalent; et que la femme Bellanger avait été fondée, d'après ces principes, à payer à son vendeur une partie du montant de son acquisition, ayant retenu en ses mains plus du double de la créance des veuve et héritiers Lecomte;

» Attendu, au surplus, sur ces deux moyens, que, d'après les lois relatives aux émigrés et aux condamnés, leurs débiteurs étaient tenus, sous les peines les plus graves, de déclarer et de verser les sommes pure et dues, nonobstant toutes oppositions, la république demeurant chargée d'acquitter leurs créanciers, qui étaient en conséquence déclarés créanciers directs de l'État; que ces lois ayant placé sous la garantie nationale les débiteurs qu'elles obligeaient de se libérer, il est impossible de ne pas demeurer convaincu que l'édit de 1771, dans les dispositions qui ne pouvaient être que se concilier avec elles, est demeuré abrogé ou modifié, pendant que leur exécution a duré; que la femme Bellanger a été libérée par les versemens qu'elle a été obligée de faire; et que la veuve et héritiers Lecomte ne peuvent plus avoir contre elle, ni sur l'immeuble dont il s'agit, d'action directe ni hypothécaire, au préjudice de la quittance qui lui a été donnée pour solde, la loi de restitution des biens des condamnés n'ayant donné, ni à leurs héritiers, ni à leurs créanciers, le droit de revenir sur ce qui avait été fait avant cette loi;

» Attendu, sur le troisième moyen, que le jugement attaqué a simplement modifié les conclusions de la femme Bellanger, en ne lui accordant que sous condition la main-levée de l'opposition des veuve et héritiers Lecomte, qu'elle demandait définitivement et absolument; qu'en cela, le tribunal de Beauvais n'a point excédé ses pouvoirs comme tribunal d'appel, celle en radiation modifiée de l'opposition étant bien comprise dans la demande en main-levée entière et définitive qui avait été formée en cause principale; qu'au surplus, la femme Bellanger aurait été seule recevable à se plaindre de ce que sa demande n'avait pas été adjugée définitivement sur la représentation de la quittance à elle donnée pour solde, étant constaté d'ailleurs que les oppositions de tous les autres créanciers hypothécaires antérieurs à son acquisition avaient été radiées, et aucune des lois rendues depuis sur le mode de payement des acquisitions ou créances en papier-monnaie, ne pouvant s'appliquer à ce qui avait été consommé avant l'existence de ces lois;

» Attendu, sur le quatrième moyen, que le jugement de première instance ayant été infirmé, et la prétention des veuve et héritiers Lecomte sur la portion du prix payée au vendeur ayant été rejetée, on ne peut voir dans la condamnation des dépens dont ils se plaignent, que la juste application de l'article 31 de l'ordonnance de 1667. »

§. II. *Sous le régime hypothécaire de 1771, les lettres de ratification, prises sur un contrat frauduleux et simulé, purgeaient-elles les hypothèques des créanciers non-opposans?*

V. l'article *Expropriation forcée*, §. 2.

§. III. 1° *Sous le régime hypothécaire de l'édit du mois de juin 1771, les lettres de ratification purgeaient-elles les rentes foncières?* 2° *Les purgeaient-elles, lorsque ces rentes étaient stipulées rachetables?*

Ces questions ont été portées à l'audience de la cour de cassation, section civile, les 11 et 12 pluviôse an 11, par l'effet du recours exercé par le sieur Fortin contre un arrêt de la cour d'appel de Paris, rendu en faveur de la veuve Saron et de ses enfans mineurs.

Voici les conclusions que j'ai données sur cette affaire :

« Le jugement du tribunal d'appel de Paris du 9 thermidor an 9, dont le cit. Fortin vous demande la cassation, a décidé que les lettres de ratification obtenues par celui-ci le 4 ventôse an 3, sur l'acquisition qu'il avait précédemment faite de quarante arpens de terre, n'avaient pas purgé la rente qualifiée *foncière* que la veuve et les mineurs Saron ou leurs auteurs s'étaient réservée sur une partie de ces immeubles, en les transmettant à son vendeur.

» Le cit. Fortin attaque ce jugement, comme rendu en contravention aux art. 7, 17 et 34 de l'édit du mois de juin 1771 ; et, pour prouver qu'effectivement il a violé ces articles, il soutient, 1° que la rente réclamée par la veuve et les mineurs Saron n'est pas *foncière*, mais simplement constituée à prix d'argent; 2° que, sous le régime hypothécaire de 1771, les rentes foncières non seigneuriales se purgeaient par les lettres de ratification, comme les rentes purement personnelles; 3° que les lettres de ratification opéraient cet effet, même par rapport aux rentes foncières, dont l'acquéreur avait eu connaissance par le titre de son acquisition. Ainsi trois propositions à discuter.

» Et d'abord est-il vrai que l'on ne puisse pas considérer comme *foncière* la rente qui a donné lieu au procès ? Le demandeur nous retrace lui-même, dans son *Mémoire d'ampliation*, l'origine de cette rente. Voici ses propres termes :

« En 1775, et par contrat du 18 avril, la veuve » Boucher donna, à titre de rente foncière et per » pétuelle, à Denis Longuet et sa femme, les por » tions à elle appartenant dans soixante-treize ar » pens de terres-labourables (portions depuis re » vendues par Denis Longuet et sa femme au citoyen » Fortin, pour par eux en jouir, faire et disposer » au même titre que ses co-propriétaires, en toute » propriété, et comme de chose à eux appartenant. »

« Ce BAIL A RENTE était passé moyennant la somme » de 500 livres de rente foncière annuelle et per » pétuelle, rachetable après le décès de ladite Bou » cher seulement et non auparavant à condition » expresse, en rendant par lesdits Longuet et sa » femme la somme de 10,000 livres en quatre paye » mens égaux. Au surplus (porte le contrat), il est » expressément convenu que, nonobstant la fa » culté ci-dessus accordée pour le remboursement » de ladite rente, néanmoins il ne pourra avoir lieu » au décès de ladite dame Boucher, que dans les » cas où elle survivrait à demoiselle Marie-Jeanne » Avéline, sa sœur; et, si c'est, au contraire, cette » dernière qui survit, ladite rente subsistera toujours » en son entier, jusqu'à son décès, pour être alors » remboursée, comme il est dit précédemment. Il » est ensuite stipulé que les biens donnés à bail de » meurent spécialement et par privilège RÉSERVÉS, » AFFECTÉS, CHARGÉS ET HYPOTHÉQUÉS AU PAVEMENT » DE LADITE RENTE; et, après la clause ordinaire de » fournir et de faire valoir, on stipule que les titres » resteront en la possession de la veuve Boucher, » pour être remis par ses héritiers aux sieur et dame » Longuet, lors du remboursement qu'ils feront de » ladite rente. »

» Vous voyez que c'est par un contrat qualifié de *bail à rente*, que Longuet et sa femme sont devenus propriétaires d'une portion des immeubles que le cit. Fortin leur a depuis achetés; et que si, d'un côté, ces biens leur ont été cédés, *pour en jouir en toute propriété*, *et comme de chose à eux appartenant*, moyennant une *rente annuelle et perpétuelle* de 500 livres; de l'autre aussi, ils ont été expressément *réservés* pour le payement de cette rente.

» On trouve donc, dans ce contrat, tout ce qui caractérise un vrai bail à rente, et par conséquent une rente réellement foncière : car le véritable caractère du bail à rente est de former comme un partage du droit de propriété entre le bailleur et le preneur. Le premier demeure propriétaire, pour jouir de sa rente comme du fruit de son propre fonds; le second acquiert le droit de transmettre l'héritage à ses successeurs, de le vendre, de le donner, de l'aliéner, avec la charge de la rente du bailleur : tous droits qui dérivent de la propriété, ou plutôt qui en font essentiellement partie.

» Qu'importe que, dans notre espèce, la rente soit stipulée rachetable après la mort de la dame Boucher et de sa sœur? Cette circonstance ne change rien à sa nature; et de *rente foncière* qu'elle est, par le texte même du contrat, ne la rend pas *rente constituée à prix d'argent.*

» En veut-on une preuve sans réplique? On la trouvera dans la différence qui, avant les décrets du 4 août 1789, existait, relativement au rachat même, entre les rentes constituées à prix d'argent, et les rentes foncières stipulées rachetables. Ecoutons Pothier, dans son *Traité du Contrat de bail à rente,* n° 78 : « La faculté de rachat étant de l'es-
» sence du contrat de constitution de rente, elle est
» imprescriptible : au contraire, la faculté de ra-
» cheter une rente foncière étant un droit qui résulte
» d'une convention qui n'est qu'accidentelle dans le
» bail à rente, et étrangère à la nature de ce con-
» trat, elle est sujette à la prescription ordinaire de
» trente ans, à laquelle sont sujets tous les droits
» qui résultent des conventions particulières, lors-
» que celui à qui le droit appartient, ne l'a pas
» exercé pendant le temps prescrit par la loi. ».

» Une autre preuve non moins frappante, c'est que, quoique les arrérages des rentes constituées à prix d'argent soient sujets à la prescription quinquennale, ceux des rentes foncières stipulées rachetables ont toujours été reconnus, avant la loi du 20 août 1792, n'être soumis qu'à la prescription de trente ans.

» Il est vrai que, relativement aux droits de lods et de quint, et au retrait qui suivait constamment le sort de ces droits, le contrat de bail à rente rache-table était, dans la plupart des coutumes, assimilé à la vente; mais c'était une fiction qui n'avait été in-troduite que pour l'intérêt des seigneurs, comme pour celui des lignagers, et afin de parer aux frau-des multipliées que l'on commettait à leur préju-dice, en déguisant les ventes sous les apparences de baux à rente.

» C'est ainsi que, dans les coutumes du Poitou, du Maine, d'Orléans et de Normandie, le bail à rente, même non rachetable, passait pour vente, relativement au seigneur, toutes les fois qu'il y avait la moindre somme donnée à titre de deniers d'entrée, quoique bien certainement alors la rente stipulée par ce bail, n'en fût pas moins *foncière,* dans toute l'énergie de ce terme.

» Et ce qui est décisif sur ce point, c'est qu'avant la réformation de la coutume de Paris en 1583, on y tenait pour constant que, même relativement aux droits de lods et de quint, le bail à rente rachetable ne pouvait pas être assimilé à la vente. Nous avons pour garant de cette vérité Dumoulin, sur l'art. 32 de l'ancienne coutume, n° 66; et le demandeur lui-même est forcé d'en convenir.

» La nouvelle coutume a changé cette maxime en faveur et sur les plaintes des seigneurs, parce que,

pour éluder les droits de mutation, la plupart des contractans masquaient de véritables ventes sous les couleurs du bail à rente rachetable; et que par-là un vendeur à qui, peu de jours après le contrat, on rembourserait le capital de la rente qu'il s'était réservée, parvenait à toucher le prix entier de son bien sans en payer aucun droit.

» Mais en soumettant ainsi le bail à rente rache-table aux lods et ventes, la coutume n'a pas entendu dénaturer la *rente rachetable du bail d'héritage;* elle ne lui a pas ôté son caractère primitif de rente foncière; et en ne le lui ôtant pas, elle le lui a con-servé.

» Elle le lui a si bien conservé, qu'après avoir dit art. 119, que la « faculté de racheter rentes cons-
» tituées à prix d'argent, ne se peut prescrire par
» quelque laps de temps que ce soit, » elle ajoute,
art 120 : « La faculté donnée par contrat de racheter
» héritage ou rente de bail d'héritage a toujours, se
» prescrit par trente ans. »

» Voilà, certes, une ligne de démarcation bien clairement tracée entre les rentes constituées et les rentes *de bail d'héritage* créées avec faculté de rachat.

» La coutume ne les a donc pas confondues; elle a donc, au contraire, expressément conservé aux rentes rachetables *de bail d'héritage,* leur qualité innée de rentes foncières.

» C'est ce que prouve encore nettement l'art. 87 : « De toutes rentes foncières non-rachetables, ven-
» dues à autres, ou délaissées par rachat depuis le
» premier bail, sont dues rentes, eu égard au prix de la
» vente, ou rachat d'icelle rente, tout ainsi que si l'hé-
» ritage ou partie d'icelui était vendu. » Remarquez ces termes, de *toutes rentes foncières non rachetables :* pourquoi ces mots, *non rachetables,* ajoutés aux mots *rentes foncières?* C'est sans contredit parce qu'il est deux sortes de rentes foncières : les unes qui sont rachetables, les autres qui ne le sont pas. Si la coutume ne reconnaissait pour rentes foncières que celles dont la rédimibilité n'est pas stipulée par leurs titres constitutifs, les termes *non rachetables* for-meraient un pléonasme dans le texte de la coutume; et la coutume, en les employant, prouve elle-même qu'une rente peut être foncière, sans être irra-chetable.

» Dira-t-on que du moins la coutume entend identifier les rentes foncières rachetables aux rentes constituées, pour tout le temps que la faculté du rachat n'est établie par le laps de trente ans?

» Mais ce serait une absurdité; et la preuve que la coutume n'a pas eu cette intention, la preuve que, dans son territoire, la rente, quoique rachetable, était considérée comme foncière, avant comme de-puis l'expiration des trente ans, c'est que, même pendant la durée de la faculté du rachat, les arré-rages de cette rente ne se prescrivaient point par cinq ans, comme ceux des rentes constituées. Po-thier en fait expressément la remarque, et il est en cela d'accord avec tous les commentateurs.

33.

» Ajoutons que dans la coutume de Paris elle-même, il existait des rentes perpétuellement rachetables, et qui cependant étaient universellement reconnues pour foncières, par cela seul qu'elles avaient été créées par bail d'héritage : c'étaient les rentes dues par les *maisons assises*, dit l'art. 121, *en la ville et faubourgs de Paris.*

» Aussi voyez de quelle manière s'explique Renusson, *Traité des propres*, chap. 3, sect. 13, n° 21, sur la question de savoir si, dans la coutume de Paris, l'héritier aux acquêts peut obliger les héritiers aux propres de contribuer au payement d'une rente due sur un héritage que le défunt a acquis par bail à rente rachetable.

« Il établit d'abord, et cela est sans difficulté, que la contribution aurait lieu, s'il s'agissait d'une rente constituée.

» Il ajoute que, de l'aveu de tout le monde, elle n'aurait pas lieu, si la rente n'avait pas été stipulée rédimible.

« Il y a lieu de dire la même chose (continue-» t-il) de l'héritage qui avait été baillé au défunt à » rente rachetable; car, quoique le défunt se fût » obligé personnellement de racheter la rente, cette » obligation personnelle est pareillement subsé-» quente et accessoire à la réelle. Il est véritable de » dire que de même l'héritage n'a été baillé qu'à la » charge personnelle de la rente rachetable, et que le » créancier a privilége sur son héritage, comme » PRINCIPALEMENT OBLIGÉ ET SPÉCIALEMENT CHARGÉ » DE LA RENTE; *c'est une* RENTE FONCIÈRE, que celui » qui a succédé à l'héritage, et qui en est le pos-» sesseur, est tenu d'acquitter; car les rentes fon-» cières, QUOIQUE RACHETABLES, » *sunt verò onera realia ratione fundi, sive fundi debita.*

» Le même auteur, chap. 1, sect. 10, n° 20, agite une autre question qui se décide par le même principe : c'est celle de savoir si la rente foncière est subrogée, dans la personne du bailleur, à la qualité de propre de telle ou telle ligne, qu'avait dans ses mains l'héritage qu'il a arrenté. Et il rapporte un arrêt prononcé en robes rouges, à Pâques 1592, qui a jugé pour l'affirmative, par la raison que « quicon-» que baille son héritage à rente, est réputé con-» server la propriété de l'héritage jusqu'à la con-» currence de la rente. »

» A la vérité, il ne dit pas que, dans cette espèce, la rente eût été stipulée rachetable par le bail d'héritage; mais c'est un fait dont on ne peut guère douter, lorsqu'on voit Montholon, chap. 74, attester, en rapportant cet arrêt, que la rente dont il s'agissait, avait été originairement de 500 livres, et qu'un rachat depuis l'avait réduite à moitié.

» Aussi Renusson, revenant encore, chap. 5, sect. 1, n° 6, sur les rentes foncières, dit-il expressément que « toutes les rentes foncières, rachetables ou » non-rachetables, sont réputées immeubles, parce » qu'elles sont attachées à des fonds d'héritage qui » en sont chargés : elles s'appellent foncières, » dit-

il encore, « parce que c'est à cause du fonds que la » rente est due : elles représentent le fonds qui n'a » été concédé qu'à cause de la rente. »

» Denisart, aux mots *Rente foncière*, établit positivement la même doctrine; et elle mérite d'autant plus de considération, qu'elle est conforme à l'art. 121 de la coutume de Sens, la seule loi qui ait prévu la question et qui l'ait décidée : *rentes foncières constituées à cause d'héritage*, porte cet article, JAÇOIT QU'ELLES SOIENT RACHETABLES, *sortissent nature de l'héritage durant le temps qu'elles soit rachetables.*

» On vous a cependant cité, d'après Denisart lui-même, un arrêt du 4 septembre 1767, qui a jugé, dit-on, qu'une rente foncière créée par le bail d'un héritage propre au bailleur, et stipulée rachetable après le décès de celui-ci, ne formait pas un propre dans sa succession, et appartenait à son héritier des acquêts.

» Mais dans cette citation, le demandeur a confondu Denisart avec son additionnaire Varicourt, qui, par ses inexactitudes innombrables, a perdu depuis long-temps toute créance; et il est à remarquer que Le Camus d'Houlouve, dans son *Commentaire sur la coutume du Boulonnais*, tome 1, page 293, ne la balance pas à rejeter la décision attribuée par ce compilateur à l'arrêt qu'il rapporte : « Pour moi (dit-il), je ne puis assimiler une rente » foncière, quoique rachetable, qui peut devenir » non-rachetable par la prescription, à une rente » constituée, dont le rachat est imprescriptible; et » je pense qu'en pareille espèce, l'art. 121 de la » coutume de Sens et l'opinion de Renusson doi-» vent prévaloir. »

» Sans doute, il en serait autrement, et la rente même dont il est ici question, ne serait pas *foncière*, mais véritablement *constituée*, si Longuet et sa femme avaient commencé par s'obliger à une somme fixe, et que, par une clause subséquente, ils se fussent soumis à en payer la rente jusqu'au remboursement du capital. C'est la remarque de Loyseau, dans son *Traité du déguerpissement*, liv. 1, chapitre 5, n° 17 : « Toutefois (ce sont ses termes), en » toutes ces rentes foncières, il y a une signalée » précaution, et une remarque de grande impor-» tance : c'est que, si le contrat est fait en forme de » vente, auquel le prix soit particularisé et spécifié, » pour lequel prix ainsi spécifié à la suite du même » contrat, soit constituée rente, alors, à bien en-» tendre, telle rente ne doit pas être estimée fon-» cière, mais simple rente constituée. »

» Et voilà pourquoi, le 12 vendémiaire dernier, vous avez cassé un jugement du tribunal d'appel de Caen, du 8 ventôse an 9, qui avait jugé foncière une rente de

---

(1) Cet arrêt est rapporté à l'article *Rente foncière.*

3oo livres, qualifiée erronément telle par le contrat d'aliénation qui l'avait créée, et que ce même contrat énonçait formellement avoir été constituée au moyen d'une somme de 6,000 livres, formant le prix de la vente d'une maison.

» Mais ce n'est point là notre espèce : ce n'est pas une *vente*, c'est un *bail a rente* que la veuve Boucher a fait à Longuet et à sa femme ; Longuet et sa femme n'ont pas promis d'en payer un prix déterminé, mais seulement une *rente foncière, annuelle et perpétuelle.*

» Et il ne faut pas croire qu'au moyen de la faculté de rachat, les choses soient revenues au même. Elles sont si peu revenues au même, qu'abstraction faite des décrets du 4 août 1789, si Longuet et sa femme avaient laissé passer trente ans sans racheter la rente, elle serait, à leur égard, devenue absolument irrédimible.

» Aussi les nouveaux éditeurs de Denisart, aux mots *Bail a rente*, ont-ils grand soin de distinguer cette manière de stipuler, d'avec celle dont parle Loyseau : « Pour réputer une rente véritablement » foncière (disent-ils), il faut qu'elle soit établie par » le contrat de cession de la propriété, sans aucun » prix. Ainsi, il est cummun de ces actes où » l'on vend un fonds *telle somme*, moyennant la- » quelle l'acquéreur constitue au vendeur *tant* de » rente. Ce n'est point là un bail à rente, mais une » véritable vente, puisqu'il existe un prix, *telle* » *somme ;* et la rente qu'on établit ensuite, pour » raison de ce prix, n'est point une rente foncière. » Au contraire, si le bail est fait *moyennant telle* » *rente*, qui pourra être racheté de *telle somme,* » l'acte n'est pas moins un bail à rente, puisque ce » n'est point un prix formé de telle somme en ar- » gent que l'acquéreur donne pour la propriété » qu'on lui cède, *mais une rente que la faculté de* » *la racheter et la détermination du prix moyen-* » *nant lequel elle pourra l'être, ne dénaturent* » *point.* »

» Il n'y a donc pas, quant à l'objet sur lequel a prononcé le jugement qu'attaque ici le demandeur, de distinction à faire entre les rentes foncières rachetables et les rentes foncières non-rachetables. Rachetables ou non, les rentes qui forment le prix d'un bail d'héritage, sont essentiellement foncières ; et ceci nous conduit naturellement à l'examen de notre seconde question, celle de savoir si, sous le régime hypothécaire de 1771, les lettres de ratification purgeaient les rentes foncières non-seigneuriales.

» S'il faut en croire le demandeur, cette question n'en est plus une : deux arrêts du parlement de Paris, des 6 avril et 12 juin 1787, l'ont décidé irrévocablement pour l'affirmative.

» Supposons que ces deux arrêts aient véritablement jugé la question, et qu'ils l'aient jugée conformément au système du demandeur ; sera-ce une raison pour qu'il ne soit plus permis de la soumettre

à une nouvelle discussion ? Non, sans doute : des arrêts que vous casseriez, peut-être, si l'on était encore à temps pour les déférer à votre censure, ne sont pas et ne peuvent pas être pour vous des autorités irréfragables.

» Nous ne devons donc pas craindre d'énoncer devant vous l'opinion que les meilleurs jurisconsultes ont professée sur cette question, avant et depuis les prétendus arrêts dont on vous parle, et dans laquelle nous a de plus en plus confirmés le nouvel examen que nous venons d'en faire.

» Quel est, suivant l'édit du mois de juin 1771, l'effet des lettres de ratification ? C'est uniquement de purger les privilèges et les hypothèques.

« L'art. 7 de cet édit est là-dessus très-formel : « Les lettres de ratification purgeront les hypothè- » ques et priviléges à l'égard de tous les créanciers » des vendeurs qui auront négligé de faire leurs op- » positions dans la forme qui sera prescrite ci-après, » avant le sceau d'icelles ; et les acquéreurs des im- » meubles qui auront pris de semblables lettres de » ratification, en demeureront propriétaires incom- » mutables, SANS ÊTRE TENUS DES DETTES DES PRÉCÉ- » DENS PROPRIÉTAIRES, en quelque sorte et sous » quelque prétexte que ce soit...... *Et plus bas :* » L'effet desdites lettres étant restreint à purger les » priviléges et hypothèques seulement. »

» Or, le bailleur d'un héritage qui s'y est réservé une rente foncière, n'a-t-il sur cet héritage qu'une hypothèque, qu'un privilège ? Il s'en faut beaucoup qu'il soit réduit à une pareille condition.

» Tous les auteurs conviennent que la rente foncière est, comme sa dénomination même le prouve, un droit véritablement réel, une portion de la propriété du fonds. « La rente foncière (dit Poulain du » Parc, sur l'art. 60 de la Coutume de Bretagne, » note C) est un immeuble réel, qui affecte l'héri- » tage même, qui en diminue la valeur, et qui est » réputée en faire partie. » Laurière, sur l'art. 87 de la *Coutume de Paris*, appelle la rente foncière une *délibation* de la propriété de l'héritage sur lequel elle est assise.

» Certainement celui à qui appartient une rente de cette nature, né peut pas être considéré comme n'ayant qu'une hypothèque sur le fonds qui en est grevé.

« Les charges foncières (dit Loyseau, à l'endroit » déjà cité, n° 12) diffèrent des simples hypothè- » ques, en ce que l'hypothèque est une obligation » accessoire ou subsidiaire de la chose, pour con- » firmer et assurer la promesse et l'obligation de la » personne qui est débitrice : mais la charge fon- » cière est une redevance dûe proprement et direc- » tement par l'héritage, et non par la personne ; et » ce que la personne la paye, c'est à cause de la » chose, non pour y être obligée de son chef, parce » que la chose qui est inanimée ne la peut payer » sans le ministère de la personne. »

» Pothier tient absolument le même langage dans

son *Traité du contrat de bail à rente*, n° 19 : « La
» rente foncière est une charge réelle très-différente
» de l'hypothèque dont on charge un héritage, sur
» lequel on assigne une rente constituée à prix d'ar-
» gent, ou par don ou legs. Cette hypothèque n'est
» qu'une obligation accessoire de l'héritage, pour
» assurer d'autant mieux l'obligation personnelle
» de celui qui a constitué la rente, ou qui en a été
» chargé par testament : au contraire, la rente fon-
» cière dont est chargé l'héritage baillé à rente, est
« une obligation principale de l'héritage; c'est l'hé-
» ritage qui en est le principal débiteur, plutôt que
» la personne du preneur qui n'est tenu de la rente
» qu'autant qu'il possède l'héritage; et parce que
» cette charge de l'héritage est de telle nature, que
» l'héritage ne peut s'en acquitter que par le fait et
» le ministère de son possesseur, qui en doit payer
» pour l'héritage les arrérages. ».

» Et ici viennent naturellement se placer ces
termes si remarquables de l'art. 7 de l'édit du mois
de juin 1771 : « Les acquéreurs des immeubles qui
» auront pris de semblables lettres de ratification,
» en demeureront propriétaires incommutables; SANS
» ÊTRE TENUS DES DETTES DES PRÉCÉDENS PROPRIÉ-
» TAIRES. *La loi ne dit pas*, sans être tenus des
» dettes réelles, des dettes dues par les immeubles
» eux-mêmes; *elle dit* des dettes des précédens pro-
» priétaires. » Donc les lettres de ratification ne purgent que les dettes auxquelles les *précédens propriétaires* étaient personnellement obligés; donc
elles ne purgent pas les rentes foncières; et ce qui
donne à cette conséquence le caractère de la démonstration, c'est que l'article finit par déclarer en
toutes lettres, « que l'effet des lettres de ratification
» est restreint à purger les priviléges et hypothèques
» SEULEMENT. »

» Nous pourrions nous arrêter ici : car, dès que
la rente foncière n'est pas, par sa nature, une dette
de la personne; dès qu'elle n'est pas une *obligation
accessoire de l'héritage*, c'est-à-dire une hypothèque; dès qu'au contraire, c'est l'héritage qui y
est obligé directement et principalement, ou, pour
mieux dire, dès qu'elle est une délibation, une
partie intégrante de l'héritage même, il est bien
évident que, d'après les seules dispositions que nous
venons de citer de l'art. 7, les lettres de ratification ne peuvent ni atteindre ni purger la rente foncière.

» Mais il existe, dans ce même art. 7, une autre
disposition qui est bien plus décisive encore, et elle
est renfermée dans ce membre de phrase : « Sans
» que néanmoins les lettres de ratification puissent
» donner aux acquéreurs, relativement à la pro-
» priété, droits réels, fonciers, servitudes et autres,
» plus de droits que n'en auront les vendeurs, l'effet
» desdites lettres étant restreint à purger les privi-
» léges et hypothèques seulement. »

» Nous savons bien qu'on a voulu élever, sur la
première partie de ce paragraphe, une équivoque à
laquelle paraissent d'abord se prêter les termes dans

lesquels elle est conçue; nous savons bien qu'on a
prétendu que ces termes ne signifiaient pas autre
chose, si ce n'est que, dans le cas où quelqu'un
vendrait soit une propriété, soit un droit réel ou
foncier, soit une servitude, soit tout autre objet
semblable qui ne lui appartiendrait point, les lettres
de ratification ne donneraient pas à l'acquéreur plus
de droits que n'en avait le vendeur; que les lettres
de ratification sont sans effet pour acquérir un droit
qui n'existe point; mais qu'elles doivent purger, à
défaut d'opposition, tout droit réel qui existe.

» Mais ce qui fait, pour ainsi dire, toucher au
doigt et à l'œil le vice de cette interprétation, c'est
qu'elle conduit directement et nécessairement à une
conséquence absurde.

» Il serait absurde, en effet, de supposer que les
lettres de ratification purgeassent les servitudes
réelles, les droits d'usufruit, les droits d'usage, dont
se trouvait grevé un fonds vendu par son légitime
propriétaire. Cependant il faudrait aller jusque-là,
si l'on ne donnait pas aux termes cités de l'art. 7
l'effet de mettre l'usage, l'usufruit et la servitude
réelle à l'abri des atteintes des lettres de ratification; car, abstraction faite de ces mêmes termes,
vous ne trouverez pas un seul mot dans l'édit dont
vous puissiez induire que les lettres de ratification ne
purgent pas la servitude réelle, l'usufruit et l'usage.
Si donc vous êtes forcés de reconnaître que les droits
de servitude réelle, d'usufruit et d'usage, ne sont
pas purgés par les lettres de ratification, vous l'êtes
en même temps de reconnaître que c'est à ces termes
de l'art. 7 qu'ils en sont redevables. — Or, dans
ces mêmes termes, nulle distinction entre les servitudes réelles, l'usufruit, l'usage, et les autres *droits
réels ou fonciers*. Tous les *droits réels ou fonciers*,
quels qu'ils soient, y sont compris; et nous n'avons
pas besoin de répéter que la rente foncière est essentiellement un droit réel, un droit foncier, un
droit faisant partie du fonds même sur lequel on
l'a réservé par le bail à rente.

» Observons d'ailleurs que, si les termes dont il
s'agit offrent, dans leur construction, quelque chose
d'équivoque, il est impossible de n'en pas saisir la
véritable signification; il est impossible de se dissimuler qu'ils doivent être entendus dans le sens que
nous soutenons, lorsqu'on s'arrête aux expressions
qui les suivent immédiatement : « l'effet desdites
» lettres étant restreint à purger les priviléges et
» hypothèques seulement. »

» N'est-ce pas comme si le législateur avait dit :
» Tout ce qui n'est pas privilége ou hypothèque est
» à l'abri des lettres de ratification? Ainsi, la pro-
» priété n'est ni une hypothèque ni un privilége;
» les lettres de ratification ne la purgeront pas.
» Ainsi l'usufruit, l'usage, la servitude réelle, tous
» les droits fonciers généralement quelconques ne
» sont ni des priviléges ni des hypothèques; ils ne
» seront pas purgés par les lettres de ratification. »

» Nous osons le dire, l'évidence n'est pas plus
claire que cette manière d'entendre la loi.

» Cependant on insiste encore, et l'on oppose l'art. 34, qui porte : « Les seigneurs féodaux ou » censiers ne seront point tenus non plus de former » opposition pour raison des FONDS, cens, rentes » foncières et autres droits seigneuriaux et féodaux » sur les héritages, fiefs et droits étant dans leur » censive et mouvance. » C'est ici, dit-on, le cas de la maxime *inclusio unius est exclusio alterius.* La loi dispense les seigneurs de former opposition pour les rentes foncières seigneuriales, pour les droits fonciers seigneuriaux qui leur appartiennent. Donc elle n'en dispense pas les propriétaires de rentes foncières, de droits fonciers, qui ne portent aucun caractère de seigneurie ; donc les rentes foncières non seigneuriales, donc les droits fonciers non seigneuriaux sont purgés par les lettres de ratification.

» Déjà nous avons eu l'occasion de démontrer combien est vicieuse et fautive cette manière de raisonner. A l'audience de la section des requêtes, du 3 pluviôse an 10, nous avons établi (1), et il y a été jugé que l'argument *à contrario*, tiré d'une loi, ne prouve rien, lorsqu'il est en opposition avec le texte formel d'une autre loi ; et il est facile de voir que ce principe reçoit encore ici une application directe et entière.

» L'art. 7 de l'édit du mois de juin 1771 pose en maxime générale et exclusive de toute espèce d'exception, *que l'effet des lettres de ratification est restreint à purger les privilèges et hypothèques* SEULEMENT ; et la conséquence qui résulte de cette maxime, c'est que, comme le déclare le même article, les lettres de ratification ne purgent aucune espèce de *droits fonciers.*

» Cet article est donc en opposition diamétrale avec l'argument *à contrario* que l'on veut tirer de l'art. 34, et à l'aide duquel on prétend établir que les seuls droits fonciers seigneuriaux sont à couvert des atteintes des lettres de ratification. Cet argument *à contrario* est donc bien évidemment vicieux ; il ne prouve donc rien.

» Il ne prouve rien surtout, s'il prouve trop, et surtout encore s'il est absurde. Or, remarquons bien que l'art. 34 ne parle pas seulement des *cens*, des *rentes foncières seigneuriales et des autres droits seigneuriaux*, mais qu'il parle encore des *fonds* qui appartiennent aux seigneurs. Si donc il est permis d'en conclure que les rentes foncières non seigneuriales, que les droits fonciers non seigneuriaux sont purgés par les lettres de ratification, il faut nécessairement en conclure aussi que les lettres de ratification purgent la propriété des *fonds* appartenant à des particuliers non seigneurs ; et si, nous ne craignons pas de le dire hautement, cette deuxième conséquence révolte par son absurdité manifeste, il est impossible que la première soit vraie.

» Mais, dira-t-on, pourquoi donc l'art. 34 a-t-il

(1) *V.* l'article *Rente foncière*, §. 10.

été inséré dans la loi ? Pourquoi ? Par la même raison que, dans la loi du 25 août 1792, relatif à l'abolition sans indemnité des droits féodaux conservés par l'assemblée constituante, et non fondés sur des titres primordiaux de concession de fonds, l'on voit figurer l'art. 17 qui maintient les rentes foncières non seigneuriales, dues à des particuliers non seigneurs.

» Cet art. 17 n'était pas plus nécessaire, d'après les dispositions précédentes de la même loi, pour la conservation des rentes dont il parle, que ne l'est l'art. 34 de l'édit de 1771, pour garantir les domaines et droits seigneuriaux de l'effet des lettres de ratification.

» Ils n'ont été ajoutés aux lois dont ils font respectivement partie, que parce que les amis des seigneurs, en 1771, et les amis des non seigneurs, en 1792, ont conçu de fausses alarmes ; les uns sur l'application que l'on pourrait faire des lettres de ratification à leurs propriétés territoriales et à leurs droits fonciers, les autres sur l'extension que l'on pourrait faire aux rentes foncières dues à des particuliers non seigneurs, des lois qui ne frappaient que les droits seigneuriaux.

» Ce sont ces fausses alarmes qui ont dicté l'un et l'autre articles ; l'un et l'autre articles n'ont été faits que pour les dissiper ; c'est par conséquent le cas d'appliquer à l'un comme à l'autre ce que dit, relativement aux clauses inutiles des contrats, la fameuse règle de droit, *quæ dubitationis tollendæ causâ contractibus inseruntur, jus commune non lædunt.*

» Mais voici une autre objection : les lettres de ratification ont été substituées par l'édit de 1771 aux décrets volontaires. Or, les décrets volontaires purgeaient les rentes foncières non seigneuriales ; il en doit donc être de même des lettres de ratification.

» C'est comme si l'on disait : la transcription au bureau des hypothèques a été substituée, par la loi du 11 brumaire an 7, aux lettres de ratification. Donc tous les effets des lettres de ratification sont communs à la transcription au bureau des hypothèques.

» C'est comme si l'on disait encore : la transcription au bureau des hypothèques a été substituée, pour la ci-devant Bretagne, aux formalités de l'appropriance. Or l'appropriance purgeait la propriété ; donc la propriété est aussi purgée par la transcription au bureau des hypothèques.

» Voilà deux conséquences bien manifestement fausses ; et c'est déjà une preuve assez évidente que l'on ne peut faire aucun fonds sur l'argument que l'on nous oppose.

» En voici une autre qui n'est pas moins palpable.

» Pourquoi jugeait-on que le décret volontaire purgeait les rentes foncières non seigneuriales ? On le jugeait ainsi par suite de l'opinion assez généralement établie, que le décret volontaire purgeait même la propriété. Cette opinion avait été adoptée par un arrêt de 1674, rapporté au *Journal des audiences*, tome 3, liv. 10, chap. 20, et dont Brillon, au mot *Décret*, n° 61, nous retrace la substance en ces termes : « Le décret volontaire » purge le droit de propriété contre celui qui ne » s'est point opposé. »

« Et pourquoi cet arrêt avait-il jugé que le décret volontaire purgeait la propriété? Parce qu'on l'assimilait au décret forcé, et qu'il en suivait en tous points la marche et les formes, sauf qu'il n'était presque jamais précédé d'un bail judiciaire.

» Or, peut-on en dire autant des lettres de ratification? Personne n'oserait avancer une proposition aussi notoirement fausse.

» Il faut donc en revenir à ce point très-simple : c'est que l'édit de 1771, en abolissant les décrets volontaires, a établi en leur place les lettres de ratification, mais qu'il n'a pas pour cela entendu donner à celles-ci tous les effets que produisaient ceux-là ; et ce qui le prouve invinciblement, c'est que, par l'art. 7, il a déclaré en termes exprès que « l'effet » des lettres de ratification était restreint à purger » les priviléges et hypothèques seulement. »

» Mais enfin, nous dit-on, vous avez supposé jusqu'à présent que la rente foncière n'emportait pas hypothèque sur le fonds qui la devait, et qu'elle était au contraire une portion intégrante de ce fonds même : cependant ouvrez les auteurs qui ont traité du bail à rente, notamment Loyseau et Pothier ; ils vous diront que le bailleur a, sur le fonds qu'il a concédé, une hypothèque privilégiée et spéciale. Consultez d'ailleurs, quant à l'espèce actuelle, le contrat de bail à rente du 18 avril 1775; vous y lirez que les biens donnés à bail demeurent, spécialement et par privilége, *réservés, affectés, chargés et* HYPOTHÉQUÉS *au payement de la rente* de 500 livres retenue par la veuve Boucher.

» Cette objection, dans laquelle le demandeur paraît mettre une grande confiance, n'est pas plus concluante que les autres; elle ne roule que sur une confusion de mots, et avec un peu de réflexion, on la verra s'évanouir.

» On convient assez généralement, d'après Loyseau, dans son *Traité du déguerpissement*, liv. 2, chap. 10, n° 9, que le propriétaire d'une rente foncière peut exercer ses droits par trois sortes d'actions différentes, *l'action personnelle*, *l'action hypothécaire* et *l'action mixte*; et c'est sur ce fondement que l'art. 1ᵉʳ du tit. 5 de la loi du 18-29 décembre 1790 a déclaré que « la faculté de ra- » chat accordée aux débiteurs des rentes foncières » ne dérogera en rien aux droits, priviléges et ac- » tions qui appartenaient ci-devant aux bailleurs de » fonds, soit contre les preneurs personnellement, » soit sur les fonds baillés à rente; qu'en consé- » quence, les créanciers bailleurs de fonds *conti-* » *nueraient* d'exercer les mêmes actions hypothé- » caires, personnelles ou mixtes, qui ont eu lieu » jusqu'ici, et avec les mêmes priviléges qui leur » étaient accordés par les lois, coutumes, statuts et » jurisprudence qui étaient précédemment en vi-

» gueur dans les différens lieux et pays de la » France. »

» Mais quel est l'objet de chacune de ces actions? C'est ce qu'il faut expliquer.

» Quand le bailleur agit contre le possesseur de l'héritage chargé de sa rente, il a ou il peut avoir trois choses en vue : les arrérages de sa rente foncière, échus depuis que ce possesseur détient l'héritage; les arrérages échus antérieurement à l'entrée en jouissance de ce possesseur; et la continuation du service de la rente à l'avenir.

» Pour le premier objet, le possesseur est tenu personnellement, et il y a lieu contre lui à l'action personnelle. L'art. 99 de la coutume de Paris en contient une disposition précise; et la raison en est, disent Loyseau et Pothier, que toute personne qui acquiert un héritage, est censée contracter l'obligation d'en acquitter les charges foncières. Il est vrai, ajoute le premier de ces auteurs, chap. 5, n° 1, que « de ces rentes-là les héritages sont redeva- » bles, et non les personnes, à savoir des rentes » foncières, *in quibus res, non persona conveni-* » *tur.* Et toutefois elles produisent une action per- » sonnelle, parce que, par nécessité, puisqu'elles » sont perceptibles par les mains et le ministère de » la personne, il faut s'adresser à celui qui tient l'hé- » ritage chargé et redevable, pour être payé de la » rente. C'est même là, suivant la remarque que fait encore Loyseau, chap. 1, n° 18, un des principaux traits de différence entre les rentes foncières et les rentes constituées. « Cette action personnelle » (dit-il) n'a lieu que pour les charges foncières, et » non pour les simples hypothèques et rentes cons- » tituées; pour raison desquelles il y a une action » particulière, qui est l'hypothécaire: aussi ne fut-il » jamais vu en droit, que l'hypothèque engendrât » une action personnelle contre un tiers-détenteur » qui n'est point obligé.

» A l'égard des arrérages échus avant l'entrée en possession de celui auquel s'adresse le bailleur, il ne peut y avoir lieu à l'action personnelle; puisque ce possesseur n'a ni contracté ni quasi-contracté l'obligation de les payer. Cependant il faut toujours qu'il les paye; mais par quelle action le bailleur l'y contraindra-t-il? Ce sera, répond Loyseau, chap. 9, n° 2, *par l'action réelle et hypothécaire*, IN QUA RES NON PERSONA CONVENITUR.

» Est-ce là une action *hypothécaire* proprement dite? Non; et Loyseau lui-même le prouve, en la qualifiant d'*action* RÉELLE *et hypothécaire*. Il le prouve encore mieux, n° 5, où il dit que « son plus » notable effet, c'est qu'il n'est point besoin de dis- » cussion pour intenter cette action hypothécaire » contre le tiers-détenteur, même ès-coutumes où » la discussion a lieu, conformément au droit et à » la novelle 4; car cette novelle (continue-t-il) ne » parle que des simples dettes et pures hypothèques, » et non des charges foncières, qui ont un droit » plus grand et plus avantageux de la chose. »

» Pothier, dans son *Traité du bail à rente*, n⁰ˢ
90 et 91, développe parfaitement cette idée : »

« Le créancier de la rente foncière ne peut de-
» mander, par l'action personnelle, au possesseur de
» l'héritage sujet à la rente foncière, que les arré-
» rages courus pendant le temps de sa possession,
» ou pendant le temps de la possession de ceux dont
» il est héritier : il ne lui peut demander ceux cou-
» rus pendant le temps de la possession des précé-
» dens possesseurs, dont il n'est pas héritier ni suc-
» cesseur à titre universel.....; mais si le créancier n'a
» pas contre le possesseur l'action personnelle pour
» les arrérages qui ont précédé sa possession, il a
» contre lui, pour raison desdits arrérages, une
» autre action, qui est UNE ESPÈCE D'ACTION HYPO-
» THÉCAIRE. »

» Cette action naît de l'affectation de l'héritage
» au payement de ces arrérages : l'héritage sujet à
» la rente foncière, étant proprement le débiteur
» de la rente dont il est chargé, c'est une suite qu'il
» soit affecté au payement de tous les arrérages qui
» en sont dus. »

» De cette affectation naît une action que Loyseau
» appelle ACTION HYPOTHÉCAIRE, parce qu'elle est
» semblable à l'action qui naît de l'hypothèque, et
» qu'elle est donnée aux fins que le possesseur soit
» tenu de payer les arrérages de la rente, au payement
» desquels l'héritage est affecté, si mieux il n'aime
» le délaisser. »

» Cette action a quelque chose de plus que la
» simple action hypothécaire, en ce que le créancier
» de la rente foncière qui intente cette action, ne
» peut être renvoyé par le possesseur de l'héritage
» à discuter les précédens possesseurs et leurs héri-
» tiers, qui sont personnellement tenus de la dette
» desdits arrérages; au lieu que, dans le cas d'une
» simple hypothèque, le possesseur de l'héritage
» hypothéqué peut renvoyer le créancier à discuter
» les débiteurs personnels. La raison de cette diffé-
» rence est que le droit de simple hypothèque n'est
» qu'un droit accessoire à la créance personnelle;
» ce n'est pas proprement par l'héritage hypothé-
» qué que la dette à laquelle il est hypothéqué est
» due; au lieu que l'héritage chargé d'une rente
» foncière est proprement le débiteur des arré-
» rages au payement desquels il est affecté. »

» Enfin, les conclusions par lesquelles le bailleur
demande contre le possesseur la continuation du
service de sa rente pour l'avenir, constituent une
troisième action, que Loyseau appelle *mixte*,
« n'étant (dit-il, chap. 7, n⁰ 1) ni entièrement per-
» sonnelle ni tout-à-fait réelle, mais participant de
» l'une et l'autre espèce. » Pothier, en adoptant
cette dénomination, comme l'a encore fait depuis la
loi du 18-29 décembre 1790, observe que l'action
ainsi appelée EST PRINCIPALEMENT RÉELLE : « Car
» (dit-il) l'objet de cette action est de réclamer un
» droit réel, savoir, le droit de rente foncière que
» le demandeur a DANS L'HÉRITAGE; et cette action

TOME V.

suit l'héritage, et s'intente contre celui qui se
» trouve en être le possesseur; elle tient néanmoins
» quelque chose de l'action personnelle, en ce que
» les conclusions de cette action sont dirigées contre
» la personne; le demandeur conclut contre le dé-
» fendeur *eum dare oportere*, à ce qu'il sera tenu
» de continuer la rente; ces conclusions sont celles
» des actions personnelles. »

» On voit, par ces développemens, que la rente
foncière n'est pas, à proprement parler, *hypothéquée* sur l'héritage qui la doit, et que le bailleur
n'a pas une *hypothèque* véritable sur l'héritage,
mais un droit *dans l'héritage* même.

» Qu'importe, après cela, que, dans le bail à
rente du 18 avril 1775, on se soit servi des mots
hypothéqués au payement de la rente. Cette expression peut d'autant moins avoir altéré le caractère du droit du bailleur, qu'elle est immédiatement
précédée d'une autre à laquelle est attaché un sens
tout différent.

» Vous vous rappelez, en effet, qu'il est dit dans
cet acte que les biens compris dans le bail à rente
demeurent RÉSERVÉS, *affectés, chargés et hypothéqués au payement de la rente*; et vous conce-
vez tout ce que signifie ce mot *réservés* : il signifie
évidemment que la bailleresse se réserve les biens
qu'elle concède, jusqu'à concurrence de sa rente
foncière; il signifie que les biens sont concédés,
moins cette rente; il signifie que cette rente fait
partie des biens concédés, mais que la concession
n'embrasse ceux-ci que déduction faite de celle-là.

» Il s'en faut donc beaucoup que le bail du 18
avril 1775 déroge aux principes généralement reçus en matière de baux à rente; il ne fait, au contraire, que les rappeler et les confirmer.

» Et la conséquence qui résulte nécessairement de
là, c'est que la rente foncière retenue par la veuve
Boucher, dans les héritages qu'elle a concédés en
1775 à Longuet et à sa femme, n'a pas été purgée
par les lettres de ratification obtenues par le citoyen
Fortin sur le contrat par lequel Longuet et sa femme
lui ont vendu, en l'an 3, ces mêmes héritages.

» Cette conséquence est assez évidente par elle-
même, pour n'avoir besoin de l'appui d'aucune autorité; et c'est ce qui nous dispense de mettre sous
vos yeux ce qu'ont écrit sur la question qui vous occupe, les trois commentateurs les plus estimés de
l'édit du mois de juin 1771, Brohard, Boucher
d'Argis et Grenier; Grenier surtout, qui l'a traitée
avec les plus grands développemens, et qui, dans
la savante discussion qu'il en a faite, a formellement établi qu'il n'y avait, à cet égard, aucune
différence entre la rente foncière rachetable et la
rente foncière non rachetable.

» Il devient, par la même raison, inutile de nous
occuper de la troisième et dernière question de la
cause actuelle, c'est-à-dire de celle de savoir si, en
supposant que la rente foncière retenue par la veuve
Boucher, dans les immeubles concédés par elle, en

34

1775, à Longuet et sa femme, eût été, en thèse générale, susceptible d'être purgée par les lettres de ratification qu'a obtenues, en l'an 3, le cit. Fortin, le cit. Fortin eût pu se prévaloir de ses lettres de ratification dans la circonstance particulière où il se trouve, c'est-à-dire d'après la clause de son contrat d'acquisition, qui exprime que Longuet et sa femme, ses vendeurs, avaient eux-mêmes acquis les immeubles dont il s'agit, *moyennant et à la charge d'une rente foncière de* 500 *livres.*

» Nous dirons cependant que, si le sort du jugement attaqué dépendait de la solution à donner à cette question, et que la rente litigieuse dût être assimilée à une rente simplement hypothéquée sur les biens qui en sont grevés, il serait difficile que le résultat de la contestation ne tournât pas au profit du cit. Fortin.

» Car autre chose est que, par le contrat de vente, l'acquéreur soit chargé d'acquitter telle dette de son vendeur; autre chose est que, par le même acte, il lui soit seulement donné connaissance que son vendeur a contracté telle dette envers telle personne.

» Au premier cas, il y a délégation ou indication de payement; et il était, sous l'empire de l'édit du mois de juin 1771, d'une jurisprudence assez constante, quoique peut-être irrégulière (1), que la délégation ou indication de payement équivalait à une opposition au sceau.

» Au second cas, il n'y a rien de semblable; et jamais on n'a pensé à étendre jusqu'au simple avertissement donné par le contrat, d'une dette précédemment contractée par le vendeur, l'effet de tenir lieu d'une opposition au sceau.

» Ce n'est pourtant pas à dire, pour cela, que le tribunal d'appel de Paris ait eu tort de motiver son jugement sur la clause dont argumentent ici les défendeurs. Il en résulte seulement que, pour justifier ce motif, il faut rentrer dans la question que nous agitions tout à l'heure, dans celle de savoir si la rente dont il s'agit est véritablement foncière, ou si elle doit être assimilée à une simple rente constituée.

» Une fois, en effet, que cette rente est reconnue pour foncière, et nous croyons avoir démontré qu'il est impossible de la caractériser autrement, il en sort, de toute nécessité, la conséquence que les lettres de ratification du demandeur ne l'ont pas purgée.

» Le demandeur se prévaut de ce que, par son contrat d'acquisition, il n'a pas été chargé expressément de la continuation de la rente, et cela est rigoureusement vrai.

» Mais faut-il, en cette matière, une stipulation expresse? Si, en vous vendant un héritage, je vous

déclarais l'avoir acheté de Pierre, à la charge d'une servitude de vue ou de passage qu'il s'y est retenu, ne manifesterais-je pas assez, par cela seul, mon intention de vous faire supporter cette servitude? et vous-même ne seriez-vous pas censé vous y être soumis?

» Et remarquez qu'il n'y a pas ici de différence à faire entre une servitude réelle et une rente foncière : l'une et l'autre sont également des droits dans l'héritage; l'une et l'autre sont également des portions intégrantes de l'héritage; l'une et l'autre sont également des *délibations* de la propriété de l'héritage.

» Qu'ont donc voulu dire Longuet et femme, quand ils ont déclaré que les immeubles dont ils passaient contrat de vente au demandeur, avaient été acquis par eux à la charge d'une rente foncière? Ils ont voulu dire qu'ils n'étaient propriétaires de ces immeubles, que déduction faite de la rente dont ils étaient grevés; ils n'ont par conséquent vendu ces immeubles que sous la déduction de la rente; et par conséquent encore ce n'est que sous la déduction de la rente que le demandeur les a lui-même acquis.

» Il a donc été, sous tous les rapports, bien jugé par le tribunal d'appel de Paris; et, par ces considérations, nous estimons qu'il y a lieu de rejeter la demande en cassation, et de condamner le demandeur à l'amende. »

Conformément à ces conclusions, arrêt du 12 pluviôse an 11, au rapport de M. Cochard, par lequel :

« Attendu 1° qu'en principe, la rente foncière est une charge réelle, inhérente au fond sur lequel elle a été retenue et constituée par le bailleur *in traditione fundi,* et que l'acquéreur de l'immeuble qui en est grevé, devient personnellement débiteur des arrérages échus depuis le moment de sa prise de possession, lorsque la connaissance de la charge de ladite rente lui a été donnée par son contrat d'acquisition, quand même il ne se serait point obligé à l'acquitter par une clause expresse du contrat, par la raison que *res transit cum onere;*

» Attendu 2° que, dans la vente du 19 brumaire an 3, de quarante arpens de terre, consentie à Fortin par Longuet et sa femme, il est fait mention que cette quantité se composait en partie de terres acquises par les vendeurs, par acte notarié du 3 avril 1775, par la veuve Boucher, lesquelles demeuraient chargées envers elle d'une rente annuelle et foncière de 500 livres;

» Que l'énonciation qu'elle était due, est un fait constant; que le bail à rente a même été remis à Fortin; qu'en conséquence, il a connu, à l'instant même du contrat, que les quarante arpens de terre avaient été concédés à ses vendeurs, à la charge d'une rente annuelle et foncière de 500 livres;

» Attendu 3° que, dans cette position, les veuve et héritiers Saron, propriétaires d'un droit réel af-

---

(1) *V.* l'article *Stipulation pour autrui,* et le *Commentaire* de M. Grenier sur l'édit de 1771.

fecté sur la chose, ne pouvaient être considérés comme de simples créanciers hypothécaires ou privilégiés ; et qu'aux termes de l'art. 7 de l'édit de 1771, ils n'étaient pas tenus, pour conserver leurs droits, de remplir la formalité de l'opposition aux hypothèques, puisque ledit article, après avoir donné un effet très-étendu aux lettres de ratification, ajoute : « Sans néanmoins que lesdites let-» tres puissent donner aux acquéreurs, relativement » à la propriété, droits réels, fonciers, servitudes » et autres, plus de droits que n'en avaient les ven-» deurs, l'effet desdites lettres étant restreint à » purger les priviléges et hypothèques seulement; »

» Attendu 4° qu'en jugeant que Fortin devait continuer, sous sa qualité d'acquéreur, à servir ladite rente, tant et si long-temps qu'il jouirait des fonds qui en avaient été originairement affectés, le tribunal d'appel de Paris, loin d'avoir contrevenu à aucune loi, n'a fait, au contraire, que se conformer rigoureusement à la disposition finale dudit art. 7 ci-dessus cité :

» Le tribunal, faisant droit à la demande en cassation formée par Claude-Edme Fortin, contre le jugement rendu par le tribunal d'appel de Paris, du 9 thermidor de l'an 9, rejette ladite demande, etc.»

V. le *Répertoire de jurisprudence,* au mot *Hypothèque,* sect. 1, §. 16.

§. IV. 1°. *Les créanciers du vendeur avaient-ils, sous l'empire de l'édit du mois de juin 1771, le droit de surenchérir jusqu'au sceau des lettres de ratification, et après les deux mois de l'exposition publique du contrat de vente?*

2°. *Le contrat de vente qui, avant la loi du 11 brumaire an 7, avait été exposé pendant deux mois, a-t-il encore pu être surenchéri après la transcription qui en a été faite en conformité de cette loi?*

Ces deux questions se sont présentées à l'audience de la cour de cassation, section civile, le 29 germinal an 11, entre le sieur et la dame Denorth, demandeurs en cassation d'un arrêt de la cour d'appel d'Amiens, d'une part, et le sieur Dewinck, défendeur, de l'autre. Voici les faits :

En 1795, le sieur Dewinck achète du sieur Dupré de Saint-Maure un domaine dépendant de la succession du père de celui-ci.

En messidor an 6, desirant obtenir des lettres de ratification, il dépose un extrait de son contrat au greffe des hypothèques.

Dans les deux mois qui suivent ce dépôt, la dame Denorth, créancière hypothécaire du vendeur, forme opposition au sceau des lettres.

Survient la loi du 11 brumaire an 7 : le sieur Dewinck, qui n'avait pas encore fait sceller ses lettres de ratification, fait transcrire son contrat au bureau des hypothèques.

De son côté, la dame Denorth prend, en temps utile, une inscription, qui lui conserve son hypothèque originaire.

Le 29 brumaire an 9, le sieur Dewinck dénonce son contrat transcrit à la dame Denorth, avec sommation « de déclarer, dans le délai de la loi, si elle » entend requérir la mise aux enchères. »

Peu de temps après, il rétracte cette sommation, et soutient que son contrat n'est plus susceptible de surenchère.

La dame Denorth n'en surenchérit pas moins le contrat du sieur Dewinck.

Le sieur Dewinck demande la nullité de cette surenchère.

Le 9 fructidor an 9, jugement du tribunal civil de Clermont, qui admet la surenchère :

« Attendu que Dewinck n'a point obtenu de lettres de ratification sur l'affiche de son contrat au bureau des hypothèques de Beauvais ;

» Qu'après avoir fait transcrire ce contrat, en vertu de la loi du 11 brumaire, il a notifié cette transcription aux créanciers inscrits, et notamment à la dame Denorth, « avec sommation de se confor-» mer à l'art. 31 ; en conséquence, de déclarer s'ils » entendaient requérir la mise aux enchères ; » ce à quoi la dame Denorth a satisfait en temps utile;

» Que l'art. 54, en ordonnant que l'inscription suppléerait aux formalités prescrites par les lois et usages antérieurs pour les acquéreurs qui ne les auraient point remplies, a dit *que les nouvelles formalités étaient substituées aux anciennes,* et les suppléeraient;

» Que les art. 8 et 9 de l'édit de 1771 ont une liaison intime ;

» Que l'art 8 veut qu'on ne puisse obtenir de lettres de ratification *avant deux mois,* ce qui n'excluait pas la faculté de les obtenir après les deux mois ;

» Que pendant cet intervalle, et jusqu'à l'obtention du sceau des lettres de ratification, tout créancier formait utilement opposition ;

» Que, suivant l'art. 9...., c'est « pendant les-» dits mois qu'on pourra forcer le prix, c'est-à-dire, » pendant le temps qui s'écoulera depuis l'affiche » du contrat jusqu'au sceau des lettres de ratifica-» tion ; »

» Que les lettres de ratification n'ayant pas été obtenues, Dewinck faisant transcrire son contrat, n'était pas plus avancé que si le contrat n'avait pas été affiché. »

Le sieur Dewinck appelle de ce jugement.

Le 4 ventôse an 9, arrêt de la cour d'appel d'Amiens, qui l'infirme, sur le fondement, 1° qu'aux termes de l'édit du mois de juin 1771, les créanciers opposans n'avaient que deux mois pour surenchérir ; et que, ce temps écoulé, il ne pouvait plus être admis de surenchère, quoique les lettres de ratification ne fussent pas encore scellées ; 2° que la loi du

11 brumaire an 7 n'avait pas fait revivre le droit de surenchère pour les anciens contrats qui avaient subi pendant deux mois l'exposition publique.

Le sieur et la dame Denorth se pourvoient en cassation. Ils emploient d'abord quatre moyens; mais ensuite ils se restreignent à deux, qu'ils font résulter : l'un, d'une prétendue contravention aux art. 30 et 31 de la loi du 11 brumaire an 7, qui attribuent à tout créancier inscrit, le droit de surenchérir le contrat dont l'acquéreur lui a notifié l'inscription; l'autre, de la violation de l'édit du mois de juin 1771.

Le premier de ces moyens n'a fait ni dû faire aucune impression sur la cour de cassation. Il était en effet bien évident que la loi du 11 brumaire an 7 n'avait pas entendu rétroagir sur le passé, et conséquemment que si, avant sa publication, le droit de surenchère était éteint, elle ne l'avait pas fait revivre.

La contestation a donc porté tout entière sur le point de savoir si la dame Denorth avait été, avant la loi du 11 brumaire an 7, déchue du droit de surenchérir; et là se présentait la question si, d'après les dispositions de l'édit de 1771, le droit de surenchérir durait jusqu'au sceau des lettres de ratification, ou s'il se perdait par le seul laps des deux mois pendant lesquels le contrat devait être déposé au greffe des hypothèques.

Voici ce que disaient à cet égard le sieur et la dame Denorth :

« Le but général de l'édit du mois de juin 1771, en abolissant les décrets volontaires dont les formalités étaient ruineuses, a été d'y substituer les lettres de ratification, sans autre forme pour l'acquéreur, que celle d'une exposition du contrat dans un tableau de la juridiction.

» Le législateur exprime cette intention dans le préambule de la loi; il l'a réalisée dans les articles qui la composent.

» D'abord, on ne peut pas mettre en doute qu'il n'y a que le sceau des lettres de ratification qui opère la libération des hypothèques et des droits qui y sont attachés.

» Les art. 1, 6 et 7 de l'édit de 1771 sont précis à cet égard.

» Ces articles indiquent qu'on ne peut absoudre sa propriété des droits des créanciers opposans, sans le secours des lettres de ratification.

» L'art. 7 porte : « Les acquéreurs qui auront pris » de semblables lettres, demeureront propriétaires » incommutables. »

» C'est donc à l'obtention *des lettres scellées*, qu'est attaché l'effet de détruire les hypothèques et les droits qui en dérivent.

» Quant aux formalités que doit remplir l'acquéreur, l'art. 8 les enseigne.

» Elles consistent dans l'exposition du contrat au bureau des hypothèques.

» Cette exposition n'a d'autre objet que d'avertir les créanciers ; aussi la loi n'y attache aucune influence ; elle ne lui donne pas d'effet, et surtout celui de priver les opposans du droit de surenchère.

» Sera tenu l'acquéreur, *dit cet art.* 8, de déposer au greffe...le contrat de vente.... pendant deux » mois ; et avant ne pourront être obtenues sur ledit » contrat aucunes lettres.... »

» La loi prescrit bien *d'exposer*, avant le sceau des lettres ; mais elle ne contient aucune expression qui annonce que cette *exposition* puisse être de quelque utilité pour l'acquéreur, si, dans le fait, les lettres ne sont pas obtenues et scellées.

» Elle ne dit pas que les opposans sont privés de la faculté de surenchérir avant ces lettres scellées.

» En effet, une semblable disposition aurait été incohérente et avec le système général de la loi, et avec ses dispositions particulières.

» Le droit de surenchère est un droit inhérent à l'hypothèque de la créance.

» Cette hypothèque, disent nos auteurs, est la même chose, par la cause et par l'effet, que l'action à fin de délaisser ou de payer.

» L'objet de l'édit n'a point été de restreindre ces sortes d'actions; il ne faut donc pas y supposer leur abolition.

» On voit que l'intention du législateur était uniquement de substituer les lettres de ratification au décret volontaire.

» Mais comme il est sans difficulté que, dans les décrets volontaires, les créanciers pouvaient, *jusqu'au sceau du décret*, exercer le droit de surenchérir, il eût été inconséquent de les priver de ce droit avant le sceau des lettres de ratification.

» Remarquons ensuite que la surenchère ne peut être faite que par un *créancier opposant;* et que, suivant l'art. 7 de l'édit, tout créancier a le droit de *former l'opposition avant le* SCEAU DES LETTRES, sans considération du délai de l'exposition.

» Or, quand la loi permet de former opposition jusqu'au sceau des lettres de ratification; quand elle attache au droit d'opposition le droit de surenchérir, il faut décider, en combinant cet ensemble de ses dispositions, que la durée de la surenchère n'est limitée que par le sceau des lettres de ratification.

» Toutes ces propositions ne sont point imaginées pour la cause ; elles se trouvent développées dans le commentaire de Grenier sur l'édit de 1771.

» Voici comment s'exprime ce commentateur, chap. 5, sect. 3, n° 154, édition de 1786 : « Ce n'est » que LE SCEAU DES LETTRES QUI REND L'ACQUÉREUR » PROPRIÉTAIRE INCOMMUTABLE vis-à-vis des créan- » ciers; ce sont les termes de l'édit, art. 7. La pro- » priété, jusques-là, peut donc lui être enlevée par » les surenchères des créanciers. Les lettres sont » substituées AUX DÉCRETS VOLONTAIRES. En décret

» volontaire , LES SURENCHÈRES ÉTAIENT ADMISES
» jusqu'à l'adjudication; elles doivent donc être
» également admises JUSQU'A L'OBTENTION DES LET-
» TRES. »

» On ne voit, dans ce passage de Grenier, que les
conséquences qui résultent du texte même de la loi;
on ne peut donc pas de bonne foi lui donner un
autre sens.

» Cependant on lit dans les motifs du jugement
attaqué, « que , dans les art. 8 et 9, l'édit de 1771
» a fixé le temps pour surenchérir à deux mois seu-
» lement. »

» Il ne faut que lire ces deux articles ensemble
pour découvrir l'erreur de ce motif.

» L'art. 8 dit que l'acquéreur *sera tenu* de laisser
son contrat au *greffe pendant deux mois avant le
sceau* des lettres, et permet au créancier, jusqu'à ce
scel effectué , de former opposition.

» Il n'y a rien là qui justifie l'objection du jugement. On voit au contraire que le délai de deux
mois n'est rappelé que *pour l'acquereur ,* et non
pour les créanciers, qui peuvent toujours *agir avant
le sceau des lettres.*

» L'art. 9, qui suit immédiatement, porte que,
*pendant lesdits mois , tout créancier pourra sur-
enchérir.*

» Il est évident que les termes dont se sert cet
art. 9, ne sont qu'indicatifs, et point restrictifs.

» L'article ne répète même pas *les deux mois :*
elle se sert de cette expression,*pendant lesdits mois ,*
ce qui ne signifie autre chose que les mois qui précèdent le sceau des lettres.

» Si , *pendant lesdits mois ,* aussitôt qu'ils sont
écoulés, l'acquéreur a fait sceller ses lettres, le
créancier ne peut pas se plaindre.

» Mais comme cet art. 9 est une suite du précédent, qui a permis l'opposition jusqu'au sceau des
lettres, il est évident que, si, par un retard quelconque, les lettres n'ont point été scellées aussitôt
les deux mois d'exposition , alors le droit de surenchère subsiste toujours.

» Le commentateur Grenier adopte aussi cette
seule manière raisonnable de lire la loi. Voici comment il s'exprime à ce sujet : « Si l'édit porte PEN-
» DANT-DEUX MOIS, c'est parce que pendant deux
» mois seulement on est obligé de laisser son con-
» trat au greffe, et l'extrait affiché dans le tableau
» de l'auditoire : après ce temps, on peut le retirer,
» obtenir et faire sceller les lettres; et les lettres
» étant scellées, il n'y a plus lieu aux surenchères :
» MAIS, TANT QU'ELLES NE SONT POINT SCELLÉES, les
» surenchères sont toujours admissibles; le contrat
» de vente, ou plutôt l'immeuble vendu doit tou-
» jours être REGARDÉ COMME *sub hastâ publicâ,* IL
» N'Y A QUE LE SCEAU DES LETTRES QUI L'EN RETIRE. »

A ces raisons le sieur Dewinck opposait le texte
littéral de l'art. 9 de l'édit de 1771 , suivant lequel,
disait-il, le droit de surenchérir ne pouvait être
exercé que *pendant les deux mois* que devait durer le dépôt du contrat.

M. Pons (de Verdun) a conclu au rejet de la demande du sieur et de la dame Denorth. Il s'est fondé
sur la lettre de l'édit et sur la doctrine de Brohart,
qui, dans son commentaire sur cette loi, tient une
opinion diamétralement contraire à celle de M. Grenier.

Mais ses conclusions n'ont pas été suivies; par
arrêt du 29-germinal an 11, au rapport de M. Vasse,
il a été prononcé en ces termes :

« Vu les art. 6 et 7 de l'édit du mois de juin
1771.....;

» Attendu que des dispositions principales de
l'édit de 1771 , il suit que, jusqu'à l'époque de l'obtention des lettres de ratification , les créanciers du
vendeur retiennent leur droit d'hypothèque, et celui de la conserver par l'opposition ;

» Attendu que la faculté qui appartient aux
créanciers du vendeur de surlever le prix stipulé
au contrat d'acquisition, s'identifie, par sa nature et
par son objet , avec le droit d'opposition , et par
conséquent obtient la même durée ;

» Attendu que c'est en vue et par effet de la
surenchère, que le prix de l'immeuble et la propriété de l'acquéreur demeurent incertains et mutables, jusqu'au sceau des lettres de ratification ;

» Attendu qu'en consultant l'esprit du législateur dans l'édit de 1771 , on trouve le même résultat que dans la disposition littéraire de son art. 7 ,
puisque cet édit a substitué les lettres de ratification
aux décrets volontaires, où desquels les créanciers
conservaient la faculté de surenchérir jusqu'à l'adjudication définitive consommée ;

» Attendu que les art. 8 et 9 de l'édit ne présentent aucune dérogation à l'art. 7 ; qu'il résulte de
l'art. 8 que l'acquéreur ne pouvait obtenir les lettres de ratification auparavant l'expiration du délai
d'exposition de son contrat au tableau des hypothèques pendant deux mois, exposition qui a pour
but d'éveiller les créanciers du vendeur sur leurs
intérêts; et que la rédaction de l'art. 9 montre que
le législateur s'est occupé principalement du cas qui
devait naturellement suivre de la disposition des
art. 7 et 8, c'est-à-dire, de celui où l'acquéreur ferait sceller les lettres de ratification immédiatement
après l'expiration du délai d'exposition pendant
deux mois; que, dans cette hypothèse plus ordinaire, les délais et termes pour opposer et pour
surenchérir se rencontrent les mêmes pour les
créanciers, que ceux de l'exposition du contrat par
l'acquéreur; mais il ne résulte pas, et le législateur
n'a pas dit que , lorsque l'acquéreur aurait laissé
écouler plusieurs mois encore après les deux mois
d'exposition au tableau, sans avoir obtenu des lettres de ratification , alors le prix de la vente de
l'immeuble demeurait fixé au prix du contrat; et
que la propriété de l'acquéreur obtenait l'immuta-
bilité, à partir du jour et terme de deux mois, mo-

ment où l'acquéreur avait eu la faculté, après l'exposition de son contrat, d'obtenir des lettres de ratification; que cette induction forcée serait directement contraire à la disposition positive de l'art. 7 de l'édit, laquelle déclare l'acquéreur libéré et propriétaire incommutable, seulement après qu'il aura pris des lettres de ratification;

» Attendu que de ces données il résulte que la dame Denorth, qui avait formé son opposition, avait le droit de surélever par enchères le prix de la vente, à l'époque à laquelle l'acquisition du citoyen Dewinck, qui n'avait point obtenu les lettres de ratification, offertes par l'édit de 1771, a été soumise à la loi survenue le 11 brumaire an 7;

» Attendu que le sens de l'art. 44 de la loi du 11 brumaire an 7 est fixé par les dispositions des articles 31 et 48 entre lesquels il est placé; que de ces dispositions il suit, 1° que l'acquéreur, qui n'avait pas accompli *toutes* les formalités que l'édit de 1771 avait prescrites pour consolider sa propriété, a dû y suppléer par la transcription de son contrat au bureau de la conservation des hypothèques, et par la notification de cette transcription aux créanciers, aux domiciles par eux élus; 2° que, du moment de cette notification, tout créancier a, durant un mois, la faculté de requérir la mise de l'immeuble aux enchères, et de surélever le prix du contrat; 3° que ce n'est qu'au cas où, dans le délai donné aux créanciers, ils n'auraient pas requis la mise aux enchères; que la valeur de l'immeuble demeure définitivement fixée au prix stipulé par le contrat et l'acquéreur libéré en payant le prix, ainsi qu'il est exprimé par l'art. 32 de la même loi;

» Attendu que la dame Denorth a requis, le 22 frimaire an 9, la mise aux enchères de l'immeuble dont le cit. Dewinck avait notifié, le 25 brumaire précédent, la transcription du contrat d'acquisition;

» Attendu que la signification par laquelle la dame Denorth a déclaré exercer la faculté de surenchérir, a été faite au vendeur, au domicile par lui élu dans le contrat de vente de l'exécution duquel il s'agissait; ce qui remplit, à cet égard, le vœu de la loi;

» Par ces motifs, le tribunal casse et annule le jugement du tribunal d'appel séant à Amiens, du 4 ventôse an 10, pour violation de la disposition de l'art. 7 de l'édit de juin 1771, et pour fausse application de l'art. 44 de la loi du 11 brumaire an 7... »

§. V. *Les créanciers délégués ou indiqués par le contrat de vente, conservaient-ils leurs droits sans opposition au sceau des lettres de ratification?*

V. l'article *Stipulation pour autrui.*

LETTRE DE VOITURE. *V.* l'article *Voiture* (*lettre de*).

LICITATION. *Peut-on considérer comme tiers-possesseur le cohéritier qui acquiert par licitation les parts de ses cohéritiers?*

V. le plaidoyer du 19 pluviôse an 11, rapporté à l'article *Institution contractuelle*, §. 2.

LIÉGE. *Avant la réunion passagère du pays de Liége à la France, les jugemens rendus en France contre les Liégeois demandeurs, avaient-ils, dans le pays de Liége, l'autorité de la chose jugée? Ont-ils du moins acquis cette autorité par l'effet de la réunion des deux États, opérée depuis leur prononciation?*

V. l'article *Réunion.*

LIGNE DES DOUANES. 1° *Lorsqu'une commune se trouve à des distances inégales de deux bureaux de seconde ligne, et qu'il s'agit de décider si elle est dans la ligne des douanes, ou si elle est dehors et en-deçà, quel est celui des deux bureaux qui doit, à son égard, être considéré comme bureau de sortie?*

2° *Une commune est-elle hors et en-deçà de la ligne des douanes, par cela seul qu'elle est placée à plus de deux lieues de l'extrême frontière?*

V. le plaidoyer et l'arrêt du 28 pluviôse an 12, rapportés à l'article *Marchandises anglaises*, §. 3.

LITISPENDANCE. §. I. 1° *Pour former une litispendance, est-il nécessaire que la cause soit contestée, ou suffit-il que le juge soit saisi par un exploit d'ajournement?*

2° *Si elle est formée par un simple exploit d'ajournement non suivi de comparution de la part de l'assigné, suffit-il, pour la faire cesser, que le demandeur se désiste de cet exploit par la nouvelle assignation qu'il donne à son adversaire? Celui-ci peut-il critiquer ce désistement sous prétexte que la signification lui en a été faite à son propre domicile, et qu'il ne l'avait pas acceptée avant la nouvelle assignation?*

I. Sur la première question, quelques auteurs prétendent que la litispendance ne peut s'établir que par la contestation en cause; mais les plus éclairés et les plus célèbres soutiennent qu'un exploit d'ajournement suffit pour la former.

Tel est, entre autres, le président Favre, dans son *Code*, liv. 2, tit. 33, déf. 1, n° 10 (1); et ce qu'il y a de plus remarquable, c'est qu'il justifie

---

(1) *Lis enim, dit-il, pendere dicitur, licet nulladùm contestatio secuta sit, sicut et sola suspecti judicis allegatione, adeòque interdùm nudâ libelli oblatione, aut etiam rescripti principis impetratione.*

son opinion par un arrêt du sénat de Chambéry, dont il était le chef.

Voët, dans son *Commentaire sur le Digeste*, liv. 44, tit. 2, n° 7, enseigne la même doctrine (1).

C'est ce que fait encore Wesembeck, sur le *Code*, liv., tit. 21. A la vérité, dit-il, par le droit romain, il fallait avoir contesté pour qu'il y eût litispendance ; mais par le droit canon, dont tous les tribunaux ont adopté les dispositions sur les formes de procéder, il suffit qu'on ait formé sa demande judiciairement, et qu'on l'ait signifiée à sa partie (2).

En effet, la Clémentine *cum lite*, liv. 2, tit. 5, est formelle sur ce point (3).

Enfin, pour mettre des bornes à nos citations, Deghewiet, *Institutions au droit belgique*, part. 3, tit. 2, §. 6, art. 3, dit que, « dans nos mœurs, il suffit, » pour former une litispendance, qu'on ait fait » juridiquement signifier un exploit libellé de ce » dont il s'agit. »

Les arrêts sont d'accord, sur ce point, avec les auteurs.

Bouchel, dans sa *Bible civile*, au mot *Litispendance*, en rapporte un du parlement de Grenoble, de l'an 1460, par lequel il a été jugé qu'un ajournement régulier et dûment signifié à personne ou domicile, opère litispendance.

En voici un autre du parlement de Douai, qui consacre cette maxime d'une manière très-remarquable.

Le sieur Meurice, marchand à Comines, avait été préposé, en 1777, à la recette des revenus des biens des pauvres de ce lieu.

Le 22 mai 1784, il a rendu un compte provisoire de sa gestion, et il en est résulté qu'il devait à l'administration des pauvres une somme pour le recouvrement de laquelle on a commencé, dès le 8 septembre suivant, des poursuites de la plus grande rigueur.

Le sieur Pollet, son successeur à la recette, a d'abord fait saisir *par plainte à loi*, de l'autorité des juges de Comines, les marchandises, meubles et effets qu'il avait dans sa maison.

---

(1) *Cœpta autem esse atque ità pendere lis alibi censetur, non modò si litis contestatio jam facta sit, sed si sola citatio seu in jus vocatio.*

(2) *Jure civili, lis pendere censetur à contestatione ; jure autem canonico, post oblatum libellum et parti per citationem insinuatum ; cui quidem juri hæc in parte standum est, juxtà regulam quam posuit Jason.*

(3) *Cum lite pendente nihil debeat innovari, litem quoad hoc pendere censemus postquàm à judice competente in eâ citatio emanavit, et ad partem citatam pervenit, vel per eam factum fuit quominùs ad ejus noticiam perveniret ; dùm tamen in citatione prædictâ talia sint expressa, per quæ planè possit instrui, super quibus in judicio convenitur.*

Ensuite, et presque au même instant, une autre saisie se pratique à Equermes, encore à la requête de Pollet, sur des biens qu'y possédait Meurice, en vertu de *plainte à loi*, et sous l'autorité du bailliage de Lille.

Enfin, le 17 du mois de septembre, Pollet trouvant Meurice à Lille, l'y fait arrêter, comme *forain*, pour avoir payement de cette même somme qu'il lui avait demandée par deux actions ouvertes.

Meurice a réclamé contre cet *arrêt*, et a soutenu qu'il était nul de plusieurs chefs, notamment parce qu'au moment où Pollet l'avait fait pratiquer, il existait une double litispendance, au moyen des *plaintes à loi* exercées à Comines et à Equermes.

Pollet a répondu que les *plaintes à loi* équivalaient bien à des assignations ; mais qu'une simple assignation ne forme point de litispendance et que la *litiscontestation* produit seule cet effet.

Les échevins de Lille ont adopté cette réponse. Par sentence du 1er août 1785, l'emprisonnement de Meurice a été jugé régulier dans la forme ; et il a été ordonné, avant d'y faire droit au fond, que ce particulier rendrait le compte définitif de sa gestion, à l'effet de constater s'il était débiteur ou point.

Meurice a interjeté appel de cette sentence au parlement de Douai. Voici comment j'ai exposé, dans une consultation imprimée, le moyen sur lequel roulait principalement sa défense.

» C'est un principe constant qu'on ne peut point traduire un débiteur, ou prétendu tel, dans deux tribunaux à la fois, pour le même objet, ou, si l'on veut, pour la même dette.

Or, la cause dont le fond divise les parties, était-elle en litispendance à l'époque de *l'arrêt de corps* pratiqué à Lille ? C'est un fait sur lequel il n'est pas possible d'élever le moindre doute.

» Nous connaissons deux sortes d'*arrêts*, l'un *réel*, l'autre *personnel* : le premier est celui qui se pratique sur les biens d'un débiteur, dans la vue d'en tirer ce qu'on n'espère pas obtenir de sa personne ; le second, qui s'exerce sur son corps même, lorsque, pour des raisons majeures, on croit devoir s'en assurer et le citer en justice dans cette forme rigoureuse.

» L'arrêt réel s'exécute par *clain* ou *plainte à loi*, l'arrêt personnel par l'appréhension même de la personne du débiteur, ou son incarcération ; l'un et l'autre, dans le sens que nous en parlons ici, se font à fin de condamnation et de payement. « Ils » ont cela de commun entre eux (dit Deghewiet, » part. 3, tit. 1, des arrêts aux fins de payement), » qu'ils sont introductifs d'instance devant les juges » des lieux où ils ont été exploités. »

» C'est en effet ce qui a été jugé par un arrêt de la cour, du 2 décembre 1690, qui est le 69e du recueil de M. d'Hermaville. Voici les termes dans lesquels ce magistrat le rapporte : « Le 2 décembre 1690, » la cour a jugé que la voie d'arrêt fonde la juridic-

» tion du juge de l'autorité duquel l'arrêt est fait,
» soit qu'il soit par corps, ou simplement des biens
» du débiteur, sans qu'il puisse demander son ren-
» voi devant ses juges domiciliaires, ni proposer
» aucun déclinatoire (1). »

» Un créancier a le choix d'employer, soit la voie
d'arrêt réel, soit la voie d'arrêt personnel, pour
faire condamner son débiteur à le payer; mais dès
qu'une fois il a embrassé l'une des deux, il est clair
qu'il ne peut plus, tant qu'il ne l'a pas abandonnée,
recourir à l'autre. Car dès l'instant qu'il a donné à
son action la forme de l'arrêt réel, le juge, devant
lequel il l'a intentée de cette manière, se trouve saisi
du fond de la contestation; le créancier a manifesté
l'intention de ne la pas suivre autrement; conséquemment il a renoncé à la faculté que la coutume
lui donnait, d'appréhender son débiteur au corps,
et de le traduire ainsi en justice. Qu'arriverait-il,
si, après qu'on aurait formé sa demande par *plainte
à loi*, c'est-à-dire, en ne saisissant que les biens,
on pouvait encore ajouter à cette action la citation
en justice par la voie d'*arrêt personnel*? Il arrive-
rait que, tandis que le juge de la situation des biens
du débiteur instruirait l'affaire en conséquence de
la demande formée par-devant lui, un autre juge se
trouverait saisi de la même contestation; et qu'il y
aurait, pour le même objet, et entre les mêmes personnes, deux instances semblables pendantes devant deux juges différens; comme, dans notre espèce, où l'on instruisait au siege échevinal de Lille
la même affaire qui se poursuivait au bailliage de
Lille, et devant le magistrat même de Comines.

» Mais, dit-on, il est faux que la cause fût pendante dans ces juridictions, à l'époque de l'*arrêt de
corps* pratiqué sur Meurice. *Pour qu'il y ait litispendance*, continue-t-on, *il faut qu'il y ait litiscontestation*. Or, il n'y avait point de litiscontestation, puisque la seule opération qui fut faite alors
consistait dans la *plainte à loi* que Pollet avait fait
pratiquer sur les meubles, effets et marchandises,
et dans la *plainte à loi* exercée à Equermes.

» Cette objection confond deux choses bien distinctes, la *litispendance* et la *contestation*. Qu'est-
ce que la litispendance? C'est l'état d'une cause
pendante devant un juge. Dans quel cas une cause
est-elle réputée pendante? Tous les auteurs répondent avec une parfaite uniformité, que la litispendance est l'effet de la demande formée en justice, et
non pas des défenses fournies au fond. Aussi est-ce
pour cela qu'on dit vulgairement, *la requête, l'exploit introductif d'instance*, parce qu'il suffit que
cette requête et cet exploit aient été présentés et signifiés, pour qu'il y ait instance entre le demandeur
et celui qui est assigné.

» Or, dans la coutume générale de la châtellenie
de Lille, comme dans la coutume locale de Co-

(1) *V.* le *Répertoire de jurisprudence*, aux mots
Clain et *Ville d'arrêt.*

mines, l'*arrêt réel* qui se pratique sous la forme de
plainte à loi, n'est qu'une manière d'assigner un
débiteur. Aussi ceux de nos jurisconsultes qui ont
écrit en latin, l'appellent-ils *in jus vocatio realis.*
Donc la *plainte à loi* équivaut à ce que nous appelons exploit ou requête introductive d'instance; donc
il y a, dès que cette *plainte à loi* est pratiquée, une
demande formée en justice; donc il existe, dès-lors,
selon les termes de Pérez (sur le Code, liv. 8, tit. 37,
n° 13), *un défendeur futur;* donc il y a une instance engagée; donc il y a litispendance.

» Cette vérité résulte encore de l'arrêt du 2 décembre 1690, que nous avons cité plus haut. Il décide que « l'arrêt réel ou personnel à fin de paye-
» ment, fonde la juridiction du juge de l'autorité
» duquel il est fait. » Or, dès qu'une fois la juridiction d'un juge est *fondée*, il est certain que la
cause est pendante devant lui : car qu'est-ce que
fonder juridiction? C'est s'adresser à un juge pour
obtenir droit sur une demande qu'on forme. Ainsi,
puisqu'avant l'arrêt de corps pratiqué sur Meurice,
à fin de payement de ce qu'il peut devoir à Pollet
en la qualité qu'il agit, il y avait déjà deux arrêts
réels pratiqués aux mêmes fins sur ses biens, et de
l'autorité, tant du bailliage de Lille, que des échevins de Comines, il est clair que ces deux sièges
étaient saisis de la contestation, que le demandeur
avait fait son choix entre la voie réelle et la voie personnelle, qu'il avait adopté les officiers du bailliage
de Lille ou les échevins de Comines pour ses juges;
et qu'ayant une fois formé sa demande par arrêt
réel, devant eux, il ne pouvait plus agir ailleurs
pour la même demande, pour le même objet et
contre la même personne, par la voie d'arrêt personnel.

» Il y a plus encore, c'est que les juges de Comines
ayant d'abord été saisis de la cause par la *plainte à
loi* pratiquée, sur les meubles et effets de Meurice, la *plainte à loi* pratiquée sur ses
biens d'Equermes, de l'autorité du bailliage de
Lille, était nulle, puisqu'elle tendait à établir deux
instances réelles pour un objet qui n'en demandait
qu'une seule, et à lui donner deux juges différens,
lorsqu'il n'en devait et n'en pouvait avoir qu'un seul,
c'est-à-dire, celui dont on avait, par les premières
poursuites, *fondé* et adopté la juridiction. »

Sur ces raisons, auxquelles Meurice ajoutait plusieurs autres moyens, il est intervenu, le 2 décembre
1785, un arrêt qui a mis l'appellation et ce dont est
appel au néant; émendant, a déclaré l'arrêt de corps
nul, et a condamné Pollet aux dommages-intérêts, ainsi qu'aux dépens des causes principale et
d'appel.

L'un des juges m'a dit le lendemain que le parlement ne s'était arrêté qu'à l'exception de litispendance, et que, trouvant ce moyen péremptoire, il
n'avait pas cru devoir examiner les autres.

II. La seconde question n'est susceptible d'aucune difficulté.

D'une part, en effet, il est de principe que, comme le dit la novelle 140 de Justinien, chap. 11, *contraria contrariis actibus dissolvuntur*; et comme le dit encore la loi 35, D. *de regulis juris, nihil tàm naturale est, quàm eo genere quidque dissolvere, quo colligatum est : ideò verborum obligatio verbis tollitur : nudi consensûs obligatio contrario consensu dissolvitur.* Or, que fait le demandeur qui, après avoir assigné son adversaire en justice, se désiste de l'assignation qu'il lui a donnée? Bien certainement il fait un acte contraire à cette assignation; il la rend donc comme non-avenue; il remet donc son adversaire, comme il se remet lui-même, au même état que si l'assignation n'eût pas eu lieu; il fait donc cesser la litispendance que l'assignation avait produite.

D'un autre côté, qu'importe qu'aux termes de l'art. 402 du code de procédure civile, le *désistement* dont il y est parlé, doive être signifié, non à domicile, mais par acte d'avoué à avoué? Qu'importe encore que, suivant l'art. 403 du même code, ce désistement ne puisse avoir d'effet qu'autant qu'il est accepté par la partie à l'avoué de laquelle il est signifié, ou qu'à défaut d'acceptation, il est déclaré valable par le juge? Il est évident que les dispositions de ces deux articles ne concernent que le désistement donné dans le cours d'une instance liée par la comparution des deux parties, et qu'elles sont totalement étrangères au désistement donné avant que le défendeur ait comparu et ait constitué un avoué.

C'est ainsi, au surplus, que la question a été jugée par un arrêt de la cour supérieure de justice de Bruxelles, du 27 octobre 1824, dont le texte fait suffisamment connaître l'espèce :

« Attendu (porte-t-il) qu'en admettant que la simple demande en justice, quoique non contestée, forme une instance entre les parties, et que le seul exploit d'assignation, qui n'est cependant qu'un préalable à la demande judiciaire, produise le même effet, quoique la cause n'ait pas été inscrite au rôle, et que le cité, non plus que le citant, ne soient comparus devant le juge au jour déterminé, il n'est cependant pas moins vrai, dans toutes les hypothèses, qu'il n'y a de termes habiles à une exception de litispendance, qu'autant que le premier acte d'assignation existe encore au moment du second;

» Attendu, dans l'espèce, qu'au jour fixé pour la comparution devant le juge de Bruxelles, aucune des parties n'y a paru, et qu'il ne conste même d'aucune constitution d'avoué de la part du cité; que c'est dans cet état de chose que l'intimé lui a signifié le désistement de la citation devant le juge de Bruxelles, et d'un même contexte l'a assigné au tribunal de Nivelles;

» Attendu que l'appelant n'a critiqué ce désistement que sous le rapport du défaut de l'acceptation, aux termes des art. 402 et 403 du code de procédure;

TOME V.

» Attendu qne ces articles ne tracent les formes que de ceux des désistemens qui s'opèrent après la comparution de l'assigné devant le juge; que cela résulte de ce qu'ils supposent l'existence d'une constitution d'avoué; que ces articles ne peuvent donc s'appliquer au cas où une telle constitution n'a pas encore eu lieu, comme dans l'espèce; qu'on ne niera cependant pas qu'il ne soit facultatif au citant de se désister en tout temps de son assignation, et que la simple raison dit qu'à défaut de formes spécialement prescrites, il peut le faire par un simple acte à la partie qui n'a pas d'avoué constitué;

» Attendu que, si les art. 402 et 403 ne régissent pas le cas qui se présente, on les invoque en vain pour établir la nécessité, au cas actuel, de l'acceptation d'un tel désistement, acceptation d'ailleurs qui n'est requise aux articles précités que pour faire opérer le désistement de plein droit, et sans déclaration de juge; qu'ici, l'appelant qui n'a pas comparu devant le tribunal de Bruxelles, n'avait aucun intérêt à s'y opposer; qu'ainsi, il n'a pu, tant en première instance qu'en cause d'appel, alléguer d'autres moyens à l'appui de son exception; que la prétendue inobservation des formes tracées pour un cas qui n'est pas celui dans lequel il se trouve;

» Par ces motifs, la cour, de l'avis conforme de M. l'avocat-général Baumhauer, met l'appellation au néant, etc.... (1). »

§. II. *Y a-t-il litispendance par l'effet d'un jugement qui, sans s'arrêter à la demande en péremption d'une instance formée devant d'autres juges, ordonne aux parties d'instruire sur le fond ?*

V. le plaidoyer de l'arrêt du 10 janvier 1810, rapporté au mot *Commune*, §. 5, n° 3.

§. III. *L'étranger qui est assigné par un Français devant un tribunal du royaume, peut-il décliner ce tribunal sous le prétexte qu'il y a dans son pays litispendance sur l'objet de la demande formée contre lui en France?*

J'ai cité, dans les conclusions du 18 pluviôse an 12, rapportées à l'article *Jugement* §. 14, n° 1, un arrêt du parlement de Provence, du 22 décembre 1732, qui juge que non.

C'est ce que décide également un arrêt de la cour de cassation du 7 décembre 1808, et un arrêt de la cour d'appel de Turin, du 12 août 1812, rapportés dans le recueil de M. Sirey, tome 8, page 453, et tome 14, partie 2, page 191.

_____

(1) Annales de jurisprudence de M. Sanfourche-Laporte, année 1825, tome 2, page 533.

LIVRE TOURNOIS. *V.* l'article *Monnaie décimale.*

LOCATAIRE. *V.* les articles *Bail*, *Contribution des portes et fenêtres*, *Fermier*, *Location*, et *Loyers et Fermages.*

LOCATAIRIE PERPÉTUELLE. §. I. 1° *Le bail à locatairie perpétuelle est-il translatif de propriété ?*

2°: *La rente créée au profit d'un ci-devant seigneur par un bail à locatairie perpétuelle, était-elle originairement seigneuriale, par cela seul qu'elle était le prix de la concession de droits ou de domaines seigneuriaux ?*

3°. *Était-elle seigneuriale, lorsque, par le bail à locatairie perpétuelle, le ci-devant seigneur s'était réservé un cens ou la directe sur l'objet compris dans ce bail ?*

4°. *La rente purement foncière créée par un bail à locatairie perpétuelle, pour prix de droits seigneuriaux supprimés depuis, et de domaines encore existans, est-elle sujette à réduction en faveur du preneur, lorsque, par le bail même, il a été stipulé qu'elle ne pourrait jamais être augmentée ni diminuée ?*

5°. *Y est-elle sujette lorsque, par le bail à locatairie perpétuelle, il a été stipulé qu'elle ne pourrait subir aucune réduction, soit à raison des servitudes dont pourraient être grevés les fonds concédés par les bailleurs, et auxquels étaient alors annexés les droits seigneuriaux supprimés depuis, soit à raison des contributions extraordinaires qui pourraient être imposées sur ces biens et ces droits, même par force majeure, et que le premier serait obligé de soutenir à ses périls et risques, sans aucun recours contre le bailleur, tous les procès auxquels ces droits pourraient donner lieu ?*

I. Les quatre premières questions et une autre qui est indiquée sous le mot *Récusation*, §. 2, font la matière du plaidoyer suivant, que j'ai prononcé à l'audience de la cour de cassation, section civile, le 7 ventôse an 12, sur le recours exercé par les frère et sœur Salesses contre un arrêt de la cour d'appel de Montpellier, du 18 pluviôse an 10.

« Cette affaire présente à votre examen trois questions bien distinctes :

» La première, si le concours du cit. Giscard au jugement du tribunal d'appel de Montpellier, du 13 pluviôse an 10, emporte la nullité de ce jugement ;

» La seconde, si ce jugement a violé les lois des 25 août 1792 et 17 juillet 1793, portant abolition sans indemnité des rentes seigneuriales ;

» La troisième, si du moins il n'a pas violé l'article 38 du tit. 2 de la loi du 15-28 mars 1790, concernant la réduction proportionnelle des rentes fon-

cières, originairement créées pour concession d'objets dont la suppression du régime féodal a entraîné l'anéantissement.

» Sur la première question, nous devons commencer par bien fixer le fait qui y donne lieu.

» La cause avait d'abord été portée au tribunal civil du département de l'Aveyron, dont le cit. Giscard était membre. Elle y fut plaidée contradictoirement, mais elle n'y fut point jugée à l'audience : un jugement du 1er pluviôse an 8 la mit en rapport, et le cit. Giscard concourut à ce jugement.

» Depuis, le tribunal civil de l'Aveyron a été supprimé, et la cause s'est reportée au tribunal civil de l'arrondissement d'Espalion, qui l'a jugée en faveur des cit. Salesses, le 14 floréal an 9.

» Son jugement a été attaqué par appel au tribunal de Montpellier ; et parmi les juges qui ont prononcé sur cet appel, nous remarquons un cit. *Alboise Giscard.*

» Ce cit. *Alboise Giscard* est-il le même cit. *Giscard* qui avait assisté, comme membre du tribunal civil de l'Aveyron, au jugement préparatoire du 1er pluviôse an 8? Rien ne le prouve.

» Mais en supposant qu'il y avait identité entre l'un et l'autre, peut-il en résulter un moyen de cassation contre le jugement du tribunal d'appel de Montpellier ?

» Sans contredit, les demandeurs auraient pu ; en cause d'appel, récuser le cit. Giscard. L'art 6 du tit. 24 de l'ordonnance de 1667 leur en donnait bien clairement le droit : *Le juge* pourra *être récusé, s'il a donné conseil, ou connu auparavant du différend* COMME JUGE *ou comme arbitre.*

» Mais les défendeurs n'ayant pas exercé la récusation que leur permettait la loi ; ayant, au contraire, consenti par leur silence à ce que le cit. Giscard demeurât juge en cause d'appel, comme il l'avait été en première instance, vous penserez, sans doute, qu'ils ne sont pas aujourd'hui recevables à se plaindre de ce que le cit. Giscard ne s'est pas abstenu d'office.

» Si l'abstention du cit. Giscard eût été nécessaire, à peine de nullité du jugement, l'ordonnance ne dirait pas qu'il pouvait être récusé ; en laissant aux parties la faculté de le récuser ou de le ne le récuser pas, elle a clairement fait entendre qu'à défaut de récusation, il pourrait connaître, en cause d'appel, du différend dont il avait déjà connu en première instance.

» Un moyen semblable vous a été proposé le 14 ventôse an 10, par la demoiselle Gillat ; et vous l'avez rejeté, au rapport du cit. Cochard... (1).

» D'après une décision aussi positive, nous ne pouvons que vous proposer de résoudre au désa-

(1) *V.* l'article *Récusation*, §. 10.

vantage des demandeurs, la première question que nous avons annoncée.

» La seconde exigera, de notre part, beaucoup plus de détails.

» Vous connaissez les actes auxquels elle doit l'être.

» Le 20 août 1696, contrat notarié, par lequel le seigneur de la terre de Saint-Côme cède et abandonne à Jean Salesses *le droit du moulin banal* de cette terre, avec les bâtimens et terrains en dépendans, pour en jouir « par forme de locatairie » perpétuelle, de trois en trois, neuf en neuf, et » vingt-neuf en vingt-neuf ans, afin d'éviter pres- » cription de possession; *et cela moyennant une* » rente annuelle de 450 livres payable en deux » termes égaux. »

» Le 19 septembre 1760, le seigneur de Saint-Côme transporte cette rente à Bernard Daigouy; et par l'acte de transport, il la qualifie de *foncière et seigneuriale.*

» Qu'elle soit *foncière*, c'est ce qu'on ne peut révoquer en doute ; car elle est due pour concession de fonds, et elle est nécessairement *perpétuelle*, comme le bail dont elle forme le prix.

» Vainement dirait-on que ce bail n'est accordé que de *trois en trois, de neuf en neuf, de vingt-neuf en vingt-neuf ans.* Cette clause n'empêche pas qu'il ne transfère au preneur le droit de jouir à perpétuité des objets concédés ; elle n'est imaginée, et l'acte lui-même le dit formellement, que pour *éviter prescription de possession*, c'est-à-dire, pour mettre le concessionnaire dans la position d'un fermier qui ne peut jamais prescrire contre son bailleur.

» Mais la rente dont il s'agit est-elle en même temps *seigneuriale ?* C'est là le vrai point de la difficulté.

» Si elle est *seigneuriale*, elle est abolie par la loi du 17 juillet 1793; et en la maintenant, le tribunal d'appel de Montpellier a violé cette loi.

» Si elle n'est pas *seigneuriale*, si elle est purement *foncière*, la loi du 17 juillet 1793 en commande elle-même le maintien; et le tribunal d'appel de Montpellier a très-bien jugé à cet égard.

» C'est entre ces deux partis que nous devons nous décider; et une première chose bien constante, c'est que, pour le faire avec certitude, ce n'est pas l'acte de transport du 19 septembre 1760, que nous devons consulter. Cet acte, en effet, ne constitue pas la qualité de la rente, il ne fait que l'énoncer ; et il est de principe que ce n'est point par la dénomination d'une redevance, mais par sa nature intrinsèque, que l'on doit déterminer si elle appartient ou non au régime féodal. Cela est si vrai, que le 6 vendémiaire et le 29 thermidor an 10, la section des requêtes a jugé, en rejetant, au rapport des cit. Chasle et Gandon, le recours en cassation d'Etchecopar et de Roux contre des jugemens des tribunaux d'appel de Pau et de Dijon, que des

rentes purement foncières par leur nature, n'étaient pas devenues seigneuriales par la dénomination que leur en donnaient les titres primitifs de leur constitution même (1).

» C'est donc à l'acte du 20 août 1696 que nous devons remonter, pour connaître le caractère de la rente litigieuse.

» Or, que remarquons-nous dans cet acte ? Deux choses, sa qualité et sa matière. Sa qualité est celle d'un *bail à locatairie perpétuelle.* Sa matière est *le droit du moulin banal* de la seigneurie de Saint-Côme, avec les bâtimens et les terres qui en dépendent.

» De là, deux questions : la première, si la qualité de *bail à locatairie perpétuelle*, donnée par les contractans à l'acte du 20 août 1696, peut être de quelque influence pour la détermination de la nature de la redevance dont il s'agit; la seconde, si, dans le cas où cette qualité serait, à cet égard, indifférente, la redevance dont il s'agit devrait être réputée seigneuriale par cela seul qu'elle a été créée pour prix d'un *droit de moulin banal*, et par conséquent d'un droit de fief.

» La première question revient à celle de savoir ce qu'on doit entendre dans les pays méridionaux de droit écrit, par un *bail à locatairie perpétuelle*, c'est-à-dire, s'il se confond, soit avec l'emphytéose, soit avec le bail à rente foncière, ou s'il est distingué de chacun de ces contrats par des traits particuliers.

» Vous savez que, par l'emphytéose, le bailleur se dépouille du domaine utile, sous trois conditions principales : la première, qu'en reconnaissance du domaine direct qu'il retient, le preneur lui payera chaque année une redevance ; la seconde, que, s'il est, pendant trois ans, en demeure d'acquitter cette redevance, son domaine utile tombera en commise ; la troisième, qu'il ne pourra pas aliéner ce domaine sans, au préalable, en avoir prévenu le bailleur, et lui avoir présenté le marché pour le même prix qu'en offre l'acquéreur qu'il a en vue.

» Vous savez que le bail à cens emporte également translation du domaine utile, et réserve de la directe ; mais qu'il n'expose pas le preneur à la commise, faute de payement de la rente censuelle, et qu'il lui laisse la liberté entière d'aliéner, sauf au seigneur à retraire l'héritage, s'il le trouve à propos.

» Vous savez encore que le bail à rente foncière transfère l'une et l'autre espèce de domaine, quand le bailleur les réunissait toutes deux dans sa personne; qu'il rend le preneur aussi absolu propriétaire que le bailleur, et que celui-ci ne retient précisément que la rente.

» Mais, s'il en faut croire quelques auteurs, par

_____

(1) *V.* l'article *Rente foncière*, §. 13.

35.

le bail à locatairie perpétuelle, le preneur n'acquiert que la *possession naturelle et utile*; quant à la *propriété foncière* et à la *possession civile*, elles demeurent toujours dans la main du bailleur.

» C'est ce que soutient notamment Boutaric, dans son *Traité des droits seigneuriaux*, chap. 14 : « le bail à locatairie perpétuelle diffère du contrat » emphytéotique, en ce que, pour donner un fonds » à titre d'emphytéose, il faut en avoir la pleine » propriété, c'est-à-dire, le posséder allodialement » et indépendamment de toute seigneurie directe; » au lieu que, pour bailler à titre de locatairie » perpétuelle, il suffit d'avoir la dominité utile. On » ne regarde point ce contrat comme translatif de » propriété...... Ce n'est proprement qu'un CISAIL-» LEMENT de la dominité en deux parties, dont » l'une demeure, à titre de propriété, à celui qui » donne le fonds, et l'autre passe à titre d'usufruit » sur la tête du locataire. »

» Fonmaur, *Traité des lods et ventes*, n°. 536, nous donne les mêmes idées sur cette matière : « Le » bail à locatairie perpétuelle (dit-il) diffère, à quel-» que égard, du bail à rente, non qu'il y ait ré-» servation de la directe dans l'un ni dans l'autre, » mais en ce que le bailleur se réserve la propriété » et la possession civile, et qu'il ne baille que la » POSSESSION NATURELLE au preneur chargé du » payement de la rente tant qu'il jouira. »

» On cite, à l'appui de cette doctrine, un arrêt du parlement de Toulouse, du 14 août 1705, rapporté dans le *Journal du palais* de cette cour, tom. 2, § 166. La question était de savoir si le seigneur direct qui avait baillé un fonds à locatairie perpétuelle, sans s'être réservé de cens, pouvait, outre la rente qu'il avait stipulée, exiger la redevance censuelle à laquelle étaient assujétis les héritages tenus de la seigneurie. L'arrêt jugea pour la négative, sur le fondement, dit-on, que le contrat de locatairie ne transférait pas la propriété utile, et que le cens supposait cette propriété dans celui qui le payait.

» On ajoute que ce principe a encore dicté trois arrêts de la même cour, des 1er juillet 1737, 9 août 1746 et 7 janvier 1749. Il s'agissait de savoir si le bailleur pouvait, sans décret et en vertu d'une simple ordonnance de justice, rentrer dans sa chose, faute de payement de la rente pendant trois ans; ou s'il était obligé de faire décréter le bien sur le preneur, comme on le fait dans le cas du bail à rente foncière. Ces trois arrêts ont adopté le premier parti, et l'on prétend qu'ils l'ont adopté par le motif de la rétention du domaine utile dans la personne du bailleur. Le plus ancien est rapporté au *Journal du palais* de Toulouse, sous l'ordre de sa date; les deux autres sont cités par Fonmaur, sous le n°. que nous venons d'indiquer.

» Enfin, on dit, pour justifier cette opinion, que le preneur à locatairie perpétuelle est spécialement

tenu d'améliorer l'héritage qui lui est concédé; que la coupe des bois de haute-futaie lui est interdite; qu'il ne peut pas démembrer ni diviser les objets de sa concession; et qu'à défaut de payement de la taille et des autres impositions foncières de la part du preneur, l'ancien gouvernement était dans l'usage de les faire payer par le bailleur personnellement.

» Si nous pouvions adhérer à cette doctrine, si nous pouvions regarder comme une vérité constante que, par le bail à locatairie perpétuelle, le concessionnaire n'acquiert pas même le domaine utile de la chose qui en est l'objet, bien évidemment nous serions forcés de dire que jamais la rente stipulée par un pareil acte, n'a pu être *seigneuriale*.

» Celles-là seules, en effet, ont ce caractère, qui sont le prix de la concession du domaine utile et qui se payent en reconnaissance de la directe retenue par le bailleur. « Ce principe (dit le cit. Henrion, » dans le *Répertoire de jurisprudence*, aux mots » *Rente foncière*) sort de la nature des choses. » L'essence des droits seigneuriaux est d'être atta-» chés à un domaine direct, DOMAINE QUI SUPPOSE » NÉCESSAIREMENT LA CONCESSION D'UNE PROPRIÉTÉ » UTILE. Cette règle fondamentale en cette matière, » est reconnue, adoptée, consacrée par tous les » auteurs. Dumoulin la présente à la tête de son » commentaire sur les droits seigneuriaux, comme » la base inébranlable de toutes ses décisions : APUD » NOS CONTRACTUS CENSUALIS EST, QUANDO DOMINIUM » UTILE CERTI FUNDI TRANSFERTUR SUB ANNUA ET PER-» PETUA PENSIONE NOMINE CENSUS, RETENTO DOMINIO » DIRECTO ET JURIBUS DOMINICALIBUS; ET ITA GE-» NERALITER ACCIPITUR ET USITATUR IN TOTO HOC » REGNO. »

» De là vient qu'un fermage n'est jamais réputé seigneurial, quoiqu'il soit dû à un seigneur, et qu'il soit le prix de la jouissance d'un fonds de la seigneurie.

» De là vient encore, et c'est un point que vous avez consacré par plusieurs jugemens célèbres (1); de là vient encore qu'une rente constituée par une emphytéose temporaire ou par un contrat d'engagement révocable à volonté, n'est pas considérée comme seigneuriale, quoique le titre de sa constitution la qualifie telle, quoique, par ce même titre, elle soit déclarée productive de lods et ventes, quoique l'auteur de la concession emphytéotique ou engagère soit véritablement seigneur.

» Dans notre espèce, c'est bien au profit d'un seigneur qu'est constituée la rente dont il est question. Mais, d'une part, elle n'est pas même qualifiée seigneuriale par le titre qui la constitue; et de l'autre, si le titre qui la constitue n'exproprie point le seigneur de son domaine utile, il est bien impossible qu'elle soit seigneuriale, il est bien impossible

(1) *V.* les articles *Emphytéose* et *Engagement*.

par conséquent qu'elle soit comprise dans l'abolition prononcée par la loi du 17 juillet 1793.

» Prétendre, comme le font les demandeurs, que toute rente foncière doit être rangée dans la classe des prestations seigneuriales, par cela seul qu'elle est due à un ci-devant seigneur, c'est un système beaucoup trop général ; vrai dans certains cas, il est faux dans d'autres (1) ; et sans entrer ici dans les distinctions dont il est susceptible, nous nous contenterons d'observer que, quand même il serait indistinctement vrai, que, quand même nous accorderions aux demandeurs que toute rente foncière due à un ci-devant seigneur, doit, à ce seul titre, être présumée seigneuriale, au moins ce ne serait là qu'une présomption ; et certes, dans notre espèce, en admettant la doctrine de Boutaric et de Fonmaur, cette présomption s'évanouirait devant le titre primitif du 20 août 1696, qui ne présente qu'un bail à locatairie perpétuelle, c'est-à-dire, qu'un bail qui, suivant cette doctrine, ne stipule, ni cession de la propriété utile, ni par conséquent redevance recognitive de la directe, qu'un bail dont l'essence même répugne à toute idée de jeu de fief et de bail à cens, qu'un bail essentiellement exclusif du caractère de féodalité dans la rente qui en forme le prix.

» Mais la doctrine de Boutaric et de Fonmaur est-elle exacte ? Est-il bien vrai que le bail à locatairie perpétuelle ne transfère au preneur, même la propriété utile des choses qui en forment la matière ? Est-il bien vrai qu'on ne doivent pas l'assimiler à l'acensement, lorsqu'il contient la réserve d'un cens seigneurial, et au bail à rente foncière, lorsqu'il est pur et simple ?

» Ce qui doit d'abord nous tenir en garde contre cette opinion, c'est qu'elle est contredite par Duperrier, tome 1, liv. 4, quest. 25 ; par la Touloubre, dans sa *Jurisprudence féodale*, part. 2, page 112 ; par Julien, sur les statuts de Provence, tome 1, page 289.

» Mais ce qui doit nous la faire rejeter tout à fait, c'est qu'elle a été proscrite par l'assemblée constituante ; voici comment :

» Les décrets du 4 août 1789 ayant déclaré rachetables toutes les rentes foncières qui avaient été constituées jusqu'alors, soit purement et simplement, soit avec la clause expresse d'irrédimibilité, il s'est agit de savoir si l'on devait soumettre à la disposition de ces décrets, les rentes foncières constituées par baux à locatairie perpétuelle.

» On disait pour la négative, que ces décrets n'atteignaient pas les rentes foncières constituées par baux emphytéotiques à temps ; que la raison en était que les baux emphytéotiques à temps ne transféraient pas la propriété ; que, dès-là, il en devait être de même des rentes constituées par baux à locatairie perpétuelle ; et pour justifier cette consé-

quence, on invoquait toutes les autorités, toutes les raisons, à l'aide desquelles Boutaric et Fonmaur cherchent à établir que les baux à locatairie perpétuelle ne sont pas plus translatifs de propriété que ne le sont les emphytéoses temporaires.

» Le cit. Tronchet, dans un rapport qu'il fit sur cette question, au nom du comité des droits féodaux, réfuta ce système avec sa logique ordinaire :

» Il faut convenir (ce sont ses termes) que les » raisons sur lesquelles on fonde la différence que » l'on veut mettre entre le bail à locatairie perpé- » tuelle et le bail à rente, paraissent plus subtiles » que solides.

» Une LOCATAIRIE n'annonce, à la vérité, qu'une » succession de la jouissance des fruits ; mais un » droit perpétuelle de jouissance est incompatible » avec l'idée d'un simple bail à loyer. Un usufruit » perpétuel est une idée sauvage et peu conciliable » avec les idées communes. Il en est de même de » l'idée que ce contrat est un cisaillement de la pro- » priété en deux parties, lequel réserve à lui la » propriété et à l'autre une jouissance perpétuelle. » Cette idée ne signifie rien, ou ne signifie autre » chose que ce genre de propriété fictive que l'on » suppose également réservée au bailleur dans le » bail à rente ordinaire.

» La stipulation qui assujettit le preneur à des » améliorations, et celle qui lui interdit toute dé- » gradation, sont communes au bail à rente ordi- » naire ; ce sont des conditions qui ont pour objet » la sûreté du service de la rente.

» La défense de couper les bois de haute-futaie » n'est pas une réserve d'une partie de la propriété, » qui n'empêche point que le surplus n'ait pu être » aliéné. Cette réserve n'est pas une chose particulière » aux baux à locatairie perpétuelle ; elle se trouve » quelquefois dans les baux à rente ; ce qu'elle peut produire, c'est d'obliger le preneur, » lors du remboursement de la rente, à payer la va- » leur des bois réservés.

» La prohibition de diviser et aliéner avait autre- » fois lieu dans les inféodations et les acensemens, » ce qui n'empêchait pas que ces actes n'emportas- » sent aliénation de la propriété, et cette prohibi- » tion est encore une condition qui a pour objet la » sûreté et la facilité du service de la rente.

» Si le locateur peut rentrer sans décret dans sa » propriété, c'est une simple faculté dérivant de la » convention, ou attachée par la jurisprudence à ce » contrat. Les baux à rente peuvent être résiliés » faute de paiement d'un certain nombre d'arréra- » ges. La différence introduite par la jurisprudence » de Toulouse, ne consiste que dans le mode de la » procédure suivie pour la rentrée dans le fonds.

» Ce ne peut être que comme propriétaire, que » le locataire acquitte, sans diminution sur son re- » devance, les charges réelles et publiques. La ga- » rantie que le fisc exerce contre le locateur, n'est » qu'une extension abusive de ses privilèges, exten-

---

(2) V. l'article *Rente foncière*, §. 10.

» sion qui pourrait d'ailleurs avoir un prétexte, si
» le locateur ne payait point d'impositions à raison
» de la rente.

» Enfin, dans les pays où ce genre de contrat est
« en usage, on ne conteste pas que le fonds est
» hypothéqué aux dettes du locataire, et qu'au
» contraire il ne peut être affecté aux dettes du loca-
» teur : circonstance qui seule décide la question, et
» prouve que ce contrat emporte une véritable alié-
» nation de la propriété...

» Nous ne voyons donc (conclut le cit. Tronchet)
» aucune raison qui puisse faire excepter les loca-
» tairies perpétuelles de la loi prononcée par le dé-
» cret du 4 août. »

» En conséquence, la loi du 18-29 décembre
» 1790, après avoir déclaré, art. 1, que la faculté de
» rachat n'était pas applicable aux rentes stipulées, soit
» par « des baux à rente ou emphytéose non perpé-
» tuels, et non excédant quatre-vingt-dix-neuf
» ans, soit par des baux à vie, qui ne fussent pas
» sur plus de trois têtes; a ajouté, art. 2, qu'à cette
» faculté étaient soumises « les rentes ou redevances
» foncières, établies par les contrats connus en cer-
» tains pays sous le titre de locatairie perpétuelle. »

» Par là il est nettement décidé que le bail à locatairie perpétuelle ne diffère en rien du bail à rente
foncière; et il doit, dès-lors, demeurer bien constant que, pour juger non abolie la rente dont il
est ici question, le tribunal d'appel de Montpellier
s'est mal à propos fondé sur la prétendue maxime,
que le bail à locatairie perpétuelle n'est pas translatif de propriété.

» Mais ici se présente notre seconde question :
de ce que l'acte du 20 août 1696 doit être considéré
comme un bail à rente foncière, et de ce qu'il a
pour objet un *droit de moulin banal* faisant partie
du gros d'un fief, s'ensuit-il que la redevance stipulée
par cet acte doive être rangée dans la classe des
prestations seigneuriales S'ensuit-il par conséquent
qu'elle ait été abolie par la loi du 17 juillet 1793?

» Cette question revient à celle de savoir si le bail
à rente foncière, sans stipulation expresse, d'un
cens, doit être assimilé à un bail à cens proprement dit, lorsqu'il comprend des objets qui auraient
pu être la matière d'un véritable acensement, ou,
en d'autres termes, lorsqu'il comprend des droits
féodaux, tels que des banalités, soit des portions foncières d'un domaine seigneurial.

» En deux mots, la rente foncière constituée
pour prix d'un objet féodal, est-elle par soi recognitive de la seigneurie directe? Voilà ce que nous
avons à examiner.

» Il est certain que, sous le régime féodal, un
seigneur pouvait, par un bail à rente, comme par
un bail à cens, détacher une portion quelconque du
gros de son fief; mais les effets de ces deux manières
d'aliéner n'étaient pas, à beaucoup près, les mêmes.

» S'il aliénait par bail à cens, le concessionnaire
possédait roturièrement la chose qui lui était concédée; il n'en devait point le droit de franc-fief;

quoiqu'il fût de la classe qu'on nommait alors roturière, il devenait l'homme de son bailleur, et n'a-
vait aucune relation de féodalité avec le suzerain
de celui-ci.

» Si, au contraire, l'aliénation se faisait par bail
à rente, on distinguait : ou le bailleur s'était chargé
de la foi-hommage à porter à son suzerain pour
raison de l'héritage ou du droit qu'il aliénait, et
par-là il avait voulu que cet héritage, que ce droit
fût tenu du gros de sa seigneurie ; où il ne s'était
imposé aucune charge de ce genre, et le bail à
rente ne présentait, de sa part, que la retenue d'un
simple devoir patrimonial.

» Au premier cas, le bail à rente prenait le caractère tantôt d'une sous-inféodation, tantôt d'un
acensement : d'une sous-inféodation, s'il paraissait,
par ses clauses, que le preneur dût tenir l'objet concédé en arrière-fief; d'un acensement, si, au contraire, il résultait de ses clauses que l'objet concédé
dût être tenu par le preneur en roture.

» Au second cas, le seigneur qui baillait à rente,
soit une portion foncière de sa seigneurie, soit un
droit seigneurial qui y était inhérent, s'expropriait
absolument de son domaine direct, comme de son
domaine utile. La rente foncière était bien encore
pour lui un droit dans la chose aliénée, mais elle
n'avait rien de féodal : elle ne représentait pas,
aux yeux du suzerain, la portion de fief dont elle
était le prix.

» Il y a plus : le preneur à rente ne possédait
pas en roture cette portion de fief, cette portion de
fief formait dans sa main un fief partiel, ou même,
dans plusieurs coutumes, un nouveau fief entièrement distinct de celui que retenait le bailleur; il
devenait, pour raison de ce fief, le vassal direct et
immédiat du seigneur suzerain du bailleur même:
et par suite il en devait le droit de franc-fief, s'il
n'était point de la caste nobiliaire.

» Ces principes sont reconnus et proclamés par
Dumoulin, sur l'art. 51 de l'ancienne coutume de
Paris, n°s 28 et 29. Il y a, dit-il, une grande différence entre le bail à rente et le bail à cens ou la
sous-inféodation de la totalité ou d'une partie du
fief. Si le vassal aliène, par sous-inféodation ou par
bail à cens, une partie ou même la totalité de son
domaine féodal, il n'est pas pour cela ouvert à
l'égard du suzerain; le vassal est censé alors avoir
retenu la seigneurie directe, quoiqu'il n'en ait pas
fait la réserve expresse : *Amplio tertiò conclusio-
nem principalem in concessione totius vel partis
feudi ad certum reditum annuum ; super quo adverte quod concessio ad reditum multum differt à
concessione in subfeudum vel in censum ; quia
in subinfeodatione vel in concessione ad censum,
eo ipso ex naturâ actûs inest retentio dominii et
omnis dominicalis juris, respectu recipientis, in
reconcessâ ; et sic non censetur fieri alienatio nec
dismembratio feudi, et nulla inde causatur apertura, etiamsi concedens non expresserit penès se et
ad onus suum retinere fidelitatem rei concessæ res-*

pectù superioris patroni , quia natura actûs de se hujusmodi retentionem et subordinationem IMPOR-TAT*, etiàmsi non dicatur.*

» Mais il en est tout autrement, si le vassal aliène par bail à rente pur et simple , parce qu'il est dans la nature de ce contrat que le bailleur soit censé n'avoir retenu ni la seigneurie directe de l'objet qu'il a concédé, ni aucun droit seigneurial sur ce même objet; mais, au contraire, avoir transféré au preneur la plénitude de son domaine, et s'être totalement exproprié sous la seule réserve d'une redevance annuelle: *Longè aliud in concessionne ad certum annuum reditum , quia ex ejus naturâ, nullum dominium , nullum jus dominicum in re concessâ retinetur, sed omne jus concedentis transfertur et penitùs expropriatur, solo jure annui reditûs retento.*

» Ainsi le bail à rente pur et simple de la totalité ou d'une partie du fief emporte, respectivement au seigneur suzerain, changement de vassal; et il ouvre le fief au profit de ce seigneur ; le preneur lui doit la foi et hommage, le relief et les autres droits seigneuriaux : le tout, à moins que le bailleur n'ait réservé expressément la foi ; mais, dans ce cas, il faut que la réserve soit expresse : *Undè si simpliciter fiat , sive de toto , sive de parte feudi, sequitur mutatio manûs et apertura feudi ; et recipiens debet in fidem patroni se conferre, et relevium solvere, et clientelaria onera de cetero subire, nisi concedens penès se retinuerit fidelitatem , cujus expressa retentio requiritur hoc casu.*

» Bacquet, dans son *Traité du droit de franc-fief,* part. 1, chap. 7, n° 29; nous présente la même doctrine : « Si le vassal a baillé tout son fief ou » ou partie d'icelui à rente payable en deniers ou » en grains, ou bien en autres espèces, sans réten-» tion de foi ni de censive ou autre droit seigneu-» rial sur ce qu'il a baillé, la rente n'est noble ni » féodale, encore qu'elle soit due à cause d'héritage » féodal, mais simple rente foncière; et, en ce cas, » d'autant que le fief est totalement aliéné, ou bien » partie d'icelui aliénée, l'acquéreur est tenu en-» trer en foi envers le seigneur dominant; et, comme » nouveau vassal, faire hommage de tout le fief, » ou bien de la partie aliénée, et payer les droits » féodaux dus à cause de son acquisition; et après » le décès dudit vassal qui aura ainsi baillé son fief » *(sans rétention de foi),* la rente doit être partagée » roturièrement entre ses héritiers, D'AUTANT QU'ELLE » N'A AUCUNE NATURE DE FÉODALITÉ..... »

» C'est ce qu'enseigne également Lalande, sur l'art. 347 de la coutume d'Orléans : « Si quelqu'un » (dit-il) baille à rente son domaine féodal, il faut » qu'il retienne la foi nommément et en termes » exprès; autrement il cesse d'être vassal, le fief est » ouvert, et le preneur obligé de porter la foi au » seigneur duquel il relève; parce que le bail à » rente, de sa nature, est une expropriation de » tout le droit de seigneurie qui appartenait à celui

» lequel a aliéné sous cette charge et prestation an-» nuelle. »

» Il existe, à la vérité, une disposition contraire dans la coutume de Montargis: suivant l'art. 84 de cette loi municipale, *le vassal qui baille à cens et rente, ou* A L'UN SEULEMENT, *son héritage tenu en fief* est toujours censé retenir la foi, quoiqu'il n'en parle pas; en conséquence, lorsque, sans rétention expresse de la foi et par un bail à rente pur et simple, il a aliéné une partie de son domaine féodal, cette partie relève de lui en censive, et la rente qu'il s'est réservée lui tient lieu de cens.

» Mais cette disposition doit être renfermée dans le territoire de la coutume de Montargis , parce qu'elle est contraire au droit commun. Nous ne citerons plus, pour le prouver, qu'une autorité; mais elle est d'un très-grand poids : c'est celle du citoyen Henrion, dans ses *Dissertations féodales ,* aux mots *Jeu de fief ,* §. 3.

» Pour opérer (dit-il) un véritable jeu de fief....; » est-il toujours indispensablement nécessaire que » la réserve de la foi soit expresse? Cela dépend de » la nature du contrat.

» Le propriétaire d'un domaine féodal peut éga-» lement s'en jouer par bail à cens ou par bail à » rente; dans ces cas , le domaine est arro-» turé, l'aliénation est également affranchie des droits » seigneuriaux (*envers le suzerain*) : cependant il » y a cette différence entre ces deux espèces d'alié-» nations, que , dans la première , l'imposition du » cens suffit, sans qu'il soit nécessaire que le vassal » stipule qu'il retient la foi, parce que le cens em-» porte par lui-même la réserve du domaine direct. »

» Mais la chose est différente, lorsque le vassal » n'a pas donné la qualification de cens à la pres-» tation qu'il a imposée sur la partie aliénée, lors-» qu'il s'est contenté de la grever d'une rente fon-» cière.

» Comme une rente de cette espèce n'a rien qui » caractérise la dépendance féodale, pour que le » vassal conserve la directe sur le domaine aliéné , » pour que le bail à rente forme l'équivalent d'un » bail à cens, en un mot, pour qu'il y ait un véri-» table jeu de fief, il faut une réserve expresse de la » foi : à défaut de cette réserve, l'aliénation ne peut » être envisagée que comme un bail à rente pur et » simple. »

» Les arrêts, au surplus, n'ont jamais varié à cet égard. Il y en a deux notamment, du parlement de Paris, qui sont très-remarquables.

» Un seigneur poitevin avait aliéné, par bail à rente, sans réserve expresse de la foi, un héritage faisant partie du gros de son fief. Bientôt après, il fut question de savoir si la rente était *portable* ou *quérable.* Il la soutenait *portable*, et invoquait l'article de la coutume, qui déclarait telle toute rente seigneuriale tenant lieu de cens. Le redevable, au contraire, la soutenait *quérable,* et il se fondait sur la disposition de la même coutume qui déclarait telle la rente foncière non censuelle. Ainsi, toute la difficulté se réduisait à savoir si la rente était censuelle ou non. Par arrêt du 5 juin 1731, la rente fut jugée quérable, et par conséquent non censuelle.

» Desbornes, propriétaire du fief de Joinville, régi par la coutume de Sens, et, en cette qualité, vassal de l'abbaye de Sainte-Colombe, avait, par contrat du 17 juin 1740, baillé à rente pure et simple, à Devinat, une partie de son domaine féodal. Comme il n'avait pas retenu expressément la foi, les religieux de Sainte-Colombe ne manquèrent pas d'actionner l'acquéreur en prestation de la foi-hommage et de tous les autres droits de vassalité. Devinat soutint qu'il ne relevait pas d'eux immédiatement; que, par son bail à rente, les biens-fonds dont il était preneur, avaient été arrotués; qu'en un mot, il était censitaire du seigneur de Joinville, et non pas son co-vassal. Par arrêt du 27 mars 1748, rendu à la quatrième chambre des enquêtes, et rapporté par Lépine de Grainville, page 151, Devinat fut condamné à prêter la foi-hommage, et à payer les droits réclamés par les religieux de Sainte-Colombe; et par là, dit l'arrêtiste, il a été jugé que « le vendeur, pour conserver la féodalité, lorsqu'il » aliène le domaine de son fief, doit la réserver ex- » pressément.

» Sur le même fondement, sept arrêts du conseil, dès 6 mai et 25 novembre 1739, 26 avril 1740, 12 et 19 février et 22 août 1749, et 24 mai 1754, rapportés par Dubost, dans sa *Jurisprudence du conseil sur les francs-fiefs*, tome 2, pages 173 et suivantes, ont jugé que « le bail à rente, fait sans » rétention d'un cens ou de la foi et hommage ex- » presse, transférant au premier l'héritage avec » toute sa féodalité, donnait ouverture au droit de » franc-fief.

» Ainsi, pour rentrer dans l'espèce soumise en ce moment à votre décision, il est bien démontré que Jean Salesses, en prenant à rente, par l'acte du 20 août 1696, le moulin banal de la seigneurie de Saint-Côme, n'aurait pu, pour raison de cette propriété, devenir le censitaire du seigneur de Saint-Côme même, que dans le cas où celui-ci eût, ou retenu la foi sur le moulin qu'il aliénait, ou stipulé que la rente dont il faisait la réserve, lui tiendrait lieu de cens; que le seigneur de Saint-Côme n'ayant fait ni l'un ni l'autre, Jean Salesses a possédé le moulin banal sous la mouvance immédiate du suzerain de son bailleur; qu'il est devenu le co-vassal de celui-ci; que conséquemment, il n'a jamais existé, entre lui et son bailleur, aucune relation de féodalité; et que, par une conséquence ultérieure, la rente à laquelle il s'est obligé envers son bailleur, n'a jamais été seigneuriale.

» Le tribunal d'appel de Montpellier a donc très-bien jugé, en réformant le jugement du tribunal civil d'Espalion, en ce qu'il avait déclaré cette rente abolie par la loi du 17 juillet 1793.

» Mais a-t-il également bien jugé, en rejetant les conclusions subsidiaires des demandeurs, en réduction de cette rente? C'est la dernière des questions que nous avons promis de discuter, et la solution n'en est pas difficile.

» Il est constant que, dans le bail à locatairie perpétuelle du 20 août 1696, se trouvait compris un droit de banalité qui a été supprimé par les décrets du 4 août 1789.

» Si l'on s'en tenait aux dispositions du droit romain, consignées dans le §. 4, *de locatione*, aux Institutes, la rente stipulée par ce bail, ne devrait souffrir, pour cela, aucune diminution.

» Mais il a été dérogé à ces dispositions par l'art. 38 du tit. 2 de la loi du 15-28 mars 1790, lequel est ainsi conçu : « Les preneurs à rente d'aucuns droits » abolis, ne pourront pareillement demander qu'une » réduction proportionnelle des redevances dont » ils sont chargés, lorsque les baux contiendront, » outre les droits abolis, des bâtimens, immeubles » ou autres droits dont la propriété est conservée.

» D'après cet article, nul doute que les demandeurs ne soient en droit d'exiger la réduction de leur rente, en proportion du dommage qu'ils ont éprouvé par l'abolition de la banalité du moulin de Saint-Côme.

» Comment donc le tribunal d'appel de Montpellier a-t-il pu juger le contraire? Vous l'avez vu, il s'est fondé à la fois sur les dispositions du droit romain et sur l'acte du 20 août 1696.

» Mais d'abord, prendre pour guide les lois romaines dans une matière où elles sont abrogées par nos lois nationales, c'est évidemment mépriser nos lois nationales, c'est les violer ouvertement, c'est, ou ce ne sera jamais, donner prise à la cassation.

» Ensuite, que porte, à cet égard, l'acte du 20 août 1696? Il porte, et suivant le tribunal d'appel de Montpellier, il porte purement et simplement, il porte pour tous les cas possibles, que la rente ne pourra jamais *être augmentée ni diminuée.*

» Supposons-le pour un instant : en conclura-t-on que l'acte du 20 août 1696 a dérogé, par une sorte d'anticipation, à la loi du 15-28 mars 1790? Ce serait une grande erreur.

» Lorsqu'avant 1789, on stipulait, soit dans un bail emphytéotique, soit dans un bail à locatairie perpétuelle, que, quelque détérioration qu'éprouvât l'héritage entre les mains du preneur, la redevance resterait toujours la même, on ne faisait qu'exprimer ce qui n'avait pas besoin de l'être; on ne faisait que répéter la disposition générale de la loi. Cette stipulation n'avait pas pour objet de déroger aux lois à venir; elle n'était que l'écho de la loi existante; elle n'avait conséquemment pas plus de force que la loi existante elle-même.

» Si donc, nonobstant la loi existante au temps de la constitution d'une rente foncière, le preneur a acquis, par l'abolition de la banalité, le droit de demander la réduction proportionnelle de cette rente, comment ne jouirait-il pas également de ce droit, nonobstant la stipulation écrite dans le titre constitutif, que la rente ne serait jamais augmentée ni diminuée? Il est évident qu'il y a identité de raison pour les deux cas, et, par conséquent, nécessité de les décider l'un comme l'autre.

» Mais il y a plus : il n'est pas vrai que, par l'acte du 20 août 1696, il soit dit purement et simplement que la rente ne sera jamais susceptible d'augmentation ni de diminution; cette clause n'y est stipulée que comme suite de la faculté accordée au preneur, de faire au moulin qui lui est concédé, telle augmentation qu'il jugera à propos; c'est à cette seule hypothèse qu'est relative la phrase : « sans » qu'en aucun cas ladite rente puisse être augmentée ni diminuée. C'est comme si le bailleur » disait : Augmentez, améliorez, réparez comme il » vous plaira, le moulin que je vous concède, vous » en êtes le maître; mais quel que soit le sort des » travaux que vous entreprendrez à cet égard, qu'ils » vous soient utiles ou qu'ils vous deviennent nuisibles, ce n'est pas mon affaire; il faudra toujours, » dans un cas comme dans l'autre, que ma rente me » soit payée en entier; et dans un cas comme » dans l'autre, ma rente ne sera ni augmentée ni » diminuée.

» Assurément, en s'expliquant ainsi, les parties étaient loin de prévoir qu'un jour viendrait où les droits de banalité seraient supprimés, et les preneurs déchargés de leur rente proportionnellement à la valeur de ces droits; elles étaient loin de penser à prendre des précautions contre la loi qui, un jour, pourrait introduire là-dessus un nouvel ordre de choses.

C'est donc dénaturer absolument la clause dont il s'agit, que d'en inférer, comme l'a fait le tribunal d'appel de Montpellier, que l'art. 38 du tit 2 de la loi du 15-28 mars 1790 n'est pas applicable à la rente due par les demandeurs; et autant ce tribunal a bien jugé en maintenant cette rente, autant il a mal jugé, autant il s'est mis en opposition avec la volonté du législateur, en rejetant les conclusions subsidiaires à fin de réduction proportionnelle.

» Par ces considérations, nous estimons qu'il y a lieu de casser et annuler le jugement dont il s'agit. »

Sur ces conclusions, arrêt du 7 ventôse an 12, au rapport de M. Busschop, par lequel,

« Vu l'art. 38 du tit. 2 de la loi du 15-28 mars 1790, relative à la suppression des droits féodaux;

« Considérant que cet article forme un droit nouveau qui embrasse indistinctement toutes espèces de baux à rente; que par conséquent ses dispositions ne sauraient être modifiées ni restreintes, soit par les principes du droit romain, soit par ceux de toute autre législation antérieure à la suppression de la féodalité;

» Considérant qu'outre les propriétés foncières et dépendantes du moulin de Saint-Côme, le bail de 1696, dont il s'agit dans l'espèce actuelle, avait

aussi pour objet un droit de banalité qui avait été aboli par nos lois nouvelles, et qu'ainsi les demandeurs, en leur qualité de preneurs, étaient fondés à demander la réduction des redevances, aux termes dudit art. 38;

» Que néanmoins, par les jugemens des 13 pluviôse et 24 ventôse de l'an 10, et en appliquant les principes de l'ancien droit, le tribunal d'appel de Montpellier a débouté les demandeurs de leur demande en réduction des redevances, et a liquidé celles échues depuis la suppression des banalités, sur le même pied qu'elles étaient dues avant cette suppression; en quoi ledit tribunal d'appel a manifestement violé les dispositions de l'art. 38 ci-dessus cité;

» Par ces motifs, le tribunal casse et annule.... »

II. La quatrième question s'est présentée dans l'espèce suivante :

Le 29 janvier 1790, acte notarié, par lequel le chapitre de Saint-Denis, de Liège, concède à Martin Joie un moulin banal situé à Lens-sur-Geer, avec la maison, la grange, l'étable et le jardin qui en dépendent, « item toutes servitudes de droits et » passages, tant actives que passives, connues ou » non connues, lesquelles demeureront toutes au » profit et respectivement à la charge du preneur, » qui sera obligé de les conserver et entretenir à » ses risques, frais et dépens...., sans aucune diminution des rentes ni garantie des droits, préroga- » tives, franchises, qui sont et seront ici mention- » nées, ou qui compètent être attachées à leurdit » moulin; lesquels droits, prérogatives, devront » être maintenus aux frais et dépens dudit preneur, » et, en outre, aux clauses, devis et conditions y » intéressés.

Cette concession est faite moyennant une somme de 560 florins payés pour deniers d'entrée, et de quatre rentes annuelles et perpétuelles, dont une fixée à vingt-six muids de seigle, « icelles rentes foncières » et irrédimibles libres et exemptes de toutes tailles, » taxes, rations et contributions quelconques, » soient-elles de force majeure ou autres, prévues » et non prévues, de quel chef elles puissent naître » ou sortir, lesquelles seront toutes à charge du » preneur. »

L'art. 4 ajoute : « arrivant un malheur audit » moulin ou appendice, soit par incendie, ruine, » forcemajeure ou autres cas fortuits, le preneur ne » pourra, a telle occasion ni pour TOUTES AUTRES » RAISONS, demander aucune diminution ni rabais » desdites rentes; mais devra le plus tôt possible » réparer et rétablir le tout à ses propres coûts et » dépens. »

Enfin, l'art. 15 porte « qu'en cas qu'il se trouve » quelqu'un des sujets à la banalité qui se serait pré- » sumé d'aller moudre ailleurs que dans ledit moulin » banal, pour se soustraire au droit de banalité, ou » y contreviendrait en toute autre façon, ledit pre- » neur sera obligé de le citer compétemment, en son

» proprehom et a ses frais, pour l'observance entière
» de ladite banalité, sans pouvoir, *dans aucun cas,*
» se regresser contre le chapitre vendeur.

Le 17 messidor an 9, le sieur de Selys acquiert du
gouvernement français, subrogé aux droits du chapitre de Saint-Denis, la rente de vingt-six setiers de
seigle.

Le 28 mai 1823, jugement par défaut qui condamne Vincent Collinet, successeur de Martin Joie,
à payer au sieur de Selys 643 florins pour arrérages
échus de cette rente.

Vincent Collinet forme opposition à ce jugement,
et demande que la rente soit réduite proportionnellement au dommage qu'il a éprouvé par l'abolition
de la banalité de son moulin.

Le sieur de Selys appelle en garantie le syndicat
d'amortissement du royaume des Pays-Bas, et conclut à ce qu'il soit tenu de prendre son fait et cause,
et dans tous les cas, de l'indemniser de la réduction
qui pourrait être prononcée.

Le syndicat soutient que de l'ensemble des clauses
du bail à rente, il résulte que le chapitre de Saint-
Denis n'a pas voulu garantir la banalité du moulin,
et qu'on doit le juger ainsi, surtout dans la circonstance qu'à l'époque du bail on pouvait prévoir que
l'abolition de ce droit, déjà proclamée en France,
pourrait être étendue au pays de Liége.

Le 21 mai 1825, jugement qui, adoptant le système du syndicat, déboute Collinet de sa demande
en réduction.

Mais Collinet appelle de ce jugement à la cour
supérieure de justice de Liége; et par arrêt du
22 juin 1826 ;

« Considérant que, par bail emphytéotique, du
29 janvier 1790, l'auteur de l'appelant avait acquis de
l'église collégiale de Saint-Denis, en cette ville, le
moulin banal de Lens-sur-Géer, moyennant, entre
autres rentes, celle de 26 muids de seigle dont il
s'agit; que, si les bailleurs ont exclu, par le contrat,
toute obligation de garantie, relativement aux droits
et prérogatives de leur moulin, ce n'est pas à titre
d'une pareille obligation que l'appelant réclame une
diminution de la rente, mais en vertu d'une disposition de l'art. 38 du tit. 1 de la loi du 15 mars 1790,
qui autorise tout preneur à rente à demander une
réduction proportionnelle pour les droits abolis;

» Considérant que, loin d'avoir prévu cet événement, l'art. 15 du bail de 1790 suppose au preneur
l'obligation formelle de poursuivre en justice ceux
des sujets qui voudraient se soustraire aux droits de
la banalité du moulin; que c'est donc dénaturer le
sens de cet article, que d'étendre sa disposition au
cas d'une loi suppressive de ces sortes de droits ;
qu'au surplus, l'on ne peut soutenir sérieusement
qu'en 1790, les chanoines, bailleurs, auraient pensé
à prendre des précautions contre les effets éventuels
d'une législation qui proscrivait en France les droits
féodaux, tandis que cette législation supprimait aussi
les corporations religieuses, et réunissait leurs biens
au domaine de l'État;

» Par ces motifs, la cour met l'appellation et ce
dont est appel au néant; émendant, déclare l'appelant bien fondé dans sa demande en réduction de la
rente de 26 muids de seigle, proportionnellement
au dommage qu'il peut avoir éprouvé par l'abolition
de la banalité du moulin de Lens-sur-Geer; en
conséquence, et avant de faire droit, ordonne aux
parties de convenir d'experts.... (1). »

§. II. *L'immeuble possédé à titre de loca-*
tairie perpétuelle, est-il sujet, envers la régie
de l'enregistrement, aux mêmes droits de
mutation que s'il était possédé à titre pure-
ment patrimonial ?

L'affirmative résulte assez clairement des principes établis dans le §. précédent, n° 1 ; et elle est
consacrée par deux arrêts de la cour de cassation,
que le *bulletin civil* de cette cour nous retrace en
ces termes ;

« 1° Par acte public du 21 décembre 1777, Jean
Laporte, père et beau-père des défendeurs, donna,
par bail à locatairie perpétuelle, un domaine rural
à Antoine Pradel.

» Pradel, devenu vieux, laissa les terres sans culture, et ne paya plus la rente qu'il devait servir annuellement. Bientôt après, il abandonna de fait le
domaine; les défendeurs en reprirent la possession :
suivant eux, tout cela se fit sans aucun traité, même
sans aucune convention verbale.

» Le 4 juin 1806, les mêmes défendeurs se pour-
vurent en revendication de quelques portions de
terre que la négligence de Pradel avait laissé usurper.
Leur exploit instruisit la régie de la manière dont,
depuis quatre ou cinq ans, ils étaient rentrés
en possession du domaine dont il s'agit. Elle dé-
cerna contre eux une contrainte en payement du
droit de mutation.

» Sur l'opposition à cette contrainte, la prétention de la régie a été condamnée.

» Les motifs du jugement attaqué sont que les
défendeurs n'ont point repris la propriété incommutable du domaine dont il s'agit, puisque les héritiers
du déguerpissant peuvent purger la demeure, et
rentrer dans le domaine, et que la mutation qui a
eu lieu, n'a point été faite à titre onéreux.

» Sur quoi (par arrêt du 30 mars 1808), ouï le
rapport de M. Gandor.....;

» Vu l'art. 4 de la loi du 22 frimaire an 7, portant : « Le droit proportionnel est établi pour toute
» transmission de propriété, d'usufruit ou de jouis-
» sance de biens immeubles; » l'art. 4 de la loi du
27 ventôse an 9, portant : « A défaut d'actes (de
» transmission), il y sera suppléé par des déclarations
» détaillées et estimatives, dans les trois mois de

_____

(1) Annales de jurisprudence de M. Sanfourche-
Laporte, année 1826, tome 2, page 517.

» l'entrée en possession, à peine d'un droit en sus; »

» Considérant que, d'après le décret du 18 décembre 1790, les détenteurs à titre de locatairie perpétuelle sont assimilés aux détenteurs à titre de bail à rente, sont comme ceux-ci propriétaires, et sont autorisés à franchir la rente par eux due; que d'ailleurs le droit proportionnel est exigible même pour la simple transmission d'usufruit ou de jouissance; que dans l'espèce, la transmission est avouée et évidente; qu'il n'existe aucune réclamation de la part des héritiers Pradel; que le droit proportionnel est dû, soit que la transmission se fasse à titre onéreux ou à titre gratuit, soit qu'il en existe un contrat, soit qu'il n'en existe pas :

» La cour casse et annule le jugement du tribunal civil d'Espalion, du 25 août 1806.....

» 2° Les enfans et héritiers d'Aimar Tardieu n'avaient pas compris dans la déclaration des biens composant la succession de leur père décédé en l'an 8; un immeuble qu'il possédait à titre de locatairie perpétuelle. L'omission constatée, une contrainte fut décernée contre eux.—Sur l'opposition portée devant le tribunal civil de Marvejols, la contrainte fut annulée par les motifs « que, sous l'an-» cienne législation, le bailleur à rente conservait » la propriété de l'immeuble; que la loi du 18 dé-» cembre 1790, qui a permis le rachat des rentes » foncières, n'a apporté aucun changement aux » droits du locateur, toutes les fois que le rachat » n'a pas été exercé; qu'on ne peut invoquer les » dispositions du code civil, puisque Tardieu père » est décédé avant sa publication en l'an 8. »

» L'administration de l'enregistrement a demandé la cassation de ce jugement pour fausse application des dispositions des art. 1 et 2 de la loi du 18-29 décembre 1790, et violation des art. 4 et 69, §. 7, n° 2 de la loi du 22 frimaire an 7.

» Sur quoi (arrêt du 5 octobre 1808, par lequel), ouï le rapport de M. Sieyès...; et M. Daniels, en ses conclusions pour M. le procureur-général;

» Vu les articles des lois ci-dessus citées...;

» Attendu que le bail à locatairie perpétuelle formant incontestablement un droit perpétuel sur le fonds ainsi loué, transmissible par décès et autrement, les héritiers Tardieu auraient dû le comprendre dans leur déclaration, et en acquitter les droits, en conformité des articles ci-dessus de la loi de frimaire;

» Attendu que, d'après les art. 1 et 2 de la loi de décembre 1790, ce fonds baillé à locatairie perpétuelle n'a pu être considéré, dans les mains du preneur, que comme simplement grevé d'une rente rachetable :

» Par ces motifs, la cour casse et annule.... »

§. III. Autres questions sur les baux à locatairie perpétuelle.

V. l'article. Emphytéose.

LOCATION. §. I. 1°. Le propriétaire d'une portion indivise de maison ou de tout autre bien peut-il la louer sans le concours de son co-propriétaire?

2°. S'il la loue en effet de cette manière, son co-propriétaire peut-il faire annuler le bail pour le tout, sauf l'action du locataire en dommages-intérêts contre son bailleur?

I. Le droit romain nous fournit, pour résoudre la première de ces questions, un principe qui, par la raison et la sagesse dont il porte l'empreinte, a dû, comme une infinité d'autres, survivre à notre code civil. Voici comment il est exposé et expliqué dans la loi 28, D. communi dividundo :

« L'un des co-propriétaires d'une chose commune » n'y peut rien faire malgré les autres. Ainsi, il est » clair que chacun de ceux-ci peut l'en empêcher : » car, toutes choses égales, c'est la volonté de ce-» lui qui s'oppose qui doit prévaloir. Mais quoi-» qu'un communier puisse être empêché par son » communier de faire quelque chose dans le bien » commun entre eux, il ne peut cependant être » forcé de détruire ce qu'il a fait, si celui-ci, pou-» vant l'empêcher de le faire, ne s'y est pas opposé; » et il ne reste à ce dernier que la ressource de ré-» clamer son indemnité par l'action communi divi-» dundo. Il y a plus : s'il a consenti à ce qui a été » fait, il n'a même pas de dommages-intérêts à pré-» tendre. Mais si c'est en son absence qu'a été faite » la chose qui lui porte préjudice, il peut exiger » que son communier rétablisse le bien commun » dans son premier état. (1) »

Il résulte bien clairement de cette loi que, si, à mon insu, vous avez introduit dans une maison commune entre vous et moi un locataire qui a pris de vous à bail la portion indivise que vous y avez, je puis vous forcer à l'expulser.

Inutilement m'objecteriez-vous que je peux agir contre votre locataire en partage de la jouissance de notre maison, et que par conséquent vous ne m'avez fait aucun préjudice en lui affermant votre portion indivise.

Sans examiner si votre locataire, qui certainement serait sans qualité pour intenter contre moi

_____

(1) Sabinus in re communi neminem dominorum jure facere quicquam, invito altero, posse. Undè manifestum est prohibendi jus esse : in re enim pari potiorem esse prohibentis causam constat. Sed etsi in communi prohiberi socius à socio ne quid faciat potest, ut tamen factum opus tollat, cogi non potest, si cùm prohibere poterat, hoc praetermisit; et ideò per communi dividundo actionem damnum sarciri poterit. Sin autem facienti consensit, nec pro damno habet actionem. Quòd si quid, absente socio, ad laesionem ejus fecit, tunc etiam tollere cogitur.

36.

une pareille action (1), pourrait avoir qualité pour y défendre, je vous répondrai :

Que vous n'avez pas pu, en louant à mon insu votre portion indivise, me placer dans la nécessité d'intenter contre votre locataire une action en partage de jouissance dont j'aurais eu la faculté de me dispenser à votre égard, en y substituant l'action en partage de la propriété;

Qu'indépendamment de cette considération, vous m'avez mis, en louant votre portion indivise, soit à un locataire qui n'a pas ma confiance, soit sous des conditions trop favorables pour lui, hors d'état de trouver, pour la mienne, un locataire qui m'en donne un loyer convenable, ou parce qu'il répugnera à ceux qui pourraient s'en accommoder de demeurer sous le même toit que le vôtre, ou parce que l'exemple du bon marché que le vôtre a obtenu de vous les détournera de souscrire aux conditions plus rigoureuses que je voudrai leur imposer;

Que d'ailleurs, c'est toujours déprécier la valeur locative d'un bien indivis, que de le louer par parties, avant d'avoir épuisé toutes les voies pour le louer en totalité;

Et que, sous quelque rapport que l'on considère votre procédé, il ne peut être, à mon égard, qu'une infraction à cette grande règle du droit naturel, *non debet alteri per alterum iniquia conditio inferri*(2).

II. Mais si, au lieu d'intenter contre vous une action (que votre mauvaise volonté ou même votre insolvabilité peuvent rendre illusoire) à ce que vous soyez tenu d'expulser le locataire de votre portion indivise, j'en intente une contre lui-même à ce que, sans avoir égard au bail que vous lui avez fait, et qui sera déclaré nul, il soit tenu de vider les lieux, y serais-je fondé?

Pourquoi ne le serais-je pas? Sans doute vous auriez pu vendre ou donner votre portion indivise, sans que je puisse m'en prendre à votre acquéreur; mais c'est parce que votre acquéreur vous a remplacé par rapport à moi; c'est parce qu'il se serait trouvé passible, de ma part, de l'action en partage de la propriété, comme vous l'auriez été vous-même, si vous n'aviez pas aliéné; c'est conséquemment parce qu'en aliénant, vous ne m'avez fait aucun tort réel. Mais en affermant, au lieu d'aliéner, qu'avez-vous fait? Vous avez imposé à toutes les parties

et à chacune des parties d'un bien commun par indivis entre vous et moi, la charge d'une jouissance que je ne peux pas faire cesser en exerçant, contre celui au profit duquel vous l'avez consentie, l'action en partage de la propriété; vous l'avez donc imposée à ce qui m'appartient dans chacune de ses parties, comme à ce qui vous y appartient à vous-même. Or, avez-vous pu le faire sans mon concours? C'est demander, en d'autres termes, si vous avez pu, sans mon concours, transférer à votre locataire le droit de jouir de ma propre chose, puisqu'il ne pourrait pas jouir de la vôtre sans jouir de la mienne, et que je n'ai, pour faire cesser sa jouissance à l'égard de la mienne, aucun moyen conciliable avec mes intérêts. Or, il est de principe, et la loi 11, D. *de regulis juris*, porte textuellement que *id quod nostrum est, sine facto nostro ad alium transferri non potest*.

C'est sur ce principe que s'étaient fondés les législateurs romains, pour décider que le co-propriétaire d'un fonds par indivis ne peut seul le grever d'une servitude (1), et que l'acte par lequel il l'en grève de fait reste en suspens tant que ses co-propriétaires ne l'ont pas confirmé (2), par la raison qu'il ne peut pas asservir, même sa part indivise, sans asservir les leurs (3).

Et ce principe s'applique ici avec d'autant plus de justesse, que l'on ne peut véritablement considérer, à mon égard, que comme une *servitude temporaire*, la jouissance que vous avez voulu, par votre bail, assurer à votre locataire de ce qui m'appartient dans chacune des parties indivises de la propriété commune entre nous, sans qu'il me soit ouvert, pour la faire cesser, aucune voie qui ne me porte un préjudice plus ou moins grave.

Aussi ne doute-t-on nullement, dans la pratique, de l'inefficacité dont serait frappé le bail que ferait un co-propriétaire de sa portion indivise, sans le concours de ses co-intéressés; et c'est bien sûrement parce qu'un pareil bail serait nul, que tous les jours, on voit porter en justice des demandes en licitation des loyers.

« La licitation du loyer (dit Pigeau, *Traité de la* » *procédure civile*, tome 2, page 674) se demande » par un des co-propriétaires contre les autres, lors- » qu'ils ne s'accordent pas sur le choix d'un loca- » taire, le prix et les conditions du bail : par cette

---

(1) *Neque colonis, neque eis qui depositum susceperunt, hoc judicium competit, quamvis naturaliter possideant.* Loi 7, §. 11, D. *communi dividundo.*

L'action *communi dividundo* (dit Brunnemann sur ce texte) *negatur conductoribus et depositariis, quia licet dici possit naturaliter eos habere possessionem, seu potius detentionem, non tamen habere talem naturalem possessionem quæ hic requiritur, quia animo domini non possident, nec sibi.*

(2) Loi 74, D. *de regulis juris.*

---

(1) *Unus ex dominis communium ædium servitutem imponere non potest.* Loi 2, D. *de servitutibus.*

(2) *Igitur hic actus pendebit, donec socius cedat.* Loi 18, D. *communia prædiorum urbanorum et rusticorum.*

(3) *Unus ex dominis communibus ædibus servitutem imponere nequit, nequidem pro parte suâ; nec enim potest onerari res sua, quia oneretur aliena.* Brunnemann, sur la première des deux lois citées.

» licitation, le bail est adjugé à celui qui en offre le » plus haut prix, soit co-propriétaire, soit étranger. »

Et non seulement cet usage suppose l'inefficacité du bail qui serait fait par un seul des co-propriétaires, même par rapport à sa seule portion indivise, mais c'est ainsi que la question a été jugée toutes les fois qu'elle s'est présentée. Écoutons Bourjon, *Droit commun de la France*, tome 2, page 38, édition de 1770 :

» Pour les biens possédés par indivis, il faut le consentement de tous les co-propriétaires pour en passer bail. Cependant l'injuste refus de l'un d'entre eux ne doit pas nuire aux autres : c'est ce qu'on verra ci-après. Mais telle est la règle générale par rapport aux baux de ces biens, de laquelle il s'ensuit que, si le bail n'a été fait que par quelqu'un des propriétaires, l'action est ouverte à tous les autres pour en demander la nullité, puisqu'un tel bail ne peut les engager.....

» Tel est l'usage du châtelet, et cette nullité y a été prononcée bien des fois moi plaidant.

» En cas de refus de l'un ou de plusieurs des co-propriétaires de passer bail, chacun d'eux peut provoquer en justice la licitation du loyer commun entre eux ; et, sur cette poursuite, le bail s'adjuge au plus offrant et dernier enchérisseur. »

§. II. *Autres questions sur cette matière.*

V. les articles *Bail*, *Fermier*, et *Loyers et Fermages*.

LOI. §. I. *Les décrets d'ordre du jour de la convention nationale ont-ils force de loi ? Ont-ils force de loi lorsqu'ils n'ont pas été promulgués ?*

V. les articles *Droits successifs*, §. 1 ; *Rente foncière*, §. 10, et *Retrait féodal*.

§. II. *Les arrêtés que les représentans du peuple en mission dans la Belgique y ont pris postérieurement au 4 brumaire an 4, ont-ils force de loi ?*

Non, ce ne sont que de simples réglemens. Je sais bien que très-souvent on les a cités comme des lois provisoires ; mais il est toujours temps de revenir à la vérité, et la vérité est qu'ils n'ont nullement ce caractère.

Sans doute les membres de la convention nationale pouvaient, dans le cours de leurs missions, prendre des arrêtés qui avaient force de loi tant qu'ils n'avaient pas été réformés soit par la convention nationale elle-même, soit par les comités de gouvernement.

Mais lorsqu'ont été pris les arrêtés dont il s'agit, la convention nationale n'existait plus : elle avait été remplacée, dès le 5 brumaire an 4, par un corps-législatif constitutionnel ; et ceux de ses anciens membres qui, à cette époque, étaient encore en mis-

sion, n'exerçaient plus leurs fonctions comme représentans du peuple ; ils ne les exerçaient plus que comme commissaires du gouvernement. Ainsi l'avait textuellement réglé le décret du 20 vendémiaire an 4 : « Les représentans du peuple (porte-t-il), » envoyés dans les départemens ou aux armées, qui » ne seront pas rappelés à l'époque du 5 brumaire » prochain, *soit qu'ils aient été réélus au corps-* » *législatif ou non*, continueront leur mission en » qualité de *commissaires du gouvernement*, jus- » qu'à ce que le directoire exécutif leur ait donné » avis de son entrée en exercice des fonctions qui » lui sont attribuées par la constitution. »

Et dans le fait, les arrêtés qui ont été pris postérieurement au 4 brumaire an 4 par les représentans du peuple en mission dans la Belgique, ont été si peu considérés comme lois par le directoire exécutif lui-même, qu'il en a annulé et modifié plusieurs, comme émanés d'une autorité qui lui était subordonnée. Il est même à remarquer que les arrêtés par lesquels il les a annulés ou modifiés, ont tous été, dans le temps, rendus publics par la voie du *Bulletin des lois*, et que jamais ils n'ont excité la plus légère réclamation, quoique le corps-législatif se fût, par une loi expresse, réservé le pouvoir exclusif de réformer les arrêtés pris par les représentans du peuple, dans le cours de leurs missions.

§. III. *Avant le code civil, les plaidés de la ci-devant Normandie avaient-ils force de loi dans cette contrée, ou n'y avaient-ils que l'autorité d'un arrêt de règlement ?*

V. le plaidoyer du 12 nivôse an 9, rapporté à l'article *Émigrés*, §. 9.

§. IV. *L'argument à contrario sensu est-il toujours concluant, lorsqu'il s'agit d'interpréter une loi ?*

V. le plaidoyer du 5 nivôse an 12, rapporté à l'article *Engagement*, §. 2 ; celui du 12 pluviôse an 11, rapporté à l'article *Lettres de ratification*, §. 3, et celui du 3 pluviôse an 10, rapporté à l'article *Rente foncière*, §. 10.

§. V. *Dans quel cas les lois postérieures dérogent-elles aux lois précédentes ?*

V. les articles *Délits ruraux*, §. 1 ; *Douanes*, §. 5 ; *Huissiers des juges de paix*, §. 2 ; et *Tribunal d'appel*, §. 3.

§. VI. *Une loi interprétative qui survient après un jugement en dernier ressort, rendu dans un sens qu'elle réprouve, porte-t-elle atteinte à l'autorité de la chose jugée acquise à ce jugement ?*

V. l'article *Chose jugée*, §. 8.

§. VII. *L'intitulé des lois émanées des assemblées nationales avant la constitution de l'an 8, peut-il servir à leur interprétation ?*

V. les articles *Exclusion coutumière*, §. 2, et *Lettre de voiture*, §. 1.

§. VIII. *Le défaut de preuve positive qu'une loi antérieure à celle du 12 vendémiaire an 4 a été soit affichée, soit proclamée à son de trompe ou de tambour, dans le ressort d'une administration et d'un tribunal, en exécution des arrêtés et jugemens qui ordonnaient qu'elle le fût, emporte-t-il la conséquence que cette loi n'a pas été publiée légalement ; et qu'elle n'est devenue obligatoire dans ce ressort que par l'effet de la loi du 12 vendémiaire an 4 ?*

Voici ce que j'ai dit sur cette question, à l'audience de la cour de cassation, section civile, le 1er floréal an 10 :

« L'affaire sur laquelle vous avez à prononcer en ce moment, est d'un grand intérêt, à raison de l'influence que doit avoir sa décision sur le sort des propriétés transmises par succession depuis la loi du 5 brumaire an 2.

» Dans le fait, le 12 vendémiaire an 2, testament olographe de Jean-François Leduchat-Rurange, domicilié à Metz, par lequel il institue Marie-Louise Leduchat-Rurange, sa nièce, légataire universelle de ses biens.

» Le 28 nivôse an 2, décès du testateur dans la commune de Metz même.

» En ventôse et en messidor an 5, demande en nullité de son testament. Cette demande est formée tant par la dame Favre, sa sœur, que par le commissaire du gouvernement près l'administration centrale du département de la Moselle, représentant un de ses neveux émigré ; et on la fonde sur la loi du 5 brumaire an 2, qui défend toute disposition soit testamentaire, soit entre-vifs, en faveur d'un héritier présomptif, au préjudice de ses cohéritiers.

» Réponse de la demoiselle Leduchat, que cette loi n'était pas encore publiée à Metz au moment du décès du testateur.

» Jugement du tribunal civil du département de la Moselle, du 22 frimaire an 7, qui déclare le testament nul, « attendu (y est-il dit) qu'il est constant, par une attestation de la municipalité de » Metz, produite par la cit. Favre, que la loi du 5 » brumaire an 2 a été lue, publiée et enregistrée à » la séance du conseil-général du 23 nivôse suivant, » par où elle est devenue obligatoire pour tous les » citoyens ; encore qu'il ne soit pas mentionné dans » cette attestation que la promulgation a été faite à » son de trompe ou de tambour, comme il est dit » en la loi du 14 frimaire, il est très à présumer que » l'on n'a pas manqué de s'y conformer : elle n'était » d'ailleurs qu'une loi de circonstance sur le mode

» de gouvernement provisoire et révolutionnaire » qui a cessé ; elle n'a point anéanti l'effet de la » loi du 2 novembre 1790, selon laquelle les lois » étaient obligatoires du moment où la publication » en avait été ordonnée, soit par le corps adminis- » tratif, soit par le tribunal de l'arrondissement, » sans être nécessaire qu'elle le fût par tous les » deux. »

» Vous voyez que, dans ce jugement, il n'est parlé que d'une seule pièce, d'une seule attestation de la municipalité de Metz, produite par la dame Favre, pour prouver que la loi du 5 brumaire an 2 avait été publiée avant le 28 nivôse de la même année ; et effectivement, parmi les pièces relatives à ce point de fait, qui se trouvent dans le dossier de la dame Favre, il n'y en a qu'une qui soit d'une date antérieure au 22 frimaire an 7, c'est-à-dire, au jour où a été rendu ce jugement ; et c'est précisément une attestation délivrée le 21 germinal an 5, par l'administration municipale de Metz.

» Cette observation n'est pas aussi indifférente qu'elle pourrait le paraître au premier coup-d'œil, et bientôt vous en sentirez l'importance.

» La demoiselle Leduchat a appelé du jugement dont nous venons de rendre compte, et son appel a été porté au tribunal civil du département du Bas-Rhin.

» Là de nouvelles pièces ont été d'abord produites par la dame Favre, et il est fort intéressant de savoir quelles sont ces pièces.

» Voici dans quels termes en parle un premier jugement du 17 ventôse an 8 :

« Considérant que la décision de cette cause dé- » pend uniquement de la question de savoir si la » loi du 5 brumaire an 2 a été publiée dans les » formes voulues par les lois, avant la mort du tes- » tateur ; que la partie de Mauny (*la dame Favre*) » prétend que ladite publication avait déjà eu lieu » à Metz, avant la loi du 14 frimaire an 2 ; que la » loi du 2 novembre 1790 exige que la publication » des lois, tant par les corps administratifs que par » les tribunaux, soit faite par PLACARDS IMPRIMÉS ET » AFFICHES ; que, ni la déclaration faite par l'ad- » ministration centrale du département, et la Mo- » selle, ni le certificat donné par le greffier du » tribunal civil du département, ne font mention » de ladite publication *par affiches* ; et qu'il est » essentiel que le tribunal soit certioré de l'époque » à laquelle elle a eu lieu dans la municipalité de » Metz :

» Par ces motifs, le tribunal a continué la cause » à deux décades, pendant lequel temps la partie » de Mauny (*la dame Favre*) produira un extrait » en forme, soit de l'administration du départe- » ment de la Moselle, soit du tribunal du ci-devant » district de Metz, qui constate l'époque à laquelle » ladite loi a été publiée PAR AFFICHES. »

» Ainsi, s'il en faut croire ce jugement, la dame Favre avait produit, avant qu'il fût rendu, une déclaration de l'administration centrale du département de la Moselle et un certificat du greffier du tribunal civil du même département. Mais cette assertion est-elle exacte?

» Elle l'est incontestablement, quant au certificat du greffier du tribunal civil (ce certificat est représenté, et il porte date du premier ventôse an 8, c'est-à-dire, de seize jours avant le jugement interlocutoire).

» Mais elle paraît fausse, quant à la prétendue déclaration de l'administration centrale. Non-seulement il n'existe point, dans les pièces, de déclaration émanée de cette administration, avant le jugement du 17 ventôse an 8; mais sous la date du 3 du même mois, et par conséquent du surlendemain du certificat du greffier, nous trouvons une déclaration de l'administration municipale de Metz, relative à l'objet qui nous occupe : preuve évidente que le tribunal du Bas-Rhin a, par méprise, attribué à l'administration de la Moselle un acte qui, dans la réalité, n'était pas son ouvrage, mais celui de la municipalité du chef-lieu de ce département.

» Que contiennent au surplus et cette déclaration et le certificat du greffier du tribunal civil? C'est sur quoi il importe beaucoup de nous bien fixer.

» Le greffier certifie seulement que la loi du 5 brumaire an 2 « a été lue, publiée à l'audience du » ci-devant tribunal du district de Metz, du 23 du » même mois, et enregistrée sur les registres de » son greffe, pour y avoir recours, le cas échéant. »

» La municipalité atteste, 1° « que la loi du 14 » frimaire an 2, sur le mode de gouvernement pro- » visoire et révolutionnaire, a été publiée et pro- » clamée en cette commune les 24 et 25 frimaire » an 2; 2° que le décret du 5 brumaire an 2 a été » lu, publié et proclamé en la même commune » le 23 nivôse an 2. »

» Vous remarquerez que, dans ces deux attestations, il n'est nullement parlé d'affiches; et qu'à cet égard, elles ne disent rien de plus que celle du 21 germinal an 5, dont la dame Favre s'était prévalue en première instance.

» Le tribunal civil du Bas-Rhin a donc eu raison, en fait, de dire, dans son jugement du 17 ventôse an 8, que la déclaration et le certificat produits par la dame Favre, ne faisaient *nulle mention de la publication par affiches ;* et c'est là ce qui a déterminé l'interlocutoire porté par ce jugement.

» Mais qu'a-t-il été produit en exécution de cet interlocutoire? Quatre pièces datées des 29 ventôse et 5 germinal an 8; toutes par conséquent postérieures au jugement du 17 ventôse.

» La première est une copie collationnée par l'administration centrale, de l'arrêté qu'elle avait pris le 15 brumaire an 2, pour la publication de la loi du 5 du même mois. Il y est dit que « lecture » faite en séance publique, le procureur-général- » syndic ouï, *l'administration* a arrêté que ce dé-

» cret serait consigné sur ses registres, imprimé, - » AFFICHÉ, et envoyé aux administrations de district » et aux municipalités du ressort, pour qu'elles le » fissent enregistrer et publier dans leurs arrondis- » semens respectifs. »

» La seconde est une copie collationnée également par l'administration centrale, d'un « extrait des » registres du ci-devant district de *Metz,* portant » qu'à la séance publique du 10 nivôse an 2, l'a- » gent national a mis sur le bureau » différens dé- crets, et notamment celui du 5 brumaire.

» La troisième est une copie collationnée par l'administration municipale, d'un « extrait des re- » gistres des délibérations du conseil-général de la » commune de Metz, duquel il résulte qu'à la séance » du 22 nivôse an 2, l'agent national a requis, et » le conseil a ordonné la mention sur ses registres, » publication et AFFICHE du décret du 5 brumaire » précédent.

» La quatrième enfin est une copie collationnée par le tribunal civil du département de la Moselle, d'un extrait des registres du ci-devant tribunal de district de Metz, portant que, le 23 brumaire an 2, ce dernier tribunal a ordonné que le décret du 5 serait « lu, publié et consigné, pour être suivi et » exécuté selon sa forme et teneur; que mention » *serait* faite desdites lecture, publication et con- » signation sur ledit décret, ICELUI AFFICHÉ PAR- » TOUT OÙ BESOIN SERAIT. »

» Munis de ces quatre pièces, la dame Favre et le préfet du département de la Moselle ont soutenu qu'ils avaient satisfait au jugement préparatoire du 17 ventôse an 8, et qu'en conséquence, il y avait lieu, en regardant comme acquise la preuve de la publication de la loi du 5 brumaire an 2 avant le décès de Jean-François Leduchat, de confirmer le jugement de première instance.

» Mais, par jugement du 14 prairial an 8, le tribunal du Bas-Rhin a considéré que cette preuve ne résultait pas des pièces produites; qu'en effet, aucune de ces pièces n'établissait le fait de la publication de la loi du 5 brumaire an 2, par affiches posées antérieurement au 24 frimaire an 2, jour où la loi du 14 frimaire précédent avait établi un nouveau mode de publication; et que depuis, on ne voyait pas que la loi du 5 brumaire an 2 eût été proclamée suivant ce nouveau mode, c'est-à-dire, à son de trompe et de tambour, avant le décès de Jean-François Leduchat; qu'à la vérité, cette proclamation avait été attestée et fixée au 23 nivôse an 2, par un certificat de l'administration municipale de Metz, du 3 ventôse an 8; mais que ce certificat se trouvait démenti par un autre du 12 du même mois, portant que cette administration ne peut préciser l'époque à laquelle la loi du 5 brumaire an 2 a été proclamée dans la forme prescrite par celle du 14 frimaire, *attendu qu'il n'a jamais été dressé de procès-verbaux particuliers de ces proclamations.* En conséquence, il a infirmé le jugement dont la demoiselle Leduchat était appelante, et il a déclaré valable le testament dont elle demandait l'exécution.

» La dame Favre, par l'organe de son mari, et le préfet du département de la Moselle, réclament contre ce jugement, ainsi que contre celui du 17 ventôse de la même année, et provoquent la cassation de l'un et de l'autre.

» Les héritiers de la demoiselle Leduchat les soutiennent non-recevables et subsidiairement mal fondés: non-recevables, parce que le jugement du 17 ventôse an 8 n'a pas été attaqué en temps utile, et que d'ailleurs il a été exécuté sans protestation ni réserve; mal fondés, parce que les deux jugemens sont calqués sur les dispositions législatives qui étaient en vigueur à l'époque du décès de Jean-François Leduchat, concernant la publication des lois.

» Nous dirons peu de chose sur la fin de non-recevoir. D'une part, il est certain que le jugement du 17 ventôse an 8 n'était que préparatoire; à la vérité, il préjugeait que le testament devait être exécuté, si, avant le décès du testateur, la loi du 5 brumaire an 2 n'avait pas été publiée par affiches dans la commune de Metz; mais, par cela même qu'il ne faisait que le préjuger, il n'était que comme préparatoire qu'il pouvait être considéré. Un jugement préparatoire qui ne préjugerait rien, ne serait point possible du recours en cassation; car à quoi bon employer cette voie pour faire réformer une décision insignifiante? Et cependant l'art. 14 de la loi du 2 brumaire an 4 prouve bien clairement que le recours en cassation est ouvert contre les jugemens préparatoires; que seulement on ne peut l'exercer qu'après les jugemens définitifs; et que ni l'exécution dont ils ont été suivis, ni le défaut de protestation ou de réserve, ne peuvent former, à cet égard, une fin de non-recevoir.

» D'un autre côté, quoique le recours de la dame Favre et du préfet de la Moselle contre le jugement du 17 ventôse an 8, soit recevable, nous ne voyons pas qu'il soit fondé, ni, quand même il le serait, quel en pourrait être l'objet.

» Rappelons-nous, en effet, qu'au moment où il a été rendu, il n'existait sous les yeux des juges aucune pièce dans laquelle il fût fait mention de la publication par affiches de la loi du 5 brumaire an 2. Dès-lors, qu'il ait jugé que cette publication était nécessaire, pour donner à la loi le complément de sa force exécutoire, on ne peut y trouver à redire sous aucun rapport; et il n'a, en cela, inféré aucun grief, soit à la république, soit à la dame Favre. Les droits de la république et ceux de la dame Favre demeurés intacts par ce jugement, la république et la dame Favre ne sont donc pas plus intéressés que fondés à l'attaquer.

» Mais il s'agit de savoir si, par le jugement définitif du 14 prairial an 8, le tribunal civil du Bas-Rhin n'a pas faussement appliqué les lois des 2 novembre 1790 et 14 frimaire an 2, et par suite violé celle du 5 brumaire.

» Sur cette question, nous remarquons d'abord une grande erreur dans laquelle est tombé le tribunal civil du Bas-Rhin, relativement à la loi du 14 frimaire an 2.

» Il a supposé que, du moment où cette loi avait été publiée à Metz, c'est-à-dire, à compter du 24 du même mois, il n'avait plus été possible de publier la loi du 5 brumaire précédent dans une autre forme que celle qui s'y trouvait prescrite.

» Mais la loi du 14 frimaire an 2 n'a pas eu pour objet de régler le mode de publication des lois qui l'avoient devancée; elle ne se référait qu'aux lois à venir, et encore n'était-elle applicable qu'à celles qui seraient imprimées dans le bulletin dont elle fondait l'établissement. C'est-ce que vous avez reconnu formellement, par l'un des motifs de votre jugement du 2 ventôse an 9, rendu au rapport du cit. Coffinhal, et par lequel vous avez cassé, sur la demande de Fréville et consorts, un jugement du tribunal civil du département de l'Eure, du 5 prairial an 7 : « attendu (y est-il dit) que la loi du 14 frimaire » an 2 n'a pu devenir obligatoire que du jour où » toutes les formes nouvelles qu'elle exigeait, ont été » remplies, et notamment du jour où les lois ont été » envoyées dans le bulletin; ce qui n'a commencé à » avoir lieu qu'au 23 prairial suivant.

» Il est donc ici fort indifférent que la loi du 5 brumaire an 2 ait été publiée à Metz, avant la mort de Jean-François Leduchat, dans la forme déterminée par la loi du 14 frimaire, et que, sur ce point de fait, il existe deux attestations contradictoires de la municipalité de cette commune. L'essentiel est que Jean-François Leduchat ne soit mort qu'après la publication de la loi du 5 brumaire dans la forme réglée par la loi du 2 novembre 1790. Or, là-dessus, il existe des preuves à l'évidence desquelles aucun esprit raisonnable ne peut se refuser.

» La loi du 2 novembre 1790 contient, sur le mode de publication des lois par les administrations de département et de district, deux dispositions bien remarquables.

» L'art. 10 porte que « les administrations de » département feront imprimer des exemplaires de » chaque loi, tant en placards qu'en in-4°, et les en- » verront sous ce double format aux administrations » de district, pour être adressés par celles-ci aux » municipalités de leur ressort, après qu'elles auront » certifié sur chaque exemplaire in-4° sa confor- » mité avec celui qu'elles ont reçu certifié par l'ad- » ministration de département.

» L'art. 12 ajoute: « Les corps administratifs, tant » de département que de district, publieront dans » la ville où ils sont établis, par placards imprimés » et affichés, toutes les lois qu'ils auront trans- » crites.

» De ces deux dispositions, il résulte une conséquence très-simple et en même temps très-importante dans la cause : c'est que, quand une loi arrivait de la part d'une administration de département à une administration de district, et de la part d'une administration de district à une municipalité, elle était censée avoir été déjà affichée dans les villes où siégeaient respectivement les administrations de département et de district.

» En effet, l'administration de département n'envoyait les lois à celle du district, qu'après les avoir fait imprimer, non-seulement en format in-4°, mais encore en placards ; et, de son côté, l'administration de district ne les envoyait aux municipalités qu'après les avoir reçues dans l'un et l'autre format.

» Or, est-il présumable qu'une administration de département, et après elle une administration de district, eussent eu à leur disposition des placards tout prêts à être affichés, et qu'ils eussent négligé de les faire afficher en effet, tandis que l'art. 12 de la loi leur en imposait expressément l'obligation? Non : une pareille négligence ne peut pas se supposer, et le législateur l'a tellement regardée comme impossible, qu'il n'a pris aucune précaution pour assurer la date de l'affiche de chaque loi. Il a bien, par l'art. 11, obligé les municipalités à tenir *procès-verbal dans leurs registres, de la réception de chaque loi*, mais il n'a prescrit rien de semblable pour l'affiche. Il a donc voulu que, même pour les municipalités, la consignation d'une loi sur leurs registres emportât la preuve légale de sa publication immédiate; et s'il l'a voulu pour les municipalités, à combien plus forte raison a-t-il dû le vouloir pour les administrations de département et de district, qui, à ses yeux, devaient être composées d'hommes plus attentifs, plus clairvoyans sur leur responsabilité, que ne l'étaient communément les officiers municipaux!

» Ce que nous disons des corps administratifs, s'applique également aux tribunaux.

» Les art. 15 et 16 de la loi du 2 novembre 1790 portent que, dans les trois jours de la réception d'une loi, le commissaire national la présentera au tribunal près duquel il exerce ses fonctions, et que, « dans la huitaine, le tribunal sera tenu d'en faire » faire la transcription et la publication, tant par la » lecture à l'audience, que par placards affichés. » Chaque tribunal remplissait donc le vœu du législateur, lorsque, sur la présentation d'une loi, il en ordonnait la transcription dans ses registres, la lecture à une audience, et la publication par affiches. De ces trois choses, la première, c'est-à-dire, la transcription, était de nature à être constatée, par cela seul que les registres se trouvaient chargés du texte de la loi. Les deux autres, au contraire, c'est-à-dire, la lecture à l'audience et la publication par affiches, étaient des actes fugitifs, qui n'auraient pu être constatés que par des procès-verbaux; mais le législateur n'ayant pas exigé qu'on tînt procès-verbal, soit de l'une, soit de l'autre, on s'est habitué partout à n'en point tenir ; et partout on a regardé la

lecture à l'audience et la publication par affiches, comme effectuées, par cela seul qu'elles étaient prouvées avoir été ordonnées par le tribunal.

» Inutile de dire, comme l'a fait, dans cette cause, le tribunal civil du Bas-Rhin, que, d'après les art. 13 et 17 de la loi du 2 novembre 1790, les administrations de département et les commissaires près les tribunaux devaient respectivement certifier les ministres de l'intérieur et de la justice, non-seulement de la transcription, mais encore de la publication que chacune de ces autorités était dans le cas de faire de chaque loi nouvelle ; qu'ainsi, on doit trouver dans leur correspondance la preuve que chaque loi nouvelle a été publiée par affiches.

» La loi du 2 novembre 1790 n'a imposé ces devoirs aux administrations et aux commissaires près les tribunaux, que pour assurer leur responsabilité envers le gouvernement ; elle ne les leur a pas imposés pour que leur correspondance fît preuve entre les citoyens de l'époque précise de la publication de chaque loi nouvelle.

» Si elle eût voulu que leur correspondance pût être, à cet égard, de quelque utilité entre les citoyens, elle aurait pris des précautions pour en assurer la conservation exacte; elle aurait notamment exigé que l'on en fît registre. Et de ce qu'elle n'a pas porté ses soins jusques-là, on doit nécessairement conclure qu'elle a regardé cette correspondance comme uniquement relative au gouvernement, comme un hors-d'œuvre pour fixer la date de la publication et le commencement d'exécution des lois nouvelles.

» Ces principes posés, revenons aux pièces qui ont été produites devant le tribunal civil du Bas-Rhin, en exécution du jugement interlocutoire du 17 ventôse an 8.

» Vous avez vu que, dès le 15 brumaire an 2, l'administration du département de la Moselle avait pris un arrêté portant que la loi du 5 du même mois serait consignée sur ses registres; « imprimée, affi- » chée et envoyée aux administrations de district et » aux municipalités.

» Vous avez vu que, le 10 nivôse suivant, l'administration du district de Metz avait reçu cette même loi; et vous n'avez pas oublié qu'elle n'avait pu la recevoir qu'en deux formats distincts, en placards et en exemplaires in-4°.

» Ainsi, voilà déjà une preuve légale que, le 10 nivôse an 2, dix-huit jours avant le décès de Jean-François Leduchat, la loi du 5 brumaire avait été imprimée par les soins de l'administration de la Moselle, non-seulement en format in-4°, mais aussi en placards; et de là à la présomption légale qu'à cette époque, l'administration de la Moselle avait rempli l'obligation que lui imposait la loi du 2 novembre 1790, de faire afficher cette loi dans la commune de Metz, le pas est aussi facile qu'inévitable.

» Ce n'est pas tout. Le 20 du même mois de nivôse, huit jours avant la mort de Jean-François Leduchat, la loi du 5 brumaire arrive à la municipalité de Metz ; elle y arrive par l'intermédiaire de l'administration du district ; et, nous l'avons déjà dit, elle ne peut y arriver qu'en placards et en format in-4°. Donc, à cette époque, l'administration de district était censée l'avoir déjà fait afficher dans Metz ; donc, à cette époque, la publication par affiches était censée effectuée dans Metz, tant par l'autorité de l'administration du département, que par celle de l'administration du district.

» Ce n'est pas tout encore. Le 23 brumaire an 2, la loi du 5 est présentée au tribunal de district de Metz, et que fait ce tribunal ? Il ordonne qu'elle sera consignée sur ses registres, lue et publiée à l'audience, qu'il sera fait mention sur l'original de cette publication par lecture, et qu'en outre elle sera affichée. Il ne dit pas que l'affiche sera constatée par une mention quelconque ; la loi du 2 novembre 1790 n'exige point qu'il aille jusques-là, et il ne fait pas plus que la loi ne lui commande ; mais ce que la loi lui commande, il le fait exactement ; il remplit donc suffisamment le vœu de la loi : il y a donc, par cela seul, présomption de droit qu'il a fait afficher la loi du 5 brumaire.

» Le tribunal civil du Bas-Rhin a cependant jugé que cette loi n'avait été affichée avant le 28 niyôse an 2, ni de l'autorité des corps administratifs, ni de l'autorité du tribunal du district.

» Mais, par-là même, il a ajouté à la loi du 2 novembre 1790 ; il a tiré de son texte une conséquence que son texte réprouve manifestement ; il l'a, par une suite nécessaire, appliquée à faux, en même temps qu'il l'a violée.

« C'est donc bien vainement que les défendeurs viennent ici se prévaloir de ce que, par le jugement attaqué, il n'a été statué que sur une question de fait.

» Oui, sans doute, ce n'est que sur une question de fait que ce jugement a statué ; mais en y statuant, il a méconnu l'esprit, il a foulé aux pieds la lettre de la loi du 2 novembre 1790 ; et c'est tout ce qu'il faut pour en nécessiter la cassation.

» Où en serions-nous d'ailleurs, si un pareil jugement pouvait subsister ? Il n'y a pas de milieu : ou ce jugement doit être anéanti, ou il faut dire que, non-seulement dans la commune de Metz, mais dans toute l'étendue de la France, la loi du 5 brumaire an 2 n'est devenue obligatoire que du jour où celle du 12 vendémiaire an 4 a été reçue par chaque administration de département.

» Ainsi tous les partages qui, dans les deux années d'intervalle, ont été faits d'après la loi du 5 brumaire an 2, sont nuls, et doivent être déclarés tels, si le jugement du tribunal du Bas-Rhin est maintenu.

» Ainsi, dans la même hypothèse, toutes les fortunes seront bouleversées ; toutes les familles seront déchirées par des procès inattendus ; tous les mariages contractés sur la foi d'une loi qui passait universellement pour exécutoire, se trouveront avoir été formés sous des auspices trompeurs.

» Ah ! loin de nous la pensée que vous puissiez donner votre sanction à un système aussi désastreux ! Que tous les citoyens dont il a pu troubler la paisible sécurité, se rassurent ; votre sagesse, votre justice veillent pour eux.

» Nous estimons qu'il y a lieu de rejeter la fin de non-recevoir proposée par les défendeurs ; de rejeter pareillement la demande en cassation du jugement préparatoire du 17 ventôse an 8 ; et faisant droit sur la demande en cassation du jugement du 4 prairial de la même année, casser et annuler ce jugement ; renvoyer la cause et les parties devant le tribunal d'appel le plus voisin ; ordonner qu'à notre diligence, le jugement de cassation à intervenir sera imprimé et transcrit sur les registres du ci-devant tribunal civil du département du Bas-Rhin. »

Conformément à ces conclusions, arrêt du 1er floréal an 10, au rapport de M. Oudot, par lequel :

« Attendu, sur la première fin de non-recevoir proposée par les défendresses, que le jugement du 17 ventôse an 8 n'est, dans ses termes, qu'un interlocutoire ; que les motifs qui le précèdent, n'y ont été mis que pour le justifier, mais qu'ils n'en changent pas la nature et n'empêchent pas que, par des motifs différens, le tribunal civil du Bas-Rhin n'eût pu s'en écarter dans sa décision définitive ;

» Attendu, sur la seconde fin de non-recevoir, que les demandeurs se pourvoyant en même temps contre un jugement interlocutoire et un jugement définitif rendus dans la même cause et sur le même objet, n'étaient pas obligés de consigner deux amendes ;

» Le tribunal, sans s'arrêter aux fins de non-recevoir proposées par les défendresses, passe à l'examen du fond :

» Et sur le fond, attendu que, lors du jugement du 17 ventôse an 8, il n'était pas justifié que la loi du 5 brumaire an 2 eût été publiée à Metz dans la forme légale ;

» Le tribunal rejette la demande en cassation formée contre ce jugement.

» Quant au jugement définitif du 14 prairial an 8, considérant que, lorsqu'il a été rendu, il était parfaitement prouvé par les demandeurs que la loi du 5 brumaire an 2 était publiée à l'administration centrale de la Moselle, au district et à la municipalité de Metz, et même au tribunal du ci-devant district de cette ville, avant le décès de Jean-François Leduchat, de la succession dont il s'agit ; qu'il est également établi que, par les mêmes actes de publication et d'enregistrement, l'affiche de cette loi a été pareillement ordonnée ; ce qui suffit pour faire présumer que cette affiche a été réellement faite, puisque la loi n'exige pas la preuve écrite de la formalité de l'affiche :

» D'où il suit qu'en déclarant que la loi du 5 brumaire n'avait pas été légalement publiée à Metz avant le décès de Jean-François Leduchat, par la seule raison que les demandeurs ne rapportaient pas le procès-verbal d'affiche, et en ordonnant, sous ce prétexte, l'exécution du testament dudit Leduchat, le jugement attaqué a en même temps fait une fausse application de l'art. 16 de la loi du 2 novembre 1790, et violé l'art. 9 de celle du 5 brumaire an 2 :

» Le tribunal casse et annule le jugement rendu par le tribunal civil du département du Bas-Rhin, le 14 prairial an 2.....»

§. IX. 1° *Quel est, dans l'art. 2 de la loi du 24 brumaire an 7, le sens de la disposition qui déclare obligatoires, du jour de l'arrivée de la loi du 12 vendémiaire an 4 au chef-lieu de chacun des départemens réunis par la loi du 9 du même mois, les lois dont la publication avait été précédemment ordonnée dans ces départemens?*

2° *Quel a dû être, par rapport aux lois promulguées par le roi avant son ordonnance du 2 novembre 1816 (1), et pour la détermination de l'époque de leur promulgation, l'effet de la disposition de l'art. 1er de cette ordonnance qui fait résulter la promulgation des lois et des ordonnances du roi, de leur insertion au bulletin officiel?*

I. Sur la première question, *V.* l'article *Pays-réunis.*

II. L'art. 1er de l'ordonnance du roi du 27 novembre 1816 limite lui-même sa disposition à *l'avenir ;* et il ne fait en cela que se conformer à la règle établie par l'art. 2 du code civil.

Cependant on a prétendu que c'était d'après cette disposition que devait être déterminée l'époque où une loi antérieure était devenue obligatoire.

Et c'est en partant de cette idée que, le 24 février 1817, il a été proposé au comité de législation du conseil-d'état, une question ainsi conçue :

« Doit-on accorder un jour franc entre la promul-
» gation et l'exécution de la loi? Et, par exemple,
» la loi du 28 avril 1816 contenue au bulletin qui
» a paru le 4 mai, a-t-elle dû être exécutée le 5 ou
» seulement le 6 du même mois, dans le départe-
» ment de la Seine, qui est celui de la résidence
» royale. »

Voici la réponse qui a été faite, le même jour, à cette question :

» Les lois *ne sont exécutoires* (1) qu'un jour en-
» tier après la publication du bulletin qui les ren-
» ferme, par conséquent le 3, si le bulletin porte
» la date du premier ; le 6, s'il porte celle du 4 :
» ainsi, la loi du 28 avril 1816 n'était réellement
» exécutoire à Paris que le 6 mai, et non le 5,
» comme l'ont indiqué les ordonnances des 29 mai
» et 11 juin 1816 (2). »

On aperçoit sans doute, du premier coup-d'œil, ce qu'il y a d'inexact dans cette réponse.

D'abord, ce n'était pas au 5 mai que les deux ordonnances des 29 mai et 11 juin 1816 avaient fixé l'époque de la publication de la loi du 28 avril précédent. La première, prenant pour guide la loi du 12 vendémiaire an 4, quoique abrogée par le code civil, l'avait fixée au 4 mai, jour de l'arrivée du bulletin officiel au chef-lieu de la résidence royale ; et il n'y avait que la seconde qui, se fondant on ne sait sur quoi, avait fixé cette époque au 5 mai, lendemain de cette arrivée.

A cette première méprise de peu de conséquence, l'avis du conseil-d'état en joint une plus grave : donnant un effet rétroactif à l'art. 1er de l'ordonnance du 27 novembre 1816, il considère l'insertion de la loi du 28 avril 1816 au bulletin officiel, comme l'époque de la *promulgation* de cette loi ; et c'est en appliquant à cette donnée la disposition de l'art. 1er du code civil, qu'il décide que cette loi n'a dû être exécutée dans le département de la Seine que le 6 mai.

Il est pourtant bien sensible que, puisqu'il faisait tant que de revenir sur les ordonnances spéciales des 29 mai et 11 juin 1816, il aurait dû dire que ce n'était ni au 4, ni au 5 mai, mais au 3o avril, que devait être fixée l'époque où la loi du 28 avril avait commencé d'être obligatoire dans le département de la Seine, puisqu'il résultait clairement du bul-

---

(1) *V.* le *Répertoire de jurisprudence,* au mot *Loi,* §. 5, n° 6.

(1) Au lieu de *ne sont exécutoires,* ne fallait-il pas dire, *ne doivent être exécutées?* La promulgation rend sans doute les lois *exécutoires,* c'est-à-dire, susceptibles d'exécution, comme un jugement devient exécutoire par l'expédition qui en est faite au nom du roi, avec la formule, *mandons et ordonnons.* Mais de même que l'exécution d'un jugement ne devient forcée que par la signification qui en est faite à la partie contre laquelle il est rendu, de même aussi l'exécution des lois ne devient obligatoire qu'au moment où la promulgation en est connue, et légalement présumée l'être ; et c'est ce que distingue parfaitement l'art. 1er du code civil, en disant d'abord que *les lois sont* EXÉCUTOIRES, *dans tout le territoire français,* en vertu de *la promulgation qui en est faite par le roi ;* et en ajoutant ensuite qu'elles SERONT EXÉCUTÉES *dans chaque partie du royaume, du moment où la promulgation pourra en être connue.*

(2) Jurisprudence de la cour de cassation, année 1816, partie 1, page 292.

37.

letin officiel que le 28 avril était le jour où cette loi avait été *promulguée.*

La question s'est représentée depuis devant les tribunaux, et toujours relativement à la loi du 28 avril 1816, toujours par conséquent avec le préjugé résultant des ordonnances spéciales des 29 mai et 11 juin de la même année.

Le 3 et le 4 mai 1816, les sieurs Russel, Lafarge et autres, négocians au Havre, font, au bureau des douanes de cette ville, la déclaration de marchandises qu'ils se proposent de faire décharger de divers navires mouillés dans le port, et ils se soumettent à payer *les droits actuellement existans.*

Question de savoir d'après quel tarif ces droits doivent être réglés. La régie des douanes soutient qu'ils doivent l'être d'après le tarif établi par la loi du 28 avril 1816, qui, promulguée le jour même de sa date, avait (disait-elle, en invoquant l'art. 1er du code civil) dû être exécutée dans le département de la Seine-Inférieure dès le 3 mai suivant. Les sieurs Russel et consorts soutiennent, au contraire, que la règle écrite dans l'art. 1er du code civil, ne peut plus avoir d'application, parce qu'il suppose, à la date de la promulgation, une publicité qu'elle n'a plus dans l'organisation actuelle; que la promulgation de la loi du 28 avril ne peut plus avoir d'autre date que celle de son insertion au bulletin officiel; et ils invoquent, à l'appui de ce système, les ordonnances du roi des 29 mai et 11 juin.

Le 6 septembre 1816, jugement du tribunal de paix qui, prononçant en faveur des sieurs Russel et consorts, décide qu'ils ne doivent payer les droits que d'après le tarif existant avant la loi du 28 avril.

Appel de la part de la régie des douanes.

Pendant cette nouvelle instance, survient l'ordonnance du roi du 27 novembre 1816. Les sieurs Russel et consorts la réclament comme déclarant par interprétation l'époque où les lois doivent être censées promulguées. La régie des douanes la repousse, au contraire, comme déclarant elle-même que ce n'est que pour l'*avenir* qu'elle établit cette interprétation.

Le 3 janvier 1817, jugement du tribunal civil du Havre, qui infirme celui du juge de paix:

« Attendu qu'il est de principe que l'époque à laquelle les lois deviennent exécutoires, est fixée » par le mode établi lors de leur émission; qu'il est » vrai qu'en 1789 les lois et ordonnances n'étaient » exécutoires dans chaque contrée qu'autant qu'elles » y avaient été transcrites et publiées par les cours » et les tribunaux; que, par la loi du 2 novembre » 1790, le même système avait été suivi; mais que, » par la loi du 12 vendémiaire an 4, il avait été » apporté sur ce point de législation un change- » ment notable, puisque, par l'art. 11, il est dit » que dorénavant il ne sera plus fait de publica-

» tion de lois par lecture publique, par réim- » pression ni affiche; et par l'art. 12, que les lois » seront obligatoires dans l'étendue de chaque dé- » partement, du jour où le bulletin officiel sera » distribué au chef-lieu du département; que l'ar- » ticle premier du code civil a fixé d'une manière » bien positive les époques où les lois doivent être » exécutoires sur les diverses parties du territoire » français; que la promulgation dont parle cet ar- » ticle, n'est autre chose que la sanction donnée » par le roi à la loi; que cela est évidemment ex- » pliqué par la disposition portée en l'avis du con- » seil-d'état, du 12 prairial an 13 (1); qu'il est » constant que, depuis le code civil, il n'y a point » eu d'autre mode adopté pour la promulgation » des lois, et que dès-lors elles ont été exécu- » toires et exécutées dans les délais déterminés par » l'article premier du code civil, à compter du jour » de la sanction de la loi; que si le roi, par son » ordonnance du 27 novembre dernier, a déclaré » que la promulgation des lois et ordonnances ré- » sulterait de leur insertion au bulletin officiel, il a » aussi déclaré que ce nouveau mode n'était que » pour l'avenir; que la loi du 28 avril 1816 a été » rendue sous le régime du code civil. »

Ce jugement était évidemment motivé sur les vrais principes de la matière; mais il laissait de côté les ordonnances spéciales du roi, des 29 mai et 11 juin 1816, qui ne permettaient plus de remettre en question l'époque où la loi du 28 avril était devenue obligatoire; et c'était, pour l'attaquer par la voie de cassation, un moyen que les sieurs Russel et consorts n'ont pas manqué de saisir.

Effectivement, il est intervenu, le 9 juin 1818, un arrêt contradictoire par lequel:

« Vu l'art. 22 de la charte constitutionnelle, portant: *Le roi seul sanctionne et promulgue les lois;*

» Attendu que, d'après cet article, au roi seul appartient la promulgation des lois;

» Attendu que, dans l'espèce, le roi avait déclaré par des ordonnances spéciales que la loi du 28 avril avait été promulguée le 5 mai de la même année; que le tribunal civil du Havre n'a pas pu, dès-lors, sans méconnaître et violer les dispositions de la charte, assigner à la promulgation de la loi du 28 avril une autre époque que celle qui a été fixée par le souverain lui-même:

» La cour casse et annule.... (2). »

Nous ne nous permettrons aucune observation sur cet arrêt, en tant qu'il décide que le tribunal du Havre n'avait pas pu s'écarter des ordonnances spéciales du roi des 29 mai et 11 juin 1816. Mais

(1) *V.* le *Répertoire de jurisprudence*, aux mots *Bulletin des Lois*, n° 2.

(2) Bulletin civil de la cour de cassation, tome 20, page 147.

nous devons faire remarquer la confusion qu'il fait de la *promulgation* de la loi du 28 avril de la même année avec sa *publication*. Ce n'est pas sa promulgation, mais bien sa publication, que les ordonnances des 29 mai et 11 juin fixent au 4 et au 5 mai; et cependant l'arrêt ne parle de ces ordonnances que comme déterminant la date de sa promulgation. Sans doute il n'en est pas moins régulier en soi, puisqu'en mettant le mot *publication* à la place de *promulgation*, l'on arrive toujours à la conséquence, que la loi du 28 avril 1816 n'a dû être exécutée au Havre que postérieurement au 4 mai suivant. Mais c'est surtout dans les arrêts de la cour suprême que la justesse des expressions est à desirer. La confusion des mots, lorsqu'on n'y prend pas garde, amène bientôt celle des choses; et alors les fausses idées remplaçant les vrais principes, on ne sait plus où l'on en est.

§. X. *Quelle est, pour l'interprétation des lois, l'autorité des procès-verbaux de leur discussion au conseil-d'état?*

V. le plaidoyer du 28 mars 1810, rapporté au mot *Protêt*, §. 4.

§. XI. 1° *A quelle autorité appartient l'interprétation réglementaire des lois?*
2° *Les lois purement interprétatives des précédentes, agissent-elles sur le passé comme sur l'avenir?*

La première question est traitée à l'article *Interprétation des lois*, §. 1.

Sur la seconde question, *V.* l'article *Effet rétroactif*; le plaidoyer du 8 mars 1810, rapporté aux mots *Domaine public*, §. 5; celui du 20 novembre 1809, rapporté aux mots *Inscription hypothécaire*, §. 2, et celui du 23 mars 1810, rapporté aux mots *Propriété littéraire*, §. 2.

§. XII. *Rigueur avec laquelle doivent s'interpréter les lois rétroactives.*

V. l'article *Triage*, §. 1.

§. XIII. *Pour déterminer la forme dont un testament doit être revêtu, est-ce à la loi du temps où il a été fait, ou à celle du temps où le testateur est mort, qu'il faut s'attacher?*

V. l'article *Testament*, §. 11.

§. XIV. 1° *Le mode de preuve d'un fait dépend-il de la loi du temps où l'on plaide, ou de celle du temps auquel ce fait se rapporte?*
2° *Le mode d'exécution d'une créance dépend-il de la loi du temps et du lieu où* la créance a été contractée, ou de celle du temps et du lieu où l'on procède à cette exécution?

3° *Que doit-on décider à cet égard, relativement à la question de savoir si une créance est hypothécaire ou non, et pour combien d'années d'intérêts le créancier doit être colloqué?*

4° *De quelle loi dépendent les formalités des jugemens?*

Sur la première question, *V.* les articles *Contrat pignoratif*, §. 2, n° 2; *Décès*, §. 1; *Légitimité*, §. 2; *Mariage*, §. 7 et 8, et *Paternité*.

Sur la seconde question, *V.* l'article *Étranger*, §. 4;

Sur la troisième, *V.* l'article *Intérêts*, §. 4;

Et sur la quatrième, l'article *Substitution fidéicommissaire*, §. 12.

§. XV. *Les motifs des lois sont-ils toujours des guides sûrs pour déterminer l'étendue de leurs dispositions?*

V. les articles *Notaire*, §. 3, et *Motifs des lois*.

§. XVI. *L'usage peut-il abroger la loi? Dans quels cas le peut-il?*

V. les articles *Opposition aux jugemens par défaut*, §. 7; *Payement*, §. 3; *Révocation de testament*, §. 2, et *Société*, §. 1.

§. XVII. *Y a-t-il des cas où l'éviction opérée par l'effet d'une loi, donne lieu à l'action en garantie contre les vendeurs ou les bailleurs?*

V. les articles *Fait du souverain*, §. 3, et *Loyers et Fermages*, §. 1.

§. XVIII. *Est-il nécessaire, dans un jugement de police qui rejette l'opposition d'une partie à ce que les témoins produits par l'autre, soient entendus, de citer la loi qui justifie ce rejet?*

V. l'article *Injure*, §. 3.

§. XIX. *L'obligation imposée aux juges de citer et transcrire dans leurs jugemens les lois pénales qu'ils appliquent aux crimes et aux délits, est-elle suffisamment remplie par la citation et transcription des lois qui déterminent, par des dispositions générales, la nature des peines que ces juges peuvent prononcer?*

V. l'article *Tribunal de police*, §. 11.

§. XX. *Les traités de souverain à souverain ont-ils, dans les tribunaux des deux souverainetés, la même autorité et les mêmes effets que les lois ?*

V. le *Répertoire de jurisprudence,* à l'endroit indiqué ci-dessus, article *Jugement,* §. 19.

§. XXI. *Dans quel cas la fausse application d'une loi forme-t-elle un moyen de cassation ?*

V. l'article *Cassation,* §. 49.

§. XXII. *Les lois civiles d'un pays conquis cessent-elles, de plein droit, par l'effet de la conquête ? Sont-elles, de plein droit, remplacées par les lois civiles du peuple conquérant ?*

V. l'article *Féodalité,* §. 5.

LOYERS ET FERMAGES. §. I. 1° *Avant le code civil, le fermier qui avait pris à ses risques tous les cas fortuits, prévus ou imprévus, pouvait-il demander une remise de fermages, lorsqu'il avait été privé d'une partie considérable de sa jouissance, par un de ces événemens que toute la prudence humaine n'eût pas pu prévoir ?*

2° La clause par laquelle un fermier se charge de tous les cas fortuits, prévus ou imprévus, est-elle applicable au cas où un droit compris dans le bail vient à être supprimé par la loi ?

3° Quelle devait être, avant le code civil, la quotité du dommage souffert par le fermier, pour que celui-ci eût droit à une remise de fermages ?

4° Lorsque, pendant le cours d'un bail, la loi supprime un droit qui était compris dans la location, est-il dû une remise au fermier sur le prix de la ferme, quelque modique que soit la somme pour laquelle ce droit était entré dans la stipulation de ce prix ?

Le 7 avril 1781, contrat notarié par lequel le sieur Rodesse, fondé de pouvoir et *régisseur intéressé* de M. de Rohan, archevêque de Cambrai, afferme au sieur Descamps et à son épouse sept moulins-banaux situés dans cette ville et dans les environs, un droit de pêche sur l'Escaut, et vingt *mencaudées* de prairie.

Parmi les nombreuses clauses de ce contrat, celles de l'art. 4 sont à remarquer : « Les preneurs (y » est-il dit) ne pourront prétendre aucune modé- » ration pour le défaut de vent ou d'eau, ni pour » telles causes et sous tels prétextes que ce puisse » être, prévus ou imprévus; sous la condition néan- » moins que, si l'un desdits moulins venait à être » brûlé par le feu du ciel, ou par des troupes en » temps de guerre, ou que, se trouvant en bon état, » il fût renversé par un coup de vent, sans qu'il y » eût de la faute des preneurs de l'avoir tourné pour » l'éviter, alors il sera réparé par ledit seigneur

» bailleur, dans l'espace de six semaines, pendant » lequel temps les preneurs ne pourront prétendre » aucuns chômages : mais dans le cas d'une plus » longue durée pour la construction qui pourrait » être à faire à aucuns desdits objets, ou d'une inon- » dation longue et considérable, le chômage en sera » fixé suivant les proportions ci-après et jour par » jour... »

Par d'autres clauses du même acte, le fermage est fixé à 12,000 livres, et 2000 *mencauds* de blé, dont la valeur sera déterminée de mois en mois par les mercuriales du marché de Cambrai; et les preneurs sont chargés de payer, chaque année, en dé- duction de ces fermages, 2713 *mencauds* de blé, tant à divers particuliers qu'à des établissemens publics.

Le 17 octobre 1784, nouvel acte qui, entre autres dispositions, fixe invariablement à 8,000 livres la partie du fermage payable en blé. Mais dans cet acte, M. Rohan ne figure ni personnellement, ni par le ministère du sieur Rodesse : le sieur Renou y paraît seul pour l'un et l'autre, et y stipule *sous leur bon plaisir.*

La jouissance du sieur Descamps cesse le 13 août 1790.

Le 1er vendémiaire an 14, arrêté du préfet du département du Nord, qui, statuant sur le compte de la gestion du sieur Rodesse, continue jusqu'au 1er janvier 1792, déclare que les héritiers de celui-ci sont en avance de la somme de 75,965 livres, et que cette somme leur sera payée par l'État, *moyennant, par eux, renoncer aux fermages des moulins de Selles pour l'année 1790.*

Le 17 mai 1806, l'administration de l'enregistre- ment et des domaines décerne contre le sieur Des- champs une contrainte en payement de l'année de fermage échue le 13 août 1790, qu'elle porte à 26,396 francs 25 centimes.

Le sieur Descamps y forme opposition devant le préfet du département du Nord, et appelle en ga- rantie les héritiers du sieur Rodesse.

Le 21 juin suivant, M. de Rohan et les héritiers Rodesse font assigner le sieur Descamps devant le tribunal civil de Cambrai, pour se voir condamner au payement d'une somme de 20,008 francs, mon- tant de l'année de fermage échue le 31 août 1789.

Le sieur Descamps refuse d'abord de déférer à cette assignation, et prétend que l'affaire doit être jugée administrativement.

Le 26 juin 1807, arrêté du préfet du département du Nord, qui renvoie aux tribunaux les demandes formées contre le sieur Descamps par l'administra- tion des domaines, par M. de Rohan et par les hé- tiers Rodesse.

Le sieur Descamps conclut en conséquence, de- vant le tribunal civil de Cambrai, à la jonction des deux causes.

Le 30 juillet 1807, jugement qui, sans s'arrêter à

cette demande, ordonne que les deux causes seront instruites et jugées séparément.

Le même jour, autre jugement qui, sur le refus du sieur Descamps de plaider au fond, donne défaut, et renvoie à l'audience du 25 août, pour en adjuger le profit.

Le sieur Descamps appelle de ces deux jugemens.

Le 23 décembre suivant, arrêt de la cour d'appel de Douai, qui réforme ces deux jugemens, et ordonne que les deux causes seront jointes dans leur instruction, sauf à les disjoindre, s'il y a lieu, en définitive.

En prononçant ainsi, la cour d'appel de Douai devait évidemment renvoyer le fond devant un tribunal de première instance; cependant elle le retient, par une contravention manifeste à l'art. 473 du code de procédure civile (1); et en conséquence, les débats s'ouvrent, devant elle, sur trois points principaux : 1° sur quel pied les fermages doivent-ils être liquidés? Est-ce d'après le bail du 7 août 1781? Est-ce d'après l'acte du 22 octobre 1784? 2° De quelle somme le sieur Descamps demeure-t-il redevable? 3° A-t-il droit à une indemnité pour la non-jouissance de la banalité que la loi du 15-28 mars 1790 déclare avoir été abolie, à compter de la publication des décrets du 4 août 1789?

Le sieur Descamps soutient, sur le premier point, que l'acte du 27 octobre 1784, ayant été ratifié tacitement par M. de Rohan et le sieur Rodesse, doit seul régler le taux des fermages; sur le second, qu'il ne redoit, en calculant ainsi les fermages, que 11,695 livres; sur le troisième, qu'il lui est dû une indemnité, tant pour l'année 1789 que pour l'année 1790; que l'administration des domaines l'a reconnu elle-même, pour l'année 1789, en allouant dans le compte des héritiers Rodesse une *reprise en indemnité* de 38,600 livres pour la non-jouissance de la banalité pendant cette année même; qu'ainsi, on doit lui allouer la même somme pour la même année; et qu'à l'égard de l'indemnité pour l'année 1790, elle ne peut être moindre de 20,000 livres.

De tout cela, le sieur Descamps tire la conséquence qu'au lieu d'être débiteur, il est créancier de 46,817 francs; et il conclut à ce que M. de Rohan et les héritiers Rodesse soient condamnés à lui payer cette somme.

Le 1er avril 1808, arrêt qui ordonne que l'acte du 27 octobre 1784 sera exécuté dans toutes ses dispositions; ordonne que les parties compteront et liquideront devant l'un des juges; déclare le sieur Descamps non-recevable dans sa demande en payement d'une somme de 46,317 francs; permet néanmoins au sieur Descamps « de faire objet, dans la liquidation, de l'indemnité qu'il prétend lui être due pour la suppression de la banalité des moulins, soit

à raison de son défaut de jouissance, soit pour une autre cause; *ordonne que cette* indemnité *sera réglée par trois experts dont les parties conviendront, sinon nommés d'office, pour, le rapport desdits experts rapporté à l'audience, être ordonné ce qu'il appartiendra, dépens réservés.* »

Le 2 juillet et le 2 août de la même année, procès-verbal d'experts qui fixe l'indemnité réclamée par le sieur Descamps, à 38,925 francs 49 centimes, savoir: 30,562 francs 22 centimes pour l'année 1789, et 5,463 francs 27 centimes pour l'année 1790.

Le 1er février 1809, les parties comparaissent devant le juge nommé commissaire à la liquidation, et débattent leurs prétentions respectives sur le montant des sommes que le sieur Descamps prétend avoir payées pendant le cours de son bail.

L'affaire reportée à l'audience, M. de Rohan, les héritiers Rodesse et l'administration des domaines contestent plusieurs articles du compte des payemens prétendus faits par le sieur Descamps; et, quant à l'indemnité réclamée par celui-ci, ils soutiennent qu'elle n'est pas due; « que toutes les rè- » gles de droit et les principes s'opposent à ce qu'on » puisse accorder au locataire une indemnité, lors- » qu'il est prouvé, comme au cas présent, et comme » il est justifié par le rapport des experts mêmes, » qu'il a fait plus d'une demi-récolte; que le bail, » qui fait la loi des parties, n'accorde une remise » qu'au cas de chômage; qu'ainsi, loin d'accorder » une indemnité au sieur Descamps, il n'a même pas » droit à une remise. »

Le 2 juin 1809, arrêt par lequel, après avoir fixé le débet du sieur Descamps à 13,908 francs 12 centimes :

« Considérant que, la location de sept moulins banaux ne peut être assimilée à celle de biens ruraux; que les principes résultant des lois romaines, pour déterminer en quel cas le fermier de biens ruraux ne peut obtenir une remise de son locateur, ne peuvent être les mêmes pour le locataire d'usines dont la jouissance est journalière; que, par la stipulation de la non-jouissance, aux cas (de force majeure) *imprévus*, et dont est fait mention audit bail, il n'a jamais pu être question entre les parties contractantes, du cas absolument imprévoyable de la suppression de la banalité, qui est la perte de la chose, plutôt que celle des fruits; qu'ainsi, la remise prévue et fixée par le bail, en cas de chômage de quelques-uns des moulins affermés, n'est point applicable au cas de la suppression de la banalité;

» Considérant que, pour fixer la hauteur de la remise à accorder au locataire desdits moulins, à cause de la suppression de la banalité, il faut considérer (outre le prix des fermages qui devaient être payés en argent) les charges auxquelles le locataire était tenu par son bail, lesquelles charges il a acquittées à la décharge et aux lieu et place du bailleur, depuis le 1er février 1789, jusqu'à la fin d'août suivant; et lorsque par conséquent il lui était impossi-

---

(1) *V.* mon *Recueil de Questions de droit*, au mot *Appel*, §. 14, art. 1.

ble de percevoir pour acquitter le *rendage* en argent, et qu'il lui était encore plus impossible d'obtenir des moutures pour l'acquit desdites charges en nature ; qu'il résulte néanmoins d'un arrêté du directoire du district de Cambrai, du 15 janvier 1791, que ledit Descamps a acquitté toutes lesdites charges, tant en 1789 qu'en 1790 ; qu'ainsi, il n'a pu les acquitter à la décharge du bailleur (qui lui avait formellement recommandé de le faire, par ses agens), qu'en se procurant, au dehors et à grands frais, les blés qui devaient être livrés, par semaine et par quinzaine, aux créanciers du bailleur; que par conséquent il est juste, non-seulement de faire la remise au locataire, de la partie des *rendages* en argent, pendant le temps qu'il n'a pu jouir, mais encore de lui restituer l'importance des charges qu'il a acquittées pour le bailleur dans le même intervalle ;

» Considérant que la remise à faire au locataire, à raison de la suppression de la banalité, doit être fixée en proportion de l'importance du loyer annuel, consistant, d'une part, en une somme de 20,000 livres, et de l'autre en une prestation de 2,713 mencauds de blé, qui devaient être fournis en nature aux créanciers du bailleur; qu'il résulte du rapport des experts, que le mencaud de blé, en 1789, au temps de la suppression de fait de la banalité, valait 13 livres 12 sous 2 deniers ; qu'ainsi, les 2,713 mencauds donnent la somme de 36,917 livres 2 sous 2 deniers; à quoi ajoutant 20,000 livres fixées par l'acte du 27 octobre 1784, pour le *rendage* en argent, et 600 livres pour contributions, on a pour total du *rendage* effectif annuel, 57,519 livres 2 sous 2 deniers, qui, réduits en francs, donnent 56,800 francs 5 centimes;

» Considérant qu'il résulte du rapport des experts, que, depuis le 20 février 1789, jusqu'à la fin d'août suivant, le locataire n'a pu jouir du droit de banalité, qu'à raison du tiers, pendant cet intervalle ; qu'ainsi, il a été privé de toute jouissance pendant quatre mois, c'est-à-dire, pendant le tiers de ladite année 1789; qu'ainsi il doit obtenir la remise du tiers du rendage effectif annuel ;

» Mais considérant qu'en dehors des moulins et de la banalité, la location étant encore cumulativement faite pour vingt mencaudées de prairies et pour le droit de pêche; qu'on peut évaluer au plus le *rendage* annuel de vingt mencaudées de prairies à 600 livres, et le droit de pêche à 300 livres; qu'ainsi, avant de prendre le tiers du *rendage* effectif annuel, pour fixer la remise à faire au locataire, il faut en déduire 900 livres, qui, réduites en francs, donnent 889 francs 89 centimes; qu'ainsi, il résulte du *rendage* effectif annuel 59,910 francs 16 centimes, dont le tiers est de 18,636 francs 72 centimes, pour remise à faire au locataire, à compter de la suppression de fait de la banalité, depuis le 20 février 1789 jusqu'à la fin d'août suivant;

» Considérant qu'il résulte encore du rapport des experts, que, depuis la fin d'août 1789 jusqu'au mois de mai 1790, le locataire a encore été privé de la jouissance d'une partie de la banalité, par l'introduction en ville du pain fabriqué au-dehors; et à cause de l'infraction à la banalité par différens particuliers; que les experts ont estimé que la remise à faire au locataire pour ces deux privations de jouissance pendant cet intervalle, devait être de 3,000 francs; mais, comme ils n'ont donné aucune raison, en fixant la hauteur de cette remise, et qu'il est vraisemblable qu'ils ont suivi les mêmes bases que lorsqu'ils ont déterminé la remise qui devait être accordée depuis le 20 février 1789 jusqu'à la fin d'août suivant, savoir, 30,562 francs 22 centimes; qu'il est évident que, de la manière dont les experts ont opéré pour fixer 30,562 francs 22 centimes, ils ont accordé tout à la fois une indemnité pour le *damnum emergens* que pour le *lucrum cessans* ; qu'ainsi, pour fixer convenablement la deuxième remise, il faut la prendre dans la même proportion que la première, qui a été déterminée par la cour, et dont le résultat est la somme de 1,832 francs 78 centimes;

» Considérant qu'il résulte enfin du rapport desdits experts, que depuis le 1er mai 1790 jusqu'au 13 août suivant, époque de la fin du bail (intervalle de temps où la banalité a été supprimée par la loi), le locataire a été obligé de ne prendre les moutures qu'au seizième, tandis qu'il avait droit, par son bail, de les prendre au dixième; que le locataire doit obtenir cette troisième remise, qui a été déterminée par les experts, et à laquelle la partie de Déprés (le sieur Descamps) a borné ses conclusions, montant à la somme de 5,463 francs 72 centimes ; cette remise ayant pour objet une perte réelle d'une partie de la chose, qui doit retomber sur le propriétaire, et non sur le locataire;

» Qu'ainsi, récapitulant les trois remises à accorder au locataire : la première, de 18,636 francs 72 centimes; la deuxième, de 1,832 francs 78 centimes; la troisième, de 5,463 francs 27 centimes, on trouve pour total 25,932 francs 77 centimes;

» La cour déclare que, compensation faite du débet de la partie de Déprés et des remises et restitutions qui lui sont dues par les parties de Tison (M. de Rohan et les héritiers Rodesse), ladite partie de Déprés est créancière de 12,024 francs 65 centimes; en conséquence, condamne lesdites parties de Tison à lui payer ladite somme, et aux intérêts judiciaires, en ce qui concerne les remises accordées pour l'année 1796, et lesdits héritiers Rodesse seulement en ce qui concerne celles accordées pour 1790...; déboute la régie des domaines de toutes ses demandes; déclare, suivant ce, nulles les contraintes. . . . . »

» L'administration des domaines, M. de Rohan et les héritiers Rodesse se pourvoient en cassation contre cet arrêt ; et laissant de côté le vice de forme dont il est entaché par suite de l'infraction faite par celui du 23 décembre 1807, à l'art 473 du code de procédure, ils se bornent à l'attaquer comme violant au fond les lois de la matière.

« Deux moyens de cassation (ai-je dit à l'audience de la section des requêtes, le 5 avril 1810) vous sont proposés dans cette affaire : contravention, tant à l'art. 78, §. 3, D. *de contrahendâ emptione*, et à la loi 23, D. *de regulis juris*, qu'aux art. 1134, 1772 et 1773 du code civil, en ce que, sans avoir égard à la clause du bail du 7 août 1781, qui chargeait le sieur Descamps de tous les cas fortuits, *prévus et imprévus*, la cour d'appel de Douai a jugé qu'il lui était dû une indemnité à raison de la suppression de la banalité des moulins qui lui avaient été affermés comme banaux ; contravention, tant à la loi 25, D. *locati conducti*, qu'à l'art. 1769 du code civil, et excès de pouvoir, en ce que les experts nommés par les parties, n'ayant fixé le dommage résultant de la suppression de la banalité, qu'au tiers du produit annuel des moulins, le sieur Descamps ne pouvait, même abstraction faite de la clause dont il s'agit, prétendre aucune indemnité à raison de cette suppression.

» Sur le premier moyen, nous croyons ne pouvoir pas nous arrêter au défaut de recours en temps utile, de la part des demandeurs, contre l'arrêt interlocutoire du 1er avril 1808 ; car cet arrêt ne juge nullement qu'il est dû une indemnité au sieur Descamps ; il permet seulement au sieur Descamps « de » faire objet, dans la liquidation qu'il ordonne, de » L'INDEMNITÉ QU'IL PRÉTEND LUI ÊTRE DUE pour la » suppression de la banalité des moulins ; » et dès-là, il est clair qu'en ordonnant que cette indemnité sera réglée par des experts, il est nécessairement censé vouloir que le réglement de cette indemnité ne soit qu'hypothétique, c'est-à-dire, qu'il n'ait lieu que pour le cas où le sieur Descamps viendrait à établir, en définitive, que *l'indemnité qu'il prétend lui être due*, lui est due en effet.

» Au fond, si, sur ce même moyen, nous ne devions nous attacher qu'aux textes cités par les demandeurs, il ne nous faudrait pas de grands efforts pour le réfuter.

» En effet, pour commencer par la loi 78, §. 3, D. *de contrahendâ emptione*, quel rapport a-t-elle à la contestation sur laquelle a prononcé l'arrêt de la cour d'appel de Douai?

« Si, en vendant des grains encore en herbe, dit-elle, vous avez promis de répondre des pertes qui auraient pour cause soit des actes de violence, soit les désordres de l'atmosphère, et que les neiges les aient fait périr, l'acheteur pourra agir contre vous en raison de cette promesse, pourvu que les neiges aient été excessives, et qu'elles soient survenues dans une saison de l'année où il est extraordinaire d'en voir tomber : *Si frumenta, quœ in herbis erant, cùm vendidisses, dixisti te, si quid vi aut tempestate factum esset, præstaturum, ea frumenta nives corruperunt : si immoderatœ fuerunt et contrà consuetudinem tempestatis, agi tecum ex empto poterit.*

» Ce texte, dit Vinnius (*Selectæ juris quæstiones*, liv. 2, chap. 1), n'est pas, à beaucoup près, aussi

obscur que l'ont prétendu plusieurs interprètes ; il n'en est même pas de plus clair dans tout le droit romain : *Locus hic minimè obscurus est, sed planus, si ullus alius.* Tout le monde sait qu'une fois le contrat de vente formé par le consentement des parties, la chose vendue est aux risques de l'acheteur, même avant qu'elle lui soit délivrée ; et que, par la nature de ce contrat, le vendeur ne doit répandre, avant la délivrance qu'il en a faire, que du dommage qu'elle peut éprouver par son dol ou par sa faute. Si donc, dans l'espèce proposée, le vendeur n'avait pas pris nommément à sa charge les cas de force majeure qui pourraient arriver, l'acheteur ne pourrait pas le rendre responsable de la perte des grains causée par l'abondance extraordinaire et intempestive des neiges. Mais le vendeur ayant garanti le dommage qui pourrait résulter des dérangemens de l'atmosphère, il faut qu'il indemnise l'acheteur de celui qu'ont occasionné les neiges tombées en quantité excessive et hors de saison. Voilà tout ce que dit la loi citée ; et assurément la cour d'appel de Douai n'a pas dû soupçonner, en rendant l'arrêt dont on vous demande la cassation, qu'on l'accusât d'avoir violé une décision aussi évidemment étrangère à la question qui l'occupait.

» Quant à la loi 23, D. *de regulis juris*, elle se borne à dire que les règles concernant la responsabilité du dommage survenu à la chose qui est l'objet d'un contrat, sont susceptibles de toutes les modifications que les parties y mettent par leurs conventions : *Sed hæc itâ, nisi si quid nominatim convenit, vel plus vel minùs, in singulis contractibus ; nam hoc servabitur quod ab initio convenit, legem enim contractus dedit.* Et sans doute on peut bien conclure de la que, par le bail du 7 août 1781, le sieur Descamps a pu prendre à ses risques les pertes qu'il pourrait éprouver, dans son exploitation, par des accidens *prévus ou imprévus ;* mais que l'on doive en inférer que la cour d'appel de Douai n'a pas eu le droit de juger que cette stipulation ne comprenait point le cas alors *imprévoyable* de la suppression de la banalité ; que l'on doive en inférer que la cour d'appel de Douai n'a pas pu interpréter cette stipulation de manière à la rendre impuissante contre le sieur Descamps ; que l'on doive en inférer que la cour d'appel de Douai, en interprétant cette stipulation comme elle l'a interprétée, n'a fait autre chose que juger une question de volonté ; que l'on doive en inférer que par-là elle a exposé son arrêt à la cassation, c'est ce que les demandeurs ne persuaderont à personne.

» L'art. 1134 du code civil n'est que la répétition presque littérale de cette règle du droit romain : « Les conventions légalement formées (porte-t-il) » tiennent lieu de loi à ceux qui les ont faites. » Il ne peut donc pas plus que cette règle du droit romain, être opposé à l'arrêt de la cour d'appel de Douai.

» Les art. 1772 et 1773 du même code sont-ils ici mieux appliqués ? Ils décident, le premier, que

» le preneur peut être chargé des cas fortuits par » une stipulation expresse ; » le second, que « cette » stipulation ne s'entend que des cas fortuits ordi- » naires, tels que grêle, feu du ciel, gelée et cou- » lure ; (et qu') elle ne s'entend point des cas for- » tuits extraordinaires, tels que les ravages de la » guerre, ou une inondation auxquels le pays n'est » pas ordinairement sujet, à moins que le preneur » n'ait été chargé de tous les cas fortuits prévus ou » imprévus. »

» Mais est-ce bien à un bail fait en 1781 que l'on peut appliquer une loi qui n'a été décrétée et pro-mulguée qu'en 1804 ? Et oublie-t-on, en vous ci-tant ainsi le code civil, cette grande maxime qui forme son deuxième article : « La loi ne dispose » que pour l'avenir ; elle n'a point d'effet ré- » troactif. »

» Cependant il est possible que les art. 1772 et 1773 de ce code ne soient pas introductifs d'un droit nouveau ; il est possible qu'ils ne fassent que reproduire des dispositions déjà consignées dans les lois romaines, c'est-à-dire, dans les lois qui, avant la promulgation de ce code, avaient, dans le Cambrésis, une autorité véritablement législative, et qui la tenaient des lettres-patentes du prince-archevêque Louis de Berlaymont, du 28 avril 1574, portant homologation de la coutume de cette pro-vince.

» Notre devoir est donc de rechercher d'abord si, indépendamment des deux lois romaines que les de-mandeurs ont si mal à propos invoquées devant vous, il n'en existe pas quelques-unes qui nous of-frent des dispositions semblables à celles des articles 1772 et 1773 du code civil ; ensuite, si ces disposi-tions, en cas que nous les retrouvions dans les lois romaines, sont applicables à notre espèce.

» Que la législation romaine autorisât le fermier, comme l'a fait depuis l'art. 1772 du code civil, à re-noncer, par son bail, au droit de demander une remise du prix de sa location, en cas de perte, par force majeure, d'une portion considérable du pro-duit qu'il avait lieu d'en espérer, c'est ce que la loi 9, §. 2, D. *locati conducti*, ne permet pas de ré-voquer en doute : *Si quis*, dit-elle, *fundum loca-verit, ut etiam si quid vi majori accidisset, hoc ei præstaretur, pacto standum est.*

» Mais cette loi ne décide pas si la clause par la-quelle le fermier se charge des événemens de force majeure, s'entend de ces cas extraordinaires qu'il est moralement impossible de prévoir ; et là-dessus les interprètes se divisent tellement, que l'on ferait un gros volume de tout ce qu'ils ont écrit respective-ment pour et contre (1).

» Qu'il nous suffise d'observer que la négative avait prévalu dans la jurisprudence du parlement

de Donai. « C'est une question, dit Deghewiet (1), » an conductor qui casus fortuitos in se recepit, » teneatur de casibus insolitis et improvisis. » Tulden, *sur le Code*, liv. 2, tit. 65, n° 11, tient » l'affirmative, par la raison que qui casum fortui-» tum suscepit, ipsa nominis vi admonente, » etiam de improvisis et insolitis cogitavit; mais » cela n'a point lieu, lorsque les cas sont telle-» ment insolites et extraordinaires, qu'ils ne pou-» vaient absolument être prévus. Le parlement de » Flandre en a ainsi décidé, par arrêt du 29 no-» vembre 1674, entre le magistrat de Lille et Jean-» Baptiste Heunion, extrait de procédures, autre » arrêt du 4 mars 1675, au rapport de M. Muys-» sart, entre ledit magistrat et Nicolas Petit, extrait » des mémoires de M. Heinderickx. »

» Et nous devons remarquer que cette jurispru-dence a paru si raisonnable aux rédacteurs du code civil, qu'ils l'ont expressément érigée en loi par l'art. 1773 de ce code.

» Mais ce qu'ajoute le même article, « à moins » que le preneur n'ait été chargé de tous les cas » fortuits prévus ou imprévus, » est-il, comme la disposition de l'art. 1772, puisé dans les lois ro-maines? Et, en conséquence, peut-on dire qu'en jugeant que, par la renonciation au droit de deman-der remise dans tous *cas prévus ou imprévus*, le sieur Descamps n'avait pas renoncé au droit de de-mander remise dans un cas qu'il lui était de toute impossibilité de prévoir à l'époque du bail, l'arrêt ait violé un texte quelconque de ces lois ?

» Non, messieurs : les lois romaines sont absolu-ment muettes sur cette question. Aussi les juriscon-sultes l'ont-ils résolue diversement.

» Burgundus, qui a écrit spécialement pour les provinces belgiques, soutient, dans son Traité *De periculis et culpis*, chap. 8, n° 10, l'opinion que le code civil a depuis consacrée ; mais il convient qu'elle a plusieurs antagonistes, et notamment Bar-tole, sur la loi 4, §. *quæsitum*, D. *si quis caution-ibus : sed controversum est, si quis renuntiaverit casibus omnibus, sive de iis cogitatum si, sive non sit, utrùm servandum esset ejus modi pactum! Sunt qui putant non valere, et insolitos casus præstandos non esse a conductore.*

» L'opinion de Burgundus est aussi celle du pré-sident Favre, dans son *Code*, titre *de locato*, déf. 2, d'Abraham de Wesel, dans son Traité *de remis-sione mercedis*, chap. 7.

» Mais enfin ce n'était pas une loi à l'époque du bail dont il est ici question ; et conséquemment nul moyen de casser un arrêt qui a jugé le contraire.

» Mais supposons, pour un moment, que les lois romaines se soient expliquées à cet égard, aussi positivement que l'art 1773 du code civil, ou, ce

---

(1) *V.* Vinnius, à l'endroit cité, et Abraham de Wesel, *de remissione mercedis*, chap. 7.

(1) *Institution au droit belgique*, part. 2, tit. 5, §. 17, art. 15.

qui revient au même, que l'art. 1773 du code civil puisse et doive régir le bail par lequel le sieur Descamps s'est chargé de tous les cas fortuits, prévus et imprévus; pourra-t-on dire que ces lois, que cet article aient été violés par l'arrêt que vous dénoncent les demandeurs?

Une chose bien certaine, c'est que, dans cette hypothèse, ni ces lois, ni cet article n'auraient été violés relativement à l'administration des domaines.

» En effet, d'où provient ici le dommage dont se plaint le sieur Descamps? De la suppression de la banalité des moulins que lui avait affermés M. de Rohan.

» Cette suppression, de qui est-elle l'ouvrage? De la loi?

» Et qu'est-ce que la loi? C'est l'expression de la volonté générale.

« C'est donc par la volonté générale, c'est donc par l'État, qu'a été supprimée la banalité que le sieur Descamps avait prise à ferme avec les moulins, dont elle formait un des principaux attributs.

» Or, l'État peut-il, après avoir supprimé un droit dont il avait, par l'organe de M. de Rohan qu'il représente, promis de faire jouir le sieur Descamps, refuser au sieur Descamps une remise de fermages proportionnée au produit ordinaire et présumé de ce droit? Non, assurément.

» Sans doute, le bailleur ne garantit pas au fermier les événemens de force majeure dont celui-ci a été chargé par le bail; mais il faut pour cela que ces événemens aient eu lieu par un fait qui lui soit étranger; et il doit les garantir, toutes les fois que c'est par son propre fait qu'ils arrivent. Ainsi, un bail leur aura, pour son avantage personnel, fait faire, auprès de la récolte de son fermier, des travaux qui en auront détruit une partie quelconque: vainement se prévaudra-t-il, contre celui-ci, de la convention par laquelle il a pris à ses risques tous les événemens qui pourraient nuire à sa jouissance: le fermier n'en obtiendra pas moins la remise à laquelle il a expressément renoncé par cette convention.

» Donc, et par la même raison, lorsque, par des vues d'utilité générale, une nation supprime un droit qu'elle avait précédemment affermé, soit par elle-même, soit par ceux à qui elle a succédé, il faut qu'elle indemnise son fermier de la perte qu'il souffre par la suppression de ce droit. Donc elle ne peut pas alors exciper, contre son fermier, de la clause du bail qui le charge de tous les cas fortuits, prévus ou non prévus.

» C'est ainsi que, bien qu'après la vente la chose soit aux risques de l'acheteur, et que, par une suite nécessaire, l'acheteur d'un droit qui a été supprimé par une loi postérieure au contrat, ne puisse pas obliger le vendeur de l'en indemniser;

» Bien que, sur ce fondement, l'art. 36 du tit. 2 de la loi du 15-28 mars 1790 déclare « qu'il ne » pourra être prétendu par les personnes qui ont

» ci-devant acquis de particuliers, par vente ou » autre titre équipollant à vente, des droits abolis » par ces présentes, aucune indemnité ni restitution » de prix; »

» Néanmoins, l'État ne peut pas se dispenser de rendre à ceux auxquels il avait vendu des droits féodaux, avant la loi qui en a prononcé l'abolition, les sommes qu'ils avaient versées, pour prix de ces droits, au trésor public, et c'est tout ce que le même article décide formellement : « A l'égard de ceux des- » dits droits qui ont été acquis des domaines de » l'État, il ne pourra être exigé par les acquéreurs » d'autre indemnité que la restitution, soit des fi- » nances par eux avancées, soit des autres objets ou » biens par eux cédés à l'État. »

» L'administration des domaines était donc non-recevable à contester au sieur Descamps, devant la cour d'appel de Douai, la remise de fermages qu'il demandait à raison de l'abolition de la banalité des moulins du ci-devant archevêché de Cambrai. Elle est donc également non-recevable à réclamer, de ce chef, contre l'arrêt de la cour d'appel de Douai.

» La même raison ne milite pas ici contre M. de Rohan et les héritiers Rodesse; mais n'y en a-t-il pas une autre qui doit, à leur égard, nous conduire au même résultat?

» Qu'a-t-on affermé au sieur Descamps par le bail du 7 août 1781? On ne lui a pas seulement affermé les sept moulins qui y sont désignés; on lui a encore affermé la banalité qui y était alors inhérente.

» Le sieur Descamps avait donc, par le bail du 7 août 1781, le droit de jouir de la banalité de ces sept moulins.

» A la vérité, si cette jouissance n'avait été troublée que par des voies de fait, le sieur Descamps, d'après la clause de son bail qui le charge des cas fortuits, prévus et imprévus, et supposant son bail soumis à l'art. 1773 du code civil, ne pourrait ni s'en prendre au bailleur, ni demander une remise de fermages. La banalité existant toujours de droit, il aurait encore eu sous la main la matière de la convention par laquelle il avait pris tous les événemens à ses risques; et par conséquent rien n'aurait pu la soustraire aux effets de cette convention.

» Mais la banalité a été supprimée par la loi; et dès-lors qu'est devenue l'obligation qu'avait contractée le sieur Descamps, de supporter sans répétition tous les événemens qui pouvaient en diminuer les produits à son préjudice? Bien évidemment elle n'a pas pu survivre à sa matière; elle s'est anéantie avec elle.

» En général, tant que l'objet affermé existe, le fermier qui, par une stipulation expresse, a pris tous les événemens à son compte, est seul chargé des risques de la jouissance : la jouissance est sa chose; et, au moyen de cette stipulation, la règle res perit domino s'applique à la jouissance comme à la propriété.

38.

» Mais en même temps que la jouissance est la chose du fermier, la propriété demeure la chose du bailleur ; et si la propriété vient à périr, c'est sans contredit pour le compte du propriétaire qu'elle périt ; donc une fois que la propriété du bailleur est détruite, le bailleur n'a plus de titre pour demander le prix d'une jouissance qui est devenue désormais impossible ; donc, le fermier est dégagé de la charge qu'il a prise des risques attachés à cette jouissance.

» Aussi, remarquez la manière indéfinie et absolue dont s'explique la loi du 15-28 mars 1790, tit. 2, art. 37 : « Il sera libre aux fermiers qui ont » ci-devant pris à bail des droits abolis par le pré- » sent décret, sans mélange d'autres biens...., de » remettre leurs baux ; et, dans ce cas, ils ne pour- » ront prétendre d'autre indemnité que la restitution » des pots-de-vin, et la décharge des loyers ou fer- « mages, au prorata de la non-jouissance causée par » la suppression desdits droits. Quant à ceux qui » ont pris à bail aucuns droits abolis, conjointe- » ment avec d'autres biens......, ils pourront seule- » ment demander une réduction de leurs pots-de- » vin et fermages, proportionnée à la quotité des » objets frappés de suppression. »

» Pourquoi cet article est-il aussi général ? Pourquoi n'excepte-t-il pas de sa disposition les fermiers qui ont été chargés, par leurs baux, de tous les cas fortuits, prévus ou imprévus ? Ces sortes de clauses étaient alors, comme aujourd'hui, extrêmement fréquentes dans les baux ; le législateur le savait ; il ne pouvait pas ne pas le savoir. Si donc il avait pensé que ces sortes de clauses dussent placer les fermiers qui les avaient souscrites, dans une catégorie particulière, il l'aurait dit, il n'aurait pas pu se dispenser de le dire. Il n'a pas parlé en termes si généraux, que parce qu'il n'a voulu rien excepter, que parce qu'il a considéré l'abolition des droits afferrmés, comme une cause destructive des conventions par lesquelles les fermiers avaient pris à leurs risques tous les événemens prévus ou imprévus qui pouvaient diminuer leur jouissance.

» Ainsi, toujours en supposant qu'au moment où a été passé le bail dont il s'agit, il eût existé, à Cambrai, une loi semblable à l'art. 1773 du code civil, M. de Rohan et les héritiers Rodesse ne seraient pas mieux fondés que l'administration des domaines ne serait recevable à réclamer l'effet de la clause de ce bail qui charge le sieur Descamps de tous les cas fortuits, prévus ou imprévus.

» Et inutilement dirait-on, toujours dans cette hypothèse, que la banalité n'a été abolie que par la loi du 15-18 mars 1790 ; qu'à la vérité, l'art. 33 du tit. 2 de cette loi en fait remonter l'abolition jusqu'à la publication des décrets du 4 août 1789, mais que du moins il résulte de là que ce n'est qu'à compter de la publication des décrets du 4 août 1789, que le sieur Descamps a pu obtenir la remise des fermages à laquelle il a conclu ; et que cependant l'arrêt attaqué accorde au sieur Descamps une remise

de fermages à raison des infractions multipliées que la banalité comprise dans son bail, avait éprouvées, de fait, depuis le 20 février 1789.

» Cette objection, si elle était proposée, trouverait une réponse péremptoire dans la loi du 25 août 1792.

» Par l'art. 34 du tit. 2 de la loi du 15-28 mars 1790, les ci-devant seigneurs, et par conséquent aussi leurs fermiers, conservaient l'exercice de leurs actions pour exiger les arrérages des droits abolis par les décrets du 4 août 1789, dont l'échéance avait précédé la publication de ces décrets ; et il est certain que, si cette disposition avait été maintenue, le sieur Descamps, pouvant poursuivre les auteurs des infractions à la banalité, antérieures à cette époque, aurait pu être censé ne pas avoir souffert de ces infractions, parce qu'ayant une action pour les faire réparer, on aurait pu le traiter comme en ayant obtenu la réparation effective, suivant la règle de droit, *qui actionem habet ; rem ipsam habere videtur*.

» Mais la loi du 25 août 1792 lui a ôté la ressource que lui avait laissée celle du 15-28 mars 1790 : elle a voulu, art. 10, que les arrérages des droits » supprimés sans indemnité, même ceux qui pour- » raient être dus, en vertu de jugemens, accords ou » conventions, ne fussent point exigibles. » Et dèslors, le sieur Descamps s'est trouvé placé, par la loi elle-même, relativement aux infractions commises à la banalité, depuis le 20 février 1789, jusqu'à la publication des décrets du 4 août suivant, dans la même position où il eût été, si le 20 février 1789 était l'époque précise de la suppression légale de ce droit.

» Le premier moyen de cassation des demandeurs est donc, à tous égards, mal fondé.

» Le deuxième consiste à dire que la cour d'appel de Douai reconnaît elle-même que la suppression de la banalité n'a fait perdre au sieur Descamps que le tiers du produit annuel des moulins de l'archevêque de Cambrai ; que l'art. 1769 du code civil n'accorde de remise au fermier dont le bail est fait pour plusieurs années, que dans le cas où la *totalité ou la moitié d'une récolte au moins est enlevée par des cas fortuits* ; qu'ainsi, l'art. 1769 du code civil est violé par l'arrêt de la cour d'appel de Douai.

» Deux réponses.

» D'abord, ce n'est pas, nous l'avons déjà dit, dans le code civil, c'est dans les lois romaines que l'on doit chercher les règles qui, dans la contestation agitée devant elle entre les parties, ont dû diriger la cour d'appel de Douai. Or, les lois romaines déterminent-elles la quotité du dommage que le fermier doit avoir souffert, pour qu'il soit en droit de demander une remise sur ses fermages ? Non, elles disent seulement que le fermier ne peut pas se plaindre d'un dommage peu considérable : *Modicum damnum æquo animo ferre debet colonus, cui immodicum lucrum non aufertur.* Ce sont les termes de la loi 25, §. 6, D. *locati conducti.* « De là » (dit Pothier, dans son *Traité du contrat de* » *louage,* n° 156), naît la question quelle doit être » la quantité du dommage causé par une force ma- » jeure sur les fruits encore pendans, pour que le » fermage puisse prétendre une remise de partie » de l'année de ferme. Il y a plusieurs opinions assez » incertaines sur cette question. Brunnemann, sur la » loi 15, D. *locati conducti,* estime qu'il faut que » deux choses concourent : 1° que ce qui a échappé » à l'accident arrivé sur les fruits pendans, soit au- » dessous de la moitié de la quantité qu'on a con- » tume de percevoir dans les années ordinaires; » 2° que la valeur de ce qui reste soit au-dessous » de la moitié de la valeur du prix de la ferme. La » DÉCISION DE CETTE QUESTION DOIT ÊTRE LAISSÉE A » L'ARBITRAGE DU JUGE. »

» Ensuite, n'oublions pas qu'il s'agit ici, non d'un dommage causé par l'intempérie des saisons, ou par des actes de violence, mais de la suppression, pro- noncée par la loi, d'un droit de banalité qui avait été expressément compris dans le bail du sieur Des- camps.

» Cela posé, que la cour nous permette une ques- tion : si, sur un procès élevé entre l'archevêque de Cambrai et ses baniers, il avait été jugé que le droit de banalité affermé au sieur Descamps n'existait pas, aurait-on pu refuser au sieur Descamps une remise de fermages, sous le prétexte que la banalité n'était pas entrée pour moitié dans la stipulation du prix de la ferme? Vous en jugerez, messieurs, par l'analogie qu'il y a entre cette hypothèse et celle que propose Pothier, n° 158 du traité que nous venons de citer : « La perte des fruits à recueillir sur » une partie de la métairie, ne donne lieu, à la vé- » rité, à aucune remise de la ferme, à moins qu'elle » ne fût la partie la plus considérable de la métairie : » il en est autrement, lorsqu'un fermier a été évincé, » OU, DE QUELQUE AUTRE MANIÈRE QUE CE SOIT, » PRIVÉ DE L'OCCUPATION D'UNE PARTIE DES TERRES » DE LA MÉTAIRIE; quelque petite que soit cette » portion, le locateur lui doit faire raison de la » non-jouissance de cette portion; car le locateur » est obligé de la faire jouir de toutes les parties de » la chose qu'il lui a donnée à ferme : DEBET PRÆSTARE » EI FRUI LICERE. »

» Il est donc clair que, si l'archevêque de Cam- brai eût été évincé de son droit de banalité pendant le bail du sieur Descamps, le sieur Descamps aurait droit à une remise de fermages proportionnée à la somme pour laquelle ce droit serait entré dans le prix de la location, n'importe que cette somme se fût ou ne se fût pas élevée à la moitié de ce prix.

» Eh bien! il en est, dans les rapports du bailleur avec le fermier, d'une éviction opérée par la loi, comme d'une éviction opérée par un jugement. Dans le cas de l'une comme dans le cas de l'autre, la chose a péri pour le compte du bailleur. Le bailleur ne peut donc plus, dans le cas de l'une comme dans le cas

de l'autre, exiger le fermage de la chose qui lui est enlevée. Il faut donc, dans le cas de l'une comme dans le cas de l'autre, que le fermage de la chose enlevée au bailleur, soit retranché du prix total de la ferme.

» Et voilà pourquoi l'art. 37 du tit. 2 de la loi du 15-28 mars 1790 permet à « ceux qui ont pris à » bail aucuns droits abolis, conjointement avec d'au- » tres biens, *de demander* une réduction de leurs » pots-de-vin et fermages, proportionnée à la quo- » lité des objets frappés de suppression. » Voilà pourquoi cet article veut que cette réduction soit accordée, quelque modique que soit la quotité des droits abolis.

» Par ces considérations, nous estimons qu'il y a lieu de rejeter les requêtes des demandeurs, et de condamner M. de Rohan, ainsi que les héritiers Ro- desse, à l'amende de 150 francs. »

Par arrêt du 5 avril 1810, au rapport de M. Borel:

« Sur le premier moyen, résultant de la loi 78, D. *de contrahendâ emptione,* et de la loi 23, D. *de regulis juris :*

» Attendu que la première de ces lois est inap- plicable à l'espèce sur laquelle il s'agissait de pro- noncer, cette loi étant uniquement relative à l'action de l'acheteur en cas de dommage ou perte de la chose vendue ;

» Attendu que la loi 23, D. *de regulis juris,* qui autorise les stipulations de non-garantie, n'a été au- cunement violée par l'arrêt attaqué qui a dû déter- miner les effets de la clause contenue au bail de 1781, d'après les circonstances et les lois existantes à l'ori- gine de l'instance; que la loi du 15-28 mars 1790, art. 37, a établi la nécessité de la réduction des fermages, lorsqu'ils comprenaient des droits abolis, sans avoir aucun égard aux stipulations des baux qui renfermaient, pour la plupart, les clauses générales de non-garantie; et que la cour d'appel de Douai a régulièrement appliqué à l'espèce ces principes;

» Sur le second moyen, résultant d'une prétendue violation de l'art. 1769 du code civil et de la loi 25, D. *locati conducti ;*

» Attendu que le code civil, en supposant qu'il contînt une disposition applicable à l'espèce, ne pouvait la régler, puisque sa publication est posté- rieure aux stipulations et aux circonstances qui ont donné naissance à la contestation ;

» Attendu que la loi 25, D. *locati conducti,* laisse à l'appréciation des juges la fixation de la quotité du dommage qui peut donner lieu à la garantie du pro- priétaire; et que d'ailleurs la loi du 15-28 mars 1790 avait introduit un droit spécial au cas dont il s'agis- sait:

» La cour rejette le pourvoi du sieur Ferdinand- Maximilien-Mériadec de Rohan et des héritiers de Claude-Alexandre Rodesse....; rejette également le pourvoi des administrateurs de la régie de l'enregis- trement et des domaines. »

§. II. *De la prescription des fermages.*

V. l'article *Prescription*, §. 16.

LORRAINE (ci-devant). *V.* les articles *Acquisition*, *Cantonnement*, *Remembrement*, *Tiers-denier* et *Usage (droit d'),* §. 2.

LOTS. *V.* l'article *Partage*, §. 4 et 5.

LOTS A DOUAIRE. *V.* l'article *Partage*, §. 6.

MAINETÉ. *Le droit de Maineté, ou le préciput établi en faveur du puîné par les coutumes de Cambrai et de Valenciennes, a-t-il été,* ipso facto, *abrogé par la loi du 15-28 mars 1790, portant suppression du régime féodal?*

V. le plaidoyer du 9 ventôse an 11, rapporté à l'article *Féodalité*, §. 3.

MAINFERMES. *V.* l'article *Coteries.*

MAIN-MORTE (DROIT DE), §. I. 1° *Les main-mortables pouvaient-ils posséder des biens en propriété?*

2° *De ce qu'une commune était anciennement assujétie à la main-morte, s'ensuit-il, ou que les bois dont elle n'a aujourd'hui que l'usage lui appartenaient alors en propriété, ou qu'ils appartenaient dès-lors à son seigneur?*

V. les plaidoyers et les arrêts des 18 et 25 brumaire an 11, rapportés à l'article *Communaux*, §. 2 et 4.

§. II. 1° *Quel était le sens de la règle établie par la coutume de Troyes; que l'argent rachète la main-morte? Cette règle était-elle, avant l'abolition de la main-morte, commune à tout le bailliage de Troyes?*

2° *Le droit de taille à volonté emportait-il, sans autre preuve, celui de l'échute main-mortable?*

Ces deux questions et une troisième qui est indiquée sous les mots *Chose jugée*, §. 6, sont traitées dans le plaidoyer suivant, que j'ai prononcé à l'audience de la cour de cassation, *sections réunies*, le 17 floréal an 11.

« Un jugement du tribunal d'appel de Paris, du 13 fructidor an 9, est attaqué devant vous par les mêmes moyens qui déjà ont motivé la cassation d'un jugement semblable du tribunal civil du département de Seine-et-Marne, du 13 prairial an 6; et vous êtes réunis pour décider si cette cassation a été prononcée d'après le vœu de la loi, ou si elle n'est que l'effet d'une surprise faite à la religion des magistrats suprêmes.

» Dans le fait, un grand procès s'était élevé entre la dame de Nassau, les habitans et les propriétaires de plusieurs communes composant ce qu'on appelait alors la châtellenie de l'Isle-sous-Montréal, régie par la coutume de Troyes. Il avait pour objet divers droits que, d'une part, la dame de Nassau prétendait exercer sur les habitans et les biens de la châtellenie, et que, de l'autre, lui déniaient les habitans et les propriétaires forains.

» Ce procès a été terminé par un arrêt du parlement de Paris, du 23 juillet 1763; et dans cet arrêt quatre dispositions principales sont à remarquer.

» 1° Il confirme plusieurs sentences qui avaient envoyé la dame de Nassau en possession d'échutes main-mortables.

» 2° Il maintient la dame de Nassau dans un droit de *tierce* ou champart sur tous les biens-fonds « qui ne seront pas justifiés être tenus en fief, » ou sujets à des cens en argent ou en grains, ou » affranchis par des titres particuliers. »

» 3° Il la maintient pareillement « dans le droit » de main-morte, de poursuite, de taille, et autres » accessoires dudit droit, dans toute l'étendue de » la terre de l'Isle, sur tous les biens, hommes et » femmes, qui, par des titres généraux ou parti-» culiers, n'en sont pas exempts ou affranchis; » ledit droit de main-morte ou de taille à volonté » payable une fois l'an, en monnaie courante, le » jour de saint Remy, premier octobre de chaque » année, croissant et décroissant suivant la faculté » des gens. »

» 4° Il la maintient enfin, « dans les droits de » corvées, devoirs, obligations, redevances en ar-» gent, volailles, grains, fruits, etc., dus au sei-» gneur de l'Isle, en vertu de la charte d'affran-» chissement du droit de main-morte, donnée aux » habitans dudit bourg de l'Isle, le 12 juillet 1279, » par Béatrix de Champagne, duchesse de Bourgo-» gne, et Huguenin de Bourgogne, son fils, sei-» gneur de ladite terre de l'Isle. »

» Il résulte clairement de cette dernière disposition, que les *habitans du bourg de l'Isle* avaient été affranchis de la main-morte, proprement dite, en 1279, et que par conséquent leurs successions ne pouvaient plus, depuis ce temps, tomber en échute au profit du seigneur.

» Mais observons bien que l'affranchissement de 1279 n'avait été accordé qu'aux habitans du *bourg de l'Isle*; et de là il suit nécessairement que les autres communes dépendantes de la terre de l'Isle-sous-Montréal, n'y étaient pas comprises.

» Sans doute, elles pouvaient avoir été depuis affranchies par d'autres titres; et en effet, nous trouvons, dans le vu d'un arrêt du parlement de Paris, du 6 mai 1784, produit par les défendeurs, des chartes de 1319, 1357, 1368 et 1425, qui affranchissent également d'autres communes; mais aucun de ces actes ne parle nommément de la commune de *Sainte-Colombe*; et nous verrons bientôt que cette circonstance n'est pas indifférente pour la solution de la difficulté qui vous occupe.

» Une autre observation qui ne doit pas nous échapper, c'est que Pierre Breuillard, de la succession duquel il est ici question, Louis Breuillard et Joseph Breuillard, ses frères, étaient, comme membres de la commune de Sainte-Colombe, parties au procès jugé par l'arrêt du 23 juillet 1763.

» Pierre Breuillard était mort quelques jours avant cet arrêt (le 16 juillet).

» Le 23 novembre suivant, Pierre-Philippe-André Mingaud, marquis de la Hage, usufruitier de la terre de l'Isle-sous-Montréal, obtint une sentence qui l'envoya, à titre d'échûte main-mortable, en possession de tous les biens qu'avait laissés ce particulier.

» Le 16 mars 1764, Joseph Breuillard, l'un des frères du défunt, acheta ces mêmes biens de Pierre-Philippe-André Mingaud, qui les vendit comme les ayant recueillis par droit de main-morte.

» Le 14 mai de la même année, une transaction importante fut passée entre la dame de Nassau, comme propriétaire, et Mingaud, comme usufruitier de la terre de l'Isle-sous-Montréal, d'une part, et les habitans de cette terre, parmi lesquels figurent en nom *Louis et Joseph Breuillard*, de l'autre.

» Par cet acte, qui fut homologué au parlement de Paris le 12 juillet suivant, la dame de Nassau et l'usufruitier de sa terre firent remise aux habitans, et même aux propriétaires forains qui y adhéreraient par leurs signatures, de plusieurs des droits que leur avait adjugés l'arrêt du 23 juillet 1763, notamment de la *servitude de la main morte et accessoires* ; ils déclarèrent même qu'ils voulaient bien remettre « toutes les échûtes, à l'exception, 1° de celle dont » la dame de Nassau était en possession avant l'ar- » rêt; 2° de celle de la veuve Sachet, dont la suc- » cession était échue par droit de main-morte au » marquis de la Hage; 3° de toutes celles dont le » marquis de la Hage s'était mis en possession depuis » ledit arrêt. »

» Cette dernière exception, comme vous le voyez, frappait directement sur l'échûte de Pierre Breuillard; elle confirmait par conséquent la disposition qu'en avait faite Mingaud en faveur de Joseph Breuillard; et vous n'avez pas oublié que Louis Breuillard, père des défendeurs, était partie dans la transaction dont il s'agit.

» Cependant en 1785, les enfans de Louis Breuillard se sont pourvus au bailliage de Troyes, et y ont demandé le partage de la succession de leur oncle Pierre Breuillard.

» Après des procédures et des jugemens provisoires dont il est inutile de vous entretenir, il est intervenu au tribunal civil du département de l'Yonne, le 27 floréal an 5, un jugement qui a ordonné le partage.

» Anne Breuillard et consorts, enfans de Joseph Breuillard, ont appelé de ce jugement; mais il a été

confirmé par le tribunal civil du département de Seine-et-Marne, le 13 prairial an 6, sur le fondement, 1° que, par l'art. 59 de la coutume de Troyes, *l'argent rachète la main-morte*; 2° qu'il résulte de l'arrêt du 23 juillet 1763, que la *main-morte* à laquelle étaient alors assujétis les habitans de la terre de l'Isle-sous-Montréal, ne consistait que dans une redevance en argent, et que par conséquent elle était exclusive du droit d'échûte; 3° que cet arrêt faisait loi entre le seigneur et les habitans; 4° que le droit d'échûte ne pouvait, en aucun cas, appartenir à l'usufruitier; et qu'ainsi, Mingaud n'avait pas pu vendre le produit de ce droit à Joseph Breuillard.

» Sur le recours en cassation formé contre ce jugement par Anne Breuillard et consorts, la section civile l'a cassé le 13 prairial an 8, au rapport du cit. Coffinhal:

» Attendu que la loi du 25 août 1792, et les » subséquentes ont maintenu les droits des tiers-ac- » quéreurs d'héritages cédés pour prix d'affranchis- » sement de main-morte, et que Joseph Breuillard » est tiers-acquéreur;

» Que l'arrêt du 23 juillet 1763 a jugé formelle- » ment que plusieurs héritages étaient demeurés » assujétis à la main-morte, nonobstant la charte » de 1279, puisqu'il confirme des sentences d'envoi » en possession de successions main-mortables, et » que la disposition postérieure qui condamne les » habitans à différentes prestations en argent ou » denrées, ne peut être relative qu'à la taille et » autres droits seigneuriaux qui y sont rappelés, et » qui, dans le principe, étaient l'unique objet de » l'opposition formée par les habitans des commu- » nes enclavées dans la terre de l'Isle, et non la » main-morte qui ne paraît pas même avoir été con- » testée;

» Que l'acte en forme de transaction, du 14 mai » 1764, homologué par l'arrêt du 12 juillet suivant, » avait fixé plus particulièrement le sens de l'arrêt; » que l'affranchissement absolu de la main-morte, » qui y est accordé par le seigneur, et accepté par les » habitans, annonce qu'ils y étaient encore assujétis » en tout ou en partie; que la confirmation des » échûtes antérieures et postérieures a été le prix » de l'affranchissement; que l'échûte de la succes- » sion de Pierre Breuillard se trouve conservée par » cet acte......;

» Que le seigneur usufruitier et le propriétaire » étaient parties l'un et l'autre dans la transaction; » ce qui ne permettait plus d'agiter la question de » savoir si Breuillard avait pu acquérir de l'usu- » fruitier, puisque son droit était reconnu par le » propriétaire;

» Que cette transaction a été opposée devant les » tribunaux de première instance et d'appel; qu'elle » n'a été anéantie, au chef de la maintenue dont il » s'agit, par aucun des tribunaux saisis de la con- » testation, NI PAR AUCUNE AUTRE AUTORITÉ;

» Que l'art. 56 de la coutume de Troyes, quelles
» qu'en fussent les dispositions, ne serait pas un
» motif d'y déroger, ayant dû être invoqué avant,
» et non depuis, l'arrêt et la transaction homolo-
» guée ;

» Que le jugement attaqué étant en contrariété
» manifeste avec ces actes, le respect dû à l'autorité
» de la chose jugée et aux transactions, ne permet
» pas de le laisser subsister. »

» L'affaire reportée en conséquence au tribunal
d'appel de Paris, jugement du 13 fructidor an 9,
qui prononce comme l'avait fait le tribunal civil de
Seine-et-Marne :

» Attendu que, dans l'instance pendante au ci-
» devant parlement, jugée par arrêt du 23 juillet
» 1763, la feue dame de Nassau a reconnu que,
» suivant les anciens titres, et notamment la charte
» de 1279, la main-morte et la taille, auxquelles
» étaient assujétis les habitans et domaines dépen-
» dans de la terre de l'Isle, ne consistaient que dans
» un DROIT DE MAIN-MORTE ET DE TAILLE IMPOSABLE
» A VOLONTÉ, UNE FOIS L'AN, PAYABLE EN MONNAIE
» COURANTE, LE JOUR DE SAINT-REMY, 1er OCTOBRE
» DE CHAQUE ANNÉE, CROISSANT ET DÉCROISSANT SUI-
» VANT LES FACULTÉS DES GENS; que, par les diffé-
» rentes requêtes signifiées de sa part en ladite ins-
» tance, elle a seulement demandé à ÊTRE MAIN-
» TENUE DANS LEDIT DROIT, et qu'elle y a été main-
» tenue par ledit arrêt; d'où il résulte que les
» héritages délaissés par Pierre Breuillard n'étaient
» pas soumis à la main-mise et appréhension en na-
» ture, en quoi consiste le droit de main-morte
» proprement dit; et qu'au contraire ils devaient
» être recueillis par ses héritiers, et partagés entre
» eux;

» Attendu que la transaction du 14 mai 1764,
» dont a excipé Joseph Breuillard, ainsi que l'arrêt
» homologatif du 12 juillet de la même année, ont
» été cassés et annulés par arrêt du ci-devant con-
» seil, du 13 avril 1773.

» Tels ont été les motifs du jugement dont on
vous demande la cassation; et il n'est pas inutile de
remarquer que le tribunal d'appel de Paris n'a pas
adopté tous ceux qui avaient déterminé le jugement
du tribunal civil de Seine-et-Marne.

» Le tribunal civil de Seine-et-Marne s'était fondé
particulièrement sur ce que Mingaud, vendeur de
Joseph Breuillard, n'étant qu'usufruitier de la terre
de l'Isle, ce n'eût pas été à lui, mais à la dame de
Nassau, propriétaire, qu'eût dû appartenir la succession de Pierre Breuillard, si elle eût été sujette à
l'échûte main-mortable; et en cela il avait fait un
très-mauvais raisonnement, même indépendamment
de la transaction du 14 mai 1764, dans laquelle,
comme l'a très-bien observé le jugement de cassation du 13 prairial an 8, la dame de Nassau avait
reconnu le droit de l'usufruitier Mingaud aux
échûtes arrivées pendant son usufruit.

» En effet, il était assez douteux, sous le régime

de la main-morte, si les échûtes appartenaient,
comme profits de fiefs, à l'usufruitier de la seigneurie, ou si elles devaient se réunir à la nue-propriété.

» Le parlement de Besançon, suivant le témoignage de Grivel et de Dunod, jugeait constamment
en faveur de l'usufruitier.

» Dumoulin, Coquille, le président Favre, Voët
et le président Bouhier tenaient la doctrine contraire; et nous devons convenir qu'elle était justifiée
par des raisons très-puissantes.

« Mais ce n'était là qu'un objet de discussion
entre le propriétaire et l'usufruitier; et jamais on
n'a prétendu que l'usufruitier fût sans qualité envers les tiers pour réclamer les échûtes. Tant que
le propriétaire ne réclamait pas, l'usufruitier pouvait les appréhender, et en disposer comme de sa
propre chose.

» Or, dans notre espèce, la dame de Nassau n'a
jamais réclamé contre l'appréhension que Mingaud
avait faite de l'échûte de Pierre Breuillard. Cette
appréhension était donc légale envers les tiers; elle
formait donc, pour Mingaud, un titre de propriété
envers tout autre que la dame de Nassau. La dame
de Nassau était donc la seule qui fût recevable à inquiéter l'acquéreur de Mingaud.

» Le tribunal civil de Seine-et-Marne s'était encore fondé sur l'art. 59 de la coutume de Troyes,
aux termes duquel les héritages chargés de coutume
échéable, c'est-à-dire, de redevances annuelles en
nature, sont exempts de l'échûte main-mortable,
lorsque ces redevances en nature sont mêlées des
redevances en argent, parce qu'argent rachète
main-morte; c'est-à-dire, parce que la redevance
en argent n'a été imposée sur les héritages, en sus
des redevances en nature, que pour prix de leur
affranchissement.

» Mais il n'avait pas fait attention que cet article
ne parle que des héritages situés en la prévôté de
Troyes, et que, comme on le voit par un état imprimé dans le coutumier général à la suite de la
coutume, ce n'est pas dans l'arrondissement de la
prévôté, mais dans celui du bailliage de Troyes, que
se trouve la ci-devant châtellenie de l'Isle-sous-
Montréal.

» Et encore remarquons bien, avec le cit. Henrion, dans le Répertoire de jurisprudence, au mot
Main-morte, que, même pour les héritages situés
dans la prévôté de Troyes, la coutume n'établit
qu'une simple présomption. Ainsi, dans cette partie de la coutume, lorsqu'un héritage est chargé
d'une redevance en argent, en même temps que
d'une redevance en nature, on doit présumer que
la première n'a été constituée que pour le rachat de
la main-morte, et, par suite, que l'héritage n'est plus
échéable.

» Mais assurément cette présomption doit cesser
dans deux cas.

» Elle doit cesser, lorsque des titres formels établissent le contraire, et le cit. Henrion les dit expressément.

» Elle doit cesser encore, lorsque la redevance en argent est de telle nature, que, bien loin de supposer l'absence de la main-morte, elle est, en quelque sorte, inhérente à cette servitude, lorsqu'elle en forme un des principaux attributs.

» Or, d'un côté, l'arrêt du 23 juillet 1763 juge à la fois, et qu'il appartient à la dame de Nassau un droit de taille en argent, concurremment avec un droit de *tierce* ou champart, et des rentes en grains, cire et volailles, et qu'elle a le droit de recueillir, par échûte main-mortable, les successions qui s'ouvrent en ligne collatérale dans les parties de sa terre non encore affranchies.

» D'un autre côté, la taille en argent, dans laquelle l'arrêt du 23 juillet 1763 maintient la dame de Nassau, n'est pas une redevance fixe et immuable : c'est une *taille à volonté*. Or, il est généralement reconnu que la *taille à volonté*, non-seulement n'est point exclusive du droit d'échûte main-mortable, mais qu'elle le suppose naturellement, et qu'elle en est à la fois l'accessoire et la preuve. La plupart des gens de main-morte, dit le président Favre, en son code, liv. 7, tit. 3, déf. 3, sont connus sous le nom de taillables à volonté : *Ex iis plerique dicuntur taillabiles ad domini voluntatem et misericordiam*. Le président Bouhier, chap. 74, n° 36, dit également que *ceux qui sont* TAILLABLES À VOLONTÉ *et* MISÉRICORDE, *sont sans difficulté sujets à échûte*; et il rapporte deux deux arrêts du parlement de Dijon, des 9 février 1610 et 18 janvier 1644, qui l'ont ainsi jugé. Telle est aussi la doctrine du président Doncieu, dans son *Traité de la main-morte*, chap. 38, n° 17 : *Le mot* TAILLABLE, *en général* (ce sont ces termes), *n'a rien en soi de la main-morte; néanmoins il est tiré* AD SPECIEM (*c'est-à-dire, dans le sens de* MAIN-MORTABLE), *lorsque le reconnaissant se dit tel, notamment avec l'adjonction de* VOLONTÉ ET MISÉRICORDE.

» Et ce qui, dans notre espèce, ajoute encore un nouveau poids à ces autorités, c'est que, par l'arrêt du 23 juillet 1763, la taille *à volonté* de la dame de Nassau est expressément qualifiée de *droit de main-morte*. De là, en effet, il résulte évidemment que, dans le sens de cet arrêt, les mots *taillables à volonté* et *main-mortables* sont parfaitement synonymes; et cette conséquence en amène une autre qui n'est pas moins nécessaire : c'est que les taillables à volonté de la terre de l'Isle-sous-Montréal, sont sujets à l'échûte, s'ils n'en ont pas été affranchis par des titres particuliers; car le droit de main-morte emporte celui d'échûte, lorsqu'aucun titre d'affranchissement ne s'y oppose.

» Qu'on ne vienne donc plus vous dire que la taille à volonté, dans laquelle l'arrêt de 1763 maintient la dame de Nassau, est le prix de l'affranchissement du droit d'échûte main-mortable. Les principes de la matière repoussent cette assertion; et

nous devons ajouter que l'arrêt de 1763 lui-même le condamne formellement.

» Il la condamne, en confirmant les sentences qui avaient adjugé différentes échûtes à la dame de Nassau.

» Il la condamne encore, en maintenant la dame de Nassau « dans les droits de corvées, devoirs, » obligations et redevances en argent, volailles, » grains, foins, lits, logement, jailles et autres droits » dûs au seigneur de l'Isle, en vertu de la charte » d'affranchissement du droit de main-morte don- » née aux habitans du bourg de l'Isle, le 12 juillet » 1279; » ce qui prouve bien clairement que le prix de l'affranchissement accordé en 1279 aux *habitans du bourg de l'Isle*, et non, comme nous l'avons déjà observé, à ceux de toute la châtellenie de l'Isle-sous-Montréal, consistant dans ces *droits de corvées, devoirs, obligations, etc.*, et non pas dans le droit de taille à volonté dont il est parlé dans une des précédentes dispositions de l'arrêt.

» Qu'on ne vienne pas encore vous dire que l'arrêt de 1763 ne donne au droit de main-morte, dans lequel il maintient la dame de Nassau, d'autre effet que celui d'une *taille imposable à volonté*; et que, par là, il en exclut virtuellement celui de l'échûte.

» Encore une fois, il suffit, d'après les principes de la matière, que l'arrêt ait maintenu la dame de Nassau dans un droit de taille à volonté, pour qu'il l'ait, par cela seul, maintenu dans le droit d'échûte.

» Il suffit qu'il ait qualifié ce droit de taille à volonté, de *droit de main-morte*, pour que cette qualification rende *échéables* les successions de ceux qui sont assujétis à ce droit.

» Et enfin, nous ne saurions trop le répéter, l'arrêt a si peu entendu restreindre le droit de main-morte à un droit de taille à volonté, qu'il a maintenu la dame de Nassau, non-seulement dans l'exercice de son droit de taille à volonté, mais encore dans la possession des échûtes que lui avaient adjugées précédemment plusieurs sentences du bailliage de Troyes.

» Mais nous nous apercevrons que, tout en réfutant le principal motif du jugement du tribunal civil de Seine-et-Marne, cassé par la section civile, le 13 prairial an 8, nous avons réfuté à l'avance le premier motif du jugement du tribunal d'appel de Paris, qui se trouve en ce moment soumis à votre examen; et cette observation nous conduit naturellement à la conséquence, que ce second jugement a, comme le premier, altéré les dispositions de l'arrêt du 23 juillet 1763, qu'il leur a prêté un sens directement contraire à celui qu'elles offrent à l'œil attentif et impartial du magistrat, et qu'il a, par une suite nécessaire, violé l'autorité de la chose jugée entre les mêmes parties.

» Nous disons, *entre les mêmes parties*; car déjà vous avez vu que Louis et Joseph Breuillard étaient, comme membres de la commune de Sainte-Colombe, parties au procès terminé par l'arrêt de 1763; et c'est ce qui nécessite ici impérieusement l'application de l'art. 5 du tit. 27 et de l'art. 1 du tit. 35 de l'ordonnance de 1667.

» La chose est d'ailleurs d'autant plus évidente, que Louis Breuillard, dont les défendeurs, ses enfans et héritiers, exercent ici les droits, figure en nom dans le vu de l'arrêt, et qu'il est individuellement compris dans les condamnations prononcées par le parlement.

» Cependant les défendeurs insistent encore, et plusieurs objections, qu'il est de notre devoir de discuter, viennent à leur secours.

» L'arrêt de 1763, disent-ils, n'a pas jugé, en confirmant les sentences d'envoi en possession de diverses successions collatérales, que la dame de Nassau eût le droit d'échute main-mortable; ce n'est pas par le mérite du fond qu'il a confirmé ces sentences; il ne les a confirmées que parce que les habitans avaient déclaré n'avoir aucun intérêt de les faire annuler; il les a confirmées que parce que la dame de Nassau avait soutenu les habitans non-recevables dans l'appel qu'ils en avaient interjeté. En un mot, les habitans ne contestaient, relativement à la main-morte, que le droit de taille à volonté; il n'a donc pu adjuger que ce droit à la dame de Nassau; il n'a donc pas pu lui adjuger le droit d'échute main-mortable.

» Mais d'abord l'arrêt ne déclare pas les habitans non-recevables dans leur appel; il met, au contraire, l'appellation au néant : forme de prononcer qui caractérise essentiellement un jugement confirmatif, forme de prononcer qui prouve invinciblement, que c'est par le seul mérite du fond que les jugemens attaqués ont été maintenus.

» Ensuite, il importe peu que, dans le cours de l'instruction, les habitans aient déclaré n'avoir aucun intérêt à faire annuler les sentences d'envoi en possession dont ils avaient interjeté appel.

» Tout ce qu'on pourrait conclure de là, c'est qu'ils se sont mal défendus. Cependant nous trouvons, dans le vu d'un arrêt du conseil, du 19 juillet 1790, produit par les défendeurs, que les communes de la châtellenie de l'Isle-sous-Montréal, s'étant pourvues en requête civile contre l'arrêt du 12 juillet 1763, elles ont été déboutées par arrêt du 8 janvier 1776.

» Mais il y a une autre conséquence à tirer de la déclaration faite par les habitans, qu'ils n'avaient aucun intérêt à faire annuler les sentences d'envoi en possession; et les défendeurs eux-mêmes ont soin de vous l'indiquer : c'est que le droit d'échute main-mortable n'était pas véritablement contesté de leur part.

» Or, que résulte-t-il de là ? Il en résulte que la dame de Nassau ne leur opposait les sentences d'envoi en possession que pour prouver qu'elle avait le droit de taille à volonté, accessoire ordinaire des droits de main-mortable et d'échute.

» Il en résulte, par conséquent, que les habitans reconnaissaient que la dame de Nassau avait le droit d'échute, mais qu'ils lui déniaient celui de taille à volonté.

» Il en résulte, par conséquent encore, que c'est de leur consentement qu'ont été confirmées les sentences d'envoi en possession; et, par une suite nécessaire, que c'est aussi de leur consentement qu'il a été jugé que la dame de Nassau avait le droit d'échute.

» Il en résulte enfin que, contesté ou non, le droit d'échute a été jugé appartenir à la dame de Nassau.

» Mais, disent encore les défendeurs, ce droit n'a pas été jugé appartenir à la dame de Nassau sur tous les biens et sur tous les habitans sans distinction. Il n'a pu être jugé lui appartenir que ralativement aux successions, sur lesquelles elle l'avait jusqu'alors exercé. Il n'a donc pas été jugé lui appartenir sur la succession de Pierre Breuillard, qui d'ailleurs ne s'est ouverte que quelques jours avant l'arrêt.

» Cette objection disparaîtra bientôt, si on la rapproche des développemens dans lesquels nous sommes entrés sur la liaison intime qu'il y a entre le droit de taille à volonté et le droit d'échute.

» L'arrêt de 1763 maintient la dame de Nassau dans le premier; il la maintient par conséquent aussi dans le second, puisque l'un est renfermé dans l'autre, puisque les auteurs et la jurisprudence des anciens tribunaux s'accordent à reconnaître qu'on ne peut pas être taillable à volonté, sans être main-mortable, et sans, par suite, être sujet à l'échute.

» Ce n'est donc pas par des titres particuliers qu'a été déterminée la disposition de l'arrêt de 1763, qui confirme les sentences d'envoi en possession. Le vu même de l'arrêt prouve qu'aucun titre particulier n'avait été invoqué par la dame de Nassau, pour obtenir la confirmation de ces sentences. Il prouve, au contraire, que la dame de Nassau ne s'appuyait, pour conclure à cette confirmation, que sur son droit général de main-morte : droit qui était reconnu, et dont elle faisait dériver deux autres droits, l'un qu'on lui contestait, celui de taille à volonté, l'autre qu'on ne lui contestait pas, celui d'échute main-mortable.

» Les sentences d'envoi en possession n'ont donc été confirmées que d'après le droit général de main-morte qui appartenait à la dame de Nassau.

» L'arrêt qui les a confirmées a donc nécessairement jugé que la dame de Nassau avait les droits de main-morte et d'échute sur les habitans et sur tous les biens de la châtellenie de l'Isle, qui n'en avaient pas été précédemment affranchis.

» Sans doute la dame de Nassau n'aurait pas pu argumenter de cette confirmation contre les habitans du bourg de l'Isle, mais pourquoi? Parce qu'affranchis de la main-morte par la charte de 1279, ils l'étaient aussi, par cela seul, de la taille à volonté, et conséquemment du droit d'échute.

» Elle n'aurait pas pu, par la même raison, opposer cette partie de l'arrêt aux habitans des communes qu'avaient également affranchies les chartes de 1319, 1357, 1368 et 1425.

» Aussi remarquez-vous que l'arrêt n'assujétit au droit de main-morte et de taille à volonté que » les biens, hommes et femmes qui, par des titres » généraux ou particuliers n'en sont pas exempts ou » affranchis; » termes qui évidemment exceptent les habitans et les biens compris dans les chartes d'affranchissement que nous venons de rappeler.

» Aussi remarquez-vous que, relativement aux *habitans du bourg de l'Isle*, affranchis de la main-morte dès l'an 1279, l'arrêt n'accorde à la dame de Nassau que la maintenue *dans les droits de corvées, devoirs, obligations, etc.*, stipulés par leur charte d'affranchissement.

» Aussi remarquez-vous que, dans la transaction du 14 mai 1764, il est dit, art. 5, qu'avant cet arrêt, les habitans du bourg de l'Isle n'étaient imposés, chaque année, qu'à un *droit de franchise*, et qu'à l'avenir il en sera de même de *tous les autres habitans de la terre*, au moyen de l'affranchissement qui leur est accordé comme à ceux du bourg.

» Mais de là même il suit nécessairement que les habitans de la commune de Sainte-Colombe, que rien n'annonce avoir été affranchis de la main-morte avant l'arrêt, sont compris dans la disposition de l'arrêt même, qui adjuge à la dame de Nassau le droit de taille à volonté.

» De là, par conséquent, il suit de toute nécessité que les habitans de Sainte-Colombe sont, par l'arrêt, jugés main-mortables et sujets à l'échute.

» Mais, objectent encore les défendeurs, deux arrêts du parlement de Paris, des 15 juin 1779 et 6 mai 1784, ont décidé que celui du 12 juillet 1763 avait restreint le droit de main-morte à la seule taille à volonté, et en avait exclu le droit d'échute.

» Quand nous le supposerions ainsi avec les défendeurs, les deux arrêts dont ils se prévalent ne pourraient être ici d'aucune considération; car ils n'ont été rendus ni en faveur des défendeurs eux-mêmes, ni en faveur de Louis Breuillard, dont ils tiennent la place.

» Mais il y a plus : et d'abord il n'est rien moins que constant que le premier de ces arrêts, celui du 15 juin 1779 ait jugé ce que lui prêtent les défendeurs.

» Cet arrêt est intervenu dans une instance entre les nommés Bailli et Rapineau, qui se disputaient deux ouvrées de vignes, et l'usufruitier Mingaud, que Bailli avait assigné en garantie. Il résulte bien du vu de l'arrêt que Mingaud avait vendu ces deux ouvrées de vigne à Bailli; mais on y remarque aussi que Rapineau les lui avait également vendues; du reste, pas un seul mot qui indique si Mingaud avait recueilli ce bien comme échute; pas un seul mot qui fasse même soupçonner que l'arrêt du 23 juillet 1763 ait été invoqué de part ou d'autre. Enfin ce qui écarte absolument le préjugé que l'on voudrait tirer de

cet arrêt, c'est qu'il disjoint la demande en garantie de l'instance principale, que conséquemment il ne statue rien à l'égard de Mingaud, et que d'ailleurs celui-ci et ses héritiers (car il était mort pendant le cours du procès) n'avaient donné aucune espèce de défense, et avaient encouru la forclusion.

» Quant à l'arrêt du 6 mai 1784, il est vrai qu'il déboute Louis-Berthier, acquéreur de la terre de l'Isle-sous-Montréal, de sa prétention à l'échute de quelques particuliers de la famille Quesse-Valcourt; et qu'il lui réserve seulement la perception « des » droits de main-morte et de taille, payables en » monnaie courante, ainsi qu'il est porté en l'arrêt » du 23 juillet 1763. » Il juge par conséquent que la taille à volonté dans laquelle l'arrêt du 23 juillet 1763 avait maintenu le seigneur de l'Isle-sous-Montréal, n'emportait pas le droit d'échute; et, par conséquent encore, il juge le contraire de ce qu'avait implicitement décidé l'arrêt du 23 juillet 1763.

» Mais quel a été le sort de l'arrêt du 6 mai 1784? Louis Berthier s'est pourvu au grand conseil en contrariété d'arrêts; et, le 1er septembre 1786, il est intervenu, en ce tribunal, un arrêt contradictoire qui a déclaré nul celui du 6 mai 1784, comme contraire à celui du 22 juillet 1763.

» A la vérité, cet arrêt a été cassé par le conseil, le 19 juillet 1790. Mais pourquoi l'a-t-il été? Sans doute, parce que les deux arrêts de 1763 et 1784 n'étant pas émanés de tribunaux différens, ce n'était point le cas de recourir au grand conseil, et qu'il n'y avait lieu qu'à la requête civile, conformément à l'art. 34 du tit. 35 de l'ordonnance de 1667.

» Aussi l'arrêt de cassation paraît-il réserver cette dernière voie à Louis Berthier, puisqu'il lui permet *de se pourvoir, ainsi qu'il avisera, par toutes voies de droit.*

» Le résultat de cette contestation entre Louis Berthier et la famille Quesse-Valcourt, est donc bien plus à l'avantage des demandeurs actuels en cassation, qu'à celui de leurs adversaires : et au surplus, nous le répétons, ce qui a pu être jugé entre Louis Berthier et la famille Quesse-Valcourt, ne peut rien changer à ce qui avait été jugé par l'arrêt de 1763, avec Joseph Breuillard, c'est-à-dire avec celui que les défendeurs représentent en ce moment.

» Disons donc avec le jugement de cassation du 13 prairial an 8, que le tribunal civil de Seine-et-Marne avait violé, par son jugement du 13 prairial an 6, l'autorité de la chose jugée.

» Disons par conséquent que le tribunal d'appel de Paris l'a également violée par son jugement du 14 fructidor an 9.

» Et par une conséquence ultérieure, disons que vous devez casser le jugement du tribunal d'appel de Paris, comme la section civile a cassé celui du tribunal civil de Seine-et-Marne.

» Mais ce n'est pas tout. Le jugement du tribunal d'appel de Paris ne doit-il pas encore être cassé, comme contraire à l'ordonnance du mois d'avril 1560? Ne doit-il pas encore être cassé, pour avoir prononcé comme il l'a fait, au mépris de la transaction du 14 mai 1764, dans laquelle nous avons déjà remarqué que Joseph et Louis Breuillard étaient parties directes, et dont une clause expresse maintient le vendeur du premier, dans les échûtes qu'il a recueillies depuis l'arrêt de 1763?

» Non, répondent les défendeurs; car la transaction du 14 mai 1764 a été annulée par arrêt du conseil du 13 avril 1773; elle l'a été purement et simplement, elle l'a été dans toutes ses parties; il n'en reste plus rien.

» Cette réponse est spécieuse; mais est-elle bien concluante? Entrons dans quelques détails; la vérité nous apparaîtra bientôt dans tout son jour.

» Quel était l'objet de la contestation sur laquelle a statué l'arrêt du conseil du 13 avril 1773? Elle n'en avait point d'autre que la forêt d'Hervaux; et l'unique question qu'elle présentait à juger, entre les habitans et le seigneur de la châtellenie de l'Isle-sous-Montréal, consistait à savoir quels étaient, sur cette forêt, les droits respectifs du seigneur et des habitans.

» Ces droits respectifs avaient été fixés par une transaction du 19 novembre 1580, par deux arrêts du conseil des 29 juillet 1673 et 17 mai 1740, et par l'arrêt du parlement de Paris, du 23 juillet 1763; mais il y avait été innové par l'art. 11 de la transaction du 14 mai 1764, et il s'agissait de savoir si, à cet égard, la transaction du 14 mai 1764 était valable.

» Les habitans soutenaient la négative; et voici mot pour mot les conclusions qu'ils prenaient à l'appui de leur système (nous le puisons dans leur requête du 4 avril 1768, visée dans l'arrêt dont il s'agit): « à ce qu'il plaise à S. M., sans s'arrêter ni » avoir égard à l'art. 11 de la transaction passée de- » vant notaires au châtelet de Paris....., le 14 mai » 1764, ainsi qu'au surplus de ladite transaction » concernant les frais et dépens qui y sont rappor- » tés, ni à l'arrêt du parlement du 22 juillet audit » an 1764, homologatif de la transaction, lesquels » arrêt et transaction seront regardés comme nuls » et non-avenus, ordonner que les arrêts contra- » dictoirement rendus au conseil, les 29 juillet 1673 » et 17 mai 1740, seront exécutés, etc. »

» Les habitans ne demandaient donc pas la nullité de la transaction entière; ils ne concluaient qu'à l'annulation de l'art. 11 de cet acte, et de celles de ses dispositions qui concernaient les *frais et dépens* des procédures antérieures, relatives à la forêt d'Hervaux.

» Sans doute, le seigneur de la châtellenie de l'Isle aurait pu leur objecter qu'il n'était pas en leur pouvoir de scinder la transaction, qu'elle formait un tout indivisible, et que, s'ils ne voulaient pas en exécuter les dispositions relatives à la forêt d'Hervaux, ils ne pouvaient pas profiter des autres disposi-

tions du même acte par lesquelles il leur avait été fait remise de différens droits onéreux ; notamment de la servitude main-mortable.

» Mais cette objection, le seigneur ne la leur fit point, et il n'en était bien le maître : seul intéressé à se prévaloir de l'indivisibilité de la transaction, seul intéressé à demander qu'en cas que la transaction fût annulée dans un de ses articles, elle le fût dans tous; et qu'à tous égards les parties fussent remises dans le même état où elles se trouvaient avant de transiger, il était bien le maître de renoncer à son droit; et c'est ce qu'il fit, en se bornant à défendre l'article de la transaction attaqué par les habitans.

» D'après cela, comment doit-on entendre la disposition de l'arrêt du conseil du 13 avril 1773, qui déclare la transaction nulle? Sans contredit, on doit l'entendre dans le sens des conclusions sur lesquelles cet arrêt a statué; car on ne peut pas présumer que l'arrêt ait jugé *ultrà petita*; et ce qui prouve bien qu'en effet il n'annulle la transaction que dans ses rapports avec la forêt d'Hervaux, c'est qu'en conséquence de l'annullation qu'il en prononce, il ne fait que maintenir les habitans dans les droits qu'ils avaient sur la forêt d'Hervaux, avant la transaction.

» Si l'arrêt eût entendu annuler la transaction dans tous ses points, qu'aurait-il dû faire? et qu'aurait-il fait? Il aurait remis toutes les parties dans le même état où elles étaient avant de la signer; il aurait notamment fait revivre la servitude main-mortable et le droit de taille à volonté; qui, avant la transaction, pesaient sur la majorité des habitans de la châtellenie de l'Isle, et spécialement sur ceux de la commune de Sainte-Colombe.

» Et pourquoi donc ne lisons-nous rien de tout cela dans l'arrêt? C'est parce que l'arrêt n'a rien jugé au-delà de ce qu'on demandait au conseil; c'est parce que l'arrêt n'a ni pu ni voulu aller plus loin que les communes de la terre de l'Isle; c'est parce que l'arrêt, en rétablissant les communes de la terre de l'Isle dans leurs droits primitifs sur la forêt d'Hervaux, n'a ni pu ni voulu les remettre sous le joug des servitudes odieuses dont la transaction les avait affranchies; c'est parce que l'arrêt n'a ni pu ni voulu être plus rigoureux dans son prononcé, que le seigneur de l'Isle ne l'avait été dans ses conclusions.

» Il importe peu, d'après cela, que le conseil n'ait pas seulement annulé la transaction, mais qu'il ait encore cassé l'arrêt du parlement de Paris, du 12 juillet 1764, qui l'avait homologuée.

» La transaction pouvait, dans ses dispositions étrangères à la forêt d'Hervaux, conserver toute son autorité sans la forme de l'homologation. Aucune loi n'avait prescrit cette forme pour la validité des transactions qui n'expropriaient pas des communes de leurs biens-fonds. Le conseil a donc très-bien pu casser l'arrêt d'homologation, et laisser subsister les parties de la transaction qui n'étaient pas attaquées par les habitans.

» Mais pourquoi a-t-il cassé l'arrêt d'homologation ? Pourquoi n'a-t-il pas fait droit sur les conclusions que le seigneur avait subsidiairement prises, à ce que, dans le cas où l'arrêt d'homologation viendrait à être annulé, le conseil homologuât lui-même la transaction ?

» S'il en faut croire les défendeurs, l'arrêt d'homologation n'a été cassé que parce qu'il avait été rendu sans conclusions du ministère public.

» Mais les défendeurs ne font pas attention que le défaut de conclusions du ministère public ne formait pas, à cette époque, un moyen de cassation. L'art. 34 du tit, 35 de l'ordonnance de 1667 le mettait au rang des ouvertures de requête civile, et le réglement de 1738 dit positivement qu'une ouverture de requête civile ne peut jamais être employée comme moyen de cassation.

» L'arrêt n'a donc été cassé que parce qu'il avait les anciennes lois générales de l'état, et spécialement la déclaration du 22 juin 1659, rendue pour la ci-devant Champagne, qui défendaient aux communes de transiger sur leurs biens communaux, sans y avoir été préalablement autorisées par lettres patentes dûment enregistrées.

» Le conseil n'a donc refusé d'homologuer lui-même la transaction, en ce qui concernait la forêt d'Hervaux, que parce que, dans celui de ses articles qui était relatif à cette forêt, elle était radicalement nulle pour avoir été passée sans lettres-patentes préalables.

» Ainsi tombent, ainsi s'évanouissent, tous les paralogismes dont on s'est servi dans cette cause, pour écarter la transaction du 12 mai 1764 : il reste donc que cette transaction faisait la loi aux parties sur la question de savoir si la succession de Pierre Breuillard avait fait échûte ; il reste, par conséquent, que le tribunal d'appel de Paris, en jugeant contre cette transaction, a jugé contre le texte formel de l'ordonnance du mois d'avril 1560.

» Par ces considérations, nous estimons qu'il y a lieu à casser et annuler le jugement du tribunal d'appel de Paris, du 13 fructidor an 9 ; renvoyer le fond de la cause devant le tribunal d'appel le plus voisin, et ordonner qu'à notre diligence, le jugement à intervenir sera imprimé et transcrit sur les registres du tribunal d'appel de Paris. »

Conformément à ces conclusions, arrêt du 17 floréal an 11, au rapport de M. Cochard, par lequel :

« Vu l'art. 5 du tit. 27 de l'ordonnance de 1667 ; vu pareillement l'ordonnance du mois d'avril 1560, qui ne permet la rescision des transactions que pour cause de dol, fraude ou violence ;

» Et attendu 1° qu'avant la charte de 1275, la main-morte réelle affectait généralement tous les biens et héritages assis et situés dans l'enclave de la ci-devant seigneurie de l'Isle, laquelle comprenait, outre le bourg de l'Isle, plusieurs autres communes, et notamment celle de Sainte-Colombe ;

» Que cette charte n'a affranchi de la main-morte que les habitans du bourg de l'Isle, etn'y a substitué qu'en leur faveur des droits de corvées, devoirs et obligations insérés dans l'arrêt du 23 juillet 1763 ;

» Que, ni cette charte, ni celles de 1319, 1357, 1368et 1325, insérées dans le vu de l'arrêt du parlement de Paris du 6 mai 1784, n'ont étendu cet affranchissement aux habitans de la commune de Sainte-Colombe ; qu'ainsi, les habitans de cette commune sont demeurés, jusqu'à la transaction du 14 mai 1764, assujétis à la Main-morte, et par conséquent au droit d'échûte qui en formait le principal attribut ;

» Qu'à la vérité, par l'arrêt du 24 juillet 1763, ils ont été jugés soumis à la taille à volonté en argent ; mais que de là même il résulte que leurs successions étaient échéables, la taille à volonté étant à la fois la conséquence et la preuve de l'échûte main-mortable ; et que cela résulte encore plus clairement de la circonstance que ce droit de taille à volonté est expressément qualifié de *Main-morte* par ledit arrêt ;

» Que l'art. 59 de la coutume de Troyes, portant qu'*argent rachète la Main-morte*, ne comprend dans sa disposition que les héritages situés dans la prévôté de Troyes, et n'est conséquemment pas applicable à la ci-devant châtellenie de l'Isle-sous-Montréal, laquelle était située hors de ladite prévôté, et ressortissait immédiatement au bailliage de Troyes ;

» Que d'ailleurs on ne peut pas conclure de cet article, même pour la ci-devant prévôté de Troyes, que le droit de taille à volonté en argent soit exclusif de la Main-morte ; que cet article établit bien une présomption que la redevance en argent, dont est grevé un héritage, a été constitué pour rachat de la Main-morte, mais que cette présomption perd toute sa force, lorsque la redevance en argent n'est pas fixe et immuable, mais consiste dans une taille à volonté, et par conséquent dans un droit emportant par lui-même la preuve de la Main-morte, et par suite, du droit d'échûte main-mortable ;

» Que, dans l'espèce, il y a d'autant moins de doute à cet égard, que l'arrêt de 1763, tout en adjugeant à la dame de Nassau le droit de taille à volonté en argent, a mis l'appellation au néant sur l'appel que les habitans avaient interjeté de différentes sentences qui avaient envoyé la dame de Nassau en possession de successions collatérales, à titre d'échûte ;

» Qu'ainsi il est évident que cet arrêt a jugé que le seigneur de l'Isle-sous-Montréal avait le droit d'échûte ; qu'il l'a jugé *implicitement*, en décidant que ce seigneur avait le droit de taille à volonté ; et qu'il l'a jugé *formellement*, en confirmant les sentences qui avaient adjugés diverses échûtes audit seigneur ;

» Que Joseph et Louis Breuillard, que représentent respectivement les demandeurs et les défendeurs, étaient parties dans ledit arrêt ; qu'ils y étaient parties, comme membre de la commune de Sainte-Colombe; et que Louis Breuillard y était de plus partie en son propre et privé nom;

» Qu'ainsi, il a été par le jugement attaqué, contrevenu à l'autorité de la chose jugée, et que, par conséquent les art. 5 du tit. 27 et 1er du tit. 35 de l'ordonnance de 1667 ont été violés;

» Attendu 2° que, par une disposition particulière de la transaction du 14 mai 1764, intervenue sur l'exécution dudit arrêt, et dans laquelle Louis et Joseph Breuillard étaient également parties, l'échûte particulièrement de Pierre Breuillard a été confirmée au profit du seigneur, usufruitier de ladite terre;

» Que les habitans n'ont réclamé contre cette transaction au ci-devant conseil, que relativement à la forêt d'Hervaux; qu'ils ne s'étaient jamais plaints que de la distraction d'une partie de cette forêt, que la transaction avait faite au profit de leur ci-devant seigneur;

» Que tel était aussi l'objet des poursuites de l'inspecteur-général des domaines, lequel, en se joignant auxdits habitans, n'ayant eu d'autre but que celui de faire annuler ladite transaction, sur ce chef exclusivement;

» Que, s'il avait conclu, ainsi que lesdits habitans, à la nullité indéfinie de cet acte, et si l'arrêt du conseil l'avait ainsi prononcé, il ne l'avait fait que dans l'intérêt du domaine, et non dans celui desdits habitans, dont la demande était limitée à cet unique objet; d'où il suit que cette prononciation indéfinie doit naturellement se restreindre aux seules réclamations formées, tant par lesdits habitans que par ledit inspecteur-général; mais que ce serait excéder le sens naturel et littéral dudit arrêt, que de l'étendre aux autres dispositions de ladite transaction, sur lesquelles lesdits habitans n'avaient élevé aucune contestation, et à l'annulation desquelles ils n'avaient point conclu; qu'ainsi, le jugement attaqué a violé l'ordonnance du mois d'avril 1560, concernant le respect dû aux transactions;

» Par ces considérations, le tribunal; faisant droit à la demande en cassation formée par les demandeurs contre le jugement du tribunal d'appel de Paris du 13 floréal an 9, casse et annule ledit jugement; renvoie sur le fond par-devant le tribunal d'appel séant à Orléans........ »

MAIN-MORTE (gens de). *Quelle était, avant la révolution, la législation de la ci-devant Lorraine; relativement aux des acquisitions des gens de Main-morte?*

V. le plaidoyer et l'arrêt du 15 ventôse an 10, rapportés à l'article *Biens nationaux*, §. 5.

MAIN-PLÉVIE. *Quels étaient, dans le pays de Liége, avant la publication de la loi du 8-13*

avril 1791, sur les successions ab intestat, le caractère et les effets du droit de dévolution, combiné avec celui de Main-plévie?

V. les articles *Dévolution coutumière*, §. 1., et *Enregistrement (droit d')*, §. 5.

MAIRE, §. I. 1.° *Les Maires peuvent-ils faire, sur les matières de police purement municipale, des réglemens obligatoires pour les tribunaux de police? Le peuvent-ils sans l'approbation des préfets?*

2.° *Le peuvent-ils sans ou avec l'autorisation des préfets, dans les matières qui ne tiennent pas à la police municipale?*

V. les articles *Préfet*, §. 4, et *Tribunal de police*, § 4.

§. II.. *Un jugement dans les qualités duquel une commune figure, non par le ministère de son Maire, mais par elle-même, peut-il être annulé sur la demande de la partie qui n'a pas contredit ces qualités?*

V. le plaidoyer rapporté dans l'article *Usage (droit d')*, §. 2.

§. III. *Les habitans d'une commune à qui appartient un droit d'usage sur la propriété d'un particulier, peuvent-ils individuellement le réclamer en justice? La commune en corps n'a-t-elle pas, seule et exclusivement, qualité pour intenter ou soutenir une action de cette nature, par l'organe de son Maire?*

V. l'article *Vaine pâture*, §. 2.

§. IV. *Les procès-verbaux des Maires font-ils foi, jusqu'à la preuve contraire, des contraventions de police qu'ils relatent?*

V. le réquisitoire et l'arrêt rapportés à l'article *Tribunal de police*, §. 4, n° 2.

§. V. *Questions sur la manière d'assigner les communes dans la personne ou au domicile de leurs Maires.*

V. l'article *Assignation*, §. 11, 12 et 13.

§. VI. *Autres questions relatives aux Maires.*

V. les articles *Agent du gouvernement*, *Commune* et *Pouvoir judiciaire*.

MANDAT. §. I. *Le commettant est-il lié par le contrat que son mandataire a fait avec un tiers, en vertu d'une procuration qui lui donnait un pouvoir indéfini, mais que restreignaient des ins-*

tructions secrètes dont il n'est point prouvé que le tiers ait eu connaissance en contractant ?

V. le plaidoyer et l'arrêt du 27 nivôse an 1, rapportés à l'article *Transcription*, §. 3.

§. II. *Le préposé à la recette des arrérages d'une rente, a-t-il qualité pour en recevoir le principal ?*

V. l'article *Offres réelles*, §. 2.

§. III. 1° *Un receveur qui a remis ses registres à son commettant, peut-il encore être tenu de communiquer les notes particulières d'après lesquelles il les a formés ?*

2° *Les changemens qui surviennent dans les monnaies, pendant la gestion d'un receveur, doivent-ils lui profiter ou lui nuire ?*

V. l'article *Receveur*, §. 1 et 3.

§. IV. 1° *Un commissionnaire répond-il de la saisie des marchandises qu'il a reçues en entrepôt, lorsqu'il a négligé de remettre au voiturier à qui il les a confiées, les acquits, les certificats et les autres pièces qui devaient assurer à ces marchandises un libre passage par les différens bureaux des douanes où elles devaient être visitées ?*

2° *Les commissionnaires de voitures de roulage sont-ils garans des voituriers qu'ils choisissent ; et répondent-ils des fautes ou du dol de ceux-ci, lorsqu'il n'est pas prouvé qu'ils ont mis dans leur choix une imprudence inexcusable ?*

V. l'article *Commissionnaire*, §. 1 et 2.

§. V. 1° *L'énonciation d'un mandat dans un contrat notarié, constate-t-elle suffisamment que celui qui a signé ce contrat au nom d'un tiers, avait le pouvoir de stipuler pour lui ?*

2° *Le défaut de désaveu formé contre celui qui a stipulé dans un contrat, au nom d'un tiers, en vertu de son mandat non représenté, suffit-il pour prouver que le mandat a réellement existé ?*

V. le plaidoyer du 5 avril 1810, rapporté aux mots *Union de créanciers*, §. 2.

MANOIR. *La disposition des coutumes d'Hesdin et de Saint-Pôl, locales de la coutume générale d'Artois, qui donnait par préciput à l'aîné mâle ou femelle, la totalité des anciens Manoires cottiers ou censuels, a-t-elle été abrogée, ipso facto, par la loi du 15-28 mars 1790, portant suppression du régime féodal ?*

V. le plaidoyer du 9 ventôse an 11, rapporté à l'article *Féodalité*, §. 3.

MANUCRITS. *V.* l'article *Donation*, §. 6, n° 4.

MARAIS. §. I. 1° *A qui, des seigneurs ou des habitans, les marais étaient-ils censés appartenir, sous l'ancienne jurisprudence ? Quel changement a-t-il été fait à cette jurisprudence, par les lois des 13 avril 1791, 28 août 1792 et 10 juin 1793. Le domaine public, dans les lieux où le roi était ci-devant seigneur, était-il, à cet égard, assimilé aux ci-devant seigneurs particuliers ? Ceux qui, par concession du roi, ont desséché et défriché des marais avant les lois nouvelles, ont-ils, à cet égard, plus de droits que n'en aurait le domaine public, si les marais étaient restés dans leur premier état ?*

2° *Est-ce par l'autorité administrative ou par le pouvoir judiciaire, qu'il doit être procédé au cantonnement des marais, entre les propriétaires et les usagers ?*

Ces questions qui, au moment de l'impression de cette partie de la 2e édition, paraissaient pouvoir être traitées dans ce recueil sous les mots *Terres vaines et vagues*, n'ont pu l'être que dans la 4e édition du *Répertoire de jurisprudence*, sous les mêmes mots.

§. II. *Des marais auxquels il a été fait des travaux pour les remettre en valeur, sont-ils compris dans la classe des terrains vains et vagues, que la loi du 10 juin 1793 répute biens communaux ?*

V. l'article *Communaux (biens)* §. 3.

MARCHAND. §. I. *Qu'entend-on par marchand, sous le rapport de la juridiction commerciale ? Combien y en a-t-il de sortes ?*

V. les articles *Commerce (acte de)*, et *Tribunal de commerce*, §. 5.

§. II. *Dans le pays où, avant le code civil, la contribution n'avait lieu, en cas de déconfiture, qu'entre les créanciers des marchands, devait-on, à cet égard, assimiler aux marchands, ceux qui, par leur état ou leurs emplois, étaient, comme ces derniers, justiciables des tribunaux de commerce ?*

V. l'article *Contribution entre créanciers*.

§. III. *La prescription établie par l'art. 7 du tit. 1er de l'ordonnance de 1673, avait-elle lieu de marchand à marchand ?*

V. l'article *Prescription*, §. 11.

§. IV. *Un marchand peut-il, sans représenter sa patente revendiquer, comme pro-*

priété à lui appartenant, les objets saisis sur un tiers par les préposés des douanes?

V. l'article *Douanes*, §. 9.

MARCHANDISES ANGLAISES. §. I. *Sous la loi du 10 brumaire an 5, des marchandises qui, par leur nature et d'après l'art. 5 de cette loi, étaient réputées anglaises à l'importation, étaient-elles présumées venir de l'étranger, par cela seul qu'elles circulaient sans passavant dans la ligne des douanes.*

Sur cette question, portée à l'audience de la cour de cassation, section criminelle, le 5 messidor an 8, j'ai prononcé le plaidoyer suivant :

« Le commissaire du gouvernement près le tribunal criminel du département du Mont-Terrible, et la régie des douanes, vous demandent la cassation d'un jugement du 17 frimaire dernier, confirmatif de celui du tribunal correctionnel de Delemont, du 3 du même mois, par lequel main-levée a été accordée à Pierre-Joseph Kottlat, marchand à Mervilliers, d'objets saisis sur lui, en vertu de la loi du 10 brumaire an 5, relative aux marchandises anglaises.

» Dans le fait, le 27 brumaire an 8, vers huit heures du matin, les préposés des douanes, stationnés *hors la porte aux Moulins* de Delemont, dans le myriamètre ou les deux lieues limitrophes de la frontière suisse, ont rencontré un voiturier venant du côté de cette frontière même, avec une charette attelée d'un cheval, et chargée de deux caisses de marchandises.

» Ils lui ont demandé le passavant dont il devait être muni : il leur a répondu n'en point avoir.

» Sommé de dire son nom, il a dit s'appeler Henry Moutet ; et il a ajouté qu'il venait de Mervilliers, lieu de son domicile ; qu'il allait à Delemont ; qu'il y conduisait, pour le compte du cit. Kottlat, marchand en la même commune, son chargement composé de deux caisses contenant diverses draperies et d'autres objets.

» Sommé de présenter les certificats d'origine et les factures qui devaient, outre le passavant, accompagner ces marchandises, pour qu'elles ne fussent pas réputées anglaises, il allait répondre, lorsque le cit. Kottlat est survenu, et a répondu pour lui qu'il n'était porteur d'aucune de ces pièces, mais qu'il les avait en sa maison.

» A ces mots, les préposés des douanes ont observé que la circonstance dans laquelle il se trouvait, portait le caractère d'une importation de marchandises réputées anglaises, puisqu'il venait du côté de l'étranger, sans passavant du bureau de Mervilliers, situé à l'extrême frontière suisse, à la distance de trois kilomètres du lieu d'où il déclarait venir.

» En conséquence, après l'avoir interpelé de les accompagner, ils ont conduit la voiture au bureau de Delemont, pour y vérifier en détail le contenu des deux caisses.

« Cette vérification a été faite en présence du cit. Kottlat, et il en est résulté que les deux caisses renfermaient des draps, des velours sur coton, des calmandes, des flanelles, des moletons, des serges, des futaines, des toiles grises, des toiles de coton, des toiles peintes, des soieries, des mousselines, des mouchoirs, des bas, des rubans, des dentelles, des tabatières en carton, des boucles, dix-huit bonnets de coton, et cinq onces de mercerie en cuivre jaune ; *lesquelles marchandises*, porte le procès-verbal, *se trouvent sans aucune marque quelconque.*

» A l'instant où s'achevait cette description, à onze heures du matin, s'est présenté un particulier de Mervilliers, avec un passavant du bureau de cette dernière commune, daté du même jour, sept heures avant midi ; et portant ordre de laisser passer le cit. Kottlat, conduisant de Mervillers à Delemont, sur une charrette attelée d'un cheval, les marchandises par lui déclarées et consistant en « deux quintaux de mercerie commune, de drape- » rie commune, et de bonneterie commune. »

» Les préposés aux douanes, sans s'arrêter à ce passavant qu'ils ont cependant visé et annexé à leur procès-verbal, n'en ont pas moins persisté à saisir les marchandises, la charrette et le cheval.

» Du reste, ils ont rédigé leur procès-verbal avec le plus grand soin, ils y ont rempli toutes les formalités prescrites par la loi, et ils l'ont affirmé le même jour entre les mains du juge de paix.

» L'affaire portée à l'audience du tribunal correctionnel de Delemont, le 3 frimaire, le cit. Kottlat y a été interrogé en personne par le président, conformément à la loi. Interpelé sur ce qu'il avait à répondre au procès-verbal, il a dit « que, » voulant aller avec des marchandises à la foire de » Delemont le 27 brumaire, il s'était présenté la » veille, à quatre heures de relevée, au bureau des » douanes, pour y faire la déclaration des mar- » chandises qu'il voulait emmener ; que n'y ayant » trouvé personne, il avait fait présenter par sa » femme, au receveur des douanes, une liste des » objets à enlever, pour en avoir un passavant ; que » le lendemain, étant obligé de partir de bonne » heure, et ne trouvant pas le bureau ouvert, le » nommé Franzmercuis s'était engagé à attendre » l'ouverture du bureau, et à le suivre avec l'expé- » dition ; qu'en effet, il lui avait apporté le passa- » vant à Delemont, vers onze heures du même ma- » tin, et l'avait remis au bureau des douanes audit » Delemont ; mais qu'il a remarqué QUE CE PASSA- » VANT NE CONTENAIT PAS LES MARCHANDISES TELLES » qu'il les avait déclarées au receveur de Mervil- » liers, par la liste qu'il lui avait fait présenter ; que » de là provient que le PROCÈS-VERBAL DE SAISIE » ÉNONCE PLUS DE MARCHANDISES QUE LE PASSAVANT ; » que cette faute est entièrement du fait du receveur, » dont lui ne doit pas souffrir.

» Vous voyez, par cette réponse du prévenu, copiée littéralement dans le jugement du tribunal correctionnel de Delemont, qu'il a reconnu formellement deux faits d'une grande importance ; savoir : le départ de ses marchandises de Mervilliers avant l'expédition de son passavant, et la non-identité des marchandises énoncées dans son passavant, avec celles qui s'étaient trouvées dans les deux caisses saisies sur son voiturier.

» Cette seconde circonstance a fourni à la régie des douanes un moyen qu'elle regardait comme invincible, et qu'elle a fait valoir devant le tribunal correctionnel, en même temps que ceux qui résultaient pour elle du défaut de représentation de passavant et de certificats d'origine, au moment de l'arrestation effectuée dans les deux lieues de la frontière ; elle a ajouté que les marchandises n'étaient revêtues d'aucune marque de fabrique nationale (ce qui, en effet, est constaté par le procès-verbal de saisie), et qu'au contraire il paraissait que les marques des fabriques étrangères en avaient été enlevées.

» Le défenseur du cit. Kottlat, après avoir réitéré l'aveu fait par son client, que les marchandises étaient parties de Mervilliers avant que le passavant fût expédié, et que les marchandises énoncées dans le passavant ne cadraient pas avec celles qui s'étaient trouvées dans les deux caisses saisies, a cherché, comme lui, à excuser l'un et l'autre faits par la prétendue négligence ou inattention du receveur du bureau de Mervilliers ; il a ajouté qu'on ne pouvait pas reprocher à son client d'avoir jamais fait la contrebande ; qu'il était dans l'usage constant de tirer ses marchandises de France, et qu'il le prouvait par des factures et lettres de voiture, datées de Moutier, Courchampoix et Sainte-Ursane, les 1ᵉʳ septembre 1796, 25 vendémiaire et 21 prairial an 7. En conséquence, il a conclu à la main-levée de la saisie ; subsidiairement à ce qu'il fût admis à prouver qu'il s'était rendu au bureau de Mervilliers le 26 brumaire, vers quatre heures et demie, avec un tableau des marchandises qu'il voulait enlever et conduire à Delemont, et que le receveur n'était point à la maison ; et enfin, en cas de besoin, à ce que le tribunal ordonnât la mise en cause des deux négocians, de qui il a prétendu avoir acheté les marchandises dont il s'agissait.

» Le commissaire du gouvernement, de son côté, d'après la non-identité des marchandises portées dans le passavant, avec les marchandises saisies, et là circonstance que les marchandises saisies n'étaient pas accompagnées de certificats d'origine, a conclu à ce que la saisie fût déclarée valable, avec confiscation, triple amende et trois mois de prison, conformément à l'art. 15 de la loi du 10 brumaire an 5.

» Le tribunal correctionnel, sans avoir égard à ces conclusions, ni à celles de la régie des douanes, a donné main-levée au cit. Kottlat des marchandises, de la charrette et du cheval saisis sur lui ; et il s'est fondé sur quatre motifs :

» Le premier, que le cit. Kottlat s'est présenté au bureau des douanes à Mervilliers, à l'effet de demander un passavant pour transport de ses marchandises à la foire de Delemont ; — c'est-à-dire que le tribunal correctionnel a regardé comme prouvé, un fait qui n'était qu'allégué par le cit. Kottlat, et sur lequel le cit. Kottlat lui-même comptait si peu être cru sur sa parole, qu'il avait pris des conclusions expresses pour être reçu à en faire preuve ;

» Le second, que le receveur du bureau de Mervilliers ayant délivré le passavant, l'on ne peut présumer que ces marchandises soient prohibées par la loi du 10 brumaire an 5 ; — c'est-à-dire qu'aux yeux du tribunal, il est constant que le receveur de Mervilliers a vérifié les marchandises avant de délivrer le passavant, quoiqu'il soit bien notoire que les passavans se délivrent toujours tels qu'on les demande, aux risques et périls de ceux à qui on les accorde, et quoique, dans le cas particulier, le cit. Kottlat fût convenu, de la manière la plus expresse, qu'il n'avait pas parlé au receveur, et que le receveur avait eu si peu la faculté de vérifier les marchandises, qu'elles étaient parties de Mervilliers avant qu'il eût expédié le passavant ;

» Le troisième, que le passavant énonce le poids, et ne fait pas la description détaillée des marchandises ; qu'au contraire le procès-verbal de saisie en fait la description détaillée, et n'en constate pas le poids ; que par conséquent il n'est pas prouvé que les marchandises saisies excèdent les deux quintaux désignés au passavant ; — c'est-à-dire que, dans l'esprit du tribunal, l'identité du poids emporte l'identité des qualités, et que jamais on ne pourra confisquer comme anglaises, des marchandises qui peseront autant que des marchandises quelconques, énoncées dans un passavant ; système véritablement absurde et dérisoire ;

» Le quatrième enfin, que, par ses factures et lettres de voiture des 1ᵉʳ septembre 1796, 25 vendémiaire et 21 prairial an 7, le cit. Kottlat prouve qu'il lui a été fourni par deux négocians français, et en grande quantité, des marchandises de la même espèce que celles dont la saisie avait donné lieu au procès ; — c'est-à-dire, non-seulement qu'il est impossible que deux négocians français, *de l'extrême frontière*, aient fourni des marchandises anglaises au cit. Kottlat ; mais encore qu'il suffit qu'ils lui aient fourni, six mois, un an, quatre ans même auparavant, une quantité quelconque de marchandises nationales, pour qu'il puisse désormais faire passer pour marchandises venant de leurs magasins, toutes celles qu'il lui plaira tirer de l'étranger, et notamment de l'Angleterre, par la voie si facile et si commode de la Suisse !

» Voilà sur quels motifs le tribunal correctionnel de Delemont s'est permis d'absoudre le cit. Kottlat. Sans doute, vous vous êtes déjà dit à vous-mêmes qu'il eût été difficile d'y mettre plus d'impudeur.

» Le commissaire du gouvernement s'est hâté d'interjeter appel de ce jugement au tribunal criminel du département du Mont-Terrible : il l'a fait par acte du 3 frimaire; et dès le lendemain, il a remis au greffe du tribunal correctionnel la requête contenant ses moyens d'appel.

» La cause portée à l'audience, après avoir entendu le rapport fait par l'un des juges, les défenseurs de la régie et du cit. Kottlat, dans les moyens qu'ils avaient déjà employés en première instance, l'accusateur public et le commissaire du gouvernement, le tribunal criminel, enchérissant encore sur le tribunal correctionnel de Delemont, s'est créé, pour prononcer en faveur du prévenu, des motifs vraiment curieux.

— « Considérant (a-t-il dit) qu'il n'a point été désa-
» voué par l'appelant, qu'une nomenclature de mar-
» chandises avait été présentée et remise au rece-
» veur des douanes, pour les insérer dans le passa-
« vant que l'intimé avait sollicité dudit receveur; »
Comme si l'appelant, c'est-à-dire le commissaire
du gouvernement, eût été, en première instance, in-
terpellé juridiquement sur ce fait! Comme si on eût
pu même l'interpeller à cet égard, lui qui n'aurait pu
et dû y répondre ni par oui ni par non, puisque
c'était un fait qui lui était étranger, et qu'on ne
l'avait allégué qu'à l'audience, un instant avant la
prononciation du jugement! Comme si le silence
d'un commissaire du gouvernement sur un fait de
cette nature, avait pu être considéré comme un aveu
de ce fait; tandis surtout que le tribunal criminel
affectait de ne pas relever le silence du prévenu sur
un fait bien plus important, et personnel au prévenu
lui-même, que la régie avait articulé, savoir: que le
prévenu avait enlevé, des marchandises saisies, toutes les marques de fabrique; ce qui prouvait clairement qu'il avait intérêt de ne pas laisser connaître les
lieux de leur fabrication, et par conséquent que ces
marchandises étaient véritablement prohibées. —
Mais poursuivons.

« Considérant que les lettres de factures et de voi-
» ture produites à l'audience du 3 frimaire, prou-
» vent à toute évidence qu'elles proviennent de né-
» gocians français, et par conséquent se trouvaient
» d'origine de la république. » Ici, comme vous le
voyez, le tribunal criminel franchit toutes les bornes
de la décence, pour se forger un prétexte d'absoudre
un fraudeur. Quoi! Des factures, des lettres de voiture qui remontent à des époques éloignées, s'adap-
teront à toute évidence aux marchandises saisies le
27 brumaire, par cela seul que des marchandises de
la même espèce y sont énoncées! C'est là, il faut en
convenir, un singulier genre d'évidence! Et d'ailleurs, quel étrange raisonnement! Telles marchandises proviennent de négocians français, donc
elles sont d'origine française! Avec de pareils argumens, on ferait bientôt de la loi du 10 brumaire
an 5 une loi de pure théorie, une loi absolument
inexécutable.

» Le troisième considérant va bien plus loin encore : il établit que les marchands détailleurs ne
peuvent jamais être assujétis à représenter des certificats d'origine, parce que les marchands en gros

de qui ils tirent leurs marchandises, gardent ces certificats par-devers eux, pour les produire eux-mêmes
au besoin.

» Ainsi, voilà une exception créée, de l'autorité
du tribunal criminel, à l'art. 13 de la loi du 10 brumaire, qui pourtant n'excepte rien de sa disposition
générale.

» Tels sont les motifs d'après lesquels le tribunal
criminel du Mont-Terrible a, par son jugement du
17 frimaire dernier, rejeté l'appel du commissaire
du gouvernement, et confirmé le jugement du tribunal correctionnel de Delemont.

» Le commissaire du gouvernement près le tribunal criminel, et la régie des douanes, se sont pourvus en cassation dès le 19 du même mois. Vous avez
entendu la lecture des moyens de la régie, et déjà
sans doute vous êtes profondément convaincus du
mal jugé du jugement qui vous est dénoncé. Mais
il nous reste à établir qu'il est en opposition formelle avec les lois dont il devait n'être que l'expression fidèle.

» Il est constaté par le procès-verbal du 27 brumaire, il est reconnu par le cit. Kottlat, et ni le tribunal criminel ni le tribunal correctionnel ne l'ont
nié dans leurs jugemens, que les marchandises saisies
sont de l'espèce de celles que l'art. 5 de la loi du 10
brumaire an 5 répute de fabrique anglaise, quelle
qu'en soit d'ailleurs l'origine, lorsqu'elles sont importées de l'étranger.

» Ainsi, nul doute que ces marchandises ne
soient confiscables avec triple amende et emprisonnement, d'après l'art. 15 de la même loi, si les formalités requises pour qu'elles ne soient pas censées
importées de l'étranger, n'ont pas été remplies
exactement.

» Or, il est constant que ces formalités n'ont pas
été remplies, et vous allez vous en convaincre par
les art. 15 et 16 du tit. 3 de la loi du 22 août 1791,
confirmés expressément par la loi du 19 vendémiaire an 6.

» L'art. 15 est ainsi conçu : « Les propriétaires ou con-
» ducteurs de marchandises et denrées qui passeront
» de l'intérieur de France sur le territoire des deux
» lieues limitrophes de l'étranger, seront tenus de les
» conduire au premier bureau de sortie, et d'en faire
» la déclaration dans la même forme que pour l'ac-
» quit des droits. A l'égard de celles (c'est ici notre
» espèce), à l'égard de celles qui devront être en-
» levées dans cette étendue du territoire des deux
» lieues limitrophes de l'étranger pour y circuler,
» la déclaration devra en être faite au bureau, soit
» d'entrée, soit de sortie, le plus prochain du lieu
» de l'enlèvement, ET AVANT CET ENLÈVEMENT; le
» tout, à peine de confiscation desdites marchan-
» dises et denrées, et d'amende de 100 livres. »

» Voilà une première formalité sur laquelle bien
certainement le prévenu est en défaut, même en
admettant comme prouvés les faits que les jugemens
des 3 et 17 frimaire ont si scandaleusement considérés comme tels.

» Que porte, en effet, à cet égard, le jugement du 3 frimaire ? Que le cit. Kottlat s'est présenté au bureau de Mervilliers, pour déclarer les marchandises qu'il se proposait de transporter à Délemont, et y prendre un passavant. Or, se présenter pour faire une déclaration, ce n'est pas faire la déclaration elle-même ; et dans l'espèce, l'un emportait si peu l'autre, que le cit. Kottlat est convenu formellement dans son interrogatoire, qu'effectivement il n'avait point fait sa déclaration, parce que le buraliste, a-t-il dit, était absent. Ainsi, il est clair que le jugement du 3 frimaire ne juge pas, en fait, que le cit. Kottlat ait effectué la déclaration prescrite par l'article cité de la loi de 1791.

» Que porte maintenant, sur le même point, le jugement du 17 frimaire ? « Qu'il n'a point été dé-
» savoué par l'appelant ; qu'une nomenclature de
» marchandises avait été présentée et remise au re-
» ceveur des douanes, pour les insérer dans le pas-
» savant que l'intimé avait sollicité dudit receveur. »
Ce jugement, comme vous le voyez, ne détermine point l'époque de la prétendue présentation ni de la prétendue remise de la nomenclature des marchandises du cit. Kottlat ; il ne juge donc pas, en fait, que cette nomenclature ait été présentée avant l'enlèvement des marchandises ; il ne juge donc pas, en fait, que l'enlèvement des marchandises ait été précédé de la formalité de la déclaration. Or, vous vous rappelez qu'aux termes de l'art. 15, il faut que la déclaration précède l'enlèvement, et que, si elle ne précède pas, il y a lieu à la confiscation et à l'amende.

» Ainsi, les tribunaux de première instance et d'appel ont violé l'art. 15, puisque cet article leur faisait un devoir de confirmer la saisie, même d'après les faits qu'ils avaient si gratuitement jugés revêtus de preuves suffisantes.

» Mais vous allez voir qu'ils n'ont pas mieux respecté l'art. 16 ; voici ce qu'il porte : « Lesdits
» propriétaires ou conducteurs, dans les cas énon-
» cés par l'article ci-dessus, ne seront point assu-
» jétis aux formalités de l'acquit-à-caution ; ils seront
» seulement tenus, sous les peines portées par ledit
» article, de prendre auxdits bureaux, et avant
» l'enlèvement, des passavans qui énonceront les
» qualités, quantités, poids, nombre et mesures
» des marchandisses et le lieu de leur destina-
» tion. »

» Deux choses sont essentielles à remarquer dans cet article : la première, c'est que le passavant doit être non-seulement demandé, mais pris, avant l'enlèvement ; la seconde, que ce passavant doit énoncer non-seulement le poids et la qualité, mais encore la quantité, le nombre et la mesure des marchandises : à défaut de l'une ou de l'autre de ces conditions, il y a lieu aux peines portées par l'article ci-dessus, c'est-à-dire, par l'art. 15.

» Or, 1° ni le jugement du tribunal correctionnel, ni celui du tribunal criminel, ne décident que le passavant représenté par le cit. Kottlat, ait été

pris avant l'enlèvement de ses marchandises. Il y a plus, le jugement du tribunal criminel décide même implicitement qu'il n'a été pris qu'après ; car, en convertissant en preuve le non-désaveu des faits articulés à cet égard par le prévenu, il juge nécessairement que les faits articulés par le prévenu doivent être regardés comme constans, par cela seul qu'ils n'ont pas été désavoués par le commissaire du gouvernement. Or, quels sont les faits articulés par le prévenu ? Répétons-les tels qu'ils sont consignés dans la partie du jugement du 3 frimaire, qui retrace l'interrogatoire du cit. Kottlat : c'est, que,
« voulant aller à la foire de Délemont avec des mar-
» chandises, le 27 brumaire, il s'était présenté la
» veille, à quatre heures de relevée, au bureau des
» douanes, pour faire sa déclaration des marchan-
» dises qu'il voulait emmener ; que n'y ayant trouvé
» personne....., et le lendemain, étant obligé de par-
» tir de bonne heure, et ne trouvant pas le bureau
» ouvert, le nommé Franzmerquis s'était engagé à
» attendre l'ouverture du bureau et le suivre avec
» l'expédition. » Ainsi, le prévenu lui-même articulait, dans son interrogatoire, que le passavant n'était pas encore expédié lorsqu'il était parti de Mervilliers avec ses marchandises ; il articulait donc que l'enlèvement de ses marchandises avait précédé la délivrance du passavant ; et puisque le tribunal criminel a jugé que les dires du prévenu devaient faire foi par le seul effet du non-désaveu du commissaire du gouvernement, il a jugé, par-là même, que le prévenu était en contravention à l'art. 16 ; il a par conséquent violé cet article, en n'appliquant pas au prévenu les peines qui y sont prononcées contre tout enlèvement de marchandises fait avant l'expédition du passavant.

» 2° Le passavant représenté par le prévenu énonce deux quintaux de draperie commune, de mercerie commune, de bonneterie commune, et n'en dit pas davantage. Il remplit bien, comme vous le voyez, la disposition de l'art. 16, en ce qui concerne le poids et l'espèce ; mais il se tait sur la quantité, sur le nombre et sur les mesures ; il n'est donc pas conforme à la loi ; et dès-là, le prévenu n'a pas pu s'en aider pour faire circuler ses marchandises dans le myriamètre limitrophe de la frontière ; dès-là, c'est contre le vœu de la loi qu'il les y a fait circuler en effet ; dès-là, il doit subir les peines que la loi inflige à toute contravention à son vœu en cette partie.

» Ce qu'il y a ici de plus étrange, c'est que le jugement du tribunal correctionnel de Délemont, confirmé par celui du tribunal criminel, met expressément au nombre de ses motifs, la circonstance
« que le passavant ne fait mention que du poids, et
» ne fait pas la description détaillée des marchan-
» dises ; » de manière qu'il juge positivement qu'il manque à ce passavant une des conditions essentiellement requises par l'art. 16. Le moyen de concevoir, après cela, que le tribunal correctionnel, et après lui le tribunal criminel, aient pu prendre sur eux

de décharger le prévenu des peines prononcées contre lui par cet article!

» Vainement dirait-on que, si le passavant n'est pas conforme à la loi, c'est par le fait du receveur qui l'a délivré.

» Le receveur n'a pu le délivrer que d'après la déclaration qu'on lui a faite en le lui demandant; ce n'est pas à lui à examiner si la déclaration qu'on lui fait remplit ou ne remplit pas toutes les conditions nécessaires; il délivre le passavant tel qu'on le lui demande; il le délivre aux risques et périls du marchand qui veut en faire usage; tant pis pour le marchand, s'il n'a pas bien pris ses mesures pour assurer la validité du passavant; si le passavant se trouve nul, il ne peut l'imputer qu'à lui-même; et il doit alors, de deux choses l'une, ou s'en faire délivrer un nouveau avant d'enlever ses marchandises, ou courir la chance d'une saisie.

» Ainsi, il y a évidemment ici triple contravention aux art. 15 et 16 du tit. 3 de la loi du 21 août 1791 et à l'art. 1er de la loi du 19 vendémiaire an 6, qui en a renouvelé les dispositions:

» Contravention en ce qu'il n'a point été fait de déclaration par le prévenu au bureau des douanes de Mervilliers avant l'enlèvement des marchandises qu'il voulait faire circuler dans le myriamètre limitrophe de l'étranger;

» Contravention en ce qu'avant ce même enlèvement, le prévenu n'a point pris de passavant au même bureau;

» Enfin, contravention en ce que le passavant pris après l'enlèvement des marchandises, n'énonce ni la quantité, ni le nombre, ni les mesures des marchandises.

» Ces moyens de cassation sont trop évidens, trop palpables, pour que nous puissions nous permettre de vous fatiguer par la discussion de ceux que la régie des douanes a proposés dans son mémoire: il en est bien quelques-uns qui mériteraient votre attention, s'ils étaient nécessaires; mais ils sont complétement inutiles, et ce serait perdre un temps précieux que de nous y arrêter.

» Dans ces circonstances et par ces considérations, nous estimons qu'il y a lieu de casser et annuler le jugement du tribunal criminel du département du Mont-Terrible, pour contravention aux art. 15 et 16 du tit. 3 de la loi du 22 août 1791, renouvelés et confirmés par la loi du 19 vendémiaire an 6.... »

Sur ces conclusions, arrêt du 5 messidor an 8, au rapport de M. Sieyès, par lequel:

« Considérant que les art. 15 et 16 du tit. 3 de la loi du 22 août 1791, auxquels se réfèrent les art. 2 et 3 de la loi du 19 vendémiaire an 6, veulent impérativement que les marchandises enlevées dans les deux lieues frontières, pour y circuler ou être transportées dans l'intérieur, ne puissent être mises en mouvement qu'en vertu d'une expédition prise à la douane la plus prochaine avant l'enlèvement de la

marchandise; que cette expédition ou passavant énonce les qualités, quantités, poids, nombre et mesures des marchandises, et le lieu de leur destination, et en outre, d'après l'art. 2 de la loi du 19 vendémiaire an 6, l'indication précise de la maison où ces marchandises sont déposées, et le jour et l'heure où elles doivent être enlevées;

» Considérant qu'il est constaté par le procès-verbal dont s'agit, et convenu que lesdits voiturier et propriétaire n'étaient munis d'aucun passavant ni factures lors de leur arrestation et de la saisie; que ces marchandises avaient été enlevées avant la délivrance dudit passavant, que ce passavant tardif, présenté après la saisie, n'énonce pas même les qualités, les quantités, poids, nombre et mesures des marchandises;

» Considérant encore que les marchandises ainsi arrêtées dans le rayon de la frontière, en présentent de l'espèce de celles énoncées dans l'art. 5 de la loi du 10 brumaire an 5:

» Le tribunal, par ces motifs, casse et annule... »

§. II. 1° *Sous la loi du 10 brumaire an 5, des marchandises circulant sans passavant dans la ligne des douanes, étaient-elles, par cela seul, réputées anglaises, lorsque, bien que non comprises dans l'art. 5 de cette loi, elles n'étaient pas accompagnées des certificats d'origine prescrits par l'art. 13 de la même loi?*

2° *Pouvait-on, en ce cas, prouver par experts la nationalité de ces marchandises?*

Ces questions se sont présentées à l'audience de la cour de cassation, *sections réunies*, le 16 pluviôse an 11, entre la régie des douanes et Honoré Maurel. Voici le plaidoyer que j'ai prononcé à cette audience:

« Par le jugement qui vous est dénoncé, le tribunal criminel du département de la Lys s'est mis en opposition directe avec celui qu'avait déjà rendu, sur la même affaire, la section criminelle du tribunal de cassation; et vous êtes appelés, par l'art. 78 de la loi du 27 ventôse an 8, à fixer le véritable sens de la disposition législative qui a été entendue dans un sens par une partie de vous-mêmes, et dans un autre par un tribunal criminel du département de la Lys.

» Le fait est simple.

» Le 26 brumaire an 10, cinq heures du soir, et par conséquent la nuit, les douaniers du bureau de Breskens, département de l'Escaut, rencontrent sur la grande route, à deux kilomètres et demi de la côte maritime, Honoré Maurel chargé d'un ballot, et dirigeant sa marche vers l'intérieur.

» Vérification faite de ce ballot, il s'est trouvé contenir trois pièces de toile de coton imprimée, deux pièces de camelot, quatre paquets de boutons et une pièce d'étoffe de laine bleue, dite *carzais*.

» Sommé de représenter le passavant dont il devait être porteur, Honoré Maurel est convenu n'en point avoir.

« En conséquence, saisie du ballot et des marchandises qui le composent, motivée sur les art. 5 et 13 de la loi du 10 brumaire an 5, relative aux marchandises anglaises.

» Cité devant le tribunal de première instance d'Assenède, jugeant correctionnellement, Honoré Maurel produit, pour sa défense, deux certificats qu'il soutient devoir suppléer au passavant qu'il avait été en défaut de représenter au moment de la saisie.

» Par le premier de ces certificats, daté du 13 thermidor an 9, un négociant d'Anvers atteste avoir vendu à Honoré Maurel *les marchandises ci-après de sa propre fabrique*, savoir : 64 aunes de siamoise, 80 aunes de futaine, 6 pièces de velours de coton, 4 pièces de basin, 300 aunes de camelot à ligne, 150 aunes de warschoot bleu.

» Par le second, daté du 26 brumaire an 10, jour même de la saisie, le maire de la commune d'Yzendick déclare que le cit. Maurel, *venu en cette commune par certificat* délivré à la mairie d'Anvers, le 23 thermidor dernier, a besoin de transporter à Breskens, en passant par Schoondyck et Groede, les marchandises ci-après détaillées, savoir: 64 aunes de toile de coton, 30 aunes de warskoot bleu, 80 aunes de camelot rayé, et différens objets consistant en boutons et autres merceries.

» Ce certificat est visé, sous la date du même jour, par l'adjoint du maire d'Yzendyck.

» Ces deux pièces à la main, Honoré Maurel prétend n'être en contravention ni à l'art. 5, ni à l'article 13 de la loi du 10 brumaire an 5.

» Le 9 nivôse an 10, le tribunal d'Assenède rend un jugement préparatoire, par lequel il ordonne que les marchandises saisies seront visitées par des experts, à l'effet d'en vérifier l'origine.

» Et les experts ayant estimé, comme ils le font toujours en pareil cas, que ces marchandises étaient d'origine nationale, jugement intervient, le 7 pluviôse, qui déclare la saisie nulle, et en donne main-levée à Maurel.

» Sur l'appel interjeté de ce jugement par la régie des douanes, le tribunal civil du département de l'Escaut le confirme purement et simplement, le 15 ventôse an 10.

» Le 3 floréal suivant, jugement de la section criminelle qui casse celui du tribunal criminel du département de l'Escaut, sur le fondement que la saisie ayant eu lieu dans le rayon prohibé, elle devait être considérée comme faite à l'importation; qu'ainsi c'était par la présomption de la loi, et non par une vérification d'experts, que devait être déterminée l'origine des marchandises saisies; que ces marchandises étaient réputées anglaises : les unes par cela seul qu'elles sont comprises dans la nomenclature que contient l'art. 5 de la loi du 10

brumaire an 5 ; les autres, c'est-à-dire, les trois pièces de toile de coton, parce qu'elles n'étaient pas accompagnées, au moment de la saisie, des certificats d'origine prescrits par l'art. 13 de la même loi.

» Des motifs aussi lumineux semblaient dicter à l'avance le jugement à rendre par le tribunal criminel du département de la Lys, à qui le fond de la cause avait été renvoyé par le jugement de cassation.

» Cependant, le 23 prairial an 10, ce tribunal, prononçant sur l'appel qui lui était déféré, ne réforme la décision des premiers juges que relativement aux marchandises réputées anglaises par l'article 5 de la loi du 10 brumaire an 5 ; et il la confirme quant aux trois pièces de toile de coton, *attendu*, dit-il, *qu'elles sont prouvées être de fabrique nationale.*

» C'est de ce jugement que la régie des douanes vous demande la cassation; et il ne nous sera pas difficile d'établir qu'il doit être effectivement cassé.

» Nous n'avons besoin, pour atteindre ce but, que de nous attacher à deux points : l'un de fait, l'autre de droit.

» Le point de fait est que la saisie du 26 brumaire an 10 a été pratiquée dans le rayon prohibé. Non-seulement le procès-verbal des douaniers l'énonce en termes formels, mais le jugement attaqué le reconnaît et le constate. Ainsi nulle difficulté à cet égard.

» Le point de droit est que les trois pièces de toile de coton saisies, faute de passavant, dans le rayon prohibé, devaient, par cette seule raison, être considérées comme marchandises de l'étranger, et conséquemment assujéties aux formes prescrites par l'art. 13 de la loi du 10 brumaire an 5; et cette proposition est facile à démontrer.

» Quel est l'effet du défaut de passavant pour les marchandises qui circulent dans le rayon prohibé? C'est que le conducteur de ces marchandises est légalement présumé vouloir ou les importer au préjudice d'une loi qui en prohibe l'entrée, ou les exporter au préjudice d'une loi qui en prohibe la sortie.

» C'est sur ce principe que sont fondés les articles 15 et 16 du tit. 3 de la loi du 22 août 1791.

« Les propriétaires ou conducteurs (porte le 1er » de ces articles) des marchandises et denrées qui » passeront de l'intérieur de la France sur le terri- » toire des deux lieues limitrophes de l'étranger, » seront tenus de les conduire au premier bureau » de sortie, et d'en faire la déclaration dans la même » forme que pour l'acquit des droits. A l'égard de » celles qui devront être enlevées dans cette éten- » due du territoire des deux lieues limitrophes de » l'étranger, pour y circuler ou être transportées dans » l'intérieur de la France, la déclaration en devra » être faite au bureau, soit d'entrée, soit de sortie, » du lieu le plus prochain du lieu de l'enlèvement,

» ET AVANT CET ENLÈVEMENT ; le tout, à peine de
» confiscation desdites marchandises et denrées, et
» d'amende de 100 livres. »

« Lesdits propriétaires ou conducteurs (continue
» l'art. 16), dans les cas énoncés par l'article ci-
» dessus...., seront tenus de prendre audit bureau,
» ET AVANT L'ENLÈVEMENT, des passavans qui énon-
» ceront les qualités, quantités, poids, nombre et
» mesures des marchandises, et le lieu de leur des-
» tination. Lesdits passavans fixeront, en toutes
» lettres, le temps nécessaire pour le transport. »

» Le même principe se fait encore remarquer
dans la loi du 26 ventôse an 5. De ce que des grains
circulent sans passavant dans les 15 kilomètres limitrophes, cette loi tire la conséquence que l'on
cherche à les exporter; et elle veut qu'ils soient saisis, sans même distinguer si le transport en est fait
vers l'étranger ou non, et n'importe que le conducteur, au moment où il est rencontré, dirige ses pas
à l'est ou à l'ouest, au nord ou au midi.

» Ainsi, toutes les fois que les marchandises qui,
par leur nature, peuvent être étrangères comme
nationales, circulent sans passavant dans les 15 kilomètres limitrophes, la présomption légale est qu'elles
sont importées de l'étranger en France; et si elles ne
sont pas, comme le prescrit l'art. 13 de la loi du 10
brumaire an 5, accompagnées de certificats constatant qu'elles ont été fabriquées dans un autre pays
que l'Angleterre, l'art. 13 de la même loi veut que
le conducteur soit arrêté, qu'il soit traduit devant le
tribunal correctionnel, et que ses marchandises
soient confisquées, avec une amende triple de leur
valeur.

» Quel est donc le motif, parlons plus juste, quel
est donc le prétexte qui a pu autoriser le tribunal
criminel de la Lys à déclarer nulle la saisie de
trois pièces de toile de coton dont il s'agit? C'est,
a dit ce tribunal, que les trois pièces de toile
de coton étaient *prouvées être de fabrique nationale.*

« Elles étaient prouvées être de fabrique nationale! Et d'où résultait donc cette prétendue preuve?
Le tribunal criminel ne s'est pas expliqué là-dessus.
Ainsi, nous sommes réduits à rechercher, dans les
pièces de la procédure, ce qui a pu former, aux
yeux des juges de la Lys, une preuve de nationalité.

» Serait-ce le certificat du fabricant d'Anvers, du
23 thermidor an 9, et celui du maire d'Yzendick,
du 22 brumaire an 10?

» Mais ni l'une ni l'autre de ces pièces n'était en
la possession d'Honoré Maurel au moment de la
saisie; Honoré Maurel ne les a représentées que devant le tribunal d'Assenède; et sans doute il n'en
faut pas davantage pour leur ôter toute croyance, à
l'effet de constater l'identité des marchandises
qu'elles énoncent, avec les marchandises saisies sur
Honoré Maurel.

« Ce serait assurément accorder beaucoup trop à

Honoré Maurel, que de consentir à assimiler ces
deux pièces à un passavant. Eh bien! Dans cette
supposition même, il suffirait que ces deux pièces
n'eussent pas accompagné le ballot saisi, pour que
le porteur de ce ballot fût en contravention.

» Ce principe a été consacré par plusieurs jugemens du tribunal de cassation. Nous nous bornerons
à en citer deux rendus sur nos conclusions, les
5 messidor et 8 thermidor an 8.

» Le premier porte : « Considérant qu'il est men-
» tionné dans le procès-verbal dont il s'agit, et con-
» venu que lesdits voituriers et propriétaires n'é-
» taient munis d'aucun passavant ni facture lors
» de leur arrestation et de la saisie; que ces mar-
» chandises avaient été enlevées avant la délivrance
» dudit passavant; QUE CE PASSAVANT TARDIF, PRÉ-
» SENTÉ APRÈS LA SAISIE, n'énonce pas même les
» qualités..... »

» L'autre jugement est ainsi conçu : « Considérant
» que l'exhibition tardive d'un passavant que les
» prévenus déclarèrent ne point avoir lors de la
» saisie, et qui régulièrement aurait dû accompa-
» gner les grains transportés; QUE CETTE EXHIBITION
» TARDIVE N'A PU COUVRIR LA CONTRAVENTION. »

» Il est donc bien constant que ce n'est ni le certificat du fabricant d'Anvers, ni celui du maire d'Y-
zendick, qui ont pu légalement déterminer le tribunal criminel de la Lys à regarder les trois pièces
de toile de coton comme provenant d'une fabrique
nationale; ce qui prouve qu'en effet il ne s'est
point arrêté à ces certificats, c'est qu'il a prononcé
la confiscation des autres marchandises qui se trouvaient dans le même ballot.

» Quelle pièce reste-t-il donc dans la procédure,
qui ait pu motiver le jugement du tribunal criminel
de la Lys? Il n'en reste point d'autre que le procès-
verbal des experts nommés par le jugement préparatoire du tribunal d'Assenède, pour vérifier si les
marchandises saisies étaient ou non de fabrique nationale.

» Or, il s'en faut beaucoup que ce procès-verbal
puisse être considéré comme une pièce probante.

» Il n'y a, pour les marchandises consistant en
toiles ou étoffes, qu'une manière de prouver qu'elles
sont de fabrique nationale : c'est de les présenter
revêtues des signes distinctifs de la nationalité,
c'est-à-dire, de marques et de plombs propres à
chaque manufacture établie en France.

» Vous avez constamment jugé que la régie des
douanes ne pouvait pas, hors du rayon prohibé,
prouver par expertise la non-nationalité des étoffes
qui s'y trouvent; et vous l'avez ainsi jugé sur le sage
fondement qu'en cette matière, rien n'est plus incertain que les résultats des expertises.

» On doit donc, par réciprocité de raison, juger
également que, dans le rayon prohibé, une expertise n'est pas admissible pour établir la nationalité
des étoffes qui ont été saisies.

» Et non-seulement le bons sens indique cette

manière de juger, mais la loi elle-même la commande expressément; car, nous l'avons déjà dit, de cela seul qu'elle ordonne la confiscation, avec amende, de toute marchandise circulant dans le rayon prohibé sans passavant, il résulte nécessairement que toute marchandise trouvée sans passavant dans ce rayon, est, par une présomption *juris et de jure*, réputée, soit importée, soit exportée, en contravention aux réglemens sur les douanes.

» Par ces considérations, nous estimons qu'il y a lieu de casser et annuler le jugement du tribunal criminel du département de la Lys, du 23 prairial an 10, en tant qu'il donne main-levée des trois pièces de toile de coton y mentionnées.....»

Conformément à ces conclusions, arrêt du 15 pluviôse an 11, au rapport de M. Ruperou, par lequel:

« Vu les aat. 1, 5 et 13 de la loi du 10 brumaire an 5; vu pareillement l'art. 23, tit. 10 de la loi du 22 août 1791, qui porte : « Dans les cas néanmoins » où les marchandises seraient de la classe de celles » prohibées à l'entrée, la confiscation en sera pro- » noncée (malgré la nullité des procès-verbaux);

» Attendu, en premier lieu, que les marchandises prohibées *conditionnellement* par l'art. 13 de la loi du 10 brumaire an 5, doivent être considérées dans la même catégorie que celles frappées de *prohibition absolue* par l'art. 5 de la même loi; que par conséquent, si celles-là sont saisies dans les trois lieues frontières, sans être accompagnées de certificat d'origine, ce n'est pas plus le cas de recourir à l'expertise pour en déterminer l'origine, que lorsque celles-ci sont également saisies dans le rayon prohibé, sans être accompagnées de l'expédition des douanes voulue par la loi;

» Attendu, en second lieu, qu'il est constant, dans l'espèce, que les toiles peintes dont il s'agit, n'étaient pas accompagnées de certificat d'origine quand elles ont été saisies à l'importation avec les autres marchandises réputées anglaises; qu'ainsi, et d'après l'art. 23 du tit. 10 de la loi du 22 août 1791, elles étaient par cela même confiscables, comme les autres objets avec lesquels elles se trouvaient emballées;

» Attendu enfin que, dans tous les cas, les deux pièces produites postérieurement à la saisie, ne pouvaient suppléer à celles qu'exige la loi :

» D'après ces motifs, le tribunal, en sections réunies, casse et annule..... »

§. III. *Les dispositions de la loi du 10 brumaire an 5 étaient-elles applicables à des objets de fabrique étrangère trouvés, sans passavant ni certificat d'origine, à plus de trois lieues de l'extrême frontière, mais entre les lignes de deux bureaux, l'un d'entrée, l'autre de sortie?*

Cette question et deux autres indiquées à l'article

Lignes des douanes, se sont présentées à l'audience de la cour de cassation, *sections réunies*, dans l'espèce suivante :

« Le 4 prairial an 8, procès-verbal des préposés ambulans au bureau d'Anvers, qui constate, 1° « qu'étant en observation dans un petit bois situé » à une demi-lieue de la commune de Wynoghem, » en retirant vers la frontière, ils ont vu venir, par » un chemin venant directement de la Hollande, » un inconnu conduisant une charrette qui se diri- » geait vers l'intérieur; 2° qu'ayant sommé cet in- » connu de déclarer les marchandises qu'il trans- » portait, et de représenter les expéditions des » douanes, qu'il avait dû lever au premier bureau » d'entrée de la frontière, il avait refusé de ré- » pondre, avait abandonné sa charrette et son che- » val, et s'était échappé en rétrogradant vers l'étran- » ger; 3° qu'ils ont trouvé sur la charrette quatorze » ballots de toiles de coton imprimées, sans certificat » d'origine. »

En conséquence, dépôt des marchandises saisies au bureau d'Anvers; et après l'affirmation prescrite par la loi, l'*inconnu* est cité par affiche à l'audience du tribunal correctionnel de la même ville.

Le 5 du même mois, jugement qui, donnant défaut contre l'*inconnu*, déclare la saisie valable, prononce la confiscation des quatorze ballots, et condamne l'*inconnu* à une amende égale à la triple valeur des marchandises.

Le 13, Adrien Vantille se présente au greffe du tribunal d'Anvers; il y déclare « être l'inconnu qui » conduisait une voiture attelée d'un cheval, et chargée » de quatorze ballots de toiles de coton imprimées, » de différentes couleurs, saisies le 4 du présent » mois. » Et conformément à la faculté que lui accorde l'article 194 du code des délits et des peines, il interjette appel du jugement du 6.

Le 3 messidor suivant, le tribunal criminel du département des Deux-Nèthes annule le jugement du 6 prairial, pour vice de forme, et renvoie l'affaire au tribunal correctionnel de Malines.

Le 8 thermidor, le tribunal correctionnel de Malines se déclare incompétent, sous le prétexte qu'il ne s'agit pas d'une contravention à la loi du 10 brumaire an 5, mais seulement de l'introduction de marchandises non-prohibées, par d'autres bureaux que ceux désignés par l'art. 11 du tit. 1 de la loi du 9 floréal an 7.

Le 25 vendémiaire an 9, jugement du tribunal criminel du département des Deux-Nèthes, qui, sur l'appel interjeté par la régie, déclare qu'il a été bien jugé.

Le 7 frimaire suivant, la cour de cassation, au rapport de M. Génevois:

« Vu les art. 13 et 15 de la loi du 10 brumaire an 5 :

» Considérant que, d'après les dispositions renfermées dans ces deux articles, l'attribution donnée aux tribunaux correctionnels par la loi du 10 brumaire an 5, ne se borne pas simplement à la saisie des marchandises anglaises ou réputées anglaises, mais qu'elle comprend encore tous les *objets de fabrique étrangère* non mentionnés dans l'art. 5 de ladite loi, et qui seraient importés sans être accompagnés de certificats d'origine;

» Considérant que, dans l'espèce, il s'agit d'objets de fabrique étrangère, saisis au moment de l'importation, faute d'être accompagnés de certificats constatant qu'ils provenaient de pays avec lesquels la république n'est point en guerre; et qu'aux termes de l'art. 15 précité, la connaissance de cette contravention appartient au tribunal correctionnel dans l'arrondissement duquel elle a été commise; que par conséquent, le tribunal correctionnel de Malines a commis un excès de pouvoir, en se déclarant incompétent, et en renvoyant les parties devant le juge de paix du canton où la saisie avait eu lieu, sous le prétexte que la connaissance de cette affaire n'appartenait qu'aux tribunaux civils;

» Vu l'art. 456 du code des délits et des peines:

» Casse et annule le jugement rendu par le tribunal criminel du département des Deux-Nèthes, du 25 vendémiaire an 9, et celui du tribunal correctionnel de Malines, du 8e thermidor an 8. »

Le 23 pluviôse an 9, la cause est reportée devant le tribunal correctionnel de Bruxelles; et ce tribunal, considérant que, du procès-verbal du 4 prairial an 8, il résulte évidemment que la charrette, à l'instant où elle a été aperçue par les préposés des douanes, *passait dans la limite d'un bureau de première ligne*, déclare la saisie valable, confisque les quatorze ballots, et condamne Adrien Vantille à l'amende de la triple valeur.

Sur l'appel de Vantille, jugement du tribunal criminel du département de la Dyle, du 23 prairial, qui réforme celui du tribunal correctionnel de Bruxelles, et déclare la saisie nulle, attendu, entre autres motifs, qu'il s'agit de toiles peintes, et qu'elles ont été arrêtées à Wyneghem, « commune distante au moins de cinq lieues de la plus prochaine frontière de terre, en deçà du bureau de seconde ligne qui se trouve au-delà d'Anvers. »

Le 27 thermidor an 9, au rapport de M. Schwendt, la cour de cassation annule ce jugement:

« Vu les art. 5, 13 et 15 de la loi du 10 brumaire an 5, et l'art. 11 du tit. 2 de la loi du 9 floréal an 7;

» Et attendu, 1° qu'il est établi par procès-verbal des préposés des douanes, que les toiles de coton dont il s'agit ont été saisies à une demi-lieue de la frontière, sur un chemin venant directement de la Hollande; qu'elles n'étaient accompagnées d'aucun certificat d'origine, et que leur introduction a eu lieu par des lieux autres que ceux désignés par la loi du 9 floréal an 7; 2° que, sous tel rapport que puissent être considérées les marchandises saisies, leur transport est contraire, soit à l'art. 5, soit à l'art. 13 de la loi du 10 brumaire an 5, soit à l'art.

11 du tit. 1 de la loi du 9 floréal an 7, puisque, par la première de ces dispositions, l'introduction des toiles de coton est prohibée; que, par la seconde, elle n'est autorisée, lorsqu'il est soutenu qu'elles proviennent de fabriques de pays non en guerre avec la république, qu'autant qu'elles sont accompagnées de certificats d'origine qui le constatent; et que, par la troisième, l'introduction ne peut avoir lieu que par les points désignés; 3° qu'aux termes de l'art. 15 de la loi du 10 brumaire an 5, la confiscation et les autres peines y mentionnées étaient encourues; enfin, que les circonstances politiques ont occasionné des modifications à la législation des douanes, établie par la loi du 22 août 1791, dont l'application ne pouvait avoir lieu d'après les dispositions des lois subséquentes. »

Par cet arrêt, l'affaire est renvoyée au tribunal criminel du département de Jemmapes, qui y statue en ces termes, le 28 vendémiaire an 10:

« Vu les art. 25 et 26 du tit 2, l'art. 3 du tit. 13 de la loi du 22 août 1791, et les art. 6 et 8 de la loi du 12 pluviôse an 3:

» Considérant qu'il résulte jusqu'à certain point des pièces de la procédure, et, à règle de droit, de la carte Ferraris administrée d'office dans le cours des débats, que les marchandises dont il s'agit ont été arrêtées une demi-lieue environ au-dessus de Wyneghem, comm une distante au moins de cinq lieues de la plus prochaine frontière de l'étranger;

» Considérant qu'il en résulte également que cette arrestation a été pratiquée beaucoup au-dessous des bureaux de Barten et de Basserthogen, et de celui de Turnhout, bureau de seconde ligne de la frontière de terre; par conséquent, qu'elles n'ont été arrêtées ni dans les deux lieues frontières de l'étranger, ni avant, entre les bureaux de première et seconde ligne;

» Considérant qu'il n'a point été établi par le procès-verbal des préposés des douanes, que les toiles de coton dont il s'agit ont été saisies à une demi-lieue de la frontière, mais seulement que lesdits préposés étant en observation dans un petit bois à une demi-lieue de Wyneghem, en retirant vers la frontière, auraient vu arriver, etc.;

» Considérant que ni l'art. 1 de la loi du 9 floréal an 7, ni la loi du 10 brumaire an 5, ne prohibent la circulation des marchandises non comprises ès art. 1 et 5 de ladite loi, en deçà du rayon légal, à moins qu'elles ne soient saisies à l'importation;

» Considérant que rien ne prouve l'importation desdites marchandises, vu que les arrêtans n'ont pas relaté, ce que la loi requiert, avoir suivi ces marchandises depuis la bande frontière; partant, qu'il n'y a lieu à appliquer ni l'art. 11 du tit. 1 de la loi du 9 floréal an 7, ni la loi du 10 brumaire an 5:

» Par ces motifs, le tribunal déclare nulle la saisie du 4 prairial an 8. »

La régie des douanes se pourvoit en cassation, et emploie pour moyens les motifs de l'annulation prononcée, le 21 thermidor an 9, du jugement du tribunal criminel du département de la Dyle, du 23 prairial précédent; en conséquence, l'affaire est portée devant les sections réunies.

« Le premier pas à faire dans l'examen de cette cause (ai-je dit à l'audience du 28 pluviôse an 12) est de déterminer avec précision quelle est, sous les rapports du régime douanier, la nature des marchandises saisies le 4 prairial an 8, dans les environs de la commune de Wyneghem.

» Ces marchandises, suivant le procès-verbal des préposés des douanes, consistent en toiles de coton.

» Or, les toiles de coton sont-elles comprises dans la nomenclature des marchandises qui, de plein droit, sont réputées anglaises à l'importation? La négative nous paraît clairement établie, et par l'art. 5 de la loi du 10 brumaire an 5, et par les art. 10 et 11 du tit. 1 de la loi du 9 floréal an 7.

» L'art. 5 de la loi du 10 brumaire an 5 ne comprend les cotons dans la nomenclature dont il s'agit, que lorsqu'ils se trouvent ou filés ou convertis en étoffes. Or, ici, il n'est question ni de cotons filés ni d'étoffes de coton.

» L'art. 10 du tit. 1 de la loi du 7 floréal an 7 fixe à 10 francs par myriagramme le droit d'entrée des *toiles de coton blanches*; et à 8 francs celui des toiles de coton *en écru*. Il n'est donc défendu d'introduire en France ni les toiles de coton en écru, ni les toiles de coton blanches.

» Il est vrai que, dans notre espèce, il ne s'agit, ni de toiles de coton blanches, ni de toiles de coton en écru, mais de toiles de coton peintes et imprimées. Eh bien! l'art. 11 de la même loi veut que les *toiles peintes, teintes ou imprimées*, ne puissent entrer que par les bureaux de Bourg-Libre, de Verrières-Dejoux et de Versoix : il suppose donc, ou plutôt il prouve que l'importation des *toiles peintes, teintes ou imprimées*, n'est pas prohibée d'une manière absolue; il prouve donc qu'elles ne sont pas réputées de plein droit marchandises anglaises.

» Et qu'on ne dise pas que les toiles de coton ne sont pas comprises dans cette disposition. Elles y sont comprises par deux raisons également simples : la première, parce que, de fait, on ne peint, on ne teint, on n'imprime que les toiles de coton; la deuxième, parce que les mots, *toiles peintes, teintes ou imprimées*, embrassent indéfiniment toutes les toiles susceptibles de peinture, de teinture ou d'impression.

» Mais de ce que les toiles de coton saisies le 4 prairial an 8, ne sont pas, de plein droit, réputées marchandises anglaises, s'ensuit-il qu'elles ne doivent pas être considérées comme telles dans notre espèce? Vous savez qu'au moment où elles ont été arrêtées, elles n'étaient accompagnées d'aucun certificat d'origine. Or, d'une part, il résulte des art. 13 et 15 de la loi du 10 brumaire an 5, que les ob-

jets de fabrique étrangère, qui, à l'importation, ne sont pas accompagnés de certificats d'origine, sont, par cela seul, réputés provenir des fabriques anglaises ou du commerce anglais. D'un autre côté, par les art. 15 et 16 du tit. 3 de la loi du 22 août 1791, toute marchandise qui circule dans la ligne des douanes, sans les expéditions requises, est présumée, de droit, venir de l'étranger, si l'importation en est défendue, ou sortir de France, si l'exportation en est prohibée. Donc tout objet de fabrique qui circule dans la ligne des douanes, sans passavant ni certificat d'origine, est, par cela seul, réputé marchandise anglaise; et c'est ce que vous avez formellement jugé, sections réunies, le 16 pluviôse an 11, au rapport du cit. Ruperou, et le 18 thermidor suivant, au rapport du cit. Sieyès. C'est aussi sur ce fondement que, dans l'affaire soumise aujourd'hui à votre examen, la section criminelle a cassé, le 7 frimaire an 9, un jugement du tribunal criminel du département des Deux-Nèthes, qui, sous les rapports juridictionnels, avait déclaré la loi du 10 brumaire an 5 inapplicable à la cause, et renvoyé les parties devant les juges civils.

Il est d'ailleurs bien évident que la loi du 9 floréal an 7 n'a dérogé, ni pour les toiles de coton blanches ou en écru, ni pour les toiles de coton peintes ou imprimées, à la nécessité de l'accompagnement d'un certificat d'origine. Comment, en effet, y aurait-elle dérogé? En déterminant le droit d'entrée des unes, et en limitant, à l'égard des autres, le nombre des bureaux par lesquels elles pourront entrer en France? Mais elle contient les mêmes dispositions pour les nankins et les mousselines des Indes; et cependant elle est si éloignée de regarder ces dispositions comme important, par elles-mêmes, l'abrogation de la formalité du certificat d'origine, qu'elle déclare expressément, art. 12, que, pour les nankins et les mousselines des Indes, cette formalité ne sera plus nécessaire à l'avenir.

» Elle ne sera plus nécessaire pour les nankins et les mousselines des Indes! Donc elle le sera encore pour les toiles de coton : *exceptio firmat regulam in casibus non exceptis*,

» Et voyez quelle lumière et quelle force vous avez vous-mêmes ajoutées à cette conséquence, en déclarant, par votre jugement du 18 thermidor an 11, sections réunies, que la permission accordée par la loi du 9 floréal an 7, « d'importer des sucres de » l'étranger, en payant certains droits, n'avait point » dérogé à la défense portée par la loi du 10 bru- » maire an 5, d'importer des marchandises prove- » nant des fabriques ou du commerce anglais.

» Nous devons donc reconnaître ici, comme une vérité constante, que la cause doit être jugée comme s'il s'agissait de marchandises formellement comprises dans la nomenclature que renferme l'art. 5 de la loi du 10 brumaire an 5; et dès-là, rien de si facile que d'établir la nécessité de casser le jugement du tribunal criminel du département de Jemmapes, du 28 vendémiaire an 10.

» Ce jugement doit être cassé, parce qu'il a considéré comme circulant dans l'intérieur de la France, des marchandises qui réellement circulaient dans la ligne des douanes; et qu'en violant, par-là, les art. 15 et 16 du tit. 3 de la loi du 22 août 1791, entendus comme ils doivent l'être d'après l'arrêté du directoire exécutif du 17 thermidor an 4, il a nécessairement violé, non-seulement les art 1, 13 et 15 de la loi du 10 brumaire an 5, mais encore l'art. 11 du tit. 1 de la loi du 9 floréal an 7.

» Que la saisie du 4 prairial an 8 ait été faite dans la ligne des douanes, c'est ce qui résulte de la situation de la commune de *Wyneghem*, au-dessus et à une demi-lieue de laquelle on convient qu'elle a été pratiquée.

» La carte de Ferraris, que le tribunal criminel du département de Jemmapes a pris pour base de son jugement, constate que la commune de *Wyneghem* est située dans le parallélogramme que forment, en première ligne, le bureau de *Wurtzwésel*, et en seconde ligne, le bureau d'*Anvers*.

» Nous disons que le bureau d'Anvers est un bureau de seconde ligne, et nous le disons d'après le jugement que vous avez rendu, sections réunies, le 18 thermidor an 11. Alors, comme aujourd'hui, il s'agissait d'une saisie faite dans l'espace renfermé entre le bureau d'Anvers et les bureaux placés parallèlement à Wurtzwésel et à Hoogstraeten. Alors, comme aujourd'hui, on soutenait, que le fraudeur pris en flagrant délit, que le hameau d'Overbroeck, dans lequel la saisie avait été faite, était éloigné de plus de deux lieues de la frontière; que d'ailleurs le bureau de seconde ligne, à l'égard du hameau d'Overbroeck, était celui de Turnhout, en-deçà de la portée duquel ce hameau se trouvait placé. Alors, comme aujourd'hui, on soutenait qu'Anvers n'était bureau de seconde ligne que pour la mer, et qu'il ne l'était point pour la terre.

» Qu'avez-vous décidé? Vous avez cassé le jugement du tribunal criminel du département de la Dyle, qui avait déclaré nulle la saisie dont il s'agissait, sous le prétexte que le hameau d'Overbroeck était placé au-delà du bureau de Turnhout, et que le bureau d'Anvers n'était bureau de seconde ligne que pour la mer; et vous l'avez cassé, « attendu qu'il » résulte de l'ensemble des opérations administra- » tives constantes par le fait même, et des lois sur » la matière, qu'un bureau des douanes est établi à » Anvers; que la saisie a été faite entre ce bureau et » ceux de Wurtzwésel et Hoogstraeten.

» La seule différence que l'on puisse remarquer entre l'espèce sur laquelle est intervenu ce jugement, et celle dont il est aujourd'hui question, c'est que, dans la première, le hameau d'Overbroeck était moins éloigné de la frontière que ne l'est la commune de Wyneghem. Mais cette différence est absolument insignifiante : pourquoi? Parce qu'aux termes de l'arrêté du directoire exécutif du 17 thermidor an 4, il suffit qu'une saisie soit faite entre les lignes de deux bureaux, pour qu'elle soit censée faite dans le rayon douanier. Que le lieu de la saisie soit à une distance plus ou moins grande de la frontière, qu'il en soit éloigné de deux, de trois, de quatre, de cinq lieues, il n'importe : dans tous les cas, l'arrêté veut que les dispositions des art. 15 et 16 du tit. 3 de la loi du 22 août 1791 y soient « exé- » cutées à l'égard de toutes denrées et marchandises » transportées sur le territoire situé entre les deux » lignes de bureaux et postes de service des douanes, » qui, par des difficultés de localité, sont à plus de » deux lieues de l'extrême frontière.

» Dira-t-on que moins le bureau de Turnhout est aussi bien bureau de seconde ligne que le bureau d'Anvers, et que la commune de Wyneghem étant placée en deçà de la ligne du bureau de Turnhout, cela doit suffire pour que cette commune soit considérée comme hors du rayon des douanes? C'est effectivement ce qu'avait dit le tribunal criminel de la Dyle dans son jugement du 23 prairial an 9, que la section criminelle a cassé le 27 thermidor suivant. Mais la seule inspection de la carte détruit ce vain parallogisme.

» Pour déterminer quels sont, dans un rayon de douanes, les bureaux de première et de seconde lignes, entre lesquels est située une commune, que faut-il faire? Deux choses.

» Il faut d'abord tirer une ligne perpendiculaire depuis le bureau de première ligne dont elle est le plus rapproché, jusqu'au point parallèle à sa situation; ensuite comparer les distances respectives des bureaux de seconde ligne, au point où s'arrête cette ligne perpendiculaire. Le résultat de ces deux opérations sera que la commune en question a pour bureau de seconde ligne celui qui se trouve le plus à sa portée.

» Pour rendre ceci plus sensible, supposons qu'un bureau de première ligne soit établi à Versailles, et qu'il y ait deux bureaux de seconde ligne à deux barrières de Paris, celle de Vaugirard et celle de Saint-Martin : il s'agit de savoir quel est, de ces deux bureaux, celui qui, pour la commune de Vaugirard, doit être réputé bureau de seconde ligne. Que ferez-vous pour vous en assurer? Vous tirerez de Versailles une ligne qui viendra aboutir perpendiculairement entre Auteuil et Vaugirard; au point parallèle à la situation de cette dernière commune. Ensuite, vous examinerez quel est, parmi les deux bureaux de seconde ligne, le plus voisin de ce point. Et comme le plus voisin est incontestablement le bureau de la barrière de Vaugirard, vous direz : « Le bureau de la barrière de Vaugi- » rard est le bureau de la seconde ligne de la com- » mune du même nom. » Et si quelqu'un vient prétendre que c'est le bureau de la barrière Saint-Martin, que lui répondrez-vous? Rien, parce qu'on ne doit rien répondre à une absurdité.

» Voilà pourtant ce qu'a prétendu, ce qu'a jugé, dans la cause actuelle, le tribunal criminel du département de la Dyle. Jetez les yeux sur la carte, vous y verrez qu'en tirant du bureau de Wurtwésel une ligne perpendiculaire au point parallèle à la situation de la commune de Wyneghem, cette ligne viendra, à la vérité, aboutir entre le bureau d'Anvers et le bureau de Turnhout; mais que, du bureau de Turnhout à la commune de Wyneghem, il y a au moins cinq lieues, tandis qu'il n'y en a que deux de la commune de Wyneghem au bureau d'Anvers.

» Donc le bureau d'Anvers est le bureau de seconde ligne de la commune de Wyneghem. Donc la saisie du 4 prairial an 8 a été pratiquée dans le rayon des douanes. Donc cette saisie est valable. Donc, en la déclarant nulle, les tribunaux criminels des départemens de la Dyle et de Jemmapes ont violé les art. 15 et 16 du tit. 3 de la loi du 22 août 1791, l'arrêté du 17 thermidor an 4, les art. 13 et 15 de la loi du 10 brumaire an 5, et l'art 11 du tit. 1 de la loi du 9 floréal an 7. Donc il y a lieu de casser et annuler le jugement attaqué. »

Sur ces conclusions, arrêt du 28 pluviôse an 12, au rapport de M. Liger-Verdigny, par lequel :

« Vu les art. 5, 13 et 15 de la loi du 10 brumaire an 5, l'art. 35, tit. 13, de celle du 22 août 1791, et l'arrêté du directoire exécutif du 17 thermidor an 4;

» Considérant, 1° qu'il est constaté par le procès-verbal des préposés des douanes, que les toiles de coton dont il s'agit n'étaient accompagnées d'aucun certificat d'origine, et qu'elles avaient été introduites par des lieux autres que ceux désignés par la loi du 9 floréal an 7;

» Qu'il est encore établi par ce procès-verbal que lorsque la charrette chargée des toiles de coton, a été arrêtée, les préposés étaient en observation » dans un petit bois situé à une demi-lieue de Wyne-» ghem, en retirant vers la frontière;

» Qu'il y est dit positivement que les préposés des » douanes ont vu cette voiture qui se dirigeait à » l'intérieur par un chemin qui venait directement » de la Hollande;

» 3° Que la saisie ayant été faite sur le territoire entre les deux lignes de bureaux et postes de service des douanes, elle était régulière; que la distance de l'une à l'autre ligne, même excédant celle d'un myriamètre, n'est point un obstacle à la validité de la saisie, ainsi qu'il est prescrit par l'arrêté du 17 thermidor an 4:

» Par ces motifs, le tribunal faisant droit sur le pourvoi de la régie des douanes, casse et annule...... »

§. IV. *Les marchandises étrangères peuvent-elles être introduites en France, pour transiter à l'étranger, sans être accompagnées du certificat d'origine prescrit par l'art. 13 de la loi du 10 brumaire an 5?*

Cette question s'est présentée à l'audience de la cour de cassation, *sections réunies*, le 10 floréal an 11. Voici les conclusions que j'ai données sur l'affaire qui l'avait fait naître :

« Les faits qui ont donné lieu au jugement dont le sort vous est en ce moment soumis, sont extrêmement simples.

» Le 29 ventôse an 8, le citoyen Klenck, commis expéditionnaire du citoyen Moyse, commissionnaire à Bourg-Libre, se présente au bureau des douanes de cette commune; il y remet, au nom du citoyen Moyse, une déclaration de quatre caisses de marchandises venant de Bâle, et un certificat des officiers municipaux de Bâle même, constatant qu'elles leur ont été déclarées être *propriété suisse;* et il demande une autorisation pour les faire passer en *transit*, par Mayence, à Francfort.

» Avant d'expédier le *passavant*, les préposés de la régie des douanes vérifient le contenu des caisses, et comparent le résultat de leur vérification avec la déclaration et le certificat d'origine représentés par le citoyen Klenck.

» Ils trouvent dans la caisse n° 235 6 livres de linon, 36 livres de mouchoirs de coton en couleur, et 50 livres de toile de coton blanche de moins que n'énonçaient la déclaration et le certificat d'origine; mais ils y trouvent de plus 50 livres de mousseline unie, et 32 livres de mousseline brodée.

» Dans la caisse n° 237, ils trouvent de moins 21 livres de mousseline brodée, 35 livres de toile de coton blanche, et 4 livres de mouchoirs de coton en couleur; mais ils y trouvent de plus 2 livres de mousseline unie.

» Dans la caisse n° 238, ils trouvent de moins 142 livres de mousseline unie, 32 livres de mousseline brodée, et 90 livres de toile de coton blanche; mais ils y trouvent de plus 264 livres de mouchoirs de coton en couleur.

» Enfin dans la caisse n° 240, ils trouvent de moins 7 livres de linon-gaze, 32 livres de toile de coton blanche, six livres de mouchoirs de coton en couleur, 32 livres de mousseline unie; mais ils y trouvent de plus 72 livres de mousseline brodée, une livre et demie de mouchoirs de soie, et 12 livres de coton blanc filé.

» De tous ces rapprochemens, les préposés concluent que la déclaration du citoyen Klenck est fausse, que le certificat d'origine n'est pas applicable aux quantités de marchandises qui excèdent les poids désignés dans cette déclaration, et que, par suite, le citoyen Klenck est, quant à cet excédant, en contravention à l'art. 13 de la loi du 10 brumaire an 5.

» Ils ajoutent que, dans cet excédant, il se trouve du coton filé, et que, par l'art. 5 de la même loi, les cotons filés sont réputés marchandises anglaises à l'importation.

» En conséquence, ils saisissent, non la totalité de marchandises renfermées dans les quatre caisses, mais seulement l'excédant de chaque caisse sur la déclaration et le certificat d'origine.

» Cette saisie, d'abord validée par un jugement par défaut du tribunal correctionnel d'Altkirck, du

41.

» 13 germinal an 8, a été annulée, sauf pour la livre
» et demie de soie et les 12 livres de coton filé, par
» un jugement rendu sur l'appel du citoyen Klenck,
» par le tribunal criminel du département du Haut-
» Rhin, le 24 niessidor an 9, et motivé sur ce que,
» 1° la conduite tenue par l'appelant, lors de sa
» déclaration au bureau de Bourg-Libre, et les
» pièces qu'il a produites en même temps à ce bu-
» reau, écartent toute idée de fraude de sa part;
» que, s'il s'est trouvé du déficit dans certains ballots,
» il s'est rencontré un excédant de poids dans
» d'autres; et qu'en dernier résultat, loin que les
» droits de la république en soient fraudés, ils au-
» raient été au-dessus du taux auquel les portait la
» pesée des objets déclarés; 2° que néanmoins les
» cotons filés et la soierie qui accompagnaient les
» autres marchandises, se trouvent dans le cas de
» la confiscation prononcée par la loi du 10 bru-
» maire an 5, en ce que, par l'art. 5 de ladite loi,
» les cotons filés sont formellement réputés mar-
» chandises anglaises; et que les mouchoirs de soie
» n'ayant été ni déclarés au bureau, ni portés dans
» les certificats, tombent, comme objets de fabrique
» étrangère, dans les dispositions de l'art. 13 de la
» même loi.

» La régie des douanes s'est pourvue en cassation
» contre ce jugement; et le 28 frimaire an 10, il a
» été cassé, pour contravention aux art. 3 et 4 de
» la loi du 1er mars 1793, et aux art. 13 et 15 de la
» loi du 10 brumaire an 5:

» Attendu, 1° que les marchandises dont la con-
» fiscation a été déclarée par le procès-verbal de
» saisie du 29 ventôse an 8, n'étaient pas accom-
» pagnées d'un certificat d'origine, tel et ainsi que
» l'exigent les articles les précitées; que la dé-
» claration insérée au certificat d'origine délivré
» par la municipalité de Bâle, que les marchandises
» étaient propriété suisse, n'équivaut pas et ne peut
» suppléer à l'attestation formelle requise par l'art. 4
» de la loi du 1er mars 1793, pour la régularité des
» certificats d'origine;

» 2°. Qu'en supposant même que le certificat d'o-
» rigine soit conçu dans les termes de la loi, il ne
» doit s'appliquer qu'aux marchandises déclarées,
» et non à celles dont il n'y est pas fait mention;
» que, dans l'espèce, le certificat d'origine produit
» ne s'applique pas aux marchandises dont la con-
» fiscation a été déclarée par les préposés aux
» douanes; qu'il est constaté par leur procès-verbal,
» qu'il y avait erreur dans le poids, la quotité et la
» nature des marchandises; que la déclaration faite
» par le certificat d'origine, n'étant point conforme
» à la vérification faite par les préposés aux douanes,
» il résultait de cette incertitude, que les marchan-
» dises non déclarées ou faussement déclarées n'é-
» taient véritablement accompagnées d'aucun cer-
» tificat d'origine, et qu'elles étaient sujettes à la
» confiscation.

» L'affaire renvoyée, en conséquence, au tribunal
criminel du département de la Haute-Saône, juge-

ment y est intervenu le 15 prairial an 10, qui a prononcé comme l'avait fait le tribunal criminel du
Haut-Rhin:

» Attendu que, d'après la déclaration faite par
» l'appelant au bureau des douanes, il s'agit moins
» ici d'objets importés pour être consommés en
» France, que d'objets admis à passer simplement
» sur le territoire de la république, pour lesquels
» il n'est dû qu'un simple droit de transit par quin-
» tal, et de la destination desquels on peut s'assurer
» par les précautions que les lois indiquent;

» Que cette déclaration ne pouvait compromettre
» les droits de la république, puisqu'elle donne en
» résultat un excédant du poids de près de 60 livres
» à ce qui a été vérifié par les intimés; que, s'il s'est
» trouvé, dans quelques-unes des caisses, des mar-
» chandises en plus grande quantité que celles dé-
» clarées, dans d'autres, cette quantité s'est trouvée
» moindre; ce qui fait une sorte de compensation,
» et ne permet pas de douter que cette différence ne
» soit l'effet d'une erreur;

» Qu'au surplus, ces marchandises, si on ex-
» cepte le coton filé et la livre et demie de soie,
» sont toutes mentionnées au certificat d'origine,
» comme étant de fabrique suisse, sont de même
» nature, de même qualité, font partie des mêmes
» pièces, et surtout des mêmes métiers; que le cer-
» tificat paraît conforme à ce qu'exige la loi du 1er
» mars 1793; et qu'enfin, si l'intention du législa-
» teur est de repousser de la consommation les ob-
» jets fabriqués chez nos ennemis, on doit croire
» qu'il entre aussi dans ses vues de laisser librement
» circuler parmi nous les marchandises qui, sorties
» des ateliers des peuples voisins et amis, peuvent
» servir aux échanges réciproques;

» Attendu, en ce qui concerne les 12 livres de
» coton filé et la livre et demie de soie trouvées
» dans les caisses en question, qu'elles sont dans le
» cas d'être confisquées, le coton étant réputé de fa-
» brique anglaise, et la soie n'ayant été ni déclarée
» ni comprise au certificat d'origine présenté au bu-
» reau des douanes; ce qui fait tomber l'un et l'autre
» dans la prohibition de l'article 13 de la loi du
» 10 brumaire.

» La régie des douanes se pourvoit de nouveau
contre ce jugement, et vous êtes appelés, par l'art.
78 de la loi du 27 ventôse an 8, à prononcer, sections réunies, sur le moyen de cassation qu'elle
propose pour la seconde fois.

» Il est un point dans la cause sur lequel il est
impossible d'élever des doutes sérieux : c'est que les
préposés des douanes auraient pu et dû saisir, le 29
ventôse an 8, la totalité des marchandises que le
commettant du cit. Klenck avait introduites à Bourg-
Libre.

» Ces marchandises, en effet, d'après la déclaration du cit. Klenck lui-même, venaient de la Suisse.

» Or, que fallait-il pour en autoriser l'introduction en France ? Que fallait-il, pour empêcher

qu'introduites en France, elles ne fussent réputées provenir, soit de 'fabrique anglaise, soit de commerce anglais ?

» Il fallait, aux termes de l'article 13 de la loi du 10 brumaire an 5, qu'elles fussent *accompagnées de certificats* constatant qu'elles avaient été FABRI-QUÉES *dans les pays avec lesquels la république n'était point en guerre, conformément à la loi du 1ᵉʳ mars 1793.*

» Et l'art. 4 de la loi du 1ᵉʳ mars 1793 voulait que ces certificats continssent l'*attestation formelle* que les marchandises avaient été *manufacturées dans les lieux mêmes où les certificats* étaient *délivrés.*

» Les marchandises dont il est ici question étaient donc saisissables, si elles n'étaient pas accompagnées d'un certificat contenant cette *attestation formelle.*

» Eh bien! le certificat dont elles étaient accompagnées n'attestait rien de semblable. Par ce certificat, les officiers municipaux de Bâle se bornaient à dire qu'on leur avait *déclaré* qu'elles étaient *propriété suisse.* Ils n'attestaient pas qu'elles eussent été manufacturées dans le territoire helvétique, encore moins à Bâle même; ce qui cependant eût été absolument indispensable pour mettre ces marchandises à l'abri de la saisie.

» Inutile de dire que, par la déclaration du cit. Klenck, ces marchandises étaient destinées, non à être consommées en France, mais à passer en transit de Bourg-Libre à Francfort par Mayence.

» Le cit. Klenck n'a pas pu, après leur introduction illégale en France, les garantir de la saisie par une déclaration annonçant qu'il ne voulait que les faire passer en *transit* dans une ville étrangère. Une fois introduites en France, la loi les frappait de confiscation; et la confiscation a dû les atteindre, quelque mesure que le cit. Klenck ait prise pour l'éviter.

» Ce qui le prouve incontestablement, c'est que la loi du 10 brumaire an 5 s'oppose impérieusement à ce que les marchandises anglaises soient reçues, même en *transit,* dans le territoire français.

» Elle admet bien le *transit* pour celles de ces marchandises, qui, au moment de sa publication, se trouveront en France, et auront été déclarées dans les trois jours suivans; mais ce délai passé, elle les repousse indistinctement de nos ports et de notre territoire; elle veut que, par le seul fait de leur entrée en France, elles soient confiscables; et assurément rien n'est moins compatible avec la faculté du *transit.*

» Il est d'ailleurs de règle générale, en matière de douanes, que le *transit* ne peut avoir lieu que pour les objets dont l'entrée est permise en France; et cette règle a été rappelée, même avant la loi du 10 brumaire an 5, par un arrêté du directoire exécutif, du 23 germinal an 4, rapporté dans *le Bulletin des lois,* à l'ordre de sa date.

» Il est donc bien démontré que les marchandises présentées au bureau de Bourg-Libre, le 27 ventôse an 8, par le cit. Klenck, étaient saisissables en totalité.

» D'après cela, comment le cit. Klenck pourrait-il être recevable à se plaindre de ce que les préposés des douanes, oubliant ou méconnaissant leur devoir, n'ont saisi qu'une partie de ces marchandises, et en ont motivé la saisie sur les différences qui se trouvaient entre le résultat de la vérification qu'ils en avaient faite, et la déclaration qui en avait été remise au bureau.

» Bien évidemment, si ces différences n'avaient pas pu, par elles-mêmes, autoriser les préposés des douanes à saisir l'excédant des objets déclarés, la saisie de cet excédant n'en serait pas moins légitimée par les raisons qui autorisaient, qui obligeaient même les préposés à saisir le tout.

» Mais, au surplus, il ne faut pas de bien longs raisonnemens pour prouver que les différences dont il s'agit rendaient au moins l'excédant saisissable.

» Le tribunal criminel du département de la Haute-Saône a beau dire que, si, dans quelques-unes des caisses présentées au bureau de Bourg-Libre, il s'est trouvé plus de marchandises qu'il n'en avait été déclaré, il s'en est trouvé moins dans d'autres, et qu'au total l'excédant est plus que compensé par le déficit.

» Cette observation pourrait être de quelque valeur, s'il n'était ici question que du plus ou du moins de droits à payer pour le *transit.* Mais elle tombe d'elle-même, du moment qu'il s'agit de savoir si telle marchandise a pu être introduite en France, pour *transiter* à l'étranger.

» Et d'ailleurs, il n'est même pas vrai que, relativement à chaque espèce de marchandises présentées par le cit. Klenck au bureau de Bourg-Libre, le moins soit compensé par le plus.

» Il ne s'est trouvé dans les quatre caisses que 40 livres de mouchoirs de côton en couleur de moins que ne portaient la déclaration et le certificat d'origine, et il s'y en est trouvé 264 de plus; ce qui forme un excédant réel de 224 livres.

» Il ne s'est trouvé en moins dans les quatre caisses que 53 livres de mousseline brodée, et il s'y est trouvé en plus 104 livres de la même étoffe: ce qui donne un excédant réel de 51 livres.

» Cependant le tribunal criminel de la Haute-Saône a déclaré nulle même la saisie de ces deux excédans.

» Il a donc, même dans son propre système, violé les articles 13 et 15 de la loi du 10 brumaire an 5.

» Et par ces considérations, nous estimons qu'il y a lieu de casser et annuler son jugement. »

Conformément à ces conclusions, arrêt sur délibéré du 17 floréal an 11, au rapport de M. Vallée, par lequel

« Vu les art. 3 et 4 de la loi du 1er mars 1793, 13 et 14 de celle du 10 brumaire an 5....;

» Considérant, 1° que les marchandises dont la confiscation a été déclarée par le procès-verbal de saisie du 29 ventôse an 8, n'étaient pas accompagnées d'un certificat d'origine, tel que le prescrivent les articles des lois précitées, puisque ce certificat constate seulement que les marchandises en question sont une propriété suisse, tandis qu'il fallait, aux termes de la loi, qu'il constatât qu'elles avaient été fabriquées en Suisse;

» Qu'en supposant le certificat conçu dans les termes de la loi, il ne doit s'appliquer qu'aux marchandises déclarées, et non à celles dont il n'est pas fait mention dans la déclaration; que, dans l'espèce, le certificat d'origine ne s'applique pas aux marchandises saisies, puisqu'il est constaté par le procès-verbal de saisie qu'il y a erreur dans le poids, les qualités, la quotité et la nature des marchandises; que de là il résulte qu'on a voulu introduire en France ou y faire transiter des marchandises, sans certificat d'origine; ce qui en entraine la confiscation, aux termes des lois citées:

» Par ces motifs, le tribunal.... casse et annule le jugement du tribunal criminel de la Haute-Saône, en date du 15 prairial an 10. ».

§. V. *Sous la loi du 10 brumaire an 5, l'ordre donné dans un pays nouvellement occupé par des troupes françaises, de séquestrer les marchandises anglaises qui s'y trouvaient, emportait-il la confiscation de ces marchandises?*

V. l'article *Séquestre,* §. 2.

MARCHÉ A TERME. *V.* l'article *Effets publics.*

MARI. §. I. *Le mari est-il civilement responsable des délits de sa femme?*

Sur cette question déjà jugée plusieurs fois pour la négative, et sur d'autres indiquées sous les mots *Injure,* §. 6, et *Récidive,* §. 1, la cour de cassation a rendu en 1811, les deux arrêts suivans:

1° Le procureur-général expose que le tribunal de police du canton de Mareuil, arrondissement de Nontron, département de la Dordogne, a rendu, le 6 et le 27 novembre 1810, deux jugemens en dernier ressort qui paraissent devoir être annulés dans l'intérêt de la loi.

Par exploit du 3 novembre 1810, Françoise Marty, épouse de Jean Maléfaud, assistée et autorisée de son mari, expose que, le 30 octobre précédent, elle a été grossièrement injuriée par Anne Rambaudon, femme de Joseph Meunier, dit *Provençal,* demeurant à Laroche-Beaucourt, et que même cette femme s'est permis de lui porter des coups. En conséquence, elle cite Anne Rambaudon, et Jo-

seph Meunier, comme responsable de ses faits, devant le tribunal de police.

» Anne Rambaudon comparaît et propose ses défenses; mais Joseph Meunier fait défaut.

» Par jugement du 6 novembre, « considérant » qu'il résulte de l'instruction, que ladite Rambau- » don s'est répandue, envers ladite Marty, en propos » qui attaquent d'une manière sensible son honneur » et sa réputation; que ces faits sont du nombre des » délits punissables des peines de simple police, aux » termes de l'art. 605 du code des délits et des pei- » nes: » le juge de paix donne défaut contre Joseph Meunier; et pour le profit, le condamne, « conjoin- » tement et solidairement avec son épouse, à une » amende de la somme d'un franc au profit de l'Etat, » et aux dépens....; liquidés à 26 francs 50 centimes.»

» Joseph Meunier forme opposition à ce jugement, et soutient qu'il n'est point le mari d'Anne Rambaudon; que cette femme n'est que sa domestique; qu'il n'est point responsable des injures qu'elle a pu se permettre contre Françoise Marty; qu'il ne le serait qu'autant qu'il les aurait provoquées ou commandées, et que ce fait n'a pas même été allégué.

» Le 27 novembre, jugement par lequel, en rece- » vant l'opposition, pour la forme, le tribunal de po- » lice la rejette au fond, attendu « que l'exception » faite par Meunier, qu'il n'est pas l'époux d'Anne » Rambaudon, n'est pas admissible; qu'outre qu'elle » est contraire aux mœurs et à la décence publique, il » est constant qu'ils habitent ensemble depuis plu- » sieurs années, qu'ils ont des enfans dans leur mé- » nage, et que, dans l'opinion publique, ils sont » considérés comme unis légitimement; mais que, » dans l'un et l'autre cas, Meunier est le chef de la » maison, et doit être responsable des faits des per- » sonnes qui sont sous sa dépendance. »

» En prononçant ainsi par ces deux jugemens, le tribunal de police a tout à la fois transgressé les bornes dans lesquelles la loi circonscrivait sa compétence, et violé le code civil.

» 1° La femme Marty exposait, par sa plainte, qu'Anne Rambaudon, non-seulement l'avait injuriée, mais même lui avait porté des coups. Or, l'art. 13 du tit. 2 de la loi du 22 juillet 1791, et le n° 8 de l'art. 605 du code des délits et des peines, du 3 brumaire an 4, voulaient que toute affaire dans laquelle il était articulé qu'une personne avait été *frappée,* fût portée devant le tribunal correctionnel. Le tribunal de police n'était donc pas compétent pour connaître de la plainte de la femme Marty.

» A la vérité, il paraît avoir été reconnu par l'instruction, que le fait des coups portés à la femme Marty n'était pas prouvé. Du moins le juge de paix n'a énoncé, comme constaté par l'instruction, que le fait des injures proférées contre la femme Marty, par Anne Rambaudon; et en conséquence, il n'a fondé son jugement du 6 novembre que sur ce second fait.

» Mais ce n'est ni le résultat de l'instruction, ni

la condamnation qui détermine la compétence d'un tribunal. La compétence d'un tribunal ne peut être déterminée que par la demande.

» Aussi la cour a-t-elle, par arrêt du 19 octobre 1809, au rapport de M. Brillat-Savarin, cassé, comme incompétemment rendu, un jugement du tribunal de police du canton de Raspolo, qui avait retenu la connaissance d'une plainte portant sur des injures verbales et un soufflet, sous prétexte que le soufflet n'était pas prouvé, et qu'il ne restait à statuer que sur les injures.

» 2° L'art. 7 du tit. 2 de la loi du 28 septembre-6 octobre 1791, concernant la police rurale, dit bien que « les maris et les maîtres seront civilement res-
» ponsables des délits commis par leurs femmes et
» domestiques. Mais cet article ne peut s'entendre que des délits ruraux; il est étranger aux délits ordinaires, et par conséquent aux injures verbales.

» Or, où est-il écrit que le mari est civilement responsable des injures verbales auxquelles sa femme peut se livrer envers des tiers? Nulle part; et loin de là : l'art. 1424 du code civil déclare expressément que « les amendes encourues par la femme ne peu-
» vent s'exécuter que sur la nue-propriété de ses
» biens personnels, tant que dure la communauté. »

» Où est-il écrit que les maîtres sont responsables des injures dont leurs domestiques peuvent se rendre coupables? Nulle part encore. L'art. 1384 du même code ne fait porter leur responsabilité que sur les « dommages causés par leurs domestiques,
» dans les fonctions auxquelles ils les ont employés. »

» Ainsi, de deux choses l'une : ou Anne Rambaudon est l'épouse de Joseph Meunier, ou elle n'est que sa domestique.

» Si elle est son épouse, la condamnation a dû l'atteindre seule; et ce n'est que sur ses biens personnels que l'on peut en poursuivre l'exécution.

» Si elle n'est que sa domestique, c'est encore la même chose : car ce n'est pas dans les fonctions auxquelles l'employait habituellement son maître, qu'elle a proféré les injures dont il s'agit; au moins le jugement du 6 novembre et celui du 27 du même mois sont également muets là-dessus.

» Ces deux jugemens sont donc, dans l'une et l'autre hypothèses, en opposition diamétrale avec la loi; et ils doivent être cassés, comme l'a été, sur le réquisitoire de l'exposant, le 9 juillet 1807, un jugement du tribunal de police du canton d'Helmanrupt, qui avait déclaré un mari et un maître civilement responsables des injures que la femme de l'un et la servante de l'autre s'étaient dites réciproquement dans une rixe.

» Ce considéré, il plaise à la cour, vu l'art. 88 de la loi du 27 ventôse an 8, et les autres lois ci-dessus citées, casser et annuler, dans l'intérêt de la loi, et sans préjudice de son exécution entre les parties intéressées, les jugemens du tribunal de police du canton de Mareuil, des 6 et 27 novembre 1810, dont les copies signifiées sont ci-jointes; et ordonner

qu'à la diligence de l'exposant, l'arrêt à intervenir sera imprimé et transcrit sur les registres dudit tribunal.

« Fait au parquet, le 27 mai 1811. Signé, Merlin.

» Oui le rapport de M. Favard de Langlade......;

» Vu l'art. 88 de la loi du 27 ventôse an 8, et l'art. 456, §. 6, de la loi du 3 brumaire an 4, qui autorise l'annulation des jugemens, lorsqu'il y a eu contravention aux règles de compétence établies par la loi;

» Attendu que, dans sa plainte, la femme Marty avait exposé qu'Anne Rambaudon, non-seulement l'avait injuriée, mais lui avait encore porté des coups;

» Attendu que, d'après l'art. 13 du tit. 2 de la loi du 22 juillet 1791, et le n° 8 de l'art. 605 du code des délits et des peines, le tribunal de police ne pouvait connaître de toute affaire pour rixe, dans laquelle il était articulé qu'une personne avait été frappée, et que la connaissance en appartenait au tribunal correctionnel;

» Attendu que les attributions des tribunaux sont de droit public; que leur compétence doit être réglée par la nature de la demande portée devant eux, et non point par le résultat des preuves auxquelles a pu donner lieu l'instruction faite sur cette demande; qu'ainsi, la plainte de la femme Marty ayant eu pour objet des coups portés; il en résulte que le tribunal de police de Mareuil ne pouvait pas en connaître;

» Vu, en second lieu, l'art. 1424 du code civil, qui porte que « les amendes encourues par la femme
» ne peuvent s'exécuter que sur ses biens person-
» nels; » et l'art. 1384 du même code, qui ne fait porter la responsabilité des maîtres que « sur les
» dommages causés par leurs domestiques dans les
» fonctions auxquelles ils les ont employés; ».

» Attendu qu'en considérant Anne Rambaudon comme l'épouse, ou comme la domestique de Joseph Meunier, dans les deux cas, ce dernier ne pouvait pas être passible des condamnations prononcées contre cette femme; qu'ainsi les jugemens attaqués ont violé les art. 1384 et 1424 du code civil;

» Par ces motifs, la cour, faisant droit sur le réquisitoire de M. le procureur-général, casse et annule, pour l'intérêt de la loi, les jugemens rendus par le tribunal de police du canton de Mareuil, arrondissement de Nontron, département de la Dordogne, les 6 et 27 novembre 1810. . . .

» Ainsi jugé et prononcé à l'audience publique de la cour de cassation, section criminelle, le 6 juin 1811. »

« 2° Le procureur-général expose qu'il est chargé par le gouvernement de requérir, pour l'intérêt de la loi, la cassation d'un jugement rendu dans les circonstances suivantes :

» Le 25 mai dernier, Jacques Coillet et Marie-Anne Croissart, son épouse, font assigner Anne Bernardot, épouse d'Antoine Lambert, devant le tribunal de police de Nogent-sur-Seine, pour se voir condamner à leur faire réparation d'injures graves dont ils exposent qu'elle les a, *depuis quatre mois*, *constamment et journellement* accablés. Ils citent, en même temps et aux mêmes fins, Antoine Lambert, *comme responsable civilement des faits de son épouse*.

» Anne Bernardot comparaît sur cette citation, reconnaît qu'elle a injurié les demandeurs, mais soutient qu'elle y a été provoquée par les injures qu'ils s'étaient eux-mêmes permises contre elle.

» Quant à Antoine Lambert, il fait défaut.

» Par jugement du 28 du même mois, le tribunal de police prononce en ces termes : « Ouï les parties et M. le maire ; considérant, dans le fait, que » la femme Lambert a reconnu et avoué qu'elle » avait dit et proféré les injures énoncées en la de- » mande ; qu'elle s'est bornée à alléguer qu'elle avait » été provoquée, sans offrir d'administrer et de » rapporter la preuve de cette provocation ; consi- » dérant que ladite femme Lambert n'a pas dénié » avoir injurié à différentes fois la femme Collet ; » qu'elle en est au contraire convenue ; considérant, » dans le droit, que toute personne qui en a injurié » une autre sans excuse suffisante, est passible des » peines prononcées par la loi ; faisant droit aux » conclusions et réquisitoire de M. le maire, con- » damnons ladite Anne Bernardot, femme Lambert, » en deux jours d'emprisonnement, conformément » à l'art. 471, n° 11, et à l'art. 474 du code pénal ; » la condamne, en outre, conjointement et solidai- » rement avec son mari, ce dernier par défaut, » aux frais et dépens. »

» La cour remarque du premier coup-d'œil que ce jugement contrevient à la loi de deux manières également frappantes.

» 1° Il ne pouvait, d'après l'art. 471 du code pénal, condamner Anne Bernardot qu'à une amende d'un franc au moins et de cinq francs au plus. Pourquoi donc la condamne-t-il à un emprisonnement de deux jours ? C'est, dit le tribunal de police, en vertu de l'art. 474, lequel veut qu'*en cas de récidive*, les personnes mentionnées dans l'art. 471 soient toujours punies d'un emprisonnement d'un à trois jours. Mais Anne Bernardot était-elle en récidive, par cela seul qu'elle avait réitéré plusieurs fois les injures dont elle s'était rendue coupable envers Jacques Collet et sa femme ? Non : en fait de contravention de police, comme en fait de crimes et de délits, il n'y a récidive que lorsque le coupable a été précédemment condamné, soit à raison d'un autre crime ou délit, soit à raison d'une autre contravention. Cela résulte, pour les crimes et les délits, des art. 56, 57 et 58 du code pénal ; et c'est ce qu'établit également l'art. 483 pour les contraventions de police : « Il y a (porte ce dernier article) récidive » dans tous les cas prévus par le présent livre, lors- » qu'il a été rendu contre le contrevenant, dans les » douze mois précédens, un premier jugement pour » contravention de police, commise dans le ressort » du même tribunal. »

» 2° Sur quel fondement le tribunal de police condamne-t-il Antoine Lambert, *conjointement et solidairement* avec son épouse, *aux frais et dépens* ? C'est sans doute parce qu'à ses yeux le mari est, comme l'exposaient les demandeurs dans leur exploit de citation, *responsable civilement des faits de sa femme*. Mais c'est là une très-grande erreur. L'art. 1424 du code civil décide, au contraire, textuellement que « les amendes encourues par la femme » ne peuvent s'exécuter que sur la nue-propriété de » ses biens personnels, tant que dure la commu- » nauté ; » et sans doute il en doit être des frais comme des amendes. D'ailleurs, l'art. 74 du code civil veut que « dans les cas de responsabilité » civile qui pourront se présenter dans les affaires » criminelles, correctionnelles et de POLICE, les » cours et tribunaux devant qui ces affaires seront » portées, se conforment aux dispositions du code » civil, liv. 3, tit. 4, chap. 2. » Or, on voit bien dans le chap. 2 du tit. 4 du liv. 3 du code civil, qu'en certains cas le père, le tuteur et le maître sont civilement responsables des dommages causés par leurs enfans, leurs pupilles ou leurs domestiques ; mais on n'y voit rien de semblable pour le mari à l'égard de sa femme. Aussi la cour a-t-elle cassé, sur les réquisitoires de l'exposant, par arrêts des 9 juillet 1807 et 6 juin 1811, des jugemens semblables à celui dont il est ici question.

» Ce considéré, il plaît à la cour, vu l'art. 441 du code d'instruction criminelle, les art. 74, 471, 474 et 483 du code pénal, et l'art. 1424 du code civil, casser et annuler, dans l'intérêt de la loi, et sans préjudice de son exécution à l'égard des parties intéressées, le jugement du tribunal de police du canton de Nogent-sur-Seine, ci-dessus mentionné, et dont expédition est ci-jointe ; et ordonner qu'à la diligence de l'exposant, l'arrêt à intervenir sera imprimé et transcrit sur les registres dudit tribunal.

» Fait au parquet, le 3 août 1811. *Signé*, Merlin.

» Ouï le rapport de M. Favard de Langlade..... ;

» Vu les art. 471, 474 et 483 du code pénal de 1810 ;

» Attendu qu'aux termes des articles cités, la peine d'emprisonnement ne peut être prononcée pour injures verbales qu'en cas de récidive ; et qu'il n'y a récidive que dans les cas prévus par l'article 483 ;

» Attendu que le jugement attaqué condamne la femme Lambert à deux jours d'emprisonnement ; que néanmoins il n'a été nullement établi que cette femme fût dans le cas de la récidive déterminée dans le susdit article 483, et que dès-lors le jugement attaqué a violé formellement les art. 471, 474 et 483 du nouveau code pénal ;

» Vu pareillement l'art. 1424 du code civil.... ;

» Attendu que, d'après cet article, le mari n'est pas civilement responsable des faits de sa femme ; que cependant le jugement attaqué condamne Lambert, solidairement avec sa femme, aux frais et dépens; que dès-lors il a commis une seconde violation de la loi;

» D'après ces motifs, la cour, faisant droit sur le réquisitoire de M. le procureur-général en la cour, casse et annule, dans l'intérêt de la loi seulement, le jugement rendu par le tribunal de police du canton de Nogent-sur-Seine, le 28 mai dernier.

» Ainsi jugé et prononcé à l'audience publique de la cour de cassation, section criminelle, le 16 août 1811. »

§. II. *Le mari est-il civilement responsable des délits de glanage commis par sa femme, et pourquoi l'est-il?*

Les femmes Rigaud, Ménager et Carbonnier, et plusieurs filles avaient, au mépris des anciens réglemens de police rurale, glané, avec des rateaux de fer, dans des champs ensemencés de trèfle et de luzerne.

Le sieur Chevalier, propriétaire de ces champs, les fait toutes assigner devant le juge de paix du canton, et cite en même temps, comme civilement responsables de leurs faits, les maris des unes et les pères des autres.

Le 15 octobre 1817, jugement en dernier ressort qui condamne toutes les glaneuses à des dommages-intérêts; et déclare leurs maris et leurs pères responsables de ces condamnations.

Recours en cassation de la part des maris et des pères.

Par arrêt du 23 décembre 1818, au rapport de M. Lepicard;

» Attendu que le jugement attaqué, en ce qu'il condamne les pères comme civilement responsables des délits de leurs enfans, et les maris comme civilement responsables de ceux de leurs femmes, n'a fait, dans les cas où ces délits ont produit un dommage, qu'une juste application des art. 1383 et 1384 du code civil, les uns et les autres ne prouvant pas qu'ils n'avaient pu empêcher de les commettre, ceux qui étaient sous leur dépendance;

« La cour rejette le pourvoi..... »—

Cet arrêt est, au fond, parfaitement régulier; mais il s'en faut beaucoup que les motifs en soient exacts par rapport aux maris.

Ni l'art. 1383, ni l'art. 1384 du code civil ne déclarent les maris responsables des délits de leurs femmes. Ils n'établissent même pas généralement, comme le suppose l'arrêt, cette responsabilité à l'égard de tous ceux qui ont sous leur dépendance les auteurs des délits dont il est résulté des dommages. Le second de ces articles dit bien qu'*on est responsable du dommage causé par des personnes dont on doit répondre;* mais les personnes dont on doit répondre, quelles sont-elles? Ce sont, répond le même article, à l'égard des pères et mères, leurs enfans mineurs habitant avec eux; à l'égard des

maîtres et des commettans, leurs domestiques et préposés, dans les fonctions auxquelles ils les ont employés; à l'égard des instituteurs et des artisans, leurs élèves et apprentis, pendant le temps qu'ils sont sous leur surveillance. Dans cette nomenclature, pas un mot des maris et des femmes; et que sera-ce, si, au silence de cet article sur les délits commis par les femmes mariées, vous joignez l'argument qui sort de l'art. 1424 en faveur de la non-responsabilité des maris?

Cependant, comme je le disais tout-à-l'heure, l'arrêt dont il s'agit a bien jugé; mais pourquoi? Parce qu'il était question d'un délit de police rurale, et par conséquent d'un délit qui rentrait dans l'exception établie par l'art. 7 du tit. 2 de la loi du 28 septembre-6 octobre 1791, citée au §. précédent.

§. III. *Autres questions sur les droits et les devoirs des maris.*

V. les articles *Mariage, Femme, Divorce, Don mutuel, Dot, Hypothèque, Propres conventionnels, Remploi, Rente constituée, Séparation de biens, Séparation de corps, Révocation de donation, Avantages entre époux, Secondes noces, Gains de survie,* etc.

MARIAGE. §. I. *De la condition de se marier avec telle personne, ou de ne pas se remarier, écrite dans les actes antérieurs à la loi du 5 septembre 1791.*

V. le plaidoyer et l'arrêt du 6 floréal an 11, rapporté à l'article *Condition,* §. 1.

§. II. *Dans la Belgique, le silence et le défaut d'opposition du père suffisait-il, sous l'empire des placards ou édits de 1540 et 1623, pour rendre valable le mariage du fils de famille?*

V. le plaidoyer du 2 germinal an 9, rapporté, sous le mot *Mineur,* §. 1.

§. III. 1° *Un mariage contracté sous l'empire de la loi du 20 septembre 1792, est-il nul, pour avoir été célébré hors de la maison commune?*

2° *Est-il nul, lorsque l'acte en a été dressé, inscrit et signé sur un registre non timbré?*

3° *Quel serait le sort d'un pareil mariage, s'il était contracté sous le code civil?*

I. Les deux premières questions ont été agitées et jugées à la section des requêtes de la cour de cassation, sur la demande de Marie-Catherine Pénicaud, en cassation d'un arrêt de la cour d'appel de Paris, du 22 pluviôse an 9, confirmatif d'un jugement du ci-devant tribunal civil du département de la Seine, qui avait déclaré valable le mariage contracté entre elle et Jean-Baptiste-Pascal Lane-franque.

Après le rapport fait par M. Poriquet, et la plaidoirie du défenseur de la demoiselle Pénicaud, je me suis expliqué en ces termes :

« Cette cause, dépouillée devant vous des accessoires qui l'ont rendue si scandaleusement célèbre devant les tribunaux de première instance et d'appel de Paris, ne présente à votre examen que deux questions, à la vérité fort importantes, mais d'une solution facile : la première, si le jugement attaqué viole la loi du 20 septembre 1792, en décidant que le cit. Lanefranque et la demoiselle Pénicaud se sont mariés légalement, quoique leur mariage n'ait pas été célébré dans la maison commune du domicile de l'un d'eux ; la seconde, s'il contrevient à la même loi, en admettant pour preuve de ce mariage, un acte inscrit sur un registre non timbré.

» Les faits qui ont donné l'être à ces deux questions, sont (suivant le jugement du tribunal civil du département de la Seine, du 18 germinal an 7, qui, dans ses *considérant*, les a réduits à leurs termes les plus simples) :

» Que Jean-Baptiste-Pascal Lanefranque, majeur, et Marie-Catherine Pénicaud, mineure de vingt ans, ont, avant la célébration du mariage, réglé les accords et conventions de leur union future, par acte notarié du 18 vendémiaire an 5, non-seulement en présence et du consentement de Joseph-Dominique Pénicaud, père de la mineure, et du fondé de pouvoir des père et mère du cit. Lanefranque, mais encore en présence de plusieurs parens et amis des parties contractantes ;

» Que le même jour, en conformité des dispositions de la 2ᵉ section du tit. 5 de la loi du 20 septembre 1792, modifiées par celle du 26 vendémiaire an 2, la publication du mariage a été faite et affichée aux endroits accoutumés dans la commune de Mérignac, lieu d'habitation de Pénicaud père et de sa fille ;

» Que, le 21 vendémiaire an 5, le cit. Lapeyre, adjoint (municipal) de la commune de Mérignac, s'est transporté dans la maison du cit. Pénicaud père, à Mérignac ; que, là, le cit. Lanefranque et la cit. Pénicaud, en présence et du consentement de son père, ont déclaré à haute voix se prendre l'un et l'autre en mariage ; que le cit. Lapeyre a prononcé, au nom de la loi, que le cit. Lanefranque et la cit. Pénicaud étaient unis en mariage ;

» Que cette prononciation a été faite en présence de quatre témoins, du fondé de pouvoir des père et mère, et de deux parens du cit. Pénicaud ;

» que ces faits sont constatés par l'acte que le cit. Lapeyre a rédigé, lequel acte est revêtu des signatures du cit. Lanefranque, de la cit. Pénicaud, de de son père, du fondé de pouvoir des père et mère de Lanefranque, des quatre témoins et assistans, et du cit. Lapeyre ;

Que cet acte a été inscrit à la date du même jour, 12 vendémiaire an 5, sur un registre de papier libre, couvert d'un parchemin, contenant environ cent cinquante feuillets, et renfermant plusieurs inscriptions de naissance et de décès faites par le même officier public, tant avant que depuis la célébration du mariage du cit. Lanefranque et de la demoiselle Pénicaud ;

» Que ce registre était momentanément en usage, parce qu'alors les registres timbrés de l'an 4 étaient clos, et que l'administration municipale du canton de Pessac n'avait pas encore envoyé les registres timbrés de l'an 5 ;

» Que les actes de naissance, de décès, ainsi que celui de la célébration de mariage du cit. Lanefranque et de la cit. Pénicaud, portés sur le registre privé, ont été reportés et transcrits sur les registres publics aussitôt après leur réception ;

» Que, depuis le 21 vendémiaire an 5, la cit. Pénicaud est restée avec le cit. Lanefranque à Mérignac, dans la maison du cit. Pénicaud père, jusqu'au 11 brumaire suivant, époque à laquelle, de son aveu, elle a quitté la maison paternelle ;

» Qu'antérieurement au mariage, depuis sa célébration, dans le temps que la cit. Pénicaud a habité la maison de son père avec le cit. Lanefranque, et après son évasion de cette maison, la cit. Pénicaud a écrit sept lettres missives, représentées par le cit. Lanefranque, et par lesquelles elle reconnaît celui-ci, soit pour l'époux qu'elle est sur le point de prendre, soit pour l'époux qu'elle a pris, et au sort duquel elle témoigne un vif intérêt. »

» Tels sont les faits d'après lesquels la demoiselle Pénicaud a soutenu qu'il n'existait point de mariage légal entre le cit. Lanefranque et elle ; et c'est d'après ces mêmes faits, que le tribunal d'appel de Paris, en confirmant par son jugement du 22 pluviôse an 9, celui du tribunal civil du département de la Seine, du 18 germinal an 7, a débouté la demoiselle Pénicaud de sa demande, et l'a jugée légitime épouse du cit. Lanefranque.

» Il s'agit aujourd'hui de savoir si, en prononçant ainsi, le tribunal d'appel s'est écarté de la loi, ou s'il s'y est conformé ; et comme cette question se divise en deux branches, nous devons d'abord examiner si, pour qu'il existe un mariage, il est indispensablement nécessaire que la célébration en ait été faite dans la maison commune ; ou si l'on doit réputer, soit comme non existant, soit comme nul, aux yeux de la loi, tout mariage qui a été, comme celui de la demoiselle Pénicaud, contracté dans une maison particulière.

» Avant la loi du 20 septembre 1792, la règle générale était que les majeurs, comme les mineurs, devaient *contracter leurs mariages publiquement et en la face de l'Église* ; ce sont les propres termes de l'art. 5 de la déclaration du 26 novembre 1639.

» Cependant il était généralement reconnu que

le défaut de célébration dans un lieu sacré, ne pouvait pas être opposé à un mariage; et que des personnes, soit majeures, soit mineures, étaient légitimement mariées, lorsqu'elles s'étaient unies devant leur curé (1),

» La loi du 20 septembre 1792 a-t-elle dérogé à cette règle? Elle y a certainement dérogé, en substituant *la maison commune à l'église*, et *l'officier public de l'état civil au curé*. Mais est-là le seul changement qu'elle ait fait à notre ancienne législation; et peut-on aujourd'hui regarder comme valable un mariage contracté en présence de l'officier public de l'état civil, quoique hors de la maison commune, comme ayant la loi du 20 septembre 1792, on tenait pour valable un mariage contracté en présence du curé, quoique hors des édifices destinés au culte?

» Nous devons, pour résoudre cette question, comparer entre elles les trois parties principales du tit. 4 de la loi dont il s'agit, c'est-à-dire, la première section intitulée : *qualités et conditions requises pour pouvoir contracter mariage;* la section seconde intitulée, *publications;* et la section quatrième intitulée, *des formes intrinsèques du mariage.*

» La première section détermine l'âge requis pour le mariage; elle déclare incapables de se marier, les personnes incapables de consentement; elle défend aux personnes engagées dans les liens d'un mariage, d'en contracter un second, tant que le premier n'est pas dissous; elle prohibe le mariage entre les parens et alliés en ligne directe, et entre le frère et la sœur. Après quoi elle ajoute : « Les mariages faits » contre la disposition des articles précédens, seront » nuls et de nul effet. »

» La seconde section est relative aux publications qui doivent précéder le mariage. Elle en règle le lieu et la forme, tant pour les personnes encore en minorité, que pour les majeurs. Elle veut notamment que ces publications soient faites au domicile actuel de chacune des parties, et que l'on ne puisse considérer comme domicile actuel, par rapport au mariage, que le lieu dans lequel on a son habitation depuis six mois.

» La quatrième section spécifie la manière dont il doit être procédé à la réception de l'acte de mariage.

» Cet acte sera reçu dans la maison commune du lieu du domicile des parties.

» Il le sera le jour que les parties auront désigné, mais à l'heure indiqué par l'officier public.

» Quatre témoins majeurs y seront appelés.

» Les pièces relatives à l'état des parties et aux formalités du mariage, seront lues.

» Les parties déclareront se prendre réciproquement pour époux.

(1) *V.* ci-après, §. 8.

» L'officier public prononcera, au nom de la loi, qu'elles sont unies en mariage.

» L'acte de mariage sera dressé tout de suite et contiendra les noms, prénoms, âge, profession, lieu de naissance et domicile des parties, de leurs pères et mères et des témoins : la mention des publications, celle des déclarations des époux, et la prononciation de l'officier public.

» Enfin, l'acte sera signé par les parties, par leurs parens, par les témoins et par l'officier public.

» Voilà qu'elles sont les dispositions des trois sections citées du tit. 4 de la loi du 10 septembre 1792; et, comme vous l'avez remarqué, il existe une différence essentielle entre les dispositions de la première, et les dispositions des secondes et quatrième.

» La première a pour objets les *conditions* du mariage, les deux autres n'en concernent que les *solennités.*

» Les *conditions* tiennent au fond même du contrat; et par cette raison, elles sont de rigueur. Ainsi, point de mariage sans consentement; point de consentement valable, si les parties sont incapables de consentir; donc, point de mariage valable de la part d'un impubère, de la part d'un furieux, de la part d'un mineur non autorisé par ses parens, de la part d'un homme déjà marié, si son premier mariage n'est préalablement dissous; de la part d'un père avec sa fille, d'une mère avec son fils, d'un frère avec sa sœur. Telle est l'économie des articles qui composent la section première; et la peine de nullité y est désignée comme devant frapper sans ménagement tout mariage qui serait contracté au mépris des règles qu'elle consacrent.

» Mais cette peine de nullité, on ne la trouve répétée ni dans la seconde ni dans la quatrième section; ni la seconde ni la quatrième section ne la prononcent, en cas d'omission de l'une ou de l'autre des solennités qu'elles prescrivent; et de là naît la question de savoir si cette peine peut être suppléée, soit dans la seconde, soit dans la quatrième section?

» Cette question est absolument subordonnée à la nature des causes d'où procèdent, en général, les nullités.

» Il est certain que les nullités ne peuvent être établies que par la loi, et que la loi seule a le droit de les prononcer.

» Elle peut les prononcer, ou, en d'autres termes, elle peut rendre un acte nul, soit à raison des personnes qui y interviennent, soit à raison de la chose qu'il a pour objet, soit à raison de la forme dans laquelle il est passé. Ainsi, elle peut annuler tout acte fait, ou par une personne qu'elle en a déclarée incapable, ou pour une chose qu'elle a défendu d'en faire la matière, ou dans une forme qu'elle a prescrite, ou différente de celle qu'elle a déterminée.

» Mais pour qu'elle soit censée l'annuler en effet,

.42.

est-il nécessaire que la clause de nullité se trouve expressément dans la disposition du législateur?

» Il faut, à cet égard, distinguer entre les lois prohibitives et les lois impératives.

» Dans les lois prohibitives, la clause de nullité est toujours sous-entendue. Nous voulons, disent les empereurs Théodose et Valentinien, dans la loi 5, C. *de legibus*, que tout pacte, toute convention, tout contrat passé entre ceux à qui la loi défend de les faire, soient regardés comme non-avenus....; en sorte qu'il suffise au législateur d'avoir défendu ce qu'il ne veut pas qu'on fasse, et que tout ce qui est fait contre la défense de la loi, soit non-seulement inutile, mais encore considéré comme non fait, quoique le législateur se soit borné à le défendre, et n'ait pas déclaré spécialement qu'il le défendait à peine de nullité. *Nullum enim pactum, nullam conventionem, nullum contractum inter eos videri volumus subsecutum, qui contrahunt lege contrahere prohibente. Quod ad omnes etiam legum interpretationes, tam veteres quàm novellas, trahi generaliter imperamus : ut legislatori quod fieri non vult, tantùm prohibuisse sufficiat; cæteraque quasi expressa ex legis liceat voluntate colligere: hoc est, ut ea quæ lege fieri prohibentur, si fuerint facta, non solùm inutilia, sed pro infectis etiam habeantur; licet legislator fieri prohibuerit tantùm, nec specialiter dixerit inutile esse debere quod factum est.*

» Cette règle admet cependant un petit nombre d'exceptions, mais elles sont étrangères à notre objet; et il est par conséquent inutile de nous en occuper (1).

» A l'égard des lois simplement impératives, c'est-à-dire, des lois qui, au lieu de défendre, ne font que prescrire et enjoindre quelque chose, la règle générale est qu'elles n'emportent nullité, en cas d'infraction à ce qu'elles ordonnent, que lorsqu'elles contiennent une clause irritante.

» Ainsi, quoique l'ordonnance criminelle de 1670 renfermât un grand nombre de dispositions impératives, on tenait cependant pour maxime très-constante, sous le régime de cette ordonnance, que la peine de nullité ne pouvait être suppléée par les juges dans aucune de ses dispositions; et le chancelier d'Aguesseau a eu soin de rappeler cette maxime, dans une lettre du 3 juillet 1733, que l'on trouve au tome 8 du recueil de ses ouvrages, page 74 : « Je ne saurais trop recommander (*y est-il dit*) » aux officiers du présidial de...., de ne pas multi- » plier arbitrairement les nullités, et de s'arrêter » sur ce sujet aux dispositions écrites dans les or- » donnances, édits et déclarations, ou dans les » arrêts de réglement; ils peuvent seulement, lors- » qu'ils trouvent des IRRÉGULARITÉS ou des singula- » rités qui n'emportent point la nullité des procé-

---

(1) *V.* l'article *Nullité.*

dures faites par les officiers de la maréchaussée, » arrêter qu'il m'en sera rendu compte, afin que je » puisse donner à ces officiers les ordres et les ins- » tructions qui leur seront nécessaires. »

» Ainsi, le code des délits et des peines contient une foule d'articles qui tracent aux officiers de police, aux directeurs de jury et aux juges, la marche qu'ils doivent suivre dans l'instruction criminelle; et cependant l'art. 456 de ce code nous avertit que la contravention à ces différens textes n'emporte nullité, qu'autant qu'ils renferment expressément la clause irritante.

» Ainsi, l'ordonnance de 1667 soumet la procédure civile à une multitude de règles, plus ou moins importantes; et cependant, parmi ces règles, il y en a très-peu à l'observation desquelles le législateur ait attaché la peine de nullité; l'infraction des autres ne peut, suivant l'art 34 du tit. 35, donner lieu qu'à la requête civile.

« Et voilà pourquoi l'art. 3 de la loi du 27 novembre 1790, institutive du tribunal de cassation, ne vous permet de casser les jugemens pour violation de formes dans les procédures, que lorsqu'il s'agit de formes prescrites à peine de nullité.

» A la vérité, par l'art. 3 de la loi du 4 germinal an 2, cette disposition a été *restreinte aux formes déterminées par les lois antérieures à* 1789; et il a été dit par l'art. 2 de la même loi, que « toute » violation ou omission des formes prescrites, en » matière civile, par les lois émanés des représen- » tans du peuple, depuis 1789, quand même elles » ne prononceraient pas expressément la peine de » nullité, donnerait ouverture à la cassation. »

» Mais ces deux articles, loin de déroger à la distinction que nous venons d'établir, n'ont fait que la confirmer, en lui imprimant le sceau de la puissance législative; car, tout ce qui résulte de l'art. 2, c'est qu'en matière de formes relatives à la procédure civile, la peine de nullité est, de plein droit, censée ajoutée à toutes les lois émanées de nos assemblées nationales; et l'art. 3 n'est, par rapport aux formes de la même nature qui sont prescrites par nos anciennes ordonnances, que l'expression de la règle qui ne permet aux juges d'annuler un acte pour violation ou omission des formes déterminées pour sa confection, qu'autant que la loi qui les détermine, accompagne sa disposition d'une clause irritante.

» Du reste, l'art. 2 étant limité aux formes de la procédure civile, il est clair que la règle générale subsiste en son entier pour les formes des actes étrangers à cette procédure; c'est-à-dire, qu'il n'importe que ces formes aient été prescrites par l'ancien ou par le nouveau pouvoir législatif; et que, dans l'un comme dans l'autre cas, il faut une clause irritante pour autoriser les juges à annuler un acte étranger à la procédure civile, sur le fondement de la violation ou de l'omission des formes requises dans sa confection.

» Il est pourtant des formes à l'égard desquelles cette règle doit cesser : ce sont celles qui constituent essentiellement la substance d'un acte ; et la raison en est simple : c'est que, sans ces formes, l'acte que l'on a voulu faire, n'a pas reçu l'existence qu'elles seules pouvaient lui donner.

» Par exemple, l'art. 10 du tit. 25 de l'ordonnance de 1670 portait qu'aux procès-criminels qui seraient jugés à la charge de l'appel, « assisteraient » au moins trois juges, qui seraient officiers, si » tant il y en avait dans le siége, ou gradués ; l'ar-» ticle suivant ajoutait que les jugemens en dernier » ressort se donneraient par sept juges au moins. » Il n'y avait pas de clause irritante dou ces deux textes. Cependant il est certain qu'on n'aurait pas pu les enfreindre sans nullité. Pourquoi cela ? Parce-qu'il est de l'essence d'un jugement d'être rendu par un certain nombre de juges, et que par conséquent les lois qui règlent ce nombre, se rapportent à la substance même du jugement.

» Par la même raison, quoique aucun des articles du tit. 21 de l'ordonnance de 1667, concernant la nomination et les opérations des experts, ne porte la peine de nullité, et que cette loi soit de beaucoup antérieure à 1789, si un expert était nommé autre-ment que par les parties, ou par les juges sur leur refus, c'est-à-dire dans une forme différente de celle qui se trouve prescrite dans ce titre, cette nomina-tion n'en serait pas moins nulle, parce qu'alors les experts ne le seraient que de nom ; et que, dans la réalité, il n'existerait point d'acte qui les constituât tels.

« Ce n'est donc qu'aux formes accidentelles des actes, qu'est applicable la règle qui veut que la peine de nullité ne puisse se suppléer dans les lois simplement impératives. Mais aussi elles s'y applique dans toute son étendue, et elle n'admet, à cet égard, aucune exception

» Maintenant revenons aux deuxième et quatrième sections du tit. 4 de la loi du 20 septembre 1792, et fixons-nous sur le caractère des solennités qu'elles prescrivent.

» Parmi ces solennités, il en est qui touchent à l'essence même du contrat de mariage : ce sont celles que prescrivent les art. 5 et 6 de la troisième sec-tion : « Après cette lecture (est-il dit dans l'un), le » mariage sera contracté par la déclaration que fera » chacune des parties à haute voix en ces termes : » JE DÉCLARE PRENDRE (le nom) EN MARIAGE. Aussi-» tôt après cette déclaration (ajoute l'autre), l'offi-» cier public, en leur présence, et en celle des » mêmes témoins, prononcera, au nom de la loi, » qu'elles sont unies en mariage. »

» Voilà bien évidemment des formes qui consti-tuent essentiellement le mariage : supprimez ces formes, il ne reste plus rien que vous puissiez quali-fier de célébration nuptiale. Il est donc tout simple de sous-entendre dans ces deux articles, la peine de nullité, quoiqu'elle ne soit exprimée ni dans l'un ni dans l'autre.

» Mais à côté de ces formes substantielles du ma-riage, il en est d'autres qui ne servent que de pré-caution, soit contre la désobéissance et la séduction des enfans mineurs, soit contre les alliances qui pourraient offenser les bonnes mœurs et l'honnêteté publique, soit contre les inconvéniens que produi-raient les mariages formés entre les personnes inca-pables de consentir. Elles ne sont donc nécessaires que pour prévenir ces divers genres d'abus ; et dès-là, comment leur omission emporterait-elle nullité, lorsque l'abus qu'elles étaient destinées à prévenir, n'a pas eu lieu ? Ce serait une inconséquence aussi bizarre que monstrueuse.

» Cette inconséquence, on a entrepris de la faire adopter dans une cause où il s'agissait de la validité du mariage du cit. Marinis ; mais quelle a été l'issue de cette tentative ?

» Le mariage du cit. Marinis avait été célébré à Fontainebleau, non pas dans la maison commune, mais dans la chambre de l'un des contractans ; et c'était dans cette chambre que l'acte de mariage avait été rédigé, signé par les parties, et souscrit, tant par les témoins que par l'officier public.

» Après la mort de l'un des époux, sa sœur a de-mandé que ce mariage fut déclaré nul, comme fait en contravention à l'art. 1 de la sect. 4 du tit. 4 de la loi du 20 septembre 1792.

» Mais sa demande a été rejetée par un premier ju-gement, motivé sur ce que le législateur ayant pro-noncé formellement la peine de nullité dans la pre-mière section, et n'en ayant point parlé dans la quatrième, c'était une preuve évidente qu'il ne l'a-vait pas voulue dans les cas prévus par celle-ci, comme il l'avait voulue dans les cas prévus par celle-là.

» On a appelé de ce jugement, mais sans succès ; le tribunal d'appel l'a confirmé, par le même motif qui avait déterminé les premiers jours.

» Enfin, on s'est pourvu au tribunal de cassa-tion ; et vous avez rejeté la requête, « attendu que » le jugement attaqué ne renfermait aucune contra-» vention aux lois. »

» Et vainement la demoiselle Pénicaud cherche-t-elle à écarter ces trois jugemens, en les présentant comme le fruit des circonstances particulières et fa-vorables qui réclamaient en faveur du mariage du cit. Marinis. Les jugemens eux-mêmes attestent par leurs motifs, retracés dans celui du 22 pluviôse an 9, que ces circonstances n'ont aucunement influées sur la décision qu'ils ont adoptée ; et, dans le fait, il est bien évident, par exemple, qu'une lettre du ministre de l'intérieur n'aurait pas pu dispenser le cit. Mari-nis de l'observation de l'art. 1 de la quatrième sec-tion, si la disposition était par elle-même de rigueur, et si elle emportait nullité.

» Eh ! qui ne voit où conduirait le système con-traire à cette jurisprudence ?

» Il faudrait donc déclarer nul tout mariage qui n'aurait pas été précédé des publications prescrites par la seconde section de la loi, quoique, même sous l'empire de l'ordonnance de Blois, qui exigeait ces publications, *à peine de nullité*, on tint pour constant, ainsi que l'établissait M. d'Aguesseau dans son plaidoyer du 27 avril 1694, « qu'il était impos-» sible de prononcer cette peine, si le défaut de » publication ne se trouvait pas joint avec le défaut » de consentement du père ! »

» Il faudrait donc déclarer nul tout mariage dans l'acte duquel on aurait omis, ou le prénom, ou la profession, ou le domicile, soit de l'un des témoins, soit même du père ou de la mère de l'un des contractans !

» Il faudrait donc déclarer nul tout mariage dans l'acte duquel ne serait pas relaté le lieu de la naissance de l'un des époux !

» Il faudrait donc déclarer nul tout mariage qui n'aurait pas été précédé, de la part de l'officier public, de la désignation de l'heure à laquelle il devait être célébré !

» Ce sont là, il faut en convenir, de grandes absurdités.

» Il n'est donc pas vrai, il n'est donc pas possible, que la peine de nullité soit sous-entendue dans tous les articles qui composent la seconde et quatrième sections du tit. 4 de la loi du 20 septembre 1792; et encore une fois, pour l'y sous-entendre, il faudrait ajouter à la volonté du législateur; il faudrait bien plus encore, il faudrait aller directement contre la volonté que le législateur a manifestée lui-même, en restreignant à un nombre déterminé de contraventions, la peine de nullité dont il a jugé cette matière susceptible.

» Mais, dit la demoiselle Pénicaud, quel est, dans la loi, le but de la formalité de la célébration dans la maison commune ? C'est de donner au mariage toute sa publicité; elle tient donc à l'essence du mariage même; et cela résulte du rapport fait par le cit. Muraire à l'assemblée législative, en présentant le projet de cette loi au nom du comité de législation : après avoir dit, dans ce rapport, que le mariage est un contrat auquel la société a intérêt, le cit. Muraire ajoute que le comité a poussé jusqu'au scrupule le *soin qu'il a mis à prévenir toute clandestinité dans un acte* QUI DOIT ÊTRE SOLENNEL ET PUBLIC.

» Cette objection n'est pas d'un fort grand poids.

» Dans notre ancienne législation, le mariage était aussi un contrat solennel et public, et la clandestinité le viciait entièrement, quant aux effets civils. Cependant, nous l'avons déjà dit, il était alors universellement reconnu que le défaut de célébration en face de l'église n'était pas une nullité; et un mariage contracté dans une maison particulière n'en était pas moins réputé avoir toute la publicité requise par la loi, lorsqu'il avait eu pour ministre le curé de l'une des parties, lorsque le nombre des témoins requis y était intervenu, lorsqu'il était inscrit sur les registres publics.

» Pourquoi donc en serait-il autrement dans notre législation nouvelle ? Où il y a même raison de décider, la décision doit être la même. Sans doute aujourd'hui, comme avant la loi du 20 septembre 1792, la publicité est nécessaire dans le mariage. Mais aussi aujourd'hui, comme alors, ce qui constitue essentiellement cette publicité, c'est l'intervention de l'officier public, c'est l'assistance de quatre témoins, c'est l'inscription du contrat sur les tables de la loi.

» Oserait-on d'ailleurs soutenir que la solennité de la célébration dans la maison commune fût plus nécessaire à la publicité du mariage, que ne le sont les publications dont cette célébration doit être précédée ? Nous ne craignons pas que l'on pousse jusque-là l'esprit de système et de paradoxe.

» Eh bien ! déjà nous avons observé que le seul défaut de publications n'a jamais entraîné la nullité d'un mariage; et à l'autorité de M. d'Aguesseau, que nous avons cité à ce sujet, nous ajouterons le préambule de la déclaration du 16 février 1692, concernant les insinuations ecclésiastiques. « Par l'art. 19 » de notre édit du mois de décembre 1691 (porte-» t-il), nous avions seulement ordonné une peine » de nullité des dispenses de bans, faute de les faire » insinuer; ce qui n'emporterait aucune obligation » de les faire insinuer à l'égard de toutes les per-» sonnes majeures, ni même des mineurs qui con-» tracteraient mariage du consentement de leurs » pères et mères, LE DÉFAUT DE PUBLICATION DES » BANS N'ÉTANT JUGÉ ESSENTIEL QUE POUR LA VALI-» DITÉ DES MARIAGES DES PERSONNES MINEURES AUX-» quelles leurs pères et mères ne consentent pas. »

» C'est en effet ce qu'ont décidé un arrêt du parlement de Paris, du 7 août 1638, rapporté par Bardet, dans l'ordre de son arrêt; deux arrêts du parlement de Toulouse, des 23 mai 1705 et 24 juillet 1727, rapportés au *Journal du palais* de ce tribunal, t. 3, §. 84, et tome 4, §. 264, ainsi qu'une foule d'autres qu'il serait trop long de vous retracer.

» Et cependant, nous l'avons déjà remarqué, l'ordonnance de Blois prescrivait la publication de bans, *à peine de nullité*. La loi du 20 septembre 1792 la prescrit également, mais elle n'y ajoute aucune peine, et le bon sens nous dit assez qu'elle n'a établi cette formalité qu'à l'effet d'avertir les personnes intéressées et ayant qualité pour former opposition au mariage; qu'ainsi l'omission de cette formalité ne pourrait être relevée que par ces personnes, et dans le cas seulement où elles auraient à réclamer contre le mariage, soit pour cause de minorité, soit pour tout autre empêchement prévu par la première section de la loi.

» Mais, objecte encore la demoiselle Pénicaud, c'est dans la même titre, c'est dans la même section; dans la section intitulée *des formes intrinsèques du mariage*, que la loi du 20 septembre 1792 impose la double obligation de contracter le mariage dans la maison commune, et de le contracter en présence et avec le concours de l'officier public. Si la loi n'a pas séparé ces deux formes, il n'appartient pas aux tribunaux de les diviser. S'il y a mariage malgré l'inobservation de la première, il y a donc aussi mariage malgré l'inobservation de la seconde, et cependant il n'y a personne qui ne convienne de la nullité d'un mariage auquel n'aurait pas assisté, auquel n'aurait pas concouru l'officier public de l'état civil.

» Cette objection peut séduire un instant à la première vue ; mais, examinée de près, elle ne présente qu'une confusion des principes relatifs aux formes substantielles des actes, avec les règles relatives aux formes purement accidentelles ; et nous l'avons réfutée à l'avance par les développemens dans lesquels nous sommes entrés sur la distinction à faire entre ces deux espèces de formes.

» Nous répéterons seulement qu'avec cette manière de raisonner, la demoiselle Pénicaud parviendrait à établir que l'on devrait regarder comme nul ou non existant, un mariage dont la célébration aurait été faite à une heure non indiquée préalablement par l'officier public ; car c'est aussi dans la sect. 4 que se trouve l'article qui attribue à l'officier public le droit de faire cette indication ; et si, comme on n'en peut douter, la demoiselle Pénicaud n'ose pas aller aussi loin, elle avoue, par cela seul, que son raisonnement est vicieux.

» Mais, d'ailleurs, en ce qui concerne la nécessité de la présence et du concours de l'officier public à la célébration du mariage, la loi du 20 septembre 1792 ne s'est pas bornée aux dispositions de la sect 4 du tit. 4 ; elle y a ajouté une disposition *prohibitive*, c'est-à-dire, une disposition qui, d'après la loi 5, C. *de legibus*, suffi seule pour annuler tout ce qu'on pourrait faire contre la défense qu'elle contient. Cette disposition prohibitive se trouve dans l'art. 5 du tit. 6 : *aussitôt* (y est-il dit) *que les registres courans auront été clos, arrêtés et portés à la maison commune, les municipalités seules recevront les actes de naissance, mariages et décès, et conserveront les registres.* DÉFENSES SONT FAITES À TOUTES PERSONNES DE S'IMMISCER *de la tenue de ces registres* ET DE LA RÉCEPTION DE CES ACTES. Ainsi, tout acte de mariage qui serait reçu par un autre que l'officier public de l'état civil, serait, par cela seul, en opposition avec une loi prohibitive ; il serait par conséquent nul de plein droit.

» En est-il de même de l'acte de mariage reçu hors de la maison commune ? Non : ni la loi du 20 septembre 1792, ni une loi postérieure quelconque, n'ont défendu de célébrer le mariage dans un autre édifice ; et encore une fois, dès qu'à cet égard il n'existe ni disposition prohibitive, ni clause irritante, il est impossible de prononcer une nullité qui n'est pas écrite dans la loi.

» Pour dernière ressource, la demoiselle Pénicaud invoque l'art. 2 de la loi du 4 germinal an 2 ; mais nous avons précédemment établi, et c'est une vérité

trop palpable pour qu'il soit nécessaire de lui donner de nouveaux développemens, qu'il n'est question dans cette loi que des formes de la procédure civile.

» Le premier moyen de cassation de la demoiselle Pénicaud est donc, sous tous les rapports, destitué de fondement ; et nous n'avons plus à nous occuper que du deuxième, c'est-à-dire de celui qui est tiré de la circonstance que l'acte de mariage dont il s'agit a été, immédiatement après sa célébration, inscrit sur un registre non timbré.

» Vous vous rappelez quelles sont les causes qui ont forcé l'officier public de la commune de Mérignac de se servir d'un pareil registre pour y inscrire le mariage de la demoiselle Pénicaud ; et certes, elles sont trop justes, trop légitimes, pour qu'il soit possible de faire là-dessus le moindre reproche à cet officier.

» Mais fermons pour un moment les yeux sur la justice, sur la légitimité de ces causes ; faisons abstraction de la nécessité dans laquelle elles ont mis l'officier public de Mérignac d'employer, pour l'inscription de l'acte de mariage de la demoiselle Pénicaud, le registre non timbré qui servait alors à recevoir tous les actes de l'état civil de cette commune ; et voyons si, en thèse générale, le défaut de timbre peut fournir, contre un acte de mariage, des moyens capables de le vicier.

» D'abord, la demoiselle Pénicaud ne nie pas le contenu de l'acte de mariage qui est représenté ; elle convient, au contraire, que, le 21 vendémiaire an 5, elle a contracté à Mérignac, dans la maison de son père, en présence de l'officier public et de quatre témoins, le mariage qu'elle soutient aujourd'hui ne pas exister ; elle avoue même en avoir signé l'acte sur le registre non timbré dont était porteur l'officier public.

» Cela posé, y a-t-il, soit dans la loi du 20 septembre 1792, soit dans toute autre loi faite avant ou depuis, une disposition par laquelle soient annulés, ou, ce qui revient au même, par laquelle soient déclarés incapables de faire preuve en justice, les actes sujets au timbre et néanmoins non timbrés de fait ? Non, il n'existe aucune disposition de cette nature ; le défaut de timbre donne bien lieu à des amendes, mais les actes non timbrés n'en sont pas moins valables ; et c'est en vain que le génie fiscal a prétendu, dans l'assemblée constituante, les faire considérer comme nuls : cette prétention a été solennellement rejetée dans la discussion du décret du 29 septembre 1791, servant d'addition aux lois sur le timbre et l'enregistrement, et sanctionné le 9 octobre suivant.

» Dès-là, comment pourriez-vous accueillir un moyen de cassation qui ne repose sur aucune loi ?, Comment pourriez-vous déclarer nul un acte que le premier de nos corps législatifs a expressément refusé de déclarer tel ? Comment pourriez-vous refuser foi en justice à un acte que la demoiselle Pénicaud reconnaît elle-même avoir signé, et dont elle prouve l'existence par la dénégation même qu'elle ose en faire ?

» C'est trop nous arrêter à un moyen aussi frivole ; et il est temps de mettre fin à une discussion qui n'aurait jamais dû s'ouvrir, si la demoiselle Pénicaud eût compté pour quelque chose le respect pour les mœurs et pour les lois. Nous estimons qu'il y a lieu de rejeter la requête en cassation et de condamner la demanderesse à l'amende de 150 fr. »

Ces conclusions ont été adoptées par arrêt du 13 fructidor an 10 ; voici dans quels termes :

» Attendu, sur le premier moyen, que les art. 1 et 3 de la sect. 4 de la loi du 20 septembre 1792, en désignant le lieu où le mariage sera célébré, n'ont joint à cette désignation aucune clause irritante ou prohibitive de le célébrer ailleurs ;

» Attendu que la formalité introduite par cette désignation est étrangère à la substance de l'acte, et que la loi n'en prescrit pas l'observation à peine de nullité ;

» Attendu, sur le second moyen, que le tit. 2 de la loi du 20 septembre 1792, ni aucune loi postérieure, n'a assujéti les registres de naissance, mariage et sépulture, à la formalité du timbre, sous la peine de la nullité des actes qui seraient inscrits sur des registres non timbrés ; et qu'elle se borne à prononcer des amendes ou la privation des qualités et droits de citoyens actifs contre les personnes chargées de la tenue des registres, qui ont contrevenu à quelques-unes des formalités qu'elles prescrivent ;

» Attendu d'ailleurs que les juges de première instance et d'appel ont décidé en fait,

» 1° Que le transport de l'officier civil dans la maison de Pénicaud père n'avait été déterminé par aucune circonstance répréhensible, ou qui pût faire supposer le défaut de liberté dans le consentement donné au mariage par la demoiselle Pénicaud ;

» 2° Que l'officier civil avait eu de justes motifs d'inscrire l'acte de mariage dont il s'agit sur le registre non timbré dont on se servait alors dans la commune de Mérignac ;

» D'où il suit que le jugement dénoncé n'a violé, ni la loi du 20 septembre 1792, ni celle du 4 germinal an 2, qui ne s'applique qu'aux procédures en matière civile ;

» Par ces motifs, le tribunal rejette le pourvoi.... ».

II. Sur la seconde question, V. le *Répertoire de jurisprudence*, au mot *mariage*, sct. 4, §. 1, art. 1.

§. IV. 1° *Un mariage contracté sous l'empire de la loi du 20 septembre 1792, dans une commune où l'un des époux n'était domicilié que depuis peu de jours, mais après des publications faites dans le lieu où il avait eu précédemment son domicile, est-il valable ?*

2° *Est-il valable, quoique l'acte qui en a été dressé après la célébration ne contienne ni la mention du domicile, ni celle de la profession de quelques-uns des témoins ?*

3° *Est-il valable, quoique, parmi les témoins, il se soit trouvé une femme ?*

» Telles sont (ai-je dit, en portant la parole à l'audience de la cour de cassation, section des requêtes, le 28 floréal an 11), telles sont les questions qu'offre à votre examen la demande en cassation sur laquelle vous avez à statuer.

» Dans le fait, il a été reconnu entre les parties, en première instance comme en cause d'appel, qu'Antoine-Joseph Mackert et Françoise-Philippine-Joseph Marette étaient majeurs lorsqu'ils se sont mariés ; que celle-ci demeurait à Namur ; que même elle n'avait jamais eu d'autre domicile ; et qu'Antoine Mackert y avait été également domicilié jusqu'au 29 prairial an 7.

» Mais un point sur lequel les parties ne se sont accordées, ni devant les premiers juges, ni devant le tribunal d'appel, c'est de savoir si, le 29 prairial an 7, Antoine-Joseph Mackert avait quitté le domicile qu'il avait eu jusqu'alors à Namur, et s'il en avait pris un dans la commune d'Emines, avant le 10 messidor suivant, jour de la célébration du mariage contesté.

» Pour prouver qu'avant comme depuis le 10 messidor an 7, Antoine-Joseph Mackert n'avait pas cessé d'être domicilié à Namur, les demandeurs ont rapporté un certificat du percepteur des contributions de cette ville, constatant qu'il y avait été imposé à la contribution personnelle et mobilière en l'an 5, en l'an 6 et en l'an 7 ; un certificat du percepteur de la commune d'Emines, constatant qu'il n'est point porté sur les rôles dressés en l'an 7 pour cette commune ; un certificat de l'agent municipal du même lieu, en date du 16 floréal an 8, portant qu'il n'est pas inscrit au tableau de cette commune ; un certificat du maire de la même commune, en date du 23 messidor an 3, qui atteste la même chose ; enfin, l'acte de mariage même du 10 messidor an 7, dans lequel il est dit qu'Antoine-Joseph Mackert est *domicilié à Namur*.

» De son côté, Antoine-Joseph Mackert a représenté un acte ainsi conçu : « Je soussigné secrétaire » provisoire de l'administration municipale du can- » ton de Namur, déclare que le cit. A.-J. Mackert, » habitant de cette commune, a déposé au secréta- » riat, une déclaration par laquelle il choisit pour » son domicile ladite commune d'Emines, chef-lieu » de canton, et demande, en conséquence, d'être » rayé du tableau des habitans de Namur. Le 29 » prairial an 7. Signé, Pepin. » A côté est écrit : « Vu » le présent certificat à la municipalité d'Emines, » d'A.-J. Mackert, pour être inscrit au registre d'E- » mines. Le 5 messidor an 7, signé, Piron, président. » Et plus bas : « Enregistré le 8 messidor an 7, au ta-

» bleau des habitans d'Emines. Fait à la municipa-
» lité d'Emines, ce 8 messidor an 7. Signé, *Bodart*,
» secrétaire. »

» C'est sur ces preuves respectives, qu'a prononcé
le tribunal d'appel de Liége, par son jugement du
28 floréal an 9, qui vous est aujourd'hui dénoncé :
il a tenu pour constant qu'A.-J. Mackert était domicilié à Emines, au moment de la célébration de son
mariage avec la demoiselle Marette; et il en a conclu,
d'après le décret du 22 germinal an 2, que ce mariage avait été légitimement célébré dans cette commune.

» A-t-il, en cela, violé quelque loi? C'est la première question que vous avez à résoudre.

» D'abord, nul doute que le mariage n'ait été valablement contracté à Emines, si l'un des époux y était
domicilié, n'importe depuis quel temps; le décret
du 22 germinal an 2 est là-dessus très-positif.

» Ensuite, les demandeurs prouvaient bien que
Mackert n'avait pas été imposé au rôle d'Emines en
l'an 7, et qu'il l'avait été au contraire, cette même
année, au rôle de Namur. Mais que pouvait-il résulter de là? Rien autre chose, si ce n'est que Mackert
n'avait transféré son domicile à Emines, qu'après le
commencement de l'an 7; car c'est toujours par le
domicile que l'on a, au commencement de chaque
année, que se détermine le lieu où l'on doit payer la
contribution personnelle et mobilière. Mackert n'a
jamais prétendu faire remonter, avant le commencement de l'an 7, la translation de son domicile à
Emines. Il a toujours soutenu que cette translation
datait du 29 prairial an 7. Les certificats des per-
cepteurs d'Emines et de Namur, dont se prévalaient
les demandeurs, étaient donc des pièces insignifiantes.

» Les demandeurs rapportaient bien encore des
certificats par lesquels l'agent municipal, et, d'après
lui, le maire d'Emines, attestaient qu'en l'an 8, Mackert n'était pas inscrit au tableau des habitans de
cette commune.

» Mais, d'une part, il ne s'agissait pas de savoir
si, en l'an 8, Mackert était ou n'était pas domicilié
à Emines; il s'agissait seulement de savoir s'il y avait
été domicilié en messidor an 7.

» D'un autre côté, de simples certificats n'auraient pas pu, même pour l'an 7, l'emporter sur un
extrait authentique du tableau des habitans d'Emines, extrait que rapportait Antoine-Joseph Mackert,
et qui portait en toutes lettres : *enregistré le 8 messidor an 7; au tableau des habitans d'Emines.*

» Enfin, les demandeurs établissaient bien, par
l'acte même de mariage du 10 messidor an 7, que
Mackert y était dit *domicilié à Namur*. Mais cette
énonciation n'avait pas pu effacer Mackert du tableau des habitans d'Emines, sur lequel il avait été
inscrit deux jours auparavant; elle n'avait pas pu
détruire la translation de domicile qui s'était consommée par cette inscription; elle n'avait pu rendre
à Mackert le domicile qu'il avait eu précédemment

à Namur, et auquel il avait tout récemment renoncé,
comme il en avait le droit; et il serait d'autant plus
étrange qu'elle eût produit un pareil effet, qu'elle
était en contradiction avec le fait même de la célébration du mariage de Mackert dans la commune d'Emines; car par cela seul que la municipalité d'Emines
recevait l'acte de mariage de Mackert, elle reconnaissait Mackert pour l'un des habitans de son canton.

» Ainsi, non-seulement le tribunal d'appel de
Liége n'a violé aucune loi, en jugeant que Mackert
avait pu se marier à Emines, mais il a encore très-
bien jugé.

» Mais n'a-t-il pas violé la loi du 20 septembre 1792, en déclarant valable un mariage contracté
à Emines sans publications préalables dans cette
commune? Non, car la loi du 20 septembre 1792
n'attache pas la *peine de nullité* au défaut de publications dans le lieu où se célèbre le mariage entre
personnes majeures; il est inutile sans doute de
vous retracer tous les principes que nous avons eu
l'honneur de développer là-dessus à votre audience
du 13 fructidor an 10, dans la cause de la demoiselle Pénicaud : ils sont encore trop présens à vos
esprits, et vous les avez, ce jour-là, consacrés par
un jugement trop formel, pour qu'il soit besoin d'y
revenir.

» Par la même raison, le tribunal d'appel de
Liége n'a pas violé la loi du 20 septembre 1792, en
décidant que le défaut d'expression du domicile et
de la profession de quelques-uns des témoins, n'a-
vait pas pu, dans la rédaction de l'acte de mariage
dont il s'agit, opérer une nullité qui, rétroagissant
sur la célébration de ce contrat, la fît regarder
comme non-avenue. Encore une fois, il n'y a dans
la loi du 20 septembre 1792, d'autres nullités que
celles qu'elle a prononcées, et elle n'en a point prononcée pour l'inobservation des formes de précaution dont elle s'occupe dans l'article, où elle prescrit
l'énonciation du domicile et de la profession des
témoins.

» Enfin, la loi du 20 septembre 1792 n'exige pas
que les quatre témoins, dont elle prescrit l'assistance à la célébration du mariage, soient tous du
même sexe que le mari elle n'exclut donc pas les
femmes.

» Et qu'importe que des arrêts de règlement du
parlement de Paris, aient défendu de prendre des
femmes pour témoins, dans les mariages qui se con-
tractaient dans l'ancienne forme? Ces arrêts n'ont
jamais été en force de loi dans le département de Sambre et Meuse. Avant la loi du 20 septembre 1792,
le département de Sambre et Meuse n'avait pas
d'autre loi sur cette matière que le concile de Trente.
Or, le concile de Trente n'empêchait pas les femmes
d'être témoins dans les mariages dont il réglait la
forme; et nous en trouvons la preuve dans ce passage du *Jus ecclesiasticum universum* de Van-Es-
pen, part. 2, sect. 1, tit. 12, n° 24 : *Qualitatem testium nullam expressit synodus Tridentina... Unde
admittuntur in testes quicumque mentis compotes*

43

atque intelligere apti quid agatur; viri ET MULIE-
ris, *etiam proximi consanguinei contrahentium,
sine exceptione quæ hoc locum non habet.*

» Par ces considérations, nous estimons qu'il y
a lieu de rejeter la requête des demandeurs, et de
les condamner à l'amende. »

Ces conclusions ont été adoptées par arrêt du 28
floréal an 11, au rapport de M. Delacoste;

« Attendu, sur le premier moyen, que le décret
du 22 germinal an 2, quoique rendu dans la forme
de *passé à l'ordre du jour,* par la convention nationale, a la force et l'autorité de la loi, que, par
ces motifs, ce décret ou cette loi décide, comme l'ont
pensé les juges, que, pourvu que les futurs aient
rempli les formalités de la publication des promesses dans le dernier domicile où ils ont demeuré au
moins six mois, l'acte de mariage peut être reçu
dans la maison commune du lieu du domicile *actuel*
de l'un des futurs époux, quoiqu'il n'y ait pas six
mois qu'il y réside, parce que l'esprit de la loi ne
saurait être d'empêcher, en ce cas, la célébration
d'un mariage; que ce motif et le cas proposé écartent toute ambiguité et détruisent toute interprétation,
par laquelle on voudrait faire revivre les doutes,
qui avaient été élevés sur le vrai sens de l'art. 1 de
la sect. 2 de la loi du 20 septembre 1792;

« Que les juges, en décidant, en fait, que Mackert avait acquis domicile à Emines avant la célébration de son mariage, et avait rempli à Namur,
lieu du domicile de lui et de la future, depuis plus
de six mois, la formalité des publications, ont pu
et ont dû appliquer à la question la loi du 22 germinal an 2;

» Que d'ailleurs cette décision du fait du domicile résulte des déclarations insérées dans l'acte de
publication des promesses, et dans celui de célébration du mariage;

» Qu'il suit de là que les juges n'ont pas violé
l'art. 1 du tit. 4, sect. 4, de la loi citée;

» Attendu, sur le second moyen, qu'ils n'ont pas plus
violé l'art. 5 de la sect. 2 de la même loi, ni l'art. 1 de la
sect. 4, ni l'art. 2 de la même section, ni faussement
appliqué la loi du 13 fructidor an 6, en se refusant à
prononcer la nullité du mariage pour omission des
formalités articulées contre ledit acte, puisqu'ils ont
écarté ces moyens par deux motifs: le premier, fondé
sur ce qu'ils ont reconnu que la majeure partie de ces
omissions n'existaient pas, et que les actes opposés
par Mackert étaient réguliers et supplétivement
appuyés d'une possession d'état; le second, tiré de
ce que la loi invoquée n'a attaché la peine de nullité des unions, qu'au mépris marqué des formalités
et conditions essentielles requises pour la validité
du mariage des mineurs, ou des personnes désignées
dans la sect. 1 du tit. 4; qu'en effet, les art. 1 et 3 de
la sect. 4, en désignant le lieu où le mariage doit
être célébré, n'a joint à cette désignation aucune
clause prohibitive ou irritante de le célébrer ailleurs;
cette formalité, introduite par cette désignation, est

étrangère à la substance de l'acte, la loi n'en prescrivant pas l'observation à peine de nullité; que d'ailleurs la formalité a été observée, puisque les futurs
avaient déclaré, par leurs promesses, que le mariage serait célébré à Emines, conformément à la loi
du 13 fructidor an 6, au temple de la loi, à onze
heures du matin;

» Attendu que le troisième moyen porte sur une
prétendue nullité qui n'a pas été présentée au tribunal dont le jugement est dénoncé; que d'ailleurs
ce moyen n'entraîne la nullité, ni d'après les lois
romaines, ni d'après les lois françaises anciennes et
nouvelles. »

§. V. 1° *Un mariage contracté entre majeurs, sous l'empire de la loi du 20 septembre 1792, dans une commune ou l'un et
l'autre époux n'étaient domiciliés que depuis un espace de temps au-dessous de six
mois, et sans publication préalable, soit dans
cette commune, soit dans toute autre, est-il
valable?*

2° *Un mariage contracté sous l'empire
du code civil, soit entre majeurs, soit entre
mineurs, du consentement de leurs parens
respectifs, dans une commune ou l'un et
l'autre époux n'avaient qu'une résidence de
moins de six mois, et sans publications préalables dans le domicile de chacun d'eux, est-
il valable?*

3° *Serait-il valable, si, dans les mêmes
circonstances, il avait été contracté, soit
entre français, soit entre français et étrangers, dans un pays étranger et dans les
formes usitées dans ce pays?*

4° *Peut-on aujourd'hui déclarer nul,
quant aux effets civils, un mariage contracté, en 1788, par un prêtre religieux,
profès?*

5° *Peut-on aujourd'hui déclarer nul,
quant aux effets civils, un mariage contracté sous l'empire de la loi du 20 septembre 1792, soit par un religieux profès, soit
par un sous-diacre, diacre ou prêtre?*

6° *Quel serait le sort d'un pareil mariage,
s'il avait été contracté sous l'empire du code
civil, et avant la charte-constitutionnelle du
4 juin 1814?*

7° *Un pareil mariage contracté sous l'empire de la charte constitutionnelle du 4 juin
1814, pourrait-être déclaré nul, quant aux
effets civils?*

8° *L'officier de l'état civil qui, sous l'empire de la charte constitutionnelle du 4 juin
1814, se refuserait à la célébration d'un pareil mariage, pourrait-il y être contraint*

I. Sur la première question (déjà préjugée pour

l'affirmative, par les arrêts rapportés dans les deux paragraphes précédens), sur la quatrième, sur la cinquième, et sur une autre qui est indiquée sous les mots *Ministère public*, §. 2, j'ai donné, à l'audience de la cour de cassation, section civile, le 11 prairial an 11, des conclusions ainsi conçues :

« Le jugement que vous dénonce le cit. Spiess, présente à votre examen des questions majeures, et à tous égards intéressantes.

» Il s'agit de savoir si, dans la forme, ce jugement n'a pas violé, et les lois qui déterminent les attributions des commissaires du gouvernement dans l'ordre judiciaire, et les loi qui circonscrivent les pouvoirs des tribunaux d'appel.

» Il s'agit de savoir si, au fond, il a respecté ou enfreint les lois qui régissent l'état des personnes; si, en exhumant la mémoire d'une femme décédée en possession publique et paisible de la qualité d'épouse légitime, il a flétrissant du cachet d'un concubinage long-temps prolongé, si, en la livrant à l'opprobre d'une vie immorale et licencieuse, il a contrevenu à la volonté du législateur ou seulement à la jurisprudence des anciens tribunaux.

» Dans le fait, le cit. Spiess était à la fois religieux profès, prêtre, et prieur-curé de Saint-Pierre-du-Bois, près Vendôme, lorsqu'il reçut chez lui la demoiselle Davrilly, âgée de 35 ans, domiciliée, à titre de pensionnaire, chez les sœurs hospitalières de Montoire.

» Deux ans après, une lettre de cachet, sollicitée par l'évêque du Mans, fut lancée contre lui; pour y échapper, il s'enfuit au-delà du Rhin, séjourna quelque temps à Kell, et passa de là en Suisse, où la demoiselle Davrilly fut le joindre, si elle ne l'y accompagna pas immédiatement.

« Le 9 juin 1783, il lui fut accordé, sous le nom de Philippe Schoënberg, un *billet d'habitation*, daté du 9 juin 1783, et visé dans un arrêté du directoire exécutif, du 3 ventôse an 5, qui est sous vos yeux.

» Le même arrêté vise encore un certificat de bonne vie et mœurs délivré à Philippe Schoënberg, par les quatre *ministrans* de Neufchâtel, le 25 juin 1785, et qui constate qu'à cette époque il y avait deux ans que Philippe Schoënberg demeurait en cette ville.

» Il vise de plus un certificat du 20 avril 1787, par lequel le chef de la juridiction de Locle, dépendant de la principauté de Neufchâtel et de Valengin atteste que, depuis dix-huit mois que Philippe Schoënberg et son *épouse* demeurent en ce lieu, il ne lui est rien revenu que d'honnête et d'avantageux sur leur compte.

» Quelle était cette *épouse* avec laquelle vivait alors le cit. Spiess, déguisé sous le nom de Philippe Schoënberg? C'était, sans doute, la demoiselle Davrilly; et, dans le fait, il existe dans la production du cit. Spiess lui-même une lettre écrite à la de-

moiselle Davrilly, le 25 juillet 1786, dans laquelle son frère lui parle de son mariage, comme déjà contracté, et l'assure qu'il ne lui en sait pas mauvais gré, *persuadé*, dit-il, *qu'il est de votre goût.*

» Et cependant, ce n'est que le 11 juin 1788 que nous voyons le cit. Spiess et la demoiselle Davrilly s'unir par les nœuds du mariage.

» Ils forment ces nœuds devant le curé catholique de Landeron, dans la principauté de Neufchâtel, à la suite d'un contrat de mariage passé devant notaires, le 9 du même mois, à la Neuveville, commune dépendante alors de la principauté de Porentrui, et actuellement réunie à la France.

» Dans ce contrat de mariage, le cit. Spiess est désigné sous le nom « Louis-Philippe Epien de Bel-
» mont, dit communément et signant de Schoën-
» berg, originaire Français de la province d'Alsace,
» domicilié présentement en cette ville, pour raison
» d'économie. » Quant à la demoiselle Davrilly, elle y est qualifiée *demeurant en cette ville, pour raison de santé.*

» Il est dit, dans le corps de l'acte, que les con-
» tractans se proposent de célébrer leur mariage sui-
» vant le rite catholique; et ensuite transporter leur
» domicile en France, aussitôt que l'état de leurs
» affaires le leur permettra. »

» Les futurs époux se font donation réciproque, en cas de survie, de la propriété de tous leurs biens.

» Enfin, paraissent les témoins instrumentaires au nombre de quatre, et à leur tête le *pasteur*, c'est-à-dire, le ministre du culte protestant de la Neuveville, tous signent avec les parties, et le notaire; et le cit. Spiess conclut de là que l'officier chargé par la loi locale de la célébration, des mariages dans cette commune, a consenti que le sien fût célébré dans une autre commune, puisque, pour trouver un prêtre catholique, il fallait sortir de la Neuveville, et passer dans le territoire adjacent de Neufchâtel.

» Quoi qu'il en soit, le cit. Spiess et son épouse, après avoir continué de demeurer en Suisse pendant les premières années de la révolution, reviennent en France vers la fin de 1792, et se rendent directement au quartier-général de l'armée des Pyrénées-Orientales, dont le général en chef emploie le cit. Spiess en qualité de secrétaire.

» En vendémiaire an 2, le cit. Spiess, privé de sa place, par suite de la destitution du général de l'armée, se retire dans la commune d'Ampuis, département du Rhône.

» Et le 24 brumaire suivant, il se présente avec son épouse et quatre témoins, devant l'officier public de l'état civil de cette commune; il y déclare son vrai nom et son ancienne qualité. La demoiselle Davrilly, de son côté, le reconnaît pour le même individu qu'elle a épousé en Suisse sous le nom de Schoënberg. Les deux époux font lire l'acte de

43.

leur mariage, du 11 juin 1788; ils déclarent le confirmer, et en tant que besoin, le contracter de nouveau. L'officier public leur donne acte de leurs déclarations, et prononce, au nom de la loi, qu'ils sont unis en mariage.

» Depuis ce moment jusqu'au 4 pluviôse an 7, jour du décès de la demoiselle Davrilly, le cit. Spiess et elle ont vécu publiquement à Paris comme mari et femme; et il est prouvé par un grand nombre de lettres, qu'ils étaient reconnus pour tels par les familles Davrilly et Labérardière. A la vérité, les lettres personnelles des cit. Labérardière et Davrilly ne donnent pas au cit. Spiess la qualité expresse de beau-frère; mais en les lisant avec tant soit peu d'attention, et surtout en les rapprochant de lettres de change précédemment tirées sur eux par le cit. Spiess, pour le payement des arrérages de la rente légitimaire de son épouse, il est impossible de ne pas demeurer convaincu qu'ils le regardaient tous deux comme le mari de la demoiselle Davrilly, et comme l'administrateur légal de ses revenus.

» Il paraît même qu'ils n'ont pensé à élever des difficultés sur son mariage, qu'après avoir appris, par la communication de l'acte du 11 juin 1788, que le cit. Spiess était donataire de la rente dont nous venons de parler.

» Aussi, le cit. Spiess prétend-il que ce n'est pas précisément contre le mariage même, mais contre la donation qu'ils ont dirigés leurs attaques; et c'est là qu'il part pour établir son premier moyen de cassation.

» Dans le fait, il avait débuté par leur faire signifier, le 18 floréal an 7, son contrat de mariage du 11 juin 1788, l'acte passé à Ampuis le 24 brumaire an 2, l'arrêté du directoire exécutif du 3 ventôse an 5, concernant son séjour en Suisse, et l'acte de décès de la demoiselle Davrilly.

» A la vue de ces pièces, et d'après les saisies-arrêts auxquelles elles ont donné lieu de la part du cit. Spiess, le 22 fructidor suivant, les cit. Davrilly et Labérardière se sont pourvus chacun séparément devant le tribunal civil du département du Calvados; et le premier y a conclu à ce qu'il plût à ce tribunal, en donnant défaut contre le cit. Spiess, qui ne comparaissait pas, « sans s'arrêter aux actes » par lui signifiés, lesquels seraient déclarés nuls » et de nul effet, dire à tort l'arrêt de deniers » par lui requis, en donner main-levée avec dé- » pens. »

» Ces conclusions lui ont été adjugées par jugement du 26 brumaire an 8. Le cit. Spiess y a formé opposition; mais ne comparaissant pas encore, il en a été débouté par un autre jugement du 12 nivôse suivant.

» Et ce dernier jugement a été, sur la demande du cit. Labérardière déclaré commun avec lui, par un troisième jugement du même jour 12 nivôse an 8, encore rendu par défaut contre le cit. Spiess.

» Sur l'appel interjeté de ces trois jugemens par le cit. Spiess, les cit. Davrilly et Labérardière se sont bornés à conclure à ce qu'il fût dit qu'il avait été bien jugé par le premier tribunal.

» Et le tribunal d'appel de Caen l'a effectivement ainsi déclaré par son jugement du 27 germinal an 9, mais il a fait plus : sur les conclusions prises à cet effet d'office par le commissaire du gouvernement, il a déclaré nul l'acte de célébration de mariage du 11 juin 1788.

» En prononçant ainsi, n'a-t-il pas violé l'art. 2 du tit. 8 de la loi du 24 août 1790, suivant lequel les commissaires du gouvernement exercent leur ministère au civil, « non par voie d'action, mais » seulement par celle de réquisitions dans les pro- » cès dont les juges auront été saisis? ».Telle est la première question que vous avez à examiner.

» Sans contredit, le commissaire du gouvernement près le tribunal d'appel de Caen pouvait bien requérir qu'en faisant droit sur les demandes formées devant ce tribunal par les parties intéressées, il y fût statué de telle ou de telle manière; mais il ne pouvait pas former lui-même des demandes auxquelles les parties n'avaient pas pensé, ou dont elles avaient cru devoir s'abstenir. Tel est le sens que présente naturellement l'article dont nous venons de transcrire les termes, et le tribunal de cassation l'a constamment entendu dans ce sens. C'est ainsi que, le 5 thermidor an 5, au rapport du cit. Barris, et sur les conclusion du cit. Abrial, il a cassé un jugement du tribunal du district de Bayeux, qui, dans une instance entre les frères Sanguin et Jacques Beaussieu, avait reçu le commissaire national incidemment opposant à un jugement par défaut.

» Or, dans notre espèce, les cit. Davrilly et Labérardière n'avaient point conclu, devant les premiers juges, à l'annulation de l'acte de célébration du 11 juin 1788, ils n'avaient conclu qu'à l'annulation des titres signifiés par le cit. Spiess avant l'introduction de la cause devant les premiers juges; et il est bien constant, il est d'ailleurs prouvé authentiquement par l'exploit de signification du 18 floréal an 7, que, parmi ces titres, ne se trouvait pas celui dont il s'agit.

» D'un autre côté, en cause d'appel, les cit. Davrilly et Labérardière ne concluaient qu'au bien jugé; le jugement du 27 germinal an 9 le prouve invinciblement.

» C'est donc de son propre chef, c'est donc par des conclusions qui n'appartiennent qu'à lui, que le commissaire du gouvernement a requis l'annulation de l'acte de mariage du 11 juin 1788; et c'est ce que le jugement attaqué constate lui-même, lorsqu'après avoir retracé les demandes respectives des parties; il ajoute : *le commissaire du gouvernement a pris de son chef des conclusions d'office.*

» Il est vrai que, dans cette partie du jugement, on ne voit pas quelles étaient les conclusions prises d'office par le ministère public. Mais la chose s'éclaircit par le huitième *considérant,* et par le dispositif.

» Par le huitième *considérant*, le tribunal d'appel s'efforce d'établir que le ministère public est recevable à attaquer de son chef, le mariage du cit. Spiess.

» Et par le dispositif, non content d'avoir confirmé le jugement de première instance, qui avait déclaré nuls les actes précédemment signifiés par le cit. Spiess, c'est-à-dire, d'avoir accordé aux cit. Davrilly et Labérardière tout ce qu'ils avaient demandé; il se permet encore d'annuler formellement l'acte de célébration nuptiale du 11 juin 1788, c'est-à-dire, de prononcer ce à quoi n'avait conclu ni le cit. Labérardière, ni le cit. Davrilly, ce à quoi le ministère public n'avait pas pu conclure d'office, et ce à quoi cependant il n'avait été conclu que par le ministère public.

On ne pouvait pas, suivant le cit. Spiess, violer plus ouvertement l'art. 2 du tit. 8 de la loi du 24 août 1790. Mais ce n'est pas là le seul vice que le cit. Spiess trouve dans cette partie du jugement.

» De ce qu'en première instance, les cit. Davrilly et Labérardière n'avaient pas demandé la nullité de l'acte de mariage du 11 juin 1788, et de ce que le tribunal civil du Calvados, en ne leur adjugeant, comme il le devait, que leurs demandes, n'avait pas déclaré cet acte nul, il s'ensuit nécessairement deux choses suivant le cit. Spiess :

» La première, que la nullité de l'acte de mariage du 11 juin 1788, ne pouvait plus être demandée par les cit. Labérardière et Davrilly devant le tribunal d'appel;

» La seconde, que le tribunal d'appel ne pouvait pas prononcer cette nullité; quand même elle leur eût été demandée directement par ceux-ci; car, aux termes de l'art. 7 de la loi du 3 brumaire an 2, il ne peut être « formé en cause d'appel aucune nouvelle » demande, et les juges ne peuvent prononcer » que sur les demandes formées en première ins- » tance. »

» Et remarquez, dit le cit. Spiess, qu'ici le tribunal d'appel n'a pas pu douter qu'il ne contrevînt à cette loi, en déclarant nul mon mariage. Les premiers juges n'avaient fait, dans leur jugement, qu'adopter littéralement les conclusions des cit. Davrilly et Labérardière; et par-là, si les cit. Davrilly et Labérardière eussent conclu à l'annulation du mariage, le mariage eût été nécessairement compris dans l'annulation des actes que j'avais signifiés. Cependant le tribunal d'appel a trouvé que les premiers juges n'avaient pas annulé le mariage, et c'est parce que le mariage n'avait pas été annulé par eux, qu'il a cru devoir l'annuler lui-même. Donc le tribunal d'appel a lui-même jugé que les cit. Davrilly et Labérardière n'avaient pas conclu devant les premiers juges à l'annulation du mariage; donc, s'écrie le cit. Spiess, il a lui-même jugé qu'en déclarant le mariage nul, il prononçait sur une demande nouvelle; donc il a lui-même jugé qu'il contrevenait à la loi du 3 brumaire an 2; donc si cette loi a souf-

fert une violation scandaleuse, c'est par le jugement que je vous dénonce. Tel est, dans toute sa force, le premier moyen de cassation du cit. Spiess.

» A notre égard, nous ne pouvons pas nous dissimuler que le tribunal d'appel de Caen n'ait eu l'intention de faire ce que lui défendaient, et l'art. 2 du tit. 8 de la loi du 24 août 1790, et l'art. 7 de la loi du 3 brumaire an 2. Tout annonce, dans son jugement, qu'il a considéré les réquisitions du ministère public comme une demande additionnelle aux demandes des cit. Davrilly et Labérardière. Tout y annonce par conséquent qu'en statuant sur ces réquisitions, il a cru statuer sur une demande dont il ne pouvait pas s'occuper, et parce qu'elle n'avait pas été présentée aux premiers juges, et parce qu'elle ne l'avait pas été par les parties privées qu'elle intéressait.

» Mais il ne s'agit pas ici de savoir ce qu'a voulu faire le tribunal d'appel, il s'agit de savoir ce qu'il a fait réellement. Si tout en croyant agir contre la loi, il a réellement agi selon son vœu; si, tout en croyant ne statuer que sur les conclusions du ministère public; il a réellement statué sur les conclusions des cit. Davrilly et Labérardière, nous pourrons bien blâmer son intention, mais nous serons forcés de maintenir son ouvrage.

» Or, dans cette cause, quel était, devant les premiers juges, le rôle des cit. Davrilly et Labérardière ? Ils étaient défendeurs.

» Et que disaient-ils pour leur défense ? Ils disaient que le cit. Spiess avait été, par sa qualité de religieux profès, incapable de contracter le mariage du 11 juin 1788.

» Ils concluaient donc implicitement à la nullité de ce mariage; et ces conclusions implicites devaient avoir pour eux le même effet que des conclusions expresses. Car, vous l'avez déclaré vous-mêmes, par votre jugement du 8 nivôse dernier, dans l'affaire des héritiers Bérulle (1), « aucune loi n'exige des » conclusions expresses de la part des défendeurs, » pour la validité de leur défense; il résulte, au » contraire, « des art. 1 du tit. 2, 5 du tit. 5, 4 du tit. 14 de l'ordonnance de 1667, et 1 de la loi du 3 brumaire an 2, « qu'il suffit au défendeur de proposer » ses moyens de défense, pour qu'il puisse être renvoyé absous (2).

D'un autre côté, les jugemens rendus en première instance, avaient expressément pris pour base de leur décision, l'incapacité du cit. Spiess à l'époque *de son prétendu mariage du 11 juin 1788.* Ils

---

(1) *V.* l'article *Requête civile*, §. 6.

(2) Aussi le défendeur originaire peut-il, en cause d'appel, former toutes les nouvelles demandes qui ne juge propres à écarter l'action principale. *V.* le plaidoyer et l'arrêt du 22 mars 1810, rapportés aux mots *Contrat pignoratif*, §. 2, n° 2, et ce qui est dit au mot *Appel*, §. 14, art. 1, n° 16-3° 4° 5°, etc.

avaient donc considéré ce mariage comme nul ; ils n'avait donc annulé la donation du 9 du même mois, que parce qu'ils avaient jugé qu'elle n'avait pas été suivie d'un mariage légal.

» D'après cela, qu'à fait le commissaire du gouvernement près le tribunal d'appel, en requérant l'annulation de ce mariage? Il n'a fait que répéter en termes exprès, les conclusions qu'avaient prises, en termes équipollens, les cit. Davrilly et Labérardière.

» Et qu'a fait le tribunal d'appel en adoptant les réquisitions du commissaire du gouvernement? Il n'a fait que déclarer en termes exprès, ce que les premiers juges avaient déclaré en termes équipollens.

» Il n'y a donc eu, à cet égard, ni excès de pouvoir, de la part du commissaire du gouvernement, ni de la part du tribunal d'appel, contravention à l'art. 7 de la loi du 3 brumaire an 2; et par-là tombe le premier moyen de cassation du cit. Spiess.

« Il en est un second qui tient encore à la forme : c'est celui qui résulte de ce que le jugement du 27 germinal an 9 ne condamne pas le citoyen Spiess à l'amende de fol appel. Ce moyen est tranchant, sans doute; mais il appartient tout entier à notre ministère, et le citoyen Spiess n'est pas recevable à vous le proposer.

» Au fond, le citoyen Spiess soutient d'abord, que le tribunal d'appel de Caen a mal jugé, en accueillant les réclamations de parens collatéraux contre un mariage, qui avait subsisté paisiblement jusqu'à la mort de leur parente.

» Oui certainement, le tribunal d'appel a mal jugé, ou du moins il a jugé contre la jurisprudence universelle des anciens tribunaux. Nous pourrions citer plus de cinquante arrêts qui ont déclaré des collatéraux purement et simplement non-recevables à alléguer même des moyens de nullité absolue contre des mariages; mais pour ménager vos momens, nous nous restreindrons au plus récent de tous, à celui qui a été rendu au parlement de Paris, le 31 décembre 1779, sur les conclusions de M. l'avocat-général Séguier.

» Louis Esparcieux, religieux profès dans l'ordre des Capucins, avait déserté son couvent, s'était réfugié à Genève, et y avait épousé, en 1733, Marguerite-Philibert Tournier. De ce mariage naquit une fille qui fut nommée Lucrèce Esparcieux. En 1735, Louis Esparcieux vint à mourir; et en 1736, sa veuve s'établit à Lyon, où dans la suite elle maria sa fille à Gabriel Bouchard. Devenue majeure, la dame Bouchard découvrit que son père avait fait, en 1725, avant sa profession religieuse, une donation de tous ses biens. Elle attaqua cette donation, et demanda qu'elle fût déclarée révoquée par survenance d'enfant. Cottier et Pécollet, héritiers des donataires, lui opposèrent les vœux solennels de son père et sa prétendue qualité de bâtarde. Pour repousser cette exception, la dame Bouchard interjeta

appel comme d'abus de la profession monastique de son père; et de leur côté, ses adversaires interjetèrent appel comme d'abus du mariage de celui-ci. La cause plaidée pendant plusieurs audiences, voici quel fut le prononcé de l'arrêt : « Faisant droit sur » l'appel comme d'abus interjeté par Lucrèce Es- » parcieux des prétendus actes de prise d'habit et » de profession de son père dans l'ordre des Ca- » pucins, déclare ladite Esparcieux non-recevable » dans son appel, et la condamne à l'amende de » 12 livres; faisant droit sur l'appel comme d'abus, » interjeté par Cottier et Pécollet du mariage de » Louis Esparcieux, leur cousin, avec Marguerite- » Philibert Tournier, les déclare pareillement non- » recevables, et les condamne à l'amende de 12 livres.

» Ainsi, l'arrêt jugea que Louis Esparcieux s'était valablement engagé dans l'ordre des Capucins, et cependant repoussa par fin de non-recevoir les attaques dirigées par ses parens collatéraux contre le mariage qu'il avait contracté à Genève.

» Cet exemple indique assez de quelle manière, dans notre espèce, aurait dû prononcer le tribunal d'appel de Caen. Mais nous n'avons pas à examiner s'il s'est conformé à la jurisprudence universellement reçue, ou s'il s'en est écarté; quelque étrange, quelque extraordinaire que nous paraisse son jugement, envisagé sous ce rapport, nous ne pouvons, sous ce rapport, que vous en proposer le maintien.

» Mais a-t-on pu, en l'an 9, onze ans après l'abolition solennelle des vœux monastiques, déclarer nul en France, un mariage précédemment contracté par un ci-devant religieux, dans un pays où l'on ne connaissait ni la profession religieuse, ni aucun de ses effets civils?

» C'est ici la grande question de la cause, et elle se divise en deux branches.

» Premièrement, le mariage contracté en Suisse par le citoyen Spiess, doit-il être jugé d'après les lois helvétiques?

» Il le devrait sans doute, si le citoyen Spiess eût acquis en Suisse, non seulement un domicile véritable et proprement dit, mais encore la qualité d'Helvétien; car, dans cette hypothèse, les lois helvétiques auraient seules régi sa personne, et c'est bien constamment de la loi qui régit la personne, que dépend la capacité d'état.

» Mais le citoyen Spiess prouve lui-même par les pièces qu'il a mises sous vos yeux, qu'il n'a même jamais eu de domicile en Suisse, qu'il n'y a fait qu'une résidence passagère, que son intention a toujours été de revenir en France, quand il le pourrait, sans compromettre sa sûreté personnelle.

» Ce n'est donc pas par les lois helvétiques, c'est uniquement par les lois françaises, que doit être jugée la question de savoir, si le citoyen Spiess était ou non, en 1788, capable de contracter un mariage légitime.

» Or, quel était, avant l'abolition des vœux monastiques en France, l'état de notre législation sur les mariages des religieux profès?

» C'est un préjugé assez généralement reçu, qu'avant l'abolition des vœux monastiques, les religieux étaient morts civilement; mais, nous devons le dire, et nous nous flattons de le prouver clairement, ce n'est qu'un préjugé.

» Sans doute, les religieux ne jouissaient pas de tous les avantages de la vie civile : ils ne pouvaient ni tester, ni succéder, ni recueillir de donation excédant leurs alimens. Mais ce n'était point par suite de la mort civile dont jamais aucune loi ne les a frappés, ce n'était que par exception à la capacité générale d'état qui est inhérente à la qualité d'homme vivant en société.

» Dans le droit romain, tel qu'il était en vigueur immédiatement avant Justinien, les religieux étaient habiles, non seulement à succéder, mais encore a tester. L'ordonnance des empereurs Valentinien et Marcius, de l'an 445, qui forme la loi 13, C. *de sacrosanctis ecclesiis*, leur permettait de disposer de leurs biens, *sive testamento, sive codicillo, sive substitutione, seu legato aut fideicommisso*.

» Justinien, par la loi 56, §. 1, C. *de episcopis et clericis*, les maintint expressément dans le droit de succéder; mais par le chap. 5 de la 5ᵉ novelle, il leur ôta celui de disposer par testament; et il en donna cette raison, que, par leurs vœux, ils ne consacraient pas moins leurs biens que leurs personnes à Dieu et au monastère où ils faisaient profession.

» Par-là, les religieux profès se trouvèrent privés d'un des plus beaux droits de la vie civile, mais ils furent si peu rangés, pour cela, dans la classe des hommes morts civilement, qu'il conservèrent leur habileté à succéder. C'est la remarque de Cujas, dans ses observations sur la novelle 5 : *Monachismus*, dit-il, *non est capitis minutio, quia monachi jus legitimarum hereditatum habent*.

» Cette jurisprudence s'est maintenue long-temps en France. Jean Faber, qui écrivait en 1340, en parle comme d'un droit certain et actuel : *Sic ergo nota* (dit-il, sur la loi 56, *de episcopis et clericis*, au Code), *quod religiosi succedunt et ecclesia nomine eorum recipit; item dividunt cùm fratribus suis*.

» Mornac, sur l'authentique *ingressi*, qui n'est que l'extrait du chap. 5 de la 5ᵉ novelle, assure qu'elle était observée en France du temps de Jean Faber : *Reperio morem ætate suâ similem in nostrâ Galliâ*.

» Chasseneuz, sur la coutume de Bourgogne, titre *des successions*, §. 14, dit qu'au temps de la rédaction de cette coutume, l'incapacité des religieux de succéder, n'était pas encore bien reconnue dans toute la France. *Et adverte quod tempore quo hæ consuetudines fuerunt in scriptis redactæ, nondùm constabat de generali consuetudine Franciæ, quæ habet quod religiosi non succedunt.*

» Effectivement ce ne fut, comme le prouve le père Thomassin, dans sa *Discipline ecclésiastique*, tome 3, part. 4, liv. 3, chap. 18, qu'à mesure que l'on procéda, pour la première fois à la rédaction de nos coutumes, que l'on abolit dans chacune le droit de succéder, qui, jusqu'alors avait toujours été exercé par les religieux.

» Mais, par cette raison même, les pays coutumiers furent d'abord les seuls dans lesquels les religieux cessèrent d'être appelés aux successions; *religiosi non succedunt in patriâ consuetudinariâ*, dit Jean Ducob (*Joannes Galli*), dans sa quest. 122; ce qui suppose manifestement qu'alors les religieux succédaient encore dans les pays de droit écrit.

» Ils y succédaient même encore dans le seizième siècle; mais en mai 1522, sur les remontrances du syndic des États du ci-devant Dauphiné, François Iᵉʳ donna à Châteaubriant un édit qui assimila, sur cette matière, la jurisprudence des pays de droit écrit à celles des pays coutumiers.

» Et comme à cette époque, la ci-devant Franche-Comté n'était pas encore réunie à la France, les religieux continuèrent d'y succéder à l'instar des autres citoyens, jusqu'à ce que Philippe II, roi d'Espagne, par l'art. 1333 de son ordonnance du 17 avril 1581, restreignit leur droit de succession, quant aux immeubles, à un simple usufruit.

» Il ne fut point question des meubles dans cette ordonnance; et les religieux francs-comtois continuèrent en conséquence d'y succéder; ils y succédaient même encore dans le dix-huitième siècle, ainsi qu'à l'usufruit des immeubles, comme l'ont jugé trois arrêts rendus, l'un au grand conseil de Malines, le 5 mai 1716, l'autre au parlement de Metz, le 21 janvier 1718, et le troisième au parlement de Paris, le 21 février 1721.

» Tant il est vrai que, de tous les droits attachés à la vie civile, les religieux profès avaient conservé ceux que des lois expresses ne leur avaient pas ôtés; preuve incontestable qu'ils n'étaient pas morts civilement, puisque s'ils l'eussent été, il n'eût point fallu de loi spéciale pour les priver notamment du droit de succéder.

» C'est la remarque du savant et judicieux Stockmans, dans son recueil d'arrêts du conseil de Brabant, §. 4 : après avoir rapporté un arrêt de sa compagnie, qui, à défaut de loi expressément prohibitive, avait jugé qu'un religieux profès pouvait être témoin dans un testament, il établit, pour justifier cette décision, que les moines ne sont réputés morts civilement que par rapport aux actes dont ils sont déclarés incapables par des lois formelles : *Quod enim dicitur monachos comparari servis et haberi pro mortuis, intelligitur quoad illos juris effectus circà quos ad ita speciatim jure constitutum est...; nam per omnia non habentur pro mortuis.*

» Ce principe posé, il est clair que, si, avant 1789, il n'existait pas en France de lois civiles d'après lesquelles les religieux profès fussent incapables de se marier, nous ne pouvons pas aujourd'hui regarder comme nuls les mariages que des religieux profès ont pu contracter avant 1789. Or, ces lois où sont-elle?

» Nous trouvons dans le code de Justinien, titre *de episcopis et clericis*, loi du 5, une ordonnance de l'empereur Jovinien, de l'an 377, qui défend, sous peine de mort, même la simple tentative d'enlèvement d'une religieuse, pour l'épouser: *Si quis, non dicam rapere, sed attendare tantùm jugendi causâ matrimonii, sacratissimas virgines ausus fuerit, capitali pœnâ feriatur*. Mais ni cette loi ni aucune autre du droit romain ne va jusqu'à annuler le mariage qui, de fait, a été contracté au mépris de vœux solennels précédemment émis.

» Et il est à remarquer que le célèbre évêque d'Hyppone, saint Augustin, dans son livre *de bono viduitatis*, chap. 10, regarde comme valide les mariages des religieux profès, quoiqu'ils soient, dit-il, prohibés par les lois de l'Église; faisant allusion au décret du concile de Calcédoine de 451, qui défend aux moines de se marier, sans cependant déclarer nuls les mariages qu'ils pourraient contracter.

» Et remarquez encore que cette décision de saint Augustin a été insérée dans le corps du droit canonique, et qu'elle se trouve dans le décret de Gratien.

Nous savons bien que, depuis, les papes ont, par différentes décrétales, placé la profession monastique et la prêtrise au nombre des empêchemens dirimans du mariage.

» Nous savons aussi que leur doctrine a été confirmée par le neuvième canon de la session 24 du concile de Trente.

» Mais ce canon, ces décrétales, ne sont pas des lois pour nous; la puissance civile aurait pu seule, en France, leur en imprimer le caractère, et jamais elle ne l'a fait.

» Pothier, dans son *Traité du contrat de mariage*, n° 108, que l'empêchement résultant des vœux solennels, *et de discipline ecclésiastique*, et qu'*il n'a pas toujours été dirimant*.

» D'Héricourt qui, dans ses *lois ecclésiastiques*, titre *des empêchemens dirimans de mariage*, établit en maxime, que les mariages des moines et des prêtres sont nuls, ne cite, à l'appui de son assertion, aucune ordonnance, aucun édit, aucune déclaration; il ne se fonde que sur une décrétale d'Alexandre III, sur une autre de Boniface VIII, et sur le canon du concile de Trente. C'est bien convenir implicitement qu'aucune des lois civiles ne prononce la nullité de ces sortes de mariages; et en effet, il n'en existe pas une seule dans laquelle on remarque une pareille disposition.

» Le tribunal d'appel de Caen en cite cependant une dans le jugement attaqué, et il la cite sous la dénomination d'*ordonnance de Charles IX, de l'an 1564*, sans en désigner ni le mois ni le jour.

» C'est déjà une assez bonne preuve qu'il la cite sans l'avoir lue, et par conséquent une raison de nous tenir en garde contre les inductions qu'il en tire.

» Pressés par cette considération, nous avons feuilleté tous les recueils des anciennes ordonnances; et après beaucoup de recherches, nous avons trouvé une déclaration du 4 août 1564, enregistrée au parlement de Paris, le 17 du même mois, dans laquelle il est effectivement parlé de prêtres et de moines mariés.

« Cette déclaration a été donnée au château de Roussillon, en interprétation de l'édit de pacification de décembre 1563, et voici ce qu'elle porte, art. 7;

« Voulons et ordonnons que les prêtres, moines,
» religieux profès qui, durant les troubles, ou de-
» puis, auront laissé leur profession et se sont ma-
« riés, soient contraints, et ce par prison, de laisser
» leurs femmes et retourner en leurs couvens et pre-
» mière vocation, ou se retirer hors notre royaume
» dans tel temps qu'il sera arbitré par nos juges,
» que ne voulons néanmoins être plus long que deux
» mois : autrement, punis extraordinairement des
» peines de galères perpétuelles, ou autres, selon
» l'exigence des cas; et les religieuses professes
» qui, semblablement durant ou depuis lesdits
» troubles, auront laissé leur profession et se sont
» mariées, seront aussi contraintes de laisser leurs
» maris, et retourner en leurs monastères ou vider
» notre dit royaume dans le même temps que dessus,
» sur peine de prison entre quatre murailles. »

» Cette déclaration prouve sans doute que notre ancien gouvernement avait maintenu la défense que les lois romaines avaient faites aux moines et aux religieuses de se marier,

» Mais conclure de là que les mariages contractés de fait par des moines ou des religieuses étaient nuls, c'est faire dire à la déclaration de Charles IX ce qu'elle ne dit pas; c'est raisonner comme personne n'eût osé le faire à l'égard des mariages contractés par des militaires, sans la permission du gouvernement; c'est vouloir, contre la notoriété universelle, que la défense faite à ceux-ci par les anciennes ordonnances, emportait la nullité des mariages qu'ils avaient ainsi contractés; c'est, en un mot confondre les *empêchemens prohibitifs* avec les *empêchemens dirimans*, deux choses que notre ancienne législation distinguait de la manière la plus précise.

« Si la déclaration du 4 août 1564 eût voulu que l'on considérât comme nuls les mariages des prêtres et des moines, qu'eût-il coûté de l'exprimer en termes formels? elle ne l'a pas fait, donc elle n'a pas voulu le faire. Telle est la seule conséquence raisonnable que l'on puisse en tirer.

» Et cette conséquence se fortifie par deux grandes considérations.

» La première, c'est que le chancelier de l'Hôpital, qui présidait alors à la rédaction des lois françaises, était notoirement trop enclin à favoriser tout ce qui pouvait contrarier la doctrine et les prétentions du clergé catholique, pour qu'on puisse le soupçonner d'avoir, par la déclaration dont il s'agit, introduit, sur les mariages des moines et des prêtres, un droit tellement nouveau, que ce qui jusqu'alors n'avait été annulé par aucune loi, ne pût dorénavant être considéré que comme non-avenu.

» La seconde, c'est que cette déclaration, bien loin de faire entendre que ces mariages sont nuls, annonce elle-même qu'elle les regarde comme valables, comme subsistans de droit, puisqu'elle donne les qualités de *femmes* et de *maris* aux personnes du sexe et aux hommes que les religieux et les religieuses ont respectivement épousés, qualités que le chancelier de L'Hospital se serait bien gardé de leur attribuer, dans l'hypothèse contraire, lui qui était si familier avec le droit romain, et qui certainement connaissait ce texte si fameux des Institutes, titre *de nuptiis*, §. 12 : *Si adversus ea quæ diximus aliqui coierint*, NEC VIR, NEC UXOR, *nec nuptiæ*, *nec matrimonium, nec dos intelligitur*.

» Qu'importe, après cela, qu'il ait été rendu par les anciens tribunaux plusieurs arrêts par lesquels des mariages de prêtres et de moines ont été déclarés nuls?

» Ce n'est point sur la déclaration du 4 août 1564 que ces arrêts sont basés (les auteurs qui nous les ont conservés, ne la citent même pas); ce n'est pas non plus sur d'autres lois véritablement nationales (nous l'avons déjà dit, il n'en existe point); c'est uniquement sur les décrétales des papes et les canons du concile de Trente, c'est-à-dire sur des actes qui jamais n'ont été sanctionnés en France par l'autorité législative, et auxquels les anciens tribunaux ont bien pu se conformer dans le jugement de certaines affaires, mais que de simples décisions judiciaires n'ont jamais pu convertir en lois, ni rendre obligatoires pour le jugement des affaires qui pourraient se présenter par la suite.

» Aussi voyons-nous que le parlement de Paris lui-même tenait si peu à sa jurisprudence sur cette matière, que, par un arrêt du 18 mars 1666, rapporté dans le journal des audiences, à l'ordre de sa date, il a admis à succéder, comme légitimés par mariage subséquent, les enfans nés d'un sous-diacre et d'une abbesse, mariés depuis avec dispense; et cela, quoiqu'il soit bien constant que le bénéfice de la légitimation par mariage subséquent ne peut pas être réclamé par les enfans dont le père et la mère n'étaient pas habiles à se marier ensemble à l'époque de leur conception.

» C'est donc une vérité bien démontrée, qu'au moment où a été proclamée en France l'abolition des vœux monastiques, il n'existait aucune loi française qui attachât à ces vœux l'incapacité de contracter mariage.

» Maintenant, nous le demandons avec confiance, comment le tribunal d'appel de Caen a-t-il pu appliquer à cette abolition, considérée dans son rapport avec le mariage du cit. Spiess, le principe que les lois n'ont pas d'effet rétroactif?

» Il n'est pas besoin de donner un effet rétroactif à l'abolition des vœux solennels de religion, pour valider le mariage que le cit. Spiess a contracté le 11 juin 1788; il suffit pour cela, de se reporter à la législation sous l'empire de laquelle ce mariage a été célébré; car, par la seule raison que les lois d'alors n'annulaient pas le mariage du cit. Spiess, ce mariage était valable, et aucune puissance sur la terre n'avait le droit de l'annuler.

» Il n'en était pas de même du droit de succéder et de celui de recevoir des donations entre-vifs. Ces deux droits avaient été ôtés aux moines par des lois expresses; il fallait par conséquent des lois expresses pour les leur rendre; et c'est sans doute ce que l'assemblée constituante aurait pu faire, pour l'avenir, en abolissant les vœux; mais par respect pour le repos des familles, elle n'a pas, à cet égard, usé de son pouvoir; elle a au contraire déclaré, par la loi du 26 mars 1790, que « les religieux demeu-» raient incapables de successions, et ne pourraient » recevoir par donations entre-vifs ou testamen-» taires, que des pensions de rentes viagères. » Et cette loi n'a été révoquée que par celles des 5 brumaire et 17 nivôse an 2, dont les dispositions, d'abord rétroactives jusqu'au 14 juillet 1789, ont été ensuite restreintes à l'avenir.

» Si l'on demande à présent pourquoi la convention nationale a cru nécessaire de faire une loi pour habiliter les moines à succéder et recevoir des donations, et n'a pas cru devoir en faire une pour les habiliter au mariage, la réponse sera facile.

» La qualité de moine était, par les dispositions de nos coutumes, par l'édit de Châteaubriant de 1532, et par d'autres lois subséquentes, déclarée incompatible avec celle d'héritier et de donataire; il était donc essentiellement besoin d'une loi nouvelle pour faire cesser cette incompatibilité; et ce n'était que pour l'avenir que cette loi nouvelle pouvait la faire cesser.

» Mais aucune loi n'avait déclaré les moines ni les prêtres incapables de se marier; aucune loi n'avait fait résulter de la profession religieuse, ni de la promotion aux ordres sacrés, un empêchement dirimant du mariage; il était donc inutile de décréter, soit pour les moines, soit pour les prêtres, la liberté de se marier : on n'aurait pu la décréter que par dérogation aux statuts de l'église romaine; et y déroger, c'eût été reconnaître qu'ils avaient eu force de loi. Aussi la convention nationale s'en est-elle bien gardée; et en se taisant sur cette matière, elle a manifestement reconnu, elle a en quelque sorte proclamé par son silence, que l'abolition des vœux solennels n'avait introduit aucun droit nouveau par rapport au mariage considéré en soi.

» Nous disons *par rapport au mariage considéré en soi;* car, quoique civilement habiles à se marier, les prêtres et les moines étaient, par le fait de leur soumission à leurs évêques et à leurs supérieurs réguliers, réduits à l'impuissance de vivre

44

» Que Dumonteil non-seulement a été reçu à sa naissance dans l'église catholique, apostolique et romaine, où il a été élevé, mais encore que, de sa pleine volonté, il s'est engagé dans les ordres sacrés, et s'est ainsi obligé à observer toujours le célibat prescrit aux prêtres par les conciles, dont les canons, quant à cette partie de discipline, ont été admis en France par la puissance ecclésiastique, et sanctionnés par la puissance civile :

» La cour met l'appellation au néant; ordonne que ce dont est appel sortira son plein et entier effet; condamne Dumonteil à l'amende et aux dépens. »

Ainsi, suivant cet arrêt, l'officier de l'état civil a le droit d'interroger les personnes qui s'adressent à lui pour les marier, sur leurs opinions religieuses; et si elles lui déclaraient n'appartenir à aucune religion, ne professer aucun culte, il serait fondé à leur dire qu'elles en imposent, parce qu'aux termes de l'art. 7 de la charte, il n'est point de Français qui ne doive appartenir à une religion et professer un culte quelconque.

Ainsi, suivant cet arrêt, c'est d'après les opinions religieuses des aspirans au mariage, que l'officier de l'état civil doit juger si elles sont ou ne sont pas capables de se marier, et s'il doit leur prêter ou leur refuser son ministère.

Ainsi, suivant cet arrêt, la jurisprudence civile qui, avant les lois de 1791, 1792 et 1793, avait adopté en France les préceptes de l'église concernant le célibat des prêtres, a survécu à ces lois, quoique non encore abrogées, et par conséquent encore existantes; et l'on doit encore annuler le mariage qu'un prêtre contracterait aujourd'hui, comme la cour de cassation à jugé, par son arrêt du 12 prairial an 11, rapporté ci-dessus, n° 1, qu'avait pu être annulé le mariage contracté en 1788 par le prêtre et religieux Spiess.

J'avoue de bonne foi que ce sont là, pour moi, de véritables paradoxes.

§. VI. *Quel est le juge compétent pour connaître de la demande formée par un mari, en nullité de son mariage, contre sa femme déjà séparée de fait d'avec lui?*

Cette question a été agitée au conseil-d'état privé du roi, en 1777, dans une instance en réglement de juges.

Le sieur Peixotto, juif originaire de la ville de Bordeaux, ayant quitté sa patrie, sa femme, ses enfans, toute sa famille, pour venir se fixer à Paris, et y établir le siège de son commerce, a cru devoir attaquer le mariage qu'il avait contracté depuis plusieurs années.

Il a porté son action au Châtelet, et il s'y est déterminé par cette raison, qu'une demande en nullité de mariage le suppose existant, et que, dans l'impossibilité d'en préjuger la question, il faut, jusqu'à ce que la justice ait prononcé, diriger les différentes demandes contre la femme dans les tribunaux du domicile de son mari, qui sont ses juges naturels et les seuls compétens.

Le sieur Peixotto ayant obtenu du lieutenant civil une ordonnance qui lui permettait de faire assigner son épouse, s'est empressé de la lui faire signifier, non à Bordeaux où il l'avait laissée, mais à Paris, dans la maison même qu'il occupait rue Vivienne.

La dame Peixotto ne s'est point présentée sur cette assignation, sans doute parce qu'elle n'avait pas pu en avoir connaissance; et il est, en conséquence, intervenu, le 30 décembre 1775, une sentence par défaut au Châtelet, qui a déclaré le mariage nul.

Cette sentence a été également signifiée dans la maison du sieur Peixotto, à Paris; mais celui-ci lui en a fait parvenir la signification à Bordeaux, par la voie de la poste.

Sur cette signification, la dame Peixotto a obtenu au parlement de Guienne, le 8 janvier 1776, un arrêt qui a cassé l'assignation du sieur Peixotto, ainsi que la sentence du Châtelet, et a fait défense aux parties de procéder ailleurs que devant le sénéchal de Bordeaux.

De son côté, le sieur Peixotto, sur la signification qui lui a été faite de cet arrêt, en a fait rendre un contraire au parlement de Paris, le 7 février 1776, qui a ordonné l'exécution de la sentence du Châtelet, sauf à la dame Peixotto à y former opposition, ou à en interjeter appel; et le même jour, il l'a fait signifier à son épouse, rue Vivienne.

C'est ainsi que s'est formé le conflit qui a donné lieu au réglement de juges.

La dame Peixotto soutenait d'abord qu'indépendamment du point de savoir si son mari avait ou non un véritable domicile à Paris, il n'avait pas pu la faire assigner en nullité de mariage devant un autre juge que celui de Bordeaux, où elle faisait sa résidence, du consentement du sieur Peixotto, d'avec qui elle était séparée par une transaction.

Elle prétendait ensuite que tout concourait à établir que le sieur Peixotto n'avait point à Paris de domicile proprement dit, mais seulement une résidence momentanée.

Le sieur Peixotto a commencé par réfuter la première proposition de son épouse. Il a rappelé le principe établi par les lois romaines (1) et universellement reçu, que la femme ne peut avoir d'autre domicile que celui de son mari, et que les juges naturels du mari sont aussi ceux de la femme.

« Il est inouï, d'après cela (a ajouté son défen-

_____

(1) *Mulieres honore maritorum originis, genere nobilitamus, et forum ex eorum persona statuimus, et domicilia mutamus.* Loi 13, C. *de dignitatibus;* loi dernière, C. *de incolis.*

seur), que la dame Peixotto veuille contester le véritable domicile de son mari, et persuader qu'il n'est fixé à Paris que momentanément, comme s'il lui était permis de scruter la volonté de son chef, comme s'il était possible d'admettre qu'elle sait mieux que lui ses intentions.

» En général, les questions de domicile sont très-difficiles à résoudre; mais ce n'est jamais entre l'homme et la femme, parce que toutes les lois assujétissent cette dernière à suivre son mari partout où il lui plaît de se fixer: ainsi, il ne peut s'élever aucun doute sur le domicile de la femme, quand le mari en a un certain; il lui suffit même de l'indiquer, parce que sa seule volonté déterminant son domicile, cette même volonté détermine également celui de sa femme.

» Pour établir un véritable domicile, objecte-t-on, il faut, 1° une volonté marquée d'habiter un lieu; 2° une maison; 3° si c'est un homme marié, que sa femme habite la même maison, ainsi que ses enfans; 4° qu'il y ait établi le siége principal de ses affaires; 5° enfin, qu'il n'ait aucun esprit de retour. Toute habitation qui n'a pas ces caractères essentiels, n'est pas un véritable domicile; ce n'est qu'une simple résidence.

» Ainsi, de l'aveu même de la dame Peixotto, si toutes les circonstances dont il s'agit concourent, excepté celles qui sont impossibles, la vérité du domicile dont il s'agit est démontrée. En ce cas, le réglement de juges est décidé en faveur du sieur Peixotto: 1° parce qu'il n'est pas possible de justifier une volonté plus marquée d'habiter un lieu, qu'en l'habitant réellement depuis quatre ans, avec de nouveaux engagemens pour y demeurer à l'avenir; qu'en y louant et occupant une maison d'un loyer de 9,000 livres; qu'en y tenant le siége principal et unique d'une banque et d'un commerce fort considérable; 2° parce que rien ne prouve mieux que Peixotto n'a point l'esprit de retour à Bordeaux, que la rupture absolue du commerce qu'il y faisait.

» Il est vrai qu'il est marié, et qu'il n'a avec lui ni sa femme ni ses deux enfans; mais ce n'est pas à la première à se prévaloir de cette circonstance, parce qu'elle doit savoir qu'il ne lui est pas permis d'avoir un autre domicile que le sien, et qu'elle ne peut tirer avantage d'une révolte répréhensible à l'autorité légitime. A l'égard de ses deux enfans, c'est inutilement que Peixotto les a réclamés jusqu'ici.... »

Sur ces raisons, arrêt du 16 juin 1777, qui, faisant droit sur l'instance en réglement de juges, renvoie les parties au Châtelet.

§. VII. 1° *Avant le code civil, les militaires français pouvaient-ils, étant sous les drapeaux dans un pays étranger ou conquis, contracter un mariage avec des femmes de ce pays, sans observer d'autres formes que* celles qui étaient prescrites par les lois ou les usages locaux ?

2° *Le pouvaient-ils, lorsqu'un ordre du jour du général en chef leur indiquait les commissaires des guerres comme faisant à leur égard les fonctions d'officiers de l'état civil ?*

3° *Le pouvaient-ils, lorsque l'usage du pays était de ne constater les mariages par aucun registre ni acte public ?*

4° *La preuve par témoins d'un tel usage est-elle admissible ?*

5° *Cette preuve peut-elle être faite par de simples actes de notoriété, ou ne peut-elle l'être que par une enquête ?*

6° *Doit-elle nécessairement précéder la preuve par témoins du mariage prétendu célébré conformément à cet usage, ou peut-on les faire marcher toutes deux de front ?*

7° *Les art. 88 et 89 du code civil permettent-ils encore au militaire français qui est en expédition dans un pays étranger, de s'y marier dans les formes qui y sont établies et devant l'officier local étranger de l'état civil ?*

I. Les cinq premières questions ont été agitées dans l'espèce suivante.

Le 7 septembre 1805, le général de division Faultrier, inspecteur-général d'artillerie, meurt à Nordlingen en Bavière.

Le 11 mars 1807, Marie David fait assigner la mère, les frères et les sœurs du général Faultrier, devant le tribunal de première instance de Metz, pour voir dire qu'elle sera maintenue dans sa possession d'état d'épouse, et dans sa qualité de veuve de celui-ci.

A l'appui de cette demande, elle expose :

Qu'elle est née à Teflis, ville de la Géorgie, du mariage de Pierre David, médecin, pensionné du souverain, et d'Elisabert Guiargny, professant la religion chrétienne grecque;

Que les troubles occasionnés à Teflis par l'entrée des Turcs dans cette ville, l'ont forcée de fuir sa patrie et de se retirer en Egypte avec un de ses frères;

Que là elle a été reçue par la musulmane Néphis Rathum, qui, dès le premier instant, lui a donné son nom de Néphis;

Que l'Egypte était alors occupée par l'armée française, dite d'Orient, sous les ordres du général en chef Bonaparte;

Qu'un officier d'artillerie fut député vers la musulmane Rathum, par le général Faultrier, faisant partie de cette armée, pour l'acheter en son nom, avec promesse de l'épouser;

Que le marché ayant été conclu, elle fut condit tout simplement : « L'acte de mariage sera reçu » dans la maison commune du lieu du domicile de » l'une des parties. » Il n'est point là question du domicile que l'une des parties avait dans les six mois précédens; il n'y est parlé que du *domicile*; et le domicile purement et simplement énoncé, s'entend toujours du domicile actuel.

» C'est donc dans le domicile actuel de l'une des parties que le mariage doit être célébré. La loi n'exige pas autre chose; elle ne veut pas que, pour cet objet, on remonte au domicile des six mois antérieurs; et l'on ne peut pas, en cette matière, ajouter à la loi, surtout quand il s'agit des formes d'un acte aussi sacré; et encore de quelles formes? De celles qui ne tiennent point à la substance du contrat, qui n'en règlent que la police extérieure, et à la violation ni omission desquelles la loi n'a pas attaché la peine de nullité.

» Ainsi, en combinant l'art. 1 de la quatrième section avec les deux premiers articles de la section seconde, il faut dire que les publications doivent être faites (non cependant à peine de nullité) au domicile que chacune des parties avait dans les six mois précédens; mais que l'acte de mariage peut être reçu au domicile actuel de l'une des parties, quand même ce domicile ne daterait que d'un mois ou de huit jours.

» Et la preuve que tel est le vrai sens de la loi du 20 septembre 1792, c'est que la Convention nationale l'a ainsi déclaré par un décret du 22 germinal an 2 conçu, non en forme de disposition nouvelle, mais en forme d'*ordre du jour motivé*; ce qui constitue essentiellement le caractère des interprétations législatives auxquelles on doit donner un effet rétroactif au temps de la promulgation de la loi interprétée.

» Le tribunal d'appel de Caen n'a donc pas pu déclarer nul l'acte de mariage du 24 brumaire an 2, sans violer tout à la fois et l'art. 1 de la quatrième section du tit. 4 de la loi du 20 septembre 1792, et le décret interprétatif de cet article, du 22 germinal an 2.

» Il y a donc lieu de casser son jugement pour cette double infraction;

» Comme il y a lieu de le casser à raison de la fausse application de la déclaration du 4 août 1564;

» Comme il y a lieu de le casser à raison de la fausse application du principe de la non-rétroactivité des lois abrogatives des vœux monastiques;

» Comme il y a lieu de le casser à raison de l'excès de pouvoir qui résulte de ces deux fausses applications;

» Comme il y a lieu enfin de le casser, mais sur notre réquisition seulement, à raison de ce qu'il ne condamne pas le cit. Spiess à l'amende de fol appel.

C'est à quoi nous concluons. »

Sur ces conclusions, arrêt du 11 prairial an 11, au rapport de M. Ruperou, qui ordonne qu'il en sera délibéré.

Et le lendemain 12, arrêt qui, après une longue délibération (1), prononce à l'égard du mariage contracté le 24 brumaire an 2, conformément aux conclusions que j'avais données la veille. Voici comment il est conçu :

« Vu l'art. 2 de la sect. 2 et l'art. 1 de la sect. 4 du tit. 4 de la loi du 20 septembre 1792;

» Considérant que le législateur a distingué les conditions absolues et nécessaires à la validité du mariage, et les formalités accidentelles ou relatives; qu'il a voulu que la violation des règles déterminées par la sect. 1 du tit. 4 de la loi du 20 septembre 1792, emportât nullité, mais qu'il n'a point attaché cette peine à l'inobservation des formalités prescrites par les sect. 2 et 4 du même titre, que la loi du 4 germinal an 2, qui veut que toute violation des formes prescrites par les lois nouvelles, emporte nullité, lors même que ces lois ne prononceraient pas cette peine, ne regarde que la procédure civile; qu'en effet, cette loi n'a fait que modifier l'art. 3 de la loi du 1er décembre 1790, qui ne permettait de casser que pour *violation des formes de procédures prescrites à peine de nullité*;

» Considérant que la disposition de la loi du 20 septembre 1792, qui veut que l'acte de mariage soit reçu par l'officier public du lieu du domicile de l'une des parties, n'est ni prohibitive ni irritante; et que la formalité qu'elle prescrit est étrangère à la substance de l'acte;

» Considérant que le tribunal d'appel séant à Caen a pu et dû considérer l'acte du 24 brumaire an 2 comme un nouvel acte de mariage, qui n'a point réparé la nullité absolue du mariage contracté en Suisse en 1788; mais qu'en annulant ce nouvel acte de mariage, sous prétexte qu'aucun des époux ne résidait pas depuis six mois dans la commune d'Ampuis, où il a été reçu par l'officier public, ce tribunal a fait une fausse application des articles cités de la loi du 20 septembre 1792, créé une nullité, et sous ce rapport excédé ses pouvoirs;

» Par ces motifs, le tribunal casse et annule le jugement rendu par le tribunal d'appel séant à Caen, le 27 germinal an 9; remet les parties au même état où elles étaient avant ledit jugement; sur le fond,

---

(1) Dans cette délibération, ont été rejetés les moyens de forme du cit. Spiess, ainsi que celui dont le but était d'établir la validité du mariage contracté en 1788. Il a été tenu pour constant que les mariages des prêtres et des moines étaient nuls avant la révolution, même quant aux effets civils; qu'à la vérité, il n'existait, à cet égard, aucune loi précise; mais que la jurisprudence invariable des anciens tribunaux sur ce point, était elle-même une loi : *Nam rerum perpetuò similiter judicatarum auctoritas vim legis obtinere debet*. Loi 38. D. *de legibus*.

les renvoie devant le tribunal d'appel séant à Rouen (1).

II. Sur la seconde question, voyez ce que j'ai dit dans le *Répertoire de Jurisprudence*, aux mots *Bans de Mariage*, n° 2, sur l'art. 170 du code civil; et joignez-y ce que j'ai dit dans le même recueil, au mot *Mariage*, sect. 6, §. 2, *deuxième question* sur l'art. 191 du même code.

III. La troisième question est déjà traitée en même temps que la seconde, aux endroits du *Répertoire de jurisprudence* auxquels renvoie le n° précédent; mais il reviendrait encore ci-après, aux mots *Publications du Mariage*.

IV. La cinquième question ne peut évidemment, d'après les détails dans lesquels je suis entré au n° 3 de l'article *Célibat*, dans le *Répertoire de jurisprudence*, être résolue qu'en faveur des mariages contractés par des sous-diacres, diacres ou prêtres, sous l'empire du code civil.

V. Qu'il en doive être de même de ces mariages sous l'empire de la charte constitutionnelle du 4 juin 1814, c'est ce que je crois avoir démontré au même endroit; et je persisterai avec confiance dans cette opinion, tant qu'on n'aura pas répondu aux raisons sur lesquelles je la fonde, notamment à celle qui consiste à dire que si de ces termes de l'art. 6 de la charte, *la religion catholique est la religion de l'Etat*, on pouvait conclure qu'il n'y a de valables aux yeux de la loi civile, que les mariages conformes aux préceptes de la religion catholique, il faudrait aussi, de toute nécessité, en tirer l'absurde conséquence qu'un mariage qui, aujourd'hui, ne serait contracté que devant l'officier de l'état civil, ne pourrait être considéré *civilement* que comme un concubinage. Eh! comment pourrait-on se flatter de répondre à ces raisons d'une manière tant soit peu satisfaisante, alors qu'il est généralement avoué que le divorce, tout contraire qu'il est aux préceptes de la *religion de l'Etat*, n'a été aboli que par la loi du 8 mai 1806; alors que cette loi reconnaît elle-même, comme on l'a vu au mot *Divorce*, §. 12, que les divorces dont la prononciation a précédé sa publication, doivent subsister avec tous leurs effets.

VI. Par les mêmes raisons, je n'hésite pas à dire que, si un officier de l'état civil se refusait aujourd'hui à marier un prêtre, il devrait y être contraint.

En effet, qu'est censé faire et que fait réellement un officier de l'état civil, lorsque, se fondant sur une cause qui n'est plus rangée par la loi au nombre des empêchemens dirimans, il se refuse à la célébration d'un mariage entre un homme et une femme,

dont l'un, au moins, est domicilié dans son territoire? Bien évidemment il se met à la place des particuliers à qui la loi accorde qualité pour former opposition à ce mariage, et il supplée d'office au défaut d'opposition de leur part. Son refus ne peut donc pas avoir plus d'effet que n'en aurait l'opposition de ces particuliers. Or, il est certain, et c'est une vérité consacrée par un arrêt de la cour de cassation du 7 novembre 1814 (1), que jamais l'opposition à un mariage ne peut en empêcher la célébration, que lorsqu'elle est « fondée sur un motif » capable de former un empêchement légal au ma- » riage projeté, » et par conséquent sur une cause qui, si ce mariage était célébré effectivement, devrait en faire prononcer l'annulation.

Il est vrai qu'un arrêt de la cour royale de Paris, du 27 décembre 1828, a confirmé un jugement du tribunal de première instance de la même ville, qui avait rejeté la demande du sieur Dumonteil, prêtre, tendante à ce qu'un officier de l'état civil qui s'était refusé à la célébration de son mariage, y fût contraint.

Mais, pour prononcer ainsi, la cour royale de Paris a été obligée d'aller jusqu'à dire que les préceptes de la religion catholique qui interdisent le mariage aux prêtres, ont en France toute la force de lois civiles proprement dites; en sorte que, si le sieur Dumonteil eût été admis, de fait, à se marier, son mariage eût pu et dû être déclaré nul.

Et sur quoi a-t-elle fondé cette étrange assertion? Elle n'a plus dit, comme dans son arrêt du 18 mai 1818, cassé le 9 janvier 1821, que « la charte, en dé- » clarant la religion catholique, apostolique et ro- » maine, la religion de l'État, *avait* restitué aux » lois de l'Église la force de lois de l'État, relative- » ment aux ministres de la religion de l'État; » mais, ce qui est bien plus étonnant, elle semble avoir voulu dire que les préceptes de l'Église, concernant le célibat des prêtres, n'ont jamais cessé d'être *civilement* obligatoires en France.

« Considérant (a-t-elle dit) que si, aux termes de la charte, chacun professe sa religion avec une égale liberté, et obtient pour son culte une égale protection, il ne s'ensuit pas qu'un Français puisse se présenter comme n'appartenant à aucune religion, et comme étranger à tout culte;

» Que si le législateur n'a pas voulu interroger les consciences et scruter les opinions et les habitudes privées, sa haute prudence ne saurait devenir un moyen de se placer ouvertement hors de toute croyance;

» Considérant que chacun est réputé professer la religion dans laquelle il est né, et qu'il est censé en pratiquer le culte;

---

(1) Sur les suites de cette affaire, *V.* le *Répertoire de jurisprudence*, aux mots *Conventions matrimoniales*, §. 1.

(1) *V.* le *Répertoire de jurisprudence*, aux mots *Opposition à un mariage*, n° 4, observations sur l'art. 173 du code civil.

publiquement en état de mariage. La loi ne leur avait pas ôté la capacité requise pour former le lien nuptial; mais elle avait élevé autour d'eux des obstacles qui les empêchaient d'en recueillir les avantages; et ces obstacles n'ont été levés que par la révolution, qui a entraîné, d'une part, l'abolition des vœux solennels, et de l'autre, l'anéantissement de la juridiction ecclésiastique, quant aux effets extérieurs.

» La suppression de ces obstacles est donc la seule innovation qu'ait faite, à cet égard, la révolution; ainsi, ce n'est pas à la révolution que le prêtre, le moine, marié auparavant, doit la légitimité de son mariage; il ne lui doit que la liberté de se dire marié et de vivre publiquement comme tel; il ne lui doit que l'avantage de n'être pas persécuté pour avoir usé d'un droit qu'il tenait de la nature, et dont aucune loi civile ne l'avait dépouillé.

» Le tribunal d'appel de Caen a donc fait une application souverainement fausse et de la déclaration de Charles IX, du 4 août 1564, et du principe de la non-rétroactivité de la loi du 19 février 1790, portant abolition des vœux monastiques, lorsque, par son jugement du 23 germinal an 9, il a déclaré nul le mariage contracté par le citoyen Spiess, le 11 juin 1788. Il a donc créé, en prononçant ainsi, une nullité qu'aucune loi n'avait établie; il a donc excédé ses pouvoirs; il y a donc lieu de casser son jugement.

» Il nous reste à examiner si son jugement ne doit pas encore être cassé, pour avoir déclaré nul l'acte passé, le 24 brumaire an 2, devant l'officier public de l'état civil de la commune d'Ampuis.

» Cet acte, comme vous l'avez vu, contient à la fois la ratification du mariage célébré en Suisse, le 11 juin 1788, et la célébration, en tant que de besoin, d'un nouveau mariage entre le citoyen Spiess et la demoiselle Davrilly.

» Or, a dit le tribunal d'appel, considéré comme ratification, cet acte est sans effet, parce qu'il est de principe que, quand un acte est nul dans son essence, la ratification que l'on en fait ne peut lui donner aucune valeur, sauf celle que le second acte peut avoir par lui-même, abstraction faite du premier.

» Considéré comme nouvel acte de mariage, il est également nul, parce qu'il n'est pas conforme à la loi du 20 septembre 1792, notamment parce que le citoyen Spiess et la demoiselle Davrilly ne résidaient que depuis un mois dans la commune d'Ampuis.

» Ainsi, ni sous l'un ni sous l'autre rapport, l'acte du 24 brumaire an 2 n'a pu réparer les vices du mariage contracté en Suisse; et le citoyen Spiess n'est pas devenu, par cet acte, plus légitime époux de la demoiselle Davrilly, qu'il ne l'était devenu par celui du 11 juin 1788.

» Voilà comment a raisonné le tribunal d'appel de Caen.

Il y aurait d'abord beaucoup de choses à dire sur le principe qu'il a posé relativement à l'acte du 24 brumaire an 2, considéré comme ratification; et sans sortir des matières matrimoniales, on pourrait opposer à ce prétendu principe l'exemple de celui qui, s'étant marié avant l'âge de puberté, a ratifié depuis, soit par une co-habitation prolongée pendant un temps moral, soit même par un simple acte par-devant notaire ou sous seing-privé, son mariage originairement nul *dans son essence*.

» Mais arrêtons-nous au second aspect sous lequel le jugement attaqué envisage l'acte du 24 brumaire an 2, et voyons si cet acte ne doit pas valoir comme *nouvel acte de mariage*.

» Dans le fait, il est difficile de concevoir comment le défendeur a pu soutenir à votre audience que le citoyen Spiess et la demoiselle Davrilly n'avaient pas fait devant l'officier public de la commune d'Ampuis les déclarations nécessaires pour se marier de nouveau en sa présence. L'acte du 24 brumaire an 2 porte, en toutes lettres, qu'ils ont déclaré vouloir au besoin contracter de nouveau devant cet officier, le mariage qu'ils avaient précédemment contracté en Suisse; et cela dit tout.

» Dans le droit, la question ne souffrirait aucune difficulté, si elle se présentait dans les termes de notre ancienne législation.

» Avant la loi du 20 septembre 1792, la règle générale était que l'on ne pouvait se marier que devant le curé du domicile que l'on avait au moins depuis six mois, et après des bans publiés dans ce domicile même.

» Cependant il était généralement reconnu que le défaut de publication de bans ne pouvait pas être opposé au mariage contracté entre personnes majeures; et que des personnes majeures étaient légitimement mariées, lorsqu'elles s'étaient unies devant le curé de leur domicile actuel, quoique la durée de ce domicile ne remontât pas à six mois.

» La loi du 20 septembre 1792 a-t-elle dérogé à cette jurisprudence? Non: elle a bien substitué au curé l'officier public de l'état civil; mais c'est là, à proprement parler, le seul changement qu'elle ait fait à notre ancienne législation....

» Comment donc le tribunal d'appel de Caen a-t-il pu déclarer nul l'acte de mariage reçu le 24 brumaire an 2 par l'officier public de la commune d'Ampuis?

» L'a-t-il déclaré nul pour défaut de publications antérieures au moins de huit jours à cet acte? Non; il n'en a même point parlé; et il a très-sagement fait.

» Nous l'avons déjà dit, la loi du 20 septembre 1792, en prescrivant les publications, n'y a pas attaché de peine de nullité; le défaut de publication ne peut donc pas entraîner l'annulation d'un mariage. Il le peut d'autant moins, que, seul et de lui-même, il n'opérait pas même cet effet dans notre ancienne législation, quoique l'ordonnance de Blois

exigeât la publication des bans, *à peine de nullité.*
Écoutons là-dessus M. d'Aguesseau, dans son plaidoyer du 27 avril 1694 :

« Nous devons distinguer deux choses dans la loi
» qui impose la nécessité de la publication des
» bans.

» La première est le mal et l'inconvénient qu'on
» a voulu prévenir, et qui a été l'objet principal du
» législateur.

» La seconde est le remède et la précaution qu'on
» a cru capable d'en arrêter les progrès.

» L'INCONVÉNIENT QUE LA LOI A EU EN VUE EST LE
» MÉPRIS DE LA PUISSANCE PATERNELLE, et les suites
» funestes que peut avoir un engagement condamné
» par le père.

» La précaution qu'on a voulu opposer à ce
» désordre, est la proclamation des bans.... Non-
» seulement la juste autorité des pères a été le véri-
» table motif de la loi qui ordonne la publication
» des bans, à peine de nullité; mais il est même
» IMPOSSIBLE DE PRONONCER CETTE PEINE ÉTABLIE
» PAR LA LOI, SI CE DÉFAUT SOLENNEL NE SE TROUVE
» PAS JOINT AVEC LE DÉFAUT DE CONSENTEMENT DU
» PÈRE.

» Sans cela, qui pourrait croire que l'esprit de
» l'ordonnance eût été de déclarer un mariage nul
» par la seule omission de la publication des bans,
» lorsque le père s'est présenté au mariage? C'est
» donc la puissance paternelle qui fait toute la force
» de ce moyen.....

» Ces deux défauts sont inséparablement unis aux
» termes de l'ordonnance et de la jurisprudence
» des arrêts.... Ils ont tous deux la même force, ils
» se prêtent un secours mutuel, on ne peut plus les
» diviser; il faut alléguer en même temps et le dé-
» faut de publication des bans, et celui du consen-
» tement du père : si le père a consenti au mariage,
» c'est en vain qu'on prétendrait l'attaquer par l'o-
» mission de cette solennité. »

» Ainsi parlait M. d'Aguesseau à l'audience du
parlement de Paris, du 27 avril 1794; et tous les
magistrats qui lui ont succédé dans les fonctions
qu'il exerçait alors, tous les jurisconsultes qui ont
écrit, tous les arrêts qui ont été rendus avant et
depuis cette époque, ont établi, ont consacré la
même doctrine.

» Et cependant, nous l'avons déjà remarqué,
l'ordonnance de Blois prescrivait la publication des
bans, à *peine de nullité.* La loi du 20 septembre
1792 la prescrit également; mais elle n'y ajoute aucune peine; et le bon sens nous dit assez qu'elle n'a
établi cette formalité que pour avertir les personnes intéressées et ayant qualité pour former
opposition au mariage; qu'ainsi, l'omission de cette
formalité ne pourrait être relevée que par ces personnes, et dans le cas seulement où elles auraient à
réclamer contre le mariage, soit pour cause de minorité, soit pour tout autre empêchement prévu par
la première section de la loi.

» Répétons-le donc, le tribunal d'appel de Caen
a très-sagement fait de ne pas motiver son jugement
sur le défaut de publications, et nous devons applaudir à l'hommage qu'il a par-là rendu aux
vrais principes.

» Sur quoi s'est-il donc fondé pour déclarer nul
l'acte de mariage du citoyen Spiess, du 24 brumaire
an 2 ? Il s'est fondé sur le défaut de domicile du
citoyen Spiess, ou de son épouse, dans la commune
d'Ampuis, au moins depuis six mois.

» Là-dessus, il se présente d'abord une observation qui est d'une grande importance : c'est que le
tribunal d'appel de Caen a reconnu dans son jugement qu'il y avait environ un mois que le cit.
Spiess et la demoiselle Davrilly avaient fixé leur domicile dans la commune d'Ampuis, lorsqu'ils se sont
présentés devant l'officier public de cette commune
pour réitérer la célébration de leur mariage. Cette
reconnaissance mérite toute votre attention; vous la
trouverez écrite dans la partie du jugement qui est
intitulé : *Faits.*

» Cela posé, voyons quel est l'article de la loi
du 20 septembre 1792 qu'a cité le tribunal d'appel
de Caen, pour justifier sa manière de prononcer.

» Il n'a cité que l'art. 1 de la 4ᵉ section du tit. 4,
lequel porte : « L'acte de mariage sera reçu dans
» la maison commune du lieu du domicile de l'une
» des parties. »

» Or, n'est-ce pas dans la maison commune d'Ampuis, n'est-ce pas dans la maison commune du lieu
où étaient alors domiciliés le cit. Spiess et la demoiselle Davrilly, qu'a été reçu leur nouvel acte de
mariage du 24 brumaire an 2 ?

» Et dès-là, qu'y a-t-il à reprocher à cet acte?
Il fallait, dit le tribunal d'appel, il fallait au cit.
Spiess et la demoiselle Davrilly un domicile préalable de six mois dans la commune d'Ampuis pour
pouvoir s'y marier. Où cela est-il écrit?

» Il est bien dit, dans la deuxième section de la
loi, art. 1 et 2, que le mariage doit être précédé de
publications *au domicile actuel de chacune des
parties*, et que ce domicile s'entend, relativement
au mariage, de celui qui *est fixé par une habitation de six mois dans le même lieu.*

» Mais la deuxième section de la loi est, comme
nous l'avons déjà dit, intitulée : *Publications*, et
ce n'est que des publications qu'elle s'occupe. Ainsi,
tout ce qui résulte des deux articles que nous venons
de rappeler, c'est que les promesses de mariage
doivent être publiées au domicile que chacune des
parties avait au moins six mois auparavant; et
comme il est bien constant, comme il est reconnu
implicitement par le tribunal d'appel lui-même,
que le défaut de publications n'emporte pas la nullité du mariage, point de doute que les dispositions
de ces deux articles ne soient ici très-indiffé-
rentes.

» Ces deux articles écartés, que reste-t-il ? Rien
autre chose que l'art. 1 de la quatrième section, qui

duite à Gisé, près du Caire, où était stationné le général Faultrier;

Que ce général lui donna d'abord l'appartement le plus commode de sa maison, et des domestiques particuliers pour la servir;

Que, trois jours après, un *Andri*, prélat grec, leur donna la bénédiction nuptiale dans une chapelle, en présence du commandant de Gisé et de deux officiers d'artillerie; qu'il en rédigea un acte qui fut signé des deux époux et de trois témoins, et remis au général Faultrier;

Qu'elle est venue en France avec son mari au commencement de l'an 10;

Qu'arrivé à Marseille, il écrivit à sa mère qu'il avait épousé une Géorgienne, âgée de vingt ans, et qu'il comptait la lui présenter bientôt;

Qu'à cette lettre en succédèrent plusieurs autres, par lesquelles il la qualifiait également de sa *femme;*

Qu'il lui a donné la même qualité dans un grand nombre de lettres qu'il lui a écrites à elle-même;

Que la dame Faultrier mère l'a, en conséquence, traitée comme sa belle-fille; qu'elle lui en a donné le titre dans une lettre qu'elle rapportait;

Que les frères et les sœurs du général l'ont également reconnue et traitée comme leur belle-sœur;

Que toute la ville de Metz l'a constamment regardée comme l'épouse du général Faultrier;

Qu'à la vérité, elle ne représente point d'acte de mariage; mais que la faute en est à ses adversaires qui l'ont soustrait; et qu'elle offre d'y suppléer par la preuve que les lois de l'Egypte n'admettent pas les chrétiens, soit grecs, soit romains, à faire constater leurs mariages sur des registres publics, ou de toute autre manière authentique, et que ces formes sont réservées pour les nationaux exclusivement.

Dans un mémoire publié à la suite de cette demande, Marie David assigne une autre date à son mariage prétendu: elle convient que c'est le 28 floréal an 8 que le général Faultrier l'a achetée de la musulmane Néphis Rathum; et en effet le registre de ce général porte: «J'ai acheté Néphis le » 28 floréal an 8, de la musulmane Néphis Rha- » thum, le 5 de Mohazem de l'an 1215;» mais elle ajoute qu'il ne l'a épousée que dans le premier mois de l'an 9.

La dame Faultrier mère et ses enfans répondent:

Que le mariage prétendu dont se prévaut Marie David, n'est qu'un roman;

Que s'il avait été réellement contracté, il n'aurait pu l'être que devant un commissaire des guerres, et que l'acte aurait dû en être enregistré, à peine de nullité; que tel est le résultat de deux ordres du jour du général en chef, des 30 fructidor an 6 et 21 fructidor an 7;

Que, par le premier, il est dit qu'il « sera établi » dans chaque chef-lieu de province de l'Egypte

» un bureau d'enregistrement où tous les titres de » propriété et les actes susceptibles d'être produits » en justice, recevront une date authentique;

Que, par le second, « l'armée est prévenue que » tous les actes civils qui seront passés par les com- » missaires des guerres, ceux qui seront passés sous » seing-privé entre les citoyens, et ceux qui pour- » raient l'être entre les Français et les nationaux, - » par-devant les notaires du pays, seront nuls en » France comme ici, s'ils ne sont enregistrés, con- » formément à l'ordre du général en chef, en date » du 30 fructidor dernier; »

Que ces ordres du jour ont été exécutés pendant tout le temps que l'armée d'Orient a occupé l'Egypte; qu'ils en ont pour témoin un extrait du registre des actes de mariage de l'an 8, à Rosette; qu'on y voit en effet que le 20 vendémiaire de cette année, Auguste Lautun, capitaine-quartier-maître de la 4ᵉ demi-brigade d'infanterie légère, a épousé Catherine-Sophie Varsy devant Joseph Agard, commissaire des guerres employé à Rosette, *faisant les fonctions d'officier civil, conformément à la loi;* et que l'acte est terminé par ces mots: « Le » présent ne sera valable qu'autant qu'il aura été » enregistré conformément aux ordres du général » en chef, des 30 fructidor an 6 et 12 vendémiaire » an 7; »

Qu'il est prouvé par un certificat de l'ex-directeur général des revenus publics de l'Egypte, « que, » d'après la vérification qui a été faite sur les re- » gistres de l'administration de l'enregistrement » d'Egypte, il n'a été présenté, dans aucun temps, » à l'enregistrement, aucun acte de mariage entre » le général Faultrier et l'esclave qu'il avait acheté » en Egypte;

Que M. Songis, premier inspecteur-général de l'artillerie, ci-devant commandant en chef l'artillerie de l'armée d'Orient, atteste également qu'il n'est point parvenu à sa connaissance que le général d'artillerie Faultrier ait contracté aucun mariage pendant le temps qu'il a été en Egypte, et qu'il a eu *de continuelles relations avec lui pour le service;*

Que ce certificat est fortifié par celui de plusieurs autres officiers qui ont vécu dans la plus grande intimité en Egypte avec le général Faultrier;

Qu'un certificat plus décisif encore est celui du général Duroc, qui atteste qu'il a eu des relations d'amitié avec le général Faultrier en Italie et en Egypte; qu'il l'a vu à Lyon à son retour d'Egypte; qu'il lui demanda s'il songeait à se marier; que le général lui répondit *qu'il attendrait encore quelque temps;* et que, dans le courant de la conversation, il lui dit qu'il avait avec lui une esclave qu'il avait achetée en Egypte;

Qu'une autre preuve qu'il n'y a point eu de mariage entre le général Faultrier et Marie David, c'est que le général n'en a fait aucune mention dans son registre, quoiqu'il y ait spécialement annoté l'achat qu'il avait fait de cette esclave;

Que cela résulte encore du silence que le général Faultrier a gardé sur ce point, dans plusieurs lettres qu'il a écrites à son père, tant en Egypte qu'au lazaret de Marseille;

Qu'enfin, point d'acte, point de mariage; et que la preuve offerte par Marie David, est inadmissible.

Le 23 juin 1807, jugement par lequel:

» Attendu que, dans le droit, l'art. 14 du tit. 20 de l'ordonnance de 1667 porte que si les registres exigés par l'art. 17, pour constater les mariages, etc., sont *perdus*, ou *s'il n'y en a jamais eu*, la preuve en sera reçue tant par titres que par témoins; et *en l'un et l'autre cas*, les baptêmes, mariages et sépultures pourront être justifiés, tant par les registres ou papiers domestiques des pères et mères décédés, que par témoins, sauf à la partie de vérifier le contraire......;

» Qu'en général, *avant d'admettre à la preuve par témoins*, il importe essentiellement de s'assurer ou que les registres destinés à les recevoir *n'existent plus*, ou que, par *négligence ou impossibilité*, cet acte *n'a pas été inséré dans les mêmes registres*;

» Que Marie David soutient que, *pendant le séjour* des troupes françaises en Egypte...., les époux chrétiens, romains ou grecs, n'ont pu, *d'après la religion musulmane qui est la dominante*, faire constater leur union....;

» Que l'allégation de la dame Marie David doit être préalablement vérifiée....;

» Attendu aussi que, quelle que soit la décision à intervenir sur la première question de la cause, il demeure pour constant, d'après la conduite du général Faultrier et son langage envers Marie David, *que la bonne foi, bien constatée, dans laquelle était cette dernière sur le fait de son mariage*, lui donne droit à un secours alimentaire:

» Le tribunal, avant faire droit, ordonne, sans entendre rien préjuger au fond...., que Marie David produira, au plus tard dans l'année, un *acte de notoriété* en forme probante, constatant que ceux professant la religion chrétienne, grecque ou romaine, qui s'unissent par mariage à Gisé, près du Caire, ne sont pas admis *par les lois du pays* à faire constater leurs mariages sur des registres publics, ou de toute autre manière authentique commandée pour les nationaux, sauf ensuite à être statué ce qu'il appartiendra;

» Accorde à Marie David une provision alimentaire de 1,500 francs par an, à remonter au 7 novembre 1803, payable comptant; le surplus payable par quartier et d'avance; les droits des parties sur le surplus réservés. »

La dame Faultrier mère et ses enfans appellent de ce jugement; et, par arrêt du 23 février 1808, la cour de Metz statue ainsi sur leur appel.

« Deux questions se présentent à juger: la preuve imposée à Marie David par le jugement dont est

appel, a-t-elle été bien ordonnée? La provision alimentaire qu'elle lui accorde est-elle juste?

« Considérant, sur la première question, qu'il est juste, comme les premiers juges l'ont exprimé dans leurs motifs, avant d'admettre la preuve, tant par titres que par témoins, d'un mariage dont l'acte de célébration n'est pas représenté, de s'assurer s'il y a eu des registres publics pour l'y inscrire; s'il y a eu impossibilité de l'y inscrire, ou s'il n'a point existé de registres, parce qu'en ces deux derniers cas, s'il n'y avait pas lieu d'opposer à la personne qui réclame la qualité d'époux ou d'épouse, le défaut de représentation de l'acte de célébration qui la confère, on ne serait pas empêché d'examiner ensuite s'il peut y être suppléé autrement, et de quelle manière, pour établir la vérité du mariage; en sorte que, sous ce rapport, le jugement ne fait point de griefs aux appelans.

» Il y en a bien moins dans le premier cas, puisque, s'il y a eu des registres, et que le mariage dont il s'agit ne soit pas inscrit, les appelans pourront en tirer tel avantage que bon leur semblera, et s'en prévaloir pour soutenir qu'il n'y a point de mariage, sauf à l'intimée ses exceptions et moyens au contraire; sur quoi le même jugement leur laisse toute facilité, par les réserves qu'il contient; et, par ces raisons, la connaissance du fond doit demeurer aux premiers juges; il ne s'agit pas de les en dépouiller par une évocation.

» Considérant, sur la deuxième question, qu'il a été jugé plus d'une fois que la possession de l'état du mariage, jointe à la bonne foi des époux suffisait pour en justifier la réalité, quoique non inscrit dans un registre public, et pour en obtenir les effets civils.

» Une sentence des requêtes du palais, à Paris, avait maintenu la veuve d'un nommé Dohin, procureur au parlement de la même ville, en la possession et jouissance de tous les biens délaissés par son mari, en vertu de la donation universelle portée en son contrat de mariage. Les héritiers collatéraux de Dohin s'en étant rendus appelans, elle fut confirmée par arrêt du 7 janvier 1676, conformément aux conclusions de M. l'avocat-général Talon.

» Soëfve, qui rapporte cet arrêt dans son recueil, indique que l'acte de célébration du mariage de cette veuve ne s'était point trouvé dans les registres de la paroisse en laquelle elle prétendait que le mariage avait été célébré, quoiqu'il s'y en rencontrât un du même jour que celui qu'elle annonçait; ce que les héritiers lui objectaient.

» En réponse, elle produisait son contrat de mariage passé en 1633, en présence et du consentement de la mère de Dohin, son père étant décédé, et de la sienne propre, qui était veuve. Quantité d'actes publics, où ils avaient été considérés par un chacun comme mari et femme, reconnus tels par aucuns des parens, du nombre desquels étaient ceux qui contestaient; et finalement une attestation du vicaire de la paroisse, qu'en 1634 il avait célébré le mariage.

» Mais ce qui faisait le plus pour sa vérité, remarque l'arrêtiste, c'était la possession en laquelle Dohin et sa veuve avaient été, pendant si long-temps, de la qualité de mari et de femme, au vu et au su de tous ceux qui les connaissaient, et surtout la réputation dont Dohin jouissait, d'un homme d'honneur, de mérite et de vertu, qui ne permettait pas de présumer qu'il eût voulu vivre dans le concubinage pendant 37 à 38 ans, ni y mourir; joint à cela le peu de faveur que méritent les héritiers collatéraux qui, dans la pensée de recueillir une succession opulente, ne se faisaient aucun scrupule de faire injure à la mémoire de leur parent et à l'honneur de sa veuve, après l'avoir reconnue pendant tout cet espace de temps comme leur parente; ce qui les rendait non-recevables à disputer sa donation et la sincérité du mariage.

» Par un autre arrêt du 24 mai 1633, transcrit par Bardet, dans sa collection, tome 2, chap. 8, le même parlement de Paris avait maintenu la veuve d'un nommé Papillon, tant en son nom, qu'en qualité de mère et tutrice de ses enfans, en la possession et jouissance de tous les biens délaissés par son mari, en évoquant le principal, sur lequel les parties, en première instance, avaient été déclarées contraires en faits, et appointées à en informer, tant par titres que par témoins.

» Il s'agissait de savoir si un mariage nul quant au sacrement, est bon et valable quant à la légitimation des enfans et autres effets civils.

» La veuve avait fait assigner la mère, les frères et autres parens de son mari, en établissement de tuteur à ses enfans: l'acte de célébration de mariage n'était pas inscrit dans le registre ordinaire, mais au bas d'un rituel de l'église; la célébration avait été faite par un prêtre qui n'avait aucun mandement, pouvoir, ni juridiction.

» M. Bignon, avocat-général, portant la parole, observa qu'un mariage nul quant au sacrement, est bon et valable quant aux effets civils, parce qu'à cet égard, la bonne foi le faisait subsister; que, dans l'espèce de la cause, le mari avait tenu la femme pour la sienne et légitime; qu'il avait témoigné une volonté précise de solenniser le mariage en la meilleure forme qu'on pût desirer, s'il n'avait pas été prévenu par une mort subite; que ce malheur ne devait pas être un surcroît à celui de la veuve et ses enfans; que si le mari était vivant, il ne pourrait point contester son mariage, ni rien alléguer pour s'empêcher de le célébrer de nouveau en face de l'église, s'il en était requis par sa femme. On peut dire la même chose à sa mère et à ses frères, qui n'ont pas plus de droit que lui. Son mariage à été approuvé par paroles et par effets; en quoi ils sont d'autant moins recevables à le combattre et impugner.

» Les préjugés et les principes qu'ils posent ne sont point contrariés par notre législation actuelle.

» On lit dans le discours préliminaire annexé au code civil, que la preuve la plus légitime dans les questions d'état est celle qui se tire des registres publics; que cependant elle n'est pas la seule; et, comme il n'est pas juste que la négligence des parens, la prévarication de ceux qui conservent les registres publics, les malheurs et l'injure des temps, puissent réduire un homme à l'impossibilité de prouver son état, il est de l'équité de la loi d'accorder, en tous ces cas, une autre preuve qui ne peut être que celle qui se tire des documens domestiques, des écrits des personnes décédées et non suspectes, des lettres missives envoyées et reçues dans un temps opportun, qui sont un commencement de preuve par écrit, pour faire admettre celle par témoins; enfin, d'un certain concours de faits qui aient laissé des traces permanentes que l'on puisse recueillir avec succès pour l'éclaircissement de la vérité.

» Lorsque défunt M. Portalis, conseiller-d'état, présenta au corps-législatif le tit. 5 du code civil, relatif au mariage, il dit que nul ne pouvait en réclamer les effets civils, ni le titre d'époux, s'il ne représentait pas un acte de célébration inscrit sur les registres de l'état civil; et il ajouta qu'au reste il fallait distinguer les temps, celui de la vie des époux et celui après leur mort; que quand un seul des conjoints était dans la bonne foi, il pouvait seul réclamer les effets civils du mariage.

» Appliquant à la cause présente ces règles, les points de droit décidés par la jurisprudence, et l'opinion des auteurs les plus accrédités, entre autres Cochin et d'Aguesseau, il est certain que défunt le général Faultrier a amené de l'Egypte à Metz, sa patrie, Marie David, et qu'il en a informé sa famille. On voit, en effet, dans un de ses registres ou livres domestiques, que le 25 frimaire an 10 il écrit de Marseille à madame sa mère, qu'il y séjournerait environ dix jours, qu'ensuite il se rendrait directement à Metz; qu'il a épousé une Géorgienne, il y a environ un an, âgée de vingt ans, et qu'il compte la lui présenter bientôt; que le 7 nivôse il lui a encore écrit qu'il partirait le 14, pour se rendre directement à Metz avec sa femme et un domestique; le 5 floréal, qu'il l'a priée, par une lettre datée de Paris, d'acheter la quantité de bois qu'elle jugerait nécessaire pour le petit ménage de sa femme.

» Dans une lettre du 6 janvier 1805, adressée à *madame Faultrier, rue Mazelle*, par madame Faultrier la mère, en lui accusant la réception de la sienne, elle se dit reconnaissante des vœux qu'elle forme pour elle, et finit par ces mots: « Je suis, » ma chère fille, avec un véritable attachement, » votre très-affectionnée mère. *Signé*, Fort-Faultrier. »

» Depuis l'an 11 jusqu'en l'an 13 inclusivement, le général Faultrier a entretenu une correspondance continue de lettres affectueuses avec Marie David, et toutes portent pour adresse : *A madame Faul-trier la jeune*. Dans une du 1er nivôse an 13, il la prie de signer les siennes *Marie Faultrier*.

» Il ne cesse de lui recommander d'avoir des attentions *pour la maman*, et de continuer à mériter ses bontés et celles de ses sœurs; de ne rien faire sans son conseil : il lui dit qu'il est bien aise qu'elles lui fassent amitié, qu'il est chargé par les frères Simon et Benjamin, qui sont sensibles à son souvenir, de lui faire leurs complimens très-empressés, et de lui dire mille choses amicales.

» Dans une lettre précédente, qui est à la date du 15 frimaire, il lui marque sa sensibilité sur l'attention que *la maman* a eue de lui offrir un appartement dans sa maison, et qu'elle a bien fait de lui en témoigner de même sa reconnaissance.

» Dans une lettre subséquente, du 18, et une autre du 12 messidor, il lui fait part qu'il a accepté le bel appartement que *la maman* a bien voulu lui offrir dans sa maison, avec annotation qu'il faut bien la remercier de ses bontés *pour nous*, et de celle qu'elle a de bien faire arranger *notre appartement* (ce sont ses termes).

» Le 6 pluviôse, il remercie également Néphis, qu'il nomme sa *chère et bonne amie*, des détails qu'elle lui transmet sur *nos affaires* (c'est l'expression dont il se sert); et dans une antérieure, du 20 brumaire, des nouvelles qu'elle lui a données : *notre blé a été bien vendu*, continue-t-il.

» Le 15 prairial, il lui déclare qu'il aura bien de la satisfaction, lorsqu'il la reverra, de la trouver instruite de tout ce *qu'une bonne femme de ménage* doit savoir pour bien conduire sa maison et administrer son bien.

» Le 27 fructidor, il lui mande de l'informer où en sont les réparations de *notre* appartement; qu'il a écrit à *la maman* pour la prier d'acheter les meubles nécessaires; et suivant une du 25 ventôse précédent à la même, c'étaient deux lits jumeaux bien garnis, soixante chaises et sept paires de rideaux de fenêtres.

» Une lettre du 17 messidor an 12 a ceci de remarquable, qu'indépendamment de l'adresse qui est à *madame Faultrier la jeune*, comme toutes les autres, on lit dans l'intérieur cet intitulé : *Faultrier, général de brigade, à madame Faultrier la jeune*; puis ces mots : *Il y a un siècle, ma chère Néphis, que je n'ai reçu de vos nouvelles*, etc.; ce qui semblerait annoncer que, dans l'esprit du général, les qualifications de *madame Faultrier la jeune* et *Néphis* étaient synonymes.

» Enfin, par deux lettres, l'une du 5 frimaire an 12, l'autre du 9 prairial an 13, envoyées à madame Gauthier, chez qui Marie David était logée, il lui fait ses remercîmens des attentions qu'elle a eues pour *sa femme*, et de son regret de ce qu'elle va quitter sa maison. *Il n'y avait*, poursuit-il, *que la maison de ma mère qu'elle pût préférer à la vôtre*.

» Elle y est restée paisiblement tant que le gé-néral a vécu; et ce n'est que depuis sa mort que la dame Faultrier mère l'a inquiétée, pour l'en faire sortir, par les poursuites judiciaires dirigées contre elle.

» Lors du procès-verbal sur la citation en conciliation, à elle joints ses enfans, au bureau de Thionville, par rapport au fermier d'Udkange, ils ont exposé qu'après les premières consolations qu'exigeait la situation de Marie David, à cause de la mort du général, ils l'ont assurée et fait assurer qu'ils lui fourniraient les secours dont elle pourrait avoir besoin; que, d'un autre côté, on a fait des démarches pour lui faire obtenir de l'État la pension à laquelle elle pouvait avoir droit. D'où pouvait lui venir ce droit, si ce n'est pas de sa qualité de veuve? Ils ne la lui contestent pas dans ce procès-verbal, quoiqu'elle l'y ait prise; et ils la lui ont donnée littéralement dans leur acte du 7 mars, en réponse à la sommation du 19 février; elle n'est point démentie par ce qui le termine; ils se sont bornés à lui notifier que la succession du général leur était dévolue, et qu'elle n'avait rien à y prétendre.

» On est étonné que l'original de cette réponse ne se rencontre pas dans leurs pièces.

» Tant de particularités se succédant les unes aux autres, sont pour Marie David des titres suffisans de persuasion de bonne foi qu'elle était l'épouse du général.

» C'est sous ce nom qu'elle a été inscrite à la municipalité de Metz, dans les actes de population, dès l'an 11, de même que pour l'an 14, dans les rôles de la contribution personnelle et mobilière, aussi pour l'an 13 et l'an 14; et dans les billets de logement de troupes en cette dernière année, elle est dénommée *veuve Faultrier la jeune* : ils sont joints à sa production. On le répète avec M. Portalis, les documens domestiques, les écrits de personnes décédées et non suspectes, des lettres missives envoyées et reçues dans un temps opportun, un certain concours de faits dont on peut recueillir l'éclaircissement de la vérité, font preuve dans les questions d'état : il faut distinguer les temps, celui de la vie, des époux, et celui après leur mort. Quand un seul des conjoints est dans la bonne foi, il peut seul réclamer les effets civils du mariage.

» Le premier de ces effets est sans contredit celui de la subsistance. Les appelans ont reconnu qu'ils en devaient à Marie David; mais ils se plaignent que la provision de 1,500 francs qu'elle a obtenue, au lieu de 3,000 francs auxquels elle l'avait fixée par la comparution au bureau de paix, à l'époque du 23 décembre 1806, est au-delà des facultés de son prétendu époux.

» On n'en aperçoit pas toute la consistance; ils ont mis la main, non-seulement sur les immeubles, mais encore sur les meubles et choses réputées telles, sur l'argent comptant, et sur tout ce qui existait dans la maison du général. Il est mort dans un pays éloigné de son vrai domicile, qui était à Metz, en-

45.

tre les bras d'un de ses frères, qui a recueilli tout ce qu'il possédait en ce pays, sans aucune formalité, singulièrement son portefeuille, son diplôme de général, et celui d'officier de la légion-d'honneur, que l'on n'a point exhibé lors de l'inventaire fait à Metz, cinq mois après le décès du général; et à ce moment, il n'a été déclaré par madame Faultrier mère, en argent comptant, qu'une somme de 4,325 francs 93 centimes, que le général lui avait fait remettre par son aide-de-camp, avant son départ pour l'armée. Il ne se peut pas qu'il n'en ait point eu d'autre quand sa mort est arrivée.

» Si on avait à se régler par la coutume de Metz, que les appelans, dans leur acte à griefs, ont présentée comme celle que le général Faultrier et Marie David seraient censés avoir adoptée, en les supposant mariés, elle est exclusive de communauté; mais par l'art. 10 du tit. 6, elle attribue à la femme qui serait sans enfans, tous les meubles; ce qui comprend, au rapport du commentateur, tout ce qui est réputé meuble, et ce que nous appelons dans la coutume effets mobiliers.

» Elle emporterait aussi les effets de gagière; mais cette dénomination ne peut plus être admise, attendu que, par la loi du 17 nivôse an 2, toute distinction dans les biens est abolie.

» L'art. 3, tit. 10, de la même coutume de Metz donne en outre à la fille qui épouse homme sans enfans, et soit qu'il y en ait de leur mariage ou non, pour douaire, tous les héritages et cens de tréfonds que son mari possédait au jour de son trépas, de même que sur ceux qui eussent pu lui échoir de haute et directe ligne, du côté paternel et maternel.

» Il est vrai que le code civil a statué qu'à compter du jour où chacune des lois énoncées en son art. 1, seraient exécutoires, les lois romaines, les ordonnances, les coutumes générales ou locales, les statuts, les réglemens cesseraient d'avoir force de loi générale ou particulière, dans les matières qui sont l'objet de celles qui le composent.

» Il en est ainsi dans la loi du 17 nivôse, art. 61, pour ce qui regarde la transmission des biens par succession ou donation, d'où il semblerait qu'elle ne comprend pas les droits matrimoniaux; autrement une femme qui, depuis cette loi jusqu'à l'émission du code, se serait mariée sans contrat, se verrait exposée à ne rien avoir, à être privée même des fruits de sa collaboration dans le mariage, qui est une vraie société, dont le but est que le mari et la femme participent aux biens qu'ils ont contribué à amasser.

» Mais dans l'état présent des choses, on ne peut pas suivre ce plan vis-à-vis de Marie David; toujours offre-t-il assez pour entrevoir cette espérance. Si elle ne peut pas non plus recueillir actuellement tout ce qui dérive du mariage, du moins sa possession d'en avoir les attributs, l'autorise-t-elle à demander de vivre sur ce qui en dépend; et qu'en se reportant sur ce que l'on en a fait apercevoir, la provision qui lui est adjugée n'est pas trop forte;

» Par ces motifs, la cour, sur l'appel, a mis l'appellation au néant, avec amende; condamne les appelans aux dépens de la cause d'appel. »

Recours en cassation contre cet arrêt de la part de la dame Faultrier mère et de ses enfans.

« Deux moyens de cassation (ai-je dit à l'audience de la section des requêtes, le 8 juin 1809) vous sont proposés dans cette affaire : violation des lois concernant la validité de la preuve des mariages; violation des lois relatives à la provision en matière d'état.

» De ces deux moyens, il en est un qui nous paraît ne mériter aucune discussion; c'est le deuxième. Il est sensible, en effet, que la disposition de l'arrêt de la cour d'appel de Metz, qui adjuge à Marie David une provision annuelle de 1,500 francs, ne contrarie directement aucune loi; qu'elle est la conséquence naturelle de la maxime qui veut qu'une provision alimentaire soit accordée à toute personne à qui l'on conteste l'état dont elle est en possession, et dont elle rapporte des commencemens de preuve par écrit; et que si ce qu'il ne nous appartient pas d'examiner, elle renferme dans l'application de cette maxime, un mal jugé du moins elle ne peut offrir aucune ouverture de cassation.

» Quant au premier moyen, il présente deux questions : l'arrêt de la cour d'appel de Metz viole-t-il les lois relatives à la validité des actes de l'état civil? Viole-t-il les lois relatives à la preuve des mariages?.

» La première question se réduit, en d'autres termes, à celle-ci : la cour d'appel de Metz a-t-elle pu, sans contrevenir aux lois, accueillir l'offre de Marie David de prouver « qu'en Egypte les personnes » professant la religion grecque ou romaine ne sont » pas admises, par les lois du pays, à faire constater » leurs mariages sur des registres publics, ou de » toute autre manière authentique commandée pour » les nationaux? » A-t-elle pu préjuger par-là qu'il avait été libre au général Faultrier et à Marie David de se marier devant un Andri ou prélat grec, sans que celui-ci constatât leur mariage sur les registres de la loi?

» Pour résoudre cette question, nous devons, avant tout, nous fixer sur un principe d'une haute importance : c'est qu'il n'en est pas de la forme des mariages comme de la capacité de se marier; c'est que, tandis que les lois relatives à la capacité de se marier suivent l'homme hors de son domicile, et voyagent avec lui, quelque part qu'il se transporte, la forme des mariages ne dépend que des lois et des usages des pays où ils sont contractés.

» Ce principe est expressément consacré par les art. 47 et 170 du code civil; mais le code civil ne pouvant pas rétrograder sur un mariage que l'on prétend avoir été contracté plusieurs années avant la promulgation de ces deux articles, nous ne pouvons pas les invoquer ici, et c'est à des autorités plus anciennes que nous devons recourir.

» Or, long-temps avant le code civil, ou, pour parler plus juste, dans tous les temps, il a été reconnu qu'un homme pouvait, hors de sa patrie, se marier suivant les formes usitées dans le pays où il se trouvait.

» Mornac, sur la loi 8, D. *de ritu nuptiarum*, dit : *Cùm agitur de solemnitate contrahendi, debet servari consuetudo loci ubi celebratur matrimonium, etiamsi et sponsus et sponsa extranei sint; neque enim violare debent peregrini mores regionis in quâ morantur.*

» Hertius, dans son traité *de Collisione legum*, imprimé à Francfort en 1737, §. 10, tient absolument le même langage : *Matrimonium, juxtà solemnitates loci alicujus ubi sponsus et sponsa commorabantur, contractum, non potest prætextu illo rescindi, quod in domicilio aut patriâ mariti aliæ solemnitates observantur.* Il ajoute que c'est la décision expresse du chapitre *de Franciâ*, aux Décrétales, *de Sponsalibus.*

» Boullenois, dans son *Traité des statuts réels et personnels*, tome 1, page 495, établit également que « le mariage étant du droit civil de chaque nation, par rapport aux formalités..... que la loi de chaque pays exige, il est bon et valable dans tout autre, dès qu'il a été une foi valablement contracté dans un pays... Cela est (ajoute-t-il) conforme au concile de Trente, can. 21, sess. 24, DE REFORMATIONE MATRIMONII.

» Le président Bouhier, dans ses Observations sur la coutume de Bourgogne, chap. 28, n° 59, donne à ce principe une extension que la généralité de l'art. 3 du code civil ne permettrait plus aujourd'hui d'admettre (1), mais qui n'en mérite pas moins d'être remarquée.

» Après avoir dit que l'avis unanime, « non-seulement des canonistes, mais aussi de nos jurisconsultes, est que, pour les formalités de la célébration du mariage, on doit suivre L'USAGE des lieux où le mariage est célébré;

» Après avoir observé qu'on n'en doit pas moins regarder comme nul le mariage qu'un Français mineur contracterait, sans le consentement de son père, dans un pays où cette condition ne serait pas requise, et où il se serait transporté à dessein d'éluder les sages précautions prises par les ordonnances de nos rois pour empêcher ces sortes de mariages, parce qu'en effet cette condition place le mineur dans un état d'incapacité relative qui le suit partout, il ajoute :

« Mais la difficulté peut-être plus grande, dans le cas où un Français étant allé dans un pays étranger sans aucun dessein de se marier, y trouve une

_____
(1) *V.* la note suivante.

fille ou femme veuve à son gré, la recherche en mariage, et l'épouse; car si ce mariage est célébré dans les formes usitées au pays de cette femme, elle est censée dans la bonne foi, n'étant pas obligée d'être instruite des lois de France. Or, la bonne foi de l'un des contractans est extrêmement considérée, comme on sait, en fait de mariage.

» Je vois, en effet, que toutes les fois que de pareilles questions se sont présentées dans les parlemens, les mariages de cette espèce y ont toujours été confirmés. Il y en a un premier arrêt de celui de Paris, du 26 mars 1624, au sujet d'un jeune homme de la même ville, âgé de 19 ans seulement, et qui, ayant père et mère, s'était marié à leur insu en Lorraine avec une fille de ce pays-là.

» Il y en a un second du même parlement, du 26 juin 1634, en faveur de Marie Le Merle, Savoyarde, que le sieur du Bail, Français, âgé de 26 ans, avait épousée à Chambéry, sans publications de bans, et sans en avertir sa mère, qui impugnait ce mariage.

» Il y a un troisième du parlement de Provence, du 11 juin 1662, à l'égard d'un fils de famille mineur, qui, étudiant à Avignon, y avait épousé une veuve majeure, sans publications de bans, et sans que le père du jeune homme en eût été averti. Tant d'arrêts uniformes semblent former une jurisprudence certaine(1).

» Arrêtons-nous au motif que le président Bouhier donne à cette jurisprudence : « Si ce mariage a été célébré dans les formes usitées au pays de cette femme, elle est censée dans la bonne foi, n'étant pas obligée d'être instruite des lois de France. Or, la bonne foi de l'un des contractans est extrêmement considérée en fait de mariage. Vous sentez, Messieurs, avec quelle force et quelle

_____
(1) L'art. 170 du code civil consacre formellement l'ancien principe que la forme intrinsèque des mariages contractés dans les pays étrangers par des français, dépend tout entière de la loi ou de l'usage de ces pays; mais il y ajoute une condition d'après laquelle on ne pourrait plus juger aujourd'hui comme l'ont fait les arrêts des 26 mars 1624 et 11 juin 1662, que rappelle ici le président Bouhier : *pourvu*, dit-il, *que le français n'ait point contrevenu aux dispositions du chapitre précédent*; dispositions parmi lesquelles se trouve l'art. 148, aux termes duquel « le fils qui » n'a pas atteint l'âge de 25 ans accomplis, la fille » qui n'a pas atteint l'âge de 21 ans accomplis, ne » peuvent contracter mariage sans le consentement » de leurs père et mère. » On sent, en effet, et l'article 3 du même code le dit en toutes lettres, que l'incapacité du français, mineur de 25 ans ou de 21 ans, suivant son sexe, de se marier sans le consentement de ses père et mère, le suit jusque dans les pays étrangers où il transfère sa résidence, n'importe qu'elle soit fixe ou seulement passagère.

justesse ce motif s'applique au cas où, comme ici, la capacité des contractans n'est pas mise en question, et où la difficulté ne porte que sur les formalités extrinsèques du contrat. Assurément Marie David n'était pas *obligée d'être instruite des lois de France* sur ces formalités; elle ne devait connaître que les usages du pays qu'elle habitait. Si donc elle s'est mariée conformément à ces usages, où peut être le doute qu'elle se soit mariée légitimement?

» Mais, disent les demandeurs, Marie David devait savoir, comme le général Faultrier, que les militaires français qui faisaient partie de l'armée d'Orient, maîtresse de l'Egypte, ne pouvaient se marier que devant les commissaires des guerres, et que leurs actes de mariage ne pouvaient valoir qu'autant qu'ils étaient revêtus de la formalité de l'enregistrement. Elle devait savoir que les *ordres du jour* du général en chef, des 30 fructidor an 6 et 21 vendémiaire an 7, l'avaient ainsi réglé. Elle devait savoir que ces *ordres du jour* étaient des lois pour tous les militaires faisant partie de l'armée, et pour ceux qui pouvaient contracter avec eux. Donc, en admettant Marie David à la preuve que les habitans de l'Egypte qui professent la religion grecque ou romaine, ne peuvent pas, comme les musulmans, y faire constater leurs mariages par des registres publics, et en préjugeant par-là que le prétendu mariage de Marie David serait valable, s'il était prouvé avoir été contracté de la manière qu'elle l'expose, la cour d'appel de Metz a violé les *ordres du jour* du général en chef de l'armée d'Orient.

» Pour apprécier ce raisonnement, examinons d'abord les *ordres du jour* qui en forment la base.

» Celui du 30 fructidor an 6 ne dit rien autre chose, si ce n'est qu'il sera établi dans chaque province un bureau d'enregistrement, où *tous les actes susceptibles d'être produits en justice recevront une date authentique*; et assurément il y a loin de cette disposition à la conséquence qu'en font résulter les demandeurs.

» Celui du 21 vendémiaire an 7 est-il plus décisif? Il porte que « tous les ACTES CIVILS qui seront » passés par les COMMISSAIRES DES GUERRES, ceux » qui seront passés sous seing-privé entre les ci- » toyens, et ceux qui pourraient l'être entre les » Français et les nationaux par-devant les notaires » du pays, seront NULS comme ici, s'ils » ne sont enregistrés conformément à l'ordre du » jour du 30 fructidor dernier.

» Mais que de réflexions se présentent pour écarter les inductions que les demandeurs tirent de cette disposition!

» D'abord, s'il s'agissait ici, soit d'un contrat de vente, soit d'un acte contenant reconnaissance d'un prêt ou d'un dépôt, qui aurait été passé en Egypte pendant le séjour qu'y a fait l'armée d'Orient, pourrait-on le déclarer nul, faute d'enregistrement?

» On le pourrait, or le devrait sans doute, si l'on s'en tenait rigoureusement à la lettre de *l'ordre du jour*.

» Mais peut-on penser que la nullité qu'il prononce soit autre chose qu'une de ces nullités comminatoires que les anciennes lois fiscales prononçaient quelquefois, et qui, dans la réalité, n'étaient jamais appliquées par les tribunaux? Peut-on penser que le général en chef de l'armée d'Orient ait voulu être plus sévère, à cet égard, en Egypte, que ne l'étaient, à cette époque, les lois qui, en matière d'enregistrement, régissaient la France? Peut-on penser que s'il eût voulu attacher une peine de nullité effective au défaut d'enregistrement, il n'eût pas fixé un délai dans lequel les actes sujets à cette formalité eussent dû en être revêtus? Peut-on penser qu'il ait été dans son intention d'annuler un contrat qui, passé hier, n'aurait pas pu être enregistré aujourd'hui, parce que la partie intéressée a en assurer l'exécution serait morte aujourd'hui même, sans laisser en Egypte aucun héritier intéressé à veiller à la conservation de ses droits? Peut-on penser, enfin, et ceci est péremptoire, qu'il ait été dans son intention d'ôter aux actes de naissance et de décès l'effet de faire foi en France, s'ils n'étaient enregistrés en Egypte?

» En second lieu, en énonçant les *actes civils* comme susceptibles d'être *passés par les commissaires des guerres*, *l'ordre du jour* établit-il que les commissaires des guerres sont seuls compétens pour recevoir les actes que nous comprenons en France sous la dénomination générique d'*actes de l'état civil*, c'est-à-dire, les actes de naissance, les actes de décès, les actes d'adoption, les actes de mariage, les actes de divorce? Point du tout.

» D'une part, les *actes civils* embrassent bien dans leur signification les actes de *l'état civil* proprement dit; mais ils n'y sont pas restreints: ils désignent généralement tous les actes qui dépendent du droit civil, et par conséquent tous les actes qui tiennent à la propriété, comme tous les actes qui tiennent à l'état des personnes. Or, on ne saurait nier qu'il ne résulte pas de *l'ordre du jour*, que les commissaires des guerres sont seuls compétens pour recevoir les actes civils qui tiennent à la propriété. Comment donc pourrait-il en résulter que les actes civils qui tiennent à l'état des personnes, ne peuvent être passés que devant les commissaires des guerres?

» D'un autre côté, on ne peut lire dans *l'ordre du jour* que ce qui y est textuellement écrit. Et que dit *l'ordre du jour*? Que les actes civils passés par les commissaires des guerres seront nuls en France s'ils ne sont enregistrés. Donc, quand même les mots, *actes civils*, désigneraient exclusivement, dans *l'ordre du jour*, les *actes de l'état civil*, tout ce qu'on pourrait en conclure, c'est que les actes de l'état civil *passés par les commissaires des guerres sont nuls* à défaut d'enregistrement. Donc on ne pourrait pas en conclure que les actes de l'état civil passés en Egypte par d'autres officiers que les commissaires des guerres, sont sans effet. Donc *l'ordre du jour* du 21 vendémiaire an 7 est ici tout aussi insignifiant que celui du 30 fructidor an 6.

» Dira-t-on que si *l'ordre du jour* du 21 vendémiaire an 7 n'investit pas expressément les commissaires des guerres du droit exclusif de recevoir les actes de l'état civil, du moins il ne le leur ôte pas, et qu'il laisse, à cet égard, les choses dans les termes du droit commun ?

» Nous en conviendrons. Mais le droit commun, quel était-il alors ? Y avait-il alors des lois qui chargeaient exclusivement les commissaires des guerres de recevoir les actes de l'état civil des militaires qui se trouvaient, soit en pays ennemi, soit en pays conquis ? On n'en a cité aucune, et nous croyons pouvoir assurer qu'il n'en existe pas.

» A la vérité, on lit dans le procès-verbal de la discussion du projet du code civil au conseil-d'état, que le chef du gouvernement y a dit : *On se marie à l'armée devant les commissaires des guerres* ; mais en s'exprimant ainsi, il énonçait un simple usage, et ne disait même pas que cet usage, qui sans doute s'était établi en conséquence, et par extension de la loi du 20 septembre 1792, fût exclusif de toute autre manière de célébrer à l'armée les mariages des militaires.

» Comment, en effet, les commissaires des guerres auraient-ils eu, par la seule force de la loi du 20 septembre 1792, qui ne parlait pas d'eux, le droit exclusif de célébrer les mariages des militaires à l'armée ?

» Bien évidemment les commissaires des guerres ne pouvaient alors, par induction tirée de la loi du 20 septembre 1792, que remplacer, relativement aux mariages contractés en pays ennemi ou conquis, les aumôniers des régimens et de l'état-major général.

» Or, avant la loi du 20 septembre 1792, les aumôniers n'avaient pas, en pays ennemis ou conquis, le droit exclusif de marier les militaires français. Les militaires français pouvaient, à cette époque, se marier devant les officiers compétens du pays ennemi ou conquis, dans lequel ils étaient stationnés, comme ils pouvaient, comme ils peuvent encore aujourd'hui, pour leurs intérêts pécuniaires, contracter devant les notaires de ce même pays.

» C'est ce qu'a jugé notamment un arrêt du parlement de Rouen, du 22 mai 1749, dont voici l'espèce.... (1).

» Vous voyez, messieurs, que dans cette espèce le parlement de Rouen, bien loin d'annuler le mariage du sieur de Petite-Ville, par la seule considération qu'il avait été contracté devant le curé du

lieu où celui-ci était stationné comme militaire français, a au contraire jugé que, pour rendre ce mariage valable, il suffisait qu'il eût été célébré dans la forme prescrite par le concile de Trente, de la manière qu'on l'entendait en Allemagne, c'est-à-dire, par le curé d'une seule des parties contractantes, bien qu'alors il fût reconnu en France que le concours des curés des deux parties était nécessaire, et que cela eût été non-seulement jugé par quatre arrêts du parlement de Paris, des 14 février 1713, 11 mars 1732, 22 juillet 1733 et 18 juillet 1745, mais encore proclamé formellement, comme maxime irréfragable, par l'avertissement que M. le premier président Portail avait donné au barreau de Paris, le 21 février 1732.

» Et pourquoi, dans l'espèce actuelle, la cour d'appel de Metz n'aurait-elle pas également pu juger que le général Faultrier avait pu se marier en Egypte, dans la forme établie par l'usage de ce pays, dans une forme qui certainement était valable pour Marie David, et qui, valable pour elle, ne pouvait pas ne pas l'être pour lui, puisqu'il y a nécessairement indivisibilité en cette matière ?

» Serait-ce parce que les art. 88 et suivans du code civil exceptent les militaires en activité de service hors du territoire français, de la disposition de l'art. 47 du même code, suivant lequel, « tout » acte de l'état civil des Français et des étrangers, » fait en pays étranger, fera foi, s'il a été rédigé » dans les formes usitées dans ledit pays ? »

» Mais le code civil n'existait pas encore à l'époque à laquelle se reporte la célébration du mariage prétendu contracté entre le général Faultrier et Marie David ; et l'on sait que ses dispositions sur cette matière ne peuvent pas avoir un effet rétroactif qu'il condamne lui-même, pour tous les cas, par son deuxième article.

» Serait-ce parce que, dans la discussion du projet des art. 88 et suivans du code civil, le chef du gouvernement a dit que « le militaire n'est jamais » chez l'étranger lorsqu'il est sous le drapeau ; » et que « où est le drapeau, là est la France ? »

» Mais on sent assez qu'en s'exprimant ainsi, le chef du gouvernement parlait plus en législateur qu'en jurisconsulte ; et qu'il ne rappelait pas une fiction de droit déjà existante, déjà reconnue, mais qu'il en créait une toute nouvelle, pour l'approprier au système qu'il voulait établir relativement aux mariages des militaires.

» Cette fiction, si elle eût existé précédemment, aurait dû entraîner la nullité du mariage contracté en 1741 par le sieur de Petite-Ville ; et cependant vous venez de voir que le mariage du sieur de Petite-Ville a été jugé valable par le parlement de Rouen.

» Serait-ce parce qu'à l'époque de la prétendue célébration du mariage dont il est ici question, l'Egypte était soumise à la France ?

» Mais qu'importe cette soumission ? Quoique soumise à la France, l'Egypte ne l'était pas aux

_____

(1) V. le *Répertoire de jurisprudence*, au mot *Mariage*, sect. 4, §. 2, n° 9.

lois françaises qui déterminaient la forme des mariages; et il était bien impossible qu'elle le fût, puisque ces lois n'y avaient pas été publiées. L'Égypte conservait donc, même par la volonté du conquérant, ses anciennes formes pour les mariages, comme elle conservait toutes ses anciennes lois civiles. Il était donc bien libre aux militaires français qui se trouvaient alors en Egypte de s'y marier dans les formes qui y étaient usitées, surtout avec des femmes du pays; comme il leur était libre, en contractant surtout avec des nationaux, de se servir du ministère des officiers publics institués par l'ancien gouvernement égyptien.

» Serait-ce parce que du moins les vainqueurs ne pouvaient pas être compris dans la disposition des lois du peuple vaincu, qui refusaient aux chrétiens la faculté de faire constater leurs mariages sur les registres publics?

» Mais, 1° cette partie de la législation du peuple vaincu ne faisait plus loi par elle-même; elle ne faisait plus loi, comme nous venons de le dire, que par la volonté du gouvernement qui venait de conquérir l'Égypte. Mais de là il suit nécessairement qu'elle était obligatoire pour les Français comme pour les nationaux; de là il suit nécessairement que les Français professant la religion chrétienne ne pouvaient pas plus que les nationaux du même culte, se marier suivant les formes musulmanes.

» Remarquons d'ailleurs que ces formes ne sont pas purement civiles; qu'elles sont, à beaucoup d'égards, religieuses; et qu'ainsi elles ne pouvaient pas être observées par des Français étrangers à la religion mahométane.

» Remarquons encore qu'il était, pour le général en chef, d'une sage politique de ne pas heurter de front les préjugés religieux du peuple qu'il venait de soumettre à la domination française; et que c'est pourtant ce qu'il eût fait, s'il eût voulu associer les chrétiens aux formes prescrites par les lois mahométanes pour la célébration des mariages.

» 2° Quand nous admettrions que les chrétiens français auraient pu, comme maîtres de l'Égypte, se marier en présence des officiers publics du pays, au moins la défense de se marier dans cette forme aurait subsisté contre les chrétiens nationaux. Dès-là, Marie David aurait continué d'être assujétie à cette défense; dès-là, par conséquent, Marie David aurait conservé la liberté de se marier devant un prélat de sa religion, et sans que son mariage fût inscrit sur les registres de la loi; et, encore une fois, dès que Marie David avait la liberté de se marier ainsi, le général Faultrier l'avait nécessairement comme elle.

» Serait-ce enfin parce qu'admettre la preuve qu'en Egypte les mariages des chrétiens ne peuvent pas être constatés sur les registres publics, c'est implicitement s'engager à admettre, en cas que cet usage prétendu soit vérifié, la preuve par témoins de la célébration d'un mariage; et que la preuve par témoins a toujours été prohibée en matière d'état?

» Deux réponses.

» 1° L'ordonnance de 1667 et, à son exemple, le code civil, permettent la preuve par témoins des mariages, lorsqu'il est constaté que, dans le lieu où l'on en place la célébration, il n'y a jamais eu de registres publics; et il est certain qu'en pareil cas, cette preuve ne peut pas être refusée aux parties qui ont en leur faveur, soit la possession d'état, soit un commencement de preuve par écrit, encore moins à celles qui, comme Marie David, réunissaient l'une et l'autre.

» 2° La preuve par témoins des mariages fût-elle prohibée absolument, et sans aucune restriction, par les lois françaises, qu'en pourrait-on conclure contre Marie David? Les lois françaises pourraient-elles empêcher qu'on n'admît en France la preuve par témoins d'un mariage contracté sans écrit dans une contrée étrangère à ces lois, et dont les lois ou les usages autoriseraient cette preuve? Non assurément. De même, en effet, que, dans la partie du territoire actuel de la France, où la preuve par témoins était autrefois permise indéfiniment, on peut encore, comme la cour l'a jugé le 18 novembre 1806, en maintenant un arrêt de la cour d'appel de Turin, la recevoir aujourd'hui dans les contestations qui ont leur source dans des contrats passés avant que le code civil y eût été publié, de même aussi on peut, on doit même, recevoir en France la preuve par témoins de tout contrat passé dans un pays étranger, dont les lois ne la prohibent pas; et c'est ce qu'ont jugé, sous l'empire de l'ordonnance de Moulins, deux arrêts du parlement de Paris, que Brodeau, lettre C, §. 42, nous retrace en ces termes: « Par deux arrêts, l'un donné aux grands » jours de Lyon, en 1596, confirmatif de la sentence » du prévôt de Lyon, l'autre, plaidant T. Chauvelin et de Lessan, confirmatif de la sentence du » prévôt de Paris, deux Anglais plaidant en France, » l'un demandant d'être reçu à prouver par témoins » le prêt d'une somme excédant 100 livres, l'autre » soutenant la preuve du fait n'être recevable, sui- » vant l'art. 54 de l'ordonnance de Moulins, il a » été jugé qu'en ce cas l'ordonnance n'avait » lieu. »

» La conséquence naturelle de tous ces développemens est que la cour d'appel de Metz n'a contrevenu ni aux ordres du jour des 30 fructidor an 6 et 21 vendémiaire an 7, ni aux lois françaises proprement dites, en admettant Marie David à prouver qu'en Egypte les mariages des chrétiens ne peuvent être constatés sur aucun registre public.

» Mais la manière dont elle a permis à Marie David de faire cette preuve, est-elle également à l'abri de tout reproche? C'est notre seconde question.

» L'art. 14 du tit. 20 de l'ordonnance de 1667, que l'on retrouve presque mot pour mot dans

l'art. 46 du code civil, porte que, « si les registres
» sont perdus, ou qu'il n'y en ait jamais eu, la
» preuve en sera reçue tant par titres que par té-
» moins. »

» Peut-on dire, d'après cela, que c'est *tant par
titres que par témoins* que doit être faite la preuve
du fait articulé par Marie David, qu'il n'y a point
de registres publics en Égypte pour constater les
mariages des chrétiens ? Peut-on dire que c'est *tant
par titres que par témoins* que la cour d'appel de
Metz devait admettre Marie David à faire cette
preuve ? Peut-on dire qu'en admettant Marie David
à faire cette preuve, par *un acte de notoriété en
forme probante*, la cour d'appel de Metz a violé
l'article cité de l'ordonnance de 1667 ?

» L'affirmative semblerait, au premier abord,
ne devoir souffrir aucune espèce de contradiction.
Cependant, examiné de près, cet article paraît n'être
pas applicable à notre espèce.

» Cet article n'a pas pour objet le cas où, comme
dans notre espèce, il serait allégué que, dans tel
pays, l'usage est de ne pas constater par des registres publics les mariages contractés entre certaines
personnes : il n'a pour objet que le cas où il serait
allégué qu'en mépris de la loi et de l'usage général,
il n'a jamais été tenu registre des mariages dans
telle commune, dans telle paroisse, où il est articulé qu'un mariage a été célébré entre telles personnes.

» Vous sentez, messieurs, combien ces deux cas
diffèrent l'un de l'autre.

» Lorsqu'il est allégué que, dans telle commune
de France, la loi qui oblige les officiers publics de
l'état civil de tenir registre des mariages, n'a jamais
été observée, cette allégation présente un point de
fait sur lequel les juges sont tenus d'appeler les lumières d'une enquête, et par conséquent d'ordonner qu'il en sera informé *tant par titres que par
témoins*.

» Mais lorsqu'il est allégué que, dans tel pays
étranger à la France, la loi ou l'usage s'oppose à ce
que les mariages en général, ou les mariages contractés entre telles personnes, soient inscrits sur les
registres publics, cette allégation présente un point
de droit local.

» Or, comment se fait, comment doit se faire la
preuve des points de droits locaux, qui sont contestés devant les juges saisis des affaires dont ils
doivent motiver ou faciliter la décision ?

» Avant l'ordonnance de 1667, cette preuve se
faisait par des enquêtes par turbes. Mais les enquêtes par turbes ayant été abrogées par le tit. 13 de
cette ordonnance, l'usage y a substitué partout le
rapport d'actes de notoriété ; et nous voyons dans
la nouvelle édition du recueil de Denisart, aux
mots *Actes de notoriété sur des points de droit*,
que c'est ainsi qu'a procédé le parlement de Paris,
par des arrêts des 5 avril 1667, 24 avril 1673, 12
mai et 12 août 1681, 12 juin 1682, 8 et 22 juillet

1698, 3 août 1724, 4 septembre 1725, 27 février
1730, 2 septembre 1744, et 20 mars 1753.

» C'est donc par le rapport d'un acte de notoriété, que la cour d'appel de Metz a dû ordonner
que Marie David ferait la preuve de l'usage qu'elle
articulait. La cour d'appel de Metz n'a donc, en
prononçant ainsi, porté aucune atteinte à l'art. 14
du tit. 20 de l'ordonnance de 1667 (1).

» Dira-t-on que l'arrêt de la cour d'appel de Metz
ne détermine ni par qui, ni dans quelle forme,
ni dans quel pays, sera délivré l'acte de notoriété
qu'il autorise Marie David à rapporter ; qu'il n'explique pas si cet acte de notoriété sera délivré par
l'ambassadeur de France à Constantinople, s'il le
sera par le consul de France au Caire, s'il le sera
par tous les consuls de France en Égypte, c'est-à-
dire, par celui du Caire, par celui de Damiette,
par celui d'Alexandrie, par celui de Rosette ; s'il le
sera par un ou plusieurs fonctionnaires publics du
pays, et légalisé ensuite par un fonctionnaire public français ; s'il le sera en France par un ou plusieurs des Français qui ont rempli des fonctions publiques en Égypte ; si les fonctionnaires français,
soit français, soit égyptiens, qui le délivreront,
pourront être récusés ou reprochés ; enfin, s'il pourra
être contredit par un autre acte de notoriété que les
adversaires de Marie David pourraient se procurer ?

» Mais du silence de l'arrêt sur ces divers points,
peut-on conclure qu'il doit être cassé ? Pour qu'il
pût l'être, il faudrait que la loi eût prescrit à la
cour d'appel de Metz de s'expliquer sur chacun de
ces points en particulier. Or, la loi est muette, comme
l'arrêt, sur ces divers points. Et rien ne prouve
mieux le défaut d'une règle fixe en cette matière,
que l'extrême variété qui règne dans les arrêts déjà
cités, qui, dans l'intervalle de l'année 1667 à l'année
1753, ont ordonné des preuves d'usage par actes
de notoriété. Dans celui-ci, on ordonne que les actes de notoriété seront délivrés par tels juges réunis
en tel nombre. Dans celui-là, on ordonne que les actes de notoriété seront *contradictoirement pris et
demandés*. Dans d'autres, on ordonne que les actes
de notoriété seront motivés. Dans d'autres, on se
tait sur tout cela.

» La cour d'appel de Metz a donc fait rigoureusement tout ce que la loi lui prescrivait, en ordonnant que l'acte de notoriété dont il s'agit serait rapporté *en forme probante*.

» Du reste, si son arrêt a besoin, à cet égard,
d'explications ou de dispositions ultérieures, c'est à

(1) Mais cette cour n'avait-elle pas violé, en ordonnant la preuve par acte de notoriété d'un usage
local, l'art 1041 du code de procédure civile ? C'est
une question que n'élevaient pas les héritiers du général Faultrier, et que j'aurais dû, je l'avoue, élever
d'office, mais à laquelle je n'ai point pensé. Voyez ce
que j'en dis dans le *Répertoire de jurisprudence*,
aux mots *Notoriété (acte de)*, et ce que j'y ajoute ci-
après, sous les mêmes mots.

elle-même que les parties doivent s'adresser pour les obtenir.

» Nous estimons en conséquence qu'il y a lieu de rejeter la requête des demandeurs, et de les condamner à l'amende. »

Par arrêt du 8 juin 1809, au rapport de M. Oudart:

» Considérant, 1° qu'avant la promulgation du code civil, les mariages en pays étranger, entre étrangers et des militaires sous les drapeaux, ou des employés à la suite des armées, pouvaient être contractés dans les formes usitées dans ledit pays, et qu'ils étaient jugés valables en France; que les *ordres du jour* du général en chef, en date des 30 fructidor an 6 et 21 vendémiaire an 7, ne s'appliquaient qu'aux actes passés par les commissaires des guerres, aux actes sous seing-privé, et aux actes passés entre les Français et les nationaux, par-devant les notaires du pays; que ces ordres ne prescrivaient pas que les mariages entre les nationaux et des Français ne pourraient être reçus, à peine de nullité, que par des commissaires des guerres; que la cour d'appel de Metz, loin d'avoir violé les dispositions de l'art. 14, tit. 20, de l'ordonnance de 1667, portant que, s'il n'y a pas eu de registres pour constater les mariages, la preuve en sera faite tant par titres que par témoins, cette cour s'y est exactement conformée, en ordonnant qu'il fût vérifié, par un acte de notoriété, si les mariages, tels que celui qui est allégué par Marie David, se constatent ou non par des registres ou de toute autre manière;

» Considérant, 2° que feu le général Faultrier ayant conduit Marie David d'Égypte en France, et l'ayant présentée comme son épouse à sa famille, la cour d'appel de Metz n'a pu violer aucune loi, en condamnant les demandeurs à lui payer une provision alimentaire:

» Par ces motifs, la cour rejette le pourvoi...(1).»

II. Voici une autre espèce dans laquelle les quatre premières questions se sont encore présentées avec la sixième.

Le 16 floréal an 10, meurt à Paris Jacques-Joachim Destaing, général de brigade, précédemment employé en cette qualité à l'armée d'Orient.

Le 1er prairial suivant, Anne Nazo, grecque d'origine, fille de Jean Nazo et de Sophie Mischer, descend à Aurillac chez le sieur Pierre Destaing, père du général décédé, s'annonce comme sa veuve, l'ayant, dit-elle, épousé en Égypte, devant le patriarche d'Alexandrie, et lui présente une fille dont elle dit être accouchée en nivôse an 10, dans l'île de Céphalonie, où elle avait relâché avec le général Destaing.

Pierre Destaing les accueille, l'une comme sa bru,

l'autre comme sa petite-fille, se fait nommer tuteur de celle-ci par procès-verbal du 5 messidor an 10, et envoie à Paris une procuration pour faire lever, en cette qualité, les scellés apposés sur les effets mobiliers de son fils après son décès.

Ces scellés sont levés; et l'inventaire qui est dressé en conséquence le 24 messidor an 10, constate qu'il y a été trouvé deux lettres adressées au feu général Destaing: l'une, par laquelle Jean Nazo, son prétendu beau-père, lui annonce l'accouchement de sa femme; l'autre, par laquelle le sieur Latapie lui apprend l'arrivée de sa femme à Tarente.

Après huit mois d'habitation dans la maison du sieur Destaing père, Anne Nazo, croyant apercevoir qu'on veut élever des doutes sur la validité de son mariage avec le général, quitte Aurillac, et va rejoindre sa famille à Marseille.

Le 6 fructidor an 11, plusieurs Égyptiens réfugiés dans cette ville, appelés par elle devant un juge de paix, attestent la vérité des faits qu'elle a avancés, relativement à sa naissance, à son mariage et à son accouchement.

Quelque temps après, elle reçoit, comme veuve du général Destaing, un brevet de pension de 2,800 francs sur l'État.

Le 4 messidor an 12, le sieur Destaing père, assigné par Anne Nazo devant le tribunal de première instance de Paris, en reconnaissance de son état de veuve de son fils, propose et demande son renvoi devant le tribunal de première instance d'Aurillac.

Le même jour, jugement qui rejette le déclinatoire, et ordonne aux parties de plaider au fond.

Le 11 vendémiaire an 13, arrêt de la cour de cassation, qui, statuant par réglement de juges, annule ce jugement, et renvoie les parties devant le tribunal de première instance d'Aurillac.

Le 10 février 1806, Anne Nazo fait citer le sieur Destaing père devant le bureau de paix d'Aurillac.

Le sieur Destaing père répond que l'action d'Anne Nazo doit être dirigée contre les frères et sœurs du général, ses seuls héritiers; que, quant à lui, il n'a reçu Anne Nazo dans sa maison qu'à titre d'hospitalité; qu'il rétracte tout ce qu'il a fait; et que c'est à Anne Nazo à prouver, par un acte de mariage en bonne forme, qu'elle est réellement sa bru.

Le 29 mars suivant, à la réquisition d'Anne Nazo, comparaissent devant le juge de paix du 10e arrondissement de Paris les sieurs Debeaudre, ex-chirurgien en chef de l'armée d'Égypte; Sartelon, ex-ordonnateur en chef; Daure, ex-inspecteur aux revues; Duranteau, général de brigade; Estève, ex-administrateur-général des finances; et Marcel, ex-directeur-général de l'imprimerie nationale en Égypte; et ils déclarent unanimement « que, dans » le cours de l'an 8, Anne Nazo a été unie reli- » gieusement, et d'après les rites du pays, en légi- » time mariage avec le général Destaing, par le » patriarche d'Alexandrie, habitant du grand Caire;

» qu'on n'y tient pas de registres de l'état civil; que
» le mariage a été célébré en présence d'un grand
» nombre de militaires français; et qu'elle n'a cessé
» d'habiter avec son mari comme épouse légitime. »

Le 15 avril suivant, Anne Nazo obtient au tribunal de première instance du département de la Seine un jugement qui homologue ce certificat.

Le 20 mai de la même année, elle assigne, tant en son nom que comme tutrice de sa fille, le sieur Destaing père devant le tribunal civil d'Aurillac, et produit, à l'appui de ses demandes, de nouveaux certificats qui lui ont été délivrés par les généraux Menou et Dupas.

Le 12 août 1806, jugement qui ordonne la mise en cause des prétendans-droit à la succession du général Destaing, et, par provision, condamne le sieur Destaing père à payer à la fille de Anne Nazo la pension de 600 francs qui lui a été assignée par l'acte de tutelle de l'an 10.

Le 24 janvier 1807, les frères et sœurs du général Destaing interviennent, forment tierce-opposition au jugement du 12 août 1806, annoncent qu'ils sont porteurs de lettres et d'écrits de ce général, qui démontrent qu'il n'a jamais existé de mariage légitime entre lui et Anne Nazo, et concluent à ce qu'ils soient déclarés seuls héritiers de leur frère.

Anne Nazo leur répond par la signification d'une lettre que le général Destaing lui a écrite le 15 floréal an 9, et par une sommation de produire les lettres et écrits dont ils se disent munis pour combattre son état.

Les frères et sœurs Destaing, de leur côté, lui font signifier deux actes de mariage reçus en Égypte, les 29 vendémiaire et 6 brumaire an 6, par le commissaire des guerres stationné à Rosette, et en concluent que les militaires français étaient dans l'usage, en Égypte, de se marier devant les commissaires des guerres.

Le 13 août 1807, jugement qui « ordonne, avant
» faire droit, que la dame Nazo fera preuve, par-
» devant le président du tribunal, dans les six mois
» à compter de la signification du jugement à per-
» sonne ou domicile, tant par titres que par té-
» moins, 1.º qu'il n'était pas d'usage au Caire, en
» l'an 8, soit pour les militaires français ou tous
» autres, de tenir des registres de l'état civil, ni de
» rédiger par écrit les actes de mariage; qu'il n'était
» pas non plus d'usage à Céphalonie de rédiger
» par écrit des actes de naissance; 2.º que la dame
» Nazo a été mariée en l'an 8, au Caire, avec le
» défunt général Destaing, par le patriarche d'A-
» lexandrie, avec les cérémonies usitées dans ce lieu;
» qu'elle a depuis cohabité avec le général, jus-
» qu'au retour de celui-ci en France; et que, pen-
» dant tout ce temps, elle a été publiquement re-
» connue pour être l'épouse du général Destaing;
» 3.º qu'elle est accouchée, à Céphalonie, d'une
» fille provenue de ce mariage, au mois de nivôse
» an 10, laquelle fille a été nommée Marie Des-

» taing, sauf au sieur Destaing père et aux tiers-
» opposans la preuve contraire. »

Anne Nazo appelle de ce jugement, en ce qu'il préjuge l'insuffisance des preuves existantes de sa possession d'état, et des certificats qu'elle a rapportés pour établir qu'il y a eu mariage entre elle et le général Destaing.

Les frères et sœurs du général Destaing en appellent aussi, tant en leur nom qu'en qualité d'héritiers de leur père décédé, en ce qu'il préjuge qu'Anne Nazo peut, sans rapporter un acte de mariage en bonne forme, prouver qu'elle a été mariée légitimement avec leur frère.

Le 11 juin 1808, arrêt de la cour d'appel de Riom, ainsi conçu :

« Attendu qu'Anne Nazo articule et met en fait que, peu de mois avant que le général Destaing fût obligé de quitter le Caire avec une partie de l'armée française, pour aller à Alexandrie, il l'avait épousée au Caire devant le patriarche d'Alexandrie, qui bénit leur mariage en présence d'un grand nombre d'officiers supérieurs de l'armée, de plusieurs personnes notables du pays, notamment en présence du général Delzons, cousin-germain de l'époux; que ce mariage fut ainsi célébré selon le rite et toutes les formes et solennités grecques; et que de ce mariage est provenue la fille dont elle est accouchée à Céphalonie, pendant sa traversée d'Égypte en France;

» Attendu qu'en effet, d'après une lettre datée d'Alexandrie, le 15 prairial an 9, adressée par le général Destaing à Anne Nazo au Caire, et signée de lui, dont la souscription porte, à la citoyenne Destaing, et dans laquelle il lui exprime des sentimens d'intérêt et de tendresse, elle semble avoir été autorisée à porter son nom et à se dire son épouse; que c'est aussi sous ces nom et qualité qu'elle paraît avoir été traitée et distinguée dans le vaisseau qui l'a portée en France, par ses compagnons de voyage, et à Tarente par le général Soult; que ce titre d'épouse et celui de mère ont surtout été reconnus par la famille du général Destaing, principalement par son père, chez lequel elle est allée directement se réfugier avec sa fille, lorsqu'elle eut appris à Lyon la mort du général; qu'elles ont été reçues et accueillies dans sa maison par lui et sa famille; qu'elle y a passé huit mois, jouissant continuellement et publiquement de ses qualités d'épouse du général et de mère de sa fille; qu'un mois après son arrivée à Aurillac, Destaing père, ne doutant pas du mariage, et de l'avis et consentement de ses proches parens, s'est rendu tuteur de sa petite-fille; qu'il a approuvé une pension viduelle réglée dans le procès-verbal, pour la mère, celle qui l'a été pour la fille jusqu'à l'âge de dix ans, et remboursé les frais de voyage, de séjour à Lyon et de deuil; que ces reconnaissances et cette acceptation de la tutelle paraissent d'autant plus considérables, qu'on pourrait les regarder comme la suite d'un examen approfondi et de certitudes acquises

46.

par le père, puisque deux lettres de son fils, l'une datée d'Egypte, l'autre écrite depuis le retour de ce fils en France, *lui donnant tout sujet de douter du mariage*, ou même de n'y point croire, il n'en avait pas moins consenti l'acte en question, et que ses proches parens y avaient aussi concouru;

» Attendu que des reconnaissances si formelles, qui avaient fixé l'opinion générale et la croyance publique à Aurillac sur l'état d'Anne Nazo et de sa fille, paraissent les avoir mises en possession de se dire et faire réputer femme et fille du général;

» Mais attendu que, si ces considérations peuvent suffire pour faire présumer une union légitime, *elles ne la constituent pas*; que rien ne saurait dispenser de rechercher la preuve de l'existence d'un mariage que la société ne peut admettre, et dont les magistrats ne peuvent lui garantir la vérité, qu'autant qu'il aura été contracté selon les formes prescrites, et que la vérité en sera constatée par les preuves que la loi a établies;

» Attendu que le droit public ne peut recevoir aucune atteinte des pactes privés, et qu'il n'a pas plus dépendu de Destaing père de donner, par ses aveux, à Anne Nazo et à sa fille, l'état qu'elles réclament, si elles ne l'ont pas, que de le leur ôter par ses rétractations, si elles l'ont réellement;

» Attendu que, selon les lois anciennes, comme selon le code civil, la preuve des mariages doit être consignée dans des registres publics destinés à en faire foi; et que, dans l'absence de ces registres, la possession d'état, même la plus entière, est encore insuffisante pour y suppléer; qu'elle peut seulement, et si elle est accompagnée de commencement de preuve par écrit, autoriser à admettre la preuve par témoins;

» Attendu qu'Anne Nazo ne rapporte aucunes preuves tirées de registres publics qui constatent qu'elle a été en effet mariée au général Destaing; qu'elle convient même n'en pouvoir produire de cette espèce, d'après l'usage attesté par tous les historiens et par les actes de notoriété qu'elle rapporte, de ne tenir en Egypte aucun registre ni autre témoignage écrit des actes de mariage entre les chrétiens grecs, qui les célèbrent avec une telle solennité qu'elle suffit pour assurer la confiance publique et l'intérêt des époux; d'où elle conclut qu'on doit s'en tenir à sa possession d'état, soutenue de la preuve qu'elle prétend avoir déjà faite, que son mariage a été célébré publiquement et solennellement, suivant les formalités religieuses de son pays;

» Mais attendu, quant à sa possession d'état, ce qu'on a déjà dit, qu'elle ne prouve pas la vérité de son mariage; et quant à ses preuves testimoniales, qu'elles ne sont point judiciaires, n'ayant été, ni ordonnées par la justice, ni faites contradictoirement, ni reçues par des officiers ayant caractère;

» Attendu que les lois n'admettent point les actes de notoriété en témoignage des actes publics,

mais seulement la preuve des naissances et filiations;

» Attendu cependant que, dans l'espèce, il y a commencement de preuve par écrit, soit par la lettre du général Destaing à Anne Nazo, du 15 prairial an 9, soit dans le procès-verbal de tutelle, du 15 messidor an 10, et que ce commencement de preuve est soutenu de la possession d'état; qu'ainsi, il y a lieu d'ordonner la preuve testimoniale que le code civil et les lois antérieures admettent en ce cas;

» Attendu que cette preuve doit se réduire au fait de la célébration publique et solennelle du mariage dont il s'agit, en présence et avec la bénédiction du patriarche d'Alexandrie;

» Attendu que, suivant les principes de cette matière, les parens, qui sont les principaux témoins des actes de célébration, lorsqu'ils sont consignés dans les registres publics, doivent, par la même raison, être entendus dans les enquêtes judiciaires qui ont pour objet la preuve du même fait, sauf tous reproches de droit, et le jugement que les juges en porteront;

» Attendu que, par l'art. 283 du code de procédure, les personnes qui ont déjà donné des certificats peuvent être reprochées, et que, selon l'article suivant, le témoin reproché ne doit pas moins être entendu dans sa déposition; qu'à plus forte raison, il est permis d'entendre ceux qui, étant appelés devant des juges de paix pour déposer comme de notoriété, ont fait leurs déclarations, doivent aussi être entendus dans l'enquête judiciaire plus régulièrement ordonnée sur les mêmes faits....;

Attendu enfin qu'il est établi par l'inventaire fait à Paris, des meubles, effets et papiers de la succession du général Destaing, qu'il s'y est trouvé deux lettres écrites à ce général, l'une par Jean Nazo, l'autre par le nommé Latapie, et qu'il importe à la justice que la cour réunisse le plus de moyens possibles pour la recherche et la découverte de la vérité:

» La cour, statuant sur les appels respectifs, dit qu'il a été bien jugé par le jugement dont est appel, rendu au tribunal civil de l'arrondissement d'Aurillac, le 13 août 1807, en ce que la preuve testimoniale a été ordonnée; mal et sans cause appelé; et néanmoins réduisant l'interlocutoire, ordonne que, dans le délai de six mois, à compter du jour de la signification du présent arrêt, Anne Nazo fera preuve, devant les premiers juges, tant par titres que par témoins, que, depuis que le général Destaing fut appelé au Caire, et pendant qu'il y était en activité de service, elle a été mariée avec lui publiquement et solennellement par le patriarche d'Alexandrie, suivant le rite grec et les formes et usages observés dans ce pays; et pour parvenir à ladite preuve, l'autorise à faire entendre dans son enquête les parens tant d'elle que du général Destaing, ainsi que toutes les personnes qui ont déjà donné des attestations par forme d'acte de notoriété à Marseille et à Paris, ou des certificats sur les faits dont il s'agit dans la cause, sauf tous les reproches de droit, qui pourront être proposés, et sur lesquels les premiers juges statueront, et sauf aussi aux parties de Pagès à faire preuve contraire devant les mêmes juges et dans le même délai; ordonne que, dans le même délai, les frères et sœurs du général Destaing rapporteront les deux lettres mentionnées en l'inventaire fait à Paris le 24 messidor an 10, cote C dudit inventaire, pour, les enquêtes faites et rapportées, ou faute de ce faire, être ordonné ce qu'il appartiendra.... »

Les frères et sœurs Destaing se pourvoient en cassation contre cet arrêt.

« Le moyen de cassation qu'ils vous proposent (ai-je dit à l'audience de la section des requêtes), consiste dans ce peu de mots : « La cour d'appel de » Riom a violé les principes et les lois qui veulent » que l'état des citoyens soit constaté par des re- » gistres, et qui n'admettent la preuve vocale de » l'état que lorsqu'il est justifié que ces registres » n'existent plus, et que d'ailleurs il y a commence- » ment de preuve par écrit. Dans l'espèce, point de » perte des registres, et point de commencement » de preuve par écrit du fait de la célébration du » prétendu mariage. Il n'y avait donc pas lieu d'ad- » mettre la preuve par témoins de ce fait. »

» Ce moyen a beaucoup d'affinité avec ceux que vous proposaient les héritiers du général Faultrier, à votre audience du 8 juin dernier, contre un arrêt de la cour d'appel de Metz qui avait admis Marie David à prouver par acte de notoriété qu'il était d'usage en Egypte de n'inscrire sur aucun registre public les mariages qui s'y célébraient entre chrétiens.

» Il en diffère néanmoins en ce que, d'une part, les héritiers du général Faultrier convenaient que Marie David avait en sa faveur des commencemens de preuve par écrit; au lieu que, dans notre es- pèce, les héritiers du général Destaing contestent cet avantage à Anne Nazo; et que, de l'autre, dans l'affaire sur laquelle vous avez rendu, le 8 juin, l'arrêt qui a rejeté la demande en cassation des héri- tiers du général Faultrier, la cour d'appel de Metz s'était bornée à admettre Marie David à la preuve de l'usage prétendu observé en Egypte, de ne cons- tater par aucun acte public les mariages célébrés entre chrétiens, sans l'admettre en même temps et concurremment à la preuve testimoniale qu'elle s'était mariée en Egypte conformément à cet usage; au lieu que, dans notre espèce, la cour d'appel de Riom a, par un seul et même arrêt, permis à Anne Nazo de prouver les deux faits à la fois, et de faire marcher de front les preuves de l'un et de l'autre.

» Mais ces deux différences peuvent-elles en amener une dans la détermination que vous avez à prendre sur le recours en cassation des héritiers du général Destaing?

» Et d'abord, qu'importe que les héritiers du général Destaing ne conviennent pas qu'Anne Nazo a en sa faveur des commencemens de preuve par écrit du mariage qu'elle prétend avoir contracté avec leur frère? Le fait n'en est pas moins constant, et il est reconnu de la manière la moins équivoque par l'arrêt attaqué. Il y a plus : le même arrêt re- connaît en termes précis qu'Anne Nazo a pour elle l'avantage de la possession d'état, circonstance qui, dans l'espèce, rendrait même inutile tout com- mencement de preuve par écrit.

» Ensuite, l'art. 14 du tit. 20 de l'ordonnance de 1667 dit bien que, s'il n'y a jamais eu de registres dans le lieu où l'on allègue qu'un mariage a été cé- lébré, la preuve en sera reçue, tant par titres que par témoins, et qu'en ce cas, le mariage pourra être justifié, tant par les registres ou papiers domestiques des pères et mères décédés, que par témoins. Mais il ne dit pas que ces deux preuves ne pourront pas être ordonnées et faites en même temps; il ne dit pas que la preuve du fait qu'il n'a jamais existé de regis- tres, devra être ordonnée et faite avant la preuve de la célébration du mariage; et dès qu'il ne le dit pas, il est censé s'en remettre à la prudence du juge; il est censé abandonner au juge le pouvoir, soit d'ordonner la preuve de la célébration du mariage concurremment avec la preuve de l'inexistence des registres, soit de n'admettre celle-là qu'après celle-ci.

» Par ces considérations, et en nous référant, pour les développemens ultérieurs dont cette affaire serait susceptible, à ceux que nous avons donnés dans l'affaire des héritiers Faultrier, et que vous avez consacrés par votre arrêt du 8 juin, nous estimons qu'il y a lieu de rejeter la requête des demandeurs, et de les condamner à l'amende.

Par arrêt du 7 septembre 1809, au rapport de M. Ruperou:

» Attendu que la cour d'appel a jugé qu'il y avait commencement de preuve par écrit, et même pos- session d'état en faveur de la dame Anne Nazo; et qu'en admettant, en conséquence, la preuve vo- cale de l'existence d'un mariage prétendu contracté et célébré suivant les rites et les formes d'un pays où l'on soutient qu'il n'existe pas de registres pour constater les actes de l'état civil, elle n'a pas violé la loi :

» La cour rejette le pourvoi..... (1). »

III. La septième question peut se présenter dans deux cas différens :

Ou s'il s'agit d'un mariage à contracter entre un militaire français et une Française;

Ou s'il s'agit d'un mariage à contracter entre un

_____

(1) On peut voir dans le *Répertoire de jurispru- dence*, au mot *Mariage*, sect. 5, §. 2, n° 11, quelles ont été, à l'égard d'Anne Nazo, les suites de cet arrêt.

militaire français et une femme du pays où celui-ci est en expédition.

Au premier cas, il me paraît évident, et je crois avoir prouvé dans le *Répertoire de jurisprudence*, aux mots *État civil (actes de l')*, §. 3, n° 1, que le mariage ne peut être valablement contracté que devant l'officier spécial de l'état civil, institué par l'art. 89 du code civil, pour la réception des « actes » de l'état civil faits hors du territoire du royaume, » concernant des militaires ou autres personnes employées à la suite des armées. »

En effet, l'art. 88, en disant que ces actes « seront rédigés dans les formes prescrites par les » dispositions précédentes, SAUF LES EXCEPTIONS » contenues dans les articles suivans, » déroge manifestement, en ce qui concerne les militaires français en expédition dans les pays étrangers :

1° A l'art. 55, portant que » les déclartions de » naissance seront faites à l'officier de l'état civil du » lieu de l'accouchement, et que l'enfant lui sera » présenté;

2° A l'art. 74, portant que « le mariage sera cé- » lébré dans la commune où l'un des deux époux » aura son domicile établi par six mois d'habita- « tion; »

3° Aux art. 77 et suivans, de l'ensemble desquels il résulte que c'est par l'officier de l'état civil du lieu où une personne est décédée, que son décès doit être constaté;

4° A l'art. 47, portant que « tout acte de l'état ci- » vil des Français, fait en pays étranger, fera foi s'il » a été rédigé dans les formes usitées dans ledit » pays » ;

5° A l'art. 48, portant que « tout acte de l'état » civil des Français, fait en pays étranger, sera vala- » ble, s'il a été reçu conformément aux lois fran- » çaises par les agens diplomatiques ou par les » consuls. »

Aussi a-t-il été jugé par l'arrêt de la cour de cassation, du 17 août 1815, rapporté à l'endroit cité du *Répertoire de jurisprudence*, que le décès d'un militaire français dans un pays étranger où il était en expédition, ne peut pas être légalement constaté par l'officier de l'état civil de ce pays; et l'on sent qu'il en doit être d'un mariage comme d'un décès, lorsque les deux époux sont Français.

Inutile d'objecter qu'aux termes de l'art. 170, » le mariage contracté en pays étranger, non-seu- » lement entre Français et étrangers, mais encore » entre Français seulement, sera valable, s'il a été » célébré dans les formes usitées dans le pays. » Cette disposition n'est que la conséquence de l'art. 47; elle est donc, comme celle de l'art. 47 lui-même, frappée des exceptions qui sont écrites, relativement aux militaires français qui se marient en pays étrangers, dans les art. 88 et suivans.

Dans le second cas, il en devrait être de même si l'on s'en tenait strictement au texte de la loi; car les art. 89 et suivans ne distinguent pas, à l'égard des actes de l'état civil, concernant un militaire sous les drapeaux hors de France, entre ceux de ces actes qui n'intéressent que le militaire français, et ceux dans lesquels il intervient un tiers étranger à la France.

Cependant on a vu, dans le *Répertoire de jurisprudence*, à l'endroit cité, qu'un arrêt de la cour royale de Paris, du 8 juillet 1820, avait jugé le contraire; et c'est ce qu'a encore fait un arrêt de la cour royale de Colmar, du 25 janvier 1823, au sujet du mariage que le sieur Ogé, chef d'escadron dans un régiment français, avait contracté en Prusse, pendant la campagne de 1807, avec la demoiselle Dréwits, prussienne, devant l'officier de l'état civil du domicile de celle-ci.

Il y a plus, ce dernier arrêt a été vainement attaqué devant la cour suprême: le recours en cassation dont il avait été frappé, a été rejeté par un arrêt contradictoire du 23 août 1826, au rapport de M. Cassaigne, sur les conclusions conformes de M. l'avocat-général Cahier; et, après un délibéré en la chambre du conseil :

» Attendu que, suivant l'art. 170 du code civil, le Français peut valablement contracter mariage en pays étranger avec une étrangère, devant l'officier de l'état civil du pays, et que les art. 88 et suivans du même code ne le privent point de cette faculté, en lui donnant, lorsqu'il est militaire, celle de le faire célébrer devant l'officier de l'état civil du corps dont il fait partie;

» Qu'en fait, il est reconnu constant par l'arrêt attaqué, que le mariage contracté le 29 novembre 1807, par Ogé, Français, avec la demoiselle Dréwits, prussienne, a été célébré en Prusse, devant l'officier de l'état civil du domicile de l'épouse, et rien dans la cause ne prouve le contraire; que conséquemment la célébration a eu lieu devant un officier de l'état civil compétent (1).

Si cet arrêt ne devait être apprécié que d'après la manière dont il est motivé, je n'hésiterais pas à dire, comme je l'ai dit dans le *Répertoire de jurisprudence*, de celui de la cour royale de Paris, du 8 juillet 1820, qu'il ne doit pas être pris pour règle, et je m'y croirais autorisé par le principe, incontestable à mes yeux, que les art. 88 et suivans du code civil font exception, en ce qui concerne les militaires français en expédition dans les pays étrangers, aux art. 47 et 170 du même code.

Mais, en y regardant de plus près, je trouve que ces arrêts, quoique motivés autrement qu'ils ne devraient l'être, ont bien jugé.

En effet, quelque générales que soient les dispositions exceptionnelles des art. 88 et suivans, elles ne laissent pas d'être susceptibles de toutes les restrictions qui dérivent de l'essence même des choses.

_____

(1) Journal des audiences de la cour de cassation, année 1827, part. 1, page 8.

Ainsi, quoique, d'après l'art. 92, les officiers spéciaux de l'état civil de l'armée soient seuls compétens pour dresser les actes de naissance des enfans mis au monde par les femmes des militaires français dans les pays que l'armée occupe, il n'est cependant pas douteux que les officiers locaux de l'état civil n'eussent qualité pour dresser les actes de naissance des enfans dont les mères accoucheraient à une grande distance des drapeaux sous lesquels se trouveraient leurs maris.

Ainsi, quoique, d'après les art. 96 et 97, le décès d'un militaire français en expédition dans un pays étranger ne puisse être légalement constaté que par l'un des officiers spéciaux de l'état civil de l'armée, il est cependant hors de doute qu'on devrait ajouter pleine foi à l'acte que dresserait un officier local de l'état civil, du décès d'un militaire français qui serait mort isolément dans un lieu privé de toute communication prochaine avec l'armée.

Et pourquoi de pareils actes de naissance et de décès devraient-ils faire foi en France, nonobstant la généralité des dispositions exceptionnelles des art. 92, 96 et 97? Parce que l'on ne peut pas raisonnablement supposer que le législateur ait voulu rendre ces dispositions obligatoires, dans les cas où elles seraient inexécutables; parce qu'interpréter la loi dans un sens qui lui en supposerait l'intention, ce serait évidemment la calomnier.

Mais la loi serait-elle moins calomniée par l'application que l'on ferait des articles 88, 89, 94 et 95, au mariage contracté entre un militaire français en expédition dans un pays étranger, et une femme de ce pays? Serait-elle moins calomniée par la conséquence que l'on tirerait de ces articles, qu'un pareil mariage ne peut être célébré que devant l'un des officiers spéciaux de l'état civil de l'armée, et qu'il serait nul, si la célébration en était faite devant l'officier public de l'état civil du domicile de la femme?

Pour nous fixer là-dessus, voyons quels seraient, pour la femme, les résultats de cette manière d'interpréter les art. 88, 89, 94 et 95.

Sans contredit, la femme étrangère, mariée devant un officier spécial de l'état civil de l'armée française, jouirait en France de tous les droits d'épouse légitime du militaire français à qui elle aurait uni son sort. Mais elle n'en jouirait pas de même dans son pays; elle n'y serait considérée que comme la concubine de son mari, et ses enfans n'y auraient point d'autre état que celui de bâtards. Cela résulte des observations qui, dans le *Répertoire de jurisprudence*, aux mots *Etat civil*, §. 2 (n° 3 des questions sur l'art. 48 du code civil), terminent la discussion des motifs de l'arrêt de la cour de cassation du 10 août 1819.

Or, ne serait-ce pas insulter à la sagesse du législateur français, que de supposer que son intention, en rédigeant les art. 88, 89, 94 et 95 du code civil, a été de réduire la femme étrangère qui voudrait

épouser un militaire français en expédition dans son pays, à l'alternative de renoncer à l'objet de ses affections, ou de ne contracter avec lui qu'un mariage en quelque sorte boiteux, c'est-à-dire, un mariage qui n'aurait d'effets civils qu'en France, et ne serait, dans son pays même, considéré que comme un concubinage? Et que faut-il de plus pour nous déterminer à dire que, de l'essence même des choses, il résulte qu'il a été dans l'intention du législateur de ne rendre la disposition exceptionnelle des art. 88, 89, 94 et 95 du code civil strictement obligatoire que pour les mariages qui seraient contractés entre Français, et de laisser, pour ceux qui le seraient entre des militaires français et des femmes étrangères, le choix libre entre cette disposition et celle de l'art. 170?

§. VIII. 1° *Les mariages contractés avant le code civil, dans les pays où n'avait pas été publiée l'ordonnance de 1667, peuvent-ils être prouvés par témoins, lorsqu'au moment de leur célébration, il n'en a pas été dressé d'acte, et qu'il n'est pas constaté qu'il n'y avait pas de registres dans le lieu où ils ont été célébrés?*

2° *Quels étaient, à la même époque et dans les mêmes pays, les pouvoirs des aumôniers des troupes, relativement aux mariages des militaires?*

Voici une espèce assez singulière, dans laquelle ces questions et celles qui sont proposées sous les mots *Cassation*, §. 40, *Copie*, §. 1, *Jugement*, §. 20, et *Légitimité*, §. 5, se sont présentées devant la cour de cassation.

Le 12 mai 1801, Thérèse Bellone, native de Fossano, qui avait épousé à Coni, le 4 octobre 1795, Joseph Degubernatis, sergent-major au régiment de Lombardie, au service du roi de Sardaigne, accouche, à Gênes, d'une fille, qui est présentée au baptême par Thomas Pastoris et la dame Durazzo, épouse d'un ancien doge de la république ligurienne, et baptisée sous le nom « d'Elisabeth-Henriette-Françoise, née en légitime mariage de Henri Pastoris, frère de Thomas, natif de Turin, capitaine au régiment de Lombardie, aide-de-camp du général de Rochambeau, et de Thérèse Bellone. »

Le 15 septembre suivant, Henri Pastoris se présente, en qualité d'officier français, devant le consul de France à Gênes, et déclare « que le 12 floréal an 9 (12 mai 1801), il lui est né de Thérèse » Bellone, son épouse, un enfant femelle, à laquelle » il donne les prénoms de Françoise-Elisabeth-» Henriette. »

Le 11 décembre de la même année, prêt à partir pour Saint-Domingue, à la suite du général de Rochambeau, il écrit au sieur Bellone, père de Thérèse, demeurant à Fossano, une lettre par laquelle il le prie de louer pour sa fille, dans son voisinage, un logement où elle puisse demeurer avec la petite Henriette, jusqu'au retour du long voyage qu'il va entreprendre.

Le 21 du même mois, il fait un testament par lequel il institue pour son héritière universelle Françoise-Elisabeth-Henriette, sa fille, qu'il déclare avoir eue de Thérèse Bellone, sa femme; et lègue à Thérèse Bellone elle-même une pension annuelle de 750 livres, dont elle jouira tout le temps qu'elle restera en viduité.

Le 24 du même mois, il signe une procuration portant pouvoir à son agent d'affaires de payer annuellement, pendant son absence, à Thérèse Bellone, son épouse, pour son entretien et celui de leur fille Françoise-Elisabeth-Henriette, la somme de 750 livres de Piémont.

Le 24 février 1802, il écrit au commandant d'armes de Fossano une lettre par laquelle il lui recommande Thérèse Bellone, son épouse, sa fille, le sieur Bellone, son beau-père, et le prie de leur accorder son appui en cas de besoin.

Le 15 juillet de la même année, il meurt à Saint-Domingue.

Le 10 et le 20 thermidor an 11, Thérèse Bellone, informée qu'il existe au tribunal de première instance de Turin un procès entre les frères et sœurs de Henri Pastoris, d'une part, les sieur et dame Mazetti de l'autre, pour la succession du comte Charles-Hyacinthe Pastoris Saluggia, fait signifier à toutes les parties un exploit par lequel, en sa double qualité de veuve de Henri Pastoris et de tutrice légale de Françoise-Elisabeth-Henriette sa fille, dont elle leur notifie l'acte de naissance, elle déclare se rendre partie intervenante dans ce procès.

Les frères et sœurs de Henri Pastoris contestent les qualités prises par Thérèse Bellone, tant en son nom qu'en celui de sa fille : ils prouvent, par un acte du 4 octobre 1795, qu'il a existé un mariage entre elle et Joseph Degubernatis; ils soutiennent que, tant qu'elle ne justifiera pas que ce mariage a été légalement dissous, elle ne pourra pas, même en rapportant un acte de célébration de mariage entre elle et leur frère, prétendre, pour elle-même, à la qualité de veuve de celui-ci, ni, pour sa fille, à la qualité de son enfant légitime.

Quelque temps après, on apprend que Joseph Degubernatis est mort à Nice, le 2 février 1805. Il paraît qu'il était précédemment reparu à Turin.

Le 22 juin suivant, Thérèse Bellone fait signifier aux frères et sœurs de Henri Pastoris un écrit par lequel, en convenant de la nullité du mariage célébré entre elle et celui-ci en 1801, elle soutient que ce mariage doit néanmoins, à raison de la bonne foi avec laquelle il a été contracté, produire, tant pour elle que pour sa fille, les mêmes effets que s'il eût été valable.

Et pour établir tout à la fois qu'il a été célébré un mariage entre elle et Henri Pastoris, et qu'il l'a été de bonne foi, elle articule et offre de prouver,

1° que la nouvelle de la mort de Joseph Degubernatis s'étant répandue en thermidor an 7, elle a été dès-lors reconnue, et s'est elle-même considérée comme veuve; 2° que, dans cette confiance, elle a contracté, le 22 fructidor suivant (8 septembre 1799), dans la région de la Pietra, territoire ligurien, un nouveau mariage avec Henri Pastoris; 3° que ce mariage a été célébré avec la plus grande solennité, dans le logement qu'occupait alors Henri Pastoris, en présence d'un aumônier de la ci-devant armée piémontaise, et de plusieurs témoins; 4° qu'elle ignore s'il en a été dressé un acte, mais que dès-lors elle a été publiquement traitée comme l'épouse de Henri Pastoris.

Les héritiers Pastoris soutiennent que la preuve offerte par Thérèse Bellone est inadmissible.

Le 1er avril 1806, jugement du tribunal de première instance de Turin, qui, « sans s'arrêter aux
» instances et déductions de la dame Bellone, des-
» quelles il la déboute, renvoie les défendeurs, frè-
» res et sœurs Pastoris, de la demande formée par
» ladite dame, tant en qualité propre qu'au nom de
» la mineure Henriette Pastoris, sa fille, sauf à celle-
» ci tout droit pour les alimens convenables, ainsi
» qu'ils seront réglés par un autre jugement, et lui
» accorder en attendant, à ce titre, la provision de
» 500 francs à se faire payer par les défendeurs,
» dans le délai de 15 jours après la signification du
» présent. »

Thérèse Bellone appelle de ce jugement, ajoute dix-neuf faits à ceux qu'elle a déjà articulés en première instance, insiste sur la demande en permission de faire preuve des uns et des autres, et cependant, attendu le nouveau mariage qu'elle vient de contracter avec le sieur Ferrero, conclut à ce qu'il soit nommé à sa fille un tuteur ad hoc.

Le 9 mai 1807, arrêt de la cour d'appel de Turin, première section, qui pose ainsi les questions à juger :

« 1° La preuve testimoniale pour constater le mariage dont il s'agit, contracté avant le code civil, est-elle admissible ?

» 2° Donnée la preuve de ce mariage en la forme articulée, et des autres faits soutenus par la dame Bellone, au procès d'appel, Henriette, sa fille, peut-elle s'aider des dispositions des lois relatives aux mariages nuls, mais contractés de bonne foi ? »

Sur ces questions, la cour d'appel de Turin considère :

Que les lois antérieures au code civil autorisaient la preuve testimoniale des mariages, même lorsque ni l'inexistence, ni la perte des registres publics n'étaient articulées et constatées; que ces registres, suivant la décision du sénat de Turin, du 13 septembre 1764, dans l'affaire du comte de Thésor, n'avaient été établis par le concile de Trente, que ad majorem et faciliorem rei gestæ probationem; que cependant la preuve testimoniale des mariages non constatés par les registres publics, ne pouvait être admise qu'à l'aide d'un commencement de preuve tiré d'ailleurs ; que cela résulte de la loi 29, D. *de probationibus*, et de la loi 2, C. *de testibus* ;

Que le mariage dont il s'agit trouve de puissans commencemens de preuve dans l'acte de baptême de Henriette Pastoris, dans la signature apposée à cet acte par Thomas Pastoris, l'un des défendeurs, dans le testament de Henri Pastoris, et plus encore dans la déclaration de naissance que celui-ci avait précédemment faite devant le consul de France à Gênes ;

Que s'il est prouvé que ce mariage a été contracté le 22 fructidor an 7, dans la région de la *Pietra*, devant l'un des aumôniers de l'armée, en présence de plusieurs témoins, dans le logement occupé par Henri Pastoris, il sera impossible, d'après les lois canoniques, de ne pas le regarder comme valablement contracté :

1° Parce que parmi les pouvoirs accordés par le souverain pontife au grand aumônier du roi de Sardaigne, et communiqués par celui-ci, le 25 janvier 1763, *capellanis exercituum tempore belli*, sont compris nommément celui d'administrer *ecclesiæ sacramenta, ea etiam quæ nonnisi per parochialium ecclesiarum rectores ministrari consueverunt, præter confirmationem et ordinem*, et celui de remplir *reliquas functiones et munera parochialia* ; que l'exception relative aux mariages, exprimée à la fin des mêmes pouvoirs, verset *quod si eodem tempore*, a pu être envisagée comme non applicable à Thérèse Bellone, qui ne se trouvait dans la région de la *Pietra* qu'accidentellement et par suite de positions militaires qui pouvaient changer d'un moment à l'autre ;

2° Parce que l'aumônier qui a célébré le mariage doit, par cela seul qu'il l'a célébré, être présumé avoir eu qualité pour le faire, et que c'est un point de droit consacré par la décision déjà citée, du 13 septembre 1764 ;

3° Parce que les fonctions de cet aumônier auprès des corps militaires piémontais, ont pu ne pas cesser à l'instant même de la fusion de ces corps dans l'armée française ; 4° parce qu'il est certain que le défaut de publications de bans n'emporte pas la nullité du mariage ; 5° parce que, suivant la doctrine de tous les canonistes, et notamment de Barbosa, sur le concile de Trente, sess. 24, *de reformatione*, chap. 34 et 35, le mariage peut être célébré *intrà privatos parietes* ;

Qu'à l'égard de la bonne foi avec laquelle Thérèse Bellone soutient qu'elle et Henri Pastoris ont contracté ce mariage, la preuve en résultera nécessairement des différentes circonstances qu'elle articule, si ces circonstances sont vérifiées ; que cette preuve ne sera pas détruite par le défaut de publications de bans, parce que, quel que soit à cet égard l'avis des commentateurs, il n'y a aucune loi qui établisse que, faute de publications de bans, la

mauvaise foi sera censée avoir présidé à tous les mariages nuls par l'effet d'empêchemens ignorés des parties contractantes au moment de leur célébration.

Et par ces considérations, « la cour dit avoir été » mal jugé par le jugement dont est appel ; émen- » dant, déclare qu'à la preuve par témoins de la » vérité du mariage dont il s'agit, n'est point obs- » tacle le défaut de représentation de l'acte de ma- » riage ; admet à la preuve les faits déduits par l'ap- » pelante dans l'écriture du 31 juillet passé.....; com- » met M. Passano, un des membres de la cour, pour » être devant lui procédé à l'enquête dans les délais » et formes portés par l'ordonnance de 1667, sauf » aux intimés la preuve contraire ; ordonne que la » dame Thérèse Bellone, en contredit des intimés, » sur leur semble, par-devant la cour, à huis- » clos, à la troisième audience après la signification » du présent arrêt, répondra personnellement aux » interrogatoires déduits par les intimés dans l'écri- » ture du 15 octobre échu, exclusivement aux 4ᵉ et » 5ᵉ que la cour rejette ; accorde à la mineure Hen- » riette la somme de 3,000 francs à titre de provi- » sion...; nomme le sieur........ tuteur *ad hoc* de la- » dite mineure, pour la défendre dans la contesta- » tion dont il s'agit... »

En exécution de cet arrêt, Thérèse Bellone répond, le 22 juin 1807, aux faits et articles sur lesquels les héritiers Pastoris avaient demandé qu'elle fût interrogée. Le résultat de ses réponses est qu'avant que Joseph Degubernatis l'eût quittée, elle avait constamment joui de son estime ; qu'il avait lui-même, en apprenant son mariage avec Henri Pastoris, plaint l'erreur dans laquelle un faux bruit l'avait entraînée, et qu'elle n'avait été informée de son existence qu'en prairial an 10, après le départ de Henri Pastoris pour l'Amérique.

Le 6 juillet suivant, arrêt qui déclare les héritiers Pastoris non-recevables dans la demande qu'ils avaient formée à ce que Thérèse Bellone fût tenue de déclarer et justifier le nom de l'aumônier devant lequel son mariage avec Henri Pastoris avait été célébré.

Les choses dans cet état, les parties procèdent respectivement à leurs enquêtes, et y font entendre un grand nombre de témoins.

L'affaire reportée de nouveau à la deuxième section de la cour d'appel de Turin, le ministère public conclut à ce que le mariage contracté entre Henri Pastoris et Thérèse Bellone, soit déclaré *nul et abusif*, pour tout effet que de droit à l'égard de celle-ci ; que les sieurs et demoiselles Pastoris soient *déboutés de leurs instances*, et que Françoise-Elisabeth-Henriette Pastoris soit déclarée fille légitime de son père et de sa mère.

Par arrêt du 11 juin 1808 :

« Considérant qu'en l'état des enquêtes respectives des parties, l'on ne peut plus douter de la vérité des faits suivans, savoir :

» 1° Que le sieur Henri Pastoris et la dame Bellone ont réellement contracté, le 8 septembre 1799, leur mariage à la Pietra, près de Borgo Fornaro, territoire ligurien;

» 2° Que ce mariage a été célébré d'après les formes ecclésiastiques, en présence de l'un des aumôniers qui administraient les saints sacremens à l'armée;

» 3° Que ce mariage, dont le projet avait été connu quelques jours auparavant par les compagnons d'armes et par l'état-major de l'armée, se rendit bientôt public; et la dame Bellone fut dèslors reconnue, soit par Henri Pastoris, soit par Thomas Pastoris, l'un des défendeurs, et par la famille Bellone, soit enfin dans les sociétés et à l'armée, comme épouse légitime de Henri Pastoris;

» Considérant que de ces faits posés comme incontestables, il s'ensuit évidemment:

» 1° Que le commencement de preuve que Henriette tirait de son acte de naissance, des lettres écrites par son père, du traitement reçu dans sa famille, et du testament paternel du 21 décembre 1801, pour établir sa qualité de fille légitime, et la quasi-possession de cette même qualité, a acquis, en l'état, un entier degré de force, puisque, soit l'existence en vie du premier mari, jointe au défaut de preuve du mariage putatif, pouvait vicier radicalement le titre de sa possession d'état, les preuves fournies de l'existence et de la réalité de ce mariage, et de l'opinion commune, relativement à ses effets, en a dû légitimer la source;

» 2° Que le titre de cette possession d'état de légitimité une fois établi, la preuve des vices dont on veut que ce même titre soit infecté, doit être, quant à l'intérêt de la mineure Henriette, entièrement à la charge des défendeurs, puisque *qui dolo dicit factum aliquid, licet in exceptione, docere dolum admissum debet.* (Loi 18, §. 1, D. *de probationibus et præsumptionibus.*)

» Comment est-ce, en effet, que l'on voudra prétendre qu'un enfant qui a pour preuve de sa légitimité un mariage entre son père et sa mère, un acte de naissance qui s'y rapporte, des actes réitérés de reconnaissance de ses parens et du public, enfin les dernières volontés de son père défunt qui y mettent le sceau, soit encore chargé de prouver, pour réclamer la continuation dans la même possession, que le mariage est légal dans toutes ses formes, et qu'il n'est infecté d'aucun vice?

» Considérant que, d'après ce que dessus, l'inspection doit se porter nécessairement à voir, 1° si les défendeurs ont opposé audit mariage des vices valables à éluder sa force, relativement à la possession d'état réclamée par Henriette; 2° si ces vices sont pleinement constatés;

» Considérant, en ce qui concerne la première de ces inspections, que les vices opposés par les défendeurs audit mariage, se réduisent essentiellement aux suivans, savoir:

» 1° Qu'il n'a jamais pu exister de mariage en bonne foi entre le sieur Pastoris et la dame Bellone, attendu qu'avant de le contracter, ils s'étaient souillés d'adultère;

» 2° Que ce mariage, contracté du vivant du premier époux de la dame Bellone, est précipité et contraire aux dispositions des lois à ce relatives;

» 3° Qu'en tout cas, ce mariage est clandestin, contracté évidemment en mauvaise foi, incapable par conséquent, d'après les principes, d'opérer aucun effet vis-à-vis de la loi, et d'établir la légitimité de l'enfant qui en fut le fruit;

» Considérant, à l'égard du premier de ces vices, que, quelle que fût la disposition du droit romain, dont nous avons le texte dans la loi 3, D. *de his quibus ut indignis,* et dans le chap. 12 de la novelle 13, de l'empereur Justinien, cette jurisprudence a été entièrement changée par les dispositions du droit canon uniquement suivies dans ces matières, à l'époque dudit mariage, dans nos contrées, et d'après lequel la nullité du mariage entre les coupables d'adultère, n'est prononcée que dans le cas qu'une promesse de mariage ait eu lieu entre eux du vivant de l'époux offensé par l'adultère, ou qu'il y ait eu des machinations pour en procurer la mort. (Chap. 1, 3, 6 et 7 du tit. 7, livre 4, des Décrétales.)

» Or, si l'Église, en dérogeant à cet égard, à la rigueur des anciennes lois, a point cru voir, dans le seul adultère antérieur, un motif suffisant pour établir ce dol qui jadis avait fait proscrire ces sortes de mariages, comment est-ce qu'il nous sera permis de déduire de ce même fait, ce dol qui ne peut point se supposer, et ce dans l'espèce où il s'agit de l'intérêt de l'enfant qui a pour lui la présomption de légitimité, et où il n'existe aucune ombre de preuve des faits posés en exception dans la loi ecclésiastique?

» Mais, au surplus, ce serait encore en vain que les sieurs Pastoris voudraient se servir de ce moyen pour y baser un commencement de la mauvaise foi qui a accompagné, d'après leur système, le mariage en question, puisque le fait même de l'adultère, duquel ils ont accusé Henri Pastoris et la dame Bellone, est bien loin d'être pleinement justifié....;

» Considérant que les défendeurs n'ont pas mieux établi, aux yeux de la loi, la réalité du second des vices, savoir, de la précipitation inexcusable avec laquelle le mariage eut lieu;

» En effet, en ce qui concerne les dispositions des lois, quoique, d'après le chap. 11 de la novelle 117 de l'empereur Justinien, le mariage contracté par la femme d'un militaire, sans que la mort du premier mari fût assurée avec le serment par le dépositaire des rôles, et avant l'année à compter de la même époque, fût déclaré nul, et les mariés fussent déclarés coupables d'adultère; ces dispositions cependant, auxquelles le chap. 19, liv. 4, tit. 1, des Décrétales, a apporté quelque limitation, puisqu'il n'y est exigé qu'un avis certain (*certum nuncium*) de la mort du premier mari ; et aucun délai de rigueur entre cette nouvelle et le mariage ne se trouve fixé : ces dispositions, disons-nous, ont encore été modifiées, par rapport aux femmes des militaires et en temps de guerre, par la réponse du pape Léon à Nicétas, évêque d'Aquilée (*can.* 1, *caus.* 34, *quæst.* 1.), duquel il résulte, 1° que, dans les circonstances extraordinaires d'une guerre acharnée, où la confusion et le désordre règnent de toutes parts, l'Eglise, en mère indulgente, a cru devoir se départir de la rigueur des lois relatives aux mariages, et a voulu pardonner une précipitation à laquelle l'erreur et des circonstances impérieuses avaient donné lieu ; 2° qu'ensuite de ce principe, elle a cru excusables les femmes *quæ* (*per bellicam cladem et per gravissimos hostilitatis incursus*) *viros proprios, aut interemptos putarint, aut nunquam à dominatione crederent liberandos, et ad alium conjugium, sollicitudine cogente, transierint*; 3° et enfin, que, bien loin de reconnaître comme coupables d'adultère les seconds maris, et conséquemment comme illégitimes les fruits de ces mariages, l'église a déclaré ouvertement le contraire : *Nec tamen culpabilis judicetur, et tanquam alieni juris pervasor qui personam ejus mariti, qui jam non esse existimabatur, assumpsit.* L'Eglise n'a donc point, dans toutes les circonstances, considéré la précipitation comme un indice de mauvaise foi suffisant à rendre illégitimes les enfans à naître d'un mariage putatif. Elle a su compatir à l'erreur fondée, à l'empire des circonstances, à la nécessité qui souvent suffit pour rendre excusable, dans de certains cas, ce qui ne le serait point dans les cas ordinaires. Rigoureuse à exiger la preuve de l'erreur de la part du second mari, elle a, du reste, jeté un voile sur la conduite peut-être précipitée, dont la femme, *sollicitudine cogente*, se serait rendue coupable dans ces cas extraordinaires ;

» Considérant, en point de fait, que, dans l'espèce, si l'on réfléchit à la position vraiment fâcheuse dans laquelle la dame Bellone s'est trouvée, lorsque, privée de son mari qu'elle crut mort, dépouillée de tout, sans secours dans un pays étranger, au milieu d'un camp désolé par une défaite, et dans l'impossibilité de rejoindre sa patrie, l'on ne peut au moins disconvenir qu'en acceptant l'offre à elle faite de sa main par Henri Pastoris, elle ne soit excusable aux yeux de la loi, puisque c'est vraiment *sollicitudine cogente* qu'elle embrassa le seul parti de salut qui lui fut offert;

Mais, en supposant même qu'elle fût coupable, comment fera-t-on retomber cette faute sur Henri Pastoris, qui, libre de tout lien, persuadé de la mort de son ami, compatissant à la détresse de la veuve, et voulant la tirer de cet abime de désolation, vint à son secours par le seul moyen honnête et exempt de toute tache qui était en son pouvoir? Comment, plus sévères que l'église, pourrions-nous le juger

coupable de précipitation, et *tanquam alieni juris pervasor?* Comment encore pourrions-nous ne pas tirer de cette offre et de cette démarche irréprochable et délicate de Henri Pastoris un argument valable, soit à exclure l'adultère et le commerce coupable qu'on a supposé avoir existé préalablement entre lui et la dame Bellone, soit à établir la bonne foi avec laquelle il se porta à contracter le lien que l'on attaque après sa mort avec aussi peu d'égards pour son souvenir et pour sa volonté bien connue?

» En effet, Henri Pastoris, homme d'honneur, aurait-il offert sa main à Thérèse Bellone, si la conduite déhordée de celle-ci, si ses mœurs reprochables, l'eussent forcé de la mésestimer; s'il eût pu en jouir comme d'une concubine? Et s'il eût douté que son ami Joseph Degubernatis ait été en vie, s'il eût cru trahir l'amitié et s'exposer à passer bientôt, aux yeux de ses compagnons d'armes et de ses concitoyens, *tanquam alieni juris pervasor*, se serait-il hâté de faire un pas qui devait le plonger lui et ses enfans dans des malheurs inévitables?

» Enfin, si la conduite du père, aux yeux de la loi et de l'Eglise, n'est point condamnable; si Henri Pastoris fut, pendant sa vie, hors de la sanction pénale pour une précipitation aussi excusable, avec quel droit voudrait-on l'attaquer, après sa mort, dans un enfant chéri qu'il reconnut légitime, dont il se fit gloire de son vivant, et qu'il institua son héritier dans ses dernières volontés?

» Considérant, en ce qui concerne le troisième vice, et le plus essentiel qu'on oppose audit mariage, que, pour bien en connaître la force aux yeux de la loi, il faut distinguer le vice de clandestinité de celui de défaut de dénonciations et de la mauvaise foi dont ledit mariage putatif est attaqué;

» La cour a déjà reconnu, en point de droit, dans son arrêt précédent, que si ce mariage a eu lieu par-devant un aumônier des troupes piémontaises, et en présence de témoins, le vice de clandestinité s'évanouit, puisque la clandestinité n'est plus là où se trouvent l'Eglise et des témoins; et que l'Eglise était dûment représentée aux armées par les ministres nommés *ad hoc*, et spécialement autorisés. Nous avons de même déjà observé, en point de fait, que, d'après le dire de trois témoins présens et de quatorze témoins *de relatu*, ce mariage a effectivement eu lieu en présence d'un aumônier et de quatorze ou quinze témoins, et qu'il fut célébré *intrà privatos lares*, il est vrai, mais dans le lieu où était l'armée, et où il était permis à tous les compagnons d'armes de Henri Pastoris de se rendre.

» Tout vice de clandestinité, tout soupçon de mystère, toute inculpation aux mariés Pastoris, d'avoir voulu se soustraire aux yeux de l'Eglise et du public, doit donc être éloignée de ce mariage.

» Et si cette culpabilité ne peut pas être opposée à ses parens, comment est-ce qu'on voudrait l'opposer à Henriette, qui, après la mort de son père, après les calamités de la guerre, après le laps de presque sept années, a surpassé l'attente publique, en fournissant des preuves aussi concluantes que le sont celles qu'elle a produites sur un fait qui s'est passé loin de sa patrie, en présence de personnes à elle inconnues, difficiles par leur état à être rencontrées, et très-faciles, d'après les chances de leur vie, à oublier des événemens auxquels elles doivent prendre si peu d'intérêt ?

» Considérant que, d'après ces circonstances, c'est en vain que les défendeurs voudraient attaquer ce mariage dans sa réalité et dans son existence, en soutenant que les témoins qui en déposent sont peu dignes de foi, et qu'aucun aumônier n'a pu s'y trouver présent ;

» Considérant, en ce qui concerne la présence de l'aumônier, que les défendeurs ne sont pas mieux fondés dans leur exception, puisqu'en admettant même qu'une partie des aumôniers qui étaient attachés aux anciens régimens piémontais, n'aient point suivi l'armée en Italie et en Ligurie ; en admettant que leur totalité ait été consignée à Turin, d'après l'ordre du général en chef Suwarow, dans le mois de juillet 1799, ce qui cependant pourrait souffrir des difficultés ; il ne s'ensuit pas de là qu'aucun d'entre eux n'ait pu se trouver, le 8 septembre 1799, à la Pietra, territoire ligurien, et qu'il n'y ait pu assister au mariage. Ce fait, duquel tant de témoins déposent, qui fut connu de Joseph Degubernatis lui-même, qui a fait la base de l'opinion publique, par laquelle Henri Pastoris et la dame Bellone furent considérés comme vrais époux ; ce fait, disons-nous, ne peut être révoqué en doute et trouve son explication dans la confusion et le désordre qui régnaient alors en Piémont, dans les tristes effets d'une guerre d'opinions, et dans la circonstance qu'il s'agit de la possession d'état de Henriette, et non de l'intérêt des époux Pastoris.

» Il suffit en effet à l'enfant dont le parent qui pourrait rendre compte de ces détails est décédé et le reconnaissant pour sa fille née d'un légitime mariage ; il suffit, disons-nous, de prouver le fait de la présence d'un aumônier, comme Henriette l'a prouvé, sans qu'elle ait à répondre des événemens qui ont pu l'amener.

» C'était des défendeurs qui, en cette partie, *partibus actorum fungebantur*, à prouver qu'aucun des aumôniers consignés à Turin en juillet ne s'était trouvé à la Pietra en septembre, puisqu'il se peut que même plusieurs d'entre eux y aient été amenés par un effet de leurs opinions, qu'il en ait été requis quelqu'un par Henri Pastoris lui-même, qu'enfin le hasard n'y ait conduit.

» Et qu'on ne dise point que le silence que la dame Ferrero et les témoins ont gardé sur le nom de cet aumônier et sur le corps auquel il appartenait, l'improbabilité qu'il y en eût à la Pietra, après l'amalgame des troupes piémontaises avec les troupes françaises, et l'espèce de défaveur que leur ministère sacré souffrait alors à l'armée ; qu'enfin,

le défaut de registres, que les aumôniers devaient tenir, d'après les instructions publiées en 1793, soient autant d'argumens valables à exclure foncièrement le fait.

» Ces circonstances, sur lesquelles la cour s'est déjà expliquée dans son arrêt précédent, peuvent bien prouver que Henriette n'a pu donner, après un si long laps d'années, tous les renseignemens que son père seul, s'il eût été vivant, aurait fournis ; mais elles ne sont pas valables à former la base d'une destitution d'état contre l'enfant lui-même.

» Tel est le principe qui nous est dicté par les préjugés des tribunaux ecclésiastiques eux-mêmes, desquels il nous serait impossible de nous écarter.

» *Ubi non agitur* (dit la Rote de Rome, décis. 58, partie 7, n° 5, *de matrimonio dirimendo, sed incidenter ad effectum legitimationis prolis successionum filiorum, leviores sufficiunt probationes, præsumptæ videlicet et conjecturales ; et regulariter probatur per duos testes masculos vel fœminas qui præsentes fuerint matrimonio.*

» Or, dans l'espèce, trois témoins présens déposent que le mariage fut célébré par l'un des aumôniers qui administraient les saints sacremens à l'armée ; une quantité d'autres témoins en déposent par ouï-dire ; le public l'a confirmé par le fait en reconnaissant les mariés Pastoris comme légitimes époux ; Henri Pastoris et la dame Ferrero l'ont soutenu. Comment est-ce que Henriette, de l'intérêt de laquelle il s'agit, devra être chargée de preuves ultérieures et presque impossibles ?

» Considérant, relativement au défaut de dénonciations, et en point de droit, que si l'on envisage ce défaut comme isolé, il est constant (d'après les principes déjà reconnus par cette cour dans son arrêt précédent, tirés du chap. 1, sess. 24, *de Reform. matrim.*, du concile de Trente) que ce défaut, dont les défendeurs n'ont pas même donné de preuve, quoiqu'elle fût à leur charge, n'est point valable par lui-même à établir la nullité absolue du mariage, et moins encore à former la base de l'illégitimité de l'enfant qui lui doit le jour ;

» Que si l'on envisage ce défaut comme une preuve de la mauvaise foi qui a présidé à un mariage putatif, reconnu nul par suite de la découverte d'un empêchement dirimant, il paraît alors, en thèse générale, et aux termes des principes consignés dans le chap. 3, §. 1 et 2, *de clandestinâ desponsatione,* que le mariage devrait être censé nul, et les enfans qui en sont le fruit devraient être déclarés illégitimes, sans que l'erreur des parens puisse les favoriser : *Cùm illi taliter contrahendo non expertes scientiæ, vel saltem affectatores ignorantiæ videantur ;*

» Considérant cependant que de l'analyse de cette loi, et de sa combinaison avec la réponse du pape Léon à Nicétas, que nous avons citée ci-dessus, ce n'est point sans fondement que l'on peut soutenir,

1° que le chap. 3 *de clandestinâ desponsatione*, n'est relatif qu'au cas où l'empêchement dirimant, par lequel ce mariage est annulé, soit produit par les liens de parenté entre les époux; 2° que l'on ne peut point l'appliquer au cas particulier, dans lequel l'empêchement dirimant provient de l'existence d'un premier mari que l'on a cru mort.

» En effet, le pape Innocent, au commencement dudit chap., réclame la stricte observance de la prohibition des mariages entre les parens aux degrés prohibés : *Cùm inhibitio copulæ conjugalis sit in ultimistribus gradibus revocata, eam in aliis volumus strictè servari.* C'est la base et le but de toute la loi et de toutes les dispositions qui la concernent : l'établissement des bans, la prohibition aux ministres du culte de permettre des mariages clandestins ou sans bans; le devoir à eux imposé de faire des recherches à un tel égard, tout est relatif à cet objet. Enfin, c'est expressément par rapport à ce même objet, que la sanction pénale est établie : *Si quis verò hujus modi clandestina vel interdicta conjugia inire præsumpserit, in gradu prohibito, etiam ignoranter, soboles de tali conjunctione suscepta prorsùs illegitima censeatur. Sanè si parochialis sacerdos tales conjunctiones prohibere contempserit, aut quilibet alius regularis eis præsumpserit interesse, per triennium ab officio suspendatur.*

» Or, comment est-ce que l'on transportera du cas expressément contemplé, à un cas imprévu, une loi pénale qui doit être strictement interprétée, et qui apporte des conséquences aussi funestes aux enfans innocens du crime involontaire de leurs parens ?

» Cette loi qui n'a dû son origine qu'à la facilité avec laquelle l'on contractait alors, en fraude de la loi, des mariages entre conjoints, et à la nécessité dans laquelle l'Eglise s'est trouvée de mettre un frein à ce désordre, et de procurer, par des sanctions très-sévères, la découverte d'un empêchement inconnu dans le fait aux ministres du culte, que l'on ne pouvait point supposer que l'on avait soin de cacher, et dont l'ignorance n'était le plus souvent qu'affectée de la part des époux; cette loi, disons-nous, ne paraît point devoir s'appliquer au cas, bien différent et très-rare, de l'empêchement qui naît de l'existence en vie d'un premier époux que l'on a cru mort en temps de guerre.

» Lorsqu'en effet, par suite d'une incursion hostile, la mort d'un militaire est proclamée dans une armée; lorsque l'état-major et les compagnons d'armes n'en doutent point; lorsque l'époux qui s'offre de remplacer la personne du mari qu'il croit mort, et que sa veuve putative, persuadée de ce fait, et entrainée par le malheur, se portent, de bonne foi, à contracter de nouveaux liens, il est évident qu'il ne s'agit plus alors de la découverte d'un empêchement caché par dol par les contractans, ou inconnu aux ministres de l'Église. Sa préexistence est connue, mais l'erreur commune et fondée en a détruit entiè-

rement la base; et il ne s'agit plus que de constater les fondemens de cette erreur.

» Or, de quelle utilité serait-elle, dans les circonstances ci-dessus posées, la publication des bans dans les derniers domiciles des nouveaux époux? Comment encore aurait-on pu, dans l'espèce, faire publier des bans, ni acquérir des lumières sur la mort de Degubernatis, à Turin et à Fossano, si ces pays, occupés par l'armée austro-russe, n'offraient plus de communication directe avec l'armée française et les individus qui l'avaient suivie ?

» Le libre état des nouveaux époux ne pouvait être constaté qu'à l'armée même, où la mort de Degubernatis était réputée certaine; et ce libre état une fois constaté, comme nous le verrons ci-bas, les bans à Turin et à Fossano devenaient inutiles.

» Ce n'est donc point ici le cas où les dispositions de la loi du pape Innocent, basée uniquement sur l'utilité des bans pour découvrir l'empêchement de parenté, dussent être observées comme de rigueur. Il s'agit, au contraire, d'un cas tout-à-fait particulier, auquel le pape Léon a pourvu par une loi séparée et conforme aux circonstances particulières qui l'accompagnent.

» Rien ne peut donc faire obstacle à ce qu'aux termes de cette loi particulière qui ne prescrit point les bans comme de rigueur, mais qui est basée entièrement sur la supposition de l'erreur fondée, et de la bonne foi des nouveaux époux, l'omission de ces bans ait pu être suppléée, en l'espèce, par les recherches faites à l'armée et sur les lieux qu'elle occupait, où la cessation de l'empêchement préexistant pouvait uniquement être constatée.

» Tel est le motif par lequel la cour, dans son arrêt précédent, a posé pour base de l'admission des faits à ce relatifs, que les bans avaient pu être suppléés, en l'espèce, par les diligences et les recherches articulées; que ces diligences une fois prouvées, l'omission des bans rigoureusement voulus dans d'autres cas par l'Église, ne pouvait influer sur la légitimité d'Henriette.

» La cour a aussi dû avoir présent que, dans le cas où les défendeurs n'eussent point constaté légalement l'omission de ces bans et de ces diligences, et que d'ailleurs, de la part de Henriette, on eût établi, par une preuve convaincante, la vérité de la nouvelle de la mort de Joseph Degubernatis, la publication des bans ou la dispensation de l'observance de cette forme supposée, plutôt que de faire retomber, dans le doute, sur Henriette, les effets rigoureux d'une omission incertaine.

» En effet, d'après les principes incontestables de la matière, quand il s'agit de faire perdre l'état à un enfant qui en a joui pendant la vie de son père, publiquement et paisiblement, comme en l'espèce, il vaut mieux supposer que les lois ont été observées dans la célébration du mariage, que de croire à ceux qui l'attaquent par intérêt, avec des suppositions négatives.

» Considérant, en point de fait, et en ce qui concerne la conviction que les mariés Pastoris ont dû avoir de la mort de Joseph Degubernatis, et les diligences pratiquées pour s'en assurer, que, d'après les enquêtes, l'on ne peut contester les faits suivans, savoir :

» 1° Que Joseph Degubernatis a dû passer, pour se rendre de Gênes à l'intérieur de la France, dans des passages infestés par les Barbets; ce fait est constaté par la grande généralité des témoins enquêtés de la part de Henriette, et par une partie aussi de ceux présentés par les défendeurs;

» 2° Que ledit Degubernatis, par suite des soins qu'il a voulu prendre de sa femme malade, n'a point accompagné le grand convoi des militaires destinés pour l'intérieur; mais il n'est parti que deux jours après pour rejoindre ce convoi;

» 3° Que, quelques jours après le départ de Degubernatis, la nouvelle s'est répandue à Gênes, à l'état-major et à l'armée, qu'il avait été assassiné par les Barbets. Ce même bruit se répandit ensuite à Nice et à Fossano;

» 4° Que cette nouvelle ainsi répandue à l'armée et dans les lieux susdits, a eu un fondement suffisant pour établir la crédulité des mariés Pastoris et du public, puisque réellement Degubernatis a dû faire le mort pour échapper à la rage des Barbets; et il fut vu, en cet état, par des soldats qui en portèrent la nouvelle;

» 5° Que Joseph Degubernatis, échappé audit péril, entra dans l'intérieur de la France, et n'est plus reparu ni en Piémont ni dans la Ligurie, jusqu'après la bataille de Marengo, événement heureux, qui rappela les Piémontais dispersés dans le sein de leur patrie ;

» 6° Que la dame Bellone, sa femme a été dès-lors considérée comme veuve à l'armée et à l'état-major, où la mort de Degubernatis n'a plus été douteuse;

» 7° Et enfin, qu'à l'occasion où le mariage des époux Pastoris a été célébré, l'aumônier qui y assista prit lui-même au préalable des informations sur la vérité de cette nouvelle, s'en informa même de ceux qui assistèrent au mariage, et leur déclara à son tour qu'il s'en était assuré ;

» Considérant que si d'après le résultat de preuves concluantes, et qui toutes se réunissent pour établir, dans le mode voulu par cette cour, la bonne foi des époux Pastoris, au moment de leur mariage, l'on voulait exiger de la mineure Henriette, après la mort de son père, des renseignemens plus forts et plus convaincans de cette bonne foi, ce serait blesser directement les principes que nous avons établis ci-dessus, d'après lesquels, lorsqu'il s'agit de défendre une possession d'état, *leviores etiam probationes sufficiunt, et regulariter probatur per duos testes*, ce serait supposer un crime, là où il n'en résulte aucunement; ce serait enfin forcer Henriette à perdre, sur de simples conjectures, un état que

son père lui a assuré, et qu'elle a toujours conservé pendant qu'il fut vivant dans sa famille.

» Et qu'on ne dise point que de l'analyse scrupuleuse des dispositions de plusieurs des témoins, il résulte des contradictions, des invraisemblances et des soupçons de partialité.

» Ces objections qui, au fond, doivent céder à la vérité du fait, pourraient être accueillies, s'il s'agissait de statuer sur la culpabilité des époux Pastoris; mais elles ne peuvent avoir d'effet au préjudice de Henriette, à laquelle on n'a pu donner la charge que d'une preuve équipollente de la bonne foi de ses parens, de la conduite desquels elle n'est point tenue de répondre rigoureusement.

» C'est encore en vain que les défendeurs, qui auraient dû fournir eux-mêmes des preuves convaincantes et exclusives de cette bonne foi, voudraient faire retomber sur Henriette le défaut des diligences plus exactes et scrupuleuses que les mariés Pastoris auraient pu faire pour s'assurer de la mort de Degubernatis.

» Il est plus régulier en l'espèce, et plus conforme aux principes, de supposer que Henri Pastoris, d'accord avec l'aumônier et l'état-major, aient fait ces diligences, que d'en imputer le prétendu défaut à Henriette.

» Cette présomption acquiert, dans le fait, une plus grande force, si l'on observe que le général d'Arnaud lui-même, auquel Pastoris était attaché, et son aide-de-camp Dutrai, n'ont point eu de difficulté, le premier d'écrire à la dame Ferrero qu'il avait entendu dire à tout l'état-major qu'elle était veuve, et qu'il l'avait constamment regardée comme l'épouse légitime de Henri Pastoris; et le second, d'assister au mariage dont il s'agit.

» Cette présomption acquiert encore un plus haut degré de force, si l'on réfléchit que pour supposer le défaut de ces plus amples recherches, de la part de l'aumônier qui assista au mariage, et qui, d'après les lois de l'Église, était particulièrement chargé de constater le libre état des époux qu'il devait unir, il faut nécessairement lui attribuer une culpabilité très-grave qui, dans tous les cas, devrait être constatée, et qu'on ne peut point présumer;

» Qu'en conséquence, soit qu'on ait égard aux preuves positives fournies par Henriette sur les faits par elle déduits, soit qu'on n'ait égard aux présomptions tirées de la nature de l'affaire, et de faveur que les lois accordent à la possession d'état, la certitude de la nouvelle de la mort de Degubernatis, les recherches qui en ont constaté les fondemens, et conséquemment la bonne foi avec laquelle les mariés Pastoris ont contracté le mariage putatif dont il s'agit, ne peuvent être contestées;

» Considérant que la non-recevabilité des exceptions opposées, soit à la réalité, soit à la validité du mariage, duquel la légitimité de Henriette et la possession de son état dépendent originairement, une fois établie, il reste encore à résoudre deux exceptions faites par les défendeurs, dont l'une, tirée de ce que, dans tous les cas, la mauvaise foi de ses parens ayant présidé à sa conception, n'attaquerait pas moins la légitimité de Henriette dans sa source; et l'autre, tirée de ce que sa mère, après même que l'existence en vie de son premier mari Degubernatis parvint à sa connaissance, n'ait point cherché à se réunir à lui, en abandonnant Henri Pastoris, ne fournirait qu'un nouvel argument de la mauvaise foi précédente;

» Considérant que c'est aux fins d'établir cette mauvaise foi, au moment de la conception de Henriette, que les efforts des défendeurs se sont dirigés. Ils ont voulu l'établir par des preuves par écrit, par des témoins et par des présomptions.

» L'extrait des deux lettres prétendues écrites par la dame Bellone et par Henri Pastoris à Joseph Degubernatis, le 25 mai 1800, et ainsi quelque temps avant la conception présomptive de Henriette, née le 12 mai 1801, forme la première de ces preuves.

» Les dépositions des témoins qui parlent de ces lettres, forment le second desdits moyens.

» Les circonstances que Degubernatis, après son entrée en France, a été en dépôt dans la Provence, et s'est rendu à Turin après la bataille de Marengo, et fut vu par plusieurs témoins qui lui ont parlé, forment la base des présomptions.

» Considérant, en ce qui concerne les lettres, que si leur original était présenté aux juges, et que l'écriture et la date pussent en être vérifiées, elles formeraient certainement une preuve complète et suffisante de la connaissance que la dame Bellone et Henri Pastoris avaient de l'existence de Joseph Degubernatis à une époque antérieure à la conception de Henriette.

» Le défaut de l'original susdit, et, qui plus est, le défaut absolu de preuve de toutes les circonstances les plus essentielles, tracées dans ces lettres, et que les défendeurs auraient pu justifier, ôtent à la cour tout moyen d'étayer un jugement sur la preuve par écrit qui en résulterait...;

» Considérant qu'en l'état de ce que dessus, la preuve testimoniale fournie par les défendeurs pour constater la vérité de ces lettres, se rend par elle-même de nul effet...;

» Considérant que c'est encore en vain que les défendeurs voudraient espérer d'obtenir, par des présomptions, la preuve qu'ils n'ont pu avoir par les écrits et par les témoins par eux présentés;

» Car, en supposant même que le sieur Degubernatis se soit rendu à Turin quelques jours après la bataille de Marengo, savoir, vers la fin de juin 1800; que le sieur Pastoris s'y soit également rendu quelque temps après; que plusieurs personnes aient parlé au premier, et que Pastoris ait pu le savoir: en supposant ces circonstances, il n'est pas moins vrai qu'elles ne pourraient nuire à la légitimité de Henriette, qui, d'après le temps présomptif fixé par la loi, était, à ladite époque, déjà conçue; consé-

quemment hors de l'atteinte de la mauvaise foi postérieure de ses parens.

» D'ailleurs, ce que nous avons avancé relativement à la connaissance que Henri Pastoris a pu avoir, à Turin, de la vie de Degubernatis, n'excède point la ligne d'une conjecture, puisque les défendeurs n'ont donné aucune preuve positive de cette connaissance.

» La dame Ferrero, au contraire, a formellement nié qu'elle ait eu connaissance, à une telle époque, de l'existence en vie de Degubernatis. Thomas Pastoris, qui a passé un temps considérable avec sa belle-sœur, a ignoré jusqu'en 1802, comme nous l'avons déjà observé, que Degubernatis fût en vie; et si nous examinons la conduite de Henri Pastoris, nous aurons des présomptions bien plus fortes, tirées de la nature et du cœur de l'homme, pour conclure que Henriette ne fut point conçue dans le crime; qu'elle est, au contraire, le fruit de la bonne foi et d'une union légitime...;

» Considérant enfin, en ce qui concerne la conduite de la dame Bellone, après que le retour de son mari Degubernatis lui fut connu, que si, d'une part, il est difficile, dans le choc des différens systèmes et des preuves respectivement fournies, de fixer l'époque précise à laquelle le fait de l'existence de Degubernatis est parvenu à la connaissance de la dame Bellone, il est certain, d'autre part, que si elle n'est point retournée avec lui, ce fait ne peut ni être imputé à la même dame comme une preuve de sa mauvaise foi précédente, ni être tourné contre la légitimité de Henriette.

» Le pape Léon, dans le chapitre ci-dessus cité, condamne à des peines très-graves les femmes qui, ayant convolé par erreur à des mariages putatifs, refusent de rejoindre leurs premiers maris, lorsqu'elles en sont requises: *Sin autem aliquæ mulieres, posteriorum virorum amore sunt captæ, ut malint his cohærere, quàm in legitimum redire consortium, meritò sunt notandæ....* Il est bien loin cependant de statuer que leur refus puisse nuire ni à la bonne foi du mari, ni à la légitimité des enfans nés de leur mariage.

Mais, au surplus, dans l'espèce, d'où est-ce qu'il résulte que Joseph Degubernatis ait fait des instances à son épouse pour qu'elle eût à le rejoindre?

» Les défendeurs ont, au contraire, cherché d'établir que Degubernatis ne se souciait plus de sa femme, qu'il en parlait avec mépris, et qu'il ne voulait faire aucune démarche pour la rappeler auprès de lui.

» Quelle que soit la vérité de ces faits que l'on voit combattus par les témoignages contraires des témoins de la demanderesse, il est du moins constant, dans le système des défendeurs, que la dame Bellone ne peut être censée coupable, si elle ne s'est point rendue près de Degubernatis.

» D'ailleurs, comment est-ce que les défendeurs ont établi que, dès l'époque où l'existence de son premier mari a été connue de la dame Bellone, celle-ci ait encore suivi Henri Pastoris....?

» Considérant qu'en l'état de ce que dessus, c'est en vain que les défendeurs voudraient se flatter d'avoir établi, dans les époux Pastoris, ou du moins dans la dame Bellone, une mauvaise foi qui pût retomber sur Henriette ;

Nantie des preuves qu'elle a fournies sur le mariage putatif de ses parens, sur la bonne foi qui a présidé à sa naissance, et sur la possession de son état pendant la vie de son père, Henriette est couverte de l'égide des lois protectrices de la légitimité et de l'innocence, d'après lesquelles, dans le cas même que des doutes fondés s'élèveraient sur la légitimité et sur l'état d'une personne, *secundum légitimitatem est respondendum*, comme l'a dit le jurisconsulte, à l'égard de la liberté dans la loi 20, D. *de regulis juris*, loi, au surplus entièrement conforme à la morale publique, qui reçoit une atteinte plus grave par la supposition d'un crime non constaté, que par une interprétation favorable à la non culpabilité et à l'innocence.

» C'est donc ici le cas de dire que si Henri Pastoris, père de la demanderesse, n'a pu être jugée coupable, *et tanquam alieni juris pervasor, si personam ejus mariti qui jam non esse existimabatur assumpsit*, Henriette Pastoris, sa fille, ne peut même être censée comme usurpatrice des biens d'autrui, en demandant de faire partie d'une famille à laquelle elle appartient, en requérant de son oncle Thomas Pastoris le maintien de ces doubles rapports qui doivent la lui rendre chère, en exigeant enfin la libre possession de cette fortune que son père lui a laissée comme un gage de son affection constante, et des liens légitimes qui l'unissaient si étroitement avec elle :

» La cour, sans s'arrêter ni au réquisitoire du ministère public, ni aux plus amples demandes de la demoiselle Henriette Pastoris, déclare résulter pleinement de la légitimité par la même Henriette Pastoris réclamée.... »

Cet arrêt est signifié aux sieurs et demoiselles Pastoris, non en entier, mais par un simple extrait qui ne contient que les noms des parties, la mention du rapport, celle de l'audition du ministère public, et le prononcé des juges.

Sur ce seul extrait, les sieurs et demoiselles Pastoris en demandent la cassation, et ils concluent en même temps à celle de l'arrêt interlocutoire du 9 mai 1807.

« Dans cette affaire, qui présentait de si grands intérêts et des questions si importantes à la cour d'appel de Turin (ai-je dit à l'audience de la section civile, le 21 mai 1810), deux sortes de moyens sont employés contre les deux arrêts par lesquels cette cour en a préparé et consommé la décision : l'un de ces arrêts est attaqué dans sa forme, et tous deux le sont au fond.

» Dans la forme, disent les demandeurs, l'arrêt définitif du 11 juin 1808 est nul :

» 1° En ce que, tel qu'il nous a été signifié, il ne consiste que dans quelques lignes où sont seulement rappelés les noms des parties, celui du rapporteur, celui du magistrat qui a porté la parole au nom du ministère public, et le dispositif par lequel Françoise-Élisabeth-Henriette Pastoris est déclarée légitime ;

» 2° En ce que, tel qu'il a été rédigé par les juges, il ne contient ni le fait ni les conclusions des parties ;

» 3° En ce qu'il a été rendu par la deuxième section de la cour d'appel de Turin, tandis que l'arrêt interlocutoire du 9 mai 1807 l'avait été par la première ;

» 4° En ce qu'il a eu pour rapporteur un autre magistrat que celui du 9 mai 1807, sans qu'il apparaisse d'aucune ordonnance de subrogation ;

» 5° En ce qu'il a été prononcé, à un long intervalle du rapport, des plaidoiries et des conclusions du ministère public, sans qu'il apparaisse d'aucune remise.

» Reprenons successivement chacun de ces moyens.

» 1° Si l'arrêt du 11 juin 1808 était réellement tel que les demandeurs nous le représentent dans l'extrait qui leur en a été signifié, et qu'ils ont joint à leur requête, le succès de leur requête ne serait pas douteux. Que serait-ce en effet qu'un arrêt qui ne contiendrait, ni le fait, ni les conclusions des parties, ni les motifs des juges, et dans lequel on ne trouverait qu'un dispositif inintelligible par soi? Bien évidemment il manquerait des élémens essentiellement constitutifs des jugemens, il n'aurait d'arrêt que le nom, et l'annulation en serait indispensable.

» Mais est-il bien vrai que l'arrêt du 11 juin 1808 ne consiste que dans le peu de lignes où le représentent les demandeurs? Pour nous en assurer, nous avons demandé à M. le procureur-général de la cour d'appel de Turin une expédition de cet arrêt; et ce magistrat nous a précisément envoyé celle qui venait d'être délivrée à l'avoué des demandeurs eux-mêmes. Or, qu'y avons-nous vu? Nous y avons vu (et M. le rapporteur, qui vous en a rendu compte, y a vu comme nous) qu'il s'en faut beaucoup que cet arrêt ait été rédigé avec l'étrange laconisme que les demandeurs lui reprochent par leur premier moyen.

» Maintenant alléguera-t-on ici la maxime, que la copie signifiée tient lieu d'original à la partie qui l'a reçue; et en conclura-t-on que l'arrêt du 11 juin 1808 doit être cassé, sur le fondement que, dans la copie qui en a été signifiée aux demandeurs, on ne trouve rien ou presque rien de ce qui constitue un jugement?

» Sans doute, s'il était question d'une saisie, d'une contrainte quelconque qui eût été exercée en vertu de la signification de l'extrait de l'arrêt dont il s'agit, le vice de cette saisie, de cette contrainte, ne pourrait pas être couvert par la régularité de l'original de l'arrêt; et il en serait de même de tout autre cas où la partie qui aurait fait une pareille signification, prétendrait s'en prévaloir contre la partie qui l'aurait reçue.

» Mais casser un arrêt à raison des vices de la copie qui en a été signifiée au demandeur en cassation, c'est ce qui répugne à la saine raison : la cassation n'a pas été instituée pour réprimer les écarts des officiers ministériels; elle ne l'a été que pour venger le législateur de la désobéissance dont les juges peuvent se rendre coupables envers lui. Ce n'est donc pas sur les vices qui peuvent se trouver dans la copie signifiée d'un arrêt, que l'on peut en prononcer la cassation; on ne peut la prononcer que sur les vices qui se trouvent dans l'arrêt même; et lorsqu'il est prouvé authentiquement que les vices de la copie signifiée n'existent pas dans l'arrêt même, l'arrêt même doit être maintenu. Tel est l'usage constant de la cour; et la section des requêtes en a encore donné une preuve éclatante, en rejetant, le 24 juin 1807, au rapport de M. Henrion et sur nos conclusions, le recours en cassation des sieurs Lemarrois et Legréca contre un arrêt de la cour d'appel de Caen qui, par la copie signifiée qu'on en représentait, paraissait n'avoir pas été rendu par tous les juges qui avaient dû y concourir, mais que nous prouvions d'office, par une pièce authentique, avoir été rendu par le nombre de juges déterminé par la loi.

» 2° Les demandeurs exposent que du moins on ne trouve dans l'arrêt du 11 juin 1808, tel qu'il a été rédigé par la cour d'appel de Turin, ni le fait, ni les conclusions des parties, et que conséquemment cet arrêt est en contravention aux art. 141 et 470 du code de procédure civile.

» Mais d'abord il n'est pas vrai que les conclusions des parties ne se trouvent pas dans cet arrêt; elles y sont consignées en toutes lettres.

» Ensuite, il est fort indifférent que cet arrêt ne rappelle pas le fait; il ne le rappelle pas, mais il y supplée par la manière dont il débute : « Par arrêt » de cette cour, du 9 mai 1807 (y est-il dit), DONT » LE FAIT Y PRÉCÉDÉ SERA CENSÉ FAIRE PARTIE DU » PRÉSENT, a été déclaré mal jugé par le jugement » rendu par le tribunal de première instance de cette » ville, etc. »

» Et vainement prétend-on que la cour d'appel de Turin n'a pas pu remplir ainsi, par relation à son arrêt du 9 mai 1807, l'obligation que lui imposait la loi d'insérer dans son arrêt du 11 juin 1808 un exposé sommaire du fait.

» La cour elle-même a jugé le contraire dans deux espèces.

» Le sieur Hache demandait la cassation d'un jugement du tribunal criminel du département de la Seine, qui, sans poser aucune question, sans donner aucun motif, l'avait débouté de son opposition à un précédent jugement par défaut; et il présentait ce jugement comme contraire à l'art. 15 du tit. 5 de la loi du 24 août 1790. Mais par arrêt du 6 fructidor an 8, au rapport de M. Target et sur nos conclusions, la cour, considérant que les questions posées, et les motifs énoncés dans le premier jugement, se reportaient, de plein droit, dans le deuxième, et que le deuxième était suffisamment régularisé par sa relation avec le premier, a rejeté le recours du sieur Hache.

» Le sieur Gossens attaquait deux arrêts de la cour d'appel de Bruxelles, des 4 messidor et 24 thermidor an 12; et il reprochait particulièrement au second de n'avoir pas posé la question sur laquelle il avait statué, et de n'avoir pas motivé son dispositif. Mais nous avons observé que la question avait été posée dans le premier arrêt, et que le second arrêt, en se référant au premier, avait assez fait connaître les motifs qui l'avaient déterminé. En conséquence, par arrêt du 8 prairial an 13, au rapport de M. Chasle, la section des requêtes a rejeté le recours du sieur Gossens, « attendu que l'arrêt » dernier attaqué n'est que la suite et le complément » du premier; et qu'on ne peut, sans se faire illu- » sion, méconnaître ni la question qui restait à ju- » ger d'après le premier, ni le motif de la décision » du dernier. »

» La deuxième moyen de cassation des demandeurs n'a donc pas l'ombre de fondement.

» 3° Casserez-vous l'arrêt du 11 juin 1808 pour avoir été rendu par la deuxième section, tandis que celui du 9 mai 1807 l'avait été par la première?

» Non assurément. D'une part, aucune loi n'exige, à peine de nullité, que les arrêts définitifs soient rendus par les mêmes sections dont sont émanés les arrêts interlocutoires; dès que les arrêts définitifs sont précédés d'une discussion suffisante pour retracer aux juges qui les rendent tout ce qui a été dit devant les juges qui ont rendu les arrêts interlocutoires, la loi est satisfaite, le vœu de la justice est rempli. D'un autre côté, dans notre espèce, les sections de la cour d'appel de Turin avaient été renouvelées dans l'intervalle de l'un à l'autre arrêt. Il importait donc peu que l'affaire restât, pour le jugement définitif, dans la section qui avait rendu l'arrêt interlocutoire. Y fût-elle restée en effet, elle n'aurait pas pu avoir pour juges tous les magistrats qui avaient concouru à l'arrêt du 9 mai 1807. Enfin, nous sommes informés que le changement de section n'a eu lieu que par l'effet du passage du rapporteur de la première section à la seconde, et de l'usage constamment observé à la cour d'appel de Turin, de faire passer les affaires mises en rapport dans la section où va siéger le rapporteur à l'époque du renouvellement.

» 4° Trouverez-vous mieux fondé le moyen tiré de ce que l'arrêt du 11 juin 1808 a été rendu au rapport d'un autre magistrat que celui du 9 mai

1807, sans qu'il apparaisse d'aucune ordonnance de subrogation?

» Sans doute, messieurs, vous rejeterez encore ce moyen. Et, en effet, il n'est écrit nulle part que l'ordonnance par laquelle un rapporteur est subrogé à un autre, doive, à peine de nullité, être rappelée dans le jugement qui intervient ensuite sur le rapport du nouveau magistrat; et l'on conçoit assez qu'un magistrat ne se subroge pas lui-même à celui de ses collègues qui avait été précédemment chargé d'un rapport. Quelle raison y aurait-il d'ailleurs d'être plus exigeant pour la mention des ordonnances de subrogation, qu'on ne l'est pour celle des ordonnances de *committitur*? Et si, comme on n'oserait le nier, un arrêt rendu sur rapport ne pourrait pas être cassé, faute de mention de l'ordonnance qui a commis le rapporteur, sur quel prétexte pourrait-on le casser, faute de mention de l'ordonnance qui a subrogé un rapporteur à un autre?

» 5° Il est vrai qu'il y a eu un intervalle de près de trois mois entre le rapport et la prononciation de l'arrêt du 11 juin 1803, et que près d'un mois s'est écoulé entre cette même prononciation et les conclusions du ministère public. Il est vrai encore qu'on ne trouve dans l'arrêt aucune mention des remises qui ont dû être prononcées de l'audience à laquelle les plaidoiries ont été terminées à celle où le ministère public a donné ses conclusions, et de l'audience où le ministère public a donné ses conclusions à celle où l'arrêt a été proclamé.

» Mais vouloir inférer de tout cela que l'arrêt du 11 juin 1808 doit être cassé, c'est une entreprise sur le succès de laquelle il est impossible que l'on compte sérieusement.

» L'art. 116 du code de procédure civile dit bien que *les jugemens seront rendus* immédiatement après que les parties auront été entendues, *et prononcés sur-le-champ;* mais il ajoute aussitôt: «néan-» moins les juges pourront se retirer dans la chambre » du conseil pour y recueillir les avis; ils pourront » aussi continuer la cause à une des prochaines au-» diences pour prononcer le jugement. »

» La cour d'appel de Turin a donc pu ne prononcer son arrêt qu'à l'une des audiences qui ont suivi celle où le ministère public avait donné ses conclusions; et il importe peu qu'à cet égard elle se soit plus ou moins pressée: la loi ne lui imposait pas, à peine de nullité, l'obligation de prononcer son arrêt dans les vingt-quatre heures, dans les huit jours, dans la quinzaine, dans le mois; et vous savez, Messieurs, qu'en tout ce qui ne tient pas essentiellement à la forme substantielle des jugemens, le code de procédure civile ne permet pas de suppléer la peine de nullité.

» Il n'importe pas davantage que l'arrêt du 11 juin 1808 ne rappelle pas expressément les remises qui ont eu lieu d'une audience à l'autre. Aucune loi ne prescrit la mention expresse de ces remises; et cette mention fût-elle prescrite, il suffirait qu'elle ne le fût pas à peine de nullité, pour que l'on ne pût pas en tirer un moyen de cassation.

» C'est donc bien vainement que les demandeurs critiquent, dans sa forme, l'arrêt du 11 juin 1808: si donc cet arrêt et celui du 9 mai 1807 ont respecté, au fond, les lois qui devaient leur servir de base, nul doute que le recours des demandeurs ne doive être rejeté.

» Nous disons, *et celui du 9 mai 1807,* car les demandeurs attaquent cet arrêt en même temps que celui du 11 juin 1808; et quoiqu'il leur ait été signifié à domicile plus de vingt et un mois avant le dépôt de leur *Mémoire ampliatif,* par lequel seulement ils ont demandé la cassation, on ne peut cependant pas déclarer leur recours non-recevable à cet égard. La raison en est que la signification qui leur a été faite à domicile de cet arrêt, est nulle; et pourquoi est-elle nulle? Parce qu'elle ne contient qu'une copie même très-incomplète du dispositif de cet arrêt; parce qu'elle ne contient ni la copie de la partie de cet arrêt qui retrace le fait et les conclusions des parties, ni la copie de la partie de cet arrêt qui en exprime les motifs, ni la copie entière de son dispositif; en un mot parce qu'on ne peut pas dire que cet arrêt ait été vraiment signifié aux demandeurs.

» On ne serait pas mieux fondé à opposer aux demandeurs, qu'ils n'ont pas consigné d'amende particulière pour leur recours en cassation contre cet arrêt. Sans doute une consignation particulière d'amende eût été nécessaire de leur part, s'ils s'étaient pourvu en cassation contre cet arrêt, avant que le fond fût jugé, avant l'arrêt définitif du 11 juin 1808.

» Mais pour se pourvoir simultanément contre l'arrêt interlocutoire, quoique passible par soi d'un recours séparé (1), et contre l'arrêt définitif, une seule amende a dû suffire; et telle est la jurisprudence constante de la cour.

» Enfin, point de fin de non-recevoir à tirer contre les demandeurs de l'exécution qu'ils ont donnée, en ce qui les concernait, à l'arrêt interlocutoire du 9 mai 1807. L'exécution d'un arrêt, et surtout d'un arrêt interlocutoire, ne peut être considérée comme un acquiescement que lorsqu'elle est absolument volontaire; et assurément ce n'est point de leur plein gré que les demandeurs ont exécuté l'arrêt dont il s'agit; ils ne l'ont exécuté que parce qu'ils n'avaient aucun moyen de s'en dispenser; ils ne l'ont exécuté que parce qu'il était exécutoire, même nonobstant le recours en cassation.

» Examinons donc les moyens que les demandeurs emploient au fond, et contre l'arrêt interlocutoire du 9 mai 1807, et contre l'arrêt définitif du 11 juin 1808.

_____

(1) *V.* l'article *Interlocutoire,* §. 5.

» Ils se réduisent à quatre propositions :

» 1° Le prétendu mariage de Henri Pastoris avec Thérèse Bellone n'est constaté par aucun acte public ; et les lois romaines, l'ordonnance de 1667 même en prohibaient la preuve testimoniale.

» 2° Ce prétendu mariage, s'il avait été réellement célébré, ne l'aurait pas été devant l'officier public que la loi désignait.

3° Ce prétendu mariage, dans la même hypothèse, serait nul à raison du mariage qui avait été précédemment contracté entre Thérèse Bellone et Joseph Degubernatis.

4° Ce prétendu mariage, toujours dans la même hypothèse, ne pourrait pas valoir comme mariage putatif, parce qu'il aurait été contracté avant qu'une année se fût écoulée depuis que s'était répandue la nouvelle de la mort du mari de Thérèse Bellone ; parce qu'il l'aurait été sans que cette nouvelle eût acquis un caractère de certitude capable de garantir la bonne foi des parties contractantes ; parce qu'il l'aurait été clandestinement ; parce qu'il l'aurait été sans publication préalable des bans prescrite par les lois de l'Église.

» La première de ces propositions est incontestable, quant au point de fait : il n'existe ni registres publics, ni actes quelconques, qui constatent le mariage de Henri Pastoris avec Thérèse Bellone.

» Mais de là s'ensuit-il que la cour d'appel de Turin n'a pas pu en admettre la preuve par témoins ? De là s'ensuit-il que la cour d'appel de Turin n'a pas pu, sur la foi des témoins qui en ont attesté la célébration, en regarder la célébration comme constante ?

» Sur cette question, nous devons mettre de côté, non-seulement le code civil, mais encore l'ordonnance de 1667 : car ni l'un ni l'autre n'étaient publiés, soit dans la Ligurie, soit dans le Piémont, à l'époque à laquelle se réfère la célébration de ce mariage. Le code civil n'existait même pas encore à cette époque.

» Et inutilement se prévaut-on de ce qu'à l'époque où a commencé le procès, l'ordonnance de 1667 avait été publiée dans tout le ressort de la cour d'appel de Turin. Elle y était publiée sans doute ; mais elle n'y pouvait faire loi que relativement à la preuve des mariages célébrés, soit dans ce même ressort, soit dans l'ancien territoire français : elle n'y pouvait pas faire loi relativement à la preuve des mariages célébrés dans la Ligurie, qui alors n'était pas encore réunie à la France.

» Il y a plus : elle ne pouvait même pas faire loi relativement à la preuve des mariages célébrés dans le ressort de la cour d'appel de Turin, à une époque antérieure à sa publication ; car le mode de preuve d'un fait ne tient pas précisément à la forme de procéder ; il n'est pas compris dans ce que les jurisconsultes appellent *ordinatoria litis* : il tient au fond des affaires, il est au rang de ce que les jurisconsultes appellent *decisoria litis* ; et conséquemment il ne

peut être réglé que par la loi du lieu, comme par la loi du temps où le fait s'est passé. C'est ce que la section des requêtes a jugé le 18 novembre 1806, en maintenant un arrêt de la cour d'appel de Turin, par lequel la preuve par témoins avait été admise nonobstant la prohibition écrite dans le code civil, dans une contestation élevée sur un contrat fait en Piémont, avant la publication de ce code.

» Ce n'est donc que dans les lois romaines que les demandeurs peuvent chercher la contravention qu'ils reprochent ici à la cour d'appel de Turin.

Aussi vous citent-ils le chapitre 4 de la novelle 74 de Justinien, comme établissant en principe général que le mariage ne peut être prouvé que par l'acte qui en a été dressé au moment même où les parties l'ont contracté, et que toute preuve par témoins est, à cet égard, inadmissible.

» Mais il s'en faut beaucoup que cette loi dise tout ce que les demandeurs lui font dire ; il s'en faut beaucoup qu'elle justifie le moyen de cassation que les demandeurs prétendent en tirer.

« Justinien commence, dans cette loi, par rappeler le principe consacré par les lois anciennes, et auxquelles il a lui-même donné sa sanction, que le mariage peut être contracté sans acte, et que c'est par la manière dont se traitent mutuellement l'homme et la femme qui vivent ensemble, que l'on doit juger s'ils sont mariés ou non : *Antiquis promulgatim est legibus, et à nobis ipsis sunt hæc eadem constituta, ut etiam nuptiæ extrà dotalia instrumenta ex solo affectu valeant et ratæ sint.*

» Il expose ensuite que, cette règle a donné lieu à des suppositions de mariage ; que l'on a vu des témoins mentir à leur conscience, en attestant que tel homme avait qualifié la femme avec laquelle il vivait de *domina*, terme qui, dans le bas-empire romain, répondait à l'expression actuelle de *madame* ; que telle femme avait qualifié l'homme avec qui elle vivait, de *dominus* ; que, sur ces seules attestations, des mariages qui n'avaient jamais existé avaient été jugés constans : *Et sic eis finguntur matrimonia non pro veritate confecta.*

» Pour faire cesser ces abus, la novelle 74 fait une distinction entre les mariages des grands dignitaires, les mariages de ceux qui tiennent, soit dans l'armée, soit dans la société, un rang considérable, et les mariages des soldats, des laboureurs et des gens de basse profession.

» Pour les premiers, elle veut qu'ils soient précédés d'un contrat pour lequel la femme apporte une dot au mari, et le mari fasse à la femme une donation antenuptiale : *In majoribus itaque dignitatibus, et quæcumque usque ad nos et senatores, et magnificentissimos illustres, neque fieri hæc omninò patimur ; sed sit omninò dos et antenuptialis donatio ; et ad omnia quæ honestiora decet nomina.*

» Pour les seconds, elle laisse le choix aux parties, ou de se marier à l'église, devant un prêtre qui doit

48.

en dresser un acte signé d'elles, de lui et de trois témoins, ou si elles préfèrent ne donner aucune solennité à leur mariage, de le faire précéder d'un contrat qui règle leurs conventions matrimoniales; mais elle déclare que, dans l'un et l'autre cas, la preuve par témoins ne suffira pas pour constater le mariage de personnes de cette classe : *Quantum verò in militiis honestioribus et negotiis, et omninò professionibus dignioribus est, si valuerit legitimi uxori copulari, et non facere nuptialia documenta, non sic quomodocumque et sine cautelâ effusè et sine probatione hoc agat, sed veniat ad quamdam orationis domum, et fateatur sanctissimæ illius ecclesiæ defensori : ille autem adhibens tres aut quatuor exindè reverendissimorum clericorum, attestationem conficiat declarantem quia sub illâ indictione, illo mense, illâ die mensis...., venerunt apud eum in illam orationis domum ille et illa, et conjuncti sunt alterutri; et hujusmodi protestationem.... subscribant et sanctissimæ ecclesiæ defensor, et reliqui tres aut quantoscumque voluerint, non tamen minùs trium litteris hoc significantibus...., ut recunditium sit omnibus ex hoc munimen, et non aliter videatur nuptiali affectu eos convenisse, nisi tale aliquid agatur, et omninò ex litteris causa testimonium habeat; his ità gestis, et nuptias, et ex eis sobolem esse legitimam. Hæc autem dicimus, ubi non dotis aut antenuptialis donationis fit documentum : fidem enim in solis testibus suspectam habentes, ad præsentem venimus dispositionem.*

» Enfin, quant au mariage des soldats, des laboureurs et des personnes de basse profession, *milites armati, agricolæ et viliores et obscuriores*, la novelle en autorise la célébration dans la forme qu'elle vient de tracer pour ceux des personnes d'un état relevé; mais elle permet aussi qu'ils soient contractés sans aucun acte, *sine scripto* ; et elle déclare légitimes, dans un cas comme dans l'autre, les enfans qui en proviendront.

» Sans doute, c'est dans la deuxième de ces trois classes, que doit être rangé le mariage que la cour d'appel de Turin a jugé avoir été contracté par Henri Pastoris, capitaine au régiment de Lombardie, avec Thérèse Bellone. Mais de-là s'ensuit-il que les arrêts de la cour d'appel de Turin, des 9 mai 1807 et 11 juin 1808, doivent être cassés, comme contraires aux dispositions de la novelle 74, qui se rapporte aux mariages de cette deuxième classe? Non, et il y en a trois raisons également décisives.

» 1° Lorsqu'a paru le code civil, il y avait long-temps que l'Italie n'était plus gouvernée, en fait de mariage, par les dispositions du droit romain : il y avait long-temps qu'elle ne reconnaissait plus, en cette matière, d'autre loi que le droit canonique; et tout le monde sait que le droit canonique, tout en imposant aux ministres du culte l'obligation de tenir registre des mariages qu'ils célébraient et avaient seuls qualité pour célébrer, ne laissait pas de réputer valables les mariages dont il n'avait pas

été tenu registre, et qu'il en admettait la preuve par toute autre espèce de voie. C'est ce que juge de la manière la plus positive un arrêt du sénat de Turin, rendu en forme de *décision*, le 13 septembre 1764, entre les sieurs de Thésor, au rapport de M. Bruni de Cussanio : *Quamvis autem, y est-il dit, præfatum conjugium in libro parochiali descriptum non inveniatur, neque præcessissent denunciationes, non ideò tamen de eo licet dubitare, cùm referri quidem debeant à parocho in codicem suum accuratè contrahentium nomina ad majorem et faciliorem rei gestæ probationem, conjugium tamen vacillare æquum non sit, si fortè parochus, aliis probationibus non deficientibus, illud omiserit, et explorati juris sit denunciationes ad conjugii substantiam non pertinere.*

Et il est à remarquer que cette *décision* formait, dans notre espèce, pour les magistrats de la cour d'appel de Turin, une loi dont il ne leur était pas permis de s'écarter, même dans le cas où elle se fût trouvée en opposition non - seulement avec le droit romain, mais encore avec le droit canonique : « Voulons (portait l'art. 15 du tit. 22 du liv. 3 des constitutions piémontaises, du 7 avril 1770) que, » dans la décision des procès, l'on observe unique- » ment en premier lieu nos constitutions ; seconde- » ment, les statuts des lieux, pourvu qu'ils soient » par nous approuvés, ou par nos royaux prédé- » cesseurs, et qu'ils soient en observance; troisième- » ment, les DÉCISIONS DE NOS MAGISTRATS, et finale- » ment le texte du droit commun. »

» 2° Quand même le droit romain aurait dû seul, dans notre espèce, servir de boussole à la cour d'appel de Turin, la prétention des demandeurs n'en serait pas mieux fondée; car, dans le dernier état du droit romain, le chap. 4 de la novelle 74 ne faisait plus loi, ni pour les mariages des militaires élevés en grade, ni pour ceux des personnes d'un état également honorable, mais inférieur aux premières dignités de l'empire. Il avait été, à cet égard, abrogé par le chap. 4 de la novelle 117.

» Justinien, dans ce texte, rappelle les dispositions de la 74e novelle, et annonce qu'il croit devoir les réformer: *In præsenti perspeximus meliùs disponere ea quæ de his jampridem sancita sunt.* Il ajoute que les grands dignitaires continueront d'être assujétis à l'obligation de faire précéder leurs mariages d'un contrat renfermant leurs stipulations matrimoniales: *Et proptereà jubemus eos qui maximis dignitatibus decorati sunt, usque ad illustres, non aliter nuptias celebrare nisi dotalia scribantur instrumenta.* Et il finit par ordonner qu'à l'égard des autres mariages, on pourra, conformément à la règle qui était en vigueur avant la novelle 74, les célébrer avec ou sans écrit : *Reliquos autem omnes præter eos qui maximis, sicut dictum est, dignitatibus decorati sunt, cujuslibet sint dignitatis, aut militiæ, aut studii, siquidem voluerint aut potuerint, non prohibemus eos cum dotalibus instrumentis ducere uxores. Si autem etiam hoc non custodierint, et ex solo affectu celebratas nuptias firmas esse sancimus, et ex eis natos legitimos esse filios jubemus.*

» 3° Enfin, quel était l'objet de Justinien dans le chap. 4 de sa novelle 74, lorsqu'il obligeait et les grands dignitaires de régler par écrit leurs intérêts nuptiaux, et les personnes d'un état moins relevé et cependant honorable, de ne se marier que soit à la suite d'un contrat dotal, soit à l'église et devant un prêtre qui en dressait un acte solennel ? C'était uniquement d'empêcher que l'on ne fît dépendre la preuve des mariages de la seule foi des témoins ; c'était uniquement de prévenir les inconvéniens qu'il y aurait eu à n'admettre pour cette preuve qu'une enquête purement testimoniale ; c'était, en un mot, de rappeler ce grand principe écrit dans la loi 2, C. de *testibus*, que, dans les questions d'état, la preuve par témoins est insuffisante par elle-même, et qu'elle doit être aidée, ou d'un commencement de preuve par écrit, ou de puissans adminicules résultant des circonstances : *Defende causam tuam instrumentis et argumentis quibus potes ; solis enim testes ad ingenuitatis probationem non sufficiunt.* Et ce qui le démontre jusqu'à l'évidence, c'est que le mariage même des grands dignitaires, qui n'avait pas été précédé d'un contrat dotal, pouvait être prouvé, après sa célébration, par un acte contenant la reconnaissance des enfans qui en étaient nés. Écoutons Justinien dans le chap. 2 de la novelle 117 : Nous avons jugé à propos de statuer que, si quelqu'un ayant un fils ou une fille, d'une femme libre, avec laquelle il peut exister un mariage légitime, déclare, ou dans un acte écrit, soit de la main d'un officier public, soit de la sienne, et muni de la souscription de trois témoins dignes de foi, ou dans son testament, ou dans les actes publics, qu'un tel ou une telle est son fils ou sa fille, et n'ajoute pas le mot *naturel*, de tels enfans sont légitimes ; qu'on ne peut leur demander aucune autre preuve, et qu'ils doivent jouir de tous les droits que nos lois confèrent aux enfans légitimes : *Ad hoc autem et illud sancire perspeximus, ut si quis filium aut filiam habens de liberâ muliere cum quâ nuptiæ consistere possunt, dicat instrumento, sive publicâ, sive propriâ manu conscripto et habente subscriptionem trium testium fide dignorum, sive in testamento, sive in gestis monumentorum, hunc aut hanc filium suum esse aut filiam,* ET NON ADJECERIT NATURALEM, *hujusmodi filios esse legitimos,* ET NULLAM ALIAM PROBATIONEM AB IIS QUÆRI, *sed omni frui eos quod legitimis filiis nostræ conferunt leges.* Car (ajoute Justinien), du seul fait que leur père les a appelés ses enfans, il résulte une preuve suffisante qu'un mariage légitime a existé entre lui et leur mère ; et cette preuve dispense même celle-ci de toute autre pour établir qu'elle a été réellement mariée : *Utpote ipso patre, sicut dictum est, filios proprios eos vocante ; ex hoc enim et cùm eorum matre monstratur legitimum habuisse matrimonium ; ut neque ab eâ pro nuptiarum fide alia probatio requiratur.*

» La cour d'appel de Turin aurait donc pu, d'après cette novelle, regarder le mariage de Henri Pastoris avec Thérèse Bellone comme suffisamment prouvé, par cela seul que Henri Pastoris avait consigné, le 15 septembre 1801, sur les registres de l'état civil existans dans la chancellerie du consulat de France à Gênes, un acte par lequel il avait déclaré que, le 12 mai précédent, il lui était « né de » Thérèse Bellone, son ÉPOUSE, un enfant femelle, à » la quelle il donnait les prénoms de Françoise-Eli- » sabeth-Henriette. »

» Et à combien plus forte raison, en ne considérant cette déclaration que comme un commencement de preuve par écrit de la célébration du mariage, en la joignant à des lettres, à une procuration, à un testament, par lesquels Henri Pastoris avait également reconnu Thérèse Bellone pour son épouse, et Françoise-Elisabeth-Henriette pour sa fille légitime, la cour d'appel de Turin a-t-elle pu en inférer qu'il y avait lieu de permettre la preuve testimoniale du fait de la célébration même ! A combien plus forte raison a-t-elle pu regarder les dépositions des témoins entendus en conséquence de cette permission, comme dignes de toute la confiance de la justice !

» Mais, disent les demandeurs, et c'est leur seconde proposition, si le mariage dont il s'agit a été réellement célébré, du moins il ne l'a pas été devant l'officier public dont la loi désignait, il ne l'a pas été devant les curés des deux parties, ni même devant celui de l'une ou de l'autre ; il ne l'a été que devant un aumônier de l'armée piémontaise, dont Thérèse Bellone ne peut pas même indiquer le nom ; devant un aumônier que rien ne justifie avoir été attaché au régiment dans lequel servait Henri Pastoris ; devant un aumônier qui avait été dépouillé de sa qualité, par l'incorporation des régimens piémontais dans l'armée française ; devant un aumônier qui, même sous le gouvernement sarde, n'aurait pu marier les militaires que sur des présence de l'ennemi, position dans laquelle ne se trouvait pas Henri Pastoris au moment où a été célébré son prétendu mariage.

» Voilà beaucoup d'assertions ; mais qu'y a-t-il de vrai dans chacune ?

» 1° Quelque général, quelque absolu, que fût le décret du concile de Trente, qui annulait tout mariage contracté hors la présence du propre curé des parties, il était néanmoins très-constant, dans l'ancienne jurisprudence piémontaise, que pendant la guerre, les aumôniers de l'armée pouvaient marier les personnes qui en faisaient partie.

» C'est ce qu'a jugé nettement l'arrêt en forme de *décision*, du sénat de Turin, du 13 septembre 1764, que nous avons déjà cité.

» Dans l'espèce sur laquelle il a été rendu, le comte Jean-François de Thésor, officier piémontais au service de France, dans la légion italienne de Lamassé, avait épousé, le 29 mars 1692, une fille de la classe du peuple, nommée Brigitte Potit, domiciliée à Dixmude en Flandre. Le mariage avait été célébré à Dixmude même, pendant qu'un corps de la légion de Lamassé y était en garnison, en présence du franciscain d'Haumacelle, qui, dans le certificat qu'il en avait dressé sur une feuille volante, non signée des parties, mais de deux témoins seulement, avait pris la qualité d'aumônier de cette légion. Deux ans après, le comte de Thésor ayant abandonné Brigitte Potit, était rentré en Piémont, y avait épousé une autre femme, et était mort laissant un testament par lequel il avait reconnu son mariage avec Brigitte Potit, et les enfans qu'il avait eus d'elle. Alors s'était élevée la question de savoir si ces enfans étaient légitimes. Cette question dépendait de deux points : le fait de la célébration du mariage était-il constant ? Ce fait supposé constant, le mariage était-il valable ?

» Sur le premier point, on argumentait contre les enfans de Brigitte Potit, du silence des registres de l'église paroissiale de Dixmude, et de l'absence des signatures des parties prétendues contractantes dans le certificat du franciscain d'Haumacelle. Et déjà nous avons vu que le sénat de Piémont avait proscrit ce moyen.

» Sur le second point, on prétendait que le franciscain d'Haumacelle n'était pas aumônier de la légion de Lamassé, et que l'eût-il été, il aurait été sans caractère pour impartir la bénédiction nuptiale au comte de Thésor et à Brigitte Potit. A cet égard, l'arrêt du 13 septembre 1764 décide que *de fratris praedicti auctoritate ambigendum non est* : d'abord, parce qu'en fait, sa qualité d'aumônier est suffisamment établie ; ensuite, parce qu'en droit, dès qu'il était aumônier des troupes piémontaises au service de France, il avait eu qualité pour marier les militaires employés dans ces troupes : *ideoque ea polluisse auctoritate quâ militum conjugiis assistere valeret* : ce qu'il justifie 1° par la doctrine de deux célèbres jurisconsultes flamands, Zypæus, titre de *sponsalibus et matrimonio*, consultation 14, et Van Espen, professeur de droit à Louvain, *Jus ecclesiasticum universum*, part. 2, tit 12, chap. 5, de *sponsalibus et matrimonio*, n° 16 ; 2° par une décision de la Rote de Rome. (*Recent*. part. 14, décis. 433, n° 11). En conséquence, l'arrêt du 13 septembre 1764 juge que le mariage est à la fois constant et valable, et que les enfans qui en sont issus ont droit à tous les avantages de la légitimité.

» Nous savons bien que, dans les troupes françaises, il était défendu aux aumôniers, par une ordonnance de Louis XIV, du 15 décembre 1681, « de célébrer aucun mariage entre les cavaliers et » soldats, et des filles ou femmes domiciliées dans » les villes ou places où ils seraient en garnison ou » ès environs, pour quelque cause ou occasion que » ce pût être.

» Mais sans examiner ni si cette ordonnance qui ne parlait que *des cavaliers et des soldats*, était également applicable aux officiers, ni si elle pouvait être

étendue au cas où, comme dans notre espèce, un régiment était, non en *garnison* dans une *ville ou place*, mais cantonné momentanément dans un *village*, et surtout dans un *village situé en pays étranger*, après la déroute de l'armée dont il faisait partie.

» Nous dirons que la jurisprudence piémontaise n'admettait, sur l'habileté des aumôniers à célébrer, en temps de guerre, les mariages des militaires en activité de service, qu'une seule exception ; que cette exception avait pour objet le cas où la femme se trouvait, au moment de la célébration de son mariage avec un militaire, dans le lieu de son domicile réel ; que ce point de jurisprudence est constaté par l'arrêt de la cour de Turin, du 9 mai 1807 ; et que ce même arrêt déclare, en fait, l'exception dont il s'agit, étrangère à notre espèce, parce que « la dame Bellone ne se trouvait dans la région » dite *la Pietra* qu'accidentellement et par suite » de positions militaires qui pouvaient changer à » chaque instant. »

» 1° Les demandeurs font valoir avec beaucoup d'emphase l'impossibilité à laquelle Thérèse Bellone a été réduite, devant la cour d'appel de Turin, de décliner le nom de l'aumônier qui avait célébré son mariage.

» Mais un seul mot répond à tout ce qu'ils vous disent à cet égard : c'est que les demandeurs n'ont jamais attaqué et n'attaquent pas encore l'arrêt de la cour d'appel de Turin, du 6 juillet 1807, qui les a déclarés non-recevables dans les conclusions qu'ils avaient prises, après l'arrêt interlocutoire du 9 mai de la même année, à ce que Thérèse Bellone fût tenue de *déclarer* et justifier le nom de l'aumônier devant lequel son mariage avec Henri Pastoris avait été célébré.

» 2° Par-là, en effet, il est décidé bien nettement que Thérèse Bellone n'a pas eu besoin, pour faire juger son mariage constant et valable, de *déclarer* et *justifier* le nom de l'aumônier en présence de qui elle soutenait l'avoir contracté.

» 3° Ce n'est pas avec plus de raison que les demandeurs cherchent à se prévaloir du défaut de preuve que cet aumônier fût attaché au régiment dans lequel servait Henri Pastoris.

» D'une part, l'arrêt en forme de *décision*, du 13 septembre 1761, auquel la cour d'appel de Turin était, d'après les constitutions du 7 avril 1770, rigoureusement tenue de se conformer, met en principe qu'en droit on ne peut pas regarder les fonctions des aumôniers comme essentiellement restreintes aux membres des corps de troupes près desquels ils sont placés, parce que le plus ou le moins d'étendue de leur juridiction dépend, à cet égard, de l'usage et de la teneur des pouvoirs attribués au vicaire-général de l'armée, dont ils ne sont, dans chaque localité, que les suppléans : *Facultatem verò legionum eleemosynariis concessam ad tempus illud quo in castris degunt milites;*

vel ad eos duntaxat PROPRIÆ LEGIONIS *coarctandam esse jure non regeritur, cùm id ab observantiâ vel à tenore facultatum vicario exercitûs concessarum pendeat.*

» D'un autre côté, le même arrêt décide encore que, du moment que l'un des aumôniers d'une armée a célébré un mariage, on doit croire, jusqu'à la preuve du contraire, qu'il a eu qualité pour le célébrer : *eâ polluisse auctoritate quâ militum conjugiis assistere valeret*, parce qu'il n'est pas permis de présumer qu'un prêtre, un confesseur, se soit arrogé, dans une matière de cette importance, une autorité qu'il n'avait pas; et que par-là il ait commis publiquement, sans cause déterminante, un délit auquel le concile de Trente inflige des peines aussi sévères, et dont la preuve se serait pour ainsi dire faite d'elle-même : *Nec planè immeritò; quæ enim causa sacerdotem prædictum et confessarium movit ut eam sibi facultatem falsò vindicaret, in re adeò magni momenti? Delinquendi profectò causa nulla apparet, crimen publicè gestum probatione vix indigebat in ejus delicti reum..... à concilio Tridentino animadvertebatur : in hocce porrò rerum statu, fratrem D'Haumacelle legitimâ auctoritate instructum credendum esse nemo est qui non intelligat.*

» La cour d'appel de Turin a donc pu, parlons plus juste, elle a donc dû juger pareillement (car, encore une fois, les constitutions de 1770 lui en imposaient le devoir) que l'aumônier devant lequel avaient été mariés Henri Pastoris et Thérèse Bellone, devait être présumé avoir eu tous les pouvoirs nécessaires pour célébrer leur mariage, et que c'était aux demandeurs qui soutenaient le contraire, à justifier leur assertion.

» 4° Les demandeurs sont-ils mieux fondés à dire que les aumôniers des troupes piémontaises n'avaient plus de fonctions à remplir auprès de ces troupes, à l'époque du mariage de Henri Pastoris avec Thérèse Bellone, parce qu'alors ces troupes étaient incorporées dans l'armée française.

» Vous sentez, messieurs, que c'est là une question de pur fait, et que la cour d'appel de Turin l'ayant décidée contre les demandeurs, ceux-ci ne peuvent citer, comme en effet ils ne citent, aucune loi qui ait été violée par sa décision.

» 5° Enfin, est-il vrai, comme on le prétend, que les aumôniers ne pouvaient marier les militaires qu'en présence de l'ennemi; et de ce que Henri Pastoris n'était pas en présence de l'ennemi lorsqu'il a épousé Thérèse Bellone; de ce qu'il était alors dans le territoire ligurien, qui n'était pas encore envahi par l'armée austro-russe, quoiqu'elle en fût déjà très-rapprochée, peut-on inférer qu'un aumônier des troupes piémontaises fût sans qualité pour célébrer son mariage ?

» S'il en faut croire les demandeurs, il en était des mariages des militaires comme de leurs testamens; et les militaires ne pouvaient se marier devant les aumôniers des troupes qu'autant qu'ils fussent dans la même position où il était permis de tester militairement.

» Nous pouvons sans difficulté admettre la comparaison. Mais qu'en résultera-t-il ? Où les demandeurs ont-ils vu que, par les lois romaines, les seuls que le Piémont reconnût, avant le code civil, sur la forme des testamens militaires, les soldats ne fussent autorisés à tester militairement que lorsqu'ils se trouvaient en présence de l'ennemi ?

» Le §. 3, Inst. *de testamento militis*, dit, au contraire, que la faculté de tester militairement appartient à tous ceux qui *militant et in castris degunt.* Le commencement du même titre décide la même chose pour ceux qui *in expeditionibus occupati sunt;* et Cujas, tome 1, page 697, édition de 1658, établit que tout militaire peut tester militairement dès qu'il est, ou dans une expédition, ou dans un camp, ou dans des retranchemens, ou dans un quartier d'hiver, ou dans une garnison : *Ergo qui in expeditione testatur miles, in castris, in fossato, ut loquuntur, imò et in hybernis, ut meum judicium est; in stativis, in præsidiis, jure militari testamentum facere potest.* S'il en était autrement, ajoute-t-il, on serait forcé de n'admettre, à cet égard, aucune différence entre un simple citoyen et le militaire; car le simple citoyen peut aussi tester militairement, lorsqu'il se trouve dans un champ de bataille : *Alioquin nihil differt paganus à milite; nam et à pagano in procinctu in acie, in hostico, testamentum quoquo modo valet;* et c'est que décide formellement la loi dernière, D. *de testamento militis.*

» Même doctrine dans les notes de Godefroy sur la loi 17, C. *de testamento militis;* dans le *Lexicon juris de Kalb (Calvinus)*, aux mots *expediti milites;* dans le traité de Barry, *de successionibus* liv. 1, tit. 5, n° 7; dans Galius Clarus, §. *testamentum*, quest. 15, n° 2; dans les Œuvres de Henrys, liv. 5, chap. 4, quest. 37, etc.

» Donc, par identité de raison, les militaires n'avaient besoin, pour pouvoir se marier, en temps de guerre, devant les aumôniers des troupes, que d'être, ou dans une garnison, ou dans des retranchemens, ou dans des quartiers d'hiver, ou dans une expédition quelconque, quoique d'ailleurs ils ne fussent pas en présence de l'ennemi.

» Aussi la cour d'appel de Turin remarque-t-elle, dans son arrêt du 3 mai 1807, que les pouvoirs conférés aux aumôniers des troupes piémontaises par le brevet du grand-aumônier du roi de Sardaigne, en vertu d'une bulle du pape, le 25 février 1793, les autorisaient à exercer toutes les fonctions curiales auprès de ces troupes, *tempore belli;* termes qui embrassent évidemment toutes les positions dans lesquelles peuvent se trouver des troupes mises sur le pied de guerre.

» Aussi avons-nous déjà vu le sénat de Turin décider, par son arrêt du 13 septembre 1764, que l'on ne peut pas restreindre les pouvoirs des aumô-niers des troupes aux mariages que les militaires contractent dans les camps : *Facultatem verò legio-num eleemosynariis concessam ad tempus illud quo in castris degunt milites, coarctandam esse jure non regeritur.*

» Aussi l'avons-nous vu juger par le même ar-rêt, que le mariage contracté par le comte de Thé-sor, dans la ville de Dixmude, devant l'aumônier de son corps, pendant qu'il y était en garnison, était valable : *Quia de legione agebatur, vel tunc belligerante ; vel saltem eâ destinatione ut bel-lum gereret.*

» Et assurément Henri Pastoris était, au mo-ment de son mariage avec Thérèse Bellone, dans une position beaucoup plus critique que le comte de Thésor, puisqu'il se trouvait, non dans une garnison, mais dans un cantonnement, à très-peu de distance de l'ennemi, et à une époque où l'ar-mée, battue et dispersée à Novi, cherchait à se rallier et à se recomposer.

» La deuxième proposition des demandeurs n'est donc pas plus soutenable que la première. Passons à la troisième, et voyons si Françoise-Élisabeth-Henriette Pastoris a dû être jugée bâtarde, sur le seul fondement qu'elle doit le jour à un mariage contracté entre son père et sa mère, pendant que celle-ci était dans les liens d'un mariage non encore dissous.

» Sans contredit, elle aurait dû l'être, si son père et sa mère, au moment où ils se sont pris mu-tuellement pour époux, avaient eu connaissance de la non-dissolution du mariage que sa mère avait précédemment contracté.

» Mais si la non-dissolution de ce mariage était ignorée, soit de l'un, soit de l'autre, si l'un ou l'autre était, à cet égard, dans la bonne foi, nul doute que leur fille ne doive être traitée comme lé-gitime, nul doute que la cour d'appel de Turin n'ait bien jugé.

» Or, la cour d'appel de Turin a décidé en fait, non-seulement que l'un ou l'autre des époux croyait de bonne foi que le premier mari de Thérèse Bel-lone avait péri victime d'un assassinat, mais que tous deux étaient dans la même erreur. La cour d'appel de Turin a donc dû, par une suite néces-saire, déclarer légitime l'enfant qui était né à l'om-bre du mariage qu'ils avaient eu l'intention de con-tracter.

» Et vainement les demandeurs viennent-ils vous produire deux prétendues lettres originales de Henri Pastoris et de Thérèse Bellone, desquelles il résulterait que, du moins avant la conception de l'enfant dont il est ici question, ils connaissaient tous deux l'existence de Joseph Degubernatis.

» Ces prétendues lettres n'ont été produites qu'en copies devant la cour d'appel de Turin ; et la cour d'appel de Turin n'a pu ni dû y avoir aucun égard, précisément parce que les originaux n'en étaient pas représentés.

» Qu'aurait fait la cour d'appel de Turin, si, au lieu de la copie de ces prétendues lettres, on lui en avait représenté les originaux ? Nous l'ignorons, et nous devons l'ignorer ; une seule chose nous suffit : c'est que des pièces qui n'ont pas été mises sous les yeux de la cour d'appel de Turin, ne peu-vent pas fournir un moyen de cassation contre l'ar-rêt de cette cour.

» Mais, disent les demandeurs, la loi ne per-mettait pas à la cour d'appel de Turin de juger que Henri Pastoris et Thérèse Bellone avaient été dans la bonne foi :

» 1°. Parce qu'au moment de leur mariage, il ne s'était pas encore écoulé un an depuis que s'é-tait répandue la nouvelle de la mort du mari de Thérèse Bellone ;

» 2°. Parce que cette nouvelle n'avait pas encore acquis un degré légal de certitude ;

» 3°. Parce que Henri Pastoris et Thérèse Bellone s'étaient mariés clandestinement ;

» 4°. Parce qu'ils s'étaient mariés sans publica-tion préalable des bans prescrits par les conciles de Latran et de Trente.

» Ces différentes assertions qui composent la quatrième proposition des demandeurs, exigent chacune un examen particulier.

» 1°. Pour prouver qu'à défaut de laps d'une année, depuis que s'était répandu le bruit de la mort de Joseph Degubernatis, Henri Pastoris et Thérèse Bellone ne pouvaient pas être dans la bonne foi, les demandeurs vous citent l'authentique *hodiè*, C. *de repudiis*, qui n'est que l'extrait du chap. 11 de la Novelle 117.

» Effectivement, messieurs, cette loi décide net-tement que la femme d'un militaire qu'elle apprend être mort dans une expédition, ne peut se rema-rier qu'après que l'officier supérieur de son mari en a, solennellement et sous la religion du serment, attesté le décès, et que cette attestation a été suivie d'une année entière : *Non priùs nubat, quàm per se, vel per aliium eum sub quo militabat adiens, interrogaverit si pro veritate mortuus est, ut apud gesta deponatur, cum jurejurando, si mortuus sit ; quò subsecuto, post annum nubat, et qne, si elle se remarie sans ces préliminaires, la peine de l'adultère soit infligée tant à elle qu'à son époux : *Si verò præter hæc nupserit, tàm ipsa quàm qui eam duxerit, velut adulteri punian-tur ;* peine qui suppose nécessairement la nullité de ce second mariage.

» Mais cette disposition du droit romain était-elle encore en vigueur au moment où Henri Pasto-ris et Thérèse Bellone s'étaient unis par les nœuds du mariage ? N'avait-elle pas été abrogée par le droit canonique ? Ne l'avait-elle pas été notamment par la décrétale *in præsentiâ, de sponsalibus et ma-trimonio ;* qui, sans fixer aucun délai de rigueur entre la mort du mari et le mariage subséquent de la femme, se contente d'exiger que cette nouvelle soit certaine : *Etiamsi pro juvenili ætate et fragilitatem corporis nequeant continere, tamen quantocumque annorum tempore elapso, non possunt mulieres ad alterum consortium, canonicè convolare, donec certum nuncium acceperint de ipsorum virorum morte?*

» Sur cette question, vous le savez, messieurs, la cour d'appel de Turin s'est prononcée contre les demandeurs, et elle n'a fait en cela que se conformer au principe généralement reçu avant le code civil, en Italie, en Espagne, et dans tous les pays d'obédience, qu'en fait de mariage on ne devait plus connaître d'autres lois que les dispositions du droit canonique.

» Ce n'est pas que ce principe n'ait été combattu par quelques anciens docteurs; ce n'est pas que Bartole, sur la loi 2, §. *si dubitetur*, nº 1, D. *testamenta quemadmodùm aperiantur*, n'ait soutenu que l'authentique *hodiè* n'était pas abrogée par le droit canonique; ce n'est pas qu'il n'ait été suivi par le docteur espagnol Gregoire Lopès, liv. 8, tit. 9, page 4, au mot *Algunos*, et par la glose de la décrétale, *Quoniam frequenter, ut lite non contesta*, au mot *Præsumatur*.

» Mais la doctrine contraire, la doctrine adoptée par la cour d'appel de Turin, était professée par le plus grand nombre des jurisconsultes; elle l'était notamment par le pape Innocent IV et Jean André, dans leurs commentaires sur la décrétale *In præsentia, de sponsalibus et matrimonio*; par Felinus, sur la décrétale *Quoniam frequenter*, déjà citée; par Rolandus, tome 3, *consil.* 95, nº 12; par Pierre Barbosa, dans ses Consultations matrimoniales, tome 1, §. 25, nº 3; par Guttierez, dans ses *Practicæ quæstiones*, liv. 2, quest. 8, nos 5 et 6.

» Et c'est à ce parti que se range, en citant beaucoup d'autres auteurs qui l'embrassent également, le fameux Sanchez *De sancto matrimonii sacramento*, liv. 2, disp. 46, nº 2 : *Dicendum est* (ce sont ses termes), *jure canonico correctam esse authenticam hodiè, quia in cap. in præsentiâ, tantùm petitur certum nuncium de morte haberi..., et Alexander de Nevo optimè reprobat cardinalem quèm refert, dicentem posse judicem sæcularem punire uxorem secundò nubentem non servatâ solemnitate illius authenticæ hodiè, si posteà virum priorem vivum appareat, quia cùm jus canonicum licentiam contrahendi eâ solemnitate non servatâ, concedat, sublatum est in tôtum jus civile : lex enim civilis, cùm nihil circà matrimonium disponere possit, censetur potiùs sublata, quoties canones aliter disponunt.*

» La cour d'appel de Turin n'a donc fait, en regardant l'authentique *hodiè* comme abrogée par les lois canoniques, qu'user du droit qu'elle avait d'opter entre deux opinions controversées, et de préférer la plus commune à celle qui avait le moins de sectateurs; elle n'a donc en cela violé aucune loi;

son arrêt est donc, derechef, à l'abri de la cassation.

» 2º Les demandeurs prétendent que, si l'authentique *hodiè* est abrogée par le droit canonique, en ce qui concerne l'intervalle d'une année qu'elle exige entre la vérification de la mort de son mari et la célébration du mariage subséquent de la femme, elle ne l'est du moins pas en ce qui concerne le mode de vérification de la mort du mari; qu'au contraire, la décrétale *In præsentiâ*, en se servant des mots *certum nuncium*, suppose clairement qu'à cet égard l'autenthique *hodiè* est encore dans toute sa vigueur; qu'en effet, la mort du mari ne peut être certaine, qu'autant qu'elle est constatée légalement, c'est-à-dire, ou par un acte de décès en bonne forme, ou par une enquête suivie d'un jugement déclaratoire de la mort du mari.

» Cette interprétation serait parfaitement juste, s'il s'agissait de statuer sur une opposition au nouveau mariage qu'une femme déjà mariée prétendrait contracter comme veuve : alors sans doute la justice devrait s'armer de toute sa rigueur, et il n'y aurait qu'une preuve authentique de la mort du mari qui pût déterminer les tribunaux à permettre à la femme de passer dans les bras d'un nouvel époux. Ainsi l'a jugé le célèbre arrêt du parlement de Paris, du 16 décembre 1771, contre la dame Filiers de Dunkerque. Ainsi l'a décidé, sous le code civil, un avis du conseil-d'état du 12 germinal an 13, approuvé par le chef du gouvernement le 17 du même mois.

» Mais une femme s'est-elle remariée sans opposition ? L'officier de l'état civil a-t-il pris sur lui de tenir pour constant le fait de la mort du mari, quoique non constaté légalement ? Et n'est-il question, après que ce fait a été reconnu faux, que de savoir si les enfans nés d'un mariage ainsi contracté, sont légitimes ou adultérins ? Alors les grands intérêts qui, dans le premier cas, devaient rendre le juge inaccessible à toutes les présomptions, se taisent absolument; alors le juge n'a plus à prononcer que sur la bonne ou mauvaise foi dans laquelle ont été formés des liens dont un événement postérieur a mis au grand jour la nullité primordiale; alors il n'y a plus en litige qu'un point de fait; et tout le monde sait que, sur les points de fait, la loi s'abandonne sans réserve aux magistrats; tout le monde sait qu'il appartient aux magistrats de juger les points de fait suivant leurs lumières et leur conscience; tout le monde sait que, de quelque manière que soit jugé un point de fait, jamais le jugement n'en peut être attaqué par la voie de la cassation.

» 3º Ce n'est pas avec plus de fondement que les demandeurs cherchent, dans la prétendue clandestinité du mariage dont il s'agit, une preuve de la mauvaise foi avec laquelle, suivant eux, il a été contracté.

» Un mariage que la cour d'appel de Turin déclare, par son arrêt du 11 juin 1808, avoir été contracté *en présence de quatorze* ou *quinze témoins*, non compris l'aumônier, n'est certainement pas un mariage clandestin.

» Et il n'importe que la célébration en ait été faite, non dans l'église du lieu, mais dans le logement qu'occupait Henri Pastoris à *la Pietra* : ce qui constitue la publicité du mariage, c'est la présence de l'officier délégué par la loi pour le célébrer, c'est le concours des témoins que la loi y appelle, c'est principalement l'absence de toute affection à en contrer la connaissance entre les personnes dont l'intervention est absolument nécessaire, c'est principalement la franchise avec laquelle on y admet un grand nombre d'autres personnes; et toutes ces circonstances se rencontrent ici.

» 4° Pour dernière ressource, les demandeurs se retranchent dans le défaut de publication de bans ; et il faut convenir que, de tous les moyens qu'ils ont employés devant la cour d'appel de Turin, celui-ci est le plus spécieux.

» A la vérité, il est universellement reconnu que le concile de Trente ne frappait pas de nullité les mariages qui avaient été contractés sans publication préalable de bans, lorsque d'ailleurs ils l'avaient été entre les parties capables et devant leur propre curé.

» C'est même, comme nous l'avons déjà remarqué, la décision expresse de l'arrêt du sénat de Turin du 13 septembre 1764 : *Explorati juris est denunciationes ad conjugii substantiam non pertinere.*

» Mais lorsqu'un mariage célébré sans publication de bans se trouve entaché, dans sa substance, d'un vice qui en emporte la nullité, le défaut de publication de bans ne forme-t-il pas une présomption juridique que les époux n'ont pas fait, pour acquérir la connaissance de ce vice, tout ce que leur prescrivait la loi, tout ce qui était en leur pouvoir ? Et dès-là, ne doit on pas considérer comme purement volontaire de leur part l'ignorance dans laquelle ils ont été de ce vice, au moment où ils se sont mariés ? Ne doit-on pas les traiter comme s'étant mariés avec une connaissance légalement présumée de l'empêchement qui s'opposait à leur union ? Ne doit-on pas, par une suite nécessaire, ranger leurs enfants dans la classe des bâtards ?

» On cite pour l'affirmative un célèbre canon du concile général de Latran, qui est rappelé dans la décrétale *Cùm inhibitio, de clandestina desponsatione.* Voici les termes de ce canon :

» *Cùm inhibitio copulæ conjugalis sit in ultimis tribus gradibus revocata, eam in aliis volumus districtè servari. Unde prædecessorum nostrorum vestigiis inhærendo, clandestina conjugia penitùs inhibemus ; prohibentes etiam ne quis sacerdos talibus interesse præsumat. Quare specialem quorumdam locorum consuetudinem ad alia generaliter prorogando, statuimus ut cùm matrimonia fuerint contrahenda, in ecclesiis per præsbyteros publicè proponantur, competenti termino præfinito, ut infrà illum, qui voluerit legitimum impedimentum opponat, et ipsi præsbyteri nihilominùs investigent utrùm aliquod impedimentum obsit.*

Cùm autem apparuit probabilis conjectura contrà copulam contrahendam, contractus interdicatur expressè donec quid fueri debeat super eo, manifestis constiterit documentis.

» *Si quis verò hujusmodi clandestina, vel interdicta conjugia inire præsumpserit, IN GRADU PROHIBITO, ETIAM IGNORANTER, soboles de tali conjunctione suscepta prorsùs illegitima censeatur, de parentum ignorantiâ nullum habitura subsidium, cùm illi taliter contrahentes non expertes scientiæ vel saltem affectatoris ignorantiæ videantur.*

» Ce texte, nous devons le reconnaître d'après l'art. 15 du tit. 22 du liv. 3 des constitutions piémontaises, du 7 avril 1770, avait, pour la cour d'appel de Turin, dans notre espèce, toute l'autorité d'une loi. Mais il donne lieu à deux questions :

» 1° Qu'entend-il par les termes *clandestina vel interdicta conjugia* ? Peut-on dire que, dans ces termes, il comprend les mariages qui ont été contractés en présence d'un ministre du culte compétent et de quatre témoins, mais sans publication préalable de bans, tout aussi bien que les mariages qui ont été contractés avec toutes les circonstances caractéristiques d'une véritable et parfaite clandestinité ?

» En supposant que le mariage contracté sans publication de bans, mais devant le ministre du culte et les témoins déterminés par la loi, soit compris dans ces termes, peut-on appliquer à tous les cas d'empêchement, quels qu'ils soient, ce que la décrétale *Cùm inhibitio* ne décide que pour le cas où il existait entre les parties contractantes un empêchement de parenté ou d'alliance, tous les cas où les parties contractantes étaient *in gradu prohibito* ?

» Sur la première question, tous les canonistes sont à peu près d'accord; ils conviennent presque tous que, bien que, dans la rigoureuse acception du mot *clandestin*, on ne puisse considérer comme tel que le mariage qui a été contracté hors la présence du curé des parties, et des témoins réunis en nombre compétent, on doit cependant aussi regarder comme infecté du vice de clandestinité le mariage dont la célébration en face de l'Église n'a pas été précédée de toutes les solennités prescrites par les lois, et notamment de la publication des bans.

» Mais ne peut-on pas leur répondre que, si un tel mariage était clandestin, il serait nécessairement nul, puisque tous les mariages clandestins sont frappés de nullité par le concile de Trente ? Et dès qu'ils reconnaissent eux-mêmes qu'un tel mariage est valable, ne doivent-ils pas reconnaître également qu'il n'est pas clandestin? Comment d'ailleurs réputer clandestin un mariage à la célébration duquel concourent et le ministre de la loi, et tous les témoins dont la loi veut que le ministre s'environne?

» Et qu'on ne dise pas que, si un mariage ne peut pas être réputé clandestin, par cela seul qu'il a été contracté sans publication de bans, il doit au moins être rangé dans la catégorie des mariages que la décrétale *Cùm inhibitio* appelle *interdicta*, des mariages que cette décrétale assimile, pour l'objet qui nous occupe, aux mariages qu'elle appelle *clandestina*.

» Il est vrai que l'Église, tout en maintenant les mariages que n'ont pas précédé les publications de bans qu'elle prescrit, ne laisse pas de les prohiber; et que, sous ce rapport, on pourrait les considérer comme *conjugia interdicta*. Mais ce n'est point en ce sens que le mot *interdicta* est employé par la décrétale *Cùm inhibitio*.

» Observons bien la marche de cette décrétale.

» Elle commence par défendre les mariages clandestins : *clandestina conjugia penitùs inhibemus.*

» Elle veut ensuite que, pour constater d'autant mieux l'absence de tout empêchement entre les futurs époux, il soit fait des publications de bans avant la célébration du mariage.

» Puis elle prévoit le cas où, dans l'intervalle de ces publications à la cérémonie nuptiale, on viendrait à concevoir des soupçons apparens sur l'habileté des futurs époux à se marier ensemble; et elle ordonne qu'en ce cas il leur soit fait des défenses expresses de passer outre, jusqu'à ce que ces soupçons soient éclaircis et pleinement dissipés : *Cùm autem apparuit probabilis conjectura contra copulam contrahendam*, CONTRACTUS INTERDICATUR EXPRESSÈ, *donec quid fieri debeat super eo manifestissimis constiterit documentis.*

» Enfin, elle déclare que si un mariage vient à être contracté clandestinement, ou au mépris des défenses dont elle vient de parler, et que les époux soient, même à leur insu, en degré prohibé de parenté ou d'alliance, les enfans qui en naîtront seront réputés bâtards : *Si quis verò hujusmodi clandestina vel interdicta conjugia inire præsumpserit, in gradu prohibito, etiam ignoranter, soboles de tali conjunctione suscepta, prorsùs illegitima censeatur.*

» Il est donc bien évident que, par les mots *conjugia interdicta*, la décrétale n'entend que le mariage dont la célébration a été nommément interdite par une sentence rendue à cet effet; et que ce serait abuser de ses termes, que de vouloir leur faire désigner tous les mariages que l'Église se contente de prohiber par des mesures générales, sans néanmoins les annuler.

» Mais supposons que, dans la décrétale *Cùm inhibitio*, les mariages célébrés en face de l'Église, sans publication de bans, soient compris sous les mots, *clandestina vel interdicta conjugia*; supposons que ces mariages ne diffèrent en rien, dans le sens de la décrétale *Cùm inhibitio*, des mariages véritablement clandestins ou spécialement prohibés : dans cette hypothèse, il nous restera à examiner si la disposition de la décrétale *Cùm inhibitio*, qui ne frappe, comme vous l'avez vu, que sur le cas où

la nullité du mariage, soit clandestin, soit prohibé, dérive d'un empêchement de parenté ou d'alliance, que sur le cas où les parties mariées, soit clandestinement, soit au mépris d'un jugement prohibitif, étaient *in gradu prohibito*, est applicable au cas où, comme dans notre espèce, la nullité du mariage célébré sans publication de bans, provient de tout autre empêchement; au cas où, comme dans notre espèce, la nullité du mariage provient de la préexistence d'un autre mariage non encore dissous.

» Cette question a singulièrement partagé les interprètes du droit canonique.

» Ceux qui soutiennent que la décrétale *Cùm inhibitio* doit être étendue à tous les empêchemens, se fondent sur la maxime, *ubi eadem ratio ibi idem jus*; et ils ne manquent pas d'observer qu'il y a, pour l'empêchement qui dérive, par exemple, d'un mariage précédemment contracté par l'une des parties, et non encore dissous, la même raison que pour l'empêchement qui dérive de la parenté ou de l'alliance au degré prohibé; que les précautions requises par la loi pour découvrir celui-ci, le sont également pour découvrir celui-là; et que, puisque, par le défaut de publication préalable de bans, les parties sont juridiquement présumées n'avoir pas ignoré le second, elles doivent, nécessairement, par le même défaut, être censées, aux yeux de la loi, n'avoir pas ignoré davantage le premier.

» Ainsi raisonnent Sanchez, liv. 3, disp. 42; Mascardus, *de probationibus*, concl. 798; Gonzalès, sur la décrétale *Cùm inhibitio*, et un grand nombre d'autres auteurs.

» Ceux qui soutiennent, au contraire, que la décrétale *Cùm inhibitio* doit être restreinte à l'empêchement de parenté ou d'alliance, et qu'on ne peut pas l'étendre aux autres empêchemens; notamment à celui qui dérive d'un mariage précédemment contracté par l'une des parties et non encore dissous, disent que, dans cette décrétale, la disposition qui répute l'empêchement de parenté ou d'alliance légalement connu des parties, par le seul effet de l'omission des bans, est la peine qui sert de sanction à la défense de célébrer aucun mariage, sans que les bans en aient été préalablement publiés; que, dès que cette disposition est une peine, elle ne peut pas être étendue hors du cas précis pour lequel le concile général de Latran l'a prononcée, et que l'appliquer à un autre cas, ce serait violer l'un des premiers principes du droit.

» Ainsi raisonne Goffridus, dans sa *Somme*, titre *Qui filii sint legitimi*; Vincentius, sur la décrétale *Ex tenore* du même titre; *Cephalus*, tome 4, cons. 503, et plusieurs autres auteurs.

» Entre ces deux opinions, un canoniste célèbre, le cardinal d'Ostie, cité par Sanchez, prend un milieu qui mérite, de notre part, une grande attention : c'est que la première doit prévaloir, si l'on s'attache à l'esprit de la loi : *Hanc sententiam esse veriorem, attentâ mente litteræ*; mais que, si l'on ne consulte que la lettre de la loi, c'est la seconde qui doit l'emporter : *Hanc sententiam esse veriorem mente attentâ litteræ.*

» Rien, en effet, de plus exact. La décrétale *Cùm inhibitio* ne comprend dans son texte que l'empêchement de parenté ou d'alliance : on ne peut donc pas dire que son texte soit, par lui-même, applicable aux autres empêchemens. Mais le motif de cette décrétale est commun à tous les empêchemens, quels qu'ils soient : c'est donc se conformer à son esprit, que de donner à ce texte l'extension dont Sanchez et ses sectateurs le soutiennent susceptible.

» Et de là que devons-nous conclure? Une chose fort simple : c'est que, dans le système de ceux qui réputent *clandestin* le mariage qui n'a pas été précédé de publications de bans, quoique d'ailleurs il ait été célébré en présence d'un ministre et des témoins requis par la loi, la cour d'appel de Turin a jugé contre l'esprit de la décrétale *Cùm inhibitio,* mais qu'elle n'a pas jugé contre son texte ; c'est que dans ce système elle a mal jugé, mais qu'elle n'a pas fait ce que l'art. 65 de la constitution du 22 frimaire an 8 appelle une *contravention expresse aux lois;* c'est, en un mot, que son arrêt échappe nécessairement à la cassation.

» On pourrait cependant objecter qu'il y a, dans le code du président Favre, liv. 9, tit. 29, déf. 28, un arrêt du sénat de Chambéry, du mois de novembre 1595, qui adopte l'opinion de Sanchez.

» Effectivement, messieurs, cette arrêt refuse tous les effets civils du mariage à un homme qui avait épousé publiquement une soi-disant veuve dont le mari passait généralement pour mort, quoiqu'il ne le fût pas, et il les lui refuse sur le seul fondement que les publications de bans qui avaient précédé cette union n'avaient été faites ni dans le domicile actuel des deux parties; qu'elles ne l'avaient pas été dans le dernier domicile du mari, erronément supposé mort, domicile que sa femme avait conservé, même malgré elle, tout le temps qu'il avait vécu; qu'ainsi, ni l'un ni l'autre des prétendus époux n'avait fait tout ce qui était en lui pour s'assurer de la dissolution des premiers liens de l'un d'eux; et que dès-là on devait lui appliquer la disposition de la décrétale *Cùm inhibitio,* parce qu'il y avait, entre le cas prévu par cette décrétale et celui dans lequel il se trouvait, une parfaite identité de raison, *exidentitate scilicet rationis, cùm diversitatis ratio reddi non possit.*

» Mais cet arrêt, à la sage rigueur duquel la morale ne peut qu'applaudir, devait-il, dans notre espèce, faire la loi à la cour d'appel de Turin ?

» Il l'aurait dû, sans doute, d'après l'art. 15 du tit. 22 du liv. 3 des constitutions du 7 avril 1770, s'il eût été rédigé en forme de *décision,* et si, en le produisant dans cette forme devant les magistrats de la cour d'appel de Turin, ont les eût avertis juridiquement de son existence.

» Mais, 1° le président Favre ne nous dit pas que cet arrêt ait été rédigé en forme de *décision,* et vous n'avez pas oublié que les constitutions du 7 avril

n'assujétissent pas les tribunaux à calquer leurs jugemens sur tous les arrêts des sénats ; qu'elles les assujétissent seulement à en observer les *décisions,* c'est-à-dire, les arrêts dans lesquels les rapporteurs ont développé les motifs qui les ont dictés.

» 2° Quand cet arrêt aurait été rédigé en forme de *décision,* la cour d'appel de Turin n'aurait pas été obligée d'en deviner l'existence. Il aurait fallu que les demandeurs le produisissent devant elle en bonne forme; et il paraît que, loin de le produire, ils ne l'ont même pas cité.

» Nous devons donc en revenir à notre proposition : la cour d'appel de Turin peut avoir mal jugé, mais elle n'a violé aucune loi ; et nous estimons en conséquence qu'il y a lieu de rejeter le recours des demandeurs. »

Conformément à ces conclusions, arrêt du 21 mai 1810, au rapport de M. Carnot, par lequel :

« Attendu, sur le pourvoi contre l'arrêt interlocutoire du 9 mai 1807, que, d'après les circonstances et les commencemens de preuve par écrit qui existaient au procès, la cour d'appel de Turin a pu, dans l'intérêt de Henriette, et sans violer aucune loi, l'admettre à la preuve ordonnée par ledit arrêt ;

» Attendu, sur celui dirigé contre l'arrêt définitif du 11 janvier 1808,

» Quant à la *forme,* que cet arrêt a été rédigé conformément au vœu de la loi ; que rien ne s'opposait à ce que l'affaire fût portée à la seconde section, quoique l'interlocutoire eût été rendu par la première, dès que l'affaire devait y être de nouveau discutée sous tous ses rapports; et qu'enfin les réclamans ne pouvaient se plaindre de ce que le jour de la prononciation de l'arrêt n'avait pas été indiqué, puisqu'elle avait eu lieu en présence de leurs avoués;

» Attendu, *au fond,* qu'il n'était pas question, devant la cour d'appel, de la validité du mariage de Thérèse Bellone et de Henri Pastoris dans l'intérêt des époux, mais uniquement du point de savoir s'ils avaient été dans la bonne foi, lorsqu'ils l'avaient contracté; ce qui suffisait pour que Henriette, née de leur mariage, fût légitime;

» Que l'on ne pouvait induire la mauvaise foi desdits Henri Pastoris et Thérèse Bellone, de ce qu'il n'avait pas été retenu acte de la célébration de leur mariage sur les registres publics, puisque, dans le dernier état du droit romain, l'écrit n'était pas une formalité substantielle du mariage, et qu'il ne l'a même jamais été dans les principes du droit canonique, qui faisait là loi du lieu où le mariage dont il s'agit avait été contracté;

» Que si l'ordonnance de 1667 avait été publiée dans la Ligurie et dans le Piémont, lorsque les arrêts attaqués furent rendus, les dispositions de cette ordonnance n'en devaient pas plus, pour cela, être consultées, la forme des actes devant être appréciée suivant la législation qui était en vigueur à l'époque de leur confection;

» Attendu, en second lieu, que la mauvaise foi de Thérèse Bellone et de Henri Pastoris ne résultait pas non plus de ce que le mariage avait été célébré par un aumônier des régimens piémontais, puisqu'en Piémont les aumôniers des régimens avaient reçu de l'autorité compétente, le droit d'administrer, en temps de guerre, les sacremens aux militaires sous les drapeaux, et que Henri Pastoris était, avec son corps, en la région de la Pietra, et en présence de l'ennemi, lorsque son mariage avec Thérèse Bellone y avait été contracté;

» Que les réclamans opposent vainement que la défendresse n'a pas indiqué le nom de l'aumônier qui avait célébré le mariage, ni à quel régiment il était attaché, puisqu'ayant élevé cet incident en cause d'appel, il y avait eu arrêt, le 6 juillet 1807, portant que cette indication n'était pas nécessaire, et qu'ils n'avaient pas déclaré pourvoi contre cet arrêt;

» Attendu que les réclamans n'ont cité aucune loi de laquelle il résultât que la précipitation avec laquelle un mariage a été contracté, fût capable de constituer les époux en mauvaise foi;

» Que la décrétale *in præsentiâ, de sponsalibus,* n'exigeant que le *certum nuncium* de la mort du premier époux, pour autoriser, en temps de guerre, le mariage de l'époux survivant, lorsque l'époux prétendu décédé était militaire, la cour d'appel n'a pu violer la disposition de cette loi, en faisant résulter le *certum nuncium,* dans l'espèce particulière, de circonstances capables de donner toute confiance au bruit public et général répandu de la mort de Degubernatis, premier mari de Thérèse Bellone, employé dans les armées, *et tempore belli;*

» Attendu que le mariage de Henri Pastoris et de Thérèse Bellone ayant été célébré par un aumônier, en présence de quatorze ou quinze témoins, on ne peut dire qu'il fût infecté du vice de clandestinité, lorsque surtout il est avancé et prouvé que les promesses de ce mariage avaient été généralement connues à l'état-major et à l'armée, et qu'ensuite de la célébration du mariage les époux ont constamment joui de l'état d'époux légitimes;

» Attendu que les conciles n'ont pas prononcé la nullité des mariages pour simple défaut de publication des bans; que l'on peut seulement en induire, suivant les cas, qu'ils ont été clandestinement contractés; mais que, dans l'espèce, le vice de clandestinité ne pouvant être reproché au mariage dont il s'agit, il en résulte que le seul défaut de publication de bans n'a pu constituer Thérèse Bellone et Henri Pastoris en mauvaise foi;

» Que si la décrétale. *Cùm inhibitio* a été plus loin, sur ce point, que les décrets des conciles, ce n'a été que par voie d'exception, et pour le seul cas où les époux auraient été parens au degré prohibé; et que la cour d'appel, en s'en tenant à la lettre de cette loi d'exception, sans l'étendre, par induction, au cas d'existence du premier époux, réputé mort, n'en a pu violer ouvertement les dispositions;

» Que d'ailleurs il résulte des faits déclarés constans par l'arrêt du 11 juin 1808, que Turin et Bassano, lieux dans lesquels les bans auraient dû être publiés, étaient envahis par l'ennemi qui couvrait la campagne, et qu'il y avait été suppléé autant que possible par les informations qu'avait prises l'aumônier des troupes piémontaises avant la célébration du mariage;

» Attendu qu'il n'est pas dans le domaine de la cour de cassation d'apprécier les faits déclarés constans par la cour d'appel, et que, dans la cause, il a été jugé que les enquêtes auxquelles il avait été procédé en exécution de l'interlocutoire du 9 mai 1807, étaient concluantes dans l'intérêt de la défendresse:

» Par ces motifs, la cour, sans qu'il soit besoin de rien statuer sur les fins de non-recevoir invoquées par la défendresse, rejette le pourvoi des réclamans contre les arrêts des 9 mai 1807 et 11 juin 1808....»

§. IX. *Y a-t-il nullité dans le mariage, lorsque, connaissant bien l'individu physique auquel on entend s'unir, on est trompé, par un faux acte de naissance, sur son nom et sa famille, et que, par suite, on épouse un autre individu social?*

L'affirmative n'est pas douteuse si, dans ce cas, il y a *erreur dans la personne;* car, d'un côté, l'art. 146 du code civil met en principe qu'*il n'y a point de mariage, lorsqu'il n'y a pas de consentement,* termes qui équipollent bien évidemment à ceux-ci : le *défaut de consentement emporte la nullité du mariage;* de l'autre, l'art. 180, en disant que, lorsqu'il y a eu erreur dans la personne, le mariage ne peut être attaqué que par celui qui en a été induit en erreur, est manifestement censé dire que « celui des deux époux qui a été » induit en erreur sur la personne de l'autre, peut » attaquer le mariage; » et c'est par conséquent comme s'il contenait ces deux dispositions séparées.

« L'erreur dans la personne produit une action en nullité du mariage.

» Cette action ne peut être intentée que par celui des deux époux qui a été induit en erreur. »

Aussi M. Portalis, dans l'*exposé des motifs* du titre du *Mariage,* arrivant à l'art. 180, place-t-il à la tête de l'explication qu'il en donne, cette observation : « S'il n'y a point de véritable consentement lors- « qu'il n'y a point de liberté, il n'y a point non plus » de consentement véritable quand il y a erreur; » expressions qui reviennent évidemment au même que si l'orateur disait : « le mariage est nul toutes » les fois qu'il a été contracté par le genre d'erreur » dont parle l'art. 180. »

Il ne s'agit donc plus que de savoir quel est, dans l'art. 180 du code civil, le sens des mots *erreur dans la personne*.

Je me suis déjà occupé de cette question, dans le *Répertoire de jurisprudence*, aux mots *Empêchemens de mariage* , §. 5 ; mais je manquais alors des élémens nécessaires pour la bien traiter.

On sent, en effet, que, dépendant tout entière de l'acceptation qui, dans la discussion du titre *du Mariage* du projet du code civil, a été attachée par le conseil-d'état aux mots *erreur dans la personne*, elle ne peut être résolue avec pleine connaissance de cause que par le rapprochement et la combinaison de tout ce qui a été dit, à cet égard, dans les quatre séances où elle a été mise en délibération, c'est-à-dire, dans celles des 26 fructidor an 9, 4 vendémiaire, 6 brumaire et 24 frimaire an 10. Or, des procès-verbaux de ces quatre séances, il n'y avait alors d'imprimés que ceux des deux premières ; ceux de la troisième et de la quatrième étaient encore inédits, et ce n'est que depuis peu qu'ils ont été mis au jour par M. Locré, dans sa *Législation civile, commerciale et criminelle de la France*, tome 4, pages 401 et 423.

Il n'est donc pas étonnant que, n'ayant sous les yeux que quelques lambeaux de ceux-ci, publiés par M. Locré, dans son *Esprit du Code civil*, et ne pouvant pas en former un ensemble, je sois tombé, sur cet objet important, dans quelques méprises qu'il est aujourd'hui de mon devoir de rectifier.

Pour remplir cet objet, je commencerai par me fixer sur le procès-verbal de la séance du 16 fructidor an 9.

Il s'y agissait de la rédaction de l'art. 146, dont le projet tendait à déclarer, non-seulement, comme cet article se borne aujourd'hui à le faire, « qu'il n'y » a point de mariage s'il n'y a point de consente- » ment, mais encore qu'il n'y a point de mariage » s'il y a violence ou erreur sur la per- » sonne. »

Le procès-verbal retrace d'abord très-au long la discussion qui s'est élevée sur le cas où il y aurait violence, et il nous apprend que, pour la terminer, « le premier consul dit qu'on pourrait décider d'a- » bord qu'il n'y a pas de mariage quand le consen- » tement n'a pas été donné dans les formes prescri- » tes par le titre relatif aux actes de l'état civil ; » ensuite, qu'il n'y a point de consentement lors- » qu'il y a violence, séduction ou erreur. »

Puis il ajoute immédiatement : « M. Réal (con- » seiller d'état) observe que, *dans la jurispru-* » *dence actuelle*, l'erreur ne vicie le mariage que » lorsqu'elle porte sur l'individu, et non quand » elle ne tombe que sur le nom ou sus les qua- » lités. »

Là-dessus, deux observations :

1.° A quel propos M. Réal a-t-il cherché a établir que, si l'on ne voulait pas s'écarter de ce qu'il

appelait *la jurisprudence actuelle*, c'est-à-dire, des maximes qui régissaient la France avant le code civil, on ne devait considérer comme viciant le mariage, que *l'erreur qui porte sur l'individu*, et n'attacher aucun effet à *l'erreur qui ne tombe que sur* LE NOM *ou sur* LES QUALITÉS ?

Bien évidemment il ne pouvait avoir en cela qu'un but : c'était de faire, en adoptant à la lettre et dans un sens judaïque l'amendement que la cour de cassation avait proposé sur le projet de l'art. 146, substituer aux mots *erreur sur la personne*, les mots *erreur sur l'individu*,

2.° M. Réal était-il bien informé, lorsqu'il avançait que, dans la *jurisprudence actuelle*, l'erreur ne pouvait pas vicier un mariage, si, ne portant pas sur l'individu, elle ne tombait que sur son nom et sur ses qualités ?

Il se serait sans doute bien gardé de prendre un ton aussi généralement affirmatif.

Si, autant versé dans la science du droit qu'il l'était dans la procédure, en sa qualité d'ancien procureur au Châtelet, il eût su ce qu'avait écrit là-dessus le savant D'Héricourt, dans ses *Lois ecclésiastiques de France*, partie 3, chap. 5, art. 2 ;

S'il eût su que ce célèbre canoniste, après avoir dit, n.° 5, que « l'erreur ou la surprise par rapport » à la personne, est un empêchement dirimant, et » qu'il se rencontre quand on croit épouser une » personne et qu'on en épouse une autre ; » après avoir ajouté « qu'il ne faut pas étendre cet empê- » chement à la surprise par rapport à la qualité, à » la fortune et à la vertu de la personne, » avait terminé par cette observation importante : « Cepen- » dant le mariage serait nul, comme l'a décidé l'au- » teur du supplément de la Somme de Saint-Thomas, » si l'erreur par rapport à la qualité emportait avec » soi l'erreur par rapport à la personne. On pro- » met, par exemple, à un prince Catherine, fille » aînée d'un roi et l'héritière de sa couronne ; on lui » fait ensuite épouser une fille qui porte le même nom » que la première qu'on lui avait promise : le mariage » est nul, parce que la personne QU'IL A CONSENTI » D'ÉPOUSER, est Catherine, fille d'un roi, & héritière » de sa couronne, et non pas une autre Catherine, » quelle qu'elle pût être ; »

S'il eût considéré que d'Héricourt ne se serait pas expliqué d'une manière aussi positive, si la jurisprudence n'eût pas été conforme à la doctrine qu'il professait d'accord avec un célèbre théologien ;

S'il eût fait attention que le fameux canoniste Duperrey, à qui d'Héricourt avait communiqué son ouvrage en manuscrit, et qui en avait critiqué quelques passages dans les notes qui sont imprimées en tête du recueil cité, n'avait fait aucune observation sur cette doctrine ;

Et surtout s'il eût su que cette doctrine était littéralement calquée sur celle du célèbre professeur Van Espen, qui, dans son *Jus ecclesiasticum universum*, part. 2, sect 1, tit. 13, chap. 4, n.ᵒˢ 4 et 5, tout en établissant que *cùm error duntaxat versatur circà aliquam qualitatem personæ, nullatenùs tollit consensum matrimonialem*, remarque avec Saint-Thomas, qu'il en est autrement lorsque l'erreur sur la qualité dégénère en erreur sur la personne, *redundat in personam;* comme lorsque, croyant épouser la fille ainée d'un roi, héritière présomptive de sa couronne, on épouse toute autre femme.

Ce qu'il y a de certain, c'est que, comme on le verra ci-après, l'assertion avancée par M. Réal, à la séance du 26 fructidor an 9, n'a pas empêché les jurisconsultes les plus distingués du conseil-d'état, de dire à la séance du 24 frimaire an 10, que, « suivant les » principes de la législation (alors) en usage, il y a » erreur sur la personne, toutes les fois que l'acte » de naissance se trouve faux, parce que le mari a » consenti à épouser la fille d'un individu déter- « miné. »

Quoi qu'il en soit, voyons ce qui, à la séance du 26 fructidor an 9, a été répondu sur-le-champ à M. Réal:

« Le premier consul (ce sont les termes du procès-verbal) dit que le nom, les qualités, la fortune, entrent dans les motifs qui déterminent le choix d'un époux ou d'une épouse. L'erreur sur ces circonstances détruit donc le consentement, quoiqu'il n'y ait pas d'erreur sur l'individu.

» Ainsi, tout se réduit à ceci :

» Le mariage est valable, lorsque les formes ont été observées, et qu'il n'y a eu violence ni erreur sur la personne.

» Le mariage doit être cassé, si les formes n'ont pas été observées, ou s'il y a eu violence ou erreur. »

On voit que le premier consul, soit qu'il se défiât de l'assertion de M. Réal sur la *jurisprudence actuelle*, soit que, la prenant pour vraie, il la trouvât contraire à la raison et à la justice, seuls guides du législateur, ne voulait pas que l'on restreignît au cas de *l'erreur sur l'individu*, la disposition qui était proposée concernant l'erreur sur la personne, et que, non content de l'étendre au cas de *l'erreur sur le nom*, il voulait qu'on l'étendît au cas de *l'erreur sur les qualités et la fortune.*

Mais en cela il allait beaucoup trop loin, et l'on verra bientôt qu'il n'a pas tardé à le reconnaître.

Cependant il n'est pas inutile de remarquer que sa proposition, quelque générale qu'elle fût, n'a éprouvé, dans cette séance, aucune contradiction.; que M. Réal lui-même a demandé qu'attendu « qu'il n'y » a point de consentement lorsqu'il y a violence ou » erreur, sans distinguer entre l'erreur sur l'individu » et l'erreur sur le nom, les qualités ou la fortune, » l'on se bornât, dans l'article qui était en discussion, à dire « qu'il n'y a point de mariage lorsqu'il n'y a » point de consentement; » et que, sans s'arrêter à cette proposition, qui pourtant a fini par être adoptée dans la suite, le conseil-d'état a terminé, dans

cette séance, la discussion sur l'art. 146, en le rédigeant ainsi : « Il n'y a point de mariage lorsqu'il » n'y a pas de consentement; il n'y a pas de consen- » tement lorsqu'il y a *violence ou erreur sur la* » *personne ;* » rédaction qui, rapprochée de ce qui avait été dit un peu auparavant par le premier consul, sans contradiction de la part de qui que ce fût, semblait attacher aux mots *erreur sur la personne*, la même idée qui aurait été exprimée par les termes, *erreur sur le nom*, *les qualités ou la fortune.*

Mais on n'a pas tardé à sentir que, pris dans un sens aussi général, l'art. 146 serait en opposition avec les vrais principes, et la discussion s'est rouverte sur ce point à la séance du 4 vendémiaire an 10.

La section de législation proposait un article qui se retrouve aujourd'hui, avec une légère modification, dans les art. 180 et 181, et qui était ainsi conçu : « La nullité résultant de ce que, dans un » mariage, il y a eu erreur sur la personne que » l'une des parties avait intention d'épouser, n'ap- » partient qu'à celui des époux qui a été dans l'er- » reur; elle est couverte par trois mois de cohabi- » tation. »

Et là-dessus écoutons le procès-verbal :

« M. Fourcroy pense qu'il ne faut pas trois mois pour reconnaître physiquement la supposition de personne; et que, s'il s'agit d'une erreur morale, il est difficile de fixer un terme à sa reconnaissanse, et à la faculté de se soustraire à ses effets.

» Le premier consul dit que ce terme n'est pas trop long, puisque l'identité dont il s'agit « n'est » pas seulement l'identité physique, mais encore » l'identité morale du nom, de l'état, » et des autres circonstances qui ont déterminé le choix de la personne : peut-être même que l'erreur ne devrait être couverte par aucun laps de temps; car tout contrat frauduleux est essentiellement faux.

» M. Tronchet dit que la nullité venant alors du défaut de consentement, le recours doit être ouvert indéfiniment et tant que l'erreur subsiste, surtout dans le système où l'on a égard à l'erreur sur le nom, sur l'état, enfin sur l'identité morale.

Le premier consul dit que cependant la moralité pourrait défendre la dissolution du mariage contracté par erreur sur une aventurière; si, par une bonne conduite long-temps soutenue, elle avait fait le bonheur de son mari.

» M. Tronchet répond que, si le mari est satisfait de son épouse, il ne fera pas valoir la nullité de son mariage.

» Au surplus, en y réfléchissant, on conçoit que l'intérêt des enfans doit faire mettre un terme à la faculté de la réclamer.

» Le consul Cambacérès dit que cette disposition rencontrera de grandes difficultés dans la pratique. La femme prétendra qu'elle s'est fait connaître à son mari; et le mari sera réduit à l'impuissance de prouver qu'il a été trompé.

» Le premier consul dit que le nom et les qualités civiles tiennent aux idées sociales; mais qu'il y a quelque chose de plus réel dans les qualités morales, comme l'honnêteté, la douceur, l'amour du travail et autres semblables. Si ces qualités doivent influer beaucoup sur le choix d'une épouse, pourra-t-on dire que celui-là a été trompé, qui les trouve dans la personne qu'il s'est associée, quoiqu'il se soit mépris sur de simples accessoires.

M. Tronchet dit qu'on ne peut pas supposer de vertu dans celle qui s'est présentée sous le nom d'une autre.

» Le premier consul dit qu'elle peut avoir été de bonne foi; que son tuteur peut l'avoir trompée elle-même, et qu'elle peut n'avoir connu son véritable état que long-temps après son mariage.

» M. Tronchet dit que, dans ce cas, l'erreur ne tombe pas sur l'individu, mais sur ses qualités.

» Le premier consul dit qu'il n'y a pas véritablement erreur sur la personne, quand l'individu qu'on a épousé était physiquement présent au moment où l'on donnait son consentement : il n'y a de véritable erreur de personne que quand un individu est substitué physiquement à un autre individu; et alors seulement le mariage est radicalement nul. L'erreur sur les qualités ne doit pas vicier le mariage, lorsqu'elle ne procède pas du fait de l'individu sur lequel elle tombe; ainsi l'article confond mal à propos ces diverses sortes d'erreurs.

» M. Tronchet dit qu'il a été reconnu que l'erreur annule le mariage; qu'il ne s'agit plus maintenant que de savoir dans quel cas elle opère cet effet. Or, l'erreur dépendant de circonstances qui se diversifient tellement à l'infini que la loi ne peut toutes les embrasser, la loi doit se poser le principe, et ne pas aller jusqu'à déterminer les divers cas où il y a erreur.

» Le premier consul dit que, lorsqu'il y a erreur physique, elle opère toujours, et dans tous les temps, la nullité du mariage; que cependant, comme le mariage existe en apparence, il faut que l'autorité prononce qu'il n'existe pas réellement. Si, au contraire, l'erreur ne porte que sur les qualités, et qu'il n'y ait pas de fraude de la part de l'individu sur lequel elle porte, le temps et la survenance d'enfans doivent couvrir le vice originaire du mariage, parce que ces circonstances indiquent qu'il a été effacé par un consentement postérieur.

» Il faut que la loi explique toutes ces choses; et c'est ce que l'article ne fait pas. On n'entend pas ce qu'il appelle erreur de personne.

» M. Boulay dit que l'article n'est destiné qu'à poser le principe.

» M. Thibaudeau dit que, si l'on raisonnait d'un individu dans l'état de nature, dans l'ordre purement physique, on pourrait prétendre qu'il n'y a point erreur de personne, quand on épouse la femme dont les charmes et les qualités physiques et morales ont déterminé le mariage, en un mot, identiquement celle que l'on a voulu épouser. Mais il en est autrement dans l'ordre social; car cette femme, comme tous les individus, a des qualités essentielles qui constituent son existence, qui la personnalisent, pour ainsi dire; et si, croyant épouser l'individu qui a ces qualités, on en a épousé un qui ne les avait pas, il y a véritablement erreur de personne. Du moins cela a toujours été ainsi entendu en droit; et c'est dans ce sens que le mot personne a constamment été pris.

» M. Tronchet dit que les tribunaux ont demandé qu'on évitât le mot personne, et qu'on se servît du mot individu.

» Le premier consul voudrait que le mariage fût déclaré nul toutes les fois, 1° qu'il y aurait erreur sur l'identité de l'individu; 2° qu'il y aurait erreur sur la famille, et que l'individu en serait complice; que, dans tous ces cas, le mariage fût valable, s'il était consommé, et qu'il en fût né des enfans.

» L'article est renvoyé à un nouvel examen de la section. »

On voit, par tous ces détails, à quel point les idées du premier consul étaient changées depuis la séance du 26 fructidor an 9, sur les caractères de l'erreur qui devait emporter la nullité du mariage.

A la séance du 26 fructidor, il voulait que le mariage fût nul en cas d'erreur, non seulement sur le nom, mais encore sur les qualités et la fortune. Ici, mieux éclairé, il n'attribue l'effet d'annuler le mariage qu'à l'erreur sur la famille, ou, en d'autres termes, à l'erreur sur le nom; et encore restreint-il sa proposition au cas où celui des époux, sur la famille ou le nom duquel il y a eu erreur, a concouru, par son propre fait, à tromper l'autre époux.

Mais quel a été le résultat du renvoi de l'art. 181 à la section de législation? Nous l'apprenons par le procès-verbal de la séance du 6 brumaire an 10.

M. Tronchet y a reproduit cet article avec un changement fort remarquable. Au lieu de dire, comme dans la rédaction présentée à la séance du 24 vendémiaire précédent, que « la nullité résul-» tant de ce que, dans un mariage, il y a eu erreur » sur la personne... est couverte par trois mois de » cohabitation, » il a proposé de dire : « La de-» mande en nullité.... n'est plus recevable, toutes » les fois qu'il y a eu cohabitation continuée pen-» dant un an, depuis que l'époux a acquis sa pleine » liberté, ou que L'ERREUR A ÉTÉ PAR LUI RECON-» NUE; » et il l'a proposé en faisant « observer » que la disposition de cet article était déjà adoptée, » et qu'il n'y avait plus de divergence dans les opi-» nions, que par rapport au terme après lequel la » fin de non-recevoir serait acquise. »

Sur quoi, continue le procès-verbal :

« Le ministre de la justice dit que l'époux doit réclamer aussitôt qu'il est devenu libre, qu'il a reconnu son erreur; que lui donner le terme d'une année depuis ce moment, ce serait autoriser une année de concubinage.

» Le premier consul dit que ce terme n'est indiqué que pour acquérir la fin de non-recevoir, mais qu'il n'empêche pas l'époux de réclamer plus tôt.

» M. Tronchet dit que le mariage est un engagement tellement sacré, qu'il faut, avant d'autoriser à le dissoudre, donner le temps à la réflexion; qu'un homme honnête évite toujours de rompre un semblable contrat; qu'il faudrait donc du moins accorder un délai de six mois, si le délai d'un an paraissait trop long.

» M. Rœderer dit qu'une cohabitation libre pendant un temps quelconque, fait que la femme devient du choix du mari, quoique, dans le principe, il y ait eu ou violence ou erreur.

» Le premier consul propose de dire que la demande en nullité sera formée par l'époux, aussitôt qu'il aura recouvré sa liberté ou reconnu son erreur; qu'à dater d'un an après cette époque il ne sera plus admis à l'intenter. Ce délai est nécessaire, — ajoute le premier consul, pour que la durée de l'action ne soit pas indéfinie.

» M. Defermon dit qu'un délai est nécessaire dans le cas de la violence, parce que souvent l'époux qui paraît être devenu libre, ne l'est pas en effet; « mais qu'il n'en est point de même dans le cas de » l'erreur, parce qu'il ne faut qu'un moment pour » reconnaître qu'on s'est trompé. »

» Le premier consul dit que cependant « on peut » aussi avoir besoin de s'assurer si on a été effecti- » vement induit en erreur. »

» M. Tronchet dit qu'il y aurait de l'inconvé- » nient à trop abréger la durée de l'action, parce qu'il est difficile de fixer avec précision le moment où l'erreur et la violence ont cessé; que d'ailleurs, « dans le cas d'erreur, l'époux qui soupçonne qu'on » l'a trompé, peut, avant de se décider à agir, vou- » loir s'éclairer par des informations et par des re- » cherches. »

» M. Rœderer dit que « tant que l'époux a en- » core besoin de s'éclairer, l'erreur n'est pas par- » faitement reconnue. »

» L'article est adopté, avec la proposition du premier consul (1). »

Ici se présente une observation d'une haute importance.

M. Defermon, en proposant de n'accorder aucun délai pour réclamer, dans le cas de l'erreur, faisait manifestement entendre que, dans son opinion, le mariage dans lequel il y aurait erreur, ne devrait être nul que dans le cas où l'erreur serait tombée sur l'individualité physique de l'un des époux;

et il est sensible, en effet, que, si l'on eût admis son opinion, il eût été, non-seulement inutile, mais encore ridicule, d'accorder aucune espèce de délai pour réclamer, puisque, comme il le disait très-bien, il ne faut qu'un moment pour reconnaître que l'on s'est trompé.

Mais ce qui prouve invinciblement que sa manière d'envisager l'erreur dont il s'agissait, n'était point partagée par la majorité du conseil-d'état;

Ce qui prouve invinciblement que la grande majorité du conseil-d'état attachait un sens plus étendu aux mots *erreur dans la personne*;

Ce qui prouve invinciblement qu'elle regardait comme *erreur dans la personne* celle qui, sans porter sur l'individu physique, tombait sur *le nom ou la famille* (sauf à examiner ultérieurement, comme on l'a fait à la séance du 24 frimaire suivant, si, pour opérer une nullité dans le mariage, il faudrait qu'elle fût accompagnée de fraude, de la part de l'époux, sur la famille ou le nom duquel elle aurait eu lieu);

C'est que la proposition de M. Defermon a été rejetée; c'est que la proposition de M. Tronchet a été adoptée sans distinction pour le délai (qu'il fixait à un an, mais qui a été réduit à six mois par la rédaction définitive du 6 brumaire an 11), entre le cas de la violence et le cas de l'erreur; c'est surtout que l'adoption en a été motivée par la considération « qu'on peut aussi avoir besoin de s'assurer si » l'on a été effectivement induit en erreur; » par la considération que, « dans le cas d'erreur, l'époux » qui soupçonne qu'on l'a trompé, peut, avant de » se décider à agir, vouloir s'éclairer par des infor- » mations et des recherches; » par la considération que, « tant que l'époux a encore besoin de s'éclai- » rer, l'erreur n'est pas parfaitement reconnue; » en un mot, par des considérations évidemment étrangères au cas de l'erreur sur l'individu physique, et uniquement applicables au cas de l'erreur sur le nom ou la famille.

Qu'importe que l'art. 181, tel qu'il est conçu, embrasse, par sa généralité, le cas de l'erreur *sur l'individu physique*, ni plus ni moins que l'erreur *sur l'individu civil*, et que, par conséquent, le délai qu'il accorde soit commun à l'un et à l'autre?

D'une part, rien de plus facile que d'expliquer pourquoi le conseil-d'état n'a pas, par une disposition particulière, excepté de ce délai le cas de l'erreur sur l'individu physique; c'est que ce cas qui devait être assez fréquent, lorsque l'usage de marier par procureur l'était lui-même, est devenu presque impossible depuis que les mariages par procureur, sans être expressément interdits (1), sont devenus excessivement rares; et que dès-lors le conseil-d'état, fidèle observateur de la règle tracée aux

(1) Législation civile, commerciale et criminelle de la France, par M. Locré, tom. 4, pag. 414 et 451.

(1) *V.* le *Répertoire de jurisprudence*, au mot *Mariage*, sect. 4, §. 1, art. 1, quest. 4.

législateurs par les lois romaines (1), n'a pas dû s'occuper de ce cas.

D'un autre côté, quand on pourrait attribuer à un autre motif la généralité de la disposition de l'art. 181, qui accorde un délai de six mois pour réclamer contre l'erreur dans la personne, ou, ce qui est la même chose, le défaut d'exception à cette disposition, pour le cas *d'erreur dans la personne physique*, on serait toujours forcé de reconnaître qu'il n'accorde ce délai que par des motifs qui ne portent et ne peuvent porter que sur le cas d'erreur dans la *personne civile*; et dès-lors il est bien impossible de soutenir sérieusement que, par les mots *erreur dans la personne*, il n'entend pas l'erreur dans la *personne civile*, tout aussi bien que l'erreur dans la *personne physique*; ou du moins on ne pourrait le soutenir qu'autant qu'à la dernière des quatre séances dans lesquelles il a été question de *l'erreur dans la personne*, c'est-à-dire, à la séance du 24 frimaire an 10, le conseil-d'état fût revenu sur ce qu'il avait décidé dans la séance du 6 brumaire précédent, et eût donné au délai dont il s'agit d'autres motifs que ceux qui sont consignés dans le procès-verbal de celle-ci.

Or, si nous ouvrons le procès-verbal de la séance du 24 frimaire an 10, non-seulement nous n'y trouverons pas un mot qui permette de soupçonner, de la part du conseil-d'état, le moindre retour sur la manière dont il avait motivé, le 6 brumaire précédent, la disposition qui accorde un délai de six mois pour réclamer contre *l'erreur dans la personne*, et par conséquent sur la manifestation qu'il avait faite ce jour-là de son intention d'appliquer cette disposition au cas de *l'erreur dans la personne civile*; mais nous en verrons sortir des preuves irrésistibles qu'il a unanimement persisté dans cette intention, et qu'il n'a été divisé que sur la question déjà élevée, mais non résolue, dans la séance du 4 vendémiaire, de savoir si l'on ne devait pas excepter de la faculté de réclamer contre *l'erreur dans la personne civile*, le cas où l'époux sur le compte duquel cette erreur avait eu lieu, n'en aurait été ni l'auteur ni le complice.

Dans la séance du 24 frimaire an 10, la section de législation a reproduit l'art. 146, tel qu'il avait été adopté à la séance du 26 fructidor an 9, c'est-à-dire, conçu en ces termes :

« Il n'y a point de mariage, lorsqu'il n'y a point de consentement. »

<hr>

(1) *Jura constitui opportet ex his quæ ut plurimùm accidunt, non quæ ex inopinato.*

Ex is quæ forte uno casu accidere possunt, jura non constituuntur.

Nam ad ea potius debet optari jus, quæ frequenter et facile, quàm quæ perrarò accidunt.

Quod enim semel aut bis existit, prætereunt legislatores.

Ce sont les termes des lois 3, 4, 5 et 6, D. *de legibus.*

« Il n'y a point de consentement, lorsqu'il y a eu violence ou erreur dans la personne. »

Et, à ce sujet, le premier consul a fait d'abord une observation qui tendait à établir une différence entre la première et la seconde de ces dispositions :

« On a distingué (a-t-il dit), dans les précédentes discussions, entre le cas où l'officier de l'état civil supposerait un consentement qui n'aurait pas été donné, même forcément, et le cas où il y aurait eu un consentement non libre : on a dit que, dans le premier cas, il n'y a pas de mariage ; que, dans le second, il y a un mariage, mais qu'il peut être déclaré nul.

» On a également distingué entre l'erreur sur l'individu physique et l'erreur sur les qualités civiles, et il y a été reconnu qu'il n'y a pas de mariage lorsqu'un autre individu est substitué à celui qu'on a consenti d'épouser : « qu'au contraire, il y a mariage, mais mariage susceptible d'être cassé, lorsque l'individu, étant d'ailleurs physiquement celui sur lequel le consentement a porté, n'appartient cependant pas à la famille dont il a pris le nom.

» Les art. 2 et 3 (146 et 147) ne sont pas conformes à cette opinion du conseil. En effet, l'art. 3 (147) ne défend de contracter un second mariage que quand il y en a eu un premier qui n'est pas dissous. L'art. 2 (146) décide qu'il n'y a pas eu de premier mariage, lorsqu'il n'y a pas eu de consentement ; et confondant ensuite tous les cas, déclare qu'il n'y a pas de consentement, ni par conséquent de mariage, toutes les fois qu'il y a eu erreur ou violence (1). »

Qu'a-t-il été opposé à cette observation? Pas un mot en ce qui concerne *l'annulabilité* d'un mariage dans lequel le consentement a été surpris par violence, ou surpris par erreur dans la *personne civile*; et de là suit nécessairement la conséquence que tout le conseil-d'état a persisté dans l'interprétation qu'il avait manifestement donnée, dans la séance du 6 brumaire précédent, aux mots *erreur dans la personne*, employés dans l'art. 181.

Mais, quant à la partie de l'observation tendante à faire déclarer qu'il n'y a pas de mariage, ni par conséquent nécessité de recourir aux tribunaux, soit lorsqu'il n'y a point de consentement, soit lorsqu'il y a consentement, mais erreur dans la personne physique, il a été répondu fort judicieusement, et le premier consul l'a reconnu lui-même, que cela n'était bon que pour le cas où il n'aurait pas été dressé un acte de mariage en forme légale, et qu'il en devrait être tout autrement dans le cas où il existerait un pareil acte, parce qu'il conserverait nécessairement sa force, tant qu'un jugement n'aurait pas décidé qu'il y avait eu violence ou erreur (2).

<hr>

(1) Législation civile, commerciale et criminelle de la France, par M. Locré, tome 4, page 437.

(2) *Ibid.* page 479.

Ce point ainsi éclairci, le premier consul est revenu sur le principe précédemment consacré d'une manière implicite, mais non équivoque, par l'article 181, et qu'il venait de rappeler, en toutes lettres, « qu'il y a mariage, mais mariage susceptible d'être » cassé, lorsque l'individu, étant d'ailleurs physi- » quement celui sur lequel le consentement a porté, » n'appartient cependant pas à la famille dont il a » pris le nom; » et il a paru d'abord vouloir le combattre de front, quoique le fond de sa pensée ne tendît qu'à le faire modifier par deux amendemens.

« Il n'y a certainement pas d'erreur sur la personne (ce sont ses termes), lorsque le consentement au mariage porte sur un individu présent.

» Mais, dit-on, nous ne sommes plus dans l'état de nature; dans l'ordre social, la personne se compose tout à la fois de la figure, du nom, des qualités civiles.

« Il est facile de prouver que, dans l'ordre social même, le nom et les qualités civiles ne font pas la personne: par exemple, la sœur de celle qu'un citoyen se propose d'épouser, arrive d'Amérique; elle a les mêmes noms et les mêmes qualités que l'autre : dira-t-on cependant que c'est la même personne? Comment admettre que les qualités civiles aient une influence déterminante sur un acte aussi important que le mariage? C'est par le caractère, c'est par la figure que les époux se conviennent, s'attachent; se choisissent; et le législateur ne peut pas supposer qu'ils ne se connaissent pas sous ce rapport, et qu'un engagement aussi sérieux que le mariage, un engagement en soi indissoluble, puisqu'il ne peut être rompu que par le remède extrême du divorce, soit jamais contracté avec une telle légèreté, que les époux n'aient pas pris le temps de se connaître. Que sont, auprès des qualités naturelles, les qualités purement civiles? Elles devaient sans doute être d'un grand poids, lorsqu'il existait des distinctions de caste; alors le système existant devait les faire influer sur la validité du mariage; mais aujourd'hui qu'on ne considère plus l'homme qu'en soi et tel qu'il est dans la nature, il serait barbare de détruire, APRÈS SIX MOIS, un mariage où chacun des époux a connu parfaitement l'individu auquel il a voulu s'unir. Quoi! un mari aura consenti à épouser l'individu qu'on aura fait paraître devant lui; il lui aura prêté protection et attachement; l'échange des âmes se sera opérée entre eux; et, six mois après, il sera admis à dire que ce n'est pas là la personne qu'il a choisie, parce qu'elle porte un nom différent de celui sous lequel il l'a connue jusque-là (1)! »

Remarquons bien que le premier consul ne raisonnait ainsi que pour le cas où celui des époux qui aurait été trompé sur le nom et la famille de l'autre, garderait le silence pendant plus de *six mois;* et

n'oublions pas qu'à cette époque le délai pour réclamer contre l'erreur devait être d'une année entière, et qu'il n'a été réduit à six mois que par la rédaction du 6 frimaire an 10. A quoi tendait donc la proposition du premier consul, prise telle qu'il la présentait d'abord, et abstraction faite de ce que nous le verrons bientôt y ajouter lui-même? A une seule chose : à faire modifier la disposition de l'art. 181 qui alors accordait un an pour réclamer contre *l'erreur dans la personne,* par une exception qui réduirait ce délai à six mois, pour le cas où il y aurait erreur non sur la *personne physique,* mais sur la *personne civile.*

Cependant, même réduite à ces termes, la proposition du premier consul a été combattue d'abord purement et simplement par M. Emmery, qui avait été l'aigle du barreau de Metz, et était alors président du comité de législation; ensuite M. Regnier, qui depuis a été ministre de la justice.

« M. Emmery (est-il dit dans le procès-verbal) répond que, dans les principes de la législation actuelle, il y a erreur sur la personne, toutes les fois que l'acte de naissance se trouve faux, parce que le mari a consenti à épouser la fille d'un individu déterminé. On peut sans doute changer ces principes; mais comment concilier ces changemens avec la nécessité du consentement de la famille?

» M. Regnier dit qu'on pourrait autoriser les tribunaux à juger si l'erreur a influé sur le consentement; car il est des circonstances où ce serait une extrême rigueur que d'obliger l'époux trompé à rester sous le joug du mariage (1). »

Que fait alors le premier consul? Il explique le fond de sa pensée d'une manière qui tend à faire excepter de la nullité, pour cause d'erreur dans la *personne civile*, le cas où, lorsque l'époux trompé réclamerait dans l'année, mais non pas dans les six mois, il serait prouvé que l'autre époux aurait été de bonne foi.

« Le premier consul (porte le procès-verbal) dit » qu'il ne peut se rendre à cette opinion (celle de » MM. Emmery et Regnier) : le mariage ne doit » ÊTRE NUL, QUE LORSQUE LA FEMME EST COMPLICE » DE LA FRAUDE; si c'est une aventurière, la loi ne » peut la protéger ; mais la loi serait immorale, si » elle abandonnait une épouse innocente qui par- » tagerait l'erreur de son époux (2). »

Cette explication amenait une nouvelle question sur laquelle l'opinion du premier consul a été soutenue par MM. Regnier et Rœderer, mais combattue par MM. Maleville, Cambacérès, Abrial, ministre de la justice, et Tronchet.

Voici comment le procès-verbal retrace cette intéressante discussion.

(1) *Ibid.* pages 439 et 440.

(1) *Ibid.* page 440.
(2) *Ibid.* pages 440 et 441.

M. Regnier dit que *l'amendement proposé par le premier consul* est aussi moral que juste, parce qu'il n'y a réellement erreur sur la personne que lorsqu'on a épousé un individu pour un autre. Les qualités civiles n'ont été considérées, par rapport au mariage, que dans le système de la distinction des castes.

» M. Maleville dit que ce n'est point l'ancienne distinction des castes qui avait fait introduire la maxime, que l'erreur dans la personne annulait le mariage, puisqu'on jugeait bien constamment, au contraire, que ce mariage demeurait hors d'atteinte, quoiqu'on eût épousé une fille roturière, la croyant noble, ou une fille pauvre, la croyant riche; mais on a toujours distingué l'erreur dans la personne même, d'avec l'erreur sur les qualités de la personne. Cette dernière erreur n'a jamais été accueillie comme cause de dissolution de mariage; mais il en est autrement de l'erreur dans la personne, et on a toujours jugé que, dans cette hypothèse, il n'y avait pas de consentement.

» Ce serait même vainement qu'on voudrait réduire l'application de cette règle à l'erreur sur la personne physique; car ce serait absolument l'anéantir, puisqu'il est bien évident que, lorsqu'on se présente pour se marier, on agrée la personne physique avec laquelle on se présente : une règle si juste et si sage a donc nécessairement eu un autre objet, et cet objet c'est la personne sociale.

» Il n'est pas plus conforme aux principes de restreindre l'application de la règle au cas où l'individu sur le compte duquel il y a eu erreur, était complice ou non : il n'en est pas moins vrai que l'autre a été trompé, et qu'il n'y a donc pas eu de consentement de sa part, ni par conséquent de mariage.

» Le premier consul persiste à penser que la validité du mariage, en cas d'erreur, ne doit dépendre que de la distinction entre le cas où la femme est coupable, et le cas où elle est innocente. C'est mépriser la nature humaine que d'anéantir le mariage quand la femme n'est pas coupable; car c'est donner la préférence aux qualités naturelles.

» Le consul Cambacérès dit qu'en général il y a erreur quand l'un des époux a épousé une autre personne que celle à laquelle il voulait s'unir; mais on a toujours pensé que l'erreur sur les qualités ne portait pas préjudice au mariage, comme lorsqu'un citoyen épouse une veuve pour une fille. Cependant on a considéré le consentement comme erroné, lorsque l'individu qui l'a donné épouse la fille d'un autre que celui avec lequel il croyait s'allier.

» Le ministre de la justice dit que les mariages forment les liens, non-seulement entre les époux, mais aussi entre les familles; que d'ailleurs ce serait réduire l'époux à une condition trop dure, que de le forcer à garder une femme qu'il aurait épousée comme la fille de son ami, lorsque celle à laquelle il voulait s'unir serait arrivée et aurait détruit son erreur.

» Le premier consul dit que la considération de l'alliance n'influe plus maintenant que sur un petit nombre de mariages; c'est la considération de l'individu qui en détermine le plus grand nombre. Peut-on d'ailleurs, dans le cas qu'on suppose, rétablir les choses comme elles étaient avant le mariage, et renvoyer la femme dans le même état qu'on l'a prise? Quel malheur alors pour une femme innocente!

» Le ministre de la justice dit que la bonne foi de la femme a tous les effets qu'elle peut avoir, puisqu'elle donne la légitimité aux enfans; que le mari ne peut essuyer de reproches, puisque c'est lui qu'on a trompé; que la femme, si elle est innocente de la fraude, ne peut se plaindre que de ceux qui en ont été les artisans.

» Le premier consul répond que la bonne foi de la femme doit aller jusqu'à valider le mariage.

» M. Tronchet dit qu'il sent toute la faveur que mérite la bonne foi de la femme; mais la loi donne à cette bonne foi tous les effets dont elle est susceptible : la loi ne peut pas aller jusqu'à valider, par cette considération étrangère au mariage, un mariage essentiellement nul.

» M. Regnier dit que la meilleure manière de se déterminer est de considérer ce que ferait un honnête homme dans le cas qu'on suppose. Renverrait-il son épouse? Non; l'opinion publique suffirait pour l'en empêcher. On plaindrait la femme, on blâmerait le mari, et l'on assignerait un motif d'intérêt à sa conduite.

» M. Cretet dit qu'il serait odieux de permettre à un mari de quitter sa femme, parce que, depuis le mariage, un jugement rendu sur une action en supposition de part l'aurait dépouillée du nom sous lequel elle a été mariée.

Le consul Cambacérès dit que, dans ce cas, le mariage ne serait pas nul.

» Le ministre de la justice dit que la possession d'état qu'avait la femme empêche qu'il n'y ait eu erreur dans le consentement du mari.

» M. Maleville dit que les changemens survenus dans les qualités n'annulent pas le mariage, attendu qu'on ne considère les qualités qu'au moment où le mariage a été contracté.

» Le premier consul dit que la présence de la personne devant l'officier de l'état civil ne permet pas de douter que le consentement n'ait été donné avec discernement; car le mariage est l'union des âmes et des corps : la dot n'est qu'un accessoire auquel il ne faut pas faire céder le principal.

» Le consul Cambacérès pense qu'indépendamment de toute considération de dot, le mariage est nul, lorsqu'il y a erreur sur la famille de l'un des époux, parce qu'alors il n'y a pas de consentement de la part de l'autre. La bonne foi est la grande règle des contrats. La loi ne peut donc décider implicitement que si les citoyens qui se marient sont trompés, ils le seront sans retour. On a stipulé, dans le cours de la discussion, pour les femmes qui/seraient victimes du principe; mais peut-être n'est-il pas moins important de prévoir que beaucoup d'entre elles abuseraient du principe contraire. Au reste, « la règle que la section propose est consacrée par » une jurisprudence de quinze cents ans. »

» Le premier consul dit que cette jurisprudence ne peut être fondée que sur la supposition qu'il y a fraude de la part de la femme, ou sur des idées féodales.

» M. Regnier dit qu'il n'est pas certain que, quand le mari eût connu le véritable nom et la véritable famille de sa femme, il ne l'eût pas épousée pour ses qualités morales : qu'il y a même lieu de le présumer, puisque, pendant six mois, il s'est plu dans l'union contractée avec elle.

» Le consul Cambacérès dit que si le mari est content de sa femme, il n'usera pas du droit de poursuivre la nullité du mariage.

» M. Tronchet répond que certainement un honnête homme ne répudierait pas une épouse vertueuse; mais lorsqu'il a été trompé, même sur le caractère, faut-il qu'il demeure irrévocablement lié?

» On peut aussi envisager la question du côté de la femme. La laissera-t-on sous le joug du mariage, lorsqu'elle aura été trompée sur les qualités civiles d'un mari qui la rend d'ailleurs malheureuse?

» Tout ceci prouve combien il est dangereux de s'écarter des principes pour se déterminer par des considérations. Les principes sont que le consentement fait le mariage, et qu'il n'y a pas de consentement lorsqu'il y a erreur. Puisqu'on ne sait si, dans le cas qu'on suppose, le mariage sera heureux ou malheureux, il est prudent de laisser les tribunaux appliquer le principe suivant les circonstances ; ils examineront aussi jusqu'à quel point l'erreur a influé sur le consentement, et s'il est probable que le mariage eût été contracté s'il n'y avait pas eu d'erreur; ils décideront enfin si l'exception de bonne foi doit être admise.

» M. Regnier répond que les circonstances dont parle M. Tronchet sont communes à tous les mariages : il n'en est point où l'un des deux époux n'ait pu se tromper sur les qualités morales de l'autre. Il est même possible que l'époux qui aura su cacher ses défauts avant le mariage, continue à les cacher jusqu'après le terme où il n'est plus permis à l'autre de réclamer. Les circonstances ne peuvent donc devenir des motifs de décision; et il convient de s'en tenir à ce que prescrivent le devoir et l'honneur.

» On répond qu'il faut s'en tenir aux principes ; mais les principes dont on parle ne sont pas puisés dans la nature; ils appartiennent en entier au droit positif : ils seraient sans doute immuables, s'il était certain qu'il n'y a pas eu de consentement; ils sont arbitraires, parce que le nom et la famille n'étant pas les seuls motifs des mariages, on ne peut assurer que, nonobstant l'erreur sur les accessoires, le consentement ne soit pas intervenu.

» Le consul Cambacérès dit que le mari qui n'a contracté le mariage que dans des vues d'intérêt peut n'être pas favorable, s'il vient se prévaloir de son erreur lorsqu'il voit ses espérances trompées : mais que répondrait-on à celui qui, croyant épouser une fille pauvre, a, par erreur, épousé une fille riche, et veut cependant retourner à la personne qu'il avait choisie?

» Le premier consul dit que les principes qu'on invoque ont été imaginés dans le temps où les mariages pouvaient être contractés par procuration. Ils sont devenus sans objet depuis que le mariage n'a plus lieu qu'entre personnes présentes.

» M. Rœderer dit que la nécessité du consentement pour la validité du mariage est un principe incontestable; mais que c'est un paralogisme de dire qu'il n'y a pas de consentement lorsque des deux côtés il y a erreur. Au moment où le mariage est formé, les deux époux sont en présence; l'amabilité de l'un rit à l'imagination de l'autre, ils s'acceptent mutuellement : leur consentement porte donc certainement sur la personne; il n'est en défaut que sur le nom. Si ensuite le mari vient dire que son épouse lui déplaît, c'est un fourbe, c'est un lâche qui ne mérite aucune faveur. Il ressemble à celui qui, ayant vu une maison et consenti à l'acheter, refuse ensuite de la prendre, parce que la rue où elle est située ne porte plus le même nom qu'au moment où il a vu son acquisition.

» M. Tronchet dit que M. Regnier et M. Rœderer lui paraissent également hors de la question, et que leurs réflexions tendent à faire rayer l'article.

» Le premier va trop loin; car s'il est vrai que la présomption d'un consentement possible soit un motif décisif, l'exception d'erreur ne peut plus être admise sous aucun rapport. Ce n'est pas cependant qu'il ne faille avoir égard à la présomption dont il a parlé; elle doit déterminer, sinon la disposition, du moins l'application de la loi.

» Quant à M. Rœderer, il suppose que le consentement de l'époux est toujours déterminé par la vue de l'objet auquel il s'unit; mais on ne contracte pas un mariage comme on achète une maison; quelquefois des individus qui ne se sont jamais vus conviennent cependant de s'épouser; ils en conviennent, parce que chacun d'eux connaît la famille, les mœurs, l'éducation de l'autre, et que ces diverses notions lui font espérer son bonheur dans l'union qu'il contracte. La figure n'est même qu'un accessoire pour l'homme sage : loin de se laisser prendre par le physique, il considère surtout le moral. Le système de M. Rœderer anéantit en entier l'erreur sur les qualités, en la rendant sans conséquence.

Mais la question n'est pas de savoir si cette erreur influe sur la validité du mariage, ou si elle est couverte par la présomption qu'elle n'eût pas fait refuser le consentement : il s'agit d'examiner si les effets de l'erreur doivent être restreints au cas où l'époux qui en est l'objet en a été complice. Comme alors il y a toujours un défaut de consentement, la loi ne peut pas priver l'époux trompé du droit de faire valoir la nullité du mariage. Il n'en usera sans doute que dans l'hypothèse où il serait mécontent de l'autre époux.

» M. Rœderer pense que la loi doit se réduire à déclarer qu'il n'y a pas de consentement, lorsque l'un des époux a été trompé par l'autre. On est généralement convaincu qu'un honnête homme ne renverrait pas sa malheureuse compagne par le seul motif qu'il l'aurait épousée sous un faux nom; mais comme tous les maris ne sont pas également accessibles aux sentimens honnêtes, il est juste que la loi accorde sa protection à la femme. ».

La discussion parvenue à ce point, il semblait qu'il n'y avait plus qu'à mettre la question aux voix. Cependant elle n'y a pas été mise, et le conseil-d'état s'est borné, sur la proposition de M. Cambacérès, à supprimer le second alinéa de l'art. 146; c'est-à-dire, la disposition de cet article qui portait *il n'y a point de consentement, lorsqu'il y a eu violence ou erreur* (1).

Mais qu'a-t-il fait en supprimant cette disposition? Rien autre chose que reporter sur les art. 180 et 181 la difficulté qui s'était élevée sur la précédente rédaction de l'art. 146, puisqu'en retranchant de l'art. 146 la disposition qui déclarait qu'il n'y a point de consentement, et par conséquent que le mariage est nul, lorsqu'il y a *erreur* dans la personne, il l'a laissée subsister tout entière dans les art. 181 et 182.

Nous devons donc considérer comme portant sur les art. 180 et 181 tout ce qui, dans la séance du 24 frimaire an 10, a été dit sur le second alinéa du projet de l'art. 146.

Mais souvenons-nous bien que la question discutée à la séance du 24 frimaire an 10, sur le second alinéa du projet de l'art. 146, n'était pas de savoir si l'on réputerait *erreur dans la personne*, l'erreur qui porte sur la *personne civile*; qu'à cet égard, toutes les opinions étaient, sans exception aucune, d'accord sur l'affirmative déjà consacrée par l'art. 181, et qu'il n'y avait partage que sur le point de savoir si l'on devait ou non adopter l'amendement du premier consul, qui tendait à *faire excepter* de l'affirmative ceux où l'époux sur la personne civile duquel il y aurait erreur, n'en serait ni l'auteur ni le complice.

Et d'après cela, rien de plus facile que de déterminer quel a été, par rapport à l'interprétation des art. 180 et 181, le résultat du parti pris par le conseil-d'état, en supprimant le second alinéa de l'art. 146, de ne pas prononcer sur l'amendement du premier consul.

Que serait-il arrivé si cet amendement eût été rejeté par le conseil-d'état? Bien sûrement les

choses seraient revenues au même que s'il n'eût été ni proposé ni discuté; bien sûrement le principe consacré par l'art. 181, que *l'erreur dans la personne civile* produit une action en nullité du mariage, aurait conservé toute sa généralité; bien sûrement on n'aurait pas pu en excepter le cas où l'époux sur la personne civile duquel il y a eu erreur, a été de bonne foi.

Or, quelle différence y a-t-il dans la confection d'une loi soumise à la délibération d'un corps, d'une assemblée quelconque, entre un amendement rejeté en termes exprès, et un amendement sur lequel il n'est pas statué? Aucune, évidemment aucune. L'amendement sur lequel l'assemblée s'est abstenue de statuer en adoptant le projet de loi purement et simplement, ne peut pas plus modifier la loi définitivement adoptée, que ne le peut un amendement qui a été écarté par un rejet formel. La loi conserve, dans un cas comme dans l'autre, toute la généralité qu'elle a par elle-même; et la restreindre par une exception qui, dans le cours des débats, a été proposée et discutée, mais non mise aux voix, ce ne serait pas moins la violer, que si on la restreignait par une exception dont la proposition et la discussion n'ont abouti qu'à un rejet.

» Ainsi, nul doute que la non-mise aux voix de l'amendement dont il s'agit, n'ait eu pour effet d'écarter absolument et de faire regarder comme non proposée l'exception qu'il tendait à introduire dans les art. 180 et 181, pour le cas de bonne foi, par cela seul qu'il tendait à l'introduire pour le même cas, dans le projet de l'art. 146; et par conséquent qu'il n'ait laissé dans toute sa généralité la disposition de l'art. 181, de laquelle il résulte évidemment que l'erreur dans la *personne civile* opère indistinctement nullité, ni plus ni moins que l'erreur dans la *personne physique*.

C'est sans doute parce que telle devrait être nécessairement la conséquence de la non-mise aux voix de cet amendement, qu'a été faite par M. Cambacérès la proposition de supprimer le second alinéa du projet de l'art. 146, sur lequel il portait directement.

En effet, M. Cambacérès, qui combattait cet amendement, d'accord avec MM. Abrial, Emmery, Maleville et Tronchet, devait naturellement faire tous ses efforts pour qu'il ne fût pas adopté. Mais il était naturel aussi qu'il ménageât l'amour-propre du premier consul, qu'il lui épargnât la petite mortification de voir rejeter, en termes exprès, un amendement auquel celui-ci tenait fortement. Qu'a-t-il dû faire, avec un esprit aussi fécond en ressources que le sien, pour atteindre à ce double but? Précisément ce qu'il a fit, proposer le retranchement du second alinéa du projet de l'art. 146, bien sûr que par-là il neutralisait l'amendement qui s'y rattachait.

Ce qui prouve d'ailleurs que le premier consul lui-même s'est tacitement désisté de cet amendement,

(1) *Ibid* page 448.

c'est qu'il ne l'a pas reproduit à la séance du 6 brumaire an 11, lorsqu'ont été représentés et adoptés définitivement les art. 180 et 181, quoique ce fût (ce qui est singulièrement à remarquer) sur les mêmes articles qu'il l'avait proposé pour la première fois, comme on l'a vu plus haut, à la séance du 4 vendémiaire an 10.

Il résulte clairement de tous ces détails, qu'il y a nullité dans le mariage toutes les fois que, connaissant bien l'individu physique auquel on entend s'unir, on est trompé par un faux acte de naissance sur son nom et sa famille, et qu'il ne doit, à cet égard, être fait aucune distinction entre le cas où celui des époux sur le nom et la famille duquel il y a eu erreur, a été de bonne foi, et le cas où il a concouru par son propre fait à tromper l'autre.

Je sais bien que, sur le premier de ces deux cas, j'ai embrassé une opinion toute différente dans le *Répertoire de jurisprudence*, aux mots *Empêchement de mariage*, et que je me suis fondé pour cela sur des raisons qui se réduisent à ces trois propositions :

». Les mots *erreur dans la personne* ne présentaient qu'une ambiguité dans le second alinéa de la première rédaction de l'art. 146; ils laissaient complétement ignorer si l'intention des rédacteurs était de n'annuler le mariage qu'en cas d'erreur sur *l'individu physique*, ou de l'annuler également dans le cas d'erreur sur le nom et la famille; et la suppression du second alinéa de cette rédaction n'a fait que déplacer la question à laquelle il donnait lieu; elle n'a fait que la reporter à l'art. 180.

» L'exposé des motifs du titre *du Mariage* prouve que le conseil-d'état a définitivement entendu ces mots, dans l'art. 180, comme synonymes d'*erreur sur l'individu physique*.

C'est aussi dans le même sens que M. Maleville entend ces mots dans son *Analyse raisonnée de la discussion du code civil au conseil-d'état*. »

Mais je le déclare franchement, de ces trois propositions, il n'y en a pas une seule que je me fusse permis d'avancer, si, en les écrivant, j'avais eu, comme aujourd'hui, sous les yeux, les procès-verbaux des séances du conseil-d'état des 6 brumaire et 24 frimaire an 10.

1° Sans doute, en prenant isolément le second alinéa du projet de l'art. 146, on devait y trouver les mots, *erreur dans la personne*, excessivement ambigus, comme en prenant isolément l'art. 180, on doit encore aujourd'hui les y trouver tels.

Mais si l'on fait attention qu'en même temps que la section de législation proposait au conseil-d'état, et par le projet de l'art. 146, et par le projet de l'art. 180, de déclarer nul le mariage dans lequel il y aurait *erreur sur la personne*, elle lui proposait de déclarer, par le projet de l'art. 181, que la nullité résultant de ce que le mariage aurait été contracté par *erreur sur la personne*, serait couverte par une *cohabitation*, de trois mois après la découverte de l'erreur;

Si l'on fait attention qu'en même temps que l'art. 180, en reproduisant implicitement la partie du projet de l'art. 146, qui portait qu'*il n'y a point de consentement*, et que par conséquent le mariage est nul, « lorsqu'il y a eu erreur dans la personne, l'art. 181 ajoute que la demande en nullité n'est plus recevable toutes les fois qu'il y a eu cohabitation continuée pendant six mois, depuis que l'erreur a été reconnue par l'époux trompé.»

Si l'on fait attention surtout aux motifs qui, dans la discussion élevée sur ce dernier article, à la séance du 6 brumaire an 10, ont déterminé le conseil-d'état à repousser l'amendement de M. Defermon qui tendait à refuser toute espèce de délai pour réclamer en cas d'*erreur dans la personne*, et si l'on se rappelle que de ces motifs il résulte invinciblement que, par les mots *erreur dans la personne*, le conseil-d'état a entendu, non-seulement l'erreur, excessivement rare et presque impossible aujourd'hui, *sur l'individu physique*, mais encore et principalement *l'erreur sur le nom et la famille*:

Alors disparaîtront comme l'ombre devant la lumière, et l'ambiguité que présentait le second alinéa du projet de l'art. 146, pris isolément, et l'ambiguité que présente encore, pris isolément, le texte de l'art. 180.

Alors il deviendra clair, plus clair que le jour, et que l'intention de la section de législation était, en proposant le second alinéa du projet de l'art. 146, d'assimiler l'erreur sur le nom et la famille à l'erreur sur l'individu physique, et que l'intention du conseil-d'état a été, en adoptant l'art. 181, d'établir la même assimilation entre l'une et l'autre erreur.

Aussi venons-nous de voir, dans la discussion qui s'est élevée à la séance du 24 frimaire an 10, sur la proposition du premier consul d'excepter de l'annulation du mariage contracté par erreur sur le nom et la famille, le cas où l'époux marié sous un nom qui n'est pas le sien, et comme appartenant à une famille qui n'est pas la sienne, a été de bonne foi, toutes les opinions se réunir pour entendre le second alinéa du projet de l'art. 146; comme signifiant qu'il n'y a point de consentement lorsqu'il y a erreur sur le nom et la famille de l'un des époux; et, par suite, pour considérer la proposition du premier consul comme un *amendement* au second alinéa du projet de l'art. 146, pris dans ce sens.

2° Quand on pourrait conclure de ce qui, dans *l'exposé des motifs du titre du Mariage*, a été dit par M. Portalis sur le cas d'*erreur dans la personne*, que son opinion individuelle était que l'on ne devait, en cette matière, avoir égard qu'à *l'erreur dans la personne physique*, en résulterait-il que cette opinion était aussi celle du conseil-d'état? Non certainement, et il y en a trois raisons également tranchantes.

La première, c'est qu'on ne voit figurer le nom de M. Portalis dans aucun des procès-verbaux des quatre séances du conseil-d'état, où ont été discutés les art. 146, 180 et 181; que, s'il eût assisté à ces séances; il n'aurait pas manqué, instruit aussi profondément qu'il l'était de l'ancienne jurisprudence, par le rang distingué qu'il avait occupé dans le premier barreau de Provence, de prendre la parole sur cette grande question; qu'ainsi tout porte à croire qu'il n'y a point assisté, et que, dès-lors il ne serait pas étonnant qu'il se fût mépris sur le sens qui, dans le cours de deux de ces quatre séances, c'est-à-dire, de celles des 6 brumaire et 24 frimaire an 10, avait été hautement attaché par le conseil-d'état aux mots *erreur dans la personne.*

La seconde, c'est que les exposés des motifs des lois proposées par le gouvernement sous la constitution du 22 frimaire an 8, n'étaient jamais communiqués au conseil-d'état avant d'être prononcés à la tribune du corps-législatif; qu'ils ne l'étaient, qu'après; que cette communication se réduisait, comme l'énoncent tous les procès-verbaux, au simple dépôt sur le bureau du secrétaire-général, du discours qui les contenait (1); et que, par conséquent, ce qu'a dit M. Portalis dans l'*exposé des motifs* du titre du *Mariage,* exprime bien son opinion personnelle sur le sens des mots *erreur dans la personne,* mais nullement celle du conseil-d'état.

La troisième; c'est que le sens dans lequel le conseil-d'état a entendu ces mots, soit dans la discussion du second alinéa du projet de l'art. 146, soit dans celle de l'art. 181, est trop clairement fixé par les passages ci-dessus transcrits des procès-verbaux des séances des 6 brumaire et 24 frimaire an 10, pour qu'il soit possible, même au plus intrépide pyrrhonien, de douter que par ces mots le conseil-d'état n'ait entendu principalement l'erreur sur le nom et la famille d'un des époux.

Mais d'ailleurs serait-il bien raisonnable de conclure de ce qui a été dit par M. Portalis sur les mots *erreur dans la personne,* qu'il n'entendait par ces mots que l'*erreur dans la personne physique?* Pesons bien ces termes.

Il commence par dire que l'*erreur* en matière de *mariage* ne s'entend pas d'une simple erreur sur les *qualités; la fortune* ou la *condition* de la personne à laquelle on s'unit; mais de l'erreur sur la *personne même;* ce qui signifie bien clairement que si, croyant épouser une fille vertueuse, riche, légitime et noble, j'épouse une fille pauvre, corrompue, bâtarde et roturière, je n'en suis pas moins valablement marié que si elle avait les qualités, la fortune et la condition que je lui suppose; mais ne

signifie pas que si, croyant épouser Marie, fille de Jean, propriétaire, domicilié à Paris, j'épouse une aventurière qui m'a trompé par un faux acte de naissance, et dont on ne connaît ni le vrai nom ni la famille, je suis irrévocablement lié par les nœuds que j'ai formés avec elle.

M. Portalis passe de là à un exemple de ce qu'il entend par l'*erreur sur la personne même;* et voici comment il le propose : « Mon intention déclarée » était d'épouser une telle personne; on me trompe » ou je suis trompé par un concours singulier de » circonstances, et j'en épouse une autre QUI LUI » EST SUBSTITUÉE A MON INSU ET CONTRE MON GRÉ; » le mariage est nul. » Par ces mots : *j'en épouse une autre qui lui est substituée à mon insu et contre mon gré,* veut-il dire généralement qu'il n'y a erreur sur la personne qu'autant qu'il y a substitution d'un individu physique à l'individu physique que l'on a intention d'épouser? Il est évident que non.

Et d'abord il ne limite pas l'exemple qu'il propose, au cas de substitution d'un *individu physique* à un autre *individu physique;* il l'adapte à tous cas de *substitution d'une personne à une autre;* ensuite, quand l'exemple proposé par M. Portalis, ne porterait que sur *l'erreur dans l'individu physique,* serait-ce à dire pour cela que M. Portalis entend exclure de l'application de la règle qui veut que le mariage soit nul lorsqu'il y a erreur dans la personne, le cas où l'erreur porte, non sur l'individu physique, mais sur le nom et la famille de l'individu que l'on croit épouser? Non, car proposer un exemple de l'application d'une loi, ce n'est pas restreindre l'application de la loi au cas dont on parle : un exemple n'est pas *restrictif* de sa nature, il n'est que *démonstratif.*

3° Quelle est la pensée de M. Maleville, dans le passage de son *Analyse raisonnée,* qui est transcrit dans le *Repertoire de jurisprudence,* lorsqu'il dit *qu'après lui des lucubrations,* sur le sens que l'on devait attacher aux mots *erreur dans la personne,* on est venu de ne pas entrer dans ces détails, et que *les choses en sont restées sur le pied des lois anciennes?*

A s'en tenir à ce passage isolé, on pourrait croire, comme je l'ai cru tant que je n'ai pas eu connaissance du procès-verbal de la séance du conseil-d'état, du 24 frimaire an 10, que M. Maleville veut dire par-là que l'intention définitive des auteurs du code civil a été de ne considérer comme *erreur dans la personne,* que celle qui tomberait sur *l'individu physique.*

Mais si l'on rapproche ce passage de ce que le procès-verbal du 24 frimaire an 10 place dans la bouche de M. Maleville lui-même;

Si l'on fait bien attention qu'après avoir dit que, dans le cas d'erreur sur la personne, *on a toujours jugé qu'il n'y avait point de consentement,* M. Maleville a ajouté : « Ce serait même vainement qu'on » voudrait réduire l'application de cette règle à l'er-

---

(1) C'est ainsi que je l'ai vu constamment pratiquer pendant tout le temps que j'ai siégé au conseil-d'état, c'est-à-dire, depuis les premiers jours de février 1806, jusqu'à la restauration de 1814; et déjà j'en ai fait la remarque dans le *Répertoire de jurisprudence,* au mot *Testament,* sect. 1, §. 1, art. 5.

» reur sur la personne physique ; car ce serait ab-
» solument l'anéantir, puisqu'il est bien évident
» que, lorsqu'on se présente pour se marier, on
» agrée la *personne physique* avec laquelle on se
» présente ; une règle si juste et si sage a donc né-
» cessairement un autre objet, et cet objet, c'est la
» *personne sociale*; ».

On demeurera bien convaincu qu'en disant que
*les choses en sont restées sur le pied des lois an-
ciennes*, M. Maleville veut dire que, sous le code
civil, comme dans l'ancienne jurisprudence, l'erreur
sur le nom et la famille de l'un des époux, produit,
tout aussi bien que l'erreur sur l'individu physique,
en faveur de l'époux trompé, une action en nullité
du mariage.

C'est ainsi au surplus, que la question a été
jugée tout récemment dans une espèce fort remarquable.

En 1814, un soi-disant Joseph Ferri, se qualifiant
de baron et de colonel Napolitain, faisant partie du
dépôt des prisonniers de guerre de *l'armée constitutionnelle* d'Espagne, en surveillance à Bourges,
sollicite des sieur et dame Beauger, domiciliés à
Tulle, département de la Corrèze, et obtient d'eux
la permission de faire sa cour à la demoiselle Félicie
Beauger, leur fille.

Une éducation soignée, de l'esprit, une élocu-
tion facile et toutes les apparences d'un caractère
honorable, lui gagnent bientôt l'affection des sieur
et dame Beauger ; et il la fortifie encore par la communication qu'il leur donne d'un acte de baptême
délivré le 5 février 1801, signé, *Sébastien Bozzetti,
curé*, et attestant qu'il est né le 10 juin 1785 ; qu'il
a été baptisé dans l'église de Sainte-Marie-de-Capoue,
sous le nom de « Joseph, fils légitime de François,
baron Ferri, et de Marie Pozzi, mariés, demeurant
dans la même ville, » et qu'il a eu pour « parrain
l'illustre seigneur Aloysius de Pignatelli, » et pour
marraine la dame de Venzi.

A la vue de cette pièce, les sieur et dame Beauger n'hésitent plus : ils déclarent au prétendu Joseph Ferri qu'ils lui accordent la main de leur fille,
et il leur en témoigne sa reconnaissance par une
lettre du 10 avril 1824, écrite d'un style propre à
leur faire de plus en plus illusion.

Pour les entretenir dans ces bonnes dispositions,
en leur donnant une idée avantageuse de ses facultés pécuniaires, il passe à Bourges, le 11 mai suivant, devant le notaire Labouvrie, leur gendre,
une procuration par laquelle, se qualifiant de « colonel des troupes guérillas de la province de Huesca,
membre aggrégé de la députation provinciale d'i-
celle, ayant fait partie du dépôt des prisoniers de
guerre de l'armée constitutionnelle d'Espagne, et
obtenu sa résidence à Bourges, *il donne pouvoir à
un prétendu* Joseph Attanja, négociant à Huesca,
de retirer du sieur Antoine-Marie Misac, négociant
en la même ville, 120,000 réaux de vellon, représentant 30,000 francs que le constituant y a dépo-

sés pour garantie de sa gestion de trésorier, et que
ledit Misac est autorisé à lui rendre, d'après un
quitus ou certificat de gestion apurée, du 14 novembre 1823, signé, *Maurel Castel*, secrétaire de
la junte ou députation de ladite province, et présentement par lui déposé en original chez le même
notaire Labouvrie; »

Enfin, le mariage est arrêté ; mais un obstacle
en retarde la célébration : l'acte de baptême du 10
juin 1785 n'est point légalisé, et l'officier de l'état
civil déclare qu'il ne peut l'admettre. Comment lever cet obstacle ? Le prétendu Joseph Ferri expose, avec une apparence de raison, qu'il ne
peut, dans son état de proscription, demander
une légalisation au gouvernement de Naples, qui
n'accorderait rien à un homme armé pour la révolution d'Espagne ; et par ce motif, il détermine
la famille Beauger à se contenter d'un acte de notoriété dressé conformément aux art. 70 et 71 du
code civil.

Cet acte est en conséquence passé, le 13 juillet 1824, devant le juge de paix de Bourges.

Le prétendu Joseph Ferri y comparaît par un
mandataire, se disant lieutenant au service d'Espagne et réfugié, et y expose,

« 1°. Qu'il est colonel espagnol, domicilié à
Bourges, depuis le 7 décembre 1823, en ce moment à Tulle pour y contracter mariage avec la
demoiselle Félicie Beauger ;

» 2°. Qu'il a besoin, pour la célébration de ce
mariage, de produire son acte de naissance, et que
celui dont il est porteur n'ayant aucun caractère
d'authenticité, attendu qu'il n'est signé que de
*M. le curé de la paroisse de Sainte-Marie de
Capoue*, il est nécessaire, conformément à l'art.
71 du code civil, que sept témoins *attestent*, devant le juge de paix, que ledit sieur Ferri est fils
de feu M. le baron Ferri et de feue dame Marie de
Pozzi, et est né à Sainte-Marie de Capoue, royaume
de Naples, le 10 juin 1785. »

Sur cet exposé, sept témoins, dont trois piémontais, deux génois, un savoyard, et le notaire Labouvrie, de Bourges, déclarent....,

» 1°. *Bien connaître* M. Joseph Ferri, colonel
au service d'Espagne ;

» 2°. *Savoir* qu'il est né à Sainte-Marie de Capoue, royaume de Naples, le 10 juin 1785, du *légitime mariage* de M. le baron François Ferri et de
Marie de Pozzi, tous deux décédés ;

» 3°. *Savoir* que ses aïeuls et aïeules étant décédés, il n'a aucun consentement d'eux à produire;

» 4°. *Savoir* que, relativement à son acte de
naissance, *tel qu'il devait être produit*, il se trouve
dans l'impossibilité de se le procurer, à raison des
circonstances politiques qui le tiennent loin de sa
patrie. »

Le 11 du même mois, est passé devant notaire, à Tulle, un contrat de mariage, dans lequel

51

le futur époux, prenant la même condition civile de *Joseph Ferri*, *fils de feu M. le baron Fran- çois Ferri et feue dame de Pozzi*, se dote de ses biens meubles et immeubles, qu'il évalue à 50,000 francs, et institue un gain de survie de 25,000 francs, en faveur de Félicie Beauger.

Le lendemain, l'acte de mariage est passé devant l'officier de l'état civil, au nom de « Joseph » Ferri, colonel-inspecteur des troupes légères, de » la province de Huesca, en Espagne, né à Sainte- » Marie de Capoue, le 10 juin 1785, comme le » constate l'acte de notoriété du 3 juillet 1824, fils » de feu M. le baron François Ferri et de feue « madame Marie de Pozzi, ses père et mère. »

Ainsi devenu l'époux de Félicie Beauger, le pré- tendu Joseph Ferri s'établit avec elle dans une maison qu'il loue à Tulle; il prend un équipage, achète un mobilier assez considérable, et annonce tous les dehors de l'aisance. Mais il fait tout cela aux dépens des dupes de ses manœuvres fraudu- leuses; bientôt les illusions dont il s'est environné se dissipent, et, dans les premiers jours du mois d'août 1825, ne pouvant plus duper personne, il prend la fuite.

La famille Beauger fait sur son compte des re- cherches, dont les résultats sont,

— 1°. Un certificat du syndic ou maire de la com- mune de Capoue, du 3 janvier 1826, attestant que « il n'a jamais existé de famille de baron François Ferri, ni de fils de ce baron, et qu'à l'époque de 1801, il n'y avait aucun curé du nom de Sébastien Bozzetti; »

2°. Un certificat du curé de l'église de Sainte- Marie-Majeure de Capoue, du 1er février suivant, attestant qu'*ayant examiné* les livres baptismaux de cette paroisse, il n'y a pas trouvé l'acte de nais- sance de Joseph Ferri, fils du baron François Ferri et de dame Marie de Pozzi;

3°. Un certificat du curé de l'église de Saint- Érasme de la ville de Capoue (dans laquelle il n'y a notoirement que deux églises paroissiales), qui atteste la même chose, à la même date;

4°. Deux lettres du substitut de l'avocat fiscal de Gênes, des 30 mai et 18 juin de la même année, qui informent la demoiselle Beauger que le pré- tendu Joseph Ferri y a été condamné en 1821, par contumace et pour vol, à une peine afflictive et infamante;

5°. Une lettre du directeur de la police générale de France, du 14 juin 1826, qui annonce que des informations prises sur le prétendu Joseph Ferri, il résulte entre autres choses,

Qu'il paraît constant que toutes ses déclarations sur son origine sont fausses;

Qu'il a dit avoir été élevé à Naples, dans un collège de jésuites; mais que *son nom* ne se trouve pas parmi ceux qui ont étudié à ce col- lège, et qu'aucun des chefs qui y sont employés ne se souvient de l'avoir connu;

Que les généraux et autres officiers napolitains qui ont servi, soit en Espagne, soit au corps d'ar- mée d'Eugène Beauharnais, ont également déclaré qu'il n'y avait jamais eu de colonel napolitain, ni même de capitaine, du nom de Joseph Ferri.

La demoiselle Beauger, convaincue par tous ces renseignemens, qu'elle n'a donné sa main qu'à un escroc, sans nom, sans état civil, à un des plus au- dacieux aventuriers qui se soit joué de la crédulité humaine dans les choses les plus sacrées, n'hésite pas à prendre le parti que l'honneur lui commande : par exploit du 1er juillet 1826, signifié au dernier domicile du prétendu Joseph Ferri, elle le fait as- signer devant le tribunal de première instance de Tulle, pour voir déclarer nul le mariage qu'elle a contracté avec lui par erreur sur sa personne.

Mais, par jugement du 17 août suivant, ce tri- bunal, en donnant défaut contre Joseph Ferri, ne laisse pas de déclarer la demoiselle Beauger mal fondée dans sa demande :

« Attendu qu'aux termes des art. 146 et 180 du code civil, il n'y a pas de mariage lorsqu'il n'y a pas de consentement, et il n'y a pas de consente- ment; lorsqu'il y a erreur sur la personne;

» Que l'erreur n'annule le consentement que lors- qu'elle est dans la personne;

» Que les qualités morales et sociales sont dis- tinctes de la personne; et l'erreur sur les qualités ne peut faire annuler le mariage, lorsque la per- sonne est certaine, et la même que l'on a voulu épouser;

» Que, lors de la discussion sur le code civil, on a agité la question de savoir si, au mot *per- sonne* employé dans le projet, on ne devait pas substituer le mot *individu*; on a examiné dans cette discussion si l'erreur sur les qualités morales et sociales ne devait pas être admise comme cause de nullité du consentement, et cependant on a laissé substituer dans la loi le mot *personne*;

» Que, d'après cela, il doit demeurer pour cons- tant que l'on a voulu laisser en vigueur les anciens principes, d'après lesquels l'erreur ne rendait le mariage nul que lorsqu'elle tombait sur la per- sonne même;

» Que la demanderesse ne conteste pas avoir épousé *la personne même* qui avait demandé sa main, et qu'*elle connaissait*; qu'ainsi, il n'y a pas eu erreur *dans la personne*;

» Qu'il paraît bien qu'il y a eu erreur sur les qualités morales et *sociales* de Ferri. Mais si l'on pouvait dire que cette erreur doit vicier le consen- tement, ce ne serait que dans des cas extrêmement rares, comme l'indiquent les exemples donnés par les auteurs, dans des circonstances tout autres que celles où se trouvait la demoiselle Beauger, et lors- que, de plus, les qualités sur lesquelles il y a eu er- reur ont *déterminé le consentement*;

» Que la demoiselle Beauger n'allègue pas même

qu'elle ait fait dépendre son consentement *des qualités que prenait Ferri ;*

« Qu'on ne peut le penser, quand on ne voit pas qu'il ait été fait aucunes démarches ni recherches pour s'en assurer, démarches que l'on n'eût pas dû négliger, et qui étaient même commmandées par les inquiétudes que, d'après une lettre du sieur Beauger père, du 17 juin 1824, jointe aux pièces, on lui donnait sur Ferri, et par celles qui ont dû naître nécessairement du refus fait par le maire de Tulle d'*admettre l'acte de naissance représenté par Ferri.* »

Appel de ce jugement de la part de la demoiselle Beauger.

Peu de temps après, plainte du ministère public contre le soi-disant Joseph Ferri, à raison du crime de faux qu'il est prévenu d'avoir commis en écriture publique, par l'usage qu'il a fait du faux acte de notoriété du 3 juillet 1824 ; et en conséquence, le 23 janvier 1827, arrêt de la cour d'assises du département du Cher, qui condamne ce misérable à vingt ans de travaux forcés.

Déjà, avant cet arrêt, et dès le 5 novembre 1826, l'un des jurisconsultes-orateurs les plus distingués de la France, M. Devaux, avocat à la cour royale de Bourges et membre de la chambre des députés, avait exposé et développé, dans une consultation aussi savante que lumineuse, les moyens qui devaient assurer le succès de l'appel interjeté par la demoiselle Beauger du jugement du tribunal de Tulle.

Aussi modeste qu'éclairé, M. Devaux m'a fait l'honneur de soumettre cette consultation à mon examen, en m'invitant, si je partageais son avis, de l'appuyer par tout ce que je jugerais de plus propre à le justifier.

J'ai répondu à l'appel de M. Devaux par une consultation du 6 juin 1827, qui n'était, à la forme près, qu'une copie littérale de la dissertation ci-dessus transcrite, sur le sens que l'art. 180 du code civil attaché aux mots *erreur sur la personne.*

Ces deux consultations ont été imprimées et distribuées à la cour royale de Bourges, conjointement avec celles qui, depuis, avaient été données, dans le même sens, par M. Toullier, professeur de droit à Rennes, par M. Proudhon, professeur de droit à Dijon, par le barreau de Bourges, par celui de Limoges, par M. Vazeille, auteur d'un *Traité du mariage*, etc.

Enfin, la cause a été plaidée en audience solennelle, et il y a été statué par un arrêt du 6 août 1827, ainsi conçu :

« Considérant que l'acte de naissance et celui de notoriété, desquels le prétendu Joseph Ferri était porteur, le disaient né à Capoue, et fils du baron François Ferri et de dame Marie de Pozzi ; mais qu'aucune famille de ce nom n'a existé ni n'existe dans cette ville ;

» Qu'il est dit baptisé du 10 juin 1785, à Sainte-Marie de Capoue ; mais que les registres baptismaux de cette paroisse font foi qu'il ne s'y trouve nulle naissance de ce nom et de cette origine ;

» Que cet acte de naissance délivré le 5 février 1801, est signé par un sieur Bozzetti, dit curé de Sainte-Marie-Majeure ; mais qu'il n'y a jamais eu de curé de ce nom ;

» Tous lesquels faits sont attestés par les autorités du lieu, en forme légale ;

» Qu'on ne peut pas concevoir un contrat entre deux personnes dont l'une n'existait pas ; qu'ainsi, celui qui s'est présenté au mariage, et qui a reçu le consentement de Félicie Beauger, est un aventurier, un faussaire jugé tel par arrêt de la cour d'assises de Bourges, du 27 janvier 1827, par lequel il a pris un nom de famille et des qualités qui ne lui appartenaient pas ; et qui même n'existaient pas ; et que, s'il se fût présenté avec cet affreux cortège, il n'y a pas de doute que Félicie Beauger ne lui eût pas donné la main ;

» Qu'à la vérité, le prétendu Joseph Ferri est bien *l'individu* qu'a vu Félicie Beauger, celui qui a reçu sa foi, mais que *l'identité de l'individu* n'est point assez pour la validité du mariage ;

» Qu'avant la publication du code civil, on lisait dans le projet, que le mariage peut être attaqué quand il y a erreur dans la personne ; que la cour de cassation ayant proposé de substituer le mot *individu* à celui de *personne*, après un long examen et les plus savantes dissertations dans le conseil-d'état, le mot *individu* n'a pas été admis, le mot *personne* est resté dans la loi ; d'où il faut conclure que ces deux acceptions expriment deux choses différentes ;

» Qu'en effet, dans l'état de nature, le mariage n'est que l'union des individus ; mais que, dans l'état de la société civilisée, on considère nécessairement et essentiellement tout ce qui constitue l'état, qui personnifie l'individu, et que c'est l'individu ainsi personnifié auquel on donne son consentement ; que si la sainteté du mariage, son importance dans la société, l'indissolubilité du lien peuvent écarter les erreurs résultant, dans un cas, du plus ou moins de fortune ; dans un autre, des emplois plus ou moins éminens ; ailleurs, d'une existence sociale plus ou moins relevée ; on ne peut admettre la même décision dans le cas où rien n'existe de ce qui constitue l'état civil annoncé ; puisqu'alors ce n'est plus la personne à qui le consentement a été donné ; que telle est l'opinion de plusieurs pères de l'Église romaine, celle des plus savans jurisconsultes, et la seule idée qui puisse naître des termes sainement entendus du code civil ;

» Que si on ajoute que, dans l'espèce présente, le faux acte de naissance a été présenté par le prétendu Joseph Ferri ; que c'est lui qui, par ses intrigues, a préparé et consommé l'acte de notoriété qui constate les mêmes énonciations ; qu'ainsi, l'erreur dans laquelle a été entraînée Félicie Beauger, est l'ouvrage du dol et du faux de celui avec lequel elle

51.

a contracté; qu'il est dès-lors impossible de ne pas reconnaître qu'il n'y a pas de contrat, ou qu'au moins ce contrat est nul, à défaut de consentement, tant suivant la règle particulière aux mariages, qu'ils peuvent être attaqués quand il y a eu erreur sur la personne, que suivant la règle générale sur les conventions, qu'il n'y a point de consentement valable, s'il a été donné par erreur, ou surpris par dol (art. 1109 du code civil);

» Que l'erreur est une cause de nullité quand elle tombe sur la personne, et que la considération de cette personne a été la cause principale de la convention (art. 1110 du code civil);

» Qu'enfin, le dol est une cause de nullité, lorsque les manœuvres pratiquées par l'une des parties, sont telles, qu'il est évident que, sans ces manœuvres, l'autre partie n'aurait pas contracté (art. 1116):

» La cour donne défaut contre le soi-disant Joseph Ferri, et statuant sur l'appel interjeté, a mis le jugement au néant; émendant, déclare nul le mariage contracté par Félicie Beauger avec le soi-disant baron Joseph Ferri, devant l'officier public de Tulle, le 12 juillet 1824; ordonne que le présent arrêt sera transcrit sur les registres de l'état civil, en marge de l'acte de célébration; à quoi faire l'officier civil sera contraint; quoi faisant, déchargé; réserve à Félicie Beauger toutes actions en dommages-intérêts et autres droits qu'elle peut avoir contre le soi-disant Joseph Ferri, etc... »

§. X. 1° *Le mariage contracté par un mort civilement, est-il valable?*

2° *Les enfans qui en naissent, sont-ils légitimes et successibles même dans la ligne de celui de leurs parens qui était, en le contractant, frappé de mort civile?*

3° *Le sont-ils lorsque l'un des époux était de bonne foi?*

V. l'article *Légitimité*, §. 5, n° 2.

§. XI *Le ministère public a-t-il qualité pour attaquer un jugement par lequel un mariage valable en soi et encore subsistant, a été, au mépris des lois, déclaré nul ou dissous?*

V. l'article *Ministère public*, §. 12.

§. XII. *Le tuteur d'un interdit a-t-il qualité pour demander la nullité du mariage que celui-ci a contracté, soit depuis son interdiction, soit même auparavant, et à une époque où il était déjà notoirement en état de démence?*

Que l'art. 146 du code civil, portant « qu'il n'y » a point de mariage, s'il n'y a point de consente- » ment, » soit applicable au cas où il y a eu absence de consentement, comme au cas où il n'y a eu con-

sentement que par l'effet de la violence ou de l'erreur, et qu'en conséquence, le mariage contracté par une personne en état de démence, puisse et doive, lorsque cette personne a recouvré l'usage de ses facultés intellectuelles, être annulé sur sa demande, c'est une vérité sur laquelle il ne peut exister aucune espèce de doute.

Mais, à défaut de cessation de l'état de démence, que deviendra le mariage contracté dans cet état?

Il ne pourra certainement être attaqué, ni par le ministère public, ni par les parens de l'époux qui l'a contracté en état de démence, ni même, après sa mort, par ses héritiers. Cela résulte, non-seulement des art. 184 et 191, qui n'admettent le ministère public et les tiers *ayant un intérêt né et actuel*, à demander la nullité d'un mariage, que pour les causes exprimées dans les art. 144, 147, 161, 163, 163 et 165, mais encore et surtout de l'art. 180, aux termes duquel le mariage qui a été contracté sans le consentement de l'un des deux époux, ne peut être attaqué que par celui des deux qui n'y a pas consenti (1).

Mais ce mariage ne pourra-t-il pas être attaqué par le tuteur à l'interdiction de l'époux en démence?

Pourquoi ne le pourrait-il pas? le tuteur à l'interdiction n'est que l'organe de l'interdit; il ne forme avec lui, dans l'esprit de la loi, qu'une seule et même personne; et ce qu'il veut, ce qu'il fait dans l'intérêt de l'interdit, l'interdit est censé le vouloir et le faire lui-même.

Qu'importe que le droit d'attaquer le mariage pour défaut de consentement, soit, d'après l'art. 180, inhérent à la personne de l'interdit?

Le droit de faire révoquer une donation entre-vifs pour cause d'ingratitude, est assurément un droit inhérent à la personne du donateur; et la preuve en est qu'aux termes de l'art. 957 du code civil, l'exercice n'en appartient qu'au donateur, jamais à ses héritiers, à moins qu'il ne soit décédé dans l'année du délit. Mais supposons qu'antérieurement à sa démence, l'interdit ait donné entre-vifs une partie de ses biens; que, dans son état actuel, il perde, par des événemens de force majeure, tout ce qui lui reste de fortune, et que son donataire lui refuse des alimens: osera-t-on dire que son tuteur sera non-recevable à demander que la donation soit révoquée?

Autre exemple. Est-il un droit plus personnel, plus inhérent à la personne d'un époux, que celui de demander une séparation de corps pour cause d'excès, de sévices et de mauvais traitemens? Eh bien! supposons qu'à une époque antérieure au dérangement de ses facultés intellectuelles, l'interdit ait épousé une femme qui lui convenait alors; supposons qu'aujourd'hui cette femme se livre envers

---

(1) *V.* le *Répertoire de Jurisprudence*, au mot *Célibat*, n° 5, et au mot *Mariage*, sect. 6, §. 2, deuxième question sur l'art. 180 du code civil.

lui à des excès, à des sévices qui puissent mettre sa vie en péril ou altérer sa santé : son tuteur, comme protecteur légal de sa personne, comme chargé de veiller à sa sûreté individuelle, à son repos, sera bien certainement recevable à réclamer pour lui le remède de la séparation, pour faire relâcher en sa faveur le lien d'un mariage véritablement contracté en état de raison. Et il serait sans qualité pour demander la nullité, ou plutôt pour faire proclamer l'inexistence d'un mariage qu'on a fait machinalement contracter à ce malheureux, dans l'état de démence ; d'un mariage qu'il n'a eu ni pu avoir la volonté de contracter ; d'un mariage qui n'a de mariage que le nom et l'ombre ; d'un mariage enfin qu'il n'hésiterait pas à attaquer lui-même, s'il n'était pas incapable de penser et d'agir !

Non, une telle inconséquence n'a dû ni pu entrer dans l'esprit de la loi ; et l'art. 180 du code civil se contredirait lui-même, si, tout en déclarant de la manière la moins équivoque que l'interdit pourrait attaquer personnellement son prétendu mariage, si l'état de ses facultés intellectuelles n'y mettait un obstacle invincible, il n'était pas censé confier à son tuteur le soin et le pouvoir de faire disparaître ce simulacre d'union conjugale.

Voici d'ailleurs un arrêt par lequel la cour supérieure de justice de Bruxelles l'a ainsi jugé dans des circonstances qui méritent une attention particulière.

Le 10 octobre 1826, un parent collatéral du sieur Beys, riche particulier, domicilié à Gand, et âgé de 55 à 56 ans, présente au tribunal de première instance de cette ville une requête par laquelle il demande son interdiction pour cause de démence.

Le même jour, jugement qui ordonne la communication de cette requête à un conseil de famille dûment convoqué, pour donner son avis sur l'état du sieur Beys.

Le 16 du même mois, délibération par laquelle le conseil de famille déclare qu'il est à sa connaissance que le sieur Beys se trouve dans un état habituel d'aliénation mentale, quoiqu'il puisse avoir des intervalles lucides, et qu'en conséquence, il y a lieu de l'interdire.

Le lendemain, et par suite de cette délibération, jugement qui ordonne que le sieur Beys sera interrogé par le tribunal.

Le 21, le sieur Beys, au lieu de comparaître pour subir l'interrogatoire ordonné par ce jugement, fait présenter au tribunal une requête tendante à ce que les faits de démence articulés contre lui soient déclarés non pertinens ; et en même temps il abandonne la ville de Gand, et va s'établir à Bruxelles.

Le 25, jour fixé pour l'interrogatoire, jugement qui nomme un administrateur provisoire à la personne et aux biens du sieur Beys.

Le 31 du même mois, autre jugement qui déclare le sieur Beys non-recevable et non fondé dans les conclusions de sa requête du 21.

Appel de ces deux jugemens à la cour supérieure de justice de Bruxelles.

Le 17 novembre suivant, arrêt qui infirme le jugement du 31 octobre, par le motif que, bien que les facultés mentales du sieur Beys aient été momentanément altérées par une maladie grave qu'il a essuyée l'été précédent, la nécessité de soumettre sa personne et ses biens aux soins d'un administrateur provisoire, ne se trouve pas constatée au procès.

A cet arrêt en succèdent deux autres, dont l'un ordonne que le sieur Beys sera interrogé par la cour, et l'autre déclare que, d'après son interrogatoire, il a plus lieu de poursuivre son interdiction.

Cependant le sieur Beys continue de donner journellement des preuves de démence ; et son état intellectuel, bien loin de s'améliorer, ne fait qu'empirer de plus en plus.

Le 5 juin 1827, on lui fait signer un contrat de mariage avec Marie D......, âgée de 42 ans, femme divorcée, sans fortune quelconque, et mère de plusieurs enfans, dont le dernier est né le 2 juin 1820, environ trois ans après la prononciation de son divorce.

Par l'art. 1 de cet acte, une communauté universelle de tous les biens, meubles et immeubles, présens et à venir, est établie entre les futurs époux.

Par l'art. 2, le sieur Beys reconnaît que Marie D...... apporte en mariage une somme de 50,000 florins en bagues, joyaux et pierres précieuses, qui lui demeurera propre, et qui sera reprise hors part, à la dissolution de la communauté, soit par elle, soit par ses héritiers.

Par l'art. 3, il est dit qu'en cas de prédécès du sieur Beys avec enfans issus du futur mariage, Marie D.... aura pour douaire la moitié en usufruit de tous les biens formant la part du futur époux dans la communauté universelle stipulée par l'article premier.

Enfin, par l'art. 4, on fait déclarer au sieur Beys qu'en cas qu'il meure le premier sans enfans, il donne en pleine propriété à Marie D...... la totalité de sa part dans la même communauté.

A ce contrat de mariage marqué, de la part du sieur Beys, au coin de la démence la plus complète, succèdent immédiatement les publications prescrites par l'art. 63 du code civil ; et des précautions, qu'il serait trop long de détailler ici, sont prises pour empêcher qu'elles ne parviennent à la connaissance des plus proches parens du sieur Beys, tous domiciliés à Gand et à Leuze.

En effet, le mariage est célébré, sans opposition de leur part, le 20 juin 1827, devant l'officier de l'état civil de Bruxelles.

Le 16 juillet suivant, requête au tribunal de première instance de Bruxelles, par laquelle un parent du sieur Beys provoque de nouveau son interdiction, et articule à cette fin un grand nombre de faits de nature à prouver qu'au moment de la célébration du mariage, et plusieurs mois auparavant, le sieur Beys était dans un état habituel et constant de démence.

Le 11 août, avis unanime du conseil de famille sur l'état du sieur Beys; et sur la nécessité de l'interdire.

Le 19 septembre, le sieur Beys est interrogé par un juge commis à cet effet; toutes ses réponses portent le cachet de la démence.

Le 18 octobre, jugement qui prononce son interdiction, et ordonne qu'il lui sera nommé un tuteur et un subrogé-tuteur.

Appel de ce jugement sous le nom du sieur Beys.

Le 15 décembre, arrêt qui, avant faire droit, commet trois médecins pour examiner l'état du sieur Beys.

Le 29 du même mois, rapport par lequel ces médecins déclarent que « sa vésanie n'a pas, comme il » arrive souvent au commencement de la maladie, » des momens lucides, ou même des intervalles as- » sez longs; mais qu'elle est *continuelle et parve- » nue tout-à-fait à son plus haut degré....*; qu'ils » n'estiment pas que son aliénation mentale soit la » suite d'une maladie momentanée du corps, dont » on pourrait espérer une prompte guérison; mais » qu'elle est une *démence véritable et bien carac- » térisée*; dont on ne peut *presque pas espérer* » *la guérison...*; que cette aliénation mentale, qui » existe depuis long-temps, *a jeté des racines pro- » fondes et difficiles à extirper...* »

Le 12 janvier 1828, arrêt qui confirme le jugement d'interdiction.

Le 5 février suivant, délibération du conseil de famille, qui nomme un tuteur et un subrogé-tuteur à l'interdit.

Le 13 mars, autre délibération du même conseil, qui, *en tant que besoin pourrait être*, autorise le tuteur à se pourvoir en nullité du prétendu mariage du sieur Beys, et de tous les actes qui y ont rapport, notamment des conventions matrimoniales.

Le 18 du même mois, le tuteur fait en conséquence assigner Marie D...... devant le tribunal de première instance de Bruxelles, pour voir dire qu'attendu la démence complète dont le sieur Beys était notoirement frappé, tant avant que lors et depuis le 5 et le 20 juin 1827, les prétendues conventions matrimoniales passées, et le prétendu mariage célébré entre lui et elle, à ces époques, sont nuls et de nul effet; qu'elle sera, par suite, tenue de quitter sur-le-champ la maison de son prétendu mari, et qu'elle sera en même temps condamnée à restituer tous les effets appartenant à celui-ci, qu'elle possède et détient.

La cause portée à l'audience, Marie D.... conclut, sous la réserve de tous ses moyens au fond, à ce qu'il soit déclaré que le tuteur est sans qualité pour attaquer le mariage dont il s'agit.

Le 9 avril, jugement qui rejette l'exception de

» la défenderesse, résultant du défaut de qualité » dans le chef du tuteur, et lui ordonne de plaider » ses autres moyens à l'audience du..... »

Marie D..... appele de ce jugement, et l'attaque par plusieurs moyens, pour la réfutation desquels le tuteur produit une consultation rédigée par M. Mailhe, d'après les bases et avec les développemens arrêtés entre lui et moi.

Remarquons d'abord (est-il dit dans cette consultation) qu'il importe peu que le sieur Beys n'ait été interdit qu'après la célébration du mariage.

» Sous l'ancienne jurisprudence, on tenait en principe (quoiqu'aucune loi civile ne s'en fût expliquée) que ce n'est point par l'interdiction ou par l'autorité du magistrat qui la prononce, mais par celle de la nature elle-même, que s'établit l'incapacité de l'individu tombé en démence; que son incapacité existe donc indépendamment de l'office du juge; que la sentence d'interdiction ne fait que la déclarer, et que son effet remonte à l'époque où la démence s'est manifestée.

» Or, ce principe se trouve dans l'art. 146 du code civil, et voici comment :

» Le projet de ce code, rédigé par quatre célèbres jurisconsultes commis par le gouvernement, contenait deux articles ainsi conçus : « L'interdit pour » cause de démence ou de fureur est incapable de se » marier (art. 6 du tit. 5 du liv. 1er). Les sourds- « muets de naissance ne peuvent se marier qu'au- » tant qu'il serait constaté, dans les formes prescrites » par la loi, qu'ils sont capables de manifester leur » volonté (art. 7 du même titre).

» On sait que ce projet fut adressé par le gouvernement à la cour de cassation et aux cours d'appel, pour qu'elles fissent leurs observations.

» Un membre de la commission nommée à cet effet par la cour de cassation, » rappela (par rapport à l'art. 6) les anciens principes d'après lesquels l'interdiction pour cause de démence ou de fureur, à la différence de l'interdiction pour cause de prodigalité, produisait incapacité du jour où la démence était prouvée avoir existé, et non du jour où l'interdiction était prononcée. Il observa que l'homme en fureur ou en démence était, avant même qu'il fût interdit, incapable de donner un consentement valable. » La même commission, sans rien changer aux termes de l'art. 6, recueillit cette observation, qui fut envoyée au gouvernement avec celle qu'elle fit sur divers articles du projet (1).

» Les art. 6 et 7 furent proposés au conseil-d'état, par la section de législation, tels qu'ils avaient été projetés par les commissaires-rédacteurs, sauf qu'elle n'en fit qu'un seul article.

» Mais la disposition de ce même article, relative à la démence, fut supprimée par le conseil-d'état, dans sa séance du 26 fructidor an 9, et remplacée

_____

(1) *Observations imprimées de la cour de cassation sur le projet de code civil*, pages 58 et 59.

par la disposition ou règle générale qui forme aujourd'hui l'art 146 du code civil, lequel porte : *Il n'y a pas de mariage lorsqu'il n'y a point de consentement.*

» Ajoutons que l'ancien principe, rappelé et consigné dans les *observations de la cour de cassation*, relativement à la démence ou à la fureur, ne fut point contredit dans la discussion qui eut lieu au conseil-d'état ; il ne pouvait même pas l'être, attendu qu'il est une conséquence forcée de l'ouvrage de la nature elle-même.

» Et non-seulement il n'a été ni contredit ni abrogé, mais, au contraire, il se trouve virtuellement consacré par l'art. 146. En effet, à la différence de la disposition présentée au conseil-d'état par la section de législation, il n'est pas limité au cas où le mariage serait contracté par un individu déjà interdit *pour cause de démence.* Or, aux termes de cet article, on ne peut contracter mariage qu'autant qu'on est capable de consentement, qu'on est sain d'esprit, ou que l'on n'a pas déjà perdu la raison à l'époque où l'on se marie ; et par conséquent, il est indifférent que l'interdiction soit prononcée avant ou après cette époque, alors que, comme dans l'espèce actuelle, la manifestation de la démence remonte à une époque antérieure.

» Mais le tuteur de l'interdit Beys a-t-il qualité pour attaquer le mariage attribué à celui-ci ? Voilà le point essentiel à examiner.

» Pour la négative, on argumente de l'art. 180 du même code, lequel est ainsi conçu : « Le mariage » qui a été contracté sans le consentement libre des » deux époux ou de l'un d'eux, NE PEUT ÊTRE AT- » TAQUÉ que par les époux, OU PAR CELUI DES DEUX » DONT LE CONSENTEMENT N'A PAS ÉTÉ LIBRE. — » Lorsqu'il y a erreur dans la personne, *le ma- » riage* NE PEUT ÊTRE ATTAQUÉ QUE PAR CELUI DES » DEUX ÉPOUX QUI A ÉTÉ INDUIT EN ERREUR. »

» On invoque aussi l'art. 181 qui ajoute immé- » diatement : « Dans le cas de l'article précédent, la » demande en nullité n'est plus recevable, toutes » fois qu'il y a eu cohabitation continuée pendant » six mois depuis que l'époux a acquis sa pleine » liberté, ou que l'erreur a été par lui reconnue ; » et, en rapprochant ces deux articles de l'art. 146, on dit que l'interdit Beys pourrait seul, et à l'exclusion de son tuteur, attaquer son mariage, ou le ratifier par son silence.

» Il est vrai que l'art. 146 comprend dans sa disposition générale non-seulement le cas où il y a eu absence totale de consentement par l'effet de la démence, mais encore le cas où il a eu consentement par crainte, et celui où il y a eu consentement *par erreur dans la personne.* Il est vrai aussi que l'art. 180 peut à la rigueur, être considéré comme comprenant le cas de la démence dans sa disposition.

» Mais de là s'ensuit-il que le mariage d'un interdit pour cause de démence ne puisse être attaqué que par l'interdit lui-même, ou qu'il ne puisse pas l'être par son tuteur ?

» Non certainement ; et pour s'en convaincre, il suffit de remarquer l'énorme différence qui, par rapport au consentement, existe entre le mariage contracté par un homme en démence, et le mariage contracté, soit par contrainte, soit par erreur dans la personne.

» Le consentement est le résultat de l'exercice simultané ou successif de deux facultés morales très-distinctes, qui sont l'entendement et la volonté.

» Par l'entendement, on comprend, on conçoit, on apprécie soi-même l'acte qu'il s'agit de faire ; et par la volonté, on se détermine à faire ou à ne pas faire cet acte, selon qu'on le juge convenable ou non.

« Eh bien ! l'homme en démence est privé de l'une et de l'autre de ces facultés, ou, ce qui est la même chose, la raison qui n'est elle-même, pour ainsi dire, qu'un composé de toutes les facultés morales ou intellectuelles, lui manque entièrement.

» Si donc il déclare, devant l'officier de l'état civil, qu'il veut prendre pour sa femme la personne qui est à son côté ou (pour nous renfermer dans ce qui se pratique en pareil cas) s'il répond par la particule d'affirmation *oui* à la question qui lui est faite par cet officier, il fait cette réponse sans savoir ou sans concevoir qu'on le marie, sans comprendre l'engagement qu'il paraît contracter, sans qu'il puisse avoir la volonté de se marier ou de ne pas se marier, sans qu'en un mot il soit capable de donner aucune espèce, aucune ombre de consentement au mariage.

« Il en est autrement de celui qui se trouve dans un état de contrainte provenant de mauvais traitemens, de menaces antérieures à l'acte de célébration, et dont l'effet subsiste encore lorsque cet acte se fait : il sait et il comprend très-bien qu'il contracte un mariage ; à la vérité, il n'y donne qu'un consentement forcé, non *libre* (comme il est dit à l'art. 180), et dès-là imparfait ou vicieux. Mais toujours est-il certain qu'entre deux choses qui lui répugnent ou qu'il redoute, il choisit celle qui lui répugne ou qu'il redoute le moins, et que par conséquent il fait un exercice de sa volonté.

» A l'égard de *l'erreur dans la personne*, dont il est question dans le même article, et qui doit s'entendre d'une erreur, soit sur la personne physique que je veux épouser, soit et principalement sur la personne civile, c'est-à-dire, sur le nom ou la famille que j'ai en vue, il en résulte que mon consentement au mariage est aussi, ou même plus vicieux que dans le cas de la contrainte. Mais il n'en est pas moins certain que je suis capable de me marier, et que je donne mon consentement à un mariage ; sauf que je suis dans l'erreur sur la personne physique ou civile que je crois m'associer.

» Remarquons bien d'ailleurs que l'erreur sur la personne, et la contrainte, sont des faits dont les individus qui prétendraient avoir été contraints ou induits en erreur, sont les premiers ou même les seuls juges; qu'ainsi, au lieu de demander la nullité de leur mariage, ils peuvent, en appréciant l'honnêteté, la vertu, et en général les qualités morales qu'ils trouveraient dans la personne à laquelle ils sont unis de fait, se déterminer à le confirmer, soit expressément, soit même tacitement, par une simple cohabitation continuée pendant six mois, depuis qu'ils ont reconnu l'erreur, ou que la contrainte a cessé à leur égard.

» Tout au contraire, l'individu qu'on a marié alors qu'il se trouvait dans l'état de démence, était et il demeure incapable de tout jugement, de toute appréciation, de tout discernement, et conséquemment de toute idée de ratification; et du moment qu'il est interdit, il ne peut agir que par son tuteur. Cependant son mariage est nul pour défaut absolu de consentement; la loi veut qu'il puisse être attaqué; et puisque l'interdit ne peut pas en demander la nullité par lui-même, elle veut nécessairement qu'il puisse la demander par l'organe de son tuteur, qui le représente et pour sa personne et pour ses biens.

» Reste pourtant à répondre à quelques objections qu'on a faites devant le premier juge, et qu'on pourra reproduire ou faire devant la cour supérieure.

» PREMIÈRE OBJECTION. « Le mariage du sieur Beys » a été précédé des deux publications voulues par la » loi; aucune opposition n'y a été formée; il a été » célébré publiquement devant l'officier de l'état » civil compétent, et le sieur Beys en a signé l'acte. » Ce sont là sans doute des garanties suffisantes pour » établir que le sieur Beys jouissait alors de l'inté- » grité de sa raison; car, dans l'hypothèse contraire, » l'officier de l'état civil se serait certainement refusé » à la célébration. »

» Mais d'abord, le tuteur paraît être en mesure de prouver que, s'il n'y a pas eu d'opposition au mariage, ça été par l'effet des manœuvres que Marie D.... et ses complices avaient employées pour dérober aux parens du sieur Beys, dont aucun ne résidait à Bruxelles, la connaissance de son état moral; et des publications auxquelles ils faisaient procéder.

» Pour ce qui est des fonctions de l'officier de l'état civil, elles se bornent à faire aux deux individus qui se présentent devant lui, lecture des pièces mentionnées dans l'art. 75, ainsi que du chap. 5 du titre *du mariage*, du code civil, et à leur demander s'ils veulent se prendre pour époux, sans qu'il ait à s'enquérir si l'un ou l'autre jouit ou non de sa raison. De leur côté, ces deux individus n'ont à répondre que par *oui* ou par *non*; et certes, il n'est pas d'individu qui ne puisse prononcer machinalement le mot *oui*, lequel peut d'ailleurs lui être suggéré par la personne qui, à son insu, cherche à devenir son époux. Or, du moment que ce mot a été prononcé de part et d'autre, l'officier de l'état civil n'a plus qu'un ministère passif à remplir, et il est obligé de déclarer que les deux individus sont unis par le mariage.

» Quant à la signature, il n'est pas non plus

d'homme en démence qui, ayant appris à écrire ou à signer, ne conserve la faculté physique de tracer son nom au bas d'un acte de mariage comme au bas de tout autre acte. Au surplus, tout cela porte sur le fond de la cause, et il ne s'agit ici que de la qualité du tuteur.

» DEUXIÈME OBJECTION. « Le sieur Beys peut » s'être marié dans un intervalle lucide; et dans » ce cas, le mariage serait certainement valable. »

» Oui, il serait valable dans cette hypothèse; mais, 1° ce serait à Marie D.... à prouver le fait de l'intervalle lucide..... (1); et il paraît que le tuteur n'aurait aucune peine à détruire la preuve qu'elle pourrait en fournir. 2° Cette objection est ici déplacée comme la première, parce qu'elle n'est relative qu'au fond de la cause, duquel il ne s'agit pas encore.

» TROISIÈME OBJECTION. « Il peut arriver que le » sieur Beys recouvre sa raison; et dans ce cas, il » pourrait désavouer la nullité dont il aurait été » jugé, pendant sa démence, que son mariage était » entaché. »

» Eh! par quelle voie pourrait-il la désavouer? Par tierce-opposition au jugement qui l'aurait déclarée sur la demande de son tuteur? Bien certainement il n'y serait pas recevable; seulement il pourrait contracter avec Marie D.... un mariage véritable, mais qui n'aurait d'effet que pour l'avenir; et même il y a tout lieu de présumer qu'il en repousserait avec horreur la proposition.

» Ajoutons que son état de démence, tel qu'il est attesté par les trois médecins qui en ont légalement fait l'examen, et tel qu'il sera ultérieurement constaté par les faits nombreux qui restent à prouver, ne laisse aucun espoir de guérison.

» Ajoutons encore que cette troisième objection se rattache, ainsi que les deux précédentes, au fond de la cause, et que la question actuelle est uniquement de savoir si le tuteur du sieur Beys a ou n'a pas qualité pour attaquer le mariage.

» QUATRIÈME OBJECTION. « D'après l'art. 174 du » code civil, les collatéraux qui y sont désignés, » n'ont que le droit de former opposition au ma- » riage de leur parent tombé en démence; et d'a- » près l'art. 175, le tuteur ne peut exercer ce droit » qu'autant qu'un conseil de famille l'y a autorisé. » Ainsi, former opposition au mariage projeté par » un individu frappé de démence, c'est tout ce que » peuvent faire ses parens collatéraux et son tuteur; » encore celui-ci ne peut-il le faire qu'avec l'auto- » risation du conseil de famille. Comment serait-il » donc, de son chef, recevable à attaquer le ma- » riage célébré sans opposition? »

_____

(1) *V.* le *Répertoire de jurisprudence*, au mot *Testament*, sect 1, §. 1, art. 1, n° 5.

» Observons d'abord que le sieur Beys n'avait ni ne pouvait avoir de tuteur lors de son prétendu mariage, puisqu'il était majeur et non encore interdit.

» Mais que serait-il arrivé, s'il eût été interdit avant la célébration de ce prétendu mariage, et que, malgré son interdiction, on eût annoncé, par des publications faites en son nom, le projet de le marier?

» Alors sans doute, en appliquant la disposition du n.º 2 de l'art. 174 au cas où il s'agirait d'un mariage à contracter par un majeur déjà interdit, on serait fondé à dire que le tuteur du sieur Beys n'aurait pas pu former opposition au mariage, sans y être autorisé par un conseil de famille. Mais pourquoi l'autorisation d'un conseil de famille est-elle, en pareil cas, nécessaire au tuteur de l'interdit? Parce qu'au moyen des publications préalables voulues par la loi, l'interdit donne un signe légal d'une volonté apparente de se marier; qu'en formant, de son seul chef, opposition au mariage projeté, le tuteur manifeste une volonté contraire; qu'il y a donc, entre la volonté apparente de l'un et la volonté réelle de l'autre, une espèce de conflit qui ne permet pas de les considérer l'un et l'autre comme ne formant qu'une seule et même personne, comme n'ayant qu'une seule et même volonté; que dès-lors il faut bien que le conseil de famille intervienne pour les départager, en examinant si l'interdit n'a pas recouvré sa raison, et si en conséquence il n'y a pas lieu de provoquer la main-levée de l'interdiction.

» Mais si, par l'effet de quelques manœuvres, l'on parvient à tromper la vigilance du tuteur et à faire contracter, sans opposition de sa part, une ombre de mariage par l'interdit, tout prétexte manque au tuteur de ces manœuvres pour prêter à l'interdit une volonté quelconque; ils ne peuvent notamment se prévaloir d'aucun signe légal qui permette de lui supposer même l'apparence de la volonté de se tenir pour lié par un mariage nul par le défaut absolu de consentement, par un mariage qui, d'après les artifices qu'il a fallu employer pour pouvoir en former le simulacre, est censé indigne de lui, et pour lequel il ne pourrait avoir que de l'aversion, s'il était capable de l'apprécier, ou même de savoir, de penser, de comprendre qu'on lui a donné pour femme la personne qui prétend l'être: il ne peut donc pas alors exister de conflit entre l'apparence légale d'une volonté fictivement attribuée à l'interdit, et l'autorité ou le pouvoir du tuteur qui le représente, ni par conséquent de motif pour empêcher le tuteur d'attaquer le mariage sans l'autorisation préalable d'un conseil de famille.

» Ce résultat s'applique naturellement au cas où, comme dans l'espèce actuelle, on serait artificieusement parvenu à marier, sans opposition de la part des collatéraux, un majeur en démence non encore interdit.

» Au surplus, dans l'espèce, le tuteur du sieur Beys a été surabondamment autorisé à demander la nullité du mariage dont il s'agit.

» CINQUIÈME OBJECTION. « En attaquant le mariage de l'interdit Beys, le tuteur à l'interdiction ne représente que les collatéraux de celui-ci; il les représente à raison de l'intérêt qu'ils pourront avoir un jour dans la succession de leur parent. » Or, des collatéraux seraient-ils recevables à attaquer eux-mêmes ce mariage? Non, sans doute. » Le tuteur ne l'est donc pas plus qu'eux. »

» Non, les collatéraux du sieur Beys ne seraient recevables, ni pendant sa vie, ni même après sa mort, à demander la nullité de son prétendu mariage.

» Mais son tuteur ne représente pas ses collatéraux. Quoique nommé par un conseil de famille, il n'en représente pas moins l'interdit, tant pour sa personne que pour ses biens.

» Ce n'est donc pas dans l'intérêt éventuel et incertain des collatéraux, mais dans l'intérêt présent, incontestable et personnel de l'interdit, que le tuteur agit en attaquant le mariage.

» SIXIÈME OBJECTION. « Aucune disposition du » code civil n'accorde au tuteur de l'interdit le » pouvoir d'attaquer son mariage sous le prétexte » du défaut de consentement de sa part: c'est là » un droit personnel qui, d'après les art. 146 et » 180, ne peut être exercé que par l'interdit lui-» même. »

» S'il n'est aucun texte du code civil qui accorde expressément au tuteur de l'interdit le droit d'attaquer le mariage contracté par celui-ci en état de démence, il n'en est non plus aucun qui le lui refuse; c'est donc d'après l'esprit de la loi et la nature des choses que la question doit être décidée.

» L'art. 180, combiné avec l'art. 146, restreint littéralement, il est vrai, soit à l'époux dont le consentement a été forcé, soit à l'époux qui a été induit en erreur sur la personne, soit à celui qui n'était capable d'aucune espèce de consentement, le droit d'attaquer le mariage.

» Mais, nous l'avons déjà dit, l'époux que la loi suppose contraint ou trompé, était capable de consentement. Il peut juger seul et par lui-même qu'il a été véritablement trompé ou contraint; il peut seul et par lui-même ou confirmer le mariage, ou l'attaquer dans un délai déterminé, selon qu'il l'agrée ou non.

» Bien loin de là, l'individu que la loi suppose marié dans l'état de démence, n'était pas seulement dans l'impossibilité de donner un consentement quelconque au mariage; il n'est même capable, ni de connaître l'état déplorable où la nature l'a réduit, ni, et encore moins, de comprendre l'objet ou les effets du prétendu lien qu'on lui a fait contracter.

En un mot, il ne peut penser, juger et agir que par l'organe de son tuteur.

» Ajoutons que la contrainte et l'erreur sur la personne ont toujours un terme qui ne peut pas être éloigné; au lieu que la démence n'en a aucun, et qu'elle ne cesse communément qu'avec la vie de la personne qui en est frappée.

» Du système de Marie D.... il résulterait qu'un homme déjà interdit pour cause de démence, peut se marier valablement; que dès-là on doit le considérer comme irrévocablement marié, puisque, dans ce système, il ne pourrait attaquer que par lui-même son prétendu mariage, et que cependant il serait personnellement incapable de l'attaquer.

» Mais écoutons l'orateur du gouvernement dans l'exposé des motifs du titre de la Majorité, de l'Interdiction et du Conseil judiciaire du code civil : « Vous apercevrez (disait-il au corps-législa- » tif) la différence notable qui existe entre l'in- » terdiction absolue et le simple assujétissement à » prendre, dans certains cas spécifiés, l'avis d'un » conseil. Ceux auxquels on donne un conseil, ne » sont pas incapables des actes de la vie civile; ils » ne peuvent s'obliger en contractant, dans les cas » prévus, sans l'assistance de leur conseil; mais, en » général, ils sont habiles à contracter; ILS PEUVENT » SE MARIER, ils peuvent faire un testament; CE QUE » NE PEUVENT PAS LES INTERDITS pour cause d'imbé- » cillité, de démence ou de fureur. »

» C'est donc un principe incontestable qu'un interdit pour cause de démence ne peut pas se marier;

» Mais s'il est incapable de se marier, il est bien impossible que le mariage qu'on lui ferait contracter de fait, le lie personnellement, et que la loi le considère jamais, en ce qui le concerne personnellement, comme véritablement marié.

» Il n'est pas besoin d'observer qu'il en est, à cet égard, du mariage contracté avant l'interdiction, mais dans l'état de démence, comme du mariage contracté depuis l'interdiction : c'est la conséquence nécessaire de la règle générale établie ci-dessus, que les effets de l'interdiction remontent à l'époque où la démence s'est notoirement manifestée. Aussi la loi veut-elle indistinctement que le mariage puisse être attaqué dans l'un et l'autre cas.

» Mais comme le prétendu époux à qui elle en accorde littéralement le droit, ne peut pas l'attaquer par lui-même, elle veut nécessairement aussi qu'il puisse l'attaquer par l'organe de son tuteur, sans quoi elle ne lui aurait accordé qu'un droit illusoire.

» Inutile d'alléguer que l'époux pourra lui-même attaquer le mariage, lorsqu'il aura recouvré la raison.

» Encore une fois, la démence n'a point de terme; très-souvent et presque toujours elle n'en a pas d'autre que celui de la vie.

» Un malheureux interdit pourrait donc être con-

damné à végéter jusqu'à sa mort sous le joug d'un mariage contracté dans l'état de démence, alors même que, par l'effet d'un instinct commun aux bêtes dans leurs actions mécaniques, il témoignerait une aversion insurmontable pour la femme qu'il aurait épousée sans le savoir!

» Telle n'est pas, telle ne peut pas être l'intention de la loi. En assurant à l'interdit le droit d'attaquer un simulacre de mariage, la loi a nécessairement confié à son tuteur le pouvoir de l'exercer pour lui, puisque, si elle était entendue autrement, on serait réduit à dire qu'elle n'a conféré à l'interdit qu'un droit dont l'exercice serait presque toujours impossible. »

» Sur ces raisons, arrêt du 17 juillet 1828, par lequel:

« Attendu que, par jugement du tribunal de première instance de Bruxelles, en date du 18 octobre 1827, confirmé par arrêt de cette cour, du 12 janvier 1828, François B.... a été mis en état d'interdiction;

» Attendu qu'à l'art. 503 du code civil porte que les actes antérieurs à l'interdiction pourront être annulés, si la cause de l'interdiction existait notoirement à l'époque où ces actes ont été faits;

» Attendu qu'à l'appui de ses conclusions introductives, l'intimé a soutenu que l'état de démence de François B.... existait, qu'elle était grave, notoire et publique depuis long-temps, tant à Bruxelles qu'à Gand; comme aussi que le mariage de François B.... et le contrat de mariage qui l'a précédé, ont eu lieu à une époque où il était notoirement en pleine démence; que, par suite, et dans l'état où se trouvait ledit B...., il était incapable de donner un consentement quelconque;

» Attendu que si lesdits faits venaient à être prouvés, il serait incontestable qu'à l'époque du contrat et du prétendu mariage, François B.... était incapable de contracter; et qu'ainsi, d'après la saine raison, comme d'après les art. 146 et 180 du code civil, il y aurait lieu de déclarer lesdits actes non existans;

» Attendu que, si François B.... revenait à un état de meilleure santé, il aurait incontestablement le droit d'attaquer et de faire déclarer inexistant le contrat et le prétendu mariage;

» Attendu que, par suite de son état de démence, François B.... ne pouvant demander lui-même la nullité de ces actes, l'exercice de ce droit appartient naturellement à son tuteur, vu que tous les intérêts des mineurs et interdits sont confiés par la loi à leurs tuteurs; et qu'il n'existe aucune action compétant à un mineur ou interdit, que le tuteur ne puisse exercer, soit seul, soit avec l'autorisation du conseil de famille; que l'art. 458 du code civil établissant, en règle générale, que le tuteur prendra soin de la personne du mineur, et le représentera dans tous les actes civils; disposition qui est commune au tuteur de l'interdit (art. 509 du code civil), puisque la loi n'a fait aucune exception à l'égard de la capacité du tuteur pour attaquer un mariage du chef de défaut de consentement; exception qui d'ailleurs serait incompatible avec la sagesse du législateur;

» Attendu que l'exception que l'appelante prétend trouver dans l'art. 180 du code civil (si elle existait), ne serait pas applicable à la cause, puisque cet article est relatif au cas où une personne, quoique capable de consentir, a donné un consentement non libre, et que, dans l'espèce, on soutient que François B.... était incapable de consentir, et qu'ainsi il n'a donné ni pu donner aucun consentement;

» D'où il suit que, dans l'espèce, il y a lieu de suivre la règle générale, d'après laquelle le tuteur de l'interdit doit être considéré comme son représentant et comme un autre lui-même:

» Par ces motifs, M. l'avocat-général Deguchtcneere entendu, et de son avis, la cour met l'appellation à néant..... »

§. XIII. *L'empêchement de mariage, qui n'est par lui-même que* PROHIBITIF, *devient-il* DIRIMANT *et emporte-t-il nullité, par cela seul que, pour l'éluder, les parties ont été se marier en pays étranger, sans faire préalablement, dans leur patrie, procéder aux publications prescrites par l'art. 63 du code civil?*

V. l'article *Publications de mariage.*

§. XIV. *De la combinaison de l'art.* 194 *du code civil, portant que* « nul ne peut réclamer le titre d'époux et les effets civils du mariage, s'il ne représente un acte de célébration inscrit sur les registres de l'état civil, sauf les cas prévus par l'art.* 46, » *avec l'art.* 171 *du même code, portant que,* « dans les trois » mois après le retour du français sur le terri- » toire du royaume, l'acte de célébration du » mariage contracté en pays étranger, sera ins- » crit sur le registre public des mariages du » lieu de son domicile, » *résulte-t-il que l'on n'est ni recevable ni fondé à réclamer en France les effets civils d'un mariage contracté en pays étranger, soit entre français, soit entre français et étrangers, lorsque l'acte de célébration, quoique représenté en bonne forme, n'a pas été transcrit sur les registres français de l'état civil, dans le cas prévu et dans le délai fixé par le second de ces articles?*

L'affirmative paraît, dès la première vue, insoutenable; cependant elle a trouvé des sectateurs, et il n'est pas sans exemple qu'elle ait été soutenue sérieusement en justice.

La transcription commandée par l'art. 171, a-t-on dit, forme à l'égard de la France, le complément de l'acte de célébration fait en pays étranger; donc l'acte

de célébration fait en pays étranger, reste imparfait, à l'égard de la France, dans le cas prévu par l'art. 171, si, dans le délai fixé par cet article, il n'est pas transcrit dans les registres de l'état civil du royaume; donc ce n'est pas remplir, à l'égard de la France, la condition de laquelle l'art. 194 fait dépendre le succès de la réclamation du titre d'époux et des effets civils du mariage, que de représenter un acte de célébration qui, bien qu'inscrit sur le registre de l'état civil du pays étranger où il a été fait, n'a pas été, dans le cas et dans le délai réglé par l'art. 171, transcrit sur les registres de l'état civil de France.

Mais ce raisonnement se réfute de lui-même.

Quel est le but de l'art. 194? C'est, comme l'a dit M. Portalis, dans l'*exposé des motifs* du titre *du Mariage* du code civil, c'est uniquement de repousser les mariages présumés, d'empêcher que l'on n'attribue encore, comme on le faisait avant l'ordonnance de Blois, à la possession d'état, la vertu de former seule la preuve du mariage; en un mot, d'établir que le mariage ne peut régulièrement être prouvé que par un acte de célébration inscrit sur le registre de l'état civil. Or, ce but n'est-il pas complétement rempli par l'acte de célébration fait en pays étranger, et telle n'est-elle pas manifestement la pensée du législateur, lorsqu'il dit, art. 47, que « tout acte » de l'état civil des français et des étrangers, fait en » pays étranger, fera foi, s'il a été rédigé dans les » formes usitées dans ledit pays? »

Qu'importe donc que l'acte de célébration ne soit pas transcrit sur les registres français de l'état civil?

D'une part, l'art. 171, en prescrivant cette transcription, n'en fait pas la condition, sine quâ non, de la foi qui, aux termes de l'art. 47, est due à l'acte de célébration, par cela seul qu'il est *rédigé dans les formes usitées dans le pays* où il a été fait.

D'un autre côté, le même article ne punit d'aucune peine le défaut de transcription; il n'en fait résulter ni fin de non-recevoir, ni moyen de nullité, ni déchéance. La formalité qu'il prescrit a sans doute un objet utile: c'est de mettre tous ceux qui y ont intérêt, à portée de connaître les changemens arrivés dans l'état civil des français pendant le séjour qu'ils ont fait en pays étranger; mais ce n'est là qu'une mesure d'ordre; et la preuve que l'existence et la validité du mariage célébré à l'étranger en sont totalement indépendantes, c'est qu'elle n'est prescrite qu'*après le retour des époux dans leur patrie*, c'est-à-dire, non-seulement après un événement qui aurait pu ne pas avoir lieu, qui n'a eu lieu que parce qu'ils l'ont voulu, et qu'ils n'auraient pas pu vouloir, s'il eût pu en résulter pour eux un moyen éventuel de faire considérer en France leur mariage comme non-avenu, mais encore après un événement qui, par cela seul qu'il est postérieur à l'acte de célébration, ne peut pas, par la plus absurde de toutes les rétroactivités, y implanter un vice de forme, une nullité, une cause de déchéance dont il n'était pas originairement entaché.

Aussi, les deux seuls arrêts qui, à ma connaissance, ont prononcé sur la question, l'ont-ils jugée dans ce sens.

Voici l'espèce du premier :

Le 29 septembre 1823, un mariage est célébré à Westminster, en Angleterre, entre le sieur D.... né belge, domicilié dans le royaume des Pays-Bas, à peine âgé de dix-huit ans, et la demoiselle C..., anglaise.

Peu de temps après, le sieur D.... revient dans sa patrie, et s'y établit dans la maison de son père, avec la demoiselle C..., qu'il présente à sa famille comme sa légitime épouse.

Mais après deux à trois ans de cohabitation, il la méconnaît, et, d'accord avec son père, il l'expulse.

Elle se pourvoit en justice, tant contre le fils que contre le père, et conclut à ce qu'ils soient tenus de la traiter, l'un comme sa légitime épouse, l'autre comme sa bru.

Ni le père ni le fils ne contestent la régularité de l'acte de célébration ; mais ils soutiennent que le mariage est entaché, au fond, de diverses nullités.

Jugement qui, en effet, déclare le mariage nul.

Appel de la part de la demoiselle C...

Les sieurs D... père et fils soutiennent qu'elle est non-recevable, faute d'avoir fait transcrire en Belgique l'acte de célébration de son prétendu mariage sur le registre et dans le délai indiqués par l'art. 171 du code civil.

Mais, par arrêt du 13 mai 1828 :

« Attendu qu'il est incontestable que l'art. 194 du code civil a seulement pour but d'établir en règle générale que, sauf les cas prévus par l'art. 47 de ce code, l'existence d'un mariage ne peut se prouver que par un acte de célébration, dressé dans la forme légale du lieu où il a été contracté ; preuve qui est indépendante de la validité ou de la nullité intrinsèque du mariage même ;

» Que ceci peut offrir d'autant moins de doute, que, s'il en était autrement, cet art. 46 serait en contradiction avec l'art. 47 du même code, qui, en général, attribue l'effet de faire foi à tous actes de l'état civil, tant des Belges que des étrangers, qui sont faits en pays étranger, s'ils on été rédigés dans les formes usitées dans le même pays ; qu'il serait même en contradiction avec l'art. 170, en ce qui concerne sa disposition spéciale quant à la preuve en matière de mariages contractés en pays étranger ; ce qui ne peut se supposer ;

» Qu'il est bien vrai que l'art. 171 ordonne la transcription de l'acte de célébration du mariage sur le registre public des mariages du lieu du domicile du Belge, dans les trois mois après son retour sur le territoire du royaume ; mais qu'indépendamment de ce que cette obligation semble n'être imposée qu'au Belge, et qu'ainsi son inobservation ne pourrait nuire aux effets civils du mariage qu'à l'égard de ce dernier ou des biens situés en Belgique, tandis que, dans l'espèce, l'appelante invoque le mariage comme épouse étrangère ; il importe en outre de remarquer que, dans tous les cas, cet art. 171 ne peut être censé parler que de la transcription d'un acte de mariage revêtu de toutes les formalités prescrites par l'art. 170, qui le précède immédiatement ; tandis cependant que l'omission de ces formalités, ou au moins de la plus grande partie, n'emporte point une nullité absolue, mais que ce sont au contraire des formalités de l'espèce de celles dont le défaut peut être effacé et couvert ; et qu'ainsi il résulterait du système des intimés que, d'une part, l'appelante ne pourrait faire transcrire son acte de mariage sur le registre de l'état civil en ce royaume ; tandis que, d'autre part, elle serait non-recevable à faire valoir en justice, pour parvenir à cette transcription, ses moyens à l'effet d'établir que les vices qu'on oppose à son acte de mariage sont effacés et couverts ; ce qui est par trop absurde ;

» Qu'enfin, on peut d'autant moins faire valoir ce moyen en instance d'appel, que déjà un jugement a déclaré nul le mariage de l'appelante, et qu'ainsi, tant que ce jugement existera, la transcription de l'acte de célébration du mariage sur le registre de l'état civil ne peut avoir lieu ;

» Attendu que, dans l'espèce, l'appelante a représenté une copie dûment légalisée, tirée des registres de la paroisse de Sainte-Anne à Westminster, en Angleterre, du mariage qu'elle y a contracté, le 29 septembre 1823, avec l'intimé Charles-Frédéric D..., et que les intimés n'ont point contesté la régularité de cette copie ;

» D'où il suit que leur fin de non-recevoir est non fondée :

» Par ces motifs, la cour, ouï M. l'avocat-général Deguchteneere, et conformément à son avis, déboute les intimés de la fin de non-recevoir par eux opposée.... (1) »

Le second arrêt a été rendu par la cour royale de Rouen.

Dans le fait, un mariage avait été contracté le 7 février 1803, à la Havane, dans l'île de Cuba, entre le marquis de Nollent, français, et la dame Cervantes.

De ce mariage était née, le 5 avril 1804, une fille, nommée Anne-Josèphe-Vincente.

Le marquis de Nollent était revenu en France avec sa femme et sa fille, et y était mort sans avoir fait transcrire son acte de mariage sur le registre de l'état civil de son domicile.

Les choses en cet état, un parent collatéral du marquis de Nollent a prétendu que ni sa veuve ni sa fille ne pouvaient jouir en France des effets civils

_____

(1) Jurisprudence de la cour supérieure de justice de Bruxelles, année 1828, tome 1, page 400.

du mariage que l'une avait contracté à la Havane, et dont l'autre était issue.

Les premiers juges ont, sans hésiter, condamné cette prétention; et sur l'appel il est intervenu, le 11 juillet 1827, un arrêt ainsi conçu:

« Vu l'acte de mariage du marquis de Nollent avec la dame Cervantes, veuve Souaras, célébré le 7 février 1803, dans l'île de Cuba, à la Havane, où les contractans avaient leur domicile, et l'acte de baptême, du 25 avril 1804, d'Anne-Josèphe-Vincente, fille issue dudit mariage, le 5 du même mois, aujourd'hui femme de Victor Maudriet de Carantonne; lesdits actes délivrés par extraits certifiés et signés par l'ecclésiastique, dépositaire des registres où ils sont consignés; la signature certifiée par trois notaires du lieu, celles des notaires par l'agent français à la Havane, et celle de l'agent par le ministre des relations étrangères de France;

» Vu l'acte délivré par l'évêque diocésain, le 10 septembre 1823, légalisé par le consul-général d'Espagne, le 23 février 1824, constatant que, par les lois du royaume d'Espagne, qui régissent l'île de Cuba, on n'exige pas d'autres formalités en preuve de l'état civil des personnes, que celles observées dans les extraits qui sont représentés;

» Vu qu'il suit de là que la signature du ministre du culte catholique, compétant aux actes dont il s'agit, fait preuve positive de la vérité des énonciations qu'ils contiennent, et est notamment la seule garantie exigée par la législation locale, de la validité du consentement des parties contractantes, et de la présence des témoins dénommés en l'acte de mariage;

» Vu qu'il est établi, par les pièces subjointes, que les actes de mariage du 7 février 1803, et de baptême du 25 avril 1804, outre qu'ils réunissent, dans leur forme et leur substance, toutes les conditions requises, ont été précédés et suivis de toutes les exigences légales dans le pays;

» Vu que l'art. 17 du code civil n'attache pas la peine de nullité ou de déchéance au défaut de transcription, dans le délai de trois mois, de l'acte de célébration du mariage contracté en pays étranger, et que, dans l'espèce, il y a été valablement satisfait, après ce délai, par autorisation de justice, suivant l'usage, conformément aux instructions ministérielles;

» Vu la possession d'état publique, invariable et conforme aux actes de mariage et de naissance des 7 février 1803 et 25 avril 1804, dont les intimés ont joui sans trouble depuis leur date jusqu'à la naissance du procès actuel, l'une en qualité d'épouse, l'autre en qualité de fille légitime du marquis de Nollent; possession d'état démontrée par leur existence sociale dans le sein de la famille du mari, et au dehors par une foule d'actes et de pièces tirées de la correspondance:

» La cour met l'appellation au néant,.... (1) »

§. XV. *Autres questions sur cette matière.*

V. les articles *Femme*, *Mari*, *Opposition à un mariage.*

MARIER (condition de se). *V.* l'article *Condition*, §. 1.

MARIN, MARINE. *V.* l'article *Gens de mer.*

MARQUE DE FABRIQUE. §. I. *Est-il dérogé en quelque chose, par l'art.* 142 *du code pénal, aux dispositions de la loi du* 22 *germinal an* 11, *concernant la contrefaçon des marques de fabrique?*

Il n'y est certainement pas dérogé quant à la peine à infliger au contrefacteur; car, d'un côté, l'art. 16 de la loi du 22 germinal an 11 veut que la contrefaçon dont il s'agit soit punie *des peines prononcées contre le faux en écriture privée;* et de l'autre, l'art. 142 du code pénal porte que » ceux qui auront contrefait le sceau, timbre ou » marque d'une autorité quelconque, *ou d'un éta-* » *blissement particulier de banque ou de com-* » *merce....* seront punis de la récusion, » c'est-à-dire, précisément de la peine que l'art. 150 du même code prononce contre *tout individu qui aura..... commis un faux en écriture privée.*

Mais l'art. 142 de ce code ne déroge-t-il pas à l'art. 18 de la loi du 22 germinal an 11, portant que « nul ne pourra former action en contrefaçon » de sa marque, s'il ne l'a préalablement fait con- » naître d'une manière légale par le dépôt d'un mo- » dèle au gréffe du tribunal de commerce d'où » relève le chef-lieu de la manufacture ou de l'ate- » lier? »

Non : à la vérité, comme le dit très-bien M. Carnot sur cet article même, il ne renouvelle ni cette disposition, ni celle du décret du 11 juin 1809 qui s'y réfère; mais il ne les rapporte pas non plus; et ces dispositions n'ayant rien d'incompatible avec celle qu'il contient lui-même, rien n'empêche qu'elles ne reçoivent *simultanément leur exécution.* Cela résulte d'ailleurs de la célèbre maxime du droit romain : *posteriores leges ad priores pertinent, nisi contrariæ sint* (loi 20, D. *de legibus*).

§. II. 1° *De ce que l'art.* 18 *de la loi du* 22 *germinal an* 11 *est encore dans toute sa vigueur, résulte-t-il qu'une marque de fabrique ne peut pas être réputée avoir été contrefaite, si le modèle n'en a été préalablement déposé au gréffe du tribunal de commerce,*

---

(1) Journal des audiences de la cour de cassation, année 1828, partie 1, page 79.

et, de plus, comme le prescrit l'art. 7 du décret du 11 juin 1809, au secrétariat du conseil de prud'hommes?

2° En résulte-t-il que, si ce dépôt n'est pas effectué au moins pendant le procès et avant le jugement, l'action en contrefaçon est non-recevable de la part du ministère public, comme elle l'est de la part du fabricant dont la marque a été contrefaite?

M. Carnot, dans son commentaire sur le code pénal, art. 142, après avoir établi, comme on l'a vu au §. précédent, que l'art. 18 de la loi du 22 germinal an 11 et l'art. 7 du décret du 11 juin 1809 qui s'y réfère, ne sont pas abrogés, en tire la conséquence, « que, pour qu'il y ait lieu d'appliquer la » peine prononcée par l'art. 142 du code, contre le » prévenu d'une contrefaçon d'une *marque parti-* » *culière de commerce ou de banque*, il faut qu'il » y ait preuve au procès que cette marque avait » l'authenticité exigée par ces loi et arrêté; et en effet » (ajoute-t-il); une marque, quelle qu'elle soit, ne » peut être réputée la propriété exclusive de celui » qui la réclame comme sienne, que lorsqu'il a rem- » pli les conditions exigées par la loi *pour l'ac-* » *quérir*. »

Remarquons ces termes, *pour l'acquérir* : il en résulte évidemment que, dans la pensée de M. Carnot, un fabricant ne peut *acquérir* la propriété de sa marque que par le dépôt qu'il en fait tant au greffe qu'au secrétariat indiqués par la loi et par le décret; qu'ainsi sa propriété ne peut pas être censée violée ou usurpée par une contrefaçon antérieure à ce dépôt; que, par conséquent, la contrefaçon antérieure à ce dépôt n'est passible d'aucune poursuite, non-seulement de la part du fabricant, mais encore de la part du ministère public; et que, par une conséquence ultérieure, le dépôt qui serait fait postérieurement aux poursuites, soit du fabricant, soit du ministère public, n'en couvrirait pas l'irrégularité, et n'empêcherait pas qu'elles ne fussent déclarées non-recevables.

Mais, raisonner ainsi, n'est-ce pas faire dire à la loi et au décret ce qu'ils ne disent ni l'une ni l'autre? Que veulent la loi et le décret? Rien autre chose, si ce n'est que l'action en contrefaçon ne puisse être exercée qu'après le dépôt de la marque contrefaite. La loi et le décret supposent donc que la propriété de la marque peut être violée ou usurpée par une contrefaçon antérieure au dépôt; l'une et l'autre supposent donc que ce n'est point par dépôt de sa marque qu'un fabricant en acquiert la propriété, qu'il devient propriétaire de sa marque par cela seul qu'il la choisit et en fait usage, comme l'auteur d'un ouvrage littéraire en acquiert la propriété par cela seul qu'il le compose; qu'ainsi il est recevable à poursuivre la contrefaçon de sa marque, lors même qu'elle en a précédé le dépôt tant au greffe qu'au secrétariat indiqués par la loi et le décret, comme l'auteur d'un ouvrage littéraire est recevable à pour-

suivre la contrefaçon qui en a été faite avant qu'il en eût déposé deux exemplaires à la bibliothèque du Roi; et c'est effectivement ce qu'a jugé l'arrêt de la cour de cassation, du 28 mai 1822, qui est rapporté dans le *Répertoire de jurisprudence*, aux mots *Marque de fabrique*, n° 3.

Mais du moins ne devons-nous pas dire avec M. Carnot que, si le dépôt du modèle de la marque n'est pas effectué pendant le procès et avant le jugement, l'action en contrefaçon du ministère public doit être déclarée non-recevable, ni plus ni moins que celle du fabricant, et qu'en conséquence il n'y a pas *lieu d'appliquer la peine prononcée* par l'art. 16 de la loi du 22 germinal an 11, et *par l'art.* 142 *du code pénal, contre le prévenu de contrefaçon.*

Ce qui pourrait en faire douter à la première vue, c'est que l'art. 16 de la loi du 22 germinal an 11 et l'art. 142 du code pénal, en déclarant purement et simplement passibles de la peine du faux en écriture privée ceux qui auront contrefait la marque d'un établissement particulier de banque ou de commerce, s'expriment en termes absolus, et que par conséquent ils semblent ne faire dépendre l'application de cette peine d'aucune condition; qu'à la vérité, l'article 18 de la loi du 22 germinal an 11 subordonne à la condition du dépôt préalable de la marque l'exercice de l'action civile du fabricant en dommages et intérêts; mais qu'il n'y subordonne pas également l'exercice de l'action publique qui doit amener l'application de la peine prononcée par l'art. 16 de la même loi, ou ce qui est la même chose, par l'art. 142 du code pénal; qu'ainsi le défaut de dépôt du modèle de la marque, au moins pendant le procès et avant le jugement, ne peut ni faire rejeter cette action, ni empêcher l'application de cette peine.

Mais ces argumens disparaissent devant une raison péremptoire et sans réplique : c'est que l'action publique en contrefaçon n'est en soi qu'une action en punition d'un vol; que, pour qu'il y ait lieu à la peine du vol, il faut qu'il soit prouvé que la chose prétendue volée appartient à un autre individu que le prétendu voleur; que la loi n'admet qu'une manière de prouver qu'une marque de fabrique appartient à un autre fabricant que celui qui est prévenu de l'avoir contrefaite, savoir, le dépôt du modèle de cette marque au greffe du tribunal de commerce et au secrétariat du conseil de prud'hommes; et qu'à défaut de ce dépôt, le fabricant qui a le premier employé une marque est présumé en abandonner, quant à présent, sinon la propriété, du moins l'usage au public.

§. III. *Quels changemens la loi du 28 juillet 1824 a-t-elle faits aux dispositions de la loi du 22 germinal an 11, concernant la contrefaçon des marques de fabrique?*

Elle n'a rien changé ni à l'art. 16 ni à l'art. 18 de cette loi.

Ainsi aujourd'hui, comme avant la loi du 28 juillet 1824, tout contrefacteur de la marque particulière d'un fabricant doit être condamné, sur la poursuite du fabricant même, à des dommages-intérêts; et, sur la poursuite du ministère public, à la peine du faux en écriture privée, c'est-à-dire, comme l'explique l'art. 142 du code pénal, à la peine de la réclusion.

Ainsi aujourd'hui, comme avant la loi du 28 juillet 1824, le fabricant dont la marque a été contrefaite ne peut en poursuivre le contrefacteur, s'il n'a préalablement déposé le modèle de cette marque au greffe du tribunal de commerce et au secrétariat du conseil de prud'hommes.

Ainsi aujourd'hui, comme avant la loi du 28 juillet 1824, le ministère public lui-même ne peut faire condamner le contrefacteur d'une marque de fabrique qu'en rapportant la preuve que le modèle de cette marque a été déposé au même greffe et au même secrétariat par le fabricant à qui elle appartient.

Mais, entre l'art. 16 et l'art. 18 de la loi du 22 germinal an 11, il en existait un (c'était le 17e) par lequel était assimilé à la contrefaçon proprement dite d'une marque de fabrique, le fait d'un artisan ou manufacturier qui, en appliquant aux produits de sa fabrication une marque quelconque que nul autre artisan ou manufacturier ne s'était encore appropriée, y ajoutait les mots *façon de*...., «et à la » suite le nom d'un autre fabricant ou d'une autre » ville. »

Mais cette fiction est abrogée par la loi du 28 juillet 1824.

Celle-ci commence par déclarer, art. 1er, que l'apposition «sur des objets fabriqués, du nom d'un fabricant autre que celui qui en est l'auteur, ou de la raison commerciale d'une fabrique autre que celle où lesdits objets auront été fabriqués, ou enfin du nom d'un autre lieu que celui de la fabrication, sera punie des peines portées en l'art. 423 du code pénal, c'est-à-dire, de l'emprisonnement pendant trois mois au moins, un an au plus, et *d'une amende qui ne pourra excéder le quart des* restitutions et dommages-intérêts, ni être au-dessous de 50 francs.

Ensuite elle ajoute, art. 2, que « cette infraction cessera, en conséquence, et nonobstant l'article 17 de la loi du 22 germinal an 11, d'être assimilée à la contrefaçon d'une marque particulière prévue par les art. 142 et 143 du code pénal (1).

Ainsi, les dispositions des art. 16 et 18 de la loi du 22 germinal an 11 sont aujourd'hui restreintes à la contrefaçon proprement dite des marques de fabrique; et de même que l'on ne peut plus appliquer la peine du faux en écriture privée au délit prévu

par l'art. 17, de même aussi la poursuite et la punition de ce délit ne sont plus subordonnées à la condition d'un dépôt préalable au greffe du tribunal de commerce et au secrétariat du conseil de prud'hommes.

§. IV. *Quels changemens la loi du 28 juillet 1824 a-t-elle faits aux dispositions du décret du 5 septembre 1810, qui, par dérogation à la loi du 22 germinal an 11, voulaient que les contrefacteurs des marques de fabrique apposées aux ouvrages de quincaillerie et de coutellerie, fussent condamnés par les conseils de prud'hommes, pour la première fois, à une amende de 300 francs, et, en cas de récidive, à une amende double, avec emprisonnement pendant six mois?*

Elle n'a évidemment rien changé à ces dispositions, quant à la contrefaçon proprement dite; mais elle les a rendues inapplicables aux délits que l'article 17 de la loi du 22 germinal an 11 assimilait fictivement à une véritable contrefaçon; et c'est ce qui a été jugé dans l'espèce suivante:

Le sieur Pradier, coutelier, demeurant à Paris, rue Bourg-l'Abbé, n° 22, apprend que l'on vend à Paris même et dans différentes villes du royaume, des rasoirs de mauvaise qualité, à la fabrication desquels il est étranger, et qui cependant portent l'empreinte de son nom et de son adresse; il dénonce ce délit au juge d'instruction du tribunal de première instance de la Seine, et se constitue partie civile.

L'instruction à laquelle sa plainte donne lieu paraît établir que les rasoirs contrefaits ont été fabriqués et vendus en différens lieux par les sieurs Brasset, Durand Wahart, Barbin, Baillard, et notamment par les sieurs Grange et Guérard, domiciliés à Paris.

En conséquence, jugement de la chambre du conseil, qui, en déclarant la prévention suffisamment établie, et considérant que les faits imputés aux prévenus, rentrent dans les termes de l'art. 1er de la loi du 28 juillet 1824, les renvoie devant le tribunal correctionnel.

Cités, en vertu de ce jugement, devant la sixième chambre du tribunal de la Seine, les prévenus soutiennent que ce n'est point d'après la loi du 28 juillet 1824, mais d'après le décret du 5 septembre 1810, qu'il doit être procédé à leur égard; qu'ainsi, la connaissance des prétendus délits qui leur sont imputés, ne peut appartenir qu'au conseil de prud'hommes.

Le 3 mai 1827, jugement par lequel:

« Attendu que le décret du 5 septembre 1810 a statué par disposition exceptionnelle, relativement aux contrefaçons en matière de coutellerie;

» Que par conséquent elles ne faisaient plus partie des cas prévus par la loi du 22 germinal an 11;

---

(1) *V.* le *Répertoire de Jurisprudence*, aux mots *Marque de fabrique*, n° 4.

» Attendu que la loi du 28 juillet 1824 ne statue que relativement aux cas que réglait encore la loi du 22 germinal an 11; qu'en effet, l'intention du législateur était, comme l'annoncent les discours qui ont accompagné la proposition de la loi, d'adoucir la rigueur des dispositions pénales de la loi de l'an 11, et non de rendre plus sévères celles du décret de 1810, dont il n'a pas été question; qu'enfin, les termes de la loi du 28 juillet 1824 se rapportent uniquement à la loi du 22 germinal an 11, et ne rappellent en aucune manière le décret de 1810;

» Le tribunal se déclare incompétent, renvoie devant qui de droit, et condamne Pradier aux dépens. »

Le ministère public appelle de ce jugement, et fait remarquer que le décret du 5 septembre 1810, que le tribunal correctionnel a cru applicable à la matière, ne l'a cependant jamais été; qu'il ne porte que sur un fait essentiellement distinct de celui qui a donné lieu au procès, et qui n'est prévu que par la loi de 1824; qu'en effet, l'art. 1er de ce décret défend bien, sous les peines qui y sont spécifiées, de contrefaire les marques que les fabricans de coutellerie et de quincaillerie sont autorisés, par un arrêté du gouvernement consulaire, du 23 nivôse an 9, à mettre sur leurs ouvrages; mais qu'il ne s'agit point de cela dans l'espèce; que le sieur Pradier ne se plaint point de la contrefaçon de sa marque, mais seulement de l'apposition de son nom sur des ouvrages qu'il n'a point fabriqués, fait dont le décret de 1810 ne s'occupe pas, et qui n'est prévu, qui n'est réprimé que par la loi de 1824.

Le sieur Pradier appelle aussi du même jugement, et l'attaque par le même moyen.

Le 20 août 1827, arrêt de la cour royale, qui statue en ces termes:

« La cour reçoit le procureur du roi et Pradier, partie civile, appelans du jugement rendu par le tribunal de première instance du département de la Seine, le 3 mai 1827;

» Donne défaut contre Wahart, Barbin et Baillard, non-comparans, et pour le profit, statuant sur lesdits appels:

» Considérant que la loi du 28 juillet 1824 a pour objet de punir toutes les altérations et toutes les suppositions de nom sur les produits fabriqués, sans aucune distinction de ces mêmes produits; que cette loi étant générale dans ses termes, rapporte virtuellement et nécessairement toutes les lois et dispositions antérieures sur la même matière, et fixe l'état actuel de la législation;

» Considérant qu'il s'agit, dans l'espèce, de l'usurpation du nom de Pradier, mis sur des rasoirs étrangers à sa fabrication;

» Considérant que le délit imputé à Durand, Brasset et autres, est connexe à celui qui est reproché à Guérard et Grange, domiciliés à Paris; que par con-

séquent le tribunal de police correctionnelle de Paris était compétent sous le dernier rapport, comme sous le premier:

» A mis et met les appellations et ce dont est appel au néant; émendant et prononçant par jugement nouveau, se déclare compétente, et pour faire droit aux parties sur le fond, continue la cause au premier jour, dépens réservés. »

Les sieurs Grange, Guérard et Brasset se pourvoient en cassation contre cet arrêt, et l'attaquent, comme faisant une fausse application de la loi du 28 juillet 1824.

« Il est de principe (disent-ils) que les lois générales ne sont jamais présumées abroger les lois spéciales, et qu'en conséquence les lois spéciales conservent toute leur force, nonobstant les lois générales qui les suivent, mais n'en prononcent pas formellement l'abrogation (1).

« Or, il existait, avant la loi du 28 juillet 1824, une loi générale pour toutes les contrefaçons de marques apposées sur les marchandises (celle du 25 germinal an 11), et une loi spéciale pour la contrefaçon des marques apposées sur les objets de quincaillerie et de coutellerie (le décret du 5 septembre 1810).

» La loi du 28 juillet n'abroge pas formellement ce décret, et les discussions auxquelles il a donné lieu prouvent qu'il n'était pas du tout dans l'intention du législateur de l'abroger.

» Cette loi générale n'a donc abrogé, soit d'après les principes, soit d'après son esprit, que la loi générale du 22 germinal an 11.

» La quincaillerie et la coutellerie ne se trouvent donc pas soumises à cette loi; on ne peut donc encore lui appliquer que le décret précité.

» Cependant c'est en vertu et par application de la loi du 28 juillet 1824, que la cour royale de Paris a déclaré les tribunaux correctionnels compétens pour juger l'infraction reprochée aux exposans, infraction qui, d'après le décret de 1810, ne serait pas de leur ressort.

» La loi a donc été faussement appliquée.... »

Mais par arrêt du 8 décembre 1827, au rapport de M. Gary, et sur les conclusions conformes de M. Laplagne-Barris, avocat-général:

« Vu l'arrêté du 23 nivôse an 9, relatif à la marque des ouvrages de quincaillerie et de coutellerie;

» Le décret du 5 septembre 1810, relatif aux peines et au mode de poursuite des contrefaçons des marques qu'aux termes du précédent arrêté les fabricans de quincaillerie et de coutellerie sont autorisés à mettre sur leurs ouvrages;

» L'art. 1er de la loi du 28 juillet 1824, ainsi conçu....:

---

(1) V. l'article *Délits ruraux*, §. 1.

» Attendu que l'arrêté du gouvernement, du 23 nivôse an 9, et le décret du 5 septembre 1810, contiennent les dispositions pénales relativement à la marque que les fabricans de quincaillerie et de coutellerie sont autorisés à mettre sur leurs ouvrages; que, dès-lors, ces réglemens étaient sans autorité dans l'espèce, où il s'agit d'usurpation de nom, d'apposition du nom d'un fabricant autre que celui qui a fabriqué lesdits ouvrages; que ce dernier fait a été spécialement prévu et réprimé par la loi du 28 juillet 1824; que les dispositions de cette loi sont conçues en termes généraux qui n'admettent aucune exception; d'où il suit que l'arrêt attaqué en a fait une juste application......:

» La cour, disant droit sur l'intervention, rejette le pourvoi.... »

MATELOT. *V.* les articles *Gens de mer* et *Prises.*

MATERNITÉ. 1° *L'acte de naissance d'un enfant naturel forme-t-il seul une preuve complète de l'accouchement de la femme qui y est désignée comme mère de cet enfant?*

2° *Pour être admis à prouver par témoins son identité avec l'enfant naturel dont telle femme est accouchée tel jour, le demandeur en déclaration de maternité peut-il employer l'acte de naissance constatant l'accouchement de cette femme, comme un commencement de preuve par écrit?*

Le 30 germinal an 5, un acte de naissance est rédigé en ces termes, par l'officier de l'état civil de Nantes : « Le 30 germinal an 5, à 4 heures du soir, » devant moi Louis Ogier, officier public, élu pour » constater l'état civil des citoyens, a comparu, en » la maison commune, Pierrette Baudru, femme » Maillard, sage-femme, âgée de quarante-cinq » ans, demeurant en cette municipalité, section de » la Concorde, place du Puylori; laquelle, assistée » de Perrine Clouet, veuve de Joseph Baudru, âgée » de soixante-quatorze ans, demeurant dites place » et section, et de Victoire-Aillade Petit, femme de » Louis Gadillon, commis à l'administration centrale du département, âgée de trente-huit ans, » demeurant dite section, rue de la Commune, m'a » déclaré que Félicité-Désirée Hamelin, lingère, » âgée de vingt-un ans, fille de feu Abel Hamelin et » de Marie-Madeleine Heldin, native de la ci-de- » vant paroisse de Saint-Nicolas de cette commune, » est accouchée ce jour, à 5 heures du matin, dans » la maison de ladite sage-femme, d'un enfant mâle » qu'elle m'a présenté, et auquel elle a donné le » prénom d'*Abel.* D'après cette déclaration, que les » témoins ci-dessus ont certifiée véritable, j'ai rédigé » le présent acte, que ladite sage-femme et le se- » cond témoin ont signé avec moi, lesdits jour et an, » le premier témoin ayant déclaré ne savoir signer. » *Signé,* femme Maillard, femme Cadillon; Ogier, » officier public. »

Tome V.

Le 30 frimaire an 14, la femme Maillard signe un billet par lequel elle reconnaît devoir à Félicité-Désirée Hamelin, veuve Mabit, la somme de 130 francs qu'elle promet de lui payer à sa première réquisition.

Le 16 octobre 1806, un conseil de famille, convoqué sur la demande du sieur Maillard, nomme un tuteur à Abel Hamelin.

Le 16 mars 1807, le sieur Maillard et sa femme font assigner ce tuteur devant le tribunal civil de l'arrondissement de Nantes, et concluent à ce qu'il soit condamné à leur payer 1,600 francs pour les cinq dernières années de la pension alimentaire et des vêtemens d'Abel Hamelin, et 300 francs pour l'année courante, et à retirer cet enfant de leurs mains; faute de quoi, ils seront autorisés à le déposer dans l'hospice des orphelins.

Le 20 du même mois, le tuteur dénonce cette demande à Félicité-Désirée Hamelin, ci-devant veuve Mabit, maintenant épouse du sieur Coron, et conclut à ce qu'elle soit condamnée, ainsi que son mari, à le garantir et indemniser de toutes condamnations à intervenir, à lui remettre en conséquence la somme qui sera jugée suffisante pour payer les sieur et dame Maillard, et à lui payer, pour l'avenir, une pension alimentaire de 500 francs.

Le 9 novembre suivant, la dame Coron signifie ses défenses, et y expose :

1° Qu'elle n'est pas mère de l'enfant dont il s'agit;

Qu'il est faux qu'elle soit accouchée à l'époque de sa naissance; que l'acte produit pour établir le contraire, est le fruit de l'imposture;

Qu'elle n'a jamais exercé la profession de *lingère* qu'on lui attribue dans cet acte;

Qu'elle n'est pas née, comme on l'énonce dans le même acte, dans la paroisse de Saint-Nicolas, mais dans celle de Saint-Similien (et elle le prouve par son acte de baptême du 31 août 1776);

Que la dame Maillard, qui y est qualifiée de *sage-femme*, n'est pas sur la liste des sages-femmes de Nantes; que ce fait est constaté par un certificat du maire de cette ville;

Que l'acte de naissance du soi-disant Abel Hamelin est resté oublié dix années entières dans les registres de l'état civil; que, pendant tout ce temps, Abel Hamelin a constamment passé pour le propre enfant des sieur et dame Maillard; qu'eux-mêmes l'ont présenté comme tel dans les recensemens de la population de Nantes, en 1802, 1803 et 1804; que, dans celui de 1807, ils l'ont désigné comme *un petit-parent à leur charge;*

Qu'il est invraisemblable que les sieur et dame Maillard, qui sont dans un état si voisin de l'indigence, l'aient nourri et entretenu pendant dix ans de leurs propres deniers;

Qu'il est également hors de toute vraisemblance que, s'ils l'eussent regardée comme sa mère, ils eus-

53

sent laissé prescrire la moitié de ce qui leur était dû, sans former contre elle aucune demande judiciaire;

Qu'enfin, il serait absurde de supposer que le 30 frimaire an 14, ils se fussent personnellement reconnus ses débiteurs d'une modique somme de 130 francs, s'ils avaient eu à exercer contre elle une créance aussi considérable et aussi sacrée.

Le tuteur répond, entre autres choses:

Que la dame Maillard était véritablement sage-femme à l'époque de la naissance d'Abel; et il justifie son assertion par le diplôme qui lui avait été délivré à cet effet le 1er brumaire an 5.

Au surplus, il offre de prouver par témoins:

« 1° Que, dans le mois de germinal an 5, répondant au mois d'avril 1797, la demoiselle Félicité-Désirée Hamelin, demeurant à Nantes, rue de la Commune, hôtel Chabot, étant enceinte, se servit de l'entremise du sieur Louis Cadillon et de la dame son épouse, pour se procurer les soins de la dame Baudru, épouse du sieur Maillard, alors sage-femme, afin de faciliter son accouchement;

» 2° Que, dans la soirée du 29 dudit mois de germinal, la demoiselle Hamelin, se ressentant les douleurs de l'enfantement, se rendit, accompagnée de la dame Cadillon, chez ladite dame Maillard;

» 3° Que le lendemain, sur les cinq heures du matin, elle y accoucha d'un enfant mâle qui est identiquement le même que le mineur Abel Hamelin; que la demoiselle Hamelin témoigna le désir que l'enfant fût enregistré sous son nom, et qu'on lui donnât le prénom d'Abel qu'avait porté le père d'elle Hamelin;

» Que la dame Maillard, sage-femme, assistée de la dame veuve Baudru, aussi sage-femme, et de la dame Cadillon, en fit sa déclaration à la municipalité, ainsi que le constate l'acte de naissance dudit Abel Hamelin;

» 4° Qu'environ deux mois avant l'accouchement, la mère de la demoiselle Hamelin, vivant avec elle, prit des arrangemens avec la femme Michel, demeurant au village de Camberland, près Gesvien, pour allaiter, nourrir et élever un enfant qu'elle disait appartenir à une personne de sa connaissance;

» Qu'aussitôt l'accouchement, la nourrice ayant été avertie de venir prendre chez Maillard l'enfant dont on lui avait parlé, s'y transporta; que là la demoiselle Hamelin lui remit elle-même un enfant mâle, qu'elle lui dit être le sien, et que cet enfant est identiquement le même qu'Abel Hamelin, réclamant;

» 5° Que la demoiselle Hamelin, soit seule, soit accompagnée par la demoiselle Cadillon, est allée, différentes fois, voir ledit Abel Hamelin, chez la femme Michel; qu'elle a elle-même acquitté les mois de nourrice, et fourni les vêtemens du premier âge;

» 6° Que se trouvant dans la suite hors d'état de subvenir à l'entretien et nourriture de l'enfant, elle, demoiselle Hamelin, pria les sieur et dame Maillard de le prendre chez eux, et de l'élever comme un parent, sous la promesse de leur payer toutes leurs avances, lorsqu'elle en aurait le moyen; que ceux-ci y ayant consenti, elle donna ordre à la femme Michel d'amener chez eux l'enfant qu'elle appelait son fils, ce qui fut effectué de suite;

» 7° Que pendant les six premières années, et jusqu'à sa cohabitation avec le sieur Mabit, elle est venue très-souvent voir Abel Hamelin chez Maillard; qu'elle l'appelait son fils, et lui apportait des joujoux, et tout ce que sa position lui permettait de donner;

» 8° Que, soit chez la femme Michel, soit chez Maillard, elle a toujours fait connaître, en voyant l'enfant Abel Hamelin, la tendresse maternelle qu'elle lui portait.

» 9° Enfin, que, sur les demandes réitérées que le sieur Maillard lui faisait par l'entremise de la femme Carton, elle remit à cette dernière, à différentes fois, diverses petites sommes qui, réunies à celles qu'elle fit parvenir elle-même à la femme Maillard à l'insu du mari de celle-ci, s'élèvent à 124 livres tournois. »

La dame Coron soutient que la preuve testimoniale de ces faits ne serait recevable, aux termes de l'art. 341 du code civil, qu'autant qu'il en existerait un commencement de preuve par écrit; et qu'on ne peut pas considérer comme tel l'acte de naissance du 30 germinal an 5, puisqu'elle ne l'a point signé, et que, suivant l'art. 1347 du même code, on ne peut qualifier de commencement de preuve par écrit, que « l'acte émané de celui contre lequel la » demande est formée, ou de celui qu'il représente, » et qui rend vraisemblable le fait allégué. »

Le 17 mai 1808, jugement par lequel,

« Considérant que, si l'extrait de naissance représenté ne fait pas preuve entière que le mineur Abel Hamelin est issu de Félicité-Desirée Hamelin, femme Coron, il fournit au moins une violente présomption du fait qu'il réfère;

» Que l'art. 341 du code civil autorise la recherche de la maternité; que la preuve par témoins en est admissible, lorsqu'il y a eu un commencement de preuve par écrit; que l'art. 1347 regarde comme commencement de preuve tout acte par écrit qui rend vraisemblable le fait allégué;

» Que les faits maintenus par le mineur Abel Hamelin sont graves et imposans, et méritent d'autant plus d'être approfondis, que la sage-femme qui a fait l'accouchement, que les témoins instrumentaires, sur la foi desquels a été rédigé l'acte de naissance, sont censés avoir parlé dans cet acte au nom de la mère, qui ne pouvait le faire elle-même;

» Le tribunal, sans avoir égard à la fin de non-recevoir proposée par la femme Coron, et dont elle est déboutée, ordonne que le tuteur dudit mineur Hamelin justifiera desdits faits par témoins...., sauf aux sieur et dame Coron à justifier de tous faits pertinens au contraire, le tout dans le délai de la loi, dépens réservés. »

La dame Coron appelle de ce jugement, et la cause est plaidée devant la cour de Rennes, sections réunies.

Par arrêt du 31 août 1808 :

« Considérant que la loi du 20 septembre 1792, sous l'empire de laquelle est né le mineur Abel Hamelin, ordonne aux sages-femmes et aux maîtres de maison, sous peine de deux mois de prison, de déclarer à l'officier public la naissance de l'enfant qui est né chez eux ; que par conséquent l'épouse du sieur Maillard avait une mission légale pour déclarer la naissance dudit Abel ;

» Que ladite loi de 1792 n'exige point qu'il soit fait mention dans l'acte du lieu de la naissance de la mère ; qu'ainsi l'erreur sur ce point, fût-elle réelle, serait indifférente ;

» Qu'à l'égard de celle que l'appelante prétend avoir été commise relativement à l'indication de sa profession, elle ne toucherait pas à la substance de l'acte ; que d'ailleurs l'intimé offre de prouver que cette indication est vraie ;

» Il résulte de ce que dessus, que les irrégularités qu'on a reprochées à l'acte de naissance du 30 germinal an 5 n'existent pas ;

» Considérant que l'art. 10 de la loi du 12 brumaire an 2 veut que l'état et les droits des enfans nés hors mariage, dont le père et la mère seront encore existans lors de la promulgation du code civil, soient en tout point réglés par lui ; que l'art. 341 de ce code contient les dispositions législatives applicables à l'espèce ; qu'elles gardent le silence, comme l'avaient fait les lois anciennes, sur la question de savoir si l'acte de naissance peut être le commencement de preuve par écrit qui est exigé de l'enfant naturel, pour qu'il puisse être admis à prouver par témoins qu'il est identiquement le même que l'enfant dont celle qu'il réclame pour mère est accouchée ;

» Que le législateur n'a pu décider cette question par une règle générale, parce qu'il est des espèces où il est juste et même nécessaire que l'acte de naissance soit admis comme commencement de preuve par écrit, et d'autres où il ne doit pas l'être ; que s'il avait défendu de l'admettre dans tous les cas, comme commencement de preuve par écrit, il serait très-souvent impossible de prouver la maternité, dont cependant la loi a admis la recherche ;

» Que les juges, après un grand approfondissement des faits, peuvent seuls décider si l'on doit accorder à l'acte de naissance la valeur d'un commencement de preuve par écrit, ou si on doit la lui refuser ; que telle a toujours été la jurisprudence antérieure au code ;

» Considérant que, dans l'espèce soumise à la décision de la cour, les actes de naissance des deux enfans nés hors mariage, dont l'appelante est accouchée tandis qu'elle a vécu avec Mabit, et les autres faits qui résultent de l'état du procès, présente un ensemble de présomptions trop fortes, trop concordantes, pour qu'il soit possible de refuser au mineur Abel, pourvu d'un acte de naissance en bonne forme, la faculté de faire par témoins les preuves qu'il offre d'administrer ;

» D'où il résulte que le jugement interlocutoire dont il a été relevé appel, a été bien rendu :

» Par toutes ces considérations, la cour..., ordonne que le jugement interlocutoire dont il a été interjeté appel, sorte son plein entier effet. »

La dame Coron et son mari se pourvoient en cassation contre cet arrêt.

Leur recours est admis par arrêt de la section des requêtes ; mais pendant que l'affaire s'instruit contradictoirement à la section civile, la cour d'appel de Rennes rend, le 22 mars 1810, un second arrêt qui, d'après la preuve faite en exécution du premier, condamne la dame Coron à fournir des alimens au mineur Abel.

Les sieur et dame Coron se pourvoient également contre ce second arrêt ; et les deux recours sont portés ensemble à la section civile, le 28 mai 1810.

« Un seul moyen de cassation (ai-je dit à cette audience) vous est proposé dans cette affaire ; et il consiste à dire que l'art. 341 du code civil n'admet la preuve par témoins du fait de la maternité, que lorsqu'il en existe déjà un commencement de preuve par écrit ; que, d'après l'art. 1347 du même code, on ne peut réputer commencement de preuve par écrit que « l'acte émané de celui contre lequel la demande est formée, ou de celui qu'il représente, et » qui rend vraisemblable le fait allégué » que, suivant l'art. 324, le commencement de preuve par écrit, en matière de filiation, ne peut résulter que « des » titres de la famille, des registres et papiers domestiques du père et de la mère, des actes publics » et même privés, émanés d'une partie engagée dans » la contestation, ou qui y aurait intérêt, si elle était » vivante ; » que l'acte de naissance du soi-disant Abel Hamelin n'est signé ni de la dame Coron, ni d'une personne que la dame Coron représente ; qu'il n'a donc pas le caractère requis par l'art. 1347 ; qu'il est également dénué des caractères déterminés par l'art. 324 ; que conséquemment il ne peut pas même, à l'aide des circonstances sur lesquelles s'est fondée la cour d'appel de Rennes, avoir l'effet d'un commencement de preuve par écrit ; que la cour d'appel de Rennes, en lui attribuant cet effet, a violé les art. 324 et 1347 ; et qu'en admettant par suite la preuve testimoniale des faits articulés par le tuteur du mineur Abel, sans qu'un commencement légal de preuve par écrit l'y autorisât, elle a violé l'article 341.

» Pour apprécier ce moyen, nous devons d'abord

nous fixer sur le véritable sens de l'art. 341 même; et peut-être trouverons-nous qu'il n'a été bien entendu, ni par les demandeurs, ni par les juges de première instance, ni par la cour d'appel de Rennes.

» La recherche de la maternité est admise. L'enfant qui réclamera sa mère, sera tenu de prouver qu'il est identiquement le même que l'enfant dont elle est accouchée. Il ne sera reçu à faire cette preuve par témoins, que lorsqu'il aura déjà un commencement de preuve par écrit. » Tels sont les termes de l'art. 341.

» Que doit, suivant ce texte, prouver l'enfant qui réclame sa mère? Il doit prouver, non pas que sa mère est accouchée d'un enfant à telle époque, mais *qu'il est le même que l'enfant dont elle est* alors *accouchée.*

» Et quelle est la preuve à laquelle il ne peut être admis par témoins, *que lorsqu'il aura un commencement de preuve par écrit?* Ce n'est pas là la preuve de l'accouchement de la femme qu'il réclame pour sa mère, c'est, dit la loi, *cette preuve,* c'est-à-dire, la preuve dont elle vient de parler, la preuve de l'identité du réclamant avec l'enfant dont sa prétendue mère est accouchée.

» La loi ne s'occupe donc pas de la preuve de l'accouchement de la prétendue mère.

» Et pourquoi ne s'en occupe-t-elle pas? C'est sans doute parce qu'elle la suppose toute faite au moment où s'élève la question de maternité.

» Mais comment cette preuve a-t-elle pu se faire dans l'esprit de l'art. 341? Elle a pu, elle a dû se faire d'après les règles générales sur la preuve des accouchemens.

» Et ces règles générales, où sont-elles écrites? Elles le sont dans le titre *des Actes de l'état civil.* Dans ce titre, le législateur établit des registres publics où doivent être inscrits les actes de naissance, de mariage et de décès; et bien évidemment son intention, en les établissant, est qu'ils fassent, non pas un commencement de preuve, mais une preuve complète, une preuve légale de leur contenu.

» Cette intention est surtout bien marquée dans la loi du 20 septembre 1792, sous l'empire de laquelle a été dressé l'acte de naissance du 30 germinal an 5, dont il est ici question :

» Les municipalités (porte-elle, tit. 1, art. 1), recevront et conserveront, à l'avenir, les actes destinés à CONSTATER les NAISSANCES, mariages et décès.

» Il y aura (continue-t-elle, tit. 2, art. 1) dans chaque municipalité trois registres pour CONSTA-TER, l'un les naissances, l'autre les mariages, et le troisième les décès. »

» On ne retrouve pas, il est vrai, ce mot *constater,* dans le titre *des Actes de l'état civil* du code civil. Mais si le mot n'y est pas, l'idée qu'il exprime y est clairement manifestée. Écoutons l'art. 46 :

« Lorsqu'il n'aura pas existé de registres ou qu'ils » seront perdus, la preuve en sera reçue tant par » titres que par témoins; et, DANS CES CAS, les ma-» riages, naissances et décès, POURRONT ÊTRE PROU-» VÉS, tant par les registres et papiers émanés des » père et mère décédés, que par témoins. » Il est évident que, *dans ces cas,* la preuve tirée des papiers domestiques des père et mère décédés, et la preuve par témoins, ne sont que les auxiliaires des registres publics. Et de là la conséquence nécessaire que les registres publics eux-mêmes, lorsqu'ils existent, suffisent pour constater légalement les naissances, les mariages et les décès.

» On dira sans doute que la chose est sans difficulté pour les mariages, parce que les personnes qui se marient doivent signer sur les registres, et qu'à défaut de leurs signatures, la mention qu'elles n'ont pas su ou n'ont pas voulu signer, en tient lieu; mais qu'il n'en peut pas être de même pour les naissances; qu'il serait trop dangereux de faire dépendre d'une déclaration faite à l'officier de l'état civil par des tiers, souvent mal intentionnés, la preuve de l'accouchement d'une femme, et que le danger augmente encore infiniment, lorsqu'il s'agit d'une femme qui n'est pas mariée ; que donner aux registres publics l'effet de constater l'accouchement d'une fille ou d'une veuve, sans qu'elle appose, sans qu'elle puisse apposer sa signature sur ces registres, c'est mettre l'honneur des personnes du sexe à la merci des passions les plus basses, c'est ouvrir la porte aux plus grands désordres, aux plus honteuses spéculations.

» Rien de plus réel que ces inconvéniens ; et cependant (dit M. d'Aguesseau, dans son 47e plaidoyer, en parlant de l'extrait-baptistère d'un enfant né hors du mariage), « c'est la grande, allons plus » loin, c'est presque l'unique preuve que l'on puisse » avoir de l'état des hommes: qu'on renverse cette » preuve, tous les fondemens de la société ci-» vile sont ébranlés; il n'y a plus rien de certain » parmi les citoyens, si l'on retranche cet argu-» ment. Qu'on dise tant que l'on voudra que ce » principe est douteux, que rien n'est plus facile à » altérer, à dissimuler, à changer même, que le con-» tenu d'un extrait-baptistère: toutes ces réflexions » sont justes; mais quelque douteuse que puisse être » cette preuve, tout sera encore plus douteux, si on » ne l'admet pas, si on la rejette sans des preuves » convaincantes de fausseté. »

» Ajoutons qu'il est aussi facile de supposer un décès qu'un accouchement; que, s'il n'est pas sans exemple que des sages-femmes, des accoucheurs, aient fait inscrire un nouveau-né sous le nom d'une femme qui n'était point sa mère, il ne l'est pas non plus que d'avides héritiers présomptifs aient fait inscrire comme morte une personne encore vivante dans une contrée lointaine; qu'il n'est pas plus possible à une personne vivante dans une fausse déclaration de décès, qu'il ne l'est à une femme de se prémunir contre une fausse déclaration d'accouchement; et que si, nonobstant cette possibilité, la loi veut que les registres de décès fassent pleine foi jusqu'à ce que la fausseté en soit clairement démontrée, il n'y a aucune raison pour qu'il n'en soit pas de même des registres de naissance.

» Enfin, la loi ne distingue pas entre les actes de naissance des enfans naturels et les actes de naissance des enfans légitimes. Pour ceux-ci, il est vrai, l'art. 319 du code civil dit spécialement que leur *filiation se prouve par les actes de naissance inscrits sur les registres de l'état civil;* mais cette disposition spéciale ne déroge point à la disposition générale de l'art. 46; elle laisse l'art. 46 dans tonte sa latitude ; et nous l'avons déjà remarqué, cet article, qui est commun à tous les enfans, soit naturels, soit légitimes, établit nettement que les registres publics forment une preuve légale et complète de l'accouchement de la mère, qu'ils la forment par eux-mêmes, qu'ils la forment surtout indépendamment de la signature de la mère, qui d'ailleurs, si elle est réellement accouchée, est dans l'impossibilité physique de se transporter dans la maison commune pour signer l'acte de naissance de son enfant.

» Voulous-nous au surplus nous convaincre que c'est dans cet esprit qu'a été rédigé le code civil ? Reportons-nous au procès-verbal de la séance du conseil-d'état, du 26 brumaire an 10, où fut agitée la question de savoir si l'enfant naturel né avant le mariage de sa mère, peut réclamer sa filiation pendant le mariage que sa mère a contracté avec un autre que son père. Ceux qui soutenaient l'affirmative (qui a prévalu), se fondaient sur le danger qu'il y aurait eu que les preuves de filiation dépérissent , en attendant la dissolution du mariage. Et que leur répondrait-on ? « Il ne faut pas séparer le système : » la réclamation de l'enfant doit être soutenue, 1° de » la preuve de l'accouchement de la mère; 2° de la » preuve de l'identité entre lui et l'enfant dont » la mère est accouchée. La preuve testimoniale » ne lui est permise que lorsqu'il a un commen- » cement de preuve par écrit. Or, le commence- » ment de preuve qui attestera l'accouchement » de la mère, existera également lors de l'ouver- » ture de la succession. LA PLUPART DE CES EN- » FANS AURONT MÊME UN ACTE DE NAISSANCE QUI » LES DISPENSERA DE FAIRE VALOIR TOUTE AUTRE » PREUVE. Il leur restera à justifier de l'identité : » mais la preuve de ce fait est possible, même après » un laps de temps considérable. » Remarquez ces termes , Messieurs : *un acte de naissance qui les dispensera de faire valoir toute autre preuve.* On ne peut certainement rien de plus clair, rien de plus décisif.

» Et vainement oppose-t-on les art. 334 et 336 du code qui rejettent implicitement, même de la part de la mère, toute reconnaissance d'enfant naturel qui n'est pas faite par un acte authentique signé d'elle. Il ne faut pas confondre la *reconnaissance* qui donne à l'enfant des droits à une portion de l'hérédité de la mère, avec la simple preuve de maternité, qui ne donne à l'enfant que des droits à des alimens.

Les art. 334 et 336 du code n'ôtent donc pas à l'acte de naissance qui désigne la mère, l'effet que lui attribue l'art. 46, de faire preuve de la naissance de l'enfant, et par conséquent de l'accouchement de la mère.

» La cour d'appel de Rennes n'avait donc pas besoin, dans notre espèce, de recourir à des circonstances particulières, pour donner à l'acte de naissance du 30 germinal an 5, qui lui était présenté, l'effet d'un commencement de preuve par écrit de l'accouchement de la dame Coron, à cette époque; elle devait aller plus loin; elle devait, d'après cet acte de naissance, regarder l'accouchement de la dame Coron, à cette époque, comme un fait constant.

» Il est certain, en effet, que la dame Coron n'alléguait rien contre cet acte , qui pût en établir la fausseté.

» La dame Coron alléguait que la femme Maillard n'avait pas, le 30 germinal an 5, la qualité de sage-femme qu'elle s'était attribuée dans cet acte; et comment le prouvait-elle? Par un certificat du maire de Nantes, portant que la femme Maillard n'était pas sur la liste des sages-femmes de cette ville, arrêtée le 3 janvier 1807. Mais c'était déplacer la question. Il ne s'agissait pas de savoir si la femme Maillard était reconnue pour sage-femme le 3 janvier 1807; il s'agissait de savoir si elle était reconnue pour telle le 30 germinal an 5. Or, l'était-elle effectivement à cette dernière époque? Oui, et la preuve en résulte du diplôme de sage-femme qui lui avait été délivré le 1er brumaire an 5, et dont il est fait mention dans les premières lignes du jugement du tribunal de première instance.

» La dame Coron alléguait que la mère de la femme Maillard, qui figure comme témoin dans l'acte de naissance, en avait également imposé à l'officier de l'état civil, en prenant la qualité de sage-femme, qu'elle n'avait jamais eue. Mais la vérité est que la mère de la femme Maillard n'y avait point pris cette qualité.

» La dame Coron alléguait que la femme Cadillon, second témoin de l'acte de naissance, était désignée par un certificat du commissaire de police de son quartier, du 21 août 1808, comme *tenant des chambres garnies où logent des filles publiques et entretenues.*

» Mais qu'importe la conduite actuelle de la femme Cadillon ? L'acte de naissance la désigne comme épouse d'un employé à l'administration du département; et il est bien à croire que l'administration du département n'aurait pas souffert dans ses bureaux, en germinal an 5, un employé dont la femme aurait exercé publiquement un pareil état.

» La dame Coron alléguait qu'on l'avait désignée, dans l'acte de naissance, par une profession qu'elle n'avait jamais eue, celle de *lingère.* Mais, d'une part, on offrait de prouver qu'elle avait réellement fait le métier de lingère en germinal an 5 ; et, de l'autre, elle ne rapportait, pour prouver le contraire, qu'une attestation de son oncle et un certificat assez insignifiant du commissaire de police de sa demeure actuelle.

» La dame Coron alléguait que, dans l'acte de naissance, on l'avait dite native de la paroisse de Saint-Nicolas, tandis qu'elle est née dans la paroisse de Saint-Similien. Mais cette erreur pouvait être son ouvrage, tout aussi bien que celui de la sage-femme. Elle pouvait, dans les indications qu'elle avait données à la sage-femme, s'être trompée sur la paroisse où elle avait reçu le jour. De pareilles erreurs sont assez fréquentes dans une grande ville, où l'on est si sujet à changer de logement.

» Enfin, ce qui répondait à toutes les allégories de la dame Coron, c'est que l'acte de naissance renseigne exactement ses prénoms et son âge; c'est qu'il y a une parfaite identité entre le prénom qu'elle reconnaît elle-même avoir été celui de son père, et le prénom qui, par cet acte, est assigné à l'enfant; c'est, en un mot, que tout acte de naissance dont la fausseté n'est pas clairement démontrée, fait, par lui-même, pleine foi de l'accouchement qu'il énonce.

» Mais de ce que la dame Coron a dû être considérée par la cour d'appel de Rennes, comme ayant réellement mis au monde l'enfant qui avait été inscrit, le 30 germinal an 5, sur les registres de l'état civil, s'ensuit-il que la cour d'appel de Rennes a pu admettre la preuve par témoins des faits consignés dans le jugement du tribunal de première instance ?

» Ces faits sont de deux sortes.

» Les uns tendent à prouver l'accouchement de la dame Coron; et d'après ce que nous venons de dire, ils sont inutiles, parce que l'accouchement de la dame Coron est pleinement constaté par l'acte du 30 germinal an 5.

» Les autres tendent à prouver l'identité de l'enfant qui se présente aujourd'hui, avec l'enfant dont la dame Coron est accouchée le 30 germinal an 5; et il s'agit de savoir si ces faits sont soutenus d'un commencement de preuve par écrit, ou, en d'autres termes, si l'on peut assimiler à un commencement de preuve par écrit de ces faits, l'acte de naissance qui constate l'accouchement de la dame Coron.

» Nous l'avons déjà dit : l'art. 341 du code civil suppose, d'un côté, une femme qui est accouchée d'un enfant, à une époque donnée, une femme dont l'accouchement n'est pas douteux; de l'autre, un enfant qui soutient être le fruit de cet accouchement; et, comme dans cette position il n'y a et ne peut y avoir de litige que sur l'identité de cet enfant avec celui dont la femme est réellement accouchée, il déclare que la preuve de cette identité est à la charge de l'enfant.

» Mais cette preuve, l'enfant pourra-t-il la faire par témoins? Il le pourra, répond le même art. 243, s'il a *déjà un commencement de preuve par écrit;* il ne le pourra pas, si ce commencement de preuve par écrit lui manque.

» Et ce commencement de preuve par écrit, sur quoi doit-il porter? Sur l'accouchement de la mère? Non, puisque, encore une fois, l'accouchement de la mère est supposé constant. Il doit donc porter sur le fait même que l'enfant *est tenu de prouver,* sur le fait qu'*il est identiquement le même* que l'enfant dont la mère *est accouchée.* C'est donc de cette identité que l'enfant doit représenter un commencement de preuve par écrit. L'acte qui constate l'accouchement de la mère, ne peut donc pas former un commencement de preuve par écrit de l'identité que l'enfant *est tenu de prouver.*

» Tels sont évidemment l'objet et le sens de la disposition de l'art. 341, qui détermine le mode de preuve de l'identité; et ce qui ajoute, s'il est possible, à la clarté de cette démonstration, c'est que le conseil-d'état a formellement rejeté, dans sa séance du 26 brumaire an 10, un article proposé dans le sens contraire, par les commissaires rédacteurs et par la section de législation. Cet article portait : « Le » registre de l'état civil qui constate la naissance d'un » enfant né de la mère réclamée, et duquel le décès » n'est pas prouvé, pourra servir de commence- » ment de preuve par écrit. » Mais le ministère de la justice s'est élevé contre cette proposition, et voici dans quels termes il l'a combattue : « Le prin- » cipe de cet article entraînerait de grands inconvé- » niens, s'il donnait trop de facilité pour prouver » la filiation contre une mère de famille ou contre » une fille honnête dont la faiblesse serait ignorée. » On a donc eu raison d'en circonscrire l'applica- » tion, de manière qu'elle ne dépendît pas de preu- » ves arbitraires. Les conditions dont on l'a fait dé- » pendre sont bien choisies; MAIS ON LES AFFAIBLIT, » SI L'ON DÉCIDE QUE LE REGISTRE QUI CONSTATERA » LA NAISSANCE D'UN ENFANT NÉ DE LA MÈRE RÉCLA- » MÉE, ET DUQUEL LE DÉCÈS NE SERA PAS PROUVÉ, » POURRA SERVIR DE COMMENCEMENT DE PREUVE PAR » ÉCRIT. Voici l'abus qui peut résulter de cette dis- » position. Un aventurier qui trouvera sur les re- » gistres l'inscription d'un enfant dont le décès ne » sera pas prouvé, prétendra qu'il est cet enfant; » et, à l'aide de quelques témoins subornés, il réus- » sira dans sa demande. Il est difficile de concevoir » jusqu'à quel point la preuve testimoniale doit être » suspecte, quand elle porte sur l'identité; il existe » maintenant un procès dans lequel une femme pré- » tend qu'on a faussement répandu le bruit de sa » mort et de ses funérailles; des témoins ont été en- » tendus; beaucoup la reconnaissent, et beaucoup » ne la reconnaissent pas. Indépendamment de ces » considérations, on peut aussi faire valoir des rai- » sons de droit. Il n'y a un véritable commencement » de preuve par écrit que lorsqu'il est direct et re- » latif à la personne, et non lorsqu'il s'appli- » quer à plusieurs : ici, la question sera de savoir » si le registre s'applique à l'enfant; et cependant » ce sera du registre même qu'on prétendra tirer les » premiers traits de lumière sur cette application ! » On tombe donc dans un cercle vicieux; il faut » laisser au réclamant la faculté d'argumenter du » registre, ET NON EN FAIRE UN COMMENCEMENT DE » PREUVE PAR ÉCRIT. » Ces raisons ont triomphé, et l'article proposé, tant par les commissaires-rédacteurs que par la section de législation, a été écarté par le conseil-d'état.

» Le conseil-d'état a donc décidé bien positivement qu'un acte de naissance ne forme pas un commencement de preuve par écrit des faits articulés par un demandeur en déclaration de maternité, pour établir son identité avec l'enfant dont sa prétendue mère est prouvée authentiquement être accouchée. Il a donc décidé bien positivement que le demandeur en réclamation de maternité, qui ne présente d'autre commencement de preuve par écrit de cette identité, que l'acte qui constate l'accouchement de sa prétendue mère, doit être repoussé.

« Et il ne faut pas dire que cette décision n'est écrite que dans le procès-verbal du conseil-d'état; elle l'est aussi, et elle l'est en caractère très-lumineux, dans l'art. 341 du code civil.

» Voyons, d'après cela, sur quoi s'est fondée la cour d'appel de Rennes pour admettre la preuve par témoins des faits d'identité articulés par le soi-disant Abel Hamelin.

» Elle s'est d'abord fondée sur l'acte de naissance du 30 germinal an 5; et il est évident que cet acte n'a pas pu autoriser l'admission d'une pareille preuve; il est évident que cet acte, suffisant par lui-même pour constater l'accouchement de la dame Coron, n'a pas pu être considéré comme un commencement de preuve par écrit de l'identité du soi-disant Abel Hamelin avec l'enfant dont la dame Coron est accouchée le 30 germinal an 5.

» Elle s'est ensuite fondée sur « les actes de nais-» sance de deux enfans nés hors mariage, dont la » dame Coron est accouchée tandis qu'elle a vécu » avec Mabit. » Mais quel rapport existe-t-il entre ces actes de naissance et la question d'identité dont il s'agit? Aucun, évidemment aucun : aussi n'est-ce pas relativement à l'identité de l'enfant mis au monde, le 30 germinal an 5, par la dame Coron, avec l'enfant qui la réclame aujourd'hui pour sa mère, que la cour d'appel de Rennes a ainsi argumenté du fait que, depuis le 30 germinal an 5, la dame Coron avait encore donné le jour à deux enfans naturels; elle n'a ainsi argumenté de ce fait que pour établir la vraisemblance de l'accouchement de la dame Coron à l'époque du 30 germinal an 5. Et la seule chose qu'il y ait à lui reprocher à cet égard, c'est d'avoir fait un argument très-inutile; c'est d'avoir cherché à rendre vraisemblable un fait dont l'acte de naissance du 30 germinal an 5 renfermait la preuve la plus complète.

» Enfin, la cour d'appel de Rennes s'est fondée sur les « présomptions fortes et concordantes que » présentent, a-t-elle dit, les autres faits qui résul-» tent de l'état du procès. »

» Mais, 1° ces faits, quels sont-ils? La cour d'appel de Rennes ne les indique pas; et sans doute, s'ils étaient tels qu'ils dussent tenir lieu d'un commencement de preuve par écrit, il ne suffirait pas qu'ils

existassent au procès, il faudrait encore que la cour d'appel de Rennes les déterminât spécifiquement dans son arrêt. Ce serait le seul moyen de mettre son arrêt en harmonie avec la loi, qui, d'une part, prohibe la preuve testimoniale de l'identité du réclamant avec l'enfant dont sa mère est accouchée, et, de l'autre, n'excepte de cette prohibition que le cas où le réclamant a déjà un commencement de preuve par écrit de l'identité elle-même.

» Parmi tous les faits articulés au procès, celui de l'accouchement excepté, il n'y en a pas un seul qui résulte d'un *acte par écrit, émané* de la dame Coron, c'est-à-dire, d'un acte revêtu des caractères requis par l'art. 1347 du code, pour former un commencement de preuve par écrit. Il n'y en a pas un seul qui résulte de « titres de famille, » de registres et papiers domestiques de la dame » Coron, d'actes publics ou même privés, émanés » d'elle; » en un mot, de pièces que l'art. 324 permet de regarder comme des commencemens de preuve par écrit en matière de filiation. Il n'y en a donc pas un seul qui ait pu autoriser la preuve par témoins admise par la cour d'appel de Rennes.

» Car il ne faut pas s'y tromper : il n'en est pas de la filiation d'un enfant naturel, comme de la filiation d'un enfant légitime. Quand il s'agit de la filiation d'un enfant légitime, l'art. 323 du code admet la preuve par témoins dans deux cas : « lorsqu'il y a » un commencement de preuve par écrit, et lorsque » des présomptions ou indices résultant de faits » dès-lors constans, sont assez graves pour déter-» miner l'admission. » Mais s'agit-il de la filiation d'un enfant naturel? Alors, plus d'alternative : l'art. 341 exige un commencement de preuve par écrit : et il n'est point de présomptions, il n'est point d'indices, même *résultant de faits dès-lors constans*, qui puissent en tenir lieu. Si l'art. 341 avait voulu qu'ils pussent en tenir lieu, il l'aurait dit, parce que l'art. 323 avait déjà fait entendre que des « présomptions, des indices, résultant des faits dès-» lors constans, » n'équipollent point par eux-mêmes à un commencement de preuve par écrit, et qu'ils ne peuvent tenir cette équipollence que d'une disposition expresse et spéciale de la loi; il l'aurait dit pour prévenir l'induction contraire à laquelle aurait nécessairement conduit l'art. 323; il l'aurait dit enfin pour empêcher qu'on n'appliquât à l'art. 323, mis en parallèle avec l'art. 341, l'axiome, *qui de uno dicit, negat de altero*.

» Mais au surplus, et ceci tranche toute difficulté, le procès-verbal de la discussion du code nous fournit précisément le motif de la différence que le code a voulu établir, à cet égard, entre la preuve de la filiation légitime et la preuve de la filiation naturelle. «Il n'en est pas ici (disait M. Berlier, à la séance » du conseil-d'état, du 26 brumaire an 10) comme » dans le cas où un enfant réclame les droits de légi-» timité. Alors toute espèce de preuve doit être » admise; mais si l'on donne la même latitude aux » enfans nés hors mariage, on expose la femme à

» craindre une action flétrissante pendant tout le
» cours de sa vie. Il est donc nécessaire de modérer
» cette action, afin qu'elle n'entraîne pas d'abus. »

« Il n'y a donc rien, absolument rien, qui puisse
justifier l'arrêt de la cour d'appel de Rennes, du
31 août 1808, en tant qu'il a permis la preuve par
témoins des faits sur lesquels le soi-disant Abel Hamelin prétend établir son identité avec l'enfant dont
la dame Coron est accouchée le 30 germinal
an 5.

« Et vainement le soi-disant Abel Hamelin vient-
il vous dire que la dame Coron n'a jamais soutenu
qu'un commencement de preuve par écrit fût nécessaire pour l'admission de la preuve par témoins de
son identité avec l'enfant qui avait été présenté, le
30 germinal an 5, par la dame Maillard, à l'officier de l'état civil; qu'elle s'est constamment bornée
à soutenir qu'elle n'était point la mère de cet enfant,
« et qu'elle n'a pas nié du tout le fait d'identité. »

» 1º Le soi-disant mineur Hamelin convient lui-
même, page 6 de son mémoire, « qu'il est possible
» que, dans le feu de la dicussion, et par forme de
» règle générale, la dame Coron ait parlé de la né-
» cessité d'un commencement de preuve écrite sur
» l'identité, comme sur la filiation. »

» 2º Dans le fait, il est très-constant que, devant les premiers juges, comme devant la cour d'appel, la dame Coron s'est perpétuellement prévalue
de l'art. 341 du code; et il importe peu qu'elle ait
donné aux inductions qu'elle pouvait tirer de cet
article, tous les développemens dont elles étaient
susceptibles : il suffit qu'elle ait excipé de cet article,
pour que les juges aient dû lui faire un devoir religieux de lui conserver tous les droits que cet article lui garantissait.

» 3º La dame Coron a nié tous les faits dont le
réclamant offrait la preuve par témoins; et elle a
soutenu que la preuve par témoins de ces faits était
inadmissible, faute d'un commencement de preuve
par écrit. Elle a par conséquent nié tous les faits
qui établissaient l'identité du réclamant; elle a par
conséquent soutenu que, faute de commencement
de preuve par écrit, la preuve par témoins de ces
faits était non-recevable. »

» 4º La dame Coron aurait sans doute ordonné
plus régulièrement sa défense, si elle l'eût divisée en
deux propositions : » l'une principale : » Je ne suis
» pas la mère de l'enfant qui a été présenté comme
» mon fils, le 30 germinal an 5, à l'officier de l'é-
» tat civil; » l'autre subsidiaire : « L'enfant qui me
» réclame pour sa mère n'est pas celui dont l'acte
» de naissance du 30 germinal an 5 prouve que je
» suis la mère. » Mais, de bonne foi, la pudeur
permettait-elle à une femme mariée de diviser sa
défense avec une pareille régularité? Se retrancher
ainsi dans une proposition subsidiaire qui eût absolument détaché la question d'identité de toutes les
autres, qui l'eût isolée absolument, n'eût-ce pas été
avouer publiquement une faiblesse qu'il était de son

honneur, comme de son devoir, de mettre en dénégation, alors même que la loi en déclarait la preuve
pleinement acquise? Et de ce qu'elle n'a pas fait en
termes exprès cette proposition subsidiaire, de ce
qu'elle ne l'a point présentée dans toute sa nudité,
de ce qu'elle ne l'a point présentée dans cet état
d'isolement qui en eût rendu la discussion si pénible
pour elle, et si scandaleuse pour le public, peut-
on sérieusement conclure qu'elle ne l'a point faite
même implicitement et par équipollence? Peut-on
sérieusement conclure qu'elle ne l'a point renfermée
dans l'ensemble de son système de défense? Eh!
Messieurs, parcourez tous les faits d'identité dont la
preuve par témoins a été admise par les premiers
juges et par la cour d'appel; et voyez s'il en est un
seul que la dame Coron ait avoué; voyez s'il en est
un seul qu'elle n'ait pas nié avec une fermeté imperturbable.

» Par ces considérations, nous estimons qu'il y a
lieu de casser et annuler l'arrêt de la cour d'appel de
Rennes, du 30 août 1808, et par suite, celui de la
même cour, du 22 mars dernier, qui n'en est que
la conséquence. »

Par arrêt du 28 mai 1810, au rapport de M. Cassaigne :

« Vu les articles 341 et 323 du code civil....;

» Attendu, 1º que, suivant l'art. 341 du Code civil, l'enfant naturel ne peut être reçu à prouver par
témoins qu'il est identiquement le même que l'enfant dont la mère qu'il réclame est accouchée, s'il
n'a déjà un commencement de preuve par écrit de
cette identité;

» Attendu, 2º qu'un acte de naissance ne forme
point commencement de preuve, puisqu'il peut
être applicable à un autre individu que le réclamant;

» Que ce principe est d'autant plus constant,
qu'il a été reconnu au conseil-d'état, lors de la discussion du projet du code civil, en écartant l'article
qui disposait que le registre de l'état civil constatant
la naissance d'un enfant né de la mère réclamée, et
duquel le décès ne serait pas prouvé, pourrait servir de commencement de preuve par écrit;

» Attendu, 3º que ce n'est que dans le cas de la
filiation légitime que l'art. 323 du même code permet de recevoir la preuve par témoins, lorsque les
présomptions et indices résultant de faits dès-lors
constans, sont assez graves pour déterminer l'admission; qu'aucun article du code n'étend cette
faculté au cas de la filiation naturelle;

» D'où il résulte qu'en admettant le mineur Abel
à la preuve testimoniale, sur le fondement de l'acte
de naissance du 30 germinal an 5, et des présomptions et indices résultant du procès, l'arrêt a violé
l'art. 341 et faussement appliqué l'art. 323 du code:

» La cour casse et annule l'arrêt rendu par la
cour d'appel de Rennes, le 31 août 1808, et tout ce
qui s'en est ensuivi, spécialement l'arrêt de la même
cour, du 22 mars 1810.... »

MÉMOIRES INJURIEUX, *Arrêts de la cour de cassation qui suppriment des mémoires injurieux.*

V. les articles *Remploi*, §. 4, et *Tribunal d'appel*, §. 5.

MER. *Jusqu'où s'étendent les rivages de la mer, considérés comme partie du domaine de l'Etat?*

V. l'article *Rivages de la mer.*

MESURAGE. *V.* l'article *Poids publics.*

MESURE. §. I. *Y a-t-il lieu à garantie lorsqu'un corps d'héritages a été vendu sans garantie de mesure, et que l'acquéreur a été évincé d'une partie de ce bien, sur le fondement que son vendeur n'en était pas propriétaire?*

V. l'article *Fait du souverain.*

§. II. *Lorsqu'en vendant des denrées à la mesure, le vendeur ne s'est pas expliqué clairement sur la mesure à laquelle il entendait vendre, comment doit s'interpréter le doute?*

V. l'article *Vente*; §. 10.

MEUBLES. §. I. *Le propriétaire d'un meuble peut-il le revendiquer sur une tierce-personne à qui l'a transporté celui auquel il l'avait confié à titre précaire?*

V. le plaidoyer et l'arrêt du 13 nivôse an 12, rapportés à l'article *Revendication*, §. 1.

§. II. *Le terme générique de biens, employé dans un contrat de mariage, comprend-il les meubles et les immeubles mobilisés par la coutume? Les comprend-il à l'effet de régler leur sort, autrement que la coutume ne règle celui des meubles réels et fictifs?*

« Telle est (ai-je dit à l'audience de la cour de cassation, section des requêtes, le 19 nivôse an 12), telle est la question qu'a décidée pour l'affirmative le jugement du tribunal d'appel de Douai, du 30 ventôse an 11; dont Chrysostôme Lesaffre vous demande la cassation.

» Elle s'est élevée au sujet du contrat de mariage passé le 16 septembre 1730, entre Jean Chrysostôme-Joseph Lesaffre et Barbe-Thérèse Breckevelt, tous deux domiciliés à Lille.

» Ce contrat n'est pas produit; et tout ce que le jugement attaqué nous retrace de ses dispositions se réduit à trois points principaux :

» 1° Les apports respectifs des futurs époux ne sont pas désignés dans l'acte; mais il est dit qu'ils le

seront par des déclarations séparées, et qui demeureront annexées à la minute.

» 2° L'usufruit de tous les biens que laissera le premier mourant est promis au survivant, avec dispense de faire inventaire « des biens meubles et » autres effets de la maison mortuaire. »

» 3° En cas de prédécès de l'épouse sans enfans, le mari sera tenu de rendre aux héritiers qu'elle laissera, ou à ceux en faveur desquels elle aura disposé, « tous les biens par elle portés en mariage, » toutes les donations, successions et hoiries qui » lui seront advenues durant sa conjonction, ou leur » valeur, en cas d'aliénation, et la moitié des acquêts » qui auront été faits pendant le même temps ; le » surplus des autres biens de la communauté appar- » tiendra au mari survivant. »

» Le cas prévu par cette dernière clause est arrivé. La dame Lesaffre est morte la première, et son mari a joui, conformément aux stipulations matrimoniales, de tous les biens qu'elle avait laissés.

» Il est mort lui-même en avril 1789; et alors se sont présentés les héritiers de la femme, pour reprendre les biens dont le contrat de mariage leur assurait le retour.

» Après des procédures et des jugemens qui sont aujourd'hui sans objet, il s'est agi de savoir si, dans cette reprise, devaient entrer et les sommes de deniers qui, pendant le mariage, étaient échues à la dame Lesaffre, tant par succession que par donation, et la valeur des arbres que le mari avait abattus sur les propres de sa femme, situés dans la châtellenie de Lille.

» Les héritiers Lesaffre ont prétendu ne devoir rendre ni les unes ni les autres.

» A la demande en reprise des sommes mobilières, ils ont opposé l'art. 5 de la coutume de la ville de Lille, qui déclare le mari « seigneur et » maître des biens-meubles, catteux et héritages » réputés pour meubles, droits et actions mobi- » lières venant tant de son côté que du côté de sa » femme, avec pouvoir d'en user et disposer à son » plaisir et volonté, sans le gré d'icelle. »

» Et quant aux arbres abattus, pendant le mariage, sur les propres de la femme, ils ont soutenu que ces arbres étaient de la classe de ceux que l'art. 1 du chap. 7 de la coutume de la châtellenie de Lille réputait *catteux*, c'est-à-dire meubles; qu'ainsi, on devait les assimiler aux sommes de deniers; que, comme celles-ci, ils étaient tombés de plein droit dans la communauté; que, comme elles, ils avaient été à la libre disposition du mari; que le mari les avait fait *siens* en les abattant ; et qu'on ne pouvait pas, pour en faire rendre la valeur aux héritiers de la femme, argumenter d'une clause de reprise qui, bien que conçue en termes généraux, n'était, d'après les dispositions particulières des coutumes de Lille et de sa châtellenie, susceptible d'aucune application aux effets mobiliers ou réputés tels.

» Les héritiers de la femme, de leur côté, ont

54

soutenu que la clause de reprise embrassait les meubles comme les immeubles, et ils ont offert subsidiairement de prouver que les arbres dont ils réclamaient la valeur n'étaient pas de la classe des *catteux*.

» Le tribunal d'appel de Douai a regardé cette preuve subsidiaire comme inutile; il a pensé que la clause de reprise frappait sur les meubles ni plus ni moins que sur les biens-fonds; et que dès-là elle comprenait nécessairement les arbres abattus, soit qu'ils eussent été *catteux*, soit qu'ils ne l'eussent pas été.

» En conséquence, par le jugement attaqué, il a condamné les héritiers du mari à rendre à ceux de la femme et les sommes mobilières, et la valeur des arbres dont il s'agissait.

» Vous avez maintenant à décider si, comme on le prétend, il a violé, en prononçant ainsi, les dispositions citées des coutumes de la ville et de la châtellenie de Lille.

» La question doit être examinée sous deux rapports : elle doit l'être, en premier lieu, relativement aux arbres abattus pendant le mariage, et dans la supposition qu'ils aient appartenu à la classe des catteux; elle doit l'être ensuite, relativement aux sommes mobilières qui, pendant le mariage, sont advenues à la femme par succession et par donation.

» Elle n'est, au surplus, sous le premier rapport, susceptible d'aucune difficulté.

» Il est vrai que la coutume de la châtellenie de Lille imprime aux catteux la qualité fictive de meubles, et qu'elle la leur imprime tant pour la succession que pour la communauté. Mais c'est une fiction qui, comme toutes les autres, ne doit opérer que dans les matières pour lesquelles la loi l'a introduite.

» Aussi le douaire avait-il lieu sur les catteux, comme sur les fonds auxquels ils étaient adhérens. Le parlement de Douai l'a ainsi jugé par un arrêt du 12 avril 1704, rapporté dans le recueil de Pollet, part. 2, §. 26.

» Aussi, lorsqu'on vendait un héritage sur lequel se trouvaient des catteux, le seigneur percevait-il ses droits de lods et ventes sur le prix entier, sans déduction de la valeur de ces meubles fictifs. C'est ce qui résulte d'une enquête par turbes, tenue à Lille dans le 17ᵉ siècle, et dont il est fait mention dans un commentaire manuscrit sur la coutume de la châtellenie.

» Aussi les catteux étaient-ils tous les jours saisis réellement avec les biens-fonds dont ils faisaient partie.

» Aussi les a-t-on toujours jugés passibles d'hypothèque et de retrait lignager.

» Il y a plus. Les catteux n'étaient, même en succession, réputés meubles, que relativement aux dispositions de la coutume; ils ne l'étaient point relativement aux dispositions de l'homme; et, d'après

cela, ils n'entraient point dans un legs universel de meubles et d'effets mobiliers. L'annotateur de Bauduin, sur l'art. 146 de la coutume d'Artois, rapporte une sentence de la gouvernance d'Arras, qui l'a ainsi jugé.

» Par la même raison, quoiqu'ils entrassent dans la communauté purement coutumière, ils n'entraient cependant point dans la communauté conventionnelle; et c'est ce qui a été décidé solennellement dans l'espèce suivante.

» Le sieur Desfontaines et la demoiselle Douai étaient convenus, en se mariant dans la coutume de Douai, semblable, en ce qui concerne les catteux, à celle de Lille, que tous leurs *biens meubles, effets mobiliers et réputés tels*, entreraient en communauté.

» Après la mort du mari, il fut question de savoir si, dans la communauté, étaient entrés les *catteux* inhérens aux propres qu'il avait laissés dans la coutume de la châtellenie de Lille.

» On disait, pour l'affirmative et dans l'intérêt de la veuve, que la coutume de Douai, lieu du domicile matrimonial et la coutume de la châtellenie de Lille, lieu de la situation des biens, s'accordaient à réputer les catteux meubles non-seulement en succession; mais encore en communauté; que l'on ne pouvait par conséquent douter qu'ils ne fussent compris dans la clause du contrat de mariage qui faisait entrer en communauté tous les biens meubles, et réputés tels, des futurs époux.

» Nous répondions pour l'héritier du mari :

» Qu'il fallait distinguer la communauté purement coutumière d'avec la communauté stipulée par les parties; que l'une se réglait, à la vérité, par la coutume, mais que l'autre ne dépendait que des stipulations des époux; que par conséquent les biens de ceux-ci, dégagés des fictions légales, devaient y reprendre leur véritable nature;

» Qu'en vain objectait-on qu'aux termes du contrat de mariage de Desfontaines et de sa femme, il devait y avoir communauté entre eux même pour les *biens réputés meubles*; que cette clause ne devait s'entendre que des biens incorporels, qui, sans être immeubles par leur nature, sont mobilisés par fiction, tels que les dettes actives;

» Que vainement encore eût-on dit que les contractans sont toujours censés se conformer à la coutume; que cette maxime ne peut pas être appliquée à des fictions coutumières qui dénaturent les biens au point de faire considérer des immeubles réels comme des effets mobiliers;

» Qu'au moment où l'on passe un contrat, il n'entre dans l'idée de personne que des objets inhérens aux fonds soient meubles ni réputés tels; que tout homme est porté, par un sentiment intérieur, à restreindre l'expression de *meubles fictifs* à ce qui, par sa nature, n'est ni meuble proprement dit ni héritage;

» Qu'enfin on ne devait jamais perdre de vue

cette règle de Dumoulin, sur l'art. 94 de l'ancienne coutume de Paris : *Consuetudo in dubio non vide- tur imponere legem ad modum intelligendi vel ad interpretationem pertinentem ad actus privato- rum, sed suis tantùm..... Ideò dispositiones pri- vatorum in hoc remanent in suis terminis.*

» Sur ces raisons, arrêt du 18 décembre 1776, qui déclare que les catteux de la châtellenie de Lille n'ont pas fait partie de la communauté, et en con- séquence les adjuge en totalité à l'héritier de Des- fontaines.

» Il résulte clairement de tous ces détails que les catteux de la châtellenie de Lille ne sont jamais con- sidérés comme meubles dans les dispositions de l'homme; et de là nous devons nécessairement con- clure que, quand même la clause de reprise, stipulée dans le contrat de mariage du 16 septembre 1730, ne comprendrait que les immeubles proprement dits, les catteux de la dame Lesaffre y seraient néanmoins compris, puisque, dans les contrats, les catteux reprennent la nature d'immeubles que la coutume ne leur fait perdre que relativement aux dispositions qui lui sont propres.

» Mais, et c'est ici la seconde branche de notre question, est-il bien vrai que la clause de reprise ne comprend pas les meubles comme les immeubles, qui, pendant le mariage, adviendront à la dame Lesaffre, soit par donation, soit à titre successif?

» Cette clause embrasse dans sa disposition *tous les biens* qui composent l'apport de la dame Lesaf- fre : si donc, dans cet apport, il se trouve des meu- bles, ils sont, comme les immeubles, soumis à la reprise que les héritiers de la dame Lesaffre auront droit d'exercer après sa mort; car la clause ne dit pas, *tous les biens immeubles;* elle dit, *tous les biens* sans distinction : et ces mots, *tous les biens,* désignent tous les genres de propriétés. Vouloir les restreindre aux biens-fonds, c'est faire violence à la lettre comme à l'esprit du contrat; c'est substi- tuer une interprétation arbitraire à la volonté claire et manifeste des parties.

» Ce n'est pas tout : la clause de reprise porte encore sur *toutes successions, donations* et *hoi- ries* qui adviendront à la dame Lesaffre. Elle porte donc sur les *successions* mobilières comme sur les *successions* immobilières, sur les *donations* d'effets mobiliers comme sur les *donations* d'immeubles; sur les *hoiries* dans lesquelles il n'entrera que de l'argent comptant, comme sur les *hoiries* compo- sées uniquement de terres, de bois, de prés, de maisons.

» Si je vous donnais *tous mes biens* sans autre explication, ne seriez-vous pas donataire de mes meubles ni plus ni moins que de mes immeubles? Si je vous donnais toute une succession qui m'est échue, n'auriez-vous pas droit aux meubles comme aux immeubles qui s'y trouvent? Et lorsque, par le contrat de mariage du 16 septembre 1730, il a été convenu que le survivant aurait l'usufruit de *tous*

les biens du prédécédé, n'est-il pas évident qu'il a été entendu que le survivant serait usufruitier non- seulement des immeubles, mais encore des effets mobiliers? Et n'est-ce pas même parce qu'on l'a ainsi entendu qu'il a été dit, dans la même stipula- tion, que le survivant ne serait pas tenu, à raison de cet usufruit, de faire l'inventaire des *meubles et effets de la maison mortuaire?*

» Mais, dit-on, les meubles échus par succession à la dame Lesaffre étaient entrés dans la communauté, par cela seul qu'ils n'en avaient pas été exclus.

» Oui, ils y étaient entrés, mais à la charge d'en sortir dans le cas arrivé où la dame Lesaffre mour- rait avant son mari; et cela est si vrai, que, par le contrat de mariage, il est convenu qu'après la re- prise des biens apportés et des successions recueil- lies par la dame Lesaffre, ainsi que la moitié des conquêts, *le surplus des biens de la communauté* appartiendra au mari survivant : ces mots, *le sur- plus des biens de la communauté* ne se réfèrent pas seulement aux conquêts, ils se réfèrent à tous les objets précédens de la clause : ils prouvent par conséquent que ces objets ont pu tomber dans la communauté, sans pour cela demeurer incommuta- blement au mari; ils prouvent que le mari a pu en devenir maître à titre de communauté, et cependant être obligé, par le prédécès de sa femme, de les restituer aux héritiers de celle-ci; ils prouvent, en un mot, que l'idée de l'existence temporaire de ces objets dans la communauté peut très-bien s'allier avec l'idée de reprise qu'en feront les héritiers de la femme.

» Eh! ne voyons-nous pas tous les jours stipuler dans les contrats de mariage que telle somme de deniers apportée par l'un des époux lui sera propre? Or, quel est l'effet d'une pareille stipulation? Em- pêche-t-elle que la somme de deniers n'entre en communauté? Non, elle l'astreint seulement à en sortir par prélèvement, lorsque la communauté vien- dra à se dissoudre. « Les biens mobiliers réalisés ou » propres conventionnels (dit Pothier, *de la Commu- » nauté,* n° 325) se confondent dans la communauté » avec les autres biens de la communauté, qui est » seulement chargée d'en RESTITUER, après la dis- » solution, la valeur à celui des conjoints qui les a » réalisés; en conséquence, le mari, comme chef de » la communauté, peut aliéner les meubles que la » femme a réalisés. La réalisation de ces meubles et » leur exclusion de communauté ne consiste que » dans une CRÉANCE DE REPRISE de leur valeur, que » le conjoint qui les a réalisés a droit d'exercer après » la dissolution de la communauté dans laquelle ces » meubles réalisés se sont confondus; et c'est à cette » créance de reprise que la qualité de propre con- » ventionnel est attachée : le conjoint n'est pas » créancier IN SPECIE des meubles réalisés : il ne » l'est que de leur valeur; et s'il s'en trouvait quel- » ques-uns en nature lors de la dissolution de la » communauté, il y aurait seulement un privilége

54.

» pour sa CRÉANCE DE REPRISE, en les faisant recon-
» naître. »

» C'est donc bien vainement que le demandeur
en cassation cherche ici à se prévaloir de ce que,
par le contrat de mariage du 16 septembre 1730, il
n'a été fait aucune stipulation de propre en faveur
de la dame Lesaffre, puisque la clause de reprise insérée dans cet acte, équivaut, dans la réalité, à une
stipulation de propre; puisque la stipulation de
propre se réduit toujours, dans son exécution, à
une clause de reprise; en un mot, puisque la clause
de reprise suppose nécessairement la stipulation de
propre, comme l'effet suppose nécessairement une
cause préexistante.

» Cette seule observation suffisant pour écarter
tous les autres argumens du demandeur, nous croyons
pouvoir nous en épargner une réfutation qui fini-
rait par devenir minutieuse, et qui, sans vous éclairer davantage, absorberait inutilement des momens
que vous devez aux autres affaires; nous estimons
qu'il y a lieu de rejeter la requête, et de condamner le demandeur à l'amende. »

Conformément à ces conclusions, arrêt du 19 nivôse, an 12, au rapport de M. Brillat de Savarin,
par lequel :

« Attendu que les juges du tribunal d'appel,
séant à Douai, en interprétant, comme ils l'ont fait,
la clause du contrat de mariage dont il s'agit au
procès, n'ont violé aucune loi;

« Le tribunal rejette le pourvoi..... »

§. III. *La règle de droit, qui veut qu'en
succession les meubles suivent la loi du domicile du défunt, est-elle applicable au cas
où le défunt, ayant eu son domicile dans
une souveraineté, a laissé des meubles dans
une autre?*

V. l'article *Jugement*, §. 19.

§. IV. 1° *Quelle est, dans la division générale des biens en meubles et immeubles, la
place qui appartient aux actions?*

2° *Les actions dans les mines de charbon
du Hainaut étaient-elles réputées meubles
avant le code civil?*

3° *Quels sont le vrai sens et la latitude de
la règle,* EN FAIT DE MEUBLES, LA POSSESSION
VAUT TITRE?

Sur la première question, *V.* l'article *Légitime*,
§. 8.

Sur la seconde, *V.* l'article *Mines*, §. 1, n° 3.

Sur la troisième, *V.* les articles *Donation*, §. 6,
Privilége, §. 1.

§. V. *Pour que des meubles et ustensiles attachés à une manufacture soient, d'après
l'art 524 du code civil, réputés immeubles*
par destination, est-il nécessaire qu'ils soient
non-seulement utiles, mais encore indispensables à l'exploitation de cette manufacture?

V. l'article *Saisie-exécution*, §. 2.

§. VI. *Lorsque, sur la question de savoir
si tel bien acquis ou échu pendant le mariage,
doit être considéré, par rapport aux droits
nuptiaux, comme meuble ou comme immeuble, il y a une différence entre la loi du
temps où le mariage a été célébré, et celle du
temps où ce bien est devenu la propriété des
deux époux ou de l'un d'eux, quelle est celle
des deux lois qui doit servir de règle?*

J'ai établi dans le *Répertoire de jurisprudence*,
aux mots *Effet rétroactif*, sect. 3, §. 3, art. 3,
n° 2, que l'on ne doit, en ce cas, s'attacher qu'à la
loi du temps de l'acquisition ou de l'échéance du
bien; et c'est ce qu'a jugé, en 1828, un arrêt de la
cour supérieure de justice de Bruxelles, dont voici
l'espèce :

En 1787, Pierre Stevens épouse Marie-Thérèse
Stevens, sous l'empire de la coutume de Louvain,
d'après laquelle, à défaut d'enfans, le survivant
doit demeurer propriétaire de tous les meubles, et
usufruitier de tous les immeubles du prédécédé.

Pendant ce mariage, mais après la publication de
l'art. 529 du code civil, qui mobilise toutes les rentes
sans distinction, il échoit, par succession, à Pierre
Stevens, diverses rentes *hypothéquées sur des biens
fonds*, et qui, par cette raison, lui auraient tenu nature d'immeubles, si la coutume de Louvain eût encore été en vigueur.

Le sieur Stevens meurt en 1811.

Quelque temps après, sa veuve épouse en seconde noces le sieur Willems, et lui assure, en cas
qu'il la survive sans enfans, la propriété de tous ses
biens meubles.

Ce cas arrivé, la veuve Vanherberghen, héritière
du sieur Stevens, fait assigner le sieur Willems devant
le tribunal de première instance de Louvain, pour
se voir condamner à lui délaisser la pleine et entière propriété des rentes échues à celui-ci pendant
son mariage avec Marie-Thérèse Stevens. Ces rentes,
dit-elle, formaient, à l'époque du mariage contracté
entre Pierre et Marie-Thérèse Stevens, des immeubles fictifs entre les mains de ceux qui les ont transmises au mari par succession. Elles n'ont pas pu
changer de nature en changeant de mains. Peu importe qu'elles ne soient échues au mari que sous le
code civil : les droits des époux ne se règlent point
par la loi du temps où il leur échoit des biens quelconques; ils ne se règlent que par la loi du temps
où le mariage a été contracté.

» Le 21 avril 1827, jugement qui, adoptant les
conclusions et les moyens de l'héritière du sieur Ste-

vens, condamne le sieur Willems à lui délaisser les rentes dont il s'agit.

Mais sur l'appel, arrêt du 7 juillet 1828, par lequel :

« Attendu qu'il est vrai que, puisque feu Pierre Stevens et Marie-Thérèse Stevens, en dernier lieu femme de l'appelant, se sont tacitement soumis, lors de la célébration de leur mariage en 1787, à l'empire de la coutume de Louvain, alors en vigueur, les dispositions de cette coutume doivent être suivies et prises en considération, pour déterminer et régler leurs droits matrimoniaux;

» Que comme, d'après cette même coutume, les rentes hypothéquées ou réalisées sont considérées comme immeubles, et qu'il n'est attribué au survivant des époux qu'un simple droit d'usufruit, et non un droit de propriété sur les immeubles du prémourant, il résulterait de l'application de ce droit coutumier que Marie-Thérèse Stevens, à la mort de Pierre Stevens, n'aurait, en vertu du droit tacite ayant existé entre eux, acquis qu'un simple droit d'usufruit sur les rentes faisant l'objet du différend entre les parties, tandis que la propriété en serait passée aux héritiers de Pierre Stevens, s'il est vrai toutefois que ces rentes doivent être réputées avoir conservé ou acquis la nature d'immeuble, à l'époque où elles sont tombées dans le patrimoine du prédit Pierre Stevens;

» Attendu, quant à ce point, d'une part, que la loi aujourd'hui en vigueur ayant rangé dans la classe des meubles toutes les rentes, sans distinction, la différence de nature, établie par la coutume de Louvain, entre les rentes hypothéquées et les rentes non hypothéquées, est venue par-là à disparaître, et que, bien que les dispositions de la loi sous laquelle est fait un contrat, doivent servir à en régler les suites, cela n'empêche pas que la détermination de la nature des choses et des biens ne soit exclusivement soumise à l'empire de la loi en vigueur; de sorte que, quoique, dans l'espèce, au décès de Pierre Stevens, en 1811, l'adjudication des biens par lui laissés, ainsi que les droits sur ces biens, fussent soumis à la prédite coutume, néanmoins les dispositions du code civil, touchant la nature des biens, devraient être suivies, à l'exception toutefois de ceux de ces biens qui étaient déjà en sa possession avant la publication de ce code, et à l'égard desquels il n'a pu rétroagir au préjudice de ceux qui y ont acquis des droits;

» Et d'autre part, que les rentes dont il s'agit sont échues par succession à feu Pierre Stevens, en 1807, et ainsi après la publication du code civil et sous son empire;

» D'où suit que ces rentes, en supposant qu'elles dussent être considérées comme immeubles, entre les mains des précédens propriétaires, sont tombées sous la règle générale du code, en sortant de leur succession; qu'elles ont acquis, à l'égard de tous, la nature de meubles, et n'ont point, d'après ce qui

a été dit ci-dessus touchant la force de la loi en vigueur, quant à la nature des biens, repris la nature d'immeuble, en entrant dans le patrimoine de feu Pierre Stevens; ce qui ne pourrait avoir eu lieu à l'égard des époux Stevens, que pour le cas seulement où il aurait été expressément convenu par le contrat de mariage, que toutes les rentes acquises par l'un ou l'autre d'eux, pendant le mariage, soit par achat, succession ou autrement, seraient considérées entre eux comme immeubles;

» Et par une conséquence ultérieure; que les rentes prémentionnées, étant venues et restées dans le patrimoine de Pierre Stevens comme meubles, ont, d'après le droit coutumier de Louvain, fait partie de la communauté conjugale, avec cet effet que Marie-Thérèse Stevens en a conservé la propriété comme survivante;

» Attendu que, fût-il vrai qu'il existât des actes par lesquels l'appelant, ou feue son épouse, auparavant veuve de Pierre Stevens, aurait considéré ces rentes comme des immeubles dont cette veuve n'avait que l'usufruit, cela serait indifférent à la décision de la cause, puisqu'il faudrait considérer cette circonstance comme la suite d'une erreur de droit, et qu'il est de principe qu'une telle erreur ne peut nuire, quoties de damno vitando certatur, ainsi que cela a lieu dans l'espèce :

» Par ces motifs, la cour met le jugement dont est appel au néant; émendant, déboute l'intimée des conclusions par elle prises devant le premier juge..... (1). »

V. les articles *Communauté de biens entre époux,* §. 1, n.° 4, et *Franc-Alleu,* §. 1.

§. VII. *Y a-t-il contravention à la loi du 28 ventôse an 9, lorsque des particuliers non pourvus de commissions de courtiers de commerce, dirigent une vente publique de meubles à laquelle il est procédé ostensiblement et en leur présence par un huissier?*

V. l'article *Vente publique de meubles.*

MILITAIRE. §. I. *Questions sur le privilège qu'ont les militaires, en temps de guerre, de ne pouvoir pas être expropriés judiciairement pendant qu'ils sont en activité de service?*

V. l'article *Expropriation forcée,* §. 7.

§. II. *Les militaires étaient-ils, sous la coutume de Namur, exceptés de la disposition de cette loi, par laquelle était déclaré intransmissible à la succession d'un héritier le fief qu'il n'avait pas relevé avant sa mort?*

V. l'article *Féodalité,* §. 5.

_____

(1) Jurisprudence de la cour supérieure de justice de Bruxelles, année 1828, partie 2, page 169.

§. III. *La loi du 11 ventôse an 2, qui veut que, lorsqu'une succession échoit à un militaire absent en temps de guerre, il soit nommé à celui-ci un curateur pour le représenter et exercer ses droits, a-t-elle été abrogée par le code civil ?*

V. l'article *Contre-lettre*, §. 3, et le *Répertoire de jurisprudence*, au mot *Absent* ; observations sur l'art. 113 du code civil, n° 5.

§. IV. *Quelles sont les règles de compétence pour le jugement des crimes et des délits commis par les militaires en congé et par les marins ? A quels juges appartient la connaissance de ces crimes et de ces délits, lorsqu'ils ont été commis par des marins, de complicité avec des militaires en congé ?*

« Le procureur-général expose que l'interposition de l'autorité de la cour devient indispensable pour faire cesser un conflit qui s'est élevé entre le directeur du jury de l'arrondissement de Nantes, représenté aujourd'hui par le juge d'instruction du même arrondissement, et le conseil de guerre permanent de la 12ᵉ division militaire.

» Dans le fait, il paraît que, le 11 mars dernier, le sieur Lefèvre, brigadier au 20ᵉ régiment de chasseurs à cheval, en garnison dans la ville de Nantes, a été assassiné dans cette ville par Honoré Tambarelle, chasseur au même régiment ; et il résulte des informations qui ont été faites sur ce crime, que Gaétan Dubernet, matelot à bord du brick *le Mamelouck*, en rade à Paimbœuf, est prévenu d'y avoir pris part, en assistant le coupable dans les actes qui en ont préparé la consommation.

» Le 18 du même mois, le général commandant la 12ᵉ division militaire, a ordonné que Tambarelle fût traduit devant le premier conseil de guerre permanent de cette division, séant à la Rochelle ; et cet ordre a été exécuté.

» Quelques jours après, un ordre semblable a été donné relativement à Dubernet, complice présumé de Tambarelle.

» L'exécution de ce nouvel ordre a été d'abord empêchée par l'instruction que déjà le directeur du jury de l'arrondissement de Nantes avait commencée contre Dubernet.

» Et le 29 du même mois, ce magistrat a rendu, sur le réquisitoire du ministère public, une ordonnance ainsi conçue :

» Vu les lois des 22 messidor an 4 et 12 novembre 1806 ;

» Considérant qu'il résulte desdites lois qu'un » délit commis en complicité par un militaire et par » un marin, est de la compétence des tribunaux » ordinaires ;

» Considérant qu'il nous est appris par une » lettre de M. le commandant d'armes de la place

de Nantes, en date du 26 mars 1811, que M. le » général commandant la 12ᵉ division vient de » traduire le chasseur Tambarelle et même le marin » Dubernet, devant le 1ᵉʳ conseil de guerre séant » à La Rochelle ; ce que le général n'eût sans doute » pas fait, s'il avait été informé que le marin Du- » bernet, prévenu d'être complice dudit Tamba- » relle, était justiciable des tribunaux ordinaires ; »

» Ordonnons que l'instruction de la procédure » contre Gaétan Dubernet sera suspendue jus- » qu'au moment où le chasseur Tambarelle sera » mis à notre disposition ; qu'en conséquence, ex- » pédition de notre présente ordonnance sera, à la » diligence de M. le magistrat de sûreté, transmise, » dans le plus court délai, à M. le capitaine rap- » porteur, pour être placée sous les yeux du con- » seil de guerre réuni à La Rochelle.

» Le 6 avril suivant, le conseil de guerre s'est assemblé pour délibérer sur la réquisition contenue dans cette ordonnance ; et il a d'abord *décidé que Dubernet, étant militaire, ne pouvait être jugé par un tribunal civil ;* mais ne se trouvant pas suffisamment instruit pour prononcer sur la question de savoir « si ce militaire, étant marin et complice » d'un militaire de l'armée de terre, devait être jugé » par un conseil de guerre permanent de division mi- » litaire ou s'il était justiciable d'un autre tribunal, il s'est ajourné pour prendre là-dessus de plus amples renseignemens.

» Et le 11 du même mois, il a rendu un second jugement par lequel, « considérant que l'art. 76 de » la loi du 22 juillet 1806 porte que tout délit com- » mis entre officiers, matelots et soldats, sera » jugé par un conseil de guerre ; que, d'après cet » article, si le délit eût été commis par un marin » militaire, qu'il eût en pour complice des soldats » de l'armée de terre, et que l'affaire eût été portée » au conseil de guerre maritime, elle eût été jugée » par ledit conseil ; attendu qu'une affaire ne peut » jamais être divisée, et que, de même, le délit » dont il est question, ayant été commis par un » soldat de l'armée de terre, ayant des marins mili- » taires pour complices, l'affaire doit être portée » au conseil de guerre permanent de l'armée de » terre ; il se déclare compétent pour juger Du- » bernet. »

» En exécution de ce jugement, Dubernet a été traduit, comme Tambarelle, devant le 1ᵉʳ conseil de guerre de la 12ᵉ division.

» Mais le ministre de la justice ayant écrit, le 24 du même mois, au procureur-général de la cour de justice criminelle du département de la Loire-Inférieure, *que cette affaire devait être poursuivie devant les tribunaux ordinaires ;* et sa lettre ayant été communiquée au capitaine-rapporteur du 1ᵉʳ conseil de guerre de la 12ᵉ division, toute procédure s'est trouvée suspendue, tant devant ce tribunal que devant le directeur du jury, jusqu'à ce que l'autorité supérieure, en cette partie, à l'un et à l'autre, eût statué légalement sur la question de compétence.

» Il s'agit maintenant de statuer en effet sur cette question; et la cour se convaincra facilement que c'est en faveur des tribunaux ordinaires qu'elle doit la résoudre.

« Sans contredit, le conseil de guerre serait compétent pour juger à la fois Tambarelle et Dubernet, si celui-ci eût été, comme celui-là, en garnison ou de service dans la ville où a été commis le crime dont ils sont prévenus.

» Mais Dubernet était, à l'époque de ce crime, attaché, par sa qualité de matelot militaire, à un brick en rade au port de Paimbœuf; et il ne se trouvait à Nantes que par congé. C'est ce qu'il a lui-même déclaré dans l'interrogatoire que lui a fait subir, le 1er avril, le capitaine de gendarmerie de Nantes, délégué à cet effet par le capitaine-rapporteur; et ce fait est reconnu pour constant dans les instructions qui ont été commencées respectivement par le capitaine-rapporteur et par le directeur du jury.

Or, par quel tribunal doit être jugé un militaire qui commet un crime ou un délit dans le lieu où il est en congé?

» Il doit l'être par le tribunal ordinaire de ce lieu même. C'est ce que décide formellement l'avis du conseil-d'état du 30 thermidor an 12, approuvé le 7 fructidor suivant.

» Cela posé, comment Dubernet serait-il justiciable du premier conseil de guerre de la 12e division?

» Et s'il n'est pas justiciable de ce conseil, comment les membres de ce conseil pourraient-ils juger Tambarelle dont il est le complice? La compétence est nécessairement indivisible en cette matière; et un tribunal qui est incompétent pour juger le complice d'un crime, ne peut pas être compétent pour en juger l'auteur principal.

Il faut donc en revenir à la règle établie par la loi du 22 messidor an 4, c'est-à-dire, renvoyer Tambarelle et Dubernet devant les tribunaux ordinaires.

» Et vainement chercherait-on à équivoquer sur les termes de cette loi; vainement dirait-on qu'elle n'ordonne le renvoi devant les juges ordinaires, que lorsqu'un *militaire* et *un individu non militaire* se trouvent prévenus du même crime; vainement prétendrait-on que sa disposition n'est pas applicable au cas où la prévention pèse à la fois sur un militaire qui est à son poste, et sur un militaire en congé.

» Qu'est-ce qu'entend cette loi par *un militaire* et par *un individu non militaire?* Elle entend par *un militaire* tout homme qui non-seulement appartient à l'armée, mais qui en fait actuellement partie, ou, en d'autres termes, qui est actuellement au poste que son état lui assigne dans l'armée elle-même; et, elle entend par *un individu non militaire*, non-

seulement tout homme qui, par son état, est étranger à l'armée; mais encore tout homme qui, appartenant à l'armée, ne s'y trouve pas actuellement.

C'est ce qu'explique parfaitement l'avis cité du conseil-d'état du 30 thermidor an 12 : « Les délits » que commettent, contre les lois générales (y est-» il dit), les militaires hors de leur corps et de leur » garnison ou cantonnement, NE SONT PAS DES DÉ-» LITS DE MILITAIRES, mais des délits d'un infrac-» teur des lois, quelle que soit sa qualité ou sa pro-» fession.

» Que peut, d'après cela, signifier ici l'art. 76 du décret du 22 juillet 1806, sur lequel le premier conseil de guerre de la 12e division s'est fondé, dans son jugement du 11 avril dernier, pour se déclarer compétent à l'effet de juger le chasseur Tambarelle et le matelot Dubernet?

» Le décret du 22 juillet 1806 n'a pour objet que les crimes et les délits commis par les militaires ou personnes réputées militaires, qui composent l'armée navale; et voici dans quel ordre il les classe:

» Il s'occupe, dans un premier titre, des crimes et des délits que peuvent commettre, dans l'exercice de leurs fonctions, les officiers-généraux et supérieurs chargés, par le chef du gouvernement, du commandement d'une escadre, d'une division ou d'un vaisseau particulier; et il en défère la connaissance à un conseil de marine.

» Dans le titre second, il traite *de la police et de la discipline*; et il l'attribue partie au commandant de chaque vaisseau ou bâtiment de guerre, et partie au *commandant de la garnison* de ce vaisseau ou bâtiment.

» Le troisième titre qui a pour rubrique, *de la Justice*, est divisé en deux sections :

» Par la première, le législateur institue des *conseils de justice* pour connaître de tous les délits commis à bord des vaisseaux ou bâtimens de guerre, qui emportent, soit la peine de la cale, soit celle de la bouline.

» Par la seconde, il crée des conseils de guerre maritimes pour juger *tous les délits* emportant une peine plus forte, qui seront *commis par les personnes embarquées sur les vaisseaux et autres bâtimens* de l'État, c'est-à-dire, par les soldats qui composent la garnison de ces vaisseaux ou bâtimens, comme par les marins de profession.

» Prévoyant ensuite le cas où ces marins et ces soldats commettraient des délits, non à bord des vaisseaux ou bâtimens de guerre, mais après leur débarquement, et dans le lieu où ils sont rassemblés sous les ordres de leurs chefs, il s'exprime ainsi, art. 76: « La connaissance des crimes et délits commis contre » les habitans par les officiers, matelots et soldats, » appartiendra aux juges des lieux; et les conseils de » guerre ne connaîtront que de ceux qui seront com-» mis contre notre service, OU ENTRE LES OFFICIERS, » MATELOTS ET SOLDATS.

» On voit que, par cette disposition, le législateur établit, quant à la latitude de la juridiction, une grande différence entre les conseils de guerre maritimes, et les conseils de guerre permanens des divisions territoriales. Car, dans l'armée de terre, les crimes et les délits commis par les officiers et les soldats envers les habitans des lieux où ils sont en garnison ou cantonnement, sont, ni plus ni moins que les crimes et les délits commis entre les officiers et les soldats de la même armée, de la compétence exclusive des conseils de guerre permanens. Au contraire, dans l'armée navale, les conseils de guerre maritimes ne peuvent connaître que des crimes et délits commis *entre les officiers, matelots et soldats*; ils ne peuvent pas connaître des crimes et délits commis par les officiers, matelots et soldats, envers les habitans des lieux; ils sont obligés d'en laisser la connaissance aux juges ordinaires.

» Ainsi, l'intention du législateur, de ne pas étendre et de restreindre le plus qu'il est possible les attributions des conseils de guerre maritimes, n'est pas et ne peut pas être douteuse.

» Comment donc supposer que, relativement aux crimes et délits commis *entre les officiers, matelots et soldats*, le législateur ait voulu franchir, en faveur des conseils de guerre maritimes, les bornes qui circonscrivent la juridiction des tribunaux militaires en général? Comment supposer qu'il ait voulu attribuer aux conseils de guerre maritimes la connaissance d'un crime commis entre deux militaires de l'armée navale qui sont à leur poste, et un troisième militaire de la même armée, qui, étant en congé et appartenant à une autre station, ne se trouve auprès d'eux que comme simple citoyen?

» Assurément on ne pourrait pas, en vertu de l'art. 76 du décret dont il s'agit, saisir un conseil de guerre maritime de la connaissance d'un crime qui aurait été commis par un militaire de l'armée navale, et par un habitant du lieu envers un autre militaire de la même armée. L'habitant du lieu ne pouvant, aux termes de la loi du 22 messidor an 4, être traduit que devant son juge naturel, attirerait nécessairement son complice militaire devant le même juge.

» Eh bien! la loi, entendue comme elle doit l'être, d'après l'avis du conseil-d'état du 30 thermidor an 12, assimile absolument à l'habitant du lieu le militaire en congé. Elle le soumet, comme lui, à la juridiction des tribunaux ordinaires. Elle veut donc que les tribunaux ordinaires connaissent des crimes et délits qu'il commet par complicité avec un militaire qui est à son poste, comme ils en connaîtraient s'il les avaient commis seuls ou par complicité avec un habitant du lieu.

» Je considère, il plaise à la cour, vu l'art. 527 du code d'instruction criminelle, la loi du 22 messidor an 4, et l'avis du conseil-d'état du 30 thermidor an 12, approuvé le 7 fructidor suivant, sans avoir égard aux actes d'instruction faits par le capitaine-rapporteur du premier conseil de guerre per-

manent de la 12e division militaire, ni aux jugemens de ce conseil des 6 et 11 avril dernier, lesquels demeureront nuls et comme non-avenus, ordonner que Honoré Tambarelle et Gaétan Dubernet seront traduits, à raison du crime dont ils sont prévenus, et ci-dessus mentionné, devant le juge d'instruction du tribunal de première instance de Nantes, pour être, à leur égard, procédé ainsi qu'il appartiendra, conformément à la loi; et qu'à la diligence de l'exposant, l'arrêt à intervenir sera notifié tant auxdits Tambarelle et Dubernet, qu'audit capitaine-rapporteur.

» Fait au parquet, le 3 septembre 1811. *Signé,* Merlin.

» Oui le rapport de M. Bailly, conseiller, commis à cet effet:

» Vu l'art. 527 du code d'instruction criminelle, de 1808, la loi du 22 messidor an 4, art. 2, et l'avis du conseil-d'état du 30 thermidor an 12, approuvé le 7 fructidor suivant, duquel il résulte que la connaissance des crimes communs, commis par des militaires en congé ou hors de leurs corps, est exclusivement de la compétence des tribunaux ordinaires:

» Considérant que l'assassinat commis à Nantes, le 11 mars 1811, sur la personne d'Auguste Lefèvre, brigadier au premier escadron du 20e régiment des chasseurs à cheval, est imputé à Honoré Tambarelle, chasseur au même régiment, en garnison à Nantes; mais que Gaétan Dubernet, matelot à bord du brick le *Mamelouck*, en rade à Paimbœuf, lequel matelot est prévenu d'avoir aidé Tambarelle à commettre cet assassinat, était alors à Nantes par congé, et qu'il s'agit d'ailleurs d'un crime consommé par infraction aux lois générales de l'empire: d'où il suit, d'une part, que, pour raison de ce crime, Dubernet n'est justiciable que des tribunaux ordinaires; et d'autre part, qu'attendu l'indivisibilité de l'instruction, Tambarelle doit être jugé par les mêmes juges que ledit Dubernet, selon le vœu formel dudit art. 2 de la loi du 22 messidor an 4; ce qui suffit pour établir que le premier conseil de guerre permanent de la 12e division militaire séant à La Rochelle, a violé les règles de sa compétence, en prenant connaissance dudit assassinat, au préjudice des juges ordinaires de Nantes:

» La cour, faisant droit, par forme de réglement de juges, sur le réquisitoire du procureur-général, sans avoir égard aux actes d'instruction faits par le capitaine-rapporteur dudit conseil de guerre, ni aux jugemens rendus par ce conseil, les 6 et 11 avril dernier, lesquels actes et jugemens elle déclare nuls et comme non-avenus, ordonne que lesdits Tambarelle et Dubernet seront traduits, à raison dudit assassinat dont ils sont prévenus, devant le procureur et le juge d'instruction du tribunal de première instance de Nantes, lieu du délit, et par suite, s'il y a lieu, devant la cour de Rennes, pour y être, à leur égard, procédé ainsi qu'il appartiendra, conformément à la loi.... «

» Fait et prononcé à l'audience publique de la cour de cassation, section criminelle, le 6 septembre 1811. »

§. V. *De quels tribunaux sont aujourd'hui justiciables les militaires prévenus de crimes commis pendant qu'ils sont sous les drapeaux, et compris dans l'art. 554 du code d'instruction criminelle, concernant la compétence des cours spéciales?*

Cette question n'en serait pas une, si les cours spéciales existaient encore; car, dans cette hypothèse, la juridiction des conseils de guerre devrait céder à celle de ces cours. Ainsi l'avaient décidé les arrêts de la cour de cassation qui sont rapportés dans le *Répertoire de jurisprudence*, aux mots *Délit militaire*, n° 11, et *Rébellion*, §. 3, n° 19.

Mais les cours spéciales n'ont-elles pas été abolies par la charte constitutionnelle du 4 juin 1814?

Dans le principe, la négative n'a pas paru douteuse. Elle semblait justifiée par l'art. 63 de la charte elle-même : « Il ne pourra (porte-t-il) être créé de » commissions et tribunaux extraordinaires; ne sont » pas comprises dans cette dénomination les juridic- » tions prévôtales, si leur rétablissement est jugé » nécessaire. »

Il résulte bien de cet article (disait-on) que les cours spéciales extraordinaires sont abolies, parce qu'elles ne peuvent, aux termes de la loi du 20 avril 1810, être créées que par des décrets spéciaux et dans des circonstances particulières. Mais les cours spéciales ordinaires tiennent du code d'instruction criminelle une existence permanente; elles n'ont donc pas eu besoin d'être maintenues formellement par la charte : elles l'ont été par cela seul que la charte s'est bornée à interdire tout nouvel établissement de tribunaux extraordinaires; car prohiber, pour l'avenir, de pareils établissemens, c'est implicitement conserver ceux qui existent. D'ailleurs, toute difficulté disparaît devant l'art. 68, qui veut que « les lois actuellement existantes, non contraires à » la présente charte, restent en vigueur jusqu'à ce » qu'il y soit légalement dérogé. »

Et sur ce fondement, un arrêt de la cour de cassation, du 10 août 1815, a confirmé un arrêt de la chambre d'accusation de la cour royale de Paris, du 15 juillet précédent, qui avait renvoyé Jacques Dubuisson devant la cour spéciale du département de la Seine (1).

Mais depuis, et le 20 décembre de la même an-

(1) *V.* le *Journal des audiences de la cour de cassation*, 1815, page 520.

née, il est intervenu une loi qui a créé les cours prévôtales, et leur a transféré toutes les attributions des cours spéciales ordinaires.

C'était, au moins implicitement, abolir ces dernières cours. Aussi n'ont-elles pas été remises en activité, lorsqu'a cessé l'existence des cours prévôtales.

Et de là est née la question qui fait la matière de ce paragraphe.

Voici comment elle a été présentée à la cour de cassation, dans un réquisitoire de M. le procureur-général Mourre, du 16 septembre 1819 :

« Le procureur-général expose qu'il est chargé par M. le garde-des-sceaux de requérir un réglement de juges sur un conflit négatif élevé entre le tribunal de première instance de Rochefort, et le 2e conseil de guerre permanent, établi dans la même ville, dans l'affaire des nommés Chéruel et Maugin, canonniers dans l'artillerie de marine, en garnison à Rochefort, prévenus de fabrication et émission de fausse monnaie. Voici les faits:

» Le 6 juillet dernier, les nommés Nicolas Maugin et Félix Chéruel, tous deux canonniers de 3e classe du 6e bataillon d'artillerie de la marine, en garnison à Rochefort, ont été dénoncés par le chef de bataillon à M. le contre-amiral commandant de la marine à Rochefort, comme prévenus d'avoir contrefait et mis en circulation une pièce de monnaie d'argent, et Chéruel d'avoir bu et mangé chez un cabaretier sans avoir payé.

» Sur cette plainte, le capitaine-rapporteur a fait une information; il a entendu des témoins, interrogé les prévenus; et le 19 du même mois, l'affaire a été soumise au 2e conseil de guerre permanent du 4e arrondissement maritime, séant à Rochefort.

» Ce conseil, considérant « que la connaissance » du crime de contrefaçon de monnaie était exclu- » sivement attribuée aux cours criminelles spéciales; » que, par suite de l'abolition d'icelles, la connais- » sance en a été portée aux cours prévôtales, puis » qui ont été remplacées elles-mêmes par les cours » d'assises; qu'en conséquence, c'est à ces cours » qu'appartient la connaissance du crime dont il » s'agit, crime plus grave que la seconde imputa- » tion faite au nommé Chéruel, et par conséquent » duquel le conseil a dû s'occuper le premier; dé- » clare à l'unanimité son incompétence pour juger » les prévenus Chéruel et Maugin, en ce qui con- » cerne la contrefaçon de monnaie d'argent; ren- » voie ces accusés devant la cour d'assise du dépar- » tement de la Charente-Inférieure, séant à Saintes, » conformément aux art. 554 et 555 du code d'ins- » truction criminelle. »

» Le 24 du même mois, le conseil de révision a confirmé ce jugement.

» Cette procédure a été renvoyée au procureur du roi de Rochefort. Ce magistrat l'a soumise au tribunal, qui, par son jugement du 7 août dernier,

» Considérant que lesdits Chéruel et Maugin, in-
» culpés des faits qui leur sont imputés, ont été tra-
» duits devant le 2ᵉ conseil de guerre permanent du
» 4ᵉ arrondissement maritime séant au port de cette
» ville de Rochefort, pour y être jugés; que ce conseil
» de guerre s'est déclaré incompétent à raison de la
» matière; que le conseil permanent de révision du
» même arrondissement maritime a confirmé le ju-
» gement du 2ᵉ conseil de guerre; et que, d'après
» cela, la procédure a été adressée à M. le procu-
» reur-du-Roi, et les inculpés ont été mis à sa dispo-
» sition;

» Considérant que les faits imputés auxdits Ché-
» ruel et Maugin ne les rendent pas justiciables des
» tribunaux criminels ordinaires, et qu'il n'existe
» plus de tribunaux spéciaux chargés de connaître,
» contre toute personne, du crime de fausse mon-
» naie; que les inculpés étant militaires au moment
» où les faits qui leur sont imputés auraient été
» commis, doivent être jugés par leurs juges na-
» turels, et qu'ainsi le juge d'instruction n'est pas
» compétent pour informer desdits faits;

» Déclare que le juge d'instruction est incompé-
» tent pour informer des faits imputés auxdits Ché-
» ruel et Nicolas Maugin. »

» Cette procédure constitue un conflit négatif qui
nécessite la décision de la cour pour rétablir le libre
cours de la justice.

» Pour se fixer, il suffira de rappocher les différentes lois sur la matière.

» Par le code d'instruction criminelle, les cours
spéciales étaient instituées; elles devaient connaître
de tous les crimes de fausse monnaie (art. 554).
Ainsi, sous l'empire de cette loi, le conseil de guerre
n'est plus été compétent, et la cour spéciale du département de la Charente-Inférieure eût dû seule
connaître du crime imputé à Chéruel et à Maugin.

» Les cours spéciales ont été supprimées; mais la
loi du 20 décembre 1815, qui a créé les cours prévôtales, donnait à ces cours la connaissance des
crimes qui étaient attribués aux cours spéciales.
Ainsi, depuis la suppression de ces cours, le crime
de fausse monnaie devait être porté devant le nouveau tribunal d'exception.

» Cette même loi dit, art. 55, « qu'après la ses-
» sion de 1817, elle cessera d'avoir son effet, si elle
» n'a été renouvelée dans le courant de ladite ses-
» sion. » En 1818 seulement, elle a cessé de recevoir
son application. Elle s'est donc trouvée, par le fait,
entièrement abrogée; et aucune loi postérieure n'a
établi de nouvelles exceptions. Ainsi, du moment
où les cours spéciales et les cours prévôtales auxquelles la connaissance des crimes attribués aux premières, avait été donnée, sont entièrement supprimées, et que la loi qui créait ces dernières a cessé
d'avoir son effet, il s'ensuit la conséquence que la
connaissance de tous les crimes qui étaient dans
leurs attributions rentre dans le droit commun,
et que chacun est rendu désormais à ses juges naturels.

» Ainsi, dans l'espèce, les deux prévenus du crime
de fausse monnaie sont deux militaires appartenant
à un corps en garnison à Rochefort, lieu où le crime
a été commis: ce crime ne recevant plus d'exception, il redevient justiciable des tribunaux militaires.

» La cour a plusieurs fois admis ce principe, et
notamment par deux arrêts: le premier, du 17 juin
1813, à raison d'un vol commis par un militaire à
un de ses camarades dans sa caserne; le deuxième,
du 21 mai dernier, au rapport de M. Aumont, dans
l'affaire du nommé Joseph Bonnefont, grenadier
dans la légion de l'Arriège, prévenu d'un crime commis dans sa garnison.

» Ce considéré, il plaise à la cour, sans s'arrêter
aux jugemens rendus les 19 et 24 juillet dernier par
les 2ᵉ conseils de guerre et de révision permanens
du 4ᵉ arrondissement maritime à Rochefort, qui seront regardés comme non-avenus, renvoyer les pièces
du procès et les prévenus devant tel autre conseil de
guerre qu'il plaira à la cour indiquer pour être poursuivis ainsi qu'il appartiendra. »

» Sur ce réquisitoire, arrêt du lendemain 17 septembre 1819, au rapport de M. Busschop, par lequel:

« Vu les art. 1 et 8 de la loi du 12-16 mai 1792,
l'art. 3 du tit. 1ᵉʳ, l'art. 18 du tit. 13 de la loi du
3 pluviôse an 2, et l'art. 1 de la loi du 2 complémentaire an 3, qui attribuent aux tribunaux militaires la connaissance de tout crime et délit, de
quelque nature qu'il soit, commis par des militaires, ou assimilés à des militaires, se trouvant à l'armée, dans les camps, cantonnemens ou garni-
sons;

» Considérant que si, par des lois postérieures,
il a été dérogé à la généralité de cette règle de compétence, en rendant, relativement à certains crimes
et délits, les militaires justiciables des cours spéciales et prévôtales créés par lesdites lois postérieures,
ces exceptions n'existent plus depuis la cessation de
l'effet de la loi du 20 décembre 1815, qui, d'après
son art. 55, s'est opérée après la session de la chambre des députés de 1817, pendant laquelle cette loi
n'a point été renouvelée; que dès-lors la juridiction militaire a repris toute l'étendue de sa compétence primitive;

» Considérant que Nicolas Maugin et Félix Chéruel, canonniers de la troisième classe du sixième bataillon d'artillerie de la marine, ont été inculpés de
fabrication et d'émission de fausse monnaie dans le
temps qu'ils faisaient partie de la garnison de Rochefort; qu'ils étaient donc justiciables, à raison de
ces faits, d'un tribunal militaire; que néanmoins le
2ᵉ conseil de guerre permanent du quatrième arrondissement maritime, séant à Rochefort, qui était le
juge compétent desdits prévenus, a, par son jugement du 19 juillet 1819, déclaré son incompétence,
et que ce jugement a été confirmé par celui du conseil permanent de révision du même arrondissement

du 24 du même mois; que, par suite de ces jugemens, les prévenus ont été renvoyés devant le procureur du roi près le tribunal de première instance
de Rochefort, et que ce tribunal a également déclaré le juge d'instruction incompétent pour instruire sur les faits imputés aux mêmes prévenus ;
qu'il importe donc de faire cesser les obstacles qui,
en cet état de conflit négatif, arrêtent la marche
d'une procédure criminelle, et de désigner à cet effet les juges qui en doivent connaître :

» D'après ces motifs, la cour, faisant droit au réquisitoire du procureur-général, et statuant par voie
de réglement de juges, d'après les dispositions du code
d'instruction criminelle, sans avoir égard aux jugemens susmentionnés des 19 et 24 juillet 1819, rendus
par les 2ᵉ conseils de guerre et de révision permanens
du 4ᵉ arrondissement maritime, séant à Rochefort,
lesquels jugemens sont déclarés nuls et comme non-
avenus ; renvoie les susnommés Chéruel et Maugin
devant le 2ᵉ conseil de guerre permanent du 4ᵉ arrondissement maritime, séant à Rochefort, pour y
être jugés sur les faits de fabrication et émission de
fausse monnaie dont ils sont inculpés. »

§. VI. *Autres questions sur les militaires.*

V. les articles *Conseil de guerre, Étranger,* §. 8,
et *Information.*

MINERAI. *V.* l'article *Minière.*

MINES. §. I. 1° *Quelle était, avant les lois du 4
août 1789, la nature des droits qu'avaient sur les
mines les seigneurs hauts-justiciers du Hainaut ?
Ces seigneurs étaient-ils propriétaires fonciers des
mines non encore découvertes ? L'étaient-ils au
moins de mines qui, en 1789, étaient découvertes
et en pleine exploitation ?*

2° *Les droits d'entre-cens que les seigneurs
hauts-justiciers du Hainaut s'étaient réservés sur
les mines dont ils avaient permis l'ouverture et
l'exploitation à des entrepreneurs, étaient-ils seigneuriaux, et sont-ils supprimés par les lois relatives à la féodalité ?*

3° *S'ils sont supprimés, en thèse générale,
sont-ils du moins conservés en faveur des ci-devant seigneurs qui, postérieurement à la stipulation
primitive de ces droits, mais avant l'abolition du
régime féodal, les avaient modifiés par des transactions passées avec les entrepreneurs ?*

4° *La question de savoir si une redevance promise à un ci-devant seigneur haut-justicier, pour
prix de la permission qu'il a donnée d'ouvrir des
mines de charbon dans sa haute-justice, est purement foncière et maintenue comme telle, ou si elle
est féodale et, comme telle, abolie, a-t-elle pu,
avant la loi du 21 avril 1810, faire la matière
d'une transaction ?*

5° *La loi du 21 avril 1810 a-t-elle rendu sans*

effet *les transactions qui, antérieurement, et depuis l'abolition du régime féodal, avaient été passées sur des contestations de cette nature ?*

6° *Qu'entendait l'art. 13 du chap. 122 des
chartes générales du Hainaut par le droit de charbonnage, qu'elles réputaient héritage ou immeuble ?*

7° *Quelle était, en Hainaut, avant le code civil,
la nature des actions des sociétés charbonnières ?
Étaient-elles meubles ou immeubles ?*

8° *De ce que les actions des mines sont rangées
par la loi dans la classe des meubles, s'ensuit-
il qu'elles sont comprises sous la dénomination
d'obligations personnelles, prise dans un sens actif.*

I. Les trois premières questions se sont présentées
dans l'espèce suivante :

Le 12 janvier 1757, contrat par lequel Jean-Louis
Decarondelet, seigneur haut-justicier des territoires
de la Hestre et de Haine-Saint-Pierre, situés dans
le Hainaut autrichien, permet, *perpétuellement et à
toujours*, à Arnould Deschuytener et à ses associés
*de tirer charbons, tels et tant qu'ils en trouveront
sur lesdits territoires.*

Par le même acte, la société s'oblige *de continuer
le conduit déjà commencé*, en vertu de la permission qu'elle en avait obtenue d'un fondé de pouvoir
du seigneur.

Dans le cas où elle cesserait *pendant un an de
travailler à ce conduit et d'extraire du charbon, elle
sera réputée avoir abandonné l'entreprise pour toujours, «sans pouvoir rien réclamer de ce qui aurait
été fait, ni retirer ce qu'elle aurait mis ; et le tout
demeurera au profit du seigneur,» sans préjudice
des dommages-intérêts qui lui seront dus pour l'inexécution de l'entreprise.*

Enfin, il est convenu que «le seigneur aura à son
profit le onzième denier de tout ce qui sera vendu
ou à vendre, franc de tous frais, pour droit de cens
et d'entre-cens; à quoi les associés s'obligent solidairement l'un pour l'autre. »

Le 16 mars 1776, transaction sur quelques difficultés survenues dans l'exécution de ce contrat.
« Les maîtres charbonniers (y est-il dit) continue-
» ront le conduit jusqu'à la première veine travail-
» lable, et poursuivront jusqu'aux veines de charbon
» découvertes sur la Hestre; lequel ouvrage se re-
» prendra sans quelque jours, aux frais des charbon-
» niers, qui travailleront dorénavant de bonne foi
» et avec continuité à faire valoir le charbonnage,
» de la même manière que le seigneur le pourrait
» faire pour son plus grand profit, consentant tout
» dédommagement au cas contraire, et pour qu'il
» ne soit porté aucun préjudice au seigneur de la
» Hestre, et qu'il puisse jouir en tout temps de l'ex-
» traction qui se fera sur sa seigneurie, les char-
» bons ne pourront s'extraire à l'avenir sur ladite
» terre que par des ouvertures placées sur son

55.

» domaine; et les galeries et ouvrages de ces ou-
» vertures seront pratiqués *sur les tréfonds de sa*
» *seigneurie* sans les pouvoir détourner sur des
» terrains étrangers. »

En 1785, procès entre François-Louis-Hector
Decarondelet, fils de Jean-Louis, et la société Deschuytener.

Le premier se plaint de ce que la société étend
ses extractions de charbon jusque dans la terre de
Redemont, dont il n'est pas seigneur; de ce qu'elle
se livre de préférence à l'exploitation des veines qui
s'y trouvent, et que par-là elle néglige l'exploitation
des veines de la Hestre et de Haine-Saint-Pierre, ce
qui nuit à ses intérêts; de ce qu'elle a percé des
communications à l'aide desquelles les eaux de Redemont s'écoulent dans le territoire de la Hestre et
de Haine-Saint-Pierre; enfin, de ce qu'elle extrait,
par une seule et même fosse, le charbon de ce territoire et de celui de Redemont.

Il prend en conséquence différens chefs de conclusions, et il demande notamment que la société
soit condamnée à lui payer, dans la proportion réglée par l'acte du 12 janvier 1757, le droit d'*entre-
cens* de tout le charbon qu'elle extraira *ailleurs que
sur la Hestre et Haine-Saint-Pierre*, si mieux
elle n'aime consentir qu'il accorde à d'autres le
droit d'exploiter les veines de charbon de son territoire.

Le 15 mai 1787, arrêt du conseil souverain de
Mons, qui déboute le sieur Decarondelet de ce dernier chef de demande; mais déclare « que la société
» n'a pas pu et ne peut faire couler les eaux de ses
» ouvrages situés sur le fief de Redemont, dans le
» conduit pratiqué pour le desséchement des veines
» de la Hestre et de Haine-Saint-Pierre, ni extraire
» le charbon de ces derniers territoires avec celui
» du territoire de Redemont, par une seule et même
» fosse; en conséquence, lui ordonne de fermer
» toutes les communications desdits ouvrages sous
» le fief de Redemont avec ledit conduit; lui fait
» défenses d'en pratiquer d'autres, et réserve au
» sieur Decarondelet d'articuler ses dommages-in-
» térêts par instance séparée, s'il croit y avoir ma-
» tière. »

Le 3 octobre suivant, autre arrêt qui, sur la nouvelle instance formée en exécution du précédent,
ordonne aux parties de comparaître devant le con-
seiller-rapporteur, pour être ouïes et réglées suivant l'instruction que lui a donnée le conseil souverain.

Le 21 du même mois, le sieur Decarondelet et la
société comparaissent devant le rapporteur du procès, et font, par son entremise, une transaction.
Voici les principales clauses:

« 1º Le droit perçu par le sieur Decarondelet,
à raison du onzième denier, sur le territoire de la
Hestre et de Haine-Saint-Pierre, sera réduit au vingtième, à dater du 1er novembre prochain.

» 2º Il jouira également d'un pareil droit de
vingtième de tout le charbon que la société extraira
sur le fief de Redemont et autres seigneuries, où
elle a obtenu et obtiendra par la suite la faculté
d'exploiter; il jouira même du charbon déjà extrait, et qui ne sera pas vendu au 1er novembre;
lequel vingtième se percevra de la même manière
que se percevait le onzième, pour droit d'entre-
cens sur les veines de la Hestre de de Haine-Saint-
Pierre.

» 3º Cependant en ce qui concerne le charbon
qui pourra s'extraire dans le terrain qu'on nomme
le *terrain d'abournement*, dont l'exploitation a été
interdite en 1774 par le gouvernement, Decarondelet percevra le droit d'entre-cens, le cas échéant,
à raison du onzième denier, comme par le passé;
en raison de quoi les maîtres associés sont autorisés par ledit Decarondelet à faire rentrer à leur
profit particulier la somme de 8,000 florins, qui
leur a été abandonnée par le gouvernement pour
désintéressement d'ouvrages qu'ils avaient poussés
jusqu'audit abournement.

» 4º L'exploitation sur le fief de Redemont et
autres qui n'appartiennent pas à Decarondelet,
devra toujours être égale à celle faite sur les fiefs
de la Hestre et Haine-Saint-Pierre, qui lui appartiennent, faisant une année commune de quatre; et
si l'exploitation de la Hestre excède celle de Redemont et autres seigneuries, Decarondelet jouira du
onzième sur l'excédant, sans préjudice au vingtième
sur le surplus.

» 5º Decarondelet aura dorénavant voix délibérative à toutes les assemblées de la société. Il pourra
établir à ses frais tels *regards* (surveillans) qu'il lui
plaira, pour inspecter les charbonnages des différentes seigneuries. Il pourra avoir un contrôleur du
débit et de la recette du charbonnage de la Hestre
et de Haine-Saint-Pierre. Les maîtres associés dresseront des comptes particuliers des charbonnages de
chaque seigneurie, qui seront communiqués à Decarondelet.

» 6º Il sera libre à la société de reprendre ses ouvrages par les fosses mitoyennes, et de pratiquer de
nouvelles fosses, tant sur Redemont que sur la
Hestre et Haine-Saint-Pierre.

» 7º Toutes les communications des ouvrages sous
Redemont avec le conduit de Haine-Saint-Pierre,
qui ont été bouchées, pourront être ouvertes, de
manière que les eaux de Redemont et autres seigneuries auront le droit de congé, et pourront s'écouler
librement par le même conduit.

» 8º Le contrat du 12 janvier 1757 et la transaction du 16 mars 1776 auront leur effet en tout
ce qui n'y est pas dérogé par la présente transaction.

» 9º Au moyen de ladite transaction, tous procès actuellement pendans, regardant ladite société,
viennent à cesser, dépens compensés sauf que Decarondelet supportera *le coût de la consulte* (les épi-
ces) de l'arrêt du 3 octobre 1787.

» 10° Lesquelles conventions ayant été acceptées par les parties, elles ont promis de n'aller jamais à l'encontre ; et tous et chacun des associés s'y obligent solidairement les uns pour les autres, et un seul pour le tout. »

Ces conventions s'exécutent paisiblement jusqu'à la réunion du Hainaut autrichien à la France.

Mais à cette époque, la compagnie Deschuytener se refuse au paiement de la redevance que le sieur Decarondelet s'était réservée par les actes des 12 janvier 1757 et 21 octobre 1787 ; et elle fonde ce refus, tant sur les lois des 4 août 1787, 15-28 mars 1790 et 13-20 avril 1791, portant abolition de la féodalité, des justices seigneuriales et des droits qui en dépendaient, que sur la loi du 12-28 juillet 1791, concernant les mines.

Le 1er ventôse an 5, le sieur Decarondelet fait citer cette compagnie devant le tribunal civil du département de Jemmapes, pour la faire condamner au paiement des arrérages de sa redevance.

Le 15 floréal an 6, jugement de ce tribunal, qui déclare *la demande non admissible*, « attendu que » le droit d'entre-cens réclamé par le demandeur, » ne lui compétait à autre titre que celui exprimé » en l'art. 1er du chapitre 130 des chartes du Hai-» naut; qu'ainsi, ce droit était féodal, et que, par » la loi du 9 brumaire an 2, il est défendu aux ju-» ges de connaître des droits féodaux. »

Le sieur Decarondelet appelle de ce jugement ; et le 12 messidor an 5, arrêt de la cour d'appel de Bruxelles, ainsi conçu :

« Des débats des parties, sont résultées les questions suivantes :

» 1° La prestation stipulée sous le titre d'*entre-cens*, au profit de l'appelant ou de ses auteurs, en l'acte du 12 janvier 1757, a-t-elle eu pour cause une concession primitive de fonds, ou représente-t-elle un droit féodal et dépendant de la justice seigneuriale ?

» 2° Cette prestation est-elle ou n'est-elle pas abolie par les lois de la république sur la féodalité et sur les mines et minières ?

» 3° *Subsidiairement*, l'acte transactionnel du 21 octobre 1787, légitime-t-il la réclamation que fait l'appelant des avantages y stipulés à son profit ?

» 4° Le juge *à quo* a-t-il dû invoquer la disposition de la loi du 9 brumaire an 2, pour s'exempter de prononcer au cas de la cause ?

» Sur quoi, attendu que la première question est à examiner, 1° d'après le contrat du 12 janvier 1757; 2° d'après la coutume du ci-devant Hainaut, sous laquelle étaient situées les ci-devant seigneuries de la *Hestre* et de *Haine-Saint-Pierre* ;

» Considérant que des termes du contrat, il résulte que le ci-devant seigneur de la *Hestre* et de *Haine-Saint-Pierre* n'accordait à la société que le *droit de tirer du charbon sur ses terres*, à la charge

notamment de lui payer, *à titre de droit d'entre-cens*, le onzième denier de ce qui serait vendu ou *à vendre...., comme il avait eu de tout temps.*

» Considérant que de ces expressions il suit qu'en supposant même que les mines fussent, aux termes de la coutume, des propriétés foncières entre les mains des ex-seigneurs, celui de la *Hestre* et de *Haine-Saint-Pierre*, ne les avait pas transférées par cet acte aux charbonniers; en sorte que cette stipulation du onzième denier net, à son profit, ne peut être aucunement envisagée comme ayant pour cause une concession de fonds, mais « comme étant » le prix du droit de tirer du charbon; »

» Considérant, sous le rapport de la coutume locale, que le droit des ex-seigneurs aux veines ou mines non encore concédées, est déterminé sous la dénomination de droit d'*avoir en terre non extrayé* (art. 1, chap. 130);

» Que cet « avoir en terre non extrayé est expli-» qué consister dans la chose trouvée en terre, » comme charbons, pierres et semblables (art. 2, *ibid.*); »

» Que ces choses étant en terre sont réputées pour héritages ou immeubles; et séparées de terre, sont tenues pour meubles (art. 12, chap. 122); ce qui, jusque-là, détermine bien que les mines; en les supposant parties du fief, restaient dans la propriété du titulaire féodal, et ne se transmettaient pas aux charbonniers par la concession du droit de les exploiter;

» Qu'ainsi la prestation dont il s'agit, avait aussi, dans cette coutume, une autre source qu'une concession primitive de fonds;

» Considérant que cette source était l'*exercice d'un droit attribué à la seigneurie haute-justicière*: ce qui résulte de ce même article 1er du chap. 130, où sont spécifiés les profits et émolumens y attachés, en ces termes : *Haute-justice et seigneurie s'extend et comprend*, etc. ;

» Que cet « exercice du droit de mines consis-» tait ou dans leur exploitation par le seigneur, ou » dans la permission qu'il en accordait à d'autres, » sous une rétribution nommée DROIT D'ENTRE-» CENS, » aussi déclaré tenu pour héritage ou immeuble (art. 14, chap. 122);

» Que *de cette permission* au second cas, il naissait, en faveur de ceux qui l'obtenaient, un nouveau droit de *charbonnage* (art. 13 dudit chap. 122), consistant en la faculté d'exploitation, résultant de ladite permission, librement transmissible par voie de vente, succession, disposition, aux termes dudit article,.... ;

» D'où il résulte de plus en plus que, par les simples actes ou autres contrats de concession, les seigneurs hauts-justiciers ne transmettaient et ne donnaient, ne pouvaient transmettre et donner aux charbonniers *que la simple faculté ou permission d'exploiter*, qui ne transportait rien du droit de mines à ceux qui l'obtenaient, et n'ôtait rien du droit à *la haute-justice*, soit avant, soit après la mine découverte;

» Considérant qu'en conséquence, l'appelant « ne peut tirer aucun avantage, ni de ses contrats, » ni de la coutume, *dans l'ordre de la première* » *question*, *pour en prétendre*, *comme il le fait*, » que la prestation stipulée à titre d'entre-cens, ou » l'abonnement du charbonnage dont il s'agit, au- » rait eu pour cause, *de sa part ou de ses auteurs*, » une concession primitive de fonds » qui le constituerait, sous ce point de vue, dans l'exception de la suppression générale des droits féodaux et des prestations qui le représentent;

» Sur la seconde question, considérant que le droit d'entre-cens dont il s'agit a pour cause immédiate la concession du 12 janvier 1757 et la transaction du 21 octobre 1787; et que les lois de la république, suppressives des droits féodaux, des 4 août 1789, 13 avril 1791, et 17 juillet 1793, ne décident spécialement ni du sort du droit d'entre-cens, ni de celui des concessions et contrats qui en déterminent la quotité et la durée;

» Que la seule loi qui règle d'une manière spéciale la matière et les effets des concessions des droits de mines, c'est celle des 27 mars, 15 juin et 12 juillet 1791;

» Que la loi 80. D, *de regulis juris*, décide que, dans le concours de plusieurs lois dont les unes disposent généralement, et les autres spécifiquement sur une matière, il faut se décider plutôt par celle-ci que par les premières;

» Considérant que la loi du 12 juillet 1791, qui a statué sur la matière des mines et minières, loin d'annuler les concessions faites par les seigneurs, les maintient au contraire dans toute leur étendue, puisque l'art. 4 porte : « Les concessionnaires actuels » qui ont découvert les mines qu'ils exploitent, se- » ront maintenus jusqu'au terme de leur conces- » sion....... En conséquence, les propriétaires de la » surface, » sous prétexte d'aucune des dispositions contenues aux art. 1 et 2, « ne pourront troubler » les concessionnaires actuels dans la jouissance des- » dites concessions, lesquelles subsisteront dans toute » leur étendue;

» D'où il suit que le droit d'entre-cens, qui est le prix de cette concession, et qui fait essentiellement partie du contrat qui la constitue, doit être pareillement maintenu; autrement, ce serait admettre la cause, et en rejeter les effets; « ce ne serait plus maintenir les concessions » DANS TOUTE LEUR ÉTENDUE; » ce serait, au contraire, en accorder une nouvelle à titre gratuit; ce qui serait contraire aux termes formels de cet article, et en opposition manifeste à l'intention qu'a eue le législateur, en portant les lois sur la suppression des droits féodaux, laquelle a dû profiter *au vrai propriétaire*, et nullement aux concessionnaires qui ne le sont pas;

» Attendu que cette dernière considération a porté le tribunal de cassation à juger, le 11 nivôse an 8, que les lois sur la suppression de la féodalité ne sont pas contraires aux prétentions de continuer la prestation du droit d'entre-cens.

» Sur la troisième question, considérant que l'acte du 21 octobre 1787, sur lequel l'appelant fonde principalement son droit *d'entre-cens*, contient, non-seulement une véritable concession du droit de charbonnage, mais aussi une véritable transaction passée entre les parties, de bonne foi, sur des prétentions et des procès alors existans; et que de pareils actes ont, aux termes des lois, le même effet que les jugemens passés en force de chose jugée, à laquelle les lois ne sont jamais censées porter atteinte, s'il ne conste, par une disposition formelle, qu'elles ont voulu y déroger, ce qui ne se trouve pas dans la présente hypothèse.

» Sur la quatrième question, considérant que la disposition de la loi du 9 brumaire an 2, que le juge de première instance a invoquée dans son jugement, pour déclarer la cause non admissible, est applicable aux seules procédures entamées antérieurement, qui avaient pour objet la poursuite de droits féodaux supprimés sans indemnités par le décret du 25 août 1792 et par les lois antérieures; en sorte que, de ce chef, il en résulte un nouveau grief pour l'appelant, qui prétendait devant ce juge que son droit était dans l'exception prononcée par cette loi, et conséquemment conservé....

» Le tribunal déclare avoir été bien appelé, mal jugé; faisant par suite ce que le juge *à quo* aurait dû faire, condamne tant lesdits associés en cette qualité, que la société en masse, à payer à l'appelant, suivant le contrat de concession du 12 janvier 1757 et la transaction du 21 octobre 1787, le vingtième de tout le charbon qu'ils ont extrait depuis floréal an 3, tant de Haine-Saint-Pierre et la Hestre, que des autres territoires où ils ont exploité; plus le onzième de tout le charbon que ladite société et les autres intimés ont extrait dans le terrain dit *l'abournement au-delà de la faille*, et le onzième qui peut lui revenir sur le pied des articles 3 et 4 de la susdite transaction, des charbons tirés de Redemont et autres lieux..... »

Le sieur Deschuytener et un grand nombre de ses consorts se pourvoient en cassation.

« Les questions que vous présente cette affaire (ai-je dit à l'audience de la section civile, le 16 ventôse an 12); sont aussi importantes qu'épineuses; déjà elles ont été agitées dans plusieurs tribunaux, qui les ont jugées tantôt dans un sens, tantôt dans l'autre. C'est au tribunal suprême qu'il appartient de leur donner une solution qui puisse, par son grand caractère et par la justesse de ses motifs, mettre fin aux contestations qu'elles font naître journellement, régler définitivement les intérêts majeurs auxquels ils tiennent, et asseoir sur une base immuable la fortune de plusieurs milliers de familles.

» La discussion qu'elles exigent de notre part ne serait ni longue ni difficile, si nous ne devions nous arrê'er qu'aux motifs du jugement attaqué par les demandeurs.

» Le tribunal d'appel de Bruxelles débute, dans ce jugement, par reconnaître que le cit. Decarondelet n'était pas propriétaire foncier de mines de charbon de terre dont il a permis l'ouverture et l'exploitation à la compagnie Deschuytener, par l'acte du 12 janvier 1757; qu'ainsi ce n'était pas une propriété foncière qu'il avait, par cet acte, concédée à la compagnie Deschuytener; que le droit d'entre-cens qu'il s'était réservé par ce même acte, n'avait jamais pu être considéré dans ses mains comme le prix d'une concession de fonds, et qu'il n'avait sa source que dans « l'exercice d'un droit attribué à la seigneurie » haute-ju-ticière : »

» Ce qui est bien dire, en d'autres termes, que c'était un droit seigneurial proprement dit, une véritable émanation de la haute-justice.

» Cette première base posée, il s'agit d'abord de savoir si le droit d'entre-cens stipulé au profit du cit. Decarondelet, par l'acte du 12 janvier 1757, a été aboli par les lois de 1789, 1790, 1791, 1792 et 1793, relatives à la féodalité; et le tribunal d'appel de Bruxelles décide qu'il ne l'a pas été, attendu, dit-il, « que les lois de la république, suppressives » des droits féodaux, ne disposent spécialement ni » du sort du droit d'entre-cens, ni de celui des con- » cessions et contrats qui en déterminent la quotité » et la durée. »

» Ainsi, de cela seul que le droit d'entre-cens n'est pas aboli nominativement par les lois relatives à la féodalité, le tribunal d'appel de Bruxelles tire la conséquence qu'il est conservé, et il la tire, tout en établissant que ce droit est seigneurial.

» Nous devons l'avouer, les expressions nous manquent pour caractériser une pareille conséquence: elle est si extraordinaire, qu'après l'avoir lue écrite en toutes lettres dans le jugement attaqué, on doute encore si c'est véritablement le tribunal d'appel de Bruxelles qui a raisonné de la sorte.

» Pour la réfuter, il suffit de mettre sous vos yeux les textes des différentes lois avec lesquelles elle est en opposition diamétrale.

» Toute l'Europe retentit encore des décrets du 4 août 1789, et vous savez ce qu'ils portent sur cette matière : « L'assemblée nationale détruit entièrement » le régime féodal.... ; toutes les justices seigneuria- » les sont supprimées sans indemnité. »

» De là, ce corollaire consacré par les art. 16 et 17 du tit. 1 de la loi du 13-20 avril 1791 : « Sont » aussi abolis sans indemnité les droits de...... (suit » une longue nomenclature), ET GÉNÉRALEMENT » TOUS LES DROITS CI-DEVANT DÉPENDANS DE LA JUS- » TICE SEIGNEURIALE. Ces suppressions auront leur » effet à compter de la publication des décrets du 4 » août 1789. »

» Ainsi, à compter de la publication des décrets du 4 août 1789, tous les droits, sans exception, qui, avant ces décrets, dépendaient de la justice seigneuriale, sont abolis.

» Nous disons *sans exception*, car la loi se sert du mot *généralement*, qui bien certainement est synonyme des termes *sans exception*.

» Or, si rien n'est excepté de l'abolition prononcée par la loi, comment pourrait subsister encore, s'il est vraiment seigneurial, le droit *d'entre-cens* réclamé par le cit. Decarondelet ?

» Il faudrait pour cela qu'il n'eût pas dépendu de *la seigneurie haute-justicière;* mais le tribunal d'appel de Bruxelles a reconnu lui-même le contraire par son jugement.

» Il y a plus : quand on irait (toujours en regardant ce droit comme seigneurial), quand on irait jusqu'à supposer qu'il doit son origine à une concession de fonds, dans cette hypothèse même, il serait supprimé par la loi du 17 juillet 1793.

» Cette loi, en effet, abolit, sans indemnité, *toutes les redevances ci-devant seigneuriales*, tous les droits ci-devant *féodaux*, soit fixes, soit casuels, *même ceux conservés par le décret du 25 août 1792*.

» Et quels sont les droits qu'avait conservés ce dernier décret ? Ceux-là, et ceux-là seuls que les titres primordiaux prouvaient avoir été créés pour cause de concession de fonds.

» Donc, et cette conséquence est écrite en toutes lettres dans les lois du 2 octobre 1793 et du 7 ventôse an II; donc même les droits créés pour cause de concession de fonds, même les droits que les titres les plus authentiques constatent être le prix de l'aliénation d'une propriété foncière, sont frappés par la loi du 17 juillet 1793, d'une proscription absolue, sont abolis sans indemnité par cette loi.

» Comment, d'après cela, concevoir que le tribunal d'appel de Bruxelles ait pu maintenir un droit qu'il avait lui-même qualifié de dépendance de la justice seigneuriale, et reconnu ne pas provenir d'une concession de fonds ?

» Il le faut dire, il l'a maintenu par deux motifs moins supportables encore que celui dont il était parti pour juger que les lois relatives à la féodalité ne lui avaient point porté aucune atteinte.

» Il l'a maintenu d'abord, parce que la loi du 12-28 juillet 1791 veut que les concessionaires actuels des mines ne puissent être troublés dans la jouissance de leurs concessions, *lesquelles subsisteront dans toute leur étendue*, et parce que ce ne serait pas laisser subsister ces concessions *dans toute leur étendue*, que de priver les ci-devant seigneurs du droit d'entre-cens qu'ils s'étaient réservé en les accordant;

» Comme si, dans la loi du 12-28 juillet 1791, ces mots, *dans toute leur étendue*, n'étaient pas uniquement relatifs à la quantité des terrains qu'embrassaient les concessions; comme si le texte même de cette loi ne démontrait pas, ne faisait pas toucher au doigt et à l'œil que c'est là tout ce qu'elle a en vue.

» Il l'a encore maintenu, parce que la transaction du 21 octobre 1787 doit, suivant lui, par cela seul qu'elle est *transaction*, et indépendamment des clauses qu'elle renferme, l'emporter sur les lois abrogatives des droits seigneuriaux; et vous sentez quelles seraient les conséquences d'un pareil motif (que vous avez d'ailleurs déjà proscrit, en cassant, le 19 pluviôse an VII, un jugement du tribunal civil du tribunal du Bas-Rhin, rendu en faveur de Godefroy Waldener).

Il en résulterait nécessairement que tous les ci-devant seigneurs qui auraient à produire des transactions, des jugemens par lesquels ils auraient acquis, étendu ou conservé des droits de fief ou de justice, devraient continuer à jouir de ces droits devenus si justement odieux au peuple français; il en résulterait que ces ci-devant seigneurs formeraient dans la nation une classe privilégiée, c'est trop peu dire, une classe rebelle à toutes les lois qui, depuis 1789 jusqu'à la présente session du corps-législatif, ont manifesté constamment, ont proclamé sans interruption la volonté générale, souveraine, et souvent vaine, de ne plus souffrir en France aucune trace du régime féodal.

» Il est pénible de penser que c'est un des tribunaux les mieux composés de la France qui s'est égaré dans de pareils raisonnemens. Mais nous avons à examiner si, tout en raisonnant aussi mal, il n'a pas bien jugé, et si le *dispositif* de sa décision n'en corrige pas les *considérans*.

» Cet examen doit embrasser deux sortes de questions : les unes, particulières à la cause du cit. Decarondelet ; les autres, communes à toutes les affaires du même genre. Celles-ci naissent du contrat passé entre le cit. Decarondelet et la compagnie Deschuytener, le 12 janvier 1757; celles-là résultent des transactions faites entre les mêmes parties, le 16 mars 1776 et le 21 octobre 1787.

» Commençons par les questions auxquelles donne lieu le contrat du 12 janvier 1757, et d'abord fixons-nous bien sur le caractère du droit que le cit. Decarondelet s'est réservé par cet acte.

» Par cet acte, le cit. Decarondelet s'est réservé, *pour droit de cens et d'entre-cens*, le onzième denier franc de tout le charbon que la compagnie Deschuytener extrairait des seigneuries de la Hestré et de Haine-Saint-Pierre.

» Qu'entend-on, dans le ci-devant Hainaut, en matière de *charbonnage* par les mots *droit de cens et d'entre-cens* ?

» Voici la définition qu'en donne, sur l'art. 14 du chap. 122 des chartes générales du Hainaut, un commentaire manuscrit qui nous a été communiqué en 1779, par M. de Millendorf, président du conseil souverain de Mons, et que ce magistrat nous a assuré alors jouir de l'estime générale des tribu-

naux et des jurisconsultes de son ressort : « Le cens est un droit qui se paye au seigneur, pour avoir permission d'ouvrir une fosse au charbon. L'entre-cens est un droit qui consiste dans le tantième que l'on donne au seigneur, du charbon que l'on tire, pour son désintéressement (1). »

» Mais pourquoi les chartes générales qualifient-elles ainsi d'*entre-cens* le *tantième* dont il s'agit ?

» Boucher d'Argis père, dans le *Répertoire de jurisprudence*, au mot *Entre-cens*, dit que « il est appelé ENTRE-CENS, SEU INTER CENTUM, parce qu'il approche communément du centième denier, étant ou un peu plus fort, ou un peu plus faible, selon l'usage des lieux. Suivant cette étymologie (continue-t-il), on devait écrire ENTRE-CENT, et non pas ENTRE-CENS; cependant l'usage a prévalu au contraire. »

» Boucher d'Argis ne cite à l'appui de ce qu'il avance que la note de Boudot de Richebourg, éditeur du *Coutumier général*, sur l'art. 14 du chap. 122 des chartes du Hainaut; et voici comment est conçue cette note : « ENTRE-CENS, c'est un droit de centième, quelquefois plus fort, quelquefois plus faible, suivant l'usage des lieux, que le seigneur haut-justicier lève sur les mines qui sont fouillées dans l'étendue de sa haute-justice. »

» C'est donc pour avoir appris de Boudot de Richebourg que le centième formait, en Hainaut, le taux commun de la portion du seigneur dans le produit des mines de charbon de terre, c'est uniquement sur la foi de cette assertion, que Boucher d'Argis a imaginé de traduire l'expression *entre-cens* par les mots latins *inter centum*.

» Mais c'est de sa part une conjecture plus ingénieuse que solide, et qui ne porte que sur une fausse base.

» Oui, il est faux, absolument faux, que, dans le ci-devant Hainaut, soit français, soit autrichien, l'usage le plus général ait fixé au centième la portion du seigneur dans les produits du charbonnage.

_____

(1) Cette définition est confirmée par l'auteur d'une dissertation attribuée, comme on le verra ci-après, n° 3, à M. Gendebien, ancien et profond jurisconsulte de Mons, et publiée, il y a quelques années, sous le titre de l'*ancienne et de la nouvelle Legislation sur les Mines, particulièrement dans la province de Hainaut*.

« Le droit d'entre-cens (y est-il dit), c'était le droit de percevoir des exploitans une quotité de charbon en nature : c'était le second *rendage* : car l'histoire des fiefs nous apprend que les anciens seigneurs le stipulaient ordinairement en deux parties : en une somme fixe, et une quotité de fruits et de journées employées à leur profit : c'est ce qu'on appelait alors le *sur-cens*, l'augmentation du fermage.

» Tous les actes des derniers temps sont conçus avec la stipulation du *cens*, redevance fixe en argent, pour chaque corps de veine : et de l'*entre-cens*, redevance d'une quotité de paniers à l'extraction. »

Nous pouvons même assurer qu'il n'y a pas un seul exemple qu'on l'ait réduit à un taux aussi faible, et que sa quotité la plus commune était de 10 à 20.

» Boucher d'Argis a mieux rencontré, quand il a dit dans le même article : « Ce terme D'ENTRE-CENS se prend aussi quelquefois pour les censives; et alors ENTRE-CENS signifie un droit INTER CENSUM, un droit qui est compris dans les censives (1). »

» Ce n'est pas qu'en Hainaut, le mot *cens* ait le moindre rapport avec ce que, dans le droit commun coutumier, on appelle *censive*.

» Mais il est toujours vrai qu'en Hainaut, comme ailleurs, le terme *entre-cens* répond parfaitement aux expressions latines, *inter censum*, et qu'il y désigne un revenu compris entre les objets qui, en Hainaut, sont qualifiés de *cens*.

» Nous verrons bientôt quels sont ces objets; et quant à présent, nous devons nous en tenir à la définition du commentaire manuscrit déjà cité, suivant laquelle « l'entre-cens est un droit qui consiste dans » le tantième que l'on donne au seigneur, du char-» bon que l'on tire, pour son désintéressement. »

» Cette définition ne nous apprend pourtant pas si ces droits de *cens* et d'*entre-cens* sont essentiellement seigneuriaux; et du premier abord il semble, d'après leur seule dénomination, que l'on ne peut pas leur refuser cette qualité, puisque, comme le dit Dumoulin (sur l'ancienne coutume de Paris, préface du titre *des cens*, n° 20), le *cens* est, par sa nature, récognitif de la seigneurie directe, *canon quod præstatur in recognitionem dominii directi*.

» Cependant, nous devons le dire, de ce qu'une prestation est qualifiée de *cens*, soit dans une loi, soit dans un contrat, il ne s'ensuit pas nécessairement qu'elle soit seigneuriale.

» Dans les monumens de notre ancien droit, le mot *cens* désigne toutes les espèces de redevances, soit foncières, soit personnelles.

» Le tit. 10 du liv. 3 de la partie du corps de droit canonique qui est connue sous le nom d'*extravagantes communes*, appelle *cens* les droits de *procuration* que les évêques se faisaient payer dans le cours des visites de leurs diocèses. Nous lisons aussi dans les Décrétales de Grégoire IX, liv. 3, tit. 39, chap. 1, une défense faite aux prélats d'imposer à l'avenir aucun *cens* aux églises qui leur sont subordonnées : *Prohibemus ne ab abbatibus, episcopis, vel aliis prælatis, novi census imponantur ecclesiis.*

» La dénomination de *cens* s'étendait même, et ceci est très-remarquable, pour l'interprétation de

l'art. 14 du chap. 122 des chartes du Hainaut; elle s'étendait, sous la première race des rois de France, jusqu'aux droits qui se payaient à l'État pour l'exploitation des mines, et qui consistaient dans une quotité fixe du produit de cette exploitation. C'est ce que nous voyons dans le recueil de Duchesne, tome 1, page 585, où l'auteur de la vie de Dagobert dit que ce prince donna aux moines de Saint-Denis, pour l'entretien de la couverture de leur église, huit mille livres de plomb à prendre tous les deux ans sur le *cens* qu'il tirait en nature de ce métal : *Plumbum quod ei ex metallo censitum in secundo semper anno solvebatur; libras octo mille ad cooperiendam eamdem supradictorum martyrum ecclesiam, contulit.*

» Et il est d'autant plus permis de croire que c'est de là qu'est venu en Hainaut l'usage d'appeler *cens* et *entre-cens* les droits dont il est ici question, que, soit dans les chartes générales, soit dans les coutumes des chefs-lieux de Mons et de Valenciennes, soit dans celles de Flandre et d'Artois, on ne rencontre pas un seul article dans lequel le mot *cens* désigne une redevance récognitive de la directe seigneurie.

» Cette espèce de redevance n'est connue dans les coutumes d'Artois, de Flandre et de Hainaut, que sous le nom de *rente seigneuriale*; et quant au mot *cens*, il y figure perpétuellement comme synonyme de *bail à ferme* ou *fermage*.

» La coutume de Tournai, chap. 21, *des louages*, art. 10, dit : « Tous LOUAGES et BAIL A CENS de » maisons et héritages, sont exécutoires en dedans » la quinzaine après le terme d'icelui échu, aux dé-» pens du LOUAGIER débiteur, à cause de sa faute » de payer. » Et elle ajoute, art. 11 : « Aussi le » louagier ou CENSIER d'aucunes terres ne peut » vendre les dépouilles étant et croissant sur icelles » en vert, ni autrement, sans la charge de la CENSE » ou louage dû à raison desdites terres.

» Mêmes expressions dans le chap. 4 de la coutume de Douai, et dans le chap. 16 de celle de Lille.

» On les retrouve encore dans le chap. 117 des chartes générales du Hainaut, et notamment dans l'art. 1er, qui abolit en ces termes la tacite réconduction : « Nuls CENSIERS, louagiers ou admodia-» teurs ne pourront d'ici en avant rentrer en NOU-» VELLE CENSE, sans le gré et consentement des » héritiers (propriétaires) ou de leurs commis, » auxquels devront faire apparaître leurs BAUX DE » CENSE par lettres ou témoins....

» Et c'est parce que Dumoulin était bien instruit de ces acceptions variées du mot *cens*, que, dans son Commentaire sur la coutume de Paris, préface du titre *des cens*, n° 18, il n'hésite pas à dire que la qualification de *cens* donnée dans un acte à une rente, à une redevance, n'est pas une preuve que cette prestation soit seigneuriale ou récognitive de la directe : *unde cùm censûs præstatio tanquam*

---

(1) Ne rencontrerait-on pas mieux encore, en disant que le mot *entre-cens* est une corruption de *outre-cens*, terme qui désignerait, comme l'expression française *sur-cens* ; une prestation additionnelle au *cens* ?

æquivoca ad plura se habere possit, non conclu-
dit ad aliquod certum, nec probat subjectionem
vel aliud, nisi aliter probetur, nec de causâ speci-
ficâ solvendi appareat.

» Que faut-il donc pour qu'un droit de *cens* soit
réputé *seigneurial*? Il faut qu'il soit le prix d'une
concession de fonds, et qu'il se paie en reconnaissance de la seigneurie directe que l'auteur de cette
concession s'est réservée.

Or, trouvons-nous ce caractère dans les droits de
cens et d'entre-cens qui sont stipulés au profit du
cit. Decarondelet par l'acte du 12 janvier 1757?

» Pour nous fixer sur ce point important, il faut
examiner quelle est la nature du droit que le cit.
Decarondelet a concédé par cet acte à la compagnie
Deschuytener.

» Vous vous rappelez que, par cet acte, le cit.
Decarondelet a permis à la compagnie Deschuytener d'ouvrir et d'exploiter les mines de charbon
de terre qui se trouvaient dans les territoires dont il
était seigneur haut-justicier.

» Mais par-là a-t-il concédé à la compagnie Deschuytener la propriété foncière de ces mines?

» Et d'abord a-t-il pu la lui concéder, ou, en
d'autres termes, en était-il lui-même propriétaire?

» L'affirmative semblerait, au premier coup-d'œil,
ne devoir souffrir aucune difficulté.

» Le chap. 130 des chartes générales du Hainaut
porte que « haute-justice et seigneurie s'entend et
» comprend de faire emprisonner, piloriser, écha-
» fauder, faire exécution par-pendre, décapiter,
» mettre sur roue, bouillir, ardoir (brûler), enfouir,
» flétrir, exoriller, couper poing, bannir, fustiger,
» torturer, lever corps-morts, trennées de mouches
» à miel, de droits d'aubanités, bâtardise, biens
» vacans, épaves, AVOIR EN TERRE NON EXTRAYÉ... »

» L'art. 2 ajoute : « Par BIENS VACANS, s'nt en-
» tendus les biens délaissés par celui qui est décédé
» sans héritier habile à lui succéder; par MENS
» ÉPAVES, bêtes égarées et autres biens meubles non
» avoués par celui à qui ils appartiendront; par
» AVOIR EN TERRE NON EXTRAYÉ, sont entendues
» choses trouvées en terre, comme charbons, pier-
» res et semblables; et au regard des mines de fer,
» l'on se réglera comme du passé. »

» Ainsi, par les chartes générales du Hainaut,
l'*avoir*, c'est-à-dire, la chose, l'objet qui se trouve
en terre, notamment le charbon, et qui n'en est pas
encore *extrayé*, fait partie des attributs de la
haute-justice et seigneurie.

» Mais qu'est-ce qu'entendent par-là les chartes?
Veulent-elles dire que le charbon, avant qu'il soit
extrait, avant même qu'il soit rien entrepris pour
l'extraire du sein de la terre, appartient foncièrement et en pleine propriété au seigneur haut-justicier? Ou bien disent-elles seulement que le seigneur
haut-justicier a le droit de rechercher, de fouiller,
d'extraire le charbon que la terre renferme dans son
sein?

» Si elles ne lui donnent qu'un droit exclusif de
recherche, de fouille et d'extraction, elles ne le
rendent pas pour cela propriétaire du charbon
même, avant qu'il soit extrait; pas plus qu'en lui
donnant le droit exclusif de la chasse, nos anciennes
lois ne le déclaraient propriétaire du gibier qu'il
n'avait pas encore tué.

» L'attribution du droit exclusif de recherche,
de fouille et d'extraction, n'est qu'une loi de police,
dont le but est de prévenir à la fois et les inconvéniens qui pourraient résulter de la négligence d'un
propriétaire foncier à faire exploiter les richesses
ensevelies dans l'intérieur de son fonds; et les abus
auxquels donnerait lieu une liberté indéfinie d'ouvrir les mines partout où se porterait l'intérêt particulier des entrepreneurs.

» Il importe donc beaucoup de savoir si c'est un
droit exclusif de recherche, de fouille et d'extraction, ou si c'est un droit de propriété véritable
qu'attribuent au seigneur haut-justicier les deux
premiers articles du chap. 130 des chartes du Hainaut.

» Ces deux articles ne contiennent rien qui puisse
là-dessus fixer nos doutes; mais nous trouverons
plus de lumières dans le chap. 122.

» L'objet de ce chapitre est, comme l'annonce
lui-même par son intitulé, de déterminer les « biens
» qui devront être tenus pour meubles ou hérita-
» ges; » et voici ce qu'il porte, art. 13 : « DROIT
» DE CHARBONNAGE généralement sera tenu pour
» héritage : néanmoins y succéderont les enfans à
» égale portion, autant la fille que le fils; et en
» pourront les héritiers puissans d'aliéner, disposer
» par vente, transport ou avis de père ou mère,
» SANS PAYER DROIT SEIGNEURIAL ; ne fût qu'il soit
» tenu en fief; auquel cas la loi générale des fiefs aura
» lieu, et en sera dû le droit seigneurial. »

» Il est aisé de sentir que cet article n'entend point
par *droit de charbonnage*, le droit *d'avoir en
terre non extrayé*, qui, par le chap. 130, est attaché à la qualité de seigneur haut-justicier; car on
voit, par cet article, que le *droit de charbonnage*
peut n'être pas féodal dans la personne de celui à
qui il appartient; et certainement il est impossible
qu'il ne soit pas féodal, tant qu'il fait partie d'un
fief haut-justicier, tant qu'il existe dans la personne
du seigneur.

» Il faut donc entendre cet article, du *droit de
charbonnage* concédé par le seigneur haut-justicier à un particulier, qui entreprend l'exploitation
d'une mine de houille; et dans le fait, c'est en ce
sens que l'a entendu le tribunal d'appel de Bruxelles; c'est en ce sens que l'a entendu Raparier, dans
ses *Observations* sur le chap. 122 des chartes; c'est
en ce sens qu'on l'a toujours entendu dans le ci-devant Hainaut, tant français qu'autrichien (1).

_____

(1) Je dois reconnaître ici que, dans le Hainaut ci-
devant autrichien, il y avait, à cet égard, comme je

» Cela posé, reprenons les termes de notre article : *Droit de charbonnage généralement tenu pour héritage.* Cela signifie bien clairement que, dans tous les cas, *généralement,* le droit concédé par un seigneur à un particulier, d'extraire le charbon d'un terrain, tiendra à ce particulier nature d'immeuble.

» Mais sera-ce pour lui un immeuble réel, ou seulement un immeuble fictif, un droit incorporel ?

» Il sera immeuble réel, si la concession du droit emporte la concession de la propriété foncière sur la mine. Mais si elle n'emporte pas la concession de cette propriété foncière, si elle n'attribue aux concessionnaires qu'un simple droit d'extraction, à coup sûr ce ne sera pour lui qu'un immeuble incorporel et fictif.

» Or, il existe trois preuves bien palpables que, dans l'esprit des chartes, le concessionnaire de droit de charbonnage n'est pas, à ce titre, concessionnaire de la propriété foncière de la mine.

» La première, c'est que, par l'article dont il s'agit, les enfans du concessionnaire sont, dans tous les cas, appelés à succéder également au droit de charbonnage, *autant la fille que le fils.*

» Si le droit de charbonnage formait, dans la personne du concessionnaire, une propriété véritablement foncière, un immeuble véritablement réel, il faudrait que cette propriété, cet immeuble existât dans sa main avec l'une des trois qualités que les chartes du Hainaut reconnaissent aux biens-fonds situés dans leur territoire.

» Les biens-fonds du Hainaut sont, ou *fiefs*, ou *mainfermes*, c'est-à-dire censives, ou *alloëts*, c'est-à-dire franc-alleus.

» Si le droit de charbonnage était fief, les filles n'y pourraient rien prétendre, tant qu'il existerait des garçons. Ainsi le veut l'art. 2 du chap. 91 des chartes générales.

» Si c'était une mainferme, les filles n'y auraient qu'une demi-part, au moins dans la partie du Hainaut (et c'est la plus considérable), qui est connue sous la dénomination de *chef-lieu de Mons.* Ainsi l'a réglé la charte de Guillaume de Bavière, comte

de Hainaut, de 1410, dont la disposition est renouvelée par le chap. 1 de la coutume de Mons.

» Et il ne faut pas dire que, dans le ressort de cette coutume, le droit de charbonnage doit, par exception à l'art. 13 du chap. 122 des chartes générales, souffrir ce partage inégal entre les garçons et les filles ; car l'art. 13 du chap. 122 des chartes générales est commun à toute la province de Hainaut ; et il est si vrai qu'il fait loi dans le chef-lieu de Mons, comme dans les autres parties de cette contrée, qu'on le trouve mot à mot dans l'art. 8 du chapitre 17 *des chartes préavisées* de ce chef-lieu.

» Enfin, il est vrai que, si le droit de charbonnage était un *alloët*, les filles, d'après l'art. 3 du chap. 105 des chartes générales, y succéderaient également avec les enfans mâles. Mais il est bien impossible que le caractère d'alloët s'allie jamais avec un pareil droit ; il faudrait, pour cela, qu'un seigneur pût, en le détachant du gros de son fief, le convertir en franc-alleu ; et c'est ce qui répugne à tous les principes féodaux : un seigneur peut bien, en se jouant de son fief, créer, tantôt un arrière-fief, tantôt une censive ; mais créer un franc-alleu, c'est ce qui excède son pouvoir.

» Il reste donc qu'aux termes de l'art. 13 du chap. 122 des chartes générales, le droit de charbonnage n'existe dans la main du concessionnaire, ni comme franc-alleu, ni comme *mainferme*, ni comme *fief.*

» Et de là que résulte-t-il ? Nécessairement il en résulte que, dans la main du concessionnaire, le droit de charbonnage ne forme pas un immeuble réel ; car il n'a jamais existé d'immeuble réel qui ne fût, ou fief, ou mainferme, ou franc-alleu.

» La seconde preuve de cette vérité, c'est que, dans l'usage général du Hainaut, le droit de charbonnage est aliénable en tout état, c'est-à-dire que le père veuf avec enfans peut en disposer comme d'un meuble, quoique, suivant une foule de textes des lois particulières et cette contrée, la viduité avec enfans fasse cesser la faculté d'aliéner les immeubles réels précédemment acquis, soit que ces immeubles tiennent de la nature féodale, soit qu'ils portent le caractère d'immeuble réel, soit qu'ils appartiennent à la classe des francs-alleus (1).

» Nous disons que tel est l'usage général du Hainaut ; et c'est ce qu'atteste une note que nous avons extraite, en 1799, du commentaire manuscrit déjà cité ; voici comme elle est conçue : « Droit de charbonnage, quoique réputé immeuble, est disponible, tant en secondes qu'en premières noces. Ainsi jugé par arrêt du 10 juillet 1726, en faveur de Catherine Malieux, veuve d'Oger Pourlaix, contre Robert Pourlaix (2). »

___

J'ai appris depuis, moins d'accord que dans le Hainaut français ; et que, dans l'opinion de plusieurs personnes de cette contrée, le *droit de charbonnage* dont il est question dans l'article cité, s'entendrait même du droit d'*avoir en terre non extraye,* existant encore dans la main du seigneur haut-justicier.

Mais si cette opinion était fondée (ce que j'examinerai ci-après, n° 3), loin d'affaiblir le raisonnement qui va suivre, elle ne ferait qu'en corroborer la conséquence définitive, savoir, que le seigneur haut-justicier qui concédait une mine, ne la possédait pas comme une propriété véritable et foncière, avant de la concéder.

(1) V. l'article *Dévolution coutumière,* §. 3.
(2) Je reviendrai sur cet arrêt dans le §. 5, ci-après.

» Enfin, la troisième preuve, la preuve la plus frappante que le concessionnaire du droit de charbonnage n'est pas devenu, par sa concession, propriétaire foncier de la mine de charbon, c'est que l'art. 13 du chap. 122 lui permet de vendre l'objet de sa concession, *même sans payer droit seigneurial.*

» Très-certainement il serait dû un droit de lods et ventes pour une pareille mutation, si elle frappait sur une propriété foncière. Pourquoi donc les chartes l'affranchissent-elles de ce droit? C'est parce que ce droit n'est exigible que dans le cas où la propriété du fonds change de main ; c'est conséquemment parce que l'aliénation que fait le concessionnaire de son droit de charbonnage, n'opère, de sa part, aucune mutation dans la propriété de fonds ; et, par une conséquence ultérieure, c'est parce que le concessionnaire n'était pas, avant d'aliéner son droit, propriétaire foncier de la mine (1).

» Mais s'il n'était pas propriétaire foncier de la mine, concevra-t-on le seigneur de qui il tient sa concession, aurait pu l'être avant lui? Sans doute le seigneur aurait pu ne pas lui transférer tous ses droits sur la mine qu'il lui a permis d'ouvrir et d'exploiter ; il aurait pu se réserver la propriété foncière de la mine, s'il l'avait eue réellement. Mais, remarquons-le bien, la disposition que nous examinons ici n'est pas limitée à un cas particulier, elle n'est pas faite seulement pour le cas où le seigneur, en concédant un droit de charbonnage, se sera fait une pareille réserve ; elle embrasse tous les cas possibles de concession ; elle les place tous sur la même ligne ; elle veut que, dans tous, le concessionnaire

soit exempt des lods et ventes, lorsqu'il aliène son droit ; elle veut conséquemment que, dans tous, il soit considéré comme non propriétaire foncier de la mine.

» Donc, dans tous les cas, le seigneur n'a pu lui concéder sur la mine aucun droit de propriété foncière ; donc le seigneur lui-même n'en était pas propriétaire foncier avant la concession.

» On n'affaiblira pas la force de cet argument, en disant que les chartes exceptent de leur disposition le cas où le droit de charbonnage serait tenu en fief.

» Cette exception prouve seulement que, sous le régime féodal, on pouvait inféoder des droits incorporels ; et que les droits incorporels une fois érigés en fief, étaient soumis, envers les seigneurs suzerains, aux mêmes droits de mutation que les immeubles réels.

» C'est ainsi que, suivant l'observation de Pocquet de Livonnière, dans son *Traité des fiefs*, liv. 3, chap. 6, §. 10, les droits de péage ne devaient régulièrement ni droit de quint, ni droits de lods et ventes en cas de mutation, parce qu'ils ne constituaient pas des propriétés foncières ; et que cependant ils étaient sujets à ces prestations, lorsqu'ils avaient été inféodés.

» Tenons donc pour bien constant que le cit. Decarondelet n'était pas propriétaire foncier des mines de charbon de terre dont il a permis l'ouverture et l'exploitation à la compagnie Deschuytener, par l'acte du 12 janvier 1757 ; et de là, tirons deux conséquences également évidentes :

» L'une, que, par l'acte du 12 janvier 1757, le cit. Decarondelet n'a pas fait à la compagnie Deschuytener la concession d'une propriété foncière ;

---

(1) À des preuves aussi claires, aussi tranchantes, on a depuis objecté que l'art. 13 du chap. 122 des chartes générales du Hainaut, au lieu de dire simplement que le droit de charbonnage est *réputé immeuble*, et qu'il est immeuble par fiction, dit qu'il sera *tenu pour héritage* ; ce qui ne peut désigner, a-t-on dit, *qu'un immeuble réel.*

Mais, 1° les termes, *sera tenu pour héritage*, bien loin de prouver que le droit de charbonnage forme un immeuble réel, prouvent précisément tout le contraire ; et en effet, si ce droit était *héritage* par sa nature, la loi ne dirait pas qu'il sera *tenu pour tel*; en disant qu'il sera tenu pour tel, la loi fait entendre clairement qu'il n'est *héritage* que par fiction. C'est ainsi que, par les art. 1, 2, 3 et 6 du même chapitre, la loi déclare que seront *réputés pour héritages* divers objets qui, par leur nature, sont de vrais meubles, savoir : les instrumens et munitions de guerre qui sont dans le château d'un seigneur haut-justicier, et affectés à sa défense ; les ornemens d'une chapelle castrale ; les poissons qui se trouvent dans, ou dans un étang entre le 1ᵉʳ octobre et le 1ᵉʳ mars, les us ensilés, même mobiles, de la brasserie d'une maison tenue en haute-justice, les matériaux amassés sur un terrain pour en achever la bâtisse, quoique non encore employés à cette destination, etc.

2°. L'art. 13 du chap. 122 ne peut être mieux ni

plus sûrement interprété que par l'article qui le suit immédiatement : or, celui-ci portant, en toutes lettres, que, *au regard du droit d'entre-cens, il sera pareillement tenu pour héritage*, il en résulte, avec la plus grande évidence, que, par l'un comme par l'autre article, la loi n'entend établir qu'une immobilisation fictive ; car, très-certainement, le droit *d'entre-cens*, c'est-à-dire la redevance que le seigneur haut-justicier se réserve par la concession qu'il fait de son droit exclusif de rechercher, de fouiller, d'extraire une mine, ne peut pas être, dans les mains de ce seigneur, une propriété foncière, un immeuble réel ; il ne peut être, dans ses mains, qu'une chose incorporelle, qu'un immeuble fictif.

Enfin, il faut toujours en revenir à cette idée simple et lumineuse : le seigneur haut-justicier n'était pas, avant sa concession, propriétaire foncier de la mine : il n'a donc pas pu, par sa concession, transférer à celui qu'il a, par ce moyen, rendu possesseur d'un droit de charbonnage, une propriété foncière qu'il n'avait pas lui-même. Avant la concession, le seigneur haut-justicier n'avait sur la mine qu'un droit de fouille et d'extraction ; la concession n'a donc transmis que ce droit ; le concessionnaire n'est donc pas propriétaire foncier.

» L'autre, que le droit d'*entre-cens* qu'il s'est réservé, par ce même acte, n'a jamais pu être considéré dans ses mains, comme le prix d'une concession de fonds.

» Et c'est ce que le tribunal d'appel de Bruxelles a parfaitement démontré dans son jugement du 12 messidor an 9, même abstraction faite des dispositions des chartes du Hainaut, et d'après les seuls termes de l'acte du 12 janvier 1757, « desquels il résulte (a-t-il dit) que le ci-devant seigneur de la Hestre et de Haine-Saint-Pierre n'accordait à la société que le droit de tirer du charbon sur ces terres.........; (qu'ainsi), en supposant même que les mines fussent, aux termes de la coutume, des propriétés foncières entre les mains des ex-seigneurs, celui de la Hestre et de Haine-Saint-Pierre ne les avait pas transférées par cet acte aux charbonniers; en sorte que la stipulation du onzième denier net à son profit ne peut être aucunement envisagé comme ayant pour cause une concession de fonds, mais comme étant le prix du droit de tirer du charbon. »

» Eh ! comment, d'après cela, pourrait-on trouver, soit dans l'*entre-cens* dont parle l'art. 14 du chap. 122 des chartes générales, soit dans *le cens et l'entre-cens* que l'acte du 12 janvier 1757 réserve au cit. Decarondelet, le caractère du *cens seigneurial*, du cens récognitif de la seigneurie ?

» Nous avons démontré que le concessionnaire du droit de charbonnage n'est, à ce titre, considéré, ni comme propriétaire foncier d'un fief, ni comme propriétaire foncier d'une mainferme, c'est-à-dire, d'une censive. Il n'est donc ni le vassal, ni le censitaire, il n'est donc, sous aucun rapport, l'*homme* du seigneur qui lui a concédé ce droit ; et cela est si vrai, qu'il peut le vendre, comme le dit la loi elle-même, *sans payer droit seigneurial*. Ce n'est donc pas en reconnaissance de la seigneurie que se paye le droit d'*entre-cens* dont parlent les chartes du Hainaut. Ce droit ne paraît donc pas pouvoir être seigneurial.

» Arrêtons-nous cependant à cette dernière conséquence : quoique liée en apparence à des principes parfaitement exacts, elle pourrait n'être elle-même qu'une équivoque et une confusion des mots.

» Qu'entend-on par *droits seigneuriaux*, et quels sont les droits qui, sous cette dénomination, ont été abolis par nos assemblées nationales ? Ce ne sont pas seulement les droits qui dérivent du bail à fief et du bail à cens; ce sont encore tous ceux qui ont leur source, soit dans la puissance féodale proprement dite, soit dans la jus ice seigneuriale, qui n'était qu'une émanation de cette puissance.

» Les droits qui dérivent du bail à fief et du bail à cens, ont sans doute été abolis par nos assemblées nationales, comme les autres droits seigneuriaux ; mais ils l'ont été beaucoup plus tard. L'assemblée constituante les avait conservés, parce qu'ils étaient le prix des fonds concédés par les ci-devant seigneurs à leurs vassaux ou censitaires ; elle s'était bornée, en abolissant le régime féodal, à les convertir en droits purement fonciers, à les assimiler en tout point aux redevances purement foncières ; et ils n'ont été supprimés que par la loi du 17 juillet 1793.

Mais les autres droits seigneuriaux, les droits qui ne doivent leur origine qu'à la puissance féodale ou à la justice seigneuriale, ont été abolis dès le 4 août 1789; c'est à cette grande époque que les lois des 15-28 mars 1790 et 13-20 avril 1791 en font remonter l'abolition.

» C'est donc bien mal raisonner que de dire : tel droit exercé ou possédé par un seigneur, avant le 4 août 1789, ne dérive ni d'un bail à fief, ni d'un bail à cens, donc il n'est pas supprimé.

Non, il n'est pas supprimé par la loi du 17 juillet 1793; mais s'il dérive, ou de la puissance féodale, ou de la justice seigneuriale, il est supprimé par les lois du 4 août 1789; et sa suppression, dans cette hypothèse, n'est pas seulement plus ancienne, elle est encore plus favorable, parce qu'elle porte un caractère éminent de justice et de raison, auquel il est impossible à tout bon esprit de résister, ni de se méprendre.

» Or, est-ce de la puissance féodale, est-ce de la justice seigneuriale, que dérive le droit dont il est ici question? Incontestablement c'est de l'une ou de l'autre qu'il dérive, si on ne peut lui indiquer une autre source.

» Mais cette autre source, quelle serait-elle? De deux choses l'une : ou les seigneurs du Hainaut tenaient ce droit de leur puissance féodale, de leur haute-justice, ou ce droit était pour eux une dérivation de la propriété foncière. Il n'y a point de milieu entre ces deux propositions alternatives.

Or, nous l'avons déjà dit, il est prouvé par l'art. 13 du chap. 122 des *chartes générales*, que les seigneurs du Hainaut n'étaient point propriétaires fonciers des mines de charbon de terre. Ce n'est donc pas de la propriété foncière de ces mines que découlait pour eux le droit exclusif qu'ils avaient d'en permettre l'exploitation; ce droit exclusif ne pouvait donc découler pour eux que de la puissance féodale, que de la haute-justice ; c'est donc aussi de la puissance féodale, c'est donc aussi de la haute-justice, que découlait pour eux la redevance qui leur était payée pour prix de l'exercice qu'il faisaient en faveur de tels ou tels, de ce droit exclusif; cette redevance a donc été supprimée en même temps que le droit exclusif dont elle dérivait, en même temps que la puissance féodale et la haute-justice, desquelles dérivait ce droit exclusif.

» Ces conséquences, déjà si évidentes par elles-mêmes, acquerront un nouveau degré de lumière par le rapprochement des dispositions des chartes générales du Hainaut sur les mines, avec les principes du droit naturel et commun sur la même matière.

» Par le droit naturel, les mines qui existent dans un terrain font partie du terrain même ; et il est libre au propriétaire du fonds d'en extraire les substances minérales, comme il lui est libre d'en couper l'herbe, comme il lui est libre de le cultiver, comme il lui est libre d'en recueillir les fruits.

» Cette maxime du droit naturel a été de tout temps reconnue par le droit commun positif.

» Sous la république romaine, et du temps des premiers empereurs, les mines étaient entièrement *de droit privé;* le propriétaire foncier en avait le domaine libre, indépendant, absolu; en un mot, il les possédait *optimo jure,* comme le fonds qui les recélait dans son sein. La loi 7, §. 17, D. *soluto matrimonio,* les lois 2 et 6, D. *acquirendo rerum dominio,* et le §. 19, aux Institutes, *de rerum divisione,* sont là-dessus très-formels.

» Dans la suite, les mines furent considérées comme des objets *de droit public;* non que les empereurs s'en soient jamais attribué la propriété : aucun texte du code Théodosien ni du code Justinien, qui ont des titres entiers sur cette matière, ne le prononce; tous, au contraire, y répugnent. Mais cette partie de la richesse de l'état parut assez intéressante pour que l'état lui-même s'en réservât la police, et assez fructueuse pour qu'il en partageât le profit avec les particuliers.

» C'est de ce double point de vue que sont parties toutes les lois des empereurs.

» Les unes, telles que les lois 1re, 2e, 8e, 13e et 14e C. Théod., et les 1re, 3e et 6e C. *de metallariis,* concernent le régime des mines; elles donnent, refusent, modifient le pouvoir de les exploiter.

» Les autres, telles que les lois 3, 4, 10 et 11, C. Théod., et les lois 1, 2, 5, C. du même titre, déterminent le droit dû au fisc sur les produits des mines, et en règlent la perception.

» Ce droit était le dixième. Une administration, sous le nom de *procuratores metallorum,* ou intendans des mines, était chargée de le recueillir dans les provinces, et de le verser dans la caisse d'un magistrat supérieur, appelé *comes metallorum,* surintendant des mines. Le prince ne se réservait au-delà de cette prestation, que le droit d'obliger l'exploitant qui vendait les produits de ses mines, à les vendre de préférence au gouvernement : *Quid quid amplius colligere potuerint, fisco potissimùm distrahant, à quo competentia ex largitionibus nostris pretia suscipiant.* Ce sont les termes de la loi 1, C., titre déjà cité.

» Aucune de ces lois, au surplus, ne contrarie le droit du propriétaire, au point de donner à un étranger la faculté de venir, malgré lui, fouiller les mines qui existent dans son fonds.

» A la vérité, on trouve dans le code Théodosien, toujours sous le titre de *metallariis,* quatre lois qui permettent à tout le monde indistinctement de fouiller les mines de marbre, même dans les terrains des particuliers, et n'assujétissent l'extracteur envers ceux-ci qu'au payement d'un dixième pareil à celui qu'il devait payer au fisc.

» Mais cette disposition, par cela seul qu'elle était particulière aux mines de marbre, formait évidemment une exception à la règle générale, et elle prouve par conséquent que la règle générale était différente pour les autres mines.

» Aussi remarquons-nous qu'elle ne fut, relativement aux mines de marbre elles-mêmes, que le fruit de circonstances et de besoins momentannés, et qu'elle fut ou révoquée ou remise en vigueur, suivant que ces circonstances ou ces besoins cessaient ou renaissaient.

» Constantin et Théodose, auteurs des lois 1, 10 et 11 du titre cité, y consignèrent cette disposition, pour parvenir avec plus de facilité à l'embellissement de Constantinople, devenue la capitale de l'empire d'Orient. Julien la renouvela par la loi du 2 du même titre, pour embellir Antioche, dont il voulait, disait-il, faire une ville de marbre. Et le même Théodose qui, par les lois 10 et 11, avait permis indéfiniment à tous les particuliers la fouille des marbres, leur retira cette permission par la loi 13.

» Il faut d'ailleurs observer que les quatre lois dont il s'agit ne disent point que la propriété des mines réside dans la main des empereurs; qu'il en résulte seulement qu'aux empereurs appartient le droit d'en diriger l'exploitation pour le plus grand avantage de l'état; qu'elles ne dépouillent même pas le propriétaire du droit d'exploiter les mines cachées dans son propre fonds; qu'en accordant *à tout le monde* le droit de les fouiller *partout,* elles conservent, à plus forte raison, au propriétaire, le droit de fouiller les siennes chez lui; et que conséquemment elles supposent que ce ne sera qu'à son refus, qu'un étranger pourra s'en emparer, en l'indemnisant.

» Ainsi, dans le dernier état des lois romaines, la propriété des particuliers sur les mines était constante : le droit nominal d'un dixième sur leurs produits, le droit de police sur leur exploitation, telles sont les seules restrictions que cette propriété ait essuyées de la part des empereurs; et il faut convenir que rien n'était plus propre à concilier l'intérêt du gouvernement, qui voulait que les mines ne demeurassent pas inutiles, avec l'intérêt de la propriété privée, qui voulait que chacun pût tirer de sa chose tout le profit dont elle était susceptible.

» Les monumens les plus reculés de notre histoire nous offrent les mêmes principes constamment suivis par le gouvernement français. Déjà nous avons vu que, sous Dagobert 1er, l'état retirait des mines une rétribution qui était qualifiée de *cens,* quoiqu'alors on ne connût encore ni fief, ni seigneurie, ni justice seigneuriale; et c'est assurément une preuve bien claire que les rois de la première race, en adoptant sur cet objet toutes les dispositions du droit romain qu'ils avaient trouvées en pleine vigueur dans les Gaules, avaient maintenu les propriétaires fonciers dans le droit d'exploiter librement les mines cachées dans leurs terres.

» Cependant on voit, par l'ordonnance de Charles VI, de 1413, la plus ancienne de toutes celles que nous avons sur cette matière, que les seigneurs cherchaient dès-lors à s'approprier le droit exclusif de fouiller ou permettre de fouiller les mines existantes dans les fonds de leurs vassaux ou censitaires; mais on y voit en même temps que, dès-lors, le gouvernement s'efforçait de réprimer leurs entreprises et de protéger contre eux les propriétaires fonciers.

» Cette ordonnance a trois objets :

» Le premier, de garantir des vexations des seigneurs *les marchands et maîtres de tréfonds des mines*, c'est-à-dire, les propriétaires qui exploitent par eux-mêmes les mines de leurs terrains, « pour ce afin que dorénavant ils puissent
» ouvrir continuellement sans en être empêchés
» ou troublés en leurs ouvrages, et ouvrer fran-
» chement et sûrement, tant comme ils voudront
» ouvrer icelles mines; »

» Le second, de réserver au gouvernement *la dixième partie purifiée de tous métaux* ;

» Le troisième, d'assurer *à tous mineurs* la fa-
» culté de « quérir, ouvrer et chercher mines par
» tous les lieux où ils penseront en trouver, et icel-
» les traire et faire ouvrer, et vendre à ceux qui
» les feront ouvrer et fondre, en payant à nous no-
» tre dixième franchement, et en faisant certifica-
» tion, ou contenter à celui ou à ceux à qui lesdites
» choses seront ou appartiendront au dit de deux
» prud'hommes. »

» Cette dernière disposition, absolument calquée sur les lois du code que nous examinions n'y a qu'un moment, présente absolument le même résultat. Si elle donne à tout le monde indistinctement le droit de fouiller les mines d'autrui, à plus forte raison confirme-t-elle au propriétaire foncier le droit de fouiller les siennes; ce n'est même qu'au propriétaire foncier que peut s'appliquer la clause qui permet de « vendre les mines à ceux qui les
» feront ouvrer, c'est-à-dire, aux mineurs, mar-
» chands ou maîtres de mines, » que l'ordonnance distingue des *maîtres de tréfonds;* ce sont ceux-ci qui vendent les mines, et les premiers qui les font *ouvrer et fondre.*

» A cette ordonnance en succède, dans l'ordre chronologique, une autre beaucoup plus célèbre : c'est celle que Louis XI donna en 1471 à Montil-lès-Tours, et que le parlement de Paris enregistra, le 14 juillet 1475.

» Par cette loi, Louis XI crée, en titre d'office, un grand maître des mines, à qui il attribue, entre autres droits, celui de rechercher, par lui-même et par ses commis, toutes les mines qui existent en France, et de les faire ouvrer, non-seulement dans les terres du domaine, mais encore dans celles des

particuliers et des seigneurs, en payant l'indemnité aux *tréfonciers.*

» Et il ne faut pas croire que, par-là les propriétaires soient dépouillés des mines renfermées dans leurs fonds, ainsi que du droit de les exploiter, et qu'ils n'aient à réclamer contre les concessionnaires qu'une simple indemnité. L'ordonnance elle-même leur conserve à la fois et leur propriété et leur droit d'exploitation : elle porte que, lorsqu'une mine aura été découverte par les agens du grand-maître, il sera, à compter du jour de la signification qui en sera faite au propriétaire du fonds, accordé à celui-ci un délai de six mois pour se mettre en état de l'exploiter lui-même. A son défaut, le droit d'exploitation est donné à son seigneur immédiat; au défaut de ce dernier, au seigneur suzerain; enfin, au défaut de tous, au grand-maître.

» L'édit de Henri IV, du mois de juin 1601, décide également en faveur des propriétaires fonciers la question de la propriété des mines. Il annonce, dans son préambule, que les ordonnances antérieures, la création d'un surintendant ou grand-maître, le réglement de ses fonctions, de ses priviléges et de ses droits, n'ont eu pour but que d'éveiller l'activité des propriétaires, et de les exciter à exploiter leurs mines. Ensuite, par l'art. 1er, Henri IV retire à lui et sa couronne le droit de dixième sur les mines, abondonné jusqu'alors aux intendans. Par l'art. 2, particulier aux mines de fer, de charbon et de quelques autres substances terrestres, le roi, *par amour pour ses bons sujets propriétaires des lieux*, les exempte du dixième. Par l'art. 3, commun à toutes les mines en général, les propriétaires qui veulent les exploiter, sont assujétis à prendre la permission du grand-maître. Tout cela prouve encore bien clairement que la propriété foncière des mines n'a jamais été séparée de la propriété des surfaces; et que les propriétaires de celles-ci n'ont jamais eu besoin, pour exploiter celles-là, que de la permission du gouvernement, permission dont la nécessité tient à la police, et nullement à la propriété.

» Ce que contient sur les mines de fer l'ordonnance du mois de mai 1680, n'est pas moins décisif. Cette loi a su réunir le double avantage d'assurer la propriété des mines de fer aux maîtres du sol, et d'empêcher que le défaut d'usage de cette propriété ne tournât au préjudice de l'état, à qui il importe que ces mines soient exploitées. Le moyen qu'elle a adopté est simple. Le propriétaire a la préférence pour l'exploitation : ce n'est que sur son refus juridiquement constaté, que le droit d'exploiter est donné à un autre; et celui-ci est tenu de l'indemniser, en lui payant un sou par chaque tonneau de minerai de cinq cents livres pesant. Du reste, cette loi ne déroge pas, même pour le propriétaire qui veut exploiter personnellement ses mines, à la règle précédemment établie pour la nécessité de l'obtention préalable de la permission du gouvernement.

» Cette règle fut, pour un temps, abrogée, relativement aux mines de charbon de terre, par un arrêt du conseil du 13 mai 1698, qui permit aux propriétaires d'exploiter librement les mines de cette nature qui se trouvaient dans leurs terrains.

» Mais par un autre arrêt du conseil, du 14 janvier 1744, renouvelé par un troisième du 19 mars 1783, le gouvernement annonça qu'il était « informé » que les dispositions de l'édit de 1601 et de l'arrêt » de 1698 étaient presque demeurées sans effet, » soit par la négligence des propriétaires à faire la » recherche et l'exploitation desdites mines, soit » par le peu de faculté et de connaissance de la part » de ceux qui avaient tenté de faire sur cela quelque » entreprise; que d'ailleurs la liberté indéfinie laissée aux propriétaires par l'arrêt de 1698, avait » fait naître, en plusieurs occasions, une concurrence entre eux, également nuisible à leurs entreprises respectives. En conséquence, il fut dit » qu'à l'avenir personne ne pourrait ouvrir et mettre en exploitation des mines de houille ou charbon » de terre, sans avoir préalablement obtenu une » permission du contrôleur-général des finances, » soit que ceux qui voudraient faire ouvrir et exploiter lesdites mines, fussent seigneurs hauts-» justiciers, ou qu'ils eussent la propriété des terrains où elles se trouveraient. »

» Tel était, par rapport aux mines de charbon, l'état de la législation française, lorsque l'assemblée constituante s'occupa de l'abolition des droits seigneuriaux. Alors, comme vous le voyez, les droits des propriétaires fonciers sur les mines étaient reconnus, étaient intacts, étaient consacrés par des lois expresses. Seulement l'exercice en était subordonné à une précaution de pure police, qui ne tendait qu'à rendre leur propriété plus utile à eux-mêmes et à l'état. Seulement aussi dans un très-petit nombre de coutumes, notamment dans celle du Hainaut, dont une partie était déjà réunie à la France depuis plus d'un siècle, et dans laquelle existaient des mines de charbon de terre aussi riches que nombreuses, la permission du gouvernement ne suffisait pas, soit à un propriétaire, soit à un concessionnaire du gouvernement qui avait traité avec un propriétaire, pour exploiter les mines existantes dans le terrain de celui-ci : il fallait de plus le consentement du seigneur; et ce consentement, le seigneur pouvait le refuser, en ouvrant et exploitant lui-même les mines dont le gouvernement avait autorisé l'ouverture et l'exploitation.

» C'est ainsi que l'usage et la jurisprudence avaient accordé et concilié les dispositions des coutumes qui donnaient aux seigneurs le droit exclusif d'ouvrir et d'exploiter les mines, avec les réglemens généraux qui avaient interdit toute ouverture et exploitation des mines sans la permission préalable du gouvernement; et nous en trouvons la preuve dans quatre arrêts du conseil, des 14 octobre 1749, 3 décembre 1754, 18 mars 1755 et 20 janvier 1756, qui ont autorisé le prince de Croy, le marquis de Cernay et le chapitre de Saint-Géry de Valenciennes, à exploiter les veines de charbon existantes dans leurs seigneuries respectives du Vieux-Condé, de Raismes et de Saint-Waast, nonobstant la concession que le gouvernement en avait précédemment faite au vicomte Desandroin, en vertu du réglement de 1744 (1).

» C'est ce que prouve également un arrêt du conseil, du 12 mai 1771, qui, malgré une concession faite par le gouvernement à la compagnie David, d'après le même réglement, a permis au conseiller-d'état Foulon d'exploiter indistinctement toutes les mines de charbon qui se trouveraient dans sa seigneurie de Douai, régie par la coutume d'Anjou, dont l'art. 6 renferme implicitement, pour les mines autres que celles d'or, une disposition semblable à celle des art. 1 et 2 du chap. 130 des chartes générales du Hainaut.

» Ainsi, à l'époque de l'abolition du régime féodal, les propriétaires fonciers et ceux qui étaient à leurs droits ne pouvaient, ni en Hainaut, ni en Anjou, se passer du consentement des seigneurs hauts-justiciers pour ouvrir et exploiter les mines renfermées dans leurs fonds; et l'on sent bien que les seigneurs ne manquaient jamais de mettre un prix quelconque à ce consentement.

» Ce prix, ils pouvaient l'exiger de deux manières : ou en une somme une fois payée, ou en une redevance à prendre sur les produits de l'exploitation, et c'est de cette seconde manière qu'ils l'exigeaient habituellement en Hainaut (2) : de là le droit d'entre cens.

» Ce droit a-t-il pu survivre à l'abolition du régime féodal? L'art. 22 du tit. 2 de la loi du 15-28 mars 1790 va répondre à cette question : « Tous » droits (porte-t-il) exigés sous prétexte de permis-» sions données par les seigneurs pour exercer des » professions, arts ou commerces, ou pour DES AC-» TES QUI, PAR LE DROIT NATUREL ET COMMUN, SONT » LIBRES A TOUT LE MONDE, sont supprimés sans » indemnité. »

» Très-certainement, par le droit naturel et commun, l'ouverture et l'exploitation d'une mine étaient des actes libres à tout le monde sur son propre fonds ou sur le fonds du propriétaire qui y consentait. Il est vrai que le gouvernement avait restreint cette liberté indéfinie; mais la restriction qu'il y avait apportée n'intéressait que la police générale; elle n'était nullement relative à l'intérêt des seigneurs; et il demeure toujours bien constant que,

(1) Ces arrêts ont été suivis d'un autre non moins remarquable, du 1er mai 1759. V. ci-après. §. 4.

(2) Ils stipulaient aussi quelquefois des redevances en argent. V. l'arrêt du conseil, du 6 juillet 1787, dont il est parlé ci-après. §. 4.

respectivement aux seigneurs, l'ouverture et l'exploitation des mines étaient, par le droit naturel et commun, des opérations parfaitement libres, puisque, par le droit naturel et commun, chacun pouvait, à cet égard, dire aux seigneurs : Je n'ai pas besoin de votre permission; peu vous importe, par conséquent, que le gouvernement m'ait ou ne m'ait pas accordé la sienne : cela vous est étranger, cela doit vous être indifférent; *quoad te liberas œdes habeo.*

» Donc les permissions qui, avant l'abolition du régime féodal, avaient été obtenues des seigneurs pour ouvrir et exploiter des mines, étaient des « permissions données pour des actes libres à tout » le monde par le droit naturel et commun : *donc* » *les droits exigés sous prétexte de ces permissions* » *sont supprimés sans indemnité ; donc le droit* » *d'entre-cens n'existe plus.* »

» N'oublions pas d'ailleurs le motif sur lequel s'est fondé le comité féodal de l'assemblée constituante, pour proposer l'abolition des droits compris dans la disposition générale de l'article que nous venons de citer. « C'est un principe constant » en droit (a-t-il dit) qu'il ne peut pas y avoir de » contrat sans cause juste et licite ; et qu'un con- » trat qui était obligatoire dans son origine, parce » qu'il avait une cause, cesse de l'être dès que la » cause a cessé. » Vous voyez que ce principe reçoit ici une application directe et entière. Le droit d'entre-cens a été établi par un contrat qui avait pour cause la permission accordée par le seigneur d'ouvrir et d'exploiter une mine de charbon, et de laquelle ce droit formait le prix. Sans doute, à l'époque de la passation de ce contrat, le seigneur était bien le maître de vendre ainsi sa permission, et par conséquent nulle difficulté sur la validité originaire de ce contrat. Mais aujourd'hui que tous les citoyens n'ont plus besoin, pour exploiter une mine, que de l'autorisation du gouvernement; aujourd'hui que les entrepreneurs qui se sont soumis au droit d'entre-cens, ne jouissent plus de leurs mines par l'effet de la permission du seigneur, il n'y a plus, il ne peut plus y avoir de raison pour que le seigneur exige encore d'eux le salaire de cette permission ; et conséquemment le contrat par lequel ce salaire lui a été accordé, se trouve résolu par la cessation de sa cause.

» Nous arriverons au même résultat, si, en nous arrêtant toujours à la loi du 15-28 mars 1790, nous pesons bien les termes de l'art. 38 de son deuxième titre : « Les preneurs à rente d'anciens droits abo- » lis ne pourront demander qu'une réduction pro- » portionnelle des redevances dont ils sont char- » gés, lorsque les baux contiendront, outre les » droits abolis, des bâtimens immeubles ou autres » droits dont la propriété est conservée.....; ET , » DANS LE CAS OU LES BAUX A RENTE NE COMPREN- » DRAIENT QUE DES DROITS ABOLIS, LES PRENEURS SE- » RONT DÉCHARGÉS DES RENTES. »

» Pour sentir avec quelle justesse cette disposi-

TOME V.

tion s'applique à la cause actuelle, plaçons-nous dans l'hypothèse la plus favorable aux ci-devant seigneurs du Hainaut: supposons que le droit *d'entre-cens* n'ait été originairement pour eux qu'une rente foncière : au moins, dans cette hypothèse, devra-t-on convenir que l'acte par lequel ils l'ont stipulé doit être considéré, à leur égard, comme un *bail à rente* du droit exclusif qui leur appartenait d'extraire du sein de la terre les substances minérales qu'elle renfermait dans son sein.

» Or, ce droit exclusif ne leur appartient plus, il est aboli; la matière du bail à rente est donc détruite; la rente n'a donc plus de cause; elle est donc supprimée, et c'est la loi elle-même qui le dit expressément : « Dans le cas où les baux à rente ne » comprendraient que des droits abolis, les pre- » neurs seront déchargés des rentes. »

» Il est vrai que, dans notre espèce, le preneur jouit encore du droit qui lui a été concédé, moyennant une rente; mais ce n'est pas en vertu de la concession qu'il continue d'en jouir : il ne continue d'en jouir que par la munificence de la loi; il ne continue d'en jouir que par la puissance d'un *droit commun à tous les citoyens.* C'est ainsi que, si, avant 1789, j'ai pris à rente le droit de chasser sur ma propriété, ou le droit de pêcher dans une rivière non-navigable qui arrose mon domaine, je n'en suis pas moins aujourd'hui déchargé envers lui de la redevance qu'il m'avait imposée, quoique je continue de jouir des droits de chasse et de pêche qui m'ont été arrentés.

» Si de la loi du 15-28 mars 1790, nous passons à celle du 13-20 avril 1791, concernant les droits de justice seigneuriale, la chose deviendra encore plus sensible.

» Les deux premiers articles du chap. 130 des chartes générales du Hainaut nous apprennent que le droit exclusif des seigneurs à l'ouverture et à l'exploitation des mines n'était, dans leurs mains, qu'un attribut de la haute-justice. Or, comment, d'après cela, le droit d'entre-cens pourrait-il n'être pas aboli?

» D'une part, il a certainement existé des mines avant qu'il existât des seigneuries : il est donc impossible de considérer les mines comme des concessions seigneuriales; et par conséquent les droits que les seigneurs ont perçus jusqu'en 1789, sur le produit des mines, n'étaient ni le prix, ni l'émanation, ni la modification d'une propriété concédée par eux aux entrepreneurs de l'extraction des substances minérales;

» D'un autre côté, les justices seigneuriales n'étaient, dans leur origine, que des fonctions publiques confiées en sous-ordre par le fonctionnaire suprême, par le chef du gouvernement, à des magistrats subalternes ; devenues héréditaires par la force, elles n'ont pas perdu pour cela leur nature primitive et originelle de fonctions publiques ; dès-lors elles n'ont jamais pu prendre le caractère d'une propriété; et, si elles n'ont jamais eu ce caractère, elles n'ont jamais pu, à plus forte raison, le transmettre aux objets sur lesquels elles s'exerçaient; jamais, par conséquent, un seigneur haut-justicier n'a pu se considérer comme propriétaire, soit de sa justice, soit des mines soumises à sa justice; jamais il n'a eu sur les mines qu'un droit ou plutôt un *pouvoir* de police et de surveillance; et certainement le pouvoir de surveiller, d'administrer une chose, n'emporte ni la propriété de cette chose, ni un droit incommutable aux émolumens de son administration.

» Aussi avez-vous vu que les chartes générales elles-mêmes ne considéraient pas les mines comme des propriétés foncières dans la main des seigneurs hauts-justiciers : l'art. 13 du chap. 122 en renferme une preuve irrésistible.

» Et dès-là il est bien évident que l'abolition des justices seigneuriales a dû entraîner l'abolition des droits que les seigneurs hauts-justiciers s'étaient attribués sur le produit des mines, puisque ces droits étaient nécessairement des émanations de leurs justices, et que, par l'article 20 du tit. 1 de la loi du 13-20 avril 1791, il est dit que « généralement tous » les droits dépendans de la justice seigneuriale ont » été abolis sans indemnité par les décrets du 4 août » 1789. »

» Un nouveau trait de lumière vient encore se joindre à cette démonstration, par la lecture de la loi du 12-28 juillet 1791, concernant les mines.

» Par cette loi, l'assemblée constituante a renouvelé la plupart des dispositions des anciens réglemens sur cette matière importante.

» Elle a déclaré, non pas comme le disent les demandeurs, que « les mines appartiennent à la » nation, mais qu'elles sont à sa disposition, en ce » sens seulement qu'elles ne peuvent être exploi- » tées que de son consentement et sous sa surveil- » lance.

» Elle a déclaré, que les propriétaires de la surface auraient toujours « la préférence et la liberté » d'exploiter les mines qui pourraient se trouver » dans leurs fonds, et que la permission ne pour- » rait leur en être refusée, lorsqu'ils la demande- » raient.

» Elle a déclaré enfin que les anciens concessionnaires seraient maintenu pendant cinquante ans, dans leurs exploitations.

» Mais qu'a-t-elle fait en faveur des ci-devant seigneurs qui, dans le Hainaut français et dans l'Anjou, avaient traité avec les anciens concessionnaires, et avaient, moyennant une redevance quelconque, consenti à ce qu'ils jouissent de l'effet de leurs concessions? Rien; elle n'en a même point parlé. Et pourquoi n'en a-t-elle point parlé? Est-ce par oubli? Mais il y avait dans son sein des membres très-intéressés à l'en faire souvenir. On y comptait notamment le duc de Croy et le comte d'Aremberg de Lamarck, tous deux députés du Hainaut

français, tous deux ci-devant seigneurs de terres considérables, dans l'étendue desquelles s'exploitaient des mines célèbres encore aujourd'hui dans toute la France (1); et il est bien notoire que l'un d'eux, le comte d'Aremberg de Lamarck, avait avec Mirabeau, qui a paru avec tant d'éclat dans la discussion de cette loi, des liaisons extrêmement intimes. On ne peut donc pas supposer que le silence de l'assemblée constituante sur les prétendus droits des ex-seigneurs du Hainaut sur les mines, soit l'effet d'un oubli. Ce silence ne peut avoir en et n'a eu réellement qu'une seule cause : c'est-qu'alors il n'existait plus en Hainaut, ni seigneurs, ni seigneuries, ni justices seigneuriales, ni droits seigneuriaux ou justiciers.

» Le procès, terminé par cette loi, était tout entier entre l'état et les propriétaires des fonds où il se trouvait des mines. Ce n'est qu'entre ces deux parties que l'assemblée constituante a prononcé; et il est, d'après cela, bien impossible que l'assemblée constituante, en maintenant sous certaines réserves, les anciennes concessions *dans toute leur étendue*, ait eu la pensée de conserver à ceux des ci-devant seigneurs de qui provenaient quelques-unes de ces concessions, les redevances qu'ils s'étaient retenues, lorsqu'ils les avaient accordées. En maintenant ces concessions, l'assemblée constituante ne s'est occupée que des concessionnaires : c'est pour eux seuls qu'elle les a maintenues; et elle les a maintenues, non pour les assujétir de nouveau à des charges dont elle les avait précédemment affranchis, mais pour les laisser jouir pendant un certain temps, du fruit de leurs dépenses et de leurs travaux.

» Nous disons que l'assemblée constituante avait précédemment affranchi les concessionnaires, des droits de cens et d'entre-cens qu'ils avaient payés aux seigneurs jusqu'en 1789; et en effet, l'abolition de ces droits était prononcée par deux dispositions différentes, lorsque fut rendu, dans la séance du 27 mars 1791, le décret sur les mines, qui a été refondu dans la loi du 12-28 juillet suivant.

» Elle était prononcée, comme nous l'avons vu, par l'art. 22 du tit. 2 de la loi du 15-28 mars 1790, qui avait supprimé « tous les droits exigés sous pré- » texte de permissions accordées par les seigneurs » pour des actes libres à tout le monde par le droit » naturel et commun.

» Elle était encore prononcée par le décret

_____

(1) J'ai appris depuis qu'ils étaient tous deux intéressés dans l'exploitation de ces mines; mais l'argument que je tire ici de leur présence dans l'assemblée constituante n'en subsiste pas moins; car leur mise dans cette exploitation avait en partie consisté dans la cession qu'ils avaient faite, aux entrepreneurs, de leur droit *d'avoir en terre non extrayé*. D'ailleurs, les seigneurs hauts-justiciers du Maine et de l'Anjou avaient aussi leurs députés dans l'assemblée constituante.

rendu, comme le prouve le procès-verbal de l'assemblée constituante, dans la séance du 21 février 1791, et dont on a ensuite fait l'art. 20 du tit. 1 du décret du 13 avril de la même année, portant suppression de *tous les droits dépendans de la justice seigneuriale*, sans exception quelconque.

» Qu'importe, au surplus, que la partie ci-devant autrichienne du Hainaut ne fût pas encore réunie au territoire français, lorsqu'a été rendu le décret sur les mines? On ne peut tirer de là aucune conséquence pour faire maintenir, dans la partie ci-devant autrichienne du Hainaut, des droits qui, à l'époque où a été rendu ce décret, avaient été reconnus ne plus exister dans la partie française de la même contrée; des droits qui, dès-lors, étaient depuis long-temps supprimés dans celle-ci, par le seul effet des lois du 4 août 1789; des droits enfin dont l'abolition est devenue commune à la partie ci-devant autrichienne du Hainaut, par la publication qui y a été faite, non-seulement des lois du 4 août 1789, mais encore de celles du 18-28 mars 1790 et du 13-20 avril 1791.

» Et vainement vient-on vous dire, que, par l'abolition du régime féodal, les ci-devant seigneurs du Hainaut ont bien perdu, pour l'avenir, le droit *d'avoir en terre non extrayé*, c'est-à-dire, le droit exclusif qu'ils avaient de consentir à l'ouverture et à l'exploitation des mines; mais qu'ils n'ont pas perdu les fruits qui leur étaient alors acquis de l'exercice de ce droit; qu'il en doit être de leur droit *d'avoir en terre non extrayé*, comme de leur droit de déshérence; que, malgré la suppression de leur droit de déshérence, ils conservent les biens qui leur étaient échus à ce titre, pendant le régime féodal; qu'il conservent de même leurs rentes non féodales ni censuelles qu'ils s'étaient réservées sur ces biens en les aliénant; qu'ils doivent par conséquent conserver aussi les droits d'entre-cens qui leur ont été constitués pour prix de la concession qu'ils ont faite de l'exercice de leur droit *d'avoir en terre non extrayé*.

« Cette objection ne roule que sur une mauvaise équivoque. Oui sans doute, les seigneurs qui ont concédé, moyennant des rentes purement foncières, les biens qui leur étaient échus, pendant le régime féodal, doivent encore aujourd'hui percevoir ces rentes, comme ils les percevaient avant 1789; mais pourquoi? Parce que ces rentes sont pour eux le prix de biens dont la possession corporelle et la propriété foncière leur étaient acquises antérieurement à l'abolition de la féodalité; parce que ces biens étaient pour eux des fruits de leur haute-justice; et qu'en supprimant leur haute-justice pour l'avenir, la loi n'a ni voulu ni pu leur ôter les fruits que cette haute-justice avait produits avant sa suppression.

» Mais le droit *d'entre-cens*, de quoi était-il le prix pour les ci-devant seigneurs? Il était pour eux le prix d'une simple permission d'ouvrir et d'exploiter des mines qui ne leur appartenaient pas; il était pour eux le prix de l'exercice de leur droit de

police spéciale sur cette partie des richesses de leur territoire; il était pour eux, ce qu'était pour les empereurs romains et pour nos rois, le dixième que les uns et les autres se réservaient sur le produit des mines dont ils autorisaient l'ouverture; il était pour eux ce qu'est aujourd'hui pour le gouvernement, d'après l'art. 6 de l'arrêté des consuls, du 23 germinal an 11, la *contribution* (remarquez bien ce terme, c'est celui de l'arrêté même), la *contribution* sur les charbons extrait des mines, qui est réservée au profit de l'État, par les arrêtés particuliers portant permission de les extraire; en un mot, il était pour eux, non un droit foncier et représentatif d'une concession de fonds, mais un droit de justice, un droit qu'ils percevaient comme hauts-justiciers, et non comme propriétaires.

» Mais, dit-on encore, par le seul fait de la découverte des mines dont ils ont permis l'ouverture, les ci-devant seigneurs avaient acquis la possession réelle des matières qu'elles contenaient; cela résulte de l'art. 2 du chap. 130 des chartes du Hainaut, lequel déclare que, par *l'avoir en terre non extrayé*, compris par l'art. 1 au nombre des attributs de la haute-justice, *sont entendues* CHOSES TROUVÉES *en terres, comme charbons, pierres et semblables*; ainsi, le ci-devant seigneur qui a permis l'ouverture d'une mine, a concédé une chose qui, par la découverte qu'on en avait faite, était devenue un fruit de sa haute-justice, et qui par conséquent lui appartenait foncièrement; dès-lors, point de différence entre la rente foncière qu'un ex-seigneur s'est réservée sur un bien-fonds qui lui était échu par déshérence avant 1789, et le droit d'entre-cens qu'il s'est réservé sur une mine découverte avant la même époque.

» Cette objection n'est pas plus difficile à résoudre que la précédente. Il suffirait même, pour la faire entièrement disparaître de nous rappeler que l'art. 14 du chap. 122 des chartes générales repousse invinciblement toute idée de propriété foncière des mines, soit dans la personne du seigneur qui en a permis l'exploitation, soit dans la personne du concessionnaire qui les exploite en vertu de cette permission.

» Mais s'il faut répondre directement à l'art. 2 du chap. 130 des mêmes lois, nous dirons que, par les mots *choses trouvées en terre*, cet article n'entend pas les choses simplement découvertes; mais les choses appréhendées réellement; et c'est une vérité facile à établir.

» Il est des choses qui, par le droit commun, appartiennent à celui qui les trouve; car, trouver une chose, c'est une manière de l'occuper, et on sait que l'occupation est un des moyens d'acquérir établis par le droit naturel comme par le droit positif. Or, pour être censé avoir trouvé une de ces choses, suffit-il de l'avoir découverte?

» Non, il faut l'avoir appréhendée. *Inventio* (dit Voët, sur le digeste, titre *De acquirendo rerum dominio n° 9), invento quoque occupationis species est , ad quam non suffìcit quod quis rem viderit , aut sciat quo in loco sit , sed necesse est ut loco moverit seu apprehenderit , eo quod dominium rerum à naturali possessione cœpit.*

« La loi 3, § 3, D. *De acquirendâ vel amittendâ possessione,* justifie parfaitement cette doctrine. Pour acquérir, dit-elle, la possession d'un trésor caché dans le fonds d'autrui, il ne suffit pas de savoir qu'il y existe, il faut l'appréhender de fait et le déplacer. *Quidam putant Sabini sententiam veriorem esse, nec aliàs eum qui scit, possidere, nisi si loco motus sit ; quia non sit sub custodiâ nostrâ : quibus consentio ;* et Godefroy, dans sa note sur ce texte, en tire la conséquence que *res non dicitur inventa, nisi apprehensa sit.*

» Si la simple découverte d'une mine n'en a pas acquis la propriété au ci-devant seigneur, si le ci-devant seigneur n'a acquis, par là, que le droit d'ouvrir et d'exploiter la mine, bien évidemment le ci-devant seigneur n'a pu devenir propriétaire des substances dont la mine était composée, qu'au fur et à mesure de l'extraction qu'il en a faite. Et par la même raison, si, au lieu de l'ouvrir et de l'exploiter lui-même, il en a permis l'ouverture et l'exploitation à un tiers, ce n'est que par l'extraction des substances minérales, que celui-ci a pu en acquérir la propriété. La loi 6, D. *De donationibus,* est là-dessus très-formelle. Si vous m'avez permis gratuitement de tirer des pierres de votre fonds, ces pierres m'appartiendront dès le moment où elles auront été extraites, soit par moi, soit par mes ouvriers; parce que l'extraction que j'en aurai faite de votre consentement, équipollera de votre part à une tradition actuelle. *Qui saxum mihi eximere de suo permisit donationis causâ, statim cùm lapis examptus est , meus fit : neque prohibendo me evehere, efficit ut meus esse desinat ; quia quodammodo traditione meus factus est. Planè ut mercenarius meus exemit, mihi exemit.* Mais si je vous ai vendu ou affermé le droit de tirer des pierres de mon fonds, ces pierres resteront dans ma propriété, tant que vous ne les aurez pas extraites. *Sed si is qui à me emerat, sive mercede conduxerat, ut paterer eum sibi jure eximere, si antequam eximat, me pœnituerit, meus lapis durat.*

» Autre objection. Par l'art. 14 du chap. 122 des chartes générales, il est dit que *le droit d'entre-cens est réputé héritage,* c'est-à-dire, *immobilier.* Assurément si ce droit n'était, comme vous le prétendez, qu'un droit de justice, il eût été bien inutile que le législateur le rangeât expressément dans la classe des immeubles incorporels. On savait assez que telle devait être la nature des droits inhérens à une haute-justice. Or, on ne doit pas supposer que le législateur ait rien dit de superflu. Donc, c'est aller contre son intention, que de considérer le droit d'entre-cens comme un droit de haute-justice.

» Deux réponses.

» 1° Il importerait peu que les rédacteurs des char-

tes générales se fussent trompés sur le caractère du droit d'entre-cens. Leur méprise, à cet égard, ne pourrait pas soustraire à l'empire des lois qui ont aboli tous les droits de justice, un droit qui serait véritablement de cette nature.

» 2° De quelque manière qu'on envisage le droit d'entre-cens, on trouvera toujours un pléonasme dans l'article dont il s'agit. Car, point de milieu ; ou le droit d'entre-cens qu'un seigneur se réservait, en concédant l'exploitation d'une mine, était pour lui un droit de justice ; ou c'était pour lui un droit foncier qui faisait partie du gros de son fief. Or, dans l'un comme dans l'autre cas, il ne pouvait pas être douteux que ce droit ne dût être considéré comme immeuble. Donc, dans l'un et l'autre cas, l'article dont il s'agit, a résolu un doute qui n'existait point. Donc, dans l'un et l'autre cas, cet article est inutile. Donc, dans l'un et l'autre cas, point de conséquence à tirer de cet article.

» Mais , dit encore le cit. Decarondelet, vous ne pouvez au moins disconvenir qu'en ma qualité de seigneur haut-justicier de la Hestre et de Haine-Saint-Pierre, j'avais seul, en 1757, le droit de rechercher, de fouiller, d'extraire le charbon que recélaient dans leur sein les fonds situés dans l'un et l'autre territoire.

» Ce droit, je pouvais *l'appréhender* et l'exercer par moi-même ; et si je l'eusse fait, j'en jouirais encore aujourd'hui. La loi du 12-28 juillet 1791, m'y maintiendrait pour cinquante ans, comme ancien concessionnaire ; car, dans cette hypothèse, je serais, comme particulier, le concessionnaire de l'ex-seigneur haut-justicier de Haine-Saint-Pierre et de la Hestre.

» Or, au lieu d'entreprendre et de diriger moi-même l'exploitation des mines qui se trouvent dans ces deux territoires, je l'ai entreprise et dirigée par les mains de la compagnie Deschuytener ; je la conserve donc aussi par les mains de cette compagnie ; je dois par conséquent continuer de jouir de la part du produit de ces mines que la compagnie Deschuytener s'est engagée de me fournir en dédommagement du sacrifice que j'ai fait, en lui abandonnant l'exercice de mon droit exclusif d'exploitation.

» En un mot, ma condition ne peut pas être pire que si je n'avais pas contracté, en 1757, avec la compagnie Deschuytener ; si je n'avais pas contracté avec elle, j'aurais joui par mes propres mains des mines que j'avais seul le droit d'exploiter ; je dois donc, d'après le contrat que j'ai fait avec elle, jouir encore de la prestation qui est pour moi représentative de ce droit.

» Cet argument, comme vous le voyez, porte tout entier sur la supposition que, si le cit. Decarondelet n'eût pas concédé le droit d'ouvrir et d'exploiter les mines dont il s'agit, il les eût ouvertes et exploitées lui-même. Mais ce n'est là véritablement qu'une supposition. Le cit. Decarondelet pouvait sans doute ouvrir et exploiter par lui-même les mines de ses deux seigneuries ; mais en cette matière, comme en beaucoup d'autres, il y a loin de la possibilité au fait. L'exploitation d'une mine de charbon exige des avances si considérables, qu'il est bien permis de croire que, dans le cas où le cit. Decarondelet n'eût pas trouvé à traiter avec une compagnie quelconque, comme il l'a fait en 1757 avec celle de Deschuytener, il n'aurait jamais eu la pensée d'exercer par ses propres mains le droit que lui attribuaient les chartes du Hainaut.

» D'ailleurs, avec des suppositions pareilles à celle que fait ici le cit. Decarondelet, on parviendrait à faire revivre presque tous les droits de fief et de justice que les lois ont éteints de la manière la plus absolue.

» Un seigneur qui, avant 1789, avait concédé un fonds de terre moyennant une rente féodale, peut dire aujourd'hui, pour la conservation de sa rente, tout ce que dit le cit. Decarondelet pour faire maintenir son droit d'entre-cens : Si je n'avais pas contracté avec vous, je jouirais encore de mon fonds ; je ne me suis exproprié de mon fonds, que sous la réserve d'une rente ; cette rente est donc encore aujourd'hui subrogée à mon fonds ; vous devez donc m'en continuer le paiement, puisque vous jouissez du fonds qu'elle représente.

» Que répondrait-on à un ex-seigneur qui tiendrait un pareil langage ? On lui montrerait le texte des lois du 17 juillet 1793, du 2 octobre suivant, du 7 ventôse an 2, et par cela seul, il serait forcé au silence. Cet ex-seigneur aurait pourtant, sur le cit. Decarondelet, un avantage très-marqué. Il n'aurait pas besoin de supposition pour dire que, s'il n'eût pas aliéné son fonds par bail à rente féodale, il le conserverait encore aujourd'hui : la chose serait de toute évidence, au lieu que c'est par supposition, par supposition absolument gratuite, que le cit. Decarondelet vient vous dire que, s'il n'eût pas concédé son droit d'exploitation, il l'eût exercé personnellement.

» Veut-on un exemple plus rapproché de notre espèce ? Figurons-nous un seigneur qui, avant 1789, et dans l'une des contrées où le droit du cours d'eau était regardé comme une attribution exclusive de la haute-justice, a permis à un particulier, moyennant une redevance annuelle, d'ériger un moulin sur une rivière non navigable. Ce seigneur peut dire aujourd'hui à son arrentataire : La rivière sur laquelle est bâti votre moulin, était, sous le régime féodal, entièrement à ma disposition. J'avais seul le droit d'y faire des prises d'eau, d'y pêcher, d'y établir des usines. Si, en vertu de ce droit, j'y avais alors érigé moi-même un moulin, il m'appartiendrait encore. Pourquoi donc ne jouirais-je plus de la rente qui a été le droit de la permission que je vous ai accordée d'y construire le vôtre ? Pouvez-vous continuer de profiter de ma concession, et m'en refuser le prix ?

» C'est ainsi, vous vous le rappelez, c'est ainsi que raisonnait le cit. Anthès, dans une affaire jugée le 12 nivôse dernier, au rapport du cit. Rousseau(1) ; et vous n'en avez pas moins déclaré sa rente abolie, non-seulement parce qu'elle renfermait dans sa stipulation des clauses qui devaient la faire considérer comme féodale, mais encore parce qu'elle avait pour cause la cession d'un droit de cours d'eau qui était féodal dans la ci-devant Alsace. Comment d'après cela, pourriez-vous aujourd'hui écouter le cit. Decarondelet qui ne fait, en d'autres termes, que vous reproduire le système du cit. Anthès ? ..

« Mais, si en thèse générale, et d'après son seul acte de concession du 12 janvier 1757, le cit. Decarondelet ne peut pas espérer de faire maintenir le jugement attaqué par les demandeurs, ne peut-il pas du moins le justifier par la transaction du 16 mars 1776 et par celle du 21 octobre 1787 ?

» Ici se présentent deux questions absolument particulières à la cause du cit. Decarondelet ; et la première consiste à savoir si la transaction du 16 mars 1776 ne place pas le cit. Decarondelet dans un cas d'exception, par cela seul qu'elle le présente, suivant lui, comme propriétaire-foncier des terrains sous lesquels existent les mines dont il s'agit.

» Cette question est mêlée de droit et de fait.

» Dans le droit, la redevance connue dans le ci-devant Hainaut, sous le nom d'entre-cens, est-elle conservée au profit des ex-seigneurs qui, avant l'abolition du régime féodal, avaient concédé des mines existantes intégralement sous leurs propres fonds ? Il y a, comme vous le savez, pour l'affirmative, un jugement du tribunal de cassation du 11 nivôse en 8. La société charbonnière de Sars-Lonchamp attaquait un jugement du tribunal civil du département de Sambre-et-Meuse, qui l'avait condamnée à continuer au cit. Bruneau, ci-devant seigneur du lieu, le payement du droit d'entre-cens qu'il s'était réservé, en concédant à cette compagnie l'exploitation exclusive des veines de charbon qui se trouvaient dans ses propriétés foncières : vous avez rejeté son recours, et vous en avez motivé le rejet sur le principe, « que la suppression des droits » féodaux prononcée par les lois de la république, » ne peut profiter qu'aux propriétaires de la super- » ficie des terres. »

» Ce n'est pas qu'il n'y ait encore là-dessus de grandes difficultés, qui peut-être nous conduiraient, en dernière analyse, à dire qu'en cette matière, on ne doit pas distinguer le ci-devant seigneur propriétaire foncier, d'avec le ci-devant seigneur pur et simple ; que, si le droit d'entre-cens est maintenu pour le premier, il doit l'être également pour le second ; et que réciproquement, s'il est aboli pour le second, il doit l'être également pour le premier (2).

» Mais il est inutile de nous arrêter à cette dis-

_____

(1) V. l'article Moulin, §. 1.
(2) V. ci-après, §. 4.

cussion, parce que, dans le fait, le cit.. Decarondelet convient lui-même qu'il n'est pas propriétaire
foncier de la totalité des terrains où s'exploitent les
mines des produits desquels il réclame une portion.
De là, en effet, il résulte que, relativement à ceux
de ces terrains qui ne lui appartiennent point, la
contestation rentre absolument dans la thèse générale. Et d'ailleurs ce n'est pas sous cet aspect que
la cause a été présentée au tribunal d'appel de
Bruxelles. Devant ce tribunal, le cit. Decarondelet
n'a point plaidé comme propriétaire foncier; sa qualité de propriétaire foncier n'y a pas même été reconnue. A la vérité, il y a produit des titres qui prouvent que, dans le dix-septième siècle, et même
encore en 1776, il réunissait dans sa main la propriété d'une partie des fonds du territoire de la
Hestre; mais ces fonds lui appartiennent-ils encore
aujourd'hui? Lui appartenaient-ils encore à l'époque
de l'abolition du régime féodal? C'est ce qu'il n'a
pas prouvé devant le tribunal d'appel; disons plus,
c'est ce qu'il ne prouve pas devant vous.

» Ainsi, sous tous les rapports nous devons
écarter cette première exception du cit. Decarondelet.

» La seconde, c'est-à-dire, celle que le cit. Decarondelet fonde sur la transaction du 21 octobre 1787, est plus compliquée que la première;
cependant elle peut se réduire à des termes assez
simples.

» D'abord, quel argument peut-on tirer en faveur du cit. Decarondelet, de ce que, par l'acte du
21 octobre 1787, la société Deschuytener lui a accordé le vingtième du prix des charbons qu'elle extrairait, non-seulement sur les territoires de la
Hestre et de Haine-Saint-Pierre, mais encore
sur celui de Redemont, duquel il n'était pas seigneur?

» Sans doute, on peut très-bien conclure de là
que ce n'est point comme seigneur, que le cit. Decarondelet a joui de son droit de vingtième dans le
territoire de Redemont. Mais, certes, de ce qu'il
n'a pas joui comme seigneur dans le territoire de
Redemont, il ne s'en suit nullement que ce n'est pas
comme seigneur qu'il a joui dans le territoire de la
Hestre et de Haine-Saint-Pierre; et puisque son
droit de vingtième a été pour lui un droit véritablement seigneurial dans ces deux derniers territoires,
le tribunal d'appel de Bruxelles a dû au moins,
quant à ces deux derniers territoires, le déclarer
aboli.

» Il y a plus. Le droit d'entre-cens étant aboli,
en thèse générale, le tribunal d'appel de Bruxelles
n'a même pas pu le conserver en entier au cit.
Decarondelet, dans le territoire de Redemont; il
n'a pu lui en conserver dans ce territoire qu'une
portion très faible; et voici pourquoi:

« Le cit. Decarondelet n'a acquis son droit de
vingtième dans le territoire de Redemont, qu'en
compensation de trois sortes de sacrifices qu'il a

faits par l'acte du 21 octobre 1787, à la compagnie
Deschuytener: sacrifice des dommages-intérêts
qu'il avait à réclamer en exécution de l'arrêt du
15 mai; sacrifice de la portion qui lui revenait dans
une somme de 8,000 florins, due par le gouvernement autrichien à la compagnie; sacrifice sur son
droit d'entre-cens dans les territoires de la Hestre
et de Haine-Saint-Pierre, en le réduisant du onzième au vingtième.

» Or, de ces trois sacrifices, il n'y a plus que
les deux premiers qui puissent être considérés aujourd'hui, du moment qu'aujourd'hui nous devons
regarder comme seigneurial, et par conséquent
comme aboli, le droit d'entre-cens des territoires
de Haine-Saint-Pierre et de la Hestre.

» Sous ce point de vue, en effet, la compagnie
Deschytener est censée avoir rachetée du cit. Decarondelet une partie d'un droit seigneurial, moyennant la promesse de lui payer le vingtième du prix
des charbons à extraire du territoire de Redemont.
Or, vous savez que par la loi du 28 nivôse an 2, les
ci-devant seigneurs sont, non-seulement tenus de
restituer les corps d'héritages qui leur ont été cédés
pour prix d'affranchissement de droits féodaux,
mais encore privée de toute action en payement des
sommes de deniers qui leur ont été promis pour la
même cause.

Donc, en considérant comme seigneurial le droit
de onzième, que le cit, Decarondelet s'était réservé
par l'acte du 12 janvier 1757, le cit. Decarondelet
ne peut pas aujourd'hui exiger ce qui lui a été promis pour le rachat de la portion de ce droit correspondante à la différence du onzième au vingtième.

Donc le droit de vingtième dans le territoire de
Redemont, lui ayant été promis en partie pour ce
rachat, le cit. Decarondelet ne peut plus l'exiger à
cette concurrence.

Donc il ne peut plus l'exiger qu'à raison de la part
que formaient, dans le prix de l'acquisition de ce
droit, les deux autres sacrifices dont nous venons
de parler.

« On dira sans doute que, pour déterminer cette
part, il faudrait une ventilation, mais que toute
ventilation est devenue impraticable, quant aux
dommages-intérêts auxquels le cit. Decarondelet a
renoncé par la transaction du 21 octobre 1787; que
cette transaction ayant éteint le procès dont le jugement seul aurait pu fixer et liquider les dommages-
intérêts prétendus par le cit. Decarondelet, il n'est
plus possible de déterminer quelle est la part pour
laquelle les prétentions de celui-ci sont entrées dans
le prix de l'acquisition qu'il a faite d'un droit de
vingtième sur le territoire de Redemont; qu'ainsi,
les choses ne sont plus entières; qu'il y a eu novation complète, et que, par conséquent, la transaction doit être exécutée comme titre nouveau et absolument indépendant du régime féodal.

» Mais d'abord, de ce que les dommages-intérêts
ne peuvent plus être aujourd'hui appréciés; de 3

qu'on ne peut plus connaître la quotité de la part qu'ils forment dans le prix de la cession faite au cit. Decarondelet du vingtième des charbons à extraire de Redemont; de ce que , par là, toute ventilation est devenue impossible entre les dommages-intérêts et la réduction du droit de onzième des charbons à extraire de la Hestre et de Haine-Saint-Pierre, quelle conséquence peut-on tirer en bonne logique? Il n'y en a qu'une seule, et encore vous paraîtra-t-elle singulièrement forcée : c'est que les dommages-intérêts doivent être censés avoir seuls formé le prix du droit de vingtième sur Redemont; c'est que le droit de vingtième sur Redemont doit être censé acquis par le cit. Decarondelet, moyennant sa seule renonciation aux dommages-intérêts qu'il avait à prétendre, et qui , quoique dérivant d'une source féodale, équipollaient pour lui à une somme échue et exigible; c'est, par une suite nécessaire, que le droit de vingtième sur Redemont doit être considéré, dans la main du cit. Decarondelet, comme une prestation qui n'a rien de seigneurial dans son origine, et qu'il n'a pas été aboli par nos lois nouvelles.

» Eh bien! Admettons que tel soit en effet le résultat de la transaction; admettons par conséquent que le cit. Decarondelet doive être censé avoir, sans cause et par pure munificence, réduit du onzième au vingtième son droit d'entre-cens sur la Hestre et Haine-Saint-Pierre : au moins dans cette hypothèse, il restera toujours que son droit d'entre-cens sur la Hestre et Haine-Saint-Pierre n'a pas été créé par la transaction, et que la transaction l'a seulement diminué. Mais en le diminuant, l'a-t-elle dénaturé? En le diminuant, a-t-elle anéanti sa source primordiale? En le diminuant n'en a-t-elle effacé ce qu'il avait de féodale dans son origine? C'est demander, en d'autres termes, si, lorsque vous ayant prêté mille francs, je consens par une transaction à réduire ma créance à 500 francs, ce n'est pas toujours à titre de prêt que ces 500 francs me restent dus; si l'hypothèque que vous m'aviez donné par le contrat de prêt, pour les mille francs , ne subsiste pas toujours depuis la transaction, pour la moitié de cette somme; si la caution qui m'avait répondu pour vous, des mille francs , ne demeure pas toujours obligée pour les 500 francs auxquels j'ai bien voulu me restreindre. Or, proposer de pareilles questions, n'est-ce pas demander s'il fait jour en plein midi?

» On vous parle de novation! Eh, dans quelle coutume vous en parle-t-on? Dans une coutume qui déclare textuellement, chap. 114, art. 2, que « si » quelqu'un était obligé ou autrement tenu de payer » certaine dette à jour ou terme, et si avec lui y « eût aucuns autres obligés ou tenus comme pleiges, » et que le principal débiteur innove le contrat avec » son créancier, en prorogeant le jour, ou com- » muant son dû en autre marchandise, en ce cas, » les autres obligés et pleiges en seront quittes et » déchargés, BIEN ENTENDU QU'EN TOUS AUTRES CAS, » LA DETTE OU ACTION NE SERA TENUE POUR INNO-

» VÉE , SI LES PARTIES NE L'ONT AINSI EXPRESSÉMENT » DÉCLARÉ. »

» Or, ici, il n'y a ni prorogation de terme, ni commutation de la dette primitive en autre marchandise; il y a simplement réduction de la dette primitive, et les parties n'ont pas expressément déclaré qu'elles voulussent innover; donc point de novation; donc la dette primitive conserve son caractère originel, pour la partie qui en subsiste.

» Pour rendre la chose plus sensible encore, supposons que, par la transaction du 21 octobre 1787, le droit d'entre-cens sur la Hestre et Haine-Saint-Pierre, au lieu d'être diminué, ait été augmenté, et qu'au lieu de le réduire du onzième au vingtième, on l'ait élevé du onzième au cinquième : dans ce cas, y aura-t-il novation, nous ne disons pas d'après la loi particulière du Hainaut (la négative est trop évidente), mais d'après le droit commun ? Non; et cela résulte nettement, comme l'établit Voët, sur le digeste, liv. 46, tit. 2, n° 5, de la loi 44, §. 1, de administratione et periculo tutorum, combinée avec la loi 29, de novationibus, au digeste.

» Et l'on voudrait qu'il y eût novation dans le cas inverse! On voudrait qu'il y eût novation dans l'hypothèse de l'adoucissement du sort du débiteur, tandis qu'il n'y en aurait point si sa condition était empirée! C'est, nous ne craignons pas de le dire, un paradoxe qui tombe de lui-même.

» Ah! sans doute, il y aurait eu novation dans l'acte du 21 octobre 1787, si le cit. Decarondelet avait consenti à la totale extinction de son droit d'entre cens sur la Hestre et Haine-Saint-Pierre, pour le droit de vingtième qui lui a été accordé sur Redemont; parce qu'alors la dette serait, comme le disent les chartes du Hainaut, commuée en autre marchandise. Mais quel serait aujourd'hui l'effet de cette novation? La loi du 28 nivôse an 2 vous l'a déjà dit : c'est que le droit de vingtième sur Redemont étant le prix de l'affranchissement du droit d'entre-cens sur la Hestre et Haine-Saint-Pierre, serait par là même aboli sans indemnité.

» Ainsi, en dernière analyse, il faut que l'on opte entre ces deux hypothèses : la réduction opérée par la transaction, du droit d'entre-cens sur la Hestre et Haine-Saint-Pierre, est entrée pour quelque chose dans le prix de l'acquisition du droit de vingtième sur Redemont; ou elle n'y est entrée pour rien.

» Au premier cas, le droit de vingtième sur Redemont est; sinon aboli en totalité, du moins réductible jusqu'à concurrence de la part pour laquelle il représente la quotité du droit d'entre-cens sur Haine-Saint-Pierre et la Hestre, dont la transaction décharge la société Deschuytener.

» Au deuxième cas, le droit de vingtième sur Redemont doit être maintenu en entier; mais de là même il suit nécessairement que la partie restante du droit d'entre-cens sur la Hestre et Haine-Saint-

Pierre a conservé son caractère primitif, et n'a souffert aucune espèce de novation.

» Eh! le moyen de soutenir sérieusement que la transaction a dénaturé le droit d'entre-cens sur la Hestre et Haine-Saint-Pierre, quand on voit les parties déclarer en toutes lettres, art. 8, que « le » contrat du 12 janvier 1757 aura son effet en tout » ce qui n'y est pas dérogé par la présente transac- » tion? » Le cit. Decarondelet pouvait-il dire plus clairement que son droit d'entre-cens, quoiqui réduit du onzième au vingtième, retiendrait toujours sa nature primordiale? Et n'est-il pas évident que, si ce droit était originairement seigneurial, s'il avait reçu ce caractère par l'acte du 12 janvier 1757, il est demeuré seigneurial, et a conservé ce même caractère depuis et nonobstant la transaction du 21 octobre 1787?

» Ce n'est pas tout. Jusqu'à présent nous avons raisonné comme si, par la transaction, le droit d'entre-cens eût été réduit du onzième au vingtième, dans toute l'étendue de la Hestre et de Haine-Saint-Pierre; mais la vérité est que, par l'art. 3 de la transaction, il est dit que cette réduction n'aura pas lieu quant au « charbon qui pourra s'extraire » dans le terrain qu'on nomme le terrain d'abour- » nement, » et que le cit. Decarondelet « y percevra » le droit d'entre-cens, le cas échéant, à raison du » onzième denier, comme par le passé. »

» Voilà donc au moins une partie dans laquelle le droit d'entre-cens est maintenu tel qu'il était originairement, et d'après l'acte du 12 janvier 1757; voilà au moins une partie ou tout prétexte manque absolument, on ne dit pas pour prouver, mais même pour alléguer qu'il y ait eu l'ombre d'une novation; voilà au-moins une partie, par conséquent, où le droit d'entre-cens est encore seigneurial, comme il l'était dans son principe, comme il l'est en thèse générale.

» Donc, au moins dans cette partie, le droit d'entre-cens aurait-dû être déclaré aboli par le tribunal d'appel de Bruxelles.

» Cependant, que porte à cet égard le jugement attaqué? Il condamne la compagnie Deschuytener à payer au cit. Decarondelet, « suivant le contrat de » concession du 12 janvier 1757, et la transaction » du 21 octobre 1787, » non-seulement « le ving- » tième de tout le charbon qu'elle a extrait depuis » floréal an 3, tant de Haine-Saint-Pierre et la » Hestre, que des autres territoires où elle a ex- » ploité, » mais encore « le onzième de tout le char- » bon qu'elle a extrait dans le terrain dit l'abourne- » ment. »

» Ainsi, au moins dans cette partie, le tribunal d'appel de Bruxelles a violé la loi, en maintenant le droit d'entre-cens, et eût-il bien jugé, quant aux charbons extraits des autres terrains, son jugement n'en devrait pas moins être cassé quant aux charbons extraits du terrain dit l'abournement.

» Le cit. Decarondelet tirera-t-il un meilleur parti de la clause de l'acte du 21 octobre 1787, par laquelle la compagnie Deschuytener lui donne voix délibérative dans ses assemblées? Ou, en d'autres termes, est-il vrai que, par cette clause, il soit devenu l'associé de la compagnie Deschuytener? Est-il vrai que cette clause ait effacé de sa personne, relativement à la compagnie Deschuytener, la qualité de seigneur de Haine-Saint-Pierre et de la Hestre, et y ait substitué celle de simple sociétaire?

» Il y a pour l'affirmative des raisons assez spécieuses.

» Que faut-il, dit le cit. Decarondelet, pour former une société? Il faut le concours de trois choses: mises respectivement apportées par les personnes qui veulent s'associer; droit de délibérer ensemble sur l'emploi de ces mises; partage des bénéfices que ces mises pourront produire. Or, tout cela se rencontre ici.

» D'abord, j'ai mis dans la société, non-seulement l'exercice du droit exclusif qui m'appartenait, d'exploiter les veines de charbon de la Hestre et de Haine-Saint-Pierre, mais encore les dommages-intérêts qui pouvaient m'être dus d'après l'arrêté du 15 mai 1787, mais encore mon onzième dans les 8,000 florins que le gouvernement autrichien devait à la compagnie.

» Ensuite, la compagnie m'a admis à délibérer avec elle sur l'emploi des objets qu'elle et moi avions respectivement apportés en commun.

» Enfin, ma part dans les produits de l'exploitation a été réglée au vingtième.

» Il y a donc société entre moi et la compagnie Deschuytener. Ce n'est donc pas comme ci-devant seigneur, c'est uniquement comme membre d'une société industrielle et commerçante, que je dois être ici considéré.

» Ainsi raisonne le cit. Decarondelet; mais il s'en faut beaucoup qu'il y ait dans l'acte du 21 octobre 1787, tout ce qui doit essentiellement caractériser une société.

» Il n'est pas sans doute de l'essence d'une société, qu'il y ait entre tous ses membres communion parfaite de dépenses et de bénéfices; on peut, par des conventions spéciales, régler les parts de bénéfices autrement que les parts de dépenses, et réciproquement; il peut même être stipulé entre deux associés, que l'un ne contribuera pas aux dépenses, et que cependant il aura part aux bénéfices; mais ce qui est absolument de l'essence de la société, c'est que nul de ses membres ne puisse participer à ses bénéfices, avant que les dépenses en aient été déduites; c'est que ses bénéfices bruts ne soient pas susceptibles de partage; c'est que le partage ne puisse avoir lieu que sur la différence qui se trouve entre les dépenses et les bénéfices. *Mutius scribit* (dit la loi 30, *pro socio*, au digeste), *non posse societatem coïri ut aliam damni, aliam lucri partem socius ferat. Servius ait nec posse societatem ità contrahi : neque enim lucrum intelligitur, nisi omni damno deducto; neque damnum, nisi omni lucro deducto. Sed potest coïri societas ità ut ejus lucri quod reliquum in societate sit, omni damno deducto, pars alia feratur : et ejus damni quod similiter relinquatur, par alia capiatur.* Justinien dit la même chose en ses Institutes, titre *de societate*, §. 2 : *Potest convenire ut quis lucri partem ferat, de damno non teneatur; quod tamen ità intelligi oportet, ut si in alià re lucrum, in alià damnum illatum sit, compensatione factâ, solum quod superest intelligatur lucro esse.*

» Or, que promet-on au cit. Decarondelet par l'acte du 21 octobre 1787? Est-ce le vingtième des bénéfices de l'exploitation? Est-ce le vingtième de la somme qui restera du prix des ventes, après qu'on en aura déduit les frais? Non, c'est le vingtième du produit brut de l'entreprise, c'est le vingtième de la somme intégrale que la compagnie reçoit des acheteurs; c'est conséquemment une part que le cit. Decarondelet n'aurait pas et ne pourrait pas avoir le droit de prélever, s'il était associé; et dès-là, point de société entre le cit. Decarondelet et la compagnie Deschuytener.

» Qu'y a-t-il donc entre eux? Il y a une communion d'intérêts et rien de plus. Or, cette communion, quant au droit de vingtième qui y entre de la part du cit. Decarondelet, a sa source primordiale dans l'acte du 12 janvier 1757; si donc, comme on n'en peut douter, le droit de onzième que le cit. Decarondelet s'était réservé par cet acte était seigneurial dans son origine, c'est nécessairement un droit seigneurial qui, trente ans après, est entré de sa part dans la communion dont il s'agit. Donc, le cit. Decarondelet n'a plus rien eu dans cette communion, du moment que les droits seigneuriaux ont été abolis.

» Car il n'en est pas de la communion comme de la société. Dans une société, si la mise de l'un des associés vient à périr, elle périt pour le compte de tous les sociétaires; et l'associé qui l'a apportée, n'en conserve pas moins son droit à tous les avantages de l'association. Dans la simple communion, au contraire, chaque part périt pour le compte individuel du communier à qui elle appartient.

» Ainsi le communier dont la part vient à être confisquée, ne peut plus rien demander à ses communiers.

» Ainsi le ci-devant seigneur qui avait cédé un fonds par bail à champart censuel, et qui par-là était devenu le communier de son concessionnaire pour les récoltes à provenir de ce fonds, ne peut plus rien réclamer dans ces récoltes, depuis que le droit de champart seigneurial est aboli.

» Ainsi dans une succession ouverte immédiatement avant les décrets du 4 août 1789, restée indivise jusqu'alors, et composée partie de biens patrimoniaux, partie de droits de fiefs et de justice, les droits de fief et de justice n'ont pas laissé de

périr depuis pour le seul zinc des héritiers à qui ils appartenaient par préciput, quoiqu'il y eût eu jusqu'alors communion entre lui et ses co-successeurs, quoique ces co-successeurs et lui eussent jusqu'alors administré ensemble, et à la pluralité des voix l'hérédité qui était commune entre eux.

» Disons donc que de toutes les particularités dans lesquelles se retranche le cit. Decarondelet, il n'en est pas une seule qui puisse justifier le jugement du tribunal d'appel de Bruxelles; par conséquent, que la cause du cit. Decarondelet ne diffère en rien de celles des autres seigneurs du ci-devant Hainaut, et qu'elle dépend tout entière de la juste détermination du caractère du droit que le cit. Decarondelet s'est réservé par l'acte du 12 janvier 1757.

» Disons enfin que ce droit est essentiellement seigneurial, qu'il est aboli comme tous les droits seigneuriaux, et qu'il y a nécessité indispensable d'annuler le jugement qui l'a maintenu. C'est à quoi nous concluons. »

Sur ces conclusions, arrêt du 16 ventôse an 12, au rapport de M. Ruperou, par lequel :

« Vu les art. 1 et 2 du chap. 130 des chartes nouvelles du pays de Hainaut, l'art. 4 de la loi du 11 août 1789, l'art. 5 de celle du 25 août 1792, l'art. 1 de celle du 17 juillet 1793, et les art. 1, 4 et 5 du tit. 1 de celle du 12-28 juillet 1791 sur les mines et minières;

» Considérant, en premier lieu, que, suivant les dispositions des chartes de Hainaut, les mines ou veines de charbon sont comprises sous la dénomination générique d'*avoir en terre non extrayé*;

» Que l'*avoir en terre non extrayé* consistant dans le droit de fouiller la mine et de s'approprier ce qui serait extrait, était un attribut de la haute-justice, un privilège exclusivement attaché à la qualité de seigneur haut-justicier;

» Que les ci-devant seigneurs du Hainaut, qui ne voulaient ou ne pouvaient exploiter par eux-mêmes les veines de charbon qui se trouvaient dans l'étendue de leur haute-justice, étaient libres de concéder à qui bon leur semblait la faculté de les exploiter, à la charge par les concessionnaires de leur payer une redevance conventionnellement réglée et connue sous la dénomination de droit d'*entre-cens*;

» Que cette redevance, dérivant d'un droit essentiellement dépendant de la haute-justice, n'avait point pour cause la concession primitive d'un fonds, d'une propriété, mais seulement l'exercice simple d'une faculté attribuée à la seigneurie haute-justicière, comme l'a très-judicieusement reconnu le tribunal d'appel lui-même;

» Que du moment que la haute-justice a été retirée des mains des ci-devant seigneurs, leur droit d'*avoir en terre non extrayé*, et celui d'*entre-cens* qui le représente, ont dû nécessairement cesser; que les dispositions des lois précitées sur l'abolition des droits seigneuriaux sont positives à cet égard;

» Qu'il n'y a pas de parité entre le droit d'entre-cens et les terres vaines et vagues, les biens vacans qui demeurent irrévocablement acquis aux ci-devant seigneurs par l'art. 8 de la loi du 13 - 20 avril 1791 ; qu'en effet il s'agit, dans cet article, d'immeubles, de corps certains, dont la consistance une fois fixée ne peut recevoir d'accroissement, et qui ont passé en entier dans le domaine absolu des ci-devant seigneurs, sans conserver le moindre rapport avec le titre féodal dont ils procèdent ; qu'il n'en n'est pas ainsi du droit d'avoir en terre non extrayé, en vertu duquel l'exploitation des mines s'étendait successivement sur les fonds souterrains, sans que la loi, dans aucun cas, rendit le seigneur propriétaire du fonds productif, c'est-à-dire, de la mine même ; que si un semblable droit était encore maintenu aux ci-devant seigneurs, il en résulterait que la haute-justice, après avoir été solennellement anéantie, n'en conserverait pas moins ses attributs et ses effets ;

» Considérant, en second lieu, qu'il est évident que par les articles précités de la loi de 1791 sur les mines et minières, portant que les concessions actuellement existantes subsisteront dans toute leur étendue, le législateur n'a pas entendu parler de l'étendue des dispositions des contrats de concessions, mais uniquement de l'étendue superficielle des terrains ; que d'ailleurs cette loi ne peut être censée avoir conservé aux ci-devant seigneurs des droits de haute-justice qui avaient été déjà formellement abolis ;

» Considérant, en troisième lieu, que si, d'après la transaction du 21 octobre 1787, une partie de la redevance convenue par cet acte, est légitime, et justement accordée en conséquence des abandons faits par les cit. et dame Decarondelet, il n'en reste pas moins vrai que, mal à propos, les juges d'appel ont confirmé la totalité du droit stipulé par cette transaction, puisque les Decarondelet y ayant expressément réservé, non-seulement l'effet de la concession primitive de 1757, mais encore le droit d'entre-cens, le cas échéant, à raison du onzième denier comme par le passé, dans le terrain dit abournement, il en résulte qu'une partie de ce droit a constamment une origine féodale ;

» Que dès-là que, par cette transaction, les Decarondelet percevaient, quitte de frais, la quantité de charbon convenue, on ne saurait y apercevoir un contrat de société, parce qu'il répugne à la nature de ce contrat que l'un des associés prenne une part du profit, sans prélever la dépense faite pour se le procurer ; en sorte qu'il pourrait arriver qu'il y eût du bénéfice pour lui, tandis qu'il n'y aurait que de la perte pour les autres associés ;

» Que le jugement attaqué, en décidant subsidiairement que cet accord n'a point été anéanti, attendu qu'il n'est pas dit en termes exprès, dans les lois sur l'abolition du régime féodal, qu'il ait été dérogé aux transactions, a faussement appliqué les lois sur la force et les effets de cette sorte de tran-

saction ; qu'en effet, les lois qui ont aboli généralement tous les droits féodaux, toutes les redevances et prestations seigneuriales, ont en même temps et véritablement anéanti toutes les transactions qui auraient pu être passées sur la quotité, le mode et l'étendue de la perception pour l'avenir de ces droits, de ces redevances, par la raison que la chose même sur laquelle est intervenue une transaction, ayant été anéantie dans sa substance et dans toutes ses conséquences, il est impossible de concevoir que cette transaction puisse continuer de subsister ;

» Considérant enfin que quand on admettrait dans toute sa latitude le principe que la suppression des droits féodaux ne doit profiter qu'aux propriétaires de la superficie, il n'en résulterait pas que le jugement dont il s'agit dût être confirmé, attendu qu'il conserve aux cit. et dame Decarondelet la totalité du droit d'entre-cens par eux réclamé, alors même qu'ils avouent qu'ils ne sont propriétaires que d'une partie du terrain de la Hestre et de Haine-Saint-Pierre ;

» De tout quoi il suit que les juges de Bruxelles, en maintenant ainsi les cit. et dame Decarondelet dans la totalité du droit d'entre-cens stipulé par le contrat de concession du 12 janvier 1759 et la transaction du 21 octobre 1787, ont violé les lois nouvelles sur l'abolition du régime féodal et les mines et minières, et faussement appliqué les lois sur la force et les effets des transactions sur procès :

» Par ces motifs, le tribunal casse et annule le jugement du tribunal d'appel de Bruxelles, du 12 messidor an 9.... »

Il y a, dans le Répertoire de jurisprudence, au mot Entre-cens, un arrêt semblable du 23 vendémiaire an 13.

V. ci-après, §. 4 et 5.

II. Quel aurait dû être, dans l'affaire du sieur Decarondelet, l'effet de la transaction dont il se prévalait, si, au lieu d'être antérieure à la suppression du régime féodal elle y eût été postérieure, et avait eu pour objet direct de prévenir une contestation judiciaire sur l'abolition ou la non-abolition du droit d'entre-cens ? Et si, dans ce cas, elle eût précédé la publication de la loi du 21 avril 1810, cette loi l'aurait-elle neutralisée ?

Voici une espèce dans laquelle ces deux questions ont été agitées et jugées.

Le 3 avril 1715, acte par lequel le seigneur haut-justicier de Strépy-Bracquegnies, en Hainaut, concède à plusieurs particuliers réunis en société le droit d'extraire du charbon dans l'étendue de sa seigneurie, à la charge de lui payer le onzième panier de l'extraction brute.

Ce contrat s'exécute sans difficulté jusqu'au mois d'octobre 1803.

A cette époque, les contestations qui s'élèvent de toutes parts sur la question de savoir si le droit d'entre-cens est aboli ou non, éveillent les sociétaires de

Strépy-Bracquegnies; et pour en prévenir une semblable, une transaction est passée le 5 nivôse an 12 (11 janvier 1804), par laquelle ils déclarent que les sieurs Dandelot et Vanderburch, successeurs de leurs cédans primitifs, se disposant à les faire citer en justice à l'effet de les faire condamner à leur continuer le payement du onzième panier de leur extraction, « attendu que c'est une prestation purement foncière et représentative de la propriété des mines, et non un droit seigneurial aboli, » ils consentent à la de- » mande et conclusions prédites desdits citoyens » Dandelot et Vanderburch, et s'y soumettent » comme s'ils y étaient condamnés par jugement » rendu en dernier ressort et sans recours en cas- » sation; qu'en conséquence ils s'obligent de conti- » nuer à leur payer à l'avenir ladite prestation, sauf » et excepté que lesdits Dandelot et Vanderburch » consentent, en vue de la présente transaction, » qu'au lieu du onzième panier qu'ils ont perçu jus- » qu'ici, ladite prestation soit réduite pour l'avenir » au dix-huitième panier de l'extraction brute, et » encore que si ledit droit d'entre-cens, venant, par » une jurisprudence constante des tribunaux, ou » par des actes à émaner des autorités suprêmes de » l'état, à être regardé comme entièrement aboli » par les lois actuellement existantes, la république » imposait sur le charbonnage de Bracquegnies, » pour et à cause de la maintenue de leur conces- » sion, une contribution ou prestation quelconque » qui atteignît le dix-huitième panier de l'extraction » brute, celle maintenue au profit desdits Dandelot » et Vanderburch par la présente transaction, ces- » serait dès-lors; mais si cette contribution exigée » à ce titre par le gouvernement n'atteignait pas le » dix-huitième panier, la société continuerait à leur » payer l'excédant du dix-huitième panier sur l'im- » portance de la contribution qui serait imposée ou » exigée par le gouvernement. »

Cette transaction est d'abord exécutée ponctuellement. Mais après la publication de la loi du 21 avril 1810, les sociétaires se refusent à toute prestation ultérieure de la nouvelle redevance qu'ils ont consentie.

Assignés devant le tribunal de première instance de Mons, ils soutiennent que la transaction est nulle, 1° comme contraire aux lois d'ordre public; 2° comme dénuée de cause licite; 3° comme tendante à faire revivre un droit seigneurial.

Le 30 décembre 1811, jugement qui ordonne l'exécution de la transaction :

« Attendu qu'à la date de l'acte dont il s'agit, 5 nivôse an 12, différens jugemens portés par les tribunaux sur la question *ardue* si l'entre-cens était un droit seigneurial ou non, était réellement douteuse;

» Que c'était dans ce doute, et pour éviter procès, que les parties avaient transigé;

» Que le 18e panier auquel l'entre-cens avait été réduit, est dû en vertu de ce nouveau titre;

» Que les transigeans ne sont pas moins obligés

que par un jugement qui aurait acquis la force de chose jugée (loi 21, C. *de transactionibus*);

» Qu'ils ont exécuté cet acte depuis sa passation.»

Appel de la part des sociétaires à la cour de Bruxelles, qui, par arrêt du 27 août 1812, met l'appellation au néant:

« Attendu qu'il est incontestable que l'on ne peut transiger sur la question de savoir quelle rétribution on paiera *comme redevance seigneuriale ou féodale*, parce qu'il n'est pas permis de conserver, sous quelque dénomination que ce soit, des prestations seigneuriales ou féodales supprimées par les lois abolitives de ces droits;

» Mais qu'il n'en est pas de même à l'égard du point qu'ont fixé les parties dans la transaction du 5 nivôse an 12, qui porte que la société paiera le 18e panier pour droit de cens et entre-cens, que les parties déclarent tenir pour une prestation purement foncière et représentative du droit de propriétaire que les intimés avaient dans les mines trouvées dans l'étendue de leur seigneurie, n'importe leur erreur à cet égard;

» Attendu que les parties, dans cette transaction, purgent la prestation dont elles conviennent, de ce qu'elle pouvait avoir de seigneurial et féodal; qu'elles n'y maintiennent pas le contrat de 1715, ni ne se réfèrent à ce contrat pour l'exécution de cette transaction; de manière que cette transaction diffère essentiellement de celle du 25 vendémiaire an 9 (1) entre le sieur Royer et la société de la machine à feu de Dour, et de celle du 21 octobre 1787 entre le sieur Decarondelet et la société de la Hestre et de Haine-Saint-Pierre (2); qu'il suit de ce qui précède, que la transaction du 12 nivôse an 12 est licite et valable;

» Attendu que la transaction dont il s'agit a innové le contrat le 3 avril 1715 : ce qui est hors de doute, quand on considère que la redevance stipulée dans le premier acte, était absolument seigneuriale et féodale, tandis que celle stipulée dans la transaction se paie comme une *redevance purement foncière*, ainsi que les parties l'ont déclaré;

» Que si la dette ou action n'est tenue innovée, selon les chartes générales du Hainaut, si les parties ne l'ont ainsi expressément déclaré, la transaction dont il s'agit n'en contient pas moins une novation, parce qu'elle est formelle et expresse, malgré que le terme même de novation ne s'y trouve pas;

» Attendu que le contrat du 3 avril 1715 étant ainsi remplacé par la transaction qui fait le seul titre des intimés, il est inutile de s'enquérir si le contrat

---

(1) Il y a sûrement erreur dans cette date, car le 25 vendémiaire an 9 était précisément le jour où les ci-devant concessionnaires du sieur de Royer l'avaient fait assigner en justice pour faire déclarer son droit d'entre-cens aboli. *V.* le *Répertoire de jurisprudence*, au mot *Entre-cens*.

(2) *V.* ci-devant, n° 1.

qui a cessé, contenait, outre la prestation sur laquelle on a transigé, des stipulations féodales qui auraient vicié le contrat pour le tout;

» Attendu que l'occupation actuelle de la société appelante, dérive et est une suite de la concession que lui en ont faite les auteurs des intimés, qui seraient restés, sans cette concession, dans l'exploitation qu'ils auraient faite par eux-mêmes, conformément aux lois sur les mines et minières (1); d'où résulte que la prestation due en vertu ou sur le pied de ladite transaction doit continuer aussi long-temps que durera ladite occupation (2). »

Les sociétaires se sont pourvus en cassation contre cet arrêt, et leur recours n'ayant pas pu être jugé avant que la Belgique fût séparée de la France, a été porté devant deux chambres réunies de la cour supérieure de justice de Bruxelles.

Il était fondé sur la prétendue violation, 1° de la loi du 7 septembre 1792, qui défend la perception de tout droit féodal, *sous peine de dégradation civique,* et de toutes les lois portant abolition de la féodalité et des justices seigneuriales; 2° des art. 1 et 2 du chap. 130 des chartes générales du Hainaut qui faisaient dépendre de la haute-justice le droit exclusif d'ouvrir et d'exploiter les mines de charbon; 3° des art. 1 et 4 de la loi du 12-28 juillet 1791, qui ont formé pour les entrepreneurs de mines un titre nouveau, dégagé de toutes prestations envers les anciens seigneurs; 4° des lois prohibitives de toute convention particulière qui déroge au droit public; 5° des lois qui règlent l'exercice des droits de l'Etat, seul propriétaire des mines à l'époque de la transaction, et à ce titre, ayant seul qualité pour transiger sur la question; 6° des principes élémentaires sur les transactions, en ce que la chose n'était pas dans le commerce, en ce qu'il n'existait aucun doute raisonnable, en ce que les parties n'ont pas fait le sacrifice d'une partie de leurs prétentions respectives, en ce que la dette reconnue n'a pas de cause licite; 7° de l'art. 2 du chap. 114 des chartes générales du Hainaut, d'après lequel la transaction ne pouvait être regardée comme une novation du titre de 1715, qui était évidemment mélangé de féodalité; 8° de l'art 4 de la loi du 12-28 juillet 1791, qui restreignait à cinquante ans le terme de la concession des mines, tandis que la prestation, maintenue par la transaction, devait durer indéfiniment; 9° des art. 51 et 53 de la loi du 21 avril 1810, qui, en déclarant les concessionnaires des mines pro-

priétaires incommutables, les libère nécessairement de toute prestation ancienne; 10° de l'arrêté du directoire exécutif, du 3 nivôse an 6, « concernant les justifications à faire par les concessionnaires de citoyens pourvus de permissions d'exploiter des mines, en ce que la transaction contient une entreprise sur le pouvoir administratif du gouvernement.

Par arrêt contradictoire du 8 juin 1818, et conforme aux conclusions de M. l'avocat-général Spruyt:

« En ce qui concerne les six premiers moyens de cassation;

» Attendu que l'arrêt attaqué a jugé en fait, que, par acte du 5 nivôse an 12, il avait été stipulé que la société paierait le dix-huitième panier pour droit de cens et entre-cens, que les parties déclaraient tenir pour une prestation purement foncière et représentative du droit de propriété que les intimés avaient dans les mines trouvées dans l'étendue de la seigneurie;

» Que, de ce fait déclaré constant et que l'arrêt fait résulter d'un acte consenti par les parties en cause, il suit:

» 1° Que la prestation, quoique qualifiée encore dans cet acte de *cens* et d'*entre-cens,* ne se trouve pas moins dégagée de tout lien de féodalité; la nature de la redevance se déterminant par la convention que l'acte renferme réellement, plutôt que par la dénomination que les parties lui ont donnée;

» 2° Que la transaction avait une cause, et que cette cause était licite, puisqu'elle avait pour objet de faire cesser la difficulté mue entre les parties; ce qui, comme le décide le jurisconsulte en la loi 65, §. 1, D. *de conditione indebiti,* présente une cause suffisante pour la transaction; et que, bien loin qu'elle tendît à maintenir une prestation viciée de féodalité, elle supposait au contraire qu'elle ne pouvait se soutenir qu'autant qu'elle eût été dégagée de tout lien de féodalité;

» 3° Que l'objet de la convention se trouve dans le commerce, puisqu'il n'est autre qu'une prestation foncière consentie par les parties, dans la vue de faire cesser la question si le droit était ou n'était pas vicié de féodalité;

» 4° Que les deux parties s'étant, par le fait, obligées à ne pas entraver l'exécution, il s'ensuit que, de son côté, la société s'est également obligée à n'employer aucun moyen qui pût y amener, et en conséquence à ne pas exciper du droit que le domaine aurait pu se croire autorisé à réclamer;

» 5° Qu'étant constant, en fait, que les parties ont stipulé que la redevance dont il s'agit serait considérée comme purement foncière et représentative du droit de propriété, elles ne peuvent donc être censées n'avoir consenti qu'une redevance mélangée de féodalité qui rendrait l'acte sans effet, et qui, loin de remplir l'objet qu'elles avaient en vue, aurait maintenu la féodalité dont l'acte primitif aurait pu être vicié;

» Qu'il suit de ces différentes considérations, que

---

(1) Fort mauvaise raison. *V.* les conclusions rapportées au n° 1.

(2) Cette conséquence est juste en elle-même; mais elle ne *résulte* pas de la raison sur laquelle l'arrêt la fonde : il aurait fallu, au contraire, en bonne logique, conclure de cette raison, si elle eût été valable, que la société aurait encore dû la totalité de la redevance stipulée par le contrat de 1715, si elle n'en eût pas été libérée en partie par la transaction.

l'arrêt attaqué n'a aucunement contrevenu aux lois des 7 septembre 1792, 17 juillet et 2 octobre 1793, 7 ventôse an 2, art. 1 et 4 de la loi du 12-28 juillet 1791, sur les mines, non plus qu'aux art. 1 et 2 du chap. 130 des chartes du Hainaut ;

. » Sur le septième moyen, attendu que, dès que la société demanderesse s'étant obligée d'acquitter, comme foncière, la redevance dont il s'agit, il est assez indifférent que la novation ait ou n'ait pas été parfaite, ou complétement *extinctive* de la première obligation ; qu'il suffisait, pour donner de la consistance à l'acte, d'une novation imparfaite que les jurisconsultes nomment *cumulative*, et qui eût fait disparaître tout le caractère de féodalité que la convention primitive aurait pu présenter ; que l'arrêt attaqué a donc pu maintenir l'acte transactionnel, sans violer l'art. 2 du chap. 114 des chartes générales du Hainaut ;

» Sur les huitième et neuvième moyens, attendu que, pour écarter les conclusions subsidiaires, la cour d'appel de Bruxelles s'est fondée uniquement sur ce que « l'occupation de la société (alors) appe-» lante dérive et est une suite de la concession que » lui ont faite les auteurs des intimés, qui seraient » restés, sans cette concession, dans l'exploitation » qu'ils auraient faite par eux-mêmes, et ce confor-» mément aux lois des mines et minières ; » que cette cour ayant ainsi motivé sa décision sur des considérations étrangères à la disposition des art. 1 et 4 de la loi du 12-28 juillet 1791, et 51 et 53 de la loi du 21 avril 1810, ces deux derniers articles n'ayant décidé qu'un principe général et sans que le législateur ait manifesté l'intention de déroger à des conventions légalement consenties par les parties intéressées, il s'ensuit que l'arrêt attaqué n'a pu violer ni l'un ni l'autre de ces articles ;

» Sur le dixième moyen, attendu que la société n'a jamais cessé de jouir par suite de sa convention avec les défendeurs ; que même, pour se rendre applicables les dispositions de la loi du 21 avril 1810, elle a bien dû réclamer cette jouissance, de même que la cause de sa possession qu'elle n'a pu changer au préjudice des concédans ; qu'elle n'est donc pas recevable à employer des moyens qui tendent à en faire annuler le titre, ni par conséquent à appliquer à cette fin l'arrêté du 3 nivôse an 6 ; qu'il n'y a donc pas de contravention à cet égard...

» Par ces motifs, la cour rejette le pourvoi...... »

. *V.* les arrêts de la cour de cassation, des 5 juillet 1810 et 26 juillet 1823, qui sont rapportés aux mots *Rente foncière, Rente seigneuriale*, §. 22.

. III. Il faut maintenant revenir à une question que je n'ai fait qu'effleurer dans les conclusions rapportées au n° 1 : celle de savoir ce qu'entendait l'art. 13 du chap. 122 des chartes générales du Hainaut, par le *droit de charbonnage* qu'il réputait *héritage* ou immeuble ; et examiner en même temps si, avant que le code civil eût rangé les *actions ou intérêts des compagnies d'industrie* dans la classe

des meubles fictifs, les actions des sociétés charbonnières du Hainaut étaient réputées meubles ou non. On verra bientôt pourquoi ces deux questions doivent être traitées de front.

Pour répondre à la première, rappelons les termes du texte qui y donne lieu :

« Droit de charbonnage *généralement* sera tenu » pour héritage. Néanmoins y succéderont les en-» fans à égales portions, autant la fille que le » fils ; et en pourront les héritiers puissans d'aliéner, » disposer par vente, transport ou avis de père et » de mère, sans payer droit seigneurial ; *ne fût qu'il* » *soit tenu en fief* ; auquel cas la loi générale des » fiefs aura lieu, et en sera dû le droit seigneu-» rial. »

L'idée qui se présente naturellement à la lecture de ces dispositions, c'est, comme je l'ai dit dans mes conclusions, que le *droit de charbonnage* dont il y est parlé, et qu'elles réputent *héritage*, sans cependant en faire ni une censive ou *mainferme*, ni un franc-alleu, ni un fief hors certains cas, n'est pas le droit exclusif, encore existant dans la main du seigneur haut-justicier, d'extraire le charbon de terre qui se trouve sous le sol de sa haute-justice, mais bien la faculté d'exercer ce droit, concédée par le seigneur à des particuliers ; et que c'est relativement à ces concessionnaires que l'article cité fait de ce droit un *héritage* anomal.

Sans doute, ce droit était aussi *héritage* dans la main du seigneur avant que celui-ci le concédât ; et c'est par cette raison que l'art. 14 conservait à *l'entre-cens*, qui n'en était, pour le seigneur, que la représentation, le caractère d'*héritage*.

Mais cet *héritage* avait-il dans la main du seigneur la même nature qu'il prenait dans celle du concessionnaire ? Pouvait-il, à l'égard du seigneur, être d'une autre nature que sa haute-justice, à laquelle il était inhérent ? Pouvait-il, à son égard, n'être pas *généralement* fief ? Pouvait-il, à son égard, n'être fief que par exception ? Pouvait-il, en thèse générale, et sauf les cas d'exception, se partager par égales portions entre les héritiers du seigneur ? Cela pouvait-il s'accorder avec l'indivisibilité des fiefs, qui était, comme on l'a vu aux mots *Communauté de biens entre époux*, §. 1, et *Dévolution coutumière*, §. 3, si nettement établie par les chartes générales ? En n'était-il pas universellement reconnu que le droit d'*avoir en terre non extrayé*, attribué à la haute-justice par l'art. 1 du chap. 130 de ces lois, *suivait*, comme le dit un arrêt de la cour d'appel de Bruxelles, du 14 fructidor an 11, rapporté ci-après §. 4, « la haute-justice dans les mains du » successeur à la seigneurie de laquelle il était atta-» ché, à l'exclusion de l'époux non seigneur qui n'y » prenait aucune part comme acquêt, » même dans le cas où l'époux seigneur en avait entamé l'exploitation pendant la communauté ?

Si, sur toutes ces questions, il ne peut y avoir qu'un avis, je demande comment il est possible de concevoir que c'est à un droit d'*avoir en terre non extrayé*, encore existant dans la main du seigneur haut-justicier, et encore exercé par lui, que se rapporte la règle générale établie par l'art. 15 du chap. 122 des chartes?

C'est cependant ce que soutient, dans un écrit intitulé: *de l'ancienne et de la nouvelle législation sur les mines*, le savant et vénérable jurisconsulte de Mons, dont j'ai invoqué l'autorité plus haut, n° 1 (en note); et j'éprouve d'autant plus de regrets de me trouver, sur ce point, en opposition avec lui, que personne ne rend un hommage plus sincère que moi à ses talens et à son beau caractère; qu'il m'honore de son amitié, et qu'il s'est acquis des droits éternels à ma reconnaissance par les services éminens et courageux qu'il m'a rendus dans des temps difficiles (1).

Quoi qu'il en soit, voici ses raisons :

» Toutes les terminaisons en *age* (dit-il), venant du verbe latin *agere*, signifient l'action.

» Ainsi, le *blanchissage*, c'est l'action de blanchir; *agiotage*, c'est l'action d'agioter; *sauvetage*, c'est l'action de sauver; *charbonnage*, c'est l'action de charbonner; et *charbonner*, c'est faire du charbon.

» Ainsi, le *droit de charbonnage*, c'est le droit de l'action par laquelle on fait le charbon; c'est le droit de celui qui permet cette action, et non le droit de celui qui la fait;

» Tout comme le *droit d'entonnage*, c'est le droit de celui qui permet l'action d'entonner, et non de celui qui entonne;

» Le *droit de mouillage*, c'est le droit du souverain qui permet de mouiller dans le port, non le droit du conducteur du navire;

» Le *droit de tuage*, *chauffage*, *affouage*, *cuisage*, c'est toujours le droit de celui qui autorise les actes auxquels ces divers mots répondent.

» Ainsi, le *droit de charbonnage*, c'est le droit du haut-justicier de *l'avoir en terre non extrayé*, qui se nomme charbon. »

Il y aurait bien des choses à dire sur le sens des mots en *age* qu'énumère l'auteur.

Par exemple, je ne puis pas convenir avec lui que le *droit de chauffage* soit celui du propriétaire d'une forêt qui permet aux habitans des environs d'y prendre du bois pour se chauffer; il est évident, au contraire, que c'est celui des habitans eux-mêmes; et le tit. 20 de l'ordonnance des eaux et forêts, du mois d'août 1669, ne laisse là-dessus aucun doute.

Je crois aussi bien fermement que, si j'avais

sur le four de mon voisin une servitude qui m'autorisât à y faire cuire le pain nécessaire à la consommation de ma famille, je pourrais, dans le patois du pays, où *cuisage* a pris la place de *cuisson*, appeler cette servitude un *droit de cuisage*.

Enfin, je pense que si l'ancien gouvernement de Hainaut eût aliéné son droit domanial de *tuage*, en vertu duquel nul ne pouvait tuer un porc, un veau, un bœuf, sans lui payer une certaine rétribution, l'aliénataire eût fort bien pu se qualifier de possesseur du *droit de tuage*.

Et de cette dernière observation il résulte évidemment que les mots *droit de charbonnage* peuvent, dans leur acception littérale, s'appliquer aussi justement au concessionnaire du seigneur haut-justicier, qu'au seigneur haut-justicier lui-même.

Mais si, pris littéralement, ces mots ont un double sens, les dispositions qui en accompagnent l'emploi dans l'art. 13 du chap. 122 des chartes générales, en particularisent la signification et forcent nécessairement de la restreindre au concessionnaire du seigneur, à moins qu'on ne suppose que ces lois ont fait de ce droit, dans la personne du seigneur, un attribut de la haute-justice qui ne tenait pas régulièrement de la nature de sa haute-justice, et qui se partageait dans sa succession, tandis que la haute-justice était indivisible.

Le respectable jurisconsulte dont je discute ici la doctrine, ne pouvait pas fermer les yeux à tout ce qu'une pareille supposition aurait d'absurde. Aussi finit-il par convenir que l'article des chartes dont il s'agit est applicable même au droit de charbonnage existant dans les mains du concessionnaire à qui le seigneur en a fait l'abandon; et qu'il « a été principa- » lement conçu pour régler la transmission de ce » droit, lorsqu'il est sorti de la main du seigneur; mais il soutient en même temps que cet article doit aussi s'entendre du droit de charbonnage encore existant dans les mains du seigneur; et c'est, dit-il, ce qui résulte de l'exception, « ne fût qu'il soit tenu » en fief, termes qui répondent à ceux-ci : à moins » qu'il ne soit possédé par un seigneur qui tient sa » haute-justice en fief, ou que le seigneur en ait fait » un arrière-fief. »

» Mais est-il bien vrai que cette exception se rapporte au cas où le droit d'*avoir en terre non extrayé* est encore possédé par le seigneur haut-justicier, comme à celui où il en a fait un arrière-fief, par une sous-inféodation?

Sans doute, le seigneur haut-justicier, tant qu'il ne se dessaisissait pas de ce droit, le possédait comme une partie intégrante de sa haute-justice, et par conséquent, comme un droit féodal, car en Hainaut la justice (à moins, ce qui était presque sans exemple, qu'elle ne formât un franc-alleu) était toujours tenue en fief, comme tout fief emportait droit de justice.

Mais il ne le possédait pas comme un fief séparé;

---

(1) Cet opuscule n'est pas de moi; je ne l'ai même pas lu avant qu'il fût imprimé, ni depuis. Signé, GENDEBIEN. (Note que M. Gendebien m'autorise à placer ici dans cette nouvelle édition.)

et il me semble, je crois même sentir mieux que je ne saurais prouver, que, par les mots, « ne fût qu'il » soit tenu en fief, le texte cité veut dire : ne fût » que le concessionnaire l'ait reçu en inféodation; » ne fût qu'il soit pour le concessionnaire un fief » distinct.

Au surplus, cette question n'est pas d'un grand intérêt; mais en voici une autre beaucoup plus importante.

Dans quel cas le droit du concessionnaire était-il, à son égard, susceptible de la qualité *d'héritage?* ou, pour appeler enfin la chose par son vrai nom, dans quel cas le *droit de charbonnage* prenait-il, dans la main du concessionnaire, le caractère d'immeuble?

Assurément ce n'était seulement pas lorsque le seigneur haut-justicier en avait fait *un arrière-fief;* car l'art. 13 du chap. 122 des chartes générales déclare à la fois, et qu'il n'est soumis que par exception aux règles des fiefs, et que *généralement* il est *tenu pour héritage,* quoiqu'il ne soit, ni *mainferme,* ni transmis comme *mainferme* en succession.

Il faut donc qu'il soit toujours *héritage* dans la main du concessionnaire.

Il paraît cependant que l'on a voulu, dans le Hainaut autrichien, établir là-dessus une distinction.

Tout seigneur haut-justicier qui ne veut ou ne peut pas (disait-on) exercer lui-même son droit exclusif d'extraire le charbon, peut le concéder de deux manières.

» Il peut l'aliéner *radicalement,* soit en l'inféodant en le convertissant en arrière-fief, soit en le détachant de sa haute-justice par un acte *d'éclissement,* ce qu'il ne peut faire que de l'aveu de son seigneur suzerain.

Et il peut aussi n'en concéder que l'exercice.

Au premier cas, le concessionnaire possède véritablement le *droit de charbonnage;* et ce droit est pour lui un *héritage,* un immeuble fictif.

Mais au second cas, le fond du droit demeure dans la main du seigneur; le concessionnaire n'a qu'une simple permission d'user de ce droit, et cette permission ne peut être pour lui qu'une propriété mobilière, lors même qu'elle lui a été accordée à perpétuité.

C'est sur cette distinction qu'est fondé un arrêt de la cour d'appel de Bruxelles, du 26 août 1811, entre les sieurs Dessalives, habitans de Binche, et leur belle-mère, née Courtois : « Considérant » (y est-il dit) que le droit de charbonnage dont est » mention en l'art. 13 du chap 122 des chartes gé- » nérales du Hainaut, qui y est déclaré *héritage,* » n'est autre chose que la *propriété des mines at- » tachée à la haute-justice;* que le seigneur pou- » vait aliéner *ce droit radical de charbonnage,* » en observant les formalités voulues en pareil cas;

» mais que de là on ne peut conclure *qu'une per- » mission , même à perpétuité,* donnée par un sei- » gneur à une société, de tirer charbon dans l'éten- » due de sa seigneurie, fût *immeuble,* parce que, » dans ce cas, ce seigneur ne se dépouillait pas du » droit radical de charbonnage, mais ne transmet- » tait aux concessionnaires qu'un droit *personnel » et mobilier.* »

L'auteur de l'écrit *de l'ancienne et de la nou- velle législation sur les mines ,* cite aussi, à l'appui de cette distinction, une enquête par turbes dont il n'indique pas la date, mais qui paraît avoir été faite à Mons peu de temps avant la révolution, et dans laquelle plusieurs praticiens ont déposé, comme un point d'usage constant, « que les actions des ex- « ploitans, dites parts à fosses, s'exécutaient comme » de simples meubles.

Dans un autre écrit sur le même sujet, le même auteur allègue encore en faveur de son système, une consultation de M. Papin, avocat distingué de Mons, du 27 août 1750. La veuve d'Ager Pourbaix (y est-il dit) prétendait exercer, sur la part qui avait appartenu à son mari dans les mines de charbon de Houden, le droit de douaire que lui assurait son contrat de mariage sur tous les immeubles du défunt; et une sentence arbitrale rendue par cinq avocats, à la majorité des voix, le 7 septembre 1725, lui avait donné gain de cause. Mais sur l'appel, le conseil souverain de Mons a réformé cette sentence par arrêt du 6 juillet 1726, et a jugé que la *part à fosses* n'était pas un immeuble (1). « Il se » voit donc à évidence (c'est le texte de la consulta- « tion) que, quoique, par l'art. 13 du chap. 122 des » chartes générales, il soit dit que *droit de char- ». bonnage généralement sera tenu pour héritage,* » la cour fait différence entre le *droit de charbon- » nage qui est la propriété des fonds,* et la per-

(1) Cet arrêt a bien l'air, par sa date et par les noms des parties, de n'en faire qu'un avec celui qui est cité plus haut, dans les conclusions du 16 pluviôse an 12, comme ayant été rendu le 10 juillet 1726; et s'il en est ainsi, il avait deux questions à juger : l'une, si la *part à fosses* d'Oger Pourbaix était sujette au douaire de sa veuve; l'autre, si, par le second mariage d'Oger Pourbaix, cette *part à fosses* avait été frappée, au profit de ces enfans du premier lit, de ce qu'on appelait en Hainaut la *dévolution,* espèce de droit dont j'ai parlé sous les mots *Dévolution coutumière.*

Mais alors, comment concilier le compte que rend de cet arrêt la note qui est citée dans mes conclusions, avec celui qui en est rendu dans la consultation de M. Papin?

Suivant celle-ci, la *part à fosses* a été jugée n'être pas sujette au douaire de la veuve, parce qu'elle était mobilière.

Et suivant celles-là, elle a été jugée n'être pas sujette à la *dévolution,* quoiqu'il fût bien reconnu

» *mission de tirer charbon qui est une action*
» *réputée mobilière.* »

Que l'on eût ainsi jugé dans le cas où la permission de tirer le charbon était limitée à un temps quelconque, rien de plus simple : alors, en effet, la permission n'était qu'un bail plus ou moins long; et à cette époque, comme aujourd'hui, les droits résultant, pour un fermier, même d'un long *bail*, étaient réputés meubles dans sa personne (*chartes générales*, chap. 122, art. 8); et ce fut sur ce fondement qu'en 1769 un arrêt du parlement de Flandre jugea mobilières les actions de la compagnie des mines d'Auzin, dont le titre de concession (c'est-à-dire, l'arrêt du conseil du 1ᵉʳ mai 1759, rapporté ci-après, §. 4) devait expirer en 1800.

Mais je ne puis expliquer, je l'avoue, comment on pouvait juger de même dans le cas où, comme dans ceux sur lesquels ont été rendus les arrêts des 6 juillet 1726 et 26 août 1811, la concession du droit d'extraire le charbon, était faite à perpétuité, quoiqu'elle n'embrassât pas le fond de ce droit, qu'elle ne le transmît pas radicalement et qu'elle n'en comprit que l'exercice.

Qu'était-ce en effet qu'une pareille concession? Rien autre chose que ce qu'on appelait dans le midi de la France un *bail à locatairie perpétuelle*. Or, si la jurisprudence du parlement de Toulouse faisait, du bail à locatairie perpétuelle, une sorte de *cizaillement* de la propriété en deux parties, lequel réservait au bailleur le domaine proprement dit, et faisait passer la jouissance perpétuelle au preneur(1), on n'a jamais douté, pour cela, que le droit acquis au preneur par un bail à locatairie perpétuelle, ne fût un immeuble dans sa personne. Que dis-je? L'usufruit même d'un immeuble, quoique viager, a toujours été considéré comme un droit immobilier.

Mais ce qui démontre invinciblement que c'est à

qu'elle était réputée *héritage* par l'art. 13 du chap. 122 des chartes générales.

Laquelle des deux assertions mérite le plus de confiance? C'est une question que je ne pourrais résoudre qu'en vérifiant de nouveau les manuscrits dont j'ai rempli la note en 1779, et en les comparant avec les autres qui font mention du même arrêt.

Du reste, je conçois très-bien comment le conseil souverain de Mons aurait pu, en 1726, même en considérant le droit de charbonnage comme un immeuble dans la main du concessionnaire, ne pas le juger sujet à la *dévolution*. La dévolution n'affectait que les immeubles féodaux, censuels ou allodiaux ; elle ne pouvait donc avoir aucune prise sur les immeubles fictifs qui n'étaient ni fiefs, ni mainfermes, ni francs-alleux. A la vérité, les rentes constituées à prix d'argent étaient soumises à ce droit, lorsqu'elles étaient hypothéquées ; mais c'est qu'alors elles prenaient la nature des biens qui en formaient l'hypothèque. *V.* le *Répertoire de jurisprudence*, aux mots *Rente constituée*, §. 11.

(1) *V.* l'article *Locatairie perpétuelle*, §. 1.

une concession de cette espèce que doit s'appliquer la disposition de l'art. 13 du chap. 122 des chartes générales de Hainaut, qui déclare que le *droit de charbonnage est tenu pour héritage*, sans cependant l'assimiler, soit aux *mainfermes*, en aucun cas, soit aux fiefs, hors *le cas d'exception qu'il détermine*, c'est qu'entendue autrement, cette disposition se trouverait absolument sans objet et resterait sans application quelconque.

En effet, d'une part, le seigneur haut-justicier ne pouvait aliéner le fonds de son droit d'*avoir en terre non extrayé* ; il ne pouvait le détacher du gros de sa seigneurie, moyennant une redevance fixe ou casuelle, que de deux manières : par inféodation, ou par bail à rente purement foncière.

S'il l'aliénait par inféodation, nécessairement il en faisait un arrière-fief, dont il retenait la mouvance;

S'il l'aliénait par bail à rente purement foncière, ce qu'il ne pouvait faire que par un *démembrement* ou *éclissement*, et en observant les formalités prescrites par les chartes générales, au titre d'*éclisser fiefs*, il en faisait un fief distinct et séparé du sien, parallèle en quelque sorte au sien, et relevant comme le sien de son seigneur suzerain, à l'égard duquel son concessionnaire devenait, dès-lors, son co-vasal (1).

D'un autre côté, il ne pouvait pas l'aliéner par bail à cens et en faire une *mainferme*; car il était universellement reconnu sous le régime féodal que, dans les coutumes où le *jeu de fief* était permis, il ne pouvait s'exercer par bail à cens à l'égard des droits incorporels, et que le bail à fief était le seul moyen qu'eût le propriétaire d'un domaine féodal, pour se jouer de ces sortes de droits (2).

C'est même sur cette règle de droit commun qu'est calqué l'article dont il s'agit, puisqu'il ne dit pas, au sujet du droit de charbonnage : *ne fût qu'il soit tenu en fief ou en mainferme*, mais seulement, *ne fût qu'il soit tenu en fief* ; ce qui suppose bien clairement que ce droit ne peut pas, en aucun cas, devenir *mainferme*, ou, ce qui est la même chose, qu'il n'est pas susceptible d'être aliéné par bail à cens.

Il resterait donc à dire que, lorsque le seigneur aliénait son droit exclusif de tirer du charbon, il le convertissait en franc-alleu. Mais pour pouvoir convertir en franc-alleu un droit inhérent à une haute-justice, et par conséquent essentiellement féodal, il fallait être souverain ; et cela était, comme je l'ai dit plus haut, n° 1, au-dessus du pouvoir d'un seigneur particulier. Or, l'art 13 du chap. 122 des chartes générales n'est pas limité aux droits de charbonnage détachés par le souverain, de ses hautes-justices ; il

(1) *Ibid.*
(2) *V.* le *Répertoire de jurisprudence*, aux mots *Jeu de fief*, §. 9.

est commun à tous les droits de charbonnage concédés par les seigneurs hauts - justiciers de tout rang.

Il faut donc nécessairement en revenir à cette idée, que l'art. 13 du chap. 122 des chartes générales de Hainaut ne considère le droit de charbonnage dans la main du concessionnaire, comme aliéné radicalement, que dans le cas où il y conserve sa nature féodale, soit parce qu'il lui a été transmis par inféodation, soit parce qu'il l'a été par un bail à rente avec éclissement ;

Ce qui entraîne non moins nécessairement la conséquence que, hors ce cas, le concessionnaire du simple exercice du droit d'extraire le charbon, le possède comme *droit de charbonnage* proprement dit, et par suite, *comme héritage.*

Dira-t-on, pour justifier les arrêts de 1726 et 1811, qui ont jugé ce droit mobilier, que dans les espèces sur lesquelles ils ont été rendus, il ne s'agissait que de *parts à fosse*, et qu'ils n'ont fait que devancer la jurisprudence établie par la loi du 21 avril 1810, laquelle, tout en réputant la mine immeuble à l'égard de la société qui en a obtenu la concession, déclare, d'après l'art. 559 du code civil, que les *actions* ou *parts* dans cette propriété tiennent nature de meubles aux individus associés ?

Oui sans doute, ils ont devancé cette jurisprudence; mais ont-ils pu le faire sans violer les chartes générales ?

L'art. 13 du chap. 122 de ces lois, parlant du partage qui se fait, à la mort d'un concessionnaire, entre tous ses héritiers, veut que chacun d'eux prenne une portion égale; et en s'expliquant ainsi, il fait clairement entendre que chaque héritier et chacun de ses propres héritiers possédera sa part comme *héritage.* Il suppose donc évidemment que la division d'un droit de charbonnage en une quantité plus ou moins considérable d'*actions* ou *parts*, ne mobilisera point chaque *action* ou *part* dans la personne qui la recueillera. Le code civil et la loi du 21 avril 1810 ont donc introduit, à cet égard, une innovation en Hainaut.

Aussi la cour supérieure de justice de Bruxelles est-elle revenue franchement à mon avis par un arrêt qu'elle a rendu depuis la publication de la troisième édition de ce recueil, et dont voici l'espèce.

Le 17 avril 1685, acte public par lequel Robert Coupain, Claude-François Segœulle, Louis de Navarre, André Blareau, Simon Planquet, Charles-Simon et Auger Pourbaix s'associent pour l'exploitation d'une mine de charbon sur le territoire de la commune de Houden, chef-lieu de Mons, dont ils se proposent de demander la concession au seigneur de cette commune, et stipulent que les bénéfices de cette exploitation se partageront en onze parties égales; « chaque onzième à posséder et tenir *par forme d'héritage à toujours,* entendu néanmoins

» le septième pour droit d'entre-cens dû au seigneur, » déduit et payé. »

Le 20 août de la même année, le seigneur de Houden leur concède la mine dont il s'agit, *pour eux, successeurs et ayans-cause.*

Louis de Navarre, l'un des concessionnaires, transmet sa part à Marie-Thérèse Boussart.

Celle-ci épouse Charles Brichot, et meurt la première, laissant plusieurs enfans.

Charles Brichot, se regardant, en qualité d'héritier mobilier de sa femme, *par droit d'entravestissement de sang* (1), comme propriétaire de sa part dans la mine de Houden, la vend, sans l'intervention de ses enfans, aux sieurs L.....

Long-temps après, mais avant que la prescription ait éteint leurs droits, les enfans de Marie-Thérèse Boussart font assigner les sieurs L.. devant le tribunal de première instance de Mons, en revendication de la part de leur mère, et soutiennent que cette part étant immobilière, la vente que leur père en a faite est nulle.

Les sieurs L.... répondent que leur mère n'a possédé cette part que comme un droit mobilier, et que par conséquent leur père en est devenu propriétaire par gain de survie.

Jugement qui admet la réclamation des enfans, et condamne les sieurs L........ à leur délaisser la portion qui a appartenu à leur mère dans la mine de Houden.

Appel de la part des sieurs L.....; et le 23 mai 1827, arrêt par lequel :

« Sur la question de savoir si le droit de charbonnage que l'art. 13 du chap. 122 des chartes générales de Hainaut déclare être *généralement tenu pour héritage*, doit s'entendre du droit accordé à perpétuité par le seigneur à des particuliers, d'extraire charbon sur le territoire de sa seigneurie :

» Considérant que tant la rubrique de ce chapitre intitulé *des biens qui devront être tenus pour meubles ou héritages*, que les dispositions de chacun des articles qui le composent, font voir que, lorsqu'il y est parlé des biens tenus pour héritage, il ne s'agit pas là des immeubles proprement dits, et qui en Hainaut étaient ou fiefs, ou alloëts, ou mainfermes, mais bien de ceux qui, soit en raison de leur destination, soit comme étant des droits incorporels, et dès-lors, par suite d'une fiction de la loi, devaient être tenus pour héritages, c'est-à-dire, immeubles;

» Considérant que l'art. 1er du chap. 130 desdites chartes, en énumérant les attributs et les droits de la haute-justice et seigneurie, range parmi ces droits celui d'*avoir en terre non extrayé*, ce qui

<hr>

(1) *V.* le *Répertoire de jurisprudence*, aux mots *Entravestissement de sang*, sect. 1, §. 1, et *Fourmaulure*, §. 4.

est défini par l'art. 2 du même chapitre, *choses trouvées en terre, comme charbon, pierres et semblables ;*

» Que, soit qu'on considère la haute-justice et seigneurie comme attachée à un bien fief, ce qui était le cas ordinaire en Hainaut, soit qu'on l'envisage, ainsi que la présente l'art. 3 du chap. 103 des mêmes chartes, comme attachée à un alloët, cas extrêmement rare dans ladite province, toujours est-il que le droit d'avoir en terre non extrayé, ne pouvait tant et si long temps qu'il faisait partie intégrante du fief ou de l'alloët haut-justicier, constituer, dans le chef du seigneur, qu'un bien de même nature que le fief ou l'alloët même, c'est-à-dire, un immeuble proprement dit ; d'où il suit que ce n'est pas à ce droit qualifié par l'art. 1ᵉʳ du chap. 130, que peut s'appliquer la disposition de l'art. 13 du chap. 122 ;

» Considérant que c'est en vain que les appelans, pour écarter l'application dudit art. 13 au cas d'une concession à perpétuité du droit d'extraire charbon, soutiennent que le droit de charbonnage dont traite cet article, n'est autre que le droit radical que le seigneur a détaché de la haute-justice, puisque, du contexte de l'art. 13, il appert qu'en règle générale, le droit dont il est question n'est qu'un fief ; qu'il ne l'est que par exception ; tandis que le droit radical de charbonnage, annexé à la haute-justice et seigneurie, est, sauf le cas extrêmement rare, prévu par l'art. 3 du chap. 103, déjà cité, toujours partie intégrante d'un fief haut-justicier ; qu'il ne peut en être détaché que par sous-inféodation ou éclissement, et qu'alors même il ne perd pas sa nature féodale, mais forme ce que l'on nomme un arrière-fief ou fief parallèle ; que c'est là le cas de la règle générale et commune ; que dès-lors il n'est pas concevable comment l'art. 13 aurait fait de ce cas l'exception ; qu'il paraît d'autant moins que telle ait été l'intention du législateur, qu'il a établi en principe, à l'art. 13 cité, la divisibilité du droit de charbonnage dont il traite, entre tous les enfans en parts égales, tandis que les fiefs sont de leur nature indivisibles ; qu'il est donc permis de conclure de là que c'est mal interpréter l'intention du législateur que d'appliquer l'art. 13 au droit radical détaché, plutôt qu'à la concession faite à perpétuité du droit d'extraire du charbon ;

» Considérant qu'au contraire tout tend à établir que ledit article doit trouver son application au cas où, comme dans l'espèce, le seigneur a accordé à des particuliers le droit d'extraire charbon dans tout le territoire de sa seigneurie : d'abord, parce qu'en rangeant le droit de charbonnage parmi les immeubles fictifs, l'article 13 dit qu'il sera tenu pour tel *généralement* ; ensuite et surtout, parce que l'article qui suit immédiatement celui-ci (l'article 14) statue que le droit d'entre-cens, qui n'est autre chose qu'une quotité de charbon qu'on extrait, que le seigneur concédant se réservait par l'acte de concession, sera tenu pour héritage *pareille-*

ment, comme le droit faisant l'objet de la concession, droit dont l'entre-cens n'était en effet que la représentation :

» D'où suit que l'immobilisation fictive du droit d'entre-cens, aux termes de l'art. 14, ne pouvait être que la conséquence de pareille immobilisation attribuée par l'art. 13 à l'objet même de la concession y indiquée sous le nom de droit de charbonnage ;

» Considérant que les appelans, dans l'ordre d'établir la nature mobilière du droit d'extraire charbon, concédé par le seigneur à des particuliers, ont fait valoir l'argument que, tant sous le rapport des dispositions par vente, testament, qu'en égard aux droits de dévolution, fourmouture et aux formalités à suivre en cas d'exécution et autres rapports particuliers, ledit droit était soumis aux règles qui régissaient les meubles ;

» Considérant qu'en supposant même ce soutènement exact, de là ne suivrait pas toutefois la conséquence nécessaire que le droit ne soit pas un immeuble anomal et fictif, puisque l'art. 14 lui a positivement imprimé ce caractère.

» Qu'il suit de tout ce qui précède que c'est au droit d'extraire charbon, concédé par le seigneur à des particuliers, que l'art. 13 du chap. 122 est applicable ;

» Relativement au deuxième moyen des appelans, fondé sur ce qu'aux termes du contrat du 17 avril 1685, chacun des concessionnaires primitifs n'avait qu'une action contre ses contractans, tendante à s'assurer une part égale dans les gains et une juste contribution dans les pertes ; que c'est là une action purement personnelle résultant du contrat de société, et que cette action étant mobilière en droit, il n'appartenait pas à des particuliers de changer, par leur convention, sa nature dans l'ordre des successions ;

» Considérant qu'une fois établi qu'aux termes de l'art. 13, chap. 122, dans le chef même du concessionnaire, ce droit est héritage, il résulte de la combinaison de l'acte du 17 avril 1685, réglant les bases de l'entreprise dont la concession devait être l'objet, et dans lequel les contractans déclarent que chaque onzième part sera par eux possédée et tenue par forme *d'héritage à toujours*, avec l'acte de concession lui-même, fait en exécution du premier ; que, dans l'espèce, la concession est faite à chacune des personnes dénommées dans l'acte pour la part y déterminée ; que ce cas est bien différent de celui où la concession n'ayant été accordée qu'à une seule personne, celle-ci se serait postérieurement associé d'autres personnes pour l'exploitation, ou en aurait elle-même cédé l'objet à une société ; que, d'autre part, la volonté de chacun des concessionnaires, ainsi que celle du seigneur concédant, est ici d'accord avec la disposition de la loi ; et que dès-lors l'on ne voit pas comment la nature du bien serait autre sur le chef de chaque concessionnaire, par la circonstance qu'au lieu d'avoir été faite à une seule personne, la concession l'a été à plusieurs;

» Par ces motifs, la cour met l'appellation au néant..... (1). »

IV. Sur la huitième question, *V.* l'article *Obligation*, §. 5.

§. II. *Des conditions sous lesquelles la loi du 12-28 juillet 1791 maintenait les anciens concessionnaires de mines, et leur donnait la préférence sur les propriétaires fonciers qui voudraient exploiter par eux-mêmes.*

Voici comment je me suis expliqué à l'audience de la section des requêtes de la cour de cassation, du 1er pluviôse an 9, sur une affaire qui s'y trouvait portée par les sieurs Godard et Defrise, concessionnaires d'une mine de houille ou charbon de terre, demandeurs en cassation d'un jugement du tribunal civil du département de la Lys, qui les avait évincés de leur concession en faveur du propriétaire du fonds dans lequel existait cette mine.

« Les demandeurs soutiennent que le tribunal civil du département de la Lys a violé la loi du 12-28 juillet 1791, concernant les mines; mais, pour bien apprécier tout ce qu'ils disent à cet égard, il faut entrer dans quelques détails.

» L'art. 1er du chap. 130 des chartes générales du Hainaut attribue au seigneur haut-justicier *l'avoir en terre non extrayé.*

» L'art. 2 du même chapitre ajoute que, par » avoir en terre non extrayé, sont entendues toutes » choses trouvées en terre, comme charbons, pier- » res et semblables. »

» La conséquence qui résulte naturellement de ces textes, c'est que les seigneurs hauts-justiciers ont, par la loi particulière à cette contrée, le droit exclusif d'exploiter, soit par eux-mêmes, soit par leurs concessionnaires, les mines de charbon de terre qui se trouvent dans leurs hautes-justices.

» Et telle a été, en effet, la jurisprudence constante du Hainaut dit *autrichien,* tant qu'a duré le régime féodal.

» C'est d'après cela que, s'il en faut croire un acte produit par les demandeurs, sous la date du 31 octobre 1795, correspondant au 9 brumaire an 4, le cit. Déroges, alors seigneur haut-justicier de Dourlers, a concédé le droit d'exploiter deux mines de charbon, connues sous les dénominations de *Grand-Baillon* et *Grand-Renom.*

» A cette époque, le régime féodal n'était pas encore aboli en Hainaut; car ce n'est que le 17 du même mois de brumaire que les représentans du peuple en mission dans les neuf départemens réu-

nis par la loi du 9 vendémiaire précédent, ont pris un arrêté pour y faire publier les décrets des 4 août 1789 et 15 mars 1790.

» Ainsi, en supposant véritable et certaine la date du titre produit par les demandeurs, la légalité de leur concession ne doit souffrir aucune ombre de difficulté.

» Deux jours après l'arrêté dont nous venons de parler, les représentans du peuple en ont pris un autre pour faire publier dans les nouveaux départemens la loi du 12-28 juillet 1791, concernant les mines; et il paraît que cet arrêté est parvenu à l'administration centrale de Jemmapes, le 25 frimaire suivant, c'est-à-dire, en d'autres termes, que c'est à compter du 25 frimaire an 4, que la loi du 12-28 juillet 1791 a commencé d'être obligatoire dans ce département.

» Il paraît que les demandeurs jouissaient paisiblement de l'effet de leur concession, lorsque, le 4 pluviôse an 6, Agnès Butin, en sa qualité de curatrice de Philigonne Hecquet, son mari, les a fait assigner devant le tribunal de Jemmapes, pour se voir condamner à cesser toute exploitation de mine et veine de charbon dans une pièce de deux *huitelées* de terre appartenant à ce dernier.

» Les demandeurs ont opposé à cette assignation, et l'acte du 9 frimaire an 4 qui leur avait concédé les mines de *Grand-Baillon* et *Grand-Renom,* et l'art. 4 de la loi du 12-28 juillet 1791, par lequel il est dit que « les concessionnaires actuels ou les » cessionnaires qui ont découvert les mines qu'ils » exploitent, seront maintenus jusqu'au terme de » leur concession, du moins pour cinquante ans; » qu'en conséquence, les propriétaires de la surface » sous prétexte d'aucune des dispositions contenues » aux art. 1 et 2, ne pourront troubler les conces- » sionnaires actuels dans la jouissance des conces- » sions; lesquelles subsisteront dans toute leur » étendue, si elles n'excèdent pas six lieues carrées. »

» La femme Hecquet a répliqué que l'acte produit par les demandeurs était faux, c'est-à-dire, sans doute, antidaté.

» Elle a ajouté que l'art. 4 de la loi du 12-28 juillet 1791 n'était applicable qu'aux concessionnaires qui exploitaient, au moment de sa publication, les mines précédemment découvertes par eux ou par leurs cédans; et elle a nié que, dans le fait, les veines de charbon dont il s'agissait fussent en exploitation actuelle à cette époque.

» Le tribunal civil du département de Jemmapes, s'attachant à ces deux derniers points de la défense de la femme Hecquet, et préjugeant que les demandeurs étaient déchus de leur concession, s'ils ne prouvaient pas le fait nié par leur adversaire, a rendu un jugement interlocutoire, par lequel il a admis les demandeurs à en faire preuve, la preuve contraire réservée à la femme Hecquet.

» En exécution de ce jugement, dont il n'y a eu appel ni alors ni depuis, les demandeurs ont fait en-

---

(1) Jurisprudence de la cour supérieure de justice de Bruxelles, année 1827, tome 2, page 137.

tendre plusieurs témoins ; qui ont déposé qu'ils avaient commencé leurs travaux dans le courant de novembre 1795 ; et les témoins produits par la femme Hecquet ont attesté la même chose.

» Mais ni les uns ni les autres n'ont parlé de la continuation effective de ces travaux, à l'époque de la publication de la loi, c'est-à-dire, le 25 frimaire an 4, jour correspondant au 15 décembre 1795.

» Les choses en cet état, jugement du 13 ventôse an 6, qui, attendu que l'acte de concession a été passé devant des officiers publics; que, tant qu'il n'est pas déclaré faux, il doit avoir son exécution, et que les demandeurs ont suffisamment prouvé leur exploitation lors de la publication de la loi du 12-28 juillet 1791, déclare la femme Hecquet non fondée, quant à présent, en ses conclusions, et la condamne aux dépens.

» Appel au tribunal civil du département de la Lys, et de là, jugement du 29 germinal an 8, qui, attendu que les demandeurs n'ont pas suiffisamment prouvé le fait de l'exploitation actuelle des mines, à l'époque de la publication de la loi, infirme le jugement du tribunal de Jemmapes, et adjuge à la femme Hecquet les conclusions qu'elle avait prises en première instance.

« C'est ce jugement que les demandeurs vous dénoncent comme violant et appliquant à faux l'art. 4 de la loi du 12-28 juillet 1791.

» Quels sont les concessionnaires que maintient cet article? Ce sont ceux-là, et ceux-là seulement, qui ont découvert ou dont les cédans ont découvert les mines qu'ils exploitent : « Les concessionnaires « actuels ou leur cessionnaires qui ont découvert » les mines qu'ils exploitent, seront maintenus. »

» Or, les demandeurs ont-ils découvert eux-mêmes la mine dont il s'agit ? Non.

» Sont-ils au moins cessionnaires de ceux qui l'avaient découverte précédemment ? Pas davantage.

« L'acte du 31 décembre 1795 constate que précédemment cette mine était exploitée par un cit. Desvigne qui l'avait abandonnée; et que , par l'effet de cet abandon, le seigneur d'alors a cru pouvoir faire aux demandeurs une nouvelle concession, sans néanmoins la leur garantir.

» Les demandeurs ne peuvent donc pas invoquer l'article dont il s'agit, puisqu'ils ne se trouvent point dans le cas pour lequel il prononce la maintenue des concessionnaires actuels.

» Ensuite, l'art. 4 ne maintient les concessionnaires actuels qui ont découvert les mines, qu'autant qu'ils les *exploitent;* et ce mot *exploitent* doit naturellement s'entendre d'une exploitation en pleine activité à l'époque de la publication de la loi. C'est d'ailleurs un point préjugé par le jugement interlocutoire du tribunal de Jemmapes, et nous avons déjà observé que les demandeurs n'avaient pas appelé de ce jugement.

» Or, le tribunal de la Lys a décidé, en point de fait, que les demandeurs n'avaient pas prouvé suffisamment que la mine dont il est question fût en exploitation actuelle au temps de la publication de la loi; et en effet, vous avez déjà remarqué que ni l'enquête des demandeurs, ni celle de la femme Hecquet, ne renfermaient rien qui se rapportât à cette époque.

» C'en est assez, sans doute, pour justifier le jugement du tribunal de la Lys ; mais ce n'est pas tout.

» Quand on ferait ici abstraction du jugement interlocutoire du tribunal de Jemmapes, ou , ce qui est la même chose, quand on supposerait que les demandeurs en eussent interjeté appel, les demandeurs n'en seraient pas plus avancés.

« C'est bien mal à propos, en effet, que les demandeurs soutiennent les propriétaires non - recevables à critiquer, dans le cas de l'art. 4 de la loi, le défaut d'exploitation actuelle des concessionnaires.

» Il suffit, pour écarter cette fin de non-recevoir, de faire attention à la contexture des deux paragraphes de l'art. 4.

» Le premier maintient les concessionnaires qui exploitent actuellement les mines qu'ils ont découvertes.

» Et le deuxième ajoute : EN CONSÉQUENCE, « les » propriétaires de la surface, sous prétexte d'aucune » des dispositions contenues aux art. 1 et 2, ne pour- » ront troubler les concessionnaires actuels dans la » jouissance des concessions. »

» Ce n'est donc qu'*en conséquence* de la maintenue prononcée par le premier paragraphe, que le deuxième défend aux propriétaires de troubler les concessionnaires dont les titres sont antérieurs à la loi.

» Cette défense est donc sans effet contre les propriétaires, lorsque les concessionnaires, dont les titres sont antérieurs à la loi, ne sont pas dans la position que la loi requiert pour les maintenir dans leurs concessions.

» Les propriétaires ont donc nécessairement le droit d'examiner si les concessionnaires sont véritablement dans cette position.

» Ils ont donc le droit de ne pas reconnaître les concessionnaires qui, ou n'avaient pas découvert par eux-mêmes ou par leurs cédans, les mines qu'ils exploitaient à l'époque de la publication de la loi, ou n'exploitaient pas actuellement, à l'époque de la publication de la loi, les mines qu'ils avaient précédemment découvertes. »

» Sur ces raisons, arrêt du 1er pluviôse an 9, au rapport de M. Brillat-Savarin, qui rejette la demande des sieurs Godart et Defrise:

» Attendu, sur le premier moyen, que l'art. 4 de la loi de 1791 n'est relative qu'aux concessionnaires qui ont découvert les mines qu'ils exploitent, et que les demandeurs ne sont pas dans ce cas ;

» Attendu, sur le deuxième, que les demandeurs en cassation n'ont jamais émis appel du jugement qui a ordonné la preuve de leur exploitation, et qu'ainsi c'est chose acquiescée par eux, que le fait de l'exploitation a pu influer sur le jugement à intervenir. »

§. III. 1° *Avant la loi du 12-28 juillet 1791, les maîtres de forges pouvaient-ils, dans le pays de Liége, exploiter, sans le consentement des propriétaires fonciers, les mines de fer existantes dans les héritages d'autrui ?*

2° *A qui appartiennent les minerais que les maîtres de forges ont, postérieurement à la publication de la loi du 12-28 juillet 1791, extraits des fonds d'autrui, sans avoir rempli envers les propriétaires les formalités prescrites par cette loi* (1) ?

« En brumaire an 3 (ai-je dit à l'audience de la cour de cassation, section civile, le 23 ventôse an 11), le cit. Daoust, maître de forges, domicilié à Hourbes, fit, dans les terres d'une ferme dite *Pommereuil*, située dans la commune de Ragnies, pays de Liége, et dépendante de l'abbaye de Lobbes, les fouilles nécessaires pour en extraire les mines de fer qu'elle recélaient dans leur sein.

» Peu de temps après la suppression de l'abbaye de Lobbes, prononcée par la loi du 15 fructidor an 4, le cit. Daoust, troublé dant son exploitation par le receveur des domaines de Beaumont, parvint à s'y faire maintenir, non pas, comme il l'assure, par un arrêté de l'administration du département de Jemmapes (du moins il n'en rapporte aucune preuve), mais de fait, et d'après un simple avis du directeur des domaines de ce département, daté du 21 frimaire an 5, et motivé sur la fausse assertion avancée par lui, et que personne n'était à même de contredire, que le terrain sur lequel il avait établi ces travaux, n'était point national, et *qu'il était autorisé du propriétaire de ce terrain à l'exploiter.*

» Le 23 floréal an 6, la ferme de Pommereuil fut vendue par l'État au cit. Lefebvre ; et par le procès-verbal d'adjudication, il fut déclaré « qu'au milieu » des terres de cette ferme, se trouvaient des fosses » dont on exploitait la mine de fer, ce qui avait oc- » casionné deux ou trois bonniers de dommage. »

» Le 21 fructidor an 7, le cit. Lefebvre obtint du juge de paix du canton de Thuin une ordonnance qui défendit au cit. Daoust « d'emporter les mines » de fer qu'il avait extraites d'un terrain dépendant » de la ferme de Pommereuil, attendu que, d'après

(1) Ces questions appartiennent plutôt à l'article *Minière* qu'à celui-ci.

» la loi du 12-28 juillet 1791, il ne pouvait faire cette » extraction que de son consentement formel, et en » lui payant la valeur de ces mines.

» De là s'est ensuivie une instance, d'abord devant le tribunal civil du département de Jemmapes, ensuite devant le tribunal de première instance de Charleroy, dans laquelle le cit. Daoust, après avoir articulé, sans en fournir aucune ombre de preuve, qu'il n'avait entrepris et commencé ses fouilles, qu'en vertu d'une concession expresse de l'abbaye de Lobbes, s'est réduit à soutenir que la commune de Ragnies s'était régie par la charte de la commune de *Morialmez*, de 1384, et par l'ordonnance de Philippe IV roi d'Espagne, du 24 octobre 1635, rendue pour le pays de Namur, lesquelles permettent aux maîtres de forges d'ouvrir et d'exploiter les mines de fer sur les héritages d'autrui.

» Après plusieurs interlocutoires, des enquêtes et des contre-enquêtes, jugement est intervenu, le 28 frimaire an 9, par lequel le tribunal de Charleroy, sur le fondement que « l'usage d'extraire les » mines de fer sans la permission des propriétaires, » était prouvé à Ragnies, tant par la charte de Mo- » rialmez et l'ordonnance de 1635, que par les en- » quêtes, et que cet usage valait concession, » maintenait indéfiniment le cit. Daoust dans son entreprise, à la charge de payer au cit. Lefebvre le prix de tous les minerais extraits depuis son acquisition.

» C'est sur l'appel de ce jugement, qu'a été rendu, le 13 messidor an 9, par le tribunal d'appel de Bruxelles, le jugement dont le cit. Daoust vous demande aujourd'hui la cassation. Il contient quatre dispositions distinctes.

» 1° Il décide qu'en matière d'exploitation de mines, ce n'est ni la charte de Morialmez, ni l'ordonnance rendue en 1635 pour le pays de Namur, qui, avant la réunion du pays de Liége à la république française, faisait loi dans la commune de Ragnies ; que cette commune n'avait, à cet égard, d'autre loi que la coutume de Liége, qui attribuait aux seuls propriétaires de la surface le droit d'ouvrir et d'exploiter les mines existantes dans leurs héritages, et qui par conséquent rendait leur consentement nécessaire pour l'exercice de ce droit ; qu'ainsi le cit. Daoust avait, dans l'origine, commis une voie de fait en faisant des fouilles dans les terres de Pommereuil, sans l'autorisation des religieux de Lobbes ; que l'illégalité de son entreprise n'avait pas été couverte par l'énonciation consignée dans le procès-verbal d'adjudication du 23 floréal an 6, parce que cette énonciation ne faisant qu'indiquer l'existence des *fosses*, et le dommage qui en était résulté, n'avait pas conféré au cit. Daoust plus de droit qu'il n'en avait auparavant ; que la loi du 12-28 juillet 1791, publiée dans les départements de l'Ourthe et Jemmapes, le 29 brumaire an 4, n'avait pas purgé les vices originaires de la possession du cit. Daoust, et que celui-ci ne pouvait pas s'en prévaloir pour suppléer au titre qui lui manquait.

» 2° Il décide que les minerais extraits et enlevés par le cit. Daoust, depuis l'acquisition faite par le cit. Lefebvre, de la ferme de Pommereuil, étant la propriété de celui-ci, le cit. Daoust doit en rendre la valeur intégrale, suivant le taux du commerce à l'époque de l'extraction, sous la seule déduction des frais de main-d'œuvre; mais qu'en faisant cette restitution, il ne devra au cit. Lefebvre aucune indemnité pour la dégradation du fonds, puisque, par-là, il remettra le cit. Lefebvre dans le même état que s'il eût exploité lui-même.

» 3° Il décide que le cit. Daoust ne peut pas enlever les minerais actuellement extraits et encore existans sur le terrain, parce que nul ne peut, sans son fait et consentement, être dépouillé de sa propriété, et que, puisque ces minerais appartiennent au cit. Lefebvre, ils doivent demeurer à sa disposition, tant qu'il peut les saisir en nature.;

» 4° Il décide que néanmoins les frais d'extraction de ces mêmes minerais doivent être remboursés par le cit. Lefebvre au cit. Daoust, parce que l'équité ne permet pas que l'on s'enrichisse des dépenses d'autrui, quoique faites illégalement.

» De ces quatre dispositions, le cit. Daoust attaque les trois premières, et il vous les présente :

» Comme faisant une fausse application de l'art. 13 du chap. 5 de la coutume de Liége;

» Comme violant les art. 9 et 10 du chap. 9 de la même coutume;

» Comme contraire aux art. 4 et 20 du tit. 1, et aux art. 2, 6, 7, 8, 9, 10, 11 et 12 du tit. 2 de la loi du 12-28 juillet 1791;

» Comme enfreignant l'art. 20 du tit. 2 de la même loi.

» Voilà donc quatre moyens de cassation à discuter. Et d'abord, il s'agit de savoir si c'est par une exacte ou par une fausse application de l'art. 13 du chap. 6 de la coutume de Liége, que le tribunal d'appel de Bruxelles a décidé qu'avant la publication de la loi du 12-28 juillet 1791, le cit. Daoust n'avait aucun titre légitime pour exploiter les mines de fer existantes dans les terres de Pommereuil.

» Sur cette première question, le cit. Daoust n'invoque plus devant vous la charte de Morialmez et l'ordonnance du roi d'Espagne de 1635, comme faisant loi par elles-mêmes dans la commune de Ragnies, mais uniquement comme des preuves écrites de la jurisprudence des pays voisins de cette commune, sur l'exploitation des mines de fer; et suivant lui, il en résulte que cette commune, tout maître de forges avait, par sa seule qualité, le droit d'exploiter les mines qui se trouvaient dans le terrain d'autrui, lorsque le propriétaire de ce terrain ne les exploitait pas personnellement.

» A la vérité, continue-t-il, l'art. 13 du chap. 6 de la coutume de Liége suppose manifestement que les mines existantes dans un fonds appartiennent au propriétaire de ce fonds. Mais, d'une part, il n'y est question que des mines ouvertes par le proprié-

taire lui-même, et non de celles que la terre recèle encore dans son sein; de l'autre, il est constant que les mines non encore ouvertes ont toujours été, dans le pays de Liége, à la disposition des maîtres de forges, à moins que les propriétaires fonciers ne voulussent les exploiter eux-mêmes.

» En un mot, dit le cit. Daoust, le propriétaire du fonds avait un droit de préférence pour l'exploitation de la mine; s'il voulait l'exploiter lui-même, il excluait le maître de forges; mais s'il ne voulait pas l'exploiter, le maître de forges prenait sa place de plein droit; il ne fallait à celui-ci ni permission ni concession du propriétaire; et cela est si vrai, qu'aux termes de l'art. 10 du chap. 9 de la coutume de Liége, celui qui, *au vu* et *su* du propriétaire foncier, *ouvre*, c'est-à-dire, travaille, commence et poursuit les travaux nécessaires à l'exploitation d'une mine, « pendant l'espace de quarante jours, » acquiert, par cela seul, les prises de tel fonds, en » payant au propriétaire le droit de terrage accoutumé, » expressions qui désignent la redevance à laquelle l'usage avait fixé l'indemnité de celui-ci.

» A tout cela, le cit. Lefebvre oppose deux ordonnances du ci-devant prince de Liége, des 14 juin 1756 et 13 juillet 1758, dans lesquelles il croit trouver la preuve que le cit. Daoust n'aurait pas pu, avant la publication de la loi du 12-28 juillet 1791, ouvrir une mine de fer dans le pays de Liége, même avec le consentement des propriétaires du fonds; et voici comment il raisonne :

» Le cit. Daoust était étranger au pays de Liége; le lieu d'Hourbes, dans lequel il était domicilié et où il avait sa forge, faisait partie du Hainaut autrichien. Or, par les deux ordonnances dont il s'agit, il était défendu à tout étranger d'exploiter aucune mine de fer du pays de Liége. Donc le cit. Daoust n'aurait pas pu, quand même les anciens propriétaires de la ferme de Pommereuil y auraient consenti, extraire le minerai des terres dépendantes de cette ferme.

» Mais d'abord, il n'est pas bien constant que le lieu d'Hourbes ne fût pas, au moins en partie, situé dans le pays de Liége.

» Ensuite, le cit. Lefebvre fait dire aux ordonnances de 1756 et 1758 ce qu'elles ne disent pas. Elles défendent bien l'exportation du minerai hors du pays de Liége; mais elles n'exigent pas qu'on soit domicilié dans ce pays, pour y pouvoir exploiter une mine de fer. Les étrangers étaient donc admis à cette exploitation, comme les indigènes; seulement il ne leur était pas permis d'emporter leurs minerais hors du pays de Liége; et sans doute ils pouvaient ou les vendre, ou les convertir eux-mêmes en gueuses dans des forges que rien ne les empêchait d'avoir dans ce pays.

» Les ordonnances de 1756 et 1758 ne peuvent donc être ici d'aucun secours au cit. Lefebvre. Mais le système du cit. Daoust ne nous en paraît pas pour cela mieux fondé.

» Il est certain que la coutume de Liége conserve aux propriétaires le domaine libre, indépendant, absolu, des mines existantes dans leurs fonds; et pour nous en convaincre, il suffira de rapprocher ses dispositions des lois romaines, leurs interprètes naturels...(1).

» Ainsi, dans le dernier état de la législation romaine, les mines même de marbre ne pouvaient être ouvertes et exploitées que par les propriétaires fonciers, ou de leur consentement.

» C'est sur le modèle de cette législation qu'ont été rédigées les dispositions de la coutume de Liége, relatives aux mines.

» L'art. 13 du chap. 6 est ainsi conçu : « Le » transporteur d'héritage se peut réserver toutes » mines de houille (charbon de terre) et autres; et » par telle réserve, lui, ses hoirs et représentans » demeurent maîtres et seigneurs de telles mines : » autrement, s'il n'y a retenue, passent au domaine » du preneur, qui en peut faire son bon plaisir, » pourvu que l'héritage demeure à toujours suffi- » sant pour ses charges. » Dans cet article, comme vous le voyez, la coutume n'a pas pour objet direct de déclarer que les mines appartiennent au propriétaire du fonds : mais considérant ce point de droit comme incontestable, elle le prend pour règle de décision entre le vendeur et l'acquéreur d'un héritage dans lequel il se trouve des mines; et elle veut que les mines soient censées comprises dans la vente, s'il n'en a pas été fait une réserve expresse.

» On ne peut certainement rien de plus clair ni de plus positif. Cependant le cit. Daoust prétend que cette disposition est restreinte aux mines ouvertes au moment de la vente. Il en résulte bien, suivant lui, que le vendeur, en se réservant les mines dont il a entrepris l'exploitation, en demeure maître et seigneur, et qu'à défaut de réserve de sa part, elles passent au domaine de l'acquéreur, qui en peut faire son bon plaisir. Mais il en est autrement des mines qui, à l'époque de la vente, ne sont pas encore ouvertes : la coutume ne s'explique pas sur celles-ci, et il est tout naturel de regarder son silence à leur égard comme une preuve que le premier venu peut les exploiter, si le propriétaire du fonds ne le prévient pas.

» Où le cit. Daoust a-t-il donc vu que la coutume ne parle, dans l'article cité, que des mines ouvertes au moment de la vente? Cet article porte sur toutes les mines de houille et autres; et bien évidemment le mot toutes comprend les mines non ouvertes comme les mines ouvertes; rien d'ailleurs, de ce qui le précède ni de ce qui le suit, ne conduit à la moindre distinction entre les unes et les autres.

» Mais ce qui écarte absolument toute idée de

différence entre celles-ci et celles-là, c'est qu'à la fin de l'article, il est dit que l'acquéreur, à défaut de réserve de la part du vendeur, « peut en faire son » bon plaisir, pourvu que l'héritage demeure à tou- » jours suffisant pour les charges. » Qu'est ce que faire son plaisir d'une mine existante dans un fonds? C'est en disposer en maître absolu, et comme dit la coutume, en seigneur. C'est par conséquent l'ouvrir ou ne la pas ouvrir, l'exploiter ou ne la pas exploiter, suivant qu'on le juge à propos. Et puis, que signifient ces dernières expressions de l'article, pourvu que l'héritage demeure à toujours suffi- sant à ses charges? Elles signifient que, si le fonds dans lequel se trouve une mine est grevé d'une rente foncière, la faculté d'ouvrir et d'exploiter cette mine, demeurera subordonnée à la suffisance de ce qui restera du fonds pour faire face à la rente. Elles signifient par conséquent que le propriétaire ne pourra pas ouvrir et exploiter la mine, s'il doit en résulter pour l'héritage une dégradation préju- diciable aux droits du créancier. Et par conséquent encore, elles signifient que les mines non encore ouvertes sont comprises dans la disposition de cet article, tout aussi bien que les mines actuellement ouvertes.

» C'est encore des mines non ouvertes au temps où prend naissance le droit d'usufruit sur un fonds, qu'il est question dans l'art. 20 du chap. 11. Voici ce que porte cet article : « S'il y a houilles ou mines » sous les héritages dont le survivant a l'usufruc- » tuaire et l'enfant propriétaire, en cas qu'on les » ouvre, la moitié des profits appartient à l'usufruc- » tuaire, et l'autre moitié au propriétaire. »

» Il n'y a là ni obscurité ni équivoque. La cou- tume décide nettement que les mines non encore ouvertes font partie de la propriété du fonds : la distinction imaginée par le cit. Daoust est donc, à tous égards, insoutenable.

» Il est, d'après cela, bien indifférent que, dans le Namurois, il ait été, par l'ordonnance de 1635, permis aux maîtres de forges de fouiller les mines dans les héritages d'autrui sans le consentement des propriétaires. Il est, après cela, bien indifférent que cette permission ait été accordée aux maîtres de forges, par une loi particulière, dans une com- mune du pays de Liége, dans celle de Morialmez. La législation du Namurois n'avait rien de com- mun avec la législation liégeoise; et la preuve que la législation liégeoise différait essentiellement sur ce point de la législation du Namurois, c'est qu'il a fallu une loi expresse pour étendre celle-ci à la commune de Morialmez, et pour soustraire cette commune à celle-là.

» Le citoyen Daoust n'est pas plus heureux dans les inductions qu'il cherche à tirer de l'art. 11 du chap. 9 de la coutume de Liége. De ce que cet ar- ticle donne les prises du fonds à celui qui, au vu et au su du propriétaire, en a extrait la mine pendant quarante jours, le cit. Daoust prétend conclure que le propriétaire n'a, pour l'extraction de la mine,

_____

(1) Ici, j'ai placé des développemens que je sup- prime, parce qu'ils se retrouvent ci-dessus, §. 1, n° 1.

qu'un droit de préférence sur le maître de forges, et que, si le maître de forges le gagne de vitesse, ce droit de préférence est perdu pour lui.

» Mais, d'une part, l'article dont il s'agit exige que le maître de forges ait travaillé pendant quarante jours sur le fonds, au vu et su du propriétaire, pour qu'à ce titre il ait droit à ce que la coutume appelle les *prises du fonds* : cet article ne lui donne donc pas droit aux *prises du fonds*, par cela seul qu'il a gagné le propriétaire de vitesse.

» D'un autre côté, cet article n'embrasse pas dans sa disposition les mines de toute nature. Sa disposition est limitée aux mines de *houille* ou charbon de terre; et l'on conçoit très-bien comment la coutume a pu se déterminer à accorder un pareil privilége aux extracteurs d'un combustible aussi universellement nécessaire. La coutume n'a fait, à cet égard, pour eux, que ce qu'avaient fait les empereurs Constantin, Julien et Théodose pour les extracteurs de marbre.

» Aussi Deméan, dans sa cent dix-septième observation sur le *Jus civile Leodiensium*, établit-il que cette disposition de la coutume n'est pas applicable à toutes les mines, mais qu'elle est particulière aux mines de houille. On ne peut pas (ce sont ses termes) entrer dans les fonds d'autrui sans le consentement du propriétaire, pour y fouiller des métaux et y couper des pierres, à moins qu'on n'y soit autorisé par la coutume, comme on l'est par celle de Liége, relativement à la houille : *Invito domino, non licet alienum fundum ingredi perquirendorum metallorum et cœdendorum lapidum causâ, nisi ex consuetudine;* QUALIS EST CONSUETUDO LEODIENSIS IN MATERIA HULLARIA.

» Par-là se trouve réfuté à l'avance le moyen de cassation que le cit. Daoust fait résulter de ce qu'il avait exploité les mines litigieuses, pendant plus de quarante jours, au vu et su des propriétaires et sans réclamation de leur part.

» Il est évident, en effet, que le tribunal d'appel de Bruxelles n'a pas violé l'art. 10 du chap. 9 de la coutume, en le jugeant inapplicable aux mines de fer; il est évident, au contraire, qu'il lui aurait donné une extension illégale, qu'il l'aurait déplacé, qu'il en aurait abusé sans raison ni justice, s'il eût pris sur lui d'en faire l'application à ces sortes de mines.

» D'après cela, c'est bien inutilement que le citoyen Daoust cherche encore à se prévaloir devant vous des circonstances qu'il invoquait devant le tribunal d'appel à l'appui de sa défense.

» Car, premièrement, qu'importe que les religieux de Lobbes n'aient élevé aucune réclamation contre lui lorsqu'il s'est ingéré d'ouvrir et d'exploiter leurs mines de fer? Quand on supposerait qu'ils ont en connaissance de son entreprise, quand on supposerait qu'ils eussent pu la sanctionner sans délibération capitulaire et sans les autres solennités requises pour l'aliénation d'une partie de leurs propriétés, toujours restera-t-il constant qu'il n'existe, de leur part, aucune preuve écrite de concession; et dès-là nul doute que l'entreprise du cit. Daoust n'ait conservé, tout le temps qu'a existé l'abbaye de Lobbes, son caractère primitif de voie de fait; c'est même ce qui résulte de la déclaration du ci-devant religieux *Delpier*, dont le cit. Daoust vient de vous faire lecture. Que porte-t-elle en effet? Rien autre chose, si ce n'est que, dans le courant du mois d'octobre 1794, correspondant au mois de brumaire an 3, le cit. Daoust a ouvert les mines litigieuses, en vertu de la permission que lui en avait donnée verbalement un simple religieux, retiré alors de son abbaye, dans l'absence de ses supérieurs, dans l'absence même de tous ses confrères, alors émigrés ou dispersés; et certainement un simple religieux n'a pas pu donner légalement une permission semblable; certainement cette permission, si elle a été réellement donnée, n'a pas pu former pour le citoyen Daoust un titre légitime de concession.

» Qu'importe encore qu'après la suppression de l'abbaye de Lobbes, le cit. Daoust, sur le faux exposé que le terrain sur lequel il faisait ses fouilles, n'appartenait pas à l'État, ait obtenu la main-levée des défenses que le receveur des domaines de Beaumont lui avait faites de les continuer? Il est bien évident que cette main-levée n'a pas pu purger les vices originaires de son entreprise, et que, qui était voie de fait de sa part avant cette main-levée, n'a pas pu devenir, par cette main-levée, un acte légitime.

» Qu'importe encore que, dans le procès-verbal d'adjudication de la ferme de Pommereuil, il ait été énoncé qu'on avait ouvert et qu'on exploitait des mines de fer dans quelques pièces de terre dépendant de cette ferme? Cette énonciation n'avait certainement pas pour objet de donner au cit. Daoust des droits qu'il n'avait pas; elle tendait bien plutôt à avertir l'adjudicataire qu'il pouvait avoir des droits à exercer contre le cit. Daoust lui-même. Elle a donc laissé le cit. Daoust dans l'état où il se trouvait depuis le commencement de ses fouilles, c'est-à-dire, dans l'état d'un homme qui s'est emparé, par voie de fait, de la propriété d'autrui, et qui n'a légalisé cette voie de fait par aucun acte postérieur.

» Qu'importe enfin que le cit. Lefebvre ait, après son adjudication, laissé écouler près de quinze mois sans se pourvoir contre le cit. Daoust? Il était tout simple qu'avant de se pourvoir, il s'assurât, par des recherches toujours peu faciles, surtout pour un cultivateur peu habitué par état aux affaires litigieuses, si le cit. Daoust avait un titre légal pour exploiter les mines existantes dans les terres qu'il venait d'acquérir. Et vouloir que son seul silence ait purifié les vices de la possession du cit. Daoust, c'est vouloir que la disposition de l'art. 10 du chapitre 9 de la coutume de Liége soit commune aux mines de toute nature; et encore une fois cette disposition est limitée aux mines de charbon de terre.

» Il est donc bien démontré que le jugement du tribunal d'appel de Bruxelles n'a ni faussement appliqué l'art. 13 du chap. 6, ni violé l'art. 10 du chapitre 11 de la coutume de Liége.

» Mais il nous reste à examiner si, comme le prétend le cit. Daoust, ce jugement a enfreint la loi du 12-28 juillet 1791.

» Les dispositions de cette loi auxquelles le citoyen Daoust soutient qu'il a été contrevenu par le tribunal d'appel, peuvent être rangées en quatre séries.

» Les art. 4 et 20 du titre premier forment la première.

» La seconde est formée de l'art. 2 du second titre.

» La troisième comprend les art. 6, 7, 8, 9, 10, 11 et 12 du même titre.

» Et l'article 20 du même titre forme la quatrième.

» Que portent donc les articles de la première série, c'est-à-dire, les art. 4 et 20 du titre premier? Une seule chose : c'est que les anciens concessionnaires qui ont découvert des mines, sont maintenus dans leur concession, sauf que, si elle a été faite par plus de cinquante ans encore à courir, elle doit être réduite à cet espace de temps.

» Mais d'abord le cit. Daoust n'avait point de concession avant la publication de la loi du 12-28 juillet 1791.

» Ensuite, dans les deux articles cités du premier titre de cette loi, il n'est point question des concessionnaires de mines de fer. Comme l'observe le cit. Daoust lui-même, les mines de fer sont, dans cette loi, l'objet spécial du titre second; les dispositions du titre premier leur sont étrangères.

» A l'égard de l'art. 2 du second titre, qui compose la deuxième série des textes invoqués par le cit. Daoust, il se borne à déclarer que « il ne pourra, » à l'avenir, être établi aucune usine pour la fonte » des minerais, qu'ensuite d'une permission du » corps législatif; » et la seule conséquence que l'on puisse en tirer pour le cit. Daoust, c'est que l'établissement de sa forge d'Hourbes étant antérieur à cette loi, on ne peut pas argumenter de cette loi pour l'obliger à la détruire. Mais aussi le jugement attaqué n'a pas ordonné la destruction de la forge du cit. Daoust. Cet article est donc sans application à la difficulté qui nous occupe.

» Les textes de la troisième série, c'est-à-dire, les art. 6, 7, 8, 9, 10, 11 et 12 du tit. 2, ont un rapport direct avec cette difficulté; mais de quelle manière la résolvent-ils? Est-ce en faveur du citoyen Daoust? Est-ce, au contraire, dans le sens du jugement du tribunal d'appel? C'est ce que ces articles eux-mêmes vont nous apprendre.

» Aux termes de l'art. 6, « la permission d'établir » une usine pour la fonte des minerais emporte » avec elle le droit d'en faire des recherches, soit

» avec des sondes à ce destinées, soit par tout au- » tre moyen praticable. » Ainsi, par cet article, le législateur applique aux mines de fer, et il leur applique comme loi permanente ce que les empereurs Constantin Julien et Théodose avaient ordonné momentanément pour les carrières de marbre. Mais est-ce à dire pour cela que le maître d'une forge légalement établie puisse, sans le consentement du propriétaire, ou du moins sans lui avoir fait à cet égard la moindre réquisition, sans aucune formalité de justice et de sa propre autorité, s'emparer des minerais qu'il aura découverts dans les héritages voisins? Non certes, et c'est ce que les articles suivans vont mettre dans le plus grand jour.

» L'art. 7 porte qu'avant de sonder un terrain dans lequel il soupçonnera qu'il existe du minerai, le maître de forges en préviendra le propriétaire un mois à l'avance.

» L'art. 8 veut que, si le résultat de la sonde est qu'effectivement il y a du minerai, le maître de forges soit tenu d'en donner *légalement* avis au propriétaire.

» L'article 9 ajoute que, lorsque le maître de forges aura besoin, pour le service de ces usines, des minerais qu'il aura reconnus précédemment, il en préviendra le propriétaire, et que, dans un délai plus ou moins long que cet article détermine, le propriétaire devra faire lui-même l'extraction de ces minerais.

» Et si, après l'expiration de ce terme, continue l'art. 19 le propriétaire ne fait pas l'extraction du minerai, s'il l'interrompt, s'il ne la suit pas avec l'activité nécessaire, le maître de forges se fera autoriser par justice à la faire lui-même.

» Dans l'un et l'autre cas, le prix du minerai sera payé au propriétaire par le maître de forges, sur le pied réglé par les art. 11 et 12.

» Mais, dans tout cela, que trouverons-nous d'applicable à notre thèse? Sans doute, le cit. Daoust aurait pu, après la publication de la loi qui contient ces différentes dispositions, sommer le cit. Lefebvre de lui fournir les minerais existans dans son terrain, et, par ce moyen, le mettre dans la nécessité d'en faire lui-même l'extraction. Il aurait pu également, en cas de refus ou de retard du cit. Lefebvre, obtenir un jugement qui l'eût autorisé à les extraire à son défaut. L'art. 19 lui en donnait le droit, comme propriétaire d'une forge existante avant la loi du 12-28 juillet 1791, Or, ce qu'il pouvait faire, l'a-t-il fait? Non, mais il a fait ce qu'il ne pouvait pas faire. Il s'est maintenu, de son autorité privée, dans une entreprise qui était illégale dans son principe; il en a perpétué l'illégalité; il s'est, par conséquent, rendu indigne des bienfaits de la loi, en la méprisant, en la foulant aux pieds, en substituant sa propre volonté à celle du législateur.

» Ainsi, jusqu'à présent, point de contravention de la part du tribunal d'appel de Bruxelles, aux articles de la loi du 12-28 juillet 1791, que nous avons passés en revue. Mais il en reste encore un à comparer avec le jugement de ce tribunal ; c'est le vingtième du tit. 2.

» Cet article porte que, « dans le cas ou les pro-» priétaires voudraient continuer les fouilles ou » extractions des mines de fer qui s'exploitent avec » fosse et lumière, jusqu'à cent pieds de profondeur, » déjà commencées par les maîtres de forges, ils » seront tenus de rembourser à ces derniers les dé-» penses qu'ils justifieront légalement avoir faites » pour parvenir auxdites extractions. »

» Le cit. Daoust prétend que cet article est violé par le jugement dont il se plaint, en ce que le cit. Lefebvre n'est pas condamné à lui faire le remboursement qu'il prescrit.

» Mais, 1° le jugement dont se plaint le cit. Daoust ne prononce rien à cet égard : il ne décide, ni que le remboursement des dépenses dont il s'agit, lui soit dû, ni qu'il ne lui soit pas dû ; et il était bien impossible qu'il décidât l'un ou l'autre, puisque les parties n'avaient pris là-dessus aucune espèce de conclusions.

» En second lieu, quand on supposerait qu'en thèse générale le tribunal d'appel eût pu d'office prononcer sur ce remboursement, encore faudrait-il que, pour le faire dans ce cas particulier, il eût eu sous les yeux la preuve que c'était avec *fosses et lumières*, que c'était *jusqu'à cent pieds de profondeur*, que le cit. Daoust avait exploité les mines de fer dont il est question. Or, sur ces deux points de fait, le cit. Daoust n'avait, non-seulement rien prouvé, mais même rien articulé.

» C'est donc bien à tort que le cit. Daoust reproche au tribunal d'appel de Bruxelles d'avoir enfreint l'art. 20 du tit. 2 de la loi du 12-28 juillet 1791.

» Il est d'ailleurs bien prouvé que ce tribunal n'a violé ni les autres articles de la même loi, ni les dispositions de la coutume de Liége.

» Il y a donc lieu, sous tous les rapports, de rejeter la requête du cit. Daoust, et c'est à quoi nous concluons. »

Ces conclusions ont été adoptées par arrêt du 23 ventôse an 11, au rapport de M. Busschop :

» Considérant, sur le premier moyen (porte-t-il), qu'il résulte des dispositions de l'art. 13 du chap. 6 de la coutume de Liége, ainsi que de celles de l'art. 20 du chap. 11 de la même coutume, que toutes espèces de mines ouvertes et à ouvrir appartiennent en toute propriété aux propriétaires des surfaces ; qu'aucune autre loi ou usage local n'autorise les maîtres de forges à extraire la mine de fer sur le terrain d'autrui, sans le consentement des propriétaires ; d'où il suit que le jugement dénoncé, en décidant qu'avant la publication de la loi du 12-28 juillet 1791, le demandeur n'a pu acquérir, sans le consentement du propriétaire, le droit d'extraire la mine de fer dans la ferme de Pommercuil, situé audit pays ; n'a fait qu'une juste application des susdits art. 13 et 20 ;

» Considérant, sur le troisième moyen, que les art. 9 et 10 du chap. 9 de ladite coutume de Liége, ne s'appliquent pas nécessairement au droit d'extraction de la mine de fer ; que, d'un autre côté, la prescription de quarante jours, que le demandeur prétend résulter en sa faveur, des dispositions desdits articles, n'a jamais été par lui proposée devant les tribunaux qui ont connu du fond de la contestation ; et qu'ainsi, le tribunal dont le jugement est attaqué, n'ayant point eu à porter sa décision sur l'application des susdits art. 9 et 10, n'a pu en violer les dispositions ;

» Considérant, sur les second et quatrième moyens, que, d'après les circonstances particulières de l'affaire, appliquées aux lois locales en vigueur avant la publication de la loi du 12-28 juillet 1791, le demandeur n'a eu, avant l'époque de cette publication, aucun droit acquis à l'exploitation de la mine de fer, qui a fait l'objet de la contestation ; que rien ne constate d'ailleurs que, depuis ladite publication, il se soit mis en règle pour jouir des différens droits et avantages que cette dernière loi assure aux maîtres de forges ; d'où il suit que le demandeur n'a pu, dans cet état de choses, en invoquer l'application ;

» Par ces motifs, le tribunal rejette la demande de Charles Daoust.... »

V. la loi du 21 avril 1810 sur les mines.

§. IV. Dans les pays où le droit d'exploiter les mines de charbon, était en tout ou en partie seigneurial avant les décrets du 4 août 1789, le ci-devant seigneur haut-justicier qui était propriétaire des fonds sous lesquels existent les mines dont il a cédé l'exploitation, avant l'abolition du régime féodal, peut-il aujourd'hui se faire payer, en sa qualité de propriétaire, les redevances qu'il s'est réservées en celle de seigneur ?

Pour résoudre cette question en toute connaissance de cause, il faut commencer par se former une idée exacte des droits que les propriétaires du sol avaient sur les mines avant la révolution.

On a vu, dans le §. 1, que les loi romaines considéraient les mines comme des parties intégrantes des fonds qui les recelaient, et par conséquent en déféraient le plein domaine aux propriétaires de ces fonds ; mais que les empereurs entravèrent d'abord, par des vues de bien public, l'exercice de ce droit de propriété, et s'en attribuèrent ensuite les produits jusqu'à concurrence d'un dixième.

Il n'en fallut pas davantage pour ouvrir, aux chefs des peuples du Nord qui démembrèrent l'empire romain, une carrière plus large et leur inspirer des idées plus étendues.

Ils ne prirent pas la peine de disputer, en légistes, aux propriétaires du sol, la propriété des mines ; mais profitant de l'habitude qu'avaient contractée leurs prédécesseurs en souveraineté de réglementer les matières minérales, et de s'en réserver les profits jusqu'à une certaine quotité, ils partirent de là pour dire aux propriétaires fonciers : « Il importe peu » que les mines qui existent sous vos terres, en fas- » sent partie; nous le supposons avec vous; mais, » comme l'intérêt public exige à la fois que des » propriétés aussi précieuses ne soient mises en va- » leur que sous l'inspection de l'autorité, et qu'elles » ne demeurent pas inutiles, vous ne toucherez à ces » mines, qu'après en avoir obtenu de nous la permis- » sion expresse, et en nous payant telles redevances. » Si vous ne les exploitez pas, nous autoriserons » d'autres à le faire; et alors, vous n'aurez d'in- » demnité à réclamer, que pour le dommage causé à » la surface de vos terres. »

C'est effectivement à ces deux points que se réduisent toutes les lois publiées en France sur l'exploitation des mines, pendant plusieurs siècles; et ce fut notamment dans cet esprit que furent rédigés la célèbre ordonnance de Charles VI, du 30 mai 1413, et l'édit de Henri IV, du mois de juin 1601. Il y eut même quelques-unes de ces lois qui, laissant le droit de propriété foncière des mines sous une sorte de nuage, déclarèrent expressément que les mines étaient *de droit royal et domanial :* c'était notamment le langage de Philippe-le-Long, dans son ordonnance du 5 avril 1321.

Ce droit exclusif du souverain sur les mines, éprouva cependant des contradictions, non de la part des propriétaires fonciers, mais de celle des seigneurs qui, ayant usurpé plusieurs droits régaliens, ne pouvaient pas manquer d'étendre leurs prétentions jusque sur celui-ci.

Ce fut en partie pour réprimer ces entreprises, que fut rendue, par Charles VI, l'ordonnance déjà citée de 1413.

» Plusieurs tant d'église comme séculiers (y est-il dit), qui ont juridictions hautes, moyennes et basses, ès-territoires ès-quels lesdites mines son assises, veulent et s'efforcent d'avoir en icelles la dixième partie purifiée et autres droits comme avons, à qui seul et non à autre elle appartient de plein droit; laquelle chose est contre raison, les droits et prééminences royaux de la couronne de France et de la chose publique; car, s'il y avait plusieurs seigneurs prenant la dixième partie ou autre droit, nul ne serait plus ouvrier en icelles mines dorénavant ou peu, parce que ceux à qui elles sont n'auraient que très-peu et néant de profit de demeurant.

» Et s'efforcent lesdits hauts-justiciers de donner grands empêchemens et troubles en maintes manières aux maîtres qui font faire ladite œuvre, et ouvriers ouvrans en icelles, et ne leur permettent ni souffrent avoir, par leurs-dites terres et seigneuries, passages, chemins, allées et venues; caver ni chercher mines, rivières, bois ni autre chose à leur convenance et nécessaires, parmi payant juste et

raisonnable prix; et avec ce, vexant et travaillant lesdits faisant l'œuvre et ouvriers, sous l'ombre de leursdites juridictions, en maintes et diverses autres manières, afin de faire rompre et cesser ladite œuvre...;

» Pourquoi, voulant sur ce pourvoir et remédier...., disons, décernons et déclarons que nul seigneur spirituel ou temporel, de quelque état, dignité ou prééminence, condition ou autorité quel qu'il soit en notre royaume, n'aura ni doit avoir, en quelque titre, cause, occasoin, quelle qu'elle soit, pouvoir ni autorité de prendre, en notre royaume, la dixième partie ou autre droit de mine, mais en sont et seront, par notredite ordonnance et droit, du tout forclos; « car à nous seul et par le » tout, à cause de nos droits et majesté royaux, ap- » partient la dixième et non à autre (1). »

Les seigneurs hauts-justiciers réclamèrent contre ces dispositions, non qu'ils prétendissent tous disputer au roi le droit exclusif de l'extraction des mines; mais parce que selon eux, les travaux nécessaires pour les exploiter, exigeaient de leur part une protection qui devait être payée par quelques prestations.

Leurs remontrances furent accueillies; et le 10 octobre 1552; le roi Henri II donna un édit par lequel il leur accorda, pour prix du soin qu'ils prendraient de *traiter favorablement* les *maîtres* et *ouvriers,* le quarantième du produit des mines de toute espèce, notamment de celles de *charbon terrestre,* après le prélèvement du dixième royal.

Henri IV, par l'art. 2 de son édit du mois de juin 1601, exempta les mines de charbon de terre de ce dixième royal; et, par les autres dispositions du même édit, régla le mode de recouvrement de ce droit sur les autres mines, sans faire aucune mention du quarantième des seigneurs hauts-justiciers.

Mais par arrêt de son conseil, du 4 mai 1604, concernant l'exploitation *des mines métalliques :*

« Afin que les seigneurs hauts-justiciers des lieux auxquels sont et seront ci-après ouvertes et travaillées lesdites mines, ou foncières d'icelles, ne puissent apporter aucun trouble ou traverse au travail d'icelles, sous quelque prétexte ou prétention que ce soit,

» Sa majesté veut et ordonne, suivant l'édit fait par le feu roi Henri II, en octobre 1552, qui est le seul de tous les rois qui leur ait attribué aucun droit, que, conformément à icelui, après que le droit de sadite majesté aura été entièrement payé et satisfait, sur la part qui reste aux entrepreneurs, le sieur haut-justicier puisse prendre et recevoir, par les mains du facteur général, un quarantième denier pour tout droit, et sans qu'il puisse prétendre aucune chose davantage; à la charge encore d'assister

_____

(1) *Priviléges des Mines,* édit. de 1810, page 5.

lesdits entrepreneurs de passages et chemins commodes pour leur travail, et de toute autres commodités; et d'être privés à jamais dudit droit et grâce, tant lesdits hauts-justiciers que fonciers, s'ils font refus de laisser faire les ouvertures et chemins nécessaires pour lesdites mines (1). »

Cependant il y avait alors, même en France, des pays où, indépendamment des entreprises seigneuriales que l'ordonnance de 1413 avait réprimées, et que l'édit de 1552 avait réduites à un droit de protection évalué au quarantième denier, la haute-justice était parvenue à se ressaisir, relativement aux mines de charbon de terre, du droit exclusif d'en permettre l'ouverture et l'exploitation.

C'étaient les provinces d'Anjou et du Maine, dont les coutumes, en réservant au roi les mines d'or, laissaient aux hauts-justiciers les mines de substance terrestre (2).

Quelle était à cette époque la législation du Hainaut sur les mines? Etait-elle plus ou moins favorable que celle de la France aux propriétaires du sol ?

Elle devait l'être beaucoup moins, et par une raison fort simple.

Il est prouvé par différentes chartes citées au mot Terrage, §. 3, que cette contrée a formé longtemps, et jusques dans le quatorzième siècle, un fief immédiat de l'empire germanique.

Or, les publicistes allemands sont unanimement d'accords que les mines appartiennent absolument au souverain, et que les propriétaires du sol n'y ont aucun droit.

Martini, dans ses Elementa juris publici, imprimés à Vienne en 1773, dit n°⁵ 169 et 171 : Quoniam bona publica sunt in dominio populi, nemo possidere, iis uti aut frui poterit, nisi is cui populus vel imperans in quem jura populi translata sunt, permiserit : quare jus disponendi de his est JUS MAJESTATICUM. Hinc intelligitur ad jura imperantis jus quoque venationis, jus subterraneum, jus minerale, jus in thesauros...... esse referenda.

Pütter, professeur de droit public à Gœttingue, dit également dans ses Institutes, liv. 7, §. 355 : Alium deindè fontem multorum regalium constituit hoc principium ut in res quorum nulli privato est dominium, hoc sibi princeps vindicet. Undè metalli fodinæ, mineræ, salinæ, et lapidicinæ.... superioritati territoriali subjiciuntur.

Même doctrine dans les Institutes de Vitriarius, liv. 3, tit. 18, §. 28 : Intrà terram bona publica habet summa in territorio potestas, quantum in

intimis terræ recessibus et visceribus continuentur; quo pertinent salinæ et FODINÆ OMNIS GENERIS metalli et mineralium.... Principi hoc jus competit (ajoute-t-il, n° 29) non tantùm sub viis et locis publicis, sed in privatis quoque...., quia privatorum dominium ultra solam superficiem agri aut prædii, et quantùm fortè fundamentis jaciendis sufficit, sed non extendit ad locat subterranea, sed hæc princeps sibi reservasse videtur.

Ces maximes durent naturellement s'enraciner dans le Hainaut; et dans le fait nous trouvons dans le placard des archiducs Albert et Isabelle, de 1613, sur la chasse, que les anciens souverains de ce pays avaient tellement été jaloux d'y exercer tous les droits qui, en Allemagne, étaient réputés régaliens, que le droit de chasse (jus venationis, que l'on a vu tout-à-l'heure rangé par Martini dans la classe des droits de souveraineté) y est énoncé à plusieurs reprises, comme appartenant exclusivement au prince, et que les seigneurs hauts-justiciers y sont représentés comme n'en jouissant que par l'effet de sa concession spéciale (1).

Il parait cependant que les seigneurs hauts-justiciers de Hainaut étaient parvenus à se mettre, par rapport aux mines, de niveau avec ceux d'Anjou et du Maine.

L'art. 13 du chap. 106 des chartes générales de 1534 classait expressément l'avoir extrayé parmi les cas de haute-justice.

Ils eurent même assez de crédit pour faire insérer dans le chap. 130 du projet de chartes nouvelles, qui parurent en 1619, deux articles dont l'un, conforme aux chartes de 1534, attribuait à la haute-justice, l'avoir en terre non extrayé, et l'autre déclarait expressément que par avoir en terre non extrayé, l'on entendait, non-seulement le charbon, mais encore le cuivre, l'étain, le plomb et le fer.

Ce projet fut discuté au conseil privé de Bruxelles en 1618; et la discussion qu'il y subit se retrouve dans un registre qui existe encore aux archives des états de Hainaut (laye 2, n° 15), sous le titre de recueil des verbaux et décrets relatifs à l'homologation des chartes de 1619.

On y voit que, sur les art. 1 et 2 du chap. 130, le conseil privé fit les observations suivantes :

« Outre les droits appartenant aux hauts-justiciers, rapportés au premier article dudit chapitre, est compris avoir en terre non extrayé; et en l'art. 2 est dit que par avoir en terre non extrayé, sont entendus toutes choses trouvées en terre, comme mines de fer, charbon, plomb, étain et autres semblables.

» Sur quoi a été remontré que telles mines sont

---

(1) Ibid. page 181.

(2) V. l'art. 61 de la première et l'art. 70 de la seconde, avec les observations que fait sur l'un et l'autre Le Febvre de la Planche, dans son Traité du Domaine, liv. 9, chap. 4.

(1) V. le Répertoire de jurisprudence, au mot Chasse, §. 8, n° 1.

au contraires *régales*, et à ce titre appartiennent au prince seul ; ce qui s'observe aussi en Luxembourg, Namur et ailleurs ; et que *surtout* les mines de plomb et étain appartiennent au prince seul ; et lesdits états ont soutenu au contraire, insistant en la coutume et usance dudit pays. »

Ainsi, le conseil privé regardait le droit de permettre l'ouverture et l'exploitation des mines de toute nature comme une *régale ;* et s'il insistait principalement sur cette maxime, par rapport aux mines de plomb et d'étain, il ne s'en départait nullement par rapport aux mines de charbon ; ce qui prouve clairement qu'alors le gouvernement des Pays-Bas marchait à cet égard sur la même ligne que celui de France.

Mais comme les états de Hainaut, presque exclusivement composés de seigneurs tant séculiers qu'ecclésiastiques, soutenaient que l'usage de leur province devait en cette matière l'emporter sur le droit commun des souverainetés, il fallut que les archiducs Albert et Isabelle interposassent leur autorité ; ils chargèrent le célèbre *Peckius*, chancelier de Brabant, le président et d'autres membres du conseil privé, d'examiner la question ; et les commissaires firent coucher en marge de cette discussion, une apostille ainsi conçue :

» Il a semblé que le plomb, étain et les autre minéraux doivent appartenir au prince par droit de régale ; mais comme les états soutiennent au contraire que le tout appartient au haut-justicier, a été advisé de coucher la clause dernière dudit article en ces termes :

» Par *avoir en terre non extrayé,* sont entendues toutes choses trouvées en terre, comme charbons, pierres et autres semblables ; mais au regard des mines de fer, on se réglera comme du passé ; et pour celles de plomb, étain et autres métaux et minéraux semblables ou plus nobles, entendons iceux nous appartenir par *droit de régale ;* sauf à ceux qui voudraient maintenir le contraire, de se pourvoir en justice, pour, notre avocat ouï, en être ordonné ce que de raison. »

Et ce fut sur cette apostille que fut calquée la rédaction définitive des art. 1 et 2 du chap. 130 des chartes générales.

Il résulte bien clairement de là qu'en Hainaut, comme en Allemagne, le souverain était considéré comme ayant la grande main sur les mines de toute nature ; que, s'il s'était relâché en faveur des seigneurs hauts-justiciers, et de sa prérogative sur les mines de charbon, il ne l'avait fait qu'après de longs débats, et que les seigneurs hauts-justiciers n'en jouissaient que par exception à son droit exclusif.

Par là tombe de lui-même cet étrange paradoxe, que j'ai trouvé dans un jugement rendu en 1818, par un tribunal de première instance, que les francs-alleux ou *alloëts* n'étant pas soumis à la haute-justice, les propriétaires de ces biens pouvaient librement en extraire les mines de charbon qui y existaient.

Si les francs-alleux n'étaient pas soumis à la haute-justice, ils l'étaient certainement à la souveraineté ; et si le souverain n'avait délégué aux hauts-justiciers son droit exclusif que sur les fiefs et les censives ou *mainfermes,* bien évidemment il le conservait, et il le conservait même nécessairement sur les francs-alleux : où l'exception cesse, il faut que la règle générale reprenne toute sa force.

Du reste, il n'existe dans les chartes générales, ni dans les lois du Hainaut, aucune trace du droit de préférence que les propriétaires du sol avaient en France sur les concessionnaires de l'autorité publique, d'ouvrir et d'exploiter les mines de charbon qui s'y trouvaient. Les seigneurs hauts-justiciers y jouissaient de leur droit d'*avoir en terre non extrayé,* dans toute sa plénitude et sans réserve quelconque ; et ils en concédaient à qui leur plaisait, soit le *fonds,* soit seulement l'*exercice,* sans que les propriétaires de la surface pussent se faire subroger à leurs concessionnaires, sans qu'ils pussent exiger de ceux-ci autre chose que le dédommagement des dégâts commis à la superficie de leurs terres.

Cette différence remarquable entre la législation du Hainaut et celle de la France, va résulter de l'examen d'une nouvelle question qui se présente ici, et qui est d'une grande importance pour la solution de notre question principale.

C'est de savoir quels changemens la législation du Hainaut sur les mines de charbon a éprouvés dans le Hainaut français, pendant l'intervalle de temps qui s'est écoulé entre la réunion de ce pays à la France et les décrets du 4 août 1789, portant abolition de la féodalité et des justices seigneuriales.

Le Hainaut français fut réuni à la couronne dans le dix-septième siècle, et il le fut avec les lois locales qui lui étaient propres, sauf les changemens que le nouveau gouvernement sous lequel il passait, pourrait y faire par la suite.

C'est assez dire que les seigneurs hauts-justiciers y conservèrent d'abord l'intégrité de leur droit sur les mines de charbon.

Mais, par le réglement du 14 janvier 1744, le gouvernement reprit sur ces mines le droit exclusif de fouille et d'extraction qu'il s'était réservé primitivement ; et « voulant prescrire les règles qui devraient être suivies par ceux-ci, après en avoir obtenu de lui la permission, entreprendraient à l'avenir l'exploitation de ces mines, il ordonna ce qui suit : »

« Art. 1er. A l'avenir, personne ne pourra ouvrir et mettre en exploitation des mines de houille ou charbon de terre, sans en avoir préalablement obtenu la permission du sieur contrôleur-général des finances, soit que ceux qui voudraient les faire ouvrir et exploiter soient *seigneurs hauts-justiciers,* ou qu'ils aient la propriété des terrains où elles se trouveront.

» Art. 2. Ceux qui entreprendront l'exploitation

des mines de charbon de terre, en vertu des permissions qu'ils en auront obtenues, seront tenus d'indemniser les propriétaires des terrains qu'ils feront ouvrir, de gré à gré, ou à dire d'experts. »

Que devint, d'après ce réglement, le droit des seigneurs hauts-justiciers de l'Anjou, du Maine et du Hainaut français ?

Il fut sans doute modifié considérablement, puisque ce réglement comprenait, en toutes lettres, les seigneurs hauts-justiciers dans la première de ses dispositions. Ainsi, le droit de permettre l'exploitation des mines de charbon redevint dès-lors *royal et domanial*, comme l'avait qualifié l'ordonnance de Philippe-le-Long, de 1321 ; et les seigneurs hauts-justiciers cessèrent de pouvoir exploiter par eux-mêmes, ou de permettre à d'autres d'exploiter, les mines de charbon existant dans leurs hautes-justices, sans l'autorisation préalable du gouvernement.

Mais ce droit, en redevenant *régalien*, cessa-t-il pour cela d'être *seigneurial* dans les trois provinces dont il s'agit ?

Non, car le réglement n'abrogeait pas plus, soit les art. 61 et 70 des coutumes d'Anjou et du Maine, soit les art. 1 et 2 du chap. 130 des chartes générales du Hainaut, qu'il n'abrogeait, relativement aux autres parties de la France, les dispositions des anciennes ordonnances qui accordaient aux propriétaires des fonds où se trouvaient des mines de charbon, la préférence sur les concessionnaires du gouvernement. Il ne faisait qu'imposer aux seigneurs hauts-justiciers dans ces trois provinces, comme aux propriétaires des fonds dans toutes les autres, l'obligation de se munir d'une autorisation du gouvernement pour pouvoir exercer leur droit ; et il est clair dès-lors que, dans ces trois provinces, les seigneurs haut-justiciers restèrent maîtres, ni plus ni moins que les propriétaires de fonds dans toutes les autres, d'évincer les concessionnaires du gouvernement, en se faisant subroger à leurs concessions, En un mot, ce réglement concentrait bien dans le gouvernement le pouvoir de faire les concessions de mines charbon de terre, en Hainaut, en Anjou, dans le Maine, comme partout ailleurs, mais, en ôtant le pouvoir aux seigneurs hauts-justiciers de ces trois provinces, il les maintenait virtuellement dans une sorte de droit de *veto* sur les concessions royales.

Et ce qui prouve que c'était dans cet esprit qu'il avait été rédigé, c'est que ce fut dans ce sens que la question fut jugée, pour le Hainaut français et pour l'Anjou, par les six arrêts du conseil de 1749, 1754, 1755, 1766 et 1771, qui sont cités plus haut, §. 1, n° 1 ; mais ce qui est encore plus décisif, c'est que telle fut la condition expresse qu'imposa à la compagnie des mines d'Anzin l'arrêt du conseil du 1er mai 1759, qui lui permit d'ouvrir et d'exploiter exclusivement à tous autres, pendant l'espace de quarante années, à compter du 1er juillet 1760, toutes les mines de charbon qui étaient ou pourraient

se trouver dans l'étendue de terrain qu'il déterminait, « à la charge par eux (y était-il dit) de se conformer » au réglement du 14 janvier 1744, et à condition » qu'ils ne pourront en ouvrir (des mines de char» bon) sur les terres des seigneurs hauts-justiciers..., » qu'après les avoir fait sommer d'exploiter eux-» mêmes les mines qui pourraient se trouver sous » lesdits terrains, et que, faute par eux de s'être » mis en devoir d'exploiter lesdites mines, après en » avoir obtenu la permission de S. M., qui leur est » nécessaire, dans les six mois à compter du jour de » la sommation qui leur aura été faite, lesdits sieurs » prince de Croy et compagnie pourront exploiter » lesdites mines, en vertu du présent arrêt, en dé» dommageant par eux de gré à gré, ou à dire » d'experts, ceux sur les terrains desquels ils fe» ront ladite exploitation. ».

Ainsi, le droit que les chartes générales attribuaient aux seigneurs hauts-justiciers sur les mines de charbon ne fut pas abrogé, mais seulement modifié par le réglement de 1744 ; et les seigneurs hauts-justiciers conservèrent toujours, tant qu'il subsista, le droit de dire aux concessionnaires du gouvernement : « Ou achetez de nous la renoncia» tion à la faculté que nous avons de nous faire su» broger à votre concession, ou nous allons vous » évincer ; » et certes, c'était une continuation bien évidente, quoique incomplète, de leur ancien *droit d'avoir en terre non extrayé.*

Aussi, les entrepreneurs des mines d'Anzin prirent-ils le parti de traiter avec les seigneurs hautsjusticiers des lieux qu'embrassait leur concession, du droit qu'ils avaient de la paralyser, en s'en faisant donner de pareille ; et c'est une vérité que confirme bien clairement un arrêt du conseil du 6 juillet 1787.

Ces entrepreneurs avaient exposé au roi « que » les dépenses extraordinaires que leurs travaux » exigeaient étaient encore augmentées par les re» devances qu'ils étaient obligés de payer aux sei» gneurs des terres sur lesquelles ils exploitaient ; » qu'en effet, et suivant les art. 1 et 2 du chap. 130 » des chartes et coutumes de Hainaut, il était dû à » ces seigneurs un droit de charbonnage, que, par » des actes du 23 novembre 1765 et du 15 septem» bre 1786, ils avaient traité, sous le bon plaisir de » S. M., de ces objets avec l'abbaye de Saint-Amand » et le chapitre noble de Sainte-Renfroy de Denain ; » que, par le premier de ces actes, l'abbaye de » Saint-Amand avait accordé aux exposants le droit » d'extraire du charbon dans sa terre et seigneurie » d'Escaupont, à la charge de l'indemniser des dom» mages et de lui payer annuellement 600 livres, » jusqu'à ce qu'ils eussent trouvé du charbon, et » une somme de 2 livres, au lieu de 600, à compter » du jour que se ferait l'extraction ; que, par le se» cond, le chapitre noble de Sainte-Renfroy leur » avait cédé le droit de charbonnage dans l'étendue » des terres et seigneuries de Denain et Hauchin, à » condition de payer annuellement, tant qu'on

» n'extrairait point sur lesdites terres, 600 livres;
» tant qu'on n'extrairait que sur l'une, 2,400 livres;
» et lorsqu'on extrairait sur les deux ensemble,
» 4,800 liares. »

L'arrêt cité « approuve et confirme lesdits actes,
» et veut qu'ils soient exécutés, sans que les con-
» ventions qu'ils renferment, puissent être attaquées
» sous prétexte des dispositions de l'édit du mois
» d'août 1749, concernant les gens les main-mortes.»

Mais, ce qui mérite encore une attention bien
particulière dans l'arrêt de concession de la compagnie d'Anzin, du 1er mai 1759, c'est la restriction
qu'il faisait aux seigneurs hauts-justiciers, de la faculté de se faire subroger à cette compagnie : c'est
qu'il ne laissait pas la même faculté aux propriétaires des fonds, quoiqu'elle fût de droit pour eux dans
les parties de la France où les seigneurs n'avaient pas
sur les mines la même prérogative qu'en Hainaut;
c'est qu'il n'obligeait la compagnie, envers les propriétaires des fonds, qu'à dédommager *ceux sur
les terrains desquels elle ferait ladite exploitation.*

Et remarquons bien qu'il ne disait pas sous mais-
sur les *terrains* : preuve évidente et sans réplique
qu'aux yeux du gouvernement, comme d'après l'esprit des chartes générales de Hainaut, les propriétaires n'avaient aucun droit aux produits des mines
existant sous leurs fonds; et qu'en cas d'extraction
de ces richesses souterraines, ils n'avaient à réclamer que la valeur du dommage que l'ouverture des
fosses avait causé à la surface.

Il existe deux autres arrêts de concession, l'un
du 27 janvier 1757, l'autre du 31 janvier 1769,
qui mettent ce principe dans un plus grand jour
encore.

Par ces arrêts, le roi concédait à un particulier,
le droit qu'il avait *comme seigneur haut-justicier*
de quelques parties de la banlieu de Valenciennes,
aux mines de charbon qui s'y trouvent; et non-seulement il ne réservait pas aux propriétaires de la
surface (comme il avait réservé aux seigneurs hauts-
justiciers par l'arrêt de concession de la compagnie
d'Anzin, la faculté de se faire subroger aux concessionnaires, mais il n'obligeait le concessionnaire qu'à
« dédommager les propriétaires des terrains qu'il
prendrait pour faire ses recherches et établir ses ouvrages, de gré à gré ou à dire d'experts (1). »

Voyons maintenant quels nouveaux changemens
la législation sur les mines de charbon, éprouva dans
le Hainaut français, par l'effet des décrets du 4
août 1789, quels changemens ces décrets opérèrent,
dans cette même législation, par rapport au Hainaut
ci-devant autrichien, lorsqu'ils y furent promulgués
après la réunion de ce pays à la France; et à qui appartient, dans l'une et l'autre contrée, depuis la
promulgation de ces décrets jusqu'à celle du 12-
28 juillet 1791, le droit d'ouvrir et d'exploiter les
mines de charbon.

Les justices seigneuriales ayant été supprimées
par les décrets du 4 août 1789, avec elles s'est nécessairement éteint le droit que les chartes générales
du Hainaut avaient jusqu'alors attribué aux seigneurs
hauts-justiciers sur les mines de charbon.

De là résulte, pour le Hainaut français, une conséquence irrésistible : c'est qu'à compter de la promulgation de ces décrets, le gouvernement n'a plus
eu besoin du concours des seigneurs hauts-justiciers,
pour concéder les mines de charbon dans cette partie du Hainaut; c'est que, dès-lors, les concessionnaires du gouvernement n'eurent plus ni trouble,
ni éviction, ni subrogation à craindre de la part
des ci-devant seigneurs; c'est que les propriétaires
des fonds sous lesquels il existait des mines de charbon, se sont retrouvés, tant à l'égard du gouvernement qu'à l'égard de ces concessionnaires, dans la
même position qu'auparavant.

Et il suit également de là, avec la même évidence, que, dans le Hainaut ci-devant autrichien,
le gouvernement est rentré dans le droit exclusif
qu'il avait laissé usurper sur lui par les seigneurs
hauts-justiciers, de permettre l'ouverture et l'exploi-

---

(1) Voici le second de ces arrêts qui rappelle le
premier :

« Sur la requête présentée au roi. en son conseil,
par le sieur Laurent, contenant qu'il *appartient à
S. M.*, *en Hainaut*, A CAUSE DE SA HAUTE-JUSTICE,
un droit d'entre-cens, qui, suivant la coutume de
cette province, consiste dans la faculté d'extraire les
mines de charbon; que, par arrêt du conseil du 27
janvier 1757, S. M. lui aurait fait concession de ce
droit sur les mines de charbon qui pourraient se trouver dans la partie de la banlieue de Valenciennes qui

s'étend le long de la rive droite de l'Escaut, y compris Saint-Saulve, la Briquette et Marly, aux conditions y portées; qu'il se trouve des enclavemens ou
petits terrains appartenant à S. M., tels que le Bois-
le-Prince, une partie du bois provenant de la terre
des Francs. et d'autres parties de terres dans la banlieue de Valenciennes, rive gauche de l'Escaut, sur
lesquelles il serait à désirer qu'il pût porter ses recherches de houille; qu'en conséquence, il suppliait
S. M. de vouloir bien lui faire concession de son *droit
d'entre-cens* sur ces terres : qu'il offrait, en outre, de
payer annuellement au domaine de S. M. une rente de
150 liv. jusqu'à l'époque de la première extraction,
et celle de 1.000 liv., depuis le jour où il parviendrait à extraire: et qu'il s'obligeait de dédommager
les propriétaires des terrains sous lesquels il établirait
ses travaux, de gré à gré ou à dire d'experts …;

» Le roi, en son conseil, a fait et fait concession au
suppliant du droit *d'entre-cens* appartenant à S. M. ,
et faculté d'extraire les mines de charbon (dans les
parties de terres ci-dessus désignées) , à la charge de
payer annuellement au domaine de S. M. une rente
de 50 livres. et de dédommager les propriétaires des
terrains qu'il prendra pour faire ses recherches et
établir ses travaux, de gré à gré ou à dire d'experts…»

tation des mines de charbon; en sorte que, dans cette partie du Hainaut, comme dans celle qui était réunie à la France depuis plus d'un siècle, les propriétaires du sol n'ont rien gagné, sous le rapport des mines de charbon, à l'abolition des justices seigneuriales.

Mais ce n'est pas ainsi que raisonnent les ci-devant seigneurs hauts-justiciers qui étaient en même temps propriétaires des fonds sous lesquels se trouvaient des mines de charbon : les décrets du 4 août 1789 les conduisent à un tout autre résultat : ces décrets, disent-ils, ayant converti en francs-alleux, ainsi que l'a formellement déclaré la loi du 27 septembre 1790, tous les biens ci-devant féodaux ou censuels, il s'ensuit nécessairement que, par l'effet de ces décrets, *la propriété des mines a été rendue* aux propriétaires des ci-devant fiefs et *mainfermes*.

Là-dessus, deux observations.

1° Si la propriété des mines a été *rendue* par les décrets du 4 août 1789, au propriétaires des ci-devant fiefs et *mainfermes*, ceux-ci, suivant les ci-devant seigneurs, ne l'avaient donc pas précédemment; ils étaient donc précédemment, suivant eux, de la même condition que les propriétaires fonciers d'Allemagne, où, comme on l'a vu plus haut, le domaine privé se borne à la surface des terres (*privatorum dominium ultrà solam superficiem agri aut prœdii non extendit*); ils n'avaient donc pas même le stérile avantage dont pouvaient se targuer les propriétaires des fonds dans l'intérieur de la France, d'avoir là propriété réelle des mines qui s'y trouvaient, quoiqu'ils ne pussent pas y toucher, dans le Hainaut ci-devant autrichien, sans la concession des seigneurs hauts-justiciers; et dans le Hainaut français, sans une concession du gouvernement que le seigneur haut-justicier n'avait pas frappée de son *veto*.

Mais les propriétaires des francs-alleux étaient-ils, à cet égard, d'une autre condition que les propriétaires des fiefs et *mainfermes?*

Pourquoi les premiers n'étaient-ils pas, avant la révolution, propriétaires des mines existant sous leurs terrains? Cela provenait-il de la qualité féodale ou censuelle de leurs terres? On a déjà vu que non. Cela provenait uniquement de ce que les mines avaient été rangées parmi les droits régaliens; et il était égal pour les propriétaires de la surface féodale ou censuelle, que ce droit restât dans les mains du prince, ou que le prince le laissât exercer par les seigneurs. Que le prince l'exerçât lui-même ou qu'il en abandonnât l'exercice aux hauts-justiciers, à titre de *profit* et *émolument* de leurs fonctions publiques, suivant l'expression de l'art. 3 du chap. 105 des chartes générales, la condition des propriétaires la surface n'en était ni meilleure ni pire; et dans un cas, comme dans l'autre, ils se trouvaient toujours dénués de toute espèce de droit sur les mines.

Eh bien! Qu'ont fait les décrets du 4 août 1789, en supprimant les justices seigneuriales? Ils ont, et

rien de plus, retiré des mains des ci-devant seigneurs hauts-justiciers, un droit régalien qui leur avait été précédemment délégué. Ils l'ont donc restitué au souverain dans dans toute sa plénitude; car ils ne l'ont pas dénaturé, ils ne lui ont pas ôté son caractère de droit *royal et domanial;* ils ne l'ont donc pas rendu aux propriétaires des fonds; les propriétaires des fonds ne l'ont pas recouvré, en devenant *francs-tenanciers*.

Et dans le fait, les propriétaires de francs-alleux du Hainaut français avaient-ils eu, dans l'intervalle de 1744 à 1789, plus de droit que les propriétaires de fiefs et de *mainfermes*, sur les mines de charbon? Le réglement de 1744 les distinguait-il de ceux-ci? Le droit régalien sur les mines n'affectait-il pas également tous les terrairs, soit que la surface en fût féodale, soit qu'elle fût censuelle, soit qu'elle fût allodiale?

2° Veut-on ne pas nier formellement qu'avant les décrets du 4 août 1789, le droit d'ouvrir et d'exploiter les mines ne fût un droit régalien, relativement aux francs-alleux, comme il était seigneurial relativement aux fiefs et aux mainfermes, dans le Hainaut ci-devant autrichien, comme il était à la fois régalien et seigneurial, relativement aux mêmes biens, dans le Hainaut français? Veut-on seulement dire qu'en dépit de toutes les fictions d'économie politique et fiscale, les propriétaires de surfaces allodiales étaient, même alors, propriétaires de mines qui se trouvaient dessous? Ne veut-on, par là, qu'arriver à cette conséquence, que le droit exclusif qu'avaient alors, soit le gouvernement, soit les seigneurs hauts-justiciers, de permettre l'exploitation des mines, n'en constituait pas véritablement la propriété foncière?

Nous convenons de tout cela.

Mais nous disons aussi qu'il n'y avait, à cet égard, avant les décrets du 4 août 1789, aucune différence entre les propriétaires de surfaces allodiales, et les propriétaires de surfaces féodales et censuelles.

Nous disons aussi que, nonobstant; soit le droit exclusif que les seigneurs hauts-justiciers du Hainaut ci-devant autrichien avaient à l'exploitation des mines de charbon, dans les fiefs et les *mainfermes*, soit la part que les seigneurs hauts-justiciers du Hainaut français avaient au droit exclusif du gouvernement dans les biens de la même nature, les propriétaires de ces biens n'en étaient pas moins également propriétaires des mines de charbon que recélaient leurs terres.

Nous disons aussi que, soit que ce droit exclusif, soit cette participation au droit exclusif du gouvernement, ne conférait aux seigneurs hauts-justiciers que la faculté exclusive de rechercher et d'extraire de leur propre mouvement, dans le Hainaut ci-devant autrichien, et moyennant l'autorisation préalable du gouvernement, dans le Hainaut français, les substances minérales des fiefs et des *mainfermes*; et que c'est parce que cette faculté ne formait pas pour eux une propriété foncière et pleinement acquise, qu'ils l'ont perdue par l'effet des décrets de 1789.

Mais à quoi toute cette argumentation aboutirait-elle en définitive? Une propriété qui n'etait ni ne pouvait être d'aucune utilité, soit au feudataire, soit au censitaire, soit au franc-tenancier, et que la puissance publique, soit qu'on l'appelât *gouvernement*, soit qu'on la qualifiât de *haute-justice*, pouvait seule mettre en valeur; une propriété souterraine qui ne donnait à ceux qui en étaient investis qu'une action en dédommagement des dégâts causés à la surface de leurs terrains par les entrepreneurs qui l'exploitaient sans leur consentement et même malgré eux; une telle propriété, disons-nous, ne pouvait pas être d'un fort grand prix, et ne vaut pas la peine aujourd'hui d'une investigation sérieuse.

C'est cependant sur cette base que repose tout le système des ci-devant seigneurs qui prétendent se faire continuer, comme propriétaires de la surface, les redevances qu'ils ont stipulées en la qualité dont les décrets du 4 août 1789 les ont dépouillés.

Notre titre de hauts-justiciers est éteint, disent-ils; mais en le perdant, nous avons conservé celui de propriétaires; les redevances que nous avions stipulées comme seigneurs, sont donc dès-lors devenues *le prix de la jouissance des mines unie libre à la propriété.*

Mais que devient ce raisonnement, lorsqu'on le rapproche des propositions démontrées ci-dessus, qu'avant les décrets du 4 août 1789, les propriétaires-fonciers du Hainaut n'avaient sur les mines existant sous leurs terrains, qu'un droit absolument illusoire, puisqu'ils ne pouvaient le mettre en activité que du consentement de la puissance publique; qu'affranchis, par les décrets du 4 août 1789, du besoin du consentement des seigneurs hauts-justiciers, ils sont demeurés soumis à la nécessité de celui du gouvernement; que le gouvernement pouvait même concéder ces mines, malgré eux, à des tiers; et qu'en les indemnisant des dégâts causés sur la surface de leurs terres, par les travaux de l'exploitation, ces tiers étaient entièrement quittes envers eux?

Comment accorder des vérités aussi palpables, aussi constantes, avec la prétention de métamorphoser tout à coup en redevance due à la propriété, une redevance qui n'a été stipulée qu'au profit de la haute-justice?

Pour que cette prétention fût admissible, il faudrait au moins que l'on pût dire aux entrepreneurs des mines : « Vous n'avez, il est vrai, pris d'enga-
» gement qu'envers le seigneur haut-justicier; mais
» ce que le seigneur haut-justicier a exigé de vous,
» le propriétaire a pu également l'exiger depuis que,
» rendu à sa liberté naturelle par l'abolition des
» hautes-justices, il a recouvré le droit d'exploiter
» lui-même, en cette seule qualité, les mines existant

» sous son terrain; il a donc pris, à votre égard,
» de plein droit, et par la seule force des choses, la
» place du seigneur haut-justicier. »

Et c'est bien là effectivement le langage des ci-devant seigneurs; mais sur quoi repose-t-il? Sur une supposition chimérique, sur l'idée souverainement fausse et démontrée telle jusqu'à l'évidence, que les propriétaires du Hainaut sont rentrés, par les décrets du 4 août 1789, dans le droit exclusif d'exploiter ou de permettre d'exploiter les mines de charbon.

Que l'on raisonnât ainsi dans le pays de Liége, on le concevrait. La coutume de ce pays, chap. 6, art. 13, et chap. 11, art. 20, ayant toujours conservé aux propriétaires de la surface, comme on l'a vu plus haut, §. 3, le domaine libre, indépendant, absolu, des mines existant sous leur sol, il n'y aurait rien d'étonnant qu'une redevance stipulée à titre seigneurial, pour prix de la concession d'une mine gisant sous une superficie dont le propriétaire en était à la fois le seigneur haut-justicier, fût considérée comme ayant survécu à l'abolition de la haute-justice; et il serait assez naturel de penser que si, par un mouvement de vanité, le concédant avait pris, dans l'acte de concession, la qualité de seigneur haut-justicier qui ne lui donnait aucun droit de concéder, il n'avait réellement concédé qu'en sa qualité de propriétaire.

Mais raisonner de même pour le Hainaut, où la propriété de la surface ne donnait aucun droit à la mine, où tout droit à la mine résidait, soit exclusivement dans la haute-justice, soit simultanément dans la haute-justice et la souveraineté, c'est confondre toutes les idées, c'est bouleverser toutes les notions.

Mais, dit-on, il est de principe que *l'abolition des droits féodaux n'a dû profiter qu'aux propriétaires de la surface.*

Ce prétendu principe n'est écrit dans aucune loi; et, vrai sous ce rapport, il est faux sous beaucoup d'autres.

Il est vrai, sans doute, en ce sens que le fermier qui, avant 1789, avait pris à bail la superficie d'un bien grevé d'un droit de champart, ou de tout autre semblable, n'a pas pu faire tourner à son profit l'abolition de ce droit, et qu'il a dû en tenir compte à son bailleur. Telle est effectivement la disposition textuelle de la loi du 10 avril 1791.

Mais si vous allez plus loin, si vous prétendez en inférer, par exemple, que l'usufruitier d'un pareil bien n'a pas dû profiter de l'abolition du droit, et que le propriétaire seul a dû en recueillir l'avantage, vous tombez dans une erreur insoutenable.

Il n'y a, en cette matière, qu'un principe bien exact et susceptible d'une application générale : c'est que l'abolition des droits féodaux n'a profité qu'à ceux au préjudice immédiat desquels ces droits s'exerçaient, et qui, ces droits mis de côté, se seraient trouvés parfaitement libres.

« Or, au préjudice immédiat de qui s'exerçait, avant les décrets du 4 août 1789, le droit *d'avoir en terre non extrayé* des seigneurs de Hainaut? Quels étaient ceux qui, ôté ce droit, auraient pu exploiter ou permettre d'exploiter les mines?

Très-certainement ce n'étaient pas les propriétaires-fonciers. On l'a déjà dit et démontré: les propriétaires-fonciers étaient, indépendamment de ce droit, empêchés d'exploiter les mines, par le pouvoir exclusif que le gouvernement s'en était réservé. Ils n'avaient rien à gagner à l'abolition de ce droit. Ce n'est donc pas à eux que l'abolition de ce droit a profité. Elle n'a donc profité qu'au gouvernement et à ses concessionnaires en les débarrassant de la concurrence et du *veto* des seigneurs hauts-justiciers.

Mais on prétend que, si les redevances imposées par les ci-devant seigneurs hauts-justiciers aux entrepreneurs des mines cachées sous des fonds dont la superficie leur appartenait, ont été abolies, comme redevances seigneuriales, par les décrets du 4 août 1789, elles ont du moins été recréées, comme redevances de la propriété, par les lois des 12-28 juillet 1791 et 21 avril 1810.

Analysons ce nouveau système.

La loi du 12-28 juillet 1791 n'a pas dérogé aux actes de l'ancienne législation qui, sans se prononcer formellement sur la question de propriété des mines, la décidaient cependant d'une manière implicite en faveur des propriétaires de la surface, et en même temps plaçaient ceux-ci (au droit de préférence près, qu'ils leur laissaient sur les concessionnaires étrangers), dans la même position que s'ils n'avaient eu sur les mines aucune espèce de domaine réel. Elle n'a fait, à cet égard, que maintenir par des dispositions nouvelles la sorte de transaction que les lois précédentes avaient faite sur cette question.

Mais ce qui prouve qu'elle n'a pas été rédigée avec l'intention d'accorder de nouveaux droits aux propriétaires de la surface, c'est que, dans le rapport à la suite duquel le projet de cette loi fut présenté à la séance du 30 janvier, au nom des comités de constitution, d'agriculture, de commerce, des finances, des impositions et des domaines, l'orateur qui était l'organe de ces six comités, s'attacha spécialement à établir que les mines ne sont pas des *propriétés privées*, mais des *propriétés publiques.* «Les mines (a-t-il dit) ne sont pas le produit de » l'industrie; elles ne font point partie de la super- » ficie sur laquelle l'homme applique son travail; » elles sont des bienfaits de la nature : tous les hom- » mes y ont un droit égal; elles ne peuvent donc » appartenir qu'à tous, et la nation a le droit d'en » disposer et d'en régler l'usage: plus éclairée dans » ses opérations que l'intérêt particulier, elle dirige » toujours les richesses publiques vers l'intérêt géné- » ral. Conservez-lui, Messieurs, *ce droit impres-* » *criptible.* »

Cependant les six comités ne proposèrent pas à l'assemblée constituante de déduire de leur doc-trine la conséquence directe que les mines étaient des propriétés domaniales; mais ils arrivèrent au même but, en lui proposant de déclarer que les mi-nes *étaient à la disposition de la nation.*

Plusieurs orateurs s'élevèrent contre cette proposition, et insistèrent fortement pour que les mines fussent *déclarées des propriétés privées.*

Mais (s'écria Mirabeau, dans le discours qu'il prononça à l'appui du rapport des comités, et qui fut le dernier élan de sa mâle éloquence), « est-il » probable que les mines seront mises en valeur, » si on déclare qu'elles font partie de la propriété » du sol? Est-il possible que toutes les mines soient » exploitées par de simples particuliers? C'est comme » si je demandais, est-il avantageux d'avoir des » mines; et quand on les a, faut-il les laisser sans » produit...... Une mine répond souvent aux sur- » faces d'une foule de propriétaires...... Admettrez- » vous, de la part d'un propriétaire, un refus que » rien ne pourra forcer? Il sera dès-lors impos- » sible d'exploiter les mines. Laisserez-vous la pos- » sibilité du refus, pour que le propriétaire ait le » droit de vendre son consentement au plus haut » prix? Mais pourquoi la loi ne le fixerait-elle pas, » puisqu'il s'agit de l'utilité publique? N'en use-t-on » pas ainsi pour les rues, les chemins et les ca- » naux? »

C'est sur ce discours et sur le rapport auquel il se rattachait, qu'est calquée la loi du 12-28 juillet 1791.

Elle pose d'abord un principe, puis elle en détermine la conséquence et l'application.

Son principe est que *les mines sont à la disposition de la nation;* c'est-à-dire que, de même que, sous l'ancien régime, elles étaient à la disposition de la souveraineté nationale exercée par le monarque seul, de même, sous le nouveau, elles sont à la disposition de la souveraineté nationale, exercée par le roi et les représentans de la nation.

La conséquence que la loi tire de ce principe, c'est que les mines *ne peuvent être exploitées que du consentement de la nation,* exprimé par les deux branches du pouvoir législatif.

Puis, venant à l'application du principe et de sa conséquence, elle commence par laisser au propriétaire de la surface la libre exploitation « des » mines qui pourront être exploitées jusqu'à 100 » pieds de profondeur seulement; » et là se termine l'art. 1er.

L'art 2 déclare « qu'il n'est rien innové à l'extrac- » tion des sables, craies, argiles, pierres, marbres, » ardoises, pierres à chaux, et généralement de » toutes substances autres que celles exprimées dans » l'art. 1er, qui continueront d'être exploitées par » les propriétaires, sans qu'il soit nécessaire d'ob- » tenir aucune permission; mais à défaut d'exploita- » tion de la part desdits propriétaires, ces substan- » ces pourront l'être par d'autres personnes, d'après » la permission du directoire du département, *à la*

» charge d'indemniser les propriétaires, tant des
» dommages causés à la surface, que de la va-
» leur des matières extraites ; le tout de gré à gré,
» ou à dire d'experts. »

On verra bientôt qu'à l'égard des mines, l'indemnité du propriétaire du sol est plus circonscrite, et
qu'elle est expressément limitée au dommage causé
à la surface. Pourquoi donc ne s'étend-elle pas
pour les mines, comme pour les substances comprises
dans l'art. 2, à la valeur des matières extraites ; et
d'où peut venir une pareille différence ? On le sent
au premier aperçu : c'est que le législateur, prenant
en considération les énormes dépenses que nécessite
l'exploitation des substances minérales, a voulu
ranger les mines dans une classe à part; et c'est ce
que la suite de la loi va mettre dans le plus grand
jour.

L'art. 3 ajoute que « les propriétaires de la surface auront toujours la préférence et la liberté d'exploiter les mines qui pourraient se trouver dans
leurs fonds, et qu'elle ne pourra leur être refusée. »
Les ci-devant seigneurs-propriétaires infèrent de là
« que les propriétaires de la surface ont la propriété
des mines contenues dans leurs fonds ; » et quoique
cette conséquence soit un peu forcée dans la forme,
nous ne la nions pas au fond; mais à quoi aboutira-
t-elle en dernière analyse ? Qu'est-ce qu'une propriété à laquelle on ne peut pas toucher, sans en
avoir obtenu la permission du gouvernement, et
que le gouvernement peut concéder à tout autre que
le propriétaire qui ne veut pas ou ne peut pas l'exploiter
lui-même ? Si ce n'est pas un être de raison, c'est
quelque chose de bien approchant.

Et qu'on ne dise pas que le propriétaire, lorsqu'il
use de son droit de préférence, est mieux traité
que le tiers qui, à son refus, prendrait sa place. Le
contraire résulte clairement de l'art. 10, d'après lequel il ne peut exercer ce droit, qu'autant que le
gouvernement le lui a concédé, après s'être assuré
de ses moyens d'exploitation, et qu'en se soumettant aux clauses et conditions qui seraient imposées à des concessionnaires. Tant il est vrai que la
nation ne reconnaît de droits sur les mines que les
siens, d'autre pouvoir d'en disposer que celui qu'elle
s'est réservé pour l'intérêt de tous!

Jusqu'à présent la loi ne dispose que pour l'avenir. Les art. 5 et 6 vont régler le sort des concessionnaires actuels qui exploitent des mines existant
sous le terrain d'autrui.

A cet égard, deux cas sont à distinguer : ou les
mines qu'exploitent les concessionnaires actuels,
avaient été découvertes par eux; ou c'étaient les
propriétaires eux-mêmes qui en avaient fait la découverte, et qui, après en avoir commencé l'exploitation, avaient été évincés par des porteurs de concessions arrachées à la faiblesse du gouvernement,
par l'abus de la faveur.

Au second cas, qui est étranger à notre question,
l'art. 6 déclare que « les concessionnaires seront dé-

chus de leurs concessions, à moins qu'il n'y ait,
» de la part desdits propriétaires, consentement
» libre, légal et par écrit, formellement confirmatif
» de la concession ; sans quoi, lesdites mines re-
» tourneront aux propriétaires qui les exploitaient
» avant lesdites concessions. »

Au premier cas, c'est-à-dire, lorsque les « concessionnaires actuels ou leurs cessionnaires ont découvert les mines qu'ils exploitent, » l'art. 4 veut
qu'ils soient maintenus «jusqu'au terme de leurs con-
» cessions, qui ne pourra excéder 50 années; en consé-
» quence (ajoute-t-il), les propriétaires de la surface
» ne pourront troubler les concessionnaires actuels
» dans la jouissance des concessions, lesquelles sub-
» sisteront dans toute leur étendue, si elles n'excè-
» dent pas celle qui est fixée par l'art. suivant, »
c'est-à-dire, six lieues carrées.

L'art. 19 déclare même qu'à l'expiration de leurs
concessions, ou des 50 années qui forment le
maximum de leur durée, les concessionnaires
actuels auront la préférence, pour des concessions
nouvelles, sur tout autre concurrent, propriétaire
ou non.

L'art. 20 ajoute que « les concessionnaires actuels
» seront obligés d'indemniser les propriétaires de
» la surface, si fait n'a été. »

L'art. 21 spécifie la consistance de cette indemnité : « elle s'entend seulement de non-jouissance ou
» dégâts occasionnés dans les propriétés par l'ex-
» ploitation des mines, tant à raison des chemins
» que des lavoirs, fuite des eaux et tout autre éta-
» blissement. »

Et par l'art. 22, il est dit que « cette indemnité
» aura pour base le double de la valeur intrinsèque
» de la surface du sol qui sera l'objet desdits dégâts
» et non-jouissance. »

Assurément limiter ainsi l'indemnité due au propriétaire de la surface d'une mine, c'est bien manifestement lui refuser toute espèce de part à la valeur
des matières extraites de cette mine; tandis que,
dans l'art. 2, et relativement aux substances qui y
sont énumérées, la valeur entière des matières extraites par les concessionnaires de l'autorité publique, est due aux propriétaires.

Et dès-lors quel prétexte peuvent avoir les ci-
devant seigneurs pour venir aujourd'hui, en vertu
de cette loi, réclamer, comme propriétaires de la
surface des mines exploitées par une compagnie
d'entrepreneurs, la résurrection des redevances
déjà abolies par les lois précédentes, et qui n'étaient
pour eux que des abonnemens de leur ancien droit
aux matières extraites ?

Quel prétexte (s'écrie-t-on)! Ils ont pour eux le
texte formel de l'art. 4. L'art. 4 maintient les concessionnaires actuels. Il maintient donc les concessions en vertu desquelles ils exploitent. Il veut donc
que ces concessions aient leur effet; et il le veut sans
réserve, sans distinction quelconque. Il faut donc
que les conditions sous lesquelles ces concessions

61.

ont été faites, soient exécutées. Il faut donc que les ci-devant seigneurs continuent de percevoir les redevances qui ont été les conditions expresses de leurs concessions.

Mais il est bien impossible que ce soit cette espèce de concession-là que la loi du 12-28 juillet 1791 ait eu l'intention de maintenir. Il est bien impossible que, par *concessionnaires actuels*, cette loi ait entendu autre chose que les porteurs d'arrêts du conseil contenant permission d'ouvrir et d'exploiter des mines.

Comment, en effet, cette loi aurait-elle pu appliquer la dénomination de *concessionnaires* à des porteurs de pareilles permissions émanées des seigneurs hauts-justiciers de l'Anjou, du Maine ou du Hainaut français?

De deux choses l'une : ou ces permissions étaient postérieures au réglement du 14 janvier 1744, ou elles avaient précédé ce réglement.

Si elles lui étaient postérieures, elles n'avaient pu, par elles-mêmes, rien opérer; elles n'avaient fait qu'ôter l'obstacle qui, si elles n'eussent pas existe, eût empêché l'effet des concessions royales; elles n'avaient pas pu être et elles n'avaient réellement pas été de véritables concessions.

Si elles avaient précédé le réglement de 1744, elles avaient sans doute eu originairement le caractère de concessions proprement dites; mais elles avaient cela de commun avec les permissions d'une date posterieure à ce réglement, qu'elles n'existaient plus au moment où a été décrétée la loi du 12-28 juillet 1791. Les décrets du 4 août 1789 les avaient implicitement détruites, les unes aussi bien que les autres, en abolissant les justices seigneuriales; car, avec les justices seigneuriales avaient péri, comme l'a expressément déclaré l'art. 35 du tit. 1er de la loi du 13-20 avril 1791, tous les droits, toutes les redevances qui en dérivaient, et par conséquent tous les titres, tous les actes par lesquels ces droits, ces redevances avaient été stipulés.

Et remarquons bien que les art. du tit. 1er de cette dernière loi ont été décrétés, pour ainsi dire, de front avec ceux de la loi du 12-28 juillet de la même année, qui nous occupent en ce moment : c'est un fait authentiquement constaté par les procès-verbaux de l'assemblée constituante, et que je peux d'ailleurs certifier avec d'autant plus d'assurance que j'étais rapporteur des premiers. Comment donc supposer qu'en même temps que cette assemblée déclarait abolis, par les décrets du 4 août 1789, tous les droits, toutes les redevances dépendant des justices seigneuriales, ainsi que tous les titres et tous les actes qui avaient stipulé ces droits et ces redevances, elle eût maintenu, soit des concessions proprement dites, soit de simples permissions, qui étaient précédemment émanées de la haute-justice?

Ces concessions, ces permissions ne pouvaient donc pas occuper les rédacteurs de la loi du 12-28 juillet 1791; et la preuve qu'en effet elles ne les ont pas occupés du tout, c'est qu'ils n'en ont pas dit un mot; car il serait trop dérisoire d'attribuer leur silence à un pur oubli. Comme je l'ai dit plus haut, §. 1, n° 1, il y avait dans l'assemblée constituante des membres très-intéressés à la faire souvenir de leurs droits, si leurs droits n'eussent pas été précédemment détruits.

Et qu'on ne vienne pas dire que de là il résulterait que la disposition de l'art. 4 de cette loi, qui maintient les *concessionnaires actuels*, ne s'applique pas, dans l'esprit des auteurs de cette loi, à ceux qui continuent actuellement des exploitations qu'ils ont commencées en vertu de concessions des ci-devant seigneurs, aussi bien qu'à ceux qui exploitent actuellement en vertu des concessions du gouvernement.

Cette disposition s'applique incontestablement aux premiers comme aux seconds; mais ce n'est pas comme concessionnaires seigneuriaux que la loi les considère : par cela seul qu'elle les qualifie, comme les seconds, de *concessionnaires actuels*, elle fait assez entendre qu'elle les suppose investis de concessions encore existantes. Or, quelles peuvent être ces concessions? Celles qu'ils avaient reçues des ci-devant seigneurs? Non, encore une fois, elles n'existaient plus : la loi ne peut donc pas y avoir égard. Mais comme, depuis l'abolition des hautes-justices, ceux qui avaient obtenu ces concessions, avaient continué d'exploiter leurs mines, et qu'ils n'avaient pu le faire que du consentement de l'autorité souveraine, désormais seule en droit de les permettre, la loi les considère comme devenus, par cela seul, concessionnaires du gouvernement, ni plus ni moins que ceux qui avaient expressément obtenu leurs concessions du gouvernement lui-même.

Aussi, et c'est ce qui tranche toute difficulté, tous les *concessionnaires actuels* sont-ils indistinctement qualifiés, dans le rapport du 30 janvier 1791, d'après lequel la loi a été décrétée, de *dépositaires des droits de la nation*.

Objectera-t-on que, du moins relativement au Hainaut ci-devant autrichien, les mots *concessionnaires actuels* n'ont pu s'appliquer qu'aux concessionnaires des ci-devant seigneurs hauts-justiciers?

Mais, d'une part, cette loi n'a pas été faite avec l'intention de la faire exécuter dans le Hainaut ci-devant autrichien, dont on ne prévoyait pas alors la future réunion à la France. Elle n'a donc pas pu référer à la législation particulière de cette partie du Hainaut, l'acception qu'elle donnait aux mots *concessionnaires actuels*. Et cependant, lorsqu'elle a été publiée dans cette partie du Hainaut, elle n'a pas dû, elle n'a pas pu y être exécutée autrement que dans la partie française de la même province. Elle a dû y recevoir la même interprétation que dans celle-ci. Elle n'a conséquemment pas pu y avoir, pour les ci-devant seigneurs, l'effet qu'elle n'avait pas eu dans celle-ci, d'y maintenir les redevances moyennant lesquelles ils avaient précédemment cédé leur droit, *d'avoir en terre non extrayé*.

D'un autre côté, lorsqu'elle a été publiée dans le Hainaut ci-devant autrichien, y existait-il encore, à proprement parler, des concessionnaires seigneuriaux de mines de charbon de terre?

Non; la publication de cette loi avait été précédée, dans toute la Belgique et par conséquent dans le Hainaut ci-devant autrichien, par celle des décrets des 4 août 1789, 15 mars 1790 et 13 avril 1791.

Et dès-lors il est évident que l'art. 4 de cette loi ne pouvait pas plus, à l'époque de sa publication dans le Hainaut ci-devant autrichien, s'y appliquer aux porteurs de permissions seigneuriales, qu'il n'avait pu être appliqué, dans son origine, aux porteurs de pareilles permissions dans le Hainaut français, dans le Maine et dans l'Anjou.

De même, en effet, que dans le Hainaut français, dans le Maine et dans l'Anjou, les permissions seigneuriales d'ouvrir et d'exploiter des mines avaient été abolies avant que cet article fût décrété et devînt loi ; de même aussi elles avaient été abolies dans le Hainaut ci-devant autrichien avant que cet article y fût publié comme disposition législative.

Il y avait donc, à cet égard, une parité absolue et parfaite entre le Hainaut ci-devant autrichien et le Hainaut français, le Maine et l'Anjou.

Si donc, dans le Hainaut français, dans le Maine et dans l'Anjou, les termes *concessionnaires actuels* ne pouvaient pas s'entendre des porteurs de permissions seigneuriales, il est évident qu'ils ne le pouvaient pas davantage dans le Hainaut ci-devant autrichien.

Mais, d'après cela, quelle acception a-t-on dû, dans le Hainaut ci-devant autrichien, donner à ces termes?

La même absolument, la même que dans le Hainaut français, que dans l'Anjou et le Maine, que dans toute la France : et pourquoi? Nous en avons déjà dit la raison.

Dans le Hainaut ci-devant autrichien, le droit de permettre l'ouverture et l'exploitation des mines était généralement regardé comme une prérogative exclusivement réservée à la souveraineté.

Ce n'était que par une exception particulière que le prince s'y était relâché de cette prérogative, pour les mines de charbon, en faveur des seigneurs hauts-justiciers. Or, cette exception ayant été abolie avec les justices seigneuriales, par les décrets du 4 août 1789, il est clair que le gouvernement étant, par le seul effet de la publication de ces décrets dans le Hainaut ci-devant autrichien, rentré, à cet égard, dans la pleine possession de son droit primitif.

Il est clair, par conséquent, que dès-lors le gouvernement seul a pu autoriser l'exploitation des mines de charbon dans le Hainaut ci-devant autrichien.

Et par conséquent encore, il est clair que les exploitations commencées dans le Hainaut ci-devant autrichien avant la publication des décrets du 4 août 1789, n'ont pu y être continuées depuis, que du consentement exprès ou tacite du gouvernement.

Du consentement exprès, il ne paraît pas qu'il y en ait eu dans le court intervalle qui a séparé, en ce pays, la publication des décrets du 4 août 1789 de celle de la loi du 12-28 juillet 1791.

Mais du moins il y a eu consentement tacite, et cela a suffi pour convertir les anciens concessionnaires des ci-devant seigneurs en concessionnaires actuels du gouvernement, ou, en d'autres termes, pour leur appliquer l'art. 4 de la loi du 12-28 juillet 1791 dans le même sens qu'il s'appliquait en France.

Mais, dit-on, les arrêts du conseil qui, dans le Hainaut français, et probablement aussi dans le Maine et l'Anjou, avaient concédé des exploitations de mines, ne l'avaient fait que sauf le droit des seigneurs hauts-justiciers. La loi du 12-28 juillet 1791 a maintenu ces arrêts de concession tels qu'ils étaient, sauf les exceptions qu'elle y a apportées, quant à l'espace du temps et à l'étendue des terrains. Elle a donc voulu que les conditions dont ce droit avait été la cause fondamentale, continuassent d'être fidèlement observées.

Mais, 1° cet argument ne prouve rien par cela seul que, si l'on s'y tenait, il prouverait trop. Il en résulterait, en effet, que même les ci-devant seigneurs hauts-justiciers qui ne sont pas propriétaires de la surface des terres sous lesquelles gisent les mines dont ils ont, en leur ancienne qualité, permis l'exploitation, conservent encore les redevances qui ont été le prix de leurs permissions; et je ne sache pas qu'un pareil système compte aujourd'hui un seul partisan.

2° Les arrêts de concession dont on parle avaient sans doute respecté le droit qu'avaient alors les seigneurs hauts-justiciers; mais ils n'avaient pas changé la nature de ce droit : ils lui avaient laissé son caractère essentiel de *profit et émolument* de la haute-justice. Il en avait par conséquent subordonné la durée à celle de la haute-justice elle-même.

Qu'après cela on vienne nous dire que la loi du 12-28 juillet 1791 n'a pas expressément déchargé les concessionnaires actuels des conditions de leurs concessions, ni des engagemens qu'ils avaient contractés en exécution de ces conditions.

Il suffira de répondre :

Que cette loi n'a sans doute déchargé les concessionnaires ni des conditions de leurs concessions, ni des engagemens contractés par suite de ces conditions, qui ne heurtaient pas les décrets précédens, par lesquels avaient été abolis tous les droits et toutes les redevances découlant de la haute-justice;

Qu'elle ne les a pas même libérés explicitement des charges auxquelles ils s'étaient antérieurement assujétis, par ces conventions, envers les seigneurs hauts-justiciers ;

Mais qu'à cet égard elle n'avait rien à faire, parce que les lois précédentes avaient tout fait ;

Qu'elle a trouvé le terrain sur lequel elle avait à opérer, entièrement déblayé de toutes les décombres du régime féodal ; et que par conséquent elle n'avait pas besoin de décharger les concessionnaires qu'elle maintenait, de leurs anciennes obligations envers les ci-devant seigneurs ; mais qu'il a suffi qu'elle ne retirât pas ces obligations du néant où elles se trouvaient plongées ;

Que, ne connaissant plus de seigneurs, elle n'a dû voir que des propriétaires ;

Qu'à l'égard de ceux-ci, elle a bien maintenu les traités qui avaient précédemment fixé les indemnités que les *concessionnaires actuels* paieraient aux *propriétaires de la surface ;* et que c'est ce qui résulte de ces termes de l'art. 20 : « Les concession-» naires actuels seront tenus d'indemniser les pro-» priétaires de la surface, *si fait n'a été.* »

Mais qu'en ne parlant d'indemnités que relativement à *la surface,* elle a manifesté hautement son intention de n'en pas accorder relativement aux substances minérales à extraire des entrailles de la terre ;

Et qu'elle a mis cette vérité dans un plus grand jour encore, lorsque, par les art. 21 et 22, elle a borné expressément l'indemnité aux dégâts causés à la surface par l'ouverture et l'exploitation des mines.

Si ces propositions ne portent pas le cachet de l'évidence, il faut renoncer à la trouver nulle part.

Passons maintenant à la loi du 21 avril 1810, et voyons si elle prêtera quelque appui au système des ci-devant seigneurs-propriétaires.

On vient de voir que la loi du 12-28 juillet 1791, marchant sur les erremens de l'ancienne législation française, n'avait pas nié formellement que la propriété des mines appartînt aux propriétaires du sol ; mais qu'elle avait tellement modifié cette propriété, que, hors le cas où le propriétaire du sol profiterait de son droit de préférence pour l'exploitation, elle l'avait réduite à rien.

L'art. 552 du code civil avait expressément confirmé le principe qui avait servi de régulateur à cette loi. Après avoir dit que « la propriété du sol em-» porte la propriété du dessous, et que le proprié-» taire peut, en conséquence, faire au-dessous tou-» tes les constructions et fouilles qu'il jugera à » propos , et tirer de ces fouilles tous les produits » qu'elles peuvent fournir, il avait ajouté : sauf les » modifications résultant des lois et réglemens re-» latifs aux mines. »

Tel était l'état des choses, lorsqu'averti par une expérience de dix-neuf ans, des imperfections de la loi de 1791, le législateur s'est déterminé à la remanier et à la refondre.

La première question qui, dans ce travail, s'est présentée à sa pensée, a été celle de savoir s'il devait considérer les mines comme une propriété publique, ou comme appartenant au propriétaire de la surface sous laquelle sont cachées les substances minérales.

En faveur de qui l'a-t-il décidée ?

Nous n'hésitons pas à dire qu'il l'a décidée en faveur du propriétaire de la surface ; et c'est ce qui paraît surtout résulter de la manière dont s'est expliqué l'orateur du gouvernement, en présentant le projet de la nouvelle loi au corps-législatif, le 13 avril 1810.

« Sans entrer (ce sont ses termes) dans le détail des raisonnemens à l'appui de chacun de ces systèmes, je vous ferai connaître le résultat des longues discussions qui ont eu lieu.

» On a reconnu, d'un côté, qu'attribuer les mines au domaine public, c'était blesser les principes consacrés par l'art. 552 du code, porter atteinte à la grande charte civile, premier garant du pacte social.

» On a reconnu, de l'autre, qu'attribuer la propriété de la mine à celui qui possède le dessus, c'est lui reconnaître, d'après la définition de la loi, le droit d'user et d'abuser, droit destructif de tout moyen d'exploitation utile, productif, étendu ; droit opposé à l'intérêt de la société, qui est de multiplier les objets de consommation, de reproduction, de richesses ; droit qui soumettrait au caprice d'un seul la disposition de toutes les propriétés environnantes de nature semblable ; droit qui paralyserait tout autour de celui qui l'exercerait ; qui frapperait de stérilité toutes les parties de mines qui seraient dans son voisinage.

» De ces vérités, on a déduit tout naturellement cette conséquence, que les mines n'étaient pas une propriété ordinaire, à laquelle pussent s'appliquer la définition des autres biens et les principes généraux sur leur possession, tels qu'ils sont écrits dans le code civil.

» Et cependant, pour que les mines soient bien exploitées........, il faut qu'elles cessent d'être des propriétés précaires, non définies, changeant de main au gré d'une législation équivoque, d'une administration abusive, d'une police arbitraire, de l'inquiétude habituelle de leurs possesseurs.

» Il en faut faire des propriétés auxquelles toutes les définitions du code civil puissent s'appliquer.

» Il faut que ces masses de richesses, placées sous de nombreuses fractions de la superficie du territoire, au lieu de rester divisées comme cette superficie même, deviennent, par l'intervention du gouvernement et en vertu d'un acte solennel, un ensemble dont l'étendue sera réglée, qui soit distinct du sol, qui soit, en quelque sorte, une création particulière.

Dans cette création, le droit du propriétaire de

la surface ne doit pas être méconnu et oublié; il faut au contraire qu'il soit consacré pour être purgé, réglé pour être acquitté; enfin, que la propriété que l'acte du gouvernement désigne, définit, limite et crée en vertu de la loi, soit d'autant plus invariable, plus sacrée, qu'elle aura plus strictement satisfait à tous les droits, désintéressé même toutes les prétentions.

» Ainsi, les mines seront désormais une propriété perpétuelle, disponible, transmissible, lorsqu'un acte du gouvernement aura consacré cette propriété par une concession qui réglera le droit de celui auquel appartient la surface.

» Tout se concilie dans ce système: l'intérêt de l'État, l'intérêt des exploitans, l'intérêt des propriétaires du sol. »

C'est ce système qui a été revêtu, le 21 avril 1810, de la sanction législative; et nous aimons à répéter qu'il n'y a rien dans la loi qui ne s'accorde parfaitement avec l'idée que le législateur a considéré la mine comme appartenant au propriétaire de la surface, avant la concession que le gouvernement doit désormais en faire, moyennant deux sortes de redevances, l'une fixe, l'autre proportionnelle, au profit de l'État.

Ainsi, d'après l'art. 6, le gouvernement ne pourra, à l'avenir, concéder aucune mine, sans régler, par l'acte même de concession, l'indemnité qui sera due au propriétaire de la surface, à raison de la translation faite à des tiers, de son droit sur la mine cachée sous le fonds.

Ainsi, de tout l'ensemble de cette loi, il résulte que la propriété de la surface ne sera plus désormais réduite à un simple dédommagement des dégâts commis sur la superficie de son terrain, et qu'il aura droit à une redevance qui sera pour lui une sorte d'abonnement des produits de la mine. Car c'est d'une *redevance* que veut parler l'art. 42, quand il dit que « le droit attribué par l'art. 6 au » propriétaire de la surface, sera réglé à une somme » déterminée par l'acte de concession; » les art. 18 et 19 ne laissent là-dessus aucun doute (1).

En un mot, sous ce rapport, le propriétaire de la surface est aujourd'hui beaucoup mieux traité qu'il ne l'était sous la loi du 12-28 juillet 1791, quoiqu'il le soit beaucoup moins bien sous un autre, puisque, par l'art. 3 de celle-ci, il avait un droit de préférence sur les concessionnaires du gouvernement, tandis qu'aux termes de l'art. 16 de la loi du 21 avril 1810, le gouvernement est juge suprême « des mo- » tifs ou considérations d'après lesquels la préférence » doit être accordée aux divers demandeurs en con- » cession, *qu'ils soient propriétaires de la surface,* » *inventeurs ou autres* (2)?

Mais en réglant ainsi les droits du propriétaire de la surface, relativement aux concessions qui seront faites à l'avenir, la loi a-t-elle assujéti au même réglement les concessions antérieures?

Si elle les y assujétit en effets, les ci-devant seigneurs-propriétaires ont sans doute droit à des revances quelconques; mais ces redevances ne seront pas précisément celles qu'ils ont anciennement stipulées comme seigneurs hauts-justiciers: elles seront fixées par le gouvernement et ne pourront l'être que par lui.

Mais si les concessions antérieures sont exceptées par la loi même du nouveau réglement qu'elle établit, quelle ressource restera-t-il aux ci-devant seigneurs-propriétaires? Aucune sans doute.

Eh bien! voici ce que porte l'art. 51: « Les con- » cessionnaires antérieurs à la présente loi devien- » dront, *du jour de sa publication*, *propriétaires* » *incommutables*, sans aucune formalité préalable » d'affiches, vérifications de terrains, ou autres » préliminaires; *à la charge seulement d'exécuter,* » s'IL Y EN A, *les convenances faites avec les pro-* » *priétaires de la surface;* ET SANS QUE CEUX-CI » PUISSENT SE PRÉVALOIR *des* ART. VI *et* XLII. »

Et l'idée de rétrograder, en cette partie, est si loin de la pensée du législateur, qu'il ne le fait même pas, comme il le déclare expressément par l'art. 53, « quant aux exploitans qui n'ont pas exécuté la loi » de 1791 et qui n'ont pas fait fixer, conformément » à cette loi, les limites de leurs concessions; » ces

(1) Art. 18. « La valeur des droits résultant en » faveur du propriétaire de la surface, en vertu de » l'art. 6 de la présente loi, demeurera réunie à la » valeur de ladite surface, et sera affectée avec elle » aux hypothèques prises par les créanciers du pro- » priétaire.

Art. 19. « Du moment où une mine sera concédée » au propriétaire de la surface, cette propriété sera » distinguée de celle de la surface, et désormais con- » sidérée comme propriété nouvelle, sur laquelle de » nouvelles hypothèques pourront être prises, sans » préjudice de celles qui auraient été sur seraient » prises sur la surface *et la redevance*, comme il est » dit à l'article précédent.

» Si la concession est faite au propriétaire de la » surface, ladite redevance sera évaluée pour l'exé- » cution dudit article. »

Il faut ajouter à ces articles l'explication qu'en a

donnée le rapporteur de la commission du corps-législatif, à laquelle avait été renvoyé l'examen du projet de loi: « La loi proposée (a-t-il dit), réalisant la mo- » dification prévue par l'art. 552 du code civil, fait » de la mine une propriété distincte de celle de la » surface; mais pour ne pas préjudicier aux droits » acquis, la mine, qui est détachée de cette surface, » est grevée en sa faveur d'une *rente foncière*, affec- » tée de toutes les hypothèques et charges qui gre- » vaient le sol. Désormais, et jusqu'au rachat léga- » lement opéré, *cette rente* restera attachée à la su- » perficie. »

(2) C'est précisément ce que disait l'orateur du gouvernement, dans l'*exposé des motifs* de la loi: « Désintéressé par la redevance à laquelle il a droit, » le propriétaire n'a plus à la concession ce droit de » préférence, l'une des inconséquences les plus re- » marquables de la loi de 1791. »

concessionnaires, quoique beaucoup moins favorables, « obtiendront les concessions de leurs exploitations actuelles, conformément à la présente loi; » à l'effet de quoi, les limites de leurs concessions » seront fixées sur leurs demandes ou à la diligence » des préfets ; à la charge seulement d'exécuter les » conventions faites avec les propriétaires de la sur- » face, et sans que ceux-ci puissent se prévaloir des » art. 6 et 42 de la présente loi. »

L'orateur du gouvernement n'a pas manqué, dans l'*exposé des motifs* de la loi, de faire remarquer ces deux dispositions :

« Ces règles pour les concessions nouvelles (a-t-il dit) avaient paru ne pas devoir s'appliquer aux concessions anciennes. On avait conçu l'idée de les laisser jouir pendant la durée fixée par leur titre, et de remettre à son expiration pour les faire rentrer dans la règle commune.

» Une pensée plus généreuse les rappelle à jouir sur-le-champ des bienfaits de la loi, leur en impose même l'heureuse obligation, et généralise ainsi, au grand avantage des intéressés, l'application de la loi ; ce qui donnera plus de simplicité, de facilité et de force à l'action de l'administration.

» La loi va plus loin : elle appelle aux mêmes prérogatives ceux qui n'ont pas exécuté encore la loi de 1791....., à la charge de se mettre en règle.

» Les uns et les autres payeront à l'État, en devenant ainsi propriétaires, les nouvelles redevances dont nous venons de parler ; « mais ils ne payeront » aucune redevance aux particuliers propriétaires » de la surface, parce que la jouissance, sans le » payement de ce droit, est établie ; et qu'il n'est » pas juste de donner à la loi un effet rétroactif. »

Le rapporteur de la commission du corps-législatif a présenté les mêmes vues dans son discours du 21 avril 1810 :

« Les art. 6 et 42 de la loi du (ce sont ses termes) ne seront appliqués qu'aux concessions nouvelles. L'on ne pouvait y astreindre les anciens concessionnaires, sans donner à la loi un effet rétroactif ; mais ils auraient pu, sans injustice, y être assujétis à l'expiration de la durée de leurs concessions : ils accueilleront donc avec reconnaissance les dispositions d'une loi libérale, qui, de fermiers qu'ils étaient, les rend désormais propriétaires, et qui a voulu même les soustraire aux contestations dont la difficulté de fixer les sommes à payer aux propriétaires de la surface, eût été l'inépuisable source.

» Mais s'il existait des conventions entre eux et les propriétaires de la surface, loin d'être abolies, elles sont positivement maintenues. L'on a été généreux envers les concessionnaires, et juste envers les propriétaires.

» Les propriétaires n'auront point à se plaindre, *puisque leur condition restera la même ;* et si celle des exploitans est améliorée, elle ne l'est que pour l'intérêt de tous ; et comme membres de la société, ils en retireront aussi un avantage. »

» Maintenant prétendrait-on que la loi du 21 avril 1810 a voulu rétablir, sous le nom de « conventions » faites avec le propriétaire de la surface, » des engagemens précédemment contractés par des concessionnaires en faveur des hauts-justiciers à qui appartenait la surface des terrains sous lesquels gisent les mines? Mais quelle réponse nous fourniraient, à une prétention aussi étrange, les art. 40 et 41 de cette loi même?

» Ces articles ont pour objet des redevances domaniales qui avaient été imposées aux concessionnaires antérieurs ; ce qui n'avait eu lieu, comme le remarque l'orateur du gouvernement dans *l'exposé des motifs*, que *dans les départemens réunis ;* et voici d'abord comment s'explique à ce sujet l'art. 40 : « Les anciennes redevances *dues à l'État*, soit en » vertu des lois, ordonnances ou réglemens , soit » d'après les conditions énoncées en l'acte de con- » cession, soit d'après des baux ou adjudications » au profit de la régie des domaines, cesseront d'a- » voir cours à compter du jour où les redevances » nouvelles seront établies. »

Par-là, sans doute, le législateur fait clairement entendre que ces redevances n'avaient pas été abolies par les lois antérieures ; et en effet, ce n'était ni à la féodalité ni à la haute-justice qu'elles devaient leur origine, elles n'avaient leur source que dans la *domanialité* du droit sur les mines ; et, sous ce rapport, elles n'avaient rien que de légitime ; elles n'offraient rien qui ne fût en parfaite harmonie avec le système général de la législation qui gouvernait la France depuis 1789.

Mais pourquoi, en parlant ainsi *des anciennes redevances dues à l'État,* la loi se tait-elle sur celles qui avaient été dues aux ci-devant seigneurs? La raison en est simple : c'est qu'elle les regarde comme abolies depuis plus de 20 ans.

Eh ! comment serait-il dans son intention de les recréer au profit des ci-devant particuliers seigneurs? Elle ne veut même pas que l'État puisse les percevoir, relativement aux concessions qu'il avait pu faire, en Hainaut, comme seigneur haut-justicier. Et c'est ce qu'elle déclare nettement par l'art. 41, en exceptant de l'abrogation des anciennes redevances dont il est parlé dans l'article précédent, « celles dues à titre de rentes, prestations quel- » conques pour cause de cession de fonds ou autre » cause semblable, « sans déroger toutefois à l'ap- » plication des lois qui ont supprimé les droits féo- » daux. »

Il n'est sans doute pas besoin de remarquer ni que, par ces mots, *pour cause de cession de fonds,* la loi entend, non la concession de la mine elle-même, mais le bail à rente fait aux concessionnaires, de la surface de quelques-uns des fonds de terres qui recélaient les substances minérales, ni que, par ceux-ci, ou *autres causes semblables,* elle n'a en vue que les cessions que le gouvernement avait pu faire à des entrepreneurs de mines, soit de machines placées, soit de travaux déjà commencés à grands frais et encore subsistans, dans les mines dont il leur permettrait de continuer l'exploitation (1).

Mais nous devons nous arrêter à cette clause qui termine l'art. 41 : « Sans déroger toutefois à l'ap-» plication des lois qui ont supprimé les droits féo-» daux ; » nous devons faire ressortir l'argument inexpugnable qui résulte de cette clause contre le système des ci-devant seigneurs propriétaires.

L'ancien gouvernement avait, dans les deux parties du Hainaut, beaucoup de seigneuries revêtues du titre de hautes-justices ; et comme on n'avait pas sous les yeux, en rédigeant la loi, toutes les concessions de mines de charbon qu'il y avait faites comme seigneur haut-justicier, il était naturel de supposer qu'il les avait faites à l'instar des autres seigneurs, c'est-à-dire, en se réservant des droits d'*entre-cens*. C'est effectivement ce que prouve l'arrêt du conseil, du 31 janvier 1769, rapporté ci-dessus ; mais on a dû supposer en même temps qu'il a pu arrenter aux concessionnaires la propriété de terrains plus ou moins étendus dont ils avaient besoin pour y établir leurs ouvrages extérieurs, leurs bâtimens, leurs magasins, leurs moyens de transports, etc.

Que les redevances stipulées par ces arrentemens, ne fussent pas comprises dans l'abrogation prononcée par l'art. 40, et qu'en conséquence, elles dussent survivre même à l'établissement des redevances nouvelles que la loi impose aux mines en faveur du gouvernement, cela était tout simple, puisqu'elles n'étaient pas le prix des mines concédées, et qu'elles ne représentaient que la propriété des fonds sous lesquels les mines existaient.

Mais en était-il de même des droits d'*entre-cens* que le gouvernement s'était réservés comme seigneur haut-justicier ? Non, et bien loin de là. Il y avait long-temps qu'ils ne se percevaient plus ; et la loi déclare elle-même qu'ils ont subi, comme des droits de pareille nature qui avaient été autrefois dus à des seigneurs particuliers, « l'application des lois qui » ont supprimé les droits féodaux. »

Ainsi, non-seulement elle ne les maintient pas, comme les anciennes redevances purement domaniales, jusqu'à l'établissement des redevances nouvelles ; mais elle reconnaît qu'ils sont absolument éteints.

Quel dommage pour le fisc que les rédacteurs de la loi n'aient pas raisonné comme les ci-devant seigneurs-propriétaires ! Ils auraient pu dire comme ceux-ci : « L'ancien gouvernement était à la fois sei-» gneur haut-justicier et propriétaire des terrains » qu'il a arrentés aux concessionnaires. En leur » concédant le droit d'exploiter le charbon gisant

sous ces terrains, comme sous le surplus des » fonds dépendans de sa haute-justice, il a traité » avec eux comme propriétaire, ni plus ni moins » que comme seigneur haut-justicier. Donc son titre » de haut-justicier s'étant éteint en 1789, le droit » d'entre-cens est devenu, pour l'étendue des ter-» rains arrentés, le prix de la jouissance libre unie » à la propriété, et une des conditions de la per-» mission d'exploiter. Donc ce droit n'a pas été at-» teint par les décrets de 1789 ; donc la perception » doit en être continuée, au moins jusqu'à l'établis-» sement des redevances nouvelles. »

Ce raisonnement eût été en parfaite harmonie avec celui sur lequel repose tout le système des ci-devant seigneurs-propriétaires. Comment donc ne s'est-il pas présenté, en 1810, à l'esprit d'aucun des membres du conseil-d'état de cette époque, et surtout à celui du directeur-général de la régie des domaines, qui a pris, comme conseiller-d'état, une part très-active à la discussion de la loi ? Comment se sont-ils tous avisés, au contraire, d'insérer dans l'art. 41 de la loi un *sans déroger* qui le sapait par sa base et le condamnait à l'avance ?

Il n'y aurait pour les ci-devant seigneurs-propriétaires qu'un moyen d'échapper à l'induction foudroyante qui sort de là contre leur prétention : ce serait de dire que l'art. 40 comprend dans sa disposition même les droits d'entre-cens que l'ancien gouvernement s'était réservés sur les terrains dont il avait arrenté la surface aux concessionnaires des mines, en même temps qu'il leur avait permis d'exploiter le charbon existant sous ces terrains ; et que, par suite, ces droits ont dû continuer d'être perçus par la régie des domaines, jusqu'à l'établissement des redevances nouvelles.

Mais, d'une part, comment concilier ce faux-fuyant avec la déclaration si nette, si formelle, contenue dans l'art. 41, que la suppression des droits féodaux a reçu son application à l'ancien gouvernement, comme aux seigneurs particuliers.

De l'autre, nous avons déjà remarqué avec l'orateur du gouvernement, dans l'*exposé des motifs* de la loi, que l'art. 40 n'avait pour objet que des redevances *domaniales* ; et assurément cet orateur connaissait bien l'esprit dans lequel la loi avait été rédigée, puisque c'était lui qui en avait été le rapporteur au conseil-d'état, et qu'en cette qualité, il en avait suivi et soutenu toute la discussion. Voici ses propres termes :

« L'exploitation des mines, considérée jusqu'ici » comme un commerce, était sujette au droit de patente :

» Aucune redevance n'était due à l'état, suivant » la loi de 1791.

» Seulement, *quelques droits domaniaux* étaient payés à la régie de l'enregistrement dans les départemens réunis ; et même elle avait donné à ferme, par adjudication ou de gré à gré, l'exploitation de plusieurs mines. »

Ils étaient sans doute *domaniaux*, les droits que

(1) Ces sortes de cessions étaient assez fréquentes en Hainaut. *V.* l'arrêt de la cour d'appel de Bruxelles, du 14 fructidor an 11, rapporté ci-après, et le plaidoyer du 23 vendémiaire an 13, rapporté dans le *Répertoire de jurisprudence*, au mot *Entre-cens*.

l'ancien gouvernement s'était réservés, soit en Hainaut sur les mines métalliques, soit dans le Namurois et le Luxembourg, même sur les mines de charbon, parce qu'à cet égard il n'avait concédé que comme souverain.

Mais les droits d'entre-cens, qu'il s'était réservés en Hainaut sur les mines de charbon, n'étaient pour lui que des droits seigneuriaux; c'est même ce que reconnaissait formellement l'arrêt du conseil du 31 janvier 1769, rapporté plus haut.

Donc ce n'est pas à ces droits que se réfère l'art. 40 de la loi, quand il n'abroge qu'à compter de l'établissement des redevances nouvelles, « les anciennes redevances dues à l'état, d'après les conditions énoncées en l'acte de concession. »

Donc l'argument qui résulte de la dernière clause de l'art. 41, conserve toute sa force et toute son intensité contre le système des ci-devant seigneurs propriétaires.

Donc ce système, sous quelque face qu'on l'examine, et de quelque prétexte qu'on s'étudie à l'étayer, s'écroule de lui-même à l'aspect des lois qu'il heurte de front, des principes qui le condamnent, des monumens les plus solennels de la jurisprudence avec lesquels il est en opposition.

Cependant, il faut le dire, il existe en faveur de ce système un arrêt de la cour de cassation. Mais à quelle époque et dans quelles circonstances cet arrêt a-t-il été rendu ?

Peu de temps après la réunion du Hainaut ci-devant autrichien à la France, le sieur Bruneau de la Motte, ci-devant seigneur haut-justicier de Sars-Longchamps, fit assigner la société charbonnière du même lieu en payement du droit d'entre-cens qu'elle s'était engagée de lui payer pour prix de la concession de ses mines de charbon, toutes gisant sous des terrains dont il était propriétaire.

La société lui répondit que ce droit qu'il s'était réservé comme seigneur haut-justicier, avait été supprimé avec sa haute-justice, et que, ne l'ayant ni stipulé, ni pu stipuler comme propriétaire, il ne pouvait pas le réclamer en cette qualité.

L'affaire portée au tribunal civil du département de Sambre-et-Meuse, par appel de celui du tribunal civil du département de Jemmapes, jugement en dernier ressort du 9 fructidor an 7, qui prononce en faveur du sieur Bruneau de la Motte.

Recours en cassation de la part de la société; et sur sa requête, qui ne disait pas, à beaucoup près, tout ce qu'il fallait dire pour assurer le succès de sa réclamation, arrêt du 11 nivôse an 8, par lequel, « attendu que la suppression des droits féodaux prononcée par les lois ne peut profiter qu'aux propriétaires de la superficie, le tribunal rejette le pourvoi...... »

On remarque d'abord que cet arrêt a été rendu à une époque où, non-seulement la cour de cassation, uniquement composée de membres qui se

renouvelaient tous les cinq ans, ne pouvait avoir ni cette fixité de principes, ni cette marche uniforme, qui peuvent seules former une véritable et bonne jurisprudence; mais elle ne comptait personne, soit dans son sein, soit dans son parquet, qui eût la plus légère teinture de l'ancienne législation du Hainaut.

En second lieu, le motif même de cet arrêt décèle l'erreur qui l'a déterminé, et contre laquelle la cour de cassation n'avait aucun moyen de se prémunir : car dire, à propos d'un droit imposé par un ci-devant seigneur, comme condition de la concession d'une mine de charbon, que *La suppression des droits féodaux n'a dû profiter qu'aux propriétaires de la superficie*, c'était bien, en d'autres termes, supposer que les propriétaires de la surface n'avaient été exclus, jusqu'à la révolution, du droit d'exploiter les mines de charbon existant sous leurs terrains, que parce que les ci-devant seigneurs s'en étaient emparés à leur préjudice, et qu'ils l'avaient recouvré du moment que le régime féodal avait été aboli; et l'on conçoit sans peine, d'après cela, comment la cour de cassation a dû raisonner, en rejetant la requête de la société charbonnière de Sars-Longchamps.

Par l'abolition des justices seigneuriales (a-t-elle dû dire), les propriétaires de la surface ont dû reprendre dans le département de Jemmapes le libre exercice de la faculté que leur laissaient les premières lois romaines, d'exploiter ou de faire exploiter les substances minérales de leurs terrains. Eux seuls, par conséquent, ont pu dès-lors permettre cette exploitation. Cette exploitation n'a donc pu être continuée que de leur consentement exprès ou tacite. Il s'est donc formé dès-lors, entre le propriétaire foncier ci-devant seigneur et les concessionnaires avec qui il avait précédemment traité en cette dernière qualité, un contrat tacite, résultant de ce que, d'une part, les concessionnaires continuaient d'exploiter; et de ce que, de l'autre, il n'interrompait pas leur exploitation; et dès-lors il est tout simple que, par l'effet de ce contrat tacite, la redevance qui lui avait été promise comme seigneur, lui ait été continuée comme propriétaire.

Mais la cour de cassation aurait-elle raisonné de même, si elle eût su, si le tribunal civil du département de Sambre-et-Meuse, entièrement étranger à l'ancienne législation du Hainaut, eût pu lui apprendre et lui eût appris par son jugement, qu'indépendamment des dispositions des art. 1 et 2 du chap. 130 des chartes sur les mines de charbon, le souverain avait, en Hainaut comme en France, la grande-main sur les mines de toute nature, et que par conséquent l'état avait recouvré le plein exercice de son droit exclusif, même sur les mines de charbon, du moment que les justices seigneuriales avaient été supprimées ?

Non, évidemment non, elle ne l'aurait pas fait, elle n'aurait pas pu le faire.

Et elle l'aurait pu encore bien moins, si la question qu'elle avait à-juger se fût élevée dans le Hainaut français, où le réglement de 1744 était dans toute sa force, où, par suite, il était établi, non par de simples argumens, mais par un acte exprès du pouvoir suprême, que l'abolition des justices seigneuriales n'avait pas rendu aux propriétaires de la surface plus de droit sur les mines de charbon qu'ils n'en avaient avant les décrets du 4 août 1789; où, par une conséquence ultérieure, il n'y avait pas même de prétexte le moins apparent pour dire qu'il s'était formé sous le nouveau régime le moindre contrat tacite entre les ci-devant seigneurs-propriétaires fonciers et les concessionnaires avec qui ils avaient traité sous l'ancien.

Au surplus, ce qui écarte jusqu'à l'ombre de la difficulté la plus légère, c'est que la seconde fois que s'est présentée la question jugée par l'arrêt de la cour de cassation du 11 nivôse an 8, non-seulement cet arrêt, réduit à sa juste valeur par une discussion plus approfondie, et élaborée avec plus de connaissance de cause, n'a fait aucune espèce d'impression sur la cour d'appel qui l'a décidée solennellement contre le système des ci-devant seigneurs-propriétaires; mais le ci-devant seigneur, qui avait succombé devant cette cour, n'a pas lui-même attaché à cet arrêt assez de confiance pour faire statuer définitivement par la cour suprême sur les moyens de cassation auxquels il le faisait servir d'appui.

Cette seconde espèce (dont j'ai eu dans le temps, comme on le verra tout-à-l'heure, l'occasion de m'occuper personnellement) est ainsi rapportée dans le recueil intitulé : *Décisions notables du tribunal d'appel de Bruxelles, an 12*, pages 78 et suivantes :

« Philippe-Gabriel-Maurice d'Alsace, ci-devant prince de Chimay, était seigneur de la terre de Boussu, située en Hainaut. En cette qualité, il avait concédé à deux sociétés différentes, par actes du 9 décembre 1775 et du 4 juillet 1785, le droit d'*extrayer* les mines de charbon dans l'étendue de sa seigneurie, et notamment « dans un bois considérable dont il est propriétaire, et où l'on avait déjà établi autrefois une exploitation. »

(Et il faut ajouter ici une particularité qui a échappé à l'arrêtiste : c'est que le prince de Chimay avait compris dans ses deux concessions les machines établies et les travaux faits par les anciens entrepreneurs, qui lui en avaient fait le délaissement pour se libérer des redevances qu'il avait stipulées d'eux.)

« Une de ces sociétés s'était soumise à payer l'*entre-cens*, sur le pied du 40e panier; et l'autre du 25e. Les actes de concession renfermaient plusieurs autres conditions, dans lesquelles on a prétendu faire reconnaître des termes de féodalité : elles étaient faites à perpétuité.

» A l'époque de la publication des lois suppressives des droits de haute-justice et féodaux, les concessionnaires cessèrent d'acquitter l'*entre-cens*. Les choses restèrent pendant plusieurs années dans cet état. Mais l'exemple de plusieurs ci-devant seigneurs qui tentaient de ressusciter le droit d'entre-cens, « plus encore le droit particulier qui appartenait au ci-devant prince de Chimay, comme propriétaire, » entraîna ses agens. Les deux sociétés furent traduites au tribunal civil de l'arrondissement, pour être condamnées à payer les arrérages échus, et continuer le service de l'entre-cens à l'avenir.

» Les concessionnaires ne comparurent pas. Un premier jugement rendu par défaut, le 12 germinal an 10, adjugea à Philippe-Gabriel-Maurice d'Alsace les conclusions qu'il avait prises.

» Sur les oppositions formées par les sociétés, s'élevèrent divers incidens; enfin, le premier juge accueillit les prétentions du ci-devant seigneur de Boussu.

» Appel de la part des deux sociétés.

» Les griefs étaient que la concession avait été faite aux sociétés, par d'Alsace, en sa qualité de seigneur haut-justicier de Boussu;

» Qu'en Hainaut, le droit d'extraire les mines de charbon n'appartenait aux seigneurs qu'en vertu de la coutume (art. 1 et 2, chap. 130, des chartes générales);

» Que ce droit était donc purement féodal; que, s'il était féodal, il était supprimé;

» Que l'exercice de ce droit n'avait pu survivre à son abolition;

» Que la loi du 12-28 juillet 1791, rendue sur les mines et minières, était devenue la seule règle à suivre sur cette matière;

» Que, si elle avait maintenu les concessionnaires pendant cinquante ans, ce n'était qu'en considération de leurs dépenses et de leurs travaux;

» Qu'en tout cas, ils ne tenaient plus ce bénéfice que de la loi même, et non des ci-devant seigneurs, dont tous les droits étaient frappés de suppression, en tant qu'ils sont féodaux, et n'ont pas pour cause une concession de fonds;

» Que la découverte et l'appréhension de la mine n'ajoutaient rien au titre de l'intimé;

» Que, si la loi du 20 avril 1791 conservait aux ci-devant seigneurs hauts-justiciers la propriété des biens dont ils s'étaient mis en possession à titre de déshérence ou de bâtardise, avant la suppression des hautes-justices, il ne fallait pas en conclure que l'*entre-cens* devait être rangé sur la même ligne;

» Que, dans le premier cas, le haut-justicier acquérait à la fois le fonds, et les fruits que le fonds pouvait produire; qu'au second cas, il exerçait seulement un droit sur le fonds d'autrui, une sorte de servitude que lui accordait sa qualité de haut-justicier, et pour la jouissance de laquelle la coutume était son seul et unique titre; qu'ainsi, le droit résultant de l'appréhension d'une mine recélée dans les entrailles de la terre, où elle n'est rien que par le travail et l'extraction, est un être métaphysique, une abstraction. Les mines ne sont ni plantées ni cultivées de main d'homme; leur existence n'est due qu'à la nature. Si elles pouvaient appartenir exclusivement à quelqu'un, ce serait au propriétaire du sol où elles sont découvertes, comme tout ce qui se trouve au-dessus et au-dessous de son domaine, lui appartient;

» Qu'il est vrai que les seigneurs s'étaient arrogé le droit de faire ou de faire faire la récolte des mines dans l'étendue de leurs hautes-justices; mais que cette moisson a dû leur échapper, en même temps que la qualité en laquelle ils la faisaient;

» Qu'il importe peu que l'exploitation dont il » s'agit ait commencé dans le bois de Boussu, » propriété particulière de l'intimé, et qu'elle y soit » encore circonscrite. » La concession s'étendait sur toutes les terres de la seigneurie, à mesure que les veines y auraient conduit les travaux. « Ce n'est pas » comme propriétaire, mais comme seigneur haut-» justicier, qu'il a traité. Si donc il était dû une » indemnité à raison de la propriété de la surface, » ce serait par un autre principe qu'il faudrait la » régler : » la loi du mois de juillet 1791 a prévu le cas dans lequel les parties se trouvent.

» L'intimé convenait que le droit d'avoir en terre non extrayé, tel qu'il est exprimé à l'art. 1, chap. 130 des chartes générales de Hainaut, est un droit de haute-justice supprimé, en telle sorte que les seigneurs ne peuvent plus en user aujourd'hui; mais il soutenait que, par le seul fait de la découverte ou de l'appréhension de la mine concédée, il en avait acquis la propriété.

» Il fondait principalement son système sur la disposition de la loi du 20 avril 1791, qui maintient les hauts-justiciers dans le domaine des biens dont ils avaient pris possession à titre de déshérence ou bâtardise; et il assimilait ainsi le corps de veine donné en exploitation, à toute autre propriété acquise avant la suppression des hautes-justices.

» De là il tirait la conséquence que l'entre-cens stipulé n'était pas plus féodal que le fermage d'une prairie qui proviendrait d'une acquisition faite par le seigneur à titre de déshérence ou de bâtardise.

» Il y ajoutait que la loi du 12-28 juillet 1791 ne devait être d'aucune considération, parce qu'elle avait été rendue dans un temps où le Hainaut autrichien n'était pas réuni à la France; qu'il est probable que, si les droits des seigneurs de cette province eussent été connus du législateur, il n'aurait pas manqué de les traiter sous le point de vue particulier de leurs rapports avec les concessionnaires;

» Qu'en tout cas, les concessionnaires étant maintenus pour cinquante ans, les concédans étaient censés l'être pour le même temps, puisque le titre leur était commun; que les appelans sont non-recevables à refuser l'exécution du contrat passé entre les parties, tant qu'ils jouissent des effets de la convention;

» Que les lois postérieures ne leur ôtent rien, excepté qu'elles limitent la durée du temps;

» Que cette circonstance ne suffit pas pour les délier de leurs engagemens, et les soustraire à la prestation d'une redevance convenue et stipulée de bonne foi; que, tout au plus, elle pourrait donner lieu à une indemnité, si la limitation n'était pas l'effet de la loi.

» L'intimé motivait ensuite sa demande *sur sa qualité de propriétaire de la surface.*

» Il n'était pas désavoué au procès que l'exploitation fût restée dans la circonférence de la forêt de Boussu, dont d'Alsace est propriétaire. Ici, disait-il, il n'y a ni droit seigneurial, ni droit féodal. On doit me considérer comme tout particulier qui aurait contracté pour son domaine; et s'il est vrai que le droit d'extraire la mine a été ôté de la main des seigneurs, ce n'est pas au profit des concessionnaires, mais uniquement en faveur du propriétaire de la surface.

» Je suis propriétaire de la surface sous laquelle les adversaires ont leur exploitation : « ce qu'ils » refuseraient de me payer comme seigneur, ils » n'ont aucune raison de me le refuser à titre de » propriétaire. »

» Je conviens que la concession portait sur toute la seigneurie; mais il est aussi certain que la concession n'a pas encore eu d'effet hors de mon domaine particulier, et que par conséquent il n'y a pas, jusqu'à présent, de motif légitime d'impugner le contrat.

» Que si les événemens amenaient l'époque où le contrat ne pourrait plus recevoir d'exécution qu'en exploitant sur une propriété étrangère, c'est alors, mais alors seulement, que les appelans auraient des droits ou exceptions à faire valoir. Quant à présent, ils sont non-recevables et mal fondés. »

À ce moyen subsidiaire, le prince de Chimay en ajoutait un autre, dont l'arrêtiste ne rend pas compte, parce que l'arrêt ne s'en est pas occupé, mais qui est devenu ensuite d'une grande importance devant la cour de cassation. Il résultait de ce que les redevances que réclamait le prince de Chimay étaient le prix, non-seulement de la cession de son droit d'*avoir en terre non extrayé*, mais encore de l'abandon qu'il avait fait aux deux sociétés, ses concessionnaires, des machines et des travaux des anciens entrepreneurs; machines et travaux qui, bien certainement, avaient une valeur réelle et indépendante de toute idée de féodalité. Mais il ne prenait, à cet égard, aucunes conclusions précises.

Sur ces débats, arrêt du 14 fructidor an 11, ainsi conçu :

» De la discussion sont nées les questions suivantes :

» L'entre-cens a-t-il dû continuer à être servi dans les mains de l'intimé, depuis la publication faite en Hainaut des lois suppressives des droits de haute-justice et féodaux ?

» En tout cas, l'entre-cens est-il dû au même intimé, comme propriétaire de la surface du terrain dans lequel l'exploitation des appelans se trouve encore circonscrite ?

» Sur la première question :

» Considérant que la prestation réclamée par l'intimé est l'exercice et la représentation du droit d'*avoir en terre non extrayé*, attribué aux seigneurs hauts-justiciers par l'art. 1, chap. 130, des chartes générales de Hainaut ;

» Considérant que les droits de haute-justice étant abolis par les décrets du 4 août 1789, ne peuvent subsiter dans les effets qui n'en sont que la conséquence ;

» Considérant que l'art. 8 (du tit. 1ᵉʳ) de la loi du 20 avril 1791 ne s'applique qu'aux choses dont la propriété s'acquérait par un seul acte qui les mettait dans le domaine absolu des seigneurs, et non dans le droit actif et continuel de récolter dans le fonds d'autrui, comme était celui d'*avoir en terre non extrayé*, ou autrement celui de disposer des productions qui se trouvaient dans les fonds dont ils n'avaient pas le domaine, tandis qu'à titre de déshérence ou de bâtardise, ils devenaient propriétaires du fonds et des fruits dont il était susceptible ;

» Que le droit d'*avoir en terre non extrayé*, c'est-à-dire, d'exploiter ou de faire exploiter les mines qui étaient recélées dans le sein de la terre, lorsqu'elles se découvraient, a expiré avec le titre de haute-justice qui le conférait ;

» Que la découverte d'une ou de plusieurs mines dépendantes de la terre dans laquelle elles se trouvaient, n'ajoute rien au droit du seigneur, lequel droit consistant en l'*avoir en terre non extrayé*, ne peut s'étendre au-delà de ce qui est extrait, puisque ce qui n'est pas extrait, rentre dans le titre haut-justicier, et que ce titre est aboli ;

» Qu'il est si vrai que le droit d'*avoir en terre non extrayé*, ou de jouir des mines trouvées en terre, était, non une propriété individuelle, mais un attribut de la haute-justice, qu'il suivait la haute-justice dans les mains du successeur à la seigneurie à laquelle il était attaché, à l'exclusion de l'époux non seigneur, qui n'y prenait aucune part comme acquêt ;

» Considérant que, par la suppression des justices seigneuriales, les mines et minières sont rentrées dans le domaine de la loi du 12-28 juillet 1791, et ne sont plus assujéties à d'autres règles que celles que prescrit cette loi ;

» Considérant que la loi du 12-28 juillet 1791 ayant été appliquée aux départemens réunis, doit y être observée comme dans le surplus des départemens de France ; et que c'est une erreur de prétendre que les chartes générales de Hainaut ont été

inconnues du législateur, puisqu'elles exercent leur empire dans le Hainaut français, où il y avait, en 1791, des exploitations considérables de mines de charbon de terre.

» Sur la deuxième question :

» Considérant que, par les actes des 9 octobre 1775 et 4 juillet 1785, l'intimé a concédé, en qualité de seigneur, aux appelans, le droit d'exploiter les mines dans l'étendue de la seigneurie de Boussu ;

» Que ce qu'il a voulu comme seigneur, il n'a pas pu ne *pas le vouloir comme propriétaire de la surface*(1); que c'est donc de son consentement que la mine dont il s'agit, est exploitée dans sa propriété ; ce qui résulte encore de son silence depuis la publication de la loi du 12-28 juillet 1791, et de sa réclamation actuelle ; qu'ainsi les appelans se trouvent dans l'exception de l'art. 6 de ladite loi ;

» Qu'il est vrai que l'intimé, comme propriétaire de la surface, est fondé à exiger un dédommagement (2); « mais que l'indemnité qui lui est due ne » peut plus être celle qui est réglée par le titre de » concession, puisque la matière de ces actes est » changée, et que la loi du 12-28 juillet 1791 a » établi un nouveau régime des mines et minières, » incompatible avec les stipulations énoncées aux » anciens actes : »

» Par ces motifs, le tribunal, réformant, déclare l'intimé non-recevable et non fondé dans sa demande, en tant qu'elle a pour objet la continuation de l'*entre-cens* stipulé dans les concessions, depuis la publication des lois suppressives des droits de haute-justice et seigneuriaux ;

» Réserve à l'intimé ses droits en indemnité à faire valoir autrement dûment, s'il s'y croit fondé, les défenses au contraire aussi réservées. »

Rien de plus formel, comme l'on voit, rien de plus positif que cet arrêt, émané d'un tribunal qui sait parfaitement que, d'après l'esprit de l'ancienne législation du Hainaut, les propriétaires de la surface étaient (indépendamment du droit exclusif que les

_____

(1) Ceci ne veut pas dire : soit qu'il eût cédé son droit d'*avoir en terre non extrayé*, comme propriétaire, puisque, comme propriétaire, ce droit lui était étranger ; soit qu'il se fût réservé le droit d'*entre-cens* comme propriétaire, puisqu'il n'avait pu le stipuler que comme haut-justicier. La cour d'appel entend seulement qu'il a consenti, comme propriétaire, à la concession qu'il faisait comme seigneur, et que par-là il ne peut pas user, contre les concessionnaires, du droit de préférence et d'éviction que l'art. 6 de la loi du 12-28 juillet 1791 réservait, comme on l'a vu plus haut, au propriétaire qui avait découvert une mine dont un concessionnaire de l'autorité publique était venu ensuite s'emparer malgré lui.

(2) Effectivement, la loi du 12-28 juillet 1791 lui en attribue un ; et il consiste, comme on l'a déjà vu, dans le double de la valeur de la surface prise ou occupée pour l'exploitation de la mine.

seigneurs hauts-justiciers exerçaient, par exception, sur les mines de charbon de terre) assujétis à la règle générale qui rangeait ce droit parmi les attributs de la souveraineté, et que, par conséquent, ils n'avaient pas récupéré ce droit par l'effet de la suppression des justices seigneuriales. Cet arrêt n'a garde, ni d'adopter l'idée que l'extinction de ce droit dans les mains des ci-devant seigneurs, *n'a dû profiter qu'aux propriétaires de la surface*, ni d'en conclure que le propriétaire de la surface qui avait joui de ce droit comme seigneur, conserve, comme simple propriétaire, l'*entre-cens* qui en formait le prix; il juge nettement que le ci-devant seigneur, en stipulant l'*entre-cens* comme tel, ne l'a pas stipulé comme simple propriétaire, et qu'il ne peut pas l'exiger en cette dernière qualité, quoiqu'il la cumulât avec l'autre à l'époque de la stipulation; en un mot, il détruit, il renverse de fond en comble le faux principe qui sert de base au système des ci-devant seigneurs-propriétaires.

Il est vrai que le prince de Chimay a pris, contre cet arrêt, la voie du recours en cassation, et que sa requête a été admise; mais quel a été le motif de l'arrêt d'admission? Pour s'en former une idée approximative, il faut se reporter aux moyens que le demandeur faisait valoir contre l'arrêt de la cour d'appel de Bruxelles.

Il soutenait, pour premier moyen, que cet arrêt avait, par une fausse application des lois relatives aux droits de justice seigneuriale, violé celles qui maintiennent les rentes purement foncières; et il cherchait à le prouver, en répétant tout ce qu'il avait dit à Bruxelles, pour établir, 1° que les mines de charbon une fois découvertes et mises en exploitation, étaient devenues, pour les ci-devant seigneurs, des propriétés foncières et incommutables, et que dès-lors on ne pouvait considérer que comme foncières les redevances qui avaient été le prix de ces propriétés; 2° qu'il pouvait, au besoin, réclamer, comme propriétaire de la surface, ce qu'il avait stipulé comme seigneur, et que c'était chose jugée par l'arrêt du 11 nivôse an 8.

Pour second moyen, il rappelait la circonstance que, dans les concessions qu'il avait faites en 1775 et 1785, s'étaient trouvés compris des travaux et des machines qui n'étaient pour lui que des propriétés privées et absolument indépendantes du régime féodal; et il concluait de là qu'au moins la cour d'appel eût dû lui conserver une quotité quelconque de ses droits d'entre-cens, puisqu'ils ne présentaient pas moins ces machines et ces travaux, que le droit d'extraire du charbon.

L'affaire portée à l'audience de la section des requêtes, le 12 messidor an 12, j'y ai donné des conclusions ainsi conçues :

« Il se présente ici trois questions distinctes :

« 1° Le droit d'*entre-cens* était-il seigneurial en Hainaut, et les lois relatives à la féodalité en ont-elles, en thèse générale, prononcé l'abolition?

» 2° Dans l'espèce particulière de la cause, ce droit a-t-il survécu à la suppression du régime féodal?

» 3° S'il n'y a pas survécu en totalité, n'y a-t-il pas du moins survécu en partie?

» La première question n'en est plus une aujourd'hui : vous l'avez décidée affirmativement le 20 prairial an 10, en admettant, à la presque unanimité, la requête des sieurs Deschuytener, Morlet et autres, en cassation d'un arrêt de la cour d'appel de Bruxelles qui l'avait jugée dans un sens opposé, en faveur du sieur Decarondelet; et, depuis, en cassant ce même arrêt, le 16 ventôse an 12, au rapport de M. Ruperou, la section civile a consacré invariablement cette opinion.

» La seconde question consiste à savoir si le droit d'*entre-cens* est aboli au préjudice des ci-devant seigneurs du Hainaut qui étaient, au moment où ils l'ont stipulé, et qui sont encore aujourd'hui propriétaires de la surface des fonds dans lesquels ils ont concédé, avant 1789, l'exercice de leur droit exclusif de rechercher, d'ouvrir et d'exploiter les mines de charbon.

» Il existe, pour la négative, un arrêt de la cour du 11 nivôse an 10, rendu contre la *société charbonnière de Sars-Longchamps;* mais cet arrêt n'a fait que rejeter une demande en cassation, et conséquemment il n'est pas d'un aussi grand poids que s'il avait cassé un jugement qui eût décidé le contraire : il ne peut donc pas empêcher que la question ne soit discutée de nouveau, et avec la même liberté que si elle était encore entière.

» En quelle qualité les auteurs de Philippe d'Alsace ont-ils concédé aux sociétés du Nord et du Midi du bois de Boussu, l'exploitation des mines de charbon existantes dans leurs terrains? Est-ce comme propriétaires fonciers? Non, car s'ils n'avaient été que propriétaires fonciers, ils n'auraient pas pu leur faire une pareille concession. C'est donc comme seigneurs, et même comme seigneurs hauts-justiciers; et non-seulement les contrats de 1775 et de 1785 énoncent que c'est comme tels qu'ils y ont stipulé; mais cela résulte encore bien mieux de deux clauses du second de ces actes : l'une, consignée dans le préambule et dans l'art 1er, qui donne à la société du Midi la faculté d'exploiter toutes les veines de charbon existantes dans toute *l'étendue de la seigneurie* de Boussu, sous la seule réserve de celles qui ont été concédées en 1775 à la société du Nord; l'autre, consignée dans l'art. 10 qui oblige les membres de la société du Midi « d'indemniser à » leurs dépens, TOUS AUTRES PROPRIÉTAIRES dont ils » auront besoin de se servir des terrains pour leur » exploitation. »

» Cela posé, Philippe d'Alsace peut-il aujourd'hui réclamer, comme propriétaire foncier, un droit qu'il n'a stipulé, qu'il n'a pu stipuler que comme seigneur? proposer une pareille question, c'est évidemment la résoudre pour la négative. Dépouillé de la qualité en vertu de laquelle il a acquis ce droit, il ne pourrait le conserver qu'autant que ce droit serait devenu sa propriété foncière. Or, il est très-constant que le droit d'*entre-cens* n'a jamais formé une propriété foncière dans la main de Philippe d'Alsace, et qu'il n'a jamais existé dans sa main qu'avec le caractère de contribution stipulée pour prix de l'exercice de la faculté exclusive qu'avait Philippe d'Alsace, comme seigneur haut-justicier, d'ouvrir et d'exploiter les mines de charbon de sa seigneurie.

» Que peut, d'après cela, signifier l'assertion écrite dans l'arrêt de Sars-Longchamps, du 11 nivôse an 8, « que la suppression des droits féodaux, » prononcée par les lois de la république, ne peut profiter qu'aux propriétaires de la superficie des terres?

» Elle est vraie, sans doute, pour les droits féodaux qui étaient purement fonciers, ou, en d'autres termes, qui étaient exigés des propriétaires des fonds, soit par pure puissance féodale, soit à raison de la concession primitive des fonds mêmes, prouvée par titre ou présumée par la loi.

» Mais elle est fausse pour les droits féodaux qui avaient pour cause la permission accordée par un seigneur à des particuliers, d'exercer leur industrie ou de faire certaines choses dans des fonds qui ne leur appartenaient pas.

» Prenons pour exemple le droit de *blairie* qui, dans les ci-devant provinces de Nivernais et de Bourbonnais, se payait au seigneur haut-justicier par ceux qui, dans l'étendue de sa justice, menaient leurs bestiaux en vaine pâture dans les terres dépouillées et non closes. Assurément l'abolition de ce droit ne profite pas seulement aux propriétaires des fonds soumis à l'exercice de la vaine pâture ; elle profite à tous les habitans sans distinction, même à ceux qui n'ont aucun fonds en propriété. Et si un ci-devant seigneur haut-justicier voulait aujourd'hui exiger ce droit des particuliers qui mènent leurs bestiaux en vaine pâture sur ses terres, sa prétention serait certainement rejetée dans tous les tribunaux.

» Eh bien! il en est de même du droit d'*entre-cens* dans le ci-devant Hainaut ; car ce droit n'était pas plus foncier que celui de blairie. Les sociétés charbonnières ne le payaient pas à raison de la propriété des mines de charbon, puisque ces mines ne leur appartenaient pas : elles ne le payaient qu'à raison de la faculté que le seigneur leur accordait d'extraire du charbon des terres d'autrui ; et cette faculté, que les chartes générales appelaient *droit de charbonnage*, n'était pas pour eux une propriété foncière : il est vrai que les chartes générales la réputaient *héritage* ; mais elle ne l'était que de nom, elle ne formait qu'un immeuble fictif, et les chartes elles-mêmes l'avaient rayée bien clairement de la liste des immeubles réels, en la soumettant, par l'art. 13 du chap. 122, à des règles dont la conséquence nécessaire est, comme nous l'avons démontré à votre audience du 20 prairial an 10, que le droit de charbonnage n'était ni fief, ni mainferme ou censive, ni franc-alleu.

» La suppression du droit d'entre-cens ne peut donc profiter aux propriétaires des fonds que de la même manière que leur profite la suppression du droit de blairie ;

» C'est-à-dire que, si le propriétaire d'un terrain dans lequel il existe une mine de charbon en a entrepris l'exploitation avant 1789, et s'est pour cela obligé de payer au seigneur haut-justicier un droit d'entre-cens, il peut aujourd'hui continuer cette exploitation, sans rien payer au ci-devant seigneur;

» C'est-à-dire encore que, s'il n'a pas commencé cette exploitation avant 1789, il peut l'entreprendre aujourd'hui sans le consentement du ci-devant seigneur, conséquemment sans s'obliger à rien envers lui, et avec la seule autorisation du gouvernement.

» Mais assurément on ne conclura point de là qu'un propriétaire, dans le fonds duquel un seigneur a ci-devant donné la permission d'ouvrir et d'exploiter une mine, peut aujourd'hui exiger, à la place du seigneur, le droit d'entre-cens que celui-ci s'était réservé en accordant cette permission.

» Comment donc voudrait-on en conclure que le seigneur qui a ci-devant permis, moyennant un droit d'entre-cens, l'ouverture d'une mine existante dans son propre fonds, doit aujourd'hui conserver ce même droit? Dans un cas comme dans l'autre, le droit d'entre-cens dérive, non de la propriété foncière, mais de la seigneurie ; il ne peut donc pas plus subsister dans le second que dans le premier ; il ne peut donc pas plus être réclamé par le seigneur qui était propriétaire à l'époque de l'ouverture de la mine, qu'il ne peut l'être par le propriétaire qui, à la même époque, n'était pas seigneur.

» Il est de principe qu'il ne peut pas y avoir de contrat sans cause juste et licite, et que tout contrat cesse d'être obligatoire quand la cause sans laquelle il n'aurait pas pu exister dans l'origine, vient à cesser. Or, dans notre espèce, quelle a été la cause du contrat par lequel les sociétés charbonnières du Nord et du Midi de Boussu se sont obligées à un droit d'entre-cens envers le seigneur du lieu? Ce n'est point la qualité de propriétaire foncier de ce seigneur, puisqu'encore une fois ce seigneur n'aurait pas pu, en cette qualité, permettre l'ouverture et l'exploitation d'une mine. Ce contrat n'a donc pas eu d'autre cause que le droit exclusif qui était attaché à la seigneurie de Boussu, de rechercher et d'extraire tout le charbon de son territoire. Or, cette cause a cessé par l'abolition du régime féodal ; le contrat qui n'aurait pas pu se former sans elle est donc résolu ; le droit d'entre-cens n'est donc plus exigible de la part du ci-devant seigneur.

» Et inutilement le ci-devant seigneur vient-il dire que, s'il n'avait pas concédé avant 1789 l'exercice de son droit exclusif à l'exploitation des mines de charbon que ses propres terres recélaient dans leur sein, il pourrait aujourd'hui, avec la permission du gouvernement, les exploiter par lui-même et à son profit individuel ; qu'il s'est privé de cet avantage par les concessions qu'il a faites en 1775 à la société du Nord, et en 1785 à la société du Midi; qu'il est donc juste que le prix de ces concessions lui soit aujourd'hui payé.

» C'est comme si un ci-devant seigneur qui, avant 1789, a concédé un immeuble moyennant un cens et une rente foncière, disait aujourd'hui à son concessionnaire : Sans la concession que je vous ai faite, je jouirais encore de mon bien; vous devez donc me continuer le paiement du cens et de la rente qui en forment le prix.

» C'est comme si un ci-devant seigneur qui, avant 1789, a permis, moyennant une redevance annuelle, l'érection d'un moulin sur une rivière non navigable, venait dire aujourd'hui au propriétaire de ce moulin : J'aurais pu, au lieu de vous permettre de bâtir votre usine, en bâtir une pour mon propre compte; si je l'avais fait, cette usine m'appartiendrait encore; vous devez donc encore me payer la redevance qui a été le prix de ma permission.

» Assurément, ni l'un ni l'autre de ces ex-seigneurs ne serait écouté; et il n'y a nulle raison pour que Philippe d'Alsace le soit davantage. Ce n'est point par des suppositions que doivent se décider les contestations entre les ci-devant seigneurs et leurs concessionnaires; elles ne peuvent être décidées que d'après l'état présent des choses. Or, dans l'état présent des choses, que voyons-nous ici? Une concession faite par droit de seigneurie, moyennant une redevance seigneuriale. La concession subsiste sans doute, mais la redevance seigneuriale est supprimée; ainsi l'a voulu la loi. Et il n'importe que le droit concédé s'exerce sur la propriété du ci-devant seigneur concédant. Tout ce qui peut résulter de cette circonstance, c'est que le ci-devant seigneur doit être traité aujourd'hui comme l'eût été, à l'époque de la concession, un propriétaire dans les fonds duquel le seigneur d'alors eût permis de rechercher, d'ouvrir et d'exploiter une mine de charbon de terre; c'est par conséquent que le ci-devant seigneur doit être indemnisé du tort que fait cette exploitation à sa propriété. Mais cette indemnité peut-elle équivaloir au droit d'entre-cens? Il s'en faut de beaucoup. Elle ne peut consister, suivant l'art. 22 de la loi du 12-28 juillet 1791, que dans la « double valeur de la sur- » face du sol qui est l'objet des dégâts et non-jouis- » sances occasionnés par l'exploitation des mines. »

» Ainsi, le droit d'entre-cens réclamé par Philippe d'Alsace ne peut pas plus être maintenu à raison de sa qualité de propriétaire des fonds dans lesquels existent les mines dont il s'agit, qu'il ne peut l'être en thèse générale; et par-là se trouvent résolues contre le demandeur les deux questions agitées dans un mémoire.

» Mais ces deux questions ne sont pas les seules que nous ayons à examiner. Il en est une troisième que le demandeur a élevée à l'audience: elle dérive d'un fait prouvé par les actes de 1775 et de 1785, et consigné en toutes lettres, tant dans le jugement de première instance du 22 floréal an 10, que dans l'arrêt de la cour d'appel du 14 fructidor an 11;

» Savoir, que, lors des concessions faites aux deux sociétés, « le charbonnage de Boussu était non- » seulement découvert, mais percé de galeries, tra- » vaux et autres ouvrages appartenant à Philippe » d'Alsace, qui a cédé aux nouveaux adjudica- » taires, qui en ont profité et en profitent encore » sur le pied de ladite concession. »

» Les premiers juges ont conclu de ce fait, que le droit d'entre-cens réclamé par Philippe d'Alsace devait être maintenu en entier; et ils se sont évidemment trompés. Mais la cour d'appel ne s'est-elle pas trompée à son tour, en jugeant que, nonobstant ce même fait, Philippe d'Alsace devait perdre l'intégralité de son droit d'entre-cens? et n'eût-elle pas dû, par ce seul motif, adopter les conclusions subsidiaires des charbonniers, qui tendaient à la « ré- » duction proportionnelle du droit d'entre-cens, » stipulé par les contrats de concessions ?

» Sans doute, la cour d'appel n'aurait pas dû ordonner cette réduction proportionnelle, si le droit d'entre-cens réclamé par Philippe d'Alsace eût été, dans son origine, une redevance censuelle; c'est-à-dire, si, dans son origine, il eût été le prix d'un acensement proprement dit; si, dans son origine, il eût été récognitif d'un domaine direct retenu par le seigneur à qui il était dû; si, dans son origine, il eût imprimé aux particuliers qui en étaient redevables la qualité d'hommes, de censitaires du seigneur à qui ils le payaient.

» Mais tel n'était point le caractère primitif du droit d'entre-cens. Ce droit était sans contredit seigneurial; mais en quel sens l'était-il? En ce sens seulement qu'il était le prix de l'exercice accordé par le seigneur aux sociétés charbonnières, de son droit exclusif d'ouvrir et d'exploiter des mines de charbon. Il était seigneurial comme tous les droits qui se payaient aux seigneurs hauts-justiciers pour la permission qu'ils accordaient de faire des choses réservées à leur haute-justice. Il était seigneurial comme l'était le droit de blairie dont nous parlions tout à l'heure, comme l'était le droit d'étalage dans les marchés.

» Le droit d'entre-cens dont il est ici question n'est donc supprimé qu'en tant qu'il formait le prix de la concession que Philippe d'Alsace avait faite en 1775 et 1785 de l'exercice de son droit exclusif de fouille.

» Mais le droit exclusif de fouille n'était pas le seul objet que comprît cette concession : elle comprenait en outre des corps d'ouvrages, des établissemens faits pour l'exploitation des mines.

» Or, ces corps d'ouvrages, ces établissemens, ne sont-ils pas entrés pour quelque chose dans la fixation de la redevance réclamée aujourd'hui par Philippe d'Alsace? Et dès-là cette redevance n'a-t-elle pas dû, au lieu d'être déclarée purement et simplement abolie, être réduite au taux de la valeur de ces divers objets comparée avec celle du droit exclusif de fouille ?

» C'est par la loi du 13-20 avril 1791 que le droit exclusif de fouille a été supprimé, ou, ce qui est la même chose, compris dans la suppression indéfinie de *tous les droits ci-devant dépendans de la justice seigneuriale.* Or, l'art. 35 de cette loi déclare commune à toutes ses dispositions celle de l'art 38 du tit. 2 de la loi du 15-28 mars 1790; et vous savez qu'aux termes de ce dernier article, « les preneurs à » rente d'aucuns droits abolis.... peuvent deman- » der.... une réduction proportionnelle des rede- » vances dont ils sont chargés, lorsque les baux con- » tiennent, outre les droits abolis, des bâtimens, » immeubles, ou autres droits dont la propriété est » conservée.. »

» Comment, d'après cela, la cour d'appel de Bruxelles a-t-elle pu se dispenser d'ordonner la réduction proportionnelle du droit d'entre-cens que réclamait Philippe d'Alsace ?

» Nous savons bien que Philippe d'Alsace n'avait pas conclu à cette réduction. Mais s'il ne l'avait pas fait en termes exprès, il l'avait certainement fait d'une manière implicite; car demander son droit d'entre-cens fût maintenu en entier, c'était bien demander qu'il fût maintenu en partie: qui demande le plus demande nécessairement le moins; et il y a long-temps que l'on ne connaît plus ce principe de l'ancien droit romain, par lequel le demandeur qui étendait trop loin ses conclusions, était déchu même de ce qui lui était dû légitimement.

» Ainsi, autant la cour d'appel de Bruxelles a bien jugé en déclarant aboli le droit d'entre-cens considéré comme formant le prix de la concession du privilége exclusif de fouille, même dans les propriétés de Philippe d'Alsace, autant elle a mal jugé, en décidant, contre le texte précis de la loi du 13-20 avril 1791, que ce droit était également aboli, considéré comme formant le prix du corps d'ouvrages et des établissemens cédés par le ci-devant seigneur de Boussu aux deux sociétés charbonnières. Et par ces motifs, nous estimons qu'il y a lieu d'admettre la requête du demandeur. »

Par arrêt du même jour, au rapport de M. Target, la requête a été en effet admise.

L'admission en a-t-elle été déterminée par le seul motif d'après lequel j'y avais conclu? C'est ce que la forme du prononcé de l'arrêt ne permet pas de pénétrer ; mais ce qui porte à croire que le prince de Chimay lui-même fut informé dans les temps que la section des requêtes avait entièrement partagé l'avis du ministère public, c'est que, regardant le point sur lequel le ministère public avait conclu en sa faveur comme un objet excessivement mince, il n'a donné aucune suite à sa demande en cassation, et qu'en conséquence l'arrêt qu'il avait d'abord attaqué a fini par recevoir paisiblement sa pleine exécution.

Tout se réunit donc, lois, principes, exemples,

pour réfuter la prétention des ci-devant seigneurs-propriétaires.

§. V. *Les baux à rente que des concessionnaires immédiats de mines avaient faits de leurs concessions, sous le régime des anciennes lois, ont-ils survécu aux lois nouvelles ; et les redevances qu'ils stipulaient au profit des bailleurs, sont-elles encore dues à ceux-ci par les détenteurs actuels des mines concédées ?*

I. L'affirmative paraît incontestable par rapport aux baux à rente faits par des concessionnaires du gouvernement.

Que faut-il en effet pour que ces baux à rente soient encore obligatoires? Une seule chose, savoir, que la matière de ces contrats ne soit pas détruite. Or, elle ne l'est pas, elle existe encore, puisque les concessions arrentées par ceux qui les avaient obtenues, ont été maintenues expressément par la loi du 12-28 juillet 1791, non-seulement en faveur des *concessionnaires*, mais aussi en faveur de *leurs cessionnaires*, et que ceux-ci sont devenus, par la loi du 21 avril 1810, propriétaires incommutables des mines qui en étaient l'objet.

La seule difficulté pourrait être de savoir si, dans le cas où les concessions arrentées auraient été primitivement accordées par le gouvernement que pour un temps limité, les baux à rente qu'en ont faits les concessionnaires immédiats, devraient être exécutés à leur profit au-delà de ce temps.

Et je crois qu'à cet égard il y a une distinction à faire. Ou les baux à rente contiennent la clause expresse qu'en cas de prorogation des concessions, ils demeureront eux-mêmes prorogés de plein droit, ou ils ne disent rien de semblable.

Au premier cas, nul doute que les preneurs à rente ne doivent continuer indéfiniment à leurs bailleurs les redevances stipulées par les actes qui les ont mis aux droits de ceux-ci.

Mais, au second, les bailleurs n'auront plus rien à exiger, du moment que sera arrivée l'époque où les concessions arrentées auraient pris fin, si la loi du 31 avril 1810 n'était venue les rendre perpétuelles.

Inutilement diraient-ils que c'est à la cession qu'ils ont faite aux preneurs de leurs concessions, que ceux-ci sont occasionnellement redevables de la faveur que leur a accordée la loi du 12 avril 1810. Je prouverai dans le numéro suivant que cette considération n'est à cet égard d'aucun poids.

II. En est-il des baux à rente faits par des concessionnaires immédiats de seigneurs hauts justiciers, comme de ceux qui ont été faits par des concessionnaires immédiats du gouvernement ?

On aperçoit tout de suite la différence qu'il y a entre les premiers et les seconds.

La matière des seconds existe encore, et voilà pourquoi ils doivent continuer de recevoir leur exécution.

Mais la matière des premiers est détruite, et dèslors comment pourraient-ils encore être obligatoires?

Je dis que la matière des premiers est détruite; et en effet, il est aujourd'hui universellement reconnu que le droit exclusif de recherche, de fouille et d'extraction des mines de charbon de terre, qui était ci-devant attribué aux seigneurs hauts-justiciers, soit par les chartes générales du Hainaut, soit par les coutumes d'Anjou et du Maine, a été aboli par les lois qui ont supprimé les justices seigneuriales.

Assurément on ne peut pas douter, d'après cela, que si le concessionnaire primitif de ce droit l'exploitait encore lui-même, il ne fût affranchi, envers le ci-devant seigneur qui le lui avait arrenté, de la redevance stipulée par le bail à rente passé entre eux.

Peut-on douter davantage que s'il ne l'exploite plus, s'il l'a sous-arrenté avant la révolution, son propre arrentataire ne soit déchargé envers lui de la redevance pour prix de laquelle il a transféré à celui-ci la permission qu'il avait lui-même obtenue de son bailleur immédiat, c'est-à-dire du seigneur haut-justicier?

J'avoue qu'il ne se présente à mon esprit aucune raison de distinguer à cet égard le sous-bailleur d'avec le bailleur immédiat.

Cependant la question s'étant présentée en 1815 à la cour supérieure de justice de Bruxelles, elle y a été jugée dans un sens diamétralement opposé.

Le sieur Richebé avait acquis des chanoinesses de Sainte-Waudru le droit d'exploiter les mines de charbon qui se trouvaient dans une étendue déterminée de leur seigneurie et haute-justice de Quaregnon, et il l'avait acquis par des baux en apparence temporaires, mais qui avaient été jugés perpétuels par un arrêt du conseil souverain de Mons, du 22 juillet 1782.

Le 10 novembre 1783, il a transféré une partie du *droit de charbonnage* dans lequel cet arrêt l'avait maintenu, aux sieurs Sterlin et Barbieux, qui, de leur côté, se sont obligés de « lui payer, ou à ses ayans-cause, le trentième de tous les charbons qui s'extrairaient sur toute l'étendue dudit charbonnage, tant et si long-temps qu'il subsisterait. »

Depuis, les sieurs Sterlin et Barbieux ont cédé leurs droits sur ce *charbonnage* à une compagnie qui a pris le nom de société du *Rieu-du-Cœur;* et quelque temps après la publication des lois des 5 août 1789, 20 avril et 12-28 juillet 1791, dans le Hainaut ci-devant autrichien, cette société s'est refusée à la continuation de la redevance stipulée dans l'acte du 10 novembre 1783.

La veuve et les enfans du sieur Richebé ont fait assigner les sociétaires devant le tribunal de première instance de Mons, qui a jugé que la redevance était encore due.

Appel, et le 20 juin 1815, arrêt confirmatif.

La société a formé contre cet arrêt un recours en cassation qui, d'après une nouvelle loi du pays, devait être portée devant deux chambres de la même cour. Mais une transaction a assoupi l'affaire.

La question s'est représentée deux ans après, dans une espèce à peu près semblable, et a encore été jugée de même par un arrêt de la même cour, du 16 juillet 1817.

Cet arrêt a été attaqué par la même voie que le premier. J'ignore s'il l'a été avec succès; mais fermement convaincu qu'il a dû être cassé, je vais développer les motifs de mon opinion.

Les seigneurs hauts-justiciers du Hainaut exerçaient rarement par eux-mêmes leur droit exclusif de recherche, de fouille et d'extraction : le plus souvent ils le concédaient à des entrepreneurs particuliers, moyennant une prestation qui était connue sous le nom d'*entre-cens*; et ici se placent deux observations sur lesquelles, à raison de leur importance, je reviendrai ci-après.

1º Cette prestation n'était de sa nature ni *féodale* ni *censuelle*; elle était purement foncière, parce qu'elle était le prix, non d'une *inféodation*, non d'un *acensement*, mais d'un simple *bail à rente*: elle ne pouvait devenir féodale ou censuelle que par une clause particulière qui convertit le *bail à rente* en *acensement* ou *inféodation*.

2º Le concessionnaire qui, moyennant cette prestation, acquérait du seigneur haut-justicier le droit exclusif de recherche, de fouille et d'extraction, ne devenait pas pour cela propriétaire de la mine qu'il s'agissait de rechercher, de fouiller et d'extraire; prenant, par rapport à la mine, la place de son cédant, il ne pouvait pas être, par rapport à la mine, d'une autre condition que lui. La mine n'appartenait pas au cédant; elle ne pouvait donc pas appartenir au concessionnaire : *Nemo plus juris in alium transferre potest quàm ipse habet.*

Le concessionnaire n'acquérait donc du seigneur haut-justicier que le droit appartenant à celui-ci; de devenir propriétaire des substances dont se composait la mine, en exploitant la mine elle-même.

Sans doute, ce droit lui-même, comme le dit l'arrêt du 16 juillet 1817, formait, pour le seigneur, une *propriété privée*, en ce sens qu'il pouvait l'aliéner, l'inféoder, l'arrenter, en un mot, s'en jouer comme d'un champ, d'un pré, d'un bois.

Mais c'était en même temps une *propriété publique*, en ce sens qu'il ne la tenait que comme un attribut de sa haute-justice; qu'elle n'avait dans ses mains d'autre caractère que celui de *gages* ou *émo-*

lumens de la fonction publique dont il était revêtu(1.); et par conséquent, lorsqu'il en disposait par vente ou arrentement, son acquéreur ou arrentataire ne pouvant succéder qu'à son propre droit, la possédait et ne pouvait la posséder que comme il l'avait possédée lui-même, c'est-à-dire, comme un salaire attaché par le souverain à sa qualité de haut-justicier, comme indemnité des charges auxquelles cette qualité l'assujétissait.

Or, tous les droits qui, sous l'empire des chartes de Hainaut, formaient les salaires de la haute-justice, sont abolis par les décrets du 4 août 1789 ; et l'art. 35 du tit. 1ᵉʳ de la loi du 13-20 avril 1791, en se référant à l'art. 38 du tit. 2 de celle du 15-28 mars 1790, dit positivement que, dans cette abolition, sont compris ceux de ces droits qui avaient fait la matière de baux à rente, et par conséquent n'étaient plus dans les mains des seigneurs ; c'est même sur ce fondement que le même article déclare les arrentataires de ces mêmes droits, pleinement déchargés des rentes qu'ils s'étaient précédemment obligés de payer à leurs bailleurs.

Mais dès-lors comment le porteur de la permission d'un seigneur haut-justicier, d'ouvrir et d'exploiter une mine de charbon de terre, pourrait-il avoir contre son arrière-cessionnaire plus de droit que son propre auteur n'en a contre lui-même ?

Si le concessionnaire immédiat du seigneur n'avait pas sous-aliéné le droit résultant de la concession, que serait devenu ce droit dans ses mains? Il aurait été frappé de l'abolition écrite en toutes lettres dans l'art. 35 du tit. 1ᵉʳ de la loi du 13-20 avril 1791.

Et l'on voudrait qu'il eût survécu à cette abolition, dans les mains de l'arrière-cessionnaire! Comment cela se pourrait-il ? Le droit d'exploiter un charbonnage ne pouvait être, dans les mains de l'arrière-cessionnaire, que ce qu'il avait été dans les mains du cessionnaire immédiat, que ce qu'il avait été dans les mains du seigneur haut-justicier, premier cédant, que l'exercice d'un droit de haute-justice, qu'un salaire, un émolument de la fonction de haute-justice. Il aurait par conséquent péri, dans les mains de l'arrière-cessionnaire, comme il eût péri dans les mains du cessionnaire immédiat, s'il y fût resté jusqu'à la

(1) Telle est précisément l'idée que Stockmans, conseiller au conseil souverain de Brabant, nous donne des droits de haute-justice. *Itaque* (dit-il, décis. 90) *nihil aliud est toparchia* (seigneurie) *quàm potestas et jurisdictio instar feudi concessa , complectens merum et mixtum imperium ac infimam jurisdictionem. Et dominus pagi, quem vocamus, nihil aliud est quàm* PRÆTOR PERPETUUS *aut* PRÆSES JURISDICTIONIS *illius territorii ubi dominus est..... Cui deindè juri cohærent* UTILITATES *quædam veluti mulctarum lucrandarum quæ irrogantur delinquantibus, bonorum item vacantium occupandi jus, arborum in viis publicis enatarum emolumentum.*

révolution ; et par conséquent encore son abolition a entraîné, pour l'arrière-cessionnaire, la pleine décharge des redevances auxquelles il s'était soumis envers le cessionnaire immédiat, comme elle à entraîné pour celui-ci la pleine décharge de son obligation primitive envers le seigneur haut-justicier.

En effet, et ceci mérite une attention particulière, ce n'est pas en haine des seigneurs hauts-justiciers que les décrets du 4 août 1789 ont aboli les droits de haute-justice; ce n'est pas en haine des seigneurs hauts-justiciers que l'art. 35 du tit. 1ᵉʳ de la loi du 13-20 avril 1791 a déclaré les preneurs à rente de droits de justice entièrement libérés des redevances qui pesaient sur eux, à raison de la jouissance qu'ils avaient de ces droits.

Les décrets du 4 août 1789 n'ont aboli ces droits que *ratione materiæ*, que parce qu'ils ne pouvaient pas survivre à leur cause, que parceque n'étant que les émolumens d'un office, ils ne pouvaient plus subsister, alors que l'office lui-même n'existait plus.

Et de même la loi du 13-20 avril 1791 n'a déchargé les arrentataires de ces droits, des redevances qui en formaient le prix, que parce que ces droits n'existant plus, les redevances n'avaient plus de cause ; que parce que toutes les fois que la cause d'une obligation vient à cesser, l'obligation elle-même se dissout.

Aussi l'article cité de cette dernière loi ne prononce-t-il pas même le nom des seigneurs hauts-justiciers. Il ne dit pas (remarquons-le bien) : « Ceux » à qui des seigneurs hauts-justiciers ont baillé à » rente des droits abolis......., seront déchargés de leurs » rentes.» Non : il se sert d'expressions plus larges : *Les preneurs à rente d'aucuns droits abolis........* (dit-il) *seront déchargés.* Et pourquoi s'énonce-t-il d'une manière aussi générale ? C'est qu'il veut atteindre les preneurs à rente de toute espèce; c'est qu'il n'a pas seulement en vue ceux qui tiennent leurs baux à rente des seigneurs hauts-justiciers immédiatement ; c'est qu'il veut étendre sa disposition jusqu'à ceux qui tiennent leurs baux à rente des concessionnaires directs des seigneurs hauts-justiciers.

Tout le monde sait qu'il y avait une foule de droits de haute-justice que les seigneurs justiciers avaient mis hors de leurs mains, soit par vente pure et simple, soit par donation, soit par échange, soit par sous-inféodation ; et que les acquéreurs, les donataires, échangistes ou sous-inféodataires avaient ensuite aliéné par baux à rente.

Et c'est pour comprendre dans sa disposition les baux à rente que ceux-ci en avaient faits, ni plus ni moins que les baux à rente qui en avaient été faits par les seigneurs justiciers eux-mêmes, que la loi dit généralement et sans exception : *Les preneurs à rente d'aucuns droits abolis........ seront déchargés.*

Et ne perdons pas de vue qu'en même temps que

la loi décharge les arrentataires, quels qu'ils soient, des redevances auxquelles ils s'étaient soumis envers leurs bailleurs, elle déclare *abolis* les droits qui avaient fait la matière de leurs arrentemens. Preuve évidente et sans réplique que ces droits ont été abolis au préjudice de ceux qui les tenaient par baux à rente souscrits à leur profit par des particuliers non seigneurs, lesquels les tenaient eux-mêmes de seigneurs justiciers, comme ils l'ont été au préjudice de ceux qui les tenaient directement des seigneurs justiciers eux-mêmes.

Si donc, comme on n'en peut douter, *le droit d'avoir en terre non extrayé*, appliqué aux mines de charbon, n'était ci-devant en Hainaut qu'un pur droit de haute-justice, il est clair comme le jour, et que ce droit a été aboli par les décrets du 4 août 1789, même au préjudice des arrentataires actuels qui tenaient leurs baux des concessionnaires directs des seigneurs hauts-justiciers, et que ces arrentataires sont déchargés, envers leurs bailleurs, des redevances qui formaient originairement le prix de leurs arrentemens.

Contester des propositions aussi évidentes, c'est soutenir en d'autres termes que le seigneur haut-justicier conserve encore tous ses droits à l'égard de ses propres concessionnaires ; car point de milieu : ou ses propres cessionnaires sont sans droits à l'égard de leurs arrière-cessionnaires, ou il faut les réassujétir eux-mêmes à toutes les redevances auxquelles ils s'étaient soumis envers lui.

L'arrêt de la cour supérieure de justice de Bruxelles, du 16 juillet 1817, objecte à cela que le *droit de charbonnage*, une fois sorti des mains du seigneur par vente ou bail à rente, constituait, dans les mains de l'acquéreur ou arrentataire ; « une » propriété particulière, ne participant en rien » de la seigneurie, et réglée par une loi spéciale » contenue au chap. 122 des chartes générales, » quant à sa transmission, sa disposition et sa suc- » cession. »

Oui, sans doute, le droit de charbonnage concédé par le seigneur formait, pour le concessionnaire, une *propriété perpétuelle*, en ce sens qu'aussi long-temps que le régime haut-justicier a subsisté, le seigneur qui l'avait mise hors de sa main, n'a pas pu y rentrer malgré son concessionnaire.

Oui, elle formait une *propriété particulière et ne participant en rien de la seigneurie,* en ce sens que le concessionnaire en jouissait comme de sa chose propre, et qu'il la transmettait comme telle à se ayant-cause, par des voies communes à toutes les propriétés libres et indépendantes.

Mais est-ce à dire pour cela que ce droit, qualifié par les chartes générales elles-mêmes d'immeuble fictif (*réputé héritage*), avait perdu, à l'égard des concessionnaires, son caractère primitif de *droit incorporel*, et s'était transformé, dans leurs mains, en *propriété foncière?*

Est-ce à dire pour cela qu'il avait cessé d'être, dans leurs mains, un droit de haute justice?

Est-ce à dire pour cela qu'il n'a pas subi, dans leurs mains, le sort que, d'après l'art. 35 du tit. 1er de la loi du 13-20 avril 1791, ont éprouvé tous les droits de haute-justice dans les mains des concessionnaires tant médiats qu'immédiats des seigneurs hauts-justiciers ?

Que de seigneurs hauts-justiciers avaient aliéné par vente, donation, échange, bail à fief, bail à rente, une partie de leurs droits d'afforage, de morte-main, de chasse, de pêche, etc. ! Que de particuliers possédaient des droits de cette espèce, en vertu de baux à rente émanés des concessionnaires directs ; et les transmettaient à leurs héritiers ou ayans-cause, non d'après les lois particulières aux hauts-justiciers, mais d'après les règles communes aux autres biens!

Ces droits formaient aussi, dans leurs mains, des propriétés « perpétuelles, particulières, ne partici- pant en rien de la seigneurie, et régies par des lois spéciales. »

Cependant ces droits ont péri dans leurs mains, par l'effet des décrets du 4 août 1789 ; et en consé- quence ces particuliers ont été libérés de toute re- devance envers leurs cédans, comme ceux-ci l'ont été envers les seigneurs hauts-justiciers eux-mêmes.

Et pourquoi ? Parce que les seigneurs hauts-jus- ticiers, en aliénant leurs droits d'afforage, de morte- main, de chasse, de pêche, n'avaient aliéné que des droits de haute-justice; parce qu'en les aliénant, ils ne les avaient ni dénaturés ni pu dénaturer ; parce que leurs cessionnaires, en les possédant, par une fiction légale, comme biens ordinaires, ne les avaient cependant possédés qu'empreints de leur tache originelle.

Soyons de bonne foi : si le seigneur haut-justicier, en mettant son *droit d'avoir en terre non extrayé* hors de sa main, par un bail à rente, en avait fait, non une propriété fictive et purement légale, mais une propriété réelle et absolument étrangère au ré- gime féodal, de quelle nature aurait été pour lui son *droit d'entre-cens?* Bien évidemment il n'aurait pu avoir, à son égard, d'autre caractère que celui d'une rente représentative d'une pure concession de fonds : il n'aurait pu être considéré que comme exempt de toute tache de féodalité; car les qualités de bailleur et de preneur sont nécessairement cor- rélatives. Et à moins que de se livrer tête baissée à la plus absurde contradiction; il est impossible de ne pas reconnaître que, du moment que le preneur est considéré comme *franc-tenancier* d'un fonds pro- prement dit, il faut de toute nécessité que le bailleur reçoive de lui, comme rente dégagée de toute idée de féodalité, la redevance moyennant laquelle il lui a accordé sa concession.

Si donc la conséquence que l'arrêt du 16 juillet 1817 fait dériver de l'art. 13 du chap. 122 des chartes générales de Hainaut, est juste, à quoi cette conséquence doit-elle aboutir en définitive ? A rien moins que cette hérésie monstrueuse : « Les seigneurs hauts-justiciers doivent encore percevoir aujourd'hui leurs droits d'entre-cens. »

Et si personne n'est aujourd'hui assez déhonté pour avancer une proposition aussi universellement réprouvée, comment peut-on inférer du même article la conséquence qu'en tire l'arrêt cité, en faveur des concessionnaires directs des seigneurs hauts-justiciers contre leurs arrière-concessionnaires?

Mais, dit-on, ni les concessionnaires directs du droit de *charbonnage*, ni leurs arrière-concessionnaires n'étaient seigneurs. Or, il résulte de deux arrêts de la cour de cassation, des 10 nivôse an 14 et 2 janvier 1809, rapportés dans le *Répertoire de jurisprudence*, aux mots *Champart* et *Terrage*, que, dans aucun cas, les redevances qui, au moment de l'abolition du régime féodal, étaient dues à des particuliers non-seigneurs, ne sont atteintes par les lois qui ont aboli ce régime.

De quoi s'agissait-il dans les affaires sur lesquelles ont été rendus ces arrêts?

Il y était question des droits de champart ou terrage, qui avaient été originairement stipulés pour cause de concession de fonds, et qui l'avaient été conjointement avec des *cens récognitifs de la seigneurie directe.*

Dans la suite, et avant la révolution, les seigneurs à qui appartenaient ces droits de champart, les avaient vendus à de simples particuliers; mais en les leur vendant, ils s'étaient expressément réservé leurs *cens*, et, par suite, leur seigneurie directe sur les fonds qui en étaient grevés; et par-là ils avaient restitué à ces droits leur nature originelle de droits purement fonciers, de droits représentatifs de fonds concédés et toujours subsistans : il les avaient dépouillés de leur mélange accidentel avec un droit essentiellement seigneurial.

Surviennent les lois du 4 août 1789 et du 15-28 mars 1790; et les redevables du droit de champart continuent de le payer sans difficulté, parce que les lois maintenaient, comme rentes purement foncières, même les cens récognitifs de la seigneurie directe, lorsqu'ils avaient été constitués pour prix de concessions de fonds.

Mais bientôt la loi du 17 juillet 1793 vient changer ce juste ordre de choses : elle abolit même les droits censuels ou mélangés de droits censuels qui sont le prix de concessions de fonds, et ne conserve que les rentes purement foncières.

Que font alors les redevables du droit de champart acquis avant la révolution par de simples particuliers? Ils leur disent : « les droits de cens seigneuriaux, dont étaient originairement mélangés vos droits de champart, sont abolis; vos droits de champart le sont donc également. »

Chacun des acquéreurs répond : « La loi du 17 juillet 1793 n'a aboli que les droits qui étaient censuels, ou mélangés de droits censuels, à l'époque de l'abolition de la féodalité. Or, mon droit de

champart n'était, à cette époque, ni censuel, ni mélangé de droits censuels; il était alors purement foncier. Il l'était même originairement et par sa nature; et il n'avait été, dans son origine, mélangé d'un droit censuel, que par l'effet d'une clause particulière de l'acte de concession des fonds dont il est le prix. Or, l'effet de cette clause avait cessé par la manière dont j'ai acquis mon droit de champart. Mon droit de champart n'est donc pas atteint par la loi du 17 juillet 1793. »

Les cours d'appel d'Orléans et de Poitiers prononcent en faveur des redevables; mais les deux arrêts sont attaqués par la voie de cassation, et le premier est cassé : « attendu que l'esprit général des lois abolitives de la féodalité n'a point été de troubler les possessions paisibles et particulières, fondées sur des acquisitions légitimes, mais seulement de réprimer, vis-à-vis des ci-devant seigneurs, les abus et les usurpations de la puissance féodale; que les lois des 25 août 1792 et 17 juillet 1793 n'ont donc entendu supprimer que les prestations féodales et non mélangées de féodalité, qui, lors de la publication de ces lois, étaient encore dues à des ci-devant seigneurs, non les redevances qui, au moment même de la suppression, ne tenaient plus à la féodalité, et étaient dues à des particuliers non seigneurs ou possesseurs de fiefs; et que par conséquent les lois abolitives de la féodalité ne sont pas applicables à celles-ci. »

Le second l'est également : « attendu, 1° que le terrage n'est point essentiellement un droit féodal de sa nature : qu'il est ou féodal ou purement foncier, suivant les conventions et les actes qui l'établissent ou le modifient; 2° qu'il est établi au procès que le terrage dont il s'agit fut détaché du fief par l'effet d'une vente *avec réserve de la directe*, clause en exécution de laquelle il ne fut transmis à l'acquéreur qu'une redevance purement foncière; d'où il suit que l'arrêt dénoncé, en supprimant, comme féodal, ce même droit de terrage, quoique devenu purement foncier, long-temps avant la législation qui supprime les droits féodaux, cet arrêt a fait évidemment une fausse application des lois sur cette matière, ainsi que des décrets interprétatifs. »

Quel rapport ces deux arrêts de cassation ont-ils avec la question actuelle? Il est évident qu'ils n'en ont aucun.

Dans l'espèce de chacun de ces arrêts, les biens-fonds qui avaient été la matière du bail à rente constitutif du droit de champart, et qui par conséquent avaient originairement formé le prix de ce droit, n'avaient ni été ni pu être anéantis par l'abolition du régime féodal; ils subsistaient encore, et les redevables du droit de champart jouissaient encore de ces fonds, non par une cause nouvelle et étrangère au bail à rente qui les leur avait transmis, mais en vertu de ce bail même. Dès-lors, qu'eût-il fallu pour que ce droit de champart fût aboli, dans les mains du particulier non-seigneur qui en était devenu tiers-acquéreur? Il eût fallu que ce particulier l'eût acquis avec la qualité qu'il avait eue dans les mains de son vendeur, avec la qualité de droit mélangé de féodalité. Mais il l'avait acquis sans cette qualité; il l'avait acquis comme une redevance purement foncière; il devait donc le conserver.

Dans l'hypothèse qui nous occupe en ce moment, quelle a été la matière tant du bail à rente passé entre le seigneur haut-justicier et son concessionnaire immédiat, que de l'arrière-bail à rente passé entre celui-ci et l'arrière-cessionnaire? Un bien-fonds encore subsistant, une propriété véritablement foncière? Non, mais un droit dérivant de la haute-justice, un droit essentiellement seigneurial, un droit qui était tel *ratione materiæ* et indépendamment des clauses dont on s'était servi pour le transférer; et par conséquent un droit qui ne pouvait, sous aucun prétexte, survivre à l'abolition des justices des seigneurs et de la féodalité, et qui, en effet, n'y a pas survécu.

Et l'on prétendrait assimiler ce droit à ceux de champart dont il était question lors des arrêts des 10 nivôse an 14 et 2 janvier 1809! C'est vouloir assimiler les choses les plus disparates. Autant vaudrait conclure de ces deux arrêts, que, si un seigneur avait aliéné, en 1787, un droit de pêche, et que son acquéreur, simple particulier, l'eût baillé à rente, en 1788, à un autre particulier, celui-ci serait encore aujourd'hui, nonobstant l'abolition du droit arrenté, assujéti à la prestation de la rente qui en avait été le prix.

Prenez garde, s'écrie-t-on, à l'extrême différence qui sépare ces deux hypothèses l'une de l'autre: dans l'une, il s'agit d'un droit seigneurial de pêche qui est anéanti: l'arrière-arrentataire de ce droit n'en jouissant plus, il est tout simple qu'il ne doive rien au concessionnaire immédiat du seigneur qui le lui a sous-baillé à rente. Mais ici le droit de charbonnage qui a été la matière de l'arrière-bail à rente, comme du bail à rente immédiat, existe encore: l'arrière-arrentataire continue d'en jouir; il y est même expressément *maintenu*, tant par l'art. 4 de la loi du 12-28 juillet 1791, que par l'art. 51 de celle du 21 avril 1810; et dès-là, quelle raison y aurait-il de le décharger de la redevance sans la stipulation de laquelle il ne se serait pas trouvé, à l'époque de la publication de ces lois, en possession du droit dans lequel elles l'ont continué?

Mais qu'a voulu dire la première de ces lois, quand elle a maintenu les *concessionnaires antérieurs et leurs cessionnaires* dans le droit de continuer, non à perpétuité, mais seulement pendant cinquante ans, non dans toute leur étendue, mais seulement jusqu'à concurrence de six lieues carrées, l'exploitation des mines qu'ils avaient précédemment découvertes?

A-t-elle voulu, par-là, sanctionner indistinctement tous les titres en vertu desquels les concessionnaires antérieurs ou leurs cessionnaires, avaient commencé leurs exploitations? A-t-elle voulu par-

là que tous ces titres, sans distiction, demurassent dans toute leur force, pour l'espace de temps et de lieu qu'elle a déterminé?

Que telle ait été son intention relativement aux concessions royales, cela n'est pas douteux; c'est du moins ce que fait entendre clairement l'art. 40 de la loi du 21 avril 1810, lorsque, supposant encore en pleine perception des « anciennes redevances dues à l'Etat d'après les conditions énoncées en l'acte de concession, *il ordonne qu'elles* cesseront d'avoir cours à compter du jour où les nouvelles redevances *imposées par cette loi sur les mines*, seront établies. »

Mais en est-il de même des cessions que les seigneurs hauts-justiciers avaient faites de leur droit *d'avoir en terre non extrayé?*

L'arrêt de la cour d'appel de Bruxelles, du 14 fructidor an 11, rapporté dans le §. précédent, décide nettement que non: « Par la suppression » des justices seigneuriales (y est-il dit), les mines » sont rentrées dans le domaine de la loi du » 12-28 juillet 1791, et ne sont plus assujé- » ties à d'autres règles que celle que prescrit cette » loi. »

En effet, je crois avoir démontré dans le §. précédent, et si je ne me fais pas illusion, il doit être évident pour tout le monde, non-seulement que la loi du 12-28 juillet 1791 n'a pas eu l'intention de faire revivre au profit des ci-devant seigneurs, ni, par suite, de leurs ayans-cause, les concessions seigneuriales de mines que les décrets du 4 août 1789 avaient paralysées, mais encore qu'elle n'a maintenu, soit les impétrans immédiats de ces concessions, soit leurs cessionnaires, qu'en les considérant comme devenus concessionnaires du gouvernement, en vertu du consentement tacite qu'il avait donné à ce qu'ils continuassent leurs exploitations postérieurement à ces décrets; et, par une conséquence nécessaire, que les expressions, *concessionnaires actuels ou leurs cessionnaires*, employées dans l'art. 4 de cette loi, n'ont pu s'appliquer, dans le Hainaut ci-devant autrichien, au moment où cette loi y fut publiée, qu'à ceux à qui, depuis la publication des décrets du 4 août 1789, le gouvernement avait, sinon expressément, du moins tacitement, permis de continuer leurs exploitations.

Mais à qui le gouvernement était-il alors censé avoir permis de continuer l'exploitation des mines ouvertes précédemment?

Ce n'était sûrement pas aux concessionnaires immédiats des ci-devant seigneurs qui n'exploitaient pas actuellement.

Car, par cela seul qu'ils n'exploitaient pas actuellement, il ne pouvait pas se former de contrat tacite, sur cet objet, entre le gouvernement et eux.

Comment, en effet, se forment les contrats tacites? De la même manière que les contrats exprès. Ceux-ci résultent de consentemens réciproquement donnés; ceux-là résultent de faits réciproquement passés entre les parties. C'est ainsi que le contrat de dépôt nécessaire se forme entre l'hôtelier et le voyageur, par le fait du voyageur qui apporte sa valise dans l'hôtellerie, et par le fait de l'hôtelier qui la reçoit. Mais il est impossible de concevoir l'idée d'un contrat tacite là où il n'y a pas réciprocité de faits.

Il fallait donc deux choses pour qu'il pût se former un contrat tacite entre le gouvernement et les anciens concessionnaires : le fait actuel de l'exploitation, de la part des anciens concessionnaires; et le fait de la tolérance de cette exploitation de la part du gouvernement.

Le gouvernement ne pouvait donc, en tolérant, après l'application des décrets du 4 août 1789, la continuation de l'exploitation des mines, être censé la tolérer qu'au profit de ceux qui exploitaient actuellement.

Il ne pouvait donc pas être censé la tolérer au profit des anciens concessionnaires qui ou n'avaient jamais exploité, ou n'exploitaient plus, et dont les titres étaient d'ailleurs retombés dans le néant.

Il ne pouvait donc être censé la tolérer au profit des anciens concessionnaires qui avaient précédemment baillé à rente la permission qu'ils avaient obtenue des ci-devant seigneurs.

Il ne pouvait donc être censé la tolérer qu'au profit, soit des anciens concessionnaires qui exploitaient encore, soit de leurs arrière-cessionnaires qui avaient pris leur place.

Conçoit-on maintenant ce que peuvent espérer les anciens concessionnaires qui n'exploitaient plus à cette époque, de ce que l'art. 4 de la loi du 12-28 juillet 1791 a maintenu leurs arrière - cessionnaires dans le droit de continuer leurs exploitations ?

D'une part, la *maintenue* accordée par cet article ne peut pas se rapporter aux porteurs de titres qui, au moment où cet article est devenu loi, étaient abolis; elle ne peut se rapporter qu'aux personnes exploitant de fait, et continuant des travaux commencés par suite des titres; et dès-lors les anciens concessionnaires ne trouvant rien dans cet article qui puisse les autoriser à dire qu'il ait considéré leurs titres primitifs comme encore existans, les argumens que fournissent contre eux les décrets du 4 août 1789 restent nécessairement dans toute leur force.

D'un autre côté, il est certain que, si les anciens concessionnaires n'eussent pas sous-arrenté, avant la loi du 12-28 juillet 1791, le droit de charbonnage que les ci-devant seigneurs leur avaient précédemment concédé, moyennant des redevances, et qu'ils en eussent encore continué l'exploitation à l'époque de la publication de cette loi, ils y auraient été maintenus par cette loi-même, ni plus ni moins que l'ont été leurs arrière-cessionnaires.

Et cependant, dans cette hypothèse, les anciens concessionnaires eussent été déchargés par la loi du 13-20 avril 1791, envers les ci-devant seigneurs, des redevances que ceux-ci leur avaient imposées par leurs actes de concession.

Pourquoi donc les arrière - cessionnaires ne seraient-ils pas déchargés, envers les concessionnaires primitifs, des redevances auxquelles ils s'étaient obligés à leur égard ? Pourquoi la maintenue que les arrière-cessionnaires doivent à la loi du 12-28 juillet 1791 opérerait-elle contre eux, et au profit des concessionnaires primitifs, un effet que n'eût pas pu opérer contre les concessionnaires primitifs, et au profit des ci-devant seigneurs, la maintenue que la même loi eût accordée aux concessionnaires primitifs, si ceux-ci n'avaient pas sous-arrenté leurs concessions?

C'est, dit-on, parce que les redevances auxquelles les concessionnaires primitifs s'étaient obligés envers les ci-devant seigneurs, étaient seigneuriales; tandis que les redevances auxquelles les arrière - cessionnaires s'étaient obligés envers les concessionnaires primitifs, étaient purement *foncières*.

Oui, les redevances promises aux concessionnaires primitifs par les arrière-cessionnaires étaient purement *foncières*, en ce sens qu'elles ne présupposaient aucun rapport de féodalité entre les premiers et les seconds, et en ce sens qu'elles ne rendaient les uns ni vassaux ni censitaires des autres.

Mais, dans ce sens, les redevances promises par les concessionnaires primitifs aux ci-devant seigneurs étaient également *foncières*; car elles ne pouvaient être ni *féodales* ni *censuelles* : elles ne pouvaient pas être *féodales*, puisque, comme je l'ai démontré dans le §. 1, les concessionnaires de droits de charbonnage ne pouvaient pas, comme tels, être considérés comme propriétaires fonciers de fiefs; elles ne pouvaient pas être *censuelles*, puisque, comme je l'ai également prouvé, ces concessionnaires ne pouvaient pas, en la même qualité, être considérés comme propriétaires fonciers de mainfermes ou censives; en un mot, les anciens concessionnaires de droits de charbonnage, n'étant, comme tels, ni les vassaux, ni les censitaires des seigneurs qui leur avaient concédé ces droits, les redevances qu'ils en avaient promises à ces seigneurs ne pouvaient pas être récognitives de leur seigneurie; elles ne pouvaient conséquemment pas être *seigneuriales*, en prenant ce mot comme l'opposé de *foncières*; et, sous ce rapport, elles étaient tout aussi *foncières* que celles qui leur étaient dues à eux-mêmes par leurs sous-arrentataires.

En quel sens les redevances promises par les anciens concessionnaires aux seigneurs étaient-elles donc *seigneuriales?*

Elles ne l'étaient pas, comme nous venons de le voir, par la nature des titres qui les avaient créées; car elles ne dérivaient ni de baux à fief, ni de baux à cens.

Elle ne l'était pas davantage par la qualité de ceux au profit desquels elles avaient été stipulées. A la vérité, ceux au profit desquels elles avaient été stipulées étaient des seigneurs ; mais un seigneur pouvait, tout aussi bien qu'un particulier, se créer des rentes purement foncières ; et c'est ce qu'il faisait toutes les fois qu'il arrentait un objet dépendant du gros de son fief, sans en retenir la seigneurie directe (1).

Elle ne pouvait donc être seigneuriale qu'à raison de sa *cause matérielle*, qu'à raison de la nature de l'objet de la concession duquel elle était le prix, que parce que la chose concédée était un droit qui avait sa source dans la puissance féodale, dans la haute-justice.

Elle ne pouvait donc être seigneuriale que pour la même cause et dans le même sens qu'était seigneuriale, dans le cas des arrêts rapportés au mot *Bail à rente*, §. 2, la rente à laquelle le sieur Leriche s'était obligé envers le sieur Gouttard, en prenant de lui à rente un droit de chasse.

Or, la *cause matérielle* des redevances promises par les sous-arrentataires aux concessionnaires primitifs, était absolument la même que la *cause matérielle* des redevances promises par les concessionnaires primitifs aux seigneurs hauts-justiciers. Dans la promesse des uns, comme dans la promesse des autres, il n'y avait d'autre cause que la concession d'un droit dérivant de la haute-justice. Ce droit n'avait pas changé de nature en passant des mains des concessionnaires primitifs dans celles des sous-arrentataires ; il était resté dans les mains des sous-arrentataires, ce qu'il avait été dans les mains des concessionnaires primitifs, c'est-à-dire, un droit seigneurial *ratione materiæ*.

Les redevances promises par les sous-arrentataires aux concessionnaires primitifs étaient donc seigneuriales *ratione materiæ*, comme l'étaient celles que les concessionnaires primitifs avaient promises aux seigneurs.

Si donc les concessionnaires primitifs, dans le cas où ils eussent conservé jusqu'en 1791 le droit de charbonnage que leur avaient concédé des seigneurs hauts-justiciers, eussent été affranchis des redevances qu'ils en avaient promises à ceux-ci, nonobstant leur maintenue dans ce droit, prononcée par l'art 4 de la loi du 12-28 juillet, que l'on nous dise par quelle magie, par quel prestige les sous-arrentataires ne seraient pas également, et nonobstant leur maintenue dans le même droit, affranchis à leur égard des redevances qu'ils leur ont promises à eux-mêmes ?

Les concessionnaires primitifs, dit-on, n'étaient pas seigneurs, et n'avaient ni traité, ni pu traiter comme tels avec les sous-arrentataires ; au lieu que les seigneurs avaient traité et n'avaient pu traiter

que comme tels avec les concessionnaires primitifs.

Eh ! qu'importe cette différence ? En traitant comme simples particuliers avec les sous-arrentataires, les concessionnaires primitifs ne leur avaient pas moins transporté le même droit seigneurial, le même attribut de la haute-justice qu'ils avaient précédemment acquis des seigneurs, en traitant avec ceux-ci en leur qualité. Encore une fois, ce droit seigneurial, cet attribut de la haute-justice, n'avait pas été dénaturé en changeant de mains. Les concessionnaires primitifs l'avaient transmis aux sous-arrentataires, tel qu'ils l'avaient reçu des seigneurs. La redevance qu'ils s'étaient réservée à la charge des sous-arrentataires était donc nécessairement aussi de la même nature que la redevance que les seigneurs avaient stipulée d'eux ; et l'une ne peut pas, sans une contradiction manifeste, être considérée comme encore subsistante, alors que l'autre est indubitablement abolie, et qu'elle le serait même dans le cas où les concessionnaires primitifs, étant encore en possession de leur droit de charbonnage, à l'époque de la publication de la loi du 12-28 juillet 1791, y auraient été maintenus par cette loi.

Et en effet, le mot *maintenu*, dont se sert l'art. 4 de cette loi, ne peut pas avoir, relativement aux sous-arrentataires, précisément parce qu'ils étaient les concessionnaires des concessionnaires primitifs, un sens différent de celui qu'il aurait eu relativement aux concessionnaires primitifs eux-mêmes, dans le cas où ils n'eussent pas cédé à leurs sous-arrentataires les concessions que les seigneurs leur avaient faites.

Et la preuve en est que l'article dont il s'agit applique cette expression aux cessionnaires des concessionnaires immédiats, ni plus ni moins qu'aux concessionnaires eux-mêmes : « Les concessionnaires actuels (porte cet article) OU LEURS CESSIONNAIRES, qui ont découvert les mines qu'ils exploitent, seront maintenus jusqu'au terme de leurs concessions. »

Or, quel aurait été, par rapport à un concessionnaire primitif, dans le cas où il n'eût pas cédé sa concession avant la loi du 12-28 juillet 1791, le sens de la *maintenue* que lui eût accordée l'art. 4 de cette loi ? Bien évidemment cette *maintenue* aurait signifié que le concessionnaire primitif devait continuer de jouir de son droit de charbonnage, non en vertu de sa concession, mais par la munificence de la loi ; et que la loi recréait en sa faveur le droit de charbonnage, qui avait été aboli par les décrets des 4 août 1789, 15 mars 1790 et 13 avril 1791. Autrement, à quel titre le concessionnaire primitif eût-il pu, dans cette hypothèse, refuser aux ci-devant seigneurs le prix d'une concession qui eût été maintenue dans son premier état, et qui par conséquent n'eût pas pu être exécutée à son avantage, sans l'être légalement à son préjudice ?

Donc c'est aussi en vertu de la loi, c'est aussi par la seule munificence de la loi, que les sous-arrentataires continuent de jouir du droit de charbonnage que le concessionnaire primitif leur avait cédé ; donc, en les maintenant dans ce droit comme *cessionnaires* du *concessionnaire* immédiat, l'article dont il s'agit n'est pas censé ordonner l'exécution de toutes les clauses de la cession qu'ils tenaient du concessionnaire primitif, mais seulement vouloir, de son propre chef et par disposition nouvelle, que cette cession soit exécutée comme elle eût dû l'être quant à sa durée (restreinte néanmoins à 5o ans) et à son étendue superficielle (restreinte néanmoins à six lieues carrées.)

Inutile d'après cela de dire que le mot *maintenu* signifie par lui-même *tenir dans le même état*.

D'une part, on vient de voir que ce mot ne peut pas , relativement au concessionnaire immédiat, être entendu avec la latitude qu'on prétend lui donner , et que les cessionnaires du concessionnaire immédiat sont à cet égard sur la même ligne que lui.

D'un autre côté, quel était, au moment où a été rendue la loi du 12-28 juillet 1791, *l'état*, soit des concessionnaires immédiats qui tenaient leurs droits de charbonnage des ci-devant seigneurs hauts-justiciers , soit de leurs cessionnaires ?

On l'a déjà dit : c'est que les uns comme les autres n'exploitaient plus les droits de charbonnage qui leur avaient été concédés ou arrière-cédés , en vertu des concessions ou arrière-cessions qui leur avaient été faites, et que les lois des 4 août 1789 et 13-20 avril 1791 avaient abolies, mais seulement en vertu du consentement tacite du gouvernement.

Eh bien ! c'est dans cet *état* que l'art. 4 de cette loi les tient tous; c'est dans ce sens qu'ils sont *maintenus* par l'art. 4 de cette loi.

Plus vainement objecte-t-on que la loi du 12-28 juillet 1791 a été publiée dans la Belgique presque en même temps que celles des 4 août 1789 et 13-20 avril 1791 : que prétend-on inférer de là ?

D'abord, quand il n'y aurait eu, entre la publication des lois des 4 août 1789 et 13-20 avril 1791 et la publication de celle du 12-28 juillet de cette dernière année, qu'un seul jour d'intervalle (et dans le fait, il y en a eu plus de dix), il serait toujours vrai de dire qu'il y a eu un jour pendant lequel les concessions et arrière-cessions auraient été abolies; il serait toujours vrai de dire par conséquent que la loi du 12-28 juillet a recréé les droits qui étaient précédemment résultés de ces concessions et arrière-cessions ; et par conséquent encore il serait toujours vrai de dire qu'en maintenant les concessionnaires et leurs cessionnaires, la loi du 12-28 juillet a entendu les gratifier elle-même d'un pur bienfait, et non pas les réassujétir envers leurs cédans à des prestations dont les titres étaient déjà détruits, et dont, par suite, leurs cédans avaient déjà perdu le droit de leur demander le payement.

Ensuite, il est trop évident que la loi du 12-28 juillet 1791 a été publiée dans le Hainaut belgique pour être exécutée comme elle l'était dans le Hainaut français; et vouloir qu'elle fût entendue dans l'un autrement que dans l'autre, relativement aux ci-

devant seigneurs ou à leurs ayans cause, ce serait la plus extravagante de toutes les idées.

Mais au moins, dit-on, le sous-arrentataire ne continue de jouir de ce droit que par *suite* de la cession que le concessionnaire primitif lui en avait faite.

Entendons-nous.

Veut-on dire que c'est *en vertu* de cette cession que le sous-arrentataire jouit actuellement ? L'assertion est de toute fausseté.

Veut-on dire que cette cession a été, pour le sous-arrentataire, une *occasion* à la faveur de laquelle il a obtenu d'abord de la tolérance du gouvernement, et ensuite de la loi, la continuation de sa jouissance ? L'assertion est vraie; mais quelle conséquence peut-on en tirer ?

Si le concessionnaire primitif n'avait pas cédé, avant la révolution, le droit qu'il tenait des ci-devant seigneurs, et que, par suite, il en jouit encore aujourd'hui, les ci-devant seigneurs pourraient également lui dire qu'il n'en jouit encore aujourd'hui *qu'à l'occasion* de la concession qu'ils lui ont faite; et que, s'ils ne la lui avaient pas faite, s'ils avaient exploité eux-mêmes les mines de leurs hautes-justices jusqu'à la publication de la loi du 12-28 juillet 1791, ils y auraient été maintenus par l'art. 4 de cette loi.

Et si les ci-devant seigneurs inféraient de là que le concessionnaire primitif doit leur continuer la redevance qu'il leur a promise pour prix de la concession qu'ils lui ont faite, que leur répondrait-il ?

Il leur répondrait que leur conséquence est en opposition diamétrale avec les arrêts de cassation des 16 ventôse au 12 et 23 vendémiaire an 13, et que ces arrêts l'ont justement réprouvée, parce qu'elle ne tend à rien moins qu'à faire revivre un droit aboli, dans des redevances qui le représenteraient nonobstant son abolition : parce que, comme le disait le comité des droits féodaux, dans le rapport du 5 février 1790, sur lequel a été rendue la loi du 28 mars suivant, « c'est un principe qu'il ne peut » pas y avoir de contrat sans cause juste et licite, et » qu'un contrat qui était obligatoire dans son prin- » cipe, parce qu'il avait une cause, cesse de l'être » dès que la cause a cessé : » parce qu'autre chose est la *cause* d'un contrat, et autre chose *l'occasion* qui naît d'un contrat; que l'on ne s'oblige point par un contrat pour gagner *l'occasion* d'acquérir, par un hasard incertain et subordonné à la volonté du législateur, ce qui est l'objet de ce contrat, mais pour acquérir directement cet objet par le contrat même; que cette acquisition directe est la cause de l'obligation que l'on a contractée, et que cette cause venant à cesser, l'obligation s'évanouit.

Et cette réponse, si victorieuse dans la bouche du concessionnaire primitif contre les ci-devant seigneurs, serait sans force dans la bouche du sous-arrentataire contre le concessionnaire primitif ! Y pense-t-on sérieusement ? En quoi les rapports du sous-arrentataire avec le concessionnaire primitif diffèrent-ils des rapports du concessionnaire primitif avec les ci-devant seigneurs? En rien. D'une part comme de l'autre, il y a eu transmission d'un simple droit de fouille et d'extraction; et, d'une part comme de i'autre, ce droit est actuellement aboli. Il y a donc, d'une part comme de l'autre, cessation de la cause de l'obligation qui a été contractée de payer des redevances représentatives du droit transmis; et si, d'une part comme de l'autre, il est résulté de la transmission de ce droit une *occasion* de le réaquérir comme un bienfait de la loi, cette *occasion* ne peut pas plus être pour le concessionnaire primitif, qu'elle n'eût pu l'être pour les ci-devant seigneurs, un moyen de ressusciter des redevances qui s'étaient éteintes avec leur cause.

C'est au surplus bien mal à propos que l'on oppose aux sous-arrentataires l'arrêt rendu par la cour d'appel de Bruxelles, le 24 février 1807, entre l'huissier Duterne et l'héritier de Joly.

Cet arrêt, dit-on, a jugé que la cause d'une obligation venant à cesser, cette obligation n'en subsiste pas moins, lorsqu'elle a été pour l'obligé une *occasion* d'obtenir les fins de son contrat.

Mais pour se convaincre que ce n'est nullement là ce qu'il a jugé, il suffit de se reporter à l'espèce sur laquelle il a été rendu. La voici telle que la retrace le recueil des *décisions notables* de cette cour, tome 10, pages 201 et suivantes :

En 1798, Joly, ancien huissier au conseil souverain de Mons, et, en cette qualité, appelé par les lois et actes du gouvernement aux fonctions d'huissier près les nouveaux tribunaux, fait avec Duterne un traité par lequel il se démet de sa place en faveur de celui-ci, et lui transfère *sa pratique*, le tout moyennant une rente viagère de 94 florins 10 sous.

Cette démission ne pouvait par elle-même rien opérer pour Duterne; elle rendait seulement vacante et impétrable la place de Joly; elle mettait seulement Duterne à portée de la solliciter; et c'est dans ce sens que les parties l'entendaient.

En 1800, survient une loi (celle du 27 ventôse an 8) qui fait dépendre de nouvelles nominations, grevées de cautionnemens, l'état des huissiers alors en fonctions.

Duterne obtient en effet une nomination nouvelle, et fournit le cautionnement nécessaire pour en profiter.

Dans cette position, il refuse à Joly la continuation de sa rente.

En 1806, l'héritier de Joly le fait assigner en payement des arrérages échus depuis 1800.

Il répond, entre autres choses, que la cause de son obligation a cessé par l'effet de la loi du 27 ventôse an 8, qui a supprimé sa place, et que s'il en a depuis obtenu une autre de la même nature, son obligation n'en est pas moins restée éteinte.

Mais que lui replique-t-on? Ce n'est point une place d'huissier que vous avez acquise de Joly; vous n'avez traité avec lui que pour qu'il donnât sa dé-

mission, et que, par ce moyen, il ôtât l'obstacle qui s'opposait à ce que vous sollicitassiez pour vous la place dont il était titulaire. Eh bien ! la démission de Joly a été donnée, et les événemens postérieurs ne peuvent pas faire qu'elle ne l'ait pas été. Le contrat a donc été accompli dans sa cause, et la cause n'en a point cessé : d'ailleurs, vous avez conservé la *pratique* de Joly, ou du moins rien n'a pu vous empêcher de la conserver. Votre obligation subsiste donc tout entière.

Ces raisons étaient péremptoires, et l'arrêt du 24 février 1807 les a jugées telles : il a condamné Duterne, « attendu que le déport de Joly a fait la
» condition du contrat de rente viagère; que, par
» ce déport, l'appelant a non - seulement été mis
» dans la possibilité d'être nommé huissier au tri-
» bunal civil du département de Jemmapes, mais
» encore profité de la *pratique* de Joly, ce qui
» était le but principal du contrat; que l'existence
» de la condition a donné existence à la dette ou
» rente viagère; que l'existence de cette rente n'était
» pas subordonnée à la jouissance. »

Cet arrêt juge-t-il, comme on le prétend, qu'à la vérité, la cause de l'obligation qu'il a pour objet, a cessé, mais que l'obligation n'est pas éteinte pour cela, parce que la cause a été remplacée par une *occasion* qui a conduit l'obligé à son but ?

Non, évidemment non, puisqu'il déclare que la cause de l'obligation avait été irrévocablement remplie et consommée par la démission de Joly; puisqu'il dit, en termes exprès, que la durée de l'obligation n'avait pas été subordonnée, par le contrat, non-seulement à la durée de la *jouissance*, mais même à l'entrée en *jouissance* de l'obligé.

Les concessionnaires primitifs sont-ils mieux fondés dans l'objection qu'ils tirent de la loi 57, au Digeste, *de evictionibus et duplæ stipulatione?*

Cette loi vient à la suite de plusieurs autres qui traitent d'une *stipulation* fort usitée chez les Romains dans les contrats de vente, et par laquelle le vendeur s'obligeait à restituer à l'acheteur, en cas d'éviction, le double de la somme qu'il avait reçue pour prix de la chose vendue.

Cette obligation, par cela seul qu'elle était contractée dans la forme d'une stipulation, était rangée dans la classe de celles qu'on appelait *stricti juris;* et elle s'interprétait tellement à la rigueur, qu'on avait recours à toutes les subtilités imaginables pour en éluder l'application.

C'est dans cet esprit que la loi citée décide que la peine du double n'est pas encourue, lorsque celui qui a obtenu contre l'acheteur un jugement de dépossession, meurt avant de l'avoir exécuté, sans que personne, pas même le fisc, accepte sa succession, et sans que ses créanciers fassent vendre ses biens. Dans ce cas, dit la loi, l'acheteur n'a point d'action pour exiger le double qu'il a stipulé, parce qu'il reste en possession de la chose qui lui a été vendue : *Habere licere videtur emptor, et si is qui empto-*

rèm in evictione rei vicerit, antè ablatam vel abductam rem, sine successore decesserit, ità ut neque ad fiscum bona pervenire possint, neque privatîm à creditoribus distrahi; tunc enim nulla competit emptori ex stipulatu actio, quia rem habere ei licet.

Et la loi ajoute, toujours dans le même esprit, que l'action en paiement du double n'est pas non plus ouverte à l'acheteur évincé par un jugement, lorsque la personne qui a obtenu ce jugement contre lui, avant de se mettre en possession de la chose qui en est l'objet, lui fait don ou legs de cette chose : *Quod cùm ita sit, videamus nùm et si ab eo qui vicerit, donata legatave res fuerit emptori, œquè dicendum sit actionem ex stipulatu non nasci? Scilicet, si antequàm abduceret vel auferret, donaverit aut legaverit.*

Ce sont ces décisions que les concessionnaires primitifs voudraient faire passer pour des règles générales et applicables à la jurisprudence actuelle; c'est de ces décisions qu'ils prétendent inférer qu'il est de principe que l'acheteur ne peut pas se prévaloir contre son vendeur de l'éviction qu'il est dans le cas de souffrir, lors même que, par une cause étrangère au vendeur et par le fait d'un tiers, cette éviction se trouve sans effet.

Et l'on sent que ce prétendu principe une fois admis, les concessionnaires primitifs ont beau jeu pour soutenir que le changement opéré dans la législation des mines, par l'abolition des justices seigneuriales et du droit d'*avoir en terre non extrayé* qui en dérivait en Hainaut, ne doit pas tourner au profit des sous-arrentataires. Car l'effet que produit l'éviction de la chose vendue par rapport au contrat de vente, l'abolition du droit arrenté le produit également par rapport au contrat de bail à rente. Si donc l'éviction de la chose vendue ne donne aucune action à l'acheteur, lorsqu'elle est neutralisée par un événement postérieur qui empêche que l'acheteur ne soit dépossédé, l'abolition du droit arrenté ne doit pas non plus décharger le preneur de la rente, lorsque le droit aboli par une loi est aussitôt ou presque aussitôt récréé par une autre loi, sans qu'il en coûte rien au preneur.

Mais on va voir que les deux décisions de la loi romaine dont argumentent les concessionnaires primitifs, devaient, même chez les Romains, être restreintes à leurs espèces particulières, et qu'elles ne sont plus d'aucun usage parmi nous.

Que résulte-t-il, en effet, de la loi citée? Rien autre chose, si ce n'est que l'action *ex stipulatione duplæ* n'avait pas lieu dans les cas sur lesquels portait cette loi.

Mais est-ce à dire pour cela qu'à la place de cette action, qui était de droit étroit, *stricti juris*, l'acheteur ne pouvait pas poursuivre le vendeur par la simple action en garantie, par la simple action *ex empto*?

Non, et c'est ce que prouvent plusieurs autres textes du droit romain.

La loi 9, du D. *de evictionibus et duplæ stipulatione*, pose cette espèce : Vous m'avez vendu l'esclave de Titius; et Titius, avant de le revendiquer, m'a institué son héritier. Par l'effet de cette institution, je me trouve à l'abri de toute éviction relativement à l'esclave que j'ai acheté de vous; et je ne puis pas en conséquence exercer contre vous l'action que j'avais en vertu de la stipulation faite entre vous et moi, au moment de la vente; mais je n'aurai pas moins l'action simple en garantie, l'action *ex empto*, pour faire juger que l'esclave ne vous appartenait pas lorsque vous me l'avez vendu, et vous faire condamner à m'en rendre le prix : *Si vendideris mihi servum Titii, deindè Titius heredem me reliquerit, Sabinus ait amissam actionem pro evictione, quia servus evinci non potest; sed in ex empto actione recurrendum est.*

La loi 41, §. 1, du même titre, dit précisément la même chose : *Si domino servi heres extiterit emptor, quoniam evinci ei non potest, nec ipse sibi videtur evincere, non committitur duplæ stipulatio; his igitur casibus, ex empto agendum erit.*

La loi 13, §. 5, D. *de actionibus empti et venditi*, consacre en termes beaucoup plus généraux le principe sur lequel sont fondés les deux textes que nous venons de transcrire : Si, dit-elle, vous m'avez vendu un fonds qui ne vous appartenait pas, et que ce fonds soit ensuite devenu ma propriété par la libéralité d'un tiers, je n'en aurai pas moins contre vous l'action *ex empto*, l'action en simple garantie : *Si fundum mihi alienum vendideris, et hic ex causâ lucrativâ meus factus sit, nihilominùs ex empto mihi adversùs te actio competit.*

Cette différence que les lois romaines mettaient entre l'action *ex stipulatione duplæ* et l'action *ex empto*, n'a pas échappé à Pothier dans son *Traité du contrat de vente*.

Après avoir dit, n°. 96, qu'il y a « une *espèce »* *d'éviction* et lieu à la garantie, lorsque, depuis » la vente que vous m'avez faite d'une chose, je » succède à cette chose, soit à titre universel, soit à » titre singulier, même à titre lucratif, à un tiers » qui en était le vrai propriétaire, »

Il ajoute : « Cette maxime est fondée sur plusieurs » textes de droit.......; et en voici la raison. Lors- » qu'après avoir acheté une chose qui ne » vous appartenait pas, ou qui ne vous apparte- » nait pas pour toujours, je succède, à quelque » titre que ce soit, à celui à qui elle appartient, » c'est en vertu de ce nouveau titre que je retiens » désormais cette chose, ce n'est plus en vertu de la » vente que vous m'avez faite; vous cessez donc, » dès-lors, de remplir envers moi votre obligation, » *non jam præstas mihi rem habere licere*, et par » conséquent vous me devez le prix. Observez que, » par le droit romain, cette maxime n'avait lieu que

» par rapport à l'action *ex empto*, et non par rap-
» port à l'action *ex stipulatu*, qui était une action
» *stricti juris*, ne reconnaissait que l'éviction pro-
» prement dite qui résultait d'une sentence (mise à
» exécution). Cette distinction ne peut avoir lieu
» dans notre droit, où la distinction des actions
» *stricti juris* et des actions *bonæ fidei* n'est pas
» d'usage, et où d'ailleurs on ne connaît d'autre
» action en garantie que l'action *ex empto*. »

En s'expliquant ainsi, Pothier prouve bien clairement que la loi citée par les concessionnaires
primitifs n'était, même dans le droit romain, applicable qu'à l'action *ex stipulatione duplæ*, et
qu'elle n'empêchait nullement que, dans les cas qui
y sont prévus, l'action en garantie ne fût exercée
par l'acheteur maintenu par une cause lucrative,
étrangère au vendeur, dans la possession de la
chose que celui-ci lui avait vendue sans en être
propriétaire.

Et il est à présent bien facile de sentir avec quelle
force se rétorque contre les concessionnaires primitifs l'argument qu'ils tirent de cette loi.

Oui, l'abolition du droit arrenté est à la question
de savoir si le preneur est ou n'est pas déchargé de
la rente, ce qu'est l'éviction de la chose vendue à la
question de savoir si l'acheteur peut ou non répéter
son prix.

Eh bien! l'acheteur qui a cessé de posséder en
vertu du titre vicieux qu'il tient de son vendeur, et
qui ne possède plus qu'en vertu d'un titre nouveau
que lui a transmis le vrai propriétaire, a le droit
de répéter son prix, quoiqu'il n'ait pas été réellement évincé, quoiqu'il n'ait pas été dépossédé de
fait.

Donc, par la même raison, l'arrentataire d'un
droit, qui a cessé d'en jouir en vertu du titre qu'il
tient de son bailleur, et qui n'en jouit plus qu'en
vertu de la munificence d'une loi nouvelle, est déchargé de la rente ni plus ni moins que s'il avait
perdu toute espèce de jouissance de ce droit.

Donc, de même que, dans le premier cas, l'a-
cheteur, peut, avec Pothier, dire à son vendeur :
« C'est en vertu de mon nouveau titre que je retiens
» désormais la chose que vous m'avez vendue, ce
» n'est plus en vertu de la vente que vous m'en
» avez faite; vous cessez donc, dès-lors, de remplir
» envers moi votre obligation, *non jàm præstas*
» *mihi rem habere licere ;* et par conséquent vous
» me devrez le prix. »

De même aussi, dans le second cas, le preneur à
rente peut dire à son bailleur : « Le droit que vous
» m'avez arrenté est aboli par une loi postérieure
» à l'arrentement que vous m'en avez fait. Ce n'est
» donc plus en vertu de cet arrentement que j'en
» jouis, je ne continue d'en jouir qu'en vertu d'une
» nouvelle loi; vous cessez donc de remplir envers
» moi votre obligation de me faire jouir de l'objet
» de cet arrentement. L'obligation que j'avais con-
» tractée envers vous, pour le prix de cet arrente-

» ment, n'a donc plus de cause; je suis donc dé-
» chargé de la rente que je vous ai promise. »

MINEUR. §. I. *Dans la Belgique, un mineur
pouvait-il, sous l'empire des placards ou édits de
1540 et 1623, disposer de ses immeubles par son
contrat de mariage, sans l'autorisation de son
père?*

Cette question, et une autre que j'ai indiquée sous
le mot *Mariage*, §. 1, sont traitées dans le plaidoyer suivant, que j'ai prononcé à l'audience de la
section civile de la cour de cassation, sur le recours
exercé par la veuve Depaëpe, contre un jugement
du tribunal civil du département de l'Escaut, qui
déclarait nul le contrat de mariage passé entre elle
et son mari mineur.

Les faits qui ont donné lieu au jugement dont
la demanderesse provoque la cassation, paraissent,
au premier abord, très-simples; mais l'examen des
questions qui en dérivent apprend bientôt qu'ils ne
sont pas, à beaucoup près, suffisamment éclaircis.

» Le 13 juin 1763, un contrat de mariage a été
passé devant notaires, à Ninove, département de l'Escaut, entre Ignace-François Depaëpe et Marie-
Josine Vanswick.

» Un point qui n'a pas été contesté dans l'instruction, et sur lequel le jugement attaqué ne permet pas d'élever le moindre doute, c'est qu'Ignace-
François Depaëpe était alors mineur ; et la demanderesse ajoute qu'il était sous la puissance de son
père.

» Mais quel âge avait-il précisément? C'est ce
que nous ignorons.

» Marie-Josine Vanswick était-elle également en
minorité? Elle l'assure ainsi dans sa requête en cassation; mais elle n'en rapporte aucune preuve.

» Nous ne connaissons guère mieux les stipulations qu'ils ont faites entre eux par ce contrat. Seulement nous apprenons, par le jugement attaqué,
qu'ils ont fait entrer dans la communauté tous leurs
immeubles respectifs.

« Mais ces immeubles, où étaient-ils situés? Nous
n'en savons rien, et cependant c'est un point essentiel dans la cause; car si les biens étaient régis
par la coutume de Ninove, lieu du domicile des futurs
époux, comme de la passation du contrat de mariage, non-seulement il n'y avait rien d'extraordinaire dans une pareille stipulation, mais elle
était même surabondante. La coutume de Ninove,
en effet, déclare expressément, tit. 4, art. 1,
que, « lorsque le mari et la femme décèdent bour-
» geois de la ville de Ninove, soit qu'il y ait des
» enfans ou non, les effets de la maison mortuaire,
» aussi bien que les héritages, les meubles, que les
» rentes, DE QUELQUE CÔTÉ QU'ILS VIENNENT, sont
» sujets à partage entre le survivant et les héritiers,
» si tant est que lesdits biens ressortissent de la ju-
» ridiction de Ninove. »

» Et remarquez qu'il y a dans la ci-devant Flandre plusieurs coutumes qui disposent absolument de même. Ainsi, quand on supposerait que les biens d'Ignace-François Depaëpe n'eussent pas été régis par la coutume de Ninove, ce ne serait pas encore une raison pour dire qu'ils ne seraient pas entrés en communauté, dans la stipulation insérée à cet effet dans le contrat de mariage; et c'est un motif de plus pour regretter que la demanderesse n'ait pas pris soin de nous en faire connaître la situation.

» Nous ne connaissons pas davantage les circonstances, ni même la date précise de la célébration du mariage qui a suivi le contrat dont il est question.

» Tout porte néanmoins à croire qu'il n'y a eu dans ce mariage aucun vice de clandestinité, et que la célébration n'en a été ni ignorée ni contredite par les parens d'Ignace-François Depaëpe.

» Il y a plus : nous voyons dans le jugement attaqué la demanderesse mettre en fait que *le mariage des parties contractantes avait eu lieu au gré des parens des mineurs;* et non-seulement cette assertion n'est pas contestée par les adversaires de la demanderesse, mais le jugement attaqué, dans son dernier *considérant,* la suppose vraie, et raisonne comme si elle l'était réellement.

» Au surplus, de quelque manière qu'ait été célébré le mariage dont il s'agit, il paraît avoir duré plus de trente ans, puisque le mari n'est décédé que le 17 octobre 1793.

» Comme il ne laissait point d'enfans, c'est avec ses héritiers collatéraux que sa veuve a dû faire liquider ses droits.

» Ceux-ci ont réclamé contre le contrat de mariage; ils ont prétendu qu'il était nul, parce qu'Ignace-François Depaëpe y avait comparu sans l'assistance ni l'autorisation de son père; et leur prétention a été accueillie par une sentence des échevins de Ninove, du 6 brumaire an 3.

» La demanderesse a interjeté appel de cette sentence au conseil provincial de Gand; et ce tribunal ayant été supprimé sans y avoir fait droit, elle a été assignée par les héritiers Depaëpe, en reprise d'instance, devant le tribunal civil du département de l'Escaut.

» Là, il est intervenu, le 1er floréal an 7, un jugement contradictoire qui a confirmé purement et simplement la sentence des échevins de Ninove, sur le motif que « les mineurs ne peuvent valablement » contracter à l'effet d'obliger leurs personnes et » leurs héritiers; qu'aucune espèce de contrat n'est » exceptée de cette disposition générale; qu'ainsi, le » contrat de mariage exige, aussi bien que tout » autre, l'autorisation des parens ou des tuteurs, » quand des mineurs y sont parties; que d'ailleurs » le contrat de mariage dont il s'agit présente des » stipulations peu communes, et déviant des droits » et avantages ordinaires prescrits par les coutumes » entre les conjoints, en ce que feu Ignace-François

» Depaëpe y stipule que tous les biens immeubles » seront communs, ce qui en emporte l'aliénation; » qu'enfin, si le consentement des parens au ma- « riage d'un mineur faisait présumer l'autorisation » à faire un contrat anténuptial, ce qui cependant » n'est décidé nulle part, au moins cette présomption » ne serait applicable qu'au contrat dans lequel on » ne trouverait que des stipulations ordinaires, ou » celles que l'on rencontre le plus fréquemment dans » un tel contrat. »

» C'est contre ce jugement que la demanderesse se pourvoit en cassation : elle l'attaque à la fois dans la forme et au fond.

» Dans la forme, elle soutient que ce jugement est nul :

» 1º Parce qu'il a été rendu sur une expédition en langue flamande du contrat de mariage du 13 juin 1763, et sans qu'à cette expédition fût jointe une traduction authentique de l'acte, ainsi que le prescrivait l'arrêté des représentans du peuple, Pérez et Portier (de l'Oise); du 28 frimaire an 4;

» 2º Parce que c'est aussi en langue flamande que les parties ont plaidé devant le tribunal civil de l'Escaut; ce qui emporte contravention à l'arrêté des mêmes représentans, du 12 du même mois;

» 3º Parce que, d'après la loi du 12 octobre 1790, ce n'était pas devant le tribunal civil de l'Escaut que l'affaire devait être portée.

» De ces trois moyens, les deux premiers reposent sur des faits qui ne sont nullement prouvés, et tous trois sont non-recevables dans la bouche de la demanderesse.

» Le premier est non-recevable, parce que, si c'est la demanderesse qui a produit elle-même son contrat de mariage en langue flamande, elle ne peut pas se faire un moyen d'une contravention qui serait son ouvrage personnel; et que, si la production en a été faite par ses adversaires, l'art. 4 de la loi du 4 germinal an 2 s'oppose à ce qu'elle s'en prévaille devant vous, après avoir négligé de s'en prévaloir devant le tribunal de l'Escaut.

» Le deuxième est non-recevable par les mêmes raisons, c'est-à-dire, parce que la demanderesse ne peut pas se plaindre devant vous d'avoir elle-même violé devant le tribunal de l'Escaut l'arrêté qui lui défendait de plaider en flamand; et que, d'après la loi du 4 germinal an 2, elle ne peut pas se plaindre davantage de ce que ses adversaires ont également violé le même arrêté.

» Le troisième enfin est non-recevable, parce que la demanderesse a, par le fait, consenti à être jugée par le tribunal civil du département de l'Escaut.

» Au fond, la demanderesse soutient que le jugement est contraire à ce qu'elle appelle *la loi de* 1540, et au placard du 29 novembre 1623.

» Pour en bien juger, nous devons commencer par un examen attentif de ces deux lois.

» La première forme l'art. 17 du placard ou édit de Charles-Quint, du 4 octobre 1540. En voici les termes :

« Et pour ce que journellement plusieurs incon-
» véniens adviennent en nosdits pays, par mariages
» clandestins qui se contractent entre jeunes gens,
» sans avis, conseil et consentement des parens et
» amis des deux parties; nous, considérant que,
» selon la disposition du droit écrit, tels mariages
» ne correspondent à bonne et honnête obéissance,
» et communément ont difficile fin ; voulons, or-
» donnons et statuons que, si aucun s'avance de sol-
» liciter ou séduire quelque jeune fille non excédant
» l'âge de vingt ans, par promesse ou autrement,
» de contracter mariage avec elle, ou de fait con-
» tracte mariage sans consentement des père, mère
» ou de ladite fille, ou des plus prochains parens ou
» amis, en cas qu'elle n'ait père ni mère, ou de
» ceux de la justice du lieu, que tel mari ne pourra
» jamais avoir, prendre ou lever aucun douaire ou
» autre gaignage, soit en vertu du contrat anténup-
» tial, de coutume du pays, par testament, donation,
» transport, cession, ou autrement en manière que
» ce soit, sur les biens que ladite fille pourra délaisser,
» ores qu'après le mariage consommé, il obtiendrait
» le consentement du père ou mère, desdits parens
» ou amis ou de ladite justice, auquel ne voulons en
» ce cas avoir prins regard.

» Semblablement, si quelque fille ou femme s'a-
» vance de contracter mariage avec un fils non ex-
» cédant l'âge de vingt-cinq ans, sans consentement
» de père ou de mère, ou des plus prochains amis,
» s'il n'a père, ou de ceux de la justice du lieu, telle
» femme ne pourra jamais avoir, prendre ou lever
» aucun douaire ou autre gaignage sur les biens que
» tel mari pourra délaisser, soit en vertu du contrat
» anténuptial, de coutume du pays, par testament,
» donation, transport, cession ou autrement en ma-
» nière que ce soit, quand ores qu'après le mariage
» consommé, ils obtiendraient de père ou mère,
» desdits parens et amis, ou de la justice, le con-
» sentement; auquel audit cas ne voulons avoir prins
» aucun regard.

» En outre, défendons à tous nos sujets de point
» être présens, consentir ou accorder tels mariages
» faits sans consentement des père et mère, des plus
» prochains parens ou de la justice, ou recevoir,
» entretenir ou loger tels mariés en leur maison, sur
» peine de cent carolus d'or, ou d'autre peine arbi-
» traire plus grande.

» Quant au placard du 29 novembre 1623, voici
ce qu'il porte, art. 1 : « Avons déclaré et déclarons
» que lesdits enfans de famille n'ayant encore vingt-
» cinq ans accomplis, qui se marieront contre le
» gré, vouloir et consentement, ou au descu de
» leurs dits père et mère, et tous autres mineurs d'ans
» qui contracteront mariage sans le conseil, avis et
» consentement, tant de leurs proches parens du côté
» paternel et maternel, que de leurs tuteurs, en-
» semble tous ceux qui épouseront lesdits jeunes

» gens, de quelque qualité ou condition qu'ils soient,
» seront incapables de tous et quelconques avanta-
» ges, profits et émolumens qu'ils pourraient aucune-
» ment prétendre directement ou indirectement l'un
» de l'autre, par contrats, donations entre-vifs ou à
» cause de mort, testamens, successions, coutume
» du lieu, ou autrement en manière quelconque;
» déclarant toutes donations ou pactions, ou autres
» avantages auparavant faits au profit l'un de l'autre,
» nuls et de nulle valeur; le tout nonobstant que,
» depuis la consommation de tels mariages, père et
» mère y auraient prêté leur consentement, et à
» quoi ne voulons être pris aucun égard.

» Vous voyez que cette disposition se rapproche
beaucoup de celle du placard de 1540. Mais il importe de bien saisir les points dans lesquels ces deux
lois s'accordent, et les points, s'il y en a, dans lesquels elles diffèrent entre elles.

» Elles s'accordent à ne pas déclarer nuls, mais
à priver de tout avantage coutumier et conventionnel, les mariages contractés par des mineurs dans
les circonstances dont elles parlent.

» Elles paraissent différer, en ce que la disposition
du placard de 1540 ne porte littéralement que sur
les mariages clandestins, tandis que celle du placard
de 1623 embrasse, dans la généralité de son texte,
les mariages contractés publiquement comme les
mariages contractés en secret.

» Elles paraissent différer encore, en ce que, dans
le placard de 1540, il est question des mariages
contractés par des mineurs, sans le consentement
de leur père ou mère, tandis que dans le placard
de 1623, il s'agit de mariages que des mineurs contractent contre le gré, vouloir et consentement,
ou au descu de leurs dits père et mère.

» Ainsi, le placard de 1540 frappe sur le mariage
que le consentement du père et de la mère n'a pas
précédé; et celui de 1623, sur le mariage qui a été
fait, ou à l'insu des père et mère, ou au préjudice
de leur opposition.

» Ainsi, d'après le placard de 1540, la privation
de tout avantage coutumier ou contractuel est encourue, si le père n'a pas consenti ; mais d'après le
placard de 1623, il n'y a lieu à cette peine que lorsque le père s'est opposé au mariage ou lorsqu'il l'a
ignoré.

» Ainsi, en un mot, d'après le placard de 1623,
la peine n'a pas lieu, si le père, instruit des prépa-
ratifs du mariage, ne s'y est pas opposé. Mais, d'après
le placard de 1540, le défaut d'opposition du père
ne suffit pas pour faire cesser la peine ; la peine est
encourue par cela seul qu'il n'a pas donné son consentement.

» Cependant ces différences entre l'une et l'autre
loi ne sont qu'apparentes; et dans la réalité, elles
s'accordent parfaitement.

» Quels sont, en effet, les mariages que frappe
le placard de 1540, lorsqu'ils ont été faits sans
le consentement du père et de la mère ? Ce sont

les *mariages clandestins*, c'est-à-dire, les mariages faits à l'insu des parens. Ainsi, le mariage dont le père a été instruit, et auquel il n'a pas formé opposition, n'est pas plus compris dans le placard de 1540 qu'il ne l'est dans celui de 1623.

» Et voilà pourquoi Voët, qui ne connaissait pas le placard de 1623, parce que la Hollande, où il écrivait, n'était plus, à l'époque de la publication de cette loi, sous la domination autrichienne, n'a pas laissé d'établir, dans son commentaire sur le digeste, titre de *Ritu nuptiarum*, n° 18, qu'il n'y a pas lieu aux peines portées par le placard de 1540, lorsque le père, instruit, par la publication des bans, du mariage de son fils mineur, n'y a pas formé opposition : *Observandum autem, circà hunc parentum similiumque requisitum ad nuptias assensum, non præcisè expressum, sed et tacitum sufficere, convenienter juri romano, dùm cognitis nuptiis contrahendis contradictores non extiterunt. Quâ ratione, si fortè minores per subreptionem impetraverint solemnes ex mero faciendas denunciationes, et parentes hæc ipsâ scientes passi sint, nec apud eos quibus id curæ, quibusque obreptum est intercesserint quominùs, solemnia denunciationum peragantur, ac nuptiæ sequantur, non possunt non videri suo silentio cum certâ scientiâ conjuncto, nuptiis talibus, antequàm consummarentur, consensum dedisse, atque ite effecisse ne...... locum sibi vindicent pœnæ edicto Caroli Quinti, anno 1540, art. 17, narratæ.*

» Voët argumente, en faveur de son opinion, de plusieurs lois romaines qui, relativement au mariage du fils de famille, assimilent le consentement tacite du père à son consentement exprès;

» Et c'est aussi ce qu'enseignent trois autres jurisconsultes bataves qui ont également écrit sur le placard de 1540, savoir à Sande, dans son recueil d'arrêts du conseil de Frise, liv. 2, tit. 1 déf. 2, quest. 2; Groenewegen, sur les Institutes, tit. *De nuptiis*, n° 5; et Brouwer, *De jure connubiorum*, liv. 2, chap. 24, n° 43 et 44.

» Nous trouvons la même doctrine dans les auteurs belges qui ont écrit à la fois sur le placard de 1540 et sur celui de 1623, notamment dans le *Tribonien belgique* d'Anselmo, chap. 54, §. 38, et dans les *Institutions au droit belgique* de Deghewiet, page 43. Voici les termes de celui-ci : « Le
» consentement des père et père doit je viens de
» parler, ne doit pas toujours être exprès et précis;
» leur consentement tacite suffit, lorsqu'ils ont été
» pleinement informés que le mariage allait se faire,
» sans y avoir contredit. Voët le tient ainsi, et le
» parlement de Flandre en a décidé de même, par
» arrêt du 18 juillet 1704, entre la douairière de
» Bavinckove et la baronne d'Assignes, pour la-
» quelle j'avais écrit. Le père du mariant, mineur,
» était dans l'église, mais dans un autre endroit que
» là où l'on célébrait le mariage. »

» Nous n'avions pas au surplus besoin de ces au-

torités, pour établir une vérité aussi évidente par elle-même ; mais que pouvons-nous en conclure relativement à l'espèce qui nous occupe ici ?

» Le jugement du tribunal de l'Escaut a-t-il jugé que le défaut de consentement exprès du père d'Ignace-François Depaëpe à la célébration de son mariage, avait donné lieu contre la demanderesse, aux peines portées par les placards de 1540 et de 1623 ?

» Non : il n'a pas même jugé que le père d'Ignace-François Depaëpe n'eût pas consenti au mariage de son fils ; et, comme nous l'avons déjà observé, il a supposé au contraire que ce consentement était intervenu ; c'est même sur cette supposition que roule son dernier *considérant*.

» D'après cela, quel rapport ont avec la cause actuelle les placards de 1540 et de 1623 ? Aucun, puisqu'encore une fois ce n'est pas du défaut de consentement du père au mariage de son fils, mais du défaut de consentement du père aux stipulations qui, de la part du fils, avaient précédé la célébration de son mariage, qu'ont argumenté les juges de l'Escaut, pour confirmer la sentence des échevins de Ninove.

» Et qu'on ne dise pas que, si, aux termes des placards de 1540 et de 1623, le père est censé avoir consenti au mariage de son fils, par cela seul qu'il l'a su et ne s'y est pas opposé, il doit, par la même raison, être censé en avoir également approuvé les stipulations préalables.

» D'abord, les placards de 1540 et de 1623 ne disent pas un mot de cela. Que l'on infère des termes dans lesquels ils sont conçus, que le défaut d'opposition du père, lorsqu'il est informé du mariage de son fils, équivaut à un consentement formel, à la bonne heure. Mais les termes dans lesquels sont conçues ces deux lois, ne conduisent pas directement à la même conséquence, relativement au contrat de mariage ; ainsi, impossible de regarder ces deux lois comme violées, à cet égard, par le jugement du tribunal de l'Escaut.

» En second lieu, comment pourrait-on sérieusement argumenter ici de la cérémonie nuptiale au contrat de mariage ? Qu'un père soit censé approuver le mariage de son fils, lorsqu'il ne s'y oppose pas, cela se conçoit. Les proclamations qui précèdent cette cérémonie, la publicité qu'elle a par elle-même, ne permettent pas de supposer que le père l'ait ignoré; et l'on ne peut pas l'en supposer instruit, sans attacher à son silence l'idée d'une approbation virtuelle. Mais le contrat de mariage est par sa nature un acte secret pour tous ceux qui n'y sont pas appelés, surtout dans les pays où il n'est sujet, ni à l'insinuation, ni à l'enregistrement, ni à aucune autre formalité équipolente ; et telle était la Flandre autrichienne en 1763. Le père qui n'est pas appelé au contrat de mariage de son fils, peut donc très-bien en ignorer non-seulement les clauses, mais même l'existence : on ne peut donc pas exciper à cet égard du défaut d'opposition de la part du père ; le père ne peut pas s'opposer à la passation d'un contrat de mariage, lorsque rien ne lui annonce qu'on le passe effectivement.

» Écartons donc les inductions que tire la demanderesse, soit du placard de 1540, soit de celui de 1623; encore une fois ces deux édits sont absolument étrangers à la cause qui nous occupe; et renfermons-nous dans l'examen de la seule question qu'elle nous offre, de celle de savoir si le tribunal de l'Escaut a violé quelque loi, en déclarant nul le contrat de mariage d'un fils de famille mineur, parce que son père n'y était pas intervenu pour l'autoriser.

» Sur ce point, nous devons d'abord observer que la coutume de Ninove ne décide rien, absolument rien; elle ne parle ni des fils de famille, ni des mineurs, ni des contrats de mariage, ni même des contrats en général.

» Mais les lettres-patentes de Philippe II, 9 du juillet 1563, portant homologation de cette coutume, ordonnent expressément que ce qui n'est pas compris dans son texte demeurera à la disposition du droit commun.

» C'est donc par le droit commun que doit se résoudre notre question. Mais que doit-on, à cet égard, entendre par le droit commun? Est-ce le droit romain? Est-ce la jurisprudence la plus générale de la ci-devant province de Flandre?

» Si c'est le droit romain, nous n'y trouverons rien qui ne soit en harmonie, sinon avec les motifs textuels, du moins avec le dispositif du jugement du tribunal de l'Escaut.

» A la vérité, dans le droit romain, le fils de famille est capable de contracter toutes sortes d'obligations. La loi 39, D. de obligationibus et actionibus, porte qu'il peut généralement s'obliger comme un père de famille, ex omnibus causis tanquàm paterfamilias obligatur, et qu'on peut agir contre lui de même que contre un père famille, pour lui faire exécuter ses engagemens, et ob id agi cum eo tanquàm cum patrefamilias potest.

» Il est vrai que, d'après cette règle générale, Ignace-François Depaëpe doit être considéré comme ayant pu s'obliger valablement par le contrat de mariage du 13 juin 1763, quoiqu'il fût alors non-seulement en puissance de père, mais encore mineur de vingt-cinq ans; car s'il était mineur de vingt-cinq ans, bien certainement il était au-dessus de l'âge de pupillarité. Or, par le droit romain, tout individu au-dessus de quatorze ans peut, quoique mineur de vingt-cinq ans, s'obliger comme s'il avait atteint sa pleine majorité, sauf le recours au bénéfice de rescision.

» Mais aussi, par le droit romain, toute convention matrimoniale qui emporte aliénation des immeubles d'un mineur, est nulle, si elle n'a été autorisée par un décret préalable de justice. C'est ce qui résulte de la loi 8, C. de prædiis minorum, et de la loi 22, C. de administratione tutorum et curatorum.

» Et certes, elle emportait aliénation des immeubles d'Ignace-François Depaëpe, la clause de son contrat de mariage, qui les ameublissait et les faisait entrer en communauté.

» Aussi existe-t-il un grand nombre d'anciens arrêts, même du parlement de Paris, par lesquels a été déclarée nulle toute clause de cette espèce qui, de la part d'un mineur, n'était pas précédée des formalités ordinaires pour la vente de ses biens-fonds; et si depuis, dans le ressort du parlement de Paris, on s'est relâché de cette rigidité de principes, ce n'est assurément pas une raison pour faire casser un jugement qui, dans une autre contrée, s'est tenu sur cette matière aux véritables et saines maximes du droit romain.

» Maintenant veut-on, par le droit commun auquel renvoient les lettres-patentes approbatives de la coutume de Ninove, entendre la jurisprudence la plus générale de la ci-devant province de Flandre? Nous la trouverons d'accord, non-seulement avec le dispositif, mais même avec les motifs du jugement attaqué.

» En effet, le jugement attaqué porte tout entier sur ce principe, qu'un mineur de vingt-cinq ans et un fils de famille, même majeur, ne peuvent s'obliger valablement par aucune espèce de contrat, s'ils n'y sont expressément autorisés, l'un par son tuteur, l'autre par son père.

» Or, ce principe est écrit dans presque toutes les coutumes de Flandre, notamment dans celle de Gand, rubr. 22, art. 8; de Poperingue, tit. 13, art. 24; de Bergues, rubr. 17, art. 31; de Lille, tit. 4, art. 2; de Douai, chap. 7, art. 2; de Tournai, tit. 10, art. 2; de Nieuport, rubr. 19, art. 13, etc.

» Toutes ces coutumes ont, comme de concert, aboli la différence que mettait le droit romain entre les pupilles et les mineurs; elles ont appliqué aux mineurs l'incapacité de s'obliger, que le droit romain établissait contre les pupilles; elles ont fait plus encore, relativement aux fils de famille: considérant la puissance paternelle comme une espèce de tutelle légitime, elles ont, par rapport à la faculté de contracter, étendu aux personnes soumises à l'une, tous les effets que produit l'autre à l'égard de ceux qui y sont assujétis.

» Et tel est véritablement le droit commun, non-seulement de toute la ci-devant province de Flandre, mais encore de toutes les ci-devant provinces belgiques, l'Artois excepté.

» Cela posé, nul doute que le tribunal de l'Escaut n'ait pu et dû admettre en principe que les mineurs non autorisés « ne peuvent valablement con-» tracter, à l'effet d'obliger leurs personnes et leurs » héritiers; » et il ne reste plus de difficulté que sur le point de savoir s'il n'a pas dû en excepter les contrats de mariage.

» Sur quel fondement les en aurait-il donc exceptés? Aucune loi générale, aucune coutume particulière de la ci-devant province de Flandre ne dispense, à cet égard, les mineurs, de la nécessité de l'autorisation, soit paternelle, soit tutélaire; nous trouvons, au contraire, dans la coutume d'Ypres, rubr. 13, art. 2, une disposition qui exige formellement cette autorisation dans les contrats de mariage des mineurs.

» Qu'importe que Vandenhane, dans ses *Notes sur la coutume de Gand*, rubr. 20, art. 20, ait dit que *minor, sicut est habilis ad matrimonium, ità est ad omnia pacta antenuptialia congrua, solita et in regione frequentia?*

» Inférons de là, si l'on veut, que, dans l'opinion de Vandenhane, le consentement tacite du père d'Ignace-François Depaëpe au mariage de celui-ci, l'aurait suffisamment habilité à signer des conventions matrimoniales dans lesquelles il ne serait entré rien que d'ordinaire et d'usité dans le pays.

» Mais d'abord cette opinion n'est pas une loi, et un jugement qui y serait contraire, ne devrait ni ne pourrait pour cela être cassé; ensuite, la question est précisément de savoir si le contrat de mariage d'Ignace-François Depaëpe peut être assimilé à ce que Vandenhane appelle *pacta antenuptialia congrua, solita et in regione frequentia.* Or, cette question qui gît tout entière en fait, le tribunal de l'Escaut l'a décidée pour la négative, sans que la demanderesse en cassation ait rien produit, rien articulé, qui tendît à prouver le contraire; et certes, nous ne sommes pas, sur un point de fait, obligés ni même autorisés à pousser notre examen au-delà du cercle dans lequel nous circonscrivent les pièces qui sont sous nos yeux.

» Si la demanderesse trouvait que le tribunal de l'Escaut se fût mépris, en présentant comme une clause extraordinaire celle qui faisait entrer en communauté tous les immeubles d'Ignace-François Depaëpe, il lui était extrêmement facile de relever et de réfuter cette erreur. Elle n'avait qu'à prouver que les immeubles d'Ignace-François Depaëpe étaient situés, soit dans la coutume de Ninove, soit dans toute autre coutume de communauté universelle. Elle ne l'a point fait, elle ne l'a pas même entrepris: elle a donc reconnu, par cela même, que les immeubles d'Ignace-François Depaëpe ne seraient pas entrés en communauté, sans la clause dont il s'agit. Elle a donc, par cela même, reconnu que le tribunal de l'Escaut avait eu raison de qualifier cette clause d'extraordinaire; elle a donc, par cela même, reconnu que cette clause emportait aliénation, et, par une suite nécessaire, qu'elle était nulle, même en supposant à Ignace-François Depaëpe la capacité de s'obliger personnellement.

» Sans doute, on n'objectera pas que la nullité de cette clause a été effacée par la prescription.

» De quelle prescription voudrait-on parler?

» Serait-ce de celle de dix ans, établie par l'art. 19 de l'édit perpétuel des archiducs Albert et Isabelle, de 1611, copié sur l'art. 40 de l'ordonnance de Louis XII, de 1510? Mais cette prescription ne

porte que sur les rescisions de contrats valables dans l'origine; elle ne s'étend pas jusqu'aux contrats radicalement nuls. Ainsi l'a décidé une déclaration du conseil-privé de Bruxelles, du 14 novembre 1638; ainsi l'ont jugé trois arrêts du conseil de Brabant, des mois de mai 1645, octobre 1704 et octobre 1705, rapportée par Stokans et Wygnans; ainsi l'ont pareillement jugé deux arrêts du parlement de Flandre, des 27 janvier 1698 et 13 octobre 1706, rapportés par Desjaunaux et Deghewiet.

» Voudrait-on parler de la prescription de trente ans? Il est vrai que, du contrat de mariage d'Ignace-François Depaëpe à son décès, il y a un intervalle de trente ans et quatre mois. Mais à quel époque Ignace-François Depaëpe était-il devenu majeur? C'est ce que nous ignorons; et ce qui doit, au moins à nos yeux, prouver qu'il ne s'était pas écoulé trente ans de sa majorité à sa mort, c'est que la demanderesse ne l'a pas dit, c'est qu'elle n'a pas cherché à s'en faire un moyen, c'est qu'en un mot elle n'a pas plus allégué la prescription trentenaire que la prescription décennale.

» Dans ces circonstances, et par ces considérations, nous estimons qu'il y a lieu de rejeter la requête en cassation, et de condamner la demanderesse à l'amende. »

Sur ses conclusions, arrêt de la section civile, du 2 germinal an 9, au rapport de M. Liborel, par lequel,

« En ce qui concerne les moyens de forme:

» Attendu que, n'ayant point été proposés par-devant les juges qui ont rendu le jugement attaqué, la demanderesse est non-recevable, aux termes de la loi du 4 germinal an 2, à les présenter au tribunal de cassation.

» En ce qui touche le moyen du fond:

» Attendu que ce ne sont point les édits de 1540 et de 1623, cités par la demanderesse, qui ont servi de base au jugement attaqué, et que ces lois étaient véritablement inapplicables à la question de la validité des conventions matrimoniales dont il s'agissait;

» Attendu qu'en décidant, d'après le droit qui régissait les parties, que lesdites conventions ne devaient point avoir effet, le jugement attaqué n'a contrevenu à aucune loi:

» Le tribunal rejette le pourvoi..... »

§. II. *Quelles étaient, avant la publication du code civil, les formalités rigoureusement nécessaires pour l'aliénation des biens des mineurs?*

V. le plaidoyer du 21 ventôse an 9, rapporté à l'article *Absent*, §. 3.

§. III. *Un mineur dont le bien a été vendu illégalement, peut-il en attaquer la vente, lorsque, parvenu à l'âge de majorité, il en a reçu le prix des mains de l'acquéreur?*

Cette question s'est présentée à l'audience de la

cour de cassation, section civile, le 4 thermidor an 9, sur le recours exercé par Marie Bordenave et ses sœurs, contre un jugement du tribunal civil du département des Hautes-Pyrénées, rendu en faveur du sieur Vignalet.

« Du rapport et des plaidoiries que vous venez d'entendre (ai-je dit en concluant sur cette affaire), il résulte

» Qu'en septembre 1791, c'est-à-dire à une époque où la loi ne mettait à la faculté de disposer entre enfans, d'autres bornes que celle de la légitime, Anne Pinaut, mère des demanderesses, fit un testament par lequel elle institua, pour unique héritière Marie Bordenave, sa fille aînée;

» Que le 28 août 1793, Marie Bordenave, encore mineure, obtint du tribunal du district de Pau un jugement qui, du consentement de son père, de son curateur aux causes, d'un cit. Huguet, l'un de ses plus proches parens, de ses sœurs, et du commissaire du pouvoir exécutif, l'autorisa à vendre le domaine de Pinaut, seul bien qu'elle eût recueilli, à ce qu'il paraît, de la succession maternelle;

» Que cette autorisation fut motivée sur l'état de délabrement où se trouvait ce domaine, sur l'impuissance de Marie Bordenave d'y faire les réparations indispensables, et sur la multiplicité des dettes qu'il y avait à payer;

» Et qu'en conséquence, le 17 septembre 1793, le domaine fut vendu au défendeur pour le prix de 13,600 francs.

» Vous avez aussi remarqué que, le 15 pluviôse an 3, Marie Bordenave, alors majeure, reçut du défendeur le dernier payement de cette somme, et lui en donna quittance devant notaire.

» Mais ce qu'il nous importe le plus d'observer, c'est que, dans cette quittance, Marie Bordenave reconnaît que c'est *de son bon gré* qu'elle reçoit ce qui lui reste dû par le défendeur.

» Une autre circonstance qui ne doit pas non plus nous échapper, c'est que, le 20 brumaire précédent, c'est-à-dire, à une époque où il y avait déjà un mois et demi qu'elle avait atteint sa majorité, Marie Bordenave avait ratifié par-devant notaire, une quittance de 886 livres 10 sous qu'elle avait donnée au défendeur, le 4 germinal an 2.

» Certainement alors, Marie Bordenave ne pensait pas à revenir sur la vente du domaine de Pinaut. Mais le 14 vendémiaire an 4, elle se pourvut en nullité de cette vente, et sa demande ayant été portée devant le tribunal civil du département des Basses-Pyrénées, Jeanne et Marguerite Bordenave, ses sœurs, y intervinrent: l'une, sous l'assistance et l'autorisation de son mari; l'autre, encore pupille, sous l'assistance et l'autorisation de son père.

Le 12 pluviôse an 5, jugement qui reçoit le commissaire du gouvernement opposant à celui du tribunal du district de Pau, du 28 août 1793; reçoit pareillement Jeanne et Marguerite Bordenave parties intervenantes dans l'instance, à raison de l'intérêt qu'elles y ont comme légitimaires; et au fond, annule la vente, comme faite sans cause légitime, sans avis légal de parens, et sans les solennités d'usage.

» Mais sur l'appel du défendeur, ce jugement est infirmé par un autre du tribunal civil des Hautes-Pyrénées, du 15 messidor de la même année, sur le fondement:

» En ce qui concerne le commissaire du pouvoir exécutif, qu'il n'a pas pu attaquer de son chef le jugement du 28 août 1793, auquel il avait concouru.

» En ce qui concerne Jeanne et Marguerite Bordenave, parties intervenantes, qu'elles sont sans intérêt dans l'instance, puisque Marie Bordenave, leur sœur, a pu, en sa qualité d'unique héritière, vendre sans leur participation le bien dont il s'agit; qu'à la vérité, elles peuvent agir pour supplément de légitime contre l'acquéreur de ce bien; mais que ce n'est point là un motif suffisant pour faire recevoir leur intervention dans une affaire où il n'est question que de savoir si la vente est, ou non, valable:

» Enfin, en ce qui concerne Marie Bordenave, venderesse, qu'en recevant, majeure, le prix de la vente, elle a ratifié la vente elle-même; que si elle a été lésée, elle peut se pourvoir en rescision; mais que, lésée ou non, elle est non-recevable dans sa demande en nullité.

» Voilà comment est motivé le jugement du tribunal des Hautes-Pyrénées, dont on vous demande la cassation.

» Mais ce jugement n'est pas le seul qui soit ici attaqué; le recours des demanderesses porte aussi, et avant tout, sur le jugement du tribunal du district de Pau, du 28 août 1793.

» Est-ce donc en dernier ressort qu'a été rendu ce dernier jugement? Non; il ne pouvait pas l'être, et il ne l'a pas été.

» Dès-là, comment a-t-on pu vous en demander la cassation? Vous n'êtes appelés, par votre institution, qu'à l'examen des jugemens en dernier ressort, pour annuler ceux qui présentent quelque contravention aux lois; quant aux jugemens de première instance, ils sont hors de la sphère de vos attributions, ou du moins vous ne pouvez les casser que pour excès de pouvoir, et sur la dénonciation expresse du gouvernement (1).

» Du reste, la fin de non-recevoir qui s'élève contre la demande en cassation du jugement du 28 août 1793, ne change rien au sort des demanderesses; car si ce jugement a été rendu en contravention aux lois concernant les ventes des biens de mineurs, et s'il a dû en conséquence être rétracté par le jugement du tribunal des Hautes-Pyrénées, du 15 messidor

_____

(1) *V.* l'article *Excès de pouvoir.*

an 5, bien certainement il y aura lieu de casser ce dernier jugement, par les mêmes considérations qui auraient dû le déterminer à rétracter l'autre.

» Tout dépend donc ici du point de savoir si le jugement du 28 août 1793, en permettant la vente du domaine de Pinaut, a respecté ou violé les lois régulatrices de l'aliénation des biens appartenant aux mineurs.

» Mais cette question est elle-même subordonnée à une autre, qui est ici essentiellement préjudicielle : c'est de savoir si Marie Bordenave est encore recevable à attaquer la vente de son bien, et, par suite, à se plaindre de ce que le jugement du tribunal des Hautes-Pyrénées, du 11 messidor an 5, n'a pas rétracté le jugement du 28 août 1793, qui avait autorisé cette vente.

» Vous n'avez pas oublié que le tribunal des Hautes-Pyrénées l'y a déclarée purement et simplement non-recevable, par la raison qu'en recevant, majeure, le restant du prix de la vente, elle avait implicitement ratifié la vente elle-même. Cette décision est-elle conforme ou contraire aux lois en la matière ?

» Elle leur serait certainement contraire, si c'était *forcément* que Marie Bordenave eût reçu, le 15 pluviôse an 3, ce qui lui restait dû par l'acquéreur.

» Mais la quittance qu'elle a elle-même donnée devant notaire, énonce et constate que c'est *de son bon gré* qu'elle a reçu.

» Il est vrai que, quarante jours auparavant, le 5 nivôse an 3, le cit. Vignalet lui avait fait faire des offres réelles, avec menace de se pourvoir en justice pour être autorisé à consigner, si elle ne recevait pas.

» Mais cette circonstance ne peut pas empêcher qu'elle ne soit censée avoir reçu bien volontairement le 15 pluviôse :

» D'abord, parce que le cit. Vignalet n'a donné aucune suite à ses offres réelles ; que ces offres réelles ne suffisaient pas seules pour mettre Marie Bordenave dans la nécessité de recevoir ; et qu'elle l'a elle-même si bien reconnu, que, dans sa quittance du 15 pluviôse an 3, elle a formellement déclaré que c'était *de son bon gré* qu'elle recevait;

» Ensuite, parce que, sur les offres réelles du cit. Vignalet, elle s'était refusée à recevoir, non pas pour se réserver le moyen de revenir contre la vente, mais uniquement par la raison que le cit. Vignalet avait exigé qu'elle fît intervenir dans la quittance ses deux sœurs, assistées, l'une de son tuteur, l'autre de son curateur; et que, de son côté, elle n'était pas (ce sont les termes de sa réponse) *à portée de connaître le montant des prétentions de ses sœurs*. Aussi voyons-nous que, le 10 pluviôse suivant, les prétentions de ses sœurs ayant été liquidées et fixées par un jugement contradictoire, elle s'est trouvée satisfaite sur ce point, et il n'a plus existé d'obstacle à la bonne volonté qu'elle avait manifestée de recevoir.

» Ajoutons encore que, dès le 20 brumaire précédent, époque où elle était déjà majeure, elle avait, de son propre mouvement, ratifié par-devant notaire une quittance sous seing-privé qu'elle avait donnée au cit. Vignalet pendant sa minorité.

» Ainsi tout concourt à établir qu'il n'y a eu rien de forcé, qu'il n'y a eu rien que de volontaire de sa part dans le payement définitif qui lui a été fait le 15 pluviôse an 3.

» Cela posé, nous avons à examiner si un vendeur, en recevant, après qu'il est parvenu à l'âge de majorité, le prix d'une vente qu'il a faite étant mineur, renonce au droit qu'il peut avoir de faire annuler cette vente pour omission des formalités indispensables.

» Sur cette question, écoutons la loi 10, D. *de rebus eorum qui sub tutelâ vel curâ sunt, sine decreto non alienandis*. Un immeuble appartenant à un pupille ou à un mineur, ayant été vendu sans formalités (après le sénatus-consulte qui, sur la proposition de l'empereur Sévère, avait défendu aux tuteurs et curateurs d'aliéner autrement que par décret de justice, les biens-fonds de leurs pupilles ou mineurs), le pupille ou mineur, parvenu à sa majorité, a exercé contre son tuteur ou curateur l'action en reddition de compte de tutelle ou curatelle (action qu'on appelle, à l'égard du tuteur, *actio tutelæ*, et à l'égard du curateur, *utilis actio curæ*), et par le résultat du compte, le prix du bien vendu a été payé au pupille ou mineur par son tuteur ou curateur. Cela fait, le pupille ou mineur pourra-t-il encore inquiéter l'acquéreur de cet immeuble ? Non; toute action lui est interdite à cet égard : *Illicitè post senatus-consultum pupilli vel adolescentis prædia venundato, si eo nomine apud judicem tutelæ vel utilis actionis, æstimatio facta est, ea que soluta, vindicatio prædii ex æquitate inhibitur*. Car, dit sur cette loi la glose de l'édition des Elzévirs, *non tàm asperè tractandum est jus prohibitæ alienationis prædiorum pupillarium, ut et solutâ æstimatione à tutore, in emptorem pupillus summo jure experiatur*.

» Et sur le fondement de cette loi, l'un des plus profonds jurisconsultes du dernier siècle, Voët, en son Commentaire sur le digeste, liv. 27, tit 9, n° 14, enseigne que le mineur dont le bien a été vendu illégalement, ne peut plus en attaquer la vente, lorsque, parvenu à l'âge de vingt-cinq ans, il en a reçu le prix de son tuteur, dans son compte de tutelle, parce que par là, il est censé en avoir ratifié tacitement l'aliénation : *Sed nec silentio præternittendum, alienationes illas quæ, initio inspecto, ipso jure nullæ erant, tanquàm contrà senatus-consultum factæ, subinde ex postfacto confirmari posse, præsertim si minor jam major factus alienationem ratam habuerit*, SIVE EXPRESSÈ, SIVE TACITÈ, *dùm adversùs tutorem aut curatorem jam major factus actione tutelæ, vel utilem curationis causâ instituit ad æstimationem seu pretium ejus quod illicitè distractum est.*

On objectera sans doute qu'après avoir reçu, en majorité, le prix d'une vente faite en minorité, on n'en conserve pas moins le droit de faire rescinder la vente pour cause de lésion, et que telle est la décision implicite de la loi première, au code, *si major factus alienationem factam sine decreto ratam habuerit.*

» Mais s'ensuit-il de là que la réception du prix, en majorité, ne couvre pas la nullité de la vente ? Non. Il en résulte seulement que, par l'effet de la réception du prix en majorité, la vente est considérée comme intrinsèquement régulière, mais qu'elle demeure sujette à l'action rescisoire pour cause de lésion, ni plus ni moins que si un mineur avait vendu avec toutes les solennités requises, ou que la vente eût été faite en majorité : *Nam*, dit Tulden, sur le titre cité du code, n° 1, *cùm prima venditio ipso jure nulla est, insecutâ ejus approbatione, ferè perindè est ac si tunc primùm res venderetur, quo casu læso haud dubiè succuritur.*

» Aussi la glose de l'édition des Elzévirs remarque-t-elle, sur la première loi de ce même titre, qu'après avoir ratifié de cette manière, en majorité, la vente faite illégalement en minorité, on ne peut plus en demander la nullité, mais seulement la rescision pour cause de lésion dans le prix : *Et ita ratihabitio venditionem ipso jure nullam confirmare potuit...Non dico venditionem omninò nullam, jus illud est minoris. Dico me deceptum fuisse ultra dimidium justi pretii, quod cuivis majori licet dicere.*

» Il faut donc bien prendre garde, en cette matière, de confondre les actes qui emportent ratification à l'effet d'exclure la demande en nullité, avec les actes qui emportent ratification à l'effet d'exclure la demande en rescision.

» Ceux-ci doivent être exprès et formels. Un mineur, devenu majeur, aura beau faire des actes connexes et faisant suite à celui dans lequel il a été lésé par son tuteur, dès qu'il ne l'approuve pas directement, la voie de la rescision lui demeurera toujours ouverte.

» Mais pour couvrir la nullité intrinsèque d'un acte fait en minorité, la ratification tacite suffit ; et cette ratification s'induit toujours d'un acte fait en majorité par suite ou à l'occasion de celui qui était originairement nul.

» Par exemple, dit encore Tulden, n° 2, si, à la majorité du mineur dont le bien a été vendu sans formalités judiciaires, l'acheteur lui passe une reconnaissance de n'avoir acquis que sous faculté de réméré, l'acceptation de cette reconnaissance emportera, de la part du mineur, une ratification tacite de la vente : *Est et hoc exemplum confirmationis tacitæ, si declarationem emptoris, quòd cum pacto redimendi emisset, major factus acceptavit.*

» Il en sera de même, continue ce magistrat-jurisconsulte, si, après avoir vendu en minorité sous faculté de rachat, devenu majeur, il cède à un tiers son droit de réméré, même en réservant son action en nullité contre l'acquéreur : *Idem proindè multò magis dicemus, si jus redimendi major factus cesserit alteri : redemptio enim locum habere nequit, nisi consistente emptione. Idque ita, quamvis protestatus sit ne hoc emptori prodesset; quia pro parte probari, pro parte improbari contractus nequit.*

» Le même auteur se propose ensuite une difficulté : Dans l'espèce dont il vient de s'occuper, la cession du droit de réméré avait été faite par le mineur, parvenu à sa majorité, sans que l'acheteur de son bien illégalement vendu, y fût présent, ni qu'il l'eût acceptée. N'était-ce pas un motif suffisant pour qu'il ne lui fût pas permis d'en exciper ? Ne pouvait-on pas lui opposer que cette cession était, à son égard, *res inter alios acta?* En un mot, peut-on regarder comme une ratification effective, un acte auquel n'intervient pas celui qui a intérêt que cette ratification ait lieu ? *Illud eleganter quæritur an ratificatio de quâ agimus, etiam absente parte factâ, vim suam exerceat ?*

» Pour la négative, dit Tulden, on peut alléguer que, puisqu'il s'agit d'un contrat nul de plein droit, c'est la ratification qui est censée lui donner son premier être ; qu'ainsi, la présence simultanée des deux parties est nécessaire pour le ratifier, comme elle le serait pour le former dans son principe : *Quod cùm ipso jure nullus censeatur contractus, ratihabiti oilla quasi de integro jam eum peragat; non potest autem contractus perfici, nisi voluntate utriusque eodem tempore conspirante.*

» Mais il y a pour l'affirmative, une raison péremptoire : c'est que le contrat, quoique nul à l'égard du mineur, est valable à l'égard de la personne qui a traité avec lui, et que cette personne est tellement liée par ce qu'elle a fait, qu'elle ne peut pas, malgré le mineur, révoquer le consentement qu'elle lui a donné par le contrat.

» De là, en effet, il résulte que, lorsque le mineur ratifie ce contrat, même en l'absence de la personne avec laquelle il a traité, il ne fait que joindre un consentement que sa majorité rend obligatoire pour lui-même, au consentement que cette personne lui a donné précédemment ; en sorte que, dès ce moment, il existe un concours de deux consentemens, qui ne forme pas un nouveau contrat, mais qui se reporte au contrat primitif et qui le consolide irrévocablement : *Sed rectè affirmant, quia ab unâ parte consistit obligatio, isque qui contraxerat cum minore, nisi eâ consentiente, revocare consilium non potuit : is igitur cum ratihabitione concurrit et conspirat ; adeòque, quia eo hoc casu retrotrahitur, non est novus contractus.*

» Tulden ajoute qu'il en a été ainsi jugé par un arrêt du sénat de Mantoue, que rapporte Surdus, §. 70 ; et cette décision souffre d'autant moins de difficulté, qu'elle résulte même du texte ci-dessus transcrit de la loi 10, D. *de rebus eorum qui sub tutelâ;* car dans l'espèce de cette loi, l'acquéreur de l'immeuble illégalement vendu par le tuteur, n'avait pas été partie au compte de tutelle dans lequel le mineur, parvenu à sa majorité, avait alloué en recette le prix de ce bien; et cependant la loi déclare que, par cette approbation implicite de la vente, le mineur s'est mis dans l'impuissance de poursuivre l'acquéreur.

» Ainsi, non-seulement la ratification tacite a, pour couvrir la nullité d'un acte, la même efficacité que si elle était exprimée dans les termes les plus positifs; mais il n'est pas même nécessaire, pour produire cet effet, qu'elle intervienne en présence de la partie avec laquelle l'acte nul a été passé.

» On a déjà remarqué que Voët ne met également aucune différence, quant à la ratification simplement exclusive de l'action en nullité, entre celle qui est expresse, et celle qui s'opère tacitement : *sive expressè, sive tacite;* et c'est en s'appuyant sur ce principe, justifié, comme il l'observe très-bien, par la loi 10, D. *de rebus eorum qui sub tutelâ,* qu'il regarde comme ratifiant la vente faite illégalement de son bien pendant sa minorité, le mineur qui, parvenu à l'âge de vingt-cinq ans, reçoit de l'acquéreur le prix de cette vente : *Aut etiam ab ipso prædii alienati emptore pretium necdùm solutum exegit.*

» Le même auteur entre là-dessus dans de plus grands détails, sous le titre *de minoribus,* n° 44; et il nous développe avec sa profondeur ordinaire les motifs de la distinction que les lois font, à cet égard, entre la *rescision* et *l'annulation.*

» Lorsqu'un acte, dit-il, a reçu sa perfection en minorité, et qu'après la majorité acquise, il se fait quelque chose en exécution ou par conséquence de cet acte, le bénéfice de la restitution n'en demeure pas moins entier. Par exemple, quoiqu'un mineur condamné exécute en majorité le jugement rendu contre lui; quoiqu'un mineur reçoive en majorité le prix d'une vente qu'il a faite, il n'en conserve pas moins le droit d'attaquer le jugement par requête civile, et la vente par rescision pour cause de lésion : *Quòd si negotium in minorennitate, non cœptum tantùm, sed et perfectum fuerit; deindè verò, post impletam legitimam ætatem, quid gestum fuerit in consequentiam contractûs aut negotii durante ætate minore perfecti; non ideò id pro tacitâ foret ratihabitione habendum, nec ætatis beneficium videri potest hoc ipso exclusum. Veluti si minor condemnatus satisfaciat judicato jam major factus, vel pretium exigat ex emptione quæ suam erat firmitatem adepta, durante curâ; vel solverit exegerilve œs alienum hereditarium, ex vi aditionis vel immixtionis per ipsum adhuc minorem factæ.*

» Ici, Voët s'appuie sur la loi 3, §. 2, D. *de minoribus,* qui décide textuellement que la restitution en entier contre la qualité d'héritier prise par un mineur, n'en est pas moins recevable, quoique

devenu majeur, il ait reçu ce que devaient les débiteurs, ou payé ce qui était dû aux créanciers de la succession.

» La raison, continue-t-il, en est simple. La restitution en entier n'a lieu que contre les actes valables de plein droit; ainsi, le mineur devenu majeur, peut être contraint à exécuter l'acte qu'il a passé en minorité, puisque cet acte est supposé valable en soi; il n'est cependant pas obligé, dès qu'il atteint ses vingt-cinq ans, de recourir tout de suite au bénéfice de la restitution : la loi lui accorde, pour le faire, un délai de plusieurs années. Comment, d'après cela, pourrait-on regarder comme une ratification ce qu'il fait en exécution de cet acte? Il est bien plus raisonnable de penser que, s'il exécute un jugement, s'il reçoit le prix d'une vente, s'il paie des créanciers héréditaires, c'est parce qu'il ne peut pas faire autrement, tant que le jugement n'est pas rétracté, tant que la vente n'est pas rescindée, tant qu'il n'est pas restitué en entier contre son adition : *Nec immeritò, cùm enim de restitutione postulandâ quæstio esse nequeat, nisi cùm summo jure validum erat quod à minore gestum est, atque adeo minor jam factus major efficaciter ad negotii in minorennitate perfecti implementum cogi posset, quamdiù re ipsâ restitutionem non impetraverat, neque tamen protinùs ab impleto vicessimo quinto ætatis anno, disceptationem super restitutione ordiri obstrictus fuerit, sed integrum ad id quadriennium à lege datum sit; sequebatur perperàm ex implemento contractûs deduci ratihabitionis præsumptionem; sed ex adverso rectius justiusque conjiciendum fuit illum et judicati et contractûs implementum fecisse, uti et æris alieni hereditarii solutionem, ne lite alioquin ab adversario conventus ac procul dubio condemnandus ex hisce causis per restitutionem necdùm infirmatis, insuper impendia litis, tanquam temerarius litigator, cogeretur sustinere : et vicissim quoque æris alieni hereditarii solutionem exegisse, aut aliter negotii alterius perfecti petiisse implementum, ne, dùm de restitutione petendâ deliberat, lapso interim facultatibus hereditario debitore, per neglectam à se jam majore facto exactionem, etiam post restitutionem impetratam, hoc ipse ferat detrimentum; neve in damno hæreret, si fortè, post modum, deliberatione pleniore habitâ, per quadriennium totum à lege datum, consultum ei non videatur ætatis auxilium implorare.*

» Mais il en est autrement (c'est toujours Voët qui parle); il s'agit d'un acte nul de plein droit, passé en minorité, comme d'une vente d'immeubles faite sans décret de justice; car alors il suffit que, devenu majeur, le vendeur ait ou demandé ou reçu le prix de cette vente, pour qu'il soit nécessairement censé l'avoir ratifiée : *Aliter quàm sese res habitura esset, si gestum in minorennitate negotium fuisset ipso jure nullum, veluti si sine decreto alienata ponerentur minoris bona; tunc enim subsecuta post majorennitatem impletam, solutio, vel exactio, vel petitio, vel acceptatio æstimationis, necessariam tacitæ ratihabitionis inducit conjecturam;* et telle est la décision expresse de la loi 10, D. *de rebus eorum qui sub tutelâ.* Car personne ne pouvant être contraint d'exécuter un acte nul, l'exécution que lui donne le mineur devenu majeur, ne peut absolument avoir d'autre objet que de le ratifier : *Cùm enim nemo ex negotio, quod ipso jure nullum est, ad implementum ejus judiciali auctoritate constringi possit, adeòque nec condemnationem aut pœnam impendiorum litis jure metuat; videri non potest solius damni avertendi causâ fecisse implementum negotii quod nullum erat : cui proindè consequens fuit ut ex implemento non alia quàm ratihabitionis præsumptio, caperetur aut capi posset.*

» Ainsi parle Voët, et sa doctrine est trop lumineuse, trop clairement justifiée par les lois sur lesquelles il la fonde, pour qu'il soit nécessaire d'y joindre d'autres autorités.

Le tribunal des Hautes-Pyrénées s'est donc conformé aux vrais principes, en déclarant qu'à la vérité, Marie Bordenave, en recevant le prix de la vente dont il s'agit, ne s'était pas fermé la voie de la restitution en entier, pour cause de lésion, mais qu'elle avait renoncé au droit qu'elle aurait pu avoir de faire déclarer la vente nulle.

» Par-là tombent tous les moyens de cassation que les demanderesses tirent de l'omission réelle ou supposée des formalités prescrites pour l'aliénation des biens des mineurs...... Et par ces considérations nous estimons qu'il y a lieu de rejeter leur requête et de les condamner à l'amende. »

Conformément à ces conclusions, arrêt du 4 thermidor an 9, au rapport de M. Henrion, par lequel :

« Attendu que Marie Bordenave, héritière universelle, a ratifié ladite vente par la quittance qu'elle a donnée en majorité, de la portion du prix qui restait à payer à l'époque à laquelle elle est devenue majeure :

» Le tribunal rejette le pourvoi.... »

§. IV. *Avant la publication du code civil, un père pouvait-il, en pays de droit écrit, aliéner sans formalité les biens du fils mineur qu'il avait sous sa puissance.*

V. le plaidoyer du 23 brumaire an 9, rapporté à l'article *Usufruit paternel.*

§. V. 1° *Avant le code civil, un partage provoqué contre un mineur et fait avec lui, sous l'autorisation de son curateur, pouvait-il être annulé, parce que le rapport des experts, contenant l'estimation des biens, n'avait pas été soumis aux conclusions du ministère public, ni entériné par jugement?*

2° *Pouvait-il être rescindé pour cause de lésion, par cela seul que le mineur n'avait eu dans son lot qu'un fonds de commerce et de l'argent, au lieu d'une part dans les immeubles communs ?*

3° *Un partage dans lequel un mineur était intéressé, était-il valable, lorsque les lots n'en avaient pas été tirés au sort?*

4° *L'article 53 de la loi du 17 nivôse an 2, qui exigeait le concours d'un conseil de famille dans tout partage auquel des mineurs se trouvaient intéressés, était-il applicable aux partages faits en justice ?*

V. l'article *Partage*, §. 3, 4 et 5.

§. VI. *Avant le code civil, un mineur pouvait-il accepter une donation entrevifs?*

Sallé, Furgole et d'Amours, dans leurs commentaires sur l'ordonnance de 1731, ont soutenu la négative.

Mais il existe, en faveur de l'opinion contraire, des raisons et des autorités très-puissantes. On peut les voir dans les notes de Bergier sur Ricard, tome 1, page 227, et dans le *Répertoire de jurisprudence*, au mot *Mineur*, §. 7.

J'y ajouterai seulement un arrêt rendu au parlement de Paris dans l'espèce suivante :

Par contrat du 26 novembre 1774, le marquis de Brunoy fit à Poinsard et à sa femme, ses domestiques, *tous deux mineurs*, donation de 600 livres de rente viagère, en faveur du mariage qu'ils venaient de contracter, et en reconnaissance de leurs services.

Poinsard et sa femme ont accepté cette donation; mais il n'était point dit dans l'acte que la femme eût été autorisée à cet effet par son mari.

Quelque temps après, Poinsard et sa femme transportèrent leur rente, avec tous les arrérages qui en étaient dus, à Bouin.

Celui-ci dénonça son transport au marquis de Brunoy, et lui demanda le payement de plusieurs années des arrérages échus.

Le marquis de Brunoy était alors interdit; et la deuxième chambre des requêtes du parlement de Paris était, par attribution, investie de la connaissance de toutes les contestations relatives à ses intérêts.

Pour défenses à la demande de Bouin, les curateurs à l'interdiction du marquis de Brunoy ont soutenu :

1° Qu'un mineur ne pouvait pas accepter une donation, sans être assisté d'un tuteur; que son incapacité résultait des dispositions des art. 5 et 7 de l'ordonnance de 1731; que tel était même, avant cette ordonnance, le sentiment de Ricard, *Traité des donations*, part. 1, chap. 4, sect. 1, n° 844;

que Furgole, d'Amours et Sallé avaient depuis enseigné la même chose;

2° Que la femme Poinsard n'avait pas pu accepter, sans l'autorisation expresse de son mari, et que le défaut de cette autorisation ne pouvait pas être couvert par la présence du mari à l'acte.

Bouin répondait que Ricard paraissait n'avoir fait que proposer la question, et qu'il ne l'avait pas décidée; qu'il se servait seulement des expressions, *il semble*, *on peut dire*; et que d'ailleurs il convenait que, de son temps, le plus grand nombre pensaient au palais, que la donation acceptée par un mineur était valable. Il ajoutait que l'art. 7 de l'ordonnance ne pouvait pas être considéré comme renfermant une prohibition contre le mineur, mais comme conférant aux pères, aux mères et aux tuteurs, une faculté qui leur était encore contestée. Il invoquait les suffrages de Bourjon, de Pothier et de Prévôt de la Jannès. Il tirait aussi avantage des dispositions de l'art. 272 de la coutume de Paris : il concluait de cette dernière loi que Poinsard et sa femme étaient émancipés par mariage lorsqu'ils avaient accepté. Il invoquait enfin, sur ce dernier point, et par surabondance, l'article de l'ordonnance qui exempte de la nécessité de l'acceptation, les donations faites par contrat de mariage; mais on lui répondait que celle dont il s'agissait n'était pas consignée dans le contrat de mariage, et qu'elle avait seulement été faite, en faveur du mariage, trois jours après la célébration.

A l'égard du défaut d'autorisation de la femme, Bouin soutenait que la présence du mari à l'acte, sa signature, son acceptation, et enfin le transport qu'il avait fait de la donation, conjointement avec sa femme, valaient une autorisation. Il allait même jusqu'à dire qu'une femme mariée pouvait seule, comme un mineur, accepter une donation. Il avançait enfin que, quand ce défaut d'autorisation produirait une nullité, elle ne serait jamais absolue; qu'elle serait tout au plus une nullité relative; qu'elle n'intéresserait que le mari, et que lui seul pourrait la proposer.

Sur ces moyens respectifs, arrêt sur délibéré, au rapport de M. Flandre de Brunville, le 10 février 1781, qui déclare la donation valable à l'égard de Poinsard, et nulle à l'égard de la femme.

§. VII. *Un jugement rendu dans une instance où se trouve partie un mineur dépourvu de curateur, est-il valable, lorsqu'il prononce en faveur du mineur?*

V. le plaidoyer et l'arrêt du 11 frimaire an 9, rapporté à l'article *Curateur*, §. 1.

§. VIII. *Quel est le délai fatal pour le recours en cassation contre un jugement en dernier ressort, rendu au désavantage d'un mineur, et qui lui a été signifié avant la loi du 1er décembre 1790, mais dont la signifi-*

cation ne lui a été réitérée ni depuis la publication de cette loi, ni depuis qu'il a atteint sa majorité?

V. l'article *Cassation*, §. 21.

§. IX. *De quel jour part l'hypothèque d'un créancier sur les biens de son débiteur, pour une obligation que celui-ci a souscrite en minorité et ratifiée en majorité?*

V. l'article *Hypothèque*, §. 4.

§. X. *Sous le régime hypothécaire de 1771, les mineurs et les interdits conservaient-ils leurs hypothèques, sans opposition au sceau?*

V. l'article *Hypothèque*, §. 12.

§. XI. *Y a-t-il lieu à la requête civile en faveur d'un mineur, comme non-valablement défendu, lorsque son tuteur a exposé tous ses moyens de défenses, mais n'a pas pris expressément les conclusions auxquelles ces moyens pouvaient donner lieu?*

V. l'article *Requête civile*, §. 6.

§. XII. 1° *Les lettres de majorité, c'est-à-dire d'émancipation, qu'un mineur obtenait ci-devant dans la Belgique, le faisaient-elles réputer majeur à l'effet de faire courir, dès ce moment, le délai dans lequel les mineurs étaient admis à réclamer le bénéfice de restitution en entier, contre les actes qu'ils avaient passés en minorité?*

2° *Ce délai était-il restreint à quatre ans, conformément aux lois romaines; ou s'étendait-il à dix ans, d'après l'art. 29 de l'édit perpétuel de 1611?*

3° *Celui qui, après avoir demandé la restitution en entier contre un acte qu'il a passé en minorité, conclut ensuite à l'exécution de cet acte, est-il censé par-là rétracter sa demande en restitution?*

V. le plaidoyer et l'arrêt du 7 septembre 1809, rapportés aux mots *Substitution fidéicommissaire*, §. 10.

MINIÈRE. *A qui appartient le fonds des minières? La loi du 21 avril 1810 a-t-elle introduit relativement à la propriété des minières, la même innovation que pour celle des mines?*

Les substances connues sous le nom de *minières*, c'est-à-dire, les minerais de fer dits d'alluvion, les terres pyriteuses, propres à être converties en sulfate de fer, les terres alumineuses et les tourbes, appartiennent, par le droit naturel, comme les mines proprement dites, aux propriétaires du sol où elles se trouvent.

Mais la loi du 21 avril 1810 établit, sur ce point, par rapport aux mines, un nouvel ordre de choses : elle les convertit en propriétés distinctes et indépendantes de celle du sol qui les recèle ; et ces propriétés, elles les met absolument à la disposition du gouvernement, qui les concède à qui il lui plaît.

En est-il de même des minières? Il suffit de comparer les tit. 2 et 7 de cette loi, pour se convaincre que non.

Et c'est ce qu'a fort bien remarqué le rapporteur de la commission du corps-législatif, à la séance du 21 avril 1810, dans l'examen qu'il a successivement fait des diverses dispositions de cette loi :

« L'argument le plus fort en faveur de ce système » (a-t-il dit, en parlant de l'innovation introduite » par rapport aux mines), est qu'elles ne sont pas » divisibles de leur nature. Mais ce raisonnement » n'est pas applicable aux mines superficielles et dé- » signées sous le nom de *minières*; et si vous avez » reconnu qu'on doit détacher les mines propre- » ment dites de la propriété du sol, parce qu'elles » sont formées dans un système naturel qui n'a » aucun rapport avec les divisions des terrains qui » les couvrent, et parce que leur exploitation doit se » faire en grand, vous reconnaîtrez aussi que les » minières, placées à la surface du sol, ou presque » immédiatement au-dessous de la couche végétale, » pouvant être exploitées sans de grands travaux, » et sans compromettre en rien les ressources de » l'avenir, doivent rester à la disposition des pro- » priétaires superficiels (1). »

MINISTÈRE PUBLIC. §. I. *Avant le code de procédure civile, était-ce au domicile de l'officier du ministère public près le tribunal de première instance où l'on faisait assigner un étranger, que l'assignation devait être donnée; ou devait-elle l'être au domicile du procureur-général près la cour d'appel?*

V. le plaidoyer et l'arrêt du 11 fructidor an 11, rapportés à l'article *Expropriation forcée,* §. 3.

§. II. *Le ministère public contrevient-il à la loi qui, en matière civile, lui interdit toute action directe, lorsqu'en portant la parole sur une affaire plaidée entre deux parties, il requiert en termes formels, ce à quoi l'une des parties n'avait conclu qu'implicitement?*

V. le plaidoyer du 11 prairial an 11, rapporté à l'article *Mariage,* §. 5.

_____

(1) *Moniteur* du 5 mai 1810.

§. III. *Avant le code de commerce, le ministère public pouvait-il poursuivre d'office le crime de banqueroute frauduleuse?*

Joseph Libman et Marie Thomas, traduits devant la cour de justice criminelle du département du Jura, sur une accusation de banqueroute frauduleuse, admise par un premier jury, y ont conclu, avant l'ouverture des débats, à ce que toute la procédure fût annulée, sur le fondement qu'il n'y avait point de partie plaignante, et que, par la déclaration de Louis XV, du 5 août 1721, il avait été fait défenses aux juges de recevoir aucune requête à fins criminelles, contre un débiteur en état de faillite ou banqueroute, sans délibération et consentement préalable des créanciers excédant la moitié des dettes.

Par arrêt du 17 prairial an 8, motivé sur le décret du 6 vendémiaire an 3, et sur l'art. 4 du code des délits et des peines, du 3 brumaire an 4, la cour de justice criminelle du département du Jura a ordonné, sans avoir égard à la demande des accusés en nullité de la procédure, qu'il serait passé outre aux débats.

Joseph Libman et Marie Thomas se sont pourvus en cassation contre cet arrêt, et contre celui du même jour, qui, sur la déclaration du jury, portant qu'ils étaient convaincus, les avait condamnés, l'un à six années de fers, l'autre à six années de réclusion.

La cause portée à l'audience de la section criminelle, j'ai observé que la déclaration du 5 août 1721, loin d'étayer le système des réclamans, le détruisait de fond en comble.

« En effet (ai-je ajouté), elle veut que jusqu'au » 1er juillet 1722, aucune plainte ne puisse être » rendue, ni requête donnée à fins criminelles, contre » ceux qui auront fait faillite; et elle défend à tous » juges et officiers de justice de les recevoir si elles » ne sont accompagnées des délibérations et du con- » sentement des créanciers, dont les créances excè- » dent la moitié de la totalité des dettes.

» Mais par cela même qu'elle ne dispose ainsi que » pour le temps qui doit s'écouler jusqu'au 1er juillet » 1722, il est évident que, ce terme expiré, sa dispo- » sition devra cesser de plein droit, et qu'alors, » l'exception qui en résulte ne limitera ni n'entravera » plus la règle générale qui non-seulement autorise, » mais même oblige impérieusement le ministère pu- » blic à poursuivre d'office, sans plainte ni dénoncia- » tion préalable, tout délit caractérisé et puni par la » loi, dont la connaissance lui parvient par une voie » quelconque.

» Il est vrai que la disposition citée de la décla- » ration du 5 août 1721 a été depuis continuée d'an- » née en année, par des déclarations postérieures, jus- » qu'en 1732. Mais il est vrai aussi que depuis 1732, » elle n'a plus été renouvelée. Et ici se place naturel- » lement une observation de Jousse, sur l'art. 12 du » tit. 11 de l'ordonnance de 1673 : « Il paraît (dit-il)

» que les conditions requises par ces déclarations, » pour pouvoir faire des poursuites criminelles, » n'ont été établies que par rapport aux circons- » tances du temps, et aux révolutions arrivées par ». la variation des monnaies et par les billets de » banque, qui avaient rendu alors les banqueroutes » fréquentes et quelquefois inévitables; ce qui avait » engagé le roi à établir des règles sages, pour ne » pas rendre trop fréquentes ni faciles les poursuites » qui auraient pu être faites contre ceux qui tom- » baient, dans ce temps-là, en faillite. Mais aujour- » d'hui que les circonstances sont changées, et que ». les choses sont revenues dans leur ancien état, on » ne peut douter que, dans le cas d'une banque- » route frauduleuse, les procureurs du roi ou fis- » caux ne puissent rendre plainte et en poursuivre » les auteurs, comme de tout autre crime, sans » avoir besoin pour cela d'une délibération préa- » lable, consentie par plus de la moitié des créan- » ciers du failli. »

» Dira-t-on qu'avant la déclaration du 5 août 1721, celle du 11 janvier 1716 avait réglé que les débiteurs faillis qui, dans l'état de leurs dettes, au-raient employé des créances simulées, ou supposé des transports de leurs effets en fraude de leurs créanciers, pourraient être « poursuivis comme » banqueroutiers frauduleux, à la requête de leurs » créanciers qui auraient affirmé leurs créances...., » pourvu que leurs créances composassent le quart » du total des dettes ? » Dira-t-on que, par ces mots, *à la requête de leurs créanciers*, le législateur avait suffisamment fait entendre que le ministère public ne pouvait pas poursuivre d'office le crime de banqueroute frauduleuse? Mais ce serait une il-lusion. Il ne faut pas, dans la déclaration du 11 janvier 1716, séparer les mots, « à la requête de » leurs créanciers, de ceux-ci, « pourvu que leurs » créances composassent le quart du total des dettes ; » il faut, au contraire, combiner l'une avec l'autre les deux idées que présentent toutes ces expressions réunies. Or, de leur combinaison, que résulte-t-il ? Une seule chose : c'est que, pour faciliter la pour-suite des banqueroutiers frauduleux, le législateur déroge aux art. 5 et 6 du tit. 11 de l'ordonnance de 1673, suivant lesquels les créanciers d'un failli ne peuvent, en thèse générale, agir qu'en vertu d'une délibération souscrite par ceux qui forment les trois quarts en somme. Ainsi, d'après cette dérogation, les créanciers qui composent le quart du total des dettes, peuvent rendre plainte, et se constituer par-ties civiles contre leurs débiteurs banqueroutiers frauduleux. Mais la déclaration du 11 janvier 1716 ne dit pas qu'à défaut de plainte de leur part, le ministère public aura les mains liées; et dès qu'elle ne le dit pas, elle laisse nécessairement subsister le droit attribué, ou plutôt le devoir imposé (1) au

ministère public, de poursuivre d'office la banque-route frauduleuse, comme tout autre délit.

» C'est d'ailleurs ce que prouve manifestement la déclaration du 13 juin de la même année : elle veut que les débiteurs en faillite, qui n'auront pas dé-posé leur bilan et leurs registres dans le délai et de la manière qu'elle détermine, puissent « être pour- » suivis extraordinairement comme banqueroutiers » frauduleux, par les procureurs-généraux ou leurs » substituts, ou par un seul créancier, sans le con- » sentement des autres. »

» Mais, après tout, ce n'est pas l'ancienne légis-lation qui doit ici nous servir de règle. Nous ne de-vons, nous ne pouvons nous attacher qu'à trois points infiniment simples : 1° La banqueroute frau-duleuse est qualifiée de *délit* par le code pénal du 25 septembre 1791. 2° *Tout délit*, suivant la dis-position expresse de l'art. 4 du code des délits et des peines, du 3 brumaire an 4, donne ESSENTIEL-LEMENT lieu à *l'action publique*. 3° Aux termes de l'art. 594 du même code, les dispositions qu'il ren-ferme, doivent SEULES, *à l'avenir, régler l'instruc-tion et la forme , tant de* PROCÉDER *que de juger, relativement aux délits de* TOUTE NATURE. Et de ces trois vérités fondamentales, il résulte nécessai-rement que le tribunal criminel du département du Jura a bien jugé, en rejetant la demande des ré-clamans en nullité de la procédure en banqueroute frauduleuse, instruite contre eux à la seule requête du ministère public.

» Par ces considérations, nous estimons qu'il y a lieu de rejeter leur requête. »

Par arrêt du 26 fructidor an 8, au rapport de M. Target :

« Attendu que l'acte d'accusation a été dressé conformément à la loi, que la procédure est régu-lière, et la peine justement appliquée :

» Le tribunal rejette le pourvoi...... »

§. IV. (2) *Le magistrat qui a coopéré, comme membre d'un tribunal de première instance, au jugement d'une affaire sou-mise à ce tribunal, peut-il, devenu chef ou membre du parquet du tribunal supérieur, donner des conclusions sur l'appel de ce ju-gement?*

---

(1) Il existe là-dessus une disposition très-précise dans le placard ou édit de Charles-Quint, du 4 oc-

tobre 1540, rendu pour la Belgique : « Commandons » bien étroitement à tous nos officiers et justiciers, » et à ceux de nos vassaux, de procéder et faire » procéder contre lesdits banqueroutiers et fugitifs, » et les faire punir....., nonobstant qu'ils aient par » exprès satisfait et contenté leurs créditeurs, à peine » de privation de leurs offices et correction arbi-» traire. »

(1) C'est par erreur qu'à l'article *Conclusions du Ministère public*, §. 4, j'ai renvoyé ici une question qui est traitée dans le paragraphe suivant.

V. le plaidoyer et l'arrêt du 12 nivôse an 12, rapportés à l'article *Moulin*, §. 1.

§. V. 1° *Le ministère public, en concluant à décharge dans un procès criminel, correctionnel ou de police, ôte-t-il aux juges le pouvoir de condamner le prévenu ou l'accusé aux peines qu'il leur paraît avoir encourues?*

2° *Quel est, en cause d'appel, l'effet de la déclaration par laquelle le procureur-général rétracte les conclusions qui ont été prises, devant les premiers juges, par le procureur du roi, agissant comme partie directe? Empêche-t-elle, dispense-t-elle même la cour royale de statuer sur ces conclusions?*

3° *Le ministère public se prive-t-il, par son acquiescement à un jugement qui n'a pas encore acquis contre lui l'autorité de la chose jugée, du droit de l'attaquer?*

4° *Si, après l'avoir attaqué en temps utile, il se désiste du recours dont il l'a frappé, quel est l'effet de son désistement?*

5° *Peut-il être donné défaut contre le ministère public, en matière criminelle, correctionnelle ou de police?*

6° *Les officiers du ministère public peuvent-ils être condamnés aux dépens en leur nom?*

I. Sur la première question, voici un réquisitoire dans lequel j'ai établi la négative, et un arrêt de la cour de cassation, qui l'a consacrée.

« Le commissaire du gouvernement près le tribunal de cassation expose que l'art. 88 de la loi du 27 ventôse an 8 lui impose le devoir de requérir l'annulation de deux jugemens du tribunal criminel du département du Jura, l'un du 14 ventôse, l'autre du 14 thermidor an 11.

» Dans l'espèce du premier, Louis Maréchal avait été poursuivi comme coupable de vol; et le directeur du jury de l'arrondissement de Dôle l'avait renvoyé à l'audience correctionnelle du tribunal de première instance de cet arrondissement.

» Là, était intervenu Louis-Frédéric Raymond, propriétaire des effets prétendus volés, qui avait, comme partie civile, pris des conclusions relatives à ses intérêts privés.

» Après les débats, le commissaire du gouvernement résuma l'affaire; et, attendu, suivant lui, le défaut de preuves nécessaires pour condamner Louis Maréchal, il conclut à ce que celui-ci fût acquitté.

» Le tribunal pensa autrement: jugeant les preuves du vol suffisantes, il condamna le prévenu, envers la partie publique, à un emprisonnement de quinze jours, avec dépens; et envers la partie civile, aux restitutions et dommages-intérêts qu'elle avait demandés.

» Louis Maréchal a appelé de ce jugement au tribunal criminel du département du Jura, qui, par

le premier de ceux que dénonce l'exposant, l'a confirmé, quant aux restitutions et dommages-intérêts adjugés à la partie civile, mais l'a annulé quant à l'emprisonnement; et cela sous prétexte « que l'action publique a pour objet de punir les » atteintes portées à l'ordre social; que l'exercice de » cette action est confié à des fonctionnaires qui en » sont spécialement chargés, et que le commissaire » du gouvernement près le tribunal de police cor- » rectionnelle de l'arrondissement de Dôle, chargé par » la loi de requérir les peines pour la vindicte » publique, n'a pris aucunes conclusions à cet » égard. »

» Le second jugement a été rendu dans les circonstances suivantes:

» Jean-Louis Cuesne, Nicolas Lescalier et Antoine Autrey avaient été cités par l'administration générale des forêts, poursuite et diligences de son inspecteur, à l'audience correctionnelle du tribunal civil de Dôle, pour se voir condamner aux amendes et restitutions portées par la loi, pour raison de délits commis dans la forêt nationale de Chaux, et constatés par deux procès-verbaux des gardes-forestiers.

» Le 28 floréal an 11, ce tribunal, avant faire droit, admit Cuesne et le commissaire du gouvernement à la preuve des faits qu'ils avaient respectivement articulés, l'un pour établir sa justification, et l'autre pour la détruire.

» La cause revenue à l'audience du 12 prairial suivant, le commissaire du gouvernement régla ses conclusions: elles tendaient, à l'égard de Lescalier et d'Autrey, à ce qu'ils fussent déclarés coupables, et condamnés comme tels; et à l'égard de Cuesne, à ce qu'il fût renvoyé sans amende ni dépens.

» Par jugement du même jour, le tribunal déclara les trois prévenus coupables des délits constatés par les procès-verbaux, et les condamna tous trois aux amendes et restitutions auxquelles avait originairement conclu l'inspecteur forestier.

» Les trois condamnés appelèrent de ce jugement; et le 14 thermidor an 11, le tribunal criminel, après avoir rejeté l'appel d'Autrey et de Lescalier, annula le jugement en ce qui concernait Cuesne: « attendu » que la condamnation de Cuesne avait été portée » d'office, le commissaire du gouvernement près le » tribunal de première instance ayant conclu à son » renvoi de la cause sans amende ni dépens, et » qu'elle était dès - lors subversive du principe » qui ne permet l'application des lois que sur les » réquisitions du ministère public. »

» Tels sont les deux jugemens sur lesquels l'exposant croit devoir appeler l'attention et la censure du tribunal suprême. Ils font évidemment une application fausse et abusive du principe consacré par l'art. 5 du code des délits et des peines, du 3 brumaire an 4, que l'action publique à laquelle donne essentiellement lieu toute espèce de délits, ne peut être exercée que par les fonctionnaires spécialement établis à cet effet.

» Sans doute, il résulte de ce principe que les officiers du ministère public ont seuls qualité pour intenter, au nom de la société, une action pénale contre un délinquant. Mais s'ensuit-il de là que l'action pénale une fois intentée, qu'une fois les tribunaux saisis par-là de cette action, il dépende des officiers du ministère public de la rendre illusoire par les conclusions qu'ils croient devoir donner à décharge? Non certainement.

» Il faut distinguer, dans un officier du ministère public, deux caractères différens : celui d'agent de la société pour la poursuite des délits, et celui d'organe de la loi pour requérir l'application des peines aux prévenus qui sont l'objet de cette poursuite.

» Lorsque les prévenus lui paraissent coupables, et dans le cas de l'application d'une loi pénale, ses fonctions d'organe de la loi se trouvant en harmonie avec celles d'agent de la société, il donne, sous le premier rapport, son avis en faveur de l'action qu'il a intentée sous le second.

» Mais, si les prévenus lui paraissent innocens, ou s'il pense qu'aucune disposition du code pénal ne leur est applicable, alors organe de la loi et impassible comme elle, il propose, en cette qualité, le rejet de la demande qu'il a formée comme agent de la société; mais la demande qu'il a formée comme agent de la société n'en subsiste pas moins; le tribunal qu'il en a constitué juge, n'en demeure pas moins saisi ; et c'est à la conscience des magistrats à décider si c'est à tort ou avec raison que l'organe de la loi opine contre l'agent de la société.

» S'il en était autrement, après que le ministère public aurait, à la suite des débats, donné ses conclusions en faveur d'un prévenu, il deviendrait impossible au tribunal de rendre même un jugement d'absolution. Ces conclusions, en effet, emportant désistement de l'action publique, l'action publique serait éteinte de plein droit; il ne resterait plus rien à juger ; les juges ne pourraient plus délibérer.

» Et cependant il n'est pas rare de voir, après la déclaration du jury, les juges appliquer à l'accusé convaincu des lois pénales que le commissaire du gouvernement avait estimé ne pas lui être applicables.

» Tous les jours même, dans les actes d'instruction qui se font devant le directeur du jury, quoique le magistrat de sûreté conclue au renvoi des prévenus, le directeur du jury ordonne leur traduction, soit devant le jury d'accusation, soit devant la police correctionnelle; et alors c'est le tribunal de première instance qui est appelé, par la loi du 7 pluviôse an 9, à départager ces deux fonctionnaires publics.

» Enfin il n'est jamais venu à la pensée d'un tribunal correctionnel, devant lequel le ministère public avait conclu à décharge, de se borner à en donner purement et simplement acte au prévenu.

» La question, au surplus, si c'en est une, a été décidée formellement par un jugement rendu le 20 nivôse an 11, au rapport du cit. Liborel..... (1).

» Ce considéré, il plaise au tribunal de cassation, vu l'art. 88 de la loi du 27 ventôse an 8, l'art. 5 et le §. 6 de l'art. 456 du code des délits et des peines, casser et annuler, pour l'intérêt de la loi seulement, les jugemens rendus par le tribunal criminel du département du Jura, les 14 ventôse et 14 thermidor an 11; et ordonner qu'à la diligence de l'exposant, le jugement de cassation à intervenir sera imprimé et transcrit sur les registres dudit tribunal..... Signé, Merlin.

» Ouï Joseph-François-Claude Carnot, commis-rapporteur....;

» Vu l'art. 88 de la loi du 27 ventôse an 8, l'article 5 et le §. 6 de l'art. 456 du code des délits et des peines;

» Et attendu que les jugemens soumis à la censure du tribunal ont fait évidemment une application fausse et abusive du principe consacré par l'article 5 du code des délits et des peines, que l'action publique à laquelle donne essentiellement lieu toute espèce de délit, ne peut être exercée que par les fonctionnaires spécialement établis à cet effet;

» Qu'il résulte de ce principe que les officiers du ministère public ont seuls qualité pour intenter, au nom de la société, une action pénale contre un délinquant; mais il ne suit pas de là que l'action pénale une fois intentée, qu'une fois les tribunaux saisis légalement par-là de cette action, il dépende des officiers du ministère public de la rendre illusoire, par les conclusions qu'ils croient devoir donner à décharge.

» Il faut distinguer dans un officier du ministère public deux caractères différens : celui d'agent de la société pour la poursuite des délits, et celui d'organe de la loi pour requérir l'application des peines aux prévenus qui sont l'objet de cette poursuite.

». Lorsque les prévenus lui paraissent coupables, et dans le cas de l'application d'une loi pénale, les fonctions d'organe de la loi se trouvent en harmonie avec celles d'agent de la société; il donne, sous le premier rapport, son avis en faveur de l'action qu'il a intentée sous le second.

» Mais si les prévenus lui paraissent innocens, ou s'il pense qu'aucune disposition du Code pénal ne leur est applicable, alors, organe de la loi, il est impassible comme elle; il propose, en cette qualité, le rejet de la demande qu'il a formée comme agent de la société; mais la demande qu'il a formée comme agent de la société n'en subsiste pas moins; le tribunal qu'il en a constitué juge n'en demeure pas moins saisi ; et c'est à la conscience des magistrats à décider si c'est à tort ou avec raison que l'organe de la loi opine contre l'agent de la société.

(1) Il est cité dans le plaidoyer du 17 prairial an 12, rapporté à l'article Contrefaçon, §. 2.

66.

» S'il en était autrement, après que le ministère public aurait, à la suite des débats, donné ses conclusions en faveur d'un prévenu, il deviendrait impossible au tribunal de rendre même un jugement d'absolution ; ces conclusions, en effet, emportant désistement de l'action publique, l'action publique serait éteinte de plein droit, il ne resterait plus rien à juger ; les juges ne pourraient plus délibérer.

» Par ces considérations, le tribunal casse et annule, dans l'intérêt de la loi seulement, les jugemens rendus par le tribunal criminel du département du Jura, les 14 ventôse et 14 thermidor an 11, pour contravention et fausse application de la loi ; ordonne, etc.

» Ainsi jugé et prononcé à l'audience publique du tribunal de cassation, section criminelle, le 14 pluviôse an 12........»

II. Sur la seconde question, il semblerait, à la première vue, que les procureurs du roi n'étant, aux termes de l'art. 6 de la loi du 20 avril 1810, que les substituts des procureurs-généraux, il dépend toujours de ceux-ci de déroger par leurs propres conclusions sur l'appel, à celles qui ont été prises en leur nom devant les premiers juges, et par conséquent de les faire considérer comme non-avenues.

Mais un peu de réflexion fait bientôt sentir qu'il n'en peut pas être ainsi.

Sans doute, c'est au nom des procureurs-généraux que les procureurs du roi, lorsqu'ils agissent comme parties directes, sont censés prendre leurs conclusions ; mais tout ce qui résulte de là, c'est que les conclusions prises en première instance par un procureur du roi sont censées l'avoir été par le procureur-général, auquel il est subordonné, et dont il est l'organe. Or, si le procureur-général les avait prises lui-même, suffirait-il qu'il les rétractât pour empêcher et dispenser les juges d'y statuer ? Non certainement, parce qu'une fois son action intentée, il n'en est plus le maître, il ne peut plus en dessaisir les juges ; et c'est ce que j'ai établi dans le réquisitoire, c'est ce qu'a jugé l'arrêt de la cour de cassation du 14 pluviôse an 12, rapporté au n° précédent ; il ne peut donc pas non plus, par la rétractation qu'il fait, en cause d'appel, des conclusions prises devant les premiers juges, par l'organe du procureur du roi, ôter à la cour royale le droit, ni la décharger du devoir de les apprécier et de les adopter ou rejeter.

S'il en était autrement, il faudrait dire que l'appel interjeté par le procureur-général d'un jugement de condamnation provoqué par le procureur du roi, suffirait pour anéantir ce jugement, et que la cour royale ne devrait ni ne pourrait en examiner le mérite ; ce qui serait souverainement absurde.

III. La troisième question ne peut être résolue que pour la négative, et c'est dans ce sens qu'elle l'a été par un grand nombre d'arrêts de la cour de cassation. V. l'article Acquiescement, §. 20, et le n° suivant.

IV. Par la même raison, ce serait en vain que le ministère public se désisterait du recours en cassation dont il aurait frappé, en temps utile, un arrêt ou jugement en dernier ressort.

De là l'arrêt que la cour de cassation a rendu dans l'espèce suivante :

Le 13 novembre 1825, jugement du tribunal de première instance de Cayenne, qui, en déclarant l'ex-huissier Migout convaincu d'avoir détourné une somme de 2,404 francs 71 centimes, sur les produits de ventes publiques qu'il avait faites à la réquisition de divers particuliers, le condamne, par application des art. 171 et 172 du Code pénal, à deux années d'emprisonnement, à 200 francs d'amende, et le déclare incapable d'exercer aucune fonction publique.

Sur l'appel, arrêt de la cour royale de la Guiane française, du 10 janvier 1826, qui maintient la condamnation à deux années d'emprisonnement, prononcées par les premiers juges ; mais ordonne que la durée de cette peine courra du jour de l'arrestation de Migout, et décharge celui-ci de l'amende de 200 francs.

Le procureur-général se pourvoit en cassation contre cet arrêt, et l'attaque comme violant les art. 169, 170, 171 et 172 du Code pénal.

Mais il n'en fait pas moins écrouer Migout, comme condamné à deux années d'emprisonnement.

L'affaire portée à l'audience de la section criminelle de la cour de cassation, Migout soutient que le procureur-général, en le faisant écrouer, en vertu de l'arrêt qu'il attaque, et par conséquent, en faisant exécuter cet arrêt, s'est virtuellement désisté de son recours en cassation, et que par conséquent il n'y a pas lieu d'y statuer.

Mais par arrêt du 2 mars 1827, au rapport de M. Cardonnel, sur les conclusions de M. l'avocat-général Fréteau de Pény, et après un délibéré en la chambre du conseil,

« La cour reçoit l'intervention de Migout, et statuant sur la fin de non-recevoir par lui proposée, prise de ce que l'arrêt attaqué ayant été volontairement exécuté de la part du procureur-général, par l'écrou du condamné, qui a eu lieu par suite et en vertu dudit arrêt, de laquelle exécution de l'arrêt le défendeur induit un désistement formel du pourvoi fait antérieurement, et une fin de non-recevoir contre ledit pourvoi ;

» Attendu que l'action publique qui résulte du pourvoi en cassation appartient à la société, et non au fonctionnaire public chargé par la loi de l'exercer ; que par conséquent un procureur-général n'a pas le droit de se désister d'un pourvoi qu'il a formé ; que ce pourvoi est acquis à toutes les parties; que s'il est formé dans l'intérêt public, le prévenu ou l'accusé peut et doit également profiter des chances favorables qu'il peut lui ouvrir; que dès-lors, toutes les fois que la cour est légalement et régulièrement saisie par un pourvoi déclaré dans les formes et dans les délais prescrits par la loi, il ne dépend point du procureur-général de se désister arbitrairement de ce pourvoi et de l'anéantir de sa propre autorité;

» Attendu que, lors même que le procureur-général aurait, en principe, le droit de se désister de son pourvoi, il n'existe point, dans l'espèce, d'acte de désistement donné par cet officier, et qu'il ne résulterait point des faits constans au procès une fin de non-recevoir contre le pourvoi; qu'en effet l'acte d'écrou du sieur Migout, déjà détenu dans les prisons de Cayenne, renouvelé depuis sa condamnation, à la requête du ministère public, ne saurait équivaloir à un désistement formel, légal et régulier; que conséquemment la fin de non-recevoir prise du désistement du procureur-général, qu'on voudrait faire résulter mal à propos du susdit acte d'écrou, est sans fondement et doit être repoussée:

» La cour rejette la fin de non-recevoir;

» Statuant sur les moyens de nullité proposés par le procureur-général.... :

» La cour casse et annule l'arrêt rendu par la cour royale de la Guiane française, à Cayenne, le 10 janvier 1826, en ce qu'il a fait courir la peine de l'emprisonnement du jour de l'arrestation, et non du jour du jugement définitif, et en ce qu'il n'a point prononcé l'amende conformément à l'art. 172 du Code pénal.... (1). »

V. Les cinquième et sixième questions ont été jugées pour la négative par un arrêt de la cour de cassation, du 13 septembre 1811, qui en a en même temps décidé deux autres indiquées sous les mots *Tribunal de police*, §. 9 bis. Voici comment il est conçu:

« Le procureur-général expose qu'il se croit obligé de dénoncer à la cour un jugement en dernier ressort rendu dans les circonstances suivantes:

» Le *dimanche* 3 mars 1811, procès-verbal de l'adjoint du maire de la commune de Monlevoison, portant que, le même jour, cet officier a trouvé Jacques Nolet, cabaretier, donnant à boire à différens particuliers, pendant les vêpres, en contravention à l'arrêté du préfet du département de la Nièvre, du 19 octobre 1808.

Le 12 du même mois, l'adjoint du maire de la commune de Monlevoison fait citer Jacques Nolet à *l'audience municipale*, et *par-devant le juge de paix du canton de Premery*, pour se voir con-

---

(1) Bulletin criminel de la cour de cassation, tome 32, page 133.

damner, d'après le même arrêté, à une amende de trois francs.

» Le 16, Jacques Nolet se présente sur cette citation, et offre de prouver par témoins la fausseté du procès-verbal en vertu duquel il est poursuivi.

» Le même jour, jugement qui permet à Jacques Nolet de faire cette preuve à l'audience du 23, sauf la preuve contraire.

» A l'audience du 23, tenue non par le juge de paix, mais par l'un de ses suppléans, Jacques Nolet produit ses témoins; et leurs dépositions sont rédigées dans la forme d'un procès-verbal d'enquête.

» Le procès-verbal achevé, le suppléant du juge de paix en fait faire la lecture à l'audience.

» L'adjoint du maire de Monlevoison demande et obtient la remise de cause au 29, afin de pouvoir détruire par de nouveaux témoins les assertions de ceux qu'a produits Jacques Nolet.

» A l'audience du 29, toujours tenue par l'un des suppléans du juge de paix, l'adjoint déclare que, « par réflexion, il a cru n'être point dans le cas de » fournir de preuve contraire; » et conclut, *sous la réserve qu'il fait de tous ses droits*, à ce que le suppléant du juge de paix *se déclare incompétent*.

» Par jugement du même jour, le suppléant « renvoie à prononcer à l'audience du 6 avril pro- » chain, devant M. le juge de paix, pour être par » lui statué et ordonné ce qu'il appartiendra. »

» Le 6 avril, l'adjoint ne se présente plus, et Jacques Nolet *conclut, en conséquence, au congé de la demande*.

» Et le même jour il intervient un jugement ainsi conçu:

« Considérant qu'à l'audience du 29 mars der- » nier, le sieur Demont n'a pas fait la preuve à la- » quelle il s'était soumis, qu'il n'y a pas même » amené aucun témoin;

» Considérant qu'il résulte de la déposition des » témoins fournis par Jacques Nolet la preuve de » la fausseté du procès-verbal dressé contre lui par » le sieur Demont;

» Considérant enfin que la justice doit écarter » toute sorte de demande, quand celui qui l'a for- » mée ne se présente pas;

» Nous....., juge de paix du canton de Premery, » prononçant en dernier ressort, donnons à Jac- » ques Nolet congé de la demande formée contre » lui par le défaillant, et le condamnons aux dé- » pens. »

» Tel est le jugement contre lequel l'exposant croit devoir provoquer l'animadversion de la cour.

» Ce n'est pas qu'au fond et pour le principal il ne soit, en résultat, ce qu'il devait être.

» Car, d'un côté, l'adjoint du maire de la commune de Monlevoison était tombé dans une grande erreur, lorsque, supposant à l'arrêté du préfet du département de la Nièvre, du 19 octobre 1808, une autorité qu'il n'avait ni ne pouvait avoir dans les tribunaux, il avait tenté de faire condamner Jacques Nolet à une amende, pour avoir vendu des boissons, dans son cabaret, un jour de dimanche, pendant le service divin ; et il se serait vraisemblablement épargné une tentative aussi inconsidérée, s'il eût connu l'arrêt de la cour du 3 août 1810, qui, sur le réquisitoire de l'exposant, a cassé des jugemens par lesquels le tribunal de police du canton de La Rochelle, se fondant sur des arrêtés semblables, avait condamné différens particuliers à des peines de simple police (1).

» D'un autre côté, le procès-verbal de l'adjoint du maire de la commune de Monlevoison ne faisait pas foi de son contenu jusqu'à inscription de faux; et il pouvait, d'après la jurisprudence constante de la cour, confirmée par l'art. 154 du code d'instruction criminelle, être débattu par une preuve contraire.

» Rien ne pouvait donc, en définitive, empêcher le rejet de la plainte dirigée par l'adjoint du maire de la commune de Monlevoison contre Jacques Nolet.

» Mais, quoique juste, dans son résultat, pour le principal, le jugement dont il s'agit n'en doit pas moins être annulé dans l'intérêt de la loi; et parce qu'il est essentiellement irrégulier dans sa forme, et parce que, relativement à la condamnation aux dépens qu'il prononce contre l'adjoint du maire de Monlevoison, il viole un des premiers principes de l'ordre judiciaire.

» D'abord, dans sa forme, il présente trois irrégularités, que l'exposant ne craint pas d'appeler monstrueuses.

» 1° L'art. 182 du code du 3 brumaire an 4, sous l'empire duquel a été rendu ce jugement, voulait, à peine de nullité, que les tribunaux de police ne pussent prononcer sur les plaintes portées devant eux qu'après que les juges dont ils étaient composés, auraient entendu oralement les témoins produits, soit contre les prévenus, soit pour leur justification.

» Or, dans l'espèce dont il est ici question, qui est-ce qui a entendu les témoins produits par Jacques Nolet? C'est l'un des suppléans du juge de paix.

» Qui est-ce qui a prononcé sur la plainte à laquelle se référaient les dépositions de ces témoins? Ce n'est pas le suppléant devant lequel ces témoins avaient déposé, c'est le juge de paix lui-même.

» A la vérité, le juge de paix avait sous les yeux le procès-verbal que son suppléant avait dressé des dépositions des témoins. Mais, en dressant ce procès-verbal, le suppléant avait fait ce que la loi ne lui permettait pas. Et d'ailleurs ce n'est pas sur un procès-verbal d'enquête, c'est sur les dépositions

orales des témoins, c'est sur les dépositions que le tribunal de police a entendues de ses propres oreilles, que ce tribunal doit fonder sa conviction et baser son jugement.

» Il était d'ailleurs de principe, et la cour avait jugé par une foule d'arrêts, avant même que l'article 7 de la loi du 20 avril 1810 en eût fait expressément une disposition législative, que la peine de la cassation devait frapper tout jugement auquel avaient pris part des juges qui n'avaient pas assisté à toutes les audiences de la cause.

» Or, le juge de paix, qui, dans l'espèce actuelle, a rendu le jugement du 6 avril 1811, n'avait assisté ni à l'audience du 23 mars précédent, ni à celle du 29 du même mois.

» 2° Le jugement du 6 avril 1811 n'a été précédé, de la part du ministère public, ni d'un résumé de l'affaire, ni de conclusions; et cependant l'art. 162 du code du 3 brumaire an 4 voulait qu'il le fût, à peine de nullité.

» Il est vrai que l'adjoint du maire de Monlevoison ne s'est pas trouvé à l'audience dans laquelle ce jugement a été rendu. Mais son absence pouvait-elle autoriser le juge de paix à s'élever au-dessus de la loi? Non, sans doute; et c'est ce que la cour a décidé, dans un cas semblable, par un arrêt du 8 octobre 1808, sur la demande du sieur Juglia, en cassation d'un jugement du tribunal de police de Messarano :

« Attendu (a-t-elle dit) qu'il est justifié par le » jugement même que le commissaire du gouver- » nement n'a point été ouï, et qu'il n'a pas même » été présent à l'audience; que quand il serait vrai, » comme on le suppose, que cet officier du minis- » tère public eût été invité à s'y rendre, et qu'il » s'y fût refusé, ce n'aurait pas été un motif suffi- » sant pour autoriser le tribunal de police à statuer » sans réquisitions préalables; que, dans cet état de » choses, le tribunal de police aurait pu et même » dû faire suppléer l'adjoint de la commune par un » citoyen requis à cet effet ; que, ne l'ayant pas » fait, il a ouvertement violé la disposition de l'ar- » ticle 162 du code du 3 brumaire an 4, dont l'in- » exécution emporte la peine de nullité :

» Par ces motifs, la cour casse et annule..... »

» 3° Le jugement du 6 avril 1811 ne prononce ni sur la culpabilité ni sur la non-culpabilité du prévenu; mais il donne au prévenu congé de la demande du ministère public, sous le prétexte que le ministère public est défaillant, c'est-à-dire, qu'il transporte à la procédure criminelle une manière de prononcer qui n'est établie et autorisée que pour la procédure civile ; et c'est assurément une très grande irrégularité.

» Dans les matières civiles, la non-comparution du demandeur fait justement présumer qu'il regarde son action comme mal fondée ; et elle équipolle à un désistement formel.

» Mais, en matière criminelle, une fois l'action

publique engagée, l'officier qui l'a introduite au nom de la société, n'en est plus maître : il ne peut plus s'en désister; et son désistement; soit qu'il résulte implicitement de sa non-comparution, soit qu'il résulte de conclusions expressément prises à la décharge du prévenu, ne dispense le juge ni d'examiner si le prévenu est coupable, ni de le condamner s'il le trouve tel. C'est sur ce principe que sont fondés trois arrêts de cassation rendus par la cour, le 24 nivôse an 11, au rapport de M. Liborel; le 14 pluviôse an 12, au rapport de M. Carnot, et le 27 juin dernier, au rapport de M. Busschop.

» Enfin le jugement du 6 avril 1811 condamne l'adjoint du maire de la commune de Monlevoison aux dépens d'une affaire qu'il n'avait intentée qu'en sa qualité d'officier du ministère public; et par-là il viole la maxime consacrée par une foule d'arrêts de la cour, que les officiers du ministère public ne peuvent être condamnés aux dépens qu'à la suite d'une prise à partie exercée contre eux dans les formes déterminées par la loi.

» Ce considéré, il plaise à la cour, vu l'art. 88 de la loi du 27 ventôse an 8, l'art. 162 et le n° 6 de l'art. 456 du code des délits et des peines du 3 brumaire an 4, casser et annuler, dans l'intérêt de la loi, et sans préjudice de son exécution entre les parties intéressées, le jugement du tribunal de police du canton de Premery, ci-dessus mentionné, et dont expédition est ci-jointe; et ordonner qu'à la diligence de l'exposant, l'arrêt à intervenir sera imprimé et transcrit sur les registres dudit tribunal.

» Fait au parquet, le 29 août 1811. *Signé*, Merlin.

» Ouï le rapport de M. Favart de Langlade, conseiller.... :

» Attendu que, d'après l'art. 162 du code des délits et des peines, du 3 brumaire an 4, les jugemens des tribunaux de police ne peuvent être rendus que sur une instruction orale, et *ce à peine de nullité*; que néanmoins, dans l'espèce, le jugement du tribunal de police du canton de Premery, rendu sous l'empire du code de brumaire an 4, l'a été par le juge de paix, sur la déposition de témoins entendus par l'un de ses suppléans qui en avait dressé procès-verbal; que dès-lors ce jugement est intervenu sur une instruction écrite, ce qui est une contravention formelle à l'art. 162 du code de brumaire an 4;

» Attendu que, d'après le même art. 162, le ministère public doit aussi, à peine de nullité, être entendu dans toutes les affaires portées au tribunal de police; que cependant le jugement attaqué a été rendu sans l'audition du ministère public; que dès-lors il y a-, sous ce second rapport, violation dudit art. 162;

» Attendu qu'un jugement rendu par des juges qui n'ont pas assisté à toutes les audiences de la cause, est nul; que ce principe, confirmé par la loi du 20 avril 1810, a été violé, puisque, dans l'es-

pèce, le juge de paix n'a pas assisté à deux des audiences qui avaient précédé son jugement, et dans lesquelles l'instruction avait été faite; que dès-lors il y a eu, de sa part, violation de la loi et excès de pouvoir;

» Attendu que le juge paix n'a pas examiné la culpabilité du prévenu; qu'il a seulement donné congé de la demande du ministère public, sous le prétexte qu'il était défaillant; que cependant la non-comparution du ministère public, et même son désistement ne dispensent jamais le juge d'examiner si le prévenu est coupable, et de le condamner s'il est trouvé tel; qu'ainsi, en n'appréciant pas le résultat des preuves, comme en prononçant sans l'audition préalable de la partie publique représentée par l'adjoint du maire ou un remplaçant légal, le juge de paix a violé toutes les règles et commis un nouvel excès de pouvoir;

» Attendu enfin que l'officier du ministère public ne peut jamais être condamné aux dépens dans les affaires où il est partie poursuivante; qu'il ne peut être passible de condamnations qu'à la suite d'une prise à partie régulièrement exercée contre lui; que cependant le jugement attaqué condamne aux dépens l'adjoint du maire, en sa qualité d'officier du ministère public, et que dès-lors il en résulte une autre contravention à la loi :

» Par ces motifs, la cour casse et annule, dans l'intérêt de la loi, le jugement du tribunal de police du canton de Premery, du 6 avril dernier....

» Ainsi jugé et prononcé à l'audience publique de la cour de cassation, section criminelle, le 13 septembre 1811. »

III. La troisième question s'est représentée sous le code d'instruction criminelle, et a encore été jugée de même par l'arrêt suivant.

« Le procureur-général expose qu'il se croit obligé de dénoncer à la cour un jugement en dernier ressort du tribunal de police du canton de Bouloire, arrondissement de Saint-Calais, département de la Sarthe, du 13 octobre 1811.

» Par ce jugement, le tribunal de police a condamné le maire de la commune de Bouloire aux dépens d'une affaire qu'il n'avait poursuivie qu'en sa qualité d'officier du ministère public.

» Condamner aux dépens un officier du ministère public, c'est évidemment le traiter comme une partie privée; c'est par conséquent le supposer *pris à partie*.

» Or, un tribunal de police peut-il connaître de la prise à partie de l'officier qui exerce près de lui les fonctions du ministère public? Ce pouvoir n'appartient, suivant l'art. 509 du code de procédure civile, qu'à la cour d'appel du ressort dans laquelle siège ce tribunal.

» D'un autre côté, pour prendre à partie, soit un juge, soit un officier du ministère public, il faut des formalités qui sont essentiellement requises par les art. 510, 511 et 514 du même code, et qui toutes ont été négligées dans l'affaire dont il s'agit.

» Ce considéré, il plaise à la cour, vu l'art. 442 du code d'instruction criminelle, l'art. 408 du même code, et les art. 509, 510, 511 et 514 du code de procédure civile, casser et annuler, dans l'intérêt de la loi, le jugement ci-dessus mentionné, et dont expédition est ci-jointe, et ordonner qu'à la diligence de l'exposant, l'arrêt à intervenir sera imprimé et transcrit sur les registres du tribunal de police du canton de Bouloire.

» Fait au parquet, le 8 mars 1813, *Signé*, Merlin.

» Ouï le rapport de M. Aumont, conseiller......;
» Vu les art. 408 et 413 du code d'instruction criminelle......:

» Attendu que les lois ne permettent, en aucun cas, aux tribunaux criminels, correctionnels et de police de condamner le ministère public aux frais en faveur des parties qu'il a poursuivies, et que cette faculté parait même interdite par les art. 162, 176, 194 et 368 du code d'instruction criminelle, qui n'ordonnent de prononcer des dépens que contre les parties privées;

» Que de là il s'ensuit qu'en condamnant aux frais de René Nolet le maire de la commune de Bouloire, qui n'avait agit, dans l'espèce, que comme remplissant les fonctions du ministère public, le tribunal de police du canton dudit Bouloire a manifestement violé les règles de compétence établies par la loi.

-» Par ces motifs, la cour casse et annule......

» Fait et prononcé à l'audience de la cour de cassation, section criminelle, le 12 mars 1813. »

§. VI.
1° *Le ministère public peut-il poursuivre seul et d'office un délit de contrefaçon ?*

2° *Le peut-il sans l'adjonction d'un agent civil du gouvernement, lorsqu'il s'agit de la contrefaçon d'une propriété littéraire appartenant à l'Etat?*

V. l'article *Contrefaçon* , §. 2.

§. VII.
Le ministère public peut-il dans les affaires correctionnelles où il y a partie civile, se borner à donner des conclusions, sans se constituer lui-même partie poursuivante ?

V. l'article *Tribunal correctionnel* , §. 1.

§. VIII.
Les procureurs du roi des tribunaux de première instance , et les procureurs-généraux des cours d'appel peuvent-ils; pour le seul intérêt de la loi, se pourvoir en cassation contre les jugemens en dernier ressort , qui ont rejeté leurs réquisitions ?

V. le réquisitoire et l'arrêt du 25 brumaire an 11, rapportés à l'article *Opposition aux jugemens par défaut*, §. 7, et l'article *Cassation* , §. 10.

§. IX.
Dans les affaires civiles où les procureurs-généraux des cours ont l'action directe, et par conséquent le droit de se pouvoir en cassation, suffit-il qu'ils forment leur recours par un simple acte au greffe, et que cet acte soit, dans le délai fatal, transmis par l'intermédiaire du ministère de la justice, au greffe de la cour de cassation ?

V. l'article *Cassation* , §. 9.

§. X.
1° *Un arrêt de la cour de cassation qui, pour le seul intérêt de la loi , a cassé un arrêt d'une cour de justice criminelle, comme ayant , par excès de pouvoir, déclaré un prévenu acquitté de l'accusation d'un délit , est-il susceptible d'opposition de la part de ce prévenu ?*

2° *Y a-t-il des cas où l'annulation d'un jugement prononcé par la cour de cassation, pour excès de pouvoir, sur le réquisitoire du procureur-général , précédé d'un ordre du ministre de la justice, profite ou nuit aux parties intéressées ?*

I. Sur la première question, *V.* l'article *Opposition* (tierce-) , §. 5.

II A la seconde question, on ne peut raisonnablement faire qu'un réponse : c'est que s'il était des cas où l'annulation dont il s'agit dût nuire ou profiter aux parties intéressées, il n'y aurait aucun motif pour qu'elle ne leur nuisît ou ne leur profitât pas également dans tous les cas possibles, et qu'ainsi ou elle ne doit jamais leur nuire ni profiter, ou elle doit leur nuire ou profiter toujours.

En effet, l'art. 441 du code d'instruction criminelle ne fait aucune distinction, quand il dit : « Lorsque, sur l'exhibition d'un ordre formel à lui donné par le ministre de la justice, le procureur-général près la cour de cassation dénoncera à la section criminelle des actes judiciaires, arrêts ou jugemens contraires à la loi, ces actes, arrêts ou jugemens pourront être annulés, et les officiers de police ou les juges poursuivis, s'il y a lieu, comme prévenus de forfaiture. »

Cet article ne dit pas, comme l'on voit, si l'annulation dont il parle ne sera prononcée que dans l'intérêt de la loi, ou si elle le sera également dans l'intérêt des parties. Mais il suffit qu'il se taise là-dessus, pour que son silence ne puisse pas être interprété d'une manière pour certains cas, et d'une autre manière pour des cas différens. L'interprétation doit être une, à moins qu'on ne veuille qu'elle puisse être arbitraire, ce qui répugne souverainement à la raison.

Comment faut-il donc interpréter le silence de cet article sur le point dont il s'agit ? C'est sans contredit par la loi générale qui détermine les attributions et circonscrit les pouvoirs de la cour de cassation ; c'est-à-dire, par la loi du 27 ventôse an 8.

Or, cette loi contient deux articles distincts sur les cas où la cour de cassation peut annuler des jugemens, sans qu'ils lui soient déférés par les parties intéressées.

Elle porte, art. 88 , que lorsqu'un jugement en dernier ressort, contraire à la loi, n'aura pas été attaqué dans le délai fatal par la partie intéressée, le procureur-général pourra d'office en requérir la cassation dans l'intérêt de la loi ; mais que le jugement ainsi cassé n'en demeurera pas moins exécutoire contre la partie au désavantage de laquelle il aura été rendu.

Et l'art. 80, copié presque littéralement sur les art. 262 et 263 de l'acte constitutionnel du 5 fructidor an 3, attribue au gouvernement le droit de dénoncer à la cour de cassation, par l'organe de son procureur-général, non-seulement les jugemens en dernier ressort, mais même *les actes* de toute nature, par lesquels les juges auront *excédé leurs pouvoirs*; il le lui attribue même dans les termes les plus généraux, et par conséquent sans distinguer si les *actes judiciaires* dont il parle sont, par leur nature, passibles du recours en cassation de la part des parties intéressées, ou s'ils ne le sont pas ; si le recours en cassation est ouvert à celle-ci, ou s'il ne l'est pas encore ; s'il leur est fermé , ou si elles sont encore recevables à l'exercer ; mais il ajoute que la cour de cassation ne les annulera que *sans préjudice du droit des parties intéressées*, termes qui prouvent clairement que l'annulation ne doit également être prononcée que dans l'intérêt de la loi, et qu'il n'en peut résulter ni avantage pour la partie qui a intérêt à ce que le jugement ou l'acte annulé soit réputé non-avenu, ni préjudice pour la partie qui a intérêt à ce que ce jugement ou cet acte conserve tout son effet.

C'est sur ces deux articles qu'ont été modelés les art. 441 et 442 du code d'instruction criminelle.

L'art. 442 porte, en renouvelant la disposition de l'art. 88 de la loi du 27 ventôse an 8, que « lorsqu'il aura été rendu par une cour royale ou » d'assises, un tribunal correctionnel ou de » police, un arrêt ou jugement en dernier ressort, « sujet à cassation, et contre lequel néanmoins au- » cune des parties n'aurait réclamé dans le délai » déterminé , le procureur-général près la cour « de cassation pourra aussi d'office, et nonobstant » l'expiration du délai, en donner connaissance à » la cour de cassation ; (et que) l'arrêt ou le juge- » ment sera cassé, SANS QUE LES PARTIES PUISSENT » S'EN PRÉVALOIR POUR S'OPPOSER À SON EXÉCU- » TION. »

L'art. 441 renouvelle pareillement la disposition

de l'art. 80 de la loi du 27 ventôse an 8 ; mais , d'une part, il ne la limite plus aux « actes par les- » quels les juges excèdent leurs pouvoirs ; » il l'étend , au contraire, à tous les « actes judiciaires , ». arrêts ou jugemens contraires à la loi ; » et de l'autre, il n'ajoute plus : « sans préjudice du droit » des parties intéressées. »

De ces deux différences, la première ne peut évidemment influer en rien sur notre question ; et pour peu qu'on y réfléchisse , on sentira qu'il en est de même de la seconde.

Qu'importe, en effet, que l'art. 441 ne renouvelle pas la clause de « non-préjudice au droit des » parties intéressées, » qui termine l'art. 80 de la loi du 27 ventôse an 8 ? Ne pas la renouveler, ce n'est pas l'abroger ; c'est au contraire la maintenir implicitement, d'après la célèbre maxime du droit romain, *posteriores leges ad priores pertinent , nisi contrariæ sint* (loi 28, D. *de legibus*).

» D'ailleurs, quelle raison y aurait-il pour que cette clause, qui se retrouve dans l'art. 442 , ne se reportât pas à l'art. 441 ? Dans le cas de l'un comme dans le cas de l'autre article, c'est toujours le procureur-général qui agit. Or, conçoit-on que son action eût plus d'effet sur les intérêts personnels des parties, lorsqu'il l'intente par ordre du gouvernement, que lorsqu'il l'intente d'office ? Lorsqu'il agit d'office, il exerce un ministère indépendant ; il n'a d'autre moteur que l'intérêt de la loi ; son action , tout-à-fait impartiale, est celle d'un véritable magistrat ; et cependant la loi ne veut pas que le résultat de cette action puisse réfléchir sur les parties privées. Comment donc les parties privées pourraient-elles souffrir ou profiter de l'action qu'il intente , non en magistrat proprement dit, mais en instrument passif du gouvernement ? Ne serait-ce pas mettre à la discrétion du gouvernement des *intérêts* qui en sont essentiellement indépendans, par cela seul qu'ils ne dépendent que du pouvoir judiciaire ?

Et qui ne frémirait à la seule idée que le gouvernement pût, en prenant la voie indiquée par l'article 441 , faire remettre en jugement, non-seulement un accusé absous par un arrêt de cour d'assises, contre lequel le ministère public ne se serait pas pourvu dans le délai fixé par l'art. 373, mais encore un accusé acquitté d'après la déclaration du jury, par une ordonnance du président, qui , aux termes de l'art. 409, n'aurait pu être attaqué même par le procureur-général de la cour d'assises, et dans les vingt-quatre heures, que dans l'intérêt de la loi ?

On dira sans doute que le gouvernement n'en viendra jamais à de pareilles extrémités ; mais qui l'en empêcherait, si l'art. 441 lui en donnait le droit ? Il n'aurait, à cet égard, d'autre frein que l'opinion publique ; et l'expérience ne nous a que trop appris que, dans des temps de faction, l'opinion publique n'est pas toujours suffisante pour arrêter les entreprises d'un ministère anti-national, sur les droits les plus sacrés des citoyens. Il faut donc, de toute nécessité, convenir franchement, ou que l'art. 441 donne ce droit au gouvernement, ou reconnaître que lui prêter une disposition aussi absurde, aussi révoltante, ce serait le calomnier ouvertement.

Mais que l'on y fasse bien attention : s'il ne résulte pas de l'art. 441 que le gouvernement peut faire remettre en jugement un accusé absous par un arrêt passé en force de chose jugée, ou acquitté, d'après la déclaration du jury, par une ordonnance inattaquable dans l'intérêt de la vindicte publique, il n'en peut pas non plus résulter pour le gouvernement le droit de faire annuler utilement pour l'accusé un arrêt de condamnation contre lequel celui-ci ne s'est pas pourvu dans le délai fatal.

D'une part, en effet, l'art. 441 est conçu en termes trop généraux, pour ne pas exclure toute distinction entre le cas où l'annulation provoquée par le gouvernement pourrait profiter à l'accusé, et le cas où elle pourrait lui nuire.

D'un autre côté, faire tourner au profit de l'accusé l'annulation d'un arrêt de condamnation passé contre lui en force de chose jugée, ce serait nécessairement la faire tourner au préjudice de la partie civile qui aurait obtenu contre le condamné les dommages-intérêts, auxquels elle aurait acquis un droit irrévocable; ce serait par conséquent attribuer au gouvernement un pouvoir monstrueux. Le gouvernement est sans doute bien maître, en pareil cas, de faire grâce au condamné; mais exposer la partie civile au risque de perdre les dommages-intérêts qui lui ont été adjugés par un arrêt que le laps du délai fatal a mis hors de toute atteinte, il ne le peut certainement pas.

Sans doute l'art. 441 ne violerait aucun principe, s'il était rédigé de manière à faire tourner au profit du condamné l'annulation provoquée par le gouvernement, sans que la partie civile en souffrît, sans que le condamné qui, remis en jugement, viendrait ensuite à être absous ou acquitté, en restât moins débiteur, envers la partie civile, des dommages-intérêts qu'elle aurait obtenus contre lui. Mais, ainsi rédigé, l'art. 441 formerait une loi toute différente de celle qui résulte de sa rédaction actuelle : encore une fois, il est conçu en termes trop généraux, trop indéfinis, pour qu'il soit susceptible d'une pareille scission. Si donc l'on est forcé de convenir que l'annulation de l'arrêt de condamnation ne peut pas avoir l'effet de remettre en litige les dommages-intérêts adjugés par cet arrêt à la partie civile, il faut bien que l'on convienne aussi qu'il ne peut pas avoir l'effet de remettre en litige, au profit du condamné, soit le fait de la culpabilité, soit la légalité de la peine qui lui a été infligée.

Et si, d'après cela, il ne peut exister aucune différence, quant à l'effet de l'annulation prononcée en vertu de l'art. 441, entre le jugement qui acquitte ou absout un accusé, et le jugement qui le condamne, il ne peut pas évidemment en exister davantage entre le jugement définitif et le jugement préparatoire, entre le jugement contre lequel le recours en cassation n'est pas encore ouvert, et le jugement à l'égard duquel le recours en cassation est fermé par laps de temps entre le jugement passible, par sa nature, du recours en cassation, et le jugement qui, par sa nature, est affranchi de ce recours.

Ce sont là, je n'hésite pas à le dire, des vérités incontestables à mes yeux; cependant elles ne sont pas toutes généralement reconnues; et il existe à cet égard trois systèmes différens.

1° M. Poncet, dans son Traité des jugemens, tome 2, n° 574, se demande « quels effets produit, » à l'égard des parties, l'arrêt de cassation qui a été » rendu sur le pourvoi par ordre; » mais il ne se le demande que pour le cas où l'arrêt de cassation a été rendu avant que les parties intéressées pussent l'attaquer elles-mêmes, et par conséquent pour le cas où il s'agit, soit d'un jugement ou d'un acte judiciaire quelconque qui ne pourrait régulièrement être attaqué que par la voie d'appel, soit d'un jugement en dernier ressort purement préparatoire; et voici sa réponse :

« Les parties n'avaient pas encore la voie de cas-» sation, » lorsque le pourvoi par ordre a été proposé; mais peut-être avaient-elles quelque autre voie légale à exercer, pour faire ou rétracter ou réformer, soit l'acte d'abus de pouvoir, en matière civile, soit l'acte nul en matière criminelle. Alors qu'arrive-t-il? C'est que la cassation prononcée sur le pourvoi du gouvernement leur profite, en ce sens qu'elles sont dispensées de demander ultérieurement ou cette rétractation ou cette réformation, et qu'elles n'y seraient pas recevables, par la raison que l'arrêt de la cour de cassation ne laisse plus rien à juger sur la question, et que le tribunal saisi du fond ne peut plus que se conformer à cet arrêt, aussitôt qu'il lui aura été renvoyé.

» Ainsi, en matière civile, l'acte abusif ou l'acte nul en matière criminelle, tombent par l'effet de l'arrêt de cassation, avec tout ce qui l'a suivi; le tribunal saisi ou le tribunal de renvoi doivent recommencer ou faire recommencer la procédure à partir de l'acte annulé, soit sur la demande des parties, ou sur les conclusions de la partie publique, ou même d'office. »

On voit que M. Poncet place l'annulation prononcée en matière criminelle, à raison d'un vice quelconque emportant nullité, sur la même ligne que l'annulation prononcée en matière civile, pour excès de pouvoir; qu'il assimile entièrement les effets de l'une aux effets de l'autre; qu'en un mot, il considère l'art. 441 du code d'instruction criminelle, comme rédigé dans le même esprit que l'art. 80 de la loi du 27 ventose an 8, ou, ce qui est la même chose, comme se référant à celui-ci, d'après la grande règle, déjà citée, posteriores leges ad priores pertinent, nisi contrariæ sint. Mais dès lors comment peut-il oublier qu'aux termes de l'art. 80 de la loi du 27 ventôse an 8, l'annulation pour excès de pouvoir ne peut jamais être prononcée sur la dénonciation du gouvernement, que « sauf le droit des parties intéressées, » et par conséquent sans qu'elle puisse profiter aux parties intéressées ni leur nuire ?

2° M. Carnot, dans son commentaire sur le code d'instruction criminelle, art. 441, après avoir dit que « lorsque l'annulation de l'arrêt ou du jugement dé- » finitif en dernier ressort est prononcée sur le réqui- » sitoire du procureur-général (agissant d'office), » elle ne doit l'être que pour le maintien des prin- » cipes et dans l'intérêt de la loi, » se fait cette question :

» Doit-il en être de même dans le cas d'annulation des actes et jugemens, par suite des dispositions de l'art. 441 ?

» Il faut distinguer, répond-il, le cas où l'annulation porte sur des actes ou des jugemens intervenus dans un procès qui a été jugé en dernier ressort, de celui où elle porte sur des actes ou jugemens intervenus dans un procès encore indécis.

» Dans le premier, s'il n'y a pas eu de recours contre l'arrêt ou le jugement définitif en dernier ressort, l'annulation des actes et des jugemens préparatoires et d'instruction, ne peut profiter aux parties, dont les droits doivent être réglés par les dispositions de l'art. 442.

» Mais si l'annulation portait sur des actes préliminaires et d'instruction, et que l'arrêt ou le jugement définitif ne fût pas encore rendu, leur annulation devrait profiter aux parties; de telle sorte qu'il faudrait considérer comme non-avenu l'acte ou le jugement annulé.

» Ce serait en effet une chose monstrueuse qu'un acte annulé, qui donnerait lieu à des poursuites contre l'officier de police ou le juge qui l'aurait fait, pût servir de base à un arrêt de condamnation, et que, sans avoir égard à l'annulation de cet acte, l'arrêt de condamnation qui serait intervenu depuis, et qui en aurait été le résultat, pût être exécuté. »

Ainsi, M. Carnot reconnaît bien nettement que les jugemens définitifs et les actes ou jugemens préparatoires qui ont été suivis de jugemens définitifs, ne peuvent être annulés sur la dénonciation du gouvernement, que dans l'intérêt de la loi, et que l'annulation n'en peut jamais profiter ni nuire aux parties intéressées.

Mais il pense qu'il en est autrement, lorsque l'annulation porte sur des jugemens ou actes préparatoires intervenus dans un procès dont le fond n'est pas encore jugé.

Il est cependant bien sensible que l'art. 441 ne distingue pas entre l'annulation des uns et l'annulation des autres, et que, par cela seul qu'il ne permet celle-là, suivant M. Carnot lui-même, que dans l'intérêt de la loi, c'est aussi à l'intérêt, et au seul intérêt de la loi, qu'il est censé restreindre les effets de celle-ci.

Sans doute, ce serait, comme le dit ce magistrat, une chose monstrueuse que des juges fussent obligés, en statuant définitivement sur un procès, de tenir pour valable, dans l'intérêt des parties, et de prendre pour base de leur décision un acte ou jugement préliminaire qui aurait été annulé par la cour de cassation, sur la dénonciation du gouvernement.

Mais pour parer à cet inconvénient, est-il nécessaire de scinder l'art. 441, et d'y implanter, relativement à l'annulation provoquée par le gouvernement, une distinction qu'il ne renferme pas, et qu'il réprouve ouvertement par son silence, entre le cas où elle porte sur un acte ou jugement préliminaire non encore suivi d'un jugement définitif, et le cas où elle porte, soit sur un jugement définitif, soit sur un acte ou jugement préliminaire intervenu dans un procès qui n'est pas plus indécis ? Non. Cet inconvénient peut être évité par un moyen plus simple et parfaitement légal. Les juges, avertis par l'arrêt de cassation rendu dans le seul intérêt de la loi, qu'ils ont commis une nullité dans l'instruction, peuvent la réparer, comme ils pourraient le faire s'ils l'apercevaient d'eux-mêmes. L'art. 215 du code d'instruction criminelle leur en suppose évidemment le droit (1), et telle a été la règle de tous les temps (2).

3° M. Legraverend, dans son *Traité de la législation criminelle*, tome 2 (page 464, 2ᵉ édition), propose une autre distinction qu'il rend commune aux jugemens préparatoires et aux jugemens définitifs. Suivant lui, l'annulation des uns et des autres, lorsqu'elle est prononcée en vertu de l'art. 441, ne peut jamais nuire aux parties, mais elle doit toujours leur profiter. Voici ses termes :

« On a demandé (dit-il) si les arrêts que rend la cour de cassation pour annuler les arrêts, les jugemens ou les actes qui lui sont dénoncés, d'après l'ordre du ministre de la justice, par le procureur-général placé près de cette cour, ont seulement pour objet l'intérêt de la loi, ou s'ils produisent quelque effet relativement aux parties; et cette question délicate ne paraît pas susceptible d'être résolue d'une manière absolue.

» Faut-il distinguer entre les jugemens préparatoires et les jugemens définitifs, reconnaître que l'annulation des premiers, quoique prononcée sur la demande du gouvernement, a néanmoins tout son effet relativement aux parties ? Cette distinction peut être admise, surtout *en faveur des parties ;* et à l'appui de cette opinion, je puis rappeler l'arrêt de la cour de cassation (du 21 mai 1813) qui annula l'ordonnance d'un président de cour d'as-

_____

(1) *V.* le commentaire de M. Carnot sur cet article, n° 2.

(2) *V.* le *Répertoire de jurisprudence*, au mot *Nullité*, §. 7, n° 3.

sises, en vertu de laquelle un accusé avait été extrait de la maison de justice et amené à Paris. En effet, cet arrêt ordonna le renvoi de l'accusé devant une autre cour d'assises, pour qu'il fût statué de nouveau sur la demande formée par lui, et qui avait donné lieu de le conduire à Paris; et il est clair que l'annulation provoquée par le gouvernement, eut tout son effet quant à la partie accusée, et que cet effet n'était pourtant pas en sa faveur; et s'il en a été ainsi en cette circonstance, il semble qu'à plus forte raison il en doit être de même en faveur des parties. »

Avant d'aller plus loin, qu'il me soit permis de retracer ici le réquisitoire sur lequel a été rendu l'arrêt dont il s'agit :

« Le procureur-général expose qu'il est chargé par le grand-juge ministre de la justice, en exécution de l'art. 441 du code d'instruction criminelle, de requérir l'annulation d'une ordonnance rendue par le président du tribunal de première instance de Coutances, faisant fonctions de président de la cour d'assises du département de la Manche.

» Le sieur Mariette, prévenu d'avoir détourné des deniers publics, à la perception et au recouvrement desquels il a été employé comme receveur des domaines et conservateur des hypothèques au bureau de Valogne, a été mis en accusation par la cour d'appel de Caen, et renvoyé devant la cour d'assises du département de la Manche, pour y être jugé.

» Là, au lieu de faire tout ce qui était en lui pour accélérer sa mise en jugement, le sieur Mariette a imaginé des incidens de toute espèce pour la reculer.

» Enfin, le président de la cour d'assises a, par une ordonnance du 8 avril dernier, fixé sa mise en jugement au 17 juin prochain.

» Mais dès le lendemain le sieur Mariette, profitant de l'absence de ce magistrat, a fait remettre au greffe une requête qu'il paraissait lui présenter, mais qu'il savait bien présenter réellement au président du tribunal de première instance qui le remplaçait de droit, et par laquelle, en exposant que, pour sa justification, il avait besoin de consulter les états de sa gestion déposés dans les bureaux de l'administration de l'enregistrement et des domaines, il a demandé d'être, à ses frais, conduit à Paris par un gendarme, pour y prendre communication de ces états.

» Et sur cette requête, le président par interim, après avoir entendu le procureur criminel, a rendu, le 19 du même mois, une ordonnance portant « que » le sieur Mariette sera extrait de la maison de jus- » tice de Coutances, et remis aux mains de la gen- » darmerie, pour être transféré de cette » ville en celle de Paris, pour, par lui, sous la garde » d'un gendarme, être fait les recherches et vérifi- » cations des états dont il croit avoir besoin, TANT

» DANS LES BUREAUX DE L'ADMINISTRATION DES DO- » MAINES, QUE DANS TOUS AUTRES LIEUX où ils peu- » vent être déposés, en prenant par lui les voies » qu'il croira convenables pour le succès de sa de- » mande; que cependant il sera tenu de se ren- » dre et de se faire réintégrer dans la maison de » justice de Coutances, au plus tard le 30 mai pro- » chain, et de fournir en entier, suivant ses offres, » à tous les frais de translation et de garde, jusqu'à » réintégration dans la maison de justice. »

» Cette ordonnance a été exécutée, quant à la translation du sieur Mariette dans la ville de Paris. Le sieur Mariette est arrivé en cette ville, sous la conduite d'un gendarme déguisé en bourgeois, et s'est logé avec lui dans une maison particulière, sans faire la moindre démarche, soit auprès de l'administration des domaines, soit auprès de toute autre autorité, pour remplir le but factice indiqué par sa requête du 9 avril. Mais le préfet de police, justement étonné de cette manière de garder un accusé de crime, a fait arrêter le sieur Mariette, et l'a fait constituer prisonnier dans une maison d'arrêt, et le grand-juge ministre de la justice a chargé l'exposant de requérir l'annulation de l'ordonnance dont il s'agit.

» Cette ordonnance doit en effet être annulée sans difficulté, si elle est contraire aux lois. Car l'art. 441 du code d'instruction criminelle porte que « lorsque, sur l'exhibition d'un ordre formel à lui » donné par le grand-juge ministre de la justice, le » procureur-général près la cour de cassation dé- » noncera à la section criminelle des ACTES JUDI- » CIAIRES, arrêts ou jugemens CONTRAIRES A LA LOI, » ces actes, arrêts ou jugemens pourront être an- » nulés, et les officiers de police ou les juges pour- » suivis, s'il y a lieu, de la manière exprimée au » chap. 3 du tit. 4 du présent livre. »

» Or, qu'y a-t-il de plus contraire aux lois que l'ordonnance en vertu de laquelle le sieur Mariette a été transféré à Paris, sous la garde d'un gendarme?

» L'art. 243 du code d'instruction criminelle veut que, dans les vingt-quatre heures qui suivront la signification de l'arrêt de renvoi à la cour d'assises et de l'acte d'accusation, l'accusé soit « transféré de » la maison d'arrêt dans la maison de justice établie » près la cour où il doit être jugé. »

» C'est donc dans cette maison de justice que l'accusé doit être détenu et gardé jusqu'à son jugement.

» Il y a donc contravention à l'art. 243, si l'accusé sort de cette maison de justice autrement qu'en vertu d'une ordonnance d'acquittement ou d'un arrêt d'absolution.

» Le président par interim de la cour d'assises du département de la Manche a donc contrevenu à l'art. 243, en autorisant l'extraction du sieur Mariette de la maison de justice de Coutances, et sa translation à Paris, sous la garde d'un seul gendarme, aux risques de lui faciliter par-là des moyens d'évasion.

» Mais il a fait plus encore : il a contrevenu à l'autorité de la chose jugée ; car le sieur Mariette, par cela seul qu'il était accusé, était nécessairement en état de prise de corps ; et l'on sait que l'ordonnance de prise de corps qui est décernée ou confirmée par l'arrêt de mise en accusation, contient toujours la clause expresse que l'accusé sera déposé dans la maison de justice.

» On dirait en vain que, par l'art. 268, le « pré-» sident est investi d'un pouvoir discrétionnaire, » en vertu duquel il peut prendre sur lui tout ce » qu'il croit utile pour découvrir la vérité.

» Ce pouvoir, quelqu'étendu qu'il soit, ne peut jamais autoriser le président à faire ce que la loi défend par une disposition générale, et encore moins à rétracter des jugemens devenus irrévocables.

» C'est sur ce fondement que, sous le code du 3 brumaire an 4 qui contenait la même disposition, la cour jugeait constamment que le président ne pouvait pas, en vertu de son pouvoir discrétionnaire, faire entendre comme témoins, aux débats, les personnes dont le témoignage était prohibé d'une manière absolue par l'art. 358 du même code ; et si actuellement la cour juge le contraire, c'est uniquement parce que l'art. 269 du code d'instruction criminelle permet au président d'*appeler dans le cours des débats, et d'entendre* TOUTES PERSONNES ; termes qui modifient clairement la prohibition écrite dans l'art. 322.

» Du reste, rien de plus futile que le prétexte allégué par le sieur Mariette pour obtenir sa translation à Paris.

» Si, comme il le prétend, il existe dans les bureaux de l'administration de l'enregistrement et des domaines des états qui peuvent le justifier de l'accusation intentée contre lui, il peut en demander l'apport au greffe de la cour d'assises, et la cour d'assises peut, à cette fin, s'il y a lieu, rendre un arrêt qui charge le procureur-général de faire auprès du grand-juge ministre de la justice les démarches nécessaires pour que cet apport soit effectué.

» Mais vouloir qu'on le transfère à Paris, sous le prétexte qu'il peut y trouver des pièces utiles à sa défense, c'est un système qui ne tend à rien moins qu'à rendre les procès interminables, sans compter l'inconvénient qu'il y a de multiplier excessivement les chances d'évasion.

» Assurément, un accusé qui espère trouver sa justification dans des pièces existantes loin du lieu où il est détenu, a bien moins de raisons pour demander, par ce motif, sa translation dans ce lieu, qu'il n'en aurait pour demander qu'on le transférât dans la ville où résident les hauts fonctionnaires dont il ne lui est pas permis de requérir le déplacement, à l'effet de déposer comme témoins à sa décharge. S'il était présent aux dépositions de ces témoins, il pourrait, par les observations qu'elles

feraient naître de sa part, amener des explications qui lui seraient favorables ; et c'est un avantage dont il est privé, en n'assistant pas à ces dépositions, comme effectivement il n'a pas le droit d'y assister, ainsi qu'il résulte des art. 511, 512, 514, 515, 516 et 517 du code d'instruction criminelle. Que gagnerait-il, au contraire, par sa présence, à l'extraction des pièces qu'il a en vue, des bureaux où elles sont conservées ? Rien. Ces pièces sont muettes dans les bureaux, comme elles le seront au greffe de la cour d'assises.

» Ce considéré, il plaise à la cour, vu la lettre écrite, le 19 de ce mois, par le grand-juge ministre de la justice, à l'exposant, l'art. 441 du code d'instruction criminelle, l'art. 243 du même code, et l'art. 1350 du code civil, relatif à l'autorité de la chose jugée, casser et annuler l'ordonnance du président par *interim* de la cour d'assises du département de la Manche, du 19 avril dernier, ci-dessus mentionnée, et dont expédition est ci-jointe, et ordonner qu'à la diligence de l'exposant, l'arrêt à intervenir sera imprimé et transcrit sur les registres de ladite cour ;

» Et attendu que le président par *interim*, qui a rendu cette ordonnance, et le procureur criminel qui l'a provoquée par ses conclusions, sont membres nés de la cour d'assises du département de la Manche ; que cette cour entière est censée avoir participé, par leur ministère, à cette ordonnance ; et que, d'ailleurs, il est notoire que le sieur Mariette a, dans le département de la Manche, où il est né et où il a exercé long-temps des fonctions publiques, des moyens d'intrigue beaucoup trop multipliés, ordonner que le sieur Mariette sera traduit devant une autre cour d'assises, pour y être jugé sur l'acte d'accusation dressé contre lui.

» Fait au parquet, le 20 mai 1813. *Signé*, Merlin.»

On voit que, par ce réquisitoire, 1° je ne demandais la cassation de l'ordonnance du président de la cour d'assises de la Manche, qu'en vertu de l'art. 441 du code d'instruction criminelle ; 2° que je ne la demandais pas au préjudice de l'accusé, et que, n'ayant pas à m'expliquer sur l'effet qu'aurait, par rapport à lui, la cassation que je requérais, je m'en référais virtuellement, pour ce qui le concernait, à la règle générale d'après laquelle cette cassation ne pouvait pas plus lui nuire que lui profiter ; 3° que ce n'était comme suite de cette même cassation, que je requérais le renvoi de l'accusé devant une autre cour d'assises, et que je ne la requérais que pour cause de *suspicion légitime*, conformément au pouvoir qu'en donne l'art. 542 du code d'instruction criminelle au procureur-général de la cour de cassation.

Maintenant, voici l'arrêt qui a été rendu sur ce réquisitoire :

« Ouï le rapport de M. Coffinhal, conseiller...,

» La cour reçoit Mariette partie intervenante, et

faisant droit sur son intervention, ainsi que sur le réquisitoire du procureur-général;

» Vu les art. 408 et 416 du code d'instruction criminelle, et l'art. 243 du même code..... ;

» Attendu que les attributions des présidens des cours d'assises sont déterminées par la loi; que les ordonnances ou actes dans lesquels ils en dépassent les limites, sont, par conséquent, une usurpation de pouvoir et une contravention aux règles de leur compétence;

» Que si l'art. 268 de ce même code les investit d'un pouvoir discrétionnaire pour découvrir la vérité, ce pouvoir n'est pas tellement absolu qu'il puisse être étendu jusqu'à les autoriser à faire ce qui est prohibé par la loi;

Qu'il résulte de l'art. 243 ci-dessus transcrit, qu'un individu mis en accusation, et transféré dans la maison de justice, doit y demeurer jusqu'à ce qu'il en soit extrait pour subir l'épreuve du débat; que la même conséquence résulte de l'ordonnance de prise de corps qui est devenue exécutoire et irrévocable par l'arrêt de mise en accusation; qu'un accusé, du moment de sa translation dans la maison de justice, ne peut plus en effet cesser, jusqu'au jugement qui doit prononcer sur l'accusation portée contre lui, d'être déposé dans cette maison sous la garde de ses geôliers, ou d'être auprès de ses juges, sous leurs yeux, et sous la garde de la force publique;

» Et attendu que Mariette avait été transféré dans la maison de justice établie près la cour d'assises du département de la Manche, séant à Coutances, par suite et en exécution de l'arrêt de mise en accusation rendu contre lui par la cour d'appel de Caen; que, nonobstant les dispositions de l'art. 243 du code d'instruction criminelle, et l'ordonnance de prise de corps dont il était frappé, le président du tribunal de première instance de Coutances, remplaçant provisoirement le président de la cour d'assises, s'est permis de rendre, le 19 avril dernier, l'ordonnance transcrite au réquisitoire; que cette ordonnance, non moins insolite que contraire aux règles de la procédure criminelle, est une entrave à l'action de la justice criminelle, contient violation de l'art. 243 ci-dessus transcrit, et est un attentat à l'autorité de la chose jugée par l'ordonnance de prise de corps décernée contre Mariette; qu'elle a donc été rendue par contravention aux règles de la compétence et des attributions des présidens des cours d'assises;

» Et attendu qu'il entre essentiellement dans la juridiction de la cour d'anéantir et de faire réputer comme non-avenus les arrêts, jugemens ou ordonnances qui arrêtent l'exécution des lois:

» La cour casse et annule l'ordonnance rendue le 19 avril dernier par le président par *intérim* de la cour d'assises du département de la Manche, dont il s'agit; « et pour être de nouveau statué, conformément à la loi, sur la requête présentée par

» Mariette, sous la date du 9 dudit mois d'avril, au président de ladite cour d'assises, » ainsi que pour être ensuite procédé contre lui, en exécution de l'arrêt de mise en accusation rendu par la cour d'appel de Caen, et sur l'acte d'accusation dressé en conséquence contre l'accusé, le renvoie, ainsi que les pièces du procès, devant la cour d'assises du département de la Seine, séant à Paris....

» Prononcé à l'audience de la section criminelle du 21 mai 1813. »

Cet arrêt est assurément fort étrange; tranchons le mot, il viole ouvertement l'art. 80 de la loi du 27 ventôse an 8, qui astreint la cour de cassation à n'annuler que *sans préjudice du droit des parties intéressées*, les actes ou jugemens par lesquels les tribunaux et les magistrats excèdent leurs pouvoirs, ou portent atteinte aux lois.

Ce qu'il y a d'ailleurs de bien remarquable, c'est que M. Legraverend reconnaît lui-même (page 466) que « l'espèce qui a donné lieu à cet arrêt est tout-à-fait bizarre, et ne peut s'empêcher de déclarer » qu'il est loin de penser, malgré l'autorité de cet arrêt, que le gouvernement puisse suppléer au silence de ses agens, » c'est-à-dire, de ses procureurs près les tribunaux devant lesquels sont traduits des prévenus ou des accusés, « pour faire réformer, dans l'intérêt de la vindicte publique, » des actes d'instruction qui la compromettraient. »

Mais si cet arrêt ne peut pas être tiré à conséquence, pour faire tourner au préjudice des parties l'annulation prononcée par la cour de cassation, sur le seul réquisitoire de son procureur-général, des jugemens préparatoires qui leur sont favorables, quelle raison y aurait-il pour en argumenter à l'effet de faire tourner à leur avantage une pareille annulation qui frapperait des jugemens préparatoires rendus à leur préjudice? Il ne peut y avoir en cette matière qu'une règle à suivre : c'est que tout arrêt de cassation qui intervient dans les cas prévus par les art. 441 et 442 du code d'instruction criminelle, est, à l'égard des parties privées, *res inter alios acta*, et qu'il ne peut dès-lors ni leur nuire ni leur profiter; hors de là, tout est arbitraire.

Cependant, s'il en faut croire M. Legraverend, l'effet de l'annulation, lorsque, prononcée sur le seul réquisitoire du procureur-général de la cour de cassation, agissant en vertu d'un ordre du ministre de la justice, se trouve favorable aux parties, doit leur profiter même à l'égard des *jugemens définitifs*.

» J'ai (dit-il), pour garans de mon opinion, les arrêts de la cour de cassation qui, sur la dénonciation du gouvernement, ont annulé des arrêts de cours spéciales, ou des jugemens de commissions militaires, ou de conseils de guerre, et qui tous ont profité aux parties mal à propos condamnées.

» Il est vrai que, dans ces espèces, les arrêts et

jugemens dont il s'agit ne pouvant pas, aux termes des lois, être soumis à l'examen de la cour de cassation sur la demande des parties, il est juste que le gouvernement vienne, en pareil cas, à leur secours, lorsque la loi est violée, et que ce que je dis des arrêts en matière spéciale ou prévôtale et des jugemens des commissions militaires, lorsque ces juridictions d'exception existaient, ne peut pas s'appliquer aux arrêts, jugemens et actes de la juridiction ordinaire, qui peuvent être attaqués par les parties dans les délais déterminés.

» Si les arrêts de la cour de cassation qui, sur la dénonciation du gouvernement, annulent des actes et jugemens en dernier ressort, doivent, à mon avis, profiter aux parties, toutes les fois du moins que ces parties ne tenaient pas elles-mêmes de la loi le droit de dénoncer ces actes à la cour de cassation, il ne peut en être ainsi des annulations qui seraient prononcées, ou parce que l'on aurait mal à propos acquitté ou absous les accusés ou les prévenus, ou qu'on leur aurait appliqué une peine moindre. Les actes judiciaires, les arrêts et les jugemens ne peuvent être alors annulés que dans l'intérêt de la loi, et nullement au préjudice des parties. »

Je suis parfaitement d'accord avec M. Legraverend sur le principe que l'annulation prononcée en vertu de l'art. 441 du code d'instruction criminelle, ne peut jamais nuire aux parties intéressées; et j'ajoute que c'est sur ce principe que sont calqués trois arrêts de la cour de cassation rendus sur mes réquisitoires, le 30 avril 1812 (1), le 22 novembre de la même année (2) et le 21 mai 1813 (3).

Mais, je l'ai déjà dit, la manière dont est conçu l'art. 441 ne permet pas plus aux parties intéressées de se prévaloir de l'annulation d'un jugement rendu en matière criminelle, qu'il ne permet au ministère public de la leur opposer; sans compter que toutes les fois qu'il y a partie civile, il y a nécessairement deux parties intéressées, et que l'annulation ne pourrait pas profiter à l'une sans nuire à l'autre.

Du reste, quels sont les arrêts de la cour de cassation qui ont annulé, sur la dénonciation du gouvernement, des jugemens criminels, non passibles par eux-mêmes de recours en cassation, et qui les ont annulés de manière à les faire considérer comme non-avenus à l'égard des parties condamnées?

M. Legraverand en cite quatre, des 15 novembre 1811, 19 juin 1813, 12 octobre 1815 et 15 juillet 1819.

Mais les cite-t-il tous exactement? On va en juger.

Dans l'espèce de celui du 15 novembre 1811, Georges Giorgetti, condamné à la peine du faux témoignage par le jugement d'une commission militaire établie à Gènes pour la répression des vois et brigandages commis sur les grandes routes, avait fait, dans les trois jours de la prononciation de ce jugement, tout ce qui dépendait de lui pour se pourvoir en cassation du chef d'incompétence; comme il en avait le droit, aux termes de l'art. 77 de la loi du 27 ventôse an 8; mais le greffier avait refusé de recevoir sa déclaration.

Chargé par le ministre de la justice, en vertu de l'art. 441 du code d'instruction criminelle, de requérir l'annulation de ce jugement, j'ai d'abord prouvé que Giorgetti avait été condamné incompétemment par la commission militaire.

Ensuite j'ai conclu à ce qu'assimilant à un recours effectif en cassation le fait dûment constaté que Giorgetti avait, en temps utile, déclaré au greffier de la commission militaire l'intention dans laquelle il était de prendre cette voie, le jugement fût cassé dans son intérêt, et par conséquent avec renvoi du fond devant le juge compétent pour connaître du fait qui lui était imputé.

Enfin, prévoyant, par une précaution visiblement surabondante, le cas où la cour de cassation trouverait quelques difficultés à considérer Giorgetti comme s'étant pourvu en temps utile, j'ai requis subsidiairement que, dans ce cas, il plût à la cour « casser et annuler ledit jugement, dans l'intérêt » de la loi seulement. »

Qu'a prononcé l'arrêt cité? « La cour, faisant » droit sur le réquisitoire du procureur-général et » sur le pourvoi de George Giorgetti, casse et an- » nulle....., sauf aux parties acquittées, ainsi qu'au » ministère public, à se pourvoir ainsi que de droit, » défenses réservées au contraire (1). »

Assurément, il s'en faut beaucoup que cet arrêt ait adopté la doctrine de M. Legraverend sur le point dont il s'agit.

Celui du 19 juin 1813 est-il mieux appliqué? Non, et bien loin de là; les antécédens qui l'ont amené, et la manière dont il est conçu, prouvent, au contraire, que le gouvernement, en le provoquant, et la cour de cassation, en le rendant, étaient profondément pénétrés de l'idée que les jugemens non sujets par eux-mêmes au recours en cassation, ne peuvent, en vertu de l'art. 441 du code d'instruction criminelle, être annulés que dans l'intérêt de la loi.

Dans le fait, une commission militaire établie dans l'île de Corse, en prononçant, le 30 juillet 1809, sur une accusation capitale, portée devant elle, contre François Levie, Clément Padovani, Étienne Durazzi et Joseph-Antoine Caparelli, avait

---

(1) V. le Répertoire de jurisprudence, au mot Souveraineté, §. 8.
(2) V. Ibid., au mot Monnaie, §. 2, art. 2, n° 2.
(3) V. ci-après l'article Monnaie, §. 3.

(1) V. le Répertoire de jurisprudence, aux mots Faux témoignage, n° 10.

déclaré qu'ils n'étaient pas *suffisamment convaincus pour leur appliquer la peine de mort ;* et cependant, par une inconséquence aussi bizarre qu'atroce, elle les avait condamnés à la déportation.

Ces malheureux ont eu recours à la clémence du chef du gouvernement.

Leur demande, soumise par un rapport du ministre de la justice à un conseil-privé, dont M. le premier président de la cour de cassation et moi faisions partie, conformément à l'art. 86 du sénatus-consulte du 16 thermidor an 10, le chef du gouvernement a d'abord mis aux voix, en commençant, suivant son usage, par demander mon opinion, la question de savoir s'il y avait lieu d'accorder la grâce; et ma réponse affirmative a été répétée par tous les membres du conseil.

Le chef du gouvernement a témoigné alors sa surprise de ce qu'un jugement aussi monstrueux ne pouvait être neutralisé que par un recours en grâce; et il m'a demandé si, d'après une loi qu'il ne se rappelait pas, la cour de cassation ne pouvait pas l'annuler.

J'ai répondu que, d'après l'art. 441 du code d'instruction criminelle, la cour de cassation pouvait bien, sur un réquisitoire que je lui présenterais, en vertu de l'ordre que j'en recevrais du ministre de la justice, annuler ce jugement dans l'intérêt de la loi, mais qu'il lui était impossible de l'annuler dans l'intérêt des condamnés.

Tout le conseil-privé a partagé mon avis sur l'effet de l'annulation qui serait prononcée d'après l'art. 441 du code d'instruction criminelle, et par suite, sur la nécessité qu'il y avait de faire grâce aux condamnés, pour les soustraire à l'exécution du jugement contre lequel ils réclamaient; mais un membre a paru douter que, dans l'espèce, la cour de cassation pût annuler ce jugement, même dans le seul intérêt de la loi, parce que, suivant lui, l'art. 441 ne paraissait pas applicable aux jugemens des commissions militaires.

Il ne me fallait que deux mots pour faire disparaître ce doute; mais le chef du gouvernement ne m'en a point laissé le temps. Vous êtes tous d'accord, a-t-il dit, que si l'annulation du jugement dont il s'agit peut être prononcée par la cour de cassation, elle ne peut du moins l'être que dans l'intérêt de la loi. L'exécution de ce jugement ne peut donc être empêchée que par des lettres de grâce; et dès-lors il faut bien que je commence par ordonner, comme je le fais, qu'elles seront expédiées. De savoir ensuite s'il y a lieu de dénoncer ce jugement à la cour de cassation, pour qu'elle l'annule au moins dans l'intérêt de la loi, c'est une question qui est hors des attributions du conseil-privé, et sur laquelle le ministre de la justice me fera un rapport spécial.

Ce rapport a été fait le 21 avril 1813, et il a été suivi d'une décision du même jour, par laquelle le chef du gouvernement a ordonné que le jugement

du 30 juillet 1809 fût *déféré à la cour de cassation, pour être annulé exemplairement et pour le maintien de la loi.*

Et c'est de là qu'est venu l'arrêt du 19 juin 1813, par lequel « la cour faisant droit sur le réquisitoire » du procureur-général; vu la lettre à lui écrite par » le grand-juge ministre de la justice ; *vu l'art. 441* » *du code d'instruction criminelle...........;* cassé et » annule le jugement rendu le 30 juillet 1809, par » la commission militaire formée à Ajaccio, con- » formément au décret du 17 messidor an 12........ » *et ce, dans l'intérêt de la loi seulement, et* » *sans préjudice de l'exécution dudit juge- » ment* (1). »

Je le demande maintenant, n'est-ce pas une dérision de citer cet arrêt comme décidant que les parties condamnées par des jugemens non sujets par eux-mêmes au recours en cassation, doivent profiter de l'annulation qui en est prononcée par la cour suprême dans le cas et de la manière réglée par l'art. 441 du code d'instruction criminelle?

M. Legraverend a-t-il mieux rencontré dans la citation qu'il a faite de l'arrêt du 12 octobre 1815?

La négative n'aurait pas été douteuse, même à ses yeux, s'il eût fait attention à l'espèce et aux motifs de cet arrêt.

Une commission militaire, qualifiée de permanente, et créée par un ordre du général en chef de l'armée de la Loire, avait, par jugement du 24 juillet 1815, déclaré coupable d'assassinat François Mire, canonnier au 5e régiment d'artillerie, et l'avait condamné à mort.

Le 13 septembre suivant, le ministre de la justice a dénoncé ce jugement au procureur-général de la cour de cassation, et l'a chargé d'en requérir l'annulation.

En conséquence, voici comment a été prononcé l'arrêt dont il s'agit :

« Ouï le rapport de M. Busschop, conseiller en la cour, et les conclusions de M. Lebeau, avocat-général;

» Vu l'art. 441 du code d'instruction criminelle; vu l'art. 1er de la loi du 13 brumaire an 5;

» Vu aussi l'ordre donné au procureur-général de la cour, par son. exc. le garde-des-sceaux, en sa lettre en date du 13 septembre 1815;

» Les art. 1er, 11 et 19 de la loi du 18 vendémiaire an 6; les art. 1er, 2 et 4 de la loi du 11 frimaire an 6;

» Vu enfin les art. 62 et 63 de la charte constitutionnelle :

» Attendu que les conseils de guerre et de révision permanens, créés par les lois des 13 brumaire

---

(1) *Répertoire de jurisprudence,* au mot *Peine,* n° 12 *bis;* Bulletin criminel de la cour de cassation, tome 18, page 335.

an 5 et 18 vendémiaire an 6, ont été investis par ces lois d'une attribution générale sur tous les délits qui appartiennent à la juridiction militaire; qu'ils sont les tribunaux ordinaires de cette juridiction ;

» Que les conseils de guerre spéciaux, les commissions militaires et les conseils de guerre extraordinaires qui, d'après des décrets postérieurs à ces lois, doivent être formés pour juger d'une manière spéciale certains délits, et qui sont dissous aussitôt qu'ils y ont prononcé, ne sont, dans la juridiction militaire, que des tribunaux d'exception, des tribunaux extraordinaires qui , d'après les art. 62 et 63 précités de la charte constitutionnelle, ne pourraient encore être formés sans que leur création ne fût une violation du principe consacré par ces articles;

» Qu'il en est de même de la formation de toute commission militaire ou de tout autre tribunal, fût-il créé pour être permanent et pour connaître des délits militaires en général, s'il n'était pas organisé dans les formes établies par les susdites lois des 13 brumaire an 5, 18 vendémiaire et 11 frimaire an 6, si ces jugemens étaient privés du recours qu'accordent ces lois envers les jugemens des conseils de guerre permanens;

» Qu'aucune loi, pas même un décret, n'ont d'ailleurs autorisé les généraux en chef des armées, antérieurement à la charte constitutionnelle, à priver les militaires des garanties que leur accordent les susdites lois, et à les soumettre à des tribunaux autres que ceux établis;

» Que l'art. 11 du tit. 1er de la loi du 30 septembre-19 octobre 1791, confère bien aux généraux en chef le droit de faire, à la guerre, des réglemens ayant force de loi pendant la durée de leur commandement, pour le maintien du bon ordre dans leur armée ;

» Mais que, de l'art. 13 du même titre, il résulte évidemment que ce droit de faire des réglemens, conféré aux généraux en chef pour le maintien du bon ordre, ne s'étend point jusqu'à créer des tribunaux dont la composition serait différente de celle prescrite par la loi, et dont les jugemens seraient affranchis des recours qu'elle a accordés ;

» Que ce droit concédé aux généraux en chef ou commandans de troupes, se borne à l'autorisation de faire des réglemens de simple discipline correctionnelle pour le maintien de l'ordre et de la subordination;

» Et attendu que le susnommé François Mire a été traduit devant un tribunal qualifié de commission militaire permanente, qui l'a condamné à la peine de mort pour un crime à raison duquel il ne pouvait être jugé, d'après la loi, que par un conseil de guerre permanent;

» Que l'instruction faite devant cette commission, et la condamnation qu'elle a prononcée, n'ont aucun caractère légal;

» Que la formation de cette commission même

TOME V.

est une violation des art. 62 et 63 de la charte constitutionnelle :

» D'après ces motifs, la cour, faisant droit sur le réquisitoire du procureur-général, *déclare nul et de nul effet les susdites condamnation et instruction......* (1). »

Que cet arrêt étende virtuellement jusqu'au condamné, ou du moins jusqu'à sa mémoire, le bénéfice de la cassation qu'il prononce sur la dénonciation du gouvernement, cela ne paraît pas douteux; mais quelle en est la raison ?

C'est uniquement parce qu'il s'agissait d'un jugement qui n'en avait que le nom, en ce qu'il avait été rendu par une commission militaire qui, ayant été créée par un général en chef auquel aucune loi ni même aucun acte du gouvernement n'en avaient confié le pouvoir, n'avait point d'existence légale, et ne pouvait, sous aucun rapport, être considérée comme investie de l'autorité judiciaire (2).

C'est par un motif du même genre, qu'un autre arrêt du 12 février 1812, en cassant, sur un réquisitoire que j'avais fait d'après l'ordre du ministre de la justice, un jugement rendu par un conseil de guerre, en faveur de deux accusés justiciables d'une cour spéciale ordinaire, qui, enlevés par force des prisons de cette cour, n'avaient été traduits devant lui que par une voie de fait répréhensible, a ordonné qu'ils seraient réintégrés dans les prisons de la cour spéciale, et qu'ils seraient jugés de nouveau. Aussi cet arrêt déclare-t-il, en termes exprès, que si le jugement du conseil de guerre n'était entaché que du vice d'incompétence, « la cassation n'en pour- » rait être prononcée que dans l'intérêt de la loi, » sans que le ministère public (près la cour spé- » ciale) ni les parties intéressées pussent se préva- » loir de cette cassation, ni en tirer avantage (3). »

Ainsi, des quatre arrêts que cite M. Lagraverend à l'appui de son système, il y en a deux qui sont évidemment étrangers à la question , et un qui, bien loin de la résoudre dans le sens de cet auteur, la résoud, d'accord avec le gouvernement, dans un sens diamétralement opposé.

Quant au quatrième, c'est-à-dire, celui du 15 juillet 1819, j'avoue qu'il est cité plus à propos, et qu'en annulant, sur un réquisitoire présenté d'après l'ordre du ministre de la justice, un jugement du conseil de révision de la 5e division militaire, du 10 mai 1815, un autre jugement du conseil de guerre permanent de la même division, du 2 juin suivant, et un troisième jugement du conseil de révision, du 5 du même mois, par lesquels Jean Fabry, quartier-maître du dépôt général des conscrits

---

(1) Bulletin criminel de la cour de cassation, tome 20, page 117.

(2) *Ibid.* tome 20, page 117.

(3) *V.* le *Répertoire de jurisprudence*, au mot *Rébellion*, §. 3, n° 19.

68

réfractaires à Strasbourg, avait déclaré coupable d'avoir détourné à son profit une somme de 10,843 fr. appartenant à l'État, il ordonne que, « pour être » de nouveau statué sur la plainte sur laquelle ont » été rendus ces divers jugemens, et ce, d'après les » décisions administratives qui ont prononcé sur « les comptes de Fabry, et l'ont déclaré créancier ». du trésor public, à raison de ses comptes, le pré- » venu sera renvoyé, avec les pièces de la procé- » dure, devant le 1er conseil de guerre permanent » de la division militaire de Paris (1). »

Mais comment la cour de cassation a-t-elle pu se déterminer à rendre un pareil arrêt ?

Que le quartier-maître Fabry eût été condamné avec une précipitation illégale; que par suite il l'eût été injustement, et qu'il fût dès-lors du devoir du gouvernement de venir à son secours, c'est ce qui ne peut être douteux pour personne.

Mais de quelle manière le gouvernement pouvait-il réparer la fatale erreur dont cet infortuné se trouvait victime ?

Il pouvait sans doute accorder au sieur Fabry,

---

(1) Voici comment l'espèce de cet arrêt est rapportée dans le *Bulletin criminel* de la cour de cassation, tome 24, page 224 :

« Jean Fabry, quartier-maître du dépôt général des conscrits réfractaires à Strasbourg, fut traduit devant le premier conseil de guerre permanent de la cinquième division militaire.

» Il était prévenu d'abord d'avoir détourné à son profit les deniers de l'état; ensuite, d'avoir fait imprimer un libelle calomnieux contre des fonctionnaires publics.

» Sur cette double prévention, jugement du premier conseil de guerre permanent, du 3 mai 1815, par lequel, attendu qu'il y a complication de calomnie, qui est du ressort des tribunaux civils, il se déclare incompétent.

» Le 10 du même mois, jugement du conseil de révision de la même division, qui annule la déclaration d'incompétence, et renvoie l'accusé par-devant le même conseil de guerre.

» Devant ce conseil de guerre, Fabry comparut, remit une défense signée de lui, qui, sur sa demande, fut jointe à la procédure, et dans laquelle il soutenait que le conseil ne pouvait pas le juger; qu'il devait surseoir à prononcer jusqu'à ce que l'autorité supérieure eût statué sur les plaintes qu'il avait portées contre les membres du conseil d'administration, ses accusateurs; que, s'il parvenait à prouver tous les faits par lui avancés, il n'y aurait pas de délit à lui imputer.

» Malgré ces moyens, jugement du premier conseil de guerre permanent, du 2 juin 1815, qui déclare Fabry coupable d'avoir détourné à son profit une somme de 10,843 fr. 49 cent. appartenant à l'état, et le condamne à cinq années de travaux forcés.

» Fabry se pourvoit en cassation contre ce jugement ; et le 5 juin, instruit que le conseil de révision s'assemble pour prononcer, il lui notifie, avant l'ouverture de la séance, qu'il s'est pourvu, non pas en révision, mais en cassation.

» Le même jour, jugement du conseil de révision, qui, sans s'arrêter au mot *cassation*, en place de *révision*, qui se trouve dans l'appel de Fabry, et, sans avoir égard aux observations de son défenseur, ordonne que le pourvoi soit admis, et y statuant, confirme le jugement du premier conseil de guerre, du 2 du même mois.

» Le 6 janvier suivant, arrêt de la cour de cassation, qui, sur le pourvoi en cassation envers le jugement du premier conseil de guerre, du 2 juin, *consi-*

dérant que ce jugement a été rendu par un tribunal militaire ; que Jean Fabry, qui fait cette demande, a la qualité militaire de lieutenant-quartier-maître; qu'ainsi le jugement est, sous tous les rapports, indépendant de la censure de la cour de cassation, déclare Fabry non-recevable en son pourvoi.

» Le 11 mai précédent, Fabry avait notifié au procureur du roi, à Strasbourg, un pourvoi devant la cour de cassation en règlement de juges, à raison de la connexité entre la prévention sur laquelle il était poursuivi devant le conseil de guerre, et une instance criminelle par lui précédemment introduite devant le juge de Strasbourg, pour violence et enlèvement de ses papiers et pièces comptables.

» Il prétendait que si la cour de cassation ne statuait pas sur le pourvoi, c'est qu'il ne lui fut pas transmis.

» En cet état, il se pourvut devant l'autorité royale.

» Une première ordonnance de S. M., de 1817, déclara qu'il n'était pas reliquataire de 10,843 francs 49 cent., ordonna que le règlement de ses comptes serait fait par une commission ad hoc. L'avis de cette commission, approuvé par décision du ministre de la guerre, du 21 août 1818, fut qu'au 13 décembre 1813 Fabry n'était reliquataire que de 6,000 francs ; que, par conséquent, sur les 9,960 francs trouvés en caisse chez lui le même jour 13 décembre, il restait créancier de 3,960 francs, qui étaient sa propriété particulière.

» Enfin, une seconde ordonnance de S. M., du 6 mai 1819, autorisa Fabry à poursuivre devant les tribunaux compétens les sieurs Schillé, Béranger et autres, et renvoie au garde-des-sceaux, ministre de la justice, la demande de Fabry relative à la cassation des jugemens du conseil de révision de la première division militaire, du 10 mai 1815, et des jugemens du premier conseil de guerre et du conseil de révision des 2 et 5 juin suivans.

» D'après les ordres de son excellence le garde-des-sceaux, fondés sur l'art. 441 du code d'instruction criminelle, M. le procureur-général a présenté un réquisitoire tendant à l'annulation de ces trois jugemens, *sauf à renvoyer devant un autre conseil de guerre, sur quoi il s'en rapporte entièrement à la sagesse de la cour.*

» De son côté, Fabry a formé une demande en intervention, à l'appui de laquelle il a pris des conclusions conformes à celles du réquisitoire, et, de plus, formé diverses réclamations, qui consistent principalement :

» 1°. En ce qui concerne les jugemens attaqués par M. le

non-seulement des lettres de grâce pure et simple, mais même, comme je l'ai prouvé à l'article *Grâce*, §. 1, des lettres portant abolition des jugemens qui l'avaient condamné.

Il pouvait aussi proposer une loi qui autorisât la cour de cassation à annuler, dans l'intérêt des condamnés, et sans préjudice des droits acquis aux parties civiles, sur la dénonciation qu'il lui en ferait,

---

procureur-général fussent cassés pour cause d'inconciliabilité de leur prononcé, déclarant Fabry débiteur du trésor public, avec celui des décisions administratives qui l'en ont déclaré créancier ;

» 2°. A ce que la cassation du jugement du premier conseil de guerre, du 3 mai 1815, qui se déclarait incompétent, fût aussi prononcée ;

» 3°. A ce que la cassation des jugemens attaqués fût prononcée sans qu'il fût ordonné de renvoi ;

» 4°. A ce qu'on ordonnât le renvoi de Schillé et consorts devant la cour royale de Paris, pour y être jugés sur les prévarications et actes arbitraires que Fabry leur impute, conjointement avec ceux qu'il dit avoir dénoncés comme coupables de faux au procureur du roi près le tribunal de première instance de Paris.

» Sur ces demandes diverses, admission de l'intervention de Fabry ;

» Cassation des jugemens du conseil de révision du 10 mai 1815, du conseil de guerre permanent de la première division du 2 juin suivant, et du conseil de révision du 5 du même mois ; le premier, pour violation de l'art. 16 de la loi du 18 vendémiaire an 6, combiné avec les art. 18 et 19 de la même loi ; le second, pour violation des règles de compétence ; et le troisième, pour excès de pouvoir et violation des art. 12 et 13 de la loi du 18 vendémiaire an 6 ;

» Rejet des trois premières demandes de Fabry, et déclaration qu'il n'y a lieu à statuer, quant à présent, sur la quatrième, par les motifs ci-après :

» Ouï M. Ollivier, conseiller en la cour, en son rapport ; Me Sirey, avocat de Fabry, partie intervenante, en ses observations ; M. Hua, avocat-général, en ses conclusions ;

» La cour, après en avoir délibéré en la chambre du conseil ;

» Vu l'art. 441 du code d'instruction criminelle... ;

» Vu aussi l'ordre formel donné par le garde-des-sceaux, ministre de la justice, au procureur-général de la cour, pour qu'il dénonce à la section criminelle, comme contraires à la loi, 1° le jugement du conseil de révision de la cinquième division militaire, du 10 mai 1815, qui a annulé le jugement du premier conseil de guerre permanent de la même division, du 3 du même mois, qui s'était déclaré incompétent pour connaître de la plainte en dilapidation et calomnie formée contre Fabry, ancien quartier-maître provisoire du dépôt des conscrits réfractaires, et renvoyé devant le même conseil de guerre, pour qu'il fût par lui poursuivi et statué sur cette plainte ; 2° le jugement de ce conseil de guerre permanent du 2 juin, qui, après avoir instruit en conséquence, de ce renvoi a condamné ledit Fabry, comme coupable de dilapidation de deniers publics, à cinq ans de travaux forcés ; 3° le jugement du même conseil de révision, du 5 du même mois, qui, sans avoir été saisi d'aucun recours envers ce jugement, en a néanmoins prononcé la confirmation ;

» Vu encore le réquisitoire du procureur-général, présenté conformément audit ordre du ministre de la justice, et tendant à la cassation desdits jugemens ;

» Vu enfin la requête en intervention présentée sur ce réquisitoire par ledit Fabry ;

» Statuant en premier lieu sur l'admissibilité de ladite intervention ;

» *Attendu que, par les ordres du garde-des-sceaux et par le réquisitoire du procureur-général, la demande en cassation n'est pas restreinte au seul intérêt de la loi ; que dès-lors l'annulation peut-être prononcée par la cour, dans l'intérêt personnel dudit Fabry ; que celui-ci a donc intérêt à appuyer la demande du procureur-général, et que, dans cette circonstance, il a qualité pour intervenir :*

» La cour reçoit son intervention ;

» Statuant, en deuxième lieu, tant sur le réquisitoire que sur l'intervention ;

» En ce qui concerne, 1° l'annulation demandée par le réquisitoire et les chefs de la requête d'intervention qui s'y réfèrent ;

» Relativement au jugement du conseil de révision, du 6 mai 1815,

» Attendu que, d'après la combinaison du §. 3 de l'art, 16 de la loi du 18 vendémiaire an 6, et des art. 18 et 19 de la même loi, les conseils de révision, en annulant un jugement de conseil de guerre permanent, doivent renvoyer devant un conseil de guerre autre que celui dont le jugement a été annulé ;

Que néanmoins, dans l'espèce, le jugement du 10 mai 1815, après avoir annulé le jugement rendu le 3 du même mois par le premier conseil de guerre permanent, a renvoyé devant le même conseil de guerre, en quoi il a violé les susdits articles de la loi du 18 vendémiaire an 6 ;

» Relativement encore à ce même jugement du conseil de révision, du 10 mai 1815, ainsi que relativement au jugement du premier conseil de guerre permanent du 2 juin suivant, et au jugement du susdit conseil de révision du 5 du même mois ;

» Attendu que Fabry était poursuivi pour fait de dilapidation de deniers publics ; mais qu'il n'en pouvait être déclaré coupable qu'autant qu'il aurait été préalablement décidé, par l'autorité compétente, qu'il était reliquataire dans les comptes de sa gestion ; qu'il avait requis cet examen préjudiciel de sa comptabilité ; et que néanmoins, sans qu'il eût définitivement prononcé, le conseil de révision a déclaré la compétence de la juridiction militaire par son jugement du 10 mai 1815 ; qu'en conséquence, le premier conseil de guerre permanent a statué sur la plainte, et a condamné Fabry, par son jugement du 2 juin, qui a été confirmé le 5 du même mois par le conseil de révision ; ce qui a été, de la part de ces deux tribunaux, une violation des règles de compétence ;

» Attendu enfin, relativement à ce dernier jugement du conseil de révision, que ce conseil ne pouvait être saisi de la connaissance du jugement du premier

68.

les jugemens rendus et à rendre par les conseils de guerre.

Mais pouvait-il également, sans une nouvelle loi, et en vertu du seul art. 441 du code d'instruction criminelle, procurer au sieur Fabry l'avantage de se faire juger de nouveau?

On vient de voir qu'avant la restauration de 1814, la négative était tenue pour constante, et par le gou-

conseil de guerre du 2 juin, que par un recours devant lui, déclaré par la partie publique ou par le condamné; qu'aucun recours n'avait été formé; que si Fabry avait attaqué ce jugement par un pourvoi devant la cour de cassation, ce pourvoi, étranger à la juridiction militaire, n'avait pu investir le conseil de révision du droit de connaître du jugement contre lequel il était dirigé; que cependant, en vertu de ce pourvoi, le conseil de révision, par son jugement du 5 juin, a prononcé la confirmation dudit jugement du premier conseil de guerre; qu'il est ainsi sorti du cercle de ses attributions, et a violé les art. 11, 12 et 13 de la loi du 18 vendémiaire an 6;

» Qu'il y a donc lieu, sous ces différens rapports, à l'annulation dudit jugement du conseil de révision et de celui du premier conseil de guerre permanent.

» En ce qui concerne, 2° les chefs particuliers de la requête d'intervention qui ne rentrent pas dans les conclusions du réquisitoire du procureur-général:

» Attendu, 1° le moyen de cassation non relevé dans le réquisitoire et employé seulement par l'intervenant contre lesdits jugemens du conseil de révision et du conseil de guerre, et qu'il fonde sur l'inconciliabilité de ces jugemens, qui l'ont déclaré débiteur du trésor public, avec les décisions administratives qui l'ont déclaré créancier;

» Que ces jugemens ont été rendus antérieurement à ces décisions; que d'ailleurs les actes administratifs et les jugemens des tribunaux sont d'une nature essentiellement différente; que les autorités dont ils émanent procèdent d'une manière indépendante et dans des cercles particuliers d'attributions distinctes; qu'entre les décisions administratives et les jugemens des tribunaux, il ne peut donc jamais exister de contrariété judiciaire; et que, de leur inconciliabilité, ne peut en aucun cas résulter l'ouverture de cassation prise de la violation de la chose jugée;

» Attendu, 2°. sur la demande en cassation formée par l'intervenant contre le jugement du premier conseil permanent du 3 mai 1815, par lequel ce conseil de guerre s'était déclaré incompétent pour connaître des poursuites faites contre lui;

» Que l'attribution conférée à la cour de cassation, par l'art. 441 du code d'instruction criminelle, est une attribution extraordinaire; qu'elle ne peut donc être exercée que dans le sens et sous les conditions de cet article; que l'annulation qu'il autorise ne peut donc être étendue au-delà des réquisitions du procureur-général, et des ordres qui lui ont été transmis par le garde-des-sceaux, ministre de la justice; que la cour ne peut donc entrer dans l'examen de la demande en cassation formée par l'intervenant contre un jugement du conseil de guerre qui ne lui a pas été dénoncé par le réquisitoire du procureur-général;

» Attendu, 3°. sur le chef des conclusions particulières de l'intervenant, tendant à ce que la cassation du susdit jugement du conseil de révision et du conseil de guerre permanent soit prononcée sans renvoi;

» Que les dispositions administratives qui ont prononcé sur les comptes de Fabry, et l'ont déclaré créancier de l'état, ne sont point et n'ont pu être un jugement sur la plainte en dilapidation formée contre lui; qu'elles ne sont qu'un élément, une base nécessaire pour le jugement de cette plainte par les tribunaux; que les jugemens qui ont prématurément statué étant annulés, et cette annulation n'étant pas prononcée dans le seul intérêt de la loi, mais devant aussi profiter à Fabry, d'après ce qui résulte des conclusions du réquisitoire que la cour reconnaît devoir être accueillies, il doit être nécessairement prononcé par l'autorité compétente sur la susdite plainte; qu'un renvoi doit donc être ordonné;

» Qu'il doit l'être surtout dans l'espèce particulière de la cause, où le jugement qui en doit être l'effet peut ne pas être sans influence sur le résultat des poursuites que Fabry a été autorisé à exercer, par l'ordonnance du 6 mai 1819, contre les individus qui sont dénommés dans cette ordonnance;

» Attendu, 4°. que sur la demande de Fabry en renvoi devant la cour royale de Paris, de Schillé et consorts, pour y être jugés sur les prévarications et actes arbitraires qu'il leur impute conjointement avec ceux qu'il dit avoir dénoncés comme coupables de faux, au procureur du roi du tribunal de première instance de Paris;

» Qu'en supposant l'existence de cette dénonciation, le renvoi demandé ne pourrait être accordé avant le jugement à rendre sur la plainte en dilapidation, sans qu'il en résultât, soit sur cette plainte, soit sur les faits prétendus dénoncés par l'intervenant, un préjugé quelconque, ce qui suffit pour que la demande en renvoi doive être jugée prématurée;

» D'après ces motifs, la cour casse et annule le jugement du conseil de révision de la 5e division militaire, du 6 mai 1815; celui du premier conseil de guerre permanent de la même division, du 2 juin suivant; celui dudit conseil de révision, du 5 du même mois;

» Et pour être de nouveau statué sur la plainte sur laquelle ont été rendus ces divers jugemens, et ce, d'après les décisions administratives qui ont prononcé sur les comptes de Fabry, et l'ont déclaré créancier du trésor public à raison de ses comptes; le renvoie, avec les pièces de la procédure, devant le premier conseil de guerre permanent de la division militaire de Paris, qui a été pour ce déterminé par la délibération prise à la chambre du conseil, conformément à l'art. 430 du code d'instruction criminelle;

» Déclare n'y avoir lieu de statuer, quant à présent, sur la demande en renvoi formée par ledit Fabry; rejette toutes ses autres demandes additionnelles aux conclusions du réquisitoire du procureur-général.... »

vernement lui-même, et par la cour de cassation. Comment donc a-t-on pu, en 1819, lire dans l'art. 441 du code d'instruction criminelle, ce que personne n'y avait lu en 1811, 1812 et 1813? Comment une manière de juger qui, en 1811, 1812 et 1813, c'est-à-dire, à des époques où l'esprit dans lequel avait été rédigé cet article, était encore présent à tous les souvenirs, aurait été généralement regardée comme un abus de pouvoir et un acte arbitraire, quelque juste qu'elle fût au fond, et elle est devenue tout à coup une mesure légale?

On chercherait vainement la solution de ce problème dans les motifs de l'arrêt dont il s'agit. Il y est bien dit « que, par les ordres du garde-des-sceaux, et par le réquisitoire du procureur-général, la demande en cassation n'est pas restreinte au seul intérêt de la loi; et que, dès-lors, l'annulation peut être prononcée par la cour, dans l'intérêt personnel de Fabry. » Mais sur quoi M. le garde-des-sceaux s'est-il fondé pour charger M. le procureur-général de requérir, *dans l'intérêt personnel de Fabry*, l'annulation des jugemens rendus contre cet officier? Sur quoi M. le procureur-général s'est-il fondé lui-même pour étendre jusque-là son réquisitoire (sans cependant dissimuler qu'il y trouvait de la difficulté, puisqu'il s'en *rapportait à la prudence de la cour*)? L'arrêt se tait absolument là-dessus; et cependant une aussi grande invocation dans la jurisprudence de la cour de cassation, méritait bien d'être motivée avec tous les développemens nécessaires pour la justifier, si la chose eût été possible.

Ce qu'il y a de plus vraisemblable, c'est que M. le garde-des-sceaux a cru, sur la parole de M. Legraverend, qui était alors *directeur des affaires criminelles* au ministère de la justice, que les arrêts de la cour de cassation, des 15 novembre 1811, 19 juin 1813 et 12 octobre 1815, étaient cités exactement par celui-ci, dans la première édition de sa *Législation criminelle*; que, dès-lors, il n'a pas hésité à écrire à M. le procureur-général de la cour de cassation, que ces arrêts formaient une jurisprudence constante en faveur de la légalité du parti qu'il prenait, relativemens aux jugemens dont il lui faisait la dénonciation; que M. le procureur-général s'en est rapporté, sur ce point, à l'assertion du ministre, et que la cour de cassation, entraînée par l'intérêt si naturel et si juste que lui inspirait la cruelle position du sieur Fabry, n'a pas plus vérifié ces arrêts que ne l'avaient fait M. le procureur-général et M. le garde-des-sceaux lui-même.

Quoi qu'il en soit, l'arrêt du 15 juillet 1819 est trop évidemment contraire au véritable esprit de l'art. 441 du code d'instruction criminelle, pour qu'il puisse faire jurisprudence.

§. XI. *Lorsqu'il n'y a pas de contestation liée sur l'état d'un enfant, le ministère public peut-il poursuivre d'office le délit de suppression ou de supposition de cet état?*

V. l'article *Question d'État, §.* 2.

§. XII. 1.° *Le ministère public a-t-il qualité pour attaquer un jugement par lequel un mariage valable en soi a été déclaré nul?*

2.° *A-t-il qualité pour attaquer un jugement par lequel il a été permis ou enjoint à un officier de l'état civil de prononcer un divorce, depuis la publication de la loi du 8 mai 1816?*

La première question a été jugée pour la négative par deux arrêts de la cour de cassation, des 1.er août 1820 et 5 mars 1821, rapportés dans le *Répertoire de jurisprudence,* au mot *Mariage,* sect. 6, §. 3, n.° 3.

La seconde, qui dépend évidemment du même principe, a été jugée, depuis, dans le même sens, par un autre arrêt de la même cour, dont voici l'espèce:

Le 13 février 1816, le sieur Nielly cite sa femme en divorce, pour cause d'adultère, devant le tribunal de première instance de Toulon.

Le 10 avril suivant, jugement par défaut, qui, après toutes les procédures et les vérifications prescrites par le code civil, déclare qu'il y a lieu au divorce, et autorise en conséquence le sieur Nielly à se retirer devant l'officier de l'état civil pour faire prononcer la dissolution de son mariage.

Le 17 du même mois, le sieur Nielly fait signifier ce jugement à sa femme, avec sommation de comparaître le 20, devant l'officier de l'état civil, pour voir prononcer le divorce.

Le 19, acte par lequel cette femme déclare qu'elle acquiesce au jugement, renonce à la faculté d'en appeler, et consent qu'il soit exécuté.

Le 20, le sieur Nielly se présente avec sa femme devant l'officier de l'état civil; mais celui-ci se refuse à la prononciation du divorce, sans doute parce que le jugement du 12 avril n'est pas encore passé en force de chose jugée (1).

Le 10 mai, le sieur Nielly adresse au tribunal de première instance de Toulon une requête par laquelle il demande qu'il soit enjoint à l'officier de l'état civil d'exécuter le jugement du 10 avril.

Cette requête est répondue d'une ordonnance portant qu'elle sera communiquée à l'officier de l'état civil, pour répondre.

Le 14 du même mois, le sieur Nielly fait signifier cette ordonnance, avec sa requête, à l'officier de l'état civil; mais point de réponse, et toujours même refus de sa part.

Peu de jours après, la loi du 8 mai 1816, portant abolition du divorce, et conversion en jugemens de séparation de corps, des jugemens de divorce non encore exécutés par le ministère de l'officier de l'état civil, devient obligatoire dans le département du Var.

_____

(1) *V.* l'article *Divorce, §.* 10, tome 10.

A partir de cette époque, le sieur Nielly garde le silence jusqu'au 5 mai 1820; mais alors, sur une requête expositive qu'avant la publication de la loi du 8 mai 1816, il avait acquis le droit, d'après le jugement du 10 avril précédent, de faire prononcer son divorce, et que ce droit n'avait pu lui être ravi par une disposition législative postérieure, il obtient du tribunal de première instance de Toulon, un jugement qui « ordonne qu'en vertu de celui du 10 » avril 1816, il sera procédé par l'officier de l'état » civil de cette ville, actuellement en fonctions, à la » prononciation du divorce » dont il s'agit.

Ce jugement n'est signifié ni à l'officier de l'état civil, ni à la femme Nielly, avec laquelle il a vraisemblablement été convenu, et qui par suite n'en appelle pas.

Mais le procureur-général de la cour royale d'Aix en appelle en sa qualité, et intime tant le sieur Nielly que sa femme.

Ceux-ci comparaissent, et, sans s'occuper de la défense du jugement attaqué, se bornent à conclure à ce que le procureur-général soit déclaré non-recevable dans son appel, parce qu'appeler c'est agir, et que les officiers du ministère public ne peuvent agir d'office que dans les cas spécifiés par la loi.

Le 24 juillet de la même année, arrêt qui, sans avoir égard à cette fin de non-recevoir, et statuant au fond, déclare nul le jugement du 5 mai précédent, et convertit en séparation de corps le divorce admis par le jugement du 10 avril 1816.

Recours en cassation de la part du sieur Nielly; et par arrêt du 5 juillet 1824, au rapport de M. Zangiacomi :

« Vu les art. 2 du tit. 8 de la loi du 24 août 1790, et 46 de celle du 20 avril 1810 :

» Considérant qu'aux termes des art. ci-dessus, le ministère public ne peut agir par voie d'action que dans les cas spécifiés par la loi, et qu'il n'en existait aucune, dans l'ancienne législation du divorce, qui l'autorisât à interjeter appel des jugemens rendus en cette matière ; qu'ainsi, quelque irrégulier que puisse être, dans la forme et au fond, le jugement qui, depuis la loi du 8 mai 1816, permet à Nielly de faire prononcer son divorce par l'officier de l'état civil, l'appel que le procureur-général en a interjeté n'était pas recevable, et par conséquent que l'arrêt attaqué a violé les lois ci-dessus :

» La cour casse et annule l'arrêt de la cour royale d'Aix, du 24 juillet 1820..... (1). »

Les observations que j'ai faites à l'endroit cité du *Répertoire de jurisprudence*, sur les arrêts des 1er août 1820 et 5 mars 1821, s'appliquent d'elles-mêmes à celui-ci; et il en résulte clairement que si,

(1) Bulletin civil de la cour de cassation, tome 26, page 233.

comme je crois l'avoir prouvé, la cour de cassation n'a pas bien saisi, dans les deux premiers, le sens de la seconde partie de l'art. 46 de la loi du 20 avril 1810, elle me l'a pas mieux saisi dans le troisième.

Peut-être me trompé-je; mais dans ce cas, il y aurait dans notre législation une lacune bien affligeante pour la morale publique; et le législateur ne peut trop se hâter de la remplir.

§. XIII. *Le ministère public, qui, sur la dénonciation d'un mari, a intenté une action d'adultère contre la femme et son complice, est-il encore recevable à en continuer la poursuite contre celui-ci, après que le mari a retiré sa dénonciation à l'égard de la femme ?*

J'ai établi la négative sous le mot *Adultère*, §. 5 ; et j'ai appris depuis qu'elle avait été adoptée par un arrêt de la cour royale de Lyon, du 12 juillet 1827.

Il est vrai que cet arrêt a été frappé d'un recours en cassation par le ministère public; mais quel a été le sort de ce recours ?

Par arrêt du 17 août de la même année, au rapport de M. Cardonnel, et sur les conclusions de M. l'avocat-général Fretaut de Peny :

« Attendu que si, aux termes de l'art. 22 du code d'instruction criminelle, le ministère public est seul chargé de la recherche et de la poursuite des crimes et délits dont la connaissance appartient aux tribunaux de police correctionnelle et aux cours d'assises, le mari seul appartient le droit de réclamer la punition des violations de la foi conjugale;

» Que, par une disposition expresse de l'art. 336 du code pénal, l'adultère de la femme ne peut être dénoncé que par le mari;

» Qu'aux termes dudit article et de l'article suivant, le mari est et demeure le maître de l'action en adultère contre la femme, et peut même arrêter l'effet des condamnations prononcées contre elle par les tribunaux, à la requête du ministère public, en consentant à reprendre sa femme;

» Qu'il résulte de ces textes que la loi, dérogeant en ce point au principe qui a présidé à l'institution du ministère public, en matière criminelle, et prenant en considération le maintien de la paix domestique, a investi exclusivement le mari du droit de rechercher et dénoncer l'adultère de la femme, tant dans l'intérêt général de la société que dans l'intérêt privé des familles ;

» D'où il suit nécessairement que les poursuites dirigées contre la femme, sur la dénonciation du mari, sont en quelque sorte subordonnées à cette dénonciation, et doivent cesser, si elle est rétractée expressément par un acte authentique, ou si elle est effacée par des faits de réconciliation ultérieure que les tribunaux sont appelés à apprécier;

» Enfin, que cette rétractation ou cette réconciliation constituent une fin de non-recevoir contre toute poursuite de la partie publique;

» Attendu que, dans l'espèce, le sieur Berthaud s'étant expressément désisté, par acte notarié et pendant l'instance d'appel, de la dénonciation qu'il est convenu avoir trop légèrement portée contre son épouse, et ayant formellement réitéré à l'audience publique de la cour son désistement de toutes poursuites, il s'est élevé une véritable fin de non-recevoir contre la continuation d'office des poursuites du ministère public;

» Attendu que l'adultère est un délit dont les co-accusés sont réciproquement complices l'un de l'autre;

» Que la réconciliation du mari avec sa femme, en abolissant les poursuites, équivaut à la preuve légale que l'adultère n'a point été commis, et, par une conséquence nécessaire, qu'il n'existe point de coupables de ce délit;

» Que l'arrêt de la cour royale de Lyon, conformément aux principes ci-dessus énoncés, a déclaré le ministère public irrecevable à poursuivre d'office, soit contre la femme Berthaud, soit contre Aujone, son complice, et les a déchargés en conséquence des condamnations prononcées contre eux à raison du fait d'adultère; et que, par une telle décision, il n'a violé ni l'art. 22 du code d'instruction criminelle, ni fait une fausse application des art. 336 et 337 du code pénal:

» Par ces motifs, la cour rejette le pourvoi du procureur-général de la cour royale de Lyon, envers l'arrêt de cette même cour, en date du 12 juillet 1827. »

§. XIV. *Autres questions sur cette matière.*

V. les articles *Conclusions du Ministère public, Directeur du jury,* §. 1; *Jugement,* §. 4, et *Partage,* §. 3.

MINUTE. *V.* l'article *Notaire,* §. 13.

MISE EN CAUSE. *V.* l'article *Gibier,* §. 2.

MOINE. §. I. 1° *Avant l'abolition des vœux solennels, les religieux étaient-ils véritablement morts civilement?*
2°. *Étaient-ils, aux yeux de la loi civile, incapables de se marier?*

V. l'article *Mariage,* §. 5.

§. II. *Autres questions relatives aux ci-devant Moines.*

V. les articles *Légitime,* §. 9, et *Révocation de donation,* §. 5.

MONNAIE. §. I. *Quelle était, avant le code civil, la législation de la Belgique sur la diffé-*
rence qui se trouve dans les monnaies, entre l'époque de la constitution et celle du remboursement d'une rente? Quelles étaient là-dessus, à la même époque, les principes du droit commun?

V. les plaidoyers et les arrêts des 29 messidor an 11 et 15 floréal an 13, rapportés à l'article *Papier-Monnaie,* §. 3 et 5.

§. II. *Des Monnaies de billon.*

V. l'article *Payement,* §. 3.

§. III. *La peine de la contrefaçon des monnaies ayant cours légal dans un état, est-elle applicable à la contrefaçon de monnaies qui, à l'époque de leur fabrication, étaient étrangères à cet État, ou qui n'ont actuellement cours légal que dans une partie des pays dont il se compose?*

« Le procureur-général expose qu'il est chargé par le gouvernement de dénoncer à la cour un arrêt qui viole ouvertement la loi.

» Le 18 décembre 1812, la cour d'appel de La Haye a mis en accusation et a renvoyé devant la cour spéciale du département des Bouches-de-la-Meuse, le nommé Pierre Lami, prévenu du crime de distribution de fausse monnaie.

» Le 31 du même mois, le procureur-général a dressé un acte d'accusation, duquel il résulte que, dans le cours de la même année, Pierre Lami a donné en payement à des marchands en détail *trois faux écus de Zélande,* sachant qu'ils étaient faux; qu'il en a présenté deux autres à d'autres marchands qui les ont refusés, et qu'au moment de son arrestation, il s'est trouvé nanti de six faux écus du même pays.

» Le 28 janvier 1813, arrêt de la cour spéciale, qui déclare Pierre Lami « coupable d'avoir émis pour bonne monnaie des espèces monnayées d'argent, lesquelles il connaissait être fausses, et d'avoir fait des tentatives manifestées par des actes extérieurs et suivies d'un commencement d'exécution, d'émettre pour bonne monnaie des espèces monnayées, lesquelles il connaissait être fausses, et que la monnaie émise par l'accusé avait cours légal dans la partie de l'empire français, où l'émission a été faite. »

» D'après cette déclaration, l'on devait s'attendre que la cour spéciale eût condamné Pierre Lami à la peine de mort, et eût confisqué tous ses biens; c'était en effet la conséquence nécessaire de l'art. 132 du code pénal, qui prononce ces peines contre « quiconque aura contrefait ou altéré les monnaies d'or ou d'argent ayant cours légal en France, ou participé à l'émission ou exposition desdites monnaies contrefaites ou altérées. »

» Mais point du tout. « Considérant que les rix-dalers de Zélande dont il est ici question, sont réputées monnaie étrangère par le décret du 18 août 1810, » la cour spéciale, au lieu d'appliquer à Pierre Lami l'art. 131, lui a appliqué l'art 134, et ne l'a condamné qu'aux travaux forcés à perpétuité.

» Il est vrai que le décret du 18 août 1810 classe les rixdalers de Zélande parmi les *monnaies étrangères* ; mais pour quels pays les y classe-t-il?

» Ce n'est point pour les départemens de la Hollande, où l'arrêt dont il s'agit reconnaît lui-même que les rixdalers de Zélande *ont cours légal*.

» C'est uniquement pour les départemens où la circulation de ces monnaies n'est que *tolérée provisoirement*, et ces départemens, le décret les spécifie : ce sont ceux de la Sarre, de Rhin-et-Moselle, de Mont-Tonnerre, de la Dyle, de l'Escaut, des Forêts, de Jemmapes, de la Lys, de la Meuse-Inférieure, des Deux-Nèthes, de l'Ourthe et de Sambre-et-Meuse.

» Dans tous ces départemens, sans doute, les rixdalers de Zélande sont *monnaies étrangères* ; mais dans les départemens de la Hollande ils sont monnaies de l'empire français, puisque, de l'aveu même de la cour spéciale des Bouches-de-la-Meuse, ils y ont non pas un cours de tolérance, mais un *cours légal*.

» Il n'importe qu'au temps de leur fabrication, ils aient été monnaies étrangères par rapport à la France, de laquelle la Hollande ne dépendait pas encore.

» La Hollande, en devenant partie intégrante de l'empire français, est devenue toute française; et la même qualité s'est nécessairement communiquée non-seulement aux lois qui la régissaient alors, mais encore aux monnaies qui alors avaient un cours légal dans son territoire.

» Par la réunion de la Hollande à la France, la souveraineté batave s'est fondue dans la souveraineté française; et dès-là c'est le législateur des Français qui est censé avoir fait pour la Hollande celles de ses anciennes lois qui la régissent encore; c'est le législateur des Français qui est censé avoir fait fabriquer pour la Hollande celles de ses anciennes monnaies qui y circulent encore légalement.

» Il n'importe pas davantage que les *rixdalers de Zélande* n'aient cours légal que dans une partie de l'empire français. Par cela seul qu'elles ont cours légal dans une partie de l'empire français, elles sont comprises dans ce que l'art. 132 du code pénal qualifie de *monnaies d'or ou d'argent ayant cours légal en France*.

» Ce considéré, il plaise à la cour, vu la lettre écrite à l'exposant, le 30 avril dernier, par M. le grand-juge, ministre de la justice; l'art. 441 du code d'instruction criminelle, et l'art. 132 du code pénal, casser et annuler, dans l'intérêt de la loi, et sans préjudice de son exécution, dans l'intérêt de la vindicte publique, l'arrêt de la cour spéciale du département des Bouches-de-la-Meuse, du 28 janvier 1813, ci-dessus mentionné, et dont expédition est ci-jointe; et ordonner qu'à la diligence de l'exposant, l'arrêt à intervenir sera imprimé et transcrit sur les registres de ladite cour.

» Fait au parquet, le 3 mai 1813. *Signé*, Merlin.

» Ouï le rapport de M. Oudart....;

» Vu l'art. 132 du code pénal....;

» Considérant que Pierre Lami avait été déclaré coupable d'avoir émis pour bonne monnaie des espèces monnayées d'argent, lesquelles il connaissait être fausses, et d'avoir fait des tentatives manifestées par des actes extérieurs, et suivies d'un commencement d'exécution, d'émettre pour bonne monnaie des espèces monnayées, lesquelles il connaissait être fausses, laquelle monnaie émise par l'accusé avait cours légal dans la partie de l'empire français où l'émission avait été faite; que, d'après cette déclaration, la cour spéciale du département des Bouches-de-la-Meuse aurait dû condamner Pierre Lami aux peines portées par l'art. 132 du code pénal; que néanmoins cette cour a seulement prononcé contre lui la peine portée par l'art. 134 du même code, par le motif que les rixdalers de Zélande dont il est question sont réputés monnaie étrangère par le décret du 18 août 1810; mais que ce décret ne les répute monnaie étrangère que pour les départemens de la Roër, de la Sarre, de Rhin-et-Moselle, de Mont-Tonnerre, de la Dyle, de l'Escaut, des Forêts, de Jemmapes, de la Lys, de la Meuse-Inférieure, des Deux-Nèthes, de l'Ourthe et de Sambre-et-Meuse, où la circulation de cette monnaie n'est que tolérée provisoirement ; mais qu'ils ne sont point réputés monnaie étrangère pour les départemens de la Hollande, où ils sont monnaie de l'empire français, où ils ont un cours légal, ainsi que l'a reconnu la cour spéciale elle-même; que si, au temps de leur fabrication, ils étaient monnaie étrangère, la Hollande étant depuis devenue partie intégrante de l'empire français, et la souveraineté batave s'étant fondue dans la souveraineté française, c'est le législateur des Français qui est censé avoir fait celles de ses anciennes lois qui sont encore en vigueur, et avoir fait fabriquer pour la Hollande celles de ses anciennes monnaies qui y circulent légalement; et que, par cela seul qu'elles ont un cours légal dans une partie de l'empire français, elles sont du nombre de celles que l'art. 132 du code pénal qualifie de monnaie d'or ou d'argent, ayant cours légal en France; d'où il suit que la cour spéciale du département des Bouches-de-la-Meuse a fait une fausse application de l'article 134 du code pénal, et qu'elle a violé l'art. 132 du même code:

» Par ces motifs, la cour, faisant droit sur le réquisitoire du procureur-général, en vertu des articles 441 et 442 du code d'instruction criminelle, casse et annule, « dans l'intérêt de la loi seulement, » et sans préjudice de l'exécution dudit arrêt ... »

» Ainsi jugé à l'audience de la section criminelle du 21 mai 1813. »

MONNAIE DÉCIMALE. *Celui qui, en escomptant une lettre de change conçue en livres tournois, n'en a payé la valeur à son endosseur que sur le pied de cette monnaie, peut-il, après en avoir reçu le payement comme si elle eût été conçue en francs, être actionné par son endosseur, pour lui restituer la somme formant la différence de la monnaie tournois d'avec la monnaie décimale ?*

Sur cette question et sur deux autres indiquées sous les mots *Affiche* et *Condictio indebiti*, j'ai donné, à l'audience de la cour de cassation, section des requêtes, le 4 frimaire an 9, des conclusions ainsi conçues :

« Cette affaire, extrêmement mince par son objet, mérite cependant toute votre attention par ses rapports avec le nouveau système monétaire de l'état, et avec les limites de la juridiction des tribunaux de commerce.

» Il s'agit de savoir si le tribunal de commerce d'Yvetot a violé, par son jugement du 24 prairial an 8, l'art. 2 de la loi du 17 floréal an 7, en condamnant le demandeur (Guillaume Marical) à restituer au cit. Millet Lafosse 5 *livres* 12 *sous* 6 *deniers tournois*, excédant de la somme de 450 francs sur celle de 450 *livres tournois*, formant le montant d'un billet à ordre créé à Yvetot le 27 ventôse an 8, et payable à Rouen le 15 floréal suivant.

» Dans le fait, le cit. Millet, créeur de ce billet, l'avait passé à l'ordre du cit. Millet-Lafosse ; et celui-ci l'avait transporté au demandeur par un endossement conçu *valeur reçue comptant*.

» A l'échéance, le demandeur, en se faisant payer ce billet, avait exigé non pas 450 *livres tournois*, mais 450 *francs* ; et il s'était fondé sur l'art. 2 de la loi du 17 floréal an 7, suivant lequel, dans tous les actes postérieurs au 1ᵉʳ vendémiaire an 8, « les » sommes sont censées évaluées en francs, quoi- » qu'elles soient énoncées en livres, sous et de- » niers. »

» Le demandeur avait certainement pour lui le vœu de la loi ; cependant le cit. Millet-Lafosse, qui n'avait pas acquitté le billet, qui n'avait même pas pu l'acquitter, puisqu'il n'en était qu'*endosseur*, qui n'était pas d'ailleurs cessionnaire des droits que pouvait avoir le *créeur*, le cit. Millet-Lafosse s'est pourvu contre le cit. Marical, pour le faire condamner à lui restituer 5 livres 12 sous 6 deniers qu'il a accusé le cit. Marical non pas d'avoir reçus de trop du créeur, mais de lui avoir escroqués à lui-même dans l'escompte qu'il lui avait fait de ce billet.

» Pour fonder son action, il a articulé que le citoyen Marical, en lui payant la valeur de cet effet, l'avait considérée comme stipulée en livres tournois, et qu'il avait réglé son escompte en conséquence.

» Il paraît que le cit. Marical n'a rien avoué ni désavoué à cet égard ; du moins le jugement du tribunal de commerce l'énonce ainsi ; il conclut de là

que le fait est vrai, et c'est sur ce seul fait prétendu qu'il est motivé.

» Disons-le franchement, il eût été difficile de raisonner plus mal que ne l'a fait en cela le tribunal de commerce.

» D'abord, il est contre tout principe de regarder comme avoué un fait qui est avancé par une partie, et sur lequel l'autre ne s'explique pas. Le silence d'une partie sur un fait avancé par l'autre, ne peut être considéré ni comme aveu ni comme désaveu de ce fait : *Qui tacet non utique fatetur ; verum tamen est eum non denegare*, dit la loi 142, *de regulis juris*.

» Il en est autrement sans doute, lorsqu'il s'agit d'un fait avancé par forme d'interpellation judiciaire ou, pour nous servir des termes consacrés dans la procédure, lorsqu'il s'agit d'un fait compris dans un interrogatoire sur faits et articles. Les lois romaines et l'ordonnance de 1667 veulent qu'en ce cas le refus ou le défaut de répondre tiennent lieu d'aveu formel.

» Mais, hors ce cas, la règle de droit que nous venons de citer conserve tout son empire, et l'on sent que rien n'est plus raisonnable. Une partie peut, en se défendant, avoir tant de confiance dans un moyen de droit, qu'elle croie pouvoir, sans aucun risque, négliger de débattre un fait qu'on lui oppose ; elle peut s'abstenir de le débattre, parce qu'elle le regarde comme insignifiant ; et certes ce serait tromper sa bonne foi que de prendre son silence pour aveu.

» Ensuite supposons, avec le tribunal de commerce, que le demandeur, en achetant du citoyen Millet-Lafosse le billet dont il s'agit, le lui ait payé 5 livres 12 sous 6 deniers de moins qu'il ne valait, s'ensuivra-t-il que le cit. Millet-Lafosse ait pu lui répéter cette somme, et surtout la lui répéter comme se l'étant fait payer par escroquerie ?

» Pour admettre une pareille conséquence, il faudrait supposer que le billet avait, à l'époque de l'endossement qu'en a passé le cit. Millet-Lafosse au demandeur, une valeur fixe et déterminée dans le commerce. Or, cette supposition serait une grande erreur.

» Sans doute, le billet était virtuellement créé pour 450 francs ; mais il était créé à Yvetot ; c'est pareillement à Yvetot que le cit. Millet-Lafosse l'a endossé ; et il n'était payable qu'à Rouen.

» Ce n'était donc pas un simple billet à ordre ; c'était, comme l'explique Pothier, dans son *Traité du contrat de change*, ce qu'on appelle un *billet à domicile*, c'est-à-dire, un billet portant remise de place en place, un billet qui renferme le contrat de change, un billet qui est absolument de la même nature qu'une lettre de change, et qui produit les mêmes obligations.

» Ainsi, lorsque le cit. Millet-Lafosse a vendu au demandeur son billet de 450 francs, le demandeur a dû, en lui en payant la valeur, retenir non-seulement l'intérêt du temps que l'effet avait encore à courir avant l'échéance effective, mais encore le *change*, c'est-à-dire, la perte que le demandeur devait essuyer pour faire recevoir les 450 francs à Rouen, et les faire revenir à Yvetot.

» Or, le change n'a point de tarif déterminé ; il hausse ou diminue suivant l'abondance ou la disette d'argent, et suivant le plus ou moins de remise que le commerce d'une place est dans le cas de faire au commerce d'une autre place.

» En supposant donc que le demandeur ait payé au cit. Millet-Lafosse 5 livres 12 sous 6 deniers tournois de moins qu'il ne prétend l'avoir fait, le cit. Millet-Lafosse ne peut pas, pour cela, prétendre avoir reçu moins qu'il ne lui était dû, parce qu'en fait de remise de place en place, il n'y a point de valeur fixe, et qu'en pareil cas, la somme payée est toujours censée être la somme réellement due, d'après la convention faite entre l'endosseur et son cessionnaire.

» Ainsi, d'une part, point de preuve que le demandeur ait retenu au cit. Millet-Lafosse les 5 livres 12 sous 6 deniers répétés par celui-ci ; de l'autre, quand il les aurait réellement retenus, on ne pourrait pas encore dire qu'il l'eût fait sans droit.

» Mais ce n'est pas tout. Admettons pour un moment que le cit. Millet-Lafosse ait agi, dans la négociation de son billet, comme si son billet eût été payable en livres tournois et non pas en francs. Eh bien ! dans cette hypothèse, le cit. Millet-Lafosse pourra dire, sans doute, qu'il n'a pas fait attention à la loi du 17 floréal an 7 ; mais de ce défaut d'attention, de cette ignorance de droit, résultera-t-il pour lui une action en répétition de la différence des francs aux livres tournois ? Non certainement. *Si quis jus ignorans indebitam pecuniam solverit, cessat repetitio,* dit la loi 10, C. *de juris et facti ignorantiâ.* Et il ne faut pas croire que cette jurisprudence n'ait pas lieu dans nos mœurs ; nous trouvons, au contraire, dans le recueil de Augeard, un arrêt du 11 février 1707, qui l'a formellement consacré. Il s'agissait de savoir si l'acquéreur d'un usufruit pouvait répéter les lods et ventes qu'il avait payés, croyant que le transport d'un pareil droit y donnait lieu (c'était dans la coutume de Paris). M. l'avocat-général Portail, qui portait la parole dans cette cause, observa que les droits de mutation n'étaient point exigibles pour un usufruit ; mais que l'acquéreur les ayant payés par ignorance de droit, son erreur le rendait non-recevable dans la répétition qu'il en faisait ; et l'arrêt l'a ainsi jugé.

» Le cit. Millet-Lafosse devait donc, sous tous les rapports, être déclaré non-recevable et non fondé dans sa réclamation véritablement chicanière ; et le tribunal de commerce d'Yvetot, en accueillant cette réclamation sous un prétexte aussi frivole que contraire à tous les principes, a formellement violé la loi du 17 floréal an 7, et par

conséquent donné ouverture à la cassation de son jugement.

» Il nous reste à examiner s'il n'a pas en même temps excédé ses pouvoirs, en ordonnant l'impression et l'affiche de son jugement au nombre de cinquante exemplaires, aux frais du demandeur.

» Le demandeur présente cette partie du jugement comme une disposition purement pénale ; et il est certain que, si tel est son caractère, elle forme, de la part du tribunal de commerce d'Yvetot, une usurpation de pouvoir intolérable.

» En thèse générale, la permission qu'un jugement accorde à une partie de le faire imprimer et afficher aux frais de l'autre, ne peut pas être considérée comme une peine ; cette permission, en effet, ne porte pas précisément sur l'impression ni sur l'affiche ; car dans un pays où la presse est libre, toute partie qui obtient un jugement, n'a pas besoin d'autorisation judiciaire pour le faire imprimer ou afficher. Cette permission ne porte donc que sur les frais ; elle n'est nécessaire que pour faire supporter ces frais à la partie condamnée ; et dès-là il est évident que ce n'est point à titre de peine, mais uniquement à titre de dommages-intérêts, qu'elle est prononcée.

» Mais s'il en est ainsi dans la thèse générale, il n'en est pas de même dans l'espèce dont il est ici question.

» Le cit. Millet-Lafosse n'avait éprouvé aucune injure, aucun outrage de la part du demandeur ; c'était lui, au contraire, qui avait outragé le demandeur, en l'accusant d'avoir commis « une escro- » querie des plus dangereuses dans la société com- » merciale, qu'il était urgent de réprimer d'une » manière authentique » (ce sont les termes de ses conclusions). Le seul tort qu'il prétendait avoir essuyé de la part du demandeur, c'était de lui avoir payé 5 livres 12 sous 6 deniers de trop ; et assurément, la réparation de ce tort n'exigeait ni l'impression ni l'affiche de ce jugement : aussi avait-il la bonne foi de convenir qu'il n'en demandait l'impression et l'affiche que pour *réprimer d'une manière authentique* l'escroquerie prétendue commise par le demandeur ; c'est-à-dire, qu'il s'érigeait de lui-même en partie publique, et qu'il requérait contre le demandeur l'application d'une peine véritable et proprement dite.

« Ce n'est donc pas à titre de dommages-intérêts, c'est par une forme de peine véritable et proprement dite, que le tribunal de commerce d'Yvetot a ordonné l'impression et l'affiche de son jugement aux frais du demandeur ; et cette conséquence en amène nécessairement une autre : c'est que le tribunal de commerce d'Yvetot a excédé ses pouvoirs, et que son usurpation doit être réprimée par le tribunal suprême.

» Par ces considérations, nous estimons qu'il y a lieu d'admettre la requête du demandeur. »

Ces conclusions ont été adoptées par arrêt du 4 frimaire an 9, au rapport de M. Vergès.

Mais l'affaire portée à la section civile, arrêt y est intervenu, le 1ᵉʳ frimaire an 10, au rapport de M. Basire, et sur les conclusions de M. Lefessier-Grandprey, par lequel :

« Considérant que le jugement attaqué, en condamnant Marical à payer à Millet-Lafosse la somme de 5 francs 55 centimes, qu'il aurait dû payer et qu'il n'avait pas payée lors de l'escompte du billet dont il s'agit, n'a point contrevenu à la loi du 17 floréal an 7 ;

» Qu'aucune loi n'interdit aux tribunaux civils la faculté d'ordonner l'affiche de leurs jugemens, aux frais de la partie condamnée, lorsqu'ils en sont requis :

» Par ces motifs, le tribunal donne défaut contre Millet-Lafosse, rejette la demande en cassation..... »

MORT. *V.* les articles *Absent*, §. 3 ; *Décès*, §. 1, et *Vie*, §. 2.

MORT CIVILE. §. I. *Pour exclure des enfans de la succession de leur père, sur le fondement qu'avant leur naissance, il était mort civilement par l'effet d'un jugement qui l'avait condamné par contumace à une peine emportant mort civile, est-il nécessaire de représenter ce jugement et le procès-verbal de son exécution ? Peut-on suppléer par des présomptions, par des actes énonciatifs, et par la reconnaissance du prétendu condamné lui-même, à la représentation de ce jugement et de ce procès-verbal ?*

V. l'article *Succession*, §. 11.

§. II. 1° *La seule inscription sur la liste des émigrés, suivie de réclamation dans le délai fixé par la loi, a-t-elle constitué l'inscrit en état de mort civile pendant tout le temps qu'elle a duré ?*

2° *Y a-t-il, à cet égard, quelque différence entre l'inscription qui a été rayée avant la publication de la loi du 12 ventôse an 8, et celle qui n'a été rayée que depuis ?*

3° *Quelle est en conséquence le sort du testament fait avant la publication de la loi du 12 ventôse an 8, par un inscrit décédé depuis cette publication et rayé après sa mort ?*

Le 20 frimaire an 7, Marie-Françoise-Victoire Imbert-Colomès, épouse de Guillaume Maret, est arrêtée à Saint-Pierre-Lanoaille, lieu de son domicile, en vertu d'un ordre délivré par un commissaire du district de Roanne. Peu de temps après, elle est mise en liberté.

Le 12 thermidor an 2, Guillaume Maret et sa femme sont portés par l'administration du district de Roanne sur la liste des *fugitifs de ce district.* L'arrêté qui ordonne leur inscription sur cette liste fait remonter leur fuite au mois de brumaire précédent, et en attribue la cause à la qualité qu'avait eue Guillaume Maret avant le siége de Lyon, de *membre du congrès départemental du département de Rhône-et-Loire.*

Le 3 vendémiaire an 3, un arrêté du comité de sûreté générale ordonne que Guillaume Maret sera mis en liberté, et que les scellés apposés sur ses effets seront levés.

Guillaume Maret n'était cependant pas détenu à cette époque ; il était encore *fugitif* ou caché. Mais cette mesure suppose évidemment qu'un mandat d'arrêt avait été précédemment décerné contre lui ; et c'était sans doute pour s'y soustraire qu'il avait disparu.

Le 3 floréal an 3, l'administration du district de Roanne :

« Considérant que la loi du 14 pluviôse dernier rapporte les dispositions pénales relatives aux troubles de Lyon, et remet Guillaume Maret en l'état où il était avant son inscription sur la liste des fugitifs ;

» Considérant que la loi du 22 germinal dernier autorise les citoyens qui se sont soustraits par la fuite aux mandats d'arrêt lancés contre eux, pour raison et par suite des événemens des 31 mai et 2 juin 1793, à rentrer dans leurs foyers, et ordonne qu'ils seront réintégrés dans leurs droits politiques et dans tous leurs biens ;

» Arrête que main-levée pure et simple est accordée à Guillaume Maret des scellés et séquestres apposés sur ses propriétés situées dans la commune de Saint-Pierre et autres environnantes. »

Le 24 du même mois, arrêté de l'administration du département de la Loire, qui confirme celui du district de Roanne, et le déclare commun à la dame Maret.

Le 6 thermidor suivant, la commission exécutive des revenus nationaux, sur le vu de l'arrêté du district de Roanne, du 12 thermidor an 2, inscrit Guillaume Maret et son épouse sur le troisième supplément de la liste générale des émigrés.

Le 16 du même mois, l'administration du district de Roanne réclame contre cette inscription, par une lettre adressée au comité de législation de la convention nationale, et qui demeure sans réponse.

Le 16 fructidor suivant, Guillaume Maret et sa femme déposent au secrétariat de la même administration un mémoire par lequel ils demandent que leurs noms soient rayés de la liste arrêtée le 6 thermidor précédent.

Le 17 nivôse an 4, Guillaume Maret fait à Lyon un testament mystique, par lequel il institue son épouse héritière universelle.

69.

Le 19 fructidor an 5 , une loi générale ordonne à tous ceux qui sont inscrits sur la liste des émigrés de sortir du territoire français, et leur défend d'y rentrer tant qu'ils n'auront pas obtenu leur radiation définitive.

— Guillaume Maret et son épouse obéissent à cette loi , et se retirent à Nuremberg.

Le 9 floréal an 7, Guillaume Maret fait en cette ville un codicille par lequel, entre autres dispositions, il confirme l'institution contenue dans son testament.

Le 29 du même mois, l'administration du département de la Loire, statuant sur le mémoire déposé le 16 fructidor an 3 par Guillaume Maret et sa femme au secrétariat du district de Roanne, arrête que leurs noms seront rayés *provisoirement* de la liste des émigrés.

Le 26 messidor an 8, Guillaume Maret meurt à Nuremberg.

Le 29 germinal an 9, arrêté du gouvernement qui raye définitivement de la liste des émigrés le nom de Guillaume Maret et celui de sa veuve.

Le 27 messidor suivant, la veuve Maret obtient du tribunal de première instance de Lyon l'ouverture du testament mystique de son mari; et le 6 thermidor de la même année, elle en demande l'exécution contre les frères Maret, héritiers *ab intestat*, qui, de leur côté, le soutiennent nul : 1° pour vices de forme ; 2.° parce que Guillaume Maret était en état de mort civile lorsqu'il avait testé.

Le 21 messidor an 10, jugement du tribunal de première instance de Roanne, qui adjuge la succession à la veuve, attendu que, dans la forme, le testament et le codicille sont réguliers, et qu'au fond, « le défunt n'avait été inscrit que sur un tableau de » fugitifs; que, dans tous les cas, étant en réclama- » tion depuis l'an 3, il ne pouvait être considéré » que comme prévenu d'émigration, et non comme » émigré; que cette prévention ou état d'accusation » par lui contesté ne pouvait opérer une mort ci- » vile; et que l'arrêté qui le raye, jugeant qu'il a » été mal à propos inscrit, a décidé que l'accusation » était mal fondée. »

Appel de ce jugement de la part des frères Maret; et le 14 fructidor an 11 :

« Considérant qu'il est inutile d'agiter les questions relatives aux vices (de forme) opposés aux testament et codicille. . . ;

» Considérant que le cit. Guillaume Maret a été inscrit sur la liste générale des émigrés avant les testament et codicille dont il s'agit; qu'il a été rayé après sa mort; que les lois relatives aux émigrés, notamment celle du 30 mars 1792, art. 2 ; celle du 28 mars 1793, tit. 1, art. 1, et sect. 6, art. 38; celle du 25 brumaire an 3, tit. 5, art. 2, et celle du 1er fructidor an 3, art. 11 , annulent toutes les dispositions faites pour la transmission des biens des émigrés ;

» Considérant que , d'après l'arrêté du gouvernement, du 3 floréal an 11 , les individus rayés, éliminés et amnistiés, sont soumis aux dispositions portées par les lois pendant la durée de leur inscription sur la liste des émigrés :

» Le tribunal (d'appel de Lyon) dit qu'il a été mal jugé. ..; émendant, déclare le testament du 17 nivôse an 4 et le codicille du 9 floréal an 7 nuls et de nul effet, comme n'ayant pu transmettre la propriété d'un individu alors inscrit sur la liste générale des émigrés, et frappé, pendant la durée de ladite inscription, de mort civile.... »

La veuve Maret se pourvoit en cassation.

« Pour bien apprécier les moyens sur lesquels est fondé son recours ' ai-je dit à l'audience de la section des requêtes, le 28 germinal an 12), il importe, avant tout, de nous fixer sur l'état de Guillaume Maret à l'époque de son testament, à celle de son codicille, et à celle de son décès.

» A l'époque de son testament, Guillaume Maret était inscrit sur le troisième supplément de la liste générale des émigrés, arrêtée le 6 thermidor an 3 , par la commission exécutive des revenus nationaux.

» Mais, s'il en faut croire la demanderesse, cette inscription devait être considérée comme non-avenue, parce qu'elle n'était évidemment que le résultat d'une méprise sur le sens et l'objet de l'arrêté du district de Roanne, du 12 thermidor an 2, qui avait inscrit Guillaume Maret sur la liste des fugitifs de ce district, et que cette administration avait elle-même rapporté le 3 floréal an 3.

» D'ailleurs, la loi du 22 germinal an 3 ayant anéanti cette inscription, il ne fallait point d'arrêté de radiation pour en faire cesser l'effet. Ce n'est donc que par un excès de précaution que Guillaume Maret est sorti de France après le 19 fructidor an 5; ce n'est que par un excès de précaution qu'il a obtenu en l'an 7 sa radiation provisoire; ce n'est que par un excès de précaution que sa veuve a fait prononcer en l'an 9 sa radiation définitive.

» Reprenons chacune de ces propositions.

» Il est vrai que l'inscription du 6 thermidor an 3 sur la liste générale des émigrés, n'a été que la suite de celle du 12 thermidor an 2 sur la liste des fugitifs du district de Roanne.

» Mais d'abord, il n'appartient pas aux tribunaux de déclarer que, par cette seule raison, elle doit être considérée comme non-avenue. Si la commission exécutive des revenus nationaux s'est trompée en inscrivant Guillaume Maret sur la liste des émigrés, par le seul motif qu'il était inscrit sur la liste des fugitifs de son district, c'est une erreur purement administrative, et la réformation de cette erreur est hors des attributions du pouvoir judiciaire. D'un autre côté, on ne peut pas même dire qu'il y ait eu à cet égard la moindre méprise. La commission des revenus nationaux ayant sous les yeux, le

6 thermidor an 3, un arrêté des administrateurs du district de Roanne qui déclarait Guillaume Maret *fugitif de ce district*, non-seulement a pu, mais a dû nécessairement en conclure que Guillaume Maret était émigré, puisque la loi du 25 brumaire an 3 chargeait expressément les administrations de district de porter sur la liste des émigrés toutes les personnes qui s'absenteraient de leur domicile sans justifier de leur résidence par des certificats en bonne forme.

» Il est d'ailleurs fort indifférent que l'administration du district de Roanne eût rapporté, le 3 floréal an 3, son arrêté du 12 thermidor an 2. Le pouvoir d'inscrire n'entraînait pas celui de rayer, comme le pouvoir d'accuser ne renferme pas celui d'acquitter, comme le pouvoir de condamner en première instance n'emporte pas celui de rétracter la condamnation. Une fois inscrit sur la liste des fugitifs par l'administration du district de Roanne, Guillaume Maret n'a pu en être rayé que par l'autorité supérieure.

» A l'égard de la loi du 22 germinal an 3, elle n'est relative qu'aux citoyens *mis hors la loi par suite et à l'occasion des événemens des* 31 *mai* 1er *et* 2 *juin* 1793. Or, jamais Guillaume Maret n'a été *mis hors la loi*. A la vérité, il avait été membre du *congrès départemental* de Lyon; mais le seul décret qui ait sévi contre les membres de ce congrès, celui du 12 juillet 1793, s'est borné à les déclarer *traîtres à la patrie*; et ce qui prouve bien que par-là il n'entendait point les placer hors de la loi, c'est la différence qu'il a mise entre eux et le cit. Biroteau, membre de la convention nationale: « Bi-» roteau (porte-t-il), l'un des chefs de la conspira-» tion qui a éclaté à Lyon, est déclaré TRAÎTRE A » LA PATRIE ET MIS HORS DE LA LOI. Sont destitués de » leurs fonctions, et DÉCLARÉS PAREILLEMENT TRAÎ-» TRES A LA PATRIE, les administrateurs, officiers » municipaux, et tous autres fonctionnaires publics » qui ont provoqué ou souffert le congrès départe-» mental qui a eu lieu à Lyon; qui ont participé ou » assisté aux délibérations qu'il a prises. »

» Qu'importe, au surplus, que la loi du 22 prairial an 3 ait déclaré les dispositions de celle du 22 germinal précédent communes aux membres du congrès départemental de Lyon? elle n'a point pour cela fait cesser de plein droit leurs inscriptions sur la liste des émigrés; elle les a seulement relevés de la déchéance qu'ils pouvaient avoir encourue; elle les a seulement dispensés de rapporter des certificats de résidence pour tout le temps qui s'était écoulé depuis leur proscription. Du reste, elle a voulu qu'ils demandassent leur radiation comme les autres inscrits; elle a voulu qu'ils la demandassent dans un délai déterminé; elle a voulu qu'ils ne pussent l'obtenir définitivement que du comité de législation qui alors était, en cette matière, investi de toute l'autorité du gouvernement.

» Il demeure donc bien démontré qu'à l'époque de son testament, Guillaume Maret était, dans toute la force du terme, *inscrit* sur la liste générale des émigrés.

» Quant à l'époque de son codicille, c'est absolument la même chose: l'inscription subsistait encore le 9 floréal an 7 dans toute sa plénitude; elle n'a été rayée provisoirement que le 29 du même mois.

» Enfin, à l'époque de son décès, Guillaume Maret avait, à la vérité, obtenu une radiation provisoire; mais s'il avait besoin de cette radiation provisoire pour être en état de tester, à coup sûr elle n'a pas pu valider, par un effet rétroactif, le testament et le codicille qu'il avait faits précédemment. On sait assez que, pour tester valablement, il faut en avoir la capacité, non-seulement au temps où l'on cesse de vivre, mais encore au moment même où l'on dispose. C'est un principe que les lois romaines ont consacré de la manière la plus précise, et qui n'a jamais été contesté. Ainsi, nul doute que nous ne devions ici faire une abstraction complète de l'arrêté de l'administration du département de la Loire, du 29 floréal an 7, qui raye provisoirement Guillaume Maret de la liste des émigrés.

» Toute la cause se réduit donc à ces deux questions: Guillaume Maret était-il capable de tester le 17 nivôse an 4 et le 9 floréal an 7, dates de son testament et de son codicille? Etait-il capable de tester le 26 messidor an 8, jour de son décès?

« Sur la première question, il est un point fort important à remarquer, et qui est convenu de part et d'autre: c'est que, lorsque Guillaume Maret a fait ses dispositions de dernière volonté, il avait déjà réclamé contre son inscription sur la liste des émigrés, et que sa réclamation avait été formée en temps utile.

» En effet, si l'on veut faire remonter son inscription sur la liste à l'arrêté du district de Roanne, du 12 thermidor an 2, on trouvera qu'il a réclamé contre cet arrêté avant le 3 floréal an 3, jour où il en a obtenu le rapport du district de Roanne lui-même, et par conséquent avant le 26 du même mois, date du décret qui a fermé la porte à toute réclamation ultérieure contre les listes qui alors étaient publiées depuis plus de cinq décades.

» Si, au contraire, on veut ne le réputer inscrit que du 6 thermidor an 3, jour où la commission des revenus nationaux l'a porté sur le troisième supplément de la liste générale, on verra qu'il a réclamé contre cette inscription dès le 16 fructidor suivant, et par conséquent dans les cinq décades que lui accordait la loi du 25 brumaire.

» Quel était donc l'état de Guillaume Maret lors-qu'il a fait son testament? Son état était celui d'un « ins-» crit sur la liste des émigrés, ayant réclamé en » temps utile contre son inscription. »

» Or, dans cet état, était-il mort civilement? Voilà ce que vous avez d'abord à juger.

» Sans contredit, il était dès-lors frappé de mort civile, si dès-lors on pouvait le réputer émigré: *les émigrés*, porte l'art. 1 de la loi du 28 mars 1793, « sont bannis à perpétuité du territoire de la répu- » blique; ils sont morts civilement; leurs biens sont » acquis à la république. » Mais pouvait-on réputer *émigré* un inscrit qui réclamait contre son inscrip- tion, et dont la réclamation avait été faite dans le délai déterminé par le législateur? Non; il ne pou- vait être et il n'était réellement considéré que comme *prévenu d'émigration*.

» Son inscription sur la liste élevait contre lui une prévention, mais ne le convainquait pas, et le condamnait encore moins. Il n'était pas plus con- vaincu, il n'était pas plus condamné, que ne l'est, dans les délits ordinaires, un particulier qui se trouve dans les liens d'un mandat d'arrêt, ou sous le poids d'un acte d'accusation. En un mot, dès qu'il n'était que *prévenu d'émigration*, il n'était pas il ne pou- vait pas être réputé *émigré*.

» Ces propositions sont si simples qu'elles portent, pour ainsi dire, leur preuve avec elles-mêmes; mais elles ont encore l'avantage d'être confirmées par des lois expresses.

» Celle du 28 mars 1793 distingue clairement les *émigrés* d'avec les *prévenus* d'émigration. Ceux-là, suivant les art. 61, 62 et 66, sont *émigrés*, et doi- vent être traités comme tels, qui, étant inscrits sur la liste, n'ont pas réclamé dans le délai fatal, ou dont les réclamations ont été rejetées. Mais l'art. 67 ne qualifie que de *prévenus* ceux qui ont réclamé en temps utile, et sur les réclamations desquels il n'est pas encore intervenu un arrêté de rejet.

» La même distinction est écrite, et elle l'est en caractères bien plus prononcés, dans le troisième titre de la loi du 25 brumaire an 3.

» L'art. 30 parle des réclamations des *prévenus d'émigration*.

» L'art. 31 fixe le terme dans lequel ceux qui sont *actuellement en réclamation*, devront produire leurs certificats de résidence, et déclare que, ce terme écoulé, *ils seront déchus de leurs réclamations et réputés émigrés*.

» L'art. 32 ajoute que *seront également réputés émigrés* ceux qui n'auront pas réclamé dans tel délai contre leur inscription.

» L'art. 33 revient à ceux dont s'est occupé l'art. 31, c'est-à-dire, à ceux qui sont *actuellement en réclamation*; et les qualifiant de *prévenus d'émi- gration*, il veut que, s'ils prouvent légalement leur résidence, ils soient réintégrés dans leurs propriétés.

» L'art. 35 a pour objet les arrêtés pris en faveur des *prévenus d'émigration*, par les administrations de districts et de départemens; et il en règle l'effet provisoire.

» Guillaume Maret n'était donc pas *réputé émigré* lorsqu'il a fait son testament, puisqu'il avait réclamé dans le délai de la loi, et que sa réclamation était encore indécise; il n'était que *prévenu d'émigration*.

» Or, ce n'est pas aux *prévenus d'émigration*, c'est aux *émigrés* proprement dits, c'est à ceux qui sont

réputés tels, soit pour n'avoir pas réclamé en temps utile, soit parce que leur réclamation a été rejetée, que l'art. 1 de la loi du 28 mars 1793 inflige la peine de la mort civile. Le mot *émigré* est le seul qu'em- ploie cet article: et la raison, l'humanité, les règles de la grammaire, s'opposent également à ce qu'on en étende la signification aux simples prévenus d'émigration.

» Remarquons d'ailleurs que, dans cet article, trois choses marchent de front: le bannissement per- pétuel des émigrés, leur mort civile, la confiscation de leurs biens.

» Or, 1° les prévenus d'émigration n'étaient point bannis à perpétuité du territoire de la république; ils étaient même tenus, avant le 19 fructidor an 5, d'y résider, en attendant qu'il fût statué sur leurs réclamations; et s'ils en sortaient, si, par suite, ils ne pouvaient pas prouver la continuité de leur rési- dence sur le sol français, l'art. 31 du tit. 3 de la loi du 25 brumaire an 3, voulait qu'ils fussent déchus de leurs réclamations, et traités définitivement comme émigrés. La loi du 19 fructidor an 5 a changé, à cet égard, leur manière d'exister: elle les a obligés de se retirer provisoirement en pays étranger; mais elle ne les a pas pour cela bannis à perpétuité de leur patrie; elles ne les en a éloignés que pour un temps.

» 2° Les biens des *prévenus d'émigration* n'étaient pas, comme ceux des *émigrés*, acquis à la républi- que, ils n'étaient que séquestrés; et l'art. 20 du tit. 3 de la loi du 25 brumaire an 3, défendait de les vendre *avant l'expiration des délais prescrits* pour rece- voir les réclamations des prévenus, *ou le jugement définitif* de ces mêmes réclamations.

» Ainsi, des trois peines que l'art. 1 de la loi du 28 mars 1793 inflige aux émigrés, en voilà deux qui, bien constamment, ne peuvent pas être appli- quées aux *prévenus d'émigration*; comment donc pourrait-on leur appliquer la troisième, la *mort civile?*

» Mais, dit-on, si les prévenus d'émigration ne sont pas constitués en état de mort civile par la loi du 28 mars 1793, ils le sont du moins par la loi du 1er fructidor an 3; car l'art. 11 de celle-ci déclare « qu'aucun individu porté sur la liste des émigrés » du département de son domicile, ne pourra jouir » des droits de citoyen, jusqu'à ce que sa radiation » définitive ait été prononcée.

» Pure équivoque. *Les droits de citoyen*, dont parle cet article, ne sont pas les droits civils; ce sont les droits politiques, c'est-à-dire, le droit de voter dans les assemblées primaires, et le droit d'être élu aux fonctions législatives, administratives et judiciaires.

» Pour nous en convaincre, remontons à l'acte constitutionnel de l'an 3, qui avait été décrété défi- nitivement le 30 thermidor, veille de la loi dont il s'agit. Nous y verrons, art. 11, que « les citoyens » français peuvent seuls voter dans les assemblées

» primaires, et être appelés aux fonctions établies » par la constitution; » art. 12, que l'*exercice des droits de citoyen se perd* par la naturalisation en pays étranger, et par trois autres causes qu'il est inutile de rappeler ici; art. 13, que *l'exercice des droits de citoyen est suspendu par* cinq causes différentes, et notamment *par l'état d'accusation.*

» Dans toutes ces dispositions, il ne s'agit évidemment que des droits politiques; et comment les mêmes termes employés dans une loi du lendemain pourraient-ils avoir un autre objet? Comment pourrait-on les appliquer, dans cette loi, aux droits civils, et par-là leur faire dire qu'un prévenu d'émigration est mort civilement, à l'instar d'un émigré véritable; tandis que cette loi, en obligeant les prévenus d'émigration de résider dans les communes où ils avaient leur domicile immédiatement avant leur inscription sur la liste, établit une différence si grande, si intéressante entre eux et les émigrés proprement dits? Comment surtout pourrait-on se persuader que la convention nationale eût voulu se montrer plus sévère envers les prévenus d'émigration, à la fin de l'an 3, qu'elle ne l'avait été en 1793?

» Il n'y avait, lorsqu'on a fait la loi du 1er fructidor, aucune raison, aucun prétexte, pour que, relativement aux droits civils, on innovât rien à la condition des inscrits sur la liste qui attendaient le jugement de leurs réclamations; mais il y avait alors des motifs pressans de déterminer quel devait être leur sort provisoires relativement aux droits politiques.

» La constitution décrétée la veille, ayant déclaré que l'exercice des droits politiques seraient suspendus par l'*état d'accusation*, il importait de décider si l'on devait assimiler à l'*état d'accusation* l'état d'un inscrit sur la liste des émigrés, qui avait réclamé en temps utile contre son inscription; et sur cette question, il ne pouvait pas y avoir deux avis.

» *L'inscription d'un individu sur la liste des émigrés* (est-il dit à ce sujet, dans une proclamation du directoire exécutif du 7 ventôse an 5), « tient tellement lieu, à son égard, d'acte d'accusa- » tion, que non-seulement elle la seule ma- » nière légale de l'accuser, mais que même elle suffit » seule pour le faire condamner, et qu'il ne peut » éviter la condamnation qu'elle provoque contre » lui, qu'en obtenant sa radiation définitive. La loi » du 1er fructidor an 3 n'est donc, sur ce point (con- » tinue la même proclamation) qu'une conséquence » de l'art. 13 de l'acte constitutionnel qui déclare » les droits de citoyen suspendus par l'acte d'accu- » sation; et elle est véritablement à cet égard une » des lois organiques de la constitution elle-même, » dont il est à remarquer d'ailleurs qu'elle n'a suivi » que de vingt-quatre heures la rédaction définitive, » et précédé la publication que de cinq jours. »

» Ainsi, la seule conséquence raisonnable que l'on puisse ici tirer de la loi du 1er fructidor an 3,

c'est que toute personne inscrite sur la liste des émigrés, doit, par cela seul, être considérée comme accusée d'un délit emportant la mort civile.

» Mais, d'une part, cette loi n'a fait à cet égard que renouveler les dispositions de celles des 28 mars 1793 et 25 brumaire an 3, dans lesquelles, comme nous l'avons déjà vu, les *prévenus d'émigration*, sont constamment mis en opposition avec les *émigrés.*

» De l'autre, il suffit qu'un inscrit sur la liste des émigrés ne soit, à ce titre, qu'accusé d'un délit emportant la mort civile, pour qu'en attendant son jugement définitif, il ne soit pas réputé mort civilement; et soutenir le contraire, c'est vouloir identifier l'accusation avec la condamnation, c'est confondre ce que la raison et la justice ont perpétuellement distingué.

» Il n'est pas besoin sans doute de vous retracer les nombreux textes des lois romaines qui décident que l'accusé d'un crime auquel est attachée la peine de mort civile, n'encourt cette peine que par sa condamnation, et que, tant qu'il n'est pas condamné, il conserve tous les droits, tous les avantages de la vie civile. Ces textes sont trop connus, ils vous sont trop familiers, pour qu'il soit possible d'hésiter un seul instant sur le principe éternel et sacré qu'ils établissent.

» Mais si, en thèse générale, l'état d'accusation laisse la vie civile intacte; si, relativement à l'émigration en particulier, on ne peut regarder comme mort civilement l'homme qui n'est que prévenu ou accusé par son inscription sur la liste, quelle raison y aurait-il de réputer incapable de tester l'inscrit qui a réclamé dans le terme fixé par la loi, et dont la réclamation n'a pas été rejetée par l'autorité compétente? La faculté de tester se perd incontestablement par la mort civile; mais aussi, tant qu'on n'est pas mort civilement, on la conserve, pourvu d'ailleurs qu'on ne se trouve dans aucun des cas d'exception où cesse l'exercice de cette faculté. Or, y a-t-il dans nos lois quelques dispositions qui, par exception au droit commun, déclarent incapable de tester, soit en général l'accusé d'un crime important mort civile, soit spécialement le prévenu d'émigration? Voilà, en dernière analyse, la seule question que nous ayons à résoudre dans cette partie de la cause.

» Pour établir l'affirmative, les adversaires de la demanderesse ont cité devant le tribunal d'appel de Lyon, des lois romaines qui, au premier aspect, semblent la justifier complétement.

» La loi 15, D. *qui testamenta facere possint ,* déclare incapable de tester les personnes qui doutent de leur état, ou qui, à cet égard, sont dans l'erreur : *De statu suo dubitantes vel errantes, testamentum facere non possunt, ut divus Pius rescripsit.* La loi précédente du même titre dit la même chose en d'autres termes : *Qui incertus de statu suo est, certam legem testamento dicere non potest.* C'est que ce porte également la loi 1, D. *de legatis* 3º.

» Or, celui-là n'est-il point incertain de son état, qui, étant accusé d'un crime emportant mort civile, peut être condamné, et par suite mourir civilement? Celui-là n'est-il point incertain de son état, qui, étant inscrit sur la liste des émigrés, peut d'un instant à l'autre être maintenu définitivement sur cette liste, et par-là subir la peine du bannissement perpétuel hors de sa patrie? Et dès-lors, comment ne pas les regarder l'un et l'autre comme incapables de tester, quoique ni l'un ni l'autre ne soient encore morts civilement ?

» Mais prenons garde au sens dans lequel les lois romaines entendent que l'incertitude ou le doute d'un homme sur son état, le constitue dans l'incapacité de faire un testament; et pour nous en assurer, pesons bien les espèces auxquelles elles appliquent ce principe.

» Un esclave a été affranchi par le testament de son maître. Pour que cet affranchissement produise son effet, il faut deux choses : que le maître soit mort, et que son hérédité soit appréhendée par son héritier testamentaire. Le maître est mort, et son héritier a pris qualité; mais l'esclave affranchi l'ignore; il ignore par conséquent sa mise en liberté. Dans cet état, on demande s'il peut faire un testament. Pourquoi non ? Il est libre; il est ce qu'on appelle en droit *père de famille*, il peut donc tester : voilà l'idée qui se présente au premier abord. Cependant la loi 14, D. *qui testamenta facere possint*, décide le contraire, et elle en donne pour raison ces paroles que nous avons déjà citées : *Qui incertus de statu suo est, certam legem testamento dicere non potest.*

» Sur le même fondement, la loi 9, D. *de jure codicillorum*, déclare nul le codicille du testateur qui ignorait, en le faisant, s'il était ou non père de famille: *Qui paterfamilias necne esset, ignorasset.*

» Même décision dans les fragmens d'Ulpien, tit. 20, §. 11. Celui, dit-il, qui est incertain de son état, est incapable de tester : tel est le fils de famille dont le père est mort à son insu dans un pays lointain : *Qui de statu suo incertus est (facito quòd patre peregrè mortuo, ignorat se sui juris esse) testamentum facere non potest.*

» Enfin, ajoute la loi 1ʳᵉ, D. *de legatis* 3º, le droit de tester n'appartient ni à celui qui, étant détenu par violence, ignore s'il l'est comme captif par des ennemis de l'État, ou si ce sont des brigands qui sont maîtres de sa personne, ni à celui qui, enlevé par des brigands, s'imagine être devenu leur esclave, comme il le serait des ennemis de l'État, s'il fût tombé entre leurs mains; car on ne peut pas tester, quand on doute si on en a le pouvoir: *Si incertus quis sit, captivus sit, an à latrunculis obessus, testamentum facere non potest : sed et si sui juris sit ignarus, putetque se per errorem,*

quia à latronibus captus est, servum esse velut hostium, non posse fidei committere certum est, quia nec testari potest qui an liceat sibi testari dubitat.

» Telles sont les seules espèces auxquelles les lois romaines font l'application du principe dont il s'agit; et déjà vous remarquez que ces espèces n'ont rien de commun, soit avec celle d'un accusé qui teste avant son jugement, soit avec celle d'un prévenu d'émigration qui teste avant que le gouvernement ait prononcé sur sa demande en radiation de la liste des émigrés.

» Dans les espèces prévues par les lois citées, le testateur ignore ou doute s'il est libre ou esclave, s'il est fils de famille ou émancipé, s'il est ou s'il n'est point captif des ennemis de l'État; il n'a pas, en testant, la conscience du pouvoir actuel qu'il en a; ou il croit faire un acte nul, ou il doute si l'acte qu'il fait est valable : son testament ne peut donc avoir aucun effet, parce que, pour nous servir des termes de la loi 76, *de regulis juris*, au digeste, *in totum omnia quæ animi destinatione agenda sunt, non nisi verâ et certâ scientiâ perfici possunt.*

» Mais dans nos deux espèces, l'accusé et le prévenu d'émigration n'ont ni doute ni incertitude sur leur état présent; ils savent, à la vérité, que leur existence civile est en danger, puisqu'ils peuvent la perdre par le jugement qui doit statuer sur l'accusation à laquelle ils sont soumis; mais ils savent aussi que, quant à présent, elle est intacte; ils savent aussi que, quant à présent, ils peuvent tester. Ils ne sont donc point dans le cas des textes que nous venons de passer en revue.

» Et c'est ce qui résulte bien clairement du dernier de ces textes, c'est-à-dire, de la loi 1ʳᵉ, D. *de legatis* 3º. Les déportés, dit-elle, §. 2, ne peuvent pas tester ni par conséquent laisser de fidéicommis: *Deportati fideicommissum relinquere non possunt, quia nec testamenti faciendi jus habent.* Mais, ajoute-t-elle, §. 3, on ne doit à cet égard considérer comme déportés, que ceux qui l'ont été par ordre du prince. Les jugemens de déportation émanés des tribunaux ordinaires ne peuvent être exécutés qu'après que le prince les a sanctionnés par son approbation. Ainsi, l'homme qui n'est condamné à la déportation que par un jugement, peut tester avant que le prince en ait ordonné l'exécution, et s'il meurt avant que l'exécution en ait été ordonnée par le prince, son testament aura son effet, parce qu'alors il a joui d'un état certain: *Deportatos autem eos accipere debemus, quibus princeps insulas adnotavit, vel de quibus deportandis scripsit. Cæterùm, priusquàm factum præsidiis comprobet, nundùm amisisse quis civitatem videtur: proindè, si antè decessisset, civis decessisse videtur; et fideicommissum quod antè reliquerat quàm sententiam pateretur, valebit : sed et si post sententiam, antequàm imperator comprobet, valebit quod factum est, quia certum statum usque adhùc habuit.*

» La loi 6, §. 8, D. *de injusto, rupto et irrito testamento*, n'est pas moins formelle. Tous ceux (ce sont ses termes) dont nous avons dit que les testamens devenaient nuls après leur condamnation subséquente, ne perdent point leur état; ils appellent du jugement qui les condamne. Et par cette raison, non-seulement les testamens qu'ils ont faits avant leur condamnation, ne sont pas annulés, mais ils peuvent même tester pendant que leur appel reste indécis. Il n'importe que les personnes qui doutent de leur état ne puissent pas tester; car l'état du condamné qui appelle, n'est point incertain : *Hi autem omnes quorum testamenta irrita damnatione fieri diximus, si provocaverint, capite non minuntur; atque ideò neque testamenta quæ antè fecerunt irrita fient, et tunc testari poterunt : hoc enim sæpissimè constitutum. Nec videbuntur, quasi de statu suo dubitantes, non habere testamenti factionem : sunt enim certi statûs.*

» L'analogie de ces deux espèces avec la notre est frappante, et il en résulte évidemment que Guillaume Maret ne peut, eu égard au temps où il a fait son testament, être rangé dans la classe de ceux que le droit romain appelle *de statu suo dubitantes ;* il en résulte par conséquent qu'en adaptant les maximes du droit romain à notre espèce, Guillaume Maret doit être considéré comme capable de tester à l'époque où il a testé effectivement.

» Et qu'on ne dise pas que les lois sur l'émigration, qui étaient en vigueur à cette époque, annulaient toute disposition à cause de mort de la part des inscrits sur la liste des émigrés. Il suffit, pour se convaincre du contraire, de bien examiner celles qu'a citées le tribunal d'appel de Lyon.

» Il a d'abord cité l'art. 2 de la loi du 30 mars 1792, par lequel « toutes dispositions de propriété, d'usufruit et de revenu des biens (des Français émigrés), postérieures à la promulgation du décret du 9 février (précédent), ainsi que toutes celles qui pourraient être faites par la suite, tant que lesdits biens demeureront sous la main de la nation, sont déclarées nulles. »

» Mais, 1° cet article ne porte que sur les biens des *Français émigrés ;* il ne concerne nullement les biens des Français *prévenus d'émigration*, terme que l'on ne connaissait pas encore en 1792; il ne concerne nullement les biens des Français inscrits sur une liste d'émigrés, et réclamant contre leur inscription : car alors il n'existait pas encore de listes d'émigrés; ces listes n'ont été créées que par la loi du 28 mars 1791.

» 2°. Cet article n'est relatif qu'à l'intérêt national; ce n'est que pour l'intérêt national qu'il annule les dispositions que les émigrés pourraient avoir faites ou faire par la suite, de leurs biens; et ce qui le prouve d'une manière sans réplique, c'est que, par l'article immédiatement précédent de la même

loi, « les biens des Français émigrés et les revenus de ces biens sont affectés à l'indemnité due à la nation pour les frais de la guerre; » c'est d'ailleurs qu'à cette époque les émigrés n'étaient pas encore frappés de mort civile.

» Le tribunal d'appel de Lyon a ensuite cité l'art. 28 de la loi du 28 mars 1793, aux termes duquel « toutes donations entre-vifs ou à cause de mort, même celles faites par testament, codicille et contrat de mariage, et tous autres actes de libéralité faits par des émigrés ou leurs fondés de pouvoir, depuis le 1er juillet 1789, sont nuls et de nul effet.» Mais, d'une part, cette disposition ne frappe encore que sur *les émigrés*, et ne peut conséquemment pas s'appliquer aux inscrits réclamans contre leur inscription. D'un autre côté, en tant qu'elle rétroagit jusqu'au 1er juillet 1789, en tant qu'elle se rapporte aux actes faits par les émigrés avant leur mort civile, elle ne peut encore être envisagée que comme une mesure fiscale ; et cela est clairement démontré par l'art. 46, qui, en maintenant les aliénations à titre onéreux, antérieures à l'émigration des propriétaires, déclare qu'ils « sont nuls et de nul effet, s'ils sont faits en fraude ou en contravention à la saisine nationale, prononcée le 9 février 1792.

» Enfin, le tribunal d'appel de Lyon a cité l'art. 2 du tit. 5 de la loi du 25 brumaire an 3, qui n'est relatif qu'à la manière de juger les émigrés rentrés en France au mépris de leur bannissement perpétuel, et ne dit pas un seul mot de la disposition de leurs biens.

» Ainsi, dans les lois de 1792, 1793 et de l'an 3, rien qui porte la plus légère atteinte à la capacité de tester dont nous avons vu les principes généraux du droit commun assurer la pleine jouissance aux simples inscrits sur la liste des émigrés, ayant réclamé en temps utile contre leur inscription;

» Et dès-là, nul doute que Guillaume Maret n'ait pu tester lorsqu'il l'a fait, c'est-à-dire, le 17 nivôse an 4 et le 9 floréal an 7.

» Mais Guillaume Maret était-il encore capable de tester au moment de son décès ? C'est la question qu'il nous reste à résoudre, et c'est bien la plus essentielle de toute la cause; car si Guillaume Maret avait perdu, avant de mourir, la capacité qu'il avait eue en testant, nous nous retrouverions au même point que si, dès l'instant où il a testé, il eût été incapable.

» Or, la capacité qu'il avait eue en testant, Guillaume Maret pouvait, avant sa mort, la perdre de deux manières.

» Il pouvait la perdre par un arrêté du gouvernement, qui eût rejeté sa demande en radiation, et l'eût maintenu définitivement sur la liste des émigrés.

» Il pouvait également la perdre par un changement dans la législation sur l'état des personnes inscrites et non encore jugées, c'est-à-dire, par une loi qui, relativement à la mort civile, eût assimilé les personnes inscrites, et non encore jugées, aux émigrés véritalbes et proprement dits.

» Guillaume Maret n'a certainement pas perdu sa capacité avant sa mort, par la première de ces deux mesures, puisque, avant sa mort, il n'a pas été maintenu définitivement sur la liste des émigrés, et qu'au contraire il en a été rayé neuf mois après son décès.

» Mais ne l'a-t-il point perdue par la seconde mesure ? N'était-il pas, avant sa mort, survenu dans la législation un changement qui avait assimilé son état à celui d'un inscrit maintenu définitivement sur la liste ? Et en conséquence, ne doit-on pas regarder sa radiation, prononcée après sa mort, comme une pure grâce du gouvernement, de laquelle, par cela seul qu'elle serait une pure grâce, il ne pourrait résulter aucun préjudice pour le réglement des droits respectifs de ses héritiers *ab intestat* et de son héritière instituée ?

» Pour nous fixer sur ce point important et décisif, interrogeons d'abord les actes du gouvernement, étudions sa conduite, et voyons comment, depuis le 4 nivôse an 8, jour de la mise en activité de la constitution actuelle, il a traité les prévenus d'émigration qu'il a rayés postérieurement à cette époque.

» Avant le 4 nivôse an 8, l'inscrit qui obtenait sa radiation définitive, obtenait en même temps la restitution des fruits de ses biens qui, pendant son inscription, avaient été perçus par la régie de l'enregistrement ; il était seulement tenu des frais du séquestre. L'art. 4 de la loi du 4 brumaire an 3, et l'art. 20 du tit. 2 de la loi du 25 du même mois étaient là-dessus très-formels ; et il n'y a pas un seul arrêté, soit du conseil exécutif provisoire de 1793 et de l'an 2, soit du comité de législation de l'an 3, soit du directoire exécutif, qui n'en contienne expressément la clause.

» Par la même raison, il était de règle constante qu'en rayant un inscrit de la liste des émigrés, on chargeât le trésor public de lui rembourser le prix de ses biens vendus comme nationaux, ou de le subroger aux droits de la nation contre les acquéreurs qui n'avaient pas encore payé.

» Enfin, et toujours par la même raison, l'inscrit que l'on rayait définitivement, rentrait de plein droit dans ceux de ses biens vendus dont les acquéreurs avaient encouru la déchéance, faute de payement du prix, aux termes stipulés par les adjudications.

» Depuis le 4 nivôse an 8, les choses ont à cet égard changé entièrement de face.

» Toutes demandes (porte l'arrêté du gouvernement du 29 messidor de la même année) en restitution ou indemnité, soit des fruits ou revenus échus des biens séquestrés jusqu'au jour de la radiation définitive des inscrits, soit du prix de la vente des biens séquestrés à raison de l'inscrip-

tion des propriétaires sur la liste des émigrés, ne peuvent être admises.

» Les biens vendus antérieurement à la radiation définitive, et qui, par défaut de payement des adjudicataires, auraient donné ou donneront lieu de prononcer leur déchéance, seront revendus à la folle enchère comme domaines nationaux.

» Avant le 4 nivôse an 8, l'inscrit rayé définitivement reprenait indistinctement tous ses biens vendus ; et l'on ne mettait sur ce point aucune différence entre les terres à labour, les prés, les maisons et les bois.

» Depuis le 4 nivôse an 8, le gouvernement a continué de rendre aux inscrits dont il prononçait la radiation, leurs terres à labour, leurs maisons et leurs prés ; mais il a retenu leurs forêts ; et son arrêté du 24 thermidor an 9 a incorporées irrévocablement au domaine public, en défendant de donner, sous quelque prétexte que ce pût être, aucune main-levée du séquestre sous lequel elles avaient été mises précédemment.

» Aux yeux de certains hommes, toujours légers, toujours frondeurs, parce que toujours ils sont mal informés, et qu'ils ne veulent pas prendre la peine de s'instruire, ces mesures du gouvernement sont des actes arbitraires, de véritables spoliations ; et il serait, dans le fait, impossible de les qualifier autrement, si elles n'avaient pas leur principe, si elles ne trouvaient pas leur justification dans une loi qui eût, depuis le 4 nivôse an 8, changé la législation antérieure sur l'état des inscrits.

» Mais cette loi existe-t-elle en effet ? Oui, et c'est celle du 12 ventôse an 8. Voici ce qu'elle porte :

» Art. 1. «Les individus considérés comme émigrés avant le 4 nivôse an 8, époque de la mise en activité de l'acte constitutionnel, ne pouvant invoquer le droit civil des Français, demeurent soumis aux lois sur l'émigration.

» Art. 2. « Ces individus sont, 1° ceux qui, inscrits sur les listes d'émigrés avant le 4 nivôse, ne sont point rayés définitivement ; 2° ceux contre lesquels il existait, à la même époque, des arrêtés, soit du directoire exécutif, soit des administrations centrales, qui ordonnaient l'inscription de leurs noms sur la liste des émigrés, pourvu que lesdits arrêtés aient été publiés ou suivis du séquestre ou de la vente des biens. »

» Ainsi, d'après cette loi, il suffit, pour être *considéré comme émigré*, d'avoir son nom inscrit sur une des listes destinées à constater l'émigration. Ce n'est pas que le gouvernement soit privé par-là du droit de rayer ce cette liste les noms de ceux qui ont réclamé. Non ; mais, en les rayant, il ne sera plus censé faire un acte de justice, il sera censé faire grâce, il sera censé rayer de vrais émigrés, il sera censé rendre à la vie civile des hommes morts civilement ; et, par une conséquence aussi naturelle que nécessaire, il sera le maître d'apposer à leur radiation telle charge, telle condition qu'il avisera dans sa sagesse. Ainsi il pourra retenir, au profit de l'État, non-seulement leurs revenus échus pendant le séquestre, mais encore le prix de ceux de leurs biens qui ont été vendus durant le même intervalle, mais encore le fonds même de leurs biens aliénés qui sont dans le cas d'être revendus à la folle enchère des acquéreurs, mais encore celles de leurs propriétés dont la conservation intéresse le plus l'Etat, c'est à dire, leurs bois et leurs forêts.

» Voilà, il n'en faut pas douter, sur quelle base reposent les arrêtés du gouvernement, des 29 messidor an 8 et 24 thermidor an 9. Ces arrêtés ne sont que le développement d'un germe renfermé dans la loi du 12 ventôse an 8 ; ils ne sont que l'application du principe établi par cette loi, que désormais les inscrits seront *considérés comme émigrés.*

» Et n'allons pas croire que cette loi se soit ainsi expliquée sans des vues profondes et dignes de la haute sagesse du gouvernement qui l'a proposée. Au premier coup-d'œil qu'il a jeté sur l'énorme recueil que composaient les différentes listes des émigrés, le gouvernement a senti que, s'il ne prenait pas, pour le jugement des demandes en radiation, une marche différente de celle qui avait été observée jusqu'alors, jamais il n'atteindrait au terme d'un travail aussi pénible, aussi rebutant, et auquel était encore attaché le grave et malheureux inconvénient de démoraliser une partie de la nation par le grand nombre de faux que l'on se permettait dans les certificats de résidence. Frappé de cette idée, le gouvernement en a conclu que ce n'était plus comme juge, mais comme magistrat politique qu'il devait à l'avenir statuer sur les demandes en radiation; qu'il importait surtout d'y statuer le plus promptement possible; et que, pour y parvenir, il fallait, quant au fait de l'émigration, ranger tous les inscrits sur la même ligne, les assimiler tous les uns aux autres, les considérer tous comme ayant réellement émigré, afin de pouvoir rayer, par forme de grâce, ceux dont la rentrée dans leur patrie lui paraîtrait ne pas devoir en compromettre la tranquillité, et de pouvoir repousser, par mesure de sûreté générale, ceux dont le retour lui paraîtrait dangereux.

» Ce n'est point là, il est vrai, ce que le gouvernement a dit expressément, lorsqu'il a proposé la loi du 12 ventôse an 8; mais c'est ce qu'il a pensé; et toute sa conduite postérieure le prouve.

» Non-seulement il a cru pouvoir, comme il le pouvait effectivement, réserver à l'État les revenus et une partie des fonds des inscrits qu'il rayait; mais il a déclaré, par un arrêté du 29 messidor an 8, autre que celui déjà cité, qu'il regarderait comme formées en temps utile toutes les demandes en radiation qui l'auraient été avant le 4 nivôse précédent : ce que bien certainement il n'eût pas pu faire d'après la loi du 26 floréal an 3; ce que bien certainement il n'eût pas fait, si la loi du 12 ventôse n'eût pas établi, sur cette matière, un nouvel ordre de choses; si, par cette loi, tous les inscrits n'eussent

pas été considérés comme ayant émigré; si, par cette loi, le sort de tous les inscrits n'eût pas été livré à son pouvoir discrétionnaire; si cette loi ne lui eût pas conféré le droit de rayer, par pure grâce, ceux même qui n'avaient pas réclamé dans les délais déterminés par les lois antérieures.

» Ce n'est pas tout. Par l'arrêté du 3 floréal an 11, arrêté que le tribunal d'appel du 3 floréal an qué avec autant de raison qu'il y de Lyon a invosa part à invoquer les lois de 1792, de 1793, et de l'an 3, le gouvernement a manifesté dans deux articles différens qu'il regardait tous les *rayés* comme ayant véritablement émigré, et comme n'ayant obtenu leur radiation que de sa clémence.

» Par l'art. 3 de cet arrêté, il est dit que « toutes » créances de la république contre un rayé, éli- » miné ou amnistié, ANTÉRIEURES A SON AMNISTIE, » demeurent éteintes, s'il est justifié que le trésor » public ait reçu, soit par le versement du prix de » ses biens vendus, soit par l'effet de la confusion » des créances et des droits qui lui appartenaient, » une somme égale au montant desdites créances. »

» Remarquez d'abord que ces mots, *antérieures à son amnistie,* se réfèrent non-seulement à *l'amnistié,* mais encore à *l'éliminé* et *rayé;* donc il y a eu amnistie non-seulement pour *l'amnistié* proprement dit, ou, en d'autres termes, pour *l'émigré* rentré en vertu du sénatus-consulte du 6 floréal an 10, mais encore pour le *rayé,* c'est-à-dire, pour l'inscrit qui avait obtenu sa radiation par un arrêté spécial; donc les inscrits qui ont été rayés par des arrêtés spéciaux, l'ont été par pure grâce; donc tous les inscrits sont réputés avoir émigré.

» Remarquez ensuite ces termes, « soit par l'ef- » fet de la confusion des créances et des droits qui » lui appartenaient: » Il en résulte évidemment que les créances et les droits qui appartenaient aux inscrits, avant leur inscription, sont censés, nonobstant la radiation qu'ils ont obtenue, avoir été non pas seulement séquestrés, mais véritablement confisqués au profit de l'Etat; il en résulte par conséquent que les rayés sont censés avoir subi la confiscation, c'est-à-dire, l'une des trois peines que l'art. 1 de la loi du 28 mars 1793 attache à l'émigration effective; et, par conséquent encore, il en résulte que les inscrits sont censés, nonobstant leur radiation, avoir abandonné volontairement le territoire français, et, par suite, avoir encouru la mort civile et le bannissement perpétuel, comme la confiscation.

» L'art. 4 du même arrêté est encore plus clair : par cet article, le gouvernement déclare que « les » biens échus à la république...... par l'effet de la » représentation dans les successions directes et » collatérales, PENDANT LA MORT CIVILE DES ÉMIGRÉS, » sont spécialement affectés aux créanciers de l'é- » migré, après le payement des créanciers de la suc- » cession. » Vous sentez combien sont décisives ces expressions, *pendant la mort civile des émigrés :* se référant, comme on n'en peut douter, aux émigrés dont il est question dans l'article précédent et dans ceux qui suivent, c'est·à-dire, aux *rayés*, aux *éliminés* et aux *amnistiés*, elles prouvent ou plutôt elles démontrent, elles font toucher au doigt et à l'œil que les *rayés* ont .été, comme les éliminés et les amnistiés, en état de mort civile; que cet état a été l'effet de leur inscription, et qu'il a duré autant qu'elle.

» Nous disons qu'on ne peut douter que ces expressions ne se réfèrent aux rayés tout aussi bien qu'aux éliminés et aux amnistiés. Et outre que cette assertion est par elle-même assez évidente, elle a encore l'avantage d'être confirmée par une instruction imprimée, que le directeur-général de l'enregistrement et des domaines a adressée à son administration et à ses directeurs, le 8 thermidor an 11, sur le mode d'exécution de l'arrêté du 3 floréal précédent : « L'art. 4 (porte-t-elle) est précis; il affecte » spécialement aux créanciers de CHAQUE ÉMIGRÉ » RAYÉ, ÉLIMINÉ OU AMNISTIÉ, après le payement » de ceux de la succession, les biens non vendus ou » réservés, ni employés à un service public, que la » régie a recueillis en son nom, et PENDANT SA MORT » CIVILE, par succession directe et collatérale. » Assurément on doit croire, il est même très-certain que le directeur-général ne se serait pas ainsi exprimé dans son instruction, si tel n'eût pas été le sens naturel et nécessaire de l'art. 4 de l'arrêté. Le gouvernement n'a pas désavoué cette instruction; elle s'est exécutée, et on l'exécute encore à la lettre : elle est donc conforme aux intentions du gouvernement.

» Ainsi le gouvernement actuel n'a jamais varié dans sa conduite ni dans ses actes sur l'état des personnes qui, à l'époque de son installation, étaient encore inscrites sur la liste des émigrés ; il n'a jamais cessé de les traiter toutes indistinctement comme de véritables émigrés; il n'a jamais cessé de les considérer, après leur radiation, comme ayant été, jusqu'à leur radiation même, en état de confiscation, de bannissement perpétuel et de mort civile.

» Et ce dogme qu'il a constamment professé, dont il a constamment fait l'application, ce n'est point lui qui l'a créé; il l'a puisé dans la loi du 12 ventôse an 8; il n'a fait, en le proclamant et en l'appliquant, qu'exécuter cette loi, que s'asservir à son texte, qu'en observer religieusement l'esprit.

» Or, cette loi existait, elle était promulguée, elle était obligatoire dans toute la France longtemps avant la mort de Guillaume Maret. Guillaume Maret n'est décédé que le 26 messidor an 8, il est, par conséquent, décédé en état de mort civile. Il a été rayé depuis de la liste des émigrés, mais il ne l'a été qu'à titre de grâce; il ne l'a été qu'en conservant la qualité de mort civilement pendant tout le temps qu'avait duré son inscription; donc il était incapable de tester lorsqu'il est mort, donc son testament et son codicille sont radicalement nuls; donc il a été bien jugé par le tribunal

d'appel de Lyon; donc il y a lieu de rejeter la requête de la veuve Maret, et c'est à quoi nous concluons. »

Conformément à ces conclusions, arrêt du 28 germinal an 12, sur délibéré, au rapport de M. Lombard-Quincieux, par lequel,

« Vu la loi du 28 mars 1793, art. 1 et 38, la loi du 12 ventôse an 8, art. 1 et 2; les arrêtés du gouvernement, des 24 messidor an 8, 24 thermidor an 9 et 3 floréal an 11;

» Attendu que, depuis le changement survenu par la loi du 12 ventôse an 8 (qui détermine le mode d'application des lois relatives à l'émigration), à la législation concernant l'état des inscrits sur des listes générales d'émigrés, les inscrits qui sont rayés ou éliminés ou amnistiés, sont assimilés les uns aux autres, par conséquent considérés comme émigrés;

» Que ce principe, établi par cette loi, a encore été développé par des arrêtés postérieurs du gouvernement, notamment par celui du 3 floréal an 11.

» Que Guillaume-Marie Maret, inscrit sur une des listes générales d'émigrés, le 26 messidor an 3, et en réclamation contre son inscription dans les délais des lois antérieures à celle du 12 ventôse an 8, n'avait pas, à cette époque, la capacité pour disposer de ses biens, soit par testament, soit par codicille ni autrement ;

» Qu'enfin, le tribunal d'appel de Lyon, en déclarant le testament et le codicille de Guillaume-Marie Maret, en date des 17 nivôse an 4 et 9 floréal an 7, nuls et de nul effet, parce qu'à son décès, étant frappé de mort civile, comme émigré, il n'a eu la capacité de faire aucune disposition de ses biens, loin de contrevenir aux lois, s'est, en ce sens, conformé à celle du 12 ventôse an 8;

» Le tribunal rejette la requête.... »

§. III. *Avant le code civil, la mort civile emportait-elle, dans tous les cas, l'incapacité d'ester en jugement, au moins sans l'assistance d'un curateur?*

Le 6 frimaire an 3, le sieur Edme-Jean-Baptiste de Brivazac-Beaumont, domicilié à Condom, et le sieur Léon de Brivazac, son frère, vendent à la demoiselle Troyon, depuis mariée au sieur de Saint-Sirgues, le domaine de la Sale, situé dans le canton de Blaye, département de la Gironde, et provenant de la succession de leur père, moyennant la somme de 150,000 livres en assignats, qui est payée partie comptant, partie aux termes convenus.

Le 28 ventôse suivant, la dame de Saint-Sirgues revend ce domaine au sieur Gauthier, pour le prix de 272,000 livres, aussi en assignats.

Le 12 germinal an 7, Edme-Jean-Baptiste de Brivazac-Beaumont fait citer la dame de Saint-Sirgues et son mari, devant le bureau de paix de Blaye, à l'effet de se concilier sur la demande qu'il se propose de former contre elle , en rescision du contrat de vente du 5 frimaire an 3 , pour cause de lésion d'outre-moitié.

La dame de Saint-Sirgues et son mari comparaissent; et , à défaut de conciliation, les parties sont renvoyées à se pourvoir.

Le sieur de Brivazac fait assigner la dame de Saint-Sirgues et son mari devant le tribunal civil du département de la Gironde; et là , ceux-ci lui opposent les fins de non-procéder qu'ils font résulter des vices de l'exploit de citation devant le bureau de paix.

Le sieur de Brivazac répond que ces nullités sont couvertes par la comparution de ses adversaires devant le bureau de paix même.

Le 26 floréal an 8, jugement qui annule la citation devant le bureau de paix, et tout ce qui s'en est ensuivi.

Mais sur l'appel, arrêt de la cour de Bordeaux , du 28 germinal an 8, qui, « sans avoir égard aux » moyens de nullité proposés par la dame de Saint-» Sirgues et son mari, permet au sieur de Brivazac » de faire suite de son action. »

L'affaire est en conséquence reportée devant le tribunal civil de l'arrondissement de Blaye.

Le sieur Brivazac y fait assigner le sieur Gauthier, tiers-acquéreur, en déclaration de jugement commun.

La dame de Saint-Sirgues s'attache d'abord à critiquer le procès-verbal de non-conciliation qui a été dressé en germinal an 7, devant le bureau de paix : elle soutient que celui qui y a comparu au nom du sieur Brivazac, n'avait pas de lui une procuration suffisante pour le représenter; et elle en conclut que toute la procédure qui s'en est ensuivie doit être déclarée nulle.

Elle oppose ensuite au sieur de Brivazac deux fins de non-recevoir.

Premièrement, dit-elle, à l'époque ou vous avez intenté votre action, vous étiez, depuis le 3 frimaire an 2, inscrit sur la liste des émigrés; vous étiez par conséquent incapable d'ester en jugement. Peu importe que depuis, en vertu du sénatus-consulte du 6 floréal an 10, vous ayez été rayé de cette liste par un brevet d'amnistie du 13 brumaire an 11 : c'est au principe de votre action que l'on doit se reporter : inhabile alors à agir, vous devez être considéré comme n'ayant pas agi en temps utile.

En second lieu, si vous aviez été capable d'agir, vous n'auriez du moins pu le faire que pour la moitié du domaine de la Sale; vous auriez été sans qualité pour demander la rescision de la vente, quant à la moitié de ce domaine qui appartenait à votre frère, et que votre frère m'a vendue en même temps que vous m'avez vendu la vôtre.

Le sieur Gauthier adhère au moyen de la dame de Saint-Sirgues.

Le sieur de Brivazac répond :

Au moyen tiré du prétendu défaut de procuration pour le représenter devant le bureau de paix, que ce moyen est couvert par l'arrêt du 28 germinal an 9;

Aux deux fins de non-recevoir collectivement, que l'arrêt du 28 germinal an 9 ne permet plus de les proposer;

A la première spécialement, qu'à la vérité , il a été inscrit sur la liste des émigrés, mais que , d'une part, son inscription est restée sans effet, que jamais ses biens n'ont été séquestrés; et que c'est parce qu'ils ne l'étaient pas, qu'il a vendu le domaine de la Sale à la dame de Saint-Sirgues; que, d'un autre côté, quand même , par l'effet de son inscription sur la liste des émigrés, il aurait été mort civilement, il n'en aurait pas moins eu qualité pour réclamer le supplément du juste prix d'un bien qu'il avait vendu , et dont ses adversaires eux-mêmes soutiennent que la vente est valable ;

A la seconde fin de non-recevoir, qu'à l'époque de la vente, il avait été fait, entre son frère et lui, un partage verbal, par lequel le domaine de la Sale était tombé tout entier dans son lot; que ce fait est énoncé dans différens actes publics et sous seing-privé qu'il représente; qu'il est d'ailleurs constaté par le rôle de la contribution foncière, où , à l'époque de la vente, il était seul inscrit comme propriétaire de ce domaine; que son frère n'a paru dans le contrat du 6 frimaire an 3 que pour mieux assurer et garantir les droits de l'acquéreur.

Par jugement du 24 mai 1806 , le tribunal civil de Blaye, adoptant tous les moyens de défense du sieur de Brivazac , rejette les nullités et les fins de non-recevoir qu'on lui oppose, et ordonne qu'il sera procédé à l'estimation du domaine de la Sale.

Appel de la part de la dame de Saint-Sirgues , de son mari et du sieur Gauthier.

Le 30 juin 1808, arrêt de la cour d'appel de Bordeaux, ainsi conçu :

« Questions. 1° La procédure instruite contre la dame de Saint-Sirgues est-elle régulière?

» 2° Celle instruite contre le sieur Gauthier l'est-elle?

» 3° Le sieur de Brivazac peut-il opposer, sur la validité de son action, l'exception de la chose jugée résultant de l'arrêt de la cour du 28 germinal an 9?

» 4° La dame de Saint-Sirgues est-elle recevable à lui opposer l'incapacité résultant de son inscription sur la liste des émigrés?

» 5° Peut-elle faire réduire la validité de l'action dirigée contre elle, pour n'être exercée que sur la moitié du domaine qui lui a été vendu?

» 6° Le sieur Gauthier peut-il opposer au sieur de Brivazac les moyens que la dame de Saint-Sirgues peut employer contre lui?

» 7° Est-il fondé à en faire usage?

» Considérant, sur la première question, que la dame de Saint-Sirgués ne peut reproduire aujourd'hui les moyens de nullité qu'elle avait proposés devant le tribunal civil du département de la Gironde et devant la cour, qui furent rejetés par ce tribunal et par l'arrêt du 28 germinal an 9 ;

» Que si elle n'allégua pas alors l'insuffisance de la procuration, en vertu de laquelle le sieur de Brivazac fut représenté au bureau de paix, elle est aujourd'hui non-recevable à en exciper, après l'avoir reconnue suffisante devant le juge de paix, après avoir essayé la conciliation avec le procureur fondé qui en était porteur, après qu'à défaut de conciliation, le sieur de Brivazac l'a traduite en justice, a reconnu les pouvoirs en vertu desquels il avait été représenté, et n'a point contredit une procuration que sa présence n'avait pas pu annuler, et qui devait être d'autant moins suspecte à la dame de Saint-Sirgués, que celui qui en était porteur était le même que celui qui lui avait vendu, comme procureur constitué, le domaine dont il s'agit;

« Considérant que le sieur Gauthier s'est présenté, soit devant le bureau de paix, soit devant le tribunal de Blaye, dans les délais qui lui avaient été donnés, soit par la citation, soit par l'assignation; que l'exactitude avec laquelle ces actes lui ont été transmis, fait présumer que les copies en avaient été laissées à des personnes habitantes dans son domicile; que, s'étant présentées en vertu de ces actes, comme s'il en avait reçu lui-même les copies, il n'a aucun intérêt à quereller l'insuffisance de la désignation des personnes qui effectivement ont reçu ces copies; que la nullité qu'on pourrait faire résulter de la disposition de l'ordonnance de 1667, est de nature à être couverte par le silence de la partie; qu'il n'a point relevé cette objection devant le bureau de paix contre la citation qui l'y avait appelée ;

» Que, s'il l'a relevée contre l'assignation devant ce tribunal, c'était sans intérêt, puisqu'il s'était présenté avant l'expiration des délais, et que les parties ne peuvent pas se plaindre de l'omission d'une formalité établie en leur faveur, quand elles n'en supportent aucun dommage, et que leur droit n'en est nullement altéré;

» Considérant, sur la troisième question, que l'arrêt de la cour du 28 germinal an 9, en permettant au sieur de Brivazac de faire suite de son action, n'avait rien préjugé sur la validité de cette action, et n'avait pas pu juger des exceptions qui n'étaient pas proposées; qu'il n'y aurait point contradiction entre l'arrêt qui a permis au sieur de Brivazac de faire suite de son action, et celui qui le déclarerait non-recevable, parce que ce n'était que dans la suite que le sieur de Brivazac pourrait donner à son action, qu'on pourrait lui opposer une fin de non-recevoir résultant de sa qualité;

» Que l'exception de cette fin de non-recevoir est une demande nouvelle sur laquelle la cour n'a point statué par l'arrêt du 28 germinal an 9 ; qu'elle pou-

vait par conséquent être proposée devant le tribunal de Blaye et y être jugée; qu'avant le premier arrêt, la dame de Saint-Sirgués demandait la nullité de la procédure, fondée sur des moyens de forme; que depuis elle a demandé que le sieur de Brivazac fût déclaré non-recevable dans son action, attendu son défaut de qualité, ou sa privation de l'usage des droits civils; que, quoique ces exceptions eussent le même but, celui de paralyser l'action du sieur de Brivazac et d'en être relaxé, néanmoins il est évident que ces demandes sont différentes et fondées sur différens motifs; d'où il suit que l'autorité de la chose jugée n'est pas applicable, suivant l'art. 1351 du code civil ;

» Considérant, sur la quatrième question, que l'incapacité opposée au sieur de Brivazac, ne pourrait résulter que de la proscription générale que les lois prononçaient contre les émigrés;

» Que la peine portée contre eux ne pouvait tourner qu'au profit de la nation qui confisquait leurs biens; que cette confiscation ne pouvait être invoquée que par les agens du fisc; et que les tierces personnes qui ont traité avec eux ne peuvent la leur opposer; que surtout ils ne peuvent pas s'en servir pour se soustraire aux obligations qui résultent des traités qu'elles ont souscrits avec eux, lorsqu'ils se trouvaient dans le même état;

» Qu'il est établi, en fait, que les biens du sieur de Brivazac n'ont point été séquestrés, qu'il en a conservé l'administration et la libre disposition; que cela résulte même de l'acte de vente dont il s'agit, qu'il a consenti sans obstacle, et dont l'exécution n'a point été contestée ;

» Que l'administration des domaines n'a point recherché le sieur de Brivazac, ne l'a point poursuivi comme émigré; qu'il n'a point été considéré comme privé de ses droits et actions;

» Que la dame de Saint-Sirgués ne peut faire, au préjudice du sieur de Brivazac, ce que la nation n'a pas fait, et invoquer, dans son propre intérêt, des peines qui n'ont point été exécutées ou provoquées dans l'intérêt national; qu'ainsi, la dame de Saint-Sirgués est non-recevable à opposer au sieur de Brivazac le défaut de capacité dont elle excipe; qu'au surplus, elle n'y serait pas fondée, parce que, si le sieur de Brivazac avait qualité suffisante pour vendre et aliéner le domaine dont il s'agit, par l'acte dont la dame de Saint-Sirgués demande le maintien et soutient la validité, il doit avoir, par une conséquence nécessaire, toutes les actions qui résultent du même contrat; et l'action que forme le sieur de Brivazac ne tend qu'à répéter le juste prix de la chose qu'il a vendue, ou à reprendre ce domaine, si elle ne veut pas acquitter la totalité du prix, action qui est essentiellement inhérente au contrat de vente;

» Considérant, sur la cinquième question, que, si le sieur de Brivazac n'avait été propriétaire que de la moitié du domaine, il n'aurait pu exercer son action que pour la part qu'il y avait; mais que le sieur de Brivazac a prouvé qu'il était propriétaire de la totalité de ce domaine;

» Que, par des actes publics qu'il a rapportés, il a justifié qu'il en jouissait comme maître absolu et propriétaire exclusif; que cette propriété était même connue et publique, puisque son nom seul était porté sur les rôles des contributions; qu'elle ne pouvait pas être ignorée et méconnue de la dame de Saint-Sirgues qui habitait sur les lieux, qui avait intérêt à connaître quel était le propriétaire de l'objet qu'elle acquérait, et qui en avait toutes les facilités possibles;

» Qu'il est évident que l'intervention du sieur Léon de Brivazac n'avait été employée que pour procurer à la dame de Saint-Sirgues une majeure assurance, et une garantie de la vente, à laquelle garantie le sieur Léon de Brivazac s'assujétissait par le fait seul de la qualité qu'il prenait de vendeur, lors même qu'il n'était pas propriétaire, attendu la législation alors existante qui n'annulait pas les ventes faites du fonds d'autrui;

» Considérant, sur la sixième question, que le sieur Gauthier, tiers-acquéreur du domaine dont s'agit, a un intérêt personnel dans l'action formée par le sieur de Brivazac, puisqu'elle tend à le dépouiller de la propriété qui lui a été transmise; qu'il peut user, par une conséquence nécessaire, de toutes les exceptions que la loi lui fournit; qu'il peut employer tous les moyens que la dame de Saint-Sirgues peut mettre en usage, même ceux qu'elle négligerait de faire valoir;

» Considérant enfin, qu'il est, comme elle, non-recevable à quereller la qualité du sieur de Brivazac et à lui opposer le même défaut de capacité ou de qualité; que, quand il serait recevable, il serait, comme elle, mal fondé dans les mêmes exceptions; et que la preuve que le sieur de Brivazac a donnée de sa propriété exclusive dudit domaine, empêche que son action puisse être divisée, pas plus dans l'intérêt du sieur Gauthier, que dans celui de la dame de Saint-Sirgues:

» Par ces motifs....., la cour sans s'arrêter aux conclusions prises par le sieur Gauthier et la dame de Saint-Sirgues, dont ils demeurent déboutés, a mis les appels par eux interjetés du jugement rendu par le tribunal civil de Blaye, le 24 mai 1806, au néant; ordonne que ledit jugement sera exécuté suivant sa forme et teneur, à la charge néanmoins par les parties de se conformer aux dispositions des art. 1678, 1679 et 1680 du code civil..... »

Le sieur Gauthier se pourvoit en cassation contre cette arrêt.

« Deux moyens de cassation (ai-je dit à l'audience de la section des requêtes, le 17 août 1809) vous sont proposés par le demandeur :

» Violation de l'art. 1er de la loi du 28 mars 1793 et de l'art. 1er de la loi du 12 ventôse au 8, de la combinaison desquelles il résulte que les personnes inscrites sur la liste des émigrés à l'époque de cette

dernière loi, étaient, par le seul fait de leur inscription, réputées mortes civilement;

» Violation des lois, qui, dans le cas où plusieurs co-propriétaires ont vendu conjointement le même bien, n'accordent à chacun d'eux l'action rescisoire la contre vente, que pour la part qu'il avait dans ce bien.

» Nous ne nous arrêterons pas, sur le premier de ces moyens, à établir que le sieur de Brivazac était en état de mort civile au moment où il a formé sa demande en rescision de la vente qu'il avait faite à la dame de Saint-Sirgues le 6 frimaire an 3 : une vérité aussi constante et que vous avez tant de fois consacrée par vos arrêts, ne peut plus être mise en problème.

» Mais nous devons examiner si, de ce que le sieur de Brivazac était, à cette époque, en état de mort civile, il s'ensuit qu'il était sans qualité pour agir en rescision de la vente qu'il avait faite dans ce même état, du domaine de la Sale.

» Vous le savez, messieurs, l'art. 1er de la loi du 28 mars 1793 frappait les émigrés de deux peines : il les déclarait morts civilement, et il confisquait tous leurs biens au profit du domaine public.

» Ces deux peines, quoique prononcées par la même loi et pour le même délit, avaient cependant des caractères très-différens l'un de l'autre.

» La mort civile étant prononcée d'une manière absolue, imprimait à l'émigré une incapacité que tout le monde pouvait lui opposer, dont tout le monde pouvait exciper, même contre des tiers. Et de là les arrêts par lesquels la cour a jugé, le 28 germinal an 12, que le testament fait par le sieur Maret-Saint-Pierre, en état d'émigration, était nul; le 10 juin 1806, que l'émigration du sieur Masson avait rompu la communauté entre lui et son épouse; et le 16 mai 1808, qu'un mariage contracté entre deux émigrés pendant leur émigration, était sans effet.

» La confiscation des biens, au contraire, n'étant prononcée que dans l'intérêt de l'État, l'État était seul recevable à s'en prévaloir. Et par cette raison, lorsque l'État ne réclamait pas les biens dont il pouvait, par droit de confiscation, dépouiller l'émigré, celui-ci en demeurait propriétaire, et conservait la faculté de les aliéner par vente, par échange ou par tout autre contrat du droit des gens. Cela résulte du principe établi par la loi 15, D. de interdictis et relegatis et deportatis, que le mort civilement conserve le plein exercice du droit des gens : *Deportatus civitatem amittit, non libertatem; et speciali quidem jure civitatis non fruitur, jure tamen gentium utitur; emit enim et vendit, locat, conducit, permutat; fœnus exercet et cætera similia.*

» Et c'est-ce que la cour a jugé, le 24 germinal an 4, au rapport de M. Barri, en cassant un jugement du tribunal du district de Beaumont, rendu contre François Babre; le 20 fructidor an 11, au rapport de M. Pajon, en cassant un arrêt de la cour d'appel d'Orléans, rendu contre le sieur Daussy-Descoutures ; et le 15 ventôse an 12, au rapport de M. Coffinhal, en cassant un arrêt de la cour d'appel d'Amiens, rendu contre les mineurs d'Hautefort.

» Elle l'a encore jugé depuis, en confirmant un arrêt de la cour d'appel d'Agen, dans l'espèce que voici :

» Le 11 germinal an 6, le sieur Mauleon, inscrit, dès 1792, sur la liste des émigrés, vend au sieur Aygobère le domaine de Savaillon.

» Le 13 nivôse an 7, un arrêté du directoire exécutif rejette sa demande en radiation.

» Il meurt le 23 prairial de la même année.

» Après sa mort, ses biens sont séquestrés, non pas à cause de son inscription sur la liste des émigrés, mais parce que plusieurs de ses héritiers sont eux-mêmes inscrits sur cette liste.

» En l'an 9, ses héritiers obtiennent un arrêté du gouvernement qui rapporte celui du directoire exécutif du 13 nivôse an 7, et prononce sa radiation.

» Deux ans après, ils attaquent la vente qu'il avait faite, en l'an 6, du domaine de Savaillon au sieur Aygobère.

» Déboutés par un jugement du tribunal de première instance de Lectoure, et par un arrêt de la cour royale d'Agen, ils se pourvoient en cassation.

» Par arrêt du 28 frimaire an 13, au rapport de M. Henrion :

» Attendu que les dispositions prohibitives des
» lois des 28 mars et 25 juillet 1793 ne sont re-
» latives qu'à l'intérêt national, et que par consé-
» quent l'émigré, auteur de l'aliénation, ainsi que
» ses représentans, sont non-recevables à s'en pré-
» valoir ;

» Que la disposition de la loi du 12 ventôse an
» 8, qui veut que ceux qui étaient considérés comme
» émigrés avant le 4 nivôse an 8, ne puissent invo-
» quer le droit civil des Français, ne peut s'appli-
» quer qu'aux actes qui dérivent uniquement de la
» loi civile et du droit de cité ; et que, dans l'es-
» pèce, il s'agit d'une vente, espèce de contrat qui
» est du droit naturel et des gens ;

» Et que les préposés à la conservation et à la
» défense du domaine de l'État ont eux-mêmes
» rendu hommage à cette distinction, puisque,
» bien informés de l'existence de la vente qui fait
» l'objet du litige, ils n'ont élevé contre elle aucune
» espèce de réclamation ;

» La cour rejette le pourvoi.... »

» Aussi, dans notre espèce, le sieur de Brivazac n'a-t-il pas attaqué comme nulle, à raison de sa mort civile, la vente qu'il avait faite à la dame de Saint-Sirgues du domaine de la Saleu ; aussi a-t-il reconnu que cette vente était valable dans son principe ; aussi s'est-il borné à demander qu'elle fût rescindée, comme renfermant une lésion énorme dans le prix qui y est stipulé.

» Mais a-t-il pu former une pareille demande en justice dans un temps où il était encore inscrit sur la liste des émigrés, dans un temps où il était encore dans un état de mort civile ?

» Cette question revient, en d'autres termes, à celle de savoir si une personne morte civilement peut exercer en justice les actions qui dérivent des contrats du droit des gens, qu'elle a passés depuis le moment où elle a encouru la mort civile.

» Qu'une personne morte civilement ne puisse exercer aucun des droits que l'on appelle propre-ment civils, c'est ce qui ne peut faire, c'est ce qui n'a jamais fait la matière du plus léger doute.

» Mais le droit d'agir en justice est-il, à propre-ment parler, un droit civil ?

» Il n'était certainement pas considéré comme tel dans le droit romain.

» La loi 14, §. 2, D, de interdictis et relegatis et deportatis, prévoit le cas où un homme con-damné à une peine emportant la mort civile, ob-tient la remise de la confiscation de ses biens : Qui civitatem amisit et bona detinet ; et elle demande si ses créanciers pourront le poursuivre devant les tribunaux, pour le faire condamner au payement des dettes qu'il avait contractées envers eux pendant qu'il jouissait de son état. Quelle est sa réponse ? Cet homme, dit-elle, ne pourra pas être poursuivi par des actions directes, parce qu'il est survenu dans son état un changement qui le fait regarder comme n'existant plus ; mais il pourra l'être par des actions utiles : utilibus actionibus tenetur.

» En laissant de côté tout ce qui, dans cette distinction entre les actions directes et les actions utiles, tenait à la subtilité des jurisconsultes romains et aux formules qu'ils avaient établies pour l'exercice des actions judiciaires, que voyons-nous dans cette loi ? Un principe bien simple : c'est que la mort civile d'un débiteur, lorsqu'elle n'est pas accompagnée de la confiscation de ses biens, n'empêche pas ses créan-ciers de le traduire personnellement en justice, même pour des faits antérieurs à la condamnation qui lui a infligé cette peine.

» La loi 10, §. 6, D. de in jus vocando, est en-core plus formelle.

» L'auteur de cette loi examine l'édit par lequel le préteur défendait, sous peine d'une amende de 50 écus d'or, aux enfans et aux affranchis d'assigner en justice leurs pères ou leurs patrons, sans sa per-mission préalable ; et il décide que cette prohibition cesse à l'égard du patron qui, par sa condamnation à la peine de la déportation, a perdu le droit de cité : Sed si per pænam deportationis ad peregri-nitatem reductus sit patronus, putat Pomponius eum amisisse honorem ; mais que, si le patron déporté obtient sa grâce, la prohibition revit en sa faveur : Sed si fuerit restitutus, erit ei etiam hujus edicti commodum salvum. Donc, pendant sa dé-portation, le patron pouvait être assigné en justice par son affranchi, sans la permission préalable du préteur ; donc, la déportation du patron, et par conséquent sa mort civile, n'empêchaient pas qu'il ne pût être assigné en justice. Donc il résulte de la loi citée, que le mort civilement ne peut ester en jugement, au moins comme défendeur.

» C'est précisément ce que remarque le savant et judicieux président Favre dans ses *Rationalia in pandectas*, sur cette loi même.

» Après avoir dit que l'on conçoit très-bien pourquoi le patron condamné à la déportation cesse de jouir de la prérogative de ne pouvoir être assigné en justice, à la requête de son affranchi, sans une permission expresse du préteur, ce magistrat ajoute qu'il est plus difficile d'expliquer, ce qui pourtant est écrit bien nettement dans le texte dont il s'agit, comment une action quelconque peut encore être intentée contre un homme condamné à la déportation; qu'en effet, la loi 7, §. dernier, D. *de capite minutis*, met en principe qu'en cas de mort civile, *cùm civitas amissa est*, on ne peut plus exercer contre celui qui, *amissis bonis et civitate relictâ*, *nudus exulat*, les actions auxquelles il était en butte avant sa condamnation; et que telle est encore la conséquence de la loi 4, §. 1, D. *de bonis libertorum*, aux termes de laquelle, *deportatus jure civili pro mortuo habetur*.

» Mais, continue-t-il, on peut être déporté et conserver ses biens; et alors la loi 14, §. 3, D. *de interdictis et relegatis*, décide que l'on demeure passible de poursuites judiciaires. Il y a plus : le déporté qui a été dépouillé de tous ses biens par confiscation, peut en acquérir d'autres; il peut encore acheter, vendre, en un mot faire tous les contrats du droit des gens. Il est donc assimilé, dans sa patrie, aux étrangers; et les tribunaux de sa patrie qui sont ouverts aux étrangers, ne doivent pas être fermés pour lui. *Responsio posse deportari, ità tamen ut bonorum suorum amissionem non patiatur; quod cùm fit, utilibus actionibus conveniri potest. L. 14, §. ult. de interdictis et relegatis. Sicut et cùm post deportationem emit aut vendit aut aliter contrahit eo contractûs genere quod sit ex jure gentium* (l. 15, eod. tit.) *Nam per deportationem non deducitur ad mortem, sed ad peregrinationem : itaque potest ei dicere jus magistratus qui etiam cæteris peregrinis potest.*

» Mais si, comme le prouvent très-clairement et cette loi et la première du titre *de interdictis et relegatis*, le mort civilement peut être poursuivi personnellement par ses créanciers, il faut bien qu'il puisse aussi personnellement poursuivre ses débiteurs. S'il est capable d'ester en jugement comme défendeur, il faut bien qu'il le soit aussi d'ester en jugement comme demandeur.

» Nous savons bien que la loi 5, D. *de publicis judiciis*, déclare le condamné à une peine emportant mort civile, incapable de se rendre accusateur d'un prévenu de crime : *Est constitutum ab imperatore nostro, post damnationem accusationem quem incohare non posse; sed hoc puto ad eos*

demùm pertinere qui vel civitatem vel libertatem amiserunt.

» Mais quel est le motif de cette loi ? La prétendue incapacité d'ester en jugement qui résulterait de la condamnation à mort civile ? Non; et la preuve en est que la même loi, dans son §. 2, reconnaît le mort civilement habile à poursuivre, après sa condamnation, les accusations qu'il avait intentées auparavant : *Inchoatas planè delationes antè damnationem implere eis, et post damnationem permissum est.*

» Il faut donc chercher un autre motif à l'incapacité qu'établit le §. 1 de cette loi; et ce motif, nous le trouvons dans la loi 18, D. *de jure fici* : c'est, dit-elle, qu'il serait extrêmement dangereux de laisser à des hommes qui n'ont plus rien à risquer, le pouvoir de se livrer à des accusations dénuées de tout fondement : *Constitutionibus principum prohibentur deferre illi qui in metallum dati sunt; hoc ideo ne desperati ad delationem facilè sine causâ confugere.*

» Mais, continue-t-elle, §. 4, cette raison ne s'appliquant pas aux accusations que le mort civilement avait commencées avant sa condamnation, rien n'empêche qu'il ne puisse, après sa condamnation, en continuer la poursuite : *Sed eas causas quas antè damnationem cæperunt deferre, posse eos etiam post damnationem exequi rescriptum est.*

» Voilà une preuve bien claire que, par le droit romain, la mort civile ne rendait pas ceux qui en étaient frappés incapables d'ester en jugement, même comme demandeurs.

» Et il est fort indifférent que ces deux lois ne parlent que des accusations de crimes. Ces lois ne parlent pas des actions civiles, parce que les actions civiles n'entrent pas dans le cadre de la matière qu'elles traitent. Mais il est suppléé à leur silence sur ces actions par la loi 10, §. 6, D. *de in jus vocando*, et par la loi 14, D. *de interdictis et relegatis*, qui, encore une fois, par cela seul qu'elles reconnaissent le mort civilement habile à plaider en défendant, supposent nécessairement qu'il l'est aussi à plaider en demandant.

» Il est vrai que l'art. 25 du code civil pose à cet égard une règle différente : il est vrai qu'aux termes de cet article, le condamné à une peine emportant la mort civile, « ne peut procéder en justice, ni en défendant, ni en demandant, que sous le nom et par le ministère d'un curateur spécial qui lui est nommé par le tribunal où l'action est portée. »

» Mais, 1° il est évident que, si cet article est introductif d'un droit nouveau, il ne peut pas être opposé à l'action qui, dans notre espèce, avait été intentée par le sieur de Brivazac, long-temps avant que cet article fût promulgué, et par conséquent fît loi. A la vérité, cette action s'est continuée après la promulgation de cet article, et c'est sous l'empire de cet article qu'il y a été statué définitivement. Mais au moment où cet article a été promulgué, c'est-à-dire, le 27 ventôse an 11, le sieur de Brivazac n'était plus mort civilement; il était réintégré dans ses droits de citoyen par le brevet d'amnistie qu'il avait obtenu le 13 brumaire précédent, en exécution du sénatus-consulte du 6 floréal an 10; il ne pouvait conséquemment plus être question de lui nommer un curateur pour la poursuite de son action.

» 2° Cet article est-il véritablement introductif d'un droit nouveau? Oui sans doute, puisqu'il n'existait rien de semblable dans les lois antérieures, puisqu'au contraire les lois romaines reconnaissaient les morts civilement habiles à ester en jugement, soit comme demandeurs, soit comme défendeurs.

» Qu'importe que le code pénal du 25 septembre 1791, part. 1, tit. 4, art. 2, place les condamnés à des peines afflictives à temps, dans un *état d'interdiction légal*, et veuille qu'il leur soit nommé des *curateurs pour gérer et administrer leurs biens?* En matière d'incapacité, on ne peut jamais argumenter d'un cas à un autre.

» Qu'importe encore que le recueil de Lapeyrère, à l'article *Mort*, nous offre un arrêt du parlement de Bordeaux, du mois d'août 1673, qui a jugé, « en la cause du sieur de Gains de Linars, condamné » à mort par défaut, et de Pierre Noailles, qu'une des » parties qui plaidait au civil, étant dans la suite » condamnée à mort par défaut; il suffisait, pour la » validité de la procédure, que son procureur prêtât » le serment de curateur aux causes, et non pas le » syndic des procureurs, parce que les syndics ne » sont nommés curateurs qu'aux hérédités vacantes » par mort? » Qu'importe que, par cet arrêt, le parlement de Bordeaux ait non pas jugé, mais présupposé que le mort civilement ne peut pas ester en jugement sans l'assistance d'un curateur aux causes?

» Quand on pourrait conclure de là que telle était la jurisprudence constante du parlement de Bordeaux, quel argument en sortirait-il contre l'arrêt qui vous est dénoncé en ce moment par le sieur Gauthier? La cour d'appel de Bordeaux n'était certainement pas tenue, sous peine de cassation de son arrêt, de s'asservir à la jurisprudence du parlement qu'elle remplace, dans une matière sur laquelle cette jurisprudence était en opposition manifeste avec le droit romain, sa première loi écrite.

» Et elle l'était d'autant moins, que Lapeyrère lui-même remarque, à l'endroit cité, que le parlement de Provence jugeait tout autrement. Nous trouvons en effet, dans le recueil de Boniface, tome 1, liv. 1, en tit. 22, n° 5, une espèce dans laquelle le sieur Delacolle, qui, après avoir été condamné à mort par contumace, avait obtenu des lettres d'abolition, était défendeur à une requête civile intentée contre un arrêt rendu en sa faveur postérieurement à sa condamna-

tion, et sans qu'il eût été représenté par un curateur aux causes, mais seulement par un procureur qu'il avait constitué dès le commencement de l'instance, pendant qu'il jouissait encore de son état. On ne manquait pas de dire pour les demandeurs en requête civile, qu'il en devait être de la mort civile comme de la mort naturelle; qu'un arrêt rendu pour ou contre une personne morte naturellement, sans reprise préalable de l'instance par son successeur ou par le curateur à sa succession vacante, eût été incontestablement nul; et qu'un pareil arrêt n'eût pas résisté à la voix de la requête civile. Par « arrêt » donné en l'audience de la grand'chambre, du jeudi » 23 décembre 1660; dit Boniface, sur la requête » civile, les parties furent mises hors de cour et de » procès, ayant été dit, pour le sieur Delacolle, qu'en » core qu'il fût mort civilement, néanmoins la mort » civile ne devait pas avoir le même effet que la mort » naturelle, et que son procureur avait toujours » occupé. »

» Il ne faut pas croire que le parlement de Provence fût le seul qui jugeât ainsi. Nous trouvons dans le recueil de Périer, quest. 256., un arrêt semblable et même plus formel encore du parlement de Dijon.

» Le 17 août 1651, le comte de Busseuil est condamné à mort par contumace, et son jugement est à l'instant exécuté en effigie.

» Trente-trois ans après, sa condamnation et sa peine étant prescrites, il fait assigner Jean Périer au bailliage de Charoles. Celui-ci excipe de sa mort civile, et soutient qu'il est inhabile à ester en jugement, au moins sans l'assistance d'un curateur aux causes.

» Le bailliage de Charoles rend une sentence qui le préjuge ainsi. Appel de la part du comte de Busseuil; et le 21 février 1684, arrêt à l'audience de la grand'chambre, qui « met l'appellation et ce au » néant, et, par nouveau jugement, déclare le sieur » de Busseuil partie capable pour contester en cause » contre l'intimé. »

» Il est vrai que, dans cette espèce, on se bornait, pour faire infirmer la sentence, à soutenir que, par la prescription de sa peine, le comte de Busseuil avait cessé d'être mort civilement. Mais une preuve irréfragable que tel ne fut point le motif de l'arrêt, et que les juges se sont décidés uniquement par le principe général que la mort civile n'emportait pas l'incapacité d'ester en jugement, c'est que, deux ans et demi après, le 4 août 1686, il intervint dans la même cour et dans la même chambre, comme nous le voyons dans le recueil cité, quest. 288, un arrêt qui décida formellement que la prescription acquise à ce même comte de Busseuil contre sa condamnation, ne l'avait pas rétabli dans ses droits civils; décision qu'avaient déjà consacrée trois arrêts des parlemens de Paris, de Bordeaux et de Toulouse, des 15 mai 1665, 28 août 1669 et 14 février 1681; décision que le parlement de Paris a consacrée de nouveau par le célèbre arrêt du 6 mars 1738, rendu contre le sieur d'Acheux; décision enfin que l'art. 32 du code civil a érigée en loi expresse.

» Ce qu'avaient jugé le parlement de Provence et le parlement de Dijon par les deux arrêts de 1660 et de 1684, que nous venons de rappeler, le grand conseil l'a également jugé de nos jours.

» Clément-Ignace-Jérôme de Reisseiguier, chevalier profès de l'ordre de Malte, était demandeur en délivrance d'un legs modique que la veuve Varnier lui avait fait par son testament. Les héritiers de la veuve Varnier lui opposaient sa qualité de religieux, et ils en faisaient résulter deux incapacités, celle d'ester en jugement, et celle de recevoir des libéralités à cause de mort.

» M. l'avocat-général de Labriffe, portant la parole sur cette affaire, a discuté successivement ces deux fins de non-recevoir.

» On n'a jamais disputé aux chevaliers de Malte » (a-t-il dit sur la première) le droit d'ester en juge- » ment sans autorisation de leur supérieur. (Dans » la cause actuelle) on est convenu de ce droit, » mais on l'a restreint aux commanderies et aux » actions qui peuvent naître de l'administration des » commanderies: on leur refuse ce droit dans le cas » où il s'agit de leur intérêt personnel. Jamais, dit- » on, l'on a vu des religieux former au conseil la » demande d'une pension viagère; c'est par la voix » seule des supérieurs ou procureurs-généraux des » ordres, qu'ils peuvent se faire entendre. »

» C'est précisément la première différence que « nous avons annoncée entre les chevaliers de Malte » et les autres religieux. Qu'on parcoure tous les ar- » rêts où les chevaliers de Malte ont formé des » demandes pour leurs pensions, et l'on verra s'ils » ont en besoin d'autorisation spéciale, ou même » de l'intervention de l'ordre. Ce fait est trop cons- » tant, et les preuves en sont trop multipliées, pour » qu'il soit nécessaire de s'y arrêter.

» Et en effet, d'où dérive la faculté d'ester et » d'actionner en jugement? N'est-ce pas de celle de » contracter, à laquelle elle est nécessairement atta- » chée? Et nous trouvons ici une seconde différence » à l'avantage des chevaliers de Malte, à l'exclusion » des autres religieux. »

» Ici, M. l'avocat-général de Labriffe démontre, d'une part, que ce n'est que précairement et par tolérance que les autres religieux sont admis à jouir de pensions viagères; que c'est, non à raison de leur mort civile, mais par suite de leur incapacité légale et toujours subsistante aux yeux de la loi, de posséder aucun bien en propre, qu'ils sont considérés comme inhabiles à poursuivre eux-mêmes le payement de ces pensions, et qu'ils ne peuvent les réclamer que par l'organe de leurs supérieurs; que, de l'autre, au contraire, les chevaliers de Malte, nonobstant leur mort civile, conservent, d'après la constitution même de leur ordre, la capacité de posséder des pensions et des pécules; qu'ils peuvent

conséquemment contracter à raison de leurs pécules et de leurs pensions; et que, par une conséquence nécessaire, ils ont qualité pour les réclamer eux-mêmes devant les tribunaux.

» Passant ensuite à la deuxième fin de non-recevoir des héritiers, il la pulvérise en établissant que les chevaliers de Malte n'ont jamais été regardés que comme incapables de recueillir des successions et des legs universels; et que, dans tous les temps, ils ont été jugés habiles à recevoir des legs particuliers.

» Par arrêt du 7 septembre 1768, le grand conseil, adoptant les conclusions de M. de Labriffe, a ordonné, sans avoir égard aux fins de non-recevoir opposées au chevalier de Resseguier, que le testament de la veuve Varnier serait exécuté en sa faveur.

» Voici une autre espèce dans laquelle le parlement de Toulouse a tout à la fois reconnu que les chevaliers profès de l'ordre de Malte pouvaient ester en jugement, et jugé que les morts civilement par condamnation jouissaient de la même capacité.

» Jean de Vissec, avant de faire profession dans l'ordre de Malte, avait disposé de ses biens en faveur d'un neveu, sous la réserve d'une pension viagère de 700 livres. Quelques temps après, il avait été pourvu d'une commanderie de 500 livres de revenu; et sous ce prétexte, François de Vissec, tuteur du fils du neveu donataire, avait prétendu ne plus lui devoir la pension de 700 livres qu'il s'était réservée par la donation. La contestation portée devant le sénéchal de Montpellier, Charles de Vissec, père du donataire, condamné au bannissement perpétuel hors du royaume, par arrêt du 28 juillet 1667, était intervenu, et avait demandé que François de Vissec fût, en sa qualité de tuteur de son petit-fils, condamné à lui payer une pension alimentaire. Le tuteur avait opposé à celui-ci sa mort civile, et il en avait inféré, en citant Brodeau sur Louet, lettre S, §. 15, qu'il était incapable d'ester en jugement, « sauf » à lui, disait-il, d'agir par des alimens par les » voies de droit, c'est-à-dire par le ministère du » procureur-général. » Le sénéchal de Montpellier ayant, sur l'un et l'autre point, rejeté les prétentions du tuteur, le procès avait été porté par appel au parlement de Toulouse, et distribué à la deuxième chambre des enquêtes.

« L'arrêt (dit l'auteur du Supplément au Jour- » nal du palais de Toulouse, tome 1, page 288), » à l'égard de Jean de Vissec (chevalier de Malte), » démit François (le tuteur) de son appel, et con- » firma la pension de 700 livres; mais quant à » Charles de Vissec (mort civilement), il y eut » partage. M. de Charlory, rapporteur, était d'avis » de débouter Charles des alimens par fin de non- » valoir, comme ne pouvant pas ester en jugement. » M. de Resseguier était, au contraire, d'avis de » lui donner 550 livres pour alimens. Le partage

» porté de la deuxième chambre des enquêtes à la
» troisième, et de celle-ci à la première, fut enfin
» vidé (le 18 août 1725), à l'avis de M. de Resseguier,
» compartiteur; de sorte qu'on jugea que le con-
» damné à mort civile pouvait ester en jugement,
» du moins pour demander des alimens (1). »

» Le deuxième volume du même recueil nous
offre, page 92, un autre arrêt de la même cour,
qui est peut-être encore plus remarquable, en ce
qu'il prouve que l'incapacité des religieux d'ester
en jugement, même pour leurs pensions viagères,
provenait uniquement de leur incapacité de rien
posséder en propre, et qu'elle cessait toutes les fois
qu'il s'agissait d'objets étrangers au vœu de pauvreté qui était la source de cette deuxième incapacité.
Voici les termes de l'arrêtiste :

« Le 17 juin 1733, audience tournelle, président
» M. de Puget, il fut jugé qu'un religieux avait pu
» porter plainte en action d'injures.

» Le père Joubar, religieux minime de la pro-
» vince du Dauphiné, ayant été en marché, à Tou-
« louse, d'un cheval, avec le sieur de Roche, de
» la ville du Puy, et ayant promis de le prendre
» dans huit jours, fut, pour n'en avoir plus voulu,
» menacé de coups de bâton, et grièvement insulté
» par ledit de Roche. Plainte aux capitouls : décret
» au corps contre le sieur de Roche. Celui-ci donna
» requête en relaxe et cassation du décret, sur le
» fondement que ce religieux étant mort au monde,
» ne pouvait ester en jugement; et il fut (en effet)
» relaxé avec dépens. Le syndic de la province des
» Minimes du Dauphiné en releva appel, et soutint
» que la maxime alléguée ne pouvait avoir lieu que
» pour le droit civil, c'est-à-dire, pour toutes autres
» actions que celle d'injures qui était du droit des
» gens, et conséquemment permise à tout le monde;
» qu'il en était du religieux comme du fils de fa-
» mille, qui, quoiqu'en puissance de père, pouvait
» agir lui-même par action d'injures, si son père
» était absent, et s'il n'avait pas fondé procureur
» (loi 17, D. de injuriis). Sur quoi, la cour, mettant
» l'appellation et ce dont avait été appelé au néant,
» condamna le sieur de Roche en 200 livres pour
» tous les dépens, dommages et intérêts envers le
» père Joubar. »

» Nous disions tout à l'heure que Brodeau était
cité dans l'affaire de Jean et Charles Ruffec, comme
enseignant que la mort civile emporte l'incapacité
d'ester en jugement. En effet, voici comme il s'ex-

prime à l'endroit cité : « Celui qui est banni à per-
» pétuité du royaume, est incapable d'agir et d'es-
» ter en jugement; NON IDEM de celui qui n'est banni
» que pour un temps. » Mais sur quoi fonde-t-il la
première de ces deux propositions? Sur rien. Il se
borne à renvoyer à la lettre B, §. 17, où il est dit :
« Jugé en l'audience (du parlement de Paris), le
» lundi 16 septembre 1607, que celui qui n'est
» banni que du ressort du parlement de Paris, peut
» agir. »

» A la vérité, il est ajouté au même endroit :
« NON IDEM de celui qui est banni du royaume. »

» Mais l'auteur ne justifie par aucune raison, par
aucune autorité, cette addition qui est d'ailleurs beaucoup trop générale, puisque, prise à la lettre, elle
s'appliquerait au banni à temps comme au banni à
perpétuité.

» Combien est plus raisonnable, plus judicieuse,
plus fondée en principes, la doctrine que professe,
sur cette matière, l'auteur de la *Procédure civile du
Châtelet* (Pigeau), tome 1, page 64 : « Il faut (dit-
» il) que celui qui veut intenter une action, soit
» capable des effets du droit d'où elle procède; au-
» trement, l'action ne pouvant lui appartenir, il ne
» peut l'exercer. Ainsi, pour en intenter une qui
» dérive du droit naturel, l'existence suffit : pour en
» intenter une du droit des gens, il faut être capa-
» ble des effets du droit des gens; et pour en in-
» tenter une du droit civil, il faut être citoyen. »

» Ce peu de mots renferment toute la théorie des
incapacités d'ester en jugement.

» Il en résulte clairement que le religieux qui ne
participe plus au droit des gens, quant à la faculté
de posséder des biens et de contracter, mais qui
participe encore au droit naturel, ne peut plus agir
en justice pour des intérêts pécuniaires, mais qu'il
peut encore, comme l'a jugé formellement l'arrêt
du parlement de Toulouse, du 17 juin 1733, poursuivre la réparation des outrages qu'il a reçus dans
sa personne.

» Il en résulte aussi que le condamné au bannissement perpétuel, qui ne participe plus au droit civil,
mais qui participe encore au droit naturel et au
droit des gens, ne peut plus exercer, soit une action
en retrait lignager, soit une action en délaissement
d'hérédité, soit une action en délivrance de legs;
mais qu'il peut encore agir en réparation d'injures,
ou en exécution d'une transaction commerciale qu'il
a faite.

« Il en résulte par conséquent que le sieur de
Brivazac, tout mort civilement qu'il était en germinal an 7, par l'effet de son inscription sur la liste
des émigrés, a pu néanmoins poursuivre, à cette
époque, la rescision de la vente qu'il avait faite en
frimaire an 3, et qu'il n'avait pu faire que parce
qu'alors, comme en l'an 7, il était, nonobstant sa
mort civile, capable de tous les effets du droit des
gens.

» Et vainement chercherait-on ici à établir une

---

(1) L'arrêt ajoute que *ladite somme de 550 livres
sera payée audit Charles de Vissec à la diligence
du substitut du procureur-général;* et l'on voit par-
là combien Serres s'est trompé sur cet arrêt, lorsqu'il l'a cité dans ses *Institutions au droit français,*
comme jugeant que « le condamné à mort civile ne
» peut poursuivre le payement (d'un legs d'alimens),
» que par le ministère de M. le procureur-général ou
» de ses substituts. »

différence entre le mort civilement par émigration, et le mort civilement par toute autre cause. Vainement dirait-on que les lois défendant de rien payer à l'émigré, lui ôtaient, par cela seul, toute action contre ses débiteurs; que sa présence sur le territoire français étant considérée comme un crime, il était, par cela seul, impossible qu'il se présentât en personne devant nos tribunaux; et que toute correspondance entre lui et les républicoles étant interdite, il ne pouvait, par cela seul, comparaître en justice par le ministère d'aucun fondé de pouvoir.

» D'une part, la défense de rien payer aux émigrés n'avait été prononcée que dans l'intérêt du fisc ; et cela est si vrai, que, par l'arrêt déjà cité, du 15 ventôse an 12, vous avez jugé qu'une quittance délivrée par un émigré pendant son émigration, était obligatoire de lui au créancier qu'il avait libéré. D'un autre côté, la défense faite aux émigrés de rentrer sur le territoire français, la défense faite aux républicoles de correspondre avec les émigrés, n'étaient prononcées que dans l'intérêt de la sûreté publique. Il n'appartient donc à aucun particulier de se prévaloir de l'une ou de l'autre de ces défenses, pour en tirer, dans son intérêt privé, une exception contre une demande formée à sa charge par un prétendu émigré que le fisc laisse en possession de ses biens, et dont la haute police souffre la présence sur le territoire français.

» Nous ne devons pourtant pas dissimuler que Richer, dans son *Traité de la mort civile*, page 251, soutient, en modifiant l'opinion de Brodeau, que le mort civilement ne peut, même pour les objets qui ne dépendent que du droit naturel ou du droit des gens, agir en justice qu'assisté d'un curateur créé à sa mort civile.

» Mais cette assertion, qui est aujourd'hui une loi pour nous, d'après l'art. 25 du code civil, qu'était-elle en germinal an 7, c'est-à-dire, au temps où le sieur de Brivazac a intenté son action rescisoire ? Rien autre chose qu'un système condamné par les lois romaines, par la jurisprudence des parlemens d'Aix, de Dijon et de Toulouse, par celle du grand conseil, et qu'on pouvait tout au plus regarder comme accueilli par le parlement de Bordeaux.

» Et ce système, sur quoi Richer l'appuie-t-il ? Sur cette seule raison : « Les juges ne sont établis » que pour maintenir les lois de l'état, et les faire » exécuter. Les lois de l'état sont les lois civiles ; » elles ne sont point faites pour ceux qui sont dans » les liens de la mort civile, puisqu'elles les ont » bannis de la société. Ils ne peuvent donc en im- » plorer l'assistance. »

» Mais, 1° cette raison devrait conduire Richer bien au-delà du point auquel il s'arrête pourtant lui-même : elle devrait lui faire dénier toute action aux morts civilement, soit qu'ils se présentassent seuls, soit qu'ils se fissent accompagner de curateurs.

» 2°. Les lois civiles autorisent, en termes exprès, les morts civilement à faire tous les actes, tous les contrats qui ne dépendent que du droit des gens ; elles sont donc, quant à ces actes, quant à ces contrats, faites pour les morts civilement comme pour les citoyens ; les morts civilement peuvent donc, comme les citoyens, implorer l'assistance de ces lois.

» Et c'est précisément ainsi que raisonne Prost de Royer, dans la nouvelle édition du *Dictionnaire des arrêts* de Brillon, au mot *Assignation*, n° 37. « Puisque les lois (dit-il) considèrent les condamnés morts civilement comme capables de commercer, elles les considèrent donc comme capables d'ester en jugement, pour fait de leur commerce. Mais la capacité de commercer entraîne aussi celle d'acquérir et d'aliéner ; les condamnés commerçans sont donc capables d'agir en justice, pour se maintenir dans la possession et dans la propriété de ce qu'ils ont acquis. Les lois leur permettent encore de recevoir des pensions alimentaires, soit par testament, soit par donation entre-vifs ; elles leur permettent donc d'agir en justice pour réclamer les arrérages de leur pension, s'il leur en est dû, ou pour réclamer la pension même, si on la leur conteste. Sans cette faculté d'ester en jugement, il est évident que celle de commercer, d'acquérir, d'aliéner et de recevoir, que les lois accordent au condamné mort civilement, serait illusoire. Nous croyons même que, si le condamné n'avait aucun commerce, aucune pension viagère, aucun moyen de subsistance, il pourrait faire assigner ses enfans, pour obtenir d'eux des alimens; il le pourrait en vertu de la piété filiale, qui est un des effets du droit des gens, et que la privation de l'être civil ne lui ôte pas. Cette privation n'ayant pu également lui faire perdre les actions du droit naturel qui tendent à la conservation de la vie et de l'honneur, nous croyons aussi qu'il pourrait ester en jugement en matière criminelle. »

» Et c'est, continue Prost de Royer, ce qu'a jugé formellement un arrêté du parlement d'Aix, du 18 février 1713, rapporté dans le recueil de Bonnet, page 272 :

» Le nommé Toscan est condamné aux galères » perpétuelles. Etant dans celle du port de Mar- » seille, une femme l'insulte et l'outrage. Il porte » sa plainte devant le lieutenant (de la sénéchaus- » sée); la procédure s'instruit. Demande de la femme » en nullité des poursuites, sur le motif que la mort » civile de Toscan l'avait rendu sans action. Sen- » tence qui condamne la femme à une amende, tant » envers le roi qu'envers Toscan, et aux dépens. » Appel de la femme en la cour...... L'arrêt réforme » la sentence, quant au chef qui condamnait la » femme à une amende envers Toscan ; mais il la » confirme pour tous les autres chefs. Il fut donc » jugé que le mort civilement était recevable à se » plaindre des offenses qui lui étaient faites.... »

» Ici l'auteur rappelle l'opinion de Richer. «Richer pense (dit-il) qu'un homme mort civilement ne peut paraître en justice qu'assisté d'un curateur créé à sa mort civile, et que ce n'est qu'avec ce curateur que la procédure peut être faite en règle : il ajoute que cette assistance lui est nécessaire, tant en demandant qu'en défendant, pour les actions civiles, et en demandant seulement pour les actions criminelles. Cependant il ne parait pas que, dans l'espèce de l'arrêt que nous venons de rapporter, il eût été donné de curateur à Toscan, quoiqu'il fût demandeur. Il faut à cet égard suivre l'usage des tribunaux. »

» Remarquez, messieurs, ces derniers termes ; *il faut à cet égard suivre l'usage des tribunaux.* Il en résulte clairement que, dans l'opinion de Prost de Royer, c'est l'usage seul qui doit décider cette question, et que, de quelque manière que cette question soit jugée par un tribunal, on ne peut jamais dire que ce tribunal ait violé une loi quelconque.

» Cette proposition était parfaitement exacte à l'époque où Prost de Royer l'écrivait, au moins pour les pays qu'on appelait *coutumiers*, et même pour ceux des pays de droit écrit, tels peut-être que la Guienne, où l'usage avait dérogé aux lois romaines que nous avons eu l'honneur de vous retracer.

» Et c'est par là que nous allons répondre à une autorité bien plus imposante que les opinions de Brodeau et de Richer, à un arrêt de la section civile du 23 novembre 1808, dont voici l'espèce :

» Le 11 ventôse an 6, la dame de Faillens, inscrite sur la liste des émigrés, mais résidant et ayant toujours résidé en France, jouissant de tous ses biens, à défaut de séquestre, et exerçant librement tous ses droits, fait assigner devant le tribunal civil du département de la Nièvre le commissaire du gouvernement près l'administration du même département, comme représentant le sieur de Rémigny, son frère, émigré ; et à l'aide de moyens de fait qui n'avaient aucune ombre de fondement, mais sur lesquels elle espérait qu'il n'y aurait pas de contradiction, elle conclut à la nullité du testament de son père, décédé le 14 janvier 1787.

» Le 14 fructidor an 7, jugement qui déclare en effet le testament nul, et ordonne le partage de la succession *ab intestat.*

» Le 12 vendémiaire an 8, la dame de Faillens fait signifier ce jugement au commissaire du gouvernement près l'administration départementale. Point d'appel de la part de celui-ci pendant les trois mois.

» En l'an 9, la dame de Faillens apprend qu'elle est inscrite sur la liste des émigrés ; elle sollicite son élimination, et l'obtient le 22 fructidor de la même année.

» Le 22 brumaire an 10, le sieur de Rémigny, son frère, est également éliminé.

» Le 25 floréal suivant, la dame de Faillens, voulant réparer une nullité de forme qu'elle avait re-

marquée dans l'exploit de la signification qu'elle avait faite le 12 vendémiaire an 8, du jugement du 14 fructidor an 7, fait de nouveau signifier ce jugement au domicile de son frère.

» Celui-ci interjette aussitôt appel de ce jugement, et demande qu'il soit déclaré nul, ainsi que toutes les procédures dont il a été précédé, attendu que la dame de Faillens n'a pas pu agir en justice pendant qu'elle était en état de mort civile.

» Le 9 juillet 1807, arrêt de la cour d'appel de Bourges, qui, accueillant ce système, déclare le tout nul, et renvoie les parties à se pourvoir sur le fond par les voies de droit.

» Recours en cassation de la part de la dame de Faillens : elle soutient, entre autres choses, 1° que cet arrêt lui a faussement appliqué les lois qui réduisent les émigrés à l'état de mort civile, attendu que jamais elle n'a quitté le territoire français ; 2° qu'eût-elle été réellement en état de mort civile à l'époque où avait été rendu le jugement du 14 fructidor an 7, elle n'en aurait pas moins été capable de poursuivre ses droits en justice contre tout autre que la nation ; que la nation seule aurait pu exciper contre elle de sa prétendue incapacité ; et que, loin d'en exciper contre elle devant le tribunal civil de la Nièvre, l'agent de la nation avait procédé avec elle comme avec une partie ayant toutes les qualités requises pour ester en jugement.

» Sur ces moyens, messieurs, vous avez, par arrêt du 3 mai 1808, admis la requête de la dame de Faillens.

» Mais l'affaire portée à la section civile, arrêt y est intervenu, le 23 novembre suivant, par lequel :

» Attendu qu'il était constant en fait, dans l'espèce, que la demanderesse avait été inscrite sur la liste des émigrés du département de la Nièvre, en l'an 2, et portée sur la liste générale arrêtée le 15 thermidor an 3 ; qu'elle n'alléguait pas même avoir réclamé, dans le délai, contre ces inscriptions ; qu'au contraire, elle n'avait été éliminée que le 22 fructidor an 9, postérieurement à la loi du 12 ventôse an 8 ;

» Qu'ainsi, la cour d'appel de Bourges s'est conformée à l'art. 1 de la loi du 28 mars 1793, et à la loi du 12 ventôse an 8, en décidant que la demanderesse a été en état de mort civile pendant toute la procédure qui a eu lieu dans les années 6 et 7, devant le tribunal de Nevers ;

» Qu'il est encore de principe qu'un individu frappé de mort civile est incapable d'exercer les actes qui ont leur fondement dans le droit civil, tels que les assignations, les demandes en justice, et les significations, surtout lorsqu'on prétend exercer de pareils actes en qualité d'héritier, et que l'on réclame une succession ;

» Que la nullité de ces actes, résultant de l'état de mort civile pour cause d'émigration, n'a pas seulement été établie dans les intérêts du fisc, mais est de droit public, et peut être opposée en

» tout état de cause, même en appel, par les parti-
» culiers qui y ont intérêt... :

» La cour rejette le pourvoi...

» Vous voyez, Messieurs, que, dans cette espèce,
la question n'était pas précisément, comme dans
celle-ci, de savoir si la dame de Faillens avait pu
ester en jugement pendant sa mort civile ; que la
dame de Faillens, qui avait tant d'intérêt de soutenir que la mort civile ne rend pas celui qui en est
frappé incapable d'ester en jugement, ne le soutenait
cependant pas ; qu'elle cherchait seulement à éluder
l'application que la cour d'appel de Bourges lui
avait faite de ce principe ; que la section civile,
trouvant les deux parties d'accord sur ce prétendu
principe, l'a regardé comme constant, et ne s'est
plus occupée que de l'application qui en avait été
faite par la cour d'appel de Bourges à la dame de
Faillens ; et que, ne trouvant dans cette application
aucune loi violée, elle a rejeté la demande en cassation sur laquelle il s'agissait de statuer.

» Et c'est déjà plus qu'il n'en faut pour que cet
arrêt ne puisse pas faire autorité dans notre espèce,
surtout si nous considérons qu'il a dû être singulièrement influencé par le fait bien reconnu que le jugement du 14 fructidor an 7 n'avait été rendu que
par collusion.

» Mais il y a plus. Quand même le prétendu principe de l'incapacité du mort civilement d'agir en
justice, aurait été contesté par la dame de Faillens,
l'arrêt de la cour d'appel de Bourges aurait encore
dû être maintenu par la section civile ; pourquoi ?
Parce qu'à l'époque où avaient été faites les procédures, où avait été rendu le jugement que la cour
d'appel de Bourges avait déclaré nul, ce prétendu
principe n'était condamné que par les lois romaines,
c'est-à-dire, par des lois qui n'avaient jamais eu
d'autorité législative dans le département de la Nièvre ;
parce qu'en basant son arrêt sur ce prétendu principe, la cour d'appel de Bourges n'avait violé aucune loi existante ; parce que, trouvant sur la capacité ou l'incapacité des morts civilement d'agir en
justice, la jurisprudence du parlement de Paris
muette, et celle des parlemens de Toulouse, de
Dijon et d'Aix, en opposition avec celle du parlement de Bordeaux, elle avait pu s'en tenir à la jurisprudence du parlement de Bordeaux, de préférence à celle des parlemens de Toulouse, d'Aix et
de Dijon.

» Si la cour d'appel de Bourges eût, dans cette
affaire, prononcé en faveur de la dame de Faillens, si elle eût jugé que la dame de Faillens avait
pu ester un jugement pendant sa mort civile, son
arrêt aurait-il pu être cassé de ce chef ? Non certainement ; et vous auriez rejeté le recours du sieur de
Rémigny, encore qu'il se fût agi de droits successifs ;
car ces droits successivement échus à la dame de
Faillens pendant sa mort civile, ils lui étaient
échus dès 1787, quatre ou cinq ans avant son inscription sur la liste des émigrés. Ces droits successifs

étaient donc entrés dans la propriété de la dame de
Faillens pendant qu'elle jouissait de son état. Ils
étaient donc, à son égard, sous l'empire du droit
des gens, protecteurs des propriétés même acquises
par le droit civil. La dame de Faillens avait donc
eu qualité, quoique morte civilement, pour défendre ces droits successifs, comme elle l'aurait eue
pour défendre toute autre propriété qui lui serait
advenue précédemment.

» Et à combien plus forte raison ne devons-nous
pas dire ici qu'en jugeant que le sieur de Brivazac a
eu qualité pour demander, pendant son inscription
sur la liste des émigrés, la rescision d'une vente
qu'il avait faite dans le même état, la cour d'appel
de Bordeaux n'a, par l'arrêt qui vous est dénoncé,
contrevenu à aucune loi !

» Et en effet, disait M. l'avocat-général de Labriffe, dans son plaidoyer du 7 septembre 1768,
« d'où dérive la faculté d'ester et d'actionner en
» jugement ? N'est-ce pas de celle de contracter, à
» laquelle elle est nécessairement attachée ? »

» Or, le sieur de Brivazac avait eu, nonobstant
son inscription sur la liste des émigrés, la capacité
de vendre le domaine de la Sale. Il a donc eu aussi
et nécessairement la capacité d'actionner la dame
de Saint-Sirgues pour la rescision de cette vente,
comme il aurait eu celle de lui en demander judiciairement le prix convenu, si le prix ne lui eût pas été
payé aux termes réglés par le contrat.

» Mais, dit-on, l'action qui tend à la rescision
d'un contrat de vente pour lésion d'outre-moitié,
est un pur bénéfice du droit civil ; elle ne peut donc
pas être exercée par un mort civilement.

» Comme si les lois romaines ne nous disaient pas
elles-mêmes, que le préteur a originairement introduit cette action par la simple impulsion de l'équité
naturelle *naturalem æquitatem secutus!* Comme
s'il n'était pas de droit naturel qu'une convention
n'est pas obligatoire, alors qu'elle est l'effet de l'erreur, du dol ou de la violence, alors par conséquent
qu'elle renferme une lésion énorme au préjudice de
l'une des parties, puisqu'une pareille lésion n'est
jamais que l'effet ou de la violence, ou du dol, ou
de l'erreur ! Comme si les lois civiles avaient fait
autre chose, à cet égard, que déterminer le degré
auquel la lésion doit s'élever pour autoriser la rescision d'un contrat !

« C'est assez, c'est peut-être trop nous étendre
sur le premier moyen de cassation du sieur Gauthier.
Un mot sur le deuxième, et nous finissons.

» La cour d'appel de Bordeaux, dit le sieur Gauthier, en admettant le sieur de Brivazac à demander
seul, pour le tout, la rescision d'un contrat de
vente dans lequel son frère était intervenu comme
co propriétaire et co-vendeur, a violé les lois romaines et les articles du code civil qui ne permettaient de l'admettre à exercer cette action que pour
la moitié du domaine de la Sale.

» Mais, bien loin de violer ces lois, la cour d'appel de Bordeaux les a expressément reconnues : « Si le sieur de Brivazac, a-t-elle dit, n'avait été » propriétaire que de la moitié du domaine, il » n'aurait pu exercer son action que pour la part » qu'il y avait. »

» Qu'a donc fait la cour d'appel de Bordeaux? Elle a jugé que le sieur de Brivazac était, au moment de la vente qu'il avait faite du domaine de la Sale, propriétaire de la totalité de ce domaine; qu'il l'était notoirement; qu'il l'était au vu et su de la dame de Saint-Sirgues, et qu'il n'avait fait intervenir son frère dans le contrat, que pour d'autant mieux tranquilliser la dame de Saint-Sirgues, en lui procurant une double garantie.

» La cour d'appel de Bordeaux n'a donc jugé, à cet égard, qu'un point de fait; et dès-là, son arrêt demeure à l'abri de toute atteinte.

» Par ces considérations, nous estimons qu'il y a lieu de rejeter la requête du demandeur, et de le condamner à l'amende. »

Arrêt du 17 août 1809, au rapport de M. Lasaudade, par lequel :

« Considérant que la mort civile n'interdit aux individus qui en sont frappés, que l'exercice des droits et actions qui dérivent du droit civil; qu'aucune loi expresse, avant la promulgation du code civil, ne privait ces individus des droits et actions qui dérivent du droit des gens;

» Considérant que la vente étant un contrat du droit des gens, l'action en payement du juste prix résultant de ce contrat, dérive nécessairement du même droit des gens;

» Considérant qu'à l'époque de la vente dont il s'agit, comme à l'époque de l'action en rescision, le vendeur était inscrit sur la liste des émigrés, sans que l'objet vendu ait été séquestré;

» Considérant que celui qui a le droit de vendre a conséquemment le droit d'exiger le prix;

» Considérant que Jean Gauthier, pour se maintenir dans la propriété de l'objet vendu, ayant lui-même excipé de la faculté de vendre qu'avait le sieur de Brivazac de Beaumont, quoique porté sur la liste des émigrés (sauf le droit de fisc), parce que la vente est un contrat du droit des gens, s'est rendu non-recevable à lui contester l'action en payement résultant du même contrat et dérivant du même droit des gens; qu'ainsi, en rejetant la fin de non-recevoir résultant de l'inscription dudit de Brivazac de Beaumont sur la liste des émigrés, l'arrêt attaqué n'a violé aucune loi ;

» Considérant qu'en jugeant, en fait et d'après les titres produits, qu'Edme-Jean-Baptiste de Brivazac de Beaumont étant seul propriétaire de l'objet vendu, et qu'en l'admettant à ce titre à exercer pour le tout l'action en rescision, la cour d'appel n'a pu violer les art. 1668 et 1685 du code civil :

» La cour rejette le pourvoi.... »

§. IV. Quel est l'effet des lettres de grâce sur la mort civile encourue par l'exécution du jugement de condamnation à la peine dont elles font remise?

V. l'article Grâce.

§. V. 1° Avant l'abolition des vœux solennels, les religieux étaient-ils véritablement morts civilement?

2° Étaient-ils, aux yeux de la loi civile, incapables de se marier?

V. l'article Mariage, §. 5.

§. VI. Acception particulière des mots Mort civile dans la jurisprudence normande.

V. l'article Tiers-coutumier.

MORT SAISIT LE VIF. §. I. Effets de cette règle combinée avec la maxime, n'est héritier qui ne veut.

V. les articles Délivrance, Héritiers, Séparation des patrimoines, §. 1, et Succession vacante, §. 2.

§. II. Effets de la même règle dans le cas du concours de la qualité d'héritier ab intestat et de substitué dans la même personne.

V. l'article Substitution fidéicommissaire, §. 8.

MOTIFS DES JUGEMENS. §. I. Peut-on casser, dans l'intérêt privé de la partie qui a demandé en cause d'appel la nullité du jugement de première instance pour défaut de motifs, l'arrêt qui, sans statuer sur cette demande, a purement et simplement mis l'appellation au néant?

V. le plaidoyer et l'arrêt du 27 mai 1810, rapportés au mot Nantissement, §. 2.

§. II. 1° Un jugement en dernier ressort, qui, dans son dispositif, est conforme à la loi, mais qui la viole dans ses motifs, peut-il être cassé?

2° Peut-il l'être au moins dans l'intérêt de la loi?

3° Doit-il l'être, lorsque, pour substituer aux motifs illégaux qu'il contient, des motifs conformes à la loi, il faudrait discuter des faits non allégués et non prouvés, et des actes non produits devant les juges du fonds?

4° Y a-t-il lieu à la cassation d'un jugement en dernier ressort, qui, d'accord avec la loi dans ses motifs, l'est aussi littéralement dans son dispositif, mais qui, en réalité est nécessairement contraire à la loi dans son dispositif, par cela seul qu'il y est conforme dans ses motifs ?

5° Peut-on attaquer les motifs d'un jugement dont on n'attaque pas le dispositif ?

I. Sur la première question, j'ai prouvé, dans des conclusions des 21 thermidor an 9 et 29 thermidor an 12, rapportées aux mots *Appel*, §. 9, et *Contrefaçon*, §, 5, que la négative est incontestable. Elle a d'ailleurs été consacrée par plusieurs arrêts de la cour de cassation, notamment par ceux qui sont rapportés dans le *Répertoire de jurisprudence*, aux mots *Motifs des jugemens*, n° 21, et par trois autres dont voici les espèces.

Le 23 juin 1824, plainte au procureur du roi près le tribunal de première instance de Rouen, par laquelle un particulier est dénoncé comme prévenu d'un attentat à la pudeur tenté avec violence. Sur cette plainte, transmise par le procureur du roi au juge d'instruction, une information s'ouvre, et il en résulte qu'il n'y a contré le prévenu aucun indice de violence, mais quelque apparence d'outrage aux mœurs.

A la vue de cette information, le procureur du roi donne un réquisitoire par lequel, en reconnaissant que les faits imputés au prévenu, n'offrent aucune intention de violence, et consentant à ce que celui-ci soit mis provisoirement en liberté, sous caution, il demande qu'un témoin déjà entendu soit cité de nouveau pour donner des explications.

Le 22 juillet, ordonnance de la chambre du conseil, qui sur le rapport du juge d'instruction, décide que l'audition du témoin n'est pas nécessaire, et renvoie le prévenu à l'audience correctionnelle.

Opposition à cette ordonnance de la part du procureur du roi.

Le 27 du même mois, arrêt de la chambre d'accusation de la cour royale de Rouen, qui, «attendu que le procureur du roi avait pris des conclusions au fond, » confirme l'ordonnance.

Le procureur-général de la cour royale de Rouen se pourvoit en cassation contre cet arrêt, et l'attaque par deux moyens : contravention aux art. 61 et 127 du code d'instruction criminelle, en ce que les juges ont statué sur le fond, sans attendre que le procureur du roi y eût conclu; et violation de la foi due aux actes publics, en ce que la chambre d'accusation a supposé que le procureur du roi avait conclu au fond, tandis que son réquisitoire constatait tout le contraire.

Mais par arrêt du 25 septembre 1724, au rapport de M. Aumont, et sur les conclusions de M. l'avocat-général de Vatismenil :

« Attendu qu'aux termes des art. 61 et 127 du code d'instruction criminelle, le ministère public doit avoir communication de la procédure avant tout acte d'instruction et de poursuite, et faire toutes les réquisitions qu'il juge convenables;

» Qu'il doit en avoir connaissance après que l'instruction est terminée, avant qu'il soit statué par la chambre du conseil sur l'affaire instruite; mais que, ces formalités remplies, cette chambre est pleinement saisie, et peut prononcer ce qu'elle juge bon être;

» Qu'il importe peu que le ministère public, après que l'instruction terminée lui a été communiquée, n'ait conclu qu'à une continuation d'instruction;

» Que ces réquisitions incidentes ne lient point la chambre, et que, si elle trouve l'affaire suffisamment instruite, elle peut statuer fond;

» Que, dans l'espèce, le ministère public avait eu connaissance préalable de la procédure; qu'il avait requis une instruction; que l'instruction terminée, il avait fait de nouvelles réquisitions; que c'est sur le vu de ces réquisitions que le tribunal de première instance de Rouen a prononcé en chambre du conseil;

» Que si la cour royale de la même ville, chambre des mises en accusation, a maintenu le jugement de ce tribunal, par le motif erroné que le ministère public avait conclu au fond, tandis que, dans la réalité, il s'était borné à requérir une continuation d'instruction et la mise en liberté provisoire du prévenu, il ne s'ensuit pas que l'arrêt attaqué doive être annulé, puisqu'il maintient d'ailleurs un jugement régulièrement intervenu, et qui n'a ni violé ni pu violer les art. 61 et 127 du code d'instruction criminelle.

» La cour rejette le pourvoi... (1). »

Le 16 août 1808, les héritiers Allier font citer le sieur Chaix, meunier, devant le juge de paix du canton de Romans, en réparation du trouble qu'il a apporté depuis peu à la possession dans laquelle ils sont de faire dériver deux fois par semaine, dans une prairie qui leur appartient, une partie des eaux qui font tourner son moulin, et concluent à ce qu'ils soient réintégrés dans cette possession.

La cause portée à l'audience, les parties produisent respectivement des titres à l'appui de leurs prétentions.

Un premier jugement ordonne une visite des lieux, et un rapport d'experts sur l'état dans lequel ils se trouvent.

Un second jugement admet les héritiers Allier à prouver leur possession par témoins, sauf la preuve contraire.

Enfin, par son jugement définitif, le juge de paix examine les titres produits par les héritiers Allier; il en tire des conséquences qui portent sur le fond du droit, et il raisonne de manière à faire entendre que le fond du droit devrait être décidé en faveur des héritiers Allier : mais, arrivant au dispositif, il

_____

(1) Journal des audiences de la cour de cassation, année 1825, partie 1, page 32.

déclare formellement qu'il ne prononce que sur le possessoire, et il se borne à maintenir les héritiers Allier *dans leur possession annuellement renouvelée.*

Le sieur Chaix appelle de ce jugement au tribunal civil de Valence.

Le 20 juin 1810, jugement qui annule celui dont est appel, attendu que le juge de paix a cumulé le pétitoire et le possessoire.

Recours en cassation de la part des héritiers Allier; et par arrêt du 18 mai 1813, au rapport de M. Oudot:

« Vu l'art. 10 du tit. 3 de la loi du 24 août 1799;

» Attendu que le juge de paix, tout en énonçant des motifs surabondans dans son jugement, s'est cependant décidé par la possession annuellement renouvelée jusqu'au moment de l'instance; ce qui fait voir qu'en jugeant au possessoire, comme il l'énonce dans son jugement, il s'est déterminé par la possession de la dernière année des héritiers Allier, qui lui a paru établie par les dépositions des témoins;

» Attendu que le défendeur soutenait que la possession des héritiers Allier était clandestine; que le juge de paix a pu croire nécessaire de consulter les titres, pour connaître l'espèce des actes de possession dont ils se prévalaient, et s'ils ont joui des eaux les jours où ces eaux sont attribuées aux propriétaires riverains du canal du moulin de Clérieux;

» Que si le juge de paix a inséré dans la rédaction de son jugement des raisonnemens inutiles, ou qui paraissent avoir eu pour objet dé l'annuler, ou qui paraissent avoir eu pour objet le fond du droit, ce n'était pas une raison de l'annuler; si d'ailleurs son dispositif ne contient aucune décision sur le fond du droit, enfin s'il n'a fait que prononcer la maintenue de la possession, telle qu'elle a eu lieu l'année qui a précédé l'instance;

» Qu'en annulant ce jugement, le tribunal civil de Valence a violé l'art. 10 du tit. 3 de la loi du 24 août 1790:

» la cour casse et annulle le jugement du tribunal de Valence, du 20 juin 1810..... (1) »

Le 6 janvier 1825, le sieur Biraud fait citer le sieur Pasquier devant le juge de paix du canton de......, en réparation du trouble qu'il lui a causé dans la possession d'un pré, en y passant avec une charrette chargée de bois.

Le sieur Pasquier répond qu'il n'a fait, en passant sur le pré du sieur Biraud, qu'user du droit de servitude d'enclave.

Le sieur Biraud ne conteste pas le droit de servitude; mais il se plaint de ce que le sieur Pasquier en a abusé, en ne passant pas sur la portion de son pré dans laquelle ce droit s'exerce ordinairement.

Le juge de paix ordonne son transport sur les lieux; et après en avoir fait la visite en présence

des parties, il rend, le 4 février 1825, un jugement par lequel, attendu que le sieur Pasquier a fait passer sa voiture sur 72 mètres de terrain, au lieu de la faire passer par le lieu ordinaire dont le trajet n'est que de 48 mètres, et dont le fonds est à la fois plus solide et moins dommageable, il maintient le sieur Biraud dans sa possession, avec défenses au sieur Pasquier de l'y troubler à l'avenir, en abusant ainsi qu'il l'a fait de son droit de passage.

Sur l'appel du sieur Pasquier au tribunal civil de Rochefort; jugement du 1er juin de la même année, par lequel; « attendu que, si, en règle générale, la
» compétence doit se puiser dans le dispositif du
» jugement, néanmoins, lorsque le dispositif a une
» corrélation tellement directe avec les motifs du
» jugement, qu'il ne soit pas possible de douter que
» le prononcé ne soit la conséquence des motifs qui
» lui servent de base, qu'il ne les sanctionne impli-
» citement et ne fasse avec eux un même tout; il est
» alors indispensable d'apprécier tant les motifs que
» le dispositif pour se fixer sur la compétence »: le tribunal annule le jugement du juge de paix, comme rendu incompétemment, « en ce que tous les motifs
» en étant tirés du fond, c'est-à-dire, du mode dont
» le sieur Pasquier doit exercer son droit de ser-
» vitude, il a évidemment cumulé le pétitoire avec
» le possessoire. »

Mais le sieur Biraud se pourvoit en cassation, et par arrêt du 24 juin 1828,

« Oui le rapport fait par M. le conseiller Poriquet....... et les conclusions de M. l'avocat-général Cahier;

» Vu les art. 10, tit. 3, de la loi du 24 août 1799, et l'art. 25 du code de procédure civile;

» Attendu que si, dans les motifs de son jugement, le juge de paix a pris en considération, d'après la visite par lui faite, en présence des parties, en exécution de son jugement interlocutoire, que le lieu par lequel Pasquier avait exercé son droit de passage, était plus dommageable que celui sur lequel il s'exerçait ordinairement, tant par lui, que par divers particuliers dont les héritages étaient également enclavés; si, en conséquence, il avait qualifié le fait qui devait donner lieu à la demande en complainte d'abus de l'usage du droit de servitude, il n'a cependant, par le dispositif de son jugement, statué au possessoire, soit en maintenant Biraud dans sa possession, soit en faisant défense à Pasquier de l'y troubler, et n'a, par ces dispositions, porté aucune atteinte à la faculté que les parties auront de se pourvoir au pétitoire pour faire fixer le lieu du passage, conformément à l'art. 583 du code civil;

» Attendu qu'il suit de là qu'en annulant le jugement du juge paix pour cause d'incompétence, sous le prétexte qu'il aurait cumulé le possessoire et le pétitoire, le tribunal civil a faussement appliqué l'art. 25 du code de procédure, et violé l'art. 10, tit. 3, de la loi du 24 août 1795:

(1) Bulletin civil de la cour de cassation, tome 15, page 149.

» La cour casse et annule le jugement du tribunal civil de Rochefort, rendu le 1er juin 1825...... (1). »

II. Sur la seconde question, *V.* ce que je dis à l'article *Désertion,* §. 5, sur l'arrêt de la cour de cassation du 28 décembre 1826, qui annule celui de la cour royale de Lyon, du 27 juillet précédent.

III. Sur la troisième question, j'ai établi la négative dans les conclusions du 21 ventôse an 12, rapportées aux mots *Papier-monnaie,* §. 4.

IV. La quatrième question s'est présentée dans une espèce fort singulière.

Dans une contestation élevée entre les sieurs Aubry et Pailhès sur la quotité des bénéfices dont l'un devait tenir compte à l'autre dans une entreprise qu'ils avaient faite en société, il avait été, en exécution d'un arrêt de la cour royale de Paris, du 8 mai 1821, nommé deux arbitres, le sieur Barreau de la part du sieur Aubry, et le sieur Gisquet de la part du sieur Pailhès.

Les deux arbitres ne se sont pas accordés dans le résultat de leurs opérations. Le sieur Barreau a fixé les bénéfices à 99,000 fr., et le sieur Gisquet les a réduits à 37,000 francs.

En conséquence, le sieur Thory a été d'office nommé sur-arbitre; et après avoir conféré avec les deux arbitres, il a rendu un jugement par lequel, considérant que, sur tel et tel article, l'avis du sieur Barreau lui paraissait fondé; que sur tel et tel autre article, c'était l'avis du sieur Gisquet qui devait prévaloir; que, de cette différence entre son opinion et celle des deux arbitres sur chacun des articles litigieux, il s'ensuivait tout naturellement qu'il ne devait, sur le résultat général, embrasser ni l'avis de l'un ni l'avis de l'autre; mais que, forcé, par l'art. 1018 du code de commerce, d'opter entre les deux opinions, il devait s'en tenir à celle qui se rapprochait le plus de la sienne, il déclare fixer la somme des bénéfices à 99,000 francs.

Le sieur Pailhès a appelé de ce jugement à la cour royale de Paris, mais inutilement. Par arrêt du 3 juin 1822, « la cour, adoptant les motifs du ju- » gement du sur-arbitre, a mis l'appellation au « néant. »

Recours en cassation contre cet arrêt pour contravention à l'art. 1018 du code de procédure civile.

« Le vœu de cet article (a dit le sieur Pailhès) est évidemment d'empêcher que le tiers-arbitre ne juge seul, en se formant une opinion particulière; il a voulu que la sentence arbitrale fût le résultat de l'opinion de deux arbitres. Lorsque plusieurs chefs sont soumis à l'arbitrage, et que le tiers-arbitre croit reconnaître que l'avis d'un arbitre est juste sur tel fait et faux sur tel autre, tandis que l'avis du second

arbitre est bien fondé sur un point et erroné sur un autre point, ce tiers-arbitre, en adoptant divisément les deux avis et en rejetant ce qui lui paraît contraire à l'équité de l'un et de l'autre côté, rend un jugement qui exprime l'opinion des deux juges sur les points qu'il adopte. Ici s'applique l'adage *tot capita, tot sententiæ.* A chaque instant, les cours royales et la cour de cassation, en prononçant sur des sentences qui embrassent plusieurs chefs, confirment les uns et réforment les autres.

» Peu importe qu'il n'y ait pas similitude entre le résultat définitif obtenu par le tiers-arbitre, et le résultat de l'une ou l'autre des opinions précédentes : ce résultat n'est pas le jugement; il n'en est que la conséquence, et il forme, en quelque sorte, l'addition ou la somme des divers jugemens particuliers.

» Dans l'espèce, le tiers-arbitre a déclaré que la décision la plus juste lui paraissait exister divisément dans chacune des deux opinions. Ce n'est que parce qu'il s'est cru lié par une fausse interprétation de l'art. 1018, qu'il s'est enfin rallié à une opinion contraire à sa conscience, qu'il frappe lui-même de réprobation. Il n'a certainement pas été dans la pensée du législateur d'imposer au tiers-arbitre une aussi pénible nécessité. La cour royale a mal interprété la loi, en s'appropriant l'erreur du sieur Thory. »

Sur ces moyens, arrêt de la section des requêtes qui admet le recours en cassation du sieur Pailhès.

L'affaire portée à la section civile, le sieur Aubry s'est défendu par le principe général que, dans toute décision judiciaire, il faut distinguer le dispositif de la déclaration qui le précède.

« Loin de violer l'art. 1018 du code de commerce (a-t-il dit), le dispositif du jugement du sur-arbitre n'en est que la plus parfaite exécution. L'article porte que le tiers-arbitre qui *n'a pu réunir* les deux autres, doit prononcer seul; mais qu'il est *tenu de se conformer* à l'avis de l'un d'eux. Voilà précisément ce qui s'est passé. Le tiers-arbitre déclare qu'après avoir fait des efforts inutiles pour rallier les arbitres à une opinion commune, il se réunit de lui-même à l'opinion de l'un d'eux *dont il adopte tous les motifs.*

» Serait-ce dans la déclaration qui accompagne le dispositif qu'il y a violation de la loi? La loi ne commande pas au tiers-arbitre d'émettre lui-même l'avis qui lui paraît le plus juste; elle veut, au contraire, qu'il se range à l'une des opinions déjà formées. Si, par un motif de délicatesse, le sieur Thory a cru convenable d'ajouter à l'accomplissement de ce devoir légal la déclaration que l'avis en faveur duquel il a opté, n'est pas le mieux fondé sous tous les rapports, une semblable observation n'est pas défendue par la loi; elle est simplement surabondante.

» Au surplus, l'art. 1018 exige encore que le

72.

tiers-arbitre ne prononce qu'après avoir conféré avec les arbitres divisés, et après avoir fait tous ses efforts pour les ramener à une opinion commune, selon lui la plus sage et la plus conforme à l'équité. Or, c'est ce qui a eu lieu, et la déclaration avait pour but de le constater.

» Quant à la maxime *tot capita, tot sententiæ*, elle n'est applicable que dans les contestations qui présentent diverses questions de droit, et sur lesquelles il y a à rendre autant de décisions particulières qu'il y a de points litigieux.

» L'arrêt de la cour royale, en exécution duquel la sentence arbitrale a été prononcée, avait définitivement statué sur les questions de droit; il ne s'agissait plus, de la part des experts, que de fixer un seul point, la quotité des bénéfices; et dès que le tiers-arbitre n'avait pas réussi à mettre d'accord les deux arbitres sur les divers détails de *fait*, il ne lui restait plus qu'à choisir l'une ou l'autre des opinions. »

Cette défense eût sans doute triomphé, si l'on eût pu, aux motifs du jugement du sur-arbitre, en substituer d'autres qui, dérivant des mêmes faits, eussent été susceptibles de se lier avec le dispositif comme un principe se lie avec sa conséquence. Mais cela était évidemment impossible. Les propositions que le sur-arbitre avait qualifiées de *motifs*, en étaient nécessairement indépendantes; elles formaient, par conséquent, sous le nom apparent de motifs, des dispositifs proprement dits; et par conséquent encore il se trouvait dans le jugement deux parties distinctes, dont la première était, à la vérité, d'accord avec l'art. 1018 du code de procédure civile, mais dont la seconde violait ouvertement cet article. Comment, dès-lors, l'arrêt qui avait confirmé ce jugement, aurait-il pu échapper à la cassation ?

Aussi a-t-il été cassé par arrêt du 1er août 1825, au rapport de M. Carnot et sur les conclusions de M. l'avocat-général Cahier :

« Vu l'art. 1018 du code de procédure civile;

» Et attendu que, si cet article exige du tiers-arbitre qu'il se range à l'avis de l'un des autres arbitres, il n'a pu le vouloir ainsi que dans le sens que le tiers-arbitre doit se ranger à l'avis de l'un des arbitres sur les chefs de demande ou articles de compte que les précédens arbitres étaient appelés à régler ;

» Que le reliquat d'un compte n'est que le résumé des premières opérations; qu'il ne constitue pas le jugement; qu'il doit nécessairement être fixé d'après les décisions portées sur chacun des objets en contestation; qu'il ne peut en être que la conséquence ;

» Que cependant, dans l'espèce, le tiers-arbitre, après avoir statué particulièrement sur les diverses questions sur lesquelles les autres arbitres avaient été discordans, s'est cru dans l'obligation d'adopter le reliquat du compte fixé par l'un d'eux, quoique ce reliquat ne se trouvât pas en harmonie avec ses premières opérations ;

» Que le tiers-arbitre n'a pu le juger ainsi sans faire la plus fausse interprétation de l'article cité, et sans violer toutes les règles de la raison et de l'équité ;

» Qu'en adoptant purement et simplement les motifs du tiers-arbitre, et en refusant par suite de faire droit à l'appel que le demandeur avait interjeté de sa décision, la cour royale de Paris s'est rendue propre à la fausse interprétation dudit article ; qu'il y a lieu dès-lors de prononcer l'annulation de son arrêt.... (1); »

V. Sur la cinquième question, j'ai déjà rapporté, dans le *Répertoire de jurisprudence*, aux mots *Motifs des jugemens*, n° 24, un arrêt de la cour de cassation, du 29 janvier 1824, qui a jugé que l'on ne peut pas attaquer par la voie de cassation les motifs d'un arrêt dont on n'attaque pas le dispositif. Voici un arrêt de la même cour, qui décide la même chose, par rapport à la voie d'appel :

« Attendu qu'en déclarant le demandeur non-recevable dans son appel d'un jugement qui l'avait renvoyé des poursuites dirigées contre lui, lequel appel n'était dirigé que contre les motifs de ce même jugement, le tribunal de Digne s'est parfaitement conformé à la loi:

» La cour rejette le pourvoi.... »

Cet arrêt a été rendu à la chambre criminelle, le 7 mars 1828, au rapport de M. Mangin et sur les conclusions de M. l'avocat-général Fréteau de Pény (2).

§. III. *Y a-t-il lieu à garantie, lorsque le jugement d'éviction rendu au profit d'une commune, qui aurait pu être motivé sur un vice inhérent à la chose vendue, et antérieur au contrat de vente, l'a été sur une loi survenue postérieurement à ce même contrat ?*

V. l'article *Fait du souverain*, §. 1.

§. IV. 1° *Les motifs d'un jugement passé en force de chose jugée, ont-ils par eux-mêmes l'autorité de la chose jugée, comme son dispositif ?*

2° *Pour se fixer sur le caractère d'un jugement, et décider s'il est définitif ou s'il n'est qu'interlocutoire, est-ce à ses motifs que l'on doit s'attacher, ou ne doit-on considérer que son dispositif ?*

I. Sur la première question, j'ai établi la négative,

---

(1) Bulletin civil de la cour de cassation, tome 27, page 270.

(2) Jurisprudence de la cour de cassation, tome 28, page 264.

aux mots *Biens nationaux*, §. 2, n° 1, et dans le *Répertoire de jurisprudence*, aux mots *Question d'État*, §. 2.

II. A ce que j'ai dit sur la seconde question, au mot *Interlocutoire*, §. 2, n° 5, pour prouver que l'on ne doit considérer que comme interlocutoire le jugement qui n'est que tel par son dispositif, quoique, par ses motifs, il décide la question sur laquelle les parties sont divisées, je dois ajouter un arrêt de la cour de cassation dont voici l'espèce :

Par actes des 25 avril et 3 mai 1808, les sieur et dame Crinon vendent divers immeubles au sieur Drapier, avec réserve de la faculté de rachat, et de la jouissance de ces biens, à titre de bail.

En 1810, ils se pourvoient en rescision de deux chefs : 1° pour cause de dol et de fraude, en ce que le prix exprimé dans les contrats de vente ne leur a pas été compté réellement, mais compensé avec des intérêts usuraires qu'ils avaient été obligés de payer au sieur Drapier; 2° pour lésion de plus des sept douzièmes.

Le 3 mai de la même année, transaction par laquelle, sans parler de la prétendue compensation du prix des ventes attaquées avec des intérêts usuraires, les sieur et dame Crinon se désistent de leur action rescisoire, et s'engagent à remettre au sieur Drapier les titres de propriété des biens qu'ils lui ont vendus; et le sieur Drapier, de son côté, proroge de deux ans le délai qu'il leur a accordé pour l'exercice de la faculté de rachat.

Quinze ans après, les sieurs et dame Crinon, qui jusqu'alors avaient continué de jouir, comme fermiers, des biens qu'ils avaient vendus en 1808, forment une nouvelle demande en rescision des ventes, et la fondent sur le dol, la fraude et l'usure dont ils soutiennent qu'elles sont entachées.

Le 18 juin 1825, jugement du tribunal de première instance d'Avesnes, qui admet la preuve des faits d'usure.

Le sieur Drapier en appelle, et soutient que, quand même les ventes de 1808 auraient été originairement entachées de vices propres à les faire rescinder, elles en auraient été purgées par la transaction du 3 mai 1810.

Le 11 février 1826, arrêt par lequel :

« Attendu qu'on ne peut s'arrêter à la transaction du 5 mai, parce qu'une transaction qui laisse subsister l'usure, ne peut valider un contrat qui en est infecté; que cette décision se trouve fondée sur l'application de la maxime *privatis pactis juri publico derogari non potest*, et sur les inductions tirées des art. 2053 et 2054 du code civil;

» Attendu que, même en matière civile, la preuve testimoniale doit être admise, 1° par application de l'art. 1353 du code civil, l'usure participant de la fraude et du dol; 2° par celle de l'art. 1348, aucune preuve écrite ne devenant possible; 3° d'après l'art. 3 de la loi du 4 septembre 1807, illusoire, si la preuve testimoniale était refusée:

» La cour (royale de Douai) met l'appellation au néant...... »

Les parties retournent en conséquence devant le tribunal d'Avesnes; et là, il intervient, le 26 août de la même année, un jugement définitif qui rescinde les ventes.

Le sieur Drapier en appelle encore, en se fondant toujours sur la transaction du 3 mai 1810.

Les sieur et dame Crinon répondent que cette transaction est irrévocablement écartée par l'arrêt du 11 février 1826; qu'à cet égard, il y a chose jugée; et que d'ailleurs cette transaction, si elle pouvait encore être opposée, ne suffirait pas pour couvrir les vices d'usure.

Par arrêt du 27 avril 1828 :

« Attendu qu'il est de principe que les magistrats ne sont pas liés par les décisions interlocutoires qu'ils ont rendues, et qu'ils peuvent, sans s'arrêter aux voies d'instruction par eux ordonnées, statuer au fond en accueillant des exceptions puisées dans les actes du procès, qu'il n'importe qu'une décision interlocutoire ait admis dans ses motifs un préjugé contraire à ces exceptions, si cette décision ne les a pas formellement écartées par le dispositif, seul pouvant constituer la chose jugée;

» Attendu que la transaction est intervenue sur une demande formée en 1810, dont la demande actuelle n'est que la reproduction; que, par cet acte, les intimés ont consenti à l'exécution des actes des 25 avril et 5 mai 1808, qu'ils attaquaient comme entachés d'usure, de dol et de fraude;

» Qu'en admettant que l'usure, le dol et la fraude infectassent réellement lesdits actes de vente, la transaction du 3 mai 1810 n'en serait pas moins valable, puisqu'aux termes de l'art. 2046 du code civil, on peut transiger même sur l'intérêt civil qui résulte d'un délit;

» Que, d'après l'art. 2052 du même code, les transactions ont, entre les parties, l'autorité de la chose jugée en dernier ressort; qu'il résulte de là que l'action que les intimés exercent aujourd'hui est irrévocablement éteinte;

« Attendu que rien n'établit que ladite transaction soit elle-même infectée de dol ou de fraude :

» La cour royale de Douai infirme le jugement du tribunal d'Avesnes, et déclare les intimés non-recevables dans leur demande en rescision. »

Les sieur et dame Crinon se pourvoient en cassation contre cet arrêt, et l'attaquent comme violant les art. 1350 et 1351 du code civil sur l'autorité de la chose jugée. A la vérité (disent-ils), l'arrêt du 11 février 1826 n'était qu'interlocutoire dans son dispositif; mais il rejetait définitivement par ses motifs l'exception que le sieur Drapier prétendait tirer de la transaction de 1810 : c'est trop peu dire; le rejet définitif de cette exception était la conséquence nécessaire du dispositif même de cet arrêt, puisqu'il admettait la preuve testimoniale des faits d'usure, et que cette preuve ne pouvait être admise qu'en jugeant que la transaction n'avait pas couvert ces faits.

Mais par arrêt du 29 mai 1828, au rapport de M. Lasagni, et sur les conclusions de M. l'avocat-général Lebeau :

« Attendu, en droit, que, pour déterminer la nature d'un arrêt, et décider s'il est définitif ou bien seulement interlocutoire, ce ne sont pas ses motifs qu'il faut examiner, mais seulement son dispositif, qui seul juge, et qui, par conséquent, peut seul acquérir l'autorité de la chose jugée;

» Attendu qu'il est constant et reconnu, en fait, par les mariés Crinon eux-mêmes, 1° que si, dans ses motifs, l'arrêt du 11 février 1826 discute la transaction du 3 mai 1810, il s'est borné ensuite, dans son dispositif, à ordonner que le jugement du 18 juin 1825 sortirait effet, en détaillant encore avec plus de précision les faits d'usure, de dol, de fraude et délésion, que les mariés Crinon avaient articulés contre les actes des 25 avril et 3 mai 1808; 2° que le jugement du 18 juin 1825 avait, par son dispositif, avant faire droit, ordonné aux mariés Crinon de justifier, tant par titres que par témoins, ces mêmes faits d'usure, de fraude et de lésion, sans avoir rien statué, sans avoir même pu rien statuer sur ladite transaction du 3 mai 1810, dont les mariés Drapier avaient excipé, pour la première fois, sur l'appel; que, dans ces circonstances, en décidant que leur propre arrêt du 11 février 1826 n'était qu'interlocutoire, les mêmes juges ont pu abandonner la preuve des faits ordonnée par cet arrêt, et fonder exclusivement leur décision définitive sur la transaction du 3 mai 1810, d'après la maxime que *licet judici ab interlocutorio discedere :*

» La cour (chambre des requêtes) rejette le pourvoi..... (1) »

§. V. *Est-ce motiver suffisamment un jugement qui condamne une femme mariée à la peine portée par l'art. 336 du code pénal, que de dire qu'il résulte de l'instruction et des circonstances de la cause, que la prévenue s'est rendue coupable d'adultère?*

« C'était ainsi qu'était motivé le jugement qui, dans l'espèce rapportée au mot *Assignation*, §. 14, avait condamné la dame L...... à la peine portée par l'art. 336 du code pénal; et sur l'appel, la cour de Paris, adoptant les motifs des premiers juges, avait mis l'appellation au néant.

La dame L.... s'est pourvue en cassation, et a prétendu que cette manière de prononcer était en con-

travention à l'art. 195 du code d'instruction criminelle, et frappée de nullité par l'art. 7 de la loi du 20 avril 1810. « Les anciens arrêts de condamnation » (a-t-elle dit) étaient fondés sur *les cas résultant du* » *procès ;* mais la loi a voulu détruire ce dangereux » abus; il ne suffit pas de dire qu'un individu s'est » rendu coupable d'un délit, il faut exprimer en-» core en quoi et comment il est prouvé qu'il a » commis le délit pour lequel il est condamné. »

Mais par arrêt du 19 mai 1813, son recours en cassation a été rejeté, « attendu que le jugement de » première instance avait satisfait aux dispositions » de l'art. 195 du code d'instruction criminelle et » de l'art. 7 de la loi du 20 avril 1810. »

§. VI. 1° *Pour motiver légalement une condamnation aux peines de l'escroquerie, telles qu'elles étaient déterminées par l'art. 35 du tit. 2 de la loi du 22 juillet 1791, et telles qu'elles le sont par l'art. 405 du code pénal, suffit-il de déclarer en termes généraux, par le jugement, que le prévenu, pour s'approprier le bien de quelqu'un, a abusé de sa crédulité, soit par la supposition frauduleuse de fausses entreprises, d'un pouvoir ou d'un crédit imaginaire, soit par des espérances ou des craintes chimériques; ou est-il nécessaire d'y spécifier en quoi consiste cette supposition frauduleuse, ces craintes ou espérances chimériques?*

2° *Le jugement qui acquitte un prévenu d'escroquerie est-il suffisamment motivé par la simple déclaration qu'il ne résulte de la procédure aucune preuve de faits portant le caractère de ce délit? Ne faut-il pas qu'il précise les faits qui ont été articulés contre le prévenu, qu'il apprécie les preuves qui en ont été fournies, et qu'il spécifie les suites qu'ils ont eues?*

I. On vient de voir que, pour motiver légalement la condamnation d'une femme mariée, à la peine de l'adultère, il n'est pas nécessaire de spécifier les faits matériels par lesquels la prévenue s'est rendue coupable de ce délit, et que le jugement est suffisamment motivé par la seule déclaration que la culpabilité de la prévenue est établie par l'instruction et par les débats.

On a également vu dans le *Répertoire de jurisprudence*, aux mots *Motifs de jugemens*, n° 16, 1° que, pour motiver valablement le jugement qui prononce une condamnation à la peine de l'injure, il n'est pas nécessaire d'y insérer textuellement les propos qui caractérisent ce délit, et qu'il suffit de déclarer, en fait, que le prévenu a proféré contre le plaignant des expressions outrageantes, des termes de mépris ou des invectives.

Quelle raison y aurait-il pour qu'il n'en fût pas, à cet égard, d'une condamnation à la peine de l'escroquerie, comme d'une condamnation à la peine de

---

(1) Jurisprudence de la cour de cassation, tome 28, page 341.

l'adultère ou de l'injure? Il n'y en a ni ne peut y en avoir aucune. Il paraît donc hors de doute que la condamnation aux peines de l'escroquerie est suffisamment motivée par la seule déclaration qu'il résulte de l'instruction et des débats, que le prévenu a employé, pour s'approprier le bien de quelqu'un, tel ou tel des moyens frauduleux qui sont signalés par l'art. 405 du code pénal, comme ils l'étaient par la loi du 22 juillet 1791.

Comment donc a-t-il pu m'échapper, dans le *Répertoire de jurisprudence*, aux mots *Escroquerie*, n° 11, et *Jugement*, §. 2, n° 2, de dire que, « pour motiver légalement une condamnation aux » peines de l'escroquerie, il ne suffit pas de déclarer » d'une manière vague, dans le jugement, que le », prévenu, pour s'approprier le bien de quelqu'un, » a abusé de sa crédulité par de fausses promesses, »ʼ par des espérances ou des craintes chimériques, » et qu'il faut y spécifier en quoi ont consisté ces » fausses promesses, ces espérances ou craintes » chimériques, et quels en ont été les résultats pré- » cis? »

Je le déclare franchement : lorsque je me suis ainsi exprimé, je n'avais point examiné personnellement la question, et je n'ai été que l'écho de trois arrêts de la cour de cassation, du 24 avril 1807, du 3 septembre de la même année, et du 22 janvier 1812 (1).

Mais en y réfléchissant, je trouve que ces arrêts avaient ajouté à la loi, et que, par conséquent, ils ne pouvaient pas faire jurisprudence.

Aussi la cour de cassation elle-même est-elle revenue aux vrais principes par le rejet qu'elle a prononcé le 9 septembre 1826, au rapport de M. Cardonnel, et sur les conclusions de M. l'avocat-général Laplagne-Barris, de la réclamation de la femme Lahayes, contre un arrêt de la cour royale d'Orléans, du 5 juillet précédent, qui, en la condamnant à la peine de l'escroquerie, l'avait bien déclarée coupable d'avoir employé envers la veuve Gauthier des manœuvres frauduleuses dont l'effet avait été de lui persuader l'existence d'un crédit imaginaire, mais n'avait point énoncé les faits dont ces manœuvres frauduleuses s'étaient composées.

_____

(1) J'ai placé sur la même ligne, aux endroits cités, un autre arrêt de la cour de cassation du 4 janvier 1812; mais ça été, de ma part, une seconde méprise. En effet, pourquoi cet arrêt a-t-il cassé celui de la cour royale de Paris, qui avait déclaré Jean Terrel coupable du délit d'escroquerie? Ce n'est point faute d'avoir précisé les faits dans lesquels avaient consisté les manœuvres frauduleuses pratiquées par Jean Terrel, à l'effet de s'approprier une somme d'argent; c'est uniquement faute d'avoir expliqué que, par ces manœuvres frauduleuses, Jean Terrel avait, *ou persuadé l'existence de fausses entreprises, d'un pouvoir ou d'un crédit imaginaire, ou fait naître l'espérance ou la crainte d'un succès, d'un accident ou de tout autre évènement chimérique.*

« Attendu (a-t-elle dit) qu'il a été reconnu, en fait, par les juges de première instance et d'appel, que la veuve Gauthier ayant présenté à la femme Lahayes un billet de 525 francs pour en opérer l'escompte, ladite femme Lahayes se fit remettre ledit billet sans en compter les fonds ; que, pour obtenir cette remise, elle employa des manœuvres frauduleuses pour persuader l'existence d'un crédit imaginaire, et que, par ces moyens, elle escroqua tout ou partie de la fortune d'autrui;

» Attendu que cette déclaration, en fait, rentre évidemment dans les caractères de l'escroquerie, tracés par l'art. 405 du code pénal, et que, les manœuvres dont parle cet article n'ayant été ni définies ni précisées par le législateur, leur application est subordonnée à la conscience des juges, qui seuls peuvent déduire des faits résultant de l'instruction, les considérations morales et les conséquences qui doivent constituer le délit;

» Attendu que le défaut d'énonciation ou d'articulation des faits desquels les juges ont induit l'existence du délit, ne peut point être invoqué comme moyen de cassation, puisque la loi n'a point déterminé les élémens constitutifs des manœuvres frauduleuses qui constituent le délit d'escroquerie :

» La cour rejette le pourvoi... (1). »

Le 22 novembre de la même année, arrêt semblable, au rapport du même magistrat, et sur les conclusions du même avocat-général, sur le recours en cassation de Jean Laffauris, contre un arrêt de la cour royale de Bordeaux, du 11 septembre précédent, qui l'avait condamné à la peine de l'escroquerie, en le déclarant seulement coupable d'avoir, par des manœuvres frauduleuses pratiquées envers un jeune homme appelé au recrutement de l'armée, fait naître dans son esprit la crainte d'être jugé propre au service militaire, et l'espérance d'obtenir sa réforme; et de lui avoir par-là escroqué une somme d'argent. Jean Laffauris a vainement prétendu que, pour motiver valablement sa condamnation, la cour royale de Bordeaux avait dû articuler et préciser les faits matériels qui avaient constitué les manœuvres frauduleuses dont elle l'avait déclaré coupable : il n'a point été écouté.

« Attendu (a dit la cour de cassation) qu'il a été reconnu en fait, par la cour royale de Bordeaux, qu'il résultait des débats, et même des aveux du prévenu, que celui-ci s'était rendu l'intermédiaire entre le conseil de recrutement et le conscrit de Léglise, à l'effet de lui faire obtenir à prix d'argent sa réforme ou un remplacement; que, d'un autre côté, il a été également reconnu, par l'arrêt attaqué, que le sieur Laffauris s'est rendu coupable de manœuvres frauduleuses envers de Léglise, en faisant naître dans son esprit la crainte d'être déclaré pro-

_____

(1) Bulletin criminel de la cour de cassation, tome 31, page 510.

pre pour le service, et l'espérance toutefois de le faire réformer pour de l'argent;

» Attendu qu'une pareille déclaration émanée de la cour royale de Bordeaux, qui, sur ce point, a adopté les motifs des premiers juges, est une déclaration irréfragable, et que l'appréciation par elle faite, entrant dans l'exercice exclusif de ses attributions, ne peut point être réformée; que, lors même que cette appréciation serait erronée, l'erreur constituerait seulement un mal jugé, mais ne donnerait point ouverture à cassation; ·

» Attendu qu'en effet les manœuvres frauduleuses dont il est question dans l'art 405 du code pénal, n'ayant été ni définies, ni précisées par le législateur, leur application a été nécessairement abandonnée à la conscience des juges, auxquels la loi n'a fixé à cet égard aucune règle, et que c'est aux juges seuls qu'il appartient de décider si, de l'ensemble et de la nature desdits faits, résulte le délit qu'ils sont appelés à caractériser et à punir;

» Attendu que l'arrêt attaqué, loin de violer l'art 405 du code pénal, en a fait une juste application:

La cour rejette le pourvoi de Laffauris contre l'arrêt du 11 septembre 1826 (1). »

Jean-Marc Billon n'a pas été plus heureux dans l'emploi qu'il a fait du même moyen contre un jugement en dernier ressort du tribunal correctionnel de Melun, du 31 juillet 1827.

Par arrêt du 18 octobre suivant, au rapport de M. Mangin, et sur les conclusions de M. l'avocat-général Fréteau de Peny :

« Vu l'art. 405 du code pénal;

» Attendu que le jugement attaqué déclare qu'il résulte des faits de la cause, qu'à l'aide de manœuvres frauduleuses pour inspirer des craintes chimériques à la veuve Bureau, le demandeur lui a fait souscrire, le 23 mai 1825, un acte notarié portant cession de tous ses droits dans la succession Saulnier, et qu'il a par-là escroqué la presque totalité de la fortune de cette femme;

» Que ces faits constituent le délit d'escroquerie prévu et puni par l'art. 405 du code pénal; cet article n'ayant pas déterminé les faits particuliers constitutifs des manœuvres frauduleuses, il n'était pas nécessaire que le jugement attaqué spécifiât en quoi avaient consisté les manœuvres employées par le demandeur; qu'il suffit que le jugement ait exprimé que ces manœuvres avaient le caractère exprimé par l'art. 405 précité:

» Par ces motifs, la cour rejette le pourvoi.... (2). »

II. J'ai dit, à l'endroit cité de l'article *Jugement*

du *Répertoire de jurisprudence*, que, pour motiver valablement un jugement qui acquitte un prévenu d'escroquerie, il ne suffit pas de déclarer simplement qu'il ne résulte de la procédure aucune preuve de faits portant le caractère de ce délit, et qu'il faut de plus préciser les faits qui ont été articulés contre le prévenu, apprécier tout ce qui a été allégué et produit pour les prouver, et spécifier les résultats qu'ils ont eus.

Mais je ne l'ai dit que sur la foi de l'arrêt de la cour de cassation, du 22 mai 1812, qui est rapporté au même endroit; et cet arrêt n'avait ainsi jugé que par suite de la jurisprudence qui était alors en vigueur sur la manière de motiver les jugemens de condamnation à la peine de l'escroquerie.

Or, il est aujourd'hui bien reconnu, comme on l'a vu au n° précédent, que cette jurisprudence était vicieuse. La conséquence qu'en avait tirée cet arrêt par rapport à la manière de motiver les jugemens qui, en cette matière, acquittent les prévenus, ne peut donc plus être admise.

On sent d'ailleurs qu'il ne peut pas exister, à cet égard, de différence entre la manière de motiver l'acquittement d'un prévenu d'escroquerie, et la manière de motiver, soit l'acquittement d'un délit d'adultère ou d'injure, soit en matière civile, le rejet des moyens de dol et de fraude employés par l'une des parties contre l'autre; et que, si, comme on n'en peut douter, l'acquittement d'un délit d'adultère est suffisamment motivé par la seule déclaration que l'instruction et les débats n'ont fourni contre la femme aucune preuve de faits adultérins; si, comme on ne peut pas en douter davantage, l'acquittement d'un délit d'injure est suffisamment motivé par la seule déclaration que les propos injurieux imputés au prévenu, ne sont prouvés ni par l'instruction ni par les débats; enfin, si, comme l'a jugé un arrêt de la cour de cassation, du 21 novembre 1826 (1), le rejet de faits de dol et de fraude articulés en matière civile, par l'une des parties contre l'autre, est suffisamment motivé par la seule déclaration que les *imputations de dol et de fraude sont dénuées de fondement*, il est bien impossible de ne pas regarder également comme suffisamment motivé le jugement qui acquitte d'une prévention d'escroquerie, par la seule considération qu'il ne résulte de l'instruction et des débats, contre le prévenu, aucune preuve de faits portant le caractère de ce délit.

§. VII. *Est-il nécessaire de motiver spécialement la disposition d'un jugement qui n'est que l'accessoire et le corollaire non contesté d'une autre disposition suffisamment motivée du même jugement?*

J'ai établi la négative dans le *Répertoire de ju-*

---

(1) *Ibid.*, page 679.
(2) Journal des audiences de la cour de cassation, année 1827, page 342.

(1) Jurisprudence de la cour de cassation, tome 27, page 54.

risprudence, aux mots *Motifs des jugemens*, n° 3; et j'y ai cité plusieurs arrêts de la cour de cassation qui l'ont expressément consacrée. En voici deux autres qui l'ont proclamée de nouveau.

Le sieur Coum, en attaquant un arrêt de la cour royale de Rennes, du 9 janvier 1826, se plaignait spécialement de ce que la condamnation aux dépens prononcée contre lui, n'était pas motivée.

Mais par arrêt du 7 novembre 1827:

« Attendu, relativement aux dépens, qui sont un accessoire et une conséquence des condamnations principales, et que celles-ci étant motivées, servent aussi de motifs à la disposition relative aux dépens:

La cour (chambre des requêtes) rejette le pourvoi..... (1). »

La commune d'Aurel attaquait un arrêt de la cour royale de Grenoble, du 14 février 1823, qui l'avait déboutée de sa demande en revendication d'un bois, et en restitution du prix des coupes qui y avaient été faites; et elle soutenait qu'il avait violé l'art. 7 de la loi du 20 avril 1810, de deux manières: d'abord, en ce qu'il n'avait pas motivé suffisamment le rejet de sa demande en revendication; ensuite, en ce qu'il n'avait pas du tout motivé le rejet de sa demande en indemnité pour les coupes faites dans le bois.

Par arrêt contradictoire, du 14 novembre 1827:

« Attendu que les deux dispositions de l'arrêt attaqué, sous prétexte du défaut de motifs, sont réellement motivées; que, de plus, elles le sont valablement quant au chef concernant l'indemnité; puisque ce chef était la conséquence du principal, et que tous les motifs donnés pour le rejet de ce principal, s'appliquaient à l'accessoire, c'est-à-dire, à l'indemnité pour bois coupés ou vendus dans un enclos sur lequel la commune d'Aurel était déclarée n'avoir aucun droit:

» La cour rejette le pourvoi.... (2). »

MOTIFS DES LOIS. §. I. *Les motifs d'une loi venant à cesser, la loi perd-elle son autorité ?*

V. les articles *Tribunal d'appel*, §. 3, et *Usage* (*droit d'*), §. 3.

§. II. *Les motifs des lois sont-ils toujours des guides sûrs pour déterminer l'étendue de leurs dispositions ?*

V. le plaidoyer du 15 décembre 1809, rapporté aux mots *Inscription hypothécaire*, §. 3, et l'article *Notaire*, §. 3.

§. III. *Peut-on étendre une loi nouvelle et restrictive, à des objets dont elle ne parle pas, mais auxquels ses motifs sont applicables ?*

_____

(1) *Ibid.*, tome 28, page 184.
(2) *Ibid.*, tome 27, page 49.

V. le plaidoyer du 19 juillet 1816, rapporté à l'article *Testament*, §. 15.

MOULIN. §. I. 1° *Les lois relatives à la féodalité, ont-elles prononcé l'abolition ou du moins ordonné la réduction de la rente qu'un ci-devant seigneur s'était réservée, en concédant un fonds (adjacent à un canal non navigable, mais dérivant d'une rivière navigable, avec la charge d'y bâtir un moulin à eau, et cela dans un pays où le droit de cours d'eau, et par suite celui de bâtir des moulins sur des rivières non navigables, appartenait exclusivement aux seigneurs ?*

2° *Que doit-on décider à cet égard, si la rente a été, par l'acte de concession, qualifiée d'emphytéotique? Peut-elle, nonobstant cette qualification, être considérée comme censuelle?*

3° *La rente serait-elle conservée dans tous les cas, si la concession avait été stipulée perpétuelle, mais résoluble par l'extinction de la postérité du concessionnaire ?*

Ces questions, et deux autres qui sont indiquées sous les mots *Franc-alleu*, §. 3, et *Ministère public*, §. 4, se sont présentées à l'audience de la cour de cassation, section civile, le 12 nivôse an 12; voici de quelle manière je les ai discutées:

« Le cit. Anthès vous dénonce un jugement du tribunal d'appel de Colmar, du 17 germinal an 10, et vous avez à décider si ce jugement a été, comme il le soutient, rendu dans une forme illégale, ou si du moins il a violé au fond les lois qui, en supprimant les rentes seigneuriales, ont maintenu les rentes purement foncières.

» Dans le fait, par contrat du 6 septembre 1738, Jean-Philippe Anthès acquit de la dame Schawenbourg la terre de Nambsheim, située sur la rive gauche du Rhin. »

» A ce contrat, est annexé un état de la consistance de la terre.

» Il est divisé en plusieurs articles; et dans celui qui est intitulé *Droits seigneuriaux et juridiction*, on remarque notamment que le *seigneur* de Nambsheim était *haut et moyen justicier*; qu'il avait sur la commune et sur ses membres des droits de taille annuelle; que chaque habitant lui devait cinq corvées par an; qu'il jouissait, comme presque tous les seigneurs alsaciens, du droit appelé *umbgelt*, espèce d'impôt sur le vin; qu'il avait le droit exclusif de la chasse; qu'à lui seul appartenaient les amendes prononcées par justice; qu'il affermait la pêche sur le Rhin; que *les sources et autres eaux* dont il était le propriétaire, n'étaient pas affermées.

» Dans un autre article, intitulé *Bâtimens*, se trouve compris un moulin à eau, affermé avec les édifices et les jardins qui en dépendent, moyennant 80 réseaux de blé, 90 livres en argent, un porc gras et quelques volailles.

» A la fin de l'année 1750, ce moulin ayant besoin de grandes réparations, le propriétaire crut devoir le faire transplanter dans un autre emplacement; et pour s'épargner les avances que ce changement devait lui occasionner, il prit le parti de faire avec son fermier une convention par laquelle celui-ci s'obligea de reconstruire le moulin à neuf, dans le terrain qui lui serait indiqué et cédé à cet effet; et le propriétaire, de son côté, déclara lui bailler *en emphytéose perpétuelle, pour lui et ses héritiers en ligne directe seulement*, le moulin à la reconstruction duquel il venait de s'engager.

» Pour lui faciliter cette reconstruction, le propriétaire lui abandonna les matériaux du moulin alors existant, lui compta en outre une somme de 600 livres, et lui prêta un autre somme de 400 livres.

» Il fut convenu en même temps « qu'à chaque » mutation, les nouveaux emphytéotes obtiendraient » l'agrément du seigneur direct, comme aussi dans » le cas d'aliénation, sans qu'en l'un ou l'autre cas, » le seigneur direct pût prétendre le droit de LAU- » DÉMIUM. »

» Enfin la redevance emphytéotique fut fixée à 50 réseaux de mouture par an.

» Le 17 juillet 1777, le *domaine utile* de ce moulin fut vendu par décret sur les enfans mineurs du premier emphytéote; et parmi les clauses de la vente, faite devant le bailli du cit. Anthès, nous en remarquons deux qui portent :

» L'une, que « ladite vente et adjudication n'aura » lieu que tant et si long-temps qu'il restera des » descendans mâles ou femelles en ligne directe des » premiers preneurs emphytéotiques, en sorte qu'à » l'extinction de ladite descendance directe, la pro- » priété utile dont il s'agit RETOURNERA au seigneur » de ce lieu, qui la réunira et consolidera avec la » directe; »

» L'autre, que « l'adjudicataire ne pourra se » dire propriétaire dudit DOMAINE UTILE, qu'en ob- » tenant L'AGRÉMENT DU SEIGNEUR DIRECT, et qu'au- » tant que ledit seigneur ne voudra pas user de son » DROIT DE PRÉFÉRENCE DANS LES QUATRE MOIS, » à compter du jour que la vente lui aura été noti- » fiée. »

» Le 21 janvier 1791, Jean Ulsass, acquéreur des droits de l'adjudicataire, fit citer le cit. Anthès devant le bureau de paix du district de Colmar, pour se concilier sur les demandes qu'il entendait former contre lui, tant en remboursement des frais de construction du moulin, qu'en suppression, ou du moins en réduction proportionnelle de la redevance annuelle dont il était grevé par le bail emphytéotique du 3 novembre 1750; et à l'appui de ces demandes, il exposa « que le moulin s'était trouvé tout à coup » privé des eaux qui faisaient rouler ses quatre tour- » nans, attendu que, par ordre des ingénieurs, le » canal qui recevait les eaux du Rhin, avait été en- » tièrement fermé et bouché, de manière qu'il n'y

» avait plus d'autres eaux que celles qui filtraient à » travers la digue de fermeture. »

» Le cit. Anthès comparut sur cette citation, le 25 du même mois, et répondit, entre autres choses, que Jean Ulsass « ne devait pas ignorer qu'étant » propriétaire du domaine utile, la diminution, la » dégradation et extinction du fonds serait à sa » charge, par la maxime RES PERIT DOMINO, et qu'il » ne pouvait se soustraire à la reconnaissance du » domaine direct, qu'en réfutant l'emphytéose, ce » qu'il se gardait bien de faire. »

» La comparution se termina par un arrangement qui ne portait que sur les arrérages échus avant 1789, et qui réservait les droits du cit. Anthès au fond.

» Le 25 pluviôse an 3, Jean Ulsass, revenant à la charge, fit de nouveau citer le cit. Anthès pour se concilier sur la demande qu'il entendait former à ce que la redevance annuelle de cinquante réseaux de mouture fût déclarée abolie comme droit féodal, aux offres « de payer une rente proportionnée à la » jouissance du seul terrain qui formait l'enclos du » moulin à qui de droit, c'est-à-dire, ou à la com- » mune qui venait de s'en faire déclarer propriétaire » par un jugement arbitral, ou au cit. Anthès, la- » quelle serait estimée par experts. »

» Cette citation fut suivie, le 12 ventôse suivant, d'un procès-verbal de non-conciliation, dans lequel on voit le cit. Anthès soutenir « que les décrets ci- » tés par Ulsass n'abolissent point les emphytéoses; » qu'ils les maintiennent au contraire comme tous » autres droits fonciers; que le cours d'eau qui fait » tourner le moulin dont s'agit n'est pas un droit » féodal, pas plus pour ce moulin que pour ceux » de Saasheim, Heiteren, Voighelsheim et Algols- » heim, dont les moulins sont mis en mouvement » par les mêmes eaux et par le même canal, qu'ils » ont ouvert et nettoient à frais communs, et que » jamais le terrain et l'enclos du moulin n'ont été » enlevés par un jugement arbitral. »

» D'après ce procès-verbal de non-conciliation, et dès le 25 du même mois, Jean Ulsass s'est pourvu au tribunal du district de Colmar, où il paraît que la cause est restée sans poursuite jusqu'au 15 bru- maire an 7, époque de l'assignation en reprise d'ins- tance, qui fut donnée par ses héritiers au cit. Anthès, par-devant le tribunal civil du département du Haut- Rhin.

» Mais dans l'intervalle, il s'est fait au bureau de paix des actes qu'il ne sera pas inutile de vous rap- peler.

» Le 13 vendémiaire an 6, la commune de Namb- sheim avait fait citer les héritiers Ulsass pour les faire condamner à lui payer « la part et portion de la re- » devance emphytéotique, relative à l'emplacement » formant l'enclos du moulin qu'ils occupent et tien- » nent à emphytéose, attendu que ce moulin est si- » tué sur le terrain dont la propriété a été adjugée » à ladite commune, par jugement arbitral du 25

» nivôse an 2, d'après une ventilation à faire par
» experts, lesquels estimeront la quotité du canon
» relative au sol, et celle qui pourrait l'être au
» cours d'eau et droit de moulin, auxquels der-
» niers droits la commune n'a point de prétention,
» comme étant des droits seigneuriaux supprimés. »

» Le 18 du même mois, les héritiers Ulsass, comparaissant devant le bureau de paix, avaient requis
la mise en cause du cit. Anthès, « attendu qu'il pré-
» tendait la partie du canon répétée contre la com-
» mune, et qu'à ce sujet il y avait contestation en-
» tre eux et lui. »

» En conséquence, l'affaire avait été remise par
le bureau de paix, au 2 burmaire an 6, et les héritiers Ulsass avaient fait citer le cit. Anthès à y comparaître ce jour-là. Mais ce jour venu, le cit. Anthès
avait fait défaut, et il avait été dressé procès-verbal
de non-conciliation entre les héritiers Ulsass et la
commune.

» Que s'est-il fait en conséquence de ce procès-
verbal? La commune a-t-elle poursuivi contre les
héritiers Ulsass les fins de sa citation du 13 vendémiaire an 6? Et les héritiers Ulsass, de leur côté,
ont-ils conclu contre le cit. Anthès à ce que le jugement qui pourrait intervenir en faveur de la
commune, fût déclaré commun avec lui? Nous
l'ignorons : les parties n'ont rien dit, rien produit
qui nous fournisse là-dessus le moindre éclaircissement.

» Il est cependant certain, et vous en avez la
preuve dans la sentence arbitrale que les défendeurs
viennent de produire, que, le 25 nivôse an 2, la
commune s'était fait adjuger par des arbitres contradictoirement avec le cit. Anthès, la propriété du
terrain et de l'enclos sur lequel était élevé le moulin
dont il s'agit.

» La commune aurait-elle donc renoncé à l'effet
de cette sentence? Cela n'est pas vraisemblable. Le
cit. Anthès en aurait-il obtenu l'annulation? Rien
ne l'annonce, et le cit. Anthès lui-même n'en parle
pas. Il est donc bien probable que cette sentence
subsiste encore; et s'il nous était permis de hasarder
une conjecture sur le silence dans lequel la commune
s'est renfermée à cet égard, depuis le procès-verbal
de non-conciliation du 2 brumaire an 6, nous pen-
serions que la commune, mal conseillée sans doute,
a cru devoir attendre, pour donner suite à son action, que les différends entre le cit. Anthès et les héritiers Ulsass fussent terminés définitivement.

» Nous disons *mal conseillée*; car le moyen le
plus sûr et tout à la fois le plus expéditif de mettre
fin aux contestations entre le citoyen Anthès et les
héritiers Ulsass, était que la commune y intervînt
pour faire usage de son jugement arbitral du 25 nivôse an 2. De là, en effet, il serait résulté infailliblement que le cit. Anthès était sans qualité pour
réclamer la redevance litigieuse; qu'à la vérité, l'a-
liénation qu'il avait faite, en 1750, du terrain sur lequel le moulin avait été érigé, ne pouvait pas être at-

taquée par la commune; mais qu'aux termes des
art. 4 et 13 de la loi du 28 août 1792, c'était à la
commune qu'appartenait la redevance constituée
pour le prix de cette aliénation.

» Quoi qu'il en soit, les héritiers Ulsass, en reprenant devant le tribunal civil du Haut-Rhin, l'instance qui avait été portée en l'an 3 au tribunal du
district de Colmar, y ont pris des conclusions qu'il
importe de remarquer. Elles tendaient « à ce que,
» sous le mérite des offres déjà faites de payer A
» QUI DE DROIT une rente emphytéotique propor-
» tionnée à la jouissance du seul terrain qui forme
» l'enclos du moulin, et ce, à dire d'experts, il fût
» dit que la rente ou le canon emphytéotique de cin-
» quante réseaux de mouture par an, assis sur le-
» dit moulin, était un droit féodal supprimé sans
» indemnité, ainsi que les arrérages qui en seraient
» dus. »

» Vous voyez que les héritiers Ulsass n'offraient
pas précisément de payer au cit. Anthès une rente
proportionnée à la valeur de l'emplacement de leur
moulin, mais qu'ils offraient de la payer *à qui de
droit* : ce qui suppose manifestement que, dans leur
opinion, ils pouvaient bien ne pas la devoir au cit.
Anthès, mais à la commune; ce qui, par conséquent, suppose encore que la commune, à cette
époque, ne s'était pas désistée, et n'avait pas été
évincée de l'effet de sa sentence arbitrale du 25 nivôse an 2.

» Au surplus, il ne paraît pas que cette sentence
ait été produite devant le tribunal du Haut-Rhin,
ni qu'on s'en soit prévalu devant lui de part ni
d'autre. Nous en ferons donc ici une abstraction
complète, et nous examinerons la cause, comme si
le cit. Anthès était encore reconnu avoir pu aliéner,
en 1750, la propriété de l'emplacement du moulin
possédé par les héritiers Ulsass.

» Par jugement du 8 frimaire an 7, le tibunal civil du Haut-Rhin a prononcé conformément aux
conclusions des héritiers Ulsass; et pour prononcer
ainsi, il s'est fondé sur un point de droit et sur un
point de fait.

» Dans le droit, il a considéré que l'art. 5 de la
loi du 25 août 1792 n'avait maintenu les droits, seigneuriaux conservés par les lois précédentes, que
dans le cas où ils eussent formé le prix d'une concession primitive de fonds; que la loi du 17 juillet
1793, allant plus loin encore, avait aboli généralement tous les droits seigneuriaux, toutes les rentes
féodales, et qu'elle n'avait conservé que les rentes
purement foncières.

» Il a considéré, dans le fait, que la redevance
emphytéotique stipulée par le bail de 1750 n'avait
pas pour seule cause la concession du terrain sur lequel l'emphytéote avait construit le moulin dont il
s'agissait; que la concession de ce terrain n'aurait
pas suffi pour y pouvoir établir un moulin, si le
seigneur n'y eût joint la concession du droit de cours
d'eau; que le droit de cours d'eau était, avant la ré-

volution; réputé seigneurial dans toute l'Alsace; qu'en conséquence, aucun particulier propriétaire d'un terrain adjacent à une rivière ou à un canal, n'eût pu, avant la révolution, y construire un moulin à eau sans la permission de son seigneur; que de là il suivait nécessairement que le droit de cours d'eau avait été concédé par le bail emphytéotique de 1750, en même temps que l'emplacement sur lequel le moulin était bâti; qu'ainsi, la rente stipulée par ce bail était foncière, en tant qu'elle avait pour cause la concession du droit de cours d'eau; que conséquemment elle était mixte, et que, d'après la loi du 17 juillet 1793, elle eût dû être déclarée abolie en totalité, si les héritiers Ulsass ne s'étaient pas bornés à en demander la réduction.

» Le cit. Anthès a appelé de ce jugement; mais vaine tentative : le tribunal d'appel de Colmar a déclaré qu'il avait été bien jugé, et il s'est fondé sur les mêmes motifs que le tribunal civil du Haut-Rhin, notamment sur ce que, « dans la ci-devant Alsace, le droit de cours d'eau, avant la révolution, appartenait exclusivement aux seigneurs; qu'on saurait d'autant moins en douter, que pour lors un particulier ayant un terrain contigu à une rivière, n'aurait pu y construire une usine, sans la permission expresse du seigneur, pas même souvent en tirer des eaux pour l'irrigation de ses prés. »

» C'est de ce jugement du tribunal d'appel de Colmar que le cit. Anthès vous demande aujourd'hui la cassation.

» Son premier moyen consiste à dire que les règles de l'ordre judiciaire ont été violées dans la forme du jugement dont il se plaint; et elles l'ont été, suivant lui, en ce que le cit. Anthonin, qui avait pris part, comme président du tribunal civil du Haut-Rhin, au jugement de première instance, a encore figuré dans la cause d'appel, en qualité de commissaire du gouvernement, et y a conclu au bien-jugé.

» Mais aucune loi ne défendait au cit. Anthonin de porter la parole, au nom du ministère public, sur l'appel du jugement auquel il avait participé comme juge. Les convenances exigeaient sans doute qu'il s'en abstînt; mais blesser les convenances et violer une loi, ce n'est pas, à beaucoup près, la même chose : et si, comme vous l'avez jugé, le 14 ventôse an 10, au rapport du cit. Cochard, un jugement d'appel est nul, par cela seul qu'il y est intervenu un magistrat qui avait connu de l'affaire en première instance, et qu'aucune des parties n'a récusé par ce motif, à combien plus forte raison ne peut-on pas, dans notre espèce, faire résulter une nullité de ce que le cit. Anthonin a rempli sur l'appel les fonctions de commissaire du gouvernement, après avoir rempli celle de juge en première instance!

» Le second moyen de cassation du cit. Anthès n'est pas d'une discussion aussi facile que le premier. Il est tiré des art. 1 et 2 de la loi du 17 juillet 1793,

que le cit. Anthès soutient avoir été, l'un faussement appliqué, l'autre violé par le tribunal d'appel de Colmar.

» Suivant le cit. Anthès, la redevance litigieuse n'a aucun caractère de féodalité : ainsi, en la déclarant abolie par l'art. 1 de la loi citée, le tribunal d'appel de Colmar a fait une fausse application de cet article. D'un autre côté, cette redevance est purement foncière; elle est conséquemment maintenue par le deuxième article de la même loi : ce second article a donc été violé par le tribunal d'appel de Colmar.

» Pour bien apprécier ce moyen, il importe avant tout de nous fixer d'une manière précise sur les cas dans lesquels une redevance créée originairement au profit d'un seigneur, pour prix d'une concession quelconque, est ou n'est point frappée de la suppression prononcée par les lois relatives au régime féodal.

» De deux choses l'une : ou la redevance a été constituée pour le prix de la concession d'un objet qui ne faisait point partie de la seigneurie du concédant, et qui par conséquent était possédée par celui-ci, soit en franc-alleu roturier, soit en censive; ou elle a été constituée pour prix de la concession d'un objet que le concédant possédait comme partie intégrante de sa seigneurie.

» Au premier cas, la concession ne peut être envisagée que comme un bail à rente, ou, ce qui revient à peu près au même, comme une emphytéose perpétuelle. Et alors la redevance qui en forme le prix est purement foncière, quelle que soit d'ailleurs la qualification qui lui a été donnée par l'acte de concession (1).

» Au second cas, il faut distinguer : ou la redevance a été stipulée d'une manière qui rappelle la féodalité, c'est-à-dire, soit avec le caractère de cens, soit avec mélange de droits tenant au régime censuel; ou elle a été comme une rente purement foncière ou emphytéotique.

» Si elle a été stipulée avec le caractère de cens ou avec mélange de droits censuels, elle est abolie par la loi du 17 juillet 1793. Ainsi l'ont déclaré les décrets interprétatifs du 2 octobre 1793 et du 7 ventôse an 2; et vous savez que le gouvernement s'est prononcé l'année dernière, dans une forme très-solennelle, sur l'obligation dans laquelle sont toutes les autorités de respecter ces deux décrets, tant qu'ils ne seront pas rapportés.

» Si la redevance a été stipulée seule, comme purement foncière, et sans rétention de foi (2), il faut encore distinguer.

» Ou la concession a pour objet un fonds de terre, un droit réel non aboli par les nouvelles lois, en un mot, une chose qui est encore aujourd'hui

_____

(1) V. l'article Rente foncière, §. 13 et 14.
(2) V. l'article Locatairie perpétuelle, §. 1.

dans le commerce; et alors la redevance est maintenue par l'art. 2 de la loi du 17 juillet 1793 ;

» Ou la concession a pour objet un droit que les lois nouvelles ont aboli; et, dans ce cas, l'abolition du droit concédé emporte nécessairement l'abolition de la redevance qui formait le prix de la concession;

» Ou enfin la concession embrassait à la fois des fonds de terre et des droits actuellement abolis; et, dans cette troisième hypothèse, la redevance n'est ni entièrement supprimée, ni entièrement maintenue ; elle est sujette à réduction.

» Sur ces deux derniers points, il existe, comme vous le savez, une disposition formelle dans l'art. 38 du tit. 2 de la loi du 15-28 mars 1790 : « Les preneurs à rente d'aucuns droits abolis ne pourront demander qu'une réduction proportionnelle des redevances dont ils sont chargés, lorsque les baux contiendront, outre les droits abolis, des bâtimens, immeubles ou autres droits dont la propriété est conservée....; et dans le cas où les baux à rente ne comprendraient que des droits abolis, les preneurs seront.... déchargés des rentes. »

» D'après ces données, il est évident, et que la redevance dont il est ici question est abolie par nos lois nouvelles, si, dans la stipulation qui l'a créée, il est entré quelque caractère ou mélange de féodalité; et que, dans le cas où il ne serait entré rien de semblable dans la stipulation constitutive de cette redevance, elle devrait au moins être réduite, si elle était à la fois le prix de deux choses distinctes, d'une concession de propriété foncière, et d'une concession de droit féodal.

Ainsi, deux questions à examiner. La redevance dont il s'agit, a-t-elle été constituée sans caractère ni mélange de féodalité? C'est la première. A-t-elle été constituée pour prix d'un droit féodal, en même temps que pour prix d'une propriété foncière? C'est la seconde.

» Sur la première question, nous n'avons à consulter que l'acte de 1750, qualifié de *bail emphytéotique* ; et toute la difficulté consiste à savoir si cet acte est effectivement une emphytéose, ou si ce n'est pas un bail à cens.

» Nous n'avons pas besoin de prouver que la solution de cette difficulté n'est pas dans la dénomination que les parties ont donnée à l'acte même. Il est de principe que la nature des contrats se détermine, non par les qualifications qu'il a plu aux parties contractantes de leur donner, mais par la substance des clauses qu'ils renferment. Ainsi, l'on aurait qualifié de bail à cens l'acte de concession de 1750, qu'il n'en serait pas moins une emphytéose, si véritablement il en avait le caractère. Et réciproquement en vain l'aura-t-on qualifié d'emphytéose, si, dans la réalité, on n'y trouve qu'un bail à cens, c'est comme un bail à cens que nous devons le considérer.

» Quelle différence y a-t-il en général entre un bail à cens et un bail emphytéotique?

» Elle consiste principalement (répond Boutaric, » dans son *Traité des droits seigneuriaux*, page » 2) en ce qu'on ne peut bailler à cens qu'un fonds » que l'on possède noble ; au lieu que, pour bailler » un fonds à titre d'emphytéose, il suffit de le posséder en franc-alleu et indépendamment de toute » seigneurie directe, quoique d'ailleurs rural et sujet au payement des tailles, la roture n'ayant rien » d'incompatible avec l'allodialité et l'indépen» dance.

» L'essence et le fond de ces deux contrats (ajoute » l'annotateur de Boutaric) sont absolument les mê» mes, puisque l'un et l'autre sont également un con» trat par lequel il n'y a que le domaine utile qui soit » aliéné, tandis que la dominité directe reste au » bailleur, avec une rente qui lui est payée en re» connaissance de la directité. Le contrat est donc » spécifiquement le même, et la différence ne vient » que des biens qui font le sujet de l'un et de l'au» tre. Le bail à cens est le bail d'un fonds noble et » féodal; au lieu que le bail emphytéotique est ce» lui d'un fonds qui est tenu en roture. »

» Ajoutons que le franc-alleu *noble*, c'est-à-dire, décoré des titres de seigneurie et de justice, peut aussi bien être donné en emphytéose que le franc-alleu *roturier*, c'est-à-dire, dénué de justice et de seigneurie. Ni Boutaric ni son annotateur ne le disent, mais cela se sent de soi-même.

» Ajoutons encore que, si un seigneur de fief donnait en emphytéose une partie quelconque de son domaine féodal, sa concession ne serait pas une emphytéose proprement dite, mais un véritable bail à cens. C'est ce qu'établit Hervé, dans sa *Théorie des matières féodales*, tome 2, page 329 : « L'emphytéose à perpétuité, dit-il, est ou un vrai » bail à cens, ou un vrai bail à rente, suivant que » le bailleur est, ou seigneur de fief, ou simple pro» priétaire de censives. »

» On sent, en effet, que le bail à cens est la seule voie par laquelle un feudataire puisse arroturer une partie de son fief, c'est-à-dire, en concéder le domaine utile, et s'en réserver le domaine direct; car il est impossible que le domaine direct qu'il se réserve ne soit pas de nature féodale; et il est également impossible que la redevance récognitive de ce domaine direct et féodal réservé ne soit pas un cens.

» Par la raison inverse, il ne peut appartenir qu'au possesseur d'un franc-alleu de le bailler en emphytéose, c'est-à-dire, d'en transférer le domaine utile, et d'en retenir un domaine direct qui n'ait aucun caractère de seigneurie féodale.

» Et ceci nous explique pourquoi Argou, dans ses *Institutions au droit français*, tome 2, page 305, édition de 1771, dit que, dans la plupart des pays de droit écrit, on confond l'emphytéose avec le bail à cens; et pourquoi Fonmaur, dans son *Traité des lods et ventes*, n° 120, dit pareillement que, dans les pays de droit écrit « il n'y a point de vé-

» ritable emphytéose, mais seulement des baux à
» cens, comme dans la France coutumière; » pourquoi Boutaric, page 528, dit que les auteurs des
pays de droit écrit « se servent de bail à cens et de
» bail emphytéotique, comme de deux expressions
» synonymes. »

» C'est que ces auteurs parlent du bail emphytéotique fait par un seigneur de fief; c'est que, dans le
temps où ils écrivaient, les francs-alleux étaient
très-rares, et qu'ils appliquaient ce qu'ils disaient
du bail emphytéotique, aux biens qui en étaient
l'objet le plus habituel, c'est-à-dire, aux biens féodaux qu'un seigneur détachait par cette voie du
gros de son fief, et dont, par cette même voie, il
faisait nécessairement des censives.

» Il est donc bien clair que, si Jean-Philippe
Anthès qui, en 1750, a concédé en emphythéose
un terrain propre à la construction d'un moulin
à eau, ne possédait pas ce terrain en franc-alleu, il
n'a fait et n'a pu faire, par cette concession, qu'un
véritable acensement; et que la redevance stipulée
par ce bail n'est pas emphytéotique, mais censuelle.

» Or, est-ce en franc-alleu, est-ce en fief, qu'il
possédait ce terrain avant de le concéder? Il le
possédait comme partie intégrante de sa seigneurie
de Nambsheim; il n'aurait donc pu le concéder en
franc-alleu, qu'autant que sa seigneurie de Nambsheim fût pour lui de nature allodiale.

» Etait-elle, en effet, de cette nature? Dans la
requête en cassation, l'affirmative est articulée comme
constante, mais le demandeur n'en rapporte aucune
preuve; il n'en est même pas fait la plus légère mention dans le contrat d'acquisition de 1738, qui est
sous vos yeux.

» A la vérité, dans les pays de droit écrit, et notamment dans la ci-devant Alsace, l'allodialité se
présumait de droit; mais à l'égard de quels biens?
A l'égard des biens qui n'avaient point de justice,
et qu'on appelait francs-alleux roturiers. Il en était
autrement à l'égard des francs-alleux qualifiés de
nobles. La justice dont ils étaient décorés ne pouvait être qu'une émanation, un emprunt de la puissance publique; elle ne pouvait, par conséquent,
être possédée que par concession de souverain; et
cette concession, il fallait la prouver; sinon, l'on
était censé la tenir en fief.

» C'est ce qu'a décidé, entre autres, l'arrêt célèbre
du 22 mai 1677, rendu sur la fameuse contestation
à laquelle nous devons les deux traités, ou plutôt
les deux mémoires de Galland et de Caseneuve sur
le franc-alleu du Languedoc : il déclare que le franc-
alleu roturier est naturel et d'origine dans cette contrée; mais « à l'égard du franc-alleu noble, il veut
» que tous ceux qui prétendront tenir et posséder
» terres et seigneuries en franc-alleu, soient tenus
» de le justifier par bons et valables titres...; et faute
» de justifier..., seront... réputées... lesdites terres
» et seigneuries en foi et hommage de S. M. »

» Le même principe a été implicitement consacré
par trois autres arrêts des 4 juillet 1693 et 6 février
1694, qui, en déclarant le franc-alleu naturel dans
le ci-devant duché de Bourgogne, dans la coutume
de Troyes et dans celle de Chaumont, ont expressément restreint cette décision au franc-alleu roturier.

» Ce n'est donc pas en franc-alleu, c'est au contraire à titre de fief, que le cit. Anthès doit être
censé avoir possédé, en 1750, sa seigneurie de
Nambsheim.

» Et de là résulte nécessairement la conséquence,
que ce n'est pas une emphytéose, mais un bail à
cens qui a été fait en 1750; que ce n'est pas une
redevance emphytéotique, mais une rente censuelle
qui a été constituée par cet acte; qu'enfin, la suppression de cette redevance est prononcée par l'art.
1er de la loi du 17 juillet 1793.

» Mais allons plus loin : supposons que la seigneurie de Nambsheim ait formé, dans la main du
cit. Anthès, un véritable franc-alleu, et voyons où
nous conduira cette hypothèse.

» Dans cette hypothèse, sans doute, l'auteur du
bail de 1750 a été le maître de concéder le terrain
qui en est l'objet, a titre d'emphytéose proprement
dite.

» Mais il a pu aussi le concéder à cens, car il est
universellement reconnu qu'avant l'abolition du régime féodal, le propriétaire d'un franc-alleu noble
pouvait, par une concession, le convertir en censive
ou même en fief.

» Or, que vous dit-on pour prouver que Jean-
François Anthès n'a pas concédé à cens, mais en
emphythéose, le terrain dont il s'agit?

» On vous dit que, dans le bail de 1750, il est
stipulé qu'en cas d'aliénation, il ne sera point dû
de lods au bailleur.

» Mais le droit de lods n'est point de l'essence
du bail à cens; il est seulement placé au rang des
attributs naturels de ce contrat; et tout le monde
convient qu'il peut exister des censives, comme en
effet il en existe un très-grand nombre, qui, par
stipulation ou par coutume locale, sont affranchies
de ce droit.

» Et la preuve que, par l'acte de 1750, Jean-
François Anthès a entendu faire un vrai bail à cens,
c'est qu'il s'y est reservé le droit de prélation ou de
retrait, non tel qu'il avait lieu, d'après les lois romaines, dans l'emphytéose, mais tel qu'il avait lieu
dans nos coutumes et dans nos pays de droit écrit,
à l'égard des censives proprement dites.

» Nous disons d'abord qu'il s'est reservé le droit
de prélation ou de retrait : et cela résulte de la combinaison de deux clauses du bail de 1750.

» Par l'une, Jean-François Anthès limite au preneur et à ses héritiers en ligne directe seulement la
concession qu'il lui fait.

» Par l'autre, il stipule que « à chaque mutation,

les nouveaux emphytéotes obtiendront l'agrément du seigneur direct, comme aussi dans le cas d'aliénation. »

» Si l'agrément du seigneur direct était nécessaire pour donner effet aux actes par lesquels l'emphytéote et ses descendans seraient dans le cas de disposer de leur domaine utile, bien évidemment le seigneur direct pouvait, par le refus de son agrément, empêcher l'effet de ces actes. Et comment pouvait-il l'empêcher ? En retirant le domaine utile sur l'acquéreur, en reprenant pour lui-même le marché de ce dernier, en exerçant un véritable droit de prélation ou de retrait.

» Et la preuve que c'est là ce qu'on a entendu stipuler dans le bail de 1750, c'est, 1° qu'à la fin de l'acte il est dit que *seront en outre observés.... les droits usités en cette province pour les emphytéoses*, droits au nombre desquels était bien constamment celui de prélation, pour l'exercice duquel l'usage de la ci-devant Alsace accordait quatre mois au seigneur direct ; c'est, 2° que, dans le fait, le bail de 1750 a été exécuté dans ce sens : témoin l'adjudication par décret de 1777, qui porte, comme nous l'avons déjà remarqué, que « l'adjudicataire ne pourra se dire propriétaire dudit domaine utile, qu'en obtenant l'agrément du seigneur direct, et qu'autant que ledit seigneur ne voudra pas user de son droit de préférence dans les quatre mois, à compter du jour que la vente lui aura été notifiée. »

» Nous disons, en second lieu, que le droit de prélation réservé par Jean-François Anthès n'a rien de commun avec le droit de prélation que le droit romain accorde au bailleur de l'emphytéose ; et cela est d'une évidence palpable.

» La loi 2, C. *de jure emphyteutico*, veut que l'emphytéote, ayant pris la résolution de vendre son domaine utile, en avertisse le bailleur avant d'effectuer la vente qu'il a en vue, et lui donne connaissance du prix qu'on lui en offre, afin que celui-ci le reprenne pour le même prix, si cela est à sa convenance ; qu'ensuite, il attende pendant deux mois la détermination du bailleur ; que les deux mois écoulés, il puisse vendre irrévocablement ; mais que, s'il vend sans ces préalables, il soit déchu de son emphytéose, qui, par ce moyen, retourne dans la main du bailleur par droit de commise.

» Dans le bail de 1750, au contraire, et dans le décret du 17 juillet 1777, qui en renferme à la fois le commentaire et l'exécution, le preneur est autorisé à vendre sans prévenir le bailleur, et celui-ci a quatre mois, après la vente consommée, pour exercer son droit de prélation.

» Or, c'est précisément là ce qui justifie notre troisième proposition, que le droit de prélation est stipulé dans le bail de 1750, tel qu'il a lieu à l'égard des censives : « Le droit de prélation en ma-
» tière féodale (dit Salving, chap. 21), est différent
» de celui que la loi de Justinien donne pour l'em-
» phytéose, en ce que le féodal n'a lieu qu'après la
» vente parfaite et consommée, d'où vient qu'il est

» appelé par les coutumes RETRAIT ; et, au contraire,
» l'emphytéotique a lieu dès que l'emphytéote
» se dispose de vendre, et avant que la vente soit
» accomplie, parce qu'après la consommation de la
» vente, si le propriétaire direct n'y a consenti, le
» droit de prélation fait place au droit de com-
» mise. »

» Mais ce qui prouve encore mieux que, dans le bail de 1750, c'est un droit de prélation véritablement censuel que Jean-François Anthès s'est réservé, c'est qu'il se l'est expressément réservé comme *seigneur direct*.

» Et qu'on ne dise pas que ces mots, *seigneur direct*, peuvent aussi bien s'appliquer à un bailleur en emphytéose qu'à un bailleur à cens.

» Sans contredit, le mot *direct* convient à l'un comme à l'autre, puisque l'un retient, aussi bien que l'autre, le domaine direct du fonds concédé.

» Mais quand à ce mot se trouve joint celui de *seigneur*, et quand surtout celui qui emploie ces deux expressions se trouve, de fait, *seigneur*, et même *seigneur haut-justicier*, il est impossible que ces deux expressions ne désignent pas un bailleur à cens ; il est impossible que l'acte fait par ce bailleur ne soit pas un contrat de cens ; il est impossible que la redevance stipulée par cet acte ne soit pas un cens.

» Ainsi, non-seulement il est prouvé, dans le droit, que Jean-François Anthès n'aurait pas pu concéder le terrain dont il est question en pure emphytéose ; non-seulement il suit de là qu'il n'a pu le concéder qu'à cens ; mais, dans le fait, il est démontré, par les propres termes du bail, que c'est réellement à cens qu'il l'a concédé, et qu'en le concédant à ce titre, il s'y est réservé un droit de retrait essentiellement seigneurial.

» Il y a donc double raison pour que l'abolition prononcée par l'art. 1 de la loi du 17 juillet 1793, s'applique à la rente stipulée par le bail de 1750 : elle s'y applique, parce que cette rente est un véritable cens ; elle s'y applique encore, parce que, quand même cette rente serait vraiment emphytéotique ou foncière, elle se trouverait toujours mélangée avec un droit tenant à la féodalité.

» Mais allons plus loin encore, et abordant notre deuxième question, qui pourtant devient absolument surabondante, examinons si, dans la supposition que la redevance dont il s'agit soit purement foncière, et qu'elle ait été constituée sans mélange de droits féodaux, elle n'est pas au moins soumise à la réduction ordonnée par l'art 38 du tit. 2 de la loi du 15-28 mars 1790 ; ou, en d'autres termes, examinons si, dans cette hypothèse, assurément bien gratuite, cette redevance n'est pas abolie, comme ayant été créée pour prix d'un droit féodal, en même temps que pour prix d'une propriété foncière.

» Un point de fait que le jugement attaqué constate d'une manière irréfragable, et que le cit. Anthès ne conteste même pas, c'est que, dans la ci-devant Alsace, comme dans presque toute la France, le droit de cours d'eau était seigneurial avant la révolution; et que, par suite, nul ne pouvait bâtir un moulin sur une rivière dépendante d'une seigneurie, sans la permission de celui à qui cette seigneurie était réputée appartenir.

» A ce point de fait, vient se joindre un point de droit qui est également marqué au coin de l'évidence : c'est que les redevances moyennant lesquelles les ci-devant seigneurs avaient, antérieurement à la révolution, autorisé les particuliers à construire des moulins à eau, ont été abolies par nos lois nouvelles.

» A la vérité, l'art. 7 de la loi du 19-27 septembre 1790 avait « sursis à prononcer sur les droits » dont les moulins à eau pouvaient être grevés, » jusqu'au moment où il serait statué par une loi » générale sur la propriété des rivières et cours » d'eau. »

» A la vérité, cette loi générale, dont plusieurs comités de l'assemblée constituante s'occupaient alors, n'a été faite, ni par cette assemblée, ni par les législatures qui l'ont suivie.

» Et il semblerait, par conséquent, que le sursis prononcé par la loi du 19-27 septembre 1790 durât encore.

» Mais faisons bien attention à deux choses :

» La première, que les ci-devant seigneurs n'étaient considérés, comme propriétaires des petites rivières et cours d'eau, qu'en leur qualité de hauts ou moyens-justiciers, et qu'ils ont été irrévocablement dépouillés de cette propriété, ainsi que de tous les droits qui en dérivaient, par la loi du 13-20 avril 1791, dont l'art. 16, tit. 1er, abolit généralement tous les droits dépendans de la justice seigneuriale;

» La seconde, que l'art. 1er de la loi du 17 juillet 1793 supprime, sans ménagement comme sans distinction, tous les droits ci-devant féodaux qui avaient été conservés, soit par provision, soit définitivement, par les lois antérieures.

» Et s'il est vrai, comme on n'en peut douter, que les redevances constituées pour permission de bâtir des moulins à eau ont été supprimées par la première de ces deux lois; si, comme on peut en douter encore moins, il est vrai qu'elles auraient été supprimées par la seconde, dans le cas où elles eussent pu survivre à la première, il est évident que le sursis porté par la loi du 19-27 septembre 1790 ne subsiste plus.

» Donc, si le preneur de la prétendue emphytéose de 1750 eût été, à cette époque, propriétaire du fonds sur lequel il a construit un moulin, et que, pour obtenir du seigneur de Nambsheim la permission sans laquelle cette construction lui aurait été impossible, il eût constitué une redevance au profit de ce seigneur, nul doute qu'il ne fût aujourd'hui déchargé de cette redevance.

» Mais ce prétendu emphytéote n'avait point d'emplacement pour bâtir son moulin, et le seigneur de Nambsheim lui en a concédé un.

» La redevance constituée par le bail de 1750 a donc évidemment deux causes : la concession de l'emplacement du moulin, et la concession de la faculté de construire le moulin même.

» Si donc le bail de 1750 n'est pas un bail à cens, s'il peut être considéré comme un bail à rente, du moins c'est un bail à rente qui comprend à la fois et un droit seigneurial maintenant aboli, et une propriété foncière. Il est donc, dans cette supposition, soumis à la première partie de l'art. 38 du tit. 2 de la loi du 15-28 mars 1790. La redevance qu'il établit est donc, dans cette supposition, sujette à la réduction ordonnée par cet article. Il a donc été, dans cette supposition, bien jugé par le tribunal d'appel de Colmar.

» Mais, dit le demandeur, le bail de 1750 ne présente aucune trace de concession du droit de cours d'eau; il ne présente que la concession d'un moulin à construire. A la vérité, le moulin ne pouvait pas tourner sans eau; mais que résulte-t-il de là? Une seule chose : c'est que les objets concédés forment un tout indivisible. On ne peut donc pas, dans le bail de 1750, séparer le droit de cours d'eau d'avec l'emplacement du moulin.

» Oui, sans doute, les objets concédés formaient, à l'époque de la concession, un tout inséparable. C'était l'effet de la jurisprudence d'alors, qui rendait inutile la concession de l'emplacement du moulin, sans la concession du droit de cours de l'eau. Mais de là même il suit nécessairement que le droit de cours d'eau a été concédé en même temps que l'emplacement du moulin. Qu'il l'ait été en termes exprès ou implicitement, il importe peu. Le fait est que le moulin ne pouvait pas tourner sans eau; la concession de l'emplacement du moulin a donc, par la force des choses, renfermé la concession du droit de cours d'eau. Qui veut la fin, veut les moyens.

» Et puisque l'abolition du régime féodal a fait sortir le droit de cours d'eau de la propriété du ci-devant seigneur; puisque par-là le droit de cours d'eau est devenu le patrimoine de tout propriétaire de fonds adjacens aux rivières, il est évident que l'indivisibilité qui existait à l'époque du bail de 1750, n'existe plus aujourd'hui; il est évident qu'aujourd'hui la rente constituée par le bail de 1750 se trouve dénuée de cause, en tant qu'elle est représentative du droit de cours d'eau; il est évident qu'en tant qu'elle représente le droit de cours d'eau, elle est abolie sans indemnité.

» Pour rendre la chose plus sensible encore, supposons que, dans la ci-devant Alsace, où le droit de débiter du sel était réservé aux seigneurs et à ceux à qui ils voulaient bien en permettre l'exercice, un seigneur ait concédé à un particulier, moyennant une redevance annuelle, un emplacement pour y bâtir une maison dans laquelle il pourrait établir une boutique de sel. A coup sûr, dans le principe de la concession, cette redevance était considérée comme le prix, non-seulement du terrain propre à la construction d'un édifice, mais encore du droit de débit de sel; et ce terrain et ce droit de débit formaient, dans l'intention du concédant, comme dans celle du concessionnaire, un tout indivisible. Mais la révolution ayant anéanti, dans la main du seigneur, le droit exclusif qu'il avait de vendre du sel, qu'est devenue la redevance? Sans contredit, elle a subsisté, en tant qu'elle était représentative du terrain sur lequel a été élevée la boutique; mais elle a certainement été abolie, en tant qu'elle était représentative de la permission de vendre du sel.

» Autre exemple : vous savez que, dans la coutume de Péronne, Roye et Montdidier, le *droit de vent* était seigneurial; et qu'en conséquence il n'était permis qu'aux seigneurs de bâtir des moulins à vent dans l'étendue de leurs fiefs. Souvent néanmoins les seigneurs se départaient de ce droit exclusif, moyennant des redevances annuelles, et souvent aussi ils préféraient à la concession expresse ou tacite de ce droit, soit celle d'un fonds pour y ériger un moulin, soit celle d'un moulin tout construit. Eh bien! de quel œil verrait-on aujourd'hui un ci-devant seigneur exiger la redevance entière qu'il a stipulée en concédant, ou un moulin tout bâti, ou un terrain propre à en bâtir un? Assurément il ne serait pas écouté, et on réduirait sa redevance proportionnellement à la valeur intrinsèque du fonds qu'il a concédé. Pourquoi cela? Parce que le *droit de vent*, qu'il a compris dans sa concession, n'existe plus; parce qu'à cet égard la redevance n'a plus de cause; parce que la loi du 15-28 mars 1790 ne maintient les rentes foncières créées pour concession d'objets conservés et de droits abolis, que jusqu'à concurrence de la valeur relative des objets conservés.

» Dira-t-on, pour éluder ces argumens, qu'il n'est pas prouvé, dans notre espèce, que le droit de cours d'eau ait été compris dans le bail prétendu emphytéotique de 1750 ?

» Mais bien évidemment il y a été compris; il l'a même été nécessairement, si le cit. Anthès avait le droit exclusif de bâtir des moulins sur les eaux qui servent au roulement de celui dont il est ici question; il y a été compris, et il l'a été nécessairement, si le preneur n'a pas pu, en vertu de la seule concession d'un terrain adjacent à ces eaux, y ériger un moulin et le mettre en mouvement, sans une permission spéciale du cit. Anthès.

» Or, que la permission spéciale du cit. Anthès ait été, d'après la jurisprudence de la ci-devant Alsace, indispensablement nécessaire au preneur, pour élever et faire tourner son moulin, c'est, nous l'avons déjà dit, un fait qui est irréfragablement constaté, tant par le jugement du tribunal de première instance, que par celui du tribunal d'appel; c'est un fait, par conséquent, dont vous ne pouvez pas être juges.

» Vainement, d'ailleurs, vient-on dire que le cit. Anthès ne pouvait pas, comme seigneur, avoir

le droit exclusif de cours d'eau dans un canal qui tirait ses eaux du Rhin.

» Cette objection que le cit. Anthès n'a pas osé proposer devant les juges de Colmar, qui connaissaient les localités, peut faire un moment illusion; mais, examinée de près, elle s'évanouit d'elle-même.

» Le cit Anthès avait certainement le droit exclusif de cours d'eau dans le canal dont il s'agit, si ce canal ne pouvait pas être assimilé à une rivière navigable : car, dans la ci-devant Alsace, comme dans presque toute la France, les rivières non-navigables appartenaient aux seigneurs avant 1789; et dans la ci-devant Alsace, comme dans la France entière, les seules rivières navigables appartenaient, comme elles appartiennent encore, à l'état.

» Or, sous quel aspect le canal sur lequel était construit le moulin des héritiers Ulsass, aurait-il pu être assimilé à une rivière navigable? Il aurait fallu cela qu'il fût navigable en effet; et rien ne prouve, rien n'annonce, rien même ne permet de soupçonner qu'il l'ait jamais été.

» Qu'on dise tant que l'on voudra que les rivières rendues navigables par artifice cessaient, par cela seul, d'exister sous la police des seigneurs, et passaient sous celle du gouvernement. Toujours demeurera-t-il constant que le canal dont il est ici question n'a jamais cessé, avant 1789, d'être sous la police du cit. Anthès, puisqu'avant cette époque il n'a jamais été rendu navigable.

» Et ce qui prouve bien que ce canal n'était pas, avant 1789, considéré comme une rivière navigable; ce qui prouve bien qu'avant 1789 le cit Anthès y avait exclusivement le cours d'eau, c'est que pour y bâtir le moulin dont jouissent aujourd'hui les héritiers Ulsass, il n'a pas fallu d'autre permission que celle du cit Anthès; tandis qu'aux termes des art. 42 et 43 du tit. 27 de l'ordonnance de 1669, celle du gouvernement aurait été nécessaire, si ce canal eût été réputé appartenir à l'état.

» Inutile, au surplus, de rechercher comment les auteurs du cit. Anthès avaient pu parvenir à faire dériver dans ce canal une partie des eaux du Rhin.

» Il n'était pas extraordinaire, avant 1789, de voir des seigneurs jouir, sur des rivières navigables, soit du droit exclusif de prise d'eau, soit du droit exclusif de pêche, soit du droit exclusif d'y bâtir des moulins.

» Les rivières navigables n'étaient pas et ne pouvaient pas être plus à l'abri des atteintes de la féodalité que les rivages de la mer, qui, dans tous les temps, ont été considérés comme appartenant à l'état. Or, l'art. 9 du tit. 3 du liv. 5 de l'ordonnance de la marine de 1681, maintient, et dans le droit de lever certaines rétributions, soit sur les parcs ou pêcheries, soit sur les pêches qui se font en mer ou sur les grèves, et dans le droit exclusif de pêcher dans une certaine étendue de mer, les seigneurs qui ou en représenteront des titres de concession en bonne forme, ou prouveront par des aveux et dénombremens reçus avant 1544, en avoir toujours joui. Et précédemment, un arrêt du parlement de Toulouse, du 14 août 1628, rapporté par d'Olive, liv. 2, chap. 3, avait confirmé la possession immémoriale dans laquelle était le seigneur de Perinhan de prendre le douzième de toutes les pêches qui se faisaient dans la mer à laquelle sa terre était contiguë. Précédemment encore, un arrêt du parlement de Bordeaux qui est cité par Latoulotibre (*Jurisprudence féodale*, tit, 4, n° 7), avait maintenu le duc d'Epernon dans le droit de prendre le long de sa seigneurie l'ambre gris que la mer jetait sur ses bords.

» Nous n'avons même pas besoin, à cet égard, d'argumenter par analogie, de la mer aux rivières navigables. L'art. 41 du tit. 27 de l'ordonnance de 1669, tout en déclarant que les rivières navigables appartiennent à l'état, réserve expressément aux particuliers « les droits de pêche, moulins, bacs et » autres usages qu'ils peuvent y avoir par titres et » possession valable. » Et la déclaration du mois de décembre 1693, interprétative de cette disposition, prouve bien clairement que ces droits pouvaient être possédés à titre de fief par des particuliers, puisqu'elle maintient et confirme, moyennant une légère finance, « les seigneurs particuliers dans la » perception des censives, portant lods et ventes, » et des rentes seigneuriales..... qu'ils ont accoutumé » de prendre sur aucuns desdits droits. »

» Dans le fait, nous voyons par le contrat d'acquisition du cit. Anthès, de 1738, que ses auteurs, en leur qualité de seigneurs de Nambsheim, jouissaient, à cette époque, et qu'ils lui ont fait le transport, d'un droit de pêche sur le Rhin. Ils pouvaient donc bien aussi jouir, en la même qualité, du droit de faire des prises d'eau dans ce fleuve. L'un et l'autre droit avait pu leur être inféodé par les anciens souverains d'Alsace; et le gouvernement français a pu, ou les y confirmer, ou les en laisser jouir, tant qu'il n'en est point résulté d'inconvénient pour le public; mais tant qu'ils en ont joui, ils n'en ont joui que comme seigneurs. Ainsi, de même que, si le cit. Anthès avait, en 1750, acensé ou arrenté aux auteurs des héritiers Ulsass son droit de pêche sur le Rhin, il ne pourrait plus aujourd'hui se faire payer la redevance réservée par sa concession; de même aussi, ayant, en 1750, acensé ou arrenté son droit exclusif sur les eaux dérivées du Rhin par le moyen d'un canal, il ne peut plus exiger la rente qui a formé originairement le prix de son bail.

» Mais, dit le cit. Anthès, ce n'est pas seulement à faire rouler le moulin de Nambsheim, que servent les eaux de ce canal: elles font encore tourner les moulins situés dans trois à quatre communes. Elles ne formaient donc pas pour moi une propriété féodale, puisque, si j'en avais été propriétaire, je l'aurais été exclusivement.

» Quel raisonnement! Sans doute les eaux de ce canal ne pouvaient pas, en 1750, être considérées comme une propriété féodale dans la main du cit. Anthès, lorsqu'elles étaient sorties du territoire de sa seigneurie. Mais tant qu'elles coulaient dans son domaine seigneurial, il en était réputé propriétaire par droit de fief, comme tout ci-devant seigneur alsacien était, par droit de fief, réputé propriétaire des rivières non-navigables coulant dans sa seigneurie, quoique, une fois sorties de sa seigneurie, elles passassent dans la propriété féodale des seigneurs voisins.

» Enfin, dit encore le cit. Anthès, la redevance stipulée par l'acte de 1750 ne peut pas être considérée comme seigneuriale, parce que cet acte n'emporte pas aliénation absolue des objets dont elle est le prix, parce qu'à cette redevance doivent s'appliquer les jugemens par lesquels vous et la section des requêtes avez décidé, les 29 thermidor an 10 et 10 brumaire dernier, que la loi du 17 juillet 1793 n'a pas anéanti les rentes stipulées, même avec la qualification de *féodales*, par des emphytéoses temporaires et par des engagemens.

» Mais quelle différence entre une emphytéose temporaire, et un engagement d'une part; et l'espèce d'aliénation que contient le bail de 1750, de l'autre!

» Par l'emphytéose temporaire, le bailleur n'abandonne pas son droit de propriété; il n'en cède que l'exercice, soit pour un temps fixe, soit pour une ou plusieurs vies déterminées, et par conséquent pour un temps qui doit certainement expirer. Par l'engagement, le bailleur ne fait que ce qu'on appelle en droit une *antichrèse*; il donne au créancier qui lui prête une somme d'argent, les fruits de son fonds à percevoir en compensation des intérêts de cette somme; mais il retient le domaine de ce fonds; il n'en aliène ni la partie utile ni la partie directe.

» Par le bail de 1750, au contraire, le cit. Anthès a transporté aux auteurs des héritiers Ulsass, le domaine utile du moulin qui est l'objet de cet acte, et du journal de terre sur lequel il est bâti; il le leur a transporté, non pour un temps fixe, non pour une ou plusieurs vies déterminées, mais pour toujours, mais *à titre d'emphytéose perpétuelle*: ce sont les propres termes du bail.

» A la vérité, ce transport est résoluble dans un cas prévu par l'acte, dans le cas où la postérité, soit masculine, soit féminine, du concessionnaire, viendrait à s'éteindre. Mais que peut-on inférer de là? De ce qu'une propriété peut être résolue, parce que telle condition arrive, s'ensuit-il qu'elle n'existe point tant que la condition n'est pas arrivée? Et la seule possibilité d'un événement résolutoire doit-elle faire, dès aujourd'hui, considérer comme non-propriétaire celui qui peut être exproprié par cet événement? Non, très-certainement non.

» Les lois romaines, vous le savez, ont mis une très-grande différence entre les conditions suspensives et les conditions résolutoires. Les conditions suspensives empêchent, tant qu'elles sont en suspens, l'effet du contrat auquel elles ont été apposées; mais les conditions résolutoires lui laissent tout son effet présent; et lorsqu'elles arrivent, elles ne l'anéantissent que pour l'avenir; ou, comme le dit Pothier (*Traité des obligations*, n° 224), » elles sont ap- » posées, non pour suspendre l'obligation jusqu'à » leur accomplissement, mais pour la faire cesser » lorsqu'elles s'accomplissent; une obligation con- » tractée sous une condition résolutoire, est donc » parfaite dès l'instant du contrat. »

» Et dans le fait, on n'a jamais osé prétendre qu'un acquéreur sous faculté de réméré, ne fût pas propriétaire, sous le prétexte qu'il pouvait être exproprié par l'exercice de cette faculté de la part du vendeur. On n'a jamais osé prétendre qu'un donataire entre-vifs ne fût pas propriétaire, sous le pré texte qu'il pouvait être exproprié par la survenance d'enfans au donateur. On n'a jamais osé prétendre que les ci-devant fiefs d'Alsace n'appartinssent pas réellement et en toute propriété à leurs possesseurs, sous le prétexte qu'à défaut de postérité masculine de ceux-ci, ils devaient retourner au suzerain, conformément aux règles consignées dans le livre *De usibus feudorum*, et maintenues dans cette contrée tant par une déclaration du roi du 26 février 1697, que par un arrêt du conseil du 11 juin suivant. On n'a jamais osé prétendre que les fiefs qualifiés de *duchés*, n'appartinssent pas réellement et en toute propriété aux ci-devant *ducs*, sous le prétexte qu'aux termes de l'édit du mois de juillet 1566, ils étaient reversibles au domaine de l'Etat, à défaut de descendans mâles de ceux en faveur desquels des fiefs avaient été élevés à cette dignité.

» Disons donc que, par le bail de 1750, le concessionnaire a été pleinement investi du domaine utile du moulin possédé aujourd'hui par les héritiers Ulsass. Disons, par une suite nécessaire, que la rente réservée par ce bail, en reconnaissance de la *seigneurie directe* du cit. Anthès, est une redevance véritablement féodale, comme étaient véritablement féodaux les droits que devaient à leur suzerain les ci-devant fiefs d'Alsace, comme étaient véritablement féodaux les droits que les ci-devant duchés devaient au roi. Disons enfin, par une conséquence ultérieure et non moins irrésistible, que la rente réservée par bail de 1750, est abolie par la loi du 17 juillet 1793, comme l'ont été tous les droits féodaux dont étaient ci-devant grevés les fiefs d'Alsace et les duchés.

» Par ces considérations, nous estimons qu'il y a lieu de rejeter la requête du demandeur, et de le condamner à l'amende. »

Ces conclusions ont été adoptées par arrêt du 12 nivôse an 12, au rapport de M. Rousseau:

« Attendu, sur le premier moyen, qu'aucune loi ne défend à celui qui a exercé la fonction de juge, en première instance, de porter la parole comme chargé du ministère public dans un siége supérieur,

s'il est appelé à ces fonctions; qu'il ne paraît pas d'ailleurs qu'il y ait eu de réclamation à ce sujet de la part du demandeur;

» Attendu, sur le second moyen, qu'il conste en fait que le moulin dont il s'agit est situé dans la ci-devant justice et fief du cit. Anthès; qu'il résulte du bail, qu'il est fait à perpétuité, moyennant une redevance qui se trouve imposée sur l'héritage, et portable au château; que l'exemption de lods et ventes, en cas d'aliénation, n'est exprimée au contrat que par forme de convention particulière;

» Qu'il y est encore stipulé que les preneurs ne pourront vendre sans l'agrément du *seigneur direct*, et qu'en outre, pour les cas non exprimés dans l'acte, les droits usités dans la province, pour les emphytéoses, seront observés;

» Que, dans un acte postérieur, le droit de prélation est même spécialement réservé, ce qui constitue bien la rétention de la directe;

» Que, quoique l'acte d'aliénation soit résoluble dans un cas prévu, on ne peut l'assimiler à ceux qui ne comportent avec eux qu'une jouissance précaire, révocable à volonté ou à une époque fixe;

» Que cette limitation de l'emphytéose au profit des preneurs et de leur postérité en ligne directe, n'altérait en rien la pleine propriété qui leur était transmise à toujours par bail; qu'ainsi il n'y a aucune conséquence à tirer dans la cause, du principe que la suppression des redevances féodales ne profite qu'aux véritables propriétaires;

» Attendu enfin qu'il est constaté, tant par le premier tribunal que par celui d'appel, que le droit de cours d'eau en Alsace était féodal; qu'il n'a pas même été allégué devant les premiers juges, que le canal servant à faire tourner le moulin, fût navigable et hors la propriété seigneuriale du cit. Anthès; qu'ainsi les juges n'ont dû s'occuper d'aucune question relative à ce fait:

» Qu'il suit de ces différentes circonstances, qu'ils ont pu considérer la redevance comme féodale, et en prononcer la suppression, en ce qui touchait la valeur qu'elle prenait du cours d'eau servant au moulin, sans contrevenir aux lois sur l'abolition des rentes et droits féodaux. »

§. II. *Est-ce à l'autorité administrative ou au pouvoir judiciaire, qu'il appartient de statuer sur les demandes en dommages-intérêts formées par les propriétaires de fonds contigus à une rivière non navigable ni flottable, contre le propriétaire d'un moulin bâti sur cette rivière, à raison des inondations qu'il cause dans leur héritage, par la trop grande élévation à laquelle il tient les eaux?*

V. l'article *Pouvoir judiciaire.* §. 10.

MOYENS DE CASSATION. §. I *Les nullités qui se sont glissées dans un jugement de première*

74.

instance, *par le fait des juges* , *et qui n'ont pas été relevées en cause d'appel* , *peuvent-elles être employées comme moyens de cassation contre l'arrêt confirmatif de ce jugement ?*

V. l'article *Nullité* , §. 3.

§. II. *Peut-on employer comme ouverture de cassation un moyen de droit qui porte sur le fond de la cause , mais que l'on n'a pas fait valoir devant les juges du fond même ?*

I. On le peut sans difficulté, comme je l'ai établi au mot *Cassation* , §. 36 , lorsque le nouveau moyen se rattache tout à la fois, et à des faits articulés ou à des pièces produites devant les juges du fonds, et à des questions agitées devant eux, d'après ces faits ou ces pièces, et à des conclusions ou à des exceptions dont ils ont eu l'oreille frappée en conséquence de ces pièces ou de ces faits.

C'est effectivement ce qu'ont jugé plusieurs arrêts de la cour de cassation que j'ai cités au même endroit ; et je dois ajouter ici qu'il en a été rendu depuis deux semblables : l'un du 26 décembre 1821 , qui est rapporté dans le *Répertoire de jurisprudence*, au mot *Péremption*, sect. 2 , §. 2 , n° 2 ; l'autre, dont voici l'espèce.

Les biens du sieur Coqueret ayant été frappés d'une saisie immobilière, à la requête de la dame de Bouqueval, des placards ont été apposés, mais en plus grand nombre que ne le prescrit l'art. 685 du code de procédure civile.

Avant l'adjudication définitive, le sieur Coqueret a fait des offres réelles qui ont été refusées sur le fondement qu'elles ne comprenaient pas la totalité des frais de poursuite, suivant la taxe qui en avait été faite par le président du tribunal de première instance de Senlis.

Pour faire cesser la cause de ce refus, il a formé opposition à la taxe, et soutenu qu'elle comprenait des frais frustratoires ou trop élevés, mais sans indiquer spécialement ceux qu'il considérait comme tels.

Le 21 août 1823 , jugement par lequel :

« Considérant que les frais de saisie immobilière exercée contre Stanislas Coqueret , par la dame de Bouqueval, ont été taxés à la somme de 1,058 fr., 52 centimes ;

» Que le 13 de ce mois , ledit sieur Coqueret a formé opposition à cette taxe, et qu'il a conclu au retranchement de 500 francs de frais frustratoires ;

» Considérant qu'examen fait des divers articles du mémoire des frais , la chambre a reconnu qu'ils ont été généralement taxés avec sévérité par M. le président ;

» Considérant toutefois que, pour donner plus de publicité à la vente des biens saisis, des affiches ont été apposées, selon l'usage, dans un plus grand nombre d'endroits qu'il n'est prescrit par l'art. 684 du code de procédure; que, si cet article n'est évidemment qu'indicatif et non limitatif, cependant on ne doit pas trop donner d'extension à son texte.....

» Le tribunal réduit la somme de 1,058 francs 52 centimes à celle de 987 fr. 57 cent. »

Le sieur Coqueret se pourvoit en cassation, et propose cinq moyens, dont quatre portent sur des faits qu'il n'avait ni prouvés ni même articulés devant le tribunal de Senlis, et le cinquième sur le fait constaté par les pièces mises sous les yeux de ce tribunal, qu'il avait été apposé plus de placards que n'en prescrivait l'art. 684 du code de procédure civile.

La dame de Bouqueval écarte les quatre premiers moyens, par l'observation qu'ils portent sur des faits non articulés et relevés devant le tribunal de Senlis ; et arrivant au cinquième, elle cherche à le réfuter par la même fin de non-recevoir. Quoique la contestation (dit-elle) ait pour objet la trop grande élévation de la taxe des frais, elle n'a cependant pas porté spécialement sur le nombre des placards ; si le jugement contient des motifs à cet égard, c'est que le tribunal a cru devoir l'examiner d'office, ce n'a été de sa part qu'un acte consciencieux et non pas un devoir ; les juges auraient pu écarter la demande par la seule considération qu'elle n'était justifiée par aucun moyen ; l'on ne peut pas se faire de leur scrupule extrême une arme pour annuler leur jugement.

Par arrêt du 28 novembre 1826 , au rapport de M. Cassaigne, et sur les conclusions de M. l'avocat-général Cahier :

« Attendu qu'il ne résulte d'aucune des pièces produites dans la cause, que les quatre premiers moyens dont le demandeur excipe, aient été articulés et relevés devant les juges du fond ; que par conséquent, ils sont non-recevables comme ouvertures de cassation ;

» Mais que, sur le cinquième et dernier moyen, le jugement décide formellement, en droit, que l'art. 684 du code de procédure n'est qu'indicatif des affiches dont les frais doivent être supportés par le saisi, et qu'en fait, il passe en conséquence expressément en taxe, contre ce dernier, les frais de plus d'affiches que ceux exigés par le même article ;

» Que néanmoins cet article est, de sa nature, essentiellement limitatif des affiches dont le saisi est tenu de supporter les frais, sans préjudice au saisissant d'en faire apposer de plus amples à ses dépens, s'il le trouve convenable.....:

» La cour, sans s'arrêter à la fin de non-recevoir proposée contre le cinquième et dernier moyen, casse et annulle le jugement du tribunal de Senlis, du 21 août 1823 , dont est question, au chef seulement par lequel il passe en taxe, contre le saisi, les frais de plus d'affiches que celles exigées par l'art. 684 du code de procédure civile... (1). »

II. Qu'il en soit autrement à l'égard des nouveaux moyens de droit qui portent sur des faits non articulés et relevés devant les juges du fond, c'est ce que décide expressément ce dernier arrêt par celui de ses motifs qui déclare non-recevables les quatre premiers moyens de cassation du sieur Coqueret.

La même décision est consignée dans les deux arrêts suivans.

Le 17 brumaire an 3, jugement arbitral en dernier ressort, qui envoie la commune d'Auneil en possession des biens réclamés par elle contre l'État qui les possédait, comme représentant, à titre de confiscation, les dames de Trye, émigrées.

Le 25 juin 1819, la dame de Mailly, héritière des dames de Trye, forme tierce-opposition à ce jugement.

Le 26 juin 1822, jugement du tribunal de Beauvais, qui reçoit la tierce-opposition, et réintègre la dame de Mailly dans la propriété des biens litigieux.

Appel de la part de la commune d'Auneil; et le 18 juin 1823, arrêt de la cour royale d'Amiens, qui réforme ce jugement, attendu que la commune a joui sans trouble et de bonne foi, en vertu de la sentence arbitrale, pendant plus de vingt ans, et que l'art. 188 de la coutume de Senlis admettait la prescription de dix ans entre présens, et de vingt ans entre absens.

La dame de Mailly se pourvoit en cassation contre cet arrêt, et partant du fait qu'elle était mineure, et que ses droits étaient ouverts qu'il se fût écoulé vingt ans depuis l'envoi en possession de la commune d'Auneil, elle soutient que cet arrêt a violé le principe reconnu même par la coutume de Senlis, que la prescription ne court pas contre les mineurs.

Mais par arrêt contradictoire du 21 février 1827, au rapport de M. Piet, et sur les conclusions de M. l'avocat-général Cahier.

« Attendu que le moyen d'interruption ou de suspension, pour cause de minorité de la dame de Mailly, n'ayant point été proposé dans la cour royale, contre la prescription invoquée, cette cour n'a pu statuer sur ce moyen;

» La cour rejette le pourvoi.... (2). »

Un arrêt de la cour royale de Grenoble, du 16 décembre 1826, avait, en confirmant un jugement de première instance, condamné le sieur Frachisse cadet à rapporter en nature à la succession de son

père, en divers immeubles qu'il avait reçus de celui-ci par des donations entre-vifs déguisées sous les apparences de contrats à titre onéreux.

Le sieur Frachisse cadet a attaqué cet arrêt comme violant l'art. 860 du code civil, aux termes duquel « le rapport n'a lieu qu'en moins prenant, quand le donataire a aliéné l'immeuble avant » l'ouverture de la succession; il est dû de la valeur » de l'immeuble à l'époque de l'ouverture; » et pour justifier le moyen de cassation qu'il tirait de cet article, il a exposé que plusieurs des immeubles dont il s'agissait n'étaient plus en sa possession, parce qu'il les avait vendus à des tiers avant l'ouverture de la succession paternelle.

Par arrêt du 5 avril 1827, au rapport de M. Lassagny, et sur les conclusions de M. l'avocat-général Lebeau:

« Attendu que ce moyen, uniquement fondé sur de prétendues reventes faites par le demandeur en cassation, en faveur des tiers, n'a pas été proposé aux juges de la cause; qu'ainsi, l'on ne peut leur reprocher de ne pas avoir appliqué des lois relatives à des faits dont ils n'ont dû ni pu s'occuper:

» La cour (chambre des requêtes) rejette le pourvoi......(1). »

III. A plus forte raison devrait-on déclarer non-recevables les nouveaux moyens qui seraient fondés même sur des pièces produites devant les juges du fond, si, devant ces juges, le demandeur en cassation n'avait pas pris les conclusions ou proposé les exceptions qu'il eût pu prendre ou proposer d'après ces pièces, V. l'arrêt de la cour de cassation, du 21 février 1828, rapporté à l'article *Transcription de donation entre-vifs*, §. 3.

§. III. *Peut-on tirer un moyen de cassation de la fausse application d'une loi, lorsqu'il n'en résulte pas qu'une autre loi a été violée ?*

J'ai établi la négative au mot *Cassation*, §. 48; et cette doctrine a été formellement consacrée dans l'espèce suivante.

Le 11 juin 1783, le sieur de Bourbel, en qualité de tuteur de Henri de Bourbel, son fils, vend au sieur Payen, sans observer les formalités prescrites pour l'aliénation des biens des mineurs, mais sur sa garantie personnelle, la moitié d'une ferme appartenant à son pupille.

En exécution de ce contrat, le sieur Payen entre en possession de l'immeuble qui lui a été vendu, et y reste paisiblement jusqu'en 1818.

A cette époque, le sieur de Bourbel fils le fait assigner devant le tribunal de première instance de Neuchâtel, en nullité de la vente du 11 juin 1783,

(1) Jurisprudence de la cour de cassation, tome 27, page 209.
(2) Jurisprudence de la cour de cassation, tome 27, page 451.

(1) *Ibid.*, page 458.

et en délaissement de l'immeuble qui en a été l'objet.

Le sieur Payen répond que la demande est non-recevable, parce que la vente n'a pas été attaquée dans les dix ans de la majorité du sieur de Bourbel fils.

Le 24 mai 1822, jugement qui rejette cette exception.

Appel du sieur Payen à la cour royale de Rouen; et le 31 mai 1824, arrêt qui, en infirmant le jugement de première instance, déclare le sieur de Bourbel non-recevable dans son action en nullité, « comme n'ayant pas agi dans les dix ans de sa ma-
» jorité, ainsi qu'il est prescrit par l'art. 475 du code
» civil. »

Le sieur de Bourbel se pourvoit en cassation contre cet arrêt, et l'attaque spécialement comme appliquant à faux l'art. 475 du code civil. En effet, dit son défenseur, il s'agit ici d'un acte passé sous l'empire des anciennes lois. Or, aux termes de l'art. 2281 du code civil, c'est par les anciennes lois que doit être réglée la prescription des actions nées sous leur empire.

Mais par arrêt contradictoire du 14 novembre 1826, au rapport de M. Poriquet :

« Attendu que la fausse application ne peut donner ouverture à cassation que lorsqu'il en résulte une violation formelle de quelque loi, ce qui ne se rencontre pas dans l'espèce actuelle, où cet art. 475 du code civil, ainsi que l'art. 1304 du même code, ne fait que reproduire et consacrer les dispositions de l'art. 134 de l'ordonnance de 1539, sur la durée des actions en rescision ou en nullité, que les mineurs peuvent exercer, pour cause et en faveur de minorité......:
» La cour rejette le pourvoi..... (1). »

MUNDAT DE WISSEMBOURG (statut du).

V. l'article *Wissembourg.*

MUNICIPALITÉ. *V.* les articles *Commune, Maire, Préfet* et *Tribunal de police*, §. 4.

MUTATION. §. I. *Fallait-il, sous l'empire de la loi du 5-19 décembre 1790, que la mutation de propriété fût constatée par acte, ou suffisait-il qu'elle fût certaine, pour donner ouverture au droit d'enregistrement?*

Sur cette question, présentée le 12 brumaire an 9, à la section des requêtes de la cour de cassation, par la régie de l'enregistrement, j'ai prononcé les conclusions suivantes :

_____

(1) Jurisprudence de la cour de cassation, tome 27, page 309.

» Le jugement du tribunal civil du département de la Vienne, du 25 pluviôse an 8, dont la régie de l'enregistrement demande la cassation, a-t-il fait une juste application de l'art. 18 de la loi du 5-19 décembre 1790? On n'a-t-il pas, au contraire, violé l'art. 11 de la même loi, ainsi que l'art. 11 de la loi du 29 septembre-9 octobre 1791? C'est ce que vous avez à décider.

» Dans le fait, le 1er décembre 1792, Victor Arnaut et ses sœurs ont procédé devant notaire au partage de bien qui leur étaient communs par indivis.

» Ils n'ont pas déclaré dans l'acte d'où leur venaient ces biens; mais comme leur père était mort, et que leur mère était encore vivante, il était naturel de penser qu'ils leur provenaient de la succession paternelle. C'est sans doute à quoi ils s'attendaient de la part de la régie de l'enregistrement, et c'est en effet ce qui est arrivé : car l'acte a été enregistré purement, simplement, et sans réserve de la part du receveur.

» La mère, comme nous venons de le dire, vivait encore à cette époque; il est même articulé au procès qu'elle existe encore aujourd'hui. Mais un fait bien constant, bien prouvé par les rôles de la contribution foncière, ainsi que par d'autres actes, c'est que, parmi les biens compris dans le partage de 1792, il s'en trouvait notamment un (le domaine de Tartifane), dont cette femme était encore propriétaire en 1791.

» Comment avait-elle cessé de l'être? Comment avait-elle transmis sa propriété à ses enfans? Comment avait-elle mis ses enfans à portée de partager entre eux ce bien, comme le leur propre? C'est ce qu'on ne voit par aucun acte public, et ce qui prouve par conséquent que l'on s'était pour cela contenté d'un acte quelconque sous seing-privé.

» Mais cet acte contenant mutation d'immeuble, était, suivant le receveur, assujéti par l'art. 11 de la loi du 5-19 décembre 1790, à l'enregistrement dans les six mois de sa date, sous peine du double droit.

» Et comme cette formalité n'était pas encore remplie le 11 brumaire an 7, époque où le receveur venait de découvrir les preuves du fait que le domaine de Tartifane appartenait encore à la mère de Victor Arnaut en 1791, une contrainte a été décernée contre celui-ci, en payement de 320 francs pour le droit simple, et de pareille somme pour le droit en sus de l'acte recelé, en vertu duquel il avait succédé à la propriété de sa mère.

» Victor Arnaut a formé opposition à cette contrainte, et a prétendu que la prescription de cinq ans, établie par l'art. 18 de la loi du 5-19 décembre 1790, avait couru en sa faveur depuis le partage du 1er décembre 1792. Il a conclu de là que la régie était non-recevable dans ses poursuites.

» Le tribunal civil de la Vienne est parti de ce

motif pour décharger Victor Arnaut ; il s'est en outre fondé sur ce que la régie ne rapportait pas l'acte à raison duquel elle exigeait un double droit de mutation.

» Il n'est pas difficile de détruire le premier de ces motifs.

» Assurément, ce n'est point le partage du 1ᵉʳ décembre 1792 qui a transféré à Victor Arnaut la propriété du domaine de Tartifane. Le partage, par sa nature, n'est point attributif de droits nouveaux ; il ne fait que déclarer les droits déjà existans de chacun des co-partageans. Ce n'est donc point par le partage du 1ᵉʳ décembre 1792 qu'ont été ouverts les droits réclamés par la régie de l'enregistrement ; et dès-là il n'y a ni raison ni prétexte qui puisse faire prendre cet acte pour le point de départ de la prescription que l'on oppose à cette administration.

» Remarquons en effet que c'est *à compter du jour de l'ouverture des droits*, que l'art. 18 de la loi du 5-19 décembre 1790 fait courir la prescription qu'elle établit. Si donc ce n'est point le partage de 1792 qui a donné ouverture aux droits dont il s'agit ; si au contraire, comme on n'en peut douter, ces droits avaient été ouverts par un acte antérieur contenant transmission de la propriété de la mère sur la tête du fils, il est clair que ce n'est point au partage de 1792 que l'on doit s'arrêter pour juger s'il y a prescription, mais que l'on doit remonter à l'acte antérieur. Or, l'acte antérieur est sous seing-privé, et même encore inconnu ; il ne peut donc, d'après la disposition expresse de l'art. 11 de la loi du 29 septembre-9 octobre 1791, être opposé pour preuve de prescription, contre la demande des droits ouverts par la mutation qu'il a opérée.

» Il y a plus : quand le partage du 1ᵉʳ décembre 1792 serait le titre constitutif de la propriété de Victor Arnaut, c'est-à-dire, quand la mère y serait intervenue pour abandonner à son fils, à titre de démission ou autrement, son domaine de Tartifane, dans ce cas-là même il n'y aurait pas encore lieu à la prescription établie par l'art. 18 de la loi du 5-19 décembre 1790 ; et c'est une vérité facile à saisir.

» Que porte cet article ? « Toute contravention » pour omission ou insuffisance d'évaluation dans » les déclarations des héritiers, légataires et dona- » taires éventuels, sera prescrite après le laps de » trois années. Enfin, toute demande de droits ré- » sultant des successions directes ou collatérales, » pour raison de biens meubles ou immeubles, réels » ou fictifs, échus en propriété ou en usufruit par » testament, dons éventuels ou autrement, sera près- » crite après le laps de cinq années, à compter du » jour de l'ouverture des droits. »

» Ces dispositions, comme vous le voyez, sont uniquement relatives aux mutations qui s'opèrent par décès ; elles n'ont nul rapport aux mutations du genre de celle qui a transféré sur la tête de Victor

Arnaut la propriété du domaine de Tartifane, puisque la mère de Victor Arnaut vivait encore, lorsqu'elle a cessé d'être propriétaire de ce domaine, et que son fils l'est devenu à sa place.

» Ainsi paraît dans tout son jour la fausseté de l'application que le jugement du tribunal de la Vienne a faite aux poursuites de la régie contre Victor Arnaut, de l'art. 18 de la loi du 5-19 décembre 1790.

» Mais si par-là se trouve détruit le premier motif de ce jugement, il n'en reste pas moins à examiner le second ; car si le second motif est bien fondé, il doit évidemment suffire pour valider le jugement.

» Ce second motif est que la régie ne rapporte pas l'acte en vertu duquel elle prétend que s'est opérée la mutation dont elle demande le double droit.

» La régie répond à cela que le fait de la mutation étant démontré, le rapport de l'acte qui l'a établie devient inutile ; que d'ailleurs vouloir assujétir la régie à représenter un titre qui n'a été passé sous seing-privé que pour demeurer secret et frauder les droits du trésor public, c'est vouloir, en d'autres termes, que les précautions prises par la loi pour réprimer la fraude soient illusoires ; c'est dire qu'on peut violer la loi impunément, et disposer sans faire connaître son titre ; enfin, qu'il suffit de tenir le titre secret pour le soustraire au droit d'enregistrement.

» Cette réponse de la régie serait péremptoire s'il s'agissait ici d'une mutation opérée, soit après la loi du 9 vendémiaire an 6, soit après celle du 22 frimaire an 7. Car l'art. 33 de l'une et l'art. 12 de l'autre ont posé pour règle que « la mutation d'un » immeuble en propriété ou usufruit, sera suffi- » samment établie pour la demande du droit d'en- » registrement contre le nouveau possesseur, soit » par l'inscription de son nom au rôle de la contri- » bution foncière et des payemens par lui faits d'a- » près ce rôle, soit par des baux passés, ou enfin » par des transactions ou autres actes constatant sa » propriété ou son usufruit.

» Par-là se trouve prévu et suffisamment écarté pour l'avenir l'inconvénient que la régie relève avec raison dans le second motif du jugement du tribunal de la Vienne. Mais ni la loi du 9 vendémiaire an 6, ni celle du 22 frimaire an 7, ne peuvent s'appliquer à une mutation qui s'est opérée depuis huit à neuf ans, c'est-à-dire, de 1791 à 1792 : aussi l'art. 73 de cette dernière loi déclare-t-il, en abrogeant *pour l'avenir* toutes les lois précédemment rendues sur le droit d'enregistrement, qu'elles continueront d'être exécutées à l'égard des actes faits et des mutations par décès effectuées auparavant.

» Or, ni la loi du 5-19 décembre 1790, ni aucune autre antérieure à l'époque où Victor Arnaut a fait acte de propriétaire du domaine de Tartifane, ne contiennent de disposition semblable à celle des lois des 9 vendémiaire an 6 et 22 frimaire an 7, que nous venons de rappeler.

» Il ne suffit pas, suivant la loi du 5-19 décembre 1790, qu'une mutation de propriété soit certaine, pour qu'il y ait ouverture au droit d'enregistrement; il faut encore, ou qu'il soit prouvé que cette mutation a été opérée par mort, ou que l'acte en vertu duquel elle a eu lieu soit représenté, et se trouve dans les cas précisés par la loi elle-même. Tout cela résulte de l'art. 2 de la loi du 5-19 décembre 1790, que la régie invoque cependant pour établir le contraire.

» Cet article porte:

« Les actes des notaires et les exploits des huis-
» siers seront assujétis, dans toute l'étendue de la
» France, à un enregistrement, pour assurer leur
» existence et constater leur date.

» Les actes judiciaires seront soumis à la même
» formalité, soit sur la minute, soit sur l'expédi-
» tion....

» Les actes passés sous signature privée y se-
» ront pareillement sujets, dans les cas prévus par
» l'art. 11.

» Enfin, le titre de toute propriété ou usufruit de
» biens immeubles réels ou fictifs, sera de même
» enregistré.

» A défaut d'actes en forme ou sous signature
» privée, contenant translation de nouvelle pro-
» priété, il sera fait enregistrement de la déclara-
» tion que les propriétaires et les usufruitiers seront
» tenus de fournir de la consistance et de la valeur
» de ces immeubles, soit qu'ils les aient recueillis
» par succession ou autrement, en vertu des lois et
» coutumes, ou par l'échéance des conditions atta-
» chées aux dispositions éventuelles. »

» Cet article, comme l'on voit, détermine en général quels sont les cas où il y a lieu à l'enregistrement.

» Il suppose, il énonce même, en parlant des mutations de propriété, qui se font autrement que par mort, qu'il en existe des titres; et ce sont ces titres qu'il soumet à la formalité qui est l'objet de la loi. Il suppose donc que ces titres sont représentés.

» Il annonce ensuite qu'il va s'occuper des translations de propriété qui se font sans acte écrit; et de la manière dont il s'explique d'abord à ce sujet, il semble qu'il va les comprendre toutes dans la disposition qu'il prépare. Mais, par le fait, cette disposition se trouve limitée aux mutations de propriété qui ont lieu sans le ministère de l'homme, c'est-à-dire, ou par succession, ou par l'effet d'une loi ou coutume, ou par l'échéance des conditions attachées aux dispositions éventuelles, telles qu'é-taient les substitutions encore en usage à l'époque de cette loi.

» A l'égard des mutations de propriété qui exi-
gent le ministère de l'homme, mais qui s'opèrent par des actes tenus secrets, ou même verbalement, il n'en est question ni dans cette partie de la loi, ni dans aucune autre.

» Ce n'est pas avec plus de raison que la régie a invoqué, dans cette affaire, l'art. 11 de la même loi. Cet article est ainsi conçu :

» Tout acte privé qui contiendra mutation d'im-
» meubles, sera sujet à la formalité dans les six
» mois qui suivront le jour de sa date; passé le-
» quel délai, si un acte de cette nature est produit
» en justice, ou énoncé dans un acte authentique,
» il sera assujéti au payement du double droit.

» Les inventaires, à l'exception de ceux de com-
» merce entre associés, les traités de mariage et les
» actes portant transmission de propriété ou d'usu-
» fruit de biens immeubles, lorsqu'ils seront passés
» sous signature privée, ne pourront recevoir la
» formalité après le délai de six mois expiré, qu'en
» payant pareillement deux fois la somme des
» droits. »

» Cet article n'est ni obscur, ni équivoque : il exige bien que tout acte sous seing-privé portant mutation de propriété, soit enregistré dans les six mois; mais quelle est la peine dont il punit la désobéissance à sa disposition ? C'est que, les six mois expirés, l'acte sous seing-privé, qui contient la transmission d'un immeuble, ne peut plus être produit en justice, ni énoncé dans un acte authentique, sans donner ouverture à un double droit. Mais si la personne au profit de laquelle cet acte a été passé ne le produit point en justice, et si elle n'en fait faire mention dans aucun acte authentique, elle ne sera sujette à aucune poursuite de la part de la régie; elle en sera quitte pour les risques que sa confiance dans un pareil titre lui fera courir.

» Par ces considérations, nous estimons qu'il y a lieu de rejeter la requête de la régie de l'enregistrement. »

Arrêt du 21 brumaire an 9, sur délibéré, au rapport de M. Poriquet, qui adopte ces conclusions :

» Attendu que toute demande en payement de droits doit être fondée sur la disposition précise et textuelle de la loi ;

» Attendu que les lois en vigueur à l'époque du 1er décembre 1792, date du partage dont la métairie de Tartifane a fait partie, en assujétissant au payement du double droit les actes sous seing-privé contenant mutation d'immeubles réels, dans les six mois de leur date, lorsque, passé ce délai, ils seraient produits en justice, ou énoncés dans un acte authentique, n'a pas prévu le cas où lesdits actes ne seraient ni représentés dans les six mois, ni produits en justice, ou énoncés dans un acte authentique après ce délai ;

» Attendu que la loi du 9 vendémiaire an 6 est la première qui, réparant cette omission, ait disposé, art. 33, que «la mutation d'un immeuble en propriété ou en usufruit, sera suffisamment établie,

RELATIVEMENT A LA DEMANDE DES DROITS, soit par des payemens faits d'après les rôles de la contribution foncière, soit par des baux passés par le nouveau possesseur, soit enfin par des transactions ou autres actes qui constateront sa propriété ou jouissance; »

» Attendu enfin que ce serait donner à cette loi un effet rétroactif, que d'en faire l'application à une mutation antérieure au 1er décembre 1792. »

La question s'est représentée à la section civile, le 4 messidor an 9, entre la régie de l'enregistrement, demanderesse en cassation d'un jugement du tribunal civil du département de la Haute-Saône, du 27 floréal an 8, d'une part, Charles-François Billardet et Marie-Thérèse Salins, sa femme, de l'autre.

« Le jugement qui vous est dénoncé (ai-je dit, en concluant sur cette affaire) renferme quatre dispositions que la régie attaque successivement. Voici quel est l'objet de la première :

» Charles-François Billardet s'était rendu adjudicataire, au district de Gray, les 1er, 5 et 6 juin 1792, 24 brumaire et 3 frimaire an 3, de soixante-dix-sept faux et un tiers de prés nationaux.

» Ces immeubles se sont ensuite trouvés dans la succession de Charles-Henri Salins, beau-frère de Billardet, laquelle paraît s'être ouverte à la fin de l'an 4 ou au commencement de l'an 5.

» Comment se sont-ils trouvés dans cette succession ? Comment Charles-Henri Salins était-il devenu propriétaire de biens dont Billardet s'était rendu seul acquéreur ? Comment, en un mot, Billardet avait-il transféré sa propriété à son beau-frère ? C'est ce qu'on ne voit par aucun acte public, et ce qui prouve par conséquent que l'on s'était, pour cela, contenté d'un acte quelconque sous seing-privé.

» Mais cet acte contenant mutation d'immeubles était, suivant la régie, assujéti par l'art. 11 de la loi du 5-19 décembre 1790, à l'enregistrement dans les six mois de sa date, sous peine du double droit.

» Et comme cette formalité n'était pas même encore remplie le 13 pluviôse an 8, la régie s'est à cette époque pourvue contre le cit. Billardet, pour le faire condamner au payement de 964 francs pour le droit simple, et de pareille somme pour le droit en sus de l'acte recélé, en vertu duquel feu Charles-Henri Salins avait succédé à la propriété de son beau-frère.

» Le tribunal civil de la Haute-Saône a rejeté cette demande, et il s'est fondé sur ce que la régie ne rapportait pas l'acte au moyen duquel elle soutenait s'être opérée la mutation dont elle réclamait le double droit.

» La régie prétend que cette disposition du jugement doit être cassée, parce que le fait de la mutation étant démontré, le rapport de l'acte qui l'a établie devient inutile; que vouloir assujétir la régie à représenter un acte qui n'a été passé sous seing-privé que pour demeurer secret et frauder les droits

du trésor public, c'est vouloir, en d'autres termes, que les précautions prises par la loi pour réprimer la fraude soient illusoires; c'est dire qu'on peut violer la loi impunément, et disposer, aliéner, sans faire connaître son titre; enfin, qu'il suffit de tenir le titre secret, pour l'affranchir de l'enregistrement.

, » Ces observations de la régie seraient péremptoires, s'il s'agissait ici d'une mutation opérée, soit après la loi du 9 vendémiaire an 6, soit après celle du 22 frimaire an 7. Car l'art. 32 de l'une et l'art. 12 de l'autre ont posé pour règle que « la mutation d'un immeuble en propriété ou usufruit, sera suffisamment établie par la demande du droit d'enregistrement contre le nouveau possesseur, soit par l'inscription de son nom au rôle de la contribution foncière et des payemens par lui faits d'après ce rôle, soit par des baux par lui passés, ou enfin par des transactions ou autres actes constatant sa propriété ou son usufruit. »

» Par-là se trouve prévu et suffisamment écarté, pour l'avenir, l'inconvénient que la régie relève avec raison dans les motifs du jugement attaqué. Mais ni la loi du 9 vendémiaire an 6, ni celle du 22 frimaire an 7, ne peuvent s'appliquer à une mutation qui s'est opérée de 1792 à l'an 4. Aussi l'art. 73 de cette dernière loi déclare-t-il, en abrogeant, pour l'avenir, toutes les lois précédemment rendues sur le droit d'enregistrement, qu'elles continueront d'être exécutées à l'égard des actes faits et des mutations par décès effectuées auparavant.

» Or, ni la loi du 5-19 décembre 1790, ni aucune autre antérieure à l'époque où Charles-Henri Salins a fait acte de propriété de soixante-dix-sept faux et un tiers de prés dont il s'agit, ne contiennent de disposition semblable à celle des 9 vendémiaire an 6 et 22 frimaire an 7, que nous venons de rappeler....

» Au surplus, la question n'est pas nouvelle, et ce n'est pas la première fois qu'elle se présente au tribunal de cassation....

» Il ne peut donc y avoir aucune difficulté à rejeter pareillement ici le recours des régisseurs contre la première disposition du jugement attaqué. »

Arrêt du 4 messidor an 9, au rapport de M. Lombard-Quincieux, qui adopte implicitement ces conclusions, en ne cassant le jugement du 27 floréal an 8, qu'en ce qu'il avait décidé contre la régie une autre question tout-à-fait étrangère à celle-ci.

Tous les juges ont, en opinant, rejeté le moyen de cassation que la régie proposait contre la première disposition du jugement du tribunal civil de la Haute-Saône.

Remarquez, au surplus, que, dans ces deux espèces, il était constant que les mutations dont la régie demandait le droit, étaient postérieures à la loi du 5-19 décembre 1790, et qu'on n'aurait pas pu juger de même, dans le cas contraire, du moins pour les pays qui, avant la loi du 5-19 décembre 1790, étaient assujétis aux droits de contrôle et de centième denier. *V.* le *Répertoire de jurisprudence* , aux mots *Enregistrement (droit d'*), §. 23.

§. II. *Peut-on appliquer aux partages les présomptions légales établies pour l'ouverture des droits d'enregistrement , par l'art. 33 de la loi du 9 vendémiaire an 6 , et par l'art. 4 de la loi du 27 ventôse an 9 ?*

Cette question a été présentée à la cour de cassation , section civile, le 14 messidor an 9, par les sieurs Coustard et Champagné , maris d'Anne et Marie Patry.

Dans le fait, Anne et Marie Patry avaient recueilli, en 1795, la succession d'Anne Cadot , leur mère.

Le 1er messidor de la même année, leurs maris avaient fait, au bureau de l'enregistrement de Château-Gontier , la déclaration de la consistance et de la valeur des biens qui leur étaient dévolus par cette succession, et ils y avaient énoncé qu'elles jouissaient de ces biens en commun et par indivis.

Comme elles avaient chacune des enfans émigrés, elles ont été obligées , pour soustraire la totalité de la succession au séquestre dont elle aurait dû être frappée, d'après la loi du 17 frimaire an 2, d'entrer en partage avec l'Etat et de lui abandonner les parts déterminées par la loi du 9 floréal an 3.

Il a été pris à ce sujet deux arrêtés par l'administration centrale du département de la Mayenne : le premier, pour Anne Patry, le 11 fructidor an 6 ; le second, pour Marie Patry, le 11 brumaire an 7.

Dans les états que Marie et Anne Patry avaient respectivement présentés à cette administration , pour procéder aux deux partages, il était dit que chacune d'elles jouissait séparément des biens qui s'y trouvaient détaillés.

De là résultait évidemment la preuve que l'indivision énoncée dans la déclaration du 1er messidor an 3, avait cessé; et comme elle n'avait pu cesser que par un partage, soit verbal, soit écrit, la régie a prétendu que ce partage était soumis, par la loi du 9 vendémiaire an 6, à un droit d'enregistrement, calculé à raison d'un demi pour cent de la valeur des biens partagés.

Et le tribunal civil de la Mayenne l'a ainsi jugé le 3 vendémiaire an 8.

Son jugement a été attaqué par les sieurs Coustard et Champagné.

« Ce jugement (ai-je dit , en concluant sur cette affaire) serait peut-être soutenable, s'il s'agissait ici d'un partage fait postérieurement à la publication de la loi du 9 vendémiaire an 6 ; car alors on pourrait, avec quelque apparence de fondement, prétendre que l'art. 33 de cette loi devrait y recevoir son application.

» Mais le partage dont il est question a certainement été fait avant la loi du 9 vendémiaire an 6 ,

puisque la régie elle-même, pour prouver que les demandeurs ne jouissent plus en commun des biens d'Anne Cadot, produit des extraits de rôle et des baux qui font remonter à l'an 5 et an 5 vendémiaire an 6 , les actes qu'ils ont respectivement faits de leur jouissance séparée.

» Or, la régie de l'enregistrement peut-elle., sans représenter le partage même, sans indiquer au moins le dépôt où il peut se trouver, en exiger le droit d'enregistrement?

» Cette question n'est pas nouvelle pour vous : elle s'est présentée à votre audience du 4 de ce mois, sur un recours exercé contre un jugement du tribunal civil de Haute-Saône ; et vous l'avez jugée au désavantage de la régie, quoique, dans une espèce où il était question d'une mutation proprement dite, et non d'un partage toujours infiniment plus favorable (1).

» En nous référant donc aux moyens que notre ministère nous a obligé alors de faire valoir contre la régie, nous estimons qu'il y a lieu de casser et annuler le jugement du 3 vendémiaire an 8; remettre les parties au même état où elles étaient avant qu'il fût rendu; les renvoyer, pour le jugement du fond, devant le tribunal de première instance le plus voisin; ordonner que l'amende consignée par les demandeurs leur sera restituée, et qu'à notre diligence le jugement à intervenir sera imprimé et transcrit sur les registres du tribunal de la Mayenne. »

Ces conclusions ont été adoptées par arrêt du 14 messidor an 8, au rapport de M. Vergès; mais il n'a pas été motivé dans sa rédaction, sur le moyen que j'avais proposé : la cour de cassation a cru devoir trancher la question principale sur laquelle j'avais pensé qu'il était inutile de m'expliquer. Voici ce que porte l'arrêt:

« Vu l'art. 33 de la loi du 9 vendémiaire an 6 . . . . . ;

» Considérant que la preuve légale établie par cet article, pour autoriser la perception des droits d'enregistrement, s'applique uniquement aux cas de mutation d'immeubles en propriété ou usufruit;

» Que le législateur , en faisant mention de mutation, n'a eu en vue que les contrats translatifs de propriété ou d'usufruit qui opèrent cette mutation , tels que les ventes , les échanges , les donations et autres actes de la même nature;

» Que néanmoins le tribunal dont le jugement est attaqué a déclaré, en vertu de cet article, et d'après la preuve légale qui y est établie, qu'il existait un acte de partage entre les demandeurs en cassation, et les a obligés à représenter cet acte pour en payer les droits;

» Que, par cette décision, ce tribunal a confondu

_____

(1) *V.* ci-devant , §. 1.

les contrats de partage entre les cohéritiers et les contrats de mutation, quoique la loi ne parle que de ces derniers contrats, dont l'effet est bien différent des premiers;

» Que s'il est constant, d'une part, qu'il est de l'essence des contrats contenant mutation, de transférer la propriété ou l'usufruit, il est aussi constant, d'un autre côté, que l'essence des actes de partage n'est pas de transférer la propriété dont les héritiers co-partageans sont déjà investis par indivis, mais seulement de déterminer la portion de propriété de chacun, en faisant cesser l'indivision;

» Que conséquemment, le tribunal dont le jugement est attaqué, a fait une fausse application de l'article cité, et commis un excès de pouvoir en l'étendant à une espèce différente, qui devait être réglée par des principes différens:

» Le tribunal casse et annule..... »

§. III. *Le décès de l'un des époux opère-t-il mutation au profit de l'autre, relativement à un bien qu'ils ont acheté ensemble pour appartenir à celui des deux qui survivrait à l'autre ? En conséquence, le survivant doit-il une déclaration à la régie, et un droit proportionnel d'enregistrement pour la moitié de ce bien ?*

Le tribunal civil du département du Rhône ayant décidé négativement cette question en faveur de la veuve Jusserand, le 7 nivôse an 8, la régie de l'enregistrement s'est pourvue en cassation contre son jugement; et la cause portée à la section civile, le 11 germinal an 9, j'y ai donné les conclusions suivantes :

« La veuve Jusserand a-t-elle été valablement déchargée par le jugement que vous dénonce la régie, du droit de mutation qui était prétendu contre elle, à raison d'un domaine acquis en 1777, pendant la communauté d'entre elle et son mari, et dont la propriété lui est demeurée par le décès de ce dernier ?

» Telle est la question que cette affaire offre à votre examen.

» Il n'y aurait aucune ombre de doute sur le bien-jugé de cette décision, si le domaine dont il s'agit eût été acheté par la veuve Jusserand seule et en son seul nom.

» Il n'y en aurait pas davantage sur son mal-jugé, si le mari eût acheté ce domaine pour lui seul, et en eût fait donation à son épouse, en cas qu'elle le survécût.

» Mais la question ne se présente ni dans l'une ni dans l'autre espèce; et ce qui en fait la difficulté, c'est que le mari et la femme ont acheté le domaine POUR EUX, *les leurs*, *leurs amis élus ou à élire, en tout ou partie*, ET POUR LE SURVIVANT DE L'UN D'EUX.

» Le tribunal civil du département du Rhône a

conclu de là que, « si, par le décès du mari, la » veuve Jusserand était devenue propriétaire de ce » domaine, ce n'était point par l'effet de la libéra- » lité du défunt, mais uniquement par l'effet de la » stipulation qui, dès l'instant où il avait été arrêté, » avait assuré la propriété au survivant des deux » acquéreurs; qu'ainsi il ne s'était pas opéré de » mutation en faveur de la veuve Jusserand par le » décès de son mari; que par conséquent elle ne » devait aucun droit; et qu'on ne pouvait pas lui » appliquer les dispositions de la loi du 5-19 dé- » cembre 1790, qui exigent des déclarations de la » part des héritiers légataires et autres succes- » seurs. »

» Le tribunal civil du Rhône a donc jugé que la veuve Jusserand ne devait rien, parce qu'elle n'avait rien acquis de nouveau par la mort de son mari.

» Et dans l'exacte vérité, toute la question porte sur ce seul point : « y a-t-il ou n'y a-t-il pas eu mu- » tation par le décès de Jusserand ? »

» S'il y a eu mutation, point de doute qu'il ne soit dû par la veuve un droit proportionnel d'enregistrement.

» L'art. 2 de la loi du 5-19 décembre 1790 porte, en effet, qu'en cas de *translation de nouvelle propriété*, opérée sans acte en forme ou sous signature privée, c'est-à-dire, par le seul effet de la loi ou d'une disposition éventuelle antérieure, « il sera » fait enregistrement de la déclaration que les nou- » veaux propriétaires seront tenus de fournir de la » consistance et de la valeur des immeubles, soit » qu'ils les aient recueillis par succession ou autre- » ment, en vertu des lois ou coutumes, OU PAR L'É- » CHÉANCE DES CONDITIONS ATTACHÉES AUX DISPOSI- » TIONS ÉVENTUELLES. »

» L'art. 12 fixe le délai dans lequel ces déclarations doivent être fournies par les héritiers, légataires et *donataires éventuels*.

» Et le tarif annexé à la loi détermine le droit proportionnel qui doit être payé pour l'enregistrement de ces mêmes déclarations.

» Mais si le décès de Jusserand n'a pas opéré une *translation de nouvelle propriété*; si c'est directement et immédiatement par le contrat d'acquisition de 1777, et non par l'échéance d'une condition attachée à une disposition éventuelle, que la veuve Jusserand est devenue propriétaire de la part de son mari dans le domaine dont il est question; en un mot, si la veuve Jusserand ne possède pas cette part comme *donataire éventuelle*, nul doute que la régie ne soit mal fondée dans sa prétention, nul doute que le tribunal civil du Rhône n'ait bien jugé.

» Ainsi, encore une fois, « y a-t-il eu mutation » en faveur de la veuve Jusserand par le décès de » son mari ? » La question est là, elle est là tout en-tière, et elle n'est que là.

Pour la résoudre, il est un grand principe qu'il ne faut pas perdre de vue : c'est que deux personnes ne peuvent pas être solidairement propriétaires d'une même chose (1).

» Sans doute, une chose peut appartenir par indivis à deux personnes ; mais elle n'appartient pas pour cela en totalité à chacune des deux ; chacune des deux n'en a que la moitié indivise.

» Ainsi, quand un mari et une femme acquièrent ensemble un immeuble, ils en deviennent, sans contredit, co-propriétaires ; mais ils ne le sont chacun que pour une moitié ; et il est impossible, quelques stipulations qu'ils employent, que la propriété solidaire réside à la fois sur la tête de l'un et sur la tête de l'autre.

» La veuve Jusserand n'a donc pas été, elle n'a donc pas pu être saisie, par le contrat d'acquisition de 1777, de la totalité du domaine qui était l'objet de ce contrat. Elle n'a pu alors en devenir et elle n'en est réellement devenue propriétaire que pour moitié.

» Et comme la condition du mari était, par le contrat même, entièrement assimilée à celle de la femme, puisqu'il y est énoncé en toutes lettres qu'ils acquièrent POUR EUX, il est clair que ce que nous venons de dire de la femme s'applique absolument au mari.

» Il est clair par conséquent que le mari a été, par le contrat d'acquisition, saisi de la moitié du domaine de Saint-Cyr, et que la propriété de cette moitié a résidé sur sa tête tant qu'il a vécu.

» Mais tout en résidant sur sa tête, cette propriété était frappée d'une disposition éventuelle qui pouvait la faire passer sur celle de son épouse ; car il est dit dans le contrat que les époux acquièrent, non-seulement *pour eux*, mais aussi *pour le survivant de l'un d'eux*. Ainsi, l'un des époux venant à décéder, le survivant devenait propriétaire de la part qu'il avait eue dans le domaine, et il le devenait *en vertu d'une clause du contrat même*.

» Est-ce une raison pour dire que la propriété de la part du défunt est passée au survivant, sans qu'il y ait eu mutation de l'un à l'autre ?

» Est-ce une raison pour dire que le survivant succède dans cette part, non à son époux prédécédé, mais au vendeur ?

» Est-ce une raison pour dire qu'il a reçu cette part directement et immédiatement des mains du vendeur, et non de celles de son époux prédécédé ?

» C'est comme si l'on prétendait que, dans une

(1) *Plures eamdem rem in solidum possidere non possunt ; contra naturam quippè est ut cùm ego aliquid teneo, tu quoque id tenere videaris..... Non magis enim eadem possessio apud duos esse potest, quàm ut tu stare videaris in eo loco in quo ego sto ; vel in quo ego sedeo, tu quoque sedere videaris.* Loi 3, §. 5, D. *de acquirendâ vel amittendâ possessione* V. Voët, sur le même titre, n° 5.

substitution fidéicommissaire, le substitué recevait directement des mains du substituant, et non de celles du grevé.

» C'est comme si l'on prétendait que la substitution formant le titre en vertu duquel le substitué recueillait le bien, il le recueillait sans qu'il y eût mutation du grevé à lui.

» C'est comme si l'on prétendait que l'art. 56 du tit. 1 de l'ordonnance du mois d'août 1747, n'a jamais fait loi.

» Qu'ont voulu, dans notre espèce, le mari et la femme co-acquéreurs ? Ils ont voulu se faire et ils se sont fait réellement don mutuel de la part de chacun d'eux dans le domaine qu'ils achetaient. Car il est impossible de donner un autre sens à la clause qui assure la totalité du bien au survivant ; et il est si vrai qu'on ne peut pas la considérer sous un autre aspect, que, dans les coutumes de Cambrésis et d'Artois, où de pareilles stipulations sont expressément autorisées dans les contrats d'acquisitions, les commentateurs se sont constamment accordés à exiger pour leur validité le concours des mêmes conditions qui étaient requises pour la validité du don mutuel.

» Or, il est bien constant que le don mutuel (quoiqu'il ne soit sujet, au moment de la rédaction de l'acte qui le stipule, qu'à un droit fixe de 20 sous) engendre un droit proportionnel d'enregistrement à l'époque de son ouverture, par le décès de l'un des époux donateurs ; et l'on ne pourrait juger le contraire sans méconnaître la loi, sans la fouler aux pieds.

» C'est cependant ce qu'a fait le tribunal civil du Rhône, en déchargeant la veuve Jusserand des poursuites de la régie.

» Et par ces considérations, nous estimons qu'il y a lieu de casser et annuler le jugement dont il s'agit ; ce faisant, remettre les parties au même état où elles étaient avant ce jugement ; et pour leur être fait droit, les renvoyer devant le tribunal le plus voisin. »

Ces conclusions n'ont pas été suivies. Par arrêt du 11 germinal an 9, rendu au rapport de M. Henrion, la requête de la régie de l'enregistrement a été rejetée : « attendu qu'en décidant, comme ils » l'ont fait par leur jugement du 7 nivôse an 8, que » Catherine Basset, veuve Jusserand, tenait la to- » talité de la maison de Saint-Cyr, des dispositions » de l'acte du 11 septembre 1777, et que, par consé- » quent, il ne s'était opéré aucune mutation dans la » propriété de cet immeuble par le décès dudit Jus- » serand, les juges du tribunal civil du département » du Rhône n'ont fait autre chose que de déterminer » le sens, la nature et les effets dudit acte du 11 sep- » tembre 1777 ; en quoi ils n'ont expressément con- » trevenu à aucune loi. »

Cet arrêt est-il bien d'accord avec les règles qui devaient lui servir de base ?

Sans doute, la cassation ne peut pas atteindre

l'interprétation des actes, lorsqu'elle ne blesse aucune loi ; et c'est ce que j'ai démontré dans un plaidoyer rapporté dans le *Répertoire de jurisprudence*, au mot *Société*, sect. 3, §. 3, art. 2.

Mais dans l'espèce ci-dessus rappelée, l'interprétation que le tribunal civil du Rhône avait donnée à l'acte du 11 septembre 1777, heurtait de front le principe consacré par les lois romaines (alors en pleine vigueur dans son ressort), que la propriété ne peut pas résider solidairement sur deux têtes à la fois. Le jugement de ce tribunal devait donc être cassé.

Il se présente cependant deux objections contre cette conséquence.

La première consiste à dire qu'à la vérité (comme le faisait observer M. le procureur-général Daniels, dans ses conclusions du 13 octobre 1815, rapportées aux mots *Gains de survie*, §. 3, n° 2), « le droit » romain ne connaît pas cette espèce de co-pro- » priété qui appartiendrait à plusieurs solidaire- » ment; » mais que (comme l'établissait en même temps ce magistrat, d'après des jurisconsultes allemands) ce principe admet une exception par rapport à la communauté conjugale, lorsque, par l'effet de la loi ou du contrat de mariage, elle doit être dévolue en entier au survivant des époux.

« Pendant le mariage (disait M. Daniels), on » regarde les deux époux comme propriétaires so- » lidaires, ou plutôt comme une seule et même per- » sonne; et on définit la propriété qu'ils ont dans » les biens communs, *dominium pluribus in re* » *indivisâ in solidum competens, ut quilibet ejus* » *rei dominium in solidum habeat, sed limitato,* » *per concursum alterius condomini, exercitio* (Hofacker, *principia juris civilis germanici*, tome » 2, §. 909). A défaut de concurrent, ce qui arrive » par le décès de l'un des époux, la totalité appar- » tient au survivant (suivant le même jurisconsulte, » tome 1, §. 463), *non jure successionis...... in* » *partem defuncti, sed consolidati in superstite* » *condominii.* »

Mais, 1° M. Daniels convient lui-même que, nonobstant ce principe exceptionnel, « le fisc, pour exiger les droits d'enregistrement, pourra prétendre qu'il y a mutation, parce qu'au lieu de DEUX POSSESSEURS, il n'y en a maintenant QU'UN SEUL.

2° Ce principe ne pouvait pas s'appliquer à l'acquisition faite en 1777 par les sieur et dame Jusserand, qui, domiciliés et mariés dans un pays de droit écrit, n'étaient pas en communauté.

La seconde objection est plus spécieuse : Les sieur et dame Jusserand (peut-on dire) n'avaient pas, il est vrai, acquis solidairement l'immeuble dont il s'agissait; mais en stipulant que le survivant en aurait la propriété intégrale, ils étaient censés avoir voulu que la propriété de cet immeuble ne résidât pour moitié sur la tête de chacun d'eux, que sous la condition qu'elle se résoudrait au décès du premier mourant, et qu'alors elle fût réputée avoir

été fixée tout entière, dès le principe, sur la tête du survivant. Or, l'accomplissement de cette condition résolutoire devait, d'après différentes lois romaines dont on retrouve les dispositions dans l'art. 1179 du code civil, avoir un effet rétroactif au jour de l'acquisition. Donc le décès du sieur Jusserand n'avait point opéré de mutation au profit de sa veuve.

Cette manière de raisonner peut être admise dans le cas d'une disposition à titre gratuit, faite au profit de deux personnes conjointement, sous la condition que, si l'une d'elles vient à mourir avant une époque déterminée, tout le bien donné accroîtra à la survivante ; elle peut être admise, disons-nous, à l'effet d'établir qu'une telle disposition n'emporte point la substitution prohibée par l'art. 896 du code civil (1).

Mais, ou je me trompe fort, ou, malgré cet argument, la régie de l'enregistrement serait fondée, en pareil cas, à exiger un droit de mutation du donataire survivant, pour la part qu'il gagnerait par le prédécès de son co-donataire; et là, en effet, reviendrait la raison de M. Daniels, *qu'au lieu de deux possesseurs, il n'y en a maintenant qu'un seul*.

Aussi a-t-on vu la cour de cassation elle-même, laissant de côté le préjugé résultant de son arrêt du 11 germinal an 9, casser, les 3 nivôse an 13 et 2 septembre 1806, des jugemens en dernier ressort qui avaient décidé qu'un droit d'usufruit réservé par deux époux, à leur profit commun, et à celui du dernier vivant d'entre eux, n'était sujet à aucun droit de mutation pour la part du prédécédé; et les casser, quoique le prédécédé fût mort à une époque où les règles du droit romain sur l'accroissement de l'usufruit légué ou donné à plusieurs conjointement, étaient encore dans toute leur vigueur (2).

Au surplus, à quoi se réduisait, en dernière analyse, la question que présentait l'affaire sur laquelle a statué l'arrêt du 11 germinal an 9 ? A savoir si les sieur et dame Jusserand, tout en sous-entendant la condition résolutoire dont nous venons de parler, ne s'étaient pas fait mutuellement donation de la part qu'avait, dans le bien acquis, celui des deux époux qui survivrait l'autre : car, s'il y avait donation mutuelle, bien évidemment la loi du 22 frimaire an 7 voulait que le survivant des donataires payât le droit de mutation.

Or, Gabriel, dans ses *Observations détachées sur les coutumes et usages du ressort du parlement de Metz*, tome 1, pages 285 et 287, établit très-clairement que, dans ces sortes de cas, il y a toujours donation au profit du survivant des époux,

_____

(1) *V.* l'article *Substitution fidéicommissaire*, §. 4.

(2) *V.* le *Répertoire de jurisprudence*, aux mots *Enregistrement (droit d')*, §. 36.

jusqu'à la concurrence de la part qu'il gagne par le prédécès de l'autre. Voici ses termes :

» Quand il y a contrat de mariage contenant la clause ordinaire que les époux seront communs en tous biens meubles et conquêts immeubles, pour, arrivant la dissolution, être les biens de la communauté partagés entre le survivant et les enfans ou héritiers du prémourant, s'il n'en a autrement disposé, etc. ; on demande si les époux peuvent acquérir, pour eux, chacun pour moitié en propriété, pour le survivant d'eux en usufruit, et après eux, pour leurs héritiers. Le doute est ancien. D'Abocourt le proposait déjà, fol. 114 et 115. J'ai vu juger par arrêt que, malgré cette clause insérée dans les contrats d'acquêts, une seconde femme ne pouvait, dans la coutume de l'Evêché, conserver l'usufruit de la moitié de son mari, au préjudice de l'enfant du premier lit. Cette clause contient, en effet, un avantage, à la vérité incertain et dépendant de l'événement, puisque le conjoint remarié peut survivre, et que l'exécution de la clause tournerait en ce cas à son profit contre les héritiers de la seconde femme. Mais il n'en est pas moins vrai que, si l'événement rend la stipulation avantageuse à la femme, c'est une espèce de donation qui, quoique mutuelle, ne peut subsister en tant qu'elle excède la part d'enfant : car je le crois réductible, et non pas nulle.....

» Dans la coutume de Metz et de l'Evêché, où les conjoints acquièrent très-souvent à cette condition, que le survivant jouira de l'acquêt en usufruit, ne peuvent-ils pas aller plus loin, et lui assurer la propriété? La question s'est présentée. Par différens contrats faits par le sieur Lauraux, constatant son mariage, il était dit que les biens acquis appartiendraient, pour le tout et en toute propriété, au survivant. Les Riclot, héritiers de la femme prédécédée, contestèrent l'exécution de ces clauses, et demandèrent la moitié des acquêts, en vertu du contrat de mariage qui avait établi la communauté entre le sieur Lauraux et son épouse. Par arrêt du 12 juillet 1753, jugé que la stipulation était valable dans tous les contrats qui avaient été insinués; mais que, contenant une donation mutuelle, elle ne pouvait valoir sans insinuation. Le parlement a donc pensé que ce n'était pas un pur gain de survie, du nombre de ceux à l'égard desquels le défaut d'insinuation n'emporte pas nullité, suivant l'art. 21 de l'édit du mois de février 1731, et l'art. 6 de la déclaration du 17 du même mois. Cela posé, j'inclinerais beaucoup à penser que la clause doit être insinuée, lors même qu'elle n'emporte que l'usufruit au profit du survivant; car la donation de l'usufruit d'un immeuble est sujette à l'insinuation. »

§. IV. *Lorsque, près d'être dépouillé d'un bien qui lui était propre, un homme parvient à s'y faire maintenir, soit par un nouveau titre, soit autrement, ce bien conserve-t-il dans ses mains son ancienne qualité, ou de-vient-il acquêt, et donne-t-il ouverture à un droit de mutation?*

V. l'article *Propre*, §. 2.

§. V. 1° *Les tribunaux peuvent-ils, d'après de simples présomptions morales ou des actes non faisant foi légalement de leur date, ou même des actes authentiques qui ne sont pas nécessairement exclusifs de l'idée d'une mutation opérée antérieurement en secret, s'écarter de la disposition de l'art. 12 de la loi du 22 frimaire an 7; suivant laquelle* « la muta-» tion d'un immeuble en propriété ou usufruit » sera suffisamment établie pour la demande » du droit d'enregistrement et la poursuite du » payement contre le nouveau possesseur, soit » par l'inscription de son nom au rôle de la » contribution foncière, et des payemens par » lui faits d'après ce rôle, soit par des baux » par lui passés, ou enfin par des transactions » ou autres actes constatant sa propriété ou son » usufruit? »

2° *Le peuvent-ils spécialement, en ce qui concerne la présomption légale de mutation, qui résulte, contre le nouveau possesseur, de l'inscription de son nom au rôle de la contribution foncière et des payemens qu'il a faits en conséquence, lorsque cette inscription a été faite sans l'observation préalable des formalités prescrites par les articles 33 et 36 de la loi du 3 du même mois et de la même année?*

3° *La présomption légale de mutation, que l'art. 12 de la loi du 22 frimaire an 7 fait résulter, contre le nouveau possesseur, de l'une des trois circonstances qui y sont mentionnées, doit-elle céder à la preuve légale et complète de faits avec lesquels il est impossible de la concilier?*

I. Sur la première question, la négative est la conséquence nécessaire du principe démontré dans les conclusions du 23 ventose an 10, rapportées au mot *Garantie*, §. 7, que les présomptions établies par la loi, telle qu'est bien certainement celle qui est écrite dans l'art. 12 de la loi du 22 frimaire an 7, sont exclusives de toute preuve contraire qui ne serait composée que de présomptions simples ou d'autres élémens du même genre, et n'aurait d'autre résultat que de rendre douteux ce que la loi tient pour prouvé.

C'est effectivement ainsi que la question a été jugée, dans l'intervalle de 1806 à 1813, par 21 arrêts de la cour de cassation, qui sont rapportés ou cités dans le *Répertoire de jurisprudence*, aux mots *Enregistrement* (droit d'), §. 22, et *Mutation*, §. 3.

Il en a été rendu de semblables les 2 juillet 1816, 18 novembre 1818, 22 août 1821, 24 juin 1822,

14 janvier 1824, 5 janvier 1825, 6 février, 8 et 31 mai 1826, dont on peut voir les espèces dans le *bulletin civil* de la cour de cassation, à l'ordre de leurs dates.

II. La seconde question a été également jugée pour la négative par les deux derniers arrêts que je viens d'indiquer. Voici les circonstances du premier.

Le 26 septembre 1817, procès-verbal de l'inspecteur de l'enregistrement à Poitiers, qui, d'après un certificat du percepteur des contributions, du 22 du même mois, constate que le sieur Bonneau a été inscrit au rôle de l'impôt foncier des années 1816 et 1817, et qu'il a volontairement payé cet impôt, comme propriétaire d'une maison qui avait précédemment et jusqu'alors appartenu à la veuve et aux enfans Fradin.

En conséquence, il est décerné, le 30 du même mois, contre le sieur Bonneau, une contrainte en payement de 1815 francs pour droit simple et double droit de la mutation opérée clandestinement en sa faveur.

Le sieur Bonneau forme opposition à cette contrainte, sous prétexte que c'est sans sa participation ni celle de la veuve et des enfans Fradin, que son nom a été inscrit, en 1816 et 1817, au rôle de la contribution foncière de Poitiers ; qu'à la vérité, il a payé cette contribution l'une et l'autre année; mais qu'il ne l'a payée que comme locataire et à l'acquit de ses bailleurs.

Le 6 janvier 1818, acte notarié par lequel la veuve Fradin et ses enfans vendent au sieur Bonneau la maison dont il s'agit.

Le 2 février et le 9 mars suivant, le sieur Bonneau fait signifier deux mémoires à la régie.

Il expose dans le premier que la vente notariée qui vient de lui être faite n'est que l'exécution de celle qui lui a été consentie, le 8 octobre 1817, par un acte sous seing-privé qu'il représente, et par lequel il est stipulé qu'elle sera renouvelée devant notaire dans les trois mois.

Par le second, il persiste à soutenir que c'est à son insu et sans la participation de la veuve et des enfans Fradin, que son nom a été inscrit, en 1816 et 1817, au rôle de la contribution foncière; et pour établir que cette inscription ne peut pas lui être opposée, il produit :

1º Un certificat du contrôleur des contributions ; du 18 janvier 1818, portant que le *livre de mutations* de Poitiers, dont il est parlé dans l'art. 33 de la loi du 3 frimaire an 7, ne mentionne aucune mutation opérée, en 1816 et 1817, au profit du sieur Bonneau, de la part de la famille Fradin ;

2º Un certificat du maire de Poitiers, qui atteste la même chose, et ajoute que « néanmoins le sieur » Bonneau se trouve placé sur la matrice de la con- » tribution foncière, sect. 4, nº 75, comme proprié- » taire de la maison de madame Fradin; »

3º Un arrêté du préfet du département de la Vienne, du 25 février de la même année, qui déclare nulle et de nul effet l'inscription du sieur Bonneau au rôle de la contribution foncière pour les années 1816 et 1817, attendu qu'elle a été faite sans la réquisition des parties intéressées, et sans l'exhibition d'un titre translatif de propriété.

A la vue de ces pièces, et nonobstant tout ce qu'oppose la régie de l'enregistrement aux conséquences qu'en tire le sieur Bonneau, le tribunal civil de Poitiers rend, le 13 mai 1818, un jugement par lequel il annule la contrainte :

« Attendu qu'aux termes de la loi du 3 frimaire an 7, l'inscription du nom du nouveau possesseur au rôle foncier, a lieu sur un titre de mutation déclaré par les parties, déclaration qui n'a pas été faite dans l'espèce;

» Et qu'au surplus, l'inscription du sieur Bonneau, ayant été annulée par l'arrêté du préfet du 25 février, n'a pas pu servir de base à l'action de la régie. »

Mais la régie se pourvoit en cassation; et par arrêt du 22 août 1821, au rapport de M. Boyer, et sur les conclusions de M. l'avocat-général Jourde :

« Vu l'art. 12 de la loi du 22 frimaire an 7 ;

» Attendu que cet article fait dépendre, quant à l'exigibilité du droit d'enregistrement, la preuve légale de la mutation de la propriété d'un immeuble, du seul fait de l'inscription du nouveau possesseur au rôle des contributions foncières, à raison de cet immeuble, lorsque cette inscription a été suivie de payemens faits en conséquence;

» Que cette disposition de la loi du 22 frimaire an 7 est tout-à-fait indépendante des formalités prescrites, pour l'inscription au rôle foncier, par la loi du 3 du même mois, relative à la contribution foncière; et que le législateur n'a pas entendu subordonner à l'observation de ces formalités l'action de la régie en payement du droit de mutation;

» Attendu, dans l'espèce, que le fait de l'inscription du défendeur au rôle foncier de la ville de Poitiers, pour la maison dont il s'agit au procès, ainsi que les payemens par lui volontairement faits des contributions de cette maison, pour les années 1816 et 1817, sont constans dans la cause, et n'ont pas même été contestés; qu'ainsi cette inscription et ces payemens constituaient, aux termes de l'art. 12 précité de la loi, la preuve légale de la mutation opérée à son profit, abstraction faite de toute recherche sur la régularité ou l'irrégularité de ladite inscription; d'où il suit que l'arrêté du préfet de la Vienne, du 25 février 1818, qui, postérieurement à l'action intentée par la régie, a annulé ladite inscription comme dénuée des formalités prescrites par la loi du 3 frimaire an 7, n'a pas dû être pris en considération dans la cause;

» Attendu qu'en jugeant, d'après cet arrêté, que l'inscription du sieur Bonneau n'avait pu servir de base aux poursuites de la régie, le jugement dénoncé a fait une fausse application des dispositions de ladite loi du 3 frimaire an 7, ainsi que de l'arrêté du préfet, du 25 février 1818, et directement violé l'art. 12 de la loi du 2 frimaire an 7 :

» La cour casse et annulle...... (1). »

III. Ce serait aussi pour la négative que devrait être résolue la troisième question, si la disposition de l'art. 12 de la loi du 22 frimaire an 7 formait ce que les anciens jurisconsultes appelaient une présomption *juris et de jure,* ou si le code civil dérogeait à la faculté que les lois romaines accordaient à toute personne contre laquelle militait une présomption *juris,* de la détruire par une preuve contraire.

Mais, d'une part, il n'y a pas un seul mot dans l'art. 12 de la loi du 22 frimaire an 7, dont on puisse induire qu'il soit dans l'esprit de cet article d'exclure la preuve contraire à la présomption qu'il établit.

De l'autre, l'art. 1352 du code civil dit bien que la « présomption légale dispense de toute preuve » celui au profit duquel elle existe; » mais en ajoutant que « nulle preuve n'est admise contre la » présomption de la loi, lorsque, sur le fondement » de cette présomption, elle annule certains actes, » ou dénie l'action en justice, à moins qu'elle n'ait » réservé la preuve contraire, » il fait clairement entendre que , hors les deux cas qu'il signale et ceux qu'ajoutent les art. 1351 et 1363, la preuve contraire est toujours censée réservée par le législateur à la partie contre laquelle il établit une présomption.

Ainsi, nul doute que la présomption légale de mutation établie par l'art. 12 de la loi du 22 frimaire an 7, ne doive céder à la preuve évidente de faits avec lesquels il est impossible de la concilier; et c'est ce qu'ont jugé deux arrêts de la cour de cassation, dont voici les espèces :

Le sieur Lefebvre, propriétaire de plusieurs immeubles qu'il ne pouvait plus faire valoir par ses mains, les avait affermés à ses enfans, dont un était mineur, par un bail authentique qui les chargeait de payer la contribution foncière à son acquit, mais seulement jusqu'à concurrence d'une somme déterminée.

A la suite de ce bail, les enfans Lefebvre avaient été substitués à leur père, et, selon toute apparence, sur sa réquisition, dans le rôle de la contribution foncière, et ils avaient constamment payé les cotes auxquelles ils avaient été taxés, mais seulement jusqu'à concurrence de la somme fixée par le bail.

La régie de l'enregistrement est partie de là pour décerner contre eux une contrainte en payement du droit et du double droit d'une démission clandestine

de biens qu'elle a prétendu avoir été faite à leur profit par leur père.

Jugement qui, sur l'opposition des enfans, déclare la contrainte nulle.

Recours en cassation de la part de la régie. Mais par arrêt du 2 août 1814 :

« Considérant que la présomption de mutation, établie par l'art. 12 de la loi du 22 frimaire an 7, n'exclut pas la preuve contraire, suivant l'art. 1312 du code civil; que cette présomption, très-forte quand un étranger, nouveau possesseur, est substitué sur le rôle au propriétaire antérieurement imposé, et que celui-là a payé en conséquence, peut s'atténuer quand ce sont des enfans qui se sont fait imposer à la place de leur père; quand ces enfans étaient fermiers de leur père, aux fins d'un bail authentique antérieur à leur imposition; quand , aux fins de ce bail, ils devaient acquitter la contribution foncière à la décharge de leur père, jusqu'à concurrence d'une somme déterminée, et que l'imposition qu'ils ont subie et acquittée, n'excède pas cette somme; que la stipulation de n'acquitter la contribution foncière que jusqu'à une certaine somme, et la circonstance de la minorité d'un des enfans, achèvent de concourir à écarter l'idée d'une démission et d'un partage de propriété :

» La cour rejette le pourvoi..... (1). »

Le 11 mai 1807, acte sous seing-privé; par lequel le sieur Ritzenthaller afferme au sieur Heimendinger plusieurs pièces de terre pour trois ou six années.

Le 26 du même mois, acte notarié par lequel le sieur Heimendinger, sans prendre ni la qualité de fermier, ni celle de propriétaire, afferme les mêmes biens, pour le même espace de temps, à divers particuliers.

Le 25 mai 1810, le sieur Heimendinger meurt, sans avoir fait enregistrer le bail du 11 mai 1807, et laissant pour héritière une fille mariée à Nathan-Lévi Schaenbrun.

En 1813, la régie de l'enregistrement décerne contre celui-ci une contrainte en payement du droit et du double droit résultant de la mutation qu'elle prétend, d'après le bail notarié du 26 mai 1807, avoir été opérée de la part du sieur Ritzenthaller, au profit du sieur Heimendinger.

Nathan-Lévi Schaenbrun forme opposition à cette contrainte; et, tout en convenant que la régie est fondée à faire valoir la présomption qu'elle tire de l'acte notarié du 26 mai 1807, il soutient que cette présomption doit disparaître devant le bail sous seing-privé du 11 du même mois, dont la date est devenue certaine et incontestable par le décès de son beau-père, bien antérieur aux poursuites de la régie.

---

(1) Bulletin civil de la cour de cassation, tome 23 , page 236.

(1) Jurisprudence de la cour de cassation, tome 23, page 105.

Il produit d'ailleurs des quittances des fermages payés par son beau-père au sieur Ritzenthaller, comme preuve de la sincérité du bail du 11 mai 1807, et de l'exécution qu'il a constamment reçue.

Le 20 mars 1813, jugement du tribunal civil de Colmar, qui, sans avoir égard à ces moyens, rejette l'opposition, et ordonne l'exécution de la contrainte.

Mais, sur le recours en cassation de Nathan-Lévi Schaenbrun, arrêt du 27 juillet 1816, au rapport de M. Minier, et sur les conclusions de M. l'avocat-général Henri-Larivière, par lequel :

« Vu l'art. 12 de la loi du 22 frimaire an 7 :

» Considérant que, si l'administration de l'enregistrement et des domaines est autorisée par l'article précité à argumenter de la représentation d'un bail, pour supposer que celui qui l'a passé est devenu propriétaire, au lieu et place de celui qui possédait précédemment les objets loués, par l'effet d'une mutation tenue secrète pour échapper au payement des droits dus à cause de cette mutation, la présomption qui résulte en sa faveur de la connaissance de ce bail, n'est cependant pas de nature à établir d'une manière irrévocable la réalité de la mutation ; que de là il suit que cette présomption doit disparaître devant des preuves matérielles de la non-existence de cette prétendue mutation;

» Considérant que, dans l'espèce, il étoit justifié par un bail sous signature privée, dont la date étoit devenue certaine bien antérieurement aux poursuites exercées par l'administration, que Heimendinger n'avait pas loué les biens qu'il avait à bail de Ritzenthaller, en qualité de propriétaire, mais en qualité de fermier; que, dès ce moment, l'obligation d'établir la propriété dans la main d'Heimendinger retombait à la charge de l'administration :

» La cour casse et annule..... (1). »

Il existe deux arrêts de la cour supérieure de justice de Bruxelles, formée en cour de cassation, l'un du 14 février 1820, l'autre du 20 mars 1824, qui consacrent également le principe que, « si l'art. 12 » du 22 frimaire an 7 porte que la mutation d'un » immeuble en propriété ou usufruit sera suffisam- » ment établie, pour la demande du droit d'enre- » gistrement et la poursuite du payement contre le » nouveau possesseur, soit par l'inscription de son » nom au rôle de la contribution foncière, etc., » soit des baux par lui passés, cet article n'ex- » clut néanmoins pas la preuve du contraire. » Mais il y aurait beaucoup de choses à dire sur l'application que le premier de ces arrêts en fait à la cause sur laquelle il prononce; aussi a-t-il été rendu contre les conclusions de M. l'avocat-général Destoop (2).

_____

(1) Bulletin civil de la cour de cassation, tome 18, page 169.

(2) V. la jurisprudence de la cour supérieure de justice de Bruxelles, année 1820, tome 1, page 32, et année 1824, tome 1, page 147.

§. VI. *Autres questions sur cette matière.*

V. les articles *Déclaration au bureau de l'enregistrement, Enregistrement (droit d'),* §. 3, et *Prescription,* §. 9.

NAISSANCE. *V.* les articles *Acte de Naissance, Faux, Filiation, Question d'État, Maternité, Paternité* et *Vie.*

NANTISSEMENT (PAYS DE). §. I. 1° *Dans les inscriptions hypothécaires, qui sont prises dans les ci-devant pays de nantissement, pour conserver des hypothèques acquises par réalisation avant la loi du 11 brumaire an 7, suffit-t-il de rappeler la date du titre de la créance notariée, ou est-il absolument nécessaire de rappeler la date de l'acte de réalisation de ce titre?*

2° *La déclaration du roi du 23 juin 1772, qui a aboli les formalités de nantissement requises dans certaines coutumes pour acquérir hypothèque, avait-elle force de loi en Artois, avant la loi du 11 brumaire an 7?*

La première question, déjà traitée dans le plaidoyer, et jugée par l'arrêt du 4 thermidor an 12, rapportés aux mots *Succession vacante,* §. 1, s'est représentée, avec la seconde, dans l'espèce suivante :

Le 6 juillet 1791, contrat passé devant notaires, à Paris, par lequel le prince Frédéric de Salm-Kirbourg constitue à le dame Valois de Saint-Remy une rente viagère de 6,000 livres, à laquelle il affecte tous ses biens présens et à venir, et spécialement la terre de Gauchin-Légal, située dans le district de Béthune, département du Pas-de-Calais, ci-devant Artois, avec faculté de prendre hypothèque sur ce bien, par *mise de fait, œuvres de loi* et autres actes de *nantissement* autorisés par la coutume.

Le 30 du même mois, la dame de Saint-Remy fait transcrire ce contrat au greffe du tribunal du district de Béthune; et par-là elle supplée, conformément à l'art. 3 de la loi du 19-27 septembre 1790; aux formalités du *nantissement* que la suppression des justices seigneuriales avaient rendues impraticables.

Le 31 décembre de la même année, le sieur Marbais se rend adjudicataire, à l'audience des criées de Paris, de la terre de Gauchin-Légal, moyennant 250,000 livres qu'il s'oblige de payer, dans quatre mois et demi, au prince de Salm-Kirbourg, et à la charge « de payer et acquitter à l'avenir » les rentes, et généralement toutes les autres presta- » tions annuelles, tant en espèces qu'en nature, qui » peuvent être dues par les biens, et de faire en » sorte que, pour raison tant des arrérages que des » capitaux de ces rentes et redevances, le vendeur

76

» ne puisse être inquiété ni recherché en façon
» quelconque. »

Le sieur Marbais ne fait point transcrire son contrat au greffe du tribunal du district de Béthune.

Arrive la loi du 11 brumaire an 7 ; et, sourd à
l'avertissement qu'elle lui donne, art. 44, de le
faire du moins transcrire au bureau des hypothèques dont elle ordonne l'établissement, il néglige encore ce moyen de consolider son acquisition.

Le 23 prairial an 7, la dame de Saint-Remy
prend, au bureau des hypothèques de Béthune,
une inscription contre les héritiers du prince de
Salm-Kirbourg, « sur tous les biens *par lui dé-
» laissés* dans cet arrondissement, pour sûreté
» d'une créance avec hypothèque générale, de
» 78,303 livres, résultant d'un acte passé devant
» Silly et son confrère, notaires à Paris, le 6 juil-
» let 1791. »

Le 15 prairial an 9, la dame de Saint-Remy fait
assigner, devant le tribunal de première instance
de Paris, les enfans et héritiers du sieur Marbais,
dans la personne du sieur Pierrepont, leur beau-
père et tuteur, et de la dame Pierrepont, leur mère
et tutrice, pour voir dire que le domaine de
Gauchin-Légal est hypothèque à sa rente viagère
de 6,000 livres ; qu'ils seront en conséquence condamnés à lui en payer les arrérages échus et à
échoir, etc., en restituant tous les fruits perçus depuis leur acquisition.

Le 28 messidor suivant, jugement par défaut
qui prononce conformément à cette demande.

Les sieur et dame Pierrepont, en leur qualité, y
forment opposition.

Le 22 pluviôse an 10, la dame Pierrepont, mère
et tutrice des mineurs Marbais, prend, en leur
nom, au bureau des hypothèques de l'arrondissement de Béthune, une inscription contre les héritiers du feu prince de Salm-Kirbourg, sur le domaine de Gauchin-Légal, « pour sûreté et garantie
» d'une créance de la somme de 150,000 francs,
» résultant d'une adjudication faite sur publications
» volontaires à l'audience des criées du ci-devant
» Châtelet de Paris, le 31 décembre 1791 ; faisant
» à l'échelle de dépréciation, le montant des sommes
» payées audit feu prince de Salm, aux termes de
» l'adjudication susdatée.

Le 6 prairial suivant, la dame de Saint-Remy
prend au même bureau, contre les mêmes héritiers
et sur les mêmes biens, une nouvelle inscription
« pour sûreté d'une créance de 108,847 francs ... ,
» résultant d'un acte passé devant Silly et son con-
» frère, notaires à Paris, le 6 juillet 1791 ; et trans-
» crit sur les registres aux transcriptions qui don-
» nent hypothèque, au tribunal du district de
» Béthune, le 30 du même mois.

Le 26 fructidor de la même année, jugement du
tribunal de première instance du département de la
Seine, qui déboute les sieurs et dame Pierrepont

de leur opposition au jugement par défaut du
28 messidor an 9.

Les sieur et dame Pierrepont appellent de ces
deux jugemens, et soutiennent :

1° Que, d'après la législation particulière du ci-
devant Artois, la dame de Saint-Remy n'a point
acquis d'hypothèque par le seul effet de la passation
de son contrat du 6 juillet 1791 devant notaires ;
que ce contrat n'est devenu hypothécaire que par
la transcription qui en a été faite au greffe du tribunal du district de Béthune, le 20 du même
mois ;

2° Que l'inscription du 23 prairial an 7 n'a pas
conservé à la dame de Saint-Remy l'hypothèque acquise par cette transcription, parce qu'elle n'en
rappelle pas le titre constitutif, formalité rigoureusement commandée par l'art. 40 de la loi du 11 brumaire de la même année, qu'elle n'a pas non plus
créé une hypothèque nouvelle, parce qu'elle n'est
pas accompagnée de la cinquième des conditions
prescrites par l'art. 17 de la même loi ;

3° Que l'inscription du 6 prairial an 10 est plus
régulière, mais qu'elle est neutralisée par celle qui
a été prise, au nom des mineurs Marbais, la 22 pluviôse précédent.

Le 1er fructidor an 11, la cour d'appel de Paris :

« Attendu que l'édit du mois de juin 1771, et la
déclaration du 23 juin 1772 (concernant les lettres
de ratification) ont été lus, publiés et enregistrés au
ci-devant conseil provincial et alors supérieur d'Artois ; et qu'en supposant qu'ils n'aient pas été exécutés dans la province, on ne peut pas se faire un
droit d'un abus contraire à une loi ;

» Que l'art. 35 de l'édit de 1771 donne naissance
à l'hypothèque, à compter du jour d'un contrat
passé devant notaires, même pour les biens situés
en pays de nantissement ;

» Que l'art. 3 de la loi du 19-27 septembre 1790,
en substituant, pour consommer les constitutions
d'hypothèques, la transcription des grosses des contrats au greffe, à la place des formalités usitées dans
lesdits pays de nantissement, a notamment maintenu ledit art. 35 dans les lieux où l'édit de 1771 et
la déclaration de 1772 ont été publiées ;

» Que, dans cette situation, la partie de Moreau
(la dame de Saint-Remy) avait, dès le 6 juillet 1791,
une hypothèque générale sur les biens du prince de
Salm, laquelle elle a conservé par sa première inscription conforme à la loi du 11 brumaire an 7, et
notamment à son art. 17, §. 3 ;

» Met l'appellation au néant ; ordonne que ce
dont est appel sortira son effet. »

Les sieur et dame Pierrepont se pourvoient en
cassation, et soutiennent que, par une fausse application de l'édit de juin 1771 et de la déclaration du
23 juin 1772, cet arrêt viole manifestement les
art. 17 et 40 de la loi du 11 brumaire an 7.

« Pour bien apprécier ce moyen (ai-je dit à l'audience de la section des requêtes, le 24 floréal an 13), nous devons, avant tout, nous fixer sur deux points importans, et qui sont reconnus implicitement par l'arrêt attaqué : l'un, que l'inscription prise par la dame de Saint-Remy, le 23 prairial an 7, serait nulle, si son contrat du 6 juillet 1791 n'avait pas produit hypothèque par lui-même; l'autre, que la nullité de cette inscription ne serait point, dans ce cas, réparée par la nouvelle inscription qu'a prise la dame de Saint-Remy, le 6 prairial an 10.

» Et d'abord, pourquoi l'inscription du 23 prairial an 7 serait-elle nulle, si le contrat du 6 juillet 1791 n'a pas produit d'hypothèque par lui-même, si, pour être converti en titre hypothécaire, il a eu besoin de la transcription qui en a été faite le 30 du même mois, au greffe du tribunal du district de Béthune, conformément à l'art. 3 de la loi du 19-27 septembre 1790? C'est parce que, dans cette hypothèse, l'inscription n'aurait été prise ni dans la forme nécessaire pour acquérir une hypothèque nouvelle, ni dans la forme nécessaire pour conserver une hypothèque précédemment acquise.

» Comment, en effet, une hypothèque nouvelle pourrait-elle résulter de cette inscription ? Pour réaliser et consommer, par la voie de l'inscription, l'hypothèque à laquelle un titre peut donner lieu, l'art. 17 de la loi du 11 brumaire veut, n° 5, que le créancier, en représentant ce titre, désigne dans ses bordereaux l'espèce et la situation des biens sur lesquels il entend conserver son hypothèque; et il est très-constant que la dame de Saint-Remy n'a désigné, dans son inscription du 23 prairial an 7, ni l'espèce ni la situation des biens qui composent le domaine de Gauchin-Legal.

» Comment, d'un autre côté, l'inscription du 23 prairial an 7 aurait-elle pu conserver l'hypothèque acquise à la dame de Saint-Remy, par la transcription faite au greffe de Béthune le 30 juillet 1791? Il eût fallu pour cela que, conformément à l'art. 40 de la loi du 11 brumaire an 7, elle eût présenté au bureau des hypothèques deux bordereaux contenant les indications prescrites par l'art. 17 de la même loi; il eût fallu par conséquent, d'après le n° 3 de l'art. 17 même, que ses deux bordereaux eussent indiqué la date de la transcription de son contrat au greffe de Béthune. Or, dans ces deux bordereaux, ou du moins dans celui qui est resté entre les mains du conservateur, dans celui que le conservateur a inscrit, on trouve bien la date de son contrat, mais celle de la transcription qui en a été faite au greffe de Béthune, le 30 juillet 1791, est totalement omise.

» Et vainement dirait-on que, dans le n° 3 de l'art. 17, la loi du 11 brumaire exige seulement la mention de la date du titre en vertu duquel le créancier prend inscription. Que signifie, dans cet article, le mot titre..... (1)?

» Il est donc bien constant que, si le contrat passé le 6 juillet 1791 au profit de la dame de Saint-Remy, n'est pas par lui-même un titre hypothécaire, et s'il n'est devenu tel que par sa transcription du 30 du même mois au greffe du tribunal de district de Béthune, l'inscription prise par la dame de Saint-Remy, le 23 prairial an 7; doit être considérée comme nulle et non avenue.

» Quant à l'inscription du 6 prairial an 10, on ne peut pas, il est vrai, lui reprocher le même défaut qu'à celle du 23 prairial an 7, puisqu'elle rappelle expressément la date de la transcription du contrat au greffe de Béthune; mais elle n'en est pas plus efficace pour la dame de Saint-Remy, parce qu'elle se trouve primée par l'inscription que les mineurs Marbais avaient prise le 22 pluviôse précédent, pour sûreté de leur action en garantie contre le feu prince de Salm-Kirbourg, et dont la régularité n'a jamais été contestée.

» La dame de Saint-Remy a bien prétendu que les mineurs Marbais n'avaient pas pu prendre cette inscription; mais sur quoi s'est-elle fondée ? Sur le seul prétexte que leur action en garantie ne pourrait naître que du payement qu'ils lui feraient de sa créance; que, tant que sa créance ne serait point payée par eux, ils ne pourraient pas se dire évincés; et que, tant qu'ils ne seraient pas évincés, ils seraient non-recevables à agir en garantie contre la succession de leur vendeur;

» Comme si l'obligation de garantir l'acquéreur de toute espèce de trouble, et par conséquent de toute poursuite hypothécaire, ne prenait pas naissance à l'instant même où se forme le contrat de vente auquel elle est de plein droit inhérente ! Comme si cette obligation pour être, dans son effet, subordonnée à la condition éventuelle d'une éviction encore incertaine, ne constituait pas moins une créance actuelle au profit de l'acquéreur! Comme si la loi 42, D. de verborum obligationibus, n'avait pas mis en principe que, is qui sub conditione stipulatus est, pendente conditione creditor est! Comme si une créance conditionnelle n'était pas susceptible d'être assurée par une inscription, tout aussi bien qu'une créance pure et simple! Comme si cette maxime, déjà implicitement consacrée par l'art. 16 de l'édit des criées de 1551 n'avait pas encore reçu une nouvelle sanction, une sanction expresse et positive, par l'art. 2132 du code civil.

» Disons donc : si la dame de Saint Remy n'a pas acquis hypothèque par son contrat du 6 juillet 1791, si elle n'a acquis hypothèque que par la transcription de son contrat au greffe du tribunal du district de Béthune, non-seulement son inscrip-

_____

(1) J'ai répété ici tout ce qui se trouve sur cette question, à l'article Succession vacante, §. 1.

tion du 23 prairial an 7 est nulle, mais celle du 6 prairial an 10, quoique valable en elle-même, ne peut avoir pour elle l'effet qu'en a fait résulter l'arrêt de la cour d'appel de Paris ; primée par une inscription antérieure des mineurs Marbais, elle ne peut autoriser la dame de Saint-Remy à demander aux mineurs Marbais le payement direct de sa créance ; elle ne peut lui donner le droit de provoquer sur eux la vente judiciaire du domaine de Gauchin-Legal, pour être colloquée après eux dans l'ordre du prix qui en proviendra.

» Le sort du premier moyen de cassation des mineurs Marbais dépend donc uniquement de la question de savoir si la dame de Saint-Remy avait acquis, par son contrat du 6 juillet 1791, une hypothèque sur les biens que son débiteur pouvait avoir dans le ci-devant Artois.

» Or, sur cette question, la dame de Saint-Remy convenait, et la cour d'appel de Paris l'a reconnu elle-même, que, par l'art. 74 de la coutume d'Artois, les « sentences, promesses, testamens, et généralement toutes obligations personnelles n'engendrent saisine, hypothèque ou réalisation sur les héritages du condamné, prometteur, testateur ou obligé. »

» Mais cet article de la coutume était-il encore en vigueur le 6 juillet 1791, c'est-à-dire, au moment où a été passé le contrat dont il s'agit ? La dame de Saint-Remy soutenait et la cour d'appel a jugé que non. La dame de Saint-Remy soutenait, et la cour d'appel a jugé que l'art. 35 de l'édit de juin 1771 et la déclaration du 23 juin 1772 avaient abrogé cet article.

» Effectivement, messieurs, ces deux lois l'auraient incontestablement abrogé, si elles avaient été toutes deux enregistrées et exécutées dans le ci-devant Artois. (Nous disons toutes deux, et vous verrez bientôt que ces expressions ne sont pas indifférentes.)

» Mais, 1° s'il est vrai que l'édit du mois de juin 1771 a été enregistré au conseil supérieur d'Arras, le 15 juillet de la même année, il est vrai aussi que cet enregistrement a été purement matériel et n'a eu aucun effet ; il est vrai aussi que cet enregistrement était commandé impérieusement au conseil supérieur d'Arras par l'art. 8 de l'édit du mois de février 1771, qui enjoignait à tous les tribunaux de ce nom, de publier à l'audience les édits que leur enverrait le procureur-général du nouveau parlement de Paris, « sans qu'en aucun cas ils pussent délibérer sur iceux, ni se dispenser de les exécuter;»

» Il est vrai aussi qu'immédiatement après avoir obéi à cette loi fondamentale de son institution, le conseil supérieur d'Arras s'est réuni aux états d'Artois, pour demander que l'édit du mois de juin fût retiré et que la province fût maintenue dans son ancien régime hypothécaire; il est vrai aussi que le gouvernement accueillit leurs remontrances, et que, si l'édit ne fut pas retiré de fait, parce qu'il devait

être exécuté dans les baillages de Boulogne, de Montreuil, de Calais et d'Ardres, qui appartenaient à l'ancienne Picardie, du moins il demeura sans exécution en Artois, et que son enregistrement à Arras fut, relativement à l'Artois, considéré comme absolument non avenu.

» Sur ce dernier point, messieurs, nous avons des preuves positives, et qui écartent jusqu'au plus léger doute.

» D'abord, si le gouvernement n'avait pas affranchi l'Artois de l'exécution de l'édit du mois de juin 1771, si le gouvernement avait voulu que cet édit eût son effet en Artois comme dans les autres provinces de France (le ressort du parlement de Douai, la Bretagne et l'Alsace exceptés), bien certainement il aurait organisé cet édit en Artois comme il l'a organisé dans les pays où son intention était de le faire exécuter. Or, c'est ce qu'il n'a pas fait.

» Pour l'organisation de cet édit, Louis XV avait créé, par cet édit même, des offices de garde-des-sceaux, de conservateurs des hypothèques et des greffiers expéditionnaires des lettres de ratification; et il est très-constant que ces offices n'ont jamais été levés ni remplis en Artois.

» Pour l'organisation de cet édit, il est intervenu, le 7 juillet de la même année, le 24 novembre suivant, le 18 septembre 1773, le 4 décembre 1774, et le 5 septembre 1783, des lettres-patentes, un arrêt du conseil et trois déclarations qui n'ont jamais été envoyées ni publiées en Artois.

» Ensuite, l'inexécution de cet édit en Artois est constatée par un fait bien notoire dans toute la contrée : c'est que, quoique cet édit abrogeât formellement les décrets volontaires, les décrets volontaires ont continué d'y être en usage jusqu'à la publication de la loi du 11 brumaire an 7.

» Un autre fait non moins décisif, c'est que, quoique cet édit abrogeât les formalités requises par les coutumes de nantissement en matière d'hypothèque, et par conséquent celles qui, en Artois, étaient connues sous le nom de mises de fait, les mises de fait ont continué d'y être en usage jusqu'à la suppression des justices seigneuriales : témoin cette note qui nous a été dans le temps adressée par un avocat distingué d'Arras, et que nous avons depuis retrouvée dans la Gazette des Tribunaux :

» Le 19 novembre 1779, on a jugé au conseil
» d'Artois que la mise de fait dénoncée aux parties
» directes dans l'année de l'exploitation, mais non
» dans l'année de la commission, ne produisait au-
» cune hypothèque. On alléguait pour la validité de
» la mise de fait, que la prescription annale ne
» pouvait pas avoir lieu, parce qu'il avait été fait
» une procédure dans l'année. On répondait que
» l'exploit ne pouvait pas être une procédure utile,
» à moins qu'il n'y eût dans l'année une instance
» liée. C'était un tiers-acquéreur qui défendait à
» la demande en déclaration d'hypothèque d'un
» créancier qui avait fait exploiter la mise de fait.

» Celui-ci fut débouté de sa demande et condamné » aux dépens, par jugement en dernier ressort, les » deux chambres assemblées. C'était M. Liborel. » qui plaidait pour le défendeur. »

» 2° Quant à la déclaration du 23 juin 1772, bien loin que son enregistrement au conseil supérieur d'Arras, prouve en faveur de l'opinion adoptée par la cour d'appel de Paris, il suffirait seul pour la renverser de fond en comble.

» Cette déclaration, qui était une des lois organiques de l'édit de juin 1771, n'avait pas été d'abord envoyée au conseil supérieur d'Arras; et pourquoi ne l'avait-elle pas été? Sans doute, parce que le gouvernement avait dispensé l'Artois de l'exécution de l'édit dont elle interprétait l'art. 35.

» Mais deux ans après, en 1774, on se souvint que, dans le ressort du conseil supérieur d'Arras, plus étendu que ne l'avait été celui du conseil provincial d'Artois, étaient placés les bailliages de Boulogne, de Montreuil, de Calais et d'Ardres, qui n'avaient pas été compris dans la dispense d'exécuter l'édit, et où, de fait, l'édit s'exécutait pleinement.

» Que fit-on alors? On envoya la déclaration du 23 juin 1772 au conseil supérieur d'Arras; et ce qui prouve qu'on ne la lui envoya avec l'ordre de ne l'enregistrer que pour les bailliages dont nous venons de parler, c'est que, par arrêt du 18 juin 1774, il en prononça l'enregistrement en ces termes : « La » cour ordonne que ladite déclaration sera lue et » et publiée au parquet de la cour et registrée au » greffe d'icelle, pour être exécutée selon sa forme » et teneur, et copies collationnées, envoyées aux » bailliages de Montreuil et Ardres, sénéchaussée de » Boulogne et justice générale de Calais, pour y » être pareillement lues, publiées et registrées; en- » joint aux substituts du procureur-général du roi » ès-dits siéges d'y tenir la main, et d'en certifier la » cour dans le mois. »

» Il est inconcevable, d'après cela, que, dans le jugement attaqué, il soit dit que la déclaration du 23 juin 1772 a été enregistrée au conseil provincial et alors supérieur d'Artois.

» Oui, elle a été enregistrée au conseil supérieur des bailliages de Montreuil, d'Ardres, de Calais et de Boulogne; mais elle ne l'a pas été au conseil supérieur d'Artois même : l'enregistrement qu'elle a reçu le 18 juin 1774, l'a bien rendue obligatoire pour la partie picarde, mais nullement pour la partie artésienne du ressort du conseil supérieur d'Arras; et en limitant ainsi à la partie picarde de son ressort l'enregistrement de cette loi, le conseil supérieur d'Arras a évidemment déclarée que cette loi était étrangère à la partie artésienne : qui de uno dicit, de altero negat.

» Qu'a fait la dame de Saint-Remy devant la cour d'appel, pour écarter un argument aussi décisif?

» Elle a d'abord prétendu que la déclaration du 23 juin 1772 devait avoir été enregistrée au conseil supérieur d'Arras en 1772 même; qu'elle devait l'avoir été à cette époque, purement et simplement et pour tout son ressort; qu'à la vérité, il n'en restait aucune trace, mais que tel était le résultat nécessaire de la marche tracée par l'art. 8 de l'édit de février 1771, pour les enregistremens à faire, tant au parlement de Paris, que dans les conseils supérieurs.

» Mais, d'une part, il répugne au bon sens de supposer que l'on ait fait enregistrer deux fois une seule et même déclaration au conseil supérieur d'Arras. Si le conseil supérieur d'Arras l'eût enregistrée en 1772 pour tout son ressort, on ne la lui aurait pas fait enregistrer de nouveau, en 1774, pour quelques baillages particuliers. Cela est d'une évidence que tous les raisonnemens possibles, que toutes les suppositions imaginables, ne parviendront jamais à obscurcir.

» D'un autre côté, veut-on savoir pourquoi le procureur-général du parlement de Paris n'avait pas, en 1772, envoyé au conseil supérieur d'Arras la déclaration du 23 juin, avec l'enregistrement dont elle avait été revêtue par le parlement de Paris? C'est parce que le gouvernement, qui avait dispensé l'Artois de l'exécution de l'édit de 1771, n'en avait pas donné à ce magistrat l'ordre direct; et que, sans un ordre direct du gouvernement, aucune loi générale ne pouvait être envoyée en Artois.

« On observe (dit Maillard, sur la coutume de cette province, page 172, édition in-folio.) que, les 23 février 1704 et 3 mai 1710, le roi Louis XIV marqua à son procureur-général au parlement de Paris, de n'envoyer en Artois que les édits et les déclarations qui lui seraient indiqués formellement par S. M.; parce que les stipulations des villes, les réponses aux cahiers des états, les déclarations et les arrêts rendus en conséquence, notamment les lettres-patentes du 16 décembre 1651, conservent l'Artois dans les mêmes droits qu'il avait sous la souveraineté de l'Autriche. »

» La dame de Saint-Remy a ensuite prétendu que le conseil supérieur d'Arras ayant été supprimé et le conseil provincial d'Artois rétabli en novembre 1774, l'enregistrement fait au parlement de Paris le 11 juillet 1772, de la déclaration du 23 juin précédent, avait, dès-lors et de plein droit, assujéti les Artésiens à cette loi, comme il y avait assujéti, dès le principe, tous les autres justiciables de ce parlement.

» Mais c'est encore là une erreur insoutenable et complètement démentie par le passage de Maillart que nous venons de citer.

» Une troisième objection de la dame de Saint-Remy a été de dire qu'il importait peu de savoir si la déclaration du 23 juin 1772 avait été enregistrée pour l'Artois au conseil supérieur d'Arras; qu'il suffisait que le conseil supérieur d'Arras eût enregistré, pour l'Artois comme pour la partie picarde de son ressort, l'édit du mois de juin 1771, dont cette déclaration n'était qu'interprétative; et que l'art. 35

de l'édit de juin 1771 renfermant implicitement la disposition développée par la déclaration du 23 juin 1772, il n'en fallait pas davantage pour que, par le seul effet de l'enregistrement de l'édit de juin 1771, les contrats notariés emportassent hypothèque en Artois comme dans la presque totalité du reste de la France.

» Mais d'abord, que porte l'art. 35 de cet édit ? Une seule chose : « Abrogeons l'usage des saisine et » nantissement pour acquérir hypothèque et pré-» férence, dérogeant pour cet effet à toutes coutu-» mes et usages à ce contraires. » Si donc cet article eût été enregistré efficacement pour l'Artois, il en serait bien résulté que l'on ne pourrait plus désormais, en Artois, acquérir hypothèque par la voie du nantissement; mais on n'aurait pas pu en conclure que désormais les contrats notariés emporteraient hypothèque dans cette province. Et cela est si vrai, que, pour en tirer cette conséquence relativement aux coutumes de Picardie qui renfermaient, sur le nantissement, les mêmes dispositions que celle d'Artois, il a fallu que le législateur donnât, le 23 juin 1772, une déclaration particulière. Mais cette déclaration n'ayant pas été enregistrée en Artois, l'art. 35 de l'édit de juin 1771, s'il y eût été enregistré avec effet, serait resté pour cette province ce qu'il était originairement, c'est-à-dire qu'il y aurait simplement abrogé, pour l'avenir, les formalités du nantissement, sans y substituer aucun mode d'acquérir hypothèque.

» En second lieu, nous avons démontré que l'édit du mois de juin 1771 n'a été enregistré en Artois que pour la forme, et que le gouvernement lui-même a consenti d'en laisser l'enregistrement sans effet. Nous devons ajouter que cet enregistrement n'a reçue dans le temps aucune publicité; et de là vient que tous les auteurs qui ont parlé de l'édit de 1771, relativement à l'Artois, se sont accordés à dire qu'il n'y avait pas été enregistré : tels sont Boucher d'Argis et Grenier dans leurs commentaires sur cet édit. Tel est surtout Lecamus d'Houlouve, sur la coutume du Boulonnais, tome 2, page 163; voici ses propres termes : « Comme le Boulonnais est li-» mitrophe de l'Artois, et qu'à cause de ce voi-» sinage, beaucoup de Boulonnais ont des héritages » en Artois, comme beaucoup d'Artésiens ont des » héritages en Boulonnais, il n'est pas inutile d'ob-» server que l'édit du mois de juin 1771 et la décla-» ration du 23 juin 1772 n'ont pas été enregistrés » au conseil d'Artois, à cause du privilége accordé » à cette province, lors de sa réunion à la France, » de pouvoir être régie par ses anciennes lois. Ainsi, » en Artois, la saisine ou la mise de fait sont tou-» jours nécessaires pour y acquérir privilége et pré-» férence sur les héritages. » Et voilà pourquoi les nouveaux éditeurs de Denisart, à l'article *Artois,* imprimé en 1783, s'expriment ainsi, n° 6 : « Entre » les différens points du droit civil particuliers à la » la province d'Artois, nous avertissons de remar-» quer ceux qui suivent : l'entravestissement....., le

» franc-alleu....., le greffe du gros....., LE NANTISSE-» MENT NÉCESSAIRE POUR ACQUÉRIR HYPOTHÈQUE, les » contrats et autres actes passés pardevant personnes publiques, n'engendrant point hypothèque » sans les œuvres de loi. »

» Voilà encore pourquoi le comité féodal de l'assemblée constituante, en lui présentant le projet de décret qui forme aujourd'hui la loi du 19-27 septembre 1790, disait, par notre organe, page 6 de ce projet : « L'édit de 1771 et la déclaration de 1772 » ont, en abolissant l'usage des saisines pour acqué-» rir hypothèque, établi qu'à l'avenir l'hypothèque » s'acquerrait, tant par actes passés devant notaires, » que par jugemens, de la même manière et ainsi » qu'il se pratique dans les autres coutumes. Mais » l'un et l'autre n'ont été publiés que dans ceux des » pays de nantissement qui composaient la Picar-» die et le Vermandois. ON NE LES A ENREGIS-» TRÉS NI AU PARLEMENT DE DOUAI, NI AU CONSEIL » D'ARTOIS. »

» Voilà enfin pourquoi tout l'Artois a exécuté spontanément la disposition de l'art. 3 de la loi du 19-27 septembre 1790, portant « qu'à compter du » jour où les tribunaux de district seraient installés » dans les pays de nantissement, les formalités de » saisine, dessaisine, déshéritance, adhéritance, » vest et dévest, reconnaissance échevinale, mise de » fait, mainassise, et généralement toutes celles qui » tenaient au nantissement féodal ou censuel, se-» raient et demeureraient abolies; et que, jusqu'à » ce qu'il en eût été autrement ordonné, la trans-» cription des grosses des contrats d'aliénation ou » d'hypothèque en tiendrait lieu, et suffirait en con-» séquence pour consommer les aliénations et les » constitutions d'hypothèque. »

» Voilà pourquoi personne ne s'est avisé alors d'appliquer à l'Artois l'exception qui terminait le même article : « sans préjudice, quant à la manière » d'hypothéquer les biens, de l'exécution de l'arti-» cle 35 de l'édit du mois de juin 1771 et de la » déclaration du 23 juin 1772, dans ceux des pays » de nantissement où ces lois ont été publiées. »

» Voilà pourquoi la dame de Saint-Remy elle-même a fait, dans le temps, transcrire son contrat au greffe du tribunal du district de Béthune.

» Voilà pourquoi, même dans son inscription hypothécaire du 6 prairial an 10, elle a rappelé cette transcription comme lui ayant *donné hypo-thèque* dès le 30 juillet 1791.

» Il est donc bien évident que, par l'arrêt attaqué, la cour d'appel de Paris a tout à la fois faussement appliqué l'art. 35 de l'édit de juin 1771, ainsi que la déclaration du 23 juin 1772, et violé les articles 17 et 40 de la loi du 11 brumaire an 7.

» Nous estimons, en conséquence, qu'il y a lieu d'admettre la requête des demandeurs. »

Ces conclusions ont été adoptées par arrêt du 24 floréal an 13, au rapport de M. Brillat-Savarin. Mais jusqu'à présent les sieur et dame Pirrepont n'ont pas encore mis la section civile à portée de statuer définitivement sur cette affaire.

§. II. *Peut-on, en vertu des art. 37, 38, 39 et 43 de la loi du 11 brumaire an 7, faire inscrire sur des biens situés dans les ci-devant pays de nantissement, une hypothèque générale sur les biens présens et à venir accordée par un contrat qui n'a pas été, antérieurement à cette loi, revêtu des formalités nécessaires pour le réaliser ?*

Voici une espèce dans laquelle j'ai traité cette question, avec une autre qui forme spécialement l'objet du §. 6 de l'article *Nullité.*

Par quatre obligations passées devant notaires, à Paris, le 21 janvier 1786, le prince de Salm-Kyrbourg reconnaît devoir au sieur Wilhem-Vanbaerck une somme de 401,635 livres.

Le 18 germinal an 5, le sieur Wilhem-Vanbaerck cède sa créance au sieur Servantin.

Le 6 messidor de la même année, cette créance se trouvant réduite à 26,007 livres, le sieur Servantin la cède au sieur Devinck, banquier à Paris.

Le 23 prairial an 7, le sieur Devinck prend des inscriptions hypothécaires sur les biens du prince de Salm-Kyrbourg, notamment sur ceux qui sont situés dans le ci-devant Hainaut.

Le 7 ventôse an 9, les administrateurs du bureau de bienfaisance de Boussu prennent sur la terre de Leuze, située dans la même contrée, une inscription pour conserver l'hypothèque qu'ils y ont acquise en vertu d'un contrat public du 16 août 1782, portant constitution d'une rente de 410 livres, argent de Hainaut, et *réalisé*, le même jour, devant la cour féodale de Mons.

Le 21 frimaire an 10, Nicolas-Antoine d'Arberg de Valenzin, chambellan de l'empereur d'Autriche, prend sur la même terre, une inscription pour conserver l'hypothèque qu'il y a acquise en vertu d'un contrat public, du 26 septembre 1782, portant constitution d'une rente de 5,000 florins, au capital de 100,000 florins, et *réalisé*, devant la même cour féodale, le 13 août 1783.

Par jugemens des 21 fructidor an 11, 8 nivôse, 2 floréal et 12 prairial an 13, les tribunaux de première instance de Paris et de Tournai vendent, par expropriation forcée, différens biens de la succession du prince de Salm-Kyrbourg, situés tant à Paris qu'en Hainaut, et spécialement la terre de Leuze.

Des procès-verbaux d'ordre du prix de cette terre sont ouverts dans les deux tribunaux.

Le 28 frimaire an 14, arrêt de la cour de cassation, qui décide que l'ordre sera fait et jugé par le tribunal de première instance de Paris.

Les administrateurs du bureau de bienfaisance de Boussu et le sieur d'Arberg produisent leurs contrats des 16 août et 26 septembre 1782, ainsi que les actes qui en ont opéré la *réalisation*, et les inscriptions qu'ils ont respectivement prises.

De son côté, le sieur Devinck produit les quatre obligations notariées du 21 janvier 1786, et prétend être colloqué avant le bureau de bienfaisance de Boussu et le sieur d'Arberg, attendu que les inscriptions de ceux-ci sont postérieures à la sienne.

Les autres créanciers font aussi leurs productions, et prennent des conclusions en conséquence.

Le 4 février 1807, jugement qui colloque 1° divers créanciers porteurs d'inscriptions régulières des années 5, 6 et 7; 2°. les administrateurs du bureau de bienfaisance de Boussu pour le capital et trois années d'arrérages de leur rente de 410 livres, à la date du 27 ventôse an 9, jour de leur inscription hypothécaire; 3° le sieur d'Arberg, pour le capital et trois années d'arrérages de la rente de 5,000 florins, à la date de son inscription, c'est-à-dire, au 21 frimaire an 10.

« Et attendu que le prix à distribuer sera évidemment épuisé et au-delà par les collocations ci-dessus, *le même jugement* dit qu'il y a lieu d'en ordonner d'autres; sur les demandes, fins, conclusions et réquisitions portées aux procès-verbaux d'ordre, et faites à l'audience, met les parties hors de cause : » en conséquence, donne main-levée de l'inscription prise par le sieur Devinck, le 23 prairial an 7.

Le sieur Devinck appelle de ce jugement et conclut, 1° à ce qu'il soit déclaré nul, par la raison qu'il n'est pas motivé en ce qui le concerne; 2° et subsidiairement à ce qu'il soit réformé, pour n'avoir pas colloqué sa créance dans un ordre légal d'hypothèque.

Le sieur d'Arberg oppose à cet appel une fin de non-recevoir qu'il fait résulter de l'époque où il a été interjeté à son égard.

Le 30 décembre 1808, arrêt ainsi conçu :

« Dans le droit, 1° est-il besoin de statuer sur la fin de non-recevoir proposée par le sieur d'Arberg? 2° L'inscription prise par le sieur Devinck, quoique antérieure à celle du sieur d'Arberg, a-t-elle pu produire quelque effet sur les biens situés en Belgique? 3° En termes plus simples, le jugement dont est question a-t-il bien ou mal jugé? 4° Quel que dût être l'arrêt, ne convient-il pas de le déclarer commun avec les administrateurs du bureau de bienfaisance du village de Boussu?

» La cour, sans qu'il soit besoin de statuer sur la fin de non-recevoir, faisant droit sur l'appel du jugement d'ordre du 4 février 1807 :

» Attendu que l'inscription prise par Devinck, en vertu de la loi du 11 brumaire an 7, n'a pu conserver qu'une hypothèque existante; et qu'à cette époque Devinck n'en avait aucune sur les biens situés en Belgique, « n'ayant pas pris, comme l'exigeait » la coutume du pays, adhéritance par œuvre de » loi; »

» Dit qu'il a été bien jugé, mal et sans griefs appelé; ordonne que ce dont est appel sortira son plein et entier effet. »

Le sieur Devinck, par le ministère des syndics établis à sa faillite, se pourvoit en cassation contre cet arrêt.

« Deux moyens de cassation (ai-je dit à l'audience de la section des requêtes, le 17 mai 1810) vous sont proposés dans cette affaire.

» 1° Violation de l'art. 141 du code de procédure civile, en ce que l'arrêt attaqué confirme, et par conséquent déclare valable dans la forme le jugement du 4 février 1807, qui, par défaut de motifs, était radicalement nul;

» 2° Violation des art. 37, 38, 39, 43 et 56 de la loi du 11 brumaire an 7, en ce que le même arrêt refuse toute collocation, en ordre d'hypothèque, à une créance qui était originairement hypothécaire, et dont le rang d'hypothèque avait été conservé par une inscription prise en temps utile.

» Le premier de ces moyens donne lieu à deux questions : la première, si c'est par requête civile ou par voie de cassation que ce moyen doit être proposé; la seconde, si ce moyen est recevable de la part des syndics de la faillite du sieur Devinck.

» Sur la première question, il est à remarquer qu'en cause d'appel le sieur Devinck concluait tout à la fois et à l'annulation et à la réformation du jugement du 4 février 1807; que de là dérivait, pour la cour d'appel de Paris, le devoir de poser deux questions : l'une, si le jugement du 4 février 1807 était nul dans la forme; l'autre, si au fond il avait bien ou mal jugé; que cependant de ces deux questions la cour d'appel de Paris n'a posé que la seconde; et qu'en conséquence, statuant sur la seconde seulement, elle a dit qu'il avait été *bien jugé, mal et sans grief appelé.*

» Il y a donc, dans l'arrêt de la cour d'appel de Paris, « omission de prononcer sur l'un des chefs » de demande, et par conséquent ouverture à requête civile, d'après le n° 5 de l'art. 480 du code de procédure.

» Mais de ce que l'arrêt de la cour d'appel de Paris peut être attaqué par requête civile, s'ensuit-il qu'il ne peut pas l'être par cassation?

» Oui sans doute; et telle est la conséquence nécessaire de l'art. 24 du tit. 4 de la deuxième partie du réglement de 1738, lequel porte expressément que « les moyens de requête civile *ne peuvent* être » proposés pour moyens de cassation *que contre* » des arrêts du conseil. »

» On peut cependant objecter que, par l'art. 2 de la loi du 27 novembre 1790, la cour de cassation est chargée d'annuler tous les jugemens en dernier ressort, qui, dans les procédures, violent les formes prescrites à peine de nullité; qu'à la vérité, cet article est abrogé par le code de procédure, quant à la violation des formes qui ne sont pas essentiellement constitutives des jugemens, et dont l'inob-

servation n'a pas été relevée devant les cours dont les arrêts sont attaqués; mais qu'il subsiste encore relativement aux formes, sans lesquelles il ne peut exister de jugement; et que telle est précisément celle qui consiste à modifier chaque décision judiciaire; que l'art. 7 de la loi du 20 avril dernier en contient une disposition expresse, et que conséquemment si, dans notre espèce, la cour d'appel de Paris, en confirmant, et, par suite, en jugeant valable le jugement du tribunal de première instance de Paris, du 4 février 1807, a violé l'art. 141 du code de procédure, l'arrêt de cette cour est sujet à cassation, quoiqu'il le soit en même temps à requête civile.

» Mais cette objection, dans quel cas serait-elle fondée ?

» Elle le serait sans doute dans le cas où l'on prétendrait qu'il y a ouverture à requête civile, pour violation de l'une des formes substantielles des jugemens. Alors, sans doute, on pourrait répondre que, de la violation d'une pareille forme, il résulte une ouverture de cassation, et non une ouverture de requête civile.

» Mais ce n'est pas là ce que nous disons. Nous ne disons pas que, s'il y a dans l'arrêt de la cour d'appel de Paris contravention à l'art. 141 du code de procédure, cet arrêt ne peut être attaqué, de ce chef, que par requête civile; nous disons seulement que l'arrêt de la cour d'appel de Paris ayant omis de prononcer sur les conclusions en nullité que le sieur Devinck avait fondées sur la contravention prétendue dont il s'agit, ce n'est que par la voie de la requête civile que cette omission de prononcer peut être opposée à l'arrêt de la cour d'appel de Paris; nous disons seulement que ce n'est pas de la prétendue contravention elle-même, mais bien de l'omission de prononcer sur cette contravention prétendue, que dérive ici le moyen de requête civile. La disposition du réglement de 1738 que nous citions tout à l'heure, conserve donc ici toute sa force et toute son application.

» Mais, au surplus, supposons pour un moment que ce n'est pas par requête civile, c'est au contraire par cassation, que les demandeurs ont dû vous proposer le moyen dont il est ici question : il restera du moins à examiner, non pas si ce moyen est fondé en soi, l'affirmative ne peut pas être douteuse, mais si, de la part des demandeurs, il est recevable.

» En général, point d'intérêt, point d'action. Si donc les demandeurs n'avaient point d'intérêt à l'annulation du jugement du tribunal de première instance, ils ne peuvent point avoir d'action pour se plaindre de ce que cette annulation n'a pas été prononcée par la cour d'appel de Paris.

» Or, quel intérêt les demandeurs pouvaient-ils avoir à ce que la cour d'appel de Paris annulât, dans la forme, le jugement du 4 février 1807?

» Ils en auraient eu sans doute un quelconque,

si, de ce que la cour d'appel de Paris eût annulé le jugement du tribunal de première instance, il eût dû résulter pour eux le renvoi du fond devant un autre tribunal de première instance, pour y être jugé de nouveau à la charge de l'appel. Dans cette hypothèse, on pourrait dire que la cour d'appel de Paris, en confirmant comme valable un jugement qui était nul, a privé les demandeurs de la chance d'un nouveau jugement de première instance, qui aurait pu leur être favorable, et, par suite, de l'avantage de revenir devant la cour d'appel de Paris avec la qualité d'intimés, au lieu de celle d'appelans.

» Mais ce n'est pas ainsi que les choses eussent dû se passer, en cas d'annulation du jugement du 4 février 1807. Si la cour d'appel de Paris avait annulé ce jugement, elle aurait statué par jugement nouveau; et au lieu de confirmer ce jugement, comme elle l'a fait, elle en aurait renouvelé les dispositions; ce qui bien certainement serait revenu au même pour les demandeurs.

» Que l'arrêt de la cour d'appel de Paris puisse être cassé dans l'intérêt de la loi, pour n'avoir pas ainsi prononcé et pour avoir par-là confirmé comme valable un jugement que le défaut de motif entachait de nullité, nous le concevons.

» Mais que les demandeurs puissent en obtenir la cassation dans leur intérêt privé, c'est ce qu'ils ne parviendront pas à établir. Un arrêt ne peut jamais être cassé dans l'intérêt privé d'une partie à laquelle il ne fait aucun tort. Et ici revient à propos ce que disait à Louis XV, en 1762, M. Gilbert Desvoisins, conseiller-d'état, dans un mémoire sur le recours en cassation : « Cette ouverture de cassation (celle » qui résulte des vices de formes) est sans difficulté; » il faut seulement prendre garde de ne la pas ad- » mettre trop aisément et avec trop de rigueur, et » de ne pas toujours faire dépendre le sort d'un ar- » rêt de la moindre irrégularité qui pourrait s'y » trouver, SURTOUT LORSQU'ON N'Y VOIT PAS D'IN- » TÉRÊT POUR LA JUSTICE. »

» Le deuxième moyen de cassation des demandeurs offre à votre examen une question importante, mais qui n'est pas nouvelle pour vous : c'est de savoir si le sieur Devinck a pu, en vertu des art. 37, 38, 39 et 43 de la loi du 11 brumaire an 7, faire inscrire sur les biens du prince de Salm-Kyrbourg, situés dans le ci-devant Hainaut, l'hypothèque générale que ce prince lui avait accordée, en 1786, sur tous ses biens présens et à venir, par un contrat qui, avant cette loi, n'avait pas été revêtu des formalités du nantissement.

» Le point d'où il faut partir pour résoudre cette question, est que le ci-devant Hainaut était un pays de nantissement, et que, par suite, on n'y pouvait acquérir hypothèque que par les formalités connues sous la dénomination d'œuvres de loi.

» Personne, portait l'art. 1 du chap. 94 des chartes générales de cette contrée, «ne pourra CHANGER... » ni en autre manière aliéner ses fiefs que par dés- » héritance.»

» La déshéritance (disait Dumées, dans sa *Juris-* » *prudence du Hainaut* , pag. 329) est la seule » voie par laquelle on puisse valablement hypothé- » quer et rapporter ses immeubles. »

» Cogniaux, *Pratique du retrait pour le Hai-* *naut* , pag. 285, disait également: « Ni le traité de » mariage, ni les obligations générales ou spéciales, » ou autres contrats personnels, quelque solennel- » lement qu'ils soient passés, ni les sentences ou » arrêts des juges souverains ou autres, ne produi- » sent pas en Hainaut d'hypothèque, ni expresse » ni tacite, ni privilégiée ni autre, non pas même » pour les biens dotaux ni pour aucunes autres » causes, quelque favorables qu'elles soient; les lois » romaines qui établissent semblables hypothèques » privilégiées, n'ayant jamais été admises ni d'usage » en Hainaut, non pas même celles qui donnent » privilége au vendeur sur les fonds vendus, » faute de payement du prix de la vente, et sem- » blables. »

« Cela posé, comment l'inscription que le sieur Devinck avait prise le 23 prairial an 7, au bureau des hypothèques de Tournai, aurait-elle pu lui conférer une hypothèque sur la terre de Leuze, située dans la partie de l'arrondissement de ce bureau qui, sous l'ancien régime, appartenait à la province de Hainaut ?

» Le sieur Devinck avait-il pris cette inscription en vertu d'une obligation qui lui affectât spécialement la terre de Leuze? Non: il ne l'avait prise qu'en vertu d'une obligation par laquelle le prince de Salm-Kyrbourg lui avait affecté tous ses biens présens et à venir.

» Or, d'une part, l'article 4 de la loi du 11 brumaire an 7 n'autorise la stipulation d'hypothèque par acte notarié, et ne permet de l'inscrire qu'autant « qu'elle indique la nature et la situation des » immeubles hypothéqués. » On ne peut donc pas, depuis la publication de cette loi, se servir d'une stipulation générale d'hypothèque sur tous les biens présens et à venir, pour acquérir par inscription une hypothèque nouvelle, ou , ce qui est la même chose, créer par inscription une hypothèque qui n'existe pas encore.

» D'un autre côté, l'art. 43 permet bien d'inscrire les hypothèques générales sur les biens présens et à venir, qui résultent d'obligations contractées avant la publication de la loi; mais il ne le permet que « dans les lieux où l'hypothèque générale était » admise par les lois antérieures. » Il ne le permet donc pas dans les lieux où les lois antérieures n'admettaient que l'hypothèque spéciale.

» Eh ! comment pourrait-il le permettre dans ceux-ci? Il ne pourrait pas le faire sans se mettre en contradiction avec les art. 37, 38, 39, 40 et 42, desquels il résulte très-clairement que les hypothèques antérieures à la loi, ne peuvent être inscrites qu'autant qu'elles sont déjà acquises, qu'autant qu'elles existent déjà.

» Mais, disent les demandeurs, l'art. 56 de la

même loi abroge toutes les lois, toutes les coutumes, tous les status antérieurs, concernant le mode de constitution des hypothèques. Donc, à compter du jour de la publication de cette loi, le sieur Devinck n'a plus eu besoin des formalités de nantissement ni de celle qu'y avait substituée la loi du 19-27 septembre 1790, pour acquérir hypothèque sur la terre de Leuze.

» Non, sans doute, il n'avait plus, à cet effet, besoin de ces formalités; mais il ne pouvait du moins acquérir, sur la terre de Leuze, une hypothèque qu'il n'y avait pas eue jusqu'alors, qu'en se conformant à la loi du 11 brumaire an 7 elle-même. Or, nous l'avons déjà dit, l'art. 4 de la loi du 11 brumaire an 7 ne permet d'acquérir hypothèque à l'avenir qu'en vertu d'un contrat contenant la stipulation expresse d'une hypothèque spéciale. Eh bien! cette stipulation expresse, le sieur Devinck l'a trouvait-il dans ses obligations notariées? Non: le sieur Devinck ne pouvait donc pas, en faisant inscrire ces obligations sur la terre de Leuze, y acquérir une hypothèque dont cette terre n'avait pas été grevée à son profit avant la loi du 11 brumaire an 7.

» C'est ainsi, au surplus, que la question a été jugée par un arrêt de la section civile, du 28 décembre 1808...... (1).

» Est-ce bien sérieusement que les demandeurs opposent à cet arrêt celui que la même section a rendu, le 21 novembre 1809, entre le sieur Sellon et les sieurs Tourton et Ravel ?

» Le sieur Sellon avait pris, en vertu d'un contrat passé devant notaires, à Genève, en 1792, une inscription hypothécaire sur une maison située à Paris. Les sieurs Tourton et Ravel, qui s'étaient inscrits postérieurement sur le même immeuble, prétendaient que son inscription était nulle, parce qu'elle n'avait d'autre base qu'une obligation qui, à raison de l'extranéité du pays où elle avait été passée, n'avait jamais pu devenir hypothécaire en France. Le sieur Sellon soutenait au contraire que, par le seul effet de la réunion de Genève au territoire français, le titre de sa créance avait acquis tous les caractères d'une obligation passée en France devant notaires; et que par conséquent elle était devenue, dès ce moment hypothécaire sur tous les biens que son débiteur possédait en France même. Et la section civile l'a ainsi jugé, en cassant un arrêt de la cour d'appel de Paris, qui avait prononcé en faveur des sieurs Tourton et Ravel.

» Mais qu'a de commun cette espèce avec la nôtre?

» Dans cette espèce, non-seulement la loi de Genève, lieu où le contrat avait été passé, mais encore la loi de Paris, lieu de la situation de l'immeuble sur lequel le sieur Sellon s'était inscrit, accordaient aux actes notariés, avant la loi du 11 brumaire an 7, une hypothèque générale sur tous les biens présens et à venir des débiteurs; et la seule question était de savoir si le contrat passé à Genève avant la réunion, pouvait, après la réunion, être considéré en France comme un acte notarié. Ici, on ne conteste pas au sieur Devinck que les obligations souscrites à Paris, en 1786, par le prince de Salm-Kyrbourg n'aient, dans le ci-devant Hainaut, depuis la réunion de ce pays à la France, tous les caractères d'obligations passées devant notaires; mais on soutient, et la cour d'appel de Paris a jugé, que ces obligations n'ont pas pu emporter hypothèque sur la terre de Leuze, située dans le ci-devant Hainaut : 1° parce qu'elles ne contiennent point une affectation spéciale de cette terre; 2° parce qu'elles n'ont pas été *réalisées* par les formalités du nantissement; et qu'ainsi l'inscription prise par le sieur Devinck, en vertu de ces obligations, n'a pas pu conserver au sieur Devinck une hypothèque qui n'avait jamais existé à son profit.

» Dans l'espèce jugée par l'arrêt du 21 novembre 1809, le sort de la contestation dépendait entièrement des effets de la réunion de Genève à la France. Ici, la réunion du ci-devant Hainaut à la France est absolument indifférente; et cela est si vrai, que la question serait la même dans le cas où la terre de Leuze, au lieu d'être située dans le ci-devant Hainaut autrichien, le serait dans le ci-devant Hainaut français, ou dans le ci-devant Cambrésis.

» Par ces considérations, nous estimons qu'il y a lieu de rejeter la requête des demandeurs, et de les condamner à l'amende. »

Par arrêt du 17 mai 1810, au rapport de M. Rupérou:

» Attendu, sur le premier moyen, que les demandeurs sont sans intérêt à le proposer, puisqu'il est évident que la cour d'appel, en annulant le jugement de première instance, et en prononçant par jugement nouveau, n'en aurait pas moins rendu une décision conforme à celle des premiers juges;

« Attendu, sur le second moyen, que, dans la Belgique, on ne reconnaissait, comme dans les pays de nantissement de l'ancienne France, que des hypothèques spéciales, et que les obligations notariées n'acquéraient hypothèque aux créanciers qu'autant que les actes contenant cette stipulation avaient été suivis de l'observation des formes prescrites à cet effet, et qui étaient connues sous la dénomination d'*œuvres de loi*;

» Attendu que le décret du 19 septembre 1790, sanctionné le 27 du même mois, en abolissant dans les pays de nantissement, à partir du jour où les tribunaux de district y seraient installés, les formalités de saisine, désaisine, déhéritance, etc., a disposé que, jusqu'à ce qu'il en eût été autrement ordonné, la transcription des grosses des contrats d'aliénation ou hypothèque, faite au greffe du tribunal de la situation des biens, suffirait pour confirmer les *aliénations* et *constitutions d'hypothèques*, et remplacerait à cet égard *les œuvres de loi*;

» Attendu, dans l'espèce, que le sieur Devinck n'ayant point, avant la réunion de la Belgique à la France, fait réaliser ses contrats par l'exercice des

---

(1) *V.* le *Répertoire de jurisprudence*, au mot *Surenchère*, n° 5. •

œuvres de loi, et n'ayant pas non plus, depuis l'époque de cette réunion, et depuis la publication dans la Belgique de la loi précitée de septembre 1790, fait transcrire ses contrats, conformément au prescrit de ladite loi, il s'ensuit qu'à l'époque de la loi du 11 brumaire an 7, il n'avait point acquis d'hypothèque sur les biens situés dans la Belgique ;

» Attendu enfin que la loi du 11 brumaire an 7 n'ayant conservé les effets de l'hypothèque générale que pour les lieux où elle était précédemment admise, et n'ayant autorisé pour l'avenir que des hypothèques spéciales, en prescrivant expressément d'insérer dans le bordereau d'inscription l'indication de l'espèce et de la situation des biens, il en résulte aussi que le sieur Devinck n'a point acquis d'hypothèque par son inscription du 23 prairial an 7 :

» Par ces motifs, la cour rejette le pourvoi...... »

§. III. 1° *Que doit-on décider sur la question précédente, lorsque les biens situés dans un ci-devant pays de nantissement, étaient régis, à l'époque de la passation de l'acte contenant la stipulation d'une hypothèque générale, par une coutume particulière qui autorisait ces sortes de stipulations, mais ne leur donnait d'effet qu'autant qu'elles fussent réalisées ?*

Le 5 prairial an 6, contrat notarié par lequel Jean-Joseph Gobbe, journalier à Lodelinsart, arrondissement de Charleroi, reconnaît devoir à Alexandre Wilmaert une somme de 1,877 livres, pour sûreté de laquelle il affecte la généralité de ses immeubles situés au même lieu.

En vertu de ce contrat, Alexandre Wilmaert prend, après la publication de la loi du 11 brumaire an 7, une inscription hypothécaire sur les biens de Gobbe.

Gobbe demande la nullité de cette inscription. Jugement du tribunal civil de l'arrondissement de Charleroi, du 27 prairial an 10, qui le déboute. Appel.

« Ses griefs étaient (disent les auteurs du recueil intitulé : *Décisions notables du tribunal d'appel de Bruxelles*, an 12, page 127) que l'obligation passée le 5 prairial an 6 n'indiquait pas spécifiquement les immeubles qui seraient hypothécairement affectés au recouvrement de la créance ; qu'elle n'en désignait ni la nature ni la situation, comme l'exige l'art. 4 du tit. 2 de la loi du 11 brumaire an 7 ; qu'ainsi, ni cette obligation, quoique passée devant notaire, ni l'inscription qui en avait été prise en conséquence, ne constituaient aucune inscription valide ; que le but de cette loi avait été principalement de proscrire les hypothèques générales...; qu'à la vérité, l'hypothèque générale était en usage à Lodelinsart ; mais que, pour qu'elle y fût légalement constituée, deux conditions étaient requises : 1° que l'acte fût réalisé ; 2° qu'il y eût dans le même acte mandat ou consentement à l'effet de la réalisation ;

conditions qui n'ont point été remplies dans l'espèce.

» Les réponses de Wilmaert étaient que l'obligation avait précédé le régime de la loi du 11 brumaire an 7 ; que cette loi n'était point applicable à la créance dont il poursuivait le recouvrement ; qu'à l'époque de la stipulation, la constitution de l'hypothèque générale était autorisée par la coutume de Lodelinsart ; que cette disposition n'avait été abrogée par aucune loi ; qu'au contraire l'art 43 du tit. 3 de celle du 11 brumaire an 7, en avait conservé tous les effets, qui, au surplus, n'auraient pu être enlevés aux créanciers sans rétroactivité ; en un mot, que l'accession du notaire institué d'après la nouvelle organisation du notariat, et le consentement du débiteur, suffisaient pour imprimer l'hypothèque sur tous ses immeubles ; qu'il était au moins personnellement non-recevable à exciper du défaut de constitution spéciale ; et que, si cette exception était susceptible de quelque mérite, ce ne pouvait être que dans l'intérêt d'un tiers (1). »

Par arrêt du 21 nivôse an 11, la cour d'appel de Bruxelles réforme le jugement et déclare nulle l'inscription prise par Wilmaert :

» Attendu que l'art. 43 du tit. 3 de la loi du 11 brumaire an 7, n'a conservé les hypothèques générales que dans les lieux où elles avaient été acquises, d'après les formes qui les conféraient ;

» Que si l'hypothèque générale pouvait se constituer à Lodelinsart, ce n'était qu'à la charge de réalisation dans une cour de justice, ensuite du mandat ou du consentement du débiteur à cet effet, comme le prescrit la coutume locale ; formalités qui n'ont pas été observées ;

» Que, dans l'espèce, l'acte du 4 prairial an 6, ne contenant ni la nature, ni la situation des immeubles affectés, n'était ni dans les termes de l'art. 4 du tit. 1er de la loi du 11 brumaire an 7, ni dans les dispositions des anciennes lois, puisqu'il n'existait aucune réalisation en sa faveur, soit dans les formes anciennes, soit dans celles qui leur ont été substituées. »

§. IV. 1°. *Les ventes d'immeubles situés en pays de nantissement, qui avaient été passées, mais non* RÉALISÉES *avant la loi du 19-27 septembre 1790, ont-elles pu et dû être réalisées par le moyen de la transcription au greffe ?*

2° *De quel jour ont couru, à l'égard de ces ventes ainsi réalisées, et la prescription de l'action personnelle de l'acquéreur en délivrance des biens vendus, et la prescription de son action réelle en délaissement des mêmes biens, lorsque le vendeur en avait conservé la possession ?*

Le 19 février 1788, contrat notarié, par lequel le

(1) *V.* l'article *Inscription hypothécaire*, §. 1.

sieur Polchet vend au sieur Mairiaux le fief de Warne, situé en Hainaut. Le prix de la vente est fixé à 39,600 francs; mais l'acheteur ne payant que 600 francs à compte de cette somme, le vendeur reste en possession du bien.

Ce contrat ne pouvait, aux termes de l'art. 1er du chap. 94 des chartes générales du Hainaut, produire, au profit de l'acquéreur, qu'une action personnelle; et il ne devait lui conférer le *jus in re*, qu'après avoir été *réalisé*, c'est-à-dire, suivi des formalités de déshéritance et d'adhéritance devant la cour féodale de laquelle était tenu le fief de Warne.

Ces formalités n'avaient pas encore été remplies, lorsque l'abolition de la féodalité et des justices seigneuriales vint en rendre l'accomplissement impossible.

Pour y suppléer, le sieur Mairiaux a recours au moyen que lui offre l'art. 3 de la du loi 19-27 septembre 1790 (1): il fait transcrire au greffe du tribunal du district du Quesnoy, le 30 juillet 1791, son contrat d'acquisition du 17 février 1788; et par-là il devient réellement *propriétaire* du ci-devant fief de Warne.

Le sieur Polchet n'en demeure pas moins, faute de payement du solde du prix, en possession de cet immeuble.

Mais, par exploits des 21 et 30 octobre 1811, le sieur Mairiaux fait assigner ses héritiers en délaissement de cet immeuble, avec offre d'en payer le prix.

Les héritiers du sieur Polchet répondent que le contrat de vente du 17 février 1788 n'ayant pas été réalisé par déshéritance et adhéritance, n'a conféré au sieur Mairiaux qu'une action personnelle; que, suivant l'art. 4 du chap. 107 des chartes générales du Hainaut, toute action personnelle fondée sur un titre authentique ou sous seing-privé, se prescrivait par 21 ans; qu'il s'est écoulé plus de 21 ans du 17 février 1788 aux 21 et 30 octobre 1811; qu'ainsi, l'action personnelle du sieur Mairiaux est prescrite.

Réplique du sieur Mairiaux, que, par la transcription qu'il a faite de son contrat au greffe du tribunal du district du Quesnoy, le 30 juillet 1791, il a acquis la véritable propriété de l'immeuble dont il s'agit, et que par conséquent son action qui, jusqu'alors, était restée en pure personnalité, est devenue réelle; que, pour prescrire une action réelle en Hainaut, il fallait, suivant l'art. 1er du chap. 107 des chartes générales, le même espace de temps que pour prescrire une action personnelle fondée en titre, c'est-à-dire, 21 ans; mais que, de même que la prescription de l'action personnelle ne commençait à courir que du jour de la date du titre d'où

(1) *V.* le *Répertoire de jurisprudence*, aux mots *Devoirs de loi*, §. 4.

elle dérivait, de même aussi la prescription de l'action réelle ne pouvait commencer à courir que du jour où cette action avait été acquise; que, dans l'espèce, l'action du sieur Mairiaux n'était devenue réelle qu'à compter du 30 juillet 1791, et qu'ainsi elle n'était pas encore prescrite les 21 et 30 octobre 1811.

Les héritiers du sieur Polchet répliquent, à leur tour, que la transcription que le sieur Mairiaux a fait faire au greffe du tribunal du Quesnoy le 30 juillet 1791, n'a pu convertir son action personnelle en action réelle; que la loi du 19-27 septembre 1790 n'a substitué cette formalité à celle de la déshéritance et de l'adhéritance, que pour les contrats qui seraient [passés à l'avenir, et que l'appliquer à un contrat antérieur, ce serait la faire rétroagir.

Le 19 mars 1814, jugement du tribunal de première instance du Quesnoy, qui déclare le sieur Mairiaux non-recevable:

« Attendu que la déshéritance était nécessaire pour transférer la propriété; que, dès que cette formalité n'avait pas été remplie, les héritiers Polchet ne s'étaient pas crus dépossédés, et avaient continué à jouir de bonne foi, *animo domini*, au vu et su de Mairiaux, lequel était censé avoir abdiqué ses droits, en ne payant point le prix de la vente;

» Que, de cette jouissance, d'un côté, et de ce silence, de l'autre, était résulté, au profit des héritiers Polchet, le bénéfice de la prescription de 21 ans établie par l'art. 1er du chap. 107 des chartes générales du Hainaut;

» Que la loi du 19-27 septembre 1790, portant que la transcription tiendrait lieu de déshéritance, n'avait disposé que pour les actes postérieures à sa promulgation;

Que la transcription faite par Mairiaux était un acte clandestin, étranger aux Polchet; que cet acte avait d'autant moins pu équipoller à la déshéritance, que le payement du prix de la chose vendue n'avait point été effectué; ce qui était pourtant une condition essentielle pour obliger le vendeur à se déshériter;

» Que le payement d'un à-compte de 600 francs ne permet de regarder que comme simple projet le contrat dont il s'agit;

» Enfin, que les offres de payer, faites depuis l'introduction de l'instance, sont tardives, non réelles et insuffisantes. »

Appel de la part du sieur Mairiaux, qui persiste à soutenir qu'il a pu, en vertu de la loi du 19-27 septembre 1790, faire transcrire le contrat du 17 février 1788, puisqu'il n'existait plus, après la promulgation de cette loi, d'autre moyen de *réaliser* ce contrat.

Par arrêt du 21 janvier 1815, la cour royale de Douai met l'appellation au néant:

« Attendu que la vente du 17 février 1788, transérite le 30 juillet 1791, est demeurée sans exécution pendant un temps plus que suffisant à la prescription ;

» Que le vendeur n'ayant point agi en payement ou par achèvement du prix, ni l'acquéreur en délivrance de la chose, dans le terme de 21 ans, ils sont devenus réciproquement non-recevables, d'après les art. 1 et 4 du chap. 107 des chartes générales du Hainaut, à demander de part et d'autre l'exécution du contrat. »

Les héritiers du sieur Mairiaux se pourvoient en cassation, et le 5 janvier 1818 arrêt contradictoire, au rapport de M. Ruperou, par lequel :

« Vu l'art. 1ᵉʳ du chap. 107 des chartes générales du Hainaut, et l'art. 3 de la loi du 19-27 septembre 1790.....;

« Attendu que, par le contrat du 19 février 1788, Léopold Polchet n'avait contracté qu'une simple obligation de vendre, ainsi que cela résulte des statuts des pays de nantissement, et notamment de l'art. 1ᵉʳ du chap. 94 des chartes générales du Hainaut, d'après lesquels la formalité des *œuvres de loi*, de *déshéritance* et d'*adhéritance*, étant essentielle pour acquérir la propriété des immeubles ou quelques droits sur iceux, les contrats de vente ne produisaient qu'une action personnelle, tant qu'ils n'avaient point été suivis de cette formalité indispensable ;

» Attendu que l'action personnelle qu'avait fait naître contre Polchet, au profit de Mairiaux, le contrat susdit du 19 février 1788, et qui n'était pas prescrite lorsque ce dernier fit transcrire ce contrat, cessa par l'effet de la transcription, et fut remplacée par l'action réelle qui résulta de ladite transcription, laquelle, aux termes de l'art. 3 sus-référé de la loi du 19-27 septembre 1790, consomma l'aliénation, et transféra la propriété à l'acquéreur;

» Attendu que c'est cette dernière action, et non l'action personnelle qui n'existait plus, que Mairiaux a exercée par exploits des 20 et 30 octobre 1811; et qu'aux termes de l'art. 1ᵉʳ du chap. 107 des chartes générales du Hainaut, il avait, pour l'exercer, 21 ans, à partir du jour qui avait donné naissance à son droit réel ;

« Attendu enfin qu'à compter du 30 juillet 1791, date de ladite transcription, jusqu'aux 21 et 30 octobre 1811, date de la revendication exercée par les Mairiaux contre les Polchet, il ne s'est point écoulé 21 ans accomplis ; et qu'ainsi, en décidant que la prescription était acquise auxdits Polchet, la cour royale de Douai a faussement appliqué l'art. 1ᵉʳ du chap. 107 des chartes générales du Hainaut, et violé l'art. 3 de la loi du 19-27 septembre 1790 :

» Par ces motifs, la cour casse et annule.... »

M. Sirey, tome 18, part. 1, page 179, présente cet arrêt comme jugeant que « la vente ne devient » parfaite que du jour de la transcription, et qu'ainsi » ce n'est que de ce jour que court la prescription

» contre l'action en délivrance de l'acquéreur. » Mais il se trompe visiblement.

Il est vrai que cet arrêt débute, dans ses motifs, par dire que, « par le contrat du 19 février 1788, » Polchet n'avait contracté qu'une simple obliga- » tion de vendre. » Mais c'est une expression évidemment impropre : Polchet avait fait, par l'acte du 19 février 1788, ce que faisait tout vendeur dans le droit romain, par un contrat de vente proprement dit : il s'était obligé, non à vendre, mais à réaliser sa vente par une *tradition* qui pouvait seule transférer la propriété du bien vendu ; et comme cette tradition, qui, dans le droit romain, s'effectuait par la mise de l'acquéreur en possession du bien vendu, ne pouvait s'opérer en Hainaut que par la déshéritance du vendeur et l'adhéritance de l'acquéreur, Polchet avait véritablement contracté l'obligation de se déshériter du fief de Warne, et d'en faire adhériter Mairiaux. Mais la vente n'en avait pas moins été parfaite dès ce moment. Elle avait donc, dès ce moment, produit, au profit de Mairiaux, une action personnelle pour contraindre Polchet à lui faire *délivrance* du fief, c'est-à-dire, à s'en déshériter et à l'en faire adhériter. Et comment, d'après cela, la prescription de cette action aurait-elle pu ne pas commencer à courir contre Mairiaux dès ce même moment ? Aussi l'arrêt lui-même reconnaît-il que c'était à cette époque qu'elle était devenue prescriptible, puisqu'il déclare qu'elle « n'était pas en- » core prescrite lorsque ce dernier fit transcrire le » contrat. »

Comment d'ailleurs l'action personnelle de Mairiaux en délivrance du fief de Warne, aurait-elle pu ne *naître* que le jour même de la transcription du contrat, qui eût été nécessaire pour que la prescription ne pût en courir que de ce jour ? La transcription du contrat, bien loin de lui donner naissance, l'avait éteinte : car, équipollant à une tradition translative de propriété, elle avait nécessairement rempli l'objet de cette action; et elle avait substitué à cette action une action réelle en délaissement, qui, née à cet instant même, n'avait pas pu, aux termes de l'art. 1ᵉʳ du chap. 107 des chartes générales du Hainaut, se prescrire par les 20 ans et 9 mois écoulés depuis le 30 juillet 1791 jusqu'aux 21 et 30 octobre 1811.

Du reste, on sent qu'une pareille question ne peut plus se représenter sous le code civil. L'art. 1583 de ce code attribuant au contrat de vente l'effet de transférer la propriété de plein droit, quoique la chose vendue n'ait pas encore été livrée, il est clair que l'action réelle de l'acquéreur naît au même instant que son action personnelle, et que par conséquent la prescription de l'un a le même point de départ que la prescription de l'autre.

Si donc le vendeur, conservant de fait la possession de l'immeuble vendu, le vendait ou le donnait, le jour même du contrat, à un tiers de bonne foi qui le possédât ensuite pendant dix ou vingt ans, suivant les distinctions écrites dans l'art. 2265 du code civil, il n'est point douteux que ce tiers ne pût opposer la prescription à l'acquéreur, quoique l'action personnelle de celui-ci contre le vendeur ne fût pas encore prescrite.

NATION (1). §. I. 1° *Par qui doivent être exercées, en matière criminelle, les actions qui intéressent l'État ?*

2° *A qui appartient spécialement la poursuite du délit de contrefaçon d'un ouvrage littéraire appartenant à l'État ?*

V. l'article *Contrefaçon*, §. 2.

§. II. 1° *L'omission des formalités requises par les lois des 5 novembre 1790 et 27 mars 1791, pour qu'une action puisse être intentée ou soutenue en justice au nom de l'État, forme-t-elle un moyen de nullité contre les sentences arbitrales rendues au préjudice du gouvernement, pendant le cours de l'arbitrage forcé ?*

2° *Cette omission peut-elle être couverte par le fait des administrateurs chargés de l'exercice des actions nationales ?*

3° *Ces formalités sont-elles requises pour faire intervenir l'État dans une instance déjà liée entre d'autres parties ?*

4° *Sont-elles requises, lorsque l'État n'a intérêt, dans cette instance, qu'à raison du séquestre dont sont frappés à son profit les biens qui sont l'objet de la contestation ?*

5° *L'État, en tenant ces biens sous le séquestre, conserve-t-il aux propriétaires le droit d'attaquer les jugemens rendus à leur préjudice ; et les propriétaires peuvent-ils, lorsqu'il s'agit de forêts indivises entre eux et l'État, s'aider, après la levée du séquestre, de l'appel que la loi du 28 brumaire an 7 autorise l'État à interjeter des sentences arbitrales, qui, pendant le cours de l'arbitrage forcé, les ont adjugées à des communes ?*

Ces questions, et une autre qui est indiquée sous le mot *Émigré*, §. 2, ont été discutées à l'audience de la cour de cassation, section civile, les 18 et 19 prairial an 11, entre la commune de Pressigny, de-

_____

(1) La première édition de cet ouvrage ayant été publiée sous le régime républicain, si l'on pouvait appeler ainsi le gouvernement consulaire, qui n'en avait guère que le nom, il était naturel que je plaçasse sous le mot *Nation* des questions qui, aujourd'hui, figureraient mieux sous les mots *Domaine public* ou *État* ; et je ne le conserve ici que pour ne pas déranger l'ordre dans lequel doivent les chercher aujourd'hui ceux qui pourraient n'y avoir recours que d'après des indications trouvées dans des ouvrages antérieurs à la forme actuelle du gouvernement.

manderesse en cassation d'un arrêt de la cour d'appel de Dijon, d'une part ; et le préfet du département de la Haute-Marne, à lui joints les dames Roll et Bordeaux, et Jean-Louis-Arnolphe Desmiers, défendeurs, de l'autre.

Voici les conclusions que j'ai données sur cette affaire :

« La demande en cassation sur laquelle vous avez à prononcer, présente à votre examen plusieurs questions importantes. Les faits, les procédures et les jugemens qui y ont donné lieu, vous étant déjà connus, nous ne vous en retracerons qu'une esquisse très-rapide.

» Le 8 septembre 1760, acte notarié par lequel la commune de Pressigny abandonne à Claudine Hudelot, épouse de Louis-Étienne Desmiers-Archiac de Saint-Simon, tous les droits d'usage qu'elle avait jusqu'alors exercés dans les bois appartenant à celle-ci ; et Claudine Hudelot, de son côté, lui cède en toute propriété un canton de bois de cent arpens.

» Le 5 août 1792, Jean-Louis-Arnolphe Desmiers, fils de Claudine Hudelot, est inscrit sur la liste des émigrés.

» Le 4 mars 1793, la commune de Pressigny, dûment autorisée par l'administration du département de la Haute-Marne, fait assigner Claudine Hudelot et son mari au tribunal du district de Bourbonne, pour voir déclarer nul l'acte du 8 septembre 1760.

» Le 28 du même mois, Claudine Hudelot et son mari, défendant à cette assignation, concluent à ce que la commune soit déboutée de sa demande, et subsidiairement à ce qu'en cas d'annulation de l'acte du 8 septembre 1760, la commune soit condamnée à leur restituer, non-seulement les cent arpens de bois qu'ils lui ont cédés, mais encore la valeur de la coupe blanche qu'elle vient d'en faire.

» Le 3 mai suivant, jugement qui déclare nul l'acte du 8 septembre 1760, et, avant faire droit sur la demande reconventionnelle de Claudine Hudelot, ordonne qu'il sera procédé à une expertise, pour vérifier si la commune, en faisant la prétendue coupe blanche, s'est comportée en bon père de famille.

» Le 27 du même mois, Claudine Hudelot et son mari appellent de ce jugement.

» Le 7 juin suivant, arrêté de l'administration départementale, qui autorise la commune à plaider sur cet appel.

» Le 10 du même mois, loi qui, en réglant le mode de partage des biens communaux, attribue à des arbitres forcés la connaissance de toutes les contestations nées et à naître, même sur appel, qui auront pour objet des propriétés prétendues communales.

» Le 21 ventôse an 2, la commune fait citer Claudine Hudelot et son mari devant le juge de paix du canton, à l'effet de nommer des arbitres pour prononcer, tant sur leur appel du jugement du 3 mai 1793, que sur la revendication qu'elle entend exercer sur eux de quatre cantons de bois dont elle soutient, d'après un arpentage de 1582, qu'ils ont usurpé la propriété sur elle.

» Le 2 germinal suivant, instruite que les biens de Claudine Hudelot et son mari sont frappés de séquestre, à raison de l'inscription de leur fils sur la liste des émigrés, la commune fait citer « le prési-» dent de l'administration du département de la » Haute-Marne, dans la personne de l'agent na-» tional du district de Bourbonne, » à comparaître, au nom de la république, devant le juge de paix, pour concourir avec Claudine Hudelot et son mari, au choix des arbitres à nommer de leur part.

» Le 4 du même mois, arrêté de l'administration du district de Bourbonne, qui autorise l'agent national à défendre aux demandes de la commune, et à nommer des arbitres pour y statuer.

» Le 6, se présentent devant le juge de paix, un administrateur du district de Bourbonne, porteur d'une procuration de l'agent national, un officier municipal de la commune, et un fondé de pouvoirs du cit. et de la dame Desmiers; et, d'après le choix qu'ils déclarent respectivement faire d'arbitres, le tribunal arbitral est constitué:

» Le 11 thermidor de la même année, sentence par laquelle les arbitres confirment le jugement du 3 mai 1793; ordonnent, avant faire droit su la revendication des quatre cantons de bois, que Desmiers et sa femme avoueront ou contesteront, dans le délai d'une décade, les faits articulés à cet égard par les habitans; et déclarent leur sentence commune *avec l'administration du département de la Haute-Marne.*

» Le 27 du même mois, les habitans, après avoir fait homologuer cette sentence par le président du tribunal de district de Bourbonne, la font signifier au cit. et à la dame Desmiers, ainsi qu'à l'administration du département, dans la personne de l'agent national du district. Ils les somment en même temps de nommer un expert pour procéder, conjointement avec celui qu'ils nomment de leur côté, au rapport ordonné par le jugement du 3 mai 1793. Ils concluent, en outre, à ce que, pour leur tenir lieu de leurs droits d'usage dans les bois de Pressigny, il leur soit adjugé, à dire d'experts, une certaine quantité de ces bois, par forme de cantonnement.

» Le 25 nivôse an 3, deuxième sentence arbitrale qui contient trois dispositions:

» 1° Elle nomme d'office, pour le cit. Desmiers, pour Claudine Hudelot, son épouse, et pour l'administration de département, un expert qu'elle charge de procéder, conjointement avec celui qui a été nommé par la commune, au rapport ordonné par le jugement du 3 mai 1793.

» 2° Elle réintègre la commune dans la propriété des quatre cantons de bois qu'elle avait revendiqués par son exploit du 21 ventôse an 2.

» 3° Elle ordonne, « du consentement des par-» ties, et d'après leurs conclusions respectives prises » à cet égard, » que, par experts convenus ou nom-» més d'office, il sera procédé au cantonnement de-mandé par la commune.

» Le 21 ventôse suivant, arrêté de l'administration du département de la Haute-Marne, qui mérite une attention particulière.

» Par exploit du 18 février 1793, la commune de Pressigny (qui déjà a obtenu de l'administration du département l'autorisation nécessaire pour actionner le cit. et la dame Desmiers, en nullité de l'acte du 8 septembre 1760), avait formé opposition aux coupes que faisait dans 125 arpens des bois sur lesquels elle entendait revendiquer ses anciens droits d'usage, un cit. Buisson, maître de forges, cessionnaire du bail que le cit. et la dame Desmiers avaient précédemment fait au cit. Roy, des coupes de la totalité de ces bois.

» D'après cette opposition, le cit. et la dame Desmiers avaient, par acte du 3ᵉ jour complémentaire an 2, déclaré à la commune qu'il leur importait « de régler promptement les droits d'usage qui » lui avaient été adjugés » par la sentence arbitrale du 11 thermidor précédent, confirmative du jugement du 3 mai 1793; que ce réglement devait être fait comme si la transaction du 8 septembre 1760 n'eût jamais existé; que les experts qui procéderaient à ce réglement, devraient estimer les 100 arpens de futaie cédés à la commune par la transaction, et compenser le prix auquel cette futaie serait évaluée, avec le droit d'usage; qu'en conséquence, la commune était invitée à ne plus apporter d'obstacle à la coupe dont le cit. Roy, fermier sortant de Pressigny, avait fait cession au cit. Buisson, « puisque ce » droit devait se réduire à un cantonnement; si » mieux n'aimait la commune prendre ce droit dans » les 125 arpens mis en coupe, ou en faire faire » l'estimation contradictoirement avec le cit. Buis-» son, auquel ils donnaient tout pouvoir à cet effet; » laquelle estimation serait prise en considération » dans le cantonnement à faire. »

Le 3 nivôse an 3, sur la pétition du cit. Buisson, les administrateurs du département de la Haute-Marne avaient pris un arrêté qui autorisait ce particulier à continuer l'exploitation des 125 arpens de bois, à la charge d'en payer le prix comme de droit.

» C'est sur l'opposition formée par la commune à cet arrêté, qu'est intervenu celui du 21 ventôse an 3. Il vise, sans improbation ni réserve, le jugement du 3 mai 1793, la sentence arbitrale du 11 thermidor an 2, et celle du 25 nivôse an 3. Il rapporte, d'après ce qui résulte de cette seconde sentence, l'arrêté du 11 nivôse, et remet les parties au même état où elles étaient avant cet arrêté; il déclare qu'elles peuvent poursuivre leurs droits respectifs devant les arbitres comme elles trouveront convenir; et il « arrête que l'agent national du district conti-

» nuera de veiller, dans cette instance, aux intérêts
» de la république. »

» Le 3 prairial an 3, la dame Bordeaux, la dame
Roll et Gabrielle - Renée Desmiers, filles du cit.
Desmiers et de Claudine Hudelot, dénoncent à la
commune le décès de leur mère, arrivé dès le 5 nivôse précédent.

» Là s'arrêtent les procédures devant les arbitres.

» Le 21 germinal et le 8 messidor an 5, c'est-à-
dire, long-temps après l'abolition de l'arbitrage
forcé, la commune reprend l'instance devant le tribunal civil du département de la Haute-Marne; elle
y fait assigner le cit. Desmiers, ses trois filles, et le
commissaire du gouvernement près l'administration
départementale, et elle conclut à ce qu'ils soient
tenus de procéder devant ce tribunal sur l'exécution
des jugemens des 3 mai 1793, 11 thermidor an 2 et
25 nivôse an 3.

» Le 7 thermidor suivant, comparution de toutes
les parties devant le tribunal civil; et, sur l'exposé
que Jean-Louis-Arnolphe Desmiers est rayé de la
liste des émigrés, jugement qui ordonne sa mise
en cause.

» Le 13 fructidor de la même année, jugement,
dans les qualités duquel figure Jean-Louis-Arnolphe
Desmiers. Le tribunal, en donnant acte à toutes les
parties de ce qu'elles reprennent l'instance, ordonne
qu'elles procéderont suivant les derniers erremens,
et que les experts nommés par la sentence arbitrale
du 25 nivôse an 3 prêteront serment conformément
à la loi du 16 thermidor an 4.

» Ce jugement est exécuté : les experts prêtent
serment, et commencent leurs opérations. Le 27
vendémiaire an 7, ils en déposent le procès-verbal
qui contient, en substance, 1° l'assertion que la
commune s'est comportée en bon père de famille
dans la coupe des cent arpens cédés par le traité de
1760; 2° l'indication d'un cantonnement pour tenir
lieu à la commune de ses droits d'usage; 3° le bor-
nage des quatre cantons de bois dans la propriété
desquels la commune a été réintégrée par la sentence
du 25 nivôse an 3.

» Dans l'intervalle, Jean-Louis Arnolphe Desmiers avait été rétabli sur la liste des émigrés, et
Gabrielle-Renée Desmiers, l'une de ses trois sœurs,
était morte. Par cette double circonstance, la succession de Claudine Hudelot se trouvait appartenir
pour un tiers à la dame Bordeaux, pour un tiers à
la dame Roll, et pour un tiers à la république.

» Les 6 ventôse, 24 et 25 germinal an 7, la commune de Pressigny fait signifier le procès-verbal des
experts à la dame Bordeaux, à la dame Roll et au
commissaire du gouvernement près l'administration
du département, avec assignation pour les voir en-
tériner.

» L'administration du département suspend le
cours de cette procédure, en ordonnant, d'après la

loi du 28 brumaire an 7, le dépôt des titres de la
commune à son secrétariat (1).

» Le 7 germinal an 8, l'administration du département du Doubs procède au partage de la succession de Claudine Hudelot, entre la république et
les dames Roll et Bordeaux; et par l'arrêté qui
consomme ce partage, elle ordonne la main-levée
du séquestre qui, jusqu'à cette époque, avait été apposé sur les parts de celles-ci.

» Le 29 floréal suivant, le préfet du département
de la Haute-Marne, se fondant sur la loi du 28 brumaire an 7, fait citer la commune de Pressigny devant
le tribunal civil, pour voir dire qu'il sera reçu appelant des sentences arbitrales des 11 thermidor
an 2, et 25 nivôse an 3; que ces sentences et les
procédures qui les ont précédées et suivies, seront
déclarées nulles et comme non-avenues, par rapport
à la république; qu'il sera reçu tiers-opposant au
jugement du tribunal du district de Bourbonne, du
3 mai 1793, ainsi qu'aux procédures sur lesquelles
ce jugement est intervenu; qu'en conséquence, les
parties seront remises au même état qu'auparavant,
et la commune tenue d'abandonner à la république
la jouissance des bois dans lesquels elle s'est fait irrégulièrement réintégrer, et ce pour les parts et
portions que la république amende dans le partage
fait entre elle et les sœurs Desmiers, avec restitution
des fruits.

» Les choses en cet état, paraît la loi du 27 ventôse an 8, qui supprime le tribunal civil du département de la Haute-Marne, lequel, par la nature
de ses attributions, pouvait connaître à la fois de
l'appel interjeté par le préfet des jugemens des 11
thermidor an 2 et 25 nivôse an 3, et de la tierce-
opposition formée par le même administrateur au
jugement de première instance du 3 mai 1793. Le
tribunal d'appel de Dijon lui est subrogé par la
même loi pour la connaissance de l'appel; mais des
doutes s'élèvent sur le point de savoir s'il est également compétent pour connaître de la tierce-opposition.

» En conséquence, le préfet abandonne, quant
à présent, devant ce tribunal, l'article de ses premières conclusions, par lequel il avait demandé à
être reçu tiers-opposant au jugement du 3 mai 1793,
et se réserve seulement de prendre contre ce jugement telle voie de droit qu'il avisera; mais il persiste dans l'article de ces mêmes conclusions qui tendait à le faire recevoir appelant des sentences arbitrales; il demande que ces prétendues sentences, et
les procédures sur lesquelles elles ont été rendues,
soient déclarées nulles, « sous la réserve de fournir
» tous les moyens au fond, dans le cas où le tribu-
» nal d'appel n'accueillerait pas celui de nullité; »
et il conclut en outre à ce que le jugement à intervenir soit déclaré commun avec les dames Bordeaux
et Roll.

_____

(1) V. l'article Appel, §. 8, art. 1, n° 9.

» Ainsi le préfet ne demande plus seulement, comme il le faisait devant le tribunal civil de la Haute-Marne, l'annulation des sentences arbitrales, en tant qu'elles préjudicient à la république; il la demande purement et simplement, et même pour l'intérêt des dames Roll et Bordeaux.

» Les dames Roll et Bordeaux adhèrent aux conclusions du préfet.

» De son côté, la commune de Pressigny conclut à ce que le préfet soit déclaré non-recevable dans sa tierce-opposition; à ce qu'il soit, quant à son appel, débouté de ses moyens de nullité; et à ce que, relativement à ses conclusions à fin de déclaration de jugement commun avec les dames Bordeaux et Roll, il soit déclaré tout à la fois non-recevable et non fondé.

» Le 23 nivôse an 10, jugement par lequel :

» Considérant que, dans l'instance dont il s'agit, » le président de l'administration centrale du dé- » partement de la Haute-Marne n'a point été partie, » mais seulement l'agent national du district de » Bourbonne, lequel n'a pu représenter la nation, » et ne pouvait défendre dans la cause sans l'auto- » risation du directoire du département; qu'il ré- » sulte de là une contravention formelle aux art. 13 » et 14 de la loi du 27 mars 1791 ;

» Que la commune de Pressigny n'a point adressé » ni déposé à l'administration du département un » mémoire expositif de sa demande, ainsi que l'exige » la loi du 5 novembre 1790, dans toutes les causes » où la nation se trouve intéressée;

» Que, suivant la loi du 10 juin 1793, chaque » partie a le droit de nommer ses arbitres ; sans » quoi il ne peut y avoir de tribunal arbitral vala- » blement constitué ;

» Que, dans le fait, le président de l'administra- » tion du département, qui seul, au nom de la na- » tion, représentait le fils Desmiers, n'a point joui » de ce droit ;

» Que cette opération est une violation mani- » « feste de cette loi, qui rend la procédure en ques- » tion nulle et irrégulière dès son principe jusqu'à » sa fin ;

» Considérant que le préfet du département de la » Haute-Marne se réservant de se pourvoir, soit par » tierce-opposition, soit autrement, contre le juge- » ment rendu au tribunal du district de Bourbonne, » le 3 mai 1793, c'est le cas de lui donner acte de » ses réserves;

» Considérant que l'objet des instances sur les- » quelles les sentences dont il s'agit ont été rendues, » était et est encore commun entre la république et » les héritiers Desmiers;

» Que leurs titres, leurs moyens de défense » étaient communs, et que leur condamnation a été » prononcée par des dispositions qui leur sont éga- » lement communes;

» Que toutes les lois sont d'accord que, dans ces

» circonstances, l'appellation d'une seule partie, si » elle est fondée, opère la réformation du jugement » pour le tout, et profite même à celles qui n'en » ont point appelé;

» Qu'ainsi, la république faisant réformer les » sentences dont il s'agit, le succès doit être com- » mun, comme l'avait été la condamnation, avec ses » co-propriétaires;

» Le tribunal d'appel de Dijon, prononçant sur l'appel interjeté par le préfet, des *prétendues sen- tences* des 11 thermidor an 2 et 20 nivôse an 3, les déclare nulles et de nul effet, ainsi que toute la procédure qui les a précédées et suivies; donne acte au préfet de ses réserves de se pourvoir, soit par tierce-opposition, soit autrement, contre le ju- gement du 3 mai 1793; et statuant, tant sur les conclusions du préfet que sur celles des dames Roll et Bordeaux, déclare le jugement commun avec ces dernières; condamne la commune de Pressigny à tous les dépens.

» C'est de ce jugement que la commune de Pres- signy vous demande la cassation; sa requête a été admise le 7 vendémiaire dernier, et il s'agit main- tenant de discuter ses moyens en présence de toutes les parties.

» Nous disons, *en présence de toutes les parties*, car bien que le préfet du département de la Haute- Marne nous ait écrit qu'il entendait se retirer de l'instance, et que Jean-Louis-Arnolphe Desmiers, maintenant rayé de la liste des émigrés, devait y prendre sa place, nous n'avons cependant pas cru devoir donner suite à sa lettre; et la raison en est simple : la république ne pourrait en ce moment, se retirer de l'instance, sans offrir les dépens faits entre elle et la commune de Pressigny. Or, cette offre, le préfet du département de la Haute-Marne ne nous a pas dit qu'il fût dans son intention ni dans ses pouvoirs de la faire; nous n'avons donc pas pu la faire de notre propre chef; nous n'avons donc pas pu demander que le préfet du département de la Haute-Marne fût mis hors de cause.

» Du reste, pour le fond, Jean-Louis-Arnolphe Desmiers est effectivement à la place du préfet. Réintégré dans son état de citoyen français et dans ses propriétés précédemment confisquées, il vient, non pas exercer une intervention proprement dite, auquel cas il y aurait lieu d'examiner le prétendu vice de forme qu'on lui oppose, et qu'il a d'ailleurs couvert par une requête d'intervention expresse, mais reprendre l'instance dans laquelle la répu- blique a figuré avant lui et pour lui; et nous nous réservons d'établir, quand il en sera temps, qu'il est recevable dans son action en reprise.

» Passons aux moyens de cassation de la com- mune de Pressigny.

» Ces moyens sont au nombre de six, et le pre- mier consiste à dire que le tribunal de Dijon, en ad- mettant l'appel de la sentence arbitrale du 11 ther- midor an 2, a tout à la fois violé l'art. 5 du tit. 27

de l'ordonnance de 1667, concernant l'autorité de la chose jugée, et l'art. 6 de la loi du 3 brumaire an 2; qu'il a violé l'art. 5 du tit. 27 de l'ordonnance de 1667, en ce que la sentence du 11 thermidor an 2 ayant été, dans son premier chef, rendue sur l'appel du jugement du tribunal du district de Bourbonne, du 3 mai 1793, les deux degrés de juridiction se trouvaient à cet égard épuisés, et l'autorité de la chose jugée irrévocablement acquise à la commune; qu'il a violé l'art. 6 de la loi du 3 brumaire an 2, en ce que, dans son second chef, la même sentence était purement préparatoire, et par conséquent à l'abri de l'appel jusqu'au jugement définitif.

» Ce moyen est spécieux, mais est-il concluant?

» Il ne l'est pas dans sa première branche; car, comme vous l'avez dit vous-même, dans un jugement du 23 messidor an 9, rendu au rapport de Babille, la loi du 28 brumaire an 7, « en auto-» risant les agens de la république à appeler des ju-» gemens arbitraux rendus contre ses intérêts, in-» troduit un droit nouveau qui ne permet pas d'ap-» pliquer à l'appel de ces jugemens les dispositions » des autres lois. » Et en effet, ces jugemens avaient été rendus en dernier ressort; on n'aurait conséquemment pas pu en appeler, si l'on s'en était tenu à la loi générale qui ne soumet les jugemens en dernier ressort qu'au recours en cassation; et cependant la loi du 28 brumaire an 7 veut que l'appel en soit reçu; elle le veut sans distinguer si c'est en première ou en seconde instance qu'ils ont été rendus; et c'est un principe élémentaire, que nous ne devons pas distinguer là où le législateur n'a pas jugé à propos de le faire.

» Il y a plus, l'art. 5 de la loi excepte de la faculté d'appeler qu'elle introduit, « ceux des juge-» mens arbitraux qui n'auront fait que confirmer » des premiers jugemens rendus en faveur des com-» munes par les tribunaux de l'ancien régime; » et par là, le législateur prouve bien clairement qu'il entend assujétir à l'appel les sentences arbitrales confirmatives des jugemens rendus en faveur des communes, par les tribunaux de nouvelle création : car ces sentences, par cela seul qu'elles ne sont pas comprises dans l'exception, rentrent nécessairement sous l'empire de la règle générale; et la règle générale est qu'en matière de bois et de forêts, les jugemens arbitraux rendus en faveur des communes, sont susceptibles d'appel de la part de la république.

» Quand à la seconde branche du premier moyen de la commune de Pressigny, l'art. 6 de la loi du 3 brumaire an 2, sur lequel on la fonde, suffit seul pour la renverser. Aux termes de cet article, on ne peut pas appeler des jugemens préparatoires, tant que le jugement définitif n'est pas rendu. On peut donc en appeler, après que le juge a prononcé définitivement. Or, dans notre espèce, les arbitres avaient prononcé définitivement, lorsque le préfet

de la Haute-Marne a appelé de la disposition préparatoire de la sentence du 11 thermidor an 2 : car par leur sentence du 25 nivôse an 3, ils avaient adjugé à la commune la propriété des quatre cantons de bois qui étaient l'objet de cette disposition préparatoire.

» Le deuxième moyen de cassation de la commune est tiré de la loi du 28 brumaire an 7. Cette loi, suivant la commune, a reçu, de la part du tribunal d'appel de Dijon, une application doublement fausse.

» Le tribunal d'appel de Dijon l'a faussement appliquée à une sentence rendue par des arbitres sur l'appel d'un jugement émané d'un tribunal ordinaire, tandis qu'elle ne concerne que les sentences arbitrales rendues en première instance.

Il l'a faussement appliquée à une sentence qui n'avait pour objet, ni une forêt que la république prétendit nationale, ni une revendication de forêts formée contre la république, mais la simple réclamation d'un droit d'usage; tandis que cette loi ne soumet à l'appel que les sentences arbitrales *qui ont adjugé* aux communes *la propriété de certaines forêts* que la république soutenait faire partie de son domaine.

» Ainsi, le second moyen de la commune se partage, comme le premier, en deux branches.

» La première n'est que la répétition de la première partie du premier moyen; il est, par conséquent, inutile de nous y arrêter.

» La seconde est-elle mieux fondée? Non, et c'est une vérité facile à saisir.

» D'une part, les bois de Pressigny, qui sont l'objet de la sentence arbitrale du 11 thermidor an 2, étaient, à l'époque de cette sentence, séquestrés au profit de la république, à raison de l'émigration du fils de Claudine Hudelot. La république avait donc intérêt que ces bois fussent jugés avoir appartenu, avant cette émigration, à Claudine Hudelot elle-même, puisque c'était pour la république un moyen assuré, non-seulement de jouir exclusivement de ces bois, tant que le séquestre subsisterait, mais encore d'en distraire une portion en toute propriété, au moment où Claudine Hudelot viendrait à mourir. Dès-là, le jugement arbitral du 11 thermidor an 2 se trouvait nécessairement frappé de la suspension prononcée par la loi du 7 brumaire an 3; car, aux termes de la loi du 10 floréal suivant, la loi du 7 brumaire an 3 était applicable à toutes les forêts *dans la possession desquelles la nation* avait ou aurait *quelque intérêt*. Dès-là encore, le jugement arbitral du 11 thermidor an 2 se trouvait nécessairement soumis à l'appel introduit par la loi du 28 brumaire an 7; car la loi du 28 brumaire an 7 n'a pas eu d'autre objet que de lever la suspension dont les jugemens arbitraux avaient été frappés par la loi du 7 brumaire an 3, et de substituer à cette mesure la faculté d'appeler de ces jugemens. Dès-là, par conséquent, tombe et disparaît la première raison sur laquelle la commune de Pressigny étaie la seconde branche de son premier moyen.

» D'un autre côté, la commune de Pressigny s'était fait adjuger à la fois et la propriété de quatre cantons de bois de son territoire, et un droit d'usage universel sur le surplus.

» Ainsi, sur le premier objet, la commune était bien évidemment dans le cas prévu par la loi du 28 brumaire an 7.

» Et elle ne l'était pas moins évidemment sur le second; car la loi du 28 brumaire an 7 n'est pas moins applicable aux sentences arbitrales qui ont adjugé aux communes des droits d'usage, et par conséquent des propriétés partiaires, qu'à celles qui leur ont adjugé des propriétés intégrales.

» Ce qui le prouve, c'est que la loi du 7 brumaire an 3 suspendait « toute exploitation de bois dans » lesquels des communes seraient entrées en vertu » de sentences arbitrales, » et qu'elle ne distinguait pas si c'était comme propriétaires, ou à titre d'usagères, que les communes avaient été mises en possession de ces bois.

» Ce qui le prouve encore mieux, c'est que la loi du 10 floréal de la même année, en appliquant la loi du 9 brumaire aux forêts dans la possession desquelles la nation avait ou aurait quelque intérêt, autorisait « le comité des finances à prononcer sur les réclama-» tions qui seraient faites contre les dispositions de » cette loi, lorsqu'elles auraient pour objet LA PRO-» PRIÉTÉ OU LE DROIT D'USAGE dans ces forêts. »

» Ce qui enfin met le dernier trait à cette démonstration, c'est la manière dont s'explique la loi du 29 germinal dernier, en levant la suspension dont celle du 29 floréal an 3 avait, par une extension de celle du 7 brumaire, frappé les jugemens des tribunaux civils rendus au profit des communes, en matière de forêts : « Les communes, porte-t-elle, qui » ont obtenu dans les tribunaux civils des juge-» mens qui leur ont adjugé des droits de propriété » OU D'USAGE, soit dans les forêts nationales, soit » dans celles où la république a quelque intérêt, et » à l'exécution desquels il a été sursis par la loi du 20 » floréal an 3, produiront par-devant le préfet de » leur département, lesdits jugemens et les pièces » justificatives dans le délai de six mois..... »

» Aussi avez-vous constamment décidé qu'il n'y avait, à cet égard, aucune distinction à faire entre les sentences arbitrales qui avaient adjugé aux communes des droits de propriété, et les sentences arbitrales qui ne leur avaient adjugé que des droits d'usage; et, par exemple, le 25 germinal an 10, vous avez cassé, au rapport du cit. Maleville, et sur nos conclusions, un jugement du tribunal d'appel de Besançon, rendu en faveur des communes de Domblans, Voitteur et Blandan, qui s'étaient fait adjuger pendant le cours de l'arbitrage forcé, un droit d'usage sur une forêt nationale; vous l'avez cassé, disons-nous, nonobstant les efforts qu'on avait faits à votre audience pour établir que l'appel

introduit par la loi du 28 brumaire an 7, n'était pas applicable aux jugemens arbitraux qui n'avaient accordé aux communes que des droits d'usage (1).

» Le troisième moyen de la commune de Pressigny est relatif à la sentence arbitrale du 25 nivôse an 3. Suivant la commune, le tribunal d'appel de Dijon a violé, en recevant l'appel de cette sentence, la loi du 24 août 1790, celle du 3 brumaire an 2, et celle du *contrat judiciaire.*

» En quoi donc a-t-il violé la loi du 24 août 1790? C'est, dit la commune, parce que, dans le droit, cette loi n'établit que deux degrés de juridiction; parce que, dans le fait, la sentence arbitrale du 25 nivôse an 3 n'étant, quant au cantonnement qu'elle ordonne, que la suite et l'exécution de celle du 11 thermidor an 2, on doit regarder cette sentence comme rendue sur l'appel du jugement du 3 mai 1793; et parce que de là il résulte que cette sentence n'était pas soumise à la faculté d'appeler, introduite par la loi du 28 brumaire an 7.

» Mais déjà nous avons prouvé que la loi du 28 brumaire an 7 soumet à l'appel les jugemens arbitraux rendus sur l'appel des jugemens émanés des tribunaux de district, comme les jugemens arbitraux rendus en première instance. Ainsi, cette première branche du troisième moyen de la commune tombe d'elle-même.

» Et en quoi le tribunal d'appel de Dijon a-t-il violé la loi du 3 brumaire? Il l'a violée, suivant la commune, parce que cette loi n'admet point l'appel des jugemens préparatoires, et que la sentence arbitrale du 25 nivôse an 3 était purement préparatoire dans celle de ses dispositions qui ordonnait une expertise pour parvenir au cantonnement demandé par la commune.

» Oui, sans doute, cette disposition était purement préparatoire; mais elle était la suite d'une disposition bien définitive de la sentence du 11 thermidor an 2, qui avait réintégré la commune dans ses anciens droits d'usage sur les bois de Pressigny; et dès-là elle était nécessairement passible du même appel que la sentence du 11 thermidor an 2; car il eût été absurde de laisser subsister un interlocutoire qui ne tendait qu'à l'exécution de cette sentence: *Cùm principalis causa non subsistit, nec ea quæ sequuntur, locum habere debent.* La loi du 3 brumaire an 2 n'interdit que l'appel isolé des jugemens préparatoires; elle n'interdit pas l'appel des jugemens préparatoires, lorsqu'il est cumulé avec l'appel des jugemens définitifs, dont ils ne sont que la suite. Si les arbitres avaient fait, par une seule sentence, ce qu'ils ont fait par deux sentences séparées; si la sentence arbitrale du 11 thermidor an 2 avait tout à la fois réintégré la commune dans ses anciens droits d'usage, et ordonné une nomination

---

(1) *V.* l'article *Usage (droit d'),* §. 1.

78.

d'experts pour procéder au cantonnement, très-certainement le préfet de la Haute-Marne eût pu appeler de toutes les dispositions de ce jugement; et par quelle bizarrerie n'aurait-il pas eu la même faculté, d'après le parti qu'ont pris les arbitres de n'ordonner la nomination d'experts que par la sentence du 25 nivôse an 3? par quelle bizarrerie une disposition qui aurait été sujette à l'appel, si elle se fût trouvée dans la première sentence, en serait-elle affranchie pour être renfermée dans la seconde?

» Enfin, en quoi le tribunal d'appel de Dijon a-t-il violé *la loi du contrat judiciaire?*

» La commune de Pressigny répond qu'il l'a violée, parce que la sentence arbitrale du 25 nivôse an 3 n'avait ordonné l'expertise que *du consentement de toutes les parties.*

» Mais, 1° le consentement donné par toutes les parties à la nomination des experts, n'a pas pu former un *contrat* obligatoire pour les suites que devait avoir l'expertise: pourquoi? Parce que ce consentement était forcé; parce qu'il se référait à la sentence arbitrale du 11 thermidor an 2, qui avait réintégré la commune dans ses anciens droits d'usage; parce qu'il n'existait alors ni recours en cassation, ni voie d'appel contre cette sentence; parce que cette sentence était alors d'une exécution indispensable et irrésistible; parce qu'enfin l'effet du consentement donné par toutes les parties à la nomination d'experts, a dû cesser, comme il a cessé réellement du moment que la loi a eu ouvert la voie d'appel contre la sentence qui avait nécessité ce consentement.

» 2° L'agent national du district de Bourbonne n'a pas pu lier la nation par un consentement donné au nom de l'administration du département de la Haute-Marne. Eh! comment l'aurait-il pu? Si cette administration eût donné elle-même un pareil consentement par un arrêté, cet arrêté ne pourrait pas aujourd'hui être opposé à la nation. « La convention » nationale (porte la loi du 29 floréal an 3) décrète » que la loi du 29 floréal an 3, relative aux bois » dont les communes ont été mises en possession » *par des sentences arbitrales,* s'applique aux réin- » tégrations prononcées par des jugemens des tri- » bunaux; ou PAR DES ARRÊTÉS DE DÉPARTEMENT. » Ainsi, quand l'administration de la Haute-Marne aurait, par un arrêt, adjugé elle-même un cantonnement à la commune de Pressigny, ce cantonnement serait aujourd'hui comme non-avenu, et il faudrait tout recommencer en justice réglée; et l'on voudrait qu'un consentement donné à son insu et sans sa participation, à une expertise qui n'était que le préliminaire d'un cantonnement, eût plus de force qu'un arrêté qu'elle aurait pris! Cela est, nous ne craignons pas de le dire, souverainement déraisonnable.

» Pour quatrième et cinquième moyens, la commune de Pressigny prétend que le tribunal d'appel de Dijon a faussement appliqué l'art. 15 du tit. 3 de la loi du 5 novembre 1790, et les art. 13 et 14 de la loi du 27 mars 1791.

» Elle convient cependant que la citation signifiée par elle à l'agent national du district de Bourbonne, le 2 germinal an 2, n'avait pas été précédée du dépôt d'un mémoire, tant au secrétariat du district même, qu'à celui de l'administration départementale; et dès-là il semble que cette citation, les procédures et les sentences arbitrales qui s'en sont ensuivies, doivent être considérées comme nulles, puisque, par l'art. 15 du tit. 3 de la loi du 5 novembre 1790, il est dit « qu'il ne pourra être in- » tenté aucune action contre le procureur-général- » syndic, en sa qualité, par qui que ce soit, sans » qu'au préalable on ne se soit pourvu par simple » mémoire, d'abord au directoire du district, pour » donner son avis, ensuite au directoire du dépar- » tement, pour donner une décision, à peine de » nullité. »

» La commune convient aussi que l'agent national du district de Bourbonne n'avait été autorisé par l'administration départementale, ni à concourir au choix des arbitres, ni à défendre aux prétentions des habitans; et dès-là il semble qu'il y avait lieu d'appliquer à cette affaire, comme l'a fait le tribunal d'appel de Dijon, l'art. 13 de la loi du 27 mars 1791, suivant lequel « les actions relatives aux do- » maines nationaux ou propriétés publiques, NE » POURRONT être intentées ou soutenues par un di- » rectoire de district, qu'avec l'autorisation du di- » rectoire du département: » et quoique cet article ne porte pas expressément la peine de nullité, on ne peut douter néanmoins qu'elle n'y doive être sous-entendue: d'abord, parce qu'il s'agit là des formes de la procédure, et qu'aux termes de l'art. 2 de la loi du 4 germinal an 2, toute contravention aux lois émanées de nos assemblées nationales sur les formes de la procédure, emporte nullité de plein droit; ensuite, parce que ces mots, *ne pourront*, emportent également de plein droit la peine de nullité, suivant cette célèbre maxime de Dumoulin (1): *Negativa præposita verbo potest, tollit potentiam juris et facti, et inducit necessitatem præcisam, designans actum impossibilem.*

» Et qu'on ne vienne pas dire qu'il n'est pas ici question de biens véritablement nationaux, mais seulement de biens séquestrés pour cause d'émigration du fils de la personne à laquelle ils appartenaient. Le séquestre national, tant qu'il dure, assimile évidemment aux domaines nationaux les biens sur lesquels il frappe; et si une vérité aussi simple avait besoin d'une preuve positive, on la trouverait dans le décret rendu le 23 germinal an 2, sur le doute proposé par un tribunal criminel, « si l'en- » lèvement d'effets mis sous la main de la nation, » en exécution de la loi du 17 frimaire, relative aux

---

(1) Sur la loi 1, D. *de verborum obligationibus,* n° 2. *V.* l'article *Nullité,* §. 8.

pères et mères d'émigrés, doit être jugé et puni » comme enlèvement d'effets nationaux. » Le décret porte « que les effets mis sous la main de la » nation, doivent être considérés provisoirement » comme nationaux; et que chercher à les sous- » traire au séquestre et à l'exercice des droits de la » nation, c'est bien manifester l'intention de voler » la nation elle-même. » Assurément, si les biens séquestrés sont réputés nationaux en matière criminelle, ils doivent l'être également, et à plus forte raison, en matière civile.

» Qu'on ne vienne pas dire non plus que les lois des 5 novembre 1790 et 27 avril 1791, n'étaient pas applicables, pendant le cours de l'arbitrage forcé, aux contestations qui, par leur nature, devaient être jugées dans cette forme. Les lois qui avaient établi l'arbitrage forcé, n'avaient dérogé, ni à celle du 5 novembre 1790, ni à celle du 27 mars 1791. Ces deux dernières lois devaient donc être exécutées dans les affaires jugées en arbitrage forcé, comme elles ont ont toujours dû et comme elles doivent encore l'être dans les affaires jugées par les tribunaux ordinaires. C'est d'ailleurs ce qu'a décidé de la manière la plus formelle un jugement du tribunal de cassation du 4 vendémiaire an 6, rendu en faveur du mineur Custine.

» Les biens du général Custine ayant été confisqués par jugement du tribunal révolutionnaire, la commune de Gosseneling avait fait citer, en floréal an 2, l'agent national de son district devant le juge de paix du canton, à l'effet de nommer des arbitres pour statuer sur la revendication qu'elle entendait exercer sur de différens héritages prétendus usurpés sur elle par son ci-devant seigneur. L'agent national avait fait sur cette citation ce qu'a fait, à peu près dans le même temps, l'agent national du district de Bourbonne sur la citation qu'il avait reçue de la part de la commune de Pressigny : il s'était présenté devant le juge de paix, et des arbitres avaient été nommés, tant par lui que par la commune de Gosseneling. Ces arbitres avaient en conséquence rendu, dès le lendemain, un jugement qui expropriait la nation. Mais après la restitution des biens des condamnés à leurs familles, la veuve Custine, en qualité de tutrice de son fils, s'est pourvue contre ce jugement au tribunal de cassation, et voici dans quels termes vous l'avez annulé:

« Attendu que, dans l'instance arbitrale dont il s'agit, le procureur-général-syndic du département n'a point été partie, mais seulement le directoire du district, lequel n'a pu valablement représenter la nation, et ne pouvait défendre dans la cause, sans l'autorisation du directoire de département; d'où il résulte une contravention formelle aux articles 13 et 14 de la loi du 27 mars 1791;

» Attendu que la commune de Gosseneling n'a point adressé ni présenté à l'administration du département un mémoire expositif de sa demande, ainsi que l'exige la loi du 5 novembre 1790,

dans toutes les causes où la nation se trouve intéressée :

» Le tribunal casse et annule...

» Comment donc la commune de Pressigny peut-elle venir ici accuser le tribunal d'appel de Dijon d'avoir appliqué à faux les deux lois sur lesquelles il s'est fondé pour déclarer nuls les jugemens arbitraux des 11 thermidor an 2 et 25 nivôse an 3, ainsi que les procédures sur lesquelles ils étaient intervenus? Cette accusation paraît tomber d'elle-même; cependant il faut examiner les raisons sur lesquelles la commune cherche à la baser.

» D'abord, elle oppose à l'application de la loi du 5 novembre 1790, que cette loi n'est relative qu'au cas où il s'agit d'intenter une action principale et directe contre la nation. Dans l'espèce, dit-elle, il n'a pas été intenté d'action de cette nature contre la république ; seulement on a fait intervenir la république dans une instance déjà liée avec des tiers ; en y intervenant, elle a dû prendre les choses dans l'état où elles se trouvaient.

» Deux réponses : l'une générale, l'autre particulière aux circonstances de cette affaire.

» En thèse générale, l'article 15 de la loi du 5 novembre 1790 ne distingue pas entre les actions principales ou directes, et les autres actions ; il dit, aucune action, et ces termes n'admettent ni exception ni réserve.

» La chose, déjà assez claire par elle-même, le deviendra encore davantage par la combinaison de cet article avec ceux qui le précèdent.

» L'art. 13 commence par établir que « toutes » actions en justice, principales, INCIDENTES OU EN » REPRISE, qui seront intentées par les corps admi- » nistratifs, le seront au nom du département, pour- » suite et diligence du procureur-général-syndic ; » et ceux qui voudront en intenter contre ces corps, » seront tenus de les diriger contre ledit procu- » reur-général-syndic. » Ainsi, c'est par le procureur-général-syndic que doivent être intentées et soutenues toutes actions qui intéressent la nation ; et non-seulement la loi n'excepte pas de cette règle les actions incidentes, mais elle les y comprend en termes exprès; elle fait plus, elle soumet même à cette règle l'action en reprise, c'est-à-dire, le simple fait du renouement d'une instance commencée, soit par un corps supprimé, soit par un individu dont les biens sont dévolus à la nation par droit de déshérence ou de confiscation.

» Mais ces actions principales, incidentes et en reprise, le procureur-général-syndic pourra-t-il les intenter, pourra-t-il y défendre de son chef? Non.

» Il ne pourra, porte l'art. 14, intenter aucune action (c'est-à-dire, aucune des actions dont il est parlé dans l'article précédent, aucune action, soit principale, soit incidente, soit en reprise), « qu'en- » suite d'un arrêté du directoire du département, » pris sur l'avis du directoire du district, à peine de » nullité. »

» Et il ne pourra en soutenir *aucune,* ou, ce qui est la même chose, *il ne pourra en être exercé aucune* contre lui, en sa qualité, « sans qu'au préala- » ble on ne se soit pourvu par simple mémoire....., » aussi à peine de nullité. » C'est la disposition de l'art. 15. Bien évidemment le mot *aucune* se réfère; dans cet article, comme dans l'art. 14, aux actions dont il est parlé dans l'article 13, aux actions *incidentes* comme aux actions *principales,* aux actions *en reprise* d'instance commencées avec des parties auxquelles la nation a succédé depuis, comme aux actions à intenter directement contre la nation elle-même.

» Il y a donc *nullité,* toutes les fois qu'une action *incidente* est intentée contre le procureur-général-syndic, sans dépôt préalable d'un mémoire.

» Il y a donc nullité, toutes les fois que, sans dépôt préalable d'un mémoire, on assigne le procureur-général-syndic en reprise d'une instance commencée avant que la nation y eût intérêt.

» Il n'est donc pas vrai que ce dépôt préalable ne soit pas nécessaire, lorsqu'il ne s'agit que de faire intervenir la nation dans une instance déjà liée avec des tiers, puisque l'action par laquelle on l'y fait intervenir, ne peut être considérée que comme une action, soit *incidente,* soit *en reprise.*

» La commune de Pressigny a donc dû, à peine de nullité, déposer un mémoire, avant de faire intervenir la nation dans la cause qu'elle avait précédemment intentée contre Claudine Hudelot et son mari.

» Telle est la réponse générale que nous avons pris l'engagement de faire à la commune de Pressigny. En voici une autre tirée des circonstances particulières de la cause.

» Lorsque, par exploit du 4 mars 1793, la commune de Pressigny a intenté son action contre Claudine Hudelot, Claudine Hudelot ne pouvait plus y défendre valablement. Son fils était, depuis le 5 août 1792, inscrit sur la liste des émigrés; et par-là elle se trouvait, à compter du 1er février 1793, frappée d'un séquestre général dans tous ses biens; car c'est un véritable séquestre que prononcent les articles 4 et 5 de la loi du 28 mars 1793, lorsqu'ils déclarent nulles toute vente, toute cession, toute disposition, toute hypothèque que les pères et mères d'émigrés ont pu faire de leurs biens depuis le 1er février précédent. Ils ne le disent pas, à la vérité, en termes exprès, mais leur intention n'est pas équivoque, et elle a été, au besoin, manifestée par la loi du 23 vendémiaire an 2, qui charge les administrations de district d'adresser à la convention nationale « des états certifiés de tous les biens dont » jouissent les parens des émigrés, et dont la pro- » priété a été mise sous la main de la nation par la » loi du 28 mars dernier. » Et si, le 17 frimaire de la même année, il a été rendu une nouvelle loi pour faire séquestrer ces biens, cette nouvelle loi n'a fait que proclamer une disposition déjà décrétée; elle n'a fait qu'une chose surabondante.

» Répétons-le donc : lorsque la commune de Pressigny a fait assigner Claudine Hudelot au tribunal du district de Bourbonne, Claudine Hudelot n'était plus partie compétente pour défendre seule à son action; la commune de Pressigny ne pouvait intenter valablement cette action que contre la république.

» Et c'est pour avoir violé à cet égard les premières règles de l'ordre judiciaire, c'est pour avoir négligé de mettre la république en cause dès le principe, qu'elle vient aujourd'hui prétendre qu'elle a pu par la suite réparer ce vice essentiel, sans remplir les formalités auxquelles elle eût été tenue, si, dès le principe, elle ne l'eût pas commis! Il serait assurément difficile d'imaginer rien de plus bizarre. Si la commune de Pressigny eût fait, dans le principe, ce que lui prescrivait l'inscription du fils de Claudine Hudelot sur la liste des émigrés, si elle eût mis la république en cause, elle aurait incontestablement dû, au préalable, déposer un mémoire au secrétariat de l'administration. Elle a donc dû au moins y déposer ce mémoire, lorsque par la suite elle a cru devoir faire intervenir la république dans l'instance qu'elle avait originairement intentée contre une partie incompétente.

» Ainsi, sous tous les rapports, la loi du 5 novembre 1790 commandait au tribunal d'appel de Dijon d'annuler la citation donnée à la république, le 2 germinal an 2, sans dépôt préalable d'un mémoire au secrétariat de l'administration. Elle lui commandait d'annuler les nominations d'arbitres auxquelles cette citation avait donné lieu; elle lui commandait d'annuler les sentences rendues par des arbitres illégalement nommés; elle lui commandait, en un mot, de rendre le jugement qu'il a effectivement rendu, et que l'on vous dénonce cependant comme ayant appliqué à faux cette loi.

» Voyons maintenant ce que la commune de Pressigny oppose à l'application que fait le même jugement des articles 13 et 14 de la loi du 27 mars 1791.

» Elle y oppose :

» 1° Le défaut d'intérêt de la nation à faire valoir la nullité qui pourrait résulter de l'infraction à ces articles;

» 2° Le fait de l'agent national du district de Bourbonne, qui, suivant la commune, a couvert cette nullité, fait que la nation n'est pas recevable à désavouer, et dont elle doit au contraire répondre;

» 3° Les changemens apportés dans l'ordre administratif par la loi du 14 frimaire an 2, qui était encore en vigueur au moment où a été intentée l'action de la commune contre la nation;

» 4° L'arrêté de l'administration du département de la Haute-Marne, du 21 ventôse an 3.

» Reprenons chacune de ces objections séparément.

» 1° Sur quel fondement la commune de Pressigny prétend-elle que la nation n'avait aucun intérêt à faire valoir la nullité dont il s'agit? C'est, dit-elle, parce qu'il demeure toujours constant qu'un de ses agens légaux est intervenu dans la cause; parce que cet agent a fait tout ce que la loi lui prescrivait pour la défense des intérêts de la république; parce qu'il n'eût jamais pu s'opposer à ce qui a été fait; parce que ce qui a été fait n'a porté aucune atteinte aux intérêts de la nation.

« Un des agens légaux de la république est inter-» venu dans la cause! » Oui; mais cet agent était sans caractère pour y intervenir : il n'aurait pu y intervenir qu'en vertu d'une délégation du procureur-général-syndic du département, ou de l'administrateur, qui, à l'époque du 2 germinal an 2, en remplissait les fonctions; et celui-ci n'aurait pu lui en déléguer le pouvoir qu'après en avoir obtenu l'autorisation expresse de l'administration départementale, autorisation qui n'a jamais existé. L'intervention de cet agent légal ne peut donc pas plus être considérée que si elle n'avait pas eu lieu.

» Cet agent a fait pour la défense de la republi-» que tout ce que la loi lui prescrivait! » Qu'en savons-nous? Et d'ailleurs, ce qu'il a fait, il n'avait pas le droit de le faire : la république est donc censée n'avoir pas été défendue, puisqu'elle ne l'a pas été de la manière qui était impérieusement commandée par la loi; et il en est de ce cas comme de celui où un mineur aurait été représenté dans une instance par un particulier qui se serait dit son tuteur, sans en avoir la qualité.

» Cet agent n'aurait jamais pu s'opposer à ce qui » a été fait! » Qu'en savons-nous encore? Et qui nous assurera que la république n'aurait pas été repoussée victorieusement toutes les réclamations de la commune, si elle eût été défendue comme la loi l'exigeait, si elle eût eu pour organe de sa défense le représentant du procureur-général-syndic, muni d'une autorisation en bonne forme de l'administration du département, et porteur des éclaircissemens, des titres mêmes que cette administration eût pu lui fournir?

» Ce qui a été fait n'a porté aucune atteinte aux » intérêts de la nation! » Mais qu'a-t-il donc été fait? Deux choses.

» Il a été rendu un premier jugement qui a déclaré nul un cantonnement convenu en 1760 par une transaction.

» Il en a été rendu un second qui a adjugé à la commune de Pressigny quatre cantons de bois qu'elle réclamait en toute propriété.

» Or, d'une part, le cantonnement convenu en 1760 n'était pas nul : il n'était, d'après l'art. 6 de la loi du 28 août 1792, que sujet à révision. C'était donc blesser évidemment les intérêts et les droits nationaux que de l'annuler purement et simplement, puisque, si l'on s'était borné à le réviser, il eût été possible que la conséquence de la révision eût été qu'il devait être maintenu.

» D'un autre côté, les quatre cantons de bois ré-clamés par la commune, comme lui ayant autrefois appartenu, pouvaient ne pas lui avoir appartenu en effet; il était possible de détruire les preuves qu'elle produisait de son ancienne prétendue propriété; et ce qui était possible aurait pu se réaliser, si la république eût eu pour défenseur l'homme de la loi, si elle eût été valablement représentée.

» 2° Comment la commune de Pressigny peut-elle sérieusement soutenir que la république n'est pas recevable à désavouer le fait de l'agent national du district de Bourbonne, qui a pris sur lui d'intervenir dans la cause sans la délégation du procureur-syndic, sans l'autorisation de l'administration départementale? Accueillir une pareille fin de non-recevoir, ce serait rendre sans effet les art. 13 et 14 de la loi du 27 mars 1791; ce serait rayer de ces articles l'incapacité dans laquelle ils constituent les procureurs syndics des districts, d'agir ou de défendre au nom de la nation sans les délégations et les autorisations qui y sont prescrites; ce serait, en d'autres termes, donner à ces agens une qualité que la loi leur refuse formellement, quand ils ne sont pas investis de ces délégations, de ces autorisations.

» 3.° Quant aux changemens apportés dans l'ordre administratif, par la loi du 14 frimaire an 2, en quoi consistent-ils relativement aux domaines nationaux? Uniquement en ce que cette loi subroge les présidens des administrations départementales aux procureurs-généraux-syndics qu'elle supprime. Ainsi ce que le procureur-général-syndic du département de la Haute-Marne pouvait seul faire avant la loi du 14 frimaire an 2, le président de l'administration de ce département a pu seul le faire depuis; et le président de l'administration de ce département n'a pas pu faire depuis ce qui était auparavant interdit au procureur-général-syndic. Or avant la loi du 14 frimaire an 2, le procureur-général-syndic avait seul le droit de déléguer au procureur-syndic du district la poursuite et la défense des actions nationales. Avant la loi du 14 frimaire an 2, le procureur-général-syndic ne pouvait déléguer cette poursuite et cette défense au procureur-syndic du district qu'après y avoir été autorisé par l'administration centrale. Donc, depuis la loi du 14 frimaire an 2, le président de l'administration centrale pouvait seul charger l'agent national du district de Bourbonne de défendre à la demande de la commune de Pressigny; donc il n'aurait pas pu l'en charger sans y avoir été préalablement autorisé par son administration; donc la loi du 14 frimaire an 2 n'avait apporté, dans l'ordre administratif, aucun changement dont la commune de Pressigny puisse ici se prévaloir; et, comme vous l'avez déjà remarqué, c'est un point qui a été décidé de la manière la plus positive par votre jugement du 4 vendémiaire an 6, dans l'espèce duquel la citation donnée à l'agent national du district, et la nomination d'arbitres qui s'en était ensuivie, étaient, comme dans la cause actuelle, postérieures à la loi du 14 frimaire an 2.

» 4° A l'égard de l'arrêté de l'administration de

la Haute-Marne, du 21 ventôse an 3, il est vrai qu'il vise, sans improbation ni réserve, les sentences arbitrales des 11 thermidor an 2 et 25 nivôse an 3; il est vrai qu'il va même plus loin, et qu'il ordonne que, dans l'instance relative à l'exécution de ces jugemens, l'agent national du district de Bourbonne *continuera de veiller aux intérêts de la république ;* il est vrai enfin qu'en s'expliquant ainsi, il suppose l'agent national du district partie capable pour représenter la nation dans cette instance.

» Mais quand on pourrait voir dans cet arrêté une ratification de ce qui avait été fait jusqu'alors par l'agent national du district; quand on pourrait en inférer que cette ratification a équipollé, par un effet rétroactif, à l'autorisation qui avait été originairement nécessaire à l'agent national du district, pour défendre la nation contre les demandes de la commune, très-certainement cette ratification n'aurait pas pu avoir plus d'effet que l'autorisation elle-même, si l'autorisation eût été donnée dès le principe de l'instance. Or, l'autorisation aurait-elle suffi seule pour valider la procédure et les jugemens qui devaient s'ensuivre? Non; car les lois des 5 novembre 1790 et 27 mars 1791 exigeaient deux choses pour la validité de cette procédure : elles exigeaient l'autorisation du département et le dépôt préalable d'un mémoire de la commune demanderesse.

» Mais supposons que la prétendue ratification résultant de l'arrêté du 21 ventôse an 3 ait suppléé au défaut d'autorisation primitive, nous voulons bien le supposer; mais à coup sûr elle n'a pas suppléé au défaut de dépôt préalable d'un mémoire. L'autorisation primitive de l'administration départementale était à la discrétion des administrateurs : les administrateurs pouvaient ou l'accorder ou la refuser. Mais le dépôt préalable d'un mémoire appartenait à un autre ordre de choses; il ne dépendait pas des administrateurs d'en dispenser la commune : la loi le prescrivait à peine de nullité, et les administrateurs ne pouvaient pas remettre cette peine au préjudice du droit acquis à la nation de la faire prononcer. Aussi ne l'ont-ils pas fait. L'arrêté du 21 ventôse an 3 est donc ici une pièce absolument insignifiante.

» Nous voici parvenus au sixième et dernier moyen de cassation de la commune; c'est le plus séduisant de tous, et il mérite une attention très-sérieuse.

» Il est tiré de la disposition du jugement attaqué, par laquelle ce jugement est déclaré commun aux dames Roll et Bordeaux, qui, dit-on, n'avaient pas appelé des sentences arbitrales des 12 thermidor an 2 et 25 nivôse an 3, qui même, dit-on encore, ne pouvaient pas en appeler, puisqu'à leur égard ces sentences conservaient leur qualité primitive de jugemens en dernier ressort; et qui d'ailleurs, ajoute-t-on, avaient acquiescé à la première de ces sentences par l'organe de leur mère, ainsi qu'il résulte de l'exploit signifié par celle-ci à la commune, le troisième jour complémentaire an 2.

» Ce moyen nous présente quatre questions à résoudre :

» 1° En thèse générale, l'appel d'une partie profite-t-il à ses consorts ?

» 2° Leur profite-t-il, lorsqu'il n'est pas recevable de leur part, à raison de ce qu'à leur égard le jugement qui en est l'objet est rendu en dernier ressort ?

» 3° Leur profite-t-il, même dans ce dernier cas, lorsque, comme dans l'espèce particulière de la cause, c'est la république qui est appelante, et que les jugemens attaqués par elle ont été rendus pendant que le séquestre national était apposé sur les biens litigieux?

» 4° L'exploit signifié à la commune le 4ᵉ jour complémentaire an 2, élevait-il contre les dames Roll et Bordeaux un obstacle à ce qu'elles participassent aux effets de cet appel?

» Sur la première question, nous devons d'abord consulter les lois romaines, et voici ce qu'elles nous disent.

» Si plusieurs parties qui ont le même intérêt et emploient les mêmes moyens, sont condamnées par des jugemens séparés, l'appel que l'une de ces parties interjette du jugement qui la concerne, ne profite pas aux autres; il faut alors autant d'appels qu'il y a de jugemens : *Si qui separatìm fuerint condemnati, quamvis ex eâdem causâ, pluribus eis appellationibus opus est :* ce sont les termes de la loi 10, D. *de appellationibus et relationibus.*

» S'il n'a été rendu contre plusieurs parties qu'un seul jugement, on distingue : ou les moyens de ces parties étaient les mêmes, ou ils ne l'étaient pas.

» S'ils étaient les mêmes, les parties qui n'ont pas appelé jouissent des avantages de l'appel de leur consort : *Quod est rescriptum,* dit la loi déjà citée, §. 4, *in communi causâ, quoties alter appellat, alter non, alterius victoriam ei proficere qui non provocavit, hoc ità demùm probandum est, si una eademque causa fuit defensionis.* Si les moyens de défense n'étaient pas les mêmes, l'appel ne profite qu'à la partie qui l'a interjeté : *Cæterùm,* dit la même loi, *si diversæ, alia causa est.* Ainsi, continue-t-elle, deux tuteurs sont poursuivis en reddition de compte : l'un se défend par la raison qu'il n'a pas géré la tutelle; l'autre, qui a véritablement administré les biens du pupille, emploie d'autres moyens pour sa défense. Jugement intervient qui les condamne tous deux. Si le tuteur non-gérant appelle seul, son appellation ne profitera pas à son co-tuteur : *Ut in duobus tutoribus procedit, si alter tutelam gesserat, alter non attigerat, et is qui non gesserat, provocavit ; iniquum est enim qui idcircò agnoverat sententiam, quoniam gessisse se scit, propter appellationem ejus qui non gesserat, obtinere....*

» Dans le cas d'identité de défense et de condamnation, il n'est pas même nécessaire que la partie qui n'a pas appelé dans le délai fatal, intervienne sur l'appel de son consort, pour demander que cet appel lui soit déclaré commun. Il suffit que son consort obtienne la réformation du jugement. Cette réformation devient, de plein droit, commune à la partie qui n'a pas appelé C'est ce qui résulte de la loi 1re, *si unus ex pluribus appellaverit*, au code: *Si judici probatum fuerit, unam eamdemque condemnationem eorum quoque quorum apellatio justu pronunciata est, fuisse nec diversitate factorum separationem accipere, emolumentum victoriæ, secundùm ea quæ sæpè constituta sunt, ad te quoque qui nec provoscati, pertinere non ignorabit.*

» Et c'est, ajoute la loi 2 du même titre, la différence qu'il y a entre l'appel et la requéte civile obtenue pour cause de minorité; car la requête civile qu'obtient un mineur contre un jugement, ne fait pas rétracter ce jugement à l'égard de son consort majeur, au lieu que, par l'effet de l'appel d'une seule des parties condamnées par un même jugement, la condamnation est infirmée au profit de toutes : *Si 'unâ eâdemque causâ unus appellaverit, ejusque justa appellatio pronunciata est, ei quoque prodest qui non appellaverit. Quòd si ætatis auxilio unus contrà sententiam restitutionem impetraverit, majori qui suo jure non appellaverit, hoc rescriptum non prodest.*

» Le vœu des lois romaines n'est donc pas équivoque sur notre première question : ces lois la décident nettement en faveur des dames Roll et Bordeaux. Mais sont-elles encore en vigueur parmi nous ?

» Godefroy, dans ses notes sur la dernière de ces lois, aux mots *ei quoque prodest*, présente la négative comme constante : *In Galliâ*, dit-il, *non prodest, nam quilibet tenetur appellure;* et il cite Rebuffe, dans la *préface de son Commentaire sur les ordonnnances*, gl. 5, n° 98.

» C'est aussi ce qu'enseigne Automne, dans sa *Conférence du droit français*, sur la loi 1re du titre cité du Code.

» Buguyon, dans son *Traité des lois abrogées*, liv. 2, chap. 128, atteste la même chose : *Nobis*, dit-il, *inutilis est rubrica codicis si unus ex pluribus appellaverit, ubi appellatio unius prodest alteri, quod minimè sequitur praxis Franciæ, in quâ quemlibet provocare oportet; aliàs, qui tacuit, alterius provocatione juvari non poterit..... Omnes ergò quorum interest, provocare tenentur.* Il assure que le parlement de Paris l'a ainsi jugé le 15 mai 1544.

» Papon, liv. 19, tit. 1, n° 11, rapporte le même arrêt, et ajoute : « L'ancien style introduit de droit, » que l'appellation interjetée par un, peut servir à » l'autre, est aboli; et est nécessaire que chacun » appelle (1). »

(1) L'art. 41 du chap. 54 des chartes générales du Hainaut dit la même chose.

» Aux témoignages de ces écrivains, les dames Roll et Bordeaux opposent plusieurs arrêts des parlemens de Guienne (1), de Grenoble (2) et d'Aix (3), qui ont jugé que la requète civile obtenue en temps utile par une partie, profite à ses consorts.

» Mais des arrêts qui vont plus loin que les lois romaines elles-mêmes, des arrêts qui donnent à la requête civile un effet que les lois romaines lui refusaient, des arrêts qui par conséquent renferment un mal jugé-manifeste, ne peuvent pas être d'un fort grand poids, ne peuvent pas former une autorité bien imposante.

» Les dames Roll et Bordeaux invoquent encore un acte de notoriété des avocats au parlement de Rennes, dont il résulte que, dans le ressort de cette cour, la tierce-opposition dirigée contre un arrêt, le faisait rétracter, non-seulement à l'égard du tiers-opposant, mais même à l'égard des parties entre lesquelles il avait été rendu contradictoirement (4). Elles ajoutent que le parlement de Toulouse jugeait de même, et elles citent pour le prouver, un arrêt de 1755 (5). Elles pourraient ajouter encore qu'un arrêt de Bordeaux de 1737 avait jugé la même chose, du parlement relativement à la simple opposition à un jugement rendu par défaut contre une partie, et contradictoirement contre d'autres (6).

» Mais cette jurisprudence était évidemment vicieuse, et vous n'avez pas oublié que, le 13 pluviôse an 9, vous avez, en sections réunies, cassé, comme violant l'autorité de la chose jugée, un jugement du tribunal civil du département de la Moselle, qui avait prononcé à cet égard comme le faisaient les parlemens de Rennes, de Toulouse et de Bordeaux (7).

» Enfin, les dames Roll et Bordeaux prétendent qu'en tout cas le tribunal d'appel de Dijon n'a pas pu, en jugeant d'après des lois romaines tombées en désuétude, violer aucune loi positive; qu'il a tout au plus en cela violé un point d'usage, et que la violation d'un point d'usage ne peut pas donner ouverture à la cassation.

» Mais ce système ne peut s'accorder ni avec la disposition générale de l'art. 5 du tit. 27 de l'ordonnance de 1667, ni avec celle de l'art. 14 du tit. 5 de la loi du 24 août 1790; aussi l'avez-vous proscrit en l'an 7 par un jugement solennel.

» Les héritiers de Jean-Baptiste Bertin, au nombre de quinze, avaient attaqué une donation qu'il avait faite, le 3 janvier 1782, à Marie-Anne Franquin, sa petite-nièce. Un jugement du tribunal du

(1) La Peyrère, lettre R, n° 100.
(2) Basset, tome 2, liv. 2. tit. 13, chap. 1.
(3) Boniface, tome 3, liv. 3, tit. 4, chap. 6.
(4) Dévolant, chap. 131.
(5) Rodier, sur l'ordonnance de 1667, tit. 55, art. 1, quest. 1.
(6) Salviat, page 387.
(7) *V.* l'article *Opposition (tierce-)*, §. 3.

79

district d'Etain, du 8 frimaire an 2, avait rejeté leur demande et confirmé la donation. Sur ces quinze héritiers, cinq seulement avaient appelé de ce jugement; les dix autres y avaient acquiescé par leur silence. Sur l'appel, jugement du tribunal du district de Briey, du 6 nivôse an 3, qui déclare la donation nulle, et ordonne que les biens donnés par J.-B. Bertin seront partagés entre ses héritiers, en raison de leurs droits. Question de savoir si ce jugement doit profiter aux dix héritiers qui n'ont pas appelé, ou si la donataire n'est évincée que de cinq quinzièmes des objets compris dans sa donation. Le 26 thermidor an 5, jugement du tribunal civil du département de la Meuse, confirmatif d'un autre rendu le 25 prairial précédent, au tribunal civil du département de la Moselle, qui prononce en faveur des dix héritiers non appelans. Mais la donataire s'étant pourvue en cassation, vous avez annulé ce jugement, le 21 brumaire an 7, au rapport du cit. Rosier, et sur les conclusions du cit. Lefessier : « Attendu » que ce jugement, en confirmant celui rendu en » premier ressort par le tribunal civil du départe- » ment de la Moselle, du 25 prairial, s'est approprié » les vices de ce premier jugement, lequel était aussi » en contravention à la chose jugée, à l'égard de dix » des parties, par le jugement du tribunal d'Etain, » qui avait déclaré valable la donation, et avait » acquis, à leur égard, la force de chose jugée. »

» Mais après tout, supposons que les lois romaines soient encore, sur cette matière, en pleine vigueur : sera-ce une raison pour les appliquer à un appel interjeté par la seule partie qui avait le droit d'appeler ? Et d'après leur disposition, les parties à l'égard desquelles un jugement a été rendu en dernier ressort, pourraient-elles s'aider d'un semblable appel ?

» Cette question, en thèse générale, n'est pas difficile à résoudre. Par quel motif les lois romaines rendraient-elles communs aux consorts d'un appelant les effets d'un jugement qu'il obtenait du trivunal supérieur ? C'est parce que ses consorts pouvant appeler comme lui, elles présumaient, de leur part, une adhésion mentale et implicite à son appel.

» De là vient que les interprètes exceptent de la disposition de ces lois le cas où le délai de l'appel s'est écoulé sans que les consorts de l'appelant aient eu connaissance de son appellation. Alors, disent-ils, on ne peut pas les présumer adhérant au recours de l'appelant; car on ne peut pas être censé adhérer à un acte que l'on ignore : *Sed nec unius appellatio alteri utilis est, si is, toto decennio intrà quod appellandum, ignoraverit à consorte appellatum esse; cùm non potuerit non videri suo silentio comprobasse sententiam, et intelligi nequeat uti voluisse alienâ appellatione, quam nescit factam esse.* Ainsi s'exprime Voët sur le digeste, titre *de appellationibus*, n° 18; et il cite, comme enseignant la même doctrine, *Hartmannus pistoris*, liv. 1, quest. 47, n° 23.

» Or, quand la partie qui appelle est la seule qui puisse appeler; quand ses consorts n'ont pas, comme lui, la faculté de se pourvoir contre le jugement qui les a tous condamnés; quand ce jugement est, à l'égard de ses consorts, un jugement souverain, il est impossible de feindre un appel tacite de la part de ceux-ci. Des parties qui ne peuvent pas appeler expressément, lors même qu'elles en ont la volonté expresse, ne peuvent pas être présumées avoir appelé tacitement. Une fiction peut bien imiter la réalité; mais elle ne peut jamais avoir lieu, quand la réalité elle-même est inadmissible.

» Et c'est ce qui explique la différence que mettent les lois romaines entre les effets de l'appel et ceux de la requête civile.

» Lorsque de deux consorts enveloppés dans la même condamnation, l'un appelle et l'autre se tait, de l'appel de celui-là. Mais si de ces deux consorts, l'un se trouvant mineur, obtient contre le jugement qui leur est commun la restitution en entier ou requête civile, les lois romaines n'étendent pas à l'autre les bénéfices de cette restitution.

» D'où vient cette différence ? C'est que, dans le premier cas, les deux consorts ont la voix d'appel ouverte, et que celui qui ne l'a pas prise formellement, est censé s'en être référé à ce que faisait l'autre; au lieu que, dans le second cas, le mineur seul ayant la voie de restitution en entier, son consort majeur serait vainement présumé avoir voulu la prendre avec lui, puisque s'il l'eût prise avec lui, il y eût été déclaré non-recevable.

» Par la même raison, lorsque, par un privilége extraordinaire, une partie est seule autorisée à appeler d'un jugement rendu en dernier ressort, ceux qui ont fait cause commune avec elle ne peuvent pas s'aider de son appel; le jugement conserve envers eux sa qualité et son autorité de jugement souverain ; et que leur consort triomphe ou succombe sur son appel, leur condition demeurera toujours la même.

» Mais, et c'est ici que se présente notre troisième question, les dames Roll et Bordeaux ne se trouvaient-elles pas, à cet égard, dans un cas d'exception ? Ne se trouvaient-elles pas, relativement aux objets en litige entre elles et la commune de Pressigny, dans une position qui dût leur rendre commun l'avantage de l'appel du préfet du département de la Haute-Marne ?

» Vous vous rappelez qu'à l'époque où avaient été rendues les sentences arbitrales dont l'annulation était le but de cet appel, les bois litigieux étaient séquestrés au profit de la république, par suite de l'émigration de Jean-Louis-Arnolphe Desmiers.

» Par l'effet de ce séquestre, les bois litigieux étaient *considérés provisoirement comme nationaux* : ce sont, nous l'avons déjà remarqué, les propres termes de la loi de 23 germinal an 2. Et ils éiaient tellement considérés comme tels , que , jusqu'à la loi du 1er nivôse an 3, les biens séquestrés sur les pères et mères d'émigrés ont été journellement mis en vente à l'instar des biens acquis irrévocablement à la nation. Ils étaient tellement considérés comme tels, que, par l'art. 18 de la loi du 9 floréal suivant, il a été dit que la république, au moyen du partage de la pré-succession ordonné par cette loi entre elle et les parens d'émigrés frappés de séquestre, ferait à ceux-ci *l'abandon* des biens qui tomberaient dans leurs lots, *abandon* qui supposait bien clairement que, tant que le partage ne serait pas effectué, la république serait seule réputée propriétaire de la totalité des objets séquestrés.

» Or, le séquestre apposé sur les biens de Claudine Hudelot à raison de l'émigration de son fils, n'a été levé, et le partage entre la république et les sœurs de l'émigré qu'elle représentait n'a été consommé que le 7 germinal an 8. C'est un fait constant, et que la commune de Pressigny elle-même a pris soin de prouver par la représentation de l'arrêté de l'administration du département du Doubs, qui contient à la fois et le partage et l'ordre de lever le séquestre.

» Ainsi, jusqu'au 7 germinal an 8, les bois litigieux ont été séquestrés en totalité; ils ont été jusqu'alors sous la main de la nation; et jusqu'alors la nation seule en a été réputée propriétaire.

« Ainsi, au moment où a paru la loi du 28 brumaire an 7, les bois litigieux étaient encore considérés comme *bois nationaux*.

» Ainsi, par la loi du 28 brumaire an 7, la nation a acquis le droit d'appeler des sentences arbitrales des 11 thermidor an 2 et 25 nivôse an 3, non-seulement en ce qui concernait la portion qui pouvait, par le partage à faire, lui revenir dans les bois litigieux, mais encore en ce qui concernait les portions qui, par ce même partage, pouvaient un jour être assignées aux dames Roll et Bordeaux, cohéritières de la nation.

» Ainsi, à l'instant physique qui a immédiatement précédé le partage du 7 germinal an 8, à l'instant physique qui a immédiatement précédé celui où la nation, pour nous servir de l'expression consacrée par la loi du 9 floréal an 3, a *abandonné* aux dames Roll et Bordeaux les deux tiers de ces bois; à cet instant même, la nation avait le droit d'appeler des deux sentences arbitrales, taut pour les portions présomptives des dames Roll et Bordeaux, que pour la sienne.

» Mais ce droit, qu'est-il devenu après le partage du 7 germinal an 8? Bien certainement, la république l'a conservé pour sa portion.

» Mais s'est-il éteint pour les portions des dames Roll et Bordeaux? Non. Les dames Roll et Bordeaux ont reçu leurs portions des mains de la république, elles que ces portions existaient dans les mains de la république elle même. Elles sont devenues à cet égard les *ayans-cause* de la nation; elles ont à cet égard succédé à la nation, tant activement que passivement; et de même que, dans le cas où, pendant la main-mise nationale, la république eût été évincée de leurs portions de bois par des jugemens inattaquables, elles auraient été forcées de subir l'exception de chose jugée qu'ils auraient produite contre la république; de même aussi elles ont été subrogées à la république dans le droit qu'elle pouvait avoir conservé d'attaquer les jugemens rendus au préjudice de sa main-mise dans ces mêmes portions.

» Les dames Roll et Bordeaux ont donc pu, après le partage du 7 germinal an 8, appeler des sentences arbitrales des 11 thermidor an 2 et 25 nivôse an 3, comme la nation a pu alors en appeler elle-même.

» Et certes, si elles ne l'avaient pas pu, leur condition eût été bien malheureuse.

» Jusqu'au partage du 7 germinal an 8, elles n'avaient pas pu agir; elles n'avaient conséquemment pas pu profiter du délai de trois mois que la loi du 12 prairial an 4 avait accordé aux particuliers condamnés par des jugemens rendus en arbitrage forcé, pour en poursuivre la cassation.

» Elles n'avaient pas pu agir, parce que la mainmise nationale paralysait dans leurs mains toute espèce d'action.

» Elles n'avaient pas pu agir, parce que, par des lois des 7 brumaire et 10 floréal an 3, il avait été prononcé, à l'égard des sentences arbitrales qui avaient adjugé aux communes des forêts prétendues nationales, un sursis qui n'a été levé que par la loi du 28 brumaire an 7.

» Elles n'avaient pas pu agir, parce que la loi du 28 brumaire an 7 était la première qui eût rendu ces sentences susceptibles d'attaque.

» Elles n'avaient pas pu agir, parce que la nation avait continué, même après la loi du 28 brumaire an 7, de tenir en séquestre leurs portions présomptives, jusqu'au partage du 7 germinal an 8.

» Il faut donc nécessairement de deux choses l'une : ou dire que les sentences arbitrales des 11 thermidor an 2 et 25 nivôse an 3 n'ont jamais pu être attaquées par les dames Roll et Bordeaux, ce qui serait d'une absurdité inique et révoltante; ou convenir que les dames Roll et Bordeaux ont pu, après le partage du 7 germinal an 8, exercer la faculté que la nation avait conservée jusqu'à cette époque, d'appeler de ces deux sentences.

» La question, au surplus, n'est pas nouvelle. La section des requêtes l'a jugée l'année dernière, au rapport du cit. Brillat-Savarin, et sur nos conclusions; voici dans quelle espèce :

» Par exploit du 16 juillet 1792, la commune de la Chassagne avait fait assigner le cit. Esmonin, son ci-devant seigneur, au tribunal du district de Poligny, département du Jura, pour voir dire qu'elle serait réintégrée dans la propriété de plusieurs bois dont l'avait, suivant elle, dépouillé un arrêt de cantonnement, rendu au conseil, le 2 juin 1778.

» Le 7 février 1793, jugement qui, attendu que les bois revendiqués par la commune sont possédés moitié par le cit. Esmonin, et moitié par son épouse, ordonne que celle-ci sera mise en cause.

» Le 11 avril suivant, second jugement qui, vu la non-comparution de la dame Esmonin, que l'on a depuis reconnue être dès-lors émigrée, donne défaut contre elle, et, avant d'en adjuger le profit, appointe les parties à mettre.

» Le procès instruit de part et d'autre, est renvoyé par la loi du 10 juin à un arbitrage forcé.

» La commune nomme ses arbitres, et ni le cit. ni la dame Esmonin ne se présentant pour désigner les leurs, le juge de paix y supplée par un choix d'office.

» Le 26 septembre 1793, sentence arbitrale qui, donnant défaut, tant contre le cit. que contre la dame Esmonin, déclare nul l'arrêt du conseil de 1778, et ordonne la réintégration de la commune dans les bois qu'elle revendiquait.

» Le 7 octobre suivant, signification de cette sentence au domicile du cit. et de la dame Esmonin.

» Le 2 frimaire an 3, le cit. Esmonin y forme une opposition qu'il ne suit pas, mais qu'il se réserve de suivre, et même de convertir en demande en cassation, lorsqu'il aura obtenu la levée du séquestre dont sont frappés les biens indivis entre lui et la république.

» Le 12 pluviôse an 8, l'administration centrale du département du Jura prend un arrêté qui autorise le commissaire du gouvernement près d'elle à interjeter appel de la sentence arbitrale.

» Cet appel est interjeté et porté au tribunal civil du département du Doubs.

» Le 12 ventôse an 8, la commune de la Chassagne fait assigner devant ce tribunal le commissaire du gouvernement près l'administration du Jura, pour voir dire qu'il sera déclaré non-recevable dans son appel.

» Le 20 prairial suivant, le cit. Esmonin intervient dans la cause; déclare convertir en appel son opposition à la sentence par défaut du 26 septembre 1793, et conclut à ce que le jugement qu'il suppose devoir être rendu en faveur de la république, lui soit déclaré commun.

» La commune lui oppose une fin de non-recevoir. Vous ne pouvez pas, lui dit-elle, appeler de la sentence arbitrale, parce qu'à votre égard elle est en dernier ressort. Vous ne pouvez pas non plus vous aider de l'appel interjeté au nom de la république, parce que la république seule est autorisée à appeler, par la loi du 28 brumaire an 7. Quant à votre opposition du 2 frimaire an 3, elle était formée long-temps après la huitaine de la signification; ainsi, elle était non-recevable dès son principe, et il est bien impossible que vous vous en fassiez aujourd'hui un moyen pour appeler.

« Le 8 messidor an 8, jugement qui rejette les fins de non-recevoir opposées par la commune, tant à la république qu'au cit. Esmonin, et ordonne de plaider au fond.

» Et le 6 ventôse an 9, jugement du tribunal d'appel de Besançon, qui, statuant au fond, déclare qu'il a été mal jugé par la sentence arbitrale, déboute la commune de sa demande originaire, et ordonne que l'arrêt de cantonnement du 2 juin 1778 sera exécuté.

» La commune de la Chassagne se pourvoit en cassation, et pour premier moyen, elle expose que le jugement du 8 messidor an 8 a violé l'autorité de la chose jugée, en recevant le cit. Esmonin d'une sentence arbitrale contre laquelle la voie d'appel n'avait été ouverte par la loi du 28 brumaire an 7, qu'en faveur de la république.

» Mais, le 14 floréal an 10, la requête est rejetée, « attendu, sur le premier moyen, que les juges » d'appel ont bien pu faire profiter le cit. Esmonin » de l'appel émis par le commissaire du gouverne-» ment, puisque l'un et l'autre avaient en constam-» ment le même intérêt dans l'instance, et que d'ail-» leurs le cit. Esmonin avait déclaré son intention » en temps utile. »

» Ainsi, plus de doute que les dames Roll et Bordeaux n'aient pu, comme la républipue elle-même appeler, en vertu de la loi du 28 brumaire an 7, des sentences arbitrales des 11 thermidor an 2 et 25 nivôse an 3; et il ne s'agit plus que de savoir, d'une part, si elles ont effectivement appelé de ces deux sentences; de l'autre, si elles l'ont fait en temps utile.

» Qu'elles en aient appelé, c'est ce qu'il serait impossible de contester sérieusement, puisqu'elles ont demandé que l'effet de l'appel du préfet leur fût déclaré commun, et que par-là elles se sont bien clairement rendues appelantes.

» Qu'elles en aient appelé en temps utile, c'est encore une vérité palpable : la loi du 28 brumaire an 7 ne limite, par aucun délai fatal, l'exercice du droit qu'elle attribue à la république, et par conséquent à ses ayans-cause, d'appeler des sentences arbitrales qu'elle a pour objet. Vous l'avez ainsi jugé huit fois en l'an 9 et en l'an 10 (1).

» Il est donc bien démontré que, si le tribunal de Dijon a mal motivé son jugement, en déclarant commun aux dames Roll et Bordeaux l'effet de l'appel du préfet de la Haute-Marne, du moins il n'a, abstraction faite de ce qu'il nous reste à dire sur la quatrième question, ni mal jugé, ni à plus forte raison violé aucune loi.

» Mais la quatrième question, comment devons-nous la résoudre? Elle consiste, comme vous vous le rappelez, à savoir si les dames Roll et Bordeaux pouvaient encore s'aider de l'appel du préfet, après

---

(1) V. l'article Appel, §. 8, art. 1, n° 9.

l'acquiescement que l'on prétendait avoir été donné par leur mère, dans son exploit du troisième jour complémentaire an 2, à la sentence arbitrale du 11 thermidor précédent.

» Sans doute, en thèse générale, on ne peut pas appeler d'un jugement de première instance ou réputé tel, après y avoir acquiescé; comme on ne peut pas, après avoir acquiescé à un jugement en dernier ressort, l'attaquer par requête civile ou par demande en cassation.

» Mais dans quel cas est-on censé acquiescer à un jugement rendu, soit à la charge de l'appel, soit en dernier ressort? C'est lorsque, pouvant attaquer ce jugement, on l'exécute. L'exécution étant alors un acte volontaire, emporte nécessairement renonciation à la faculté de se pourvoir, soit par appel, soit par requête civile, soit par recours en cassation.

» Mais lorsqu'aucune voie de droit n'est ouverte contre un jugement, il est impossible que l'on soit censé y acquiescer en l'exécutant, ou, ce qui est la même chose, en offrant de l'exécuter. Ce qu'on fait, en ce cas, en exécution de ce qu'il a ordonné, on le fait pour obéir à la loi, on ne le fait point volontairement, et il ne peut pas y avoir d'acquiescement là où il n'y a point une volonté parfaitement libre.

» Et il n'y a point, à cet égard, de distinction à établir entre ce qu'on fait de son propre mouvement, et ce qu'on fait d'après les poursuites de la partie au profit de laquelle le jugement a été rendu.

» Cette distinction serait bonne, s'il s'agissait d'un jugement exécutoire par soi, mais contre lequel une voie de droit serait ouverte. Alors, en effet, en exécutant ce jugement sans poursuites préalables de la partie adverse, en prévenant, par son exécution spontanée, les poursuites que la partie adverse pourrait exercer à cette fin, on renonce à la voie de droit que l'on a pour la faire réformer; on y *acquiesce,* dans toute l'énergie de cette expression.

» Mais il n'en est pas, il n'en peut pas être de même, lorsqu'il s'agit d'un jugement à l'abri de toute attaque. L'exécuter ou offrir de l'exécuter sans poursuites préalables, ce n'est pas renoncer au droit d'en provoquer la réformation, car on ne peut pas renoncer à un droit qui n'existe pas; c'est seulement chercher à se dégager le plus tôt possible; c'est seulement faire aujourd'hui, pour n'avoir plus à y penser, ce qu'on pourra être forcé de faire demain.

» Ainsi, un jugement préparatoire ordonne une expertise. Je puis attendre, pour nommer mon expert, que vous m'en fassiez la sommation; mais je puis aussi le nommer tout de suite; et si je le fais, je n'en serai pas moins recevable, après le jugement définitif, à appeler du jugement préparatoire.

» Ainsi, sous le régime de l'arbitrage forcé, j'ai

été condamné par des arbitres à vous payer une somme quelconque; mais cette somme, vous ne vous êtes pas présenté pour la recevoir, vous ne m'avez fait aucun commandement de vous la payer. Cependant, pressé par l'intérêt de me libérer, je vous ai fait des offres réelles, et sur votre refus, j'ai consigné. Survient la loi qui m'autorise à me pourvoir en cassation; je le fais, et sûrement j'y serai admis, malgré mes offres réelles, malgré ma consignation, non précédées de poursuites de votre part.

» Ainsi, et par la même raison, l'exploit du troisième jour complémentaire an 3 ne peut pas avoir formé la voie d'appel aux dames Roll et Bordeaux.

» Le jugement du tribunal d'appel de Dijon ne peut donc pas plus être cassé à l'égard des dames Roll et Bordeaux, qu'il ne peut l'être à l'égard du préfet du département de la Haute-Marne.

» Il ne nous reste plus qu'un mot à dire sur la présence du cit. Jean-Louis-Arnolphe Desmiers dans cette instance.

» Le cit. Desmiers intervient dans cette instance pour la reprendre au fond, à la place de la république, qui n'y a plus d'intérêt, pour défendre, à la place de la république, le jugement dont on vous demande la cassation. Y est-il recevable?

» La commune de Pressigny soutient la négative. Suivant elle, le cit. Desmiers ne peut pas profiter du jugement du tribunal d'appel de Dijon qui vous est dénoncé, parce que l'appel du bénéfice duquel ce jugement a fait jouir la république elle-même, parce que le bénéfice de cet appel était incommunicable.

» Mais d'abord les habitans de Pressigny sont-ils recevables eux-mêmes à argumenter ainsi contre le cit. Desmiers? Un jugement en dernier ressort a réintégré la république dans les droits qui appartenaient au cit. Desmiers, ou, ce qui est la même chose, à la mère du cit. Desmiers, avant l'émigration de celui-ci. Si la république avait, jusqu'à présent, laissé le cit. Desmiers dans son état d'émigration, à coup sûr la république jouirait aujourd'hui, pour son propre compte, de l'effet de ce jugement; et une fois la demande en cassation de ce jugement rejetée, la république pourrait, en effaçant de la liste des émigrés le nom du cit. Desmiers, lui restituer les biens en possession desquels elle a été renvoyée par le tribunal d'appel de Dijon.

» Or, qu'importe à la commune de Pressigny que le cit. Desmiers soit déjà rayé de la liste des émigrés, ou qu'il ne doive l'être qu'après la décision que vous allez rendre? La condition de la commune de Pressigny ne peut pas être meilleure dans le premier cas qu'elle ne le serait dans le second.

» Au fond, dans le second cas comme dans le premier, le cit. Desmiers reçoit des mains de la république, les biens que la république lui restitue; il les reçoit dans l'état où ils se trouvent au moment où la restitution lui en est faite ; ils les reçoit grevés des jugemens qui ont pu être rendus contre la république ; ils les reçoit enrichis des jugemens que la république a pu obtenir.

» En un mot, dans un cas comme dans l'autre, le cit. Desmiers prend, à tous égards, la place de la république. Il peut, par conséquent, venir ici défendre un jugement dont la république lui a transmis tous les effets.

» Par ces considérations, nous estimons qu'il y a lieu de recevoir Jean-Louis-Arnolphe Desmiers partie intervenante ; faisant droit sur son intervention, rejeter la demande en cassation formée par la commune de Pressigny contre le jugement du tribunal d'appel de Dijon, du 23 nivôse an 10, et condamner cette commune à l'amende. »

Conformément à ces conclusions, arrêt du 19 prairial an 11, au rapport de M. Rupérou, par lequel :

« Le tribunal reçoit le cit. Desmiers d'Archiac partie intervenante, et lui donne acte de sa déclaration de reprendre l'instance au lieu et place du préfet de la Haute-Marne ;

» Et attendu que ledit d'Archiac reprend la contestation dans l'état où il l'a laissée la république, qui, comme étant à ses droits, a constamment veillé pour lui ; que d'ailleurs la commune n'est pas recevable à lui contester le droit d'intervenir pour soutenir le jugement attaqué, au lieu et place de la république ;

» Attendu que la loi du 28 brumaire an 7 a fait, à l'égard des sentences arbitrales, une exception générale et créé un droit nouveau qui ne permet pas d'invoquer les lois précédentes, relatives aux diverses manières de se pourvoir contre les jugemens rendus en dernier ressort ;

» Attendu que, loin qu'il y ait en violation de l'art. 6 de la loi du 3 brumaire an 2, cet article a été au contraire littéralement observé, puisque ce n'est qu'après le jugement définitif que l'appel a été relevé ;

» Attendu qu'il ne s'agissait pas seulement de droits d'usage, mais bien aussi de la propriété du fonds de quatre cantons de bois ; que d'ailleurs il résulte de la combinaison des lois des 7 brumaire et 1er floréal an 3 avec la loi du 28 brumaire an 7, qu'il suffisait, pour que cette dernière fût applicable, que la nation eût éventuellement quelque intérêt dans les bois dont il s'agit ; ce qui écarte toute idée d'une distinction à faire entre les droits de propriété et les droits d'usage ;

» Attendu que l'art. 6 précité de la loi du 3 brumaire an 2 n'a pas été davantage violé, en ce qui concerne l'appel de la seconde sentence du 25 nivôse an 3 : d'abord, parce que la disposition préparatoire qui se trouve dans cette sentence, n'étant qu'une suite nécessaire de la disposition définitive qui la précède, était passible du même appel que cette disposition définitive elle-même ; ensuite, parce

qu'aussi ce n'est qu'après le jugement définitif que l'appel de ces deux dispositions a été cumulé, ce qui n'est point interdit par la loi ;

» Attendu que le consentement donné à l'expertise, à l'effet de procéder à un cantonnement, n'a pu former un contrat judiciaire, puisqu'il était forcé par l'effet d'un jugement contre lequel il n'existait alors aucune voie d'attaque ; et que d'ailleurs un consentement, quel qu'il fût, de la part de l'agent national du district de Bourbonne, était loin de pouvoir lier la république, puisque, d'après la loi du 29 floréal an 3, les arrêtés même des départemens, portant réintégration en faveur des communes, ne la liaient pas ;

» Attendu que, du rapprochement et de la combinaison des art. 13, 14 et 15 du tit. 3 de la loi du 5 novembre 1790, 13 de la loi du 27 mars 1791, et 5 et 6 de celle du 14 frimaire an 2, il résulte, 1° que, de quelque manière ou pour quelque cause qu'on voulût citer en justice la république, soit par action principale, soit par action incidente ou autrement, on ne le pouvait sans qu'au préalable et à peine de nullité, on se fût pourvu par simple mémoire, d'abord au directoire du district, et ensuite au directoire du département ; 2° qu'un directoire de district ne pouvait, sans une autorisation du directoire du département, ni intenter aucune demande, ni défendre à aucune action relativement à la propriété d'un domaine national ; et que la disposition de l'art. 13 précité de la loi du 27 mars 1791, étant prohibitive à cet égard, devait s'observer à peine de nullité ; 3° qu'après la loi du 4 frimaire an 2, les administrations départementales n'en furent pas moins, par continuation, chargées spécialement des domaines nationaux, et que les fonctions qu'avaient les procureurs-généraux à ce sujet, furent déléguées aux présidens de ces administrations ; qu'enfin la loi du 10 juin 1793, sur l'arbitrage forcé, n'ayant point dérogé aux lois des 5 novembre 1790 et 27 mars 1791, ni l'agent national, ni l'administration du district elle-même n'avaient pu valablement représenter la république dans la contestation dont est cas, sans une autorisation expresse du département.

» Attendu qu'il suffisait que la république n'eût pas été représentée par l'homme de la loi, pour qu'elle eût intérêt de réclamer contre les nullités résultant du défaut d'autorisation qui rendait l'agent national sans caractère pour agir ;

» Attendu que la disposition de l'arrêté du 21 ventôse an 3, portant que l'agent national continuera à veiller aux intérêts de la république, etc..., peut d'autant moins être considérée comme une ratification spontanée qui efface les nullités résultant de ce qu'il n'y a eu ni autorisation ni dépôt de mémoire ; qu'au moment où cet arrêté a été rendu, aucune voie n'était encore ouverte à la nation pour attaquer les sentences arbitrales, de quelques nullités qu'elles fussent viciées ; que d'ailleurs, quand on pourrait considérer cette disposition de l'arrêté du

21 ventôse, comme une vraie ratification, elle ne pourrait produire plus d'effet que n'en aurait produit l'autorisation elle-même dans le principe, ni par conséquent suppléer aujourd'hui à l'absence du dépôt du mémoire exigé à peine de nullité ;

» Attendu que les bois dont il s'agit, à l'époque où la loi du 28 brumaire an 7 a paru, étaient encore sous la main de la nation, et comme tels réputés nationaux ; que même le partage qui a eu lieu le 8 germinal an 8 n'avait pas fait cesser leur indivision entre la république et les dames Roll et Bordeaux, laquelle subsistait le 29 floréal an 8, jour de l'appel interjeté par le préfet ; que par conséquent il en résultait, pour les dames Roll et Bordeaux, avec la portion des bois leur afférant, le droit de profiter du bénéfice de l'appel acquis à la nation par rapport à la totalité desdits bois qui étaient toujours possédés en indivis par elle et lesdites dames Roll et Bordeaux ;

» Qu'enfin la déclaration faite par la feue dame Desmiers, dans l'exploit du troisième jour complémentaire an 2, relativement aux droits d'usage adjugés à la commune, par la sentence arbitrale du 11 thermidor an 2, ne saurait être considérée comme un acquiescement volontaire à cette disposition de cette sentence, par la raison que exécuter un jugement inattaquable, ce n'est pas renoncer au droit de se pourvoir contre ; et parce que d'ailleurs, et la loi du 28 brumaire an 7, et celles antérieures qui ont modifié la loi du 10 juin 1793, en ouvrant un recours contre les sentences arbitrales, ont relevé les parties intéressées à les attaquer, de toute espèce d'acquiescement qu'elles auraient pu donner à ces sentences pendant qu'elles étaient inattaquables :

» Par ces motifs, le tribunal rejette le pourvoi de la commune de Pressigny, etc. »

La cinquième des questions énoncées en tête de ce paragraphe, a encore été jugée dans le même sens par un arrêt de la même section, du 21 prairial an 13, rapporté dans le *Répertoire de jurisprudence*, aux mots *Domaine public*, §. 5, n° 7.

§. II bis. *Sous l'empire de la loi du 14 frimaire an 2, citée dans les conclusions et dans l'arrêt rapporté au §. précédent, un agent national de district représentait-il valablement l'état en justice, lorsqu'il plaidait en sa qualité, et qu'il y était autorisé par l'administration du département ?*

D'après la loi du 5 novembre 1790, toutes les actions qui intéressaient l'état devaient être intentées et soutenues sous le nom du procureur-général-syndic, *poursuite et diligence du procureur-syndic du district.*

La loi du 14 fructidor an 2 ayant subrogé le président de l'administration départementale au procureur-général-syndic, en tout ce qui concernait l'exercice des actions judiciaires intentées ou soutenues dans l'intérêt de l'état, il semblait que le procureur-syndic du district ne devait figurer dans les instances et dans les jugemens que sous le nom du président, et que c'était le président qui devait agir ou défendre en nom, *poursuite et diligence du procureur-général.*

Mais il n'en fut point ainsi. La question ayant été, proposée au comité de salut public, qui exerçait alors le pouvoir exécutif dans toute sa plénitude, et même se permettait quelquefois des actes législatifs pour l'abrogation desquels il fallait ensuite des lois expresses, il fut écrit à toutes les administrations une lettre circulaire fort curieuse, et que je crois devoir consigner ici, parce qu'elle doit encore servir de règle pour apprécier la légalité des instances qui ont été poursuivies, et des jugemens qui ont été rendus dans l'intérêt de l'état, sous l'empire de la loi du 14 frimaire an 2, avec les procureurs-syndics, agissant ou défendant en leur qualité, avec l'autorisation des administrations départementales.

La voici telle qu'elle existe probablement en minute dans les archives du gouvernement, mais bien certainement telle qu'elle se trouve en expédition dans les archives des préfectures actuelles, notamment de celles du Gard et de l'Isère.

« Paris, 12 germinal an 2 de la république française, une et indivisible.

» Les représentans du peuple français, membres du comité de salut public,

» Aux administrateurs de départemens et de districts et aux agens nationaux près les districts.

» Le comité a examiné, citoyens, votre question tendante à savoir qui sera chargé des poursuites qui se faisaient au nom du procureur-général-syndic dans les affaires contentieuses qui intéressent la nation.

» Il faut ici faire marcher d'accord l'exécution de trois articles de la loi du 14 frimaire, qui établit le gouvernement révolutionnaire.

» L'art. 7 de la seconde section conserve aux départemens la surveillance relativement à tout ce qui tient aux domaines nationaux.

» Par l'art. 11 de la troisième section, les règles de l'ancien ordre établi doivent être suivies jusqu'à ce qu'il en ait été autrement ordonné.

» L'art. 6 de la même section supprime les fonctions de procureur-général-syndic.

» Ainsi, d'après les art. 7 et 11, il faut maintenir les dispositions des art. 13, 14 et 15 du tit. 3 de loi du 5 novembre 1790, qui attribuent aux départemens le droit exclusif d'autoriser les procureurs-syndics des districts, soit à agir, soit à défendre en justice pour les intérêts de la nation.

» L'art. 6 déroge à ceux précités de la loi du 5 novembre 1790, en ce qu'ils contiennent de particulier au procureur-général-syndic ; mais la dérogation ne s'étend pas plus loin.

» Tout l'effet de la suppression du procureur-général-syndic, par rapport aux actions judiciaires, se réduit à ce que le département autorise les agens nationaux près les districts à plaider en leur propre qualité, au lieu que précédemment les procureurs-syndics ne plaidaient, même avec l'autorisation du département, que sous le nom du procureur-général-syndic.

» Vous aurez soin de vous conformer à ces dispositions.

» Salut et fraternité.

» Les membres du comité de salut public. *Signé,* Robespierre, Billaud-Varenne, Couthon, Carnot, C.-A. Prieur, Barrère, Saint-Just, Collot-d'Herbois. »

§. III. 1° *Lorsque, pour défense à une demande formée par la régie de l'enregistrement et des domaines, une partie propose un moyen qui présente la question de savoir si telle propriété appartient à l'État ou à cette partie, les tribunaux peuvent-ils statuer sur cette question, sans qu'au préalable l'autorité administrative en ait délibéré ?*

2° *Les jugemens que les tribunaux rendent, au préjudice de l'État, sur de pareilles questions, sans délibération préalable de l'autorité administrative, peuvent-ils être annulés du chef d'incompétence ?*

3° *Est-ce aux préfets ou à la régie de l'enregistrement qu'appartient la poursuite des procès dans lesquels le fond d'un droit est contesté à l'État ?*

I. Sur la première question, il existe un principe que les art. 14 et 15 du tit. 3 de la loi du 5 novembre 1790 ont formellement consacré : c'est que l'on ne peut intenter ni soutenir, au nom de l'état, aucun procès ayant rapport à une propriété qu'il réclame ou qu'on revendique sur lui, sans délibération préalable des autorités administratives.

S'agit-il, en effet, de faire plaider l'état comme demandeur? L'art. 14 dit qu'on ne le peut (excepté pour les objets de simple recouvrement) « qu'ensuite d'un arrêté du directoire du département, pris sur l'avis du directoire du district, à peine de nullité.

S'agit-il, au contraire, de défendre, au nom de l'état, à une demande en revendication formée contre lui? L'art. 15 veut aussi, *à peine de nullité,* que cette demande ne puisse être portée en justice qu'après qu'elle a été soumise à l'administration départementale, et que celle-ci a ou *donné une décision,* ou été mise en demeure de la donner.

Ainsi, lorsque, sur une demande intentée au nom de l'état, pour un objet de simple recouvrement, il s'élève incidemment une question de propriété, il faut, pour la régularité de la procédure, que le juge sursoie à statuer sur cette question jusqu'à ce que le conseil de préfecture, qui, en cette partie, représente aujourd'hui l'administration départemen-

tale, ait été saisi de l'affaire, et ait ou décidé ou été mis en demeure de décider qu'elle doit être suivie au nom de l'état.

C'est ce qu'a jugé la cour de cassation dans l'espèce que voici :

Le 17 messidor an 9, la régie de l'enregistrement et des domaines, se fondant sur les lois qui ont supprimé les corporations, et déclaré nationales toutes leurs propriétés, décerne contre les *co-régens de la bourse des garçons cordonniers* de Maëstricht une contrainte tendante à faire verser dans sa caisse le capital d'une rente de 40 florins que leur avait remboursée, le 30 pluviôse précédent, la personne qui l'avait originairement constituée au profit de cet établissement.

Les *co-régens* forment opposition à cette contrainte, et prétendent que la *bourse des garçons cordonniers* n'est pas du nombre des corporations dont les biens ont été déclarés nationaux.

Le 9 fructidor suivant, le tribunal civil de l'arrondissement de Maëstricht accueille cette opposition, et annule la contrainte, sur le fondement que les biens de la *bourse des garçons cordonniers* ne sont pas propriétés nationales.

Appel de la part de la régie.

Le 17 frimaire an 11, le tribunal d'appel de Liége déclare qu'il a été bien jugé.

La régie se pourvoit en cassation, et soutient que les lois relatives aux corporations et à leurs biens ont été violées.

Mais, sans examiner ce moyen qui tenait au fond de la cause, la section des requêtes a rendu, le 29 thermidor an 11, au rapport de M. Target, un arrêt qui,

« Convertissant la demande en cassation en demande en règlement de juges :

» Attendu que l'opposition des garçons cordonniers de Maëstricht à la contrainte de la régie n'est fondée que sur la prétention de propriété privée, opposée à la prétention du domaine national, sur laquelle était fondée la contrainte de la régie;

» Et que, du moment où cette question de propriété s'est élevée, les tribunaux n'ont pas été compétens de prononcer, faute d'avoir été satisfait aux art. 14 et 15 du tit. 3 de la loi du 5 novembre 1790;

» Sans s'arrêter aux jugemens du tribunal de Maëstricht, du 9 fructidor an 9, et du tribunal d'appel de Liége, du 27 frimaire dernier, lesquels seront considérés comme nuls et non-avenus;

» Renvoie les parties à se pourvoir par-devant l'autorité administrative, aux termes et suivant les formes des art. 14 et 15 du tit. 3 de la loi du 5 novembre 1790. »

Cet arrêt n'est pas contraire à celui du 22 floréal an 10, rapporté à l'article *Appel,* §. 2.

De quoi s'agissait-il, en effet, le 22 floréal an 10? Uniquement de savoir si la régie de l'enregistrement avait été compétente pour défendre en première instance à une prétention de propriété privée, élevée incidemment à une demande en recouvrement qu'elle avait formée contre le débiteur d'une rente qualifiée par elle de *nationale;* si, en conséquence, le préfet avait pu intervenir sur l'appel, et si son intervention, autorisée par un arrêté du conseil de préfecture, avait suffi pour mettre le tribunal d'appel à portée de statuer sur le fond.

Il n'était donc pas alors question de savoir si la régie de l'enregistrement avait eu besoin de l'autorisation du conseil de préfecture, pour plaider sur une propriété contestée à la nation.

A la vérité, si cette question eût été élevée par l'état, elle eût dû être décidée pour l'affirmative, et entraîner l'annulation de la procédure faite en première instance.

Mais l'état n'élevant pas cette question, et n'ayant aucun intérêt de l'élever, ni le ministère public, ni la cour de cassation n'ont dû l'agiter d'office; car la peine de nullité prononcée par les art. 14 et 15 du tit. 3 de la loi du 5 novembre 1790, n'est relative qu'à l'intérêt de l'état; et ce n'est jamais au préjudice de l'intérêt de l'état qu'elle peut recevoir son application.

II. L'arrêt du 29 thermidor an 11 ne doit cependant être pris pour règle, quant à sa forme de prononcer. Au lieu d'admettre la requête de la régie en cassation, il la convertit en demande à fin de réglement de juges; et il déclare nul, comme incompétemment rendu, le jugement contre lequel cette requête était dirigée. Or, prononcer ainsi, c'est confondre mal à propos le vice d'incompétence avec l'irrégularité dans la manière de juger. Sans contredit il y a irrégularité, il y a infraction aux art. 14 et 15 du tit. 3 de la loi du 5 novembre 1790, et par conséquent il y a lieu à cassation, lorsqu'un tribunal se permet de statuer sur une affaire qui intéresse l'état, sans qu'au préalable un mémoire ait été remis à l'autorité administrative, et qu'un mois se soit écoulé sans qu'il ait été suivi d'aucune décision; mais il n'y a pas incompétence. *V.* le *Répertoire de jurisprudence,* aux mots *Hôpital,* §. 5, à la note, et *Succession,* sect. 1, §. 2, art. 3.

III. La seconde question est implicitement résolue par ce qu'on vient de dire sur la première. *V.* d'ailleurs l'article *Appel,* §. 2.

§. IV. *Peut-on, en vertu d'un titre de créance que l'on a sur l'état, faire saisir, soit des deniers, soit des biens nationaux?*

Il existe dans la Belgique une loi spéciale pour la négative; c'est un placard du roi d'Espagne, du 20 juin 1655, qui porte : « Avons interdit et interdisons par cette provision, et jusqu'à autre ordonnance, à tous nos créanciers et rentiers, ores que pourvus de procure d'hypothèque générale

» ou spéciale sur nos biens et droits domaniaux, de » procéder, pour le recouvrement de leurs rentes » et dettes, par les voies d'arrêt, clain, ou saisie, » ou exécution sur les biens, parties et droits de » nosdits domaines, et sur les deniers à nous dus » par les fermiers ou débiteurs d'iceux biens et » droits, ou de nos receveurs et collecteurs domaniaux ; le tout à peine de nullité, et que lesdits » arrêts, saisies et exécutions seront tenus pour » non-faits ; et comme les raisons et considérations » qui nous ont mus de faire la présente déclaration » et ordonnance pour l'avenir, concourent et ont » lieu au regard des saisies et arrêts déjà faits, et exé-cutions commencées de la part d'iceux nos créditeurs, sur nosdits biens et droits, même les ar-rêts, saisies, main-assises faites à la réquisition » de la duchesse d'Havré, sur nos biens et domai-nes d'Hainaut, le 1er octobre 1652, et tous autres » qu'elle pourrait avoir faits pour consuivre le paye-ment de quelques années d'arrérages d'une rente » qu'elle prétend à notre charge et de nosdits do-maines d'Hainaut ; le tout nonobstant les clauses, conventions et stipulations insérées en leurs lettres » de rentes et instrumens de la reconnaissance de » leurs dettes, nommément celles portant qu'il leur » serait loisible de s'adresser à notre domaine par » saisie, arrêt et exécution ou autrement, auxquels » avons dérogé et dérogeons par cette ordonnance. » Et afin que, sous prétexte de la présente ordon-nance, lesdits créditeurs et rentiers ne soient em-pêchés en la poursuite judiciaire de leurs actions » et dettes susdites, et qu'il puisse être pourvu au » payement de ce qui leur est légalement dû, selon » l'état présent de nos domaines et finances, iceux » créditeurs n'ayant pu être pourvus de payement » par nos officiers, ou voies de nos finances, aux-quels ils auraient dû recourir en préalable, se » pourront et se devront audit effet adresser par re-quête à ceux de notre conseil privé. Ordonnons à » tous juges, etc. »

Ce que cette loi a réglé pour la Belgique, un arrêt de la cour de cassation, du 16 thermidor an 10, l'a décidé pour tout le territoire de la France. Voici comment il est conçu :

« Le commissaire du gouvernement près le tribunal de cassation expose qu'il est chargé par le gouvernement de dénoncer au tribunal un jugement en dernier ressort du tribunal civil de l'arrondissement de Wissembourg, du 3 floréal dernier, qui contient un excès manifeste de pouvoir.

» Par jugement du 23 pluviôse an 10, le tribunal civil de l'arrondissement de Wissembourg avait condamné la régie de l'enregistrement à rembourser à Françoise Metz, femme divorcée de Thiébaut Hurth, une somme de 996 francs 60 centimes, pour droit d'enregistrement et amende indûment perçus.

» Le 21 germinal suivant, Françoise Metz a fait, en vertu de ce jugement, une saisie-arrêt entre les mains du greffier du tribunal civil de Wissembourg, de tous les deniers qu'il avait en mains appartenant

80

à la république, et qu'il était dans le cas de verser dans les caisses de la régie de l'enregistrement.

» Assigné en déclaration sur cette saisie-arrêt, le greffier a déclaré « que, d'après l'arrêté de compte entre lui et le receveur de l'enregistrement, à l'égard des droits de mise au rôle qu'il avait perçus au nom de la république, il redevait à ce dernier une somme de 328 francs 35 centimes, qu'il était prêt de verser entre les mains de qui il serait ordonné par justice. «

» La régie de l'enregistrement, de son côté, a conclu à ce que la saisie-arrêt fût « déclarée nulle et contraire aux lois concernant la manutention des deniers publics, sauf à Françoise Metz à se présenter au bureau, pour y recevoir ce qui lui revenait.»

» Mais, sans s'arrêter à ces conclusions, le jugement cité a déclaré la saisie bonne et valable.

» Ce jugement, comme l'observe le ministre des finances, dans sa lettre du 17 messidor dernier, au ministre de la justice, « est absolument contraire aux principes qui régissent la comptabilité des deniers publics : toutes les sommes dues par les officiers publics et même par les particuliers, pour les droits d'enregistrement et de greffe, doivent, dès le moment où elles sont exigibles, être considérées comme si elles avaient été versées dans les caisses de l'administration ; et s'il était permis aux créanciers de la république de les saisir, les recouvremens seraient entravés à chaque instant. Le gouvernement ou les agens ayant pouvoir à cet effet, ont seuls la disposition des deniers composant le revenu public, et le pouvoir judiciaire ne peut aucunement s'y immiscer. »

» A ces causes, le commissaire du gouvernement requiert qu'il plaise au tribunal de cassation :

» Vu l'art. 13 du tit. 2 de la loi du 24 août 1790, ainsi conçu : « Les fonctions judiciaires sont distinctes et elles demeureront toujours séparées des fonctions administratives : les juges ne pourront, à peine de forfaiture, troubler, de quelque manière que ce soit, les opérations des corps administratifs, ni citer devant eux les administrateurs, pour raison de leurs fonctions;»

»Casser et annuler, pour excès de pouvoir, le jugement rendu le 3 floréal dernier, par le tribunal civil de l'arrondissement de Wissembourg, entre Françoise Metz, la régie de l'enregistrement et le greffier du même tribunal; ordonner qu'à la diligence de l'exposant, le jugement de cassation à intervenir sera imprimé et transcrit sur les registres dudit tribunal.... Signé, Merlin.

» Oui le rapport de Cyr Pascal Chasle....; ·

» Vu l'art. 13 du tit. 2 de la loi du 24 août 1790.....;

» Le tribunal, faisant droit sur le réquisitoire du commissaire du gouvernement près le tribunal, et en vertu de l'art. 80 de la loi du 27 ventôse an 8, casse et annule, pour excès de pouvoir, le jugement rendu le 3 floréal dernier, par le tribunal civil de l'arrondissement de Wissembourg, entre

Françoise Metz, la régie de l'enregistrement et le greffier du même tribunal.....

» Fait et prononcé à l'audience du tribunal de cassation, section des requêtes, le 16 thermidor an 11. »

V. le *Répertoire de jurisprudence*, aux mots *Saisie-arrêt*, §. 4.

§. V. *L'État n'a-t-il, comme les particuliers majeurs, que six mois pour se pourvoir en requête civile contre les jugemens en dernier ressort signifiés à ses agens?*

Non, il n'a point de privilége en cette matière.

On pourrait dire, à la vérité, que l'ordonnance de 1667, en fixant à six mois le délai de la requête civile, n'avait en vue que les jugemens rendus contre les particuliers majeurs et maîtres de leurs droits; que sa disposition ne frappait pas sur les jugemens rendus contre le gouvernement; qu'il n'est pas à présumer que Louis XIV eût voulu, en cette matière, n'accorder que six mois à l'État, tandis qu'il accordait un an à l'église et aux communes ; qu'il est encore moins probable qu'il eût voulu donner aux significations faites à ses agens l'effet de faire courir immédiatement, contre lui-même, le délai de six mois, tandis qu'il ne donnait pas aux significations faites aux tuteurs ou curateurs l'effet de faire courir ce délai contre les pupilles et les mineurs, et qu'il ne le faisait courir à l'égard de ceux-ci, que du jour des significations qui leur étaient faites après leur majorité.

A la vérité encore, on pourrait fortifier ce raisonnement par les dispositions des art. 16 et 17 du tit. 4 de la première partie du réglement du conseil de 1738, desquels il résulte que les procureurs-généraux des cours supérieures et les inspecteurs des domaines pouvaient, *en tout temps,* se pourvoir en cassation contre les arrêts rendus au préjudice des droits de l'État, et spécialement en matière domaniale.

Enfin, on pourrait ajouter à ces considérations, déjà si spécieuses par elles-mêmes, une observation qui tout à la fois donnerait la clef des dispositions citées du réglement de 1738, et expliquerait le motif du silence de l'ordonnance de 1667, sur le délai de la requête civile, à l'égard de l'État : c'est que, sous l'ancien régime, l'autorité de la chose jugée n'avait jamais lieu contre le roi, lorsqu'il pouvait prouver, par des titres positifs, que la religion des tribunaux avait été surprise à son désavantage.

Cette maxime était, en effet, établie par Lorry, dans ses notes sur le *Traité des domaines* de Lefebvre de la Planche; et elle avait été consacrée par deux arrêts du parlement de Paris, des 5 septembre 1695 et 17 juillet 1699, contre un arrêt rendu qui avait en sa faveur un arrêt rendu contradictoirement avec le procureur-général, le 3 septembre 1648.

Ces arrêts avaient été invoqués en 1730, par l'inspecteur-général des domaines, Depoilly, contre le comte de Tournemines. Il s'agissait de la mouvance du fief de Mérionnet. Le comte de Tournemines opposait, comme fins de non-recevoir invincibles, cinq arrêts du parlement de Bretagne, qui lui avaient adjugé cette mouvance contradictoirement avec les avocats et procureurs-généraux du roi. L'inspecteur-général, de son coté, soutenait que les arrêts, quoique rendus avec les procureurs-généraux, parties formelles, n'avait pas l'autorité de la chose jugée, dès qu'il était bien prouvé qu'ils dépouillaient le domaine de l'État d'un droit vraiment domanial; et il concluait de là qu'à bien plus forte raison, le conseil-d'état pouvait rétracter de pareils arrêts. Par arrêt rendu à la grande direction, le 19 février 1731, au rapport de M. de Labriffe d'Amilly, les cinq arrêts du parlement de Bretagne, dont se prévalait le comte de Tournemines, furent annulés, et le fief de Mérionnet déclaré être dans la mouvance immédiate du roi.

Mais si, comme on n'en peut pas douter, c'est sur le privilége dont jouissait l'État, sous l'ancien régime, de n'être pas soumis à l'autorité de la chose jugée, que sont fondées les dispositions des art. 16 et 17 du tit. 4 du réglement de 1738; si c'était par ce même privilége qu'on devait, sous l'ancien régime, interpréter en faveur de l'État le silence du tit. 35 de l'ordonnance de 1667 sur le délai de la requête civile à son égard; si de là enfin il résulte que, sous l'ancien régime, la requête civile était ouverte en tout temps à l'État, contre les jugemens dont il avait à se plaindre, et dont il était à même de démontrer la manifeste injustice;

Tout cela doit être aujourd'hui envisagé sous une autre face, depuis que l'art. 13 de la loi du 22 novembre-1er décembre 1790, sur la législation domaniale, a mis en principe que l'exception de chose jugée peut être opposée à la nation comme aux particuliers, et qu'elle couvre même « l'irrégularité » connue et bien prouvée des aliénations faites sans » le consentement de la nation. »

Par cet article, en effet, se trouve détruit le privilége qui, sous l'ancien régime, faisait admettre en faveur de l'Etat, et le recours en cassation, et la requête civile, après les délais accordés aux particuliers pour ces voies de droit.

Aussi la cour de cassation a-t-elle jugé, le 25 brumaire an 10, contre le préfet du département du Calvados, agissant au nom de l'état, « que la faculté accordée aux agens du gouvernement par le réglement de 1738, de former leurs pourvois en cassation hors des délais fixés par ledit réglement, se trouve expressément abrogée par la disposition générale et contraire de l'art. 14 de la loi du 1er décembre 1790, qui assujétit à la fatalité du délai qu'elle détermine, tous ceux qui habitent en France, sans aucune distinction quelconque.

Et il n'y a pas de raison pour que l'on ne juge pas de même relativement à la requête-civile.

Aussi le code de procédure qui a paru depuis la publication de la première édition de ce recueil, fait-il entendre très-clairement (par cela seul qu'il ne dispense les agens du gouvernement qui se pourvoient en requête civile, que du préliminaire de la consignation d'amende) que les agens du gouvernement sont, quant au délai de la requête civile, assujétis à loi commune.

§. VI. *Peut-il être interjeté appel, au nom de l'État, d'un jugement dans lequel il n'a pas été partie, quoiqu'il eût dû l'être?*

V. l'article *Appel*, §. 2.

§. VII. *Les agens du gouvernement sont-ils assujétis à la disposition du réglement de 1738, d'après laquelle aucune requête en cassation ne peut être reçue, si le demandeur n'y joint une expédition authentique, ou une copie signifiée du jugement qu'il attaque?*

V. l'article *Cassation*, §. 23.

§. VIII. *L'État peut-il être considéré comme propriétaire d'un ouvrage littéraire dont le gouvernement a ordonné et salarié la composition?*

V. les articles *Contrefaçon*, §. 2, et *Propriété littéraire*, §. 2.

§. IX. *A qui une succession vacante est-elle censée appartenir? Est-elle de plein droit déférée à l'État, comme héritier nécessaire? De qui le curateur à une succession vacante est-il représentant?*

V. l'article *Succession vacante*, §. 2.

§. X. *Autres questions sur cette matière.*

V. les articles *Fisc*, *Biens nationaux* et *Pouvoir judiciaire.*

NÉGOCIANT. *V.* les articles *Commerce (acte de)* et *Marchand.*

NOCES. *V.* l'article *Secondes noces.*

NON BIS IN IDEM. §. I. *Lorsqu'un agent du gouvernement poursuivi pour un délit, sans l'autorisation préalable du conseil-d'état, a été acquitté par le jugement qui est intervenu sur les poursuites dirigées illégalement contre lui, peut-on, en annulant ce jugement, ordonner que le prévenu sera poursuivi et jugé de nouveau; ou ce jugement ne peut-il être annulé que dans l'intérêt de la loi?*

Cette question a été présentée au conseil-d'état,

le 12 décembre 1809; et voici comment il l'a résolue par un avis du même jour, qui a été approuvé le 17 du même mois :

« Le conseil-d'état qui, d'après le renvoi ordonné..... a entendu le rapport de la section de législation, sur celui du ministre de l'intérieur, ayant pour objet de faire annuler un jugement du tribunal correctionnel de Pamiers qui met hors d'instance le sieur Cathala, ex-maire de la commune de Saint-Quentin, département de l'Arriége, prévenu d'avoir toléré dans sa commune, et même d'avoir employé à son service un conscrit réfractaire;

» Vu la décision du conseil-d'état, approuvée le 20 septembre 1809, portant que le sieur Cathala peut être poursuivi devant les tribunaux compétens;

» Vu l'art. 75 de l'acte des constitutions de l'an 8;

» Vu le décret du 9 août 1806, qui porte que les magistrats chargés de la poursuite des délits peuvent informer sur ceux commis par les agens du gouvernement dans l'exercice de leurs fonctions; mais qu'il ne peut être, en ce cas, décerné aucun mandat, ni subir d'interrogatoire juridique, sans l'autorisation préalable du gouvernement;

» Considérant que le jugement du 1er septembre 1809 a été rendu avant l'autorisation du conseil-d'état; que, dès-lors, il se trouve en opposition formelle avec les dispositions de l'art. 75 des constitutions de l'an 8; que par conséquent il doit être annulé;

» Considérant, d'autre part, que, quoique la garantie accordée par cet article aux agens du gouvernement, soit établie autant dans l'intérêt de l'État que dans celui des agens, néanmoins elle a pour objet principal de mettre ceux-ci à l'abri des actions irréfléchies auxquelles ils pourraient être exposés; que ce serait faire tourner contre eux les dispositions des lois faites dans la vue de les protéger, que d'annuler les jugemens qui les renvoient des accusations portées contre eux, sous prétexte que ces jugemens n'ont pas été précédés de l'autorisation du conseil-d'état;

» Est d'avis que le jugement du 1er septembre 1809 (rendu sans l'autorisation du conseil-d'état), qui met le sieur Cathala, ex-maire de la commune de Saint-Quentin, hors d'instance sur l'accusation d'avoir toléré, dans sa commune, un conscrit réfractaire et de l'avoir employé comme journalier, doit recevoir son effet, en ce qui concerne le sieur Cathala, mais qu'il doit être réformé dans l'intérêt de la loi; que le procureur-général de la cour de cassation doit être chargé d'en requérir l'annulation, pour violation formelle de l'art. 75 des actes des constitutions de l'an 8 et du décret du 9 août 1806.

§. II. *La règle* non bis in idem *s'oppose-t-elle à ce qu'un juge, après avoir été con-*

damné par les tribunaux ordinaires à une peine correctionnelle, soit, à raison du même fait, suspendu de ses fonctions par la cour de cassation?

« Le procureur-général expose qu'il est chargé par le gouvernement de requérir contre un juge de paix l'application du pouvoir censorial dont la cour est investie par l'art. 82 du sénatus-consulte du 16 thermidor an 10.

» Le 26 juillet 1808, Jean-Baptiste C........., juge de paix du canton de G..., arrondissement de..., département de...., a signé, conjointement avec Jean Trappet, un certificat par lequel il a attesté que Léonard-Antoine le Soudart, alors arrêté comme conscrit réfractaire, était âgé « d'environ 29 ans, » qu'il était dur d'oreilles et bègue, qu'il n'avait » été appelé à aucune conscription et n'avait fait » partie d'aucun corps militaire. »

» Ce certificat ayant été reconnu faux dans toutes ses énonciations, les sieurs C............ et Trappet ont été traduits devant le tribunal correctionnel de...., qui, par jugement du 1er décembre 1808, les a déclarés convaincus d'avoir favorisé la soustraction de la personne du conscrit le Soudart aux lois de la conscription militaire, et, leur appliquant, en conformité des art. 13 et 14 de la loi du 17 ventôse an 8, les art. 1 et 2 de la loi du 24 brumaire an 6, les a condamnés à deux années d'emprisonnement et à une amende de cinq cents francs.

» Le sieur C.... a appelé de ce jugement, et après une discussion contradictoire, la cour de justice criminelle du département de.... a déclaré, par arrêt du 18 février 1808, qu'à son égard, il y avait eu fausse application des art. 1 et 2 de la loi du 24 brumaire an 6.

» Mais, a-t-elle ajouté,

» Attendu que le certificat du 26 juillet 1808, » écrit en entier de la main de C..... doit lui être at- » tribué aussi bien qu'à Trappet, pour tous les faits » qui y sont attestés, si l'on se fixe, 1° à l'assertion » de Trappet, non démenti par C...., que celui-ci » lui avait présenté le certificat à signer, en lui disant » qu'il n'avait d'autre objet que de faire distinguer » Léonard-Antoine le Soudart de ses frères; 2° à la » circonstance que C...... s'est attaché dans son mé- » moire imprimé, à se justifier sur la partie du cer- » tificat relative à l'âge de le Soudart;

» Attendu qu'il y a eu au moins exagération » dans la déclaration des infirmités de cet indi- » vidu;

» Attendu que l'assertion consignée au certificat, » que le Soudart était âgé d'environ 29 ans, est éta- » blie fausse par les déclarations postérieures de » C..... et Trappet:

» La cour déclare C.... convaincu d'avoir fait » une fausse déclaration pour favoriser la soustrac- » tion à la conscription; lui faisant l'application » des art. 4 et 7 de la loi du 24 brumaire an 6 et des

» art. 13 et 14 de la loi du 17 ventôse an 8, condamne
» C..... à l'emprisonnement pendant un an, à l'amende
» de 500 francs, et aux dépens faits en cause prin-
» cipale, ceux faits sur l'appel compensés, à l'ex-
» ception du coût de l'arrêt, signification, impres-
» sion et affiche d'icelui, à quoi C...... est aussi con-
» damné pour moitié de son chef, et pour le tout
» solidairement avec Trappet. »

» Le sieur C..... s'est pourvu en cassation contre
cet arrêt; mais son recours a été rejeté par un
arrêt de la section criminelle, du 31 mars suivant.

» Ainsi, un juge de paix est irrévocablement
condamné à l'emprisonnement et à l'amende, pour
avoir trahi la vérité dans un certificat, pour l'avoir
trahie de concert avec un de ses justiciables, à qui
il devait l'exemple de la moralité, pour l'avoir trahie dans le dessein de dégager de la conscription un
jeune homme qui y était soumis, et, par une suite
inévitable, d'en faire retomber le poids sur un autre
qui en était exempt; et sa condamnation est publiée
par des affiches dans toute l'étendue de son canton.

» Cependant la prison dans laquelle ce juge de
paix expie actuellement son délit lui sera ouverte à
la fin de l'année à laquelle est fixée la durée du séjour qu'il doit y faire; et alors il reprendra ses
fonctions; car la peine qu'il subit en ce moment
n'étant ni afflictive ni infamante, lui laisse la plénitude de ses droits civils et politiques.

» Mais de quel front osera-t-il remonter sur son
tribunal? De quel front osera-t-il y faire parler la
justice, après avoir, par l'acte le plus déloyal, cherché à soustraire un conscrit à sa dette envers l'Etat,
et à en charger un tiers sur qui elle ne devait point
peser? De quel front osera-t-il, dans la discussion
d'un point de fait, démêler le vrai d'avec le faux,
et le proclamer, après avoir été lui-même signalé à
tous ses justiciables, par des affiches multipliées,
comme coupable du mensonge le plus lâche? De
quel front osera-t-il, dans l'exercice des fonctions
d'officier de police judiciaire et de juge de police
simple, rechercher, faire arrêter, punir les délin-
quans, après avoir été lui-même frappé par la
justice correctionnelle, comme auteur d'un délit
grave?

» Il est impossible de se le dissimuler, la rentrée
du sieur C...... dans ses fonctions de juge de paix,
immédiatement après sa sortie de prison, serait un
scandale et une calamité publique. Cette magistrature,
qui est spécialement instituée pour commander par
l'exemple, pour être l'organe de la franchise, de la
candeur, de la bonne foi, serait déconsidérée et
avilie dans sa personne; et les citoyens n'approche-
raient de son tribunal qu'avec répugnance, et peut-
être même qu'avec effroi.

» Mais comment parer à ces inconvéniens? Le
sieur C..... n'est pas destitué de ses fonctions, et il
ne peut pas l'être : ses fonctions lui ont été confé-
rées par le prince pour un temps déterminé, et il
ne peut en être dépouillé que par le laps de ce

temps. Faut-il donc que toutes les convenances se
taisent ici devant la loi de l'inamovibilité des fonctions judiciaires? Faut-il donc ici faire à cette loi
salutaire le sacrifice de tous les maux qui peuvent
résulter de son exécution stricte et rigoureuse?

» Non. L'art. 82 du sénatus-consulte du 16 thermidor an 10 offre un moyen de concilier le respect
dû à cette loi, avec la nécessité d'éloigner du sanc-
tuaire de la justice un magistrat qui s'est rendu indigne d'en approcher : il autorise la cour à suspendre *les juges de leurs fonctions pour cause grave;*
et sans doute c'est ici, ou ce ne sera jamais, le cas
d'appliquer cette disposition salutaire.

» On objectera peut-être que la suspension serait
pour le sieur C.... une seconde peine, et que, déjà
puni par la cour de justice criminelle du département
de..., en vertu de la loi du 24 brumaire an 6, il ne
peut pas l'être de nouveau par la cour, en vertu du
sénatus-consulte du 16 thermidor an 10.

» Mais la suspension d'un fonctionnaire public
n'est pas une peine proprement dite; c'est une mesure de haute-police, dont l'objet est bien moins de
punir le fonctionnaire public qu'elle frappe, que de
préserver la société du dommage qu'elle peut avoir à
craindre de sa part.

» Tout fonctionnaire public, tout citoyen qui est
mis en état d'accusation, est par cela seul suspendu,
non-seulement de ses fonctions, mais même de ses
droits politiques; et cependant il n'est pas encore
jugé coupable. La suspension de ses fonctions, de
ses droits politiques, n'est donc pas considérée
comme une peine; car si elle était rangée dans la
classe des peines, elle ne pourrait pas précéder le
jugement de conviction; elle ne pourrait que le suivre, ou plutôt en faire partie.

» Ce considéré, il plaise à la cour, vu l'arrêt de la
cour de justice criminelle du département de..., du
18 février 1809, et l'art. 82 du sénatus-consulte du
16 thermidor an 10, ordonner que Jean-Baptiste
C..... sera et demeurera suspendu, jusqu'à ce qu'il
en ait été autrement ordonné, des fonctions de juge
de paix du canton de..... ; et que l'arrêt à intervenir
lui sera signifié à la diligence de l'exposant.

» Fait au parquet, le 21 novembre 1809. *Signé*,
Merlin. »

» La cour, ouï le rapport de M. Gandon, et vu
l'arrêt de la cour de justice criminelle du département de..., en date du 10 février 1809, et l'art 82 du
sénatus-consulte du 16 thermidor an 10;

» Considérant que l'arrêt d'une cour de justice
criminelle, qui déclare un juge convaincu d'avoir
donné un faux certificat, qui le condamne à une
amende et à une année d'emprisonnement, et qui a
été rendu public par l'impression et l'affiche, est
une des causes graves dont parle l'art. 82 du sénatus-consulte du 16 thermidor an 10;

» Que rien ne serait plus scandaleux que de voir
ce juge monter sur son tribunal presqu'au même
instant où il aurait fini d'expier la peine de son
délit;

» Que la suspension à prononcer contre lui n'est point une nouvelle peine du délit, mais qu'elle est la conséquence nécessaire, tant de la condamnation qui a établi contre ce juge une grave cause de suspicion sous tous les rapports, que de l'impression et de l'affiche de cette condamnation, qui lui ont enlevé la considération, sans laquelle un juge ne peut utilement remplir ses fonctions :

» La cour, présidée par son excellence le grand-juge ministre de la justice, ordonne que Jean-Baptiste C.... est et demeure suspendu des fonctions de juge de paix du canton de..., département de..., et qu'à la diligence du procureur-général, le présent arrêt lui sera notifié.

» Fait et prononcé en la cour de cassation, en l'audience publique des sections réunies, le 8 décembre 1809..... »

V. l'article *Suspension d'un fonctionnaire public.*

§. III. *Lorsque, pour raison de deux délits, un prévenu a été traduit devant deux tribunaux différens, le jugement par lequel, dans l'un de ces tribunaux, il a été absous du délit qui y était porté, peut-il être considéré comme l'acquittant également de l'autre délit, sous le prétexte que les deux délits ont entre eux quelque connexité, et qu'il en est fait une mention transitoire dans l'acte d'accusation sur lequel est intervenu le jugement d'absolution ?*

V. l'article *Délit,* §. 2.

§. IV. *Lorsqu'aux époques où il existait des cours spéciales, le prévenu d'un cas spécial opposait qu'il avait déjà été acquitté du crime qu'on lui imputait, pouvait-on, en statuant sur la compétence, joindre cette exception au fond du procès ?*

Le *Bulletin criminel* de la cour de cassation nous retrace en ces termes un arrêt du 10 août 1809, qui juge que non :

« Plissard avait été traduit devant la cour spéciale du département de la Lys, comme prévenu d'avoir commis plusieurs faux en écriture privée, et d'avoir fait usage de pièces fausses, méchamment et à dessein de nuire à autrui.

» Plissard avait opposé de suite l'exception de la chose jugée. Il avait soutenu que l'arrêt d'absolution rendu en sa faveur, le 14 octobre 1808, par la cour spéciale du département de Jemmapes, comprenait les divers chefs d'accusation qui étaient l'objet des nouvelles poursuites.

» La cour spéciale de la Lys, au lieu de prononcer sur cette exception, en statuant sur la compétence, avait renvoyé au fond le jugement de cette exception.

» Violation des règles de compétence établies par la loi, et excès de pouvoir.

» L'arrêt portant cassation est ainsi conçu :

» Ouï le rapport fait par M. Vergès ; et les conclusions de M. Daniels, substitut du procureur-général ;

» Vu l'art. 456 du code des délits et des peines, du 3 brumaire an 4 :

» Considérant que l'exception de la chose jugée, proposée par un prévenu devant une cour de justice criminelle spéciale, en matière de faux, forme essentiellement une question préjudicielle à toute poursuite ; que la cour spéciale est par conséquent tenue de faire droit sur cette exception, lorsqu'elle statue sur la compétence ; qu'en effet, la cour spéciale, en rendant l'arrêt de compétence, déclare évidemment qu'il y a lieu à des poursuites, relativement à la prévention, tandis que les poursuites cesseraient si l'exception de la chose jugée était accueillie sous tous les rapports ; que, dans l'espèce, Plissard a excipé, devant la cour de justice criminelle spéciale du département de la Lys qu'il était affranchi de toutes poursuites par la totalité des nouveaux chefs de prévention mis à sa charge ; qu'il s'est prévalu, à cet effet, de l'arrêt d'absolution rendu en sa faveur, le 14 octobre 1808, par la cour de justice criminelle spéciale du département de Jemmapes ; qu'il a soutenu que cet arrêt d'absolution comprenait tous les chefs d'accusation qui étaient l'objet des nouvelles poursuites ; que cette exception, se liant nécessairement à la question de savoir s'il pouvait y avoir lieu à des poursuites ultérieures, et par conséquent à la compétence, devait être indispensablement appréciée et jugée en même temps que la compétence ; que, pour résoudre la question essentielle que cette exception préjudicielle faisait naître, il fallait vérifier avec maturité si les différens chefs de prévention qui étaient l'objet des nouvelles poursuites, avaient été jugés en tout ou en partie par l'arrêt du 14 octobre 1808 ;

» Que néanmoins la cour spéciale du département de la Lys, au lieu de prononcer sur cette exception préjudicielle, lorsqu'elle s'est occupée de la compétence, a renvoyé le jugement de cette exception au jugement du fond ; que cette cour a par conséquent violé les règles de compétence établies par la loi, et commis un excès de pouvoir ;

» La cour casse et annule l'arrêt rendu le 1er juin 1809, par la cour de justice criminelle spéciale du département de la Lys, à la charge dudit Plissard. »

§. V. *La règle* NON BIS IN IDEM *s'oppose-t-elle à ce qu'en cassant, dans des circonstances où il n'y a régulièrement lieu à la cassation que dans l'intérêt de la loi, un jugement rendu incompétemment en faveur d'un prévenu, par un tribunal devant lequel celui-ci avait été traduit, par l'emploi à la fois illégal et frauduleux de la force publi-que, la cour de cassation ne déclare ce ju-gement comme non-avenu, et ne renvoie le prévenu devant le tribunal compétent, pour y être jugé de nouveau?*

Non. *V.* l'arrêt de la cour de cassation du 12 février 1812, qui est cité à l'article *Ministère public,* §. 10, n° 2, et dont l'espèce est rapportée dans le *Répertoire de jurisprudence,* au mot *Rébellion,* §. 3, n° 19.

§. VI. *Autres questions sur l'application de la règle* NON BIS IN IDEM.

V. les articles *Délit,* §. 2, n° 2, 3, 4 et 6, *Faux,* §. 6, et *Réparation civile.*

NOTAIRE. §. I. *Dans les lieux où était reconnu valable, avant la loi du 29 septembre-6 octobre 1791, tout contrat passé devant un notaire et deux témoins, suffisait-il, avant la loi du 25 ventôse an 11, que l'un des témoins sût signer, lorsque les parties contractantes ou l'une d'elles ne le savaient pas?*

V. le plaidoyer et l'arrêt du 25 fructidor an 11, rapportés à l'article *Signature,* §. 1.

§. II. *Dans l'intervalle de la loi du 25 septembre 1792, portant abolition de la royauté, à la publication de la loi du 25 ventôse an 11, sur le notariat, les notaires ont-ils été obligés, pour rendre leurs grosses exécutoires, d'y apposer une formule calquée sur l'article 14 de la seconde section du titre 2 de la loi du 29 septembre - 6 octobre 1791?*

V. le plaidoyer et l'arrêt du 21 vendémiaire an 11, rapportés à l'article *Intervention,* §. 2.

§. III. *La loi du 9 septembre 1792 a-t-elle ôté aux notaires le droit de poursuivre l'exécution des jugemens qui avaient précédemment condamné des ci-devant censitaires à leur payer les frais de reconnaissances censuelles, passées sous le régime féodal, et au coût desquelles ceux-ci étaient originairement tenus?*

Le sieur Papinaud avait, avant la révolution, passé devant le sieur Drilhon, notaire, un acte portant reconnaissance d'une rente seigneuriale qu'il devait au duc de La Rochefoucault, seigneur de Barbézieux; et il s'était obligé expressément à payer les frais de cet acte.

A défaut de payement de ces frais, le sieur Drilhon obtint, le 29 août 1792, un jugement qui les taxa à 15 livres 10 sous.

Le sieur Drilhon étant mort, sans avoir fait exécuter ce jugement, sa veuve a fait, en 1797, sommer le sieur Papinaud d'y satisfaire.

Le sieur Papinaud a formé opposition au commandement, et a soutenu que le jugement du 29, août 1792 avait été aboli, ainsi que l'action du sieur Drilhon en payement de ses honoraires et déboursés, par la loi du 9 novembre suivant.

Le 24 ventôse an 11, jugement en dernier ressort du tribunal civil de l'arrondissement de Barbézieux, qui déboute le sieur Papinaud de son opposition :

« Attendu que tous les principes de justice se réunissent pour décider que l'officier public qui a employé son ministère dans une opération quelconque de ses fonctions, doit être payé, non-seulement de ses frais et avances, mais encore des honoraires et vacations qui lui sont dus; que c'était toujours le débiteur de la rente......seigneuriale, qui était tenu des frais de sa reconnaissance; et qu'à cet usage général se joint encore dans la cause l'obligation personnelle du débiteur, contenue dans l'acte même d'en acquitter le montant;

» Que la demande de la veuve Drilhon, à cet égard, n'a pour objet que l'exécution des conventions et des engagemens pris par le débiteur lui-même, envers feu Drilhon, pour les droits qui lui sont dus;

» Que la loi du 9 septembre 1792 n'ayant pour objet que de faire disparaître toutes les traces de la féodalité, en éteignant tout procès entre les seigneurs, leurs employés, etc., et les notaires et autres officiers publics qui avaient employé leur ministère pour le recouvrement de leurs droits, n'a aucun rapport direct ni aucune application raisonnable à la cause, puisque, d'une part., il n'y avait rien de féodal entre le défendeur qui avait requis le ministère du notaire Drilhon, et s'était obligé à le payer, et la demande de celui-ci pour être payé de ses droits; que, d'une autre part, cette loi n'a positivement éteint et anéanti que les procès et jugemens existant entre les seigneurs de fiefs, leurs employés, tels que les feudistes, commissaires à terrier, etc., et les notaires et autres officiers publics qui agissaient pour le recouvrement de leurs droits;

» Et que, dans cette cause, feu Drilhon était absolument étranger aux seigneurs, feudistes, commissaires à terrier, et généralement à tous ceux nominativement désignés par la loi, comme devant rappeler le régime féodal; que sa demande n'a été dirigée que contre un simple particulier qui s'était obligé à le payer;

» D'où il faut conclure qu'on ne peut inférer ni des motifs, ni des dispositions textuelle de cette loi, aucune application qui puisse détruire les puissantes raisons d'équité qui militent en faveur de la veuve Drilhon. »

Recours en cassation de la part du sieur Papinaud, fondé sur la loi du 9 septembre 1792.

« Pour apprécier avec justesse le moyen de cassation qu'il en fait résulter (ai-je dit à l'audience de la section des requêtes, le 7 frimaire an 12), il faut bien distinguer le préambule de cette loi d'avec son dispositif.

» Par le préambule, « considérant qu'il importe » d'extirper sans délai jusqu'aux dernières racines « de la féodalité, et de mettre fin à tous les procès » qui pourraient la rappeler, ou en être la suite, di- » rectement ou indirectement, » l'assemblée législa- tive décrète qu'il y a urgence.

» Voilà sans doute un motif bien général : il em- brasse tous les procès qui pourraient rappeler le régime de la féodalité, ou qui en seraient la suite même indirecte : il n'en excepte aucun ; et par con- séquent il frappe même sur les actions qui tendraient, de la part d'un notaire, à se faire payer les frais d'une déclaration à terrier, ou d'une reconnaissance féo- dale passée avant la révolution.

» Mais le dispositif de la loi n'effectue pas, à beau- coup près, dans toute son étendue, la promesse, ou, si l'on veut, la menace annoncée par le préambule : il se borne à déclarer éteints et anéantis « tous les » procès pendans devant les tribunaux, et qui ont » été occasionnés par des discussions qui se sont » élevées entre des notaires ou autres officiers pu- » blics, et des feudistes, commissaires à terrier et » autres, employés spécialement par les ci-devant » seigneurs de fiefs, pour la reconnaissance ou re- » couvrement de leurs prétendus droits, ainsi que » les jugemens qui peuvent avoir été rendus sur ces » procès, et qui n'ont point encore reçu leur exé- » cution ; chaque partie restant tenue de payer les » frais qu'elle aura faits. »

» Quels sont les procès, quels sont les jugemens qu'abolit cette loi ? Sont-ce les procès élevés, sont- ce les jugemens rendus entre un notaire et les par- ticuliers qui ont requis et employé son ministère, pour passer aux terriers de leurs ci-devant seigneurs, les déclarations et reconnaissances auxquelles le ré- gime féodal les assujétissait à des époques réglées ? Sont-ce les procès élevés, sont-ce les jugemens ren- dus entre un notaire et le ci-devant seigneur qui a requis et employé son ministère pour recevoir les déclarations à terrier de ses censitaires, les recon- naissances féodales de ses vassaux ? Sont-ce les pro- cès élevés, sont-ce les jugemens rendus entre les par- ticuliers connus sous le nom de feudistes ou de com- missaires à terrier, et les ci-devant seigneurs qui les avaient employés à la recherche et au recouvrement de leurs droits féodaux ou censuels ?

» Rien de tout cela : ce sont tout simplement les procès élevés et les jugemens rendus entre les no- taires et les autres officiers publics, c'est-à-dire, les huissiers d'une part, et les feudistes ou commissai- res à terrier, de l'autre.

» Et quel pouvait être l'objet de ces procès, de ces jugemens ainsi éteints et abolis ? La loi ne le dit pas ; mais la notoriété publique supplée là-dessus à son silence.

» Tout le monde sait que, sous le régime féodal, un seigneur faisait avec un particulier qu'il appelait son *feudiste*, ou qu'il faisait nommer *commissaire au renouvellement de son terrier*, un marché par lequel celui-ci s'engageait, moyennant une somme convenue, à rechercher, constater, faire reconnaître et recouvrer tous les droits féodaux et censuels qui dépendaient de sa seigneurie. On sait encore que, ce marché conclu, le feudiste ou commissaire à ter- rier faisait, avec un notaire et un huissier, des sous- traités par lesquels ils s'obligeaient, les notaires à recevoir et expédier toutes les déclarations et recon- naissances, moyennant tant par acte, et l'huissier à faire toutes les significations, à donner toutes assi- gnations, moyennant tant par exploit ; on sait enfin que le but de ces sous-traités était, de la part des feudistes, d'obtenir du notaire et de l'huissier des actes et des exploits à un taux très-inférieur, et de s'en faire ensuite rembourser les frais par les vas- saux et censitaires sur le pied fixé par les réglemens ou par l'usage ; ce qui lui produisait communément un bénéfice assez notable.

» Tel était l'état des choses lorsqu'arriva la sup- pression du régime féodal, et, par suite, des terriers seigneuriaux.

» Que firent alors les ci-devant seigneurs, ou plu- tôt qu'avaient-ils fait à l'époque où fut portée la loi dont il est ici question ? Les uns avaient émigré ; les autres avaient refusé à leurs feudistes le paye- ment des sommes convenues entre eux, soit sous le prétexte que leurs travaux n'étaient point terminés, soit par d'autres motifs. Et cependant les feudistes étaient poursuivis par les notaires et par les huis- siers, avec lesquels ils avaient sous-traité : les no- taires leur demandaient le coût des déclarations et reconnaissances qu'ils avaient reçues ; les huissiers leur demandaient le salaire des exploits qu'ils avaient faits avant les lois du 4 août 1789. Comment payer ces reconnaissances, comment payer ces exploits, comment faire honneur à ces demandes, tandis que les feudistes eux-mêmes ne recevaient rien des ci- devant seigneurs, leurs commettans directs ?

» Voilà ce qui fut exposé à l'assemblée législa- tive, le 9 septembre 1792. Si l'on eût alors joui, dans cette assemblée, du calme si nécessaire à la préparation des bonnes lois, il eût été facile de ré- pondre aux feudistes que leurs plaintes étaient sans fondement ; que leurs conventions avec les notaires et les huissiers étaient indépendantes des marchés faits entre eux et les ci-devant seigneurs ; que ceux- ci d'ailleurs n'étaient pas quittes à leur égard ; que la nation elle-même avait reconnu, par l'art. 11 du tit. 3 de la loi du 5 novembre 1790, qu'elle devait exécuter, quant aux travaux faits avant l'abolition du régime féodal, les engagemens pris par les ci- devant seigneurs ecclésiastiques envers leurs feu- distes ; qu'il n'y avait nulle raison pour qu'il n'en fût pas de même des ci-devant seigneurs laïques ; et que si plusieurs de ceux-ci étaient émigrés, la na- tion, qui avait succédé à leurs biens, était là pour répondre de leurs dettes; qu'enfin, à tout prendre, la seule chose que les feudistes pouvaient arracher à l'indulgence du législateur, c'était de leur permettre de s'acquitter envers les notaires et les huissiers, en les subrogeant dans tous leurs droits, dans toutes leurs actions, soit contre les ci-devant seigneurs laïcs non émigrés, soit contre la nation, héritière des ci-devant seigneurs laïcs émigrés, et des ci-devant seigneurs ecclésiastiques émigrés ou non; et qu'il était trop injuste, trop inconséquent, de vouloir décharger les feudistes des actions des notaires et des huissiers, tandis qu'eux-mêmes conservaient les leurs propres contre les ci-devant seigneurs, ou la nation leur représentante.

» Ces observations, si elles avaient été présentées à l'assemblée législative, auraient certainement fait rejeter ou essentiellement modifier le projet de décret que lui proposait un de ses membres: car, et ceci est à remarquer, ce n'était pas un comité de l'assemblée législative, c'était un de ses membres qui lui proposait ce projet, en son nom individuel.

» Mais rien de tout cela ne fut allégué; le projet de décret n'essuya même aucune espèce de discussion; et le procès-verbal atteste qu'il fut adopté aussitôt que lu.

» Quoi qu'il en soit, il suffit qu'il ait été adopté, même inconsidérément, pour qu'il fasse loi. Mais doit-il faire loi hors des cas pour lesquels il a été décrété? doit-il faire loi pour des objets qui ne sont pas compris textuellement dans son dispositif?

» C'est demander, en d'autres termes, si une loi qui fait violence aux principes conservateurs de la foi des conventions, et par elle-même assez favorable, pour qu'on puisse, pour qu'on doive, par identité de raison, l'étendre hors de la sphère dans laquelle ses propres termes la circonscrivent.

» Mais que disons-nous, *par identité de raison?* Il s'en faut beaucoup que la position dans laquelle se trouve le cit. Papinaud envers le notaire Drilhon soit la même que celle où se trouvaient, envers les notaires et les huissiers avec lesquels ils avaient fait des sous-traités qu'ils ne pouvaient plus remplir, les feudistes et les commissaires à terrier en faveur desquels a disposé la loi du 9 septembre 1792. Ceux-ci, il est vrai, ont été déchargés par cette loi des poursuites exercées contre eux par les huissiers et par les notaires qu'ils avaient employés; mais pourquoi l'ont-ils été? Ils l'ont été par la considération, ou, si on l'aime mieux, sous le prétexte que, n'ayant pas été payés des ci-devant seigneurs, aux terriers desquels ils avaient fait concourir des huissiers et des notaires, ils ne pouvaient pas payer eux-mêmes ces notaires et ces huissiers; ils l'ont été par le motif, fondé ou non, qu'ayant perdu, par l'effet de la suppression du régime féodal, les produits de leurs travaux et de leurs entreprises, leurs pertes devaient rejaillir sur les notaires et les huissiers qui avaient coopéré secondairement à ces entreprises, à ces travaux. Mais le cit. Papinaud, qu'a-t-il perdu par l'abolition de la féodalité? Rien; il y a, au contraire, gagné l'extinction d'une rente seigneuriale qui grevait ses biens; et parce qu'ils est aujourd'hui libéré gratuitement de cette rente, il se refusera à payer le notaire dont il s'est servi hier pour la reconnaître! Pour justifier son refus, il réclamera une loi qui ne s'explique qu'en faveur de ceux auxquels a nui l'abolition de la féodalité, une loi absolument muette à l'égard de ceux dont l'abolition de la féodalité a amélioré la condition! Nous ne craignons pas de le dire, si quelque chose doit étonner dans un pareil système, c'est qu'il ait été formé sérieusement, et qu'il soit parvenu jusqu'à vous.

» Et qu'on ne vienne pas dire que la disposition de la loi du 9 septembre 1792 ne doit pas être restreinte aux objets qu'elle embrasse littéralement; qu'on doit au contraire la généraliser d'après le motif qui est exprimé dans son préambule, et que ce motif étant la nécessité reconnue par le législateur, de faire disparaître jusqu'aux dernières traces de la féodalité, en éteignant tous les procès, tous les jugemens qui la rappellent ou qui en dérivent même indirectement, il n'est plus possible, sans aller contre l'intention du législateur lui-même, de juger aucun procès, d'exécuter aucun jugement, dont l'objet serait de contraindre en particulier à s'acquitter envers un notaire des frais d'une ancienne déclaration féodale.

» Raisonner ainsi, c'est perdre de vue, et les règles générales de l'interprétation des lois, et l'application que le législateur lui-même a faite, postérieurement à la loi du 9 septembre 1792, du principe énoncé dans le préambule de celle-ci.

» En thèse générale, il est bien vrai que la disposition d'une loi doit être étendue à tous les cas auxquels s'adapte le motif qui l'a dictée.

» Mais, d'abord, il faut pour cela que ce motif s'y adapte dans toute son étendue, et qu'il n'y ait aucune différence entre le cas décidé expressément par la loi, et le cas que la loi a laissé indécis. Ensuite, il est de principe que les lois nouvelles qui contrarient le système général de la législation, ne doivent pas être étendues, même par identité de raison, aux cas semblables à ceux sur lesquels elles ont établi des règles particulières: *Non possunt omnes articuli sigillatim legibus comprehendi: sed cùm in aliquâ causâ sententia earum manifesta est, is qui jurisdictioni præ est ad similia procedere atque ità jus dicere debet... quodverò contra rationem juris receptum est, non est producendum ad consequentias.* Ce sont les termes des lois 12 et 14, D. *de legibus.*

» Or, nous venons de voir que, si le motif exprimé dans le préambule de la loi du 9 septembre 1792, paraît, au premier coup-d'œil, pouvoir s'appliquer à l'espèce actuelle, il existe cependant entre l'espèce actuelle et le cas sur lequel porte directement cette loi, une différence qui est, pour ainsi-dire, incommensurable. Et quand cette différence n'existerait pas, il demeurerait toujours certain que la loi du 9 septembre 1792 est en contradiction manifeste avec la législation générale des contrats. Ainsi, double raison pour renfermer la disposition de cette loi dans ses termes précis; double raison pour ne pas l'adapter à notre espèce.

» D'un autre côté, le préambule de la loi du 9 septembre 1792 a été si peu considéré comme devant faire loi par lui-même, il a été si peu considéré comme pouvant, isolé de son dispositif, opérer l'extinction de tous les procès et de tous les jugemens relatifs à la féodalité, qu'il a fallu une loi postérieure, celle du 9 brumaire an 2, pour établir que « tous les jugemens sur les procès intentés relative-» ment aux droits féodaux ou censuels abolis sans » indemnité, soit par le décret du 28 août 1792, » soit par les lois antérieures, rendues depuis la » promulgation dudit décret, sont nuls et comme » non-avenus. »

» Et qu'on ne s'imagine pas que, même par cette loi, le législateur ait entendu dépouiller de leurs droits les particuliers non seigneurs qui, par suite indirecte de la féodalité, pouvaient avoir de justes répétitions à exercer contre d'autres particuliers non seigneurs.

» Un fondé de pouvoir, avant l'abolition des rentes seigneuriales, a payé pour son commettant, les arrérages qui en étaient échus, ou même en a racheté le principal. Son commettant sera-t-il dispensé, par la loi du 9 brumaire an 2, de lui rendre ses avances? Ce serait calomnier la loi que de lui prêter une intention aussi inique, aussi absurde.

» Un co-débiteur solidaire de droits féodaux les a acquittés entièrement avant leur abolition; il s'est pourvu contre ses co-obligés en restitution de leurs quotes-parts dans la dette commune. Survient la loi du 9 brumaire an 2, et l'on demande si elle s'oppose à ce que les tribunaux prononcent sur une réclamation aussi naturelle? Non, répond la loi du 9 frimaire de la même année, non : « Il n'est porté par » les lois des 25 août 1792 et 17 juillet 1795, au-» cun préjudice à l'action que tout ci-devant co-dé-» biteur solidaire de droits féodaux ou censuels peut » avoir contre son co-obligé, pour se faire rem-» bourser la part qu'il a payée pour lui. »

» Un fermier de droits féodaux a avancé des pots-de-vin ou payé des fermages par anticipation, avant que ces droits fussent abolis; il se pourvoit contre son bailleur : celui-ci lui oppose la loi du 9 brumaire an 2; mais la loi du 28 nivôse suivant, art. 2, déclare que, « dans la loi du 9 brumaire, ne sont pas » compris les procès intentés par des ci-devant fer-» miers, pour restitution de pots-de-vin qu'ils ont » avancés, ou de fermages qu'ils ont payés, à raison » de droits qui leur étaient affermés et dont ils n'ont » pu jouir, attendu leur abolition. »

» Il n'est donc pas vrai que la loi du 9 septembre 1792 ait, par la seule force de son préambule,

anéanti tous les procès, tous les jugemens qui, par leurs objets, tiennent indirectement à des droits féodaux. Ce préambule n'est donc pas une loi proprement dite; il ne peut donc pas être étendu au delà du dispositif qui le suit; il n'a donc pas dû empêcher le tribunal de Barbézieux d'ordonner l'exécution du jugement qui condamnait le cit. Papinaud à remplir ses engagemens envers le notaire Drilhon.

» Et par ces considérations, nous estimons qu'il y a lieu de rejeter la requête du demandeur, et de le condamner à l'amende. »

Conformément à ces conclusions, arrêt du 7 frimaire an 12, au rapport de M. Zangiacomi, par lequel :

« Attendu que la loi du 9 septembre 1792 ne s'applique qu'aux contestations élevées entre les notaires et les officiers publics d'une part, et les feudistes, commissaires à terriers, etc., d'autre part; que, dans l'espèce, le procès existait entre un notaire et un simple particulier; que par conséquent la loi citée n'est pas textuellement relative aux individus en cause :

» Le tribunal rejette le pourvoi.... »

§. IV. *Avant la loi du 29 septembre-6 octobre 1791, un notaire pouvait-il, dans les actes, tenir lieu de deux témoins requis par le statut local?*

V. le plaidoyer du 28 thermidor an 11, rapporté à l'article *Testament*, §. 5.

§. V. *Quelle foi mérite le certificat d'un greffier ou d'un notaire, portant qu'ils ont en dépôt, l'un dans son greffe, l'autre dans son étude, la minute ou l'expédition d'un acte quelconque?*

V. le plaidoyer rapporté à l'article *Succession*, §. 11.

§. VI. *Quelle foi est due aux copies collationnées par des notaires sur les minutes?*

V. le plaidoyer rapporté à l'article *Triage*, §. 1.

§. VII. *Les notaires qui se trouvaient en activité au moment de la publication de la loi du 25 ventôse an 11, ont-ils pu, jusqu'à celui où ils ont reçu de nouvelles provisions du gouvernement, continuer d'instrumenter dans toute l'étendue du département de leur résidence?*

V. le plaidoyer et l'arrêt du 6 avril 1809, rapporté au mot *Hypothèque*, §. 15.

§. VIII. 1° *D'après l'art. 16 de la loi du 25 ventôse an 11, le notaire qui n'a ni signé* ou paraphé, ni fait signer ou parapher par les parties, les renvois qui se trouvent dans un acte reçu par lui, peut-il être, pour cela, condamné à une amende?

2° Lorsque, dans un même acte, il se trouve, ou des surcharges, ou des interlignes, ou des additions, le notaire qui ne les pas fait approuver par les parties, encourt-il autant d'amendes de 50 francs qu'il y à dans son acte d'additions, d'interlignes ou de surcharges?

3° La disposition de l'art. 13 de la même loi qui prohibe les abréviations dans les actes des notaires, à peine de 100 francs d'amende, est-elle applicable aux abréviations qui sont d'un usage journalier, et sur le sens desquelles il est moralement impossible de se méprendre?

I. Les deux premières questions ont été jugées, l'une pour la négative, l'autre pour l'affirmative, par un arrêt de la cour de cassation, dont voici l'espèce :

Le 21 mars 1808, procès-verbal d'un inspecteur de l'enregistrement au département des Vosges, et du receveur de l'enregistrement au bureau de Bruyères, qui constate que, dans un contrat reçu par le sieur Claudel, notaire, il se trouve trois surcharges, additions ou interlignes non approuvées, et un renvoi non signé ni paraphé.

En conséquence, l'officier du ministère public près le tribunal civil de l'arrondissement d'Epinal, fait citer le sieur Claudel à l'audience de ce tribunal, à l'effet de se voir condamner, 1° à une amende de 50 francs pour n'avoir ni signé ou paraphé, ni fait signer ou parapher par les parties, le renvoi qui se trouve dans son acte; 2° à trois autres amendes de 50 francs chacune, pour n'avoir pas approuvé et fait approuver par les parties les trois surcharges, interlignes ou additions que le même acte renferme.

Le 26 avril 1808, jugement qui, attendu que l'art. 15 de la loi du 25 ventôse an 11 se borne à déclarer nuls les renvois non signés ni paraphés, et que l'art. 16 de la même loi ne prononce qu'une amende de 50 francs pour toutes les contraventions qu'il prévoit, condamne le sieur Claudel à une amende de 50 francs.

Le ministère public se pourvoit en cassation. Par arrêt contradictoire du 24 avril 1806, au rapport de M. Coffinhal :

» Considérant, quant aux contraventions à l'art. 15 de la loi du 25 ventôse an 11, que cet article prononce seulement la nullité des renvois et apostilles non écrits en marge, et qui ne sont pas signés ou paraphés, tant par le notaire que par les autres signataires; que le jugement attaqué ne pouvait donc pas suppléer une peine que la loi ne portait pas; qu'ainsi, il est régulier sous le premier rapport;

» Considérant, sur la contravention à l'art. 16, que, ne soumettant pas à une amende de 50 francs chaque contravention à cet article dans un seul et même acte, le jugement attaqué ne l'a pas violé en s'abstenant de prononcer les trois amendes requises par le ministère public; et qu'il est d'autant plus raisonnable de douter que telle ait été la volonté du législateur, que le même article contient une aggravation de peine sur les dommages et intérêts, et même la destitution qu'il permet de prononcer, lorsque la conduite du notaire présente un caractère de fraude qui la rend plus répréhensible :

» La cour rejette le pourvoi.... *

II. Sur la troisième question, la négative ne paraît pas douteuse; et elle a été adoptée par un arrêt de la cour supérieure de justice de Bruxelles, du 26 janvier 1828, confirmatif d'un jugement du tribunal de première instance de Charleroi :

« Attendu (porte-t-il) que si, d'après l'art. 13 de la loi du 25 ventôse an 11, les abréviations dans les actes sont prohibées, et doivent être considérées comme des contraventions, on ne peut pas cependant en tirer la conséquence nécessaire et rigoureuse, qu'il y a infraction à cette loi pour toute abréviation quelconque, lorsqu'un notaire a inséré certains noms qui, dans l'usage général et dans les actes de l'autorité publique, s'écrivent de la même manière, et sont reconnus pour exprimer en entier la chose ou la qualité qu'ils ont en vue;

» Attendu que les mots St-Vast, J.-Bte, Ve et St-Nicolas, qui se trouvent dans les actes des 12 et 13 avril 1824 et 14 décembre 1825, ne sauraient, dans le sens de l'esprit de la loi citée, être rangés parmi les abréviations prohibées, parce qu'une telle interprétation donnerait à la disposition de l'art. 13 une extension que le législateur n'a pas voulu lui donner; car il est évident que ces quatre expressions, quoique matériellement abrégées, ne sont pas moins reconnues dans l'usage comme représentant les mots Saint-Vast, veuve, Jean-Baptiste et Saint-Nicolas, et qu'elles ne s'écrivent pas autrement qu'elles ne le sont dans les actes dénommés..... :

» Par ces motifs, la cour, ouï M. le substitut Duvignaud en ses conclusions, met l'appel au néant.... (1). »

§. IX. 1° A quelle époque est encourue l'amende à laquelle les notaires doivent être condamnés, pour n'avoir pas déposé au greffe du tribunal civil de leur arrondissement, dans les deux premiers mois de chaque nouvelle année, le double du répertoire des actes qu'ils

---

(1) Annales de jurisprudence, par M. Sanfourche-Laporte, année 1829, tome 1, page 105.

ont reçus dans le cours de l'année précé-
dente?

2° *Le notaire qui prouve avoir mis le*
double de son répertoire, en temps utile,
à la poste, peut-il être déchargé de l'a-
mende?

Le 1er mars 1807, procès-verbal du receveur de l'enregistrement au bureau d'Apt, qui constate que les sieurs Anselme, Ripert, Mathieu et Clapier, notaires, n'ont pas encore déposé au greffe du tribunal civil de la même ville le double du répertoire des actes qu'ils ont reçus dans le cours de l'année 1806.

En vertu de ce procès-verbal, le ministère public fait citer les quatre notaires pour se voir condamner chacun à 300 francs d'amende, conformément à la loi du 29 septembre - 6 octobre 1791, et à celle du 16 floréal an 4, qui, en imposant aux notaires l'obligation de déposer le double du répertoire de leurs actes, dans les deux premiers mois de l'année subséquente à celle dans le cours de laquelle ils les ont reçus, veulent qu'il soit prononcé contre eux une amende de 100 francs *par chaque mois de retard.*

Les quatre notaires répondent, savoir: les sieurs Anselme, Ripert et Mathieu, qu'ils ont déposé leurs répertoires le 3 mars 1807, et le sieur Clapier, qu'il a remis le sien, dès le 24 février, au bureau de la poste aux lettres de Perthuis, à l'adresse du greffier du tribunal civil d'Apt; qu'à la vérité, le greffier ne l'a reçu que le 2 mars, mais que ce retard ne peut pas lui être imputé.

Le 14 avril 1807, jugement par lequel:

« Considérant que la loi ne prononçant l'amende qu'à raison de 100 francs par chaque mois de retard, l'on pourrait, dans l'espèce, faire quelques reproches aux notaires Anselme, Ripert et Mathieu; mais qu'ils ne pourraient être réputés passibles de l'amende qu'autant que le troisième mois de l'année serait écoulé;

» Que l'amende n'étant prononcée que par mois, ils ne peuvent être condamnés par jour de retard;

» Que, quant à Clapier, il ne mérite pas même de reproche, puisqu'il est constaté que, dès le 24 février, il a fait sa rémission au bureau de la poste:

» Le tribunal met les parties hors d'instance. »

L'administration de l'enregistrement se pourvoit en cassation contre ce jugement.

Le sieur Ripert se présente pour combattre les moyens qu'elle fait valoir et qu'elle tire, tant de la loi du 29 septembre-6 octobre 1791 et de celle du 16 floréal an 4, que de l'art. 59 de la loi du 22 frimaire an 7.

Les trois autres notaires font défaut.

Par arrêt du 6 juin 1809, au rapport de M. Sieyès:

« Vu l'art. 6 du tit. 3 de la loi du 29 septembre-6 octobre 1791, ainsi conçu: « A compter du 1er

» janvier 1793, les notaires publics seront tenus de » déposer, dans les deux premiers mois de chaque » année, au greffe du tribunal de leur immatricu- » lation, un double, par eux certifié, du répertoire » des actes qu'ils auront reçus dans le cours de » l'année précédente, à peine de 100 livres d'amende » pour chaque mois de retard; »

» Vu encore ce qui résulte de l'art. 59 de la loi du 22 frimaire an 7, qui défend d'accorder aucune remise ni modération d'aucun des droits d'enregistrement et des peines encourues;

» Attendu que c'est dans le cours des deux premiers mois, que les notaires sont tenus d'effectuer le dépôt ordonné; que ce délai étant expiré, l'amende est encourue par le seul fait du retard; qu'étant réglée par mois et non par jour, elle est due le premier jour qui suit l'expiration du délai, comme pour tout le mois;

» Attendu, à l'égard du notaire Clapier, que c'était au greffe du tribunal indiqué, et non ailleurs, que la rémission du double du répertoire aurait dû être effectuée dans le délai voulu;

» Attendu qu'il n'est permis à aucune autorité publique, ni à la régie d'accorder aucune remise ou modération des droits d'enregistrement et des peines encourues, ni même d'en suspendre ou faire suspendre le recouvrement:

» Par ces motifs, la cour, sans s'arrêter aux défenses présentées par le notaire Ripert, et par défaut contre Anselme, Mathieu et Clapier, casse le jugement du tribunal civil d'Apt, du 14 avril 1807.... »

Le ministre de la justice a cru devoir communiquer à tous les procureurs-généraux et à tous leurs substituts la décision qui résulte de cet arrêt. Voici comment est conçue la lettre qu'il leur a écrite à ce sujet, le 17 septembre 1809:

« L'art. 1 de la loi du 16 floréal an 4 prescrit aux notaires l'obligation de déposer, chaque année, au greffe du tribunal civil du lieu de leur résidence, le double du répertoire des actes par eux reçus dans le cours de l'année précédente, et ce, dans le délai des deux premiers mois, à peine de 100 francs d'amende *par chaque mois* de retard.

» J'ai eu en occasion de remarquer que les tribunaux ne s'accordent point sur l'application de cet article: les uns pensant que l'amende est encourue au 1er mars; les autres, qu'elle n'est due qu'à l'expiration du troisième mois.

» Cette dernière opinion qui a plusieurs fois excité les réclamations de la régie de l'enregistrement, et qui avait prévalu dans bien des tribunaux, vient d'être rejetée par un arrêt de la cour de cassation, en date du 6 juin dernier. Les motifs de cette décision sont que c'est dans le cours des deux premiers mois que les notaires sont tenus d'effectuer le dépôt ordonné; que l'amende est encourue par le seul fait du retard, et qu'étant réglée par mois et non par jour, elle est due le premier jour qui suit l'expiration du délai, comme pour tout le mois.

» Cet arrêt devant fixer la jurisprudence des tribunaux, j'ai cru devoir vous en donner connaissance, pour vous servir de règle à l'avenir. Je vous recommande en même temps de faire part de cette décision aux chambres de discipline, afin que chaque notaire puisse être averti des suites qu'entraînerait la moindre négligence de sa part à effectuer le dépôt de son répertoire dans le délai prescrit. »

La première question s'est pourtant encore représentée depuis à la cour de cassation ; mais elle y a encore été jugée de même.

Le sieur Salicetti, notaire dans l'arrondissement du tribunal civil de Corte, n'avait déposé que le 26 mars 1813, au greffe de ce tribunal, le répertoire des actes qu'il avait reçus pendant le cours de l'année 1812.

En vertu d'un procès-verbal qui constatait cette contravention, il a été assigné, à la requête du procureur du roi, pour se voir condamner à l'amende de 100 francs, faute d'avoir fait le dépôt de son répertoire dans les deux premiers mois de 1813.

Mais, par jugement du 12 mai 1813, le tribunal civil de Corte l'a déchargé de l'amende, sur le fondement qu'aux termes de la loi, l'amende n'est due que pour un mois de retard ; et que, suivant l'art. 40 du code pénal, en matière de peine, le mois se compose de trente jours.

Le procureur du roi a demandé la cassation de ce jugement.

Et par arrêt du 30 juillet 1816, au rapport de M. Cassaigne :

« Vu l'art. 16, tit. 3, de la loi du 6 octobre 1791 :

» Attendu qu'aux termes de cet article, les notaires sont tenus de déposer au greffe du tribunal, dans les deux premiers mois de chaque année, un double du répertoire des actes qu'ils ont reçus dans le cours de l'année précédente, à peine de 100 fr. d'amende pour chaque mois de retard ;

» Qu'il suit de cette disposition que l'amende est encourue par le seul fait du retard ; que, par une suite nécessaire, étant réglée par mois et non par jour, elle est due le premier jour qui suit l'expiration des deux mois, comme pour tous le mois ;

» Que cette mesure étant civile, elle est étrangère à l'art. 40 du code pénal qui n'a pour objet que les peines criminelles, correctionnelles et de police ;

» Que, par une conséquence ultérieure, le jugement qui décide le contraire, et qui, par suite, décharge Salicetti de l'amende de cent francs par lui due, faute d'avoir fait le dépôt prescrit dans les deux premiers mois de l'année 1813, viole l'article précité de la loi du 6 octobre 1791, et fait une fausse application de l'art. 40 du code pénal à l'espèce :

» La cour casse et annule.... »

§. X. *Le notaire qui, en faisant enregistrer un acte, a payé un droit plus fort que ne comportait l'acte enregistré, a-t-il qualité*

pour répéter l'excédent contre l'administration ?

V. l'arrêt du 5 février 1810, rapporté aux mots *Vente publique de meubles*, §. 2.

§. XI. *Le notaire qui, ayant été commis par un jugement pour vendre aux enchères un immeuble dépendant d'une succession, s'en rend adjudicataire sous un nom interposé, encourt-il par-là les peines portées par l'art. 175 du code pénal ?*

Dans l'espèce rapportée à l'article *Délit*, §. 2, n° 3, la cour royale de Metz avait adopté l'affirmative, en condamnant le notaire A.... à une amende de 16 francs, ainsi qu'à un emprisonnement de six mois, et en le déclarant incapable d'exercer aucune fonction publique.

Et ce notaire soutenait devant la cour de cassation qu'il y avait eu, à son préjudice, fausse application de l'art. 175 du code pénal.

Cet article (disait-il) ne parle que des officiers et fonctionnaires publics qui prennent un intérêt dans les actes dont ils ont *l'administration et la surveillance*. Or, les notaires n'ont à exercer ni administration ni surveillance sur les actes qui se passent devant eux. Leur seule mission est de rédiger les conventions des parties. Celles qu'ils reçoivent d'un tribunal pour procéder à l'adjudication d'un immeuble, ne change rien à la nature de leurs fonctions. D'ailleurs, dans le cas particulier dont il s'agit, c'est en présence de toutes les parties intéressées ou de leurs fondés de pouvoir, que l'adjudication a été prononcée : il est donc impossible de voir dans cet acte aucune ombre de délit.

Mais par arrêt du 28 décembre 1816, au rapport de M. Busschop :

» Considérant que le fait dont le réclamant a été déclaré coupable, entre parfaitement dans les dispositions de l'art. 175 du Code pénal, et qu'ainsi, la peine portée par cet article lui a été bien appliquée ;

» La cour rejette le pourvoi..... »

§. XII. *L'acte qui, par sa rédaction, constate qu'il a été passé devant deux notaires, mais qui, dans la réalité, ne l'a été que devant un seul, et que le second notaire n'a fait que signer après coup, hors la présence des parties contractantes, peut-il, lorsque le fait est reconnu ou prouvé par inscription de faux, valoir comme acte notarié ?*

Je crois fermement que non, et il me paraît, quoi qu'en disent quelques notaires dans les ouvrages relatifs à leur profession, que soutenir le contraire, c'est se mettre en rébellion ouverte contre la loi du 25 ventôse an 11.

D'une part, en effet, l'art. 68 de cette loi porte que « tout acte fait en contravention aux dispositions contenues aux articles *qu'il énumère*, est nul, s'il n'est pas revêtu de la signature de toutes les parties; et *que*, lorsque l'acte sera revêtu de la signature de toutes les parties contractantes, il ne vaudra que comme écrit sous signature privée.

De l'autre, parmi les articles à l'inobservation desquels celui-ci attache expressément la peine de nullité, il y en a un (c'est le 9e) qui veut que *les actes soient reçus par deux notaires, ou par un notaire assisté de deux témoins;* et certainement on ne peut pas plus considérer comme *reçu par deux notaires,* l'acte à la confection duquel n'a pas assisté l'un des deux notaires qu'il énonce comme y ayant été présent, et qui ne l'a signé en second que hors la présence des parties, qu'on ne peut considérer comme *reçu par un notaire assisté de deux témoins,* l'acte qu'un notaire a seul rédigé, a seul lu aux parties, a seul fait signer par elles, et auquel deux témoins ont apposé leurs signatures après coup.

Vainement cherche-t-on à établir une différence entre les mots *reçu par deux notaires*, et les mots *reçu par un notaire assisté de deux témoins.* Vainement, forcé que l'on est de convenir que ceux-ci exigent impérieusement la présence de deux témoins à l'entière confection de l'acte reçu par un seul notaire, prétend-on qu'il n'en est pas de même de ceux-là respectivement au notaire en second.

Qu'est-ce que *recevoir un acte* de la part d'un officier public? Ce n'est pas précisément *l'écrire;* car l'écriture n'est, dans un acte, qu'une opération mécanique, qui, à moins qu'il ne s'agisse d'un testament, peut être faite par une main quelconque; mais c'est le *rédiger*, c'est-à-dire, assembler, choisir et arranger les mots qui doivent exprimer les intentions des parties contractantes; c'est constater que les mots assemblés, choisis et arrangés pour remplir cet objet, le remplissent réellement; c'est le faire reconnaître pour tel par les signatures des parties contractantes, ou par leur déclaration de ne savoir ou ne pouvoir pas signer; c'est enfin certifier soi-même le tout par sa propre signature.

Que faut-il donc pour qu'un notaire en second soit censé recevoir un acte conjointement avec son confrère? Précisément tout ce qu'il faut pour que deux témoins soient censés assister un seul notaire dans la confection de l'acte auquel ils sont appelés. Il faut par conséquent qu'il soit à portée de contrôler l'assemblage, le choix et l'arrangement des mots employés par son confrère pour exprimer les intentions des parties contractantes; il faut par conséquent qu'il connaisse ces intentions, ou, en d'autres termes, qu'elles soient manifestées devant lui; il faut par conséquent qu'il puisse certifier la parfaite conformité des intentions des parties contractantes avec la rédaction qui en est faite par son confrère; il faut par conséquent qu'il puisse attester personnellement que les parties contractantes ont reconnu cette parfaite conformité par leurs signatures ou par leur déclaration de ne savoir ou ne pouvoir pas signer; et, par conséquent encore, il faut qu'il les voie lui-même signer, ou qu'il entende lui-même leur déclaration de ne savoir ou ne pouvoir pas le faire.

Ainsi point de différence entre le rôle du notaire en second et celui des témoins instrumentaires: l'un est absolument le même que l'autre, et les devoirs des témoins instrumentaires sont nécessairement communs au notaire en second. S'il en était autrement, sur quoi reposerait donc la garantie, soit de la fidélité et de la justesse de la rédaction, soit de la reconnaissance que les parties ont faite de cette fidélité et de cette justesse, soit de la vérité de leurs signatures, soit de la certitude du fait qu'elles ont déclaré ne savoir ou ne pouvoir pas signer? Elle n'aurait pour base que l'assertion du notaire rédacteur, tandis que la loi veut impérieusement, et à peine de nullité, que son assertion soit confirmée ou par celle d'un second notaire ou par celle de deux témoins.

Ce qui prouve d'ailleurs invinciblement que, dans l'art. 9 de la loi du 25 ventôse an 11, les mots, *l'acte sera reçu par deux notaires*, sont parfaitement synonymes de « l'acte sera rédigé et recevra toute sa perfection en présence de deux notaires, » c'est que tel est, de l'aveu de tout le monde, le sens dans lequel les emploie l'art. 971 du code civil (décrété le 13 floréal de la même année, c'est-à-dire, quarante-huit jours seulement après), lorsqu'il dit que « le testament par acte public est celui qui est reçu PAR DEUX NOTAIRES en présence de deux témoins, ou par un notaire en présence de quatre témoins. »

Inutile d'objecter que si, dans un testament par acte public, la présence du notaire en second à la confection entière de l'acte, est requise à peine de nullité, c'est par l'effet d'une disposition spéciale aux actes publics de dernière volonté, et conséquemment par une exception au droit commun des actes ordinaires.

Cette disposition spéciale, j'ai beau la chercher dans le code civil; je ne l'y trouve écrite ni en termes exprès ni implicitement. Il est bien dit, dans l'art. 972, que, « si le testament est reçu par deux notaires, il leur est dicté par le testateur; et par-là, sans doute, le législateur suppose clairement la nécessité de la présence des deux notaires à la dictée du testament; mais pourquoi la suppose-t-il? Parce qu'elle est essentiellement renfermée dans ces termes de l'article précédent : « le testament par acte public est celui qui est reçu par deux notaires; » parce que dire qu'un acte sera reçu *par deux notaires*, et dire que deux notaires seront présens à son entière confection, c'est nécessairement dire la même chose; parce que la dictée d'un testament par acte public forme la partie principale de sa confection, et qu'il faut par conséquent que les deux notaires y soient présens, pour que l'on puisse dire que l'acte est reçu *par deux notaires.*

Qu'arriverait-il, en effet, si, après que le testateur a dicté ses dispositions aux deux notaires, et que l'un d'eux les a écrites, l'autre était forcé, par une indisposition subite de se retirer; si, en conséquence, il n'était présent ni à la lecture qui serait faite au testateur de la rédaction de ses dispositions, ni à sa déclaration qu'elle est conforme à sa volonté, ni à la signature qu'il apposerait à l'acte ou aux déclarations, qui, de sa part, devraient en tenir lieu, ni aux signatures des deux témoins, ni à celle du notaire-écrivain; si enfin il signait l'acte après coup et hors la présence tant du testateur que des témoins instrumentaires; et si tout cela était reconnu de bonne foi ou prouvé par la voie de faux?

Oh! bien sûrement, dans ce cas, le testament serait nul, et personne n'oserait en soutenir la validité.

Mais sur quoi se fonderait-on pour en prononcer l'annulation?

Ce ne serait certainement pas sur la disposition de l'art. 972, qui veut que les testamens soient dictés à deux notaires; car s'il en résulte que le notaire en second doit être présent à la dictée, il n'en résulte pas qu'il doive également l'être au surplus de la confection du testament.

Ce ne serait pas non plus sur la disposition du même article, qui veut que le testament soit lu au testateur *en présence des témoins ;* car il n'y est pas dit un mot de la présence du notaire en second à cette lecture.

Ce ne serait pas davantage sur les dispositions des art. 973 et 974, qui prescrivent les signatures tant du testateur que des témoins instrumentaires, et les moyens légaux d'y suppléer.

Ce serait donc nécessairement sur la disposition de l'art. 971, qui veut que tout testament par acte public soit reçu *par deux notaires ;* sur le fait que le notaire en second n'a pas concouru à la réception intégrale du testament, sur le fait qu'il s'est retiré avant que le testament eût reçu toute sa perfection.

Mais que l'on y fasse bien attention : si c'est ainsi que doivent être entendus, dans l'art. 971 du code civil, les mots *reçu par deux notaires,* il est de toute impossibilité que les mêmes mots ne soient pas entendus de même dans l'art. 9 de la loi du 25 ventôse an 11; et dès-là il est clair, plus clair que le jour, qu'il y a nullité dans tout acte notarié à la confection intégrale duquel n'a pas assisté l'un des deux notaires par-devant lesquels il est dit avoir été passé.

Eh! comment un pareil acte pourrait-il être jugé valable, tandis qu'on ne peut nier qu'il ne soit matériellement faux, en tant qu'il énonce qu'il a été passé devant deux notaires, et que par conséquent deux notaires ont été présens à son entière confec-

tion? Que le faux matériel dont il est entaché puisse être excusé, et même n'être pas poursuivi criminellement en considération de sa moralité, c'est-à-dire, à défaut d'intention frauduleuse de la part des notaires qui l'ont commis (1), à la bonne heure; mais, tout impuni, tout impoursuivi qu'il est, il n'en existe pas moins; et la raison se soulève à l'idée que la justice puisse maintenir comme vrai un acte dont la fausseté matérielle est reconnue ou constatée.

Il y a, je le sais, un arrêt de la cour royale de Rennes, confirmé par la cour de cassation, qui a jugé le contraire; mais sur quoi s'est-il fondé, et par quels motifs la cour de cassation l'a-t-elle maintenu? C'est ce qu'il importe de bien expliquer.

Le 31 août 1812, acte notarié par lequel le sieur Cordon, en exécution du jugement de séparation de biens obtenu contre lui par la dame Guagneux, son épouse, reconnaît devoir à celle-ci 2,200 fr. pour le remploi de ses propres aliénés, et lui cède des biens en payement de cette somme.

Le 10 septembre suivant, autre acte passé *par-devant Me Colichat et Me Homery, notaires,* par lequel la dame Guagneux, assistée et autorisée de son mari, vend au sieur Pellerin, pour 900 fr., avec réserve d'usufruit, tous les immeubles que son mari lui a abandonnés par l'acte du 31 août précédent.

Le 7 mai 1822, décès de la dame Guagneux.

Le sieur Cordon fait assigner le sieur Pellerin en délaissement des immeubles qui lui ont été vendus, par sa femme, et soutient que l'acte de vente est nul parce que, parmi les parties qui y ont figuré, il y en a une qui, faute de pouvoir écrire, ne l'a pas revêtu de sa signature, et que le notaire Homery n'y a apposé la sienne qu'après coup, sans avoir assisté ni pris aucune part à la rédaction du contrat.

Par arrêt du 29 juin 1824, la cour royale de Rennes renvoie le sieur Pellerin de la demande du sieur Cordon :

« Attendu que la disposition de l'art. 9 de la loi du 16 mars 1803 (25 ventôse an 11), portant que les actes notariés seront reçus par deux notaires, si le notaire rapporteur n'est assisté de deux témoins, paraît n'avoir jamais été observée dans l'usage, et que l'on a toujours jugé suffisamment régulier de faire signer l'acte ultérieurement par un second notaire;

» Que cette contravention, généralement et ostensiblement commise, renouvelée tous les jours sous les yeux des parties, révélée aux magistrats eux-mêmes, dans les circonstances nécessairement multipliées où ils ont à recourir au ministère des notaires, enseignée comme innocente dans les ouvra-

_____

(1) *V.* les conclusions et l'arrêt du 18 février 1813, rapportés dans le *Répertoire de jurisprudence,* au mot *Faux,* sect. 1, §. 15, n° 3.

ges qui ont été publiés sur le notariat, sans qu'aucune menace ni même aucun témoignage d'improbation publique de la part du gouvernement ou de ses agens, soient venus avertir les notaires des dangers auxquels ils exposaient eux et leurs parties, en s'écartant ainsi des dispositions de la loi;

» Que cette contravention qui, depuis, comme avant la loi du 16 mars 1803, ne paraît avoir été signalée comme dangereuse ni par les poursuites du ministère public, ni par les dispositions de la jurisprudence adoptée par tous, avec l'assentiment de tous, se présente véritablement comme l'expression de la volonté générale des citoyens et de l'autorité, dont l'effet a toujours pu être de modifier et même d'abroger la loi;

» Que, dans le cas même où l'on contesterait l'usage qui, quand il est général, public et constant, prend au moins le caractère d'une erreur commune, cet usage doit, tant qu'il a subsisté, garantir la validité des actes faits sous son influence, suivant la maxime : *error communis facit jus.* »

Le sieur Cordon se pourvoit en cassation contre cet arrêt, et l'attaque comme violant les art. 9 et 68 de la loi du 25 ventôse an 11, et soutient que le prétendu usage sur lequel s'est fondée la cour royale de Rennes pour rejeter sa demande, n'a pas pu abroger la disposition impérative de ces articles.

Mais par arrêt du 14 juillet 1825, au rapport de M. Borel de Brétizel, et sur les conclusions de M. l'avocat-général Lebeau :

« Attendu qu'en jugeant, par l'arrêt attaqué, que, dans certains cas, et notamment dans l'espèce de la cause, l'absence d'un notaire en second, lors de la confection d'un acte qui n'est pas un testament solennel, ne constitue pas un moyen de faux, la cour royale de Rennes s'est conformée à une jurisprudence reçue dans tous les tribunaux du royaume, long-temps avant les lois nouvelles sur le notariat; jurisprudence qui, depuis la publication de ces lois, s'est constamment maintenue avec le même caractère de généralité et de publicité:

» La cour (chambre des requêtes) rejette le pourvoi.... (1). »

Ainsi, la cour de cassation et la cour royale de Rennes se sont accordées, dans cette espèce, à reconnaître implicitement que l'art. 9 de la loi du 25 ventôse an 11 exige impérieusement, dans les actes reçus par deux notaires, la présence du notaire en second, comme celle du notaire rédacteur, à l'entière confection de ces actes; et ce n'est que par déférence pour l'usage contraire qu'elles ont prononcé comme elles l'ont fait.

Qu'elles eussent bien jugé, s'il se fût agi d'un acte passé avant la loi du 25 ventôse an 11, c'est ce qu'on ne saurait contester : mais pourquoi? Par trois raisons qu'il est bien important de remarquer :

(1) Jurisprudence de la cour de cassation, tome 26, page 77.

Parce qu'on ne pouvait alors citer aucune loi avec le texte littéral de laquelle l'usage dont il s'agit fût, en ce qui concernait les actes ordinaires, directement en opposition;

Parce que cet usage avait été confirmé par un grand nombre d'arrêts;

Parce que le législateur lui-même l'avait reconnu et autorisé.

Je dis d'abord, qu'avant la loi du 25 ventôse an II, cet usage n'était, quant aux actes ordinaires, condamné littéralement par aucune loi positive; et en effet, la loi du 25 ventôse an 11 est la première qui, relativement aux actes notariés ordinaires, ait dit en toutes lettres qu'ils ne pourraient être reçus que *par deux notaires*, et ne le seraient *par un notaire assisté de deux témoins.*

Le principe qu'un notaire ne peut pas seul imprimer le sceau de la foi publique aux actes de son ministère, n'a pas toujours été reconnu; il ne l'était pas même encore généralement à la fin du 15e siècle; et Louis XII fut le premier de nos rois qui le consacra en termes exprès, par l'art. 66 de son ordonnance du mois de mars 1498 : « Voulons (dit-il) » que un seul notaire ou tabellion ne puisse recevoir aucun contrat sans ce qu'il y ait deux témoins, nonobstant quelque coutume contraire, laquelle avons déclaré et déclarons nulle et abusive; » et cette disposition fut confirmée, en ces termes, par l'art. 66 de l'ordonnance de Blois, du mois de mai 1579 : « Afin d'obvier aux faussetés et suppositions qui se peuvent commettre pour ce regard, nous voulons qu'ès-lieux où *jusqu'à présent a été permis qu'un seul notaire, en présence de deux témoins, puisse recevoir et passer contrats, testamens et autres actes*, ledit notaire, s'il est ès-villes ou gros bourgs ès-quels vraisemblablement on puisse avoir témoins qui sachent signer, et au cas que la partie qui s'oblige ne puisse signer, soit tenu appeler pour le moins un témoin qui sache signer, et lequel actuellement signera avec lui la minute. »

Dire, comme le faisaient ces lois, qu'un notaire ne pouvait pas instrumenter seul, c'était sans doute faire entendre que tout acte qui n'était pas passé devant un notaire et deux témoins, devait l'être devant deux notaires, et par conséquent que le notaire en second devait y coopérer de la même manière que deux notaires coopéraient à la passation d'un acte dressé par un seul notaire, c'est-à-dire, en assistant à la confection de l'acte d'un bout à l'autre : mais ce n'était pas le prescrire textuellement; et de l'absence d'une disposition textuelle sur ce point, les notaires, toujours entichés de leurs anciennes prétentions condamnées par l'ordonnance de 1498, ne manquèrent pas de conclure qu'un notaire en second remplissait suffisamment le vœu de ces lois par la seule apposition de sa signature aux actes rédigés par son confrère, et signés tant par celui-ci que par les parties contractantes hors de sa présence.

C'était assurément raisonner fort mal ; car le mode de coopération du notaire en second à l'acte dans lequel figuraient deux notaires, ne pouvait pas judicieusement différer du mode de coopération des témoins à l'acte reçu par un notaire seul ; mais ce n'était pas aller directement contre le texte des lois citées ; et ce raisonnement, tout vicieux qu'il était, parut suffisant pour introduire l'usage dont il s'agit.

Je dis, en second lieu, que cet usage fut reconnu et approuvé par un grand nombre d'arrêts.

En effet, il prit tellement racine et fit tant de progrès, que les cours souveraines, qui pouvaient et devaient le réprimer avec la même vigueur qu'elles réprimaient l'habitude dans laquelle étaient certains notaires de faire signer après coup par les témoins les actes qu'ils recevaient seuls (1), se bornèrent à le réglementer.

C'est ce qu'attestent les auteurs du *Nouveau Denisart*, aux mots *Acte notarié*, §. 7 ; n° 13 : « Suivant l'usage constant (disent-ils), il n'est pas nécessaire que les actes passés devant deux notaires aient été faits en présence de tous deux. La présence d'un seul suffit ; et l'on se contente de la signature de l'autre, que l'on nomme *le notaire en second*. Jousse, *Traité de l'administration de la justice*, part. 5, tit. 2, n° 50, cite un grand nombre de réglemens qui autorisent cet usage. »

Nous lisons aussi dans le *Traité des droits, privilégés et fonctions des notaires au Châtelet de Paris*, publié par le notaire Langlois, en 1738, que « l'art. 14 des statuts et réglemens de la communauté des notaires au Châtelet de Paris, homologués au parlement, par arrêt du 13 mai 1681, porte que lesdits notaires seront obligés de signer l'un pour l'autre les actes et contrats non contraires aux ordonnances et bonnes mœurs dont ils seront requis, sans le pouvoir refuser. »

Je dis, en troisième lieu, qu'avant la loi du 25 ventôse an 11, la puissance législative avait reconnu et approuvé cet usage ; et en effet, Denisart, au mot *Notaire*, n° 75, après avoir cité l'art. 14 des statuts des notaires de Paris, comme dérogeant au principe « qu'un seul notaire ne peut donner la forme authentique aux actes qu'il reçoit, et qu'il faut que ces actes soient passés devant deux notaires, ou devant un notaire et deux témoins, » ajoute :

« Les notaires de Lyon ont été dispensés, par un édit du mois d'octobre 1691, registré le 21 novembre suivant, de prendre, à l'avenir, des témoins pour signer les actes avec eux, à la charge de les faire *signer en second par un de leurs confrères, comme les notaires de Paris*, sans

néanmoins rien innover à l'usage établi par les testamens solennels.

» La déclaration du 4 septembre 1706, enregistrée le 18 du même mois, donnée en interprétation de l'édit du mois de mars précédent, portant création de notaires-syndics dans les villes et bourgs du royaume, ordonne même que les notaires-syndics ne pourront être repris pour les actes qu'ils auront signés en second, mais seulement pour ceux qu'ils auront passés comme notaires. »

Ce fut même à raison de l'approbation que le législateur avait donnée par ces lois à l'usage dont il s'agit, et parce qu'il ne pouvait pas s'en dissimuler les graves inconvéniens, qu'il voulut au moins, par l'art. 48 de l'ordonnance de 1735, empêcher, comme l'avait déjà fait l'art. 289 de la coutume de Paris, que cet usage ne fût appliqué aux testamens par acte public, et qu'à cette fin, il déclara coupables de faux et passibles de la peine de mort, « les notaires qui auraient signé les testamens, codicilles et autres actes de dernière volonté, ou les actes de suscription des testamens mystiques, sans avoir vu le testateur et sans avoir entendu prononcer ses dispositions, et les lui avoir vu présenter lors de ladite suscription. »

Mais qu'est devenu cet usage, lorsqu'a paru la loi du 25 ventôse an 11 ? Bien certainement il a dû cesser dès ce moment même.

Il a dû cesser, parce que, se trouvant en opposition diamétrale avec l'art. 9 de cette loi, qui veut que tous les actes notariés soient *reçus* ou *par deux notaires*, ou *par un notaire assisté de deux témoins*, il n'a plus été possible de l'étayer du prétexte qui en avait amené l'introduction.

Il a dû cesser surtout, parce que cette loi déclare expressément, art. 69, que *toutes lois précédentes qui concernent le notariat, sont abrogées en ce qu'elles ont de contraire à la présente ;* parce qu'elle abroge formellement par-là les déclarations de 1691 et 1706 qui l'avaient reconnu et autorisé ; parce qu'abroger des actes législatifs qui reconnaissent et approuvent un usage abusif, c'est nécessairement frapper cet usage lui-même de réprobation.

Il est donc évident qu'on ne peut plus, à l'appui du prétendu usage dans lequel sont aujourd'hui les notaires de signer en second, hors la présence des parties, les actes dressés par leurs confrères, se prévaloir de l'usage qui s'était établi à cet égard avant la loi du 25 ventôse an 11.

Mais dès que ce prétendu usage se trouve ainsi isolé et réduit à lui-même, quelle déférence peut-il mériter de la part des tribunaux ?

Que l'usage puisse abroger la loi, lorsqu'il est général, lorsqu'il n'offense ni la raison, ni l'ordre public, ni les bonnes mœurs, et surtout lorsqu'il est d'ailleurs confirmé par une longue suite de jugemens, j'en conviens, et c'est ce que j'ai moi-même établi à l'article *Opposition aux jugemens par défaut*, §. 7.

___

(1) Voyez notamment l'arrêt de réglement du parlement de Paris du 4 décembre 1703, rapporté au journal d'audiences de cette cour, tome 5, livre 3, chap. 44.

Mais on doit convenir aussi, il est même universellement reconnu, comme je l'ai prouvé dans le *Répertoire de jurisprudence*, au mot *Usage*, §. 2, que la loi doit toujours l'emporter sur un usage qui, quelque général, quelqu'invétéré qu'il soit, se trouve contraire, soit à la raison, soit aux bonnes mœurs, soit à l'ordre public.

Or, en supposant que l'usage dont il s'agit ne blesse ni les bonnes mœurs, ni l'ordre public, quoiqu'il ouvre manifestement la porte à des faux de toute espèce, à des suppositions frauduleuses de personnes et de conventions, il est du moins impossible de ne pas reconnaître qu'il blesse souverainement la raison, et qu'il est marqué au coin de l'absurdité la plus choquante.

Quoi de plus déraisonnable, quoi de plus absurde qu'une routine d'après laquelle un notaire serait censé avoir reçu un acte conjointement avec son confrère, c'est-à-dire, avoir coopéré avec celui-ci à son entière confection, quoiqu'il n'eût fait que le signer après coup et en l'absence des parties, d'après laquelle le faux qu'il commettrait par-là prendrait le caractère d'une vérité constante et irréfragable; d'après laquelle on tiendrait pour licite de sa part, ce qui constituerait un crime et un crime punissable des travaux forcés à perpétuité, de la part des témoins instrumentaires, bien moins à portée que lui de connaître leurs devoirs, et par conséquent bien plus excusables que lui de les avoir violés; d'après laquelle enfin un notaire qui aurait seul rédigé un acte, qui l'aurait seul vu signer par les parties contractantes, ou aurait seul reçu leurs déclarations de ne savoir ou de ne pouvoir pas le signer, ferait foi de l'exactitude de sa rédaction, de la vérité des signatures qui y sont apposées, ou de la réalité des déclarations propres à en tenir lieu?

Que cette routine fût tolérée dans l'ancienne jurisprudence, il le fallait bien, puisque le législateur l'avait ainsi voulu, et qu'il n'était pas au pouvoir des tribunaux de déclarer qu'il avait eu tort de le vouloir. Mais aujourd'hui que le législateur a expressément révoqué, par l'art. 69 de la loi du 25 ventôse an 11, l'approbation dont il avait eu précédemment la faiblesse de la revêtir, quel prétexte les tribunaux peuvent-ils encore avoir pour la tolérer, alors que la loi 2, C. *quæ sit longa consuetudo*, déclare si positivement que l'usage ne peut jamais prescrire contre la raison : *Consuetudinis usûsque longævi non vilis auctoritas est, verùm non usque adeò sui valitura momento, ut rationem vincat....?* Et comment peuvent-ils ne pas sentir que c'est pour eux un devoir sacré de la réprimer par tous les moyens qui sont à leur disposition?

Inutile de dire avec l'arrêt de la cour royale de Rennes, du 29 juin 1824, que cette routine *prend au moins le caractère d'une erreur commune*, et qu'elle doit, tant qu'elle subsistera, « garantir la » validité des actes faits sous son influence, suivant » la maxime ERROR COMMUNIS FACIT JUS. »

Que signifie cette maxime? Rien autre chose si ce n'est, comme le disent les auteurs du *Nouveau Denisart*, au mot *Erreur*, §. 4, que « lorsqu'un » FAIT FAUX a été long-temps regardé comme vrai » par un grand nombre de personnes; lorsqu'il avait » tellement les apparences de la vérité, qu'il était » presque impossible de n'y être point trompé, » personne ne doit souffrir de l'erreur dans laquelle » il a été entraîné; il est conforme à l'équité de » déclarer valables les actes qui ont eu l'erreur pour » base, quoique, suivant la rigueur du droit, on » pût les déclarer nuls; » et encore est-il à remarquer que la maxime *error communis facit jus* n'est admise, dans ce cas, qu'avec des distinctions et sous les conditions expliquées dans le *Répertoire de jurisprudence*, aux mots *Témoin instrumentaire*, §. 2, n° 3-26°.

Mais appliquer cette maxime à une erreur de droit, telle que serait celle qui ferait considérer comme reçu par deux notaires, l'acte que le notaire en second n'aurait signé qu'après coup et sans voir les parties contractantes, c'est ce qui est au-dessus du pouvoir des tribunaux. Il n'y a alors que le législateur qui puisse, par son autorité suprême, couvrir les nullités qu'une pareille erreur a fait commettre; témoins, entre autres, les déclarations du roi, des 6 mars 1751 et 16 mai 1763, la loi du 8-10 septembre 1791 et celle du 4 septembre 1807, rapportées dans le *Répertoire de jurisprudence*, au mot *Testament*, sect. 2, §. 2, art. 4, n° 1, et art. 6, n° 2; *Signature*, §. 3, art. 2, n° 4, et *Inscription hypothécaire*, §. 5, n° 11.

Plus inutile encore de dire, avec le même arrêt, que, depuis la publication de la loi du 25 ventôse an 11, « aucune menace, ni même aucun témoi- » gnage d'improbation publique de la part du gou- » vernement ou de ses agens, ne sont venus avertir » les notaires des dangers auxquels ils s'exposent, » eux et leurs parties, en s'écartant ainsi des dispo- » sitions de la loi. »

D'abord, rien à conclure ici du silence des agens du gouvernement sur l'abus contre lequel s'élèvent tous les bons esprits : les agens du gouvernement ne pourraient pas légitimer cet abus par leur acquiescement exprès; et à plus forte raison ne le peuvent-ils pas par leur silence.

Ensuite, quand on supposerait que le gouvernement connaît cet abus, quelle conséquence pourrait-on tirer de ce qu'il n'a pris jusqu'à présent aucune mesure administrative pour le faire cesser? On ne pourrait raisonnablement en tirer qu'une seule : c'est que le gouvernement se repose du soin de réprimer cet abus, et sur le zèle de ses agens, et sur l'intérêt privé des parties, et sur les devoirs des magistrats.

Enfin, il ne faut pas oublier que deux conditions sont essentiellement requises pour qu'une loi puisse être abrogée par un seul usage général : la première, que cet usage soit, d'après sa publicité, présumé connu et tacitement toléré par le gouvernement; la seconde, qu'il ne blesse pas la raison, et qu'il n'offre rien d'absurde, rien de contraire à l'essence des choses. Que la première de ces conditions se rencontre ici, soit; mais du moins la seconde manque absolument; et dès-là, nulle possibilité que l'usage ait seul abrogé les dispositions des art. 9 et 68 de la loi du 25 ventôse an 11.

Y a-t-il plus de justesse dans le motif qui a déterminé la cour de cassation à confirmer, par son arrêt du 14 juillet 1825, celui de la cour royale de Rennes, du 29 juin 1824? Il est pénible de le dire, et pourtant il faut avoir le courage de le dire franchement, parce que les erreurs de la cour suprême, lorsqu'il lui en échappe, sont les plus dangereuses de toutes, non, et il s'en faut beaucoup. Ce motif est que *la jurisprudence* qui, en cette matière, était « reçue dans tous les tribunaux du royaume, long-» temps avant les lois nouvelles sur le notariat, s'est, » depuis la publication de ces lois, constamment » maintenue avec le même caractère de généralité et » de publicité. » Mais où sont les arrêts qui, avant celui de la cour royale de Rennes, du 29 juin 1824, et depuis la publication de la loi du 25 ventôse an 11, avaient établi cette prétendue *jurisprudence?* Il est impossible d'en citer un seul; et s'il en existe quelques-uns, on ne peut du moins pas dire, puisqu'ils sont inconnus, qu'ils aient formé une *jurisprudence générale et publique;* sans compter que, quand même la jurisprudence qu'ils sont gratuitement supposés avoir formée, aurait un véritable *caractère de généralité et de publicité*, elle ne suffirait pas encore pour en couvrir la profonde déraison et l'abus manifeste, *ut rationem vincat.*

Et cependant c'est en reconnaissant que cette prétendue jurisprudence ne date que de l'arrêt de la cour royale de Rennes, du 29 juin 1824, c'est même en avouant avec franchise qu'elle en « contra-» vention manifeste à la loi, d'un dangereux exem-» ple, et sujette à de graves inconvénients, » que la cour royale de Bordeaux en a fait l'application, en 1826, à une espèce qu'elle avait à juger; mais ce qu'il y a de bien plus étrange, c'est qu'elle l'a faite sans nécessité, par pure surérogation, et quoique la question qui nous occupe ici formât dans la cause un véritable hors-d'œuvre.

Dans le fait, il avait été passé, le 9 novembre 1825, entre la veuve Laurens et le sieur Langlade, un acte qui, par son préambule, était signalé comme reçu par *M. Darrieux, notaire, et M Dubois, son confrère.*

Quelque temps après, la veuve Laurens, qui n'avait pas signé cet acte, mais seulement déclaré ne pouvoir pas le signer, en a demandé l'annulation, en alléguant que le notaire Dubois n'y avait pas été présent, et n'y avait apposé sa signature qu'après coup; mais elle s'est bornée à cette allégation, et elle n'a pas pris, pour la faire accueillir, la voie de l'inscription de faux. C'en était assurément assez

pour faire rejeter sa demande: aussi en a-t-elle été déboutée par le premier juge.

Elle en a appelé à la cour royale de Bordeaux; et là il est intervenu, le 17 juin 1826, un arrêt ainsi conçu:

« Attendu que l'acte du 7 novembre 1825, passé devant Darrieux aîné, et Dubois, son collègue, notaires à Bordeaux, « n'a pas été attaqué par la voie » de l'inscription de faux, de sorte qu'il fait pleine » foi de ce qu'il contient; que rien ne prouve que le » notaire Dubois n'ait pas été présente à la rédac-» tion et à la lecture de cet acte; ».

» Qu'en supposant qu'il n'y fût pas présent, d'après les dispositions de l'art. 9 de la loi du 25 ventôse an 11, les actes doivent être reçus par deux notaires, ou par un notaire assisté de deux témoins; et dans l'art. 68 de cette loi, il est dit que l'oubli de cette formalité rend l'acte nul: d'où il résulte que la présence du seul notaire rédacteur de l'acte, qui n'est signé par le second notaire qu'ultérieurement et hors la présence des parties, est *une contravention manifeste à la loi,* qui prononce expressément la peine de nullité de cet acte; que c'est sans doute un *dangereux exemple et un grave inconvénient* de concourir à rendre illusoire, par le fait des notaires, une disposition pénale établie par le législateur dans l'intérêt des citoyens, afin de donner à leurs conventions une garantie encore plus étendue et plus authentique; mais que cette contravention est tolérée et pratiquée depuis 25 ans que cette loi existe, sans que le législateur, qui en a eu parfaite connaissance, ait voulu y apporter remède; que bien peu de contractans s'en sont plaints, puisque dans les recueils de jurisprudence on ne trouve que l'arrêt de la cour de Rennes, du 29 juin 1824, et celui de la cour de cassation, du 14 juin 1825, qui, ni l'un ni l'autre, n'ont eu aucun égard à cette nullité prétendue d'un acte, sur ce que la mention de la présence du second notaire était un faux ou une nullité substantielle;

« Qu'il n'est pas exact de dire que l'arrêt de la cour de cassation s'est borné à juger que l'absence du notaire en second, lors de la confection de l'acte, ne constituait pas nécessairement un moyen de faux;

» Attendu que cette cour qui avait sous les yeux l'arrêt de la cour de Rennes, dénoncé par le pourvoi, ajoute que la cour de Rennes s'était « conformée » à une jurisprudence qui, depuis la publication de » la loi du 15 ventôse an 11, s'est constamment » maintenue avec le même caractère de généralité et » de publicité; »

» Que déclarer nul le contrat passé le 9 novembre 1825, entre la veuve Laurens et Langlade, ce serait s'écarter de la jurisprudence proclamée par la cour de cassation, porter le trouble dans presque toutes les familles, en suggérant à des contractans de mauvaise foi le désir, et en leur fournissant les moyens de faire anéantir des conventions librement et justement souscrites;

82.

» La cour met l'appel au néant.... (1). »

Pourquoi la cour royale de Bordeaux ne s'est-elle pas bornée, dans cette espèce, à motiver son arrêt sur la circonstance si décisive, que la veuve Laurens n'avait pas pris la voie de l'inscription de faux contre l'acte du 9 novembre 1825? on ne peut en donner qu'une seule raison : c'est qu'elle a voulu renforcer par un nouvel arrêt la jurisprudence qui, de son aveu, n'avait été que commencée par ceux de la cour royale de Rennes, du 29 juin 1824, et de la cour de cassation, du 14 juillet 1825.

Mais les autres cours royales imiteront-elles cet exemple? Consentiront-elles avec la même facilité à se rendre *complices* (que l'on me permette de trancher le mot) d'un abus aussi choquant, d'une violation aussi scandaleuse de la loi? Ce qui permet d'espérer que non, c'est que déjà et dans l'*inter*valle de l'arrêt de la cour de cassation du 14 juillet 1825, à celui de la cour royale de Bordeaux, que je viens de rappeler, la cour royale de Toulouse en a rendu un diamétralement contraire à l'un et à l'autre. Il y a plus, c'est que son arrêt a été confirmé par la cour de cassation elle-même, trop supérieure aux petites faiblesses de l'amour-propre, pour ne pas rétracter franchement ses propres erreurs. Voici l'espèce :

Le 11 juillet 1823, le sieur Augé, par un testament passé à Toulouse, devant le notaire Capelle, en présence de quatre témoins, lègue à Marie Martin sa maison avec tout ce qui en dépend, et le mobilier qu'elle renferme.

Le 19 août suivant, acte « par-devant Mes Don-» det-Ollier et Capelle, notaires royaux à la résidence » de Toulouse, » par lequel le sieur Augé révoque tous les testamens qu'il peut avoir faits précédemment.

Après sa mort, arrivée le 18 avril 1824, Marie Martin se fait expédier par le notaire Capelle une expédition du testament du 11 juillet 1823, et cite les héritiers en délivrance de son legs.

» Ceux-ci lui opposent l'acte révocatoire du 19 août de la même année.

Marie Martin répond que cet acte est nul, parce que le notaire Capelle, qui y figure en second, ne l'a signé qu'après coup et en l'absence du sieur Augé; elle déclare en outre s'inscrire en faux contre cet acte, et elle en soutient la fausseté par six moyens dont elle offre la preuve.

» Jugement qui rejette cinq de ces moyens, et joint au fond le quatrième, qu'elle fait résulter de la non-présence du notaire Capelle à l'entière confection de l'acte du 19 août 1823.

En conséquence, les parties plaident au fond, et les héritiers Augé reconnaissent franchement que le quatrième moyen de faux de Marie Martin est bien fondé en fait, mais soutiennent qu'il ne l'est point en droit, parce que, soit d'après le texte de l'art. 9 de la loi du 25 ventôse an 11, soit d'après l'usage qui en aurait au besoin abrogé la disposition en ce qui concerne les actes reçus par deux notaires, la non-présence du notaire Capelle à la rédaction de l'acte dont il s'agit ne peut pas opérer une nullité.

Jugement définitif qui, en donnant acte à Marie Martin de l'aveu fait par les héritiers Augé, de la non-présence du notaire Capelle à la rédaction de l'acte du 19 août 1823, déclare le moyen de faux tiré par Marie Martin de cette circonstance, non pertinent; en conséquence, déclare valable l'acte de révocation du testament, du 11 juillet 1823, et déboute Marie Martin de sa demande en délivrance de legs.

Mais sur l'appel de Marie Martin, arrêt du 28 novembre 1825, sur les conclusions conformes de M. l'avocat-général Chabret, par lequel :

« Attendu.... en ce qui touche le moyen joint au fond, qu'il est pertinent et admissible; mais que, demeurant l'aveu fait par les parties de Guiraud (les héritiers Augé), qu'elles reconnaissent la non-présence du notaire en second à l'acte de révocation, il n'y a plus lieu qu'à s'occuper si le fait convenu constitue ou non un moyen de nullité;

» Attendu, en ce qui touche la nullité de l'acte de révocation, que l'art. 9 de la loi de ventôse an 11, combiné avec l'art. 68, veut, à peine de nullité, que les actes soient reçus par deux notaires, ou par un notaire assisté de deux témoins; que le mot *recevoir* suppose nécessairement la présence de deux notaires à la rédaction d'un contrat; que cette disposition est trop claire et trop précise, pour qu'elle puisse être l'objet du plus léger doute ou d'incertitude fondée; que c'est, d'ailleurs, d'après le même esprit que toute la loi a été rédigée, ainsi que cela résulte notamment des art. 8, 10 et 11;

» Attendu que l'usage de passer des actes en l'absence du notaire en second, s'il existe, est en opposition formelle avec la disposition de la loi; que dès-lors ce n'est qu'un abus qui doit être réprimé, ainsi que l'enseigne la cour de cassation, dans son arrêt rendu au sujet de l'huissier Gébory (1);

» Attendu, d'ailleurs, que l'usage invoqué n'a aucun des caractères voulus par les principes du droit pour abroger la loi; qu'il devrait constituer un long usage, remonter tout au moins à l'époque fixée pour la prescription de long cours; ce qui ne peut avoir lieu à l'égard d'une loi qui n'a que 22 ans d'existence. D'un autre côté, cet usage n'aurait pour base que l'inexécution donnée à la loi par les notaires. Or, déclarer qu'une loi est abrogée, par cela qu'elle aurait été enfreinte par ceux qui

---

(1) Journal des audiences de la cour de cassation, année 1826, partie 2, page 221.

(1) Cet arrêt est rapporté par M. Sirey, tome 11, page 68.

auraient dû l'exécuter fidèlement, ce serait bouleverser tous les principes, rendre inutiles toutes les mesures législatives, et renverser les bases de l'ordre social ; que cet usage, en lui supposant même une existence légale, pouvait d'autant moins être invoqué dans la cause actuelle, qu'il est constant que, pour les actes de cette nature, les notaires de Toulouse les reçoivent toujours assistés de deux témoins, et n'appellent pas de second notaire ;

» Attendu que l'exécution de la loi doit être encore plus rigoureuse, lorsqu'il s'agit d'actes de dernière volonté ; que de tous les temps on a redoublé de précautions pour que la volonté de l'homme ne fût point altérée ; que, comme nous l'enseignent Pothier et les autres auteurs, l'absence du notaire en second n'a jamais été tolérée dans les actes de dernière volonté. Vainement vient-on prétendre qu'un acte de révocation ne doit pas être rangé dans cette dernière classe : comme un testament, il est sujet à la volonté ambulatoire de l'homme, n'est enregistré qu'après le décès, et n'a d'effet qu'après le décès ; replaçant l'hérédité sur la tête des héritiers naturels, il constitue, à leur égard, une véritable institution. Cette vérité, développée par MM. Grenier et Toullier, a été sanctionnée par un arrêt de la cour de cassation, du 17 mai 1824 (1) ;

» Attendu que l'art. 1035 du code civil, en n'assujétissant les actes de révocation qu'aux formalités de simples actes, renouvelle les dispositions de la loi de ventôse, en se servant de ces expressions, *par acte devant notaires ;* ce qui fait dire à M. Merlin et à M. Maleville qu'il suffit d'un acte *devant deux notaires*, ou un notaire et deux témoins, pour révoquer un testament ;

» Attendu que, si on admettait le système du défendeur en faux, il ne resterait plus de moyen pour atteindre le crime, et empêcher la ruine des familles ; que dès-lors un notaire prévaricateur pourrait isolément fabriquer des actes qu'il serait impossible de renverser ;

» Attendu que c'est pour éviter un résultat aussi désastreux que les divers textes exigent, comme formalité substantielle, la présence de deux notaires ;

» Attendu que le moyen de nullité pris de la non-présence du notaire en second, étant péremptoire, il est inutile de s'occuper de ceux pris dans les circonstances de la cause : 1° de la qualité du conseil judiciaire dans le notaire recevant ; 2° des blancs laissés pour insérer le nom du notaire en second et la date de l'acte ; 3° de la rédaction de l'acte de révocation dans l'étude du notaire en l'absence du disposant ; 4° de la clause de l'acte de révocation qui révoque un testament reçu par Mᶜ Dondet, notaire, lequel n'a jamais reçu de testament d'Augé jeune, etc. :

» D'après ces motifs, disant droit sur l'opposition de la partie de Delhom (Marie Martin), rétracte son précédent arrêt de défaut, et remet les parties au même état où elles étaient auparavant ; ce faisant, disant droit sur l'appel, réformant, sans s'arrêter au moyen de faux interloqué, qui était le quatrième des six moyens primitivement proposés, icelui rejetant, déclarant le moyen de faux joint au fond, pertinent et admissible, demeurant l'aveu de la non-présence du notaire en second à la rédaction de l'acte de révocation faite par les parties de Guiraud, déclare n'y avoir lieu à autre procédure à raison de ce ; et prenant droit dudit aveu, a annulé et annule l'acte de révocation du 19 août 1823 ; ordonne l'exécution du testament d'Augé du 11 juillet 1823, retenu par Capelle, notaire (1). »

Vainement les héritiers Augé se sont-ils pourvus en cassation contre cet arrêt ; vainement l'ont-ils attaqué pour fausse application tant des articles 9 et 68 de la loi du 24 ventôse an 11, que de l'article 1035 du code civil, et pour violation de la prétendue jurisprudence constatée par l'arrêt de rejet du 14 juillet 1825.

Par arrêt du 24 avril 1828, au rapport de M. Chilhaud de la Rigaudie, et sur les conclusions de M. l'avocat-général Lebeau :

« Vu les articles 9 et 68 de la loi du 25 ventôse an 11, sur le notariat, et l'article 1035 du code civil ;

» Attendu que l'arrêt attaqué constate que les demandeurs en cassation ont reconnu et déclaré en jugement que l'acte du 19 août 1823, portant révocation du testament fait par le sieur Augé jeune, le 11 juillet précédent, n'a été rédigé et signé que par le notaire Ollier, et en l'absence de Mᶜ Capelle, son collègue, qui ne l'a signé que postérieurement, quoiqu'il y soit dit présent ;

» Qu'il leur a été donné acte de cette déclaration ;

» Attendu que, quoique l'art. 1035 du code civil permette de révoquer les testamens par actes retenus seulement par deux notaires, cet article n'en exige pas moins la présence simultanée des deux notaires, au moment de la confection de l'acte, ainsi que le prescrit la loi du 25 ventôse an 11, sur le notariat, à peine de nullité ;

» D'où il suit que l'arrêt attaqué, loin d'avoir violé ou faussement appliqué les lois invoquées, en prononçant la nullité de l'acte de révocation et l'exécution du testament dont s'agit, en a fait, au contraire, la plus juste application :

» La cour (chambre de requêtes) rejette le pourvoi......(1). »

_____

(1) *V.* le recueil de M. Sirey, tome 24, page 314.

(1) Journal des audiences de la cour de cassation, année 1826, partie 2, page 232.

(2) Jurisprudence de la cour de cassation, année 1828, page 204.

Au surplus, l'usage abusif que ces deux derniers arrêts ont si hautement et si justement proscrit relativement à la France, n'existe plus dans le royaume des Pays-Bas, où est encore en vigueur notre loi du 25 ventôse an 11, sur le notariat; il y a entièrement cessé par le seul effet d'une instruction adressée, le 26 mai 1825, par le ministre de la justice de ce royaume, aux procureurs-généraux des cours supérieures de justice de Bruxelles, de La Haye et de Liége, et dont voici la traduction littérale :

« Le ministre de la justice :

» Vu le rescrit de Sa Majesté, du 8 mai 1825, n° 115 ;

» A trouvé bon de porter à la connaissance de tous les notaires établis ou admis près les cours supérieures de justice de La Haye, de Bruxelles et de Liége;

» Que Sa Majesté, ayant eu connaissance de l'abus que se permettent plusieurs notaires, en contravention aux lois existantes, de mentionner dans leurs actes, qu'ils ont été passés en présence d'un second notaire ou collègue, sans que ce dernier ait effectivement été présent, tandis que ces actes ne sont que postérieurement signés par un second notaire, et voulant mettre ordre à un abus aussi dangereux ;

» L'a autorisé à prévenir les notaires que les contraventions de cette nature qui auraient lieu à l'avenir, seront, sans fermer les yeux, poursuivies avec toute la rigueur des lois.

» La présente disposition sera communiquée aux procureurs-généraux, etc. »

§. XIII. 1° L'action que les notaires ont pour les honoraires des actes qu'ils dressent, et des travaux qu'ils font la réquisition de plusieurs parties, est-elle solidaire contre chacune d'elles ?
2° L'est-elle, lorsque, par l'acte passé entre deux parties, il est convenu que les honoraires en seront payés par une seule ?

I. Sur la première question, j'ai établi l'affirmative dans les conclusions du 27 janvier 1812, et elle a été consacrée par un arrêt de la cour de cassation du même jour, rapporté dans le Répertoire de jurisprudence, au mot Notaire, §. 6, n° 4.

II. Sur la seconde question, c'est également l'affirmative qui doit prévaloir, et par une raison bien simple : c'est qu'aux termes de l'art. 1165 du code civil, « les conventions n'ont d'effet qu'entre les » parties contractantes, et elles ne nuisent point au » tiers; » que le notaire devant lequel est passé un acte, n'y est point partie; ce n'est que comme tiers, comme témoin authentique, qu'il y figure; et que par conséquent les conventions qui y font les parties contractantes, ne peuvent pas faire cesser

l'action solidaire que lui donne la loi pour le payement de ses honoraires.

De là un arrêt de la cour de cassation, du 10 novembre 1828, ainsi conçu :

« Ouï le rapport de M. Bonnet, et les conclusions de M. Joubert, premier avocat-général;

» Vu l'art. 2002 du code civil :

» Attendu que, d'après cet article, le notaire avait contre ses mandans une action solidaire pour ses déboursés et honoraires ;

» Attendu que le notaire qui reçoit un acte n'est point partie dans cet acte, et ne fait que recevoir et rédiger les conventions des parties; qu'il ne peut même se refuser à les transcrire comme elles lui sont dictées, ni ne peut ni protester contre elle, ni faire personnellement contre elle aucunes réserves sur ce qui y est exprimé ;

» D'où il suit que le principe général, en ce qui concerne les notaires, ne peut recevoir aucune atteinte de ce qui ne fait loi qu'entre les parties ; que le jugement du tribunal d'Ajaccio, en date du 8 mars 1825, en décidant le contraire, a violé l'art. 2002 du code civil :

» Par ces motifs, la cour, donnant défaut contre le défendeur, casse et annule.... (1). »

§. XIV. Les testamens par acte public sont-ils compris dans l'art. 20 de la loi du 25 ventôse an 11, au nombre des actes notariés dont il doit être gardé minute, sous la nullité prononcée par l'article 68 de la même loi ?

J'ai établi la négative dans le Répertoire de jurisprudence, au mot Notaire, §. 5, n° 6; et voici un arrêt de la cour supérieure de justice de Bruxelles, du 23 juillet 1825, par lequel a été confirmé un jugement de première instance qui l'avait adopté formellement :

« Attendu que, s'il est vrai que les notaires doivent observer dans les actes de dernière volonté qu'ils reçoivent, les règles tracées par la loi du 25 ventôse an 11, sur le notariat, pour autant qu'elles soient applicables auxdits actes, et qu'il n'existe pas de disposition particulière à cet égard;

» Il n'en est pas moins certain que la règle générale établie en France depuis long-temps, et qui obligeait les notaires à tenir minute des actes qu'ils reçoivent, était soumise à beaucoup d'exceptions, tant par les anciennes ordonnances que par l'usage, surtout pour ce qui concerne les actes qui ne renfermaient pas de conventions synallagmatiques, et dont le contenu et la nature n'offraient qu'un acte simple ou d'un intérêt passager;

_____

(1) Bulletin civil de la cour de cassation, tome 30, n° 11.

» Attendu que l'art. 20 du 25 ventôse an 11, qui rappelle le même principe, le soumet aux mêmes exceptions que celles établies par les ordonnances et par l'usage, comme il résulte clairement des mots suivans, au second membre dudit article : « Ne » sont néanmoins compris dans la présente dispo- » sition les autres actes simples qui, d'après les lois, » peuvent être délivrés en brevet ; »

» Attendu que l'acte de suscription d'un testament mystique est *un acte différent du testament* (1), et dont le seul but est d'indiquer l'identité du testament qu'il renferme et qu'il n'est pas l'ouvrage du notaire ; qu'ainsi cette suscription faite sur la demande du testateur seul, ne contenant aucun engagement, peut être rangée au nombre des *actes simples*, excepté par la loi ;

» Attendu que le code civil ne contient rien de contraire à cette décision, puisque l'art. 976, tout en indiquant avec beaucoup de soin les diverses formalités à observer pour le testament mystique, n'exige cependant pas que l'acte de suscription d'un semblable testament reste déposé dans les minutes du notaire qui l'a dressé, tandis que le législateur a eu soin d'exiger expressément cette formalité, lorsque telle a été sa volonté, ainsi qu'on le voit dans l'art. 931 du même code, relatif aux donations, où il est spécialement requis qu'il reste minute desdits actes, à peine de nullité ;

» Que cela devient encore plus clair, lorsqu'on prend en considération que le notaire qui a dressé l'acte de suscription, ne doit pas demeurer dépositaire du testament mystique ; que l'art. 1007 du code civil le prouve suffisamment, en exigeant que le notaire qui a dressé l'acte de suscription soit appelé devant le président du tribunal, pour assister à l'ouverture du testament, s'il se trouve sur les lieux, et que le testament soit ensuite déposé chez un notaire à nommer par le président du tribunal ; qu'ainsi la loi suppose que le testament se trouve en la possession d'une autre personne que le notaire qui a fait l'acte de suscription.

» Quant à l'interprétation que les appelans ont soutenu devoir être donnée audit art. 1007, savoir, que ledit article aurait prévu le cas très-extraordinaire où le notaire rédacteur de l'acte de suscription aurait perdu sa qualité par démission ou destitution ;

-» Attendu qu'elle n'est pas admissible, tant parce que les lois sont faites pour ce qui doit se présenter ordinairement, que par le motif que le notaire suscripteur ne serait plus notaire à cette époque, et qu'ainsi l'art. 1007 n'aurait pas dit : *le notaire sera*

appelé, mais aurait indiqué clairement un cas aussi rare, si tant est qu'il eût voulu en parler :

» De tout quoi il résulte, comme l'enseignent les meilleurs auteurs en cette matière, qu'il a toujours été permis au testateur de retirer son testament mystique des mains du notaire qui a dressé l'acte de suscription, soit immédiatement après qu'elle a eu lieu, soit postérieurement à cette époque, sans exposer par-là son testament à une nullité qui n'est prononcée par aucune loi :

» Par ces motifs, et sur les conclusions conformes de M. l'avocat-général Destoop, la cour met l'appellation au néant, avec amende et dépens......(1). »

Et vainement a-t-on pris contre cet arrêt la voie du recours en cassation devant deux autres chambres de la même cour, suivant la forme provisoirement établie dans le royaume des Pays-Bas, par un acte législatif du 9 avril 1814 (2), ce recours a été rejeté par arrêt du 26 mai 1826 :

« Attendu qu'il est reconnu en fait, et prouvé par l'acte de suscription, que feue la demoiselle Dux a présenté son testament, sous enveloppe close et scellée, au notaire Saccasin, et que l'acte de suscription en a été dressé par ce même notaire, et écrit sur ladite enveloppe, dans la forme voulue par l'art. 976 du code civil ;

» Attendu que l'art. 976 cité prescrit en termes exprès que l'acte de suscription soit dressé et écrit sur le papier contenant les dispositions de dernière volonté, et lorsque le testament est sous enveloppe, comme dans l'espèce, sur le papier servant d'enveloppe ; et qu'il ne permet pas de dresser et d'écrire l'acte de suscription sur un autre papier, ni dans une autre forme que comme il est dit ;

» Que, par suite, l'acte de suscription, écrit sur le papier contenant les dispositions de dernière volonté, ou, comme au cas actuel, sur le papier servant d'enveloppe, ne peut nécessairement être autre chose que la minute de l'acte de suscription ;

» Qu'ainsi la question se réduit au point de savoir si, après la rédaction de l'acte de suscription, la pièce doit rester déposée parmi les minutes du notaire jusqu'à la mort du testateur, époque à laquelle elle doit être présentée au président du tribunal civil ;

» Attendu que ni l'article précité, ni aucune autre disposition quelconque du code civil encore en vigueur, n'exige nullement que le notaire, après avoir dressé l'acte de suscription, conserve la pièce parmi ses minutes ; que l'art. 1007 dudit code suppose même évidemment le contraire ;

» Qu'un acte de suscription, comme étant de sa nature un acte simple, est indubitablement compris

---

(1) Qu'importe cette différence ? Est-ce qu'il n'en est pas, à cet égard, d'un testament par acte public, comme d'un testament mystique ? Est-ce que l'un est plus synallagmatique que l'autre ? *V.* le *Répertoire de jurisprudence*, à l'endroit cité.

(1) Annales de jurisprudence de M. Sanfourche-Laporte, année 1825, tome 2, page 457.
(2) *V.* le *Répertoire de jurisprudence*, au mot *Cassation*, §. 9.

sous les mots, *et autres actes simples*, du paragraphe de l'art. 20 de la loi du 25 ventôse an 11 ;

» Que le même paragraphe, en parlant de lois existantes, n'a certainement eu en vue d'autres lois que les lois françaises, et parmi celles-ci la déclaration du 7 décembre 1723 ;

» Que sous l'empire de l'ordonnance de 1735, il était reçu, comme un point constant, que, d'après les dispositions de la déclaration du 7 décembre 1723, l'acte de suscription, comme étant un acte simple, ne devait pas rester déposé parmi les minutes du notaire, et que, suivant le rapport du conseiller d'état Bigot de Préameneu au corps-législatif, le code civil n'a apporté aucun changement aux dispositions de l'ordonnance de 1735, relativement aux testamens mystiques ;

» Attendu, en ce qui concerne l'art. 1035, invoqué par les demandeurs, que la cour, par son arrêt attaqué, n'a statué ni eu à statuer sur la révocation du testament en litige ;

» Que de tout ce qui précède, il suit que la cour, par l'arrêt attaqué, n'a nullement violé les art. 976, 1001, 1007 et 1035 du code civil, ni les art. 20 et 68 de la loi du 25 ventôse an 11, ni enfin l'art. 7 de la loi du 30 ventôse an 12 (1). »

§. XV. *Autres questions sur cette matière.*

V. Les articles *Acte notarié*, *Signature*, *Témoin instrumentaire* et *Testament*.

NOTORIÉTÉ (ACTE DE). *Peut-on encore aujourd'hui, comme on le pratiquait sous l'ordonnance de 1667, prouver un usage local par un acte de notoriété?*

J'ai établi la négative dans le *Répertoire de jurisprudence*, aux mots *Notoriété* (acte de).

La cour d'appel de Bruxelles avait cependant jugé le contraire par deux arrêts des 15 février et 24 juillet 1810, rapportés dans le recueil de M. Sirey, tome 16, partie 3, page 87 ; mais, comme on l'a vu à l'endroit cité, elle s'est rétractée depuis ; et voici une espèce dans laquelle, plus récemment encore, elle a persisté dans sa nouvelle jurisprudence, qui est d'ailleurs conforme à celle de la cour de cassation.

Le 12 mars 1823, arrêt qui, avant faire droit sur la demande de la dame Masson, tendante à ce qu'elle soit déclarée fille naturelle légalement reconnue du marquis d'Arconati, l'admet à prouver divers usages qu'elle allègue avoir été en vigueur avant le code civil, dans le pays de Liége, lieu de sa naissance, relativement aux conditions requises pour

donner aux actes de baptême un caractère d'authenticité.

Pour parvenir à cette preuve, la dame Masson demande que les parties soient tenues « de se retirer » devant la cour supérieure de Liége, aux fins » qu'il soit délivré par elle acte de notoriété des » points de jurisprudence et d'usage dont il s'agit. »

Mais, par arrêt du 29 juin 1825 :

« Attendu que ce mode de preuve n'est pas consacré par le code de procédure actuel, et que l'usage qui l'aurait introduit en France, depuis l'ordonnance de 1667, peut d'autant moins « être invoqué dans ce pays, que pareil usage n'y était pas établi sous l'ancienne législation, et qu'au surplus l'art. 1041 du code précité a formellement abrogé toutes les lois, coutumes, usages et réglemens antérieurs relatifs à la procédure :

» La cour, M. l'avocat-général Baumahuer, pour le procureur-général, entendu, et de son avis, déclare l'intimé (la dame Masson) non fondée dans sa demande tendante à pouvoir procéder à la preuve dont s'agit, au moyen d'un acte de notoriété à délivrer par la cour supérieure de Liége ; l'admet néanmoins à faire entendre, devant un conseiller de ladite cour, à désigner par elle, en vertu de lettres rogatoires qui lui seront adressées à cette fin spéciale, et ce sauf la preuve contraire de l'appelant, telles personnes qu'elle jugera propres à déposer sur les points requis en la quatrième disposition de l'arrêt du 12 mars 1823. »

NULLITÉ. §. I. 1° *Dans quel cas la peine de nullité peut et doit-elle être suppléée dans une loi qui, en prescrivant la forme d'un acte, ne déclare pas expressément qu'à défaut de ces formes il sera nul?*

2° *La peine de nullité est-elle suppléée de plein droit dans les lois prohibitives?*

3° *La particule* ne, *placée dans une loi avant le mot* peut, *y supplée-t-elle de plein droit la peine de nullité?*

I. La première question est traitée dans les conclusions rapportées à l'article *Mariage*, §. 2 et 3, et à l'article *Domaine public*, §. 6. Elle l'est aussi au mot *Jugement*, §. 22, n° 2.

II. La seconde et la troisième questions n'en font à proprement parler qu'une ; car prohiber tel acte par une loi, c'est évidemment dire, en d'autres termes, qu'il ne peut pas être fait légalement ; et dire par une loi que tel acte ne peut pas être fait, c'est évidemment le prohiber, ou, ce qui revient au même, le déclarer légalement *infaisable*.

Aussi a-t-on vu au mot *Nation*, §. 2, un arrêt de la cour de cassation, du 19 prairial an 11, déclarer que ces termes de l'art. 13 de la loi du 27 mars 1791, « les actions relatives aux domaines nationaux ou propriétés publiques, NE POURRONT être intentées ou soutenues par un directoire de district, qu'avec l'autorisation du directoire du département, » constituait une disposition *prohibitive*.

Aussi est-on généralement d'accord que la disposition de l'art. 335 du code civil, par laquelle il est dit que la reconnaissance de paternité NE POURRA AVOIR LIEU « au profit des enfans nés d'un commerce incestueux ou adultérin, équivaut, pour les pères et mères d'enfans adultérins ou incestueux, à la prohibition de les reconnaître; et cela est écrit en toutes lettres dans l'arrêt de la cour de cassation du 11 novembre 1819, rapporté dans le *Répertoire de jurisprudence*, au mot *Filiation*, n° 19, ainsi que dans une autre arrêt de la même cour, du 9 mars 1824, rapporté ci-dessus, au même mot, §. 4.

Je pourrais citer une foule d'autres exemples à l'appui de ma proposition; mais ils n'ajouteraient rien à l'évidence dont elle porte par elle-même le caractère.

Cependant M. Toullier, qui l'avait implicitement reconnue dans son tome 7, n° 496, la combat très-sérieusement dans son tome 12, n° 37; et il se prévaut, pour justifier son paradoxe, de ce qui a été dit dans la discussion de l'art. 1388 du code civil, au conseil-d'état, par MM. Bérenger et Bigot de Préameneu.

» Mais il ne fait pas attention que ce qu'ils ont dit l'un et l'autre à cet égard, a été formellement rejeté par le conseil-d'état.

Cet article porte, comme l'on sait, que « les époux » ne peuvent (par leur contrat de mariage) déroger, » ni aux droits résultant de la puissance maritale sur » la personne de la femme et des enfans, ou qui » appartiennent au mari comme chef, ni aux droits » conférés au survivant des époux par le titre *de la* » *puissance paternelle*, et par le titre *de la mino-* » *rité, de la tutelle et de l'émancipation*, ni aux dispositions prohibitives du présent code. »

Lorsque cet article fut proposé au conseil-d'état par la section de législation, à la séance du 6 vendémiaire an 12, on s'accorda d'abord généralement à reconnaître qu'il avait pour objet de prohiber les conventions qu'il déclarait *ne pouvoir pas* être faites par les futurs époux; et ce fut en le prenant dans ce sens, qu'on le combattit d'une part, et qu'on le défendit de l'autre.

» M. Cambacérès (porte le procès-verbal) dit que, s'il ne trouvait dans la disposition que la *prohibition* de déroger à certaines dispositions du droit par une clause générale, il croirait que la liberté des conventions matrimoniales n'est point gênée; mais on propose de défendre même les dérogations spéciales: alors il est difficile de concevoir comment les époux auront la faculté qu'on accorde (par l'art. 1387) de donner à leur société les règles qu'ils jugeront à propos. Un père qui ne voudra pas que sa fille soit sous la puissance maritale, telle qu'elle est établie dans les pays coutumiers, ne pourra lui réserver, par le contrat, le droit de disposer de ses biens.

» M. Berlier répond que, pour les objets traités en (cet article), la section a très-clairement entendu

prohiber toutes dispositions, même spéciales, qui y porteraient atteinte, parce qu'elle y a vu principalement des règles qui n'appartiennent plus à l'intérêt pécuniaire des époux, mais à l'ordre public.

» Un mari pourrait-il, par exemple, se départir de la puissance maritale, telle qu'elle est déjà définie dans le livre 1er du code, ou renoncer à la puissance paternelle et la conférer à sa femme? Celle-ci pourrait-elle stipuler qu'au cas de veuvage, elle resterait sans autorité sur ses enfans? De pareils pactes seraient intolérables, sans doute, et la section a dû les PROSCRIRE. »

Ces deux opinions ainsi mises en avant, une longue discussion s'engagea sur l'une et l'autre; et l'on avait presque tout dit pour et contre, mais en s'accordant toujours à prendre les premiers termes de l'article présenté par la section de législation, *les époux ne peuvent déroger*, comme parfaitement synonymes des mots, *il est défendu aux époux de déroger*, lorsque M. Maleville proposa « de supprimer les termes, OU QUI APPARTIENNENT AU MARI COMME CHEF, attendu, *suivant lui*, que, sans ajouter rien à la loi, ils *pourraient* conduire à la fausse conséquence que la femme ne devait, en aucun cas, avoir la libre disposition de ses biens paraphernaux; » et ce fut en ce moment que M. Bérenger prit la parole. Écoutons le procès-verbal.

« M. Bérenger dit qu'en général il est inutile de pourvoir à ce que, sous prétexte de la liberté de stipuler sur les biens, on ne déroge aux dispositions qui règlent les rapports personnels entre les époux. La loi a exprimé ailleurs sa volonté sur ce dernier sujet. Le titre qu'on discute n'a que les biens pour objet, et il serait à désirer que, dans aucun autre titre, on ne trouvât de dispositions sur cet article.

» La disposition relative aux prohibitions *est* dangereuse; » il est impossible qu'il n'y ait pas quelque défaut d'attention dans un ouvrage aussi immense que le code civil. On a donc à craindre qu'il ne se glisse dans les articles par lesquels on n'aura point voulu établir de « prohibition, quelques expressions qui » paraissent ensuite prohibitives, et qui donnent lieu » à des contestations. » La meilleure méthode serait d'énoncer, dans le plus grand détail, les clauses relatives aux biens qu'il serait défendu de stipuler; il en résulterait aussi l'avantage de pouvoir mieux peser les prohibitions qu'il convient de faire. »

Cette proposition, qui venait à l'appui de l'amendement de M. Maleville, fut d'abord combattue au fond, et complètement réfutée, sous ce rapport, par des raisons qu'il serait trop long de retracer ici. Ensuite, M. Bigot de Préameneu entreprit de la défendre, en tant qu'elle avait pour objet de faire changer la rédaction de l'article. « Il pense, comme M. Bérenger (est-il dit dans le procès-verbal), qu'une expression négative ne constitue pas une prohibition, et que cet effet ne doit être attaché qu'à une clause prohibitive; il propose de rédiger l'article dans ce sens:

Mais comment s'est terminée cette discussion? Par le rejet des amendemens qu'avaient proposés MM. Maleville, Bérenger et Bigot de Préameneu, et par l'adoption pure et simple de l'article.

Le conseil-d'état a donc décidé par-là même que les mots *ne peuvent* ont, dans l'art. 388 du code civil, tout l'effet d'une clause prohibitive; il a par conséquent décidé qu'il y a une parfaite similitude entre une loi qui prohibe tel ou tel acte, et une loi qui dit simplement que tel ou tel acte ne peut pas être fait; et par conséquent encore, il a décidé que, comme je l'ai déjà dit, la seconde et la troisième des questions proposées en tête de ce paragraphe, n'en forment véritablement qu'une seule.

III. Mais cette question, comment doit-elle être résolue?

Nous venons de voir que, dans la discussion de l'art. 1388 du code civil, le conseil-d'état a unanimement reconnu que, par l'effet de la parfaite équipollence des mots *ne peuvent* à une clause prohibitive, les tribunaux se trouveraient placés dans l'impérieuse nécessité de déclarer nulles toutes les conventions matrimoniales dont le but serait de déroger aux grandes règles qui sont signalées dans cet article; et c'est déjà une confirmation pratique de cette célèbre maxime de Dumoulin, *negativa præposita verbo potest, tollit potentiam juris et facti, et inducit necessitatem præcisam, designans actum impossibilem;* c'est déjà une preuve bien frappante que, pour un législateur, prohiber un acte et le déclarer nul en cas, qu'il soit fait *au mépris de sa prohibition,* c'est absolument la même chose.

Cette preuve est encore singulièrement fortifiée par les arrêts (cités au n° précédent) de la cour de cassation, qui ont jugé que dans l'art. 13 de la loi du 27 mars 1791 et dans l'art. 335 du code civil, les mots *ne pourront* et *ne pourra* équipollent parfaitement à une prohibition; car ces arrêts ont en même temps décidé que la contravention à cette prohibition emporte de plein droit la peine de nullité.

Ils ne sont d'ailleurs pas les seuls que l'on puisse invoquer à cet égard sur l'un et l'autre point.

Ce qui a été jugé par celui du 19 prairial an 11, relativement à l'effet de la contravention à l'art. 13 de la loi du 27 mars 1791, l'avait été précédemment, et l'a encore été depuis par d'autres des 25 thermidor an 5, 4 vendémiaire an 6, 8 pluviôse an 13 et 7 août 1811 (1).

Ce qui a été jugé par les arrêts des 11 novembre 1819 et 9 mars 1824, relativement à l'effet de la contravention à l'art. 335 du code civil, l'avait été précédemment et l'a encore été depuis par deux arrêts des 28 juin 1815 et 1er août 1827.

Cependant j'ai le malheur de me trouver encore ici en opposition avec M. Toullier.

_____

(1) *V.* le *Répertoire de jurisprudence,* aux mots *Domaine public;* §. 5, n° 4.

Ce jurisconsulte qui, dans son tome 2, n° 951, rend l'hommage le plus formel « au principe que les lois prohibitives emportent de plein droit la nullité des actes, lorsqu'ils ne sont pas conformes à leurs dispositions, » revient sur ce principe, dans son tome 7, n° 482, et dans son tome 12, n° 37, et l'attaque directement comme une erreur grave.

Il convient, à la vérité, que la loi 5, C. *de legibus,* l'avait expressément consacré, en déclarant qu'il suffisait qu'une loi prohibât un acte, pour que, s'il était fait au mépris de la prohibition de la loi, il fût considéré comme nul et non-avenu : *Ut quæ lege fieri prohibentur, si fuerint facta, non solùm inutilia, sed pro infectis etiam habeantur, licet legislator prohibuerit tantùm, nec specialiter dixerit inutile esse debere quod factum est.*

Mais il prétend, 1° que cette loi n'était, dans le droit romain, qu'une disposition fantastique; qu'elle n'était ni conforme à la raison, ni puisée dans la nature des choses; 2° qu'elle était, même sous l'ancien régime, contrariée par d'autres lois; 3° qu'en tout cas, elle est abrogée par le code civil, par le code de procédure et par le code d'instruction criminelle.

Examinons successivement chacune de ces trois assertions.

IV. D'abord, la loi 5, C. *de legibus,* que M. Toullier attribue à Justinien, quoiqu'elle soit des empereurs Théodose et Valentinien, et antérieure de près de deux siècles au règne de ce prince, n'était pas une innovation dans le droit romain; elle ne faisait que rappeler une maxime constamment professée jusqu'alors par les premiers jurisconsultes, et déjà consignée dans plusieurs lois. Je me contenterai, pour éviter des longueurs inutiles, d'en citer deux exemples.

Ulpien, dans la loi 7, §. 16, D. *de pactis,* disait formellement que tout pacte, toute stipulation prohibée, étaient nuls par le seul effet de la prohibition à laquelle ils contrevenaient : *Et generaliter quoties pactum à jure communi remotum est, servari hoc non oportet… Si stipulatio sit interposita de his pro quibus paseisci non licet, servanda non est, sed omni modo rescindenda.*

Le même jurisconsulte, dans la loi 1, D. *de rebus eorum qui sub tutelâ,* après avoir rapporté, §. 2, le texte du sénatus-consulte qui, sur la proposition de l'empereur Sévère, avait prohibé l'aliénation et l'hypothèque des immeubles des mineurs, à moins qu'elles ne fussent autorisées par un décret préalable du préteur, et ne s'était pas expliqué sur le mérite des actes d'aliénation ou d'hypothèque qui seraient faits en contravention à cette défense (1),

_____

(1) Ce texte est ainsi conçu : *Præterea, patres conscripti, interdicam tutoribus et curatoribus ne prædia rustica vel suburbana distrahant, nisi, ut id fieret, parentes testamento vel codicillis caverint*

en concluait , §. 4 , que, si un mineur qui avait acheté un héritage et en avait reçu la tradition sans en payer le prix, l'hypothéquait ensuite à son vendeur pour sûreté du payement de ce qu'il lui devait, l'hypothèque était nulle (1).

Les empereurs Dioclétien et Maximien avaient, par quatre rescrits adressés à des particuliers, et qui forment les lois 4 , 9 , 11 et 16 du titre du code *de prædiis et aliis rebus minorum* , tiré la même conséquence de la prohibition écrite par ce sénatus-consulte. *Non solùm* (avaient-ils dit par le premier) *per venditionem rustica prædia vel suburbana pupilli vel adolescentes alienare prohibentur; sed neque transactionis ratione , neque permutatione et multò magis donatione , vel alio quoquo modo ea transferre sine decreto à dominio suo possunt; igitur , et tu si fratribus tuis per transactionem fundum dedisti , vindicare eum potes.* — *Etsi* (avaient-ils également dit dans le second) *is quem prædium rusticum minoris distraxisse affirmas , curatoris officio functus id fecit , venditio tamen contrà divi Severi orationem facta , præsidis sententiâ non immeritò rescisa est.* — *Siquidem sine decreto* (c'étaient les termes du troisième) *minor annis patronus tuus rusticum prædium venundedit, supervacuum est de vili pretio tractare, cùm senatusconsulti auctoritas retento dominio alienandi viam obstruxerit.* — Enfin , il était dit par le quatrième : *Si prædium.... adulta , sine decreto præsidis provinciæ in qua situm est , venundedisti ,* SECUNDÙM SENATUSCONSULTI SENTENTIAM, *dominium ejus sive jus à te discedere non potuit , sed vendicationem ejus...... competere , constitit.*

Assurément ce n'était point par caprice, ce n'était point par une interprétation arbitraire des lois qui prohibaient certains pactes, et du sénatus-consulte qui interdisait l'aliénation des biens des mineurs, que le jurisconsulte Ulpien et les empereurs Dioclétien et Maximien avaient ainsi raisonné d'après ces lois et ce sénatus-consulte : ils n'avaient ainsi raisonné que parce que c'était, de leur temps, une maxime irréfragable que la peine de nullité était de plein droit sous-entendue dans les lois prohibitives.

---

quod si forté æs alienum tantum erit ut ex rebus cæteris non possit exsolvi , tunc prætor urbanus vir clarissimus adeatur, qui pro suâ religione æstimet quæ possunt alienari , obligarive debeant : manente pupillo actione , si posteà potuerit probari obreptum esse prætori. Si communis res erit , et socius ad divisionem provocet , aut si creditor , qui pignori agrum à parente pupilli acceperit , jus exequetur nihil novandum censeo.

(1) Si minor viginti quinque annis emit prædia , ut quoad pretium solveret , essent pignori obligata venditori , NON PUTO PIGNUS VALERE. Nam ubi dominium quæsitum est minori , cæpit non posse obligari.

Que cette maxime eût, dans la suite , éprouvé quelques contradictions, il faut bien le supposer, puisque les empereurs Théodose et Valentinien se crurent obligés, en 429, de la proclamer de nouveau par une loi spéciale. Mais il faut bien supposer aussi qu'ils ne s'y déterminèrent qu'après avoir mûrement pesé le pour et le contre, qu'après s'être assurés par un examen réfléchi que cette mesure leur était commandée par la raison et par la nature des choses. Il répugne, en effet, à l'une comme à l'autre, qu'une loi qui prohibe un acte soit censée, à moins qu'elle n'en manifeste clairement la volonté, souffrir que l'acte fait au mépris de sa prohibition produise quelque effet au profit du contrevenant, ou de ceux pour l'avantage desquels la contravention a été commise.

De quoi aurait servi , par exemple, dans l'ancien droit romain, le sénatus-consulte qui , sur la proposition de l'empereur Sévère , avait interdit toute aliénation extrajudiciaire des immeubles des mineurs, s'il n'eût pas été censé, par cette interdiction même, annuler les actes par lesquels des immeubles appartenant à des mineurs auraient été vendus, échangés, donnés ou hypothéqués sans decret de justice? Ce n'eût évidemment été qu'une défense illusoire; et jamais on ne peut supposer à un législateur l'intention de n'attacher aucun effet aux défenses qu'il prononce.

V. Il y avait sans doute, dans l'ancien régime, des lois qui , toutes prohibitives qu'elles étaient, n'emportaient pas la nullité des actes qu'elles interdisaient, et qui, par cette raison , étaient appelées par le jurisconsulte Ulpien, dans ses fragmens, tit. 1er, *lois imparfaites*; mais d'où cela venait-il? De ce qu'elles dérogeaient, pour les cas particuliers qu'elles avaient pour objet , à la maxime écrite dans la loi 5, C. *de legibus*, c'est-à-dire, de ce qu'elles déclaraient expressément, ou faisaient entendre d'une manière non équivoque, que leur intention était de laisser subsister les actes qu'elles prohibaient, et de se borner, ou à les priver de quelques-uns de leurs effets naturels, ou à les frapper de quelque peine autre que la nullité,

Telles étaient, suivant Ulpien lui-même, les lois *Cincia* et *Furia ,* qui défendaient de donner ou léguer au-delà d'une certaine quotité des biens que l'on possédait, et cependant laissaient subsister les dispositions qui violaient leur défense, mais en punissant la violation d'une autre manière. Assurément Ulpien n'a pas voulu dire , en parlant de ces lois et en les qualifiant *d'imparfaites*, que l'on dût regarder comme imparfaites toutes les lois prohibitives qui n'attachaient pas expressément la peine de nullité à l'infraction des défenses qu'elles prononçaient; et la preuve en est que, dans la loi 7, §. 16, D. *de pactis*, et dans la loi 1, D. *de rebus eorum qui sub tutelâ*, ce jurisconsulte inférait de la seule prohibition de certains pactes, comme de la seule prohibition de l'aliénation extrajudiciaire des biens des mineurs, que ces pactes étaient nuls; et que les mineurs restaient propriétaires de leurs immeubles aliénés sans décret de justice.

Qu'importe donc que, dans le droit canonique, les mariages contractés ou clandestinement, ou dans les temps consacrés à la pénitence, ou au mépris de l'empêchement qui résultait de l'affinité spirituelle et du vœu simple de chasteté, ne fussent pas nuls, tout prohibés qu'ils étaient? La raison en était simple : c'est que les lois ecclésiastiques les déclaraient expressément valables, et se contentaient, ou de les punir de peines purement religieuses, ou de sévir contre les prêtres qui les célébraient.

C'est ainsi qu'encore aujourd'hui, les mariages contractés par les militaires sans la permission de leurs supérieurs sont prohibés, et cependant reconnus valables même par les décrets qui les prohibent. (*V.* le *Répertoire de jurisprudence*, au mot *Mariage*, sect. 3, §. 1, n° 5).

Il n'y a donc rien, absolument rien à conclure de ces exemples en faveur de la doctrine de M. Toullier.

VI. Que la loi 5, C. *de legibus*, n'ait pas survécu aux codes civil et de procédure, en ce sens qu'elle n'a plus par elle-même d'autorité législative, rien de plus vrai. Mais conclure de là, comme le fait M. Toullier, qu'elle est aujourd'hui dépouillée même du caractère de raison écrite, et qu'elle n'est pas en général sous-entendue de plein droit dans les dispositions prohibitives de ces deux codes, c'est un système évidemment insoutenable.

Voyons d'abord comment M. Toullier cherche à le justifier, quant au code civil.

Il en rappelle, dans ses tomes 7 et 12, les art. 215, 217, 224, 896, 943, 1001, 1098, 1099, 1453, 1521, 1638, 1596, 1597 et 2063; et faisant remarquer le soin que prennent ou lui paraissent prendre tous ces divers articles, d'ajouter aux prohibitions qui y sont ou qu'il suppose écrites, la peine de nullité, il en tire la conséquence qu'il est dans l'esprit général du code civil de ne jamais permettre que la peine de nullité soit suppléée, même dans les dispositions prohibitives.

Mais il ne se borne point là; il va jusqu'à dire que, « DANS UNE FOULE D'ARTICLES DU CODE, la for-
» mule *ne peuvent* n'emporte point la nullité de
» l'acte contraire à leurs dispositions. Nous n'en ci-
» terons (continue-t-il) qu'un exemple, entre plu-
» sieurs autres : l'art. 228 dit que la femme *ne peut*
» contracter un mariage nouveau avant dix mois
» écoulés depuis la dissolution du premier. Cepen-
» dant il est certain, et la cour suprême l'a décidé,
» que le mariage contracté avant les dix mois n'est
» pas nul. »

Je le dis franchement, je ne reconnais dans tout cela ni l'exactitude, ni la logique ordinaire de M. Toullier.

D'abord, il est vrai qu'après avoir dit simplement dans l'art. 215, que « la femme *ne peut* ester
» en jugement sans l'autorisation de son mari, » et

dans l'art. 219, que « la femme, même non com-
» mune et séparée de biens, *ne peut* donner, alié-
» ner, hypothéquer, acquérir à titre gratuit ou oné-
» reux, sans le concours du mari dans l'acte, ou de
» son consentement par écrit, » le code civil ajoute dans l'art. 225 : « la nullité fondée sur le défaut
» d'autorisation ne peut être opposée que par la
» femme, par le mari ou par leurs héritiers. »

Il est vrai encore que, par le troisième de ces articles, le code civil fait entendre très-clairement qu'il y a nullité en cas de contravention à la prohibition écrite dans les deux premiers.

Mais est-ce à dire pour cela que, si l'art. 225 n'existait pas, les art. 215 et 217 ne suffiraient pas par eux-mêmes pour opérer la nullité, soit des procédures faites et des jugemens rendus contre une femme non autorisée, soit des contrats souscrits par une femme sans le concours de son mari? Non, il en résulterait seulement des doutes plus ou moins fondés sur la question de savoir si la nullité qu'opère le défaut d'autorisation, est *absolue* ou si elle n'est que *relative*; et c'est uniquement pour aller au-devant de ces doutes, pour prévenir les innombrables procès qu'ils avaient fait naître dans l'ancienne jurisprudence que l'art. 225 a été ajouté à ceux qui le précèdent.

Ensuite, pourquoi, dans l'art. 896, le législateur ne se borne-t-il pas à dire que *les substitutions sont prohibées*; et pourquoi ajoute-t-il encore que « toute disposition par laquelle le donataire, l'hé-
» ritier institué, ou le légataire, sera chargé de con-
» server et de rendre à un tiers, *sera nulle, même*
» *à l'égard du donataire, de l'héritier institué*
» *ou du légataire?* » C'est évidemment, comme je l'ai prouvé, dans des conclusions du 4 janvier 1808, rapportées dans le *Répertoire de jurisprudence*, aux mots *Substitution fidéicommissaire*, §. 14, n° 2, parce qu'il ne veut pas seulement annuler les substitutions qu'il prohibe, qu'en son intention est d'étendre la nullité dont il les frappe, jusqu'aux donations et aux legs grevés de substitution. C'est même ce que la cour de cassation toute entière a reconnu formellement par l'arrêt qu'elle a rendu sur ces conclusions, le 18 du même mois : elle a considéré, en effet, « qu'on ne peut admettre que, par
» l'art. 896 du code civil, le législateur ait voulu
» n'annuler que les substitutions; que, s'il l'avait
» ainsi voulu, IL SE SERAIT BORNÉ A CES MOTS: *les*
» *substitutions sont prohibées*; que la nullité de la
» disposition prononcée par l'article, s'étend *même*
» *à l'égard du donataire, de l'héritier institué et*
» *du légataire;* qu'il résulte de cette addition, QUI
» AUTREMENT SERAIT INUTILE, que le législateur a
» eu l'intention d'enlever au donataire, à l'institué,
» au légataire, l'avantage qui leur est fait, et par
» conséquent qu'il annule leur donation, institu-
» tion ou legs. »

L'argument que M. Toullier prétend tirer de l'art. 896 du code civil, se rétorque donc visiblement contre son système.

Celui qu'il tire de l'art. 943 n'est pas mieux fondé. De ce que cet article, après avoir dit que « la dona-» tion entre-vifs ne pourra comprendre que les » biens présens du donateur, ajoute que, si elle » comprend des biens à venir, elle sera nulle à cet » égard, » M. Toullier conclut que la prohibition résultant des mots *ne pourra*, ne suffisait pas par elle-même pour faire annuler, quant aux biens à venir, la donation qui aurait compris à la fois des biens à venir et des biens présens. Mais que devient cette conséquence, lorsqu'on réfléchit que le législateur ne s'est ainsi expliqué et n'a pris la précaution de déclarer nulle, quant aux biens à venir seulement, la donation qui porterait simultanément sur des biens présens et sur des biens à venir, que par deux motifs qui rendaient cette disposition indispensable : l'un, que l'art. 15 de l'ordonnance de 1731 déclarait expressément nulle, *même pour les biens présens*, la donation qui comprendrait en même temps des biens à venir; l'autre, que pour faire cesser cette disposition, il ne suffisait pas d'abroger en général la loi qui la contenait, et qu'il fallait de plus pourvoir à ce qu'on ne renouvelât plus la controverse qui s'était élevée, avant l'ordonnance de 1731, sur la divisibilité ou l'indivisibilité de ces sortes de donations (1).

Y a-t-il plus de logique dans l'argument que tire M. Toullier de l'art. 1001 du code civil ?

Cet article porte, il est vrai, que « les formalités » auxquelles les divers testamens sont assujétis par » les dispositions de la présente section et de la pré-» cédente, seront observées *à peine de nullité*; mais de quoi se composent les sect. 1 et 2 du chapitre *des testamens*, dont cet article fait partie ? Ce n'est pas seulement des dispositions *prohibitives* contenues dans les articles 975 et 997 ; c'est encore d'un grand nombre de dispositions purement *préceptives*, qui pouvaient n'être pas toutes considérées comme substantielles, et à l'inobservation desquelles par conséquent on aurait pu douter si la peine de nullité devait être généralement attachée de plein droit. Il était donc bien naturel que le législateur s'expliquât formellement à l'égard de celles-ci, et que, pour parler plus laconiquement, il rendît son explication commune à celles-là.

Les art. 1098 et 1099 sont-ils invoqués plus à propos par M. Toullier ?

Il est dit, par le premier de ces articles, que « l'homme ou la femme qui, ayant des enfans d'un » autre lit, contractera un second ou subséquent » mariage, *ne pourra* donner à son nouvel époux » qu'une part d'enfant légitime le moins prenant, et » sans que, dans aucun cas, ces donations puissent » excéder le quart des biens; » et par le second,

que « les époux *ne pourront* se donner indirecte-» tement au-delà de ce qui leur est permis par les » dispositions ci-dessus, et que *toute donation, ou* » *déguisée, ou faite à personnes interposées*, sera » *nulle*. »

La pensée de M. Toullier, en citant ces deux articles, est sans doute que les mots *ne pourra*, ne suffisent pas par eux-mêmes dans le premier, pour annuler les donations dont il s'occupe, en tant qu'elles excéderaient la quotité de biens qu'il détermine, et que ces donations, quoique prohibées, ne laisseraient pas d'avoir leur plein effet, si le législateur n'y pourvoyait pas par le second article.

Mais ce second article prononce-t-il expressément la nullité des donations prohibées par le premier ? Non, il ne fait que la supposer; et pourquoi la suppose-t-il ? Parce qu'elle résulte, à ses yeux, de la prohibition dont le premier frappe ces donations; et il ne déclare ces donations nulles, lorsqu'elles sont déguisées ou faites à personnes interposées, que parce que le premier est censé annuler celles qui sont directes et patentes.

Pour nous convaincre intimement de cette vérité, reportons-nous aux art. 907, 908, 909, 911 et 912.

L'art. 907 porte que « le mineur, quoique par-» venu à l'âge de 16 ans, *ne pourra*, même par » testament, disposer au profit de son tuteur. »

L'art. 908 déclare que « les enfans naturels » *ne pourront*, par donation entre-vifs ou par tes-» tament, rien recevoir au-delà de ce qui leur est » accordé au titre *des successions*. »

L'art. 909 dit également que « les docteurs en » médecine ou en chirurgie, les officiers de santé » et les pharmaciens, qui auront traité une personne » pendant la maladie dont elle meurt, *ne pourront* » profiter des dispositions entre-vifs ou testamen-» taires qu'elle aurait faites en leur faveur pendant » le cours de cette maladie. »

L'art. 911 ajoute « que toute disposition au profit » d'un incapable *sera nulle*, soit qu'on la déguise » sous la forme d'un contrat onéreux, soit qu'on la » fasse sous le nom de personnes interposées. »

Enfin, suivant l'art. 912, aujourd'hui abrogé par la loi du 14 juillet 1819, « on *ne pourra* disposer » au profit d'un étranger que dans le cas où cet » étranger pourrait disposer au profit d'un fran-» çais. »

Si, dans les art. 907, 908 et 909, la peine de nullité des donations qui y sont signalées n'était pas attachée de plein droit à la prohibition qu'ils en font par les mots *ne pourra*, *ne pourront*; si, pour prononcer cette peine, on était obligé de recourir à l'art. 911, qui n'en frappe que les donations faites par déguisement de contrat ou interposition de personne, à des tuteurs, à des enfans naturels ou à des officiers de santé, de quel œil devrait-on envisager celles qui ont été faites à des étrangers avant la loi du 14 juillet 1819 ? Bien évidemment il faudrait de toute nécessité les regarder comme valables, toutes

<hr/>

(1) *V*. le *Répertoire de jurisprudence*, au mot *Donation*, sect. 3, §. 4, n° 1.

prohibées qu'elles seraient par les mots *on ne pourra*, puisqu'on ne pourrait pas y appliquer la disposition textuelle de l'art 911.

Cependant, il n'est pas douteux qu'elles ne soient nulles, par le seul effet de la prohibition qu'en fait l'art. 912; et la cour de cassation l'a ainsi jugé par plusieurs arrêts, notamment par celui qu'elle a rendu sur mes conclusions, le 24 août 1808, et qui est rapporté dans le *Répertoire de jurisprudence*, au mot *Succession*, sect. 1, §. 2, art. 2.

A l'égard des art. 1453 et 1521, on ne devine pas à quel propos M. Toullier les invoque à l'appui de son système. L'un, il est vrai, en donnant à la femme la faculté de renoncer à la communauté, déclare que la convention contraire *est nulle*; et l'autre dit la même chose, après avoir établi que les époux contribuent aux dettes de la communauté proportionnellement à la part qu'ils prennent dans l'actif; mais il n'y a rien de *prohibitif*, soit dans la disposition de l'un, soit dans la disposition de l'autre; elles sont toutes deux purement *préceptives*, et par conséquent toutes deux étrangères à notre question.

L'art. 1533 est-il appliqué avec plus de justesse?

M. Toullier se prévaut de ce qu'après avoir dit dans cet article que, « dans aucun cas, ni à la fa- » veur d'aucune stipulation, la femme ne peut alié- » ner ses immeubles sans le consentement spécial de » son mari, ou, à son refus, sans être autorisée » par justice, » *le législateur a cru devoir ajouter à cette disposition, quoique rédigée en forme prohibitive, la peine expresse de nullité :* » toute au- » torisation générale d'aliéner ses immeubles, don- » née à la femme, soit par contrat de mariage, soit » depuis, *est nulle*. »

Mais sur quoi tombe la nullité que prononce cet article dans sa disposition additionnelle? Ce n'est évidemment pas sur l'aliénation faite sans le consentement spécial du mari, c'est uniquement sur l'autorisation générale. L'autorisation générale est donc la seule chose que l'art. 1538 frappe littéralement de la nullité qu'il prononce; et de là il suit de toute nécessité que, pour annuler l'aliénation elle-même, comme faite sans l'autorisation spéciale du mari, il faut se reporter au principe, que la seule prohibition équipolle, dans une loi, à l'annulation des actes qui y sont contraires.

L'argument que tire M. Toullier des art. 1596, 1597 et 2063, est, à la première vue, plus spécieux que les précédens, mais non pas plus solide.

De ce que l'art. 1596 ajoute la peine de nullité à la défense qu'il fait à certaines personnes de se rendre adjudicataires des biens vendus au feu des enchères;

De ce que l'art. 1597 ajoute la même peine à la défense qu'il fait aux magistrats, aux greffiers, aux huissiers, aux avoués, aux avocats et aux notaires, de « devenir cessionnaires des procès, droits et actions litigieux qui sont de la compétence du tribu-

» nal dans le ressort duquel ils exercent leurs fonc- » tions; »

De ce que l'art. 2063 ne se borne pas à dire que, « hors les cas déterminés par les articles précédens, » ou qui pourraient l'être à l'avenir par une loi for- » melle, *il est défendu* à tous juges de prononcer la » contrainte par corps, à tous notaires et greffiers de » recevoir des actes dans lesquels elle serait stipu- » lée, et à tous français de consentir de pareils » actes, encore qu'ils eussent été passés en pays » étrangers, » et qu'il y ajoute : *le tout à peine de nullité :*

M. Toullier conclut que, si la peine de nullité de ces trois articles, elle n'y pourrait pas être suppléée;

Comme s'il n'était pas visible que ces trois articles n'ajoutent expressément la peine de nullité à leurs dispositions prohibitives, que pour la rendre d'autant plus notoire, que pour mettre d'autant mieux la portion du public qui manque d'instruction et d'expérience, à portée de s'en prévaloir et d'en exciper!

Comme si ce n'était pas une vérité universellement reconnue que les clauses surérogatoires qui sont ajoutées, soit dans une loi, soit dans un contrat, soit dans un testament, pour prévenir des doutes évidemment mal fondés, ne dérogent pas au droit commun (1)!

Comme si la loi 5, C. *de legibus*, en déclarant que les actes faits contre la prohibition des lois, sont nuls, encore que le législateur ne les ait pas frappés spécialement de la peine de nullité, ne nous avertissait pas elle-même qu'il n'est pas rare que des lois ajoutent surérogatoirement la peine de nullité aux prohibitions qu'elles contiennent!

Comme si, de ce que la peine de nullité est écrite en toutes lettres dans les art. 1596 et 1597, relativement aux ventes qu'ils prohibent, on pouvait sérieusement inférer qu'elle ne doit pas être suppléée, dans l'art. 1595, à l'égard des ventes qui auraient lieu entre époux, hors des trois cas qu'il excepte de la prohibition dont il les frappe purement et simplement!

Comme si, de ce que la peine de nullité est expressément infligée par l'art. 2063 à tous les jugemens qui prononceraient la contrainte par corps, hors les cas déterminés par les articles précédens, on pouvait raisonnablement tirer la conséquence que cette peine n'atteindrait pas les jugemens qui, dans ces cas, prononceraient la contrainte par corps, soit contre les mineurs, soit pour une somme moindre de 300 francs, soit contre les septuagénaires, les femmes et les filles non coupables de stellionat, au mépris de la prohibition qu'en font

---

(1) *V.* les conclusions du 3 pluviôse an 10, rapportées aux mots *Rente foncière*, *Rente seigneuriale*, §. 10.

purement et simplement les art. 2064, 2065 et 2066.

Ce qui démontre, au surplus, jusqu'au plus haut degré d'évidence, qu'il est dans l'esprit général du code civil d'attacher de plein droit la peine de nullité aux dispositions purement et simplement prohibitives, c'est qu'indépendamment de ce qu'il est impossible, comme on vient de le voir, d'interpréter autrement les dispositions de cette nature qui se trouvent dans les art. 1595, 2064, 2065 et 2066; c'est qu'indépendamment de ce que j'ai déjà dit, n° 2, sur les art. 335 et 1388, il en existe une foule d'autres semblables dans lesquelles cette peine est nécessairement sous-entendue.

Par exemple, qui est-ce qui oserait prétendre, contre ce qu'ont jugé un grand nombre d'arrêts de la cour de cassation (1), que l'art. 5 ne frappe pas de nullité les jugemens rendus au mépris de la *défense* qu'il fait aux juges de « prononcer par voie » de disposition générale et réglementaire, sur les » causes qui leur sont soumises? »

Qui est-ce qui oserait se refuser à suppléer la peine de nullité dans l'art. 6, par lequel il est dit « qu'on » *ne peut* déroger, par des conventions particulières, » aux lois qui intéressent l'ordre public et les bonnes » mœurs? »

Qui est-ce qui oserait se refuser à la suppléer dans l'art. 25, où il est dit que le mort civilement « *ne* » *peut* disposer de ses biens, en tout ou en partie, » soit par donations entre-vifs, soit par testament, » si ce n'est pour cause d'alimens; » qu'il « *ne peut* » être nommé tuteur, ni concourir aux opérations » de la tutelle; » qu'il *ne peut* être témoin dans un » acte solennel ou authentique, ni être admis à por- » ter témoignage en justice; » qu'il « *ne peut* pro- » céder en justice.... que sous le nom et par le mi- » nistère d'un curateur spécial? »

Qui est-ce qui oserait soutenir qu'il n'y a pas de plein droit nullité dans toute contravention à l'art. 344, portant que « nul *ne peut* être adopté par plu- » sieurs, si ce n'est par deux époux, (et que) hors le » cas de l'art. 366, nul époux *ne peut* adopter sans » le consentement de l'autre conjoint; » à l'art. 345, portant que « la faculté d'adopter *ne pourra* être » exercée qu'envers l'individu à qui l'on aura, dans » sa minorité, et pendant six ans au moins, fourni » des secours et donné des soins non interrompus, » ou envers celui qui aurait sauvé la vie à l'adop- » tant, soit dans un combat, soit en le retirant des » flammes ou des flots; » et à l'art. 346, portant que » l'adoption *ne pourra*, en aucun cas, avoir lieu » avant la majorité de l'adopté? »

Enfin, qui est-ce qui oserait prétendre que la peine de nullité n'est pas sous-entendue de plein droit dans les dispositions purement et simplement prohibitives des art. 445, 463, 464, 791, 903,

(1) *V.* l'article *Cour royale*, §. 2.

904, 1035, 1076 (§. 2), 1097, 1119, 1389, 1390, 1395 (1), 1422, 1600, 1678, 1749, 1860, 1981, 2012, 2045 (§. 2 et 3), 2078, 2126, 2127, 2128, 2129 (§. 2), 2205, 2206, 2213, 2214, 2215 (§. 2), 2220, 2223, etc.?

VII. A la vue d'un aussi grand nombre d'articles où les mots « il est défendu, ne peut, ne peuvent, » ne pourra, ne pourront, on ne peut, on ne » pourra,» signifient manifestement que l'on doit considérer comme nuls les actes faits en contravention aux prohibitions qu'ils établissent, on se demande sans doute où cette FOULE d'autres articles dans lesquels M. Toullier assure d'un ton si affirmatif que « la formule, *ne peuvent*, n'emporte point la nullité » de l'acte contraire à leurs dispositions. » Il n'en cite *qu'un seul* qu'il prend, dit-il, *entre plusieurs* *autres* : c'est l'art. 228 qui déclare que « la femme » *ne peut* contracter un nouveau mariage qu'après » dix mois révolus depuis la dissolution du mariage » précédent. »

Il aurait pu y ajouter l'art. 295, aux termes duquel « les époux qui divorceront, pour quelque » cause que ce soit, *ne pourront* plus se réunir; »

—————

(1) C'est une chose fort remarquable que M. Toullier convient lui-même, tome 12, n° 36, que cet article, en disant que « les conventions matrimoniales » *ne peuvent* recevoir aucun changement après la cé- » lébration du mariage », est censé dire que les actes qui, postérieurement à la célébration du mariage, changent ou détruisent les clauses du contrat anté- nuptial, n'ont *ni le caractère, ni la force des con- ventions matrimoniales proprement dites*.

M. Toullier reconnaît donc bien clairement que les changemens faits aux conventions matrimoniales, après la célébration du mariage, sont nuls comme conventions, et que la peine de nullité doit être, sous ce rapport, suppléée dans l'art. 1395.

Mais, dès-lors, à quoi aboutissent, relativement à cet article, toutes ses objections contre la loi 5, C. *de legibus*, tous ses efforts pour établir que le principe rappelé par lui n'a pas survécu au code civil?

A ce seul point, que les changemens faits aux conventions matrimoniales, après la célébration du mariage, ne sont pas *absolument nuls et sans effet*, et que rien ne s'oppose à ce qu'ils reçoivent leur pleine exécution, comme dispositions à cause de mort et toujours révocables.

Mais, à cet égard, je suis parfaitement de son avis, non-seulement par la raison que j'en ai donnée aux mots *Contrat de mariage*, §. 5, mais encore parce que, comme je l'ai dit dans des conclusions du 8 mars 1810, rapportées aux mots *Domaine public*, §. 5, « à côté de la maxime, que tout acte qui est fait » au mépris d'une loi prohibitive, est nul, même » dans le cas où cette loi n'en prononce pas expres- » sément la nullité...., il en est une autre qui n'est » pas moins certaine : c'est que l'effet de cette nul- » lité doit être restreint à l'objet dans l'intérêt du- » quel la prohibition dont elle est le résultat a été » établie. »

l'art. 297, où il est dit que, « dans le cas de divorce » par consentement mutuel, aucun des deux époux » ne pourra contracter un nouveau mariage que » trois ans après la prononciation du divorce ; » et l'art. 298, qui porte que, « dans le cas de divorce » admis en justice pour cause d'adultère, l'époux » coupable *ne pourra jamais* se marier avec son » complice. »

Mais, d'une part, je n'en connais point d'autre, et assurément ces quatre articles ne forment point une FOULE que l'on ne puisse sérieusement opposer au nombre excessivement plus considérable de ceux dans lesquels, quoiqu'ils soient rédigés de même, il est impossible de ne pas sous-entendre la peine de nullité.

D'un autre côté, il y a, pour ne pas suppléer cette peine dans les quatre articles dont il s'agit, une raison qui leur est tout-à-fait particulière, et dont on ne peut faire aucune application aux autres : c'est que les empêchemens qu'ils établissent ne sont pas rappelés dans le chap. 4 du titre *du Mariage*, du code civil, qui a spécialement pour objet les *demandes en nullité de mariage ;* et que, comme je l'ai établi, d'accord avec M. Toullier lui-même, dans le *Répertoire de jurisprudence* (au mot *Mariage*, sect. 6, §. 2, quest. 6, sur l'art. 184 du code civil), le législateur, en les passant sous silence dans ce chapitre, a mis tous ceux qui voudraient s'en prévaloir pour faire annuler les mariages contractés au mépris de l'obstacle qu'ils y apportaient, dans l'impuissance de le faire.

VIII. Passons maintenant au code de procédure, et voyons s'il déroge plus que le code civil, au principe que les actes faits au mépris des lois prohibitives, sont en général nuls par cela seul qu'ils sont prohibés.

Pour prouver qu'il n'admet pas ce principe, M. Toullier en invoque l'art. 1030, aux termes duquel « aucun exploit ou acte de procédure ne pourra » être déclaré nul, si la nullité n'en est pas formel-» lement prononcée par la loi. »

Mais, 1° cette disposition est étrangère aux actes qui, tels que les jugemens, ne sont ni des *exploits*, ni des *actes de procédure.*

Aussi la cour de cassation a-t-elle annulé, le 25 juin 1825, un arrêt de la cour royale de Paris, du 23 février précédent, qui avait, contre la prohibition écrite dans l'art. 172 du code de procédure, joint une demande en renvoi au principal (1).

Et il n'est pas douteux qu'elle n'annulât de même, si le cas s'en présentait, un arrêt qui confirmerait un jugement de première instance, par lequel, après avoir statué définitivement sur le fond, sans prononcer l'exécution provisoire, les juges l'auraient ordonné séparément contre la défense qu'en fait l'art. 136,

ou par lequel, au mépris de la prohibition écrite dans l'art. 137, ils auraient ordonné l'exécution provisoire pour les dépens.

2°. Quelque générale que soit littéralement, par les exploits et les actes de procédure, la disposition de l'art. 1030, il est cependant impossible de ne pas la limiter aux exploits et aux actes de procédure qui, renfermant tout ce qui est nécessaire pour en constituer l'essence, manquent de quelques-unes des formalités prescrites en termes purement *préceptifs* pour leur parfaite régularité, et de n'en pas excepter ceux qui, tout réguliers qu'ils sont, considérés en eux-mêmes et sous le seul rapport de la forme qui leur est intrinsèquement propre, sont néanmoins prohibés par la loi ; car, en juger autrement, ce serait se placer, contre toute raison, dans l'impuissance de suppléer la peine de nullité ;

Dans l'art. 510, portant « qu'aucun juge *ne pourra* » être pris à partie sans permission préalable du » tribunal devant lequel la prise à partie sera por-» tée ; »

Dans l'art. 545, portant que « nul jugement ni » acte *ne pourront* être mis à exécution, s'ils ne » portent le même intitulé que les lois, et ne sont » terminés par un mandement aux officiers de jus-» tice, ainsi qu'il est dit art. 146 ; »

Dans l'art. 546, portant que « les jugemens ren-» dus par les tribunaux étrangers, et les actes reçus » par les officiers étrangers, *ne seront susceptibles* » *d'exécution en France,* que de la manière et » dans les cas prévus par les art. 2123 et 2128 du » code civil ; »

Dans l'art. 552, portant que « la contrainte par » corps pour objet susceptible de liquidation, *ne* » *pourra* être exécutée qu'après que la liquidation » aura été faite en argent ; »

Dans l'art. 560, portant que « la saisie-arrêt ou » opposition entre les mains de personnes non de-» meurant en France sur le continent, *ne pourra* » point être faite au domicile des procureurs du roi ; » elle devra être signifiée à personne ou à domi-» cile ; »

Dans l'art. 580, portant que « les traitemens et » pensions dus par l'État, *ne pourront* être saisis » que pour la portion déterminée par les lois ou » par les réglemens et ordonnances royaux ; »

Dans l'art. 582, portant que « les provisions ali-» mentaires *ne pourront* être saisies que pour cause » d'alimens ; »

Dans l'art. 592, portant que « *ne pourront* être » saisis, 1° les objets que la loi déclare immeubles » par destination ; 2° le coucher nécessaire du saisi, » etc.. »

Et il ne faut pas s'étonner de cette différence entre l'exploit ou l'acte de procédure qui, licite par lui-même, et contenant tout ce qui est nécessaire à son essence, se trouve dénué de quelqu'une des formalités auxquelles la loi en assujétit la confection, et l'exploit ou l'acte de procédure que la loi pro-

---

(1) Bulletin criminel de la cour de cassation, tome 30, page 341.

hibe, et que, par cela seul, elle déclare illicite. M. Toullier lui-même en donne la raison, tome 7, n° 483 : « Celui qui viole la défense de la loi (dit-il), » va directement contre la volonté du législateur; » celui qui n'observe pas les préceptes de la loi, » ne se conforme point, il est vrai, à la volonté du » législateur, mais il n'agit point directement contre : » le premier fait ce que la loi ne veut pas, le se-» cond ne fait pas ce qu'elle veut. »

Inutile d'objecter qu'encore qu'il soit dit, par l'art. 626, que « la saisie-brandon *ne pourra* être » faite que dans les six semaines qui précédront l'é-». poque ordinaire de la maturité des fruits, il est néanmoins constant qu'une saisie-brandon n'est pas nulle en soi, à raison de ce qu'elle précède de plus de six semaines l'époque ordinaire de la maturité des fruits, et que la seule peine qu'encourt le créancier qui la fait pratiquer plus tôt, est que les frais de garde restent à sa charge pour tout le temps qui excède les six semaines.

Oui, cela est constant, et telle a été, comme l'atteste le procès-verbal de la discussion du code de procédure au conseil d'état (1), l'intention des rédacteurs de l'art. 626. Mais s'en suit-il de là qu'il est dans l'esprit de cet article de méconnaître le principe écrit dans la loi 5, C. *de legibus?* Non : il en résulte seulement que, dans la rédaction de cet article, le conseil d'état a pris pour guide la maxime rappelée ci-dessus, n° 6 (dans une note sur l'art. 1395 du code civil), que l'effet de la nullité opérée par une contravention à une loi prohibitive, « doit être restreint à l'objet dans l'intérêt » duquel la prohibition dont elle est le résultat, a » été établie : » en effet, dans quelle vue et à quelle fin l'art. 626 défend-il de saisir les fruits pendans par racine, dans les six semaines avant l'époque ordinaire de leur maturité? Le procès-verbal de la discussion de cet article l'indique clairement : « M. le » rapporteur (y lisons-nous) dit que, si l'on per-» mettait de saisir trop long-temps avant la récolte, » le débiteur se trouverait ruiné par les frais de » garde. » Et que faut-il, dès-lors, pour atteindre le but de la prohibition contenue dans cet article ? Il faut sans doute priver la saisie-brandon qui a été pratiquée prématurément, de l'effet de charger le saisi des frais de garde qu'elle entraîne pour tout le temps antérieur aux six semaines qui précèdent la récolte, ou, en d'autres termes, la réputer nulle quant à cet effet; mais il ne faut pas en étendre la nullité au-delà, ni par conséquent la priver de l'effet qu'elle a naturellement de mettre sous la main de la justice, les fruits sur lesquels elle est pratiquée.

Il est vrai que, par un arrêt du 29 janvier 1819, la cour de cassation a confirmé un jugement en dernier ressort du tribunal de commerce de Romo-

rantin, par lequel avait été déclarée valable la signification qui avait été faite d'un protêt, le 2 janvier 1817, après six heures du soir, et que l'on arguait de nullité, d'après l'art. 1027, portant « qu'au-» cune signification ni exécution ne pourra être » faite, depuis le 1er octobre jusqu'au 31 mars, » avant six heures du matin et après six heures du » soir; et depuis le 1er avril jusqu'au 30 septembre, » avant quatre heures du matin et après neuf heures » du soir; non plus que les jours de fête légale, si » ce n'est en vertu de permission du juge, dans le » cas où il y aurait péril en la demeure. »

Il est vrai encore que, pour maintenir ce jugement, la cour de cassation s'est fondée sur ce que « l'art. 137 du code de procédure civile, en dispo-» sant qu'aucune signification ne peut être faite à » certaines heures, n'attache pas cependant la peine » de nullité à l'inobservation de cette disposition, » et que, suivant l'art. 1030 du même code, aucun » acte de procédure ne peut être annulé que dans » les cas pour lesquels la nullité en est formellement » prononcée par la loi. »

Mais il est permis de croire que la cour de cassation aurait reculé devant cette manière de raisonner, si elle eût calculé les conséquences auxquelles il serait impossible qu'elle ne la conduisît pas dans d'autres circonstances; si elle eût réfléchi qu'en raisonnant ainsi sur l'effet d'une contravention à l'art. 1037, elle se mettait dans la nécessité de raisonner de même, lorsque le cas s'en présenterait, soit sur l'art. 510, soit sur l'art. 545, soit sur l'art. 546, soit sur l'art. 552, soit sur l'art. 560, soit sur l'art. 580, soit sur l'art. 582, soit sur l'art. 592.

D'ailleurs, comme le dit très-bien M. Carré, dans ses *Lois sur la procédure*, tome 3, page 507, l'article 1030 « n'est relatif qu'aux contraventions à » des dispositions législatives concernant les for-» malités des actes, et ne peut recevoir son applica-» tion dans le cas d'une loi expressément prohibi-» tive. Aucune signification ni exécution ne *pourra*, » dit l'art. 1030, être faite, etc..... Cette disposition » tient essentiellement à l'ordre public ; il ne s'a-» git point, nous le répétons, d'une formalité d'acte, » mais d'une mesure de haute police, dont l'objet » est de garantir l'inviolabilité du domicile, *cuique* » *tutissimum receptaculum.* Un acte fait durant la » nuit doit donc être considéré comme non-avenu, » indépendamment de la disposition de l'article » 1030. »

IX. J'arrive au code d'instruction criminelle, et je conviens, avec M. Toullier, qu'il n'admet pas le principe rappelé dans la loi 5, C. *de legibus*; mais ce n'est pas précisément par la raison qu'en donne ce jurisconsulte.

Suivant M. Toullier, le code d'instruction criminelle rejette ce principe, par cela seul qu'il ne permet, art. 408, de casser les arrêts et les jugemens en dernier ressort, pour violation ou omission de quelques-unes des formalités qu'il prescrit, que lors-

(1) *V.* l'*Esprit du code de procédure civile*, par M. Locré, tome 3, page 72.

qu'il les prescrit sous peine de nullité. Mais, comme il y a, ainsi qu'on vient de le voir au n° précédent, une grande différence entre faire une chose prohibée par la loi, et ne pas faire ou faire irrégulièrement ce que la loi prescrit, comme on ne peut pas en conséquence assimiler un acte prohibé par la loi à un acte non revêtu de toutes les formalités auxquelles la loi en subordonne la régularité parfaite, il est clair que la seule défense que fait implicitement le code d'instruction criminelle d'annuler les arrêts et les jugemens en dernier ressort pour violation ou omission des formalités non prescrites sous peine de nullité, n'emporte pas dérogation, pour les matières criminelles, à la règle générale qui attache la peine de nullité à toute infraction des lois prohibitives. Il faut donc chercher ailleurs la raison pour laquelle le principe rappelé dans la loi 5, C. de legibus, n'est pas admis par le code d'instruction criminelle, comme il ne l'était pas par le code des délits et des peines du 3 brumaire an 4.

Il résulte des art. 408, 410 et 412 du code d'instruction criminelle, comme il résultait de l'art. 456 du code des délits et des peines, du 3 brumaire an 4, qu'en matière criminelle, les arrêts et les jugemens en dernier ressort ne peuvent être annulés que dans cinq cas :

Le premier, lorsqu'il y a eu violation ou omission de quelques-unes des formalités prescrites sous peine de nullité ;

Le second, lorsqu'il y a eu violation des règles de la compétence ;

Le troisième, lorsqu'il y a eu omission ou refus de prononcer, soit sur une ou plusieurs demandes de l'accusé, soit sur une ou plusieurs réquisitions du ministère public, tendant à user d'une faculté ou d'un droit accordé par la loi, bien que la peine de nullité ne fût textuellement attachée à l'absence de la formalité dont l'exécution aurait été demandée ou requise ;

Le quatrième, lorsqu'il y a eu fausse application ou défaut d'application de la loi pénale ;

Le cinquième, lorsqu'il a été prononcé contre la partie civile des condamnations supérieures aux demandes de la partie acquittée ou absoute.

On ne peut donc pas, en matière criminelle, comme on le peut et comme on le doit en matière civile, annuler un arrêt ou jugement en dernier ressort, par le seul motif qu'il y a eu, soit dans la manière dont il a été rendu, soit dans l'instruction qui l'a précédé, contravention à une loi prohibitive non portant expressément la peine de nullité.

Il en serait autrement sans doute de la contravention qui serait faite à l'art. 4, portant que « la renonciation à l'action civile NE PEUT arrêter ou suspendre l'exercice de l'action publique ; » et l'arrêt qui, sur le fondement d'une pareille renonciation, acquitterait un accusé, ou déclarerait qu'il n'y a pas lieu à le poursuivre, devrait être annulé sans la moindre hésitation ; mais pourquoi ? Parce que ce

serait évidemment le cas de l'art. 410, qui attache expressément la peine de nullité à la non application des lois pénales aux faits qu'elles qualifient de crimes ou délits.

Sans doute, il en serait aussi autrement de la contravention qu'éprouverait l'art. 352, portant que, si, après que le jury a déclaré l'accusé coupable, « les juges sont unanimement convaincus que les jurés se sont trompés, la cour déclarera qu'il est sursis au jugement, et renverra l'affaire à la session suivante, pour être soumise à un nouveau jury ; » que cependant « nul n'aura le droit de provoquer cette mesure, et que la cour NE POURRA l'ordonner que, d'office et immédiatement après que la déclaration du jury aura été prononcée publiquement. » Mais pourquoi alors la contravention à la défense qui, dans cet article, résulte des mots ne pourra, emporterait-elle nullité ? Parce qu'il y aurait attentat à l'autorité de la chose jugée par la déclaration du jury : et, en effet, la déclaration du jury a, par elle-même, toute la force d'un jugement souverain. Elle ne pourra jamais, dit l'art. 350, être soumise à aucun recours. La cour d'assises peut, il est vrai, s'écarter de cette règle sacrée dans le cas prévu par l'art. 352 ; mais elle ne peut le faire que d'office et au moment précis qu'indique la loi : si donc elle le fait autrement, elle viole cette règle, et elle ne peut pas la violer sans attenter à l'autorité de la chose jugée.

Sans doute il y aurait également nullité en cas de contravention à l'art. 360, portant que « toute personne acquittée légalement NE POURRA plus être reprise ni accusée à raison du même fait ; mais pourquoi ? Parce que l'autorité de la chose jugée serait encore violée dans ce cas.

§. II. 1° Peut-on, en cause d'appel, proposer, soit contre un testament, soit contre tout autre acte, un moyen de nullité que l'on n'a pas fait valoir en première instance ?

2° Le peut-on dans un recours en cassation ?

Sur la première question, V. le plaidoyer et l'arrêt du 2 vendémiaire an 10, rapportés à l'article Signature, §. 2.

Sur la seconde, V. le plaidoyer du 18 octobre 1809, rapporté à l'article Testament, §. 13.

§. III. Peut-on, après avoir gardé le silence en cause d'appel, sur les nullités dont un jugement de première instance se trouve entaché par le fait des juges, les alléguer comme moyens de cassation contre l'arrêt confirmatif de ce jugement ?

J'ai établi la négative à l'article Conclusions du ministère public, §. 2 ; et j'y ai rapporté un arrêt de la section des requêtes de la cour de cassation, du 11 frimaire an 9, qui le décide ainsi.

La même chose a été jugée à la section civile, le 4 nivôse de la même année.

Jean-Baptiste Petit avait été condamné par un jugement du tribunal de commerce de Montauban, du 11 thermidor an 6, à payer aux sœurs Négré une somme de 3,666 livres, montant des trois billets du 15 avril 1791.

Sur l'appel, ce jugement avait été confirmé, le 27 floréal an 7, par le tribunal civil du département du Lot.

Jean-Baptiste Petit attaquait le jugement de ce tribunal, comme ayant mal à propos confirmé un jugement nul; et il faisait résulter la nullité du jugement du tribunal de commerce de ce qu'il avait été rendu sans président, et de ce que, dans la copie qui lui en avait été signifiée, il n'était pas dit que le président l'eût revêtu de sa signature.

« Sur quoi, ouï le rapport du cit. Basire, l'un des juges, les observations du cit. Mailhe, avoué du demandeur, celles du cit. Jousselin, avoué des défenderesses, et les conclusions du cit. Lecoutour, substitut du commissaire du gouvernement;

» Attendu que le demandeur n'a point articulé sur l'appel l'irrégularité qu'il cote aujourd'hui sur le jugement de première instance;

» Le tribunal rejette la demande en cassation formée par Petit, le condamne en 300 francs d'amende, etc. »

Tel est le prononcé littéral de l'arrêt cité.

Il a été rendu plusieurs arrêts semblables depuis la publication du code de procédure civile. En voici quelques-uns :

Le 18 juin 1822, jugement du tribunal de première instance d'Uzès, qui prononce sur une contestation élevée entre le sieur Gazagnes et le sieur Gaussaud-Poulon.

Le sieur Gaussaud-Poulon en appelle à la cour royale de Nismes, et l'attaque seulement au fond, sans en critiquer la forme.

Après les plaidoiries, arrêt confirmatif.

Le sieur Gaussaud-Poulon se pourvoit en cassation, et se fait un moyen de la nullité dont il prétend que le jugement de première instance était entaché, d'après l'art. 49 du décret du 30 mars 1808, à raison de ce qu'un juge suppléant y avait concouru, sans qu'il eut été fait mention de l'empêchement des juges titulaires.

Mais, par arrêt du 9 août 1826, au rapport de M. Mousnier-Buisson, et sur les conclusions de M. l'avocat-général Lebeau :

« Attendu, dans la forme, que le moyen proposé en cour de cassation, ne l'a pas été devant la cour royale de Nismes, laquelle avait droit et pouvoir de l'examiner et de l'apprécier sur l'appel....;

» La cour (chambre des requêtes) rejette le pourvoi... (1). »

Le 10 mai 1824, jugement du tribunal de première instance de Tournon, qui rejette une demande formée par le sieur Barde contre le sieur Françon.

Appel de la part du sieur Barde à la cour royale de Nismes, et le 30 août 1825, arrêt qui met l'appellation au néant.

Le sieur Barde exerce, contre cet arrêt, un recours en cassation qu'il fonde également sur l'art. 49 du décret du 30 mars 1808. Le jugement confirmé par cet arrêt (dit-il), était nul, parce qu'un avocat y avait concouru sans constatation de l'empêchement des juges titulaires. Cet arrêt est donc vicié de la nullité.

Ce moyen était peremptoire par lui-même; mais il n'avait point été proposé devant la cour royale de Nismes qui aurait pu, en l'adoptant, se borner à annuler dans la forme le jugement de première instance, et évoquant le principal, prononcer au fond comme l'avaient fait les premiers juges:

Aussi, est-il intervenu, le 7 mai 1829, au rapport de M. Mousnier-Buisson, et sur les conclusions de M. l'avocat-général de Vatimesnil, un arrêt par lequel :

« Attendu que ce moyen se dirige contre le jugement du tribunal de première instance; qu'il n'a point été proposé, devant la cour de Nismes, à laquelle appartenait le pouvoir de l'apprécier et de le juger; que la cause ayant été discutée et plaidée contradictoirement devant cette cour, comme si le jugement attaqué avait été régulier dans sa forme, cette cour ne s'est pas approprié la nullité dont il est argué pour la première fois en cour de cassation; d'où il résulte que le moyen, en supposant qu'il eût été fondé, a été couvert en cause d'appel; et n'est pas recevable comme moyen de cassation ; que l'avocat ayant capacité légale pour compléter un tribunal, le concours d'un avocat appelé pour compléter et assistant au jugement, n'est pas essentiellement une nullité qui ne puisse bien être couverte, lorsqu'elle n'a pas été proposée devant le juge qui était constitué pour en connaître sur l'appel ;

» La cour (chambre de requêtes) rejette le pourvoi......(2). »

Le 6 avril 1827, jugement du tribunal de première instance du département de la Seine, qui, sur un point en litige entre le sieur Bourlier-Dubreuil et le sieur Perron, prononce en faveur de celui-ci.

Le sieur Bourlier-Dubreuil en appelle à la cour royale de Paris, et fait signifier des conclusions par lesquelles il demande notamment que ce jugement soit déclaré nul, parce qu'il a été rendu avec le con-

_____

(1) Jurisprudence de la cour de cassation, tome 27, page 119.
(2) *Ibid.*, page 471.

cours d'un juge suppléant dont la présence n'était pas nécessaire pour compléter le tribunal ; mais il ne reproduit par ce chef de conclusions à l'audience.

Le 27 juillet de la même année, arrêt qui, adoptant purement et simplement les motifs des premiers juges, confirme le jugement dont est appel.

Le sieur Bourlier-Dubreuil se pourvoit en cassation, et prétend, entr'autres moyens, que l'art. 7 de la loi du 20 avril 1810, a été violé, en ce que la cour royale de Paris, en confirmant le jugement de première instance, a rejeté implicitement, sans motiver en aucune manière sa décision sur ce point, le chef de ses conclusions qui tendaient à l'annulation de ce jugement.

Mais par arrêt du 8 juillet 1828, au rapport de M. de Menerville, et sur les conclusions de M. l'avocat-général Lebeau :

« Attendu, sur le moyen tiré de la violation de l'art. 7 de la loi du 20 avril 1810, en ce que l'arrêt attaqué n'aurait point statué sur un chef de conclusions qui tendait à l'annulation du jugement du tribunal de première instance, comme ayant été rendu par un tribunal illégalement composé ;

» Attendu que, soit dans les conclusions rappelées dans l'arrêt, soit dans la question qui s'y trouve posée, il n'est fait aucune mention de ce prétendu chef de conclusions ;

» Que, dès-lors, la cour royale n'a pu ni dû y statuer.... ;

» La cour (chambre des requêtes) rejette le pourvoi.... (1). »

§. IV. *La nullité qui, dans un arrêt, résulte d'un vice de forme dont aucune des parties n'a pu souffrir aucun préjudice, peut-elle autoriser la cassation de cet arrêt ?*

(1) *Ibid.*, tome 28, page 337.

V. le plaidoyer et l'arrêt du 17 mai 1810, rapportés au mot *Nantissement ,* §. 2.

§. V. *Dans quels cas et dans quel sens est-il permis à un particulier de renoncer à une nullité d'ordre public ?*

V. les conclusions du 23 floréal an 9, rapportées à l'article *Effet public ,* §. 1.

§. VI. *Peut-on , en comparaissant sur un exploit d'ajournement , l'arguer de nullité ?*

V. les articles *Appel ,* §. 9 ; *Assignation ,* §. 5 , et *Triage ,* §. 2.

§. VII. *La voie de cassation est-elle toujours nécessaire pour que l'on puisse déclarer nul un jugement en dernier ressort auquel manque une des formes essentiellement constitutives des jugemens ?*

V. les articles *Appel ,* §. 9 , et *Union de créanciers,* §. 2.

§. VIII. *Les vices de la copie signifiée d'un exploit sont-ils couverts par la régularité de l'original ?*

V. l'article *Assignation ,* §. 5.

§. IX. *La fausseté de la date d'un jugement en emporte-t-elle la nullité ?*

V. l'article *Jugement ,* §. 1.

§. X. *Quel est, dans l'art. 68 , §. 3 n° 7, de la loi du 22 frimaire an 7 , concernant les droits d'enregistrement, le sens des mots* RÉSOLUTION POUR CAUSE DE NULLITÉ RADICALE?

V. l'article *Enregistrement (droit d')* §. 3 n° 2.

www.ingramcontent.com/pod-product-compliance
Lightning Source LLC
Chambersburg PA
CBHW031443210326
41599CB00016B/2091